1st EDITION

AF814480

POWER PACK

SSC रीजनिंग

चैप्टरवाइज 7000+ TCS MCQ

All SSC Exams PYQs Till Jan. 2025

SSC CGL, CHSL, CPO, MTS, Steno, GD, Selection Post etc

लेखकगण

वरूण बाली, प्रशान्त कुमार, रंजन कुमार
गौरव कुमार, गौरव गुप्ता

arihant

SUCCESS AND NOTHING LESS

arihant
SUCCESS AND NOTHING LESS

अरिहन्त पब्लिकेशन्स (इण्डिया) लिमिटेड

卐 रजि. कार्यालय
'रामछाया' 4577/15, अग्रवाल रोड, दरिया गंज, नई दिल्ली- 110002
फोन: 011-47630600, 43518550

卐 मुख्य कार्यालय
कालिन्दी, टी०पी० नगर, मेरठ (यूपी)– 250002
फोन: 0121-7156203, 7156204

卐 शाखा कार्यालय
आगरा, अहमदाबाद, बरेली, बंगलुरु, चेन्नई, दिल्ली, गुवाहाटी, हैदराबाद, जयपुर, झाँसी, कोलकाता, लखनऊ, नागपुर तथा पुणे

卐 मूल्य ₹ 675.00

PO No : TXT-XX-XXXXXXX-X-XX

PUBLISHED BY ARIHANT PUBLICATIONS (INDIA) LTD.

'अरिहन्त' की पुस्तकों के बारे में अधिक जानकारी के लिए हमारी वेबसाइट **www.arihantbooks.com** पर लॉग इन करें या **info@arihantbooks.com** पर सम्पर्क करें।

Book Available at
amazon Flipkart

प्रोडक्शन टीम

पब्लिशिंग मैनेजर
महेन्द्र सिंह रावत

प्रोजेक्ट हैड
शाहिद सैफी

कवर डिज़ाइनर
बिलाल हाशमी

इनर डिज़ाइनर
अंकित त्यागी

पेज लेआउट
अनिल कुमार, सोनू कुमार

प्रूफ रीडर्स
राशिद सैफी, निशी, सागर शर्मा, रवि मलिक, गुलजार

CHAPTER INDEX

POWER PACK

SSC Cutoff 2023-24

Exam	Tier	Year	SC	ST	EWS	OBC	UR	ESM
SSC CGL	TIER I	2024	126.45554	111.8893	142.01963	146.26291	153.18981	69.92674
		2023	126.68201	118.16655	143.44441	145.93743	150.04936	100.29326
	TIER II	2024	-	-	-	-	-	-
		2023	252	241	265	271	287	223
SSC CHSL	TIER I	2024	139.68408	129.44568	150.51731	156.61665	157.36168	78.23008
		2023	136.41166	124.52592	151.09782	152.26953	153.91142	102.47651
	TIER I	2024	89.8581	82.6568	111.4352	113.50911	119.80335	40.07024
		2023	79.3189	78.13852	103.97465	102.9603	115.04762	40
SSC CPO	Grade C	2024	-	-	-	-	-	-
		2023	136.08122	128.04746	-	145.03097	147.45086	147.45086
SSC STENO	Grade D	2024	-	-	-	-	-	-
		2023	109.41004	88.71217	40.15035	125.02167	131.32184	126.29805
SSC GD	Tier I	2024	148.21914	143.65896	151.15627	152.28771	153.56851	94.65261
		2023	129.75	126.45	139.16	140.75	142.03	75.01

01

सादृश्यता

सादृश्यता का अर्थ समानता होता है। सादृश्यता परीक्षण का उद्देश्य वस्तुओं या तत्वों के बीच समानता को पहचानना अथवा प्रदत्त समूहों के बीच अन्तर्निहित सम्बन्धों को समझने एवं विश्लेषण करना होता है।

सादृश्यता के अन्तर्गत पूछे गए प्रश्न प्रत्येक प्रकार के सम्बन्धों पर आधारित होते हैं, जो हम सोच सकते हैं या जिन्हें हम अपने दैनिक जीवन में प्रयोग करते हैं।

सादृश्यता पर आधारित प्रश्न सामान्यतः शब्द, अक्षर और संख्या पर आधारित होते हैं।

1. शब्द सादृश्यता

इस प्रकार के प्रश्नों में दिए गए दो शब्दों के बीच अन्तर्निहित सम्बन्धों पर विचार करते हुए उत्तर विकल्पों में से एक ऐसे शब्द या शब्द युग्म का चयन करना होता है, जिसका सम्बन्ध दिए गए शब्दों या तीसरे शब्द के साथ स्थापित हो सके।

शब्द सादृश्यता के अन्तर्गत प्रश्न मुख्यता निम्न सम्बन्धों पर आधारित होते हैं

सम्बन्ध के प्रकार	उदाहरण	
विपरीतार्थक शब्द	आस्तिक : नास्तिक जय : पराजय	आयात : निर्यात सजीव : निर्जीव
समानार्थक शब्द	अभिमान : घमण्ड अवस्था : आयु	अपराध : पाप काफी : अधिक
पर्यायवाची शब्द	गगन : धरा मदन : मनोज	राजीव : सरोज मन्दाकिनी : जाह्नवी
देश और महाद्वीप	भारत : एशिया कनाडा : उत्तरी अमेरिका	घाना : अफ्रीका फ्रांस : यूरोप
देश और राजधानी	चीन : बीजिंग जापान : टोकियो	नेपाल : काठमाण्डू श्रीलंका : कोलम्बो
देश और राष्ट्रीय मुद्रा	चीन : युआन इटली : लीरा	जापान : येन म्यांमार : क्यात
देश और संसद	भारत : संसद ईरान : मजलिस	अफगानिस्तान : शोरा जापान : डायट
देश और राष्ट्रीय प्रतीक	भारत : अशोक चक्र फ्रांस : लिली	स्पेन : ईगल ईरान : गुलाब का फूल
देश और राष्ट्रीय खेल	ब्रिटेन : क्रिकेट जापान : जूडो	भारत : हॉकी अमेरिका : बेसबॉल
देश और नदी	भारत : गंगा इटली : टाइबर	चीन : ह्वांग्हो ब्रिटेन : टेम्स

सम्बन्ध के प्रकार	उदाहरण	
नगर और नदी	लन्दन : टेम्स रोम : टाइबर	पेरिस : सीन दिल्ली : यमुना
नगर और उद्योग	मुम्बई : फिल्म निर्माण पिट्सबर्ग : लोहा इस्पात	मैनचेस्टर : सूती वस्त्र डेट्रायट : ऑटोमोबाइल्स
राज्य और राजधानी	उत्तर प्रदेश : लखनऊ झारखण्ड : राँची	उत्तराखण्ड : देहरादून छत्तीसगढ़ : रायपुर
केन्द्रशासित प्रदेश और राजधानी	लक्षद्वीप : कावारत्ती दादर और नगर हवेली : सिलवासा	
राज्य और उच्च न्यायालय	उत्तर प्रदेश : इलाहाबाद राजस्थान : जोधपुर	उत्तराखण्ड : नैनीताल बिहार : पटना
उत्पाद और कच्ची सामग्री	दही : दूध चीनी : गन्ना	जूता : चमड़ा मदिरा : अंगूर
कामगार और उत्पाद	सुनार : जेवर रसोइया : भोजन	मोची : जूता राजमिस्त्री : घर
व्यक्ति और कार्यस्थल	डॉक्टर : अस्पताल किसान : खेत	शिक्षक : विद्यालय न्यायाधीश : न्यायालय
व्यक्ति और औजार	लुहार : हथौड़ा किसान : हल	राजमिस्त्री : साहुल बढ़ई : आरी
औजार और कार्य	कलम : लिखना चम्मच : खाना	कैंची : काटना चश्मा : देखना
जीव-जन्तु और निवास स्थान	सिंह : गुफा चूहा : बिल	घोड़ा : अश्वशाला चिड़िया : घोंसला
कल्चर और उत्पादन क्षेत्र	एपीकल्चर : मधुमक्खी पालन पीसीकल्चर : मत्स्य पालन	
क्रान्ति और उत्पादन क्षेत्र	श्वेत क्रान्ति : दुग्ध उत्पादन पीली क्रान्ति : तिलहन उत्पादन	
जन्तु और आवाज	कुत्ता : भौंकना सिंह : गरजना	घोड़ा : हिनहिनाना बिल्ली : म्याऊँ
जन्तु और बच्चा	कुत्ता : पिल्ला गाय : बछड़ा	शेरनी : शावक भेड़ : मेमना
रोग तथा प्रभावित अंग	पायरिया : दाँत पीलिया : लीवर (जिगर)	ट्रकोमा : आँख तपेदिक : फेफड़े

सम्बन्ध के प्रकार	उदाहरण	
स्थल और स्थान	ताजमहल : आगरा (उ.प्र.) जहाज महल : माण्डू (म.प्र.)	हवामहल : जयपुर (राजस्थान) लाल किला : दिल्ली
व्यक्ति और समाधि स्थल	महात्मा गाँधी : राजघाट लाल बहादुर शास्त्री : विजय घाट चौधरी चरण सिंह : किसान घाट	
खेल और परिसर	बैडमिण्टन : कोर्ट मुक्केबाजी : रिंग	हॉकी : फील्ड निशानेबाजी : रेंज
खेल और कप/ट्रॉफी	क्रिकेट : दिलीप ट्रॉफी हॉकी : ध्यानचन्द ट्रॉफी	फुटबॉल : डूरण्ड कप गोल्फ : राइडर कप
पुरस्कार और क्षेत्र	बुकर पुरस्कार : साहित्य ऑस्कर पुरस्कार : फिल्म	ग्रेमी पुरस्कार : संगीत

उदाहरण 1. दिए गए विकल्पों में से सम्बन्धित शब्द को चुनिए।

नदी : धारा :: महासागर : ?

(a) प्रवाह (b) तालाब (c) बाँध (d) समुद्र

हल (*a*) जिस प्रकार, नदी के पानी से धारा उत्पन्न होती है। उसी प्रकार, महासागर के पानी से प्रवाह उत्पन्न होता है।

2. अंग्रेजी अक्षर सादृश्यता

इस प्रकार के प्रश्न अंग्रेजी वर्णमाला के अक्षरों या अक्षर-समूहों पर आधारित होते हैं। दिए गए पहले दो अक्षर समूहों के बीच अन्तर्निहित सम्बन्ध को ज्ञात करके तीसरे अक्षर-समूह से समान सम्बन्ध रखने वाले उपयुक्त विकल्प का चयन करना होता है।

अक्षरों पर आधारित प्रश्नों को हल करने के लिए अंग्रेजी वर्णमाला में प्रत्येक अक्षर का क्रम (बाएँ ओर से और दाएँ ओर से) याद रखना चाहिए।

अंग्रेजी वर्णमाला तथा उनके क्रमांकिक मान सीधे तथा विपरीत क्रम में निम्नलिखित है

संगत संख्या सीधे क्रम में	1	2	3	4	5	6	7	8	9	10	11	12	13
अंग्रेजी अक्षर	A	B	C	D	E	F	G	H	I	J	K	L	M
संगत संख्या उल्टे क्रम में	26	25	24	23	22	21	20	19	18	17	16	15	14
संगत संख्या सीधे क्रम में	14	15	16	17	18	19	20	21	22	23	24	25	26
अंग्रेजी अक्षर	N	O	P	Q	R	S	T	U	V	W	X	Y	Z
संगत संख्या उल्टे क्रम में	13	12	11	10	9	8	7	6	5	4	3	2	1

अंग्रेजी वर्णमाला के विपरीत अक्षर निम्न हैं

A B C D E F G H I J K L M
↕ ↕ ↕ ↕ ↕ ↕ ↕ ↕ ↕ ↕ ↕ ↕ ↕
Z Y X W V U T S R Q P O N

अंग्रेजी अक्षर के स्वर और व्यंजन अक्षर निम्नलिखित हैं

स्वर अक्षर	A, E, I, O, U
व्यंजन अक्षर	B, C, D, F, G, H, J, K, L, M, N, P, Q, R, S, T, V, W, X, Y, Z

उदाहरण 2. दिए गए विकल्पों में से सम्बन्धित अक्षर समूह का चयन कीजिए।

DART : XGLZ :: SPIN : ?

(a) MVOT (b) YVCT (c) YJCT (d) MVCT

हल (*d*) जिस प्रकार, उसी प्रकार,

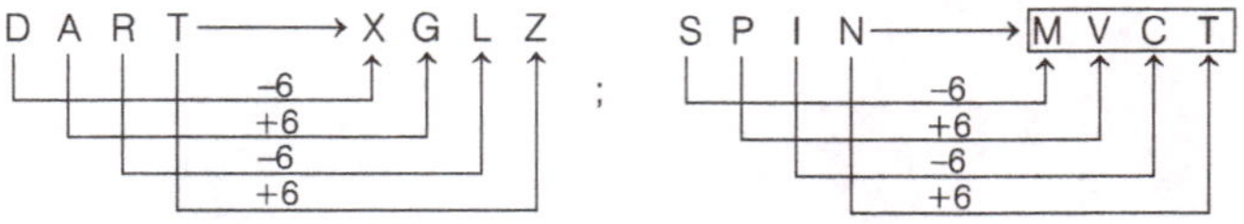

3. संख्या सादृश्यता

इस प्रकार के प्रश्न संख्याओं के क्रम, उनके वर्गों, अभाज्य संख्याओं एवं अन्य गणितीय संक्रियाओं के सम्बन्ध पर आधारित होते हैं।

दी गई पहली दो या तीन संख्याओं के बीच अन्तर्निहित सम्बन्ध को ज्ञात करके विकल्पों में से उस संख्या का चयन करना होता है, जो समान सम्बन्ध दर्शाता है।

संख्या समरूपता से सम्बन्धित प्रश्नों को हल करने हेतु कम-से-कम 1 से 20 तक की संख्याओं के पूर्ण वर्ग तथा कम-से-कम 1 से 10 तक की संख्याओं के पूर्ण घन की जानकारी होना बहुत आवश्यक है।

इसके अतिरिक्त किसी भी संख्या के अंकों के बीच गुणा, भाग, जोड़ तथा घटाव भी अन्तर्निहित हो सकते हैं।

उदाहरण 3. उस विकल्प का चयन करें, जिसका पाँचवीं संख्या से वही सम्बन्ध है, जो दूसरी संख्या का पहली संख्या से है, और चौथी संख्या का तीसरी संख्या से है।

40 : 45 :: 68 : 77 :: 104 : ?

(a) 119 (b) 121 (c) 115 (d) 117

हल (*d*) जिस प्रकार, तथा उसी प्रकार

$40 : 45 \rightarrow 6^2+4 : 7^2-4$; $68 : 77 \rightarrow 8^2+4 : 9^2-4$; $104 : ? \rightarrow 10^2+4 : 11^2-4$ (+1, +1, +1)

$\therefore ? = 11^2 - 4 = 121 - 4 = \boxed{117}$

उदाहरण 4. उस सेट का चयन कीजिए, जिसमें दी गई संख्याओं के बीच वही सम्बन्ध है, जो नीचे दिए गए सेट की संख्याओं के बीच है। (**नोट :** संक्रियाएँ संख्याओं को उनके संघटक अंकों में विभक्त किए बिना, सम्पूर्ण संख्याओं पर की जानी चाहिए।)

(2, 4, 18), (4, 6, 50)

(a) (6, 7, 65) (b) (3, 5, 32) (c) (5, 4, 18) (d) (2, 5, 49)

हल (*b*) जिस प्रकार, $(2, 4, 18) \Rightarrow (2 \times 4 + 1) \times 2 = 18$

तथा $(4, 6, 50) \Rightarrow (4 \times 6 + 1) \times 2 = 50$

उसी प्रकार, $(3, 5, 32) \Rightarrow (3 \times 5 + 1) \times 2 = 32$

4. मिश्रित सादृश्यता

इस प्रकार के प्रश्नों में अक्षरों और संख्याओं के दो समूहों के बीच अन्तर्निहित सम्बन्धों पर विचार करते हुए उत्तर विकल्पों में से एक ऐसे अक्षर और संख्या के समूह का चयन करना होता है, जिसका सम्बन्ध दिए गए एक और अक्षर और संख्या के समूहों के साथ स्थापित हो सके।

उदाहरण 5. BTE 11 और DVG 120 के बीच एक निश्चित सम्बन्ध है। PAN 9 और RCP 80 के बीच भी वही सम्बन्ध है। समान तर्क के आधार पर, GMT 12 निम्न में से किससे सम्बन्धित होगा?

(a) low 143 (b) lov 119 (c) lov 143 (d) lov 120

हल (*c*) जिस प्रकार, तथा उसी प्रकार,

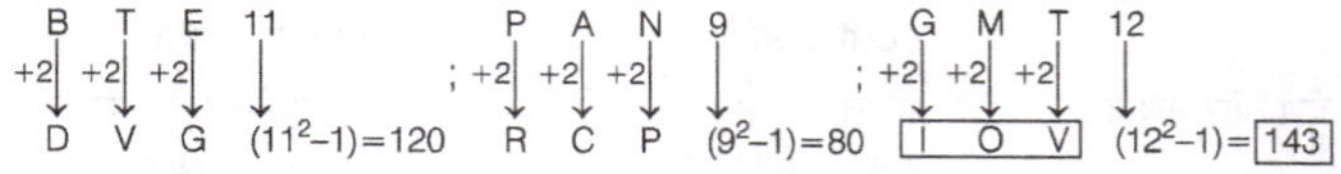

SSC एग्जाम स्कैनर

SSC CGL 2024 (Tier I & II)

1. एक निश्चित तर्क के अनुसार 17 का सम्बन्ध 159 से है। उसी तर्क के अनुसार 11 का सम्बन्ध 105 से है। समान तर्क का अनुसरण करते हुए, दिए गए विकल्पों में से 13 का सम्बन्ध किससे है?
SSC CGL (Tier -II) 20/01/2025 Shift I
(a) 123 (b) 109 (c) 116 (d) 103

2. 2. निम्नलिखित में से किस अक्षर-समूह द्वारा # और % को प्रतिस्थापित किया जाना चाहिए ताकि :: के बाईं ओर के अक्षर-समूह युग्म के बीच का पैटर्न और सम्बन्ध :: के दाईं ओर के अक्षर-समूह युग्म के पैटर्न और सम्बन्ध के समान हो?
#: ORW:: RUZ : %
SSC CGL (Tier -II) 20/01/2025 Shift I
(a) # = VYD% = KNK
(b) # = UYD% = KNS
(c) # = VYD% = KNS
(d) # = VYD% = LNS

3. उस समुच्चय का चयन करें, जिसमें संख्याएँ उसी प्रकार सम्बन्धित हैं, जिस प्रकार निम्नलिखित समुच्चय की संख्याएँ सम्बन्धित हैं। **SSC CGL (Tier -II) 18/01/2025 Shift I**
(215, 185, 135) (276, 246, 196)
(a) (269, 229, 199)
(b) (294, 264, 224)
(c) (255, 235, 205)
(d) (238, 208, 158)

4. निम्नलिखित में से किस अक्षर-समूह द्वारा # और % को प्रतिस्थापित किया जाना चाहिए, ताकि :: के बाईं ओर के अक्षर-समूह युग्म के बीच का पैटर्न और सम्बन्ध, :: के दाईं ओर के अक्षर-समूह युग्म के पैटर्न और सम्बन्ध के समान हो?
: XAF :: SVA : %
SSC CGL (Tier -II) 18/01/2025 Shift I
(a) # = BBJ % = ORW
(b) # = BEJ% = ORP
(c) # = BEJ % = ORW
(d) # = BEJ% = QRW

5. उस विकल्प का चयन कीजिए, जो पाँचवें अक्षर-समूह से उसी प्रकार सम्बन्धित है जिस प्रकार दूसरा अक्षर-समूह, पहले अक्षर-समूह से सम्बन्धित है और चौथा अक्षर-समूह, तीसरे अक्षर-समूह से सम्बन्धित है।
SSC CGL (Tier-I) 26/09/2024 Shift III
IMPROVE : RPMIEVO :: HISTORY : TSIHYRO :: JOURNEY : ?
(a) YENRUOJ (b) NEYJOUR
(c) JOURYEN (d) RUOJYEN

6. किसी निश्चित तर्क के अनुसार 80 का सम्बन्ध 99 से है। उसी तर्क के अनुसार 0 का सम्बन्ध 3 से है। उसी तर्क के अनुसार 35 निम्नलिखित में से किस संख्या से सम्बन्धित है?
SSC CGL (Tier-I) 26/09/2024 Shift III
(a) 46 (b) 42 (c) 48 (d) 44

7. एक निश्चित तर्क के अनुसार, 624 का सम्बन्ध 160 से है। उसी तर्क का अनुसरण करते हुए, 448 का सम्बन्ध 116 से है। उसी तर्क का अनुसरण करते हुए, 528 का सम्बन्ध निम्नलिखित में से किससे हैं?
SSC CGL (Tier-I) 26/09/2024 Shift III
(a) 148 (b) 130 (c) 136 (d) 126

8. निम्नलिखित संख्या-युग्मों में, पहली संख्या पर निश्चित गणितीय संक्रियाएँ करके दूसरी संख्या प्राप्त की जाती है। उस समुच्चय का चयन कीजिए जिसमें संख्याएँ उसी प्रकार सम्बन्धित हैं जिस प्रकार निम्नलिखित समुच्चय की संख्याएँ सम्बन्धित हैं।
SSC CGL (Tier-I) 26/09/2024 Shift III
(96, 29) (112, 33)
(a) (204, 55) (b) (108, 30)
(c) (188, 52) (d) (176, 45)

9. उस विकल्प का चयन करें, जो पाँचवें अक्षर-समूह से उसी प्रकार सम्बन्धित है जिस प्रकार दूसरा अक्षर-समूह, पहले अक्षर-समूह से सम्बन्धित है और चौथा अक्षर-समूह, तीसरे अक्षर-समूह से सम्बन्धित है।
SSC CGL (Tier-I) 26/09/2024 Shift III
WEL : DVO :: FOR : ULI :: SDX: ?
(a) GWC (b) GXC (c) HWC (d) HXC

10. उस समुच्चय का चयन कीजिए जिसमें संख्याएँ उसी प्रकार से सम्बन्धित हैं जिस प्रकार निम्नलिखित समुच्चय की संख्याएँ सम्बन्धित हैं। **SSC CGL (Tier-I) 26/09/2024 Shift II**
3-20-5
4-17-3
(a) 5-28-9 (b) 8-36-11
(c) 11-28-5 (d) 9-77-8

11. उस समुच्चय का चयन कीजिए जिसमें संख्याएँ उसी प्रकार सम्बन्धित हैं जिस प्रकार निम्नलिखित समुच्चय की संख्याएँ सम्बन्धित हैं। **SSC CGL (Tier-I) 26/09/2024 Shift II**
(16, 7, 112)
(8, 12, 96)
(a) (14, 9 128) (b) (12, 5, 65)
(c) (13, 7, 96) (d) (15, 8, 120)

12. 'छिपाना', 'प्रकट करना' से उसी प्रकार सम्बन्धित है, जिस प्रकार 'समरूप' '..........' से सम्बन्धित है। (शब्दों को सार्थक हिन्दी शब्द माना जाना चाहिए और शब्दों को अक्षरों की संख्या/व्यंजनों/स्वरों की संख्या के आधार पर एक-दूसरे से सम्बन्धित नहीं किया जाना चाहिए। **SSC CGL (Tier-I) 26/09/2024 Shift II**
(a) भिन्न (b) अनुरूप
(c) सजातीय (d) समान

13. नीचे संख्याओं के दो समुच्चय दिए गए हैं। संख्याओं के प्रत्येक समुच्चय में, पहली संख्या पर कुछ निश्चित गणितीय संक्रिया करने पर दूसरी संख्या प्राप्त होती है। इसी प्रकार, दूसरी संख्या पर कुछ निश्चित गणितीय संक्रिया करने पर तीसरी संख्या प्राप्त होती है और इसी तरह आगे भी होती है। दिए गए विकल्पों में से कौन-सा विकल्प दिए गए समुच्चयों की तरह संक्रियाओं के समान समुच्चय का अनुसरण करता है? **SSC CGL (Tier-I) 26/09/2024 Shift II**
48 – 50 – 46 – 52, 37 – 39 – 35 – 41
(a) 19 – 17 – 21 – 25
(b) 21 – 23 – 29 – 27
(c) 26 – 28 – 24 – 30
(d) 15 – 13 – 9 – 19

14. उस त्रिक का चयन कीजिए, जिसमें संख्याएँ उसी प्रकार सम्बन्धित हैं, जिस प्रकार निम्नलिखित त्रिकों की संख्याएँ सम्बन्धित हैं।
SSC CGL (Tier-I) 26/09/2024 Shift I
(3, 5, 32)
(9, 1, 26)
(a) (2, 6, 30) (b) (4, 2, 28)
(c) (5, 6, 33) (d) (6, 1, 23)

15. नीचे संख्याओं के दो समुच्चय दिए गए हैं। संख्याओं के प्रत्येक समुच्चय में, पहली संख्या पर कुछ निश्चित गणितीय संक्रिया करने पर दूसरी संख्या प्राप्त होती है। इसी प्रकार, दूसरी संख्या पर कुछ निश्चित गणितीय संक्रिया करने पर तीसरी संख्या प्राप्त होती है और इसी तरह आगे भी होती है। दिए गए विकल्पों में से कौन-सा विकल्प दिए गए समुच्चयों की तरह संक्रियाओं के समान समुच्चय का अनुसरण करता है? **SSC CGL (Tier-I) 26/09/2024 Shift I**
17 – 19 –16 – 20; 22 – 24 – 21 – 25
(a) 18 – 20 – 16 – 14
(b) 11 – 13 – 10 – 15
(c) 15 – 17 – 14 – 18
(d) 16 – 18 – 12 – 16

16. उस समुच्चय का चयन कीजिए, जिसमें संख्याएँ उसी प्रकार सम्बन्धित हैं जिस प्रकार निम्नलिखित समुच्चय की संख्याएँ सम्बन्धित हैं। **SSC CGL (Tier-I) 26/09/2024 Shift I**
(108, 12, 9), (114, 19, 6)
(a) (136, 17, 8) (b) (148, 16, 9)
(c) (156, 18, 5) (d) (144, 14, 8)

17. एक निश्चित तर्क का अनुसरण करते हुए 19, 76 से सम्बन्धित है। उसी तर्क का अनुसरण करते हुए, 27, 108 से सम्बन्धित है। उसी तर्क का अनुसरण करते हुए, 49 निम्नलिखित में से किससे सम्बन्धित है?
SSC CGL (Tier-I) 25/09/2024 Shift III
(a) 202 (b) 196
(c) 190 (d) 198

18. उस विकल्प का चयन करें, जो पाँचवीं संख्या से उसी प्रकार सम्बन्धित हो, जिस प्रकार दूसरी संख्या, पहली संख्या से सम्बन्धित है और चौथी संख्या, तीसरी संख्या से सम्बन्धित है।
SSC CGL (Tier-I) 25/09/2024 Shift III
45 : 56 :: 62 : 73 :: 19 : ?
(a) 28 (b) 31
(c) 27 (d) 30

19. 'पालतू', 'जंगली' से उसी प्रकार सम्बन्धित है, जिस प्रकार 'निकटवर्ती' '........' से सम्बन्धित है। SSC CGL (Tier-I) 25/09/2024 Shift III
(a) समीपवर्ती (b) मिलनसार
(c) नजदीक (d) सुदूरवर्ती

20. एक निश्चित तर्क का अनुसरण करते हुए 14, 42 से सम्बन्धित है। उसी तर्क का अनुसरण करते हुए, 26, 78 से सम्बन्धित है। उसी तर्क का अनुसरण करते हुए, 47 निम्नलिखित में से किससे सम्बन्धित है?
SSC CGL (Tier-I) 25/09/2024 Shift III
(a) 135 (b) 137
(c) 143 (d) 141

21. एक निश्चित तर्क का पालन करते हुए 18, 90 से सम्बन्धित है। उसी तर्क का अनुसरण करते हुए, 31, 155 से सम्बन्धित है। उसी तर्क का अनुसरण करते हुए, 52 निम्नलिखित में से किससे सम्बन्धित है?
SSC CGL (Tier-I) 25/09/2024 Shift II
(a) 248 (b) 260
(c) 265 (d) 256

22. उस विकल्प का चयन कीजिए, जो पाँचवें पद से उसी प्रकार सम्बन्धित है जैसे दूसरा पद, पहले पद से और चौथा पद, तीसरे पद से सम्बन्धित है।
EYES : FTFZ :: MIND : OENJ :: REST : ? SSC CGL (Tier-I) 25/09/2024 Shift-II
(a) STSF (b) STRE
(c) TUFS (d) TUSF

23. संख्याओं के दो सेट नीचे दिए गए हैं। संख्याओं के प्रत्येक सेट में, पहले नंबर पर कुछ गणितीय संक्रियाएँ का परिणाम दूसरे नंबर पर होता है। इसी प्रकार, दूसरे नंबर पर कुछ गणितीय संक्रियाएँ का परिणाम तीसरे नंबर पर होता है, और इसी प्रकार आगे भी होता है। दिए गए विकल्पों में से कौन-सा विकल्प दिए गए सेटों की तरह समान संक्रियाएँ वाले सेट का अनुसरण करता है?
SSC CGL (Tier-I) 25/09/2024 Shift II
8-33-66-81; 11-36-72-87
(a) 21- 46 -82 -107 (b) 6-31-62-97
(c) 15-40-80-95 (d) 18-43-86-100

24. 'जिद्दी' (Obstinate), 'हठी' (Stubborn) से उसी प्रकार सम्बन्धित है, जिस प्रकार 'दृढ़प्रतिज्ञ' (Resolute)' ..... से सम्बन्धित है। (शब्दों को सार्थक हिन्दी शब्द माना जाना चाहिए और शब्दों को अक्षरों की संख्या/व्यंजनों/स्वरों की संख्या के आधार पर एक-दूसरे से सम्बन्धित नहीं जाना चाहिए।
SSC CGL (Tier-I) 25/09/2024 Shift II
(a) डगमगाना (Wavering)
(b) थरथराना (Dithering)
(c) विचारपूर्ण (Thoughtful)
(d) कृतसंकल्प (Determined)

25. एक निश्चित तर्क का अनुसरण करते हुए 11, 121 से सम्बन्धित है। उसी तर्क का अनुसरण करते हुए, 22, 484 से सम्बन्धित है। उसी तर्क का अनुसरण करते हुए, 31 निम्नलिखित में से किससे सम्बन्धित है?
SSC CGL (Tier-I) 25/09/2024 Shift I
(a) 957 (b) 973
(c) 961 (d) 943

26. उस समुच्चय का चयन कीजिए, जिसमें संख्याएँ उसी प्रकार सम्बन्धित हैं, जिस प्रकार निम्नलिखित समुच्चयों की संख्याएँ सम्बन्धित हैं। SSC CGL (Tier-I) 25/09/2024 Shift I
(24, 15, 120)
(21, 19, 133)
(a) (18, 16, 99) (b) (31, 9, 96)
(c) (27, 12, 108) (d) (33, 10, 170)

27. उस विकल्प का चयन करें, जो पाँचवें अक्षर-समूह से उसी प्रकार सम्बन्धित है जिस प्रकार दूसरा अक्षर-समूह पहले अक्षर-समूह से सम्बन्धित है और चौथा अक्षर-समूह तीसरे अक्षर-समूह से सम्बन्धित है।
SSC CGL (Tier-I) 25/09/2024 Shift I
CRW : TIN :: DOZ : UFQ :: ALW : ?
(a) JCM (b) JCN
(c) RCN (d) RCM

28. उस विकल्प का चयन कीजिए, जो तीसरे शब्द से उसी प्रकार सम्बन्धित है, जिस प्रकार दूसरा शब्द पहले शब्द से सम्बन्धित है। (शब्दों को अर्थपूर्ण अंग्रेजी शब्दों के रूप में माना जाना चाहिए और वे शब्द में अक्षरों/व्यंजनों/स्वरों की संख्या के आधार पर एक-दूसरे से सम्बन्धित नहीं होने चाहिए)
SSC CGL (Tier-I) 24/09/2024 Shift III
वनस्पति विज्ञान : पौधे :: शंख विज्ञान : ?
(a) मिट्टी (b) नाम
(c) सीप (d) जीवाश्म

29. 'निम्नलिखित संख्या-युग्मों में, पहली संख्या पर निश्चित गणितीय संक्रियाएँ करके दूसरी संख्या प्राप्त की जाती है। उस समुच्चय का चयन कीजिए जिसमें संख्याएँ उसी प्रकार सम्बन्धित हैं जिस प्रकार निम्नलिखित समुच्चय की संख्याएँ सम्बन्धित हैं।
SSC CGL (Tier-I) 24/09/2024 Shift III
(26, 114), (47, 198)
(a) (22, 88) (b) (18,74)
(c) (15,70) (d) (25, 105)

30. 7 एक निश्चित तर्क का अनुसरण करते हुए 40 से सम्बन्धित है। इसी तर्क को अनुसरण करते हुए 5, 16 से सम्बन्धित है। समान तर्क का अनुसरण करते हुए, 9 निम्नलिखित में से किससे सम्बन्धित है?
SSC CGL (Tier-I) 24/09/2024 Shift III
(a) 70 (b) 54 (c) 48 (d) 72

31. उस शब्द-युग्म का चयन कीजिए, जो नीचे दिए गए शब्द-युग्म में व्यक्त किए गए सम्बन्ध के समान सम्बन्ध को सबसे अच्छा दर्शाता है। (शब्दों को अर्थपूर्ण हिन्दी शब्द माना जाना चाहिए और इन्हें शब्द में अक्षरों की संख्या/व्यंजनों/स्वरों की संख्या के आधार पर एक-दूसरे से सम्बन्धित नहीं किया जाना) चाहिए। SSC CGL (Tier-I) 24/09/2024 Shift III
प्रेम : मैत्री
(a) शान्ति : परमानन्द (b) रोष : धैर्य
(c) क्रोध : आवेश (d) शान्त : उदास

32. एक निश्चित तर्क का अनुसरण करते हुए 64, 4 से सम्बन्धित है। उसी तर्क का अनुसरण करते हुए, 216, 6 से सम्बन्धित है। उसी तर्क का अनुसरण करते हुए, 729 निम्नलिखित में से किससे सम्बन्धित है?
SSC CGL (Tier-I) 24/09/2024 Shift III
(a) 13 (b) 7
(c) 11 (d) 9

33. उस शब्द-युग्म का चयन कीजिए, जो नीचे दिए गए शब्द-युग्म में व्यक्त किए गए सम्बन्ध के समान सम्बन्ध को सबसे अच्छा दर्शाता है। (शब्दों को अर्थपूर्ण हिन्दी शब्द माना जाना चाहिए और इन्हें शब्द में अक्षरों की संख्या व्यंजनों/स्वरों की संख्या के आधार पर एक-दूसरे से सम्बन्धित नहीं किया जाना चाहिए) SSC CGL (Tier-I) 24/09/2024 Shift II
समाप्ति : प्रारम्भ
(a) जुनून : समस्या (b) विशाल : सूक्ष्म
(c) वितलीय : अथाह (d) अतुल्य : शानदार

34. उस शब्द-युग्म का चयन कीजिए, जो नीचे दिए गए शब्द-युग्म में व्यक्त किए गए सम्बन्ध के समान सम्बन्ध को सबसे अच्छा दर्शाता है। (शब्दों को अर्थपूर्ण हिन्दी शब्द माना जाना चाहिए और इन्हें शब्द में अक्षरों की संख्या/व्यंजनों/स्वरों की संख्या के आधार पर

एक-दूसरे से सम्बन्धित नहीं किया जाना चाहिए) **SSC CGL (Tier-I) 24/09/2024 Shift II**

कैंची : कागज

(a) भट्ठी : पानी (b) खान : हीरा
(c) कुल्हाड़ी : लकड़ी (d) हीटर : प्लास्टिक

35. एक निश्चित तर्क का अनुसरण करते हुए 22, 176 से सम्बन्धित है। उसी तर्क का अनुसरण करते हुए, 32, 256 से सम्बन्धित है। उसी तर्क का अनुसरण करते हुए, 48 निम्नलिखित में से किससे सम्बन्धित है?
SSC CGL (Tier-I) 24/09/2024 Shift II

(a) 370 (b) 374
(c) 384 (d) 380

36. उस विकल्प का चयन करें, जो तीसरे शब्द से उसी प्रकार सम्बन्धित है, जिस प्रकार दूसरा शब्द, पहले शब्द से सम्बन्धित है। (शब्दों को सार्थक अंग्रेजी/हिन्दी शब्द माना जाना चाहिए और इन्हें शब्द में अक्षरों की संख्या व्यंजनों की संख्या/स्वरों की संख्या के आधार पर एक-दूसरे से सम्बद्ध नहीं किया जाना चाहिए।) **SSC CGL (Tier-I) 24/09/2024 Shift II**

सुअर : पिगलेट :: हिरण : ?

(a) फॉन (Fawn) (b) फॉल (Foal)
(c) बछड़ा (Calf) (d) पिल्ला (Pup)

37. उस विकल्प का चयन कीजिए, जिसमें संख्याएँ वही सम्बन्ध साझा करती हैं, जो संख्याओं के दिए गए युग्म द्वारा साझा किया गया है।
SSC CGL (Tier-I) 24/09/2024 Shift II

(317, 202)
(438, 323)

(a) (415, 295) (b) (424, 315)
(c) (402, 287) (d) (391, 270)

38. उस विकल्प का चयन करें, जो पाँचवें अक्षर-समूह से उसी प्रकार सम्बन्धित है। जिस प्रकार, दूसरा अक्षर-समूह पहले अक्षर-समूह से सम्बन्धित है और चौथा अक्षर-समूह तीसरे अक्षर-समूह से सम्बन्धित है।
SSC CGL (Tier-I) 24/09/2024 Shift I

LOI : QTN : : VES : AJX : : AND : ?

(a) FSJ (b) FTJ
(c) FSI (d) FTI

39. एक निश्चित तर्क का अनुसरण करते हुए 61 का सम्बन्ध 18 से है। उसी तर्क का अनुसरण करते हुए, 213 का सम्बन्ध 38 से है। उसी तर्क का अनुसरण करते हुए, 509 का सम्बन्ध निम्नलिखित में से किससे है?
SSC CGL (Tier-I) 24/09/2024 Shift I

(a) 64 (b) 66
(c) 72 (d) 78

40. उस विकल्प का चयन कीजिए, जिसमें संख्याओं के मध्य वही सम्बन्ध है, जो नीचे दिए गए युग्म की संख्याओं के मध्य है।
SSC CGL (Tier-I) 24/09/2024 Shift I

33 : 340
48 : 490

(a) 31 : 279 (b) 44 : 460
(c) 63 : 640 (d) 27 : 270

41. 'RX-21' एक निश्चित तरीके से UU-11 से सम्बन्धित है। उसी तरह 'PM-39' का सम्बन्ध 'SJ-29' से है। उसी तर्क के अनुसार 'DP-17' का सम्बन्ध निम्नलिखित में से किससे है?
SSC CGL (Tier-I) 24/09/2024 Shift I

(a) HN- 7 (b) HO- 10
(c) GM- 10 (d) GM- 7

42. किसी निश्चित तर्क के अनुसार 13 का सम्बन्ध 21 से है। उसी तर्क के अनुसार 35 का सम्बन्ध 43 से है। उसी तर्क के अनुसार 66 निम्नलिखित में से किस संख्या से सम्बन्धित है? **SSC CGL (Tier-I) 23/09/2024 Shift III**

(a) 74 (b) 71
(c) 72 (d) 73

43. 21 एक निश्चित तर्क का अनुसरण करते हुए 220 से सम्बन्धित है। इसी तर्क का अनुसरण करते हुए 72,781 से सम्बन्धित है। समान तर्क का अनुसरण करते हुए, 27 निम्नलिखित में से किससे सम्बन्धित है?
SSC CGL (Tier-I) 23/09/2024 Shift III

(a) 316 (b) 340
(c) 290 (d) 286

44. उस विकल्प का चयन करें, जो पाँचवें अक्षर-समूह से उसी प्रकार सम्बन्धित है जिस प्रकार दूसरा अक्षर-समूह पहले अक्षर-समूह से सम्बन्धित है और चौथा अक्षर-समूह तीसरे अक्षर-समूह से सम्बन्धित है।
SSC CGL (Tier-I) 23/09/2024 Shift III

MSD: NHW : : OAE : LZV : : NIP : ?

(a) NSL (b) NRL
(c) MRK (d) MQK

45. उस विकल्प का चयन कीजिए, जो पाँचवें अक्षर-समूह से उसी प्रकार सम्बन्धित है जिस प्रकार दूसरा अक्षर-समूह, पहले अक्षर-समूह से सम्बन्धित है और चौथा अक्षर-समूह, तीसरे अक्षर-समूह से सम्बन्धित है।
SSC CGL (Tier-I) 23/09/2024 Shift III

EXPENSE : EPXEESN : : FASHION : HSAFNOI : : FORTUNE : ?

(a) TUNEFOR
(b) ROFNUTE
(c) ENUTROF
(d) TROFENU

46. उस समुच्चय का चयन कीजिए, जिसमें संख्याएँ उसी प्रकार सम्बन्धित हैं, जिस प्रकार दिए गए समुच्चय की संख्याएँ सम्बन्धित हैं।
SSC CGL (Tier-I) 23/09/2024 Shift II

(3, 9, 27)
(4, 16, 64)

(a) (7, 49, 343) (b) (6, 36, 84)
(c) (5, 25, 120) (d) (9, 81, 731)

47. उस समुच्चय का चयन कीजिए, जिसमें संख्याएँ उसी प्रकार सम्बन्धित हैं, जिस प्रकार निम्नलिखित समुच्चयों की संख्याएँ सम्बन्धित हैं। **SSC CGL (Tier-I) 23/09/2024 Shift II**

(84, 63, 42)
(79, 47, 64)

(a) (71, 53, 36)
(b) (64, 51, 52)
(c) (67, 48, 57)
(d) (75, 33, 48)

48. उस विकल्प का चयन कीजिए, जिसमें संख्याओं के मध्य वहीं सम्बन्ध है, जो नीचे दिए गए युग्म की संख्याओं के मध्य है।
SSC CGL (Tier-I) 23/09/2024 Shift II

(4 : 32), (7 : 98)

(a) 10 : 1000 (b) 12 : 144
(c) 8 : 192 (d) 3 : 18

49. उस विकल्प का चयन कीजिए, जिसमें संख्याओं के मध्य वही संबंध है, जो नीचे दिए गए युग्म की संख्याओं के मध्य है।
SSC CGL (Tier-I) 23/09/2024 Shift-I

(40 : 123) (63 : 192)

(a) 48 : 152 (b) 68 : 214
(c) 46 : 131 (d) 39 : 120

50. 12 एक निश्चित तर्क का अनुसरण करते हुए 235 से संबंधित है। इसी तर्क का अनुसरण करते हुए 14, 287 से संबंधित है। समान तर्क का अनुसरण करते हुए, 18 निम्नलिखित में से किससे संबंधित है?
SSC CGL (Tier-I) 23/09/2024 Shift I

(a) 415 (b) 320 (c) 512 (d) 438

51. उस त्रिक का चयन कीजिए, जिसमें संख्याएँ एक-दूसरे से उसी तरह संबंधित हैं, जैसे दिए गए त्रिकों की संख्याएँ हैं।

(25, 22, 47), (31, 24, 55)
SSC CGL (Tier-I) 23/09/2024 Shift-I

(a) (18, 21, 39) (b) (17, 15, 22)
(c) (27, 25, 42) (d) (22, 19, 45)

52. उस शब्द-युग्म का चयन करें, जो नीचे दिए गए शब्दों के युग्म में व्यक्त किए गए सम्बन्ध के समान सम्बन्धों का सबसे बेहतर ढंग से प्रतिनिधित्व करता है। (शब्दों को अर्थपूर्ण हिंदी शब्द माना जाना चाहिए और शब्द में अक्षरों की संख्या/व्यंजनों/स्वरों की संख्या के आधार पर एक-दूसरे से सबंधित नहीं होना चाहिए)
SSC CGL (Tier-I) 23/09/2024 Shift I

फ्रांस : गैलिक रूस्टर

(a) जर्मनी : हंस
(b) भारत : ईगल
(c) न्यूजीलैंड : हॉर्नबिल
(d) ऑस्ट्रेलिया : एमू

53. उस त्रिक का चयन कीजिए, जिसमें संख्याएँ उसी प्रकार सम्बन्धित हैं, जिस प्रकार निम्नलिखित त्रिकों की संख्याएँ सम्बन्धित हैं।
SSC CGL (Tier-I) 19/09/2024 Shift III

(11, 1, 10)
(13, 7, 90)
(a) (2, 6, 28) (b) (4, 5, 19)
(c) (1, 2, 15) (d) (3, 6, 23)

54. उस शब्द-युग्म का चयन करें, जो नीचे दिए गए शब्द-युग्म में व्यक्त किए गए समान सम्बन्ध का सबसे अच्छा निरूपण करता है।
SSC CGL (Tier-I) 19/09/2024 Shift III
लार्वा : कीट
(a) कुत्ता : पशु
(b) मृगशावक : हिरण
(c) चमगादड़ : चूजा
(d) लोमड़ी : मादा लोमड़ी

55. उस त्रिक का चयन करें, जिसमें दी गई संख्याएँ एक-दूसरे से उसी प्रकार सम्बन्धित हैं, जिस प्रकार निम्नलिखित त्रिकों की संख्याएँ एक-दूसरे से सम्बन्धित हैं।
SSC CGL (Tier-I) 19/09/2024 Shift III
4-5-41, 2-3-13
(a) 7 - 8 - 110
(b) 10 - 11 - 211
(c) 12 - 13 - 213
(d) 5 - 6 - 61

56. अंग्रेजी वर्णमाला-क्रम के आधार पर 'NQRP' एक निश्चित तरीके से 'RUVT' से सम्बन्धित है। उसी तरह 'DGLF' का सम्बन्ध 'HKPJ' से है। उसी तर्क के अनुसार 'KCUM' का सम्बन्ध निम्नलिखित में से किससे है?
SSC CGL (Tier-I) 19/09/2024 Shift II
(a) OHZQ (b) PGZR
(c) PHYR (d) OGYQ

57. एक निश्चित तर्क का अनुसरण करते हुए 97 का सम्बन्ध 49 से है। उसी तर्क का अनुसरण करते हुए, 115 का सम्बन्ध 58 से है। उसी तर्क का अनुसरण करते हुए, 133 का सम्बन्ध निम्नलिखित में से किससे है?
SSC CGL (Tier-I) 19/09/2024 Shift II
(a) 82 (b) 89
(c) 64 (d) 67

58. उस शब्द-युग्म का चयन करें, जो नीचे दिए गए शब्दों के युग्म में व्यक्त किए गए सम्बन्ध के समान सम्बन्धों का सबसे बेहतर ढंग से प्रतिनिधित्व करता है।
(शब्दों को अर्थपूर्ण हिन्दी शब्द माना जाना चाहिए और शब्द में अक्षरों की संख्या व्यंजनों/स्वरों की संख्या के आधार पर एक दूसरे से सम्बन्धित नहीं होना चाहिए)
न्यूजीलैंड : वेलिंग्टन
SSC CGL (Tier-I) 19/09/2024 Shift II
(a) इथियोपिया : अदीस अबाबा
(b) मिस्र : ट्यूनिस
(c) दक्षिण कोरिया : सुवन सी
(d) चीन : हाँगकांग

59. उस विकल्प का चयन कीजिए, जिसमें संख्याएँ वही सम्बन्ध साझा करती हैं जो सम्बन्ध संख्याओं के दिए गए युग्म द्वारा साझा किया गया है। **SSC CGL (Tier-I) 19/09/2024 Shift II**
13 : 55
23 : 105
(a) 7 : 26 (b) 29 : 113
(c) 31 : 145 (d) 11 : 51

60. एक निश्चित तर्क का अनुसरण करते हुए 13 का सम्बन्ध 119 से है। उसी तर्क का अनुसरण करते हुए, 9 का सम्बन्ध 31 से है। उसी तर्क का अनुसरण करते हुए. 8 का सम्बन्ध निम्नलिखित में से किससे है?
SSC CGL (Tier-I) 19/09/2024 Shift II
(a) 14 (b) 27 (c) 10 (d) 24

61. नीचे संख्याओं के दो समुच्चय दिए गए हैं। संख्याओं के प्रत्येक समुच्चय में, पहली संख्या पर कुछ निश्चित गणितीय संक्रिया करने पर दूसरी सख्या प्राप्त होती है। इसी प्रकार, दूसरी संख्या पर कुछ निश्चित गणितीय संक्रिया करने पर तीसरी संख्या प्राप्त होती है और इसी तरह आगे भी होती है। दिए गए विकल्पों में से कौन-सा विकल्प दिए गए समुच्चयों की तरह संक्रियाओं के समान समुच्चय का अनुसरण करता है?
SSC CGL (Tier-I) 19/09/2024 Shift I
11-14-8-17 ; 12-15-9-18
(a) 6-9-3-12 (b) 5-8-3-10
(c) 4-7-12-18 (d) 3-6-2-8

62. 'घूमना' (Wander), 'भ्रमण' (Ramble) से उसी प्रकार सम्बन्धित है, जिस प्रकार 'भटकना' (Stray) .... से सम्बन्धित है। **SSC CGL (Tier-I) 19/09/2024 Shift I**
(a) सतत (Constant) (b) स्थिर (Steady)
(c) बेतरतीब (Random) (d) यात्रा (Trek)

63. BIRTHDAY - IBTRDHYA
BLAZER-LBZARE
REMOVE - ?
पदों के पहले दो युग्मों के लिए लागू किए गए तर्क का उपयोग करते हुए, उस पद का चयन करें, जो तीसरे युग्म में प्रश्नचिह्न (?) को प्रतिस्थापित कर सकता है।
SSC CGL (Tier-I) 19/09/2024 Shift I
(a) EROMEV (b) EVOMER
(c) EROMVE (d) ERMOVE

64. अंग्रेजी वर्णमाला-क्रम के आधार पर 'RUCK' एक निश्चित तरीके से 'TWAI से सम्बन्धित है। उसी तरह 'DPHM' का सम्बन्ध 'FRFK' से है। उसी तर्क के अनुसार 'KNOM' का सम्बन्ध निम्नलिखित में से किससे है?
SSC CGL (Tier-I) 19/09/2024 Shift I
(a) MPMK (b) MQNJ
(c) IQNK (d) IPMJ

65. एक निश्चित तर्क का अनुसरण करते हुए 17 का सम्बन्ध 21 से है। उसी तर्क का अनुसरण करते हुए, 22 का सम्बन्ध 36 से है। उसी तर्क का अनुसरण करते हुए, 29 का सम्बन्ध निम्नलिखित में से किससे है?
SSC CGL (Tier-I) 19/09/2024 Shift I
(a) 46 (b) 49 (c) 58 (d) 57

66. उस विकल्प का चयन करें, जो पाँचवीं संख्या से उसी प्रकार सम्बन्धित है, जिस प्रकार दूसरी संख्या पहली संख्या से सम्बन्धित है और चौथी संख्या तीसरी संख्या से सम्बन्धित है।
SSC CGL (Tier-I) 19/09/2024 Shift I
14 : 30 :: 9 : 20 : 4 : ?
(a) 13 (b) 12 (c) 11 (d) 10

67. उस समुच्चय का चयन करें, जिसमें दी गई संख्याएँ आपस में उसी प्रकार सम्बन्धित हैं, जिस प्रकार प्रश्न में दिए गए समुच्चय की संख्याएँ आपस में सम्बन्धित हैं।
SSC CGL (Tier-I) 18/09/2024 Shift III
(21,504,8)
(15, 270, 6)
(a) 17, 272, 8 (b) 16, 320, 5
(c) 23, 230, 5 (d) 16, 336, 7

68. किसी निश्चित तर्क के अनुसार 40 का सम्बन्ध 53 से है। उसी तर्क के अनुसार 8 का सम्बन्ध 13 से है। उसी तर्क के अनुसार 68 निम्नलिखित में से किस संख्या से सम्बन्धित है? **SSC CGL (Tier-I) 18/09/2024 Shift III**
(a) 83 (b) 85
(c) 73 (d) 84

69. उस शब्द-युग्म का चयन कीजिए, जो नीचे दिए गए शब्द-युग्म में व्यक्त किए गए सम्बन्ध के समान सम्बन्ध को सबसे अच्छा दर्शाता है।
SSC CGL (Tier-I) 18/09/2024 Shift III
नियन्त्रण : प्रभुत्व
(a) मुक्ति : गुलामी (b) चालबाजी : छल
(c) सर्जन : विनाश (d) अवनति : पतन

70. उस विकल्प का चयन कीजिए, जिसमें संख्याएँ वही सम्बन्ध साझा करती हैं, जो संख्याओं के दिए गए युग्म द्वारा साझा किया गया है।
SSC CGL (Tier-I) 18/09/2024 Shift II
(7, 333)
(5, 115)
(a) (6, 226) (b) (8, 492)
(c) (3, 24) (d) (4, 54)

71. 'डटे रहना' (Persist), 'दृढ़ रहना' (Endure) से उसी प्रकार सम्बन्धित है, जिस प्रकार 'टालना' (Stall)' ...... से सम्बन्धित है।
SSC CGL (Tier-I) 18/09/2024 Shift II
(a) शिकायत करना (Complain)
(b) स्थगित करना (Delay)
(c) आगे बढ़ना (Surge)
(d) उन्नति करना (Progress)

72. नीचे संख्याओं के दो समुच्चय दिए गए हैं। संख्याओं के प्रत्येक समुच्चय में, पहली संख्या पर कुछ निश्चित गणितीय संक्रिया करने पर दूसरी संख्या प्राप्त होती है। इसी प्रकार, दूसरी

संख्या पर कुछ निश्चित गणितीय संक्रिया करने पर तीसरी संख्या प्राप्त होती है और इसी तरह आगे भी होती है। दिए गए विकल्पों में से कौन-सा विकल्प दिए गए समुच्चयों की तरह संक्रियाओं के समान समुच्चय का अनुसरण करता है? **SSC CGL (Tier-I) 18/09/2024 Shift II**

7 – 14 – 28 – 38; 4 – 8 – 16 – 26

(a) 13 – 26 – 52 – 62
(b) 6 – 12 – 24 – 36
(c) 15 – 25 – 50 – 60
(d) 8 – 16 – 32 – 40

73. उस समुच्चय का चयन कीजिए, जिसमें संख्याएँ एक-दूसरे से उसी तरह सम्बन्धित हैं, जैसे दिए गए समुच्चय की संख्याएँ हैं। **SSC CGL (Tier-I) 18/09/2024 Shift II**

(28, 224); (47, 376)

(a) (19, 212) (b) (24, 168)
(c) (31, 248) (d) (22, 178)

74. उस विकल्प का चयन करें, जो पाँचवें पद से उसी प्रकार सम्बन्धित है जिस प्रकार दूसरा पद, पहले पद से सम्बन्धित है और चौथा पद, तीसरे पद से सम्बन्धित है। **SSC CGL (Tier-I) 18/09/2024 Shift II**

CARBON : ACIYNO : : DAMAGE : ADNZEG :: MARGIN: ?

(a) AMITNI (b) MARGNI
(c) MATINI (d) AMGRNI

75. उस समुच्चय का चयन कीजिए, जिसमें संख्याएँ उसी प्रकार से सम्बन्धित हैं जिस प्रकार निम्नलिखित समुच्चय की संख्याएँ सम्बन्धित हैं। **SSC CGL (Tier-I) 18/09/2024 Shift I**

3-20-7
5-26-8

(a) 8-28-6 (b) 17-20-13
(c) 18-70-6 (d) 5-20-8

76. उस विकल्प का चयन करें, जो पाँचवें अक्षर-समूह से उसी प्रकार सम्बन्धित है जिस प्रकार दूसरा अक्षर-समूह पहले अक्षर-समूह से सम्बन्धित है और चौथा अक्षर-समूह तीसरे अक्षर-समूह से सम्बन्धित है। **SSC CGL (Tier-I) 18/09/2024 Shift I**

JAP: BSH :: NDZ: FVR :: LCX:?

(a) DVP (b) EVP
(c) EUP (d) DUP

77. उस समुच्चय का चयन कीजिए, जिसमें संख्याएँ उसी प्रकार सम्बन्धित हैं जिस प्रकार निम्नलिखित समुच्चय की संख्याएँ सम्बन्धित हैं। **SSC CGL (Tier-I) 18/09/2024 Shift I**

(5, 80, 16)
(18, 108, 6)

(a) (9,81,8) (b) (15, 185, 14)
(c) (13,91,7) (d) (17, 8, 135)

78. 51 एक निश्चित तर्क का अनुसरण करते हुए 256 से सम्बन्धित है। इसी तर्क का अनुसरण करते हुए 53, 266 से सम्बन्धित है। समान तर्क का अनुसरण करते हुए, 55 निम्नलिखित में से किससे सम्बन्धित है? **SSC CGL (Tier-I) 18/09/2024 Shift I**

(a) 249 (b) 213 (c) 290 (d) 276

79. उस त्रिक का चयन कीजिए, जिसमें संख्याएँ एक-दूसरे से उसी तरह सम्बन्धित हैं, जैसे दिए गए त्रिकों की संख्याएँ हैं। **SSC CGL (Tier-I) 17/09/2024 Shift III**

(54, 65, 76), (48, 59, 70)

(a) (42, 57, 68) (b) (31, 41, 53)
(c) (27, 38, 50) (d) (38, 49, 60)

80. 'विनम्र', 'निडर' से उसी प्रकार सम्बन्धित है, जिस प्रकार 'खर्च करना' '......' से सम्बन्धित है। **SSC CGL (Tier-I) 17/09/2024 Shift III**

(a) संचय करना (b) भुगतान करना
(c) दान करना (d) व्यय करना

81. उस समुच्चय का चयन करें, जिसमें दी गई संख्याएँ आपस में उसी प्रकार सम्बन्धित हैं, जिस प्रकार प्रश्न में दिए गए समुच्चय की संख्याएँ आपस में सम्बन्धित हैं। **SSC CGL (Tier-I) 17/09/2024 Shift III**

(23, 230, 5)
(17, 272, 8)

(a) (14, 210, 5) (b) (16, 336, 7)
(c) (18, 648, 9) (d) (19, 304, 8)

82. अंग्रेजी वर्णमाला-क्रम के आधार पर 'ACKO' एक निश्चित तरीके से 'ZXPL' से सम्बन्धित है। उसी तरह 'HIND' का सम्बन्ध 'SRMW' से है। उसी तर्क के अनुसार 'PUKE' का सम्बन्ध निम्नलिखित में से किससे है? **SSC CGL (Tier-I) 17/09/2024 Shift II**

(a) JGPW (b) LFQV
(c) JGQW (d) KFPV

83. 'शोर' का सम्बन्ध 'मौन' से उसी प्रकार है, जैसे 'प्रकाश का सम्बन्ध' '.........' से है। **SSC CGL (Tier-I) 17/09/2024 Shift II**

(a) दीप्तिमान (b) चमक
(c) गरमाहट (d) अन्धकार

84. एक निश्चित तर्क के अनुसार 27 का सम्बन्ध 119 से है। उसी तर्क का अनुसरण करते हुए, 33 का सम्बन्ध 143 से है। उसी तर्क का अनुसरण करते हुए, 42 का सम्बन्ध निम्नलिखित में से किससे है? **SSC CGL (Tier-I) 17/09/2024 Shift II**

(a) 188 (b) 179 (c) 162 (d) 153

85. 34 एक निश्चित तर्क का अनुसरण करते हुए 191 से सम्बन्धित है। इसी तर्क का अनुसरण करते हुए 56, 301 से सम्बन्धित है। समान तर्क का अनुसरण करते हुए, 63 निम्नलिखित में से किससे सम्बन्धित है? **SSC CGL (Tier-I) 17/09/2024 Shift II**

(a) 340 (b) 386
(c) 336 (d) 319

86. एक निश्चित तर्क का अनुसरण करते हुए 189, 21 से सम्बन्धित है। उसी तर्क का अनुसरण करते हुए, 234, 26 से सम्बन्धित है। उसी तर्क का अनुसारण करते हुए, 468 निम्नलिखित में से किससे सम्बन्धित है? **SSC CGL (Tier-I) 17/09/2024 Shift I**

(a) 54 (b) 58
(c) 52 (d) 48

87. उस समुच्चय का चयन कीजिए, जिसमें संख्याएँ एक-दूसरे से उसी तरह सम्बन्धित हैं, जैसे दिए गए समुच्चय की संख्याएँ हैं। **SSC CGL (Tier-I) 17/09/2024 Shift I**

(429, 514), (688, 773)

(a) (407, 512) (b) (396, 491)
(c) (319, 399) (d) (546, 631)

88. 'Magnify' का सम्बन्ध 'Expand' से उसी प्रकार है जैसे 'Curtail' का सम्बन्ध '.........' से है। **SSC CGL (Tier-I) 17/09/2024 Shift I**

(a) Big (b) Small
(c) Restrict (d) Measure

89. नीचे संख्याओं के दो समुच्चय दिए गए हैं। संख्याओं के प्रत्येक समुच्चय में, पहली संख्या पर कुछ निश्चित गणितीय संक्रिया करने पर दूसरी संख्या प्राप्त होती है। इसी प्रकार, दूसरी संख्या पर कुछ निश्चित गणितीय संक्रिया करने पर तीसरी संख्या प्राप्त होती है और इसी तरह आगे भी होती है। दिए गए विकल्पों में से कौन-सा विकल्प दिए गए समुच्चयों की तरह संक्रियाओं के समान समुच्चय का अनुसरण करता है? **SSC CGL (Tier-I) 13/09/2024 Shift III**

9-27-31-36; 10-30-34-39

(a) 8-24-28-35
(b) 11-33-38-44
(c) 15-45-50-55
(d) 5-15-19-24

90. एक निश्चित तर्क का अनुसरण करते हुए 13, 117 से सम्बन्धित है। उसी तर्क का अनुसरण करते हुए, 23, 207 से सम्बन्धित है। उसी तर्क का अनुसरण करते हुए, 51 निम्नलिखित में से किससे सम्बन्धित है? **SSC CGL (Tier-I) 13/09/2024 Shift III**

(a) 359 (b) 459
(c) 350 (d) 450

91. उस विकल्प का चयन करें जो तीसरे शब्द से उसी प्रकार सम्बन्धित है। जिस प्रकार दूसरा शब्द पहले शब्द से सम्बन्धित है। **SSC CGL (Tier-I) 13/09/2024 Shift III**

जादूगर : जादू :: नर्तक: ?

(a) थिएटर (b) चलचित्र
(c) गीत (d) नृत्य

92. उस विकल्प का चयन कीजिए जिसमें संख्याओं के मध्य वही सम्बन्ध है, जो नीचे दिए गए युग्म की संख्याओं के मध्य है। **SSC CGL (Tier-I) 13/09/2024 Shift III**

63 : 441
51 : 357
(a) 68 : 340 (b) 39 : 273
(c) 89 : 96 (d) 54 : 324

93. उस विकल्प का चयन करें, जो पाँचवें पद से उसी प्रकार सम्बन्धित है, जिस प्रकार दूसरा पद, पहले पद से सम्बन्धित है और चौथा पद, तीसरे पद से सम्बन्धित है।
SSC CGL (Tier-I) 13/09/2024 Shift II
READER : ERZWRE :: SERIAL: ESIRLA :: JINGLE: ?
(a) JIGNEL (b) JIMTEL
(c) IJMTEL (d) IJGNEL

94. 'रिक्त' का सम्बन्ध 'खाली' से उसी प्रकार है, जैसे 'भीड़' का सम्बन्ध ······· से है।
SSC CGL (Tier-I) 13/09/2024 Shift II
(a) जमघट (b) कष्ट
(c) अकेला (d) उखड़ना

95. उस विकल्प का चयन कीजिए, जिसमें संख्याएँ एक-दूसरे से उसी तरह सम्बन्धित हैं, जैसे दिए गए विकल्पों की संख्याएँ हैं।
SSC CGL (Tier-I) 13/09/2024 Shift II
(148, 126, 104), (98, 76, 54)
(a) (149, 137, 115)
(b) (157, 135, 113)
(c) (134, 102, 90)
(d) (128, 104, 82)

96. उस विकल्प का चयन करें, जिसमें दी गई संख्याएँ एक-दूसरे से उसी प्रकार सम्बन्धित है, जिस प्रकार निम्नलिखित विकल्पों की संख्याएँ एक-दूसरे से सम्बन्धित है।
SSC CGL (Tier-I) 13/09/2024 Shift II
16-40-100
8-20-50
(a) 24-60-150 (b) 12-30-120
(c) 22-74-185 (d) 18-50-110

97. उस समुच्चय का चयन कीजिए, जिसमें संख्याएँ उसी प्रकार से सम्बन्धित हैं जिस प्रकार निम्नलिखित समुच्चय की संख्याएँ सम्बन्धित हैं। **SSC CGL (Tier-I) 13/09/2024 Shift I**
7 – 14 – 23
4 – 11 – 20
(a) 9 – 12 – 22
(b) 5 – 12 – 21
(c) 7 – 15 – 22
(d) 15 – 30 – 20

98. उस समुच्चय का चयन करें, जिसमें दी गई संख्याएँ आपस में उसी प्रकार सम्बन्धित हैं, जिस प्रकार प्रश्न में दिए गए समुच्चय की संख्याएँ आपस में सम्बन्धित हैं।
SSC CGL (Tier-I) 13/09/2024 Shift I
(27, 405, 3)
(23, 690, 6)
(a) (16, 448, 7) (b) (14, 364, 7)
(c) (24, 600, 5) (d) (22, 616, 7)

99. 'बहुत' (Ample), 'प्रचुरता' (Abundant) से उसी प्रकार सम्बन्धित है, जिस प्रकार 'पर्याप्त' (Substantial)' .... से सम्बन्धित है।
SSC CGL (Tier-I) 13/09/2024 Shift I
(a) यथेष्ट (b) अल्प
(c) सम्मानित (d) अपर्याप्त

100. उस विकल्प का चयन करें, जो तीसरे शब्द से उसी प्रकार सम्बन्धित है जैसे दूसरा शब्द पहले शब्द से सम्बन्धित है।
SSC CGL (Tier-I) 13/09/2024 Shift I
तुच्छ : प्रासंगिक :: उपहास : ?
(a) तिरस्कार
(b) मज़ाक
(c) घृणा करना
(d) प्रोत्साहित करना

101. उस समुच्चय का चयन कीजिए, जिसमें संख्याएँ उसी प्रकार सम्बन्धित हैं, जिस प्रकार निम्नलिखित समुच्चयों की संख्याएँ सम्बन्धित हैं। **SSC CGL (Tier-I) 12/09/2024 Shift-III**
(34, 17, 27)
(42, 21, 31)
(a) (38, 16, 36) (b) (64, 34, 54)
(c) (46, 23, 35) (d) (54, 27, 37)

102. उस समुच्चय का चयन कीजिए, जिसमें संख्याएँ उसी प्रकार से सम्बन्धित हैं, जिस प्रकार निम्नलिखित समुच्चय की संख्याएँ सम्बन्धित हैं।
SSC CGL (Tier-I) 12/09/2024 Shift-III
3-5-30
2-4-16
(a) 9-5-27 (b) 6-6-72
(c) 5-5-45 (d) 9-4-7

103. उस विकल्प का चयन कीजिए, जो पाँचवें अक्षर-समूह से उसी प्रकार सम्बन्धित है, जिस प्रकार दूसरा अक्षर-समूह पहले अक्षर-समूह से और चौथा अक्षर-समूह तीसरे अक्षर-समूह से सम्बन्धित है।
FISH : DKQJ : : POND : NQLF :: SIZE : ? **SSC CGL (Tier-I) 12/09/2024 Shift-III**
(a) UGXC (b) QGXG
(c) UKXC (d) QKXG

104. उस विकल्प का चयन करें, जो पाँचवें अक्षर-समूह से उसी प्रकार सम्बन्धित है, जिस प्रकार दूसरा अक्षर-समूह पहले अक्षर-समूह से सम्बन्धित है और चौथा अक्षर-समूह, तीसरे अक्षर-समूह से सम्बन्धित है।
SSC CGL (Tier-I) 12/09/2024 Shift-III
ALW : NYJ :: CNY : PAL :: DEP : ?
(a) QRD (b) SRD
(c) QRC (d) SRC

105. उस शब्द-युग्म का चयन करें, जो नीचे दिए गए शब्दों के युग्म में व्यक्त किए गए सम्बन्ध के समान सम्बन्धों का सबसे बेहतर ढंग से प्रतिनिधित्व करता है।
SSC CGL (Tier-I) 12/09/2024 Shift II
दलीप ट्रॉफी : क्रिकेट
(a) आगा खान कप : हॉकी
(b) ध्यानचंद ट्रॉफी : बैडमिंटन
(c) डूरंड कप : क्रिकेट
(d) बर्दवान ट्रॉफी : पोलो

106. उस समुच्चय का चयन कीजिए, जिसमें संख्याएँ उसी प्रकार सम्बन्धित हैं, जिस प्रकार निम्नलिखित समुच्चयों की संख्याएँ सम्बन्धित हैं। **SSC CGL (Tier-I) 12/09/2024 Shift II**
(11, 16.5, 22)
(14.5, 20, 25.5)
(a) (21.5, 25, 31.5) (b) (24.5, 30, 36.5)
(c) (18,23.5.29) (d) (14, 18.5, 23.5)

107. नीचे संख्याओं के दो समुच्चय दिए गए हैं। संख्याओं के प्रत्येक समुच्चय में, पहली संख्या पर कुछ निश्चित गणितीय संक्रिया करने पर दूसरी संख्या प्राप्त होती है। इसी प्रकार, दूसरी संख्या पर कुछ निश्चित गणितीय संक्रिया करने पर तीसरी संख्या प्राप्त होती है और इसी तरह आगे भी होती है। दिए गए विकल्पों में से कौन-सा विकल्प दिए गए समुच्चयों की तरह संक्रियाओं के समान समुच्चय का अनुसरण करता है? **SSC CGL (Tier-I) 12/09/2024 Shift II**
10-12-8-15; 12-14-10-19
(a) 6-8-12-16 (b) 8-6-10-18
(c) 15-13-9-19 (d) 11-13-9-17

108. संख्याओं के दो सेट नीचे दिए गए हैं। संख्याओं के प्रत्येक सेट में, पहले नम्बर पर कुछ गणितीय संक्रियाओं का परिणाम दूसरे नम्बर पर होता है। इसी प्रकार, दूसरे नम्बर पर कुछ गणितीय संक्रियाओं का परिणाम तीसरे नम्बर पर होता है, और इसी प्रकार आगे भी होता है। दिए गए विकल्पों में से कौन-सा विकल्प दिए गए सेटों की तरह समान संक्रियाओं वाले सेट का अनुसरण करता है?
SSC CGL (Tier-I) 12/09/2024 Shift I
18-36-72-107, 15-30-60-95
(a) 25-50-100-125
(b) 11-22-66-101
(c) 22-44-88-123
(d) 30-60-90-115

109. उस समुच्चय का चयन कीजिए, जिसमें संख्याएँ एक-दूसरे से उसी तरह सम्बन्धित हैं, जैसे दिए गए समुच्चय की संख्याएँ हैं।
SSC CGL (Tier-I) 12/09/2024 Shift I
(213, 157), (185, 129)
(a) (164, 108)
(b) (189, 141)
(c) (171, 123)
(d) (192, 152)

110. एक निश्चित तर्क का अनुसरण करते हुए $\left[\frac{24}{7}\right]$ का सम्बन्ध $\left[\frac{12}{7}\right]$ है। समान सम्बन्ध का अनुसरण करते हुए $\left[\frac{11}{15}\right]$, $\left[\frac{11}{30}\right]$ से सम्बन्धित

है। समान तर्क का अनुसरण करते हुए $\left[\frac{9}{13}\right]$ का सम्बन्ध निम्नलिखित में से किससे है?

SSC CGL (Tier-I) 12/09/2024 Shift I

(a) $\left[\frac{10}{27}\right]$ (b) $\left[\frac{15}{26}\right]$ (c) $\left[\frac{9}{26}\right]$ (d) $\left[\frac{9}{39}\right]$

111. उस शब्द-युग्म का चयन करें, जो नीचे दिए गए शब्दों के युग्म में व्यक्त किए गए सम्बन्ध के समान सम्बन्धों का सबसे बेहतर ढंग से प्रतिनिधित्व करता है।

SSC CGL (Tier-I) 12/09/2024 Shift I

Virus : Parasite (विषाणु : परजीवी)

(a) Algae : Flower (शैवाल : पुष्प)
(b) Fungus : Jasmine (कवक : चमेली)
(c) Amaltas : Tree (अमलतास : वृक्ष)
(d) Fenugreek : Micro organism (मेथी : सूक्ष्मजीव)

112. उस समुच्चय का चयन कीजिए, जिसमें संख्याएँ उसी प्रकार सम्बन्धित हैं, जिस प्रकार निम्नलिखित समुच्चयों की संख्याएँ सम्बन्धित हैं। **SSC CGL (Tier-I) 11/09/2024 Shift-III**

(66, 57, 48)
(94, 85, 76)

(a) (79,70,59) (b) (98,90,83)
(c) (85,77,64) (d) (81,72,63)

113. उस शब्द-युग्म का चयन कीजिए जो नीचे दिए गए शब्द-युग्म में व्यक्त किए गए सम्बन्ध के समान सम्बन्ध को सबसे अच्छा दर्शाता है।

SSC CGL (Tier-I) 11/09/2024 Shift-III

कैल्शियम : अस्थिमृदुता

(a) आमाशय: दृष्टिहीनता
(b) फेफड़े : क्षयरोग
(c) आयरन : रक्ताल्पता
(d) हृदय : हृदवाहिनी

114. उस विकल्प का चयन करें जो पाँचवें अक्षर-समूह से उसी प्रकार सम्बन्धित है जिस प्रकार दूसरा अक्षर-समूह पहले अक्षर-समूह से और चौथा अक्षर-समूह तीसरे अक्षर-समूह से सम्बन्धित है।

SSC CGL (Tier-I) 11/09/2024 Shift-III

OUR : NPTVQS :: BIG : ACHJFH :: FOR : ?

(a) GENPRS (b) EGNOQR
(c) EGNPQS (d) GEPNSQ

115. नीचे संख्याओं के दो समुच्चय दिए गए हैं। संख्याओं के प्रत्येक समुच्चय में, पहली संख्या पर कुछ निश्चित गणितीय संक्रिया करने पर दूसरी संख्या प्राप्त होती है। इसी प्रकार, दूसरी संख्या पर कुछ निश्चित गणितीय संक्रिया करने पर तीसरी संख्या प्राप्त होती है और इसी तरह आगे भी होती हैं। दिए गए विकल्पों में से कौन-सा विकल्प दिए गए समुच्चयों की तरह संक्रियाओं के समान समुच्चय का अनुसरण करता है? **SSC CGL (Tier-I) 11/09/2024 Shift-III**

(14–196–186–172)
(15–225–215–200)

(a) 3-9-19-14 (b) 9-81-71-62
(c) 8-64-54-40 (d) 6-36-26-22

116. उस विकल्प का चयन कीजिए जिसमें संख्याओं के मध्य वही सम्बन्ध है जो नीचे दिए गए युग्म की संख्याओं के मध्य है।

SSC CGL (Tier-I) 11/09/2024 Shift-II

186 : 103
156 : 73

(a) 83 : 1 (b) 208 : 127
(c) 95 : 12 (d) 119 : 35

117. उस समुच्चय का चयन कीजिए, जिसमें संख्याएँ उसी प्रकार सम्बन्धित हैं, जिस प्रकार निम्नलिखित समुच्चयों की संख्याएँ सम्बन्धित हैं। **SSC CGL (Tier-I) 11/09/2024 Shift-II**

(34, 15, 64)
(29, 17 63)

(a) (25, 14, 53) (b) (44, 32, 98)
(c) (31, 23, 54) (d) (24, 28, 76)

118. उस विकल्प का चयन कीजिए जो पाँचवें पद से उसी प्रकार सम्बन्धित है जिस प्रकार दूसरा पद पहले पद से और चौथा पद तीसरे पद से सम्बन्धित है।

SSC CGL (Tier-I) 11/09/2024 Shift-II

TRAINER : VTCIQHU : RADIANT : TCFIDQW : : CUSHION : ?

(a) FXUHLRQ
(b) EWUHLRQ
(c) FWUHLRQ
(d) EXUHLRQ

119. उस त्रिक का चयन करें जिसमें दी गई संख्याएँ एक-दूसरे से उसी प्रकार सम्बन्धित हैं, जिस प्रकार निम्नलिखित त्रिकों की संख्याएँ एक-दूसरे से सम्बन्धित हैं।

SSC CGL (Tier-I) 11/09/2024 Shift II

8–17–35
23–47–95

(a) 16-32-62 (b) 9-20-41
(c) 13-29-55 (d) 12-25-51.

120. उस विकल्प का चयन करें जो पाँचवें अक्षर-समूह से उसी प्रकार सम्बन्धित है, जिस प्रकार दूसरा अक्षर-समूह पहले अक्षर-समूह से और चौथा अक्षर-समूह तीसरे अक्षर-समूह से सम्बन्धित है।

SSC CGL (Tier-I) 11/09/2024 Shift I

RATE: SCWI:: HIGH: IKJL:: OPEN:?

(a) PRHR (b) PQHR
(c) PRIS (d) PSIR

121. उस विकल्प का चयन करें, जो तीसरे शब्द से उसी प्रकार सम्बन्धित है जैसे दूसरा शब्द पहले शब्द से सम्बन्धित है। कटुता : मानवता : : सम्भालना : ?

SSC CGL (Tier-I) 11/09/2024 Shift I

(a) नियुक्त करना (b) निग्रह
(c) त्यागना (d) खींचना

122. एक निश्चित तर्क का अनुसरण करते हुए 16, 112 से सम्बन्धित है। उसी तर्क का अनुसरण करते हुए, 26, 182 से सम्बन्धित है। उसी तर्क का अनुसरण करते हुए, 44 निम्नलिखित में से किससे सम्बन्धित है?

SSC CGL (Tier-I) 11/09/2024 Shift I

(a) 312 (b) 310 (c) 302 (d) 308

123. एक निश्चित तर्क का अनुसरण करते हुए 8,512 से सम्बन्धित है। उसी तर्क का अनुसरण करते हुए 12,1728 से सम्बन्धित है। उसी तर्क का अनुसरण करते हुए 15 निम्नलिखित में से किससे सम्बन्धित है?

SSC CGL (Tier-I) 11/09/2024 Shift I

(a) 3375 (b) 2275
(c) 3735 (d) 2725

124. किसी निश्चित तर्क के अनुसार 62 का सम्बन्ध 79 से है। उसी तर्क के अनुसार 98 का सम्बन्ध 119 से है। उसी तर्क के अनुसार 14 निम्नलिखित में से किस संख्या से सम्बन्धित है? **SSC CGL (Tier-I) 10/09/2024 Shift III**

(a) 23 (b) 24 (c) 19 (d) 21

125. उस विकल्प का चयन कीजिए, जो पाँचवें पद से उसी प्रकार सम्बन्धित है जैसे दूसरा पद पहले पद से और चौथा पद तीसरे पद से सम्बन्धित है।

SSC CGL (Tier-I) 10/09/2024 Shift III

SWEET : WSETE :: SALTY : ASLYT :: DRINK :?

(a) RDNIK (b) RDIKN
(c) DRIKN (d) ESJOL

126. उस समुच्चय का चयन कीजिए, जिसमें संख्याएँ उसी प्रकार सम्बन्धित हैं, जिस प्रकार निम्नलिखित समुच्चयों की संख्याएँ सम्बन्धित हैं। **SSC CGL (Tier-I) 10/09/2024 Shift III**

(121, 93, 214)
(115, 87, 202)

(a) (110, 94, 224) (b) (135, 117, 259)
(c) (97, 112, 209) (d) (84, 99, 189)

127. एक निश्चित तर्क का अनुसरण करते हुए 104, 13 से सम्बन्धित है। उसी तर्क का अनुसरण करते हुए, 136, 17 से सम्बन्धित है। उसी तर्क का अनुसरण करते हुए, 232 निम्नलिखित में से किससे सम्बन्धित है?

SSC CGL (Tier-I) 10/09/2024 Shift II

(a) 29 (b) 27 (c) 33 (d) 31

128. उस समुच्चय का चयन करें, जिसमें दी गई संख्याएँ आपस में उसी प्रकार सम्बन्धित हैं, जिस प्रकार प्रश्न में दिए गए समुच्चय की संख्याएँ आपस में सम्बन्धित हैं।

SSC CGL (Tier-I) 10/09/2024 Shift II

(25, 300, 6)
(19, 342, 9)

(a) (18, 288, 8) (b) (17,476, 7)
(c) (24, 600, 5) (d) (14,364, 7)

129. उस विकल्प का चयन करें, जो पाँचवें अक्षर-समूह से उसी प्रकार सम्बन्धित है जिस प्रकार दूसरा अक्षर-समूह पहले अक्षर-समूह से और चौथा अक्षर- समूह तीसरे अक्षर-समूह से सम्बन्धित है।
SSC CGL (Tier-I) 10/09/2024 Shift II

BACK : CCBI :: TEST : UGRR :: WORK : ?

(a) YQPI (b) XQSI
(c) XQQI (d) YQQJ

130. उस विकल्प का चयन करें, जो पाँचवें अक्षर-समूह से उसी प्रकार सम्बन्धित है जिस प्रकार दूसरा अक्षर-समूह पहले अक्षर-समूह से सम्बन्धित है और चौथा अक्षर-समूह तीसरे अक्षर-समूह से सम्बन्धित है।
SSC CGL (Tier-I) 10/09/2024 Shift II

DOY : PAK : : BQM : NCY : : ILU : ?

(a) TYG (b) UYG (c) UXG (d) TXG

131. उस युग्म का चयन कीजिए, जिसमें संख्याएँ एक-दूसरे से उसी प्रकार सम्बन्धित हैं जिस प्रकार दिए गए युग्मों में संख्याएँ सम्बन्धित हैं।
SSC CGL (Tier-I) 10/09/2024 Shift II

12 : 25
11 : 23

(a) 25 : 49 (b) 15 : 29
(c) 21 : 43 (d) 18 : 35

132. उस समुच्चय का चयन कीजिए, जिसमें संख्याएँ उसी प्रकार सम्बन्धित है, जिस प्रकार निम्नलिखित समुच्चयों की संख्याएँ सम्बन्धित हैं। **SSC CGL (Tier-I) 10/09/2024 Shift I**

(7, 9, 48)
(6, 8, 42)

(a) (8, 10, 47) (b) (10, 12, 54)
(c) (9, 11, 56) (d) (11, 13, 72)

133. किसी निश्चित तर्क के अनुसार 10 का सम्बन्ध 15 से है। उसी तर्क के अनुसार 42 का सम्बन्ध 63 से है। उसी तर्क के अनुसार 22 निम्नलिखित में से किस संख्या से सम्बन्धित है? **SSC CGL (Tier-I) 10/09/2024 Shift I**

(a) 31 (b) 28
(c) 33 (d) 30

134. 'खिलना' (Blossom), मुरझाना' (Wither) से उसी प्रकार सम्बन्धित है, जिस प्रकार 'स्थिर होना' (Stagnate)' .... से सम्बन्धित है।
SSC CGL (Tier-I) 10/09/2024 Shift I

(a) विराम (b) खड़े रहना
(c) बहना (d) मंद पड़ना

135. उस समुच्चय का चयन कीजिए, जिसमें संख्याएँ उसी प्रकार सम्बन्धित हैं, जिस प्रकार निम्नलिखित समुच्चयों की संख्याएँ सम्बन्धित हैं। **SSC CGL (Tier-I) 10/09/2024 Shift I**

(79, 58, 62), (54, 33, 37)

(a) (66, 45, 49) (b) (59, 33, 43)
(c) (47, 36, 41) (d) (43, 25, 30)

136. उस विकल्प का चयन करें, जो पाँचवें अक्षर-समूह से उसी प्रकार सम्बन्धित है जिस प्रकार दूसरा अक्षर-समूह पहले अक्षर-समूह से सम्बन्धित है और चौथा अक्षर-समूह तीसरे अक्षर समूह से सम्बन्धित है।
SSC CGL (Tier-I) 09/09/2024 Shift III

CWE : ZFX :: PYT : MDI :: KIL : ?

(a) PQO (b) RTQ
(c) PRO (d) STQ

137. उस समुच्चय का चयन करें, जिसमें दी गई संख्याएँ आपस में उसी प्रकार सम्बन्धित हैं, जिस प्रकार प्रश्न में दिए गए समुच्चय की संख्याएँ आपस में सम्बन्धित हैं।
SSC CGL (Tier-I) 09/09/2024 Shift III

(19, 456, 6)
(16, 320, 5)

(a) (18,648, 9) (b) (21,504, 8)
(c) (18,378, 7) (d) (14, 210, 5)

138. उस समुच्चय का चयन कीजिए, जिसमें संख्याएँ उसी प्रकार सम्बन्धित हैं, जिस प्रकार निम्नलिखित समुच्चयों की संख्याएँ सम्बन्धित हैं। **SSC CGL (Tier-I) 09/09/2024 Shift III**

(34, 47, 62)
(119, 142, 167)

(a) (27, 38, 51) (b) (64, 78, 99)
(c) (48, 65, 82) (d) (79, 98, 119)

139. उस त्रिक का चयन कीजिए, जिसमें संख्याएँ एक-दूसरे से उसी तरह सम्बन्धित हैं, जैसे दिए गए त्रिकों की संख्याएँ हैं।
SSC CGL (Tier-I) 09/09/2024 Shift II

(16, 33, 67), (19, 39, 79)

(a) (21,45,90) (b) (22,45, 91)
(c) (14, 27, 53) (d) (18,36, 80)

140. उस शब्द युग्म का चयन करें, जो नीचे दिए गए शब्दों के युग्म में व्यक्त किए गए सम्बन्ध के समान सम्बन्धों का सबसे बेहतर ढंग से प्रतिनिधित्व करता है।
SSC CGL (Tier-I) 09/09/2024 Shift II

Egypt : Nile (मिस्र : नील)

(a) South Korea : Mekong (दक्षिण कोरिया : मेकोंग)
(b) Brazil : Colorado (ब्राजील : कोलोराडो)
(c) Russia : Mississippi (रूस मिसीसिप्पी)
(d) Myanmar : Irrawaddy (म्यांमार : इरावदी)

141. उस समुच्चय का चयन करें जिसमें दी गई संख्याएँ आपस में उसी प्रकार सम्बन्धित हैं, जिस प्रकार प्रश्न में दिए गए समुच्चय की संख्याएँ आपस में सम्बन्धित हैं।
SSC CGL (Tier-I) 09/09/2024 Shift II

(18, 378, 7) (14, 210, 5)

(a) (23, 230, 5) (b) (17, 204, 6)
(c) (17, 272, 8) (d) (15,405, 9)

142. उस त्रिक का चयन कीजिए, जिसमें संख्याएँ उसी प्रकार सम्बन्धित हैं, जिस प्रकार निम्नलिखित त्रिकों की संख्याएँ सम्बन्धित हैं।
SSC CGL (Tier-I) 09/09/2024 Shift II

(2, 3, 17) (5, 2, 21)

(a) (5, 6, 72) (b) (3, 4, 23)
(c) (1,4, 17) (d) (2, 5, 42)

143. उस विकल्प का चयन कीजिए, जिसमें संख्याएँ वही सम्बन्ध साझा करती हैं, जो संख्याओं के दिए गए युग्म द्वारा साझा किया गया है।
SSC CGL (Tier-I) 09/09/2024 Shift I

(149, 213) (168,232)

(a) (137, 211) (b) (162,222)
(c) (144, 198) (d) (153,217)

144. उस विकल्प का चयन करें, जो पाँचवें अक्षर-समूह से उसी प्रकार सम्बन्धित है, जिस प्रकार दूसरा अक्षर-समूह पहले अक्षर-समूह से सम्बन्धित है और चौथा अक्षर-समूह तीसरे अक्षर-समूह से सम्बन्धित है।
SSC CGL (Tier-I) 09/09/2024 Shift I

MEK: NVP :: GYT : TBG :: JWH : ?

(a) PCR (b) QDS
(c) QDT (d) PCS

145. 31 एक निश्चित तर्क का अनुसरण करते हुए 152 से सम्बन्धित है। इसी तर्क का अनुसरण करते हुए 47, 168 से सम्बन्धित है। समान तर्क का अनुसरण करते हुए, 66 निम्नलिखित में से किससे सम्बन्धित है?
SSC CGL (Tier-I) 09/09/2024 Shift I

(a) 187 (b) 185 (c) 180 (d) 190

SSC CGL 2023 (Tier I & II)

146. उस समुच्चय का चयन कीजिए, जिसमें संख्याओं के बीच ठीक वहीं सम्बन्ध हो, जो सम्बन्ध निम्नलिखित समुच्चयों की संख्याओं के बीच है। **SSC CGL (Tier-II) 26/10/2023 Shift-I**

5, 5, 25
2, 5, 10

(a) (3, 3, 9) (b) (4, 4, 20)
(c) (7, 3, 14) (d) (9, 3, 26)

147. उस समुच्चय का चयन कीजिए जिसमें संख्याएँ उसी प्रकार सम्बन्धित हैं जिस प्रकार निम्नलिखित समुच्चयों की संख्याएँ सम्बन्धित हैं। **SSC CGL (Tier-II) 07/03/2023 Shift-I**

(18, 39, 60)
(27, 48, 69)

(a) (17, 28, 49) (b) (35, 56, 77)
(c) (31, 52, 84) (d) (24, 64, 96)

148. निम्नलिखित में से कौन-से अक्षर-समूह को, # और % को प्रतिस्थापित करना चाहिए ताकि : : के बाईं ओर के अक्षर-समूह युग्म के बीच का पैटर्न और सम्बन्ध वैसा ही हो जैसा कि : : के दाईं ओर के अक्षर-समूह युग्म का है?
SSC CGL (Tier-II) 07/03/2023 Shift-I

#: KNE : : PQV : %
(a) # = NKF, % = MTU
(b) # = MOB, % = RTT
(c) # = HQD, % = MTV
(d) # = NOB, % = SRY

149. निम्नलिखित में से कौन-से अक्षर-समूह को, # और % को प्रतिस्थापित करना चाहिए ताकि :: के बाईं ओर के अक्षर-समूह युग्म के बीच का पैटर्न और सम्बन्ध वैसा ही हो जैसा कि :: के दाईं ओर के अक्षर-समूह युग्म का है?
SSC CGL (Tier-II) 06/03/2023 Shift-I

#: KNF :: QCV : %
(a) # = HPD, % = NFS
(b) # = MLH, % = OET
(c) # = HQC, % = NFS
(d) # = IPD, % = OET

150. उस समुच्चय का चयन कीजिए जिसमें संख्याएँ एक-दूसरे से उसी प्रकार सम्बन्धित हैं जिस प्रकार निम्नलिखित समुच्चय की संख्याएँ आपस में सम्बन्धित है।
SSC CGL (Tier-II) 06/03/2023 Shift-I

(8, 1, 46)
(9, 4, 22)
(a) (7, 6, 13) (b) (4, 2, 5)
(c) (8, 5, 43) (d) (7, 3, 13)

151. निम्नलिखित में से कौन-से अक्षर-समूह को, # और % को प्रतिस्थापित करना चाहिए ताकि :: के बाईं ओर के अक्षर-समूह युग्म के बीच का पैटर्न और सम्बन्ध वैसा ही हो जैसा कि :: के दाईं ओर के अक्षर-समूह युग्म का है?
SSC CGL (Tier-II) 03/03/2023 Shift-I

#: CLQ : : NDK : %
(a) # = EIT, % = QBN
(b) # = AJS, % = MAM
(c) # = DIS, % = PBN
(d) # = AOO, % = PAM

152. उस समुच्चय का चयन कीजिए जिसमें संख्याएँ एक-दूसरे से उसी प्रकार सम्बन्धित हैं जिस प्रकार निम्नलिखित समुच्चय की संख्याएँ आपस में सम्बन्धित हैं।
SSC CGL (Tier-II) 03/03/2023 Shift-I

(7, 3, 43), (5, 2, 21)
(a) (12, 3, 43) (b) (15, 6, 34)
(c) (13, 23, 131) (d) (11, 5, 111)

153. निम्नलिखित में से कौन-से अक्षर-समूह को, # और % को प्रतिस्थापित करना चाहिए ताकि : : के बाईं ओर के अक्षर-समूह युग्म के बीच का पैटर्न और सम्बन्ध वैसा ही हो जैसा कि : : के दाईं ओर के अक्षर-समूह युग्म का है?
SSC CGL (Tier-II) 02/03/2023 Shift-I

#: DKR : : PCL : %
(a) # = BNQ, % = NFM
(b) # = COQ, % = OGH
(c) # = BNP, % = NFJ
(d) # = FHT, % = NFJ

154. उस समुच्चय का चयन कीजिए जिसमें संख्याएँ उसी प्रकार सम्बन्धित हैं जिस प्रकार निम्नलिखित समुच्चयों की संख्याएँ सम्बन्धित हैं। **SSC CGL (Tier-II) 02/03/2023 Shift-I**

(11, 33, 17), (18, 44, 21)
(a) (7, 32, 9) (b) (16, 43, 22)
(c) (12, 40, 18) (d) (15, 34, 19)

155. उस विकल्प का चयन करें जो तीसरे शब्द से उसी प्रकार सम्बन्धित है जिस प्रकार दूसरा शब्द पहले शब्द से सम्बन्धित है। (शब्दों को अर्थपूर्ण अंग्रेजी/हिन्दी शब्दों के रूप में माना जाना चाहिए और इन्हें शब्द में अक्षरों की संख्या/व्यंजनों की संख्या/स्वरों की संख्या के आधार पर एक-दूसरे से सम्बद्ध नहीं किया जाना चाहिए।)
SSC CGL (Tier-I) 27/07/2023 Shift-III

भारत : रॉयल बंगाल टाइगर : : ऑस्ट्रेलिया : ?
(a) ड्रैगन (b) कंगारू (c) हाथी (d) घोड़ा

156. विकल्पों में से उस समुच्चय का चयन कीजिए जिसमें संख्याएँ उसी प्रकार सम्बन्धित हैं जिस प्रकार निम्नलिखित समुच्चयों की संख्याएँ सम्बन्धित हैं।
SSC CGL (Tier-I) 27/07/2023 Shift-III

(239, 127, 212); (96, 64, 132)
(a) (262, 132, 240) (b) (140, 76, 181)
(c) (110, 91, 159) (d) (167, 89, 178)

157. उस विकल्प का चयन करें जो पाँचवें अक्षर-समूह से उसी प्रकार सम्बन्धित है जिस प्रकार दूसरा अक्षर-समूह पहले अक्षर-समूह से सम्बन्धित है और चौथा अक्षर-समूह तीसरे अक्षर-समूह से सम्बन्धित है।
SSC CGL (Tier-I) 27/07/2023 Shift-III

COMFORT : FMOCTRO : : DIGNITY : NGIDYTI : : FOREIGN : ?
(a) EFORNGI (b) ROFNGIE
(c) EROFIGN (d) EROFNGI

158. विकल्पों में से उस समुच्चय का चयन कीजिए जिसमें संख्याएँ उसी प्रकार सम्बन्धित हैं जिस प्रकार निम्नलिखित समुच्चयों की संख्याएँ सम्बन्धित हैं।
SSC CGL (Tier-I) 27/07/2023 Shift-III

(13, 17, 23) (8, 12, 18)
(a) (18, 22, 28) (b) (11, 15, 23)
(c) (5, 9, 16) (d) (17, 21, 15)

159. उस विकल्प का चयन कीजिए जो पाँचवीं संख्या से उसी प्रकार सम्बन्धित है जिस प्रकार दूसरी संख्या पहली संख्या से सम्बन्धित है और चौथी संख्या तीसरी संख्या से सम्बन्धित है। **SSC CGL (Tier-I) 27/07/2023 Shift-III**

19 : 34 : : 5 : 6 : : 27 : ?
(a) 50 (b) 67 (c) 63 (d) 52

160. उस समुच्चय का चयन कीजिए जिसमें संख्याएँ उसी प्रकार सम्बन्धित हैं जिस प्रकार निम्नलिखित समुच्चय की संख्याएँ हैं।
SSC CGL (Tier-I) 27/07/2023 Shift-III

(4, 3, 16) (6, 4, 28)
(a) (3, 2, 12) (b) (8, 1, 18)
(c) (5, 2, 49) (d) (8, 2, 20)

161. उस विकल्प का चयन कीजिए, जो तीसरे शब्द से उसी प्रकार सम्बन्धित है, जिस प्रकार दूसरा शब्द पहले शब्द से सम्बन्धित है।
SSC CGL (Tier-I) 27/07/2023 Shift-II

रिक्त : खाली : : दीर्घाकार : ?
(a) पर्याप्त (b) छोटा (c) प्रचुर (d) विशाल

162. उस समुच्चय का चयन करें जिसमें संख्याएँ आपस में उसी प्रकार सम्बन्धित हैं जैसे निम्न समुच्चयों की संख्याएँ आपस में सम्बन्धित हैं।
SSC CGL (Tier-I) 27/07/2023 Shift-II

(3, 6, 54) (4, 2, 24)
(a) (9, 6, 60) (b) (5, 3, 30)
(c) (3, 4, 36) (d) (2, 6, 48)

163. उस समुच्चय का चयन कीजिए, जिसमें संख्याएँ उसी प्रकार सम्बन्धित हैं, जिस प्रकार दिए गए समुच्चय की संख्याएँ आपस में सम्बन्धित हैं।
SSC CGL (Tier-I) 27/07/2023 Shift-II

(12, 8, 20) (7, 3, 15)
(a) (10, 5, 45) (b) (8, 5, 12)
(c) (9, 4, 19) (d) (11, 7, 17)

164. विकल्पों में से उस समुच्चय का चयन कीजिए जिसमें संख्याएँ उसी प्रकार सम्बन्धित हैं, जिस प्रकार निम्नलिखित समुच्चयों की संख्याएँ सम्बन्धित हैं।
SSC CGL (Tier-I) 27/07/2023 Shift-I

(17, 26, 37)
(170, 197, 226)
(a) (45, 52, 105) (b) (16, 28, 36)
(c) (52,65,83) (d) (48, 63, 80)

165. उस समुच्चय का चयन कीजिए, जिसमें संख्याएँ उसी प्रकार सम्बन्धित हैं, जिस प्रकार दिए गए समुच्चय की संख्याएँ आपस में सम्बन्धित हैं।
SSC CGL (Tier-I) 27/07/2023 Shift-I

(38, 29, 67), (43, 36, 79)
(a) (34, 47, 83) (b) (59, 28, 77)
(c) (51, 39, 70) (d) (47, 35 82)

166. उस विकल्प का चयन करें जो तीसरे शब्द से उसी प्रकार सम्बन्धित है, जिस प्रकार दूसरा शब्द, पहले शब्द से सम्बन्धित है।
SSC CGL (Tier-I) 27/07/2023 Shift-I

रिंगवॉर्म : त्वचा :: फीता कृमि : ?
(a) हृदय (b) रक्त (c) फेफड़े (d) आँत

167. विकल्पों में से उस समुच्चय का चयन कीजिए जिसमें संख्याएँ उसी प्रकार सम्बन्धित हैं, जिस प्रकार निम्नलिखित समुच्चयों की संख्याएँ सम्बन्धित हैं।
SSC CGL (Tier-I) 27/07/2023 Shift-I

(39, 65), (63, 105)
(a) (66, 165) (b) (84,155)
(c) (96, 160) (d) (72,180)

168. उस विकल्प का चयन कीजिए जो पाँचवें अक्षर-समूह से उसी प्रकार सम्बन्धित है, जिस प्रकार दूसरा अक्षर-समूह पहले, अक्षर समूह से सम्बन्धित है और चौथा अक्षर-समूह, तीसरे अक्षर-समूह से सम्बन्धित है।
SSC CGL (Tier-I) 27/07/2023 Shift-I

GPK : MSI :: RHT : VKT :: IDW : ?

(a) KGY (b) YGK
(c) ZHL (d) YIK

169. उचित का सम्बन्ध 'न्याय संगत' से उसी प्रकार है जिस प्रकार 'धूर्तता' का सम्बन्ध ...... से है।
SSC CGL (Tier-I) 26/07/2023 Shift-IV

(a) व्यक्ति (b) व्यक्तित्व
(c) चरित्र (d) कपट

170. उस विकल्प का चयन करें जो तीसरे शब्द से उसी प्रकार सम्बन्धित है जिस प्रकार दूसरा शब्द पहले शब्द से सम्बन्धित है।
SSC CGL (Tier-I) 26/07/2023 Shift-IV

फाउण्टेन पेन : वाटरमैन :: टेलीस्कोप : ?

(a) मैकमिलन (b) रॉबर्ट हुक
(c) गैलीलियो (d) न्यूटन

171. उस समुच्चय का चयन कीजिए जिसमें संख्याएँ एक-दूसरे से उसी प्रकार सम्बन्धित हों, जैसे निम्नलिखित समुच्चयों की संख्याएँ एक-दूसरे से सम्बन्धित हैं।
SSC CGL (Tier-I) 26/07/2023 Shift-IV

(60,15, 40), (100, 50, 20)

(a) (40, 8, 10) (b) (12, 45, 89)
(c) (10, 5, 30) (d) (200, 40, 50)

172. विकल्पों में से उस समुच्चय का चयन कीजिए जिसमें संख्याएँ उसी प्रकार सम्बन्धित नहीं है जिस प्रकार निम्नलिखित समुच्चयों की संख्याएँ सम्बन्धित हैं।
SSC CGL (Tier-I) 26/07/2023 Shift-IV

(5, 13, 16)
(4, 11, 14)

(a) (12, 21, 18) (b) (7, 17, 20)
(c) (9, 21, 26) (d) (8, 13, 10)

173. विकल्पों में से उस समुच्चय का चयन कीजिए जिसमें संख्याएँ उसी प्रकार सम्बन्धित है जिस प्रकार निम्नलिखित समुच्चयों की संख्याएँ सम्बन्धित हैं।
SSC CGL (Tier-I) 26/07/2023 Shift-IV

(15, 23, 31), (33, 41, 49)

(a) (20, 33, 28) (b) (20, 28, 36)
(c) (35, 43, 56) (d) (21, 29, 43)

174. उस विकल्प का चयन करें जो चौथे पद से उसी प्रकार सम्बन्धित है जिस प्रकार पहला पद, दूसरे पद से सम्बन्धित है और पाँचवाँ पद, छठे पद से सम्बन्धित है।
SSC CGL (Tier-I) 26/07/2023 Shift-III

17 : 4624 : : ? : 180 : : 13 : 2028

(a) 6 (b) 11
(c) 7 (d) 4

175. उस विकल्प का चयन करें जो पाँचवें अक्षर-समूह से उसी प्रकार सम्बन्धित है जिस प्रकार दूसरा अक्षर-समूह पहले अक्षर-समूह से सम्बन्धित है और चौथा अक्षर-समूह तीसरे अक्षर-समूह से सम्बन्धित है।
SSC CGL (Tier-I) 26/07/2023 Shift-III

MAGNET : AMNGTE : : FAMILY : AFIMYL : : BLOCKS : ?

(a) OLBSKC (b) LBCOSK
(c) LCBOSK (d) LBOCSK

176. उस विकल्प का चयन कीजिए, जिसका पाँचवें अक्षर-समूह से ठीक वहीं सम्बन्ध है, जो सम्बन्ध दूसरे अक्षर-समूह का पहले अक्षर-समूह से है और वहीं सम्बन्ध चौथे अक्षर-समूह का तीसरे अक्षर-समूह से है।
SSC CGL (Tier-I) 26/07/2023 Shift-III

BET : UXM : : SYP : LRI : : HOX : ?

(a) NVE (b) MVE
(c) AHQ (d) BHQ

177. विकल्पों में से उस समुच्चय का चयन कीजिए जिसमें संख्याएँ उसी प्रकार सम्बन्धित हैं जिस प्रकार निम्नलिखित समुच्चयों की संख्याएँ सम्बन्धित हैं।
SSC CGL (Tier-I) 26/07/2023 Shift-III

(7, 15, 11) (9, 19, 14)

(a) (13, 25, 21) (b) (11, 23, 17)
(c) (6, 13, 9) (d) (8, 16, 13)

178. उस शब्द-युग्म का चयन करें जो नीचे दिए गए शब्दों के युग्म में व्यक्त किए गए समान सम्बन्ध का सबसे अच्छा निरूपण करता है।
SSC CGL (Tier-I) 26/07/2023 Shift-III

ऊर्जा : जूल

(a) बल : वाट (b) धारा : एम्पियर
(c) शक्ति : गरम (d) शक्ति : अश्व

179. उस विकल्प का चयन करें, जो पाँचवें अक्षर-समूह से उसी प्रकार सम्बन्धित है, जिस प्रकार दूसरा अक्षर-समूह, पहले अक्षर-समूह से और चौथा अक्षर-समूह, तीसरे अक्षर-समूह से सम्बन्धित है।

SCOOTER : SGWSTIZ ::
AEROPLANE : FPDPUUYMJ ::
HELICOPTER : ?
SSC CGL (Tier-I) 26/07/2023 Shift-II

(a) SFUQPDJMFI
(b) SGWTTIPLEH
(c) SGWTTIPTNR
(d) RETPOCILEH

180. उस समुच्चय का चयन कीजिए, जिसमें संख्याएँ उसी प्रकार सम्बन्धित हैं, जिस प्रकार निम्नलिखित समुच्चयों की संख्याएँ सम्बन्धित हैं। **SSC CGL (Tier-I) 26/07/2023 Shift-II**

(2, 9, 85), (3, 9, 90)

(a) (7, 9,130) (b) (7, 23, 130)
(c) (12, 9, 130) (d) (13, 9, 130)

181. उस समुच्चय का चयन करें, जिसमें दी गई संख्याएँ आपस में उसी प्रकार सम्बन्धित हैं, जिस प्रकार प्रश्न में दिए गए समुच्चय की संख्याएँ आपस में सम्बन्धित हैं।
SSC CGL (Tier-I) 26/07/2023 Shift-II

(47, 11, 61)
(13, 68, 84)

(a) (33, 43, 83) (b) (55, 11, 70)
(c) (16, 62, 80) (d) (52, 88, 143)

182. उस समुच्चय का चयन करें, जिसमें संख्याएँ आपस में उसी तरह से सम्बन्धित हैं जैसे निम्नलिखित समुच्चय की संख्याएँ आपस में सम्बन्धित हैं।
SSC CGL (Tier-I) 26/07/2023 Shift-II

(9, 18, 324)
(14, 11, 308)

(a) (11, 12, 268) (b) (14, 15, 320)
(c) (8, 13, 208) (d) (7, 12, 168)

183. उस विकल्प का चयन करें, जो पाँचवें अक्षर-समूह से उसी प्रकार सम्बन्धित है, जिस प्रकार दूसरा अक्षर-समूह पहले अक्षर-समूह से सम्बन्धित है और चौथा अक्षर-समूह, तीसरे अक्षर-समूह से सम्बन्धित है।

QIN : XPU :: DSY : KZF :: ALM : ?
SSC CGL (Tier-I) 26/07/2023 Shift-II

(a) HTU (b) HST (c) ITU (d) IST

184. विकल्पों में से उस समुच्चय का चयन कीजिए, जिसमें संख्याएँ उसी प्रकार सम्बन्धित नहीं है, जिस प्रकार निम्नलिखित समुच्चयों की संख्याएँ सम्बन्धित है।
SSC CGL (Tier-I) 26/07/2023 Shift-II

(8, 13, 21)
(13, 18, 31)

(a) (11, 16, 29)
(b) (17, 12, 29)
(c) (14, 19, 33)
(d) (8, 3, 11)

185. उस विकल्प का चयन करें, जो पाँचवें अक्षर-समूह से उसी प्रकार सम्बन्धित है, जिस प्रकार दूसरा अक्षर-समूह, पहले अक्षर-समूह से सम्बन्धित है और चौथा अक्षर-समूह तीसरे अक्षर-समूह से सम्बन्धित है।

CNY : GRC :: FRL : JVP :: ITK : ?
SSC CGL (Tier-I) 26/07/2023 Shift-II

(a) EOG (b) MXO
(c) MYO (d) EPG

186. उस विकल्प का चयन कीजिए, जो तीसरे पद से उसी प्रकार सम्बन्धित है, जिस प्रकार दूसरा पद पहले पद से और छठा पद पाँचवें पद से सम्बन्धित हैं।

5 : 127 :: 9 : ? : : 7 : 247
SSC CGL (Tier-I) 26/07/2023 Shift-I

(a) 471 (b) 407
(c) 470 (d) 417

187. उस विकल्प का चयन करें जो तीसरे शब्द से उसी प्रकार सम्बन्धित है जिस प्रकार दूसरा शब्द पहले शब्द से सम्बन्धित है।

एक्स-रे : रेडियोलॉजिस्ट :: त्वचा : ?

SSC CGL (Tier-I) 26/07/2023 Shift-I

(a) फिजियोथेरेपिस्ट (b) रेडियोलॉजिस्ट
(c) डर्मेटोलॉजिस्ट (d) ऑफ्थेलेमोलॉजिस्ट

188. उस समुच्चय का चयन कीजिए जिसमें संख्याएँ एक-दूसरे से उसी प्रकार सम्बन्धित हों, जैसे निम्नलिखित समुच्चयों की संख्याएँ एक-दूसरे से सम्बन्धित हैं।

(50, 60, 2000) (20, 30, 200)

SSC CGL (Tier-I) 26/07/2023 Shift-I

(a) (80, 90, 6500) (b) (21, 11, 11)
(c) (31, 10, 48) (d) (20, 10, 200)

189. उस विकल्प का चयन कीजिए जो पाँचवीं संख्या से उसी प्रकार सम्बन्धित है जिस प्रकार दूसरी संख्या, पहली संख्या से सम्बन्धित है और चौथी संख्या, तीसरी संख्या से सम्बन्धित है।

3125 : 25 :: 1600 : 20 :: 675 : ?

SSC CGL (Tier-I) 26/07/2023 Shift-I

(a) 18 (b) 20 (c) 15 (d) 10

190. विकल्पों में से उस समुच्चय का चयन कीजिए जिसमें संख्याएँ उसी प्रकार सम्बन्धित हैं जिस प्रकार निम्नलिखित समुच्चयों की संख्याएँ सम्बन्धित हैं। (3, 10, 26), (4, 17, 42)

SSC CGL (Tier-I) 26/07/2023 Shift-I

(a) (8, 64, 154) (b) (7, 50, 141)
(c) (6, 37, 86) (d) (5, 26, 64)

191. विकल्पों में से उस समुच्चय का चयन कीजिए जिसमें संख्याएँ उसी प्रकार सम्बन्धित है जिस प्रकार निम्नलिखित समुच्चयों की संख्याएँ सम्बन्धित हैं।

(12, 5, 29), (19, 12, 50)

SSC CGL (Tier-I) 25/07/2023 Shift-IV

(a) (17, 11, 55) (b) (15, 14, 44)
(c) (16, 12, 34) (d) (8, 15, 21)

192. उस विकल्प का चयन कीजिए, जो तीसरे पद से उसी प्रकार सम्बन्धित है, जिस प्रकार दूसरा पद पहले पद से और छठा पद पाँचवें पद से सम्बन्धित है।

16 : 144 :: 22 : ? :: 14 : 112

SSC CGL (Tier-I) 25/07/2023 Shift-IV

(a) 244 (b) 266
(c) 264 (d) 246

193 उस समुच्चय का चयन कीजिए जिसमें संख्याएँ आपस में उसी प्रकार सम्बन्धित है जिस प्रकार निम्नलिखित समुच्चयों की संख्याएँ आपस में सम्बन्धित है।

(4, 14, 56) (6, 15, 90)

SSC CGL (Tier-I) 25/07/2023 Shift-IV

(a) (7, 17, 118) (b) (8, 13, 106)
(c) (7, 16, 112) (d) (9, 15, 125)

194. उस विकल्प का चयन कीजिए, जिसका पाँचवें अक्षर-समूह से ठीक वही सम्बन्ध है, जो सम्बन्ध दूसरे अक्षर-समूह का पहले अक्षर-समूह से है वहीं सम्बन्ध चौथे अक्षर-समूह का तीसरे अक्षर-समूह से है।

GIST: FEHGRQSR :: DUCK: CBTSBAJI :: LOPE: ?

SSC CGL (Tier-I) 25/07/2023 Shift-IV

(a) KMONDCJN (b) KONDCJNM
(c) KMONDCNM (d) KJNMONDC

195. उस विकल्प का चयन करें जो तीसरे शब्द से उसी प्रकार सम्बन्धित है, जिस प्रकार दूसरा शब्द, पहले शब्द से सम्बन्धित है। (शब्दों को हिन्दी/अंग्रेजी के अर्थपूर्ण शब्दों के रूप में माना जाना चाहिए और उन्हें अक्षरों की संख्या/व्यंजकों/स्वरों की संख्या के आधार पर एक-दूसरे से सम्बन्धित नहीं किया जाना चाहिए।

पौधा : गमला : : मछली : ?

SSC CGL (Tier-I) 25/07/2023 Shift-III

(a) कीचड़ (b) पत्थर
(c) रेत (d) मछलीघर

196. उस विकल्प का चयन कीजिए जो पाँचवीं संख्या से उसी प्रकार सम्बन्धित है, जिस प्रकार दूसरी संख्या, पहली संख्या से सम्बन्धित है और चौथी संख्या, तीसरी संख्या से सम्बन्धित है।

7 : 47 : : 11 : 119 : : 3 : ?

SSC CGL (Tier-I) 25/07/2023 Shift-III

(a) 11 (b) 7 (c) 14 (d) 15

197. उस विकल्प का चयन कीजिए जो पाँचवीं संख्या से उसी प्रकार सम्बन्धित है, जिस प्रकार दूसरी, संख्या पहली संख्या से सम्बन्धित है और चौथी संख्या, तीसरी संख्या से सम्बन्धित है।

750 : 5 : : 384 : 4 : : 3072 : ?

SSC CGL (Tier-I) 25/07/2023 Shift-III

(a) 7 (b) 8 (c) 6 (d) 9

198. उस समुच्चय का चयन कीजिए, जिसमें संख्याएँ उसी तरह सम्बन्धित हैं, जिस तरह दिए गए समुच्चय की संख्याएँ आपस में सम्बन्धित हैं।

(25, 150, 3) (18, 180, 5)

SSC CGL (Tier-I) 25/07/2023 Shift-III

(a) (52, 728, 7) (b) (101, 408, 2)
(c) (61, 601, 5) (d) (13, 39, 3)

199. उस विकल्प का चयन कीजिए, जो पाँचवी संख्या से उसी प्रकार सम्बन्धित है। जिस प्रकार दूसरी संख्या, पहली संख्या से सम्बन्धित है और चौथी संख्या, तीसरी संख्या से सम्बन्धित है।

7 : 35 : : 21 : 399 : 4 : ?

SSC CGL (Tier-I) 25/07/2023 Shift-III

(a) 12 (b) 24 (c) 20 (d) 8

200. विकल्पों में से उस समुच्चय का चयन कीजिए जिसमें संख्याएँ उसी प्रकार सम्बन्धित हैं जिस प्रकार निम्नलिखित समुच्चयों की संख्याएँ सम्बन्धित हैं।

SSC CGL (Tier-I) 25/07/2023 Shift-II

(2,7,27) (6,15,63)

(a) (12,4,40) (b) (9,8,50)
(c) (8,8,48) (d) (3,21,24)

201. उस विकल्प का चयन करें जो पाँचवें अक्षर-समूह से उसी प्रकार सम्बन्धित है जिस प्रकार दूसरा अक्षर-समूह, पहले अक्षर-समूह से सम्बन्धित है और चौथा अक्षर-समूह, तीसरे अक्षर-समूह से सम्बन्धित है।

MAP : NZK : : HOZ : SLA :: WQK : ?

SSC CGL (Tier-I) 25/07/2023 Shift-II

(a) DJP (b) CIP (c) DIP (d) CJP

202. दिए गए पैटर्न का ध्यानपूर्वक अध्ययन कीजिए और उस संख्या का चयन कीजिए जो उसमें प्रश्नवाचक चिह्न (?) को प्रतिस्थापित कर सकती है। **SSC CGL (Tier-I) 25/07/2023 Shift-II**

(6,1,18), (5,4,60), (6,2,?)

(a) 32 (b) 40 (c) 24 (d) 36

203. उस विकल्प का चयन करें जो चौथे पद से उसी प्रकार सम्बन्धित है जिस प्रकार पहला पद, दूसरे पद से सम्बन्धित है और पाँचवा पद, छठे पद से सम्बन्धित है।

169 : 14 :: ? : 16 :: 289 : 18

SSC CGL (Tier-I) 25/07/2023 Shift-II

(a) 125 (b) 225 (c) 205 (d) 230

204. उस विकल्प का चयन कीजिए जो पाँचवीं संख्या से उसी प्रकार सम्बन्धित है जिस प्रकार दूसरी संख्या पहली संख्या से सम्बन्धित है और चौथी संख्या तीसरी संख्या से सम्बन्धित है।

1029 : 7 :: 2187 : 9 :: 24 : ?

SSC CGL (Tier-I) 25/07/2023 Shift-I

(a) 4 (b) 2 (c) 3 (d) 6

205. उस विकल्प का चयन करें जो पाँचवें अक्षर-समूह से उसी प्रकार सम्बन्धित हैं जिस प्रकार दूसरा अक्षर-समूह पहले अक्षर-समूह से सम्बन्धित है और चौथा अक्षर-समूह तीसरे अक्षर-समूह से सम्बन्धित है।

DISMAY : SIDYAM : : DRIVER : IRDREV : : SAFARI : ?

SSC CGL (Tier-I) 25/07/2023 Shift-I

(a) SAFIAR (b) FASIRA
(c) FSAIRA (d) IRAFAS

206. विकल्पों में से उस समुच्चय का चयन कीजिए जिसमें संख्याएँ उसी प्रकार सम्बन्धित हैं जिस प्रकार निम्नलिखित समुच्चयों की संख्याएँ सम्बन्धित हैं।

SSC CGL (Tier-I) 25/07/2023 Shift-I

(9, 20, 31); (38, 49, 60)

(a) (15, 20, 31) (b) (14, 24, 34)
(c) (63, 60, 65) (d) (25, 69, 45)

207. विकल्पों में से उस समुच्चय का चयन कीजिए जिसमें दी गई संख्याओं के बीच वही सम्बन्ध है, जो सम्बन्ध नीचे दिए गए समुच्चयों की संख्याओं के बीच है।

SSC CGL (Tier-I) 25/07/2023 Shift-I

(7, 150, 23) (11, 75, 4)

(a) (15, 140, 13) (b) (4, 108, 16)
(c) (9, 80, 11) (d) (8, 90, 11)

208. उस शब्द-युग्म का चयन करें, जो नीचे दिए गए शब्दों के युग्म में व्यक्त किए गए समान सम्बन्ध का सबसे अच्छा निरूपण करता है।

बेलचा : खोदना

SSC CGL (Tier-I) 24/07/2023 Shift-IV

(a) हथौड़ा : लोहा (b) स्पैनर : जकड़ना
(c) छेनी : जकड़ना (d) उत्तोलक : काटना

209. उस विकल्प का चयन करें, जो पाँचवे अक्षर-समूह से उसी प्रकार सम्बन्धित है जिस प्रकार दूसरा अक्षर-समूह पहले अक्षर-समूह से और चौथा अक्षर-समूह तीसरे अक्षर-समूह से सम्बन्धित है।

ORANGE : FIQEWU :: MANGO : PIQER :: APPLE : ?

SSC CGL (Tier-I) 24/07/2023 Shift-IV

(a) FNSTF (b) ENSTE
(c) GNSTG (d) ELPPA

210. उस समुच्चय का चयन कीजिए, जिसमें संख्याएँ उसी प्रकार सम्बन्धित हैं, जिस प्रकार दिए गए समुच्चय की संख्याएँ आपस में सम्बन्धित हैं।

SSC CGL (Tier-I) 24/07/2023 Shift-IV

(28, 65, 261) (37, 83, 342)

(a) (39, 42, 393) (b) (29, 54, 358)
(c) (78, 95, 485) (d) (46, 92, 414)

211. उस समुच्चय का चयन कीजिए, जिसमें संख्याएँ उसी प्रकार सम्बन्धित हैं, जिस प्रकार दिए गए समुच्चय की संख्याएँ आपस में सम्बन्धित हैं।

SSC CGL (Tier-I) 24/07/2023 Shift-III

(15, 28, 41) (19, 32, 45)

(a) (22, 35, 48) (b) (12, 25, 36)
(c) (16, 28, 43) (d) (24, 38, 55)

212. उस शब्द-युग्म का चयन करें जो नीचे दिए गए शब्दों के युग्म में व्यक्त किए गए समान सम्बन्ध का सबसे अच्छा निरूपण करता है।

SSC CGL (Tier-I) 24/07/2023 Shift-III

पुर्तगाल : लिस्बन

(a) न्यूजीलैंड : कैनबरा (b) तुर्की : इस्तांबुल
(c) मोज़ाम्बिक : मटोला (d) इटली : रोम

213. उस समुच्चय का चयन कीजिए, जिसमें संख्याएँ उसी प्रकार सम्बन्धित हैं, जिस प्रकार दिए गए समुच्चय की संख्याएँ आपस में सम्बन्धित हैं।

SSC CGL (Tier-I) 24/07/2023 Shift-III

(6, 4, 8), (17, 6, 28)

(a) (11, 4, 19) (b) (8,3, 12)
(c) (12,9, 11) (d) (13, 5, 21)

214. उस विकल्प का चयन कीजिए जो पाँचवीं संख्या से उसी प्रकार सम्बन्धित है जिस प्रकार दूसरी संख्या पहली संख्या से सम्बन्धित है और चौथी संख्या तीसरी संख्या से सम्बन्धित है।

14 : 54 : 21 : 82 :: 5 : ?

SSC CGL (Tier-I) 24/07/2023 Shift-III

(a) 24 (b) 15 (c) 18 (d) 19

215. उस समुच्चय का चयन कीजिए जिसमें संख्याएँ एक-दूसरे से उसी प्रकार सम्बन्धित हों, जैसे निम्नलिखित समुच्चयों की संख्याएँ एक-दूसरे से सम्बन्धित हैं।

SSC CGL (Tier-I) 24/07/2023 Shift-III

(10, 5, 65), (9,8,89)

(a) (8, 7, 98) (b) (12, 5, 89)
(c) (11, 10, 128) (d) (4, 5, 29)

216. उस समुच्चय का चयन कीजिए जिसमें संख्याएँ एक-दूसरे से उसी प्रकार सम्बन्धित हों, जैसे निम्नलिखित समुच्च्यों की संख्याएँ एक-दूसरे से सम्बन्धित हैं।

SSC CGL (Tier-I) 24/07/2023 Shift-III

(4, 14, 828)
(3, 10, 620)

(a) (4, 32, 98)
(b) (2, 50, 500)
(c) (1, 10, 100)
(d) (5, 10, 980)

217. उस विकल्प का चयन करें जो पाँचवें अक्षर-समूह से उसी प्रकार सम्बन्धित है, जिस प्रकार दूसरा अक्षर-समूह, पहले अक्षर-समूह से सम्बन्धित है और चौथा अक्षर-समूह, तीसरे अक्षर-समूह से सम्बन्धित है।

STOP : OQMO :: JUMP : FRKO :: MOVE : ?

SSC CGL (Tier-I) 24/07/2023 Shift-II

(a) ILKD (b) DTLI
(c) ILTD (d) ISTD

218. उस विकल्प का चयन करें जो पाँचवीं संख्या से उसी प्रकार सम्बन्धित है, जिस प्रकार दूसरी संख्या, पहली संख्या से सम्बन्धित है और चौथी संख्या, तीसरी संख्या से सम्बन्धित है।

5 : 140 :: 8 : 536 :: 6 : ?

SSC CGL (Tier-I) 24/07/2023 Shift-II

(a) 243 (b) 244
(c) 233 (d) 234

219. उस विकल्प का चयन करें जो पाँचवें अक्षर-समूह से उसी प्रकार सम्बन्धित है, जिस प्रकार दूसरा अक्षर-समूह, पहले अक्षर-समूह से सम्बन्धित है और चौथा अक्षर-समूह, तीसरे अक्षर-समूह से सम्बन्धित है।

ECHO : PIDF :: EARS : TSBF :: HEAR : ?

SSC CGL (Tier-I) 24/07/2023 Shift-II

(a) SBFI (b) SBGI
(c) SCFI (d) IFBS

220. उस समुच्चय का चयन करें जिसमें दी गई संख्याएँ आपस में उसी प्रकार सम्बन्धित हैं, जिस प्रकार प्रश्न में दिए गए समुच्चय की संख्याएँ आपस में सम्बन्धित हैं।

SSC CGL (Tier-I) 24/07/2023 Shift-II

(71, 114, 157);
(36, 79, 122)

(a) (5, 45, 88) (b) (16, 56, 98)
(c) (52, 95, 137) (d) (25, 68, 111)

221. उस विकल्प का चयन करें जो तीसरे शब्द से उसी प्रकार सम्बन्धित है, जिस प्रकार दूसरा शब्द, पहले शब्द से सम्बन्धित है।

SSC CGL (Tier-I) 24/07/2023 Shift-II

मोजे : पैर :: चश्में : ?

(a) कलाई (b) आँखें (c) हाथ (d) घुटने

222. उस विकल्प का चयन करें जो पाँचवें अक्षर-समूह से उसी प्रकार सम्बन्धित है जिस प्रकार दूसरा अक्षर-समूह पहले अक्षर-समूह से सम्बन्धित है और चौथा अक्षर-समूह तीसरे अक्षर-समूह से सम्बन्धित है।

SSC CGL (Tier-I) 24/07/2023 Shift-I

CHOSEN : DIPTFO :: COPPER : DPQQFS :: BOTTLE : ?

(a) CPUVMF (b) CPUUMF
(c) CPTUMF (d) COYYNF

223. उस विकल्प का चयन कीजिए जो पाँचवीं संख्या से उसी प्रकार सम्बन्धित है जिस प्रकार दूसरी संख्या पहली संख्या से सम्बन्धित है और चौथी संख्या तीसरी संख्या से सम्बन्धित है।

45 : 15 :: 20 : 10 :: 125 : ?

SSC CGL (Tier-I) 24/07/2023 Shift-I

(a) 28 (b) 20 (c) 25 (d) 24

224. 'गरीब' का 'निस्सहाय' से वही सम्बन्ध है, जो 'अमीर' का '............' से है।

SSC CGL (Tier-I) 24/07/2023 Shift-I

(a) समृद्ध (b) कमजोर
(c) ताकतवर (d) मजबूत

225. उस विकल्प का चयन कीजिए, जो तीसरे पद से उसी प्रकार सम्बन्धित है, जिस प्रकार दूसरा पद पहले पद से और छठा पद पाँचवें पद से सम्बन्धित है।

29 : 111 :: 72 : ? :: 36 : 139

SSC CGL (Tier-I) 24/07/2023 Shift-I

(a) 213 (b) 231
(c) 238 (d) 283

226. उस विकल्प का चयन करें जो पाँचवें अक्षर-समूह से उसी प्रकार सम्बन्धित है जैसे दूसरा अक्षर-समूह पहले अक्षर-समूह से सम्बन्धित है और चौथा अक्षर-समूह तीसरे अक्षर-समूह से सम्बन्धित है।

LEAP : PALE : : FJUL : LUFJ : : EGIB : ? **SSC CGL (Tier-I) 24/07/2023 Shift-I**

(a) BEIG (b) BIEG
(c) IBEG (d) GEBI

227. उस समुच्चय का चयन कीजिए जिसमें संख्याएँ एक-दूसरे से उसी प्रकार सम्बन्धित हों, जैसे निम्नलिखित समुच्चयों की संख्याएँ एक-दूसरे से सम्बन्धित हैं।
SSC CGL (Tier-I) 24/07/2023 Shift-I
(121, 81, 2) (88, 54, 2)
(a) (31, 56, 98) (b) (78, 6, 45)
(c) (13, 5, 9) (d) (77, 18, 5)

228. उस विकल्प का चयन करें जो पाँचवें अक्षर-समूह से उसी प्रकार सम्बन्धित है जिस प्रकार दूसरा अक्षर-समूह पहले अक्षर-समूह से सम्बन्धित है और चौथा अक्षर-समूह तीसरे अक्षर-समूह से सम्बन्धित है।
GOOD : IMQB : : CARE : EYTC : : SAVE : ?
SSC CGL (Tier-I) 21/07/2023 Shift-IV
(a) QCTG (b) UYTG
(c) UYXC (d) UXXC

229. उस समुच्चय का चयन कीजिए जिसमें संख्याएँ एक-दूसरे से उसी प्रकार सम्बन्धित हों, जैसे निम्नलिखित समुच्चयों की संख्याएँ सम्बन्धित हैं।
SSC CGL (Tier-I) 21/07/2023 Shift-IV
(189, 148, 107)
(206, 165, 124)
(a) (121, 85, 45) (b) (108, 67, 26)
(c) (76, 46, 26) (d) (84, 67, 39)

230. उस समुच्चय का चयन कीजिए जिसमें संख्याएँ एक-दूसरे से उसी प्रकार सम्बन्धित है, जिस प्रकार निम्नलिखित समुच्चयों की संख्याएँ सम्बन्धित हैं।
SSC CGL (Tier-I) 21/07/2023 Shift-IV
(34, 12, 10)
(56, 17, 22)
(a) (46, 49, 8)
(b) (46, 19, 18)
(c) (46, 19, 8)
(d) (56, 19, 8)

231. उस विकल्प का चयन करें जो पाँचवे अक्षर-समूह से उसी प्रकार सम्बन्धित है जिस प्रकार दूसरे अक्षर-समूह पहले अक्षर-समूह से और चौथा अक्षर-समूह तीसरे अक्षर-समूह से सम्बन्धित है।
SSC CGL (Tier-I) 21/07/2023 Shift-IV
PLATE : FVDPU :: SPOON : OQRTX :: KNIFE : ?
(a) EFINK (b) FHLRP
(c) FGJOL (d) GHKPM

232. उस विकल्प का चयन करें जो पाँचवे अक्षर-समूह से उसी प्रकार सम्बन्धित है जिस प्रकार दूसरा अक्षर-समूह पहले अक्षर-समूह से सम्बन्धित है और चौथा अक्षर-समूह तीसरे अक्षर-समूह से सम्बन्धित है।
XPF : DLV :: VAN : FAN : : ERY : ?
SSC CGL (Tier-I) 21/07/2023 Shift-IV
(a) VJC (b) WJC
(c) VIC (d) WIC

233. उस समुच्चय का चयन कीजिए जिसमें संख्याएँ एक-दूसरे से उसी प्रकार सम्बन्धित है, जिस प्रकार निम्नलिखित समुच्चयों की संख्याएँ सम्बन्धित हैं।
SSC CGL (Tier-I) 21/07/2023 Shift-IV
(4, 1024, 64), (225, 81, 135)
(a) (64, 256, 512) (b) (30, 676, 78)
(c) (49, 841, 203) (d) (27, 125, 15)

234. विकल्पों में से उस समुच्चय का चयन कीजिए जिसमें संख्याएँ उसी प्रकार सम्बन्धित हैं जिस प्रकार निम्नलिखित समुच्चयों की संख्याएँ सम्बन्धित हैं।
SSC CGL (Tier-I) 21/07/2023 Shift-III
(15, 45, 90), (8, 24, 48)
(a) (9, 27, 45) (b) (12, 36, 68)
(c) (6, 18, 36) (d) (7, 21, 24)

235. उस समुच्चय का चयन करें जिसमें संख्याएँ उस प्रकार से सम्बन्धित नहीं हैं जिस प्रकार निम्नलिखित समुच्चयों की संख्याएँ सम्बन्धित हैं।
SSC CGL (Tier-I) 21/07/2023 Shift-III
(4, 11, 137), (3, 12, 153)
(a) (9, 11, 202) (b) (13, 14, 365)
(c) (7, 8, 113) (d) (4, 3, 61)

236. उस समुच्चय का चयन करें जिसमें दी गई संख्याएँ आपस में उसी प्रकार सम्बन्धित हैं, जिस प्रकार प्रश्न में दिए गए समुच्चय की संख्याएँ आपस में सम्बन्धित हैं।
SSC CGL (Tier-I) 21/07/2023 Shift-III
(5, 7, 140), (6, 4, 96)
(a) (6, 7, 126) (b) (9, 2, 72)
(c) (7, 3, 63) (d) (5, 14, 210)

237. उस विकल्प का चयन करें जो चौथे पद से उसी प्रकार सम्बन्धित है जिस प्रकार पहला पद दूसरे पद से सम्बन्धित है और पाँचवाँ पद छठे पद से सम्बन्धित है।
SSC CGL (Tier-I) 21/07/2023 Shift-III
4 : 33 :: ? : 109 :: 8 : 257
(a) 6 (b) 9 (c) 7 (d) 5

238. उस विकल्प का चयन कीजिए जो पाँचवें पद से उसी प्रकार सम्बन्धित है जिस प्रकार दूसरा पद, पहले पद से सम्बन्धित है और चौथा पद, तीसरे पद से सम्बन्धित है।
160 : 4 :: 250 : 5 :: 360 : ?
SSC CGL (Tier-I) 21/07/2023 Shift-II
(a) 6 (b) 9 (c) 10 (d) 4

239. उस विकल्प का चयन करें जो पाँचवें अक्षर-समूह से उसी प्रकार सम्बन्धित है जिस प्रकार दूसरा अक्षर-समूह पहले अक्षर-समूह से और चौथा अक्षर-समूह तीसरे अक्षर-समूह से सम्बन्धित है।
MOTHER : SGKXTS :: SIMPLE : FNSQNY :: DELIGHT : ?
SSC CGL (Tier-I) 21/07/2023 Shift-II
(a) VJJMQKK (b) UJJMQJJ
(c) THGILED (d) UJJMQKK

240. विकल्पों में से उस समुच्चय का चयन कीजिए जिसमें संख्याएँ उसी प्रकार सम्बन्धित हैं जिस प्रकार निम्नलिखित समुच्चयों की संख्याएँ सम्बन्धित हैं।
SSC CGL (Tier-I) 21/07/2023 Shift-II
(5, 30, 60); (11, 66, 132)
(a) (2, 10, 16) (b) (6, 42, 148)
(c) (14, 84, 168) (d) (14, 16, 118)

241. उस विकल्प का चयन कीजिए, जिसका पाँचवें अक्षर-समूह से ठीक वही सम्बन्ध है, जो सम्बन्ध दूसरे अक्षर- समूह का पहले अक्षर-समूह से है और वही सम्बन्ध चौथे अक्षर-समूह का तीसरे अक्षर-समूह से है।
IDEOLOGY: YGILIYDC ::
HARDWARE: YRUWDRUH::
ISOLATED: ?
SSC CGL (Tier-I) 21/07/2023 Shift-II
(a) BUSIMAQS (b) JOKLERD
(c) XCVFWIA (d) DYTULISC

242. दिए गए पैटर्न का ध्यानपूर्वक अध्ययन कीजिए और उस संख्या का चयन कीजिए जो उसमें प्रश्नवाचक चिह्न (?) को प्रतिस्थापित कर सकती है। SSC CGL (Tier-I) 21/07/2023 Shift-II
(5, 14, 3), (3, 24, 7), (9, 30, ?)
(a) 9 (b) 5 (c) 13 (d) 7

243. उस विकल्प का चयन कीजिए जो पाँचवें पद से उसी प्रकार सम्बन्धित है जिस प्रकार दूसरा पद, पहले पद से सम्बन्धित है और चौथा पद, तीसरे पद से सम्बन्धित है।
SSC CGL (Tier-I) 21/07/2023 Shift-II
121 : 12 :: 225 : 16 :: 441 : ?
(a) 23 (b) 21 (c) 19 (d) 22

244. उस समुच्चय का चयन कीजिए, जिसमें संख्याएँ उसी प्रकार सम्बन्धित हैं, जिस प्रकार निम्नलिखित समुच्चय की संख्याएँ सम्बन्धित हैं।
SSC CGL (Tier-I) 21/07/2023 Shift-I
(6, 16, 8), (5, 15, 9)
(a) (3, 19, 11) (b) (4, 12, 11)
(c) (3, 11, 11) (d) (4, 32, 8)

245. उस विकल्प का चयन कीजिए जो पाँचवें अक्षर-समूह से उसी प्रकार सम्बन्धित है, जिस प्रकार दूसरा अक्षर-समूह पहले अक्षर-समूह से सम्बन्धित है और चौथा अक्षर-समूह तीसरे अक्षर-समूह से सम्बन्धित है।
ADAMS : DASMA :: TOWER : OTREW :: RAINY : ?
SSC CGL (Tier-I) 21/07/2023 Shift-I
(a) ARYNI (b) INYRA
(c) AINYR (d) YNIAR

246. उस समुच्चय का चयन कीजिए जिसमें संख्याएँ उसी प्रकार सम्बन्धित हैं, जिस प्रकार निम्नलिखित समुच्चयों की संख्याएँ सम्बन्धित हैं।
SSC CGL (Tier-I) 21/07/2023 Shift-I
(26, 62, 140) (12, 39, 75)
(a) (20, 48, 108) (b) (20, 48, 98)
(c) (50, 48, 108) (d) (20, 38, 108)

247. दिए गए पैटर्न का ध्यानपूर्वक अध्ययन कीजिए और उस संख्या का चयन कीजिए जो उसमें प्रश्नवाचक चिह्न (?) को प्रतिस्थापित कर सकती है। SSC CGL (Tier-I) 21/07/2023 Shift-I

(3, 5, 6) (5, 12, 15) (9, 4, ?)

(a) 11 (b) 9
(c) 7 (d) 13

248. 'वृक्क', 'अंग' से उसी प्रकार सम्बन्धित है जिस प्रकार 'सेब' ········· से सम्बन्धित है। SSC CGL (Tier-I) 20/07/2023 Shift-IV

(a) औषधि (b) रसदार
(c) फल (d) लाल

249. उस समुच्चय का चयन कीजिए जिसमें संख्याएँ एक-दूसरे से उसी प्रकार सम्बन्धित हों, जैसे निम्नलिखित समुच्चयों की संख्याएँ एक-दूसरे से सम्बन्धित हैं। SSC CGL (Tier-I) 20/07/2023 Shift-IV

(300, 100, 100)
(88, 66, 11)

(a) (90, 50, 70) (b) (60, 40, 20)
(c) (44, 22, 11) (d) (50, 4, 25)

250. उस विकल्प का चयन कीजिए जो पाँचवीं संख्या से उसी प्रकार सम्बन्धित है जिस प्रकार दूसरी संख्या पहली संख्या से सम्बन्धित है और चौथी संख्या तीसरी संख्या से सम्बन्धित है। SSC CGL (Tier-I) 20/07/2023 Shift-IV

6 : 16 ::10 : 28 :: 3 : ?

(a) 7 (b) 6 (c) 14 (d) 12

251. उस विकल्प का चयन करें जो पाँचवें अक्षर-समूह से उसी प्रकार सम्बन्धित है जिस प्रकार दूसरा अक्षर-समूह पहले अक्षर-समूह से सम्बन्धित है और चौथा अक्षर-समूह तीसरे अक्षर-समूह से सम्बन्धित है।

FRENCH : RFNEHC :: RESCUE : ERCSEU:: ANIMAL :?

SSC CGL (Tier-I) 20/07/2023 Shift-IV

(a) NALAMI (b) INALAM
(c) NAMIAL (d) NAMILA

252. उस समुच्चय का चयन करें जिसमें संख्याएँ उसी प्रकार सम्बन्धित हैं जिस प्रकार निम्नलिखित समुच्च्यों की संख्याएँ सम्बन्धित हैं। SSC CGL (Tier-I) 20/07/2023 Shift-IV

(1000, 100, 10)
(38, 19, 2)

(a) (3, 3, 9) (b) (16, 8, 4)
(c) (5, 5, 5) (d) (125, 25 ,5)

253. उस समुच्चय का चयन कीजिए जिसमें संख्याएँ एक-दूसरे से उसी प्रकार सम्बन्धित हों, जैसे निम्नलिखित समुच्चयों की संख्याएँ एक-दूसरे से सम्बन्धित हैं। SSC CGL (Tier-I) 20/07/2023 Shift-IV

(6, 14, 40)
(10, 14 , 48)

(a) (5, 6, 45) (b) (5, 9 ,28)
(c) (11, 5, 87) (d) (10, 5, 91)

254. रिक्त, 'खाली' से उसी प्रकार सम्बन्धित है, जिस प्रकार 'शून्य' ······ से सम्बन्धित है। SSC CGL (Tier-I) 20/07/2023 Shift-III

(a) अपवंचन/परिहार (b) अण्डाकार
(c) पूर्ण (d) निर्वात्

255. उस विकल्प का चयन कीजिए जो पाँचवें पद से उसी प्रकार सम्बन्धित है, जिस प्रकार दूसरा पद, पहले पद से सम्बन्धित है और चौथा पद, तीसरे पद से सम्बन्धित है

32 : 8 :: 72 : 12 :: 128 : ?

SSC CGL (Tier-I) 20/07/2023 Shift-III

(a) 15 (b) 18 (c) 14 (d) 16

256. दिए गए पैटर्न का ध्यानपूर्वक अध्ययन कीजिए और उस संख्या का चयन कीजिए जो उसमें प्रश्नवाचक चिह्न (?) को प्रतिस्थापित कर सकती है। SSC CGL (Tier-I) 20/07/2023 Shift-III

(4, 2, 18); (1, 7, 24); (5, 4, ?)

(a) 24 (b) 19 (c) 27 (d) 18

257. उस विकल्प का चयन कीजिए, जो पाँचवीं संख्या से उसी प्रकार सम्बन्धित है, जिस प्रकार दूसरी संख्या, पहली संख्या से सम्बन्धित है और चौथी संख्या, तीसरी संख्या से सम्बन्धित है।

192 : 24 :: 48 : 12 :: 432 : ?

SSC CGL (Tier-I) 20/07/2023 Shift-III

(a) 48 (b) 32 (c) 36 (d) 42

258. उस विकल्प का चयन करें जो पाँचवें अक्षर-समूह से उसी प्रकार सम्बन्धित है, जिस प्रकार दूसरा अक्षर समूह पहले अक्षर-समूह से और चौथा अक्षर-समूह तीसरे अक्षर-समूह से सम्बन्धित है।

CYCLE : BXBKF :: TYRE : SXQF :: SCOOTER : ?

SSC CGL (Tier-I) 20/07/2023 Shift-II

(a) TDNNUFQ (b) RBPPSFQ
(c) RBPPSDS (d) TDNNUDS

259. उस समुचय का चयन करें जिसमें दी गई संख्याएँ आपस में उसी प्रकार सम्बन्धित है, जिस प्रकार प्रश्न में दिए गए समुच्चय की संख्याएँ आपस में सम्बन्धित है। SSC CGL (Tier-I) 20/07/2023 Shift-II

(15, 5, 375), (14, 3, 210)

(a) (11, 16, 880) (b) (10, 12, 320)
(c) (14, 15, 780) (d) (17, 19, 920)

260. उस समुच्चय का चयन कीजिए जिसमें संख्याएँ एक-दूसरे से उसी प्रकार सम्बन्धित हों, जैसे निम्नलिखित समुच्चयों की संख्याएँ एक-दूसरे से सम्बन्धित है। SSC CGL (Tier-I) 20/07/2023 Shift-II

(6, 7, 98), (8, 10, 182)

(a) (5, 9 120) (b) (4, 5, 50)
(c) (12, 14, 434) (d) (10, 12, 150)

261. उस विकल्प का चयन कीजिए जो पाँचवीं संख्या से उसी प्रकार सम्बन्धित है, जिस प्रकार दूसरी संख्या पहली संख्या से सम्बन्धित है और चौथी संख्या, तीसरी संख्या से सम्बन्धित है। SSC CGL (Tier-I) 20/07/2023 Shift-II

4 : 25 :: 12 : 73 :: 7 : ?

(a) 39 (b) 43 (c) 48 (d) 52

262. उस शब्द-युग्म का चयन कीजिए, जो ठीक उसी सम्बन्ध का निरूपण करता हो, जो सम्बन्ध दिए गए इस शब्द-युग्म में अभिव्यक्त है। SSC CGL (Tier-I) 20/07/2023 Shift-II

फिल्म : निर्देशक

(a) नृत्य : कोरियोग्राफर (b) डॉक्टर : नर्स
(c) डिग्री : इंजीनियर (d) पृष्ठ : पुस्तकें

263. उस समुच्चय का चयन करें जिसमें संख्याएँ उसी प्रकार से सम्बन्धित हैं, जिस प्रकार दिए गए समुच्चय की संख्याएँ सम्बन्धित हैं। SSC CGL (Tier-I) 20/07/2023 Shift-I

(14, 10, 296) (8, 17, 353)

(a) (18, 6, 576) (b) (5, 13, 194)
(c) (12, 3, 135) (d) (29, 7, 690)

264. उस विकल्प का चयन करें जो पाँचवें अक्षर-समूह से उसी प्रकार सम्बन्धित है, जिस प्रकार दूसरा अक्षर-समूह, पहले अक्षर-समूह से सम्बन्धित है और चौथा अक्षर-समूह, तीसरे अक्षर-समूह से सम्बन्धित है।

SAME : WDOF :: LIFE : PLHF : : GOAL : ? SSC CGL (Tier-I) 20/07/2023 Shift-I

(a) KRCM (b) KRBM
(c) JRCM (d) KS CM

265. उस समुच्चय का चयन करें जिसमें संख्याएँ उसी प्रकार सम्बन्धित हैं, जिस प्रकार दिए गए समुच्चय की संख्याएँ हैं। SSC CGL (Tier-I) 20/07/2023 Shift-I

(14, 60, 16) (12, 40, 8)

(a) (19, 80, 21)
(b) (20, 30, 40)
(c) (15, 45, 30)
(d) (25, 120, 15)

266. उस विकल्प का चयन करें जो पाँचवें अक्षर-समूह से उसी प्रकार सम्बन्धित है जिस प्रकार दूसरा अक्षर-समूह, पहले अक्षर-समूह से सम्बन्धित है और चौथा अक्षर-समूह, तीसरे अक्षर-समूह से सम्बन्धित है।

RAT : IZG :: YUM : BFN :: SIP : ?

SSC CGL (Tier-I) 20/07/2023 Shift-I

(a) GRK (b) GJK
(c) HJK (d) HRK

267. उस विकल्प का चयन करें जो पाँचवें अक्षर-समूह से उसी प्रकार सम्बन्धित है, जिस प्रकार दूसरा अक्षर-समूह, पहले अक्षर-समूह से और चौथा अक्षर-समूह, तीसरे अक्षर-समूह से सम्बन्धित है।

DELIGHT : UJJMQKK :: PLIGHT : UJJMQV :: CREATE : ?

SSC CGL (Tier-I) 20/07/2023 Shift-I

(a) FVDIRC (b) FVDIWI
(c) ETAERC (d) FUBFSD

268. उस विकल्प का चयन करें जो तीसरे शब्द से उसी प्रकार सम्बन्धित है, जिस प्रकार दूसरा शब्द, पहले शब्द से सम्बन्धित है।
डॉक्टर : अस्पताल :: वकील : ?
SSC CGL (Tier-I) 19/07/2023 Shift-IV
(a) मंदिर (b) कोर्ट
(c) स्कूल (d) मकान

269. उस समुच्चय का चयन कीजिए जिसमें संख्याएँ एक-दूसरे से उसी प्रकार सम्बन्धित हों, जैसे निम्नलिखित समुच्चयों की संख्याएँ एक-दूसरे से सम्बन्धित हैं।
SSC CGL (Tier-I) 19/07/2023 Shift-IV
(7, 5, 16) (12, 10, 36)
(a) (10, 9, 144) (b) (8, 7, 59)
(c) (8, 7, 7) (d) (9, 8, 12)

270. उस समुच्चय का चयन करें जिसमें संख्याएँ उस प्रकार से सम्बन्धित नहीं हैं, जिस प्रकार निम्नलिखित समुच्चयों की संख्याएँ सम्बन्धित हैं।
SSC CGL (Tier-I) 19/07/2023 Shift-IV
(4, 5, 82), (6, 11, 314)
(a) (9, 8, 290) (b) (13, 15, 788)
(c) (7, 10, 298) (d) (11, 9, 560)

271. विकल्पों में से उस समुच्चय का चयन कीजिए जिसमें संख्याएँ उसी प्रकार सम्बन्धित हैं, जिस प्रकार निम्नलिखित समुच्चयों की संख्याएँ सम्बन्धित हैं।
SSC CGL (Tier-I) 19/07/2023 Shift-IV
(32, 5, 8); (87, 7, 11)
(a) (77, 4, 14) (b) (6, 87, 12)
(c) (112, 8, 15) (d) (5, 72, 10)

272. 'आक्रमण', 'रक्षा' से उसी प्रकार सम्बन्धित है जिस प्रकार 'स्वीकार करना', '.........' से सम्बन्धित है।
SSC CGL (Tier-I) 19/07/2023 Shift-III
(a) प्राप्त करना (b) स्वागत करना
(c) अस्वीकार करना (d) पाना

273. उस विकल्प का चयन करें जो पाँचवें अक्षर-समूह से उसी प्रकार सम्बन्धित है, जिस प्रकार दूसरा अक्षर-समूह पहले अक्षर-समूह से सम्बन्धित है और चौथा अक्षर-समूह, तीसरे अक्षर-समूह से सम्बन्धित है।
SSC CGL (Tier-I) 19/07/2023 Shift-III
FRENCH : GQFMDG :: GERMAN : HDSLBM :: ARABIC : ?
(a) BQBAJB (b) BQBCJB
(c) BQBAHD (d) BQZAJB

274. दिए गए पैटर्न का ध्यानपूर्वक अध्ययन कीजिए और उस संख्या का चयन कीजिए जो उसमें प्रश्नवाचक चिन्ह (?) को प्रतिस्थापित कर सकती है। SSC CGL (Tier-I) 19/07/2023 Shift-III
(16, 4, 4); (30, 5, 15); (8, 2, ?)
(a) 4 (b) 8 (c) 2 (d) 6

275. उस विकल्प का चयन करें, जो पाँचवें अक्षर-समूह से उसी प्रकार सम्बन्धित है, जिस प्रकार दूसरा अक्षर-समूह, पहले अक्षर-समूह से सम्बन्धित है और चौथा अक्षर-समूह तीसरे अक्षर-समूह से सम्बन्धित है।
PIG : JCA :: SUN : MOH :: TEK : ?
SSC CGL (Tier-I) 19/07/2023 Shift-III
(a) MYE (b) NXE
(c) NYE (d) NXF

276. उस समुच्चय का चयन करें जिसमें संख्याएँ उसी प्रकार से सम्बन्धित हैं, जिस प्रकार दिए गए समुच्चय की संख्याएँ सम्बन्धित है।
SSC CGL (Tier-I) 19/07/2023 Shift-III
(12, 7, 1385); (19, 15, 3484)
(a) (21, 16, 5165) (b) (17, 15, 1550)
(c) (16, 14, 1321) (d) (11, 7, 955)

277. उस विकल्प का चयन कीजिए, जो तीसरे पद से उसी प्रकार सम्बन्धित है, जिस प्रकार दूसरा पद पहले से और छठा पद पाँचवें पद से सम्बन्धित है।
SSC CGL (Tier-I) 19/07/2023 Shift-III
15 : 270 :: 21 : ? :: 18 : 378
(a) 540 (b) 520 (c) 504 (d) 502

278. विकल्पों में से उस समुच्च्य का चयन कीजिए। जिसमें संख्याएँ उसी प्रकार सम्बन्धित हैं, जिस प्रकार निम्नलिखित समुच्चयों की संख्याएँ सम्बन्धित हैं।
SSC CGL (Tier-I) 19/07/2023 Shift-III
(9, 69, 17); (13, 47, 7)
(a) (13, 57, 19) (b) (10, 36, 8)
(c) (22, 49, 9) (d) (19, 50, 4)

279. उस समुच्चय का चयन कीजिए, जिसमें संख्याएँ उसी प्रकार सम्बन्धित हैं, जिस प्रकार निम्नलिखित समुच्चय की संख्याएं सम्बन्धित हैं।
SSC CGL (Tier-I) 19/07/2023 Shift-II
(4, 25, 6) (3, 28, 9)
(a) (2, 17, 8) (b) (4, 17, 6)
(c) (4, 17, 8) (d) (3, 17, 9)

280. उस समुच्चय का चयन कीजिए जिसमें संख्याएँ एक-दूसरे से उसी प्रकार सम्बन्धित हों, जैसे निम्नलिखित समुच्चयों की संख्याएँ एक-दूसरे से सम्बन्धित हैं।
SSC CGL (Tier-I) 19/07/2023 Shift-II
(100, 2, 150) (50, 5, 240)
(a) (16, 8, 126) (b) (10, 8, 98)
(c) (10, 5, 200) (d) (14, 16, 8)

281. उस विकल्प का चयन कीजिए जो पाँचवीं संख्या से उसी प्रकार सम्बन्धित है, जिस प्रकार दूसरी संख्या, पहली संख्या से सम्बन्धित है और चौथी संख्या, तीसरी संख्या से सम्बन्धित है।
243 : 9 :: 72 : 6 :: 576 : ?
SSC CGL (Tier-I) 19/07/2023 Shift-II
(a) 14 (b) 24
(c) 18 (d) 12

282. उस शब्द-युग्म का चयन करें, जो नीचे दिए गए शब्दों के युग्म में व्यक्त किए गए समान सम्बन्ध का सबसे अच्छा निरूपण करता है।
SSC CGL (Tier-I) 19/07/2023 Shift-II
बरमा : बरमाना
(a) कुल्हाड़ी : पीसना
(b) सुई : सिलना
(c) चिमटा : नक्काशी
(d) स्पैनर : खोदना

283. उस विकल्प का चयन करें जो पाँचवें अक्षर-समूह से उसी प्रकार सम्बन्धित है, जिस प्रकार दूसरा अक्षर-समूह, पहले अक्षर-समूह से सम्बन्धित है और चौथा अक्षर-समूह, तीसरे अक्षर-समूह से सम्बन्धित है।
ADOPT : DAOTP :: FINAL : IFNLA : : HUMOR : ?
SSC CGL (Tier-I) 19/07/2023 Shift-II
(a) UHOMR (b) UHMOR
(c) UHMRO (d) UOHMR

284. उस विकल्प का चयन करें जो पाँचवें अक्षर-समूह से उसी प्रकार सम्बन्धित है, जिस प्रकार दूसरा अक्षर-समूह, पहले अक्षर-समूह से और चौथा अक्षर-समूह, तीसरे अक्षर-समूह से सम्बन्धित है।
CROWN : OYRVH :: TABLE : FNEEY :: UNREAL : ?
SSC CGL (Tier-I) 19/07/2023 Shift-II
(a) NCHUSB (b) LAERNU
(c) MCHVSA (d) NDHVSA

285. उस समुच्चय का चयन करें जिसमें दी गई संख्याएँ आपस में उसी प्रकार सम्बन्धित हैं, जिस प्रकार प्रश्न में दिए गए समुच्चय की संख्याएँ आपस में सम्बन्धित हैं।
SSC CGL (Tier-I) 19/07/2023 Shift-I
(47, 108, 169)
(22, 83, 144)
(a) (11, 73, 133) (b) (33, 121, 181)
(c) (51, 112, 173) (d) (8, 64, 130)

286. उस समुच्चय का चयन कीजिए जिसमें संख्याएँ एक-दूसरे से उसी प्रकार सम्बन्धित हों, जैसे निम्नलिखित समुच्चयों की संख्याएँ एक-दूसरे से सम्बन्धित हैं।
SSC CGL (Tier-I) 19/07/2023 Shift-I
(15, 21, 10) (25, 36, 17)
(a) (123, 23, 56) (b) (50, 45, 31)
(c) (100, 33, 31) (d) (100, 45, 87)

287. उस विकल्प का चयन करें जो तीसरे शब्द से उसी प्रकार सम्बन्धित है। जिस प्रकार दूसरा शब्द पहले शब्द से सम्बन्धित है।
SSC CGL (Tier-I) 19/07/2023 Shift-I
कपास : कपड़ा : : गन्ना : ?
(a) चॉकलेट (b) चीनी
(c) नमक (d) कॉफी

288. मुरझाना, 'कुम्हलाने' से उसी प्रकार सम्बन्धित है जिस प्रकार 'पनपना/बढ़ना' .....से सम्बन्धित है।
SSC CGL (Tier-I) 19/07/2023 Shift-I
(a) फलने-फूलने (b) सावधान/सतर्क
(c) खराब होना (d) गिरावट

289. उस विकल्प का चयन करें जो पाँचवीं संख्या से उसी प्रकार सम्बन्धित है जिस प्रकार दूसरी संख्या पहली संख्या से और चौथी संख्या तीसरी संख्या से सम्बन्धित है।
SSC CGL (Tier-I) 19/07/2023 Shift-I

7 : 21 :: 14 :42 :: 18 : ?

(a) 72 (b) 54 (c) 57 (d) 63

290. विकल्पों में से उस समुच्चय का चयन कीजिए जिसमें संख्याएँ उसी प्रकार सम्बन्धित हैं जिस प्रकार निम्नलिखित समुच्चयों की संख्याएँ सम्बन्धित हैं।
SSC CGL (Tier-I) 18/07/2023 Shift-IV

(168, 35, 143), (182, 65, 127)

(a) (253, 99, 154) (b) (159, 62, 87)
(c) (142, 83, 69) (d) (203, 89, 117)

291. उस विकल्प का चयन करें जो पाँचवें अक्षर-समूह से उसी प्रकार सम्बन्धित है जिस प्रकार दूसरा अक्षर-समूह पहले अक्षर-समूह से और चौथा अक्षर-समूह तीसरे अक्षर-समूह से सम्बन्धित है।

TABLE : FNEEY :: CROWN : OYRVH :: BEAUTY : ?
SSC CGL (Tier-I) 18/07/2023 Shift-IV

(a) ZUVBFC (b) YTUAEB
(c) ZVXEJH (d) YTUEJH

292. दिए गए विकल्पों में से उस विकल्प का चयन कीजिए जो पाँचवी संख्या से उसी प्रकार सम्बन्धित है जिस प्रकार दूसरी संख्या पहली संख्या से सम्बन्धित है और चौथी संख्या तीसरी संख्या से सम्बन्धित है।

9 : 79 :: 11 : 119 : : 7 : ?
SSC CGL (Tier-I) 18/07/2023 Shift-IV

(a) 47 (b) 49 (c) 41 (d) 51

293. उस विकल्प का चयन कीजिए जो पाँचवें पद से उसी प्रकार सम्बन्धित है जिस प्रकार दूसरा पद, पहले पद से सम्बन्धित है और चौथा पद, तीसरे पद से सम्बन्धित है।

121 : 10 :: 256 : 15 :: 441 : ?
SSC CGL (Tier-I) 18/07/2023 Shift-IV

(a) 17 (b) 21 (c) 19 (d) 20

294. विकल्पों में से उस समुच्चय का चयन कीजिए जिसमें संख्याएँ उसी प्रकार सम्बन्धित हैं जिस प्रकार निम्नलिखित समुच्चयों की संख्याएँ सम्बन्धित हैं।
SSC CGL (Tier-I) 18/07/2023 Shift-IV

(9, 26, 53), (8, 23, 47)

(a) (6, 17, 36)
(b) (5, 14, 29)
(c) (7, 20, 42)
(d) (11, 32, 56)

295. उस विकल्प का चयन कीजिए, जिसका पाँचवें अक्षर-समूह से ठीक वही सम्बन्ध है, जो सम्बन्ध दूसरे अक्षर-समूह का पहले अक्षर-समूह से है और वही सम्बन्ध चौथे अक्षर-समूह का तीसरे अक्षर समूह से है।

PARROT : PTRKOM :: RECIPE : RXCBPX : RELISH : ?
SSC CGL (Tier-I) 18/07/2023 Shift-IV

(a) TFSDBM (b) HJUIOK
(c) LACXIO (d) RXLBSA

296. उस समुच्चय का चयन कीजिए जिसमें संख्याएँ उसी तरह सम्बन्धित हैं, जिस प्रकार दिए गए समुच्चय की संख्याएँ सम्बन्धित हैं।
SSC CGL (Tier-I) 18/07/2023 Shift-III

(54, 32, 66), (49, 31, 54)

(a) (68, 49, 55) (b) (39, 18, 63)
(c) (55, 30, 70) (d) (44, 28, 52)

297. उस विकल्प का चयन करें जो पाँचवें अक्षर-समूह से उसी प्रकार सम्बन्धित है, जिस प्रकार दूसरा अक्षर-समूह, पहले अक्षर-समूह से सम्बन्धित है और चौथा अक्षर-समूह, तीसरे अक्षर-समूह से सम्बन्धित है।

LIGHT : ORTSG :: FANCY : UZMXB :: WATCH : ?
SSC CGL (Tier-I) 18/07/2023 Shift-III

(a) DZGXT (b) DZHXS
(c) DZGYS (d) DZGXS

298. उस विकल्प का चयन करें जो पाँचवीं संख्या से उसी प्रकार सम्बन्धित है जिस प्रकार दूसरी संख्या, पहली संख्या से सम्बन्धित है और चौथी संख्या, तीसरी संख्या से सम्बन्धित है?

17 : 189 :: 13 : 69 :: 18 : ?
SSC CGL (Tier-I) 18/07/2023 Shift-III

(a) 241 (b) 224
(c) 214 (d) 242

299. उस समुच्चय का चयन कीजिए जिसमें संख्याएँ एक-दूसरे से उसी प्रकार सम्बन्धित हों, जैसे निम्नलिखित समुच्चयों की संख्याएँ एक-दूसरे से सम्बन्धित हैं।

(36, 6, 18), (35, 5, 21)
SSC CGL (Tier-I) 18/07/2023 Shift-III

(a) (49, 7, 21) (b) (100, 5, 40)
(c) (63, 7, 98) (d) (76, 13, 5)

300. विकल्पों में से उस समुच्चय का चयन कीजिए जिसमें संख्याएँ उसी प्रकार सम्बन्धित है, जिस प्रकार निम्नलिखित समुच्चयों की संख्याएँ सम्बन्धित हैं।
SSC CGL (Tier-I) 18/07/2023 Shift-III

(12, 40, 14), (15, 33, 9)

(a) (21, 91, 35) (b) (21, 35, 41)
(c) (11, 105, 42) (d) (21, 95, 35)

301. उस समुच्चय का चयन करें जिसमें दी गई संख्याएँ आपस में उसी प्रकार से सम्बन्धित हैं जिस प्रकार प्रश्न में दिए गए समुच्चयों की संख्याएँ आपस में सम्बन्धित हैं।
SSC CGL (Tier-I) 18/07/2023 Shift-II

(8, 388, 18)
(11, 137, 4)

(a) (3, 51, 7) (b) (10, 118, 9)
(c) (15, 230, 2) (d) (14, 221, 5)

302. उस समुच्चय का चयन करें जिसमें संख्याएँ आपस में उसी तरह से सम्बन्धित हैं जैसे निम्न समुच्चयों की संख्याएँ आपस में सम्बन्धित है।
SSC CGL (Tier-I) 18/07/2023 Shift-II

(24, 3, 10)
(144, 9, 18)

(a) (54, 9, 4) (b) (72, 8, 9)
(c) (133, 7, 21) (d) (156, 8, 19)

303. उस विकल्प का चयन कीजिए, जिसका पाँचवें अक्षर-समूह से ठीक वहीं सम्बन्ध है, जो सम्बन्ध दूसरे अक्षर-समूह का पहले अक्षर-समूह से है और वही सम्बन्ध चौथे अक्षर-समूह का तीसरे अक्षर समूह से है।
SSC CGL (Tier-I) 18/07/2023 Shift-II

FUELED : DXBOAG :: GELATO : EHIDPR :: HEARTY : ?

(a) FHXUPB (b) OPBSUJ
(c) MQADFH (d) LNFXCA

304. उस विकल्प का चयन करें जो तीसरे शब्द से उसी प्रकार सम्बन्धित है जिस प्रकार दूसरा शब्द पहले शब्द से सम्बन्धित है।
SSC CGL (Tier-I) 18/07/2023 Shift-II

वजन : पौण्ड : : ऊँचाई : ?

(a) किलोग्राम (b) दर्जन
(c) मीटर (d) उच्च

305. उस शब्द-युग्म का चयन करें जो नीचे दिए गए शब्दों के युग्म में व्यक्त किए गए समान सम्बन्ध का सबसे अच्छा निरुपण करता है।
SSC CGL (Tier-I) 18/07/2023 Shift-II

राजा : महल

(a) मधुमक्खी : शहद (b) साध्वी : मठ
(c) बर्फ : इग्लू (d) घोड़ा : मांद

306. दिए गए पैटर्न का ध्यानपूर्वक अध्ययन कीजिए और उस संख्या का चयन कीजिए जो उसमें प्रश्नवाचक चिह्न (?) को प्रतिस्थापित कर सकती है।
SSC CGL (Tier-I) 18/07/2023 Shift-II

(7, 5, 10); (2, 1, 5); (16, 6, ?)

(a) 50 (b) 32
(c) 24 (d) 45

307. उस समुच्चय का चयन कीजिए, जिसमें संख्याएँ उसी प्रकार सम्बन्धित हैं, जिस प्रकार दिए गए समुच्चय की संख्याएँ आपस में सम्बन्धित हैं।
SSC CGL (Tier-I) 18/07/2023 Shift-I

(16, 32, 54);
(29, 58, 80)

(a) (17, 35, 59) (b) (24, 48, 70)
(c) (23, 46, 62) (d) (25, 50, 62)

308. उस समुच्चय का चयन करें जिसमें संख्याएँ आपस में उसी तरह से सम्बन्धित हैं जैसे निम्न समुच्चयों की संख्याएँ आपस में सम्बन्धित हैं।
SSC CGL (Tier-I) 18/07/2023 Shift-I

(9, 6, 25); (14, 5, 29)

(a) (13, 9, 32) (b) (27, 8, 29)
(c) (18, 4, 42) (d) (12, 8, 20)

309. उस समुच्चय का चयन कीजिए जिसमें संख्याएँ उसी तरह सम्बन्धित हैं जिस प्रकार दिए गए समुच्चय की संख्याएँ सम्बन्धित हैं।
SSC CGL (Tier-I) 18/07/2023 Shift-I
(36, 21, 35);
(43, 19, 53)
(a) (44, 20, 54) (b) (35, 22, 34)
(c) (48, 37, 25) (d) (51, 34, 39)

310. उस समुच्चय का चयन करें जिसमें दी गई संख्याएँ आपस में उसी प्रकार सम्बन्धित हैं जिस प्रकार निम्नलिखित समुच्चयों की संख्याएँ आपस में सम्बन्धित हैं।
SSC CGL (Tier-I) 18/07/2023 Shift-I
(5, 32, 7);
(4, 30, 14)
(a) (6, 65, 13) (b) (8, 60, 9)
(c) (7, 50, 21) (d) (7, 60, 11)

311. उस विकल्प का चयन करें जो पाँचवें अक्षर-समूह से उसी प्रकार सम्बन्धित है, जिस प्रकार दूसरा अक्षर-समूह पहले अक्षर-समूह से और चौथा अक्षर-समूह तीसरे अक्षर-समूह से सम्बन्धित है।
BEAUTY : ZVXEJH :: FRAGILE : FNLKFXM :: BEYOND : ?
SSC CGL (Tier-I) 18/07/2023 Shift-I
(a) EOPZFC (b) DNOYEB
(c) EPRCJH (d) EPRCEB

312. उस समुच्चय का चयन करें जिसमें दी गई संख्याएँ आपस में उसी प्रकार सम्बन्धित हैं, जिस प्रकार प्रश्न में दिए गए समुच्चय की संख्याएँ आपस में सम्बन्धित हैं।
SSC CGL (Tier-I) 17/07/2023 Shift-IV
(44, 63, 98); (59, 99, 149)
(a) (82, 13, 96) (b) (81, 15, 87)
(c) (54, 73, 121) (d) (19, 32, 44)

313. दिए गए पैटर्न का ध्यानपूर्वक अध्ययन कीजिए और उस संख्या का चयन कीजिए जो उसमें प्रश्नवाचक चिह्न (?) को प्रतिस्थापित कर सकती है।
(14, 10, 9); (6, 8, 2); (8, 4, ?)
SSC CGL (Tier-I) 17/07/2023 Shift-IV
(a) 5 (b) 6 (c) 3 (d) 4

314. उस विकल्प का चयन करें जो पाँचवें अक्षर-समूह से उसी प्रकार सम्बन्धित हैं जिस प्रकार दूसरा अक्षर-समूह पहले अक्षर-समूह से सम्बन्धित है और चौथा अक्षर-समूह तीसरे अक्षर-समूह से सम्बन्धित है।
PLANT : VPCNR :: STOMP : ROQVU :: BOARD : ?
SSC CGL (Tier-I) 17/07/2023 Shift-IV
(a) FTCQD (b) DPCTF
(c) DQCTF (d) FTDQC

315. 'स्पष्ट' का 'खुला' से वही सम्बन्ध है, जो 'गोपनीय' का '........' से है।
SSC CGL (Tier-I) 17/07/2023 Shift-IV
(a) मुक्त (b) गुप्त
(c) अपरोक्ष (d) साफ

316. विकल्पों में से उस समुच्चय का चयन कीजिए जिसमें दी गई संख्याओं के बीच वही सम्बन्ध है, जो सम्बन्ध नीचे दिए गए समुच्चयों की संख्याओं के बीच है।
SSC CGL (Tier-I) 17/07/2023 Shift-IV
(12, 15, 18); (10, 8, 6)
(a) (14, 28, 14) (b) (13, 10, 17)
(c) (15, 20, 25) (d) (19, 18, 1)

317. दिए गए पैटर्न का ध्यानपूर्वक अध्ययन कीजिए और उस संख्या का चयन कीजिए जो प्रश्नवाचक चिह्न (?) को प्रतिस्थापित कर सकती है।
(2, 1, 5); (5, 12, 22); (6, 2, ?)
SSC CGL (Tier-I) 17/07/2023 Shift-IV
(a) 14 (b) 8
(c) 6 (d) 12

318. उस समुच्चय का चयन कीजिए जिसमें संख्याएँ उसी प्रकार सम्बन्धित है। जिस प्रकार निम्नलिखित समुच्चयों की संख्याएँ सम्बन्धित है।
$\left[\left(\frac{7}{9}\right),\left(\frac{31}{39}\right)\right],\left[\left(\frac{3}{5}\right),\left(\frac{15}{23}\right)\right]$
SSC CGL (Tier-I) 17/07/2023 Shift-III
(a) $\left[\left(\frac{9}{13}\right),\left(\frac{37}{55}\right)\right]$ (b) $\left[\left(\frac{17}{19}\right),\left(\frac{36}{77}\right)\right]$
(c) $\left[\left(\frac{11}{13}\right),\left(\frac{47}{55}\right)\right]$ (d) $\left[\left(\frac{9}{11}\right),\left(\frac{32}{37}\right)\right]$

319. उस विकल्प का चयन कीजिए, जो तीसरे पद से उसी प्रकार सम्बन्धित है, जिस प्रकार दूसरा पद पहले पद से और छठा पद पाँचवें पद से सम्बन्धित है।
6 : 646 : : 5: ? : : 4: 190
SSC CGL (Tier-I) 17/07/2023 Shift-III
(a) 337 (b) 376 (c) 373 (d) 377

320. उस विकल्प का चयन करें जो तीसरे शब्द से उसी प्रकार सम्बन्धित है जिस प्रकार दूसरा शब्द पहले शब्द से सम्बन्धित है।
SSC CGL (Tier-I) 17/07/2023 Shift-III
हाथ : मिट्टेन्स : पैर :?
(a) श्रग (b) मोज़े (c) स्कार्फ़ (d) जैकेट

321. उस विकल्प का चयन करें जो पाँचवें अक्षर-समूह से उसी प्रकार सम्बन्धित है जिस प्रकार दूसरा अक्षर-समूह पहले अक्षर-समूह से सम्बन्धित है और चौथा अक्षर-समूह तीसरे अक्षर-समूह से सम्बन्धित है।
MGX : VPG :: TZC : CIL :: HPX : ?
SSC CGL (Tier-I) 17/07/2023 Shift-III
(a) QYG (b) RZG (c) PXF (d) QZG

322. उस समुच्चय का चयन कीजिए जिसमें संख्याएँ आपस में उसी प्रकार सम्बन्धित हैं जैसे निम्नलिखित समुच्चय की संख्याएँ सम्बन्धित हैं।
SSC CGL (Tier-I) 17/07/2023 Shift-II
(85, 24, 133), (97, 36, 145)
(a) (71, 15, 124) (b) (67, 12, 111)
(c) (79, 18, 127) (d) (86, 23, 135)

323. दिए गए पैटर्न का ध्यानपूर्वक अध्ययन कीजिए और उस संख्या का चयन कीजिए जो उसमें प्रश्नवाचक चिह्न (?) को प्रतिस्थापित कर सकती है। **SSC CGL (Tier-I) 17/07/2023 Shift-II**
(6, 2, 34), (1, 5, 13), (9, 1, ?)
(a) 16 (b) 19
(c) 13 (d) 25

324. उस विकल्प का चयन कीजिए, जिसका पाँचवें अक्षर-समूह से ठीक वही सम्बन्ध है, जो सम्बन्ध दूसरे अक्षर-समूह का पहले अक्षर-समूह से है और वही सम्बन्ध चौथे अक्षर-समूह का तीसरे अक्षर-समूह से है।
BULL : CDVWMNMN :: SHOT : TUIJPQUV :: TENS : ?
SSC CGL (Tier-I) 17/07/2023 Shift-II
(a) OPTUOPTU (b) UVFGOPTU
(c) UVFGUVFG (d) OPTUUVFG

325. उस शब्द-युग्म का चयन करें जो नीचे दिए गए शब्दों के युग्म में व्यक्त किए गए समान सम्बन्ध का सबसे अच्छा निरूपण करता है।
SSC CGL (Tier-I) 17/07/2023 Shift-II
थर्मामीटर : तापमान
(a) वोल्टमीटर : वोल्टेज
(b) माइक्रोमीटर : चाल
(c) गैल्वेनोमीटर : ध्वनि
(d) टैसियोमीटर : त्वरण

326. उस विकल्प का चयन कीजिए जो पाँचवें अक्षर-समूह से उसी प्रकार सम्बन्धित है जिस प्रकार दूसरा अक्षर-समूह पहले अक्षर-समूह से सम्बन्धित है और चौथा अक्षर-समूह तीसरे अक्षर-समूह से सम्बन्धित है।
RJN : OLU : : DHL : MJG :: VKC :?
SSC CGL (Tier-I) 17/07/2023 Shift-II
(a) ENY (b) DMY (c) ENZ (d) YMD

327. उस समुच्चय का चयन कीजिए जिसमें संख्याएँ आपस में उसी प्रकार सम्बन्धित है जैसे निम्नलिखित समुच्चय की संख्याएँ सम्बन्धित हैं।
SSC CGL (Tier-I) 17/07/2023 Shift-I
(26, 14, 170); (31, 7, 18)
(a) (14, 6, 24) (b) (21, 9, 60)
(c) (34, 10, 72) (d) (11, 5, 17)

328. उस विकल्प का चयन कीजिए जो तीसरे शब्द से उसी प्रकार सम्बन्धित है जिस प्रकार, दूसरा शब्द पहले शब्द से सम्बन्धित है।
आहार : आहार विशेषज्ञ :: उच्च रक्त शर्करा : ? **SSC CGL (Tier-I) 17/07/2023 Shift-I**
(a) त्वचा विशेषज्ञ (b) ऑन्कोलॉजिस्ट
(c) मधुमेह चिकित्सक (d) यूरोलॉजिस्ट

329. दिए गए पैटर्न का ध्यानपूर्वक अध्ययन कीजिए और उस संख्या का चयन कीजिए जो उसमें प्रश्नवाचक चिह्न (?) को प्रतिस्थापित कर सकती है। **SSC CGL (Tier-I) 17/07/2023 Shift-I**
(6, 4, 6); (18, 9, 13); (8, 6, ?)
(a) 6 (b) 8 (c) 14 (d) 4

330. उस विकल्प का चयन कीजिए जो पाँचवीं संख्या से उसी प्रकार सम्बन्धित है जिस प्रकार, दूसरी संख्या पहली संख्या से सम्बन्धित है और चौथी संख्या तीसरी संख्या से सम्बन्धित है।

SSC CGL (Tier-I) 17/07/2023 Shift-I

1: 7:: 3: 215:: 4: ?

(a) 342 (b) 363
(c) 453 (d) 511

331. उस विकल्प का चयन कीजिए जो पाँचवें पद से उसी प्रकार सम्बन्धित है जिस प्रकार दूसरा पद, पहले पद से सम्बन्धित है और चौथा पद, तीसरे पद से सम्बन्धित है।

132 : 10 : : 42 : 5 : : 272 : ?

SSC CGL (Tier-I) 17/07/2023 Shift-I

(a) 16 (b) 15 (c) 13 (d) 14

332. उस विकल्प का चयन कीजिए, जिसका पाँचवें अक्षर-समूह से ठीक वही सम्बन्ध है, जो सम्बन्ध दूसरे अक्षर-समूह का पहले अक्षर-समूह से है और वही सम्बन्ध चौथे अक्षर-समूह का तीसरे अक्षर-समूह से है।

CIVILIAN : AGREFCSF : :
DOCTRINE : BMYPLCFW : :
EQUATION : ?

SSC CGL (Tier-I) 17/07/2023 Shift-I

(a) VUGHILOPA (b) NUGFSDAX
(c) COQWNCGF (d) BURDSTER

333. विकल्पों में से उस समुच्चय का चयन कीजिए जिसमें संख्याएँ उसी प्रकार सम्बन्धित हैं जिस प्रकार निम्नलिखित समुच्चयों की संख्याएँ सम्बन्धित है।

SSC CGL (Tier-I) 14/07/2023 Shift-IV

(15, 20, 4); (30, 30, 3)

(a) (60, 400, 20) (b) (44, 187, 44)
(c) (35, 120, 19) (d) (30, 190, 15)

334. उस समुच्चय का चयन करें जिसमें संख्याएँ उसी प्रकार सम्बन्धित हैं, जिस प्रकार दिए गए समुच्चय की संख्याएँ है।

SSC CGL (Tier-I) 14/07/2023 Shift-IV

(4, 6, 8), (6, 8, 10)

(a) (2, 12, 8) (b) (5, 30, 10)
(c) (15, 18, 16) (d) (8, 12, 16)

335. उस विकल्प का चयन करें जो तीसरे शब्द से उसी प्रकार सम्बन्धित है जिस प्रकार दूसरा शब्द पहले शब्द से सम्बन्धित है।

SSC CGL (Tier-I) 14/07/2023 Shift-IV

कछुआ : हैचलिंग : : खरगोश : ?

(a) किटन (b) पिगलेट (c) शॉट (d) कॉफ

336. दिए गए विकल्पों में उस विकल्प का चयन कीजिए जो पाँचवीं संख्या से उसी प्रकार सम्बन्धित है जिस प्रकार दूसरी संख्या पहली संख्या से सम्बन्धित है और चौथी संख्या तीसरी संख्या से सम्बन्धित है।

SSC CGL (Tier-I) 14/07/2023 Shift-IV

175 : 210 : : 310 : 372 : : 295 : ?

(a) 354 (b) 362 (c) 340 (d) 348

337. उस समुच्चय का चयन कीजिए जिसमें संख्याएँ एक-दूसरे से उसी प्रकार सम्बन्धित हों, जैसे निम्नलिखित समुच्चयों की संख्याएँ एक-दूसरे से सम्बन्धित हैं।

SSC CGL (Tier-I) 14/07/2023 Shift-IV

(49, 63, 441); (7, 14, 14)

(a) (7, 28, 35) (b) (12, 18, 324)
(c) (14, 28, 56) (d) (7, 14, 45)

338. उस विकल्प का चयन करें जो पाँचवें अक्षर-समूह से उसी प्रकार सम्बन्धित है जिस प्रकार दूसरा अक्षर-समूह पहले अक्षर-समूह से सम्बन्धित है और चौथा अक्षर-समूह तीसरे अक्षर-समूह से सम्बन्धित है।

MOC : MKW :: SEL : GUN :: DKR : ?

SSC CGL (Tier-I) 14/07/2023 Shift-III

(a) VNH (b) VOH
(c) VNG (d) VOG

339. उस विकल्प का चयन कीजिए जो तीसरे शब्द से उसी प्रकार सम्बन्धित है जिस प्रकार दूसरा शब्द पहले शब्द से सम्बन्धित है।

पायल : टखना :: कंगन : ?

SSC CGL (Tier-I) 14/07/2023 Shift-III

(a) कलाई (b) कमर
(c) गर्दन (d) कान

340. विकल्पों में से उस समुच्चय का चयन कीजिए जिसमें संख्याएँ उसी प्रकार सम्बन्धित हैं जिस प्रकार निम्नलिखित समुच्चयों की संख्याएँ सम्बन्धित हैं।

SSC CGL (Tier-I) 14/07/2023 Shift-III

(12, 8, 80); (16, 10, 131)

(a) (14, 12, 126) (b) (13, 4, 160)
(c) (9, 6, 54) (d) (11, 5, 55)

341. विकल्पों में से उस समुच्चय का चयन कीजिए जिसमें संख्याएँ उसी प्रकार सम्बन्धित हैं जिस प्रकार निम्नलिखित समुच्चयों की संख्याएँ सम्बन्धित हैं।

SSC CGL (Tier-I) 14/07/2023 Shift-III

(82, 35, 78); (18, 27, 30)

(a) (21, 27, 24)
(b) (27, 33, 40)
(c) (20, 25, 32)
(d) (15, 36, 38)

342. उस समुच्चय का चयन कीजिए जिसमें संख्याएँ एक-दूसरे से उसी प्रकार सम्बन्धित हों, जैसे निम्नलिखित समुच्चयों की संख्याएँ एक-दूसरे से सम्बन्धित हैं।

SSC CGL (Tier-I) 14/07/2023 Shift-III

(3, 9, 30) (10, 3, 33)

(a) (9, 7, 98) (b) (8, 8, 74)
(c) (12, 3, 39) (d) (6, 9, 40)

343. उस विकल्प का चयन कीजिए, जिसका पाँचवें अक्षर-समूह से ठीक वही सम्बन्ध है, जो सम्बन्ध दूसरे अक्षर-समूह का पहले अक्षर-समूह से है और वही सम्बन्ध चौथे अक्षर-समूह का तीसरे अक्षर समूह से है।

WOODLAND : ZIRXOUQX ::
PERIODIC : SYUCRXLW ::
MAGAZINE : ?

SSC CGL (Tier-I) 14/07/2023 Shift-II

(a) LPWXSYCZ (b) HERDWBMO
(c) NSCAQOLP (d) PUJUCCQY

344. उस समुच्चय का चयन कीजिए जिसमें संख्याएँ आपस में उसी प्रकार सम्बन्धित हैं जिस प्रकार निम्नलिखित समुच्चयों की संख्याएँ आपस में सम्बन्धित हैं।

SSC CGL (Tier-I) 14/07/2023 Shift-II

(8, 44, 3); (12, 60, 3)

(a) (8, 50, 2) (b) (23, 98, 5)
(c) (12, 68, 5) (d) (17, 56, 9)

345. विकल्पों में से उस समुच्चय का चयन कीजिए जिसमें संख्याएँ उसी प्रकार सम्बन्धित हैं जिस प्रकार निम्नलिखित समुच्चयों की संख्याएँ सम्बन्धित हैं।

SSC CGL (Tier-I) 14/07/2023 Shift-II

(14, 378, 9); (18, 432, 8)

(a) (15, 405, 9) (b) (15, 305, 7)
(c) (5, 125, 8) (d) (11, 265, 8)

346. उस विकल्प का चयन कीजिए जो पाँचवें अक्षर-समूह से उसी प्रकार सम्बन्धित है जिस प्रकार दूसरा अक्षर-समूह पहले अक्षर-समूह से सम्बन्धित है और चौथा अक्षर-समूह तीसरे अक्षर-समूह से सम्बन्धित है।

NHT : PEX :: KDF : MAJ :: UMR : ?

SSC CGL (Tier-I) 14/07/2023 Shift-II

(a) VJW (b) WJV (c) WPN (d) XIW

347. उस विकल्प का चयन कीजिए जो तीसरे शब्द से उसी प्रकार सम्बन्धित है जिस प्रकार दूसरा शब्द पहले शब्द से सम्बन्धित है।

SSC CGL (Tier-I) 14/07/2023 Shift-II

ऑर्थोपेडिक : हड्डी :: कोर्डियोलॉजिस्ट : ?

(a) हृदय (b) मस्तिष्क (c) वृक्क (d) फेफड़े

348. उस विकल्प का चयन करें जो तीसरे शब्द से उसी प्रकार सम्बन्धित है जिस प्रकार दूसरा शब्द पहले शब्द से सम्बन्धित है।

SSC CGL (Tier-I) 14/07/2023 Shift-I

त्वचा : स्पर्श : : नाक : ?

(a) पसीना (b) गन्ध (c) नथ (d) स्वाद

349. उस विकल्प का चयन कीजिए जो छठे अक्षर/समूह से उसी प्रकार सम्बन्धित है जिस प्रकार पहला अक्षर/समूह दूसरे अक्षर/समूह से सम्बन्धित है और तीसरा अक्षर/समूह चौथे अक्षर/समूह से सम्बन्धित है।

HMD : KOE : : BNQ : EPR : : ? : FLV

SSC CGL (Tier-I) 14/07/2023 Shift-I

(a) UJC (b) SJE (c) CJU (d) EJS

350. उस विकल्प का चयन कीजिए, जो तीसरे पद से उसी प्रकार सम्बन्धित है, जिस प्रकार दूसरा पद पहले पद से और छठा पद पाँचवें पद से सम्बन्धित है।

7183 : 3850 : : 6957 : ? : : 8972 : 5639
SSC CGL (Tier-I) 14/07/2023 Shift-I
(a) 3246 (b) 3426 (c) 3624 (d) 3642

351. दिए गए विकल्पों में उस विकल्प का चयन कीजिए जो पाँचवीं संख्या से उसी प्रकार सम्बन्धित है जिस प्रकार दूसरी संख्या पहली संख्या से सम्बन्धित है और चौथी संख्या तीसरी संख्या से सम्बन्धित है।
SSC CGL (Tier-I) 14/07/2023 Shift-I
5 : 45 : : 3 : 3 : : 6 : ?
(a) 110 (b) 106 (c) 90 (d) 96

352. उस समुच्चय का चयन करें जिसमें संख्याएँ उसी प्रकार सम्बन्धित हैं जिस प्रकार निम्नलिखित समुच्चयों की संख्याएँ सम्बन्धित हैं।
SSC CGL (Tier-I) 14/07/2023 Shift-I
(55, 11, 25), (64, 16, 16)
(a) (33, 11, 22) (b) (33, 11, 9)
(c) (33, 11, 3) (d) (33, 11, 10)

SSC CGL 2022 (Tier I)

353. उस विकल्प का चयन कीजिए, जिसका पाँचवें अक्षर-समूह से ठीक वही सम्बन्ध है, जो सम्बन्ध दूसरे अक्षर-समूह का पहले अक्षर-समूह से है और वही सम्बन्ध चौथे अक्षर-समूह का तीसरे अक्षर-समूह से है।
ABILITY : LIBAYTI : : CHRONIC : ORHCCIN : : HEAVILY : ?
SSC CGL (Tier-I) 13/12/2022 Shift-IV
(a) AEVHLYI (b) VAEHYLI
(c) LYIAVHE (d) HAVIEYL

354. उस विकल्प का चयन कीजिए जो पाँचवे अक्षर-समूह से उसी प्रकार सम्बन्धित है जिस प्रकार दूसरा अक्षर-समूह पहले अक्षर-समूह से सम्बन्धित है और चौथा अक्षर-समूह तीसरे अक्षर-समूह से सम्बन्धित है।
LAMP : RQGT :: GAME : GQGO :: GOAT : ?
SSC CGL (Tier-I) 13/12/2022 Shift-IV
(a) VEUO (b) EVUO
(c) OUEV (d) ACDF

355. उस विकल्प का चयन करें जो पाँचवीं संख्या से उसी प्रकार सम्बन्धित है जिस प्रकार दूसरी संख्या पहली संख्या से सम्बन्धित है और चौथी संख्या तीसरी संख्या से सम्बन्धित है।
SSC CGL (Tier-I) 13/12/2022 Shift-IV
6 : 12 : : 9 : 21 : : 3 : ?
(a) 5 (b) 7 (c) 8 (d) 3

356. उस समुच्चय का चयन कीजिए जिसमें संख्याएँ आपस में उसी प्रकार सम्बन्धित है जिस प्रकार निम्नलिखित समुच्चयों की संख्याएँ आपस में सम्बन्धित हैं।
SSC CGL (Tier-I) 13/12/2022 Shift-IV
(60, 17, 13) (62, 14, 17)
(a) (55, 18, 9) (b) (56, 15, 13)
(c) (43, 9, 12) (d) (57, 15, 14)

357. उस विकल्प का चयन कीजिए, जो तीसरे शब्द से उसी प्रकार सम्बन्धित है, जिस प्रकार दूसरा शब्द पहले शब्द से सम्बन्धित है।
SSC CGL (Tier-I) 13/12/2022 Shift-III
नाटक : मंच : : सुनवाई : ?
(a) पुलिस स्टेशन (b) प्लैटफॉर्म
(c) अदालत (d) जेल

358. उस विकल्प का चयन करें, जो तीसरे शब्द से उसी प्रकार सम्बन्धित है, जिस प्रकार दूसरा शब्द पहले शब्द से सम्बन्धित है।
SSC CGL (Tier-I) 13/12/2022 Shift-III
झुण्ड : पक्षी : : दल : ?
(a) पेड़ (b) फूल
(c) मधुमक्खी (d) वर्षा

359. उस विकल्प का चयन करें, जो चौथी संख्या से उसी प्रकार सम्बन्धित है, जिस प्रकार पहली संख्या दूसरी संख्या से सम्बन्धित है और पाँचवीं संख्या छठी संख्या से सम्बन्धित है।
SSC CGL (Tier-I) 13/12/2022 Shift-III
8 : 48 :: ? : 143 :: 15 : 195
(a) 13 (b) 19
(c) 17 (d) 11

360. दिए गए पैटर्न का ध्यानपूर्वक अध्ययन करें और उस संख्या का चयन करें, जो उसमें प्रश्नचिन्ह (?) को प्रतिस्थापित कर सके।
SSC CGL (Tier-I) 13/12/2022 Shift-III
पहली पंक्ति – 12, 7, 32
दूसरी पंक्ति – 17, 13, 33
तीसरी पंक्ति – 14, 8, ?
(a) 38 (b) 35 (c) 43 (d) 42

361. उस समुच्चय का चयन कीजिए, जिसमें संख्याएँ आपस में उसी प्रकार सम्बन्धित हैं, जिस प्रकार निम्नलिखित समुच्चयों की संख्याएँ आपस में सम्बन्धित हैं।
SSC CGL (Tier-I) 13/12/2022 Shift-III
(5, 2, 23), (6, 2, 34)
(a) (3, 3, 3) (b) (3, 5, 11)
(c) (3, 2, 9) (d) (3, 2, 7)

362. उस विकल्प का चयन करें, जो तीसरे शब्द से उसी प्रकार सम्बन्धित है, जिस प्रकार दूसरा शब्द पहले शब्द से सम्बन्धित है।
SSC CGL (Tier-I) 13/12/2022 Shift-II
बछड़ा : मवेशी :: घोड़े का बच्चा : ?
(a) घोड़ा (b) हाथी (c) कंगारू (d) हिरन

363. उस समुच्चय का चयन कीजिए, जिसमें संख्याएँ आपस में उसी प्रकार सम्बन्धित हैं, जिस प्रकार निम्नलिखित समुच्चयों की संख्याएँ आपस में सम्बन्धित हैं।
SSC CGL (Tier-I) 13/12/2022 Shift-II
(4, 7, 165)
(14, 26, 600)
(a) (23, 29, 567) (b) (5, 19, 225)
(c) (3, 6, 135) (d) (17, 6, 325)

364. उस समुच्चय का चयन कीजिए, जिसमें संख्याएँ आपस में उसी प्रकार सम्बन्धित हैं, जिस प्रकार निम्नलिखित समुच्चयों की संख्याएँ आपस में सम्बन्धित हैं।
SSC CGL (Tier-I) 13/12/2022 Shift-II
(3, 16, 6) (4, 22, 6)
(a) (12, 50, 5) (b) (9, 70, 8)
(c) (7, 43, 6) (d) (9, 10, 11)

365. उस समुच्चय का चयन कीजिए, जिसमें संख्याएँ आपस में उसी प्रकार सम्बन्धित हैं, जिस प्रकार निम्नलिखित समुच्चयों की संख्याएँ आपस में सम्बन्धित हैं।
SSC CGL (Tier-I) 13/12/2022 Shift-II
(9, 343, 2) (12, 729, 3)
(a) (13, 4, 89) (b) (12, 125, 7)
(c) (98, 49, 92) (d) (12, 66, 20)

366. उस शब्द-युग्म का चयन कीजिए, जो ठीक उसी सम्बन्ध का निरूपण करता हो, जो सम्बन्ध दिए गए इस शब्द-युग्म में अभिव्यक्त है।
SSC CGL (Tier-I) 13/12/2022 Shift-I
चावल : कार्बोहाइड्रेट
(a) सन्तरा : फल (b) बैंगन : सब्जी
(c) माँस : चिकन (d) पनीर : प्रोटीन

367. उस विकल्प का चयन कीजिए, जिसका पाँचवें अक्षर-समूह से ठीक वही सम्बन्ध है, जो सम्बन्ध दूसरे अक्षर-समूह का पहले अक्षर-समूह से है और वही सम्बन्ध चौथे अक्षर-समूह का तीसरे अक्षर समूह से है।
ACCUSED : UCCASDE : : FACTORY : TCAFOYR : : DYNAMIC : ?
SSC CGL (Tier-I) 13/12/2022 Shift-I
(a) DNYMACI (b) ANYDMCI
(c) DANYMIC (d) YNMICAD

368. उस विकल्प का चयन करें, जो चौथी संख्या से उसी प्रकार सम्बन्धित है, जिस प्रकार पहली संख्या दूसरी संख्या से और पाँचवीं संख्या छठी संख्या से सम्बन्धित है।
SSC CGL (Tier-I) 13/12/2022 Shift-I
16 : 96 : : ? : 120 : : 18 : 108
(a) 20 (b) 24 (c) 21 (d) 22

369. उस समुच्चय का चयन कीजिए, जिसमें संख्याएँ आपस में उसी प्रकार सम्बन्धित हैं, जिस प्रकार निम्नलिखित समुच्चयों की संख्याएँ आपस में सम्बन्धित हैं।
SSC CGL (Tier-I) 13/12/2022 Shift-I
(16, 7, 81)
(24, 16, 64)
(a) (13, 7, 36) (b) (48, 39, 18)
(c) (37, 25, 100) (d) (21, 19, 8)

370. उस विकल्प का चयन करें, जो तीसरे शब्द से उसी प्रकार सम्बन्धित है, जिस प्रकार दूसरा शब्द पहले शब्द से सम्बन्धित है?
SSC CGL (Tier-I) 12/12/2022 Shift-IV
दूरदर्शी : दूर की वस्तुएँ : : सूक्ष्मदर्शी : ?
(a) भारी वस्तुएँ (b) बड़ी वस्तुएँ
(c) बहुत छोटी वस्तुएँ (d) बहुत बड़ी वस्तुएँ

371. उस विकल्प का चयन करें, जो तीसरे शब्द से उसी प्रकार सम्बन्धित है, जिस प्रकार दूसरा शब्द पहले शब्द से सम्बन्धित है?
SSC CGL (Tier-I) 12/12/2022 Shift-IV
कांपना : डर : : लंबी सांस लेना : ?
(a) गुस्सा (b) दर्द (c) राहत (d) उम्मीद

372. उस विकल्प का चयन करें, जो तीसरी संख्या से उसी प्रकार सम्बन्धित है, जिस प्रकार दूसरी संख्या पहली संख्या से सम्बन्धित है और छठी संख्या पाँचवी संख्या से सम्बन्धित है।
SSC CGL (Tier-I) 12/12/2022 Shift-IV
16 : 20:: 256 : ? :: 49: 56
(a) 272 (b) 264 (c) 266 (d) 278

373. उस समुच्चय का चयन कीजिए, जिसमें संख्याएँ आपस में उसी प्रकार सम्बन्धित हैं, जिस प्रकार निम्नलिखित समुच्चयों की संख्याएँ आपस में सम्बन्धित हैं।
SSC CGL (Tier-I) 12/12/2022 Shift-IV
(2, 4, 20) (4, 5, 41)
(a) (7, 3, 50) (b) (9, 2, 86)
(c) (5, 3, 32) (d) (4, 3, 25)

374. उस विकल्प का चयन करें, जो तीसरे शब्द से उसी प्रकार सम्बन्धित है, जिस प्रकार दूसरा शब्द, पहले शब्द से सम्बन्धित है।
SSC CGL (Tier-I) 12/12/2022 Shift-III
पैनल : जूरी सदस्य :: पोर्टफोलियो : ?
(a) कम्पनियाँ (b) प्रतिभूतियाँ
(c) न्यासी (d) प्रशासन

375. उस विकल्प का चयन कीजिए, जिसका पाँचवें अक्षर-समूह से ठीक वही सम्बन्ध है, जो सम्बन्ध दूसरे अक्षर-समूह का पहले अक्षर-समूह से है और वहीं सम्बन्ध चौथे अक्षर-समूह का तीसरे अक्षर-समूह से है।
STABLE : AEQRZJ :: TARGET : AERPER :: VISUAL : ?
SSC CGL (Tier-I) 12/12/2022 Shift-III
(a) UATWJQ (b) IUATQJ
(c) TAUIQJ (d) HATQUI

376. उस विकल्प का चयन करें, जो चौथी संख्या से उसी प्रकार सम्बन्धित है जिस प्रकार पहली संख्या दूसरी संख्या से और पाँचवीं संख्या छठी संख्या से सम्बन्धित है।
8 : 96 :: ? : 54 :: 12 : 216
SSC CGL (Tier-I) 12/12/2022 Shift-III
(a) 10 (b) 8 (c) 4 (d) 6

377. उस समुच्चय का चयन कीजिए जिसमें संख्याएँ आपस में उसी प्रकार सम्बन्धित हैं जिस प्रकार निम्नलिखित समुच्चयों की संख्याएँ आपस में सम्बन्धित हैं।
SSC CGL (Tier-I) 12/12/2022 Shift-III
(6, 17, 408) (13, 27, 1404)
(a) (5, 82, 1200)
(b) (4, 26, 416)
(c) (9, 27, 245)
(d) (17, 28, 952)

378. विकल्पों में से उस समुच्चय का चयन कीजिए जिसमें दी गई संख्याओं के बीच वही सम्बन्ध है, जो सम्बन्ध नीचे दिए गए समुच्चयों की संख्याओं के बीच है।
SSC CGL (Tier-I) 12/12/2022 Shift-III
(12, 313, 13)
(11, 185, 8)
(a) (15, 150, 10) (b) (9, 90, 3)
(c) (4, 125, 11) (d) (12, 158, 12)

379. उस शब्द-युग्म का चयन कीजिए, जिसके शब्दों के मध्य वही सम्बन्ध है जो नीचे दिए गए शब्द-युग्म के शब्दों के मध्य है।
SSC CGL (Tier-I) 12/12/2022 Shift-II
शेर : दहाड़ना
(a) उल्लू : मिमियाना
(b) बकरी : हू-हू करना
(c) मुर्गी : कांव-कांव
(d) घोड़ा : हिनहिनाना

380. उस विकल्प का चयन कीजिए, जिसका पाँचवें अक्षर-समूह से ठीक वहीं सम्बन्ध है, जो सम्बन्ध दूसरे अक्षर-समूह का पहले अक्षर-समूह से है और वही सम्बन्ध चौथे अक्षर-समूह का तीसरे अक्षर-समूह से है।
WITNESS : SSENTIW :: SILENCE : ECNELIS :: PROTECT : ?
SSC CGL (Tier-I) 12/12/2022 Shift-II
(a) PROCETT (b) TCETORP
(c) RPOTCET (d) CETPROT

381. उस समुच्चय का चयन कीजिए, जिसमें संख्याएँ आपस में उसी प्रकार सम्बन्धित हैं, जिस प्रकार निम्नलिखित समुच्चयों की संख्याएँ आपस में सम्बन्धित हैं।
SSC CGL (Tier-I) 12/12/2022 Shift-II
(8, 540, 60) (9, 70, 7)
(a) (9, 45, 7) (b) (12, 56, 60)
(c) (8, 63, 7) (d) (9, 54, 12)

382. उस समुच्चय का चयन कीजिए, जिसमें संख्याएँ आपस में उसी प्रकार सम्बन्धित नहीं है, जिस प्रकार निम्नलिखित समुच्चयों की संख्याएँ आपस में सम्बन्धित हैं।
SSC CGL (Tier-I) 12/12/2022 Shift-II
(168, 122, 290)
(a) (236, 118, 356)
(b) (226, 148, 374)
(c) (126, 132, 258)
(d) (198, 112, 310)

383. उस शब्द-युग्म का चयन कीजिए, जो ठीक उसी सम्बन्ध का निरूपण करता हो, जो सम्बन्ध दिए गए इस शब्द-युग्म में अभिव्यक्त है।
SSC CGL (Tier-I) 12/12/2022 Shift-I
पशु : झुण्ड
(a) नाविक : चालक दल
(b) खिलाड़ी : श्रेणी
(c) विद्यार्थी : टीम
(d) सैनिक : कालोनी

384. उस विकल्प का चयन करें, जो पाँचवीं संख्या से उसी प्रकार सम्बन्धित है, जिस प्रकार दूसरी संख्या पहली संख्या से सम्बन्धित है और चौथी संख्या तीसरी संख्या से सम्बन्धित है।
SSC CGL (Tier-I) 12/12/2022 Shift-I
4 : 61 : : 9 : 726 : : 6 : ?
(a) 356 (b) 242
(c) 316 (d) 213

385. उस समुच्चय का चयन कीजिए, जिसमें संख्याएँ आपस में उसी प्रकार सम्बन्धित हैं, जिस प्रकार निम्नलिखित समुच्चयों की संख्याएँ आपस में सम्बन्धित हैं।
SSC CGL (Tier-I) 12/12/2022 Shift-I
(5, 98, 9)
(10, 168, 14)
(a) (7, 108, 23) (b) (15, 248, 19)
(c) (1, 28, 3) (d) (3, 88, 17)

386. उस समुच्चय का चयन कीजिए, जिसमें संख्याएँ आपस में उसी प्रकार सम्बन्धित हैं, जिस प्रकार निम्नलिखित समुच्चयों की संख्याएँ आपस में सम्बन्धित हैं।
SSC CGL (Tier-I) 12/12/2022 Shift-I
(17, 59, 625)
(8, 44, 784)
(a) (24, 70, 576) (b) (12, 69, 2025)
(c) (22, 78, 784) (d) (18, 74, 1296)

387. उस विकल्प का चयन कीजिए जो तीसरे शब्द से उसी प्रकार सम्बन्धित है जिस प्रकार दूसरा शब्द पहले शब्द से सम्बन्धित है।
SSC CGL (Tier-I) 09/12/2022 Shift-IV
दर्द : व्यथा :: क्रोध :?
(a) शान्ति (b) शान्त
(c) दुखी (d) गुस्सा

388. उस विकल्प का चयन करें जो पाँचवीं संख्या से उसी प्रकार सम्बन्धित है जिस प्रकार दूसरी संख्या पहली संख्या से सम्बन्धित है और चौथी संख्या तीसरी संख्या से सम्बन्धित है।
SSC CGL (Tier-I) 09/12/2022 Shift-IV
12 : 132 :: 20 : 380 :: 2 : ?
(a) 6 (b) 12
(c) 8 (d) 2

389. उस समुच्चय का चयन कीजिए जिसमें संख्याएँ आपस में उसी प्रकार सम्बन्धित हैं जिस प्रकार निम्नलिखित समुच्चयों की संख्याएँ आपस में सम्बन्धित हैं।
SSC CGL (Tier-I) 09/12/2022 Shift-IV
(4, 21, 33)
(10, 111, 141)
(a) (24, 52, 128) (b) (65, 60, 244)
(c) (25, 53, 128) (d) (13, 45, 97)

390. उस समुच्चय का चयन कीजिए जिसमें संख्याएँ आपस में उसी प्रकार सम्बन्धित हैं जिस प्रकार निम्नलिखित समुच्चयों की संख्याएँ आपस में सम्बन्धित हैं।
SSC CGL (Tier-I) 09/12/2022 Shift-IV

(21, 33, 31)
(42, 17, 26)
(a) (32, 39, 20) (b) (46, 19, 24)
(c) (35, 27, 29) (d) (36, 14, 35)

391. उस शब्द-युग्म का चयन कीजिए, जो ठीक उसी सम्बन्ध का निरूपण करता हो, जो संबंध दिए गए इस शब्द-युग्म में अभिव्यक्त है।
SSC CGL (Tier-I) 09/12/2022 Shift-III
लम्बाई : मीटर
(a) आयतन : हल्का (b) तापमान : गर्मी
(c) द्रव्यमान : भारी (d) विद्युत धारा : एम्पियर

392. उस विकल्प का चयन करें, जो चौथी संख्या से उसी प्रकार सम्बन्धित है, जिस प्रकार पहली संख्या दूसरी संख्या से और पाँचवीं संख्या छठी संख्या से सम्बन्धित है।
SSC CGL (Tier-I) 09/12/2022 Shift-III
7 : 330 :: ? 203 :: 9 : 716
(a) 6 (b) 4
(c) 14 (d) 16

393. उस विकल्प का चयन करें, जो तीसरी संख्या से उसी प्रकार सम्बन्धित है, जिस प्रकार दूसरी संख्या पहली संख्या से और छठी संख्या पाँचवीं संख्या से सम्बन्धित है।
SSC CGL (Tier-I) 09/12/2022 Shift-III
27 : 713 :: 32 : ? :: 35 : 1209
(a) 1105 (b) 1024
(c) 1100 (d) 1008

394. उस समुच्चय का चयन कीजिए, जिसमें संख्याएँ आपस में उसी प्रकार सम्बन्धित हैं, जिस प्रकार निम्नलिखित समुच्चयों की संख्याएँ आपस में सम्बन्धित हैं।
SSC CGL (Tier-I) 09/12/2022 Shift-III
(56, 6, 34) (102, 27, 78)
(a) (79, 51, 103) (b) (63, 23, 55)
(c) (52, 22, 38) (d) (76, 34, 72)

395. उस विकल्प का चयन कीजिए, जो तीसरे शब्द से उसी प्रकार सम्बन्धित है, जिस प्रकार दूसरा शब्द पहले शब्द से सम्बन्धित है।
SSC CGL (Tier-I) 09/12/2022 Shift-II
दन्त चिकित्सक : दाँत :: त्वचा विशेषज्ञ:?
(a) रक्त (b) त्वचा
(c) रक्त वाहिकाएँ (d) हड्डियाँ

396. विकल्पों में से उस समुच्चय का चयन कीजिए, जिसमें दी गई संख्याओं के बीच वहीं सम्बन्ध है, जो सम्बन्ध नीचे दिए गए समुच्चयों की संख्याओं के बीच है।
SSC CGL (Tier-I) 09/12/2022 Shift-II
(21, 225, 9) (12, 49, 2)
(a) (15, 54, 3) (b) (11, 18, 7)
(c) (13, 81, 6) (d) (14, 64, 2)

397. उस समुच्चय का चयन कीजिए, जिसमें संख्याएँ आपस में उसी प्रकार सम्बन्धित है, जिस प्रकार निम्नलिखित समुच्चयों की संख्याएँ आपस में सम्बन्धित हैं।
SSC CGL (Tier-I) 09/12/2022 Shift-II
(76, 75, 1) (90, 87, 9)
(a) (56, 48, 64) (b) (100, 85, 125)
(c) (87, 56, 900) (d) (16, 4, 57)

398. उस समुच्चय का चयन कीजिए, जिसमें संख्याएँ आपस में उसी प्रकार सम्बन्धित हैं, जिस प्रकार निम्नलिखित समुच्चयों की संख्याएँ आपस में सम्बन्धित हैं।
SSC CGL (Tier-I) 09/12/2022 Shift-II
(56, 22, 26) (34, 20, 18)
(a) (58, 16, 21) (b) (45, 12, 23)
(c) (78, 54, 44) (d) (23, 8, 10)

399. उस शब्द-युग्म का चयन कीजिए, जो ठीक उसी सम्बन्ध का निरूपण करता हो, जो सम्बन्ध दिए गए इस शब्द-युग्म में अभिव्यक्त है।
SSC CGL (Tier-I) 09/12/2022 Shift-I
बढ़ई: हथौड़ा
(a) मछुआरा : जाल (b) मिस्त्री : कार
(c) नर्स : रोगी (d) कसाई : माँस

400. उस विकल्प का चयन कीजिए, जो तीसरे शब्द से उसी प्रकार सम्बन्धित है, जिस प्रकार दूसरा शब्द पहले शब्द से सम्बन्धित है।
SSC CGL (Tier-I) 09/12/2022 Shift-I
साण्ड : गाय :: हंस :?
(a) घोड़ी (b) हरिणी
(c) मुर्गी (d) हंसिनी

401. उस समुच्चय का चयन कीजिए, जिसमें संख्याएँ आपस में उसी प्रकार सम्बन्धित हैं, जिस प्रकार निम्नलिखित समुच्चयों की संख्याएँ आपस में सम्बन्धित हैं।
SSC CGL (Tier-I) 09/12/2022 Shift-I
(19, 23, 4) (13, 27, 14)
(a) (25, 26, 2) (b) (25, 27, 4)
(c) (25, 26, 4) (d) (25, 27, 2)

402. उस समुच्चय का चयन कीजिए, जिसमें संख्याएँ आपस में उसी प्रकार सम्बन्धित हैं, जिस प्रकार निम्नलिखित समुच्चयों की संख्याएँ आपस में सम्बन्धित है।
SSC CGL (Tier-I) 09/12/2022 Shift-I
(182, 170, 97)
(156, 128, 92)
(a) (156, 194, 79) (b) (98, 74, 54)
(c) (138, 130, 73) (d) (121, 102, 61)

403. उस विकल्प का चयन करें, जो तीसरे शब्द से उसी प्रकार सम्बन्धित है, जिस प्रकार दूसरा शब्द पहले शब्द से सम्बन्धित है।
SSC CGL (Tier-I) 08/12/2022 Shift-IV
पक्षी : घोंसला :: खरगोश :?
(a) पिंजरा (b) बगीचा
(c) माँद (d) बिल

404. उस विकल्प का चयन करें, जो पाँचवे अक्षर-समूह से उसी प्रकार सम्बन्धित है, जिस प्रकार दूसरा अक्षर समूह पहले अक्षर-समूह से सम्बन्धित है और चौथा अक्षर-समूह तीसरे अक्षर-समूह से सम्बन्धित है।
BASE : EASB :: MINE : EINM :: CALM : ?
SSC CGL (Tier-I) 08/12/2022 Shift-IV
(a) AMLC (b) MACL
(c) AMCL (d) MALC

405. उस समुच्चय का चयन कीजिए, जिसमें संख्याएँ आपस में उसी प्रकार सम्बन्धित हैं, जिस प्रकार निम्नलिखित समुच्चयों की संख्याएँ आपस में सम्बन्धित हैं।
SSC CGL (Tier-I) 08/12/2022 Shift-IV
(4, 9, 16) (25, 26, 49)
(a) (49, 64, 81) (b) (36, 81, 49)
(c) (49, 36, 81) (d) (1, 16, 49)

406. विकल्पों में से उस समुच्चय का चयन कीजिए, जिसमें दी गई संख्याओं के बीच वहीं सम्बन्ध है, जो सम्बन्ध नीचे दिए गए समुच्चयों की संख्याओं के बीच है।
SSC CGL (Tier-I) 08/12/2022 Shift-IV
(12, 51, 5) (8, 30, 2)
(a) (14, 120, 16) (b) (11, 51, 6)
(c) (19, 44, 3) (d) (13, 10, 7)

407. उस समुच्चय का चयन कीजिए, जिसमें संख्याएँ आपस में उसी प्रकार सम्बन्धित हैं, जिस प्रकार निम्नलिखित समुच्चयों की संख्याएँ आपस में सम्बन्धित हैं।
SSC CGL (Tier-I) 08/12/2022 Shift-IV
(52, 10, 41) (46, 18, 50)
(a) (23, 18, 40) (b) (41,17,36)
(c) (19, 33, 69) (d) (68, 26, 73)

408. उस शब्द-युग्म का चयन करें, जो नीचे दिए गए शब्द-युग्म में व्यक्त किए गए सम्बन्ध के समान सम्बन्ध का सर्वोत्तम ढंग से निरूपण करता है। **SSC CGL (Tier-I) 08/12/2022 Shift-III**
लाइब्रेरियन : लाइब्रेरी
(a) चौकीदार : ट्रेन
(b) चिकित्सक : इलाज
(c) पुजारी : मन्दिर
(d) नाविक : हवाई जहाज

409. विकल्पों में से उस समुच्चय का चयन कीजिए, जिसमें दी गई संख्याओं के बीच वही सम्बन्ध है, जो सम्बन्ध नीचे दिए गए समुच्चयों की संख्याओं के बीच है।
SSC CGL (Tier-I) 08/12/2022 Shift-III
(2, 4, 18), (1, 9, 50)
(a) (5, 4, 18) (b) (2, 5, 49)
(c) (6, 4, 10) (d) (3, 5, 32)

410. उस समुच्चय का चयन कीजिए, जिसमें संख्याएँ आपस में उसी प्रकार सम्बन्धित है, जिस प्रकार निम्नलिखित समुच्चयों की संख्याएँ आपस में सम्बन्धित हैं।
SSC CGL (Tier-I) 08/12/2022 Shift-III
(5, 35, 7), (8, 32, 4)
(a) (4, 30, 7) (b) (11, 56, 5)
(c) (3, 27, 9) (d) (9, 38, 4)

411. उस समुच्चय का चयन कीजिए, जिसमें संख्याएँ आपस में उसी प्रकार सम्बन्धित है, जिस प्रकार निम्नलिखित समुच्चयों की संख्याएँ आपस में सम्बन्धित हैं।
SSC CGL (Tier-I) 08/12/2022 Shift-III

(99, 199, 1199), (15, 115, 1115)

(a) (77, 717, 7117)
(b) (22, 222, 2222)
(c) (33, 133, 1133)
(d) (11, 111, 1000)

412. उस शब्द-युग्म का चयन कीजिए, जो ठीक उसी सम्बन्ध का निरूपण करता हो, जो सम्बन्ध दिए गए इस शब्द-युग्म में अभिव्यक्त है।
SSC CGL (Tier-I) 08/12/2022 Shift-II

सड़क : कंक्रीट

(a) डॉक्टर : दवा (b) आभूषण : चूड़ी
(c) पानी : गिलास (d) दीवार : ईंट

413. उस विकल्प का चयन कीजिए, जो तीसरे शब्द से उसी प्रकार सम्बन्धित है, जिस प्रकार दूसरा शब्द, पहले शब्द से है।
SSC CGL (Tier-I) 08/12/2022 Shift-II

प्रारम्भ : प्रारम्भ करना :: सिद्धान्त:?

(a) विश्वास (b) आचरण
(c) अध्ययन (d) कर्त्तव्य

414. विकल्पों में से उस समुच्चय का चयन कीजिए जिसमें दी गई संख्याओं के बीच वही सम्बन्ध है, जो सम्बन्ध नीचे दिए गए समुच्चयों की संख्याओं के बीच है।
SSC CGL (Tier-I) 08/12/2022 Shift-II

(60, 5, 6)
(48, 8, 3)

(a) (17, 3, 4) (b) (24, 4, 3)
(c) (25, 4, 3) (d) (25, 4, 6)

415. उस समुच्चय का चयन कीजिए, जिसमें संख्याएँ आपस में उसी प्रकार सम्बन्धित हैं, जिस प्रकार निम्नलिखित समुच्चयों की संख्याएँ आपस में सम्बन्धित हैं।
SSC CGL (Tier-I) 08/12/2022 Shift-II

(34, 23, 12)
(71, 37, 3)

(a) (14, 12, 16) (b) (75, 50, 20)
(c) (20, 65, 50) (d) (19, 55, 91)

416. उस विकल्प का चयन कीजिए, जो तीसरे शब्द से उसी प्रकार सम्बन्धित है, जिस प्रकार दूसरा शब्द पहले शब्द से सम्बन्धित है।
SSC CGL (Tier-I) 08/12/2022 Shift-I

झील : भूमि : : द्वीप : ?

(a) पहाड़ी (b) मीठा व्यंजन
(c) मैदानों (d) पानी

417. उस विकल्प का चयन करें, जो तीसरे शब्द से उसी प्रकार सम्बन्धित है, जिस प्रकार दूसरा शब्द, पहले शब्द से सम्बन्धित है।
SSC CGL (Tier-I) 08/12/2022 Shift-I

सुस्ती : सतर्कता : : सौम्य : ?

(a) नष्ट करना (b) खिजाऊ
(c) निष्ठुर (d) दयालु

418. उस विकल्प का चयन करें, जो चौथी संख्या से उसी प्रकार सम्बन्धित है, जिस प्रकार पहली संख्या दूसरी संख्या से और पाँचवीं संख्या छठी संख्या से सम्बन्धित है।
SSC CGL (Tier-I) 08/12/2022 Shift-I

11 : 31 : : ? : 25 : : 14 : 40

(a) 7 (b) 9 (c) 10 (d) 8

419. उस समुच्चय का चयन कीजिए, जिसमें संख्याएँ आपस में उसी प्रकार सम्बन्धित हैं, जिस प्रकार निम्नलिखित समुच्चयों की संख्याएँ आपस में सम्बन्धित हैं।
SSC CGL (Tier-I) 08/12/2022 Shift-I

(24, 9, 21)
(34, 16, 33)

(a) (53, 6, 34) (b) (43, 17, 41)
(c) (34, 8, 28) (d) (42, 9, 30)

420. उस विकल्प का चयन कीजिए, जो तीसरे शब्द से उसी प्रकार सम्बन्धित है, जिस प्रकार दूसरा शब्द पहले शब्द से सम्बन्धित है।
SSC CGL (Tier-I) 07/12/2022 Shift-IV

समय : सेकण्ड : : विद्युत धारा : ?

(a) केल्विन (b) एम्पियर
(c) कैन्डेला (d) मोल

421. उस शब्द-युग्म का चयन कीजिए, जो ठीक उसी सम्बन्ध का निरूपण करता हो, जो सम्बन्ध दिए गए इस शब्द-युग्म में अभिव्यक्त है। **SSC CGL (Tier-I) 07/12/2022 Shift-IV**

ऊर्ध्वाधर : क्षैतिज

(a) आर्द्र : शुष्क
(b) बाहर : छोड़ना
(c) होशियाद : बुद्धिमान
(d) सम्मिलित : शामिल

422. उस समुच्चय का चयन कीजए, जिसमें संख्याएँ आपस में उसी प्रकार सम्बन्धित हैं, जिस प्रकार निम्नलिखित समुच्चयों की संख्याएँ आपस में सम्बन्धित हैं।
SSC CGL (Tier-I) 07/12/2022 Shift-IV

(42, 18, 3), (36, 14, 4)

(a) (46, 18, 4) (b) (34, 13, 4)
(c) (42, 15, 5) (d) (50, 20, 4)

423. उस विकल्प का चयन कीजिए जिसमें दिया गया शब्द तीसरे शब्द से उसी प्रकार सम्बन्धित है, जिस प्रकार दूसरा शब्द पहले शब्द से है।
SSC CGL (Tier-I) 07/12/2022 Shift-III

पतंग : हीरा :: गेंद : ?

(a) वर्ग (b) पंचकोण
(c) त्रिभुज (d) गोल

424. उस विकल्प का चयन करें जो तीसरी संख्या से उसी प्रकार सम्बन्धित है जिस प्रकार दूसरी संख्या पहली संख्या से सम्बन्धित है और छठी संख्या पाँचवीं संख्या से सम्बन्धित है।
SSC CGL (Tier-I) 07/12/2022 Shift-III

15 : 125 :: 27 : ? :: 36 : 1728

(a) 729 (b) 749
(c) 689 (d) 790

425. उस विकल्प का चयन करें जो तीसरी संख्या से उसी प्रकार सम्बन्धित है, जिस प्रकार दूसरी संख्या पहली संख्या से और छठी संख्या पाँचवीं संख्या से सम्बन्धित है?
SSC CGL (Tier-I) 07/12/2022 Shift-III

4 : 84 :: 11 : ? :: 13 : 2379

(a) 819 (b) 1221 (c) 1463 (d) 1440

426. उस समुच्चय का चयन कीजिए जिसमें संख्याएँ आपस में उसी प्रकार सम्बन्धित हैं जिस प्रकार निम्नलिखित समुच्चयों की संख्याएँ आपस में सम्बन्धित हैं।
SSC CGL (Tier-I) 07/12/2022 Shift-III

(3, 13, 18)
(29, 39, 44)

(a) (25, 30, 55) (b) (26, 30, 47)
(c) (17, 27, 42) (d) (16, 26, 31)

427. उस शब्द-युग्म का चयन कीजिए, जो ठीक उसी सम्बन्ध का निरूपण करता हो, जो सम्बन्ध दिए गए इस शब्द-युग्म में अभिव्यक्त है। **SSC CGL (Tier-I) 07/12/2022 Shift-II**

थर्मामीटर : तापमान

(a) ग्लूकोमीटर : माप
(b) पैडोमीटर : हड्डी टूटना
(c) ऑक्सीमीटर : रक्त का ऑक्सीजन स्तर
(d) ओडोमीटर : कार

428. उस विकल्प का चयन कीजिए, जिसका पाँचवें अक्षर-समूह से ठीक वही सम्बन्ध है, जो सम्बन्ध दूसरे अक्षर-समूह का पहले अक्षर-समूह से है और वही सम्बन्ध चौथे अक्षर-समूह का तीसरे अक्षर समूह से है।
SSC CGL (Tier-I) 07/12/2022 Shift-II

BEAR : QZDA :: DUST : SRTC :: GOLD : ?

(a) KCFN (b) CNFJ
(c) CKNF (d) FGNC

429. दिए गए पैटर्न का ध्यानपूर्वक अध्ययन करें और उस संख्या का चयन करें, जो उसमें प्रश्नचिह्न (?) को प्रतिस्थापित कर सके।
SSC CGL (Tier-I) 07/12/2022 Shift-II

पहली पंक्ति - 6, 9, 90
दूसरी पंक्ति - 12, 8, 120
तीसरी पंक्ति - 13, 6, ?

(a) 114 (b) 102 (c) 110 (d) 125

430. विकल्पों में से उस समुच्चय का चयन कीजिए जिसमें दी गई संख्याओं के बीच वही सम्बन्ध है, जो सम्बन्ध नीचे दिए गए समुच्चयों की संख्याओं के बीच है।
SSC CGL (Tier-I) 07/12/2022 Shift-II

(12, 112, 9) (10, 84, 8)

(a) (12, 149, 12) (b) (11, 99, 9)
(c) (13, 55, 4) (d) (18, 94, 5)

431. उस शब्द-युग्म को चुनिए जो नीचे दिए गए शब्दों के युग्म में व्यक्त किए गए समान सम्बन्ध का सबसे अच्छा प्रतिनिधित्व करता है।
SSC CGL (Tier-I) 07/12/2022 Shift-I

कुत्ता : श्वानालय
(a) मधुमक्खीः छत्ता (b) खरगोश : माँद
(c) शेर : माँद (d) मकड़ी : शेड

432. उस विकल्प का चयन कीजिए, जिसका पाँचवें अक्षर-समूह से ठीक वही सम्बन्ध है, जो सम्बन्ध दूसरे अक्षर-समूह का पहले अक्षर-समूह से है और वही सम्बन्ध चौथे अक्षर-समूह का तीसरे अक्षर समूह से है।
COMPLEX : OCXELPM :: BALANCE : ABECNAL :: AIRLINE : ?
SSC CGL (Tier-I) 07/12/2022 Shift-I
(a) RAINELI (b) ARLINEI
(c) IAENILR (d) ELNIIAR

433. उस समुच्चय का चयन कीजिए, जिसमें संख्याएँ आपस में उसी प्रकार सम्बन्धित है जिस प्रकार निम्नलिखित समुच्चयों की संख्याएँ आपस में सम्बन्धित हैं।
SSC CGL (Tier-I) 07/12/2022 Shift-I
(45, 15, 120) (27, 8, 76)
(a) (72, 58, 84) (b) (30, 12, 80)
(c) (56, 48, 32) (d) (23, 14, 38)

434. विकल्पों में से उस समुच्चय का चयन कीजिए जिसमें दी गई संख्याओं के बीच वहीं सम्बन्ध है, जो सम्बन्ध नीचे दिए गए समुच्चयों की संख्याओं के बीच है। SSC CGL (Tier-I) 07/12/2022 Shift-I
(13, 39, 6), (9, 18, 4)
(a) (12, 48, 8) (b) (15, 45, 3)
(c) (20, 28, 8) (d) (12, 50, 13)

435. उस विकल्प का चयन करें, जो तीसरे शब्द से उसी प्रकार सम्बन्धित है, जिस प्रकार दूसरा शब्द पहले शब्द से सम्बन्धित है।
SSC CGL (Tier-I) 06/12/2022 Shift-IV
स्कूल : विद्यार्थी :: अस्पताल : ?
(a) बीमारी (b) मरीज
(c) डॉक्टर (d) नर्स

436. उस विकल्प का चयन करें, जो तीसरे शब्द से उसी प्रकार सम्बन्धित है, जिस प्रकार दूसरा शब्द पहले शब्द से सम्बन्धित है।
SSC CGL (Tier-I) 06/12/2022 Shift-IV
पौधे : वनस्पति विज्ञानी :: जन्तु : ?
(a) भूवैज्ञानिक (b) केमिस्ट
(c) पुरातत्त्वविद (d) जीव विज्ञानी

437. उस विकल्प का चयन करें, जो पाँचवीं संख्या से उसी प्रकार सम्बन्धित है, जिस प्रकार दूसरी संख्या पहली संख्या से सम्बन्धित है और चौथी संख्या तीसरी संख्या से सम्बन्धित है।
SSC CGL (Tier-I) 06/12/2022 Shift-IV
7 : 13 :: 16 : 31 :: 46 : ?
(a) 97 (b) 83 (c) 81 (d) 91

438. उस समुच्चय का चयन कीजिए, जिसमें संख्याएँ आपस में उसी प्रकार सम्बन्धित हैं जिस प्रकार निम्नलिखित समुच्चयों की संख्याएँ आपस में सम्बन्धित हैं।
SSC CGL (Tier-I) 06/12/2022 Shift-IV
(7, 4, 56) (8, 3, 48)
(a) (9, 10, 180) (b) (90, 3, 400)
(c) (96, 42, 12) (d) (87, 4, 128)

439. उस समुच्चय का चयन कीजिए, जिसमें संख्याएँ आपस में उसी प्रकार सम्बन्धित हैं, जिस प्रकार निम्नलिखित समुच्चयों की संख्याएँ आपस में सम्बन्धित हैं।
SSC CGL (Tier-I) 06/12/2022 Shift-IV
(9, 16, 5) (7, 9, 4)
(a) (14, 100, 5) (b) (12, 66, 4)
(c) (14, 64, 7) (d) (11, 36, 5)

440. उस विकल्प का चयन कीजिए, जो तीसरे शब्द से उसी प्रकार सम्बन्धित है, जिस प्रकार दूसरा शब्द पहले शब्द से सम्बन्धित है
SSC CGL (Tier-I) 06/12/2022 Shift-III
क्रिकेट : पिच :: बैडमिण्टन :?
(a) कोर्ट (b) पूल
(c) फील्ड (d) ट्रैक

441. उस विकल्प का चयन करें, जो पाँचवें अक्षर-समूह से उसी प्रकार सम्बन्धित है, जिस प्रकार दूसरा अक्षर-समूह पहले अक्षर समूह से सम्बन्धित है और चौथा अक्षर-समूह तीसरे अक्षर-समूह से सम्बन्धित है।
OILS : UNLS : : PAIN : PKDT : : QUIK : ? SSC CGL (Tier-I) 06/12/2022 Shift-III
(a) MLYV (b) MLXU
(c) MKXU (d) MKXV

442. उस विकल्प का चयन करें, जो चौथी संख्या से उसी प्रकार सम्बन्धित है, जिस प्रकार पहली संख्या दूसरी संख्या से और पाँचवी संख्या छठी संख्या से सम्बन्धित है।
SSC CGL (Tier-I) 06/12/2022 Shift-III
47 : 9 : : ? : 14 : : 92 : 18
(a) 37 (b) 27
(c) 73 (d) 72

443. उस समुच्चय का चयन कीजिए, जिसमें संख्या आपस में उसी प्रकार से सम्बन्धित नहीं है, जिस प्रकार निम्नलिखित समुच्चयों की संख्याएँ आपस में सम्बन्धित हैं।
SSC CGL (Tier-I) 06/12/2022 Shift-III
(16, 7, 112)
(a) (14, 5, 70) (b) (26, 5, 132)
(c) (18, 3, 54) (d) (22, 7, 154)

444. उस विकल्प का चयन करें, जो चौथी संख्या से उसी प्रकार सम्बन्धित है, जिस प्रकार पहली संख्या दूसरी संख्या से सम्बन्धित है और पाँचवीं संख्या छठी संख्या से सम्बन्धित है।
SSC CGL (Tier-I) 06/12/2022 Shift-II
10 : 45 : : ? : 28 : : 11 : 55
(a) 9 (b) 8 (c) 12 (d) 10

445. दिए गए पैटर्न का ध्यानपूर्वक अध्ययन करें और उस संख्या का चयन करें, जो प्रश्नचिह्न (?) को प्रतिस्थापित करेगा।
SSC CGL (Tier-I) 06/12/2022 Shift-II
पहली पंक्ति : 243, 162, 9
दूसरी पंक्ति : 108, 72, 6
तीसरी पंक्ति : 48, ?, 4
(a) 32 (b) 23
(c) 21 (d) 12

446. विकल्पों में से उस समुच्चय का चयन कीजिए, जिसमें दी गई संख्याओं के बीच वही सम्बन्ध है, जो सम्बन्ध नीचे दिए गए समुच्चयों की संख्याओं के बीच है।
SSC CGL (Tier-I) 06/12/2022 Shift-II
(2, 125, 3), (1, 64, 3)
(a) (4, 341, 3) (b) (2, 100, 8)
(c) (12, 50, 13) (d) (5, 512, 3)

447. उस शब्द-युग्म का चयन कीजिए, जो ठीक उसी सम्बन्ध का निरूपण करता हो, जो सम्बन्ध दिए गए इस शब्द-युग्म में अभिव्यक्त है।
SSC CGL (Tier-I) 06/12/2022 Shift-I
पुलिस : सुरक्षा
(a) चोर : जेल (b) शिक्षक : कक्षा
(c) मंत्री : शासन (d) राजा : राज्य

448. उस विकल्प का चयन कीजिए, जिसका पाँचवें अक्षर-समूह से ठीक वही सम्बन्ध है, जो सम्बन्ध दूसरे अक्षर-समूह का पहले अक्षर-समूह से है और वही सम्बन्ध चौथे अक्षर-समूह का तीसरे अक्षर समूह से है।
LEISURE : USIELER :: INTENSE : NETNIES :: EXCITED : ?
SSC CGL (Tier-I) 06/12/2022 Shift-I
(a) TICXEDE
(b) XEDETCI
(c) EXEDTCI
(d) CTEDEXI

449. उस समुच्चय का चयन कीजिए, जिसमें संख्याएँ आपस में उसी प्रकार सम्बन्धित हैं, जिस प्रकार निम्नलिखित समुच्चयों की संख्याएँ आपस में सम्बन्धित हैं।
SSC CGL (Tier-I) 06/12/2022 Shift-I
(7, 11, 72)
(5, 8, 39)
(a) (5, 2, 23) (b) (2, 3, 1)
(c) (4, 7, 33) (d) (5, 6, 13)

450. उस समुच्चय का चयन कीजिए, जिसमें संख्याएँ आपस में उसी प्रकार सम्बन्धित नहीं है, जिस प्रकार निम्नलिखित समुच्चयों की संख्याएँ आपस में सम्बन्धित हैं।
SSC CGL (Tier-I) 06/12/2022 Shift-I
(267, 128, 139)
(a) (325, 112, 215)
(b) (365, 154, 211)
(c) (267, 132, 135)
(d) (297, 146, 151)

451. उस विकल्प का चयन करें, जो तीसरे शब्द से उसी प्रकार सम्बन्धित है, जिस प्रकार दूसरा शब्द पहले शब्द से सम्बन्धित है।
SSC CGL (Tier-I) 05/12/2022 Shift-IV

चावल : अनाज :: मसूर : ?
(a) अनाज/धान्य (b) दलहन
(c) स्टार्च (d) अंकुरित अनाज

452. उस विकल्प का चयन करें जो पाँचवी संख्या से उसी प्रकार सम्बन्धित है जिस प्रकार दूसरी संख्या पहली संख्या से सम्बन्धित और चौथी संख्या तीसरी संख्या से सम्बन्धित है।
SSC CGL (Tier-I) 05/12/2022 Shift-IV
6:125::2:1::5:?
(a) 81 (b) 64 (c) 68 (d) 72

453. दिए गए पैटर्न का ध्यानपूर्वक अध्ययन करें और उस संख्या का चयन करें, जो उसमें प्रश्नचिह्न (?) को प्रतिस्थापित कर सके।
पहली पंक्ति -15, 11, 43
दूसरी पंक्ति - 13, 8, 48
तीसरी पंक्ति - 9, 7, ?
SSC CGL (Tier-I) 05/12/2022 Shift-IV
(a) 27 (b) 28 (c) 30 (d) 23

454. विकल्पों में से उस समुच्चय का चयन कीजिए जिसमें दी गई संख्याओं के बीच वही सम्बन्ध है, जो सम्बन्ध नीचे दिए गए समुच्चयों की संख्याओं के बीच है।
SSC CGL (Tier-I) 05/12/2022 Shift-IV
(5, 41, 4), (2, 68, 8)
(a) (5, 18, 4) (b) (4, 49, 3)
(c) (5, 100, 4) (d) (6, 100, 8)

455. उस विकल्प का चयन करें, जो तीसरे शब्द से उसी प्रकार सम्बन्धित है, जिस प्रकार दूसरा शब्द पहले शब्द से सम्बन्धित है?
SSC CGL (Tier-I) 05/12/2022 Shift-III
लेंस : कैमरा :: कार्ट्रिज : ?
(a) स्याही (b) प्रिण्टर (c) कागज (d) कम्प्यूटर

456. उस विकल्प का चयन कीजिए, जिसका पाँचवें अक्षर-समूह से ठीक वही सम्बन्ध है, जो सम्बन्ध दूसरे अक्षर-समूह का पहले अक्षर-समूह से है और वही सम्बन्ध चौथे अक्षर-समूह का तीसरे अक्षर समूह से है।
CAST : DCVX :: BUSH : CWVL : ARMY : ?
SSC CGL (Tier-I) 05/12/2022 Shift-III
(a) BTPC (b) PTCB
(c) TBPC (d) CTBP

457. उस विकल्प का चयन करें, जो चौथी संख्या से उसी प्रकार सम्बन्धित है, जिस प्रकार पहली संख्या दूसरी संख्या से और पाँचवीं संख्या छठी संख्या से सम्बन्धित है।
SSC CGL (Tier-I) 05/12/2022 Shift-III
18 : 234:: ? : 176 :: 14: 126
(a) 16 (b) 20 (c) 14 (d) 15

458. उस विकल्प का चयन करें, जो चौथी संख्या से उसी प्रकार सम्बन्धित है, जिस प्रकार पहली संख्या दूसरी संख्या से और पाँचवी संख्या छठी संख्या से सम्बन्धित है?
11 : 91 : : ? : 154 :: 15 : 127
SSC CGL (Tier-I) 05/12/2022 Shift-III
(a) 14 (b) 24
(c) 16 (d) 18

459. उस समुच्चय का चयन कीजिए, जिसमें संख्याएँ आपस में उसी प्रकार सम्बन्धित हैं, जिस प्रकार निम्नलिखित समुच्चयों की संख्याएँ आपस में सम्बन्धित हैं।
SSC CGL (Tier-I) 05/12/2022 Shift-III
(23, 161, 207)
(47, 329, 423)
(a) (84, 442, 570) (b) (33, 97, 297)
(c) (29, 112, 782) (d) (64, 448, 576)

460. उस शब्द-युग्म का चयन कीजिए, जो ठीक उसी सम्बन्ध का निरूपण करता हो, जो सम्बन्ध दिए गए इस शब्द-युग्म में अभिव्यक्त है।
SSC CGL (Tier-I) 05/12/2022 Shift-II
रेस : ट्रैक
(a) गाड़ी : पहिया (b) एथलेटिक्स : स्टेडियम
(c) कुश्ती : कोर्ट (d) व्यायाम : कोर्स

461. उस विकल्प का चयन करें, जो पाँचवें अक्षर-समूह से उसी प्रकार सम्बन्धित है, जिस प्रकार दूसरा अक्षर-समूह पहले अक्षर-समूह से सम्बन्धित है और चौथा अक्षर-समूह तीसरे अक्षर-समूह से सम्बन्धित है।
AREA : BRFA : : BABY : CACY : : GOLD : ?
SSC CGL (Tier-I) 05/12/2022 Shift-II
(a) IOMD (b) HOMD
(c) HOME (d) HOND

462. उस विकल्प का चयन करें, जो तीसरी संख्या से उसी प्रकार सम्बन्धित है, जिस प्रकार दूसरी संख्या पहली संख्या से और छठी संख्या पाँचवीं संख्या से सम्बन्धित है।
17 : 4607 :: 11 : ? :: 23 : 11615
SSC CGL (Tier-I) 05/12/2022 Shift-II
(a) 1199 (b) 1572
(c) 1440 (d) 1463

463. उस समुच्चय का चयन कीजिए, जिसमें संख्याएँ आपस में उसी प्रकार सम्बन्धित हैं, जिस प्रकार निम्नलिखित समुच्चयों की संख्याएँ आपस में सम्बन्धित हैं।
SSC CGL (Tier-I) 05/12/2022 Shift-II
(5 : 25 : 30)
(16 : 256 : 272)
(a) (19 : 361 : 381) (b) (15 : 225 : 230)
(c) (13 : 169 : 182) (d) (9 : 81 : 109)

464. उस विकल्प का चयन करें, जो तीसरे शब्द से उसी प्रकार सम्बन्धित है, जिस प्रकार दूसरा शब्द पहले शब्द से सम्बन्धित है।
फिल्म : डायरेक्टर :: आर्केस्ट्रा : ?
SSC CGL (Tier-I) 05/12/2022 Shift-I
(a) नर्तक (b) आयोजक
(c) श्रोता/दर्शक (d) कोरियोग्राफर

465. उस विकल्प का चयन करें, जो पाँचवें अक्षर-समूह से उसी प्रकार सम्बन्धित है, जिस प्रकार दूसरा अक्षर-समूह पहले अक्षर-समूह से सम्बन्धित है और चौथा अक्षर-समूह तीसरे अक्षर-समूह से सम्बन्धित है।
GAIN : HBKP:: ACHE: BDJG :: CAKE : ?
SSC CGL (Tier-I) 05/12/2022 Shift-I
(a) DBMG (b) DBMH
(c) DBNG (d) DBNH

466. उस विकल्प का चयन करें, जो तीसरी संख्या से उसी प्रकार सम्बन्धित है, जिस प्रकार दूसरी संख्या पहली संख्या से सम्बन्धित है और छठी संख्या पाँचवीं संख्या से सम्बन्धित है।
SSC CGL (Tier-I) 05/12/2022 Shift-I
8 : 128 :: 6 : ? :: 11: 242
(a) 72 (b) 70 (c) 64 (d) 68

467. उस समुच्चय का चयन कीजिए, जिसमें संख्याएँ आपस में उसी प्रकार सम्बन्धित हैं, जिस प्रकार निम्नलिखित समुच्चयों की संख्याएँ आपस में सम्बन्धित हैं।
SSC CGL (Tier-I) 05/12/2022 Shift-I
(70, 14, 56), (88, 30, 58)
(a) (59, 36, 25)
(b) (38, 16, 24)
(c) (44, 24, 23)
(d) (52, 19, 33)

468. उस शब्द-युग्म का चयन कीजिए, जो ठीक उसी सम्बन्ध का निरूपण करता हो, जो सम्बन्ध दिए गए इस शब्द-युग्म में अभिव्यक्त है।
SSC CGL (Tier-I) 03/12/2022 Shift-IV
दर्जी : सिलाई मशीन
(a) इलेक्ट्रीशियन : महँगा
(b) किसान : पौधे
(c) पुलिस : हथकड़ी
(d) कैंची : बाल

469. उस विकल्प का चयन कीजिए, जो तीसरे शब्द से उसी प्रकार सम्बन्धित है, जिस प्रकार दूसरा शब्द पहले शब्द से सम्बन्धित है।
SSC CGL (Tier-I) 03/12/2022 Shift-IV
मधुमक्खी : छत्ता :: कुत्ता : ?
(a) बाड़ा (b) कुत्ता-घर
(c) अस्तबल (d) छप्पर

470. उस समुच्चय का चयन कीजिए, जिसमें संख्याएँ आपस में उसी प्रकार सम्बन्धित हैं, जिस प्रकार निम्नलिखित समुच्चयों की संख्याएँ आपस में सम्बन्धित हैं।
SSC CGL (Tier-I) 03/12/2022 Shift-IV
(6, 22, 14), (8, 30, 19)
(a) (4, 18, 11) (b) (7, 26, 17)
(c) (12, 46, 27) (d) (9, 34, 22)

471. उस समुच्चय का चयन कीजिए, जिसमें संख्याएँ आपस में उसी प्रकार सम्बन्धित हैं, जिस प्रकार निम्नलिखित समुच्चयों की संख्याएँ आपस में सम्बन्धित हैं।
SSC CGL (Tier-I) 03/12/2022 Shift-IV

(63, 81, 7), (84, 49, 12)
(a) (78, 14, 56) (b) (12, 125, 56)
(c) (76, 234, 12) (d) (99, 121, 9)

472. उस समुच्चय का चयन कीजिए, जिसमें संख्याएँ आपस में उसी प्रकार सम्बन्धित नहीं हैं, जिस प्रकार निम्नलिखित समुच्चयों की संख्याएँ आपस में सम्बन्धित हैं।
SSC CGL (Tier-I) 03/12/2022 Shift-IV
(22, 9, 198)
(a) (17, 9, 157) (b) (19, 7, 133)
(c) (26, 5, 130) (d) (28, 7, 196)

473. उस शब्द-युग्म का चयन कीजिए, जो ठीक उसी सम्बन्ध का निरूपण करता हो, जो सम्बन्ध दिए गए उस शब्द-युग्म में अभिव्यक्त है।
SSC CGL (Tier-I) 03/12/2022 Shift-III
हिबिस्कुस : फूल
(a) कद्दू : फल (b) पेड़ : तना
(c) बीन्स : प्रोटीन (d) पत्ती : हरा

474. उस विकल्प का चयन करें, जो पाँचवें अक्षर-समूह से उसी प्रकार सम्बन्धित है, जिस प्रकार दूसरा अक्षर-समूह पहले अक्षर-समूह से सम्बन्धित है और चौथा अक्षर-समूह तीसरे अक्षर-समूह से सम्बन्धित है।
SSC CGL (Tier-I) 03/12/2022 Shift-III
COOK : DQPM :: DOWN : EQXP :: ONLY : ?
(a) PPMA (b) PQMA
(c) PPMB (d) PQMB

475. उस विकल्प का चयन करें, जो तीसरी संख्या से उसी प्रकार सम्बन्धित है, जिस प्रकार दूसरी संख्या पहली संख्या से और छठी संख्या पाँचवीं संख्या से सम्बन्धित है।
SSC CGL (Tier-I) 03/12/2022 Shift-III
25 : 264 :: 31 : ? :: 49 : 456
(a) 312 (b) 297
(c) 961 (d) 314

476. उस समुच्चय का चयन कीजिए जिसमें संख्याएँ आपस में उसी प्रकार सम्बन्धित हैं, जिस प्रकार निम्नलिखित समुच्चयों की संख्याएँ आपस में सम्बन्धित हैं।
SSC CGL (Tier-I) 03/12/2022 Shift-III
(0.20, 5, 25)
(0.083, 12, 144)
(a) 0.063, 16, 256 (b) 0.143, 6, 36
(c) 0.240, 4, 16 (d) 0.056, 18, 289

477. दिए गए विकल्पों में से उस शब्द-युग्म का चयन कीजिए, जो उसी प्रकार सम्बन्धित है, जिस प्रकार निम्नलिखित शब्द-युग्म आपस में सम्बन्धित हैं।
SSC CGL (Tier-I) 03/12/2022 Shift-II
अर्जित करना : प्राप्त करना
(a) लघु : छोटा
(b) पहुँचा : छूटना
(c) कड़वा : मीठा
(d) इकट्ठा करना : बाँटना

478. उस विकल्प का चयन करें, जो पाँचवें अक्षर-समूह से उसी प्रकार सम्बन्धित है, जिस प्रकार दूसरा अक्षर-समूह पहले अक्षर-समूह से सम्बन्धित है और चौथा अक्षर-समूह तीसरे अक्षर-समूह से सम्बन्धित है।
SSC CGL (Tier-I) 03/12/2022 Shift-II
EACH : AEHC :: GAME : AGEM :: IDOL : ?
(a) IDLO (b) DILO
(c) DIOL (d) OLDI

479. उस विकल्प का चयन करें, जो तीसरी संख्या से उसी प्रकार सम्बन्धित है, जिस प्रकार दूसरी संख्या पहली संख्या से सम्बन्धित है और छठी संख्या पाँचवीं संख्या से सम्बन्धित है।
SSC CGL (Tier-I) 03/12/2022 Shift-II
30 : 48 :: 60 : ? :: 45 : 72
(a) 88 (b) 90 (c) 96 (d) 92

480. उस समुच्चय का चयन कीजिए, जिसमें संख्याएँ आपस में उसी प्रकार सम्बन्धित हैं, जिस प्रकार निम्नलिखित समुच्चयों की संख्याएँ आपस में सम्बन्धित हैं।
SSC CGL (Tier-I) 03/12/2022 Shift-II
(8, 12, 6)
(9, 18, 8)
(a) (7, 24, 4) (b) (12, 24, 8)
(c) (4, 12, 6) (d) (9, 10, 11)

481. उस समुच्चय का चयन कीजिए, जिसमें संख्याएँ आपस में उसी प्रकार सम्बन्धित है, जिस प्रकार निम्नलिखित समुच्चयों की संख्याएँ आपस में सम्बन्धित हैं।
SSC CGL (Tier-I) 03/12/2022 Shift-II
(26, 120, 34)
(14, 110, 41)
(a) (44, 114, 24) (b) (72, 240, 16)
(c) (15, 450,8) (d) (36, 106, 17)

482. उस विकल्प का चयन कीजिए, जिसका पाँचवें अक्षर-समूह से ठीक वही सम्बन्ध है, जो सम्बन्ध दूसरे अक्षर-समूह का पहले अक्षर-समूह से है और वही सम्बन्ध संख्या चौथे अक्षर-समूह का तीसरे अक्षर-समूह से है।
WINDOW : XFOELX :: TICKET : UFDLBU :: REGION : ?
SSC CGL (Tier-I) 03/12/2022 Shift-I
(a) HFSOKL (b) BHFDLO
(c) SBHFLO (d) SHFKLO

483. उस विकल्प का चयन कीजिए जो पाँचवें अक्षर-समूह से उसी प्रकार सम्बन्धित है जिस प्रकार दूसरा अक्षर-समूह पहले अक्षर-समूह से सम्बन्धित है और चौथा अक्षर-समूह तीसरे अक्षर-समूह से सम्बन्धित है।
ROAR : QZNQ :: HEAR : QZDG :: DAMP : ? **SSC CGL (Tier-I) 03/12/2022 Shift-I**
(a) BCOA (b) MPAD
(c) OLZC (d) PMAD

484. विकल्पों में से उस समुच्चय का चयन कीजिए जिसमें दी गई संख्याओं के बीच वही सम्बन्ध है, जो सम्बन्ध नीचे दिए गए समुच्चयों की संख्याओं के बीच है।
SSC CGL (Tier-I) 03/12/2022 Shift-I
(36, 90, 18) (15, 35, 8)
(a) (13, 78, 6) (b) (14, 45, 5)
(c) (14, 42, 7) (d) (12, 60, 8)

485. उस समुच्चय का चयन कीजिए जिसमें संख्याएँ आपस में उसी प्रकार सम्बन्धित हैं जिस प्रकार निम्नलिखित समुच्चयों की संख्याएँ आपस में सम्बन्धित हैं।
SSC CGL (Tier-I) 03/12/2022 Shift-I
(452, 50, 63) (260, 35, 30)
(a) (260, 30, 25)
(b) (330, 30, 45)
(c) (260, 50, 15)
(d) (230, 15, 45)

486. उस विकल्प का चयन कीजिए, जो तीसरे शब्द से उसी प्रकार सम्बन्धित है, जिस प्रकार दूसरा शब्द पहले शब्द से सम्बन्धित है।
SSC CGL (Tier-I) 02/12/2022 Shift-IV
चाकू : काटना :: कलछुल : ?
(a) परोसना (b) टुकड़ा
(c) फैलाना (d) काटना

487. उस शब्द-युग्म का चयन कीजिए, जो ठीक उसी सम्बन्ध का निरूपण करता हो, जो सम्बन्ध दिए गए इस शब्द-युग्म में अभिव्यक्त है।
SSC CGL (Tier-I) 02/12/2022 Shift-IV
मुर्गी : दड़बा
(a) घोड़ा : खेत (b) मधुमक्खी : छत्ता
(c) गाय : भूसा (d) हाथी : पत्तियाँ

488. उस विकल्प का चयन करें, जो तीसरी संख्या से उसी प्रकार सम्बन्धित है, जिस प्रकार दूसरी संख्या पहली संख्या से सम्बन्धित है और छठी संख्या पाँचवीं संख्या से सम्बन्धित है।
SSC CGL (Tier-I) 02/12/2022 Shift-IV
687 : 612 : 713 : ? :: 621 : 546
(a) 638 (b) 674
(c) 656 (d) 662

489. विकल्पों में से उस समुच्चय का चयन कीजिए, जिसमें दी गई संख्याओं के बीच वही सम्बन्ध है, जो सम्बन्ध नीचे दिए गए समुच्चयों की संख्याओं के बीच है।
SSC CGL (Tier-I) 02/12/2022 Shift-IV
(3, 2, 35) (1, 4, 65)
(a) (6, 8, 224) (b) (3, 2, 31)
(c) (7, 2, 351) (d) (5, 4, 41)

490. उस विकल्प का चयन कीजिए, जो तीसरे शब्द से उसी प्रकार सम्बन्धित है, जिस प्रकार दूसरा शब्द पहले शब्द से सम्बन्धित है।
SSC CGL (Tier-I) 02/12/2022 Shift-III
कपड़ा : अलमारी :: बन्दूक : ?
(a) छाती (b) गोली
(c) शस्त्रशाला (d) अलमारी

491. उस शब्द-युग्म का चयन कीजिए, जो ठीक उसी सम्बन्ध का निरूपण करता हो, जो सम्बन्ध दिए गए इस शब्द-युग्म में अभिव्यक्त है।
SSC CGL (Tier-I) 02/12/2022 Shift-III

गौरैया : पेड़

(a) गाय : समुद्र तट (b) खरगोश : बालू
(c) उल्लू : रात (d) मछली : पानी

492. उस विकल्प का चयन करें जो चौथी संख्या से उसी प्रकार सम्बन्धित है, जिस प्रकार पहली संख्या दूसरी संख्या से और पाँचवीं संख्या छठीं संख्या से सम्बन्धित है।
SSC CGL (Tier-I) 02/12/2022 Shift-III

8 : 496 :: ? : 204 :: 9 : 711

(a) 5 (b) 13 (c) 11 (d) 6

493. उस समुच्चय का चयन कीजिए जिसमें संख्याएँ आपस में उसी प्रकार सम्बन्धित है, जिस प्रकार निम्नलिखित समुच्चयों की संख्याएँ आपस में सम्बन्धित हैं।
SSC CGL (Tier-I) 02/12/2022 Shift-III

(30, 93, 1) (42, 132, 2)

(a) (14, 20, 25) (b) (5, 31, 29)
(c) (4, 60, 5) (d) (3, 30, 7)

494. उस समुच्चय का चयन कीजिए, जिनमें संख्याएँ आपस में उसी प्रकार सम्बन्धित हैं, जिस प्रकार निम्नलिखित समुच्चयों की संख्याएँ आपस में सम्बन्धित हैं।
SSC CGL (Tier-I) 02/12/2022 Shift-III

(25, 9, 56) (13, 14, 183)

(a) (42, 12, 228) (b) (19, 23, 511)
(c) (27, 15, 198) (d) (11, 16, 135)

495. उस शब्द-युग्म का चयन कीजिए, जो ठीक उसी सम्बन्ध का निरूपण करता हो, जो सम्बन्ध दिए गए इस शब्द-युग्म में अभिव्यक्त है।
SSC CGL (Tier-I) 02/12/2022 Shift-II

हंसिनी : हंस

(a) वयस्क : शिशु
(b) जादूगरनी : जादूगर
(c) बरगद : पेड़
(d) सुअर : सुअर का बच्चा

496. उस विकल्प का चयन कीजिए, जिसका पाँचवें अक्षर-समूह से ठीक वहीं सम्बन्ध है, जो सम्बन्ध दूसरे अक्षर-समूह का पहले अक्षर-समूह से है और वहीं सम्बन्ध चौथे अक्षर-समूह का तीसरे अक्षर समूह से है।

CONTROL : NOCTRLO :: MISTAKE : SIMTAEK :: JOURNAL : ?
SSC CGL (Tier-I) 02/12/2022 Shift-II

(a) UOJRNLA (b) AOUNRJL
(c) OJRLAUN (d) JRNAOUL

497. उस समुच्चय का चयन कीजिए, जिसमें संख्याएँ आपस में उसी प्रकार सम्बन्धित हैं, जिस प्रकार निम्नलिखित समुच्च्यों की संख्याएँ आपस में सम्बन्धित हैं।
SSC CGL (Tier-I) 02/12/2022 Shift-II

(15, 9, 4) (7, 2, 3)

(a) (21, 12, 6) (b) (18, 7, 7)
(c) (24, 9, 11) (d) (19, 13, 4)

498. उस विकल्प का चयन करें, जो तीसरे शब्द से उसी प्रकार सम्बन्धित है, जिस प्रकार दूसरा शब्द पहले शब्द से सम्बन्धित है।
SSC CGL (Tier-I) 02/12/2022 Shift-I

पांडा : बांस : : कोआला : ?

(a) छाल (b) मछली
(c) घास (d) यूकेलिप्टिस

499. उस समुच्चय का चयन कीजिए, जिसमें संख्याएँ आपस में उसी प्रकार सम्बन्धित हैं, जिस प्रकार निम्नलिखित समुच्चयों की संख्याएँ आपस में सम्बन्धित हैं।
SSC CGL (Tier-I) 02/12/2022 Shift-II

(11, 13, 143) (17, 11, 187)

(a) (3, 4, 1) (b) (3, 4, 13)
(c) (3, 4, 12) (d) (3, 4, 7)

500. उस विकल्प का चयन कीजिए, जिसका पाँचवें अक्षर-समूह से ठीक वही सम्बन्ध है, जो सम्बन्ध दूसरे अक्षर-समूह का पहले अक्षर-समूह से है और वही सम्बन्ध चौथे अक्षर-समूह का तीसरे अक्षर-समूह से है।
SSC CGL (Tier-I) 02/12/2022 Shift-I

HERO : JGPM :: FLOW : HNMU :: DIAL : ?

(a) FKYJ (b) JFYK
(c) FLIJ (d) KYFJ

501. उस विकल्प का चयन करें, जो पाँचवीं संख्या से उसी प्रकार सम्बन्धित है, जिस प्रकार दूसरी संख्या पहली संख्या से सम्बन्धित है और चौथी संख्या तीसरी संख्या से सम्बन्धित है।
SSC CGL (Tier-I) 02/12/2022 Shift-I

10 : 45 :: 6 : 25 :: 9 : ?

(a) 42 (b) 40
(c) 36 (d) 38

502. विकल्पों में से उस समुच्चय का चयन कीजिए, जिसमें दी गई संख्याओं के बीच वही सम्बन्ध है, जो सम्बन्ध नीचे दिए गए समुच्चयों की संख्याओं के बीच है।
SSC CGL (Tier-I) 02/12/2022 Shift-I

(4, 25, 6) (8, 25, 3)

(a) (3, 81, 6) (b) (12, 96, 8)
(c) (14, 55, 4) (d) (7, 22, 3)

503. उस समुच्चय का चयन कीजिए, जिसमें संख्याएँ आपस में उसी प्रकार सम्बन्धित हैं, जिस प्रकार निम्नलिखित समुच्चयों की संख्याएँ आपस में सम्बन्धित हैं।
SSC CGL (Tier-I) 02/12/2022 Shift-I

(4,13,5)
(3,12,6)

(a) (7,16,3) (b) (5,17,6)
(c) (5,17,7) (d) (4,10,3)

504. उस विकल्प का चयन करें, जो पाँचवें अक्षर-समूह से उसी प्रकार सम्बन्धित है, जिस प्रकार दूसरा अक्षर-समूह पहले अक्षर-समूह से सम्बन्धित है और चौथा अक्षर-समूह तीसरे अक्षर-समूह से सम्बन्धित है।

LAMB : DPEQ : : MOTH : JWSR :: NERD : ?
SSC CGL (Tier-I) 01/12/2022 Shift-IV

(a) FVIS (b) FVJS
(c) FUIS (d) FUJS

505. उस विकल्प का चयन करें, जो तीसरी संख्या से उसी प्रकार सम्बन्धित है, जिस प्रकार दूसरी संख्या पहली संख्या से और छठी संख्या पाँचवी संख्या से सम्बन्धित है।

24 : 840 :: 27 : ? :: 33 : 1452
SSC CGL (Tier-I) 01/12/2022 Shift-IV

(a) 297 (b) 729 (c) 756 (d) 1026

506. उस समुच्चय का चयन कीजिए, जिसमें संख्याएँ आपस में उसी प्रकार सम्बन्धित हैं, जिस प्रकार निम्नलिखित समुच्चयों की संख्याएँ आपस में सम्बन्धित हैं।
SSC CGL (Tier-I) 01/12/2022 Shift-IV

(16, 7, 37) (28, 9, 55)

(a) (13, 4, 25) (b) (19, 6, 36)
(c) (20, 7, 45) (d) (23, 8, 48)

507. उस समुच्चय का चयन कीजिए, जिसमें संख्याएँ आपस में उसी प्रकार सम्बन्धित हैं, जिस प्रकार निम्नलिखित समुच्चयों की संख्याएँ आपस में सम्बन्धित हैं।
SSC CGL (Tier-I) 01/12/2022 Shift-IV

(40, 120, 400) (18, 20, 78)

(a) (25, 27, 92) (b) (29, 23, 98)
(c) (11, 720, 660) (d) (56,14,108)

508. उस विकल्प का चयन कीजिए, जो तीसरे शब्द से उसी प्रकार सम्बन्धित है, जिस प्रकार दूसरा शब्द पहले शब्द से सम्बन्धित है।
SSC CGL (Tier-I) 01/12/2022 Shift-III

पृथ्वी : गृह :: चन्द्रमा : ?

(a) प्रक्षेपास्त्र (b) उपग्रह
(c) अन्तरिक्ष (d) परिक्रमा

509. उस विकल्प का चयन करें, जो पाँचवें अक्षर-समूह से उसी प्रकार सम्बन्धित है, जिस प्रकार दूसरा अक्षर-समूह पहले अक्षर-समूह से सम्बन्धित है और चौथा अक्षर-समूह तीसरे अक्षर-समूह से सम्बन्धित है।

ROSE : IVQS :: SUIT : XLWT :: TIME : ?
SSC CGL (Tier-I) 01/12/2022 Shift-III

(a) IPKU (b) JPKV (c) IPKV (d) JPKU

510. उस समुच्चय का चयन कीजिए, जिसमें संख्याएँ आपस में उसी प्रकार सम्बन्धित हैं, जिस प्रकार निम्नलिखित समुच्चयों की संख्याएँ आपस में सम्बन्धित हैं।
SSC CGL (Tier-I) 01/12/2022 Shift-III

(9, 81, 729)
(14, 196, 2744)

(a) (17, 289, 4913)
(b) (25, 625, 9375)
(c) (15, 375, 1125)
(d) (11, 212, 464)

511. उस समुच्चय का चयन कीजिए, जिसमें संख्याएँ आपस में उसी प्रकार सम्बन्धित हैं, जिस प्रकार निम्नलिखित समुच्चयों की संख्याएँ आपस में सम्बन्धित हैं।
SSC CGL (Tier-I) 01/12/2022 Shift-III

(23, 14, 9)
(37, 19, 18)

(a) (125, 25, 100) (b) (125, 25, 5)
(c) (125, 100, 5) (d) (125, 5, 25)

512. उस विकल्प का चयन कीजिए जो पाँचवें अक्षर-समूह से उसी प्रकार सम्बन्धित है, जिस प्रकार दूसरा अक्षर-समूह पहले अक्षर-समूह से सम्बन्धित है और चौथा अक्षर-समूह तीसरे अक्षर-समूह से सम्बन्धित है।

JUMPED : LWORGF :: QUICKS : SWKEMU :: FUZING : ?
SSC CGL (Tier-I) 01/12/2022 Shift-II

(a) IPKBWH (b) HWBKPI
(c) HWKBPI (d) HKWIPB

513. उस विकल्प का चयन करें, जो पाँचवें अक्षर-समूह से उसी प्रकार सम्बन्धित है, जिस प्रकार दूसरा अक्षर-समूह पहले अक्षर-समूह से सम्बन्धित है और चौथा अक्षर-समूह तीसरे अक्षर-समूह से सम्बन्धित है।

GAVE : AGEV :: KEPT : EKTP :: ACID : ?
SSC CGL (Tier-I) 01/12/2022 Shift-II

(a) CIAD (b) CAID
(c) ACDI (d) CADI

514. उस विकल्प का चयन करें जो तीसरी संख्या से उसी प्रकार सम्बन्धित है, जिस प्रकार दूसरी संख्या पहली संख्या से सम्बन्धित है और छठी संख्या पाँचवीं संख्या से सम्बन्धित है।

12 : 16 : : 18 : ? : : 24 : 64
SSC CGL (Tier-I) 01/12/2022 Shift-II

(a) 36 (b) 26 (c) 32 (d) 28

515. उस विकल्प का चयन करें जो चौथी संख्या से उसी प्रकार सम्बन्धित है जिस प्रकार पहली संख्या दूसरी संख्या से और पाँचवीं संख्या छठी संख्या से सम्बन्धित है।
SSC CGL (Tier-I) 01/12/2022 Shift-II

35 : 21 : : ? : 36 : : 40 : 24

(a) 65 (b) 55
(c) 50 (d) 60

516. उस समुच्चय का चयन कीजिए जिसमें संख्याएँ आपस में उसी प्रकार सम्बन्धित हैं जिस प्रकार निम्नलिखित समुच्चयों की संख्याएँ आपस में सम्बन्धित हैं।

(240, 55, 65) (320, 85, 75)
SSC CGL (Tier-I) 01/12/2022 Shift-II

(a) (160, 35, 45) (b) (200, 5, 105)
(c) (140, 35, 25) (d) (220, 90, 15)

517. उस विकल्प का चयन करें, जो तीसरे शब्द से उसी प्रकार सम्बन्धित है, जिस प्रकार दूसरा शब्द पहले शब्द से सम्बन्धित है।

पुस्तकालय : पुस्तकें :: संग्रहालय : ?
SSC CGL (Tier-I) 01/12/2022 Shift-I

(a) दीर्घा (b) लोग
(c) कलाकृतियाँ (d) इमारत

518. उस विकल्प का चयन करें, जो पाँचवीं संख्या से उसी प्रकार सम्बन्धित है, जिस प्रकार दूसरी संख्या पहली संख्या से सम्बन्धित है और चौथी संख्या तीसरी संख्या से सम्बन्धित है।

19 : 324 : : 25 : : 576 : : 9 : ?
SSC CGL (Tier-I) 01/12/2022 Shift-I

(a) 16 (b) 64
(c) 72 (d) 88

519. विकल्पों में से उस समुच्चय का चयन कीजिए, जिसमें दी गई संख्याओं के बीच वही सम्बन्ध है, जो सम्बन्ध नीचे दिए गए समुच्चयों की संख्याओं के बीच है।
SSC CGL (Tier-I) 01/12/2022 Shift-I

(3, 14, 1), (4, 36, 2)

(a) (7, 40, 3) (b) (8, 12, 2)
(c) (8, 260, 2) (d) (5, 81, 4)

520. उस समुच्चय का चयन कीजिए, जिसमें संख्याएँ आपस में उसी प्रकार सम्बन्धित हैं, जिस प्रकार निम्नलिखित समुच्चयों की संख्याएँ आपस में सम्बन्धित हैं।
SSC CGL (Tier-I) 01/12/2022 Shift-I

(20, 6, 4), (24, 7, 5)

(a) (65, 9, 4) (b) (40, 8, 5)
(c) (22, 5, 2) (d) (42, 7, 3)

SSC CGL 2021 (Tier I)

521. वह विकल्प चुनें, जो चौथी संख्या से उसी प्रकार सम्बन्धित है, जिस प्रकार दूसरी संख्या से पहली संख्या सम्बन्धित है।
SSC CGL (Tier-I) 24/08/2021 Shift-III

21 : 693 :: ? : 792

(a) 36 (b) 22 (c) 24 (d) 26

522. उस विकल्प का चयन कीजिए, जिसके शब्दों के मध्य वही सम्बन्ध है, जो दिए गए शब्द-युग्म के शब्दों के मध्य है।
SSC CGL (Tier-I) 24/08/2021 Shift-III

गोल्फ : कोर्स

(a) रिंग : मुक्केबाजी (b) बेसबॉल : रिंक
(c) जूडो : एरिना (d) साइकलिंग : वेलोड्रोम

523. वह विकल्प चुनें जो तीसरे शब्द से उसी प्रकार सम्बन्धित है, जिस प्रकार दूसरा शब्द पहले शब्द से सम्बन्धित है।
SSC CGL (Tier-I) 24/08/2021 Shift-III

लीबिया : त्रिपोली : : आयरलैण्ड : ?

(a) डबलिन (b) मैड्रिड
(c) मॉस्को (d) ओस्लो

524. वह विकल्प चुनें, जो तीसरे शब्द से उसी प्रकार सम्बन्धित है, जिस प्रकार दूसरा शब्द पहले शब्द से सम्बन्धित है।
SSC CGL (Tier-I) 24/08/2021 Shift-II

उत्तर प्रदेश : इलाहाबाद उच्च न्यायालय :: बिहार : ?

(a) गया उच्च न्यायालय
(b) पटना उच्च न्यायालय
(c) नालन्दा उच्च न्यायालय
(d) दरभंगा उच्च न्यायालय

525. वह विकल्प चुनें, जिसमें संख्याएँ एक-दूसरे से ठीक उसी प्रकार से सम्बन्धित है। जिस प्रकार से नीचे दिए गए सेट की संख्याएँ एक-दूसरे से सम्बन्धित हैं।
SSC CGL (Tier-I) 24/08/2021 Shift-II

(12, 60, 84)

(a) (13, 65, 81) (b) (14, 75, 98)
(c) (15, 85, 105) (d) (16, 80, 112)

526. वह विकल्प चुनें, जिसमें संख्याएँ एक-दूसरे से उसी प्रकार से सम्बन्धित हैं, जिस प्रकार से नीचे दिए गए सेट की संख्याएँ एक-दूसरे से सम्बन्धित हैं।
SSC CGL (Tier-I) 24/08/2021 Shift-II

(59, 118, 295)

(a) (9, 20, 25) (b) (15, 34, 45)
(c) (10, 20, 37) (d) (17, 34, 85)

527. वह विकल्प चुनें, जो तीसरी संख्या से उसी प्रकार सम्बन्धित है, जिस प्रकार दूसरी संख्या पहली संख्या से सम्बन्धित है।
SSC CGL (Tier-I) 24/08/2021 Shift-I

23 : 531 : : 27 : ?

(a) 656 (b) 573 (c) 802 (d) 731

528. वह विकल्प चुनें जिसमें संख्याएँ एक-दूसरे से उसी प्रकार, सम्बन्धित नहीं हैं, जैसे नीचे दिए गए सेट की संख्याएँ एक-दूसरे से सम्बन्धित हैं।
SSC CGL (Tier-I) 24/08/2021 Shift-I

(64, 91, 118)

(a) (55, 82, 109) (b) (48, 75, 102)
(c) (72, 99, 126) (d) (46, 73, 101)

529. वह विकल्प चुनें जिसमें संख्याएँ एक-दूसरे से उसी प्रकार सम्बन्धित हैं, जैसे नीचे दिए गए सेट की संख्याएँ एक-दूसरे से सम्बन्धित हैं।
SSC CGL (Tier-I) 24/08/2021 Shift-I

(12, 14, 143)

(a) (17, 12, 134) (b) (12, 18, 246)
(c) (16, 10, 235) (d) (15, 19, 252)

530. वह विकल्प चुनें, जो तीसरे शब्द से उसी प्रकार सम्बन्धित है, जिस प्रकार दूसरा शब्द पहले शब्द से सम्बन्धित है।
SSC CGL (Tier-I) 24/08/2021 Shift-I

कनाडा : ओटावा :: क्यूबा : ?

(a) मैड्रिड (b) बर्न
(c) हवाना (d) ओस्लो

531. वह विकल्प चुनें, जो चौथी संख्या से उसी प्रकार सम्बन्धित है, जिस प्रकार दूसरी संख्या से पहली संख्या और छठी संख्या से पाँचवीं संख्या सम्बन्धित है।
SSC CGL (Tier-I) 23/08/2021 Shift-II

350 : 5 :: ? : 13 :: 990 : 9

(a) 1950 (b) 1620
(c) 1052 (d) 1258

532. उस विकल्प का चयन कीजिए, जिसके शब्दों के मध्य वही सम्बन्ध है, जो दिए गए शब्द-युग्म के शब्दों के मध्य है।
SSC CGL (Tier-I) 23/08/2021 Shift-II

जाकिर हुसैन : तबला
(a) हरिप्रसाद चौरसिया : बाँसुरी
(b) बिस्मिल्ला खान : सरोद
(c) रवि शंकर : सन्तूर
(d) अमजद अली खान : शहनाई

533. उस विकल्प का चयन कीजिए, जो तीसरे शब्द से उसी प्रकार सम्बन्धित है, जिस प्रकार दूसरा शब्द पहले शब्द से सम्बन्धित है।
SSC CGL (Tier-I) 23/08/2021 Shift-II

चमगादड़ : कॉलोनी : : शेर : ?
(a) हर्ड (b) बैण्ड
(c) प्राइड (d) चार्म

534. वह विकल्प चुनें, जिसमें संख्याएँ एक-दूसरे से उसी प्रकार से सम्बन्धित हैं जैसे नीचे दिए गए सेट की संख्याएँ एक-दूसरे से सम्बन्धित हैं।
SSC CGL (Tier-I) 23/08/2021 Shift-II

(3, 6, 63)
(a) (8, 5, 64) (b) (4, 5, 89)
(c) (7, 3, 58) (d) (5, 6, 92)

535. वह विकल्प चुनें, जिसमें संख्याएँ एक-दूसरे से उसी प्रकार से सम्बन्धित हैं जैसे नीचे दिए गए सेट की संख्याएँ एक-दूसरे से सम्बन्धित हैं।
SSC CGL (Tier-I) 23/08/2021 Shift-I

(4, 282, 5)
(a) (3, 405, 6) (b) (2, 84, 4)
(c) (7, 152, 3) (d) (5, 25, 1)

536. वह विकल्प चुनें, जिसमें सख्याएँ एक-दूसरे से उसी प्रकार से सम्बन्धित नहीं हैं, जैसे नीचे दिए गए सेट की संख्याएँ एक-दूसरे से सम्बन्धित हैं।
SSC CGL (Tier-I) 23/08/2021 Shift-I

(63, 76, 46)
(a) (45, 58, 28) (b) (72, 85, 55)
(c) (69, 84, 52) (d) (83, 96, 66)

537. वह विकल्प चुनें, जो तीसरे शब्द से उसी प्रकार सम्बन्धित है, जिस प्रकार दूसरा शब्द पहले शब्द से सम्बन्धित है।
SSC CGL (Tier-I) 23/08/2021 Shift-I

दन्तमन्जन : दाँत :: झाड़ू : ?
(a) कूड़ा (b) फर्श
(c) धुलाई (d) सफाई

538. वह विकल्प चुनें, जो तीसरी संख्या से उसी प्रकार सम्बन्धित है, जिस प्रकार दूसरी संख्या, पहली संख्या से सम्बन्धित है।
SSC CGL (Tier-I) 23/08/2021 Shift-I

39 : 91 : : 51 : ?
(a) 119 (b) 125 (c) 178 (d) 93

539. वह विकल्प चुनें, जो तीसरे शब्द से उसी प्रकार सम्बन्धित है, जिस प्रकार दूसरा शब्द पहले शब्द से सम्बन्धित है।
SSC CGL (Tier-I) 20/08/2021 Shift-II

प्रफुल्लित : उदास : शान्त करना : ?
(a) भड़काना (b) निराकरण करना
(c) धीरज देना (d) राहत देना

540. वह विकल्प चुनें, जो चौथी संख्या से उसी प्रकार सम्बन्धित है, जिस प्रकार दूसरी संख्या से पहली संख्या और छठी संख्या से पाँचवीं संख्या सम्बन्धित है।
SSC CGL (Tier-I) 20/08/2021 Shift-II

8 : 24 : : ? : 52 : : 18 : 114
(a) 16 (b) 12 (c) 14 (d) 20

541. वह विकल्प चुनें, जिसमें संख्याएँ एक-दूसरे से उसी प्रकार से सम्बन्धित हैं, जैसे नीचे दिए गए सेट की संख्याएँ एक-दूसरे से सम्बन्धित हैं।
SSC CGL (Tier-I) 20/08/2021 Shift-II

(4, 7, 359)
(a) (6, 8, 548) (b) (3, 2, 71)
(c) (5, 4, 98) (d) (10, 3, 172)

542. उस विकल्प का चयन कीजिए जिसके शब्दों के मध्य वही सम्बन्ध है, जो दिए गए शब्द-युग्म के शब्दों के मध्य है।
SSC CGL (Tier-I) 20/08/2021 Shift-II

बिल्ली : बिलौटा
(a) गाय : बछड़ा
(b) शार्क : मेमना
(c) पेंग्विन : मृगछौना
(d) मधुमक्खी : रानी मक्खी

543. वह विकल्प चुनें, जो चौथी संख्या से उसी प्रकार सम्बन्धित है, जिस प्रकार दूसरी संख्या से पहली संख्या और छठी संख्या से पाँचवीं संख्या सम्बन्धित है।
SSC CGL (Tier-I) 20/08/2021 Shift-I

11 : 81 : : ? : 121 : : 8 : 36
(a) 10 (b) 12 (c) 18 (d) 13

544. वह विकल्प चुनें, जो तीसरे शब्द से उसी प्रकार सम्बन्धित है, जिस प्रकार दूसरा शब्द पहले शब्द से सम्बन्धित है।
SSC CGL (Tier-I) 20/08/2021 Shift-I

वाराणसी : गंगा : : मथुरा : ?
(a) गंगा (b) गोदावरी
(c) यमुना (d) नर्मदा

545. उस विकल्प का चयन कीजिए जिनमें दोनों शब्दों में वही सम्बन्ध है, जो प्रश्न में दिए गए शब्दों में है। SSC CGL (Tier-I) 20/08/2021 Shift-I

फुसफुसिया रोग विशेषज्ञ : फेफड़े
(a) एण्डोक्राइनोलॉजिस्ट : ग्रन्थी
(b) नेत्र विशेषज्ञ : कान
(c) किडनी रोग विशेषज्ञ : तन्त्रिकाएँ
(d) हड्डियाँ : हड्डी का डॉक्टर

546. वह विकल्प चुनें, जो तीसरी संख्या से उसी प्रकार सम्बन्धित है, जिस प्रकार दूसरी संख्या, पहली संख्या से और छठी संख्या, पाँचवीं संख्या से सम्बन्धित है।
SSC CGL (Tier-I) 18/08/2021 Shift-III

16: 8:: 21: ?:: 11: 6
(a) 10 (b) 14 (c) 11 (d) 9

547. वह विकल्प चुनें, जिसमें संख्याएँ एक-दूसरे से उसी प्रकार से सम्बन्धित हैं जैसे नीचे दिए गए सेट की संख्याएँ एक-दूसरे से सम्बन्धित हैं। SSC CGL (Tier-I) 18/08/2021 Shift-III

(4, 10, 53)
(a) (8, 20, 103) (b) (11, 31, 152)
(c) (5, 13, 62) (d) (7, 19, 98)

548. उस विकल्प का चयन कीजिए जिसके शब्दों के मध्य वही सम्बन्ध है, जो दिए गए शब्द-युग्म के शब्दों के मध्य है।
SSC CGL (Tier-I) 18/08/2021 Shift-III

झारखण्ड : राँची
(a) सिक्किम : ईटानगर (b) मिजोरम : कोहिमा
(c) असम : जोरहाट (d) मेघालय : शिलांग

549. वह विकल्प चुनें, जो तीसरे शब्द से उसी प्रकार सम्बन्धित है, जिस प्रकार दूसरा शब्द पहले शब्द से सम्बन्धित है।
SSC CGL (Tier-I) 18/08/2021 Shift-III

वृत्त : चाप : : पौधा: ?
(a) प्लाज्मा (b) पेड़
(c) क्लोरोफिल (d) तना

550. वह विकल्प चुनें, जो तीसरी संख्या से उसी प्रकार सम्बन्धित है, जिस प्रकार दूसरी संख्या पहली संख्या से सम्बन्धित है।
SSC CGL (Tier-I) 18/08/2021 Shift-I

39 : 27 : : 43 : ?
(a) 38 (b) 12
(c) 6 (d) 20

551. वह विकल्प चुनें, जिसमें संख्याएँ एक-दूसरे से उसी प्रकार सम्बन्धित हैं जैसे नीचे दिए गए सेट की संख्याएँ एक-दूसरे से सम्बन्धित हैं।
SSC CGL (Tier-I) 18/08/2021 Shift-I

(7, 9, 252)
(a) (6, 9, 188) (b) (12, 10, 260)
(c) (8, 11, 352) (d) (6, 8, 212)

552. उस विकल्प का चयन कीजिए जिसके शब्दों के मध्य वही सम्बन्ध है, जो दिए गए शब्द-युग्म के शब्दों के मध्य है।
SSC CGL (Tier-I) 18/08/2021 Shift-I

हंस : हंसशावक
(a) व्हेल : मछलियों का झुण्ड
(b) पेरु पक्षी : चूजा
(c) मछली : पशुशावक
(d) हिरन : कंगारूशावक

553. वह विकल्प चुनें, जो तीसरे शब्द से उसी प्रकार सम्बन्धित है, जिस प्रकार दूसरा शब्द पहले शब्द से सम्बन्धित है।
SSC CGL (Tier-I) 17/08/2021 Shift-III

भेड़ : मेमना :: तिलचट्टा :?
(a) इल्ली (b) बछेड़ी
(c) लार्वा (d) निम्फ

554. वह विकल्प चुनें, जिसमें संख्याएँ एक-दूसरे से उसी प्रकार से सम्बन्धित हैं जैसे नीचे दिए गए सेट की संख्याएँ एक-दूसरे से सम्बन्धित हैं। SSC CGL (Tier-I) 17/08/2021 Shift-III

(4, 8, 16)
(a) (20, 24, 16) (b) (24, 15, 44)
(c) (18, 6, 15) (d) (11, 16, 51)

555. वह विकल्प चुनें, जो चौथी संख्या से उसी प्रकार सम्बन्धित है, जिस प्रकार दूसरी संख्या से पहली संख्या और छठी संख्या से पाँचवीं संख्या सम्बन्धित हैं।
SSC CGL (Tier-I) 17/08/2021 Shift-III
396 : 24 :: ? : 28 :: 672 : 30
(a) 572 (b) 588
(c) 504 (d) 536

556. उस विकल्प का चयन कीजिए, जिसके शब्दों के मध्य वही सम्बन्ध है, जो दिए गए शब्द-युग्म के शब्दों के मध्य है।
SSC CGL (Tier-I) 17/08/2021 Shift-III
फूल:पुष्पोत्पादन
(a) मशरूम : द्राक्षा-कृषि
(b) रेशम : वन-संवर्धन
(c) शहद : बागवानी
(d) केंचुआ : कृमि-पालन

557. वह विकल्प चुनें, जो चौथी संख्या से उसी प्रकार सम्बन्धित है, जिस प्रकार दूसरी संख्या से पहली संख्या और छठी संख्या से पाँचवीं संख्या सम्बन्धित है। SSC CGL (Tier-I) 17/08/2021 Shift-I
1008 : 8 :: ? : 6 :: 220 : 4
(a) 524 (b) 350 (c) 518 (d) 443

558. उस विकल्प का चयन कीजिए, जिसके शब्दों के मध्य वही सम्बन्ध है, जो दिए गए शब्द-युग्म के शब्दों के मध्य है।
SSC CGL (Tier-I) 17/08/2021 Shift-I
क्रिकेट : शिखर धवन
(a) कुश्ती : दीपा कर्माकर
(b) कबड्डी : रानी रामपाल
(c) मुक्केबाजी : मैरी कॉम
(d) शतरंज : साइना नेहवाल

559. वह विकल्प चुनें, जिसमें संख्याएँ एक-दूसरे से उसी प्रकार से सम्बन्धित है जैसे नीचे दिए गए सेट की संख्याएँ एक-दूसरे से सम्बन्धित हैं।
SSC CGL (Tier-I) 17/08/2021 Shift-I
(541, 14, 737)
(a) (832, 8, 895) (b) (635, 18, 924)
(c) (432, 25, 1108) (d) (697, 13, 866)

560. वह विकल्प चुनें, जो तीसरे शब्द से उसी प्रकार सम्बन्धित है, जिस प्रकार दूसरा शब्द पहले शब्द से सम्बन्धित है।
SSC CGL (Tier-I) 17/08/2021 Shift-I
कार्ट्रिज : प्रिन्टर :: मदरबोर्ड : ?
(a) मॉनिटर
(b) कुंजीपटल (कीबोर्ड)
(c) केन्द्रीय प्रक्रमण इकाई (सेण्ट्रल प्रोसेसिंग यूनिट)
(d) मशीन

561. उस विकल्प का चयन कीजिए जिसके शब्दों के मध्य वही सम्बन्ध है, जो दिए गए शब्द-युग्म के शब्दों के मध्य है।
SSC CGL (Tier-I) 16/08/2021 Shift-III
दन्त-चिकित्सक : अस्पताल
(a) डॉक्टर : उपचार
(b) अपराधी : पुलिस थाना
(c) अभियन्ता : डिजाइन
(d) प्रोफेसर : विश्वविद्यालय

562. वह विकल्प चुनें, जो तीसरी संख्या से उसी प्रकार सम्बन्धित है, जिस प्रकार दूसरी संख्या पहली संख्या से सम्बन्धित है।
SSC CGL (Tier-I) 16/08/2021 Shift-III
21: 445 : : 24 : ?
(a) 495 (b) 505
(c) 523 (d) 580

563. वह विकल्प चुनें, जिसमें संख्याएँ एक-दूसरे से उस प्रकार से सम्बन्धित नहीं हैं जैसे नीचे दिए गए सेट की संख्याएँ एक-दूसरे से सम्बन्धित हैं।
SSC CGL (Tier-I) 16/08/2021 Shift-III
(7, 21, 49)
(a) (9, 27, 72) (b) (8, 24, 64)
(c) (6, 18, 36) (d) (5, 15, 25)

564. वह विकल्प चुनें, जो तीसरे शब्द से उसी प्रकार सम्बन्धित है, जिस प्रकार दूसरा शब्द पहले शब्द से सम्बन्धित है।
SSC CGL (Tier-I) 16/08/2021 Shift-III
खराब : अच्छा :: खानाबदोश : ?
(a) आबाद (b) बेघर
(c) लापरवाह (d) निशाचर

565. वह विकल्प चुनें, जिसमें दोनों संख्याएँ एक-दूसरे से उसी प्रकार सम्बन्धित हैं जैसे नीचे दिए गए सेट की संख्याएँ एक-दूसरे से सम्बन्धित हैं।
SSC CGL (Tier-I) 16/08/2021 Shift-III
(16, 12, 32)
(a) (36, 27, 77)
(b) (20, 15, 42)
(c) (56, 24, 68)
(d) (76, 57, 176)

566. वह विकल्प चुनें जो तीसरे शब्द से ठीक उसी प्रकार से सम्बन्धित है, जिस प्रकार दूसरा शब्द पहले शब्द से सम्बन्धित है।
SSC CGL (Tier-I) 16/08/2021 Shift-I
पत्तियाँ : खड़खड़ाहट :: उल्लू : ?
(a) हूहू करना (b) कलरव
(c) क्वै-क्वै करना (d) घुरघुराहट

567. वह विकल्प चुनें, जिसमें संख्याएँ एक-दूसरे से उसी प्रकार से सम्बन्धित हैं, जैसे नीचे दिए गए सेट की संख्याएँ एक-दूसरे से सम्बन्धित हैं।
SSC CGL (Tier-I) 16/08/2021 Shift-I
(6, 9, 45)
(a) (8, 10, 36) (b) (2, 8, 46)
(c) (6, 8, 60) (d) (7, 4, 48)

568. वह विकल्प चुनें जो तीसरी संख्या से उसी प्रकार सम्बन्धित है, जिस प्रकार दूसरी संख्या पहली संख्या से सम्बन्धित है।
SSC CGL (Tier-I) 16/08/2021 Shift-I
16 : 144 :: 28 : ?
(a) 420 (b) 263
(c) 364 (d) 544

569. वह विकल्प चुनें, जो तीसरे शब्द से उसी प्रकार सम्बन्धित है, जिस प्रकार दूसरा शब्द पहले शब्द से सम्बन्धित है।
SSC CGL (Tier-I) 13/08/2021 Shift-III
नवजात : नवोदित : अनुलग्नक : ?
(a) दृढ़ (b) समर्थित
(c) विरुद्ध (d) कार्यात्मक

570. वह विकल्प चुनें, जो तीसरी संख्या से उसी प्रकार सम्बन्धित है, जिस प्रकार पहली संख्या से दूसरी संख्या और पाँचवीं संख्या से छठी संख्या सम्बन्धित है।
SSC CGL (Tier-I) 13/08/2021 Shift-III
13 : 4 : : 19 : ? : : 16 : 5
(a) 5 (b) 3 (c) 2 (d) 6

571. उस विकल्प का चयन कीजिए, जिसके शब्दों के मध्य वही सम्बन्ध है, जो दिए गए शब्द-युग्म के शब्दों के मध्य है।
SSC CGL (Tier-I) 13/08/2021 Shift-III
हस्तलेख : ग्राफोलॉजी
(a) भूकम्प : पोमोलॉजी
(b) मृदा : ऑर्निथोलॉजी
(c) पदार्थ : भौतिकी
(d) जीवाश्म : पेडोलॉजी

572. वह विकल्प चुनें, जिसमें संख्याएँ एक-दूसरे से उसी प्रकार सम्बन्धित हैं जैसे नीचे दिए गए सेट की संख्याएँ एक-दूसरे से सम्बन्धित हैं।
SSC CGL (Tier-I) 13/08/2021 Shift-I
(25, 18, 225)
(a) (15, 34, 190) (b) (9, 16, 170)
(c) (17, 15, 220) (d) (24, 22, 264)

573. वह विकल्प चुनें, जो तीसरे शब्द से उसी प्रकार सम्बन्धित है, जिस प्रकार दूसरा शब्द पहले शब्द से सम्बन्धित है।
SSC CGL (Tier-I) 13/08/2021 Shift-I
उदासी : मनोस्थिति : : अनिद्रा :?
(a) निद्रा (b) रात (c) सपने (d) विचार

574. उस विकल्प का चयन कीजिए जिसके शब्दों के मध्य वही सम्बन्ध है, जो दिए गए शब्द-युग्म के शब्दों के मध्य है।
SSC CGL (Tier-I) 13/08/2021 Shift-I
घोड़ा : हिनहिनाना
(a) तोता : रेंकना
(b) बत्तख : कैं-कैं करना
(c) खरगोश : गरजना
(d) सुअर : भिनभिनाना

SSC CGL 2020 (Tier I)

575. उस विकल्प का चयन करें, जिसमें शब्दों का आपस में वही सम्बन्ध है, जो सम्बन्ध नीचे दिए गए शब्द-युग्म के शब्दों के बीच है।
SSC CGL (Tier-I) 07/03/2020 Shift-II
कार्यालय : कार्य
(a) मकान : ईंटें
(b) अस्पताल : निदेशक
(c) विद्यालय : अध्ययन/पढ़ाई
(d) न्यायालय : वकील

576. उस विकल्प का चयन करें, जिसमें संख्याओं का आपस में वही सम्बन्ध है, जो नीचे दिए गए समुच्चय की संख्याओं के बीच है।
SSC CGL (Tier-I) 07/03/2020 Shift-II
(45, 24, 441)
(a) (35, 17, 324) (b) (50, 30, 480)
(c) (41, 18, 630) (d) (30, 60, 1024)

577. उस विकल्प का चयन करें, जिसका तीसरी संख्या से वही सम्बन्ध है जो दूसरी संख्या का पहली संख्या से है।
SSC CGL (Tier-I) 07/03/2020 Shift-II
11 : 265 : : 20 : ?
(a) 835 (b) 840
(c) 841 (d) 838

578. 'मधुमेह' का 'रक्त शर्करा' से वही सम्बन्ध है, जो 'उच्चरक्तचाप' का '...............' से है।
SSC CGL (Tier-I) 07/03/2020 Shift-II
(a) रक्तचाप
(b) हृदय
(c) शरीर की कोशिकाओं
(d) लाल रक्त कोशिकाओं

579. उस विकल्प का चयन करें, जिसमें शब्दों का आपस में वही सम्बन्ध है, जो नीचे दिए गए शब्द-युग्म के बीच है।
SSC CGL (Tier-I) 07/03/2020 Shift-I
बैक्टीरिया : बीमारी
(a) वेतन वृद्धि : प्रदर्शन (b) रंगाई : पेण्टर
(c) बीमारी : डॉक्टर (d) लापरवाही : गलतियाँ

580. उस विकल्प का चयन करें, जिसका तीसरे शब्द से वही सम्बन्ध है, जो दूसरे शब्द का पहले शब्द से है। SSC CGL (Tier-I) 07/03/2020 Shift-I
मनोरन्जक : आनन्दातिरेक : : नम : ?
(a) तरबतर (b) सूखाना
(c) उमस (d) पानी

581. उस विकल्प का चयन करें, जिसका तीसरी संख्या से वही सम्बन्ध है, जो दूसरी संख्या का पहली से और छठी संख्या का पाँचवीं संख्या से है। SSC CGL (Tier-I) 07/03/2020 Shift-I
6 : 16 : : 20 : ? : : 11 : 81
(a) 324 (b) 91
(c) 120 (d) 361

582. 'आकार' का 'मध्यम' से वही सम्बन्ध है, जो 'आकृति' का '..........' से है।
SSC CGL (Tier-I) 06/03/2020 Shift-III
(a) रंग (b) वस्तु (c) कोना (d) अण्डाकार

583. उस विकल्प का चयन करें, जिसमें शब्दों का आपस में वही सम्बन्ध है, जो सम्बन्ध नीचे दिए गए शब्द-युग्म के शब्दों के बीच है।
SSC CGL (Tier-I) 06/03/2020 Shift-III
कान : कर्णक्ष्वेड
(a) नेत्र : नेत्ररोग विशेषज्ञ
(b) त्वचा : मुँहासा
(c) जोड़ : मांसपेशी
(d) नाक : तन्त्रिका

584. उस विकल्प का चयन करें, जिसका तीसरी संख्या से वही सम्बन्ध है, जो दूसरी संख्या का पहली संख्या से है।
SSC CGL (Tier-I) 06/03/2020 Shift-III
8 : 576 : : 4 : ?
(a) 80 (b) 120
(c) 70 (d) 90

585. उस विकल्प का चयन करें, जिसमें संख्याओं का आपस में वही सम्बन्ध है, जो नीचे दिए गए समुच्चय की संख्याओं के बीच है।
SSC CGL (Tier-I) 06/03/2020 Shift-III
(14, 18, 277)
(a) (24, 20, 576) (b) (18, 16, 485)
(c) (12, 32, 320) (d) (20, 22, 521)

586. उस विकल्प का चयन करें, जिसका तीसरे शब्द से वही सम्बन्ध है, जो दूसरे शब्द का पहले शब्द से है।
SSC CGL (Tier-I) 06/03/2020 Shift-II
फसल : किसान : : भोजन : ?
(a) बर्तन (b) सब्जियाँ
(c) बावर्ची (d) रसोईघर

587. उस विकल्प का चयन करें, जिसका तीसरी संख्या से वही सम्बन्ध है, जो दूसरी संख्या का पहली संख्या से और छठी संख्या का पाँचवीं संख्या से है।
SSC CGL (Tier-I) 06/03/2020 Shift-II
78 : 117 : : 90 : ? : : 108 : 162
(a) 117 (b) 126
(c) 135 (d) 144

588. खगोल विज्ञान का तारों से जो सम्बन्ध है, वहीं सम्बन्ध कृषि विज्ञान का ...... से है।
SSC CGL (Tier-I) 06/03/2020 Shift-I
(a) भावनाओं (b) ग्रहों
(c) फसलों (d) खानों

589. निम्नलिखित दिए गए विकल्पों में से उस शब्द-युग्म का चयन कीजिए, जो आपस में उसी प्रकार सम्बन्धित है जिस प्रकार नीचे लिखे गए शब्द-युग्म आपस में सम्बन्धित हैं।
SSC CGL (Tier-I) 06/03/2020 Shift-I
उत्तर-दक्षिण
(a) नमनीय : नए लेख
(b) सम्पूर्ण : समस्त
(c) तेवर : मुस्कान
(d) ईमानदारी : इमानदार

590. उस विकल्प का चयन करें, जिसका तीसरी संख्या से वही सम्बन्ध है, जो दूसरी संख्या का पहली संख्या से है।
SSC CGL (Tier-I) 05/03/2020 Shift-III
13 : 109 :: 24 : ?
(a) 216 (b) 201 (c) 194 (d) 197

591. 'आलोचना' का 'निन्दा' से जो सम्बन्ध है, वही सम्बन्ध 'एकजुटता' का '.......' से है।
SSC CGL (Tier-I) 05/03/2020 Shift-III
(a) एकता (b) समृद्धि
(c) नृशंस (d) दोषी

592. उस विकल्प का चयन करें, जिसमें संख्याओं का आपस में वही सम्बन्ध है, जो नीचे दिए गए समुच्चय की संख्याओं के बीच है।
SSC CGL (Tier-I) 05/03/2020 Shift-III
(8, 7, 407)
(a) (12, 8, 555) (b) (9, 6,297)
(c) (11, 12, 450) (d) (10, 8, 576)

593. उस विकल्प का चयन करें, जिसमें शब्दों का आपस में वही सम्बन्ध है, जो सम्बन्ध नीचे दिए गए शब्द-युग्म के शब्दों के बीच है।
SSC CGL (Tier-I) 05/03/2020 Shift-II
परीक्षा : निरीक्षक
(a) चुनाव : प्रेक्षक (b) निरीक्षण : स्वीकृति
(c) बैंक : ऋण (d) फिल्म : कॉमेडियन

594. उस विकल्प का चयन करें, जिसमें संख्याओं का आपस में वही सम्बन्ध है, जो नीचे दी गई समुच्चय की संख्याओं के बीच है।
SSC CGL (Tier-I) 05/03/2020 Shift-II
(7, 98, 196)
(a) (11, 154, 308) (b) (20, 267, 520)
(c) (18, 185, 360) (d) (15, 190, 380)

595. उस विकल्प का चयन करें, जिसका तीसरी संख्या से वही सम्बन्ध है, जो दूसरी संख्या का पहली संख्या से है।
SSC CGL (Tier-I) 05/03/2020 Shift-II
4 : 69 :: 11 : ?
(a) 198 (b) 1336
(c) 1029 (d) 176

596. 'कशेरुकी' का 'बन्दर' से जो सम्बन्ध है वही सम्बन्ध 'अकशेरुकी' का '.....' से है।
SSC CGL (Tier-I) 05/03/2020 Shift-II
(a) स्टारफिश (b) मेंढक
(c) हिरण (d) साँप

597. उस विकल्प का चयन करें, जिसका तीसरे शब्द से वही सम्बन्ध है, जो दूसरे शब्द का पहले शब्द से है।
SSC CGL (Tier-I) 05/03/2020 Shift-I
मन्त्री : परिषद :: नाविक : ?
(a) समुद्र (b) चालक दल (क्रू)
(c) कप्तान (d) जहाज

598. उस विकल्प का चयन करें, जिसमें संख्याओं का आपस में वही सम्बन्ध है, जो नीचे दिए गए समुच्चय की संख्याओं के बीच है।
SSC CGL (Tier-I) 05/03/2020 Shift-I
(13, 65, 117)
(a) (12, 55, 109) (b) (15, 75, 135)
(c) (14, 70, 127) (d) (17, 85, 163)

599. उस विकल्प का चयन करें, जिसका तीसरी संख्या से वही सम्बन्ध है, जो दूसरी संख्या का पहली संख्या से और छठी संख्या का पाँचवीं संख्या से है।
SSC CGL (Tier-I) 05/03/2020 Shift-I
72 : 108 :: 84 : ? :: 102 : 153
(a) 135 (b) 117
(c) 144 (d) 126

600. उन विकल्प का चयन करें, जिसमें शब्दों का आपस में वही सम्बन्ध है, जो सम्बन्ध नीचे दिए गए शब्द-युग्म के शब्दों के बीच है।
SSC CGL (Tier-I) 05/03/2020 Shift-I

भारी भूल : गलती

(a) बोलना : सुनना
(b) युद्ध : शान्ति
(c) उल्लासोन्माद : आनन्द
(d) क्रोध: आग बबूलापन

601. उस विकल्प का चयन करें, जिसमें संख्याओं का आपस में वही सम्बन्ध है, जो नीचे दिए गए समुच्चय की संख्याओं के बीच है।
SSC CGL (Tier-I) 04/03/2020 Shift-III

(17, 24, 45)

(a) (19, 26, 34) (b) (18, 23, 46)
(c) (15, 20, 43) (d) (12 19, 40)

SSC CPO SI 2024

602. एक निश्चित तर्क का अनुसरण करते हुए, 24, 8 से सम्बन्धित है। उसी तर्क का अनुसरण करते हुए, 54, 20 से सम्बन्धित है। उसी तर्क का उपयोग करते हुए निम्नलिखित में से कौन-सी संख्या 18 से सम्बन्धित है?
SSC CPO 29/06/2024 Shift III

(a) 63 (b) 26 (c) 42 (d) 12

603. उस समुच्चय का चयन करें, जिसमें दी गई संख्याएँ आपस में उसी प्रकार सम्बन्धित हैं, जिस प्रकार प्रश्न में दिए गए समुच्चय की संख्याएँ आपस में सम्बन्धित है।
SSC CPO 29/06/2024 Shift III

(599. 236, 363)
(481 145, 336)

(a) (641, 314, 327)
(b) (426, 159, 287)
(c) (612, 278, 344)
(d) (547, 217, 310)

604. एक निश्चित तर्क का अनुसरण करते हुए, 824, 329 से सम्बन्धित है। उसी तर्क का अनुसरण करते हुए, 271, 505 से सम्बन्धित है। उसी तर्क का उपयोग करते हुए निम्नलिखित में से कौन-सी संख्या 408 से सम्बन्धित है?
SSC CPO 29/06/2024 Shift III

(a) 612 (b) 434
(c) 822 (d) 325

605. उस विकल्प का चयन कीजिए, जिसमें संख्याएँ वही सम्बन्ध साझा करती है, जो संख्याओं के दिए गए युग्म द्वारा साझा किया जाता है।
SSC CPO 29/06/2024 Shift III

50 – 130

(a) 60 – 120 (b) 30 – 80
(c) 35 – 120 (d) 75 – 110

606. उस विकल्प का चयन करें, जो पाँचवें अक्षर-समूह से उसी प्रकार सम्बन्धित है, जिस प्रकार दूसरा अक्षर-समूह पहले अक्षर-समूह से और चौथा अक्षर-समूह तीसरे अक्षर-समूह से सम्बन्धित है।
SSC CPO 29/06/2024 Shift III

DIETY : CJFSX :: GRACE : FQBBF :: GLORY : ?

(a) FKPSX (b) FKMQX
(c) FKPQX (d) FKRQX

607. उस समुच्चय का चयन प्रकार करें जिसकी संख्याएँ उसी प्रकार से सम्बन्धित हैं, जिस प्रकार निम्नलिखित समुच्चयों की संख्याएँ सम्बन्धित हैं।
SSC CPO 29/06/2024 Shift II

(21, 63, 378)
(23, 69, 414)

(a) (26, 81, 486) (b) (27, 81, 486)
(c) (27, 80, 486) (d) (27, 81, 476)

608. उस विकल्प का चयन कीजिए, जो पाँचवें पद से उसी प्रकार सम्बन्धित है, जिस प्रकार दूसरा पद, पहले पद से और चौथा पद, तीसरे पद से सम्बन्धित है।
SSC CPO 29/06/2024 Shift II

DRIVE : RDEVI :: STOCK : TSKCO :: MOULD: ?

(a) OMLUD (b) OMULD
(c) OMDLU (d) MODLU

609. उस समुच्चय का चयन करे जिसमें दी गई संख्याएँ आपस में उसी प्रकार सम्बन्धित है, जिस प्रकार प्रश्न में दिए गए समुच्चय की संख्याएँ आपस में सम्बन्धित है।
SSC CPO 29/06/2024 Shift II

(18, 3, 9)
(36, 6, 18)

(a) (78, 14, 39) (b) (72, 13, 36)
(c) (72, 14, 39) (d) (78, 13, 39)

610. एक निश्चित तर्क का अनुसरण करते हुए 9, 90 से सम्बन्धित है। उसी तर्क का अनुसरण करते हुए, 12, 156 से सम्बन्धित है। उसी तर्क का उपयोग करते हुए निम्नलिखित में से कौन सी संख्या 72 से सम्बन्धित है?
SSC CPO 29/06/2024 Shift II

(a) 8 (b) 7 (c) 9 (d) 6

611. उस समुच्चय का चयन करे जिसमें दी गई संख्याएँ आपस में उसी प्रकार सम्बन्धित है, जिस प्रकार प्रश्न में दिए गए समुच्चय की संख्याएँ आपस में सम्बन्धित है।
SSC CPO 29/06/2024 Shift II

(16, 20, 80) (12, 16, 64)

(a) (11, 15, 70) (b) (19, 23, 82)
(c) (18, 22, 88) (d) (20, 25, 100)

612. उस समुच्चय का चयन करें, जिसकी संख्याएँ उसी प्रकार सम्बन्धित है, जिस प्रकार प्रश्न में दिए गए समुच्चयों की संख्याएँ आपस में सम्बन्धित है।
SSC CPO 29/06/2024 Shift II

(84, 28, 4) (147, 49, 7)

(a) (231, 77, 11) (b) (241, 77, 11)
(c) (231, 77, 13) (d) (231, 67, 11)

613. उस विकल्प का चयन कीजिए, जिसका तीसरे शब्द से ठीक वही सम्बन्ध हो, जो सम्बन्ध दूसरे शब्द का पहले शब्द से है।
SSC CPO 29/06/2024 Shift I

औस: किलोग्राम :: क्वार्ट?

(a) लीटर (b) तरल
(c) पत्थर (d) औंस

614. उस युग्म का चयन कीजिए, जो एक-दूसरे से उसी प्रकार सम्बन्धित है। जिस प्रकार नीचे दिया गया युग्म सम्बन्धित है।
SSC CPO 29/06/2024 Shift I

72 : 25

(a) 68 : 8 (b) 46 : 14
(c) 54 : 30 (d) 28 : 36

615. एक निश्चित तर्क का अनुसरण करते हुए 254, 524 से सम्बन्धित है। उसी तर्क का अनुसरण करते हुए 912,642 से सम्बन्धित है। उसी तर्क का उपयोग करते हुए निम्नलिखित में से कौन-सी संख्या 188 से सम्बन्धित है?
SSC CPO 29/06/2024 Shift I

(a) 840 (b) 845
(c) 825 (d) 900

616. उस समुच्चय का चयन करें जिसकी संख्याएँ उसी तरह से सम्बन्धित हैं। जिस तरह निम्नलिखित समुच्चयों की संख्याएँ सम्बन्धित हैं।
SSC CPO 29/06/2024 Shift I

(104, 26, 13)
(168, 42, 21)

(a) (216, 54, 29) (b) (216, 54, 27)
(c) (210, 54, 27) (d) (216, 52, 27)

617. उस विकल्प का चयन करें, जो तीसरे शब्द से उसी प्रकार सम्बन्धित है। जिस प्रकार दूसरा शब्द, पहले शब्द से सम्बन्धित है।
SSC CPO 29/06/2024 Shift I

हंस: सिग्नेट :: कुत्ता ?

(a) सर्वाहारी (b) पप्पी
(c) काफ़ (d) पालतू पशु

618. उस विकल्प का चयन करें, जो पाँचवें अक्षर-समूह से उसी प्रकार सम्बन्धित है, जिस प्रकार दूसरा अक्षर-समूह पहले अक्षर-समूह से सम्बन्धित है और चौथा अक्षर-समूह तीसरे अक्षर-समूह से सम्बन्धित है।
SSC CPO 29/06/2024 Shift III

UNREAL : MCHVSA :: CREATE : FVDIWI :: AROUND : ?

(a) EPXSWG (b) FPXSWF
(c) EPXSXE (d) FQXSWG

619. उस युग्म का चयन कीजिए, जो एक दूसरे से उसी प्रकार सम्बन्धित है, जिस प्रकार नीचे दिया गया युग्म सम्बन्धित है
SSC CPO 29/06/2024 Shift III

72 : 27

(a) 48 : 24 (b) 56 : 33
(c) 27 : 45 (d) 32 : 14

620. उस विकल्प का चयन कीजिए, जिसका तीसरे शब्द से ठीक वही सम्बन्ध हो, जो सम्बन्ध दूसरे शब्द का पहले शब्द से है।
SSC CPO 29/06/2024 Shift-III

बुलाना : पुकारना :: बिखेरना : ?

(a) गायब होना (b) निकालना
(c) चारों ओर से घेरना (d) फैलाना

621. उस समुच्चय का चयन करें, जिसमें दी गई संख्याएँ आपस में उसी प्रकार सम्बन्धित हैं, जिस प्रकार प्रश्न में दिए गए समुच्चय की संख्याएँ आपस में सम्बन्धित हैं।
SSC CPO 28/06/2024 Shift III

(128, 62, 190)
(114, 86, 200)

(a) (102, 73, 165) (b) (106, 69, 195)
(c) (98, 68, 146) (d) (95, 54, 149)

622. उस समुच्चय का चयन करें, जिसकी संख्याएँ उसी तरह से सम्बन्धित हैं, जिस तरह निम्नलिखित समुच्चयों की संख्याएँ सम्बन्धित हैं।
SSC CPO 28/06/2024 Shift III

(195, 65, 13)
(255, 85, 17)

(a) (285, 95, 21)
(b) (285, 90, 19)
(c) (285, 95, 19)
(d) (280, 95, 19)

623. एक निश्चित तर्क का अनुसरण करते हुए 12, 16 से सम्बन्धित है। उसी तर्क का अनुसरण करते हुए, 18, 24 से सम्बन्धित है। उसी तर्क का उपयोग करते हुए निम्नलिखित में से कौन-सी संख्या 28 से सम्बन्धित है?
SSC CPO 28/06/2024 Shift III

(a) 24 (b) 21
(c) 22 (d) 23

624. उस विकल्प का चयन कीजिए, जिसमें संख्याएँ वही सम्बन्ध साझा करती हैं, जो संख्याओं के दिए गए युग्म द्वारा साझा किया जाता है।
SSC CPO 28/06/2024 Shift II

23-27

(a) 11-55 (b) 11-33
(c) 15-25 (d) 15-45

625. एक निश्चित तर्क का अनुसरण करते हुए 20, 30 से सम्बन्धित है। उसी तर्क का अनुसरण करते हुए, 30, 45 से सम्बन्धित है। उसी तर्क का उपयोग करते हुए निम्नलिखित में से कौन-सी संख्या 120 से सम्बन्धित है?
SSC CPO 28/06/2024 Shift II

(a) 60 (b) 80
(c) 70 (d) 75

626. उस विकल्प का चयन करें, जो पाँचवें अक्षर-समूह से उसी प्रकार सम्बन्धित है, जिस प्रकार दूसरा अक्षर-समूह, पहले अक्षर-समूह से सम्बन्धित है और चौथा अक्षर-समूह, तीसरे अक्षर-समूह से सम्बन्धित है।
SSC CPO 28/06/2024 Shift II

TRUTH : IVXVY :: SIMPLE : FNSQNY :: AROUND : ?

(a) EPXSRA (b) DNUORA
(c) EOVPSB (d) EPXSWG

627. उस समुच्चय का चयन करें जिसमें दी गई संख्याएँ आपस में उसी प्रकार सम्बन्धित हैं, जिस प्रकार प्रश्न में दिए गए समुच्चय की संख्याएँ आपस में सम्बन्धित हैं।
SSC CPO 28/06/2024 Shift II

(54, 51, 48) (46, 40, 34)

(a) (50, 42, 28) (b) (58, 47, 36)
(c) (48, 53, 38) (d) (42, 45, 32)

628. उस विकल्प का चयन कीजिए, जो पाँचवीं संख्या से उसी प्रकार सम्बन्धित है,जिस प्रकार चौथी संख्या, तीसरी संख्या से और दूसरी संख्या, पहली संख्या से सम्बन्धित है।
SSC CPO 28/06/2024 Shift II

76 : 69 :: 49 : 45 :: 69 : ?

(a) 62 (b) 67
(c) 65 (d) 63

629. दिए गए संख्या-युग्मों में, पहली संख्या पर कुछ गणितीय संक्रियाओं को लागू करके दूसरी संख्या प्राप्त की जाती है। ऐसे संख्या- युग्म का चयन कीजिए, जिसमें संख्याएँ ठीक उसी प्रकार सम्बन्धित हैं, जैसे दिए गए संख्या-युग्मों की संख्याएँ सम्बन्धित हैं।
SSC CPO 28/06/2024 Shift I

(19, 200) (15, 160)

(a) (23, 300) (b) (25, 250)
(c) (22, 230) (d) (18, 200)

630. एक निश्चित तर्क का अनुसरण करते हुए 3, 2 से सम्बन्धित है। उसी तर्क का अनुसरण करते हुए, 9, 6 से सम्बन्धित है। उसी तर्क का उपयोग करते हुए निम्नलिखित में से कौन-सी संख्या 12 से सम्बन्धित है?
SSC CPO 28/06/2024 Shift I

(a) 20 (b) 16
(c) 14 (d) 18

631. उस विकल्प का चयन कीजिए जो तीसरे शब्द से उसी प्रकार सम्बन्धित है जिस प्रकार दूसरा शब्द पहले शब्द से सम्बन्धित है।
SSC CPO 28/06/2024 Shift I

एपिसोड : सीरीज :: अध्याय : ?
(कड़ी-कड़ी) (शृंखला)

(a) पुस्तक (b) लेखक
(c) पेज (d) नाटक

632. उस समुच्चय का चयन करें जिसकी संख्याएँ उसी तरह से सम्बन्धित हैं जिस तरह निम्नलिखित समुच्चयों की संख्याएँ सम्बन्धित हैं।
SSC CPO 28/06/2024 Shift I

(21, 105, 35)
(27, 135, 45)

(a) (39, 185, 65) (b) (39, 195, 65)
(c) (39, 195, 55) (d) (37, 195, 65)

633. उस विकल्प का चयन कीजिए, जो पाँचवें अक्षर-समूह से उसी प्रकार सम्बन्धित है, जिस प्रकार दूसरा अक्षर-समूह, पहले अक्षर-समूह से सम्बन्धित है और चौथा अक्षर-समूह, तीसरे अक्षर-समूह से सम्बन्धित है।
SSC CPO 28/06/2024 Shift I

MAILED : DELMAI :: FABRIC : CIRFAB : : JACKET : ?

(a) TEKJAC (b) TEKCAJ
(c) JKTACE (d) JEKCAT

634. उस विकल्प का चयन कीजिए, जो तीसरे पद से उसी प्रकार सम्बन्धित है, जिस प्रकार दूसरा पद पहले पद से और छठा पद पाँचवे पद से सम्बन्धित है।
SSC CPO 28/06/2024 Shift I

29 : 61 : : 47 : ? : : 15 : 33

(a) 108 (b) 89
(c) 76 (d) 97

635. उस समुच्चय का चयन करें जिसकी संख्याएँ उसी तरह से सम्बन्धित हैं जिस तरह निम्नलिखित समुच्चयों की संख्याएँ सम्बन्धित हैं।
SSC CPO 27/06/2024 Shift III

(16, 4, 20) (28, 7, 35)

(a) (50, 13, 65) (b) (50, 13, 60)
(c) (52, 13,60) (d) (52, 13, 65)

636. उस विकल्प का चयन करें जो पाँचवें अक्षर-समूह से उसी प्रकार सम्बन्धित है जिस प्रकार दूसरा अक्षर-समूह पहले अक्षर-समूह से सम्बन्धित है और चौथा अक्षर-समूह तीसरे अक्षर-समूह से सम्बन्धित है।
SSC CPO 27/06/2024 Shift III

JOCK: GLZH:: HURT: EROQ:: SPIN: ?

(a) PNEL (b) ONFK
(c) QMEK (d) PMFK

637. उस समुच्चय का चयन करें जिसकी संख्याएँ उसी तरह से सम्बन्धित हैं जिस तरह निम्नलिखित समुच्चयों की संख्याएँ सम्बन्धित हैं।
SSC CPO 27/06/2024 Shift III

(288, 144, 24) (432, 216, 36)

(a) (504, 250, 42)
(b) (504, 252, 42)
(c) (504, 252, 44)
(d) (506, 252, 42)

638. उस समुच्चय का चयन करें जिसकी संख्याएँ उसी तरह से सम्बन्धित हैं, जिस तरह निम्नलिखित समुच्चयों की संख्याएँ सम्बन्धित हैं।
SSC CPO 27/06/2024 Shift III

(14, 28, 84) (17, 34, 102)

(a) (21,42,136) (b) (21,42 126)
(c) (20, 41, 126) (d) (20, 41, 136)

639. उस विकल्प का चयन कीजिए, जो पाँचवें अक्षर-समूह से उसी प्रकार सम्बन्धित है, जिस प्रकार दूसरा अक्षर-समूह, पहले अक्षर-समूह

से सम्बन्धित है और चौथा अक्षर-समूह, तीसरे अक्षर-समूह से सम्बन्धित है। SSC CPO 27/06/2024 Shift III

ISLAND: ANDISL:: EITHER: HEREIT:: IMPACT:?

(a) TCAPMI (b) IPMCTA
(c) ACTIMP (d) ICAPMT

640. उस समुच्चय का चयन करें, जिसमें दी गई संख्याएँ आपस में उसी प्रकार सम्बन्धित हैं, जिस प्रकार प्रश्न में दिए गए समुच्चय की संख्याएँ आपस में सम्बन्धित हैं। SSC CPO 27/06/2024 Shift II

(76, 152, 38) (84, 168, 42)

(a) (84, 178, 42) (b) (62, 132, 33)
(c) (68, 136, 34) (d) (96, 184, 46)

641. उस समुच्चय का चयन करें, जिसकी संख्याएँ उसी तरह से सम्बन्धित हैं, जिस तरह निम्नलिखित समुच्चयों की संख्याएँ सम्बन्धित हैं। SSC CPO 27/06/2024 Shift II

(144, 12, 24)
(216, 18, 36)

(a)(320, 27, 54) (b) (324, 29, 54)
(c)(324, 27, 54) (d) (324, 27, 50)

642. एक निश्चित तर्क का अनुसरण करते हुए 36, 70 से सम्बन्धित है। उसी तर्क का अनुसरण करते हुए, 41, 80 से सम्बन्धित है। उसी तर्क का उपयोग करते हुए निम्नलिखित में से कौन-सी संख्या 76 से सम्बन्धित है? SSC CPO 27/06/2024 Shift II

(a) 37 (b) 38 (c) 42 (d) 39

643. उस समुच्चय का चयन करें, जिसकी संख्याएँ उसी तरह से सम्बन्धित हैं। जिस तरह निम्नलिखित समुच्चयों की संख्याएँ सम्बन्धित हैं। SSC CPO 27/06/2024 Shift II

(108, 27, 9)
(132, 33, 11)

(a) (190, 45, 15) (b) (180, 45, 10)
(c) (180, 55, 15) (d) (180, 45, 15)

644. एक निश्चित तर्क का अनुसरण करते हुए 12, 40 से सम्बन्धित है। उसी तर्क का अनुसरण करते हुए, 9, 31 से सम्बन्धित है। उसी तर्क का उपयोग करते हुए, 16 निम्न में से किससे सम्बन्धित है? SSC CPO 27/06/2024 Shift I

(a) 52 (b) 51
(c) 63 (d) 61

645. उस समुच्चय का चयन करें जिसमें दी गई संख्याएँ आपस में उसी प्रकार सम्बन्धित हैं, जिस प्रकार प्रश्न में दिए गए समुच्चय की संख्याएँ आपस में सम्बन्धित हैं। SSC CPO 27/06/2024 Shift I

(247,349)
(261,363)

(a) (294, 396) (b) (253, 258)
(c) (282, 382) (d) (265, 369)

646. उस समुच्चय का चयन करें जिसकी संख्याएँ उसी तरह से सम्बन्धित हैं जिस तरह निम्नलिखित समुच्चयों की संख्याएँ सम्बन्धित हैं। SSC CPO 27/06/2024 Shift I

(12, 36, 6)
(18, 54, 9)

(a) (26, 84, 14) (b) (28, 84, 16)
(c) (28, 84, 14) (d) (26, 84, 14)

647. उस विकल्प का चयन कीजिए, जो पाँचवें अक्षर-समूह से उसी प्रकार सम्बन्धित है, जिस प्रकार दूसरा अक्षर-समूह, पहले अक्षर-समूह से सम्बन्धित है और चौथा अक्षर-समूह, तीसरे अक्षर-समूह से सम्बन्धित है। SSC CPO 27/06/2024 Shift I

ABUSE : ASUBE :: BEGIN : BIGEN :: OTHER : ?

(a) OHTER (b) OTHRE
(c) OEHTR (d) ORTHE

648. एक निश्चित तर्क के अनुसार 15, 45 से सम्बन्धित है। उसी तर्क के अनुसार 25, 125 से सम्बन्धित है। निम्नलिखित में से कौन-सी संख्या उसी तर्क का उपयोग करते हुए 80 से सम्बन्धित है? SSC CPO 27/06/2024 Shift-I

(a) 20 (b) 21
(c) 18 (d) 22

SSC CPO SI 2023

649. उस समुच्चय का चयन कीजिए जिसमें संख्याएँ उसी प्रकार सम्बन्धित हैं जिस प्रकार निम्नलिखित समुच्चयों की संख्याएँ सम्बन्धित हैं। SSC CPO 05/10/2023 Shift-III

(112, 327, 215)
(98, 254, 156)

(a) (105, 347, 322)
(b) (126, 268, 142)
(c) (108, 209, 184)
(d) (281, 490, 309)

650. उस समुच्चय का चयन कीजिए जिसमें संख्याएँ आपस में उसी प्रकार सम्बन्धित हैं जिस प्रकार निम्नलिखित समुच्चयों की संख्याएँ आपस में सम्बन्धित हैं। SSC CPO 05/10/2023 Shift-III

(53, 36, 25),
(71, 54, 43)

(a) (32, 14, 7)
(b) (66, 53, 41)
(c) (99, 82, 71)
(d) (41, 23, 18)

651. उस विकल्प का चयन कीजिए, जो तीसरे शब्द से उसी प्रकार सम्बन्धित है, जिस प्रकार दूसरा शब्द, पहले शब्द से सम्बन्धित है। SSC CPO 05/10/2023 Shift-III

केन्द्र : केन्द्रबिन्दु :: मुहल्ले का पादरी :?

(a) इमारत (b) धर्माचार्य
(c) पहेली (d) जीवन

652. उस समुच्चय का चयन कीजिए जिसमें संख्याएँ एक-दूसरे से उसी प्रकार सम्बन्धित हैं जिस प्रकार निम्नलिखित समुच्चय की संख्याएँ आपस में सम्बन्धित हैं। SSC CPO 05/10/2023 Shift-III

(5, 4, 2), (9, 9, 3)

(a) (5, 2, 6) (b) (24, 43, 34)
(c) (17, 6, 5) (d) (21, 39, 1)

653. उस विकल्प का चयन करें, जो तीसरे शब्द से उसी प्रकार सम्बन्धित है, जिस प्रकार दूसरा शब्द पहले शब्द से सम्बन्धित है। SSC CPO 05/10/2023 Shift-III

दाब : बैरोमीटर :: विद्युत : ?

(a) मल्टीमीटर (b) बोलोमीटर
(c) साइक्लोट्रॉन (d) ऑडियोमीटर

654. उस समुच्चय का चयन कीजिए, जिसमें संख्याएँ एक-दूसरे से उसी प्रकार सम्बन्धित हैं, जिस प्रकार निम्नलिखित समुच्चय की संख्याएँ आपस में सम्बन्धित हैं। SSC CPO 04/10/2023 Shift-II

(9, 1, 19) (5, 2, 14)

(a) (4,7,37) (b) (3,2,10)
(c) (3,5,56) (d) (2,5,12)

655. उस विकल्प का चयन कीजिए, जो तीसरे पद से उसी प्रकार सम्बन्धित है जिस प्रकार, दूसरा पद, पहले पद से और छठा पद, पाँचवें पद से सम्बन्धित है। SSC CPO 04/10/2023 Shift-II

16 : 106 :: 11 : ? :: 10 : 22

(a) 42 (b) 40
(c) 36 (d) 31

656. उस विकल्प का चयन कीजिए, जो तीसरे शब्द से उसी प्रकार सम्बन्धित है, जिस प्रकार दूसरा शब्द, पहले शब्द से सम्बन्धित है। SSC CPO 04/10/2023 Shift-II

कलाकार : पेण्ट :: मोची : ?

(a) कपड़े सिलना
(b) विद्युतीय मरम्मत कार्य करना
(c) जूतों की मरम्मत करना
(d) लकड़ी सम्बन्धी मरम्मत कार्य करना

657. उस समुच्चय का चयन कीजिए, जिसमें संख्याएँ आपस में उसी प्रकार सम्बन्धित हैं, जिस प्रकार निम्नलिखित समुच्चयों की संख्याएँ आपस में सम्बन्धित हैं। SSC CPO 04/10/2023 Shift-II

(7, 2, 70); (6, 4, 120)

(a) (3, 8, 120)
(b) (11, 6, 143)
(c) (13, 4, 208)
(d) (5, 9, 270)

658. उस समुच्चय का चयन कीजिए, जिसमें संख्याएँ एक-दूसरे से उसी प्रकार सम्बन्धित है जिस प्रकार निम्नलिखित समुच्चय की संख्याएँ आपस में सम्बन्धित है। SSC CPO 03/10/2023 Shift-I

(6, 2, 96) (5, 6, 240)

(a) (12, 3, 45) (b) (4, 1, 6)
(c) (1, 2, 16) (d) (8, 3, 28)

659. उस समुच्चय का चयन कीजिए, जिसमें संख्याएँ उसी प्रकार सम्बन्धित है जिस प्रकार निम्नलिखित समुच्चयों की संख्याएँ सम्बन्धित हैं। SSC CPO 03/10/2023 Shift-I
(7, 35, 42), (4, 20, 24)
(a) (6, 36, 48) (b) (8, 56, 72)
(c) (9, 45, 54) (d) (12, 60, 48)

660. उस समुच्चय का चयन कीजिए, जिसमें संख्याएँ आपस में उसी प्रकार सम्बन्धित हैं, जिस प्रकार निम्नलिखित समुच्चयों की संख्याएँ आपस में सम्बन्धित हैं। SSC CPO 03/10/2023 Shift-I
(7, 91, 98), (4, 52, 56)
(a) (3, 36, 42) (b) (12, 156, 168)
(c) (5, 25, 60) (d) (8, 80, 96)

661. उस विकल्प का चयन करें, जो तीसरें शब्द से उसी प्रकार सम्बन्धित है, जिस प्रकार दूसरा शब्द पहले शब्द से सम्बन्धित है। SSC CPO 03/10/2023 Shift-I
तितली : इल्ली : : कीट : ?
(a) रोगाणु (b) निंफ (c) लार्वा (d) सिग्नेट

662. उस विकल्प का चयन करें, जो पांचवें अक्षर-समूह से उसी प्रकार सम्बन्धित है, जिस प्रकार दूसरा अक्षर-समूह पहले अक्षर-समूह से सम्बन्धित है, और चौथा अक्षर-समूह तीसरे अक्षर-समूह से सम्बन्धित है।
TEMPLE : SCJLGY :: CHURCH : BFRNXB :: MOSQUE : ?
SSC CPO 03/10/2023 Shift-I
(a) LMPYMP (b) LMPMPY
(c) LMPYPM (d) LPYMPM

SSC CPO SI 2022-2020

663. उस समुच्चय का चयन कीजिए, जिसमें संख्याएँ आपस में उसी प्रकार सम्बन्धित हैं। जिस प्रकार निम्नलिखित समुच्चयों की संख्याएँ आपस में सम्बन्धित हैं। SSC CPO 11/11/2022
(82, 75, 66) (69, 62, 53)
(a) (49, 52, 35) (b) (21, 16, 9)
(c) (61, 54, 45) (d) (36, 28, 21)

664. उस विकल्प का चयन कीजिए, जो तीसरे शब्द से उसी प्रकार सम्बन्धित है। जिस प्रकार दूसरा शब्द पहले शब्द से सम्बन्धित हैं।
SSC CPO 11/11/2022
परेशान : चिन्तित :: निश्चिन्त : ?
(a) व्याकुल (b) शान्त (c) व्यथित (d) अशान्त

665. उस समुच्चय का चयन कीजिए, जिसमें संख्याएँ उसी प्रकार सम्बन्धित हैं। जिस प्रकार दिए गए समुच्चय की संख्याएँ आपस में सम्बन्धित हैं। SSC CPO 11/11/2022
(241, 230, 189)
(218, 250, 232)
(a) (174, 212, 166) (b) (158, 194, 182)
(c) (276, 260, 184) (d) (197, 233, 190)

666. उस शब्द-युग्म का चयन कीजिए, जो नीचे दिए गए शब्दों के युग्म में व्यक्त किए गए समान सम्बन्ध का सबसे अच्छा निरूपण करता हैं। SSC CPO 11/11/2022
फिजियोलॉजी : मानव शरीर
(a) ऑर्नियोलॉजी : कीट
(b) पेट्रोलॉजी : चट्टान
(c) एंथोपोलॉजी : डायनासोर
(d) एंटोमोलॉजी : पक्षी

667. उस विकल्प का चयन करें, जो तीसरे पद से उसी प्रकार सम्बन्धित है, जिस प्रकार दूसरा पद पहले पद से और छठा पद, पाँचवें पद से सम्बन्धित है। SSC CPO 10/11/2022
$\left[\frac{1}{97}\right]:\left[\frac{1}{63}\right]::\left[\frac{1}{114}\right]:?::\left[\frac{1}{89}\right]:\left[\frac{1}{55}\right]$
(a) $\left[\frac{1}{80}\right]$ (b) $\left[\frac{1}{77}\right]$ (c) $\left[\frac{1}{83}\right]$ (d) $\left[\frac{1}{86}\right]$

668. उस समुच्चय का चयन कीजिए, जिसमें संख्याएँ उसी प्रकार सम्बन्धित हैं, जिस प्रकार दिए गए समुच्चय की संख्याएँ आपस में सम्बन्धित हैं। SSC CPO 10/11/2022
(17, 29, 46) (24, 36, 60)
(a) (29, 41, 64) (b) (36, 46, 81)
(c) (48, 52, 98) (d) (21, 33, 54)

669. उस विकल्प का चयन करें, जो तीसरे शब्द से उसी तरह सम्बन्धित है, जैसे दूसरा शब्द पहले शब्द से सम्बन्धित है। (शब्दों को सार्थक अंग्रेजी शब्द माना जाना चाहिए और अक्षरों की संख्या/शब्द में व्यंजन/स्वरों की संख्या)
बल : न्यूटन :: विद्युत धारा :?
SSC CPO 10/11/2022
(a) विभव (b) आवेश (c) ऐम्पियर (d) कूलॉम

670. उस समुच्चय का चयन कीजिए, जिसमें संख्याएँ आपस में उसी प्रकार सम्बन्धित हैं, जिस प्रकार निम्नलिखित समुच्चयों की संख्याएँ आपस में सम्बन्धित हैं। SSC CPO 10/11/2022
(6, 12, 228), (8, 3, 515)
(a) (3, 28, 56) (b) (4, 18, 82)
(c) (9, 23, 119) (d) (13, 11, 172)

671. उस विकल्प का चयन करें, जिसकी संख्याओं के बीच वही सम्बन्ध है, जो दिए गए युग्म की संख्याओं के मध्य है।
SSC CPO 25/11/2020 Shift-II
48 : 60
(a) 86 : 100 (b) 78 : 94
(c) 98 : 114 (d) 64 : 72

672. उस विकल्प का चयन करें, जिसका तीसरे अक्षर-समूह से वही सम्बन्ध है, जो दूसरे अक्षर-समूह का पहले अक्षर-समूह से है।
FEEDBACK : DEABEFKC :: HIGHLAND : ....
SSC CPO 25/11/2020 Shift-II
(a) HGIHDNAL (b) HGALIHDN
(c) ALHGDNIH (d) IHHGALDN

673. उस विकल्प का चयन करें, जिसका तीसरे अक्षर-समूह से वही सम्बन्ध है, जो दूसरे अक्षर-समूह का पहले अक्षर-समूह से है।
RUBBER : BURREB :: CATTLE : .... SSC CPO 25/11/2020 Shift-II
(a) TACELT (b) ACTTEL
(c) ELTTAC (d) TACTLE

674. उस विकल्प का चयन करें, जिसका तीसरे अक्षर-समूह से वही सम्बन्ध है, जो दूसरे अक्षर-समूह का पहले अक्षर-समूह से है।
JEALOUSY : LAYSEJUO :: FUSEWIRE : ......
SSC CPO 25/11/2020 Shift-I
(a) REWISEFU (b) ESUFERIW
(c) EEFIRSUW (d) ESERUFIW

675. उस विकल्प का चयन करें, जिसकी संख्याओं के बीच वही सम्बन्ध है, जो दिए गए संख्या युग्म की संख्याओं के बीच है?
SSC CPO 25/11/2020 Shift-I
84 : 72
(a) 68 : 54 (b) 64 : 56
(c) 77 : 64 (d) 76 : 62

676. उस विकल्प का चयन करें, जो तीसरे अक्षर-समूह से ठीक उसी प्रकार सम्बन्धित है, जिस प्रकार दूसरा अक्षर-समूह पहले अक्षर-समूह से सम्बन्धित है।
SSC CPO 24/11/2020 Shift-I
VOWEL : ZPAFP : : FRICK : ?
(a) JVMGO (b) JSMDO
(c) OGMVH (d) JVGOK

677. उस संख्या-युग्म का चयन करें, जिसकी दोनों संख्याओं के बीच वही सम्बन्ध है, जो नीचे दिए गए संख्या-युग्म की दोनों संख्याओं के बीच है। SSC CPO 23/11/2020 Shift-I
16 : 224
(a) 17 : 289 (b) 22 : 440
(c) 20 : 400 (d) 25 : 650

SSC CHSL 2024 (Tier I & II)

678. MNQP अंग्रेजी वर्णानुक्रम के आधार पर एक निश्चित तरीके से STWV से सम्बन्धित है। उसी प्रकार ABED, GHKJ से सम्बन्धित है। इसी तर्क का पालन करते हुए IJML निम्नलिखित में से किससे सम्बन्धित है?
SSC CHSL (Tier -II) 18/11/2024 Shift I
(a) PORS (b) OPRS
(c) OPSR (d) ROPS

679. 89, किसी निश्चित तर्क का अनुसरण करते हुए, 78 से सम्बन्धित है। 97, उसी तर्क का अनुसरण करते हुए, 86 से सम्बन्धित है। उसी तर्क का अनुसरण करते हुए, 72 निम्नलिखित में से किससे सम्बन्धित है?
SSC CHSL (Tier -II) 18/11/2024 Shift I
(a) 59 (b) 68 (c) 61 (d) 66

680. उस सेट का चयन कीजिए, जिसमें संख्याएँ ठीक उसी प्रकार सम्बन्धित है, जिस प्रकार निम्नलिखित सेटों की संख्याएँ सम्बन्धित हैं।
SSC CHSL (Tier -II) 18/11/2024 Shift I

(7, 11, 33)
(14, 18, 54)

(a) (16, 20, 40) (b) (18, 21, 63)
(c) (12, 16, 48) (d) (5, 9, 36)

681. निम्नलिखित में से कौन-सा अक्षर-समूह # और % के स्थान पर आना चाहिए ताकि : : के बाएँ ओर के अक्षर-समूह युग्म के बीच जिस पैटर्न और सम्बन्ध का अनुसरण किया गया है, उसी पैटर्न और सम्बन्ध का अनुसरण : : के दाएँ ओर के अक्षर-समूह युग्म में किया जाता हो? **SSC CHSL (Tier -II) 18/11/2024 Shift I**

: VXB : : ACG : %

(a) #-HDN, %-BDH
(b) #-GIM, %-KMQ
(c) #-UVN, %-KMQ
(d) #-UWA, %-BDH

682. उस सेट का चयन कीजिए, जिसमें संख्याएँ ठीक उसी प्रकार सम्बन्धित है, जिस प्रकार निम्नलिखित सेटों की संख्याएँ सम्बन्धित है।
SSC CHSL (Tier -II) 18/11/2024 Shift I

(19, 9, 173)
(6, 17, 104)

(a) (14, 4, 62) (b) (7, 15, 105)
(c) (11, 4, 46) (d) (8, 12, 94)

683. उस समुच्चय का चयन कीजिए, जिसमें संख्याएँ ठीक उसी प्रकार सम्बन्धित हैं, जिस प्रकार दिए गए समुच्चयों की संख्याएँ सम्बन्धित हैं।
SSC CHSL (Tier-I) 11/07/2024 Shift-IV

(4, 8, 32), (7, 14, 56)

(a) (11, 22, 77)
(b) (11, 33, 77)
(c) (11, 22, 88)
(d) (11, 33, 88)

684. अंग्रेजी वर्णमाला क्रम के आधार पर CYRF, NJCQ से एक निश्चित प्रकार से सम्बन्धित है। उसी प्रकार, GBUM, RMFX से सम्बन्धित है। समान तर्क का अनुसरण करते हुए, CZKP निम्नलिखित में से किससे सम्बन्धित है?
SSC CHSL (Tier-I) 11/07/2024 Shift-IV

(a) NAKV (b) NKVA
(c) NKAV (d) NAVK

685. एक निश्चित तर्क का अनुसरण करते हुए 78, 30 से सम्बन्धित है। उसी तर्क का अनुसरण करते हुए, 67, 26 से सम्बन्धित है। उसी तर्क का अनुसरण करते हुए, 54 निम्नलिखित में से किससे सम्बन्धित है?
SSC CHSL (Tier-I) 11/07/2024 Shift-IV

(a) 18 (b) 16
(c) 23 (d) 20

686. अंग्रेजी वर्णमाला क्रम के आधार पर CEHM, YADI से एक निश्चित प्रकार से सम्बन्धित है। उसी प्रकार, IKNS, EGJO से सम्बन्धित है। समान तर्क का अनुसरण करते हुए, OQTY निम्नलिखित में से किससे सम्बन्धित है?
SSC CHSL (Tier-I) 11/07/2024 Shift-III

(a) KOPU (b) KNPU
(c) KMPU (d) KNOU

687. उस समुच्चय का चयन कीजिए, जिसमें संख्याएँ ठीक उसी प्रकार सम्बन्धित हैं, जिस प्रकार दिए गए समुच्चयों की संख्याएँ सम्बन्धित हैं।
SSC CHSL (Tier-I) 11/07/2024 Shift-III

(25, 8, 11)
(28, 8, 12)

(a) (15, 5, 8) (b) (17, 7, 8)
(c) (42, 6, 21) (d) (22, 13, 19)

688. उस युग्म को चुनिए, जो उसी पैटर्न का अनुसरण करता है, जो नीचे दिए गए युग्मों के दो समुच्चय द्वारा किया जाता है। दोनों युग्म समान पैटर्न का अनुसरण करते हैं।
SSC CHSL (Tier-I) 11/07/2024 Shift-II

FJM : UQN
DPQ : WKJ

(a) IEB : ACK (b) OVC : LEX
(c) MNO : ONM (d) LHE : VUT

689. अंग्रेजी वर्णमाला क्रम के आधार पर MAZQ, GUTK से एक निश्चित प्रकार से सम्बन्धित है। उसी प्रकार, CPNR, WJHL से सम्बन्धित है। समान तर्क का अनुसरण करते हुए KOEV निम्नलिखित में से किससे सम्बन्धित है?
SSC CHSL (Tier-I) 11/07/2024 Shift-II

(a) EIPY (b) EIYP
(c) EYPI (d) EYIP

690. उस समुच्चय का चयन कीजिए, जिसमें संख्याएँ ठीक उसी प्रकार सम्बन्धित हैं जिस प्रकार दिए गए समुच्चयों की संख्याएँ सम्बन्धित हैं।
SSC CHSL (Tier-I) 11/07/2024 Shift-II

(81, 53, 70)
(94, 66, 83)

(a) (77, 59, 76) (b) (99, 71, 88)
(c) (86, 58, 65) (d) (68, 40, 67)

691. एक निश्चित तर्क के अनुसार 38 का सम्बन्ध 80 से है। उसी तर्क का अनुसरण करते हुए, 42 का सम्बन्ध 88 से है। उसी तर्क का अनुसरण करते हुए, 29 का सम्बन्ध निम्नलिखित में से किससे है?
SSC CHSL (Tier-I) 11/07/2024 Shift-II

(a) 62 (b) 54
(c) 78 (d) 66

692. अंग्रेजी वर्णमाला क्रम के आधार पर JHDC, KGEB से एक निश्चित प्रकार से सम्बन्धित है। उसी प्रकार, QOKJ, RNLI से सम्बन्धित है। समान तर्क का अनुसरण करते हुए, USON निम्नलिखित में से किससे सम्बन्धित है?
SSC CHSL (Tier-I) 11/07/2024 Shift-I

(a) VRQM (b) VSQM
(c) VRPM (d) VSPM

693. उस शब्द-युग्म का चयन कीजिए, जो नीचे दिए गए शब्दों के युग्म में व्यक्त किए गए समान सम्बन्ध का सबसे अच्छा निरूपण करता है। **SSC CHSL (Tier-I) 11/07/2024 Shift-I**

पत्ता (Leaf) : बलूत (Oak)

(a) वृक्ष : वन (Forest)
(b) सुई : चीड़ (Pine)
(c) बेरी : फल (Fruit)
(d) बल्ब : ट्यूलिप (Tulip)

694. उस समुच्चय का चयन कीजिए, जिसमें संख्याएँ ठीक उसी प्रकार सम्बन्धित हैं जिस प्रकार, दिए गए समुच्चयों की संख्याएँ सम्बन्धित हैं।
SSC CHSL (Tier-I) 11/07/2024 Shift-I

(12, 4, 16) (27, 9, 36)

(a) (37, 13, 52) (b) (39, 13, 52)
(c) (39, 15, 52) (d) (39, 13, 54)

695. अंग्रेजी वर्णमाला क्रम के आधार पर QTWA, ZCFJ से एक निश्चित प्रकार से सम्बन्धित है। उसी प्रकार, MKBZ, VTKI से सम्बन्धित है। समान तर्क का अनुसरण करते हुए, EYCM निम्नलिखित में से किससे सम्बन्धित है?
SSC CHSL (Tier-I) 10/07/2024 Shift-IV

(a) NLVH (b) NLHV
(c) NVHL (d) NHLV

696. उस शब्द-युग्म का चयन कीजिए, जो नीचे दिए गए शब्दों के युग्म में व्यक्त किए गए समान सम्बन्ध का सबसे अच्छा निरूपण करता है। **SSC CHSL (Tier-I) 10/07/2024 Shift-IV**

कर्ज देना : उधार लेना

(a) शीत : ठण्डा (b) साफ : स्वच्छ
(c) मौन : शान्त (d) क्रूर : दयालु

697. उस समुच्चय का चयन कीजिए, जिसमें संख्याएँ ठीक उसी प्रकार सम्बन्धित हैं, जिस प्रकार दिए गए समुच्चयों की संख्याएँ सम्बन्धित हैं।
SSC CHSL (Tier-I) 10/07/2024 Shift-IV

(32, 35, 201) (26, 29, 165)

(a) (39, 42, 256) (b) (23, 26, 147)
(c) (34, 37, 203) (d) (28, 31, 197)

698. एक निश्चित तर्क का अनुसरण करते हुए 102, 34 से सम्बन्धित है। उसी तर्क का अनुसरण करते हुए 171, 57 से सम्बन्धित है। उसी तर्क का अनुसरण करते हुए, 237 निम्नलिखित में से किससे सम्बन्धित है?
SSC CHSL (Tier-I) 10/07/2024 Shift-IV

(a) 73 (b) 71 (c) 79 (d) 77

699. एक निश्चित तर्क का अनुसरण करते हुए 15, 195 से सम्बन्धित है। उसी तर्क का अनुसरण करते हुए 19, 247 से सम्बन्धित है। समान तर्क

का अनुसरण करते हुए, 24 निम्नलिखित में से किससे सम्बन्धित है?
SSC CHSL (Tier-I) 10/07/2024 Shift-III
(a) 312 (b) 322 (c) 300 (d) 332

700. उस समुच्चय का चयन कीजिए, जिसमें संख्याएँ ठीक उसी प्रकार सम्बन्धित हैं जिस प्रकार दिए गए समुच्चयों की संख्याएँ सम्बन्धित हैं।
SSC CHSL (Tier-I) 10/07/2024 Shift-III
(84, 28, 7), (144, 48, 12)
(a) (180, 60, 10) (b) (180, 60, 15)
(c) (160, 60, 15) (d) (180, 50, 15)

701. एक निश्चित तर्क का अनुसरण करते हुए 72, 8 से सम्बन्धित है तथा 198, 22 से सम्बन्धित हैं। उसी तर्क का अनुसरण करते हुए, 351 निम्नलिखित में से किससे सम्बन्धित है?
SSC CHSL (Tier-I) 10/07/2024 Shift-II
(a) 43 (b) 41 (c) 37 (d) 39

702. उस शब्द-युग्म का चयन कीजिए, जो नीचे दिए गए शब्दों के युग्म में व्यक्त किए गए समान सम्बन्ध का सबसे अच्छा निरूपण करता है। SSC CHSL (Tier-I) 10/07/2024 Shift-II
मज़बूत : ठोस
(a) ज्ञान : अज्ञान
(b) निर्माण करना : नष्ट करना
(c) दयालु : उदार
(d) बहादुर : भयभीत

703. उस समुच्चय का चयन कीजिए, जिसमें संख्याएँ ठीक उसी प्रकार सम्बधित हैं, जिस प्रकार दिए गए समुच्चयों की संख्याएँ सम्बन्धित हैं।
SSC CHSL (Tier-I) 10/07/2024 Shift-II
(6, 12, 48) (8, 16, 64)
(a) (14, 28, 110)
(b) (12, 28, 112)
(c) (14, 24, 112)
(d) (14, 28, 112)

704. उस शब्द-युग्म का चयन कीजिए, जो नीचे दिए गए शब्दों के युग्म में व्यक्त किए गए समान सम्बन्ध का सबसे अच्छा निरूपण करता है। SSC CHSL (Tier-I) 10/07/2024 Shift-II
भोर-सूर्योदय
(a) खुशी-दुःख (b) आसान-सरल
(c) पुराना-नया (d) स्पर्श-अँगूठा

705. उस अक्षर-समूह युग्म का चयन कीजिए, जो नीचे दिए गए अक्षर-समूह युग्म में व्यक्त किए गए समान सम्बन्ध का सबसे अच्छा निरूपण करता है। SSC CHSL (Tier-I) 10/07/2024 Shift-I
VPN : ZTR
SMK : WQO
(a) KFD : OJK
(b) LFD : PJH
(c) HDB : MIG
(d) PMK : TOL

706. उस समुच्चय का चयन कीजिए, जिसमें संख्याएँ ठीक उसी प्रकार सम्बन्धित हैं जिस प्रकार दिए गए समुच्चयों की संख्याएँ सम्बन्धित हैं।
SSC CHSL (Tier-I) 10/07/2024 Shift-I
(5, 4, 41) (7, 2, 53)
(a) (9, 3, 90) (b) (11, 9, 204)
(c) (13, 6, 208) (d) (10, 5, 130)

707. उस समुच्चय का चयन कीजिए, जिसमें संख्याएँ ठीक उसी प्रकार सम्बन्धित हैं, जिस प्रकार दिए गए समुच्चयों की संख्याएँ सम्बन्धित हैं।
SSC CHSL (Tier-I) 09/07/2024 Shift-IV
(6, 12, 72) (8, 16, 96)
(a) (7, 28, 144) (b) (12, 24, 144)
(c) (11, 24, 144) (d) (12, 24, 140)

708. 33 का सम्बन्ध एक निश्चित तर्क से 726 से है। उसी तर्क का अनुसरण करते हुए 43 का सम्बन्ध 946 से है। उसी तर्क का अनुसरण करते हुए, 53 का सम्बन्ध निम्नलिखित में से किससे है?
SSC CHSL (Tier-I) 09/07/2024 Shift-IV
(a) 1166 (b) 846
(c) 980 (d) 1060

709. इस प्रश्न में एक शब्द-युग्म है, जिनका एक-दूसरे से एक निश्चित सम्बन्ध है। उस युग्म का चयन कीजिए, जिसमें समान सम्बन्ध नहीं है। SSC CHSL (Tier-I) 09/07/2024 Shift-III
चतुर : बुद्धिमान
1. उत्तरदायी : जवाबदेह
2. विनम्र : नम्र
3. फुर्तीला : सुस्त
4. प्रकोप : विस्फोट
(a) 2 (b) 1
(c) 3 (d) 4

710. उस समुच्चय का चयन कीजिए, जिसमें संख्याएँ ठीक उसी प्रकार सम्बन्धित हैं जिस प्रकार दिए गए समुच्चयों की संख्याएँ सम्बन्धित हैं।
SSC CHSL (Tier-I) 09/07/2024 Shift-III
(120, 8, 15)
(144, 24, 6)
(a) (134, 22, 6) (b) (106, 4, 26)
(c) (115, 23, 5) (d) (124, 6, 21)

711. एक निश्चित तर्क का अनुसरण करते हुए 242, 22 से सम्बन्धित है। उसी तर्क का अनुसरण करते हुए 385, 35 से सम्बन्धित है। उसी तर्क का अनुसरण करते हुए, 572 निम्नलिखित में से किससे सम्बन्धित है?
SSC CHSL (Tier-I) 09/07/2024 Shift-III
(a) 56 (b) 54
(c) 50 (d) 52

712. उस शब्द-युग्म का चयन कीजिए, जो नीचे दिए गए शब्दों के युग्म में व्यक्त किए गए समान सम्बन्ध का सबसे अच्छा निरूपण करता है। SSC CHSL (Tier-I) 09/07/2024 Shift-II
काटना : बाल
(a) फसल : मक्का (b) छटाई : झाड़ी
(c) तोड़ना : फूल (d) कतरना : कपड़े

713. उस समुच्चय का चयन कीजिए, जिसमें संख्याएँ ठीक उसी प्रकार सम्बन्धित हैं, जिस प्रकार दिए गए समुच्चयों की संख्याएँ सम्बन्धित हैं।
SSC CHSL (Tier-I) 09/07/2024 Shift-II
(180, 45, 90) (128, 32, 64)
(a) (170, 43, 85) (b) (248, 60, 124)
(c) (224, 56, 112) (d) (186, 46, 93)

714. उस संख्या का चयन कीजिए, जो तीसरी संख्या से ठीक उसी प्रकार सम्बन्धित है, जिस प्रकार दूसरी संख्या पहली संख्या से सम्बन्धित है। SSC CHSL (Tier-I) 09/07/2024 Shift-I
10 : 26 :: 50 : ?
(a) 341 (b) 342
(c) 343 (d) 344

715. उस शब्द-युग्म का चयन कीजिए, जो नीचे दिए गए शब्दों के युग्म में व्यक्त किए गए समान सम्बन्ध का सबसे अच्छा निरूपण करता है। SSC CHSL (Tier-I) 09/07/2024 Shift-I
संलग्न : सम्मिलित
(a) सम्पूर्ण : टुकड़ा
(b) विभिन्न : विविध
(c) सुरक्षित : असुरक्षित
(d) सिकुड़ना : बढ़ना

716. 21 का सम्बन्ध एक निश्चित तर्क द्वारा 59 से है। उसी तर्क का अनुसरण करते हुए, 32 का सम्बन्ध 81 से है। उसी तर्क का अनुसरण करते हुए, 29 का सम्बन्ध निम्नलिखित में से किससे है?
SSC CHSL (Tier-I) 08/07/2024 Shift-IV
(a) 75 (b) 60 (c) 62 (d) 58

717. अंग्रेजी वर्णमाला क्रम के आधार पर 'STAUNCH', 'WXEYRGL' से एक निश्चित प्रकार से सम्बन्धित है। उसी प्रकार, 'BLISS', 'FPMWW' से सम्बन्धित है। समान तर्क का अनुसरण करते हुए, 'COWARD' निम्नलिखित में से किससे सम्बन्धित है?
SSC CHSL (Tier-I) 08/07/2024 Shift-IV
(a) GSZEVH (b) GTAEVH
(c) GSAEVH (d) GSAFVH

718. इस प्रश्न में शब्द-युग्म है, जिनका एक-दूसरे से एक निश्चित सम्बन्ध है। उस युग्म का चयन कीजिए, जिसमें समान सम्बन्ध नहीं है।
SSC CHSL (Tier-I) 08/07/2024 Shift-IV
पालन : अनुपालन
1. एकता : सद्भाव 2. व्यस्त : कार्यरत
3. उत्सुक : इच्छुक 4. प्रसन्नचित : उदास
(a) 3 (b) 4
(c) 1 (d) 2

719. उस समुच्चय का चयन कीजिए, जिसमें संख्याएँ ठीक उसी प्रकार सम्बन्धित है, जिस प्रकार दिए गए समुच्चयों की संख्याएँ सम्बन्धित हैं।
SSC CHSL (Tier-I) 08/07/2024 Shift-IV
(60, 15, 5)
(96, 24, 8)
(a) (150, 36, 13) (b) (156, 39, 11)
(c) (159, 39, 13) (d) (156, 39, 13)

720. एक निश्चित तर्क का अनुसरण करते हुए 13, 39 से सम्बन्धित है। उसी तर्क का अनुसरण करते हुए 25, 75 से सम्बन्धित है। उसी तर्क का अनुसरण करते हुए, 42 निम्नलिखित में से किससे सम्बन्धित है?
SSC CHSL (Tier-I) 08/07/2024 Shift-III
(a) 120 (b) 128
(c) 126 (d) 118

721. अंग्रेजी वर्णमाला क्रम के आधार पर 'YPCLY', 'RIVER' से एक निश्चित प्रकार से सम्बन्धित है। उसी प्रकार, 'ZWHJL', 'SPACE' से सम्बन्धित है। समान तर्क का अनुसरण करते हुए, 'TVJRALZA' निम्नलिखित में से किससे सम्बन्धित है?
SSC CHSL (Tier-I) 08/07/2024 Shift-III
(a) MOOKTEST (b) MOCKTEST
(c) MOCTTEST (d) MOXKTEST

722. इस प्रश्न में शब्द-युग्म हैं, जिनका एक-दूसरे से एक निश्चित सम्बन्ध है। उस युग्म का चयन कीजिए, जिसमें समान सम्बन्ध नहीं है।
SSC CHSL (Tier-I) 08/07/2024 Shift-II
ध्वस्त करना : मरम्मत करना
(a) निन्दा करना : प्रशंसा करना
(b) परेणाम : नतीजा
(c) बाँधना : मुक्त करना
(d) अटल : लचीला

723. उस समुच्चय का चयन कीजिए, जिसमें संख्याएँ ठीक उसी प्रकार सम्बन्धित हैं, जिस प्रकार दिए गए समुच्चयों की संख्याएँ सम्बन्धित हैं।
SSC CHSL (Tier-I) 08/07/2024 Shift-II
(59, 246, 23)
(68, 300, 32)
(a) (32, 188, 71) (b) (47, 248, 15)
(c) (42, 213, 29) (d) (31, 169, 53)

724. अंग्रेजी वर्णमाला क्रम के आधार पर KLOQ, NORT से एक निश्चित प्रकार से सम्बन्धित है। उसी प्रकार, HILN, KLOQ से सम्बन्धित है। समान तर्क का अनुसरण करते हुए, PQTV निम्नलिखित में से किससे सम्बन्धित है?
SSC CHSL (Tier-I) 08/07/2024 Shift-II
(a) SWTY (b) STWY
(c) STUY (d) SUVY

725. अंग्रेजी वर्णमाला क्रम के आधार पर WVSO, XXUP से एक निश्चित प्रकार से सम्बन्धित है। उसी प्रकार, ONKG, PPMH से सम्बन्धित है। समान तर्क का अनुसरण करते हुए, VURN निम्नलिखित में से किससे सम्बन्धित है?
SSC CHSL (Tier-I) 08/07/2024 Shift-I
(a) XXSP (b) XXTP
(c) WWTO (d) XWSP

726. उस समुच्चय का चयन कीजिए, जिसमें संख्याएँ ठीक उसी प्रकार सम्बन्धित हैं, जिस प्रकार दिए गए समुच्चयों की संख्याएँ सम्बन्धित हैं।
SSC CHSL (Tier-I) 08/07/2024 Shift-I
(9, 21, 193)
(12, 15, 184)
(a) (24, 8, 192) (b) (29, 6, 170)
(c) (18, 8, 140) (d) (8, 17, 140)

727. एक निश्चित तर्क का अनुसरण करते हुए 4, 64 से सम्बन्धित है। उसी तर्क का अनुसरण करते हुए 9, 729 से सम्बन्धित है। उसी तर्क का अनुसरण करते हुए, 12 निम्नलिखित में से किससे सम्बन्धित है?
SSC CHSL (Tier-I) 08/07/2024 Shift-I
(a) 1728 (b) 1420 (c) 1808 (d) 1788

728. अंग्रेजी वर्णमाला क्रम के आधार पर 'BHJL', 'FLNP' से एक निश्चित प्रकार से सम्बन्धित है। उसी प्रकार, 'HNPR', 'LRTV' से सम्बन्धित है। समान तर्क का अनुसरण करते हुए, 'JPRT', निम्नलिखित में से किससे सम्बन्धित है?
SSC CHSL (Tier-I) 05/07/2024 Shift-IV
(a) NUWX (b) NTYX
(c) NUVX (d) NTVX

729. उस समुच्चय का चयन कीजिए, जिसमें संख्याएँ ठीक उसी प्रकार सम्बन्धित हैं, जिस प्रकार दिए गए समुच्चयों की संख्याएँ सम्बन्धित हैं।
SSC CHSL (Tier-I) 05/07/2024 Shift-IV
(4, 16, 32)
(6, 36, 72)
(a) (9, 81, 160) (b) (9, 81, 162)
(c) (9, 81, 164) (d) (9, 27, 162)

730. एक निश्चित तर्क का अनुसरण करते हुए 84, 21 से सम्बन्धित है। उसी तर्क का अनुसरण करते हुए 180, 45 से सम्बन्धित है। उसी तर्क का अनुसरण करते हुए, 252 निम्नलिखित में से किससे सम्बन्धित है?
SSC CHSL (Tier-I) 05/07/2024 Shift-IV
(a) 65 (b) 63
(c) 61 (d) 67

731. अंग्रेजी वर्णमाला क्रम के आधार पर 'ZBRL', 'UWMG' से एक निश्चित प्रकार से सम्बन्धित है। उसी प्रकार, 'IDSQ', 'DYNL' से सम्बन्धित है। समान तर्क का अनुसरण करते हुए 'EVNA', निम्नलिखित में से किससे सम्बन्धित है? **SSC CHSL (Tier-I) 05/07/2024 Shift-III**
(a) ZQIV (b) ZIVQ (c) ZIQV (d) ZQVI

732. अंग्रेजी वर्णमाला क्रम के आधार पर YZWT, DEAX में एक निश्चित प्रकार से सम्बन्धित है। उसी प्रकार, QROL, VWSP से सम्बन्धित है। समान तर्क का अनुसरण करते हुए, RSPM निम्नलिखित में से किससे सम्बन्धित है?
SSC CHSL (Tier-I) 05/07/2024 Shift-III
(a) WXUQ (b) WXTQ
(c) WYUQ (d) WTXQ

733. एक निश्चित तर्क का अनुसरण करते हुए 14, 126 से सम्बन्धित है। उसी तर्क का अनुसरण करते हुए 21, 189 से सम्बन्धित है। उसी तर्क का अनुसरण करते हुए, 32 निम्नलिखित में से किससे सम्बन्धित है?
SSC CHSL (Tier-I) 05/07/2024 Shift-III
(a) 318 (b) 288 (c) 320 (d) 286

734. उस समुच्चय का चयन कीजिए, जिसमें संख्याएँ ठीक उसी प्रकार सम्बन्धित हैं, जिस प्रकार दिए गए समुच्चयों की संख्याएँ सम्बन्धित हैं।
SSC CHSL (Tier-I) 05/07/2024 Shift-III
(12, 132, 11)
(13, 104, 8)
(a) (7, 105, 15) (b) (18, 132, 7)
(c) (9, 128, 14) (d) (16, 146, 9)

735. उस शब्द-युग्म का चयन कीजिए, जो नीचे दिए गए शब्दों के युग्म में व्यक्त किए गए समान सम्बन्ध का सबसे अच्छा निरूपण करता है। **SSC CHSL (Tier-I) 05/07/2024 Shift-III**
प्रकाश : अन्धा
(a) संवाद : गूंगा (b) आवाज : कम्पन्न
(c) भाषा : बहरा (d) जीभ : ध्वनि

736. अंग्रेजी वर्णमाला क्रम के आधार पर LJNR, IGLP से एक निश्चित प्रकार से सम्बन्धित है, उसी प्रकार, FDHL, CAFJ से सम्बन्धित है। समान तर्क का अनुसरण करते हुए HFJN निम्नलिखित में से किससे सम्बन्धित है?
SSC CHSL (Tier-I) 05/07/2024 Shift-I
(a) EDGL (b) ECHL
(c) EBIL (d) EDHL

737. एक निश्चित तर्क का अनुसरण करते हुए 161, 23 से सम्बन्धित है। उसी तर्क का अनुसरण करते हुए 301, 43 से सम्बन्धित है। उसी तर्क का अनुसरण करते हुए, 427 निम्नलिखित में से किससे सम्बन्धित है?
SSC CHSL (Tier-I) 05/07/2024 Shift-I
(a) 61 (b) 57
(c) 63 (d) 59

738. अंग्रेजी वर्णमाला क्रम के आधार पर NGPZ, JCLV से एक निश्चित प्रकार से सम्बन्धित है। उसी प्रकार, XDLM, TZHI से सम्बन्धित है। समान तर्क का अनुसरण करते हुए RUKV निम्नलिखित में से किससे सम्बन्धित है?
SSC CHSL (Tier-I) 05/07/2024 Shift-I
(a) NGRQ (b) NQRG
(c) NGQR (d) NQGR

739. उस समुच्चय का चयन कीजिए, जिसमें संख्याएँ ठीक उसी प्रकार सम्बन्धित हैं, जिस प्रकार दिए गए समुच्चयों की संख्याएँ सम्बन्धित है।
SSC CHSL (Tier-I) 05/07/2024 Shift-I
(11, 8, 352) (15, 6, 360)
(a) (17, 6, 106) (b) (11, 7, 231)
(c) (8, 9, 352) (d) (16, 5, 320)

740. एक निश्चित तर्क का अनुसरण करते हुए 17, 136 से सम्बन्धित है। उसी तर्क का अनुसरण करते हुए 23, 184 से सम्बन्धित है। उसी तर्क का अनुसरण करते हुए, 29 निम्नलिखित में से किससे सम्बन्धित है?
SSC CHSL (Tier-I) 04/07/2024 Shift-IV
(a) 228 (b) 234
(c) 230 (d) 232

741. उस शब्द-युग्म का चयन कीजिए, जो नीचे दिए गए शब्दों के युग्म में व्यक्त किए गए समान सम्बन्ध का सबसे अच्छा निरूपण करता है। SSC CHSL (Tier-I) 04/07/2024 Shift-IV
खुशी : दर्द
(a) क्रोधित : उग्र (b) होशियार : बुद्धिमान
(c) कोमल : क्रूर (d) तेज : शीघ्र

742. उस समुच्चय का चयन कीजिए, जिसमें संख्याएँ ठीक उसी प्रकार सम्बन्धित हैं, जिस प्रकार दिए गए समुच्चयों की संख्याएँ सम्बन्धित हैं।
SSC CHSL (Tier-I) 04/07/2024 Shift-IV
(35, 5, 7) (108, 12, 9)
(a) (114, 14, 8) (b) (118, 15, 9)
(c) (254, 17, 7) (d) (91, 13, 7)

743. उस शब्द-युग्म का चयन कीजिए, जो नीचे दिए गए शब्दों के युग्म में व्यक्त किए गए समान सम्बन्ध का सबसे अच्छा निरूपण करता है। SSC CHSL (Tier-I) 04/07/2024 Shift-III
बढ़ई : फर्नीचर
(a) पुस्तक : लेखक (b) पत्रिका : सम्पादक
(c) रसोईया : सूप (d) बाँध : इन्जीनियर

744. 30 का सम्बन्ध एक निश्चित तर्क द्वारा 216 से है। उसी तर्क का अनुसरण करते हुए, 40 का सम्बन्ध 226 से है। उसी तर्क का अनुसरण करते हुए, 50 का सम्बन्ध निम्नलिखित में से किससे है?
SSC CHSL (Tier-I) 04/07/2024 Shift-III
(a) 248 (b) 250
(c) 236 (d) 238

745. उस शब्द-युग्म का चयन कीजिए, जो नीचे दिए गए शब्दों के युग्म में व्यक्त किए गए समान सम्बन्ध का सबसे अच्छा निरूपण करता है। SSC CHSL (Tier-I) 04/07/2024 Shift-III
प्रतिजैविक : संक्रमण
(a) विषहर : जहर देना
(b) शोधक : खाना
(c) रोग-प्रतिरोधक : दम देना
(d) दुखांत : एपिसोड

746. अंग्रेजी वर्णमाला क्रम के आधार पर AQLZ, SIDR से एक निश्चित प्रकार से सम्बन्धित हैं। उसी प्रकार, CPDV, UHVN से सम्बन्धित है। समान तर्क का अनुसरण करते हुए, EBRY निम्नलिखित में से किससे सम्बन्धित है? SSC CHSL (Tier-I) 04/07/2024 Shift-II
(a) WQTJ (b) WTJQ
(c) WQJT (d) WTQJ

747. 11 का सम्बन्ध एक निश्चित तर्क से 121 से है। उसी तर्क का अनुसरण करते हुए, 21 का सम्बन्ध 441 से है। उसी तर्क का अनुसरण करते हुए, 31 का सम्बन्ध निम्नलिखित में से किससे है?
SSC CHSL (Tier-I) 04/07/2024 Shift-II
(a) 356 (b) 961
(c) 428 (d) 960

748. उस समुच्चय का चयन कीजिए, जिसमें संख्याएँ ठीक उसी प्रकार सम्बन्धित हैं, जिस प्रकार दिए गए समुच्चयों की संख्याएँ सम्बन्धित है।
SSC CHSL (Tier-I) 04/07/2024 Shift-II
(3, 12, 26) (7, 9, 53)
(a) (7, 5, 25) (b) (12, 4, 114)
(c) (5, 15, 45) (d) (4, 9, 16)

749. उस समुच्चय का चयन कीजिए, जिसमें संख्याएँ ठीक उसी प्रकार सम्बन्धित हैं, जिस प्रकार दिए गए समुच्चयों की संख्याएँ सम्बन्धित हैं।
SSC CHSL (Tier-I) 04/07/2024 Shift-I
(5, 25, 50) (8, 64, 128)
(a) (12, 144, 278)
(b) (12, 134, 288)
(c) (12, 144, 288)
(d) (12, 144, 298)

750. उस शब्द-युग्म का चयन कीजिए, जो नीचे दिए गए शब्दों के युग्म में व्यक्त किए गए समान सम्बन्ध का सबसे अच्छा निरूपण करता है। SSC CHSL (Tier-I) 04/07/2024 Shift-I
भारत : आम
(a) न्यूजीलैण्ड : कीवी (b) ऑस्ट्रेलिया : अंगूर
(c) ग्रीस : केला (d) फ्रांस : सेब

751. इस प्रश्न में शब्द-युग्म है जिनका एक-दूसरे से एक निश्चित सम्बन्ध है। उस युग्म का चयन कीजिए, जिसमें समान सम्बन्ध नहीं है।
SSC CHSL (Tier-I) 03/07/2024 Shift-IV
आकर्षण : विकर्षण
(a) सृजन : विनाश
(b) उतार-चढ़ाव : स्थिर होना
(c) अपार : विशाल
(d) ख्याल : वास्तविकता

752. उस समुच्चय का चयन कीजिए, जिसमें संख्याएँ ठीक उसी प्रकार सम्बन्धित है, जिस प्रकार दिए गए समुच्चयों की संख्याएँ सम्बन्धित है।
SSC CHSL (Tier-I) 03/07/2024 Shift-IV
(4, 16, 32) (7, 49, 98)
(a) (12, 144, 278)
(b) (12, 134, 288)
(c) (12, 144, 288)
(d) (14, 144, 288)

753. एक निश्चित तर्क के अनुसार 129 का सम्बन्ध 387 से है। उसी तर्क का अनुसरण करते हुए, 164 का सम्बन्ध 492 से है। उसी तर्क का अनुसरण करते हुए, 148 का सम्बन्ध निम्नलिखित में से किससे है?
SSC CHSL (Tier-I) 03/07/2024 Shift-IV
(a) 444 (b) 352
(c) 468 (d) 362

754. उस समुच्चय का चयन कीजिए, जिसमें संख्याएँ ठीक उसी प्रकार सम्बन्धित है, जिस प्रकार दिए गए समुच्चयों की संख्याएँ सम्बन्धित हैं।
SSC CHSL (Tier-I) 03/07/2024 Shift-III
(45, 15, 3)
(120, 40, 8)
(a) (165, 54, 11) (b) (165, 55, 11)
(c) (165, 55, 9) (d) (175, 55, 11)

755. एक निश्चित तर्क का अनुसरण करते हुए 765, 876 से सम्बन्धित है। उसी तर्क का अनुसरण करते हुए, 682, 793 से सम्बन्धित है। उसी तर्क का अनुसरण करते हुए, 587 निम्नलिखित में से किससे सम्बन्धित है? SSC CHSL (Tier-I) 03/07/2024 Shift-III
(a) 675 (b) 543
(c) 798 (d) 698

756. उस समुच्चय का चयन कीजिए, जिसमें संख्याएँ ठीक उसी प्रकार सम्बन्धित हैं, जिस प्रकार दिए गए समुच्चयों की संख्याएँ सम्बन्धित हैं।
SSC CHSL (Tier-I) 03/07/2024 Shift-II
(245, 49, 5)
(144, 9, 16)
(a) (246, 9, 28) (b) (312, 24, 9)
(c) (186, 21, 8) (d) (200, 8, 25)

757. उस शब्द-युग्म का चयन कीजिए, जो नीचे दिए गए शब्दों के युग्म में व्यक्त किए गए समान सम्बन्ध का सबसे अच्छा निरूपण करता है। SSC CHSL (Tier-I) 03/07/2024 Shift-II
गौरवान्वित : अभिमानी
(a) भरोसा : सन्देह
(b) बुद्धिमान : अज्ञानी
(c) अपमान : प्रशंसा
(d) प्रमाणिक : वास्तविक

758. एक निश्चित तर्क का अनुसरण करते हुए 72, 96 से सम्बन्धित है। उसी तर्क का अनुसरण करते हुए 66, 88 से सम्बन्धित है। उसी तर्क का अनुसरण करते हुए, 104 निम्नलिखित में से किससे सम्बन्धित है?
SSC CHSL (Tier-I) 03/07/2024 Shift-I
(a) 78 (b) 80 (c) 77 (d) 75

759. उस समुच्चय का चयन कीजिए, जिसमें संख्याएँ ठीक उसी प्रकार सम्बन्धित हैं, जिस प्रकार दिए गए समुच्चयों की संख्याएँ सम्बन्धित हैं।
SSC CHSL (Tier-I) 03/07/2024 Shift-I
(10, 20, 4) (15, 30, 6)
(a) (20, 30, 8) (b) (10, 40, 8)
(c) (20, 40, 6) (d) (20, 40, 8)

760. एक निश्चित तर्क का अनुसरण करते हुए 9 का सम्बन्ध 47 से है। समान तर्क का अनुसरण करते हुए 12 का सम्बन्ध 62 से है। समान तर्क का अनुसरण करते हुए निम्नलिखित में से किसका सम्बन्ध 17 से है?
SSC CHSL (Tier-I) 02/07/2024 Shift-IV
(a) 97 (b) 87
(c) 85 (d) 75

761. उस अक्षर-समूह युग्म का चयन कीजिए, जो नीचे दिए गए अक्षर-समूह युग्म में व्यक्त किए गए समान सम्बन्ध का सबसे अच्छा निरूपण करता है। SSC CHSL (Tier-I) 02/07/2024 Shift-IV
GKI : MQO
CGE : IMK
(a) JOM: PUR (b) LPN: RVT
(c) RUT: VZX (d) HLJ: NRO

762. उस समुच्चय का चयन कीजिए, जिसमें संख्याएँ ठीक उसी प्रकार सम्बन्धित हैं, जिस प्रकार दिए गए समुच्चयों की संख्याएँ सम्बन्धित हैं।
SSC CHSL (Tier-I) 02/07/2024 Shift-III
(26, 38, 128) ; (42, 19, 122)
(a) (25, 36, 183) (b) (71, 9, 320)
(c) (33, 23, 112) (d) (18, 52, 70)

763. एक निश्चित तर्क के आधार पर 45 का सम्बन्ध 100 से है, उसी तर्क के आधार पर 65 का सम्बन्ध 140 से है। समान तर्क के आधार पर निम्नलिखित में से किसका सम्बन्ध 105 से है?
SSC CHSL (Tier-I) 02/07/2024 Shift-III
(a) 210 (b) 215
(c) 220 (d) 230

764. HF 16, KI 8 से एक निश्चित प्रकार से सम्बन्धित है। उसी प्रकार, RP 10, US 5 से सम्बन्धित है। समान तर्क का अनुसरण करते हुए, NL 6 निम्नलिखित में से किससे सम्बन्धित है?
SSC CHSL (Tier-I) 02/07/2024 Shift-II
(a) OQ 2 (b) QO 3
(c) LJ 3 (d) QS 2

765. उस शब्द-युग्म का चयन कीजिए, जो नीचे दिए गए शब्दों के युग्म में व्यक्त किए गए समान सम्बन्ध का सबसे अच्छा निरूपण करता है। SSC CHSL (Tier-I) 02/07/2024 Shift-II
समस्य : समाधान
(a) सफलता : प्रसिद्धि (b) समय : पैसा
(c) बातचीत : बोलना (d) खोया : पाया

766. उस समुच्चय का चयन कीजिए, जिसमें संख्याएँ ठीक उसी प्रकार सम्बन्धित हैं, जिस प्रकार दिए गए समुच्चयों की संख्याएँ सम्बन्धित हैं। SSC CHSL (Tier-I) 02/07/2024 Shift-II
(5, 7, 74) (6, 4, 52)
(a) (11, 5, 146) (b) (6, 2, 52,)
(c) (9, 5, 206) (d) (9, 5, 405)

767. उस युग्म को चुनिए, जो उसी पैटर्न का अनुसरण करता है, जो नीचे दिए गए युग्मों के दो समुच्चयों द्वारा किया जाता है। दोनों युग्म समान पैटर्न का अनुसरण करते हैं।
SSC CHSL (Tier-I) 02/07/2024 Shift-I
PTL : NRJ
AEX : YCV
(a) ABC : ZTS (b) GIF : FIG
(c) BTM : DVO (d) TVN : RTL

768. उस समुच्चय का चयन कीजिए, जिसमें संख्याएँ ठीक उसी प्रकार सम्बन्धित हैं, जिस प्रकार दिए गए समुच्चयों की संख्याएँ सम्बन्धित हैं।
SSC CHSL (Tier-I) 02/07/2024 Shift-I
(6, 12, 3) (10, 20, 5)
(a) (21, 28, 7) (b) (14, 28, 9)
(c) (14, 21, 7) (d) (14, 28, 7)

769. 5 का सम्बन्ध एक निश्चित तर्क से 27 से है। उसी तर्क का अनुसरण करते हुए, 7 का सम्बन्ध 51 से है। उसी तर्क का अनुसरण करते हुए, 4 का सम्बन्ध निम्नलिखित में से किससे है? SSC CHSL (Tier-I) 02/07/2024 Shift-I
(a) 64 (b) 18 (c) 15 (d) 37

770. अंग्रेजी वर्णमाला क्रम के आधार पर FHGE, IKJH से एक निश्चित प्रकार से सम्बन्धित है। उसी प्रकार, HJIG, KMLJ से सम्बन्धित है। समान तर्क का अनुसरण करते हुए, RTSQ निम्नलिखित में से किससे सम्बन्धित है?
SSC CHSL (Tier-I) 01/07/2024 Shift-IV
(a) TVUS (b) UVWT
(c) VWUT (d) UWVT

771. उस विकल्प का चयन कीजिए, जो तीसरी संख्या से उसी प्रकार सम्बन्धित है, जिस प्रकार दूसरी संख्या पहली संख्या से सम्बन्धित है और छठी संख्या, पाँचवीं संख्या से सम्बन्धित है। SSC CHSL (Tier-I) 01/07/2024 Shift-IV
64 : 512 :: 169 : ? :: 225 : 3375
(a) 1852 (b) 872 (c) 2197 (d) 1026

772. उस समुच्चय का चयन कीजिए, जिसमें संख्याएँ ठीक उसी प्रकार सम्बन्धित हैं, जिस प्रकार दिए गए समुच्चयों की संख्याएँ सम्बन्धित हैं।
SSC CHSL (Tier-I) 01/07/2024 Shift-IV
(59, 83, 97)
(63, 87, 101)
(a) (51, 65, 89) (b) (71, 95, 109)
(c) (67, 91, 115) (d) (48, 82, 96)

773. एक निश्चित तर्क का अनुसरण करते हुए 105, 15 से सम्बन्धित है। उसी तर्क का अनुसरण करते हुए 154, 22 से सम्बन्धित है। उसी तर्क का अनुसरण करते हुए, 189 निम्नलिखित में से किससे सम्बन्धित है?
SSC CHSL (Tier-I) 01/07/2024 Shift-III
(a) 21 (b) 27
(c) 29 (d) 23

774. उस समुच्चय का चयन कीजिए, जिसमें संख्याएँ ठीक उसी प्रकार सम्बन्धित हैं, जिस प्रकार दिए गए समुच्चयों की संख्याएँ सम्बन्धित हैं।
SSC CHSL (Tier-I) 01/07/2024 Shift-III
(111, 16, 7)
(167, 14, 12)
(a) (140, 8, 17) (b) (131, 12, 11)
(c) (190, 21, 9) (d) (108, 9, 12)

775. उस युग्म को चुनिए, जो उसी पैटर्न का अनुसरण करता है, जो नीचे दिए गए युग्मों के दो समुच्चयों द्वारा किया जाता है। दोनों युग्म समान पैटर्न का अनुसरण करते हैं।
SSC CHSL (Tier-I) 01/07/2024 Shift-III
CJM : FMP
AHL : DKO
(a) KOQ : PLJ (b) LTV : TVL
(c) GHA : AHG (d) NRS : QUV

776. एक निश्चित तर्क का अनुसरण करते हुए 11, 55 से सम्बन्धित है। उसी तर्क का अनुसरण करते हुए 22, 110 से सम्बन्धित है। उसी तर्क का अनुसरण करते हुए, 44 निम्नलिखित में से किससे सम्बन्धित है?
SSC CHSL (Tier-I) 01/07/2024 Shift-II
(a) 230 (b) 210
(c) 200 (d) 220

777. उस समुच्चय का चयन कीजिए, जिसमें संख्याएँ ठीक उसी प्रकार सम्बन्धित हैं, जिस प्रकार दिए गए समुच्चयों की संख्याएँ सम्बन्धित हैं।
SSC CHSL (Tier-I) 01/07/2024 Shift-II
(21, 34, 76)
(39, 26, 104)
(a) (34, 25, 102) (b) (25, 31, 108)
(c) (37, 43, 127) (d) (28, 23, 79)

778. उस युग्म को चुनिए, जो उसी पैटर्न का अनुसरण करता है, जो नीचे दिए गए युग्मों के दो समुच्चयों द्वारा किया जाता है। दोनों युग्म समान पैटर्न का अनुसरण करते हैं।
SSC CHSL (Tier-I) 01/07/2024 Shift-I
DFG : IKL
MOP : RTU
(a) FHI : EGH (b) TVW : YAB
(c) WYZ : GIJ (d) PST : KHG

779. एक निश्चित तर्क का अनुसरण करते हुए 96, 16 से सम्बन्धित है। उसी तर्क का अनुसरण करते हुए 156, 26 से सम्बन्धित है।

उसी तर्क का अनुसरण करते हुए, 228 निम्नलिखित में से किससे सम्बन्धित है?
SSC CHSL (Tier-I) 01/07/2024 Shift-I
(a) 34 (b) 42
(c) 38 (d) 36

780. अंग्रेजी वर्णमाला क्रम के आधार पर LBXF, SYCM से एक निश्चित प्रकार से सम्बन्धित है। उसी प्रकार, TGFY, AGHF से सम्बन्धित है। समान तर्क का अनुसरण करते हुए, ZDMK निम्नलिखित में से किससे सम्बन्धित है?
SSC CHSL (Tier-I) 01/07/2024 Shift-I
(a) GRNE (b) GREN
(c) GNER (d) GNRE

781. उस समुच्चय का चयन कीजिए, जिसमें संख्याएँ ठीक उसी प्रकार सम्बन्धित हैं, जिस प्रकार दिए गए समुच्चयों की संख्याएँ सम्बन्धित हैं।
SSC CHSL (Tier-I) 01/07/2024 Shift-I
(10, 5, 20)
(14, 7, 28)
(a) (22, 11, 44) (b) (54, 18, 72)
(c) (33, 11, 44) (d) (48, 24, 58)

782. एक निश्चित तर्क का अनुसरण करते हुए 82, 41 से सम्बन्धित है। समान तर्क का अनुसरण करते हुए 94, 47 से सम्बन्धित है। समान तर्क का अनुसरण करते हुए 66 निम्नलिखित में से किससे सम्बन्धित है?
SSC CHSL (Tier-II) 10/01/2024 Shift-I
(a) 23 (b) 13 (c) 43 (d) 33

783. एक निश्चित तर्क का अनुसरण करते हुए 11, 55 से सम्बन्धित है। समान तर्क का अनुसरण करते हुए 12, 60 से सम्बन्धित है। समान तर्क का अनुसरण करते हुए 15 निम्नलिखित में से किससे सम्बन्धित है?
SSC CHSL (Tier-II) 10/01/2024 Shift-I
(a) 80 (b) 70 (c) 85 (d) 75

784. एक निश्चित तर्क का अनुसरण करते हुए 4, 40 से सम्बन्धित है। समान तर्क का अनुसरण करते हुए 12, 120 से सम्बन्धित है। समान तर्क का अनुसरण करते हुए 15 निम्नलिखित में से किससे सम्बन्धित है?
SSC CHSL (Tier-II) 10/01/2024 Shift-I
(a) 100 (b) 150 (c) 200 (d) 205

SSC CHSL 2023 (Tier I & II)

785. उस शब्द-युग्म का चयन कीजिए, जो नीचे दिए गए शब्दों के युग्म में व्यक्त किए गए समान सम्बन्ध का सबसे अच्छा निरूपण करता है। SSC CHSL (Tier-II) 02/11/2023 Shift-I
विनम्र : उद्दण्ड, शान्त : अशान्त
(a) शिरोबिन्दु : अधोबिन्दु
(b) इष्टतम् : आदर्श
(c) स्वादमय : स्वादिष्ट
(d) त्यागना : समर्पण करना

786. उस समुच्चय को चुनिए, जिसमें संख्याएँ ठीक उसी प्रकार सम्बन्धित हैं, जिस प्रकार निम्नलिखित समुच्चयों की संख्याएँ सम्बन्धित हैं।
SSC CHSL (Tier-II) 02/11/2023 Shift-I
(4, 12, 8)
(2, 7, 5)
(a) 7, 2, 1 (b) 9, 4, 7
(c) 3, 6, 5 (d) 1, 4, 3

787. उस त्रय को चुनिए, जिसमें संख्याएँ ठीक उसी प्रकार सम्बन्धित है, जिस प्रकार निम्नलिखित त्रयों की संख्याएँ सम्बन्धित है।
SSC CHSL (Tier-II) 17/08/2023 Shift-I
4 - 5 - 14
7 - 8 - 20
(a) 8 - 7 - 45 (b) 11 - 13 - 77
(c) 9 - 12 - 26 (d) 5 - 9 - 18

788. अंग्रेजी वर्णमाला क्रम के आधार पर DMTS, FOVU से एक निश्चित प्रकार से सम्बन्धित है। उसी प्रकार, KGQO, MISQ से सम्बन्धित है। समान तर्क का अनुसरण करते हुए, HCMJ निम्नलिखित में से किससे सम्बन्धित है? SSC CHSL (Tier-I) 17/08/2023 Shift-I
(a) IEPN (b) JDOK
(c) KFPM (d) JEOL

789. एक निश्चित तर्क के अनुसार, 23, 34 से सम्बन्धित है। समान तर्क के अनुसार, 84, 95 से सम्बन्धित है। समान तर्क का प्रयोग करते हुए 59 निम्नलिखित में से किससे सम्बन्धित हैं?
SSC CHSL (Tier-I) 17/08/2023 Shift-I
(a) 68 (b) 70 (c) 74 (d) 64

790. उस समुच्चय को चुनिए, जिसमें संख्याएँ ठीक उसी प्रकार सम्बन्धित है जिस प्रकार निम्नलिखित समुच्चयों की संख्याएँ सम्बन्धित हैं।
SSC CHSL (Tier-I) 14/08/2023 Shift-IV
13 – 15 – 7 और 9 – 11 – 5
(a) 22 – 45 – 21 (b) 26 – 37 – 15
(c) 15 – 18 – 9 (d) 16 – 24 – 10

791. अंग्रेजी वर्णमाला क्रम में दिए गए अक्षरों के बीच एक निश्चित सम्बन्ध के आधार पर DGJH, LORP से एक निश्चित प्रकार से सम्बन्धित है। उसी प्रकार, JMPN, RUXV से सम्बन्धित है। समान तर्क का प्रयोग करते हुए। ILOM निम्नलिखित में से किससे सम्बन्धित है? SSC CHSL (Tier-I) 14/08/2023 Shift-IV
(a) QTWU (b) RUXQ
(c) QTWV (d) PSVT

792. उस विकल्प को चुनिए, जो पाँचवें पद से ठीक उसी प्रकार सम्बन्धित है, जिस प्रकार, दूसरा पद, पहले पद से सम्बन्धित है और चौथा पद, तीसरे पद से सम्बन्धित हैं।
SSC CHSL (Tier-I) 14/08/2023 Shift-IV
20 : 1200 :: 28 : 2352 :: 50 : ?
(a) 7550 (b) 7250 (c) 7000 (d) 7500

793. उस विकल्प को चुनिए, जो पाँचवें पद से ठीक उसी प्रकार सम्बन्धित है। जिस प्रकार, दूसरा पद पहले पद से सम्बन्धित है और चौथा पद तीसरे पद से सम्बन्धित है।
SSC CHSL (Tier-I) 11/08/2023 Shift-I
6 : 295 :: 7 : 1400 :: 8 : ?
(a) 3095 (b) 3093 (c) 3099 (d) 3090

794. अक्षर-समूहों के उस युग्म को चुनिए, जो उसी पैटर्न का अनुसरण करता है। जो नीचे दिए गए अक्षर-समूहों के युग्म के दो समुच्चयों द्वारा किया जाता है। अक्षर-समूहों के दोनों युग्म समान पैटर्न का अनुसरण करते है।
SSC CHSL (Tier-I) 11/08/2023 Shift-I
CGJ : HLO
KPS : PUX
(a) DEF : ABC (b) FKL : KPQ
(c) HGK : SQP (d) WXY : GEF

795. उस समुच्चय को चुनिए, जिसमें संख्याएँ ठीक उसी प्रकार सम्बन्धित है, जिस प्रकार निम्नलिखित समुच्चयों की संख्याएँ सम्बन्धित है।
SSC CHSL (Tier-I) 10/08/2023 Shift-III
(17, 126, 7)
(31, 286, 9)
(a) (29, 270, 9) (b) (12, 117, 9)
(c) (42, 173, 4) (d) (36, 223, 6)

796. अंग्रेजी वर्णमाला क्रम के आधार पर 'LOQR', 'GJLM' से एक निश्चित प्रकार से सम्बन्धित है। उसी प्रकार, 'SVXY', 'NQST' से सम्बन्धित है। समान तर्क का अनुसरण करते हुए 'NQST' निम्नलिखित में से किससे सम्बन्धित है?
SSC CHSL (Tier-I) 10/08/2023 Shift-III
(a) ILNO (b) IMNO
(c) INMO (d) IMOQ

797. अंग्रेजी वर्णमाला क्रम में दिए गए अक्षरों के बीच एक निश्चित सम्बन्ध के आधार पर BDFC, IKMJ से एक निश्चित प्रकार से सम्बन्धित है। उसी प्रकार KMOL, RTVS से सम्बन्धित है। समान तर्क का प्रयोग करते हुए HJLI निम्नलिखित में से किससे सम्बन्धित है? SSC CHSL (Tier-I) 10/08/2023 Shift-III
(a) OQSP (b) PROS
(c) PRTQ (d) OPSQ

798. एक निश्चित तर्क के अनुसार 34, 70 से सम्बन्धित है। समान तर्क के अनुसार, 56, 114 से सम्बन्धित है। समान तर्क का अनुसरण करते हुए 23 निम्नलिखित में से किससे सम्बन्धि है?
SSC CHSL (Tier-I) 09/08/2023 Shift-I
(a) 48 (b) 47 (c) 52 (d) 39

799. DM 12, HQ 17 से एक निश्चित प्रकार से सम्बन्धित है। उसी प्रकार, TS 19, XW 24 से सम्बन्धित है। समान तर्क का अनुसरण करते

हुए KG 17 निम्नलिखित में से किससे सम्बन्धित है?
SSC CHSL (Tier-I) 09/08/2023 Shift-I
(a) OK 22 (b) MK 20
(c) NJ 21 (d) NK 22

800. उस संख्या-युग्म को चुनिए जिसमें संख्याएँ ठीक उसी प्रकार सम्बन्धित हैं जिस प्रकार निम्नलिखित संख्या-युग्मों की संख्याएँ सम्बन्धित हैं।
SSC CHSL (Tier-I) 09/08/2023 Shift-I
(5 : 50), (12 : 288)
(a) 6 : 70 (b) 4 : 36
(c) 8 : 128 (d) 9 : 161

801. निम्नलिखित संख्या युग्मों में, पहली संख्या पर कुछ गणितीय संक्रियाएँ करके दूसरी संख्या प्राप्त की जाती है। उस समुच्चय को चुनिए, जिसमें संख्याएँ ठीक उसी प्रकार सम्बन्धित है, जिस प्रकार निम्नलिखित समुच्चयों की संख्याएँ सम्बन्धित हैं।
SSC CHSL (Tier-I) 08/08/2023 Shift-II
(42, 370) (57, 505)
(a) (31, 288) (b) (84, 747)
(c) (49, 449) (d) (29, 253)

802. एक निश्चित तर्क के अनुसार, 16, 85 से सम्बन्धित है। समान तर्क के अनुसार, 26, 135 से सम्बन्धित है। समान तर्क का अनुसरण करते हुए, 37 निम्नलिखित में से किससे सम्बन्धित है?
SSC CHSL (Tier-I) 07/08/2023 Shift-IV
(a) 200 (b) 210 (c) 190 (d) 180

803. अंग्रेजी वर्णमाला क्रम के आधार पर 'BDFI', 'GIKN' से एक निश्चित प्रकार से सम्बन्धित है। उसी प्रकार 'KMOQ', 'PRTV' से सम्बन्धित है। समान तर्क का अनुसरण करते हुए 'CEGI', निम्नलिखित में से किससे सम्बन्धित है?
SSC CHSL (Tier-I) 07/08/2023 Shift-IV
(a) HJNO (b) HINO
(c) HJLN (d) HMJO

804. उस विकल्प को चुनिए, जो तीसरे पद से ठीक उसी प्रकार सम्बन्धित है, जिस प्रकार दूसरा पद, पहले पद से सम्बन्धित है और छठा पद पाँचवें पद से सम्बन्धित है।
SSC CHSL (Tier-I) 07/08/2023 Shift-IV
11 : 133 :: 16 : ? :: 22 : 507
(a) 270 (b) 273 (c) 290 (d) 280

805. अक्षर-समूहों के उस युग्म को चुनिए, जो उसी पैटर्न का अनुसरण करता है, जो नीचे दिए गए अक्षर-समूहों के युग्म के दो समुच्चयों द्वारा किया जाता है। अक्षर-समूहों के दोनों युग्म समान पैटर्न का अनुसरण करते हैं।
SSC CHSL (Tier-I) 07/08/2023 Shift-IV
EKM : DIJ; LPT : KNQ
(a) PWZ : OUW (b) PJQ : NHO
(c) JMR : LOT (d) ABC : XYZ

806. उस विकल्प को चुनिए, जो पाँचवीं संख्या से ठीक उसी तरह सम्बन्धित है, जिस तरह दूसरी संख्या, पहली संख्या से सम्बन्धित है और चौथी संख्या, तीसरी संख्या से सम्बन्धित है।
SSC CHSL (Tier-I) 04/08/2023 Shift-II
352 : 531 : : 271 : 450 : : 725 : ?
(a) 523 (b) 904 (c) 791 (d) 335

807. निम्नलिखित संख्या-युग्मों में, पहली संख्या पर कुछ गणितीय संक्रियाएँ करके दूसरी संख्या प्राप्त की जाती है। उस समुच्चय को चुनिए, जिसमें संख्याएँ ठीक उसी प्रकार सम्बन्धित हैं, जिस प्रकार निम्नलिखित समुच्चयों की संख्याएँ सम्बन्धित हैं।
SSC CHSL (Tier-I) 02/08/2023 Shift-I
(21, 66), (32, 99)
(a) (45, 138) (b) (36, 112)
(c) (24, 77) (d) (25, 81)

808. अंग्रेजी वर्णमाला क्रम के आधार पर DHJ, AEG से एक निश्चित प्रकार से सम्बन्धित है। उसी प्रकार ZML, WJI से सम्बन्धित है। समान तर्क का अनुसरण करते हुए EKQ निम्नलिखित में से किससे सम्बन्धित है?
SSC CHSL (Tier-I) 02/08/2023 Shift-I
(a) DJK (b) QKE (c) HNT (d) BHN

809. उस समुच्चय को चुनिए, जिसमें संख्याएँ ठीक उसी प्रकार सम्बन्धित हैं, जिस प्रकार निम्नलिखित समुच्चयों की संख्याएँ सम्बन्धित हैं।
SSC CHSL (Tier-I) 02/08/2023 Shift-I
(12, 11, 137)
(17, 21, 362)
(a) (14, 31, 440) (b) (21, 25, 530)
(c) (18, 9, 165) (d) (38, 7, 270)

810. उस विकल्प को चुनिए, जो चौथी संख्या से ठीक उसी तरह सम्बन्धित है। जिस तरह पहली संख्या, दूसरी संख्या से सम्बन्धित है और पाँचवीं संख्या छठी संख्या से सम्बन्धित है।
SSC CHSL (Tier-I) 21/03/2023 Shift-IV
15 : 210 : : ? : 90 : : 20 : 380
(a) 12 (b) 10 (c) 18 (d) 8

811. उस विकल्प को चुनिए, जिसमें समुच्चय की संख्याएँ वही सम्बन्ध साझा करती हैं, जो दिए गए समुच्चय में संख्याओं द्वारा साझा किया जाता है। **SSC CHSL (Tier-I) 21/03/2023 Shift-IV**
(14, 17, 970)
(15, 23, 1508)
(a) (18, 32, 2686) (b) (17, 24, 1730)
(c) (16, 22, 1580) (d) (19, 31, 2642)

812. उस विकल्प को चुनिए, जो चौथी संख्या से उसी प्रकार सम्बन्धित है। जैसे पहली संख्या, दूसरी संख्या से सम्बन्धित है और पाँचवीं संख्या, छठी संख्या से सम्बन्धित है।
SSC CHSL (Tier-I) 21/03/2023 Shift-II
8 : 128 : : ? : 176 : : 16 : 256
(a) 22 (b) 2 (c) 14 (d) 11

813. उस विकल्प को चुनिए, जिसमें समुच्चय की संख्याएँ वही सम्बन्ध साझा करती हैं, जो दिए गए समुच्चय में संख्याओं द्वारा साझा किया जाता है। **SSC CHSL (Tier-I) 21/03/2023 Shift-II**
(286, 456, 340)
(347, 592, 490)
(a) (324, 419, 210)
(b) (782, 907, 230)
(c) (456, 666, 400)
(d) (198, 279, 162)

814. (::) के बाएँ ओर दिए गए शब्द किसी न किसी तर्क/नियम/सम्बन्ध से सम्बन्धित हैं। समान तर्क/नियम/सम्बन्ध के आधार पर दिए गए विकल्पों में से (::) के दाएँ ओर लुप्त शब्द/शब्द युग्म को चुनिए।
SSC CHSL (Tier-I) 21/03/2023 Shift-II
रिंग : बॉक्सिंग :: रिंक : ?
(a) एथलेटिक्स (b) क्रिकेट
(c) बैडमिंटन (d) स्केटिंग

815. (::) के बाएँ ओर दिए गए शब्द किसी तर्क/नियम/सम्बन्ध के आधार पर एक-दूसरे से सम्बन्धित हैं। समान तर्क/नियम/सम्बन्ध के आधार पर दिए गए विकल्पों में से (::) के दाएँ ओर लुप्त शब्द/शब्द युग्म को चुनिए।
SSC CHSL (Tier-I) 21/03/2023 Shift-II
स्कूटर : वाहन : : पेंसिल : ?
(a) लेखन सामग्री (b) लिखना
(c) सीसा (d) कलम

816. उस विकल्प को चुनिए, जिसमें समुच्चय की संख्याएँ वही सम्बन्ध साझा करती हैं, जो दिए गए समुच्चय में संख्याओं द्वारा साझा किया जाता है। **SSC CHSL (Tier-I) 21/03/2023 Shift-II**
(17, 51, 153)
(32, 96, 288)
(a) (16, 48, 154) (b) (81, 343, 729)
(c) (42, 126, 378) (d) (73, 229, 657)

817. उस विकल्प को चुनिए, जो पाँचवें अक्षर-समूह से उसी प्रकार सम्बन्धित है। जैसे दूसरा अक्षर-समूह, पहले अक्षर-समूह से सम्बन्धित है और चौथा अक्षर-समूह, तीसरे अक्षर-समूह से सम्बन्धित है।
WIRE : RJWF :: PICK : CJPL :: IMLI : ? **SSC CHSL (Tier-I) 20/03/2023 Shift-III**
(a) LNIJ (b) INMI (c) LIMI (d) INLJ

818. उस शब्द युग्म का चयन करें, जिसमें शब्द उसी तरह सम्बन्धित हैं, जैसे निम्नलिखित शब्द-युग्म सम्बन्धित हैं।
SSC CHSL (Tier-I) 20/03/2023 Shift-III
हाइग्रोमीटर : आर्द्रता
(a) एनीमोमीटर : धारा
(b) स्क्रूगेज : ताप
(c) थर्मामीटर : रक्त चाप
(d) अमीटर : विद्युत धारा

819. उस विकल्प को चुनिए, जिसमें समुच्चय की संख्याएँ वहीं सम्बन्ध साझा करती हैं, जो दिए गए समुच्चय में संख्याओं द्वारा साझा किया गया है। SSC CHSL (Tier-I) 20/03/2023 Shift-III

(7, 21, 343)
(8, 24, 512)
(a) (5, 10, 225) (b) (11, 66, 1331)
(c) (9, 27, 729) (d) (8, 50, 512)

820. उस विकल्प को चुनिए, जो पाँचवीं संख्या से उसी प्रकार सम्बन्धित है। जैसे पहली संख्या, दूसरी संख्या से सम्बन्धित है और तीसरी संख्या, चौथी संख्या से सम्बन्धित है।
SSC CHSL (Tier-I) 20/03/2023 Shift-III

12 : 36 :: 18 : 81 :: 56 : ?
(a) 961 (b) 900 (c) 784 (d) 841

821. (::) के बाएँ ओर दिए गए शब्द एक-दूसरे से किसी तर्क/नियम/सम्बन्ध से सम्बन्धित हैं। उसी तर्क/नियम/ सम्बन्ध के आधार पर दिए गए विकल्पों में से (::) के दाएँ ओर लुप्त शब्द/शब्द युग्म को चुनिए।
SSC CHSL (Tier-I) 17/03/2023 Shift-II

कलम : लेखक :: बन्दूक : ?
(a) दर्जी (b) सैनिक
(c) किसान (d) राजमिस्त्री

822. उस विकल्प को चुनिए, जिसमें समुच्चय की संख्याएँ वही सम्बन्ध साझा करती हैं, जो दिए गए समुच्चय में संख्याओं द्वारा साझा किया जाता है। SSC CHSL (Tier-I) 17/03/2023 Shift-II

(34, 17, 51)
(46, 23, 69)
(a) (68, 34, 204) (b) (72, 36, 108)
(c) (44, 22, 88) (d) (54, 27, 108)

823. उस विकल्प को चुनिए, जिसमें समुच्चय की संख्याएँ वही सम्बन्ध साझा करती हैं, जो दिए गए समुच्चय में संख्याओं द्वारा साझा किया जाता है। SSC CHSL (Tier-I) 17/03/2023 Shift-II

(36, 48, 45)
(72, 96, 90)
(a) (48, 64, 72) (b) (60, 80, 75)
(c) (24, 24, 30) (d) (72, 120, 90)

824. उस विकल्प को चुनिए, जिसमें समुच्चय की संख्याएँ वहीं सम्बन्ध साझा करती हैं, जो दिए गए समुच्चय में संख्याओं द्वारा साझा किया जाता है। SSC CHSL (Tier-I) 17/03/2023 Shift-II

(40, 20, 82)
(36, 18, 74)
(a) (124, 62, 248) (b) (118, 69, 278)
(c) (212, 106, 426) (d) (206, 103, 412)

825. निम्नलिखित प्रश्न में (::) के बाएँ ओर दिए गए शब्द किसी तर्क/नियम/सम्बन्ध के आधार पर एक-दूसरे से सम्बन्धित हैं। समान तर्क/नियम/सम्बन्ध के आधार पर दिए गए विकल्पों में से (::) के दाएँ ओर लुप्त शब्द/शब्द युग्म को चुनिए।
SSC CHSL (Tier-I) 16/03/2023 Shift-I

अखाड़ा : कुश्ती : : पिच : ?
(a) स्केटिंग (b) हॉकी
(c) क्रिकेट (d) शतरंज

826. उस विकल्प को चुनिए, जिसमें समुच्चय की संख्याएँ वही सम्बन्ध साझा करती हैं, जो दिए गए समुच्चय में संख्याओं द्वारा साझा किया जाता है। SSC CHSL (Tier-I) 16/03/2023 Shift-I

(28, 53, 78)
(34, 49, 64)
(a) (46, 69, 71) (b) (54, 55, 27)
(c) (22, 54, 66) (d) (38, 40, 42)

827. उस विकल्प को चुनिए, जो पहली संख्या से उसी प्रकार सम्बन्धित है। जैसे तीसरी संख्या चौथी संख्या से सम्बन्धित है और पाँचवी संख्या छठी संख्या से सम्बन्धित है।
SSC CHSL (Tier-I) 15/03/2023 Shift-IV

13 : ? :: 8 : 512 :: 11 : 1331
(a) 4096 (b) 1728
(c) 2197 (d) 729

828. निम्नलिखित प्रश्न में, दिए गए विकल्पों में से सम्बन्धित अक्षरों को चुनिए।
SSC CHSL (Tier-I) 15/03/2023 Shift-IV

OB : TG : : PC : ?
(a) AB (b) UH (c) HR (d) GG

829. उस विकल्प को चुनिए, जिसमें समुच्चय की संख्याएँ वही सम्बन्ध साझा करती हैं, जो दिए गए समुच्चय में संख्याओं द्वारा साझा किया जाता है। SSC CHSL (Tier-I) 15/03/2023 Shift-IV

(12, 172, 74) (28, 168, 56)
(a) (28, 128, 36) (b) (18, 130, 38)
(c) (16, 115, 34) (d) (14, 130, 42)

830. उस विकल्प को चुनिए जिसमें समुच्चय की संख्याएँ वही सम्बन्ध साझा करती हैं जो दिए गए समुच्चय में संख्याओं द्वारा साझा किया जाता है। SSC CHSL (Tier-I) 14/03/2023 Shift-I

(18, 66, 48) (52, 144, 92)
(a) (24, 56, 32) (b) (46, 122, 66)
(c) (82, 178, 94) (d) (34, 106, 82)

831. उस विकल्प को चुनिए जो पाँचवीं संख्या से उसी प्रकार सम्बन्धित है जैसे दूसरी संख्या पहली संख्या से सम्बन्धित है और चौथी संख्या तीसरी संख्या से सम्बन्धित है।
SSC CHSL (Tier-I) 14/03/2023 Shift-I

6 : 12 :: 15 : 75 :: 18 : ?
(a) 138 (b) 108
(c) 126 (d) 90

832. दिए गए शब्द-युग्मों में, पहला शब्द दूसरे शब्द से किसी खास तर्क से सम्बन्धित है। दिए गए युग्मों का ध्यानपूर्वक अध्ययन कीजिए और दिए गए विकल्पों से उस युग्म को चुनिए जो समान तर्क के अनुसार है।
SSC CHSL (Tier-I) 14/03/2023 Shift-I

रंग : काला
(a) रबड़ : मार्कर (b) फर्नीचर : मेज
(c) फल : प्याज (d) कुमुदिनी : फूल

833. निम्नलिखित प्रश्न में दिए गए विकल्पों में से सम्बन्धित अक्षरों को चुनिए।
SSC CHSL (Tier-I) 14/03/2023 Shift-I

AMG : WIC :: NZT : ?
(a) JVP (b) JVS (c) MOP (d) JKR

834. उस विकल्प को चुनिए जिसमें समुच्चय की संख्याएँ वही सम्बन्ध साझा करती हैं जो दिए गए समुच्चय में संख्याओं द्वारा साझा किया जाता है। SSC CHSL (Tier-I) 14/03/2023 Shift-I

(3, 2, 162)
(6, 3, 3888)
(a) (5, 2, 1350) (b) (9, 3, 19783)
(c) (7, 2, 4802) (d) (4, 3, 786)

835. उस विकल्प को चुनिए जिसमें समुच्चय की संख्याएँ वही सम्बन्ध साझा करती हैं जो दिए गए समुच्चय में संख्याओं द्वारा साझा किया जाता है।
SSC CHSL (Tier-I) 13/03/2023 Shift-III

(57, 100, 314)
(69, 80, 298)
(a) (72, 1, 356) (b) (83, 120, 406)
(c) (34, 107, 141) (d) (41, 108, 288)

836. उस विकल्प को चुनिए जिसमें समुच्चय की संख्याएँ वही सम्बन्ध साझा करती हैं जो दिए गए समुच्चय में संख्याओं द्वारा साझा किया जाता है।
SSC CHSL (Tier-I) 13/03/2023 Shift-III

(24, 12, 4)
(35, 5, 14)
(a) (56, 8, 16) (b) (36, 4, 18)
(c) (28, 8, 6) (d) (42, 6, 22)

837. उस विकल्प को चुनिए जो तीसरी संख्या से उसी प्रकार सम्बन्धित है जैसे पहली संख्या दूसरी संख्या से सम्बन्धित है और पाँचवीं संख्या छठी संख्या से सम्बन्धित है।
SSC CHSL (Tier-I) 13/03/2023 Shift-III

56 : 30 :: 88 : ? :: 39 : 27
(a) 52 (b) 48 (c) 60 (d) 64

838. (::) के बायीं ओर दिए गए शब्द आपस में किसी तर्क/नियम सम्बन्ध द्वारा सम्बन्धित हैं। समान तर्क/नियम/सम्बन्ध के आधार पर दिए गए विकल्पों में से (::) के दाईं ओर लुप्त शब्द/शब्द युग्म को चुनिए।
SSC CHSL (Tier-I) 13/03/2023 Shift-III

अस्तबल : घोड़ा :: विमानशाला (हेंगर):?
(a) अनाज (b) जानवर
(c) मछली (d) हवाई जहाज

839. उस विकल्प को चुनिए, जो पाँचवीं संख्या से उसी प्रकार, सम्बन्धित है। जैसे दूसरी संख्या पहली संख्या से सम्बन्धित है और चौथी संख्या तीसरी संख्या से सम्बन्धित है।
SSC CHSL (Tier-I) 10/03/2023 Shift-II
58 : 319 : : 32 : 176 : : 76 : ?
(a) 442 (b) 428 (c) 418 (d) 286

840. उस विकल्प को चुनिए, जिसमें समुच्चय की संख्याएँ वही सम्बन्ध साझा करती हैं, जो दिए गए समुच्चय में संख्याओं द्वारा साझा किया जाता है। SSC CHSL (Tier-I) 10/03/2023 Shift-II
(8,63,81) (11,120,144)
(a) (6,36,49) (b) (5,24,49)
(c) (7,48,96) (d) (9,80,100)

841. उस विकल्प को चुनिए, जिसमें समुच्चय की संख्याएँ वही सम्बन्ध साझा करती है, जो दिए गए समुच्चय में संख्याओं द्वारा साझा किया जाता है। SSC CHSL (Tier-I) 09/03/2023 Shift-I
(79, 89, 101)
(31, 41, 47)
(a) (17, 19, 23) (b) (29, 37, 43)
(c) (53, 61, 67) (d) (43, 47, 59)

842. निम्नलिखित प्रश्न में (::) के बाईं ओर दिए गए शब्द किसी तर्क/नियम/सम्बन्ध के आधार पर एक-दूसरे से सम्बन्धित हैं। समान तर्क/नियम/सम्बन्ध के आधार पर दिए गए विकल्पों में से (::) के दाईं ओर लुप्त शब्द/शब्द युग्म को चुनिए।
SSC CHSL (Tier-I) 09/03/2023 Shift-I
कलम : लेखक :: कुल्हाड़ी : ?
(a) शिक्षक (b) रसोइया
(c) लकड़हारा (d) मोची

SSC CHSL 2022 & 2021 (Tier I)

843. उस विकल्प का चयन कीजिए, जो पाँचवें पद से उसी प्रकार सम्बन्धित है, जिस प्रकार दूसरा पद पहले पद से और चौथा पद तीसरे पद से सम्बन्धित है।
PEARL : LRAEP : : ULTRA : ARTLU : : VIRAL : ?
SSC CHSL (Tier-I) 02/06/2022 Shift-I
(a) LARIV (b) AIRLV
(c) LIRAV (d) ALRIV

844. उस विकल्प का चयन कीजिए जो पाँचवें पद से उसी प्रकार सम्बन्धित है, जिस प्रकार दूसरा पद पहले पद से और चौथा पद तीसरे पद से सम्बन्धित है।
SSC CHSL (Tier-I) 02/06/2022 Shift-I
12:208 :: 9 : 108 :: 15 : ?
(a) 325 (b) 360
(c) 365 (d) 350

845. दिए गए विकल्पों में उस विकल्प का चयन कीजिए जो पाँचवीं संख्या से उसी प्रकार सम्बन्धित है, जिस प्रकार दूसरी संख्या पहली संख्या से सम्बन्धित है और चौथी संख्या तीसरी संख्या से सम्बन्धित है।
SSC CHSL (Tier-I) 02/06/2022 Shift-I
9 : 135 :: 6 : 54 : : 7 : ?
(a) 85 (b) 74 (c) 84 (d) 77

846. उस विकल्प का चयन करें, जो चौथे पद से उसी प्रकार सम्बन्धित है, जिस प्रकार पहला पद दूसरे पद से सम्बन्धित है और पाँचवाँ पद छठे पद से सम्बन्धित है।
SSC CHSL (Tier-I) 02/06/2022 Shift-I
16 : 36 :: ? : 50 :: 9 : 22
(a) 34 (b) 31 (c) 22 (d) 23

847. उस विकल्प का चयन करें, जो तीसरे पद से उसी प्रकार सम्बन्धित है, जिस प्रकार दूसरा पद पहले पद से सम्बन्धित है और छठा पद पाँचवें पद से सम्बन्धित है।
SSC CHSL (Tier-I) 31/05/2022 Shift-I
5 : 35 :: 9 : ? :: 14 : 224
(a) 87 (b) 113 (c) 99 (d) 107

848. दिए गए विकल्पों में से उस विकल्प का चयन कीजिए जो पाँचवीं संख्या से उसी प्रकार सम्बन्धित है, जिस प्रकार दूसरी संख्या पहली संख्या से सम्बन्धित है और चौथी संख्या तीसरी संख्या से सम्बन्धित है।
SSC CHSL (Tier-I) 31/05/2022 Shift-I
7 : 71 :: 13 : 209 :: 16 : ?
(a) 309 (b) 305 (c) 291 (d) 317

849. उस विकल्प का चयन करें जो तीसरे शब्द से उसी प्रकार सम्बन्धित है जिस प्रकार दूसरा शब्द पहले शब्द से सम्बन्धित है।
SSC CHSL (Tier-I) 30/05/2022 Shift-I
किला : भवन : : सेडान : ?
(a) बाइक (b) कार (c) ट्रक (d) मोटर

850. उस विकल्प का चयन करें जो चौथे पद से उसी प्रकार सम्बन्धित है जिस प्रकार पहला पद दूसरे पद से सम्बन्धित है और पाँचवाँ पद छठे पद से सम्बन्धित है।
SSC CHSL (Tier-I) 27/05/2022 Shift-I
8 : 512 : : ? : 1728 : : 18 : 5832
(a) 12 (b) 8 (c) 9 (d) 14

851. उस विकल्प का चयन करें जो पाँचवीं संख्या से उसी प्रकार सम्बन्धित है जिस प्रकार दूसरी संख्या पहली संख्या से सम्बन्धित है और चौथी संख्या तीसरी संख्या से सम्बन्धित है।
SSC CHSL (Tier-I) 27/05/2022 Shift-I
9:109:: 7 : 71::13: ?
(a) 218 (b) 238 (c) 209 (d) 229

852. उस विकल्प का चयन करें, जो तीसरे अक्षर-समूह से उसी प्रकार से सम्बन्धित है, जिस प्रकार से दूसरा अक्षर-समूह, पहले अक्षर-समूह से सम्बन्धित है।
SSC CHSL (Tier-I) 12/08/2021 Shift-III
AZW : GFC : : LSM : ?
(a) RYS (b) RXY
(c) QOS (d) DMT

853. उस विकल्प का चयन कीजिए, जिसका चौथी संख्या से वही सम्बन्ध है, जो पहली संख्या का दूसरी संख्या से है तथा पाँचवीं संख्या का छठी संख्या से है।
SSC CHSL (Tier-I) 12/08/2021 Shift-III
127 : 11 : : ? : 16 : : 367 : 19
(a) 280 (b) 248
(c) 216 (d) 262

854. उस विकल्प का चयन कीजिए, जिसके शब्दों के मध्य वही सम्बन्ध है, जो दिए गए शब्द-युग्म के शब्दों के मध्य है।
SSC CHSL (Tier-I) 12/08/2021 Shift-III
खगोल विद्या : ग्रह
(a) मुद्राशास्त्र : सिक्के
(b) मनोविज्ञान : कोशिकाएँ
(c) भूकम्प-विज्ञान : थिएटर
(d) भाषा विज्ञान : संरचना

855. उस विकल्प का चयन कीजिए, जिसका तीसरे शब्द से वही सम्बन्ध है, जो दूसरे शब्द का पहले शब्द से है।
SSC CHSL (Tier-I) 10/08/2021 Shift-I
बिस्तर : गद्दा : : कुर्सी : ?
(a) बोरा (b) फॉम
(c) कुशन (d) तकिया

856. उस विकल्प का चयन करें, जिसमें दी गई संख्याओं में आपस में वही सम्बन्ध है, जो दिए गए समुच्चय की संख्याओं में है।
SSC CHSL (Tier-I) 10/08/2021 Shift-I
(7, 4, 33)
(a) (11, 8, 175) (b) (9, 5, 56)
(c) (8, 5, 40) (d) (7, 4, 71)

857. उस विकल्प का चयन करें, जिसमें संख्याएँ ठीक उसी प्रकार सम्बन्धित हैं, जिस प्रकार निम्न समुच्चय की संख्याएँ सम्बन्धित हैं।
{9, 12, 18}
SSC CHSL (Tier-I) 04/08/2021 Shift-I
(a) {5, 12, 24} (b) {13, 19, 31}
(c) {21, 29, 44} (d) {7, 13, 27}

858. जिस प्रकार 'तिनका' 'घोसला' से सम्बन्धित है ठीक उसी प्रकार 'कपास' '.........' से सम्बन्धित है।
SSC CHSL (Tier-I) 04/08/2021 Shift-I
(a) धागा (b) ऊन
(c) सिलाई (d) कपड़ा उद्योग

859. उस विकल्प का चयन करें, जो तीसरी संख्या से ठीक उसी प्रकार सम्बन्धित है, जिस प्रकार दूसरी संख्या पहली संख्या से सम्बन्धित है।
12 : 150 : : 14 : ?
SSC CHSL (Tier-I) 04/08/2021 Shift-I
(a) 205 (b) 502
(c) 302 (d) 203

860. उस विकल्प का चयन करें, जो तीसरे अक्षर-समूह से ठीक उसी प्रकार सम्बन्धित है, जिस प्रकार दूसरा अक्षर-समूह, पहले अक्षर-समूह से सम्बन्धित है।

BYDW : UFSH :: CXFU : ?
SSC CHSL (Tier-I) 04/08/2021 Shift-I
(a) SHQJ (b) RIPK
(c) TGQJ (d) RIOL

861. उस विकल्प का चयन करें, जो तीसरे संख्या से ठीक उसी प्रकार सम्बन्धित है, जिस प्रकार दूसरी संख्या, पहली संख्या से सम्बन्धित है?
SSC CHSL (Tier-I) 19/04/2021 Shift-III
54 : 81 :: 6 : ?
(a) 9 (b) 15
(c) 11 (d) 21

862. उस विकल्प का चयन करें, जो तीसरे शब्द से ठीक उसी प्रकार सम्बन्धित है, जिस प्रकार दूसरा शब्द पहले शब्द से सम्बन्धित है।
SSC CHSL (Tier-I) 19/04/2021 Shift-III
वृत्त : चाप :: फूल : ?
(a) रंग (b) खुशबू
(c) सुगंध (d) पंखुड़ी

863. जिस प्रकार 'संगीतकार', 'पियानो' से सम्बन्धित हैं, ठीक उसी प्रकार 'किसान', '..........' से सम्बन्धित है।
SSC CHSL (Tier-I) 12/04/2021 Shift-II
(a) बैल (b) खेत
(c) खेती (d) हल

SSC MTS 2024

864. 'RJ 17' एक निश्चित प्रकार से 'QL 19' से सम्बन्धित है। ठीक उसी प्रकार, 'CP 12', 'BR 14' से सम्बन्धित है। उसी तर्क का अनुसरण करते हुए 'OJ 22' निम्नलिखित में से किससे सम्बन्धित है?
SSC MTS 14/11/2024 Shift III
(a) QJ 22 (b) NK 21
(c) NL 24 (d) PK 23

865. अंग्रेजी वर्णमाला क्रम के आधार पर CDFG एक निश्चित प्रकार से FGIJ से सम्बन्धित है। ठीक उसी प्रकार, MNPQ, PQST से सम्बन्धित है। समान तर्क का अनुसरण करते हुए, HIKL निम्नलिखित में से किससे सम्बन्धित है? SSC MTS 14/11/2024 Shift III
(a) KLNO (b) LKNO
(c) KLNP (d) JKNO

866. एक निश्चित तर्क का अनुसरण करते हुए 3, 40 से सम्बन्धित है। उसी तर्क का अनुसरण करते हुए 5, 66 से सम्बन्धित है। उसी तर्क का अनुसरण करते हुए, 10 निम्नलिखित में से किससे सम्बन्धित है?
SSC MTS 14/11/2024 Shift III
(a) 131 (b) 129
(c) 127 (d) 125

867. निम्नलिखित संख्या-युग्म में, पहली संख्या पर निश्चित गणितीय संक्रियाएँ करके दूसरी संख्या प्राप्त की जाती है। उस समुच्चय का चयन कीजिए, जिसमें संख्याएं ठीक उसी प्रकार सम्बन्धित है, जिस प्रकार निम्नलिखित समुच्चयों की संख्याएँ सम्बन्धित है।
SSC MTS 14/11/2024 Shift III
8, 72
11, 99
(a) 17, 153 (b) 15, 125
(c) 21, 123 (d) 19, 131

868. अंग्रेजी वर्णमाला क्रम के आधार पर CMGW एक निश्चित प्रकार से XHDT से सम्बन्धित है। ठीक उसी प्रकार SCAQ, NXXN से सम्बन्धित है। समान तर्क का अनुसरण करते हुए, ISUK निम्नलिखित में से किससे सम्बन्धित है? SSC MTS 13/11/2024 Shift III
(a) EORG (b) ENSH
(c) CMRG (d) DNRH

869. एक निश्चित तर्क का अनुसरण करते हुए 2, 15 से सम्बन्धित है। उसी तर्क का अनुसरण करते हुए 6, 43 से सम्बन्धित है। उसी तर्क का अनुसरण करते हुए, 9 निम्नलिखित में से किससे सम्बन्धित है?
SSC MTS 13/11/2024 Shift III
(a) 68 (b) 53
(c) 58 (d) 64

870. एक निश्चित तर्क के अनुसार 12, 61 से सम्बन्धित है। उसी तर्क के अनुसार 15, 76 से सम्बन्धित है। उसी तर्क के अनुसार 18, निम्नलिखित में से किससे सम्बन्धित है।
SSC MTS 13/11/2024 Shift III
(a) 93 (b) 91
(c) 97 (d) 95

871. अंग्रेजी वर्णमाला क्रम के आधार पर GNEE एक निश्चित तरीके से JQHH से सम्बन्धित है। उसी तरीके से BHYY, EKBB से सम्बन्धित है। समान तर्क का अनुसरण करते हुए, QXOO निम्नलिखित में से किससे सम्बन्धित है? SSC MTS 13/11/2024 Shift III
(a) TARR (b) RRAT
(c) ATRR (d) RRTA

872. TW21 किसी निश्चित तरीके से ZC66 से सम्बन्धित है। UX33 उसी तरीके से AD78 से सम्बन्धित है। उसी तर्क का पालन करते हुए, MP45 निम्नलिखित में से किससे सम्बन्धित है? SSC MTS 12/11/2024 Shift III
(a) SV80 (b) SV90
(c) VS80 (d) VS90

873. उस समुच्चय का चयन कीजिए जिसमें संख्याएँ ठीक उसी प्रकार सम्बन्धित हैं जिस प्रकार दिए गए समुच्चयों की संख्याएँ सम्बन्धित हैं। SSC MTS 12/11/2024 Shift III
(18, 108, 12)
(33, 198, 22)
(a) (42, 252, 26) (b) (40, 252, 28)
(c) (42, 252, 28) (d) (42, 254, 28)

874. एक निश्चित तर्क का अनुसरण करते हुए 11, 78 से सम्बन्धित है। उसी तर्क का अनुसरण करते हुए 6, 43 से सम्बन्धित है। समान तर्क का अनुसरण करते हुए, 31 निम्नलिखित में से किससे सम्बन्धित है?
SSC MTS 12/11/2024 Shift III
(a) 218 (b) 159
(c) 145 (d) 249

875. BZ7, GE15 से एक निश्चित प्रकार से सम्बन्धित है। उसी प्रकार, PN13, US21 से सम्बन्धित है। समान तर्क का अनुसरण करते हुए IG12 निम्नलिखित में से किससे सम्बन्धित है? SSC MTS 12/11/2024 Shift III
(a) PM20
(b) NL21
(c) NL20
(d) PN21

876. निम्नलिखित संख्या युग्मों में, दूसरी संख्या, पहली संख्या पर निश्चित गणितीय संक्रियाएँ करके प्राप्त की जाती है। उस समुच्चय का चयन कीजिए जिसमें संख्याएँ ठीक उसी प्रकार सम्बन्धित हैं जिस प्रकार दिए गए समुच्चयों की संख्याएँ सम्बन्धित हैं।
SSC MTS 11/11/2024 Shift III
12, 108
20, 180
(a) 18, 156 (b) 25, 225
(c) 30, 290 (d) 14, 125

877. 6, किसी निश्चित तर्क का अनुसरण करते हुए 77 से सम्बन्धित है। 9, समान तर्क का अनुसरण करते हुए 116 से सम्बन्धित है। समान तर्क का अनुसरण करते हुए 11, निम्नलिखित में से किससे सम्बन्धित है?
SSC MTS 11/11/2024 Shift III
(a) 132 (b) 142
(c) 141 (d) 143

878. AI10 एक निश्चित प्रकार से YG12 से सम्बन्धित है। उसी प्रकार से BJ20, ZH22 से सम्बन्धित है। समान तर्क का अनुसरण करते हुए, CK30 निम्नलिखित में से किससे सम्बन्धित है? SSC MTS 11/11/2024 Shift III
(a) BI22 (b) AB32
(c) BC22 (d) AI32

879. OM 13 एक निश्चित प्रकार से RP 17 से सम्बन्धित है। ठीक उसी प्रकार WU 19, ZX 23 से सम्बन्धित है। समान तर्क का पालन करते हुए, IG 14 निम्नलिखित में से किससे सम्बन्धित है? SSC MTS 11/11/2024 Shift III
(a) LJ 17 (b) LJ 18
(c) KJ 18 (d) KJ 17

880. अंग्रेजी वर्णानुक्रम के आधार पर CHUM एक निश्चित प्रकार से DJVO से सम्बन्धित है। ठीक उसी प्रकार, NOPA, OQQC से सम्बन्धित है। समान तर्क का अनुसरण करते

हुए, DYIE निम्नलिखित में से किससे सम्बन्धित है? **SSC MTS 05/11/2024 Shift III**

(a) EAJG (b) CBGI
(c) CCHI (d) DBHG

881. 11, किसी निश्चित तर्क का अनुसरण करते हुए 65 से सम्बन्धित है। 16, समान तर्क का अनुसरण करते हुए 90 से सम्बन्धित है। समान तर्क का अनुसरण करते हुए, 21, निम्नलिखित में से किससे सम्बन्धित है? **SSC MTS 05/11/2024 Shift III**

(a) 112 (b) 115
(c) 113 (d) 114

882. उस समुच्चय का चयन कीजिए, जिसमें संख्या ठीक उसी प्रकार सम्बन्धित हैं जिस प्रकार दिए गए समुच्चयों की संख्याएँ सम्बन्धित हैं।
(10, 360, 3)
(12, 720, 5) **SSC MTS 05/11/2024 Shift III**

(a) (13, 1009, 7)
(b) (8, 576, 6)
(c) (17, 816, 3)
(d) (11, 956, 8)

883. HN74 एक निश्चित तरीके से TZ55 से सम्बन्धित है। XD60 उसी तरीके से JP41 से सम्बन्धित है। उसी तर्क का पालन करते हुए, ZF55 निम्नलिखित में से किससे सम्बन्धित है? **SSC MTS 05/11/2024 Shift III**

(a) RL36 (b) RL46
(c) LR36 (d) LR46

884. 18 किसी निश्चित तर्क का अनुसरण करते हुए 91 से सम्बन्धित है। 27 समान तर्क का अनुसरण करते हुए 136 से सम्बन्धित है। समान तर्क का अनुसरण करते हुए 45, निम्नलिखित में से किससे सम्बन्धित है? **SSC MTS 04/11/2024 Shift III**

(a) 234 (b) 222
(c) 226 (d) 238

885. UD 1 एक निश्चित प्रकार से OF-6 से सम्बन्धित है। उसी प्रकार से IX-6, CZ-1 से सम्बन्धित है। समान तर्क का अनुसरण करते हुए, MJ-3, निम्नलिखित में से किससे सम्बन्धित है? **SSC MTS 04/11/2024 Shift III**

(a) GL-4 (b) GK-4
(c) GM-4 (d) GN-4

886. निम्नलिखित संख्या युग्मों में, दूसरी संख्या, पहली संख्या पर कुछ गणितीय संक्रियाएँ करके प्राप्त की जाती है। उस समुच्चय का चयन कीजिए, जिसमें संख्याएँ ठीक उसी प्रकार सम्बन्धित हैं, जिस प्रकार दिए गए समुच्चयों की संख्याएँ सम्बन्धित हैं। **SSC MTS 04/11/2024 Shift III**

246, 123
448, 224

(a) 325, 96 (b) 624, 312
(c) 444, 66 (d) 102, 226

887. अंग्रेजी वर्णानुक्रम के आधार पर EBHD एक निश्चित प्रकार से IFLH से सम्बन्धित है। ठीक उसी प्रकार JGMI, NKQM से सम्बन्धित है। उसी तर्क का अनुसरण करते हुए OLRN, निम्नलिखित में से किससे सम्बन्धित है? **SSC MTS 04/11/2024 Shift III**

(a) PSVR (b) SPVR
(c) SPRV (d) PSRV

888. एक निश्चित तर्क के अनुसार 11, 57 से सम्बन्धित है। उसी तर्क के अनुसार 14, 72 से सम्बन्धित है। उसी तर्क के अनुसार 17 निम्नलिखित में से किससे सम्बन्धित है? **SSC MTS 30/10/2024 Shift III**

(a) 89 (b) 83
(c) 87 (d) 85

889. एक निश्चित तर्क का अनुसरण करते हुए 2, 9 से सम्बन्धित है। उसी तर्क का अनुसरण करते हुए 4, 65 से सम्बन्धित है। उसी तर्क का अनुसरण करते हुए, 8 निम्नलिखित में से किससे सम्बन्धित है? **SSC MTS 30/10/2024 Shift III**

(a) 517 (b) 511
(c) 515 (d) 513

890. अंग्रेजी वर्णानुक्रम के आधार पर LJPN एक निश्चित प्रकार से SQWU से सम्बन्धित है। ठीक उसी प्रकार JHNL, QOUS से सम्बन्धित है। समान तर्क का पालन करते हुए OMSQ, निम्नलिखित में से किससे सम्बन्धित है? **SSC MTS 30/10/2024 Shift III**

(a) TVXZ (b) TVZX
(c) VTXZ (d) VTZX

891. POEN अंग्रेजी वर्णमाला क्रम के आधार पर एक निश्चित तरीके से LKAJ से सम्बन्धित है। उसी तरीके से RADIUS, NWZEQO से सम्बन्धित है। उसी तर्क का अनुसरण करते हुए LOGIC निम्नलिखित में से किससे सम्बन्धित है? **SSC MTS 30/10/2024 Shift III**

(a) HKCFY (b) GKCEY
(c) HKCEY (d) HGCFY

892. उस समुच्चय का चयन कीजिए जिसमें संख्याएँ ठीक उसी प्रकार सम्बन्धित हैं जिस प्रकार दिए गए समुच्चयों की संख्याएँ सम्बन्धित हैं। **SSC MTS 29/10/2024 Shift III**
(38, 31, 47)
(42, 35, 51)

(a) (29, 21, 39) (b) (46, 40, 49)
(c) (54, 47, 63) (d) (33, 24, 30)

893. 10 एक निश्चित तर्क का अनुसरण करते हुए 6 से सम्बन्धित है। 14, उसी तर्क का अनुसरण करते हुए 8 से सम्बन्धित है। उसी तर्क का अनुसरण करते हुए 24, निम्नलिखित में से किससे सम्बन्धित है? **SSC MTS 29/10/2024 Shift III**

(a) 16 (b) 15 (c) 11 (d) 13

894. TVRM, अंग्रेजी वर्णमाला क्रम के आधार पर एक निश्चित प्रकार से VUPN से सम्बन्धित है। उसी प्रकार ROEP, TNCQ से सम्बन्धित है। समान तर्क का अनुसरण करते हुए KOCB, निम्नलिखित में से किससे सम्बन्धित है? **SSC MTS 29/10/2024 Shift III**

(a) MNBC (b) NMAC
(c) MNAC (d) NMBC

895. अंग्रेजी वर्णमाला क्रम के आधार पर VOAH एक निश्चित प्रकार से YPBK से सम्बन्धित है। ठीक उसी प्रकार RGDS, UHEV से सम्बन्धित है। समान तर्क का अनुसरण करते हुए, IBXC निम्नलिखित में से किससे सम्बन्धित है? **SSC MTS 29/10/2024 Shift III**

(a) NEZF (b) LCYF
(c) MDYG (d) KCZD

896. अंग्रेजी वर्णमाला क्रम के आधार पर QBON एक निश्चित प्रकार से UFSR से सम्बन्धित है। ठीक उसी प्रकार FCLT, JGPX से सम्बन्धित है। उसी तर्क का पालन करते हुए, AOGS निम्नलिखित में से किससे सम्बन्धित है? **SSC MTS 28/10/2024 Shift II**

(a) ERJV (b) BQJW
(c) ESKW (d) CQIU

897. उस समुच्चय का चयन कीजिए, जिसमें संख्याएँ ठीक उसी प्रकार सम्बन्धित है। जिस प्रकार निम्नलिखित समुच्चयों की संख्याएँ सम्बन्धित हैं। **SSC MTS 28/10/2024 Shift II**
(2, 70, 82)
(26, 17, 53)

(a) (79, 12, 141) (b) (54, 88, 152)
(c) (36, 42, 90) (d) (71, 78, 122)

898. GI23 एक निश्चित तरीके से SU31 से सम्बन्धित है। उसी तरीके से, MO56, YA64 से सम्बन्धित है। समान तर्क का अनुसरण करते हुए, SU78 निम्नलिखित में से किससे सम्बन्धित है? **SSC MTS 28/10/2024 Shift II**

(a) GE66 (b) EG68
(c) GE68 (d) EG86

899. 5, एक निश्चित तर्क का अनुसरण करते हुए 120 से सम्बन्धित है। 3, उसी तर्क का अनुसरण करते हुए 24 से सम्बन्धित है? उसी तर्क का अनुसरण करते हुए, 2 निम्नलिखित में से किससे सम्बन्धित है? **SSC MTS 28/10/2024 Shift II**

(a) 6 (b) 7 (c) 13 (d) 11

900. नीचे संख्याओं के दो समुच्चय दिए गए हैं। संख्याओं के प्रत्येक समुच्चय में, पहली संख्या पर एक निश्चित गणितीय संक्रिया के परिणामस्वरूप दूसरी संख्या प्राप्त होती है। निम्न में से कौन-सा विकल्प प्रश्न में दी गई समान संक्रिया का अनुसरण करता है? **SSC MTS 23/10/2024 Shift II**

(21, 10)
(87, 43)
(a) (55, 21) (b) (18, 7)
(c) (25, 9) (d) (27, 13)

901. PUQV, अंग्रेजी वर्णानुक्रम के आधार पर एक निश्चित तरीके से RWSX से सम्बन्धित है। उसी तरीके से JOKP, LQMR से सम्बन्धित है। समान तर्क का अनुसरण करते हुए, MRNS निम्नलिखित में से किससे सम्बन्धित है? SSC MTS 23/10/2024 Shift II
(a) OTPU (b) TOPU
(c) OTUP (d) TOUP

902. JA 88 एक निश्चित प्रकार से OF 77 से सम्बन्धित है। ठीक उसी प्रकार DT 55, IY 44 से सम्बन्धित है। उसी तर्क का अनुसरण करते हुए LH 33, निम्नलिखित में से किससे सम्बन्धित है? SSC MTS 23/10/2024 Shift II
(a) OS 22 (b) NU 25
(c) QM 22 (d) XD 77

903. एक निश्चित तर्क का अनुसरण करते हुए 10, 99 से सम्बन्धित है। उसी तर्क का अनुसरण करते हुए 14, 195 से सम्बन्धित है। समान तर्क का अनुसरण करते हुए 22, निम्नलिखित में से किससे सम्बन्धित है?
SSC MTS 23/10/2024 Shift II
(a) 453 (b) 463
(c) 473 (d) 483

904. एक निश्चित तर्क का अनुसरण करते हुए 21, 189 से सम्बन्धित है। उसी तर्क का अनुसरण करते हुए 35, 315 से सम्बन्धित है। समान तर्क का अनुसरण करते हुए 43 निम्नलिखित में से किससे सम्बन्धित है?
SSC MTS 22/10/2024 Shift II
(a) 387 (b) 385
(c) 395 (d) 397

905. एक निश्चित तर्क के अनुसार 18, 74 से सम्बन्धित है। उसी तर्क के अनुसार 22, 90 से सम्बन्धित है। उसी तर्क के अनुसार 25, निम्नलिखित में से किससे सम्बन्धित है?
SSC MTS 22/10/2024 Shift II
(a) 102 (b) 104
(c) 106 (d) 100

906. अंग्रेजी वर्णमाला क्रम के आधार पर DZRG एक निश्चित प्रकार से HDOD से सम्बन्धित है। ठीक उसी प्रकार LHLA, PLIX से सम्बन्धित है। समान तर्क का अनुसरण करते हुए TPFU, निम्नलिखित में से किससे सम्बन्धित है? SSC MTS 22/10/2024 Shift II
(a) YUBQ (b) YTDS
(c) XTCR (d) WSCQ

907. DBCA अंग्रेजी वर्णानुक्रम के आधार पर एक निश्चित प्रकार से HDFB से सम्बन्धित है। ठीक उसी प्रकार BACD, DBFH से सम्बन्धित है। समान तर्क का अनुसरण करते हुए FDAC, निम्नलिखित में से किससे सम्बन्धित है? SSC MTS 22/10/2024 Shift II
(a) LHBF (b) LPTG
(c) LBGH (d) LEFG

908. अंग्रेजी वर्णानुक्रम के आधार पर, GNJF एक प्रकार से IPLH से सम्बन्धित है। ठीक उसी प्रकार KRNJ, MTPL से सम्बन्धित है। समान तर्क का अनुसरण करते हुए, OVRN, निम्नलिखित में से किससे सम्बन्धित है?
SSC MTS 21/10/2024 Shift II
(a) QXTP (b) QXPT
(c) XQPT (d) XQTP

909. 4, किसी निश्चित तर्क का अनुसरण करते हुए 41 से सम्बन्धित है। 9, समान तर्क का अनुसरण करते हुए 91 से सम्बन्धित है। समान तर्क का अनुसरण करते हुए 13, निम्नलिखित में से किससे सम्बन्धित है?
SSC MTS 21/10/2024 Shift II
(a) 131 (b) 130
(c) 127 (d) 129

910. ZMJI, अंग्रेजी वर्णानुक्रम के आधार पर एक निश्चित प्रकार से UIGG से सम्बन्धित है। ठीक उसी प्रकार TIMN, OEJL से सम्बन्धित है। उसी समान तर्क का अनुसरण करते हुए, PHJI निम्नलिखित में से किससे सम्बन्धित है? SSC MTS 21/10/2024 Shift II
(a) KDGG (b) GKHF
(c) KJED (d) KGDF

911. निम्नलिखित संख्या-युग्मों में, पहली संख्या पर निश्चित गणितीय संक्रियाएँ करके दूसरी संख्या प्राप्त की जाती है। उस समुच्चय का चयन कीजिए, जिसमें संख्याएँ ठीक उसी प्रकार सम्बन्धित है, जिस प्रकार निम्नलिखित समुच्चयों की संख्याएँ सम्बन्धित हैं।
SSC MTS 21/10/2024 Shift II
18, 29
49, 60
(a) 86, 99
(b) 92, 133
(c) 88, 79
(d) 84, 95

912. 37 एक निश्चित तर्क का अनुसरण करते हुए 89 से सम्बन्धित है। उसी तर्क का अनुसरण करते हुए 43, 101 से सम्बन्धित है। उसी तर्क का अनुसरण करते हुए, 28 निम्नलिखित में से किससे सम्बन्धित है?
SSC MTS 18/10/2024 Shift II
(a) 55 (b) 51
(c) 71 (d) 78

913. उस समुच्चय का चयन कीजिए जिसमें संख्याएँ ठीक उसी प्रकार सम्बन्धित हैं जिस प्रकार दिए गए समुच्चयों की संख्याएँ सम्बन्धित हैं। SSC MTS 18/10/2024 Shift II
(4, 9, 26)
(2, 8, 20)
(a) (13, 2, 30) (b) (23, 1, 56)
(c) (30, 5, 49) (d) (5, 3, 26)

914. FLRX अंग्रेजी वर्णमाला क्रम के आधार पर एक निश्चित तरीके से KQWC से सम्बन्धित है। GMSY उसी तरीके से LRXD से सम्बन्धित है। उसी तर्क का अनुसरण करते हुए, HNTZ निम्नलिखित में से किससे सम्बन्धित है? SSC MTS 18/10/2024 Shift II
(a) MSYD (b) MDSY
(c) MSYE (d) MSYW

915. अंग्रेजी वर्णानुक्रम के आधार पर TGKP एक निश्चित प्रकार से QDHM से सम्बन्धित है। उसी प्रकार, XBWL, UYTI से सम्बन्धित है। समान तर्क का अनुसरण करते हुए, VEAH निम्नलिखित में से किससे सम्बन्धित है?
SSC MTS 18/10/2024 Shift II
(a) RAYE (b) SBYF
(c) SBXE (d) RAXF

916. IOZU अंग्रेजी वर्णमाला क्रम के आधार पर एक निश्चित प्रकार से HNYT से सम्बन्धित है। ठीक उसी प्रकार PDYC, OCXB से सम्बन्धित है। उसी तर्क का अनुसरण करते हुए, EJSW निम्नलिखित में से किससे सम्बन्धित है? SSC MTS 17/10/2024 Shift II
(a) DIRV (b) DJSV
(c) EIRV (d) DIRW

917. OT11 किसी निश्चित प्रकार से PU15 से सम्बन्धित है। उसी प्रकार, WB21, XC25 से सम्बन्धित है। उसी तर्क का अनुसरण करते हुए, DI31 निम्नलिखित में से किससे सम्बन्धित है? SSC MTS 17/10/2024 Shift II
(a) EJ35 (b) DJ35 (c) EF53 (d) EJ53

918. उस समुच्चय का चयन कीजिए जिसमें संख्याएँ ठीक उसी प्रकार सम्बन्धित हैं, जिस प्रकार निम्नलिखित समुच्चयों की संख्याएँ सम्बन्धित हैं। SSC MTS 17/10/2024 Shift II
(37, 58, 100)
(35, 70, 110)
(a) (74, 33, 12) (b) (43, 44, 132)
(c) (85, 75, 65) (d) (8, 13, 26)

919. एक निश्चित तर्क का अनुसरण करते हुए 17, 119 से सम्बन्धित है। उसी तर्क का अनुसरण करते हुए 31, 217 से सम्बन्धित है। समान तर्क का अनुसरण करते हुए 32, निम्नलिखित में से किससे सम्बन्धित है?
SSC MTS 17/10/2024 Shift II
(a) 224 (b) 228
(c) 226 (d) 230

920. RZ31, TB25 से एक निश्चित प्रकार से सम्बन्धित है। उसी प्रकार, JR46, LT40 से सम्बन्धित है। समान तर्क का अनुसरण करते

हुए GO18 निम्नलिखित में से किससे सम्बन्धित है? SSC MTS 16/10/2024 Shift II

(a) IQ15 (b) JP15
(c) IQ12 (d) JP12

921. अंग्रेजी वर्णानुक्रम के आधार पर MHLG एक निश्चित प्रकार से IDHC से सम्बन्धित है। ठीक उसी प्रकार PKOJ, LGKF से सम्बन्धित है। समान तर्क का अनुसरण करते हुए SNRM निम्नलिखित में से किससे सम्बन्धित है?
SSC MTS 16/10/2024 Shift II

(a) JONI (b) OJNI
(c) JOIN (d) OJIN

922. उस समुच्चय का चयन कीजिए जिसमें संख्याएँ ठीक उसी प्रकार सम्बन्धित हैं जिस प्रकार दिए गए समुच्चयों की संख्याएँ सम्बन्धित हैं। SSC MTS 16/10/2024 Shift II
(8, 320, 4)
(1, 70, 7)

(a) (3, 10, 7) (b) (2, 110, 5)
(c) (3, 22, 5) (d) (2, 40, 2)

923. एक निश्चित तर्क का अनुसरण करते हुए 43, 87 से सम्बन्धित है। उसी तर्क का अनुसरण करते हुए 63, 127 से सम्बन्धित है। उसी तर्क का अनुसरण करते हुए 52, निम्नलिखित में से किससे सम्बन्धित है?
SSC MTS 16/10/2024 Shift II

(a) 105 (b) 108
(c) 101 (d) 111

924. उस समुच्चय का चयन कीजिए, जिसमें संख्याएँ ठीक उसी प्रकार सम्बन्धित हैं, जिस प्रकार दिए गए समुच्चयों की संख्याएँ सम्बन्धित है। SSC MTS 14/10/2024 Shift I
(18, 3, 54)
(21, 4, 84)

(a) (14, 2, 28) (b) (3, 11, 53)
(c) (8, 7, 58) (d) (4, 8, 39)

925. एक निश्चित तर्क का अनुसरण करते हुए 3, 24 से सम्बन्धित है? उस तर्क का अनुसरण करते हुए, 4, 60 से सम्बन्धित है। उसी तर्क का अनुसरण करते हुए 6, निम्नलिखित में से किससे सम्बन्धित है?
SSC MTS 14/10/2024 Shift I

(a) 230 (b) 236
(c) 210 (d) 216

926. EJGL, अंग्रेजी वर्णानुक्रम के आधार पर एक निश्चित प्रकार से INKP से सम्बन्धित है। ठीक उसी प्रकार KPMR, OTQV से सम्बन्धित है। समान तर्क का अनुसरण करते हुए, NSPU निम्नलिखित में से किससे सम्बन्धित है? SSC MTS 14/10/2024 Shift I

(a) WRYT (b) WRTY
(c) RWYT (d) RWTY

927. अंग्रेजी वर्णमाला क्रम के आधार पर HLQC एक निश्चित प्रकार से KOTF से सम्बन्धित है। उसी तरह WTAN, ZWDQ से सम्बन्धित है। उसी तर्क का पालन करते हुए FXCM, निम्नलिखित में से किससे सम्बन्धित है?
SSC MTS 14/10/2024 Shift I

(a) HZEO (b) GZFQ
(c) IAFP (d) IAEO

928. FD7, KI12 से एक निश्चित प्रकार से सम्बन्धित है। ठीक उसी प्रकार, PN18, US23 से सम्बन्धित है। समान तर्क का अनुसरण करते हुए AY21 निम्नलिखित में से किससे सम्बन्धित है?
SSC MTS 15/10/2024 Shift I

(a) FD25 (b) HF26
(c) FD26 (d) HF25

929. एक निश्चित तर्क का अनुसरण करते हुए 4,32 से सम्बन्धित है। उसी तर्क का अनुसरण करते हुए, 11, 88 से सम्बन्धित है। उसी तर्क का अनुसरण करते हुए, 6 निम्नलिखित में से किससे सम्बन्धित है?
SSC MTS 15/10/2024 Shift I

(a) 56 (b) 36 (c) 42 (d) 48

930. VOJP अंग्रेजी वर्णमाला क्रम के आधार पर एक निश्चित प्रकार से SLGM से सम्बन्धित है। ठीक उसी प्रकार XQLR, UNIO से सम्बन्धित है। समान तर्क का अनुसरण करते हुए ZSNT, निम्नलिखित में से किससे सम्बन्धित है? SSC MTS 15/10/2024 Shift I

(a) WPQK (b) PWKQ
(c) PWQK (d) WPKQ

931. उस समुच्चय का चयन कीजिए जिसमें संख्याएँ ठीक उसी प्रकार सम्बन्धित हैं जिस प्रकार दिए गए समुच्चयों की संख्याएँ सम्बन्धित हैं। SSC MTS 15/10/2024 Shift I
(9, 63, 7)
(27, 189, 21)

(a) (45, 310, 35) (b) (45, 315, 35)
(c) (40, 315, 35) (d) (45, 315, 33)

932. एक निश्चित तर्क का अनुसरण करते हुए 122, 145 से सम्बन्धित है। उसी तर्क का अनुसरण करते हुए 37, 50 से सम्बन्धित है। समान तर्क का अनुसरण करते हुए 82, निम्नलिखित में से किससे सम्बन्धित है?
SSC MTS 09/10/2024 Shift I

(a) 101 (b) 89 (c) 98 (d) 96

933. अंग्रेजी वर्णानुक्रम के आधार पर DKNF किसी निश्चित प्रकार से YFIA से सम्बन्धित है। ठीक उसी प्रकार, QYCR, LTXM से सम्बन्धित है। समान तर्क का अनुसरण करते हुए PEVM, निम्नलिखित में से किससे सम्बन्धित है? SSC MTS 09/10/2024 Shift I

(a) IYPG (b) KZQH
(c) KZPG (d) IYQH

934. AE10 किसी निश्चित प्रकार से CG20 से सम्बन्धित है। ठीक उसी प्रकार, KO20, MQ30 से सम्बन्धित है। उसी तर्क का अनुसरण करते हुए, CG30 निम्नलिखित में से किससे सम्बन्धित है?
SSC MTS 09/10/2024 Shift I

(a) EI45 (b) EF40
(c) EI40 (d) GI45

935. दिए गए संख्या युग्मों में दूसरी संख्या, पहली संख्या पर कुछ गणितीय संक्रियाएँ करके प्राप्त की गई हैं। उस समुच्चय का चयन कीजिए, जिसमें संख्याएँ ठीक उसी प्रकार सम्बन्धित हैं, जिस प्रकार दिए गए समुच्चयों की संख्याएँ सम्बन्धित हैं। SSC MTS 09/10/2024 Shift I
16, 80
22, 110

(a) 21, 33 (b) 15, 20
(c) 25, 125 (d) 17, 32

936. एक निश्चित तर्क का अनुसरण करते हुए 3, 15 से सम्बन्धित है। उसी तर्क का अनुसरण करते हुए 12, 60 से सम्बन्धित है। समान तर्क का अनुसरण करते हुए, 5 निम्नलिखित में से किससे सम्बन्धित है?
SSC MTS 08/10/2024 Shift I

(a) 35 (b) 30 (c) 32 (d) 25

937. EF26 एक निश्चित तरीके से JK33 से सम्बन्धित है। उसी तरीके से, TU27, YZ34 से सम्बन्धित है। समान तर्क का अनुसरण करते हुए JK28, निम्नलिखित में से किससे सम्बन्धित है? SSC MTS 08/10/2024 Shift I

(a) PO36 (b) PO35
(c) OP35 (d) OP36

938. एक निश्चित तर्क के अनुसार 14, 68 से सम्बन्धित है। उसी तर्क के अनुसार 17, 83 से सम्बन्धित है। उसी तर्क के अनुसार, 21 निम्नलिखित में से किससे सम्बन्धित है?
SSC MTS 08/10/2024 Shift I

(a) 101 (b) 107 (c) 103 (d) 105

939. JT79 किसी निश्चित प्रकार से DN71 से सम्बन्धित है। ठीक उसी प्रकार, KU22, EO14 से सम्बन्धित है। समान तर्क का अनुसरण करते हुए, LV71 निम्नलिखित में से किससे सम्बन्धित है?
SSC MTS 08/10/2024 Shift I

(a) FP66 (b) PF63
(c) PF66 (d) FP63

940. FI29 एक निश्चित प्रकार से TW49 से सम्बन्धित है। ठीक उसी प्रकार, LO 38, ZC58 से सम्बन्धित है। समान तर्क का अनुसरण करते हुए, RU65 निम्नलिखित में से किससे सम्बन्धित है?
SSC MTS 07/10/2024 Shift I

(a) FI85 (b) FE85
(c) EF58 (d) IF58

941. 519, एक निश्चित तर्क का अनुसरण करते हुए 781 से सम्बन्धित है। 642, उसी तर्क का अनुसरण करते हुए 904 से सम्बन्धित है। समान तर्क का अनुसरण करते हुए 485, निम्नलिखित में से किससे सम्बन्धित है? SSC MTS 07/10/2024 Shift I

(a) 721 (b) 756 (c) 794 (d) 747

942. अंग्रेजी वर्णानुक्रम के आधार पर PLRN एक निश्चित प्रकार से QMSO से सम्बन्धित है। ठीक उसी प्रकार, LHNJ, MIOK से सम्बन्धित है। समान तर्क का अनुसरण करते हुए HDJF, निम्नलिखित में से किससे सम्बन्धित है? SSC MTS 07/10/2024 Shift I

(a) IEKG (b) IEGK
(c) EIGK (d) EIKG

943. निम्नलिखित संख्या-युग्मों में, प्रथम संख्या पर कुछ गणितीय संक्रियाएँ करके दूसरी संख्या प्राप्त की जाती है। उस समुच्चय का चयन कीजिए, जिसमें संख्याएँ ठीक उसी प्रकार सम्बन्धित हैं जिस प्रकार निम्नलिखित समुच्चयों की संख्याएँ सम्बन्धित हैं। SSC MTS 07/10/2024 Shift I

24, 73
27, 82

(a) 33, 101 (b) 32, 100
(c) 32, 101 (d) 33, 100

944. एक निश्चित तर्क का अनुसरण करते हुए 18, 80 से सम्बन्धित है। उसी तर्क का अनुसरण करते हुए 23, 100 से सम्बन्धित है। उसी तर्क का अनुसरण करते हुए, 36 निम्नलिखित में से किससे सम्बन्धित है? SSC MTS 01/10/2024 Shift I

(a) 138 (b) 144
(c) 142 (d) 152

945. उस समुच्चय का चयन कीजिए, जिसमें संख्याएँ ठीक उसी प्रकार सम्बन्धित हैं जिस प्रकार दिए गए समुच्चयों की संख्याएँ सम्बन्धित हैं। SSC MTS 01/10/2024 Shift I

(12, 4, 160)
(6, 11, 157)

(a) (14, 7, 245) (b) (21, 4, 168)
(c) (6, 15, 90) (d) (9, 15, 90)

946. अंग्रेजी वर्णानुक्रम के आधार पर UBIP एक निश्चित प्रकार से YFMT से सम्बन्धित है। ठीक उसी प्रकार IPWD, MTAH से सम्बन्धित है। समान तर्क का अनुसरण करते हुए, OVCJ निम्नलिखित में से किससे सम्बन्धित है? SSC MTS 01/10/2024 Shift I

(a) SJZM (b) SZMG
(c) SMGJ (d) SZGN

947. किसी निश्चित तरीके से GY 16, DV 23 से सम्बन्धित है। उसी प्रकार, OD 11, LA 18 से सम्बन्धित है। उसी तर्क का पालन करते हुए, LW 13 निम्नलिखित में से किससे सम्बन्धित है? SSC MTS 01/10/2024 Shift I

(a) HS 20 (b) IT 20
(c) IS 20 (d) HT 19

948. अंग्रेजी वर्णमाला क्रम के आधार पर HFLI एक निश्चित प्रकार से OMSP से सम्बन्धित है। ठीक उसी प्रकार KIOL, RPVS से सम्बन्धित है। समान तर्क का अनुसरण करते हुए, MKQN निम्नलिखित में से किससे सम्बन्धित है? SSC MTS 30/09/2024 Shift I

(a) TRUX (b) RTUX
(c) RTXU (d) TRXU

949. 7 किसी निश्चित तर्क का अनुसरण करते हुए 30 से सम्बन्धित है। 14 समान तर्क का अनुसरण करते हुए 100 से सम्बन्धित है। समान तर्क का अनुसरण करते हुए 22 निम्नलिखित में से किससे सम्बन्धित है? SSC MTS 30/09/2024 Shift I

(a) 189 (b) 180
(c) 190 (d) 170

950. उस समुच्चय का चयन कीजिए, जिसमें संख्याएँ ठीक उसी प्रकार सम्बन्धित हैं जिस प्रकार दिए गए समुच्चयों की संख्याएँ सम्बन्धित हैं। SSC MTS 30/09/2024 Shift I

(4, 35, 11), (1, 82, 61)

(a) (21, 310, 23) (b) (8, 33, 15)
(c) (13, 53, 20) (d) (2, 53, 6)

951. JM12, EH15 से एक निश्चित प्रकार से सम्बन्धित है। उसी प्रकार, QT34, LO37 से सम्बन्धित है। समान तर्क का अनुसरण करते हुए, SV23 निम्नलिखित में से किससे सम्बन्धित है? SSC MTS 30/09/2024 Shift I

(a) NQ26 (b) MP26
(c) NP27 (d) MQ27

SSC MTS 2023

952. एक निश्चित तर्क के अनुसार 428, 317 से सम्बन्धित है। समान तर्क के अनुसार 285, 174 से सम्बन्धित है। समान तर्क का अनुसरण करते हुए 597 निम्नलिखित में से किससे सम्बन्धित है? SSC MTS 14/09/2023 Shift-I

(a) 368 (b) 486
(c) 386 (d) 468

953. RN 12, PL 16 से एक निश्चित प्रकार से सम्बन्धित है। उसी प्रकार, EJ 17, CH 21 से सम्बन्धित है। समान तर्क का अनुसरण करते हुए FL 15 निम्नलिखित में से किससे सम्बन्धित है? SSC MTS 14/09/2023 Shift-I

(a) HN 18 (b) DK 19
(c) CI 20 (d) DJ 19

954. उस समुच्चय को चुनिए जिसमें संख्याएँ ठीक उसी प्रकार सम्बन्धित हैं जिस प्रकार निम्नलिखित समुच्चयों की संख्याएँ सम्बन्धित हैं। SSC MTS 14/09/2023 Shift-I

(14, 42, 7)
(12, 34, 5)

(a) 25, 131, 2 (b) 17, 102, 5
(c) 43, 144, 29 (d) 36, 702, 2

955. उस समुच्चय को चुनिए जिसमें संख्याएँ ठीक उसी प्रकार सम्बन्धित हैं, जिस प्रकार निम्नलिखित समुच्चयों की संख्याएँ सम्बन्धित हैं। SSC MTS 11/09/2023 Shift-II

(2, 8, 32)
(5, 7, 70)

(a) 4, 12, 96 (b) 3, 5, 15
(c) 7, 12, 84 (d) 6, 11, 56

956. एक निश्चित तर्क के अनुसार 16, 29 से सम्बन्धित है। समान तर्क के अनुसार 85, 98 से सम्बन्धित है। समान तर्क का अनुसरण करते हुए 53 निम्नलिखित में से किससे सम्बन्धित है? SSC MTS 08/09/2023 Shift-II

(a) 68 (b) 66 (c) 64 (d) 62

957. उस शब्द-युग्म का चयन कीजिए, जो नीचे दिए गए शब्दों के युग्म में व्यक्त किए गए समान सम्बन्ध का सबसे अच्छा निरूपण करता है। SSC MTS 08/09/2023 Shift-II

पत्राचार : पत्र

(a) मध्यस्थता : विवाद
(b) उल्लंघन : सीमाएँ
(c) वस्तु विनिमय : वस्तुएँ
(d) वाद-विवाद : समस्याएँ

958. उस समुच्चय को चुनिए जिसमें संख्याएँ ठीक उसी प्रकार सम्बन्धित हैं, जिस प्रकार निम्नलिखित समुच्चयों की संख्याएँ सम्बन्धित हैं। SSC MTS 06/09/2023 Shift-I

(8, 720, 9) (16, 800, 5)

(a) 7, 125, 8 (b) 18, 1260, 7
(c) 13, 169, 5 (d) 14, 238, 5

959. एक निश्चित तर्क के अनुसार 8, 40 से सम्बन्धित है। समान तर्क के अनुसार, 3, 15 से सम्बन्धित है। समान तर्क का अनुसरण करते हुए 52 निम्नलिखित में से किससे सम्बन्धित है? SSC MTS 06/09/2023 Shift-I

(a) 263 (b) 262 (c) 261 (d) 260

960. JR 11, KT 16 से एक निश्चित प्रकार से सम्बन्धित है। उसी प्रकार, VM22, WO27 से सम्बन्धित है। समान तर्क का अनुसरण करते हुए DS18 निम्नलिखित में से किससे सम्बन्धित है? SSC MTS 05/09/2023 Shift-II

(a) CQ 24 (b) EU 23
(c) FT 22 (d) FU 23

961. निम्नलिखित संख्या-युग्मों में, पहली संख्या पर कुछ गणितीय संक्रियाएँ करके दूसरी संख्या प्राप्त की जाती है। उस समुच्चय को चुनिए, जिसमें संख्याएँ ठीक उसी प्रकार

सम्बन्धित है, जिस प्रकार निम्नलिखित समुच्चयों की संख्याएँ सम्बन्धित हैं।
SSC MTS 05/09/2023 Shift-II

(12 : 144), (13 : 169)

(a) 9 : 80 (b) 15 : 225
(c) 10 : 90 (d) 14 : 182

962. निम्नलिखित संख्या-युग्मों में पहली संख्या पर कुछ गणितीय संक्रियाएँ करके दूसरी संख्या प्राप्त की जाती है। उस समुच्चय को चुनिए जिसमें संख्याएँ ठीक उसी प्रकार सम्बन्धित हैं, जिस प्रकार निम्नलिखित समुच्चयों की संख्याएँ सम्बन्धित हैं।
SSC MTS 01/09/2023 Shift-III

(16 : 95) (6 : 35)

(a) 17 : 23 (b) 2 : 13
(c) 8 : 48 (d) 13 : 77

963. HM 12, FK 17 से एक निश्चित प्रकार से सम्बन्धित है। उसी प्रकार, EK 18, CI 23 से सम्बन्धित है। समान तर्क का अनुसरण करते हुए GU 14 निम्नलिखित में से किससे सम्बन्धित है? **SSC MTS 01/09/2023 Shift-III**

(a) FS 19 (b) IW 20
(c) ER 18 (d) ES 19

964. उस समुच्चय को चुनिए, जिसमें संख्याएँ ठीक उसी प्रकार से सम्बन्धित हैं, जिस प्रकार निम्नलिखित समुच्चयों की संख्याएँ सम्बन्धित हैं। **SSC MTS 01/09/2023 Shift-III**

(5, 35, 7) (9, 27, 3)

(a) 6, 17, 9 (b) 4, 10, 5
(c) 16, 50, 7 (d) 6, 42, 7

965. उस शब्द-युग्म का चयन कीजिए, जो नीचे दिए गए शब्दों के युग्म में व्यक्त किए गए समान सम्बन्ध का सबसे अच्छा निरूपण करत है। **SSC MTS 01/09/2023 Shift-I**

परावर्तन : प्रकाश

(a) फ़िल्म : दृश्य (b) भावना : संवेदना
(c) परेतारिका : दृष्टि (d) प्रतिध्वनि : ध्वनि

966. एक निश्चित तर्क के अनुसार 38, 49 से सम्बन्धित है। समान तर्क के अनुसार, 64, 75 से सम्बन्धित है। समान तर्क का अनुसरण करते हुए 83 निम्नलिखित में से किससे सम्बन्धित है? **SSC MTS 01/09/2023 Shift-I**

(a) 92 (b) 93 (c) 95 (d) 94

SSC MTS 2022 & 2021

967. उस विकल्प का चयन करें, जिसमें दो संख्याएँ आपस में उसी प्रकार सम्बन्धित हैं, जिस प्रकार दी गई संख्या-युग्म की संख्याएँ आपस में सम्बन्धित हैं।
SSC MTS 15/07/2022 Shift-I

248 : 428

(a) 263 : 628 (b) 284 : 842
(c) 462 : 264 (d) 428 : 824

968. उस विकल्प का चयन कीजिए, जिसका पाँचवें अक्षर-समूह के साथ वही सम्बन्ध है, जो दूसरे अक्षर-समूह का पहले अक्षर-समूह के साथ और चौथे अक्षर-समूह का तीसरे अक्षर-समूह के साथ है।
SSC MTS 15/07/2022 Shift-I

BDF : ACE :: NPR : MOQ :: VXZ : ?

(a) WUY (b) UVY
(c) UWY (d) TUW

969. उस विकल्प का चयन कीजिए, जो पाँचवीं संख्या से उसी प्रकार सम्बन्धित है, जिस प्रकार दूसरी संख्या पहली संख्या से सम्बन्धित है और चौथी संख्या तीसरी संख्या से सम्बन्धित है। **SSC MTS 15/07/2022 Shift-I**

232 : 21 :: 343 : 30 :: 157 : ?

(a) 33 (b) 39 (c) 36 (d) 42

970. उस विकल्प का चयन करें, जो तीसरे अक्षर-समूह से उसी प्रकार सम्बन्धित है, जिस प्रकार दूसरा अक्षर-समूह पहले अक्षर-समूह से सम्बन्धित है।
SSC MTS 15/07/2022 Shift-I

KTM : PGN :: ABC : ?

(a) ZYW (b) ZXY (c) ZWY (d) ZYX

971. उस विकल्प का चयन करें, जिसमें संख्याएँ उसी प्रकार सम्बन्धित है, जिस प्रकार संख्याएँ दिए गए समुच्चय से सम्बन्धित है।
SSC MTS 14/07/2022 Shift-I

(7, 49, 343)

(a) (3, 9, 29) (b) (5, 25, 625)
(c) (13, 169, 2197) (d) (11, 121, 1321)

972. उस विकल्प का चयन करें, जो तीसरे अक्षर-समूह से उसी प्रकार सम्बन्धित है, जिस प्रकार दूसरा अक्षर-समूह पहले अक्षर-समूह से सम्बन्धित है।
SSC MTS 14/07/2022 Shift-I

LOB : DQN :: HER : ?

(a) JGU (b) JGT
(c) TGK (d) TGJ

973. उस विकल्प का चयन करें, जो पाँचवें शब्द से उसी प्रकार सम्बन्धित है, जिस प्रकार दूसरा शब्द पहले शब्द से सम्बन्धित है और चौथा शब्द तीसरे शब्द से सम्बन्धित है।
विराट कोहली : क्रिकेट :: साइना नेहवाल : बैडमिण्टन :: विश्वनाथन आनन्द :?
SSC MTS 14/07/2022 Shift-I

(a) फुटबॉल (b) टेनिस
(c) शतरंज (d) बास्केटबॉल

974. उस विकल्प का चयन कीजिए, जो पाँचवीं संख्या से उसी प्रकार सम्बन्धित है, जिस प्रकार दूसरी संख्या पहली संख्या से और चौथी संख्या तीसरी संख्या से सम्बन्धित है।
SSC MTS 13/07/2022 Shift-I

123 : 616 :: 147 : 736 :: 211 : ?

(a) 1056 (b) 1076
(c) 1036 (d) 996

975. उस विकल्प का चयन करें, जो पाँचवीं संख्या से उसी प्रकार सम्बन्धित है, जिस प्रकार दूसरी संख्या पहली संख्या से सम्बन्धित है और चौथी संख्या, तीसरी संख्या से सम्बन्धित है। **SSC MTS 12/07/2022 Shift-I**

2 : 6 :: 4 : 60 :: 7 : ?

(a) 201 (b) 105 (c) 336 (d) 600

976. D 2 एक निश्चित तरीके से H 6 से सम्बन्धित है। इसी प्रकार से, L 11 का P 15 के साथ सम्बन्ध है। समान तर्क का पालन करते हुए T 18 का निम्नलिखित में से किसके साथ सम्बन्ध है? **SSC MTS 12/07/2022 Shift-I**

(a) X 22 (b) W 22
(c) Z 22 (d) Y 22

977. उस विकल्प का चयन कीजिए, जिसमें संख्याएँ उसी प्रकार सम्बन्धित है, जैसे निम्नलिखित समुच्चय की संख्याएँ सम्बन्धित है। **SSC MTS 12/07/2022 Shift-I**

(3, 6, 18) (5, 7, 35)

(a) (8, 12, 86) (b) (7, 12, 74)
(c) (6, 14, 84) (d) (8, 13, 94)

978. उस विकल्प का चयन करें, जो पाँचवें पद से उसी प्रकार सम्बन्धित है, जिस प्रकार दूसरा पद पहले पद से और चौथा पद तीसरे पद से सम्बन्धित है।

TREE : RTEE :: KEEP : : EKPE : : SOLO : ? **SSC MTS 12/07/2022 Shift-I**

(a) OSOL (b) LOSO
(c) OLSO (d) OOSL

979. उस समूह का चयन कीजिए, जिसमें संख्याओं के बीच वही सम्बन्ध है जो नीचे दिए गए समूहों की संख्याओं के बीच है।
SSC MTS 11/07/2022 Shift-I

(13, 12, 2) (25, 22, 6)

(a) (24, 12, 19) (b) (15, 5, 15)
(c) (26, 22, 10) (d) (6, 3, 6)

980. उस विकल्प का चयन करें जो छठी संख्या से उसी प्रकार सम्बन्धित है, जिस प्रकार पहली संख्या दूसरी संख्या से सम्बन्धित है और तीसरी संख्या चौथी संख्या से सम्बन्धित है।
SSC MTS 11/07/2022 Shift-I

56 : 11 :: 34 : 7 :: ? : 13

(a) 76 (b) 62
(c) 54 (d) 84

981. 'दाब' का जो सम्बन्ध 'पास्कल' से है, और 'विद्युत' का जो सम्बन्ध 'वाट' से है, वही सम्बन्ध 'ऊष्मा' का '?' से है।
SSC MTS 02/11/2021 Shift-III

(a) जूल (b) ओम
(c) बार (d) वोल्ट

982. उस विकल्प का चयन करें, जो तीसरे अक्षर-समूह से ठीक उसी प्रकार सम्बन्धित है, जिस प्रकार दूसरा अक्षर-समूह पहले अक्षर-समूह से सम्बन्धित है।

ABRUPT : BZUQUN :: SUDDEN : ?
SSC MTS 02/11/2021 Shift-III
(a) URGFJP (b) TSAHJH
(c) URFGJP (d) TSGZJH

983. दिए गए विकल्पों में से, संख्याओं के उस समुच्चय का चयन करें, जिसमें दी गई संख्याएँ एक-दूसरे से ठीक उसी प्रकार सम्बन्धित हैं, जिस प्रकार, इस दी गई संख्याओं के समुच्चय की संख्याएँ एक-दूसरे से सम्बन्धित हैं। **SSC MTS 02/11/2021 Shift-III**
(12, 30, 204)
(a) (4, 12, 28) (b) (15, 20, 265)
(c) (9, 12, 225) (d) (11, 15, 236)

984. उस संख्या युग्म का चयन करें, जो दिए गए युग्म के अनुरूप (analogous) है।
SSC MTS 02/11/2021 Shift-II
46 : 61
(a) 521 : 52 (b) 60 : 28
(c) 27 : 3 (d) 612 : 36

985. वह संख्या समूह चुनिए, जोकि उसी प्रकार का सम्बन्ध दर्शाता है, जैसा कि प्रत्येक जोड़े/समूह के ऊपर वाले जोड़े में है।
SSC MTS 02/11/2021 Shift-I
10 : 24
(a) 48 : 99 (b) 70 : 120
(c) 50 : 80 (d) 140 : 165

SSC Steno 2024

986. उस विकल्प का चयन कीजिए, जिसमें संख्याएँ वही सम्बन्ध साझा करती हैं, जो संख्याओं के दिए गए समूहों द्वारा साझा किया जाता है। **SSC Steno 11/12/2024 Shift III**
2513-20,
4213-18
(a) 2521-10 (b) 3122-14
(c) 1462-26 (d) 5131-22

987. उस विकल्प/संख्या का चयन करें, जो तीसरी संख्या से वही सम्बन्ध रखती है। जो दूसरी संख्या, पहली संख्या से रखती है।
SSC Steno 11/12/2024 Shift III
0.19 : 0.0019 : : 2.02 : ?
(a) 2.0002 (b) 0.202
(c) 0.0202 (d) 0.00202

988. उस विकल्प का चयन करें, जो तीसरे शब्द से उसी प्रकार सम्बन्धित है, जिस प्रकार दूसरा शब्द, पहले शब्द से सम्बन्धित है। (शब्दों को अर्थपूर्ण हिन्दी/अंग्रेजी शब्दों के रूप में माना जाना चाहिए और शब्द में अक्षरों की संख्या/व्यंजनों/स्वरों की संख्या के आधार पर एक-दूसरे से सम्बन्धित नहीं होना चाहिए)।
धर्मांधता : घृणा :: कट्टरपन : ?
SSC Steno 11/12/2024 Shift III
(a) अमीर (b) असहिष्णुता
(c) विशिष्ट वर्ग (d) गरीब

989. उस विकल्प का चयन करें, जो तीसरे पद से उसी प्रकार सम्बन्धित है जैसे दूसरा पद, पहले पद से सम्बन्धित है।
(शब्दों को अंग्रेजी का अर्थपूर्ण शब्द मानें और शब्द को उसमें अक्षरों की संख्या/व्यंजनों की संख्या/स्वरों की संख्या के आधार पर एक-दूसरे से सम्बन्धित नहीं किए जाने चाहिए।) **SSC Steno 11/12/2024 Shift III**
HORSE : GNQRD : : ANIMAL : ?
(a) BOJNBM (b) BMJLBK
(c) ZMHLZK (d) ZOHNZM

990. दिए गए विकल्पों में से उस युग्म का चयन कीजिए, जो दिए गए युग्म के सदृश हो।
SSC Steno 11/12/2024 Shift III
18 : 325
12 : 145
(a) 8 : 63 (b) 16 : 257
(c) 15 : 225 (d) 9 : 81

991. उस युग्म का चयन कीजिए, जो एक-दूसरे से उसी प्रकार सम्बन्धित है जिस प्रकार नीचे दिए गए युग्म सम्बन्धित हैं
SSC Steno 11/12/2024 Shift III
13 : 676
6 : 144
(a) 15 : 225 (b) 8 : 256
(c) 4 : 192 (d) 6 : 288

992. दिए गए विकल्पों में से उस त्रिय का चयन कीजिए, जो दी गई त्रिय के सदृश हो।
SSC Steno 11/12/2024 Shift III
198-297-594
(a) 442-513-711 (b) 125-223-342
(c) 369-576-747 (d) 488-364-299

993. उस विकल्प का चयन कीजिए, जो तीसरी संख्या से उसी प्रकार सम्बन्धित है जिस प्रकार दूसरी संख्या, पहली संख्या से सम्बन्धित है और छठी संख्या, पाँचवीं संख्या से सम्बन्धित है। **SSC Steno 11/12/2024 Shift III**
125 : 625 :: 343 : ? : : 221 : 721
(a) 1126 (b) 843
(c) 512 (d) 1296

994. उस युग्म का चयन कीजिए, जो एक-दूसरे से उसी प्रकार सम्बन्धित है जिस प्रकार नीचे दिए गए युग्म सम्बन्धित हैं
SSC Steno 11/12/2024 Shift II
9 : 69
11 : 109
(a) 24 : 576 (b) 8 : 76
(c) 14 : 209 (d) 16 : 244

995. उस विकल्प का चयन कीजिए, जो तीसरे शब्द से उसी तरह से सम्बन्धित है, जिस तरह से दूसरा शब्द, पहले शब्द से सम्बन्धित है। (शब्दों को सार्थक अंग्रेजी/हिंदी के शब्द के रूप में माना जाना चाहिए और शब्द में अक्षरों की संख्या/स्वरों/व्यंजनों की संख्या के आधार पर एक-दूसरे से सम्बन्धित नहीं होनी चाहिए।) **SSC Steno 11/12/2024 Shift II**
बढ़ई : लकड़ी : : राजमिस्त्री : ......
(a) पाइप (b) लोहा
(c) पत्थर (d) बिल्डर

996. दिए गए विकल्पों में से उस युग्म का चयन कीजिए, जो दिए गए युग्म के सदृश हो।
SSC Steno 11/12/2024 Shift II
2 : 11
1 : 4
(a) 5 : 128 (b) 4 : 65
(c) 3 : 27 (d) 6 : 217

997. उस समुच्चय का चयन कीजिए जिसमें संख्याएँ आपस में उसी प्रकार सम्बन्धित हैं जिस प्रकार निम्नलिखित समुच्चय की संख्याएँ आपस में सम्बन्धित है।
SSC Steno 11/12/2024 Shift II
(13, 41, 89)
(4, 14, 26)
(a) (9, 29, 63) (b) (8,26,54)
(c) (11,31,75) (d) (12,38, 80)

998. दिए गए विकल्पों में से उस त्रयी का चयन कीजिए, जो दी गई त्रयी के सदृश हो।
SSC Steno 11/12/2024 Shift II
339-663-555
348-636-555
(a) 195-285-348
(b) 164-542-614
(c) 432-513-711
(d) 161-512-710

999. दिए गए विकल्पों में से उस युग्म का चयन कीजिए, जो दिए गए युग्म के सदृश हो।
SSC Steno 11/12/2024 Shift II
9 : 725
3 : 23
(a) 6 : 220 (b) 4 : 60
(c) 5 : 128 (d) 8 : 315

1000. दिए गए विकल्पों में से उस युग्म का चयन कीजिए, जो दिए गए युग्म के सदृश हो।
SSC Steno 11/12/2024 Shift II
12 : 141
8 : 61
(a) 11 : 121 (b) 14 : 197
(c) 18 : 321 (d) 13 : 165

1001. उस विकल्प का चयन करें, जो तीसरे शब्द से उसी प्रकार सम्बन्धित है, जैसे दूसरा शब्द पहले शब्द से सम्बन्धित है।
(शब्दों को हिन्दी के अर्थपूर्ण शब्दों के रूप में माना जाना चाहिए और ये शब्द, अक्षरों की संख्या/व्यंजनों/स्वरों की संख्या के आधार पर एक-दूसरे से सम्बन्धित नहीं होने चाहिए)। **SSC Steno 11/12/2024 Shift II**
चीनी : मधुमेह : : वसा : ......
(a) तन्द्रा (b) अनिद्रा
(c) थायरॉइड (d) मोटापा

1002. दिए गए विकल्पों में से उस त्रयी का चयन कीजिए, जो दी गई त्रयी के सदृश हो। SSC Steno 11/12/2024 Shift II

668-776-992

(a) 195-285-348 (b) 488-398-299
(c) 144-225-729 (d) 725-623-542

1003. दिए गए विकल्पों में से उस त्रिय का चयन कीजिए, जो दी गई त्रिय के सदृश हो। SSC Steno 11/12/2024 Shift I

441-540-243

(a) 432-512-711 (b) 225-333-432
(c) 161-512-710 (d) 144-225-729

1004. दिए गए विकल्पों में से उस त्रिय का चयन कीजिए, जो दी गई त्रिय के सदृश हो। SSC Steno 11/12/2024 Shift I

425 – 623 – 713

(a) 432-513-711 (b) 125-223-342
(c) 144-225-729 (d) 164-542-614

1005. उस विकल्प का चयन कीजिए, जो तीसरी संख्या से उसी प्रकार सम्बन्धित है, जिस प्रकार दूसरी संख्या पहली संख्या से सम्बन्धित है और छठी संख्या पाँचवीं संख्या से सम्बन्धित है। SSC Steno 11/12/2024 Shift I

84 : 196 :: 51 : ? :: 96 : 224

(a) 143 (b) 119
(c) 103 (d) 98

1006. दिए गए विकल्पों में से उस युग्म का चयन कीजिए, जो दिए गए युग्म के सदृश हो। SSC Steno 11/12/2024 Shift I

11 : 123
6 : 38

(a) 14 : 198 (b) 10 : 1001
(c) 13 : 169 (d) 18 : 321

1007. उस विकल्प का चयन करें, जो तीसरे शब्द से उसी प्रकार सम्बन्धित है, जिस प्रकार दूसरा शब्द, पहले शब्द से सम्बन्धित है। (शब्दों को अर्थपूर्ण हिन्दी/अंग्रेजी शब्दों के रूप में माना जाना चाहिए और शब्द में अक्षरों की संख्या/व्यंजनों/स्वरों की संख्या के आधार पर एक-दूसरे से सम्बन्धित नहीं होना चाहिए।) SSC Steno 11/12/2024 Shift I

उबालना : गुनगुना : : हिमतापी : ?

(a) गैस (b) पानी
(c) बर्फ (d) ठण्डा

1008. उस विकल्प का चयन कीजिए, जिसमें संख्याएँ वही सम्बन्ध साझा करती हैं, जो दी गई तीन संख्याओं के समूह द्वारा साझा किया जाता है। SSC Steno 11/12/2024 Shift I

2312–62–12

(a) 3214-64-26 (b) 5116-56-30
(c) 1831-83-38 (d) 2423-6-14

1009. उस विकल्प का चयन करें, जो तीसरे पद से उसी प्रकार सम्बन्धित है, जैसे दूसरा पद पहले पद से सम्बन्धित है। (शब्दों को अंग्रेजी का शब्द मानें और शब्द को उसमें अक्षरों की संख्या/व्यंजनों की संख्या/स्वरों की संख्या के आधार पर एक-दूसरे से सम्बन्धित नहीं किए जाने चाहिए।) SSC Steno 11/12/2024 Shift I

TEAM : SUDFZBLN : : PLAY : ?

(a) QOMKBZZX (b) OQMKZBZX
(c) OQKMZBXZ (d) QOKMBZXZ

1010. उस युग्म का चयन कीजिए, जो एक दूसरे से उसी प्रकार सम्बन्धित है जिस प्रकार नीचे दिया गया युग्म सम्बन्धित है। SSC Steno 11/12/2024 Shift I

$186 : 16^8$

(a) $324 : 24^3$ (b) $729 : 79^4$
(c) $237 : 27^3$ (d) $486 : 46^4$

1011. जिस प्रकार 35,1125 से सम्बन्धित है, तथा 45,1925 से सम्बन्धित है। उसी प्रकार, 85 निम्न में से किससे सम्बन्धित है। SSC Steno 10/12/2024 Shift I

(a) 7725 (b) 7125
(c) 7325 (d) 7135

1012. दिए गए विकल्पों में से उस युग्म का चयन कीजिए, जो दिए गए युग्म के सदृश हो। SSC Steno 10/12/2024 Shift III

3 : 31
2 : 12

(a) 5 : 128 (b) 6 : 220
(c) 8 : 315 (d) 4 : 65

1013. उस समुच्चय का चयन कीजिए, जिसमें संख्याएँ आपस में उसी प्रकार सम्बन्धित हैं, जिस प्रकार निम्नलिखित समुच्चय की संख्याएँ आपस में सम्बन्धित हैं। SSC Steno 10/12/2024 Shift III

(13, 57, 111)
(11, 49, 95)

(a) (9, 41, 79) (b) (8, 37, 73)
(c) (12, 53, 109) (d) (10, 54, 11)

1014. दिए गए विकल्पों में से उस त्रयी का चयन कीजिए, जो दी गई त्रयी के सदृश हो। SSC Steno 10/12/2024 Shift III

251-332-422

(a) 432-523-712 (b) 125-223-342
(c) 144-225-729 (d) 161-512-710

1015. एक निश्चित तर्क का अनुसरण करते हुए 13, 44 से सम्बन्धित है। उसी तर्क का अनुसरण करते हुए 15, 50 से सम्बन्धित है। समान तर्क का अनुसरण करते हुए 21 निम्नलिखित में से किससे सम्बन्धित है? SSC Steno 10/12/2024 Shift III

(a) 78 (b) 58
(c) 68 (d) 66

1016. उस विकल्प का चयन कीजिए, जो पाँचवें अक्षर-समूह से उसी प्रकार सम्बन्धित है, जिस प्रकार दूसरा अक्षर-समूह पहले अक्षर-समूह से सम्बन्धित है और चौथा अक्षर-समूह तीसरे अक्षर-समूह से सम्बन्धित है। SSC Steno 10/12/2024 Shift III

BOIL : DRMQ :: SCAR : UFEW :: MAIL : ?

(a) ODMS (b) ODMQ
(c) ODLR (d) ODNR

1017. दिए गए विकल्पों में से उस युग्म का चयन कीजिए, जो दिए गए युग्म के सदृश हो। SSC Steno 10/12/2024 Shift III

10 : 101
6 : 37

(a) 8 : 64 (b) 7 : 50
(c) 11 : 120 (d) 14 : 196

1018. एक निश्चित तर्क का अनुसरण करते हुए 42, 36 से सम्बन्धित है। उसी तर्क का अनुसरण करते हुए 57, 144 से सम्बन्धित है। उसी तर्क का उपयोग करते हुए निम्नलिखित में से कौन-सी संख्या 81 से सम्बन्धित है? SSC Steno 10/12/2024 Shift III

(a) 45 (b) 46 (c) 44 (d) 56

1019. उस विकल्प का चयन करें, जो तीसरे शब्द से उसी प्रकार सम्बन्धित है, जैसे दूसरा शब्द पहले शब्द से सम्बन्धित है। (शब्दों को हिन्दी के अर्थपूर्ण शब्दों के रूप में माना जाना चाहिए और ये शब्द, अक्षरों की संख्या व्यंजनों/स्वरों की संख्या के आधार पर एक-दूसरे से सम्बन्धित नहीं होने चाहिए) SSC Steno 10/12/2024 Shift III

कढ़ाई : धागा : : बुनाई :

(a) कपड़ा (b) ऊन
(c) हूक (d) सूई

1020. उस विकल्प/संख्या का चयन करें, जो तीसरी संख्या से वही सम्बन्ध रखती है, जो दूसरी संख्या पहली संख्या से रखती है। SSC Steno 10/12/2024 Shift III

335 : 216 : 987 : ?

(a) 867 (b) 888 (c) 868 (d) 872

1021. दिए गए विकल्पों में से उस युग्म का चयन कीजिए जो दिए गए युग्म के सदृश हो। SSC Steno 10/12/2024 Shift II

10 : 999
2 : 7

(a) 5 : 128 (b) 4 : 65
(c) 6 : 215 (d) 8 : 315

1022. उस युग्म का चयन कीजिए जो एक-दूसरे से उसी प्रकार सम्बन्धित है, जिस प्रकार नीचे दिया गया युग्म सम्बन्धित है SSC Steno 10/12/2024 Shift II

14 : 205
5 : 34

(a) 25 : 636 (b) 28 : 793
(c) 16 : 247 (d) 9 : 91

1023. उस विकल्प का चयन करें, जो तीसरे शब्द से उसी प्रकार सम्बन्धित है, जिस प्रकार दूसरा शब्द, पहले शब्द से सम्बन्धित है। (शब्दों को अर्थपूर्ण हिन्दी/अंग्रेजी शब्दों के रूप में माना जाना चाहिए और शब्द में अक्षरों की

संख्या/व्यंजनों/स्वरों की संख्या के आधार पर एक दूसरे से सम्बन्धित नहीं होना चाहिए।)
SSC Steno 10/12/2024 Shift II

आप्रवासन : प्रवेश :: उत्प्रवासन : ?

(a) प्रस्थान (b) पासपोर्ट
(c) हवाई-जहाज (d) जोड़ना

1024. उस विकल्प का चयन कीजिए, जिसमें संख्याएँ वही सम्बन्ध साझा करती हैं, जो दी गई तीन संख्याओं के समूह द्वारा साझा किया जाता है। SSC Steno 10/12/2024 Shift II

(4, 16,60)
(2, 4, 6)

(a) 7, 49, 42 (b) 5, 25, 125
(c) 3, 9, 24 (d) 8, 56, 448

1025. उस विकल्प का चयन करें, जो तीसरे शब्द से उसी प्रकार सम्बन्धित है, जिस प्रकार, दूसरा शब्द पहले शब्द से सम्बन्धित है।
(शब्दों को हिन्दी के अर्थपूर्ण शब्दों के रूप में माना जाना चाहिए और ये शब्द, अक्षरों की संख्या व्यंजनों/स्वरों की संख्या के आधार पर एक-दूसरे से सम्बन्धित नहीं होने चाहिए।) SSC Steno 10/12/2024 Shift II

नक्शा : दिशाएँ : : नियमावली :

(a) निष्कर्ष (b) अनुदेश
(c) मान्यता (d) कथन

1026. एक निश्चित तर्क का अनुसरण करते हुए 325, 30 से सम्बन्धित है। उसी तर्क का अनुसरण करते हुए, 424, 32 से सम्बन्धित है। उसी तर्क का उपयोग करते हुए निम्नलिखित में से कौन-सी संख्या 16 से सम्बन्धित है? SSC Steno 10/12/2024 Shift II

(a) 184 (b) 178 (c) 180 (d) 182

1027. उस विकल्प का चयन कीजिए जो तीसरी संख्या से उसी प्रकार सम्बन्धित है जिस प्रकार दूसरी संख्या पहली संख्या से सम्बन्धित है और छठी संख्या पाँचवीं संख्या से सम्बन्धित है। SSC Steno 10/12/2024 Shift II

546 : 15 :: 879 :? :: 715 : 13

(a) 24 (b) 21 (c) 19 (d) 17

1028. उस युग्म का चयन कीजिए जो एक-दूसरे से उसी प्रकार सम्बन्धित है जिस प्रकार नीचे दिया गया युग्म सम्बन्धित है।
SSC Steno 10/12/2024 Shift II

27 : 82
9 : 28

(a) 45 : 138 (b) 42 : 127
(c) 18 : 37 (d) 36 : 107

1029. 1028. एक निश्चित तर्क का अनुसरण करते हुए 35, 48 से सम्बन्धित है। उसी तर्क का अनुसरण करते हुए 15, 24 से सम्बन्धित है। उसी तर्क का अनुसरण करते हुए, 80 निम्नलिखित में से किससे सम्बन्धित है?
SSC Steno 10/12/2024 Shift II

(a) 89 (b) 98 (c) 99 (d) 95

1030. दिए गए विकल्पों में से उस युग्म का चयन कीजिए, जो दिए गए युग्म के सदृश हो।
SSC Steno 10/12/2024 Shift I

14 : 200
5 : 29

(a) 11 : 120 (b) 7 : 50
(c) 15 : 230 (d) 16 : 260

1031. उस समुच्चय का चयन कीजिए, जिसमें संख्याएँ आपस में उसी प्रकार सम्बन्धित हैं, जिस प्रकार निम्नलिखित समुच्चय की संख्याएँ आपस में सम्बन्धित है।
SSC Steno 10/12/2024 Shift I

(9, 83, 164)
(4, 18, 34)

(a) (11, 122, 242) (b) (5, 27, 56)
(c) (6, 38, 74) (d) (13, 167, 334)

1032. उस युग्म का चयन कीजिए, जो एक-दूसरे से उसी प्रकार सम्बन्धित है जिस प्रकार नीचे दिया गया युग्म सम्बन्धित है।
SSC Steno 10/12/2024 Shift I

12 : 168
11 : 145

(a) 5 : 61 (b) 16: 232
(c) 8 : 88 (d) 14 : 172

1033. एक निश्चित तर्क का अनुसरण करते हुए, 4, 125 से सम्बन्धित है। उसी तर्क का अनुसरण करते हुए, 8, 729 से सम्बन्धित है। उसी तर्क का उपयोग करते हुए निम्नलिखित में से कौन-सी संख्या 1728 से सम्बन्धित है?
SSC Steno 10/12/2024 Shift I

(a) 9 (b) 10 (c) 12 (d) 11

1034. उस विकल्प का चयन कीजिए, जो तीसरी संख्या से उसी प्रकार सम्बन्धित है, जिस प्रकार दूसरी संख्या पहली संख्या से सम्बन्धित है और छठी संख्या पाँचवीं संख्या से सम्बन्धित है। SSC Steno 10/12/2024 Shift I

16 : 85 : : 23 : ? : : 28 : 145

(a) 120 (b) 105
(c) 150 (d) 135

1035. दिए गए विकल्पों में से उस त्रिय का चयन कीजिए, जो दी गई त्रिय के सदृश हो।
SSC Steno 10/12/2024 Shift I

505 – 604 – 217

(a) 244-226-262
(b) 125-223-342
(c) 432-513-711
(d) 161-512-710

1036. उस विकल्प का चयन करें, जिसमें संख्याएँ उसी तरह से सम्बन्धित हैं, जिस प्रकार दिए गए समुच्चयों में संख्याएँ सम्बन्धित हैं।
SSC Steno 10/12/2024 Shift I

(2, 7, 11)
(13, 17, 29)

(a) (3, 9, 11) (b) (27, 31, 33)
(c) (13, 17, 23) (d) (37,41,49)

1037. उस विकल्प का चयन कीजिए, जो तीसरे शब्द से उसी प्रकार सम्बन्धित है, जिस प्रकार दूसरा शब्द पहले शब्द से सम्बन्धित है।
(शब्दों को हिन्दी का अर्थपूर्ण शब्द माना जाना चाहिए और शब्द में अक्षरों की संख्या/व्यंजनों/स्वरों की संख्या के आधार पर उन्हें एक-दूसरे से सम्बन्धित नहीं किया जाना चाहिए। SSC Steno 10/12/2024 Shift I

रेड क्रॉस : अस्पताल : : चक्र : ?

(a) मंदी (b) प्रगति
(c) परिवार नियोजन (d) खतरा

1038. अंग्रेजी के अक्षरांकीय क्रम के अनुसार AZ1 एक निश्चित तरीके के आधार पर CX3 से सम्बन्धित है। EV5 इसी प्रकार से GT7 से सम्बन्धित है। तो इसी तर्क के अनुसार IR9 इनमें से किससे सम्बन्धित होगा?
SSC Steno 10/12/2024 Shift I

(a) KP 11 (b) MN 13
(c) KQ 11 (d) PK 11

SSC Steno 2023

1039. उस शब्द-युग्म का चयन कीजिए, जो ठीक उसी सम्बन्ध का सर्वोत्तम निरूपण करता है, जो सम्बन्ध इस दिए गए शब्द-युग्म में है।
SSC Steno 13/10/2023 Shift-I

सीडी : कम्प्यूटर

(a) इंजन : स्कूटर (b) पेन : पेपर
(c) पिन : सेफ्टी (d) कार्ड : ग्रीटिंग

1040. उस विकल्प का चयन कीजिए, जो चौथी संख्या से उसी प्रकार सम्बन्धित है जिस प्रकार पहली संख्या दूसरी संख्या से सम्बन्धित है और पाँचवीं संख्या छठी संख्या से सम्बन्धित है? SSC Steno 13/10/2023 Shift-I

216: 3: : ?: 4: : 1728: 6

(a) 946 (b) 512
(c) 864 (d) 728

1041. उस समुच्चय का चयन कीजिए, जिसमें संख्याएँ उसी प्रकार से सम्बन्धित हैं, जिस प्रकार दिए गए समुच्चय की संख्याएँ आपस में सम्बन्धित हैं। SSC Steno 13/10/2023 Shift-I

(4, 8, 35) (3, 5, 23)

(a) (5, 11, 46)
(b) (10, 34, 139)
(c) (6, 14, 59)
(d) (7, 17, 75)

1042. उस विकल्प का चयन कीजिए, जो पाँचवीं संख्या से उसी प्रकार सम्बन्धित हो, जैसे दूसरी संख्या पहली संख्या से सम्बन्धित है और चौथी संख्या तीसरी संख्या से सम्बन्धित है। SSC Steno 13/10/2023 Shift-I

9 : 84 : : 25 : 630 : : 16 : ?

(a) 260 (b) 625
(c) 525 (d) 290

1043. उस विकल्प का चयन करें, जो पाँचवीं संख्या से उसी प्रकार सम्बन्धित है जैसे पहली संख्या दूसरी संख्या से और तीसरी संख्या चौथी संख्या से सम्बन्धित है।

SSC Steno 13/10/2023 Shift-I

35 : 1225 : : 55 : 3025 : : 75 : ?

(a) 5525 (b) 8725
(c) 5625 (d) 6656

1044. उस विकल्प का चयन करें, जो पाँचवीं संख्या से उसी प्रकार सम्बन्धित है जैसे पहली संख्या दूसरी संख्या से और तीसरी संख्या चौथी संख्या से सम्बन्धित है। **SSC Steno 13/10/2023 Shift-I**

14 : 21 : : 12 : 18 : : 50 : ?

(a) 125 (b) 155
(c) 100 (d) 75

1045. उस समुच्चय का चयन करें, जिसमें दी गई संख्याएँ आपस में उसी प्रकार सम्बन्धित हैं, जिस प्रकार प्रश्न में दिए गए समुच्चय की संख्याएँ आपस में सम्बन्धित हैं।

SSC Steno 12/10/2023 Shift-I

(6, 12, 9), (7, 23, 15)

(a) (20, 40, 60) (b) (14, 12, 13)
(c) (15, 7, 8) (d) (12, 20, 8)

1046. उस विकल्प का चयन कीजिए, जो पाँचवीं संख्या से उसी प्रकार सम्बन्धित हो, जैसे दूसरी संख्या पहली संख्या से सम्बन्धित है और चौथी संख्या तीसरी संख्या से सम्बन्धित है। **SSC Steno 12/10/2023 Shift-I**

15 : 220 :: 10 : 95 :: 12 : ?

(a) 180 (b) 144
(c) 152 (d) 139

1047. उस विकल्प का चयन करें, जो छठी संख्या से उसी प्रकार सम्बन्धित है, जिस प्रकार पहली संख्या, दूसरी संख्या से और तीसरी संख्या, चौथी संख्या से सम्बन्धित है।

SSC Steno 12/10/2023 Shift-I

44 : 4 :: 287 : 7 :: ? : 10

(a) 570 (b) 810
(c) 890 (d) 639

1048. उस विकल्प का चयन कीजिए, जो चौथी संख्या से उसी प्रकार सम्बन्धित है, जिस प्रकार पहली संख्या दूसरी संख्या से सम्बन्धित है और पाँचवीं संख्या छठी संख्या से सम्बन्धित है? **SSC Steno 12/10/2023 Shift-I**

54 : 3 :: ? : 4 :: 500 : 5

(a) 100 (b) 154
(c) 192 (d) 121

1049. उस समुच्चय का चयन कीजिए, जिसमें संख्याएँ उसी तरह से सम्बन्धित हैं, जिस प्रकार दिए गए समुच्चय की संख्याएँ आपस में सम्बन्धित हैं। **SSC Steno 12/10/2023 Shift-I**

(4, 10, 23) (8, 22, 47)

(a) (5, 13, 23) (b) (10, 28, 53)
(c) (7, 19, 41) (d) (6, 16, 29)

1050. उस विकल्प का चयन करें, जो तीसरे शब्द से उसी प्रकार सम्बन्धित है, जिस प्रकार पहला शब्द दूसरे शब्द से सम्बन्धित है।

SSC Steno 12/10/2023 Shift-I

बोरी : जूट :: टोकरी : ?

(a) बाँस (b) रेयान
(c) संगमरमर (d) कपास

SSC Steno 2022-2020

1051. उस समुच्चय का चयन कीजिए, जिसमें संख्याएँ आपस में उसी प्रकार सम्बन्धित हैं, जिस प्रकार निम्नलिखित समुच्चयों की संख्याएँ आपस में सम्बन्धित है।

SSC Steno 18/11/2022 Shift-I

(212, 101, 111)
(256, 123, 133)

(a) (292, 122, 160)
(b) (182, 74, 108)
(c) (240, 105, 110)
(d) (196, 89, 91)

1052. उस विकल्प का चयन करें, जो तीसरी संख्या से उसी प्रकार सम्बन्धित है, जिस प्रकार दूसरी संख्या पहली संख्या से सम्बन्धित है और छठी संख्या पाँचवीं संख्या से सम्बन्धित है। **SSC Steno 18/11/2022 Shift-I**

6 : 43 : : 11 : ? : : 4 : 21

(a) 122 (b) 110 (c) 128 (d) 133

1053. उस विकल्प का चयन करें, जो पाँचवें अक्षर-समूह से उसी प्रकार सम्बन्धित है, जिस प्रकार दूसरा अक्षर-समूह पहले अक्षर-समूह से सम्बन्धित है और चौथा अक्षर-समूह तीसरे अक्षर-समूह से सम्बन्धित है।

MASTER : TSAMRE : : SMILES : LIMSSE : : FLIMSY : ?

SSC Steno 18/11/2022 Shift-I

(a) MLYFIS (b) MILFYS
(c) FLIMYS (d) FILMYS

1054. विकल्पों में से उस समुच्चय का चयन करें, जिसमें दी गई संख्याओं के बीच वहीं सम्बन्ध नहीं है, जो सम्बन्ध नीचे दिए गए समुच्चय में दी गई संख्याओं के बीच है।

SSC Steno 18/11/2022 Shift-I

(16, 11, 377)

(a) (16, 14, 452) (b) (18, 13, 493)
(c) (14, 12, 340) (d) (12, 15, 367)

1055. उस विकल्प का चयन करें, जो तीसरे शब्द से उसी प्रकार सम्बन्धित है, जिस प्रकार दूसरा शब्द पहले शब्द से सम्बन्धित है।

SSC Steno 18/11/2022 Shift-I

जन्तु : जूलॉजी (Zoology) : : पौधे : ?

(a) जियोलॉजी (Geology)
(b) बायोलॉजी (Biology)
(c) पेलिऑण्टोलॉजी (Palaeontology)
(d) बॉटनी (Botany)

1056. उस समुच्चय का चयन कीजिए, जिसमें संख्याएँ आपस में उसी प्रकार सम्बन्धित है, जिस प्रकार निम्नलिखित समुच्चयों की संख्याएँ आपस में सम्बन्धित है।

SSC Steno 18/11/2022 Shift-I

(75, 55, 70), (65, 55, 68)

(a) (90, 85, 104) (b) (95, 85, 124)
(c) (95, 85, 104) (d) (95, 80, 104)

1057. उस विकल्प का चयन करें, जो पाँचवें पद से उसी प्रकार सम्बन्धित है, जिस प्रकार दूसरा पद पहले पद से सम्बन्धित है और चौथा पद तीसरे पद से सम्बन्धित है।

OUT 2 : WWP 4 : : AXE 5 : HZB 25 : : ART 7 : ? **SSC Steno 17/11/2022 Shift-I**

(a) WTB 14 (b) WTB 35
(c) WTB 49 (d) VTB 49

1058. उस समुच्चय का चयन कीजिए, जिसमें संख्याएँ आपस में उसी प्रकार सम्बन्धित है, जिस प्रकार निम्नलिखित समुच्चयों की संख्याएँ आपस में सम्बन्धित है।

SSC Steno 17/11/2022 Shift-I

(56, 5, 9), (80, 8, 12)

(a) (143, 12, 18) (b) (151, 4, 13)
(c) (172, 8, 15) (d) (75, 11, 14)

1059. उस विकल्प का चयन करें, जो पाँचवें अक्षर-समूह से उसी प्रकार सम्बन्धित है। जिस प्रकार दूसरा अक्षर-समूह पहले अक्षर-समूह से सम्बन्धित है और चौथा अक्षर-समूह तीसरे अक्षर-समूह से सम्बन्धित है।

PAVE : FXDT : : AXLE : FNAE : : BREW : ? **SSC Steno 17/11/2022 Shift-I**

(a) XGTF (b) XGVF
(c) XGUF (d) XHTF

1060. उस विकल्प का चयन करें, जो तीसरी संख्या से उसी प्रकार सम्बन्धित है, जिस प्रकार दूसरी संख्या पहली संख्या से और छठी संख्या पाँचवीं संख्या से सम्बन्धित है

SSC Steno 17/11/2022 Shift-I

6 : 74 : : 9 : ? : : 5 : 52

(a) 160 (b) 168
(c) 164 (d) 172

1061. उस समुच्चय का चयन कीजिए, जिसमें संख्याएँ आपस में उसी प्रकार सम्बन्धित है, जिस प्रकार निम्नलिखित समुच्चयों की संख्याएँ आपस में सम्बन्धित है।

SSC Steno 17/11/2022 Shift-I

(51, 34, 85)
(67, 42, 109)

(a) (78, 51, 119) (b) (69, 44, 102)
(c) (56, 31, 77) (d) (73, 38, 111)

1062. उस विकल्प का चयन करें, जो तीसरी संख्या से उसी प्रकार सम्बन्धित है, जिस प्रकार दूसरी संख्या पहली संख्या से और छठी संख्या पाँचवीं संख्या से सम्बन्धित है।

SSC Steno 17/11/2022 Shift-I

7 : 84 : : 5 : ? : : 9 : 144
(a) 36 (b) 40
(c) 30 (d) 45

1063. उस विकल्प का चयन करें, जो तीसरी संख्या से उसी प्रकार सम्बन्धित है, जिस प्रकार दूसरी संख्या पहली संख्या से सम्बन्धित है और छठी संख्या पाँचवीं संख्या से सम्बन्धित है। **SSC Steno 17/11/2022 Shift-I**
17 : –153 : : –13 : ? : : –21 : 189
(a) –104 (b) 129
(c) 117 (d) –127

1064. उस विकल्प का चयन करें, तो तीसरे अक्षर-समूह से ठीक उसी प्रकार सम्बन्धित है, जिस प्रकार दूसरा अक्षर-समूह पहले अक्षर-समूह से सम्बन्धित है। **SSC Steno 15/11/2021**
LARTBZ : BLRTAZ :: PARENF : ?
(a) NREAFP (b) RNPEAF
(c) NEARFP (d) NPREAF

1065. दिए गए पैटर्न का ध्यानपूर्वक अध्ययन करें और उस संख्या का चयन करें, जो इसमें प्रश्नवाचक चिह्न (?) के स्थान पर आएगी। **SSC Steno 15/11/2021**
(15, 5, 150) (16, 4, 128) (7, 7, 98) (11, 4, ?)
(a) 88 (b) 78 (c) 102 (d) 132

1066. उस विकल्प का चयन करें, जो तीसरे अक्षर-समूह से ठीक उसी प्रकार सम्बन्धित है, जिस प्रकार दूसरा अक्षर-समूह पहले अक्षर-समूह से सम्बन्धित है। **SSC Steno 15/11/2021**
NEUTSE : GGPUVW :: ZWURST : ?
(a) QXPTWA (b) BTUUWY
(c) QXPXAE (d) BTUVWY

1067. उस विकल्प का चयन करें, जो तीसरे अक्षर-समूह से ठीक उसी प्रकार सम्बन्धित है, जिस प्रकार दूसरा अक्षर-समूह पहले अक्षर-समूह से सम्बन्धित है। **SSC Steno 15/11/2021**
LATYE : YTLEA : : NETAEO : ?
(a) TONEEA (b) TONEAE
(c) TQUNEA (d) TTNUAE

1068. दिए गए पैटर्न का ध्यानपूर्वक अध्ययन करें और उस संख्या का चयन करें, जो इसमें प्रश्नवाचक चिह्न (?) के स्थान पर आएगी। **SSC Steno 15/11/2021**
(2, 8, 20) (7, 12, 22) (33, 42, ?)
(a) 36 (b) 52
(c) 60 (d) 56

1069. उस विकल्प का चयन करें, जो तीसरी संख्या से उसी प्रकार सम्बन्धित है, जैसे दूसरी संख्या, पहली संख्या से सम्बन्धित है। **SSC Steno 15/11/2021**
5 : 150 : : 8 : ?
(a) 864 (b) 186 (c) 262 (d) 576

1070. उस विकल्प का चयन करें, जो तीसरे अक्षर-समूह से उसी प्रकार सम्बन्धित है, जैसे दूसरा अक्षर-समूह, पहले अक्षर-समूह से सम्बन्धित है। **SSC Steno 12/11/2021**
OESTD : UAVXI : : UISRY : ?
(a) AOVYD (b) EAVVD
(c) AEVWD (d) AEVVD

1071. उस विकल्प का चयन करें, जो तीसरे अक्षर-समूह से उसी प्रकार सम्बन्धित है, जैसे दूसरा अक्षर-समूह, पहले अक्षर-समूह से सम्बन्धित है। **SSC Steno 12/11/2021**
DURDG : EFJVZ :: JGFSGR : ?
(a) GIJNWY (b) GJJNVX
(c) KJJNVX (d) KIJNVX

1072. दिए गए पैटर्न का ध्यानपूर्वक अध्ययन करें और अनुपस्थित संख्या ज्ञात करें। **SSC Steno 12/11/2021**
(9, 9, 2) (8, ___ , 1) (4, 8, 8)
(a) 11 (b) 1 (c) 6 (d) 8

1073. दिए गए पैटर्न का सावधानीपूर्वक अध्ययन करें तथा उस संख्या का चयन करें, जो प्रश्नवाचक चिह्न (?) की जगह आ सकती है?
(15, 1, 7, 32) (20, 2, 7, 47) (13, 3, 7, 50) (7, 4, ?, 48) **SSC Steno 11/11/2021**
(a) 5 (b) 3 (c) 1 (d) 8

1074. उस विकल्प का चयन करें, जो तीसरे अक्षर-समूह से ठीक उसी प्रकार सम्बन्धित है, जिस प्रकार दूसरा अक्षर-समूह पहले अक्षर-समूह से सम्बन्धित है। **SSC Steno 11/11/2021**
PRIEST : TSRPIE :: UMPIRE :?
(a) RUPMIE (b) URPMEI
(c) URPMIE (d) URMPIE

1075. वह विकल्प चुनें, जिसका तीसरे पद से ठीक वही सम्बन्ध है, जो दूसरे पद का पहले पद से है।
TACKLE : ACEKLT : :
DETOXING : ? **SSC Steno 24/12/2020**
(a) OTEDGIXN (b) EDOTXIGX
(c) DEIGONTX (d) DEGINOTX

1076. उस विकल्प का चयन करें, जो तीसरे पद से उसी प्रकार सम्बन्धित हो, जिस प्रकार दूसरा पद पहले पद से सम्बन्धित है। **SSC Steno 24/12/2020**
MONDAY : RJSIVD : : TROUBLE : ?
(a) YVJPFQZ (b) CWJQGQZ
(c) YWJPGQZ (d) XWJPFQJ

1077. उस विकल्प का चयन करें, जो तीसरे पद में उसी प्रकार सम्बन्धित हो, जिस प्रकार दूसरा पद पहले पद से सम्बन्धित है। **SSC Steno 22/12/2020**
FRIDGE : EGDIRF : : GROUND : ?
(a) DNOURG (b) DNUOGR
(c) DNUORG (d) NEUORG

1078. उस संख्या को चुनें, जो तीसरी संख्या से उसी प्रकार सम्बन्धित है जिस प्रकार दूसरी संख्या, पहली संख्या से सम्बन्धित है। **SSC Steno 22/12/2020**
45 : 41 : : 27 : ?
(a) 49 (b) 57 (c) 78 (d) 53

SSC GD Constable 2024

1079. निम्नलिखित प्रश्न में, दिए गए विकल्पों में से, सम्बन्धित अक्षर-युग्म का चयन कीजिए।
BHL : YEI :: ? **SSC GD 26/02/2024 Shift-I**
(a) ABC : DQR
(b) OLM : NOP
(c) AMG : XJD
(d) LOB : WZA

1080. निम्नलिखित विकल्पों में से, उस विकल्प का चयन कीजिए, जो तीसरे शब्द से ठीक उसी प्रकार सम्बन्धित है, जिस प्रकार दूसरा शब्द पहले शब्द से सम्बन्धित है। **SSC GD 26/02/2024 Shift-I**
बगीचा : फूल :: पुस्तकालय : ?
(a) हेलमेट (b) पुस्तकें
(c) मेंज (d) गीत

1081. निम्नलिखित विकल्पों में से उस विकल्प का चयन कीजिए, जो पाँचवें शब्द से ठीक उसी प्रकार सम्बन्धित है, जिस प्रकार चौथा शब्द, तीसरे शब्द से सम्बन्धित है और दूसरा शब्द पहले शब्द से सम्बन्धित है। **SSC GD 26/02/2024 Shift-III**
ताजमहल : आगरा :: इण्डिया गेट : नई दिल्ली :: गेटवे ऑफ इण्डिया : ?
(a) चेन्नई (b) बैंगलोर
(c) मुम्बई (d) अमृतसर

1082. निम्नलिखित प्रश्न में, दिए गए विकल्पों में से सम्बन्धित अक्षरों का चयन कीजिए। **SSC GD 24/02/2024 Shift-III**
TWZ : SVY :: GJM : ?
(a) ULM (b) FIL
(c) ZUY (d) XZX

1083. निम्नलिखित विकल्पों में से उस विकल्प का चयन कीजिए, जो तीसरे शब्द से ठीक उसी प्रकार सम्बन्धित है। जिस प्रकार दूसरा शब्द पहले शब्द से सम्बन्धित है। **SSC GD 24/02/2024 Shift-II**
पेंगुइन : चूजा :: बत्तख : ?
(a) बिलौटा (b) शावक
(c) कंगारू का बच्चा (d) बत्तखशाव

1084. निम्नलिखित विकल्पों में से उस विकल्प का चयन कीजिए, जो तीसरे शब्द से ठीक उसी प्रकार सम्बन्धित है, जिस प्रकार दूसरा शब्द, पहले शब्द से सम्बन्धित है। **SSC GD 24/02/2024 Shift-I**
जासूस : सुराग :: वैज्ञानिक : ?
(a) प्रयोग (b) चित्र
(c) गीत (d) नृत्य

1085. निम्नलिखित प्रश्न में, दिए गए विकल्पों में से सम्बन्धित अक्षरों का चयन कीजिए। SSC GD 24/02/2024 Shift-I

CPO : ANM :: JWX : ?

(a) YKA (b) RAA (c) HUV (d) LER

1086. निम्नलिखित प्रश्न में, दिए गए विकल्पों में से सम्बन्धित अक्षरों का चयन कीजिए। SSC GD 23/02/2024 Shift-IV

PSV : QTW :: CGK : ?

(a) XKL (b) ZAC (c) HUV (d) DHL

1087. निम्नलिखित प्रश्न में दिए गए विकल्पों में से सम्बन्धित अक्षर-युग्म का चयन कीजिए।

CO: XJ :: ? SSC GD 23/02/2024 Shift-IV

(a) EQ : ZL (b) FG : TL
(c) HU : IV (d) DQ : ET

1088. निम्नलिखित विकल्पों में से उस विकल्प का चयन कीजिए, जो तीसरे शब्द से ठीक उसी प्रकार सम्बन्धित है, जिस प्रकार दूसरा शब्द पहले शब्द से सम्बन्धित है। SSC GD 23/02/2024 Shift-III

कार्डियोलॉजिस्ट : हृदय :: नेफ्रोलॉजिस्ट : ?

(a) फेफड़े (b) हृदय
(c) यकृत (d) गुर्दे

1089. निम्नलिखित प्रश्न में, दिए गए विकल्पों में से सम्बन्धित अक्षरों का चयन कीजिए। SSC GD 23/02/2024 Shift-II

TGX : SFW :: BOR : ?

(a) NMN (b) SUY (c) ZXY (d) ANQ

1090. निम्नलिखित विकल्पों में से उस विकल्प का चयन कीजिए, जो पाँचवें शब्द से ठीक उसी प्रकार सम्बन्धित है। जिस प्रकार चौथा शब्द, तीसरे शब्द से सम्बन्धित है और दूसरा शब्द, पहले शब्द से सम्बन्धित है।

अन्नानास : फल :: स्प्राइट : पेय :: एवोकाडो : ? SSC GD 23/02/2024 Shift-II

(a) सब्जी (b) अनाज
(c) मिठाई (d) फल

1091. निम्नलिखित प्रश्न में, दिए गए विकल्पों में से सम्बन्धित अक्षरों का चयन कीजिए। SSC GD 23/02/2024 Shift-I

BO : AM :: CP : ?

(a) BN (b) AS (c) HI (d) YX

1092. निम्नलिखित विकल्पों में से उस विकल्प का चयन कीजिए, जो पाँचवें शब्द से ठीक उसी प्रकार सम्बन्धित है जिस प्रकार चौथा शब्द तीसरे शब्द से सम्बन्धित है और दूसरा शब्द पहले शब्द से सम्बन्धित है। SSC GD 22/02/2024 Shift-III

व्यक्ति : समूह :: आंशिक : पूर्ण :: रिक्त : ?

(a) खाली (b) उपलब्ध
(c) मुक्त (d) अधिकृत

1093. निम्नलिखित विकल्पों में से उस विकल्प का चयन कीजिए, जो पाँचवे अक्षर-समूह से ठीक उसी प्रकार सम्बन्धित है, जिस प्रकार चौथा अक्षर-समूह तीसरे अक्षर-समूह से सम्बन्धित है, और दूसरा अक्षर-समूह पहले अक्षर-समूह से सम्बन्धित है।

CAUSAL : ACUSLA :: DEBATE : EDBAET :: EFFORT : ? SSC GD 22/02/2024 Shift-II

(a) FEFOTR (b) FFETRO
(c) TROFFE (d) FEOFTR

1094. निम्नलिखित विकल्पों में से उस विकल्प का चयन कीजिए, जो पाँचवें अक्षर-समूह से ठीक उसी प्रकार सम्बन्धित है जिस प्रकार चौथा अक्षर-समूह तीसरे अक्षर-समूह से सम्बन्धित है, और दूसरा अक्षर-समूह पहले अक्षर-समूह से सम्बन्धित है।

AWESOME : EWASEMO :: IMPRESS : PMIRSSE :: CONFUSE : ? SSC GD 22/02/2024 Shift-I

(a) NOCFESU (b) NOFCESU
(c) NOCFEUS (d) NOCFSEU

1095. निम्नलिखित प्रश्न में, दिए गए विकल्पों में से सम्बन्धित अक्षर-समूह को चुनिए।

RLDY : SMEZ :: ? SSC GD 21/02/2024 Shift-IV

(a) PORU : ZZOU
(b) CPSF : DQTG
(c) ODAF : GKLN
(d) RUCP : KMOA

1096. निम्नलिखित में से उस विकल्प का चयन कीजिए जो तीसरे शब्द से ठीक उसी प्रकार सम्बन्धित है, जिस प्रकार दूसरा शब्द पहले शब्द से सम्बन्धित है। SSC GD 21/02/2024 Shift-III

कलाकार : कैनवास : मूर्तिकार : ?

(a) पत्थर (b) रंग
(c) कलम (d) कागज

SSC Selection Post 2024

1097. उस विकल्प का चयन करें, जो पाँचवें अक्षर-समूह से उसी तरह सम्बन्धित है, जैसे दूसरा अक्षर-समूह पहले अक्षर-समूह से और चौथा अक्षर-समूह तीसरे अक्षर-समूह से सम्बन्धित है। Matric Level 20/06/2024 Shift-IV

ROYAL : ALZRO : : ABOUT : UTPAB : : POLES : ?

(a) FRMQN (b) FSNPR
(c) ESMPO (d) ESNIPO

1098. उस विकल्प का चयन कीजिए, जो पाँचवीं संख्या से उसी प्रकार सम्बन्धित है जिस प्रकार चौथी संख्या तीसरी संख्या से और दूसरी संख्या पहली संख्या से सम्बन्धित है। Matric Level 20/06/2024 Shift-IV

16 : 36 : : 64 : 100 : : 25 : ?

(a) 47 (b) 49
(c) 61 (d) 45

1099. उस विकल्प का चयन करें, जो तीसरे शब्द से उसी प्रकार सम्बन्धित है जैसे दूसरा शब्द पहले शब्द से सम्बन्धित है। (शब्दों को अर्थपूर्ण हिन्दी शब्दों के रूप में माना जाना चाहिए और इनको शब्द में अक्षरों की संख्या/व्यंजनों/स्वरों की संख्या के आधार पर एक-दूसरे से सम्बन्धित नहीं किया जाना चाहिए।) Matric Level 20/06/2024 Shift-IV

कार : गैराज : : वस्त्र : ?

(a) बस (c) इस्त्री
(c) अलमारी (d) पोशाक

1100. उस विकल्प का चयन करें, जो पाँचवें अक्षर-समूह से उसी प्रकार सम्बन्धित है, जैसे दूसरा अक्षर-समूह पहले अक्षर-समूह से और चौथा अक्षर-समूह तीसरे अक्षर-समूह से सम्बन्धित है। Graduate Level 20/06/2024 Shift-III

SPEAK : ROIEJ :: THEIR : SGIOQ :: BEING: ?

(a) AIONF (b) AIOMF
(c) BIONF (d) BOING

1101. एक निश्चित तर्क का अनुसरण करते हुए 26, 12 से सम्बन्धित है। उसी तर्क का अनुसरण करते हुए 36, 18 से सम्बन्धित है। उसी तर्क का उपयोग करते हुए निम्न में से कौन-सी संख्या 20 से सम्बन्धित है? Graduate Level 20/06/2024 Shift-III

(a) 53 (b) 42
(c) 35 (d) 45

1102. उस विकल्प का चयन कीजिए, जिसका पाँचवे अक्षर-समूह से ठीक वही सम्बन्ध है, जो सम्बन्ध दूसरे अक्षर-समूह का पहले अक्षर-समूह से और वही सम्बन्ध चौथे अक्षर-समूह का तीसरे अक्षर-समूह से है। Graduate Level 20/06/2024 Shift-III

SCATTER : TBBSUDS :: RESPECT: SDTOFBU: SUCCESS : ?

(a) RTBDFTR (b) TTDBFRT
(c) TTBDFTR (d) TTDBFTR

1103. उस विकल्प का चयन करें, जो तीसरे शब्द से उसी प्रकार सम्बन्धित है जिस प्रकार दूसरा शब्द पहले शब्द से सम्बन्धित है। Graduate Level 20/06/2024 Shift-III

उत्तरी-अमेरिका : मेक्सिको :: दक्षिण-अमेरिका : ?

(a) वेनेजुएला (b) फ्रैंकफर्ट
(c) क्रैनबेरी (d) जमैका

1104. उस विकल्प का चयन करें जो तीसरे शब्द से उसी प्रकार सम्बन्धित है जिस प्रकार दूसरा शब्द पहले शब्द से सम्बन्धित है। Higher Secondary Level 20/06/2024 Shift-II

साँप : काटना :: मधुमक्खी : ?

(a) छत्ता (b) भनभनाना
(c) डंक मारना (d) शहद

1105. उस विकल्प का चयन कीजिए, जिसका पाँचवें अक्षर-समूह से ठीक वही सम्बन्ध है, जो सम्बन्ध दूसरे अक्षर समूह का पहले अक्षर-समूह से और वही सम्बन्ध चौथे अक्षर-समूह का तीसरे अक्षर-समूह से है।

Higher Secondary Level 20/06/2024 Shift-II

CASTLE : SCALET :: PRIMED : IPREDM :: PHONES : ?

(a) OHPSEN (b) OPHSEN
(c) OHPESN (d) OPHESN

1106. उस विकल्प का चयन करें, जो तीसरे शब्द से उसी प्रकार सम्बन्धित है, जिस प्रकार दूसरा शब्द पहले शब्द से सम्बन्धित है।

Higher Secondary Level 20/06/2024 Shift-II

आँख : देखना :: त्वचा : ?

(a) गरम (b) कोमल
(c) स्पर्श (d) कठोर

1107. प्रत्येक समुच्चय की संख्याएँ एक निश्चित तरीके से एक-दूसरे से सम्बन्धित है।

Higher Secondary Level 20/06/2024 Shift-II

(2, 8, 4), (7, 343, 49), (4, 64, ?)

पहले दो समुच्चयों में संख्याओं के बीच सम्बन्ध के आधार पर, उस संख्या का चयन कीजिए जो तीसरे समुच्चय में प्रश्न चिह्न (?) को प्रतिस्थापित कर सके।

(a) 12 (b) 16
(c) 32 (d) 8

SSC Selection Post 2023 & 2022

1108. उस विकल्प का चयन करें, जो तीसरे शब्द से उसी प्रकार सम्बन्धित है जिस प्रकार दूसरा शब्द पहले शब्द से सम्बन्धित है।

Graduate Level 27/06/2023 Shift-IV

अधिव्यक्त करना (Waive) : थोपना (Impose) :: नकली (Spurious) : ?

(a) त्यागना (Abjure)
(b) छिटपुट (Sporadic)
(c) जाली (Counterfeit)
(d) वास्तविक (Original)

1109. उस विकल्प का चयन कीजिए, जिसका तीसरे शब्द से ठीक वही सम्बन्ध है, जो सम्बन्ध दूसरे शब्द का पहले शब्द से है।

Graduate Level 27/06/2023 Shift-IV

नौसिखिया : आरम्भकर्त्ता :: खतरनाक : ?

(a) टिकाऊ (b) जोखिमप्रद
(c) सहिष्णु (d) विलक्षण

1110. उस विकल्प का चयन करें जो पाँचवें पद से उसी प्रकार सम्बन्धित है जिस प्रकार दूसरा पद पहले पद से सम्बन्धित है और चौथा पद तीसरे पद से सम्बन्धित है।

Graduate Level 27/06/2023 Shift-IV

YEN10 : CWN50 : : USD8 : GIX32 : : GDP12 : ?

(a) UWL72 (b) UXJ72
(c) UXL72 (c) TXL72

1111. उस विकल्प का चयन करें, जो तीसरे शब्द से उसी प्रकार सम्बन्धित है जिस प्रकार दूसरा शब्द पहले शब्द से सम्बन्धित है।

Higher Secondary Level 27/06/2023 Shift-III

समय : सेकण्ड :: द्रव्यमान : ?

(a) माल (b) माप
(c) पैमाना (d) किलोग्राम

1112. उस विकल्प का चयन करें, जो पाँचवें अक्षर-समूह से उसी प्रकार सम्बन्धित है। जिस प्रकार दूसरा अक्षर-समूह पहले अक्षर-समूह से सम्बन्धित है और चौथा अक्षर-समूह तीसरे अक्षर-समूह से सम्बन्धित है। **Higher Secondary Level 27/06/2023 Shift-III**

CART : UTDG :: DREW : XGUH :: ENDS : ?

(a) TFQI (b) TGRJ
(c) TFQJ (d) TGQI

1113. उस विकल्प का चयन करें, जो पाँचवें अक्षर-समूह से उसी प्रकार सम्बन्धित है। जिस प्रकार दूसरा अक्षर-समूह पहले अक्षर-समूह से सम्बन्धित है और चौथा अक्षर-समूह तीसरे अक्षर-समूह से सम्बन्धित है। **Higher Secondary Level 27/06/2023 Shift-III**

ADMIRE: BCOGUB :: THANKS : UGCLNP :: RESULT : ?

(a) SDTROQ
(b) SDUROQ
(c) SDURPQ
(d) SDUSOQ

1114. उस विकल्प का चयन करें, जो पाँचवें अक्षर-समूह से उसी तरह सम्बन्धित है, जैसे दूसरा अक्षर-समूह पहले अक्षर-समूह से और चौथा अक्षर-समूह तीसरे अक्षर-समूह से सम्बन्धित है।

Higher Secondary Level 27/06/2023 Shift-III

THEME : VFEOC :: WORLD : YMRNB :: OTHER : ?

(a) QSHGQ (b) PSHHP
(c) QRHGP (d) PRGHP

1115. उस विकल्प का चयन कीजिए, जो तीसरे शब्द से उसी प्रकार सम्बन्धित है जिस प्रकार दूसरा शब्द पहले शब्द से सम्बन्धित है।

Matric Level 27/06/2023 Shift-I

कोरियोग्राफर : नृत्यनाटिका :: नाटककार : ?

(a) गीत-रचना (b) नाटक
(c) चलचित्र (d) रूप-रेखा

1116. उस विकल्प का चयन कीजिए जो पाँचवें पद से उसी प्रकार सम्बन्धित है जैसे दूसरा पद पहले पद से और चौथा पद तीसरे पद से सम्बन्धित है। **Matric Level 27/06/2023 Shift-I**

VISION : IVISNO : : COLOUR : OCOLRU : : YELLOW : ?

(a) EYLOLW (b) LEYWOL
(c) WOLLEY (d) EYLLWO

1117. उस विकल्प का चयन करें, जो चौथे पद से उसी प्रकार सम्बन्धित है जिस प्रकार पहला पद दूसरे पद से सम्बन्धित है और पाँचवाँ पद छठे पद से सम्बन्धित है।

Matric Level 27/06/2023 Shift-I

16 : 36 :: ? : 50 :: 9 : 22

(a) 23 (b) 34
(c) 22 (d) 31

1118. उस विकल्प का चयन कीजिए जो तीसरे शब्द से उसी प्रकार सम्बन्धित है जिस प्रकार दूसरा शब्द पहले शब्द से सम्बन्धित है।

Matric Level 27/06/2023 Shift-I

ऑमलेट : अंडा :: सड़क : ?

(a) फ्लैक्स (Flax) (b) डामर (Asphalt)
(c) लैटेक्स (Latex) (d) अयस्क (Ore)

1119. उस समुच्चय का चयन कीजिए जिसमें संख्याएँ एक-दूसरे से उसी प्रकार सम्बन्धित हैं जिस प्रकार निम्नलिखित समुच्चय की संख्याएँ आपस में सम्बन्धित हैं।

Graduate Level 01/08/2023 Shift-IV

(9, 4, 85) (6, 5, 41)

(a) (2,15.39) (b) (8,2,28)
(c) (1,4,5) (d) (3,9,19)

1120. उस विकल्प का चयन करें जो पाँचवें अक्षर-समूह से उसी प्रकार सम्बन्धित है जिस प्रकार दूसरा अक्षर-समूह पहले अक्षर-समूह से सम्बन्धित है और चौथा अक्षर-समूह तीसरे अक्षर-समूह से सम्बन्धित है।

Graduate Level 01/08/2022 Shift-IV

SYSTEM : RXRSDL :: COHORT: BNGNQS :: SCHEDULE:?

(a) RBCTKDGD (b) RBGDCTKD
(c) RBCGDTDK (d) RDBCTKDGD

1121. उस शब्द-युग्म का चयन कीजिए जिसके शब्दों के मध्य वही सम्बन्ध है जो नीचे दिए गए शब्द-युग्म के शब्दों के मध्य हैं।

Graduate Level 01/08/2022 Shift-IV

वास्तुकार : डिजाइन

(a) बढ़ई : लकड़ी (b) दर्जी : सूट
(c) किसान : ट्रैक्टर (d) पत्रकार : कविता

1122. उस विकल्प का चयन करें, जो तीसरे शब्द से उसी प्रकार सम्बन्धित है जिस प्रकार दूसरा शब्द पहले शब्द से सम्बन्धित है।

Graduate Level 01/08/2022 Shift-IV

स्याही : कलम :: रंग : ?

(a) ब्रश (b) कागज
(c) स्केच (d) कला

1123. उस विकल्प का चयन करें, जो पाँचवें अक्षर-समूह से उसी प्रकार सम्बन्धित है। जिस प्रकार दूसरा अक्षर-समूह पहले अक्षर-समूह से सम्बन्धित है और चौथा अक्षर-समूह तीसरे अक्षर-समूह से सम्बन्धित है। **Higher Secondary Level 01/08/2022 Shift-II**

NUCLEAR : DVOMSBF ::
WEAPONS : BFXQTOP ::
MISUSES : ?
(a) TJNWTFT (b) TJNVTFT
(c) TJNUTGT (d) NITVTFT

1124. उस विकल्प का चयन करें, जो पाँचवें अक्षर-समूह से उसी प्रकार सम्बन्धित है। जिस प्रकार दूसरा अक्षर-समूह पहले अक्षर-समूह से सम्बन्धित है और चौथा अक्षर-समूह तीसरे अक्षर-समूह से सम्बन्धित है। **Higher Secondary Level 01/08/2022 Shift-II**

JUG : LSI : : WAX : YYZ :: POT : ?
(a) RMV (b) SMV
(c) RQV (d) RMR

1125. उस समुच्चय का चयन कीजिए, जिसमें संख्याएँ उसी प्रकार सम्बन्धित है। जिस प्रकार निम्नलिखित समुच्चयों की संख्याएँ आपस में सम्बन्धित है।
Higher Secondary Level 01/08/2022 Shift-II

(53, 102, 151)
(74, 123, 172)
(a) (84, 57, 190) (b) (69, 119, 159)
(c) (48, 97, 146) (d) (56, 105, 161)

1126. उस विकल्प का चयन कीजिए, जिसका पाँचवें पद से वही सम्बन्ध है, जो दूसरे पद का पहले पद से है और चौथे पद का तीसरे पद से है।
Higher Secondary Level 01/08/2022 Shift-II

UNLIKE : ENILKU :: FLOWER : RLWOEF :: CAVITY : ?
(a) YTVIAC (b) YTVICA
(c) YTVCAI (d) YAIVTC

1127. उस विकल्प का चयन कीजिए, जो पाँचवें अक्षर-समूह से उसी प्रकार सम्बन्धित है। जिस प्रकार दूसरा अक्षर-समूह पहले अक्षर-समूह से सम्बन्धित है और चौथा अक्षर-समूह तीसरे अक्षर-समूह से सम्बन्धित है। **Higher Secondary Level 01/08/2022 Shift-II**

RAIN : UCJJ :: PIPE : SKQA :: HORN : ?
(a) KQSJ (b) IPSO
(c) EMQR (d) SLIM

1128. दिए गए पैटर्न का ध्यानपूर्वक अध्ययन करें और उस संख्या का चयन करें, जो प्रश्न-चिह्न (?) को प्रतिस्थापित करेगा।
Matric Level 01/08/2022 Shift-I

पहली पंक्ति 13, 1,70
दूसरी पंक्ति 9, 9, 90
तीसरी पंक्ति 11, ?, 130
(a) 15 (b) 9
(c) 7 (d) 8

1129. उस विकल्प का चयन करें, जो पाँचवें अक्षर-समूह से उसी प्रकार सम्बन्धित है जैसे दूसरा अक्षर-समूह पहले अक्षर-समूह से सम्बन्धित है और चौथा अक्षर-समूह तीसरे अक्षर-समूह से सम्बन्धित है।
Matric Level 01/08/2022 Shift-I

JKLO : GHIL : LJKM : IGHJ : : DOUL : ?
(a) ALIR
(b) ARLI
(c) LAIR
(d) ALRI

1130. शब्दों के अर्थ/प्रासंगिकता के आधार पर, लैपटॉप का जो सम्बन्ध की-बोर्ड से है, वही सम्बन्ध टेलीविजन का .... से है।
Matric Level 01/08/2022 Shift-I

(a) इन्टरनेट (b) मूवी
(c) रिमोट (d) चैनल

सही उत्तर

1	(a)	2	(c)	3	(d)	4	(c)	5	(d)	6	(c)	7	(c)	8	(c)	9	(c)	10	(d)
11	(d)	12	(a)	13	(c)	14	(d)	15	(c)	16	(a)	17	(b)	18	(d)	19	(d)	20	(d)
21	(b)	22	(d)	23	(c)	24	(d)	25	(c)	26	(c)	27	(c)	28	(c)	29	(c)	30	(d)
31	(a)	32	(d)	33	(b)	34	(c)	35	(c)	36	(a)	37	(c)	38	(c)	39	(b)	40	(c)
41	(d)	42	(a)	43	(d)	44	(c)	45	(d)	46	(a)	47	(a)	48	(d)	49	(d)	50	(a)
51	(a)	52	(d)	53	(b)	54	(b)	55	(d)	56	(d)	57	(d)	58	(a)	59	(c)	60	(a)
61	(a)	62	(c)	63	(a)	64	(a)	65	(d)	66	(d)	67	(d)	68	(b)	69	(b)	70	(d)
71	(b)	72	(a)	73	(c)	74	(a)	75	(a)	76	(d)	77	(c)	78	(d)	79	(d)	80	(a)
81	(d)	82	(d)	83	(d)	84	(b)	85	(c)	86	(c)	87	(d)	88	(c)	89	(d)	90	(b)
91	(d)	92	(b)	93	(c)	94	(a)	95	(b)	96	(a)	97	(b)	98	(c)	99	(a)	100	(d)
101	(d)	102	(b)	103	(d)	104	(c)	105	(a)	106	(c)	107	(d)	108	(c)	109	(a)	110	(c)
111	(c)	112	(d)	113	(c)	114	(c)	115	(b)	116	(c)	117	(a)	118	(b)	119	(d)	120	(a)
121	(c)	122	(d)	123	(a)	124	(a)	125	(b)	126	(c)	127	(a)	128	(a)	129	(c)	130	(c)
131	(c)	132	(d)	133	(c)	134	(c)	135	(a)	136	(b)	137	(a)	138	(d)	139	(b)	140	(d)
141	(d)	142	(b)	143	(d)	144	(b)	145	(a)	146	(a)	147	(b)	148	(a)	149	(b)	150	(d)
151	(d)	152	(d)	153	(d)	154	(b)	155	(b)	156	(d)	157	(d)	158	(a)	159	(a)	160	(d)
161	(d)	162	(c)	163	(c)	164	(d)	165	(d)	166	(d)	167	(c)	168	(b)	169	(d)	170	(c)
171	(d)	172	(b)	173	(b)	174	(a)	175	(b)	176	(c)	177	(b)	178	(b)	179	(c)	180	(a)
181	(d)	182	(d)	183	(b)	184	(a)	185	(b)	186	(b)	187	(c)	188	(b)	189	(c)	190	(c)
191	(b)	192	(c)	193	(c)	194	(d)	195	(d)	196	(b)	197	(b)	198	(a)	199	(d)	200	(c)
201	(a)	202	(d)	203	(b)	204	(b)	205	(b)	206	(b)	207	(a)	208	(b)	209	(a)	210	(d)
211	(a)	212	(d)	213	(d)	214	(c)	215	(d)	216	(b)	217	(c)	218	(d)	219	(a)	220	(d)
221	(b)	222	(b)	223	(c)	224	(a)	225	(d)	226	(b)	227	(d)	228	(c)	229	(b)	230	(c)
231	(b)	232	(b)	233	(c)	234	(c)	235	(d)	236	(b)	237	(a)	238	(a)	239	(d)	240	(c)
241	(d)	242	(d)	243	(d)	244	(c)	245	(a)	246	(a)	247	(a)	248	(c)	249	(c)	250	(a)
251	(d)	252	(d)	253	(b)	254	(d)	255	(d)	256	(c)	257	(c)	258	(b)	259	(a)	260	(b)
261	(b)	262	(a)	263	(b)	264	(a)	265	(a)	266	(d)	267	(b)	268	(b)	269	(c)	270	(d)

271	(c)	272	(c)	273	(a)	274	(c)	275	(c)	276	(a)	277	(c)	278	(d)	279	(a)	280	(a)
281	(d)	282	(b)	283	(c)	284	(c)	285	(c)	286	(c)	287	(b)	288	(a)	289	(b)	290	(c)
291	(c)	292	(a)	293	(d)	294	(b)	295	(d)	296	(b)	297	(d)	298	(b)	299	(a)	300	(a)
301	(d)	302	(c)	303	(a)	304	(c)	305	(b)	306	(a)	307	(b)	308	(a)	309	(d)	310	(d)
311	(c)	312	(b)	313	(b)	314	(a)	315	(b)	316	(c)	317	(a)	318	(c)	319	(c)	320	(b)
321	(a)	322	(c)	323	(d)	324	(b)	325	(a)	326	(b)	327	(b)	328	(c)	329	(a)	330	(d)
331	(b)	332	(c)	333	(a)	334	(d)	335	(a)	336	(a)	337	(c)	338	(b)	339	(a)	340	(c)
341	(b)	342	(c)	343	(d)	344	(c)	345	(a)	346	(b)	347	(a)	348	(b)	349	(c)	350	(c)
351	(d)	352	(b)	353	(b)	354	(a)	355	(d)	356	(b)	357	(c)	358	(c)	359	(a)	360	(a)
361	(d)	362	(a)	363	(c)	364	(b)	365	(b)	366	(d)	367	(b)	368	(a)	369	(a)	370	(c)
371	(c)	372	(a)	373	(d)	374	(b)	375	(b)	376	(d)	377	(b)	378	(b)	379	(d)	380	(b)
381	(c)	382	(b)	383	(a)	384	(d)	385	(c)	386	(b)	387	(d)	388	(d)	389	(c)	390	(d)
391	(d)	392	(a)	393	(d)	394	(d)	395	(b)	396	(d)	397	(a)	398	(c)	399	(a)	400	(d)
401	(d)	402	(c)	403	(d)	404	(d)	405	(a)	406	(b)	407	(d)	408	(c)	409	(d)	410	(c)
411	(c)	412	(d)	413	(a)	414	(b)	415	(d)	416	(d)	417	(c)	418	(b)	419	(d)	420	(b)
421	(a)	422	(b)	423	(d)	424	(a)	425	(c)	426	(d)	427	(c)	428	(c)	429	(a)	430	(d)
431	(a)	432	(c)	433	(c)	434	(a)	435	(b)	436	(d)	437	(d)	438	(a)	439	(d)	440	(a)
441	(c)	442	(d)	443	(b)	444	(b)	445	(a)	446	(d)	447	(c)	448	(a)	449	(c)	450	(a)
451	(b)	452	(b)	453	(d)	454	(d)	455	(b)	456	(a)	457	(a)	458	(d)	459	(d)	460	(b)
461	(b)	462	(a)	463	(c)	464	(b)	465	(a)	466	(a)	467	(d)	468	(c)	469	(b)	470	(a)
471	(d)	472	(a)	473	(a)	474	(a)	475	(a)	476	(a)	477	(a)	478	(b)	479	(c)	480	(b)
481	(d)	482	(c)	483	(c)	484	(b)	485	(c)	486	(a)	487	(b)	488	(a)	489	(c)	490	(c)
491	(d)	492	(d)	493	(d)	494	(c)	495	(b)	496	(a)	497	(d)	498	(d)	499	(c)	500	(a)
501	(b)	502	(d)	503	(c)	504	(c)	505	(d)	506	(a)	507	(c)	508	(b)	509	(a)	510	(a)
511	(a)	512	(b)	513	(d)	514	(a)	515	(d)	516	(a)	517	(c)	518	(b)	519	(c)	520	(a)
521	(c)	522	(d)	523	(a)	524	(b)	525	(d)	526	(d)	527	(d)	528	(d)	529	(d)	530	(c)
531	(a)	532	(a)	533	(c)	534	(b)	535	(c)	536	(c)	537	(b)	538	(a)	539	(a)	540	(b)
541	(a)	542	(a)	543	(d)	544	(c)	545	(a)	546	(a)	547	(d)	548	(d)	549	(d)	550	(b)
551	(c)	552	(b)	553	(d)	554	(a)	555	(a)	556	(d)	557	(c)	558	(c)	559	(d)	560	(c)
561	(d)	562	(d)	563	(a)	564	(a)	565	(a)	566	(a)	567	(a)	568	(a)	569	(b)	570	(d)
571	(c)	572	(d)	573	(a)	574	(b)	575	(c)	576	(a)	577	(c)	578	(a)	579	(d)	580	(a)
581	(a)	582	(d)	583	(b)	584	(a)	585	(d)	586	(c)	587	(c)	588	(c)	589	(c)	590	(d)
591	(a)	592	(b)	593	(a)	594	(a)	595	(b)	596	(a)	597	(b)	598	(b)	599	(d)	600	(c)
601	(d)	602	(a)	603	(a)	604	(c)	605	(a)	606	(c)	607	(b)	608	(c)	609	(d)	610	(a)
611	(c)	612	(a)	613	(a)	614	(d)	615	(b)	616	(b)	617	(b)	618	(a)	619	(b)	620	(d)
621	(d)	622	(c)	623	(b)	624	(c)	625	(b)	626	(d)	627	(b)	628	(d)	629	(c)	630	(d)
631	(a)	632	(b)	633	(a)	634	(d)	635	(d)	636	(d)	637	(b)	638	(b)	639	(c)	640	(c)
641	(c)	642	(d)	643	(d)	644	(a)	645	(a)	646	(c)	647	(c)	648	(a)	649	(b)	650	(c)
651	(b)	652	(d)	653	(a)	654	(b)	655	(d)	656	(c)	657	(a)	658	(c)	659	(c)	660	(b)
661	(c)	662	(b)	663	(c)	664	(b)	665	(c)	666	(b)	667	(a)	668	(d)	669	(c)	670	(b)
671	(a)	672	(b)	673	(a)	674	(d)	675	(a)	676	(b)	677	(b)	678	(a)	679	(c)	680	(c)
681	(d)	682	(c)	683	(c)	684	(b)	685	(a)	686	(c)	687	(b)	688	(b)	689	(b)	690	(b)
691	(a)	692	(c)	693	(b)	694	(b)	695	(d)	696	(d)	697	(b)	698	(c)	699	(a)	700	(b)
701	(d)	702	(c)	703	(d)	704	(b)	705	(b)	706	(a)	707	(b)	708	(a)	709	(c)	710	(c)
711	(d)	712	(b)	713	(c)	714	(b)	715	(b)	716	(a)	717	(c)	718	(b)	719	(d)	720	(c)
721	(b)	722	(b)	723	(c)	724	(b)	725	(c)	726	(d)	727	(a)	728	(d)	729	(b)	730	(b)
731	(a)	732	(b)	733	(b)	734	(a)	735	(a)	736	(b)	737	(a)	738	(d)	739	(d)	740	(d)
741	(c)	742	(d)	743	(c)	744	(c)	745	(a)	746	(b)	747	(b)	748	(a)	749	(c)	750	(a)
751	(d)	752	(c)	753	(a)	754	(b)	755	(d)	756	(d)	757	(d)	758	(a)	759	(d)	760	(b)
761	(b)	762	(c)	763	(c)	764	(b)	765	(d)	766	(a)	767	(d)	768	(d)	769	(b)	770	(d)
771	(c)	772	(b)	773	(b)	774	(b)	775	(d)	776	(d)	777	(d)	778	(b)	779	(c)	780	(c)
781	(a)	782	(d)	783	(d)	784	(b)	785	(a)	786	(d)	787	(c)	788	(d)	789	(b)	790	(d)
791	(a)	792	(d)	793	(a)	794	(b)	795	(d)	796	(a)	797	(a)	798	(a)	799	(a)	800	(c)

801	(d)	802	(c)	803	(c)	804	(b)	805	(a)	806	(b)	807	(a)	808	(d)	809	(b)	810	(b)
811	(b)	812	(d)	813	(d)	814	(d)	815	(a)	816	(c)	817	(a)	818	(d)	819	(c)	820	(c)
821	(b)	822	(b)	823	(b)	824	(c)	825	(c)	826	(d)	827	(c)	828	(b)	829	(a)	830	(a)
831	(b)	832	(b)	833	(a)	834	(c)	835	(b)	836	(b)	837	(d)	838	(d)	839	(c)	840	(d)
841	(b)	842	(c)	843	(a)	844	(d)	845	(d)	846	(d)	847	(c)	848	(b)	849	(b)	850	(a)
851	(c)	852	(a)	853	(d)	854	(a)	855	(c)	856	(b)	857	(b)	858	(a)	859	(d)	860	(c)
861	(a)	862	(d)	863	(d)	864	(c)	865	(a)	866	(a)	867	(a)	868	(d)	869	(d)	870	(b)
871	(a)	872	(b)	873	(c)	874	(a)	875	(c)	876	(b)	877	(b)	878	(d)	879	(b)	880	(a)
881	(b)	882	(b)	883	(c)	884	(c)	885	(a)	886	(b)	887	(b)	888	(c)	889	(d)	890	(d)
891	(c)	892	(c)	893	(d)	894	(c)	895	(b)	896	(c)	897	(b)	898	(d)	899	(a)	900	(d)
901	(a)	902	(c)	903	(d)	904	(a)	905	(a)	906	(c)	907	(a)	908	(a)	909	(a)	910	(a)
911	(d)	912	(c)	913	(a)	914	(c)	915	(c)	916	(a)	917	(a)	918	(d)	919	(a)	920	(c)
921	(b)	922	(d)	923	(a)	924	(a)	925	(c)	926	(d)	927	(c)	928	(c)	929	(d)	930	(d)
931	(b)	932	(a)	933	(b)	934	(c)	935	(c)	936	(d)	937	(c)	938	(c)	939	(d)	940	(a)
941	(d)	942	(a)	943	(d)	944	(d)	945	(a)	946	(d)	947	(b)	948	(d)	949	(b)	950	(c)
951	(a)	952	(b)	953	(d)	954	(c)	955	(a)	956	(b)	957	(c)	958	(b)	959	(d)	960	(b)
961	(b)	962	(d)	963	(d)	964	(d)	965	(d)	966	(d)	967	(a)	968	(c)	969	(b)	970	(d)
971	(c)	972	(d)	973	(c)	974	(a)	975	(c)	976	(a)	977	(c)	978	(a)	979	(d)	980	(a)
981	(a)	982	(d)	983	(b)	984	(a)	985	(c)	986	(b)	987	(c)	988	(b)	989	(c)	990	(b)
991	(b)	992	(c)	993	(b)	994	(d)	995	(c)	996	(a)	997	(b)	998	(a)	999	(b)	1000	(c)
1001	(d)	1002	(b)	1003	(b)	1004	(d)	1005	(b)	1006	(a)	1007	(d)	1008	(b)	1009	(c)	1010	(c)
1011	(b)	1012	(b)	1013	(a)	1014	(d)	1015	(c)	1016	(b)	1017	(b)	1018	(a)	1019	(b)	1020	(c)
1021	(c)	1022	(b)	1023	(a)	1024	(c)	1025	(b)	1026	(d)	1027	(a)	1028	(b)	1029	(c)	1030	(d)
1031	(c)	1032	(c)	1033	(d)	1034	(a)	1035	(a)	1036	(c)	1037	(b)	1038	(a)	1039	(a)	1040	(b)
1041	(c)	1042	(a)	1043	(c)	1044	(d)	1045	(b)	1046	(d)	1047	(c)	1048	(c)	1049	(c)	1050	(a)
1051	(b)	1052	(d)	1053	(b)	1054	(d)	1055	(d)	1056	(c)	1057	(c)	1058	(d)	1059	(c)	1060	(c)
1061	(d)	1062	(b)	1063	(c)	1064	(d)	1065	(a)	1066	(d)	1067	(a)	1068	(c)	1069	(d)	1070	(d)
1071	(a)	1072	(a)	1073	(c)	1074	(c)	1075	(d)	1076	(c)	1077	(c)	1078	(d)	1079	(c)	1080	(b)
1081	(c)	1082	(b)	1083	(d)	1084	(a)	1085	(c)	1086	(d)	1087	(a)	1088	(d)	1089	(d)	1090	(d)
1091	(a)	1092	(d)	1093	(a)	1094	(a)	1095	(b)	1096	(a)	1097	(c)	1098	(b)	1099	(c)	1100	(b)
1101	(d)	1102	(b)	1103	(a)	1104	(c)	1105	(d)	1106	(c)	1107	(b)	1108	(d)	1109	(b)	1110	(c)
1111	(d)	1112	(a)	1113	(d)	1114	(c)	1115	(b)	1116	(d)	1117	(a)	1118	(b)	1119	(c)	1120	(b)
1121	(b)	1122	(a)	1123	(b)	1124	(a)	1125	(c)	1126	(d)	1127	(a)	1128	(a)	1129	(d)	1130	(c)

उत्तर सहित हल

1. (a) जिस प्रकार,
$17\times10-(17-6)=170-11=159$
तथा $11\times10-(11-6)=110-5=105$
उसी प्रकार,
$13\times10-(13-6)=130-7=123$

2. (c) विकल्प (c) से जिस प्रकार,

V Y D → (−7, −7, −7) → O R W

उसी प्रकार, R U Z → (−7, −7, −7) → K N S

∴ # = VYD तथा % = KNS

3. (d) जिस प्रकार, $215-185=30$,
$185-135=50$
तथा $276-246=30, 246-196=50$
उसी प्रकार, $238-208=30$,
$208-158=50$

4. (c) विकल्प (c) से,
जिस प्रकार, B E J → (−4, −4, −4) → X A F

उसी प्रकार, S V A → (−4, −4, −4) → O R W

∴ # = BEJ तथा % = ORW

5. (d) जिस प्रकार,

I M P R → R P M I   O V E → E V O

तथा H I S T → T S I H   O R Y → Y R O

उसी प्रकार, J O U R → R U O J   N E Y → Y E N

6. (c) जिस प्रकार, $(9)^2-1=81-1=80$
और $(10)^2-1=100-1=99$
तथा $(1)^2-1=1-1=0$
और $(2)^2-1=4-1=3$
उसी प्रकार, $(6)^2-1=36-1=35$
और $(7)^2-1=49-1=\boxed{48}$

7. (c) जिस प्रकार, $624-160\Rightarrow\frac{624+16}{4}=160$
तथा $448-116\Rightarrow\frac{448+16}{4}=116$
उसी प्रकार $528-?\Rightarrow\frac{528+16}{4}=\boxed{136}$

8. (c) जिस प्रकार, $(96, 29)\Rightarrow\frac{96+20}{4}=\frac{116}{4}=29$
तथा $(112, 33)\Rightarrow\frac{112+20}{4}=\frac{132}{4}=33$
उसी प्रकार, $(188, 52)\Rightarrow\frac{188+20}{4}=\frac{208}{4}=\boxed{52}$

9. (c) जिस प्रकार, W E L ↔ D V O (विपरीत अक्षर)
तथा F O R ↔ U L I (विपरीत अक्षर)
उसी प्रकार, S D X ↔ H W C (विपरीत अक्षर)

10. (d) जिस प्रकार, $3-20-5\Rightarrow5\times3+5$
$=15+5=20$
तथा $4-17-3\Rightarrow4\times3+5=12+5=17$
उसी प्रकार, $9-77-8\Rightarrow9\times8+5=72+5=77$

11. (d) जिस प्रकार, $(16, 7, 112)\Rightarrow16\times7=112$
तथा $(8, 12, 96)\Rightarrow8\times12=96$
उसी प्रकार, $(15, 8, 120)\Rightarrow15\times8=120$

12. (a) जिस प्रकार 'छिपाना' का विपरीत शब्द 'प्रकट करना' होता है। उसी प्रकार 'समरूप' का विपरीत शब्द 'भिन्न' होता है।

13. (c) जिस प्रकार, 48 — 50 — 46 — 52 (+2, −4, +6)
और 37 — 39 — 35 — 41 (+2, −4, +6)
उसी प्रकार, 26 — 28 — 24 — 30 (+2, −4, +6)

14. (d) जिस प्रकार, $(3, 5, 32)\Rightarrow3\times5+17$
$=15+17=32$
तथा $(9, 1, 26)\Rightarrow9\times1+17=9+17=26$
उसी प्रकार, $(6, 1, 23)\Rightarrow6\times1+17=6+17=23$

15. (c) जिस प्रकार, 17 − 19 − 16 − 20 (+2, −3, +4)
और 22 − 24 − 21 − 25 (+2, −3, +4)
उसी प्रकार, $\boxed{15 - 17 - 14 - 18}$ (+2, −3, +4)

16. (a) जिस प्रकार, $(108, 12, 9)\Rightarrow12\times9=108$
तथा $(114, 19, 6)\Rightarrow19\times6=114$
उसी प्रकार, $(136, 17, 8)\Rightarrow17\times8=136$

17. (b) जिस प्रकार, $(19, 76)\Rightarrow19\times4=76$
तथा $(27, 108)\Rightarrow27\times4=108$
उसी प्रकार, $(49, ?)\Rightarrow49\times4=196$

18. (d) जिस प्रकार, $(45:56)\Rightarrow45+11=56$
$(62:73)\Rightarrow62+11=73$
उसी प्रकार, $(19, ?)\Rightarrow19+11=30$

19. (d) जिस प्रकार, पालतू तथा जंगली एक-दूसरे के विपरीतार्थक शब्द है
उसी प्रकार, निकटवर्ती तथा सुदूरवर्ती एक-दूसरे के विपरीतार्थक शब्द है।

20. (d) जिस प्रकार, $(14, 42)\Rightarrow14\times3=42$
तथा $(26, 78)\Rightarrow26\times3=78$
उसी प्रकार, $(47, ?)\Rightarrow47\times3=141$

21. (b) जिस प्रकार, $(18, 90)\Rightarrow18\times5=90$
तथा $(31, 155)\Rightarrow31\times5=155$
उसी प्रकार, $(52, ?)\Rightarrow52\times5=260$
∴ $?=260$

22. (d) जिस प्रकार, E Y E S → (+1, +1, +1, +1) → F T F Z
तथा M I N D → (+1, +1, +1, +1) → O E N J
उसी प्रकार, R E S T → (+1, +1, +1, +1) → T U S F

23. (c) जिस प्रकार, (8 − 33 − 66 − 81) (+25, ×2, +15)
तथा (11 − 36 − 72 − 87) (+25, ×2, +15)
उसी प्रकार, (15 − 40 − 80 − 95) (+25, ×2, +15)

24. (d) जिस प्रकार, 'जिद्दी (Obstinate) एवं 'हठी' (Stubborn) एक-दूसरे के समानार्थी है, उसी प्रकार, 'दृढ़प्रतिज्ञ (Resolute)' एवं 'कृतसंकल्प' (Determined) एक-दूसरे के समानार्थी है।

25. (c) जिस प्रकार, (11, 121)
$\Rightarrow(11)^2=11\times11=121$
तथा $(22, 484)\Rightarrow(22)^2=22\times22=484$
उसी प्रकार, $(31, ?)\Rightarrow(31)^2=31\times31=961$
∴ $?=961$

26. (c) जिस प्रकार, (24, 15, 120)
$\Rightarrow\frac{120}{15}\times3=8\times3=24$
और $(21, 19, 133)\Rightarrow\frac{133}{19}\times3=7\times3=21$
उसी प्रकार, $(27, 12, 108)\Rightarrow\frac{108}{12}\times3=9\times3=27$

27. (c) जिस प्रकार, C R W (−9, −9, −9) → T I N

और D O Z (−9, −9, −9) → U F Q

उसी प्रकार, A L W (−9, −9, −9) → **R C N**

28. (c) जिस प्रकार, 'वनस्पति विज्ञान' में 'पौधों' का अध्ययन किया जाता है, उसी प्रकार, शंख विज्ञान में 'सीपों' का अध्ययन किया जाता है।

29. (c) जिस प्रकार, (26, 114)
$\Rightarrow 26\times 4 = 104 + 10 = 114$
और (47, 198) $\Rightarrow 47\times 4 = 188 + 10 = 198$
उसी प्रकार, (15, 70) $\Rightarrow 15\times 4 = 60 + 10 = 70$

30. (d) जिस प्रकार, (7 : 40)
$\Rightarrow (7)^2 - 9 = 49 - 9 = 40$
और (5 : 16) $\Rightarrow (5)^2 - 9 = 25 - 9 = 16$
उसी प्रकार, (9 : ?) $\Rightarrow (9)^2 - 9 = 81 - 9 = 72$
$\therefore \quad ? = 72$

31. (a) जिस प्रकार, प्रेम तथा मैत्री एक-दूसरे के समानार्थी शब्द है, उसी प्रकार शान्ति तथा परमानन्द भी एक-दूसरे के समानार्थी शब्द हैं।

32. (d) जिस प्रकार, (64, 4) $\Rightarrow (4)^3 = 64$
तथा (216, 6) $\Rightarrow (6)^3 = 216$
उसी प्रकार, (729, ?) $\Rightarrow (?)^3 = 729$
$\Rightarrow \quad ? = \sqrt[3]{729}$
$\therefore \quad ? = 9$

33. (b) जिस प्रकार, 'समाप्ति' का विपरीतार्थक शब्द प्रारम्भ होना है, उसी प्रकार, 'विशाल' का विपरीतार्थक शब्द 'सूक्ष्म' होना होता है।

34. (c) जिस प्रकार, 'कागज' को काटने के लिए 'कैंची' का प्रयोग किया जाता है, उसी प्रकार, 'लकड़ी' को काटने के लिए 'कुल्हाड़ी' का प्रयोग किया जाता है।

35. (c) जिस प्रकार, (22, 176) $\Rightarrow 22\times 8 = 176$
और (32, 256) $\Rightarrow 32\times 8 = 256$
उसी प्रकार, (48, ?) $\Rightarrow 48\times 8 = 384$
$\therefore \; ? = 384$

36. (a) जिस प्रकार, सुअर के बच्चे को पिगलेट कहा जाता है, उसी प्रकार, हिरण के बच्चे को फॉन (fawn) कहा जाता है।

37. (c) जिस प्रकार, (317, 202); $317 - 202 = 115$
और (438, 323) $\Rightarrow 438 - 323 = 115$
उसी प्रकार, (402, 287) $\Rightarrow (402 - 287) = 115$

38. (c) जिस प्रकार, L O I (+5, +5, +5) → Q T N

तथा V E S (+5, +5, +5) → A J X

उसी प्रकार, A N D (+5, +5, +5) → **F S I**

39. (b) जिस प्रकार, (61, 18)
$\Rightarrow (4)^3 - 3 = 61, (4)^2 + 2 = 18$
और (213, 38) $\Rightarrow (6)^3 - 3 = 213, (6)^2 + 2 = 38$
उसी प्रकार, (509, ?) $\Rightarrow (8)^3 - 3 = 509$
$(8)^2 + 2 \Rightarrow 64 + 2 = 66$
$\therefore \quad ? = 66$

40. (c) जिस प्रकार, (33 : 340)
$\Rightarrow 33\times 10 + 10 = 330 + 10 = 340$
और (48 : 490) $\Rightarrow 48\times 10 + 10$
$= 480 + 10 = 490$
उसी प्रकार, (63 : 640) $\Rightarrow 63\times 10 + 10$
$= 630 + 10 = 640$

41. (d) जिस प्रकार, R X−21 (+3, −3, −10) → U U−11

और P M−39 (+3, −3, −10) → S J−29

उसी प्रकार, D P−17 (+3, −3, −10) → **G M−7**

42. (a) जिस प्रकार, $13 + 8 = 21$ तथा $35 + 8 = 43$
उसी प्रकार, $66 + 8 = 74$

43. (d) जिस प्रकार,
$(21-1)\times 10 + (21-1) = 20\times 10 + 20 = 220$
तथा $(72-1)\times 10 + (72-1) = 71\times 10 + 71 = 781$
उसी प्रकार, $(27-1)\times 10 + (27-1) = 26\times 10 + 26$
$= 286$

44. (c) जिस प्रकार, M S D ↕ (विपरीत) N H W

तथा O A E ↕ (विपरीत) L Z V

उसी प्रकार, N I P ↕ (विपरीत) **M R K**

45. (d) जिस प्रकार, E X P E N S E → E P X E E S N

तथा F A S H I O N → H S A F N O I

उसी प्रकार, F O R T U N E → **T R O F E N U**

46. (a) जिस प्रकार,
(3, 9, 27) $\Rightarrow 3^1 = 3; 3^2 = 9; 3^3 = 27$
तथा (4, 16, 64) $\Rightarrow 4^1 = 4; 4^2 = 16; 4^3 = 64$
उसी प्रकार, (7, 49, 343)
$\Rightarrow 7^1 = 7; 7^2 = 49; 7^3 = 343$

47. (a) जिस प्रकार, (84, 63, 42)
$\Rightarrow (84 - 63)\times 2 = 21\times 2 = 42$
तथा (79, 47, 64) $\Rightarrow (79 - 47)\times 2 = 32\times 2 = 64$
उसी प्रकार, (71, 53, 36)
$\Rightarrow \quad (71 - 53)\times 2 = 18\times 2 = 36$

48. (d) जिस प्रकार,
(4 : 32) $\Rightarrow (4)^2\times 2 = 16\times 2 = 32$
तथा (7 : 98) $\Rightarrow (7)^2\times 2 = 49\times 2 = 98$
उसी प्रकार, (3 : 18) $\Rightarrow (3)^2\times 2 = 9\times 2 = 18$

49. (d) जिस प्रकार, 40:123
$\Rightarrow 40\times 3 + 3 = 120 + 3 = 123$
तथा 63:192 $\Rightarrow 63\times 3 + 3 = 189 + 3 = 192$
उसी प्रकार, 39:120
$\Rightarrow \quad 39\times 3 + 3 = 117 + 3 = 120$

50. (a) जिस प्रकार, $12^2 + 91 = 144 + 91 = 235$
तथा $14^2 + 91 = 196 + 91 = 287$
उसी प्रकार, $18^2 + 91 = 324 + 91 = 415$

51. (a) जिस प्रकार, (25, 22, 47) $\Rightarrow 47 - 25 = 22$
तथा (31, 24, 55) $\Rightarrow 55 - 31 = 24$
उसी प्रकार, (18, 21, 39) $\Rightarrow 39 - 18 = 21$

52. (d) गैलिक रूस्टर, फ्रांस का राष्ट्रीय पक्षी है उसी प्रकार, एमू, ऑस्ट्रेलिया का राष्ट्रीय पक्षी है।

53. (b) जिस प्रकार,
(11, 1, 10) $\Rightarrow (11\times 1) - 1 = 11 - 1 = 10$
तथा (13, 7, 90) $\Rightarrow (13\times 7) - 1 = 91 - 1 = 90$
उसी प्रकार, (4, 5, 19) $\Rightarrow (4\times 5) - 1 = 20 - 1 = 19$

54. (b) जिस प्रकार, लार्वा एक कीट का किशोर रूप है उसी प्रकार, मृगशावक एक हिरण का किशोर रूप है।

55. (d) जिस प्रकार, 4 – 5 – 41 $\Rightarrow (4\times 5)\times 2 + 1$
$= 20\times 2 + 1 = 41$
तथा 2 – 3 – 13 $\Rightarrow (2\times 3)\times 2 + 1$
$= 6\times 2 + 1 = 13$
उसी प्रकार, 5 – 6 – 61 $\Rightarrow (5\times 6)\times 2 + 1$
$= 30\times 2 + 1 = 61$

56. (d) जिस प्रकार, N Q R P (+4, +4, +4, +4) → R U V T

तथा D G L F (+4, +4, +4, +4) → H K P J

उसी प्रकार, K C U M (+4, +4, +4, +4) → **O G Y Q**

57. (d) जिस प्रकार, $97 \rightarrow \frac{97 + 1}{2} = \frac{98}{2} = 49$

तथा $115 \rightarrow \frac{115+1}{2} = \frac{116}{2} = 58$

उसी प्रकार, $133 \rightarrow \frac{133+1}{2} = \frac{134}{2} = 67$

58. (a) जिस प्रकार न्यूजीलैंड की राजधानी वेलिंगटन है, उसी प्रकार इथियोपिया की राजधानी अदीस अबाबा है।

59. (c) जिस प्रकार,
$(13:55) \Rightarrow 13 \times 5 - 10 = 65 - 10 = 55$
तथा $(23:105) \Rightarrow 23 \times 5 - 10$
$= 115 - 10 = 105$
उसी प्रकार, 31 : ?
$? = 31 \times 5 - 10 = 155 - 10 = 145$
अभीष्ट युग्म = 31 : 145

60. (a) जिस प्रकार, $(13)^2 - 50 = 169 - 50 = 119$
और $9^2 - 50 = 81 - 50 = 31$
उसी प्रकार, $8^2 - 50 = 64 - 50 = 14$

61. (a) जिस प्रकार, 11 – 14 – 8 – 17
(+3, –6, +9)
तथा 12 – 15 – 9 – 18
(+3, –6, +9)
उसी प्रकार, 6 – 9 – 3 – 12
(+3, –6, +9)

62. (c) जिस प्रकार, घूमना तथा भ्रमण एक-दूसरे के समानार्थी शब्द हैं। उसी प्रकार भटकना तथा बेतरतीब एक-दूसरे के समानार्थी शब्द हैं।

63. (a) जिस प्रकार,
B I R T H D A Y → I B T R D H Y A
तथा B L A Z E R → L B Z A R E
उसी प्रकार,
R E M O V E → E R O M E V

64. (a) जिस प्रकार, R U C K
(+2, +2, –2, –2)
T W A I
तथा D P H M
(+2, +2, –2, –2)
F R F K
उसी प्रकार, K N O M
(+2, +2, –2, –2)
M P M K

65. (d) जिस प्रकार, $(17 \times 3) - 30 = 51 - 30 = 21$
तथा $(22 \times 3) - 30 = 66 - 30 = 36$
उसी प्रकार, $(29 \times 3) - 30 = 87 - 30 = 57$

66. (d) जिस प्रकार, 14 : 30
$\Rightarrow 14 \times 2 + 2 = 28 + 2 = 30$
तथा $9:20 \Rightarrow 9 \times 2 + 2 = 18 + 2 = 20$
उसी प्रकार, $4:? \Rightarrow 4 \times 2 + 2 = 8 + 2 = 10$

67. (d) जिस प्रकार, (21, 504, 8)
$\Rightarrow (21 \times 8) \times 3 = 168 \times 3 = 504$
तथा (15, 270, 6) $\Rightarrow (15 \times 6) \times 3 = 90 \times 3 = 270$
उसी प्रकार, (16, 336, 7)
$\Rightarrow (16 \times 7) \times 3 = 112 \times 3 = 336$

68. (b) जिस प्रकार, $6^2 + 4 = 36 + 4 = 40$
$7^2 + 4 = 49 + 4 = 53$
तथा $2^2 + 4 = 4 + 4 = 8$
$3^2 + 4 = 9 + 4 = 13$
उसी प्रकार, $8^2 + 4 = 64 + 4 = 68$
$9^2 + 4 = 81 + 4 = 85$

69. (b) जिस प्रकार, नियन्त्रण तथा प्रभुत्व समानार्थी शब्द हैं। उसी प्रकार, चालबाजी और छल समानार्थी शब्द हैं।

70. (d) जिस प्रकार, $(7, 333) = (7)^3 - 10$
$\Rightarrow 343 - 10 = 333$
और $(5, 115) = (5)^3 - 10 \Rightarrow 125 - 10 = 115$
उसी प्रकार, $(4, 54) = (4)^3 - 10$
$\Rightarrow 64 - 10 = 54$

71. (b) जिस प्रकार 'डटे रहना' तथा 'दृढ़ रहना' एक-दूसरे के पर्यायवाची है। ठीक उसी प्रकार 'टालना' का पर्यायवाची 'स्थगित करना' होगा।

72. (a) जिस प्रकार,
(7 — 14 — 28 — 38)
(×2, ×2, +10)
और (4 — 8 — 16 — 26)
(×2, ×2, +10)
उसी प्रकार, (13 — 26 — 52 — 62)
(×2, ×2, +10)

73. (c) जिस प्रकार, $(28, 224) \Rightarrow 28 \times 8 = 224$
और $(47, 376) \Rightarrow 47 \times 8 = 376$
उसी प्रकार, $(31, 248) \Rightarrow 31 \times 8 = 248$

74. (a) जिस प्रकार,
C A R B O N → A C I Y N O (R B: विपरीत अक्षर)
और D A M A G E → A D N Z E G (M A: विपरीत अक्षर)
उसी प्रकार, M A R G I N → A M I T N I (R G: विपरीत अक्षर)

75. (a) जिस प्रकार, (3 – 20 – 7)
$= (3 + 7) \times 2 = 10 \times 2 = 20$
तथा $(5 - 26 - 8) = (5 + 8) \times 2 = 13 \times 2 = 26$
उसी प्रकार, (8 – 28 – 6)
$= (8 + 6) \times 2 = 14 \times 2 = 28$

76. (d) जिस प्रकार, J A P
(–8, –8, –8)
B S H
तथा N D Z
(–8, –8, –8)
F V R
उसी प्रकार, L C X
(–8, –8, –8)
D U P

77. (c) जिस प्रकार, $(5, 80, 16) \Rightarrow 5 \times 16 = 80$
तथा $(18, 108, 6) \Rightarrow 18 \times 6 = 108$
उसी प्रकार, $(13, 91, 7) \Rightarrow 13 \times 7 = 91$

78. (d) जिस प्रकार,
$51 \rightarrow 51 \times 5 + 1 = 255 + 1 = 256$
तथा $53 \rightarrow 53 \times 5 + 1 = 265 + 1 = 266$
उसी प्रकार, $55 \rightarrow 55 \times 5 + 1 = 275 + 1 = 276$

79. (d) जिस प्रकार, (54, 65, 76)
54 + 11 = 65 तथा 65 + 11 = 76
तथा (48, 59, 70) 48 + 11 = 59 तथा 59 + 11 = 70
उसी प्रकार, (38, 49, 60) 38 + 11 = 49
तथा 49 + 11 = 60

80. (a) जिस प्रकार विनम्र व निडर विपरीत अर्थ वाले शब्द हैं, उसी प्रकार खर्च करना व संचय करना भी विपरीत अर्थ वाले शब्द हैं।

81. (d) जिस प्रकार, (23, 230, 5)
$\Rightarrow (23 \times 5) \times 2 = 115 \times 2 = 230$
तथा $(17, 272, 8) \Rightarrow (17 \times 8) \times 2 = 136 \times 2 = 272$
उसी प्रकार, (19, 304, 8)
$(19 \times 8) \times 2 = 152 \times 2 = 304$

82. (d) जिस प्रकार, A C K O
Z X P L (विपरीत अक्षर)
तथा H I N D
S R M W (विपरीत अक्षर)
उसी प्रकार, P U K E
K F P V (विपरीत अक्षर)

83. (d) जिस प्रकार 'शोर' का विपरीतार्थक शब्द 'मौन' है, उसी प्रकार 'प्रकाश' का विपरीतार्थक शब्द 'अन्धकार' है।

84. (b) जिस प्रकार,
$27 \times 4 + 11 = 108 + 11 = 119$
तथा $33 \times 4 + 11 = 132 + 11 = 143$
उसी प्रकार, $42 \times 4 + 11 = 168 + 11 = 179$

85. (c) जिस प्रकार, $34 \times 5 + 21 = 170 + 21 = 191$
तथा $56 \times 5 + 21 = 280 + 21 = 301$
उसी प्रकार, $63 \times 5 + 21 = 315 + 21 = 336$

86. (c) जिस प्रकार, 189, 21 $\Rightarrow 189 \div 9 = 21$
तथा 234, 26 $\Rightarrow 234 \div 9 = 26$
उसी प्रकार, 468, ? $\Rightarrow ? = 468 \div 9 = 52$

87. (d) जिस प्रकार,
(429, 514) ⇒ 429 + 85 = 514
तथा (688, 773) ⇒ 688 + 85 = 773
उसी प्रकार, (546, 631) ⇒ 546 + 85 = 631

88. (c) जिस प्रकार Magnify का समानार्थी शब्द Expand होता है। उसी प्रकार Curtail का समानार्थी शब्द Restrict होता है।

89. (d) जिस प्रकार, (9 – 27 – 31 – 36)
$\Rightarrow 9 \xrightarrow{\times 3} 27 \xrightarrow{+4} 31 \xrightarrow{+5} 36$
तथा (10 – 30 – 34 – 39)
$\Rightarrow 10 \xrightarrow{\times 3} 30 \xrightarrow{+4} 34 \xrightarrow{+5} 39$
उसी प्रकार, (5 – 15 – 19 – 24)
$\Rightarrow 5 \xrightarrow{\times 3} 15 \xrightarrow{+4} 19 \xrightarrow{+5} 24$

90. (b) जिस प्रकार, $13 \times 9 = 117$
तथा $23 \times 9 = 207$
उसी प्रकार, $51 \times 9 = 459$

91. (d) जिस प्रकार जादूगर का कार्य जादू दिखाना है, उसी प्रकार नर्तक का कार्य 'नृत्य' करना है।

92. (b) जिस प्रकार, $63 : 441 \rightarrow 63 \times 7 = 441$
तथा $51 : 357 \rightarrow 51 \times 7 = 357$
उसी प्रकार, $39 : 273 \rightarrow 39 \times 7 = 273$

93. (c) जिस प्रकार,
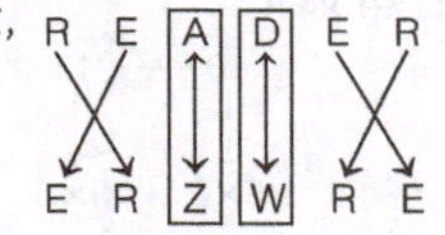

तथा
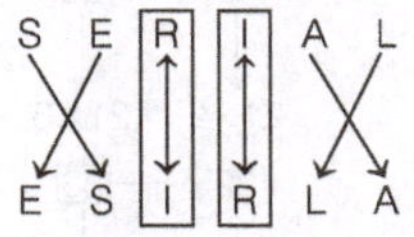

यहाँ, बॉक्स वाले विपरीत अक्षर है।
उसी प्रकार,
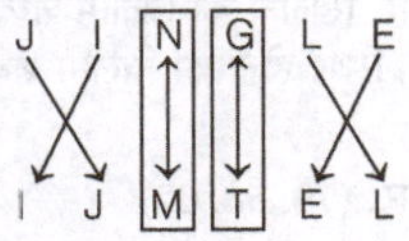

94. (a) जिस प्रकार, 'रिक्त' का समानार्थी शब्द 'खाली' होता है, उसी प्रकार, 'भीड़' का समानार्थी शब्द 'जमघट' होता है।

95. (b) जिस प्रकार, (148, 126, 104) से,
⇒ 148 – 22 = 126 → 126 – 22 = 104
तथा (98, 76, 54) से,
⇒ 98 – 22 = 76 तथा 76 – 22 = 54
उसी प्रकार, (157, 135, 113) से,
⇒ 157 – 22 = 135 → 135 – 113 = 22

96. (a) जिस प्रकार, (16 – 40 – 100) से,
$16 \rightarrow 16 \times 2 + \frac{16}{2} = 32 + 8 = 40$
$\rightarrow 40 \times 2 + \frac{40}{2} = 100$
तथा (8 – 20 – 50) से, 8 →
$8 \times 2 - \frac{8}{2} = 16 + 4 = 20$
$\rightarrow 20 \times 2 + \frac{20}{2} = 50$
उसी प्रकार, (24 – 60 – 150) से,
$24 \rightarrow 24 \times 2 + \frac{24}{2} = 48 + 12 = 60$
$\rightarrow 60 \times 2 + \frac{60}{2} = 150$

97. (b) जिस प्रकार, (7 – 14 – 23)
+7 +9
और (4 – 11 – 20)
+7 +9
उसी प्रकार, (5 – 12 – 21)
+7 +9

98. (c) जिस प्रकार, (27, 405, 3)
⇒ $27 \times 3 \times 5 = 405$
और (23, 690, 6) ⇒ $23 \times 6 \times 5 = 690$
उसी प्रकार, (24, 600, 5) ⇒ $24 \times 5 \times 5 = 600$

99. (a) जिस प्रकार 'बहुत' का समानार्थी 'प्रचुरता' है, उसी प्रकार 'पर्याप्त' का समानार्थी 'यथेष्ट' है।

100. (d) जिस प्रकार, 'तुच्छ' का विलोम 'प्रासंगिक' है। उसी प्रकार, 'उपहास' का विलोम शब्द 'प्रोत्साहित करना' है।

101. (d) जिस प्रकार, (34, 17, 27)
⇒ 34 – 17 = 17 + 10 = 27
तथा (42, 21, 31) ⇒ 42 – 21 = 21 + 10 = 31
उसी प्रकार, (54, 27, 37)
⇒ 54 – 27 = 27 + 10 = 37

102. (b) जिस प्रकार, $3 - 5 - 30 = 3 \times 5 \times 2 = 30$
तथा $2 - 4 - 16 = 2 \times 4 \times 2 = 16$
उसी प्रकार, $6 - 6 - 72 = 6 \times 6 \times 2 = 72$

103. (d) जिस प्रकार,
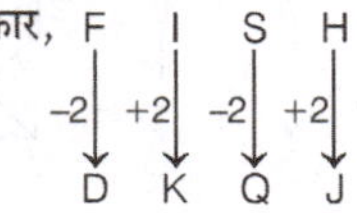

तथा
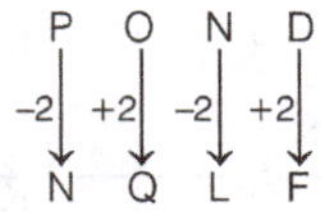

उसी प्रकार,
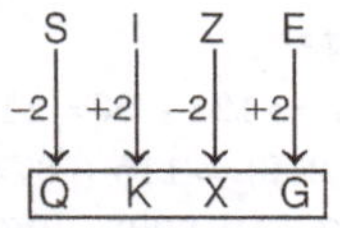

104. (c) जिस प्रकार,
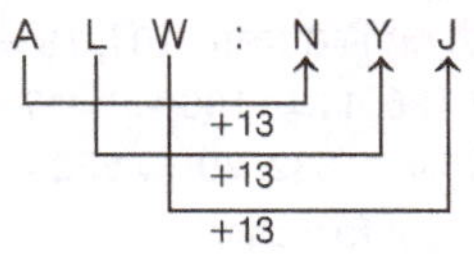

तथा
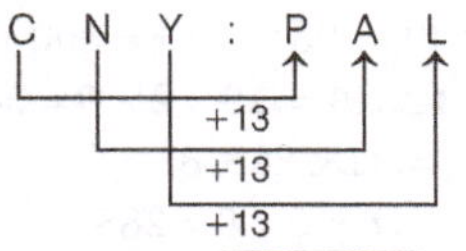

उसी प्रकार,
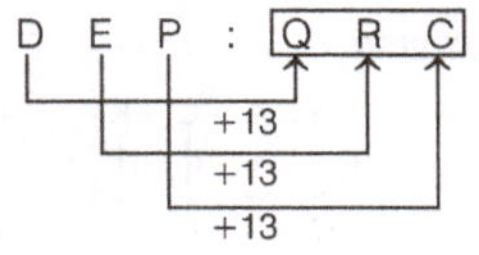

105. (a) जिस प्रकार, दलीप ट्रॉफी की प्रतियोगिता 'क्रिकेट' से सम्बन्धित है। उसी प्रकार, आगा खान कप 'हॉकी' से सम्बन्धित है।

106. (c) जिस प्रकार, (11, 16.5, 22) ⇒ $\frac{11 + 22}{2}$
$= \frac{33}{2} = 16.5$
तथा (14.5, 20, 25.5) ⇒ $\frac{14.5 + 25.5}{2} = \frac{40}{2} = 20$
उसी प्रकार, (18, 23.5, 29) ⇒ $\frac{18 + 29}{2}$
$= \frac{47}{2} = 23.5$

107. (d) जिस प्रकार, 10 – 12 – 8 – 15
⇒ 10 + 2 = 12 ⇒ 10 – 2 = 8 ⇒ $8 \times 2 - 1 = 15$
तथा 12 – 14 – 10 – 19 ⇒ 12 + 2 = 14
⇒ 12 – 2 = 10 ⇒ $10 \times 2 - 1 = 19$
उसी प्रकार विकल्प (d) से, 11 – 13 – 9 – 17
⇒ 11 + 2 = 13 = 11 – 2 = 9
⇒ $9 \times 2 - 1 = 17$

108. (c) जिस प्रकार,
18 – 36 – 72 – 107
×2 ×2 +35
और 15 – 30 – 60 – 95
×2 ×2 +35
उसी प्रकार, 22 – 44 – 88 – 123
×2 ×2 +35

109. (a) जिस प्रकार,
213 : 157
–56
और 185 : 129
–56
उसी प्रकार, 164 : 108
–56

110. (c) जिस प्रकार, $\frac{24}{7} \times \frac{1}{2} = \frac{12}{7}$
और $\frac{11}{15} \times \frac{1}{2} = \frac{11}{30}$
उसी प्रकार, $\frac{9}{13} \times \frac{1}{2} = \frac{9}{26}$

111. (c) जिस प्रकार, virus (विषाणु) एक Parasite (परजीवी) है, उसी प्रकार Amaltas (अमलतास) एक Tree (वृक्ष) है।

112. (d) जिस प्रकार, (66, 57, 48)
⇒ 48 + 9 = 57 और 57 + 9 = 66
तथा (94, 85, 76) ⇒ 76 + 9 = 85 और 85 + 9 = 94
उसी प्रकार, (81, 72, 63)
⇒ 63 + 9 = 72 और 72 + 9 = 81
अभीष्ट समुच्चय = (81, 72, 63)

113. (c) जिस प्रकार कैल्शियम की कमी से अस्थिमृदुता का रोग उत्पन्न होता है, उसी प्रकार, आयरन की कमी से शरीर में रक्ताल्पता उत्पन्न होती है।

114. (c) जिस प्रकार,

O U R (−1, +1)
N P T V Q S

तथा

B I G (−1, +1)
A C H J F H

उसी प्रकार,

F O R (−1, +1)
E G N P Q S

115. (b) जिस प्रकार, 14 – 196 – 186 – 172 में,
$14 \rightarrow 14^2 = 196 \rightarrow 196 - 10 = 186$
$\rightarrow 186 - 14 = 172$
तथा 15 – 225 – 215 – 200 में
$15 \rightarrow 15^2 = 225 \rightarrow 225 - 10 = 215 \rightarrow$
$215 - 15 = 200$
उसी प्रकार, विकल्प (b) से,
(9 – 81 – 71 – 62) में,
$9 \rightarrow 9^2 = 81 \rightarrow 81 - 10 = 71 \rightarrow 71 - 9 = 62$

116. (c) जिस प्रकार, (186 : 103)
$\Rightarrow \quad 186 - 103 = 83$
तथा (156 : 73) $\Rightarrow 156 - 73 = 83$
उसी प्रकार, (95 : 12) $\Rightarrow 95 - 12 = 83$

117. (a) जिस प्रकार, (34, 15, 64)
$\Rightarrow \quad \frac{64 - 34}{2} = \frac{30}{2} = 15$
तथा (29, 17, 63) $\Rightarrow \frac{63 - 29}{2} = \frac{34}{2} = 17$
उसी प्रकार, (25, 14, 53)
$\Rightarrow \quad \frac{53 - 25}{2} = \frac{28}{2} = 14$

118. (b) जिस प्रकार,

T R A I N E R
+2 +2 +2 (I) +3 +3 +3
V T C I Q H U

तथा

R A D I A N T
+2 +2 +2 (I) +3 +3 +3
T C F I D Q W

उसी प्रकार,

C U S H I O N
+2 +2 +2 (H) +3 +3 +3
E W U H L R Q

119. (d) जिस प्रकार, (8 – 17 – 35)
$\Rightarrow 8 \times 2 + 1 = 17 \Rightarrow 17 \times 2 + 1 = 35$
तथा (23 – 47 – 95) $\Rightarrow 23 \times 2 + 1 = 47$
$\Rightarrow 47 \times 2 + 1 = 95$
उसी प्रकार, (12 – 25 – 51) $\Rightarrow 12 \times 2 + 1 = 25$
$\Rightarrow \quad 25 \times 2 + 1 = 51$

120. (a) जिस प्रकार,

R A T E
+1 +2 +3 +4
S C W I

तथा

H I G H
+1 +2 +3 +4
I K J L

उसी प्रकार,

O P E N
+1 +2 +3 +4
P R H R

121. (c) जिस प्रकार, कटुता व मानवता परस्पर विपरीतार्थक शब्द हैं, उसी प्रकार, सम्भालना व त्यागना भी विपरीतार्थक शब्द हैं।

122. (d) जिस प्रकार, $16 \rightarrow 16 \times 7 = 112$
तथा $\quad 26 \rightarrow 26 \times 7 = 182$
उसी प्रकार, $44 \rightarrow 44 \times 7 = 308$

123. (a) जिस प्रकार, $8 \rightarrow (8)^3 = 512$
तथा $12 \rightarrow (12)^3 = 1728$
उसी प्रकार, $15 \rightarrow (15)^3 = 3375$

124. (a) जिस प्रकार,

62 ⟶ 79
↑ ↑
$8^2 - 2$ $\quad 9^2 - 2$

तथा

98 119
↑ ↑
$10^2 - 2$ $\quad 11^2 - 2$

उसी प्रकार,

14 ⟶ 23
↑ ↑
$4^2 - 2$ $\quad 5^2 - 2$

125. (b) जिस प्रकार,

S W E E T
W S E T E

तथा

S A L T Y
A S L Y T

उसी प्रकार,

D R I N K
R D I K N

126. (c) जिस प्रकार,
(121, 93, 214) $\Rightarrow 121 + 93 = 214$
तथा (115, 87, 202) $\Rightarrow 115 + 87 = 202$
उसी प्रकार, (97, 112, 209) $\Rightarrow 97 + 112 = 209$

127. (a) जिस प्रकार, 104, 13 $\Rightarrow 104 \div 8 = 13$
तथा 136, 17 $\Rightarrow 136 \div 8 = 17$
उसी प्रकार, 232, 29 $\Rightarrow 232 \div 8 = 29$

128. (a) जिस प्रकार,
(25, 300, 6) $\Rightarrow 25 \times 2 \times 6 = 300$
तथा (19, 342, 9) $\Rightarrow 19 \times 2 \times 9 = 342$
उसी प्रकार, $\Rightarrow$ (18, 288, 8)
$\Rightarrow \quad 18 \times 2 \times 8 = 288$

129. (c) जिस प्रकार,

B A C K
+1 +2 −1 −2
C C B I

तथा

T E S T
+1 +2 −1 −2
U G R R

उसी प्रकार,

W O R K
+1 +2 −1 −2
X Q Q I

130. (c) जिस प्रकार,

D O Y
+12 +12 +12
P A K

तथा

B Q M
+12 +12 +12
N C Y

उसी प्रकार,

I L U
+12 +12 +12
U X G

131. (c) जिस प्रकार,
12 : 25 $\Rightarrow 12 \times 2 + 1 = 24 + 1 = 25$
तथा 11 : 23 $\Rightarrow 11 \times 2 + 1 = 23$
उसी प्रकार, विकल्प (c) से,
21 : 43 $\Rightarrow 21 \times 2 + 1 = 42 + 1 = 43$

132. (d) जिस प्रकार,
(7, 9, 48) = $(7 + 9) \times 3 = 16 \times 3 = 48$
तथा (6, 8, 42) = $(6 + 8) \times 3 = 14 \times 3 = 42$
उसी प्रकार, विकल्प (d) से
(11, 13, 72) = $(13 + 11) \times 3 = 24 \times 3 = 72$

133. (c) जिस प्रकार,

10 —— 15
↓ ↓
5×2 5×3

तथा

42 —— 63
↓ ↓
21×2 21×3

उसी प्रकार,

22 —— 33
↓ ↓
11×2 11×3

134. (c) जिस प्रकार, खिलना का विलोम शब्द मुरझाना होता है। उसी प्रकार, स्थिर होना का विलोम शब्द बहना होता है।

135. (a) जिस प्रकार, (79, 58, 62)
$\Rightarrow \quad 79 - 21 = 58$
$\quad 58 + 4 = 62$
तथा (54, 33, 37) $\Rightarrow 54 - 21 = 33$
$\quad 33 + 4 = 37$
उसी प्रकार, (66, 45, 49)
$\Rightarrow \quad 66 - 21 = 45 = 45 + 4 = 49$

136. (b) जिस प्रकार,

C W E
↓ ↓ ↓ (विपरीत अक्षर+2)
Z F X

तथा

P Y T
↓ ↓ ↓ (विपरीत अक्षर+2)
M D I

उसी प्रकार,

K I L
↓ ↓ ↓ (विपरीत अक्षर+2)
R T Q

137. (a) जिस प्रकार, (19, 456, 6)

$\Rightarrow$ $19 \times 6 = 114 \Rightarrow 114 \times 4 = 456$

तथा (16, 320, 5) $\Rightarrow 16 \times 5 = 80$

$\Rightarrow$ $80 \times 4 = 320$

उसी प्रकार, (18, 648, 9)

$\Rightarrow$ $18 \times 9 = 162 \Rightarrow 162 \times 4 = 648$

138. (d) जिस प्रकार, (34, 47, 62)

$\Rightarrow (34 + 62) \div 2 = 48 = 48 - 1 = 47$

और (119, 142, 167)

$\Rightarrow (119 + 167) \div 2 = 143 = 143 - 1 = 142$

उसी प्रकार, (79, 98, 119)

$\Rightarrow (79 + 119) \div 2 = 99 = 99 - 1 = 98$

139. (b) जिस प्रकार, (16, 33, 67)

$\Rightarrow 16 \times 2 + 1 = 33, 33 \times 2 + 1 = 67$

तथा (19, 39, 79) $\Rightarrow 19 \times 2 + 1 = 39,$

$39 \times 2 + 1 = 79$

उसी प्रकार, (22, 45, 91) $\Rightarrow 22 \times 2 + 1 = 45,$

$45 \times 2 + 1 = 91$

140. (d) जिस प्रकार नील नदी मिस्र में बहती है, उसी प्रकार इरावदी (Irrawaddy) नदी, म्यांमार में बहती है।

141. (d) जिस प्रकार,

(18, 378, 7) $\Rightarrow (18 \times 7) \times 3 = 378$

तथा (14, 210, 5) $\Rightarrow (14 \times 5) \times 3 = 210$

उसी प्रकार, (15, 405, 9) $\Rightarrow (15 \times 9) \times 3 = 405$

142. (b) जिस प्रकार, (2, 3, 17) $\Rightarrow 2 \times 3 + 11 = 17$

तथा (5, 2, 21) $\Rightarrow 5 \times 2 + 11 = 21$

उसी प्रकार, (3, 4, 23) $\Rightarrow 3 \times 4 + 11 = 23$

143. (d) जिस प्रकार, (149, 213)

$\Rightarrow$ $213 - 149 = 64$

और (168, 232) $232 - 168 = 64$

उसी प्रकार, विकल्प (d) से

(153, 217) $217 - 153 = 64$

144. (b) जिस प्रकार,

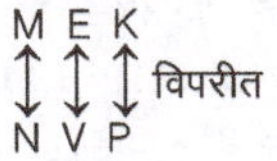

तथा

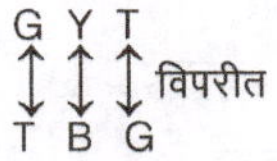

उसी प्रकार,

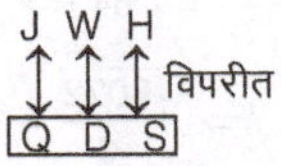

145. (a) जिस प्रकार, 31, 152 $\Rightarrow 31 + 121 = 152$

तथा 47, 168 $\Rightarrow 47 + 121 = 168$

उसी प्रकार, 66, ? $\Rightarrow ? = 66 + 121 = \boxed{187}$

146. (a) जिस प्रकार, (5, 5, 25) $\Rightarrow 5 \times 5 = 25$

तथा (2, 5, 10) $\Rightarrow 2 \times 5 = 10$

उसी प्रकार, (3, 3, 9) $\Rightarrow 3 \times 3 = 9$

147. (b) जिस प्रकार,

(18, 39, 60) $\Rightarrow \frac{60 + 18}{2} = \frac{78}{2} = 39$

तथा (27, 48, 69) $\Rightarrow \frac{69 + 27}{2} = \frac{96}{2} = 48$

उसी प्रकार, (35, 56, 77) $\Rightarrow \frac{77 + 35}{2} = \frac{112}{2} = 56$

148. (a) जिस प्रकार, उसी प्रकार,

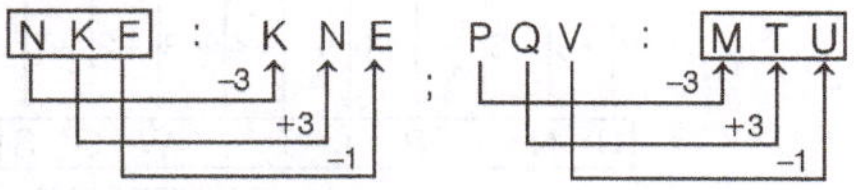

अत: # = NKF, % = MTU

149. (b) जिस प्रकार, उसी प्रकार,

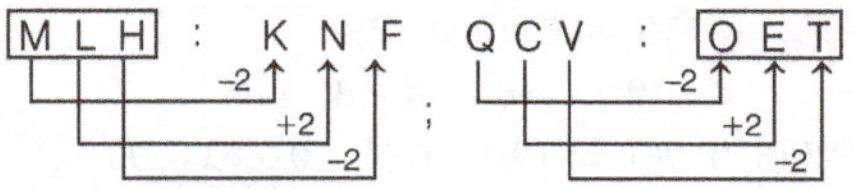

अत: # = MLH , % = OET

150. (d) जिस प्रकार, $(8 - 1)^2 - 3 = 46$

तथा $(9 - 4)^2 - 3 = 22$

उसी प्रकार, $(7 - 3)^2 - 3 = \boxed{13}$

151. (d) जिस प्रकार, उसी प्रकार,

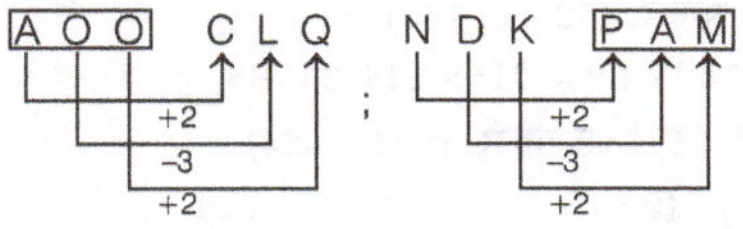

अत: # = AOO, % = PAM

152. (d) जिस प्रकार, (7, 3, 43)

$\Rightarrow \frac{7^2 - 43}{2} = \frac{49 - 43}{2} = 3$

और (5, 2, 21) $\Rightarrow \frac{5^2 - 21}{2} = \frac{25 - 21}{2} = 2$

उसी प्रकार, (11, 5, 111)

$\Rightarrow \frac{11^2 - 111}{2} = \frac{121 - 111}{2} = 5$

153. (d) जिस प्रकार, उसी प्रकार,

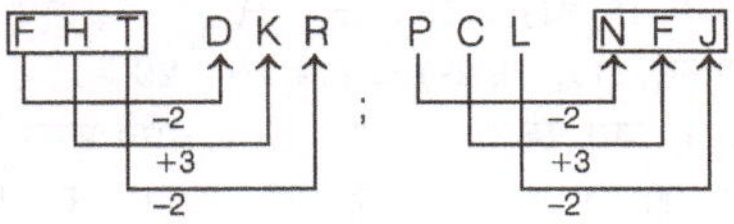

अत: # = FHT, % = NFJ

154. (b) जिस प्रकार,

(11, 33, 17) $\Rightarrow (11 + 17) + 5 = 33$

तथा (18, 44, 21) $\Rightarrow (18 + 21) + 5 = 44$

उसी प्रकार, (16, 43, 22) $\Rightarrow (16 + 22) + 5 = 43$

155. (b) जिस प्रकार भारत का राष्ट्रीय पशु रायल बंगाल टाइगर है, उसी प्रकार ऑस्ट्रेलिया का राष्ट्रीय पशु कंगारु है।

156. (d) जिस प्रकार, (239, 127, 212)

$\Rightarrow$ $(239 - 127) + 100 = 212$

तथा (96, 64, 132) $\Rightarrow (96 - 64) + 100 = 132$

उसी प्रकार, (167, 89, 178)

$\Rightarrow$ $(167 - 89) + 100 = 178$

157. (d) जिस प्रकार,

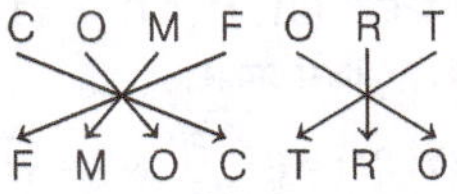

तथा

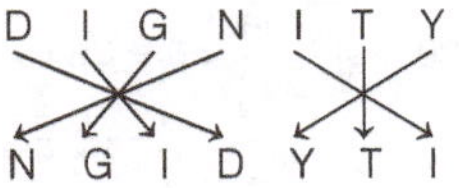

उसी प्रकार,

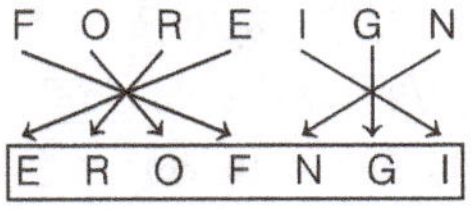

158. (a) जिस प्रकार, (13, 17, 23)

$\Rightarrow$ $13 + 4 = 17 \Rightarrow 17 + 6 = 23$

तथा (8, 12, 18) $\Rightarrow 8 + 4 = 12 \Rightarrow 12 + 6 = 18$

उसी प्रकार, विकल्प (a) से,

(18, 22, 28) $\Rightarrow 18 + 4 = 22 \Rightarrow 22 + 6 = 28$

159. (a) जिस प्रकार, 19 : 34 $\Rightarrow 19 \times 2 - 4 = 34$

तथा 5 : 6 $\Rightarrow 5 \times 2 - 4 = 6$

उसी प्रकार, 27 : ? $\Rightarrow 27 \times 2 - 4 = 54 - 4 = 50$

$\therefore$ $? = 50$

160. (d) जिस प्रकार, (4, 3, 16) $\Rightarrow 4 \times 3 + 4 = 16$

(6, 4, 28) $\Rightarrow 6 \times 4 + 4 = 28$

उसी प्रकार विकल्प (d) से, (8, 2, 20)

$\Rightarrow$ $8 \times 2 + 4 = 20$

161. (d) जिस प्रकार, 'रिक्त' का समानार्थी शब्द 'खाली' होता है। उसी प्रकार 'दीर्घाकार' का समानार्थी शब्द 'विशाल' होता है।

162. (c) जिस प्रकार, (3, 6, 54) $\Rightarrow 3 \times 6 \xrightarrow{\times 3} 54$

तथा (4, 2, 24) $\Rightarrow 4 \times 2 \xrightarrow{\times 3} 24$

उसी प्रकार, (3, 4, 36) $\Rightarrow 3 \times 4 \xrightarrow{\times 3} 36$

163. (c) जिस प्रकार,

(12, 8, 20) $\Rightarrow \frac{(20 - 8)}{(12 - 8)} = \frac{12}{4} = 3$

तथा (7, 3, 15) $\Rightarrow \frac{(15 - 3)}{(7 - 3)} = \frac{12}{4} = 3$

उसी प्रकार, (9, 4, 19) $\Rightarrow \frac{(19 - 4)}{(9 - 4)} = \frac{15}{5} = 3$

164. (d) जिस प्रकार, (17, 26, 37)

$\Rightarrow$ $17 + 37 = \frac{54}{2} = 27 - 1 = 26$

तथा (170, 197, 226)

$\Rightarrow$ $170 + 226 = \frac{396}{2} = 198 - 1 = 197$

उसी प्रकार, (48, 63, 80)

$\Rightarrow$ $48 + 80 = \frac{128}{2} = 64 - 1 = 63$

165. (d) जिस प्रकार, (38, 29, 67) $\Rightarrow 38 + 29 = 67$

तथा (43, 36, 79) $\Rightarrow 43 + 36 = 79$

उसी प्रकार, (47, 35, 82) $\Rightarrow 47 + 35 = 82$

166. (d) जिस प्रकार, रिंगवॉर्म की बीमारी त्वचा से सम्बन्धित है, उसी प्रकार, फीता कृमि, आँत से सम्बन्धित रोग है।

167. (c) जिस प्रकार, (39, 65)

$\Rightarrow$ $39 + \frac{39}{3} \times 2 = 65$

तथा (63, 105) $\Rightarrow 63 + \frac{63}{3} \times 2 = 105$

उसी प्रकार, (96, 160) $\Rightarrow 96 + \frac{96}{3} \times 2 = 160$

168. (b) जिस प्रकार, तथा उसी प्रकार,

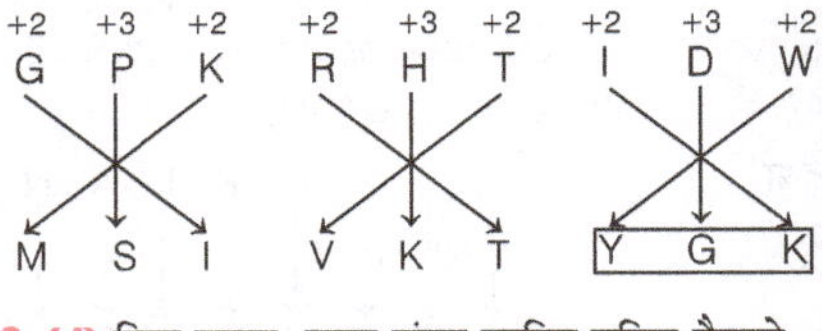

169. (d) जिस प्रकार, न्याय संगत व्यक्ति उचित फैसले लेता है, उसी प्रकार, धूर्त व्यक्ति कपटी होता है।

170. (c) जिस प्रकार, फाउण्टेन पेन का आविष्कार वाटरमैन ने किया था। उसी प्रकार, टेलीस्कोप का आविष्कार गैलीलियो ने किया था।

171. (d) जिस प्रकार, $(60, 15, 40) \Rightarrow \frac{60}{15} \times 10 = 40$

तथा $(100, 50, 20) \Rightarrow \frac{100}{50} \times 10 = 20$

उसी प्रकार, $(200, 40, 50) \Rightarrow \frac{200}{40} \times 10 = 50$

172. (b) जिस प्रकार, (5, 13, 16)

$(13-5) \times 2 = 8 \times 2 = 16$

तथा, (4, 11, 14) $(11-4) \times 2 = 7 \times 2 = 14$

उसी प्रकार, $(7, 17, 20) \Rightarrow (17-7) \times 2 = 10 \times 2 = 20$

173. (b) जिस प्रकार, (15, 23, 31)

$(23 \times 2) - 15 = 46 - 15 = 31$

तथा $(33, 41, 49) \Rightarrow (41 \times 2) - 33 = 82 - 33 = 49$

उसी प्रकार, (20, 28, 36)

$(28 \times 2) - 20 = 56 - 20 = 36$

174. (a) जिस प्रकार,

$17 : 4624 \Rightarrow 17^3 - 17^2 = 4913 - 289 = 4624$

तथा $13 : 2028 \Rightarrow 13^3 - 13^2 = 2197 - 169 = 2028$

उसी प्रकार, ? : 180

$\Rightarrow 6^3 - 6^2 = 216 - 36 = 180 \Rightarrow ? = 6$

175. (b) जिस प्रकार, तथा

M A G N E T ; F A M I L Y

A M N G T E ; A F I M Y L

उसी प्रकार, B L O C K S

[L B C O S K]

176. (c) जिस प्रकार, तथा उसी प्रकार,

B E T (−7 −7 −7) → U X M ; S Y P (−7 −7 −7) → L R I ; H O X (−7 −7 −7) → [A H Q]

177. (b) जिस प्रकार,

$(7, 15, 11) \Rightarrow \frac{(7+15)}{2} = 11$

और $(9, 19, 14) \Rightarrow \frac{(9+19)}{2} = 14$

उसी प्रकार, $(11, 23, 17) \Rightarrow \frac{(11+23)}{2} = 17$

178. (b) जिस प्रकार, ऊर्जा की इकाई जूल है, उसी प्रकार, धारा की इकाई एम्पियर है।

179. (c) जिस प्रकार, S C O O T E R

+7 +6 +5 +4 +3 +2 +1

Z I T S W G S

अब अक्षरों को दाएँ ⇒ SGWSTIZ

से बाएँ लिखने पर,

तथा A E R O P L A N E

+9 +8 +7 +6 +5 +4 +3 +2 +1

J M Y U U P D P F

अब अक्षरों को दाएँ ⇒ FPDPUUYMJ

से बाएँ लिखने पर,

उसी प्रकार, H E L I C O P T E R

+10 +9 +8 +7 +6 +5 +4 +3 +2 +1

[R N T P I T T W G S]

अब अक्षरों को दाएँ से ⇒ SGWTTIPTNR

बाएँ लिखने पर,

180. (a) जिस प्रकार, (2, 9, 85)

$\Rightarrow (2)^2 + (9)^2 = 4 + 81 = 85$

तथा $(3, 9, 90) \Rightarrow (3)^2 + (9)^2 = 9 + 81 = 90$

उसी प्रकार, (7, 9, 130)

$\Rightarrow (7)^2 + (9)^2 = 49 + 81 = 130$

181. (d) जिस प्रकार, (47, 11, 61)

$\Rightarrow 61 - 47 = 14 \Rightarrow 14 - 3 = 11$

तथा $(13, 68, 84) \Rightarrow 84 - 13 = 71 \Rightarrow 71 - 3 = 68$

उसी प्रकार, (52, 88, 143)

$\Rightarrow 143 - 52 = 91 \Rightarrow 91 - 3 = 88$

182. (d) जिस प्रकार, (9, 18, 324)

$\Rightarrow (9 \times 18) \times 2 = 162 \times 2 = 324$

तथा $(14, 11, 308) \Rightarrow (14 \times 11) \times 2 = 154 \times 2 = 308$

उसी प्रकार, (7, 12, 168)

$\Rightarrow (7 \times 12) \times 2 = 84 \times 2 = 168$

183. (b) जिस प्रकार, तथा उसी प्रकार,

Q I N (+7 +7 +7) → X P U ; D S Y (+7 +7 +7) → K Z F ; A L M (+7 +7 +7) → [H S T]

184. (a) जिस प्रकार, $(8, 13, 21) \Rightarrow 8 + 13 = 21$

तथा, $(13, 18, 31) \Rightarrow 13 + 18 = 31$

उसी प्रकार, $(11, 16, 29) \Rightarrow 11 + 16 \neq 29$

185. (b) जिस प्रकार, तथा उसी प्रकार,

C N Y (+4 +4 +4) → G R C ; F R L (+4 +4 +4) → J V P ; I T K (+4 +4 +4) → [M X O]

186. (b) जिस प्रकार, $5 : 127 \Rightarrow 5^2 \times 5 + 2 = 127$

तथा $7 : 247 \Rightarrow 7^2 \times 5 + 2 = 247$

उसी प्रकार, $9 : ? \Rightarrow 9^2 \times 5 + 2 =$ [407]

187. (c) जिस प्रकार एक्स-रे की जाँच करने वाले डॉक्टर को रेडियोलॉजिस्ट कहते हैं, उसी प्रकार त्वचा की जाँच करने वाले डॉक्टर को डर्मेटोलॉजिस्ट कहते हैं।

188. (b) जिस प्रकार, (50, 60, 2000)

$\Rightarrow 50 \times 60 - 50 \times 20 = 2000$ तथा (20, 30, 200)

$\Rightarrow 20 \times 30 - 20 \times 20 = 200$

उसी प्रकार, $(21, 11, 11) \Rightarrow 21 \times 11 - 11 \times 20 = 11$

189. (c) जिस प्रकार,

$3125 : 25 \Rightarrow \sqrt[3]{\frac{3125}{25}} \times 5 = \sqrt[3]{125} \times 5 = 5 \times 5 = 25$

तथा, $1600 : 20 \Rightarrow \sqrt[3]{\frac{1600}{25}} \times 5 = \sqrt[3]{64} \times 5$

$= 4 \times 5 = 20$

उसी प्रकार, $675 : ? \Rightarrow \sqrt[3]{\frac{675}{25}} \times 5$

$= \sqrt[3]{27} \times 5 = 3 \times 5 =$ [15]

190. (c) जिस प्रकार, (3, 10, 26)

$\Rightarrow (3+1)^2 + 10 = 16 + 10 = 26$

तथा $(4, 17, 42) \Rightarrow (4+1)^2 + 17 = 25 + 17 = 42$

उसी प्रकार, (6, 37, 86)

$\Rightarrow (6+1)^2 + 37 = 49 + 37 = 86$

191. (b) जिस प्रकार,

$(12, 5, 29) \Rightarrow \frac{(29-5)}{2} = \frac{24}{2} = 12$

तथा $(19, 12, 50) \Rightarrow \frac{(50-12)}{2} = \frac{38}{2} = 19$

उसी प्रकार, $(15, 14, 44) \Rightarrow \left(\frac{44-14}{2}\right) = \frac{30}{2} = 15$

192. (c) जिस प्रकार, $16 : 144 \Rightarrow 16 \times \left(\frac{16}{2} + 1\right)$

$= 16 \times (8 + 1) = 6 \times 9 = 144$

तथा $14 : 112 \Rightarrow 14 \times \left(\frac{14}{2} + 1\right)$

$= 14 \times (7 + 1) = 14 \times 8 = 112$

उसी प्रकार, $22 : 264 \Rightarrow 22 \times \left(\frac{22}{2} + 1\right)$

$= 22 \times (11 + 1) = 22 \times 12 =$ [264]

193. (c) जिस प्रकार, $(4, 14, 56) \Rightarrow 4 \times 14 = 56$

तथा $(6, 15, 90) \Rightarrow 6 \times 15 = 90$

उसी प्रकार, $(7, 16, 112) \Rightarrow 7 \times 16 = 112$

194. (d) जिस प्रकार,

G I S T (−1, −2)

F E H G R Q S R

तथा D U C K (−1, −2)

C B T S B A J I

उसी प्रकार, L O P E (−1, −2)

[K J N M O N D C]

195. (d) जिस प्रकार, पौधा गमले में लगाया जाता है, उसी प्रकार मछली, मछलीघर (Aquarium) में रखी जाती है।

196. (b) जिस प्रकार, $7 : 47 \Rightarrow 7^2 - 2 = 47$

तथा $11 : 119 \Rightarrow 11^2 - 2 = 119$

उसी प्रकार, $3 : ? \Rightarrow 3^2 - 2 =$ [7]

197. (b) जिस प्रकार,

$750 : 5 \Rightarrow \sqrt[3]{\frac{750}{6}} = \sqrt[3]{125} = 5$

तथा $384 : 4 \Rightarrow \sqrt[3]{\frac{384}{6}} = \sqrt[3]{64} = 4$

उसी प्रकार, $3072 : ? \Rightarrow \sqrt[3]{\frac{3072}{6}} = \sqrt[3]{512} =$ [8]

198. (a) जिस प्रकार,

$(25, 150, 3) \Rightarrow 25 \times 3 \times 2 = 150$

तथा $(18, 180, 5) \Rightarrow 18 \times 5 \times 2 = 180$

उसी प्रकार, $(52, 728, 7) \Rightarrow 52 \times 7 \times 2 = 728$

199. (d) जिस प्रकार,

$7 : 35 \Rightarrow 7 \times (7 - 2) = 7 \times 5 = 35$

तथा $21 : 399 \Rightarrow 21 \times (21 - 2) = 21 \times 19 = 399$

उसी प्रकार, $4 : ? \Rightarrow 4 \times (4 - 2) = 4 \times 2 = 8$

$\therefore \quad ? = 8$

200. (c) जिस प्रकार, $(2, 7, 27) \Rightarrow (2 + 7) \times 3 = 27$

तथा $(6, 15, 63) \Rightarrow (6 + 15) \times 3 = 63$

उसी प्रकार, $(8, 8, 48) \Rightarrow (8 + 8) \times 3 = 48$

201. (a) जिस प्रकार,

M A P
↕ ↕ ↕ विपरीत अक्षर
N Z K

और

H O Z
↕ ↕ ↕ विपरीत अक्षर
S L A

उसी प्रकार,

W Q K
↕ ↕ ↕ विपरीत अक्षर
[D J P]

202. (d) जिस प्रकार, $(6, 1, 18) \Rightarrow (6 \times 1) \times 3 = 18$

तथा $(5, 4, 60) \Rightarrow (5 \times 4) \times 3 = 60$

उसी प्रकार, $(6, 2, ?) \Rightarrow 6 \times 2 \times 3 = \boxed{36}$

203. (b) जिस प्रकार, 169 : 14

$\Rightarrow \sqrt{169} + 1 = 13 + 1 = 14$

तथा $289 : 18 \Rightarrow \sqrt{289} + 1 = 17 + 1 = 18$

उसी प्रकार, $? : 16 \Rightarrow \sqrt{?} + 1 = 16$

$\Rightarrow \sqrt{?} = 15 \Rightarrow ? = 225$

204. (b) जिस प्रकार,

$1029 : 7 \Rightarrow \sqrt[3]{\frac{1029}{3}} = \sqrt[3]{343} = 7$

तथा $2187 : 9 \Rightarrow \sqrt[3]{\frac{2187}{3}} = \sqrt[3]{729} = 9$

उसी प्रकार, $24 : ? \Rightarrow \sqrt[3]{\frac{24}{3}} = \sqrt[3]{8} = \boxed{2}$

205. (b) जिस प्रकार, तथा

D I S M A Y ; D R I V E R
S I D Y A M ; I R D R E V

उसी प्रकार,

S A F A R I
[F A S I R A]

206. (b) जिस प्रकार,

$(9, 20, 31) \Rightarrow \frac{9 + 31}{2} = \frac{40}{2} = 20$

तथा $(38, 49, 60) \Rightarrow \frac{38 + 60}{2} = \frac{98}{2} = 49$

उसी प्रकार, $(14, 24, 34) \Rightarrow \frac{14 + 34}{2} = \frac{48}{2} = 24$

207. (a) जिस प्रकार, (7, 150, 23)

$\Rightarrow (7 + 23) \times 5 = 30 \times 5 = 150$

तथा $(11, 75, 4) \Rightarrow (11 + 4) \times 5 = 15 \times 5 = 75$

उसी प्रकार, (15, 140, 13)

$\Rightarrow (15 + 13) \times 5 = 28 \times 5 = 140$

208. (b) जिस प्रकार, 'बेलचा' एक प्रकार का खोदने वाला औजार होता है। उसी प्रकार, 'स्पैनर' एक प्रकार का किसी वस्तु को जकड़कर खोलने वाला औजार होता है।

209. (a) जिस प्रकार,

O R A N G E
+1 +2 +3 +4 +5 +6
F I Q E W U

तथा

M A N G O
+1 +2 +3 +4 +5
P I Q E R

उसी प्रकार,

A P P L E
+1 +2 +3 +4 +5
[F N S T F]

210. (d) जिस प्रकार, (28, 65, 261)

$\Rightarrow \frac{(261 - 65)}{28} = \frac{196}{28} = 7$

तथा $(37, 83, 342) \Rightarrow \left(\frac{342 - 83}{37}\right) = \frac{259}{37} = 7$

उसी प्रकार, $(46, 92, 414) \Rightarrow \left(\frac{414 - 92}{46}\right) = 7$

211. (a) जिस प्रकार,

$(15, 28, 41) \Rightarrow 15 \xrightarrow{+13} 28 \xrightarrow{+13} 41$

तथा $(19, 32, 45) \Rightarrow 19 \xrightarrow{+13} 32 \xrightarrow{+13} 45$

उसी प्रकार, $(22, 35, 48) \Rightarrow 22 \xrightarrow{+13} 35 \xrightarrow{+13} 48$

212. (d) जिस प्रकार, पुर्तगाल की राजधानी 'लिस्बन' है। उसी प्रकार, इटली की राजधानी 'रोम' है।

213. (d) जिस प्रकार, $(6, 4, 8) \Rightarrow \left(\frac{4 + 8}{2}\right) = 6$

तथा $(17, 6, 28) \Rightarrow \left(\frac{6 + 28}{2}\right) = 17$

उसी प्रकार, $(13, 5, 21) \Rightarrow \left(\frac{5 + 21}{2}\right) = 13$

214. (c) जिस प्रकार, $14 : 54 \Rightarrow (14 \times 4) - 2 = 54$

तथा $21 : 82 \Rightarrow (21 \times 4) - 2 = 82$

उसी प्रकार, $5 : 18 \Rightarrow (5 \times 4) - 2 = \boxed{18}$

215. (d) जिस प्रकार,

$(10, 5, 65) \Rightarrow (10 \times 5) + (10 + 5) = 65$

तथा $(9, 8, 89) \Rightarrow (9 \times 8) + (9 + 8) = 89$

उसी प्रकार, $(4, 5, 29) \Rightarrow (4 \times 5) + (4 + 5) = 29$

216. (b) जिस प्रकार,

$(4, 14, 828) \Rightarrow 4 \times 200 + 14 \times 2 = 828$

तथा $(3, 10, 620) \Rightarrow 3 \times 200 + 10 \times 2 = 620$

उसी प्रकार, $(2, 50, 500) \Rightarrow 2 \times 200 + 50 \times 2 = 500$

217. (c) जिस प्रकार, तथा उसी प्रकार,

S T O P ; J U M P ; M O V E
−4 −3 −2 −1 ; −4 −3 −2 −1 ; −4 −3 −2 −1
O Q M O ; F R K O ; [I L T D]

218. (d) जिस प्रकार,

$5 : 140 \Rightarrow 5^3 + 3(5) = 125 + 15 = 140$

तथा $8 : 536 \Rightarrow 8^3 + 3(8) = 512 + 24 = 536$

उसी प्रकार, $6 : 234 \Rightarrow$

$6^3 + 3(6) = 216 + 18 = 234$

219. (a) जिस प्रकार, तथा उसी प्रकार,

E C H O ; E A R S ; H E A R
+1 +1 +1 +1 ; +1 +1 +1 +1 ; +1 +1 +1 +1
P I D F ; T S B F ; [S B F I]

220. (d) जिस प्रकार, (71, 114, 157)

$\Rightarrow (71 + 157) \div 2 = 114$

तथा $(36, 79, 122) \Rightarrow (36 + 122) \div 2 = 79$

उसी प्रकार, $(25, 68, 111) \Rightarrow (25 + 111) \div 2 = 68$

221. (b) जिस प्रकार मोजे, पैरों में पहने जाते हैं। उसी प्रकार चश्में आँखों पर पहने जाते हैं।

222. (b) जिस प्रकार,

C H O S E N
+1 +1 +1 +1 +1 +1
D I P T F O

तथा

C O P P E R
+1 +1 +1 +1 +1 +1
D P Q Q F S

उसी प्रकार,

B O T T L E
+1 +1 +1 +1 +1 +1
[C P U U M F]

223. (c) जिस प्रकार, $45 : 15 \Rightarrow 15 \times \frac{15}{5} = 45$

तथा $20 : 10 \Rightarrow 10 \times \frac{10}{5} = 20$

उसी प्रकार, $125 : 25 \Rightarrow 25 \times \frac{25}{5} = 125$

224. (a) जिस प्रकार, गरीब आर्थिक रूप से निस्सहाय होता है। उसी प्रकार, अमीर आर्थिक रूप से समृद्ध होता है।

225. (d) जिस प्रकार, $29 : 111 \Rightarrow (29 \times 4) - 5 = 111$

तथा $36 : 139 \Rightarrow (36 \times 4) - 5 = 139$

उसी प्रकार, $72 : 283 \Rightarrow (72 \times 4) - 5 = 283$

226. (b) जिस प्रकार, तथा उसी प्रकार,

L E A P ; F J U L ; E G I B
P A L E ; L U F J ; [B I E G]

227. (d) जिस प्रकार, $\frac{121}{11} - \frac{81}{9} = 2$

तथा $\frac{88}{11} - \frac{54}{9} = 2$

उसी प्रकार, $\frac{77}{11} - \frac{18}{9} = 5$

228. (c) जिस प्रकार,

G O O D
+2 −2 +2 −2
I M Q B

और

C A R E
+2 −2 +2 −2
E Y T C

उसी प्रकार,

S A V E
+2 −2 +2 −2
[U Y X C]

229. (b) जिस प्रकार, (189, 148, 107)

189, 148, 107
(−41, −41)

तथा (206, 165, 124)

206, 165, 124
(−41, −41)

उसी प्रकार, (108, 67, 26)

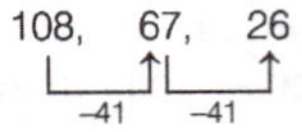

230. (c) जिस प्रकार,

$(34, 12, 10) \Rightarrow 10 + 12 \times 2 = 34$

तथा $(56, 17, 22) \Rightarrow 22 + 17 \times 2 = 56$

उसी प्रकार, $(46, 19, 8) \Rightarrow 8 + 19 \times 2 = 46$

231. (b) जिस प्रकार,

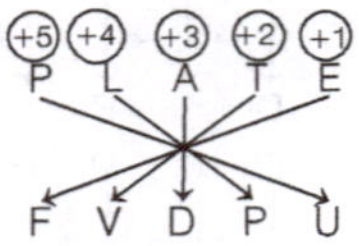

तथा

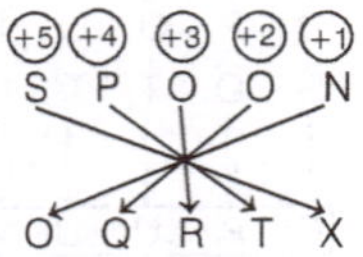

उसी प्रकार,

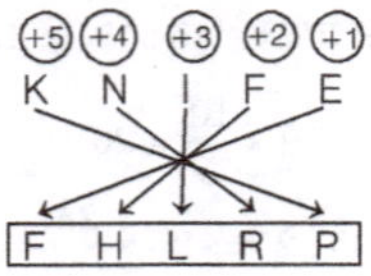

232. (b) जिस प्रकार,

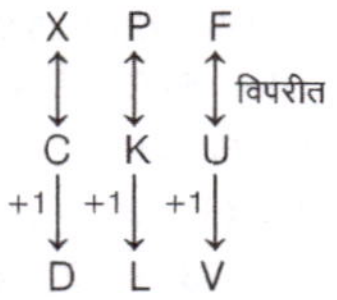

तथा

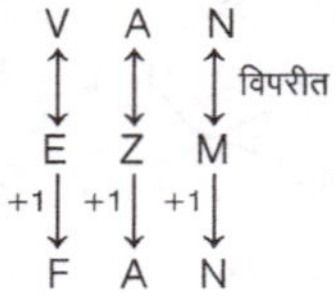

उसी प्रकार,

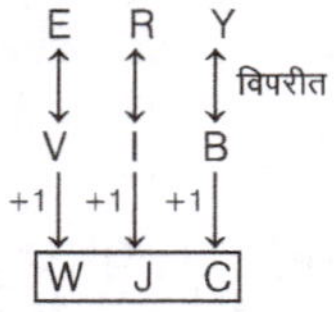

233. (c) जिस प्रकार,

$(4, 1024, 64) \Rightarrow \left(\frac{64}{\sqrt{4}}\right)^2 = \left(\frac{64}{2}\right)^2$

$= (32)^2 = 1024$

तथा (225, 81, 135)

$\Rightarrow \left(\frac{135}{\sqrt{225}}\right)^2 = \left(\frac{135}{15}\right)^2 = 9^2 = 81$

उसी प्रकार, (49, 841, 203)

$\Rightarrow \left(\frac{203}{\sqrt{49}}\right)^2 = \left(\frac{203}{7}\right)^2$

$= (29)^2 = 841$

234. (c) जिस प्रकार,

$(15, 45, 90) \Rightarrow (15 \times 3) + 45 = 90$

तथा $(8, 24, 48) \Rightarrow (8 \times 3) + 24 = 48$

उसी प्रकार, $(6, 18, 36) \Rightarrow (6 \times 3) + 18 = 36$

235. (d) जिस प्रकार,

$(4, 11, 137) \Rightarrow 11^2 + 4^2 = 137$

तथा $(3, 12, 153) \Rightarrow 3^2 + 12^2 = 153$

उसी प्रकार, $(4, 3, 61) \Rightarrow 4^2 + 3^2 = 25 \neq 61$

236. (b) जिस प्रकार,

$(5, 7, 140) \Rightarrow (5 \times 7) \times 4 = 140$

तथा $(6, 4, 96) \Rightarrow (6 \times 4) \times 4 = 96$

उसी प्रकार, $(9, 2, 72) \Rightarrow (9 \times 2) \times 4 = 72$

237. (a) जिस प्रकार,

$4 : 33 = 4^2 \times \left(\frac{4}{2}\right) + 1 = 33$

तथा $8 : 257 = 8^2 \times \left(\frac{8}{2}\right) + 1 = 257$

उसी प्रकार, $? : 109 = 6^2 \times \left(\frac{6}{2}\right) + 1 = 109$

$\therefore \quad ? = 6$

238. (a) जिस प्रकार,

$160 : 4 \Rightarrow 4 \times (4 \times 10) = 160$

तथा $250 : 5 \Rightarrow 5 \times (5 \times 10) = 250$

उसी प्रकार, $360 : ? \Rightarrow 6 \times (6 \times 10) = 360$

$\therefore \quad ? = 6$

239. (d) जिस प्रकार,

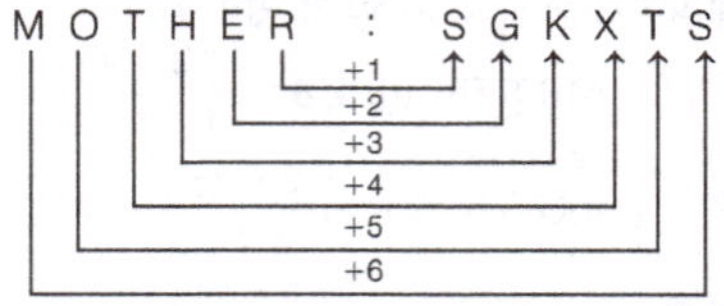

तथा

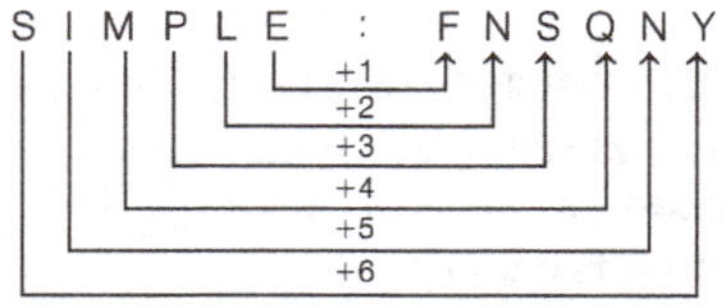

उसी प्रकार,

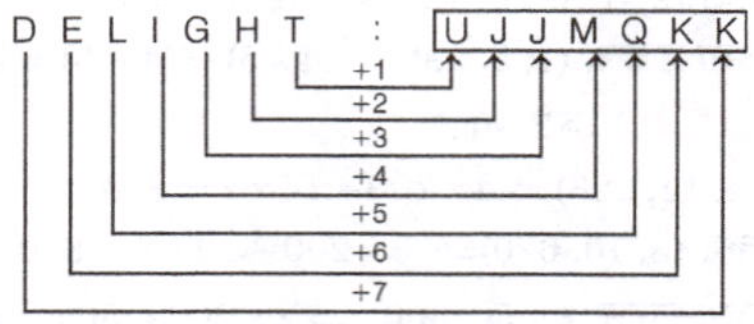

240. (c) जिस प्रकार,

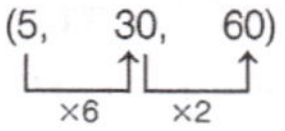

तथा

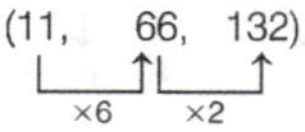

उसी प्रकार,

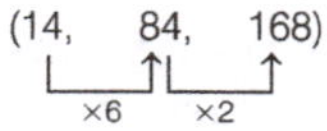

241. (d) जिस प्रकार,

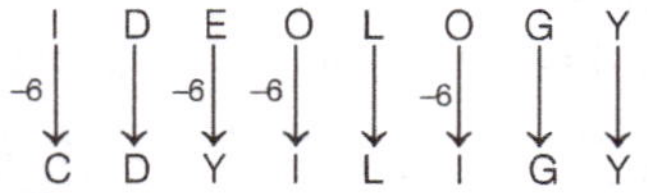

(यहाँ केवल स्वर अक्षरों में – 6 हुआ है।)

विपरीत क्रम,

CDYILIGY ⇒ YGILIYDC

तथा

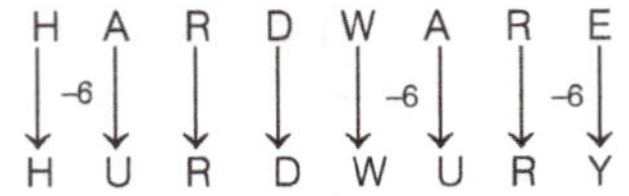

विपरीत क्रम, HURDWURY ⇒ YRUWDRUH

उसी प्रकार,

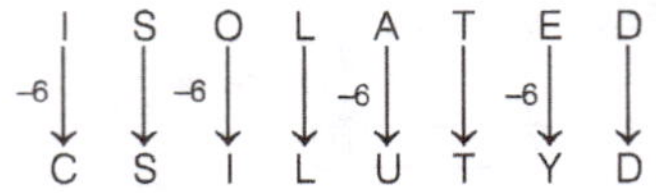

विपरीत क्रम, CSILUTYD ⇒ DYTULISC

242. (d) जिस प्रकार, $(5, 14, 3) \Rightarrow 3 \times 3 + 5 = 14$

तथा $(3, 24, 7) \Rightarrow 7 \times 3 + 3 = 24$

उसी प्रकार, $(9, 30, ?) \Rightarrow 7 \times 3 + 9 = 30$

$\therefore \quad ? = 7$

243. (d) जिस प्रकार,

$121 : 12 \Rightarrow (12 - 1)^2 = 121$

तथा $225 : 16 \Rightarrow (16 - 1)^2 = 225$

उसी प्रकार, $(22 - 1)^2 = 441$

$\therefore \quad ? = 22$

244. (c) जिस प्रकार,

$(6, 16, 8) \Rightarrow \frac{6 \times 8}{3} = 16$

तथा $(5, 15, 9) \Rightarrow \frac{9 \times 5}{3} = 15$

उसी प्रकार, $(3, 11, 11) \Rightarrow \frac{11 \times 3}{3} = 11$

245. (a) जिस प्रकार,

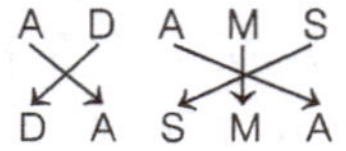

तथा

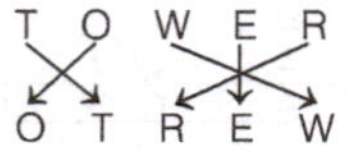

उसी प्रकार,

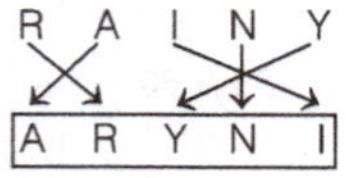

246. (a) जिस प्रकार,

$(26, 62, 140) \Rightarrow 62 + (26 \times 3) = 140$

तथा, $(12, 39, 75) \Rightarrow 39 + (12 \times 3) = 75$

उसी प्रकार विकल्प (a) से,

$(20, 48, 108) \Rightarrow 48 + (20 \times 3) = 108$

247. (a) जिस प्रकार,

$(3, 5, 6) \Rightarrow (6 - 5) + 2 = 3$

तथा $(5, 12, 15) \Rightarrow (15 - 12) + 2 = 5$

उसी प्रकार, $(9, 4, ?) \Rightarrow (11 - 4) + 2 = 9$

$\therefore ? = 11$

248. (c) जिस प्रकार 'वृक्क' एक 'अंग' है उसी प्रकार 'सेब' एक प्रकार का 'फल' है।

249. (c) जिस प्रकार, (300, 100, 100)

$\Rightarrow \frac{300 - 100}{2} = \frac{200}{2} = 100$

तथा (88, 66,11) ⇒ $\frac{88-66}{2}=\frac{22}{2}=11$

उसी प्रकार, विकल्प (c) से,

(44, 22, 11) ⇒ $\frac{44-22}{2}=\frac{22}{2}=11$

250. (a) जिस प्रकार,

6 : 16 ⇒ $6\times3-2=18-2=16$

तथा 10 : 28 ⇒ $10\times3-2=30-2=28$

उसी प्रकार, 3 : ? ⇒ ? $=3\times3-2=9-2=7$

251. (d) जिस प्रकार,

F R E N C H → R F N E H C

तथा R E S C U E → E R C S E U

उसी प्रकार, A N I M A L → N A M I L A

252. (d) जिस प्रकार, (1000, 100, 10)

⇒ $100\times10=1000$

तथा (38, 19, 2) ⇒ $19\times2=38$

उसी प्रकार, (125, 25, 5) ⇒ $25\times5=125$

253. (b) जिस प्रकार, (6, 14, 40)

⇒ $(6+14)\times2=20\times2=40$

तथा (10, 14, 48) ⇒ $(10+14)\times2=24\times2=48$

उसी प्रकार, (5, 9, 28) ⇒ $(5+9)\times2=14\times2=28$

254. (d) जिस प्रकार 'रिक्त' व 'खाली' समानार्थी शब्द हैं। उसी प्रकार, 'शून्य' व 'निर्वात्' भी समानार्थी शब्द हैं।

255. (d) जिस प्रकार,

32 : 8 ⇒ $8\times(8\div2)=8\times4=32$

तथा 72 : 12 ⇒ $12\times(12\div2)=12\times6=72$

उसी प्रकार, 128 : ? ⇒ $?\times(?\div2)=128$

⇒ $(?)^2=128\times2=256$

∴ $?=\sqrt{256}=\boxed{16}$

256. (c) जिस प्रकार, (4, 2, 18)

⇒ $(4+2)\times3=6\times3=18$

तथा (1, 7, 24) ⇒ $(1+7)\times3=8\times3=24$

उसी प्रकार, (5, 4, ?) ⇒ ?

$=(5+4)\times3=9\times3=27$

257. (c) जिस प्रकार, 192 : 24

⇒ $\frac{24}{3}\times24=192$ तथा 48 : 12 ⇒ $\frac{12}{3}\times12=48$

उसी प्रकार, 432 : ? ⇒ $\frac{36}{3}\times36=432$

अत: ? = $\boxed{36}$

258. (b) जिस प्रकार,

C Y C L E (−1, −1, −1, −1, +1) → B X B K F

तथा T Y R E (−1, −1, −1, +1) → S X Q F

उसी प्रकार, S C O O T E R (−1, −1, +1, +1, −1, +1, −1) → R B P P S F Q

नोट प्रत्येक स्वरों के स्थान पर अगला अक्षर व व्यंजनों के स्थान पर पिछला अक्षर आ रहा है।

259. (a) जिस प्रकार,

(15, 5, 375) ⇒ $(15\times5)\times5=375$

तथा (14, 3, 210) ⇒ $(14\times3)\times5=42\times5=210$

उसी प्रकार, (11, 16, 880) ⇒ $(11\times16)\times5$

$=176\times5=880$

260. (b) जिस प्रकार, (6, 7, 98)

⇒ $(6)^2+(7)^2+(6+7)=36+49+13=98$

तथा (8, 10, 182) से,

$(8)^2+(10)^2+(8+10)=64+100+18=182$

उसी प्रकार, (4, 5, 50)

⇒ $(4)^2+(5)^2+(4+5)=16+25+9=50$

261. (b) जिस प्रकार, 4 : 25 ⇒ $(4\times6)+1=25$

तथा 12 : 7 ⇒ $(12\times6)+1=73$

उसी प्रकार, 7 : ? ⇒ $(7\times6)+1=\boxed{43}$

262. (a) जिस प्रकार, फिल्मों का निर्माण निर्देशक के दिशा-निर्देश पर होता है, उसी प्रकार नृत्य का निर्देशन कोरियोग्राफर द्वारा किया जाता है।

263. (b) जिस प्रकार, (14, 10, 296)

⇒ $(14)^2+(10)^2=196+100=296$

तथा (8, 17, 353) ⇒ $(8)^2+(17)^2$

$=64+289=353$

उसी प्रकार, (5, 13, 194)

⇒ $(5)^2+(13)^2=25+169=194$

264. (a) जिस प्रकार, तथा

S A M E (+4, +3, +2, +1) → W D O F ; L I F E (+4, +3, +2, +1) → P L H F

उसी प्रकार, G O A L (+4, +3, +2, +1) → K R C M

265. (a) जिस प्रकार,

(14, 60, 16) ⇒ $(14+16)\times2=30\times2=60$

तथा (12, 40, 8) ⇒ $(12+8)\times2=20\times2=40$

उसी प्रकार,

(19, 80, 21) ⇒ $(19+21)\times2=40\times2=80$

266. (d) जिस प्रकार,

R A T ↕ I Z G (विपरीत अक्षर)

तथा Y U M ↕ B F N (विपरीत अक्षर)

उसी प्रकार, S I P ↕ H R K (विपरीत अक्षर)

267. (b) जिस प्रकार,

D E L I G H T (+7, +6, +5, +4, +3, +2, +1) → K K Q M J J U ⇔ UJJMQKK (दाएँ से बाएँ लिखने पर)

तथा P L I G H T (+6, +5, +4, +3, +2, +1) → V Q M J J U ⇔ UJJMQV

उसी प्रकार, C R E A T E (+6, +5, +4, +3, +2, +1) → I W I D V F ⇔ FVDIWI

268. (b) जिस प्रकार डॉक्टर अस्पताल में कार्य करते है, उसी प्रकार वकील, कोर्ट में कार्य करते हैं।

269. (c) जिस प्रकार,

(7, 5, 16) ⇒ $(7^2-5^2)-8=(49-25)-8=16$

तथा (12, 10, 36) ⇒ $(12^2-10^2)-8$

$=(144-100)-8=36$

उसी प्रकार, (8, 7, 7) ⇒ $(8^2-7^2)-8$

$=(64-49)-8=7$

270. (d) जिस प्रकार, (4, 5, 82)

⇒ $(4+5)^2+(5-4)^2=81+1=82$

तथा (6, 11, 314)

⇒ $(6+11)^2+(11-6)^2=289+25=314$

उसी प्रकार, (11, 9, 560)

⇒ $(11+9)^2+(11-9)^2=400+4=404\neq560$

271. (c) जिस प्रकार, (62, 5, 8)

⇒ $(5+8)\times5-3=62$

तथा (87, 7, 11) ⇒ $(7+11)\times5-3=87$

उसी प्रकार, (112, 8, 15)

⇒ $(8+15)\times5-3=23\times5-3=112$

272. (c) जिस प्रकार, 'आक्रमण करना' का विपरीत शब्द 'रक्षा करना' होता है। उसी प्रकार, स्वीकार करना का विपरीत शब्द 'अस्वीकार करना' से होता है।

273. (a) जिस प्रकार, तथा

F R E N C H (+1, −1, +1, −1, +1, −1) → G Q F M D G ; G E R M A N (+1, −1, +1, −1, +1, −1) → H D S L B M

उसी प्रकार, A R A B I C (+1, −1, +1, −1, +1, −1) → B Q B A J B

274. (c) जिस प्रकार, (16, 4, 4) ⇒ $\frac{16-4}{3}=4$

तथा (30, 5, 15) ⇒ $\frac{30-15}{3}=5$

उसी प्रकार, (8, 2, ?) ⇒ $\frac{8-2}{3}=2$

275. (c) जिस प्रकार, तथा उसी प्रकार,

P I G (−6, −6, −6) → J C A ; S U N (−6, −6, −6) → M O H ; T E K (−6, −6, −6) → N Y E

276. (a) जिस प्रकार, (12, 7, 1385)

$\Rightarrow \quad (12)^3 - (7)^3 = 1728 - 343 = 1385$

तथा (19, 15, 3484) $\Rightarrow (19)^3 - (15)^3$

$= 6859 - 3375 = 3484$

उसी प्रकार, (21, 16, 5165)

$\Rightarrow \quad (21)^3 - (16)^3 = 9261 - 4096 = 5165$

277. (c) जिस प्रकार, 15 : 270

$\Rightarrow \quad 15\,(15 + 3) = 15 \times 18 = 270$

तथा 18 : 378 $\Rightarrow 18\,(18 + 3) = 18 \times 21 = 378$

उसी प्रकार, 21: 504$\Rightarrow$

$21\,(21 + 3) = 21 \times 24 = 504$

278. (d) जिस प्रकार,

(9, 69, 17)$\Rightarrow (9 + 17) \times 3 - 9 = 69$

तथा (13, 47, 7) $\Rightarrow (13 + 7) \times 3 - 13 = 47$

उसी प्रकार, (19, 50, 4) $\Rightarrow (19 + 4) \times 3 - 19 = 50$

279. (a) जिस प्रकार, (4, 25, 6)$\Rightarrow (6 \times 4) + 1 = 25$

तथा (3, 28, 9)$\Rightarrow (3 \times 9) + 1 = 28$

उसी प्रकार, (2, 17, 8)$\Rightarrow (2 \times 8) + 1 = 17$

280. (a) जिस प्रकार, (100, 2, 150)

$\Rightarrow 100 \times 2 - \left(\frac{100}{2}\right) = 200 - 50 = 150$

तथा (50, 5, 240)

$\Rightarrow 50 \times 5 - \left(\frac{50}{5}\right) = 250 - 10 = 240$

उसी प्रकार, (16, 8, 126)

$\Rightarrow 16 \times 8 - \left(\frac{16}{8}\right) = 128 - 2 = 126$

281. (d) जिस प्रकार, 243 : 9$\Rightarrow 9 \times 9 \times \frac{9}{3} = 243$

तथा 72 : 6$\Rightarrow 6 \times 6 \times \frac{6}{3} = 72$

उसी प्रकार, 576 : 12$\Rightarrow 12 \times 12 \times \frac{12}{3} = 576$

282. (b) जिस प्रकार 'बरमा' से 'बरमाना' किया जाता है, उसी प्रकार 'सूई' से सिलाई की जाती है।

283. (c) जिस प्रकार, तथा

A D O P T → D A O T P ; F I N A L → I F N L A

उसी प्रकार, H U M O R → U H M R O

284. (c) जिस प्रकार,

C R O W N → O Y R V H (+1, +2, +3, +4, +5)

तथा T A B L E → F N E E Y (+1, +2, +3, +4, +5)

उसी प्रकार, U N R E A L → M C H V S A (+1, +2, +3, +4, +5, +6)

285. (c) जिस प्रकार,

(47, 108, 169) $\Rightarrow \frac{47 + 169}{2} = 108$

तथा (22, 83, 144) $\Rightarrow \frac{22 + 144}{2} = 83$

उसी प्रकार, (51, 112, 173) $\Rightarrow \frac{51 + 173}{2} = 112$

286. (c) जिस प्रकार, (15, 21, 10)

$\Rightarrow \quad \frac{15}{5} + \frac{21}{3} = 10$

तथा (25, 36, 17) $\Rightarrow \frac{25}{5} + \frac{36}{3} = 17$

उसी प्रकार, (100, 33, 31)$\Rightarrow \frac{100}{5} + \frac{33}{3} = 31$

287. (b) जिस प्रकार, कपास से कपड़े का उत्पादन होता है। उसी प्रकार, गन्ने से चीनी का उत्पादन होता है।

288. (a) जिस प्रकार, 'मुरझाने' का समानार्थी शब्द 'कुम्हलाना' होता है। उसी प्रकार, 'पनपना/बढ़ना' का समानार्थी शब्द 'फलना-फूलना' होता है।

289. (b) जिस प्रकार, 7 : 21$\Rightarrow 7 \xrightarrow{\times 3} 21$

तथा 14 : 42 $\Rightarrow 14 \xrightarrow{\times 3} 42$

उसी प्रकार, 18 : 54 $\Rightarrow 18 \xrightarrow{\times 3} \boxed{54}$

290. (c) जिस प्रकार,

(168, 35, 143)$\Rightarrow 168 - 143 = 25 \Rightarrow 25 + 10 = 35$

तथा (182, 65, 127)$\Rightarrow 182 - 127 = 55$

$\Rightarrow \quad 55 + 10 = 65$

उसी प्रकार,

(142, 83, 69)$\Rightarrow 142 - 69 = 73 \Rightarrow 73 + 10 = 83$

291. (c) जिस प्रकार,

T A B L E → F N E E Y (+1, +2, +3, +4, +5)

तथा C R O W N → O Y R V H (+1, +2, +3, +4, +5)

उसी प्रकार, B E A U T Y → Z V X E J H (+1, +2, +3, +4, +5, +6)

292. (a) जिस प्रकार, 9 : 79

$\Rightarrow 9^2 - 2 = 81 - 2 = 79$

तथा 11 : 119$\Rightarrow (11)^2 - 2 = 121 - 2 = 119$

उसी प्रकार, 7 : ?$\Rightarrow$? = $7^2 - 2 = 49 - 2 = 47$

293. (d) जिस प्रकार, 121 : 10

$\Rightarrow (10 + 1)^2 = (11)^2 = 121$

तथा 256 : 15$\Rightarrow (15 + 1)^2 = (16)^2 = 256$

उसी प्रकार, 441 : ?$\Rightarrow$? = $\sqrt{441} - 1 = 21 - 1 = 20$

294. (b) जिस प्रकार, (9, 26, 53)

$9 \times 3 - 1 = 26 \Rightarrow 26 \times 2 + 1 = 53$

तथा (8, 23, 47); $8 \times 3 - 1 = 23 \Rightarrow 23 \times 2 + 1 = 47$

उसी प्रकार, (5, 14, 29)

$\Rightarrow \quad 5 \times 3 - 1 = 14 \rightarrow 14 \times 2 + 1 = 29$

295. (d) जिस प्रकार, तथा

P A R R O T → P T R K O M (–7) ; R E C I P E → R X C B P X (–7)

उसी प्रकार, R E L I S H → R X L B S A (–7)

296. (b) जिस प्रकार,

(54, 32, 66) $\Rightarrow (54 - 32) \times 3 = 66$

तथा (49, 31, 54) $\Rightarrow (49 - 31) \times 3 = 54$

उसी प्रकार, (39, 18, 63)

$\Rightarrow \quad (39 - 18) \times 3 = 63$

297. (d) जिस प्रकार, L I G H T ↔ O R T S G (विपरीत अक्षर)

तथा F A N C Y ↔ U Z M X B (विपरीत अक्षर)

उसी प्रकार, W A T C H ↔ D Z G X S (विपरीत अक्षर)

298. (b) जिस प्रकार, 17:189

$\Rightarrow \quad (17)^2 - 100 = 289 - 100 = 189$

तथा 13:69 $\Rightarrow (13)^2 - 100 = 169 - 100 = 69$

उसी प्रकार, 18 : ?

$\Rightarrow (18)^2 - 100 = 324 - 100 = 224 \Rightarrow ? = 224$

299. (a) जिस प्रकार,

(36, 6, 18) $\Rightarrow \frac{36}{6} \times 3 = 18$

तथा (35, 5, 21) $\Rightarrow \frac{35}{5} \times 3 = 21$

उसी प्रकार, (49, 7, 21) $\Rightarrow \frac{49}{7} \times 3 = 21$

300. (a) जिस प्रकार,

(12, 40, 14) $\Rightarrow 12 + 14 \times 2 = 40$

तथा (15, 33, 9) ⇒ $15 + 9 \times 2 = 33$
उसी प्रकार, (21, 91, 35) ⇒ $21 + 35 \times 2 = 91$

301. (d) जिस प्रकार,
(8, 388, 18) ⇒ $8^2 + 18^2 = 388$
तथा (11, 137, 4) ⇒ $11^2 + 4^2 = 137$
उसी प्रकार, (14, 221, 5) ⇒ $14^2 + 5^2 = 221$

302. (c) जिस प्रकार, (24, 3, 10) ⇒ $\frac{24}{3} + 2 = 10$
तथा (144, 9, 18) ⇒ $\frac{144}{9} + 2 = 18$
उसी प्रकार, (133, 7, 21) ⇒ $\frac{133}{7} + 2 = 21$

303. (a) जिस प्रकार,
F U E L E D
−2 +3 −3 +3 −4 +3
D X B O A G

तथा
G E L A T O
−2 +3 −3 +3 −4 +3
E H I D P R

उसी प्रकार,
H E A R T Y
−2 +3 −3 +3 −4 +3
F H X U P B

304. (c) जिस प्रकार वजन की इकाई पौण्ड है, उसी प्रकार ऊँचाई की इकाई मीटर है।

305. (b) जिस प्रकार राजा, महल में रहता है, उसी प्रकार साध्वी, मठ में रहती है।

306. (a) जिस प्रकार, (7, 5, 10) ⇒ $(7 - 5) \times 5 = 10$
तथा (2, 1, 5) ⇒ $(2 - 1) \times 5 = 5$
उसी प्रकार, (16, 6, ?) ⇒ ? = $(16 - 6) \times 5 = \boxed{50}$

307. (b) जिस प्रकार, (16, 32, 54) ⇒ $16 \times 2 = 32$
तथा $32 + 22 = 54$
और (29, 58, 80) ⇒ $29 \times 2 = 58$
तथा $58 + 22 = 80$
उसी प्रकार, (24, 48, 70) ⇒ $24 \times 2 = 48$
तथा $48 + 22 = 70$

308. (a) जिस प्रकार,
(9, 6, 25) ⇒ $(9 + 6) + 10 = 25$
तथा (14, 5, 29) ⇒ $(14 + 5) + 10 = 29$
उसी प्रकार, (13, 9, 32) ⇒ $(13 + 9) + 10 = 32$

309. (d) जिस प्रकार,
(36, 21, 35) ⇒ $(36 - 21) \times 2 + 5 = 35$
तथा (43, 19, 53) ⇒ $(43 - 19) \times 2 + 5 = 53$
उसी प्रकार, (51, 34, 39)
⇒ $(51 - 34) \times 2 + 5 = 39$

310. (d) जिस प्रकार, (5, 32, 7) ⇒ $5^2 + 7 = 32$
तथा (4, 30, 14) ⇒ $4^2 + 14 = 30$
उसी प्रकार, (7, 60, 11) ⇒ $7^2 + 11 = 60$

311. (c) जिस प्रकार,
B E A U T Y
Z V X E J H
+1 +2 +3 +4 +5 +6

तथा
F R A G I L E
F N L K F X M
+1 +2 +3 +4 +5 +6 +7

उसी प्रकार,
B E Y O N D
E P R C J H
+1 +2 +3 +4 +5 +6

312. (b) जिस प्रकार,
(44, 63, 98) ⇒ $(44 + 63) - 9 = 98$
(59, 99, 149) ⇒ $(59 + 99) - 9 = 149$
उसी प्रकार, (81, 15, 87) ⇒ $(81 + 15) - 9 = 87$

313. (b) जिस प्रकार, (14, 10, 9) ⇒ $14 - \frac{10}{2} = 9$
तथा (6, 8, 2) ⇒ $6 - \frac{8}{2} = 2$
उसी प्रकार, (8, 4, ?) ⇒ $8 - \frac{4}{2} = 6$
∴ ? = 6

314. (a) जिस प्रकार,
P L A N T (+2) → V P C N R
तथा
S T O M P (+2) → R O Q V U

उसी प्रकार,
B O A R D (+2) → F T C Q D

315. (b) जिस प्रकार, स्पष्ट का समानार्थी शब्द 'खुला' है, उसी प्रकार, गोपनीय का समानार्थी शब्द 'गुप्त' है।

316. (c) जिस प्रकार, (12, 15, 18) ⇒ $\frac{12 + 18}{2} = 15$
तथा (10, 8, 6) ⇒ $\frac{10 + 6}{2} = 8$
उसी प्रकार, (15, 20, 25) ⇒ $\frac{15 + 25}{2} = 20$

317. (a) जिस प्रकार, (2, 1, 5) ⇒ $2 \times 2 + 1 = 5$
तथा (5, 12, 22) ⇒ $5 \times 2 + 12 = 22$
उसी प्रकार, (6, 2, ?) ⇒ $6 \times 2 + 2 = 14$
∴ ? = 14

318. (c) जिस प्रकार, $\left(\frac{7}{9}\right), \left(\frac{31}{39}\right)$ ⇒ $9 - 7 = 2$
तथा $39 - 31 = 8$
$\left(\frac{3}{5}\right), \left(\frac{15}{23}\right)$ ⇒ $5 - 3 = 2$
तथा $23 - 15 = 8$
उसी प्रकार विकल्प (c) से,
$\left(\frac{11}{13}\right), \left(\frac{47}{55}\right)$ ⇒ $13 - 11 = 2$ तथा $55 - 47 = 8$

319. (c) जिस प्रकार, (6 : 646) ⇒ $6^3 \times 3 - 2 = 646$
तथा (4 : 190) ⇒ $4^3 \times 3 - 2 = 190$
उसी प्रकार, ? = $5^3 \times 3 - 2 = 373$

320. (b) जिस प्रकार मिट्टेन्स हाथ में पहने जाते हैं उसी प्रकार मोजे 'पैर' में पहने जाते हैं।

321. (a) जिस प्रकार, तथा उसी प्रकार
M G X (+9 +9 +9) → V P G ; T Z C (+9 +9 +9) → C I L ; H P X (+9 +9 +9) → Q Y G

322. (c) जिस प्रकार, (85, 24, 133)
⇒ $[85 \times 2 - 24] - 13 = 170 - 24 - 13 = 133$
तथा (97, 36, 145)
⇒ $[97 \times 2 - 36] - 13 = 194 - 36 - 13 = 145$
उसी प्रकार, (79, 18, 127)
⇒ $[79 \times 2 - 18] - 13$
$= 158 - 18 - 13 = 127$

323. (d) जिस प्रकार, (6, 2, 34)
⇒ $[6 \times 2] \times 3 - 2 = 36 - 2 = 34$
तथा (1, 5, 13) ⇒ $[1 \times 5] \times 3 - 2 = 15 - 2 = 13$
उसी प्रकार, (9, 1, ?)
⇒ ? = $[9 \times 1] \times 3 - 2 = 27 - 2 = 25$

324. (b) जिस प्रकार,
B (+1, +2) → C D; U (+1, +2) → V W; L (+1, +2) → M N; L (+1, +2) → M N

तथा
S (+1, +2) → T U; H (+1, +2) → I J; O (+1, +2) → P Q; T (+1, +2) → U V

उसी प्रकार,
T (+1, +2) → U V; E (+1, +2) → F G; N (+1, +2) → O P; S (+1, +2) → T U

325. (a) जिस प्रकार थर्मामीटर का इस्तेमाल तापमान मापने के लिए किया जाता है उसी प्रकार वोल्टमीटर का इस्तेमाल वोल्टेज मापने के लिए किया जाता है।

326. (b) जिस प्रकार, तथा उसी प्रकार,
R J N (+1 +2 +3) → O L U ; D H L (+1 +2 +3) → M J G ; V K C (+1 +2 +3) → D M Y

327. (b) जिस प्रकार, (26, 14, 170)
⇒ $14^2 - 26 = 196 - 26 = 170$
तथा (31, 7, 18) ⇒ $7^2 - 31 = 49 - 31 = 18$
उसी प्रकार, (21, 9, 60) ⇒ $9^2 - 21 = 81 - 21 = 60$

328. (c) जिस प्रकार आहार विशेषज्ञ, आहार के बारे में बताते हैं उसी प्रकार, मधुमेह चिकित्सक उच्च रक्त शर्करा का इलाज करते हैं।

329. (a) जिस प्रकार, (6, 4, 6) ⇒ $(6 - 6) + 4 = 4$
[पहली संख्या − तीसरी संख्या + 4 = दूसरी संख्या]
तथा (18, 9, 13) ⇒ $(18 - 13) + 4 = 9$
उसी प्रकार, (8, 6, ?) ⇒ $(8 - ?) + 4 = 6$
$(8 - ?) + 4 = 6$
⇒ ? = 12 − 6
⇒ ? = 6

330. (d) जिस प्रकार, $(1:7) \Rightarrow (1\times2)^3 - 1 = 7$

तथा $(3:215) \Rightarrow (3\times2)^3 - 1 = 6^3 - 1 = 215$

उसी प्रकार, $(4:?) \Rightarrow ? = (4\times2)^3 - 1 = 511$

331. (b) जिस प्रकार,

$132:10 \Rightarrow (10+1)^2 + (10+1) = 121 + 11 = 132$

तथा $42:5 \Rightarrow (5+1)^2 + (5+1) = 36 + 6 = 42$

उसी प्रकार, $272:? \Rightarrow (15+1)^2 + (15+1)$

$= 256 + 16 = 272 \Rightarrow ? = \boxed{15}$

332. (c) जिस प्रकार,

C I V I L I A N
−2 −2 −4 −4 −6 −6 −8 −8
A G R E F C S F

तथा D O C T R I N E
−2 −2 −4 −4 −6 −6 −8 −8
B M Y P L C F W

उसी प्रकार, E Q U A T I O N
−2 −2 −4 −4 −6 −6 −8 −8
[C O Q W N C G F]

333. (a) जिस प्रकार, $(15, 20, 4) \Rightarrow \frac{15}{3} \times 4 = 20$

तथा $(30, 30, 3) \Rightarrow \frac{30}{3} \times 3 = 30$

उसी प्रकार, $(60, 400, 20) \Rightarrow \frac{60}{3} \times 20 = 400$

334. (d) जिस प्रकार, $(4, 6, 8) \Rightarrow \frac{4+8}{2} = 6$

तथा $(6, 8, 10) \Rightarrow \frac{6+10}{2} = 8$

उसी प्रकार, $(8, 12, 16) \Rightarrow \frac{8+16}{2} = 12$

335. (a) जिस प्रकार, कछुए के बच्चे को हैचलिंग कहते हैं, उसी प्रकार, खरगोश के बच्चे को किटन कहते हैं।

336. (a) जिस प्रकार, $175:210 \Rightarrow \frac{175}{5} \times 6 = 210$

तथा $310:372 \Rightarrow \frac{310}{5} \times 6 = 372$

उसी प्रकार, $295:? \Rightarrow \frac{295}{5} \times 6 = 354$

337. (c) जिस प्रकार,

$(49, 63, 441) \Rightarrow \frac{49}{7} \times 63 = 441$

तथा $(7, 14, 14) \Rightarrow \frac{7}{7} \times 14 = 14$

उसी प्रकार, $(14, 28, 56) \Rightarrow \frac{14}{7} \times 28 = 56$

338. (b) जिस प्रकार,

M O C ↕ विपरीत वर्ण
N L X
−1 −1 −1
M K W

S E L ↕ विपरीत वर्ण
H V O
−1 −1 −1
G U N

उसी प्रकार, D K R ↕ विपरीत वर्ण
W P I
−1 −1 −1
[V O H]

339. (a) जिस प्रकार, पायल टखने में पहनी जाती है। उसी प्रकार, कंगन कलाई में पहना जाता है।

340. (c) जिस प्रकार,

$(12, 8, 80) \Rightarrow (12)^2 - \left(\frac{8}{2}\right)^3 = 144 - 64 = 80$

तथा (16, 10, 131)

$\Rightarrow (16)^2 - \left(\frac{10}{2}\right)^3 = 256 - 125 = 131$

उसी प्रकार, $(9, 6, 54) \Rightarrow (9)^2 - \left(\frac{6}{2}\right)^3 = 81 - 27 = 54$

341. (b) जिस प्रकार,

$(82, 35, 78) \Rightarrow 82 + 35 = 117 \xrightarrow{\times\frac{2}{3}} 78$

तथा $(18, 27, 30) \Rightarrow 18 + 27 = 45 \xrightarrow{\times\frac{2}{3}} 30$

उसी प्रकार, (27, 33, 40)

$\Rightarrow 27 + 33 = 60 \xrightarrow{\times\frac{2}{3}} 40$

342. (c) जिस प्रकार,

$(3, 9, 30) \Rightarrow 3\times9 + 3 = 27 + 3 = 30$

तथा $(10, 3, 33) \Rightarrow 10\times3 + 3 = 30 + 3 = 33$

उसी प्रकार, (12, 3, 39)

$\Rightarrow 12\times3 + 3 = 36 + 3 = 39$

343. (d) जिस प्रकार,

W O O D L A N D
+3 −6 +3 −6 +3 −6 +3 −6
Z I R X O U Q X

तथा P E R I O D I C
+3 −6 +3 −6 +3 −6 +3 −6
S Y U C R X L W

उसी प्रकार, M A G A Z I N E
+3 −6 +3 −6 +3 −6 +3 −6
[P U J U C C Q Y]

344. (c) जिस प्रकार, (8, 44, 3)

$\Rightarrow (8+3)\times4 = 11\times4 = 44$

तथा $(12, 60, 3) \Rightarrow (12+3)\times4 = 15\times4 = 60$

उसी प्रकार, $(12, 68, 5) \Rightarrow$

$(12+5)\times4 = 17\times4 = 68$

345. (a) जिस प्रकार, (14, 378, 9)

$\Rightarrow (14\times9)\times3 = 126\times3 = 378$

तथा (18, 432, 8)

$\Rightarrow (18\times8)\times3 = 144\times3 = 432$

उसी प्रकार, (15, 405, 9)

$\Rightarrow (15\times9)\times3 = 135\times3 = 405$

346. (b) जिस प्रकार, तथा उसी प्रकार

N H T : +2 −3 +4 → P E X ; K D F : +2 −3 +4 → M A J ; U M R : +2 −3 +4 → [W J V]

347. (a) जिस प्रकार हड्डी की समस्या का ईलाज करने वाले डॉक्टर को 'ऑर्थोपेडिक' कहा जाता है, उसी प्रकार हृदय की समस्या का ईलाज करने वाले डॉक्टर को 'कोर्डियोलॉजिस्ट' कहा जाता है।

348. (b) जिस प्रकार, शरीर को त्वचा के द्वारा स्पर्श किया जा सकता है। उसी प्रकार, नाक द्वारा गन्ध को सूँघा जा सकता है।

349. (c) जिस प्रकार,

H M D : +3 +2 +1 → K O E तथा B N Q : +3 +2 +1 → E P R

उसी प्रकार, [C J U] : +3 +2 +1 → F L V

350. (c) जिस प्रकार, 7183 : 3850

⇒ 7183 − 3333 = 3850 तथा 8972 : 5639

⇒ 8972 − 3333 = 5639

उसी प्रकार, 6957 : 3624

? = 6957 − 3333 = 3624

351. (d) जिस प्रकार, $5:45 \Rightarrow 5 \xrightarrow{\times(5-2)^2} 45$

तथा $3:3 \Rightarrow 3 \xrightarrow{\times(3-2)^2} 3$

उसी प्रकार, $6:96 \Rightarrow ? = 6 \xrightarrow{\times(6-2)^2} 96$

352. (b) जिस प्रकार,

$(55, 11, 25) \Rightarrow \frac{55}{11} = 5 \xrightarrow{\times5} 25$

तथा $(64, 16, 16) \Rightarrow \frac{64}{16} = 4 \xrightarrow{\times4} 16$

उसी प्रकार, $(33, 11, 9) \Rightarrow \frac{33}{11} = 3 \xrightarrow{\times3} 9$

353. (b) जिस प्रकार,

1 2 3 4 5 6 7 → 4 3 2 1 7 6 5
A B I L I T Y → L I B A Y T I

और 1 2 3 4 5 6 7 → 4 3 2 1 7 6 5
C H R O N I C → O R H C C I N

उसी प्रकार, 1 2 3 4 5 6 7 → 4 3 2 1 7 6 5
H E A V I L Y → [V A E H Y L I]

354. (a) जिस प्रकार, तथा

L A M P : R Q G T ; G A M E : G Q G O
(+2, +4, +6, +8)

उसी प्रकार, G O A T : [V E U O]
(+2, +4, +6, +8)

355. (d) जिस प्रकार, $6:12 \Rightarrow 6\times3 - 6 = 12$

तथा $9:21 \Rightarrow 9\times3 - 6 = 21$

उसी प्रकार, $3:? \Rightarrow 3\times3 - 6 = \boxed{3}$

356. (b) जिस प्रकार,

$(60, 17, 13) \Rightarrow (17+13)\times2 = 60$

और $(62, 14, 17) \Rightarrow (14+17)\times2 = 62$

उसी प्रकार, $(56, 15, 13) \Rightarrow (15+13)\times2 = 56$

357. (c) जिस प्रकार, नाटक का प्रस्तुतीकरण मंच पर किया जाता है, उसी प्रकार, सुनवाई (Trial), अदालत में की जाती है।

358. (c) जिस प्रकार, पक्षियों के समूह को झुण्ड कहते हैं। उसी प्रकार, मधुमक्खियों के समूह को दल कहते हैं।

359. (a) जिस प्रकार, 8 : 48
$\Rightarrow 8 \times (8-2) = 8 \times 6 = 48$
तथा $15 : 195 \Rightarrow 15 \times (15-2) = 15 \times 13 = 195$
उसी प्रकार, ? : 143
$\Rightarrow 13 \times (13-2) = 13 \times 11 = 143 \;\therefore ? = 13$

360. (a) जिस प्रकार, (12, 7, 32)
$\Rightarrow (12-7) \times 5 + 7 = 25 + 7 = 32$
तथा $(17, 13, 33) \Rightarrow (17-13) \times 5 + 13 = 20 + 13 = 33$
उसी प्रकार, (14, 8, ?)
$\Rightarrow (14-8) \times 5 + 8 = 30 + 8 = 38$

361. (d) जिस प्रकार, $(5, 2, 23) \Rightarrow (5)^2 - 2 = 23$
तथा $(6, 2, 34) \Rightarrow (6)^2 - 2 = 34$
उसी प्रकार, $(3, 2, 7) \Rightarrow (3)^2 - 2 = 7$

362. (a) जिस प्रकार, 'बछड़ा' बड़ा होकर मवेशी बनता है, उसी प्रकार, 'घोड़े का बच्चा' बड़ा होकर 'घोड़ा' बनता है।

363. (c) दिया गया समुच्चय
$(4, 7, 165) \Rightarrow (4+7) \times 15 = 165$
तथा $(14, 26, 600) = (14+26) \times 15 = 600$
उसी प्रकार, $(3, 6, 135) \Rightarrow (3+6) \times 15 = 135$

364. (b) जिस प्रकार,
$(3, 16, 6) \Rightarrow 3 \times 6 - 2 = 16$
तथा $(4, 22, 6) \Rightarrow 4 \times 6 - 2 = 22$
उसी प्रकार, $(9, 70, 8) \Rightarrow 9 \times 8 - 2 = 70$

365. (b) जिस प्रकार, (9, 343, 2)
$\Rightarrow (9-2)^3 = 343$
तथा $(12, 729, 3) \Rightarrow (12-3)^3 = 729$
उसी प्रकार, $(12, 125, 7) \Rightarrow (12-7)^3 = 5^3 = 125$

366. (d) जिस प्रकार, 'चावल' से 'कार्बोहाइड्रेट' प्राप्त होता है, उसी प्रकार, 'पनीर' से प्रोटीन प्राप्त होता है।

367. (b) जिस प्रकार, तथा

A C C U S E D ; F A C T O R Y
U C C A S D E ; T C A F O Y R

उसी प्रकार, D Y N A M I C
A N Y D M C I

368. (a) जिस प्रकार, $16 : 96 \Rightarrow 16 \times 6 = 96$
तथा $18 : 108 \Rightarrow 18 \times 6 = 108$
उसी प्रकार, $? : 120 \Rightarrow 20 \times 6 = 120$
$\therefore \quad ? = 20$

369. (a) जिस प्रकार, $(16, 7, 81) \Rightarrow (16-7)^2 = 81$
तथा $(24, 16, 64) \Rightarrow (24-16)^2 = 64$
उसी प्रकार, $(13, 7, 36) \Rightarrow (13-7)^2 = 36$

370. (c) जिस प्रकार, दूरदर्शी से दूर की वस्तुएँ देखी जाती हैं। उसी प्रकार, सूक्ष्मदर्शी का प्रयोग बहुत छोटी वस्तुओं को देखने के लिए किया जाता है।

371. (c) जिस प्रकार, व्यक्ति डर से कांपता है, उसी प्रकार, राहत मिलने पर लम्बी सांस लेता है।

372. (a) जिस प्रकार, 16 : 20
$\Rightarrow \sqrt{16} \times (\sqrt{16} + 1) = 20$
तथा $49 : 56 \Rightarrow \sqrt{49} \times (\sqrt{49} + 1) = 56$
उसी प्रकार, $256 : ? \Rightarrow \sqrt{256} \times (\sqrt{256} + 1) = 272$

373. (d) जिस प्रकार, (2, 4, 20)
$\Rightarrow 2^2 + 4^2 = 4 + 16 = 20$
तथा $(4, 5, 41) \Rightarrow 4^2 + 5^2 = 16 + 25 = 41$
उसी प्रकार, $(4, 3, 25) \Rightarrow 4^2 + 3^2 = 16 + 9 = 25$

374. (b) जिस प्रकार जूरी सदस्य पैनल का हिस्सा होते हैं। उसी प्रकार प्रतिभूतियाँ, पोर्टफोलियों का हिस्सा होती हैं।

375. (b) यहाँ, स्वरों को शब्द के शुरूआत में लिखा गया है और बाकी वर्णों की कोडिंग निम्न प्रकार से हुई है

STABLE ⇒ A E S T B L (S, T, B, L: −2 each)
A E Q R Z J

तथा TARGET ⇒ A E T R G T (T, R, G, T: −2 each)
A E R P E R

उसी प्रकार, VISUAL ⇒ I U A V S L (V, S, L: −2 each)
I U A T Q J

376. (d) जिस प्रकार,
$8 : 96 \Rightarrow 8^2 \times \frac{3}{2} = 64 \times \frac{3}{2} = 96$
तथा $12 : 216 \Rightarrow 12^2 \times \frac{3}{2} = 144 \times \frac{3}{2} = 216$
उसी प्रकार, $? : 54 \Rightarrow (?)^2 \times \frac{3}{2} = 54$
$\therefore (?)^2 = 54 \times \frac{2}{3} = 36 \quad \Rightarrow \quad ? = 6$

377. (b) जिस प्रकार, (6, 17, 408)
$\Rightarrow 6 \times 17 \times 4 = 408$
तथा $(13, 27, 1404) \Rightarrow 13 \times 27 \times 4 = 1404$
उसी प्रकार, $(4, 26, 416) \Rightarrow 4 \times 26 \times 4 = 416$

378. (b) जिस प्रकार,
$(12, 313, 13) \Rightarrow (12)^2 + (13)^2 = 313$
तथा $(11, 185, 8) \Rightarrow (11)^2 + (8)^2 = 185$
उसी प्रकार, $(9, 90, 3) \Rightarrow 9^2 + 3^2 = 90$

379. (d) जिस प्रकार शेर दहाड़ता है, उसी प्रकार घोड़ा हिनहिनाता है।

380. (b) जिस प्रकार,

W I T N E S S
S S E N T I W

तथा S I L E N C E
E C N E L I S

उसी प्रकार, P R O T E C T
T C E T O R P

381. (c) जिस प्रकार, (8, 540, 60)
$\Rightarrow (8 \times 60) + 60 = 540$
तथा $(9, 70, 7) \Rightarrow (9 \times 7) + 7 = 70$
उसी प्रकार, $(8, 63, 7) \Rightarrow (8 \times 7) + 7 = 63$

382. (b) जिस प्रकार, (168, 122, 290)
$\Rightarrow 168 + 122 = 290$
उसी प्रकार, $(226, 148, 374) \Rightarrow 226 + 148 = 374$
$(126, 132, 258) \Rightarrow 126 + 132 = 258$
और $(198, 112, 310) \Rightarrow 198 + 112 = 310$
परन्तु, $(236, 118, 356) \Rightarrow 236 + 118 = 354 \neq 356$
अतः (236, 118, 356) विषम है।

383. (a) जिस प्रकार पशुओं के समुह को झुण्ड कहते हैं, उसी प्रकार नाविकों के समूह को चालक दल कहते हैं।

384. (d) जिस प्रकार, $4 : 61 \Rightarrow 4^3 - 3 = 64 - 3 = 61$
तथा $9 : 726 \Rightarrow 9^3 - 3 = 729 - 3 = 726$
उसी प्रकार, $6^3 - 3 = 216 - 3 = \boxed{213}$

385. (c) जिस प्रकार,
$(5, 98, 9) \Rightarrow (5+9) \times 7 = 14 \times 7 = 98$
तथा (10, 168, 14)
$\Rightarrow (10+14) \times 7 = 24 \times 7 = 168$
उसी प्रकार, विकल्प (c) से,
$(1, 28, 3) \Rightarrow (1+3) \times 7 = 4 \times 7 = 28$

386. (b) जिस प्रकार,
$(17, 59, 625) \Rightarrow [59 - 17 \times 2]^2 = [59 - 34]^2 = (25)^2 = 625$
तथा $(8, 44, 784) \Rightarrow [44 - 8 \times 2]^2 = (44-16)^2 = (28)^2 = 784$
उसी प्रकार, $(12, 69, 2025) \Rightarrow [69 - 12 \times 2]^2 = (69-24)^2 = (45)^2 = 2025$

387. (d) जिस प्रकार दर्द और व्यथा समानार्थी शब्द हैं। उसी प्रकार क्रोध और गुस्सा समानार्थी शब्द हैं।

388. (d) जिस प्रकार, 12 : 132
$\Rightarrow (12)^2 - 12 = 132$
तथा $20 : 380 \Rightarrow (20)^2 - 20 = 380$
उसी प्रकार, $2 : ? \Rightarrow (2)^2 - 2 = 2$
$\therefore \quad ? = 2$

389. (c) जिस प्रकार, $(4, 21, 33) = 4 \times 3 + 21 = 33$
तथा $(10, 111, 141) \Rightarrow 10 \times 3 + 111 = 141$
उसी प्रकार, $(25, 53, 128) \Rightarrow 25 \times 3 + 53 = 128$

390. (d) जिस प्रकार,
$(21, 33, 31) \Rightarrow 21 + 33 + 31 = 85$
तथा $(42, 17, 26) \Rightarrow 42 + 17 + 26 = 85$
उसी प्रकार, $(36, 14, 35) \Rightarrow 36 + 14 + 35 = 85$

391. (d) जिस प्रकार, 'लम्बाई' का SI मात्रक 'मीटर' होता है। उसी प्रकार, 'विद्युत धारा' का SI मात्रक 'एम्पियर' होता है।

392. (a) जिस प्रकार,
$7 : 330 \Rightarrow 7^3 - 13 = 343 - 13 = 330$
तथा $9 : 716 \Rightarrow 9^3 - 13 = 729 - 13 = 716$
उसी प्रकार, $? : 203 \Rightarrow ?^3 - 13 = 203$
$\Rightarrow ?^3 = 203 + 13 = 216 \Rightarrow ? = 6$

393. (d) जिस प्रकार,
$27 : 713 \Rightarrow 27^2 - 16 = 729 - 16 = 713$
तथा $35 : 1209 \Rightarrow 35^2 - 16 = 1225 - 16 = 1209$
उसी प्रकार, $32 : ? \Rightarrow 32^2 - 16 = 1024 - 16 = 1008$

394. (d) जिस प्रकार,
$(56, 6, 34) \Rightarrow 2(34 - 6) = 2 \times 28 = 56$
तथा $(102, 27, 78) \Rightarrow 2(78 - 27) = 2 \times 51 = 102$
उसी प्रकार, (76, 34, 72)
$\Rightarrow 2(72 - 34) = 2 \times 38 = 76$

395. (b) जिस प्रकार दाँत का इलाज करने वाले डॉक्टर को दन्त चिकित्सक कहते हैं, उसी प्रकार त्वचा का इलाज करने वाले डॉक्टर को त्वचा विशेषज्ञ कहते हैं।

396. (d) जिस प्रकार, (21, 225, 9)

$\Rightarrow \quad [(21+9) \div 2]^2 = 15^2 = 225$

तथा (12, 49, 2)$\Rightarrow [(12+2) \div 2]^2 = 7^2 = 49$

उसी प्रकार, (14, 64, 2)

$\Rightarrow \quad [(14+2) \div 2]^2 = 8^2 = 64$

397. (a) जिस प्रकार,

(76, 75, 1)$\Rightarrow 75 + \sqrt{1} = 75 + 1 = 76$

तथा (90, 87, 9)$\Rightarrow 87 + \sqrt{9} \Rightarrow 87 + 3 = 90$

उसी प्रकार, (56, 48, 64)

$\Rightarrow \quad (48 + \sqrt{64}) = 48 + 8 = 56$

398. (c) जिस प्रकार, (56, 22, 26)

$\Rightarrow \quad \frac{(56+22)}{3} = \frac{78}{3} = 26$

तथा (34, 20, 18) $\Rightarrow \frac{(34+20)}{3} = \frac{54}{3} = 18$

उसी प्रकार, (78, 54, 44)$\Rightarrow \frac{(78+54)}{3} = \frac{132}{3} = 44$

399. (a) जिस प्रकार बढ़ई कार्य करने के लिए हथौड़े का प्रयोग करता है, उसी प्रकार मछुआरा, मछलियाँ पकड़ने के लिए जाल का प्रयोग करता है।

400. (d) जिस प्रकार साण्ड का स्त्रीलिंग गाय होती है, उसी प्रकार हंस का स्त्रीलिंग हंसिनी होती है।

401. (d) जिस प्रकार, (19, 23, 4) $\Rightarrow 23 - 4 = 19$

तथा (13, 27, 14) $\Rightarrow 27 - 14 = 13$

उसी प्रकार, (25, 27, 2)$\Rightarrow 27 - 2 = 25$

402. (c) जिस प्रकार, (182, 170, 97)

$\Rightarrow \quad (182 - 97) \times 2 = 85 \times 2 = 170$

तथा (156, 128, 92)

$\Rightarrow \quad (156 - 92) \times 2 = 64 \times 2 = 128$

उसी प्रकार, (138, 130, 73)

$\Rightarrow \quad (138 - 73) \times 2 = 65 \times 2 = 130$

403. (d) जिस प्रकार पक्षी घोंसले में रहता है, उसी प्रकार खरगोश बिल में रहता है।

404. (d) जिस प्रकार, तथा

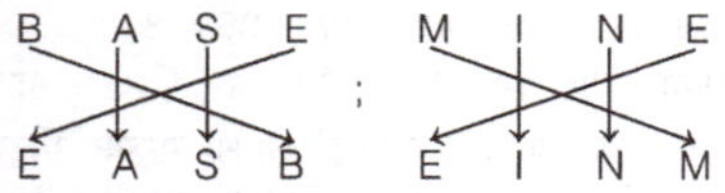

उसी प्रकार,

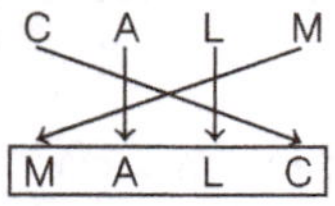

405. (a) जिस प्रकार,

(4, 9, 16)$\Rightarrow 2^2 = 4, 3^2 = 9$ और $4^2 = 16$

तथा (25, 36, 49)$\Rightarrow 5^2 = 25, 6^2 = 36$ और $7^2 = 49$

उसी प्रकार,

(49, 64, 81)$\Rightarrow 7^2 = 49, 8^2 = 64$ और $9^2 = 81$

406. (b) जिस प्रकार, (12, 51, 5)

$\Rightarrow \quad (12 + 5) \times 3 = 51$

तथा (8, 30, 2)$\Rightarrow (8 + 2) \times 3 = 30$

उसी प्रकार, (11, 51, 6)$\Rightarrow (11 + 6) \times 3 = 51$

407. (d) जिस प्रकार,

(52, 10, 41)$\Rightarrow (52 + 10) = (41 - 10) \times 2 = 62$

तथा (46, 18, 50)$\Rightarrow$(46 + 18) = (50 − 18) × 2 = 64

उसी प्रकार,

(68, 26, 73)$\Rightarrow (68 + 26) = (73 - 26) \times 2 = 94$

408. (c) जिस प्रकार, लाइब्रेरियन, लाइब्रेरी की देख-रेख करता है, उसी प्रकार पुजारी, मन्दिर की देख-रेख और पूजा पाठ करता है।

409. (d) जिस प्रकार,

(2, 4, 18)$\Rightarrow \frac{(2+4)^2}{2} = \frac{36}{2} = 18$

तथा (1, 9, 50)$\Rightarrow \frac{(1+9)^2}{2} = \frac{100}{2} = 50$

उसी प्रकार, (3, 5, 32)$\Rightarrow \frac{(3+5)^2}{2} = \frac{64}{2} = 32$

410. (c) जिस प्रकार, (5, 35, 7)$\Rightarrow 5 \times 7 = 35$

तथा (8, 32, 4)$\Rightarrow 8 \times 4 = 32$

उसी प्रकार, (3, 27, 9)$\Rightarrow 3 \times 9 = 27$

411. (c) जिस प्रकार,

(99, 199, 1199)$\Rightarrow 99 + 100 = 199$

$\Rightarrow \quad 199 + 1000 = 1199$

तथा (15, 115, 1115) $\Rightarrow 15 + 100 = 115$

$\Rightarrow \quad 115 + 1000 = 1115$

उसी प्रकार, (33, 133, 1133)$\Rightarrow 33 + 100 = 133$

$\Rightarrow \quad 133 + 1000 = 1133$

412. (d) जिस प्रकार, सड़क कंक्रीट की बनी होती है। उसी प्रकार, दीवार ईंट की बनी होती है।

413. (a) जिस प्रकार, प्रारम्भ और प्रारम्भ करना समानार्थी शब्द है, उसी प्रकार, सिद्धान्त और विश्वास समानार्थी शब्द हैं।

414. (b) जिस प्रकार,

(60, 5, 6)$\Rightarrow (5 \times 6) \times 2 = 60$

तथा (48, 8, 3)$\Rightarrow (8 \times 3) \times 2 = 48$

उसी प्रकार, (24, 4, 3)$\Rightarrow (4 \times 3) \times 2 = 24$

415. (d) जिस प्रकार,

(34, 23, 12)$\Rightarrow \frac{34+12}{2} = \frac{46}{2} = 23$

तथा (71, 37, 3)$\Rightarrow \frac{71+3}{2} = \frac{74}{2} = 37$

उसी प्रकार, (19, 55, 91)$\Rightarrow \frac{19+91}{2} = \frac{110}{2} = 55$

416. (d) जिस प्रकार, झील, चारों ओर से भूमि से घिरी होती है। उसी प्रकार, द्वीप चारों ओर से पानी से घिरा होता है।

417. (c) जिस प्रकार, सुस्ती का विपरीत सतर्कता है। उसी प्रकार, सौम्य का विपरीत निष्ठुर है।

418. (b) जिस प्रकार,

$11 : 31 \Rightarrow 11 \times 3 - 2 = 33 - 2 = 31$

तथा $14 : 40 \Rightarrow 14 \times 3 - 2 = 42 - 2 = 40$

उसी प्रकार, $? : 25 \Rightarrow 9 \times 3 - 2 = 27 - 2 = 25$

$\therefore \quad ? = 9$

419. (d) जिस प्रकार,

(24, 9, 21)$\Rightarrow \frac{24}{2} + 9 = 12 + 9 = 21$

तथा (34, 16, 33) $\Rightarrow \frac{34}{2} + 16 = 17 + 16 = 33$

उसी प्रकार, (42, 9, 30)$\Rightarrow \frac{42}{2} + 9 = 21 + 9 = 30$

420. (b) जिस प्रकार, 'समय' को मापने की इकाई 'सेकण्ड' होती है। उसी प्रकार, 'विद्युत धारा' को मापने की इकाई 'एम्पियर' होती है।

421. (a) जिस प्रकार, ऊर्ध्वाधर का विपरीत क्षैतिज होता है। उसी प्रकार, आर्द्र का विपरीत शुष्क होता है।

422. (b) जिस प्रकार, (42, 18, 3)

$\Rightarrow \quad 2(18 + 3) = 42$

तथा (36, 14, 4) $\Rightarrow 2(14 + 4) = 36$

उसी प्रकार, (34, 13, 4) $\Rightarrow 2(13 + 4) = 34$

423. (d) जिस प्रकार, हीरे की आकृति पतंग के समान होती है। उसी प्रकार, गेंद की आकृति गोल (वृत्त) होती है। हीरा और गेंद त्रिविमीय आकृति है, जबकि पतंग और गोल (वृत्त) द्विविमीय आकृति है।

424. (a) जिस प्रकार, (15 : 125) $\Rightarrow \left(\frac{15}{3}\right)^3 = 125$

तथा 36 : 1728 $\Rightarrow \left(\frac{36}{3}\right)^3 = 1728$

उसी प्रकार, (27 : ?) $\Rightarrow \left(\frac{27}{3}\right)^3 = 729$

425. (c) जिस प्रकार, $4 : 48 \Rightarrow 4^3 + 4^2 + 4$

$= 64 + 16 + 4 = 84$

तथा $13 : 2379 \Rightarrow 13^3 + 13^2 + 13$

$= 2197 + 169 + 13 = 2379$

उसी प्रकार, $11 : ? \Rightarrow 11^3 + 11^2 + 11$

$= 1331 + 121 + 11 = 1463$

426. (d) जिस प्रकार, तथा उसी प्रकार,

(3, 13, 18)$\Rightarrow$

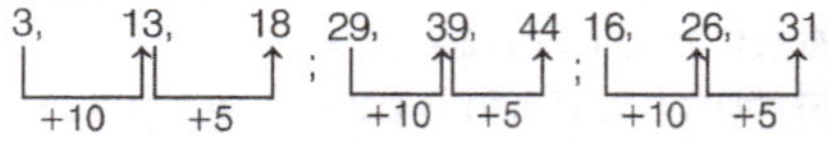

427. (c) जिस प्रकार, थर्मामीटर द्वारा शरीर का तापमान मापा जाता है। उसी प्रकार, ऑक्सीमीटर द्वारा रक्त का ऑक्सीजन स्तर मापा जाता है।

428. (c) जिस प्रकार, तथा

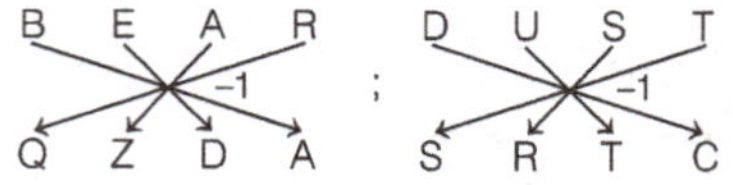

उसी प्रकार,

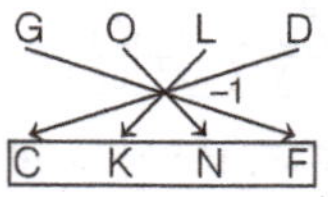

429. (a) जिस प्रकार, (6, 9, 90)

$\Rightarrow \quad (6 + 9) \times 6 = 90$

तथा (12, 8, 120)$\Rightarrow (12 + 8) \times 6 = 120$

उसी प्रकार, (13, 6, 114)$\Rightarrow (13 + 6) \times 6 = 114$

430. (d) जिस प्रकार,

(12, 112, 9)$\Rightarrow 12 \times 9 + 4 = 112$

तथा (10, 84, 8)$\Rightarrow 10 \times 8 + 4 = 84$

और (18, 94, 5)$\Rightarrow 18 \times 5 + 4 = 94$

431. (a) जिस प्रकार, कुत्ता, श्वानालय में रहता है। उसी प्रकार, मधुमक्खी, छत्ते में रहती है।

432. (c) जिस प्रकार,

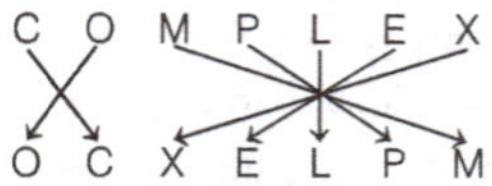

तथा

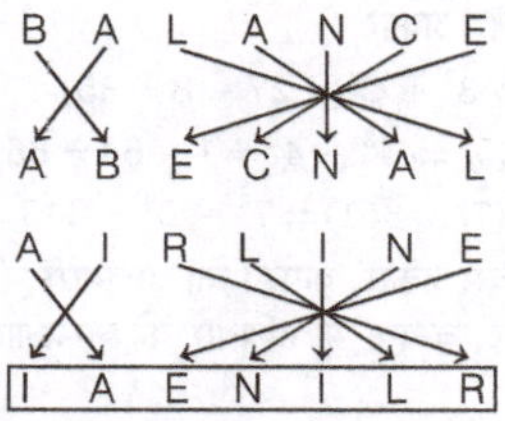

उसी प्रकार,

433. (c) जिस प्रकार, (45, 15, 120)

⇒ $(45-15)\times 4 = 30\times 4 = 120$

तथा (27, 8, 76) ⇒ $(27-8)\times 4 = 19\times 4 = 76$

उसी प्रकार, (56, 48, 32) ⇒ $(56-48)\times 4 = 8\times 4 = 32$

434. (a) जिस प्रकार, (13, 39, 6)

⇒ $13\times(6\div 2) = 13\times 3 = 39$

तथा (9, 18, 4) ⇒ $9\times(4\div 2) = 9\times 2 = 18$

उसी प्रकार, (12, 48, 8)

⇒ $12\times(8\div 2) = 12\times 4 = 48$

435. (b) जिस प्रकार स्कूल में विद्यार्थी पढ़ते हैं, उसी प्रकार अस्पताल में मरीज का इलाज होता है।

436. (d) जिस प्रकार, व्यक्ति जो पौधों के बारे में पढ़ता है और उस पर शोध करता है, उसे वनस्पति विज्ञानी कहते हैं उसी प्रकार व्यक्ति जो जन्तुओं पर शोध करता है उसे जीव विज्ञानी कहते हैं।

437. (d) जिस प्रकार, (7 : 13) ⇒ $(7\times 2)-1 = 13$

तथा (16 : 31) ⇒ $(16\times 2)-1 = 31$

उसी प्रकार, 46 : ? ⇒ ? = $(46\times 2)-1$ ∴ ? = 91

438. (a) जिस प्रकार, (7, 4, 56) ⇒ $7\times(4\times 2) = 56$

तथा (8, 3, 48) ⇒ $8\times(3\times 2) = 48$

उसी प्रकार, (9, 10, 180) ⇒ $9\times(10\times 2) = 180$

439. (d) जिस प्रकार, (9, 16, 5) ⇒ $(9-5)^2 = 16$

तथा (7, 9, 4) ⇒ $(7-4)^2 = 9$

उसी प्रकार, (11, 36, 5) ⇒ $(11-5)^2 = 36$

440. (a) जिस प्रकार क्रिकेट पिच पर खेला जाता है, उसी प्रकार बैडमिण्टन कोर्ट पर खेला जाता है।

441. (c) जिस प्रकार,

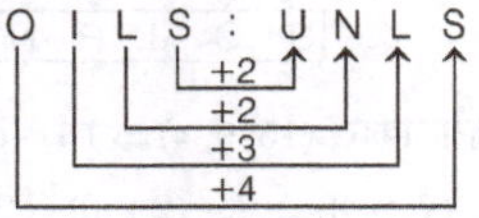

तथा

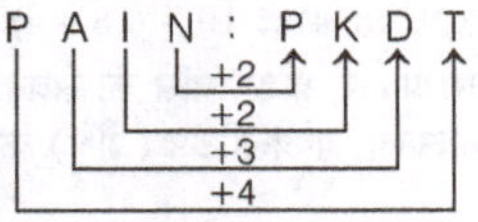

उसी प्रकार,

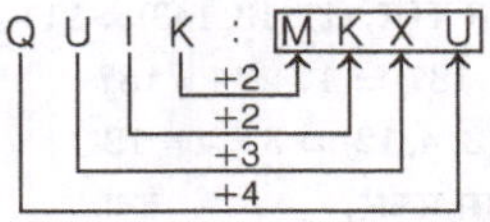

442. (d) जिस प्रकार, 47 : 9 ⇒ $9\times 5+2 = 47$

तथा 92 : 18 ⇒ $18\times 5+2 = 92$

उसी प्रकार, ? : 14 ⇒ $14\times 5+2 = \boxed{72}$

443. (b) जिस प्रकार, (16, 7, 112) ⇒ $16\times 7 = 112$

तथा (14, 5, 70) ⇒ $14\times 5 = 70$

(18, 3, 54) ⇒ $18\times 3 = 54$;

उसी प्रकार, (22, 7, 154) ⇒ $22\times 7 = 154$

लेकिन, (26, 5, 132) ⇒ $26\times 5 = 130 \neq 132$

अत: संख्या समूह (26, 5, 132) अन्य सभी से भिन्न है।

444. (b) जिस प्रकार, 10 : 45 ⇒ $\frac{10\times 9}{2} = 45$

तथा 11 : 55 ⇒ $\frac{11\times 10}{2} = 55$

उसी प्रकार, ? : 28 ⇒ $\frac{8\times 7}{2} = 28$ ⇒ ? = 28

445. (a) जिस प्रकार, पहली पंक्ति में

243, 162, 9 ⇒ $243 - 9^2 = 243 - 81 = 162$

दूसरी पंक्ति में 108, 72, 6

⇒ $108 - 6^2 = 108 - 36 = 72$

उसी प्रकार, तीसरी पंक्ति में

48, ?, 4 ⇒ $48 - 4^2 = 48 - 16 = 32$

446. (d) जिस प्रकार,

(2, 125, 3) ⇒ $(2+3)^3 = 5^3 = 125$

तथा (1, 64, 3) ⇒ $(1+3)^3 = 4^3 = 64$

उसी प्रकार, (5, 512, 3) ⇒ $(5+3)^3 = 8^3 = 512$

447. (c) जिस प्रकार, पुलिस, सुरक्षा के लिए होती है, उसी प्रकार, मंत्री, शासन चलाने के लिए होते हैं।

448. (a) जिस प्रकार,

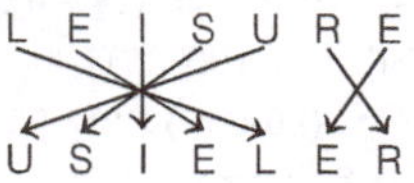

तथा

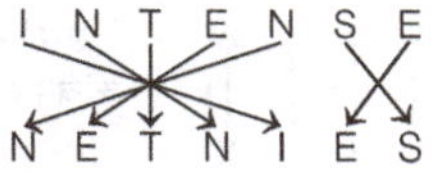

उसी प्रकार,

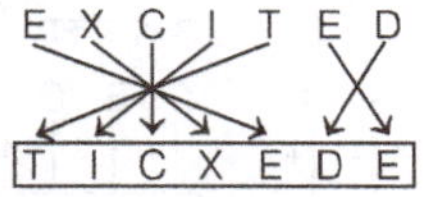

449. (c) जिस प्रकार, (7, 11, 72)

⇒ $(7+11)\times(11-7) = 18\times 4 = 72$

तथा (5, 8, 39) ⇒ $(5+8)\times(8-5) = 13\times 3 = 39$

उसी प्रकार, (4, 7, 33)

⇒ $(4+7)\times(7-4) = 11\times 3 = 33$

450. (a) जिस प्रकार,

(267, 128, 139) ⇒ $267 - 128 = 139$

(365, 154, 211) ⇒ $365 - 154 = 211$

(267, 132, 135) ⇒ $267 - 132 = 135$

उसी प्रकार, (297, 146, 151) ⇒ $297 - 146 = 151$

लेकिन, (325, 112, 215) ⇒ $325 - 112 = 213 \neq 215$

451. (b) जिस प्रकार, चावल अनाज का एक प्रकार है। उसी प्रकार मसूर, दलहन का एक प्रकार है।

452. (b) जिस प्रकार, 6 : 125

⇒ $(6-1)^3 = 125$

तथा 2 : 1 ⇒ $(2-1)^3 = 1$

उसी प्रकार, 5 : ? ⇒ $(5-1)^3 = \boxed{64}$

453. (d) जिस प्रकार,

(15, 11, 43) ⇒ $(15-11)\times 8+11 = 4\times 8+11 = 43$

तथा (13, 8, 48) ⇒ $(13-8)\times 8+8 = 5\times 8+8 = 48$

उसी प्रकार, (9, 7, ?) ⇒ $(9-7)\times 8+7$

$= 2\times 8+7 = \boxed{23}$

454. (d) जिस प्रकार, (5, 41, 4) ⇒ $5^2 + 4^2 = 41$

तथा (2, 68, 8) ⇒ $2^2 + 8^2 = 68$

उसी प्रकार, (6, 100, 8) ⇒ $6^2 + 8^2 = 100$

455. (b) जिस प्रकार, लैंस कैमरा में प्रयुक्त होता है, उसी प्रकार कार्ट्रिज, प्रिण्टर में प्रयुक्त होती है।

456. (a) जिस प्रकार, तथा

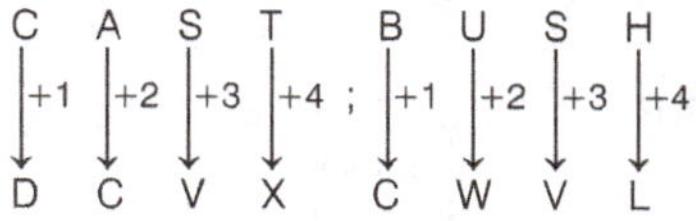

उसी प्रकार,

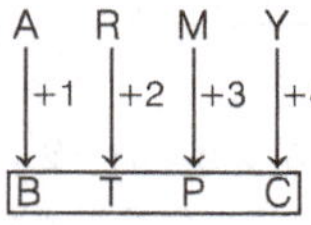

457. (a) जिस प्रकार, 18 : 234

⇒ $(18)^2 - 18\times 5 = 324 - 90 = 234$

तथा 14 : 126 ⇒ $(14)^2 - 14\times 5$

$= 196 - 70 = 126$

उसी प्रकार, ? : 176 ⇒ $(16)^2 - 16\times 5 = 176$

∴ ? = 16

458. (d) जिस प्रकार,

11 : 91 ⇒ $11\times 9 - 8 = 99 - 8 = 91$;

तथा 15 : 127 ⇒ $15\times 9 - 8 = 135 - 8 = 127$

उसी प्रकार, ? : 154 ⇒ ? × 9 − 8 = 154

⇒ ? × 9 = 162 ⇒ ? = 18

459. (d) जिस प्रकार, (23, 161, 207)

⇒ $23\times 7 = 161$ और $23\times 9 = 207$

तथा (47, 329, 423)

⇒ $47\times 7 = 329$ और $47\times 9 = 423$

उसी प्रकार, (64, 448, 576)

⇒ $64\times 7 = 448$ और $64\times 9 = 576$

460. (b) जिस प्रकार, रेस ट्रैक पर आयोजित होती है, उसी प्रकार, एथलेटिक्स, स्टेडियम में आयोजित होता है।

461. (b) जिस प्रकार, तथा

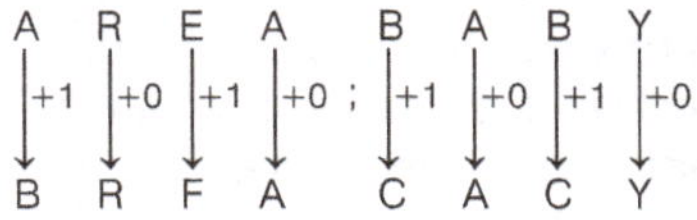

उसी प्रकार,

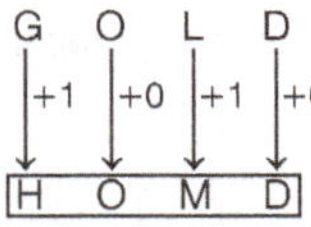

462. (a) जिस प्रकार, 17 : 4607

⇒ $(17)^3 - 17\times(17+1) = 4913 - 306 = 4607$

तथा 23 : 11615

⇒ $(23)^3 - 23\times(23+1) = 12167 - 552 = 11615$

उसी प्रकार, 11 : ?

⇒ $(11)^3 - 11\times(11+1) = 1331 - 132 = 1199$

463. (c) जिस प्रकार, (5 : 25 : 30)

⇒ $5^2 = 25$ और $25 + 5 = 30$

तथा (16 : 256 : 272)

⇒ $16^2 = 256$ और $256 + 16 = 272$

उसी प्रकार, (13 : 169 : 182)

⇒ $13^2 = 169$ और $169 + 13 = 182$

464. (b) जिस प्रकार, 'फिल्म' का निर्माण 'डायरेक्टर' द्वारा किया जाता है, उसी प्रकार 'आर्केस्ट्रा' ग्रुप का निर्माण आयोजक द्वारा किया जाता है।

465. (a) जिस प्रकार, तथा

G A I N ; A C H E
+1 +1 +2 +2 ; +1 +1 +2 +2
H B K P ; B D J G

उसी प्रकार,

C A K E
+1 +1 +2 +2
D B M G

466. (a) जिस प्रकार,

$8 : 128 \Rightarrow 8^2 \times 2 = 64 \times 2 = 128$

तथा $11 : 242 \Rightarrow 11^2 \times 2 = 121 \times 2 = 242$

उसी प्रकार, $6 : ? \Rightarrow 6^2 \times 2 = 36 \times 2 = 72$

467. (d) जिस प्रकार, $(70, 14, 56) \Rightarrow 14 + 56 = 70$

तथा $(88, 30, 58) \Rightarrow 30 + 58 = 88$

उसी प्रकार, $(52, 19, 33) \Rightarrow 19 + 33 = 52$

468. (c) जिस प्रकार, दर्जी कपड़े की सिलाई के लिए सिलाई मशीन का उपयोग करता है, उसी प्रकार, पुलिस अपराधी को पकड़ने के लिए हथकड़ी का उपयोग करती है।

469. (b) जिस प्रकार, मधुमक्खी, छत्ते में रहती है। उसी प्रकार, कुत्ता, कुत्ता-घर में रहता है।

470. (a) जिस प्रकार, (6, 22, 14)

$\Rightarrow 14 \times 2 - 6 = 22$

तथा $(8, 30, 19) \Rightarrow 19 \times 2 - 8 = 30$

उसी प्रकार, $(4, 18, 11) \Rightarrow 11 \times 2 - 4 = 18$

471. (d) जिस प्रकार,

$(63, 81, 7) \Rightarrow (63 \div 7)^2 = 9^2 = 81$

तथा $(84, 49, 12) \Rightarrow (84 \div 12)^2 = 7^2 = 49$

उसी प्रकार, $(99, 121, 9) \Rightarrow (99 \div 9)^2 = (11)^2 = 121$

472. (a) जिस प्रकार, $(22, 9, 198) \Rightarrow 22 \times 9 = 198$

विकल्प (a) से, $(17, 9, 157) \Rightarrow 17 \times 9 = 153 \neq 157$

विकल्प (b) से, $(19, 7, 133) \Rightarrow 19 \times 7 = 133$

विकल्प (c) से, $(26, 5, 130) \Rightarrow 26 \times 5 = 130$

विकल्प (d) से, $(28, 7, 196) \Rightarrow 28 \times 7 = 196$

अत: विकल्प (a) अन्य सभी से भिन्न है।

473. (a) जिस प्रकार, वृक्ष से प्राप्त हिबिस्कुस एक फूल होता है। उसी प्रकार, लता से प्राप्त कद्दू एक फल होता है।

474. (a) जिस प्रकार, तथा

C O O K ; D O W N
+1 +2 +1 +2 ; +1 +2 +1 +2
D Q P M ; E Q X P

उसी प्रकार,

O N L Y
+1 +2 +1 +2
P P M A

475. (a) जिस प्रकार,

$25 : 264 \Rightarrow (25 + 8) \times 8 = 264$

तथा $49 : 456 \Rightarrow (49 + 8) \times 8 = 456$

उसी प्रकार, $31 : 312 \Rightarrow (31 + 8) \times 8 = \boxed{312}$

476. (a) जिस प्रकार, $(0.20, 5, 25) \Rightarrow 0.20 \times 25 = 5$

तथा (0.083, 12, 144)

$\Rightarrow 0.083 \times 144 = 11.952 \approx 12$

उसी प्रकार, (0.063, 16, 256)

$\Rightarrow 0.063 \times 256 = 16.128 \approx 16$

477. (a) जिस प्रकार, अर्जित करना और प्राप्त करना एक-दूसरे के समानार्थी हैं, उसी प्रकार, लघु और छोटा एक-दूसरे के समानार्थी हैं।

478. (b) जिस प्रकार, तथा उसी प्रकार,

E A C H ; G A M E ; I D O L
A E H C ; A G E M ; D I L O

479. (c) जिस प्रकार, तथा उसी प्रकार

30 : 48 ; 45 : 72 ; 60 : $\boxed{96}$
6×5 6×8 ; 9×5 9×8 ; 12×5 12×8

480. (b) जिस प्रकार, (8, 12, 6)

$\Rightarrow (8 \times 6) \div 4 = 48 \div 4 = 12$

तथा $(9, 18, 8) \Rightarrow (9 \times 8) \div 4 = 72 \div 4 = 18$

उसी प्रकार, (12, 24, 8)

$\Rightarrow (12 \times 8) \div 4 = 96 \div 4 = 24$

481. (d) जिस प्रकार, (26, 120, 34)

$\Rightarrow (26 + 34) \times 2 = 60 \times 2 = 120$

तथा $(14, 110, 41) \Rightarrow (14 + 41) \times 2 = 55 \times 2 = 110$

उसी प्रकार, (36, 106, 17)

$\Rightarrow (36 + 17) \times 2 = 53 \times 2 = 106$

482. (c) जिस प्रकार,

W I N D O W
+1 −3 +1 +1 −3 +1
X F O E L X

[स्वर → −3, व्यंजन → +1]

तथा

T I C K E T
+1 −3 +1 +1 −3 +1
U F D L B U

उसी प्रकार

R E G I O N
+1 −3 +1 −3 −3 +1
S B H F L O

483. (c) जिस प्रकार, तथा उसी प्रकार

R O A R ; H E A R ; D A M P
−1 ; −1 ; −1
Q Z N Q ; Q Z D G ; O L Z C

484. (b) जिस प्रकार, (36, 90, 18)

$\Rightarrow (36 - 18) \times 5 = 18 \times 5 = 90$

तथा $(15, 35, 8) \Rightarrow (15 - 8) \times 5 = 7 \times 5 = 35$

उसी प्रकार, (14, 45, 5)

$\Rightarrow (14 - 5) \times 5 = 9 \times 5 = 45$

485. (c) जिस प्रकार, (452, 50, 63)

$\Rightarrow (50 + 63) \times 4 = 113 \times 4 = 452$

तथा (260, 35, 30)

$\Rightarrow (35 + 30) \times 4 = 65 \times 4 = 260$

उसी प्रकार, (260, 50, 15)

$\Rightarrow (50 + 15) \times 4 = 65 \times 4 = 260$

486. (a) जिस प्रकार, चाकू, काटने के लिए प्रयोग किया जाता है, उसी प्रकार, कलछुल का प्रयोग परोसने के लिए किया जाता है।

487. (b) जिस प्रकार मुर्गी, दड़बा में रहती है, उसी प्रकार मधुमक्खी, छत्ता में रहती है।

488. (a) जिस प्रकार, $687 : 612 \Rightarrow 687 - 75 = 612$

तथा $621 : 546 \Rightarrow 621 - 75 = 546$

उसी प्रकार, $713 : ? \Rightarrow 713 - 75 = \boxed{638}$

489. (c) जिस प्रकार,

$(3, 2, 35) \Rightarrow 3^3 + 2^3 = 27 + 8 = 35$

तथा $(1, 4, 65) \Rightarrow 1^3 + 4^3 = 1 + 64 = 65$

उसी प्रकार, $(7, 2, 351) \Rightarrow 7^3 + 2^3 = 343 + 8 = 351$

490. (c) जिस प्रकार, कपड़ों को अलमारी में रखा जाता है, उसी प्रकार, बन्दूक या हथियार को शस्त्रशाला में रखा जाता है।

491. (d) जिस प्रकार गौरैया, पेड़ पर रहती है, उसी प्रकार मछली, पानी में रहती है।

492. (d) जिस प्रकार, 8 : 496

$\Rightarrow 8^3 - 8 \times 2 = 512 - 16 = 496$

तथा $9 : 711 \Rightarrow 9^3 - 9 \times 2 = 729 - 18 = 711$

उसी प्रकार, $? : 204 \Rightarrow 6^3 - 6 \times 2 = 216 - 12 = 204$

अत: ? = 6

493. (d) जिस प्रकार, (30, 93, 1)

$\Rightarrow (30 + 1) \times 3 = 31 \times 3 = 93$

तथा $(42, 132, 2) \Rightarrow (42 + 2) \times 3 = 44 \times 3 = 132$

उसी प्रकार, $(3, 30, 7) \Rightarrow (3 + 7) \times 3 = 10 \times 3 = 30$

494. (c) जिस प्रकार, (25, 9, 56)

$\Rightarrow 9^2 - 25 = 81 - 25 = 56$

तथा $(13, 14, 183) \Rightarrow 14^2 - 13 = 196 - 13 = 183$

उसी प्रकार, (27, 15, 198)

$\Rightarrow 15^2 - 27 = 225 - 27 = 198$

495. (b) जिस प्रकार, हंस एक पुल्लिंग है। इसके विपरीत हंसिनी एक स्त्रीलिंग है।

उसी प्रकार, जादूगर एक पुल्लिंग है, इसके विपरीत जादूगरनी एक स्त्रीलिंग है।

496. (a) जिस प्रकार,

C O N T R O L
N O C T R L O

तथा

M I S T A K E
S I M T A E K

उसी प्रकार,

J O U R N A L
U O J R N L A

497. (d) जिस प्रकार, $(15, 9, 4) \Rightarrow 15 - (9 + 4) = 2$

तथा $(7, 2, 3) \Rightarrow 7 - (2 + 3) = 2$

उसी प्रकार, $(19, 13, 4) \Rightarrow 19 - (13 + 4) = 2$

498. (d) जिस प्रकार, पांडा, बांस का सेवन करता है। उसी प्रकार, कोआला, यूकेलिप्टिस (पौधे) का सेवन करता है।

499. (c) जिस प्रकार, $(11, 13, 143) \Rightarrow 11 \times 13 = 143$

तथा $(17, 11, 187) \Rightarrow 17 \times 11 = 187$

उसी प्रकार, $(3, 4, 12) \Rightarrow 3 \times 4 = 12$

500. (a) जिस प्रकार, तथा

H E R O ; F L O W
+2 +2 −2 −2 ; +2 +2 −2 −2
J G P M ; H N M U

उसी प्रकार,

D I A L
+2 +2 −2 −2
F K Y J

501. (b) जिस प्रकार, $10:45 \Rightarrow 10 \times 5 - 5 = 45$
तथा $6:25 \Rightarrow 6 \times 5 - 5 = 25$
उसी प्रकार, $9:40 \Rightarrow 9 \times 5 - 5 = \boxed{40}$

502. (d) जिस प्रकार, $(4, 25, 6) \Rightarrow (4 \times 6) + 1 = 25$
तथा $(8, 25, 3) \Rightarrow (8 \times 3) + 1 = 25$
उसी प्रकार, $(7, 22, 3) \Rightarrow (7 \times 3) + 1 = 22$

503. (c) जिस प्रकार, $(4, 13, 5) \Rightarrow \frac{13-5}{4} = 2$
तथा $(3, 12, 6) \Rightarrow \frac{12-6}{3} = 2$
उसी प्रकार, $(5, 17, 7) \Rightarrow \frac{17-7}{5} = 2$

504. (c) जिस प्रकार,
L A M B : D P E Q (L +5, A +4, M +3, B +2)
तथा
M O T H : J W S R (M +5, O +4, T +3, H +2)
उसी प्रकार,
N E R D : $\boxed{\text{F U I S}}$ (N +5, E +4, R +3, D +2)

505. (d) जिस प्रकार,
$24:840 \Rightarrow (24)^2 + 24 \times 11$
$= 576 + 264 = 840$
तथा $33:1452 \Rightarrow (33)^2 + 33 \times 11$
$= 1089 + 363 = 1452$
उसी प्रकार, $27:? \Rightarrow (27)^2 + 27 \times 11$
$= 729 + 297 = 1026$

506. (a) जिस प्रकार,
$(16, 7, 37) \Rightarrow \frac{37-16}{7} = \frac{21}{7} = 3$
तथा $(28, 9, 55) \Rightarrow \frac{55-28}{9} = \frac{27}{9} = 3$
उसी प्रकार, $(13, 4, 25) \Rightarrow \frac{25-13}{4} = \frac{12}{4} = 3$

507. (b) जिस प्रकार,
$(40, 120, 400) \Rightarrow \frac{400-40}{120} = \frac{360}{120} = 3$
तथा $(18, 20, 78) \Rightarrow \frac{78-18}{20} = \frac{60}{20} = 3$
उसी प्रकार, $(29, 23, 98) \Rightarrow \frac{98-29}{23} = \frac{69}{23} = 3$

508. (b) जिस प्रकार, पृथ्वी एक गृह है, उसी प्रकार, चन्द्रमा एक उपग्रह है।

509. (a) जिस प्रकार,
R O S E ⟶ I V Q S (R +1, O +2, S +3, E +4)
तथा S U I T : X L W T (S +1, U +2, I +3, T +4)
उसी प्रकार, T I M E : $\boxed{\text{I P K U}}$ (T +1, I +2, M +3, E +4)

510. (a) जिस प्रकार, $9 \times 81 = 729$
तथा $14 \times 196 = 2744$
उसी प्रकार, $17 \times 289 = 4913$

511. (a) जिस प्रकार, (23, 14, 9)
$\Rightarrow$ $23 - 9 = 14$ (मध्य संख्या)
तथा $(37, 19, 18) \Rightarrow 37 - 18 = 19$ (मध्य संख्या)
उसी प्रकार, (125, 25, 100)
$\Rightarrow$ $125 - 100 = 25$ (मध्य संख्या)

512. (b) जिस प्रकार, J U M P E D → L W O R G F (प्रत्येक +2)
तथा Q U I C K S → S W K E M U (प्रत्येक +2)
उसी प्रकार, F U Z I N G → $\boxed{\text{H W B K P I}}$ (प्रत्येक +2)

513. (d) जिस प्रकार, तथा उसी प्रकार,
G A V E → A G E V ; K E P T → E K T P ; A C I D → $\boxed{\text{C A D I}}$

514. (a) जिस प्रकार, 12 : 16
$\Rightarrow \left(\frac{12}{3}\right)^2 = (4)^2 = 16$
तथा $24:64 \Rightarrow \left(\frac{24}{3}\right)^2 = (8)^2 = 64$
उसी प्रकार, $18:? \Rightarrow \left(\frac{18}{3}\right)^2 = (6)^2 = \boxed{36}$

515. (d) जिस प्रकार, 35 : 21
$\Rightarrow \frac{35}{5} \times 3 = 7 \times 3 = 21$
तथा $40:24 \Rightarrow \frac{40}{5} \times 3 = 8 \times 3 = 24$
उसी प्रकार, $?:36 \Rightarrow \frac{?}{5} \times 3 = 36$
$\Rightarrow ? = 36 \times \frac{5}{3} \Rightarrow ? = \boxed{60}$

516. (a) जिस प्रकार, (240, 55, 65)
$\Rightarrow (55 + 65) \times 2 = 120 \times 2 = 240$
तथा (320, 85, 75)
$\Rightarrow (85 + 75) \times 2 = 160 \times 2 = 320$
उसी प्रकार, (160, 35, 45)
$\Rightarrow (35 + 45) \times 2 = 80 \times 2 = 160$

517. (c) जिस प्रकार, पुस्तकालय में पुस्तकें रखी होती हैं, उसी प्रकार, संग्रहालय में कलाकृतियाँ रखी होती हैं।

518. (b) जिस प्रकार,
$19:324 \Rightarrow (19 - 1) = (18)^2 = 324$
तथा $25:576 \Rightarrow (25 - 1) = (24)^2 = 576$
उसी प्रकार, $9:? \Rightarrow (9 - 1) = (8)^2 = \boxed{64}$

519. (c) जिस प्रकार,
$(3, 14, 1) \Rightarrow \frac{3^3 + 1^3}{2} = \frac{27+1}{2} = \frac{28}{2} = 14$
तथा $(4, 36, 2) \Rightarrow \frac{4^3 + 2^3}{2} = \frac{64+8}{2} = \frac{72}{2} = 36$
उसी प्रकार, (8, 260, 2)
$\Rightarrow \frac{8^3 + 2^3}{2} = \frac{512+8}{2} = \frac{520}{2} = 260$

520. (a) जिस प्रकार, (20, 6, 4)
$\Rightarrow (6 + 4) \times (6 - 4) = 10 \times 2 = 20$
तथा $(24, 7, 5) \Rightarrow (7 + 5) \times (7 - 5) = 12 \times 2 = 24$
उसी प्रकार, (65, 9, 4)
$\Rightarrow (9 + 4) \times (9 - 4) = 13 \times 5 = 65$

521. (c) जिस प्रकार, $(21:693) \Rightarrow 21 \times 33 = 693$
उसी प्रकार, $(?:792) \Rightarrow ? \times 33 = 792$
$\Rightarrow ? = \frac{792}{33} \Rightarrow ? = \boxed{24}$

522. (d) जिस प्रकार, 'गोल्फ' 'कोर्स' में खेला जाता है। उसी प्रकार, 'साइकलिंग' 'वेलोड्रोम' में की जाती है।

523. (a) जिस प्रकार, 'लीबिया' देश की राजधानी 'त्रिपोली' है। उसी प्रकार, 'आयरलैण्ड' देश की राजधानी, 'डबलिन' है।

524. (b) जिस प्रकार, 'इलाहाबाद उच्च न्यायालय', उत्तर प्रदेश में है। उसी प्रकार, 'पटना उच्च न्यायालय' बिहार में है।

525. (d) जिस प्रकार,
$(12, 60, 84) = 12 \times 5 = 60 \Rightarrow 12 \times 7 = 84$
उसी प्रकार, $(16, 80, 112) = 16 \times 5 = 80$
$\Rightarrow 16 \times 7 = 112$

526. (d) जिस प्रकार, (59,118,295)
$\Rightarrow 59 \times 2 = 118$
तथा $59 \times 5 = 295$
उसी प्रकार, $(17,34,85) \Rightarrow 17 \times 2 = 34$
तथा $17 \times 5 = 85$

527 (d) जिस प्रकार, $(23:531) \Rightarrow (23)^2 + 2 = 531$
उसी प्रकार, $(27:?) \Rightarrow (27)^2 + 2 = 731$

528. (d) जिस प्रकार,
(64, 91, 118) ⇒ 64 →(+27) 91 →(+27) 118,
तथा
55 →(+27) 82 →(+27) 109 ; 48 →(+27) 75 →(+27) 102
उसी प्रकार,
72 →(+27) 99 →(+27) 126 परन्तु, $\boxed{46 \to (+27)\ 73 \to (+28)\ 101}$

529. (d) जिस प्रकार,
$(12, 14, 143) \Rightarrow (12 - 1) \times (14 - 1) = 11 \times 13 = 143$
उसी प्रकार, $(15, 19, 252) \Rightarrow (15 - 1) \times (19 - 1)$
$= 14 \times 18 = 252$

530. (c) जिस प्रकार, 'ओटावा', 'कनाडा' की राजधानी है। उसी प्रकार, 'हवाना', 'क्यूबा' की राजधानी है।

531. (a) जिस प्रकार,

$$(350 : 5) \Rightarrow 5 \times (5 + 2) \times 10 = 350$$
$$(990 : 9) \Rightarrow 9 \times (9 + 2) \times 10 = 990$$

उसी प्रकार, $(? : 13) \Rightarrow 13 \times (13 + 2) \times 10 = \boxed{1950}$

532. (a) जिस प्रकार, 'जाकिर हुसैन' एक 'तबला वादक' हैं। उसी प्रकार, 'हरिप्रसाद चौरसिया' एक 'बाँसुरी वादक' हैं।

533. (c) जिस प्रकार, 'चमगादड़' के झुण्ड को 'कॉलोनी' कहते हैं, उसी प्रकार, 'शेर' के झुण्ड को 'प्राइड' कहते हैं।

534. (b) जिस प्रकार,

$$(3, 6, 63) \Rightarrow 3^3 + 6^2 = 27 + 36 = 63$$

उसी प्रकार, $(4, 5, 89) \Rightarrow 4^3 + 5^2 = 64 + 25 = 89$

535. (c) जिस प्रकार,

$(4, 282, 5) \Rightarrow (4^2 + 5^3) \times 2 = (16 + 125) \times 2 = 282$

उसी प्रकार, $(7, 152, 3)$

$\Rightarrow (7^2 + 3^3) \times 2 = (49 + 27) \times 2 = 152$

536. (c) जिस प्रकार,

$(63, 76, 46) \Rightarrow 63 \xrightarrow{+13} 76 \xrightarrow{-30} 46$

$(45, 58, 25) \Rightarrow 45 \xrightarrow{+13} 58 \xrightarrow{-30} 28$

$(72, 85, 55) \Rightarrow 72 \xrightarrow{+13} 85 \xrightarrow{-30} 55$

$(83, 96, 66) \Rightarrow 83 \xrightarrow{+13} 96 \xrightarrow{-30} 66$

परन्तु, $(69, 84, 52) \Rightarrow \boxed{69 \xrightarrow{+15} 84 \xrightarrow{-32} 52}$

537. (b) जिस प्रकार, दन्तमंजन, 'दाँतों' की सफाई के लिए काम आता है। उसी प्रकार, झाड़ू, 'फर्श' की सफाई के लिए काम आती है।

538. (a) जिस प्रकार, $(39 : 91) \Rightarrow \frac{39}{3} \times 7 = 91$

उसी प्रकार, $(51 : ?) \Rightarrow \frac{51}{3} \times 7 = \boxed{119}$

539. (a) जिस प्रकार, 'प्रफुल्लित' और 'उदास' एक-दूसरे के विपरीतार्थक हैं। उसी प्रकार, 'शान्त करना' और 'भड़काना' एक-दूसरे के विपरीतार्थक हैं।

540. (b) जिस प्रकार, $(8 : 24) \Rightarrow 8 \times (8 + 1)$

$\Rightarrow 8 \times 9 \Rightarrow \frac{72}{3} = 24$; $(18 : 114) \Rightarrow 18 \times (18 + 1)$

$\Rightarrow (18 \times 19) \Rightarrow \frac{342}{3} = 114$

उसी प्रकार, $12\ (12 + 1)$

$12 \times 13 \Rightarrow \frac{156}{3} = 52 \quad \Rightarrow ? = \boxed{12}$

541. (a) जिस प्रकार, $(4, 7, 359) = 7^3 + 4^2$
$= 343 + 16 = 359$

उसी प्रकार, $(6, 8, 548) = 8^3 + 6^2 = 512 + 36$
$= 548$

542. (a) जिस प्रकार, बिल्ली के बच्चे को बिलौटा कहते हैं। उसी प्रकार, गाय के बच्चे को बछड़ा कहते हैं।

543. (d) जिस प्रकार,

$$(11 : 81) \Rightarrow (11 - 2)^2 = 9^2 = 81$$

तथा $(8 : 36) \Rightarrow (8 - 2)^2 = 6^2 = 36$

उसी प्रकार, $(13 : 121) \Rightarrow (13 - 2)^2 = 11^2 = 121$

$\therefore \quad ? = \boxed{13}$

544. (c) जिस प्रकार, वाराणसी शहर गंगा नदी के किनारे बसा है। उसी प्रकार, मथुरा शहर यमुना नदी के किनारे बसा है।

545. (a) जिस प्रकार, फुसफुसिया रोग विशेषज्ञ 'फेफड़े' का डॉक्टर होता है। उसी प्रकार से 'एण्डोक्राइनोलॉजिस्ट', 'ग्रन्थी' का डॉक्टर होता है।

546. (a) जिस प्रकार, 16 : 8

$\Rightarrow \quad (16 + 4) \div 5 \times 2 = \frac{20}{5} \times 2 = 8$

तथा $11 : 6 \Rightarrow \quad (11 + 4) \div 5 \times 2 = \frac{15}{5} \times 2 = 6$

उसी प्रकार, 21 : ?

$\Rightarrow \quad (21 + 4) \div 5 \times 2 = \frac{25}{5} \times 2 = \boxed{10}$

अत: $\quad ? = 10$

547. (d) जिस प्रकार, $(4, 10, 53) \Rightarrow 4 \times 3 - 2 = 10$

तथा $10 \times 5 + 3 = 53$

उसी प्रकार, $(7, 19, 98) \Rightarrow 7 \times 3 - 2 = 19$

तथा $19 \times 5 + 3 = 98$

548. (d) जिस प्रकार, झारखण्ड की राजधानी राँची है, उसी प्रकार मेघालय की राजधानी शिलांग है।

549. (d) जिस प्रकार, चाप वृत्त का एक भाग होता है। उसी प्रकार, तना पौधे का एक भाग होता है।

550. (b) जिस प्रकार, $39 \Rightarrow 3 \times 9 = 27$

उसी प्रकार, $43 \Rightarrow 4 \times 3 = 12$

551. (c) जिस प्रकार, $(7, 9, 252)$

$\Rightarrow 7 \times 9 \times 4 = 252$

उसी प्रकार, $(8, 11, 352) \Rightarrow 8 \times 11 \times 4 = 352$

552. (b) जिस प्रकार, हंस के नवजात बच्चे को हंसशावक कहते हैं, उसी प्रकार, पेरु पक्षी के नवजात बच्चे को चूजा कहते हैं।

553. (d) जिस प्रकार, भेड़, मेमना का परिपक्व रूप है। उसी प्रकार, तिलचट्टा, निम्फ का परिपक्व रूप है।

554. (a) जिस प्रकार, $(4, 8, 16)$

$\Rightarrow (8 - 4)^2 = 4^2 = 16$

उसी प्रकार, $(20, 24, 16) \Rightarrow (24 - 20)^2 = 4^2 = 16$

555. (a) जिस प्रकार,

$$396 : 24 \Rightarrow (24 - 4)^2 - 4 = 400 - 4 = 396$$

तथा $672 : 30 \Rightarrow (30 - 4)^2 - 4 = 676 - 4 = 672$

उसी प्रकार, $? : 28 \Rightarrow (28 - 4)^2 - 4 = 576 - 4 = \boxed{572}$

556. (d) जिस प्रकार, फूलों की खेती को पुष्पोत्पादन कहते हैं, उसी प्रकार, केंचुआ पालने को कृमि पालन कहा जाता है।

557. (c) जिस प्रकार, 1008:8

$\Rightarrow \quad (8 + 2)^3 + 8 = 1008$

$220 : 4 \Rightarrow (4 + 2)^3 + 4 = 220$

उसी प्रकार, $? : 6 \Rightarrow (6 + 2)^3 + 6 = 512 + 6 = \boxed{518}$

558. (c) जिस प्रकार,

शिखर धवन क्रिकेट का खिलाड़ी है, उसी प्रकार, मैरी कॉम, मुक्केबाजी की खिलाड़ी है।

559. (d) जिस प्रकार, $(541, 14, 737) \Rightarrow (737 - 541)$
$= 196 = \sqrt{(14)^2} = 14$

उसी प्रकार, $(697, 13, 866) \Rightarrow (866 - 697)$
$= 169 = \sqrt{(13)^2} = 13$

560. (c) जिस प्रकार, कार्ट्रिज प्रिण्टर के अन्दर लगा होता है, उसी प्रकार, मदर बोर्ड, केन्द्रीय प्रक्रमण इकाई के अन्दर लगा होता है।

561. (d) जिस प्रकार, दन्त चिकित्सक अस्पताल में होते हैं, उसी प्रकार, प्रोफेसर विश्वविद्यालय में होते हैं।

562. (d) जिस प्रकार,

$$21:445 \Rightarrow (21)^2 + 4 = 441 + 4 = 445$$

उसी प्रकार, $24:? \Rightarrow (24)^2 + 4 = 576 + 4 = \boxed{580}$

563. (a) जिस प्रकार,

$(7, 21, 49) = 7 \times 3 = 21$ तथा $7^2 = 49$

उसी प्रकार, $(8, 24, 64) = 8 \times 3 = 24$ तथा $8^2 = 64$

$(6, 18, 36) = 6 \times 3 = 18$ तथा $6^2 = 36$

$(5, 15, 25) = 5 \times 3 = 15$ तथा $5^2 = 25$

परन्तु, $(9, 27, 72) = 9 \times 3 = 27$ तथा $9^2 = 81 \neq 72$

564. (a) जिस प्रकार, खराब का विपरीत अच्छा होता है। उसी प्रकार, खानाबदोश का विपरीत आबाद होता है।

565. (a) जिस प्रकार, $(16, 12, 32)$

$\Rightarrow \quad 16 - \frac{16}{4} = 12$ तथा $12 \times 3 - 4 = 32$

उसी प्रकार, $(36, 27, 77)$

$\Rightarrow \quad 36 - \frac{36}{4} = 27$ तथा $27 \times 3 - 4 = 77$

566. (a) जिस प्रकार, 'पत्तियाँ' खड़खड़ाहट की आवाज करती हैं। उसी प्रकार, उल्लू हूहू की आवाज करता है।

567. (a) जिस प्रकार, $(6, 9, 45)$

$\Rightarrow \quad 9^2 - 6^2 = 81 - 36 = 45$

उसी प्रकार, $(8, 10, 36)$

$\Rightarrow \quad 10^2 - 8^2 = 100 - 64 = 36$

568. (a) जिस प्रकार,

$16 \times \left(\frac{16}{2} + 1\right) = 16 \times 9 = 144$

उसी प्रकार, $28 \times \left(\frac{28}{2} + 1\right) = 28 \times 15 = \boxed{420}$

569. (b) जिस प्रकार, नवजात और नवोदित समानार्थी शब्द हैं। उसी प्रकार, अनुलग्नक और समर्थित समानार्थी शब्द हैं।

570. (d) जिस प्रकार, $13 : 4 \Rightarrow \frac{13 - 1}{3} = 4$

$16 : 5 \Rightarrow \frac{16 - 1}{3} = 5$

उसी प्रकार, $19 : ? \Rightarrow \frac{19 - 1}{3} = \boxed{6}$

571. (c) जिस प्रकार, हस्तलेख की बनावट का अध्ययन ग्राफोलॉजी कहलाता है। उसी प्रकार, पदार्थों की संरचना का अध्ययन भौतिकी कहलाता है।

572. (d) जिस प्रकार,

$(25, 18, 225) \Rightarrow \frac{25 \times 18}{2} = 225$

उसी प्रकार, $(24, 22, 264) \Rightarrow \frac{24 \times 22}{2} = 264$

573. (a) जिस प्रकार, उदासी व्यक्ति की मनोस्थिति खराब कर देती है। उसी प्रकार, अनिद्रा व्यक्ति की निद्रा खराब कर देती है।

574. (b) जिस प्रकार, 'घोड़ा' हिनहिन की आवाज करता है। उसी प्रकार, 'बत्तख' कैं-कैं की आवाज करती है।

575. (c) जिस प्रकार, कार्यालय में कार्य किया जाता है। उसी प्रकार, विद्यालय में अध्ययन/पढ़ाई की जाती है।

576. (a) जिस प्रकार, (45, 24, 441)

$\Rightarrow \quad (45-24)^2 = (21)^2 = 441$

उसी प्रकार, (35, 17, 324)

$\Rightarrow \quad (35-17)^2 = (18)^2 = 324$

577. (c) जिस प्रकार,

$11^2 + (11+1)^2 = 121 + 144 = 265$

उसी प्रकार, $20^2 + (20+1)^2 = 400 + 441 = 841$

578. (a) जिस प्रकार मधुमेह, रक्त शर्करा से सम्बन्धित बीमारी है, उसी प्रकार उच्च रक्तचाप, रक्तचाप से सम्बन्धित बीमारी है।

579. (d) जिस प्रकार, बैक्टीरिया से बीमारियाँ होती हैं, उसी प्रकार लापरवाही से गलतियाँ होती हैं।

580. (a) जिस प्रकार, मनोरन्जक का समानार्थी शब्द आनन्दातिरेक होता है। उसी प्रकार, नम का समानार्थी शब्द तरबतर (अत्यधिक नमी) होता है।

581. (a) जिस प्रकार, $(6-2)^2 = 4^2 = 16$

तथा $(11-2)^2 = 9^2 = 81$

उसी प्रकार, $(20-2)^2 = 18^2 = \boxed{324}$

582. (d) जिस प्रकार, मध्यम एक आकार है। उसी प्रकार, अण्डाकार एक आकृति होती है।

583. (b) जिस प्रकार, कान में कर्णक्ष्वेड हो जाते है। उसी प्रकार, त्वचा पर मुँहासा हो जाता है।

584. (a) जिस प्रकार, $8^2 \times (8+1) = 64 \times 9 = 576$

उसी प्रकार, $4^2 \times (4+1) = 16 \times 5 = \boxed{80}$

585. (d) जिस प्रकार, (14, 18, 277)

$$(14)^2 + \left(\frac{18}{2}\right)^2 = 196 + 81 = 277$$

उसी प्रकार, (20, 22, 521)

$$(20)^2 + \left(\frac{22}{2}\right)^2 = 400 + 121 = 521$$

586. (c) जिस प्रकार, 'फसल' किसान उगाता है। उसी प्रकार, 'भोजन' बावर्ची बनाता है।

587. (c) जिस प्रकार, $78 + \frac{78}{2} = 78 + 39 = 117$

तथा $108 + \frac{108}{2} = 108 + 54 = 162$

उसी प्रकार, $90 + \frac{90}{2} = 90 + 45 = \boxed{135}$

588. (c) जिस प्रकार, खगोल विज्ञान के अन्तर्गत तारों का अध्ययन किया जाता है। उसी प्रकार, कृषि विज्ञान के अन्तर्गत फसलों का अध्ययन किया जाता है।

589. (c) जिस प्रकार, उत्तर व दक्षिण एक-दूसरे की विपरीत दिशा है, उसी प्रकार, तेवर व मुस्कान एक-दूसरे की विपरीत क्रिया है।

590. (d) जिस प्रकार, $13 \times 8 + 5 = 104 + 5 = 109$

उसी प्रकार, $24 \times 8 + 5 = 192 + 5 = \boxed{197}$

591. (a) जिस प्रकार, आलोचना का समानार्थी शब्द निन्दा है। उसी प्रकार, एकजुटता का समानार्थी शब्द एकता है।

592. (b) जिस प्रकार, (8, 7, 407)

$\Rightarrow \quad 8^2 + 7^3 = 64 + 343 = 407$

उसी प्रकार, (9, 6, 297)

$\Rightarrow \quad 9^2 + 6^3 = 81 + 216 = 297$

593. (a) जिस प्रकार, परीक्षा के दौरान निरीक्षक जाँच करने आते हैं, उसी प्रकार, चुनाव के दौरान प्रेक्षक जाँच करने आते हैं।

594. (a) जिस प्रकार, (7, 98, 196)

$7 \times 14 = 98$ तथा $98 \times 2 = 196$

उसी प्रकार, (11, 154, 308)

$11 \times 14 = 154$ तथा $154 \times 2 = 308$

595. (b) जिस प्रकार, $4^3 + 5 = 64 + 5 = 69$

उसी प्रकार, $11^3 + 5 = 1331 + 5 = \boxed{1336}$

596. (a) जिस प्रकार, बन्दर एक कशेरुकी जीव है, उसी प्रकार, स्टारफिश एक अकशेरुकी जीव है।

597. (b) जिस प्रकार, मन्त्री, परिषद में होते हैं, उसी प्रकार, नाविक, चालक दल में होते हैं।

598. (b) जिस प्रकार, (13, 65, 117)

$\Rightarrow 13 \times 5 = 65$ तथा $13 \times 9 = 117$

उसी प्रकार, (15, 75, 135)

$15 \times 5 = 75$ तथा $15 \times 9 = 135$

599. (d) जिस प्रकार, $\frac{72}{6} \times 9 = 12 \times 9 = 108$

तथा $\frac{102}{6} \times 9 = 17 \times 9 = 153$

उसी प्रकार, $\frac{84}{6} \times 9 = 14 \times 9 = \boxed{126}$

600. (c) जिस प्रकार, भारी भूल और गलती समानार्थी शब्द हैं। उसी प्रकार, उल्लासोन्माद और आनन्द भी समानार्थी शब्द हैं।

601. (d) जिस प्रकार, (17, 24, 45)

$\Rightarrow \quad 17 + 7 = 24$ तथा $24 + 21 = 45$

उसी प्रकार, (12, 19, 40)

$\Rightarrow \quad 12 + 7 = 19$ तथा $19 + 21 = 40$

602. (a) जिस प्रकार, 24, 8 $\Rightarrow 2 \times 4 = 8$

तथा 54, 20 $\Rightarrow 5 \times 4 = 20$

उसी प्रकार, 63 $\Rightarrow 6 \times 3 = 18$

603. (a) जिस प्रकार,

(599, 236, 363) $\Rightarrow 599 - 236 = 363$

तथा (481, 145, 336) $\Rightarrow 481 - 145 = 336$

उसी प्रकार, (641, 314, 327) $\Rightarrow 641 - 314 = 327$

604. (c) जिस प्रकार, 824, 329 $\Rightarrow$ 824

$\Rightarrow \quad 8 + 2 + 4 = 14$

329 $\Rightarrow 3 + 2 + 9 = 14$

तथा, 271, 505 $\Rightarrow 271 = 2 + 7 + 1 = 10$

$505 = 5 + 0 + 5 = 10$

उसी प्रकार, 408 $\Rightarrow 4 + 0 + 8 = 12$

विकल्प (c) से, $\boxed{822} \Rightarrow 8 + 2 + 2 = 12$

605. (a) जिस प्रकार, 50 : 130 $\Rightarrow 50 + 130 = 180$

उसी प्रकार विकल्प (a) से,

60 : 120 $\Rightarrow 60 + 120 = 180$

606. (c) जिस प्रकार,

D I E T Y
↓−1 ↓+1 ↓+1 ↓−1 ↓−1
C J F S X

[स्वर → +1, व्यंजक → −1]

तथा

G R A C E
↓−1 ↓−1 ↓+1 ↓−1 ↓+1
F Q B B F

उसी प्रकार,

G L O R Y
↓−1 ↓−1 ↓+1 ↓−1 ↓−1
F K P Q X

607. (b) जिस प्रकार, (21, 63, 378) $\Rightarrow 21 \times 3 = 63$

$63 \times 6 = 378$

तथा (23, 69, 414) $\Rightarrow 23 \times 3 = 69$

$69 \times 6 = 414$

उसी प्रकार, (27, 81, 486) $\Rightarrow 27 \times 3 = 81$

$81 \times 6 = 486$

608. (c) जिस प्रकार,

D R I V E → R D E V I

तथा

S T O C K → T S K C O

उसी प्रकार,

M O U L D → O M D L U

609. (d) जिस प्रकार,

(18, 3, 9) $\Rightarrow \frac{18}{6} = 3$ तथा $3 \times 3 = 9$

तथा (36, 6, 18) $\Rightarrow \frac{36}{6} = 6$ तथा $6 \times 3 = 18$

उसी प्रकार, (78, 13, 39) $\Rightarrow \frac{78}{6} = 13$

तथा $13 \times 3 = 39$

610. (a) जिस प्रकार,

9, 90 $\Rightarrow 9^2 + 9 = 81 + 9 = 90$

तथा 12, 156 $\Rightarrow (12)^2 + 12 = 144 + 12 = 156$

उसी प्रकार, ?, 72 $\Rightarrow ?^2 + ? = 72$

$8^2 + 8 = 72$

अत: $? = 8$

611. (c) जिस प्रकार, (16, 20, 80) $\Rightarrow$

$(20-16) \times 20 = 4 \times 20 = 80$

तथा (12, 16, 64) $\Rightarrow (16-12) \times 16 = 4 \times 16 = 64$

उसी प्रकार, (18, 22, 88) $\Rightarrow$

$(22-18) \times 22 = 4 \times 22 = 88$

612. (a) जिस प्रकार, (84, 28, 4) $\Rightarrow 28 \times 3 = 84$

$28 \div 7 = 4$

तथा (147, 49, 7) $\Rightarrow 49 \times 3 = 147$

$49 \div 7 = 7$

विकल्प (a) से, (231, 77, 11) $\Rightarrow 77 \times 3 = 231$

$77 \div 7 = 11$

613. (a) जिस प्रकार, औस और किग्रा को भार मापने के लिए उपयोग किया जाता है, उसी प्रकार, क्वार्ट और लीटर को तरल पदार्थ मापने के लिए उपयोग किया जाता है।

614. (d) जिस प्रकार, $72 : 25 \Rightarrow (7-2)^2 = 5^2 = 25$

उसी प्रकार, $28 : 36 \Rightarrow (8-2)^2 = 6^2 = 36$

615. (b) जिस प्रकार,

$254, 524 \Rightarrow 254 \Rightarrow 2+5+4 = 11$

$524 \Rightarrow 5+2+4 = 11$

तथा $912, 642 \Rightarrow 912 \Rightarrow 9+1+2 = 12$

$642 \Rightarrow 6+4+2 = 12$

उसी प्रकार, $188 \Rightarrow 1+8+8 = 17$

विकल्प (b) से,

$845 \Rightarrow 8+4+5 = 17$

616. (b) जिस प्रकार,

$(104, 26, 13) \Rightarrow 26 \times 4 = 104$

$26 \div 2 = 13$

तथा $(168, 42, 21) \Rightarrow 42 \times 4 = 168$

$42 \div 2 = 21$

उसी प्रकार, $(216, 54, 27) \Rightarrow 54 \times 4 = 216$

$54 \div 2 = 27$

617. (b) जिस प्रकार, हंस के बच्चे को सिग्नेट कहा जाता है। उसी प्रकार, कुत्ते के बच्चे को पप्पी कहा जाता है।

618. (a) जिस प्रकार,

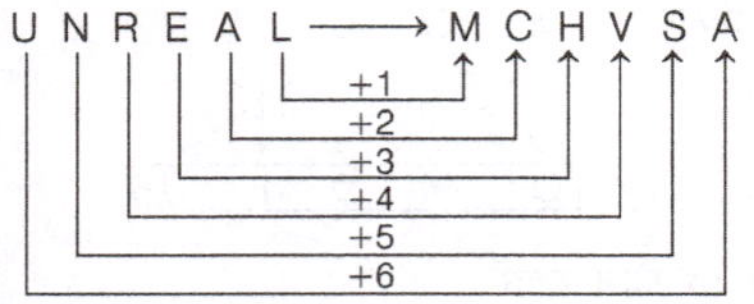

तथा

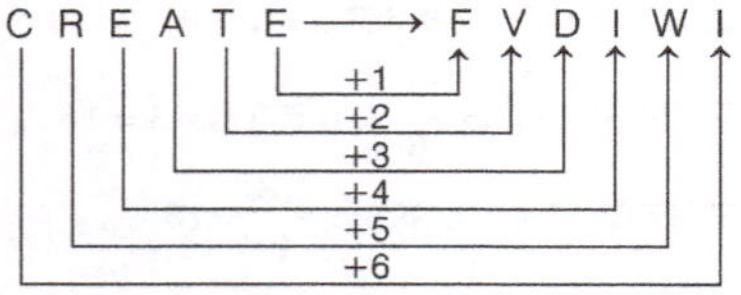

उसी प्रकार,

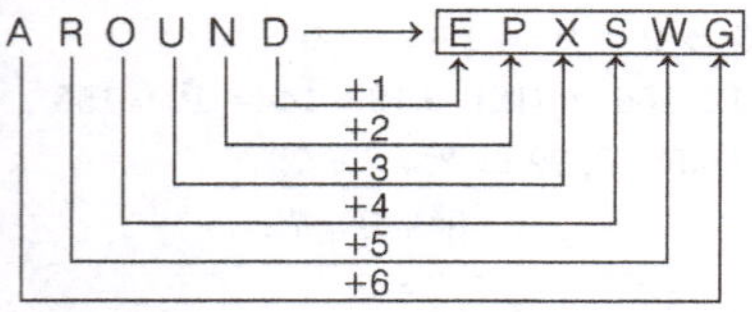

619. (b) जिस प्रकार,

$72 : 27 \Rightarrow (7+2) \times 3 = 9 \times 3 = 27$

उसी प्रकार, $56 : 33 \Rightarrow (5+6) \times 3 = 11 \times 3 = 33$

620. (d) जिस प्रकार बुलाना का समानार्थी पुकारना है। उसी प्रकार बिखेरना का समानार्थी फैलाना है।

621. (d) जिस प्रकार,

$(128, 62, 190) \Rightarrow 128 + 62 = 190$

तथा $(114, 86, 200) \Rightarrow 114 + 86 = 200$

उसी प्रकार, $(94, 54, 149) \Rightarrow 95 + 54 = 149$

622. (c) जिस प्रकार,

$(195, 65, 13) \Rightarrow \frac{195}{3} = 65, \frac{65}{5} = 13$

तथा $(255, 85, 17) \Rightarrow \frac{255}{3} = 85, \frac{85}{5} = 17$

उसी प्रकार, $(285, 95, 19) \Rightarrow \frac{285}{3} = 95, \frac{95}{5} = 19$

623. (b) जिस प्रकार, $12, 16 \Rightarrow \frac{12}{3} \times 4 = 16$

तथा $18, 24 \Rightarrow \frac{18}{3} \times 4 = 24$

उसी प्रकार, $?, 28 \Rightarrow \frac{?}{3} \times 4 = 28$

$? = \frac{28 \times 3}{4} = \boxed{21}$

624. (c) जिस प्रकार, 23-27 में दूसरी संख्या पहली संख्या से पूर्णत: विभाजित नही है।

उसी प्रकार, केवल विकल्प (c) में 25, 15 से पूर्णत: विभाजित नही है।

जबकि अन्य सभी विकल्पों में दूसरी संख्या पहली संख्या से पूर्णत: विभाजित है।

625. (b) जिस प्रकार, 20, 30

$\Rightarrow 20 + \frac{20}{2} = 20 + 10 = 30$

तथा $30, 45 \Rightarrow 30 + \frac{30}{2} = 30 + 15 = 45$

उसी प्रकार, $x, 120 \Rightarrow x + \frac{x}{2} = 120 \Rightarrow 3x = 240$

$\therefore \quad x = \boxed{80}$

626. (d) जिस प्रकार,

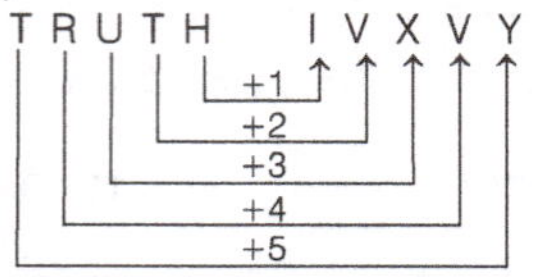

तथा

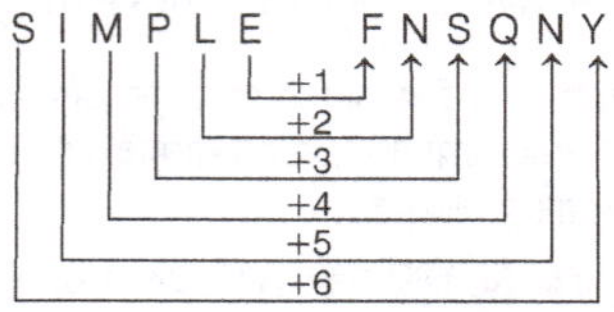

उसी प्रकार,

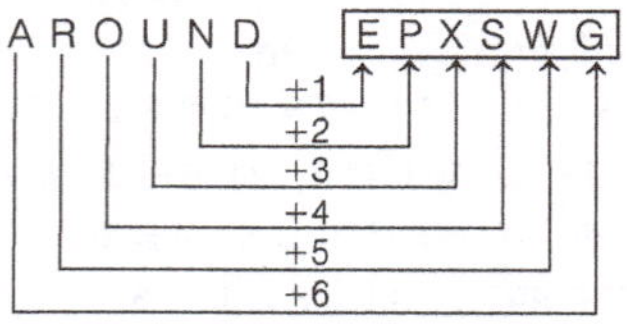

627. (b) जिस प्रकार,

$(54, 51, 48) \Rightarrow \frac{54+48}{2} = \frac{102}{2} = 51$

तथा $(46, 40, 34) \Rightarrow \frac{46+34}{2} = \frac{80}{2} = 40$

उसी प्रकार, $(58, 47, 36) \Rightarrow \frac{58+36}{2} = \frac{94}{2} = 47$

628. (d) जिस प्रकार,

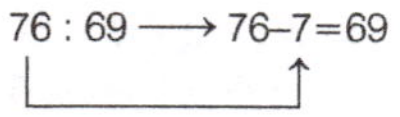

तथा

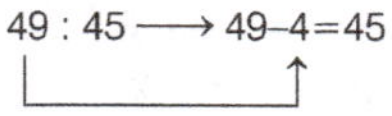

उसी प्रकार,

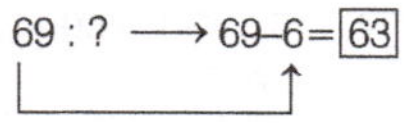

629. (c) जिस प्रकार, (19, 200)

$\Rightarrow (19+1) \times 10 = 20 \times 10 = 200$

तथा $(15, 160) \Rightarrow (15+1) \times 10 = 16 \times 10 = 160$

उसी प्रकार, (22, 230)

$\Rightarrow (22+1) \times 10 = 23 \times 10 = 230$

630. (d) जिस प्रकार, $3, 2 \Rightarrow 2 \times \frac{3}{2} = 3$

तथा $9, 6 \Rightarrow 6 \times \frac{3}{2} = 9$

उसी प्रकार, $?, 12 \Rightarrow ? = 12 \times \frac{3}{2} = 18$

631. (a) जिस प्रकार, या एपिसोड को जोड़कर श्रृंखला (सीरीज) बनती है। उसी प्रकार, अध्यायों से मिलकर पुस्तक बनती है।

632. (b) जिस प्रकार, $(21, 105, 35) \Rightarrow 21 \times 5 = 105$

$\frac{105}{3} = 35$

तथा $(27, 135, 45) \Rightarrow 27 \times 5 = 135$

$\frac{135}{3} = 45$

उसी प्रकार, $(39, 195, 65) \Rightarrow 39 \times 5 = 195$

$\frac{195}{3} = 65$

633. (a) जिस प्रकार,

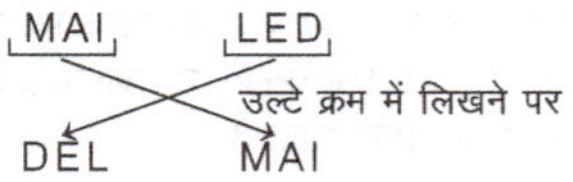

तथा

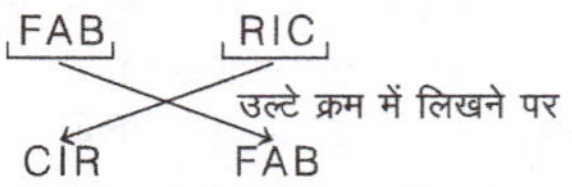

उसी प्रकार,

634. (d) जिस प्रकार,

$29 : 61 \Rightarrow 29 \times 2 + 3 = 58 + 3 = 61$

तथा $15 : 33 \Rightarrow 15 \times 2 + 3 = 30 + 3 = 33$

उसी प्रकार, $47 : ? \Rightarrow ? = 47 \times 2 + 3 = 94 + 3 = 97$

635. (d) जिस प्रकार, $16 \div 4 = 4$ तथा $4 \times 5 = 20$

तथा $28 \div 4 = 7$ तथा $7 \times 5 = 35$

उसी प्रकार, (52, 13, 65)

$52 \div 4 = 13$ तथा $13 \times 5 = 65$

अभीष्ट समुच्चय = (52, 13, 65)

636. (d) जिस प्रकार,

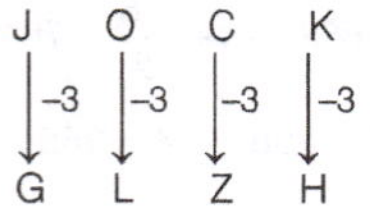

तथा

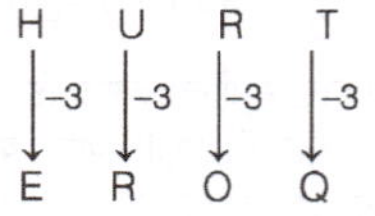

उसी प्रकार,

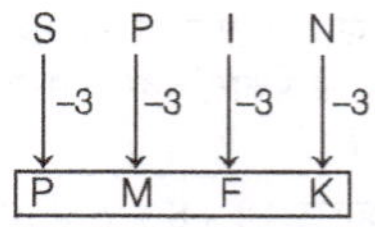

637. (b) जिस प्रकार, $24 \times 6 = 144$

तथा $144 \times 2 = 288$

तथा $36 \times 6 = 216$ तथा $216 \times 2 = 432$

उसी प्रकार, (504, 252, 42)

$42 \times 6 = 252$ तथा $252 \times 2 = 504$

638. (b) जिस प्रकार, $14 \times 2 = 28$ तथा $14 \times 6 = 84$
तथा $17 \times 2 = 34$ तथा $17 \times 6 = 102$
उसी प्रकार, (21, 42, 126)
$21 \times 2 = 42$ तथा $21 \times 6 = 126$

639. (c) जिस प्रकार, ISL AND → AND ISL
तथा EIT HER → HER EIT
उसी प्रकार, IMP ACT → ACT IMP

640. (c) जिस प्रकार, $76 \times 2 = 152$
तथा $76 \div 2 = 38$ तथा $84 \times 2 = 168$
तथा $84 \div 2 = 42$
उसी प्रकार, $68 \times 2 = 136$ तथा $68 \div 2 = 34$
अभीष्ट समुच्चय = (68, 136, 34)

641. (c) जिस प्रकार, $24 \times 6 = 144$ तथा $24 \div 2 = 12$
तथा $36 \times 6 = 216$ तथा $36 \div 2 = 18$
उसी प्रकार, (324, 27, 54)
$54 \times 6 = 324$ तथा $54 \div 2 = 27$

642. (d) जिस प्रकार,
$36 \to (36 \times 2) - 2 = 72 - 2 = 70$
तथा $41 \to (41 \times 2) - 2 = 82 - 2 = 80$
उसी प्रकार, $x \to (x \times 2) - 2 = 76$
$\Rightarrow \quad 2x = 78$
$\therefore \quad x = \frac{78}{2} = 39$

643. (d) जिस प्रकार, $108 \div 4 = 27$ तथा $27 \div 3 = 9$
तथा $132 \div 4 = 33$ तथा $33 \div 3 = 11$
उसी प्रकार, (180, 45, 15)
$180 \div 4 = 45$ तथा $45 \div 3 = 15$

644. (a) जिस प्रकार, (12, 40)
$12 \times 3 + 4 = 36 + 4 = 40$
(9, 31) तथा $9 \times 3 + 4 = 27 + 4 = 31$
उसी प्रकार, (16, ?)
$16 \times 3 + 4 = 48 + 4 = \boxed{52}$

645. (a) जिस प्रकार, $349 - 247 = 102$
तथा $363 - 261 = 102$
उसी प्रकार, $(294, 396) \to 396 - 294 = 102$
अत: अभीष्ट समुच्चय = (294, 396)

646. (c) जिस प्रकार, $12 \times 3 = 36$ तथा $36 \div 6 = 6$
तथा $18 \times 3 = 54$ तथा $54 \div 6 = 9$
उसी प्रकार, (28, 84, 14)
$28 \times 3 = 84$ तथा $84 \div 6 = 14$

647. (c) जिस प्रकार, A B U S E → A S U B E
तथा B E G I N → B I G E N
उसी प्रकार, O T H E R → O E H T R

648. (a) यहाँ दूसरी संख्या, पहली संख्या से पूर्णत: विभाजित है।
जिस प्रकार, $45 \div 15 = 3$ तथा $125 \div 25 = 5$
उसी प्रकार, $80 \div 20 = 4$
क्योंकि विकल्प में दी गई संख्याओं में केवल '20', 80 को पूर्णत: विभाजित करता है।

649. (b) जिस प्रकार, (112, 327, 215)
$\Rightarrow 112 + 215 = 327$
तथा, $(98, 254, 156) \Rightarrow 98 + 156 = 254$
उसी प्रकार, $(126, 268, 142) \Rightarrow 126 + 142 = 268$

650. (c) जिस प्रकार,
$(53, 36, 25) \Rightarrow 53 - 17 = 36 \Rightarrow 36 - 11 = 25$
तथा $(71, 54, 43) \Rightarrow 71 - 17 = 54 \Rightarrow$
$54 - 11 = 43$
उसी प्रकार, (99, 82, 71)
$\Rightarrow \quad 99 - 17 = 82 \Rightarrow 82 - 11 = 71$

651. (b) जिस प्रकार, केन्द्र, केन्द्रबिन्दु का पर्यायवाची शब्द है। उसी प्रकार, मुहल्ले का पादरी, धर्माचार्य का पर्यायवाची शब्द है।

652. (d) जिस प्रकार, (5, 4, 2)
$(5 \times 2) - (2 \times 3) = 10 - 6 = 4$
तथा $(9, 9, 3) \Rightarrow (9 \times 2) - (3 \times 3) = 18 - 9 = 9$
उसी प्रकार, (21, 39, 1)
$(21 \times 2) - (1 \times 3) = 42 - 3 = 39$

653. (a) जिस प्रकार, दाब को मापने के लिए बैरोमीटर का उपयोग किया जाता है। उसी प्रकार, विद्युत को मापने के लिए मल्टीमीटर का उपयोग किया जाता है।

654. (b) जिस प्रकार, (9, 1, 19)
$\Rightarrow (9 \times 2) + 1^2 = 18 + 1 = 19$
तथा $(5, 2, 14) \Rightarrow (5 \times 2) + 2^2 = 10 + 4 = 14$
उसी प्रकार, $(3, 2, 10) \Rightarrow (3 \times 2) + 2^2 = 6 + 4 = 10$

655. (d) जिस प्रकार, 16 : 106
$\Rightarrow (16 - 6)^2 + 6 = (10)^2 + 6 = 100 + 6 = 106$
तथा 10 : 22
$\Rightarrow (10 - 6)^2 + 6 = (4)^2 + 6 = 16 + 6 = 22$
उसी प्रकार, 11 : ?
$\Rightarrow (11 - 6)^2 + 6 = (5)^2 + 6 = 25 + 6 = \boxed{31}$

656. (c) जिस प्रकार, कलाकार का कार्य पेण्ट करना है। उसी प्रकार, मोची का कार्य जूतों की मरम्मत करना है।

657. (a) जिस प्रकार, $(7, 2, 70) \Rightarrow (7 \times 2) \times 5 = 70$
तथा $(6, 4, 120) \Rightarrow (6 \times 4) \times 5 = 120$
उसी प्रकार, $(3, 8, 120) \Rightarrow (3 \times 8) \times 5 = 120$

658. (c) जिस प्रकार, (6, 2, 96)
$\Rightarrow \quad 6 \times 2 = 12 \times 8 = 96$
तथा $(5, 6, 240) \Rightarrow 5 \times 6 = 30 \times 8 = 240$
उसी प्रकार, $(1, 2, 16) \Rightarrow 1 \times 2 = 2 \times 8 = 16$

659. (c) जिस प्रकार,
$(7, 35, 42) \Rightarrow 7 \times 5 = 35, \; 7 \times 6 = 42$
तथा $(4, 20, 24) \Rightarrow 4 \times 5 = 20, \; 4 \times 6 = 24$
उसी प्रकार, $(9, 45, 54) \Rightarrow 9 \times 5 = 45, \; 9 \times 6 = 54$

660. (b) जिस प्रकार, $(7, 91, 98) \Rightarrow 91 + 7 = 98$
तथा $(4, 52, 56) \Rightarrow 52 + 4 = 56$
उसी प्रकार, $(12, 156, 168) \Rightarrow 156 + 12 = 168$

661. (c) जिस प्रकार, इल्ली, तितली की युवावस्था है। उसी प्रकार, लार्वा, कीट की युवावस्था है।

662. (b) जिस प्रकार,
T E M P L E → (−1, −2, −3, −4, −5, −6) → S C J L G Y
तथा C H U R C H → (−1, −2, −3, −4, −5, −6) → B F R N X B
उसी प्रकार, M O S Q U E → (−1, −2, −3, −4, −5, −6) → L M P M P Y

663. (c) जिस प्रकार, (82, 75, 66) (−7, −9) ; तथा (69, 62, 53) (−7, −9)
उसी प्रकार, (61, 54, 45) (−7, −9)

664. (b) जिस प्रकार, परेशान तथा चिंतित समानार्थी शब्द है, उसी प्रकार, निश्चिन्त तथा शान्त समानार्थी शब्द है।

665. (c) जिस प्रकार, (241, 230, 189)
$\Rightarrow \quad (241 + 189) - 200$
$= 430 - 200 = 230$
तथा (218, 250, 232)
$\Rightarrow \quad (218 + 232) - 200 = 450 - 200$
$= 250$
उसी प्रकार, (276, 260, 184)
$\Rightarrow (276 + 184) - 200 = 460 - 200 = 260$

666. (b) जिस प्रकार, फिजियोलॉजी के अन्तर्गत मानव शरीर का अध्ययन किया जाता है, उसी प्रकार, पेट्रोलॉजी के अन्तर्गत चट्टानों का अध्ययन किया जाता है।

667. (a) जिस प्रकार, $\left[\frac{1}{97}\right] : \left[\frac{1}{63}\right] \Rightarrow 97 - 63 = 34$
तथा $\left[\frac{1}{89}\right] : \left[\frac{1}{55}\right] \Rightarrow 89 - 55 = 34$
उसी प्रकार, $\left[\frac{1}{114}\right] : ? \Rightarrow 114 - x = 34$
$\therefore \quad x = 114 - 34 = 80$
$\therefore \quad ? = \left[\frac{1}{80}\right]$

668. (d) जिस प्रकार, $(17, 29, 46) \Rightarrow 17 + 29 = 46$
तथा $(24, 36, 60) \Rightarrow 24 + 36 = 60$
उसी प्रकार, $(21, 33, 54) \Rightarrow 21 + 33 = 54$

669. (c) जिस प्रकार, बल का मात्रक न्यूटन है। उसी प्रकार, विद्युत धारा का मात्रक ऐम्पियर है।

670. (b) जिस प्रकार,
$(6, 12, 228) \Rightarrow 6^3 + 12 = 216 + 12 = 228$
तथा $(8, 3, 515) \Rightarrow 8^3 + 3 = 512 + 3 = 515$
उसी प्रकार, $(4, 18, 82) \Rightarrow 4^3 + 18 = 64 + 18 = 82$

671. (a) जिस प्रकार, 48 : 60

+(4+8) = +12

उसी प्रकार, 86 : 100

+(8+6) = +14

672. (b) जिस प्रकार,

1 2 3 4 5 6 7 8 → 4 3 6 5 2 1 8 7

F E E D B A C K → D E A B E F K C

उसी प्रकार,

1 2 3 4 5 6 7 8 → 4 3 6 5 2 1 8 7

H I G H L A N D → H G A L I H D N

673. (a) जिस प्रकार,

R U B B E R

B U R R E B

उसी प्रकार,

C A T T L E

T A C E L T

674. (d) जिस प्रकार,

1 2 3 4 5 6 7 8

J E A L O U S Y

L A Y S E J U O

4 3 8 7 2 1 6 5

उसी प्रकार,

1 2 3 4 5 6 7 8

F U S E W I R E

E S E R U F I W

4 3 8 7 2 1 6 5

675. (a) जिस प्रकार, 84 : 72

– (8+4) = –12

उसी प्रकार, 68 : 54

– (6+8) = –14

676. (b) जिस प्रकार,

V O W E L

+4 +1 +4 +1 +4

Z P A F P

उसी प्रकार,

F R I C K

+4 +1 +4 +1 +4

J S M D O

677. (b) जिस प्रकार,

$(16)^2 - 16 \times 2 = 256 - 32 = 224$

उसी प्रकार, $(22)^2 - 22 \times 2 = 484 - 44 = 440$

678. (c) जिस प्रकार,

M N Q P

+6 +6 +6 +6

S T W V

तथा

A B E D

+6 +6 +6 +6

G H K J

उसी प्रकार,

I J M L

+6 +6 +6 +6

O P S R

679. (c) जिस प्रकार,

$(89, 78) \Rightarrow 89 - 11 = 78$

तथा $(97, 86) \Rightarrow 97 - 11 = 86$

उसी प्रकार, $(72, ?) \Rightarrow 72 - 11 = 61$

680. (c) जिस प्रकार,

7, 11, 33

+4 ×3

तथा 14, 18, 54

+4 ×3

उसी प्रकार, 12, 16, 48

+4 ×3

681. (d) दिया है, # : VXB : : ACG : %

जिस प्रकार, विकल्प (d) से

→ U W A

+1 +1 +1

V X B

उसी प्रकार,

A C G

+1 +1 +1

% → B D H

→ UWA, % → BDH

682. (c) जिस प्रकार, (19, 9, 173)

$\Rightarrow \quad 19 \times 9 + 2 = 171 + 2 = 173$

तथा (6, 17, 104)

$\Rightarrow \quad 6 \times 17 + 2 = 102 + 2 = 104$

उसी प्रकार, विकल्प (c) से,

$(11, 4, 46) \Rightarrow 11 \times 4 + 2 = 44 + 2 = 46$

683. (c) जिस प्रकार,

$(4, 8, 32) \Rightarrow 4 \times 2 = 8, 8 \times 4 = 32$

तथा $(7, 14, 56) \Rightarrow 7 \times 2 = 14, 14 \times 4 = 56$

उसी प्रकार, (11, 22, 88)

$\Rightarrow \quad 11 \times 2 = 22, \; 22 \times 4 = 88$

684. (b) जिस प्रकार,

C Y R F

+11 +11 +11 +11

N J C Q

तथा

G B U M

+11 +11 +11 +11

R M F X

उसी प्रकार,

C Z K P

+11 +11 +11 +11

N K V A

685. (a) जिस प्रकार, $(78, 30) \Rightarrow (7 + 8) \times 2 = 30$

तथा $(67, 26) \Rightarrow (6 + 7) \times 2 = 26$

उसी प्रकार, $(54, ?) \Rightarrow (5 + 4) \times 2 = 18$

$\therefore \quad ? = 18$

686. (c) जिस प्रकार,

C E H M

–4 –4 –4 –4

Y A D I

तथा

I K N S

–4 –4 –4 –4

E G J O

उसी प्रकार,

O Q T Y

–4 –4 –4 –4

K M P U

687. (b) जिस प्रकार,

$(25, 8, 11), \Rightarrow 25 + 8 = \frac{33}{11} = 3$

और $(28, 8, 12) \Rightarrow 28 + 8 = \frac{36}{12} = 3$

उसी प्रकार, $(17, 7, 8) \Rightarrow 17 + 7 = \frac{24}{8} = 3$

688. (b) जिस प्रकार,

F J M

विपरीत विपरीत विपरीत

U Q N

तथा

D P Q

विपरीत विपरीत विपरीत

W K J

उसी प्रकार,

O V C

विपरीत विपरीत विपरीत

L E X

689. (b) जिस प्रकार,

M A Z Q

–6 –6 –6 –6

G U T K

उसी प्रकार,

K O E V

–6 –6 –6 –6

E I Y P

690. (b) जिस प्रकार,

तर्क $(a, b, c) \Rightarrow \frac{a + b + 6}{2} = c$

$(81, 53, 70) = \frac{81 + 53 + 6}{2} = \frac{140}{2} = 70$

तथा $(94, 66, 83) = \frac{94 + 66 + 6}{2} = \frac{166}{2} = 83$

उसी प्रकार,

$(99, 71, 88) = \frac{99 + 71 + 6}{2} = \frac{176}{2} = 88$

691. (a) जिस प्रकार, $38 = 38 \times 2 + 4 = 80$

तथा $42 = 42 \times 2 + 4 = 88$

उसी प्रकार, $29 = 29 \times 2 + 4 = 62$

692. (c) जिस प्रकार,

J H D C

+1 –1 +1 –1

K G E B

तथा

Q O K J

+1 –1 +1 –1

R N L I

उसी प्रकार,

U S O N

+1 –1 +1 –1

V R P M

693. (b) जिस प्रकार, बलूत एक प्रकार का वृक्ष/पेड़ है तथा इसमें बहुत ज्यादा पत्ते पाए जाते हैं। उसी प्रकार, चीड़/देवदार के वृक्षों में सुई की तरह या नुकीले पत्ते पाए जाते हैं।

694. (b) जिस प्रकार, $(12, 4, 16) \rightarrow 12 + 4 = 16$
तथा $(27, 9, 36) \rightarrow 27 + 9 = 36$
उसी प्रकार, $(39, 13, 52) \rightarrow 39 + 13 = 52$

695. (d) जिस प्रकार,
17 20 23 1
Q T W A
+9 +9 +9 +9
Z C F J

तथा
13 11 2 26
M K B Z
+9 +9 +9 +9
V T K I

उसी प्रकार,
5 25 3 13
E Y C M
+9 +9 +9 +9
[N H L V]

696. (d) जिस प्रकार, कर्ज देना व उधार लेना आपस में विपरीतार्थक शब्द हैं। उसी प्रकार, क्रूर व दयालु आपस में विपरीतार्थक शब्द हैं।

697. (b) जिस प्रकार, (32, 35, 201)
$\Rightarrow (32 + 35) \times 3 = 67 \times 3 = 201$
तथा (26, 29, 165)
$\Rightarrow (26 + 29) \times 3 = 55 \times 3 = 165$
उसी प्रकार, (23, 26, 147)
$\Rightarrow (23 + 26) \times 3 = 49 \times 3 = 147$

698. (c) जिस प्रकार, $102 \rightarrow 102 \div 3 = 34$
तथा $171 \rightarrow 171 \div 3 = 57$
उसी प्रकार, $237 \rightarrow 237 \div 3 = 79$

699. (a) जिस प्रकार, $(15, 195) \rightarrow 15 \times 13 = 195$
तथा $(19, 247) \rightarrow 19 \times 13 = 247$
उसी प्रकार, $(24, ?) \rightarrow 24 \times 13 = \boxed{312}$

700. (b) जिस प्रकार, (84, 28, 7) में
$7 \times 4 = 28$ तथा $28 \times 3 = 84$
तथा (144, 48, 12)
$12 \times 4 = 48$ तथा $48 \times 3 = 144$
उसी प्रकार, (180, 60, 15) में,
$15 \times 4 = 60$ तथा $60 \times 3 = 180$

701. (d) जिस प्रकार, $(72, 8) \rightarrow 8 \times 9 = 72$
तथा $(198, 22) \rightarrow 22 \times 9 = 198$
उसी प्रकार, $(351, ?) \rightarrow ? \times 9 = 351$
$? = \frac{351}{9} = \boxed{39}$

702. (c) जिस प्रकार, 'मजबूत' और 'ठोस' समानार्थी शब्द हैं। उसी प्रकार, 'दयालु' और 'उदार' समानार्थी शब्द हैं।

703. (d) जिस प्रकार, 6 → 12 → 48 (×2, ×4)
और 8 → 16 → 64 (×2, ×4)
उसी प्रकार, [14 → 28 → 112] (×2, ×4)

704. (b) जिस प्रकार, 'भोर' और 'सूर्योदय' समानार्थी शब्द हैं। उसी प्रकार, 'आसान' और 'सरल' समानार्थी शब्द हैं।

705. (b) जिस प्रकार,
V P N
+4 +4 +4
Z T R

तथा
S M K
+4 +4 +4
W Q O

उसी प्रकार,
L F D
+4 +4 +4
[P J H]

706. (a) जिस प्रकार, $(5, 4, 41) \Rightarrow 5^2 + 4^2 = 41$
तथा $(7, 2, 53) \Rightarrow 7^2 + 2^2 = 53$
उसी प्रकार, $(9, 3, 90) \Rightarrow 9^2 + 3^2 = 90$

707. (b) जिस प्रकार,
$(6, 12, 72) \Rightarrow 6 \xrightarrow{\times 2} 12 \xrightarrow{\times 6} 72$
तथा $(8, 16, 96) \Rightarrow 8 \xrightarrow{\times 2} 16 \xrightarrow{\times 6} 96$
उसी प्रकार, $(12, 24, 144) \Rightarrow 12 \xrightarrow{\times 2} 24 \xrightarrow{\times 6} 144$

708. (a) जिस प्रकार, $33 \xrightarrow{\times 22} 726$
तथा $43 \xrightarrow{\times 22} 946$
उसी प्रकार, $53 \xrightarrow{\times 22} 1166$

709. (c) जिस प्रकार, चतुर का समानार्थी शब्द बुद्धिमान होता है, लेकिन फुर्तीला का विलोम शब्द सुस्त होता है।

710. (c) जिस प्रकार, $8 \times 15 = 120$
तथा $24 \times 6 = 144$
उसी प्रकार, $23 \times 5 = 115$

711. (d) जिस प्रकार, $\frac{242}{11} = 22$ तथा $\frac{385}{11} = 35$
उसी प्रकार, $\frac{572}{11} = 52$

712. (b) जिस प्रकार, बालों का सम्बन्ध काटने से होता है। उसी प्रकार, झाड़ी का सम्बन्ध छटाई से होता है।

713. (c) जिस प्रकार, 180, 45, 90 (÷4, ×2)
तथा 128, 32, 64 (÷4, ×2)
उसी प्रकार, 224, 56, 112, (÷4, ×2)

714. (b) जिस प्रकार,
$10 \longrightarrow 3^2 + 1$ तथा $26 \longrightarrow 3^3 - 1$
उसी प्रकार, $50 \longrightarrow 7^2 + 1$ तथा $342 = 7^3 - 1$

715. (b) जिस प्रकार, संलग्न का पर्यायवाची सम्मिलित होता है। उसी प्रकार, विभिन्न का पर्यायवाची विविध होता है।

716. (a) जिस प्रकार,
$(21, 59) \rightarrow 21 \times 2 + 17 = 42 + 17 = 59$
तथा $(32, 81) \rightarrow 32 \times 2 + 17 = 64 + 17 = 81$
उसी प्रकार, $(29, ?) \rightarrow 29 \times 2 + 17 = 58 + 17 = 75$

717. (c) जिस प्रकार, तथा उसी प्रकार

जिस प्रकार	तथा	उसी प्रकार
$S \xrightarrow{+4} W$	$B \xrightarrow{+4} F$	$C \xrightarrow{+4} G$
$T \xrightarrow{+4} X$	$L \xrightarrow{+4} P$	$O \xrightarrow{+4} S$
$A \xrightarrow{+4} E$	$I \xrightarrow{+4} M$	$W \xrightarrow{+4} A$
$U \xrightarrow{+4} Y$	$S \xrightarrow{+4} W$	$A \xrightarrow{+4} E$
$N \xrightarrow{+4} R$	$S \xrightarrow{+4} W$	$R \xrightarrow{+4} V$
$C \xrightarrow{+4} G$		$D \xrightarrow{+4} H$
$H \xrightarrow{+4} L$		

718. (b) दिया गया शब्द-युग्म 'पालन तथा अनुपालन' समानार्थी शब्द है।
जबकि विकल्पों में दिया गया शब्द-युग्म 'प्रसन्नचित व उदास' आपस में विपरीतार्थक शब्द हैं।
अत: विकल्प (b) का शब्द-युग्म दिए गए शब्द-युग्म से सम्बन्धित नहीं हैं।

719. (d) जिस प्रकार, $(15 - 5) \times 6 = 10 \times 6 = 60$
तथा $(24 - 8) \times 6 = 16 \times 6 = 96$
उसी प्रकार, $(39 - 13) \times 6 = 26 \times 6 = 156$
$\therefore$ अभीष्ट समुच्चय = (156, 39, 13)

720. (c) जिस प्रकार, $13 \rightarrow 13 \times 3 = 39$
तथा $25 \rightarrow 25 \times 3 = 75$
उसी प्रकार, $42 \rightarrow 42 \times 3 = \boxed{126}$

721. (b) जिस प्रकार, तथा
25 16 29 12 25 ; 26 23 8 10 12
Y P C L Y ; Z W H J L
−7 −7 −7 −7 −7 ; −7 −7 −7 −7 −7
R I V E R ; S P A C E
18 9 22 5 18 ; 19 16 1 3 5

उसी प्रकार,
20 22 10 18 27 12 26 27
T V J R A L Z A
−7 −7 −7 −7 −7 −7 −7 −7
[M O C K T E S T]
13 15 3 11 20 5 19 20

722. (b) दिया गया शब्द 'ध्वस्त करना' का विलोम शब्द 'मरम्मत करना' होता है। परन्तु, परिणाम व नतीजा एक-दूसरे के समानार्थी शब्द हैं, जो समूह से सम्बन्धित नहीं है।

723. (c) जिस प्रकार, (59, 246, 23)
$(59 + 23) \times 3 = 82 \times 3 = 246$
तथा (68, 300, 32) में,
$(68 + 32) \times 3 = 100 \times 3 = 300$
उसी प्रकार, (42, 213, 29)
$(42 + 29) \times 3 = 71 \times 3 = 213$

724. (b) जिस प्रकार,
K L O Q
+3 +3 +3 +3
N O R T

तथा
H I L N
+3 +3 +3 +3
K L O Q

उसी प्रकार,
P Q T V
+3 +3 +3 +3
[S T W Y]

725. (c) जिस प्रकार, तथा
W V S O ; O N K G
+1 +2 +2 +1 ; +1 +2 +2 +1
X X U P ; P P M H

उसी प्रकार, V U R N
+1 +2 +2 +1
[W W T O]

726. (d) जिस प्रकार, (9, 21, 193)

$\Rightarrow \quad 9 \times 21 + 4 = 189 + 4 = 193$

तथा (12, 15, 184) $\Rightarrow$

$12 \times 15 + 4 = 180 + 4 = 184$

उसी प्रकार, (8, 17, 140)

$\Rightarrow 8 \times 17 + 4 = 136 + 4 = 140$

727. (a) जिस प्रकार,

$(4, 64) \Rightarrow 4 \times (4)^2 = 4 \times 16 = 64$

तथा $(9, 729) \Rightarrow 9 \times (9)^2 = 9 \times 81 = 729$

उसी प्रकार, (12, 1728)

$\Rightarrow 12 \times (12)^2 = 12 \times 144 = \boxed{1728}$

728. (d) जिस प्रकार, तथा

B H J L ; H N P R
+4 +4 +4 +4 ; +4 +4 +4 +4
F L N P ; L R T V

उसी प्रकार, J P R T
+4 +4 +4 +4
[N T V X]

729. (b) जिस प्रकार,

$(4, 16, 32) \Rightarrow 4 \times 4 = 16, 16 \times 2 = 32$

तथा $(6, 36, 72) \Rightarrow 6 \times 6 = 36, 36 \times 2 = 72$

उसी प्रकार,

$(9, 81, 162) \Rightarrow 9 \times 9 = 81, 81 \times 2 = 162$

730. (b) जिस प्रकार, $84 \div 4 = 21$

तथा $180 \div 4 = 45$

उसी प्रकार, $252 \div 4 = \boxed{63}$

731. (a) जिस प्रकार, तथा

Z B R L ; I D S Q
−5 −5 −5 −5 ; −5 −5 −5 −5
U W M G ; D Y N L

उसी प्रकार, E V N A
−5 −5 −5 −5
[Z Q I V]

732. (b) जिस प्रकार, तथा

Y Z W T ; Q R O L
+5 +5 +4 +4 ; +5 +5 +4 +4
D E A X ; V W S P

उसी प्रकार, R S P M
+5 +5 +4 +4
[W X T Q]

733. (b) जिस प्रकार, $14 \times 9 = 126$

तथा $21 \times 9 = 189$

उसी प्रकार, $32 \times 9 = 288$

734. (a) जिस प्रकार,

$(12, 132, 11) \Rightarrow 12 \times 11 = 132$

तथा $(13, 104, 8) \Rightarrow 13 \times 8 = 104$

उसी प्रकार, $(7, 105, 15) \Rightarrow (7 \times 15) = 105$

735. (a) जिस प्रकार, अन्धा व्यक्ति, प्रकाश नहीं देख सकता है। उसी प्रकार, गूंगा व्यक्ति, संवाद नहीं कर सकता है।

736. (b) जिस प्रकार, तथा

L J N R ; F D H L
−3 −3 −2 −2 ; −3 −3 −2 −2
I G L P ; C A F J

उसी प्रकार, H F J N
−3 −3 −2 −2
[E C H L]

737. (a) जिस प्रकार, $\frac{161}{7} = 23$ तथा $\frac{301}{7} = 43$

उसी प्रकार, $\frac{427}{7} = \boxed{61}$

738. (d) जिस प्रकार, तथा

N G P Z ; X D L M
−4 −4 −4 −4 ; −4 −4 −4 −4
J C L V ; T Z H I

उसी प्रकार, R U K V
−4 −4 −4 −4
[N Q G R]

739. (d) जिस प्रकार, $(11 \times 8) \times 4 = 352$

तथा $(15 \times 6) \times 4 = 360$

उसी प्रकार, $(16 \times 5) \times 4 = 320$

740. (d) जिस प्रकार, $17 \times 8 = 136$

तथा $23 \times 8 = 184$

उसी प्रकार, $29 \times 8 = \boxed{232}$

741. (c) जिस प्रकार, खुशी का विलोम शब्द दर्द होता है। उसी प्रकार, कोमल का विलोम शब्द क्रूर होता है।

742. (d) जिस प्रकार, $5 \times 7 = 35$ तथा $12 \times 9 = 108$

उसी प्रकार, $13 \times 7 = 91$

743. (c) जिस प्रकार, फर्नीचर बनाने का कार्य बढ़ई करता है। उसी प्रकार, सूप बनाने का कार्य रसोइया करता है।

744. (c) जिस प्रकार, $30 + 186 = 216$

तथा $40 + 186 = 226$

उसी प्रकार, $50 + 186 = \boxed{236}$

745. (a) जिस प्रकार, संक्रमण को खत्म करने के लिए प्रतिजैविक का उपयोग किया जाता है। उसी प्रकार, जहर खत्म करने के लिए विषहर का उपयोग किया जाता है।

746. (b) जिस प्रकार, A Q L Z
−8 −8 −8 −8
S I D R

और C P D V
−8 −8 −8 −8
U H V N

उसी प्रकार, E B R Y
−8 −8 −8 −8
[W T J Q]

747. (b) जिस प्रकार, $11 \times 11 = 121$

तथा $21 \times 21 = 441$

उसी प्रकार, $31 \times 31 = 961$

748. (a) जिस प्रकार, $(3, 12, 26) = 12 \times 3 - 10$

$= 36 - 10 = 26$

तथा $(7, 9, 53) = 7 \times 9 - 10 = 63 - 10 = 53$

उसी प्रकार, $(7, 5, 25) = 7 \times 5 - 10 = 35 - 10 = 25$

749. (c) जिस प्रकार,

$(5, 25, 50) \Rightarrow 5^2 = 25$ और $25 \times 2 = 50$

$(8, 64, 128) \Rightarrow 8^2 = 64$ और $64 \times 2 = 128$

उसी प्रकार,

$(12, 144, 288) \Rightarrow (12)^2 = 144$ और $144 \times 2 = 288$

750. (a) जिस प्रकार, भारत का राष्ट्रीय फल 'आम' है। उसी प्रकार, न्यूजीलैण्ड का राष्ट्रीय फल 'कीवी' है।

751. (d) आकर्षण व विकर्षण एक-दूसरे के विपरीतार्थक शब्द हैं जबकि अपार व विशाल समानार्थी शब्द हैं।

अत: विकल्प (d) समूह से सम्बन्धित नहीं है।

752. (c) जिस प्रकार, $(4, 16, 32) \Rightarrow 4^2 = 16,$

$16 \times 2 = 32$

तथा $(7, 49, 98) \Rightarrow 7^2 = 49, \; 49 \times 2 = 98$

उसी प्रकार, $(12, 144, 288) \Rightarrow 12^2 = 144,$

$144 \times 2 = 288$

753. (a) जिस प्रकार, $129 \times 3 = 387$

तथा $164 \times 3 = 492$

उसी प्रकार, $148 \times 3 = 444$

754. (b) जिस प्रकार, (45, 15, 3)

$3 \times 5 \Rightarrow 15 \times 3 = 45$

तथा (120, 40, 8)

$8 \times 5 = 40 \Rightarrow 40 \times 3 = 120$

उसी प्रकार, (165, 55, 11)

$11 \times 5 = 55 \Rightarrow 55 \times 3 = 165$

अत: अभीष्ट समुच्चय = (165, 55, 11)

755. (d) जिस प्रकार, $876 - 765 = 111$

$793 - 682 = 111$

उसी प्रकार, $698 - 587 = 111$

756. (d) जिस प्रकार, $(245, 49, 5) \Rightarrow 245 \div 5 = 49$

तथा $(144, 9, 16) \Rightarrow 144 \div 16 = 9$

उसी प्रकार, $(200, 8, 25) \Rightarrow 200 \div 25 = 8$

757. (d) जिस प्रकार, गौरवान्वित का समानार्थी शब्द अभिमानी है। उसी प्रकार, प्रमाणिक का समानार्थी शब्द वास्तविक है।

758. (a) जिस प्रकार, $\frac{96}{8} = 12$ तथा $12 \times 6 = 72$

तथा $\frac{88}{8} = 11$ तथा $11 \times 6 = 66$

उसी प्रकार, $\frac{104}{8} = 13$ तथा $13 \times 6 = \boxed{78}$

759. (d) जिस प्रकार, $4 \times 5 = 20 \Rightarrow \frac{20}{2} = 10$

तथा $6 \times 5 = 30 \Rightarrow \frac{30}{2} = 15$

उसी प्रकार, $8 \times 5 = 40 \Rightarrow \frac{40}{2} = 20$

अभीष्ट समुच्चय विकल्प (d) है।

760. (b) जिस प्रकार,

$(9, 47) \Rightarrow 9 \times 5 + 2 = 45 + 2 = 47$

तथा $(12, 62) \Rightarrow 12 \times 5 + 2 = 60 + 2 = 62$

उसी प्रकार, $(17, ?) \Rightarrow 17 \times 5 + 2 = 85 + 2 = \boxed{87}$

761. (b) जिस प्रकार, तथा उसी प्रकार

G K I ; C G E ; L P N
+6 +6 +6 ; +6 +6 +6 ; +6 +6 +6
M Q O ; I M K ; R V T

762. (c) जिस प्रकार,

$(26, 38, 128); (26 + 38) \xrightarrow{\times 2} 128$

तथा $(42, 19, 122); (42 + 19) \xrightarrow{\times 2} 122$

उसी प्रकार, $(33, 23, 112); (33 + 23) \xrightarrow{\times 2} 112$

763. (c) जिस प्रकार,

$45 : 100 \Rightarrow 45 \times 2 + 10 = 100$

तथा $65 : 140 \Rightarrow 65 \times 2 + 10 = 140$

उसी प्रकार, $105 : ? \Rightarrow 105 \times 2 + 10 = \boxed{220}$

764. (b) जिस प्रकार, तथा

H F 16 ; R P 10
+3 +3 ÷2 ; +3 +3 ÷2
K I 8 ; U S 5

उसी प्रकार, N L 6
+3 +3 ÷2
Q O 3

765. (d) जिस प्रकार, 'समस्या' का विपरीत शब्द 'समाधान' होता है। उसी प्रकार, 'खोया' का विपरीत शब्द 'पाया' होता है।

766. (a) जिस प्रकार,

$(5, 7, 74) \Rightarrow 5^2 + 7^2 = 25 + 49 = 74$

तथा $(6, 4, 52) \Rightarrow 6^2 + 4^2 = 36 + 16 = 52$

उसी प्रकार, (11, 5, 146)

$\Rightarrow (11)^2 + (5)^2 = 121 + 25 = 146$

767. (d) जिस प्रकार,

PTL : NRJ ⇒ P T L
−2 −2 −2
N R J

तथा AEX : YCV ⇒ A E X
−2 −2 −2
Y C V

उसी प्रकार, TVN : RTL ⇒ T V N
−2 −2 −2
R T L

768. (d) जिस प्रकार,

$(6, 12, 3) \Rightarrow 6 + 3 + \frac{6}{2} = 12$

तथा $(10, 20, 5) \Rightarrow 10 + 5 + \frac{10}{2} = 20$

उसी प्रकार, $(14, 28, 7) \Rightarrow 14 + 7 + \frac{14}{2} = 28$

769. (b) जिस प्रकार, $5 : 27 \Rightarrow (5)^2 + 2 = 27$

तथा $7 : 51 \Rightarrow (7)^2 + 2 = 51$

उसी प्रकार, $4 : ? \Rightarrow 4^2 + 2 = \boxed{18}$

770. (d) जिस प्रकार, तथा उसी प्रकार

F H G E ; H J I G ; R T S Q
+3 +3 +3 +3 ; +3 +3 +3 +3 ; +3 +3 +3 +3
I K J H ; K M L J ; U W V T

771. (c) जिस प्रकार, $64 \times \sqrt{64} = 512$

तथा $225 \times \sqrt{225} = 3375$

उसी प्रकार, $169 \times \sqrt{169} = \boxed{2197}$

772. (b) जिस प्रकार, $59 + 24 = 83$

$83 + 14 = 97$

तथा $63 + 24 = 87$

$87 + 14 = 101$

उसी प्रकार, $71 + 24 = 95$

$95 + 14 = 109$

773. (b) जिस प्रकार, $\frac{105}{7} = 15$ तथा $\frac{154}{7} = 22$

उसी प्रकार, $\frac{189}{7} = \boxed{27}$

774. (b) जिस प्रकार,

$(111, 16, 7) \Rightarrow (16 \times 7) - 1 = 112 - 1 = 111$

तथा $(167, 14, 12) \Rightarrow (14 \times 12 - 1)$

$= 168 - 1 = 167$

उसी प्रकार, $(131, 12, 11) \Rightarrow (12 \times 11) - 1$

$= 132 - 1 = 131$

775. (d) जिस प्रकार, तथा

C J M ; A H L
+3 +3 +3 ; +3 +3 +3
F M P ; D K O

उसी प्रकार, N R S
+3 +3 +3
Q U V

776. (d) जिस प्रकार, $11 \times 5 = 55$

और $22 \times 5 = 110$

उसी प्रकार, $44 \times 5 = \boxed{220}$

777. (d) जिस प्रकार, (21, 34, 76)

$21 \times 2 + 34 = 42 + 34 \Rightarrow 76$

तथा (39, 26, 104)

$39 \times 2 + 26 = 78 + 26 \Rightarrow 104$

उसी प्रकार, (28, 23, 79)

$28 \times 2 + 23 = 56 + 23 \Rightarrow 79$

778. (b) जिस प्रकार, तथा

D F G ; M O P
+5 +5 +5 ; +5 +5 +5
I K L ; R T U

उसी प्रकार, T V W
+5 +5 +5
Y A B

779. (c) जिस प्रकार, $16 \times 6 = 96$ तथा $26 \times 6 = 156$

उसी प्रकार, $? \times 6 = 228$

$\therefore \quad ? = \frac{228}{6} = \boxed{38}$

780. (c) जिस प्रकार, तथा

L B X F ; T G F Y
+7 +1 +1 +7 ; +7 +1 +1 +7
S Y C M ; A G H F

उसी प्रकार, Z D M K
+7 +1 +1 +7
G N E R

781. (a) जिस प्रकार, और उसी प्रकार

10 5 20 ; 14 7 28 ; 22 11 44
÷2 ×4 ; ÷2 ×4 ; ÷2 ×4

782. (d) जिस प्रकार, $82 \div 2 = 41$ तथा

$94 \div 2 = 47$

उसी प्रकार, $66 \div 2 = \boxed{33}$

783. (d) जिस प्रकार, $11 \times 5 = 55$ तथा $12 \times 5 = 60$

उसी प्रकार, $15 \times 5 = \boxed{75}$

784. (b) जिस प्रकार, $4 \times 10 = 40$ तथा $12 \times 10 = 120$

उसी प्रकार, $15 \times 10 = 150$

785. (a) जिस प्रकार, विनम्र, उद्दण्ड तथा शान्त, अशान्त एक-दूसरे के विलोम शब्द हैं।
उसी प्रकार, शिरोबिन्दु और अधोबिन्दु एक-दूसरे के विलोम शब्द हैं।

786. (d) जिस प्रकार, $4 + 8 = 12$

तथा $2 + 5 = 7$

उसी प्रकार, $1 + 3 = 4$

787. (c) जिस प्रकार, $(4 + 5) + 5 = 14$

तथा $(7 + 8) + 5 = 20$

उसी प्रकार, $(9 + 12) + 5 = 26$

788. (d) जिस प्रकार,

D M T S
+2 +2 +2 +2
F O V U

तथा K G Q O
+2 +2 +2 +2
M I S Q

उसी प्रकार, H C M J
+2 +2 +2 +2
J E O L

789. (b) जिस प्रकार, $23 + 11 = 34$

तथा $84 + 11 = 95$

उसी प्रकार, $59 + 11 = 70$

790. (d) जिस प्रकार, समुच्चय (13 – 15 – 7) में,

$\frac{13 + 15}{4} = \frac{28}{4} = 7$

तथा समुच्चय (9 – 11 – 5) में, $\frac{9 + 11}{4} = \frac{20}{4} = 5$

उसी प्रकार, समुच्चय (16 – 24 – 10) में,

$\frac{16 + 24}{4} = \frac{40}{4} = 10$

791. (a) जिस प्रकार,

D G J H
+8 +8 +8 +8
L O R P

तथा J M P N
+8 +8 +8 +8
R U X V

उसी प्रकार, I L O M
+8 +8 +8 +8
Q T W U

792. (d) जिस प्रकार,
$(20)^2 \times 3 = 400 \times 3 = 1200$
तथा $(28)^2 \times 3 = 784 \times 3 = 2352$
उसी प्रकार, $(50)^2 \times 3 = 2500 \times 3 = \boxed{7500}$

793. (a) जिस प्रकार, $(6)^4 - 1001 = 295$
तथा $(7)^4 - 1001 = 1400$
उसी प्रकार, $(8)^4 - 1001 = 3095$

794. (b) जिस प्रकार, तथा, उसी प्रकार,
C G J (+5, +5, +5) → H L O ; K P S (+5, +5, +5) → P U X ; F K L (+5, +5, +5) → K P Q

795. (d) जिस प्रकार, (17, 126, 7)
$(17 \times 7) + 7 = 119 + 7 = 126$
तथा, (31, 286, 9)
$(31 \times 9) + 7 = 279 + 7 = 286$
उसी प्रकार, (36, 223, 6)
$(36 \times 6) + 7 = 216 + 7 = 223$

796. (a) जिस प्रकार, तथा
L O Q R (−5, −5, −5, −5) → G J L M ; S V X Y (−5, −5, −5, −5) → N Q S T
उसी प्रकार, N Q S T (−5, −5, −5, −5) → I L N O (boxed)

797. (a) जिस प्रकार, तथा
B D F C (+7, +7, +7, +7) → I K M J ; K M O L (+7, +7, +7, +7) → R T V S
उसी प्रकार, H J L I (+7, +7, +7, +7) → O Q S P (boxed)

798. (a) जिस प्रकार, 34, 70 ⇒ $(34 + 1) \times 2 = 70$
तथा 56, 114 ⇒ $(56 + 1) \times 2 = 114$
उसी प्रकार, 23, 48 ⇒ $(23 + 1) \times 2 = \boxed{48}$

799. (a) जिस प्रकार, तथा, उसी प्रकार
D M 12 (+4, +4, +5) → H Q 17 ; T S 19 (+4, +4, +5) → X W 24 ; K G 17 (+4, +4, +5) → O K 22 (boxed)

800. (c) जिस प्रकार, 5 : 50 ⇒ $5^2 \times 2 = 50$
तथा 12 : 288 ⇒ $12^2 \times 2 = 288$
उसी प्रकार, 8 : 128
⇒ $8^2 \times 2 = 128$

801. (d) दिए गए समूह में, (42, 370)
⇒ $(42 \times 10) - (42 + 8) = 420 - 50 = 370$
तथा (57, 505)
⇒ $(57 \times 10) - (57 + 8) = 570 - 65 = 505$
उसी प्रकार,
(29, 253);
$(29 \times 10) - (29 + 8) = 290 - 37 = 253$
अभीष्ट समूह = (29, 253)

802. (c) जिस प्रकार, 16 : 85 ⇒ $16 \times 5 + 5 = 85$
तथा 26 : 135 ⇒ $26 \times 5 + 5 = 135$
उसी प्रकार, 37 : 190 ⇒ $37 \times 5 + 5 = \boxed{190}$

803. (c) जिस प्रकार, तथा
B D F I (+5, +5, +5, +5) → G I K N ; K M O Q (+5, +5, +5, +5) → P R T V
उसी प्रकार, C E G I (+5, +5, +5, +5) → H J L N (boxed)

804. (b) जिस प्रकार,
11 : 133 ⇒ $(11)^2 + (11 + 1) = 133$
तथा 22 : 507 ⇒ $(22)^2 + (22 + 1) = 507$
उसी प्रकार, 16 : 273 ⇒ $(16)^2 + (16 + 1) = \boxed{273}$

805. (a) जिस प्रकार, तथा, उसी प्रकार
E K M (−1, −2, −3) → D I J ; L P T (−1, −2, −3) → K N Q ; P W Z (−1, −2, −3) → O U W (boxed)

806. (b) जिस प्रकार, 352 : 531 ⇒ 352 + 179 = 531
तथा 271 : 450 ⇒ 271 + 179 = 450
उसी प्रकार, 725 : ? ⇒ $725 + 179 = \boxed{904}$

807. (a) जिस प्रकार, (21, 26); $21 \times 3 + 3 = \boxed{66}$
तथा (32, 99); $32 \times 3 + 3 = 99$
उसी प्रकार, (45, 138) ; $45 \times 3 + 3 = 138$

808. (d) जिस प्रकार, तथा, उसी प्रकार,
D H J (−3, −3, −3) → A E G ; Z M L (−3, −3, −3) → W J I ; E K Q (−3, −3, −3) → B H N (boxed)

809. (b) जिस प्रकार,
(12, 11, 137) ⇒ $137 - (12 \times 11) = 5$
तथा (17, 21 362) ⇒ $362 - (17 \times 21) = 5$
उसी प्रकार, (21, 25, 530) ⇒ $530 - (21 \times 25) = 5$

810. (b) जिस प्रकार, 15 : 210
⇒ $15^2 - 15 = 225 - 15 = 210$
तथा 20 : 380 ⇒ $20^2 - 20 = 400 - 20 = 380$
उसी प्रकार, ? : 90
⇒ $10^2 - 10 = 100 - 10 = 90$
अतः: $? = \boxed{10}$

811. (b) जिस प्रकार, (14, 17, 970)
⇒ $14^2 + 17^2 = 196 + 289 = 485 \times 2 = 970$
तथा (15, 23, 1508)
⇒ $15^2 + 23^2 = 225 + 529 = 754 \times 2 = 1508$
उसी प्रकार, (17, 24, 1730)
⇒ $17^2 + 24^2 = 289 + 576 = 865 \times 2 = 1730$

812. (d) जिस प्रकार, 8 : 128 ⇒ $8 \times 16 = 128$
तथा 16 : 256 ⇒ $16 \times 16 = 256$
उसी प्रकार, $\boxed{11}$: 176 ⇒ $11 \times 16 = 176$

813. (d) जिस प्रकार,
(286, 456, 340) ⇒ $(456 - 286) \times 2 = 340$
तथा (347, 592, 490) ⇒ $(592 - 347) \times 2 = 490$
उसी प्रकार, (198, 279, 162)
⇒ $(279 - 198) \times 2 = 162$

814. (d) जिस प्रकार, बॉक्सिंग रिंग में करते हैं। उसी प्रकार, स्केटिंग रिंक में करते हैं।

815. (a) जिस प्रकार, स्कूटर एक प्रकार का वाहन है। उसी प्रकार, पेंसिल एक प्रकार की लेखन सामग्री है।

816. (c) जिस प्रकार, (17, 51, 153)
⇒ $17 \xrightarrow{\times 3} 51 \xrightarrow{\times 3} 153$
तथा (32, 96, 288) ⇒ $32 \xrightarrow{\times 3} 96 \xrightarrow{\times 3} 288$
उसी प्रकार, (42,126,378)
⇒ $42 \xrightarrow{\times 3} 126 \xrightarrow{\times 3} 378$

817. (a) जिस प्रकार, तथा, उसी प्रकार,
W I R E (+1) → R J W F ; P I C K (+1) → C J P L ; I M L I (+1) → L N I J (boxed)

818. (d) जिस प्रकार, हाइग्रोमीटर से आर्द्रता मापते हैं। उसी प्रकार, अमीटर से 'विद्युत धारा' मापते हैं।

819. (c) जिस प्रकार, (7, 21, 343)
⇒ $7 \times 3 = 21$ और $7^3 = 343$
तथा (8, 24, 512) ⇒ $8 \times 3 = 24$ और $8^3 = 512$
उसी प्रकार, (9, 27, 729)
⇒ $9 \times 3 = 27$ और $9^3 = 729$

820. (c) जिस प्रकार,
12 : 36 ⇒ $(12 \div 2)^2 = 6^2 = 36$
तथा 18 : 81 ⇒ $(18 \div 2)^2 = 9^2 = 81$
उसी प्रकार, 56 : ? ⇒ $(56 \div 2)^2 = 28^2 = \boxed{784}$

821. (b) जिस प्रकार, 'लेखक', कलम से अपना कार्य करता है। उसी प्रकार, 'सैनिक', बन्दूक से अपना कार्य करता है।

822. (b) जिस प्रकार, (34, 17, 51)
⇒ $17 \times 2 = 34$ और $17 \times 3 = 51$
तथा (46, 23, 69) ⇒ $23 \times 2 = 46$ और $23 \times 3 = 69$
उसी प्रकार, (72, 36, 108)
⇒ $36 \times 2 = 72$ और $36 \times 3 = 108$

823. (b) जिस प्रकार, (36, 48, 45)
⇒ $(48 - 45) \times 12 = 3 \times 12 = 36$
तथा (72, 96, 90) ⇒ $(96 - 90) \times 12 = 6 \times 12 = 72$
उसी प्रकार, (60, 80, 75)
⇒ $(80 - 75) \times 12 = 5 \times 12 = 60$

824. (c) जिस प्रकार, (40, 20, 82)
⇒ $(40 + 82 - 2) \div 6 = 120 \div 6 = 20$
तथा (36, 18, 74)
⇒ $(36 + 74 - 2) \div 6 = 108 \div 6 = 18$
उसी प्रकार, (212, 106, 426)
⇒ $(212 + 426 - 2) \div 6 = 636 \div 6 = 106$

825. (c) जिस प्रकार, कुश्ती अखाड़े में खेली जाती है। उसी प्रकार, क्रिकेट पिच पर खेला जाता है।

826. (d) जिस प्रकार, (28, 53, 78)
⇒ $(28 + 78) \div 2 = 106 \div 2 = 53$
तथा (34, 49, 64) ⇒ $(34 + 64) \div 2 = 98 \div 2 = 49$
उसी प्रकार, (38, 40, 42)
⇒ $(38 + 42) \div 2 = 80 \div 2 = 40$

827. (c) जिस प्रकार, $(8:512) \Rightarrow 8^3 = 512$

तथा $(11:1331) \Rightarrow 11^3 = 1331$

उसी प्रकार, $(13:2197) \Rightarrow 13^3 = \boxed{2197}$

828. (b) जिस प्रकार, उसी प्रकार,

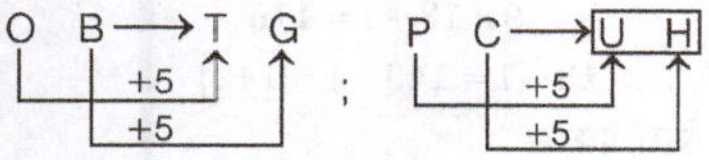

829. (a) जिस प्रकार,

$(12, 172, 74) \Rightarrow (12 + 74) \times 2 = 172$

तथा $(28, 168, 56) \Rightarrow (28 + 56) \times 2 = 168$

उसी प्रकार, $(28, 128, 36) \Rightarrow (28 + 36) \times 2 = 128$

830. (a) जिस प्रकार, $(18, 66, 48) \Rightarrow 18 + 48 = 66$

तथा $(52, 144, 92) \Rightarrow 52 + 92 = 144$

उसी प्रकार, $(24, 56, 32) \Rightarrow 24 + 32 = 56$

831. (b) जिस प्रकार, 6 : 12

$\Rightarrow 6^2 \div 3 \Rightarrow 36 \div 3 = 12$

तथा $15:75 \Rightarrow 15^2 \div 3 \Rightarrow 225 \div 3 = 75$

उसी प्रकार, $18:? \Rightarrow 18^2 \div 3 \Rightarrow 324 \div 3 = \boxed{108}$

832. (b) जिस प्रकार, 'काला' एक रंग है, उसी प्रकार, मेज एक फर्नीचर है।

833. (a) जिस प्रकार, उसी प्रकार,

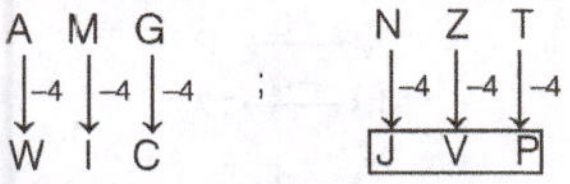

834. (c) जिस प्रकार, (3, 2, 162)

$\Rightarrow 3^4 \times 2 = 81 \times 2 = 162$

तथा $(6, 3, 3888) \Rightarrow 6^4 \times 3 \Rightarrow 1296 \times 3 = 3888$

उसी प्रकार, (7, 2, 4802)

$\Rightarrow 7^4 \times 2 \Rightarrow 2401 \times 2 = \boxed{4802}$

835. (b) जिस प्रकार, (57, 100, 314)

$\Rightarrow (57 + 100) \times 2 = 157 \times 2 = 314$

तथा (69, 80, 298)

$\Rightarrow (69 + 80) \times 2 = 149 \times 2 = 298$

उसी प्रकार, (83, 120, 406)

$\Rightarrow (83 + 120) \times 2 = 203 \times 2 = 406$

836. (b) जिस प्रकार, (24, 12, 4)

$\Rightarrow (12 \times 4) \div 2 = 48 \div 2 = 24$

तथा $(35, 5, 14) \Rightarrow (5 \times 14) \div 2 = 35$

उसी प्रकार, $(36, 4, 18) \Rightarrow (4 \times 18) \div 2 = 36$

837. (d) जिस प्रकार, $56:30 \Rightarrow 5 \times 6 = 30$

तथा $39:27 \Rightarrow 3 \times 9 = 27$

उसी प्रकार, $88:? \Rightarrow 8 \times 8 = 64$

838. (d) जिस प्रकार, अस्तबल में घोड़ों को रखा जाता है; उसी प्रकार, विमानशाला में 'हवाई जहाज' को रखा जाता है।

839. (c) जिस प्रकार, 58 : 319

$\Rightarrow 58 \times 6 - (58 \div 2) = 348 - 29 = 319$

तथा $32:176 \Rightarrow 32 \times 6 - 32 \div 2 = 192 - 16 = 176$

उसी प्रकार, 76 : 418

$\Rightarrow 76 \times 6 - 76 \div 2 = 456 - 38 = \boxed{418}$

840. (d) जिस प्रकार, (8, 63, 81)

$\Rightarrow 8^2 - 1 = 64 - 1 = 63$

और $(8 + 1)^2 = 9^2 = 81$

तथा $(11,120,144) \Rightarrow 11^2 - 1 = 121 - 1 = 120$

और $(11 + 1)^2 = 12^2 = 144$

उसी प्रकार, $(9,80,100) \Rightarrow 9^2 - 1 = 81 - 1 = 80$

और $(9 + 1)^2 = 10^2 = 100$

841. (b) जिस प्रकार, (79, 89, 101)

⇒ 79 —(+2 अभाज्य संख्या)→ 89 —(+2 अभाज्य संख्या)→ 101

तथा (31, 41, 47)

⇒ 31 —(+2 अभाज्य संख्या)→ 41 —(+2 अभाज्य संख्या)→ 47

उसी प्रकार, (29, 37, 43)

⇒ 29 —(+2 अभाज्य संख्या)→ 37 —(+2 अभाज्य संख्या)→ 43

*(**नोट** यहाँ प्रत्येक पंक्ति में अभाज्य संख्याएँ दी गई हैं, जिसमें प्रत्येक अगली अभाज्य संख्या एक अभाज्य संख्या को छोड़कर प्राप्त होती है।)*

842. (c) जिस प्रकार, कलम से लेखक पुस्तक लिखता है, उसी प्रकार कुल्हाड़ी से लकड़हारा वृक्षों को काटता है।

843. (a) जिस प्रकार,

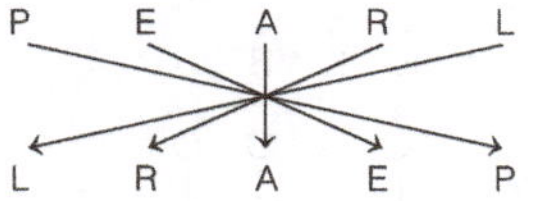

तथा

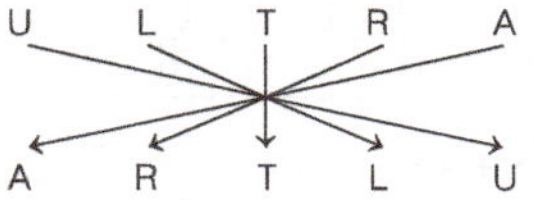

उसी प्रकार,

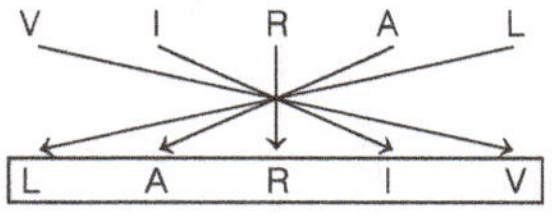

844. (d) जिस प्रकार,

$12:208 \Rightarrow (12)^2 + \left(\frac{12}{3}\right)^3 = 144 + 64 = 208$

तथा $9:108 \Rightarrow (9)^2 + \left(\frac{9}{3}\right)^3 = 81 + 27 = 108$

उसी प्रकार,

$15:350 \Rightarrow (15)^2 + \left(\frac{15}{3}\right)^3 = 225 + 125 = 350$

अत: $? = \boxed{350}$

845. (d) जिस प्रकार, 9 : 135

$\Rightarrow 9 \times (9 \times 2 - 3) = 9 \times 15 = 135$

तथा $6:54 \Rightarrow 6 \times (6 \times 2 - 3) = 6 \times 9 = 54$

उसी प्रकार, $7:? \Rightarrow 7 \times (7 \times 2 - 3) = 7 \times 11 = \boxed{77}$

अत: ? = 77

846. (d) जिस प्रकार, $16:36 \Rightarrow 16 \times 2 + 4 = 36$

तथा $9:22 \Rightarrow 9 \times 2 + 4 = 22$

उसी प्रकार, $?:50 \Rightarrow ? \times 2 + 4 = 50$

$\Rightarrow ? \times 2 = 46 \Rightarrow ? = \frac{46}{2} = \boxed{23}$

847. (c) जिस प्रकार,

$5:35 \Rightarrow 5 \times (5 + 2) = 5 \times 7 = 35$

तथा $14:224 \Rightarrow 14 \times (14 + 2) = 14 \times 16 = 224$

उसी प्रकार, $9:? \Rightarrow 9 \times (9 + 2) = 9 \times 11 = 99$

$\therefore ? = \boxed{99}$

848. (b) जिस प्रकार,

$7:71 \Rightarrow (7 + 1) \times (7 + 2) - 1 = 8 \times 9 - 1$

$= 72 - 1 = 71$

तथा $13:209 \Rightarrow (13 + 1) \times (13 + 2) - 1$

$= 14 \times 15 - 1 = 210 - 1 = 209$

उसी प्रकार, $16:? \Rightarrow (16 + 1) \times (16 + 2) - 1$

$= 17 \times 18 - 1 = 306 - 1 = \boxed{305}$

$\therefore ? = 305$

849. (b) जिस प्रकार किला, एक प्रकार का भवन (इमारत) है, उसी प्रकार सेडान, एक प्रकार की कार है।

850. (a) जिस प्रकार, $8:512 \Rightarrow 8^3 = 512$

तथा $18:5832 \Rightarrow 18^3 = 5832$

उसी प्रकार, $?:1728 \Rightarrow ?^3 = 1728 = (12)^3$

$\therefore ? = \boxed{12}$

851. (c) जिस प्रकार,

$9:109 \Rightarrow (9 + 1)^2 + 9$

$= 10^2 + 9 = 100 + 9 = 109$

तथा $7:71 \Rightarrow (7 + 1)^2 + 7$

$= 8^2 + 7 = 64 + 7 = 71$

उसी प्रकार,

$13:? \Rightarrow (13 + 1)^2 + 13 = 14^2 + 13 = 196 + 13$

$= 209$

$\therefore ? = \boxed{209}$

852. (a) जिस प्रकार,

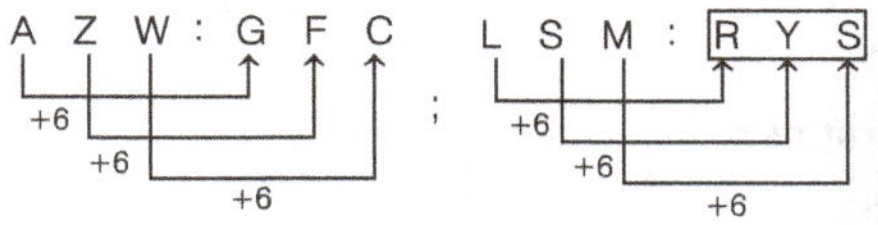

$\therefore$? = RYS

853. (d) जिस प्रकार,

$127:11 \Rightarrow (11)^2 + 6 = 121 + 6 = 127$

तथा $367:19 \Rightarrow (19)^2 + 6 = 361 + 6 = 367$

उसी प्रकार, $?:16 \Rightarrow (16)^2 + 6 = 256 + 6 = 262$

$\therefore ? = \boxed{262}$

854. (a) जिस प्रकार, खगोल विद्या में ग्रहों के बारे में जानकारी प्राप्त होती है, उसी प्रकार, मुद्राशास्त्र में सिक्कों के बारे में जानकारी प्राप्त होती है।

855. (c) जिस प्रकार, बिस्तर पर गद्दा रखा जाता है। उसी प्रकार, कुर्सी पर कुशन रखा जाता है।

856. (b) जिस प्रकार,

$(7, 4, 33) \Rightarrow (7 + 4) \times (7 - 4) = 11 \times 3 = 33$

उसी प्रकार,

$(9, 5, 56) \Rightarrow (9 + 5) \times (9 - 5) = 14 \times 4 = 56$

857. (b) जिस प्रकार,

(9, 12, 18) ⇒ 9, 12, 18

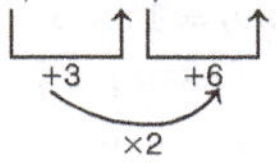

उसी प्रकार, (13, 19, 31) ⇒ 13, 19, 31

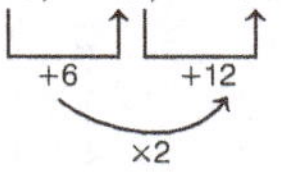

858. (a) जिस प्रकार, चिड़िया 'तिनके' से 'घोसला' बनाती है। उसी प्रकार, 'कपास' से 'धागा' बनाया जाता है।

859. (d) जिस प्रकार, $(12:150) \Rightarrow (12)^2 + \frac{12}{2}$

$\Rightarrow 144 + 6 = 150$

उसी प्रकार (14 : ?) $\Rightarrow (14)^2 + \frac{14}{2}$

$\Rightarrow 196 + 7 = 203 \quad \therefore ? = \boxed{203}$

860. (c) जिस प्रकार, उसी प्रकार,

B Y D W → Y B W D → (−4, +4, −4, +4) → U F S H ; C X F U → X C U F → (−4, +4, −4, +4) → [T G Q J]

861. (a) जिस प्रकार, (54 : 81) $\Rightarrow \frac{54}{2} \times 3 = 81$

उसी प्रकार, (6 : ?) $\Rightarrow \frac{6}{2} \times 3 = 9 \quad \therefore ? = \boxed{9}$

862. (d) जिस प्रकार, चाप वृत्त का एक भाग होता है। उसी प्रकार, पंखुड़ी फूल का एक भाग होती है।

863. (d) जिस प्रकार 'संगीतकार', 'पियानो' का उपयोग करके संगीत बजाता है। उसी प्रकार 'किसान', 'हल' का उपयोग करके खेत जोतता है।

864. (c) जिस प्रकार, R J 17 → (−1, +2, +2) → Q L 19

तथा C P 12 → (−1, +2, +2) → B R 14

उसी प्रकार, O J 22 → (−1, +2, +2) → [N L 24]

865. (a) जिस प्रकार, C D F G → (+3, +3, +3, +3) → F G I J

तथा M N P Q → (+3, +3, +3, +3) → P Q S T

उसी प्रकार, H I K L → (+3, +3, +3, +3) → [K L N O]

866. (a) जिस प्रकार, $3 \times 13 + 1 = 39 + 1 = 40$

तथा $5 \times 13 + 1 = 65 + 1 = 66$

उसी प्रकार, $10 \times 13 + 1 = 130 + 1 = \boxed{131}$

867. (a) जिस प्रकार, (8, 72) $\Rightarrow 8 \times 9 = 72$

तथा (11, 99) $\Rightarrow 11 \times 9 = 99$

उसी प्रकार, विकल्प (a) से,

(17, 153) $\Rightarrow 17 \times 9 = 153$

868. (d) जिस प्रकार, C M G W → (−5, −5, −3, −3) → X H D T

तथा S C A Q → (−5, −5, −3, −3) → N X X N

उसी प्रकार, I S U K → (−5, −5, −3, −3) → [D N R H]

869. (d) जिस प्रकार, $2 \times 7 + 1 = 14 + 1 = 15$

तथा $6 \times 7 + 1 = 42 + 1 = 43$

उसी प्रकार, $9 \times 7 + 1 = 63 + 1 = \boxed{64}$

870. (b) जिस प्रकार, $12 \times 5 + 1 = 60 + 1 = 61$

तथा $15 \times 5 + 1 = 75 + 1 = 76$

उसी प्रकार, $18 \times 5 + 1 = 90 + 1 = \boxed{91}$

871. (a) जिस प्रकार, G N E E → (+3, +3, +3, +3) → J Q H H

तथा B H Y Y → (+3, +3, +3, +3) → E K B B

उसी प्रकार, Q X O O → (+3, +3, +3, +3) → [T A R R]

872. (b) जिस प्रकार, T W 21 → (+6, +6, +45) → Z C 66

तथा U X 33 → (+6, +6, +45) → A D 78

उसी प्रकार, M P 45 → (+6, +6, +45) → [S V 90]

873. (c) जिस प्रकार, (18, 108, 12)

$\Rightarrow (18 + 12) \times 3 + 18 = 90 + 18 = 108$

तथा (33, 198, 22)

$(33 + 22) \times 3 + 33 = 165 + 33 = 198$

उसी प्रकार, (42, 52, 28) से,

$(42 + 28) \times 3 + 42 = 210 + 42 = 252$

874. (a) जिस प्रकार, $11 \longrightarrow 11 \times 7 + 1 = 78$

तथा $6 \longrightarrow 6 \times 7 + 1 = 43$

उसी प्रकार, $31 \longrightarrow 31 \times 7 + 1 = \boxed{218}$

875. (c) जिस प्रकार, तथा

B Z 7 → (+5, +5, +8) → G E 15 ; P N 13 → (+5, +5, +8) → U S 21

उसी प्रकार, I G 12 → (+5, +5, +8) → [N L 20]

876. (b) जिस प्रकार, $12 \rightarrow 12 \times 9 = 108$

तथा $20 \rightarrow 20 \times 9 = 180$

उसी प्रकार, $25 \rightarrow 25 \times 9 = 225$

877. (b) जिस प्रकार, $6 \times 13 - 1 = 77$

तथा $9 \times 13 - 1 = 116$

उसी प्रकार, $11 \times 13 - 1 = 143 - 1 = \boxed{142}$

878. (d) जिस प्रकार, A I 10 → (−2, −2, +2) → Y G 12

तथा B J 20 → (−2, −2, +2) → Z H 22

उसी प्रकार, C K 30 → (−2, −2, +2) → [A I 32]

879. (b) जिस प्रकार,

O $\xrightarrow{+3}$ R

M $\xrightarrow{+3}$ P

13 $\xrightarrow{+4}$ 17

तथा

W $\xrightarrow{+3}$ Z

U $\xrightarrow{+3}$ X

19 $\xrightarrow{+4}$ 23

उसी प्रकार,

I $\xrightarrow{+3}$ [L]

G $\xrightarrow{+3}$ [J]

14 $\xrightarrow{+4}$ [18]

880. (a) जिस प्रकार, C H U M → (+1, +2, +1, +2) → D J V O

और N O P A → (+1, +2, +1, +2) → O Q Q C

उसी प्रकार, D Y I E → (+1, +2, +1, +2) → [E A J G]

881. (b) जिस प्रकार, (11, 65)

$\Rightarrow (11 \times 5) + 10 = 55 + 10 = 65$

और (16, 90) $\Rightarrow 16 \times 5 + 10 = 80 + 10 = 90$

उसी प्रकार, (21, ?)

$\Rightarrow 21 \times 5 + 10 = 105 + 10 = \boxed{115}$

882. (b) जिस प्रकार, (10, 360, 3)

$\Rightarrow (10 \times 3) \times 12 = 30 \times 12 = 360$

और (12, 720, 5)

$\Rightarrow (12 \times 5) \times 12 = 60 \times 12 = 720$

उसी प्रकार, (8, 576, 6)

$\Rightarrow (8 \times 6) \times 12 = 48 \times 12 = 576$

883. (c) जिस प्रकार,

H N 74
+12 +12 −19
T Z 55

और

X D 60
+12 +12 −19
J P 41

उसी प्रकार,

Z F 55
+12 +12 −19
L R 36

884. (c) जिस प्रकार, $\Rightarrow 18 \times 5 + 1 = 90 + 1 = 91$

और $\Rightarrow 27 \times 5 + 1 = 135 + 1 = 136$

उसी प्रकार, $\Rightarrow 45 \times 5 + 1 = 225 + 1 = \boxed{226}$

885. (a) जिस प्रकार,

U D 1
−6 +2 −7
O F −6

और

I X 6
−6 +2 −7
C Z −1

उसी प्रकार,

M J 3
−6 +2 −7
G L −4

886. (b) जिस प्रकार,

$(246, 123) \Rightarrow 246 \div 2 = 123$

और $(448, 224) \Rightarrow 448 \div 2 = 224$

उसी प्रकार, $(624, 312) \Rightarrow 624 \div 2 = 312$

887. (b) जिस प्रकार,

E B H D
+4 +4 +4 +4
I F L H

और

J G M I
+4 +4 +4 +4
N K Q M

उसी प्रकार,

O L R N
+4 +4 +4 +4
S P V R

888. (c) जिस प्रकार,

$11 \times 5 + 2 = 55 + 2 = 57$

तथा $14 \times 5 + 2 = 70 + 2 = 72$

उसी प्रकार, $17 \times 5 + 2 = 85 + 2 = \boxed{87}$

889. (d) जिस प्रकार, $(2)^3 + 1 = 8 + 1 = 9$

तथा $(4)^3 + 1 = 64 + 1 = 65$

उसी प्रकार, $8^3 + 1 = 512 + 1 = \boxed{513}$

890. (d) जिस प्रकार,

L J P N
+7 +7 +7 +7
S Q W U

तथा

J H N L
+7 +7 +7 +7
Q O U S

उसी प्रकार,

O M S Q
+7 +7 +7 +7
V T Z X

891. (c) जिस प्रकार,

16 15 5 14
P O E N
−4 −4 −4 −4
L K A J

तथा

18 1 4 9 21 19
R A D I U S
−4 −4 −4 −4 −4 −4
N W Z E Q O

उसी प्रकार,

12 15 7 9 3
L O G I C
−4 −4 −4 −4 −4
H K C E Y

892. (c) जिस प्रकार,

$(38, 31, 47) \Rightarrow 38 - 31 = 7, 47 - 31 = 16$

तथा $(42, 35, 51) \Rightarrow 42 - 35 = 7,$

$51 - 35 = 16$

उसी प्रकार, $(54, 47, 63) \Rightarrow 54 - 47 = 7$

$63 - 47 = 16$

893. (d) जिस प्रकार,

$(10, 6) \Rightarrow \frac{10}{2} + 1 = 5 + 1 = 6$

तथा $(14, 8) \Rightarrow \frac{14}{2} + 1 = 7 + 1 = 8$

उसी प्रकार, $(24, ?) \Rightarrow \frac{24}{2} + 1 = 12 + 1 = 13$

894. (c) जिस प्रकार,

20 22 18 13
T V R M
+2 −1 −2 +1
V U P N

तथा

18 15 5 16
R O E P
+2 −1 −2 +1
T N C Q

उसी प्रकार,

11 15 3 2
K O C B
+2 −1 −2 +1
M N A C

895. (b) जिस प्रकार,

22 15 1 8
V O A H
+3 +1 +1 +3
Y P B K

तथा

18 7 4 19
R G D S
+3 +1 +1 +3
U H E V

उसी प्रकार,

9 2 24 3
I B X C
+3 +1 +1 +3
L C Y F

896. (c) जिस प्रकार,

Q B O N
+4 +4 +4 +4
U F S R

तथा

F C L T
+4 +4 +4 +4
J G P X

उसी प्रकार,

A O G S
+4 +4 +4 +4
E S K W

897. (b) जिस प्रकार, (2, 70, 82)

$\Rightarrow 2 + 70 = 72 + 10 = 82$

तथा $(26, 17, 53) \Rightarrow 26 + 17 = 43 + 10 = 53$

उसी प्रकार, विकल्प (b) से,

$(54, 88, 152) \Rightarrow 54 + 88 = 142 + 10 = 152$

898. (d) जिस प्रकार,

G I 2 3
+12 +12 +1 −2
S U 3 1

तथा

M O 5 6
+12 +12 +1 −2
Y A 6 4

उसी प्रकार,

S U 7 8
+12 +12 +1 −2
E G 8 6

899. (a) जिस प्रकार,
$(5:120) \Rightarrow (5)^3 - 5 = 125 - 5 = 120$
तथा $(3:24) \Rightarrow (3)^3 - 3 = 27 - 3 = 24$
उसी प्रकार, $(2:?) \Rightarrow (2)^3 - 2 = 8 - 2 = 6$
$? = 6$

900. (d) जिस प्रकार, (21, 10)
$\Rightarrow \frac{21-1}{2} = \frac{20}{2} = 10$
तथा $(87, 43) \Rightarrow \frac{87-1}{2} = \frac{86}{2} = 43$
उसी प्रकार, विकल्प (d) से (27, 13)
$\Rightarrow \frac{27-1}{2} = \frac{26}{2} = 13$

901. (a) जिस प्रकार,
P U Q V
↓+2 ↓+2 ↓+2 ↓+2
R W S X
और
J O K P
↓+2 ↓+2 ↓+2 ↓+2
L Q M R
उसी प्रकार,
M R N S
↓+2 ↓+2 ↓+2 ↓+2
O T P U

902. (c) जिस प्रकार,
J A 8 8
↓+5 ↓+5 ↓−1 ↓−1
O F 7 7
और
D T 5 5
↓+5 ↓+5 ↓−1 ↓−1
I Y 4 4
उसी प्रकार,
L H 3 3
↓+5 ↓+5 ↓−1 ↓−1
Q M 2 2

903. (d) जिस प्रकार, (10, 99)
$\Rightarrow (10)^2 - 1 = 100 - 1 = 99$
तथा (14, 195)
$\Rightarrow (14)^2 - 1 = 196 - 1 = 195$
उसी प्रकार, (22, ?)
$\Rightarrow (22)^2 - 1 = 484 - 1 = 483$

904. (a) जिस प्रकार,
$(21, 189) \Rightarrow 21 \times 9 = 189$
तथा $(35, 315) \Rightarrow 35 \times 9 = 315$
उसी प्रकार, (43, ?)
$\Rightarrow 43 \times 9 = 387$
$? = 387$

905. (a) जिस प्रकार, (18, 74)
$\Rightarrow 18 \times 4 = 72 + 2 = 74$
तथा (22, 90)
$\Rightarrow 22 \times 4 = 88 + 2 = 90$
उसी प्रकार, (25, ?)
$\Rightarrow 25 \times 4 = 100 + 2 = 102$

906. (c) जिस प्रकार,
D Z R G
↓+4 ↓+4 ↓−3 ↓−3
H D O D
तथा
L H L A
↓+4 ↓+4 ↓−3 ↓−3
P L I X
उसी प्रकार,
T P F U
↓+4 ↓+4 ↓−3 ↓−3
X T C R

907. (a) जिस प्रकार,
D(4) B(2) C(3) A(1)
↓×2 ↓×2 ↓×2 ↓×2
H(8) D(4) F(6) B(2)
तथा
B(2) A(1) C(3) D(4)
↓×2 ↓×2 ↓×2 ↓×2
D(4) B(2) F(6) H(8)
उसी प्रकार,
F(6) D(4) A(1) C(3)
↓×2 ↓×2 ↓×2 ↓×2
L(12) H(8) B(2) F(6)

908. (a) जिस प्रकार,
G N J F
↓+2 ↓+2 ↓+2 ↓+2
I P L H
और
K R N J
↓+2 ↓+2 ↓+2 ↓+2
M T P L
उसी प्रकार,
O V R N
↓+2 ↓+2 ↓+2 ↓+2
Q X T P

909. (a) जिस प्रकार, (4, 41)
$\Rightarrow 4 \times 10 + 1 = 40 + 1 = 41$
तथा $(9, 91) \Rightarrow 9 \times 10 + 1 = 90 + 1 = 91$
उसी प्रकार, (13, ?)
$\Rightarrow 13 \times 10 + 1 = 130 + 1 = 131$
$? = \boxed{131}$

910. (a) जिस प्रकार,
Z M J I
↓−5 ↓−4 ↓−3 ↓−2
U I G G
और
T I M N
↓−5 ↓−4 ↓−3 ↓−2
O E J L
उसी प्रकार,
P H J I
↓−5 ↓−4 ↓−3 ↓−2
K D G G

911. (d) जिस प्रकार, $(18, 29) \Rightarrow 29 - 18 = 11$
तथा $(49, 60) \Rightarrow 60 - 49 = 11$
उसी प्रकार, विकल्प (d) से
$(84, 95) \Rightarrow 95 - 84 = 11$

912. (c) जिस प्रकार,
$37 \rightarrow 37 \times 2 + 15 = 74 + 15 = 89$
तथा $43 \rightarrow 43 \times 2 + 15 = 86 + 15 = 101$
उसी प्रकार, $28 \rightarrow 28 \times 2 + 15 = 56 + 15 = \boxed{71}$

913. (a) जिस प्रकार, (4, 9, 26) में,
$(4 + 9) \times 2 = 13 \times 2 = 26$
तथा (2, 8, 20) में, $(2 + 8) \times 2 = 10 \times 2 = 20$
उसी प्रकार, (13, 2, 30) में,
$(13 + 2) \times 2 = 15 \times 2 = 30$

914. (c) जिस प्रकार,
F L R X
↓+5 ↓+5 ↓+5 ↓+5
K Q W C
तथा
G M S Y
↓+5 ↓+5 ↓+5 ↓+5
L R X D
उसी प्रकार,
H N T Z
↓+5 ↓+5 ↓+5 ↓+5
M S Y E

915. (c) जिस प्रकार,
T G K P
↓−3 ↓−3 ↓−3 ↓−3
Q D H M
तथा
X B W L
↓−3 ↓−3 ↓−3 ↓−3
U Y T I
उसी प्रकार,
V E A H
↓−3 ↓−3 ↓−3 ↓−3
S B X E

916. (a) जिस प्रकार,
I O Z U
↓−1 ↓−1 ↓−1 ↓−1
H N Y T
और
P D Y C
↓−1 ↓−1 ↓−1 ↓−1
O C X B
उसी प्रकार,
E J S W
↓−1 ↓−1 ↓−1 ↓−1
D I R V

917. (a) जिस प्रकार,
O T 11
↓+1 ↓+1 ↓+4
P U 15

और
W B 21
↓+1 ↓+1 ↓+4
X C 25

उसी प्रकार,
D I 31
↓+1 ↓+1 ↓+4
E J 35

918. (d) जिस प्रकार, (37, 58, 100)
⇒ (37 + 58) + 5 = 95 + 5 = 100
तथा (35, 70, 110)
⇒ (35 + 70) + 5 = 105 + 5 = 110
उसी प्रकार (8, 13, 26)
⇒ (8 + 13) + 5 = 21 + 5 = 26

919. (a) जिस प्रकार, 17 → 17 × 7 = 119
तथा 31 → 31 × 7 = 217
उसी प्रकार, 32 → 32 × 7 = 224

920. (c) जिस प्रकार,
R Z 31
↓+2 ↓+2 ↓−6
T B 25

और
J R 46
↓+2 ↓+2 ↓−6
L T 40

उसी प्रकार,
G O 18
↓+2 ↓+2 ↓−6
I Q 12

921. (b) जिस प्रकार,
M H L G
↓−4 ↓−4 ↓−4 ↓−4
I D H C

और
P K O J
↓−4 ↓−4 ↓−4 ↓−4
L G K F

उसी प्रकार,
S N R M
↓−4 ↓−4 ↓−4 ↓−4
O J N I

922. (d) जिस प्रकार,
(8, 320, 4) ⇒ (8 × 4) × 10 = 320
और (1, 70, 7) ⇒ (1 × 7) × 10 = 70
उसी प्रकार, (2, 40, 2) ⇒ (2 × 2) × 10 = 40

923. (a) जिस प्रकार,
(43, 87) ⇒ 43 × 2 + 1 = 87
और (63, 127) ⇒ 63 × 2 + 1 = 127
उसी प्रकार, (52, ?) ⇒ 52 × 2 + 1 = 105

924. (a) जिस प्रकार, (18, 3, 54)
⇒ 18 × 3 = 54
तथा (21, 4, 84)
⇒ 21 × 4 = 84
उसी प्रकार, विकल्प से
(14, 2, 28)
⇒ 14 × 2 = 28

925. (c) जिस प्रकार,
$(3, 24) \Rightarrow (3)^3 - 3 = 27 - 3 = 24$
तथा $(4, 60) \Rightarrow (4)^3 - 4 = 64 - 4 = 60$
उसी प्रकार, (6, ?)
$\Rightarrow (6)^3 - 6 = 216 - 6 = 210$
? = 210

926. (d) जिस प्रकार,
E J G L
↓+4 ↓+4 ↓+4 ↓+4
I N K P

तथा
K P M R
↓+4 ↓+4 ↓+4 ↓+4
O T Q V

उसी प्रकार,
N S P U
↓+4 ↓+4 ↓+4 ↓+4
R W T Y

927. (c) जिस प्रकार,
H L Q C
↓+3 ↓+3 ↓+3 ↓+3
K O T F

तथा
W T A N
↓+3 ↓+3 ↓+3 ↓+3
Z W D Q

उसी प्रकार,
F X C M
↓+3 ↓+3 ↓+3 ↓+3
I A F P

928. (c) जिस प्रकार,
F D 7
↓+5 ↓+5 ↓+5
K I 12

तथा
P N 18
↓+5 ↓+5 ↓+5
U S 23

उसी प्रकार,
A Y 21
↓+5 ↓+5 ↓+5
F D 26

929. (d) जिस प्रकार, 4 × 8 = 32
और 11 × 8 = 88
उसी प्रकार 6 × 8 = 48

930. (d) जिस प्रकार,
V O J P
↓−3 ↓−3 ↓−3 ↓−3
S L G M

तथा
X Q L R
↓−3 ↓−3 ↓−3 ↓−3
U N I O

उसी प्रकार,
Z S N T
↓−3 ↓−3 ↓−3 ↓−3
W P K Q

931. (b) जिस प्रकार,
$(9, 63, 7) \Rightarrow (9 + 7) \times 4 - \frac{(9 - 7)}{2} = 64 - 1 = 63$
और (27, 189, 21)
$\Rightarrow (27 + 21) \times 4 - \frac{(27 - 21)}{2} = 192 - 3 = 189$
उसी प्रकार, (45, 315, 35)
$\Rightarrow (45 + 35) \times 4 - \frac{(45 - 35)}{2} = 320 - 5 = 315$

932. (a) जिस प्रकार, 122, 145
$\Rightarrow (11)^2 + 1 = 122$
$(12)^2 + 1 = 145$
और 37, 50 $\Rightarrow (6)^2 + 1 = 37$
$(7)^2 + 1 = 50$
उसी प्रकार, 82, ? $\Rightarrow (9)^2 + 1 = 82$
? $= (10)^2 + 1 = 101$

933. (b) जिस प्रकार,
D K N F
↓−5 ↓−5 ↓−5 ↓−5
Y F I A

तथा
Q Y C R
↓−5 ↓−5 ↓−5 ↓−5
L T X M

उसी प्रकार,
P E V M
↓−5 ↓−5 ↓−5 ↓−5
K Z Q H

934. (c) जिस प्रकार,
A E 10
↓+2 ↓+2 ↓+10
C G 20

और
K O 20
↓+2 ↓+2 ↓+10
M Q 30

उसी प्रकार,
C G 30
↓+2 ↓+2 ↓+10
E I 40

935. (c) जिस प्रकार, (16, 80) ⇒ $16 \times 5 = 80$
और (22, 110) ⇒ $22 \times 5 = 110$
उसी प्रकार, (25, 125) ⇒ $25 \times 5 = 125$

936. (d) जिस प्रकार, (3, 15) ⇒ $3 \times 5 = 15$
तथा (12, 60) ⇒ $12 \times 5 = 60$
उसी प्रकार, (5, ?) ⇒ $5 \times 5 = 25$
? = 25

937. (c) जिस प्रकार,

E F 2 6
+5 +5 +1 −3
J K 3 3

तथा

T U 2 7
+5 +5 +1 −3
Y Z 3 4

उसी प्रकार,

J K 2 8
+5 +5 +1 −3
O P 3 5

938. (c) जिस प्रकार, (14, 68)
⇒ $14 \times 5 - 2 = 70 - 2 = 68$
तथा (17, 83) ⇒ $17 \times 5 - 2 = 85 - 2 = 83$
उसी प्रकार (21, ?)
⇒ $21 \times 5 - 2 = 105 - 2 = 103$
? = 103

939. (d) जिस प्रकार,

J T 79
−6 −6 −8
D N 71

तथा

K U 22
−6 −6 −8
E O 14

उसी प्रकार,

L V 71
−6 −6 −8
F P 63

940. (a) जिस प्रकार,

F I 2 9
+14 +14 +2 +0
T W 4 9

तथा

L O 3 8
+14 +14 +2 +0
Z C 5 8

उसी प्रकार,

R U 6 5
+14 +14 +2 +0
F I 8 5

941. (d) जिस प्रकार,
(519, 781) ⇒ $519 + 262 = 781$
तथा (642, 904) ⇒ $642 + 262 = 904$
उसी प्रकार, (485, ?) ⇒ $485 + 262 = 747$
∴ ? = **747**

942. (a) जिस प्रकार,

P L R N
+1 +1 +1 +1
Q M S O

तथा

L H N J
+1 +1 +1 +1
M I O K

उसी प्रकार,

H D J F
+1 +1 +1 +1
I E K G

943. (d) जिस प्रकार,
(24, 73) ⇒ $24 \times 3 + 1 = 73$
तथा (27, 82) ⇒ $27 \times 3 + 1 = 82$
उसी प्रकार, विकल्प (d) से
(33, 100) ⇒ $33 \times 3 + 1 = 100$

944. (d) जिस प्रकार,
$(18 \times 4) + 8 = 72 + 8 = 80$
और $(23 \times 4) + 8 = 92 + 8 = 100$
उसी प्रकार, $(36 \times 4) + 8 = 144 + 8 =$ **152**

945. (a) जिस प्रकार, (12, 4, 160)
⇒ $(12^2 + 4^2) = 144 + 16 = 160$
और (6, 11, 157)
⇒ $(6^2 + 11^2) = 36 + 121 = 157$
उसी प्रकार, (14, 7, 245)
⇒ $(14^2 + 7^2) = 196 + 49 = 245$

946. (d) जिस प्रकार,

U B I P
+4 +4 +4 +4
Y F M T

और

I P W D
+4 +4 +4 +4
M T A H

उसी प्रकार,

O V C J
+4 +4 +4 +4
S Z G N

947. (b) जिस प्रकार,

G Y 16
−3 −3 +7
D V 23

और

O D 11
−3 −3 +7
L A 18

उसी प्रकार,

L W 13
−3 −3 +7
I T 20

948. (d) जिस प्रकार,

H F L I
+7 +7 +7 +7
O M S P

और

K I O L
+7 +7 +7 +7
R P V S

उसी प्रकार,

M K Q N
+7 +7 +7 +7
T R X U

949. (b) जिस प्रकार,
$7 \times 10 - 40 = 70 - 40 = 30$
और $14 \times 10 - 40 = 140 - 40 = 100$
उसी प्रकार,
$22 \times 10 - 40 = 220 - 40 =$ **180**

950. (c) जिस प्रकार,
(4, 35, 11) ⇒ $(4 + 11) + 20 = 35$
और (1, 82, 61) ⇒ $(1 + 61) + 20 = 82$
उसी प्रकार, (13, 53, 20)
⇒ $(13 + 20) + 20 = 53$

951. (a) जिस प्रकार,

J M 12
−5 −5 +3
E H 15

और

Q T 34
−5 −5 +3
L O 37

उसी प्रकार,

S V 23
−5 −5 +3
N Q 26

952. (b) जिस प्रकार, 428 – 111 = 317
तथा 285 – 111 = 174
उसी प्रकार, 597 – 111 = 486

953. (d) जिस प्रकार, तथा उसी प्रकार

R N 12 ; E J 17 ; F L 15
–2 –2 +4 ; –2 –2 +4 ; –2 –2 +4
P L 16 ; C H 21 ; D J 19

954. (c) जिस प्रकार, (14, 42, 7)
$(7 + 14) \times 2 = 21 \times 2 = 42$
तथा (12, 34, 5) ⇒ $(12 + 5) \times 2 = 17 \times 2 = 34$
उसी प्रकार, (43, 144, 29)
$(43 + 29) \times 2 = 72 \times 2 = 144$

955. (a) जिस प्रकार, समुच्चय (2, 8, 32) से
$(2 \times 8) \times 2 = 16 \times 2 = 32$
तथा (5, 7, 70) से, $(5 \times 7) \times 2 = 35 \times 2 = 70$
उसी प्रकार,
(4, 12, 96) ⇒ $(4 \times 12) \times 2 = 48 \times 2 = 96$

956. (b) जिस प्रकार, 16 + 13 = 29
तथा 85 + 13 = 98
उसी प्रकार, 53 + 13 = 66

957. (c) जिस प्रकार, पत्रों का पत्राचार किया जाता है, उसी प्रकार, वस्तुओं का वस्तु विनिमय अर्थात् अदला-बदली व लेन-देन होता है।

958. (b) जिस प्रकार,
(8, 720, 9) ⇒ $(8 \times 9) \times 10 = 720$
तथा (16, 800, 5) ⇒ $(16 \times 5) \times 10 = 800$
उसी प्रकार, (18, 1260, 7) ⇒ $(18 \times 7) \times 10 = 1260$

959. (d) जिस प्रकार, 8 : 40 ⇒ $8 \xrightarrow{\times 5} 40$
तथा 3 : 15 ⇒ $3 \xrightarrow{\times 5} 15$
उसी प्रकार, 52 : 260 ⇒ $52 \xrightarrow{\times 5} 260$

960. (b) जिस प्रकार, तथा उसी प्रकार,

J R 11 ; V M 22 ; D S 18
+1 +2 +5 ; +1 +2 +5 ; +1 +2 +5
K T 16 ; W O 27 ; E U 23

961. (b) जिस प्रकार, 12 : 144 ⇒ $(12)^2 = 144$
तथा 13 : 169 ⇒ $(13)^2 = 169$
उसी प्रकार, 15 : 225 ⇒ $(15)^2 = 225$

962. (d) जिस प्रकार, 16 : 95 ⇒ $16 \times 6 - 1 = 95$
तथा 6 : 35 ⇒ $6 \times 6 - 1 = 35$
उसी प्रकार, 13 : 77 ⇒ $13 \times 6 - 1 = 77$

963. (d) जिस प्रकार, तथा उसी प्रकार,

$H \xrightarrow{-2} F$; $E \xrightarrow{-2} C$; $G \xrightarrow{-2} E$
$M \xrightarrow{-2} K$; $K \xrightarrow{-2} I$; $U \xrightarrow{-2} S$
$12 \xrightarrow{+5} 17$; $18 \xrightarrow{+5} 23$; $14 \xrightarrow{+5} 19$

964. (d) जिस प्रकार, (5, 35, 7) ⇒ $5 \times 7 = 35$
तथा (9, 27, 3) ⇒ $9 \times 3 = 27$
उसी प्रकार, (6, 42, 7) ⇒ $6 \times 7 = 42$

965. (d) जिस प्रकार, परावर्तन प्रकाश का होता है। उसी प्रकार, प्रतिध्वनि, ध्वनि से उत्पन्न होती है।

966. (d) जिस प्रकार, 38,49 ⇒ 38 + 11 = 49
तथा 64,75 ⇒ 64 + 11 = 75
उसी प्रकार, 83,? ⇒ 83 + 11 = 94

967. (a) जिस प्रकार, उसी प्रकार,

2 4 8 : 4 2 8 ; 2 6 8 : 6 2 8

968. (c) जिस प्रकार, तथा उसी प्रकार,

B D F ; N P R ; V X Z
–1 –1 –1 ; –1 –1 –1 ; –1 –1 –1
A C E ; M O Q ; U W Y

969. (b) जिस प्रकार, तथा उसी प्रकार,

232 : 21 ; 343 : 30 ; 157 : 39
$(2+3+2) \times 3 = 21$; $(3+4+3) \times 3 = 30$; $(1+5+7) \times 3 = 39$

970. (d) जिस प्रकार,

11 20 13
K T M
विपरीत अक्षर → P G N
16 7 14

उसी प्रकार,

1 2 3
A B C
विपरीत अक्षर → Z Y X
26 25 24

971. (c) जिस प्रकार, उसी प्रकार,

(7 , 49 , 343) ; (13 , 169 , 2197)
7^1 7^2 7^3 ; 13^1 13^2 13^3

972. (d) जिस प्रकार, उसी प्रकार,

L O B ; H E R
+2 ; +2
D Q N ; T G J

973. (c) जिस प्रकार, विराट कोहली, एक क्रिकेट खिलाड़ी है और साइना नेहवाल, एक बैडमिण्टन खिलाड़ी है, उसी प्रकार, विश्वनाथन आनन्द, एक शतरंज खिलाड़ी है।

974. (a) जिस प्रकार, तथा उसी प्रकार,

123 : 616 ; 147 : 736 ; 211 : 1056
×5+1 ; ×5+1 ; ×5+1

975. (c) जिस प्रकार, 2 : 6 ⇒ $2^3 - 2 = 8 - 2 = 6$
तथा 4 : 60 ⇒ $4^3 - 4 = 64 - 4 = 60$
उसी प्रकार, 7 : ? ⇒ $7^3 - 7 = 343 - 7 = 336$

976. (a) जिस प्रकार, तथा उसी प्रकार,

$D \xrightarrow{+4} H$; $L \xrightarrow{+4} P$; $T \xrightarrow{+4} X$
$2 \xrightarrow{+4} 6$; $11 \xrightarrow{+4} 15$; $18 \xrightarrow{+4} 22$

977. (c) जिस प्रकार, (3, 6, 18) ⇒ $3 \times 6 = 18$
तथा (5, 7, 35) ⇒ $5 \times 7 \times 35$
उसी प्रकार, (6, 14, 84) ⇒ $6 \times 14 = 84$

978. (a) जिस प्रकार, तथा उसी प्रकार,

T R E E ; K E E P ; S O L O
R T E E ; E K P E ; O S O L

979. (d) जिस प्रकार,
(13, 12, 2) ⇒ $(13 - 12) \times 2 = 1 \times 2 = 2$
(25, 22, 6) ⇒ $(25 - 22) \times 2 = 3 \times 2 = 6$
उसी प्रकार, (6, 3, 6) ⇒ $(6 - 3) \times 2 = 3 \times 2 = 6$

980. (a) जिस प्रकार, 56 : 11 ⇒ 5 + 6 = 11
और 34 : 7 ⇒ 3 + 4 = 7
उसी प्रकार, ? : 13 ⇒ 7 + 6 = 13
∴ ? = 76

981. (a) जिस प्रकार, दाब का SI मात्रक पास्कल होता है। विद्युत का SI मात्रक वाट होता है।
उसी प्रकार, ऊष्मा का SI मात्रक जूल होता है।

982. (d) जिस प्रकार, उसी प्रकार

A B R U P T ; S U D D E N
+1 –2 +3 –4 +5 –6 ; +1 –2 +3 –4 +5 –6
B Z U Q U N ; T S G Z J H

983. (b) जिस प्रकार, (12, 30, 204)
$12^2 = 144$ ⇒ $30 \times 2 = 60$ ⇒ $144 + 60 = 204$
उसी प्रकार, (15, 20, 265)
$15^2 = 225$; $20 \times 2 = 40$; $225 + 40 = 265$

984. (a) जिस प्रकार, 46 : 61 संख्या को उल्टे क्रम में लिखने पर,

64 : 16
$(4)^3$ $(4)^2$

उसी प्रकार, 521 : 52 संख्या को उल्टे क्रम में लिखने पर,

125 : 25
$(5)^3$ $(5)^2$

985. (c) जिस प्रकार, 10 : 24 ⇒ $(3)^2 + 1 : (5)^2 - 1$
उसी प्रकार, 50 : 80 ⇒ $(7)^2 + 1 : (9)^2 - 1$

986. (b) जिस प्रकार,
2513 – 20 ⇒ $(2 + 5 + 1 + 3) \times 2 - 2 = 22 - 2 = 20$
तथा 4213 – 18 ⇒ $(4 + 2 + 1 + 3) \times 2 - 2 = 20 - 2 = 18$
उसी प्रकार, 3122-14
⇒ $(3 + 1 + 2 + 2) \times 2 - 2$ ⇒ $16 - 2 = 14$

987. (c) जिस प्रकार, 0.19 : 0.0019
$0.19 \xrightarrow{\div 100} 0.0019$
उसी प्रकार, 2.02 : ?
$2.02 \xrightarrow{\div 100} 0.0202$

988. (b) जिस प्रकार, 'धर्मांधता' और 'घृणा' एक-दूसरे के समानार्थी शब्द है। उसी प्रकार, 'कट्टरपन' और 'असहिष्णुता' भी एक-दूसरे के समानार्थी शब्द है।

989. (c) जिस प्रकार,

H O R S E
–1 –1 –1 –1 –1
G N Q R D

उसी प्रकार,

A N I M A L
–1 –1 –1 –1 –1 –1
Z M H L Z K

990. (b) जिस प्रकार,
$18:325 \Rightarrow 18^2+1=324+1=325$
तथा $12:145 \Rightarrow 12^2+1=144+1=145$
उसी प्रकार, $16:257 \Rightarrow 16^2+1=256+1=257$

991. (b) जिस प्रकार,
$13:676 \Rightarrow 13\times2 \longrightarrow (26)^2=676$
तथा $6:144 \Rightarrow 6\times2 \longrightarrow (12)^2=144$
उसी प्रकार, $8:256 \Rightarrow 8\times2 \longrightarrow (16)^2=256$

992. (c) जिस प्रकार,
198 – 297 – 594
$198 \Rightarrow 1+9+8=18$
$297 \Rightarrow 2+9+7=18$
$594 \Rightarrow 5+9+4=18$
उसी प्रकार, 369 – 576 – 747
$369 \Rightarrow 3+6+9=18$
$576 \Rightarrow 5+7+6=18$
$747 \Rightarrow 7+4+7=18$

993. (b) जिस प्रकार,
$125:625 \Rightarrow 125 \xrightarrow{+500} 625$
और $221:721 \Rightarrow 221 \xrightarrow{+500} 721$
उसी प्रकार, $343:843 \Rightarrow 343 \xrightarrow{+500} 843$

994. (d) जिस प्रकार,
$(9:69) \Rightarrow (9)^2-12=81-12=69$
तथा (11 : 109)
$\Rightarrow (11)^2-12=121-12=109$
उसी प्रकार, विकल्प (d) में,
$(16:244) \Rightarrow (16)^2-12=256-12=244$

995. (c) जिस प्रकार, 'लकड़ी' का प्रयोग 'बढ़ई' करता है। उसी प्रकार, 'पत्थर' का प्रयोग 'राजमिस्त्री' करता है।

996. (a) जिस प्रकार, (2 : 11)
$\Rightarrow (2)^3+3=8+3=11$
तथा $(1:4) \Rightarrow (1)^3+3=1+3=4$
उसी प्रकार, विकल्प (a) में,
$(5:128) \Rightarrow (5)^3+3=125+3=128$

997. (b) जिस प्रकार, (13, 41, 89)
$\Rightarrow 13\times3+2=39+2=41$
$\Rightarrow 13\times7-2=91-2=89$
तथा (4, 14, 26)
$4\times3+2=12+2=14$
$4\times7-2=28-2=26$
उसी प्रकार, विकल्प (b) में
$8, 26, 54 \Rightarrow 8\times3+2=24+2=26$
$8\times7-2=56-2=54$

998. (a) जिस प्रकार, 339 - 663 - 555
अंकों को जोड़ने पर,
$\underline{3+3+9} - \underline{6+6+3} - \underline{5+5+5}$
↓ ↓ ↓
15 15 15
तथा 348 – 636 – 555
अंकों को जोड़ने पर,
$\underline{3+4+8} - \underline{6+3+6} - \underline{5+5+5}$
↓ ↓ ↓
15 15 15
उसी प्रकार, विकल्प (a) में,
195 – 285 – 348
अंकों को जोड़ने पर,
1 + 9 + 5 – 2 + 8 + 5 – 3 + 4 + 8
↓ ↓ ↓
15 15 15

999. (b) जिस प्रकार,
(9 : 725)
$\Rightarrow (9)^3-4=729-4=725$
तथा $(3:23) \Rightarrow (3)^3-4=27-4=23$
उसी प्रकार, विकल्प (b) में,
$(4:60) \Rightarrow (4)^3-4=64-4=60$

1000. (c) जिस प्रकार,
$(12:141) \Rightarrow (12)^2-3=144-3=141$
तथा $(8:61) \Rightarrow (8)^2-3=64-3=61$
उसी प्रकार, विकल्प (c) में,
$(18:321) \Rightarrow (18)^2-3=324-3=321$

1001. (d) जिस प्रकार, 'चीनी' के कारण 'मधुमेह' होता है। उसी प्रकार, 'वसा' के कारण 'मोटापा' होता है।

1002. (b) जिस प्रकार,
668 – 776 – 992
अंकों को जोड़ने पर,
6 + 6 + 8 – 7 + 7 + 6 – 9 + 9 + 2
↓ ↓ ↓
20 — 20 — 20
उसी प्रकार, विकल्प (b) में,
488 – 398 – 299
अंकों को जोड़ने पर,
4 + 8 + 8 – 3 + 9 + 8 – 2 + 9 + 9
↓ ↓ ↓
20 20 20

1003. (b) जिस प्रकार,
441 – 540 – 243
$441 \Rightarrow 4+4+1=9$
$540 \Rightarrow 5+4+0=9$
$243 \Rightarrow 2+4+3=9$
उसी प्रकार,
225 – 333 – 432;
$225 \Rightarrow 2+2+5=9$
$333 \Rightarrow 3+3+3=9$
$432 \Rightarrow 4+3+2=9$

1004. (d) जिस प्रकार,
425 – 623 – 713
$425 \Rightarrow 4+2+5=11$
$623 \Rightarrow 6+2+3=11$
$713 \Rightarrow 7+1+3=11$
उसी प्रकार,
164 – 542 – 614;
$164 \Rightarrow 1+6+4=11$
$542 \Rightarrow 5+4+2=11$
$614 \Rightarrow 6+1+4=11$

1005. (b) जिस प्रकार, $(84:196) \Rightarrow 3\times28=84$
$\Rightarrow 28\times7=196$ तथा $(96:224) \Rightarrow 3\times32=96$
$\Rightarrow 32\times7=224$
उसी प्रकार, $(51:119) \Rightarrow 3\times17=51$
$\Rightarrow 17\times7=\boxed{119}$

1006. (a) जिस प्रकार,
$11:123 \Rightarrow 11^2+2=123$
तथा $6:38 \Rightarrow 6^2+2=38$
उसी प्रकार, $14:198 \Rightarrow 14^2+2=198$

1007. (d) जिस प्रकार, उबालना, गुनगुना करने की द्वितीय अवस्था हैं। उसी प्रकार, हिमतापी, ठण्डा करने की द्वितीय अवस्था है।

1008. (b) जिस प्रकार,
2312 – 62 – 12

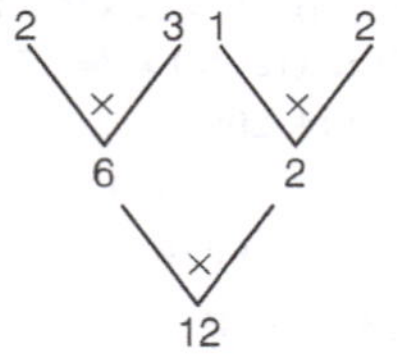

उसी प्रकार, 5116 – 56 – 30

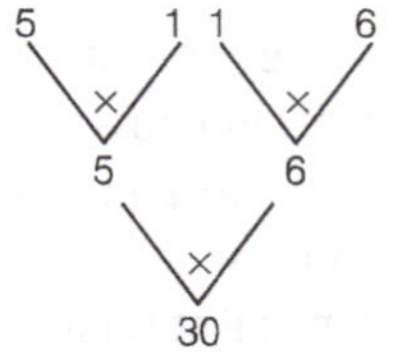

1009. (c) जिस प्रकार,

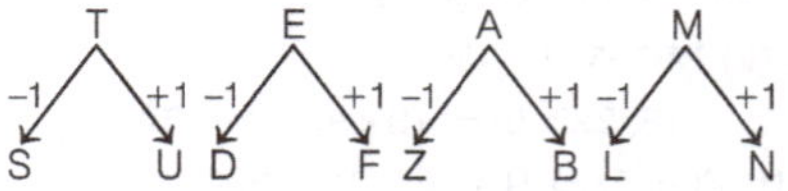

उसी प्रकार,

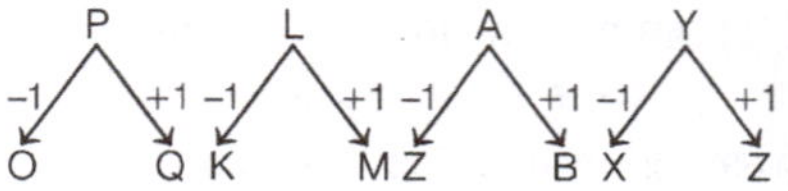

$\Rightarrow$ OQKMZBXZ

1010. (c) जिस प्रकार,

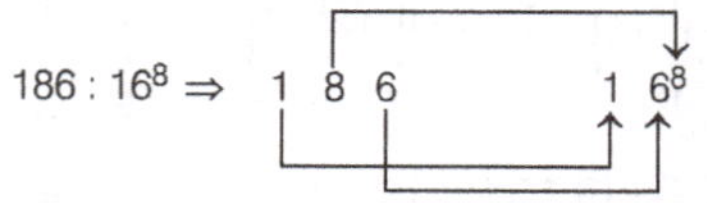

उसी प्रकार,

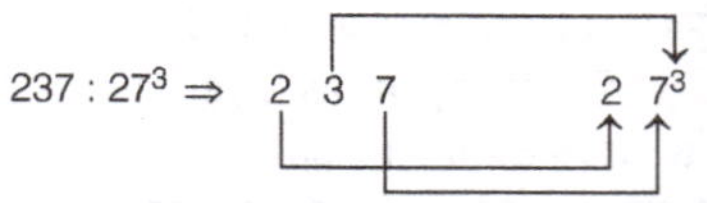

1011. (b) जिस प्रकार, 35:1125
$\Rightarrow (35)^2-100=1225-100=1125$
तथा $45:1925=2025-100=1925$
उसी प्रकार, $85: ?=(85)^2-100$
$=7225-100=7125$

1012. (b) जिस प्रकार,
(3 : 31)
$(3)^3+4=27+4=31$
तथा (2 : 12)
$(2)^3+4=8+4=12$
उसी प्रकार, विकल्प (b) में,
(6 : 220)
$(6)^3+4=216+4=220$

1013. (a) जिस प्रकार,

13 → 57 → 111
(×4+5, ×2–3)

तथा

11 → 49 → 95
(×4+5, ×2–3)

उसी प्रकार, विकल्प (a) में

9 → 41 → 79
(×4+5, ×2–3)

1014. (d) जिस प्रकार, 251; 332; 422
अंकों का योग करने पर
2+ 5+ 1; 3+ 3+ 2; 4+ 2+ 2
8; 8; 8
उसी प्रकार, विकल्प (d) में
161; 512; 710
अंकों का योग करने पर,
1+ 6+ 1; – 5+ 1+ 2; – 7+ 1+ 0
8; 8; 8

1015. (c) जिस प्रकार, (13 : 44)
$\Rightarrow 13 \times 3 - 5 = 39 + 5 = 44$
तथा (15 : 50) $\Rightarrow 15 \times 3 + 5 = 45 + 5 = 50$
उसी प्रकार, (21:?)
$\Rightarrow 21 \times 3 + 5 = 63 + 5 = 68$

1016. (b) जिस प्रकार,

B O I L
+2 +3 +4 +5
D R M Q

तथा

S C A R
+2 +3 +4 +5
U F E W

उसी प्रकार,

M A I L
+2 +3 +4 +5
O D M Q

1017. (b) जिस प्रकार, (10:101)
$\Rightarrow (10)^2 + 1 = 100 + 1 = 101$
तथा (6 : 37) $\Rightarrow (6)^2 + 1 = 36 + 1 = 37$
उसी प्रकार, विकल्प (b) में
(7 : 50) $\Rightarrow (7)^2 + 1 = 49 + 1 = 50$

1018. (a) जिस प्रकार,
(42, 36) $\Rightarrow 4 + 2 = (6)^2 = 36$
तथा (57, 144)
$5 + 7 = (12)^2 = 144$
उसी प्रकार, (?, 81)
विकल्प (a) से,
? = 45
$4 + 5 = (9)^2 = 81$

1019. (b) जिस प्रकार, 'धागे' का प्रयोग 'कढ़ाई' के लिए किया जाता है। उसी प्रकार, 'ऊन' का प्रयोग 'बुनाई' के लिए किया जाता है।

1020. (c) जिस प्रकार,
335 : 216
$\Rightarrow 335 - 216 = 119$
उसी प्रकार,
$987 - ? = 119$
$\Rightarrow ? = 987 - 119$
$\Rightarrow ? = 868$

1021. (c) जिस प्रकार, (10 : 999)
$\Rightarrow (10)^3 - 1 = 1000 - 1 = 999$
और (2 : 7) $\Rightarrow (2)^3 - 1 = 8 - 1 = 7$
उसी प्रकार, (6 : 215)
$\Rightarrow (6)^3 - 1 = 216 - 1 = 215$

1022. (b) जिस प्रकार, 14: 205
$\Rightarrow (14)^2 + 9 = 196 + 9 = 205$
और 5 : 34 $\Rightarrow (5)^2 + 9 = 25 + 9 = 34$
उसी प्रकार, 28 : 793
$\Rightarrow (28)^2 + 9 = 784 + 9 = 793$

1023. (a) जिस प्रकार, 'आप्रवासन' का समानार्थी शब्द 'प्रवेश' है, उसी प्रकार, 'उत्प्रवासन' का समानार्थी शब्द 'प्रस्थान' है।

1024. (c) जिस प्रकार,
(4, 16, 60) $\Rightarrow (4)^2 = 16, (4)^3 - 4 = 60$
और (2, 4, 6) $\Rightarrow (2)^2 = 4, (2)^3 - 2 = 6$
उसी प्रकार, (3, 9, 24)
$\Rightarrow (3)^2 = 9, (3)^3 - 3 = 27 - 3 = 24$

1025. (b) जिस प्रकार, एक नक्शा हमें किसी स्थान से दूसरे स्थान तक पहुँचने के लिए दिशा दिखाता है। उसी प्रकार, नियमावाली में किसी कार्य को सही से करने का अनुदेश दिया होता है।

1026. (d) जिस प्रकार, 325 : 30
$\Rightarrow 3 \times 2 \times 5 = 30$
और 424 : 32 $\Rightarrow 4 \times 2 \times 4 = 32$
उसी प्रकार विकल्प (d) से,
182 : 16 $\Rightarrow 1 \times 8 \times 2 = 16$

1027. (a) जिस प्रकार, 546 : 15
$\Rightarrow 5 + 4 + 6 = 15$
और 715 : 13 $\Rightarrow 7 + 1 + 5 = 13$
उसी प्रकार, 879 : ? $\Rightarrow 8 + 7 + 9 = 24$

1028. (b) जिस प्रकार,
(27 : 82) $\Rightarrow 27 \times 3 + 1 = 82$
और (9 : 28) $\Rightarrow 9 \times 3 + 1 = 28$
उसी प्रकार, (42 : 127) $\Rightarrow 42 \times 3 + 1 = 127$

1029. (c) जिस प्रकार,
(35 : 48) $\Rightarrow (6)^2 - 1 = 35$
$(6 + 1)^2 - 1 = 48$
और (15 : 24) $\Rightarrow (4)^2 - 1 = 15$
$(4 + 1)^2 - 1 = 24$
उसी प्रकार, (80 : ?) $\Rightarrow (9)^2 - 1 = 80$
$? = (9 + 1)^2 - 1 = \boxed{99}$

1030. (d) जिस प्रकार, 14 : 200
$\Rightarrow (14)^2 + 4 = 196 + 4 = 200$
और 5 : 29 $\Rightarrow (5)^2 + 4 = 25 + 4 = 29$
उसी प्रकार, (16 : 260)
$\Rightarrow (16)^2 + 4 = 256 + 4 = 260$

1031. (c) जिस प्रकार, (9, 83, 164)
$\Rightarrow (9^2) + 2 = 81 + 2 = 83$
$\Rightarrow 83 \times 2 - 2 = 166 - 2 = 164$
और (4, 18, 34)
$\Rightarrow (4)^2 + 2 = 16 + 2 = 18$
$\Rightarrow 18 \times 2 - 2 = 36 - 2 = 34$
उसी प्रकार, (6, 38, 74)
$\Rightarrow (6)^2 + 2 = 36 + 2 = 38$
$\Rightarrow 38 \times 2 - 2 = 76 - 2 = 74$

1032. (c) जिस प्रकार, (12 : 168)
$\Rightarrow (12)^2 + 24 = 144 + 24 = 168$
और (11 : 145) $\Rightarrow (11)^2 + 24 = 121 + 24 = 145$
उसी प्रकार, (8 : 88)
$\Rightarrow (8)^2 + 24 = 64 + 24 = 88$

1033. (d) जिस प्रकार, $(4 + 1)^3 = 5^3 = 125$
और $(8 + 1)^3 = 9^3 = 729$
उसी प्रकार, $(? + 1)^3 = 1728$
$\Rightarrow (? + 1) = \sqrt[3]{1728}$
$\therefore ? = 12 - 1 = \boxed{11}$

1034. (a) जिस प्रकार, (15 : 85)
$\Rightarrow 16 \times 5 + 5 = 85$
और (28 : 145) $\Rightarrow 28 \times 5 + 5 = 145$
उसी प्रकार, (23 : ?)
$\Rightarrow ? = 23 \times 5 + 5 = \boxed{120}$

1035. (a) जिस प्रकार,
(505 – 604 – 217)
$\Rightarrow 5 + 0 + 5 = 10$
$6 + 0 + 4 = 10$
$2 + 1 + 7 = 10$
उसी प्रकार, (244 – 226 – 262)
$\Rightarrow 2 + 4 + 4 = 10$
$2 + 2 + 6 = 10$
$2 + 6 + 2 = 10$

1036. (c) जिस प्रकार,
(2, 7, 11) → सभी अभाज्य संख्या हैं।
और
(13,17,29) → सभी अभाज्य संख्या हैं।
उसी प्रकार,
(13,17,23) → सभी अभाज्य संख्या हैं।

1037. (b) जिस प्रकार, 'रेड क्रॉस', अस्पताल का प्रतीक है, उसी प्रकार, 'चक्र', प्रगति का प्रतीक है।

1038. (a) जिस प्रकार,

A Z 1
+2 –2 +2
C X 3

और

E V 5
+2 –2 +2
G T 7

उसी प्रकार,

I R 9
+2 −2 +2
K P 11

1039. (a) जिस प्रकार, कम्प्यूटर में सीडी का उपयोग होता है। उसी प्रकार, स्कूटर में इंजन का उपयोग होता है।

1040. (b) जिस प्रकार,

$216 : 3 \Rightarrow (3 \times 2)^3 = 6^3 = 216$

तथा $1728 : 6 \Rightarrow (6 \times 2)^3 = 12^3 = 1728$

उसी प्रकार, $? : 4 \Rightarrow (4 \times 2)^3 = 8^3 = 512$

1041. (c) जिस प्रकार,

$(4, 8, 35) \Rightarrow (4 + 8) \times 3 - 1 = 35$

तथा $(3, 5, 23) \Rightarrow (3 + 5) \times 3 - 1 = 23$

उसी प्रकार, $(6, 14, 59) \Rightarrow (6 + 14) \times 3 - 1 = 59$

1042. (a) जिस प्रकार,

$9 : 84 \Rightarrow 9^2 + \sqrt{9} = 84$

तथा $25 : 630 \Rightarrow 25^2 + \sqrt{25} = 630$

उसी प्रकार, $16 : ? \Rightarrow 16^2 + \sqrt{16} = 260$

1043. (c) जिस प्रकार,

$35 : 1225 \Rightarrow (35)^2 = 1225$

तथा $55 : 3025 \Rightarrow (55)^2 = 3025$

उसी प्रकार, $75 : ? \Rightarrow (75)^2 = 5625$

1044. (d) जिस प्रकार,

$14 : 21 \Rightarrow \frac{14}{2} \times 3 = 21$

तथा $12 : 18 \Rightarrow \frac{12}{2} \times 3 = 18$

उसी प्रकार, $50 : ? \Rightarrow \frac{50}{2} \times 3 = 75$

1045. (b) जिस प्रकार, (6, 12, 9)

$\Rightarrow \frac{12 + 6}{2} = \frac{18}{2} = 9$

और $(7, 23, 15) \Rightarrow \frac{23 + 7}{2} = \frac{30}{2} = 15$

उसी प्रकार, $(14, 12, 13) \Rightarrow \frac{14 + 12}{2} = \frac{26}{2} = 13$

1046. (d) जिस प्रकार, (15 : 220)

$\Rightarrow (15)^2 - 5 = 220$

तथा $(10 : 95) \Rightarrow (10)^2 - 5 = 95$

उसी प्रकार, $(12 : ?) \Rightarrow (12)^2 - 5 = \boxed{139}$

1047. (c) जिस प्रकार, (44 : 4)

$\Rightarrow 4^3 - [4 \times (4 + 1)] = 44$

तथा $(287 : 7) \Rightarrow 7^3 - [7 \times (7 + 1)] = 287$

उसी प्रकार, (? : 10)

$\Rightarrow 10^3 - [10 \times (10 + 1)] = 890$

1048. (c) जिस प्रकार, (54 : 3)

$\Rightarrow 3^3 \times (3 - 1) = 54$

तथा $(500 : 5) \Rightarrow 5^3 \times (5 - 1) = 500$

उसी प्रकार, $(? : 4) \Rightarrow 4^3 \times (4 - 1) = 192$

1049. (c) जिस प्रकार, $(4, 10, 23) \Rightarrow 4 \times 3 - 2 = 10$

$\Rightarrow 10 \times 2 + 3 = 23$

और $(8, 22, 47) \Rightarrow 8 \times 3 - 2 = 22$

$\Rightarrow 22 \times 2 + 3 = 47$

उसी प्रकार, $(7, 19, 41) \Rightarrow 7 \times 3 - 2 = 19$

$\Rightarrow 19 \times 2 + 3 = 41$

1050. (a) जिस प्रकार, बोरी को जूट से बनाया जाता है। उसी प्रकार, टोकरी को बाँस से बनाया जाता है।

1051. (b) जिस प्रकार, (212, 101, 111)

$\Rightarrow 212 - 101 = 111$

तथा $(256, 123, 133) \Rightarrow 256 - 123 = 133$

उसी प्रकार, $(182, 74, 108) \Rightarrow 182 - 74 = 108$

1052. (d) जिस प्रकार, 6 : 43

$\Rightarrow 6 \times (6 + 1) + 1 = 6 \times 7 + 1 = 42 + 1 = 43$

तथा $4 : 21 \Rightarrow 4 \times (4 + 1) + 1 = 4 \times 5 + 1 = 20 + 1 = 21$

उसी प्रकार, $11 : ? \Rightarrow 11 \times (11 + 1) + 1 = 11 \times 12 + 1 = 132 + 1 = 133$

1053. (b) जिस प्रकार, M A S T E R → T S A M R E

तथा S M I L E S → L I M S S E

उसी प्रकार, F L I M S Y → M I L F Y S

1054. (d) जिस प्रकार, (16, 11, 377)

$\Rightarrow 16^2 + 11^2 = 256 + 121 = 377$

उसी प्रकार, विकल्प (d) से, (12, 15, 367)

$\Rightarrow 12^2 + 15^2 = 144 + 225 = 369 \neq 367$

1055. (d) जिस प्रकार, जन्तुओं का अध्ययन जूलॉजी के अन्तर्गत किया जाता है, उसी प्रकार, पौधों का अध्ययन बॉटनी के अन्तर्गत किया जाता है।

1056. (c) जिस प्रकार, (75, 55, 70)

$\Rightarrow \frac{75}{5} + 55 = 70$

तथा $(65, 55, 68) \Rightarrow \frac{65}{5} + 55 = 68$

उसी प्रकार, $(95, 85, 104) \Rightarrow \frac{95}{5} + 85 = 104$

1057. (c) जिस प्रकार,

O U T 2 → W W P 4 (+3, +2, +1; $(2)^2$)

तथा

A X E 5 → H Z B 25 (+3, +2, +1; $(5)^2$)

उसी प्रकार,

A R T 7 → W T B 49 (+3, +2, +1; $(7)^2$)

1058. (d) जिस प्रकार,

$(56, 5, 9) \Rightarrow \sqrt{56 + 5^2} = \sqrt{56 + 25} = \sqrt{81} = 9$

$(80, 8, 12) \Rightarrow \sqrt{80 + 8^2} = \sqrt{80 + 64} = \sqrt{144} = 12$

उसी प्रकार, (75, 11, 14)

$\Rightarrow \sqrt{75 + 11^2} = \sqrt{75 + 121} = \sqrt{196} = 14$

1059. (c) जिस प्रकार,

P A V E → F X D T (+1, +2, +3, +4)

तथा

A X L E → F N A E (+1, +2, +3, +4)

उसी प्रकार,

B R E W → X G U F (+1, +2, +3, +4)

1060. (c) जिस प्रकार,

$6 : 74 \Rightarrow 6^2 \times 2 + 2 = 36 \times 2 + 2 = 74$

तथा $5 : 52 \Rightarrow 5^2 \times 2 + 2 = 25 \times 2 + 2 = 52$

उसी प्रकार, $9 : ? \Rightarrow 9^2 \times 2 + 2 = 81 \times 2 + 2 = \boxed{164}$

1061. (d) जिस प्रकार,

$(51, 34, 85) \Rightarrow 51 + 34 = 85$

तथा $(67, 42, 109) \Rightarrow 67 + 42 = 109$

उसी प्रकार, $(73, 38, 111) \Rightarrow 73 + 38 = 111$

1062. (b) जिस प्रकार,

$7 : 84 \Rightarrow 7 \times (7 - 1) \times 2 = 7 \times 6 \times 2 = 84$

तथा $9 : 144 \Rightarrow 9 \times (9 - 1) \times 2 = 9 \times 8 \times 2 = 144$

उसी प्रकार, $5 : ? \Rightarrow 5 \times (5 - 1) \times 2 = 5 \times 4 \times 2 = 40$

1063. (c) जिस प्रकार,

$17 : -153 \Rightarrow 17 \times (-9) = -153$

तथा $-21 : 189 \Rightarrow -21 \times (-9) = 189$

उसी प्रकार, $-13 : ? \Rightarrow -13 \times (-9) = \boxed{117}$

1064. (d) जिस प्रकार,

L A R T B Z ⟶ B L R T A Z
1 2 3 4 5 6 ⟶ 5 1 3 4 2 6

उसी प्रकार,

P A R E N F ⟶ N P R E A F
1 2 3 4 5 6 ⟶ 5 1 3 4 2 6

∴ ? = NPREAF

1065. (a) जिस प्रकार,

$(15, 5, 150) \Rightarrow (15 \times 5) \times 2 = 150$

तथा $(16, 4, 128) \Rightarrow (16 \times 4) \times 2 = 128$

$(7, 7, 98) \Rightarrow (7 \times 7) \times 2 = 98$

उसी प्रकार, $(11, 4, ?) \Rightarrow (11 \times 4) \times 2 = 88$

∴ $? = \boxed{88}$

1066. (d) जिस प्रकार,

N E U T S E
+2 +2 +2 +2 +2 +2
P G W V U G

अब वर्णमाला क्रमानुसार व्यवस्थित करने पर, GGPUVW

उसी प्रकार,

Z W U R S T
+2 +2 +2 +2 +2 +2
B Y W T U V

वर्णमाला क्रमानुसार व्यवस्थित करने पर, BTUVWY

1067. (a) जिस प्रकार,

LATYE —विपरीत वर्णमाला क्रम→ YTLEA

उसी प्रकार, NETAEO —विपरीत वर्णमाला क्रम→ TONEEA

∴ ? = TONEEA

1068. (c) जिस प्रकार,

(2, 8, 20) ⇒ 2 —+6→ 8 —+12→ 20 (×2)

तथा (7, 12, 22) ⇒ 7 —+5→ 12 —+10→ 22 (×2)

उसी प्रकार, (33, 42, ?) ⇒ 33 —+9→ 42 —+18→ 60 (×2)

∴ ? = 60

1069. (d) जिस प्रकार,

$(5:150) \Rightarrow 5^2 \times (5+1) = 150$

उसी प्रकार, $(8:576) \Rightarrow 8^2 \times (8+1) = 576$

∴ ? = 576

1070. (d) जिस प्रकार,

O → U (अगला स्वर), E → A (पिछला स्वर), S → V (+3), T → X (+4), D → I (+5)

उसी प्रकार, U → A (अगला स्वर), I → E (पिछला स्वर), S → V (+3), R → V (+4), Y → D (+5)

∴ ? = AEVVD

1071. (a) निम्न प्रकार,

DURDG —वर्णमाला क्रम→ D D G R U; D → E (+1), D → F (+2), G → J (+3), R → V (+4), U → Z (+5)

उसी प्रकार,

JGFSGR —वर्णमाला क्रम→ F G G J R S; F → G (+1), G → I (+2), G → J (+3), J → N (+4), R → W (+5), S → Y (+6)

∴ ? = GIJNWY

1072. (a) जिस प्रकार, $(9, 9, 2) \Rightarrow 9 + 9 + 2 = 20$

$(4, 8, 8) \Rightarrow 4 + 8 + 8 = 20$

उसी प्रकार, $(8, \_\_, 1) \Rightarrow 8 + 11 + 1 = 20 \Rightarrow ? = 11$

1073. (c) जिस प्रकार,

$(15, 1, 7, 32) \Rightarrow 15 + 1 \times 10 + 7 = 32$

तथा $(20, 2, 7, 47) \Rightarrow 20 + 2 \times 10 + 7 = 47$

$(13, 3, 7, 50) \Rightarrow 13 + 3 \times 10 + 7 = 50$

उसी प्रकार,

$(7, 4, ?, 48) \Rightarrow 7 + 4 \times 10 + ? = 48$

$\Rightarrow 7 + 40 + ? = 48 \Rightarrow ? = 48 - 47 \therefore ? = 1$

1074. (c) जिस प्रकार,

PRIEST ⇒ TSRPIE (विपरीत वर्णमाला क्रम)

उसी प्रकार,

UMPIRE ⇒ URPMIE (विपरीत वर्णमाला क्रम)

∴ ? = URPMIE

1075. (d) जिस प्रकार, TACKLE ⇒ ACEKLT (वर्णमाला के अनुसार क्रम)

उसी प्रकार, DETOXING

⇒ DEGINOTX (वर्णमाला के अनुसार क्रम)

1076. (c) जिस प्रकार,

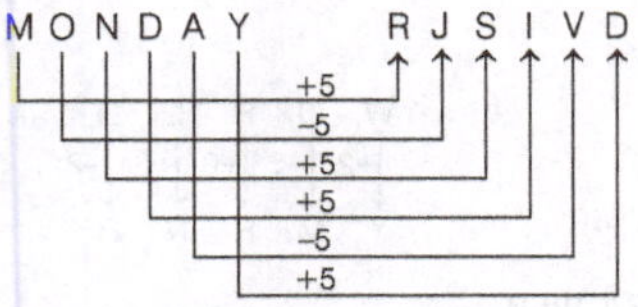

यहाँ व्यंजन अक्षरों में + 5 तथा स्वर अक्षरों में – 5 का पैटर्न है।

उसी प्रकार,

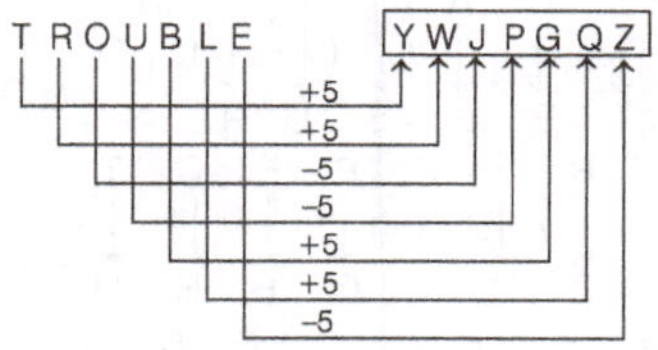

1077. (c) जिस प्रकार,

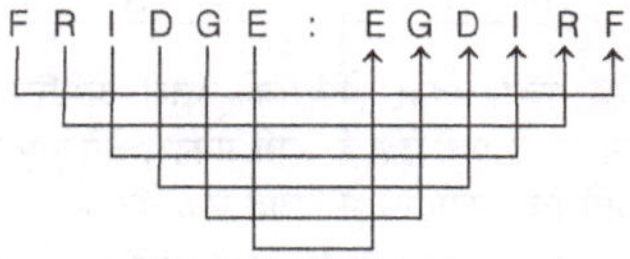

उसी प्रकार,

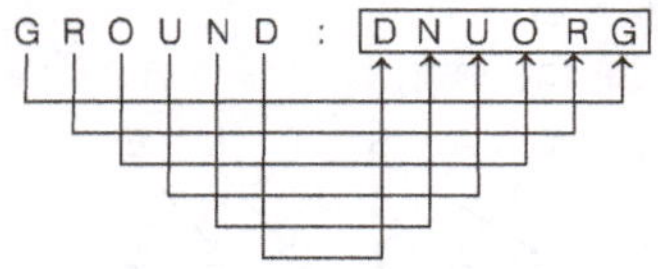

1078. (d) जिस प्रकार,

$45:41 \Rightarrow (4^2 + 5^2) = 16 + 25 = 41$

उसी प्रकार, $27: ? \Rightarrow (2^2 + 7^2) = 4 + 49 = 53$

1079. (c) जिस प्रकार, उसी प्रकार,

B —(–3)→ Y ; A —(–3)→ X

H —(–3)→ E ; M —(–3)→ J

L —(–3)→ I ; G —(–3)→ D

अत: ? = AMG : XJD

1080. (b) जिस प्रकार, फूल, बगीचे में होते हैं। उसी प्रकार, पुस्तकें, पुस्तकालय में रखी होती हैं।

1081. (c) जिस प्रकार, ताजमहल आगरा में है तथा इण्डिया गेट नई दिल्ली में है। उसी प्रकार, गेटवे ऑफ इण्डिया मुम्बई में है।

1082. (b) जिस प्रकार, उसी प्रकार,

T —(–1)→ S ; G —(–1)→ F

W —(–1)→ V ; J —(–1)→ I

Z —(–1)→ Y ; M —(–1)→ L

1083. (d) जिस प्रकार, पेंगुइन के छोटे बच्चे को चूजा कहा जाता है। उसी प्रकार, बत्तख के छोटे बच्चे को बत्तखशाव कहा जाता है।

1084. (a) जिस प्रकार, सुराग से जासूस किसी घटना का पता लगाते हैं। उसी प्रकार, प्रयोग द्वारा वैज्ञानिक किसी चीज का आविष्कार करते हैं।

1085. (c) जिस प्रकार, उसी प्रकार,

C —(–2)→ A ; J —(–2)→ H

P —(–2)→ N ; W —(–2)→ U

O —(–2)→ M ; X —(–2)→ V

1086. (d) जिस प्रकार, उसी प्रकार,

P —(+1)→ Q ; C —(+1)→ D

S —(+1)→ T ; G —(+1)→ H

V —(+1)→ W ; K —(+1)→ L

1087. (a) जिस प्रकार, उसी प्रकार,

C —(–5)→ X ; E —(–5)→ Z

O —(–5)→ J ; Q —(–5)→ L

1088. (d) जिस प्रकार, हृदय रोग विशेषज्ञ को कार्डियोलॉजिस्ट कहते हैं। उसी प्रकार, गुर्दे रोग विशेषज्ञ को नेफ्रोलॉजिस्ट कहते हैं।

1089. (d) जिस प्रकार, उसी प्रकार,

T → S (–1), G → F (–1), X → W (–1) ; B → A (–1), O → N (–1), R → Q (–1)

1090. (d) जिस प्रकार, अन्नानास एक प्रकार का फल होता है तथा स्प्राइट एक प्रकार का पेय होता है। उसी प्रकार, एवोकाड़ो भी एक प्रकार का फल होता है।

1091. (a) जिस प्रकार, उसी प्रकार,

B → A (–1), O → M (–2) ; C → B (–1), P → N (–2)

1092. (d) जिस प्रकार, व्यक्ति एक इकाई है तथा समूह कई व्यक्तियों के मिलने से बनता है अर्थात् दोनों एक-दूसरे के विपरीत हैं तथा आंशिक का विपरीत पूर्ण है। उसी प्रकार, रिक्त का विपरीत अधिकृत है।

1093. (a) जिस प्रकार, तथा

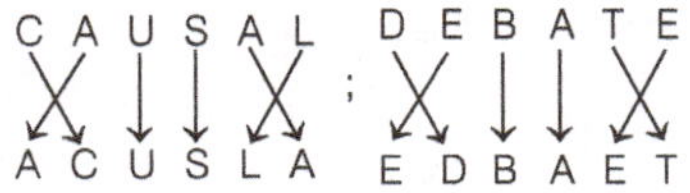

उसी प्रकार,

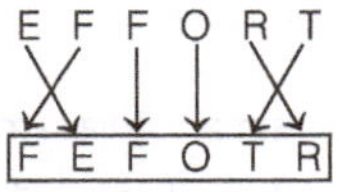

1094. (a) जिस प्रकार,

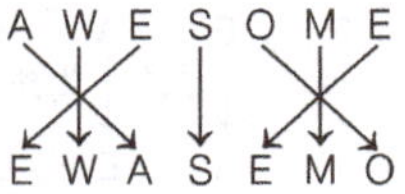

और

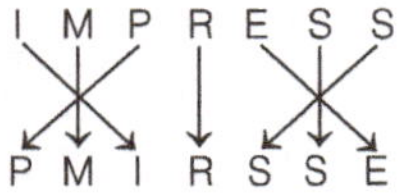

उसी प्रकार,

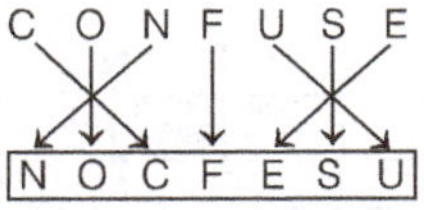

1095. (b) जिस प्रकार, R L D Y (+1, +1, +1, +1) → S M E Z ; उसी प्रकार, C P S F (+1, +1, +1, +1) → **D Q T G**

1096. (a) जिस प्रकार, कलाकार अपने चित्र कैनवास पर बनाते हैं। उसी प्रकार, मूर्तिकार अपनी मूर्ति पत्थर से बनाते हैं।

1097. (c) जिस प्रकार,

R O Y A L ⟶ A L Z R O (+1)

तथा A B O U T ⟶ U T P A B (+1)

उसी प्रकार,

P O L E S ⟶ E S M P O (+1)

1098. (b) जिस प्रकार, 16 : 36

$(4)^2$ → $(6)^2$ (4+2)

तथा 64 : 100

$(8)^2$ → $(10)^2$ (8+2)

उसी प्रकार, 25 : **49**

$(5)^2$ → (7^2) (5+2)

1099. (c) जिस प्रकार, कार को गैराज में रखा जाता है। उसी प्रकार, वस्त्रों को अलमारी में रखा जाता है।

1100. (b) जिस प्रकार,

S P E A K (−1, −1, अगला स्वर, अगला स्वर, −1) → R O I E J

तथा T H E I R (−1, −1, अगला स्वर, अगला स्वर, −1) → S G I O Q

उसी प्रकार,

B E I N G (−1, अगला स्वर, अगला स्वर, −1, −1) → **A I O M F**

1101. (d) जिस प्रकार, $26 \Rightarrow 2 \times 6 = 12$

और $36 \Rightarrow 3 \times 6 = 18$

उसी प्रकार, $45 \Rightarrow 4 \times 5 = 20$

1102. (b) जिस प्रकार,

S C A T T E R (+1, −1, +1, −1, +1, −1, +1) → T B B S U D S

तथा R E S P E C T (+1, −1, +1, −1, +1, −1, +1) → S D T O F B U

उसी प्रकार, S U C C E S S (+1, −1, +1, −1, +1, −1, +1) → **T T D B F R T**

1103. (a) जिस प्रकार, मेक्सिको उत्तरी-अमेरिका महाद्वीप में स्थित एक देश है उसी प्रकार, वेनेजुएला दक्षिण-अमेरिका महाद्वीप में स्थित एक देश है।

1104. (c) जिस प्रकार, साँप अपने दाँतों से काटकर हमला करता है, उसी प्रकार मधुमक्खी, डंक मारकर हमला करती है।

1105. (d) जिस प्रकार,

C A S T L E → S C A L E T

तथा P R I M E D → I P R E D M

उसी प्रकार, P H O N E S → **O P H E S N**

1106. (c) जिस प्रकार, आँखों से हम देख सकते हैं। उसी प्रकार, त्वचा को हम स्पर्श कर सकते हैं।

1107. (b) जिस प्रकार, 2 → 8 $(2)^3$, 2 → 4 $(2)^2$

तथा 7 → 343 $(7)^3$, 7 → 49 $(7)^2$

उसी प्रकार, 4 → 64 $(4)^3$, 4 → **16** $(4)^2$

1108. (d) जिस प्रकार, अधिव्यक्त करना (waive) का विपरीतार्थक शब्द थोपना (impose) है, उसी प्रकार नकली (spurious) का विपरीतार्थक शब्द वास्तविक (original) है।

1109. (b) जिस प्रकार, नौसिखिया और आरम्भकर्त्ता एक-दूसरे के समानार्थी शब्द है, उसी प्रकार खतरनाक और जोखिमप्रद एक-दूसरे के समानार्थी शब्द हैं।

1110. (c) जिस प्रकार,

Y E N 10 → (विपरीत अक्षर) B V M → (+1, +1, +1) C W N ; 10 × (10÷2) = 50

तथा U S D 8 → (विपरीत अक्षर) F H W → (+1, +1, +1) G I X ; 8 × (8÷2) = 32

उसी प्रकार, G D P 12 → (विपरीत अक्षर) T W K → (+1, +1, +1) **U X L 72** ; 12 × (12÷2)

1111. (d) जिस प्रकार, समय की SI इकाई सेकण्ड है, उसी प्रकार द्रव्यमान की SI इकाई किलोग्राम है।

1112. (a) जिस प्रकार,

C A R T ⟶ U T D G (+1, +2, +3, +4)

तथा D R E W ⟶ X G U H (+1, +2, +3, +4)

उसी प्रकार, E N D S ⟶ **T F Q I** (+1, +2, +3, +4)

1113. (d) जिस प्रकार,

A D M I R E (+1, −1, +2, −2, +3, −3) → B C O G U B

तथा T H A N K S (+1, −1, +2, −2, +3, −3) → U G C L N P

उसी प्रकार,

R E S U L T (+1, −1, +2, −2, +3, −3) → **S D U S O Q**

1114. (c) जिस प्रकार,

T H E M E (+2, −2, +0, +2, −2) → V F E O C

तथा W O R L D (+2, −2, +0, +2, −2) → Y M R N B

उसी प्रकार,

O T H E R (+2, −2, +0, +2, −2) → **Q R H G P**

1115. (b) जिस प्रकार, कोरियोग्राफर नृत्यनाटिका डांस सिखाता है, उसी प्रकार नाटककार नाटक सिखाता है।

1116. (d) जिस प्रकार,

V I S I O N → I V I S N O

तथा C O L O U R → O C O L R U

उसी प्रकार, Y E L L O W → **E Y L L W O**

1117. (a) जिस प्रकार, 16 → 36 ($\times 2 + 4$)

तथा 9 → 22 ($\times 2 + 4$)

उसी प्रकार, **23** → 50 ($\times 2 + 4$)

1118. (b) जिस प्रकार, ऑमलेट, अण्डे से बनती है उसी प्रकार, सड़क, डामर से बनती है।

1119. (c) जिस प्रकार,

$(9, 4, 85) \Rightarrow 9^2 + 4 = 81 + 4 = 85$

और $(6, 5, 41) \Rightarrow 6^2 + 5 = 36 + 5 = 41$

उसी प्रकार, $(1, 4, 5) \Rightarrow 1^2 + 4 = 1 + 4 = 5$

1120. (b) जिस प्रकार,

S Y S T E M (−1 −1 −1 −1 −1 −1) → R X R S D L

तथा C O H O R T (−1 −1 −1 −1 −1 −1) → B N G N Q S

उसी प्रकार, S C H E D U L E (−1 −1 −1 −1 −1 −1 −1 −1) → **R B G D C T K D**

1121. (b) जिस प्रकार, एक वास्तुकार डिजाइन बनाता है, उसी प्रकार एक दर्जी सूट सिलता है।

1122. (a) जिस प्रकार, कलम में स्याही डालकर लिखते हैं। उसी प्रकार, ब्रश में रंग लगाकर हम चित्र बनाते हैं।

1123. (b) जिस प्रकार,

N U C L E A R (+1) → D V O M S B F

तथा W E A P O N S (+1) → B F X Q T O P

उसी प्रकार, M I S U S E S (+1) → **T J N V T F T**

1124. (a) जिस प्रकार, J U G (+2 −2 +2) → L S I

तथा W A X (+2 −2 +2) → Y Y Z

उसी प्रकार, P O T (+2 −2 +2) → **R M V**

1125. (c) जिस प्रकार,

53 $\xrightarrow{+49}$ 102 $\xrightarrow{+49}$ 151

तथा 74 $\xrightarrow{+49}$ 123 $\xrightarrow{+49}$ 172

उसी प्रकार, **48 $\xrightarrow{+49}$ 97 $\xrightarrow{+49}$ 146**

1126. (d) जिस प्रकार,

U N L I K E → E N I L K U

तथा F L O W E R → R L W O E F

उसी प्रकार, C A V I T Y → **Y A I V T C**

1127. (a) जिस प्रकार, R A I N (+3 +2 +1 −4) → U C J J

तथा P I P E (+3 +2 +1 −4) → S K Q A

उसी प्रकार, H O R N (+3 +2 +1 −4) → **K Q S J**

1128. (a) जिस प्रकार, पहली पंक्ति में,

$(13, 1, 70) \Rightarrow 13 + 1 = 14 \times 5 = 70$

तथा दूसरी पंक्ति में, $(9, 9, 90)$

$\Rightarrow \quad 9 + 9 = 18 \times 5 = 90$

उसी प्रकार, तीसरी पंक्ति में, $(11, ?, 130)$

$\Rightarrow \quad 11 + 15 = 26 \times 5 = 130$

$\therefore \quad ? = 15$

1129. (d) जिस प्रकार, J K L O (−3 −3 −3 −3) → G H I L

तथा L J K M (−3 −3 −3 −3) → I G H J

उसी प्रकार, D O U L (−3 −3 −3 −3) → **A L R I**

1130. (c) जिस प्रकार, की-बोर्ड, लैपटॉप को कमान्ड देने वाली इनपुट डिवाइस है, उसी प्रकार, रिमोट, टेलीविजन को कमान्ड देने वाली इनपुट डिवाइस है।

02

वर्गीकरण

विभिन्न वस्तुओं को उनके सामान्य गुणों, प्रकार, लक्षण, रूप, रंग एवं आकार आदि के आधार पर समूहीकृत करने और समूह से भिन्न/विषम वस्तु को ज्ञात करने की प्रक्रिया को वर्गीकरण कहते हैं। वर्गीकरण के अन्तर्गत पूछे गए प्रश्नों में सामान्यतः चार वस्तुएँ दी गई होती हैं। इनमें से तीन किसी निश्चित नियम या सम्बन्ध का पालन करती हैं और अपना एक समूह बनाती हैं, लेकिन एक इस समूह से भिन्न/विषम होती है। अभ्यर्थियों को इसी भिन्न वस्तु को ज्ञात करना होता है।

वर्गीकरण पर आधारित प्रश्न सामान्यतः शब्द, अक्षर और संख्या पर आधारित होते हैं।

शब्द वर्गीकरण

इस प्रकार के प्रश्नों में चार शब्द दिए गए होते हैं जिनमें से एक को छोड़कर अन्य सभी शब्द किसी न किसी प्रकार एक समान समूह को निरूपित/प्रदर्शित करते हैं, जबकि बचा हुआ शब्द इस समूह में से भिन्न समूह को निरूपित करता है। अभ्यर्थियों को इसी भिन्न/विषम शब्द का चयन करना होता है।

उदाहरण 1. निम्न में से विषम को छाँटिए।

(a) जोतना (b) बुनना (c) काटना (d) पकना

हल (*b*) यहाँ पर बुनना शब्द का अर्थ जुलाहे द्वारा कपड़े बुनने से है, जबकि अन्य सभी शब्द 'कृषि' से सम्बन्धित हैं। अतः यही सबसे भिन्न शब्द है।

उदाहरण 2. भिन्न शब्द युग्म को चुनिए।

(a) जूता-चमड़ा (b) लोहा-कुल्हाड़ी
(c) मेज-लकड़ी (d) ज्वेलरी-सोना

हल (*b*) लोहा-कुल्हाड़ी के अतिरिक्त अन्य सभी युग्मों में पहली वस्तु को बनाने के लिए दूसरी वस्तु की आवश्यकता होती है।

अक्षर वर्गीकरण

इस प्रकार के प्रश्नों में चार अक्षर समूह दिए गए होते हैं, जिनमें से एक को छोड़कर अन्य सभी में अक्षर एक विशेष नियम या पैटर्न द्वारा व्यवस्थित किए गए होते हैं, लेकिन शेष बचा एक अक्षर समूह इस नियम या पैटर्न का अनुसरण नहीं करता है। अभ्यर्थियों को इसी भिन्न/विषम अक्षर समूह का चयन करना होता है।

उदाहरण 3. निम्न पाँच में से चार किसी प्रकार एकसमान हैं तथा अपना एक समूह बनाते हैं। निम्न में से वह एक कौन-सा है, जो समूह से सम्बन्ध नहीं है?

(a) KJIL (b) MLKN (c) DBCE (d) VUTW

हल (*c*)

K(11) J(10) I(9) L(12): −1, −1, +3 ; M(13) L(12) K(11) N(14): −1, −1, +3

D(4) B(2) C(3) E(5): −2, +1, +2 ; V(22) U(21) T(20) W(23): −1, −1, +3

उपरोक्त से स्पष्ट है कि DBCE सबसे अलग है।

संख्या वर्गीकरण

इस प्रकार के प्रश्नों में चार संख्याएँ या संख्या समूह दिए गए होते हैं, जिनमें से तीन किसी विशेष सम्बन्ध, गणितीय नियम या संक्रिया के आधार पर एकसमान होती है, जबकि शेष बची एक इस नियम का पालन नहीं करती है। अभ्यर्थियों को इसी भिन्न/विषम संख्या/संख्या समूह का चयन करना होता है।

उदाहरण 4. निम्न में से विषम संख्या को चुनिए।

(a) 1728 (b) 5789 (c) 6088 (d) 4321

हल (*a*) 1728 एक पूर्ण घन है, परन्तु शेष संख्याएँ पूर्ण घन नहीं हैं।

$(12)^3 = 1728$

उदाहरण 5. विषम संख्या-युग्म को चुनिए।

(a) 104 : 78 (b) 80 : 60 (c) 64 : 48 (d) 96 : 80

हल (*a*) 104 : 78 के अतिरिक्त अन्य सभी संख्या-युग्मों में दोनों संख्याएँ 4 से विभाज्य हैं।

उदाहरण 6. नीचे दिए गए प्रश्न में, तीन संख्याओं के चार समूह दिए गए हैं। प्रत्येक समूह में दूसरी तथा तीसरी संख्या पहली संख्या से किसी एक तर्क/नियम से सम्बन्धित है। तीन उसी एक तर्क/नियम के आधार पर समान है। दिए गए विकल्पों में से भिन्न संख्या-समूह को चुनिए।

(a) (5, 16, 22) (b) (6, 19, 25)
(c) (4, 13, 17) (d) (9, 28, 37)

हल (*a*) जिस प्रकार,

$6, 6 \times 3 + 1 = 19, 19 + 6 = 25$

$4, 4 \times 3 + 1 = 13, 13 + 4 = 17$

$9, 9 \times 3 + 1 = 28, 28 + 9 = 37$

परन्तु, $5, 5 \times 3 + 1 = 16, 16 + 5 = 21 \neq 22$

अतः विकल्प (a) अन्य संख्या-समूहों से भिन्न है।

मिश्रित वर्गीकरण

इस प्रकार के प्रश्नों में अभ्यर्थी को अक्षरों संख्याओं और प्रतीकों के कुछ समूह दिए गए होते हैं, जिसमें एक समूह को छोड़कर, अन्य सभी समूह एक निश्चित पैटर्न/नियम का पालन करते हैं। अभ्यर्थी को उस समूह का चयन करना होता है, जो अन्य सभी समूहों से भिन्न होता है।

उदाहरण 7. विषम पद ज्ञात कीजिए।

(a) D8L (b) C6L (c) A2C (d) B4F

हल (*b*) जिस प्रकार,

D8L ⇒ L(12) − D(4) = 8 ; A2C ⇒ C(3) − A(1) = 2

B4F ⇒ F(6) − B(2) = 4 परन्तु, C6L ⇒ L(12) − C(3) = 9 (विषम संख्या)

अतः C6L अन्य सभी से भिन्न है।

SSC एग्जाम स्कैनर

SSC CGL 2024 (Tier I & II)

निर्देश (प्र. सं. 1-262) *निम्नलिखित प्रश्नों में दिए गए विकल्पों में से विषम पद ज्ञात कीजिए।*

1. (a) 494-19 (b) 521-20 (c) 286-11 (d) 104-4
SSC CGL (Tier-II) 20/01/2025 Shift-I

2. (a) ₹¥$ξ-मुद्रा (b) ABCD-अक्षर (c) ×+−÷-टेक्स्ट (d) 1234-संख्या
SSC CGL (Tier-II) 20/01/2025 Shift-I

3. (a) थिएटर - मूवी (b) पार्क - तैरना (c) मंदिर - पूजा (d) रेस्तरां - डिनर
SSC CGL (Tier-II) 18/01/2025 Shift-I

4. (a) 31-341 (b) 18-198 (c) 13-144 (d) 22-242
SSC CGL (Tier-II) 18/01/2025 Shift-I

5. (a) 9 – 121 (b) 8 – 100 (c) 6 – 64 (d) 12 – 225
SSC CGL (Tier-I) 26/9/2024 Shift-III

6. (a) LJO (b) YWA (c) JHL (d) OMQ
SSC CGL (Tier-I) 26/9/2024 Shift-III

7. (a) ORTU (b) XZCH (c) MORW (d) PRUZ
SSC CGL (Tier-I) 26/9/2024 Shift-II

8. (a) 34 : 44 (b) 13 : 16 (c) 23 : 25 (d) 35 : 36
SSC CGL (Tier-I) 26/9/2024 Shift-II

9. (a) 90 – 51 – 13 (b) 90 – 99 – 108 (c) 82 – 46 – 10 (d) 67 – 45 – 23
SSC CGL (Tier-I) 26/9/2024 Shift-I

10. (a) 12 : 152 (b) 13 : 169 (c) 15 : 195 (d) 11 : 143
SSC CGL (Tier-I) 25/9/2024 Shift-III

11. (a) PJR (b) UOW (c) LFN (d) IAK
SSC CGL (Tier-I) 25/9/2024 Shift-III

12. (a) 23-56-51 (b) 36-88-80 (c) 68-54-94 (d) 34-56-62
SSC CGL (Tier-I) 25/9/2024 Shift-II

13. (a) पुस्तक-पृष्ठ (b) जूते-पैर (c) फूल-पंखुड़ियाँ (d) चश्मा-लेन्स
SSC CGL (Tier-I) 25/9/2024 Shift-I

14. (a) WVTS (b) SQPN (c) YWVT (d) NLKI
SSC CGL (Tier-I) 25/9/2024 Shift-I

15. (a) 5 : 11 (b) 7 : 15 (c) 22 : 45 (d) 11 : 121
SSC CGL (Tier-I) 25/9/2024 Shift-I

16. (a) MPN (b) HKI (c) QUR (d) RUS
SSC CGL (Tier-I) 24/9/2024 Shift-III

17. (a) 23 :552 (b) 25 : 650 (c) 18 : 306 (d) 13 : 182
SSC CGL (Tier-I) 24/9/2024 Shift-II

18. (a) TWZ (b) DGJ (c) MPS (d) KNP
SSC CGL (Tier-I) 24/9/2024 Shift-II

19. (a) 12 – 122 – 99 (b) 89 – 212 – 34 (c) 58 – 139 – 23 (d) 23 – 84 – 38
SSC CGL (Tier-I) 24/9/2024 Shift-I

20. (a) CBE (b) NMP (c) UTW (d) LKM
SSC CGL (Tier-I) 24/9/2024 Shift-I

21. (a) शतरंज - एक टीम में 1 खिलाड़ी
(b) मुक्केबाजी - एक टीम में 1 खिलाड़ी
(c) पोलो - एक टीम में 4 खिलाड़ी
(d) फुटबॉल - एक टीम में 10 खिलाड़ी
SSC CGL (Tier-I) 23/9/2024 Shift-III

22. (a) 21-462 (b) 14-196 (c) 17-306 (d) 12-156
SSC CGL (Tier-I) 23/9/2024 Shift-III

23. (a) RTTUWW (b) ACCDFF (c) NOPPSS (d) IKKLNN
SSC CGL (Tier-I) 23/9/2024 Shift-II

24. (a) 18 – 11 – 63 (b) 12 – 8 – 36 (c) 15 – 3 – 108 (d) 21 – 14 – 72
SSC CGL (Tier-I) 23/9/2024 Shift-I

25. (a) MPNK (b) TWGD (c) JMQN (d) PSKI
SSC CGL (Tier-I) 23/9/2024 Shift-I

26. (a) NPR (b) MOP (c) TVX (d) HJL
SSC CGL (Tier-I) 19/09/2024 Shift-III

27. (a) 18-12-72 (b) 22-13-85 (c) 56-31-205 (d) 88-23-24
SSC CGL (Tier-I) 19/09/2024 Shift-III

28. (a) 1521 : 1600 (b) 1156 : 1225 (c) 1764 : 1849 (d) 784 : 961
SSC CGL (Tier-I) 19/09/2024 Shift-II

29. (a) XYW (b) HGI (c) TSU (d) LKM
SSC CGL (Tier-I) 19/09/2024 Shift-II

30. (a) CHE (b) FLI (c) AGD (d) MSP
SSC CGL (Tier-I) 19/09/2024 Shift-I

31. (a) 49 : 8 (b) 19 : 3 (c) 55 : 9 (d) 24 : 4
SSC CGL (Tier-I) 19/09/2024 Shift-I

32. (a) 7-392 (b) 3-72 (c) 4-128 (d) 11-882
SSC CGL (Tier-I) 18/09/2024 Shift-III

33. (a) VUT (b) HGF (c) KJI (d) AAY
SSC CGL (Tier-I) 18/09/2024 Shift-II

34. (a) 15 – 450 (b) 11 – 363 (c) 9 – 243 (d) 13 – 507
SSC CGL (Tier-I) 18/09/2024 Shift-II

35. (a) WUQ (b) XVS (c) YWT (d) ZXU
SSC CGL (Tier-I) 18/09/2024 Shift-II

36. (a) 17-5-80 (b) 12-7-79 (c) 16-9-139 (d) 25-7-175
SSC CGL (Tier-I) 18/09/2024 Shift-I

37. (a) थका-थका माँदा (b) बन्द-खुला (c) ईमानदार-सत्यनिष्ठ (d) ऊँचा स्वर-शोरगुल
SSC CGL (Tier-I) 18/09/2024 Shift-I

38. (a) 33-15-12 (b) 52-36-56 (c) 118-93-161 (d) 86-41-38
SSC CGL (Tier-I) 17/09/2024 Shift-III

39. (a) 40 : 52 (b) 45 : 54 (c) 35 : 42 (d) 55 : 66
SSC CGL (Tier-I) 17/09/2024 Shift-II

40. (a) LPN (b) BFD (c) HLJ (d) GIK
SSC CGL (Tier-I) 17/09/2024 Shift-II

41. (a) 20 – 15 – 51 (b) 16 – 45 – 21 (c) 22 – 67 – 22 (d) 26 – 95 – 21
SSC CGL (Tier-I) 17/09/2024 Shift-I

42. (a) BEH (b) SVY (c) ILN (d) KNQ
SSC CGL (Tier-I) 17/09/2024 Shift-I

43. (a) चिंता - भय (b) आनंद - शांति (c) कष्ट - खुशी (d) समस्या - चिंता
SSC CGL (Tier-I) 13/09/2024 Shift-III

44. (a) SVXZ (b) EHJK (c) TWYZ (d) YBDE
SSC CGL (Tier-I) 13/09/2024 Shift-II

45. (a) 31, 41 (b) 83, 97 (c) 73, 79 (d) 61, 71
SSC CGL (Tier-I) 13/09/2024 Shift-II

46. (a) 13 - 8 - 109 (b) 21 - 4 - 89 (c) 27 - 9 - 243 (d) 31 - 5 - 160
SSC CGL (Tier-I) 13/09/2024 Shift-I

47. (a) YXT (b) LKF (c) NMI (d) SRN
SSC CGL (Tier-I) 13/09/2024 Shift-I

48. (a) MRU (b) LQS (c) AFI (d) JOR
SSC CGL (Tier-I) 12/09/2024 Shift-III

49. (a) 23-8-343 (b) 19-11-330 (c) 12-7-209 (d) 15-9-264
SSC CGL (Tier-I) 12/09/2024 Shift-II

50. (a) ACG (b) MPT
(c) HKO (d) DGK
SSC CGL (Tier-I) 12/09/2024 Shift-II

51. (a) 81-101-92 (b) 90-22-12
(c) 540-188-128 (d) 72-284-266
SSC CGL (Tier-I) 12/09/2024 Shift-I

52. (a) JHD (b) AYU
(c) FDZ (d) KJE
SSC CGL (Tier-I) 12/09/2024 Shift-I

53. (a) 56 : 9 (b) 72 : 12
(c) 44 : 7 (d) 68 : 11
SSC CGL (Tier-I) 11/09/2024 Shift-III

54. (a) RST (b) ONM (c) JKL (d) BCD
SSC CGL (Tier-I) 11/09/2024 Shift-III

55. (a) LKP (b) SPU
(c) XUZ (d) GDI
SSC CGL (Tier-I) 11/09/2024 Shift-II

56. (a) 45-70 (b) 75-120
(c) 65-104 (d) 90-144
SSC CGL (Tier-I) 11/09/2024 Shift-II

57. (a) पेट — जठरांत्र रोग विशेषज्ञ
(b) हड्डी — अस्थि रोग विशेषज्ञ
(c) आँख — नेत्र रोग विशेषज्ञ
(d) गर्भाशय — मूत्र रोग विशेषज्ञ
SSC CGL (Tier-I) 11/09/2024 Shift-I

58. (a) 81 – 118 – 91 (b) 52 – 68 – 51
(c) 21 – 38 – 31 (d) 99 – 104 – 71
SSC CGL (Tier-I) 10/09/2024 Shift-III

59. (a) EJM (b) CHK
(c) DIM (d) FKN
SSC CGL (Tier-I) 10/09/2024 Shift-III

60. (a) 22-462 (b) 21-420
(c) 18-306 (d) 15-240
SSC CGL (Tier-I) 10/09/2024 Shift-II

61. (a) IMQ (b) EIM
(c) BFJ (d) DHK
SSC CGL (Tier-I) 10/09/2024 Shift-II

62. (a) 2-4-8 (b) 1-3-3
(c) 2-2-4 (d) 3-2-5
SSC CGL (Tier-I) 10/09/2024 Shift-I

63. (a) DIN (b) LQV
(c) PTX (d) AFK
SSC CGL (Tier-I) 10/09/2024 Shift-I

64. (a) 33-72 (b) 66-154
(c) 72-168 (d) 36-84
SSC CGL (Tier-I) 09/09/2024 Shift-III

65. (a) FIKL (b) TWYZ
(c) BEHI (d) PSUV
SSC CGL (Tier-I) 09/09/2024 Shift-III

66. (a) EJ-OT (b) PF-OI
(c) CH-MR (d) KP-UZ
SSC CGL (Tier-I) 09/09/2024 Shift-II

67. (a) 15 : 48 (b) 13 : 42
(c) 12 : 39 (d) 11 : 35
SSC CGL (Tier-I) 09/09/2024 Shift-II

68. (a) 358-152 (b) 308-92
(c) 335-119 (d) 317-101
SSC CGL (Tier-I) 09/09/2024 Shift-I

69. (a) पंचभुज -5 भुजाएँ (b) त्रिभुज - 3 भुजाएँ
(c) वर्ग -4 भुजाएँ (d) षट्भुज - 8 भुजाएँ
SSC CGL (Tier-I) 09/09/2024 Shift-I

SSC CGL 2023 (Tier I & II)

70. (a) यात्रा करना : सैर करना
(b) पास : दूर
(c) अवलोकन : देखना
(d) ढोना : उठाना SSC CGL (Tier-II) 26/10/2023

71. (a) 13-117 (b) 11-89
(c) 18-162 (d) 15-135
SSC CGL (Tier-II) 26/10/2023

72. (a) 9 : 17 : 81 (b) 11 : 21 : 121
(c) 2 : 3 : 4 (d) 7 : 15 : 49
SSC CGL (Tier-II) 07/03/2023 Shift-I

73. (a) चमगादड़ (b) कृतक
(c) सील (d) चिकन
SSC CGL (Tier-II) 06/03/2023 Shift-I

74. (a) 15 : 34 (b) 1 : 6
(c) 18 : 42 (d) 7 : 18
SSC CGL (Tier-II) 06/03/2023 Shift-I

75. (a) 2 : 9 (b) 8 : 29
(c) 10 : 33 (d) 6 : 21
SSC CGL (Tier-II) 03/03/2023 Shift-I

76. (a) पियानो (b) पिकॉलो
(c) शहनाई (d) बाँसुरी
SSC CGL (Tier-II) 03/03/2023 Shift-I

77. (a) कीनोट (b) पॉवर पॉइण्ट
(c) वर्ड (d) एक्सेल
SSC CGL (Tier-II) 02/03/2023 Shift-I

78. (a) 1 : 4 (b) 5 : 128
(c) 7 : 352 (d) 3 : 30
SSC CGL (Tier-II) 02/03/2023 Shift-I

79. (a) GET (b) EBV
(c) JGQ (d) BYY
SSC CGL (Tier-I) 27/07/2023 Shift-III

80. (a) TWGD (b) ADZV
(c) MPNK (d) FIUR
SSC CGL (Tier-I) 27/07/2023 Shift-II

81. (a) CGX (b) IMR
(c) FJU (d) KNP
SSC CGL (Tier-I) 27/07/2023 Shift-I

82. (a) (1805, 1326) (b) (2136, 1657)
(c) (1984, 1505) (d) (1826, 1472)
SSC CGL (Tier-I) 27/07/2023 Shift-I

83. (a) (18 : 42) (b) (1 : 6)
(c) (15 : 34) (d) (7 : 18)
SSC CGL (Tier-I) 26/07/2023 Shift-IV

84. (a) ABY (b) IJQ
(c) OPK (d) LMO
SSC CGL (Tier-I) 26/07/2023 Shift-IV

85. (a) RVYA (b) AEHJ
(c) EILN (d) MOQX
SSC CGL (Tier-I) 26/07/2023 Shift-III

86. (a) 24 : 169 (b) 48 : 625
(c) 36 : 365 (d)12 : 49
SSC CGL (Tier-I) 26/07/2023 Shift-III

87. (a) BDFH (b) EIJN
(c) DHIM (d) CGHL
SSC CGL (Tier-I) 26/07/2023 Shift-II

88. (a) HIJK (b) NQTW
(c) DGJM (d) TWZC
SSC CGL (Tier-I) 26/07/2023 Shift-I

89. (a) (8, 392) (b) (5, 80)
(c) (7, 252) (d) (6, 216)
SSC CGL (Tier-I) 26/07/2023 Shift-I

90. (a) EHV (b) GJT
(c) JMP (d) BEY
SSC CGL (Tier-I) 25/07/2023 Shift-IV

91. (a) (21, 238) (b) (13, 150)
(c) (23, 270) (d) (17, 194)
SSC CGL (Tier-I) 25/07/2023 Shift-III

92. (a) 10:33 (b) 8:29
(c) 6:21 (d) 2:9
SSC CGL (Tier-I) 25/07/2023 Shift-II

93. (a) 128 : 8 (b) 18 : 3
(c) 288 : 12 (d) 350 : 15
SSC CGL (Tier-I) 25/07/2023 Shift-I

94. (a) RQO (b) ONL
(c) DCB (d) HGE
SSC CGL (Tier-I) 25/07/2023 Shift-I

95. (a) 16: 2 (b) 36 : 3
(c) 186 : 7 (d) 100 : 5
SSC CGL (Tier-I) 24/07/2023 Shift-IV

96. (a) FGJP (b) TUXC
(c) ABEJ (d) VWZE
SSC CGL (Tier-I) 24/07/2023 Shift-IV

97. (a) FUD (b) HSF
(c) BYZ (d) JOH
SSC CGL (Tier-I) 24/07/2023 Shift-III

98. (a) 144 : 12 (b) 123 : 11
(c) 196 : 14 (d) 225 : 15
SSC CGL (Tier-I) 24/07/2023 Shift-III

99. (a) (1728, 216) (b) (1000, 125)
(c) (216, 49) (d) (512, 64)
SSC CGL (Tier-I) 24/07/2023 Shift-II

100. (a) (5, 430) (b) (3, 108)
(c) (2, 24) (d) (4, 320)
SSC CGL (Tier-I) 21/07/2023 Shift-IV

101. (a) HJNT (b) SUXZ
(c) PRVB (d) MOSY
SSC CGL (Tier-I) 21/07/2023 Shift-III

102. (a) (108, 81) (b) (96, 72)
(c) (64, 48) (d) (72, 27)
SSC CGL (Tier-I) 21/07/2023 Shift-III

103. (a) (5, 60) (b) (6, 76)
(c) (7, 89) (d) (8, 102)
SSC CGL (Tier-I) 21/07/2023 Shift-II

104. (a) BEJQ (b) JPSW
(c) CFKR (d) MPUB
SSC CGL (Tier-I) 21/07/2023 Shift-I

105. (a) (12, 142) (b) (10, 100)
(c) (8, 62) (d) (14, 194)
SSC CGL (Tier-I) 21/07/2023 Shift-I

106. (a) 2 : 4 : 7 (b) 6 : 12 : 215
(c) 9 : 18 : 728 (d) 5 : 10 : 126
SSC CGL (Tier-I) 20/07/2023 Shift-IV

107. (a) DJOS (b) PTXA
(c) BHMQ (d) HNSW
SSC CGL (Tier-I) 20/07/2023 Shift-IV

108. (a) 19 : 363 (b) 7 : 51
(c) 3 : 17 (d) 13 : 171
SSC CGL (Tier-I) 20/07/2023 Shift-III

109. (a) (6, 1260) (b) (7, 2050)
(c) (4, 240) (d) (5, 600)
SSC CGL (Tier-I) 20/07/2023 Shift-II

110. (a) BYF (b) GUK
(c) CXG (d) IRM
SSC CGL (Tier-I) 20/07/2023 Shift-II

111. (a) 7 : 3 (b) 23 : 5
(c) 80 : 9 (d) 142 : 12
SSC CGL (Tier-I) 20/07/2023 Shift-I

112. (a) SXAC (b) CHLP
(c) TYBD (d) PUXZ
SSC CGL (Tier-I) 19/07/2023 Shift-IV

113. (a) 9 : 1458 (b) 5 : 685
(c) 3 : 54 (d) 5 : 250
SSC CGL (Tier-I) 19/07/2023 Shift-III

114. (a) PRVC (b) TXBG
(c) ACGN (d) HJNU
SSC CGL (Tier-I) 19/07/2023 Shift-I

115. (a) 16 : 106 (b) 15 : 97
(c) 26 : 174 (d) 23 : 153
SSC CGL (Tier-I) 19/07/2023 Shift-I

116. (a) (24, 195) (b) (25, 200)
(c) (26, 211) (d) (36, 291)
SSC CGL (Tier-I) 18/07/2023 Shift-III

117. (a) FHJL (b) AEHI
(c) HLOP (d) QUXY
SSC CGL (Tier-I) 18/07/2023 Shift-II

118. (a) 121 : 23 (b) 81 : 19
(c) 1 : 3 (d) 64 : 9
SSC CGL (Tier-I) 18/07/2023 Shift-II

119. (a) GKOS (b) HKNQ
(c) MQUY (d) PTXB
SSC CGL (Tier-I) 18/07/2023 Shift-I

120. (a) (16, 272) (b) (11, 132)
(c) (15, 240) (d) (13, 180)
SSC CGL (Tier-I) 18/07/2023 Shift-I

121. (a) CAX (b) HDS
(c) FDU (d) AYZ
SSC CGL (Tier-I) 17/07/2023 Shift-IV

122. (a) 361 : 400 (b) 441 : 484
(c) 529 : 576 (d) 225 :169
SSC CGL (Tier-I) 17/07/2023 Shift-III

123. (a) DIW (b) KQP
(c) AFZ (d) HMS
SSC CGL (Tier-I) 17/07/2023 Shift-II

124. (a) 4 : 16 : 20 (b) 2 : 7 : 10
(c) 12 : 47 : 60 (d) 5 : 19 : 25
SSC CGL (Tier-I) 17/07/2023 Shift-I

125. (a) JQM (b) AZD
(c) BXE (d) DWG
SSC CGL (Tier-I) 14/07/2023 Shift-IV

126. (a) (84, 672) (b) (87, 522)
(c) (92, 552) (d) (64, 384)
SSC CGL (Tier-I) 14/07/2023 Shift-IV

127. (a) DFJL (b) HJNP
(c) ACGI (d) KMOQ
SSC CGL (Tier-I) 14/07/2023 Shift-III

128. (a) 6903 : 2582 (b) 6286 : 1965
(c) 6571 : 2448 (d) 8247 : 3926
SSC CGL (Tier-I) 14/07/2023 Shift-III

129. (a) 72 : 16 : 8 (b) 36 : 13 : 7
(c) 1 : 3 : 2 (d) 16 : 9 : 5
SSC CGL (Tier-I) 14/07/2023 Shift-II

130. (a) DWA (b) EVC
(c) GTD (d) KPH
SSC CGL (Tier-I) 14/07/2023 Shift-II

131. (a) 20 : 11 (b) 6 : 4
(c) 12 : 7 (d) 15 : 8
SSC CGL (Tier-I) 14/07/2023 Shift-I

132. (a) HJKP (b) BFJN
(c) JNRV (d) DHLP
SSC CGL (Tier-I) 14/07/2023 Shift-I

SSC CGL 2022 (Tier I)

133. (a) WPUQ (b) ZLXM
(c) BXCY (d) MEKF
SSC CGL (Tier-I) 13/12/2022 Shift-IV

134. (a) (47 – 43 – 37) (b) (60 – 56 – 52)
(c) (57 – 53 – 49) (d) (50 – 46 – 42)
SSC CGL (Tier-I) 13/12/2022 Shift-IV

135. (a) 10 – 100 (b) 4 – 16
(c) 8 – 62 (d) 6 – 36
SSC CGL (Tier-I) 13/12/2022 Shift-III

136. (a) JLN (b) HJL
(c) OQS (d) MOP
SSC CGL (Tier-I) 13/12/2022 Shift-III

137. (a) 22–40 (b) 16–31
(c) 18–35 (d) 24–47
SSC CGL (Tier-I) 13/12/2022 Shift-II

138. (a) LON (b) WZY
(c) ADC (d) FHG
SSC CGL (Tier-I) 13/12/2022 Shift-II

139. (a) SRQP (b) BYXW
(c) EDCB (d) PONM
SSC CGL (Tier-I) 13/12/2022 Shift-I

140. (a) (18 – 36 – 72) (b) (12 – 24 – 48)
(c) (14 – 28 – 42) (d) (16 – 32 – 64)
SSC CGL (Tier-I) 13/12/2022 Shift-I

141. (a) TFE (b) RHG
(c) EUT (d) TRQ
SSC CGL (Tier-I) 12/12/2022 Shift-IV

142. (a) (500 – 100 – 20)
(b) (600 – 120 – 24)
(c) (300 – 60 – 12)
(d) (400 – 80 – 14)
SSC CGL (Tier-I) 12/12/2022 Shift-III

143. (a) NLK (b) GDA
(c) TRQ (d) LJI
SSC CGL (Tier-I) 12/12/2022 Shift-III

144. (a) (23 – 27 – 31) (b) (16 – 20 – 24)
(c) (12 – 14 – 18) (d) (11 – 15 – 19)
SSC CGL (Tier-I) 12/12/2022 Shift-II

145. (a) UCF (b) HDX
(c) NJM (d) ZXA
SSC CGL (Tier-I) 12/12/2022 Shift-II

146. (a) UGS (b) CXA
(c) NNL (d) JRH
SSC CGL (Tier-I) 12/12/2022 Shift-I

147. (a) DOL (b) NEV
(c) ARI (d) MIP
SSC CGL (Tier-I) 09/12/2022 Shift-IV

148. (a) (15 – 25 – 49) (b) (17 – 27 – 47)
(c) (19 – 29 – 49) (d) (13 – 23 – 43)
SSC CGL (Tier-I) 09/12/2022 Shift-IV

149. (a) 12 – 25 (b) 28 – 56
(c) 26 – 53 (d) 32 – 65
SSC CGL (Tier-I) 09/12/2022 Shift-III

150. (a) ABC (b) IJK
(c) XYZ (d) LNM
SSC CGL (Tier-I) 09/12/2022 Shift-III

151. (a) EQGP (b) URWQ
(c) XFWE (d) MKOJ
SSC CGL (Tier-I) 09/12/2022 Shift-II

152. (a) (137 – 142 – 147)
(b) (117 – 122 – 129)
(c) (131 – 136 – 141)
(d) (103 – 108 – 113)
SSC CGL (Tier-I) 09/12/2022 Shift-II

153. (a) UVZ (b) XYA
(c) QRT (d) MNP
SSC CGL (Tier-I) 09/12/2022 Shift-I

154. (a) 9 – 83 (b) 7 – 51
(c) 5 – 23 (d) 11 – 123
SSC CGL (Tier-I) 09/12/2022 Shift-I

155. (a) QKJH (b) OIGE
(c) WQPN (d) SMLJ
SSC CGL (Tier-I) 08/12/2022 Shift-IV

156. (a) (300 – 30 – 7) (b) (500 – 50 – 5)
(c) (1000 – 100 – 10) (d) (400 – 40 – 4)
SSC CGL (Tier-I) 08/12/2022 Shift-IV

157. (a) 4 – 14 (b) 14 – 192
(c) 12 – 142 (d) 8 – 62
SSC CGL (Tier-I) 08/12/2022 Shift-III

158. (a) WTQ (b) GEB
(c) MJG (d) OLI
SSC CGL (Tier-I) 08/12/2022 Shift-III

159. (a) KPR (b) QLA
(c) DWK (d) BYI
SSC CGL (Tier-I) 08/12/2022 Shift-II

160. (a) 14-208 (b) 16-266
(c) 18-334 (d) 12-154
SSC CGL (Tier-I) 08/12/2022 Shift-I

161. (a) LEB (b) JZF
(c) TJP (d) MCI
SSC CGL (Tier-I) 08/12/2022 Shift-I

162. (a) KPW (b) DIP
(c) QGM (d) SXE
SSC CGL (Tier-I) 07/12/2022 Shift-IV

163. (a) 9 – 16 (b) 25 – 51
(c) 13 – 27 (d) 11 – 23
SSC CGL (Tier-I) 07/12/2022 Shift-IV

164. (a) PQI (b) UVD
(c) JKZ (d) EFT
SSC CGL (Tier-I) 07/12/2022 Shift-III

165. (a) 14 – 201 (b) 12 – 149
(c) 16 – 263 (d) 18 – 329
SSC CGL (Tier-I) 07/12/2022 Shift-III

166. (a) TYG (b) XUC
(c) HBL (d) IJR
SSC CGL (Tier-I) 07/12/2022 Shift-II

167. (a) PUK (b) CHX
(c) FKA (d) CJZ
SSC CGL (Tier-I) 07/12/2022 Shift-I

168. (a) 44 –84 (b) 14, –26
(c) 18 – 34 (d) 16 – 30
SSC CGL (Tier-I) 07/12/2022 Shift-I

169. (a) XZCA (b) UWFD
(c) PRKI (d) JFOQ
SSC CGL (Tier-I) 06/12/2022 Shift-IV

170. (a) 16 – 251 (b) 17 – 284
(c) 15 – 220 (d) 14 – 193
SSC CGL (Tier-I) 06/12/2022 Shift-IV

171. (a) 20 – 406 (b) 10 – 106
(c) 14 – 200 (d) 12 – 150
SSC CGL (Tier-I) 06/12/2022 Shift-III

172. (a) MNG (b) STM
(c) ABU (d) HED
SSC CGL (Tier-I) 06/12/2022 Shift-II

173. (a) 12 – 141 (b) 8 – 60
(c) 6 – 33 (d) 10 – 97
SSC CGL (Tier-I) 06/12/2022 Shift-II

174. (a) XCCU (b) UZFR
(c) VCDR (d) SXHP
SSC CGL (Tier-I) 06/12/2022 Shift-I

175. (a) 15 – 220 (b) 9 – 84
(c) 11 – 124 (d) 13 – 172
SSC CGL (Tier-I) 06/12/2022 Shift-I

176. (a) DSZA (b) ATRE
(c) YNUF (d) CRYB
SSC CGL (Tier-I) 05/12/2022 Shift-IV

177. (a) 16-257 (b) 14-193
(c) 10-101 (d) 12-145
SSC CGL (Tier-I) 05/12/2022 Shift-IV

178. (a) XFIK (b) AMRW
(c) KWBG (d) PBGL
SSC CGL (Tier-I) 05/12/2022 Shift-III

179. (a) (5 – 50 – 1000) (b) (6 – 60 – 1200)
(c) (7 – 70 – 1600) (d) (4 – 40 – 800)
SSC CGL (Tier-I) 05/12/2022 Shift-III

180. (a) ZWSQ (b) JHDB
(c) PNJH (d) TRNL
SSC CGL (Tier-I) 05/12/2022 Shift-II

181. (a) 18 – 76 (b) 12 – 50
(c) 10 – 44 (d) 8 – 36
SSC CGL (Tier-I) 05/12/2022 Shift-II

182. (a) 13-25 (b) 15-27
(c) 17-31 (d) 9-15
SSC CGL (Tier-I) 05/12/2022 Shift-I

183. (a) TQR (b) IFG
(c) MJK (d) NKI
SSC CGL (Tier-I) 05/12/2022 Shift-I

184. (a) (58 – 61 – 64) (b) (44 – 49 – 52)
(c) (84 – 87 – 90) (d) (90 – 93 – 96)
SSC CGL (Tier-I) 03/12/2022 Shift-IV

185. (a) 6 – 60 (b) 8 – 80
(c) 4 – 40 (d) 2 – 18
SSC CGL (Tier-I) 03/12/2022 Shift-III

186. (a) DBHE (b) IGMJ
(c) NLRO (d) SPVT
SSC CGL (Tier-I) 03/12/2022 Shift-III

187. (a) 17 – 279 (b) 5 – 31
(c) 13 – 159 (d) 9 – 71
SSC CGL (Tier-I) 03/12/2022 Shift-II

188. (a) JEQJ (b) ANHS
(c) PYWD (d) JPRT
SSC CGL (Tier-I) 03/12/2022 Shift-II

189. (a) 12 – 167 (b) 11 – 111
(c) 8 – 81 (d) 7 – 71
SSC CGL (Tier-I) 03/12/2022 Shift-I

190. (a) FYI (b) RKU
(c) KDN (d) CGB
SSC CGL (Tier-I) 03/12/2022 Shift-I

191. (a) (550 – 545 – 540)
(b) (405 – 400 – 395)
(c) (700 – 690 – 685)
(d) (620 – 615 – 610)
SSC CGL (Tier-I) 02/12/2022 Shift-IV

192. (a) GED (b) MKI
(c) SQO (d) YWU
SSC CGL (Tier-I) 02/12/2022 Shift-IV

193. (a) 6-216 (b) 4-64
(c) 3-44 (d) 5-125
SSC CGL (Tier-I) 02/12/2022 Shift-III

194. (a) SNJH (b) IDAY
(c) QLHF (d) VQMK
SSC CGL (Tier-I) 02/12/2022 Shift-III

195. (a) (9 – 90 – 80) (b) (6 – 60 – 50)
(c) (7 – 70 – 68) (d) (8 – 80 – 70)
SSC CGL (Tier-I) 02/12/2022 Shift-II

196. (a) IRP (b) VEB
(c) GTQ (d) EVS
SSC CGL (Tier-I) 02/12/2022 Shift-II

197. (a) IRMT (b) YBXR
(c) PKSM (d) WDLF
SSC CGL (Tier-I) 02/12/2022 Shift-I

198. (a) (1000 – 500 – 250)
(b) (600 – 300 – 150)
(c) (400 – 200 – 50)
(d) (200 – 100 – 50)
SSC CGL (Tier-I) 02/12/2022 Shift-I

199. (a) (10 - 100 - 95) (b) (20 - 400 - 395)
(c) (15 - 220 - 215) (d) (25 - 625 - 620)
SSC CGL (Tier-I) 01/12/2022 Shift-IV

200. (a) (92 – 72 – 52) (b) (88 – 68 – 48)
(c) (76 – 56 – 36) (d) (98 – 78 – 56)
SSC CGL (Tier-I) 01/12/2022 Shift-III

201. (a) LJH (b) FDB (c) ZXV (d) JIG
SSC CGL (Tier-I) 01/12/2022 Shift-III

202. (a) (171 – 169 – 167)
(b) (153 – 151 – 147)
(c) 183 – 181 – 179)
(d) (201 – 199 – 197)
SSC CGL (Tier-I) 01/12/2022 Shift-II

203. (a) DFB (b) TVR
(c) QSO (d) KGI
SSC CGL (Tier-I) 01/12/2022 Shift-II

204. (a) (5-125-115) (b) (6-216-206)
(c) (4-64-54) (d) (7-343-331)
SSC CGL (Tier-I) 01/12/2022 Shift-I

205. (a) UVW (b) LKJ
(c) HGF (d) RQP
SSC CGL (Tier-I) 01/12/2022 Shift-I,
SSC CGL 2021 (Tier-I)

SSC CGL 2021 (Tier I)

206. (a) 7 : 30 (b) 8 : 34
(c) 5 : 24 (d) 6 : 26
SSC CGL (Tier-I) 24/08/2021 Shift-III

207. (a) की-बोर्ड (b) वेबकैम
(c) माइक्रोफोन (d) प्लॉटर
SSC CGL (Tier-I) 24/08/2021 Shift-II

208. (a) (64, 729) (b) (36, 353)
(c) (49, 512) (d) (25, 216)
SSC CGL (Tier-I) 24/08/2021 Shift-II

209. (a) पर्यावरण विज्ञान (b) नेत्र विज्ञान
(c) पेशी विज्ञान (d) त्वचा विज्ञान
SSC CGL (Tier-I) 24/08/2021 Shift-I

210. (a) TFKG (b) JNCQ
(c) RDMI (d) FHWU
SSC CGL (Tier-I) 24/08/2021 Shift-I

211. (a) 27 : 82 (b) 22 : 127
(c) 16 : 91 (d) 28 : 163
SSC CGL (Tier-I) 24/08/2021 Shift-I

212. (a) चूं-चूं करना (b) सरपट दौड़ना
(c) टरटराना (d) रेंकना
SSC CGL (Tier-I) 23/08/2021 Shift-II

213. (a) LNMH (b) WYBY
(c) RTGB (d) HJQL
SSC CGL (Tier-I) 23/08/2021 Shift-II

214. (a) 4 : 52 (b) 7 : 294
(c) 5 : 100 (d) 6 : 180
SSC CGL (Tier-I) 23/08/2021 Shift-II

215. (a) मनामा (b) ढका
(c) हरारे (d) लुसाका
SSC CGL (Tier-I) 23/08/2021 Shift-I

216. (a) FHDJ (b) PRNT
(c) LNJP (d) GIEY
SSC CGL (Tier-I) 23/08/2021 Shift-I

217. (a) SPMJ (b) GDAW
(c) CZWT (d) PMJG
SSC CGL (Tier-I) 20/08/2021 Shift-II

218. (a) अनुज्ञा देना (b) अटकाना
(c) वर्जित करना (d) अड़चन डालना
SSC CGL (Tier-I) 20/08/2021 Shift-II

219. (a) 727 : 609 (b) 191 : 177
(c) 797 : 679 (d) 373 : 255
SSC CGL (Tier-I) 20/08/2021 Shift-II

220. (a) (547, 258) (b) (723, 144)
(c) (812, 121) (d) (546, 225)
SSC CGL (Tier-I) 20/08/2021 Shift-I

221. (a) QL (b) KP (c) GT (d) MN
SSC CGL (Tier-I) 20/08/2021 Shift-I

222. (a) दस्त (b) पाजी (स्कर्वी)
(c) गण्डलमाला (d) रक्ताल्पता
SSC CGL (Tier-I) 20/08/2021 Shift-I

223. (a) 239 : 78 (b) 326 : 107
(c) 308 : 101 (d) 197 : 66
SSC CGL (Tier-I) 18/08/2021 Shift-III

224. (a) NPKR (b) TVQX
(c) BDYF (d) XZTB
SSC CGL (Tier-I) 18/08/2021 Shift-III

225. (a) गठिया (b) वात-रोग
(c) सूखा रोग (d) उच्च रक्तचाप
SSC CGL (Tier-I) 20/08/2021 Shift-I

226. (a) AUPL (b) ZTOL
(c) OIDZ (d) JDYU
SSC CGL (Tier-I) 18/08/2021 Shift-I

227. (a) 324335 : 577 (b) 406321 : 493
(c) 111617 : 278 (d) 253471 : 778
SSC CGL (Tier-I) 18/08/2021 Shift-I

228. (a) NQT (b) MPS
(c) QTV (d) PSV
SSC CGL (Tier-I) 17/08/2021 Shift-III

229. (a) 461 : 20 (b) 239 : 14
(c) 305 : 16 (d) 182 : 12
SSC CGL (Tier-I) 17/08/2021 Shift-I

230. (a) अशांति (b) विवाद
(c) आन्दोलन (d) शांति
SSC CGL (Tier-I) 17/08/2021 Shift-I

231. (a) आलसी (b) फुर्तीला
(c) निष्क्रिय (d) सुस्त
SSC CGL (Tier-I) 16/08/2021 Shift-III

232. (a) 4327:2003 (b) 2347:1113
(c) 3527:2293 (d) 5237:4003
SSC CGL (Tier-I) 16/08/2021 Shift-III

233. (a) BEHK (b) QTWZ
(c) NPSV (d) XADG
SSC CGL (Tier-I) 16/08/2021 Shift-III

234. (a) RTPO (b) LNJI
(c) DFBA (d) FHDB
SSC CGL (Tier-I) 16/08/2021 Shift-II

235. (a) 15 : 197 (b) 27 : 181
(c) 25 : 167 (d) 21 : 139
SSC CGL (Tier-I) 16/08/2021 Shift-I

236. (a) डाह (b) द्वेष
(c) ईर्ष्या (d) सहानुभूति
SSC CGL (Tier-I) 16/08/2021 Shift-I

237. (a) NSXC (b) ZEJP
(c) HMRW (d) TYDI
SSC CGL (Tier-I) 13/08/2021 Shift-III

238. (a) मुम्बई (b) रायपुर
(c) अहमदाबाद (d) राँची
SSC CGL (Tier-I) 13/08/2021 Shift-III

239. (a) 12 : 156 (b) 14 : 210
(c) 17 : 307 (d) 18 : 342
SSC CGL (Tier-I) 13/08/2021 Shift-I

240. (a) FBXT (b) NJFA
(c) CYUQ (d) TPLH
SSC CGL (Tier-I) 13/08/2021 Shift-I

SSC CGL 2020 (Tier I)

241. (a) 33 : 109 (b) 30 : 94
(c) 27 : 85 (d) 44 : 136
SSC CGL (Tier-I) 07/03/2020 Shift-II

242. (a) दूरी (b) लीटर
(c) मिनट (d) किलोग्राम
SSC CGL (Tier-I) 07/03/2020 Shift-II

243. (a) EHKN (b) PSVY
(c) TWZC (d) NOSV
SSC CGL (Tier-I) 07/03/2020 Shift-II

244. (a) चीखना (b) गर्जन करना
(c) बुदबुदाना (d) चिल्लाना
SSC CGL (Tier-I) 07/03/2020 Shift-I

245. (a) 4/5 : 3 (b) 16/20 : 6
(c) 25/41 : 8 (d) 30/51 : 9
SSC CGL (Tier-I) 07/03/2020 Shift-I

246. (a) गीजर (b) कम्प्यूटर
(c) टेलीविजन (d) मशीन
SSC CGL (Tier-I) 06/03/2020 Shift-III

247. (a) 85245 : 24 (b) 41263 : 18
(c) 26584 : 25 (d) 77052 : 21
SSC CGL (Tier-I) 06/03/2020 Shift-III

248. (a) VINE (b) LAIM
(c) SWJK (d) NOHA
SSC CGL (Tier-I) 06/03/2020 Shift-II

249. (a) लोहा (b) चाँदी
(c) पीतल (d) ताँबा
SSC CGL (Tier-I) 06/03/2020 Shift-II

250. (a) 15 : 250 (b) 13 : 169
(c) 17 : 289 (d) 11 : 121
SSC CGL (Tier-I) 06/03/2020 Shift-I

251. (a) FBL (b) DDP
(c) GCV (d) BJT
SSC CGL (Tier-I) 06/03/2020 Shift-I

252. (a) 5121 : 12 (b) 8101 : 10
(c) 4209 : 15 (d) 7456 : 22
SSC CGL (Tier-I) 05/03/2020 Shift-III

253. (a) गुर्दा (b) यकृत
(c) रेनिन (d) अग्न्याशय
SSC CGL (Tier-I) 05/03/2020 Shift-III

254. (a) JMPS (b) ZCFI
(c) ORUX (d) PSVX
SSC CGL (Tier-I) 05/03/2020 Shift-III

255. (a) खसरा (b) पोलियो
(c) रेबीज (d) स्किजोफ्रीनिया
SSC CGL (Tier-I) 05/03/2020 Shift-II

256. (a) 11 : 143 (b) 23 : 667
(c) 19 : 475 (d) 17 : 323
SSC CGL (Tier-I) 05/03/2020 Shift-II

257. (a) 289-325 (b) 121-145
(c) 225-241 (d) 169-197
SSC CGL (Tier-I) 05/03/2020 Shift-I

258. (a) अभाव (b) समृद्धि
(c) दरिद्रता (d) कंगाली
SSC CGL (Tier-I) 05/03/2020 Shift-I

259. (a) TVW (b) FHJ
(c) LNP (d) DFH
SSC CGL (Tier-I) 05/03/2020 Shift-I

260. (a) MNR (b) IJN
(c) ABF (d) FGL
SSC CGL (Tier-I) 04/03/2020 Shift-III

261. (a) गंगटोक (b) औरंगाबाद
(c) हैदराबाद (d) चेन्नई
SSC CGL (Tier-I) 04/03/2020 Shift-III

262. (a) 11 : 146 (b) 14 : 227
(c) 10 : 123 (d) 17 : 290
SSC CGL (Tier-I) 04/03/2020 Shift-III

SSC CPO SI 2024-2020

निर्देश (प्र. सं. 263-285) *निम्नलिखित प्रश्नों में दिए गए विकल्पों में से विषम अक्षर-समूह ज्ञात कीजिए।*

263. (a) IFM (b) TOX
(c) GDK (d) OLR
SSC CPO 29/06/2024 Shift-III

264. (a) QUS (b) OSP
(c) SWT (d) UYV
SSC CPO 29/06/2024 Shift-II

265. (a) NSP (b) RWT
(c) PUR (d) TYU
SSC CPO 29/06/2024 Shift-I

266. (a) QNR (b) KHM
(c) TQV (d) NKP
SSC CPO 28/06/2024 Shift-III

267. (a) FLI (b) RXU
(c) MSQ (d) IOL
SSC CPO 28/06/2024 Shift-II

268. (a) DGI (b) ORT
(c) FIK (d) JMP
SSC CPO 27/06/2024 Shift-III

269. (a) GKI (b) KON
(c) MQO (d) CGE
SSC CPO 27/06/2024 Shift-II

270. (a) SPU (b) PMS
(c) URX (d) JGM
SSC CPO 27/06/2024 Shift-I

271. (a) CEAX (b) GIET
(c) SQUH (d) MOKN
SSC CPO 05/10/2023 Shift-III

272. (a) SRWX (b) POTU
(c) DBGH (d) HGLM
SSC CPO 05/10/2023 Shift-III

273. (a) SWYX (b) LOQP
(c) PTVU (d) RVXW
SSC CPO 04/10/2023 Shift-II

274. (a) PSJK (b) PRKL
(c) WYRS (d) FHAB
SSC CPO 03/10/2023 Shift-I

275. (a) KLNP (b) SRPH
(c) WVTD (d) JIGQ
SSC CPO 03/10/2023 Shift-I

276. (a) JHFA (b) NLIE
(c) XVSO (d) MKHD
SSC CPO 11/11/2022

277. (a) VYS (b) PSM
(c) ROL (d) RUO
SSC CPO 11/11/2022

278. (a) BDIL (b) FHMP
(c) LNSV (d) JLPT
SSC CPO 10/11/2022

279. (a) IFK (b) GCI
(c) XTZ (d) PLR
SSC CPO 10/11/2022

280. (a) HEBY (b) SPLI
(c) WTQN (d) OLIF
SSC CPO 25/11/2020 Shift-II

281. (a) RIVE (b) HSLO
(c) MNPK (d) DWHS
SSC CPO 25/11/2020 Shift-II

282. (a) BSMK (b) CQLJ
(c) GKDT (d) DPNH
SSC CPO 25/11/2020 Shift-I

283. (a) SHWL (b) GTKX
(c) MNRT (d) BYFC
SSC CPO 24/11/2020 Shift-I

284. (a) ORVB (b) ZCGL
(c) HKOT (d) KNRW
SSC CPO 24/11/2020 Shift-I

285. (a) UXADG (b) ORUXA
(c) OMSVY (d) CFILO
SSC CPO 23/11/2020 Shift-I

SSC CHSL 2024 (Tier I & II)

निर्देश (प्र. सं. 286-382) *निम्नलिखित प्रश्नों में दिए गए विकल्पों में से विषम पद ज्ञात कीजिए।*

286. (a) जन्मदिन की टोपी-शंकु
(b) गेंद-गोला
(c) टेलीविजन-त्रिभुज
(d) अँगूठी-वृत्त
SSC CHSL (Tier-II) 18/11/2024 Shift-I

287. (a) 112-103-94 (b) 94-85-76
(c) 87-78-69 (d) 76-67-54
SSC CHSL (Tier-II) 18/11/2024 Shift-I

288. (a) 31-46-41 (b) 29-44-38
(c) 17-32-26 (d) 24-39-33
SSC CHSL (Tier-II) 18/11/2024 Shift-I

289. (a) ORT (b) DGH
(c) JMN (d) UXY
SSC CHSL (Tier-I) 11/07/2024 Shift-IV

290. (a) HKM (b) JNP
(c) RVX (d) CGI
SSC CHSL (Tier-I) 11/07/2024 Shift-III

291. (a) QSV (b) BDG
(c) FHK (d) LNP
SSC CHSL (Tier-I) 11/07/2024 Shift-II

292. (a) RSXYZ (b) FGNOP
(c) IJQRS (d) OPWXY
SSC CHSL (Tier-I) 10/07/2024 Shift-IV

293. (a) XBF (b) QUY
(c) LHJ (d) FJN
SSC CHSL (Tier-I) 10/07/2024 Shift-III

294. (a) BCFKR (b) JKNSZ
(c) HIMQX (d) EFINU
SSC CHSL (Tier-I) 10/07/2024 Shift-I

295. (a) TVY (b) PRT
(c) RTV (d) HJL
SSC CHSL (Tier-I) 09/07/2024 Shift-IV

296. (a) JKQP (b) DEWV
(c) QRJI (d) OPMK
SSC CHSL (Tier-I) 09/07/2024 Shift-III

297. (a) ROS (b) EBD
(c) LIK (d) PMO
SSC CHSL (Tier-I) 09/07/2024 Shift-I

298. (a) ZABX (b) NMNM
(c) TGHS (d) KPQJ
SSC CHSL (Tier-I) 08/07/2024 Shift-IV

299. (a) FUHS (b) AZCX
(c) YCAZ (d) MNOL
SSC CHSL (Tier-I) 08/07/2024 Shift-II

300. (a) TVY (b) LNQ
(c) PQT (d) CEH
SSC CHSL (Tier-I) 08/07/2024 Shift-I

301. (a) DGJ (b) HKN
(c) PSU (d) TWZ
SSC CHSL (Tier-I) 05/07/2024 Shift-III

302. (a) DGL (b) QTY
(c) FIM (d) MPU
SSC CHSL (Tier-I) 05/07/2024 Shift-I

303. (a) KEAY (b) CWSR
(c) MGCA (d) SMIG
SSC CHSL (Tier-I) 04/07/2024 Shift-IV

304. (a) FJHI (b) VYWX
(c) ADBC (d) JMKL
SSC CHSL (Tier-I) 04/07/2024 Shift-III

305. (a) NQT (b) BEH
(c) KMP (d) RUX
SSC CHSL (Tier-I) 04/07/2024 Shift-II

306. (a) QWD (b) RXE
(c) EKR (d) TZD
SSC CHSL (Tier-I) 03/07/2024 Shift-III

307. (a) RWVU (b) IMNL
(c) AFED (d) PUTS
SSC CHSL (Tier-I) 03/07/2024 Shift-I

308. (a) MPR (b) TWY
(c) BEG (d) JMN
SSC CHSL (Tier-I) 02/07/2024 Shift-IV

309. (a) EMS (b) TBG
(c) CKP (d) LTY
SSC CHSL (Tier-I) 02/07/2024 Shift-III

310. (a) BFJ (b) RVZ
(c) GJN (d) LPT
SSC CHSL (Tier-I) 02/07/2024 Shift-II

311. (a) LQO (b) XCA
(c) EJH (d) PTV
SSC CHSL (Tier-I) 02/07/2024 Shift-I

312. (a) BEI (b) JMP
(c) KNR (d) SVZ
SSC CHSL (Tier-I) 01/07/2024 Shift-IV

313. (a) OPSN (b) MNQL
(c) VWZU (d) EFHD
SSC CHSL (Tier-I) 01/07/2024 Shift-III

314. (a) ENU (b) MVC
(c) AJQ (d) OXC
SSC CHSL (Tier-I) 01/07/2024 Shift-I

315. (a) 364-182 (b) 986-493
(c) 438-219 (d) 648-325
SSC CHSL (Tier-II) 10/01/2024 Shift-I

316. (a) 31-280 (b) 14-126
(c) 25-225 (d) 12-108
SSC CHSL (Tier-II) 10/01/2024 Shift-I

317. (a) धन - बटुए
(b) चावल - खाना
(c) कपड़े - अलमारियाँ
(d) पानी - बोतलें
SSC CHSL (Tier-II) 10/01/2024 Shift-I

SSC CHSL 2023 (Tier I & II)

318. (a) 25-75 (b) 41-123
(c) 38-114 (d) 33-97
SSC CHSL (Tier-II) 02/11/2023 Shift-I

319. (a) रेस्तरां - रसोइए
(b) सिनेमाघर - फिल्में
(c) अस्पताल - चिकित्सक
(d) विद्यालय - शिक्षक
SSC CHSL (Tier-II) 02/11/2023 Shift-I

320. (a) 2 : 10 (b) 5 : 55
(c) 3 : 23 (d) 4 : 36
SSC CHSL (Tier-I) 17/08/2023 Shift-I

321. (a) YWU (b) FEC
(c) TSQ (d) MLJ
SSC CHSL (Tier-I) 17/08/2023 Shift-I

322. (a) 7 – 19 (b) 11 – 30
(c) 14 – 39 (d) 17 – 48
SSC CHSL (Tier-I) 14/08/2023 Shift-IV

323. (a) WYX (b) DGE
(c) FHG (d) SUT
SSC CHSL (Tier-I) 14/08/2023 Shift-IV

324. (a) 96 : 336 : 192 (b) 52 : 182 : 130
(c) 84 : 294 : 210 (d) 68 : 238 : 170
SSC CHSL (Tier-I) 11/08/2023 Shift-I

325. (a) NOR (b) LNP
(c) DEH (d) LMP
SSC CHSL (Tier-I) 11/08/2023 Shift-I

326. (a) ZAX (b) IJH
(c) KLI (d) VWT
SSC CHSL (Tier-I) 10/08/2023 Shift-III

327. (a) 18-37 (b) 33-67
(c) 27-53 (d) 29-59
SSC CHSL (Tier-I) 10/08/2023 Shift-III

328. (a) LPR (b) EIK
(c) BFI (d) NRT
SSC CHSL (Tier-I) 09/08/2023 Shift-I

329. (a) DEG (b) ZAB
(c) XYA (d) RSU
SSC CHSL (Tier-I) 08/08/2023 Shift-II

330. (a) 2 : 10 (b) 4 : 32
(c) 5 : 45 (d) 3 : 21
SSC CHSL (Tier-I) 08/08/2023 Shift-II

331. (a) 13 – 75 (b) 19 – 105
(c) 24 – 125 (d) 31 – 165
SSC CHSL (Tier-I) 07/08/2023 Shift-IV

332. (a) JHG (b) PNM
(c) TSO (d) XVU
SSC CHSL (Tier-I) 07/08/2023 Shift-IV

333. 7 : 354 5 : 136
9 : 742 8 : 523
(a) 7 : 354 (b) 5 : 136
(c) 9 : 742 (d) 8 : 523
SSC CHSL (Tier-I) 04/08/2023 Shift-II

334. (a) JLN (b) CEH
(c) VXA (d) MOR
SSC CHSL (Tier-I) 04/08/2023 Shift-II

335. (a) 39-75 (b) 43-82
(c) 55-107 (d) 64-125
SSC CHSL (Tier-I) 04/08/2023 Shift-II

336. (a) 23 – 18 – 15 (b) 46 – 41 – 12
(c) 16 – 9 – 21 (d) 34 – 28 – 18
SSC CHSL (Tier-I) 02/08/2023 Shift-I

337. (a) DFB (b) MZK
(c) WYU (d) TVR
SSC CHSL (Tier-I) 02/08/2023 Shift-I

338. (a) 18-325 (b) 14-197
(c) 24-575 (d) 12-145
SSC CHSL (Tier-I) 21/03/2023 Shift-IV

339. (a) आवर्धन–सूक्ष्मदर्शी
(b) लिखना–पेन
(c) बन्दूक –गोली मारना
(d) गड्डा–कुदाल
SSC CHSL (Tier-I) 21/03/2023 Shift-IV

340. (a) 18-320 (b) 13-163
(c) 24-572 (d) 9-77
SSC CHSL (Tier-I) 21/03/2023 Shift-IV

341. (a) RTW (b) PSV
(c) ADG (d) ILO
SSC CHSL (Tier-I) 21/03/2023 Shift-II

342. (a) (शल्य चिकित्सक, योद्धा बावर्ची)
(b) (मजदूर, दर्जी, मूर्तिकार)
(c) (किसान, राजमिस्त्री, चिकित्सक)
(d) (चाकू, सूई, साहुल सूत्र)
SSC CHSL (Tier-I) 20/03/2023 Shift-III

343. (a) 1024-3072 (b) 336-1008
(c) 1248-3744 (d) 726-2278
SSC CHSL (Tier-I) 20/03/2023 Shift-III

344. (a) QX (b) WC
(c) PW (d) FM
SSC CHSL (Tier-I) 20/03/2023 Shift-III

345. (a) 64-4032 (b) 52-2704
(c) 42-1764 (d) 38-1444
SSC CHSL (Tier-I) 20/03/2023 Shift-III

346. (a) धातु–अयस्क (b) लकड़ी–फर्नीचर
(c) लुगदी–कागज (d) ईंट–दीवार
SSC CHSL (Tier-I) 17/03/2023 Shift-II

347. (a) UVSX (b) ABZD
(c) GHEJ (d) OPMR
SSC CHSL (Tier-I) 17/03/2023 Shift-II

348. (a) 225 – 5733 (b) 361 – 9786
(c) 169 – 7912 (d) 289 – 3194
SSC CHSL (Tier-I) 16/03/2023 Shift-I

349. (a) 8888 – 4444 (b) 4444 – 2222
(c) 3333 – 1111 (d) 6666 – 3333
SSC CHSL (Tier-I) 16/03/2023 Shift-I

350. (a) 19 - 364 (b) 21 - 444
(c) 13 - 174 (d) 17 - 292
SSC CHSL (Tier-I) 15/03/2023 Shift-IV

351. (a) वृक्क - अंग (b) स्कूटर - वाहन
(c) त्रिभुज - आकृति (d) फल - सेब
SSC CHSL (Tier-I) 15/03/2023 Shift-IV

352. (a) 507-1212 (b) 681-867
(c) 729-1656 (d) 843-1181
SSC CHSL (Tier-I) 15/03/2023 Shift-IV

353. (a) EBXS (b) QNJF
(c) KHDY (d) URNI
SSC CHSL (Tier-I) 15/03/2023 Shift-IV

354. (a) कर्नाटक–बेंगलुरु (b) पटना - बिहार
(c) गाँधीनगर–गुजरात (d) दिसपुर - असम
SSC CHSL (Tier-I) 14/03/2023 Shift-I

355. (a) EAW (b) HDZ
(c) YUQ (d) WSM
SSC CHSL (Tier-I) 14/03/2023 Shift-I

356. (a) AEI (b) IOU
(c) EID (d) EIO
SSC CHSL (Tier-I) 13/03/2023 Shift-III

357. (a) फाइल (b) रेफ्रिजरेटर
(c) लैपटॉप (d) टेलीविजन
SSC CHSL (Tier-I) 13/03/2023 Shift-III

358. (a) CX (b) JP
(c) MN (d) HS
SSC CHSL (Tier-I) 10/03/2023 Shift-II

359. (a) बढ़ई–फर्नीचर (b) कविता–कवि
(c) आभूषण–सुनार (d) कपड़े–दर्जी
SSC CHSL (Tier-I) 10/03/2023 Shift-II

360. (a) 331235-66247 (b) 126215-25247
(c) 51265-10253 (d) 15265-3053
SSC CHSL (Tier-I) 10/03/2023 Shift-II

361. (a) फूलगोभी (b) सेब
(c) अंगूर (d) केला
SSC CHSL (Tier-I) 09/03/2023 Shift-I

362. (a) 2125-8600 (b) 3375-13500
(c) 1595-6380 (d) 2685-10740
SSC CHSL (Tier-I) 09/03/2023 Shift-I

363. (a) 2222-4444 (b) 3333-6666
(c) 4444-8888 (d) 5555-7777
SSC CHSL (Tier-I) 09/03/2023 Shift-I

364. (a) BDEF (b) LMNO
(c) IJKL (d) ABCD
SSC CHSL (Tier-I) 09/03/2023 Shift-I

SSC CHSL 2022 & 2021 (Tier I & II)

365. (a) 25 : 125 (b) 49 : 343
(c) 36 : 216 (d) 81 : 730
SSC CHSL (Tier-I) 02/06/2022 Shift-I

366. (a) 4612-6412 (b) 5286-8652
(c) 7938-9873 (d) 8734-8743
SSC CHSL (Tier-I) 01/06/2022 Shift-I

367. (a) 25 : 8 (b) 8 : 3
(c) 15 : 4 (d) 48 : 7
SSC CHSL (Tier-I) 31/05/2022 Shift-I

368. (a) 729 : 81 (b) 369 : 41
(c) 441 : 49 (d) 343 : 47
SSC CHSL (Tier-I) 30/05/2022 Shift-I

369. (a) 52 : 182 (b) 26 : 91
(c) 48 : 168 (d) 34 : 118
SSC CHSL (Tier-I) 27/05/2022 Shift-I

370. (a) 7 : 337 (b) 4 : 60
(c) 5 : 120 (d) 6 : 210
SSC CHSL (Tier-I) 27/05/2022 Shift-I

371. (a) 24 : 528 (b) 47 : 2116
(c) 68 : 4488 (d) 53 : 2703
SSC CHSL (Tier-I) 27/05/2022 Shift-I

372. (a) नाक (b) यकृत
(c) हृदय (d) फेफड़े
SSC CHSL (Tier-I) 12/08/2021 Shift-III

373. (a) VBHN (b) HNTZ
(c) IPVA (d) AGMS
SSC CHSL (Tier-I) 12/08/2021 Shift-III

374. (a) पुद्दुचेरी (b) दिल्ली
(c) जम्मू एवं कश्मीर (d) चण्डीगढ़
SSC CHSL (Tier-I) 10/08/2021 Shift-I

375. (a) 17 : 291 (b) 11 : 123
(c) 15 : 227 (d) 13 : 169
SSC CHSL (Tier-I) 10/08/2021 Shift-I

376. (a) सत्यनिष्ठा (b) प्रसन्नता
(c) सत्यता (d) ईमानदारी
SSC CHSL (Tier-I) 04/08/2021 Shift-I

377. (a) 5423 (b) 6341
(c) 6138 (d) 1652
SSC CHSL (Tier-I) 04/08/2021 Shift-I

378. (a) TXCJ (b) DHSZ
(c) NRJQ (d) GKPW
SSC CHSL (Tier-I) 04/08/2021 Shift-I

379. (a) ILORUZ (b) EGIKOT
(c) ASOJIB (d) ABEGIJ
SSC CHSL (Tier-I) 19/04/2021 Shift-III

380. (a) 6457 (b) 4328
(c) 3124 (d) 2105
SSC CHSL (Tier-I) 19/04/2021 Shift-III

381. (a) एक्जिमा (b) सोरायसिस
(c) स्कर्वी (d) विटिलिगो
SSC CHSL (Tier-I) 19/04/2021 Shift-III

382. (a) MOVE (b) TRAM
(c) SPIT (d) BASK
SSC CHSL (Tier-I) 12/04/2021 Shift-II

SSC MTS 2021

383. विषम अक्षर-समूह ज्ञात कीजिए।
(a) kpnm (b) cxve
(c) gtri (d) dwfv
SSC MTS 02/11/2021 Shift-II

SSC Steno 2024-2020

निर्देश (प्र. सं. 384-409) *नीचे दिए गए प्रश्नों में से विषम पद का चयन कीजिए।*

384. (a) UCGF (b) WAED
(c) HEIS (d) IOSR
SSC Steno 11/12/2024 Shift-III

385. (a) PUR (b) BFD
(c) VZX (d) JNL
SSC Steno 11/12/2024 Shift-III

386. (a) (11 : 41) (b) (12 : 46)
(c) (9 : 33) (d) (10 : 37)
SSC Steno 11/12/2024 Shift-III

387. (a) VER (b) NPI
(c) SHO (d) JQF
SSC Steno 11/12/2024 Shift-II

388. (a) YVT (b) LHF
(c) ROM (d) GDB
SSC Steno 11/12/2024 Shift-II

389. (a) POUI (b) IJOT
(c) HGMQ (d) FEKS
SSC Steno 11/12/2024 Shift-I

390. (a) UYX (b) OST
(c) IML (d) BFE
SSC Steno 11/12/2024 Shift-I

391. (a) GHDV (b) STPJ
(c) LMIQ (d) NOPQ
SSC Steno 10/12/2024 Shift-III

392. (a) MJL (b) HEI
(c) QNR (d) VSW
SSC Steno 10/12/2024 Shift-III

393. (a) GJH (b) BEC
(c) PSQ (d) UXW
SSC Steno 10/12/2024 Shift-II

394. (a) PJMH (b) QILG
(c) SGJE (d) UEDC
SSC Steno 10/12/2024 Shift-II

395. (a) IKF (b) PRM
(c) DFA (d) SUQ
SSC Steno 10/12/2024 Shift-I

396. (a) SHQP (b) JQLG
(c) WDYT (d) FUHC
SSC Steno 10/12/2024 Shift-I

397. (a) RTIG (b) TVGE
(c) PRKJ (d) HJSQ
SSC Steno 13/10/2023 Shift-I

398. (a) EVKP (b) HSNM
(c) GTMN (d) JRPV
SSC Steno 12/10/2023 Shift-I

399. (a) KNS (b) QTY
(c) BEJ (d) GLP
SSC Steno 12/10/2023 Shift-I

400. (a) HKE (b) TWQ
(c) DIB (d) MPJ
SSC Steno 18/11/2022 Shift-I

401. (a) HMF (b) GLE
(c) RUP (d) TYR
SSC Steno 17/11/2022 Shift-I

402. (a) BFJNR (b) VZDHL
(c) DHLPT (d) YBFKT
SSC Steno 15/11/2021

403. (a) DFJPX (b) HJNTB
(c) KMQWF (d) BDHNV
SSC Steno 15/11/2021

404. (a) CHMRW (b) DJOTY
(c) BGLQV (d) DINSX
SSC Steno 12/11/2021

405. (a) TUKS : SKUT
(b) LKJR : RJKL
(c) PSRB : SRPB
(d) GMDI : IDMG
SSC Steno 11/11/2021

406. (a) LFZ (b) DXR
(c) TNH (d) PJF
SSC Steno 11/11/2021

407. (a) LRI (b) TZA (c) CHR (d) HNM
SSC Steno 24/12/2020

408. (a) DGKPV (b) LOSXD
(c) TWAFK (d) JMQVB
SSC Steno 24/12/2020

409. (a) OBGWS (b) FYSNJ
(c) LEYTP (d) ZSMHD
SSC Steno 22/12/2020

सही उत्तर

1 (b)	**2** (c)	**3** (b)	**4** (c)	**5** (d)	**6** (a)	**7** (a)	**8** (a)	**9** (a)	**10** (a)
11 (d)	**12** (c)	**13** (b)	**14** (a)	**15** (d)	**16** (c)	**17** (c)	**18** (d)	**19** (a)	**20** (d)
21 (d)	**22** (b)	**23** (c)	**24** (d)	**25** (d)	**26** (b)	**27** (b)	**28** (d)	**29** (a)	**30** (a)
31 (d)	**32** (d)	**33** (d)	**34** (a)	**35** (a)	**36** (d)	**37** (b)	**38** (d)	**39** (a)	**40** (d)
41 (c)	**42** (c)	**43** (c)	**44** (a)	**45** (c)	**46** (c)	**47** (b)	**48** (a)	**49** (a)	**50** (a)
51 (d)	**52** (d)	**53** (b)	**54** (b)	**55** (a)	**56** (a)	**57** (d)	**58** (b)	**59** (c)	**60** (d)
61 (d)	**62** (d)	**63** (c)	**64** (a)	**65** (c)	**66** (b)	**67** (d)	**68** (a)	**69** (d)	**70** (b)
71 (b)	**72** (d)	**73** (d)	**74** (c)	**75** (b)	**76** (a)	**77** (a)	**78** (c)	**79** (a)	**80** (b)
81 (d)	**82** (d)	**83** (a)	**84** (d)	**85** (d)	**86** (c)	**87** (a)	**88** (a)	**89** (d)	**90** (c)
91 (c)	**92** (b)	**93** (d)	**94** (c)	**95** (c)	**96** (a)	**97** (d)	**98** (b)	**99** (c)	**100** (a)
101 (b)	**102** (d)	**103** (a)	**104** (b)	**105** (b)	**106** (d)	**107** (b)	**108** (c)	**109** (b)	**110** (b)
111 (c)	**112** (b)	**113** (b)	**114** (b)	**115** (a)	**116** (b)	**117** (a)	**118** (d)	**119** (b)	**120** (d)
121 (b)	**122** (d)	**123** (b)	**124** (a)	**125** (c)	**126** (a)	**127** (d)	**128** (c)	**129** (a)	**130** (b)
131 (d)	**132** (a)	**133** (c)	**134** (a)	**135** (c)	**136** (d)	**137** (a)	**138** (d)	**139** (b)	**140** (c)
141 (d)	**142** (d)	**143** (b)	**144** (c)	**145** (b)	**146** (b)	**147** (d)	**148** (a)	**149** (b)	**150** (d)
151 (c)	**152** (b)	**153** (a)	**154** (c)	**155** (b)	**156** (a)	**157** (b)	**158** (b)	**159** (b)	**160** (a)
161 (a)	**162** (c)	**163** (a)	**164** (c)	**165** (c)	**166** (c)	**167** (d)	**168** (a)	**169** (d)	**170** (d)
171 (c)	**172** (d)	**173** (b)	**174** (c)	**175** (a)	**176** (d)	**177** (b)	**178** (a)	**179** (c)	**180** (a)
181 (b)	**182** (a)	**183** (d)	**184** (b)	**185** (d)	**186** (d)	**187** (b)	**188** (d)	**189** (a)	**190** (d)
191 (c)	**192** (a)	**193** (c)	**194** (b)	**195** (c)	**196** (a)	**197** (a)	**198** (c)	**199** (c)	**200** (d)
201 (d)	**202** (b)	**203** (d)	**204** (d)	**205** (a)	**206** (c)	**207** (d)	**208** (b)	**209** (a)	**210** (d)
211 (a)	**212** (b)	**213** (b)	**214** (a)	**215** (b)	**216** (d)	**217** (b)	**218** (a)	**219** (b)	**220** (a)
221 (a)	**222** (a)	**223** (d)	**224** (d)	**225** (d)	**226** (b)	**227** (a)	**228** (c)	**229** (d)	**230** (d)
231 (b)	**232** (a)	**233** (c)	**234** (d)	**235** (a)	**236** (d)	**237** (b)	**238** (c)	**239** (c)	**240** (b)
241 (a)	**242** (a)	**243** (d)	**244** (c)	**245** (c)	**246** (d)	**247** (b)	**248** (c)	**249** (c)	**250** (a)
251 (c)	**252** (a)	**253** (c)	**254** (d)	**255** (d)	**256** (c)	**257** (c)	**258** (b)	**259** (a)	**260** (d)
261 (b)	**262** (d)	**263** (d)	**264** (a)	**265** (d)	**266** (a)	**267** (c)	**268** (d)	**269** (b)	**270** (a)
271 (c)	**272** (c)	**273** (b)	**274** (a)	**275** (a)	**276** (a)	**277** (c)	**278** (d)	**279** (a)	**280** (b)
281 (c)	**282** (a)	**283** (c)	**284** (a)	**285** (c)	**286** (c)	**287** (d)	**288** (a)	**289** (a)	**290** (a)
291 (d)	**292** (a)	**293** (c)	**294** (c)	**295** (a)	**296** (d)	**297** (a)	**298** (a)	**299** (c)	**300** (c)
301 (c)	**302** (c)	**303** (b)	**304** (a)	**305** (c)	**306** (d)	**307** (b)	**308** (d)	**309** (a)	**310** (c)
311 (d)	**312** (b)	**313** (d)	**314** (d)	**315** (d)	**316** (a)	**317** (b)	**318** (d)	**319** (b)	**320** (c)
321 (a)	**322** (a)	**323** (b)	**324** (a)	**325** (b)	**326** (b)	**327** (c)	**328** (c)	**329** (b)	**330** (a)
331 (c)	**332** (c)	**333** (c)	**334** (a)	**335** (b)	**336** (b)	**337** (b)	**338** (c)	**339** (c)	**340** (b)
341 (a)	**342** (d)	**343** (d)	**344** (b)	**345** (a)	**346** (a)	**347** (b)	**348** (b)	**349** (c)	**350** (c)
351 (d)	**352** (d)	**353** (b)	**354** (a)	**355** (d)	**356** (c)	**357** (a)	**358** (b)	**359** (a)	**360** (b)
361 (a)	**362** (a)	**363** (d)	**364** (a)	**365** (d)	**366** (a)	**367** (a)	**368** (d)	**369** (d)	**370** (a)
371 (b)	**372** (a)	**373** (c)	**374** (d)	**375** (d)	**376** (b)	**377** (c)	**378** (c)	**379** (c)	**380** (a)
381 (c)	**382** (a)	**383** (d)	**384** (c)	**385** (a)	**386** (b)	**387** (b)	**388** (b)	**389** (b)	**390** (b)
391 (d)	**392** (a)	**393** (d)	**394** (d)	**395** (d)	**396** (a)	**397** (c)	**398** (d)	**399** (d)	**400** (c)
401 (c)	**402** (d)	**403** (c)	**404** (b)	**405** (c)	**406** (d)	**407** (c)	**408** (c)	**409** (a)	

उत्तर सहित हल

1. (b) विकल्प (b) के संख्या युग्म के अतिरिक्त अन्य सभी में पहली संख्या, दूसरी संख्या से पूर्णत: विभाजित है, जबकि 521, 20 से पूर्णत: विभाजित नहीं होती है।

2. (c) विकल्प (c) के अतिरिक्त अन्य सभी में पहला युग्म, दूसरे युग्म का प्रतीक है। अत: विकल्प (c) का युग्म समूह से सम्बन्धित नहीं है।

3. (b) विकल्प (b) के अतिरिक्त अन्य सभी विकल्पों मे पहले शब्द में दूसरे शब्द का कार्य किया जाता है, जबकि पार्क में टहला जाता है न कि तैरा जाता है।

4. (c) जिस प्रकार, $18-198 \Rightarrow 18\times 11 = 198$

$31-341 \Rightarrow 31\times 11 = 341$

तथा $22-242 \Rightarrow 22\times 11 = 242$

लेकिन, $13-144 \Rightarrow 13\times 11 = 143 \neq 144$

अत: संख्या युग्म (13-144) समूह से सम्बन्धित नहीं है।

5. (d) जिस प्रकार,

$9-121 \Rightarrow (9+2)^2 = (11)^2 = 121$

$8-100 \Rightarrow (8+2)^2 = (10)^2 = 100$

$6-64 \Rightarrow (6+2)^2 = (8)^2 = 64$

परन्तु, $12-225 \Rightarrow (12+2)^2 = (14)^2 = 196 \neq 225$

6. (a) जिस प्रकार,

$Y \xrightarrow{-2} W \xrightarrow{+4} A$

$J \xrightarrow{-2} H \xrightarrow{+4} L$

$O \xrightarrow{-2} M \xrightarrow{+4} Q$

परन्तु, $L \xrightarrow{-2} J \xrightarrow{+5} O$

7. (a) जिस प्रकार,

$X \xrightarrow{+2} Z \xrightarrow{+3} C \xrightarrow{+5} H$

$M \xrightarrow{+2} O \xrightarrow{+3} R \xrightarrow{+5} W$

$P \xrightarrow{+2} R \xrightarrow{+3} U \xrightarrow{+5} Z$

परन्तु, $O \xrightarrow{+3} R \xrightarrow{+2} T \xrightarrow{+1} U$

8. (a) जिस प्रकार,

$13:16 \Rightarrow \sqrt{16} = 4$

$4\times(4+1) - 7 = 13$

$23:25 \Rightarrow \sqrt{25} = 5$

$5\times(5+1) - 7 = 23$

$35:36 \Rightarrow \sqrt{36} = 6$

$6\times(6+1) - 7 = 35$

परन्तु, $34:44 \Rightarrow \sqrt{44} = 6.63$

$6.63\times(6.63) + 1 - 7 = 43.58 \neq 34$

9. (a) जिस प्रकार,

$90-99-108 \Rightarrow \frac{90+108}{2} = \frac{198}{2} = 99$

$82-46-10 \Rightarrow \frac{82+10}{2} = \frac{92}{2} = 46$

$67-45-23 \Rightarrow \frac{67+23}{2} = \frac{90}{2} = 45$

परन्तु, $90-51-13 \Rightarrow \frac{90+13}{2}$

$= \frac{103}{2} = 51.5 \neq 51$

10. (a) जिस प्रकार,

$(13:169) \Rightarrow \frac{169}{13} = 13$

$(15:195) \Rightarrow \frac{195}{15} = 13$

$(11:143) \Rightarrow \frac{143}{11} = 13$

परन्तु, $(12:152) \Rightarrow \frac{152}{12} \neq 13$

11. (d) जिस प्रकार,

P J R (−6, +8) ; U O W (−6, +8)

L F N (−6, +8)

परन्तु I A K (−8, +10)

12. (c) जिस प्रकार,

$(23\text{-}56\text{-}51) \Rightarrow 51-23 = 28\times 2 = 56$

$(36\text{-}88\text{-}80) \Rightarrow 80-36 = 44\times 2 = 88$

$(34\text{-}56\text{-}62) \Rightarrow 62-34 = 28\times 2 = 56$

परन्तु, $(68\text{-}54\text{-}94) \Rightarrow 94-68 = 26\times 2 = 52 \neq 54$

13. (b) 'जूते-पैर' शब्द युग्म को छोड़कर अन्य सभी शब्द-युग्मों में पहली वस्तु, दूसरी वस्तु से मिलकर बनी है, या दूसरी वस्तु, पहली वस्तु के अन्दर सन्निहित होती है।

14. (a) जिस प्रकार,

S Q P N (−2, −1, −2)

Y W V T (−2, −1, −2)

N L K I (−2, −1, −2)

परन्तु, W V T S (−1, −2, −1)

15. (d) जिस प्रकार,

$(5:11) \Rightarrow 5\times 2 + 1 = 11$

$(7:15) \Rightarrow 7\times 2 + 1 = 15$

$(22:45) \Rightarrow 22\times 2 + 1 = 45$

परन्तु, $(11:121) \Rightarrow 11\times 2 + 1 = 23 \neq 121$

16. (c) जिस प्रकार,

M P N (+3, −2) H K I (+3, −2)

R U S (+3, −2)

परन्तु, Q U R (+4, −3)

17. (c) जिस प्रकार,

$(23:552) \Rightarrow (23)^2 + 23 = 552$

$(25:650) \Rightarrow (25)^2 + 25 = 650$

$(13;182) \Rightarrow (13)^2 + 13 = 182$

परन्तु, $(18:306) \Rightarrow (18)^2 + 18 = 342 \neq 306$

18. (d) जिस प्रकार,

T W Z (+3, +3)

D G J (+3, +3)

M P S (+3, +3)

परन्तु, K N P (+3, +2)

19. (a) जिस प्रकार, $(89-212-34)$

$\Rightarrow 89 + 34 = 123$

$212 - 123 = 89$

$(58-139-23) \Rightarrow 58 + 23 = 81$

$139 - 81 = 58$

$(23-84-38) \Rightarrow 23 + 38 = 61$

$84 - 61 = 23$

परन्तु, $(12-122-99)$

$\Rightarrow 12 + 99 = 111$

$122 - 111 = 11 \neq 12$

20. (d) जिस प्रकार,

C B E (−1, +3)

N M P (−1, +3)

और U T W (−1, +3)

परन्तु, L K M (−1, +2)

21. (d) विकल्प (d) को छोड़कर, अन्य सभी विकल्पों में दूसरा, पहले के खेल के एक टीम के सदस्यों की संख्या को दर्शाता है। जबकि, फुटबॉल खेल में एक टीम में 11 खिलाड़ी होते हैं।

22. (b) जिस प्रकार,

$21\text{-}462 \Rightarrow 21\times(21+1) = 21\times 22 = 462$

$17\text{-}306 \Rightarrow 17\times(17+1) = 17\times 18 = 306$

$12\text{-}156 \Rightarrow 12\times(12+1) = 12\times 13 = 156$

परन्तु,

$14\text{-}196 \Rightarrow 14\times(14+1) = 14\times 15 = 210 \neq 196$

23. (c) जिस प्रकार,

R T T U W W   A C C D F F
+2 +3   +2 +3
+1 +2   +1 +2

I K K L N N
+2 +3
+1 +2

परन्तु, N O P P S S
+2 +3
+1 +3

24. (d) जिस प्रकार,
(18 – 11 – 63) ⇒ (18 – 11) × 9 = 7 × 9 = 63
(12 – 8 – 36) ⇒ (12 – 8) × 9 = 4 × 9 = 36
(15 – 3 – 108) ⇒ (15 – 3) × 9 = 12 × 9 = 108
परन्तु, (21 – 14 – 72)
⇒ (21 – 14) × 9 = 7 × 9 = 63 ≠ 72

25. (d) जिस प्रकार,

M P N K   T W G D
+3 –3   +3 –3

J M Q N   परन्तु, P S K I
+3 –3   +3 –2

26. (b) जिस प्रकार,

N P R   T V X
+2 +2   +2 +2

H J L   परन्तु, M O P
+2 +2   +2 +1

27. (b) जिस प्रकार,
18 – 12 – 72 ⇒ (18 × 2) + (12 × 3)
= 36 + 36 = 72
56 – 31 – 205 ⇒ (56 × 2) + (31 × 3)
= 112 + 93 = 205
88 – 23 – 245 ⇒ (88 × 2) + (23 × 3)
= 176 + 69 = 245
परन्तु, 22 – 13 – 85 ⇒ (22 × 2) + (13 × 3)
= 44 + 39 = 83 ≠ 85

28. (d) दी गई संख्या युग्मों के अनुसार,
$1521 \rightarrow 39^2$
$1600 \rightarrow (39+1)^2 = 40^2;$
$1156 \rightarrow 34^2$
$1225 \rightarrow (34+1)^2 = 35^2$
$1764 \rightarrow 42^2$
$1849 \rightarrow (42+1)^2 = 43^2$
परन्तु, $784 \rightarrow 28^2$
तथा $(28+1)^2 = 29^2 = 841 \neq 961$

29. (a) जिस प्रकार,
$H \xrightarrow{-1} G \xrightarrow{+2} I$
और $T \xrightarrow{-1} S \xrightarrow{+2} U$
$L \xrightarrow{-1} K \xrightarrow{+2} M$
परन्तु, $X \xrightarrow{+1} Y \xrightarrow{-2} W$

30. (a) जिस प्रकार,

F L I (+3, +3) ; A G D (+3, +3)

तथा M S P (+3, +3)

परन्तु, C H E (+3, +2)

31. (d) जिस प्रकार,
49 : 8 ⇒ 8 × 7 – (8 – 1) = 56 – 7 = 49
19 : 3 ⇒ 3 × 7 – (3 – 1) = 21 – 2 = 19
55 : 9 ⇒ 9 × 7 – (9 – 1) = 63 – 8 = 55
परन्तु, 24 : 4 ⇒ 4 × 7 – (4 – 1) = 28 – 3 = 25 ≠ 24

32. (d) जिस प्रकार,
$7 - 392 \Rightarrow (7)^2 \times 8 = 49 \times 8 = 392$
$3 - 72 \Rightarrow (3)^2 \times 8 = 9 \times 8 = 72$
$4 - 128 \Rightarrow (4)^2 \times 8 = 16 \times 8 = 128$
परन्तु, $11 - 882 \Rightarrow (11)^2 \times 8 = 121 \times 8 = 968 \neq 882$

33. (d) जिस प्रकार,

V U T (–1, –1)

और H G F (–1, –1)

K J I (–1, –1)

परन्तु A A Y (+0, –2)

34. (a) जिस प्रकार,
(11 – 363) ⇒ 11 × 11 × 3 = 363
(9 – 243) ⇒ 9 × 9 × 3 = 243
(13 – 507) ⇒ 13 × 13 × 3 = 507
परन्तु, (15 – 450) ⇒ 15 × 15 × 3 = 675 ≠ 450

35. (a) जिस प्रकार,

X V S (–2, –3)

और Y W T (–2, –3)

Z X U (–2, –3)

परन्तु, W U Q (–2, –4)

36. (d) जिस प्रकार,
(17 – 5 – 80) ⇒ (17 × 5) – 5 = 85 – 5 = 80
(12 – 7 – 79) ⇒ (12 × 7) – 5 = 84 – 5 = 79
(16 – 9 – 139) ⇒ (16 × 9) – 5 = 144 – 5 = 139
परन्तु, (25 – 7 – 175)
⇒ (25 × 7) – 5 = 175 – 5 = 170 ≠ 175

37. (b) दिए गए विकल्पों में बन्द व खुला एक-दूसरे के विपरीतार्थक शब्द है जबकि अन्य शब्द युग्म समानार्थी शब्द हैं।

38. (d) जिस प्रकार, (33 – 15 – 12)
$\Rightarrow \frac{33+12}{3} = \frac{45}{3} = 15$
$(52 - 36 - 56) \Rightarrow \frac{52+56}{3} = \frac{108}{3} = 36$
$(118 - 93 - 161) \Rightarrow \frac{118+161}{3} = \frac{279}{3} = 93$
परन्तु, $(86 - 41 - 38) \Rightarrow \frac{86+38}{3} = \frac{124}{3} \neq 41$

39. (a) जिस प्रकार, (45 : 54) से
$\frac{45}{5} = 9$ तथा $9 \times 6 = 54$
(35 : 42) से,
$\frac{35}{5} = 7$ तथा $7 \times 6 = 42$
(55 : 66) से,
$\frac{55}{5} = 11$ तथा $11 \times 6 = 66$
परन्तु, (40 : 52) से,
$\frac{40}{5} = 8$ तथा $8 \times 6 = 48 \neq 52$

40. (d) जिस प्रकार, $L \xrightarrow{+4} P \xrightarrow{-2} N$
$B \xrightarrow{+4} F \xrightarrow{-2} D$
$H \xrightarrow{+4} L \xrightarrow{-2} J$
परन्तु, $G \xrightarrow{+2} I \xrightarrow{+2} K$

41. (c) जिस प्रकार,
(26 – 95 – 21) ⇒ (95 ÷ 5) = 19
⇒ (21 ÷ 3) = 7 ⇒ 19 + 7 = 26
(20 – 15 – 51) ⇒ (15 ÷ 5) = 3
⇒ (51 ÷ 3) = 17 ⇒ 3 + 17 = 20
(16 – 45 – 21) ⇒ (45 ÷ 5) = 9
⇒ (21 ÷ 3) = 7 ⇒ 9 + 7 = 16
परन्तु, (22 – 67 – 22) ⇒ 67 ÷ 5 = 13.4
⇒ 22 ÷ 3 = 7.33
⇒ 13.4 + 7.33 = 20.733 ≠ 22

42. (c) जिस प्रकार,
$B \xrightarrow{+3} E \xrightarrow{+3} H$
$S \xrightarrow{+3} V \xrightarrow{+3} Y$
$K \xrightarrow{+3} N \xrightarrow{+3} Q$
परन्तु, $I \xrightarrow{+3} L \xrightarrow{+2} N$

43. (c) दिए गए शब्द युग्मों में कष्ट-खुशी विषम है क्योंकि ये विपरीत अर्थ रखने वाले युग्म हैं जबकि अन्य युग्म आपस में समान अर्थ रखते हैं।

44. (a) जिस प्रकार,
$E \xrightarrow{+3} H \xrightarrow{+2} J \xrightarrow{+1} K$
$T \xrightarrow{+3} W \xrightarrow{+2} Y \xrightarrow{+1} Z$
$Y \xrightarrow{+3} B \xrightarrow{+2} D \xrightarrow{+1} E$
परन्तु, $S \xrightarrow{+3} V \xrightarrow{+2} X \xrightarrow{+2} Z$

45. (c) जिस प्रकार,
31 के बाद दूसरी अभाज्य संख्या = 41
83 के बाद दूसरी अभाज्य संख्या = 97
61 के बाद दूसरी अभाज्य संख्या = 71
जबकि 73 और 79 के बीच कोई भी अभाज्य संख्या नहीं है।

46. (c) जिस प्रकार, (13 – 8 – 109)
$\Rightarrow 13 \times 8 = 104 + 5 = 109$
$(21 - 4 - 89) \Rightarrow 21 \times 4 = 84 + 5 = 89$
$(31 - 5 - 160) \Rightarrow 31 \times 5 = 155 + 5 = 160$
परन्तु, (27 – 9 – 243)
$\Rightarrow 27 \times 9 = 243 + 5 = 248 \neq 243$

47. (b) जिस प्रकार, Y X T (–1, –4)
और N M I (–1, –4)
S R N (–1, –4)
परन्तु, L K F (–1, –5)

48. (a) जिस प्रकार,
M $\xrightarrow{+5}$ R $\xrightarrow{+3}$ U
A $\xrightarrow{+5}$ F $\xrightarrow{+3}$ I
J $\xrightarrow{+5}$ O $\xrightarrow{+3}$ R
परन्तु, L $\xrightarrow{+5}$ Q $\xrightarrow{+2}$ S

49. (a) जिस प्रकार,
$(19 - 11 - 330) \Rightarrow (19 + 11) \times 11$
$= 30 \times 11 = 330$
$(12 - 7 - 209) \Rightarrow (12 + 7) \times 11 = 19 \times 11 = 209$
$(15 - 9 - 264) \Rightarrow (15 + 9) \times 11 = 24 \times 11 = 264$
परन्तु, $(23 - 8 - 343) \Rightarrow (23 + 8) \times 11$
$= 341 \neq 343$

50. (a) जिस प्रकार,
M $\xrightarrow{+3}$ P $\xrightarrow{+4}$ T
H $\xrightarrow{+3}$ K $\xrightarrow{+4}$ O
D $\xrightarrow{+3}$ G $\xrightarrow{+4}$ K
परन्तु, A $\xrightarrow{+2}$ C $\xrightarrow{+4}$ G

51. (d) जिस प्रकार,
$(81\text{-}101\text{-}92) \Rightarrow 101 - 92 = 9 \times 9 = 81$
$(90\text{-}22\text{-}12) \Rightarrow 22 - 12 = 10 \times 9 = 90$
$(540 - 188 - 128) \Rightarrow 188 - 128 = 60 \times 9 = 540$
परन्तु, (72-284-266)
$\Rightarrow 284 - 266 = 18 \times 9 = 162 \neq 72$

52. (d) जिस प्रकार, J H D (–2, –4)
और A Y U (–2, –4)
F D Z (–2, –4)
परन्तु, K J E (–1, –5)

53. (b) जिस प्रकार,
$9 \rightarrow 9 \times 6 + 2 = 54 + 2 = 56$
$7 \rightarrow 7 \times 6 + 2 = 42 + 2 = 44$
$11 \rightarrow 11 \times 6 + 2 = 66 + 2 = 68$
$12 \rightarrow 12 \times 6 + 2 = 72 + 2 = 74 \neq 72$

54. (b) जिस प्रकार,
R $\xrightarrow{+1}$ S $\xrightarrow{+1}$ T
J $\xrightarrow{+1}$ K $\xrightarrow{+1}$ L
B $\xrightarrow{+1}$ C $\xrightarrow{+1}$ D
परन्तु, O $\xrightarrow{-1}$ N $\xrightarrow{-1}$ M

55. (a) जिस प्रकार,
S $\xrightarrow{-3}$ P $\xrightarrow{+5}$ U
X $\xrightarrow{-3}$ U $\xrightarrow{+5}$ Z
G $\xrightarrow{-3}$ D $\xrightarrow{+5}$ I
परन्तु, L $\xrightarrow{-1}$ K $\xrightarrow{+5}$ P

56. (a) जिस प्रकार,
$(75 - 120) \Rightarrow \frac{75}{5} \times 8 = 120$
$(65 - 104) \Rightarrow \frac{65}{5} \times 8 = 104$
$(90 - 144) \Rightarrow \frac{90}{5} \times 8 = 144$
परन्तु, $(45 - 70) \Rightarrow \frac{45}{5} \times 8 = 72 \neq 70$

57. (d) विकल्प (d) के शब्द-युग्म के अतिरिक्त अन्य सभी विकल्पों में पहले शब्द (भाग) की विशेषज्ञता वाले दूसरा भाग रखता है जबकि मूत्र-रोग विशेषज्ञ, गर्भाशय की जाँच नहीं करता है।

58. (b) जिस प्रकार,
$(81 - 118 - 91) \Rightarrow (118 - 91) \times 3$
$= 27 \times 3 = 81$
$(21 - 38 - 31) \Rightarrow (38 - 31) \times 3$
$= 7 \times 3 = 21$
$(99 - 104 - 71) \Rightarrow (104 - 71) \times 3$
$= 33 \times 3 = 99$
परन्तु, $(52 - 68 - 51) \Rightarrow (68 - 51) \times 3$
$= 17 \times 3 = 51 \neq 52$

59. (c) जिस प्रकार,
E $\xrightarrow{+5}$ J $\xrightarrow{+3}$ M
C $\xrightarrow{+5}$ H $\xrightarrow{+3}$ K
और F $\xrightarrow{+5}$ K $\xrightarrow{+3}$ N
परन्तु, D $\xrightarrow{+5}$ I $\xrightarrow{+4}$ M

60. (d) जिस प्रकार,
$22 - 462 \Rightarrow 22 \times 22 - 22 = 484 - 22 = 462;$
$21 - 420 \Rightarrow 21 \times 21 - 21 = 441 - 21 = 420;$
$18 - 306 \Rightarrow 18 \times 18 - 18 = 324 - 18 = 306$
परन्तु, $15 - 240 = 15 \times 15 - 15 = 225 - 15$
$= 210 \neq 240$

61. (d) जिस प्रकार,
I $\xrightarrow{+4}$ M $\xrightarrow{+4}$ Q
E $\xrightarrow{+4}$ I $\xrightarrow{+4}$ M
B $\xrightarrow{+4}$ F $\xrightarrow{+4}$ J
परन्तु, D $\xrightarrow{+4}$ H $\xrightarrow{+3}$ K

62. (d) जिस प्रकार,
$2 - 4 - 8 = 2 \times 4 = 8$
$1 - 3 - 3 = 1 \times 3 = 3$
$2 - 2 - 4 = 2 \times 2 = 4$
परन्तु, $3 - 2 - 5 = 3 \times 2 = 6 \neq 5$

63. (c) जिस प्रकार,
D $\xrightarrow{+5}$ I $\xrightarrow{+5}$ N
L $\xrightarrow{+5}$ Q $\xrightarrow{+5}$ V
A $\xrightarrow{+5}$ F $\xrightarrow{+5}$ K
परन्तु, P $\xrightarrow{+4}$ T $\xrightarrow{+4}$ X

64. (a) जिस प्रकार,
$(66\text{-}154) \Rightarrow \frac{66}{6} \times 14 = 11 \times 14 = 154$
$(72\text{-}168) \Rightarrow \frac{72}{6} \times 14 = 12 \times 14 = 168$
$(36\text{-}84) \Rightarrow \frac{36}{6} \times 14 = 6 \times 14 = 84$
परन्तु, $(33\text{-}72) \Rightarrow \frac{33}{6} \times 14 = 5.5 \times 14 = 77 \neq 72$

65. (c) जिस प्रकार,
F I K L (+3, +2, +1)
T W Y Z (+3, +2, +1)
और P S U V (+3, +2, +1)
परन्तु, B E H I (+3, +3, +1)

66. (b) जिस प्रकार,
E J – O T (+5, +5)
C H – M R (+5, +5)
और K P – U Z (+5, +5)
परन्तु, P F – O I (–10, –6)

67. (d) जिस प्रकार,
$(15 : 48) \Rightarrow 15 \times 3 + 3 = 48$
$(13 : 42) \Rightarrow 13 \times 3 + 3 = 42$
और $(12 : 39) \Rightarrow 12 \times 3 + 3 = 39$
परन्तु $(11 : 35) \Rightarrow 11 \times 3 + 3 = 36 \neq 35$

68. (a) जिस प्रकार,
$(308-92) \Rightarrow 308-92=216$
$(335-119) \Rightarrow 355-119=216$
$(317-101) \Rightarrow 317-101=216$
परन्तु $(358-152) \Rightarrow 358-152=206 \neq 216$

69. (d) विकल्प (d) को छोड़कर अन्य सभी युग्मों में दूसरा शब्द पहले शब्द की भुजाओं की संख्या को दर्शाता है।

70. (b) पास : दूर के अतिरिक्त अन्य सभी विकल्पों के शब्द एक-दूसरे के पर्यायवाची हैं, जबकि पास और दूर एक-दूसरे के विलोम शब्द हैं।

71. (b) जिस प्रकार,
$(13-117) \Rightarrow 13 \times 9=117$
$(18-162) \Rightarrow 18 \times 9=162$
$(15-135) \Rightarrow 15 \times 9=135$
परन्तु, $(11-89) \Rightarrow 11 \times 9=99 \neq 89$

72. (d) जिस प्रकार,
$9:17:81;\ 9 \Rightarrow 9 \times 2-1 \Rightarrow 17;\ 9 \Rightarrow (9)^2 \Rightarrow 81$
$11:21:121 \Rightarrow 11 \times 2-1 \Rightarrow 21;\ 11 \Rightarrow (11)^2 \Rightarrow 121$
$2:3:4;\quad 2 \Rightarrow 2 \times 2-1 \Rightarrow 3;\ 2 \Rightarrow (2)^2 \Rightarrow 4$
परन्तु,
$7:15:49;\ 7 \Rightarrow 7 \times 2+1 \Rightarrow 15;\ 7 \Rightarrow (7)^2 \Rightarrow 49$

73. (d) चिकन मुर्गी का चूजा अर्थात् बच्चा है, जबकि बाकी अपने मूल रूप से सम्बोधित होते हैं।

74. (c) जिस प्रकार, $15:34 \Rightarrow 15 \times 2+4=34$
$1:6 \Rightarrow 1 \times 2+4=6$ तथा $7:18 \Rightarrow 7 \times 2+4=18$
परन्तु, $18:42 \Rightarrow 18 \times 2+4=40 \neq 42$

75. (b) जिस प्रकार, $2:9 \Rightarrow 2 \times 3+3 \Rightarrow 9$
$10:33 \Rightarrow 10 \times 3+3 \Rightarrow 33$
$6:21 \Rightarrow 6 \times 3+3 \Rightarrow 21$
परन्तु, $8:29 \Rightarrow 8 \times 3+5 \Rightarrow 29$

76. (a) पियानो के अलावा सभी होंठों की सहायता से बजाया जाता है तथा पिकॉलो/पिक्कोलो बाँसुरी का छोटा रूप है।

77. (a) कीनोट का अर्थ पुस्तक/भाषण आदि के मुख्य विचार से है, जबकि बाकी के शब्द कम्प्यूटर के साफ्टवेयर एप्लीकेशन (Application) है।

78. (c) जिस प्रकार, $1:4;\ (1)^3+3=4$
$5:128;\quad (5)^3+3=128$
$3:30;\quad (3)^3+3=30$
परन्तु, $7:352;\quad (7)^3+3=346 \neq 352$

79. (a) जिस प्रकार,
E B V (E→B: −3; E↔V: विपरीत) ; J G Q (J→G: −3; J↔Q: विपरीत)
और
B Y Y (B→Y: −3; B↔Y: विपरीत) परन्तु, G E T (G→E: −2; G↔T: विपरीत)

80. (b) जिस प्रकार,
T W G D (T→W: +3; G→D: −3) ; M P N K (M→P: +3; N→K: −3)
तथा
F U R (F→?: +3; U→R: −3)
परन्तु
A D Z V (A→D: +3; Z→V: −4)

81. (d) जिस प्रकार,
$C \xrightarrow{+4} G$ X (C↔X: विपरीत अक्षर) ; $I \xrightarrow{+4} M$ R (I↔R: विपरीत अक्षर)
तथा $F \xrightarrow{+4} J$ U (F↔U: विपरीत अक्षर) परन्तु, $K \xrightarrow{+3} N$ P (K↔P: विपरीत अक्षर)

82. (d) जिस प्रकार,
$(1805, 1326) \Rightarrow 1805-479=1326$
$(2136, 1657) \Rightarrow 2136-479=1657$
तथा $(1984, 1505) \Rightarrow 1984-479=1505$
परन्तु, $(1826, 1472) \Rightarrow 1826-479=1347 \neq 1472$

83. (a) जिस प्रकार, $1:6 \Rightarrow 1 \times 2+4=6$
$15:34 \Rightarrow 15 \times 2+4=34$
$7:18 \Rightarrow 7 \times 2+4=18$
परन्तु, $18:42 \Rightarrow 18 \times 2+4=40 \neq 42$

84. (d) जिस प्रकार,
$A \xrightarrow{+1} B \xleftrightarrow{\text{विपरीत}} Y$
$I \xrightarrow{+1} J \xleftrightarrow{\text{विपरीत}} Q$
तथा $O \xrightarrow{+1} P \xleftrightarrow{\text{विपरीत}} K$
परन्तु, $L \xrightarrow{+1} M \xleftrightarrow{\text{विपरीत}} N \neq O$

85. (d) जिस प्रकार,
R V Y A (+4, +3, +2)
A E H J (+4, +3, +2)
तथा
E I L N (+4, +3, +2)
परन्तु,
M O Q X (+2, +2, +7)

86. (c) जिस प्रकार,
$24:169 \Rightarrow \left(\frac{24}{2}+1\right)^2=(12+1)^2=13^2=169$
$48:625 \Rightarrow \left(\frac{48}{2}+1\right)^2=(24+1)^2=25^2=625$
तथा $12:49 \Rightarrow \left(\frac{12}{2}+1\right)^2=(6+1)^2=7^2=49$
परन्तु, $36:365 \Rightarrow \left(\frac{36}{2}+1\right)^2=(18+1)^2=19^2$
$=361 \neq 365$

87. (a) जिस प्रकार,
$E \xrightarrow{+4} I \xrightarrow{+1} J \xrightarrow{+4} N$
$D \xrightarrow{+4} H \xrightarrow{+1} I \xrightarrow{+4} M$
$C \xrightarrow{+4} G \xrightarrow{+1} H \xrightarrow{+4} L$
परन्तु, $B \xrightarrow{+2} D \xrightarrow{+2} F \xrightarrow{+2} H$

88. (a) जिस प्रकार,
D G J M (+3, +3, +3) ; N Q T W (+3, +3, +3)
T W Z C (+3, +3, +3) परन्तु, H I J K (+1, +1, +1)

89. (d) जिस प्रकार,
$(8, 392) \Rightarrow 8^2 \times (8-2)+8=64 \times 6+8=392$
$(5, 80) \Rightarrow 5^2 \times (5-2)+5=25 \times 3+5=80$
$(7, 252) \Rightarrow 7^2 \times (7-2)+7=49 \times 5+7=252$
परन्तु, $(6, 216) \Rightarrow 6^2 \times (6-2)+6$
$=36 \times 4+6=150 \neq 216$

90. (c) जिस प्रकार,
E H V (E→H: +3; E↔V: विपरीत अक्षर) ; G J T (G→J: +3; G↔T: विपरीत अक्षर)
और B E Y (B→E: +3; B↔Y: विपरीत अक्षर) ; परन्तु J M P (J→M: +3; J↔P: अविपरीत अक्षर)

91. (c) जिस प्रकार,
$(21, 238) \Rightarrow 21 \times 11+7=238$
$(13, 150) \Rightarrow 13 \times 11+7=150$
$(17, 194) \Rightarrow 17 \times 11+7=194$
परन्तु, $(23, 270) \Rightarrow 23 \times 11+7=260 \neq 270$

92. (b) जिस प्रकार, $10:33 \Rightarrow 10 \times 3+3=33$
$6:21 \Rightarrow 6 \times 3+3=21;\quad 2:9 \Rightarrow 2 \times 3+3=9$
परन्तु, $8:29 \Rightarrow 8 \times 3+3=27 \neq 29$

93. (d) जिस प्रकार,
$128:8 \Rightarrow \sqrt{\frac{128}{2}}=\sqrt{64}=8$
$18:3 \Rightarrow \sqrt{\frac{18}{2}}=\sqrt{9}=3$
तथा $288:12 \Rightarrow \sqrt{\frac{288}{2}}=\sqrt{144}=12$
परन्तु, $350:15 \Rightarrow \sqrt{\frac{350}{2}} \neq 15$

94. (c) जिस प्रकार,
$R \xrightarrow{-1} Q \xrightarrow{-2} O;\ O \xrightarrow{-1} N \xrightarrow{-2} L;$
$H \xrightarrow{-1} G \xrightarrow{-2} E$
परन्तु, $D \xrightarrow{-1} C \xrightarrow{-1} B$

95. (c) जिस प्रकार,
$16:2 \Rightarrow 16=4 \times (2)^2$
$36:3 \Rightarrow 36=4 \times (3)^2$
$100:5 \Rightarrow 100=4 \times (5)^2$
परन्तु, $186:7 \Rightarrow 4 \times (7)^2=196 \neq 186$

96. (a) जिस प्रकार,
$TUXC \Rightarrow T \xrightarrow{+1} U \xrightarrow{+3} X \xrightarrow{+5} C$
$ABEJ \Rightarrow A \xrightarrow{+1} B \xrightarrow{+3} E \xrightarrow{+5} J$
$VWZE \Rightarrow V \xrightarrow{+1} W \xrightarrow{+3} Z \xrightarrow{+5} E$
परन्तु, $FGJP \Rightarrow F \xrightarrow{+1} G \xrightarrow{+3} J \xrightarrow{+6} P$

97. (d) जिस प्रकार,

विपरीत अक्षर: F U D (−2) ; विपरीत अक्षर: H S F (−2)

विपरीत अक्षर: और B Y Z (−2) परन्तु अविपरीत अक्षर: J O H (−2)

98. (b) 144 : 12 ⇒ $12^2 = 144$

196 : 14 ⇒ $14^2 = 196$

225 : 15 ⇒ $15^2 = 225$

परन्तु, 123 : 11 ⇒ $11^2 = 121 \neq 123$

99. (c) जिस प्रकार,

$(1728, 216) \Rightarrow 1728 \times \frac{1}{8} = 216$

$(1000, 125) \Rightarrow 1000 \times \frac{1}{8} = 125$

$(512, 64) \Rightarrow 512 \times \frac{1}{8} = 64$

परन्तु, $(216, 49) \Rightarrow 216 \times \frac{1}{8} = 27 \neq 49$

100. (a) जिस प्रकार,

$(3, 108) \Rightarrow 3^3 \times (3 + 1) = 27 \times 4 = 108$

$(2, 24) \Rightarrow 2^3 \times (2 + 1) = 8 \times 3 = 24$

और $(4, 320) \Rightarrow 4^3 \times (4 + 1) = 64 \times 5 = 320$

परन्तु, (5, 430)

$\Rightarrow 5^3 \times (5 + 1) = 125 \times 6 = 750 \neq 430$

101. (b) जिस प्रकार,

H J N T (+2, +4, +6) ; P R V B (+2, +4, +6)

M O S Y (+2, +4, +6) परन्तु, S U X Z (+2, +3, +2)

102. (d) जिस प्रकार,

$(108, 81) \Rightarrow \frac{108}{12} = 9 \Rightarrow 9 \times 9 = 81$

$(96, 72) \Rightarrow \frac{96}{12} = 8 \Rightarrow 8 \times 9 = 72$

$(64, 48) \Rightarrow \frac{64}{12} = \frac{16}{3} \Rightarrow \frac{16}{3} \times 9 = 48$

परन्तु, $(72, 27) = \frac{72}{12} = 6 \Rightarrow 6 \times 9 = 54 \neq 27$

103. (a) जिस प्रकार,

$(6, 76) \Rightarrow (12 \times 6) + (6 - 2) = 76$

$(7, 89) \Rightarrow (12 \times 7) + (7 - 2) = 89$

$(8, 102) \Rightarrow (12 \times 8) + (8 - 2) = 102$

परन्तु, $(5, 60) \Rightarrow (12 \times 5) + (5 - 2) = 63 \neq 60$

104. (b) जिस प्रकार,

B E J Q (+3, +5, +7) ; C F K R (+3, +5, +7)

तथा M P U B (+3, +5, +7)

परन्तु, J P S W (+6, +3, +4)

105. (b) जिस प्रकार, $(12, 142) \Rightarrow 12^2 - 2 = 142$

$(8, 62) \Rightarrow 8^2 - 2 = 62$

तथा $(14, 194) \Rightarrow 14^2 - 2 = 194$

परन्तु, $(10, 100) \Rightarrow 10^2 - 2 = 98 \neq 100$

106. (d) जिस प्रकार, (2 : 4 : 7)

$\Rightarrow (4 - 2)^3 - 1 = 2^3 - 1 = 8 - 1 = 7$

(6 : 12 : 215)

$\Rightarrow (12 - 6)^3 - 1 = 6^3 - 1 = 216 - 1 = 215$

तथा (9 : 18 : 728)

$\Rightarrow (18 - 9)^3 - 1 = 9^3 - 1 = 729 - 1 = 728$

परन्तु, (5 : 10 : 126)

$\Rightarrow (10 - 5)^3 - 1 = 125 - 1 = 124 \neq 126$

107. (b) जिस प्रकार,

D —(+6)→ J —(+5)→ O —(+4)→ S

B —(+6)→ H —(+5)→ M —(+4)→ Q

H —(+6)→ N —(+5)→ S —(+4)→ W

परन्तु, P —(+4)→ T —(+4)→ X —(+3)→ A

108. (c) जिस प्रकार,

$19 : 363 \Rightarrow (19)^2 + 2 = 361 + 2 = 363$

$7 : 51 \Rightarrow (7)^2 + 2 = 49 + 2 = 51$

तथा $13 : 171 \Rightarrow (13)^2 + 2 = 169 + 2 = 171$

परन्तु, $3 : 17 \Rightarrow (3)^2 + 2 = 9 + 2 = 11 \neq 17$

109. (b) जिस प्रकार, (6, 1260)

$\Rightarrow (6)^4 - 6^2 = 1296 - 36 = 1260$

$(4, 240) \Rightarrow (4)^4 - (4)^2 = 256 - 16 = 240$

$(5, 600) \Rightarrow (5)^4 - 5^2 = 625 - 25 = 600$

परन्तु, (7, 2050)

$\Rightarrow (7)^4 - 7^2 = 2401 - 49 = 2352 \neq 2050$

110. (b) जिस प्रकार,

B Y F (B→F: +4; B, Y विपरीत)

C X G 7 (C→G: +4; C, X विपरीत)

तथा I R M (I→M: +4; I, R विपरीत)

परन्तु, G U K (G→K: +4; G, U अविपरीत)

111. (c) जिस प्रकार,

$7 : 3 \Rightarrow 3^2 - 2 = 9 - 2 = 7$

$23 : 5 \Rightarrow 5^2 - 2 = 25 - 2 = 23$

$142 : 12 \Rightarrow (12)^2 - 2 = 144 - 2 = 142$

परन्तु, $80 : 9 \Rightarrow 9^2 - 2 = 81 - 2 = 79 \neq 80$

112. (b) जिस प्रकार,

S X A C (+5, +3, +2) ; T Y B D (+5, +3, +2) ; P U X Z (+5, +3, +2)

परन्तु, C H L P (+5, +4, +4)

113. (b) जिस प्रकार, $9 : 1458 \Rightarrow 9^3 \times 2 = 1458$

$3 : 54 \Rightarrow 3^3 \times 2 = 54$

$5 : 250 \Rightarrow 5^3 \times 2 = 250$

परन्तु, $5 : 685 \Rightarrow 5^3 \times 2 = 250 \neq 685$

114. (b) जिस प्रकार,

P R V C (R→V: +4; P→R: +2, V→C: +7) ; A C G N (C→G: +4; A→C: +2, G→N: +7)

तथा H J N U (J→N: +4; H→J: +2, N→U: +7) परन्तु T X B G (X→B: +4; T→X: +4, B→G: +5)

115. (a) जिस प्रकार,

$15 : 97 \Rightarrow (15 \times 7) - 8 = 97$

$26 : 174 \Rightarrow (26 \times 7) - 8 = 174$

$23 : 153 \Rightarrow (23 \times 7) - 8 = 153$

परन्तु, $16 : 106 \Rightarrow (16 \times 7) - 8 = 104 \neq 106$

116. (b) जिस प्रकार,

$(24, 195) \Rightarrow 24 \times 8 + 3 = 195$

$(26, 211) \Rightarrow 26 \times 8 + 3 = 211$

$(36, 291) \Rightarrow 36 \times 8 + 3 = 291$

परन्तु, $(25, 200) \Rightarrow 25 \times 8 + 3 = 203 \neq 200$

117. (a) जिस प्रकार,

A E H I (+4, +3, +1) ; Q U X Y (+4, +3, +1)

तथा H L O P (+4, +3, +1) परन्तु, F H J L (+2, +2, +2)

118. (d) जिस प्रकार,

$121 : 23 \Rightarrow \sqrt{121} \times 2 + 1 = 11 \times 2 + 1 = 23$

$81 : 19 \Rightarrow \sqrt{81} \times 2 + 1 = 9 \times 2 + 1 = 19$

$1 : 3 \Rightarrow \sqrt{1} \times 2 + 1 = 1 \times 2 + 1 = 3$

परन्तु $64 : 9 \Rightarrow \sqrt{64} \times 2 + 1 = 8 \times 2 + 1 = 17 \neq 9$

119. (b) जिस प्रकार,

P T X B (+4, +4, +4) ; G K O S (+4, +4, +4) ; M Q U Y (+4, +4, +4)

परन्तु, H K N Q (+3, +3, +3)

120. (d) जिस प्रकार,
(16, 272) ⇒ $16 \times (16+1) = 272$
(11, 132) ⇒ $11 \times (11+1) = 132$
(15, 240) ⇒ $15 \times (15+1) = 240$
परन्तु, (13, 180) ⇒ $13 \times (13+1) = 182 \neq 180$

121. (b) जिस प्रकार,
C A X (विपरीत, −2) ; F D U (विपरीत, −2)
A Y Z (विपरीत, −2) परन्तु, H D S (विपरीत, −4)

122. (d) जिस प्रकार,
361 : 400 ⇒ $(19)^2 : (20)^2$
441 : 484 ⇒ $(21)^2 : (22)^2$
529 : 576 ⇒ $(23)^2 : (24)^2$
परन्तु, 225 : 169 ⇒ $(15)^2 : (13)^2 \neq (16)^2$

123. (b) जिस प्रकार,
D I W (4, 9, 23; विपरीत, +5) ; A F Z (1, 6, 26; विपरीत, +5) ;
तथा H M S (8, 13, 19; विपरीत, +5) परन्तु, K Q P (11, 17, 16; विपरीत, +6)

124. (a) जिस प्रकार, (2 : 7 : 10) ⇒ $2 \times 5 = 10$
$2 \times 4 - 1 = 7$ ⇒ (12 : 47 : 60) ⇒ $12 \times 5 = 60$
$12 \times 4 - 1 = 47$ तथा (5 : 19 : 25)
⇒ $5 \times 5 = 25$ तथा $5 \times 4 - 1 = 19$
परन्तु, (4 : 16 : 20)
⇒ $4 \times 5 = 20$ तथा $4 \times 4 - 1 = 15 \neq 16$

125. (c) जिस प्रकार,
J Q M (+3; विपरीत) ; A Z D (+3; विपरीत)
D W G (+3; विपरीत) परन्तु, B X E (+3; अविपरीत)

126. (a) जिस प्रकार,
(87, 522) ⇒ $87 \times 6 = 522$
(92, 552) ⇒ $92 \times 6 = 552$
(64, 384) ⇒ $64 \times 6 = 384$
परन्तु, (84, 672) ⇒ $84 \times 6 = 504 \neq 672$

127. (d) जिस प्रकार,
D →(+2) F →(+4) J →(+2) L
H →(+2) J →(+4) N →(+2) P
A →(+2) C →(+4) G →(+2) I
परन्तु, K →(+2) M →(+2) O →(+2) Q

128. (c) जिस प्रकार,
6903 : 2582 ⇒ 6903 − 2582 = 4321
6286 : 1965 ⇒ 6286 − 1965 = 4321
8247 : 3926 ⇒ 8247 − 3926 = 4321
परन्तु, 6571 : 2448 ⇒ 6571 − 2448 = 4123 ≠ 4321

129. (a) जिस प्रकार,
36 : 13 : 7 ⇒ $(13-7)^2 = 6^2 = 36$
1 : 3 : 2 ⇒ $(3-2)^2 = 1^2 = 1$
16 : 9 : 5 ⇒ $(9-5)^2 = 4^2 = 16$
परन्तु, 72 : 16 : 8 ⇒ $(16-8)^2 = 8^2 = 64 \neq 72$

130. (b) जिस प्रकार,
D W A (−3; विपरीत) ; G T D (−3; विपरीत) ; K P H (−3; विपरीत) परन्तु, E V C (−2; विपरीत)

131. (d) जिस प्रकार,
20 : 11 ⇒ $11 \times 2 - 2 = 22 - 2 = 20$
6 : 4 ⇒ $4 \times 2 - 2 = 8 - 2 = 6$
12 : 7 ⇒ $7 \times 2 - 2 = 14 - 2 = 12$
परन्तु, 15 : 8 ⇒ $8 \times 2 - 2 = 16 - 2 = 14 \neq 15$

132. (a) जिस प्रकार, तथा
B F J N (+4 +4 +4) ; J N R V (+4 +4 +4) ; D H L P (+4 +4 +4)
परन्तु, H J K P (+2 +1 +5)

133. (c) जिस प्रकार,
W P U Q (−2, +1) ; Z L X M (−2, +1)
तथा M E K F (−2, +1) परन्तु, B X C Y (+1, +1)

134. (a) जिस प्रकार,
(60 − 56 − 52) ⇒ $\frac{60+52}{2} = \frac{112}{2} = 56$
और (57 − 53 − 49) ⇒ $\frac{57+49}{2} = \frac{106}{2} = 53$
(50 − 46 − 42) ⇒ $\frac{50+42}{2} = \frac{92}{2} = 46$
परन्तु, (47 − 43 − 37) ⇒ $\frac{47+37}{2} = \frac{84}{2} = 42 \neq 43$

135. (c) जिस प्रकार,
10 − 100 $(10)^2$; 4 − 16 $(4)^2$; 6 − 36 $(6)^2$ परन्तु, 8 − 62 $(8)^2 - 2$

136. (d) जिस प्रकार,
J L N (+2 +2) ; H J L (+2 +2)
तथा O Q S (+2 +2) परन्तु, M O P (+2 +1)

137. (a) जिस प्रकार,
16 − 31 ⇒ $16 \times 2 - 1 = 31$
18 − 35 ⇒ $18 \times 2 - 1 = 35$
तथा 24 − 47 ⇒ $24 \times 2 - 1 = 47$
परन्तु, 22 − 40 ⇒ $22 \times 2 - 1 \neq 40$

138. (d) जिस प्रकार,
L O N (+3, −1) ; W Z Y (+3, −1)
A D C (+3, −1) परन्तु, F H G (+2, −1)

139. (b) जिस प्रकार,
S R Q P (−1 −1 −1) ; E D C B (−1 −1 −1)
तथा P O N M (−1 −1 −1) परन्तु, B Y X W (−3 −1 −1)

140. (c) जिस प्रकार,
18 − 36 − 72 (×2 ×2) ; 12 − 24 − 48 (×2 ×2)
तथा 16 − 32 − 64 (×2 ×2) परन्तु, 14 − 28 − 42 (×2 ×1.5)

141. (d) जिस प्रकार,
T F E (विपरीत-1, −1) ; R H G (विपरीत-1, −1)
तथा E U T (विपरीत-1, −1) परन्तु, T R Q (−2, −1)

142. (d) जिस प्रकार,
(500–100–20) ⇒ 500 − 100 − 20 (÷5 ÷5)
(600–120–24) ⇒ 600 − 120 − 24 (÷5 ÷5)
तथा (300–60–12) ⇒ 300 − 60 − 12 (÷5 ÷5)
परन्तु, (400–80–14) ⇒ 400 − 80 − 16≠14 (÷5 ÷5)

143. (b) जिस प्रकार,
N L K (−2 −1) और T R Q (−2 −1) ; L J I (−2 −1)
परन्तु, G D A (+3 −3)

144. (c) जिस प्रकार,
(23–27–31) ⇒ 23, 27, 31 (+4 +4)
(16–20–24) ⇒ 16, 20, 24 (+4 +4)
तथा (11–15–19) ⇒ 11, 15, 19 (+4 +4)

परन्तु, (12–14–18) ⇒ 12, 14, 18 (+2, +4)

145. (b) जिस प्रकार,

U C F ⇒ U —विपरीत→ F —(–3)→ C

N J M ⇒ N —विपरीत→ M —(–3)→ J

तथा Z X A ⇒ Z —विपरीत→ A —(–3)→ X

परन्तु, H D X ⇒ H —विपरीत→ S ≠ X

146. (b) जिस प्रकार,

UGS ⇒ U – 1 = T ←विपरीत→ G

और G + 1 = H ←विपरीत→ S

NNL ⇒ N – 1 = M ←विपरीत→ N

और N + 1 = O ←विपरीत→ L

JRH ⇒ J – 1 = I ←विपरीत→ R

और R + 1 = S ←विपरीत→ H

परन्तु, CXA ⇒ C – 1 = B ←विपरीत→ Y ≠ X

और X + 1 = Y ←विपरीत→ B ≠ A

147. (d) जिस प्रकार,

D O L (D +8 → L; O, L वर्णमाला में विपरीत वर्ण)

N E V (N +8 → V; E, V वर्णमाला में विपरीत वर्ण)

तथा A R I (A +8 → I; R, I वर्णमाला में विपरीत वर्ण)

परन्तु, M I P (M +3 → P; I +7 → P)

148. (a) जिस प्रकार,

(17–27–47) ⇒ 17, 27, 47 (+10, +20)

(19–29–49) ⇒ 19, 29, 49 (+10, +20)

(13–23–43) ⇒ 13, 23, 43 (+10, +20)

परन्तु, (15–25–49) ⇒ 15, 25, 49 (+10, +24)

149. (b) जिस प्रकार,

(12 – 25) ⇒ 12 × 2 + 1 = 25;

(26 – 53) ⇒ 26 × 2 + 1 = 53

(32 – 65) ⇒ 32 × 2 + 1 = 65

परन्तु, (28 – 56) ⇒ 28 × 2 + 1 = 57 ≠ 56

150. (d) जिस प्रकार,

A B C (+1, +1) ; I J K (+1, +1)

और X Y Z (+1, +1) परन्तु, L N M (+2, –1)

151. (c) जिस प्रकार,

E Q G P (+2, –1) ; U R W Q (+2, –1)

तथा M K O J (+2, –1) परन्तु, X F W E (–1, –1)

152. (b) जिस प्रकार,

(137 – 142 – 147) 137, 142, 147 (+5, +5)

(131 – 136 – 141) 131, 136, 141 (+5, +5)

(103 – 108 – 113) 103, 108, 113 (+5, +5)

परन्तु, (117 – 122 – 129) 117, 122, 129 (+5, +7)

153. (a) जिस प्रकार,

X Y A (+1, +2) ; Q R T (+1, +2)

तथा M N P (+1, +2) परन्तु, U V Z (+1, +4)

154. (c) जिस प्रकार,

9 – 83 ⇒ $9^2 + 2 = 81 + 2 = 83$

7 – 51 ⇒ $7^2 + 2 = 49 + 2 = 51$

11 – 123 ⇒ $11^2 + 2 = 121 + 2 = 123$

परन्तु, 5 – 23 ⇒ $5^2 + 2 = 25 + 2 = 27 \neq 23$

155. (b) जिस प्रकार,

Q K J H (–6, –1, –2) ; W Q P N (–6, –1, –2)

तथा S M L J (–6, –1, –2) परन्तु, O I G E (–6, –2, –2)

156. (a) जिस प्रकार,

(500 – 50 – 5) ⇒ $500 \times \frac{1}{10} = 50$,

तथा $50 \times \frac{1}{10} = 5$

और (1000 – 100 – 10) ⇒ $1000 \times \frac{1}{10} = 100$

तथा $100 \times \frac{1}{10} = 10$

(400 – 40 – 4) ⇒ $400 \times \frac{1}{10} = 40$

तथा $40 \times \frac{1}{10} = 4$

परन्तु, (300 – 30 – 7) ⇒ $300 \times \frac{1}{10} = 30$,

तथा $30 \times \frac{1}{10} = 3 \neq 7$

157. (b) जिस प्रकार,

4 – 14 ⇒ $4^2 - 2 = 16 - 2 = 14$;

12 – 142 ⇒ $12^2 - 2 = 144 - 2 = 142$

8 – 62 ⇒ $8^2 - 2 = 64 - 2 = 62$

लेकिन, 14 – 192 ⇒ $14^2 - 2 = 196 - 2 = 194 \neq 192$

158. (b) जिस प्रकार,

W T Q (–3, –3) ; M J G (–3, –3)

तथा O L I (–3, –3) परन्तु, G E B (–2, –3)

159. (b) जिस प्रकार,

K(11) P(16) R(18) (K, R विपरीत; +7) ; D(4) W(23) K(11) (D, W विपरीत; +7)

तथा B(2) Y(25) I(9) (B, Y विपरीत; +7) परन्तु, Q(17) L(12) A(1) (+5, +10)

160. (a) जिस प्रकार,

16-266 ⇒ $16^2 + 10 = 256 + 10 = 266$

18-334 ⇒ $18^2 + 10 = 324 + 10 = 334$

12-154 ⇒ $12^2 + 10 = 144 + 10 = 154$

परन्तु, 14-208 ⇒

$14^2 + 10 = 196 + 10 = 206 \neq 208$

161. (a) जिस प्रकार,

J Z F (–10, +6) ; T J P (–10, +6)

तथा M C I (–10, +6) परन्तु, L E B (–7, –3)

162. (c) जिस प्रकार,

K P W (+5, +7) ; D I P (+5, +7)

तथा S X E (+5, +7) परन्तु, Q G M (–10, +6)

163. (a) जिस प्रकार,

(25 – 51) ⇒ (25 × 2 + 1) = 51

(13 – 27) ⇒ (13 × 2 + 1) = 27

(11 – 23) ⇒ (11 × 2 + 1) = 23

परन्तु, (9 – 16) ⇒ (9 × 2 + 1) = 19 ≠ 16

164. (c) केवल 'JKZ' को छोड़कर अन्य सभी अक्षर-समूहों में एक स्वर है। जबकि 'JKZ' में सभी अक्षर व्यंजक है।

165. (c) जिस प्रकार,

(14 – 201) ⇒ $(14)^2 + 5 = 201$;

(12 – 149) ⇒ $(12)^2 + 5 = 149$

(18 – 329) ⇒ $(18)^2 + 5 = 329$

परन्तु, (16 – 263) ⇒ $(16)^2 + 5 = 261 \neq 263$

166. (c) जिस प्रकार,

T Y G X U C ; I J R ; (विपरीत) ; (विपरीत) ; (विपरीत)

परन्तु, H B L (+4)

167. (d) जिस प्रकार,

F U K (+5, +5) ; C H X (+5, +5)

F K A (+5, +5) परन्तु, C J Z (+3, +7)

168. (a) जिस प्रकार,

14 – 26 ⇒ 14 × 2 – 2 = 26

18 – 34 ⇒ 18 × 2 – 2 = 34

16 – 30 ⇒ 16 × 2 – 2 = 30

परन्तु, 44 – 84 ⇒ 44 × 2 – 2 = 86 ≠ 84

169. (d) जिस प्रकार,

X Z C A (+2, –2) ; U W F D (+2, –2)

तथा P R K I (+2, –2) परन्तु, J F O Q (–4, +2)

170. (d) जिस प्रकार,

(16 – 251) ⇒ $(16)^2 - 5 = 251$;

(17 – 284) ⇒ $(17)^2 - 5 = 284$

(15 – 220) ⇒ $(15)^2 - 5 = 220$

परन्तु, (14 – 193) ⇒ $(14)^2 - 5 = 191 \neq 193$

171. (c) जिस प्रकार,

20 – 406 ⇒ $(20)^2 + 6 = 406$

10 – 106 ⇒ $(10)^2 + 6 = 106$

12 – 150 ⇒ $(12)^2 + 6 = 150$

परन्तु, 14 – 200 ⇒ $(14)^2 + 6 = 202 \neq 200$

172. (d) जिस प्रकार,

M N G (+1, –7) ; S T M (+1, –7)

तथा A B U (+1, –7) परन्तु, H E D (–3, –1)

173. (b) जिस प्रकार,

12 – 141 ⇒ $12^2 - 3 = 144 - 3 = 141$

6 – 33 ⇒ $6^2 - 3 = 36 - 3 = 33$

10 – 97 ⇒ $10^2 - 3 = 100 - 3 = 97$

परन्तु, 8 – 60 ⇒ $8^2 - 3 = 64 - 3 = 61 \neq 60$

174. (c) जिस प्रकार,

X(24) C(3) (+5) ; C(3) U(21) (3+21=24) ; U(21) Z(26) (+5) ; F(6) R(18) (6+18=24)

S(19) X(24) (+5) ; H(8) P(16) (8+16=24) परन्तु, V(22) C(3) (+7) ; D(4) R(18) (4+18=22)

175. (a) जिस प्रकार,

9 – 84 ⇒ $9^2 + 3 = 81 + 3 = 84$

11 – 124 ⇒ $11^2 + 3 = 121 + 3 = 124$

13 – 172 ⇒ $13^2 + 3 = 169 + 3 = 172$

परन्तु, 15 – 220 ⇒ $15^2 + 3 = 225 + 3 = 228 \neq 220$

176. (d) अक्षर युग्म 'CRYB' को छोड़कर अन्य सभी अक्षर युग्म में कम से कम एक स्वर है।

177. (b) जिस प्रकार,

16 – 257 ⇒ $(16)^2 + 1 = 257$

10 – 101 ⇒ $(10)^2 + 1 = 101$

12 – 145 ⇒ $(12)^2 + 1 = 145$

परन्तु, 14 – 193 ⇒ $(14)^2 + 1 = 197 \neq 193$

178. (a) जिस प्रकार,

A M R W (+12, +5, +5) ; K W B G (+12, +5, +5)

तथा P B G L (+12, +5, +5) परन्तु, X F I K (+8, +3, +3)

179. (c) जिस प्रकार,

(5 – 50 – 1000) ⇒ 5 × 10 = 50

तथा 50 × 20 = 1000;

(6 – 60 – 1200) ⇒ 6 × 10 = 60

तथा 60 × 20 = 1200

(4 – 40 – 800) ⇒ 4 × 10 = 40

तथा 40 × 20 = 800

परन्तु, (7 – 70 – 1600) ⇒ 7 × 10 = 70

तथा 70 × 20 = 1400 ≠ 1600

180. (a) जिस प्रकार,

J H D B (–2, –4, –2) ; P N J H (–2, –4, –2)

तथा T R N L (–2, –4, –2) परन्तु, Z W S Q (–3, –4, –2)

181. (b) जिस प्रकार,

18 – 76 ⇒ 18 × 4 + 4 = 76

10 – 44 ⇒ 10 × 4 + 4 ⇒ 44

8 – 36 ⇒ 8 × 4 + 4 ⇒ 36

परन्तु, 12 – 50 ⇒ 12 × 4 + 4 = 52 ≠ 50

182. (a) जिस प्रकार,

15-27 ⇒ 15 × 2 – 3 = 27

17-31 ⇒ 17 × 2 – 3 = 31

9-15 ⇒ 9 × 2 – 3 = 15

परन्तु, 13-25 ⇒ 13 × 2 – 3 ≠ 25

183. (d) जिस प्रकार,

T Q R (–3, +1) ; I F G (–3, +1)

तथा M J K (–3, +1) परन्तु, N K I (–3, –2)

184. (b) जिस प्रकार,

58 — 61 — 64 (+3, +3) ; 84 — 87 — 90 (+3, +3)

तथा 90 — 93 — 96 (+3, +3) परन्तु, 44 — 49 — 52 (+5, +3)

185. (d) जिस प्रकार,

6 → 60 (×10) ; 8 → 80 (×10)

तथा 4 → 40 (×10) परन्तु, 2 → 18 (×9)

186. (d) जिस प्रकार,

D B H E (+4, +3) ; I G M J (+4, +3)

तथा N L R O (+4, +3) परन्तु, S P V T (+3, +4)

187. (b) जिस प्रकार,

17-279 ⇒ $17^2 - 10 = 289 - 10 = 279$

13-159 ⇒ $13^2 - 10 = 169 - 10 = 159$

9-71 ⇒ $9^2 - 10 = 81 - 10 = 71$

परन्तु, 5 - 31 ⇒ $5^2 - 6 = 25 - 6 = 19 \neq 31$

188. (d) जिस प्रकार,

J E Q J (+7, +5) ; A N H S (+7, +5)

तथा P Y W D (+7, +5) परन्तु, J P R T (+8, +4)

189. (a) जिस प्रकार,

11 – 111 ⇒ 11 × 10 + 1 = 111

8 – 81 ⇒ 8 × 10 + 1 = 81

7 – 71 ⇒ 7 × 10 + 1 = 71

12 – 167 ⇒ 12 × 10 + 1 = 121 ≠ 167

190. (d) जिस प्रकार,

F Y I (–7, +10) ; R K U (–7, +10)

तथा K D N (–7, +10) परन्तु, C G B (+4, –5)

191. (c) जिस प्रकार,

550 545 540 (–5, –5)

405 400 395 (–5, –5)

तथा 620 615 610 (–5, –5)

परन्तु, 700 690 685 (–10, –5)

192. (a) जिस प्रकार,

M K I (−2, −2) ; S Q O (−2, −2)

तथा Y W U (−2, −2) परन्तु, G E D (−2, −1)

193. (c) जिस प्रकार, 6-216 $\Rightarrow 6^3 = 216$

4-64 $\Rightarrow 4^3 = 64$ तथा 5-125 $\Rightarrow 5^3 = 125$

परन्तु, 3-44 $\Rightarrow 3^3 = 27 \neq 44$

194. (b) जिस प्रकार,

S N J H (−5, −4, −2) ; Q L H F (−5, −4, −2)

तथा V Q M K (−5, −4, −2) परन्तु, I D A Y (−5, −3, −2)

195. (c) जिस प्रकार,

$(9-90-80) \Rightarrow 9 \times 10 = 90$ तथा $90-10 = 80$

$(6-60-50) \Rightarrow 6 \times 10 = 60$ तथा $60-10 = 50$

$(8-80-70) \Rightarrow 8 \times 10 = 80$ तथा $80-10 = 70$

परन्तु, $(7-70-68) \Rightarrow 7 \times 10 = 70$

तथा $70-10 = 60 = 60 \neq 68$

196. (a) जिस प्रकार, VEB $\Rightarrow V \xleftrightarrow{\text{विपरीत}} E \xrightarrow{-3} B$

GTQ $\Rightarrow G \xleftrightarrow{\text{विपरीत}} T \xleftrightarrow{-3} Q$

तथा EVS $\Rightarrow E \xleftrightarrow{\text{विपरीत}} V \xrightarrow{-3} S$

परन्तु, IRP $\Rightarrow I \xleftrightarrow{\text{विपरीत}} R \xrightarrow{-3} O \neq P$

197. (a) जिस प्रकार,

Y B (विपरीत) X R (−6) ; P K (विपरीत) S M (−6)

तथा W D (विपरीत) L F (−6) परन्तु, I R (विपरीत) M T (+7)

198. (c) जिस प्रकार,

$(1000-500-250) \Rightarrow 1000 \xrightarrow{+2} 500 \xrightarrow{+2} 250$

$(600-300-150) \Rightarrow 600 \xrightarrow{+2} 300 \xrightarrow{+2} 150$

तथा $(200-100-50) \Rightarrow 200 \xrightarrow{+2} 100 \xrightarrow{+2} 50$

परन्तु, $(400-200-50)$

$\Rightarrow 400 \xrightarrow{+2} 200 \xrightarrow{+2} 100 \neq 50$

199. (c) जिस प्रकार,

$(10-100-95) \Rightarrow 10^2 = 100$ तथा $100-5 = 95$

$(20-400-395) \Rightarrow 20^2 = 400$ तथा $400-5 = 395$

$(25-625-620) \Rightarrow 25^2 = 625$

तथा $625-5 = 620$

परन्तु, $(15-220-215) \Rightarrow 15^2 = 225 \neq 220$

तथा $225-5 = 220 \neq 215$

200. (d) जिस प्रकार,

92 − 72 − 52 (−20, −20) ; 88 − 68 − 48 (−20, −20)

तथा 76 − 56 − 36 (−20, −20) परन्तु, 98 − 78 − 56 (−20, −22)

201. (d) जिस प्रकार,

L J H (−2, −2) ; F D B (−2, −2)

तथा Z X V (−2, −2) परन्तु, J I G (−1, −2)

202. (b) जिस प्रकार,

171 169 167 (−2, −2) ; 183 181 179 (−2, −2)

201 199 197 (−2, −2) परन्तु, 153 151 147 (−2, −4)

203. (d) जिस प्रकार,

D F B (+2, −4) ; T V R (+2, −4) ; Q S O (+2, −4) परन्तु; K G I (−4, +2)

204. (d) जिस प्रकार,

$(5-125-115) \Rightarrow 5^3 = 125$

तथा $125-10 = 115$

$(6-216-206) \Rightarrow 6^3 = 216$

तथा $216-10 = 206$; $(4-64-54) \Rightarrow 4^3 = 64$

तथा $64-10 = 54$

परन्तु, $(7-343-331) \Rightarrow 7^3 = 343$

तथा $343-10 = 333 \neq 331$

205. (a) जिस प्रकार,

L K J (−1, −1) ; H G F (−1, −1)

तथा R Q P (−1, −1) परन्तु, U V W (+1, +1)

206. (c) जिस प्रकार, $(7:30) \Rightarrow (7 \times 4) + 2 = 30$

$(8:34) \Rightarrow (8 \times 4) + 2 = 34$

$(6:26) \Rightarrow (6 \times 4) + 2 = 26$

परन्तु, $(5:24) \Rightarrow (5 \times 4) + 2 = 22 \neq 24$

207. (d) 'प्लॉटर' को छोड़कर बाकी सब 'इनपुट डिवाइस' हैं, जबकि 'प्लॉटर' एक 'आउटपुट डिवाइस' है।

208. (b) जिस प्रकार, $(64, 729) \Rightarrow 8^2 = 64$

$\Rightarrow (8+1)^3 = 9^3 = 729$

$(49, 512) \Rightarrow 7^2 = 49 \Rightarrow (7+1)^3 = 8^3 = 512$

$(25, 216) \Rightarrow 5^2 = 25 \Rightarrow (5+1)^3 = 6^3 = 216$

परन्तु, $(36, 353) \Rightarrow 6^2 = 36$

$\Rightarrow (6+1)^3 = 7^3 = 343 \neq 353$

209. (a) नेत्र विज्ञान में आँखों के बारे में पढ़ा जाता है। पेशी विज्ञान में मांसपेशियों के बारे में पढ़ा जाता है। त्वचा विज्ञान में शरीर की त्वचा के बारे में पढ़ा जाता है। नेत्र (आँख), त्वचा व मांसपेशियाँ, यह सब मानव शरीर के अंग हैं, जबकि पर्यावरण विज्ञान में पर्यावरण के बारे में पढ़ा जाता है, जो इन सबसे भिन्न है।

210. (d) जिस प्रकार,

T F K G ↓ (20+6+11+7) = 44 ; J N C Q ↓ (10+14+3+17) = 44

R D M I ↓ (18+4+13+9) = 44 परन्तु, F H W U ↓ (6+8+23+21) = 58 ≠ 44

211. (a) जिस प्रकार,

$(22:127) \Rightarrow (22 \times 6) - 5 = 127$

$(16:91) \Rightarrow (16 \times 6) - 5 = 91$

तथा $(28:163) \Rightarrow (28 \times 6) - 5 = 163$

परन्तु, $(27:82) \Rightarrow (27 \times 6) - 5 = 157 \neq 82$

212. (b) 'सरपट दौड़ना' को छोड़कर अन्य सभी विभिन्न पशुओं की आवाज़ें हैं।

213. (b) जिस प्रकार,

L N (+2) M H (−5) ; R T (+2) G B (−5)

और

H J (+2) Q L (−5) ;

परन्तु, W Y (+2) B Y (−3)

214. (a) जिस प्रकार, 7 : 294

$\Rightarrow (7)^3 - (7)^2 = 343 - 49 = 294$

$5:100 \Rightarrow (5)^3 - (5)^2 = 125 - 25 = 100$

$6:180 \Rightarrow (6)^3 - (6)^2 = 216 - 36 = 180$

परन्तु, $4:52 \Rightarrow (4)^3 - (4)^2 = 64 - 16 = 48 \neq 52$

215. (b) 'टका' एक मुद्रा है, जबकि बाकी सब विभिन्न देशों की राजधानियों के नाम हैं।

216. (d) जिस प्रकार,

F H D J (F→D −2, H→J +2) ; P R N T (P→N −2, R→T +2)

तथा L N J P (L→J −2, N→P +2) परन्तु, G I E Y (G→E −2, I→Y +16)

217. (b) जिस प्रकार,

S P M J (−3, −3, −3) ; C Z W T (−3, −3, −3)

P M J G (−3, −3, −3) परन्तु, G D A W (−3, −3, −4)

218. (a) 'अनुज्ञा देना' को छोड़कर अन्य सभी शब्दों का अर्थ किसी कार्य को बाधित करने से होता है।

219. (b) जिस प्रकार,

$(727:609) \Rightarrow 727 - 609 = 118$

$(797:679) \Rightarrow 797 - 679 = 118$

$(373:255) \Rightarrow 373 - 255 = 118$

परन्तु, $(191:177) \Rightarrow (191 - 177) = \boxed{14} \neq 177$

220. (a) केवल संख्या-युग्म (547, 258) को छोड़कर, अन्य सभी संख्या-युग्मों में एक संख्या पूर्ण वर्ग संख्या है।

$(723, 144) \Rightarrow (7 + 2 + 3)^2 = (12)^2 = 144$

$(812, 121) \Rightarrow (8 + 1 + 2)^2 = (11)^2 = 121$

$(546, 225) \Rightarrow (5 + 4 + 6)^2 = (15)^2 = 225$

परन्तु, $(547, 258) \Rightarrow (5 + 4 + 7)^2$

$= (16)^2 = 256 \neq 258$

221. (a) अक्षर-समूह 'QL' को छोड़कर अन्य सभी अक्षर-समूहों में दोनों अक्षर एक-दूसरे के विपरीत हैं।

222. (a) दस्त एक बैक्टीरिया से होने वाली बीमारी है, जबकि अन्य सभी बीमारियाँ शरीर में किसी तत्व की कमी की वजह से होती हैं।

223. (d) जिस प्रकार,

$239 : 78 \Rightarrow 78 \times 3 + 5 = 239$

$326 : 107 \Rightarrow 107 \times 3 + 5 = 326$

तथा $308 : 101 \Rightarrow 101 \times 3 + 5 = 308$

परन्तु, $197 : 66 \Rightarrow 66 \times 3 + 5 = 203 \neq 197$

224. (d) जिस प्रकार,

N P K R (+2, −5, +7) ; T V Q X (+2, −5, +7)

B D Y F (+2, −5, +7) परन्तु, X Z T B (+2, −6, +8)

225. (d) उच्च रक्त चाप के अतिरिक्त अन्य सभी हड्डियों से सम्बन्धित बीमारी हैं, जबकि उच्च रक्तचाप, रक्त से सम्बन्धित बीमारी है।

226. (b) जिस प्रकार,

A U P L (−6, −5, −4) ; O I D Z (−6, −5, −4)

J D Y U (−6, −5, −4) परन्तु, Z T O L (−6, −5, −3)

227. (a) जिस प्रकार,

$406321 \Rightarrow (4 + 0) | (6 + 3) | (2 + 1) = 493$

$111617 \Rightarrow (1 + 1) | (1 + 6) | (1 + 7) = 278$

तथा $253471 \Rightarrow (2 + 5) | (3 + 4) | (7 + 1) = 778$

परन्तु, $324335 \Rightarrow (3 + 2) | (4 + 3) | (3 + 5)$

$= 578 \neq 577$

228. (c) जिस प्रकार,

N Q T (+3, +3) ; M P S (+3, +3)

P S V (+3, +3)

परन्तु, Q T V (+3, +2)

229. (d) जिस प्रकार,

$461 : 20 \Rightarrow (20 + 1)^2 + 20 = 461$

$239 : 14 \Rightarrow (14 + 1)^2 + 14 = 239$

तथा $305 : 16 \Rightarrow (16 + 1)^2 + 16 = 305$

परन्तु, $182 : 12 \Rightarrow (12 + 1)^2 + 12$

$= 169 + 12$

$= 181 \neq 182$

230. (d) शांति के अलावा अन्य सभी शब्दों का अर्थ अशांति पैदा करना है लेकिन शांति अलग है।

231. (b) 'फुर्तीला' के अतिरिक्त अन्य सभी समानार्थी शब्द हैं।

232. (a) जिस प्रकार,

$2347 - 1113 = 1234$

$3527 - 2293 = 1234$

$5237 - 4003 = 1234$

परन्तु, $4327 - 2003 = 2324 \neq 1234$

233. (c) जिस प्रकार,

B E H K (+3, +3, +3) ; Q T W Z (+3, +3, +3)

X A D G (+3, +3, +3) परन्तु, N P S V (+2, +3, +3)

234. (d) जिस प्रकार,

R T P O (+2, −4, −1) ; L N J I (+2, −4, −1)

D F B A (+2, −4, −1) परन्तु, F H D B (+2, −4, −2)

235. (a) जिस प्रकार, $27 \times 7 - 8 = 181$

$25 \times 7 - 8 = 167$ तथा $21 \times 7 - 8 = 139$

परन्तु, $15 \times 7 - 8 = 97 \neq 197$

236. (d) सहानुभूति के अतिरिक्त अन्य सभी घृणा के समानार्थी शब्द हैं।

237. (b) जिस प्रकार,

N S X C (+5, +5, +5) ; H M R W (+5, +5, +5)

T Y D I (+5, +5, +5) परन्तु, Z E J P (+5, +5, +6)

238. (c) 'अहमदाबाद' के अतिरिक्त अन्य सभी राज्यों की राजधानी हैं।

239. (c) जिस प्रकार, $12 : 156 \Rightarrow (12^2) + 12$

$= 144 + 12 = 156$

$14 : 210 \Rightarrow (14)^2 + 14 = 196 + 14 = 210$

तथा $18 : 342 \Rightarrow (18)^2 + 18 = 324 + 18 = 342$

परन्तु, $17 : 307 \Rightarrow (17)^2 + 17$

$= 289 + 17 = 306 \neq 307$

240. (b) जिस प्रकार,

F B X T (−4, −4, −4), T P L H (−4, −4, −4)

C Y U Q (−4, −4, −4), परन्तु N J F A (−4, −4, −5)

241. (a) जिस प्रकार,

$30 \times 3 + 4 = 94$

$27 \times 3 + 4 = 85$ तथा $44 \times 3 + 4 = 136$

परन्तु, $33 \times 3 + 4 = 103 \neq 109$

242. (a) दूरी के अतिरिक्त अन्य सभी विभिन्न राशियों के मात्रक हैं।

243. (d) जिस प्रकार,

E H K N (+3, +3, +3) ; P S V Y (+3, +3, +3)

T W Z C (+3, +3, +3) परन्तु, N O S V (+1, +4, +3)

244. (c) 'बुदबुदाना' के अतिरिक्त अन्य सभी तेज बोलने से उत्पन्न ध्वनियाँ हैं।

245. (c) जिस प्रकार,

$4/5 \Rightarrow 4 + 5 = 9$ तथा $\sqrt{9} = 3$

$16/20 \Rightarrow 16 + 20 = 36$ तथा $\sqrt{36} = 6$

$30/51 \Rightarrow 30 + 51 = 81$ तथा $\sqrt{81} = 9$

परन्तु, $25/41 \Rightarrow 25 + 41 = 66 \neq 64$ तथा $\sqrt{66} \neq 8$

246. (d) गीजर, कम्प्यूटर और टेलीविजन सभी उपकरण मशीन हैं। इसलिए मशीन भिन्न शब्द है।

247. (b) जिस प्रकार,

$85245 \Rightarrow 8 + 5 + 2 + 4 + 5 = 24$

$26584 \Rightarrow 2 + 6 + 5 + 8 + 4 = 25$

$77052 \Rightarrow 7 + 7 + 0 + 5 + 2 = 21$

परन्तु, $41263 \Rightarrow 4 + 1 + 2 + 6 + 3 = 16 \neq 18$

248. (c) V I N E (22 9 14 5) ; L A I M (12 1 9 13)

S W J K (19 23 10 11) ; N O H A (14 15 8 1)

यहाँ, 'S W J K' के अतिरिक्त अन्य सभी में दो स्वर अक्षर हैं।

249. (c) 'पीतल' के अतिरिक्त सभी धातु हैं जबकि पीतल एक मिश्रधातु है। अत: पीतल अन्य सभी से भिन्न है।

250. (a) जिस प्रकार, $(13)^2 = 169$

$(17)^2 = 289$ तथा $(11)^2 = 121$

परन्तु, $(15)^2 = 225 \neq 250$

251. (c) जिस प्रकार, तथा

F B L ($6 \times 2 = 12$) ; D D P ($4 \times 4 = 16$) ; B J T ($2 \times 10 = 20$)

परन्तु, G C V ($7 \times 3 \neq 22$)

252. (a) जिस प्रकार,

$8101 \Rightarrow 8 + 1 + 0 + 1 = 10$

$4209 \Rightarrow 4 + 2 + 0 + 9 = 15$

$7456 \Rightarrow 7 + 4 + 5 + 6 = 22$

परन्तु, $5121 \Rightarrow 5 + 1 + 2 + 1 = 9 \neq 12$

253. (c) रेनिन के अतिरिक्त अन्य सभी मनुष्य के आन्तरिक अंग हैं, जबकि रेनिन एक प्रकार का एन्जाइम है, जो अमाशय में उपस्थित एक ग्रन्थि से स्त्रावित होता है।

254. (d) जिस प्रकार,

J M P S (+3, +3, +3) ; Z C F I (+3, +3, +3)

O R U X (+3, +3, +3) ; परन्तु, P S V X (+3, +3, +2)

255. (d) 'स्किजोफ्रीनिया' के अतिरिक्त सभी शारीरिक बीमारियाँ हैं, जबकि स्किजोफ्रीनिया एक मानसिक बीमारी है।

256. (c) जिस प्रकार,

$11:143 \Rightarrow \frac{143}{11} = 13$ (अभाज्य संख्या)

$23:667 \Rightarrow \frac{667}{23} = 29$ (अभाज्य संख्या)

$17:323 \Rightarrow \frac{323}{17} = 19$ (अभाज्य संख्या)

परन्तु, $19:475 \Rightarrow \frac{475}{19} = 25$ (भाज्य संख्या)

257. (c) जिस प्रकार,

$\sqrt{289} = 17$

तथा $(17+1)^2 + 1 = 18^2 + 1 = 324 + 1 = 325$

$\sqrt{121} = 11$

तथा $(11+1)^2 + 1 = 12^2 + 1 = 144 + 1 = 145$

$\sqrt{169} = 13$

तथा $(13+1)^2 + 1 = 14^2 + 1 = 196 + 1 = 197$

परन्तु, $\sqrt{225} = 15$

तथा $(15+1)^2 + 1 = 16^2 + 1$

$= 256 + 1 = 257 \neq 241$

258. (b) 'समृद्धि' के अतिरिक्त अन्य सभी समानार्थी शब्द हैं, जबकि समृद्धि अन्य सभी से भिन्न है।

259. (a) जिस प्रकार,

F H J (+2, +2) ; L N P (+2, +2)

D F H (+2, +2) परन्तु, [T V W] (+2, +1)

260. (d) जिस प्रकार,

M N R (+1, +4) , I J N (+1, +4)

A B F (+1, +4) परन्तु, [F G L] (+1, +5)

261. (b) 'औरंगाबाद' के अतिरिक्त अन्य सभी राज्यों की राजधानी हैं। अत: औरंगाबाद अन्य सभी से भिन्न है।

262. (d) जिस प्रकार,

$(11+1)^2 + 2 = 12^2 + 2 = 144 + 2 = 146$

$(14+1)^2 + 2 = (15)^2 + 2 = 225 + 2 = 227$

$(10+1)^2 + 2 = (11)^2 + 2 = 121 + 2 = 123$

परन्तु, $(17+1)^2 + 2 = (18)^2 + 2 = 324 + 2$

$= 326 \neq 290$

263. (d) जिस प्रकार,

$I \xrightarrow{-3} F \xrightarrow{+7} M$

$T \xrightarrow{-3} Q \xrightarrow{+7} X$

$G \xrightarrow{-3} D \xrightarrow{+7} K$

परन्तु, $\boxed{O \xrightarrow{-3} L \xrightarrow{+6} R}$

264. (a) जिस प्रकार,

$O \xrightarrow{+4} S \xrightarrow{-3} P$

$S \xrightarrow{+4} W \xrightarrow{-3} T$

$U \xrightarrow{+4} Y \xrightarrow{-3} V$

परन्तु, $\boxed{Q \xrightarrow{+4} U \xrightarrow{-2} S}$

265. (d) जिस प्रकार,

$N \xrightarrow{+5} S \xrightarrow{-3} P$

$R \xrightarrow{+5} W \xrightarrow{-3} T$

$P \xrightarrow{+5} U \xrightarrow{-3} R$

परन्तु, $\boxed{T \xrightarrow{+5} Y \xrightarrow{-4} U}$

266. (a) जिस प्रकार,

$K \xrightarrow{-3} H \xrightarrow{+5} M$

$T \xrightarrow{-3} Q \xrightarrow{+5} V$

$N \xrightarrow{-3} K \xrightarrow{+5} P$

परन्तु, $\boxed{Q \xrightarrow{-3} N \xrightarrow{+4} R}$

267. (c) जिस प्रकार,

$F \xrightarrow{+6} L \xrightarrow{-3} I$

$R \xrightarrow{+6} X \xrightarrow{-3} U$

$I \xrightarrow{+6} O \xrightarrow{-3} L$

परन्तु, $\boxed{M \xrightarrow{+6} S \xrightarrow{-2} Q}$

268. (d) जिस प्रकार,

$D \xrightarrow{+3} G \xrightarrow{+2} I$

$O \xrightarrow{+3} R \xrightarrow{+2} T$

$F \xrightarrow{+3} I \xrightarrow{+2} K$

परन्तु, $\boxed{J \xrightarrow{+3} M \xrightarrow{+3} P}$

269. (b) जिस प्रकार,

$G \xrightarrow{+4} K \xrightarrow{-2} I$

$M \xrightarrow{+4} Q \xrightarrow{-2} O$

$C \xrightarrow{+4} G \xrightarrow{-2} E$

परन्तु, $\boxed{K \xrightarrow{+4} O \xrightarrow{-1} N}$

270. (a) जिस प्रकार,

$P \xrightarrow{-3} M \xrightarrow{+6} S$

$U \xrightarrow{-3} R \xrightarrow{+6} X$

$J \xrightarrow{-3} G \xrightarrow{+6} M$

परन्तु, $\boxed{S \xrightarrow{-3} P \xrightarrow{+5} U}$

271. (c) जिस प्रकार,

C $E \xrightarrow{-4} A$ X (C, X विपरीत)

G $I \xrightarrow{-4} E$ T (G, T विपरीत)

M $O \xrightarrow{-4} K$ N (M, N विपरीत)

परन्तु, S $Q \xrightarrow{+4} U$ H (S, H विपरीत)

272. (c) जिस प्रकार,

$S \xrightarrow{-1} R \xrightarrow{+5} W \xrightarrow{+1} X$

$P \xrightarrow{-1} O \xrightarrow{+5} T \xrightarrow{+1} U$

$H \xrightarrow{-1} G \xrightarrow{+5} L \xrightarrow{+1} M$

परन्तु, $D \xrightarrow{\boxed{-2}} B \xrightarrow{+5} G \xrightarrow{+1} H$

273. (b) जिस प्रकार,

$S \xrightarrow{+4} W \xrightarrow{+2} Y \xrightarrow{-1} X$

$P \xrightarrow{+4} T \xrightarrow{+2} V \xrightarrow{-1} U$

तथा $R \xrightarrow{+4} V \xrightarrow{+2} X \xrightarrow{-1} W$

परन्तु, $L \xrightarrow{+3} O \xrightarrow{+2} Q \xrightarrow{-1} P$

274. (a) जिस प्रकार,

$P \xrightarrow{+2} R \xrightarrow{-7} K \xrightarrow{+1} L$

$W \xrightarrow{+2} Y \xrightarrow{-7} R \xrightarrow{+1} S$

तथा $F \xrightarrow{+2} H \xrightarrow{-7} A \xrightarrow{+1} B$

परन्तु, $P \xrightarrow{\boxed{+3}} S \xrightarrow{\boxed{-9}} J \xrightarrow{+1} K$

275. (a) जिस प्रकार,

S $R \xrightarrow{-2} P$ H (S, H विपरीत) ; W $V \xrightarrow{-2} T$ D (W, D विपरीत)

तथा J $I \xrightarrow{-2} G$ Q (J, Q विपरीत) परन्तु, K $L \xrightarrow{+2} N$ P (K, P विपरीत)

276. (a) जिस प्रकार,

N L I E (−2, −3, −4) ; X V S O (−2, −3, −4)

तथा M K H D (−2, −3, −4) परन्तु, [J H F A] (−2, −2, −5)

277. (c) जिस प्रकार,

V Y S (+3, −6) ; P S M (+3, −6)

R U O (+3, −6) परन्तु, [R O L] (−3, −3)

278. (d) जिस प्रकार,

B D I L (+2, +5, +3) ; F H M P (+2, +5, +3)

L N S V (+2, +5, +3) परन्तु, [J L P T] (+2, +4, +4)

279. (a) जिस प्रकार,

G C I (−4, +6) ; X T Z (−4, +6)

P L R (−4, +6) परन्तु, [I F K] (−3, +5)

280. (b) जिस प्रकार,

H E B Y (−3, −3, −3) ; W T Q N (−3, −3, −3)

O L I F (−3, −3, −3) परन्तु, [S P L I] (−3, −4, −3)

281. (c) जिस प्रकार,

R I V E (R→V: −4; R I विपरीत, V E विपरीत) ; H S L O (H→L: +4; H S विपरीत, L O विपरीत)

D W H S (D→H: +4; D W विपरीत, H S विपरीत) परन्तु, M N P K (M→P: +3; M N विपरीत, P K विपरीत)

282. (a) जिस प्रकार,

3 + 17 + 12 + 10 = 42 ; 7 + 11 + 4 + 20 = 42
C Q L J ; G K D T

4 + 16 + 14 + 8 = 42 परन्तु, 2 + 19 + 13 + 11 = 45
D P N H ; B S M K

283. (c) जिस प्रकार,

S H W L (H→L: +4; S→W: +4) ; G T K X (T→X: +4; G→K: +4) ;

B Y F C (Y→C: +4; B→F: +4) ; परन्तु, M N R T (N→T: +6; M→R: +5)

284. (a) जिस प्रकार,

Z C G L (+3 +4 +5) ; H K O T (+3 +4 +5)

K N R W (+3 +4 +5) परन्तु, O R V B (+3 +4 +6)

285. (c) जिस प्रकार,

U X A D G (+3 +3 +3 +3) ; O R U X A (+3 +3 +3 +3)

C F I L O (+3 +3 +3 +3) परन्तु, O M S V Y (−2 +6 +3 +3)

286. (c) विकल्प (c) के अतिरिक्त, अन्य सभी विकल्पों में दूसरा शब्द पहले शब्द के आकार को दर्शाता है।

287. (d) जिस प्रकार,

112 — 103 — 94 (−9, −9)

तथा 94 — 85 — 76 (−9, −9)

87 — 78 — 69 (−9, −9)

परन्तु, 76 — 67 — 58 ≠ 54 (−9, −9)

288. (a) जिस प्रकार, 29 — 44 — 38 (+15, −6)

तथा 17 — 32 — 26 (+15, −6)

24 — 39 — 33 (+15, −6)

परन्तु, 31 — 46 — 41 (+15, −5)

289. (a) जिस प्रकार,

D G H (+3 +1) ; J M N (+3 +1)

तथा U X Y (+3 +1)

परन्तु, O R T (+3 +2)

290. (a) जिस प्रकार,

J N P (+4 +2)

और R V X (+4 +2) C G I (+4 +2)

परन्तु, H K M (+3 +2)

291. (d) जिस प्रकार,

Q →(+2) S →(+3) V

B →(+2) D →(+3) G

F →(+2) H →(+3) K

परन्तु, L →(+2) N →(+2) P

292. (a) जिस प्रकार,

F G N O P (+1 +7 +1 +1)

I J Q R S (+1 +7 +1 +1)

तथा O P W X Y (+1 +7 +1 +1)

परन्तु, R S X Y Z (+1 +5 +1 +1)

293. (c) जिस प्रकार,

X B F (+4 +4) ; Q U Y (+4 +4)

F J N (+4 +4) परन्तु, L H J (−4 +2)

294. (c) जिस प्रकार,

E F I N U (+1 +3 +5 +7)

B C F K R (+1 +3 +5 +7)

तथा J K N S Z (+1 +3 +5 +7)

परन्तु, H I M Q X (+1 +4 +4 +7)

295. (a) जिस प्रकार,

P R T (+2 +2), R T V (+2 +2), H J L (+2 +2)

परन्तु, T V Y (+2 +3)

296. (d) जिस प्रकार,

J K (+1) Q P (−1) ; D E (+1) W V (−1)

Q R (+1) J I (−1) परन्तु, O P (+1) M K (−2)

297. (a) जिस प्रकार,

E B D (−3 +2) ; L I K (−3 +2)

P M O (−3 +2) परन्तु, R O S (−3 +4)

298. (a) जिस प्रकार,

N M (विपरीत) N M (विपरीत),

T G (विपरीत) H S (विपरीत)

तथा K P (विपरीत) Q J (विपरीत),

परन्तु, Z A (विपरीत) B X (अविपरीत)

299. (c) जिस प्रकार,

F U (विपरीत) H S (विपरीत), A Z (विपरीत) C X (विपरीत)

M N (विपरीत) O L (विपरीत) परन्तु, Y C (अविपरीत) A Z (विपरीत)

300. (c) जिस प्रकार,

T V Y (+2 +3) ; L N Q (+2 +3) ;

C E H (+2 +3) परन्तु, P Q T (+1 +3)

301. (c) जिस प्रकार,

D G J (+3 +3) H K N (+3 +3)

T W Z (+3 +3) परन्तु, P S U (+3 +2)

302. (c) जिस प्रकार,

D G L (+3, +5) ; Q T Y (+3, +5)

M P U (+3, +5) परन्तु, F I M (+3, +4)

303. (b) जिस प्रकार,

K E A Y (−6, −4, −2)

M G C A (−6, −4, −2)

तथा S M I G (−6, −4, −2)

परन्तु, C W S R (−6, −4, −1)

304. (a) जिस प्रकार,

A D B C (+1; +1, +1) J M K L (+1; +1, +1)

V Y W X (+1; +1, +1) परन्तु, F J H I (+1; +2, +1)

305. (c) जिस प्रकार,

14 17 20 (+3, +3)
N Q T

2 5 8 (+3, +3)
B E H

तथा 18 21 24 (+3, +3)
R U X

परन्तु, 11 13 16 (+2, +3)
K M P

306. (d) जिस प्रकार,

Q W D (+6, +7), E K R (+6, +7)

R X E (+6, +7) परन्तु, T Z D (+6, +4)

307. (b) जिस प्रकार,

R W V U (+5, −1, −1); A F E D (+5, −1, −1)

P U T S (+5, −1, −1); परन्तु, I M N L (+4, +1, −2)

308. (d) जिस प्रकार,

M P R (+3, +2) T W Y (+3, +2)

B E G (+3, +2) परन्तु, J M N (+3, +1)

309. (a) जिस प्रकार,

T B G (व्यंजन) C K P (व्यंजन)

L T Y (व्यंजन) परन्तु, E M S (स्वर, व्यंजन)

310. (c) जिस प्रकार,

B F J (+4, +4) R V Z (+4, +4)

L P T (+4, +4) परन्तु, G J N (+4, +3)

311. (d) जिस प्रकार,

L Q O (+5, −2) ; X C A (+5, −2)

E J H (+5, −2) परन्तु, P T V (+4, +2)

312. (b) जिस प्रकार,

$B \xrightarrow{+3} E \xrightarrow{+4} I$

$K \xrightarrow{+3} N \xrightarrow{+4} R$

तथा $S \xrightarrow{+3} V \xrightarrow{+4} Z$

परन्तु, $J \xrightarrow{+3} M \xrightarrow{+3} P$

313. (d) जिस प्रकार,

O P S N (+1, +3, −5)

M N Q L (+1, +3, −5)

और V W Z U (+1, +3, −5)

परन्तु, E F H D (+1, +2, −4)

314. (d) जिस प्रकार,

E N U (+9, +7) M V C (+9, +7)

A J Q (+9, +7)

परन्तु, O X C (+9, +5)

315. (d) जिस प्रकार, $364 \div 2 = 182$

$986 \div 2 = 493$

तथा $438 \div 2 = 219$

परन्तु, $648 \div 2 = 324 \neq 325$

316. (a) जिस प्रकार, $14 \times 9 = 126$

$25 \times 9 = 225$

तथा $12 \times 9 = 108$

परन्तु, $31 \times 9 = 279 \neq 280$

317. (b) जिस प्रकार, दिए गए शब्द-युग्मों में दूसरे वस्तु में पहला वस्तु रखा जाता है, जबकि खाने में चावल नही रखा जाता है अत: शब्द-युग्म चावल : खाना अन्य से भिन्न है।

318. (d) जिस प्रकार, $25 \times 3 = 75$

$41 \times 3 = 123$ तथा $38 \times 3 = 114$

परन्तु, $33 \times 3 = 99 \neq 97$

319. (b) जिस प्रकार, रेस्तरां में रसोइए काम करते हैं। अस्पताल में चिकित्सक काम करता है। विद्यालय में शिक्षक काम करता है। परन्तु सिनेमाघर में फिल्में चलती हैं।

अत: 'सिनेमाघर—फिल्में' समूह से सम्बन्धित नहीं हैं।

320. (c) जिस प्रकार, $2:10 \Rightarrow (2)^2 \times 2 + 2 = 10$

$5:55 \Rightarrow (5)^2 \times 2 + 5 = 55$

तथा $4:36 \Rightarrow (4)^2 \times 2 + 4 = 36$

परन्तु, $3:23 \Rightarrow (3)^2 \times 2 + 3 = 21 \neq 23$

321. (a) जिस प्रकार,

$F \xrightarrow{-1} E \xrightarrow{-2} C$; $T \xrightarrow{-1} S \xrightarrow{-2} Q$

$M \xrightarrow{-1} L \xrightarrow{-2} J$ परन्तु, $Y \xrightarrow{-2} W \xrightarrow{-2} U$

322. (a) जिस प्रकार,

$11-30 \Rightarrow 11 \times 3 - 3 = 33 - 3 = 30$

$14-39 \Rightarrow 14 \times 3 - 3 = 42 - 3 = 39$

तथा $17-48 \Rightarrow 17 \times 3 - 3 = 51 - 3 = 48$

परन्तु, $7-19 \Rightarrow 7 \times 3 - 3 = 21 - 3 = 18 \neq 19$

323. (b) जिस प्रकार,

$W \xrightarrow{+2} Y \xrightarrow{-1} X$; $F \xrightarrow{+2} H \xrightarrow{-1} G$

$S \xrightarrow{+2} U \xrightarrow{-1} T$ परन्तु, $D \xrightarrow{+3} G \xrightarrow{-2} E$

324. (a) जिस प्रकार, $52 + 130 = 182$

$84 + 210 = 294$ तथा $68 + 170 = 238$

परन्तु, $96 \times 1 + 192 \neq 336$

325. (b) जिस प्रकार,

$N \xrightarrow{+1} O \xrightarrow{+3} R$; $D \xrightarrow{+1} E \xrightarrow{+3} H$

$L \xrightarrow{+1} M \xrightarrow{+3} P$ परन्तु, $L \xrightarrow{+2} N \xrightarrow{+2} P$

326. (b) जिस प्रकार,

$Z \xrightarrow{+1} A \xrightarrow{-3} X$; $K \xrightarrow{+1} L \xrightarrow{-3} I$

तथा $V \xrightarrow{+1} W \xrightarrow{-3} T$ परन्तु, $I \xrightarrow{+1} J \xrightarrow{-2} H$

327. (c) जिस प्रकार,
$18-37 \Rightarrow 18\times2+1=36+1=37$
$33-67 \Rightarrow 33\times2+1=66+1=67$
तथा $29-59 \Rightarrow 29\times2+1=58+1=59$
परन्तु, $27-53 \Rightarrow 27\times2-1=54-1=53$

328. (c) जिस प्रकार,
$L \xrightarrow{+4} P \xrightarrow{+2} R$; $E \xrightarrow{+4} I \xrightarrow{+2} K$
तथा $N \xrightarrow{+4} R \xrightarrow{+2} T$ परन्तु, $B \xrightarrow{+4} F \xrightarrow{+3} I$

329. (b) जिस प्रकार,
$D \xrightarrow{+1} E \xrightarrow{+2} G$; $X \xrightarrow{+1} Y \xrightarrow{+2} A$
$R \xrightarrow{+1} S \xrightarrow{+2} U$ परन्तु, $Z \xrightarrow{+1} A \xrightarrow{+1} B$

330. (a) जिस प्रकार,
$4:32 \Rightarrow (4)^2+4\times4=16+16=32$
$5:45 \Rightarrow (5)^2+5\times4=25+20=45$
तथा $3:21 \Rightarrow (3)^2+3\times4=9+12=21$
परन्तु, $2:10 \Rightarrow (2)^2+2\times4=4+8=12\neq10$

331. (c) जिस प्रकार, $13-75 \Rightarrow 13\times5+10=75$
$19-105 \Rightarrow 19\times5+10=105$
तथा $31-165 \Rightarrow 31\times5+10=165$
परन्तु, $24-125 \Rightarrow 24\times5+10=130\neq125$

332. (c) जिस प्रकार,
J H G (H → G: −1; J → H: −2) ; P N M (N → M: −1; P → N: −2)
X V U (V → U: −1; X → V: −2) ; परन्तु, T S O (S → O: −4; T → S: −1)

333. (c) जिस प्रकार, $7:354 \Rightarrow 7^3+11=354$
$5:136 \Rightarrow 5^3+11=136$
तथा $8:523 \Rightarrow 8^3+11=523$
परन्तु, $9:742$
$\Rightarrow 9^3+11=740\neq742$

334. (a) जिस प्रकार,
C E H (+2, +3) ; V X A (+2, +3)
M O R (+2, +3) परन्तु, J L N (+2, +2)

335. (b) जिस प्रकार,
$39\text{-}75 \Rightarrow 39\times2-3=75$
$55\text{-}107 \Rightarrow 55\times2-3=107$
तथा $64\text{-}125 \Rightarrow 64\times2-3=125$
परन्तु, $43\text{-}82 \Rightarrow 43\times2-3=83\neq82$

336. (b) जिस प्रकार,
$23-18-15 \Rightarrow (23-18) \xrightarrow{\times3} 15,$
$16-9-21 \Rightarrow (16-9) \xrightarrow{\times3} 21$
तथा $34-28-18 \Rightarrow (34-28) \xrightarrow{\times3} 18$
परन्तु, $46-41-12 \Rightarrow (46-41) \xrightarrow{\times3} 15\neq12$

337. (b) जिस प्रकार,
D F B (F → B: −4; D → F: +2) ; W Y U (Y → U: −4; W → Y: +2)
T V R (V → R: −4; T → V: +2) ; परन्तु, M Z K (Z → K: +11; M → Z: +13)

338. (c) जिस प्रकार,
$18-325 \Rightarrow 18^2+1=324+1=325$
$14-197 \Rightarrow 14^2+1=196+1=197$
$12-145 \Rightarrow 12^2+1=144+1=145$
परन्तु, $24-575 \Rightarrow 24^2-1=576+1=577\neq575$

339. (c) शब्द युग्म 'बन्दूक-गोली मारना' के अतिरिक्त अन्य सभी युग्म में पहला शब्द कार्य तथा दूसरा शब्द उस कार्य के लिए प्रयुक्त वस्तु/यन्त्र का नाम है।

340. (b) जिस प्रकार,
$18-320 \Rightarrow 18^2=324-4=320$
$24-572 \Rightarrow 24^2=576-4=572$
तथा $9-77 \Rightarrow 9^2=81-4=77$
परन्तु, $13-163 \Rightarrow 13^2=169-4=165\neq163$

341. (a) जिस प्रकार,
P S V (+3, +3) ; A D G (+3, +3)
I L O (+3, +3) परन्तु, R T W (+2, +3)

342. (d) शब्द समूह (चाकू, सुई, साहुल सूत्र) के अतिरिक्त अन्य सभी अलग-अलग क्षेत्रों के विशेषज्ञों का समूह है।

343. (d) जिस प्रकार,
$1024\text{-}3072 \Rightarrow 1024\times3=3072$
$336\text{-}1008 \Rightarrow 336\times3=1008$
तथा $1248\text{-}3744 \Rightarrow 1248\times3=3744$
परन्तु, $726\text{-}2278 \Rightarrow 726\times3=2178\neq2278$

344. (b) जिस प्रकार,
Q X (+7) ; P W (+7)
F M (+7) परन्तु, W C (+6)

345. (a) जिस प्रकार,
$(52)^2=2704$
$(42)^2=1764$
$(38)^2=1444$
परन्तु, $(64)^2=4096\neq4032$

346. (a) शब्द युग्म धातु-अयस्क के अतिरिक्त अन्य सभी में पहला शब्द एक अवयव जबकि दूसरा शब्द उससे बनने वाली वस्तु है।

347. (b) जिस प्रकार,
U V S X (+1, −3, +5) ; G H E J (+1, −3, +5)
O P M R (+1, −3, +5) परन्तु, A B Z D (+1, −2, +4)

348. (b) जिस प्रकार,
$225-5733 \Rightarrow 15^2=225$
तथा $15^3=3\ 3\ 7\ 5 \xrightarrow{\text{विपरीत क्रम}} 5\ 7\ 3\ 3$
$169=7912 \Rightarrow 13^2=169$
तथा $13^3=2\ 1\ 9\ 7 \xrightarrow{\text{विपरीत क्रम}} 7\ 9\ 1\ 2$
$289=3194 \Rightarrow 17^2=289$
तथा $17^3=4\ 9\ 1\ 3 \xrightarrow{\text{विपरीत क्रम}} 3\ 1\ 9\ 4$
परन्तु, $361=9786 \Rightarrow 19^2=361$
$19^3=6\ 8\ 5\ 9 \xrightarrow{\text{विपरीत क्रम}} 9\ \boxed{7}\ 8\ 6$ (5)

349. (c) जिस प्रकार,
$(8888-4444) \Rightarrow 4444\times2=8888$
$(4444-2222) \Rightarrow 2222\times2=4444$
$(6666-3333) \Rightarrow 3333\times2=6666$
परन्तु, $(3333-1111)$
$\Rightarrow 1111\times2=2222\neq3333$

350. (c) जिस प्रकार,
$(19-364) \Rightarrow 19\times19+3=364$
$(21-444) \Rightarrow 21\times21+3=444$
$(17-292) \Rightarrow 17\times17+3=292$
परन्तु, $(13-174) \Rightarrow 13\times13+3=172\neq174$

351. (d) विकल्प (d) के अतिरिक्त अन्य सभी में दूसरा शब्द एक समूह और पहला शब्द उस समूह के अन्तर्गत आने वाला अवयव है।

352. (d) जिस प्रकार,
$507+705=1212$
$681+186=867$
और $729+927=1656$
परन्तु, $843+348=1191\neq1181$

नोट यहाँ प्रत्येक युग्म की पहली संख्या में उसके अंकों को पलटने पर बनी संख्या में जोड़ने पर दूसरी संख्या प्राप्त हो रही है।

353. (b) जिस प्रकार,

E B X S ; K H D Y
(−3, −5 ; −3, −5)

U R N I परन्तु, Q N J F
(−3, −5 ; −3, −4)

354. (a) शब्द समूह 'कर्नाटक-बेंगलुरु' के अतिरिक्त अन्य सभी में दूसरा शब्द एक राज्य तथा पहला शब्द उसकी राजधानी है।

355. (d) जिस प्रकार,

E A W ; H D Z
(−4, −4 ; −4, −4)

Y U Q परन्तु, W S M
(−4, −4 ; −4, −6)

356. (c) अक्षर समूह EID के अतिरिक्त अन्य सभी में सभी अक्षर 'स्वर' हैं।

357. (a) फाइल के अतिरिक्त अन्य सभी इलेक्ट्रॉनिक उपकरण हैं।

358. (b) अक्षर समूह 'JP' के अतिरिक्त अन्य सभी एक-दूसरे के विपरीत अक्षर हैं।

359. (a) शब्द समूह बढ़ई : फर्नीचर के अतिरिक्त अन्य सभी में दूसरा शब्द व्यक्ति को और पहला उसके द्वारा किए जाने वाले कार्य को दर्शाता है।

360. (b) जिस प्रकार,

$331235 - 66247 \Rightarrow 66247 \times 5 = 331235$

$51265 - 10253 \Rightarrow 10253 \times 5 = 51265$

तथा $15265 - 3053 \Rightarrow 3053 \times 5 = 15265$

परन्तु, $\boxed{126215 - 25247}$

$\Rightarrow 25247 \times 5 = 126235 \neq 126215$

361. (a) चूँकि सेब, केला और अँगूर तीनों फल हैं, जबकि फूलगोभी सब्जी है। अत: फूलगोभी, अन्य सभी से भिन्न है।

362. (a) जिस प्रकार,

$3375\text{-}13500 \Rightarrow 3375 \times 4 = 13500$

$1595\text{-}6380 \Rightarrow 1595 \times 4 = 6380$

तथा $2685\text{-}10740 \Rightarrow 2685 \times 4 = 10740$

परन्तु, $2125\text{-}8600 \Rightarrow 2125 \times 4 = 8500 \neq 8600$

363. (d) जिस प्रकार,

$2222 - 4444 \Rightarrow 2222 \times 2 = 4444$

$3333 - 6666 \Rightarrow 3333 \times 2 = 6666$

$4444 - 8888 \Rightarrow 4444 \times 2 = 8888$

परन्तु, $5555 - 7777 \Rightarrow 5555 \times 2 = 11110 \neq 7777$

364. (a) जिस प्रकार,

L M N O ; I J K L
(+1, +1, +1 ; +1, +1, +1)

तथा A B C D परन्तु, B D E F
(+1, +1, +1 ; +2, +1, +1)

365. (d) जिस प्रकार, $25 : 125 \Rightarrow 5^2 : 5^3$

$49 : 343 \Rightarrow 7^2 : 7^3$ तथा $36 : 216 \Rightarrow 6^2 : 6^3$

परन्तु, $81 : 730 \Rightarrow 9^2 : 9^3 = 729 \neq 730$

366. (a) विकल्प (a) के अतिरिक्त अन्य सभी में पहली संख्या के अंकों को घटते क्रम में व्यवस्थित करने पर, दूसरी संख्या प्राप्त हो रही है।

367. (a) जिस प्रकार,

$8 : 3 \Rightarrow (3 + 1) \times (3 - 1) = 4 \times 2 = 8$

$15 : 4 \Rightarrow (4 + 1) \times (4 - 1) = 5 \times 3 = 15$

तथा $48 : 7 \Rightarrow (7 + 1) \times (7 - 1) = 8 \times 6 = 48$

परन्तु, $\boxed{25 : 8} \Rightarrow (8 + 1) \times (8 - 1) = 9 \times 7 = 63 \neq 25$

368. (d) जिस प्रकार,

$729 : 81 \Rightarrow \frac{729}{9} = 81$

$369 : 41 \Rightarrow \frac{369}{9} = 41$

तथा $441 : 49 \Rightarrow \frac{441}{9} = 49$

परन्तु, $343 : 47 \Rightarrow \frac{343}{9} \neq 47$

369. (d) जिस प्रकार,

$52 : 182 \Rightarrow \frac{52}{2} \times 7 = 182$

तथा $26 : 91 \Rightarrow \frac{26}{2} \times 7 = 91$

तथा $48 : 168 \Rightarrow \frac{48}{2} \times 7 = 168$

परन्तु, $34 : 118 \Rightarrow \frac{34}{2} \times 7 = 119 \neq 118$

370. (a) जिस प्रकार,

$4 : 60 \Rightarrow 4^3 - 4 = 64 - 4 = 60$

$5 : 120 \Rightarrow 5^3 - 5 = 125 - 5 = 120$

तथा $6 : 210 \Rightarrow 6^3 - 6 = 216 - 6 = 210$

परन्तु, $7 : 337 \Rightarrow 7^3 - 7 = 343 - 7 = 336 \neq 337$

371. (b) जिस प्रकार,

$24 : 528 \Rightarrow (24 - 1)^2 - 1 = (23)^2 - 1$

$= 529 - 1 = 528$

$68 : 4488 \Rightarrow (68 - 1)^2 - 1 = (67)^2 - 1$

$= 4489 - 1 = 4488$

तथा $53 : 2703 \Rightarrow (53 - 1)^2 - 1 = (52)^2 - 1$

$= 2704 - 1 = 2703$

परन्तु, $47 : 2116 \Rightarrow (47 - 1)^2 - 1 = (46)^2 - 1$

$= 2116 - 1 = 2115 \neq 2116$

372. (a) नाक, को छोड़कर अन्य सभी शरीर के आन्तरिक अंग हैं, जबकि नाक शरीर का बाहरी अंग है।

373. (c) केवल 'IPVA' में दो स्वर अक्षर 'I' और 'A' हैं। अन्य किसी भी समूह में दो स्वर अक्षर नहीं है।

374. (d) चण्डीगढ़ को छोड़कर अन्य सभी केन्द्रशासित प्रदेशों में विधानसभा है।

375. (d) जिस प्रकार,

$(17 : 291) \Rightarrow (17)^2 + 2 = 291$

$(11 : 123) \Rightarrow (11)^2 + 2 = 123$

$(15 : 127) \Rightarrow (15)^2 + 2 = 227$

परन्तु, $(13 : 169) \Rightarrow (13)^2 + 2 = 171 \neq 169$

376. (b) सत्यनिष्ठा, सत्यता और ईमानदारी गुण है, परन्तु प्रसन्नता एक भाव है, जो अच्छी चीजों से मनुष्य में उत्पन्न होता है।

377. (c) जिस प्रकार,

$5423 \Rightarrow 5 + 4 + 2 + 3 = 14$

$6341 \Rightarrow 6 + 3 + 4 + 1 = 14$

$1652 \Rightarrow 1 + 6 + 5 + 2 = 14$

परन्तु, $6138 \Rightarrow 6 + 1 + 3 + 8 = 18 \neq 14$

378. (c) जिस प्रकार,

T X C J ; D H S Z
(विपरीत वर्ण ; विपरीत वर्ण)

G K P W परन्तु, N R J Q
(विपरीत वर्ण ; −8)

379. (c) जिस प्रकार, L O R U Z

वर्णमाला में निरन्तर स्वर

E G I K O T

वर्णमाला में निरन्तर स्वर

A B E G I J

वर्णमाला में निरन्तर स्वर

परन्तु,

A S O J I B

वर्णमाला में निरन्तर स्वर नहीं है।

380. (a) जिस प्रकार,

43 28 $\Rightarrow 4 \times 8 = 32$; 31 24 $\Rightarrow 3 \times 4 = 12$
(× ; ×)

तथा 21 05 $\Rightarrow 2 \times 5 = 10$
(×)

परन्तु,

64 57 $\Rightarrow 6 \times 7 \neq 45$
(×)

381. (c) 'स्कर्वी' को छोड़कर अन्य सभी चर्म रोग है। जबकि 'स्कर्वी' दाँतों की एक बीमारी है।

382. (a) केवल शब्द 'MOVE' में दो स्वर अक्षर— 'O' और 'E' हैं। बाकी सभी शब्दों में केवल एक ही स्वर अक्षर है।

अत: 'MOVE' शब्द असंगत है।

383. (d) जिस प्रकार,

k p n m ; c x v e
(विपरीत वर्ण, विपरीत वर्ण ; विपरीत वर्ण, विपरीत वर्ण)

तथा g t r i
(विपरीत वर्ण, विपरीत वर्ण)

परन्तु,

d w f v [u]
(विपरीत वर्ण)

384. (c) जिस प्रकार,

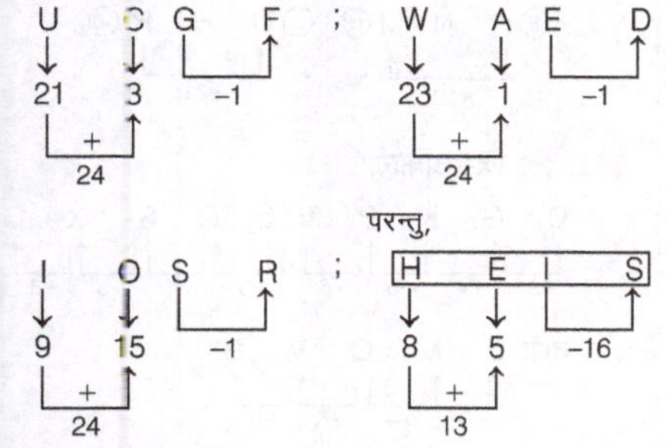

385. (a) जिस प्रकार,

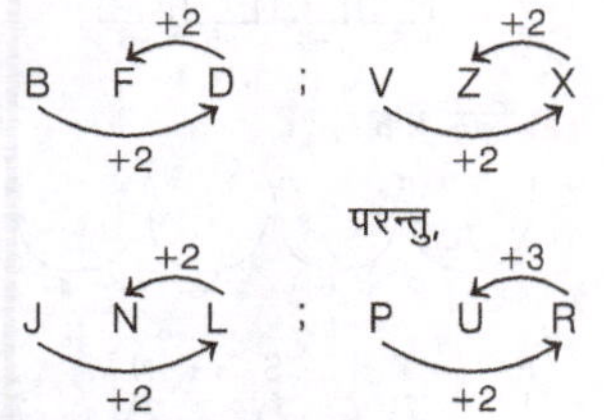

∴ 'PUR' समूह से सम्बन्धित नहीं है।

386. (b) जिस प्रकार, $(11, 41) \Rightarrow 11 \xrightarrow{\times 4-3} 41$

और $(9, 33) \Rightarrow 9 \xrightarrow{\times 4-3} 33$

$(10, 37) \Rightarrow 10 \xrightarrow{\times 4-3} 37$

परन्तु, $(12, 46) \Rightarrow 12 \xrightarrow{\times 4-3} 45 \neq 46$

387. (b) जिस प्रकार,

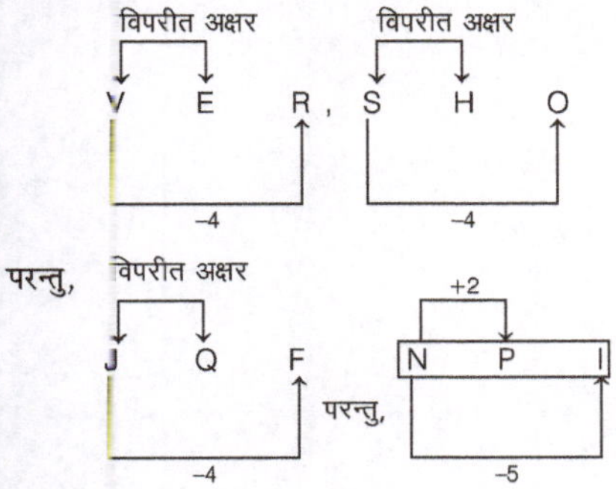

388. (b) जिस प्रकार,

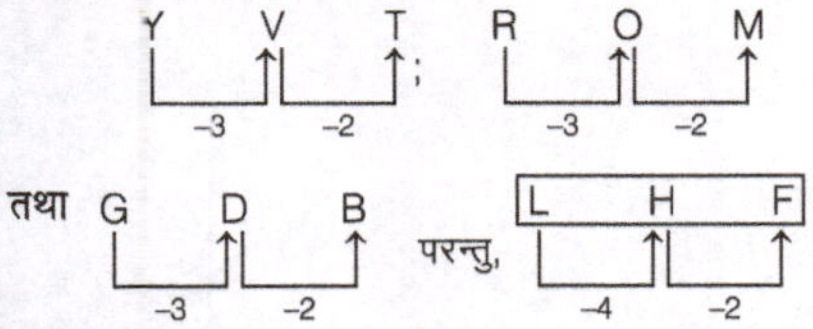

389. (b) जिस प्रकार,

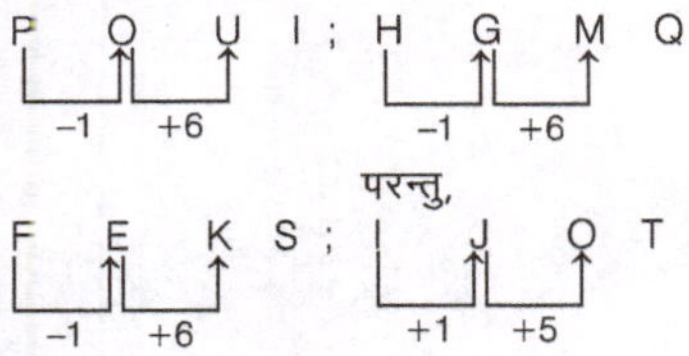

390. (b) जिस प्रकार,

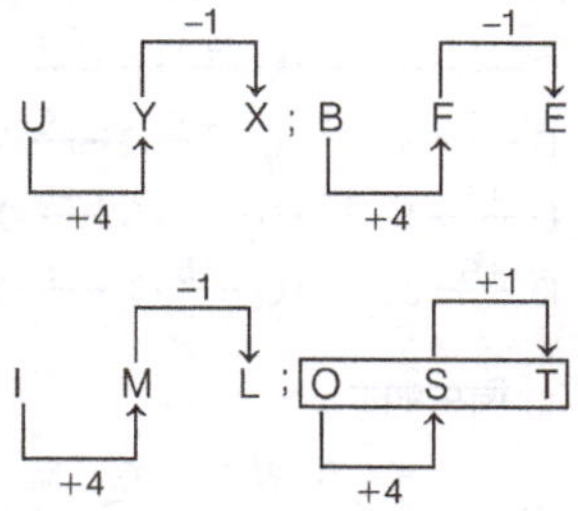

391. (d) विकल्प (d) के अलावा अन्य सभी अंग्रेजी वर्णमाला के क्रमानुसार नहीं है, जबकि 'NOPQ' अंग्रेजी वर्णमाला के अनुसार है।

392. (a) जिस प्रकार,

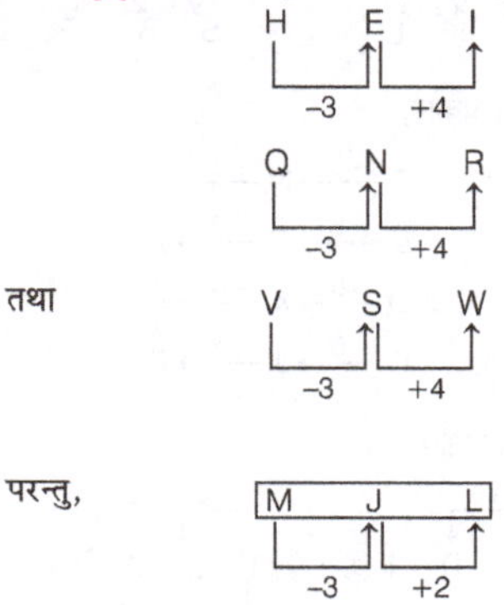

393. (d) जिस प्रकार, $G \xrightarrow{+3} J \xrightarrow{-2} H$

$B \xrightarrow{+3} E \xrightarrow{-2} C$

तथा $P \xrightarrow{+3} S \xrightarrow{-2} Q$

परन्तु, $U \xrightarrow{+3} X \xrightarrow{-1} W$

394. (d) जिस प्रकार,

$P \xrightarrow{\text{विपरीत अक्षर}-1} J \xrightarrow{+3} M \xrightarrow{-5} H$

$Q \xrightarrow{\text{विपरीत अक्षर}-1} I \xrightarrow{+3} L \xrightarrow{-5} G$

तथा $S \xrightarrow{\text{विपरीत अक्षर}-1} G \xrightarrow{+3} J \xrightarrow{-5} E$

परन्तु, $U \xrightarrow{\text{विपरीत अक्षर}-1} E \xrightarrow{-1} D \xrightarrow{-1} C$

395. (d) जिस प्रकार,

$I \xrightarrow{+2} K \xrightarrow{-5} F$

$P \xrightarrow{+2} R \xrightarrow{-5} M$

तथा $D \xrightarrow{+2} F \xrightarrow{-5} A$

परन्तु, $S \xrightarrow{+2} U \xrightarrow{-4} Q$

396. (a) जिस प्रकार,

$J \xleftrightarrow{\text{विपरीत अक्षर}} Q$ $L \xrightarrow{-5} G$

$W \xleftrightarrow{\text{विपरीत अक्षर}} D$ $Y \xrightarrow{-5} T$

तथा $F \xleftrightarrow{\text{विपरीत अक्षर}} U$ $H \xrightarrow{-5} C$

परन्तु, $S \xleftrightarrow{\text{विपरीत अक्षर}} H$ $Q \xrightarrow{-1} P$

397. (c) जिस प्रकार,

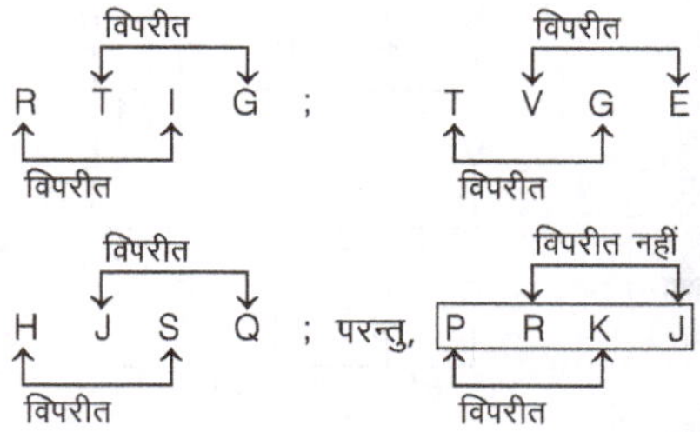

398. (d) जिस प्रकार,

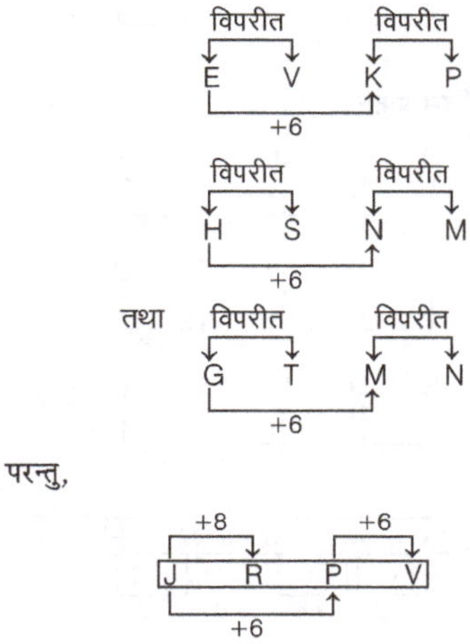

399. (d) जिस प्रकार,

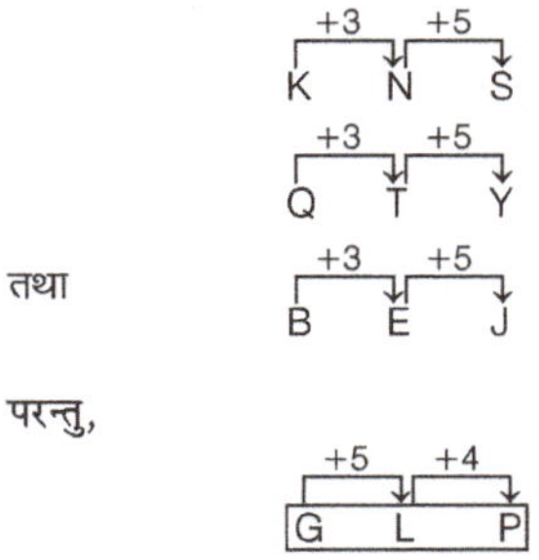

400. (c) जिस प्रकार,

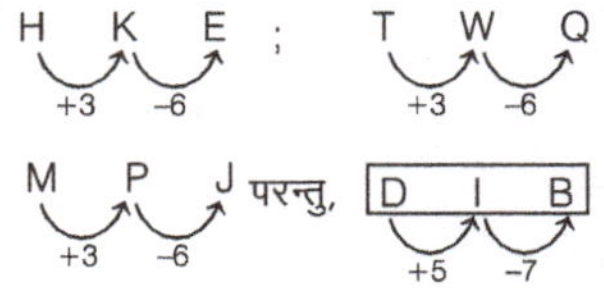

401. (c) जिस प्रकार,

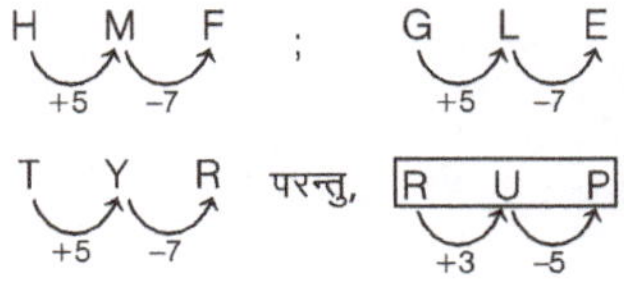

402. (d) जिस प्रकार,

B F J N R
+4 +4 +4 +4

V Z D H L
+4 +4 +4 +4

तथा D H L P T
+4 +4 +4 +4

परन्तु, Y B F K T
+3 +4 +5 +9

403. (c) जिस प्रकार,

D F J P X
+2 +4 +6 +8

H J N T B
+2 +4 +6 +8

तथा B D H N V
+2 +4 +6 +8

परन्तु, K M Q W F
+2 +4 +6 +9

404. (b) जिस प्रकार,

C $\xrightarrow{+5}$ H $\xrightarrow{+5}$ M $\xrightarrow{+5}$ R $\xrightarrow{+5}$ W

B $\xrightarrow{+5}$ G $\xrightarrow{+5}$ L $\xrightarrow{+5}$ Q $\xrightarrow{+5}$ V

तथा D $\xrightarrow{+5}$ I $\xrightarrow{+5}$ N $\xrightarrow{+5}$ S $\xrightarrow{+5}$ X

परन्तु, D $\xrightarrow{+6}$ J $\xrightarrow{+5}$ O $\xrightarrow{+5}$ T $\xrightarrow{+5}$ Y

405. (c) जिस प्रकार,

T U K S और G M D I
S K U T I D M G

तथा L K J R परन्तु, P S R B
R J K L S R P B

406. (d) जिस प्रकार,

T $\xrightarrow{-6}$ N $\xrightarrow{-6}$ H

L $\xrightarrow{-6}$ F $\xrightarrow{-6}$ Z

तथा D $\xrightarrow{-6}$ X $\xrightarrow{-6}$ R

परन्तु, P $\xrightarrow{-6}$ J $\xrightarrow{-4}$ F

407. (c) जिस प्रकार,

⑫L R I⑨ ; ⑳T Z A①
+6 +21 ; +6 +21

परन्तु, ⑧H N M⑬ ; ③C H R⑱
+6 +21 ; +5 +21

408. (c) जिस प्रकार,

D G K P V ; L O S X D
+3 +4 +5 +6 ; +3 +4 +5 +6

तथा J M Q V B
+3 +4 +5 +6

परन्तु, T W A F K
+3 +4 +5 +5

409. (a) जिस प्रकार,

L E Y T P
−7 −6 −5 −4

F Y S N J
−7 −6 −5 −4

तथा Z S M H D
−7 −6 −5 −4

परन्तु, O B G W S
−13 +5 +16 −4

03

शब्द संरचना

शब्द संरचना में, एक शब्द प्रश्न में दिया जाता है और हमें दिए गए विकल्पों में से उस शब्द को चुनना होता है, जो दिए गए शब्द के अक्षरों से बनाया जा सकता है या नहीं बनाया जा सकता है। कुछ स्थितियों में, हमें किसी शब्द से विशेष अक्षर चुनने और उन्हें व्यवस्थित करके एक सार्थक शब्द बनाने के लिए कहा जाता है।

दिए गए शब्द के अक्षरों का उपयोग करके शब्द निर्माण

इस प्रकार के प्रश्नों में एक शब्द दिया जाता है, उसके बाद चार अन्य शब्द दिए जाते हैं। अभ्यर्थियों को उस शब्द की पहचान करनी होती है जिसे दिए गए शब्द के अक्षरों का उपयोग करके बनाया जा सकता है या नहीं।

उदाहरण 1. दिए गए विकल्पों में से वह शब्द चुनिए, जो दिए गए शब्दों के अक्षरों का प्रयोग करके नहीं बनाया जा सकता है।

ENDEAVOUR

(a) DROVE (b) DROWN
(c) ROUND (d) DEVOUR

हल (b) दिए गए शब्द 'ENDEAVOUR' के अक्षरों का उपयोग करके, 'DROWN' शब्द नहीं बनाया जा सकता क्योंकि इसमें अक्षर 'W' नहीं है।

उदाहरण 2. दिए गए विकल्पों में से वह शब्द चुनिए, जो दिए गए शब्दों के अक्षरों क प्रयोग करके बनाया जा सकता है।

IMMEDIATELY

(a) DIALECT (b) LIMITED
(c) DIAMETER (d) DICTATE

हल (b) LIMITED–इस शब्द के सभी अक्षर दिए गए शब्द में उपस्थित हैं।

अतः 'LIMITED' को दिए गए शब्द 'IMMEDIATELY' के अक्षरों से बनाया जा सकता है।

उदाहरण 3. संख्याओं का वह संयोजन चुनें जो एक सार्थक शब्द बनाता है।

N P O A C L M I
1 2 3 4 5 6 7 8

(a) 5, 3, 2, 7, 6, 4, 8, 1
(b) 5, 3, 7, 2, 6, 4, 8, 1
(c) 4, 7, 5, 1, 6, 8, 2, 3
(d) 1, 7, 8, 6, 4, 3, 2, 5

हल (b) यहाँ,

C O M P L A I N
↓ ↓ ↓ ↓ ↓ ↓ ↓ ↓
5 3 7 2 6 4 8 1

स्पष्टतः दिए गए अक्षरों को 5, 3, 7, 2, 6, 4, 8, 1 के क्रम में व्यवस्थित करने पर शब्द 'COMPLAIN' बनता है।

चयनित अक्षरों से सार्थक शब्द बनाना

इस प्रकार के प्रश्नों में, एक शब्द दिया जाता है और अभ्यर्थियों को दिए गए शब्द में दूसरे, तीसरे, छठे, नौवें आदि जैसे विभिन्न स्थानों पर स्थित अक्षरों का उपयोग करके नए सार्थक शब्द बनाने होते हैं।

उदाहरण 4. यदि 'DRINKING' शब्द के पाँचवें, छठे, सातवें और आठवें अक्षरों से केवल एक सार्थक शब्द बनाना सम्भव है, तो उस शब्द के बाएँ से दूसरा अक्षर कौन-सा होगा? यदि ऐसे एक से अधिक शब्द बन सकते हैं, तो अपना उत्तर 'X' दें। यदि ऐसा कोई शब्द नहीं बन सकता है, तो अपना उत्तर 'Z' दें।

(a) X (b) Z (c) I (d) N

हल (c) शब्द : 'D R I N K I N G'
1 2 3 4 5 6 7 8

दिए गए शब्द से बना सार्थक शब्द = K [I] N G
↑
बाईं ओर से दूसरा

अतः नए शब्द के बाएँ से दूसरा अक्षर I होगा।

उदाहरण 5. यदि शब्द 'INHERITENCE' के पहले, तीसरे, पाँचवें और ग्यारहवें अक्षरों से केवल एक सार्थक शब्द बनाना सम्भव है, तो शब्द का बाएँ से तीसरा अक्षर कौन-सा होगा? यदि ऐसे एक से अधिक शब्द बन सकते हैं, तो उत्तर के रूप में 'Y' दें। यदि ऐसा कोई शब्द नहीं बन सकता है, तो उत्तर के रूप में 'Z' दें।

(a) Y (b) R (d) I (d) E

हल (a) दिया गया शब्द, I N H E R I T E N C E
1 2 3 4 5 6 7 8 9 10 11

दिए गए शब्द के पहले, तीसरे, पाँचवें और ग्यारहवें अक्षर क्रमशः I, H, R और E हैं। इसलिए, इन अक्षरों से बनने वाले शब्द = Hire, Hier.

अक्षर की स्थिति के आधार पर वर्णमाला परीक्षण

इस प्रकार के प्रश्नों में, एक शब्द दिया जाता है और अभ्यर्थियों को दिए गए शब्द के आधार पर पूछे गए प्रश्नों के उत्तर देने होते हैं, जैसे कि दिए गए शब्द की स्थिति में कितने अक्षर समान रहते हैं, यदि उन्हें वर्णमाला क्रम में व्यवस्थित किया जाता है आदि।

उदाहरण 6. 'MONKEY' शब्द में कितने अक्षर हैं जो अपनी स्थिति में समान रहते हैं, यदि अक्षरों को वर्णमाला क्रम में अवरोही क्रम में व्यवस्थित किया जाता है?

(a) एक (b) दो (c) तीन (d) तीन से अधिक

हल (b) दिया शब्द → M [O] [N] K E Y

नया शब्द → Y [O] [N] M K E

अतः ऐसे दो अक्षर O और N हैं।

अक्षर युग्मों पर आधारित वर्णमाला परीक्षण

इस प्रकार के प्रश्नों में, एक शब्द दिया जाता है और अभ्यर्थियों को दिए गए शब्द के आधार पर पूछे गए प्रश्नों के उत्तर देने होते हैं, जैसे शब्द में कितने अक्षर शब्द के आरम्भ से उतने ही दूर हैं जितने अंग्रेजी वर्णमाला के आरम्भ से हैं।

उदाहरण 7. शब्द 'CONDITION' में अक्षरों के ऐसे कितने जोड़े हैं, जिनमें से प्रत्येक के बीच शब्द में (आगे और पीछे दोनों दिशाओं में) उतने ही अक्षर हैं जितने उनके बीच अंग्रेजी वर्णमाला शृंखला में होते हैं?

(a) एक (b) दो
(c) तीन (d) चार

हल (c) दिया गया शब्द

3 15 14 4 9 20 9 15 14
C O N D I T I O N

अतः ऐसे तीन युग्म CI, NO, NO हैं।

विशेष नियम पर आधारित वर्णमाला परीक्षण

इस प्रकार के प्रश्नों में, अभ्यर्थियों को दिए गए शब्द को अंग्रेजी वर्णमाला क्रम/नियम आधारित क्रम में लिखना होता है, फिर हमें दिए गए शब्द के बीच अक्षरों की संख्या ज्ञात करनी होती है।

उदाहरण 8. HERITAGE शब्द के पहले और पाँचवें अक्षर की स्थिति को आपस में बदल दिया गया है। इसी तरह, दूसरे और छठे अक्षर और तीसरे और सातवें अक्षर और चौथे और आठवें अक्षर की स्थिति को आपस में बदल दिया गया है। इस प्रकार बनाई गई नई व्यवस्था में, बाएँ से चौथे और दाएँ से पहले अक्षर के बीच अंग्रेजी वर्णमाला शृंखला में कितने अक्षर हैं?

(a) दो (b) कोई नहीं
(c) तीन से अधिक (d) तीन

हल (d) प्रश्नानुसार, 1 2 3 4 5 6 7 8
दिया शब्द → H E R I T A G E
नया शब्द → T A G E H E R I
बाएँ से चौथा दाएँ से पहला

अभीष्ट अक्षरों की संख्या = 3 अर्थात् F, G और H.

उदाहरण 9. OLYMPICS शब्द के पहले और पाँचवें अक्षर की स्थिति को आपस में बदल दिया गया है। इसी तरह, दूसरे और छठे अक्षर, सातवें और तीसरे अक्षर, चौथे और आठवें अक्षर की स्थिति को आपस में बदल दिया गया है। नई व्यवस्था में अक्षर 'S' और 'L' के बीच कौन-सा अक्षर आएगा?

(a) I (b) P (c) O (d) M

हल (c) प्रश्नानुसार, 1 2 3 4 5 6 7 8
दिया शब्द → O L Y M P I C S
नया शब्द → P I C S O L Y M
∴ 'S' और 'L' के बीच अभीष्ट अक्षर = 'O'

SSC एग्जाम स्कैनर

SSC CGL 2024 (Tier I & II)

1. संख्या 3571869 में प्रत्येक अंक को बाएँ से दाएँ आरोही क्रम में व्यवस्थित किया जाता है। कितने अंकों का स्थान, मूल संख्या में अंकों के स्थानों की तुलना में अपरिवर्तित रहेगा?
SSC CGL (Tier-II) 20/01/2025 Shift-I
(a) दो (b) किसी का भी नहीं
(c) एक (d) तीन

2. इन सभी अक्षरों का प्रयोग करके कितने छः अक्षरो वाले अर्थपूर्ण शब्द बनाए जा सकते हैं, लेकिन शब्द में प्रत्येक अक्षर केवल एक बार ही आना चाहिए। **SSC CGL (Tier-II) 20/01/2025 Shift-I**
R F I
G E D
(a) एक (b) दो
(c) चार (d) तीन

3. शब्द RECOGNIZE के पहले, तीसरे, छठे और सातवें अक्षरों (बाएँ से दाएँ गिने जाने पर) का उपयोग करके अंग्रेजी के कितने अर्थपूर्ण शब्द बनाए जा सकते हैं, यदि प्रत्येक शब्द में प्रत्येक अक्षर का केवल एक बार उपयोग किया जाए?
SSC CGL (Tier-II) 18/01/2025 Shift-I
(a) तीन (b) कोई नहीं
(c) एक (d) दो

4. संख्या 5238641 के प्रत्येक अंक को बाएँ से दाएँ आरोही क्रम में व्यवस्थित किया जाता है। मूल संख्या में स्थिति/स्थितियों की तुलना में कितने अंकों की स्थिति/स्थितियाँ अपरिवर्तित बनी रहेगी/रहेंगी?
SSC CGL (Tier-II) 18/01/2025 Shift-I
(a) दो (b) एक भी नहीं
(c) एक (d) तीन

5. यदि MOLTEN शब्द के सभी अक्षरों को अंग्रेजी वर्णानुक्रम में व्यवस्थित किया जाए, तो कितने अक्षरों की स्थिति अपरिवर्तित बनी रहेगी?
SSC CGL (Tier-I) 26/09/2024 Shift-III
(a) किसी की भी नहीं (b) तीन
(c) दो (d) एक

6. शब्द 'DARKEN' के प्रत्येक अक्षर को अंग्रेजी वर्णमाला क्रम में व्यवस्थित किया जाता है। इस प्रकार बने नए अक्षर-समूह में बाएँ छोर से दूसरे अक्षर और दाएँ छोर से तीसरे अक्षर के बीच अंग्रेजी वर्णमाला शृंखला में कितने अक्षर हैं?
SSC CGL (Tier-I) 26/09/2024 Shift-II
(a) सात (b) आठ (c) पाँच (d) छः

7. यदि शब्द 'SPIDER' के प्रत्येक अक्षर को अंग्रेजी वर्णमाला के क्रम में व्यवस्थित किया जाए, तो कितने अक्षरों का स्थान अपरिवर्तित रहेगा?
SSC CGL (Tier-I) 26/09/2024 Shift-I
(a) तीन (b) एक भी नहीं
(c) एक (d) दो

8. यदि शब्द 'DOWNSIZE' के प्रत्येक अक्षर को अंग्रेजी वर्णमाला के क्रम में बाएँ से दाएँ पुनर्व्यवस्थित किया जाए, तो कितने अक्षरों की स्थिति अपरिवर्तित रहेगी ?
SSC CGL (Tier-I) 25/09/2024 Shift-III
(a) एक (b) तीन (c) दो (d) चार

9. CARDBOARD' शब्द के सभी अक्षरों को वर्णानुक्रम में व्यवस्थित किया जाता है। नौ अक्षरों के नवसंरचित समूह में बाएँ से चौथे और दाएँ से दूसरे अक्षर के बीच अंग्रेजी वर्णमाला शृंखला में कितने अक्षर हैं?
SSC CGL (Tier-I) 25/09/2024 Shift-II
(a) 10 (b) 14 (c) 16 (d) 12

10. यदि RICKET शब्द के सभी अक्षरों को अंग्रेजी वर्णानुक्रम में व्यवस्थित किया जाए, तो कितने अक्षरों की स्थिति अपरिवर्तित बनी रहेगी?
SSC CGL (Tier-I) 25/09/2024 Shift-II
(a) एक (b) एक भी नहीं
(c) दो (d) तीन

11. यदि शब्द 'CORNFLAKES' के प्रत्येक अक्षर को अंग्रेजी वर्णमाला के क्रम में बाएँ से दाएँ पुनर्व्यवस्थित किया जाए तो कितने अक्षरों की स्थिति परिवर्तित होगी?
SSC CGL (Tier-I) 25/09/2024 Shift-I
(a) दस (b) नौ
(c) आठ (d) सात

12. यदि शब्द 'SIGNATURE' के प्रत्येक अक्षर को अंग्रेजी वर्णमाला के क्रम में बाएँ से दाएँ पुनर्व्यवस्थित किया जाए तो कितने अक्षरों की स्थिति अपरिवर्तित रहेगी?
SSC CGL (Tier-I) 24/09/2024 Shift-III
(a) एक (b) तीन
(c) दो (d) चार

13. यदि 'ASTEROID' शब्द के सभी अक्षरों को अंग्रेजी वर्णमाला क्रम में व्यवस्थित किया जाए, तो कितने अक्षरों की स्थिति में कोई बदलाव नहीं होगा? **SSC CGL (Tier-I) 24/09/2024 Shift-II**
(a) तीन (b) एक भी नहीं
(c) एक (d) दो

14. यदि शब्द 'DELIGHT' के प्रत्येक अक्षर को अंग्रेजी वर्णमाला क्रम में व्यवस्थित किया जाए, तो कितने अक्षरों का स्थान अपरिवर्तित रहेगा?
SSC CGL (Tier-I) 24/09/2024 Shift-I
(a) एक भी नहीं (b) एक
(c) तीन (d) दो

15. यदि 'LAUNDER' शब्द के सभी अक्षरों को अंग्रेजी वर्णमाला क्रम में व्यवस्थित किया जाए, तो कितने अक्षरों की स्थिति में कोई बदलाव नहीं होगा? **SSC CGL (Tier-I) 23/09/2024 Shift-III**

(a) तीन (b) एक
(c) एक भी नहीं (d) दो

16. यदि शब्द 'IMPROVE' के प्रत्येक अक्षर को अंग्रेजी वर्णमाला क्रम में व्यवस्थित किया जाए, तो कितने अक्षरों की स्थिति अपरिवर्तित रहेगी? **SSC CGL (Tier-I) 23/09/2024 Shift-II**

(a) दो (b) एक
(c) शून्य (d) तीन

17. 'DICTIONARY' शब्द के सभी अक्षरों को वर्णानुक्रम में व्यवस्थित किया जाता है। नवसंरचित अक्षर-समूह में बाएँ से चौथे और दाएँ से दूसरे अक्षर के बीच अंग्रेजी वर्णमाला शृंखला में कितने अक्षर हैं? **SSC CGL (Tier-I) 23/09/2024 Shift-I**

(a) 10 (b) 11 (c) 9 (d) 12

18. यदि 'MOBILE' शब्द के सभी अक्षरों को अंग्रेजी वर्णानुक्रम में व्यवस्थित किया जाए, तो कितने अक्षरों की स्थिति अपरिवर्तित बनी रहेगी? **SSC CGL (Tier-I) 23/09/2024 Shift-I**

(a) एक की भी नहीं (b) दो
(c) तीन (d) एक

19. यदि शब्द 'DRAFTING' के प्रत्येक अक्षर को अंग्रेजी वर्णमाला क्रम में व्यवस्थित किया जाए, तो कितने अक्षरों का स्थान अपरिवर्तित रहेगा? **SSC CGL (Tier-I) 19/09/2024 Shift-III**

(a) तीन (b) दो
(c) एक (d) कोई नहीं

20. शब्द 'ISOLATED' में प्रत्येक स्वर को अंग्रेजी वर्णानुक्रम में उत्तरवर्ती अक्षर से बदल दिया गया है और प्रत्येक व्यंजन को अंग्रेजी वर्णानुक्रम में पूर्ववर्ती अक्षर से बदल दिया गया है। इस प्रकार बने अक्षरों के समूह में बाएँ से तीसरे और बाएँ से दूसरे अक्षर के बीच अंग्रेजी वर्णानुक्रम में कितने अक्षर होते हैं? **SSC CGL (Tier-I) 19/09/2024 Shift-II**

(a) दो (b) चार (c) तीन (d) एक

21. शब्द 'KEYBOARD' के प्रत्येक अक्षर को अंग्रेजी वर्णानुक्रम में व्यवस्थित किया गया है। इस प्रकार बने अक्षरों के समूह में दाएँ से तीसरे और दाएँ से दूसरे अक्षर के बीच अंग्रेजी वर्णानुक्रम में कितने अक्षर हैं? **SSC CGL (Tier-I) 19/09/2024 Shift-I**

(a) दो (b) एक (c) तीन (d) चार

22. यदि शब्द 'HUSBAND' के प्रत्येक अक्षर को अंग्रेजी वर्णमाला क्रम में व्यवस्थित किया जाएँ, तो कितने अक्षरों की स्थिति अपरिवर्तित रहेगी? **SSC CGL (Tier-I) 18/09/2024 Shift-III**

(a) एक (b) शून्य (c) तीन (d) दो

23. शब्द 'SLANTED' के प्रत्येक अक्षर को अंग्रेजी वर्णमाला क्रम में व्यवस्थित किया जाता है। इस प्रकार बने नए अक्षर-समूह में बाएँ छोर से चौथे अक्षर और दाएँ छोर से दूसरे अक्षर के बीच अंग्रेजी वर्णमाला शृंखला में कितने अक्षर हैं? **SSC CGL (Tier-I) 18/09/2024 Shift-II**

(a) छ: (b) पाँच
(c) आठ (d) सात

24. यदि MENTOR शब्द के सभी अक्षरों को अंग्रेजी वर्णानुक्रम में व्यवस्थित किया जाए, तो कितने अक्षरों की स्थिति अपरिवर्तित बनी रहेगी? **SSC CGL (Tier-I) 18/09/2024 Shift-I**

(a) तीन (b) दो
(c) एक भी नहीं (d) एक

25. शब्द 'MUSICAL' के प्रत्येक अक्षर को अंग्रेजी वर्णमाला क्रम में व्यवस्थित किया जाता है। इस प्रकार बने नए अक्षर-समूह में बाएँ छोर से तीसरे अक्षर और दाएँ छोर से तीसरे अक्षर के बीच अंग्रेजी वर्णमाला शृंखला में कितने अक्षर हैं? **SSC CGL (Tier-I) 17/09/2024 Shift-III**

(a) चार (b) दो (c) तीन (d) पाँच

26. शब्द 'LASTING' के प्रत्येक अक्षर को अंग्रेजी वर्णमाला क्रम में व्यवस्थित किया जाता है। इस प्रकार बने नए अक्षर-समूह में बाएँ छोर से दूसरे अक्षर और दाएँ छोर से चौथे अक्षर के बीच अंग्रेजी वर्णमाला शृंखला में कितने अक्षर हैं? **SSC CGL (Tier-I) 17/09/2024 Shift-II**

(a) तीन (b) पाँच (c) छ: (d) चार

27. यदि शब्द 'CERTAIN' के प्रत्येक अक्षर को अंग्रेजी वर्णमाला क्रम में व्यवस्थित किया जाए, तो कितने अक्षरों की स्थिति अपरिवर्तित रहेगी? **SSC CGL (Tier-I) 17/09/2024 Shift-I**

(a) शून्य (b) दो (c) चार (d) एक

28. शब्द 'REDUCTION' के प्रत्येक अक्षर को अंग्रेजी वर्णानुक्रम में व्यवस्थित किया गया है। इस प्रकार बने अक्षरों के समूह में बाएँ से तीसरे और बाएँ से चौथे अक्षर के बीच अंग्रेजी वर्णानुक्रम में कितने अक्षर हैं? **SSC CGL (Tier-I) 13/09/2024 Shift-III**

(a) तीन (b) चार (c) एक (d) दो

29. यदि शब्द 'SIGHTED' के प्रत्येक अक्षर को अंग्रेजी वर्णमाला क्रम में व्यवस्थित किया जाए, तो कितने अक्षरों का स्थान अपरिवर्तित रहेगा? **SSC CGL (Tier-I) 13/09/2024 Shift-II**

(a) एक (b) दो
(c) तीन (d) इनमें से कोई नहीं

30. यदि 'GRIMACE' शब्द के सभी अक्षरों को अंग्रेजी वर्णमाला क्रम में व्यवस्थित किया जाए, तो कितने अक्षरों की स्थिति में कोई बदलाव नहीं होगा? **SSC CGL (Tier-I) 13/09/2024 Shift-I**

(a) एक (b) शून्य (c) तीन (d) दो

31. शब्द 'FROWNED' के सभी अक्षर वर्णानुक्रम में व्यवस्थित किए जाते हैं। इस प्रकार बने नए अक्षर-समूह में बाएँ छोर से चौथे और दाएँ छोर से दूसरे अक्षर के बीच अंग्रेजी वर्णमाला क्रम में कितने अक्षर हैं? **SSC CGL (Tier-I) 12/09/2024 Shift-III**

(a) चार (b) तीन (c) पाँच (d) दो

32. शब्द 'STAMINA' में प्रत्येक स्वर को अंग्रेजी वर्णानुक्रम में उससे पहले वाले अक्षर में बदल दिया जाता है और प्रत्येक व्यंजन को अंग्रेजी वर्णानुक्रम में उससे बाद वाले अक्षर में बदल दिया जाता है। इस प्रकार बने अक्षरों के समूह में दाएँ से तीसरे और बाएँ से चौथे अक्षर के बीच अंग्रेजी वर्णानुक्रम में कितने अक्षर हैं? **SSC CGL (Tier-I) 12/09/2024 Shift-II**

(a) चार (b) छह (c) सात (d) पाँच

33. यदि 'ENTOMB' शब्द के सभी अक्षरों को अंग्रेजी वर्णमाला क्रम में व्यवस्थित किया जाए, तो कितने अक्षरों की स्थिति में कोई बदलाव नहीं होगा? **SSC CGL (Tier-I) 12/09/2024 Shift-I**

(a) दो (b) एक भी नहीं
(c) एक (d) तीन

34. यदि BINDER शब्द के सभी अक्षरों को वर्णानुक्रम में व्यवस्थित किया जाए, तो कितने अक्षरों की स्थिति अपरिवर्तित बनी रहेगी? **SSC CGL (Tier-I) 12/09/2024 Shift-I**

(a) एक (b) तीन
(c) दो (d) एक भी नहीं

35. शब्द 'JUNGLE' के सभी अक्षर वर्णानुक्रम में व्यवस्थित किये जाते हैं। इस प्रकार बने नए अक्षर-समूह में बाएँ छोर से दूसरे और दाएँ छोर से तीसरे अक्षर के बीच अंग्रेजी वर्णमाला क्रम में कितने अक्षर हैं? **SSC CGL (Tier-I) 11/09/2024 Shift-III**

(a) तीन (b) दो (c) चार (d) पाँच

36. यदि शब्द JEALOUS के प्रत्येक अक्षर को अंग्रेजी वर्णमाला के क्रम में व्यवस्थित किया जाए, तो कितने अक्षरों की स्थिति अपरिवर्तित रहेगी? **SSC CGL (Tier-I) 11/09/2024 Shift-II**

(a) एक (b) तीन
(c) दो (d) चार

37. यदि 'MEADOW' शब्द के सभी अक्षरों को अंग्रेजी वर्णमाला क्रम में व्यवस्थित किया जाए, तो कितने अक्षरों की स्थिति में कोई बदलाव नहीं होगा? **SSC CGL (Tier-I) 11/09/2024 Shift-I**

(a) दो (b) एक भी नहीं
(c) एक (d) तीन

38. 'WISDOM' शब्द के सभी अक्षर वर्णानुक्रम में व्यवस्थित किए जाते हैं। इस प्रकार बने नए अक्षर-समूह में बाएँ छोर से तीसरे अक्षर और दाएँ छोर से दूसरे अक्षर के बीच अंग्रेजी वर्णमाला क्रम में कितने अक्षर हैं? **SSC CGL (Tier-I) 10/09/2024 Shift-III**

(a) छ: (b) तीन
(c) दो (d) पाँच

39. शब्द 'SIMILAR' में प्रत्येक स्वर को अंग्रेजी वर्णानुक्रम में उत्तरवर्ती अक्षर से बदल दिया गया है और प्रत्येक व्यंजन को अंग्रेजी वर्णानुक्रम में पूर्ववर्ती अक्षर से बदल दिया गया है। इस प्रकार बने अक्षरों के समूह में बाएँ से दूसरे और बाएँ से तीसरे अक्षर के बीच अंग्रेजी वर्णानुक्रम में कितने अक्षर हैं? **SSC CGL (Tier-I) 10/09/2024 Shift-II**

(a) तीन (b) चार (c) एक (d) दो

40. यदि शब्द 'PRANKED' के प्रत्येक अक्षर को अंग्रेजी वर्णमाला क्रम में व्यवस्थित किया जाए, तो कितने अक्षरों का स्थान अपरिवर्तित रहेगा? **SSC CGL (Tier-I) 10/09/2024 Shift-I**

(a) एक (b) एक भी नहीं
(c) तीन (d) दो

41. यदि शब्द 'JANITOR' के प्रत्येक अक्षर को अंग्रेजी वर्णमाला क्रम में व्यवस्थित किया जाए, तो कितने अक्षरों की स्थिति अपरिवर्तित रहेगी? **SSC CGL (Tier-I) 09/09/2024 Shift-III**

(a) तीन (b) दो (c) एक (d) शून्य

42. यदि शब्द 'SYSTEM' के प्रत्येक अक्षर को अंग्रेजी वर्णमाला के क्रम में व्यवस्थित किया जाए, तो कितने अक्षरों की स्थिति बदल जाएगी?
SSC CGL (Tier-I) 09/09/2024 Shift-II
(a) पाँच (b) तीन (c) चार (d) छ:

43. यदि शब्द 'NIGHTMARES' के प्रत्येक अक्षर को अंग्रेजी वर्णमाला के क्रम में बाएँ से दाएँ पुनर्व्यवस्थित किया जाए, तो कितने अक्षरों की स्थिति अपरिवर्तित रहेगी?
SSC CGL (Tier-I) 09/09/2024 Shift-I
(a) चार (b) तीन (c) एक (d) दो

SSC CGL 2023 (Tier I & II)

44. शब्द HOCKEY के दूसरे, चौथे, पाँचवें और छठे (बाएँ से दाएँ गिनने पर) अक्षरों का उपयोग करके कितने अर्थपूर्ण अंग्रेजी शब्द बनाए जा सकते हैं, जिसमें प्रत्येक शब्द में प्रत्येक अक्षर का केवल एक बार उपयोग किया गया हो?
SSC CGL (Tier-II) 26/10/2023
(a) तीन (b) दो (c) शून्य (d) एक

45. नीचे दी गई जानकारी दिए गए अक्षरों के लिए संख्या कूट दर्शाती है। संख्याओं के उस संयोजन का चयन कीजिए जिससे कि अक्षरों को तद्नुसार व्यवस्थित करने से एक सार्थक शब्द बनाया जा सके। SSC CGL (Tier-II) 07/03/2023 Shift-I
R = 1, E = 2, A = 3, C = 4, T = 5,
I = 6, V = 7, E = 8
(a) 7, 2, 1, 3, 8, 4, 5, 6
(b) 4, 1, 2, 3, 5, 6, 7, 8
(c) 4, 3, 1, 5, 6, 7, 8, 2
(d) 4, 1, 2, 3, 5, 8, 7, 6

46. इस तालिका में, दिए गए अक्षरों के लिए संख्या कूट दर्शाए गए हैं। संख्याओं के उस संयोजन का चयन कीजिए जिससे कि अक्षरों को तद्नुसार व्यवस्थित करने से एक सार्थक शब्द बनाया जा सके। SSC CGL (Tier-II) 06/03/2023 Shift-I

L	P	C	E	I	N
1	2	3	4	5	6

(a) 2, 4, 6, 3, 1, 5 (b) 6, 5, 3, 4, 1, 2
(c) 3, 4, 1, 5, 2, 6 (d) 2, 4, 6, 3, 5, 1

47. दिए गए प्रत्येक अक्षर के लिए एक संख्या निर्दिष्ट की गई है। इन संख्याओं की निम्नलिखित चार सम्भावित क्रम व्यवस्थाओं में से उस विकल्प का चयन कीजिए जो एक सार्थक शब्द बना सकता है।
SSC CGL (Tier-II) 03/03/2023 Shift-I
E = 1, N = 2, T = 3, S = 4, T = 5,
D = 6, U = 7
(a) 2, 1, 4, 3, 6, 7, 5
(b) 2, 1, 4, 6, 3, 5, 7
(c) 4, 3, 7, 6, 1, 2, 5
(d) 4, 3, 7, 1, 6, 5, 2

48. दिए गए प्रत्येक अक्षर के लिए एक संख्या निर्दिष्ट की गई है। इन संख्याओं की निम्नलिखित चार सम्भावित क्रम व्यवस्थाओं में से उस विकल्प का चयन कीजिए जो एक सार्थक शब्द बना सकता है।
E = 1, Z = 2, L = 3 , P = 4, U = 5, Z = 6
SSC CGL (Tier-II) 02/03/2023 Shift-I
(a) 1, 5, 3, 4, 2, 6 (b) 6, 1, 4, 3, 5, 2
(c) 4, 5, 1, 6, 2, 3 (d) 4, 5, 6, 2, 3, 1

49. शब्द 'FOREFOOT' के प्रत्येक स्वर को अंग्रेजी वर्णमाला क्रम में उसके बाद आने वाले अक्षर से बदल दिया जाता है और प्रत्येक व्यंजन को अंग्रेजी वर्णमाला क्रम में उसके पहले आने वाले अक्षर से बदल दिया जाता है। इस प्रकार बने नए शब्द में बाएँ से दूसरे अक्षर और दाएँ से पहले अक्षर के बीच अंग्रेजी वर्णमाला क्रम में कितने अक्षर हैं?
SSC CGL (Tier-I) 25/07/2023 Shift-I
(a) एक (b) दो (c) तीन (d) चार

50. शब्द PURITAN के प्रत्येक स्वर को अंग्रेजी वर्णमाला क्रम में उसके पहले आने वाले अक्षर से बदल दिया जाता है और प्रत्येक व्यंजन को अंग्रेजी वर्णमाला क्रम में उसके बाद आने वाले अक्षर से बदल दिया जाता है। इस प्रकार बने नये शब्द में बाएँ से पहले अक्षर और दाएँ से छठे अक्षर के बीच अंग्रेजी वर्णमाला क्रम में कितने अक्षर हैं?
SSC CGL (Tier-I) 20/07/2023 Shift-IV
(a) दो (b) तीन (c) एक (d) चार

51. शब्द 'FRETSAW' में प्रत्येक स्वर को अंग्रेजी वर्णमाला क्रम में उसके बाद आने वाले अक्षर से बदल दिया जाता है और प्रत्येक व्यंजन को अंग्रेजी वर्णमाला क्रम में उसके पहले आने वाले अक्षर से बदल दिया जाता है। इस प्रकार बने नए शब्द में दाएँ से तीसरे अक्षर और दाएँ से पहले अक्षर के बीच अंग्रेजी वर्णमाला क्रम में कितने अक्षर हैं?
SSC CGL (Tier-I) 20/07/2023 Shift-II
(a) चार (b) एक (c) तीन (d) दो

52. शब्द 'CAPSULE' में प्रत्येक स्वर को अंग्रेजी वर्णमाला क्रम में उसके पहले आने वाले अक्षर से बदल दिया जाता है और प्रत्येक व्यंजन को अंग्रेजी वर्णमाला क्रम में उसके बाद आने वाले अक्षर से बदल दिया जाता है। इस प्रकार बने नए शब्द में बाएँ से तीसरे अक्षर और दाएँ से तीसरे अक्षर के बीच अंग्रेजी वर्णमाला क्रम में कितने अक्षर हैं?
SSC CGL (Tier-I) 18/07/2023 Shift-I
(a) दो (b) एक (c) तीन (d) चार

53. शब्द 'ETHICAL' के प्रत्येक स्वर को अंग्रेजी वर्णमाला क्रम में उसके बाद आने वाले अगले अक्षर से बदल दिया जाता है और प्रत्येक व्यंजन को अंग्रेजी वर्णमाला क्रम में उसके पहले आने वाले अक्षर से बदल दिया जाता है। इस प्रकार बने नये शब्द में बाएँ से तीसरे अक्षर और दाएँ से पहले अक्षर के बीच अंग्रेजी वर्णमाला क्रम में कितने अक्षर हैं?
SSC CGL (Tier-I) 17/07/2023 Shift-III
(a) दो (b) पाँच
(c) तीन (d) चार

SSC CHSL (Tier I & II) 2024

54. प्रत्येक शब्द में प्रत्येक अक्षर का केवल एक बार उपयोग करते हुए A, E, D और N में से सभी अक्षरों का उपयोग करके चार अक्षर वाले कितने अर्थपूर्ण अंग्रेजी शब्द बनाए जा सकते हैं?
SSC CHSL (Tier-II) 18/11/2024 Shift-I
(a) 2 (b) 3 (c) 1 (d) 0

55. Y, P, R और A से अंग्रेजी के कितने ऐसे अर्थपूर्ण शब्द बनाए जा सकते हैं, जिनमें प्रत्येक शब्द में प्रत्येक अक्षर का अनिवार्य रूप से लेकिन केवल एक बार उपयोग किया जाए?
SSC CHSL (Tier-II) 18/11/2024 Shift-I
(a) एक (b) दो से अधिक
(c) दो (d) एक भी नहीं

56. R, O, W, D और C से अंग्रेजी के कितने ऐसे अर्थपूर्ण शब्द बनाए जा सकते हैं, जिनमें प्रत्येक शब्द में प्रत्येक अक्षर का अनिवार्य रूप से लेकिन केवल एक बार उपयोग किया जाए?
SSC CHSL (Tier-II) 18/11/2024 Shift-I
(a) दो से अधिक (b) एक भी नहीं
(c) एक (d) दो

57. FRANCHISE शब्द के प्रत्येक अक्षर को एक नया शब्द बनाने के लिए बाएँ से दाएँ वर्णमाला क्रम में व्यवस्थित किया गया है। नवनिर्मित शब्द में, बाएँ से पाँचवें स्थान वाले अक्षर और दाएँ से तीसरे स्थान वाले अक्षर के मध्य अंग्रेजी वर्णमाला शृंखला में कितने अक्षर हैं?
SSC CHSL (Tier-I) 11/07/2024 Shift-IV
(a) चार (b) सात (c) छ: (d) पाँच

58. यदि COMPLEXITY शब्द के प्रत्येक अक्षर को बाएँ से दाएँ वर्णमाला क्रम में व्यवस्थित किया जाता है, तो कितने अक्षरों का स्थान परिवर्तित नहीं होगा? SSC CHSL (Tier-I) 10/07/2024 Shift-III
(a) एक भी नहीं (b) तीन
(c) दो (d) एक

59. यदि शब्द SKYLINE के प्रत्येक अक्षर को वर्णमाला के क्रम में व्यवस्थित किया जाए, तो कितने अक्षरों का स्थान परिवर्तित होगा?
SSC CHSL (Tier-I) 10/07/2024 Shift-III
(a) छ: (b) चार (c) सात (d) पाँच

60. यदि शब्द DETAIL के प्रत्येक अक्षर को वर्णानुक्रम में व्यवस्थित किया जाए, तो कितने अक्षरों का स्थान अपरिवर्तित रहेगा?
SSC CHSL (Tier-I) 10/07/2024 Shift-II
(a) तीन (b) एक
(c) एक भी नहीं (d) दो

61. यदि DOCUMENTARY शब्द के प्रत्येक अक्षर को बाएँ से दाएँ वर्णमाला क्रम में व्यवस्थित किया जाता है, तो कितने अक्षरों का स्थान परिवर्तित नहीं होगा?
SSC CHSL (Tier-I) 10/07/2024 Shift-I
(a) तीन (b) एक भी नहीं
(c) एक (d) दो

62. यदि शब्द WANDERLUST के प्रत्येक अक्षर को बाएँ से दाएँ वर्णमाला क्रम में व्यवस्थित किया जाता है, तो कितने अक्षरों का स्थान परिवर्तित नहीं होगा? SSC CHSL (Tier-I) 09/07/2024 Shift-IV
(a) तीन (b) एक
(c) दो (d) एक भी नहीं

63. यदि शब्द 'ENGLISH' के प्रत्येक अक्षर को वर्णमाला के क्रम में व्यवस्थित किया जाए, तो कितने अक्षरों का स्थान अपरिवर्तित रहेगा?
SSC CHSL (Tier-I) 09/07/2024 Shift-I
(a) तीन (b) चार (c) दो (d) एक

64. यदि शब्द 'PRAISE' के प्रत्येक अक्षर को वर्णमाला के क्रम में व्यवस्थित किया जाए, तो कितने अक्षरों का स्थान अपरिवर्तित रहेगा?
SSC CHSL (Tier-I) 08-07-2024 Shift-IV
(a) एक (b) तीन
(c) दो (d) एक भी नहीं

65. यदि शब्द 'CHEMISTRY' के प्रत्येक अक्षर को वर्णमाला क्रम के अनुसार व्यवस्थित किया जाए, तो कितने अक्षरों का स्थान अपरिवर्तित रहेगा?
SSC CHSL (Tier-I) 08/07/2024 Shift-IV
(a) तीन (b) चार (c) एक (d) दो

66. शब्द TRAMPOLINE के प्रत्येक अक्षर को एक नया शब्द बनाने के लिए बाएँ से दाएँ वर्णमाला क्रम में व्यवस्थित किया गया है। नवनिर्मित शब्द में, बाएँ से चौथे स्थान वाले अक्षर और दाएँ से पहले स्थान वाले अक्षर के मध्य अंग्रेजी वर्णमाला श्रृंखला में कितने अक्षर हैं?
SSC CHSL (Tier-I) 08/07/2024 Shift-III
(a) छः (b) चार (c) पाँच (d) सात

67. शब्द MUSICAL के प्रत्येक अक्षर को वर्णमाला के क्रम में व्यवस्थित किया जाता है। इस प्रकार बने नए अक्षर-समूह में बाएँ से चौथे अक्षर और दाएँ से दूसरे अक्षर के बीच अंग्रेजी वर्णमाला श्रृंखला में कितने अक्षर हैं?
SSC CHSL (Tier-I) 08/07/2024 Shift-I
(a) छः (b) आठ
(c) पाँच (d) सात

68. यदि शब्द 'HARMONY' के प्रत्येक अक्षर को वर्णानुक्रम में व्यवस्थित किया जाए, तो कितने अक्षरों का स्थान अपरिवर्तित रहेगा?
SSC CHSL (Tier-I) 05/07/2024 Shift-IV
(a) चार (b) दो (c) एक (d) तीन

69. यदि शब्द DIALECT के सभी अक्षरों को वर्णानुक्रम में व्यवस्थित किया जाए, तो कितने अक्षरों का स्थान अपरिवर्तित रहेगा?
SSC CHSL (Tier-I) 05/07/2024 Shift-II
(a) एक (b) चार (c) दो (d) तीन

70. शब्द 'POWDERS' के प्रत्येक अक्षर को अंग्रेजी वर्णानुक्रम में व्यवस्थित किया जाए, तो कितने अक्षरों का स्थान अपरिवर्तित रहेगा?
SSC CHSL (Tier-I) 04/07/2024 Shift-IV
(a) तीन से अधिक (b) तीन
(c) एक (d) एक भी नहीं

71. यदि शब्द 'COUNTED' के प्रत्येक अक्षर को अंग्रेजी वर्णानुक्रम में व्यवस्थित किया जाए, तो कितने अक्षरों का स्थान अपरिवर्तित रहेगा?
SSC CHSL (Tier-I) 04/07/2024 Shift-IV
(a) तीन (b) एक भी नहीं
(c) तीन से अधिक (d) दो

72. यदि शब्द FLAMINGOES के प्रत्येक अक्षर को बाएँ से दाएँ वर्णमाला क्रम में व्यवस्थित किया जाता है, तो कितने अक्षरों का स्थान परिवर्तित नहीं होगा? SSC CHSL (Tier-I) 04/07/2024 Shift-III
(a) दो (b) एक भी नहीं
(c) तीन (d) एक

73. यदि शब्द SOUNDBAR के प्रत्येक अक्षर को वर्णमाला के क्रम में व्यवस्थित किया जाए, तो कितने अक्षरों के स्थान अपरिवर्तित रहेगा?
SSC CHSL (Tier-I) 04/07/2024 Shift-I
(a) दो (b) चार (c) एक (d) तीन

74. यदि शब्द MENTOR के प्रत्येक अक्षर को वर्णमाला के क्रम में व्यवस्थित किया जाए, तो कितने अक्षरों का स्थान अपरिवर्तित रहेगा?
SSC CHSL (Tier-I) 03/07/2024 Shift-II
(a) दो (b) एक
(c) तीन (d) एक भी नहीं

75. JUSTICE शब्द के प्रत्येक अक्षर को वर्णमाला क्रम में व्यवस्थित किया जाता है। इस प्रकार बने नए अक्षर-समूह में बाएँ से दूसरे अक्षर और दाएँ से चौथे अक्षर के बीच अंग्रेजी वर्णमाला श्रृंखला में कितने अक्षर होंगे?
SSC CHSL (Tier-I) 02/07/2024 Shift-IV
(a) 4 (b) 5 (c) 6 (d) 7

76. शब्द FRAMED के प्रत्येक अक्षर को वर्णमाला के क्रम में व्यवस्थित किया जाता है। इस प्रकार बने नए अक्षर-समूह में बाएँ से दूसरे अक्षर और दाएँ से दूसरे अक्षर के बीच अंग्रेजी वर्णमाला श्रृंखला में कितने अक्षर हैं?
SSC CHSL (Tier-I) 02/07/2024 Shift-IV
(a) छः (b) आठ
(c) सात (d) नौ

77. यदि शब्द DICTIONARY के प्रत्येक अक्षर को वर्णानुक्रम में व्यवस्थित किया जाए, तो कितने अक्षरों का स्थान अपरिवर्तित रहेगा?
SSC CHSL (Tier-I) 02/07/2024 Shift-III
(a) 1 (b) 4
(c) 3 (d) 2

78. यदि शब्द 'ABDUCTS' के प्रत्येक अक्षर को अंग्रेजी वर्णानुक्रम में व्यवस्थित किया जाए, तो कितने अक्षरों का स्थान अपरिवर्तित रहेगा?
SSC CHSL (Tier-I) 02/07/2024 Shift-I
(a) दो (b) चार
(c) तीन (d) चार से अधिक

79. यदि शब्द TROUBLEMAKING के प्रत्येक अक्षर को बाएँ से दाएँ वर्णमाला क्रम में व्यवस्थित किया जाता है, तो कितने अक्षरों का स्थान परिवर्तित होगा ?
SSC CHSL (Tier-I) 01/07/2024 Shift-IV
(a) सभी (b) बारह
(c) दस (d) ग्यारह

80. अक्षरों CKIK में से प्रत्येक अक्षर का केवल एक बार उपयोग करके कितने अंग्रेजी के अर्थपूर्ण शब्दों का निर्माण किया जा सकता है?
SSC CHSL (Tier-I) 01/07/2024 Shift-III
(a) 2 (b) 4
(c) 3 (d) 1

81. यदि शब्द 'VIRTUAL' के प्रत्येक अक्षर को अंग्रेजी वर्णानुक्रम में व्यवस्थित किया जाए, तो कितने अक्षरों का स्थान अपरिवर्तित रहेगा?
SSC CHSL (Tier-I) 01/07/2024 Shift-I
(a) एक (b) तीन से अधिक
(c) तीन (d) एक भी नहीं

82. प्रत्येक शब्द में प्रत्येक अक्षर का केवल एक बार प्रयोग करके 'SAVOUR' शब्द के पहले, चौथे, पाँचवें और छठे अक्षरों (बाईं ओर से दाईं ओर गिननें पर) का प्रयोग करके चार अक्षरों वाले कितने सार्थक अंग्रेजी शब्द बनाए जा सकते हैं?
SSC CHSL (Tier-II) 10/01/2024 Shift-I
(a) एक भी नहीं
(b) दो से अधिक
(c) दो
(d) एक

83. प्रत्येक शब्द में प्रत्येक अक्षर का केवल एक बार प्रयोग करके 'TOURIST' शब्द के दूसरे, तीसरे, पाँचवें और सातवें अक्षरों (बाईं ओर से दाईं ओर गिनने पर) का प्रयोग करके चार अक्षरों वाले कितने सार्थक अंग्रेजी शब्द बनाए जा सकते हैं?
SSC CHSL (Tier-II) 10/01/2024 Shift-I
(a) एक भी नही (b) दो
(c) दो से अधिक (d) एक

SSC CHSL 2023 (Tier I & II)

84. प्रत्येक शब्द में प्रत्येक अक्षर का केवल एक बार प्रयोग करके T, U, K और S का प्रयोग करके कितने चार अक्षरों वाले सार्थक अंग्रेजी शब्द बनाए जा सकते हैं?
SSC CHSL (Tier-II) 02/11/2023 Shift-I
(a) दो (b) दो से अधिक
(c) एक (d) एक भी नही

85. प्रत्येक शब्द में प्रत्येक अक्षर का केवल एक बार प्रयोग करके 'CRACKER' शब्द के दूसरे, तीसरें, छठे और सातवें अक्षरों (बाईं ओर से दाईं ओर गिनने पर) का प्रयोग करके कितने सार्थक अंग्रेजी शब्द बनाए जा सकते हैं?
SSC CHSL (Tier-II) 02/11/2023 Shift-I
(a) तीन (b) एक भी नहीं
(c) एक (d) दो

86. प्रत्येक शब्द में प्रत्येक अक्षर का केवल एक बार प्रयोग करके B, E, O और R का प्रयोग करके कितने सार्थक अंग्रेजी शब्द बनाए जा सकते हैं?
SSC CHSL (Tier-II) 02/11/2023 Shift-I
(a) एक भी नहीं (b) एक
(c) दो (d) तीन

87. यदि शब्द JOURNEY के प्रत्येक अक्षर को अंग्रेजी वर्णमाला के क्रम में व्यवस्थित किया जाए, तो कितने अक्षरों का स्थान परिवर्तित होगा?
SSC CHSL (Tier-I) 17/08/2023 Shift-I
(a) पाँच (b) छः
(c) सात (d) चार

88. शब्द 'KINGDOM' के प्रत्येक अक्षर को अंग्रेजी वर्णमाला के क्रम में व्यवस्थित किया जाता है। इस प्रकार, बने नए अक्षर-समूह में बाएँ से चौथे अक्षर और दाएँ से दूसरे अक्षर के बीच अंग्रेजी वर्णमाला श्रृंखला में कितने अक्षर हैं?
SSC CHSL (Tier-I) 14/08/2023 Shift-IV
(a) तीन (b) दो
(c) एक (d) एक भी नहीं

89. यदि शब्द DIALECT के प्रत्येक अक्षर को अंग्रेजी वर्णमाला के क्रम में व्यवस्थित किया जाए, तो कितने अक्षरों का स्थान अपरिवर्तित रहेगा?
SSC CHSL (Tier-I) 11/08/2023 Shift-I
(a) दो (b) तीन
(c) एक (d) चार

90. यदि शब्द NEUTRAI के प्रत्येक अक्षर को अंग्रेजी वर्णमाला के क्रम में व्यवस्थित किया जाए, तो कितने अक्षरों का स्थान अपरिवर्तित रहेगा?
SSC CHSL (Tier-I) 11/08/2023 Shift-I
(a) दो
(b) तीन
(c) किसी का भी नहीं
(d) एक

91. यदि शब्द ELASTIC के प्रत्येक अक्षर को अंग्रेजी वर्णमाला के क्रम में व्यवस्थित किया जाए, तो कितने अक्षरों का स्थान अपरिवर्तित रहेगा?
SSC CHSL (Tier-I) 10/08/2023 Shift-III
(a) किसी का भी नहीं
(b) दो
(c) तीन
(d) एक

92. शब्द POINTED के प्रत्येक अक्षर को अंग्रेजी वर्णमाला के क्रम में व्यवस्थित किया जाता है। इस प्रकार बने नए अक्षर-समूह में बाएँ से तीसरे अक्षर और दाएँ से चौथे अक्षर के बीच अंग्रेजी वर्णमाला शृंखला में कितने अक्षर हैं?
SSC CHSL (Tier-I) 09/08/2023 Shift-I
(a) छः (b) चार
(c) तीन (d) दो

93. शब्द KINGDOM के प्रत्येक अक्षर को अंग्रेजी वर्णमाला के क्रम में व्यवस्थित किया जाता है। इस प्रकार बने नए अक्षर-समूह में बाएँ से चौथे अक्षर और दाएँ से सबसे अन्त वाले अक्षर के बीच अंग्रेजी वर्णमाला शृंखला में कितने अक्षर हैं?
SSC CHSL (Tier-I) 09/08/2023 Shift-I
(a) दो (b) तीन
(c) पाँच (d) छः

94. शब्द 'STRANGE' के प्रत्येक अक्षर को अंग्रेजी वर्णमाला के क्रम में व्यवस्थित किया जाता है। इस प्रकार बने नए अक्षर-समूह में बाएँ से चौथे अक्षर और दाएँ से दूसरे अक्षर के बीच अंग्रेजी वर्णमाला शृंखला में कितने अक्षर हैं?
SSC CHSL (Tier-I) 04/08/2023 Shift-II
(a) चार (b) पाँच
(c) दो (d) तीन

95. यदि शब्द AMPLIFY के प्रत्येक अक्षर को अंग्रेजी वर्णमाला के क्रम में व्यवस्थित किया जाए, तो कितने अक्षरों का स्थान अपरिवर्तित रहेगा?
SSC CHSL (Tier-I) 02/08/2023 Shift-I
(a) चार (b) दो
(c) तीन (d) एक

SSC MTS 2023

96. यदि शब्द 'CHILDREN' के प्रत्येक अक्षर को अंग्रेजी वर्णमाला के क्रम में व्यवस्थित किया जाए, तो कितने अक्षरों का स्थान अपरिवर्तित रहेगा?
SSC MTS 11/09/2023 Shift-I
(a) एक (b) चार
(c) दो (d) तीन

97. यदि शब्द 'DURATION' के प्रत्येक अक्षर को अंग्रेजी वर्णमाला के क्रम में व्यवस्थित किया जाए, तो कितने अक्षरों का स्थान अपरिवर्तित रहेगा?
SSC MTS 08/09/2023 Shift-II
(a) किसी का भी नहीं (b) चार
(c) एक (d) पाँच

98. यदि शब्द 'CATEGORY' के प्रत्येक अक्षर को अंग्रेजी वर्णमाला के क्रम में व्यवस्थित किया जाए, तो कितने अक्षरों का स्थान अपरिवर्तित रहेगा?
SSC MTS 04/09/2023 Shift-II
(a) एक (b) दो
(c) तीन (d) किसी का भी नहीं

99. यदि शब्द 'FINGER' के प्रत्येक अक्षर को अंग्रेजी वर्णमाला के क्रम में व्यवस्थित किया जाए, तो कितने अक्षरों का स्थान अपरिवर्तित रहेगा ?
SSC MTS 01/09/2023 Shift-I
(a) चार (b) एक
(c) तीन (d) दो

SSC Steno 2024-2021

100. चार शब्द EQUATION, MATHS, WINTER और RAIN हैं।
बाएँ से गिनने पर, यदि उपरोक्त प्रत्येक शब्द के प्रत्येक चौथे अक्षर को अंग्रेजी वर्णमाला क्रम में पिछले अक्षर से बदल दिया जाए, तो इस प्रकार बने कितने शब्दों में कोई अक्षर एक से अधिक बार नहीं आएगा? SSC Steno 11/12/2024 Shift-III
(a) दो (b) एक
(c) तीन (d) चार

101. शब्द 'AMBIDEXTROUS' में, यदि पहले अक्षर को अंतिम अक्षर से बदल दिया जाए, दूसरे अक्षर को ग्यारहवें अक्षर से बदल दिया जाए, तीसरे अक्षर को दसवें अक्षर से बदल दिया जाए और इसी तरह आगे भी किया जाए, तो नई व्यवस्था में बाएँ से दाएँ पढ़ने पर कौन-सा अक्षर R के ठीक बाद में आएगा?
SSC Steno 11/12/2024 Shift-II
(a) T (b) O (c) X (d) E

102. यदि IMAGINATION शब्द के प्रत्येक अक्षर को अंग्रेजी वर्णानुक्रम में अगले अक्षर से बदल दिया जाए और नए शब्द के अक्षरों को वर्णानुक्रम में व्यवस्थित किया जाए, तो इस प्रकार बने नए शब्द के बाएँ छोर से छठा अक्षर कौन-सा होगा? (**ध्यान दें** उल्लिखित कार्यों को करने के बाद बनने वाला नया शब्द, जरूरी नहीं है कि एक सार्थक अंग्रेजी शब्द हो।)
SSC Steno 11/12/2024 Shift-II
(a) J (b) O (c) N (d) P

103. 'EGMA' अक्षरों से, प्रत्येक शब्द में प्रत्येक अक्षर का केवल एक बार प्रयोग करके कितने अर्थपूर्ण अंग्रेजी शब्द बनाए जा सकते हैं?
SSC Steno 11/12/2024 Shift-II
(a) 3 (b) 4 (c) 1 (d) 2

104. यदि दी गई शृंखला के दूसरे आधे भाग को उलट दिया जाए, और फिर नई शृंखला के पहले चतुर्थांश को अन्त में रखा जाए, तो निम्न में से कौन-सा विकल्प मध्य में होगा?
K18A4R2TE23N SSC Steno 15/11/2021
(a) E3 (b) 2E (c) RN (d) NE

105. यदि दी गई अक्षर शृंखला के पहले आधे भाग को उलट दिया जाता है, तो निम्न में से कौन-सा विकल्प दाईं ओर से आठवें के बाईं ओर से तीसरा अक्षर होगा?
A U R R G H R S W C G I O P D S Q T
SSC Steno 12/11/2021
(a) W (b) U (c) A (d) R

सही उत्तर

1	(c)	2	(a)	3	(b)	4	(a)	5	(a)	6	(d)	7	(c)	8	(c)	9	(b)	10	(c)
11	(c)	12	(a)	13	(c)	14	(c)	15	(c)	16	(c)	17	(a)	18	(a)	19	(d)	20	(d)
21	(a)	22	(b)	23	(a)	24	(d)	25	(c)	26	(d)	27	(a)	28	(a)	29	(b)	30	(b)
31	(b)	32	(d)	33	(b)	34	(c)	35	(c)	36	(b)	37	(a)	38	(d)	39	(c)	40	(b)
41	(d)	42	(a)	43	(a)	44	(d)	45	(b)	46	(d)	47	(c)	48	(d)	49	(b)	50	(a)
51	(c)	52	(a)	53	(c)	54	(c)	55	(a)	56	(c)	57	(d)	58	(c)	59	(a)	60	(c)
61	(d)	62	(b)	63	(d)	64	(d)	65	(d)	66	(d)	67	(a)	68	(b)	69	(a)	70	(d)
71	(d)	72	(a)	73	(c)	74	(b)	75	(a)	76	(b)	77	(d)	78	(c)	79	(b)	80	(d)
81	(a)	82	(c)	83	(a)	84	(c)	85	(d)	86	(c)	87	(b)	88	(b)	89	(c)	90	(a)
91	(a)	92	(b)	93	(b)	94	(a)	95	(c)	96	(a)	97	(a)	98	(a)	99	(b)	100	(d)
101	(a)	102	(a)	103	(a)	104	(b)	105	(b)										

उत्तर सहित हल

1. (c) प्रश्नानुसार,

मूल संख्या के अंक → 3 5 7 1 8 6 [9]
आरोही क्रम में अंक → 1 3 5 6 7 8 [9]

अत: संख्या के एक अंक (9) का स्थान अपरिवर्तित रहेगा।

2. (a) दिए गए अक्षरों से छ: अक्षरों वाला अर्थपूर्ण शब्द केवल 'FRIDGE' बनाया जा सकता है।

3. (b) शब्द RECOGNIZE के पहले, तीसरे, छठे और सातवें अक्षर = R, C, N, I

अत: अक्षर R, C, N और I से कोई भी अर्थपूर्ण शब्द नहीं बनाया जा सकता है।

4. (a) प्रश्नानुसार,

मूल संख्या के अंक → 5 [2] [3] 8 6 4 1
अंकों का आरोही क्रम → 1 [2] [3] 4 5 6 8

अत: दो अंकों की स्थितियाँ अपरिवर्तित रहेगी।

5. (a) दिया गया शब्द → M O L T E N

वर्णानुक्रम में व्यवस्थित करने पर, E L M N O T

अत: किसी भी अक्षरों की स्थिति अपरिवर्तित नहीं बनी रहेगी।

6. (d) प्रश्नानुसार,

दिया गया शब्द ⟶ D A R K E N

अंग्रेजी वर्णमाला में व्यवस्थित करने पर

A [D] E [K] N R

बाएँ से दूसरा   दाएँ से तीसरा

अब, D और K के बीच अंग्रेजी वर्णमाला शृंखला के अक्षर = E, F, G, H, I, J

∴ अभीष्ट अक्षरों की संख्या = 6

7. (c) प्रश्नानुसार,

दिया गया शब्द ⟶ S P [I] D E R
अंग्रेजी वर्णमाला में व्यवस्थित करने पर, ⟶ D E [I] P R S

अत: एक अक्षर का स्थान अपरिवर्तित रहेगा।

8. (c) प्रश्नानुसार,

दिया गया शब्द → [D] O W [N] S I Z E
वर्णमाला क्रमानुसार → [D] E I [N] O S W Z

अत: दो अक्षर (D तथा N) के स्थान अपरिवर्तित रहेंगे।

9. (b) प्रश्नानुसार,

दिया गया शब्द → C A R D B O A R D
वर्णमाला क्रमानुसार → A A B [C] D D O [R] R

बाएँ से चौथे   दाएँ से दूसरे

अत: अंग्रेजी वर्णमाला में C तथा R के बीच कुल 14 अक्षर होंगे।

10. (c) प्रश्नानुसार,

दिया गया शब्द → R I C [K] E [T]
वर्णमाला क्रमानुसार → C E I [K] R [T]

अत: दो अक्षरों के स्थान अपरिवर्तित रहेंगे।

11. (c) प्रश्नानुसार,

दिया गया शब्द → C O R N F [L] A K E [S]
↓ ↓ ↓ ↓ ↓ ↓ ↓ ↓ ↓ ↓
वर्णमाला क्रमानुसार → A C E F K [L] N O R [S]

अत: आठ अक्षरों की स्थिति परिवर्तित होगी।

12. (a) प्रश्नानुसार,

दिया गया शब्द ⟶ S I [G] N A T U R E
वर्णमाला क्रमानुसार ⟶ A E [G] I N R S T U

अत: केवल अक्षर 'G' का स्थान अपरिवर्तित रहेगा।

13. (c) प्रश्नानुसार,

दिया गया शब्द → [A] S T E R O I D
वर्णमाला क्रमानुसार → [A] D E I O R S T

अत: केवल एक अक्षर 'A' के स्थान में कोई बदलाव नहीं आया।

14. (c) प्रश्नानुसार,

दिया गया शब्द → [D] [E] L I G H [T]
वर्णमाला क्रमानुसार → [D] [E] G H I L [T]

अत: तीन अक्षर D, E तथा T का स्थान अपरिवर्तित रहेगा।

15. (c) दिया गया शब्द → LAUNDER

वर्णमाला क्रम में व्यवस्थित करने पर,

नया शब्द → ADELNRU

अत: किसी भी अक्षर की स्थिति में कोई बदलाव नहीं होगा।

16. (c) प्रश्नानुसार,

दिया गया शब्द → IMPROVE

प्रश्नानुसार, प्रत्येक अक्षर को अंग्रेजी वर्णमाला क्रम में व्यवस्थित करने पर,

नया शब्द ⟶ E I M O P R V
दिया गया अक्षर ⟶ I M P R O V E

अत: शून्य अक्षर की स्थिति अपरिवर्तित रहेगी।

17. (a) प्रश्नानुसार,

दिया गया शब्द → DICTIONARY

शब्द के सभी अक्षरों को वर्णानुक्रम में व्यवस्थित करने पर,

नया शब्द → A C D [I] I N O R [T] Y

बाएँ से चौथा   10 अक्षर   दाएँ से दूसरा

अत: नवसंरचित अक्षर-समूह में बाएँ से चौथे और दाएँ से दूसरे के बीच अंग्रेजी वर्णमाला शृंखला में 10 (J, K, L, M, N, O, P, Q, R, S) अक्षर हैं।

18. (a) प्रश्नानुसार,

दिया गया शब्द → M O B I L E
अंग्रेजी वर्णमाला के अनुसार व्यवस्थित करने पर, → B E I L M O

अत: स्पष्ट है कि, किसी भी अक्षर की स्थिति, अपनी पूर्व स्थिति पर नहीं रहेगी।

19. (d) प्रश्नानुसार,

दिया गया शब्द → D R A F T I N G
वर्णमाला क्रम में व्यवस्थित करने पर, → A D F G I N R T

अत: शून्य अक्षरों का स्थान अपरिवर्तित रहेगा।

20. (d) प्रश्नानुसार,

मूल शब्द → I S O L A T E D
↓ ↓ ↓ ↓ ↓ ↓ ↓ ↓
निर्देशानुसार अक्षरों का नया समूह → J [R] [P] K B S F C

बाएँ से दूसरा अक्षर = R

बाएँ से तीसरा अक्षर = P

∴ P तथा R के मध्य का अक्षर = 'Q'

∴ अभीष्ट अक्षरों की संख्या = 1

21. (a) प्रश्नानुसार,

मूल शब्द → K E Y B O A R D
वर्णानुक्रम व्यवस्थित करने पर, → A B D E K [O] [R] Y

तीसरा   दूसरा

अत: O तथा R अक्षर के बीच दो अक्षर (P, Q) हैं।

22. (b) प्रश्नानुसार,

दिया गया शब्द ⟶ H U S B A N D
अंग्रेजी वर्णमाला क्रम में व्यवस्थित करने पर नया शब्द ⟶ A B D H N S U

अत: शून्य अक्षरों की स्थिति अपरिवर्तित रहेगी।

23. (a) प्रश्नानुसार,

दिया गया शब्द ⟶ S L A N T E D
वर्णमाला क्रमानुसार ⟶ A D E (L) N (S) T

बाएँ से चौथा   दाएँ से दूसरा

L [MNOPQR] S

अत: L तथा S के बीच छ: अक्षर होंगे।

24. (d) प्रश्नानुसार,

मूल शब्द क्रम ⟶ M E [N] T O R
वर्णमालानुसार क्रम ⟶ E M [N] O R T

अत: केवल एक अक्षर 'N' की स्थिति अपरिवर्तित रहेगी।

25. (c) प्रश्नानुसार,

मूल शब्द ⟶ M U S I C A L
वर्णमालानुसार क्रम ⟶ A C [I] L [M] S U

बाएँ से तीसरा अक्षर = I

दाएँ से तीसरा अक्षर = M

अब, I तथा M के बीच के अक्षर हैं J, K तथा L

अभीष्ट अक्षरों की संख्या = 3

26. (d) प्रश्नानुसार,

मूल शब्द → L A S T I N G

वर्णमाला क्रम में → A [G] I [L] N S T

बाएँ से दूसरा अक्षर = G

दाएँ से चौथा अक्षर = L

G तथा L के बीच के अक्षर H, I, J तथा K हैं
∴ अभीष्ट अक्षरों की संख्या = 4

27. (a) प्रश्नानुसार,
दिया गया शब्द → CERTAIN
अंग्रेजी वर्णमाला क्रम में व्यवस्थित करने पर → ACEINRT
अत: शून्य अक्षरों की स्थिति अपरिवर्तित रहेगी।

28. (a) प्रश्नानुसार,
मूल शब्द → R E D U C T I O N
वर्णमाला के अनुसार क्रम → C D [E] [I] N O R T U
बाएँ से तीसरा अक्षर = E
बाएँ से चौथा अक्षर = I
E तथा I के बीच के अक्षर हैं F, G तथा H
अभीष्ट अक्षरों की संख्या = 3

29. (b) प्रश्नानुसार,
मूल शब्द → S I [G] [H] T E D
अंग्रेजी वर्णमाला के क्रमानुसार, → D E [G] [H] I S T
अत: केवल दो अक्षरों के स्थान अपरिवर्तित है।

30. (b) प्रश्नानुसार,
दिया गया शब्द → G R I M A C E
अंग्रेजी वर्णमाला के क्रमानुसार → A C E G I M R
अत: दिए गए शब्द के अक्षरों की स्थिति में कोई बदलाव नहीं आया।

31. (b) प्रश्नानुसार,
दिया गया शब्द → F R O W N E D
वर्णक्रम में व्यवस्थित करने पर → D E F [N] O [R] W
तब, N [O] [P] [Q] R
अत: 3 अक्षर प्राप्त होंगें।

32. (d) प्रश्नानुसार,
दिए गए शब्द → S T A M I N A
+1 +1 −1 +1 −1 +1 −1
अक्षरों को व्यवस्थित करने पर → T U Z [N] [H] O Z
बाएँ से चौथा, दाएँ से तीसरा
अत: अक्षर H और N के बीच अंग्रेजी वर्णानुक्रम के अनुसार कुल अक्षर = 5

33. (b) प्रश्नानुसार,
दिया गया शब्द : E N T O M B
अक्षरों को वर्णमाला क्रम में व्यवस्थित करने पर : B E M N O T
अत: ऐसा एक भी अक्षर नहीं है। जिसकी स्थिति में बदलाव न हो।

34. (c) प्रश्नानुसार,
दिया गया शब्द : [B] I N D E [R]
अंग्रेजी वर्णमाला के क्रम क्रमानुसार : [B] D E I N [R]
अत: दो अक्षरों, B और R की स्थिति अपरिवर्तित रहेगी।

35. (c) प्रश्नानुसार,
मूल शब्द → J U N G L E
अंग्रेजी वर्णमाला के क्रमानुसार, → E [G] J [L] N U
बाएँ से दूसरा, दाएँ से तीसरा
अब G तथा L के बीच वर्णमाला क्रम में अक्षर
= H, I, J तथा K
अभीष्ट अक्षरों की संख्या = 4

36. (b) प्रश्नानुसार,
मूल शब्द → J [E] A [L] [O] U S
अंग्रेजी वर्णमाला के क्रमानुसार → A [E] J [L] [O] S U
अत: केवल तीन अक्षरों की स्थिति अपरिवर्तित होगी।

37. (a) प्रश्नानुसार,
दिया गया शब्द → M E A D [O] [W]
वर्णमाला क्रमानुसार → A D E M [O] [W]
अत: केवल दो अक्षरों (O और W) की स्थिति में कोई बदलाव नहीं होगा।

38. (d) प्रश्नानुसार,
दिया गया शब्द → W I S D O M
वर्णमाला क्रम में व्यवस्थित करने पर → D I [M] O [S] W
अत: M और S के बीच 5 अक्षर उपस्थित हैं।

39. (c) प्रश्नानुसार,
S I M I L A R
−1 +1 −1 +1 −1 +1 −1
R [J] [L] J K B Q
अत: J और L के बीच सिर्फ एक अक्षर अर्थात् K है।

40. (b) प्रश्नानुसार,
दिया गया शब्द → P R A N K E D
अंग्रेजी वर्णमाला क्रम → A D E K N P R
अत: अंग्रेजी वर्णमाला क्रम में व्यवस्थित करने पर किसी भी अक्षर का स्थान अपरिवर्तित नहीं रहता है।

41. (d) प्रश्नानुसार,

दिया गया शब्द	J	A	N	I	T	O	R
वर्णमाला क्रम	A	I	J	N	O	R	T

अत: प्रत्येक अक्षर अंग्रेजी वर्णमाला के क्रम में व्यवस्थित करने के बाद 'शून्य' अक्षरों की स्थिति अपरिवर्तित रहेगी।

42. (a) प्रश्नानुसार,
दिया गया शब्द → S Y [S] T E M
वर्णमाला के क्रमानुसार, → E M [S] S T Y
अत: दिए गए शब्द के अक्षरों को वर्णमाला क्रमानुसार लगाने पर '5' अक्षरों ने अपने स्थान परिवर्तित किए हैं।

43. (a) प्रश्नानुसार,
दिया गया शब्द → N I [G] [H] T [M] A [R] E S
वर्णमाला क्रम → A E [G] [H] I [M] N [R] S T
∴ अभीष्ट अक्षर = चार (G, H, M, R)

44. (d) दूसरा, चौथा, पाँचवाँ और छठा अक्षर O, K, E, Y है।
∴ सार्थक शब्द = YOKE
अत: केवल एक शब्द बनाया जा सकता है।

45. (b) दिए गए अक्षरों से बना सार्थक शब्द CREATIVE
तथा इसका संख्या संयोजन = 4, 1, 2, 3, 5, 6, 7, 8 होगा।

46. (d) दिए गए अक्षरों से बना सार्थक शब्द
⇒ PENCIL
तथा इसका संख्या संयोजन ⇒ 2, 4, 6, 3, 5, 1 होगा

47. (c) दिए गए अक्षरों से बना सार्थक शब्द
⇒ STUDENT
तथा इसका संख्या संयोजन ⇒ 4, 3, 7, 6, 1, 2, 5 होगा।

48. (d) दिए गए अक्षरों से बना सार्थक शब्द
⇒ PUZZLE
तथा इसका संख्या संयोजन ⇒ 4, 5, 2, 2, 3, 1 होगा।

49. (b) दिया गया शब्द, FOREFOOT
प्रश्नानुसार, प्रत्येक स्वर को अगले अक्षर और प्रत्येक व्यंजक को पहले वाले अक्षर से बदलने पर,
E P Q F E P P S
नए शब्द में बाएँ से दूसरे अक्षर P और दाएँ से पहले अक्षर S के बीच अंग्रेजी वर्णमाला क्रम में दो अक्षर Q और R है।

50. (a) शब्द ⇒ PURITAN
प्रश्नानुसार अक्षर बदलने पर,
नया शब्द ⇒ QTSHUZO
बाएँ से पहला अक्षर = Q
दाएँ से छठा अक्षर = T
अत: Q व T के बीच वर्णमाला क्रम में दो अक्षर R व S हैं।

51. (c) प्रश्नानुसार,
F R E T S A W
−1 −1 +1 −1 −1 +1 −1
E Q F S R B V
नया शब्द = EQFSRBV
R तथा V के बीच वर्णमाला क्रम में अक्षर
= S, T तथा U
अत: अक्षरों की कुल अभीष्ट संख्या = 3

52. (a) दिया गया शब्द है 'CAPSULE'
प्रश्नानुसार, प्रत्येक स्वर को उससे पहले अक्षर और प्रत्येक व्यंजन को उसके बाद वाले अक्षर से बदलने पर,
DZQTTMD
अत: बाएँ से तीसरा अक्षर Q और दाएँ से तीसरे अक्षर T के बीच अंग्रेजी वर्णमाला में दो अक्षर R और S है।

53. (c) दिया गया शब्द ⇒ ETHICAL
प्रश्नानुसार,
अक्षर बदलने के बाद नया शब्द ⇒ FSGJBBK
बाएँ से तीसरे अक्षर G तथा दाएँ से पहले अक्षर K के बीच अंग्रेजी वर्णमाला क्रम में तीन अक्षर H, I तथा J हैं।
अत: अक्षरों की कुल संख्या = 3

54. (c) दिए गए अक्षर → A, E, D, N
अर्थपूर्ण शब्द → D E A N
अत: दिए गए अक्षरों का प्रयोग करके केवल एक अर्थपूर्ण शब्द बनाया जा सकता है।

55. (a) दिए गए अक्षर → Y, P, R, A
अर्थपूर्ण शब्द → PRAY
अत: दिए गए अक्षरों से केवल एक अर्थपूर्ण शब्द बनाया जा सकता है।

56. (c) दिए गए अक्षर → R, O, W, D, C
अर्थपूर्ण शब्द → CROWD
अत: दिए गए अक्षरों से केवल एक अर्थपूर्ण शब्द बनाया जा सकता है।

57. (d) प्रश्नानुसार,
दिया गया शब्द → FRANCHISE
अंग्रेजी वर्णमाला क्रम के अनुसार बाएँ से दाएँ व्यवस्थित करने पर,

दाएँ से तीसरा ←
नया शब्द → A C E F [H] I [N] R S
बाएँ से पाँचवाँ →

H [I J K L M] N
अत: अभीष्ट अक्षर = 5

58. (c) प्रश्नानुसार,
दिया गया मूल शब्द = [C] O M P L E X I T [Y]
वर्णमाला क्रम = [C] E I L M O P T X [Y]
स्पष्टत: वर्णमाला के अनुसार अक्षरों को व्यवस्थित करने से केवल दो अक्षरों का स्थान परिवर्तित नहीं होगा।

59. (a) प्रश्नानुसार,
मूल शब्द = S K Y [L] I N E
वर्णमालानुसार, व्यवस्थित शब्द = E I K [L] N S Y
स्पष्टत: एक अक्षर 'L' को छोड़कर सारे अर्थात् छ: अक्षरों का स्थान परिवर्तित होगा।

60. (c) प्रश्नानुसार,
दिया गया शब्द → D E T A I L
वर्णानुक्रम के अनुसार → A D E I L T
अत: ऐसा एक भी अक्षर नहीं है, जिसका स्थान अपरिवर्तित रहेगा।

61. (d) प्रश्नानुसार,
दिया गया शब्द → D O C U [M] E N T A R [Y]
↓ ↓ ↓ ↓ ↓ ↓ ↓ ↓ ↓ ↓ ↓
अंग्रेजी वर्णमाला क्रम → A C D E [M] N O R T U [Y]
अत: दो अक्षर M और Y का स्थान अपरिवर्तित रहा है।

62. (b) प्रश्नानुसार,
शब्द → W A N D E [R] L U S T
↓ ↓ ↓ ↓ ↓ ↓ ↓ ↓ ↓ ↓
अंग्रेजी वर्णमाला क्रम → A D E L N [R] S T U W
अत: एक अक्षर अर्थात् R का स्थान परिवर्तित नहीं होगा।

63. (d) प्रश्नानुसार,
दिया गया शब्द = E N G L I S H
वर्णमाला के क्रम के अनुसार = E G H I L N S
∴ केवल एक अक्षर 'E' का स्थान अपरिवर्तित होगा।

64. (d) प्रश्नानुसार,
(दिया गया मूल शब्द) = P R A I S E
(अंग्रेजी वर्णमालानुसार व्यवस्थित करने पर नया शब्द) = A E I P R S
स्पष्टत: किसी भी अक्षर का स्थान अपरिवर्तित नहीं है।

65. (d) प्रश्नानुसार,
दिया गया मूल शब्द = [C] H E M I S T R [Y]
अंग्रेजी वर्णमालानुसार व्यवस्थित करने पर, नया शब्द = [C] E H I M R S T [Y]
स्पष्टत: केवल दो अक्षर 'C' तथा 'Y' का स्थान अपरिवर्तित रहेगा।

66. (d) प्रश्नानुसार,
मूल शब्द = T R A M P O L I N E
अंग्रेजी वर्णमाला के अनुसार अक्षरों को व्यवस्थित करने से,
नया शब्द = A E I L M N O P R T
L तथा T के मध्य अक्षर इस प्रकार हैं,
M, N, O, P, Q, R तथा S
अत: कुल अक्षरों की संख्या = 7

67. (a) प्रश्नानुसार,
दिया गया शब्द → MUSICAL
प्रत्येक अक्षर को वर्णमाला के क्रम में व्यवस्थित करने पर,
नया शब्द → A C I [L] M [S] U
बाएँ से चौथा → ← दाएँ से दूसरा

[L] M N O P Q R [S]
अत: नए अक्षर-समूह में बाएँ से चौथे अक्षर और दाएँ से दूसरे अक्षर के बीच अंग्रेजी वर्णमाला शृंखला में छ: अक्षर हैं।

68. (b) प्रश्नानुसार,
दिया गया शब्द ⇒ H A R M [O] N [Y]
वर्णानुक्रम में व्यवस्थित करने पर नया शब्द ⇒ A H M N [O] R [Y]
अत: दो अक्षरों का स्थान अपरिवर्तित रहेगा।

69. (a) प्रश्नानुसार,
दिया गया शब्द → D I A L E C [T]
प्रश्नानुसार, शब्दों को व्यवस्थित करने पर → A C D E I L [T]
अत: 'एक' अक्षर का स्थान परिवर्तित रहेगा।

70. (d) प्रश्नानुसार,
दिया गया शब्द → P O W D E R S
↓ ↓ ↓ ↓ ↓ ↓ ↓
अंग्रेजी वर्णमाला क्रम → D E O P R S W
अत: प्रत्येक अक्षर का स्थान परिवर्तित हो रहा है।

71. (d) प्रश्नानुसार,
दिया गया शब्द → [C] O U [N] T E D
↓ ↓ ↓ ↓ ↓ ↓ ↓
अंग्रेजी वर्णमाला क्रम → [C] D E [N] O T U
अत: दो अक्षरों का स्थान अपरिवर्तित रहेगा।

72. (a) प्रश्नानुसार,
दिया गया शब्द → F L A M [I] N G O E [S]
वर्णमाला क्रम → A E F G [I] L M N O [S]
अत: दो अक्षरों का स्थान परिवर्तित नहीं होगा।

73. (c) प्रश्नानुसार,
दिया गया शब्द S O U [N] D B A R
वर्णमाला के क्रम में व्यवस्थित करने पर, A B D [N] O R S U
अत: एक अक्षर 'N' अपरिवर्तित होगा।

74. (b) प्रश्नानुसार,
दिया गया शब्द → M E [N] T O R
↓ ↓ ↓ ↓ ↓ ↓
अंग्रेजी वर्णमाला क्रम → E M [N] O R T
अत: एक अक्षर अर्थात् N का स्थान अपरिवर्तित है।

75. (a) प्रश्नानुसार,
दिया गया शब्द → J U S T I C E
वर्णमाला क्रम में व्यवस्थित करने पर,
नया शब्द → C [E] I [J] S T U
बाएँ से दूसरा → ← दाएँ से चौथा

[E] F G H I [J]
अत: नए बने अक्षर-समूह में बाएँ से दूसरे अक्षर और दाएँ से चौथे अक्षर के बीच अंग्रेजी वर्णमाला शृंखला में '4' अक्षर होंगे।

76. (b) प्रश्नानुसार,
दिया गया शब्द → F R A M E D
वर्णमाला क्रम में व्यवस्थित करने पर,
नया शब्द → A [D] E F [M] R
बाएँ से दूसरा → ← दाएँ से दूसरा

[D] E F G H I J K L [M]
अत: बने नए अक्षर-समूह में बाएँ से दूसरे अक्षर और दाएँ से दूसरे अक्षर के बीच अंग्रेजी वर्णमाला शृंखला में आठ अक्षर हैं।

77. (d) प्रश्नानुसार,
दिया गया शब्द D I C T [I] O N A R [Y]
वर्णमाला क्रम A C D I [I] N O R T [Y]
अत: 'दो' अक्षरों का स्थान अपरिवर्तित रहेगा।

78. (c) प्रश्नानुसार,
दिया गया शब्द → [A] [B] D U C [T] S
नया शब्द → [A] [B] C D S [T] U
स्पष्टत: '3' अक्षरों का स्थान अपरिवर्तित रहेगा।

79. (b) प्रश्नानुसार,
दिया गया शब्द T R O U B L E [M] A K I N G
↓ ↓ ↓ ↓ ↓ ↓ ↓ ↓ ↓ ↓ ↓ ↓ ↓
अंग्रेजी वर्णमाला क्रम A B E G I K L [M] N O R T U
अत: 12 अक्षरों का स्थान परिवर्तित होगा।

80. (d) अक्षरों CKIK में से प्रत्येक अक्षर का केवल एक बार उपयोग करके केवल एक अर्थपूर्ण शब्द (KICK) का निर्माण किया जा सकता है।

81. (a) प्रश्नानुसार,

दिया गया शब्द → V [I] R T U A L

अंग्रेजी वर्णमाला क्रम → A [I] L R T U V

अत: केवल अक्षर 'I' का स्थान अपरिवर्तित रहेगा।

82. (c) प्रश्नानुसार, SAVOUR शब्दों से लिए गए चार अक्षर क्रमशः S, O, U, R हैं, जिनमें दो सार्थक शब्द अर्थात् SOUR तथा OURS बनाए जा सकते हैं।

83. (a) प्रश्नानुसार, TOURIST से लिए गए शब्द O, U, I, T हैं।

अत: O, U, I, T से कोई सार्थक शब्द नहीं बनाया जा सकता है।

84. (c) अक्षर T, U, K और S से अंग्रेजी का एक सार्थक शब्द अर्थात् TUSK (हाथी का दाँत) बनाया जा सकता है।

85. (d) शब्द 'CRACKER' से किए गए अक्षरों R, A, E, R से अंग्रेजी के दो सार्थक शब्द अर्थात् RARE तथा REAR बनाए जा सकते हैं।

86. (c) अक्षर B, E, O, R से अंग्रेजी के दो सार्थक शब्द अर्थात् BORE तथा BOER बनाए जा सकते हैं।

87. (b) प्रश्नानुसार, दिया गया शब्द,

J O U R N E Y

अंग्रेजी वर्णमाला क्रम के अनुसार → E J N O R U Y

अत: उपरोक्त से स्पष्ट होता है कि छ: अक्षरों का स्थान परिवर्तित हुआ।

88. (b) दिया गया मूल शब्द = K I N G D O M

अंग्रेजी वर्णमाला में क्रमानुसार शब्द = D G I K M N O

बाएँ से चौथा अक्षर = K

दाएँ से दूसरा अक्षर = N

K तथा N के बीच के अक्षर L तथा M हैं।

अत: अभीष्ट अक्षरों की संख्या = 2

89. (c) दिया गया शब्द, D I A L E C [T]

अंग्रेजी वर्णमाला क्रम के अनुसार ⇒ A C D E I L [T]

अत: उपर्युक्त से स्पष्ट होता है कि एक अक्षर (T) का स्थान अपरिवर्तित रहा है।

90. (a) दिया गया शब्द, N [E] U T [R] A L

अंग्रेजी वर्णमाला क्रम के अनुसार ⇒ A [E] L N [R] T U

अत: दो अक्षरों (E, R) का स्थान अपरिवर्तित रहा है।

91. (a) दिए शब्द → E L A S T I C

अंग्रेजी वर्णमाला के अनुसार → A C E I L S T

अत: किसी अक्षर का स्थान अपरिवर्तित नहीं रहेगा।

92. (b) दिया गया शब्द है = P O I N T E D

वर्णमाला क्रम में अक्षर हैं = D E I N O P T

अत: उपरोक्त व्यवस्था में बाएँ से तीसरे अक्षर I और दाएँ से चौथे अक्षर N के बीच 4 अक्षर (J, K, L, M) हैं।

93. (b) दिया गया शब्द है = K I N G D O M

अंग्रेजी वर्णमाला क्रम में अक्षर = D G I K M N O

उपरोक्त व्यवस्था में बाएँ से चौथे अक्षर K और दाएँ से सबसे अन्त वाले अक्षर O के बीच तीन अक्षर (L, M, N) हैं।

94. (a) दिया गया शब्द है = STRANGE

वर्णमाला के अनुसार क्रम = AEGNRST

बाएँ से चौथा ↑ ↑ दाएँ से दूसरा

अत: नए अक्षर समूह में बाएँ से चौथे अक्षर N और दाएँ से दूसरे अक्षर S के बीच अंग्रेजी वर्णमाला के चार अक्षर (O, P, Q, R) है।

95. (c) प्रश्नानुसार,

दिया गया शब्द, [A] M P [L] I F [Y]

अंग्रेजी वर्णमाला के अनुसार [A] F I [L] M P [Y]

अत: अंग्रेजी वर्णमाला के अनुसार, 'तीन' अक्षरों का स्थान अपरिवर्तित रहेगा।

96. (a) प्रश्नानुसार,

मूल शब्द = [C] H I L D R E N

अंग्रेजी वर्णमाला के अनुसार = [C] D E H I L N R

अत: केवल अक्षर 'C' अर्थात् एक अक्षर का स्थान अपरिवर्तित रहेगा।

97. (a) प्रश्नानुसार,

आरम्भिक शब्द = D U R A T I O N

अंग्रेजी वर्णमाला के अनुसार अक्षर क्रम = A D I N O R T U

स्पष्टत: किसी भी अक्षर का स्थान अपरिवर्तित नहीं है।

98. (a) प्रश्नानुसार,

मूल शब्द = CAT E GOR[Y]

अंग्रेजी वर्णमाला के अनुसार क्रम = ACEGORT[Y]

Y का स्थान अपरिवर्तित रहेगा।

अत: केवल 'एक' अक्षर अपरिवर्तित रहेगा।

99. (b) प्रश्नानुसार,

दिया गया शब्द ⇒ FINGE [R]

अंक्षरों का अंग्रेजी वर्णमाला क्रम ⇒ EFGIN [R]

अत: केवल एक अक्षर का स्थान परिवर्तित नहीं होगा।

100. (d) दिए गए शब्द

E Q U A T I O N → E Q U Z T I O N (प्रश्न के अनुसार)

M A T H S → M A T G S (प्रश्न के अनुसार)

W I N T E R → W I N S E R (प्रश्न के अनुसार)

R A I N → R A I M (प्रश्न के अनुसार)

∴ 'चार' शब्द ऐसे होगें जिनमें कोई अक्षर एक से अधिक बार नहीं आएगा।

101. (a) दिया गया शब्द → AMBIDEXTROUS

प्रश्नानुसार, अक्षरों के स्थान प्रतिस्थापित करने पर,

A M B I D E : X T R O U S

नई व्यवस्था → SUORTXEDIBMA

अत: उपरोक्त व्यवस्था में R के ठीक बाद 'T' आएगा।

102. (a) दिए गए शब्द → I M A G I

दी गई शर्तों के अनुसार +1 +1 +1 +1 +1

नया शब्द → J N B H J

N A T I O N

+1 +1 +1 +1 +1 +1

O B U J P O

नए शब्दों के अक्षरों को वर्णमाला क्रम में व्यवस्थिकरण → B B H J J [J] N O O P U

बाएँ छोर से 6वाँ

∴ अभीष्ट अक्षर = J

103. (a) दी गई अक्षर → EGMA → GAME, MEGA तथा MAGE

अत: अभीष्ट शब्द की संख्या = 3

104. (b) प्रश्नानुसार,

I. आधे भाग को काटकर उलटने पर,

K18 A4R N32 ET2

II. पहले चतुर्थांश को अन्त में रखने पर,

A4R N32 ET2 K18

मध्य

अत: '2E' मध्य में होगा।

105. (b) प्रश्नानुसार,

पहले आधे भाग को उलटने पर नई शृंखला,

W S R H G R R (U) A C [G] I O P D S Q T

बाएँ ओर तीसरा दाएँ से आठवाँ

∴ अभीष्ट अक्षर = U

04

शब्दों का तार्किक क्रम

शब्दों का ऐसा व्यवस्थित क्रम जो सर्वमान्य मान्यताओं तथा प्रकृति के नियमों एवं सिद्धान्तों के अनुरूप हो, उस क्रम को शब्दों का तार्किक क्रम कहते हैं। तार्किक क्रम में आने वाले शब्द वास्तविकता एवं सत्यता पर आधारित होते हैं।

शब्दों के तार्किक क्रम पर आधारित प्रश्न मुख्यतः दो प्रकार के होते हैं

शब्दों का अर्थपूर्ण तार्किक क्रम

इस प्रकार के प्रश्नों में किसी विशेष कार्यक्रम, वर्ग, समूह, आरोही, अवरोही क्रम आदि से सम्बन्धित शब्द दिए गए होते हैं। अभ्यर्थियों को इन दिए गए शब्दों का सही अर्थपूर्ण क्रम ज्ञात करना होता है।

उदाहरण 1. नीचे दिए गए शब्दों को अर्थपूर्ण क्रम में व्यवस्थित कीजिए।

1. दीवार 2. मिट्टी 3. कमरा 4. ईंट 5. घर

(a) 1, 2, 3, 4, 5
(b) 2, 4, 1, 3, 5
(c) 5, 2, 1, 4, 3
(d) 2, 5, 4, 1, 3

हल (*b*) दिए गए शब्दों का सही क्रम निम्न है

मिट्टी → ईंट → दीवार → कमरा → घर
(2) (4) (1) (3) (5)

⇒ 2, 4, 1, 3, 5

मिट्टी का उपयोग कर ईंटे बनाई जाती हैं, जिन्हें एक के ऊपर एक, सीमेन्ट की सहायता से जोड़कर दीवार बनाई जाती हैं। चार दीवारों से मिलकर कमरा बनता है तथा कुछ कमरों से मिलकर घर बनता है।

उदाहरण 2. नीचे दिए गए शब्दों को अर्थपूर्ण क्रम में व्यवस्थित कीजिए।

1. इन्द्रधनुष 2. वर्षा 3. धूप 4. आनन्दित 5. बालक

(a) 4, 2, 3, 5, 1 (b) 4, 5, 1, 2, 3
(c) 2, 1, 4, 3, 5 (d) 2, 3, 1, 5, 4

हल (*d*) दिए गए शब्दों का सही क्रम निम्न है

वर्षा → धूप → इन्द्रधनुष → बालक → आनन्दित
(2) (3) (1) (5) (4)

⇒ 2, 3, 1, 5, 4

अंग्रेजी शब्दों का शब्दकोश के अनुसार क्रम

इस प्रकार के प्रश्नों में चार या चार से अधिक अंग्रेजी शब्द दिए गए होते हैं, जोकि शब्दकोश क्रम में व्यवस्थित नहीं होते हैं। अभ्यर्थियों को इन शब्दों का शब्दकोश के अनुसार सही क्रम ज्ञात करना होता है।

उदाहरण 3. अंग्रेजी शब्दकोश में निम्नलिखित में से कौन-सा शब्द तीसरे स्थान पर आएगा?

(a) Notorious (b) Natural (c) National (d) Notional

हल (*d*) अंग्रेजी शब्दकोश के अनुसार सही क्रम निम्न है

National → Natural → Notional → Notorious

अतः तीसरे स्थान पर आने वाला अभीष्ट शब्द = Notional

उदाहरण 4. नीचे दिए गए शब्दों के विकल्पों में से कौन-सा विकल्प शब्दकोश के क्रमानुसार है?

1. Doom 2. Down 3. Drone 4. Drape 5. Ding

(a) 5, 1, 2, 4, 3 (b) 5, 1, 2, 3, 4
(c) 5, 2, 1, 4, 3 (d) 5, 2, 1, 3, 4

हल (*a*) अंग्रेजी शब्दकोश के अनुसार सही क्रम निम्न है

Ding → Doom → Down → Drape → Drone
(5) (1) (2) (4) (3)

⇒ 5, 1, 2, 4, 3

उदाहरण 5. नीचे दिए गए शब्दों के विकल्पों में से कौन-सा विकल्प शब्दकोश के क्रमानुसार है?

1. Cad 2. Cam 3. Car 4. Cab 5. Can

(a) 4, 2, 1, 3, 5 (b) 4, 2, 1, 5, 3
(c) 4, 1, 2, 5, 3 (d) 2, 1, 4, 3, 5

हल (*c*) अंग्रेजी शब्दकोश के अनुसार सही क्रम निम्न है

Cab → Cad → Cam → Can → Car
(4) (1) (2) (5) (3)

⇒ 4, 1, 2, 5, 3

SSC एग्जाम स्कैनर

SSC CGL 2024 & 2023 (Tier I & II)

निर्देश (प्र. सं. 1-5) *निम्नलिखित प्रश्नों में उस सही विकल्प का चयन कीजिए, जो निम्नलिखित शब्दों की व्यवस्था को तार्किक और सार्थक क्रम में दर्शाता है।*

1. 1. लक्ष्य निर्धारित करना
2. बजट 3. समीक्षा
4. निवेश 5. आकलन
SSC CGL (Tier-II) 20/01/2025 Shift-I
(a) 1, 5, 2, 4, 3 (b) 5, 1, 2, 3, 4
(c) 3, 5, 1, 2, 4 (d) 5, 2, 4, 3, 1

2. 1. पौधा 2. परागण
3. बीज 4. अंकुर
5. फल **SSC CGL (Tier-II) 20/01/2025 Shift-I**
(a) 4, 1, 2, 5, 3 (b) 4, 3, 1, 2, 5
(c) 3, 4, 1, 2, 5 (d) 3, 4, 1, 5, 2

3. 1. डिज़ाइन 2. परीक्षण
3. संकल्पना 4. विकास
5. कार्यान्वयन
SSC CGL (Tier-II) 18/01/2025 Shift-I
(a) 1, 4, 5, 3, 2 (b) 3, 1, 5, 4, 2
(c) 3, 5, 2, 4, 1 (d) 3, 1, 4, 2, 5

4. 1. Delivery 2. Finished Paper
3. Dry 4. Pulp
5. Press **SSC CGL (Tier-II) 18/01/2025 Shift-I**
(a) 2, 5, 4, 3, 1 (b) 4, 1, 2, 5, 3
(c) 4, 5, 3, 2, 1 (d) 5, 4, 2, 3, 1

5. 1. शर्ट पीस 2. धागा
3. फैब्रिक 4. शर्ट
5. कपास **SSC CGL (Tier-II) 26/10/2023**
(a) 5, 2, 3, 1, 4 (b) 3, 5, 1, 2, 4
(c) 5, 3, 1, 2, 4 (d) 3, 1, 2, 4, 5

निर्देश (प्र. सं. 6-38) *निम्नलिखित प्रश्नों में उस विकल्प का चयन करें, जो दिए गए शब्दों को सही-सही उसी क्रम में दर्शाता है जिस क्रम में ये अंग्रेजी शब्दकोश में दिखाई देंगे।*

6. 1. Appear 2. Approach
3. Approximate 4. Apparition
5. Apparel
SSC CGL (Tier-I) 27/07/2023 Shift-II
(a) 5, 4, 1, 2, 3 (b) 5, 1, 4, 2, 3
(c) 4, 1, 5, 2, 3 (d) 4, 5, 1, 2, 3

7. 1. Diamond 2. Dialogue
3. Dictator 4. Dialect
5. Diameter 6. Diagram
SSC CGL (Tier-I) 27/07/2023 Shift-I
(a) 6, 2, 4, 1, 5, 3 (b) 6, 4, 2, 5, 1, 3
(c) 4, 2, 6, 5, 1, 3 (d) 6, 4, 2, 1, 5, 3

8. 1. Strategy 2. Strength
3. Stranger 4. Stretch
5. Struggle 6. Strange
SSC CGL (Tier-I) 26/07/2023 Shift-III
(a) 6, 3, 1, 4, 2, 5 (b) 6, 3, 1, 2, 4, 5
(c) 3, 6, 1, 2, 4, 5 (d) 6, 1, 3, 2, 4, 5

9. 1. Pandemonium 2. Pandemic
3. Pandering 4. Pandanus
5. Pandarus
SSC CGL (Tier-I) 26/07/2023 Shift-II
(a) 4, 5, 3, 1, 2 (b) 4, 5, 2, 1, 3
(c) 4, 5, 1, 2, 3 (d) 4, 5, 1, 3, 2

10. 1. Accompany 2. Accident
3. Accuracy 4. Acclaimed
5. Accepted 6. Accessary
SSC CGL (Tier-I) 26/07/2023 Shift-II
(a) 5, 6, 2, 4, 1, 3 (b) 6, 5, 4, 2, 3, 1
(c) 6, 5, 2, 4, 1, 3 (d) 5, 6, 4, 2, 3, 1

11. 1. Circulate 2. Circuit
3. Citrus 4. Cinnamon
5. Circular 6. Citizen
SSC CGL (Tier-I) 26/07/2023 Shift-I
(a) 4, 2, 5, 1, 6, 3 (b) 4, 2, 1, 5, 6, 3
(c) 4, 5, 2, 1, 6, 3 (d) 2, 1, 5, 4, 3, 6

12. 1. Canvas 2. Candidly
3. Canteen 4. Canopy
5. Cannibal 6. Cancer
SSC CGL (Tier-I) 25/07/2023 Shift-IV
(a) 6, 2, 5, 3, 4, 1 (b) 6, 2, 5, 4, 3, 1
(c) 5, 2, 6, 4, 1, 3 (d) 6, 5, 2, 4, 3, 1

13. 1. Typographical 2. Typologically
3. Typifications 4. Typicalness
5. Tyrannosaurus
SSC CGL (Tier-I) 25/07/2023 Shift-III
(a) 4, 3, 1, 2, 5 (b) 2, 3, 5, 1, 4
(c) 2, 3, 5, 4, 1 (d) 5, 2, 1, 3, 4

14. 1. Cartoon 2. Carrier
3. Carrying 4. Carousel
5. Carnival 6. Carriage
SSC CGL (Tier-I) 25/07/2023 Shift-II
(a) 5, 4, 6, 3, 2, 1 (b) 5, 4, 2, 6, 3, 1
(c) 5, 1, 4, 6, 2, 3 (d) 5, 4, 6, 2, 3, 1

15. 1. Absurdly 2. Abstriction
3. Abstract 4. Absolutely
5. Abstain 6. Absorber
SSC CGL (Tier-I) 24/07/2023 Shift-IV
(a) 4, 6, 5, 3, 2, 1 (b) 6, 4, 5, 3, 2, 1
(c) 4, 6, 3, 5, 1, 2 (d) 6, 4, 3, 5, 2, 1

16. 1. Elite 2. Elude
3. Elaborate 4. Elapsed
5. Elongate
SSC CGL (Tier-I) 24/07/2023 Shift-III
(a) 3, 4, 1, 5, 2 (b) 3, 5, 2, 4, 1
(c) 3, 5, 1, 4, 2 (d) 4, 3, 5, 1, 2

17. 1. Breakdown 2. Brevity
3. Breathe 4. Breeding
5. Breeze 6. Breakfast
SSC CGL (Tier-I) 24/07/2023 Shift-III
(a) 1, 3, 6, 4, 5, 2 (b) 1, 3, 6, 5, 4, 2
(c) 1, 6, 3, 4, 5, 2 (d) 1, 6, 3, 5, 4, 2

18. 1. Casual 2. Camera
3. Caught 4. Called
5. Cabinet
SSC CGL (Tier-I) 24/07/2023 Shift-II
(a) 5, 4, 2, 3, 1 (b) 5, 3, 4, 1, 2
(c) 5, 4, 2, 1, 3 (d) 5, 4, 1, 2, 3

19. 1. Subtract 2. Submerge
3. Subside 4. Submit
5. Subscribe 6. Subtle
SSC CGL (Tier-I) 24/07/2023 Shift-II
(a) 2, 4, 3, 5, 6, 1 (b) 2, 4, 5, 3, 6, 1
(c) 4, 2, 5, 3, 6, 1 (d) 4, 2, 3, 5, 6, 1

20. 1. Threaten 2. Thorough
3. Thankful 4. Throat
5. Thereafter 6. Thistle
SSC CGL (Tier-I) 24/07/2023 Shift-I
(a) 3, 5, 6, 2, 1, 4 (b) 3, 6, 5, 2, 4, 1
(c) 3, 6, 5, 1, 2, 4 (d) 3, 5, 6, 1, 2, 4

21. 1. Phantom 2. Photograph
3. Philosophy 4. Physical
5. Pharynx 6. Physics
SSC CGL (Tier-I) 21/07/2023 Shift-II
(a) 5, 1, 3, 2, 6, 4 (b) 1, 5, 3, 2, 6, 4
(c) 1, 5, 3, 2, 4, 6 (d) 5, 1, 3, 2, 4, 6

22. 1. Calamity 2. Calcium
3. Calculus 4. Calmly
5. Calories 6. Calendar
SSC CGL (Tier-I) 21/07/2023 Shift-I
(a) 2, 3, 1, 6, 4, 5 (b) 1, 2, 3, 4, 5, 6
(c) 1, 2, 3, 6, 4, 5 (d) 1, 3, 2, 6, 4, 5

23. 1. Penguins 2. Pendants
3. Penthouse 4. Pendulum
5. Pentagon 6. Penalize
SSC CGL (Tier-I) 20/07/2023 Shift-III
(a) 6, 2, 4, 1, 5, 3 (b) 4, 2, 6, 1, 3, 5
(c) 6, 4, 2, 1, 5, 3 (d) 6, 2, 4, 1, 3, 5

24. 1. Dissolve 2. Display
3. Distance 4. Disturb
5. Displace 6. Dispute
SSC CGL (Tier-I) 20/07/2023 Shift-I
(a) 5, 2, 6, 1, 3, 4 (b) 6, 5, 2, 1, 3, 4
(c) 5, 6, 2, 1, 3, 4 (d) 5, 2, 6, 1, 4, 3

25. 1. Mistaken 2. Missing
3. Mistyped 4. Mistrust
5. Mission 6. Mistress
SSC CGL (Tier-I) 19/07/2023 Shift-IV
(a) 5, 2, 1, 6, 4, 3 (b) 2, 5, 1, 4, 6, 3
(c) 2, 5, 6, 4, 3, 1 (d) 2, 5, 1, 6, 4, 3

26. 1. Cheetah 2. Chemical
3. Cheering 4. Cheese
5. Chestnut 6. Cheaper
SSC CGL (Tier-I) 19/07/2023 Shift-II

(a) 6, 3, 4, 1, 5, 2 (b) 6, 1, 3, 4, 2, 5
(c) 6, 3, 4, 1, 2, 5 (d) 2, 3, 1, 4, 6, 5

27. 1. Variance 2. Violence
3. Vanquish 4. Vampire
5. Valiant 6. Victorious
SSC CGL (Tier-I) 19/07/2023 Shift-I
(a) 5, 4, 3, 1, 6, 2 (b) 4, 3, 5, 2, 1, 6
(c) 4, 5, 3, 1, 2, 6 (d) 5, 3, 4, 1, 6, 2

28. 1. Banished 2. Bandage
3. Bannister 4. Bankrupt
5. Bandwagon 6. Banquet
SSC CGL (Tier-I) 18/07/2023 Shift-IV
(a) 2, 5, 1, 3, 4, 6 (b) 5, 2, 1, 4, 3, 6
(c) 2, 5, 4, 1, 3, 6 (d) 2, 5, 1, 4, 3, 6

29. 1. Decline 2. Decouple
3. Decrease 4. Decorate
5. Decorum 6. Decode
SSC CGL (Tier-I) 18/07/2023 Shift-II
(a) 1, 4, 6, 2, 5, 3 (b) 1, 6, 5, 4, 2, 3
(c) 1, 6, 4, 5, 2, 3 (d) 1, 6, 4, 2, 5, 3

30. 1. Believe 2. Breathe
3. Bereave 4. Blight
5. Brave 6. Banter
SSC CGL (Tier-I) 18/07/2023 Shift-II
(a) 6, 1, 4, 3, 5, 2 (b) 6, 3, 1, 4, 5, 2
(c) 6, 4, 1, 5, 3, 2 (d) 6, 1, 3, 4, 5, 2

31. 1. Lambast 2. Lighten
3. Legacy 4. Languish
5. Laughter 6. Lightly
SSC CGL (Tier-I) 17/07/2023 Shift-IV
(a) 1, 5, 4, 3, 6, 2 (b) 1, 5, 4, 2, 3, 6
(c) 1, 4, 5, 3, 2, 6 (d) 1, 4, 5, 2, 3, 6

32. 1. Highway 2. History
3. Hired 4. Hierarchy
5. Hibiscus
SSC CGL (Tier-I) 17/07/2023 Shift-III
(a) 5, 4, 2, 1, 3 (b) 5, 4, 3, 2, 1
(c) 5, 4, 3, 1, 2 (d) 5, 4, 1, 3, 2

33. 1. Greed 2. Green
3. Grown 4. Grip
5. Granite
SSC CGL (Tier-I) 17/07/2023 Shift-III
(a) 5, 2, 1, 4, 3 (b) 5, 1, 2, 4, 3
(c) 5, 4, 1, 2, 3 (d) 5, 1, 4, 3, 2

34. 1 Salesman 2. Salvage
3 Salinity 4. Salary
5 Salmon 6. Salivate
SSC CGL (Tier-I) 17/07/2023 Shift-II
(a) 1, 4, 3, 6, 2, 5 (b) 4, 1, 6, 3, 5, 2
(c) 4, 3, 1, 6, 5, 2 (d) 4, 1, 3, 6, 5, 2

35. 1. Refinery 2. Reflect
3. Reference 4. Refugee
5. Refillable 6. Reformist
SSC CGL (Tier-I) 17/07/2023 Shift-I
(a) 3, 5, 1, 2, 6, 4
(b) 5, 1, 3, 2, 4, 6
(c) 5, 1, 3, 2, 6, 4
(d) 3, 1, 5, 2, 6, 4

36. 1. Pancakes 2. Pandemic
3. Panicked 4. Pancreas
5. Panorama 6. Panther
SSC CGL (Tier-I) 14/07/2023 Shift-III
(a) 1, 4, 2, 3, 5, 6 (b) 4, 1, 2, 3, 5, 6
(c) 2, 1, 4, 3, 6, 5 (d) 1, 4, 2, 3, 6, 5

37. 1. Strident 2. Student
3. Shirking 4. Stuffy
5. Spider 6. Spawn
SSC CGL (Tier-I) 14/07/2023 Shift-II
(a) 3, 5, 6, 1, 4, 2 (b) 3, 6, 5, 1, 2, 4
(c) 3, 6, 5, 1, 4, 2 (d) 3, 5, 6, 1, 2, 4

38. 1. Warriors 2. Warehouse
3. Warcraft 4. Warranty
5. Wardrobe 6. Wardenship
SSC CGL (Tier-I) 14/07/2023 Shift-I
(a) 3, 5, 6, 2, 1, 4 (b) 3, 5, 6, 2, 4, 1
(c) 3, 6, 5, 2, 1, 4 (d) 3, 6, 5, 2, 4, 1

SSC CGL 2022 (Tier I)

39. दिए गए शब्दों को अंग्रेजी शब्दकोश के अनुसार व्यवस्थित करने के पश्चात्, कौन-सा शब्द 'तीसरे' स्थान पर आएगा?
SSC CGL (Tier-I) 13/12/2022 Shift-IV
1. Unaffected 2. Unarmed
3. Unasked 4. Unattached
5. Unauthorized
(a) Unauthorized (b) Unasked
(c) Unarmed (d) Unattached

40. उस विकल्प का चयन कीजिए, जो दिए गए शब्दों के उस सही क्रम को निरूपित करता है, जिस क्रम में वे अंग्रेजी शब्दकोश में आते हैं।
SSC CGL (Tier-I) 13/12/2022 Shift-II
1. Thresh 2. Threadbare
3. Thrice 4. Threw
5. Threat
(a) 2, 5, 1, 4, 3 (b) 2, 1, 5, 4, 3
(c) 2, 4, 5, 1, 3 (d) 2, 5, 4, 1, 3

41. दिए गए शब्दों को अंग्रेजी शब्दकोश के अनुसार व्यवस्थित करने के पश्चात्, कौन-सा शब्द 'तीसरे' स्थान पर आएगा?
SSC CGL (Tier-I) 13/12/2022 Shift-I
1. Overwork 2. Overwrought
3. Overwhelming 4. Overweight
5. Overweening
(a) Overweening (b) Overwrought
(c) Overweight (d) Overwhelming

42. उस विकल्प का चयन कीजिए, जो दिए गए शब्दों के उस सही क्रम को निरूपित करता है जिस क्रम में वे अंग्रेजी शब्दकोश से आते हैं?
SSC CGL (Tier-I) 12/12/2022 Shift-IV
1. Amphibian 2. Ambiguous
3. Ambience 4. Amplify
5. Amorphous 6. Ambivalent
7. Ameliorate
(a) 3, 2, 6, 7, 5 4, 1
(b) 3, 2, 6, 5, 7, 1, 4
(c) 3, 2, 4, 6, 7, 5, 1
(d) 3, 2, 6, 7, 5, 1, 4

43. दिए गए शब्दों को अंग्रेजी शब्दकोश के अनुसार व्यवस्थित करने के पश्चात् कौन-सा शब्द 'तीसरे' स्थान पर आएगा?
SSC CGL (Tier-I) 12/12/2022 Shift-I
1. Aquarium 2. Aquatic
3. Aquarial 4. Aquatint
5. Aquavit
(a) Aqurial (b) Aquarium
(c) Aquatic (d) Aquatint

44. उस विकल्प का चयन कीजिए, जो दिए गए शब्दों के उस सही क्रम को निरूपित करता है, जिस क्रम में वे अंग्रेजी शब्दकोश में आते हैं।
SSC CGL (Tier-I) 09/12/2022 Shift-III
1. History 2. Historian
3. Hobnail 4. Historical
5. Hobnob
(a) 2, 1, 4, 5, 3 (b) 1, 2, 4, 3, 5
(c) 2, 4, 1, 3, 5 (d) 4, 1, 2, 5, 3

45. उस विकल्प का चयन कीजिए, जो दिए गए शब्दों के उस सही क्रम को निरूपित करता है, जिस क्रम में वे अंग्रेजी शब्दकोश में आते हैं।
SSC CGL (Tier-I) 09/12/2022 Shift-II
1. Perpend 2. Perplex
3. Pernicious 4. Perpetrate
5. Perpetual
(a) 1 3 4 5 2 (b) 1 3 5 4 2
(c) 3 1 5 4 2 (d) 3 1 4 5 2

46. दिए गए शब्दों को अंग्रेजी शब्दकोश के अनुसार व्यवस्थित करने के पश्चात् कौन-सा शब्द 'तीसरे' स्थान पर आएगा?
SSC CGL (Tier-I) 08/12/2022 Shift-IV
1. Telescope 2. Telephone
3. Telegram 4. Telecast
5. Telepath
(a) Telepath (b) Telephone
(c) Telecast (d) Telegram

47. उस विकल्प का चयन कीजिए, जो दिए गए शब्दों के उस सही क्रम को निरूपित करता है, जिस क्रम में वे अंग्रेजी शब्दकोश में आते हैं।
SSC CGL (Tier-I) 08/12/2022 Shift-III
1. Empress 2. Employee
3. Empty 4. Emporium
5. Employer
(a) 5, 2, 4, 1, 3 (b) 2, 5, 4, 1, 3
(c) 2, 5, 1, 4, 3 (d) 5, 2, 1, 4, 3

48. दिए गए शब्दों को अंग्रेजी शब्दकोश के अनुसार व्यवस्थित करने के पश्चात् कौन-सा शब्द 'चौथे' स्थान पर आएगा?
SSC CGL (Tier-I) 08/12/2022 Shift-I
1. Agenda 2. Agentry
3. Ageism 4. Ageist 5. Agency
(a) Agenda (b) Agency
(c) Ageist (d) Agentry

49. उस विकल्प का चयन कीजिए, जो दिए गए शब्दों के उस सही क्रम को निरूपित करता है, जिस क्रम में वे अंग्रेजी शब्दकोश में आते हैं।
SSC CGL (Tier-I) 07/12/2022 Shift-IV
1. Submerse 2. Sublimity
3. Submerge 4. Submit
5. Submarine

(a) 2, 5, 3, 1, 4 (b) 2, 3, 5, 1, 4
(c) 2, 5, 4, 1, 3 (d) 5, 3, 2, 4, 1

50. दिए गए शब्दों को अंग्रेजी शब्दकोश के अनुसार व्यवस्थित करने के पश्चात्, कौन-सा शब्द 'चौथे' स्थान पर आएगा?
SSC CGL (Tier-I) 07/12/2022 Shift-II
1. Remark 2. Remain
3. Remember 4. Remnant
5. Remanent
(a) Remark (b) Remember
(c) Remnant (d) Remanent

51. दिए गए शब्दों को अंग्रेजी शब्दकोश के अनुसार व्यवस्थित करने के पश्चात् कौन-सा शब्द 'तीसरे' स्थान पर आएगा?
SSC CGL (Tier-I) 07/12/2022 Shift-I
1. Native 2. Nationality
3. Nation 4. National
5. Nationalism
(a) National (b) Nationalism
(c) Nationality (d) Nation

52. दिए गए शब्दों को अंग्रेजी शब्दकोश के अनुसार व्यवस्थित करने के पश्चात् कौन-सा शब्द 'तीसरे' स्थान पर आएगा?
SSC CGL (Tier-I) 06/12/2022 Shift-IV
1. Chocolate 2. Chocoholic
3. Chocolaty 4. Chocolatier
5. Chock
(a) Chock (b) Chocolatier
(c) Chocoholic (d) Chocolate

53. उस विकल्प का चयन कीजिए, जो दिए गए शब्दों के उस सही क्रम को निरूपित करता है, जिस क्रम में वे अंग्रेजी शब्दकोश में आते हैं।
SSC CGL (Tier-I) 06/12/2022 Shift-II
1. Miscellaneous
2. Miscalculate
3. Mischance
4. Miscall
5. Miscasting
(a) 2, 4, 1, 5, 3 (b) 2, 4, 5, 1, 3
(c) 4, 2, 5, 1, 3 (d) 4, 2, 5, 3, 1

54. दिए गए शब्दों को अंग्रेजी शब्दकोश के अनुसार व्यवस्थित करने के पश्चात्, कौन-सा शब्द 'तीसरे' स्थान पर आएगा?
SSC CGL (Tier-I) 06/12/2022 Shift-I
1. Series 2. Serious
3. Serein 4. Serial
5. Serried
(a) Serial (b) Serein
(c) Serious (d) Series

55. दिए गए शब्दों को अंग्रेजी शब्दकोश के अनुसार व्यवस्थित करने के पश्चात् कौन-सा शब्द 'तीसरे' स्थान पर आएगा।
SSC CGL (Tier-I) 05/12/2022 Shift-IV
1. Theory 2. Theorem
3. Theology 4. Theologue
5. Theogonic
(a) Theology (b) Theologue
(c) Theorem (d) Theogonic

निर्देश (प्र. सं. 56-59) *उस विकल्प का चयन कीजिए, जो दिए गए शब्दों के उस सही क्रम को निरूपित करता है, जिस क्रम में वे अंग्रेजी शब्दकोश से आते हैं?*

56. 1. Humility 2. Humbug
3. Humanoid 4. Humidity
5. Humoresque 6. Humanity
7. Humectants
SSC CGL (Tier-I) 05/12/2022 Shift-III
(a) 6, 3, 2, 7, 1, 4, 5 (b) 6, 3, 7, 2, 4, 1, 5
(c) 6, 3, 2, 7, 4, 1, 5 (d) 6, 3, 7, 2, 1, 4, 5

57. 1. Accusable 2. Acerbity
3. Accursed 4. Acetify
5. Accuser
SSC CGL (Tier-I) 05/12/2022 Shift-II
(a) 1, 3, 5, 2, 4 (b) 1, 3, 5, 4, 2
(c) 3, 1, 5, 2, 4 (d) 3, 1, 5, 4, 2

58. 1. Sennet 2. Sennight
3. Sennit 4. Seniority
5. Senna **SSC CGL (Tier-I) 05/12/2022 Shift-I**
(a) 4, 5, 1, 2, 3 (b) 4, 5, 2, 1, 3
(c) 5, 4, 2, 1, 3 (d) 4, 5, 1, 3, 2

59. 1. Lesage 2. Laudatory
3. Laureate 4. Latitude
5. Legacy 6. Laudanum
7. Launder
SSC CGL (Tier-I) 03/12/2022 Shift-IV
(a) 4, 6, 7, 3, 2, 1, 5
(b) 4, 6, 7, 2, 3, 1, 5
(c) 4, 6, 2, 3, 7, 1, 5
(d) 4, 6, 2, 7, 3, 5, 1

60. दिए गए शब्दों को अंग्रेजी शब्दकोश के अनुसार व्यवस्थित करने के पश्चात् कौन-सा शब्द 'पाँचवें' स्थान पर आएगा?
SSC CGL (Tier-I) 03/12/2022 Shift-II
1. Version 2. Versus
3. Versicolour 4. Verse 5. Verso
(a) Version (b) Verso
(c) Verse (d) Versus

61. उस विकल्प का चयन कीजिए जो दिए गए शब्दों के उस सही क्रम को निरूपित करता है जिस क्रम में वे अंग्रेजी शब्दकोश में आते हैं।
SSC CGL (Tier-I) 03/12/2022 Shift-I
1. Expensive 2. Expedition
3. Experience 4. Expel
5. Expenditure
(a) 2, 4, 5, 1, 3 (b) 4, 2, 5, 1, 3
(c) 5, 2, 1, 4, 3 (d) 2, 4, 5, 3, 1

62. दिए गए शब्दों को अंग्रेजी शब्दकोश के अनुसार व्यवस्थित करने के पश्चात्, कौन-सा शब्द 'तीसरे' स्थान पर आएगा?
SSC CGL (Tier-I) 02/12/2022 Shift-III
1. Sickle 2. Sickly
3. Sick 4. Sicken
5. Sickness
(a) Sicken (b) Sick
(c) Sickly (d) Sickle

63. उस विकल्प का चयन कीजिए, जो दिए गए शब्दों के उस सही क्रम को निरूपित करता है, जिस क्रम में वे अंग्रेजी शब्दकोश में आते हैं।
SSC CGL (Tier-I) 02/12/2022 Shift-II
1. Fustian 2. Funerary
3. Fusion 4. Funicular
5. Fuscous 6. Fundament
7. Fuselage
(a) 6, 2, 4, 5, 7, 3, 1
(b) 6, 2, 5, 7, 3, 4, 1
(c) 6, 2, 5, 7, 4, 1, 3
(d) 6, 2, 5, 4, 7, 3, 1

64. उस विकल्प का चयन कीजिए, जो दिए गए शब्दों के उस सही क्रम को निरूपित करता है, जिस क्रम में वे अंग्रेजी शब्दकोश में आते हैं।
SSC CGL (Tier-I) 01/12/2022 Shift-IV
1. Inundate 2. Invidious
3. Individual 4. Inveterate
5. Invective 6. Invincible
7. Inviolable
(a) 3, 1, 5, 4, 2, 6, 7
(b) 3, 1, 5, 4, 6, 2, 7
(c) 1, 5, 4, 2, 3, 6, 7
(d) 1, 5, 3, 4, 2, 6, 7

65. दिए गए शब्दों को अंग्रेजी शब्दकोश के अनुसार व्यवस्थित करने के पश्चात्, कौन-सा शब्द 'चौथे' स्थान पर आएगा?
SSC CGL (Tier-I) 01/12/2022 Shift-II
1. Unseen 2. Unseam
3. Unsafe 4. Unsound
5. Unsay
(a) Unseam (b) Unseen
(c) Unsound (d) Unsay

66. दिए गए शब्दों को अंग्रेजी शब्दकोश के अनुसार व्यवस्थित करने के पश्चात्, कौन-सा शब्द 'पाँचवें' स्थान पर आएगा?
SSC CGL (Tier-I) 01/12/2022 Shift-I
1. Popular 2. Population
3. Populace 4. Pope
5. Poppy
(a) Populace (b) Poppy
(c) Popular (d) Population

SSC CGL 2021 (Tier I)

निर्देश (प्र. सं. 67-79) *वह सही विकल्प चुनें, जो दिए गए शब्दों के उस क्रम को दर्शाता है, जिस क्रम में वें अंग्रेजी शब्दकोश में आते हैं।*

67. 1. Interchangeable 2. Independent
3. Intentional 4. Interesting
5. Interactive
SSC CGL (Tier-I) 24/08/2021 Shift-II
(a) 1,2,3,4,5 (b) 3,5,2,4,1
(c) 2,3,5,1,4 (d) 2,5,1,4,3

68. 1. Topology 2. Topper
3. Tolerance 4. Together
5. Tomorrow
SSC CGL (Tier-I) 24/08/2021 Shift-I
(a) 4, 5, 3, 1, 2 (b) 4, 3, 5, 1, 2
(c) 4, 2, 1, 5, 3 (d) 4, 2, 3, 1, 5

69. 1. Sinuous 2. Solemnity
3. Singular 4. Solvable
5. Sorting
SSC CGL (Tier-I) 23/08/2021 Shift-II
(a) 3, 1, 2, 4, 5 (b) 1, 3, 2, 4, 5
(c) 1, 3, 2, 5, 4 (d) 3, 2, 1, 5, 4

70. 1. Sensational 2. Sensitize
3. Sentiment 4. September
5. Sentence
SSC CGL (Tier-I) 23/08/2021 Shift-I
(a) 1, 2, 5, 3, 4 (b) 2, 1, 5, 3, 4
(c) 5, 3, 2, 1, 4 (d) 5, 1, 2, 4, 3

71. 1. Relatival 2. Relation
3. Related 4. Relative
5. Relatable
SSC CGL (Tier-I) 20/08/2021 Shift-II
(a) 5, 2, 3, 1, 4 (b) 4, 5, 3, 2, 1
(c) 5, 3, 2, 4, 1 (d) 5, 3, 2, 1, 4

72. 1. Hypodermic 2. Hypocrite
3. Hysterical 4. Hypothermia
5. Hypotenuse
SSC CGL (Tier-I) 20/08/2021 Shift-I
(a) 1, 2, 3, 4, 5 (b) 2, 1, 5, 4, 3
(c) 3, 5, 1, 2, 4 (d) 4, 3, 5, 1, 2

73. 1. Gravity 2. Glycogen
3. Gestation 4. Glycerine
5. Gesture
SSC CGL (Tier-I) 18/08/2021 Shift-III
(a) 3, 1, 2, 4, 5, (b) 3, 2, 5, 1, 4
(c) 3, 5, 4, 2, 1 (d) 3, 5, 2, 4, 1

74. 1. Hygienic 2. Hydroplane
3. Hydroelectric 4. Hydroxide
5. Hydrology
SSC CGL (Tier-I) 17/08/2021 Shift-III
(a) 3, 5, 1, 4, 2 (b) 3, 5, 1, 2, 4
(c) 1, 2, 3, 4, 5 (d) 3, 5, 2, 4, 1

75. 1. Success 2. Surreal
3. Succumb 4. Suction
5. Surrogate 6. Surprise
SSC CGL (Tier-I) 16/08/2021 Shift-III
(a) 1, 4, 3, 6, 2, 5 (b) 1, 3, 4, 6, 5, 2
(c) 1, 3, 6, 4, 2, 5 (d) 1, 3, 4, 6, 2, 5

76. 1. Sorting 2. Solitary
3. Solution 4. Sophisticate
5. Solvent
SSC CGL (Tier-I) 16/08/2021 Shift-I
(a) 2, 4, 1, 3, 5 (b) 2, 3, 1, 4, 5
(c) 2, 3, 5, 4, 1 (d) 2, 5, 3, 4, 1

77. 1. Terminal 2. Terminology
3. Temperature 4. Tamarind
5. Tame 6. Tertiary
SSC CGL (Tier-I) 13/08/2021 Shift-III
(a) 4, 5, 1, 3, 2, 6 (b) 4, 5, 3, 1, 2, 6
(c) 4, 5, 3, 1, 6, 2 (d) 4, 5, 3, 2, 1, 6

78. 1. Temper 2. Temple
3. Tamarind 4. Tender
5. Tenacity
SSC CGL (Tier-I) 07/03/2020 Shift-II
(a) 3 2 1 4 5 (b) 1 3 2 5 4
(c) 3 1 2 5 4 (d) 3 1 5 4 2

79. 1. Decipher 2. Decide
3. Decline 4. Deceive
5. Decimal 6. Decision
SSC CGL (Tier-I) 07/03/2020 Shift-I
(a) 4, 5, 2, 1, 6, 3 (b) 4, 3, 2, 1, 5, 6
(c) 4, 2, 5, 1, 6, 3 (d) 3, 5, 4, 1, 6, 2

80. नीचे दिए गए शब्दों को तार्किक और अर्थपूर्ण क्रम में व्यवस्थित कीजिए।
1. कक्षा 2. प्रवेश
3. परिणाम 4. परीक्षा
5. जाँच
SSC CGL (Tier-I) 06/03/2020 Shift-III
(a) 2, 1, 5, 3, 4 (b) 5, 3, 4, 1, 2
(c) 3, 4, 2, 1, 5 (d) 2, 1, 4, 5, 3

81. यदि निम्नलिखित शब्दों को उनके अंग्रेजी शब्दकोश में आने के क्रमानुसार व्यवस्थित किया जाता है, तो कौन-सा शब्द अनुक्रम में पाँचवें स्थान पर आएगा? SSC CGL (Tier-I) 06/03/2020 Shift-II
1. Weekly 2. Weather
3. Weird 4. Weaver
5. Weight 6. Wielded
(a) Weight (b) Wielded
(c) Weird (d) Weekly

82. निम्नलिखित शब्दों को तार्किक एवं अर्थपूर्ण क्रम में व्यवस्थित कीजिए।
SSC CGL (Tier-I) 06/03/2020 Shift-I
1. Quadrillion 2. Quintillion
3. Million 4. Octillion
5. Trillion
(a) 4, 3, 5, 1, 2 (b) 2, 3, 5, 1, 4
(c) 3, 5, 1, 2, 4 (d) 3, 5, 1, 4, 2

83. निम्नलिखित शब्दों को उस क्रम में व्यवस्थित करें, जैसे वे अंग्रेजी शब्दकोश में आते हैं।
SSC CGL (Tier-I) 05/03/2020 Shift-II
1. Category 2. Caption
3. Captain 4. Capsule
5. Capacity
(a) 5, 4, 1, 3, 2 (b) 5, 4, 3, 1, 2
(c) 5, 4, 3, 2, 1 (d) 4, 5, 3, 2, 1

84. निम्नलिखित शब्दों में से एक तार्किक रूप में छोटे से बड़े के क्रम में व्यवस्थित करें।
SSC CGL (Tier-I) 05/03/2020 Shift-I
1. मगरमच्छ 2. छिपकली
3. व्हेल 4. घरेलू मक्खी
5. बन्दर
(a) 4, 2, 5, 1, 3 (b) 3, 5, 4, 1, 2
(c) 4, 5, 2, 1, 3 (d) 4, 3, 2, 1, 5

85. निम्नलिखित शब्दों को एक तार्किक और अर्थपूर्ण क्रम में व्यवस्थित करें (जनसंख्या के अनुसार)।
SSC CGL (Tier-I) 04/03/2020 Shift-III
1. आन्ध्र प्रदेश 2. मध्य प्रदेश
3. अरुणाचल प्रदेश 4. उत्तर प्रदेश
5. हिमाचल प्रदेश
(a) 4, 1, 2, 5, 3 (b) 4, 1, 2, 3, 5
(c) 4, 2, 1, 5, 3 (d) 4, 2, 1, 3, 5

SSC CPO SI 2024

निर्देश (प्र. सं. 86-106) *निम्नलिखित प्रश्नों में उस विकल्प का चयन कीजिए, जो दिए गए शब्दों के उस सही क्रम को दर्शाता है, जिस क्रम में वे अंग्रेजी शब्दकोश में आते हैं।*

86. 1. Junction 2. Jupiter
3. Jungle 4. Jump
5. Juncture
SSC CPO 29/06/2024 Shift-III
(a) 1, 5, 4, 2, 3 (b) 1, 5, 3, 2, 4
(c) 4, 5, 1, 3, 2 (d) 4, 1, 5, 3, 2

87. 1. Larkiness 2. Larcenist
3. Larceners 4. Lariated
5. Laryngal 6. Largely
SSC CPO 29/06/2024 Shift-III
(a) 3, 2, 4, 1, 6, 5 (b) 3, 2, 1, 6, 4, 5
(c) 3, 2, 6, 4, 1, 5 (d) 3, 2, 1, 4, 6, 5

88. 1. Unfaithful 2. Unfamiliar
3. Uneasiness 4. Undone
5. Understand 6. Undetermined
SSC CPO 29/06/2024 Shift-II
(a) 5, 6, 4, 2, 1, 3 (b) 5, 6, 4, 3, 1, 2
(c) 5, 6, 1, 2, 4, 3 (d) 5, 6, 4, 3, 2, 1

89. 1. Purposively 2. Pursuit
3. Purgatory 4. Purify
5. Purports 6. Purchased
SSC CPO 29/06/2024 Shift-II
(a) 4, 5, 6, 3, 1, 2 (b) 6, 3, 4, 5, 1, 2
(c) 6, 3, 1, 5, 4, 2 (d) 4, 5, 3, 1, 6, 2

90. 1. Circle 2. Cinema
3. Circus 4. Circumference
5. Cipher
SSC CPO 29/06/2024 Shift-I
कूट
(a) 5, 2, 4, 1, 3 (b) 2, 5, 1, 4, 3
(c) 2, 1, 5, 4, 3 (d) 5, 4, 3, 1, 2

91. 1. Breathable 2. Brevetting
3. Breakfast 4. Breviaries
5. Breacher 6. Breakthrough
SSC CPO 28/06/2024 Shift-III
(a) 6, 3, 5, 1, 2, 4
(b) 5, 6, 3, 1, 4, 2
(c) 6, 5, 3, 1, 4, 2
(d) 5, 3, 6, 1, 2, 4

92. 1. Perplex 2. Peroration
3. Perpetrate 4. Perpetuity
5. Perpetual
SSC CPO 28/06/2024 Shift-III
(a) 4, 2, 5, 3, 1 (b) 1, 2, 4, 3, 5
(c) 3, 2, 4, 5, 1 (d) 2, 3, 5, 4, 1

93. 1. Dinnerware 2. Dingiest
3. Dinosaurs 4. Dinucleotide
5. Dinkier 6. Dingling
SSC CPO 28/06/2024 Shift-II
(a) 5, 2, 3, 6, 1, 4
(b) 2, 6, 3, 5, 1, 4
(c) 2, 6, 5, 1, 3, 4
(d) 5, 2, 6, 3, 1, 4

94. 1. Infant 2. Indolent
3. Inert 4. Infamous
5. Inefficient 6. Ineffable
SSC CPO 28/06/2024 Shift-I
(a) 5, 4, 3, 2, 1, 6 (b) 2, 6, 5, 3, 4, 1
(c) 2, 5, 6, 1, 4, 3 (d) 5, 3, 4, 6, 2, 1

95. 1. Kibble 2. Kennel
3. Kettle 4. Kicker
5. Kernel **SSC CPO 28/06/2024 Shift-I**
(a) 5, 2, 3, 1, 4 (b) 5, 3, 2, 1, 4
(c) 2, 3, 5, 4, 1 (d) 2, 5, 3, 1, 4

96. 1. Temperament 2. Tenure
3. Tenant 4. Tender
5. Temptation 6. Temperature
SSC CPO 27/06/2024 Shift-III
(a) 1, 6, 5, 2, 4, 3 (b) 1, 6, 5, 3, 4, 2
(c) 1, 6, 5, 2, 3, 4 (d) 1, 6, 5, 3, 2, 4

97. 1. Elate 2. Election
3. Elbow 4. Elastic
5. Electoral **SSC CPO 27/06/2024 Shift-II**
(a) 1, 3, 4, 2, 5 (b) 1, 4, 5, 2, 3
(c) 4, 1, 3, 2, 5 (d) 4, 3, 2, 1, 5

98. 1. Ferocious 2. Fervor
3. Fiction 4. Faith
5. Feign 6. Ferment
SSC CPO 27/06/2024 Shift-II
(a) 6, 5, 2, 1, 4, 3 (b) 4, 5, 6, 1, 2, 3
(c) 4, 6, 5, 2, 1, 3 (d) 6, 4, 5, 3, 2, 1

99. 1. Consistence 2. Conscience
3. Conflagration 4. Consequence
5. Considerable 6. Consignment
SSC CPO 27/06/2024 Shift-I
(a) 4, 3, 2, 5, 6, 1 (b) 3, 4, 2, 5, 6, 1
(c) 4, 2, 3, 5, 1, 6 (d) 3, 2, 4, 5, 6, 1

100. 1. Literacy 2. Literature
3. Litany 4. Listen
5. Lithograph **SSC CPO 27/06/2024 Shift-I**
(a) 4, 1, 3, 5, 2 (b) 3, 4, 1, 2, 5
(c) 4, 3, 1, 2, 5 (d) 1, 4, 3, 2, 5

SSC CPO SI 2023-2020

101. 1. Warehouse 2. Warden
3. Warship 4. Wardrobe
5. Warrant 6. Warfare
SSC CPO 05/10/2023 Shift-III
(a) 2, 4, 6, 5, 1, 3 (b) 4, 2, 1, 6, 5, 3
(c) 2, 4, 1, 5, 6, 3 (d) 2, 4, 1, 6, 5, 3

102. 1. Brochure 2. Brine
3. Bright 4. Brief
5. Brocade **SSC CPO 05/10/2023 Shift-III**
(a) 1, 2, 3, 4, 5 (b) 3, 2, 5, 4, 1
(c) 1, 2, 3, 5, 4 (d) 4, 3, 2, 5, 1

103. 1. Doctor 2. Doctorate
3. Docile 4. Documentary
5. Dock 6. Doctrine
SSC CPO 04/10/2023 Shift-II
(a) 3, 4, 5, 1, 2, 6 (b) 3, 5, 2, 1, 6, 4
(c) 3, 5, 1, 2, 6, 4 (d) 3, 5, 1, 6, 2, 4

104. 1. Wrist 2. Wrangle
3. Workable 4. Wrongful
5. Woodland **SSC CPO 04/10/2023 Shift-II**
(a) 3, 2, 5, 1, 4 (b) 5, 3, 2, 1, 4
(c) 3, 5, 2, 1, 4 (d) 5, 2, 3, 1, 4

105. 1. Lollipop 2. Loincloth
3. Longways 4. Logician
5. Lonely **SSC CPO 03/10/2023 Shift-I**
(a) 3, 2, 1, 5, 4 (b) 4, 2, 1, 5, 3
(c) 4, 3, 1, 5, 2 (d) 3, 4, 1, 5, 2

106. 1. Desire 2. Destination
3. Descend 4. Destructive
5. Desolate 6. Desperate
SSC CPO 03/10/2023 Shift-I
(a) 3, 1, 2, 6, 5, 4 (b) 3, 1, 5, 6, 4, 2
(c) 3, 1, 5, 6, 2, 4 (d) 3, 1, 6, 5, 2, 4

107. उस विकल्प का चयन करे, जो निम्नलिखित शब्दों की व्यवस्था को तार्किक और सार्थक क्रम में दर्शाता हैं? **SSC CPO 11/11/2022**
1. उँगली 2. हाथ
3. बाँह 4. नाखून
5. शरीर
(a) 1, 2, 3, 5, 4 (b) 1, 2, 3, 4, 5
(c) 5, 4, 3, 2, 1 (d) 4, 1, 2, 3, 5

108. निम्नलिखित ग्रहों को तार्किक और सार्थक क्रम में व्यवस्थित करें। **SSC CPO 10/11/2022**
1. पृथ्वी 2. शुक्र
3. मंगल 4. शनि
5. बृहस्पति
(a) 2, 1, 3, 5, 4 (b) 2, 3, 1, 4, 5
(c) 3, 1, 2, 4, 5 (d) 1, 2, 3, 5, 4

109. उस विकल्प का चयन करें, जो दिए गए शब्दों के उस क्रम को दर्शाता है, जिसमें वे अंग्रेजी शब्दकोश में आते हैं। **SSC CPO 25/11/2020 Shift-II**
1. Boatyard 2. Boathouse
3. Boater 4. Boatman
5. Boating
(a) 2, 3, 5, 4, 1 (b) 2, 5, 3, 1, 4
(c) 3, 2, 5, 4, 1 (d) 3, 2, 5, 1, 4

110. उस विकल्प का चयन करें, जो निम्न शब्दों के तार्किक एवं अर्थपूर्ण क्रम विन्यास को दर्शाता है। **SSC CPO 25/11/2020 Shift-I**
1. उत्तर लेखन 2. उत्तर पुस्तिका
3. प्रवेश-पत्र 4. प्रश्न-पत्र
5. परीक्षा प्रपत्र
(a) 5, 3, 2, 4, 1 (b) 3, 5, 2, 4, 1
(c) 5, 2, 3, 1, 4 (d) 3, 2, 4, 1, 5

111. उस विकल्प का चयन करें, जो दिए गए शब्दों के तार्किक एवं अर्थपूर्ण क्रम विन्यास को दर्शाता है। **SSC CPO 24/11/2020 Shift-I**
1. किलोग्राम 2. ग्राम
3. क्विण्टल 4. डेसीग्राम
5. मिलीग्राम
(a) 4, 5, 2, 1, 3 (b) 4, 5, 2, 3, 1
(c) 5, 4, 2, 1, 3 (d) 5, 2, 4, 1, 3

112. उस विकल्प का चयन करें, जो दिए गए शब्दों के उस क्रम को दर्शाता है, जिस क्रम में वे अंग्रेजी शब्दकोश में आते हैं। **SSC CPO 24/11/2020 Shift-I**
1. Pristine 2. Precious
3. Pressure 4. Presume
5. Precaution
(a) 1, 2, 3, 4, 5 (b) 5, 3, 2, 4, 1
(c) 5, 2, 4, 3, 1 (d) 5, 2, 3, 4, 1

113. उस विकल्प का चयन करें, जो दिए गए शब्दों के उस क्रम को दर्शाता है, जिस क्रम में वे अंग्रेजी शब्दकोश में आते हैं। **SSC CPO 23/11/2020 Shift-I**
1. Flexible 2. Flower
3. Flooring 4. Flood
5. Floater
(a) 1, 5, 3, 4, 2 (b) 1, 5, 4, 3, 2
(c) 3, 5, 4, 2, 1 (d) 2, 5, 4, 3, 1

114. उस विकल्प का चयन करें, जो निम्न शब्दों के तार्किक एवं अर्थपूर्ण क्रम विन्यास को दर्शाता है।
1. परीक्षण
2. आवेदन
3. साक्षात्कार
4. जॉब ऑफर (नौकरी प्रस्ताव)
5. नियुक्ति **SSC CPO 23/11/2020 Shift-I**
(a) 2, 1, 3, 4, 5 (b) 3, 1, 5, 4, 2
(c) 1, 3, 2, 4, 5 (d) 2, 4, 1, 5, 3

SSC CHSL 2024 & 2023 (Tier I)

115. उस सही विकल्प का चयन कीजिए, जो निम्नलिखित शब्दों की व्यवस्था को तार्किक और सार्थक क्रम में दर्शाता है।
SSC CHSL (Tier-I) 18/11/2024 Shift-I
1. षट्भुज 2. त्रिभुज
3. पचंभुज 4. वर्ग
5. अष्टभुज
(a) 3, 1, 5, 2, 4 (b) 2, 4, 3, 1, 5
(c) 1, 4, 3, 5, 2 (d) 2, 1, 3, 4, 5

116. दिए गए शब्दों को शब्दकोश के क्रमानुसार व्यवस्थित करने पर, कौन-सा शब्द 'चौथे' स्थान पर आएगा?
SSC CHSL (Tier-I) 21/03/2023 Shift-II
1. Morning 2. More
3. Moral 4. Morbid
5. Morale
(a) Morning (b) More
(c) Merale (d) Moral

117. दिए गए शब्दों को शब्दकोश के क्रमानुसार व्यवस्थित करने पर कौन-सा शब्द 'तीसरे' स्थान पर आएगा?
SSC CHSL (Tier-I) 20/03/2023 Shift-IV
1. Periwing 2. Perilad
3. Perimeter 4. Periodic
5. Perish
(a) Perimeter (b) Perish
(c) Perilad (d) Periodic

118. दिए गए शब्दों को शब्दकोश के क्रमानुसार व्यवस्थित करने पर कौन-सा शब्द 'तीसरे' स्थान पर आएगा?
SSC CHSL (Tier-I) 17/03/2023 Shift-II

1. Special 2. Speck
3. Species 4. Speckle
5. Spectacle
(a) Speckle (b) Speck
(c) Special (d) Species

119. दिए गए शब्दों को शब्दकोश के क्रमानुसार व्यवस्थित करें।
SSC CHSL (Tier-I) 16/03/2023 Shift-I
1. Maternity 2. Mundane
3. Maternal 4. Motor
5. Mother
(a) 3, 2, 4, 5, 1 (b) 3, 1, 5, 4, 2
(c) 3, 1, 4, 2, 5 (d) 1, 4, 5, 2, 3

120. दिए गए शब्दों को शब्दकोश के क्रमानुसार व्यवस्थित कीजिए।
SSC CHSL (Tier-I) 15/03/2023 Shift-IV
1. Mouth 2. Mount
3. Moult 4. Mouse
5. Mound
(a) 3, 5, 2, 1, 4 (b) 5, 3, 2, 4, 1
(c) 3, 5, 2, 4, 1 (d) 5, 3, 4, 2, 1

121. दिए गए शब्दों को शब्दकोश के क्रमानुसार व्यवस्थित करने पर, कौन-सा शब्द 'दूसरे' स्थान पर आएगा? **SSC CHSL (Tier-I) 14/03/2023 Shift-I**
1. Dietetic 2. Diestrus
3. Diestrum 4. Dieldrin
5. Diestock
(a) Diestrus (b) Dietetic
(c) Diestock (d) Dieldrin

122. क्षेत्रफल (किमी^{2}) के आधार पर तार्किक और सार्थक क्रम में निम्नलिखित शब्दों को व्यवस्थित करने के लिए सही विकल्प चुनिए।
SSC CHSL (Tier-I) 13/03/2023 Shift-III
1. अटलांटिक महासागर
2. प्रशांत महासागर
3. दक्षिणी महासागर
4. आर्कटिक महासागर
5. हिंद महासागर
(a) 4, 3, 1, 2, 5 (b) 4, 1, 3, 2, 5
(c) 4, 3, 5, 2, 1 (d) 4, 3, 5, 1, 2

123. दिए गए शब्दों को शब्दकोश के क्रमानुसार व्यवस्थित करने पर, कौन-सा शब्द 'चौथे' स्थान पर आएगा?
SSC CHSL (Tier-I) 10/03/2023 Shift-II
1. Activity 2. Activist
3. Activismal 4. Activistic
5. Activize
(a) Activize (b) Activismal
(c) Activity (d) Activist

124. दिए गए शब्दों को शब्दकोश के क्रमानुसार व्यवस्थित करें।
SSC CHSL (Tier-I) 09/03/2023 Shift-I
1. Wage 2. Waist
3. Waste 4. West
5. Wave
(a) 1, 2, 3, 5, 4
(b) 4, 2, 1, 3, 5
(c) 2, 4, 3, 5, 1
(d) 3, 5, 2, 4, 1

SSC CHSL 2022 & 2021 (Tier I)

***निर्देश** (प्र. सं. 125-130) निम्नलिखित प्रश्नों में उस विकल्प का चयन कीजिए, जो दिए गए शब्दों के उस सही क्रम को निरूपित करता है, जिस क्रम में वे अंग्रेजी शब्दकोश में आते हैं।*

125. 1. Facsimile 2. Frightful
3. Favourable 4. Fructification
5. Fanatical
SSC CHSL (Tier-I) 02/06/2022 Shift-I
(a) 1, 3, 4, 2, 5 (b) 1, 3, 4, 5, 2
(c) 1, 5, 3, 2, 4 (d) 1, 4, 2, 5, 3

126. 1. Immense 2. Induce
3. Implied 4. Interim
5. Invalid
SSC CHSL (Tier-I) 01/06/2022 Shift-I
(a) 1, 3, 2, 4, 5 (b) 1, 2, 4, 3, 5
(c) 1, 3, 4, 2, 5 (d) 1, 2, 3, 4, 5

127. 1. Mathematic 2. Malfunction
3. Masterpiece 4. Manipulation
5. Manageable
SSC CHSL (Tier-I) 01/06/2022 Shift-I
(a) 2, 5, 4, 3, 1 (b) 2, 4, 5, 3, 1
(c) 2, 5, 3, 4, 1 (d) 5, 2, 4, 3, 1

128. 1. Knight 2. Kitchen
3. Kinship 4. Kinetic
5. Kind **SSC CHSL (Tier-I) 31/05/2022 Shift-I**
(a) 5, 4, 3, 2, 1 (b) 5, 3, 4, 2, 1
(c) 5, 3, 2, 4, 1 (d) 5, 2, 3, 4, 1

129. 1. Projectile 2. Projector
3. Prolong 4. Prolific
5. Prohibit
SSC CHSL (Tier-I) 30/05/2022 Shift-I
(a) 5, 1, 4, 2, 3 (b) 1, 5, 4, 2, 3
(c) 5, 1, 2, 4, 3 (d) 1, 5, 2, 4, 3

130. 1. Industry 2. Indent
3. Indoor 4. Indolent
5. Index
SSC CHSL (Tier-I) 12/08/2021 Shift-III
(a) 2, 1, 3, 5, 4 (b) 2, 4, 5, 3, 1
(c) 1, 2, 3, 5, 4 (d) 2, 5, 4, 3, 1

131. उस सही विकल्प का चयन करें, जो निम्नलिखित शब्दों को एक तार्किक और सार्थक क्रम में व्यवस्थित करता हो।
SSC CHSL (Tier-I) 10/08/2021 Shift-I
1. ब्रह्माण्ड 2. चेन्नई
3. विश्व 4. एशिया
5. तमिलनाडु
(a) 1, 3, 4, 2, 5 (b) 1, 4, 3, 5, 2
(c) 3, 1, 5, 4, 2 (d) 1, 3, 4, 5, 2

132. उस सही विकल्प का चयन करें, जो दिए गए शब्द विन्यास का वह क्रम दर्शाता है, जिस प्रकार वे अंग्रेजी शब्दकोश में होते हैं।
SSC CHSL (Tier-I) 04/08/2021 Shift-I
1. Multifocal 2. Movement
3. Multinomial 4. Moviemaker
5. Mutual fund
(a) 2, 4, 1, 3, 5 (b) 1, 5, 2, 3, 4
(c) 4, 2, 1, 3, 5 (d) 4, 2, 3, 1, 5

133. उस सही विकल्प का चयन करें, जो दिए गए शब्द विन्यास का तार्किक और सार्थक क्रम दर्शाता है।
SSC CHSL (Tier-I) 12/04/2021 Shift-II
1. यात्रा 2. वापसी
3. गंतव्य स्थान 4. आरक्षण
5. गाइडेड टूर (निर्देशित भ्रमण)
(a) 3, 5, 4, 2, 1 (b) 3, 4, 1, 5, 2
(c) 3, 4, 2, 1, 5 (d) 4, 5, 3, 1, 2

SSC MTS 2021

134. उस विकल्प का चयन करें, जो निम्न शब्दों के तार्किक और सार्थक क्रम को दर्शाता है।
SSC MTS 02/11/2021 Shift-III
1. प्यूपा 2. अण्डा
3. वयस्क 4. लार्वा
(a) 4, 2, 1, 3 (b) 2, 1, 4, 3
(c) 2 , 4, 1, 3 (d) 4, 2, 3, 1

SSC Steno 2024-2022

135. दिए गए शब्दों को अंग्रेजी शब्दकोश में दर्शाए जाने पर कौन-सा विकल्प उनके सही क्रम का निरूपण करता है? **SSC Steno 11/12/2024 Shift-II**
1. Mimic 2. Million
3. Minaret 4. Millstone
5. Mimicry
(a) 2, 4, 1, 3, 5 (b) 2, 1, 4, 5, 3
(c) 2, 4, 1, 5, 3 (b) 2, 3, 1, 5, 4

136. उस विकल्प का चयन कीजिए, जो निम्न शब्दों को तार्किक एवं अर्थपूर्ण क्रम विन्यास में दर्शाता है।
1. पैराग्राफ 2. अक्षर
3. शब्द 4. पुस्तक
5. पेज **SSC Steno 11/12/2024 Shift-I**
(a) 2, 3, 1, 5, 4 (b) 5, 4, 3, 2, 1
(c) 3 , 1, 2, 4, 5 (d) 1, 2, 3, 4, 5

137. उस विकल्प का चयन कीजिए, जो निम्नलिखित शब्दों को तार्किक एवं अर्थपूर्ण क्रम-विन्यास में दर्शाता है।
1. यूनाइटेड किंगडम 2. विश्व
3. बकिंघम पैलेस 4. लंदन
5. यूरोप **SSC Steno 10/12/2024 Shift-III**
(a) 4, 1, 5, 3, 2 (b) 1, 3, 5, 2, 4
(c) 3, 4, 1, 2, 5 (d) 3, 4, 1, 5, 2

138. उस विकल्प का चयन कीजिए, जो निम्नलिखित शब्दों को तार्किक एवं अर्थपूर्ण क्रम-विन्यास में दर्शाता है।
1- वर्ग 2- षट्भुज
3- सप्तभुज 4- त्रिभुज
5- पंचभुज **SSC Steno 10/12/2024 Shift-III**
(a) 4, 1, 5, 2, 3 (b) 1, 2, 3, 4, 5
(c) 2, 4, 5, 1, 3 (d) 3, 1, 2, 4, 5

139. निम्नलिखित में से कौन-सा विकल्प दिए गए शब्दों के उस सही क्रम को दर्शाता है जिस क्रम में वे अंग्रेजी शब्दकोश में दिखाई देते हैं?
1. Immigrate 2. Immediate
3. Immerse 4. Immense

5. Immature SSC Steno 10/12/2024 Shift-II
(a) 5, 3, 4, 2, 1 (b) 5, 2, 4, 1, 3
(c) 5, 4, 2, 3, 1 (d) 5, 2, 4, 3, 1

140. निम्नलिखित में से कौन-सा विकल्प दिए गए शब्दों के उस सही क्रम का निरूपण करता है, जिस क्रम में वे अंग्रेजी शब्दकोश में दिखाई देते हैं?
1. Measurement 2. Methodology
3. Merchandise 4. Meaningless
5. Memorabilia SSC Steno 10/12/2024 Shift-I
(a) 2, 3, 4, 5, 1 (b) 4, 1, 5, 3, 2
(c) 5, 2, 1, 3, 4 (d) 5, 2, 4, 1, 3

141. उस विकल्प का चयन कीजिए, जो नीचे दिए गए शब्दो के उस सही क्रम को दर्शाता है, जिस क्रम में वे अंग्रेजी शब्दकोश में आएँगे। SSC Steno 13/10/2023 Shift-I
1. Logwood 2. Logarithm
3. Logically 4. Logophile
5. Logistic 6. Logotype
(a) 2, 5, 3, 4, 6, 1 (b) 2, 3, 5, 1, 4, 6
(c) 2, 3, 5, 4, 6, 1 (d) 2, 5, 3, 6, 1, 4

142. उस विकल्प का चयन कीजिए, जो नीचे दिए गए शब्दों के उस सही क्रम को दर्शाता है, जिस क्रम में वे अंग्रेजी शब्दकोश मे आएँगे। SSC Steno 12/10/2023 Shift-I
1. Fontina 2. Fondue
3. Fondled 4. Fondant
5. Fontanel 6. Fonder
(a) 6, 4, 3, 2, 5, 1 (b) 4, 6, 3, 5, 1, 2
(c) 6, 3, 4, 5, 1, 2 (d) 4, 6, 3, 2, 5, 1

143. निम्नलिखित शब्दों को तार्किक एवं सार्थक क्रम में व्यवस्थित करने वाले सही विकल्प का चयन कीजिए। SSC Steno 12/10/2023 Shift-I
1. उच्च माध्यमिक विद्यालय
2. प्राथमिक विद्यालय
3. माध्यमिक विद्यालय
4. किण्डरगार्टन 5. कॉलेज
(a) 4, 3, 2, 5, 1 (b) 4, 3, 2, 1, 5
(c) 2, 4, 3, 1, 5 (d) 4, 2, 3, 1, 5

144. उस सही विकल्प का चयन कीजिए, जो निम्नलिखित शब्दों के एक तार्किक और सार्थक क्रम को निरूपित करता है। SSC Steno 18/11/2022 Shift-I
1. नीस (Nice)
2. यूरोप (Europe)
3. पश्चिमी यूरोप (West Europe)
4. फ्रांस (France)
5. दक्षिण फ्रांस (South France)
(a) 4, 3, 5, 2, 1 (b) 5, 4, 3, 2, 1
(c) 2, 3, 4, 5, 1 (d) 1, 2, 3, 4, 5

145. कौन-सा विकल्प नीचे दिए गए शब्दों के उस सही क्रम को दर्शाता है, जिस क्रम में वे अंग्रेजी शब्दकोश में आते हैं? SSC Steno 18/11/2022 Shift-I
1. Sailboat 2. Saint
3. Sailor 4. Sanction
5. Sadly
(a) 5, 3, 1, 2, 4 (b) 3, 5, 1, 2, 4
(c) 5, 1, 3, 2, 4 (d) 5, 1, 3, 4, 2

146. कौन-सा विकल्प नीचे दिए गए शब्दों के उस सही क्रम को दर्शाता है, जिस क्रम में वे अंग्रेजी शब्दकोश में आते हैं? SSC Steno 17/11/2022 Shift-I
1. Sandwich 2. Salad
3. Salami 4. Saturn
5. Salty
(a) 2, 3, 4, 1, 5 (b) 2, 3, 5, 1, 4
(c) 3, 2, 4, 1, 5 (d) 3, 4, 2, 1, 5

147. निम्नलिखित वाहनों को तार्किक और सार्थक क्रम में व्यवस्थित कीजिए। SSC Steno 17/11/2022 Shift-I
1. कार 2. ट्रेन
3. साइकिल 4. ट्रक
5. ऑटो रिक्शा
(a) 3, 5, 1, 4, 2 (b) 3, 4, 5, 2, 1
(c) 5, 1, 3, 2, 4 (d) 3, 1, 5, 4, 2

SSC Steno 2021 & 2020

148. उस विकल्प का चयन करें, जो दिए गए शब्दों को उस क्रम में दर्शाता है, जिसमें वे अंग्रेजी शब्दकोश में आते हैं। SSC Steno 15/11/2021
1. Fragile 2. Fracture
3. Fraud 4. Fragment
5. Fridge
(a) 2, 1, 4, 3, 5 (b) 1, 2, 4, 3, 5
(c) 2, 1, 4, 5, 3 (d) 1, 2, 5, 3, 4

149. निम्न शब्दों को उनके अंग्रेजी शब्दकोश क्रम के अनुसार व्यवस्थित करें। SSC Steno 15/11/2021
1. Tear 2. Tease 3. Taste
4. Treat 5. Tackle
(a) 1, 3, 5, 4, 2 (b) 3, 5, 2, 1, 4
(c) 5, 3, 1, 2, 4 (d) 1, 4, 2, 3, 5

150. निम्न शब्दों को तार्किक और सार्थक क्रम में व्यवस्थित करें। SSC Steno 12/11/2021
1. पेस्ट करना 2. कॉपी करना
3. सेव करना 4. प्रिण्ट करना
5. चयन करना
(a) 2, 1, 5, 3, 4 (b) 5, 2, 1, 3, 4
(c) 2, 1, 3, 4, 5 (d) 5, 4, 2, 1, 3

151. उस विकल्प का चयन करें, जो दिए गए शब्दों का अंग्रेजी शब्दकोश के अनुसार, सही क्रम निरूपित करता है। SSC Steno 12/11/2021
1. Profess 2. Product
3. Prosecute 4. Precaution
5. Proctor
(a) 4, 5, 2, 3, 1 (b) 3, 5, 2, 1, 4
(c) 2, 5, 4, 1, 3 (d) 4, 5, 2, 1, 3

152. यदि निम्न शब्दों को उनके अंग्रेजी शब्दकोश क्रम के अनुसार व्यवस्थित किया जाए, तो निम्न में से कौन-सा शब्द तीसरे स्थान पर होगा? SSC Steno 11/11/2021
1. Place 2. Player
3. Plough 4. Plaster
5. Plaque
(a) Plaster (b) Player
(c) Plough (d) Plaque

153. उस उचित विकल्प का चयन करें, जो निम्न शब्दों के तार्किक एवं अर्थपूर्ण क्रम विन्यास को दर्शाता है। SSC Steno 11/11/2021
1. पहनना 2. माप
3. डिजाइनर ड्रेस 4. सिलाई
(a) 1, 2, 3, 4 (b) 3, 1, 4, 2
(c) 2, 3, 1, 4 (d) 2, 4, 3, 1

154. यदि दिए गए शब्दों को अंग्रेजी शब्दकोश के अनुसार क्रम में लगाया जाता है, तो कौन-सा शब्द अन्त में दिखेगा? SSC Steno 24/12/2020
1. Disturb 2. Distance
3. Distilled 4. Distribution
5. Distort
(a) Distribution (b) Disturb
(c) Distilled (d) Distort

155. निम्नलिखित में से कौन-सा विकल्प दिए गए शब्दों के उस सही क्रम को दर्शाता है, जिसमें वे अंग्रेजी शब्दकोश में दिखते हैं? SSC Steno 24/12/2020
1. Pendant 2. Pending
3. Pendency 4. Pedaling
5. Pentagon
(a) 4, 1, 2, 3, 5 (b) 5, 1, 3, 4, 2
(c) 4, 1, 3, 2, 5 (d) 4, 5, 1, 3, 2

156. निम्नलिखित शब्दों को तार्किक और सार्थक क्रम में दर्शाने वाला सही विकल्प चुनें। SSC Steno 24/12/2020
1. कहानी (Story)
2. प्रसारण (Telecast)
3. दर्शक (Viewers)
4. सुझाव (Feedback)
5. शूटिंग (Shooting)
(a) 1, 5, 2, 3, 4 (b) 2, 5, 3, 4, 1
(c) 3, 5, 1, 2, 4 (d) 4, 3, 2, 5, 1

157. निम्नलिखित शब्दों की व्यवस्था को तार्किक और सार्थक क्रम में इंगित करने के लिए सही विकल्प का चयन करें। SSC Steno 22/12/2020
1. शहर 2. देश 3. कमरा
4. फ्लैट 5. भवन
(a) 3, 4, 1, 5, 2 (b) 4, 3, 5, 1, 2
(c) 2, 3, 5, 1, 4 (d) 3, 4, 5, 1, 2

SSC GD Constable 2024

158. दिए गए शब्दों को अंग्रेजी वर्णमाला के क्रम में व्यवस्थित कीजिए। SSC GD 26/02/2024 Shift-I
1. PINK 2. PING
3. PICK 4. PULL
5. PUSH
(a) 3, 4, 1, 2, 5 (b) 3, 2, 1, 4, 5
(c) 3, 5, 4, 2, 1 (d) 3, 1, 2, 4, 5

159. दिए गए शब्दों को अंग्रेजी वर्णमाला के क्रम में व्यवस्थित कीजिए। SSC GD 24/02/2024 Shift-III
1. Tender 2. Thankful
3. Tactful 4. Tablespoon
5. Tasty
(a) 4, 5, 2, 1, 3 (b) 4, 3, 5, 1, 2
(c) 4, 3, 5, 2, 1 (d) 4, 1, 5, 2, 3

160. दिए गए शब्दों को उसी क्रम में व्यवस्थित कीजिए, जिस क्रम में वे अंग्रेजी शब्दकोश में आते हैं।
SSC GD 24/02/2024 Shift-I

1. Lens 2. Lenient
3. Length 4. Lend
5. Lent
(a) 3,4,5,2,1 (b) 4,3,2,5,1
(c) 4,3,2,1,5 (d) 3,4,2,5,1

161. नीचे दिए गए शब्दों को अंग्रेजी शब्दकोश के क्रम के अनुसार व्यवस्थित करने पर कौन-सा शब्द 'पाँचवें' स्थान पर आएगा?
SSC GD 23/02/2024 Shift-IV

1. Rebind 2. Rebate
3. Rebirth 4. Rebel
5. Rebeck
(a) Rebate (b) Rebirth
(c) Rebel (d) Rebeck

162. दिए गए शब्दों को अंग्रेजी वर्णमाला के क्रम में व्यवस्थित कीजिए। SSC GD 23/02/2024 Shift-III

1. TECHNOLOGY
2. TECHNICAL
3. TECHNICIAN
4. TECHNIQUE
5. TECHNOPHOBIA
(a) 2, 1, 4, 3, 5 (b) 2, 4, 1, 3, 5
(c) 2, 3, 1, 5, 4 (d) 2, 3, 4, 1, 5

163. दिए गए शब्दों को अंग्रेजी वर्णमाला के क्रम में व्यवस्थित कीजिए। SSC GD 23/02/2024 Shift-II

1.HEIGHT 2. HINGE
3. HORSE 4. HATE 5. HUSTLE
(a) 4, 5, 3, 2, 1 (b) 4, 1, 2, 5, 3
(c) 4, 3, 2, 1, 5 (d) 4, 1, 2, 3, 5

164. दिए गए शब्दों को उसी क्रम में व्यवस्थित कीजिए, जिस क्रम में वे अंग्रेजी शब्दकोश में आते हैं।
SSC GD 23/02/2024 Shift-I

1. Change 2. Chance
3. Channel 4. Chant
5. Chancellor
(a) 2, 3, 1, 4, 5 (b) 2, 5, 1, 4, 3
(c) 2, 3, 1, 5, 4 (d) 2, 5, 1, 3, 4

165. दिए गए शब्दों को उसी क्रम में व्यवस्थित कीजिए, जिस क्रम में वे अंग्रेजी शब्दकोश में आते हैं।
SSC GD 22/02/2024 Shift-III

1. Example 2. Examine
3. Examination 4. Exact
5. Exactly
(a) 5, 1, 4, 3, 2 (b) 4, 5, 3, 2, 1
(c) 4, 5, 3, 1, 2 (d) 1, 5, 4, 3, 2

166. दिए गए शब्दों को उसी क्रम में व्यवस्थित कीजिए, जिस क्रम में वे अंग्रेजी शब्दकोश में आते हैं।
SSC GD 22/02/2024 Shift-III

1. Clamber 2. Clam
3. Claim 4. Clag
5. Clad
(a) 5, 4, 3, 1, 2 (b) 1, 2, 3, 5, 4
(c) 5, 4, 3, 2, 1 (d) 1, 2, 3, 4, 5

167. दिए गए शब्दों को उसी क्रम में व्यवस्थित कीजिए, जिस क्रम में वे अंग्रेजी शब्दकोश में आते हैं।
SSC GD 22/02/2024 Shift-II

1. Debate 2. Debark
3. Debar 4. Debauch
5. Debenture
(a) 3, 2, 1, 5, 4 (b) 3, 2, 1, 4, 5
(c) 1, 2, 3, 5, 4 (d) 1, 2, 3, 4, 5

168. नीचे दिए गए शब्दों को अंग्रेजी शब्दकोश के क्रम के अनुसार व्यवस्थित करने के बाद, कौन-सा शब्द तीसरे स्थान पर आएगा?
SSC GD 22/02/2024 Shift-I

1. Recant 2. Receive
3. Recent 4. Recess
5. Recall
(a) Recent (b) Receive
(c) Recant (d) Recess

169. दिए गए शब्दों को अंग्रेज़ी वर्णमाला के क्रम में व्यवस्थित कीजिए। SSC GD 21/02/2024 Shift-IV

1. MISSION 2. MISSED
3. MISSING 4. MIST
5. MIGHT
(a) 5, 4, 3, 2, 1 (b) 5, 4, 3, 1, 2
(c) 5, 1, 3, 4, 2 (d) 5, 2, 3, 1, 4

170. दिए गए शब्दों को उसी क्रम में से व्यवस्थित कीजिए, जिस क्रम में वे अंग्रेजी शब्दकोश में आते हैं। SSC GD 21/02/2024 Shift-II

1. Line 2. Linament
3. Linger 4. Linear
5. Linguist
(a) 2, 1, 3, 4, 5 (b) 2, 1, 4, 3, 5
(c) 1, 2, 4, 3, 5 (d) 1, 2, 3, 4, 5

171. नीचे दिए गए शब्दों को अंग्रेजी शब्दकोश के क्रम के अनुसार व्यवस्थित करने के बाद, कौन-सा शब्द 'चौथे' स्थान पर आएगा?
SSC GD 21/02/2024 Shift-I

1. Private 2. Prison
3. Privacy 4. Privy
5. Privilege
(a) Privilege (b) Privacy
(c) Prison (d) Privy

172. नीचे दिए गए शब्दों को अंग्रेजी शब्दकोश के क्रम के अनुसार व्यवस्थित करने के बाद, कौन-सा शब्द 'चौथे' स्थान पर आएगा?
SSC GD 20/02/2024 Shift-III

1. Wheel 2. Wheat
3. Whale 4. Whet
5. When
(a) Whet (b) Wheel
(c) When (d) Wheat

निर्देश (प्र. सं. 173-181) निम्नलिखित प्रश्नों में *दिए गए शब्दों को उसी क्रम में व्यवस्थित कीजिए, जिस क्रम में वे अंग्रेजी शब्दकोश में आते हैं।*

173. 1. Let 2. Lethargy
3. Letter 4. Lethal
5. Lest SSC GD 20/02/2024 Shift-II
(a) 5, 1, 4, 2, 3 (b) 1, 5, 3, 2, 4
(c) 5, 1, 2, 4, 3 (d) 1, 5, 2, 3, 4

174. 1. Dear 2. Dean
3. Deal 4. Dead
5. Death SSC GD 20/02/2024 Shift-I
(a) 4, 3, 2, 5, 1 (b) 1, 3, 2, 4, 5
(c) 1, 3, 2, 5, 4 (d) 4, 3, 2, 1, 5

SSC GD Constable 2023

175. 1. Danger 2. Damage
3. Daring 4. Darling
5. Dark SSC GD 13/02/2023 Shift-II
(a) 2, 1, 3, 5, 4 (b) 3, 1, 2, 4, 5
(c) 2, 3, 1, 4, 5 (d) 2, 1, 3, 4, 5

176. 1. Drain 2. Dried
3. Dreamt 4. Drown
5. Drunk SSC GD 09/02/2023 Shift-II
(a) 1, 2, 3, 4, 5 (b) 2, 3, 1, 4, 5
(c) 1, 4, 3, 5, 2 (d) 1, 3, 2, 4, 5

177. 1. Finish 2. Fight
3. Figure 4. Fire
5. Finger SSC GD 09/02/2023 Shift-I
(a) 3, 2, 4, 5, 1 (b) 2, 4, 5, 3, 1
(c) 4, 3, 2, 5, 1 (d) 2, 3, 5, 1, 4

178. 1. Lastly 2. Latex
3. Large 4. Laminate
5. Ladle SSC GD 08/02/2023 Shift-I
(a) 5, 4, 3, 2, 1 (b) 5, 4, 3, 1, 2
(c) 5, 2, 3, 1, 4 (d) 5, 1, 3, 4, 2

179. 1. Broken 2. Bread
3. Bridge 4. Bride
5. Broom SSC GD 06/02/2023 Shift-I
(a) 2, 4, 3, 1, 5 (b) 4, 5, 2, 1, 3
(c) 2, 4, 5, 1, 3 (d) 4, 2, 3, 5, 1

180. 1. Pilot 2. Pivot
3. Pipette 4. Pigeon
5. Pigment SSC GD 02/02/2023 Shift-I
(a) 5, 4, 1, 2, 3 (b) 5, 2, 3, 1, 4
(c) 4, 3, 1, 2, 5 (d) 4, 5, 1, 3, 2

181. 1. Pointed 2. Pollen
3. Populate 4. Popular
5. Podium SSC GD 01/02/2023 Shift-I
(a) 5, 3, 1, 4, 2 (b) 5, 3, 4, 2, 1
(c) 5, 4, 2, 3, 1 (d) 5, 1, 2, 4, 3

SSC Selection Post 2024 & 2023

182. उस सही विकल्प का चयन कीजिए, जो निम्नलिखित शब्दों की व्यवस्था को तार्किक और सार्थक क्रम में इंगित करता है।
Matric Level 20/06/2024 Shift-IV

1. वर्षा 2. समुद्र
3. वाष्पीकरण 4. बादल
(a) 3, 4, 1, 2 (b) 1, 2, 3, 4
(c) 2, 3, 4, 1 (d) 1, 2, 4, 3

183. उस विकल्प का चयन कीजिए, जिसमें निम्न शब्दों का वह क्रम दिया गया है, जिस क्रम में वे अंग्रेजी शब्दकोश में आते हैं।

Matric Level 20/06/2024 Shift-IV

1. Discover 2. Disperse
3. Disjointed 4. Discard
5. Disposable 6. Discriminate

(a) 4, 1, 6, 2, 3, 5 (b) 4, 1, 6, 5, 3, 2
(c) 4, 6, 1, 3, 2, 5 (d) 4, 1, 6, 3, 2, 5

184. उस विकल्प का चयन करें, जो दिए गए शब्दों के उस सही क्रम का निरूपण करता है, जिसमें वे अंग्रेजी शब्दकोश में दिखाई देंगे।

Graduate Level 20/06/2024 Shift-III

1. Campus 2. Calendar
3. Capture 4. Capital
5. Calculate

(a) 5, 2, 1, 4, 3 (b) 3, 5, 4, 2, 1
(c) 3, 2, 1, 4, 5 (d) 5, 3, 2, 1, 4

185. उस सही विकल्प का चयन कीजिए, जो नीचे दिए गए शब्दों के एक तार्किक क्रम-विन्यास को दर्शाता है।

Higher Secondary Level 20/06/2024 Shift-II

1. उत्पादन 2. कच्चा माल
3. खपत 4. सामग्री प्रसंस्करण
5. वितरण

(a) 2, 4, 1, 5, 3 (b) 4, 2, 1, 5, 3
(c) 2, 1, 4, 5, 3 (d) 4, 5, 2, 1, 3

186. उस विकल्प का चयन कीजिए, जो दिए गए शब्दों के सही क्रम को निरूपित करता है, जैसे कि वे अंग्रेजी शब्दकोश में दिखाई देते हैं।

Higher Secondary Level 20/06/2024 Shift-II

1. Peril 2. Perfume
3. Permission 4. Perform
5. Period 6. Perplex

(a) 4, 2, 1, 5, 3, 6 (b) 4, 2, 5, 6, 3, 1
(c) 4, 5, 1, 2, 6, 3 (d) 4, 1, 5, 3, 2, 6

187. उस विकल्प का चयन कीजिए, जो दिए गए शब्दों के उस सही क्रम को दर्शाता है जैसे कि वे अंग्रेजी शब्दकोश में दिखाई देते हैं?

Graduate Level 27/06/2023 Shift-IV

1. Emergency 2. Electrician
3. Embassy 4. Elegance
5. Embargo 6. Element

(a) 4, 2, 6, 5, 3, 1 (b) 2, 4, 6, 5, 1, 3
(c) 2, 4, 5, 6, 3, 1 (d) 2, 4, 6, 5, 3, 1

188. उस विकल्प का चयन कीजिए, जो दिए गए शब्दों के उस सही क्रम को दर्शाता है जैसे कि वे अंग्रेजी शब्दकोश में दिखाई देते हैं?

Graduate Level 27/06/2023 Shift-IV

1. Enthusiasm 2. Enrollment
3. Enterprise 4. Ensure
5. Entangled 6. Entail

(a) 4, 2, 6, 5, 3, 1 (b) 2, 4, 6, 5, 3, 1
(c) 2, 4, 6, 5, 1, 3 (d) 2, 4, 5, 6, 3, 1

189. उस सही विकल्प का चयन कीजिए, जो दिए गए शब्दों की व्यवस्था को उसी क्रम में इंगित करता है। जिस क्रम में वे अंग्रेजी शब्दकोश में दिखाई देते हैं।

Higher Secondary Level 27/06/2023 Shift-III

1. Lenient 2. Lessons
3. Liberalization 4. Literal
5. License

(a) 4, 1, 3, 2, 5 (b) 2, 1, 3, 5, 4
(c) 1, 2, 3, 5, 4 (d) 5, 2, 3, 4, 1

190. निम्नलिखित शब्दों को तार्किक और अर्थपूर्ण क्रम में व्यवस्थित कीजिए।

Higher Secondary Level 27/06/2023 Shift-III

1. पेड़ 2. कोंपल (Sprout)
3. पौधा 4. बीज
5. नवांकुर (Seedling)

(a) 2, 4, 3, 5, 1 (b) 4, 2, 5, 3, 1
(c) 4, 5, 2, 3, 1 (d) 2, 4, 5, 3, 1

191. उस विकल्प का चयन करें, जो दिए गए शब्दों के उस सही क्रम को दर्शाता है। जिस क्रम में वे अंग्रेजी शब्दकोश में आते हैं।

Higher Secondary Level 27/06/2023 Shift-III

1. Patent 2. Paternalism
3. Patchwork 4. Paternity
5. Paternal

(a) 2, 4, 5, 1, 3 (b) 4, 1, 5, 2, 3
(c) 3, 5, 1, 4, 2 (d) 3, 1, 5, 2, 4

192. उस विकल्प का चयन करें, जो दिए गए शब्दों की सही व्यवस्था को उस क्रम में इंगित करता है, जिस क्रम में वे अंग्रेजी शब्दकोश में दिखाई देते हैं।

Matric Level 27/06/2023 Shift-I

1. Bunion 2. Bureau
3. Bundle 4. Bunting
5. Bungle

(a) 4, 5, 1, 3, 2 (b) 4, 5, 3, 1, 2
(c) 3, 5, 1, 4, 2 (d) 5, 3, 4, 2, 1

193. उस विकल्प का चयन करें जो दिए गए शब्दों के उस सही क्रम को दर्शाता है, जिस क्रम में वे अंग्रेजी शब्दकोश में दिखाई देते हैं।

Matric Level 27/06/2023 Shift-I

1. Devoted 2. Determine
3. Devastating 4. Diaphragm
5. Diagnose 6. Different

(a) 2, 3, 1, 5, 4, 6 (b) 2, 1, 5, 4, 6, 3
(c) 2, 3, 1, 5, 6, 4 (d) 2, 3, 1, 4, 6, 5

SSC Selection Post 2022

194. उस विकल्प का चयन करें, जो दिए गए शब्दों के उस क्रम को दर्शाता है, जिस क्रम में वे अंग्रेजी शब्दकोश में दिखाई देते है।

Graduate Level 01/08/2022 Shift-IV

1. Defeat 2. Decline
3. Delegate 4. Deliberately
5. Dedicate 6. Demanding

(a) 2, 5, 1, 3, 4, 6
(b) 2, 5, 6, 3, 4, 1
(c) 2, 5, 3, 1, 4, 6
(d) 2, 5, 1, 3, 6, 4

195. उस विकल्प का चयन कीजिए, जो दिए गए शब्दों को उसी क्रम में दर्शाता है जिस क्रम में वे अंग्रेजी शब्दकोश में आते हैं। (नोट दिए गए शब्द सार्थक शब्द हो भी सकते हैं और नहीं भी हो सकते हैं)

Graduate Level 01/08/2022 Shift-IV

1. Judgement 2. Journal
3. Jurisdiction 4. Juice
5. Journey

(a) 2.4, 5, 1, 3 (b) 2, 5, 1, 4, 3
(c) 2, 3, 5, 1, 4 (d) 2, 1, 5, 4, 3

196. उस सही विकल्प का चयन करें, जो निम्नलिखित शब्दों के तार्किक और सार्थक क्रम-विन्यास को इंगित करता है। (छोटे से बड़े तक)

Matric Level 01/08/2022 Shift-I

1. राज्य 2. कस्बा
3. शहर 4. महाद्वीप
5. देश

(a) 1, 3, 5, 4, 2 (b) 4, 5, 3, 1, 2
(c) 2, 3, 1, 5, 4 (d) 3, 4, 5, 2, 1

197. उस विकल्प का चयन करें, जो दिए गए शब्दों के उस सही क्रम का निरूपण करता है, जिस क्रम में वे अंग्रेजी शब्दकोश में दिखाई देते हैं।

Matric Level 01/08/2022 Shift-I

1. Social 2. Sober
3. Socks 4. Senile
5. Son 6. Sentiment

(a) 4, 6, 2, 3, 1, 5 (b) 4, 6, 5, 2,1, 3
(c) 2, 1, 3, 4, 6, 5 (d) 4, 6, 2, 1, 3, 5

198. उस विकल्प का चयन करें, जो निम्नलिखित शब्दों को तार्किक और सार्थक क्रम में व्यवस्थित करता है। **Higher Secondary Level 01/08/2022 Shift-I**

1. देश 2. गाँव
3. तालुका 4. राज्य
5. जिला

(a) 2, 1, 4, 3, 5 (b) 2, 3, 5, 4, 1
(c) 3, 2, 1, 4, 5 (d) 2, 5, 4, 1, 3

सही उत्तर

1	(a)	2	(c)	3	(d)	4	(c)	5	(a)	6	(a)	7	(b)	8	(b)	9	(b)	10	(a)
11	(a)	12	(b)	13	(a)	14	(d)	15	(a)	16	(a)	17	(c)	18	(c)	19	(b)	20	(a)
21	(c)	22	(c)	23	(a)	24	(a)	25	(d)	26	(c)	27	(a)	28	(d)	29	(c)	30	(d)
31	(c)	32	(d)	33	(b)	34	(d)	35	(a)	36	(a)	37	(b)	38	(d)	39	(b)	40	(a)
41	(d)	42	(d)	43	(c)	44	(c)	45	(d)	46	(a)	47	(b)	48	(a)	49	(a)	50	(b)
51	(b)	52	(d)	53	(b)	54	(d)	55	(a)	56	(c)	57	(c)	58	(a)	59	(d)	60	(d)
61	(a)	62	(d)	63	(a)	64	(a)	65	(b)	66	(d)	67	(c)	68	(b)	69	(a)	70	(a)
71	(d)	72	(b)	73	(c)	74	(d)	75	(d)	76	(c)	77	(b)	78	(c)	79	(c)	80	(d)
81	(c)	82	(c)	83	(c)	84	(a)	85	(c)	86	(d)	87	(c)	88	(b)	89	(b)	90	(b)
91	(d)	92	(d)	93	(c)	94	(b)	95	(d)	96	(b)	97	(c)	98	(b)	99	(d)	100	(c)
101	(d)	102	(d)	103	(c)	104	(b)	105	(b)	106	(c)	107	(d)	108	(a)	109	(c)	110	(a)
111	(c)	112	(d)	113	(b)	114	(a)	115	(b)	116	(b)	117	(d)	118	(b)	119	(b)	120	(c)
121	(c)	122	(d)	123	(c)	124	(a)	125	(c)	126	(a)	127	(a)	128	(a)	129	(c)	130	(d)
131	(d)	132	(a)	133	(b)	134	(c)	135	(c)	136	(a)	137	(d)	138	(a)	139	(d)	140	(b)
141	(c)	142	(d)	143	(d)	144	(c)	145	(c)	146	(b)	147	(a)	148	(a)	149	(c)	150	(b)
151	(d)	152	(a)	153	(d)	154	(b)	155	(c)	156	(a)	157	(d)	158	(b)	159	(b)	160	(c)
161	(b)	162	(d)	163	(d)	164	(d)	165	(b)	166	(c)	167	(b)	168	(b)	169	(d)	170	(b)
171	(a)	172	(c)	173	(a)	174	(d)	175	(a)	176	(d)	177	(d)	178	(b)	179	(a)	180	(d)
181	(d)	182	(c)	183	(d)	184	(a)	185	(a)	186	(a)	187	(d)	188	(b)	189	(c)	190	(b)
191	(d)	192	(c)	193	(a)	194	(a)	195	(b)	196	(b)	197	(d)	198	(b)				

उत्तर सहित हल

1. (a) दिए गए शब्दों का तार्किक और सार्थक क्रम निम्न प्रकार है,

लक्ष्य निर्धारित करना (Set goals) → (1)
आकलन (Assess) (5) → बजट (Budget) (2)
→ निवेश (Invest) (4) → समीक्षा (Review) (3)

⇒ 1, 5, 2, 4, 3

2. (c) दिए गए शब्दों का तार्किक और सार्थक क्रम निम्न प्रकार है

बीज (3) → अंकुर (4) → पौधा (1) → परागण (2) → फल (5)

⇒ 3, 4, 1, 2, 5

3. (d) दिए गए शब्दों का तार्किक और सार्थक क्रम निम्न प्रकार हैं।

संकल्पना (3) → डिजाइन (1) → विकास (4)
→ परीक्षण (2) → कार्यान्वयन (5)

⇒ 3, 1, 4, 2, 5

4. (c) दिए गए शब्दों का तार्किक और अर्थपूर्ण क्रम निम्न प्रकार है

Pulp (4) → Press (5) → Dry (3)
→ Finished paper (2) → Delivery (1)

⇒ 4, 5, 3, 2, 1

5. (a) अंग्रेजी शब्दकोश के अनुसार सही क्रम,

कपास (Cotton) (5) → धागा (Thread) (2) → फैब्रिक (Fabric) (3)
→ शर्ट पीस (Shirt piece) (1) → शर्ट (Shirt) (4)

6. (a) अंग्रेजी शब्दकोश के अनुसार सही क्रम,

Apparel (5) → Apparition (4) → Appear (1) → Approach (2)
→ Approximate (3)

7. (b) अंग्रेजी शब्दकोश के अनुसार सही क्रम,

Diagram (6) → Dialect (4) → Dialogue (2) → Diameter (5)
→ Diamond (1) → Dictator (3)

8. (b) अंग्रेजी शब्दकोश के अनुसार सही क्रम,

Strange (6) → Stranger (3) → Strategy (1) →
Strength (2) → Stretch (4) → Struggle (5)

9. (b) अंग्रेजी शब्दकोश के अनुसार सही क्रम,

Pandanus (4) → Pandarus (5) → Pandemic (2)
Pandemonium (1) → Pandering (3)

10. (a) अंग्रेजी शब्दकोश के अनुसार सही क्रम,

Accepted (5) → Accessary (6) → Accident (2)
Acclaimed (4) → Accompany (1) → Accuracy (3)

11. (a) अंग्रेजी शब्दकोश के अनुसार सही क्रम,

Cinnamon (4) → Circuit (2) → Circular (5)
→ Circulate (1) → Citizen (6) → Citrus (3)

12. (b) अंग्रेजी शब्दकोश के अनुसार सही क्रम,

Cancer (6) → Candidly (2) → Cannibal (5) →
Canopy (4) → Canteen (3) → Canvas (1)

13. (a) अंग्रेजी शब्दकोश के अनुसार सही क्रम,

Typicalness (4) → Typifications (3) → Typographical (1)
→ Typologically (2) → Tyrannosaurus (5)

14. (d) अंग्रेजी शब्दकोश के अनुसार सही क्रम,

Carnival (5) → Carousel (4) → Carriage (6) → Carrier (2)
→ Carrying (3) → Cartoon (1)

15. (a) अंग्रेजी शब्दकोश के अनुसार सही क्रम,

Absolutely (4) → Absorber (6) → Abstain (5)
Abstract (3) → Abstriction (2) → Absurdly (1)

16. (a) अंग्रेजी शब्दकोश के अनुसार सही क्रम,

Elaborate (3) → Elapsed (4) → Elite (1)
→ Elongate (5) → Elude (2)

17. (c) अंग्रेजी शब्दकोश के अनुसार सही क्रम,
Breakdown → Breakfast → Breathe
(1) (6) (3)
Breeding → Breeze → Brevity
(4) (5) (2)

18. (c) अंग्रेजी शब्दकोश के अनुसार सही क्रम,
Cabinet → Called → Camera
(5) (4) (2)
→ Casual → Caught
(1) (3)

19. (b) अंग्रेजी शब्दकोश के अनुसार सही क्रम,
Submerge → Submit → Subscribe
(2) (4) (5)
Subside → Subtle → Subtract
(3) (6) (1)

20. (a) अंग्रेजी शब्दकोश के अनुसार सही क्रम,
Thankful → Thereafter → Thistle
(3) (5) (6)
→ Thorough → Threaten → Throat
(2) (1) (4)

21. (c) अंग्रेजी शब्दकोश के अनुसार सही क्रम,
Phantom → Pharynx → Philosophy
(1) (5) (3)
→ Photograph → Physical → Physics
(2) (4) (6)

22. (c) अंग्रेजी शब्दकोश के अनुसार सही क्रम,
Calamity → Calcium → Calculus
(1) (2) (3)
Calendar → Calmly → Calories
(6) (4) (5)

23. (a) अंग्रेजी शब्दकोश के अनुसार सही क्रम,
Penalize → Pendants → Pendulum
(6) (2) (4)
→ Penguins → Pentagon → Penthouse
(1) (5) (3)

24. (a) अंग्रेजी शब्दकोश के अनुसार सही क्रम,
Displace → Display → Dispute → Dissolve
(5) (2) (6) (1)
→ Distance → Disturb
(3) (4)

25. (d) अंग्रेजी शब्दकोश के अनुसार सही क्रम,
Missing → Mission → Mistaken
(2) (5) (1)
→ Mistress → Mistrust → Mistyped
(6) (4) (3)

26. (c) अंग्रेजी शब्दकोश के अनुसार सही क्रम,
Chapter → Cheering → Cheese
(6) (3) (4)
→ Cheetah → Chemical → Chestnut
(1) (2) (5)

27. (a) अंग्रेजी शब्दकोश के अनुसार सही क्रम,
Valiant → Vampire → Vanquish →
(5) (4) (3)
Variance → Victorious → Violence
(1) (6) (2)

28. (d) अंग्रेजी शब्दकोश के अनुसार सही क्रम,
Bandage → Bandwagon → Banished
(2) (5) (1)
→ Bankrupt → Bannister → Banquet
(4) (3) (6)

29. (c) अंग्रेजी शब्दकोश के अनुसार सही क्रम,
Decline → Decode → Decorate
(1) (6) (4)
Decorum → Decouple → Decrease
(5) (2) (3)

30. (d) अंग्रेजी शब्दकोश के अनुसार सही क्रम,
Banter → Believe → Bereave
(6) (1) (3)
→ Blight → Brave → Breathe
(4) (5) (2)

31. (c) अंग्रेजी शब्दकोश के अनुसार सही क्रम,
Lambast → Languish → Laughter → Legacy
(1) (4) (5) (3)
→ Lighten → Lightly
(2) (6)

32. (d) अंग्रेजी शब्दकोश के अनुसार सही क्रम,
Hibiscus → Hierarchy → Highway
(5) (4) (1)
→ Hired → History
(3) (2)

33. (b) अंग्रेजी शब्दकोश के अनुसार सही क्रम,
Granite → Greed → Green → Grip → Grown
(5) (1) (2) (4) (3)

34. (d) अंग्रेजी शब्दकोश के अनुसार सही क्रम,
Salary → Salesman → Salinity
(4) (1) (3)
Salivate → Salmon → Salvage
(6) (5) (2)

35. (a) अंग्रेजी शब्दकोश के अनुसार सही क्रम,
Reference → Refillable → Refinery
(3) (5) (1)
→ Reflect → Reformist → Refugee
(2) (6) (4)

36. (a) अंग्रेजी शब्दकोश के अनुसार सही क्रम,
Pancakes → Pancreas → Pandemic
(1) (4) (2)
→ Panicked → Panorama → Panther
(3) (5) (6)

37. (b) अंग्रेजी शब्दकोश के अनुसार सही क्रम,
Shirking → Spawn → Spider
(3) (6) (5)
→ Strident → Student → Stuffy
(1) (2) (4)

38. (d) अंग्रेजी शब्दकोश के अनुसार सही क्रम,
Warcraft → Wardenship → Wardrobe →
(3) (6) (5)
Warehouse → Warranty → Warriors
(2) (4) (1)

39. (b) अंग्रेजी शब्दकोश के अनुसार सही क्रम,
Unaffected → Unarmed → Unasked
(1) (2) (3)
→ Unattached → Unauthorized
(4) (5)

40. (a) अंग्रेजी शब्दकोश के अनुसार सही क्रम,
Threadbare → Threat → Thresh → Threw
(2) (5) (1) (4)
→ Thrice
(3)

41. (d) अंग्रेजी शब्दकोश के अनुसार सही क्रम,
5. Overweening → 4. Overweight →
3. Overwhelming → 1. Overwork →
2. Overwrought
अत: तीसरे स्थान पर शब्द 'Overwhelming' है।

42. (d) अंग्रेजी शब्दकोश के अनुसार सही क्रम,
3. Ambience → 2. Ambiguous →
6. Ambivalent → 7. Ameliorate →
5. Amorphous → 1. Amphibian →
4. Amplify

43. (c) अंग्रेजी शब्दकोश के अनुसार सही क्रम,
Aquarial → Aquarium → **Aquatic** →
Aquatint → Aquavit
अत: तीसरे स्थान पर शब्द 'Aquatic' आएगा।

44. (c) अंग्रेजी शब्दकोश के अनुसार सही क्रम,
2. Historian → 4. Historical → 1. History →
3. Hobnail → 5. Hobnob

45. (d) अंग्रेजी शब्दकोश के अनुसार सही क्रम,
3. Pernicious → 1. Perpend → 4. Perpetrate
→ 5. Perpetual → 2. Perplex

46. (a) अंग्रेजी शब्दकोश के अनुसार सही क्रम,
4. Telecast → 3. Telegram → 5. **Telepath** →
2. Telephone → 1. Telescope
अत: तीसरे स्थान पर आने वाला शब्द 'Telepath' होगा।

47. (b) अंग्रेजी शब्दकोश के अनुसार सही क्रम,
Employee → Employer → Emporium →
(2) (5) (4)
Empress → Empty
(1) (3)

48. (a) अंग्रेजी शब्दकोश के अनुसार सही क्रम,
Ageism → Ageist → Agency → Agenda
(3) (4) (5) (1)
→ Agentry
(2)
अत: चौथा शब्द Agenda है।

49. (a) अंग्रेजी शब्दकोश के अनुसार सही क्रम,
2. Sublimity → 5. Submarine →
3. Submerge → 1. Submerse →
4. Submit

50. (b) अंग्रेजी शब्दकोश के अनुसार सही क्रम,
2. Remain → 5. Remanent → 1. Remark →
3. **Remember** → 4. Remnant
अत: अंग्रेजी शब्दकोश के चौथे स्थान पर 'Remember' आएगा।

51. (b) अंग्रेजी शब्दकोश के अनुसार सही क्रम,
3. Nation → 4. National → 5. **Nationalism** → 2. Nationality → 1. Native
तीसरा शब्द = Nationalism

52. (d) अंग्रेजी शब्दकोश के अनुसार सही क्रम,
Chock → Chocoholic → **Chocolate** → Chocolatier → Chocolaty
अत: तीसरे स्थान पर Chocolate आएगा।

53. (b) अंग्रेजी शब्दकोश के अनुसार सही क्रम,
Miscalculate → Miscall → Miscasting →
(2) (4) (5)
Miscellaneous → Mischance
(1) (3)

54. (d) अंग्रेजी शब्दकोश के अनुसार सही क्रम,
Serein → Serial → **Series** → Serious → Serried
अत: तीसरे स्थान पर Series आएगा।

55. (a) अंग्रेजी शब्दकोश के अनुसार सही क्रम,
Theogoric → Theologue → **Theology**
(1) (2) (3)
→ Theorem → Theory
(4) (5)
अत: तीसरे स्थान पर Theology आएगा।

56. (c) अंग्रेजी शब्दकोश के अनुसार सही क्रम,
Humanity→ Humanoid → Humbug
(6) (3) (2)
→ Humectants → Humidity
(7) (4)
→ Humility → Humoresque
(1) (5)

57. (c) अंग्रेजी शब्दकोश के अनुसार सही क्रम,
Accursed → Accusable → Accuser
(3) (1) (5)
→ Acerbity → Acetify
(2) (4)

58. (a) अंग्रेजी शब्दकोश के अनुसार सही क्रम,
4. Seniority → 5. Senna → 1. Sennet → 2. Sennight → 3. Sennit

59. (d) अंग्रेजी शब्दकोश के अनुसार सही क्रम,
4. Latitude → 6. Laudanum → 2. Laudatory → 7. Launder → 3. Laureate → 5. Legacy → 1. Lesage

60. (d) अंग्रेजी शब्दकोश के अनुसार सही क्रम,
4. Verse → 3. Versicolour → 1. Version → 5. Verso → 2. **Versus**
अत: पाँचवें स्थान पर आने वाला शब्द = Versus

61. (a) अंग्रेजी शब्दकोश के अनुसार सही क्रम,
2. Expedition → 4. Expel → 5. Expenditure → 1. Expensive → 3. Experience

62. (d) अंग्रेजी शब्दकोश के अनुसार सही क्रम,
Sick → Sicken → **Sickle** → Sickly → Sickness
(3) (4) (1) (2) (5)
अत: तीसरे स्थान पर शब्द Sickle है।

63. (a) अंग्रेजी शब्दकोश के अनुसार सही क्रम,
6. Fundament → 2. Funerary → 4. Funicular → 5. Fuscous → 7. Fuselage → 3. Fusion → 1. Fustian

64. (a) अंग्रेजी शब्दकोश के अनुसार सही क्रम,
3. Individual → 1. Inundate → 5. Invective → 4. Inveterate → 2. Invidious → 6. Invincible → 7. Inviolable

65. (b) अंग्रेजी शब्दकोश के अनुसार सही क्रम,
Unsafe → Unsay → Unseam → **Unseen** → Unsound
अत: चौथे स्थान पर शब्द Unseen आएगा।

66. (d) अंग्रेजी शब्दकोश के अनुसार सही क्रम,
Pope → Poppy → Populace → Popular → **Population**
अत: पाँचवें स्थान पर शब्द Population आएगा।

67. (c) अंग्रेजी शब्दकोश के अनुसार सही क्रम,
Independent → Intentional → Interactive
(2) (3) (5)
→ Interchangeable → Interesting
(1) (4)

68. (b) अंग्रेजी शब्दकोश के अनुसार सही क्रम,
Together → Tolerance → Tomorrow
(4) (3) (5)
→ Topology → Topper
(1) (2)

69. (a) अंग्रेजी शब्दकोश के अनुसार सही क्रम,
Singular → Sinuous → Solemnity
(3) (1) (2)
→ Solvable → Sorting
(4) (5)

70. (a) अंग्रेजी शब्दकोश के अनुसार सही क्रम,
Sensational →Sensitize→ Sentence
(1) (2) (5)
→ Sentiment → September
(3) (4)

71. (d) अंग्रेजी शब्दकोश के अनुसार सही क्रम,
Relatable → Related → Relation
(5) (3) (2)
→ Relatival → Relative
(1) (4)

72. (b) अंग्रेजी शब्दकोश के अनुसार सही क्रम,
Hypocrite → Hypodermic → Hypotenuse
(2) (1) (5)
→ Hypothermia → Hysterical
(4) (3)

73. (c) अंग्रेजी शब्दकोश के अनुसार सही क्रम,
Gestation → Gesture → Glycerine
(3) (5) (4)
→ Glycogen → Gravity
(2) (1)

74. (d) अंग्रेजी शब्दकोश के अनुसार सही क्रम,
Hydroelectric → Hydrology → Hydroplane
(3) (5) (2)
→ Hydroxide → Hygienic
(4) (1)

75. (d) अंग्रेजी शब्दकोश के अनुसार सही क्रम,
Success → Succumb → Suction
(1) (3) (4)
→ Surprise → Surreal → Surrogate
(6) (2) (5)

76. (c) अंग्रेजी शब्दकोश के अनुसार सही क्रम,
Solitary → Solution → Solvent
(2) (3) (5)
→ Sophisticate → Sorting
(4) (1)

77. (b) अंग्रेजी शब्दकोश के अनुसार सही क्रम,
Tamarind → Tame → Temperature
(4) (5) (3)
Terminal→Terminology→ Tertiary
(1) (2) (6)

78. (c) अंग्रेजी शब्दकोश के अनुसार सही क्रम,
Tamarind → Temper → Temple →
(3) (1) (2)
Tenacity → Tender
(5) (4)

79. (c) अंग्रेजी शब्दकोश के अनुसार सही क्रम,
Deceive → Decide → Decimal →
(4) (2) (5)
Decipher → Decision → Decline
(1) (6) (3)

80. (d) दिए गए शब्दों का सही क्रम,
प्रवेश→ कक्षा → परीक्षा → जाँच → परिणाम
(2) (1) (4) (5) (3)

81. (c) अंग्रेजी शब्दकोश के अनुसार सही क्रम,
Weather → Weaver → Weekly →
(2) (4) (1)
Weight → **Weird** → Wielded
(5) (3) (6)
अत: पाँचवें स्थान पर Weird है।

82. (c) अंग्रेजी शब्दकोश के अनुसार सही क्रम,
Million→ Trillion → Quadrillion →
(3) (5) (1)
Quintillion → Octillion
(2) (4)

83. (c) अंग्रेजी शब्दकोश के अनुसार सही क्रम,
Capacity → Capsule → Captain
(5) (4) (3)
→ Caption → Category
(2) (1)

84. (a) दिए गए शब्दों का सही क्रम,
घरेलू मक्खी→छिपकली→ बन्दर→ मगरमच्छ → व्हेल
(4) (2) (5) (1) (3)

85. (c) दिए गए शब्दों का सही क्रम,
उत्तर प्रदेश → मध्य प्रदेश → आन्ध्र प्रदेश →
(4) (2) (1)
हिमाचल प्रदेश → अरुणाचल प्रदेश
(5) (3)

86. (d) अंग्रेजी शब्दकोश के अनुसार शब्दों का क्रम,
Jumb (4) → Junction (1) → Juncture (5) → Jungle (3) → Jupiter (2)

87. (c) अंग्रेजी शब्दकोश के अनुसार शब्दों का सही क्रम,
Larceners (3) → Larcenist (2) → Largely (6) → Lariated (4) → Larkiness (1) → Laryngal (5)

88. (b) अंग्रेजी शब्दकोश के अनुसार शब्दों का क्रम,
5. Understand → 6. Undetermined → 4. Undone → 3. Uneasiness → 1. Unfaithful → 2. Unfamiliar

89. (b) अंग्रेजी शब्दकोश के अनुसार शब्दों का क्रम,
Purchased (6) → Purgatory (3) → Purify (4) → Purports (5) → Purposively (1) → Pursuit (2)

90. (b) अंग्रेजी शब्दकोश के अनुसार शब्दों का क्रम,
Cinema (2) → Cipher (5) → Circle (1) → Circumference (4) → Circus (3)

91. (d) अंग्रेजी शब्दकोश के अनुसार, शब्दों का सही क्रम,
Breacher (5) → Breakfast (3) → Breakthrough (6) → Breathable (1) → Breavething (2) → Breviaries (4)

92. (d) अंग्रेजी शब्दकोश के अनुसार, शब्दों का क्रम,
Peroration (2) → Perpetrate (3) → Perpetual (5) → Perpetuity (4) → Perplex (1)

93. (c) अंग्रेजी शब्दकोश के अनुसार शब्दों का सही क्रम,
Dingiest (2) → Dingling (6) → Dinkier (5) → Dinnerware (1) → Dinosaurs (3) → Dinucleotide (4)

94. (b) अंग्रेजी शब्दकोश के अनुसार शब्दों का क्रम,
Indolent (2) → Ineffable (6) → Inefficient (5) → Inert (3) → Infamous (4) → Infant (1)

95. (d) अंग्रेजी शब्दकोश के अनुसार शब्दों का क्रम,
Kennel (2) → Kernel (5) → Kettle (3) → Kibble (1) → Kicker (4)

96. (b) अंग्रेजी शब्दकोश के अनुसार शब्दों के क्रम,
Temperament (1) → Temperature (6) → Temptation (5) → Tenant (3) → Tender (4) → Tenure (2)

97. (c) अंग्रेजी शब्दकोश के अनुसार शब्दों का क्रम,
Elastic (4) → Elate (1) → Elbow (3) → Election (2) → Electoral (5)

98. (b) अंग्रेजी शब्दकोश के अनुसार शब्दों का क्रम,
Faith (4) → Feign (5) → Ferment (6) → Ferocious (1) → Fervor (2) → Fiction (3)

99. (d) अंग्रेजी शब्दकोश के अनुसार शब्दों का क्रम,
Conflagration (3) → Conscience (2) → Consequence (4) → Considerable (5) → Consignment (6) → Consistence (1)

100. (c) अंग्रेजी शब्दकोश के अनुसार शब्दों का क्रम,
Listen (4) → Litany (3) → Literacy (1) → Literature (2) → Lithorgraph (5)

101. (d) अंग्रेजी शब्दकोश के अनुसार सही क्रम,
Warden (2) → Wardrobe (4) → Warehouse (1) → Warfare (6) → Warrant (5) → Warship (3)

102. (d) अंग्रेजी शब्दकोश के अनुसार सही क्रम,
Brief (4) → Bright (3) → Brine (2) → Brocade (5) → Brochure (1)

103. (c) अंग्रेजी शब्दकोश के अनुसार सही क्रम,
Docile (3) → Dock (5) → Doctor (1) → Doctorate (2) → Doctrine (6) → Documentary (4)

104. (b) अंग्रेजी शब्दकोश के अनुसार सही क्रम,
Woodland (5) → Workable (3) → Wrangle (2) → Wrist (1) → Wrongful (4)

105. (b) अंग्रेजी शब्दकोश के अनुसार सही क्रम,
Logician (4) → Loincloth (2) → Lollipop (1) → Lonely (5) → Longways (3)

106. (c) अंग्रेजी शब्दकोश के अनुसार सही क्रम,
Descend (3) → Desire (1) → Desolate (5) → Desperate (6) → Destination (2) → Destructive (4)

107. (d) दिए गए शब्दों का सही क्रम,
नाखून (4) → उँगली (1) → हाथ (2) → बाँह (3) → शरीर (5)

108. (a) दिए गए शब्दों का सही क्रम,
शुक्र (2) → पृथ्वी (1) → मंगल (3) → बृहस्पति (5) → शनि (4)

109. (c) अंग्रेजी शब्दकोश के अनुसार सही क्रम,
Boater (3) → Boathouse (2) → Boating (5) → Boatman (4) → Boatyard (1)

110. (a) दिए गए शब्दों का सही क्रम,
परीक्षा प्रपत्र (5) → प्रवेश-पत्र (3) → उत्तर पुस्तिका (2) → प्रश्न-पत्र (4) → उत्तर लेखन (1)

111. (c) दिए गए शब्दों का सही क्रम,
मिलीग्राम (5) → डेसीग्राम (4) → ग्राम (2) → किलोग्राम (1) → क्विण्टल (3)

112. (d) अंग्रेजी शब्दकोश के अनुसार सही क्रम,
Precaution (5) → Precious (2) → Pressure (3) → Presume (4) → Pristine (1)

113. (b) अंग्रेजी शब्दकोश के अनुसार सही क्रम,
Flexible (1) → Floater (5) → Flood (4) → Flooring (3) → Flower (2)

114. (a) दिए गए शब्दों का सही क्रम,
आवेदन (2) → परीक्षण (1) → साक्षात्कार (3) → जॉब ऑफर (4) → नियुक्ति (5)

115. (b) शब्दों का सही एवं सार्थक क्रम निम्न है
त्रिभुज (2) → वर्ग (4) → पंचभुज (3) → षट्भुज (1) → अष्टभुज (5)
∴ अभीष्ट क्रम = 2, 4, 3, 1, 5

116. (b) अंग्रेजी शब्दकोश के अनुसार सही क्रम,
Moral → Morale → Morbid → **More** → Morning
अत: शब्द 'More' चौथे स्थान पर आएगा।

117. (d) अंग्रेजी शब्दकोश के अनुसार सही क्रम,
Perilad → Perimeter → **Periodic** → (4) Perish → (5) Periwing
अत: तीसरे स्थान पर शब्द 'Periodic' आएगा।

118. (b) अंग्रेजी शब्दकोश के अनुसार सही क्रम,
Special → Species → **Speck** → Speckle → Spectacle
अत: तीसरे स्थान पर 'Speck' आएगा।

119. (b) अंग्रेजी शब्दकोश के अनुसार सही क्रम,
3. Maternal → 1. Maternity → 5. Mother → 4. Motor → 2. Mundane

120. (c) अंग्रेजी शब्दकोश के अनुसार सही क्रम,
Moult (3) → Mound (5) → Mount (2) → Mouse (4) → Mouth (1)

121. (c) अंग्रेजी शब्दकोश के अनुसार सही क्रम,
Dieldrin → **Diestock** → Diestrum → Diestrus → Dietetic
∴ शब्द Diestock दूसरे स्थान पर आएगा।

122. (d) दिए गए शब्दों का सही क्रम,
आर्कटिक महासागर (4) → दक्षिणी महासागर (3) → हिंद महासागर (5) → अटलांटिक महासागर (1) → प्रशांत महासागर (4)
नोट—उक्त क्रम, क्षेत्रफल के बढ़ते हुए क्रम, में व्यवस्थित है।

123. (c) अंग्रेजी शब्दकोश के अनुसार सही क्रम,
Activismal → Activist → Activistic → **Activity** → Activize
अत: चौथा शब्द = Activity

124. (a) अंग्रेजी शब्दकोश के अनुसार सही क्रम,
Wage (1) → Waist (2) → Waste (3) → Wave (5) → West (4)

125. (c) अंग्रेजी शब्दकोश के अनुसार सही क्रम,
Facsimile → Fanatical → Favourable
(1) (5) (3)
→ Frightful → Fructification
(2) (4)

126. (a) अंग्रेजी शब्दकोश के अनुसार सही क्रम,
Immense → Implied → Induce
(1) (3) (2)
→ Interim → Invalid
(4) (5)

127. (a) अंग्रेजी शब्दकोश के अनुसार सही क्रम,
Malfunction → Manageable → Manipulation
(2) (5) (4)
→ Masterpiece → Mathematic
(3) (1)

128. (a) अंग्रेजी शब्दकोश के अनुसार सही क्रम,
Kind → Kinetic → Kinship → Kitchen → Knight
(5) (4) (3) (2) (1)

129. (c) अंग्रेजी शब्दकोश के अनुसार सही क्रम,
Prohibit → Projectile → Projector
(5) (1) (2)
→ Prolific → Prolong
(4) (3)

130. (d) अंग्रेजी शब्दकोश के अनुसार सही क्रम,
Indent → Index → Indolent → Indoor → Industry
(2) (5) (4) (3) (1)

131. (d) दिए गए शब्दों का सही क्रम,
ब्रह्माण्ड → विश्व → एशिया → तमिलनाडु → चेन्नई
(1) (3) (4) (5) (2)

132. (a) अंग्रेजी शब्दकोश के अनुसार सही क्रम,
Movement → Moviemaker → Multifocal
(2) (4) (1)
→ Multinomial → Mutual fund
(3) (5)

133. (b) दिए गए शब्दों का सही क्रम,
गंतव्य स्थान → आरक्षण → यात्रा → गाइडेड टूर → वापसी
(3) (4) (1) (5) (2)

134. (c) दिए गए शब्दों का सही क्रम,
अण्डा → लार्वा → प्यूपा → वयस्क
(2) (4) (1) (3)

135. (c) दिए गए शब्दों का सही क्रम है,
अंग्रेजी शब्दकोश के अनुसार
Million → Millstone → Mimic
(2) (4) (1)
→ Mimicry → Minaret
(5) (3)
⇒ 2, 4, 1, 5, 3

136. (a) दिए गए शब्दों का तार्किक एवं अर्थपूर्ण क्रम निम्न प्रकार है,
अक्षर → शब्द → पैराग्राफ → पेज → पुस्तक
(2) (3) (1) (5) (4)
⇒ 2, 3, 1, 5, 4

137. (d) दिए गए शब्दों का तार्किक व अर्थपूर्ण क्रम निम्न है,
बकिंघम पैलेस → लंदन
(3) (4)
→ यूनाइटेड किंगडम → यूरोप → विश्व
(1) (5) (2)
⇒ 3, 4, 1, 5, 2

138. (a) दिए गए शब्दों का तार्किक व अर्थपूर्ण क्रम निम्न प्रकार है,
त्रिभुज → वर्ग → पंचभुज → षट्भुज → सप्तभुज
(4) (1) (5) (2) (3)
⇒ 4, 1, 5, 2, 3

139. (d) अंग्रेजी शब्दकोश के अनुसार शब्दों का क्रम निम्न हैं,
Immature → Immediate → Immense
(5) (2) (4)
→ Immerse → Immigrate
(3) (1)
अभीष्ट क्रम ⇒ 5, 2, 4, 3, 1

140. (b) अंग्रेजी शब्दकोश के अनुसार दिए गए शब्द का क्रम निम्न हैं,
Meaningless → Measurement →
(4) (1)
Memorabilia → Merchandise
(5) (3)
→ Methodology
(2)
अत: अभीष्ट क्रम ⇒ 4, 1, 5, 3, 2

141. (c) अंग्रेजी शब्दकोश का सही क्रम,
Logarithm → Logically → Logistic →
(2) (3) (5)
Logophile → Logotype → Logwood
(4) (6) (1)

142. (d) अंग्रेजी शब्दकोश का सही क्रम,
Fondant → Fonder → Fondled →
(4) (6) (3)
Fondue → Fontanel → Fontina
(2) (5) (1)

143. (d) दिए गए शब्दों का तर्कपूर्ण क्रम,
किण्डरगार्टन → प्राथमिक विद्यालय → माध्यमिक विद्यालय
(4) (2) (3)
→ उच्च माध्यमिक विद्यालय → कॉलेज
(1) (5)

144. (c) दिए गए शब्दों का सही क्रम,
यूरोप → पश्चिमी यूरोप → फ्रांस → दक्षिण फ्रांस → नीस
(2) (3) (4) (5) (1)

145. (c) अंग्रेजी शब्दकोश के अनुसार सही क्रम,
Sadly → Sailboat → Sailor → Saint → Sanction
(5) (1) (3) (2) (4)

146. (b) अंग्रेजी शब्दकोश के अनुसार सही क्रम,
Salad → Salami → Salty → Sandwich → Saturn
(2) (3) (5) (1) (4)

147. (a) दिए गए शब्दों का सही क्रम,
साइकिल → ऑटो रिक्शा → कार → ट्रक → ट्रेन
(3) (5) (1) (4) (2)

148. (a) अंग्रेजी शब्दकोश के अनुसार सही क्रम,
Fracture → Fragile → Fragment
(2) (1) (4)
→ Fraud → Fridge
(3) (5)

149. (c) अंग्रेजी शब्दकोश के अनुसार सही क्रम,
Tackle → Taste → Tear → Tease → Treat
(5) (3) (1) (2) (4)

150. (b) दिए गए शब्दों का सही क्रम,
चयन करना → कॉपी करना → पेस्ट करना
(5) (2) (1)
→ सेव करना → प्रिण्ट करना
(3) (4)

151. (d) अंग्रेजी शब्दकोश के अनुसार सही क्रम,
Precaution → Proctor → Product →
(4) (5) (2)
Profess → Prosecute
(1) (3)

152. (a) अंग्रेजी शब्दकोश के अनुसार सही क्रम,
Place → Plaque → **Plaster** → Player → Plough
अत: तीसरे स्थान पर शब्द plaster आएगा।

153. (d) दिए गए शब्दों का सही क्रम,
माप → सिलाई → डिजाइनर ड्रेस → पहनना
(2) (4) (3) (1)

154. (b) अंग्रेजी शब्दकोश के अनुसार सही क्रम,
Distance → Distilled → Distort
→ Disturb → Distribution
अत: अन्त में 'Disturb' आएगा।

155. (c) अंग्रेजी शब्दकोश के अनुसार सही क्रम,
Pedaling → Pendant → Pendency
(4) (1) (3)
→ Pending → Pentagon
(2) (5)

156. (a) दिए गए शब्दों का सही क्रम,
कहानी → शूटिंग → प्रसारण → दर्शक → सुझाव
(1) (5) (2) (3) (4)

157. (d) दिए गए शब्दों का सही क्रम,
कमरा → फ्लैट → भवन → शहर → देश
(3) (4) (5) (1) (2)

158. (b) अंग्रेजी शब्दकोश के अनुसार सही क्रम,
PICK → PING → PINK → PULL → PUSH
(3) (2) (1) (4) (5)

159. (b) अंग्रेजी शब्दकोश के अनुसार सही क्रम,
Tablespoon → Tactful → Tasty →
(4) (3) (5)
Tender → Thankful
(1) (2)

160. (c) अंग्रेजी शब्दकोश के अनुसार सही क्रम,
Lend → Length → Lenient → Lens → Lent
(4) (3) (2) (1) (5)

161. (b) अंग्रेजी शब्दकोश के अनुसार सही क्रम,
Rebate → Rebeck → Rebel → Rebind → **Rebirth**
अत: पाँचवें स्थान पर शब्द Rebirth आएगा।

162. (d) अंग्रेजी शब्दकोश के अनुसार सही क्रम,
TECHNICAL → TECHNICIAN → TECHNIQUE → TECHNOLOGY → TECHNOPHOBIA
(2) (3) (4) (1) (5)

163. (d) अंग्रेजी शब्दकोश के अनुसार सही क्रम,
HATE → HEIGHT → HINGE → HORSE → HUSTLE
(4) (1) (2) (3) (5)

164. (d) अंग्रेजी शब्दकोश के अनुसार सही क्रम,
Chance → Chancellor → Change → Channel → Chant
(2) (5) (1) (3) (4)

165. (b) अंग्रेजी शब्दकोश के अनुसार सही क्रम,
Exact → Exactly → Examination → Examine → Example
(4) (5) (3) (2) (1)

166. (c) अंग्रेजी शब्दकोश के अनुसार सही क्रम,
Clad → Clag → Claim → Clam → Clamber
(5) (4) (3) (2) (1)

167. (b) अंग्रेजी शब्दकोश के अनुसार सही क्रम,
3. Debar, 2. Debark, 1. Debate,
4. Debauch, 5. Debenture

168. (b) अंग्रेजी शब्दकोश के अनुसार सही क्रम,
Recall → Recant → **Receive** → Recent → Recess
(5) (1) (2) (3) (4)
अत: तीसरे स्थान पर शब्द Receive आएगा।

169. (d) अंग्रेजी शब्दकोश के अनुसार, शब्दों का सही क्रम,
MIGHT → MISSED → MISSING → MISSION → MIST
(5) (2) (3) (1) (4)

170. (b) अंग्रेजी शब्दकोश के अनुसार सही क्रम,
2. Linament → 1. Line → 4. Linear → 3. Linger → 5. Linguist

171. (a) अंग्रेजी शब्दकोश के अनुसार सही क्रम,
Prison → Privacy → Private → **Privilege** → Privy
अत: चौथे स्थान पर Privilege है।

172. (c) अंग्रेजी शब्दकोश के अनुसार सही क्रम,
Whale → Wheat → Wheel → **When** → Whet
अत: चौथे स्थान पर When आएगा।

173. (a) अंग्रेजी शब्दकोश के अनुसार सही क्रम,
Lest → Let → Lethal → Lethargy → Letter
(5) (1) (4) (2) (3)

174. (d) अंग्रेजी शब्दकोश के अनुसार सही क्रम,
Dead → Deal → Dean → Dear → Death
(4) (3) (2) (1) (5)

175. (a) अंग्रेजी शब्दकोश के अनुसार सही क्रम,
Damage → Danger → Daring → Dark → Darling
(2) (1) (3) (5) (4)

176. (d) अंग्रेजी शब्दकोश के अनुसार सही क्रम,
Drain → Dreamt → Dried → Drown → Drunk
(1) (3) (2) (4) (5)

177. (d) अंग्रेजी शब्दकोश के अनुसार सही क्रम,
Fight → Figure → Finger → Finish → Fire
(2) (3) (5) (1) (4)

178. (b) अंग्रेजी शब्दकोश के अनुसार सही क्रम,
Ladle → Laminate → Large → Lastly → Latex
(5) (4) (3) (1) (2)

179. (a) अंग्रेजी शब्दकोश के अनुसार सही क्रम,
Bread → Bride → Bridge → Broken → Broom
(2) (4) (3) (1) (5)

180. (d) अंग्रेजी शब्दकोश के अनुसार सही क्रम,
Pigeon → Pigment → Pilot → Pipette → Pivot
(4) (5) (1) (3) (2)

181. (d) अंग्रेजी शब्दकोश के अनुसार सही क्रम,
Podium → Pointed → Pollen → Popular → Populate
(5) (1) (2) (4) (3)

182. (c) दिए गए शब्दों का सही क्रम,
समुद्र → वाष्पीकरण → बादल → वर्षा
(2) (3) (4) (1)

183. (d) अंग्रेजी शब्दकोश का सही क्रम,
Discard → Discover → Discriminate → Disjointed → Dispers → Disposable
(4) (1) (6) (3) (2) (5)

184. (a) अंग्रेजी शब्दकोश का सही क्रम,
Calculate → Calendar → Campus → Capital → Capture
(5) (2) (1) (4) (3)

185. (a) दिए गए शब्दों का सही क्रम,
कच्चा माल → सामग्री प्रसंस्करण → उत्पादन → वितरण → खपत
(2) (4) (1) (5) (3)

186. (a) अंग्रेजी शब्दकोश का सही क्रम,
Perform → Perfume → Peril → Period → Permission → Perplex
(4) (2) (1) (5) (3) (6)

187. (d) अंग्रेजी शब्दकोश का सही क्रम,
Electrician → Elegance → Element → Embargo → Embassy → Emergency
(2) (4) (6) (5) (3) (1)

188. (b) अंग्रेजी शब्दकोश का सही क्रम,
Enrollment → Ensure → Entail → Entangled → Enterprise → Enthusiasm
(2) (4) (6) (5) (3) (1)

189. (c) अंग्रेजी शब्दकोश का सही क्रम,
Lenient → Lessons → Liberalization → License → Literal
(1) (2) (3) (5) (4)

190. (b) दिए गए शब्दों का सही क्रम,
बीज → कोंपल → नवांकुर → पौधा → पेड़
(4) (2) (5) (3) (1)

191. (d) अंग्रेजी शब्दकोश का सही क्रम,
Patchwork → Patent → Paternal → Paternalism → Paternity
(3) (1) (5) (2) (4)

192. (c) अंग्रेजी शब्दकोश का सही क्रम,
Bundle → Bungle → Bunion → Bunting → Bureau
(3) (5) (1) (4) (2)

193. (a) अंग्रेजी शब्दकोश का सही क्रम,
Determine → Devastating → Devoted → Diagnose → Diaphragm → Different
(2) (3) (1) (5) (4) (6)

194. (a) अंग्रेजी शब्दकोश का सही क्रम,
Decline → Dedicate → Defeat → Delegate → Deliberately → Demanding
(2) (5) (1) (3) (4) (6)

195. (b) अंग्रेजी शब्दकोश का सही क्रम,
Journal → Journey → Judgement → Juice → Jurisdiction
(2) (5) (1) (4) (3)

196. (b) दिए गए शब्दों का सही क्रम,
कस्बा → शहर → राज्य → देश → महाद्वीप
(2) (3) (1) (5) (4)

197. (d) अंग्रेजी शब्दकोश का सही क्रम,
Senile → Sentiment → Sober → Social → Socks → Son
(4) (6) (2) (1) (3) (5)

198. (b) दिए गए शब्दों का सही क्रम,
गाँव → तालुका → जिला → राज्य → देश
(2) (3) (5) (4) (1)

05

कूटलेखन-कूटवाचन

किसी अक्षर या शब्द को एक विशेष नियमानुसार किसी सांकेतिक भाषा में लिखने की प्रक्रिया को कोडिंग कहते हैं और विशेष नियमानुसार सांकेतिक भाषा में लिखे गए अक्षर या शब्द को उसके मूल या वास्तविक रूप में परिवर्तित करने की प्रक्रिया को डिकोडिंग कहते हैं।

कोडिंग-डिकोडिंग के अन्तर्गत निम्न प्रकार के प्रश्न पूछे जाते हैं।

अक्षर कोडिंग

इस प्रकार के प्रश्नों में शब्दों या अक्षर समूह को अक्षरों/अक्षर समूह में विशेष नियमानुसार कोड किया जाता है। यह विशेष नियम अक्षरों के स्थान परिवर्तन, विपरीत अक्षर, विपरीत क्रम, आगे के अक्षर या पीछे के अक्षर आदि पर आधारित होते हैं।

उदाहरण 1. यदि THEN को किसी कोड में RLBS लिखा जाता है, तो बताइए CASE को उसी कोड में क्या लिखा जाएगा?

(a) AEPJ (b) APEP
(c) EPAP (d) PAEJ

हल (*a*) जिस प्रकार,

T H E N
−2 +4 −3 +5
R L B S

; उसी प्रकार,

C A S E
−2 +4 −3 +5
A E P J

उदाहरण 2. एक निश्चित कोड भाषा में COMBINE को XLNYRMV लिखा जाता है, तो TOWARDS को उसी भाषा में कैसे लिखा जाएगा?

(a) PLDZIWJ (b) GLDZIWH
(c) GLEZJWH (d) FLEZIWH

हल (*b*) जिस प्रकार,

C O M B I N E
विपरीत अक्षर
X L N Y R M V

; उसी प्रकार,

T O W A R D S
विपरीत अक्षर
G L D Z I W H

संख्या कोडिंग

संख्या कोडिंग पर आधारित प्रश्नों में अक्षरों को संख्याओं या अंकों के रूप में कोड किया जाता है।

ये संख्याएँ अक्षरों की संख्या, वर्णमाला में अक्षरों के क्रमांक, विपरीत अक्षर क्रमांक आदि से सम्बन्धित हो सकती हैं।

उदाहरण 3. एक विशिष्ट कोड भाषा में, RUN को 50 तथा BUS को 39 लिखा जाता है। इस कोड भाषा में GUN को किस प्रकार लिखा जाएगा?

(a) 37 (b) 38 (c) 39 (d) 42

हल (*c*) जिस प्रकार, RUN = 18 + 21 + 14 = 53 ⇒ 53 − 3 = 50

तथा BUS = 2 + 21 + 19 = 42 ⇒ 42 − 3 = 39

उसी प्रकार, GUN = 7 + 21 + 14 = 42 ⇒ 42 − 3 = 39

उदाहरण 4. एक निश्चित कूटभाषा में, 'CHERRY' को '6-16-10-36-36-50' लिखा जाता है, और 'GRAPES' को '14-36-2-32-10-38' लिखा जाता है। उसी कूटभाषा में 'LITCHI' को किस प्रकार लिखा जाएगा?

(a) 26-18-38-6-16-18 (b) 26-18-40-6-16-18
(c) 24-16-40-6-18-16 (d) 24-18-40-6-16-18

हल (*d*) जिस प्रकार,

3 8 5 18 18 25
C H E R R Y
×2 ×2 ×2 ×2 ×2 ×2
6 16 10 36 36 50

; तथा

7 18 1 16 5 19
G R A P E S
×2 ×2 ×2 ×2 ×2 ×2
14 36 2 32 10 38

; उसी प्रकार,

12 9 20 3 8 9
L I T C H I
×2 ×2 ×2 ×2 ×2 ×2
24 18 40 6 16 18

प्रत्यक्ष कोडिंग

इस प्रकार के प्रश्नों में शब्द पर अक्षर समूह में प्रत्येक अक्षर को शब्द में उसी के स्थान पर रखकर अन्य अक्षरों, संख्याओं या संकेतों द्वारा कोड किया जाता है।

उदाहरण 5. यदि TOUR को 1234 लिखा जाता है, CLEAR को 56784 लिखा जाता है और SPARE को 90847 लिखा जाता है, तो CARE का कोड पता करें।

(a) 1247 (b) 4847
(c) 5247 (d) 5847

हल (*d*) दिया है,

T O U R
1 2 3 4

; C L E A R
5 6 7 8 4

तथा

S P A R E
9 0 8 4 7

तुलना करने पर,

C A R E
5 8 4 7

शब्द प्रतिस्थापन कोडिंग

इस प्रकार के प्रश्नों में एक शब्द को कोड के रूप में दूसरे शब्द का प्रयोग किया जाता है और दूसरे शब्द के कूट के रूप में तीसरे शब्द का प्रयोग किया जाता है। इसी प्रकार क्रम आगे जारी रहता है।

उदाहरण 6. यदि फुटबॉल को क्रिकेट, क्रिकेट को बास्केटबॉल, बास्केटबॉल को बैडमिण्टन, बैडमिण्टन को वॉलीबॉल, वॉलीबॉल को हॉकी कहा जाए, तो निम्नलिखित में से कौन-सा खेल गेंद के साथ नहीं खेला जाता है?
(a) क्रिकेट (b) वॉलीबॉल (c) हॉकी (d) बैडमिण्टन

हल (b) बैडमिण्टन गेंद के साथ नहीं खेला जाता, परन्तु प्रश्न में बैडमिण्टन को वॉलीबॉल कहा गया है। अतः वॉलीबॉल गेंद के साथ नहीं खेला जाता है।

वाक्य या शब्द समूह का अक्षरों/संख्याओं/संकेतों में कोडिंग

इस प्रकार के प्रश्नों में तीन या चार शब्दों के एक समूह/वाक्य को अक्षरों/संख्याओं/संकेतों के समूह के रूप में कोड किया जाता है तथा प्रश्न के अन्तर्गत इसी प्रकार के तीन या चार शब्द समूह/वाक्त दिए गए होते हैं। इन शब्द समूहों में उभयनिष्ठ शब्दों और उनके कोड के आधार पर सभी शब्दों के कोड़ ज्ञात किए जाते हैं।

उदाहरण 7. एक विशेष कूटभाषा में bit ne toma का अर्थ mango is yellow है; ne ho tap का अर्थ yellow and red और ho toma ka का अर्थ sun is red है। उस भाषा में निम्नलिखित में से कौन-सा शब्द mango को प्रदर्शित करता है?
(a) ne (b) toma
(c) bit (d) ho

हल (c) प्रश्नानुसार,

bit ne toma → mango is yellow ...(i)
ne ho tap → yellow and red ...(ii)
ho toma ka → sun is red ...(iii)

अतः mango → bit (समी (i) से)

SSC एग्जाम स्कैनर

SSC CGL 2024 (Tier I & II)

1. किसी निश्चित कूटभाषा में, 'he enjoy music' को 'lo po jo' के रूप में कूटबद्ध किया जाता है और 'music and dance' को 'kb jo fk' के रूप में कूटबद्ध किया जाता है। दी गई भाषा में 'music' को किस प्रकार कूटबद्ध किया गया है? **SSC CGL (Tier-II) 20/01/2025 Shift-I**
(a) jo (b) fk
(c) po (d) lo

2. एक निश्चित कूटभाषा में 'CURB' को '3517' के रूप में कूटबद्ध किया जाता है। और BOAT को 4638 के रूप में कूटबद्ध किया जाता है। दी गई कूटभाषा में 'B' के लिए कूट क्या है? **SSC CGL (Tier-II) 20/01/2025 Shift-I**
(a) 3 (b) 7
(c) 4 (d) 8

3. एक निश्चित कूटभाषा में 'POSE' को '3517' के रूप में कूटबद्ध किया जाता है और 'SILK' को '4638' के रूप में कूटबद्ध किया जाता है। दी गई कूटभाषा में 'S' के लिए कूट क्या है? **SSC CGL (Tier-II) 18/01/2025 Shift-I**
(a) 8 (b) 4
(c) 3 (d) 1

4. किसी निश्चित कूटभाषा में, 'she gardens daily' को 'ak jb mp' के रूप में कूटबद्ध किया जाता है और 'where is she' को 'mp pt kt' के रूप में कूटबद्ध किया जाता है। दी गई भाषा में 'she' को किस प्रकार कूटबद्ध किया गया है? **SSC CGL (Tier-II) 18/01/2025 Shift-I**
(a) pt (b) kt
(c) mp (d) ak

5. एक निश्चित कूटभाषा में, 'open the door' को 'wu ko tn' के रूप में कूटबद्ध किया गया है और 'door is solid' को 'ko gk mb' के रूप में कूटबद्ध किया गया है। दी गई भाषा में, 'door' को किस प्रकार से कूटबद्ध किया जाएगा? **SSC CGL (Tier-I) 26/09/2024 Shift-III**
(a) tn (b) ko (c) wu (d) gk

6. एक निश्चित कूटभाषा में, 'VTPM' को '37' के रूप में कूटबद्ध किया जाता है और 'CGNK' को '73' के रूप में कूटबद्ध किया जाता है। उस भाषा में, 'MVLC' को किस प्रकार कूटबद्ध किया जाएगा? **SSC CGL (Tier-I) 26/09/2024 Shift-III**
(a) 58 (b) 64 (c) 72 (d) 81

7. एक निश्चित कूटभाषा में, 'bright colour rainbow' को 'mq bj st' के रूप में कूटबद्ध किया जाता है और 'sunny bright day' को 'nv bj fm' के रूप में कूटबद्ध किया जाता है। उस भाषा में 'bright' को किस प्रकार कूटबद्ध किया है? **SSC CGL (Tier-I) 26/09/2024 Shift-II**
(a) mq (b) nv
(c) bj (d) st

8. एक निश्चित कूटभाषा में, FIGURE को 'VSUGJW' के रूप में कूटबद्ध किया जाता है और COPIED को 'YMLSWX' के रूप में कूटबद्ध किया जाता है। तो उसी कूटभाषा में BLANKET के लिए कूट क्या होगा? **SSC CGL (Tier-I) 26/09/2024 Shift-I**
(a) ZPANQHW (b) ZPANQWH
(c) ZPMNQHW (d) ZPNAQWH

9. एक निश्चित कूटभाषा में, 'FRAMED' को '497621' के रूप में कूटबद्ध किया जाता है और 'DREAMT' को '769542' के रूप में कूटबद्ध किया जाता है। उसी भाषा में 'T' के लिए क्या कूट होगा? **SSC CGL (Tier-I) 26/09/2024 Shift-I**
(a) 7 (b) 4
(c) 1 (d) 5

10. एक निश्चित कूटभाषा में, 'BREAK' को '57123' के रूप में कूटबद्ध किया जाता है और 'BROKE' को '91753' के रूप में कूटबद्ध किया जाता है। उसी भाषा में 'A' के लिए क्या कूट होगा? **SSC CGL (Tier-I) 25/09/2024 Shift-III**
(a) 9 (b) 5 (c) 2 (d) 3

11. एक निश्चित कूटभाषा में, 'CASE' को 'FTBD' लिखा जाता है और 'CAKE' को 'FLBD' लिखा जाता है। इसी कूटभाषा में 'CALF' को किस प्रकार लिखा जाएगा? **SSC CGL (Tier-I) 25/09/2024 Shift-III**
(a) GBMD (b) GMBD
(c) GMDB (d) GBDM

12. एक निश्चित कूटभाषा में, 'DRAPE' को 65432' के रूप में कूटबद्ध किया जाता है और 'TAPED' को '24596' के रूप में कूटबद्ध किया जाता है। उसी भाषा में 'R' के लिए क्या कूट होगा? **SSC CGL (Tier-I) 25/09/2024 Shift-II**
(a) 2 (b) 9
(c) 3 (d) 6

13. एक निश्चित कूटभाषा में, 'EAGLE' को 'DZFKD' के रूप में लिखा जाता है और 'DREAM' को 'CQDZL' के रूप में लिखा जाता है। उसी कूटभाषा में 'SINCE' को किस प्रकार लिखा जाएगा? **SSC CGL (Tier-I) 25/09/2024 Shift-I**
(a) THMDF (b) RHMBD
(c) RJOBD (d) TJODF

14. एक निश्चित कूटभाषा में, 'EXCESS' को '726572121' लिखा जाता है, 'ENERGY' को '716720927' लिखा जाता है, उसी कूटभाषा में 'ESCAPE' को कैसे लिखा जाएगा? **SSC CGL (Tier-I) 25/09/2024 Shift-I**
(a) 72151167 (b) 72153165
(c) 72153187 (d) 71933187

15. एक निश्चित कूटभाषा में 'BLEACHERS' को '63' के रूप में कूटबद्ध किया जाता है और 'ABACAS' को '42' के रूप में कूटबद्ध किया जाता है। उस भाषा में 'FIZZY' को किस प्रकार कूटबद्ध किया जाएगा?
SSC CGL (Tier-I) 24/09/2024 Shift-III
(a) 44 (b) 35
(c) 52 (d) 45

16. एक निश्चित कूटभाषा में, 'IFF' को '21' के रूप में कूटबद्ध किया जाता है और 'ARB' को '21' के रूप में कूटबद्ध किया जाता है। उसी भाषा में 'CAW' को किस प्रकार कूटबद्ध किया जाएगा? **SSC CGL (Tier-I) 24/09/2024 Shift-II**
(a) 27 (b) 23 (c) 25 (d) 26

17. एक निश्चित कोड भाषा में, 'TERRAIN' को 'VETTAIP' लिखा जाता है और 'TRAFFIC' को 'VTAHHIE' लिखा जाता है। उसी भाषा में 'MOTOR' को कैसे लिखा जाएगा? **SSC CGL (Tier-I) 24/09/2024 Shift-II**
(a) OOTVO (b) OVOTO
(c) VOOOT (d) OOVOT

18. एक निश्चित कूटभाषा में, 'PUPIL' को '162116912' लिखा जाता है और 'PURGE' को '16211875' लिखा जाता है। इसी कूटभाषा में, 'PURSE' को किस प्रकार लिखा जाएगा? **SSC CGL (Tier-I) 24/09/2024 Shift-I**
(a) 162118195 (b) 162118159
(c) 126118195 (d) 162111895

19. एक निश्चित कूटभाषा में 'cat dog monkey' को '55 66 88' के रूप में कूटबद्ध किया गया है; 'camel cat donkey' को '66 99 33' के रूप में कूटबद्ध किया गया है और 'dog goat tiger' को '88 11 22' के रूप में कूटबद्ध किया गया है। उसी भाषा में 'monkey' को किस प्रकार कूटबद्ध किया गया है?
SSC CGL (Tier-I) 23/09/2024 Shift-III
(a) 66 (b) 88
(c) 11 (d) 55

20. एक निश्चित कूटभाषा में, 'WJSL' को '25-12-21-14' लिखा जाता है और 'DUOH' को '6-23-17-10' लिखा जाता है। उसी कूटभाषा में 'PFKR' को कैसे लिखा जाएगा?
SSC CGL (Tier-I) 23/09/2024 Shift-III
(a) 20-9-12-20 (b) 19-9-12-19
(c) 18-8-13-20 (d) 20-10-14-21

21. एक निश्चित कूटभाषा में, 'FLAKE' को '&2348' के रूप में लिखा जाता है और 'LAKES' को '23@84' के रूप में लिखा जाता है। उसी भाषा में 'S' को किस प्रकार लिखा जाएगा?
SSC CGL (Tier-I) 23/09/2024 Shift-II
(a) & (b) 3
(c) @ (d) 4

22. एक निश्चित कोडभाषा में, 'RADIO' को 'SZEHP' और 'FREQUENCY' को 'GQFPVDOBZ' लिखा जाता है। उसी भाषा में 'TELEVISION' कैसे लिखा जाएगा?
SSC CGL (Tier-I) 23/09/2024 Shift-I
(a) UDMDWHHTPM
(b) UDMDWHTHPM
(c) UDMDWHTHOM
(d) UDMDWHTHPN

23. एक निश्चित कूटभाषा में, 'BOTH' को 'DQVJ' के रूप में लिखा जाता है और 'DARE' को 'FCTG' के रूप में लिखा जाता है। उसी कूटभाषा में 'WILL' को किस प्रकार लिखा जाएगा?
SSC CGL (Tier-I) 23/09/2024 Shift-I
(a) XJMM (b) YKNN
(c) XKNM (d) YJMN

24. एक निश्चित कूटभाषा में, 'CYCLE' को '242241522' के रूप में कूटबद्ध किया जाता है और 'FINAL' को '2118132615' के रूप में कूटबद्ध किया जाता है। उसी भाषा में 'MUSIC' को किस प्रकार कूटबद्ध किया जाएगा? **SSC CGL (Tier-I) 19/09/2024 Shift-III**
(a) 14681824
(b) 146191824
(c) 1421191824
(d) 146192184

25. एक निश्चित कूटभाषा में, 'toys are gadgets' को 'dj sq ty' के रूप में कूटबद्ध किया जाता है और 'gadgets are machines' को 'mp ty dj' के रूप में कूटबद्ध किया जाता है। उस भाषा में 'gadgets के लिए संभावित कूट क्या है? **SSC CGL (Tier-I) 19/09/2024 Shift-II**
(a) sq
(b) dj
(c) या तो 'ty' या 'dj'
(d) या तो 'ty' या 'mp'

26. एक निश्चित कूटभाषा में, 'it is raining' को 'dy po ko' के रूप में कूटबद्ध किया जाता है, 'is raining now' को 'po jo ko' के रूप में कूटबद्ध किया जाता है और 'is now it' को 'po jo dy' के रूप में कूटबद्ध किया जाता है। सभी कूट केवल दो अक्षर वाले कूट हैं। 'raining' के लिए कूट क्या है?
SSC CGL (Tier-I) 19/09/2024 Shift-II
(a) dy (b) po
(c) ko (d) jo

27. एक निश्चित कूटभाषा में, 'SHE' को 'EIT' लिखा जाता है और 'SAD' को 'DBT' लिखा जाता है। इसी कूटभाषा में 'SUN' को किस प्रकार लिखा जाएगा?
SSC CGL (Tier-I) 19/09/2024 Shift-I
(a) NTV (b) NVT
(c) NYT (d) NTY

28. एक निश्चित कूटभाषा में, 'TOUGH' को '89251' के रूप में कूटबद्ध किया जाता है और 'GHOST' को '93258' के रूप में कूटबद्ध किया जाता है। दी गई कूटभाषा में 'S' के लिए कूट क्या है?
SSC CGL (Tier-I) 19/09/2024 Shift-I
(a) 3 (b) 8
(c) 1 (d) 9

29. एक निश्चित कोड भाषा में, 'BIRD' को 'DKTF' लिखा जाता है और 'KITE' को 'MKVG' लिखा जाता है। उसी भाषा में 'EAGLE' को कैसे लिखा जाएगा?
SSC CGL (Tier-I) 18/09/2024 Shift-III
(a) GCING (b) INGGC
(c) IGNCG (d) GGNCI

30. एक निश्चित कूटभाषा में, 'MORE' को '14-12-9-22' के रूप में कूटबद्ध किया जाता है और 'KNOW' को '16-13-12-4' के रूप में कूटबद्ध किया जाता है। दी गई भाषा में 'SAID' को किस प्रकार कूटबद्ध किया जाएगा? **SSC CGL (Tier-I) 18/09/2024 Shift-III**
(a) 8-26-18-23
(b) 8-26-17-23
(c) 7-25-18-23
(d) 7-26-18-22

31. एक निश्चित कूटभाषा में, 'TRIED' को '54123' के रूप में कूटबद्ध किया जाता है और 'TREAD' को '12365' के रूप में कूटबद्ध किया जाता है। दी गई कूटभाषा में 'I' के लिए कूट क्या है?
SSC CGL (Tier-I) 18/09/2024 Shift-II
(a) 1 (b) 5 (c) 4 (d) 6

32. एक निश्चित कूटभाषा में, 'TABU' को 'SBAV' लिखा जाता है और 'TANK' को 'SBML' लिखा जाता है। इसी कूट भाषा में 'TAIL' को किस प्रकार लिखा जाएगा?
SSC CGL (Tier-I) 18/09/2024 Shift-I
(a) SBHM (b) SBMH
(c) SMHB (d) SMBH

33. एक निश्चित कूटभाषा में, 'she is girl' को '7 3 9' के रूप में कूटबद्ध किया गया है; 'he is boy' को '9 6 5' के रूप में कूटबद्ध किया गया है और 'girl is tall' को '9 3 8' के रूप में कूटबद्ध किया गया है। उसी भाषा में, 'she' को किस प्रकार कूटबद्ध किया गया है?
SSC CGL (Tier-I) 18/09/2024 Shift-I
(a) 7 (b) 3 (c) 8 (d) 9

34. एक निश्चित कूटभाषा में, 'DRIVE' को '62749' के रूप में कूटबद्ध किया गया है और 'RIDES' को '76284' के रूप में कूटबद्ध किया गया है। उस भाषा में 'V' के लिए कूट क्या है? **SSC CGL (Tier-I) 18/09/2024 Shift-I**
(a) 6 (b) 8 (c) 9 (d) 7

35. एक निश्चित कूटभाषा में 'RUG' को 'EPS' के रूप में और 'SIT' को 'RQG' के रूप में कूटबद्ध किया जाता है। उसी भाषा में 'COP' को किस प्रकार कूटबद्ध किया जाएगा?
SSC CGL (Tier-I) 17/09/2024 Shift-III
(a) NBM (b) MBO
(c) MBM (d) NAM

36. एक निश्चित कूटभाषा में, 'OASIS' को 'RJTBN' लिखा जाता है और 'OBESE' को 'DTFCN' लिखा जाता है। इसी कूटभाषा में 'OCCUR' को किस प्रकार लिखा जाएगा?
SSC CGL (Tier-I) 17/09/2024 Shift-III
(a) VQNDD (b) VQDDN
(c) QVNDD (d) QVDDN

37. एक निश्चित कूटभाषा में 'TIDE' को '9457' के रूप में कूटबद्ध किया जाता है और 'DENT' को '7593' के रूप में कूटबद्ध किया जाता है। उस भाषा में 'N' के लिए कूट क्या है? **SSC CGL (Tier-I) 17/09/2024 Shift-II**
(a) 3 (b) 7
(c) 9 (d) 5

38. एक निश्चित कूटभाषा में, 'What you think you become' को 'Fe Mo Su Ta Za' के रूप में लिखा जाता है और 'What you think you achieve' को 'Mo Su Te Fe Za' के रूप में लिखा जाता है। उसी भाषा में 'achieve' को किस प्रकार लिखा जाएगा?
SSC CGL (Tier-I) 17/09/2024 Shift-II
(a) Te (b) Mo
(c) Za (d) Fe

39. एक निश्चित कूटभाषा में, 'BIRTHDAY' को 'ADHTRIBY' के रूप में लिखा जाता है और 'CONGRESS' को 'SERGNOCS' के रूप में लिखा जाता है। उसी भाषा में 'DIVISION' को किस प्रकार लिखा जाएगा?
SSC CGL (Tier-I) 17/09/2024 Shift-I
(a) DNOISIVI (b) NDOISIVI
(c) NOISIVID (d) OISIVIDN

40. एक निश्चित कूटभाषा में, 'VAT' को '43' के रूप में कूटबद्ध किया जाता है और 'AWW' को '47' के रूप में कूटबद्ध किया जाता है। उसी भाषा में 'ZHU' को किस प्रकार कूटबद्ध किया जाएगा?
SSC CGL (Tier-I) 13/09/2024 Shift-III
(a) 62 (b) 55
(c) 63 (d) 48

41. एक निश्चित कूटभाषा में, 'GLOBAL' को '221714272817' लिखा जाता है, 'FOREST' को '23141124109' लिखा जाता है। उसी कूटभाषा में, 'IMPACT' को कैसे लिखा जाएगा?
SSC CGL (Tier-I) 13/09/2024 Shift-II
(a) 20161226259 (b) 18141126247
(c) 20161327259 (d) 20161328269

42. एक निश्चित कूटभाषा में, 'RETAINED' को 'ENIATERD' के रूप में लिखा जाता है और 'MATURITY' को 'TIRUTAMY' के रूप में लिखा जाता हैं। उसी भाषा में 'FIREWALL' को कैसे लिखा जाएगा?
SSC CGL (Tier-I) 13/09/2024 Shift-II
(a) LAWERIFL (b) LAWEFIFR
(c) FLIREWAL (d) FLLAWERI

43. एक निश्चित कूटभाषा में 'mountain stand tall' को '33 66 44' के रूप में कूटबद्ध किया जाता है; 'rocky is tall' को '44 55 11' के रूप में कूटबद्ध किया गया है और 'rocky is mountain' को '33 55 11' के रूप में कूटबद्ध किया गया है। उसी भाषा में 'stand' को किस प्रकार कूटबद्ध किया गया है?
SSC CGL (Tier-I) 13/09/2024 Shift-I
(a) 44 (b) 11 (c) 33 (d) 66

44. एक निश्चित कोड भाषा में, 'HUSBAND' को 'JVUDBPF' लिखा जाता है और 'SISTER' को 'UJUVFT' लिखा जाता है। उसी भाषा में 'BROTHER' को कैसे लिखा जाएगा? **SSC CGL (Tier-I) 13/09/2024 Shift-I**
(a) FJPVDTT (b) TFVJTPD
(c) DTPVJFT (d) DJTFPTV

45. एक निश्चित कूटभाषा में, 'MUTUAL' को '12121202113' लिखा जाता है और 'MARKET' को '2051118113' लिखा जाता है, उसी कूटभाषा में, 'MODULE' को कैसे लिखा जाएगा?
SSC CGL (Tier-I) 12/09/2024 Shift-III
(a) 5122141513 (b) 14122361522
(c) 5122141613 (d) 1315421125

46. एक निश्चित कूटभाषा में, 'can we play' को 'ae tc nx' के रूप में कूटबद्ध किया जाता है और 'play in school' को 'tc rm ef' के रूप में कूटबद्ध किया जाता है। उस भाषा में 'play' को किस प्रकार कूटबद्ध किया है?
SSC CGL (Tier-I) 12/09/2024 Shift-II
(a) ef (b) rm
(c) ae (d) tc

47. एक निश्चित कूटभाषा में 'talk to me' को 'aq yt bl' के रूप में कूटबद्ध किया जाता है और 'do not talk' को 'yt me wc' के रूप में कूटबद्ध किया जाता है। उस भाषा में 'talk' के लिए कूट क्या है?
SSC CGL (Tier-I) 12/09/2024 Shift-II
(a) aq (b) wc (c) yt (d) bl

48. एक निश्चित कोड भाषा में, 'FIVE' को '12184410' और 'FOUR' को '12304236' लिखा जाता है। उसी भाषा में 'THREE' कैसे लिखा जाएगा?
SSC CGL (Tier-I) 12/09/2024 Shift-I
(a) 4016361310 (b) 4016361010
(c) 4016361110 (d) 4016361212

49. एक निश्चित कूट में, 'FACED' को 'GZDDE' के रूप में लिखा जाता है और 'VACAY' को 'WZDZZ' के रूप में लिखा जाता है। उसी भाषा में 'LABOR' को किस प्रकार लिखा जाएगा?
SSC CGL (Tier-I) 12/09/2024 Shift-I
(a) MBCPS (b) MZCNS
(c) MBDPS (d) MADMS

50. एक निश्चित कूटभाषा में, BRING को '7149182' कूटबद्ध किया जाता है और SMILE को '51291319' कूटबद्ध किया जाता है। उसी कूटभाषा में FORGIVE के लिए कूट क्या होगा?
SSC CGL (Tier-I) 11/09/2024 Shift-III
(a) 5229179156
(b) 5228717156
(c) 5219717166
(d) 5229718156

51. एक निश्चित कूटभाषा में, 'BUZZY' को '10' के रूप में कूटबद्ध किया जाता है और 'KING' को '8' के रूप में कूटबद्ध किया जाता है। उसी भाषा में 'ABROAD' को किस प्रकार कूटबद्ध किया जाएगा?
SSC CGL (Tier-I) 11/09/2024 Shift-II
(a) 7 (b) 12 (c) 9 (d) 10

52. एक निश्चित कूटभाषा में, 'VAIN' को 'OKBY' लिखा जाता है और 'VAST' को 'UUBY' लिखा जाता है। इसी कूटभाषा में 'VERB' को किस प्रकार लिखा जाएगा?
SSC CGL (Tier-I) 11/09/2024 Shift-II
(a) CFYT (b) CTYF
(c) CFTY (d) CTFY

53. एक निश्चित कूटभाषा में, 'DEMAND' को '410132144' लिखा जाता है और 'SUPPLY' को '194216161225' लिखा जाता है। उसी भाषा में 'PRODUCT' को क्या लिखा जाएगा?
SSC CGL (Tier-I) 11/09/2024 Shift-I
(a) 323615821640
(b) 161542320
(c) 161815421320
(d) 161830442320

54. एक निश्चित कूटभाषा में, 'CONFUSED' को '7' के रूप में कूटबद्ध किया जाता है और 'CHAIN' को '4' के रूप में कूटबद्ध किया जाता है। उसी भाषा में 'ADULTHOOD' को किस प्रकार कूटबद्ध किया जाएगा?
SSC CGL (Tier-I) 11/09/2024 Shift-I
(a) 7 (b) 9 (c) 6 (d) 8

55. एक निश्चित कूटभाषा में, 'VERY' को '6314' के रूप में लिखा जाता है और 'VARY' को '1438' के रूप में लिखा जाता है। उसी भाषा में 'A' को किस प्रकार लिखा जाएगा?
SSC CGL (Tier-I) 10/09/2024 Shift-III
(a) 8 (b) 1 (c) 6 (d) 4

56. एक निश्चित कूटभाषा में 'make some more' को 'pb gq st' के रूप में कूटबद्ध किया जाता है और 'need more time' को 'ru ek gq' के रूप कूटबद्ध किया जाता है। उस भाषा में 'more' के लिए कूट क्या है?
SSC CGL (Tier-I) 10/09/2024 Shift-III
(a) pb (b) st
(c) gq (d) ek

57. एक निश्चित कूटभाषा में, 'TIZZ' को 'VKBB' के रूप में लिखा जाता है और 'QOPH' को 'SQRJ' के रूप में लिखा जाता है। उसी भाषा में 'CKAU' को किस प्रकार लिखा जाएगा?
SSC CGL (Tier-I) 10/09/2024 Shift-III
(a) EMCW (b) DMBW
(c) DNBV (d) ENCV

58. एक निश्चित कूटभाषा में, 'COWS' को '7935' के रूप में कूटबद्ध किया जाता है और 'OILY' को '2568' के रूप में कूटबद्ध किया जाता है। उस भाषा में 'O' के लिए कूट क्या है?
SSC CGL (Tier-I) 10/09/2024 Shift-II
(a) 2 (b) 8
(c) 5 (d) 9

59. एक निश्चित कूटभाषा में, 'sit on chair' को 'sk mi cn' के रूप में कूटबद्ध किया गया है और 'the chair broke' को 'gm fr mi' के रूप में कूटबद्ध किया गया है। दी गई भाषा में 'chair' को किस प्रकार से कूटबद्ध किया जाएगा?
SSC CGL (Tier-I) 10/09/2024 Shift-I
(a) sk (b) cn
(c) gm (d) mi

60. एक निश्चित कूटभाषा में, 'BELL' को 'MKFA' लिखा जाता है और 'BOND' को 'EMPA' लिखा जाता है। इसी कूटभाषा में 'BLEW' को किस प्रकार लिखा जाएगा?
SSC CGL (Tier-I) 10/09/2024 Shift-I
(a) XMDA (b) XMAD
(c) XDAM (d) XDMA

61. एक निश्चित कोड भाषा में, 'SILK' को 'TIML' लिखा जाता है और 'INSECT' को 'IOTEDU' लिखा जाता है। उसी भाषा में 'CHANGE' को कैसे लिखा जाएगा?
SSC CGL (Tier-I) 09/09/2024 Shift-III
(a) DEIOHA (b) DEIHAO
(c) DIAOHE (d) DOIHAE

62. एक निश्चित कूटभाषा में 'It's your life' को 'Ao Bo Co' के रूप में लिखा जाता है और 'It's your food' को 'Ba Co Bo' के रूप में लिखा जाता है। उसी भाषा में 'food' को किस प्रकार लिखा जाएगा?
SSC CGL (Tier-I) 09/09/2024 Shift-II
(a) Ao (b) Co
(c) Bo (d) Ba

63. एक निश्चित कूटभाषा में 'let it go' को 'vc nt ap' के रूप में कूटबद्ध किया जाता है और 'this is it' को 'mq vc ih' के रूप में कूटबद्ध किया जाता है। उस भाषा में 'it' के लिए कूट क्या है? SSC CGL (Tier-I) 09/09/2024 Shift-II
(a) ih (b) vc (c) mq (d) nt

64. एक निश्चित कूटभाषा में 'what where how' को 'aa dd ff' के रूप में लिखा जाता है; 'where there that' को 'dd zz pp' और 'which what here' को 'ff kk ll' लिखा जाता है। उसी भाषा में 'how' कैसे लिखा जाता है? SSC CGL (Tier-I) 09/09/2024 Shift-I
(a) zz (b) ff
(c) aa (d) kk

SSC CGL 2023 (Tier I & II)

65. एक निश्चित कूटभाषा में, 'BUTTER' को 'CWWSCO' के रूप में कूटबद्ध किया गया है और 'THEORY' को 'UJHNPV' के रूप मे कूटबद्ध किया गया है। उस भाषा में 'LATENT' को किस प्रकार कूटबद्ध किया जाएगा? SSC CGL (Tier-II) 26/10/2023
(a) MDXCLQ (b) MCWDLQ
(c) MEVCKR (d) MVWDMP

66. एक निश्चित कूटभाषा में, 'POLISH' को '89' लिखा जाता है और 'CLIP' को '72' लिखा जाता है। उसी भाषा में 'CONTROL' को कैसे लिखा जाएगा? SSC CGL (Tier-II) 07/03/2023
(a) 99 (b) 92
(c) 89 (d) 106

67. एक कूटभाषा में 'SLAIN' को 'PKCNU' लिखा जाता है और 'DENT' को 'VPGF' लिखा जाता है। उसी भाषा में 'CUBOID' को कैसे लिखा जाता है।
SSC CGL (Tier-II) 07/03/2023
(a) FJQDWE (b) EWDPKE
(c) FKQDWE (d) FKQDVF

68. एक कूटभाषा में, 'PLUMAGE' को 'GICOWNR' लिखा जाता है और 'CRUSH' को 'JUWTE' लिखा जाता है। उसी भाषा में 'TRIBAL' को कैसे लिखा जाएगा? SSC CGL (Tier-II) 06/03/2023
(a) NCDKTV (b) NCBKTV
(c) NODJTV (d) NCBJTV

69. एक निश्चित कूट में, COMPAQ शब्द को DQNRBS के रूप में लिखा जाता है और SONY को TQOA के रूप में लिखा जाता है। इसी कूट में MOTOROLA को कैसे लिखा जाता है। SSC CGL (Tier-II) 03/03/2023
(a) NPUPSPMB
(b) NQUQSQMC
(c) OPUPUPIB
(d) INUNSNMB

70. एक निश्चित कूटभाषा में, 'CROSS' को '66' लिखा जाता है और 'CHART' को '90' लिखा जाता है। उसी भाषा में 'SYMBOL' को कैसे लिखा जाएगा? SSC CGL (Tier-II) 03/03/2023
(a) 82 (b) 93 (c) 76 (d) 88

71. एक निश्चित भाषा में, शब्द CLOCK को 4-13-17-4-12 के रूप में लिखा जाता है। आप उसी भाषा में PHONE को कैसे लिखेंगे? SSC CGL (Tier-II) 02/03/2023
(a) 17-10-16-15-6 (b) 16-9-15-16-5
(c) 17-9-17-15-6 (d) 17-9-16-17-6

72. एक निश्चित कोड भाषा में, 'PAINT' को '80' और 'DROP' को '59' लिखा जाता है। उसी भाषा में 'MARKET' को कैसे लिखा जाएगा?
SSC CGL (Tier-II) 02/03/2023
(a) 85 (b) 100 (c) 90 (d) 95

73. एक निश्चित कूटभाषा में 'SPIT' को 'USKW' के रूप में कूटबद्ध किया जाता है और 'COPY' को 'ERRB' के रूप में कूटबद्ध किया जाता है। उसी भाषा में 'MOCK' को किस प्रकार कूटबद्ध किया जाएगा?
SSC CGL (Tier-I) 27/07/2023 Shift-II
(a) PQEN (b) PREN
(c) OQEN (d) OREN

74. एक निश्चित कूटभाषा में 'PLIERS' को 'MMAFJO' के रूप में कूटबद्ध किया जाता है और 'SHOVEL' को 'FZRLFR' के रूप में कूटबद्ध किया जाता है। उसी भाषा में 'WRENCH' को किस प्रकार कूटबद्ध किया जाएगा? SSC CGL (Tier-I) 27/07/2023 Shift-II
(a) BXJBPV (b) CXIBPV
(c) BXJBQU (d) CXJBQU

75. एक निश्चित कूटभाषा में, 'BOOK' को '325' लिखा जाता है, 'READ' को '400' लिखा जाता है। उसी भाषा में 'ABLE' को कैसे लिखा जाएगा? SSC CGL (Tier-I) 27/07/2023 Shift-I
(a) 440 (b) 438 (c) 442 (d) 445

76. एक निश्चित कूटभाषा में 'DUST' को 16 के रूप में कूटबद्ध किया गया है और 'EARTH' को 25 के रूप में कूटबद्ध किया गया है। उसी भाषा में 'MAN' को कैसे कूटबद्ध किया जाएगा? SSC CGL (Tier-I) 27/07/2023 Shift-I
(a) 36 (b) 12
(c) 9 (d) 6

77. एक निश्चित कूटभाषा में, 'APRIL' को 'CSTLN' के रूप में कूटबद्ध किया जाता है और 'MARCH' को 'ODTFJ' के रूप में कूटबद्ध किया जाता है। उसी भाषा में 'JUNE' को किस प्रकार कूटबद्ध किया जाएगा?
SSC CGL (Tier-I) 26/07/2023 Shift-IV
(a) LWPI (b) LXPH
(c) KXPH (d) KWPH

78. एक निश्चित कूटभाषा में, 'SLAP' को '3160' और 'PAST' को '6071' के रूप में कूटबद्ध किया जाता है। दी गई कूट भाषा में 'L' का कूट क्या है? **SSC CGL (Tier-I) 26/07/2023 Shift-III**

(a) 0 (b) 1 (c) 6 (d) 3

79. एक निश्चित कूटभाषा में 'XPDJOA' को 'DPXAOJ' लिखा जाता है और 'THBRUC' को 'BHTCUR' लिखा जाता है। इसी कूटभाषा में 'GILDZM' को कैसे लिखा जाएगा?

SSC CGL (Tier-I) 26/07/2023 Shift-III

(a) LGIDZM (b) ZDMGIL
(c) LIGMZD (d) MZDLIG

80. एक निश्चित कूटभाषा में, 'MELODY' को 'LEMYDO' लिखा जाता है और 'PURPLE' को 'RUPELP' लिखा जाता है। इसी कूटभाषा में, 'CLAUSE' को कैसे लिखा जाएगा?

SSC CGL (Tier-I) 26/07/2023 Shift-II

(a) EUSLAC (b) ESUALC
(c) ASUELC (d) ALCESU

81. एक निश्चित कूटभाषा में, 'BIND' को '9214' और 'DRIB' को '4109' के रूप में कूटबद्ध किया जाता है। दी गई कूटभाषा में 'N' का कूट क्या है? **SSC CGL (Tier-I) 26/07/2023 Shift-I**

(a) 1 (b) 2
(c) 9 (d) 4

82. एक निश्चित कूटभाषा में 'TELEVISION' को 'UDMDWKQKMP' लिखा जाता है और 'PUNISHMENT' को 'QTOHTJKGLV' लिखा जाता है। उसी भाषा में 'HELICOPTER' को कैसे लिखा जाएगा?

SSC CGL (Tier-I) 26/07/2023 Shift-I

(a) IDMHDQCVNT
(b) IDMHDQVCNT
(c) IDMHDQNVCT
(d) IDMHQDVNCT

83. एक निश्चित कूटभाषा में, यदि 'PDFJARS' को 'OCELZQR' के रूप में लिखा जाता है और 'MHCXBTU' को 'LGBZAST' के रूप में लिखा जाता है, तो उसी कूटभाषा में 'ZVDGENQ' को किस प्रकार लिखा जाएगा?

SSC CGL (Tier-I) 25/07/2023 Shift-IV

(a) YUCIDMP
(b) XUCDEMQ
(c) XVDEDNO
(d) XUYCIMP

84. एक निश्चित कूटभाषा में, 'STRAIGHT' को 'UVTCUIHJ' लिखा जाता है, 'SURVIVAL' को 'UWTXMBWJ' लिखा जाता है। उसी भाषा में 'TAKEOVER' को कैसे लिखा जाएगा?

SSC CGL (Tier-I) 25/07/2023 Shift-IV

(a) VCMGSFWP (b) VCMHSGWP
(c) VCMGTFVP (d) VCMGSHXP

85. एक निश्चित कूटभाषा में 'WINTER' को XJXQKX के रूप में कूटबद्ध किया जाता है और 'AUTUMN' को TRYWWB के रूप में कूटबद्ध किया जाता है। उसी भाषा में 'SEASON' को किस प्रकार कूटबद्ध किया जाएगा? **SSC CGL (Tier-I) 25/07/2023 Shift-IV**

(a) TGDWTT (b) TRXCGT
(c) RTXCTT (d) TTWDGT

86. एक निश्चित कूटभाषा में 'RELAX' को 'CPPZC' लिखा जाता है और 'STAKE' को 'RQEGM' लिखा जाता है। उस भाषा में 'WINDS' को किस प्रकार लिखा जाएगा?

SSC CGL (Tier-I) 25/07/2023 Shift-III

(a) HURVG (b) GVSUF
(c) HUSVG (d) GURUF

87. एक निश्चित कूटभाषा में, 'BENT' को '3198' और 'DEBT' को '8316' के रूप में कूटबद्ध किया जाता है। दी गई कूटभाषा में 'N' का कूट क्या है?

SSC CGL (Tier-I) 25/07/2023 Shift-III

(a) 9 (b) 8 (c) 3 (d) 1

88. एक निश्चित कूटभाषा में 'DISCIPLINE' को 'DKSCKPLKNG', 'REVOLUTION' को 'RGVQLWTKQN' के रूप में लिखा जाता है इसी कूटभाषा में 'UNIVERSITY' को किस प्रकार से लिखा जाएगा?

SSC CGL (Tier-I) 25/07/2023 Shift-II

(a) WNKVGRKSTY
(b) WNKGVRSKTY
(c) WNKVGSRKTY
(d) WNKVGRSKTY

89. एक निश्चित कूटभाषा में, यदि 'RPD' को '43' के रूप में लिखा जाता है और 'FCL' को '60' के रूप में लिखा जाता है, तो उसी कूटभाषा में 'QTS' को किस प्रकार लिखा जाएगा?

SSC CGL (Tier-I) 25/07/2023 Shift-II

(a) 28 (b) 40
(c) 35 (d) 25

90. एक निश्चित कूटभाषा में, 'CAKE' को '6874' लिखा जाता है, 'EASY' को '4882' लिखा जाता है। उस भाषा में 'MAKE' को कैसे लिखा जाएगा?

SSC CGL (Tier-I) 25/07/2023 Shift-I

(a) 5884 (b) 5875
(c) 5774 (d) 5874

91. एक निश्चित कूटभाषा में 'RAT' को '39' के रूप में कूटबद्ध किया जाता है और 'MICE' को '30' के रूप में कूटबद्ध किया जाता है। उसी भाषा में 'ZEBRA' को किस प्रकार कूटबद्ध किया जाएगा?

SSC CGL (Tier-I) 25/07/2023 Shift-I

(a) 51 (b) 52
(c) 53 (d) 50

92. एक निश्चित कूटभाषा में, 'PRECIOUS' को 'UOICERPS' लिखा जाता है और 'FLAGRANT' को 'NARGALFT' लिखा जाता है। इसी कूटभाषा में 'CHILDISH' को कैसे लिखा जाएगा?

SSC CGL (Tier-I) 24/07/2023 Shift-IV

(a) SIDLIHCH (b) HSIDLIHC
(c) HCSIDLIH (d) SCHILDIH

93. एक निश्चित कूटभाषा में, 'meet them now' को 'el cn ah' के रूप में कूटबद्ध किया गया है; 'never meet alone' को 'cn sm uv' के रूप में कूटबद्ध किया गया है और 'not alone now' को 'ah sm rt' के रूप में कूटबद्ध किया गया है। (सभी कूट केवल दो-अक्षर वाले कूट हैं।) उस भाषा में 'not them' को किस प्रकार कूटबद्ध किया जाएगा।?

SSC CGL (Tier-I) 24/07/2023 Shift-IV

(a) el uv (b) el rt
(c) rt sm (d) uv cn

94. एक निश्चित कूटभाषा में, 'LIFETIME' को 'FGJMFNJU' और 'INTEGRAL' को 'FUOJMBSH' के रूप में लिखा जाता है। इसी कूटभाषा में 'INTEREST' को किस प्रकार से लिखा जाएगा?

SSC CGL (Tier-I) 24/07/2023 Shift-III

(a) FUOJVUFS (b) FUOJUTFS
(c) FUOKUTGS (d) ETNITSER

95. एक निश्चित कूटभाषा में, 'CERTAIN' को 'ECTRCGP' लिखा जाता है 'DIGITAL' को 'FGIGVYN' लिखा जाता है। उस भाषा में 'FACTORY' को कैसे लिखा जाएगा?

SSC CGL (Tier-I) 24/07/2023 Shift-I

(a) HYERQPA (b) HYERRPA
(c) HCEVQTA (d) HYPERPA

96. एक निश्चित कूटभाषा में, 'travel for fun' को 'dv pa vi' के रूप में कूटबद्ध किया गया है। 'fun will begin' को 'cr dv em' के रूप में कूटबद्ध किया गया है। 'will travel today' को 'vi cr hz' के रूप में कूटबद्ध किया गया है। (सभी कूट केवल दो-अक्षर वाले कूट है।) उस भाषा में 'for today' को किस प्रकार कूटबद्ध किया जाएगा?

SSC CGL (Tier-I) 21/07/2023 Shift-IV

(a) hz pa (b) cr dv
(c) dv hz (d) pa em

97. एक निश्चित कूटभाषा में, 'FABRIC' को 'GZCQJB' लिखा जाता है। और 'BITTER' को 'CHUSFQ' लिखा जाता है। इसी कूटभाषा में 'ANIMAL' को कैसे लिखा जाएगा? **SSC CGL (Tier-I) 21/07/2023 Shift-IV**

(a) CMIMBJ
(b) BMJLBK
(c) ANINCL
(d) CNJMCL

98. एक निश्चित कूटभाषा में 'RAT' को '27' के रूप में कूटबद्ध किया जाता है। और 'ZEBRA' को '125' के रूप में कूटबद्ध किया जाता है। उसी भाषा में 'RABBIT' को किस प्रकार कूटबद्ध किया जाएगा?
SSC CGL (Tier-I) 21/07/2023 Shift-III
(a) 212 (b) 236 (c) 224 (d) 216

99. एक निश्चित कूटभाषा में 'CHORUS' को UVTPJD के रूप में कूटबद्ध किया जाता है और 'ANTHEM' को OFJUPB के रूप में कूटबद्ध किया जाता है। उसी भाषा में 'VOLUME' को किस प्रकार कूटबद्ध किया जाएगा? SSC CGL (Tier-I) 21/07/2023 Shift-II
(a) GNWMQW (b) HMWNPV
(c) GNWNPW (d) GNXMPW

100. एक निश्चित कूटभाषा में 'BREAD' को 'RBBDA' के रूप में कूटबद्ध किया गया है और 'FLOUR' को 'LFLRU' के रूप में कूटबद्ध किया गया है। उसी भाषा में ' PAINT' को किस प्रकार कूटबद्ध किया जाएगा? SSC CGL (Tier-I) 21/07/2023 Shift-I
(a) APFTN (b) NTFAP
(c) AFPTN (d) APLTN

101. किसी निश्चित कूटभाषा में, 'UPSIDE' को 'NJNEAC' के रूप में कूटबद्ध किया जाता है और 'GINGER' को 'ZCICBP' के रूप में कूटबद्ध किया जाता है। उसी भाषा में 'BRUNCH' को किस प्रकार कूटबद्ध किया जाएगा? SSC CGL (Tier-I) 21/07/2023 Shift-I
(a) TKOKYE (b) VMQKAG
(c) WNRKBH (d) ULPJZF

102. किसी निश्चित कूटभाषा में, 'AROUND' को 'CVUCXP' के रूप में कूटबद्ध किया जाता है और 'ONLINE' को 'QRRQXQ' के रूप में कूटबद्ध किया जाता है। उसी भाषा में 'RUSTIC' को किस प्रकार कूटबद्ध किया जाएगा? SSC CGL (Tier-I) 20/07/2023 Shift-IV
(a) SXXARP (b) SXYBSP
(c) TYYBSO (d) TYXASO

103. किसी निश्चित कूटभाषा में, 'BACKED' को 'GHNFDE' के रूप में कूटबद्ध किया जाता है और 'CLOSER' को 'UHVROF' के रूप में कूटबद्ध किया जाता है। उसी भाषा में 'JUNIOR' को किस प्रकार कूटबद्ध किया जाएगा?
SSC CGL (Tier-I) 20/07/2023 Shift-III
(a) URLQXM (b) TRMQYM
(c) VSNRYN (d) USMRYN

104. किसी निश्चित कूटभाषा में, 'DEAF' को '4516' लिखा जाता है और 'KILL' को '1191212' लिखा जाता है। इसी कूटभाषा में 'LORD' को कैसे लिखा जाएगा?
SSC CGL (Tier-I) 20/07/2023 Shift-III
(a) 1116641 (b) 1215184
(c) 1014145 (d) 1114166

105. एक निश्चित कूटभाषा में, यदि 'DGOUT' को '25131918' और 'RCQFM' को '16115411' के रूप में लिखा जाता है, तो उसी कूटभाषा में 'OVHPI' को किस प्रकार लिखा जाएगा?
SSC CGL (Tier-I) 20/07/2023 Shift-III
(a) 13206147 (b) 13196149
(c) 11186048 (d) 12196247

106. एक निश्चित कूटभाषा में 'ABUSE' को 'DEXVH' लिखा जाता है और 'CANDY' को 'FDQGB' लिखा जाता है। इसी कूटभाषा में 'DESERT' को कैसे लिखा जाएगा?
SSC CGL (Tier-I) 20/07/2023 Shift-II
(a) IJXJWY (b) GHVHUW
(c) HIWIVX (d) HJWJWX

107. एक निश्चित कूटभाषा में 'QUANTITY' को 'TPMZHSXS' लिखा जाता है, 'RELIABLE' को 'DQHKAZDK' लिखा जाता है। उसी भाषा में 'SAMPLING' कैसे लिखा जाएगा?
SSC CGL (Tier-I) 20/07/2023 Shift-II
(a) ZROLHKFM (b) ZROLHLGM
(c) ZROLHKFN (d) ZROLHJEL

108. एक निश्चित कूटभाषा में, यदि 'FILM' को '9121516' और 'EAST' को '842223' के रूप में लिखा जाता है, तो उसी कूटभाषा में 'HOME' को किस प्रकार लिखा जाएगा?
SSC CGL (Tier-I) 20/07/2023 Shift-I
(a) 1218167 (b) 1017178
(c) 1216157 (d) 1118168

109. एक निश्चित कूटभाषा में 'TURNIP' को 'VNRUWU' के रूप में कूटबद्ध किया जाता है और 'DAIKON' को 'TTOLCE' के रूप में कूटबद्ध किया जाता है। उसी भाषा में 'RADISH' को किस प्रकार कूटबद्ध किया जाएगा? SSC CGL (Tier-I) 19/07/2023 Shift-IV
(a) NXMGCS (b) NXNHCS
(c) MXNHCS (d) CYMGDP

110. एक निश्चित कूटभाषा में, 'ENVOY' को 'DMUNX' लिखा जाता है और 'CHECK' को 'BGDBJ' लिखा जाता है। इसी कूटभाषा में 'ANGLE' को कैसे लिखा जाएगा?
SSC CGL (Tier-I) 19/07/2023 Shift-IV
(a) YLDJD (b) ZMFKD
(c) YNEJC (d) ZNDID

111. एक निश्चित कूटभाषा में 'GINGER' को LZCKGF के रूप में कूटबद्ध किया जाता है 'GARLIC' को WDHOYF के रूप में कूटबद्ध किया जाता है। उसी भाषा में 'CLOVES' को किस प्रकार कूटबद्ध किया जाएगा? SSC CGL (Tier-I) 19/07/2023 Shift-IV
(a) NYYLJB (b) MZRLJB
(c) NYQLJB (d) MZQLIB

112. एक निश्चित कूटभाषा में, 'MARS' को '51' के रूप में कूटबद्ध किया जाता है और 'STARS' को '77' के रूप में कूटबद्ध किया जाता है। उसी भाषा में 'MOON' को किस प्रकार कूटबद्ध किया जाएगा?
SSC CGL (Tier-I) 19/07/2023 Shift-II
(a) 57 (b) 55 (c) 54 (d) 56

113. एक निश्चित कूटभाषा में, 'time has come' को 'et im ak' के रूप में कूटबद्ध किया गया है, 'come with money' को 'nd ak co' के रूप में कूटबद्ध किया गया है और 'money has power' को 'fu et nd' के रूप में कूटबद्ध किया गया है। (सभी कूट केवल दो-अक्षर वाले कूट हैं। उस भाषा में 'with power' को किस प्रकार कूटबद्ध किया जाएगा? SSC CGL (Tier-I) 19/07/2023 Shift-I
(a) et mp (b) fu co
(c) td fu (d) co mp

114. एक निश्चित कूटभाषा में 'DESIGN' को 8-10-38-18-14-28 के रूप में कूटबद्ध किया गया हैं और 'FOREST' को 12-30-36-10-38-40 के रूप में कूटबद्ध किया गया है। उसी भाषा में 'PLAYER' को किस प्रकार कूटबद्ध किया जाएगा?
SSC CGL (Tier-I) 19/07/2023 Shift-I
(a) 32-22-2-50-12-36
(b) 32-24-2-50-10-36
(c) 36-24-2-50-10-34
(d) 32-26-2-50-12-38

115. एक निश्चित कूटभाषा में, 'THIN' को '1723' और 'WITH' को '2417' के रूप में कूटबद्ध किया जाता है। दी गई कूटभाषा में 'W' का कूट क्या है? SSC CGL (Tier-I) 18/07/2023 Shift-IV
(a) 2 (b) 1 (c) 4 (d) 7

116. एक निश्चित कोड भाषा में 'PUBLIC' को 'TIEIUY' के रूप में लिखा गया है और 'SERVER' को 'WEUSEN' के रूप में लिखा गया है। उसी भाषा में 'DIRECT' को किस प्रकार लिखा जाएगा?
SSC CGL (Tier-I) 18/07/2023 Shift-III
(a) HCUBIP (b) HICBUP
(c) PCUBIH (d) PICBUH

117. एक निश्चित कूटभाषा में 'ROSE' को '228' के रूप में कूटबद्ध किया जाता है। और 'TULIP' को '390' के रूप में कूटबद्ध किया जाता है। उस भाषा में 'LOTUS' को किस प्रकार कूटबद्ध किया जाएगा?
SSC CGL (Tier-I) 18/07/2023 Shift-II
(a) 435 (b) 425 (c) 430 (d) 420

118. एक निश्चित कूटभाषा में 'PLACE' को 'CONHA' लिखा जाता है और 'SHOCK' को 'QKQNA' लिखा जाता है। उस भाषा में 'FROWN' को किस प्रकार लिखा जाएगा?
SSC CGL (Tier-I) 18/07/2023 Shift-II
(a) RUSRT (b) QVQDU
(c) RVRST (d) QUDQU

119. एक निश्चित कूटभाषा में, यदि 'CBVQ' को '652520' के रूप में लिखा जाता है और 'FRJT' को '9211323' के रूप में लिखा जाता है, तो उसी कूटभाषा में 'EHLP' को किस प्रकार लिखा जाएगा?
SSC CGL (Tier-I) 18/07/2023 Shift-I
(a) 80121421 (b) 8012514
(c) 8111519 (d) 7910520

120. एक निश्चित कूटभाषा में 'FRISK' को 'THLIQ' लिखा जाता है और 'MOADS' को 'QODQB' लिखा जाता है। उस भाषा में 'WAGER' को किस प्रकार लिखा जाएगा?
SSC CGL (Tier-I) 18/07/2023 Shift-I
(a) CUJBC (b) CYJBD
(c) CYJPC (d) CUJPG

121. एक निश्चित कूटभाषा में, 'CROW' को '6970' और 'ORCA' को '7569' के रूप में कूटबद्ध किया जाता है। दी गई कूटभाषा में 'W' का कूट क्या है?
SSC CGL (Tier-I) 17/07/2023 Shift-IV
(a) 7 (b) 6 (c) 0 (d) 9

122. एक निश्चित कूटभाषा में, 'STAR' को '8110291' लिखा जाता है, 'GIFT' को '02697' लिखा जाता है। उस भाषा में 'DOLL' को कैसे लिखा जाएगा?
SSC CGL (Tier-I) 17/07/2023 Shift-IV
(a) 2121154 (b) 2112514
(c) 2121524 (d) 2121514

123. एक निश्चित कूटभाषा में यदि 'PDU' को '40' के रूप में लिखा जाता है और 'HXO' को '34' के रूप मे लिखा जाता है, तो उसी कूट भाषा में 'BMW' को किस प्रकार लिखा जाएगा? **SSC CGL (Tier-I) 17/07/2023 Shift-II**
(a) 28 (b) 34
(c) 43 (d) 36

124. एक निश्चित कूटभाषा में, 'CHECK' को '6165622' लिखा जाता है और 'SURGE' को '382136145' लिखा जाता है। उसी भाषा में 'PRIEST' को क्या लिखा जाएगा?
SSC CGL (Tier-I) 17/07/2023 Shift-II
(a) 161818101920 (b) 32369538
(c) 3236953840 (d) 1618101920

125. एक निश्चित कूटभाषा में, 'CURD' को '342184' लिखा जाता है और 'BREAD' को '2181024' लिखा जाता है। उसी भाषा में 'BUTTER' को क्या लिखा जाएगा?
SSC CGL (Tier-I) 17/07/2023 Shift-I
(a) 2212020518 (b) 442201018
(c) 421201018 (d) 24220201018

126. एक निश्चित कूटभाषा में, 'DICTATOR' को 'DROTATCI' लिखा जाता है और 'GLIMPSE' को 'GESPMIL' लिखा जाता है। इसी कूटभाषा में 'CONDEMN' को कैसे लिखा जाएगा?
SSC CGL (Tier-I) 17/07/2023 Shift-I
(a) CNONMED (b) CNMEDNO
(c) NMEDNOC (d) NCONDEM

127. एक निश्चित कूटभाषा में, 'PENDANT' को 'QFOEBOU' लिखा जाता है और 'LAWFUL' को 'MBXGVM' लिखा जाता है। इसी कूटभाषा 'IMPOSE' को कैसे लिखा जाएगा? **SSC CGL (Tier-I) 14/07/2023 Shift-IV**
(a) JNQPTF (b) IMQOSG
(c) INPQSG (d) KMPRSF

128. एक निश्चित कूटभाषा में, 'MANAGE' को 'HJDQDP' के रूप में लिखा जाता है और 'LITTLE' को 'HOWWLO' के रूप में लिखा जाता है। उसी भाषा में 'POLICY' को कैसे लिखा जाएगा?
SSC CGL (Tier-I) 14/07/2023 Shift-IV
(a) YCILOP (b) CPMDOZ
(c) BFLORS (d) QPMJDZ

129. एक निश्चित कूटभाषा में 'TABLE' को ELEAT के रूप में कूटबद्ध किया गया है और 'SWING' को GNLWS के रूप में कूटबद्ध किया गया है। उसी भाषा में 'FRAME' को किस प्रकार कूटबद्ध किया जाएगा? **SSC CGL (Tier-I) 14/07/2023 Shift-I**
(a) EMERF (b) EMDRF
(c) ERMDF (d) MEDFR

SSC CGL 2022 (Tier I)

130. एक निश्चित कूटभाषा में, 'TOP' को '102' के रूप में कूटबद्ध किया जाता है और 'BAD' को '14' के रूप में कूटबद्ध किया जाता है। उसी भाषा में 'DOG' को किस प्रकार कूटबद्ध किया जाएगा? **SSC CGL (Tier-I) 13/12/2022 Shift-IV**
(a) 50 (b) 51 (c) 53 (d) 52

131. एक निश्चित कूटभाषा में, 'DRAWING' को 'CQZVHMF' और 'TURQUOISE' को 'STQPTNHRD' लिखा जाता है, उसी भाषा में 'COLOR' को कैसे लिखा जाएगा?
SSC CGL (Tier-I) 13/12/2022 Shift-IV
(a) BNKNQ (b) ANKNQ
(c) AMKMQ (d) BMKMQ

132. एक निश्चित कूटभाषा में, 'FROST' को '156' के रूप में लिखा जाता है और 'CANDLE' को '78' के रूप में लिखा जाता है। उसी कूटभाषा में 'SCREAM' को कैसे लिखा जाएगा? **SSC CGL (Tier-I) 13/12/2022 Shift-III**
(a) 118 (b) 115 (c) 59 (d) 89

133. एक निश्चित कूटभाषा में 'ORGANIZATION' को 'ORGANINOITAZ' के रूप में लिखा जाता है, 'MANAGEMENT' को 'MANAGTNEME' के रूप में लिखा जाता है। उसी कूटभाषा में 'RESOURCE' को किस प्रकार लिखा जाएगा?
SSC CGL (Tier-I) 13/12/2022 Shift-II
(a) RESOECUR (b) RESOCERU
(c) RESOECRU (d) RESEOCRU

134. एक निश्चित कूटभाषा में, 'ANNUAL' को 'CPRYGR' और 'AMOUNT' को 'COSYTZ' लिखा जाता है। उसी कूटभाषा में 'AGENDA' को कैसे लिखा जाएगा?
SSC CGL (Tier-I) 13/12/2022 Shift-II
(a) CIIRJG (b) CIKTJG
(c) CIGPFC (d) CIIRHE

135. एक निश्चित कूटभाषा में 'BOTTLE' को '148' के रूप में लिखा जाता है, 'SIPPER' को '166' के रूप में लिखा जाता है। उसी कूटभाषा में 'BUMPER' को किस प्रकार लिखा जाएगा? **SSC CGL (Tier-I) 13/12/2022 Shift-I**
(a) 150 (b) 170 (c) 180 (d) 160

136. एक निश्चित कूटभाषा में, 'COMMUNITY' को 'YITUNMCOM' लिखा जाता है और 'AUTHORITY' को 'YITORHAUT' लिखा जाता है। उसी कूटभाषा में 'ISOLATION' कैसे लिखा जाएगा?
SSC CGL (Tier-I) 13/12/2022 Shift-I
(a) NIOATLISO (b) NIOATLIOS
(c) NIOATILSO (d) NIAOTLISO

137. एक निश्चित कूटभाषा में 'HAIRCAP' को 'IAHRPAC' और 'LEADMAN' को 'AELDNAM' लिखा जाता है। उसी भाषा में 'FACTFUL' को कैसे लिखा जाएगा?
SSC CGL (Tier-I) 12/12/2022 Shift-IV
(a) CAFTULF (b) CAFTLUF
(c) CAFTLFU (d) CATFLUF

138. एक निश्चित कूटभाषा में, 'ENGINE' को 'ENIGNE' के रूप में लिखा जाता है और 'TRAIN' को 'NIART' के रूप में लिखा जाता है। उसी भाषा में 'LEVEL' को कैसे लिखा जाएगा?
SSC CGL (Tier-I) 12/12/2022 Shift-III
(a) LEVEL (b) LEEVL
(c) LELEV (d) LEELV

139. एक निश्चित कूटभाषा में 'CAKES' को 'FXNBV' के रूप में लिखा जाता है और 'ABUSE' को 'DYXPH' के रूप में लिखा जाता है। उसी भाषा में 'BARKS' को कैसे लिखा जाएगा?
SSC CGL (Tier-I) 12/12/2022 Shift-III
(a) EXUIU (b) EXUIV
(c) EXVHU (d) EXUHV

140. एक निश्चित कूटभाषा में, 'ABACK' को 'MECDC' के रूप में लिखा जाता है और 'CABAL' को 'NCDCE' के रूप में लिखा जाता है। उसी कूटभाषा में 'EAGER' को कैसे लिखा जाएगा?
SSC CGL (Tier-I) 12/12/2022 Shift-II
(a) TFICG (b) TGCIG
(c) TCIDG (d) TGICG

141. एक निश्चित कूटभाषा में, 'LABOUR' को 'XZSECM' लिखा जाता है और 'GAINED' को 'JJRLCH' लिखा जाता है। उसी कूटभाषा में 'EARNED' को कैसे लिखा जाएगा?
SSC CGL (Tier-I) 12/12/2022 Shift-I
(a) KJRVCF (b) FCVRJJ
(c) JIRVCF (d) JJRUCF

142. एक निश्चित कूटभाषा में, 'TEACHER' को 'AETCREH' और 'STUDENT' को 'UTSDTNE' लिखा जाता है। उसी कूटभाषा मे 'CLASSES' को कैसे लिखा जाएगा?
SSC CGL (Tier-I) 09/12/2022 Shift-IV
(a) CLASESS (b) SESSALC
(c) ALCSESS (d) ALCSSES

143. एक निश्चित कूटभाषा में 'FLOAT' को 'WONZI' के रूप में लिखा जाता है और 'TRIBE' को 'DUHEW' के रूप में लिखा जाता है। उसी भाषा में 'GARDEN' को कैसे लिखा जाएगा? SSC CGL (Tier-I) 09/12/2022 Shift-IV
(a) QZUHDJ (b) QDUGHJ
(c) QZUGDJ (d) QZQGDJ

144. एक निश्चित कूटभाषा में 'FUND' को 'FOVH' और 'SEND' को 'FOFU' के रूप में लिखा जाता है। इसी कूटभाषा में 'GIFT' को किस प्रकार से लिखा जाएगा?
SSC CGL (Tier-I) 09/12/2022 Shift-III
(a) IKGV (b) VGJI
(c) IIGV (d) HIGW

145. एक निश्चित कूटभाषा में 'KNIGHT' को 'PMRTSG' लिखा जाता है और 'FELLOW' को 'UVOOLD' लिखा जाता है। उसी कूटभाषा में 'DECENT' कैसे लिखा जाएगा?
SSC CGL (Tier-I) 09/12/2022 Shift-III
(a) WVXVMG (b) WVXMVG
(c) WXVVMG (d) WVXVGM

146. एक निश्चित कूटभाषा में, 'SHIRTS' को 'LKVVWU' लिखा जाता है और 'KURTAS' को 'UXNVDW' लिखा जाता है। उसी कूटभाषा में 'FABRIC' को कैसे लिखा जाएगा?
SSC CGL (Tier-I) 09/12/2022 Shift-II
(a) DEIGLV (b) EDIGLU
(c) EDIFLU (d) EELBLU

147. एक निश्चित कूटभाषा में 'ADAPTATION' को 'DAPAATITNO' के रूप में लिखा जाता है, 'SKATEBOARD' को 'KSTABEAODR' के रूप में लिखा जाता है। उसी कूटभाषा में 'LIGHTBOARD' को किस प्रकार लिखा जाएगा?
SSC CGL (Tier-I) 09/12/2022 Shift-II
(a) ILHGBTOADR
(b) ILHGBATODR
(c) ILHGBTAODR
(d) ILHGTBAODR

148. एक निश्चित कूटभाषा में 'FELLOW' को 'NGHYQN' के रूप में लिखा जाता है और 'PURPLE' को 'TWRGNR' के रूप में लिखा जाता है। उसी कूटभाषा में 'SUPRISED' को कैसे लिखा जाएगा?
SSC CGL (Tier-I) 09/12/2022 Shift-I
(a) UWRTKUGF (b) KUGFUWRT
(c) TRWUFGUK (d) TRUWFGUK

149. एक निश्चित कूटभाषा में, 'ANIMISM' को 'INAMMSI' लिखा जाता है और 'EAGERLY' को 'GAEEYLR' लिखा जाता है। उसी कूटभाषा में 'FULFILL' कैसे लिखा जाएगा? SSC CGL (Tier-I) 09/12/2022 Shift-I
(a) LUFLFLI (b) LUFFIIL
(c) LUFFLIL (d) LUFFLLI

150. एक निश्चित कूटभाषा में 'TRIGONOMETRY' को 'YRTEMOTRIGON' के रूप में, 'ACCELERATION' को 'NOITARACCELE' के रूप में लिखा जाता है। उसी कूटभाषा में 'APPRECIATION' को किस प्रकार लिखा जाएगा?
SSC CGL (Tier-I) 08/12/2023 Shift-IV
(a) NOITAIAPRPEC
(b) NOITIAAPPREC
(c) NOITAIPAPREC
(d) NOITAIAPPREC

151. एक निश्चित कूटभाषा में, 'come home soon' को '444' के रूप में कूटबद्ध किया जाता है, 'are you coming' को '336' के रूप में कूटबद्ध किया जाता है और 'raining badly outside' को '757' के रूप में कूटबद्ध किया जाता है। उसी कूटभाषा में, 'kids are happy' को किस प्रकार कूटबद्ध किया जाएगा?
SSC CGL (Tier-I) 08/12/2022 Shift-III
(a) 534 (b) 435 (c) 345 (d) 543

152. एक निश्चित कूटभाषा में, 'CAP' को '262413' के रूप में कूटबद्ध किया जाता है और 'LOG' को '171022' के रूप में कूटबद्ध किया जाता है। उसी कूटभाषा में 'BED' को किस प्रकार कूटबद्ध किया जाएगा?
SSC CGL (Tier-I) 08/12/2022 Shift-II
(a) 12025 (b) 11825
(c) 12027 (d) 12225

153. एक निश्चित कूटभाषा में, 'FANCY' को 'ACPEH' के रूप में लिखा जाता है और 'TRACTOR' को 'TTCEVQV' के रूप में लिखा जाता है। उसी कूटभाषा में 'CARROT' को कैसे लिखा जाएगा?
SSC CGL (Tier-I) 08/12/2022 Shift-I
(a) VCTTQE (b) ECTTQV
(c) EBTTPV (d) ECTTQT

154. एक निश्चित कूटभाषा में, 'FACES' को 'AFCSE' के रूप में लिखा जाता है और 'JEANS' को 'EJASN' के रूप में लिखा जाता है, उसी कूटभाषा में 'HANGS' को कैसे लिखा जाएगा?
SSC CGL (Tier-I) 08/12/2022 Shift-I
(a) AHSGN (b) AHSNG
(c) AHNSG (d) AHNGS

155. एक निश्चित कूटभाषा में, 'ARTIST' को 'ASTITT' और 'ADVICE' को 'AEVIDE' लिखा जाता है। उसी कूटभाषा में 'ASPECT' को कैसे लिखा जाएगा?
SSC CGL (Tier-I) 07/12/2022 Shift-IV
(a) ATQFDT (b) ATEPDT
(c) ATPECT (d) ATPEDT

156. एक निश्चित कूटभाषा में, 'NUMEROUS' को 'WPGOQTUW' के रूप में लिखा जाता है और 'OPTIONAL' को 'RQKVPQNC' के रूप में लिखा जाता है। उसी कूटभाषा में 'NOTEBOOK' को कैसे लिखा जाएगा?
SSC CGL (Tier-I) 07/12/2022 Shift-IV
(a) QPGVDQMQ
(b) QPVGQDMQ
(c) QPGVQDMQ
(d) QPGVQDNQ

157. एक निश्चित कूटभाषा में, 'health is weight' को '626' के रूप में कूटबद्ध किया जाता है, 'Exercise Regularly' को '89' के रूप में कूटबद्ध किया जाता है और 'bring good food' को '544' के रूप में कूटबद्ध किया जाता है। उसी भाषा में 'balanced diet is key' को किस प्रकार कूटबद्ध किया जाएगा?
SSC CGL (Tier-I) 07/12/2022 Shift-III
(a) 8423 (b) 3721 (c) 7312 (d) 4832

158. एक निश्चित कूटभाषा में, 'PRESIDENT' को 'RPESDINTE' लिखा जाता है और 'KNOWLEDGE' को 'NKOWELGED' लिखा जाता है। उसी भाषा में 'EDUCATION' कैसे लिखा जाएगा?
SSC CGL (Tier-I) 07/12/2022 Shift-II
(a) DEUCTOANI (b) DEUCTAONI
(c) DUECTAONI (d) DECUTAONI

159. एक निश्चित कूटभाषा में, 'GHOST' को 'VVSMM' और 'EATER' को 'THXFK' के रूप में लिखा जाता है। इसी कूटभाषा में 'HANDS' को किस प्रकार से लिखा जाएगा?
SSC CGL (Tier-I) 07/12/2022 Shift-I
(a) VGRGN (b) WHRGN
(c) UGRFN (d) NFRGV

160. एक निश्चित कूटभाषा में 'CABLES' को 'ECDUGN' लिखा जाता है और 'PHONES' को 'RJQUGP' लिखा जाता है। उसी कूटभाषा में 'MOBILE' को कैसे लिखा जाएगा?
SSC CGL (Tier-I) 07/12/2022 Shift-I
(a) OQDNKG (b) DQOKNG
(c) OQDKNG (d) OQDGNK

161. एक निश्चित कूटभाषा में 'ABROAD' को 'DFORDH' लिखा जाता है और 'ACCESS' को 'DGECVW' लिखा जाता है। उस कूटभाषा में 'AGENCY' को कैसे लिखा जाएगा? SSC CGL (Tier-I) 06/12/2022 Shift-IV

(a) DJNEFB (b) DKNEGC
(c) DKNEFC (d) EKNEFC

162. एक निश्चित कूटभाषा में 'TECHNOLOGY' को 'NHCETOLOGY' के रूप में जाता है तथा 'GENERATION' को 'RENEGATION' के रूप में लिखा जाता है। उसी कूटभाषा में 'APOCALYPSE' को किस प्रकार लिखा जाएगा?
SSC CGL (Tier-I) 06/12/2022 Shift-IV

(a) ACOPALYPSE
(b) ACPOALYPSE
(c) AOCPALYPSE
(d) ACOAPLYPSE

163. एक निश्चित कूटभाषा में, 'birds are flying' को '536' के रूप में कूटबद्ध किया जाता है। इसी प्रकार 'the nest is big' को '3423' के रूप में कूटबद्ध किया जाता है और 'close the door' को '534' के रूप में कूटबद्ध किया जाता है। उसी कूटभाषा में 'complete your work' को किस प्रकार कूटबद्ध किया जाएगा?
SSC CGL (Tier-I) 06/12/2022 Shift-III

(a) 733 (b) 484 (c) 844 (d) 955

164. एक निश्चित कूटभाषा में 'GLAND' को 'GQDOJ' के रूप में लिखा जाता है और 'MEANS' को 'VQDHP' रूप में लिखा जाता है। उसी कूटभाषा में 'CYSTS' को कैसे लिखा जाएगा?
SSC CGL (Tier-I) 06/12/2022 Shift-III

(a) VWVCF (b) UVUAE
(c) VWVBF (d) FBVWV

165. एक निश्चित कूटभाषा में, 'NULLIFY' को 'MFOLRUB' लिखा जाता है और 'SKYWALK' को 'HPBWZOP' लिखा जाता है। उसी कूटभाषा में 'FLAGGER' कैसे लिखा जाएगा?
SSC CGL (Tier-I) 06/12/2022 Shift-II

(a) UOZGTVI (b) UOZITVL
(c) VOZGTVI (d) UOZHTVI

166. एक निश्चित कूटभाषा में 'BELL' को '111141' के रूप में कूटबद्ध किया जाता है और 'HEAR' को '172647' के रूप में कूटबद्ध किया जाता है। उसी कूटभाषा में 'MIKE' को किस प्रकार कूटबद्ध किया जाएगा? SSC CGL (Tier-I) 06/12/2022 Shift-I

(a) 410612 (b) 410812
(c) 410813 (d) 410811

167. एक निश्चित कूटभाषा में, 'PLANNED' को 'RNCNPGF' लिखा जाता है और 'PROMOTE' को 'RTQMQVG' लिखा जाता है। उसी कूटभाषा में 'IMPROVE' को कैसे लिखा जाएगा?
SSC CGL (Tier-I) 06/12/2022 Shift-I

(a) KORTQXG (b) KORTOXG
(c) KORRQXG (d) KOQRQXG

168. एक निश्चित कूटभाषा में 'PLAYGROUND' को 'OKZXFQNTMC' के रूप में लिखा जाता है और 'SCIENCE' को 'RBHDMBD' के रूप में लिखा जाता है। उसी भाषा में 'TYPEWRITER' को कैसे लिखा जाएगा?
SSC CGL (Tier-I) 05/12/2022 Shift-IV

(a) SXODVPGRCP
(b) RVNCUPGRCP
(c) RVNCUQHSDQ
(d) SXODVQHSDQ

169. एक निश्चित कूटभाषा में 'DAISY' को 'FCIQW' के रूप में लिखा जाता है और 'ROSES' को 'TQSCQ' के रूप में लिखा जाता है। उसी कूटभाषा में 'LOTUS' को कैसे लिखा जाएगा?
SSC CGL (Tier-I) 05/12/2022 Shift-III

(a) NQTSP (b) NPTSP
(c) NQTSQ (d) NQSTQ

170. एक निश्चित कूटभाषा में, 'complete the drawing' को '837' के रूप में कूटबद्ध किया जाता है, 'do not leave early' को '2355' के रूप में कूटबद्ध किया जाता है और 'we need break' को '245' के रूप में कूटबद्ध किया जाता है। उसी कूटभाषा में 'kindly stand straight' को किस प्रकार कूटबद्ध किया जाएगा? SSC CGL (Tier-I) 05/12/2022 Shift-III

(a) 456 (b) 658
(c) 856 (d) 769

171. एक निश्चित कूटभाषा में, 'STAR' को '92678' के रूप में कूटबद्ध किया जाता है और 'FLAG' को '20261521' के रूप में कूटबद्ध किया जाता है। उसी कूटभाषा में 'LOGO' को किस प्रकार कूटबद्ध किया जाएगा? SSC CGL (Tier-I) 05/12/2022 Shift-II

(a) 12221214 (b) 12201325
(c) 15122012 (d) 12201215

172. एक निश्चित कूटभाषा में, 'OXYGEN' को 'QZAIGP' लिखा जाता है और 'MIND' को 'OKPF' लिखा जाता है, उसी कूटभाषा में 'DOCTOR' को किस प्रकार लिखा जाएगा?
SSC CGL (Tier-I) 05/12/2022 Shift-II

(a) EQEVQT (b) FQEVQT
(c) FQEUPS (d) EQDUPS

173. एक निश्चित कूटभाषा में, 'INBOX' को 'MRYCL' के रूप में लिखा जाता है और 'EMAIL' को 'NVZOR' के रुप में लिखा जाता है। उसी कूटभाषा में 'DRAFT' को कैसे लिखा जाएगा?
SSC CGL (Tier-I) 05/12/2022 Shift-I

(a) WIZGU (b) IWGZU
(c) IWZGU (d) UGZWI

174. एक निश्चित कूटभाषा में, 'CHILDREN' को 'FKLOGUHQ' लिखा जाता है और 'SCHOOL' को 'VFKRRO' लिखा जाता है, उसी कूटभाषा में 'CLASSROOM' को कैसे लिखा जाएगा?
SSC CGL (Tier-I) 05/12/2022 Shift-I

(a) EMCTTURRP
(b) FODVVURRP
(c) EMCTTTQQO
(d) FOEWWURRP

175. एक निश्चित कूटभाषा में, STEAMER को 81 के रूप में कूटबद्ध किया जाता है और CRUISE को 75 के रूप में कूटबद्ध किया जाता है। उसी कूटभाषा में SUBMARINE को किस प्रकार कूटबद्ध किया जाएगा?
SSC CGL (Tier-I) 03/12/2022 Shift-IV

(a) 102 (b) 115
(c) 100 (d) 109

176. एक निश्चित कूटभाषा में, 'EDUCATION' को 'GFWCATKQP' और 'PROFESSOR' को 'RTQFESUQT' लिखा जाता है। उसी कूटभाषा में 'FACULTIES' को कैसे लिखा जाएगा?
SSC CGL (Tier-I) 03/12/2022 Shift-IV

(a) HCEWLTIGU
(b) HCEULVKGU
(c) HCEULTKGU
(d) HCEWNVKGU

177. एक निश्चित कूटभाषा में, 'ESCAPE' को '49' के रूप में लिखा जाता है और 'PRISON' को '91' के रूप में लिखा जाता है। उसी कूटभाषा में 'FREEDOM' को कैसे लिखा जाएगा?
SSC CGL (Tier-I) 03/12/2022 Shift-III

(a) 64 (b) 55
(c) 59 (d) 66

178. एक निश्चित कूटभाषा में, 'INNER' को 'SNNWJ' के रूप में लिखा जाता है और 'GLASS' को 'UPAII' के रूप में लिखा जाता है। उसी कूटभाषा में 'MODEL' को कैसे लिखा जाएगा?
SSC CGL (Tier-I) 03/12/2022 Shift-II

(a) OMWWP (b) OMXWP
(c) OMXVP (d) OMXWO

179. एक निश्चित कूटभाषा में, 'LAPTOP' को 'JYNRMN' लिखा जाता है और 'COLD' को 'AMJB' लिखा जाता है, उसी कूटभाषा में 'SKETCHPEN' को कैसे लिखा जाएगा?
SSC CGL (Tier-I) 03/12/2022 Shift-II

(a) RJDSBHODM
(b) QICRBHODM
(c) QICRAFNCL
(d) RJDSAFNCL

180. एक निश्चित कूटभाषा में, 'BREAK' को '2182111' के रूप में लिखा जाता है और 'COLOUR' को '34124518' के रूप में लिखा जाता है। उसी भाषा में 'TRING' को कैसे लिखा जाएगा?
SSC CGL (Tier-I) 03/12/2022 Shift-I
(a) 20183147 (b) 20189147
(c) 20181347 (d) 20183174

181. एक निश्चित कूटभाषा में, 'MOBILE' को 'PRELOH' लिखा जाता है और 'SILENT' को 'VLOHQW' लिखा जाता है, उसी भाषा में 'PAINTING' को कैसे लिखा जाएगा?
SSC CGL (Tier-I) 03/12/2022 Shift-I
(a) RCKPVKPI (b) SDLQVKPI
(c) SDLQWLQJ (d) RCKPWLQJ

182. एक निश्चित कूटभाषा में, 'feel at home' को '424' के रूप में कूटबद्ध किया जाता है, 'check the laundry' को '537' के रूप में कूटबद्ध किया जाता है और 'open the door' को '434' के रूप में कूटबद्ध किया जाता है। उसी कूटभाषा में 'the kite is flying' को किस प्रकार कूटबद्ध किया जाएगा?
SSC CGL (Tier-I) 02/12/2022 Shift-IV
(a) 3251 (b) 3426 (c) 2315 (d) 4362

183. एक निश्चित कूटभाषा में, 'EARLY' को 'ZNSCF' के रूप में लिखा जाता है और 'GAUGE' को 'FIVCH' के रूप में लिखा जाता है। उसी भाषा में 'INBOX' को कैसे लिखा जाएगा?
SSC CGL (Tier-I) 02/12/2022 Shift-III
(a) XPBOI (b) YQCQJ
(c) JPCQY (d) YQCPJ

184. एक निश्चित कूटभाषा में, 'GHOST' को 'ONGCB' के रूप में लिखा जाता है और 'ABIDE' को 'UTMRQ' के रूप में लिखा जाता है। उसी भाषा में 'RULES' को कैसे लिखा जाएगा?
SSC CGL (Tier-I) 02/12/2022 Shift-III
(a) DAJQC (b) DAKQD
(c) WZQJX (d) DAJQD

185. एक निश्चित कूटभाषा में, 'DENTIST' को 'CDMSHRS' लिखा जाता है और 'TOOTH' को 'SNNSG' लिखा जाता है, उसी कूटभाषा में 'HEALING' को कैसे लिखा जाएगा? SSC CGL (Tier-I) 02/12/2022 Shift-II
(a) IFBKHMF (b) IFBMJOH
(c) GDZKHMF (d) GDZMJOH

186. एक निश्चित कूटभाषा में, 'GOLF' को '44' के रूप में कूटबद्ध किया जाता है और 'BALL' को '31' के रूप में कूटबद्ध किया जाता है। उसी कूटभाषा में 'PLAY' को किस प्रकार कूटबद्ध किया जाएगा? SSC CGL (Tier-I) 02/12/2022 Shift-II
(a) 58 (b) 62
(c) 56 (d) 60

187. एक निश्चित कूटभाषा में, 'BYE' को '245' के रूप में कूटबद्ध किया जाता है और 'OLA' को '265' के रूप में कूटबद्ध किया जाता है। उसी कूटभाषा में 'CAR' को किस प्रकार कूटबद्ध किया जाएगा? SSC CGL (Tier-I) 02/12/2022 Shift-I
(a) 300 (b) 295 (c) 285 (d) 280

188. एक निश्चित कूटभाषा में, 'NUMERICAL' को 'ICALRNUME' लिखा जाता है और 'SCATTERED' को 'EREDTSCAT' लिखा जाता है। उसी कूटभाषा में 'EXPLOSION' कैसे लिखा जाएगा?
SSC CGL (Tier-I) 02/12/2022 Shift-I
(a) SIONOEXPL (b) SIONOXELP
(c) SIONOEXLP (d) SIONOXEPL

189. एक निश्चित कूटभाषा में, 'ADVANCE' को 'VDAAECN' लिखा जाता है और 'BABYSIT' को 'BABYTIS' लिखा जाता है। उसी कूटभाषा में 'AFFABLE' कैसे लिखा जाएगा? SSC CGL (Tier-I) 01/12/2022 Shift-IV
(a) FFAAEBL (b) FFAAELB
(c) AAFFELB (d) FFAALEB

190. एक निश्चित कूटभाषा में, 'CRUST' को '201921183' के रूप में लिखा जाता है और 'BLAME' को '5131122' के रूप में लिखा जाता है। उसी कूटभाषा में 'PLASTIC' को कैसे लिखा जाएगा?
SSC CGL (Tier-I) 01/12/2022 Shift-III
(a) 18204165138 (b) 39201911216
(c) 73110209325 (d) 71642578102

191. एक निश्चित कूटभाषा में, 'PSYCHIC' को 'YSPCCIH' लिखा जाता है और 'CITIZEN' को 'TICINEZ' लिखा जाता है। उसी कूटभाषा में 'MAHATMA' कैसे लिखा जाएगा।
SSC CGL (Tier-I) 01/12/2022 Shift-II
(a) HAMAATM (b) HAMAAMT
(c) HAMAMAT (d) AHMAAMT

192. एक निश्चित कूटभाषा में 'CYTOSKELETON' को 'TYCKSOELENOT' के रूप में, 'MALNUTRITION' को 'LAMTUNTIRNOI' के रूप में लिखा जाता है। उसी भाषा में 'ALLITERATION' को किस प्रकार लिखा जाएगा?
SSC CGL (Tier-I) 01/12/2022 Shift-II
(a) LLAETITRANOI
(b) LLEATITARNOI
(c) LLAETITARNOI
(d) LLAETIATRNOI

193. एक निश्चित कूटभाषा में, 'BEHOLD' को 'BDEHLO' के रूप में लिखा जाता है और 'INDEED' को 'DDEEIN' के रूप में लिखा जाता है। उसी कूटभाषा में 'COURSE' को कैसे लिखा जाएगा? SSC CGL (Tier-I) 01/12/2022 Shift-I
(a) CEORUS (b) CEROSU
(c) CEOSUR (d) CEORSU

SSC CGL 2021 (Tier I)

194. किसी विशिष्ट कूटभाषा में 'MONTHLY' को 'DGMOSJR' के रूप में लिखा जाता है, तो उसी भाषा में 'HEADING' को कैसे लिखा जाएगा? SSC CGL (Tier-I) 24/08/2021 Shift-III
(a) MJNZEXN (b) MNJEZNX
(c) LINYFZM (d) LIYNZFM

195. किसी विशिष्ट कूटभाषा में 'ONE' को '15-28-15' के रूप में और 'TWO' को '20-46-45' के रूप में लिखा जाता है, तो उसी भाषा में 'SIX' को कैसे लिखा जाएगा?
SSC CGL (Tier-I) 24/08/2021 Shift-II
(a) 38-18-48 (b) 19-9-24
(c) 19-18-72 (d) 38-9-72

196. किसी विशिष्ट कूटभाषा में 'RITU' को 'WLYX' के रूप में और 'AMAN' को 'FPFQ' के रूप में लिखा जाता है, तो उसी भाषा में 'MIRA' को कैसे लिखा जाएगा?
SSC CGL (Tier-I) 24/08/2021 Shift-II
(a) PNWF (b) RNWF
(c) RLWD (d) PLUD

197. किसी विशिष्ट कूटभाषा में, 'MINT' को '224' और 'FANCY' को '245' के रूप में कूटबद्ध किया गया है, तो उसी भाषा में 'CONTOUR' को कैसे कूटबद्ध किया जाएगा?
SSC CGL (Tier-I) 24/08/2021 Shift-I
(a) 259 (b) 301 (c) 742 (d) 597

198. किसी विशिष्ट कूटभाषा में 'COW' को 'ZRF' के रूप में और 'DOG' को 'JRG' के रूप में लिख जाता है, तो उसी भाषा में 'RAT' को कैसे लिखा जाएगा?
SSC CGL (Tier-I) 24/08/2021 Shift-I
(a) XDV (b) VEU
(c) UDW (d) WDU

199. किसी विशिष्ट कूटभाषा में 'TRAVEL' को 'SUWBMF' के रूप में लिखा जाता है, तो उसी भाषा में 'FROZEN' को कैसे लिखा जाएगा? SSC CGL (Tier-I) 23/08/2021 Shift-II
(a) SGAPOF (b) SGAQPF
(c) TGBPOF (d) SGBPOG

200. किसी विशिष्ट कूटभाषा में, 'LOAD' को '27241613' और 'CLEAN' को '2725231614' के रूप में कूटबद्ध किया गया है, तो उसी भाषा में 'STRIKE' को कैसे कूटबद्ध किया जाएगा?
SSC CGL (Tier-I) 23/08/2021 Shift-II
(a) 1719102389 (b) 2319171098
(c) 1231719089 (d) 2317190189

201. किसी विशिष्ट कूटभाषा में, 'LOWER' को '186' और 'MULISH' को '320' के रूप में कूटबद्ध किया गया है, तो उसी भाषा में 'OPTIONAL' को कैसे कूटबद्ध किया जाएगा? SSC CGL (Tier-I) 23/08/2021 Shift-I
(a) 456 (b) 465
(c) 564 (d) 546

202. किसी विशिष्ट कूटभाषा में 'INERTIA' को 'RGVKGBZ' के रूप में लिखा जाता है, तो उसी भाषा में 'FLOWER' को कैसे लिखा जाएगा? SSC CGL (Tier-I) 20/08/2021 Shift-II

(a) UELPVK (b) EVPMUL
(c) ULEVPK (d) VEMPUL

203. किसी विशिष्ट कूटभाषा में, 'PRIVATE' को '36932444051' और 'SHORTEN' को '1615383652840' के रूप में कूटबद्ध किया गया है, तो उसी भाषा में 'REFUSAL' को कैसे कूटबद्ध किया जाएगा?
SSC CGL (Tier-I) 20/08/2021 Shift-II

(a) 563642112438
(b) 521361212438
(c) 561842212219
(d) 512362112438

204. किसी विशिष्ट कूटभाषा में 'INHALE' को 'REEDIH' के रूप में लिखा जाता है, तो उसी भाषा में 'MIGHTY' को कैसे लिखा जाएगा? SSC CGL (Tier-I) 20/08/2021 Shift-I

(a) MILCCP (b) CCILMP
(c) MCLICP (d) IMCLCP

205. किसी खास कूटभाषा में, 'REFUSAL' को '2101239103' और 'POETRY' को '1067927' के रूप में कूटबद्ध किया गया है, तो उसी भाषा में 'PROFIT' को कैसे कूटबद्ध किया जाएगा?
SSC CGL (Tier-I) 18/08/2021 Shift-III

(a) 18216972 (b) 12186792
(c) 81217629 (d) 21671829

206. किसी विशिष्ट कूटभाषा में 'VIRTUE' को 'DBZBNX' के रूप में लिखा जाता है, तो उसी भाषा में 'OMINOUS' को कैसे लिखा जाएगा? SSC CGL (Tier-I) 18/08/2021 Shift-III

(a) IBUHABM (b) HUBVHNA
(c) IUBHMBA (d) HBUVHNA

207. किसी विशिष्ट कूटभाषा में 'YOU TOOK MY PLACE IN' को 'COU POON LC QVAKE IJ' के रूप में लिखा जाता है, तो उसी भाषा में 'COMPILE' को कैसे लिखा जाएगा? SSC CGL (Tier-I) 18/08/2021 Shift-I

(a) KOLQIVE (b) KOLTYLE
(c) YOLTILE (d) KOLQIME

208. किसी विशिष्ट कूटभाषा में, 'FORENSIC' को '61218221419183' और 'DORM' को '4121813' के रूप में कूटबद्ध किया गया है, तो उसी भाषा में 'CARAMEL' को कैसे कूटबद्ध किया जाएगा?
SSC CGL (Tier-I) 18/08/2021 Shift-I

(a) 3260926130512
(b) 3261826132212
(c) 3011801132212
(d) 3261826142212

209. किसी विशिष्ट कूटभाषा में 'MANGO' को '13-2-42-28-75' के रूप में और 'GRAPE' को '7-36-3-64-25' के रूप में लिखा जाता है, तो उसी भाषा में 'APPLE' को कैसे लिखा जाएगा? SSC CGL (Tier-I) 17/08/2021 Shift-III

(a) 1-32-24-21-30 (b) 2-32-48-24-28
(c) 1-32-48-48-25 (d) 2-16-48-21-25

210. किसी विशिष्ट कूटभाषा में 'PLIGHT' को 'JMQUIH' के रूप में लिखा जाता है, तो उसी भाषा में 'CANDLE' को कैसे लिखा जाएगा? SSC CGL (Tier-I) 17/08/2021 Shift-III

(a) OBDFEM (b) ODBFME
(c) OBDFME (d) BODMFE

211. किसी विशिष्ट कूटभाषा में, 'REASON' को '362226381228' और 'HEALTHY' को '16222624401650' के रूप में कूटबद्ध किया गया है, तो उसी भाषा में 'DIVULGE' को कैसे कूटबद्ध किया जाएगा?
SSC CGL (Tier-I) 17/08/2021 Shift-I

(a) 137043492954
(b) 241343833762
(c) 107334949132
(d) 818446241422

212. किसी विशिष्ट कूटभाषा में, 'SAFETY' को '95' और 'EXPAND' को '87' के रूप में कूटबद्ध किया गया है, तो उसी भाषा में 'GATHER' को कैसे लिखा जाएगा?
SSC CGL (Tier-I) 16/08/2021 Shift-III

(a) 84 (b) 86
(c) 88 (d) 90

213. किसी विशिष्ट कूटभाषा में 'AND' को 'CLPF' के रूप में और 'NOR' को 'PMQT' के रूप में लिखा जाता है, तो उसी भाषा में 'BUT' को कैसे लिखा जाएगा?
SSC CGL (Tier-I) 16/08/2021 Shift-III

(a) CTVW (b) DSWU
(c) CSUV (d) DSWV

214. किसी विशिष्ट कूटभाषा में, 'FRENCH' को '114' और 'LOSS' को '47' के रूप में कूटबद्ध किया गया है, तो उसी भाषा में 'COURSE' को कैसे कूटबद्ध किया जाएगा?
SSC CGL (Tier-I) 16/08/2021 Shift-I

(a) 87 (b) 120
(c) 103 (d) 81

215. किसी विशिष्ट कूटभाषा में 'PRINT' को 'YMNIU' के रूप में लिखा जाता है, तो उसी भाषा में 'MAGIC' को कैसे लिखा जाएगा?
SSC CGL (Tier-I) 16/08/2021 Shift-I

(a) HRLRZ (b) HLDRV
(c) HRLZR (d) HDLVR

216. किसी विशिष्ट कूटभाषा में 'COUNTRY' को 'BOWKXLF' के रूप में लिखा जाता है, तो उसी भाषा में 'DESPAIR' को कैसे लिखा जाएगा? SSC CGL (Tier-I) 13/08/2021 Shift-III

(a) UFDMVBG (b) GBVMDFU
(c) ULDSVHG (d) GBPSXIO

217. किसी विशिष्ट कूटभाषा में 'PERMIT' को 'VVLNOG' के रूप में लिखा जाता है, तो उसी भाषा में 'INERTIA' को कैसे लिखा जाएगा? SSC CGL (Tier-I) 13/08/2021 Shift-I

(a) XYOHBCU (b) OHYXZCU
(c) OMYIZRU (d) XOYHCZU

218. किसी विशिष्ट कूटभाषा में, 'AROUND' को '52182412144' और 'FIX' को '63624' के रूप में कूटबद्ध किया गया है, तो उसी भाषा में 'PLASTIC' को कैसे कूटबद्ध किया जाएगा?
SSC CGL (Tier-I) 13/08/2021 Shift-I

(a) 1612521920363
(b) 1812521920383
(c) 1612261920183
(d) 1612522021363

SSC CGL 2020 (Tier I)

219. किसी निश्चित कूटभाषा में 'PAINTS' को 'CRPKUV' लिखा जाता है। उस भाषा में 'PURITY' को कैसे लिखा जाएगा?
SSC CGL (Tier-I) 07/03/2020 Shift-II

(a) VSKTAZ (b) WRKSNU
(c) XSISBM (d) WRKTAV

220. किसी निश्चित कूटभाषा में 'CREATION' को RCAEITNO के रूप में लिखा जाता है। उस भाषा में 'SEQUENCE' को कैसे लिखा जाएगा? SSC CGL (Tier-I) 07/03/2020 Shift-I

(a) QESEUCNE
(b) QESEUENC
(c) ESUQENEC
(d) ESUQNEEC

221. किसी निश्चित कूटभाषा में 'CIRCULAR' को '24-3-9-24-1-15-5-9' के रूप में लिखा जाता है। उस भाषा में 'VERTICAL' को कैसे लिखा जाएगा?
SSC CGL (Tier-I) 07/03/2020 Shift-I

(a) 5-2-9-7-3-24-5-15
(b) 22-4-9-7-9-24-5-15
(c) 5-4-9-7-3-24-5-15
(d) 22-4-9-7-3-23-1-15

222. किसी निश्चित कूटभाषा में 'NECTAR' को 'DFOSBU' लिखा जाता है। उस भाषा में 'CARPET' को कैसे लिखा जाएगा?
SSC CGL (Tier-I) 06/03/2020 Shift-III

(a) BDSSUG (b) SBDVFR
(c) SBDUFQ (d) DBSQGR

223. किसी निश्चित कूटभाषा में 'BLINK' को '78' लिखा जाता है और 'PURSE' को '54' लिखा जाता है। उस भाषा में 'FIRST' को कैसे लिखा जाएगा?
SSC CGL (Tier-I) 06/03/2020 Shift-III

(a) 76 (b) 64
(c) 71 (d) 54

224. किसी निश्चित कूटभाषा में, 'VERBAL' को 'QNMYXK' और 'REACH' को 'MNXZF' लिखा जाता है। उस भाषा में 'BRAVE' को कैसे लिखा जाएगा?
SSC CGL (Tier-I) 06/03/2020 Shift-II
(a) KQNMX (b) YNXQM
(c) KMQXN (d) YMXQN

225. किसी निश्चित कूटभाषा में 'PAGE' को '161495' लिखा जाता है। उस भाषा में 'PART' को कैसे लिखा जाएगा?
SSC CGL (Tier-I) 06/03/2020 Shift-I
(a) 16128620 (b) 16125020
(c) 16136220 (d) 16132420

226. किसी निश्चित कूटभाषा में, 'DKQX' को 'WPJC' लिखा जाता है। उस भाषा में 'AFKP' को कैसे लिखा जाएगा?
SSC CGL (Tier-I) 06/03/2020 Shift-I
(a) ZUQJ (b) ZVQL
(c) ZTOK (d) ZUPK

227. किसी निश्चित कूटभाषा में 'AUSTERE' को '13102595' लिखा जाता है। उस भाषा में 'SETTING' को कैसे लिखा जाएगा?
SSC CGL (Tier-I) 05/03/2020 Shift-III
(a) 10522948 (b) 10522957
(c) 11544957 (d) 11522867

228. किसी निश्चित कूटभाषा में 'SANCTION' को 'XFSHODJI' लिखा जाता है। उस भाषा में 'PROFOUND' को कैसे लिखा जाएगा?
SSC CGL (Tier-I) 05/03/2020 Shift-II
(a) UWTKJPIY (b) VWUKMPIY
(c) UWTKKPIZ (d) UXTKNQIY

229. किसी निश्चित कूटभाषा में, 'CAUGHT' को '326212087' लिखा जाता है। उस कूटभाषा में 'SOLDER' को कैसे लिखा जाएगा?
SSC CGL (Tier-I) 05/03/2020 Shift-II
(a) 1812122459 (b) 2012152358
(c) 1915124359 (d) 1912122359

230. किसी निश्चित कूटभाषा में, U को C लिखा जाता है, K को H लिखा जाता है, L को U लिखा जाता है, N को E लिखा जाता है, S को L लिखा जाता है, E को K लिखा जाता है, C को N लिखा जाता है। उस भाषा में 'KNUCKLES' को कैसे लिखा जाएगा?
SSC CGL (Tier-I) 05/03/2020 Shift-I
(a) HECNHULK
(b) CHUECKN
(c) HECNHUKL
(d) KECNKUHL

231. किसी निश्चित कूटभाषा में, 'EARTH' को '8201815' लिखा जाता है। उस भाषा में 'ORBIT' को कैसे लिखा जाएगा?
SSC CGL (Tier-I) 04/03/2020 Shift-III
(a) 18172372 (b) 20921815
(c) 17113912 (d) 37681026

SSC CPO SI 2024

232. एक निश्चित कूटभाषा में, 'KIRAT' को 50-40-85-0-95 के रूप में कूटबद्ध किया जाता है और 'WASIM' को 110-0-90-40-60 के रूप में कूटबद्ध किया जाता है। उसी भाषा में, 'MRINAL' को किस प्रकार कूटबद्ध किया जाएगा?
SSC CPO 29/06/2024 Shift-III
(a) 55-60-45-65-0-85
(b) 60-85-40-65-0-55
(c) 75-50-60-55-0-65
(d) 85-40-50-75-0-65

233. एक निश्चित कूटभाषा में 'bring the bag' को 'nd sm pf' लिखा जाता है और 'bags of gold' को 'rg tx sm' लिखा जाता है। दी गई भाषा में, 'bags' को किस प्रकार लिखा गया है?
SSC CPO 29/06/2024 Shift-III
(a) pf (b) sm (c) nd (d) rg

234. एक निश्चित कूटभाषा में, 'SERIES' को 87 के रूप में कूटबद्ध किया जाता है और 'DISMAY' को 91 के रूप में कूटबद्ध किया जाता है। उसी भाषा में 'SPRINT' को किस प्रकार कूटबद्ध किया जाएगा?
SSC CPO 29/06/2024 Shift-III
(a) 71 (b) 66 (c) 57 (d) 52

235. एक निश्चित कूटभाषा में, 'TREE' को 'WSHF' के रूप में लिखा जाता है और 'BALL' को 'EBOM' के रूप में लिखा जाता है। इसी कूट भाषा में, 'WALL' को कैसे लिखा जाएगा ?
SSC CPO 29/06/2024 Shift-III
(a) ZOMB (b) MOZB
(c) ZBOM (d) OZBM

236. एक निश्चित कूटभाषा में, 'FROM' को 'HSNK' लिखा जाता है और 'WAKE' को 'YBJC' लिखा जाता है। दी गई भाषा में 'JUMP' को किस प्रकार लिखा जाएगा?
SSC CPO 29/06/2024 Shift-II
(a) MULM (b) LTKN
(c) LVLN (d) MTKN

237. एक निश्चित कूटभाषा में, 'COOL' को '180' के रूप में कूटबद्ध किया जाता है और 'MAN' को '84' के रूप में कूटबद्ध किया जाता है। उसी भाषा में 'QUIET' को कैसे कूटबद्ध किया जाएगा?
SSC CPO 29/06/2024 Shift-II
(a) 56 (b) 284
(c) 360 (d) 36

238. एक निश्चित कूटभाषा में 'BEDROOM' को '28' और 'MOON' को '16' के रूप में लिखा जाता है। उस भाषा में 'CHAIN' कैसे लिखा जाएगा?
SSC CPO 29/06/2024 Shift-II
(a) 26 (b) 24 (c) 20 (d) 23

239. एक निश्चित कूटभाषा में 'BEST' को 'GKXZ' के रूप में लिखा जाता है और 'EDGE' को 'JJLK' के रूप में लिखा जाता है। इसी कूट भाषा में 'WIND' को कैसे लिखा जाएगा?
SSC CPO 29/06/2024 Shift-II
(a) BSJO (b) JSOB
(c) SJBO (d) BOSJ

240. एक निश्चित कूटभाषा में 'SING' को '22121710' और 'FOUR' को 9182421' के रूप में लिखा जाता है। उस भाषा में 'BEAN' कैसे लिखा जाएगा?
SSC CPO 29/06/2024 Shift-II
(a) 57413 (b) 58417
(c) 68418 (d) 69516

241. एक निश्चित कूटभाषा भाषा में 'BELT' को '78' के रूप में लिखा जाता है और 'CASH' को '62' के रूप में लिखा जाता है। उसी कूटभाषा में 'DISC' को किस प्रकार लिखा जाएगा?
SSC CPO 29/06/2024 Shift-I
(a) 70 (b) 92
(c) 86 (d) 82

242. एक निश्चित कूटभाषा में, 'DILIP' को 46-36-30-36-22 के रूप में कूटबद्ध किया जाता है और 'PRINCE' को 22-18-36-26-48-44 के रूप में कूटबद्ध किया जाता है। उसी कूटभाषा में 'FIROZ' को किस प्रकार कूटबद्ध किया जाएगा?
SSC CPO 29/06/2024 Shift-I
(a) 42-36-18-24-2
(b) 56-36-18-32-52
(c) 48-36-18-36-6
(d) 2-36-18-42-52

243. एक निश्चित कूटभाषा में 'ROCK' को 'PKAG' के रूप में लिखा जाता है और 'CLUB' को 'AHSX' के रूप में लिखा जाता है। इसी कूटभाषा में 'SHOP' को कैसे लिखा जाएगा?
SSC CPO 29/06/2024 Shift-I
(a) MQDL (b) QMDL
(c) QDML (d) QMLD

244. एक निश्चित कूटभाषा में 'COOL' को, '45' और 'TREE' को '48' के रूप में लिखा जाता है। उस कूटभाषा में 'WELL' कैसे लिखा जाएगा?
SSC CPO 29/06/2024 Shift-I
(a) 46 (b) 36 (c) 52 (d) 51

245. एक निश्चित कूटभाषा में, 'APPLE' को 250 के रूप में कूटबद्ध किया जाता है और 'BERRY' को 340 के रूप में कूटबद्ध किया जाता है। उसी भाषा में 'LITCHI' को किस रूप में कूटबद्ध किया जाएगा?
SSC CPO 28/06/2024 Shift-III
(a) 350 (b) 330
(c) 305 (d) 306

246. एक निश्चित कूटभाषा में 'GOOD' को 'HMPB' के रूप में लिखा जाता है और 'HALL' को 'IYMJ' के रूप में लिखा जाता है। इसी कूट भाषा में 'TOOL' को कैसे लिखा जाएगा? SSC CPO 28/06/2024 Shift-III

(a) PUMJ (b) UMPJ
(c) JUMP (d) UPJM

247. एक निश्चित कूटभाषा में 'FEED' को '24' के रूप में लिखा जाता है और 'ACCOUNT' को '42' के रूप में लिखा जाता है। उसी भाषा में 'PIZZA' को किस प्रकार लिखा जाएगा? SSC CPO 28/06/2024 Shift-III

(a) 38 (b) 40 (c) 36 (d) 30

248. एक निश्चित कूटभाषा में, 'god is great' को 'tg so rf' के रूप में कूटबद्ध किया जाता है और 'we love god' को 'ae rf xd' के रूप में कूटबद्ध किया जाता है। उसी भाषा में 'god' को किस रूप में कूटबद्ध किया जाता है? SSC CPO 28/06/2024 Shift-III

(a) rf (b) tg
(c) ae (d) xd

249. एक निश्चित कूटभाषा में, 'HOPE' को 'FRRL' और 'TAIL' को 'MKDX' के रूप में कूटबद्ध किया जाता है। उसी भाषा में 'STORY' को कैसे कूटबद्ध किया जाएगा? SSC CPO 28/06/2024 Shift-III

(a) ZTRXX (b) ZTRYY
(c) ZRTXX (d) ZRTYY

250. एक निश्चित कूटभाषा में 'ACID' को 'XDFE' के रूप में लिखा जाता है और 'HAND' को 'EBKE' के रूप में लिखा जाता है। इसी कूटभाषा में 'ZEST' को कैसे लिखा जाएगा? SSC CPO 28/06/2024 Shift-II

(a) PUWF (b) WPUF
(c) UWPF (d) WFPU

251. एक निश्चित कूटभाषा में, 'HEN' को '9' के रूप में कूटबद्ध किया जाता है और 'AFTER' को '25' के रूप में कूटबद्ध किया जाता है। उसी भाषा में 'SMALLEST' को किस प्रकार कूटबद्ध किया जाएगा? SSC CPO 28/06/2024 Shift-II

(a) 64 (b) 81
(c) 31 (d) 56

252. एक निश्चित कूटभाषा में, 'PANDA' को 33-78-39-69-78 के रूप में कूटबद्ध किया जाता है और 'SNAKE' को 24-39-78-48-66 के रूप में कूटबद्ध किया जाता है। उसी भाषा में 'ZEBRA' को किस रूप में कूटबद्ध किया जाएगा? SSC CPO 28/06/2024 Shift-II

(a) 6-46-63-38-78
(b) 5-66-71-29-78
(c) 7-46-65-13-78
(d) 3-66-75-27-78

253. एक निश्चित कूटभाषा में, 'HEMANT' को 24-15-39-3-42-60 और 'VINAY' को 66-27-42-3-75 के रूप में कूटबद्ध किया जाता है। उसी भाषा में 'MOHAN' को किस रूप में कूटबद्ध किया जाएगा? SSC CPO 28/06/2024 Shift-II

(a) 39-45-24-3-42 (b) 36-3-41-24-39
(c) 24-39-4-42-27 (d) 43-24-3-56-7

254. एक निश्चित कूटभाषा में, 'MARCH' को 'LBQDG' लिखा जाता है और 'TAXAS' को 'SBWBR' लिखा जाता है। दी गई भाषा में 'PIECE' को किस प्रकार लिखा जाएगा? SSC CPO 28/06/2024 Shift-II

(a) OJDED (b) QJDDF
(c) QHCED (d) OJDDD

255. एक निश्चित कूटभाषा में 'BEAM' को 'AFZN' के रूप में लिखा जाता है और 'BILL' को 'AJKM' के रूप में लिखा जाता है। इसी कूटभाषा में 'WELL' को कैसे लिखा जाएगा? SSC CPO 28/06/2024 Shift-II

(a) VKMF (b) MVKF
(c) VFKM (d) KMVF

256. एक निश्चित कूटभाषा में, 'PEN' को '70' और 'NEST' को '116' के रूप में कूटबद्ध किया जाता है। उसी भाषा में 'PEON' को कैसे कूटबद्ध किया जाएगा? SSC CPO 28/06/2024 Shift-I

(a) 99 (b) 162 (c) 100 (d) 46

257. एक निश्चित कूटभाषा में 'CITY' को '241872' के रूप में लिखा जाता है और 'DRUG' को '239620' के रूप में लिखा जाता है। उसी भाषा में 'GOLF' को किस प्रकार लिखा जाएगा? SSC CPO 28/06/2024 Shift-I

(a) 18151215 (b) 20121521
(c) 7121521 (d) 7151212

258. एक निश्चित कूटभाषा में 'FLY' को '38' और 'NUT' को '26' के रूप में लिखा जाता है। उस भाषा में 'GOD' कैसे लिखा जाएगा? SSC CPO 28/06/2024 Shift-I

(a) 34 (b) 55 (c) 28 (d) 46

259. एक निश्चित कूटभाषा में 'stay for diner' को 'px rn tf' लिखा जाता है और 'dinner is ready' को 'sq mv rn' लिखा जाता है। दी गई भाषा में 'dinner' को कैसे लिखा जाएगा? SSC CPO 28/06/2024 Shift-I

(a) rn (b) sq (c) px (d) tf

260. एक कूटभाषा में 'GAME' को 'KCQG' के रूप में लिखा जाता है और 'FARM' को 'JCVO' के रूप में लिखा जाता है। इसी कूटभाषा में 'TOWN' को कैसे लिखा जाएगा? SSC CPO 28/06/2024 Shift-I

(a) AXQP (b) PAXQ
(c) XAPQ (d) XQAP

261. एक निश्चित कूटभाषा में, 'FOX' को '14' के रूप में कूटबद्ध किया जाता है और 'GOAT' को '21' के रूप में कूटबद्ध किया जाता है। उसी भाषा में 'TOMMY' को किस प्रकार कूटबद्ध किया जाएगा? SSC CPO 27/06/2024 Shift-III

(a) 45 (b) 35 (c) 25 (d) 30

262. एक निश्चित कूटभाषा में 'MAP' को '102' और 'ROT' को '56' के रूप में लिखा जाता है। उस भाषा में 'SEC' कैसे लिखा जाएगा? SSC CPO 27/06/2024 Shift-III

(a) 112 (b) 84 (c) 98 (d) 108

263. एक कूटभाषा में, 'PIG' को 29 के रूप में कूटबद्ध किया जाता है और 'COW' को 38 के रूप में कूटबद्ध किया जाता है। उसी भाषा में 'CAMEL' को किस प्रकार कूटबद्ध किया जाएगा? SSC CPO 27/06/2024 Shift-III

(a) 31 (b) 27 (c) 29 (d) 22

264. एक निश्चित कूटभाषा में, 'POET' को '14-13-3-18' और 'SOON' को '17-13-13-12' के रूप में कूटबद्ध किया जाता है। उसी भाषा में 'WRITE' को कैसे कूटबद्ध किया जाएगा? SSC CPO 27/06/2024 Shift-III

(a) 19-16-7-18-5 (b) 19-16-5-18-3
(c) 21-16-7-9-3 (d) 21-16-7-18-3

265. एक निश्चित कूटभाषा में 'ROAD' को 'QKZZ' के रूप में लिखा जाता है और 'BAND' को 'AWMZ' के रूप में लिखा जाता है। इसी कूटभाषा में 'TASK' को कैसे लिखा जाएगा? SSC CPO 27/06/2024 Shift-III

(a) SRGW (b) GRSW
(c) SWRG (d) RSWG

266. एक निश्चित कूटभाषा में, 'HELLO' को 83 के रूप में कूटबद्ध किया जाता है और 'SHELL' को 79 के रूप में कूटबद्ध किया जाता है। उसी भाषा में, 'MATCH' को किस प्रकार कूटबद्ध किया जाएगा? SSC CPO 27/06/2024 Shift-II

(a) 92 (b) 90 (c) 96 (d) 87

267. एक निश्चित कूटभाषा में, 'FAVORITE' को 'ETIROVAF' के रूप में लिखा जाता है और 'MINIMIZE' को 'EZIMINIM' के रूप में लिखा जाता है। उसी भाषा में, 'RESEMBLE' कैसे लिखा जाएगा? SSC CPO 27/06/2024 Shift-II

(a) ERESLMBE (b) ELBRESEM
(c) ERLBMESR (d) ELBMESER

268. एक निश्चित कूटभाषा में, 'COOL' को 'EMQJ' के रूप में लिखा जाता है और 'CARD' को 'EYTB' के रूप में लिखा जाता है। इसी कूटभाषा में, 'STAR' को कैसे लिखा जाएगा? SSC CPO 27/06/2024 Shift-II

(a) URCP (b) UCPR
(c) PCUR (d) URPC

269. एक निश्चित कूटभाषा में, 'join the class' को 'yq pt dm' और 'the music class' को 'rj yq dm' लिखा जाता है। दी गई भाषा में 'music' को कैसे लिखा जाता है?
SSC CPO 27/06/2024 Shift-II
(a) yg (b) dm
(c) pt (d) rj

270. एक निश्चित कूटभाषा में, 'WHILE' को '2167103' और 'DEPTH' को '2314186' के रूप में लिखा जाता है। उस भाषा में, 'ROUND' कैसे लिखा जाएगा?
SSC CPO 27/06/2024 Shift-II
(a) 18, 15, 21, 15, 4
(b) 15, 11, 20, 21
(c) 17, 15, 20, 14, 5
(d) 16, 13, 19, 12, 2

271. एक निश्चित कूटभाषा में, 'DICE' को 'EKFI' और 'PLAN' को 'QNDR' के रूप में लिखा जाता है। भाषा में 'LUDO' को कैसे लिखा जाएगा? SSC CPO 27/06/2024 Shift-I
(a) NWES (b) MXES
(c) NXES (d) MWGS

272. एक निश्चित कूटभाषा में 'CUTE' को 'FQWA' के रूप में लिखा जाता है और 'BLUE' को 'EHXA' के रूप में लिखा जाता है। इसी कूटभाषा में 'VOTE' को कैसे लिखा जाएगा? SSC CPO 27/06/2024 Shift-I
(a) YKWA (b) YKAW
(c) AYWK (d) YWAK

273. एक निश्चित कूटभाषा में, 'DINESH' को 12-27-42-15-57-24 के रूप में कूटबद्ध किया जाता है और 'VIRAT' को 66-27-54-3-60 के रूप में कूटबद्ध किया जाता है। उसी भाषा में 'GAUTAM' को किस प्रकार कूटबद्ध किया जाएगा?
SSC CPO 27/06/2024 Shift-I
(a) 24-7-61-34-5-31
(b) 29-9-55-47-8-28
(c) 21-3-63-60-3-39
(d) 26-7-25-67-4-37

274. एक निश्चित कूटभाषा में, 'FIND' को 'CLFB' और 'HOW' को 'VME' के रूप में लिखा जाता है। उसी भाषा में 'WILL' कैसे लिखा जाएगा? SSC CPO 27/06/2024 Shift-I
(a) KSFJ (b) SJFK
(c) SFJK (d) KJFS

275. एक निश्चित कूटभाषा में 'RACE' को 'VWGA' के रूप में लिखा जाता है और 'BANK' को 'FWRG' के रूप में लिखा जाता है। इसी कूटभाषा में 'STEM' को कैसे लिखा जाएगा? SSC CPO 27/06/2024 Shift-I
(a) WIIP (b) WIPI
(c) WPII (d) IIWP

276. एक निश्चित कूटभाषा में LAND को 'IWKZ' के रूप में लिखा जाता है और 'GOLD' को 'DKIZ' के रूप में लिखा जाता है। इसी कूटभाषा में 'TEAM' को कैसे लिखा जाएगा?
SSC CPO 27/06/2024 Shift-I
(a) JXQB (b) XJQB
(c) QAXI (d) QXJB

SSC CPO SI 2023

277. एक निश्चित कूटभाषा में 'BLOCK' को LBCON के रूप में कूटबद्ध किया जाता है, और 'CABIN' को ACIBQ के रूप में कूटबद्ध किया जाता है। उसी कूटभाषा में 'SUITE' को किस प्रकार कूटबद्ध किया जाएगा? SSC CPO 05/10/2023 Shift-III
(a) USHTI (b) UTSEH
(c) ETHUS (d) USTIH

278. एक निश्चित कूटभाषा में 'SPAM' को '36' और 'JUG' को '27' के रूप में कूटबद्ध किया जाता है। उसी कूटभाषा में 'FROCK' को किस प्रकार कूटबद्ध किया जाएगा?
SSC CPO 05/10/2023 Shift-III
(a) 45 (b) 72 (c) 48 (d) 90

279. एक निश्चित कूटभाषा में, 'Live long' को 'mu ae' के रूप में कूटबद्ध किया जाता है, 'Road is long' को 'ae si du' के रूप में कूटबद्ध किया जाता है और 'Game is live' को 'si mu zt' के रूप में कूटबद्ध किया जाता है। शब्द 'Game' के लिए कूट क्या होगा?
SSC CPO 05/10/2023 Shift-III
(a) zt (b) mu (c) ae (d) si

280. एक निश्चित कूटभाषा में 'MOBILE' को 'NQEMQK' लिखा जाता है और 'BISHOP' को 'CKVLTV' लिखा जाता है। उसी कूटभाषा में 'CHARGE' को किस प्रकार लिखा जाएगा?
SSC CPO 05/10/2023 Shift-III
(a) DJDVLK (b) DJDWLK
(c) DJEVLJ (d) DJDVKL

281. एक निश्चित कूटभाषा में 'PIN' को 9 के रूप में कूटबद्ध किया जाता है और 'CHARGER' को 49 के रूप में कूटबद्ध किया जाता है। उसी कूटभाषा में 'CABLE' को किस प्रकार कूटबद्ध किया जाएगा?
SSC CPO 05/10/2023 Shift-III
(a) 36 (b) 48 (c) 27 (d) 25

282. किसी निश्चित कूटभाषा में, 'EARS' को '4268' के रूप में कूटबद्ध किया जाता है और 'NICE' को '9723' के रूप में कूटबद्ध किया जाता है। दी गई उस कूटभाषा में 'E' के लिए कूट क्या है? SSC CPO 04/10/2023 Shift-II
(a) 9 (b) 4
(c) 2 (d) 3

283. एक निश्चित कूटभाषा में, 'ALIVE' को 64 और 'HALL' को 45 के रूप में कूटबद्ध किया जाता है। उसी कूटभाषा में 'MOVIE' को किस प्रकार कूटबद्ध किया जाएगा?
SSC CPO 04/10/2023 Shift-II
(a) 71 (b) 79
(c) 58 (d) 80

284. एक निश्चित कूटभाषा में 'ACTOR' को 'ROYCA' के रूप में कूटबद्ध किया जाता है और 'NURSE' को 'ESWUN' के रूप में कूटबद्ध किया जाता है। उसी कूटभाषा में 'JUDGE' को किस प्रकार कूटबद्ध किया जाएगा? SSC CPO 04/10/2023 Shift-II
(a) EGUIJ (b) GEIUJ
(c) EGJUI (d) EGIUJ

285. एक निश्चित कूटभाषा में, 'SUGAR' को '81' और 'FILL' को '51' के रूप में कूटबद्ध किया जाता है। उसी कूटभाषा में 'CREAM' को किस प्रकार कूटबद्ध किया जाएगा?
SSC CPO 04/10/2023 Shift-II
(a) 57 (b) 55
(c) 52 (d) 60

286. एक निश्चित कूटभाषा में, 'PAINT' को 'ODYTN' और 'BRUSH' को 'CMMOZ' के रूप में लिखा जाता है। उसी कूटभाषा में 'HOUSE' को किस प्रकार लिखा जाएगा?
SSC CPO 04/10/2023 Shift-II
(a) WPMOC (b) PHYWS
(c) PBOMS (d) WDNOS

287. एक निश्चित कूटभाषा में, 'FRIEND' को 'IIFDME' और 'DEMAND' को 'MVDDMA' के रूप में लिखा जाता है। उसी कूटभाषा में 'GROUND' को किस प्रकार लिखा जाएगा? SSC CPO 03/10/2023 Shift-I
(a) OIGDMU
(b) OFTSBU
(c) DOTENC
(d) PXKRYS

288. किसी निश्चित कूटभाषा में, 'GAME' को '8426' के रूप में कूटबद्ध किया जाता है, और 'MUST' को '7853' के रूप में कूटबद्ध किया जाता है। दी गई उस कूटभाषा में 'M' के लिए कूट क्या है? SSC CPO 03/10/2023 Shift-I
(a) 7 (b) 3 (c) 2 (d) 8

289. एक निश्चित कूटभाषा में 'COURT' को OCRTR के रूप में कूटबद्ध किया जाता है, और 'JUDGE' को UJAEG के रूप में कूटबद्ध किया जाता है। उसी कूटभाषा में 'ORDER' को किस प्रकार कूटबद्ध किया जाएगा? SSC CPO 03/10/2023 Shift-I
(a) LDRRE (b) REARO
(c) ROARE (d) ROBRE

SSC CPO SI 2022-2020

290. एक निश्चित कूटभाषा में 'sign up for sports' को 'kri rit vin gab', 'the sign post fell' को 'pri dan rit nei', 'the post is closed' को 'dan sha fal pri' के रूप में लिखा जाता है। उसी कूटभाषा में शब्द 'fell' को किस प्रकार लिखा जाएगा। SSC CPO 11/11/2022

(a) nei (b) fal (c) rit (d) pri

291. एक निश्चित कूटभाषा में 'DRAFT' को 'GUDIW' लिखा जाता है और 'LIMIT' को 'OLPLW' लिखा जाता हैं। उसी कूटभाषा में 'MAJOR' को कैसे लिखा जाएगा? SSC CPO 11/11/2022

(a) OBMRT (b) PDMRU
(c) QCNQT (d) QBWRU

292. एक निश्चित कूटभाषा में, GOA को 7151 के रूप में लिखा गया है और DOG को 4157 के रूप में लिखा गया है। उसी भाषा में, MAN को किस प्रकार लिखा जाएगा? SSC CPO 10/11/2022

(a) 12113 (b) 31114
(c) 11113 (d) 13114

293. यदि एक निश्चित कूटभाषा में FIXED को 86 और COMPANY को 101 के रूप में लिखा जाता है, तो उसी कूटभाषा में INTERIM को किस रूप में लिखा जाएगा? SSC CPO 25/11/2020 Shift-II

(a) 99 (b) 102
(c) 101 (d) 100

294. एक निश्चित कूटभाषा में यदि TRAILER को RPYGJCP लिखा जाता है, तो इसी कूटभाषा में PEACOCK को क्या लिखा जाएगा? SSC CPO 25/11/2020 Shift-II

(a) MBXZLZH (b) NBYZMZI
(c) NCYAMAI (d) OCXALAI

295. एक कूटभाषा में यदि CARPENTER को ACEENPRRT लिखा जाता है, तो उसी कूटभाषा में BLACKSMITH को क्या लिखा जाएगा? SSC CPO 25/11/2020 Shift-II

(a) ALBSKCIMHT
(b) CALBIMKSTH
(c) ABCHIKLMST
(d) LBCASKIMHT

296. यदि एक निश्चित कूटभाषा में CHICANERY को DNODTHVKS के रूप में लिखा जाता है, तो उसी कूटभाषा में CRANE को किस रूप में लिखा जाएगा? SSC CPO 25/11/2020 Shift-II

(a) DKTHV (b) HKSHO
(c) DOTKV (d) CJSGU

297. एक निश्चित कूटभाषा में 'Read this book' के लिए '689' 'This book is useful' के लिए '9675' और 'Useful book is good' के लिए '5479' कूट है। इस कूटभाषा में 'This book is good' के लिए क्या कूट होगा? SSC CPO 25/11/2020 Shift-I

(a) 6457 (b) 8495 (c) 4965 (d) 7859

298. यदि एक निश्चित कूटभाषा में OXBRIDGE को BDEGIORX के रूप में लिखा जाता है, तो उसी कूटभाषा में MOUTHFUL को किस रूप में लिखा जाएगा? SSC CPO 25/11/2020 Shift-I

(a) FLHMOTUV (b) FHLMOTUU
(c) FGLNOTUU (d) HFULMOUT

299. एक निश्चित कूटभाषा में, 'Watches are beautiful' को '856', 'Beautiful things are expensive' को '3845', और 'Expensive things are preferred' को '3874' लिखा जाता है। उसी कूटभाषा में 'Watches are preferred' को क्या लिखा जाएगा? SSC CPO 25/11/2020 Shift-I

(a) 476 (b) 876
(c) 765 (d) 785

300. एक कूटभाषा में, 'BLOCK' को '31316412' लिखा जाता है, तो उसी कूटभाषा में 'SUPREME' को क्या लिखा जाएगा? SSC CPO 24/11/2020 Shift-I

(a) 192217196156
(b) 202317206146
(c) 192116185605
(d) 202217196146

301. एक कूटभाषा में यदि 'fast and furious' को 'co mo jo' लिखा जाता है, 'do it fast' को 'cha mo ga' लिखा जाता है और 'she did it' को 'ga la nop' लिखा जाता है, तो इसी कूटभाषा में 'do' के लिए निम्न में से किस कूट का उपयोग किया जाएगा? SSC CPO 24/11/2020 Shift-I

(a) cha (b) nop
(c) ga (d) mo

302. एक कूटभाषा में 'OBESITY' को 'EBOHYTI' लिखा जाता है, तो उसी कूटभाषा में 'FIXTURE' को क्या लिखा जाएगा? SSC CPO 24/11/2020 Shift-I

(a) XIFMERU (b) XIFGEUS
(c) IFYGERU (d) XIFGERU

303. एक कूटभाषा में यदि 'I like chocolates' को '958' लिखा जाता है, 'we bought chocolates' को '153' लिखा जाता है और 'we like them' को '816' लिखा जाता है, तो उसी कूटभाषा में 'I bought them' को क्या लिखा जाएगा? SSC CPO 24/11/2020 Shift-I

(a) 936 (b) 251
(c) 951 (d) 859

304. किसी कूटभाषा में '265' को 'PNH', '187' को 'OXB' और '248' को 'NUB' लिखा जाता है, तो उसी कूटभाषा में '4' को किस प्रकार लिखा जाएगा? SSC CPO 23/11/2020 Shift-I

(a) P (b) N (c) B (d) U

305. किसी कूटभाषा में 'PLACARD' को 'TPEYEVH' के रूप में लिखा जाता है, तो उसी कूटभाषा में 'MONSTER' को किस रूप में लिखा जाएगा? SSC CPO 23/11/2020 Shift-I

(a) RTSOXIV (b) QSRRXIV
(c) QSROXIV (d) PSSOXJV

306. किसी कूटभाषा में 'TORCH' को 'UNPSDI' और 'BEST' को 'CDFTU' के रूप में लिखा जाता है, तो उसी कूटभाषा में 'MARKS' को किस रूप में लिखा जाएगा? SSC CPO 23/11/2020 Shift-I

(a) NZCSLT (b) NABSLU
(c) NZBSLT (d) OZBSMT

307. किसी कूटभाषा में 'DENT' को '51' और 'LOAD' को '40' के रूप में लिखा जाता है, तो उसी कूटभाषा में 'COST' को किस रूप में लिखा जाएगा? SSC CPO 23/11/2020 Shift-I

(a) 57 (b) 65 (c) 75 (d) 62

308. किसी कूटभाषा में 'you are there' को 'ter der jer', 'we stay here' को 'yer mer ner' और 'we are late' को 'ser ner der' और 'i stay there' को 'yer fer jer' लिखा जाता है, तो उसी कूटभाषा में 'you stay late' को क्या लिखा जाएगा? SSC CPO 23/11/2020 Shift-I

(a) ter yer ser (b) ter yer mer
(c) der yer ser (d) ter mer ser

309. एक निश्चित कूटभाषा में 'CAKE' को '6' लिखा जाता है और 'JUICE' को '7' लिखा जाता है। उसी कूटभाषा में 'JUG' को कैसे लिखा जाएगा? SSC CPO 10/11/2020 Shift-I

(a) 5 (b) 6 (c) 4 (d) 3

SSC CHSL 2024 (Tier I & II)

310. एक निश्चित कूटभाषा में, 'DARK' को '3284' के रूप में कूटबद्ध किया जाता है और 'RAKE' को '6438' के रूप में कूटबद्ध किया जाता है। उस भाषा में 'E' के लिए कूट क्या है? SSC CHSL (Tier-II) 18/11/2024 Shift-I

(a) 3 (b) 4
(c) 6 (d) 8

311. एक निश्चित कूटभाषा में, 'protect your health' को 'Df Bk Tu' लिखा जाता है और 'health is wealth' को 'Po Tu Le' लिखा जाता है। उस कूटभाषा में, 'health' को कैसे लिखा जाएगा? SSC CHSL (Tier-I) 11/07/2024 Shift-IV

(a) Tu (b) Po
(c) Bk (d) Df

312. एक निश्चित कूटभाषा में, 'mix jaggery well' को 'rb co ot' लिखा जाता है और 'well done boss' को 'cx rb op' लिखा जाता है। उसी कूटभाषा में 'well' को कैसे लिखा जाएगा? **SSC CHSL (Tier-I) 11/07/2024 Shift-IV**

(a) ot (b) cx
(c) co (d) rb

313. एक निश्चित कूटभाषा में, 'DARK' को '3975' लिखा जाता है और 'READ' को '5873' लिखा जाता है। उसी कूटभाषा में 'K' को कैसे लिखा जाएगा?

SSC CHSL (Tier-I) 11/07/2024 Shift-III

(a) 7 (b) 5
(c) 3 (d) 9

314. एक निश्चित कूटभाषा में, 'TWIN' को '2359' लिखा जाता है और 'WING' को '5302' लिखा जाता है। उस कूटभाषा में 'T' को कैसे लिखा जाएगा?

SSC CHSL (Tier-I) 11/07/2024 Shift-III

(a) 3 (b) 2
(c) 9 (d) 5

315. एक निश्चित कूटभाषा में, '78623' को 'TAKEN' लिखा जाता है और '32685' को 'TOKEN' लिखा जाता है, तो उस कूटभाषा में '5' को कैसे लिखा जाएगा?

SSC CHSL (Tier-I) 11/07/2024 Shift-II

(a) O (b) E
(c) A (d) T

316. एक निश्चित कूटभाषा में, 'YOUR' को '5627' लिखा जाता है और 'CROY' को '2769' लिखा जाता है। उसी कूटभाषा में 'C' को कैसे लिखा जाएगा?

SSC CHSL (Tier-I) 11/07/2024 Shift-II

(a) 9 (b) 2 (c) 7 (d) 6

317. एक निश्चित कूटभाषा में, 'DZLV' को 'HDJT' लिखा जाता है और 'CQYH' को 'GUWF' लिखा जाता है। उस कूटभाषा में 'MTBE' को कैसे लिखा जाएगा?

SSC CHSL (Tier-I) 11/07/2024 Shift-I

(a) YAYB (b) QXZC
(c) QZYB (d) YZXB

318. एक निश्चित कूटभाषा में, 'BORN' को '8234' लिखा जाता है और 'NORM' को '6328' लिखा जाता है। उसी कूटभाषा में 'M' को कैसे लिखा जाएगा?

SSC CHSL (Tier-I) 11/07/2024 Shift-I

(a) 6 (b) 8 (c) 2 (d) 4

319. एक निश्चित कूटभाषा में, 'RIVER' को 'SJWFS' लिखा जाता है और 'SYSTEM' को 'TZTUFN' लिखा जाता है। उसी कूटभाषा में, 'PACK' को कैसे लिखा जाएगा?

SSC CHSL (Tier-I) 10/07/2024 Shift-IV

(a) QBDL (b) RBDL
(c) QCEL (d) RCEK

320. एक निश्चित कूटभाषा में, 'try something new' को 'db kl jk' लिखा जाता है और 'something hurt him' को 'db pt uk' लिखा जाता है। उस कूटभाषा में 'something' को कैसे लिखा जाएगा?

SSC CHSL (Tier-I) 10/07/2024 Shift-IV

(a) db (b) kl (c) uk (d) jk

321. एक निश्चित कूटभाषा में, 'my best friend' को 'ck rl mk' लिखा जाता है और 'friend is life' को 'rt mp ck' लिखा जाता है। उसी प्रकार, कूटभाषा में 'friend' को कैसे लिखा जाएगा? **SSC CHSL (Tier-I) 10/07/2024 Shift-III**

(a) rl (b) rt (c) mk (d) ck

322. एक निश्चित कूटभाषा में 'PBI' को '27' लिखा जाता है और 'ZEBRA' को '125' लिखा जाता है। उस कूटभाषा में 'BIRD' को कैसे लिखा जाएगा?

SSC CHSL (Tier-I) 10/07/2024 Shift-II

(a) 37 (b) 64 (c) 25 (d) 49

323. एक निश्चित कूटभाषा में 'cooler is hot' को 'tp rc dl' लिखा जाता है और 'hot weather comes' को 'rc dn nz' लिखा जाता है। उसी कूटभाषा में 'hot' को कैसे लिखा जाएगा?

SSC CHSL (Tier-I) 10/07/2024 Shift-II

(a) dn (b) nz (c) dl (d) rc

324. एक निश्चित कूटभाषा में 'strength to innovate' को '42 64 32' लिखा जाता है और 'strenght to create' को '32 42 24' लिखा जाता है। तो उस कूटभाषा में 'create' को कैसे लिखा जाएगा?

SSC CHSL (Tier-I) 10/07/2024 Shift-I

(a) 24 (b) 32
(c) 64 (d) 42

325. एक निश्चित कूटभाषा में, 'DIVERT' को '36' लिखा जाता है और 'DOLDRUMS' को '64' लिखा जाता है। उस कूटभाषा में, 'DOGMA' को कैसे लिखा जाएगा?

SSC CHSL (Tier-I) 10/07/2024 Shift-I

(a) 49 (b) 25 (c) 36 (d) 64

326. एक निश्चित कूटभाषा में 'time and again' को 'zx df mo' लिखा जाता है और 'value your time' को 'df pn tv' लिखा जाता है। उसी कूटभाषा में 'time' को कैसे लिखा जाएगा? **SSC CHSL (Tier-I) 09/07/2024 Shift-IV**

(a) tv (b) mo
(c) df (d) zx

327. एक निश्चित कूटभाषा में, 'if you are' को 'go so lu' लिखा जाता है और 'where are you' को 'so lu ga' लिखा जाता है, तो उस कूटभाषा में 'where' को कैसे लिखा जाएगा?

SSC CHSL (Tier-I) 09/07/2024 Shift-III

(a) so (b) ga
(c) go (d) lu

328. एक निश्चित कूटभाषा में, 'future is bright' को 'pl mk ni' लिखा जाता है और 'bright shooting star' को 'dg rz pl' लिखा जाता है। उसी कूटभाषा में 'bright' को कैसे लिखा जाएगा? **SSC CHSL (Tier-I) 09/07/2024 Shift-III**

(a) mk (b) ni
(c) pl (d) dg

329. एक निश्चित कूटभाषा में, 'get enough sleep' को 'ab de jf' लिखा जाता है और 'go get it' को 'jk ab gh' लिखा जाता है। उसी कूटभाषा में, 'get' को कैसे लिखा जाएगा?

SSC CHSL (Tier-I) 09/07/2024 Shift-II

(a) jk (b) ab (c) de (d) jf

330. एक निश्चित कूटभाषा में, 'BILLION' को '3264581' लिखा जाता है और 'MILLION' को '3249581' लिखा जाता है, तो उस कूटभाषा में 'M' को कैसे लिखा जाएगा?

SSC CHSL (Tier-I) 09/07/2024 Shift-I

(a) 6 (b) 3
(c) 9 (d) 5

331. एक निश्चित कूटभाषा में, 'LDWR' को 'NGUQ' लिखा जाता है और 'BFKZ' को 'DIIY' लिखा जाता है। उस कूटभाषा में 'YTGX' को कैसे लिखा जाएगा?

SSC CHSL (Tier-I) 08/07/2024 Shift-IV

(a) ZVFV (b) AWEW
(c) BWFV (d) YWFV

332. एक निश्चित कूटभाषा में, 'DEAL' को '0368' लिखा जाता है और 'DEAF' को '2630' लिखा जाता है, तो उस कूटभाषा में 'F' को कैसे लिखा जाएगा?

SSC CHSL (Tier-I) 08/07/2024 Shift-IV

(a) 2 (b) 0 (c) 3 (d) 8

333. एक निश्चित कूटभाषा में, 'WYNK' को '9243' लिखा जाता है और 'YAWN' को '3941' लिखा जाता है। उसी कूटभाषा में 'A' को कैसे लिखा जाएगा?

SSC CHSL (Tier-I) 08/07/2024 Shift-III

(a) 2 (b) 3
(c) 1 (d) 9

334. एक निश्चित कूटभाषा में, 'power' को '45978' लिखा जाता है और 'rain' को '7312' लिखा जाता है। उसी कूटभाषा में 'r' को कैसे लिखा जाएगा?

SSC CHSL (Tier-I) 08/07/2024 Shift-III

(a) 5 (b) 7
(c) 3 (d) 1

335. एक निश्चित कूटभाषा में, 'FORK' को '6851' लिखा जाता है और 'FROG' को '5981' लिखा जाता है। उसी कूटभाषा में 'K' को कैसे लिखा जाएगा?

SSC CHSL (Tier-I) 08/07/2024 Shift-II

(a) 1 (b) 9
(c) 6 (d) 5

336. एक निश्चित कूटभाषा में, 'watch is disturb' को 'xr pa qm' लिखा जाता है और 'don't watch him' को 'tu bg pa' लिखा जाता है। उसी कूटभाषा में, 'watch' को कैसे लिखा जाएगा? **SSC CHSL (Tier-I) 08/07/2024 Shift-I**

(a) tu (b) bg (c) xr (d) pa

337. एक निश्चित कूटभाषा में, 'call on him' को 'ol ni vc' लिखा जाता है और 'waiting your call' को 'ni dx sb' लिखा जाता है। उसी कूटभाषा में, 'call' को कैसे लिखा जाएगा? **SSC CHSL (Tier-I) 08/07/2024 Shift-I**

(a) vc (b) dx (c) sb (d) ni

338. एक निश्चित कूटभाषा में, 'WILT' को '6194' लिखा जाता है और 'SLIT' को '9413' लिखा जाता है। उसी कूटभाषा में, 'S' को कैसे लिखा जाएगा? **SSC CHSL (Tier-I) 05/07/2024 Shift-IV**

(a) 9 (b) 1 (c) 4 (d) 3

339. एक निश्चित कूटभाषा में, 'sanitiser saves us' को 'ra kl mq' लिखा जाता है और 'let us go' को 'kl mt ax' लिखा जाता है। उसी कूटभाषा में, 'us' को कैसे लिखा जाएगा? **SSC CHSL (Tier-I) 05/07/2024 Shift-IV**

(a) mt (b) ra (c) kl (d) mq

340. एक निश्चित कूटभाषा में, 'RUIN' को '3098' लिखा जाता है और 'TURN' को '9630' लिखा जाता है। उसी कूटभाषा में 'T' को कैसे लिखा जाएगा? **SSC CHSL (Tier-I) 05/07/2024 Shift-III**

(a) 3 (b) 8 (c) 6 (d) 9

341. एक निश्चित कूटभाषा में, 'AUDIO' को '59416' लिखा जाता है और 'BEND' को '6238' लिखा जाता है। उसी कूटभाषा में 'D' को कैसे लिखा जाएगा? **SSC CHSL (Tier-I) 05/07/2024 Shift-III**

(a) 6 (b) 4 (c) 1 (d) 2

342. एक निश्चित कूटभाषा में, 'pleased to meet' को 'bj sc vw' लिखा जाता है और 'meet and greet' को 'ih bj tf' लिखा जाता है। उसी कूटभाषा में, 'meet' को कैसे लिखा जाएगा? **SSC CHSL (Tier-I) 05/07/2024 Shift-II**

(a) tf (b) bj (c) vw (d) ih

343. एक निश्चित कूटभाषा में 'BAKE' को '2496' लिखा जाता है, 'CAKE' को '4369' लिखा जाता है। उसी कूटभाषा में 'B' को कैसे लिखा जाएगा? **SSC CHSL (Tier-I) 05/07/2024 Shift-I**

(a) 2 (b) 4 (c) 6 (d) 8

344. एक निश्चित कूटभाषा में 'CODE' को '1573' लिखा जाता है और 'DICE' को '7185' लिखा जाता है। उसी कूटभाषा में 'O' को कैसे लिखा जाएगा? **SSC CHSL (Tier-I) 05/07/2024 Shift-I**

(a) 7 (b) 8 (c) 3 (d) 5

345. एक निश्चित कूटभाषा में, 'How are you' को 'Co De Ki' लिखा जाता है और 'You look happy' को 'Th De Mo' लिखा जाता है। उस कूटभाषा में, 'you' को कैसे लिखा जाएगा? **SSC CHSL (Tier-I) 04/07/2024 Shift-IV**

(a) Mo (b) Ki
(c) De (d) Co

346. एक निश्चित कूटभाषा में, 'now or never' को 'ak bj ut' लिखा जाता है और 'never be late' को 'bj tl cv' लिखा जाता है। उस कूटभाषा में, 'never' को कैसे लिखा जाएगा? **SSC CHSL (Tier-I) 04/07/2024 Shift-IV**

(a) tl (b) cv
(c) bj (d) ak

347. एक निश्चित कूटभाषा में, 'bottle is blue' को 'see mo tu' लिखा जाता है। 'sky is blue' को 'mo tu lo' लिखा जाता है, तो उस कूटभाषा में, 'bottle' को कैसे लिखा जाएगा? **SSC CHSL (Tier-I) 04/07/2024 Shift-III**

(a) see (b) lo (c) tu (d) mo

348. एक निश्चित कूटभाषा में 'cold summers day' को 'kl bn ix' लिखा जाता है और 'day and night' को 'kj ed bn' लिखा जाता है। उसी कूटभाषा में 'day' को कैसे लिखा जाएगा? **SSC CHSL (Tier-I) 04/07/2024 Shift-III**

(a) ix (b) kl (c) bn (d) kj

349. एक निश्चित कूटभाषा में, 'hands are dirty' को 'ca bx vp' लिखा जाताा है और 'dirty things flies' को 'by vp cb' लिखा जाता है। उसी कूटभाषा में, 'dirty' को कैसे लिखा जाएगा? **SSC CHSL (Tier-I) 04/07/2024 Shift-II**

(a) bx (b) by (c) cb (d) vp

350. एक निश्चित कूटभाषा में, 'MOAT' को '8652' लिखा जाता है और 'TRAM' को '4256' लिखा जाता है। उसी कूटभाषा में, 'R' को कैसे लिखा जाएगा? **SSC CHSL (Tier-I) 04/07/2024 Shift-I**

(a) 2 (b) 4
(c) 6 (d) 8

351. एक निश्चित कूटभाषा में, 'I missed breakfast' को 'nl zn kq' लिखा जाता है और 'train is missed' को 'zm kg nl' लिखा जाता है। उसी कूटभाषा में, 'missed' को कैसे लिखा जाएगा? **SSC CHSL (Tier-I) 04/07/2024 Shift-I**

(a) kq (b) nl
(c) zm (d) zn

352. एक निश्चित कूटभाषा में, 'RISK' को '3921' लिखा जाता है और 'KIRT' को '1693' लिखा जाता है। उसी कूटभाषा में 'S' को कैसे लिखा जाएगा? **SSC CHSL (Tier-I) 03/07/2024 Shift-IV**

(a) 2 (b) 3 (c) 1 (d) 6

353. एक निश्चित कूटभाषा में, 'BABE' को '20' लिखा जाता है और 'EACH' को '34' लिखा जाता है। उस कूटभाषा में 'FACT' को कैसे लिखा जाएगा? **SSC CHSL (Tier-I) 03/07/2024 Shift-IV**

(a) 63 (b) 64 (c) 62 (d) 60

354. एक निश्चित कूटभाषा में, 'time and money' को 'zoo zee zig' लिखा जाता है और 'time and tide' को 'zee zoo zaa' लिखा जाता है, तो उस कूटभाषा में, 'zaa' को कैसे लिखा जाएगा? **SSC CHSL (Tier-I) 03/07/2024 Shift-III**

(a) tide (b) money
(c) and (d) time

355. एक निश्चित कूटभाषा में, 'GCJL' को '14-6-20-24' लिखा जाता है और 'WTRO' को '46-40-36-30' लिखा जाता है। उसी कूटभाषा में 'BZKQ' को कैसे लिखा जाएगा ? **SSC CHSL (Tier-I) 03/07/2024 Shift-III**

(a) 4-52-22-34 (b) 4-52-21-32
(c) 3-51-20-33 (d) 2-52-22-34

356. एक निश्चित कूटभाषा में 'COVER' को '9-45-66-15-54' लिखा जाता है और 'BOAST' को '6-45-3-57-60' लिखा जाता है। उस कूटभाषा में 'APRON' को कैसे लिखा जाएगा? **SSC CHSL (Tier-I) 03/07/2024 Shift-II**

(a) 2-46-52-44-40 (b) 4-47-53-42-40
(c) 3-48-54-45-42 (d) 2-46-52-40-41

357. एक निश्चित कूटभाषा में, 'mobile switched off' को 'rq mg cr' लिखा जाता है और 'turn off light' को 'my cp rq' लिखा जाता है। उसी कूटभाषा में 'off ' को कैसे लिखा जाएगा? **SSC CHSL (Tier-I) 03/07/2024 Shift-I**

(a) rq (b) cp
(c) cr (d) mg

358. एक निश्चित कूटभाषा में, 'MENIAL' को 'NIEAML' लिखा जाता है और 'INCOME' को 'CONMIE' लिखा जाता है। उस कूटभाषा में 'FOREGO' को कैसे लिखा जाएगा? **SSC CHSL (Tier-I) 03/07/2024 Shift-I**

(a) OGEROF (b) OFOREG
(c) REOGFO (d) FOGERO

359. एक निश्चित कूटभाषा में, 'SORT' को '4698' लिखा जाता है और 'RUST' को '6429' लिखा जाता है। उसी कूटभाषा में, 'O' को कैसे लिखा जाएगा? **SSC CHSL (Tier-I) 02/07/2024 Shift-IV**

(a) 9 (b) 8 (c) 6 (d) 4

360. एक निश्चित कूटभाषा में, 'BROW' को '7542' लिखा जाता है और 'WORM' को '7295' लिखा जाता है। उसी कूटभाषा में, 'B' को कैसे लिखा जाएगा? **SSC CHSL (Tier-I) 02/07/2024 Shift-IV**

(a) 4 (b) 7
(c) 9 (d) 2

361. एक निश्चित कूटभाषा में, 'INDULGE' को '48' लिखा जाता है और 'PURGE' को '24' लिखा जाता है। उसी कूटभाषा में, 'PUNY' को कैसे लिखा जाएगा?
SSC CHSL (Tier-I) 02/07/2024 Shift-III
(a) 15 (b) 20 (c) 25 (d) 18

362. एक निश्चित कूटभाषा में, 'tiffin is heavy' को 'ct qm lb' लिखा जाता है और 'heavy weight gain' को 'rx yb ct' लिखा जाता है। उसी कूटभाषा में, 'heavy' को कैसे लिखा जाएगा? SSC CHSL (Tier-I) 02/07/2024 Shift-III
(a) qm (b) rx (c) ct (d) lb

363. एक निश्चित कूटभाषा में, 'love to god' को 'xr od yk' लिखा जाता है और 'god bless you' को 'tc ap od' लिखा जाता है। उसी कूटभाषा में, 'god' को कैसे लिखा जाएगा?
SSC CHSL (Tier-I) 02/07/2024 Shift-II
(a) tc (b) yk (c) ap (d) od

364. एक निश्चित कूटभाषा में, 'no way out' को 'rp ab lm' लिखा जाता है और 'out of house' को 'mr rp bd' लिखा जाता है। उसी कूटभाषा में, 'out' को कैसे लिखा जाएगा?
SSC CHSL (Tier-I) 02/07/2024 Shift-II
(a) mr (b) lm (c) ab (d) rp

365. एक निश्चित कूटभाषा में 'MONEY' को 64381 लिखा जाता है और HONEY को 54381 लिखा जाता है। उस कूटभाषा में H को कैसे लिखा जाएगा?
SSC CHSL (Tier-I) 02/07/2024 Shift-I
(a) 4 (b) 8 (c) 5 (d) 6

366. एक निश्चित कूटभाषा में, 'art of war' को 'gb pr ml' लिखा जाता है और 'the lost art' को 'ml sj ak' लिखा जाता है। उसी कूटभाषा में 'art' को कैसे लिखा जाएगा?
SSC CHSL (Tier-I) 02/07/2024 Shift-I
(a) ak (b) ml (c) pr (d) gb

367. एक निश्चित कूटभाषा में, 'I am boy' को 'it sit pit' लिखा जाता है और 'I am girl' को 'sit nit it' लिखा जाता है। उस कूटभाषा में, 'girl' को कैसे लिखा जाएगा?
SSC CHSL (Tier-I) 01/07/2024 Shift-IV
(a) nit (b) pit (c) sit (d) it

368. एक निश्चित कूटभाषा में, 'make someone happy' को 'Ab Te Dp' लिखा जाता है और 'someone robbed him' को 'Te KoVi' लिखा जाता है। उस कूटभाषा में, 'someone' को कैसे लिखा जाएगा?
SSC CHSL (Tier-I) 01/07/2024 Shift-IV
(a) Ab (b) Ko (c) Vi (d) Te

369. एक निश्चित कूटभाषा में 'this is music' को 'Ta Bu Ka' लिखा जाता है और 'who touched this' को 'Pi Ka Bi' लिखा जाता है। उस कूटभाषा में 'this' को कैसे लिखा जाएगा? SSC CHSL (Tier-I) 01/07/2024 Shift-III
(a) Bi (b) Ka (c) Ta (d) Bu

370. एक निश्चित कूटभाषा में 'CERTAIN' को 9643821 लिखा जाता है और 'UNCERTAIN' को 964382117 लिखा जाता है, तो उस कूटभाषा में 'U' को कैसे लिखा जाएगा?
SSC CHSL (Tier-I) 01/07/2024 Shift-III
(a) 6 (b) 7 (c) 1 (d) 4

371. एक निश्चित कूटभाषा में, 'messages are encrypted' को 'tg gc mz' लिखा जाता है और 'are you coming' को 'ze fp mz' लिखा जाता है। उसी कूटभाषा में, 'are' को कैसे लिखा जाएगा?
SSC CHSL (Tier-I) 01/07/2024 Shift-II
(a) mz (b) gc (c) ze (d) fp

372. एक निश्चित कूटभाषा में, 'KIOSK' को 'LJRTL' लिखा जाता है और 'FLAME' को 'GMDNF' लिखा जाता है। उस कूटभाषा में, 'ENJOY' को कैसे लिखा जाएगा?
SSC CHSL (Tier-I) 01/07/2024 Shift-II
(a) FOMPZ (b) ENOQZ
(c) EMOQY (d) GNMRY

373. एक निश्चित कूटभाषा में, 'strong and mighty' को 'ui yv tk' लिखा जाता है और 'soft yet strong' को 'hd tk bw' लिखा जाता है। उसी कूटभाषा में, 'strong' को कैसे लिखा जाएगा? SSC CHSL (Tier-I) 01/07/2024 Shift-I
(a) hd (b) ui (c) tk (d) bw

374. एक निश्चित कूटभाषा में, 'BEAM' को '2349' लिखा जाता है और 'MEAN' को '4327' लिखा जाता है। उस कूटभाषा में, 'N' को कैसे लिखा जाएगा?
SSC CHSL (Tier-I) 01/07/2024 Shift-I
(a) 3 (b) 4
(c) 2 (d) 7

375. एक निश्चित कूटभाषा में 'KENT' को '9 ^* 7' और 'BENT' को '*~79' लिखा जाता है। उसी कूटभाषा में 'B' को क्या लिखा जाएगा? SSC CHSL (Tier-II) 10/01/2024 Shift-I
(a) ^ (b) * (c) ~ (d) 9

SSC CHSL 2023 (Tier I & II)

376. एक निश्चित कूटभाषा में 'TALKER' को '!@#C$%' और 'TALKED' को '$%@#!£' लिखा जाता है। उसी कूटभाषा में 'D' को क्या लिखा जाएगा?
SSC CHSL (Tier-II) 02/11/2023 Shift-I
(a) 1 (b) © (c) % (d) £

377. एक निश्चित कूटभाषा में, 'FAWN' को '09 ()' और 'LAWN' को '9()1' लिखा जाता है। उसी कूटभाषा में 'L' को क्या लिखा जाएगा? SSC CHSL (Tier-II) 02/11/2023 Shift-I
(a) 1 (b) 0 (c) 2 (d) 3

378. एक निश्चित कूटभाषा में, 'Shyam studies English in Patna' को 'pi ji ti fi qi' लिखा जाता है, 'Her sister lives in Mumbai' को 'mi hi ji ki ni' लिखा जाता है, 'Rama studies Chemistry' को 'di li pi' लिखा जाता है और 'sister studies English and Chemistry' को 'bi ki pi di ti' लिखा जाता है। उसी कूटभाषा में 'and' को कैसे लिखा जाएगा? SSC CHSL (Tier-I) 17/08/2023 Shift-I
(a) di (b) bi (c) fi (d) ki

379. एक निश्चित कूटभाषा में, 'stars moon sun satellite planet' को 'pit rit kit sit nit' लिखा जाता है, 'moon mars venus mercury' को 'mit cit git sit' लिखा जाता है, 'venus stars mercury' के 'cit git rit' लिखा जाता और 'mercury satellite planet' को 'pit cit nit' लिखा जाता है। उसी कूटभाषा में, 'sun' को कैसे लिखा जाएगा?
SSC CHSL (Tier-I) 14/08/2023 Shift-IV
(a) nit (b) rit (c) pit (d) kit

380. एक निश्चित कूटभाषा में, 'like the way' को 'pl zs kq' लिखा जाता है और 'on my way' को 'kq mk in' लिखा जाता है। उसी कूटभाषा में, 'way' को कैसे लिखा जाएगा?
SSC CHSL (Tier-I) 14/08/2023 Shift-IV
(a) pl (b) kq (c) In (d) zs

381. एक निश्चित कूट में 'blue black green grey pink' को 'mat fat tat bat gat' लिखा जाता है, 'grey white orange green' को 'hat gat nat fat' लिखा जाता है, 'orange green pink grey' को 'fat nat gat bat' लिखा जाता है और 'violet blue red' को 'tat lat dat' लिखा जाता है। उसी कूटभाषा में 'black' को कैसे लिखा जाएगा?
SSC CHSL (Tier-I) 11/08/2023 Shift-I
(a) fat (b) tat (c) mat (d) gat

382. एक निश्चित कूटभाषा में 'doors grills windows woods clothes' को 'kip dip lip sip tip' लिखा जाता है, 'table woods chair stools को 'rip nip dip pip' लिखा जाता है, 'chair grills stools' को 'rip pip kip' लिखा जाता है और 'lock latch stools doors' को 'gip tip cip pip' लिखा जाता है। उसी कूटभाषा में 'table को कैसे लिखा जाएगा?
SSC CHSL (Tier-I) 10/08/2023 Shift-III
(a) nip (b) pip (c) rip (d) dip

383. एक निश्चित कूटभाषा में, 'he will go to market' को 'xi ui hi ni ji' लिखा जाता है और 'market is very crowded' को 'wi ni ki di' लिखा जाता है और 'come to crowded market' को 'ui ni fi di' लिखा जाता है। उसी कूटभाषा में, 'come' को कैसे लिखा जाएगा?
SSC CHSL (Tier-I) 08/08/2023 Shift-II
(a) di (b) ui (c) ni (d) fi

384. एक निश्चित कूटभाषा में, 'BLADE' को 'CKBCF' लिखा जाता है और 'CHALK' को 'DGBKL' लिखा जाता है। उसी कूटभाषा में, 'DIGITAL' को कैसे लिखा जाएगा?
SSC CHSL (Tier-I) 08/08/2023 Shift-II
(a) FHGHVZN
(b) FGGHVYN
(c) EGHGWYM
(d) EHHHUZM

385. एक निश्चित कूटभाषा में, 'FLOWER' को '85' लिखा जाता है, 'STARS' को '82' लिखा जाता है और 'MOON' को '61' लिखा जाता है। उसी कूटभाषा में, 'PACK' को कैसे लिखा जाएगा?
SSC CHSL (Tier-I) 07/08/2023 Shift-IV
(a) 30 (b) 32 (c) 36 (d) 35

386. एक निश्चित कूटभाषा में 'CLIP' को '3749' लिखा जाता है और 'PICK' को '4673' लिखा जाता है। उस कूटभाषा में 'K' को कैसे लिखा जाएगा? SSC CHSL (Tier-I) 07/08/2023 Shift-IV
(a) 7 (b) 4 (c) 3 (d) 6

387. एक निश्चित कूटभाषा में 'TARNISH' को '96' लिखा जाता है और 'CORRECT' को '89' लिखा जाता है। उसी कूटभाषा में 'GENERAL' को कैसे लिखा जाएगा?
SSC CHSL (Tier-I) 04/08/2023 Shift-II
(a) 96 (b) 67 (c) 69 (d) 71

388. एक निश्चित कूटभाषा में 'can you speak' को 'pr lt sq' लिखा जाता है और 'you work hard' को 'sq wp mq' लिखा जाता है। उस कूटभाषा में 'you' को कैसे लिखा जाएगा?
SSC CHSL (Tier-I) 04/08/2023 Shift-II
(a) wp (b) mq (c) sq (d) pr

389. एक निश्चित कूटभाषा में, 'RESENT' को 'TGUCLR' लिखा जाता है और 'PEOPLE' को 'RGQNJC' लिखा जाता है। उसी कूटभाषा में 'PERSON' को कैसे लिखा जाएगा? SSC CHSL (Tier-I) 02/08/2023 Shift-I
(a) RGSUQL (b) RGTQMP
(c) RGTQML (d) RGTUQP

390. एक निश्चित कूटभाषा में 'will come back' को 'mp rq pl' लिखा जाता है और 'back to school' को 'jn st mp' लिखा जाता है। उस कूटभाषा में 'back' को कैसे लिखा जाएगा?
SSC CHSL (Tier-I) 02/08/2023 Shift-I
(a) pl (b) rq (c) mp (d) jn

391. किसी एक खास कूटभाषा में, 'BOLT' को '2965' लिखा जाता है, 'DOLE' को '5723' लिखा जाता है, 'TADY' को '0368' लिखा जाता है, 'MASB' को '4819' लिखा जाता है। इस कूटभाषा में 'BTO' को क्या लिखा जाएगा? SSC CHSL (Tier-I) 21/03/2023 Shift-IV
(a) 482 (b) 958 (c) 962 (d) 865

392. किसी एक खास कूटभाषा में, 'DECENT' को 'VPGEGF' लिखा जाता है, इस कूटभाषा में 'ENERGY' को कैसे लिखा जाएगा?
SSC CHSL (Tier-I) 21/03/2023 Shift-II
(a) AITHPG
(b) AIIGPG
(c) AITGPG
(d) AITGQG

393. किसी एक खास कूटभाषा में, 'INTERNAL' को '91320221813115' लिखा जाता है, 'MOUNTAIN' को '131221132026913' लिखा जाता है। इस कूटभाषा में 'PAYMENTS' को कैसे लिखा जाएगा?
SSC CHSL (Tier-I) 21/03/2023 Shift-II
(a) 16262514413208
(b) 16262514513280
(c) 16252614513208
(d) 16262514513208

394. एक खास कूटभाषा में यदि GATE को AGET लिखा जाता है, तो उसी कूटभाषा में BOOK को कैसे लिखा जाएगा?
SSC CHSL (Tier-I) 20/03/2023 Shift-III
(a) OOBK (b) OKBO
(c) OBKO (d) OBOK

395. एक खास कूटभाषा में, 'SAGE' को '– 8' लिखा जाता है, 'TABS' को '0' लिखा जाता है। इस कूटभाषा में 'VERB' को कैसे लिखा जाएगा? SSC CHSL (Tier-I) 17/03/2023 Shift-II
(a) – 7 (b) 4
(c) – 4 (d) 7

396. एक खास कूटभाषा में, 'AWAKED' को 'FPFDJW' लिखा जाता है। इस कूटभाषा में 'FACEUP' को कैसे लिखा जाएगा?
SSC CHSL (Tier-I) 17/03/2023 Shift-II
(a) KTHYZI (b) TKHXZI
(c) KTHZXI (d) KTHXZI

397. किसी एक खास कूटभाषा में, 'YEAH' को '207' लिखा जाता है, 'BULK' को '186' लिखा जाता है। उस कूटभाषा में 'CORD' को क्या लिखा जाएगा?
SSC CHSL (Tier-I) 16/03/2023 Shift-I
(a) 236 (b) 208
(c) 242 (d) 204

398. किसी एक खास कूटभाषा में, 'SHOWER' को 'SEXOIS' लिखा जाता है। उस कूटभाषा में 'TOPICS' को क्या लिखा जाएगा?
SSC CHSL (Tier-I) 16/03/2023 Shift-I
(a) TDJJPT (b) TCJJPT
(c) TCJPPT (d) TDJPPT

399. एक खास कूटभाषा में, 'FLOORS' को 'QPMNKE' लिखा जाता है। इस कूटभाषा में 'GATHER' को कैसे लिखा जाएगा?
SSC CHSL (Tier-I) 15/03/2023 Shift-IV
(a) PCFSAF (b) PCFSZF
(c) PCFSZE (d) PCESZE

400. एक खास कूटभाषा में 'DAME' को '2976' लिखा जाता है, 'TIME' को '9254' लिखा जाता है, 'SAPE' को '8369' लिखा जाता है, 'MOST' को '1523' लिखा जाता है। इस कूटभाषा में 'ATP' को कैसे लिखा जाएगा?
SSC CHSL (Tier-I) 15/03/2023 Shift-IV
(a) 851 (b) 651 (c) 869 (d) 658

401. किसी एक खास कूटभाषा में, 'GARMENTS' को '2019132214719' लिखा जाता है, 'HYDROGEN' को '192523181272214' लिखा जाता है। इस कूटभाषा में 'INVASIVE' को क्या लिखा जाएगा?
SSC CHSL (Tier-I) 14/03/2023 Shift-I
(a) 1418518954 (b) 1814518955
(c) 1814158955 (d) 1814519855

402. किसी एक खास कूटभाषा में, 'SCREEN' को 'LCCPAQ' लिखा जाता है। इस कूटभाषा में 'SKILLS' को क्या लिखा जाएगा?
SSC CHSL (Tier-I) 14/03/2023 Shift-I
(a) OJJGIQ (b) QJJJGQ
(c) QJJGIQ (d) QJJHIR

403. एक खास कूटभाषा में, 'DRAMA' को 32 लिखा जाता है और 'PLAY' को '50' लिखा जाता है। उस भाषा में THEATRE को कैसे लिखा जाएगा?
SSC CHSL (Tier-I) 13/03/2023 Shift-III
(a) 77 (b) 82 (c) 70 (d) 72

404. एक खास कूटभाषा में, 'STADIUM' को 'TSADIMU' के रूप में लिखा जाता है। उस भाषा में 'CRICKET' को कैसे लिखा जाएगा?
SSC CHSL (Tier-I) 13/03/2023 Shift-III
(a) RCICKET (b) RCIKCTE
(c) RCICKTE (d) RCIKCET

405. एक खास कूटभाषा में 'CEMENT' को 'ECOCPR' लिखा जाता है, HEIGHT को JCKEJR लिखा जाता है, इस कूटभाषा में FATHER को कैसे लिखा जाएगा?
SSC CHSL (Tier-I) 10/03/2023 Shift-II
(a) HYVFGP (b) HYVEGP
(c) HYVFGO (d) HZVFGP

406. किसी एक खास कूटभाषा में, 'TEFLOANS' को '2056121226138' लिखा जाता है, 'SERGEANT' को '1951872226137' लिखा जाता है। इस कूटभाषा में 'UNIQUELY' को कैसे लिखा जाएगा?
SSC CHSL (Tier-I) 09/03/2023 Shift-I
(a) 2115917623152
(b) 2114917632142
(c) 2114917622152
(d) 2124917623152

407. किसी एक खास कूटभाषा में, 'GIRL' को 'QWNL' लिखा जाता है। इस कूटभाषा में 'KEPT' को कैसे लिखा जाएगा?
SSC CHSL (Tier-I) 09/03/2023 Shift-I
(a) YUJP (b) YVJP
(c) YUKR (d) YUKP

SSC CHSL 2022 & 2021 (Tier I)

408. एक निश्चित कोड भाषा में, "QUOTE" को "RWRXJ" के रूप में लिखा जाता है और "UNION" को "VPLSS" के रूप में लिखा जाता है। उसी भाषा में "YOUNG" को किस रूप में लिखा जाएगा?
SSC CHSL (Tier-I) 02/06/2022 Shift-I
(a) ZPXRL (b) ZQXQL
(c) ZQXRL (d) ZQWRL

409. एक निश्चित कूटभाषा में, 'CURD' को '342184' लिखा जाता है और 'BREAD' को '2181024' लिखा जाता है। उसी कूटभाषा में 'BUTTER' को क्या लिखा जाएगा?
SSC CHSL (Tier-I) 02/06/2022 Shift-I
(a) 2212020518
(b) 442201018
(c) 24220201018
(d) 421201018

410. एक निश्चित कूटभाषा में, 'STRONG' को 'TSORGN' के रूप में लिखा जाता है और 'PASTEL' को 'APTSLE' के रूप में लिखा जाता है। उसी कूटभाषा में 'WORKER' को कैसे लिखा जाएगा?
SSC CHSL (Tier-I) 01/06/2022 Shift-I
(a) OWKRER (b) OKWRER
(c) OWKRRE (d) OWRKRE

411. एक निश्चित कूटभाषा में, 'HEAT' को 'VSGZ' लिखा जाता है और 'CLAY' को 'OXBZ' लिखा जाता है। उसी भाषा में 'BANK' कैसे लिखा जाएगा?
SSC CHSL (Tier-I) 01/06/2022 Shift-I
(a) ZYMP (b) ZYPM
(c) YZPM (d) YZMP

412. एक निश्चित कोड भाषा में, 'NOPE' को '100' के रूप में कोडित किया गया और 'EGG' को '38' के रूप में कोडित किया गया है। उसी भाषा में 'LAP' को किस रूप में कोडित किया जाएगा?
SSC CHSL (Tier-I) 31/05/2022 Shift-I
(a) 31 (b) 58 (c) 27 (d) 29

413. एक निश्चित कूटभाषा में, 'THREE' को 'UISFF' के रूप में लिखा जाता है और 'SEVEN' को 'TFWFO' के रूप में लिखा जाता है। उसी भाषा में 'EIGHT' को कैसे लिखा जाएगा?
SSC CHSL (Tier-I) 31/05/2022 Shift-I
(a) JFIHU (b) JFHIU
(c) FJHUI (d) FJHIU

414. एक निश्चित कूटभाषा में, 'STATE' को '38401405' लिखा जाता है और 'EXILE' को '5489245' लिखा जाता है। उसी भाषा में 'ARENA' को क्या लिखा जाएगा?
SSC CHSL (Tier-I) 31/05/2022 Shift-I
(a) 1365141 (b) 21181014
(c) 21810142 (d) 1365281

415. उस विकल्प का चयन कीजिए, जो पाँचवें पद से उसी प्रकार सम्बन्धित है, जिस प्रकार दूसरा पद पहले पद से और चौथा पद तीसरे पद से सम्बन्धित है।
BIRTHDAY : HDAYBIRT ::
CHILDREN : DRENCHIL ::
PROGRESS : ?
SSC CHSL (Tier-I) 31/05/2022 Shift-I
(a) SSERGORP (b) RPOGERSS
(c) RESSPROG (d) GRESSPRO

416. एक निश्चित कोड भाषा में 'CHOICE' को 'OHCECI' लिखा जाता है और 'DEMAND' को 'MEDDNA' लिखा जाता है उसी भाषा में 'EXPECT' को कैसे लिखा जाएगा?
SSC CHSL (Tier-I) 30/05/2022 Shift-I
(a) PXEECT (b) TCEPXE
(c) PXETCE (d) TCEEXP

417. एक निश्चित कूटभाषा में, 'COMMON' को 'EQOOQP' लिखा जाता है और 'PREP' को 'RTGR' लिखा जाता है। उस भाषा में 'MAGNET' को कैसे लिखा जाएगा?
SSC CHSL (Tier-I) 30/05/2022 Shift-I
(a) OAIVGV (b) OCIPGV
(c) OBIPGW (d) MCIPGU

418. एक निश्चित कूटभाषा में, 'SIGNAL' को 'H18T13Z15' के रूप में कूटबद्ध किया जाता है और 'TARGET' को 'G26I20V7' के रूप में कूटबद्ध किया जाता है। उसी भाषा में 'VOLUME' को किस रूप में कूटबद्ध किया जाएगा? **SSC CHSL (Tier-I) 30/05/2022 Shift-I**
(a) E12O6N22 (b) F12P6P24
(c) F12O7N23 (d) E12P6O22

419. एक निश्चित कूटभाषा में 'BASKET' को '211911520' के रूप में कूटबद्ध किया जाता है और 'BOX' को '21524' के रूप में कूटबद्ध किया जाता है। उस भाषा में 'COVER' को कैसे कूटबद्ध किया जाएगा?
SSC CHSL (Tier-I) 27/05/2022 Shift-I
(a) 31822518 (b) 31522519
(c) 31522518 (d) 21522519

420. एक निश्चित कोड भाषा में 'MATHS' को '13320819' और 'HINDI' को '82714427' लिखा जाता है। उसी भाषा में 'PHYSICS' कैसे लिखा जाएगा?
SSC CHSL (Tier-I) 27/05/2022 Shift-I
(a) 168251923319 (b) 168251927319
(c) 168251928319 (d) 168251937319

421. एक निश्चित कूटभाषा में, 'TRAIN' को 'WUDLQ' और 'ROAD' को 'URDG' लिखा जाता है। उसी भाषा में 'TAXI' को कैसे लिखा जाएगा? **SSC CHSL (Tier-I) 27/05/2022 Shift-I**
(a) WFAL (b) WEAL
(c) WDBL (d) WDAL

422. एक कूटभाषा में, 'TOUCH' को 'UTOHC' के रूप में लिखा जाता है। उसी भाषा में 'PLANT' को किस प्रकार से लिखा जाएगा?
SSC CHSL (Tier-I) 10/08/2021 Shift-III
(a) TPNLA (b) QMBOU
(c) ALRPT (d) TPANM

423. एक निश्चित कूटभाषा में, 'ENDORSE' को 'VMWLIHV' लिखा जाता है। उसी भाषा में 'INSTRUCT' को क्या लिखा जाएगा?
SSC CHSL (Tier-I) 10/08/2021 Shift-I
(a) RMSHRZPG (b) SMSGSZPR
(c) SNRGSAOT (d) RMHGIFXG

424. किसी निश्चित कूटभाषा में, 'FORWARD' को 'CSZXQPE' लिखा जाता है। उसी कूटभाषा में 'NUMERAL' को किस प्रकार लिखा जाएगा?
SSC CHSL (Tier-I) 04/08/2021 Shift-I
(a) KBQFLVM (b) MUNELAR
(c) MZSDNTO (d) KZQDLTL

425. किसी निश्चित कूटभाषा में 'HAMPER' को '17212322036' और 'INSULT' को '16286421340' के रूप मे लिखा गया। उसी भाषा में 'SAFETY' को कैसे लिखा जाएगा?
SSC CHSL (Tier-I) 04/08/2021 Shift-I
(a) 612195030 (b) 610195320
(c) 629101350 (d) 621910550

426. किसी निश्चित कूटभाषा में, 'ROHAN' को '3136' और 'SHYAM' को '4356' लिखा जाता है, तो उसी कूटभाषा में 'RAM' को किस प्रकार लिखा जाएगा?
SSC CHSL (Tier-I) 19/04/2021 Shift-I
(a) 1234 (b) 3412
(c) 1024 (d) 2315

427. एक निश्चित कूटभाषा में, 'PAINT' को 'QZHOU' लिखा जाता है और 'BASK' को 'CZTL' लिखा जाता है। उसी भाषा में 'MOVIE' को क्या लिखा जाएगा?
SSC CHSL (Tier-I) 19/04/2021 Shift-I
(a) NNUHF (b) NNWHD
(c) LNWHF (d) NPWJD

428. किसी निश्चित कूटभाषा में, 'INTERACT' को 'TNIRETCA' लिखा जाता है। उसी कूटभाषा में 'SATURDAY' को किस प्रकार लिखा जाएगा? **SSC CHSL (Tier-I) 12/04/2021 Shift-II**
(a) UTASYADR (b) ASUTDRYA
(c) TASURYDA (d) TASRUYAD

SSC MTS 2024

429. एक निश्चित कूटभाषा में, 'MONKEY' को 'BHNQRP' के रूप में कूटबद्ध किया जाता है और 'NAP' को 'SDQ' के रूप में कूटबद्ध किया जाता है। दी गई कूटभाषा में 'JUTEBAG' के लिए क्या कूट होगा?
SSC MTS 14/11/2024 Shift-III
(a) JDEHWXN (b) JDEHUXM
(c) JDEHWXM (d) JDEKWXM

430. एक निश्चित कूटभाषा में, 'WORK' को '5964' लिखा जाता है और 'RISE' को '1348' लिखा जाता है। उस कूटभाषा में 'R' को कैसे लिखा जाएगा?

SSC MTS 14/11/2024 Shift-III

(a) 1 (b) 3 (c) 4 (d) 8

431. एक निश्चित कूटभाषा में, 'GOES' को '4268' के रूप में कूटबद्ध किया जाता है और 'OILY' को '3457' के रूप में कूटबद्ध किया जाता है। इसी कूटभाषा में 'O' के लिए कूट क्या होगा?

SSC MTS 14/11/2024 Shift-III

(a) 4 (b) 5 (c) 3 (d) 2

432. एक निश्चित कूटभाषा में, 'you read book' को 'hm rn op' के रूप में लिखा जाता है और 'book is good' को 'cf am rn' के रूप में लिखा जाता है। उस भाषा में 'book' के लिए कूट क्या है? SSC MTS 14/11/2024 Shift-III

(a) cf (b) op (c) am (d) rn

433. एक निश्चित कूटभाषा में, 'JUMP' को '4682' के रूप में कूटबद्ध किया जाता है और 'MIND' को '3741' के रूप में कूटबद्ध किया जाता है। दी गई कूटभाषा में 'M' के लिए कूट क्या है? SSC MTS 13/11/2024 Shift-III

(a) 7 (b) 4 (c) 8 (d) 3

434. एक निश्चित कूटभाषा में, 'WEAR' को 'PI10' के रूप में कूटबद्ध किया जाता है और 'EARS' को '14OP' के रूप में कूटबद्ध किया जाता है। उसी कूटभाषा में 'S' का कूट क्या होगा? SSC MTS 13/11/2024 Shift-III

(a) 4 (b) O (c) I (d) P

435. एक निश्चित कूटभाषा में, 'black dark night' को 'ck th lp' के रूप में कूटबद्ध किया जाता है और 'dark cloudy sky' को 'eg lp sc' के रूप में कूटबद्ध किया जाता है। दी गई भाषा में 'dark' को कैसे कूटबद्ध किया जाएगा? SSC MTS 13/11/2024 Shift-III

(a) sc (b) th (c) lp (d) eg

436. एक निश्चित कूटभाषा में 'shirt pant coat' को ''ek ph bq' के रूप में कूटबद्ध किया जाता है, 'coat jacket sweater' को 'ek lh to' के रूप में कूटबद्ध किया जाता है, 'jacket shirt watch' को 'fd bq lh' के रूप में कूटबद्ध किया जाता है। उस भाषा में 'coat' के लिए कूट क्या है? (**नोट** सभी कूट केवल दो-अक्षर वाले कूट हैं।)

SSC MTS 13/11/2024 Shift-III

(a) ek (b) bq
(c) to (d) lh

437. किसी कूटभाषा में, 'VGAL' को 'BEGJ' के रूप में कूटबद्ध किया जाता है और 'XQEB' को 'DOKZ' के रूप में कूटबद्ध किया जाता है। उसी भाषा में 'HTSO' को किस प्रकार कूटबद्ध किया जाएगा? SSC MTS 12/11/2024 Shift-III

(a) MSZK (b) MRZL
(c) NRYM (d) NQYL

438. एक निश्चित कूटभाषा में, 'let us go' को 'ck ru tb' के रूप में कूटबद्ध किया जाता है और 'please go away' को 'tb mg du' के रूप में कूटबद्ध किया जाता है। उसक कूटभाषा में 'go' को किस प्रकार कूटबद्ध किया जाता है?

SSC MTS 12/11/2024 Shift-III

(a) mg (b) tb (c) ru (d) du

439. एक कूटभाषा में, 'KITE' को 'PRGV' के रूप में लिखा जाता है और 'MARBLE' को 'NZIYOV' के रूप में लिखा जाता है। उसी भाषा में 'DOLPHIN' को किस प्रकार लिखा जाएगा? SSC MTS 12/11/2024 Shift-III

(a) WLOKSRM (b) WMOKSRM
(c) XMOKSRM (d) XLOKSRM

440. एक निश्चित कूटभाषा में 'KNOW' को '2846' के रूप में कूटबद्ध किया जाता है और 'WIDE' को '5729' के रूप में कूटबद्ध किया जाता है। दी गई कूटभाषा में 'W' के लिए कूट क्या है? SSC MTS 11/11/2024 Shift-III

(a) 9 (b) 5 (c) 2 (d) 6

441. एक निश्चित कूटभाषा में 'BEND' को 'ADMC' के रूप में लिखा जाता है तथा 'FISH' को 'EHRG' के रूप में लिखा जाता है। उस भाषा में 'EVIL' कैसे लिखा जाएगा?

SSC MTS 11/11/2024 Shift-III

(a) DUJM (b) DUHK
(c) FWJM (d) DWHK

442. किसी कूटभाषा में, 'MBXL' को 'OXZH' के रूप में कूटबद्ध किया जाता है और 'FKRG' को 'HGTC' के रूप में कूटबद्ध किया जाता है। उसी भाषा में 'LUGS' को किस प्रकार कूटबद्ध किया जाएगा? SSC MTS 11/11/2024 Shift-III

(a) OQJP (b) NPIN
(c) NQIO (d) OPJN

443. एक निश्चित कूटभाषा में 'FITS' को 'ULID' के रूप में कूटबद्ध किया जाता है और 'GIFT' को 'IUZD' के रूप में कूटबद्ध किया जाता है। उसी कूटभाषा में 'G' का कूट क्या होगा?

SSC MTS 11/11/2024 Shift-III

(a) D (b) U
(c) Z (d) I

444. एक निश्चित कूटभाषा में 'GIRL' को '3571' के रूप में कूटबद्ध किया जाता है और 'TAGS' को '4685' के रूप में कूटबद्ध किया जाता है। उस भाषा में 'G' के लिए कूट क्या है?

SSC MTS 05/11/2024 Shift-III

(a) 8 (b) 4
(c) 3 (d) 5

445. एक निश्चित कूटभाषा में, 'will you go' को 'rp zs tu' के रूप में कूटबद्ध किया जाता है और 'you come here' को 'ar cm tu' के रूप में कूटबद्ध किया जाता है। उसी कूटभाषा में 'you' को किस प्रकार कूटबद्ध किया जाएगा? SSC MTS 05/11/2024 Shift-III

(a) rp (b) zs (c) ar (d) tu

446. एक निश्चित कूटभाषा में, 'CLOSE' को '48793' लिखा जाता है और 'LOSER' को '89243' लिखा जाता है। उसी कूटभाषा में 'R' को कैसे लिखा जाएगा?

SSC MTS 05/11/2024 Shift-III

(a) 8 (b) 2 (c) 7 (d) 4

447. एक निश्चित कूटभाषा में 'zebra tool bean' को 'rj pi ki' के रूप में कूटबद्ध किया गया है और 'bean knife army' को 'ko jm pi' के रूप में कूटबद्ध किया गया है। दी गई भाषा में 'bean' को कैसे कूटबद्ध किया जाएगा?

SSC MTS 04/11/2024 Shift-III

(a) ko (b) rj (c) pi (d) ki

448. एक निश्चित कूटभाषा में, call you back को 'rt yw fg' लिखा जाता है और 'back is paining' को 'yw fb gt' लिखा जाता है। उसी कूटभाषा में 'back' को कैसे लिखा जाएगा?

SSC MTS 04/11/2024 Shift-III

(a) rt (b) fb (c) yw (d) fg

449. किसी निश्चित कूटभाषा में 'ABROAD' को 'WZLIYZ' के रूप में कूटबद्ध किया जाता है और 'ADVISE' को 'VHREWZ' के रूप में कूटबद्ध किया जाता है। उसी भाषा में 'AGENDA' को किस प्रकार कूटबद्ध किया जाएगा? SSC MTS 04/11/2024 Shift-III

(a) ZTWMWY (b) ZWNVUZ
(c) ZWMVTZ (d) ZTVMWZ

450. किसी कूटभाषा में 'XCMY' को 'AHPD' के रूप में कूटबद्ध किया जाता है और 'PGVK' को 'SLYP' के रूप में कूटबद्ध किया जाता है। उसी भाषा में 'JOCH' को किस प्रकार कूटबद्ध किया जाएगा?

SSC MTS 30/10/2024 Shift-III

(a) PSDN (b) LTDL
(c) NRFK (d) MTFM

451. किसी निश्चित कूटभाषा में 'GET' को '50' के रूप में कूटबद्ध किया जाता है और 'CAB' को '76' के रूप में कूटबद्ध किया जाता है। उसी भाषा में 'RUN' को किस प्रकार कूटबद्ध किया जाएगा? SSC MTS 30/10/2024 Shift-III

(a) 28 (b) 29 (c) 30 (d) 31

452. एक निश्चित कूटभाषा में 'You may laugh' को 'CD EJ KO' के रूप में कूटबद्ध किया जाता है और 'May I go' को 'TK PO EJ' के रूप में कूटबद्ध किया जाता है। इसी कूटभाषा

में 'may' को किस प्रकार कूटबद्ध किया जाएगा? SSC MTS 30/10/2024 Shift-III

(a) CD (b) PO (c) TK (d) EJ

453. एक निश्चित कूटभाषा में 'I like music' को 'mo ro go' लिखा जाता है और 'can I go' को 'ho mo bo' लिखा जाता है। उसी कूटभाषा में 'I' को कैसे लिखा जाएगा? SSC MTS 30/10/2024 Shift-III

(a) ho (b) bo (c) go (d) mo

454. किसी कूटभाषा में, 'JSCQ' को 'MNJH' के रूप में कूटबद्ध किया जाता है और 'BYTE' को 'ETAV' के रूप में कूटबद्ध किया जाता है उसी भाषा में 'SEWX' को किस प्रकार कूटबद्ध किया जाएगा? SSC MTS 29/10/2024 Shift-III

(a) VXDM (b) WZEO
(c) WXEM (d) VZDO

455. एक निश्चित कूटभाषा में, 'i am infinite' को 'la ma ra' के रूप में लिखा जाता है और 'universe is infinite' को 'ra ba ta' के रूप में लिखा जाता है। इसी कूटभाषा में 'infinite' को कैसे लिखा जाएगा? SSC MTS 29/10/2024 Shift-III

(a) ma (b) ra (c) ba (d) la

456. एक निश्चित कूटभाषा में, 'BUSY' को '8642' के रूप में कूटबद्ध किया जाता है और 'SIDE' को '7536' के रूप में कूटबद्ध किया जाता है। दी गई कूटभाषा में 'S' के लिए कूट क्या है? SSC MTS 29/10/2024 Shift-III

(a) 5 (b) 6 (c) 7 (d) 4

457. किसी कूटभाषा में, 'ZHBN' को 'BEFI' के रूप में कूटबद्ध किया जाता है और 'LFWJ' को 'NCAE' के रूप में कूटबद्ध किया जाता है। उसी भाषा में 'HVDK' को किस प्रकार कूटबद्ध किया जाएगा? SSC MTS 29/10/2024 Shift-III

(a) KTJD (b) JTHD
(c) KSIF (d) JSHF

458. एक निश्चित कूटभाषा में 'car struck in traffic' को 'ku cu ru nu' लिखा जाता है और 'truck struck on road' को 'pu du ku tu' लिखा जाता है। उसी कूटभाषा में 'struck' को कैसे लिखा जाएगा? SSC MTS 28/10/2024 Shift-II

(a) tu (b) du
(c) ku (d) pu

459. एक निश्चित कूटभाषा में 'PORK' को '7358' के रूप में लिखा जाता है और 'CREW' को '1693' के रूप में लिखा जाता है। उस कूटभाषा में 'R' को किस प्रकार लिखा जाता है? SSC MTS 28/10/2024 Shift-II

(a) 3 (b) 5 (c) 6 (d) 9

460. एक निश्चित कूटभाषा में 'YOUR' को '1245' के रूप में कूटबद्ध किया जाता है और 'OURS' को '4216' के रूप में कूटबद्ध किया जाता है। उस भाषा में 'Y' के लिए कूट क्या है? SSC MTS 28/10/2024 Shift-II

(a) 5 (b) 4 (c) 6 (d) 1

461. एक निश्चित कूटभाषा में, 'find this clue' को 'ak dh fk' के रूप में लिखा जाता है और 'clue for you' को 'sg fk bo' के रूप में लिखा जाता है। दी गई भाषा में 'clue' को कैसे लिखा गया है? SSC MTS 23/10/2024 Shift-II

(a) ak (b) dh (c) fk (d) sg

462. एक निश्चित कूटभाषा में, 'BASE' को '2416' के रूप में कूटबद्ध किया गया है और 'SOUP' को '3719' के रूप में कूटबद्ध किया गया है। उसी कूट भाषा में 'S' के लिए कूट क्या होगा? SSC MTS 23/10/2024 Shift-II

(a) 2 (b) 3 (c) 6 (d) 1

463. एक निश्चित कूटभाषा में, 'BUYS' को '5173' के रूप में कूटबद्ध किया जाता है। और 'YOLK' को '6458' के रूप में कूटबद्ध किया जाता है। उसी कूट भाषा में 'Y' के लिए कूट क्या है? SSC MTS 23/10/2024 Shift-II

(a) 8 (b) 6 (c) 7 (d) 5

464. एक निश्चित कूटभाषा में, 'MOBILE' को '789410' लिखा जाता है और 'PINK' को '2358' लिखा जाता है। उस कूटभाषा में 'I' को कैसे लिखा जाएगा? SSC MTS 23/10/2024 Shift-II

(a) 8 (b) 2 (c) 5 (d) 3

465. एक निश्चित कूटभाषा में, 'FOIL' को '1974' के रूप में कूटबद्ध किया जाता है और 'LIFE' को '7291' के रूप में कूटबद्ध किया जाता है। उसी कूटभाषा में 'E' का कूट क्या होगा? SSC MTS 22/10/2024 Shift-II

(a) 7 (b) 9 (c) 2 (d) 1

466. एक निश्चित कूटभाषा में, 'WANT' को '8163' के रूप में कूटबद्ध किया जाता है और 'THAN' को '3468' के रूप में कूटबद्ध किया जाता है। उस भाषा में 'H' के लिए कूट क्या है? SSC MTS 22/10/2024 Shift-II

(a) 1 (b) 8 (c) 4 (d) 3

467. एक निश्चित कूटभाषा में, 'CASH' को '2486' के रूप में कूटबद्ध किया जाता है और 'HIRE' को '3257' के रूप में कूटबद्ध किया जाता है। दी गई कूटभाषा में 'H' के लिए कूट क्या है? SSC MTS 22/10/2024 Shift-II

(a) 6 (b) 2 (c) 3 (d) 7

468. एक निश्चित कूटभाषा में 'PAID' को '3195' के रूप में कूटबद्ध किया जाता है और 'GRAB' को '2346' के रूप में कूटबद्ध किया जाता है। दी गई कूटभाषा में 'A' के लिए कूट क्या है? SSC MTS 22/10/2024 Shift-II

(a) 1 (b) 2 (c) 4 (d) 3

469. एक निश्चित कूटभाषा में, 'BLUE' को '5193' के रूप में कूटबद्ध किया जाता है और 'CABS' को '3246' के रूप में कूटबद्ध किया जाता है। दी गई कूटभाषा में 'B' के लिए कूट क्या है? SSC MTS 21/10/2024 Shift-II

(a) 6 (b) 5 (c) 4 (d) 3

470. एक निश्चित कूटभाषा में, 'MILK' को '5642' के रूप में कूटबद्ध किया जाता है और 'LIKE' को '8425 के रूप में कूटबद्ध किया जाता है। उस भाषा में 'E' के लिए कूट क्या है? SSC MTS 21/10/2024 Shift-II

(a) 8 (b) 6 (c) 4 (d) 5

471. एक निश्चित कूटभाषा में, 'BIKE CAR SCOOTER' को 'SS RR PP लिखा जाता है और 'CAR CYCLE TRUCK' को 'PP TT LL' लिखा जाता है और 'CYCLE BIKE TRAIN' को 'RR ZZ TT' लिखा जाता है। उस कूटभाषा में 'SCOOTER' को कैसे लिखा जाएगा? SSC MTS 21/10/2024 Shift-II

(a) SS (b) RR (c) PP (d) ZZ

472. किसी निश्चित कूटभाषा में, 'derive the formula' को 'le ro da' लिखा जाता है और 'formula to win' को 'ka wb ro' लिखा जाता है। इसी भाषा में 'formula' को कैसे लिखा जाएगा? SSC MTS 18/10/2024 Shift-II

(a) le (b) da (c) wb (d) ro

473. एक निश्चित कूटभाषा में, 'RENT' को '1957' लिखा जाता है और 'GRIM' को '2469' लिखा जाता है। उसी कूटभाषा में 'R' को क्या लिखा जाएगा? SSC MTS 18/10/2024 Shift-II

(a) 4 (b) 1 (c) 6 (d) 9

474. एक निश्चित कूट में, 'pen pencil eraser' को 'dy ph mt' के रूप में कूटबद्ध किया गया है, 'pencil box crayon' को 'lp ph st' के रूप में कूटबद्ध किया गया है और 'box pen board' को 'st bq dy' के रूप में कूटबद्ध किया गया है।

सभी कूट केवल दो अक्षर वाले कूट हैं। 'board' को किस रूप में कूटबद्ध किया गया है? SSC MTS 18/10/2024 Shift-II

(a) bq (b) dy (c) st (d) lp

475. एक निश्चित कूटभाषा में, 'this is book' को 'lo mo ro' के रूप में लिखा जाता है और 'this is me को 'mo lo po' के रूप में लिखा जाता है। इसी कूटभाषा में 'me' को कैसे लिखा जाएगा? SSC MTS 17/10/2024 Shift-II

(a) ro (b) mo (c) lo (d) po

476. एक निश्चित कूटभाषा में, 'complete the task' को 'je tc xo' के रूप में लिखा जाता है और 'work is complete' को 'xo ig lx' के रूप में लिखा जाता है। दी गई भाषा में 'complete' को किस प्रकार लिखा जाएगा?
SSC MTS 17/10/2024 Shift-II
(a) tc (b) xo (c) je (d) lx

477. एक निश्चित कूट में 'curtain door window' को 'la ph ba' के रूप में कूटबद्ध किया जाता है, 'lock window key' को 'ep zm la' के रूप में कूटबद्ध किया जाता है, 'key curtain handle' को 'fd ba zm' के रूप में कूटबद्ध किया जाता है। उस भाषा में 'curtain' के लिए कूट क्या है? SSC MTS 17/10/2024 Shift-II
(नोट : सभी कूट केवल दो-अक्षर वाले कूट हैं।)
(a) ba (b) la (c) ep (d) zm

478. एक निश्चित कूटभाषा में, 'FITCH' को '47601' के रूप में कूटबद्ध किया जाता है और 'DITCH' को '70619' के रूप में कूटबद्ध किया जाता है। इसी कूटभाषा में 'D' के लिए कूट क्या होगा?
SSC MTS 17/10/2024 Shift-II
(a) 0 (b) 1 (c) 7 (d) 9

479. एक निश्चित कूटभाषा में, 'ROSE' को '8546' लिखा जाता है और 'SURE' को '4368' लिखा जाता है। उसी कूटभाषा में 'U' को कैसे लिखा जाएगा?
SSC MTS 16/10/2024 Shift-II
(a) 5 (b) 3 (c) 4 (d) 8

480. एक निश्चित कूटभाषा में 'FOUR' को '3157 के रूप में कूटबद्ध किया जाता है और 'RENT' को '2384' के रूप में कूटबद्ध किया जाता है। दी गई कूटभाषा में 'R' के लिए कूट क्या है? SSC MTS 16/10/2024 Shift-II
(a) 3 (b) 2 (c) 4 (d) 7

481. एक निश्चित कूटभाषा में, 'MONK' को '1238' के रूप में कूटबद्ध किया गया है और 'HONK' को '8326' के रूप में कूटबद्ध किया गया है। उस भाषा में 'H' के लिए कूट क्या है?
SSC MTS 16/10/2024 Shift-II
(a) 3 (b) 2 (c) 8 (d) 6

482. एक निश्चित कूटभाषा में, 'she is intelligent' को 'le me re' के रूप में लिखा जाता है और 'she is studious' को 're de me' के रूप में लिखा जाता है। इसी कूटभाषा में 'studious' को कैसे लिखा जाएगा?
SSC MTS 16/10/2024 Shift-II
(a) le (b) re (c) me (d) de

483. किसी कूटभाषा में, 'HWCY' को 'KBJH' के रूप में कूटबद्ध किया जाता है और 'REPU' को 'UJWD' के रूप में कूटबद्ध किया जाता है। उसी भाषा में 'AXMQ' को किस प्रकार कूटबद्ध किया जाएगा?
SSC MTS 15/10/2024 Shift-I
(a) CBSY (b) DCTZ
(c) DBTY (d) ECUZ

484. एक निश्चित कूटभाषा में DONE को 7139 के रूप में कूटबद्ध किया जाता है और 'TERM' को '6874' के रूप में कूटबद्ध किया जाता है। दी गई कूटभाषा में 'E' के लिए कूट क्या है? SSC MTS 15/10/2024 Shift-I
(a) 6 (b) 7 (b) 8 (d) 9

485. एक निचित कूटभाषा कूटभाषा में 'MANAGE' को 'IKEREQ' के रूप में कूटबद्ध किया जाता है और 'RACE' को 'IGEV' के रूप में कूटबद्ध किया जाता है। दी गई कूटभाषा में 'SYMPHONY' के किए कूट क्या है? SSC MTS 15/10/2024 Shift-I
(a) CRSLTPCW (b) CRSLTRCW
(c) CRSLSQCW (d) CRSLTQCW

486. किसी निश्चित कूटभाषा में 'CAREER' को 'EBTFGS' के रूप में कूटबद्ध किया जाता है और 'CARING' को 'EBTJPH' के रूप में कूटबद्ध किया जाता है। उसी भाषा में 'CENTER' को किस प्रकार कूटबद्ध किया जाएगा? SSC MTS 15/10/2024 Shift-I
(a) EFPUGS (b) EFPVGS
(c) DGOVFT (d) DFPVFT

487. एक निश्चित कूटभाषा में, 'spin fast slow' को 'mm nn oo' लिखा जाता है और 'fast skid slip' को 'nn rr tt' लिखा जाता है और 'slip slow jump' को 'rr mm zz' लिखा जाता है। उस कूटभाषा में 'jump' को कैसे लिखा जाएगा? SSC MTS 14/10/2024 Shift-I
(a) rr (b) mm (c) zz (d) nn

488. एक निश्चित कूटभाषा में 'GULF' को '7391' के रूप में कूटबद्ध किया जाता है और 'FANS' को '2438' के रूप में कूटबद्ध किया जाता है। दी गई कूटभाषा में 'F' के लिए कूट क्या है? SSC MTS 14/10/2024 Shift-I
(a) 4 (b) 2 (c) 1 (d) 3

489. एक निश्चित कूटभाषा में 'solve the puzzle' को 'sp di cy' लिखा जाता है और 'puzzle is tricky' को 'qp vt di' लिखा जाता है। उसी कूटभाषा में 'puzzle' को कैसे लिखा जाएगा?
SSC MTS 14/10/2024 Shift-I
(a) cy (b) di
(c) qp (d) sp

490. एक निश्चित कूटभाषा में 'HAVE' को '2648' के रूप में कूटबद्ध किया जाता है और 'VOLT' को '3961' के रूप में कूटबद्ध किया जाता है। दी गई कूटभाषा में 'V' के लिए कूट क्या है? SSC MTS 09/10/2024 Shift-I
(a) 3 (b) 1 (c) 6 (d) 4

491. एक निश्चित कूटभाषा में 'BEST' को '4982' के रूप में कूटबद्ध किया जाता है और 'STEM' को '6489' के रूप में कूटबद्ध किया जाता है। इसी भाषा में 'B' के लिए कूट क्या होगा? SSC MTS 09/10/2024 Shift-I
(a) 2 (b) 4 (c) 8 (d) 6

492. एक निश्चित कूटभाषा में, 'rivers trees grass' को '22 44 66' लिखा जाता है और 'trees clouds birds' को '44 99 88' लिखा जाता है। उस कूटभाषा में 'trees' को कैसे लिखा जाएगा? SSC MTS 09/10/2024 Shift-I
(a) 44 (b) 88
(c) 22 (d) 66

493. किसी निश्चित कूटभाषा में, 'nothing to hide' को 'tg mk sa' लिखा जाता है और 'hide and seek' को 'mk wd lq' लिखा जाता है। इसी भाषा में 'hide' को कैसे लिखा जाएगा? SSC MTS 09/10/2024 Shift-I
(a) lq (b) wd
(c) mk (d) tg

494. एक निश्चित कूटभाषा में, 'LIKE' को '1576' लिखा जाता है और 'LINK' को '6581' लिखा जाता है। उसी कूटभाषा में 'E' को कैसे लिखा जाएगा? SSC MTS 08/10/2024 Shift-I
(a) 6 (b) 7
(c) 5 (d) 1

495. एक निश्चित कूटभाषा में, 'I play football' को 'ku ch ta' के रूप में कूटबद्ध किया जाता है और 'he play cricket' को 'al bi ta' के रूप में कूटबद्ध किया जाता है। दी गई भाषा में 'play' को किस प्रकार कूटबद्ध किया गया है?
SSC MTS 08/10/2024 Shift-I
(a) ta (b) ku
(c) bi (d) al

496. एक निश्चित कूटभाषा में, 'WORD' को '7135' के रूप में कूटबद्ध किया जाता है और 'RISE' को '4658' के रूप में कूटबद्ध किया जाता है। दी गई कूटभाषा में 'R' के लिए कूट क्या है? SSC MTS 08/10/2024 Shift-I
(a) 5 (b) 6
(c) 3 (d) 4

497. एक निश्चित कूटभाषा में, 'BENT' को '4628' के रूप में कूटबद्ध किया जाता है और 'EARS' को '5471' के रूप में कूटबद्ध किया जाता है। उसी कूटभाषा में 'E' के लिए कूट क्या है? SSC MTS 08/10/2024 Shift-I
(a) 5 (b) 7
(c) 6 (d) 4

498. एक निश्चित कूटभाषा में, 'GIFT' को 5197 के रूप में कूटबद्ध किया जाता है और 'FIST' को 4157 के रूप में कूटबद्ध किया जाता है। इसी भाषा में 'S' के लिए कूट क्या होगा?

SSC MTS 07/10/2024 Shift-I

(a) 1 (b) 4 (c) 9 (d) 5

499. एक निश्चित कूटभाषा में, 'FLOAT' को 14238 के रूप में कूटबद्ध किया जाता है और 'BLOAT' को '23849' के रूप में कूटबद्ध किया जाता है। इसी कूटभाषा में 'F' के लिए कूट क्या होगा?

SSC MTS 07/10/2024 Shift-I

(a) 4 (b) 1 (c) 9 (d) 2

500. एक निश्चित कूटभाषा में, 'father makes tea' को 'ib fx ey' के रूप में कूटबद्ध किया जाता है और 'tea and coffee' को 'kr ey wn' के रूप में कूटबद्ध किया जाता है। दी गई भाषा में 'tea' को किस प्रकार कूटबद्ध किया गया है?

SSC MTS 07/10/2024 Shift-I

(a) fx (b) ey (c) kr (d) wn

501. एक निश्चित कूटभाषा में 'MOVE' को 3917 के रूप कूटबद्ध किया जाता है और 'EAST' को 4692 के रूप में कूटबद्ध किया जाता है। दी गई कूटभाषा में 'E' के लिए कूट क्या है?

SSC MTS 07/10/2024 Shift-I

(a) 2 (b) 4 (c) 9 (d) 7

502. एक निश्चित कूटभाषा में, 'PLAY' को '4831' के रूप में कूटबद्ध किया गया है और 'CLAY' को '1824' के रूप में कूटबद्ध किया गया है। उस भाषा में 'C' के लिए कूट क्या है?

SSC MTS 01/10/2024 Shift-I

(a) 2 (b) 4 (c) 8 (d) 1

503. एक निश्चित कूटभाषा में, 'EAGER' को 'CGGTG' के रूप में लिखा जाता है और 'LEARN' को 'GNAPT' के रूप में लिखा जाता है। उसी भाषा में 'HINDI' को किस प्रकार लिखा जाएगा?

SSC MTS 01/10/2024 Shift-I

(a) JKNKF (b) KJNKF
(c) KJNFK (d) KJPKF

504. एक निश्चित कूटभाषा में, '22 55 77' को 'rr pp tt' लिखा जाता है और '77 66 44' को 'pp kk ll' लिखा जाता है और '66 11 22' को 'kk tt zz' लिखा जाता है। उस कूटभाषा में '11' को कैसे लिखा जाएगा?

SSC MTS 01/10/2024 Shift-I

(a) zz (b) kk (c) pp (d) tt

505. एक निश्चित कूटभाषा में, 'TALE' को '5173' के रूप में कूटबद्ध किया जाता है और 'AIDS' को '6452' के रूप में कूटबद्ध किया जाता है। दी गई कूटभाषा में 'A' के लिए कूट क्या है?

SSC MTS 01/10/2024 Shift-I

(a) 2 (b) 1
(c) 5 (d) 6

506. एक कूटभाषा में 'COLONY' को '48' के रूप में कूटबद्ध किया जाता है और 'INTERCHANGE' को '88' के रूप में कूटबद्ध किया जाता है। उसी भाषा में 'MOUNTAIN' को किस प्रकार कूटबद्ध किया जाएगा?

SSC MTS 30/09/2024 Shift-I

(a) 64 (b) 66
(c) 86 (d) 84

507. एक कूटभाषा में, 'CAKE' को 'ACIG' के रूप में लिखा जाता है और 'GOLD' को 'EQJF' के रूप में लिखा जाता है। इसी कूटभाषा में 'WIRE' को कैसे लिखा जाएगा?

SSC MTS 30/09/2024 Shift-I

(a) GUKP (b) UKPG
(c) GPUK (d) GUPK

508. किसी निश्चित कूटभाषा में, 'WING' को '2618' के रूप में कूटबद्ध किया जाता है और 'NEAT' को '3469' के रूप में कूटबद्ध किया जाता है। उसी भाषा में 'N' के लिए कूट क्या है?

SSC MTS 30/09/2024 Shift-I

(a) 8 (b) 1
(c) 6 (d) 3

509. एक निश्चित कूटभाषा में, 'I swim fast' को 'cp Ik bs' के रूप में कूटबद्ध किया जाता है और 'may I go' को 'ap sb Ik' के रूप में कूटबद्ध किया जाता है। उसी कूटभाषा में 'I' को किस प्रकार कूटबद्ध किया जाएगा?

SSC MTS 30/09/2024 Shift-I

(a) bs (b) Ik (c) sb (d) cp

SSC MTS 2023

510. एक निश्चित कूटभाषा में, 'NAIL' को '2637' लिखा जाता है और 'LANE' को '3278' लिखा जाता है। उसी कूटभाषा में 'E' को कैसे लिखा जाएगा?

SSC MTS 14/09/2023 Shift-I

(a) 2 (b) 8 (c) 3 (d) 7

511. एक निश्चित कूटभाषा में, 'MENTOR' को 'EMOUPS' लिखा जाता है और 'OCTAGON' को 'COUBHPO' लिखा जाता है। उस कूटभाषा में 'PENCIL' को कैसे लिखा जाएगा?

SSC MTS 14/09/2023 Shift-I

(a) EPLICN (b) PLICNE
(c) EPODJM (d) LINCENP

512. एक निश्चित कूटभाषा में, 'ENTRUST' को 'FOURVTU' लिखा जाता है और 'CUSHION' को 'DVTHJPO' लिखा जाता है। उस कूटभाषा में 'CLEAVER' को कैसे लिखा जाएगा?

SSC MTS 13/09/2023 Shift-I

(a) ENGBWT (b) EMFBWGT
(c) DMFAWFS (d) DNGBWGT

513. एक निश्चित कूटभाषा में 'ARC' को '1-18-3' लिखा जाता है और 'BOY' को '2-15-25' लिखा जाता है। उस कूटभाषा में 'FAD' को कैसे लिखा जाएगा?

SSC MTS 11/09/2023 Shift-II

(a) 6-2-4 (b) 5-2-6
(c) 7-2-5 (d) 6-1-4

514. एक निश्चित कूटभाषा में 'NEAR' को '4968' लिखा जाता है और 'REAP' को '9865' लिखा जाता है। उस कूटभाषा में 'P' को कैसे लिखा जाएगा?

SSC MTS 11/09/2023 Shift-II

(a) 6 (b) 8 (c) 9 (d) 5

515. एक निश्चित कूटभाषा में 'yes you can' को 'an cf dt' लिखा जाता है और 'you are enough' को 'sk dt hw' लिखा जाता है। उसी कूटभाषा में 'you' को कैसे लिखा जाएगा?

SSC MTS 11/09/2023 Shift-I

(a) dt (b) cf (c) sk (d) hw

516. एक निश्चित कूटभाषा में 'good vibes only' को vn mj kl लिखा जाता है और 'change is good' को 'mj ro dh' लिखा जाता है। उसी कूटभाषा में 'good' को कैसे लिखा जाएगा?

SSC MTS 08/09/2023 Shift-II

(a) dh (b) ro (c) vn (d) mj

517. एक निश्चित कूटभाषा में 'YOJ' को 'BRM' लिखा जाता है और 'DSP' को 'GVS' लिखा जाता है। उसी कूटभाषा में 'ZMC' को कैसे लिखा जाएगा?

SSC MTS 08/09/2023 Shift-II

(a) CQF (b) DQE
(c) CPF (d) DPG

518. एक निश्चित कूटभाषा में, 'NAME' को '2473' लिखा जाता है और 'MEND' को '7642' लिखा जाता है। उसी कूटभाषा में, 'D' को कैसे लिखा जाएगा?

SSC MTS 06/09/2023 Shift-I

(a) 4 (b) 7 (c) 2 (d) 6

519. एक निश्चित कूटभाषा में, 'CHORAL' को 'OHCLAR' लिखा जाता है और 'FOREGO' को 'ROFOGE' लिखा जाता है। उसी कूटभाषा में, 'GALLEY' को कैसे लिखा जाएगा?

SSC MTS 06/09/2023 Shift-I

(a) YELLAG (b) GYALLE
(c) ELLAGY (d) LAGYEL

520. एक निश्चित कूटभाषा में, 'make your life' को 'uk ox zt' लिखा जाता है और 'life is good' को 'qr uk va' लिखा जाता है। उसी कूटभाषा में 'Life' को कैसे लिखा जाएगा?

SSC MTS 05/09/2023 Shift-II

(a) zt (b) ox
(c) uk (d) qr

521. एक निश्चित कूटभाषा में 'LIAR' को '5148' लिखा जाता है और 'REAL' को '1582' लिखा जाता है। उसी कूटभाषा में 'E' को कैसे लिखा जाएगा?

SSC MTS 04/09/2023 Shift-II

(a) 5 (b) 2 (c) 8 (d) 1

522. एक निश्चित कूटभाषा में 'YJM' को '26-11-14' लिखा जाता है और 'SOP' को '20-16-17' लिखा जाता है। उस कूटभाषा में 'BTX' को कैसे लिखा जाएगा?
SSC MTS 04/09/2023 Shift-II
(a) 5-22-24 (b) 5-23-25
(c) 4-22-24 (d) 3-21-25

523. एक निश्चित कूटभाषा में, 'LED' को '15-22-23' लिखा जाता है और 'BMW' को '25-14-4' लिखा जाता है। उस कूटभाषा में 'QUF' को कैसे लिखा जाएगा?
SSC MTS 01/09/2023 Shift-III
(a) 11-5-20 (b) 9-5-20
(c) 9-4-21 (d) 10-6-21

524. एक निश्चित कूटभाषा में, 'ENVY' को 'FMWX' लिखा जाता है और 'ALAS' को 'BKBR' लिखा जाता है। उस कूटभाषा में 'BODY' को कैसे लिखा जाएगा ?
SSC MTS 01/09/2023 Shift-I
(a) CNEX (b) DNEX
(c) CPEY (d) DNEY

SSC MTS 2022

525. एक निश्चित कूटभाषा में, यदि सरसों को फल कहा जाता है, फल को आलू कहा जाता है, आलू को बर्गर कहा जाता है, बर्गर को फूल कहा जाता है और फूल को चावल कहा जाता है, तो गुलाब क्या है?
SSC MTS 15/07/2022 Shift-I
(a) आलू (b) चावल
(c) फल (d) फूल

526. एक निश्चित कूटभाषा में, 'TIK' को '40' के रूप में कोडित किया जाता है और 'PDM' को '33' के रूप में कोडित किया जाता है। उसी कूटभाषा में 'RUG' को किस रूप में कोडित किया जाएगा? SSC MTS 15/07/2022 Shift-I
(a) 44 (b) 45 (c) 47 (d) 46

527. एक निश्चित कूटभाषा में, 'SHAPE' को 'VKDSH' के रूप में कोडित किया जाता है। उसी कूटभाषा में 'MODEL' को किस रूप में कोडित किया जाएगा?
SSC MTS 15/07/2022 Shift-I
(a) CFAHW (b) QRHIP
(c) PRGHO (d) OPFGN

528. एक निश्चित कूटभाषा में, 'ACADEMIC' को 'AACEDIMC' लिखा जाता है। 'ABSTRACT' को 'ASBRTCAT' लिखा जाता है और 'ACCURACY' को 'ACCRUCAY' लिखा जाता है। उसी कूटभाषा में 'ABACAS' को क्या लिखा जाएगा?
SSC MTS 15/07/2022 Shift-I
(a) AABACS (b) AAABCS
(c) ABAACS (d) ABCAAS

529. एक निश्चित कूटभाषा में, 'heart black blue' को '8 # ab' के रूप में लिखा जाता है और 'grey are blue' को '# pr kt' के रूप में लिखा जाता है। उसी कूटभाषा में 'blue' को किस रूप में लिखा जाएगा?
SSC MTS 14/07/2022 Shift-I
(a) # (b) 8 (c) ab (d) pr

530. एक निश्चित कूटभाषा में, 'GRSTB' को 'GYXWL' के रूप में लिखा जाता है और 'HANDS' को 'XISFM' के रूप में लिखा जाता है। उसी कूटभाषा में 'MNDET' को किस रूप में लिखा जाएगा?
SSC MTS 14/07/2022 Shift-I
(a) YJISR (b) JIISR
(c) YJITS (d) YJIRS

531. एक निश्चित कूटभाषा में, 'GEFS' को 'HFER' लिखा जाता है और 'IBIS' को 'JCHR' लिखा जाता है। उसी कूटभाषा में 'STIR' को कैसे लिखा जाएगा?
SSC MTS 14/07/2022 Shift-I
(a) RSHQ (b) TUHQ
(c) TUJS (d) RUHS

532. एक निश्चित कूटभाषा में, 'ACQUIRE' को 'QCAUERI' के रूप में लिखा जाता है, 'ADDRESS' को 'DDARSSE' के रूप में लिखा जाता है और 'ABILITY' को 'IBALYTI' के रूप में लिखा जाता है। उसी कूटभाषा में 'ICEBERG' को किस प्रकार लिखा जाएगा? SSC MTS 14/07/2022 Shift-I
(a) ICEBGRE (b) GREBICE
(c) GREBECI (d) ECIBGRE

533. एक निश्चित कूटभाषा में, 'DETAIL' को 'FCVYKJ' लिखा जाता है और 'HEALTH' को 'JCCJVF' लिखा जाता है। उसी कूटभाषा में 'MOTION' को कैसे लिखा जाएगा?
SSC MTS 13/07/2022 Shift-I
(a) OMVGQM (b) OMVGQL
(c) OMVGPL (d) OMVGRL

534. एक निश्चित कूटभाषा में, 'here we go west' को '8 6 4 9' के रूप में लिखा जाता है। 'west and east best' को '4 @ # pr' के रूप में लिखा जाता है और 'east direction sun' को '# jt qm' के रूप में लिखा जाता है। उसी कूटभाषा में 'direction east' के लिए निम्नलिखित में से कौन-सा सम्भावित कूट है?
SSC MTS 12/07/2022 Shift-I
(a) 4 qm (b) # qm (c) @ jt (d) qm it

535. एक निश्चित कूटभाषा में, 'ANAEMIA' को 'AOAENIA' के रूप में लिखा जाता है। 'AQUEOUS' को 'ARUEOUT' के रूप में लिखा जाता है और 'LIVELY' को 'MIWEMZ' के रूप में लिखा जाता है। उसी कूटभाषा में 'EUGENIA' को किस प्रकार लिखा जाएगा? SSC MTS 12/07/2022 Shift-I
(a) FVGFNJB (b) FUGFNJB
(c) EUJHEOJA (d) EUHEOIA

536. एक निश्चित कूटभाषा में, 'POR' को '52' के रूप में कोडित किया जाता है, और 'AND' को '22' के रूप में कोडित किया जाता है। उसी कूटभाषा में 'VXB' को किस रूप में कोडित किया जाएगा? SSC MTS 12/07/2022 Shift-I
(a) 49 (b) 51
(c) 48 (d) 52

537. एक निश्चित कूटभाषा में, 'IFSP' को 'JHTR' लिखा जाता है और 'MPWF' को 'NRXH' लिखा जाता है। उसी कूटभाषा में 'TOAD' को किस प्रकार लिखा जाएगा?
SSC MTS 12/07/2022 Shift-I
(a) UQCE (b) UQCF
(c) UQBF (d) UPBF

538. एक निश्चित कूटभाषा में, 'TAPE' को '4825', 'SHART' को '93814' और 'TUBE' को '4675' के रूप में कूटबद्ध किया जाता है। उसी कूटभाषा में 'E' अक्षर का कूट क्या होगा?
SSC MTS 11/07/2022 Shift-I
(a) 8 (b) 4
(c) 5 (d) 6

539. एक निश्चित कूटभाषा में, 'hairs are golden black' को '@ rm pr kt' के रूप में कोडित किया जाता है। 'golden bells are sound' को 'ak @ kt #' के रूप में कोडित किया जाता है और 'bells being loud' को '# jm jk' के रूप में कोडित किया जाता है। उसी भाषा में 'bell sound' के लिए कूट क्या हो सकता है?
SSC MTS 11/07/2022 Shift-I
(a) ak @ (b) ak #
(c) jm jk (d) ak jm

540. एक निश्चित कूटभाषा में, 'COFFEE' को '40' के रूप में कूटबद्ध किया जाता है। 'LEMON' को '59' के रूप में कूटबद्ध किया जाता है और 'GINGER' को '60' के रूप में कूटबद्ध किया जाता है। उसी भाषा में 'TEA' को किस रूप में कूटबद्ध किया जाएगा?
SSC MTS 11/07/2022 Shift-I
(a) 43 (b) 29
(c) 32 (d) 26

SSC MTS 2021

541. यदि 'DONKEY' को '88' के रूप में तथा 'SPARROW' को '79' के रूप में कूटबद्ध किया जाता है, तो 'PEGION' को किस रूप में कूटबद्ध किया जाएगा?
SSC MTS 02/11/2021 Shift-III
(a) 73 (b) 91
(c) 96 (d) 85

542. यदि 'CAPACITY' को '81' को रूप में तथा 'VOLUME' को '91' के रूप में कूटबद्ध किया जाता है, तो 'AMOUNT' को किस रूप में कूटबद्ध किया जाएगा?
SSC MTS 02/11/2021 Shift-III
(a) 87 (b) 85 (c) 86 (d) 84

543. यदि किसी कोड भाषा में, 'GOODLUCK' को 'MEWNFQQI' लिखा जाता है, तो इसी कोड भाषा में, 'FORTUNE' को क्या लिखा जाएगा? **SSC MTS 02/11/2021 Shift-III**
(a) HQTVOHB
(b) PGWTQVH
(c) QTHDVHJ
(d) GPWVTQH

544. किसी निश्चित कूटभाषा में,
NEST को 8426 लिखा जाता है,
WISE को 6912 लिखा जाता है और
RAIN को 7859 लिखा जाता है।
अक्षर, अंकों के संगत नहीं हैं। WANT शब्द के लिए निम्न में से कौन-सा कोड हो सकता है? **SSC MTS 02/11/2021 Shift-II**
(a) 2194 (b) 7894
(c) 6759 (d) 8147

545. किसी निश्चित कूटभाषा में, यदि storm = 15, apple = 6 और virtue = 35 है, तो cupboard = ? **SSC MTS 02/11/2021 Shift-II**
(a) 31 (b) 37
(c) 23 (d) 45

546. यदि BANKER को CAMKFR लिखा जाता है, तो INDIAN को किस प्रकार लिखा जाएगा? **SSC MTS 02/11/2021 Shift-I**
(a) JMCIZL (b) JNEIBN
(c) JNCIBN (d) HMCIZN

547. यदि BANK को 32 के रूप में और BRAKE को 42 के रूप में कूटबद्ध किया जाता है, तो CLEVER को किस रूप में कूटबद्ध किया जाएगा? **SSC MTS 02/11/2021 Shift-I**
(a) 71 (b) 75
(c) 68 (d) 66

548. यदि STRICTURE को TSUTCIRER लिखा जाता है, तो INCULCATE को किस प्रकार लिखा जाएगा?
SSC MTS 02/11/2021 Shift-I
(a) CNICLUETA
(b) NIACLUCET
(c) NIUCCLAT
(d) NIALCCUET

549. यदि ACTOR को 86739 के रूप में कूटबद्ध किया जाता है, तो SPREAD को किस रूप में कूटबद्ध किया जाएगा?
SSC MTS 02/11/2021 Shift-I
(a) 819263 (b) 718374
(c) 179514 (d) 829485

SSC Steno 2024

550. एक निश्चित कूटभाषा में, 'FIRE' को 38 के रूप में कूटबद्ध किया जाता है और WATER' को 67 के रूप में कूटबद्ध किया जाता है। उसी भाषा में 'FOREST' को किस प्रकार कूटबद्ध किया जाएगा? **SSC Steno 11/12/2024 Shift-III**
(a) 83 (b) 80 (c) 79 (d) 76

551. एक निश्चित कूटभाषा में, 'ROAD' को TRCG के रूप में कूटबद्ध किया जाता है और 'STOP' को UWQS के रूप में कूटबद्ध किया जाता है। उसी भाषा में 'BOOK' को किस प्रकार कूटबद्ध किया जाएगा?
SSC Steno 11/12/2024 Shift-III
(a) DRPN (b) DRRM
(c) DRQN (d) DQQN

552. एक निश्चित कूटभाषा में, 'LEMON' को OQPIQ के रूप में कूटबद्ध किया जाता है और 'BASIL' को MKVEG के रूप में कूटबद्ध किया जाता है। उसी भाषा में 'CHILI' को किस प्रकार कूटबद्ध किया जाएगा?
SSC Steno 11/12/2024 Shift-II
(a) JNLLH (b) HMLNL
(c) JNNLH (d) HLLNJ

553. एक निश्चित कूट भाषा में, 'BEAUTY' को 71 के रूप में कूटबद्ध किया जाता है और 'RIVER' को 70 के रूप में कूटबद्ध किया जाता है। उसी भाषा में 'PEOPLE' को किस प्रकार कूटबद्ध किया जाएगा?
SSC Steno 11/12/2024 Shift-II
(a) 67 (b) 66 (c) 65 (d) 69

554. एक निश्चित कूटभाषा में, 'CITY' को 228 के रूप में कूटबद्ध किया जाता है और 'CRY' को 138 के रूप में कूटबद्ध किया जाता है। उसी भाषा में 'BOLD' को किस प्रकार कूटबद्ध किया जाएगा? **SSC Steno 11/12/2024 Shift-I**
(a) 132 (b) 123 (c) 99 (d) 125

555. एक निश्चित कूटभाषा में, 'OWL' को 150 के रूप में कूटबद्ध किया जाता है और 'CROW' को 236 के रूप में कूटबद्ध किया जाता है। उसी भाषा में 'ROBIN' को किस प्रकार कूटबद्ध किया जाएगा?
SSC Steno 10/12/2024 Shift-I
(a) 232 (b) 295
(c) 209 (d) 290

556. एक निश्चित कूटभाषा में, 'BROWN' को DTMYP के रूप में कूटबद्ध किया जाता है और 'PLACE' को RNYEG के रूप में कूटबद्ध किया जाता है। उसी भाषा में 'RIGHT' को किस प्रकार कूटबद्ध किया जाएगा? **SSC Steno 10/12/2024 Shift-III**
(a) TKFJV (b) TKEJV
(c) TKEJU (d) TKIJV

557. एक निश्चित कूटभाषा में, 'BREATHE' को 70 के रूप में कूटबद्ध किया जाता है और TRIUMPH को 135 के रूप में कूटबद्ध किया जाता है। उसी भाषा में 'TRAGEDY' को किस प्रकार कूटबद्ध किया जाएगा?
SSC Steno 10/12/2024 Shift-III
(a) 80 (b) 111 (c) 86 (d) 95

558. एक निश्चित कूटभाषा में, 'SECURE' को YJGXTF के रूप में कूटबद्ध किया जाता है और 'FAMILY' को LFQLNZ के रूप में कूटबद्ध किया जाता है। उसी भाषा में 'HOUSES' को किस प्रकार कूटबद्ध किया जाएगा? **SSC Steno 10/12/2024 Shift-II**
(a) NTYVGT (b) NTVYGV
(c) TGVYTN (d) NTYTGV

559. एक निश्चित कूटभाषा में, 'BOOK' को 172 के रूप में कूटबद्ध किया जाता है और 'PAGES' को 240 के रूप में कूटबद्ध किया जाता है। उसी भाषा में 'LIBRARY' को किस प्रकार कूटबद्ध किया जाएगा?
SSC Steno 10/12/2024 Shift-I
(a) 510 (b) 680
(c) 595 (d) 469

560. एक निश्चित कूटभाषा में, 'PRICE' को EGRTK के रूप में कूटबद्ध किया जाता है और 'STAGE' को IGUVC के रूप में कूटबद्ध किया जाता है। उसी भाषा में 'RIGHT' को किस प्रकार कूटबद्ध किया जाएगा? **SSC Steno 10/12/2024 Shift-I**
(a) JVTKH (b) GRVKG
(c) GRVJG (d) JVTKI

SSC Steno 2023-2020

561. एक निश्चित कूटभाषा में, 'STORM' को '12694' के रूप में लिखा जाता है और 'TREND' को '29554' के रूप में लिखा जाता है। उसी भाषा में 'WATER' को कैसे लिखा जाएगा? **SSC Steno 13/10/2023 Shift-I**
(a) 43216 (b) 23564
(c) 23968 (d) 51259

562. एक निश्चित कूटभाषा में 'ACTION' को 'DFWFLK' लिखा जाता है और 'BISHOP' को 'ELVELM' लिखा जाता है। उसी भाषा में 'MATTER' को कैसे लिखा जाएगा?
SSC Steno 12/10/2023 Shift-I
(a) PDWQBO (b) QDWQCO
(c) QEWQBO (d) PEXQCO

563. एक निश्चित कूटभाषा में, 'EXIST' को 'FYHTU' लिखा जाता है और 'ABOVE' को 'BCNWF' लिखा जाता है। उसी भाषा में 'WORLD' को कैसे लिखा जाएगा?
SSC Steno 12/10/2023 Shift-I
(a) YPQNE (b) XPRNF
(c) YQQME (d) XPQME

564. एक निश्चित कूटभाषा में, 'DAM' को '50' के रूप में कूटबद्ध किया जाता है और 'PAD' को '47' के रूप में कूटबद्ध किया जाता है। उसी कूटभाषा में 'MAP' को किस रूप में कूटबद्ध किया जाएगा? SSC Steno 18/11/2022 Shift-I

(a) 38 (b) 42
(c) 40 (d) 36

565. एक निश्चित कूटभाषा में, 'FUTURE' को '91' के रूप में कूटबद्ध किया जाता है और 'MONEY' को '72' के रूप में कूटबद्ध किया जाता है, उसी कूटभाषा में 'SECURE' को किस रूप में कूटबद्ध किया जाएगा? SSC Steno 18/11/2022 Shift-I

(a) 72 (b) 71
(c) 70 (d) 75

566. एक कूटभाषा में, 'AMIT' को 86 के रूप में कूटबद्ध किया जाता है और 'VIJAY' को 134 के रूप में कूटबद्ध किया जाता है। उसी कूटभाषा में 'GARIMA' को किस रूप में कूटबद्ध किया जाएगा? SSC Steno 18/11/2022 Shift-I

(a) 98 (b) 67
(c) 78 (d) 49

567. एक कूटभाषा में, 'TANYA' को 'BUBZO' के रूप में कूटबद्ध किया जाता है और 'RAHUL' को 'BSMVI' के रूप में कूटबद्ध किया जाता है। उसी कूटभाषा मे 'MOHIT' को किस रूप में कूटबद्ध किया जाएगा? SSC Steno 17/11/2022 Shift-I

(a) PNUJI (b) PMUKI
(c) QNUJI (d) PNUIJ

568. एक निश्चित कूटभाषा में, 'MERCHANT' को 'NFSCHCPV' के रूप में लिखा जाता है और 'INTERIOR' को 'JOUERKQT' के रूप में लिखा जाता है। उसी कूटभाषा में 'JUNCTION' को किस रूप में लिखा जाएगा? SSC Steno 17/11/2022 Shift-I

(a) KVOCTJQP (b) KVOCTJPO
(c) KVOCTKPQ (d) KVOCTKQP

569. एक निश्चित कूटभाषा में, 'GARDEN' को 'FYOEGQ' लिखा जाता है और 'GOLDEN' को 'FMIEGQ' लिखा जाता है। उसी कूटभाषा में 'ISLAND' को कैसे लिखा जाएगा? SSC Steno 17/11/2022 Shift-I

(a) HRIBPG (b) HQIBPG
(c) HQJBPG (d) HQIBQG

570. यदि किसी कूटभाषा में, 'TAP' को 'UUQ' और 'BEEP' को 'CAAQ' लिखा जाता है, तो उसी कूटभाषा में 'LOW' को किस प्रकार लिखा जाएगा? SSC Steno 15/11/2021

(a) MAE (b) MIX
(c) MUX (d) MEA

571. किसी कूटभाषा में, 'my mistake' को '62' लिखा है, 'nice shoes' को '45' लिखा जाता है।, 'people are nice' को '135' लिखा जाता है और 'big mistake' को '29' लिखा जाता है। उसी कूटभाषा में 'my shoes' को किस प्रकार लिखा जाएगा? SSC Steno 15/11/2021

(a) 41 (b) 24 (c) 46 (d) 56

572. किसी निश्चित कूटभाषा में, 'RUBBER' को '102' और 'JELLY' को '76' लिखा जाता है। उसी कूटभाषा में 'LABEL' को किस प्रकार लिखा जाएगा? SSC Steno 15/11/2021

(a) 76 (b) 98 (c) 108 (d) 132

573. किसी निश्चित कूटभाषा में 'PHONE' को '78' और 'MOON' को '52' लिखा जाता है। इसी कूटभाषा में 'PLAN' को क्या लिखा जाएगा? SSC Steno 12/11/2021

(a) 66 (b) 65 (c) 43 (d) 98

574. यदि 'पुस्तक' को 'पेन' कहा जाता है, 'पेन' को 'नोटबुक' कहा जाता है, 'नोटबुक' को 'बैग' कहा जाता है और 'बैग' को 'स्कूल' कहा जाता है, तो आमतौर से हम किस पर लिखते हैं। SSC Steno 12/11/2021

(a) पेन (b) स्कूल
(c) पुस्तक (d) बैग

575. किसी निश्चित कूटभाषा में 'SOUP' को 'VLRS' और 'BACK' को 'EXFN' लिखा जाता है। उसी कूटभाषा में 'TYPE' को किस प्रकार लिखा जाएगा? SSC Steno 12/11/2021

(a) WBSB (b) VBRB
(c) WBSH (d) WCSC

576. किसी निश्चित कूटभाषा में, 'BAYONET' को '2176552' और 'JOKE' को '1625' लिखा जाता है। उसी कूटभाषा में, 'HAPPIER' को किस प्रकार लिखा जाएगा? SSC Steno 11/11/2021

(a) 9188959 (b) 8177959
(c) 8166959 (d) 8177918

577. किसी निश्चित कूटभाषा में, 'ZIGSAW' को 'BOHTEX' और 'BLUFF' को 'CMAGG' लिखा जाता है। इसी भाषा में 'MOVEMENT' को किस प्रकार लिखा जाएगा? SSC Steno 11/11/2021

(a) NUXINIPV (b) NUWFNIPU
(c) NUWFNFOU (d) OUWINIPV

578. किसी निश्चित कूटभाषा में, 'he is my friend' को '5692' लिखा गया है, 'my aunt is ill' को '7635' लिखा गया है, 'friend is ill' को '627' लिखा गया है। इस कूटभाषा में, शब्द 'aunt' को कैसे लिखा जाएगा? SSC Steno 24/12/2020

(a) 5 (b) 6 (c) 3 (d) 7

579. किसी निश्चित कूटभाषा में, 'SOBER' को 'THFTY' लिखा जाता है। उसी कूटभाषा में, 'FIRST' को कैसे लिखा जाएगा? SSC Steno 24/12/2020

(a) VTVNK (b) VVUML
(c) VVVOK (d) VVVNL

580. किसी निश्चित कूटभाषा में 'FRISK' को '315' लिखा जाता है और 'DOUBLE' को '354' लिखा जाता है। उसी कूटभाषा में 'TENT' को कैसे लिखा जाएगा? SSC Steno 24/12/2020

(a) 230 (b) 352 (c) 332 (d) 236

581. एक नियत कूटभाषा में, 'MODERN' को '4681095' लिखा जाता है और 'TRACT' को '29262' लिखा जाता है। उसी कूटभाषा में 'BELGIUM' को क्या लिखा जाएगा? SSC Steno 22/12/2020

(a) 251278214
(b) 4103141834
(c) 410379313
(d) 4103149313

582. एक कूटभाषा में, 'you must study' को '531' लिखा जाता है, 'he must work' को '718' लिखा जाता है 'work is worship' को '894' लिखा जाता है, और 'work is fine' को '864' लिखा जाता है, तो उसी कूटभाषा में शब्द और इसके कोड का कौन-सा संयोजन सही नहीं है? SSC Steno 22/12/2020

(a) is: 4 (b) fine: 6
(c) must: 1 (d) he: 8

SSC GD Constable 2024

583. एक निश्चित कूटभाषा में, 'BHUTAN' को 'UHBVCP' लिखा जाता है, 'GREECE' को 'ERGGEG' लिखा जाता है। उसी कूटभाषा में 'FRANCE' को कैसे लिखा जाएगा? SSC GD 26/02/2024 Shift-IV

(a) ARFPEG (b) ARFECN
(c) GSBECN (d) GSBODF

584. एक निश्चित कूटभाषा में, 'VOCAL' को '90327' लिखा जाता है, 'WAVES' को '31758' लिखा जाता है, 'VOTED' को '42631' लिखा जाता है। उसी कूटभाषा में, 'E' को कैसे लिखा जाएगा? SSC GD 24/02/2024 Shift-III

(a) 7 (b) 1
(c) 5 (d) 3

585. एक निश्चित कूटभाषा में, 'PERJURY' को 108 लिखा जाता है, 'DECEPTION' को 86 लिखा जाता है, तो उसी कूटभाषा में, 'WITNESS' को कैसे लिखा जाएगा? SSC GD 24/02/2024 Shift-III

(a) 85 (b) 92
(c) 109 (d) 104

586. एक निश्चित कूटभाषा में 'FIELD' को '41' लिखा जाता है, और 'WONDER' को '84' लिखा जाता है, तो उसी कूटभाषा में 'SKILL' को कैसे लिखा जाएगा?
SSC GD 24/02/2024 Shift-II
(a) 68 (b) 63
(c) 70 (d) 65

587. एक निश्चित कूटभाषा में 'BOTTLE' को 'CNUUMD' लिखा जाता है। 'GLASS' को 'HMZTT' लिखा जाता है, तो उसी कूटभाषा में 'MIRROR' को कैसे लिखा जाएगा?
SSC GD 24/02/2024 Shift-II
(a) NHSNSS (b) NSHSNS
(c) NHSSSN (d) NHSSNS

588. एक निश्चित कूटभाषा में, 'RING' को 'UMQK' लिखा जाता है। उसी कूटभाषा में 'SAFE' को कैसे लिखा जाता है?
SSC GD 24/02/2024 Shift-I
(a) VFIT (b) VEIJ
(c) VEII (d) VEJJ

589. एक निश्चित कूटभाषा में 'SATIN' को '35247' लिखा जाता है, 'SCARE' को '26839' लिखा जाता है, और 'SOUT' को '0314' लिखा जाता है उसी कूटभाषा में 'T' को कैसे जाएगा? **SSC GD 23/02/2024 Shift-IV**
(a) 5 (b) 4 (c) 2 (d) 1

590. एक निश्चित कूटभाषा में 'MATHS' को '56012' लिखा जाता है, 'PASTE' को '05769' लिखा जाता है और 'NASAL' को '86356' लिखा जाता है। उसी कूटभाषा में 'N' को कैसे लिखा जाएगा? **SSC GD 23/02/2024 Shift-IV**
(a) 6 (b) 5 (c) 8 (d) 2

591. एक निश्चित कूटभाषा में, 'TABLE' को '80' लिखा जाता है, 'CHAIR' को '78' लिखा जाता है, तो उसी कूटभाषा में 'WINDOW' को कैसे लिखा जाएगा?
SSC GD 23/02/2024 Shift-III
(a) 176 (b) 210 (c) 112 (d) 88

592. एक निश्चित कूटभाषा में, 'BED' को '120' लिखा जाता है और 'FAT' को '360' लिखा जाता है। उसी कूटभाषा में 'DBY' को कैसे लिखा जाएगा? **SSC GD 23/02/2024 Shift-III**
(a) 450 (b) 600 (c) 400 (d) 500

593. एक निश्चित कूटभाषा में, 'IDC' को '216' लिखा जाता है और 'JBH' को '320' लिखा जाता है। उसी कूटभाषा में 'GOF' को कैसे लिखा जाएगा? **SSC GD 23/02/2024 Shift-II**
(a) 1290 (b) 1180
(c) 1200 (d) 1260

594. एक निश्चित कूटभाषा में, 'PAGES' को 192 लिखा जाता है, 'ABOVE' को 180 लिखा जाता है। उसी कूटभाषा में, 'PRIOR' को कैसे लिखा जाएगा? **SSC GD 23/02/2024 Shift-I**
(a) 296 (b) 312 (c) 304 (d) 308

595. एक निश्चित कूटभाषा में, 'LAST' को 'PFWY' लिखा जाता है। उसी कूटभाषा में, 'MEAN' को कैसे लिखा जाएगा?
SSC GD 23/02/2024 Shift-I
(a) QKES (b) QJFT
(c) QJET (d) QJES

596. एक निश्चित कूटभाषा में, यदि 'PIZZA' को 'BAAJQ' लिखा जाता है। 'BURGER' को 'SFHSVC' लिखा जाता है, तो उसी कूटभाषा में 'NOODLES' को कैसे लिखा जाएगा?
SSC GD 22/02/2024 Shift-IV
(a) OPPEMFT (b) KSAHTRO
(c) TFMEPPO (d) ORTHASK

597. एक निश्चित कूटभाषा में, 'RHYMES' को PFWKGQ लिखा जाता है, LIME को JKKG लिखा जाता है। उसी कूटभाषा में CHIMES को कैसे लिखा जाएगा?
SSC GD 22/02/2024 Shift-IV
(a) KFAQGK (b) AFKQGK
(c) AFKKGQ (d) KFAKGQ

598. एक निश्चित कूटभाषा में 'STAT' को 'PPXP' लिखा जाता है। उसी कूटभाषा में 'VOID' को कैसे लिखा जाएगा? **SSC GD 22/02/2024 Shift-III**
(a) SKEZ (b) SKFZ
(c) SKGY (d) SJFZ

599. एक निश्चित कूटभाषा में 'FACTS' को '40827' लिखा जाता है, 'FOCUS' को '29741' लिखा जाता है, 'FAME' को '5876' लिखा जाता है। उसी कूटभाषा में 'T' को कैसे लिखा जाएगा? **SSC GD 22/02/2024 Shift-III**
(a) 8 (b) 2 (c) 0 (d) 4

600. एक निश्चित कूटभाषा में, 'TEACH' को 74 लिखा जाता है, 'STUDY' को 178 लिखा जाता है। उसी कूटभाषा में NEVER को कैसे लिखा जाएगा? **SSC GD 22/02/2024 Shift-II**
(a) 118 (b) 124
(c) 128 (d) 132

601. एक निश्चित कूटभाषा में, 'LEAVE' को '42' लिखा जाता है। 'TEAM' को '36' लिखा जाता है। उसी कूटभाषा में, 'OFFER' को कैसे लिखा जाएगा? **SSC GD 22/02/2024 Shift-II**
(a) 48 (b) 47 (c) 46 (d) 50

602. एक निश्चित कूटभाषा में, 'EATING' को 'ELGRYC' लिखा जाता है। उसी कूटभाषा में 'COFFEE' को कैसे लिखा जाएगा?
SSC GD 22/02/2024 Shift-I
(a) CCDDNB
(b) CCDDMB
(c) CCEEMB
(d) CCDDMA

603. एक निश्चित कूटभाषा में, यदि 'DESK' को 'BCQI1' लिखा जाता है, 'CHAIR' को 'AFYGP2' लिखा जाता है, तो उसी कूटभाषा में 'TABLE' को कैसे लिखा जाएगा?
SSC GD 22/02/2024 Shift-I
(a) RYZJC2 (b) RYZJC1
(c) RHAKO2 (d) RHAKO1

604. एक निश्चित कूटभाषा में 'TOWARD' को '962147' लिखा जाता है और 'WANTED' को '213957' लिखा जाता है। उसी कूटभाषा में 'WARRANT' को कैसे लिखा जाएगा?
SSC GD 21/02/2024 Shift-IV
(a) 2144129 (b) 2145129
(c) 2144139 (d) 2133129

605. एक निश्चित कूटभाषा में, 'KEPT' को '52' लिखा जाता है, और 'LACK' को '27' लिखा जाता है। उसी कूटभाषा में 'LINE' को कैसे लिखा जाएगा? **SSC GD 21/02/2024 Shift-IV**
(a) 41 (b) 40 (c) 42 (d) 50

606. एक निश्चित कूटभाषा में, 'ELEVEN' को 'GNGXGP' लिखा जाता है, 'TWENTY को 'VYGPVA' लिखा जाता है, तो उसी कूटभाषा में 'FORTY' को कैसे लिखा जाएगा?
SSC GD 21/02/2024 Shift-III
(a) HTQVA (b) HQTUA
(c) HPTVA (d) HQTVA

607. एक निश्चित कूटभाषा में, 'HOST' को '9724' लिखा जाता है, 'KINDO' को '45310' लिखा जाता है, 'KNOWS' को '37654' लिखा जाता है। उसी कूटभाषा में 'W' को कैसे लिखा जाएगा? **SSC GD 21/02/2024 Shift-III**
(a) 7 (b) 5 (c) 6 (d) 4

608. एक निश्चित कूटभाषा में 'DEFINITE' को 'FITEDENI' लिखा जाता है, 'BUFFALOW' को 'FFOWBUAL' लिखा जाता है। उसी कूटभाषा में 'ATTACHED' को कैसे लिखा जाएगा?
SSC GD 21/02/2024 Shift-II
(a) TAEDATCH (b) TAEADTCH
(c) TAEDATHC (d) TEADATCH

609. एक निश्चित कूटभाषा में, 'TIME' को 43 लिखा जाता है और 'WHEN' को '46' लिखा जाता है। उसी कूटभाषा में 'TURN' को कैसे लिखा जाएगा? **SSC GD 21/02/2024 Shift-II**
(a) 64 (b) 73 (c) 69 (d) 67

610. एक निश्चित कूटभाषा में, 'RAINBOW' को 'S19OC15X' लिखा जाता है, 'SUNSHINE' को 'T21OTI9O5' लिखा जाता है। उसी कूटभाषा में 'MOONLIGHT' को कैसे लिखा जाएगा? **SSC GD 21/02/2024 Shift-I**
(a) N1515OM9HIU
(b) N1515O9MHIU
(c) N1515ON9HIU
(d) N1515M9OHIU

611. एक निश्चित कूटभाषा में, 'BEHALF' को 'DCJYND' लिखा जाता है। उसी कूटभाषा में, 'CLINIC' को कैसे लिखा जाएगा? SSC GD 20/02/2024 Shift-IV
(a) EJKLKB (b) EJKLLB
(c) EJLLLA (d) EJKLKA

612. एक निश्चित कूटभाषा में, 'MATURE' को '82' लिखा जाता है, 'HIGHER' को '59' लिखा जाता है। उसी कूटभाषा में, 'ASIAN' को कैसे लिखा जाएगा? SSC GD 20/02/2024 Shift-IV
(a) 46 (b) 48 (c) 42 (d) 50

613. एक निश्चित कूटभाषा में, 'ALLIES' को 'REHLKA' लिखा जाता है, उसी कूटभाषा में, 'BALLET' को कैसे लिखा जाएगा? SSC GD 20/02/2024 Shift-III
(a) SEKLZB (b) SDKLZB
(c) SEKZLB (d) SEKLZC

614. एक निश्चित कूटभाषा में, 'AMRITSAR' को 'MAIRSTRA' लिखा जाता है,' DURGAPUR को 'UDGRPARU' लिखा जाता है। उसी कूटभाषा में 'SHILLONG' को कैसे लिखा जाएगा? SSC GD 20/02/2024 Shift-III
(a) HSLIOLGN (b) NGLOILSH
(c) HSLOILGN (d) GNLIOLSH

615. एक निश्चित कूटभाषा में 'TOWARD' को '962147' लिखा जाता है और 'WANTED' को '213957' लिखा जाता है। उसी कूटभाषा में 'WARRANT' को कैसे लिखा जाएगा? SSC GD 20/02/2024 Shift-II
(a) 2144129 (b) 2133129
(c) 2145129 (d) 2144139

616. एक निश्चित कूटभाषा में, 'LAMP' को 'IWJL' लिखा जाता है। उसी कूटभाषा में 'LOGS' को कैसे लिखा जाएगा? SSC GD 20/02/2024 Shift-I
(a) IJDO (b) IKDP
(c) IKEO (d) IKDO

617. एक निश्चित कूटभाषा में, 'FORCE' को '83052' लिखा जाता है। 'GAMES' को '42761' लिखा जाता है और 'FORUM' को '08957' लिखा जाता है। उसी कूटभाषा में 'C' को कैसे लिखा जाएगा? SSC GD 20/02/2024 Shift-I
(a) 2 (b) 8 (c) 5 (d) 3

SSC GD Constable 2023

618. एक निश्चित कूटभाषा में, 'SUBTLE' को '40CUMF' के रूप मे लिखा जाता है, 'HANGER' को '9OHFS' के रूप में लिखा जाता है, उसी भाषा में 'CLOTH' को कैसे लिखा जाएगा? SSC GD 13/02/2023 Shift-IV
(a) 15PUI (b) 15OTH
(c) 17OTH (d) 17PUI

619. एक निश्चित कूटभाषा में, 'DRIVER' को 'JSETGX' के रूप में लिखा जाता है और 'DURING' को 'SVEIPK' के रूप में लिखा जाता हैं। उसी भाषा में 'DOLLAR' को किस प्रकार लिखा जाएगा? SSC GD 13/02/2023 Shift-IV
(a) LODRAL (b) MPERAL
(c) RALLOD (d) MPETCN

620. एक निश्चित कूटभाषा में, 'RESULT' को 'LUTERS' के रूप में लिखा जाता है और 'BARLEY' को 'ELYABR' के रूप में लिखा जाता है। उसी भाषा में 'HEAVEN' को किस प्रकार लिखा जाएगा? SSC GD 13/02/2023 Shift-II
(a) AEVNHA (b) EANVHE
(c) EVNEHA (d) VEENAH

621. किसी निश्चित कूटभाषा में, 'berry mango' को 'xi xa' के रूप में कूटबद्ध किया जाता है, 'alpha berry tango' को, 'cun xi our' के रूप में कूटबद्ध किया जाता है, 'mango alpha' को, 'xa cun' के रूप में कूटबद्ध किया जाता है और 'berry tango' को 'xi our' के रूप में कूटबद्ध किया जाता है। 'alpha' शब्द का कूट क्या है? SSC GD 09/02/2023 Shift-II
(a) xa (b) cun
(c) xi (d) our

622. एक कूटभाषा में, 'ALMOND' को 'LAOMDN' के रूप में कूटबद्ध किया जाता है, और 'RAISIN' को 'ARSINI' के रूप में कूटबद्ध किया जाता है। उसी भाषा में 'CASHEW' को किस प्रकार कूटबद्ध किया जाएगा? SSC GD 09/02/2023 Shift-II
(a) CAHSWE (b) ACHSWE
(c) ACSHWE (d) CASHWE

623. एक कूटभाषा में, 'make time' को 'bo ho', 'time never stops' को 'ho ru du', 'she stops work' को 'vu du ya' और 'never make mistakes' को 'ru bo tu' के रूप में कूटबद्ध किया जाता है, शब्द 'never' के लिए कूट क्या होगा? SSC GD 09/02/2023 Shift-I
(a) ru (b) ho (c) bo (d) ya

624. एक निश्चित कूटभाषा में, 'HOUSE' को 'JUWYG' के रूप में और 'BEARD' को 'DKCXF' के रूप में लिखा जाता है इसी कूटभाषा में 'CRAVE' को कैसे लिखा जाएगा? SSC GD 09/02/2023 Shift-I
(a) ANDAG (b) DMCEG
(c) FLBEG (d) EXCBG

625. एक निश्चित कूटभाषा में, 'BRIGHT' को 'JSCCVJI' के रूप में लिखा जाता है और 'BROKEN' को 'PSCPGM' के रूप में लिखा जाता है। उसी भाषा में 'BUDGET' को कैसे लिखा जाएगा? SSC GD 08/02/2023 Shift-I
(a) EVCVGI (b) DUBTEG
(c) TEGDUB (d) EVCTEG

626. एक निश्चित कूटभाषा में, 'MAKE' को '32' के रूप में लिखा जाता है और 'QUAD' को '45' के रूप में लिखा जाता है। उसी भाषा में 'SELF' को कैसे लिखा जाएगा? SSC GD 08/02/2023 Shift-I
(a) 46 (b) 44 (c) 41 (d) 40

627. एक कूटभाषा में, 'sweet fruits' को 're de', 'mango is sweet' को 'de me ke', 'orange is citrus' को 'ke le pe' और 'eat orange' को 'pe ne' के रूप में कूटबद्ध किया जाता है, शब्द 'mango' के लिए कूट क्या है? SSC GD 07/02/2023 Shift-I
(a) me (b) pe (c) ke (d) de

628. एक निश्चित कूटभाषा में, 'HEALTH' को 'CGJJVN' के रूप में लिखा जाता है और 'CHARGE' को 'CJEGIT' के रूप में लिखा जाता है। उसी भाषा में 'HOURSE' को किस प्रकार लिखा जाएगा? SSC GD 06/02/2023 Shift-I
(a) WQJGUT (b) GNSSTF
(c) TNGDRQ (d) VPIFTS

629. एक निश्चित कूटभाषा में, 'FIRST' को '79191921' के रूप में लिखा जाता है और 'TIME' को '219145' के रूप में लिखा जाता है। उसी भाषा में 'BETTER' को किस प्रकार लिखा जाएगा? SSC GD 06/02/2023 Shift-I
(a) 352120618 (b) 252020518
(c) 262021519 (d) 362121619

630. एक निश्चित कूटभाषा में, 'DEVOUR' को 'WGEQFT' के रूप में लिखा जाता है और 'VARIED' को 'ECIKVF' के रूप में लिखा जाता है। उसी भाषा में 'BLANKET' को किस प्रकार लिखा जाएगा? SSC GD 02/02/2023 Shift-I
(a) ZYNPGPG (b) YMZPQGH
(c) YNZPPGG (d) ZNUMCHA

631. एक कूटभाषा में, 'MARINE' को '100' के रूप में कूटबद्ध किया जाता है, और 'NORMAL' को '126' के रूप में कूटबद्ध किया जाता है। उसी भाषा में 'REALM' को किस प्रकार कूटबद्ध किया जाएगा? SSC GD 01/02/2023 Shift-I
(a) 78 (b) 88 (c) 98 (d) 70

632. एक निश्चित कूटभाषा में, 'DANCE' को 'AECDN' के रूप में लिखा जाता है और 'MUSIC' को 'IUCMS' के रूप में लिखा जाता है। उसी भाषा में 'SONG' को कैसे लिखा जाएगा? SSC GD 01/02/2023 Shift-I
(a) SNGO (b) OSNG
(c) GNSO (d) OGNS

SSC Selection Post 2024

633. एक कूटभाषा में, 'government help people' को 'abc pqr mno' लिखा जाता है, 'people live happily' को 'efg xyz pqr' लिखा जाता है और 'people choose government' को 'abc pqr ijk' लिखा जाता है। उस भाषा में 'choose' शब्द के लिए क्या कूट है? **Matric Level 20/06/2024 Shift-IV**

(a) xyz (b) ijk
(c) pqr (d) abc

634. एक निश्चित कूटभाषा में CAT को 24 और LATE को 38 लिखा जाता है। उसी भाषा में DOLL को कैसे लिखा जाएगा? **Matric Level 20/06/2024 Shift-IV**

(a) 39 (b) 43 (c) 47 (d) 40

635. एक निश्चित कूटभाषा में 'SEQUINS' को 'HVJFKPU' और 'REACTED' को 'IVZXVGF' लिखा जाता है। उसी कूट भाषा में 'PROCESS' को कैसे लिखा जाएगा? **Matric Level 20/06/2024 Shift-IV**

(a) BDIUNMO (b) TRUIWDM
(c) KILXGUU (d) LOPKFGH

636. एक निश्चित कूटभाषा में, 'FLUTE' को 'VGFOU' लिखा जाता है और 'EXILE' को 'VORCV' लिखा जाता है। उसी भाषा में 'BLOOD' को क्या लिखा जाएगा? **Matric Level 20/06/2024 Shift-IV**

(a) WLOXY (b) WLLOB
(c) WLLDB (d) WLLOY

637. एक निश्चित कूटभाषा में 'WHITE' को 'FSJGX' और 'COLOR' को 'SNMND' लिखा जाता है। उस भाषा में 'SHIRT' को कैसे लिखा जाएगा? **Matric Level 20/06/2024 Shift-IV**

(a) UQJGT (b) UQJIT
(c) TGJQU (d) UPJGT

638. एक निश्चित कूटभाषा में, 'break the wall' को 'jl mt hk' लिखा जाता है और 'wall is black' को 'zy hk bs' लिखा जाता है। दी गई भाषा में 'wall' को किस प्रकार लिखा जाता है? **Matric Level 20/06/2024 Shift-III**

(a) jl (b) zy (c) hk (d) bs

639. एक निश्चित कूटभाषा में, 'WBRP' को '59' के रूप में कूटबद्ध किया जाता है और 'MSAQ' को '50' के रूप में कूटबद्ध किया जाता है। उसी भाषा में 'FUZJ' को किस रूप में कूटबद्ध किया जाएगा? **Graduate Level 20/06/2024 Shift-III**

(a) 54 (b) 69
(c) 58 (d) 63

640. एक निश्चित कूटभाषा में, 'you were there' को 'pu sg ka' के रूप में कूटबद्ध किया जाता है और 'there are branches' को 'sg np tu' के रूप में कूटबद्ध किया जाता है। दी गई भाषा में 'there' को किस प्रकार कूटबद्ध किया गया है? **Graduate Level 20/06/2024 Shift-III**

(a) pu (b) ka
(c) np (d) sg

641. एक कूटभाषा में, 'THENW' को 'WNEHT' के रूप में कूटबद्ध किया जाता है और 'HOVER' को 'REVOH' के रूप में कूटबद्ध किया जाता है। उसी भाषा में 'SWAMP' को किस प्रकार कूटबद्ध किया जाएगा? **Graduate Level 20/06/2024 Shift-III**

(a) PMAWS (b) PMBWS
(c) PWAMS (d) PAWMS

642. एक निश्चित कूटभाषा में 'ROSE' को '51' और 'WAX' को 33 के रूप में कूटबद्ध किया जाता है। उसी भाषा में 'FOX' को कैसे कूटबद्ध किया जाएगा? **Graduate Level 20/06/2024 Shift-III**

(a) 40 (b) 31 (c) 36 (d) 35

643. एक निश्चित कूटभाषा में, BROWSE को ZJMEIW लिखा जाता है और ROAD को JMAX लिखा जाता है। उस भाषा में 'BUDGET' को किस प्रकार लिखा जाएगा? **Higher Secondary Level 20/06/2024 Shift-II**

(a) ZGXUWH (b) ZGXHWU
(c) ZGXWHU (d) ZGXUHW

644. एक निश्चित कूटभाषा में, BLOW को 3517 के रूप में कूटबद्ध किया जाता है। और LIFE को 4258 के रूप में कूटबद्ध किया जाता है। उस भाषा में 'L' के लिए कूट क्या है? **Higher Secondary Level 20/06/2024 Shift-II**

(a) 1 (b) 5 (c) 7 (d) 2

645. एक निश्चित कूटभाषा में BONE को 619189 के रूप में लिखा जाता है और CASH को 752312 के रूप में लिखा जाता हैं। उसी भाषा में DAWN को कैसे लिखा जाएगा? **Higher Secondary Level 20/06/2024 Shift-II**

(a) 852718 (b) 751517
(c) 851518 (d) 751615

SSC Selection Post 2023 & 2022

646. एक निश्चित कूटभाषा में, 'MISSION' को 'N64O' के रूप में लिखा जाता है और 'TEASE' को 'U56F' के रूप में लिखा जाता है। इसी कूट भाषा में 'NASTY' को कैसे लिखा जाएगा? **Graduate Level 27/06/2023 Shift-IV**

(a) Z14O (b) O14Z (c) Z41O (d) O41Z

647. एक निश्चित कूटभाषा में STATION को URCRKMP लिखा जाता है और BRING को DPKLI लिखा जाता है। उसी कूट भाषा में TOYS को किस प्रकार लिखा जाएगा? **Graduate Level 27/06/2023 Shift-IV**

(a) BPNU (b) VMAQ
(c) UNBP (d) QMAV

648. एक निश्चित कूटभाषा में, 'DEFECT' को '2747118' लिखा जाता है तथा 'DEVICE' को '27201117' लिखा जाता है, उसी कूट भाषा में 'DOMAIN' को कैसे लिखा जाएगा? **Graduate Level 27/06/2023 Shift-IV**

(a) 217111912 (b) 2171131112
(c) 217113119 (d) 417111912

649. एक निश्चित कोड भाषा में 'MANAGE' को 'LYMYFC' लिखा जाता है और 'CREATE' को 'BQCYSC' लिखा जाता है। उसी भाषा में 'BUILD' को कैसे लिखा जाएगा? **Graduate Level 27/06/2023 Shift-IV**

(a) CKGSA (b) ASGKC
(c) GAKSC (d) AKSCG

650. एक निश्चित कूटभाषा में, 'INDIA' को 'KPFKC' और 'CHINA' को 'EJKPC' के रूप में लिखा जाता है। इसी कूटभाषा में 'JAPAN' को किस प्रकार से लिखा जाएगा? **Higher Secondary Level 27/06/2023 Shift-III**

(a) LCRCP (b) LCRCO
(c) LCRQP (d) LCREP

651. एक निश्चित कूटभाषा में, 'CACTUS' को 'ACTCSU' लिखा जाता है और 'DESERT' को 'EDESTR' लिखा जाता है। उस भाषा में 'SAFARI' कैसे लिखा जाएगा? **Higher Secondary Level 27/06/2023 Shift-III**

(a) AARFIS (b) ASAFIR
(c) ARAIFS (d) ASAFRI

652. एक निश्चित कूटभाषा में, 'COIN' को '615928' लिखा जाता है और 'MINT' को '2692840' लिखा जाता है। उसी भाषा में 'HERO' को क्या लिखा जाएगा? **Higher Secondary Level 27/06/2023 Shift-III**

(a) 16536 (b) 1653615
(c) 81018 (d) 8101830

653. एक निश्चित कूटभाषा में 'FICTION' को 'C70' के रूप में कूटबद्ध किया जाता है और 'DUSTILY' को 'A106' के रूप में कूटबद्ध किया जाता है। उसी कूटभाषा में 'ENDGAME' को किस प्रकार कूटबद्ध किया जाएगा? **Higher Secondary Level 27/06/2023 Shift-III**

(a) B32 (b) U63
(c) B44 (d) Y78

654. एक निश्चित कूटभाषा में, 'PLANT' को 'QMAMS' और 'TREES' को 'USEDR' के रूप में लिखा जाता है। इसी कूटभाषा में 'SHRUB' को किस प्रकार से लिखा जाएगा? **Higher Secondary Level 27/06/2023 Shift-III**

(a) TIRAT (b) TIRTV
(c) TIRTA (d) TIRTB

655. किसी कोड भाषा में 'BANYAN' को 'EDQBDQ' के रूप में लिखा जाता है और 'LAUNCH' को 'ODXQFK' के रूप में

लिखा जाता है। उसी भाषा में 'STRIKER' को किस प्रकार लिखा जाएगा?

Matric Level 27/06/2023 Shift-IV

(a) VWULNHU (b) SCFIRET
(c) ELBURPT (d) UNDARSA

656. एक निश्चित कूटभाषा में, 'HOCKEY' को 'BNGXDJ' लिखा जाता है और 'BOXING' को 'WNAFMH' लिखा जाता है। उसी भाषा में 'SPORTS' को कैसे लिखा जाएगा?

Graduate Level 1/08/2022 Shift-IV

(a) NOSRRQ (b) NOSSRQ
(c) NORRSQ (d) NORSSQ

657. एक निश्चित कूटभाषा में 'CRANE' को 'GPCTE' लिखा जाता है और 'WASP' को 'RUCY' लिखा जाता है। उसी भाषा में 'JUICE' को कैसे लिखा जाएगा?

Graduate Level 1/08/2022 Shift-IV

(a) GEKWM (b) GEJWM
(c) GEKWL (d) GEJWL

658. एक निश्चित कूटभाषा में, 'CAMERA' को '242' लिखा जाता है, 'BROKEN' को '194' लिखा जाता है, उसी कूटभाषा में 'CENTRE' को कैसे लिखा जाएगा?

Graduate Level 1/08/2022 Shift-IV

(a) 200 (b) 198
(c) 190 (d) 194

659. एक निश्चित कूटभाषा में, 'SHOUT' को '10110' के रूप में लिखा जाता है और 'COLOUR' को '110110' के रूप में लिखा जाता है। उसी भाषा में 'OCEAN' को कैसे लिखा जाएगा?

Graduate Level 1/08/2022 Shift-IV

(a) 11001 (b) 10101
(c) 11110 (d) 11010

660. एक निश्चित कूटभाषा में, 'BRING' को 'XHQLS' और 'EXTRA' को 'UBFHY' के रूप में लिखा जाता है। इसी कूटभाषा में 'GRAVY' को किस प्रकार लिखा जाएगा?

Higher Secondary Level 1/08/2022 Shift-II

(a) SHYDC (b) SHYEA
(c) SHADA (d) SHYDA

661. एक निश्चित कूटभाषा में 'EASTERN' को 'GZUSGQP' और 'CULTURE' को 'ETNSWQG' के रूप में लिखा जाता है। इसी कूटभाषा में 'CLASSES' को किस प्रकार लिखा जाएगा?

Higher Secondary Level 1/08/2022 Shift-II

(a) EKCUUDU (b) EKCRRDU
(c) EKCRUDU (d) EKCRTDU

662. एक निश्चित कूटभाषा में 'HAPPY' को 'JDPSA' और 'DANCE' को 'FDNFG' के रूप में लिखा जाता है। इसी कूटभाषा में 'CLASS' को किस प्रकार लिखा जाएगा?

Higher Secondary Level 1/08/2022 Shift-II

(a) EOAUV (b) EOEVU
(c) EOAVU (d) EOAUU

663. एक निश्चित कूटभाषा में, 'RIGOROUS' को 'TJIPTPWT' के रूप में लिखा जाता है और 'RESPONSE' को 'TFUQQOUF' के रूप में लिखा जाता है। उसी भाषा में 'REQUIRED' को कैसे लिखा जाएगा?

Matric Level 1/08/2022 Shift-I

(a) TFSRVKSGE (b) TFSVKSGE
(c) TFSVKSEG (d) TFSVKSGF

664. एक निश्चित कूटभाषा में 'TRIBAL' को '112121' के रूप में और 'CANIPER' को '1212121' के रूप में लिखा जाता है। उसी कूटभाषा में 'COMFORT' को कैसे लिखा जाएगा?

Matric Level 1/08/2022 Shift-I

(a) 1212122 (b) 1221121
(c) 1121211 (d) 1211211

665. एक निश्चित कूटभाषा में, 'PROSPEROUS' को 'SORPEPSUOR' के रूप में लिखा जाता है और 'STATIONARY' को 'TATSOIYRAN' के रूप में लिखा जाता है। उसी भाषा में 'COMMERCIAL' को किस प्रकार लिखा जाएगा?

Matric Level 1/08/2022 Shift-I

(a) MMOCRELAIC
(b) MMOCREALIC
(c) MMOCERLAIC
(d) MMORCELAIC

666. एक निश्चित कूटभाषा में 'DALLAS' को 'EAMLBS' लिखा जाता है और 'PRAGUE' को 'QRBGVE' लिखा जाता है। उसी भाषा में 'BERLIN' कैसे लिखा जाएगा?

Matric Level 1/08/2022 Shift-I

(a) CFSMJO (b) CESLJN
(c) DGTNKP (d) ADQKHM

667. एक निश्चित कूटभाषा में 'BAD' को 'AYA' लिखा जाता है और 'MINT' को 'LGKP' लिखा जाता है। उसी भाषा में 'SUPER' कैसे लिखा जाएगा?

Matric Level 1/08/2022 Shift-I

(a) RMPEU (b) RSMAM
(c) RUPES (d) RSPES

668. एक निश्चित कूटभाषा में, 'VEIN' को XGKP के रूप में कूटबद्ध किया जाता है और 'BONE' को DQPG के रूप में कूटबद्ध किया जाता है। उसी भाषा में 'CHIN' को किस प्रकार कूटबद्ध किया जाएगा?

Higher Secondary Level 1/08/2022 Shift-II

(a) FJKQ (b) EKJP
(c) EJKP (d) EJLQ

669. एक निश्चित कूटभाषा में, 'players like fitness' को 'ab ef op' के रूप में लिखा जाता है, 'fitness is good' को 'op xy uv' के रूप में लिखा जाता है और 'players are good' को 'uv ef qr' के रूप में लिखा जाता है। उसी भाषा में 'like' शब्द के लिए क्या कूट है?

Graduate Level 1/08/2022 Shift-IV

(a) xy (b) ab
(c) op (d) ef

670. एक निश्चित कूटभाषा में, 'she is mother' को 'lim kim nim' के रूप में कूटबद्ध किया गया है, 'she likes badminton' को 'lim tim gim' के रूप में कूटबद्ध किया गया है, और 'mother plays badminton' को 'nim bim gim' के रूप में कूटबद्ध किया गया है। 'plays' शब्द को कूट क्या है?

Matric Level 1/08/2022 Shift-I

(a) nim (b) gim
(c) kim (d) bim

सही उत्तर

1	(a)	2	(a)	3	(c)	4	(c)	5	(b)	6	(a)	7	(c)	8	(b)	9	(d)	10	(c)
11	(b)	12	(c)	13	(b)	14	(c)	15	(b)	16	(a)	17	(d)	18	(a)	19	(d)	20	(c)
21	(c)	22	(b)	23	(b)	24	(a)	25	(c)	26	(c)	27	(b)	28	(a)	29	(a)	30	(a)
31	(c)	32	(a)	33	(a)	34	(c)	35	(d)	36	(d)	37	(a)	38	(a)	39	(d)	40	(b)
41	(d)	42	(a)	43	(d)	44	(c)	45	(a)	46	(d)	47	(c)	48	(b)	49	(b)	50	(d)
51	(b)	52	(d)	53	(d)	54	(d)	55	(a)	56	(c)	57	(a)	58	(c)	59	(d)	60	(d)
61	(c)	62	(d)	63	(b)	64	(c)	65	(b)	66	(a)	67	(c)	68	(a)	69	(b)	70	(a)
71	(c)	72	(b)	73	(d)	74	(a)	75	(a)	76	(c)	77	(b)	78	(d)	79	(c)	80	(d)
81	(b)	82	(c)	83	(a)	84	(a)	85	(d)	86	(d)	87	(a)	88	(d)	89	(d)	90	(d)
91	(b)	92	(a)	93	(b)	94	(b)	95	(a)	96	(a)	97	(b)	98	(d)	99	(a)	100	(a)
101	(d)	102	(c)	103	(a)	104	(b)	105	(a)	106	(b)	107	(a)	108	(d)	109	(a)	110	(b)
111	(b)	112	(a)	113	(b)	114	(b)	115	(c)	116	(a)	117	(a)	118	(d)	119	(c)	120	(c)

121	(c)	122	(d)	123	(c)	124	(c)	125	(d)	126	(b)	127	(a)	128	(c)	129	(b)	130	(d)
131	(a)	132	(a)	133	(c)	134	(a)	135	(a)	136	(a)	137	(b)	138	(a)	139	(d)	140	(d)
141	(d)	142	(d)	143	(c)	144	(b)	145	(a)	146	(c)	147	(c)	148	(c)	149	(d)	150	(d)
151	(b)	152	(a)	153	(a)	154	(c)	155	(d)	156	(c)	157	(a)	158	(b)	159	(c)	160	(d)
161	(c)	162	(a)	163	(c)	164	(c)	165	(a)	166	(b)	167	(c)	168	(d)	169	(c)	170	(b)
171	(d)	172	(b)	173	(c)	174	(b)	175	(a)	176	(c)	177	(d)	178	(b)	179	(c)	180	(a)
181	(c)	182	(b)	183	(d)	184	(a)	185	(c)	186	(a)	187	(b)	188	(a)	189	(b)	190	(b)
191	(b)	192	(c)	193	(d)	194	(c)	195	(c)	196	(c)	197	(c)	198	(d)	199	(a)	200	(b)
201	(a)	202	(a)	203	(d)	204	(a)	205	(b)	206	(b)	207	(a)	208	(b)	209	(c)	210	(c)
211	(d)	212	(b)	213	(d)	214	(a)	215	(c)	216	(a)	217	(c)	218	(a)	219	(d)	220	(d)
221	(c)	222	(c)	223	(d)	224	(d)	225	(d)	226	(d)	227	(b)	228	(a)	229	(d)	230	(c)
231	(b)	232	(b)	233	(b)	234	(b)	235	(c)	236	(c)	237	(c)	238	(c)	239	(d)	240	(b)
241	(a)	242	(a)	243	(c)	244	(c)	245	(c)	246	(b)	247	(d)	248	(a)	249	(a)	250	(d)
251	(d)	252	(d)	253	(a)	254	(d)	255	(c)	256	(c)	257	(b)	258	(b)	259	(a)	260	(d)
261	(d)	262	(d)	263	(c)	264	(d)	265	(c)	266	(b)	267	(d)	268	(a)	269	(d)	270	(d)
271	(d)	272	(a)	273	(c)	274	(d)	275	(c)	276	(c)	277	(d)	278	(a)	279	(a)	280	(a)
281	(d)	282	(c)	283	(b)	284	(d)	285	(b)	286	(a)	287	(a)	288	(d)	289	(c)	290	(a)
291	(b)	292	(d)	293	(d)	294	(c)	295	(c)	296	(a)	297	(c)	298	(b)	299	(b)	300	(d)
301	(a)	302	(d)	303	(a)	304	(d)	305	(c)	306	(c)	307	(b)	308	(a)	309	(a)	310	(c)
311	(a)	312	(d)	313	(d)	314	(c)	315	(a)	316	(a)	317	(b)	318	(a)	319	(a)	320	(a)
321	(d)	322	(b)	323	(d)	324	(a)	325	(b)	326	(c)	327	(b)	328	(c)	329	(b)	330	(c)
331	(b)	332	(a)	333	(c)	334	(b)	335	(c)	336	(d)	337	(d)	338	(d)	339	(c)	340	(b)
341	(a)	342	(b)	343	(a)	344	(c)	345	(c)	346	(c)	347	(a)	348	(c)	349	(d)	350	(b)
351	(b)	352	(a)	353	(d)	354	(a)	355	(a)	356	(c)	357	(a)	358	(c)	359	(b)	360	(a)
361	(a)	362	(c)	363	(d)	364	(d)	365	(c)	366	(b)	367	(a)	368	(d)	369	(b)	370	(b)
371	(a)	372	(a)	373	(c)	374	(d)	375	(c)	376	(d)	377	(a)	378	(b)	379	(d)	380	(b)
381	(c)	382	(a)	383	(d)	384	(d)	385	(d)	386	(d)	387	(c)	388	(c)	389	(c)	390	(c)
391	(c)	392	(c)	393	(d)	394	(c)	395	(a)	396	(d)	397	(d)	398	(c)	399	(b)	400	(d)
401	(b)	402	(c)	403	(c)	404	(c)	405	(a)	406	(c)	407	(a)	408	(c)	409	(c)	410	(c)
411	(b)	412	(b)	413	(d)	414	(d)	415	(c)	416	(c)	417	(b)	418	(a)	419	(c)	420	(b)
421	(d)	422	(a)	423	(d)	424	(a)	425	(d)	426	(c)	427	(b)	428	(d)	429	(c)	430	(c)
431	(a)	432	(d)	433	(b)	434	(a)	435	(c)	436	(a)	437	(c)	438	(b)	439	(a)	440	(c)
441	(b)	442	(c)	443	(c)	444	(d)	445	(d)	446	(b)	447	(c)	448	(c)	449	(c)	450	(d)
451	(b)	452	(d)	453	(d)	454	(d)	455	(b)	456	(b)	457	(d)	458	(c)	459	(a)	460	(a)
461	(c)	462	(d)	463	(d)	464	(a)	465	(c)	466	(c)	467	(b)	468	(d)	469	(d)	470	(a)
471	(a)	472	(d)	473	(d)	474	(a)	475	(d)	476	(b)	477	(a)	478	(d)	479	(b)	480	(a)
481	(d)	482	(d)	483	(b)	484	(b)	485	(d)	486	(a)	487	(c)	488	(d)	489	(b)	490	(c)
491	(a)	492	(a)	493	(c)	494	(b)	495	(a)	496	(a)	497	(d)	498	(b)	499	(b)	500	(b)
501	(c)	502	(a)	503	(b)	504	(a)	505	(c)	506	(a)	507	(b)	508	(c)	509	(b)	510	(b)
511	(c)	512	(c)	513	(d)	514	(d)	515	(a)	516	(d)	517	(c)	518	(d)	519	(d)	520	(c)
521	(b)	522	(d)	523	(d)	524	(a)	525	(b)	526	(d)	527	(c)	528	(a)	529	(a)	530	(a)
531	(b)	532	(d)	533	(b)	534	(b)	535	(d)	536	(b)	537	(c)	538	(c)	539	(b)	540	(d)
541	(c)	542	(a)	543	(d)	544	(d)	545	(b)	546	(c)	547	(a)	548	(b)	549	(d)	550	(a)
551	(c)	552	(a)	553	(b)	554	(a)	555	(d)	556	(b)	557	(c)	558	(a)	559	(c)	560	(d)
561	(d)	562	(a)	563	(d)	564	(a)	565	(b)	566	(a)	567	(a)	568	(d)	569	(b)	570	(b)
571	(c)	572	(c)	573	(a)	574	(d)	575	(a)	576	(b)	577	(a)	578	(c)	579	(d)	580	(d)
581	(b)	582	(d)	583	(a)	584	(b)	585	(d)	586	(a)	587	(d)	588	(c)	589	(a)	590	(c)
591	(a)	592	(b)	593	(d)	594	(c)	595	(d)	596	(c)	597	(c)	598	(b)	599	(c)	600	(c)
601	(b)	602	(d)	603	(a)	604	(c)	605	(b)	606	(d)	607	(c)	608	(a)	609	(c)	610	(a)
611	(d)	612	(b)	613	(a)	614	(a)	615	(d)	616	(d)	617	(d)	618	(a)	619	(d)	620	(c)
621	(b)	622	(b)	623	(a)	624	(d)	625	(a)	626	(b)	627	(a)	628	(a)	629	(a)	630	(c)
631	(a)	632	(d)	633	(b)	634	(b)	635	(c)	636	(d)	637	(a)	638	(c)	639	(d)	640	(d)
641	(a)	642	(c)	643	(a)	644	(b)	645	(a)	646	(d)	647	(b)	648	(b)	649	(b)	650	(a)
651	(b)	652	(b)	653	(c)	654	(c)	655	(a)	656	(c)	657	(c)	658	(d)	659	(c)	660	(d)
661	(c)	662	(c)	663	(b)	664	(d)	665	(a)	666	(b)	667	(b)	668	(c)	669	(b)	670	(d)

उत्तर सहित हल

1. (a) प्रश्नानुसार,

he enjoy (music) → lo po (jo)

(music) and dance → kb (jo) fk

अत: 'music' को 'jo' के रूप में कूटबद्ध किया गया है।

2. (a) प्रश्नानुसार,

C U R (B) → (3) 5 1 7

(B) O A T → 4 6 (3) 8

अत: 'B' के लिए कूट '3' है।

3. (c) P O (S) E → (3) 5 1 7

(S) I L K → 4 6 (3) 8

अत: 'S' के लिए कूट '3' है।

4. (c) प्रश्नानुसार,

(she) gardens daily → ak jb (mp)

where is (she) → (mp) pt kt

अत: 'she' को 'mp' के रूप में कूटबद्ध किया गया है।

5. (b) प्रश्नानुसार,

open the [door] → wu [ko] tn

[door] is solid → [ko] gk mb

अत: दी गई कूटभाषा में door को ko से कूटबद्ध किया जाएगा।

6. (a) जिस प्रकार,

V T P M ↓ (विपरीत अक्षर का मान)

5 + 7 + 11 + 14 = 37

तथा C G N K ↓ (विपरीत अक्षर का मान)

24 + 20 + 13 + 16 = 73

उसी प्रकार,

M V L C ↓ (विपरीत अक्षर का मान)

14 + 5 + 15 + 24 = [58]

7. (c) प्रश्नानुसार,

[bright] colour rainbow → mq [bj] st

sunny [bright] day → nv [bj] fm

अत: bright का कूट = bj है।

8. (b) जिस प्रकार,

F I G U R E ↓ (विपरीत अक्षर स्थिति में +1)

V S U G J W

तथा C O P I E D ↓ (विपरीत अक्षर स्थिति में +1)

Y M L S W X

उसी प्रकार,

B L A N K E T ↓ (विपरीत अक्षर स्थिति में +1)

[Z P A N Q W H]

9. (d) प्रश्नानुसार,

F [R A M E D] → [4 9 7 6 2] 1

[D R E A M] /T\ → [7 6 9] /5\ [4 2]

अत: T को कूटभाषा में 5 लिखा जाएगा।

10. (c) प्रश्नानुसार,

BREAK → 57123

तथा BROKE → 91753

∴ A का कूट = 2

11. (b) जिस प्रकार,

C A S E (+1, +1, +1, +1) → F T B D

तथा C A K E (+1, +1, +1, +1) → F L B D

उसी प्रकार, C A L F (+1, +1, +1, +1) → [G M B D]

12. (c) प्रश्नानुसार,

D R A P E → 6 5 4 3 2

T A P E D → 2 4 5 9 6

अत: R का कूट = 3

13. (b) जिस प्रकार, E A G L E (−1 −1 −1 −1 −1) → D Z F K D

तथा D R E A M (−1 −1 −1 −1 −1) → C Q D Z L

उसी प्रकार, S I N C E (−1 −1 −1 −1 −1) → [R H M B D]

14. (c) जिस प्रकार,

E X C E S S

5 24 3 5 19 19 (वर्णों के क्रमांक)

+2 +2 +2 +2 +2 +2

7 26 5 7 21 21

तथा E N E R G Y

5 14 5 18 7 25 (वर्णों के क्रमांक)

+2 +2 +2 +2 +2 +2

7 16 7 20 9 27

उसी प्रकार,

E S C A P E

5 19 3 1 16 5 (वर्णों के क्रमांक)

+2 +2 +2 +2 +2 +2

[7 21 5 3 18 7]

15. (b) जिस प्रकार,

B L E A C H E R S

9×7=63

(अक्षरों की संख्या)

और A B A C A S

6×7=42

(अक्षरों की संख्या)

उसी प्रकार, F I Z Z Y

5×7=[35]

(अक्षरों की संख्या)

16. (a) जिस प्रकार,

I F F ↓ (वर्णमाला क्रम)

9 + 6 + 6 = 21

तथा A R B ↓ (वर्णमाला क्रम)

1 + 18 + 2 = 21

उसी प्रकार, C A W ↓ (वर्णमाला क्रम)

3 + 1 + 23 = [27]

17. (d) जिस प्रकार, T E R R A I N

+2 +2 +2 +2

V E T T A I P

तथा T R A F F I C

+2 +2 +2 +2 +2

V T A H H I E

[यहाँ व्यंजन → + 2 तथा स्वर → +0]

उसी प्रकार, M O T O R

+2 +2 +2

[O O V O T]

18. (a) जिस प्रकार, P U P I L ↓ (वर्णमाला क्रम)

16 21 16 9 12

तथा P U R G E ↓ (वर्णमाला क्रम)

16 21 18 7 5

उसी प्रकार, P U R S E ↓ (वर्णमाला क्रम)

[16 21 18 19 5]

19. (d) प्रश्नानुसार,

(cat) [dog] monkey → 55 (66) [88]

camel (cat) donkey → (66) 99 33

[dog] goat tiger → [88] 11 22

अत: monkey का कूट → 55

20. (c) जिस प्रकार,

23 10 19 12
W J S L
+2 +2 +2 +2
25 12 21 14

तथा
4 21 15 8
D U O H
+2 +2 +2 +2
6 23 17 10

उसी प्रकार,
16 6 11 18
P F K R
+2 +2 +2 +2
18 8 13 20

21. (c) प्रश्नानुसार,

F LAKE → & 2348

LAKE S → 23 @ 84

∴ S का कूट = @

22. (b) जिस प्रकार,

R A D I O
+1 −1 +1 −1 +1
S Z E H P

तथा
F R E Q U E N C Y
+1 −1 +1 −1 +1 −1 +1 −1 +1
G Q F P V D O B Z

उसी प्रकार,
T E L E V I S I O N
+1 −1 +1 −1 +1 −1 +1 −1 +1 −1
U D M D W H T H P M

23. (b) जिस प्रकार,

B O T H
+2 +2 +2 +2
D Q V J

तथा
D A R E
+2 +2 +2 +2
F C T G

उसी प्रकार,
W I L L
+2 +2 +2 +2
Y K N N

24. (a) जिस प्रकार,

3 25 3 12 5
C Y C L E
विपरीत अक्षर का स्थानीय मान
24 2 24 15 22

तथा
6 9 14 1 12
F I N A L
विपरीत अक्षर का स्थानीय मान
21 18 13 26 15

उसी प्रकार,
13 21 19 9 3
M U S I C
विपरीत अक्षर का स्थानीय मान
14 6 8 18 24

25. (c) प्रश्नानुसार,

toys are gadgets → dj sq ty

gadgets are machines → mp ty dj

यहाँ gadgets का कूट = ty या dj

26. (c) प्रश्नानुसार,

It is raining → dy po ko

is raining now → po jo ko

is now it → po jo dy

अत: raining का कूट = ko

27. (b) जिस प्रकार,

S H E
+1 +1
E I T

तथा
S H E
+1 +1
E I T

उसी प्रकार,
S U N
+1 +1
N V T

28. (a) प्रश्नानुसार,

T O U G H → 8 9 2 5 1

G H O S T → 9 3 2 5 8

अत: S का कूट = 3

29. (a) जिस प्रकार,

B I R D
+2 +2 +2 +2
D K T F

तथा
K I T E
+2 +2 +2 +2
M K V G

उसी प्रकार,
E A G L E
+2 +2 +2 +2 +2
G C I N G

30. (a) जिस प्रकार,

13 15 18 5
M O R E
विपरीत अक्षर का स्थानीय मान
14 12 9 22

तथा
11 14 15 23
K N O W
विपरीत अक्षर का स्थानीय मान
16 13 12 4

उसी प्रकार,
19 1 9 4
S A I D
विपरीत अक्षर का स्थानीय मान
8 26 18 23

31. (c) प्रश्नानुसार,

TRIED → 5 4 1 2 3

TREAD → 1 2 3 6 5

∴ I अभीष्ट कूट = 4

32. (a) जिस प्रकार,

T A B U
−1 +1 −1 +1
S B A V

तथा
T A N K
−1 +1 −1 +1
S B M L

उसी प्रकार,
T A I L
−1 +1 −1 +1
S B H M

33. (a) प्रश्नानुसार,

she is girl → 7 3 9

he is boy → 9 6 5

girl is tall → 9 3 8

अत: she का कूट = 7

34. (c) प्रश्नानुसार,

D R I V E → 6 2 7 4 9

R I D E S → 7 6 2 8 4

∴ V का कूट = 9

35. (d) जिस प्रकार,

R U G
−2 −2 −2
E P S

तथा
S I T
−2 −2 −2
R Q G

उसी प्रकार,
C O P
−2 −2 −2
N A M

36. (d) जिस प्रकार,

O A S I S
−1 +1 +1 +1 −1
R J T B N

तथा
O B E S E
−1 +1 +1 +1 −1
D T F C N

उसी प्रकार,
O C C U R
−1 +1 +1 +1 −1
Q V D D N

37. (a) प्रश्नानुसार,

T I D E → 9 4 5 7

D E N T → 7 5 9 3

अत: N का कूट = 3

38. (a) प्रश्नानुसार,

what you think you become → Fe Mo Su Ta Za

what you think you achieve → Mo Su Te Fe Za

अत: achieve का कूट = Te

39. (d) जिस प्रकार,

B I R T H D A Y → A D H T R I B Y

तथा

C O N G R E S S → S E R G N O C S

उसी प्रकार,

D I V I S I O N → O I S I V I D N

40. (b) जिस प्रकार,

VAT के क्रमांकिक मानों का योग = 22 + 1 + 20 = 43

तथा AWW के क्रमांकिक मानों का योग

= 1 + 23 + 23 = 47

उसी प्रकार, ZHU के क्रमांकिक मानों का योग

= 26 + 8 + 21 = 55

41. (d) जिस प्रकार,

G L O B A L → 22 17 14 27 28 17

(**नोट** यहाँ अक्षर के वर्णमाला क्रम का मान तथा कोड की गई संख्या का योग 29 है)

तथा

F O R E S T → 23 14 11 24 10 9

उसी प्रकार,

I M P A C T → 20 16 13 28 26 9

42. (a) जिस प्रकार,

RETAINED → ENIATERD

विपरीत क्रम में

तथा

MATURITY → TIRUTAMY

विपरीत क्रम में

उसी प्रकार,

FIREWALL → LAWERIFL

विपरीत क्रम में

43. (d) प्रश्नानुसार,

mountain stand tall → 33 66 44

rocky is tall → 44 55 11

rocky is mountain → 33 55 11

अत: 'stand' को 66 से कूटबद्ध किया गया है।

44. (c) जिस प्रकार,

[व्यंजन → +2, स्वर → +1]

H U S B A N D

+2 +1 +2 +2 +1 +2 +2

J V U D B P F

तथा

S I S T E R

+2 +1 +2 +2 +1 +2

U J U V F T

उसी प्रकार,

B R O T H E R

+2 +2 +1 +2 +2 +1 +2

D T P V J F T

45. (a) जिस प्रकार,

M U T U A L → 12 1 21 20 21 13 (स्थानीय मान)

तथा

M A R K E T → 20 5 11 18 1 13 (स्थानीय मान)

उसी प्रकार,

M O D U L E → 5 12 21 4 15 13 (स्थानीय मान)

46. (d) प्रश्नानुसार,

can we play → ae tc nx

play in school → tc rm ef

अत: play का कूट = tc होगा।

47. (c) प्रश्नानुसार दी गई कूटभाषा में

talk to me → aq yt bl

do not talk → yt me wc

अत: talk का कूट = yt होगा

48. (b) जिस प्रकार,

F I V E

6 9 22 5 (अक्षरों के क्रमांक)

×2 ×2 ×2 ×2

12 18 44 10

तथा

F O U R

6 15 21 18 (अक्षरों के क्रमांक)

×2 ×2 ×2 ×2

12 30 42 36

उसी प्रकार,

T H R E E

20 8 18 5 5 (अक्षरों के क्रमांक)

×2 ×2 ×2 ×2 ×2

40 16 36 10 10

49. (b) जिस प्रकार,

F A C E D

+1 −1 +1 −1 +1

G Z D D E

तथा

V A C A Y

+1 −1 +1 −1 +1

W Z D Z Z

उसी प्रकार,

L A B O R

+1 −1 +1 −1 +1

M Z C N S

50. (d) जिस प्रकार,

B R I N G

2 18 9 14 7 —विपरीत→ 7149182

तथा

S M I L E

19 13 9 12 5 —विपरीत→ 51291319

उसी प्रकार,

F O R G I V E

6 15 18 7 9 22 5 —विपरीत→ 5229718156

51. (b) जिस प्रकार, BUZZY में अक्षरों की संख्या = 5 ⇒ 5 × 2 = 10

तथा KING में अक्षरों की संख्या = 4

⇒ 4 × 2 = 8

उसी प्रकार, ABROAD में अक्षरों की संख्या = 6

⇒ 6 × 2 = 12

अत: ABROAD का कूट = 12

52. (d) जिस प्रकार,

V A I N → O K B Y (+3, +1, +2, +1)

तथा

V A S T → U U B Y (+3, +1, +2, +1)

उसी प्रकार,

V E R B → C T F Y (+3, +1, +2, +1)

53. (d) जिस प्रकार,

D (E) M (A) N D

4 10 13 2 14 4 (E, A → ×2)

तथा

S (U) P P L Y

19 42 16 16 12 25 (U → ×2)

[नोट यहाँ व्यंजन को वर्णमाला क्रम तथा स्वर को वर्णमाला क्रम ×2 से कोड किया गया है]

उसी प्रकार, P R (O) D (U) C T

(O ×2, U ×2)

| 16 | 18 | 30 | 4 | 42 | 3 | 20 |

54. (d) जिस प्रकार,

CONFUSED में कुल अक्षरों की संख्या = 8

⇒ 8 − 1 = 7

तथा CHAIN में अक्षरों की संख्या = 5

⇒ 5 − 1 = 4

उसी प्रकार,

ADULTHOOD में अक्षरों की संख्या = 9

⇒ 9 − 1 = 8

55. (a) प्रश्नानुसार, दी गई कूट भाषा में,

[V] E [R Y] ⟶ 6 [3 1 4]

[V] [A] [R Y] ⟶ [1 4 3] [8]

अत: A का कूट 8 होगा।

56. (c) प्रश्नानुसार,

make some [more] ⟶ pb [gq] st

need [more] time ⟶ ru ek [gq]

अत: more का कूट gq है।

57. (a) जिस प्रकार,

T I Z Z (+2 +2 +2 +2) → V K B B

तथा Q O P H (+2 +2 +2 +2) → S Q R J

उसी प्रकार, C K A U (+2 +2 +2 +2) → [E M C W]

58. (c) प्रश्नानुसार, दी गई कूट भाषा में

C[O]W S ⟶ 7 9 3 [5]

[O] I L Y ⟶ 2 [5] 6 8

अत: O का कूट 5 है।

59. (d) प्रश्नानुसार,

sit on [chair] ⟶ sk [mi] cn

the [chair] broke ⟶ gm fr [mi]

अत: chair का कूट = mi

60. (d) जिस प्रकार, तथा

B E L L (−1 +1 −1 +1) → M K F A

B O N D (−1 +1 −1 +1) → E M P A

उसी प्रकार, B L E W (−1 +1 −1 +1) → [X D M A]

61. (c) जिस प्रकार,

S I L K (+1 +0 +1 +1) → T I M L [व्यंजन → +1, स्वर → +0]

तथा I N S E C T (+0 +1 +1 +0 +1 +1) → I O T E D U

उसी प्रकार, C H A N G E (+1 +1 +0 +1 +1 +0) → [D I A O H E]

62. (d) प्रश्नानुसार,

[It's] [your] life ⟶ Ao [Bo] [Co]

[It's] [your] food ⟶ Ba [Co] [Bo]

∴ food का कूट = Ba

63. (b) प्रश्नानुसार,

let (it) go ⟶ (vc) nt ap

this is (it) ⟶ mq (vc) ih

∴ it का कूट = vc

64. (c) प्रश्नानुसार,

[what] (where) how ⟶ aa (dd) [ff]

(where) there that ⟶ (dd) zz pp

which [what] here ⟶ [ff] kk ll

अत: how ⇒ aa

65. (b) जिस प्रकार,

B U T T E R (+1 +2 +3 −1 −2 −3) → C W W S C O

तथा T H E O R Y (+1 +2 +3 −1 −2 −3) → U J H N P V

उसी प्रकार, L A T E N T (+1 +2 +3 −1 −2 −3) → [M C W D L Q]

66. (a) जिस प्रकार,

P O L I S H (विपरीत क्रम) → K L O R H S

11 + 12 + 15 + 18 + 8 + 19 = 83

⇒ 83 + 6 (शब्द में अक्षरों की संख्या) = 89

तथा

C L I P (विपरीत क्रम) → X O R K

24 + 15 + 18 + 11 = 68

⇒ 68 + 4 (शब्द में अक्षरों की संख्या) = 72

उसी प्रकार,

C O N T R O L (विपरीत क्रम) → X L M G I L O

24 + 12 + 13 + 7 + 9 + 12 + 15 = 92

⇒ 92 + 7 (शब्द में अक्षरों की संख्या) = 99

67. (c) जिस प्रकार, S L A I N (+2 +2 +2 +2 +2) → P K C N U

तथा D E N T (+2 +2 +2 +2 +2) → V P G F

उसी प्रकार, C U B O I D (+2 +2 +2 +2 +2 +2) → [F K Q D W E]

68. (a) जिस प्रकार,

P L U M A G E → G I C O W N R (+2 +2 +2 +2 +2 +2 +2)

तथा C R U S H → J U W T E (+2 +2 +2 +2 +2)

उसी प्रकार,

T R I B A L → [N C D K T V] (+2 +2 +2 +2 +2 +2)

69. (b) जिस प्रकार, C O M P A Q (+1 +2 +1 +2 +1 +2) → D Q N R B S

तथा S O N Y (+1 +2 +1 +2) → T Q O A

उसी प्रकार, M O T O R O L A (+1 +2 +1 +2 +1 +2 +1 +2) → [N Q U Q S Q M C]

70. (a) अंग्रेजी वर्णमाला के विपरीत क्रम का मान रखने पर, C + R + O + S + S

⇒ 24 + 9 + 12 + 8 + 8 = 61

CROSS, पाँच अक्षरों से बना शब्द है। अत:

61 + 5 = 66

तथा C + H + A + R + T

⇒ 24 + 19 + 26 + 9 + 7 = 85

CHART, पाँच अक्षरों से बना शब्द है। अत:

85 + 5 = 90

उसी प्रकार, S + Y + M + B + O + L

⇒ 8 + 2 + 14 + 25 + 12 + 15 = 76

SYMBOL, छ: अक्षरों से बना शब्द है।

अत: 76 + 6 = [82]

71. (c) जिस प्रकार,

C L O C K

वर्णक्रम +1, वर्णक्रम +1, वर्णक्रम +2, वर्णक्रम +1, वर्णक्रम +1

4 - 13 - 17 - 4 - 12

उसी प्रकार,

P H O N E

वर्णक्रम +1, वर्णक्रम +1, वर्णक्रम +2, वर्णक्रम +1, वर्णक्रम +1

[17 - 9 - 17 - 15 - 6]

72. (b) अंग्रेजी वर्णमाला के विपरीत क्रम का मान रखने पर,

P + A + I + N + T

⇒ 11 + 26 + 18 + 13 + 7 = 75

PAINT, पाँच अक्षरों से बना शब्द है,

अत: 75 + 5 = 80

तथा D + R + O + P ⇒ 23 + 9 + 12 + 11 = 55

DROP, चार अक्षरों से बना शब्द है, अत:

55 + 4 = 59

उसी प्रकार, M + A + R + K + E + T

⇒ 14 + 26 + 9 + 16 + 22 + 7 = 94

MARKET, छह अक्षरों से बना शब्द है,

अत: 94 + 6 = [100]

73. (d) जिस प्रकार, तथा उसी प्रकार,

S P I T (+2, +3, +2, +3) → U S K W ; C O P Y (+2, +3, +2, +3) → E R R B ; M O C K (+2, +3, +2, +3) → [O R E N]

74. (a) जिस प्रकार,

P L I E R S → (−6, −5, −4, −3, −2, −1) → M M A F J O

तथा S H O V E L → (−6, −5, −4, −3, −2, −1) → F Z R L F R

उसी प्रकार, W R E N C H → (−6, −5, −4, −3, −2, −1) → [B X J B P V]

75. (a) जिस प्रकार, B O O K

2 15 15 11

विपरीत क्रम →

25 + 12 + 12 + 16 = 65

⇒ 65 × 5 = 325

तथा R E A D

18 5 1 4

विपरीत क्रम →

9 + 22 + 26 + 23 = 80

⇒ 80×5=400

उसी प्रकार, A B L E

1 2 12 5

विपरीत क्रम →

26 + 25 + 15 + 22 = 88

⇒ 88×5=[440]

76. (c) 'DUST' में अक्षरों की संख्या = 4

⇒ $(4)^2 = 16$

'EARTH' में अक्षरों की संख्या = 5 ⇒ $(5)^2 = 25$

उसी प्रकार, 'MAN' में अक्षरों की संख्या = 3

तथा $(3)^2 = 9$

77. (b) जिस प्रकार, तथा

A P R I L (+2, +3, +2, +3, +2) → C S T L N ; M A R C H (+2, +3, +2, +3, +2) → O D T F J

उसी प्रकार, J U N E (+2, +3, +2, +3) → [L X P H]

78. (d) S L A P → 3 1 6 0

P A S T → 6 0 7 1

उपरोक्त से L का कूट 3 है।

79. (c) जिस प्रकार, तथा

X P D J O A → D P X A O J ; T H B R U C → B H T C U R

उसी प्रकार, G I L D Z M → [L I G M Z D]

80. (d) जिस प्रकार, तथा

M E L O D Y → L E M Y D O ; P U R P L E → R U P E L P

उसी प्रकार, C L A U S E → [A L C E S U]

81. (b) दी गई कूटभाषा में,

B I N D → 9 2 1 4; D R I B → 4 1 0 9

उपरोक्त से, N → 2

82. (c) जिस प्रकार,

T E L E V I S I O N (+1, −1, +1, −1, +1, +2, −2, +2, −2, +2) → U D M D W K Q K M P

तथा P U N I S H M E N T (+1, −1, +1, −1, +1, +2, −2, +2, −2, +2) → Q T O H T J K G L V

उसी प्रकार, H E L I C O P T E R (+1, −1, +1, −1, +1, +2, −2, +2, −2, +2) → [I D M H D Q N V C T]

83. (a) जिस प्रकार,

P D F J A R S (−1, −1, −1, +2, −1, −1, −1) → O C E L Z Q R

और M H C X B T U (−1, −1, −1, +2, −1, −1, −1) → L G B Z A S T

उसी प्रकार, Z V D G E N Q (−1, −1, −1, +2, −1, −1, −1) → [Y U C I D M P]

84. (a) जिस प्रकार,

S T R A (+2, +2, +2, +2) → U V T C ; I G H T (+1, +1, +1, +1) → U I H J

तथा S U R V (+2, +2, +2, +2) → U W T X ; I V A L (+1, +1, +1, +1) → M B W J

उसी प्रकार, T A K E (+2, +2, +2, +2) → V C M G ; O V E R (+1, +1, +1, +1) → S F W P → [V C M G S F W P]

85. (d) जिस प्रकार,

W I N T E R → (+6, +5, +4, +3, +2, +1) → X J X Q K X

तथा A U T U M N → (+6, +5, +4, +3, +2, +1) → T R Y W W B

उसी प्रकार, S E A S O N → (+6, +5, +4, +3, +2, +1) → [T T W D G T]

86. (d) जिस प्रकार, तथा

R E L A X (−2, +4, +2) → C P P Z C ; S T A K E (−2, +4, +2) → R Q E G M

उसी प्रकार, W I N D S (−2, +4, +2) → [G U R U F]

87. (a) जिस प्रकार,

B E Ⓝ T → 3 1 ⑨ 8

तथा D E B T → 8 3 1 6

अत: N का कूट = 9

88. (d) जिस प्रकार,

D I S C I P L I N E

+2 +2 +2 +2

D K S C K P L K N G

तथा

R E V O L U T I O N

+2 +2 +2 +2 +2

R G V Q L W T K Q N

(यहाँ केवल स्वर अक्षर, वर्णमाला क्रम में आगे आने वाले दूसरे अक्षर से कूट हो रहे हैं।)

उसी प्रकार, U N I V E R S I T Y

+2 +2 +2 +2

W N K V G R S K T Y

89. (d) जिस प्रकार, $\overset{18}{\underset{9}{R}}\overset{16}{\underset{11}{P}}\overset{4}{\underset{23}{D}} \Rightarrow 9 + 11 + 23 = 43$

तथा $\overset{6}{\underset{21}{F}}\overset{3}{\underset{24}{C}}\overset{12}{\underset{15}{L}} \Rightarrow 21 + 24 + 15 = 60$

उसी प्रकार, $\overset{17}{\underset{10}{Q}}\overset{20}{\underset{7}{T}}\overset{19}{\underset{8}{S}} \Rightarrow 10 + 7 + 8 = \boxed{25}$

90. (d) जिस प्रकार,

CAKE —विपरीत अक्षर क्रमांक→ 24 26 16 22

2+4 2+6 1+6 2+2

6 8 7 4

तथा

EASY —विपरीत अक्षर क्रमांक→ 22 26 8 2

2+2 2+6

4 8 8 2

उसी प्रकार,

MAKE —विपरीत अक्षर क्रमांक→ 14 26 16 22

1+4 2+6 1+6 2+2

5 8 7 4

91. (b) जिस प्रकार, तथा

R A T ; M I C E

18 + 1 + 20 = 39 ; 13 + 9 + 3 + 5 = 30

उसी प्रकार, Z E B R A

$26 + 5 + 2 + 18 + 1 = \boxed{52}$

92. (a) जिस प्रकार,

P R E C I O U S

U O I C E R P S

तथा

F L A G R A N T

N A R G A L F T

उसी प्रकार, C H I L D I S H

S I D L I H C H

93. (b) दी गई जानकारी के अनुसार,

meet them now ⟶ el cn ah

never meet alone ⟶ cn sm uv

not alone now ⟶ ah sm rt

अत: 'not them' का कूट 'rt el' होगा।

94. (b) जिस प्रकार,

L I F E T I M E

+1 +1 +1 +1 +1 +1 +1 +1

F G J M F N J U

तथा

I N T E G R A L

+1 +1 +1 +1 +1 +1 +1 +1

F U O J M B S H

उसी प्रकार, I N T E R E S T

+1 +1 +1 +1 +1 +1 +1 +1

F U O J U T F S

95. (a) जिस प्रकार, C E R T A I N

+2 −2 +2 −2 +2 −2 +2

E C T R C G P

तथा

D I G I T A L

+2 −2 +2 −2 +2 −2 +2

F G I G V Y N

उसी प्रकार, F A C T O R Y

+2 −2 +2 −2 +2 −2 +2

H Y E R Q P A

96. (a) दिया है,

travel for fun ⟶ dy pa vi

fun will begin ⟶ cr dy em

will travel today ⟶ vi cr hz

∴ 'for today' ⇒ hz pa

97. (b) जिस प्रकार, F A B R I C

+1 −1 +1 −1 +1 −1

G Z C Q J B

तथा

B I T T E R

+1 −1 +1 −1 +1 −1

C H U S F Q

उसी प्रकार, A N I M A L

+1 −1 +1 −1 +1 −1

B M J L B K

98. (d) जिस प्रकार, RAT ⇒ (वर्णों की संख्या)^3

⇒ $3^3 = 27$

तथा ZEBRA ⇒ (वर्णों की संख्या)^3

⇒ $5^3 = 125$

उसी प्रकार, RABBIT ⇒ (वर्णों की संख्या)^3

⇒ $6^3 = 216$

99. (a) जिस प्रकार, तथा

+1 +2 +1 +2 +1 +2 ; +1 +2 +1 +2 +1 +2

C H O R U S ; A N T H E M

U V T P J D ; O F J U P B

उसी प्रकार,

+1 +2 +1 +2 +1 +2

V O L U M E

G N W M Q W

100. (a) जिस प्रकार,

B R E A D

−3

R B B D A

तथा

F L O U R

−3

L F L R U

उसी प्रकार,

P A I N T

−3

A P F T N

101. (d) जिस प्रकार,

U P S I D E

−7 −6 −5 −4 −3 −2

N J N E A C

और

G I N G E R

−7 −6 −5 −4 −3 −2

Z C I C B P

उसी प्रकार,

B R U N C H

−7 −6 −5 −4 −3 −2

U L P J Z F

102. (c) जिस प्रकार,

A R O U N D

+2 +4 +6 +8 +10 +12

C V U C X P

तथा

O N L I N E

+2 +4 +6 +8 +10 +12

Q R R Q X Q

उसी प्रकार, R U S T I C

+2 +4 +6 +8 +10 +12

T Y Y B S O

103. (a) जिस प्रकार,

B A C K E D

+3 +3 +3 +3 +3 +3

E D F N H G → GHNFDE

(दाएँ से बाएँ लिखने पर)

तथा C L O S E R

+3 +3 +3 +3 +3 +3

F O R V H U → UHVROF

उसी प्रकार, J U N I O R

+3 +3 +3 +3 +3 +3

M X Q L R U → URLQXM

अतः JUNIOR = URLQXM

104. (b) जिस प्रकार,

D E A F

4 5 1 6 (अंग्रेजी वर्णमाला के स्थानानुसार)

तथा K I L L → 11 9 12 12 ; उसी प्रकार, L O R D → 12 15 18 4

105. (a) जिस प्रकार,

4 D, 7 G, 15 O, 21 U, 20 T → −2 → 2 5 13 19 18 ; 18 R, 3 C, 17 Q, 6 F, 13 M → −2 → 16 1 15 4 11

उसी प्रकार,

15 O, 22 V, 8 H, 16 P, 9 I → −2 → 13 20 6 14 7

106. (b) जिस प्रकार, तथा उसी प्रकार,

A →+3→ D, B →+3→ E, U →+3→ X, S →+3→ V, E →+3→ H

C →+3→ F, A →+3→ D, N →+3→ Q, D →+3→ G, Y →+3→ B

D →+3→ G, E →+3→ H, S →+3→ V, E →+3→ H, R →+3→ U, T →+3→ W

107. (a) जिस प्रकार,

Q U A N T I T Y

−1 −1 −1 −1 −1 −1 −1 −1

T P M Z H S X S

तथा

R E L I A B L E

−1 −1 −1 −1

D Q H K A Z D K

उसी प्रकार, S A M P L I N G

−1 −1 −1 −1

Z R O L H K F M

108. (d) जिस प्रकार, तथा

6 F, 9 I, 12 L, 13 M → +3 → 9 12 15 16 ; 5 E, 1 A, 19 S, 20 T → +3 → 8 4 22 23

उसी प्रकार, 8 H, 15 O, 13 M, 5 E → +3 → 11 18 16 8

109. (a) जिस प्रकार,

T U R N I P

+6 +5 +4 +3 +2 +1

V N R U W U

तथा D A I K O N

+6 +5 +4 +3 +2 +1

T T O L C E

उसी प्रकार, R A D I S H

+6 +5 +4 +3 +2 +1

N X M G C S

110. (b) जिस प्रकार, तथा

E N V O Y → −1 → D M U N X ; C H E C K → −1 → B G D B J

उसी प्रकार, A N G L E → −1 → Z M F K D

111. (b) जिस प्रकार,

G I N G E R

−6 −5 −4 −3 −2 −1

L Z C K G F

तथा

G A R L I C

−6 −5 −4 −3 −2 −1

W D H O Y F

उसी प्रकार,

C L O V E S

−6 −5 −4 −3 −2 −1

M Z R L J B

112. (a) जिस प्रकार, तथा

M A R S → 13+1+18+19 = 51 ; S T A R S → 19+20+1+18+19 = 77

उसी प्रकार, M O O N → 13+15+15+14 = 57

113. (b) प्रश्नानुसार,

time has come → et im ak

come with money → nd ak co

money has power → fu et nd

अतः 'with power' का कूट 'co fu' होगा।

114. (b) जिस प्रकार,

D E S I G N

4 5 19 9 7 14

×2 ×2 ×2 ×2 ×2 ×2

8 10 38 18 14 28

तथा F O R E S T

6 15 18 5 19 20

×2 ×2 ×2 ×2 ×2 ×2

12 30 36 10 38 40

उसी प्रकार, P L A Y E R

16 12 1 25 5 18

×2 ×2 ×2 ×2 ×2 ×2

32 24 2 50 10 36

115. (c) कूटभाषा के अनुसार,

THIN → 172 3, WITH → 2 4 17

अतः W का कूट = 4

116. (a) जिस प्रकार,

P U B L I C

+4 +3 −3 −4

T I E I U Y

तथा S E R V E R

+4 +3 −3 −4

W E U S E N

उसी प्रकार, 4 D, 9 I, 18 R, 5 E, 3 C, 20 T

+4 +3 −3 −4

H C U B I P

117. (a) जिस प्रकार,

ROSE (18 15 19 5) ⇒ (18 + 15 + 19 + 5) × अक्षरों की संख्या

= 57 × 4 = 228

तथा TULIP (20 21 12 9 16) ⇒ (20 + 21 + 12 + 9 + 16) × अक्षरों की संख्या = 78 × 5 = 390

उसी प्रकार, LOTUS (12 15 20 21 19) ⇒

(12 + 15 + 20 + 21 + 19) × अक्षरों की संख्या

= 87 × 5 = 435

118. (d) जिस प्रकार,

P L A C E

+2 +3 −2 +3 −2

C O N H A

तथा S H O C K → (+2, +3, −2, +3, −2) → Q K Q N A

उसी प्रकार, F R O W N → (+2, +3, −2, +3, −2) → Q U D Q U

119. (c) जिस प्रकार,

3	2	22	17
C	B	V	Q
+3	+3	+3	+3
6	5	25	20

तथा

6	18	10	20
F	R	J	T
+3	+3	+3	+3
9	21	13	23

उसी प्रकार,

5	8	12	16
E	H	L	P
+3	+3	+3	+3
8	11	15	19

120. (c) जिस प्रकार, F R I S K → (+2, +3, −2) → T H L I Q

तथा M O A D S → (+2, +3, −2) → Q O D Q B

उसी प्रकार, W A G E R → (+2, +3, −2) → C Y J P C

121. (c) दी गई कूटभाषा में,

C R O W ⟶ 6 9 7 0

O R C A ⟶ 7 5 6 9

अत: कूट भाषा में 'W' का कूट 0 है।

122. (d) जिस प्रकार,

$\overset{19}{S}\ \overset{20}{T}\ \overset{1}{A}\ \overset{18}{R} \xRightarrow{\text{उल्टा क्रम}} 81\ 1\ 02\ 91$

तथा $\overset{7}{G}\ \overset{9}{I}\ \overset{6}{F}\ \overset{20}{T} \xRightarrow{\text{उल्टा क्रम}} 02697$

उसी प्रकार, $\overset{4}{D}\ \overset{15}{O}\ \overset{12}{L}\ \overset{12}{L} \xRightarrow{\text{उल्टा क्रम}} \boxed{2121514}$

123. (c) जिस प्रकार,

P D U (विपरीत अक्षर) → K W F → 11 + 23 + 6 = 40

तथा H X O (विपरीत अक्षर) → S C L → 19 + 3 + 12 = 34

उसी प्रकार, B M W (विपरीत अक्षर) → Y N D → 25 + 14 + 4 = 43

124. (c) जिस प्रकार,

C	H	E	C	K
3	8	5	3	11
×2	×2	×1	×2	×2
6	16	5	6	22

(व्यंजन अक्षर के क्रमांक में 2 से गुणा तथा स्वर अक्षर के क्रमांक में 1 से गुणा किया जाता है।)

तथा

S	U	R	G	E
19	21	18	7	5
×2	×1	×2	×2	×1
38	21	36	14	5

उसी प्रकार,

P	R	I	E	S	T
16	18	9	5	19	20
×2	×2	×1	×1	×2	×2
32	36	9	5	38	40

125. (d) जिस प्रकार,

C	U	R	D
3	21	18	4
×1	×2	×1	×1
3	42	18	4

तथा

B	R	E	A	D
2	18	5	1	4
×1	×1	×2	×2	×1
2	18	10	2	4

(स्वर संख्या के क्रमांक का दोगुना)

उसी प्रकार,

B	U	T	T	E	R
2	21	20	20	5	18
×1	×2	×1	×1	×2	×1
2	42	20	20	10	18

126. (b) जिस प्रकार,

D [I C T A T O] R → D R [O T A T C I] विपरीत क्रम में लिखने पर,

तथा G [L I M P S] E → (विपरीत क्रम) G E [S P M I L]

उसी प्रकार, C [O N D E M] N → (विपरीत क्रम) C N [M E D N O]

127. (a) जिस प्रकार, P E N D A N T → (+1 प्रत्येक) → Q F O E B O U

तथा L A W F U L → (+1 प्रत्येक) → M B X G V M

उसी प्रकार, I M P O S E → (+1 प्रत्येक) → J N Q P T F

128. (c) जिस प्रकार, M A N A G E → (+3) → H J D Q D P

तथा L I T T L E → (+3) → H O W W L O

उसी प्रकार, P O L I C Y → (+3) → B F L O R S

129. (b) जिस प्रकार, T A B L E → (+3) → E L E A T

तथा S W I N G → (+3) → G N L W S

उसी प्रकार, F R A M E → (+3) → E M D R F

130. (d) जिस प्रकार,

$\overset{20}{T}\overset{15}{O}\overset{16}{P} \Rightarrow (20 + 15 + 16) \times 2 = 51 \times 2 = 102$

और $\overset{2}{B}\overset{1}{A}\overset{4}{D} \Rightarrow (2 + 1 + 4) \times 2 = 7 \times 2 = 14$

उसी प्रकार, $\overset{4}{D}\overset{15}{O}\overset{7}{G} \Rightarrow (4 + 15 + 7) \times 2$

$= 26 \times 2 = \boxed{52}$

131. (a) जिस प्रकार, D R A W I N G → (−1 प्रत्येक) → C Q Z V H M F

तथा T U R Q U O I S E → (−1 प्रत्येक) → S T Q P T N H R D

उसी प्रकार, C O L O R → (−1 प्रत्येक) → B N K N Q

132. (a) जिस प्रकार,

$\overset{6}{F}\overset{18}{R}\overset{15}{O}\overset{19}{S}\overset{20}{T} \Rightarrow$ अंग्रेजी वर्णमाला में वर्ण स्थानों का योग × 2

$\Rightarrow (6 + 18 + 15 + 19 + 20) \times 2 = 78 \times 2 = 156$

और $\overset{3}{C}\overset{1}{A}\overset{14}{N}\overset{4}{D}\overset{5}{E}\overset{12}{L}$

$\Rightarrow (3 + 1 + 14 + 4 + 5 + 12) \times 2 = 39 \times 2 = 78$

उसी प्रकार, $\overset{19}{S}\overset{3}{C}\overset{18}{R}\overset{5}{E}\overset{1}{A}\overset{13}{M}$

$\Rightarrow (19 + 3 + 18 + 5 + 1 + 13) \times 2$

$= 59 \times 2 = \boxed{118}$

133. (c) जिस प्रकार, O R G A N I Z A T I O N → O R G A N I N O I T A Z

तथा M A N A G E M E N T → M A N A G T N E M E

उसी प्रकार, R E S O U R C E → R E S O E C R U

134. (a) जिस प्रकार,

A N N U A L
+2 +2 +4 +4 +6 +6
C P R Y G R

तथा

A M O U N T
+2 +2 +4 +4 +6 +6
C O S Y T Z

उसी प्रकार,

A G E N D A
+2 +2 +4 +4 +6 +6
C I I R J G

135. (a) जिस प्रकार,

BOTTLE (2 15 20 20 12 5) $\Rightarrow (2 + 15 + 20 + 20 + 12 + 5) \times 2$

$= 74 \times 2 = 148$

और SIPPER (19 9 16 16 5 18)

$\Rightarrow (19 + 9 + 16 + 16 + 5 + 18) \times 2$

$= 83 \times 2 = 166$

उसी प्रकार, BUMPER (2 21 13 16 5 18)

$= (2 + 21 + 13 + 16 + 5 + 18) \times 2$

$= 75 \times 2 = 150$

136. (a) जिस प्रकार,

1 2 3 4 5 6 7 8 9
C O M M U N I T Y
⇓
9 7 8 5 6 4 1 2 3
Y I T U N M C O M

और

1 2 3 4 5 6 7 8 9
A U T H O R I T Y
⇓
9 7 8 5 6 4 1 2 3
Y I T O R H A U T

उसी प्रकार,

1 2 3 4 5 6 7 8 9
I S O L A T I O N
⇓
9 7 8 5 6 4 1 2 3
N I O A T L I S O

137. (b) जिस प्रकार,

H A I R C A P
I A H R P A C

तथा

L E A D M A N
A E L D N A M

उसी प्रकार,

F A C T F U L
C A F T L U F

138. (a) जिस प्रकार,

E N G I N E (1 2 3 4 5 6) —विपरीत क्रम→ E N I G N E (6 5 4 3 2 1)

और

T R A I N (1 2 3 4 5) —विपरीत क्रम→ N I A R T (5 4 3 2 1)

उसी प्रकार,

L E V E L (1 2 3 4 5) —विपरीत क्रम→ L E V E L (5 4 3 2 1)

139. (d) जिस प्रकार,

C A K E S
+3 −3 +3 −3 +3
F X N B V

और

A B U S E
+3 −3 +3 −3 +3
D Y X P H

उसी प्रकार,

B A R K S
+3 −3 +3 −3 +3
E X U H V

140. (d) जिस प्रकार,

A B A C K
+2
M E C D C

तथा

C A B A L
+2
N C D C E

उसी प्रकार,

E A G E R
+2
T G I C G

141. (d) जिस प्रकार,

L A B O U R
+1 +2 +3 +4 +5 +6
X Z S E C M

तथा

G A I N E D
+1 +2 +3 +4 +5 +6
J J R L C H

उसी प्रकार,

E A R N E D
+1 +2 +3 +4 +5 +6
J J R U C F

142. (d) जिस प्रकार,

T E A C H E R
A E T C R E H

और

S T U D E N T
U T S D T N E

उसी प्रकार,

C L A S S E S
A L C S S E S

143. (c) [पैटर्न स्वर वर्णों में − 1 और व्यंजन वर्णों में + 3] जिस प्रकार,

+3 +3 −1 −1 +3
F L O A T
W O N Z I

और

+3 +3 −1 +3 −1
T R I B E
D U H E W

उसी प्रकार,

+3 −1 +3 +3 −1 +3
G A R D E N
Q Z U G D J

144. (b) जिस प्रकार,

F U N D → F O V H
(+2, +1, +1, +2)

तथा

S E N D → F O F U
(+2, +1, +1, +2)

उसी प्रकार,

G I F T → V G J I
(+2, +1, +1, +2)

145. (a) जिस प्रकार,

K N I G H T
↕ (विपरीत अक्षर)
P M R T S G

तथा

F E L L O W
↕ (विपरीत अक्षर)
U V O O L D

उसी प्रकार,

D E C E N T
↕ (विपरीत अक्षर)
W V X V M G

146. (c) जिस प्रकार,

S H I R T S
+3 +3
L K V V W U

तथा

K U R T A S
+3 +3
U X N V D W

उसी प्रकार,

F A B R I C
+3 +3
E D I F L U

147. (c) जिस प्रकार,

A D A P T A T I O N
D A P A A T I T N O

तथा

S K A T E B O A R D
K S T A B E A O D R

उसी प्रकार,

L I G H T B O A R D
I L H G B T A O D R

148. (c) जिस प्रकार,

F E L L O W
+2 +2
N G H Y Q N

तथा

P U R P L E
+2 +2
T W R G N R

उसी प्रकार, S U P R I S E D
+2 +2
T R W U F G U K

149. (d) जिस प्रकार,
A N I M I S M
I N A M M S I
तथा E A G E R L Y
G A E E Y L R
उसी प्रकार, F U L F I L L
L U F F L L I

150. (d) जिस प्रकार,
TRIGON OMETRY
उल्टा क्रम सीधा क्रम
YRTEMO TRIGON
तथा ACCELE RATION
उल्टा क्रम सीधा क्रम
NOITAR ACCELE
उसी प्रकार,
APPREC IATION
उल्टा क्रम सीधा क्रम
NOITAI APPREC

151. (b) दी गई कूटभाषा में, शब्दों को उनके अक्षरों की संख्या के रूप में कूट किया गया है।
come home soon → 444
are you coming → 336
raining badly outside → 757
उसी प्रकार, kids are happy → 435

152. (a) जिस प्रकार,
C A P (विपरीत अक्षर) ; L O G (विपरीत अक्षर)
X Z K ; O L T
+2 −2 +2 ; +2 −2 +2
Z X M ; Q J V
26 24 13 ; 17 10 22
उसी प्रकार, B E D (विपरीत अक्षर)
Y V W
+2 −2 +2
A T Y
1 20 25

153. (a) जिस प्रकार,
F A N C Y
+2 +2 +2 +2 +2
H C P E A
A C P E H
तथा T R A C T O R
+2 +2 +2 +2 +2 +2 +2
V T C E V Q T
T T C E V Q V
उसी प्रकार, C A R R O T
+2 +2 +2 +2 +2 +2
E C T T Q V
V C T T Q E

154. (c) जिस प्रकार, F A C E S → A F C S E ; तथा J E A N S → E J A S N
उसी प्रकार, H A N G S
A H N S G

155. (d) जिस प्रकार, A R T I S T (+1, +1) → A S T I T T ; तथा A D V I C E (+1, +1) → A E V I D E
उसी प्रकार, A S P E C T
+1 +1
A T P E D T

156. (c) जिस प्रकार,
N U M E R O U S
+2 +2 +2 +2
W P G O Q T U W
तथा O P T I O N A L
+2 +2 +2 +2
R Q K V P Q N C
उसी प्रकार, N O T E B O O K
+2 +2 +2 +2
Q P G V Q D M Q

157. (a) यहाँ पर प्रत्येक शब्द को उसके वर्णों की संख्या से कूटबद्ध किया गया है।
health is weight ⇒ 6 2 6
exercise regularly ⇒ 8 9
bring good food ⇒ 5 4 4
अतः balanced, diet, is, key ⇒ 8 4 2 3

158. (b) जिस प्रकार,
P R E S I D E N T
R P E S D I N T E
तथा K N O W L E D G E
N K O W E L G E D
उसी प्रकार, E D U C A T I O N
D E U C T A O N I

159. (c) जिस प्रकार, तथा
+6 +5 +4 +3 +2 ; +6 +5 +4 +3 +2
G H O S T ; E A T E R
V V S M M ; T H X F K
उसी प्रकार, +6 +5 +4 +3 +2
H A N D S
U G R F N

160. (d) जिस प्रकार, C A B L E S
+2 +2 +2 +2
E C D U G N
तथा P H O N E S
+2 +2 +2 +2
R J Q U G P
उसी प्रकार, M O B I L E
+2 +2 +2 +2
O Q D G N K

161. (c) जिस प्रकार,
A B R O A D
+3 +4 +3 +4
D F O R D H
और A C C E S S
+3 +4 +3 +4
D G E C V W
उसी प्रकार, A G E N C Y
+3 +4 +3 +4
D K N E F C

162. (a) जिस प्रकार,
T E C H N O L O G Y
N H C E T O L O G Y
तथा G E N E R A T I O N
R E N E G A T I O N
उसी प्रकार, A P O C A L Y P S E
A C O P A L Y P S E

163. (c) प्रश्नानुसार,

birds are flying = 5 3 6

The nest is big = 3 4 2 3

close the door = 5 3 4

यहाँ शब्दों को उसके अक्षरों की संख्या के रूप में कूट किया गया है।

अत: complete your work = 8 4 4

164. (c) जिस प्रकार,

G L A N D → (+3) → G Q D O J ; तथा M E A N S → (+3) → V Q D H P

उसी प्रकार, C Y S T S → (+3) → V W V B F

165. (a) जिस प्रकार, N U L L I F Y → M F O L R U B (विपरीत अक्षर, विपरीत अक्षर)

तथा S K Y W A L K → H P B W Z O P (विपरीत अक्षर, विपरीत अक्षर)

उसी प्रकार, F L A G G E R → U O Z G T V I (विपरीत अक्षर, विपरीत अक्षर)

166. (b) जिस प्रकार,

2 5 12 12
B E L L → (−1) → K K D A
11 11 4 1

; तथा

8 5 1 18
H E A R → (−1) → Q Z D G
17 26 4 7

उसी प्रकार,

13 9 11 5
M I K E → (−1) → D J H L
4 10 8 12

167. (c) जिस प्रकार,

P L A N N E D → (+2 +2 +2 +0 +2 +2 +2) → R N C N P G F

तथा P R O M O T E → (+2 +2 +2 +0 +2 +2 +2) → R T Q M Q V G

उसी प्रकार,

I M P R O V E → (+2 +2 +2 +0 +2 +2 +2) → K O R R Q X G

168. (d) जिस प्रकार,

P L A Y G R O U N D → (−1 each) → O K Z X F Q N T M C

तथा S C I E N C E → (−1 each) → R B H D M B D

उसी प्रकार,

T Y P E W R I T E R → (−1 each) → S X O D V Q H S D Q

169. (c) जिस प्रकार, तथा

D A I S Y → (+2 +2 0 −2 −2) → F C I Q W ; R O S E S → (+2 +2 0 −2 −2) → T Q S C Q

उसी प्रकार, L O T U S → (+2 +2 0 −2 −2) → N Q T S Q

170. (b) दी गई कूटभाषा में शब्दों को उनके अक्षरों की संख्या में कूट किया गया है।

complete the drawing → 837

do not leave early → 2355

we need break → 245

तब, kindly stand straight = 6 5 8

171. (d) दी गई कूटभाषा में,

19 20 1 18
S T A R → विपरीत क्रमांक → 9 26 7 8

6 12 1 7
F L A G → विपरीत क्रमांक → 20 26 15 21

उसी प्रकार,
12 15 7 15
L O G O → विपरीत क्रमांक → 12 20 12 15

172. (b) जिस प्रकार,

O X Y G E N → (+2 each) → Q Z A I G P ; M I N D → (+2 each) → O K P F

उसी प्रकार, D O C T O R → (+2 each) → F Q E V Q T

173. (c) जिस प्रकार, तथा

I N B O X → M R Y C L (विपरीत अक्षर) ; E M A I L → N V Z O R (विपरीत अक्षर)

उसी प्रकार, D R A F T → I W Z G U (विपरीत अक्षर)

174. (b) जिस प्रकार,

C H I L D R E N → (+3 each) → F K L O G U H Q

तथा S C H O O L → (+3 each) → V F K R R O

उसी प्रकार,

C L A S S R O O M → (+3 each) → F O D V V U R R P

175. (a) जिस प्रकार,

S T E A M E R

19 + 20 + 5 + 1 + 13 + 5 + 18 = 81

तथा C R U I S E

3 + 18 + 21 + 9 + 19 + 5 = 75

उसी प्रकार,

S U B M A R I N E

19+21+2+13+1+18+9+14+5 = 102

176. (c) जिस प्रकार,

E D U C A T I O N → (+2 +2 +2 . . . +2 +2 +2) → G F W C A T K Q P

तथा P R O F E S S O R → (+2 +2 +2 . . . +2 +2 +2) → R T Q F E S U Q T

उसी प्रकार,

F A C U L T I E S → (+2 +2 +2 . . . +2 +2 +2) → H C E U L T K G U

177. (d) जिस प्रकार, E S C A P E (5 19 3 1 16 5)

⇒ 5 + 19 + 3 + 1 + 16 + 5 = 49

तथा P R I S O N (16 18 9 19 15 14)

⇒ 16 + 18 + 9 + 19 + 15 + 14 = 91

उसी प्रकार, F R E E D O M (6 18 5 5 4 15 13)

⇒ 6 + 18 + 5 + 5 + 4 + 15 + 13 = 66

178. (b) जिस प्रकार,

I N N E R → S N N W J (विपरीत अक्षर+1)

तथा G L A S S
↓ ↓ ↓ ↓ ↓
U P A I I (विपरीत अक्षर+1)

उसी प्रकार, M O D E L
↓ ↓ ↓ ↓ ↓
| O M X W P | (विपरीत अक्षर+1)

179. (c) जिस प्रकार,

L A P T O P
–2 –2 –2 –2 –2 –2
J Y N R M N

तथा

C O L D
–2 –2 –2 –2
A M J B

उसी प्रकार, S K E T C H P E N
–2 –2 –2 –2 –2 –2 –2 –2 –2
| Q I C R A F N C L |

180. (a) जिस प्रकार,

B R E A K
↓ ↓ ↓ ↓ ↓
2 18 2 1 11

;

C O L O U R
↓ ↓ ↓ ↓ ↓ ↓
3 4 12 4 5 18

उसी प्रकार, T R I N G
↓ ↓ ↓ ↓ ↓
| 20 18 3 14 7 |

नोट स्वरों (A, E, I, O, U) को क्रमश: 1 से 5 तक क्रमांक दिया गया है तथा व्यंजन को वर्णमाला क्रमांक दिया गया है।

181. (c) जिस प्रकार,

M O B I L E
+3 +3 +3 +3 +3 +3
P R E L O H

तथा S I L E N T
+3 +3 +3 +3 +3 +3
V L O H Q W

उसी प्रकार, P A I N T I N G
+3 +3 +3 +3 +3 +3 +3 +3
| S D L Q W L Q J |

182. (b) दी गई कूटभाषा में प्रत्येक शब्द को उनके अक्षरों की संख्या के रूप में कूट किया गया है।

feel at home ⟶ 4 2 4

check the laundry ⟶ 5 3 7

open the door ⟶ 4 3 4

उसी प्रकार, The kite is flying ⟶ | 3 4 2 6 |

183. (d) जिस प्रकार,

E A R L Y
+1 +2 +1 +2 +1
Z N S C F

तथा G A U G E
+1 +2 +1 +2 +1
F I V C H

उसी प्रकार, I N B O X
+1 +2 +1 +2 +1
| Y Q C P J |

184. (a) जिस प्रकार,

G H O S T
↕ ↕ ↕ ↕ ↕ ⟵ विपरीत अक्षर
T S L H G
–5 –5 –5 –5 –5
O N G C B

तथा A B I D E
↕ ↕ ↕ ↕ ↕ ⟵ विपरीत अक्षर
Z Y R W V
–5 –5 –5 –5 –5
U T M R Q

उसी प्रकार, R U L E S
↕ ↕ ↕ ↕ ↕ ⟵ विपरीत अक्षर
I F O V H
–5 –5 –5 –5 –5
| D A J Q C |

185. (c) जिस प्रकार,

D E N T I S T
–1 –1 –1 –1 –1 –1 –1
C D M S H R S

तथा T O O T H
–1 –1 –1 –1 –1
S N N S G

उसी प्रकार, H E A L I N G
–1 –1 –1 –1 –1 –1 –1
| G D Z K H M F |

186. (a) जिस प्रकार,

G O L F ⟶ (7+15+12+6)+4 = 44

वर्णमाला में स्थान

तथा B A L L ⟶ (2+1+12+12) +4 = 31

वर्णमाला में स्थान

उसी प्रकार,

P L A Y ⟶ (16+12+1+25)+4 = | 58 |

वर्णमाला में स्थान

187. (b) जिस प्रकार,

B Y E ⟶ (25+ 2+ 22)×5=245

विपरीत स्थितीय मान

और O L A ⟶ (12+15+26)×5=265

उसी प्रकार, C A R ⟶ (24+26+9)×5= | 295 |

188. (a) जिस प्रकार,

N U M E R I C A L

I C A L R N U M E

तथा S C A T T E R E D

E R E D T S C A T

उसी प्रकार, E X P L O S I O N

| S I O N O E X P L |

189. (b) जिस प्रकार,

A D V A N C E
V D A A E C N

;

B A B Y S I T
B A B Y T I S

उसी प्रकार, A F F A B L E
| F F A A E L B |

190. (b) जिस प्रकार,

C R U S T ⟶ 20 19 21 18 3

वर्णमाला क्रमांक

तथा B L A M E ⟶ 5 13 1 12 2

वर्णमाला क्रमांक

उसी प्रकार,

P L A S T I C ⟶ | 3 9 20 19 1 12 16 |

वर्णमाला क्रमांक

191. (b) जिस प्रकार,

P S Y C H I C
Y S P C C I H

;

तथा

C I T I Z E N
T I C I N E Z

उसी प्रकार,

M A H A T M A
| H A M A A M T |

192. (c) जिस प्रकार,

C Y T O S K E L E T O N
T Y C K S O E L E N O T

तथा M A L N U T R I T I O N
L A M T U N T I R N O I

उसी प्रकार, A L L I T E R A T I O N
| L L A E T I T A R N O I |

193. (d) जिस प्रकार,

B E H O L D —वर्णमाला क्रम→ B D E H L O

तथा

I N D E E D —वर्णमाला क्रम→ D D E E I N

उसी प्रकार,

C O U R S E —वर्णमाला क्रम→ C E O R S U

194. (c) जिस प्रकार,

M O N T H L Y (+5, −5, +5, −5, +5, −5, +5)

D G M O S J R

उसी प्रकार,

H E A D I N G (+5, −5, +5, −5, +5, −5, +5)

L I N Y F Z M

195. (c) जिस प्रकार, तथा उसी प्रकार

(15) (14) (5) (20) (23) (15) (19) (9) (24)

O N E ; T W O ; S I X

×1 ×2 ×3 ; ×1 ×2 ×3 ; ×1 ×2 ×3

15 - 28 - 15 ; 20 - 46 - 45 ; 19 - 18 - 72

196. (c) जिस प्रकार, और

R I T U ; A M A N

+5 +3 +5 +3 ; +5 +3 +5 +3

W L Y X ; F P F Q

उसी प्रकार,

M I R A

+5 +3 +5 +3

R L W D

197. (c) जिस प्रकार,

M I N T

(13+9+14+20) = 56

⇒ 56×4 (शब्द में वर्णों की संख्या)

= 224

तथा

F A N C Y

(6+1+14+3+25) = 49

⇒ 49×5 (शब्द में वर्णों की संख्या)

= 245

उसी प्रकार,

C O N T O U R

(3+15+14+20+15+21+18) = 106

⇒ 106×7 (शब्द में वर्णों की संख्या)

= 742

198. (d) जिस प्रकार, तथा

C O W (+3 +3 +3) ; D O G (+3 +3 +3)

Z R F ; J R G

उसी प्रकार,

R A T (+3 +3 +3)

W D U

199. (a) जिस प्रकार,

T R A V E L (+1 +1 ...)

S U W B M F

उसी प्रकार,

F R O Z E N (+1 +1 ...)

S G A P O F

200. (b) जिस प्रकार,

(15) (12) (26) (23) विपरीत वर्णमाला में क्रम

L O A D

+1 +1 +1 +1

(16) (13) (27) (24) ⇒ (27) (24) (16) (13)

(अवरोही क्रम)

और

(24) (15) (22) (26) (13) विपरीत वर्णमाला में क्रम

C L E A N

+1 +1 +1 +1 +1

(25) (16) (23) (27) (14) ⇒ (27) (25) (23) (16) (14)

(अवरोही क्रम)

उसी प्रकार,

(8) (7) (9) (18) (16) (22) विपरीत वर्णमाला में क्रम

S T R I K E

+1 +1 +1 +1 +1 +1

(9) (8) (10) (19) (17) (23)

⇒ (23) (19) (17) (10) (9) (8)

(अवरोही क्रम)

201. (a) जिस प्रकार,

L O W E R विपरीत वर्णमाला क्रम

15 + 12 + 4 + 22 + 9 = 62×3 = 186

↑ शब्द में व्यंजन अक्षर की संख्या

और

M U L I S H विपरीत वर्णमाला क्रम

14 + 6 + 15 + 18 + 8 + 19 = 80×4 = 320

↑ शब्द में व्यंजन अक्षर की संख्या

उसी प्रकार,

O P T I O N A L विपरीत वर्णमाला क्रम

12 + 11 + 7 + 18 + 12 + 13 + 26 + 15 = 114×4 = 456

↑ शब्द में व्यंजन अक्षर की संख्या

202. (a) जिस प्रकार,

(14) (18) (9)

I N E R T I A

विपरीत वर्ण, −7, विपरीत वर्ण, −7, विपरीत वर्ण, −7, विपरीत वर्ण

R G V K G B Z

(7) (11) (2)

उसी प्रकार,

(12) (23) (18)

F L O W E R

विपरीत वर्ण, −7, विपरीत वर्ण, −7, विपरीत वर्ण, −7

U E L P V K

(5) (16) (11)

203. (d) जिस प्रकार,

(16) (18) (9) (22) (1) (20) (5)

P R I V A T E

×2 ×2 ×2 ×2

(36) (9) (32) (44) (40) (5) (1)

और

(19) (8) (15) (18) (20) (5) (14)

S H O R T E N

×2 ×2 ×2 ×2 ×2

(16) (15) (38) (36) (5) (28) (40)

उसी प्रकार,

(18) (5) (6) (21) (19) (1) (12)

R E F U S A L

×2 ×2 ×2 ×2

(5) (12) (36) (21) (1) (24) (38)

यहाँ पर स्वरों को उनके वर्णमाला क्रमांक द्वारा तथा व्यंजनों को उनके वर्णमाला क्रमांक में 2 से गुणा करके दर्शाया गया है।

204. (a) जिस प्रकार,

I N H A L E (+4 −4)

R E E D I H

उसी प्रकार,

M I G H T Y (+4 −4)

M I L C C P

205. (b) जिस प्रकार,

1 5 6 12 18 19 21

A E F L R S U

×2 ×2 ×2 1+2 1+8 1+9 2+1

2 10 12 3 9 10 3

तथा

5 15 16 18 20 25

E O P R T Y

×2 1+5 1+6 1+8 2+0 2+5

10 6 7 9 2 7

[नोट जिस अक्षर का वर्णमाला क्रम में मान एक अंक में है उसके मान में 2 से गुणा तथा जिसका मान दो अंक में है उसके अंकों का योग से कोड किया गया है।]

उसी प्रकार,

6 9 15 16 18 20

F I O P R T

×2 ×2 1+5 1+6 1+8 2+0

12 18 6 7 9 2

206. (b) जिस प्रकार,

V I R T U E

+8 −7 +8 +8 −7 −7

D B Z B N X

उसी प्रकार, O M I N O U S

−7 +8 −7 +8 −7 −7 +8

H U B V H N A

यहाँ व्यंजनों में +8 तथा स्वरों में − 7 हो रहा है।

207. (a) दी गई कूटभाषा में,

Y O U T O O K M Y P L A C E I N

C O U P O O N L C Q V A K E I J

इसलिए, C O M P I L E

K O L Q I V E

208. (b) दी गई कूटभाषा में

F(6) O(15) R(18) E(5) N(14) S(19) I(9) C(3)

6 12 18 22 14 19 18 3 (O, E, I विपरीत)

तथा D(4) O(15) R(18) M(13)

4 12 18 13 (O विपरीत)

उसी प्रकार, C(3) A(1) R(18) A(1) M(13) E(5) L(12)

3 26 18 26 13 22 12 (A, A, E विपरीत)

नोट यहाँ पर व्यंजनों में उनका क्रमांकिक मान तथा स्वरों में उनका विपरीत क्रमांकिक मान लिखा गया है।

209. (c) जिस प्रकार,

M(13) A(1) N(14) G(7) O(15)

×1 ×2 ×3 ×4 ×5

13 2 42 28 75

तथा G(7) R(18) A(1) P(16) E(5)

×1 ×2 ×3 ×4 ×5

7 36 3 64 25

उसी प्रकार, A(1) P(16) P(16) L(12) E(5)

×1 ×2 ×3 ×4 ×5

1 32 48 48 25

210. (c) जिस प्रकार,

P L I → J M Q (+1); G H T → U I H (+1)

उसी प्रकार, C A N → O B D (+1); D L E → F M E (+1)

O B D F M E

211. (d) जिस प्रकार,

R(18) E(5) A(1) S(19) O(15) N(14)

×2 विपरीत विपरीत ×2 विपरीत ×2

36 22 26 38 12 28

तथा H(8) E(5) A(1) L(12) T(20) H(8) Y(25)

×2 विपरीत विपरीत ×2 ×2 ×2 ×2

16 22 26 24 40 16 50

उसी प्रकार, D(4) I(9) V(22) U(21) L(12) G(7) E(5)

×2 विपरीत ×2 विपरीत ×2 ×2 विपरीत

8 18 44 6 24 14 22

यहाँ पर व्यंजनों को उनके क्रमांकिक मान का दोगुना कर तथा स्वरों को उनके विपरीत क्रमांकिक मान द्वारा लिखा गया है।

212. (b) जिस प्रकार,

S(19) A(1) F(6) E(5) T(20) Y(25)

19 + 26 + 6 + 22 + 20 + 2 = 95 (A, E, Y विपरीत)

तथा E(5) X(24) P(16) A(1) N(14) D(4)

5 + 3 + 16 + 26 + 14 + 23 = 87 (X, A, D विपरीत)

उसी प्रकार, G(7) A(1) T(20) H(8) E(5) R(18)

7 + 26 + 20 + 19 + 5 + 9 = 86 (A, H, R विपरीत)

213. (d) जिस प्रकार,

A → C (+2); N → L (−2), P (+2)

तथा D → F (+2); N → P (+2); O → M (−2), Q (+2); R → T (+2)

उसी प्रकार, B → D (+2); U → S (−2), W (+2); T → V (+2)

D S W V

214. (a) जिस प्रकार,

F(6) R(18) E(5) N(14) C(3) H(8) (विपरीत क्रमांक) अक्षरों की संख्या

21 + 9 + 22 + 13 + 24 + 19 + 6 = 114

तथा L(12) O(15) S(19) S(19) (विपरीत क्रमांक) अक्षरों की संख्या

15 + 12 + 8 + 8 + 4 = 47

उसी प्रकार, C(3) O(15) U(21) R(18) S(19) E(5) (विपरीत क्रमांक) अक्षरों की संख्या

24 + 12 + 6 + 9 + 8 + 22 + 6 = 87

215. (c) जिस प्रकार,

P R I N T

+5 विपरीत अक्षर +5 विपरीत अक्षर +5

U I N M Y

Y M N I U

उसी प्रकार, M A G I C

+5 विपरीत अक्षर +5 विपरीत अक्षर +5

R Z L R H

H R L Z R

216. (a) जिस प्रकार,

C O U N T R Y → B O W K X L F

(+3, −3, +3, −3, +3, −3, +3)

उसी प्रकार,

D E S P A I R → U F D M V B G

(+3, −3, +3, −3, +3, −3, +3)

217. (c) जिस प्रकार,

P E R M I T

+6 विपरीत −6 विपरीत +6 विपरीत

V V L N O G

उसी प्रकार, I N E R T I A

+6 विपरीत −6 विपरीत +6 विपरीत −6

O M Y I Z R U

218. (a) जिस प्रकार,

A(1) R(18) O(15) U(21) N(14) D(4)

26 (विपरीत क्रमांक), 12 (विपरीत क्रमांक), 6 (विपरीत क्रमांक)

×2 ×2 ×2

52 18 24 12 14 4

तथा F(6) I(9) X(24)

I → 18 (विपरीत क्रमांक) ×2

6 36 24

उसी प्रकार, P(16) L(12) A(1) S(19) T(20) I(9) C(3)

A → 26 (विपरीत क्रमांक) ×2; I → 18 (विपरीत क्रमांक) ×2

16 12 52 19 20 36 3

यहाँ व्यंजन अक्षरों को उनके वर्णमाला क्रमांक में तथा स्वर अंक्षरों को विपरीत क्रमांक के दोगुने द्वारा कूटबद्ध किया गया है।

219. (d) जिस प्रकार,

P A I N T S (+2)

C R P K U V

उसी प्रकार,

P U R I T Y (+2)

W R K T A V

220. (d) जिस प्रकार,

C R E A T I O N

R C A E I T N O

उसी प्रकार,

S E Q U E N C E

E S U Q N E E C

221. (c) जिस प्रकार,

C I R C U L A R

24 3 9 24 1 15 5 9

यहाँ व्यंजन अक्षर को वर्णमाला के विपरीत क्रम में और स्वर अक्षरों को स्वर अक्षर के विपरीत क्रम में लिखा गया है।

उसी प्रकार,

V E R T I C A L

5 4 9 7 3 24 5 15

222. (c) जिस प्रकार,

N E C (+1) → D F O

T A R (+1) → S B U

उसी प्रकार,

C A R (+1) → S B D

P E T (+1) → U F Q

223. (d) जिस प्रकार,

2 12 9 14 11

B L I N K

25 + 15 + 9 + 13 + 16 = 78

तथा

16 21 18 19 5

P U R S E

11 + 21 + 9 + 8 + 5 = 54

उसी प्रकार,

6 9 18 19 20

F I R S T

21 + 9 + 9 + 8 + 7 = 54

नोट यहाँ, स्वर (vowels) वर्ण को उनके क्रमानुसार तथा व्यंजन (consonants) वर्ण को उनके विपरीत क्रमानुसार दर्शाया गया है।

224. (d) जिस प्रकार,

V E R B A L

Q N M Y X K

तथा

R E A C H

M N X Z F

उसी प्रकार,

B R A V E

Y M X Q N

225. (d) जिस प्रकार,

16 1 7 5

P A G E

16 1 49 (7^2) 5

उसी प्रकार,

16 1 18 20

P A R T

16 1 324 (18^2) 20

226. (d) जिस प्रकार,

D K Q X

W P J C (विपरीत वर्ण)

उसी प्रकार,

A F K P

Z U P K (विपरीत वर्ण)

227. (b) जिस प्रकार,

1 21 19 20 5 18 5

A U S T E R E

1 | 2+1 | 1+9 | 2+0 | 5 | 1+8 | 5

1 3 10 2 5 9 5

उसी प्रकार,

19 5 20 20 9 14 7

S E T T I N G

1+9 | 5 | 2+0 | 2+0 | 9 | 1+4 | 7

10 5 2 2 9 5 7

228. (a) जिस प्रकार,

S A N C T I O N

+5 +5 +5 +5 −5 −5 −5 −5

X F S H O D J I

उसी प्रकार,

P R O F O U N D

+5 +5 +5 +5 −5 −5 −5 −5

U W T K J P I Y

229. (d) जिस प्रकार,

3 1 21 7 8 20

C A U G H T

3 26 21 20 8 7

विपरीत अक्षर क्रमांक

उसी प्रकार,

19 15 12 4 5 18

S O L D E R

19 12 12 23 5 9

विपरीत अक्षर क्रमांक

230. (c) प्रश्नानुसार,

U ⇒ C, K ⇒ H, L ⇒ U, N ⇒ E

S ⇒ L, E ⇒ K, C ⇒ N

K N U C K L E S

H E C N H U K L

231. (b) जिस प्रकार,

5 1 18 20 8

E A R T H

8 20 18 1 5

उसी प्रकार,

15 18 2 9 20

O R B I T

20 9 2 18 15

232. (b) जिस प्रकार,

K I R A T

11 9 18 1 20

×5−5

50 40 85 0 95

तथा

W A S I M

23 1 19 9 13

×5−5

110 0 90 40 60

उसी प्रकार,

M R I N A L

13 18 9 14 1 12

×5−5

60 85 40 65 0 55

233. (b) प्रश्नानुसार,

bring the (bags) ⇒ nd (sm) pf

(bags) of gold ⇒ rg tx (sm)

अत: bags ⇒ sm

234. (b) जिस प्रकार,

S E R I E S

H V I R V H (विपरीत अक्षर)

8 + 22 + 9 + 18 + 22 + 8 = 87

तथा

D I S M A Y

W R H N Z B (विपरीत अक्षर)

23 + 18 + 8 + 14 + 26 + 2 = 91

उसी प्रकार,

S P R I N T

H K I R M G (विपरीत अक्षर)

8 + 11 + 9 + 18 + 13 + 7 = 66

235. (c) जिस प्रकार,

T R E E → (+3, +1, +3, +1) → W S H F

तथा

B A L L → (+3, +1, +3, +1) → E B O M

उसी प्रकार,

W A L L → (+3, +1, +3, +1) → Z B O M

236. (c) जिस प्रकार,

F R O M → (+2, +1, −1, −2) → H S N K

तथा

W A K E → (+2, +1, −1, −2) → Y B J C

उसी प्रकार,

J U M P → (+2, +1, −1, −2) → L V L N

237. (c) जिस प्रकार,

C O O L (वर्णमाला क्रम)

3 + 15 + 15 + 12 = 45

⟶ 45×4 = 180 (4 = शब्द में अक्षरों की संख्या)

तथा

M A N (वर्णमाला क्रम)

13 + 1 + 14 = 28

⟶ 28×3 = 84 (3 = शब्द में अक्षरों की संख्या)

उसी प्रकार, Q U I E T (वर्णमाला क्रम)

17 + 21 + 9 + 5 + 20 = 72

⟶ 72×5 = 360 (5 = शब्द में अक्षरों की संख्या)

238. (c) जिस प्रकार,

BEDROOM ⇒ अक्षरों की संख्या × 4 = 7 × 4 = 28

तथा MOON ⇒ 4 × 4 = 16

उसी प्रकार, CHAIN ⇒ 5 × 4 = 20

239. (d) जिस प्रकार,

B E S T → (+5, +6, +5, +6) → G K X Z

तथा

E D G E → (+5, +6, +5, +6) → J J L K

उसी प्रकार,

W I N D → (+5, +6, +5, +6) → B O S J

240. (b) जिस प्रकार,

S(19) I(9) N(14) G(7) → (+3, +3, +3, +3) → 22 12 17 10

तथा

F(6) O(15) U(21) R(18) → (+3, +3, +3, +3) → 9 18 24 21

उसी प्रकार,

B(2) E(5) A(1) N(14) → (+3, +3, +3, +3) → 5 8 4 17

241. (a) जिस प्रकार,

B E L T

2 + 5 + 12 + 20 = 39 ⇒ 39×2 = 78

तथा C A S H

3 + 1 + 19 + 8 = 31 ⇒ 31×2 = 62

उसी प्रकार, D I S C

4 + 9 + 19 + 3 = 35 ⇒ 35×2 = 70

242. (a) जिस प्रकार,

D I L I P → W R O R K (विपरीत अक्षर)

23 18 15 18 11 → (×2) → 46 36 30 36 22

तथा

P R I N C E → K I R M X V (विपरीत अक्षर)

11 9 18 13 24 22 → (×2) → 22 18 36 26 48 44

उसी प्रकार,

F I R O Z → U R I L A (विपरीत अक्षर)

21 18 9 12 1 → (×2) → 42 36 18 24 2

243. (c) जिस प्रकार,

R O C K → (−2, −4, −2, −4) → P K A G

तथा

C L U B → (−2, −4, −2, −4) → A H S X

उसी प्रकार,

S H O P → (−2, −4, −2, −4) → Q D M L

244. (c) जिस प्रकार, C O O L

3 + 15 + 15 + 12 = 45

तथा T R E E

20 + 18 + 5 + 5 = 48

उसी प्रकार, W E L L

23 + 5 + 12 + 12 = 52

245. (c) जिस प्रकार,

A P P L E

1 + 16 + 16 + 12 + 5 = 50

⇒ 50×5 = 250

तथा B E R R Y

2 + 5 + 18 + 18 + 25 = 68

⇒ 68×5 = 340

उसी प्रकार,

L I T C H I

12 + 9 + 20 + 3 + 8 + 9 = 61

⇒ 61×5 = 305

246. (b) जिस प्रकार,

G O O D → (+1, −2, +1, −2) → H M P B

तथा

H A L L → (+1, −2, +1, −2) → I Y M J

उसी प्रकार,

T O O L → (+1, −2, +1, −2) → U M P J

247. (d) जिस प्रकार,

FEED ⇒ 4 (अक्षरों की संख्या) × 6 = 4 × 6 = 24

तथा ACCOUNT ⇒ 7 (अक्षरों की संख्या) × 6 = 7 × 6 = 42

उसी प्रकार, PIZZA ⇒ 5 (अक्षरों की संख्या) × 6 = 5 × 6 = 30

248. (a) प्रश्नानुसार, दी गई कूटभाषा में

(god) is great → tg so (rf)

we love (god) → al (rl) xd

अतः god = rf

249. (a) जिस प्रकार,

H O P E → (E +1, P +2, O +3, H +4) → F R R L

तथा

T A I L → (L +1, I +2, A +3, T +4) → M K D X

उसी प्रकार,

S T O R Y → (Y +1, R +2, O +3, T +4, S +5) → Z T R X X

250. (d) जिस प्रकार,

A C I D → (−3, +1, −3, +1) → X D F E

तथा

H A N D → (−3, +1, −3, +1) → E B K E

उसी प्रकार,

Z E S T → (−3, +1, −3, +1) → W F P U

251. (a) जिस प्रकार,

HEN ⇒ 3 (अक्षरों की संख्या) = 3^2 = 9

तथा AFTER ⇒ 5 (अक्षरों की संख्या) = 5^2 = 25

उसी प्रकार, SMALLEST ⇒ 8 (अक्षरों की संख्या) = 8^2 = 64

252. (d) जिस प्रकार,

P A N D A
↓ ↓ ↓ ↓ ↓
K Z M W Z (विपरीत अक्षर)
11 26 13 23 26
×3 ×3 ×3 ×3 ×3
33 78 39 69 78

तथा S N A K E
↓ ↓ ↓ ↓ ↓
H M Z P V (विपरीत अक्षर)
8 13 26 16 22
×3 ×3 ×3 ×3 ×3
24 39 78 48 66

उसी प्रकार, Z E B R A
↓ ↓ ↓ ↓ ↓
A V Y I Z (विपरीत अक्षर)
1 22 25 9 26
×3 ×3 ×3 ×3 ×3
[3 66 75 27 78]

253. (a) जिस प्रकार,

H E M A N T
8 5 13 1 14 20
×3 ×3 ×3 ×3 ×3 ×3
24 15 39 3 42 60

तथा V I N A Y
22 9 14 1 25
×3 ×3 ×3 ×3 ×3
66 27 42 3 75

उसी प्रकार, M O H A N
13 15 8 1 14
×3 ×3 ×3 ×3 ×3
[39 45 24 3 42]

254. (d) जिस प्रकार,

M A R C H
−1 +1 −1 +1 −1
L B Q D G

तथा T A X A S
−1 +1 −1 +1 −1
S B W B R

उसी प्रकार, P I E C E
−1 +1 −1 +1 −1
[O J D D D]

255. (c) जिस प्रकार, तथा

B E A M
−1 +1 −1 +1
A F Z N

B I L L
−1 +1 −1 +1
A J K M

उसी प्रकार,

W E L L
−1 +1 −1 +1
[V F K M]

256. (c) जिस प्रकार,

P E N
↓ ↓ ↓
16 + 5 + 14 = 35 ⇒ 35×2=70

तथा N E S T
↓ ↓ ↓ ↓
14 + 5 + 19 + 20 = 58 ⇒ 58×2=116

उसी प्रकार,

P E O N
↓ ↓ ↓ ↓
16 + 5 + 15 + 14 = 50 ⇒ 50×2= [100]

257. (b) जिस प्रकार,

C I T Y
↓ ↓ ↓ ↓
X R G B (विपरीत अक्षर)
↓ ↓ ↓ ↓
24 18 7 2

तथा D R U G
↓ ↓ ↓ ↓
W I F T (विपरीत अक्षर)
↓ ↓ ↓ ↓
23 9 6 20

उसी प्रकार, G O L F
↓ ↓ ↓ ↓
T L O U (विपरीत अक्षर)
↓ ↓ ↓ ↓
[20 12 15 21]

258. (b) जिस प्रकार,

F L Y
↓ ↓ ↓
U O B (विपरीत अक्षर)
↓ ↓ ↓
21 + 15 + 2 =38

तथा N U T
↓ ↓ ↓
M F G (विपरीत अक्षर)
↓ ↓ ↓
13 + 6 + 7 =26

उसी प्रकार, G O D
↓ ↓ ↓
T L W (विपरीत अक्षर)
↓ ↓ ↓
20 + 12 + 23=55

259. (a) प्रश्नानुसार,

Stay for (dinner) ⟶ px (rn) tf

(dinner) is ready ⟶ sq mv (rn)

अतः dinner ⇒ rn

260. (d) जिस प्रकार, G A M E
+4 +2 +4 +2
K C Q G

तथा F A R M
+4 +2 +4 +2
J C V O

उसी प्रकार, T O W N
+4 +2 +4 +2
[X Q A P]

261. (d) जिस प्रकार,

FOX = $(3)^2 + 5 = 9 + 5 = 14$
↓
अक्षरों की संख्या

तथा GOAT = $(4)^2 + 5 = 16 + 5 = 21$
↓
अक्षरों की संख्या

उसी प्रकार, TOMMY $(5)^2 + 5 = 25 + 5 =$ [30]
↓
अक्षरों की संख्या

262. (d) जिस प्रकार,

13 1 16
M A P
↓ ↓ ↓ विपरीत अक्षरों के क्रमांक
14 + 26 + 11 =51

तथा 51 × 2 = 102

18 15 20
R O T
↓ ↓ ↓ विपरीत अक्षरों के क्रमांक
9 + 12 + 7 =28

तथा 28 × 2 = 56

उसी प्रकार, 19 5 3
S E C
↓ ↓ ↓ विपरीत अक्षरों के क्रमांक
8 + 22 + 24 =54

तथा 54 × 2 = [108]

263. (c) जिस प्रकार, P I G
↓ ↓ ↓
16 + 9 + 7 =32

तथा 32 − 3 (अक्षरों की संख्या) = 29

तथा C O W
↓ ↓ ↓
3 + 15 + 23 =41

तथा 41 − 3 (अक्षरों की संख्या) = 38

उसी प्रकार, CAMEL में अक्षरों की संख्या = 5

C A M E L
↓ ↓ ↓ ↓ ↓
[3 + 1 + 13 +5 + 12 =34]

तथा 34 − 5 (अक्षरों की संख्या) = 29

अतः CAMEL का कूट = [29]

264. (d) जिस प्रकार, 16 15 5 20
P O E T
−2 −2 −2 −2
14 13 3 18

तथा 19 15 15 14
S O O N
−2 −2 −2 −2
17 13 13 12

उसी प्रकार,

23 18 9 20 5
W R I T E
↓−2 ↓−2 ↓−2 ↓−2 ↓−2
21 16 7 18 3 (boxed)

265. (c) जिस प्रकार,

R O A D
↓−1 ↓−4 ↓−1 ↓−4
Q K Z Z

तथा

B A N D
↓−1 ↓−4 ↓−1 ↓−4
A W M Z

उसी प्रकार,

T A S K
↓−1 ↓−4 ↓−1 ↓−4
S W R G (boxed)

266. (b) जिस प्रकार,

8 5 12 12 15
H E L L O
विपरीत अक्षरों के क्रमांक
19 + 22 + 15 + 15 + 12 = 83

तथा

19 8 5 12 12
S H E L L
विपरीत अक्षरों के क्रमांक
8 + 19 + 22 + 15 + 15 = 79

उसी प्रकार,

13 1 20 3 8
M A T C H
विपरीत अक्षरों के क्रमांक
14 + 26 + 7 + 24 + 19 = 90 (boxed)

267. (d) जिस प्रकार,

FAVORITE —विपरीत क्रम→ ETIROVAF

तथा MINIMIZE —विपरीत क्रम→ EZIMINIM

उसी प्रकार,

RESEMBLE —विपरीत क्रम→ ELBMESER (boxed)

268. (a) जिस प्रकार,

C O O L
↓+2 ↓−2 ↓+2 ↓−2
E M Q J

तथा

C A R D
↓+2 ↓−2 ↓+2 ↓−2
E Y T B

उसी प्रकार,

S T A R
↓+2 ↓−2 ↓+2 ↓−2
U R C P (boxed)

269. (d) प्रश्नानुसार,

join the class ⟶ yq pt dm

the music class ⟶ rj yq dm

स्पष्टत: music का कूट rj है।

270. (d) जिस प्रकार,

23 8 9 12 5
W H I L E
↓−2 ↓−2 ↓−2 ↓−2 ↓−2
21 6 7 10 3

तथा

4 5 16 20 8
D E P T H
↓−2 ↓−2 ↓−2 ↓−2 ↓−2
2 3 14 18 6

उसी प्रकार,

18 15 21 14 4
R O U N D
↓−2 ↓−2 ↓−2 ↓−2 ↓−2
16 13 19 12 2 (boxed)

271. (d) जिस प्रकार,

D I C E
↓+1 ↓+2 ↓+3 ↓+4
E K F I

तथा

P L A N
↓+1 ↓+2 ↓+3 ↓+4
Q N D R

उसी प्रकार,

L U D O
↓+1 ↓+2 ↓+3 ↓+4
M W G S (boxed)

272. (a) जिस प्रकार,

C U T E
↓+3 ↓−4 ↓+3 ↓−4
F Q W A

तथा

B L U E
↓+3 ↓−4 ↓+3 ↓−4
E H X A

उसी प्रकार,

V O T E
↓+3 ↓−4 ↓+3 ↓−4
Y K W A (boxed)

273. (c) जिस प्रकार,

4 9 14 5 19 8
D I N E S H
↓×3 ↓×3 ↓×3 ↓×3 ↓×3 ↓×3
12 – 27 – 42 – 15 – 57 – 24

तथा

22 9 18 1 20
V I R A T
↓×3 ↓×3 ↓×3 ↓×3 ↓×3
66 – 27 – 54 – 3 – 60

उसी प्रकार,

7 1 21 20 1 13
G A U T A M
↓×3 ↓×3 ↓×3 ↓×3 ↓×3 ↓×3
21 – 3 – 63 – 60 – 3 – 39 (boxed)

274. (d) जिस प्रकार,

F I N D
↓−4 ↓−3 ↓−2 ↓−1
B F L C ⇒ CLFB

तथा

H O W
↓−3 ↓−2 ↓−1
E M V ⇒ VME

उसी प्रकार,

W I L L
↓−4 ↓−3 ↓−2 ↓−1
S F J K ⇒ KJFS (boxed)

275. (c) जिस प्रकार,

R A C E
↓+4 ↓−4 ↓+4 ↓−4
V W G A

तथा

B A N K
↓+4 ↓−4 ↓+4 ↓−4
F W R G

उसी प्रकार,

S T E M
↓+4 ↓−4 ↓+4 ↓−4
W P I I (boxed)

276. (c) जिस प्रकार,

L A N D
↓−3 ↓−4 ↓−3 ↓−4
I W K Z

तथा

G O L D
↓−3 ↓−4 ↓−3 ↓−4
D K I Z

उसी प्रकार,

T E A M
↓−3 ↓−4 ↓−3 ↓−4
Q A X I (boxed)

277. (d) जिस प्रकार, तथा

B L O C K (+3) → L B C O N ; C A B I N (+3) → A C I B Q

उसी प्रकार,

S U I T E (+3) → U S T I H (boxed)

278. (a) जिस प्रकार, SPAM में अक्षरों की संख्या = 4 ⇒ 4 × 9 = 36

तथा JUG में अक्षरों की संख्या = 3 ⇒ 3 × 9 = 27

उसी प्रकार, FROCK में अक्षरों की संख्या = 5 ⇒

5 × 9 = 45 (boxed)

279. (a) प्रश्नानुसार,

Live long = mu ae

Road is long = ae si du

Game is live = si mu zt

अत: Game को कूटभाषा में zt लिखा गया है।

280. (a) जिस प्रकार,

M O B I L E
↓+1 ↓+2 ↓+3 ↓+4 ↓+5 ↓+6
N Q E M Q K

तथा

B I S H O P
↓+1 ↓+2 ↓+3 ↓+4 ↓+5 ↓+6
C K V L T V

उसी प्रकार,

C H A R G E

+1 +2 +3 +4 +5 +6

D J D V L K

281. (d) जिस प्रकार, PIN में अक्षरों की संख्या = 3 $\Rightarrow (3)^2 = 9$

तथा CHARGER में अक्षरों की संख्या = 7

$\Rightarrow (7)^2 = 49$

उसी प्रकार, CABLE अक्षरों की संख्या = 5

$\Rightarrow (5)^2 = \boxed{25}$

282. (c) जिस प्रकार, E A R S = 4 2 6 8

तथा N I C E = 9 7 2 3

दोनों शब्दों में अक्षर E तथा संख्या 2 समान है, तो E की कूटभाषा 2 है।

283. (b) जिस प्रकार, 1 12 9 22 5

A L I V E

$\Rightarrow (1+12+9+22+5)+(5\times 3) = 49+15 = 64$

↓ अक्षरों की संख्या

तथा 8 1 12 12

H A L L

$\Rightarrow (8+1+12+12)+(4\times 3) = 33+12 = 45$

↓ अक्षरों की संख्या

उसी प्रकार, 13 15 22 9 5

M O V I E

$\Rightarrow (13+15+22+9+5)+(5\times 3) = 64+15 = \boxed{79}$

↓ अक्षरों की संख्या

284. (d) जिस प्रकार,

A C T O R (+5)

R O Y C A

तथा

N U R S E (+5)

E S W U N

उसी प्रकार,

J U D G E (+5)

E G I U J

285. (b) जिस प्रकार,

19 21 7 1 18

S U G A R

$\Rightarrow (19+21+7+1+18)+(5\times 3) = 66+15 = 81$

↓ अक्षरों की संख्या

तथा 6 9 12 12

F I L L

$\Rightarrow (6+9+12+12)+(4\times 3) = 39+12 = 51$

↓ अक्षरों की संख्या

उसी प्रकार, 3 18 5 1 13

C R E A M

$(3+18+5+1+13)+(5\times 3) = 40+15 = 55$

↓ अक्षरों की संख्या

286. (a) जिस प्रकार,

P A I N T

विपरीत अक्षर K Z R M G

+4 +4 +7 +7 +7

O D Y T N

तथा

B R U S H

विपरीत अक्षर Y I F H S

+4 +4 +7 +7 +7

C M M O Z

उसी प्रकार,

H O U S E

विपरीत अक्षर S L F H V

+4 +4 +7 +7 +7

W P M O C

287. (a) जिस प्रकार,

F R I E N D

I I F D M E

विपरीत विपरीत

तथा

D E M A N D

M V D D M A

विपरीत विपरीत

उसी प्रकार,

G R O U N D

O I G D M U

विपरीत विपरीत

288. (d) प्रश्नानुसार,

GA M E = 8 426

तथा M UST = 7 8 53

उपर्युक्त से स्पष्ट है कि 'M' के लिए कूट '8' है।

289. (c) जिस प्रकार,

C O U R T

−3

O C R T R

तथा

J U D G E

−3

U J A E G

उसी प्रकार,

O R D E R

−3

R O A R E

290. (a) प्रश्नानुसार,

sign up for sports = kri rit vin gab

the sign post fell = pri dan rit nei

the post is closed = dan sha fal pri

∴ fell का कूट = nei

291. (b) जिस प्रकार,

D R A F T ; L I M I T

+3 +3 +3 +3 +3 ; +3 +3 +3 +3 +3

G U D I W ; O L P L W

उसी प्रकार,

M A J O R

+3 +3 +3 +3 +3

P D M R U

292. (d) जिस प्रकार, तथा

G O A → 7 15 1

D O G → 4 15 7

उसी प्रकार,

M A N → 13 1 14

293. (d) जिस प्रकार,

F I X E D (विपरीत क्रमांक)

21 + 18 + 3 + 22 + 23 = 87

$\Rightarrow 87-1 = 86$

तथा C O M P A N Y (विपरीत क्रमांक)

24+12+14+11+26+13+2 = 102

$\Rightarrow 102-1 = 101$

उसी प्रकार,

I N T E R I M (विपरीत क्रमांक)

18+13+7+22+9+18+14 = 101

$\Rightarrow 101-1 = \boxed{100}$

294. (c) जिस प्रकार,

T R A I L E R

−2 −2 −2 −2 −2 −2 −2

R P Y G J C P

उसी प्रकार,

P E A C O C K

−2 −2 −2 −2 −2 −2 −2

N C Y A M A I

295. (c) जिस प्रकार,

CARPENTER —वर्णमाला क्रम→ ACEENPRRT

उसी प्रकार,

BLACKSMITH —वर्णमाला क्रम→ ABCHIKLMST

296. (a) जिस प्रकार,

C H I C A N E R Y

D N O D T H V K S

उसी प्रकार,

C R A N E

D K T H V

297. (c) जिस प्रकार,

Read this book → 6 8 9 ...(i)

This book is useful → 9 6 7 5 ...(ii)

useful book is good → 5 4 7 9 ...(iii)

उपरोक्त समीकरणों से,

This bock is good ⇒ 4 9 6 5

298. (b) जिस प्रकार,

OXBRIDGE —वर्णमाला क्रम→ BDEGIORX

उसी प्रकार,

MOUTHFUL —वर्णमाला क्रम→ FHLMOTUU

299. (b) प्रश्नानुसार,

Watches are beautiful → 8 5 6 ...(i)

Beautiful things are expensive → 3 8 4 5 ...(ii)

Expensive things are preferred → 3 8 7 4 ...(iii)

उपरोक्त समीकरणों से,

watches are preferred → 8 7 6

300. (d) जिस प्रकार,

2	12	15	3	11
B	L	O	C	K
+1	+1	+1	+1	+1
3	13	16	4	12

उसी प्रकार,

19	21	16	18	5	13	5
S	U	P	R	E	M	E
+1	+1	+1	+1	+1	+1	+1
20	22	17	19	6	14	6

301. (a) जिस प्रकार,

fast and furious — co mo jo

do it fast — cha mo ga

she did it — ga la nop

उपरोक्त से, do → cha

302. (d) जिस प्रकार,

O B E S | I T Y → (विपरीत) → E B O H | Y T I

उसी प्रकार,

F I X T | U R E → (विपरीत) → X I F G | E R U

303. (a) प्रश्नानुसार,

I like chocolates → 9 5 8

we bought chocolates → 1 5 3

we like them → 8 1 6

उपरोक्त से,

∴ I bough them ⇒ 9 3 6

304. (d) जिस प्रकार,

2 6 5 → P N H

1 8 7 → O X B

2 4 8 → N U B

उपरोक्त से, 4 ⇒ U

305. (c) जिस प्रकार,

P	L	A	C	A	R	D
+4	+4	+4	−4	+4	+4	+4
T	P	E	Y	E	V	H

उसी प्रकार,

M	O	N	S	T	E	R
+4	+4	+4	−4	+4	+4	+4
Q	S	R	O	X	I	V

306. (c) जिस प्रकार,

T O R C H → U N P S D I ; तथा B E S T → C D F T U

नोट स्वर अक्षर को दो अक्षर से कोड किया गया है एक −1 और दूसरा +1 से

उसी प्रकार,

M A R K S → N Z B S L T

307. (b) जिस प्रकार,

$\overset{4\ 5\ 14\ 20}{\text{DENT}} \Rightarrow (4+5+14+20)+8 = 43+8 = 51$

तथा $\overset{12\ 15\ 1\ 4}{\text{LOAD}} \Rightarrow (12+15+1+4)+8$

$= 32+8 = 40$

उसी प्रकार, $\overset{3\ 15\ 19\ 20}{\text{COST}} \Rightarrow (3+15+19+20)+8$

$= 57+8 = 65$

308. (a) दी गई जानकारी के अनुसार,

you are there → ter der jer ...(i)

we stay here → yer mer ner ...(ii)

we are late → ser ner der ...(iii)

I stay there → yer fer jer ...(iv)

उपरोक्त समीकरणों से,

you stay late ⇒ ter yer ser

309. (a) यहाँ शब्द को, शब्द में दिए गए अक्षरों की कुल संख्या में 2 जोड़कर कोडित किया गया है।

जिस प्रकार, CAKE ⇒ 4 + 2 = 6

JUICE ⇒ 5 + 2 = 7

उसी प्रकार, JUG ⇒ 3 + 2 = 5

310. (c) प्रश्नानुसार,

D A R K → 3 2 8 4

R A K E → 6 4 3 8

अत: E का कूट 6 है।

311. (a) प्रश्नानुसार, दी गई कूटभाषा में

protect your health → Df Bk Tu

health is wealth → Po Tu Le

अत: health → Tu

312. (d) प्रश्नानुसार, दी गई कूटभाषा में

mix jaggery well → rb co ot

well done boss → cx rb op

अत: well → rb

313. (d) प्रश्नानुसार, दी गई कूटभाषा में

D A R K → 3 9 7 5

R E A D → 5 8 7 3

अत: 'K' → '9'

314. (c) प्रश्नानुसार,

T W I N → 2 3 5 9

W I N G → 5 3 0 2

अत: 'T' → '9'

315. (a) प्रश्नानुसार,

7 8 6 2 3 → T A K E N

3 2 6 8 5 → T O K E N

अत: 5 → O

316. (a) प्रश्नानुसार,

Y O U R → 5 6 2 7 ...(i)

C R O Y → 2 7 6 9 ...(ii)

अत: C → 9

317. (b) जिस प्रकार,

D	Z	L	V
+4	+4	−2	−2
H	D	J	T

तथा

C	Q	Y	H
+4	+4	−2	−2
G	U	W	F

उसी प्रकार,

M	T	B	E
+4	+4	−2	−2
Q	X	Z	C

318. (a) प्रश्नानुसार,

B O R N → 8 2 3 4

N O R M → 6 3 2 8

अत: M → 6

319. (a) जिस प्रकार,

R	I	V	E	R
+1	+1	+1	+1	+1
S	J	W	F	S

तथा

S	Y	S	T	E	M
+1	+1	+1	+1	+1	+1
T	Z	T	U	F	N

उसी प्रकार,

P	A	C	K
+1	+1	+1	+1
Q	B	D	L

320. (a) प्रश्नानुसार,

try something new → db kl jk

something hurt him → db pt uk

अत: Something → db

321. (d) प्रश्नानुसार,

my best friend → ck rl mk

Friend is Life → rt mp ck

अत: Friend → ck

322. (b) जिस प्रकार, PBI = $(3)^3 = 27$
वर्णों की संख्या
तथा ZEBRA = $(5)^3 = 125$
वर्णों की संख्या
उसी प्रकार, BIRD = $(4)^3 = 64$
वर्णों की संख्या

323. (d) प्रश्नानुसार,
cooler is hot ⇒ tp rc dl
hot weather comes ⇒ rc dn nz
अत: 'hot' → 'rc'

324. (a) प्रश्नानुसार,
strength to innovate → 42 64 32
strength to create → 32 42 24
अत: 'create' → '24'

325. (b) जिस प्रकार,
DIVERT → $(6)^2 = 36$
[∵ शब्द के अक्षरों का वर्ग]
तथा DOLDRUMS → $(8)^2 = 64$
उसी प्रकार, DOGMA → $(5)^2 = 25$

326. (c) दी गई कूटभाषा में,
time and again → zx df mo
value your time → df pn tv
अत: 'time' → 'df'

327. (b) दी गई कूटभाषा में,
if you are → go so lu
where are you → so lu ga
अत: where → 'ga'

328. (c) दी गई कूटभाषा में,
Future is bright = pl mk ni
bright shooting star = dg rz pl
अत: 'bright' → 'pl'

329. (b) प्रश्नानुसार,
get enough sleep → ab de jf
go get it → jk ab gh
अत: get → ab

330. (c) प्रश्नानुसार,
B I L L I O N → 32 6 4 5 81
M I L L I O N → 32 4 9 5 8 1
अत: 'M' → '9'

331. (b) जिस प्रकार,
L —(+2)→ N
D —(+3)→ G
W —(−2)→ U
R —(−1)→ Q

तथा
B —(+2)→ D
F —(+3)→ I
K —(−2)→ I
Z —(−1)→ Y

उसी प्रकार,
Y —(+2)→ A
T —(+3)→ W
G —(−2)→ E
X —(−1)→ W

332. (a) प्रश्नानुसार,
D E A L = 0 3 6 8
D E A F = 2 6 3 0
अत: 'F' → '2'

333. (c) प्रश्नानुसार,
W Y N K → 9 2 4 3
Y A W N → 3 9 4 1
अत: A → 1

334. (b) प्रश्नानुसार,
p o w e r → 4 5 9 7 8
r a i n → 7 3 1 2
अत: r → 7

335. (c) प्रश्नानुसार,
F O R K → 6 8 5 1
F R O G → 5 9 8 1
अत: K → 6

336. (d) प्रश्नानुसार,
watch is disturb → xr pa qm
don't watch him → tu bg pa
अत: watch → pa

337. (d) प्रश्नानुसार, दी गई कूटभाषा में,
call on him → ol ni vc
waiting your call → ni dx sb
अत: call → ni

338. (d) प्रश्नानुसार,
W I L T → 6 1 9 4
S L I T → 9 4 1 3
अत: 'S' → '3'

339. (c) प्रश्नानुसार,
sanitiser saves us → ra kl mq
let us go → kl mt ax
अत: 'us' → 'kl'

340. (b) प्रश्नानुसार,
R U I N → 3 0 9 8
T U R N → 9 6 3 0
अत: I → 8

341. (a) प्रश्नानुसार,
A U D I O → 5 9 4 1 6
B E N D → 6 2 3 8
अत: D → 6

342. (b) प्रश्नानुसार,
Pleased to meet → bj sc vw
meet and greet → ih bj tf
अत: 'meet' → 'bj'

343. (a) प्रश्नानुसार,
B A K E → 2 4 9 6
C A K E → 4 3 6 9
अत: B → 2

344. (c) प्रश्नानुसार,
C O D E → 1 5 7 3
D I C E → 7 1 8 5
अत: 'O' → '3'

345. (c) प्रश्नानुसार,
How are you → Co De Ki
You look happy → Th De Mo
अत: you → 'De'

346. (c) प्रश्नानुसार,
now or never → ak bj ut
never be late → bj tl cv
अत: never → bj

347. (a) प्रश्नानुसार,
bottle is blue → see mo tu
sky is blue → mo tu lo
∴ bottle का कूट = see

348. (c) प्रश्नानुसार,
cold summers day → kl bn ix
day and night → kj ed bn
अत: day का कूट = bn

349. (d) प्रश्नानुसार,
hands are dirty → ca bx vp
dirty things flies → by vp cb
अत: 'dirty' → 'vp'

350. (b) प्रश्नानुसार,
M O A T → 8 6 5 2
T R A M → 4 2 5 6
अत: 'R' → '4'

351. (b) प्रश्नानुसार,
I missed breakfast → nl zn kq
train is missed → zm kg nl
अत: 'missed' → 'nl'

352. (a) प्रश्नानुसार,
R I S K → 3 9 2 1
K I R T → 1 6 9 3
अत: 'S' → '2'

353. (d) जिस प्रकार, B A B E
2 + 1 + 2 + 5 = 10
⇒ 10 × 2 = 20

तथा E A C H
5 + 1 + 3 + 8 = 17
⇒ 17 × 2 = 34

उसी प्रकार, F A C T
6 + 1 + 3 + 20 = 30
⇒ 30 × 2 = 60

354. (a) प्रश्नानुसार,

time and money ⟶ zoo zee zig

time and tide ⟶ zee zoo zaa

अत: 'zaa' → 'tide'

355. (a) जिस प्रकार,

G C J L (7 3 10 12) ×2 → 14 6 20 24

तथा

W T R O (23 20 18 15) ×2 → 46 40 36 30

उसी प्रकार,

B Z K Q (2 26 11 17) ×2 → 4 52 22 34

356. (c) जिस प्रकार,

C O V E R → 3 15 22 5 18 ×3 → 9 – 45 – 66 – 15 – 54

तथा

B O A S T → 2 15 1 19 20 ×3 → 6 – 45 – 3 – 57 – 60

उसी प्रकार,

A P R O N → 1 16 18 15 14 ×3 → 3 – 48 – 54 – 45 – 42

357. (a) प्रश्नानुसार,

mobile switched off ⟶ rq mg cr

turn off light ⟶ my cp rq

अत: 'off' → 'rq'

358. (c) जिस प्रकार,

M E N I A L → N I E A M L

तथा

I N C O M E → C O N M I E

उसी प्रकार

F O R E G O → R E O G F O

359. (b) प्रश्नानुसार,

S O R T → 4 6 9 8

R U S T → 6 4 2 9

अत: 'O' → '8'

360. (a) प्रश्नानुसार,

B R O W → 7 5 4 2

W O R M → 7 2 9 5

अत: B का कूट '4' होगा।

361. (a) जिस प्रकार,

I N D U L G E ⟶(कुल अक्षरों की संख्या) 7 ⟶ $(7)^2-1=48$

तथा

P U R G E ⟶(कुल अक्षरों की संख्या) 5 ⟶ $(5)^2-1=24$

उसी प्रकार,

P U N Y ⟶(कुल अक्षरों की संख्या) 4 ⟶ $(4)^2-1=15$

362. (c) दी गई जानकारी से,

tiffin is heavy ⟶ ct qm lb

heavy weight gain ⟶ rx yb ct

अत: 'heavy' → 'ct'

363. (d) प्रश्नानुसार,

love to god ⟶ xr od yk

god bless you ⟶ tc ap od

अत: 'god' ⟶ 'od'

364. (d) प्रश्नानुसार,

no way out ⟶ rp ab lm

out of house ⟶ mr rp bd

∴ 'out' → 'rp'

365. (c) प्रश्नानुसार,

M O N E Y ⟶ 6 4 3 8 1

H O N E Y ⟶ 5 4 3 8 1

अत: H → '5'

366. (b) प्रश्नानुसार,

art of war ⟶ gb pr ml

the lost art ⟶ ml sj aj

अत: 'art' → 'ml'

367. (a) प्रश्नानुसार,

I am boy → it sit pit

I am girl → sit nit it

अत: 'girl' → 'nit'

368. (d) प्रश्नानुसार,

make someone happy ⟶ Ab Te Dp

someone robbed him ⟶ Te Ko Vi

अत: 'someone' → 'Te'

369. (b) प्रश्नानुसार,

this is music ⟶ Ta Bu Ka

who touched this ⟶ Pi Ka Bi

अत: this → Ka

370. (b) प्रश्नानुसार,

CERTAIN → 9643821

UNCERTAIN → 964382117

अत: U → 7

371. (a) प्रश्नानुसार,

messages are encrypted → tg gc mz

are you coming → ze fp mz

अत: 'are' → 'mz'

372. (a) जिस प्रकार, K I O S K (+1 +1 +3 +1 +1) → L J R T L

तथा

F L A M E (+1 +1 +3 +1 +1) → G M D N F

उसी प्रकार,

E N J O Y (+1 +1 +3 +1 +1) → F O M P Z

373. (c) प्रश्नानुसार,

strong and mighty ⟶ ui yv tk

soft yet strong ⟶ hd tk bw

अत: 'strong' → 'tk'

374. (d) प्रश्नानुसार,

B E A M ⟶ 2 3 4 9

M E A N ⟶ 4 3 2 7

अत: N → 7

375. (c) प्रश्नानुसार,

K E N T → 9 ^ * 7

B E N T → * ~ 7 9

अत: उपरोक्त से स्पष्ट होता है कि 'B' को कूटभाषा में '~' लिखा जाएगा।

376. (d) प्रश्नानुसार, TALKER → !@#C$%

TALKED → $%@#! £

अत: उपरोक्त से स्पष्ट होता है, कि 'D' को कूटभाषा में '£' लिखा जाएगा।

377. (a) प्रश्नानुसार,

F A W N ⟶ 0 9 ( )

L A W N ⟶ 9 ( ) 1

अत: उपरोक्त से स्पष्ट होता है, कि L को कूटभाषा में 1 लिखा जाएगा।

378. (b) दिया गया कूट निम्न प्रकार है,

Shyam studies English in Patna ⟶ pi, ji, ti, fi, qi

Her sister lives in Mumbai ⟶ mi, hi ji, ki, ni

Rama studies Chemistry ⟶ di li pi

sister studies English and Chemistry ⟶ bi, ki, pi di, ti

अत: उपरोक्त से स्पष्ट होता है कि 'and' को कूट भाषा में 'bi' लिखा जाएगा।

379. (d) प्रश्नानुसार,

Stars moon sun satellite planet ⟶ pit rit kit sit nit

moon mars venus mercury → mit cit git sit

venus stars mercury → cit git rit

mercury satellite planet → pit cit nit

∴ sun को kit लिखा जाएगा।

380. (b) कथनानुसार,

like the (way) → pl zs (kq)

on my (way) → (kq) mk in

स्पष्टत:, समान कूटभाषा में, 'way' को 'kq' लिखा जाएगा।

381. (c) प्रश्नानुसार,

(blue) black [green] [grey] {pink} → mat [fat] (tat) {bat} [gat]

[grey] white orange [green] → hat [gat] nat [fat]

orange green {pink} [grey] → [fat] nat [gat] {bat}

violet (blue) red → (tat) lat dat

अत: उपर्युक्त से स्पष्ट होता है कि 'black' को कूटभाषा में 'mat' लिखा जाएगा।

382. (a) प्रश्नानुसार,

doors grills windows [woods] clothes

→ kip [dip] lip sip tip

table [woods] △chair (stools)

→ △rip nip [dip] (pip)

△chair grills (stools) → △rip (pip) kip

lock latch (stools) doors

→ gip tip cip (pip)

अत: table → nip

383. (d) प्रश्नानुसार,

he will go △to (market) → xi △ui hi (ni) ji

(market) is very [crowded] → wi (ni) ki [di]

come △to [crowded] (market) → △ui (ni) fi [di]

अत: 'come' का कूट = 'fi'

384. (d) जिस प्रकार, तथा

B L A D E → (+1, −1, +1, −1, +1) → C K B C F ; C H A L K → (+1, −1, +1, −1, +1) → D G B K L

उसी प्रकार,

D I G I T A L → (+1, −1, +1, −1, +1, −1, +1) → [E H H H U Z M]

385. (d) जिस प्रकार,

F L O W E R

6 + 12 + 15 + 23 + 5 + 18 = 79

⇒ 79+6 (अक्षरों की संख्या) = 85

M O O N

13 + 15 + 15 + 14 = 57

⇒ 54+4 (अक्षरों की संख्या) = 61

और

S T A R S

19 + 20 + 1 + 18 + 19 = 77

⇒ 77+5 = 82

उसी प्रकार,

P A C K

16 +1 + 3 + 11 = 31

⇒ 31 + 4 = [35]

386. (d) दी गई जानकारी के अनुसार,

Ⓒ L Ⓘ Ⓟ → ③⑦④ 9

Ⓟ Ⓘ Ⓒ K → ④ 6 ⑦③

अत: K का कूट '6' होगा।

387. (c) जिस प्रकार,

TARNISH ⇒ (20 + 1 + 18 + 14 + 9 + 19 + 8) + 7 = 96

और CORRECT ⇒ (3 + 15 + 18 + 18 + 5 + 3 + 20) + 7 = 89

उसी प्रकार,

GENERAL ⇒ (7 + 5 + 14 + 5 + 18 + 1 + 12) + 7 = 69

388. (c) दी गई कूट भाषा में,

can **you** speak → pr lt **sq**

you work hard → **sq** wp mq

∴ you ⇒ sq

389. (c) जिस प्रकार,

R E S E N T → (+2, +2, +2, −2, −2, −2) → T G U C L R

तथा

P E O P L E → (+2, +2, +2, −2, −2, −2) → R G Q N J C

उसी प्रकार,

P E R S O N → (+2, +2, +2, −2, −2, −2) → [R G T Q M L]

390. (c) प्रश्नानुसार

Will come [back] → [mp] rq pl

[back] to school → jn st [mp]

अत: 'back' का कूट 'mp' होगा।

391. (c) प्रश्नानुसार,

Ⓑ O L [T] = 2 ⑨ [6] 5

D O L E = 5 7 2 3

[T] A D Y = 0 3 [6] 8

M A S Ⓑ = 4 8 1 ⑨

∴ O का कूट = 2 या 5

अत: BTO का कूट = 962

392. (c) जिस प्रकार,

D E C E N T → (+2) → V P G E G F

उसी प्रकार,

E N E R G Y → (+2) → [A I T G P G]

393. (d) जिस प्रकार,

I N T E R N A L (N, E, N, L विपरीत) → 9 13 20 22 18 13 1 15

और

M O U N T A I N (O, N, A, N विपरीत) → 13 12 21 13 20 26 9 13

उसी प्रकार,

P A Y M E N T S (A, M, N, S विपरीत) → [16 26 25 14 5 13 20 8]

394. (c) जिस प्रकार, उसी प्रकार

G A T E → A G E T ; B O O K → [O B K O]

395. (a) जिस प्रकार,

S A G E → 19 1 7 5

⇒ (7 + 5) − (19 + 1) = − 8

तथा

T A B S → 20 1 2 19

⇒ (19 + 2) − (20 + 1) = 0

उसी प्रकार,

V E R B → 22 5 18 2

⇒ (18 + 2) − (22 + 5) = − [7]

396. (d) जिस प्रकार, उसी प्रकार,

A W A K E D → (+5, −7, +5, −7, +5, −7) → F P F D J W ; F A C E U P → (+5, −7, +5, −7, +5, −7) → [K T H X Z I]

397. (d) जिस प्रकार,

Y E A H (विपरीत क्रमांक) → (2 + 22 + 26 + 19) × 3

= 69 × 3 = 207

तथा

B U L K (विपरीत क्रमांक) → (25 + 6 + 15 + 16) × 3

= 62 × 3 = 186

उसी प्रकार,

C O R D (विपरीत क्रमांक) → (24 + 12 + 9 + 23) × 3

= 68 × 3 = [204]

398. (c) जिस प्रकार, उसी प्रकार,

S H O W E R ; T O P I C S

+1 +0 +1 +0 +1 +0 ; +1 +0 +1 +0 +1 +0

S E X O I S ; T C J P P T

399. (b) जिस प्रकार,

F L O O R S → Q P M N K E (−2, −2, −2, −1, −1, −1)

उसी प्रकार,

G A T H E R → P C F S Z F (−2, −2, −2, −1, −1, −1)

400. (d) दी गई जानकारी के आधार पर,

D A M E → 2 9 7 6

T I M E → 9 2 5 4

S A P E → 8 3 6 9

और M O S T → 1 5 2 3

अतः 'ATP' का कूट '658' है।

401. (b) जिस प्रकार,

	7	1	18	13	5	14	20	19
विपरीत अक्षर क्रमांक	G	A	R	M	E	N	T	S
एकान्तर रूप से	20	1	9	13	22	14	7	19

तथा

	8	25	4	18	15	7	5	14
विपरीत अक्षर क्रमांक	H	Y	D	R	O	G	E	N
एकान्तर रूप से	19	25	23	18	12	7	22	14

उसी प्रकार,

	9	14	22	1	19	9	22	5
विपरीत अक्षर क्रमांक	I	N	V	A	S	I	V	E
एकान्तर रूप से	18	14	5	1	8	9	5	5

402. (c) जिस प्रकार, उसी प्रकार,

S C R E E N ; S K I L L S

−2 −2 ; −2 −2

L C C P A Q ; Q J J G I Q

403. (c) जिस प्रकार,

D R A M A

4 + 18 + 1 + 13 + 1 = 37

⇒ 37−5 (अक्षरों की संख्या) = 32

तथा P L A Y

16 + 12 + 1 + 25 = 54

⇒ 54−4 (अक्षरों की संख्या) = 50

उसी प्रकार,

T H E A T R E

20 + 8 + 5 + 1 + 20 + 18 + 5 = 77

⇒ 77−7 (अक्षरों की संख्या) = 70

404. (c) जिस प्रकार,

S T A D I U M → T S A D I M U

उसी प्रकार, C R I C K E T → R C I C K T E

405. (a) जिस प्रकार,

C E M E N T (+2, −2, +2, −2, +2, −2) → E C O C P R

तथा H E I G H T (+2, −2, +2, −2, +2, −2) → J C K E J R

उसी प्रकार, F A T H E R (+2, −2, +2, −2, +2, −2) → H Y V F G P

406. (c) जिस प्रकार,

T E F L — वर्णमाला क्रम — 20 5 6 12 ; O A N S — विपरीत वर्णमाला क्रम — 12 26 13 8

तथा S E R G — वर्णमाला क्रम — 19 5 18 7 ; E A N T — विपरीत वर्णमाला क्रम — 22 26 13 7

उसी प्रकार,

U N I Q — वर्णमाला क्रम — 21 14 9 17 ; U E L Y — विपरीत वर्णमाला क्रम — 6 22 15 2

407. (a) जिस प्रकार, उसी प्रकार

G I R L (+5) → Q W N L ; K E P T (+5) → Y U J P

408. (c) जिस प्रकार,

Q U O T E (+1, +2, +3, +4, +5) → R W R X J

तथा U N I O N (+1, +2, +3, +4, +5) → V P L S S

उसी प्रकार, Y O U N G (+1, +2, +3, +4, +5) → Z Q X R L

409. (c) जिस प्रकार,

3	21	18	4
C	U	R	D
	×2		
3	42	18	4

यहाँ, व्यंजन की आंकिक स्थिति को समान रखा गया है व स्वरों की आंकिक स्थिति में '2' से गुणा किया गया है।

तथा

2	18	5	1	4
B	R	E	A	D
		×2	×2	
2	18	10	2	4

उसी प्रकार,

2	21	20	20	5	18
B	U	T	T	E	R
	×2			×2	
2	42	20	20	10	18

410. (c) जिस प्रकार, तथा

S T R O N G → T S O R G N ; P A S T E L → A P T S L E

उसी प्रकार, W O R K E R → O W K R R E

411. (b) जिस प्रकार, तथा

H E A T विपरीत वर्ण → S V Z G → V S G Z ; C L A Y विपरीत वर्ण → X O Z B → O X B Z

उसी प्रकार, B A N K विपरीत वर्ण → Y Z M P → Z Y P M

412. (b) जिस प्रकार,

N O P E → (14 + 15 + 16 + 5) × 2 = 50 × 2 = 100

तथा EGG → (5 + 7 + 7) × 2 = 19 × 2 = 38

उसी प्रकार,

L A P → (12 + 1 + 16) × 2 = 29 × 2 = 58

413. (d) जिस प्रकार तथा

T H R E E (+1, +1, +1, +1, +1) → U I S F F ; S E V E N (+1, +1, +1, +1, +1) → T F W F O

उसी प्रकार, E I G H T (+1, +1, +1, +1, +1) → F J H I U

414. (d) जिस प्रकार,

19	20	1	20	5
S	T	A	T	E
×2	×2	×1	×2	×1
38	40	1	40	5

नोट यहाँ शब्द के व्यंजन अक्षरों के क्रमांक में 2 का तथा स्वर अक्षरों के क्रमांक में 1 का गुणा हो रहा है।

तथा

E X I L E (5 24 9 12 5)
×1 ×2 ×1 ×2 ×1
5 48 9 24 5

उसी प्रकार, A R E N A (1 18 5 14 1)
×1 ×2 ×1 ×2 ×1
[1 36 5 28 1]

415. (c) जिस प्रकार, तथा

BIRT HDAY ; CHIL DREN
HDAY BIRT ; DREN CHIL

उसी प्रकार, PROG RESS → [RESS PROG]

416. (c) जिस प्रकार

CHOICE ; DEMAND
OHCECI ; MEDDNA

उसी प्रकार,

EXPECT → [PXETCE]

417. (b) जिस प्रकार, तथा

C O M M O N (+2 +2 +2 +2 +2 +2) ; P R E P (+2 +2 +2 +2)
E Q O O Q P ; R T G R

उसी प्रकार, M A G N E T
+2 +2 +2 +2 +2 +2
[O C I P G V]

418. (a) जिस प्रकार,

S I G N A L
विपरीत अक्षर या क्रमांक →
H 18 T 13 Z 15

तथा T A R G E T
विपरीत अक्षर या क्रमांक →
G 26 I 20 V 7

उसी प्रकार,

V O L U M E
विपरीत अक्षर या क्रमांक →
[E 12 O 6 N 22]

419. (c) जिस प्रकार, और

B A S K E T ; B O X
2 1 19 11 5 20 ; 2 15 24

उसी प्रकार, C O V E R
[3 15 22 5 18]

420. (b) जिस प्रकार, तथा

M A T H S (13 1 20 8 19) ; H I N D I (8 9 14 4 9)
×3 ; ×3 ×3
13 3 20 8 19 ; 8 27 14 4 27

नोट यहाँ शब्द के व्यंजन अक्षरों का क्रमांक तथा स्वर के अक्षरों में 3 से गुणा किया गया है।

उसी प्रकार, P H Y S I C S (16 8 25 19 9 3 19)
×3
[16 8 25 19 27 3 19]

421. (d) दी गई कूट भाषा में, और

T R A I N (+3 +3 +3 +3 +3) ; R O A D (+3 +3 +3 +3)
W U D L Q ; U R D G

उसी प्रकार, T A X I
+3 +3 +3 +3
[W D A L]

422. (a) जिस प्रकार, TOUCH ⇒ UTOHC
(वर्णमाला का घटता क्रम)

उसी प्रकार, PLANT ⇒ [TPNLA]

423. (d) जिस प्रकार,

E N D O R S E
विपरीत अक्षर →
V M W L I H V

उसी प्रकार, I N S T R U C T
विपरीत अक्षर →
[R M H G I F X G]

424. (a) जिस प्रकार,

F O R W A R D
–1 +1 –1 +1 –1 +1 –1
C S Z X Q P E

उसी प्रकार, N U M E R A L
–1 +1 –1 +1 –1 +1 –1
[K B Q F L V M]

425. (d) दी गई कूटभाषा में सम स्थान पर दिए गए वर्णों के स्थानिक मान को 2 से गुणा किया गया है, और विषम स्थान पर दिए गए वर्णों के विपरीत मान में से 2 घटाया गया है।

जिस प्रकार, H A M P E R
विपरीत विपरीत विपरीत
S A N P V R
19 1 14 16 22 18
–2 ×2 –2 ×2 –2 ×2
17 1 12 32 20 36

और I N S U L T
विपरीत विपरीत विपरीत
R N H U O T
18 14 8 21 15 20
–2 ×2 –2 ×2 –2 ×2
16 28 6 42 13 40

उसी प्रकार, S A F E T Y
विपरीत विपरीत विपरीत
H A U E G Y
8 1 21 5 7 25
–2 ×2 –2 ×2 –2 ×2
[6 2 19 10 5 50]

426. (c) जिस प्रकार,

R O H A N
$\Rightarrow 18 + 15 + 8 + 1 + 14 = 56 \Rightarrow (56)^2 = 3136$

और S H Y A M
$\Rightarrow 19 + 8 + 25 + 1 + 13 = 66 \Rightarrow (66)^2 = 4356$

उसी प्रकार, R A M
$\Rightarrow 18 + 1 + 13 = 32 \Rightarrow (32)^2 = 1024$

427. (b) जिस प्रकार,

P A I N T (+1 –1 –1 +1 +1) ; B A S K (+1 –1 +1 +1)
Q Z H O U ; C Z T L

उसी प्रकार, M O V I E
+1 –1 +1 –1 –1
[N N W H D]

उपरोक्त कोडिंग में स्वर अक्षरों में '– 1' और व्यंजन अक्षरों में '+ 1' किया गया है।

428. (d) जिस प्रकार,

①②③④⑤⑥⑦⑧ ⇒ ③②①⑤④⑧⑦⑥
I N T E R A C T ⇒ T N I R E T C A

उसी प्रकार,

①②③④⑤⑥⑦⑧ ⇒ ③②①⑤④⑧⑦⑥
S A T U R D A Y ⇒ T A S R U Y A D

429. (c) जिस प्रकार, M O N K E Y
+3 +3 +3 +3 +3 +3
B H N Q R P

तथा N A P
+3 +3 +3
S D Q

उसी प्रकार, J U T E B A G
+3 +3 +3 +3 +3 +3 +3
[J D E H W X M]

430. (c) प्रश्नानुसार,

W O [R] K ⟶ 5 9 6 [4]
[R] I S E ⟶ 1 3 [4] 8

अत: R का कूट = 4

431. (a) प्रश्नानुसार,

G [O] E S ⟶ [4] 2 6 8
[O] I L Y ⟶ 3 [4] 5 7

अत: 'O' का कूट = 4

432. (d) प्रश्नानुसार,

you read (book) ⟶ hm (rn) op
(book) is good ⟶ cf am (rn)

अत: 'book' का कूट = 'rn'

433. (b) प्रश्नानुसार,

J U (M) P → (4) 6 8 2

(M) I N D → 3 7 (4) 1

अत: M का कूट = 4

434. (a) प्रश्नानुसार,

W [E A R] → [P I] 1 [O]

[E A R] S → [1] 4 [O P]

अत: S का कूट = 4

435. (c) प्रश्नानुसार,

black (dark) night → ck th (lp)

(dark) cloudy sky → eg (lp) sc

अत: 'dark' का कूट 'lp' होगा।

436. (a) प्रश्नानुसार,

{shirt} pant [coat] → [ek] ph {bq}

[coat] (jaket) sweater → [ek] (lh) to

(jaket) {shirt} watch → fd {bq} (lh)

अत: coat का कूट = ek

437. (c) जिस प्रकार,

V G A L → (+6, −2, +6, −2) → B E G J

तथा

X Q E B → (+6, −2, +6, −2) → D O K Z

उसी प्रकार,

H T S O → (+6, −2, +6, −2) → [N R Y M]

438. (b) प्रश्नानुसार,

let us [go] → ck ru [tb]

please [go] away → [tb] mg du

अत: 'go' का कूट = tb

439. (a) जिस प्रकार,

K I T E ↕ P R G V (विपरीत अक्षर)

तथा

M A R B L E ↕ N Z I Y O V (विपरीत अक्षर)

उसी प्रकार,

D O L P H I N ↕ [W L O K S R M] (विपरीत अक्षर)

440. (c) प्रश्नानुसार,

K N O (W) → (2) 8 4 6

(W) I D E → 5 7 (2) 9

अत: W का कूट = 2

441. (b) जिस प्रकार,

B E N D → (−1, −1, −1, −1) → A D M C

तथा

F I S H → (−1, −1, −1, −1) → E H R G

उसी प्रकार,

E V I L → (−1, −1, −1, −1) → [D U H K]

442. (c) जिस प्रकार,

M B X L → (+2, −4, +2, −4) → O X Z H

तथा

F K R G → (+2, −4, +2, −4) → H G T C

उसी प्रकार,

L U G S → (+2, −4, +2, −4) → [N Q I O]

443. (c) प्रश्नानुसार,

[F I T] S → [U] L [I D]

G [I F T] → [I] [U] Z [D]

स्पष्टत: G का कूट = Z

444. (d) प्रश्नानुसार,

[G] I R L → 3 [5] 7 1

T A [G] S → 4 6 8 [5]

अत: G के लिए कूट 5 होगा।

445. (d) प्रश्नानुसार,

will [you] go → rp zs [tu]

[you] come here → ar cm [tu]

अत: you को tu से कूटबद्ध किया जाएगा।

446. (b) प्रश्नानुसार,

C L O S E → 4 8 7 9 3

L O S E (R) → 8 9 (2) 4 3

अत: R को कूटभाषा में 2 लिखा जाएगा।

447. (c) प्रश्नानुसार,

zebra tool [bean] → rj [pi] ki

[bean] knife army → ko jm [pi]

अत: bean का कूटबद्ध 'pi' है।

448. (c) प्रश्नानुसार,

call you [back] → rt [yw] fg

[back] is Paining → [yw] fb gt

अत: back को कूटभाषा में 'yw' लिखा जाएगा।

449. (c) जिस प्रकार,

A B R O A D → W Z L I Y Z (विपरीत अक्षर)

और

A D V I S E → V H R E W Z (विपरीत अक्षर)

उसी प्रकार,

A G E N D A → [Z W M V T Z] (विपरीत अक्षर)

450. (d) जिस प्रकार,

X C M Y → (+3, +5, +3, +5) → A H P D

तथा

P G V K → (+3, +5, +3, +5) → S L Y P

उसी प्रकार,

J O C H → (+3, +5, +3, +5) → [M T F M]

451. (b) जिस प्रकार,

G E T ↕ T V G (विपरीत)

20 22 7 = (20+22+7)+1=50

तथा

C A B ↕ X Z Y (विपरीत)

24 26 25 = (24+26+25)+1=76

उसी प्रकार,

R U N ↕ I F M (विपरीत)

9 6 13 = (9+6+13)+1 = [29]

452. (d) कथनानुसार,

You (may) laugh → CD (EJ) KO

(May) I go → TK PO (EJ)

अत: 'may' का कूट EJ है।

453. (d) प्रश्नानुसार,

(I) like music → (mo) ro go

can (I) go → ho (mo) bo

अत: I का कूट 'mo' है।

454. (d) जिस प्रकार,

10 19 3 17: J S C Q → (+3, −5, +7, −9) → M N J H

तथा

2 25 20 5: B Y T E → (+3, −5, +7, −9) → E T A V

उसी प्रकार,

19 5 23 24: S E W X → (+3, −5, +7, −9) → [V Z D O]

455. (b) प्रश्नानुसार,

i am infinite → la ma ra

universe in infinite → ra ba ta

अत: infinite का कूट = ra

456. (b) प्रश्नानुसार,

B U S Y → 8 6 4 2

S I D E → 7 5 3 6

अत: 'S' का कूट = 6

457. (d) जिस प्रकार,

26 8 2 14
Z H B N
+2 −3 +4 −5
B E F I

तथा

12 6 23 10
L F W J
+2 −3 +4 −5
N C A E

उसी प्रकार,

8 22 4 11
H V D K
+2 −3 +4 −5
J S H F

458. (c) प्रश्नानुसार,

car struck in traffic → ku cu ru nu

तथा truck struck on road → pu du ku tu

अत: struck का कूट 'ku' है।

459. (a) प्रश्नानुसार,

P O R K → 7 3 5 8

C R E W → 1 6 9 3

अत: R → 3

460. (a) प्रश्नानुसार,

Y O U R → 1 2 4 5

तथा O U R S → 4 2 1 6

अत: Y → 5

461. (c) प्रश्नानुसार,

find this clue → ak dh fk

clue for you → sg fk bo

अत: clue → fk

462. (d) प्रश्नानुसार,

B A S E → 2 4 1 6

तथा S O U P → 3 7 1 9

अत: 'S' का कूट '1' होगा।

463. (d) प्रश्नानुसार,

B U Y S → 5 1 7 3

तथा Y O L K → 6 4 5 8

अत: Y → 5

464. (a) प्रश्नानुसार,

M O B I L E → 7 8 9 4 1 0

तथा P I N K → 2 3 5 8

अत: 'I' का कूट '8' होगा।

465. (c) प्रश्नानुसार,

F O I L → 1 9 7 4

तथा L I F E → 7 2 9 1

अत: E → 2

466. (c) प्रश्नानुसार,

W A N T → 8 1 6 3

तथा T H A N → 3 4 6 8

अत: H → 4

467. (b) प्रश्नानुसार,

C A S H → 2 4 8 6

H I R E → 3 2 5 7

अत: 'H' → 2

468. (d) प्रश्नानुसार,

P A I D → 3 1 9 5

तथा G R A B → 2 3 4 6

अत: 'A' → 3

469. (d) प्रश्नानुसार,

B L U E → 5 1 9 3

तथा C A B S → 3 2 4 6

अत: B → 3

470. (a) प्रश्नानुसार,

M I L K → 5 6 4 2

तथा L I K E → 8 4 2 5

अत: E → 8

471. (a) प्रश्नानुसार,

BIKE CAR SCOOTER → SS RR PP

CAR CYCLE TRUCK → PP TT LL

तथा CYCLE BIKE TRAIN → RR ZZ TT

अत: SCOOTER → SS

472. (d) प्रश्नानुसार,

derive the formula → le ro da

formula to win → ka wb ro

अत: 'formula' का कूट = 'ro'

473. (d) प्रश्नानुसार,

R E N T → 1 9 5 7

G R I M → 2 4 6 9

अत: 'R' का कूट = 9

474. (a) प्रश्नानुसार,

pen pencil eraser → dy ph mt

pencil box crayon → lp ph st

box pen board → st bq dy

स्पष्टत: 'board' का कूट = bq

475. (d) प्रश्नानुसार,

this is book → lo mo ro

this is me → mo lo po

स्पष्टत: 'me' का कूट = po

476. (b) प्रश्नानुसार,

complete the task → je tc xo

work is complete → xo ig lx

स्पष्टत: complete का कूट = xo

477. (a) प्रश्नानुसार,

curtain door window → la ph ba

lock window key → ep zm la

key curtain handle → fd ba zm

स्पष्टत: curtain का कूट 'ba' है।

478. (d) प्रश्नानुसार,

F I T C H → 4 7 6 0 1

D I T C H → 7 0 6 1 9

स्पष्टत: D का कूट = 9

479. (b) प्रश्नानुसार,

R O S E → 8 5 4 6

S U R E → 4 3 6 8

अत: U को कूटभाषा में '3' लिखा जाएगा।

480. (a) प्रश्नानुसार,

F O U R → 3 1 5 7

R E N T → 2 3 8 4

अत: R के लिए कूट '3' होगा।

481. (d) प्रश्नानुसार,

M O N K → 1 2 3 8

H O N K → 8 3 2 6

अत: H के लिए कूटभाषा में कूट '6' होगा।

482. (d) प्रश्नानुसार,

she is intelligent → le me re

she is studious → re de me

अत: studious को कूटभाषा में 'de' लिखा जाएगा।

483. (b) जिस प्रकार,

H W C Y
+3 +5 +7 +9
K B J H

तथा

R E P U
+3 +5 +7 +9
U J W D

उसी प्रकार,

A X M Q
+3 +5 +7 +9
D C T Z

484. (b) प्रश्नानुसार,

D O N E → 7 1 3 9

T E R M → 6 8 7 4

अत: E के लिए कूट '7' होगा।

485. (d) जिस प्रकार,

MANAGE → IKEREQ (प्रत्येक अक्षर +4)

तथा RACE → IGEV (प्रत्येक अक्षर +4)

उसी प्रकार,

SYMPHONY → CRSLTQCW (प्रत्येक अक्षर +4)

486. (a) जिस प्रकार,

C A R E E R
+2 +1 +2 +1 +2 +1
E B T F G S

तथा C A R I N G
+2 +1 +2 +1 +2 +1
E B T J P H

उसी प्रकार, C E N T E R
+2 +1 +2 +1 +2 +1
E F P U G S

487. (c) प्रश्नानुसार,

spin fast slow → mm nn oo
fast skid slip → nn rr tt
slip slow jump → rr mm zz

अत: jump का कूट → zz

488. (d) प्रश्नानुसार,

G U L F → 7 3 9 1
तथा F A N S → 2 4 3 8

अत: F का कूट → 3

489. (b) प्रश्नानुसार,

solve the puzzle → sp di cy
puzzle is tricky → qp vt di

अत: puzzle का कूट → di

490. (c) प्रश्नानुसार, H A V E → 2 6 4 8
V O L T → 3 9 6 1

अत: V के लिए कूट '6' होगा।

491. (a) प्रश्नानुसार,

E E S T → 4 9 8 2
S T E M → 6 4 8 9

अत: B के लिए कूट '2' होगा।

492. (a) प्रश्नानुसार,

rivers trees grass → 22 44 66
trees clouds birds → 44 99 88

अत: 'trees' को कूटभाषा में '44' लिखा जाएगा।

493. (c) प्रश्नानुसार,

nothing to hide → tg mk sa
hide and seek → mk wd lq

अत: hide को कूटभाषा में 'mk' लिखा जाएगा।

494. (b) प्रश्नानुसार,

L I K E → 1 5 7 6
L I N K → 6 5 8 1

अत: E का कूट → 7

495. (a) प्रश्नानुसार,

I play football → ku ch ta
he play cricket → al bi ta

अत: play का कूट → ta

496. (a) प्रश्नानुसार,

W O R D → 7 1 3 5
R I S E → 4 6 5 8

अत: R का कूट → 5

497. (d) प्रश्नानुसार,

B E N T → 4 6 2 8
E A R S → 5 4 7 1

अत: E का कूट → 4

498. (b) प्रश्नानुसार,

G I F T → 5 1 9 7
F I S T → 4 1 5 7

अत: S का कूट 4

499. (b) प्रश्नानुसार,

F L O A T → 1 4 2 3 8
B L O A T → 2 3 8 4 9

अत: F का कूट → 1

500. (b) प्रश्नानुसार,

father makes tea → ib fx ey
tea and coffee → kr ey wn

अत: tea का कूट → ey

501. (c) प्रश्नानुसार,

M O V E → 3 9 1 7
E A S T → 4 6 9 2

अत: E का कूट → 9

502. (a) प्रश्नानुसार,

P L A Y → 4 8 3 1
C L A Y → 1 8 2 4

अत: C के लिए कूट '2' होगा।

503. (b) जिस प्रकार,

E A G E R
+2 +0 +2
C G G T G

और L E A R N
+2 +0 +2
G N A P T

उसी प्रकार, H I N D I
+2 +0 +2
K J N K F

504. (a) प्रश्नानुसार,

22 55 77 → rr pp tt
77 66 44 → pp kk ll
66 11 22 → kk tt zz

अत: 11 को कूटभाषा में 'zz' लिखा जाएगा।

505. (c) प्रश्नानुसार,

T A L E → 5 1 7 3
A I D S → 6 4 5 2

अत: A के लिए कूट '5' होगा।

506. (a) जिस प्रकार, COLONY → 6 × 8 = 48
(शब्द में अक्षरों की संख्या)

और INTERCHANGE → 11 × 8 = 88
(शब्द में अक्षरों की संख्या)

उसी प्रकार, MOUNTAIN → 8 × 8 = 64
(शब्द में अक्षरों की संख्या)

507. (b) जिस प्रकार, C A K E
−2 +2 −2 +2
A C I G

और G O L D
−2 +2 −2 +2
E Q J F

उसी प्रकार, W I R E
−2 +2 −2 +2
U K P G

508. (c) प्रश्नानुसार,

W I N G → 2 6 1 8
N E A T → 3 4 6 9

अत: N के लिए कूट '6' होगा।

509. (b) प्रश्नानुसार,

I swim fast → cp lk bs
may I go → ap sb lk

अत: I को 'lk' से कूटबद्ध किया जाएगा।

510. (b) प्रश्नानुसार,

N A I L → 2 6 3 7
L A N E → 3 2 7 8

अत: E का कूटभाषा में कोड = 8

511. (c) जिस प्रकार, तथा

M E N T O R → E M O U P S (+1 +1 +1 +1) ; O C T A G O N → C O U B H P O (+1 +1 +1 +1 +1)

उसी प्रकार, P E N C I L → +1 +1 +1 +1 → E P O D J M

512. (c) जिस प्रकार,

E N T R U S T
+1 +1 +1 +0 +1 +1 +1
F O U R V T U

तथा C U S H I O N
+1 +1 +1 +0 +1 +1 +1
D V T H J P O

उसी प्रकार, C L E A V E R
+1 +1 +1 +0 +1 +1 +1
D M F A W F S

513. (d) जिस प्रकार, तथा उसी प्रकार,

A R C → 1 - 18 - 3 ; B O Y → 2 - 15 - 25 ; F A D → 6 - 1 - 4

514. (d) जिस प्रकार, तथा

N E A R → 4 9 6 8

R E A P → 9 8 6 5

∴ P का कोड = 5

515. (a) प्रश्नानुसार,

Yes (you) can ⟶ an cf (dt)

(you) are enough ⟶ sk (dt) hw

अत: you का कोड = dt

516. (d) प्रश्नानुसार,

(good) vibes only ⟶ vn (mj) kl

change is (good) ⟶ (mj) ro dh

अत: 'good' का कोड = mj

517. (c) जिस प्रकार, तथा उसी प्रकार,

Y O J → +3 +3 +3 → B R M ; D S P → +3 +3 +3 → G V S ; Z M C → +3 +3 +3 → C P F

518. (d) दी गई जानकारी के अनुसार,

N A M E ⟶ 2 4 7 3

तथा M E N D ⟶ 7 6 4 2

अत: 'D' का कूट '6' होगा।

519. (d) जिस प्रकार, तथा

C H O → O H C ; R A L → L A R ; F O R → R O F ; E G O → O G E

उसी प्रकार, G A L L E Y → L A G Y E L

520. (c) दी गई जानकारी के अनुसार,

make your life ⟶ uk ox zt

तथा life is good ⟶ qr uk va

अत: life का कूट 'uk' होगा।

521. (b) प्रश्नानुसार,

L I A R ⟶ 5 1 4 8

तथा R E A L ⟶ 1 5 8 2

अत: E ⇒ 2

522. (d) जिस प्रकार, तथा उसी प्रकार

Y J M (25 10 13) → +1 +1 +1 → 26 11 14 ; S O P (19 15 16) → +1 +1 +1 → 20 16 17 ; B T X (2 20 24) → +1 +1 +1 → 3 21 25

523. (d) जिस प्रकार,

L E D → 15 22 23 (विपरीत अक्षर क्रमांक)

और B M W → 25 14 4 (विपरीत अक्षर क्रमांक)

उसी प्रकार, Q U F → 10 6 21 (विपरीत अक्षर क्रमांक)

524. (a) जिस प्रकार, तथा

E N V Y → +1 −1 +1 −1 → F M W X ; A L A S → +1 −1 +1 −1 → B K B R

उसी प्रकार, B O D Y → +1 −1 +1 −1 → C N E X

525. (b) गुलाब एक फूल है। प्रश्नानुसार, फूल को चावल कहा गया है। अत: गुलाब, चावल है।

526. (d) जिस प्रकार, तथा उसी प्रकार

T I K → 20+9+11=40 ; P D M → 16+4+13=33 ; R U G → 18+21+7=46

527. (c) जिस प्रकार, उसी प्रकार,

S H A P E → +3 +3 +3 +3 +3 → V K D S H ; M O D E L → +3 +3 +3 +3 +3 → P R G H O

528. (a) जिस प्रकार,

A C A D E M I C → A A C E D I M C ; A B S T R A C T → A S B R T C A T

तथा A C C U R A C Y → A C C R U C A Y

उसी प्रकार, A B A C A S → A A B A C S

529. (a) प्रश्नानुसार,

heart black blue ⟶ 8 # ab

grey are blue ⟶ # pr kt

अत: blue का कूट # होगा।

530. (a) जिस प्रकार,

G R S T B → +5 → G Y X W L

और H A N D S → +5 → X I S F M

उसी प्रकार, M N D E T → +5 → Y J I S R

531. (b) जिस प्रकार, तथा उसी प्रकार,

G E F S → +1 +1 −1 −1 → H F E R ; I B I S → +1 +1 −1 −1 → J C H R ; S T I R → +1 +1 −1 −1 → T U H Q

532. (d) जिस प्रकार,

A C Q → Q C A ; U → U ; I R E → E R I

तथा A D D → D D A ; R → R ; E S S → S S E

उसी प्रकार, I C E → E C I ; B → B ; E R G → G R E

533. (b) जिस प्रकार,

D E T A I L → +2 −2 +2 −2 +2 −2 → F C V Y K J

तथा H E A L T H → +2 −2 +2 −2 +2 −2 → J C C J V F

उसी प्रकार, M O T I O N → +2 −2 +2 −2 +2 −2 → O M V G Q L

534. (b) प्रश्नानुसार,

here we go (west) → 8 6 ④ 9

(west) and [east] best → ④ @ [#] pr

[east] direction sun → [#] jt qm

direction east → # qm

535. (d) जिस प्रकार,

A N A E M I A → (+1 ... +1) → A O A E N I A [व्यंजन ⇒ +1, स्वर ⇒ +0]

तथा A Q U E O U S → A R U E O U T

L I V E L Y → M I W E M Z

उसी प्रकार, E U G E N I A → [E U H E O I A]

नोट यहाँ केवल व्यंजन अक्षरों को अगले अक्षर में बदला जा रहा है और स्वर अक्षर समान रहते हैं।

536. (b) जिस प्रकार,

P O R (16 15 18) → (16 + 15 + 18) + 3 = 52

A N D (1 14 4) → (1 + 14 + 4) + 3 = 22

उसी प्रकार, V X B (22 24 2) → (22 + 24 + 2) + 3 = 51

537. (c) जिस प्रकार, और

I F S P (+1 +2 +1 +2) → J H T R

M P W F (+1 +2 +1 +2) → N R X H

उसी प्रकार, T O A D (+1 +2 +1 +2) → [U Q B F]

538. (c) जिस प्रकार,

T A P [E] → 4 8 2 [5]

S H A R T → 9 3 8 1 4

तथा

T U B [E] → 4 6 7 [5]

यहाँ अक्षर E का कूट 5 है।

539. (b) प्रश्नानुसार,

hairs △are [golden] black → △@ rm pr [kt]

[golden] (bells) △are sound → ak △@ [kt] ㊣#

(bells) being loud → ㊣# jm jk

उपरोक्त से, bells sound → ak #

540. (d) जिस प्रकार,

COFFEE (3 15 6 6 5 5) ⇒ 3 + 15 + 6 + 6 + 5 + 5 = 40

LEMON (12 5 13 15 14) ⇒ 12 + 5 + 13 + 15 + 14 = 59

और GINGER (7 9 14 7 5 18) ⇒ 7 + 9 + 14 + 7 + 5 + 18 = 60

उसी प्रकार, TEA (20 5 1) ⇒ 20 + 5 + 1 = 26

541. (c) जिस प्रकार,

D O N K E Y → (विपरीत अक्षर) → W L M P V B

23+12+13+16+22+2=88

तथा S P A R R O W → (विपरीत अक्षर) → H K Z I I L D

8+11+26+9+9+12+4=79

उसी प्रकार,

P E G I O N → (विपरीत अक्षर) → K V T R L M

11+22+20+18+12+13=[96]

542. (a) जिस प्रकार,

C A P A C I T Y

3 + 1 + 16 + 1 + 3 + 9 + 20 + 25 = 78 ⇒ 78 + 3 = 81

तथा V O L U M E

22+15+12+21+13+5 = 88 ⇒ 88 + 3 = 91

उसी प्रकार, A M O U N T

1+13+15+21+14+20=84

⇒ 84 + 3 = [87]

543. (d) जिस प्रकार,

G O O D L U C K → (+2 +2 +2 +2 +2 +2 +2 +2) → M E W N F Q Q I

उसी प्रकार,

F O R T U N E → (+2 +2 +2 +2 +2 +2 +2) → [G P W V T Q H]

544. (d) प्रश्नानुसार,

[N] (E) (S) T = [8] 4 ② ⑥

W △I (S) (E) = ⑥ △9 1 ②

R A △I [N] = 7 [8] 5 △9

T = 4, W = 1, A = 7 या 5

अतः सम्भावित कोड

WANT → 8147

545. (b) जिस प्रकार,

Storm → 15 (स्वर का संख्यात्मक मान)

तथा Apple → 1 +5=6 (स्वरों के संख्यात्मक मान का योग)

Virtue → 9+21+5=35 (स्वरों के संख्यात्मक मान का योग)

उसी प्रकार, Cupboard → 21 +15+1 =37

(स्वरों के संख्यात्मक मान का योग)

546. (c) जिस प्रकार,

B A N K E R (+1 +0 −1 +0 +1 +0) → C A M K F R

उसी प्रकार,

I N D I A N (+1 +0 −1 +0 +1 +0) → [J N C I B N]

547. (a) जिस प्रकार,

B A N K → 2 + 1 + 14 + 11 = 28

वर्णों की संख्या = 4

∴ 28 + 4 = 32

तथा B R A K E → 2 + 18 + 1 + 11 + 5 = 37

⇒ 37 + 5 = 42

उसी प्रकार,

C L E V E R → 3 + 12 + 5 + 22 + 5 + 18 = 65

⇒ 65 + 6 = [71]

548. (b) जिस प्रकार,

S T R I C T U R E → T S U T C I R E R

उसी प्रकार,

I N C U L C A T E → [N I A C L U C E T]

549. (d) जिस प्रकार,

	A	C	T	O	R	
	26	24	7	12	9	
	2 + 6	2 + 4	7	1 + 2	9	विपरीत वर्णमाला क्रम
	8	6	7	3	9	

उसी प्रकार,

	S	P	R	E	A	D	
	8	11	18	22	26	23	
	8	1+1	1+8	2+2	2+6	2+3	विपरीत वर्णमाला क्रम
	8	2	9	4	8	5	

550. (a) जिस प्रकार,

F I R E

वर्णमाला क्रम $6 + 9 + 18 + 5 \longrightarrow 38$

W A T E R

वर्णमाला क्रम $23 + 1 + 20 + 5 + 18$

उसी प्रकार,

F O R E S T

वर्णमाला क्रम $6 + 15 + 18 + 5 + 19 + 20 \longrightarrow \boxed{83}$

551. (c) जिस प्रकार, और

R O A D → (+2, +3, +2, +3) → T R C G

S T O P → (+2, +3, +2, +3) → U W Q S

उसी प्रकार,

B O O K → (+2, +3, +2, +3) → $\boxed{\text{D R Q N}}$

552. (a) जिस प्रकार,

L+5 E+4 M+3 O+2 N+1 → O Q P I Q

तथा

B+5 A+4 S+3 I+2 L+1 → M K V E G

उसी प्रकार,

C+5 H+4 I+3 L+2 I+1 → $\boxed{\text{J N L L H}}$

553. (b) जिस प्रकार,

B E A U T Y

$2 + 5 + 1 + 21 + 20 + 25$

= 74 – शब्दों में स्वरों की संख्या

= 74 – 3

= 71

तथा

R I V E R

$18 + 9 + 22 + 5 + 18$

= 72 – स्वरों की संख्या

= 72 – 2

= 70

उसी प्रकार, P E O P L E

$16 + 5 + 15 + 16 + 12 + 5$

= 69 – स्वरों की संख्या

= 69 – 3

= $\boxed{66}$

554. (a) जिस प्रकार,

C I T Y

$3 + 9 + 20 + 25 = 57 \xrightarrow{\times 4} 228$

तथा

C R Y

$3 + 18 + 25 = 46 \xrightarrow{\times 3} 138$

उसी प्रकार,

B O L D

$2 + 15 + 12 + 4 = 33 \xrightarrow{\times 4} \boxed{132}$

555. (d) जिस प्रकार,

O W L

$15 + 23 + 12 = 50 \xrightarrow{\times 3} 150$

↑ (अक्षरों की संख्या)

और

C R O W

$3 + 18 + 15 + 23 = 59 \xrightarrow{\times 4} 236$

↑ (अक्षरों की संख्या)

उसी प्रकार,

R O B I N

$18 + 15 + 2 + 9 + 14 = 58 \xrightarrow{\times 5} \boxed{290}$

556. (b) जिस प्रकार,

B R O W N → (+2, +2, –2, +2, +2) → D T M Y P

तथा

P L A C E → (+2, +2, –2, +2, +2) → R N Y E G

उसी प्रकार,

R I G H T → (+2, +2, –2, +2, +2) → $\boxed{\text{T K E J V}}$

557. (c) जिस प्रकार,

B	R	E	A	T	H	E
2	18	5	1	20	8	5
×1	×1	×2	×2	×1	×1	×2

$2 + 18 + 10 + 2 + 20 + 8 + 10 = 70$

और

T	R	I	U	M	P	H
20	18	9	21	13	16	8
×1	×1	×2	×2	×1	×1	×1

$20 + 18 + 18 + 42 + 13 + 16 + 8 = 135$

नोट यहाँ

व्यंजन → स्थानीय मान × 1

स्वर → स्थानीय मान × 2

उसी प्रकार,

T	R	A	G	E	D	Y
20	18	1	7	5	4	25
×1	×1	×2	×1	×2	×1	×1

$20 + 18 + 2 + 7 + 10 + 4 + 25 = \boxed{86}$

558. (a) जिस प्रकार,

S E C U R E → (+6, +5, +4, +3, +2, +1) → Y J G X T F

और

F A M I L Y → (+6, +5, +4, +3, +2, +1) → L F Q L N Z

उसी प्रकार, H O U S E S → (+6, +5, +4, +3, +2, +1) → $\boxed{\text{N T Y V G T}}$

559. (c) जिस प्रकार,

B O O K

$2 + 15 + 15 + 11 = 43 \times 4 = 172$

↑ (शब्द में अक्षरों की संख्या)

और

P A G E S

$16 + 1 + 7 + 5 + 19 = 48 \times 5 = 240$

↑ (शब्द में अक्षरों की संख्या)

उसी प्रकार,

L I B R A R Y

$12 + 9 + 2 + 18 + 1 + 18 + 25 = 85 \times 7 = \boxed{595}$

↑ (शब्द में अक्षरों की संख्या)

560. (d) जिस प्रकार,

P+2 R+2 I+2 C+2 E+2 → E G R T K

और S +2 T +2 A +2 G +2 E +2

I G U V C

उसी प्रकार, R +2 I +2 G +2 H +2 T +2

J V T K I

561. (d) यहाँ, S का स्थाई मान

$= 19 \Rightarrow 1 + 9 = 10 + 1 + 0 = 1$

तथा R का स्थायी मान $= 18 \Rightarrow 1 + 8 = 9$

इसी प्रकार क्रम का अनुसरण हो रहा है।

जिस प्रकार, 19 20 15 18 13 / S T O R M → 1 2 6 9 4

तथा 20 18 5 14 4 / T R E N D → 2 9 5 5 4

उसी प्रकार, 23 1 20 5 18 / W A T E R → 5 1 2 5 9

562. (a) जिस प्रकार,

A C T I O N (+3 +3 +3 −3 −3 −3) → D F W F L K

तथा B I S H O P (+3 +3 +3 −3 −3 −3) → E L V E L M

उसी प्रकार, M A T T E R (+3 +3 +3 −3 −3 −3) → P D W Q B O

563. (d) जिस प्रकार,

E X I S T (+1 +1 −1 +1 +1) → F Y H T U

तथा A B O V E (+1 +1 −1 +1 +1) → B C N W F

उसी प्रकार, W O R L D (+1 +1 −1 +1 +1) → X P Q M E

564. (a) जिस प्रकार,

D A M / 4 1 13 विपरीत → 23 26 14 → (23+26+14)−13=50

तथा P A D / 16 1 4 विपरीत → 11 26 23 → (11+26+23)−13=47

उसी प्रकार,

M A P / 13 1 16 विपरीत → 14 26 11 → (14+26+11)−13= 38

565. (b) जिस प्रकार, FUTURE (6 21 20 21 18 5)

$\Rightarrow 6 + 21 + 20 + 21 + 18 + 5 = 91$

तथा MONEY (13 15 14 5 25) $\Rightarrow 13 + 15 + 14 + 5 + 25 = 72$

उसी प्रकार, SECURE (19 5 3 21 18 5)

$\Rightarrow 19 + 5 + 3 + 21 + 18 + 5 = 71$

566. (a) जिस प्रकार, AMIT (1 13 9 20) ⇒

$(1 + 13 + 9 + 20) \times 2 = 43 \times 2 = 86$

तथा VIJAY (22 9 10 1 25) ⇒

$(22 + 9 + 10 + 1 + 25) \times 2 = 67 \times 2 = 134$

उसी प्रकार, GARIMA (7 1 18 9 13 1) ⇒

$(7 + 1 + 18 + 9 + 13 + 1) \times 2 = 49 \times 2 = 98$

567. (a) जिस प्रकार, तथा उसी प्रकार,

T A N Y A R A H U L M O H I T (+1; +1; +1)

B U B Z O B S M V I P N U J I

568. (d) जिस प्रकार,

M E R C H A N T (+1 +1 +1 +0 +0 +2 +2 +2) → N F S C H C P V

तथा I N T E R I O R (+1 +1 +1 +0 +0 +2 +2 +2) → J O U E R K Q T

उसी प्रकार,

J U N C T I O N (+1 +1 +1 +0 +0 +2 +2 +2) → K V O C T K Q P

569. (b) जिस प्रकार, तथा

G A R D E N (−1 −2 −3 +1 +2 +3) → F Y O E G Q; G O L D E N (−1 −2 −3 +1 +2 +3) → F M I E G Q

उसी प्रकार, I S L A N D (−1 −2 −3 +1 +2 +3) → H Q I B P G

570. (b) जिस प्रकार, तथा

T A P (+1, +1) → U U Q ; B E E P (+1, +1) → C A A Q

उसी प्रकार, L O W (+1, +1) → M I X

यहाँ, स्वर वर्णों की कोडिंग के लिए केवल स्वरों की शृंखला A, E, I, O, U का उपयोग हुआ है। प्रत्येक स्वर वर्ण की कोडिंग के लिए उनके स्थान में +4 हो रहा है।

571. (c) प्रश्नानुसार,

my (mistake) ⇒ 6 (2) ...(i)

[nice] shoes ⇒ 4 [5] ...(ii)

people are [nice] ⇒ 1 3 [5] ...(iii)

big (mistake) ⇒ (2) 9 ...(iv)

∴ my shoes ⇒ 46

572. (c) जिस प्रकार,

R U B B E R (वर्णमाला में विपरीत क्रम) → 9+6+25+25+22+9 = 96

⇒ 96 + 6 (वर्णों की संख्या) = 102

और J E L L Y (वर्णमाला में विपरीत क्रम) → 17+22+15+15+2 = 71

⇒ 71 + 5 (वर्णों की संख्या) = 76

उसी प्रकार,

L A B E L (वर्णमाला में विपरीत क्रम) → 15+26+25+22+15 = 103

⇒ 103 + 5 (वर्णों की संख्या) = 108

573. (a) जिस प्रकार,

P H O N E → 11+19+12+13+22 ← विपरीत वर्णमाला क्रम

= (77) + 1 = 78

तथा

M O O N → 14+12+12+13 ← विपरीत वर्णमाला क्रम

= (51) + 1 = 52

उसी प्रकार,

P L A N → 11+15+26+13 ← विपरीत वर्णमाला क्रम

= (65) + 1 = 66

574. (d) सामान्यत: हम नोटबुक पर लिखते हैं और नोटबुक को यहाँ बैग कहा गया है। अत: हम बैग पर लिखते हैं।

575. (a) [स्वर → − 3; व्यंजन → + 3]

जिस प्रकार, तथा

S O U P (+3 −3 −3 +3) → V L R S ; B A C K (+3 −3 +3 +3) → E X F N

उसी प्रकार,

T Y P E (+3 +3 +3 −3) → W B S B

576. (b) जिस प्रकार,

2	1	25	15	14	5	20
B	A	Y	O	N	E	T
		2+5	1+5	1+4		2+0
2	1	7	6	5	5	2

तथा

10	15	11	5
J	O	K	E
1+0	1+5	1+1	
1	6	2	5

उसी प्रकार,

8	1	16	16	9	5	18
H	A	P	P	I	E	R
		1+6	1+6			1+8
8	1	7	7	9	5	9

577. (a) कूटभाषा का क्रम निम्न प्रकार है,
सम स्थानीय मान वाले वर्ण →+ 2
विषम स्थानीय मान वाले वर्ण →+ 1
स्वरों के लिए, A, E, I, O, U के क्रम में अगला स्वर (+ 1)

जिस प्रकार, Z I G S A W
+2, , +1, +1, , +1
B O H T E X

उसी प्रकार,
M O V E M E N T
+1, +2, , +1, , +2, +2
N U X I N I P V

578. (c) दी गई कूटभाषा में,

he (is) (my) friend → (5) (6) 9 2
(my) aunt (is) [ill] → [7] (6) 3 (5)
friend (is) [ill] → (6) 2 [7]

∴ aunt ⇒ 3

579. (d) जिस प्रकार,
(+6) (+5) (+4) (+3) (+2)
S O B E R
T H F T Y

उसी प्रकार,
(+6) (+5) (+4) (+3) (+2)
F I R S T
V V V N L

580. (d) जिस प्रकार,
$\overset{6}{F}\ \overset{18}{R}\ \overset{9}{I}\ \overset{19}{S}\ \overset{11}{K}$

⇒ 6 + 18 + 9 + 19 + 11 = 63
⇒ 63 × 5 (वर्णों की संख्या) = 315

और $\overset{4}{D}\overset{15}{O}\overset{21}{U}\overset{2}{B}\overset{12}{L}\overset{5}{E}$

⇒ 4 + 15 + 21 + 2 + 12 + 5 = 59
⇒ 59 × 6 = 354

उसी प्रकार, $\overset{20}{T}\overset{5}{E}\overset{14}{N}\overset{20}{T}$

⇒ 20 + 5 + 14 + 20 = 59 ⇒ 59 × 4 = **236**

581. (b) जिस प्रकार,

M	O	D	E	R	N	
13	15	4	5	18	14	← वर्णमाला में क्रम
1+3	1+5	4×2	5×2	1+8	1+4	
4	6	8	10	9	5	

तथा

T	R	A	C	T	
20	18	1	3	20	← वर्णमाला में क्रम
2+0	1+8	1×2	3×2	2+0	
2	9	2	6	2	

उसी प्रकार,

B	E	L	G	I	U	M	
2	5	12	7	9	21	13	← वर्णमाला में क्रम
2×2	5×2	1+2	7×2	9×2	2+1	1+3	
4	10	3	14	18	3	4	

यहाँ दो अंकों वाली संख्या के अंकों को जोड़कर तथा एक अंक वाले में 2 से गुणा करके कोडित किया गया है।

582. (d) प्रश्नानुसार,

you [must] study ⟶ 5 3 [1]
he [must] (work) ⟶ 7 [1] (8)
(work) (is) Worship ⟶ (8) 9 (4)
(work) (is) fine ⟶ (8) 6 (4)

उपरोक्त से स्पष्ट है, कि he : 8 सही संयोजन नहीं है।

583. (a) जिस प्रकार,
B H U T A N
(BHU उलटा), +2, +2, +2
U H B V C P

तथा
G R E E C E
(GRE उलटा), +2, +2, +2
E R G G E G

उसी प्रकार,
F R A N C E
(FRA उलटा), +2, +2, +2
A R F P E G

584. (b) दी गई कूटभाषा के अनुसार,

V̲ O C A̅ L ⟶ 9 0 3̲ 2 7̅
W A̅ V̲ [E] S ⟶ 3 [1] 7̅ 5 8
V̲ O T [E] D ⟶ 4 2 6 3̲ [1]

∴ E का कूट 1 होगा।

585. (d) जिस प्रकार,

PERJURY —(वर्णक्रमों का योग – 5)→
(16 + 5 + 18 + 10 + 21 + 18 + 25) – 5 = 108

तथा DECEPTION —(वर्णक्रमों का योग – 5)→
(4 + 5 + 3 + 5 + 16 + 20 + 9 + 15 + 14) – 5 = 86

उसी प्रकार,
W A T E R
वर्णमाला क्रम 23 + 1 + 20 + 5 + 18
(23 + 9 + 20 + 14 + 5 + 19 + 19) – 5 = 104

586. (a) जिस प्रकार,
F I E L D
[6 + 9 + 5 + 12 + 4] + 5 = 41

तथा
W O N D E R
[23 + 15 + 14 + 4 + 5 + 18] + 5 = 84

उसी प्रकार,
S K I L L
[19 + 11 + 9 + 12 + 12] + 5 = **68**

587. (d) जिस प्रकार, तथा उसी प्रकार,

[व्यंजन ⇒ +1
स्वर ⇒ –1]

जिस प्रकार	तथा	उसी प्रकार
B —(+1)→ C	G —(+1)→ H	M —(+1)→ N
O —(–1)→ N	L —(+1)→ M	I —(–1)→ H
T —(+1)→ U	A —(–1)→ Z	R —(+1)→ S
T —(+1)→ U	S —(+1)→ T	R —(+1)→ S
L —(+1)→ M	S —(+1)→ T	O —(–1)→ N
E —(–1)→ D		R —(+1)→ S

588. (c) जिस प्रकार, उसी प्रकार,

जिस प्रकार	उसी प्रकार
R —(+3)→ U	S —(+3)→ V
I —(+4)→ M	A —(+4)→ E
N —(+3)→ Q	F —(+3)→ I
G —(+4)→ K	E —(+4)→ I

589. (a) प्रश्नानुसार,

(S) [A] △T I N → (3) 5 [2] △4 7
(S) C [A] R E → [2] 6 8 (3) 9
(S) O U △T → (0) (3) 1 △4

∴ I का कूट = 5 या 7
अत: विकल्पों के अनुसार 'I' का कूट 5 होगा।

590. (c) प्रश्नानुसार,

M A̲ [T] H S̅ ⟶ 5̅ 6̲ [0] 1 2
P A̲ S̅ [T] E ⟶ [0] 5̅ 7 6̲ 9
तथा N A̲ S̅ A̲ L ⟶ 8 6̲ 3 5̅ 6̲

⇒ स्पष्टतया 'N' का कूट 8 या 3 होगा। अत: विकल्प के अनुसार 'N' का कूट '8' होगा।

591. (a) जिस प्रकार,
T A B L E
20 + 1 + 2 + 12 + 5 = 40
⇒ 40×2 = 80

तथा C H A I R

3 + 8 + 1 + 9 + 18 = 39

⇒ 39×2=78

उसी प्रकार, W I N D O W

23 + 9 + 14 + 4 + 15 + 23 = 88

⇒ 88×2=176

592. (b) जिस प्रकार,

B E D

2 × 5 × 4 → 40×3=120

तथा F A T

6 × 1 × 20 → 120×3=360

उसी प्रकार, D B Y

4 × 2 × 25 → 200×3=600

593. (d) जिस प्रकार,

I D C

9 × 4 × 3 ×2=216

तथा J B H

10 × 2 × 8 ×2=320

उसी प्रकार, G O F

7 × 15 × 6 ×2 = 1260

594. (c) जिस प्रकार,

P A G E S

(16 + 1 + 7 + 5 + 19)×4=192

तथा A B O V E

(1 + 2 + 15 + 22 + 5) ×4=180

उसी प्रकार, P R I O R

(16 + 18 + 9 + 15 + 18)×4=304

595. (d) जिस प्रकार, उसी प्रकार,

L A S T (+4 +5 +4 +5) → P F W Y ; M E A N (+4 +5 +4 +5) → Q J E S

596. (c) जिस प्रकार, तथा

P I Z Z A (+1) → B A A J Q ; B U R G E R (+1) → S F H S V C

उसी प्रकार,

N O O D L E S (+1) → T F M E P P O

597. (c) यहाँ, सभी व्यंजनों को '–2' तथा सभी स्वरों को '+2' से बढ़ाकर कूटभाषा में रूपान्तरित किया गया है।

जिस प्रकार, तथा

R H Y M E S (–2 –2 –2 –2 +2 –2) → P F W K G Q ; L I M E (–2 +2 –2 +2) → J K K G

उसी प्रकार, C H I M E S (–2 –2 +2 –2 +2 –2) → A F K K G Q

598. (b) जिस प्रकार, उसी प्रकार,

S T A T (–3 –4 –3 –4) → P P X P ; V O I D (–3 –4 –3 –4) → S K F Z

599. (c) प्रश्नानुसार,

F A C T S → 4 0 8 2 7

F O C U S → 2 9 7 4 1

F A M E → 5 8 7 6

अत: T के लिए कोड 0 है।

600. (c) जिस प्रकार,

T E A C H → (20+5+1+3+8)×2 = 37 × 2 = 74

तथा S T U D Y → (19+20+21+4+25)×2 = 89 × 2 = 178

उसी प्रकार,

N E V E R → (14+5+22+5+18)×2 = 64 × 2 = 128

601. (b) जिस प्रकार,

L E A V E → (12+5+1+22+5)–3 = 45 – 3 = 42

तथा T E A M → (20+5+1+13)–3 = 39 – 3 = 36

उसी प्रकार,

O F F E R → (15+6+6+5+18)–3 = 50 – 3 = 47

602. (d) जिस प्रकार,

E A T I N G → E L G R Y C (–2)

उसी प्रकार,

C O F F E E → C C D D M A (–2)

603. (a) जिस प्रकार,

D E S K (–2 –2 –2 –2) → B C Q I ⇒ BCQI1

यहाँ संख्या स्वर की संख्याओं को दर्शाती हैं।

तथा C H A I R (–2 –2 –2 –2 –2) → A F Y G P ⇒ AFYGP2

उसी प्रकार, T A B L E (–2 –2 –2 –2 –2) → R Y Z J C ⇒ RYZJC2

604. (c) जिस प्रकार, तथा

T O W A R D → 9 6 2 1 4 7 ; W A N T E D → 2 1 3 9 5 7

उसी प्रकार, W A R R A N T → 2 1 4 4 1 3 9

605. (b) जिस प्रकार, तथा

K E P T → 11+5+16+20 = 52 ; L A C K → 12+1+ 3 +11 = 27

उसी प्रकार, L I N E → 12+9+14 +5 = 40

606. (d) जिस प्रकार,

E L E V E N (+2 +2 +2 +2 +2 +2) → G N G X G P

तथा T W E N T Y (+2 +2 +2 +2 +2 +2) → V Y G P V A

उसी प्रकार, F O R T Y (+2 +2 +2 +2 +2) → H Q T V A

607. (c) प्रश्नानुसार,

H O S T → 9 7 2 4

K I N D O → 4 5 3 1 0

K N O W S → 3 7 6 5 4

अत: W का कूट = 6

608. (a) जिस प्रकार,

DE FI NI TE (1 2 3 4) ⇒ FI TE DE NI (2 4 1 3)

तथा BU FF AL OW (1 2 3 4) ⇒ FF OW BU AL (2 4 1 3)

उसी प्रकार,

AT TA CH ED (1 2 3 4) ⇒ TA ED AT CH (2 4 1 3)

609. (c) जिस प्रकार,

TIME → (20+ 9+ 13+ 5) – 4 = 47 – 4 = 43

तथा WHEN → (23+ 8+ 5+ 14) – 4 = 50 – 4 = 46

उसी प्रकार, TURN → (20 + 21 + 18 + 14) − 4
= 73 − 4 = **69**

610. (a) जिस प्रकार,

R A I N B O W
(+1, +1, +1, +1 — R, N, B, W)
S 1 9 O C 15 X

नोट यहाँ व्यंजन में 1 जोड़कर अगला अक्षर तथा स्वर का स्थानीय मान लिखा गया है।

तथा

S U N S H I N E
(+1, +1, +1, +1, +1)
T 21 O T I 9 O 5

उसी प्रकार,

M O O N L I G H T
(+1, +1, +1, +1, +1, +1)
N 15 15 O M 9 H I U

611. (d) जिस प्रकार, उसी प्रकार

B →(+2) D ; C →(+2) **E**
E →(−2) C ; L →(−2) **J**
H →(+2) J ; I →(+2) **K**
A →(−2) Y ; N →(−2) **L**
L →(+2) N ; I →(+2) **K**
F →(−2) D ; C →(−2) **A**

612. (b) जिस प्रकार,

M A T U R E
(13+1+20+21+18+5)+4 = 82

तथा H I G H E R
(8+9+7+8+5+18)+4 = 59

उसी प्रकार, A S I A N
(1+19+9+1+14)+4 = **48**

613. (a) जिस प्रकार, उसी प्रकार,

A L L I E S (+0 −1 +0 −1 +0 −1) → R E H L K A ; B A L L E T (+0 −1 +0 −1 +0 −1) → **S E K L Z B**

614. (a) जिस प्रकार, तथा

A M R I T S A R → M A I R S T R A ; D U R G A P U R → U D G R P A R U

उसी प्रकार, S H I L L O N G → **H S L I O L G N**

615. (d) जिस प्रकार, तथा उसी प्रकार,

जिस प्रकार	तथा	उसी प्रकार
T → 9	W → 2	W → 2
O → 6	A → 1	A → 1
W → 2	N → 3	R → 4
A → 1	T → 9	R → 4
R → 4	E → 5	A → 1
D → 7	D → 7	N → 3
		T → 9

616. (d) जिस प्रकार, उसी प्रकार,

L →(−3) I ; L →(−3) **I**
A →(−4) W ; O →(−4) **K**
M →(−3) J ; G →(−3) **D**
P →(−4) L ; S →(−4) **O**

617. (d) प्रश्नानुसार,

F O R C (E) → 8 3 0 5 (2)
G A M (E) S → 4 (2) 7 6 1
F O R U M → 0 8 9 5 7

अत: उपरोक्त से स्पष्ट है, कि C को 3 लिखा जाएगा।

618. (a) जिस प्रकार,

S U B T L E
स्थानीय मान (S, U); +1 (B, T, L, E)
19 + 21 C U M F ⇒ 40 CUMF

तथा H A N G E R
स्थानीय मान (H, A); +1 (N, G, E, R)
8 + 1 O H F S ⇒ 9 OHFS

उसी प्रकार, C L O T H
स्थानीय मान (C, L); +1 (O, T, H)
3 + 12 P U I ⇒ **15 PUI**

619. (d) जिस प्रकार,

D R I → (+1) J S E ; V E R → (+2) T G X

तथा

D U R → (+1) S V E ; I N G → (+2) I P K

उसी प्रकार,

D O L → (+1) M P E ; L A R → (+2) T C N

M P E T C N

620. (c) जिस प्रकार,

1 2 3 4 5 6
R E S U L T
L U T E R S
5 4 6 2 1 3

तथा

1 2 3 4 5 6
B A R L E Y
E L Y A B R
5 4 6 2 1 3

उसी प्रकार,

1 2 3 4 5 6
H E A V E N
E V N E H A
5 4 6 2 1 3

621. (b) प्रश्नानुसार,

berry mango ⇒ xi xa
alpha berry tango ⇒ cun xi, our
mango alpha ⇒ xa, cun
berry tango ⇒ xi our

अत: 'alpha' का कूट 'cun' होगा।

622. (b) जिस प्रकार,

A L M O N D → L A O M D N

तथा R A I S I N → A R S I N I

उसी प्रकार, C A S H E W → **A C H S W E**

623. (a) प्रश्नानुसार,

make time → bo ho
time never stops → ho ru du
she stops work → vu du ya
never make mistakes → ru bo tu

अत: never का कूट 'ru' होगा।

624. (d) जिस प्रकार,

H O U S E
(+2, +6, +2, +6, +2)
J U W Y G

तथा B E A R D
(+2, +6, +2, +6, +2)
D K C X F

उसी प्रकार, C R A V E
(+2, +6, +2, +6, +2)
E X C B G

625. (a) जिस प्रकार,

(+1 +1 +1 +2 +2 +2)
B R I G H T
J S C V J I

तथा (+1 +1 +1 +2 +2 +2)
B R O K E N
P S C P G M

उसी प्रकार, (+1 +1 +1 +2 +2 +2)
B U D G E T
E V C V G I

626. (b) जिस प्रकार,

M A K E

(13 +1 +11+5) + 2 = 32

तथा Q U A D

(17 +21 +1 + 4) + 2 = 45

उसी प्रकार, S E L F

(19 +5 +12+6) + 2 = 44

627. (a) प्रश्नानुसार,

sweet fruits → re de
mango is sweet → de me ke
orange is citrus → ke le pe
eat orange → pe ne

अत: 'mango' के लिए कूट 'me' है।

628. (a) जिस प्रकार,

H E A L T H (+2 +2 +2 +2 +2 +2) → C G J J V N

तथा C H A R G E (+2 +2 +2 +2 +2 +2) → C J E G I T

उसी प्रकार, H O U R S E (+2 +2 +2 +2 +2 +2) → W Q J G U T

629. (a) जिस प्रकार,

F I R S T (6 9 18 19 20) → +1, 9, +1, 19, +1 → 7 9 19 19 21

तथा T I M E (20 9 13 5) → +1, 9, +1, 5 → 21 9 14 5

उसी प्रकार, B E T T E R (2 5 20 20 5 18) → +1, 5, +1, 20, +1, 18 → 3 5 21 20 6 18

630. (c) जिस प्रकार,

D E V O U R → W G E Q F T (विपरीत वर्ण, +2, विपरीत वर्ण, +2, विपरीत वर्ण, +2)

तथा V A R I E D → E C I K V F (विपरीत वर्ण, +2, विपरीत वर्ण, +2, विपरीत वर्ण, +2)

उसी प्रकार, B L A N K E T → Y N Z P P G G (विपरीत वर्ण, +2, विपरीत वर्ण, +2, विपरीत वर्ण, +2, विपरीत वर्ण)

631. (a) जिस प्रकार,

M A R I N E

13 + 1 + 18 + 9 + 14 + 5 = 60

⇒ 60 ×2 – 20 = 100

तथा N O R M A L

14 + 15 +18 +13+1 + 12 = 73

⇒ 73 ×2 – 20 = 126

उसी प्रकार, R E A L M

18 + 5 +1 +12 +13 = 49

⇒ 49 ×2 – 20 = 78

632. (d) यहाँ पहले स्वरों को क्रमागत तथा व्यंजकों को अंग्रेजी वर्णमाला क्रम में लिखा गया है।

जिस प्रकार, D A N C E ⟶ A E C D N

तथा M U S I C ⟶ I U C M S

उसी प्रकार, S O N G ⟶ O G N S

633. (b) प्रश्नानुसार,

government help people → abc pqr mno
people live happily → efg xyz pqr
people choose government → abc pqr ijk

अत: 'choose' शब्द के लिए 'ijk' कूट लिया गया है।

634. (b) जिस प्रकार, CAT → 3 + 1 + 20 = 24

तथा LATE → 12 + 1 + 20 + 5 = 38

उसी प्रकार, DOLL → 4 + 15 + 12 + 12 = 43

635. (c) जिस प्रकार,

S E Q U I N S → H V J F K P U (विपरीत अक्षर; +2 +2 +2)

तथा R E A C T E D → I V Z X V G F (विपरीत अक्षर; +2 +2 +2)

उसी प्रकार, P R O C E S S → K I L X G U U (विपरीत अक्षर; +2 +2 +2)

अत: 'PROCESS' को 'KILXGUU' के रूप में लिखा जाएगा।

636. (d) जिस प्रकार,

F L U T E → V G F O U (विपरीत अक्षर)

तथा E X I L E → V O R C V (विपरीत अक्षर)

उसी प्रकार, B L O O D → W L L O Y (विपरीत अक्षर)

637. (a) जिस प्रकार,

W H I T E ⟶ F S J G X (+1, –1, +1, –1, +1)

तथा C O L O R ⟶ S N M N D (+1, –1, +1, –1, +1)

उसी प्रकार, S H I R T ⟶ U Q J G T (+1, –1, +1, –1, +1)

638. (c) प्रश्नानुसार,

break the wall → jl mt hk
wall is black → zy hk bs

स्पष्ट है कि, 'wall' को 'hk' के रूप में कूट किया जाएगा।

639. (d) जिस प्रकार,

W B R P

23 + 2 + 18 + 16 ⇒ 59

तथा M S A Q

13 + 19 + 1 + 17 ⇒ 50

उसी प्रकार, F U Z J

6 + 21 + 26 + 10 ⇒ 63

640. (d) प्रश्नानुसार,

you were there → pu sg ka
there are branches → sg np tu

अत: 'there' का कूट 'sg' है।

641. (a) जिस प्रकार,

T H E N W ⟶ W N E H T

तथा H O V E R ⟶ R E V O H

उसी प्रकार, S W A M P ⟶ P M A W S

642. (c) जिस प्रकार,

R O S E
↕ ↕ ↕ ↕ विपरीत अक्षर
I L H V
↓ ↓ ↓ ↓
9 12 8 22

⇒ 9+12+8+22 = 51

तथा

W A X
↕ ↕ ↕ विपरीत अक्षर
D Z C
↓ ↓ ↓
4 26 3

⇒ 4+26 +3 = 33

उसी प्रकार,

F O X
↕ ↕ ↕ विपरीत अक्षर
U L C
↓ ↓ ↓
21 12 3

⇒ 21+12 +3 = 36

643. (a) जिस प्रकार,

B R O W S E
↕ ↕ ↕ ↕ ↕ ↕ (विपरीत अक्षर)
Y I L D H V
+1 +1 +1 +1 +1 +1
Z J M E I W

तथा

R O A D
↕ ↕ ↕ ↕ (विपरीत अक्षर)
I L Z W
+1 +1 +1 +1
J M A X

उसी प्रकार,

B U D G E T
↕ ↕ ↕ ↕ ↕ ↕ (विपरीत अक्षर)
Y F W T V G
+1 +1 +1 +1 +1 +1
Z G X U W H

644. (b) प्रश्नानुसार,

B (L) O W ⟶ 3 (5) 1 7
(L) I F E ⟶ 4 2 (5) 8

यहाँ स्पष्ट है कि, 'L' को '5' के रूप में कूटबद्ध किया गया है।

645. (a) जिस प्रकार,

स्थानीय मान
B O N E
↓ ↓ ↓ ↓
2 15 14 5
+4 +4 +4 +4
6 19 18 9

तथा

स्थानीय मान
C A S H
↓ ↓ ↓ ↓
3 1 19 8
+4 +4 +4 +4
7 5 23 12

उसी प्रकार,

स्थानीय मान
D A W N
↓ ↓ ↓ ↓
4 1 23 14
+4 +4 +4 +4
8 5 27 18

646. (d) जिस प्रकार,

M I S S I O N
M +1 → N; O +1 → O...
I S S I O ↕ R H H R L
18 + 8 + 8 + 18 + 12 = 64
M (+1) N, N (+1) O

तथा

T E A S E
T (+1) U, E (+1) F
E A S ↕ V Z H
22 + 26 + 8 = 56

उसी प्रकार,

N A S T Y
N (+1) O, Y (+1) Z
A S T ↕ Z H G
26 + 8 + 7 = 41

647. (b) जिस प्रकार,

S T A T I O N
+2 −2 +2 −2 +2 −2 +2
U R C R K M P

तथा

B R I N G
+2 −2 +2 −2 +2
D P K L I

उसी प्रकार,

T O Y S
+2 −2 +2 −2
V M A Q

648. (b) जिस प्रकार,

[व्यंजन ⇒ −2, स्वर ⇒ +2]

D E F E C T
↓ ↓ ↓ ↓ ↓ ↓ (वर्णमाला क्रम)
4 5 6 5 3 20
−2 +2 −2 +2 −2 −2
2 7 4 7 1 18

तथा

D E V I C E
↓ ↓ ↓ ↓ ↓ ↓ (वर्णमाला क्रम)
4 5 22 9 3 5
−2 +2 −2 +2 −2 +2
2 7 20 11 1 7

उसी प्रकार,

D O M A I N
↓ ↓ ↓ ↓ ↓ ↓ (वर्णमाला क्रम)
4 15 13 1 9 14
−2 +2 −2 +2 +2 −2
2 17 11 3 11 12

649. (b) जिस प्रकार,

[व्यंजन ⇒ −1, स्वर ⇒ −2]

M A N A G E
−1 −2 −1 −2 −1 −2
L Y M Y F C

तथा

C R E A T E
−1 −1 −2 −2 −1 −2
B Q C Y S C

उसी प्रकार,

B U I L D
−1 −2 −2 −1 −1
A S G K C

650. (a) जिस प्रकार,

I N D I A
+2 +2 +2 +2 +2
K P F K C

तथा

C H I N A
+2 +2 +2 +2 +2
E J K P C

उसी प्रकार,

J A P A N
+2 +2 +2 +2 +2
L C R C P

651. (b) जिस प्रकार,

C A C T U S
✕ ✕ ✕
A C T C S U

तथा

D E S E R T
✕ ✕ ✕
E D E S T R

उसी प्रकार,

S A F A R I

A S A F I R

652. (b) जिस प्रकार,

3 15 9 14
C O I N
×2 ×1 ×1 ×2
6 15 9 28

[व्यंजन ⇒ ×2, स्वर ⇒ ×1]

तथा

13 9 14 20
M I N T
×2 ×1 ×2 ×2
26 9 28 40

उसी प्रकार,

8 5 18 15
H E R O
×2 ×1 ×2 ×1
16 5 36 15

653. (c) जिस प्रकार,

F I C T I O N
−3
C 9 + 3 + 20 + 9 + 15 + 14 = C 70

तथा

D J S T I L Y
−3
A 21 + 19 + 20 + 9 + 12 + 25 = A 106

उसी प्रकार,

E N D G A M E
−3
B 14 + 4 + 7 + 1 + 13 + 5 = B 44

654. (c) जिस प्रकार,

P L A N T
+1 +1 +0 −1 −1
Q M A M S

तथा

T R E E S
+1 +1 +0 −1 −1
U S E D R

उसी प्रकार,

S H R U B
−1 +1 +0 −1 −1
T I R T A

655. (a) जिस प्रकार,

B A N Y A N
+3 +3 +3 +3 +3 +3
E D Q B D Q

तथा

L A U N C H
+3 +3 +3 +3 +3 +3
O D X Q F K

उसी प्रकार,

S T R I K E R
+3 +3 +3 +3 +3 +3 +3
V W U L N H U

656. (c) जिस प्रकार,

H O C K E Y
−1 −1
B N G X D J

तथा

B O X I N G
−1 −1
W N A F M H

उसी प्रकार,

S P O R T S
−1 −1
N O R R S Q

657. (c) जिस प्रकार,

CRANE ⟶ GPCTE
+2 +2 +2 +2 +2

तथा

WASP ⟶ RUCY
+2 +2 +2 +2

उसी प्रकार,

JUICE ⟶ GEKWL
+2 +2 +2 +2 +2

658. (d) जिस प्रकार,

C A M E R A
↕ विपरीत अक्षर
X Z N V I Z
24+26+14+22+9+26=121×2=242

तथा

B R O K E N
↕ विपरीत अक्षर
Y I L P V M
25+9+12+16+22+13=97×2=194

उसी प्रकार,

C E N T R E
↕ विपरीत अक्षर
X V M G I V
24+22+13+7+9+22 =97×2=194

659. (c) जिस प्रकार,

19 8 15 21 20
S H O U T
1 0 1 1 0

तथा

3 15 12 15 21 18
C O L O U R
1 1 0 1 1 0

(**नोट** यहाँ विषम स्थानीय मान वाले अक्षर का कोड '1' से तथा सम स्थानीय मान वाले अक्षर का कोड '0' से हो रहा है।)

उसी प्रकार,

15 3 5 1 14
O C E A N
1 1 1 1 0

660. (d) जिस प्रकार,

2 18 9 14 7
B R I N G
↕ विपरीत अक्षर
Y I R M T
−1 −1 −1 −1 −1
X H Q L S

तथा

5 24 20 18 1
E X T R A
↕ विपरीत अक्षर
V C G I Z
−1 −1 −1 −1 −1
U B F H Y

उसी प्रकार,

7 18 1 22 25
G R A V Y
↕ विपरीत अक्षर
T I Z E B
−1 −1 −1 −1 −1
S H Y D A

661. (c) जिस प्रकार,

E A S T E R N
+2 −1 +2 −1 +2 −1 +2
G Z U S G Q P

तथा

C U L T U R E
+2 −1 +2 −1 +2 −1 +2
E T N S W Q G

उसी प्रकार,

C L A S S E S
+2 −1 +2 −1 +2 −1 +2
E K C R U D U

662. (c) जिस प्रकार,

H A P P Y
+2 +3 +0 +3 +2
J D P S A

तथा

D A N C E
+2 +3 +0 +3 +2
F D N F G

उसी प्रकार,

C L A S S
+2 +3 +0 +3 +2
E O A V U

663. (b) जिस प्रकार,

R I G O R O U S
↓+2 ↓+1 ↓+2 ↓+1 ↓+2 ↓+1 ↓+2 ↓+1
T J I P T P W T

तथा R E S P O N S E
↓+2 ↓+1 ↓+2 ↓+1 ↓+2 ↓+1 ↓+2 ↓+1
T F U Q Q O U F

उसी प्रकार,

R E Q U I R E D
↓+2 ↓+1 ↓+2 ↓+1 ↓+2 ↓+1 ↓+2 ↓+1
T F S V K S G E

664. (d) जिस प्रकार,

T R I B A L
↓ ↓ ↓ ↓ ↓ ↓
1 1 2 1 2 1

तथा

C A N I P E R
↓ ↓ ↓ ↓ ↓ ↓ ↓
1 2 1 2 1 2 1

(नोट यहाँ व्यंजन का कोड '1' से तथा स्वर का कोड '2' से हो रहा है।)

उसी प्रकार, C O M F O R T
↓ ↓ ↓ ↓ ↓ ↓ ↓
1 2 1 1 2 1 1

665. (a) जिस प्रकार,

P R O S P E R O U S
S O R P E P S U O R

तथा

S T A T I O N A R Y
T A T S O I Y R A N

उसी प्रकार,

C O M M E R C I A L
M M O C R E L A I C

666. (b) जिस प्रकार,

D A L L A S
↓+1 ↓+0 ↓+1 ↓+0 ↓+1 ↓+0
E A M L B S

तथा P R A G U E
↓+1 ↓+0 ↓+1 ↓+0 ↓+1 ↓+0
Q R B G V E

उसी प्रकार,

B E R L I N
↓+1 ↓+0 ↓+1 ↓+0 ↓+1 ↓+0
C E S L J N

667. (b) जिस प्रकार,

B A D
↓−1 ↓−2 ↓−3
A Y A

तथा

M I N T
↓−1 ↓−2 ↓−3 ↓−4
L G K P

उसी प्रकार,

S U P E R
↓−1 ↓−2 ↓−3 ↓−4 ↓−5
R S M A M

668. (c) जिस प्रकार,

V E I N
↓+2 ↓+2 ↓+2 ↓+2
X G K P

तथा

B O N E
↓+2 ↓+2 ↓+2 ↓+2
D Q P G

उसी प्रकार,

C H I N
↓+2 ↓+2 ↓+2 ↓+2
E J K P

669. (b) प्रश्नानुसार,

players like fitness — ab ef op
fitness is good — op xy uv
players are good — uv ef qr

अत: 'like' शब्द के लिए कूट ab है।

670. (d) प्रश्नानुसार,

She is Mother ⟶ lim kim nim
She likes badminton ⟶ lim tim gim
Mother plays badminton ⟶ nim bim gim

अत: 'plays' शब्द के लिए कूट bim है।

06

श्रृंखला

किसी समूह में एक विशेष नियमानुसार संख्याओं या अक्षरों के सुव्यवस्थित क्रम को शृंखला कहा जाता है।

शृंखला में प्रत्येक अगले पद का क्रम एक निश्चित नियम से हो रहे परिवर्तनों पर आधारित होता है।

इस अध्याय के अन्तर्गत कुछ अंकों/संख्याओं या अक्षरों के समूह की एक शृंखला दी गई होती है, जो किसी न किसी पैटर्न पर आधारित होती है। अभ्यर्थियों को उस पैटर्न को समझना होता है तथा उसी पर आधारित अगले पद या किसी लुप्त पद को ज्ञात करना होता है।

इस परीक्षण के अन्तर्गत पूछे जाने वाले प्रश्न सामान्यतः निम्नलिखित शृंखलाओं पर आधारित होते हैं

संख्या-शृंखला

संख्या शृंखला के अन्तर्गत पूछे जाने वाले प्रश्नों में अंकों की एक शृंखला दी जाती है, जो विभिन्न गणितीय संक्रियाएँ जैसे- जोड़, घटाव, गुणा, भाग, वर्ग, वर्गमूल, घन, घनमूल आदि पर आधारित होती है।

शृंखला के किसी पद के स्थान पर प्रश्नवाचक चिह्न (?) दिया गया होता है। अभ्यर्थियों को शृंखला के पैटर्न को समझकर ज्ञात करना होता है कि प्रश्नवाचक स्थान पर कौन-सा अंक आएगा।

निर्देश (उदा. सं. 1 और 2) *निम्नलिखित में से, उस संख्या का चयन करें, जो नीचे दी गई श्रेणी में प्रश्नवाचक चिह्न (?) के स्थान पर आ सकती है।*

उदाहरण 1. 3, 11, 31, 69, 131, ?

(a) 198 (b) 223 (c) 152 (d) 163

हल (*b*) दी गई शृंखला का क्रम निम्न प्रकार है,

3	11	31	69	131	**223**
1^3+2	2^3+3	3^3+4	4^3+5	5^3+6	6^3+7

उदाहरण 2. 6, 13, 38, ?, 532, 2675

(a) 129 (b) 123 (c) 172 (d) 164

हल (*a*) दी गई शृंखला का क्रम निम्न प्रकार है,

6 —×1+(7×1)→ 13 —×2+(6×2)→ 38 —×3+(5×3)→ **129** —×4+(4×4)→ 532 —×5+(3×5)→ 2675

अक्षर-शृंखला

अक्षर शृंखला को वर्णमाला शृंखला भी कहा जाता है। इसमें मुख्यतः अंग्रेजी वर्णमाला के अक्षरों या अक्षरों के समूह की एक शृंखला दी जाती है जिनमें किसी एक स्थान पर प्रश्नवाचक चिह्न (?) दिया गया होता है, अभ्यर्थियों को दी गई शृंखला के पैटर्न को समझकर प्रश्नचिह्न (?) के स्थान पर आने वाले अक्षर या अक्षर-समूह को ज्ञात करना होता है।

निर्देश (उदा. सं. 3 और 4) *निम्नलिखित में से उस पद का चयन करें, जो दी गई अक्षर शृंखला को पूरा करेगा।*

उदाहरण 3. YW, US, QO, MK, ?

(a) JG (b) IH (c) IG (d) IJ

हल (*c*) दी गई शृंखला का क्रम निम्न प्रकार है,

Y —(−4)→ U —(−4)→ Q —(−4)→ M —(−4)→ **I**

W —(−4)→ S —(−4)→ O —(−4)→ K —(−4)→ **G**

उदाहरण 4. QN, RP, TS, WW, ?, FH

(a) YC (b) AB (c) AC (d) XB

हल (*b*) दी गई शृंखला का क्रम निम्न प्रकार है,

Q —(+1)→ R —(+2)→ T —(+3)→ W —(+4)→ **A** —(+5)→ F

N —(+2)→ P —(+3)→ S —(+4)→ W —(+5)→ **B** —(+6)→ H

सतत् पैटर्न शृंखला

इसके अन्तर्गत पूछे गए प्रश्नों में ऐसी शृंखला दी गई होती है, जिसमें अंकों या अक्षरों की पुनरावृत्ति एक निश्चित क्रमानुसार बार-बार होती है। इस शृंखला में बीच के या अन्त के कुछ अंक या अक्षर लुप्त होते हैं। अभ्यर्थियों को अक्षरों या अंकों की पुनरावृत्ति का क्रम ज्ञात कर इन लुप्त अंक/अक्षर को ज्ञात करना होता है।

उदाहरण 5. निम्न में से, अक्षरों का कौन-सा समूह खाली स्थानों मे क्रमवार रखने से दी गई शृंखला को पूरा करेगा?

p_qspr–spru_

(a) rqs (b) qss

(c) rss (d) rsq

हल (*c*) दी गई शृंखला का क्रम निम्न प्रकार है,

prqs/prss/prus ⇒ rss

(+2, +2)

संख्या-अक्षर शृंखला

इसके अन्तर्गत पूछे गए प्रश्नों में कुछ संख्या और अंग्रेजी वर्णमाला के अक्षरों की एक संयुक्त शृंखला दी जाती है। जिनके पदों के मध्य एक निश्चित सम्बन्ध होता है इसी सम्बन्ध को ज्ञात करते हुए शृंखला में लुप्त पद ज्ञात करना होता है।

उदाहरण 6. निम्नलिखित शृंखला में लुप्त पद (?) का मान ज्ञात करें।

B9U, E16R, H250, ?

(a) K36L (b) J34L

(c) M38N (d) L36M

हल (*a*) दी गई शृंखला का क्रम निम्न प्रकार है,

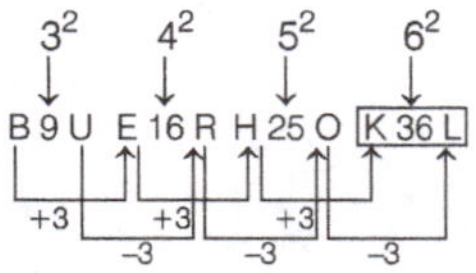

गलत पद शृंखला

इसके अन्तर्गत दी गई शृंखला में किसी विशेष स्थान पर आने वाली संख्या के स्थान पर एक गलत संख्या रख दी जाती है। अभ्यर्थियों को दी गई शृंखला के क्रम को ज्ञात करके उस गलत पद को ज्ञात करना होता है।

उदाहरण 7. निम्नलिखित शृंखला में गलत पद ज्ञात कीजिए।

7, 56, 447, 3584, 28672

(a) 3584 (b) 56
(c) 7 (d) 447

हल (*d*) दी गई शृंखला का क्रम निम्न प्रकार है,

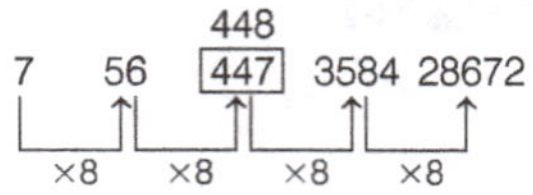

अतः शृंखला में गलत पद 447 है।

SSC Exam Scanner

SSC CGL 2024 (Tier I & II)

निर्देश (प्र.सं 1-12) *दिए गए प्रश्नों में अगला/लुप्त पद ज्ञात कीजिए।*

1. 98, 50, 26, 14, ?, 5

SSC CGL (Tier-II) 20/01/2025 Shift I

(a) 8 (b) 6 (c) 10 (d) 7

2. 9, 5, 6, 10.5, 23, ?

SSC CGL (Tier-II) 18/01/2025 Shift I

(a) 50 (b) 60 (c) 80 (d) 90

3. FHVQ, IJSO, LLPM, ONMK, ?

SSC CGL (Tier-I) 26/09/2024 Shift-III

(a) QPJI (b) RPJI
(c) RPKJ (d) ROJI

4. 672, 677, 686, 699, 716, ?

SSC CGL (Tier-I) 26/09/2024 Shift-III

(a) 749 (b) 747 (c) 757 (d) 737

5. _ V D W Y _ D W Y Y V _ W Y _ D _

SSC CGL (Tier-I) 26/09/2024 Shift-III

(a) YWDVW (b) YVYVW
(c) YVDVY (d) YVDVW

6. ABC_FG_JK_MOPQ_TUV_Y

SSC CGL (Tier-I) 26/09/2024 Shift-II

(a) EHLRX (b) DHLRW
(c) DHLSX (d) EHLRW

7. Y_Y_ _Y_T_Y_Y

SSC CGL (Tier-I) 26/09/2024 Shift-I

(a) YTYTYT (b) TYTYTY
(c) TYTYYT (d) TTYYTT

8. 30, 22, 36, 75, 178, ?

SSC CGL (Tier-I) 26/09/2024 Shift-I

(a) 400 (b) 480
(c) 343 (d) 361

9. OA33, RD36, UG39, XJ42, ?

SSC CGL (Tier-I) 26/09/2024 Shift-I

(a) BN44 (b) AM45
(c) BO43 (d) CN41

10. OPOR, NOPS, ?, LMRU, KLSV

SSC CGL (Tier-I) 26/09/2024 Shift-I

(a) MNQT (b) NMQT
(c) MNTQ (d) MNQP

11. AEYT, CGWR, EIUP, ? , IMQL

SSC CGL (Tier-I) 25/09/2024 Shift-III

(a) GLSN (b) GLTN
(c) GKTN (d) GKSN

12. 88, 78, 70, 64, 60, ?, ?

SSC CGL (Tier-I) 25/09/2024 Shift-III

(a) 56, 54 (b) 58, 58
(c) 56, 56 (d) 58, 56

13. निम्नलिखित शृंखला में, केवल एक अक्षर-समूह गलत है। गलत अक्षर-समूह का चयन कीजिए।

ZXU, SQN, LKI, ECZ, XVS

SSC CGL (Tier-I) 25/09/2024 Shift-II

(a) SQN (b) XVS
(c) ECZ (d) LKI

निर्देश (प्र.सं 14-347) *दिए गए प्रश्नों में अगला/लुप्त पद ज्ञात कीजिए।*

14. B_FH_LNP_T_X

SSC CGL (Tier-I) 25/09/2024 Shift-II

(a) CKSU (b) DJRV
(c) CIQW (d) DIQU

15. CQJG, ERMJ, ?, ITSP, KUVS

SSC CGL (Tier-I) 25/09/2024 Shift-I

(a) GSQM (b) GTPM
(c) GRPM (d) GSPM

16. Z_A_Z_ _ZA_Z_

SSC CGL (Tier-I) 25/09/2024 Shift-I

(a) ZZAZZA (b) ZZZAAA
(c) AZZAZZ (d) AZAZAZ

17. HM71, JP68, LS65, NV62, ?

SSC CGL (Tier-I) 25/09/2024 Shift-I

(a) RX59 (b) QY57
(c) QX58 (d) PY59

18. 35, 46, 68, 101, 145, ?

SSC CGL (Tier-I) 25/09/2024 Shift-I

(a) 210 (b) 212
(c) 200 (d) 214

19. B_DE_GDGBK_IB_DK

SSC CGL (Tier-I) 24/09/2024 Shift-III

(a) OCBD (b) CBDO
(c) CODB (d) CBDP

20. JAL, MDO, PGR, SJU, ?

SSC CGL (Tier-I) 24/09/2024 Shift-III

(a) VMX (b) VMY
(c) WNX (d) WMX

21. 61, ?, ?, 73, 79, 83, 89

SSC CGL (Tier-I) 24/09/2024 Shift-III

(a) 67,71 (b) 63, 65
(c) 63, 67 (d) 67,69

22. HKPT, JLNS, LMLR, ?, POHP

SSC CGL (Tier-I) 24/09/2024 Shift-II

(a) NNJQ (b) NNQJ
(c) NNIQ (d) NNKO

23. 5, 10, 17, 26, 37, ?

SSC CGL (Tier-I) 24/09/2024 Shift-II

(a) 54 (d) 52 (c) 50 (d) 60

24. 32, 36, 44, 56, 72, ...

SSC CGL (Tier-I) 24/09/2024 Shift-I

(a) 98 (b) 90
(c) 80 (d) 92

25. _TUVTR_WU_UXVN_Y

SSC CGL (Tier-I) 24/09/2024 Shift-I

(a) SUUP (b) PSVU
(c) SUPU (d) SVUP

26. TGO, VIN, XKM, ZML, ?

SSC CGL (Tier-I) 24/09/2024 Shift-I

(a) XKO (b) BOK
(c) BNN (d) BOM

27. ME_ICM_DIC_GDI_MHD_C

SSC CGL (Tier-I) 23/09/2024 Shift-III

(a) DCFMI
(b) DFMCI
(c) DFMBI
(d) DEMAI

28. MY 84, KW 80, IU 76, GS 72, ?

SSC CGL (Tier-I) 23/09/2024 Shift-II

(a) FQ 71 (b) ER 70
(c) EQ 68 (d) FP 69

29. 81, 65, 50, ?, 23, 11

SSC CGL (Tier-I) 23/09/2024 Shift-II

(a) 34 (b) 36
(c) 35 (d) 37

30. XJUM, VLSO, TNQQ, RPOS, ?
SSC CGL (Tier-I) 23/09/2024 Shift-II
(a) PRMU (b) PRNU
(c) QRMT (d) PRMT

31. ABF_HI_NOP_U_WABCDH_
SSC CGL (Tier-I) 23/09/2024 Shift-I
(a) GMTUI (b) GMTVI
(c) IMTVI (d) GMSVI

32. BH14, CJ17, DL20, EN23, ?
SSC CGL (Tier-I) 23/09/2024 Shift-I
(a) GO24 (b) FO24
(c) GP26 (d) FP26

33. 389, 420, 457, 498, 541, ?
SSC CGL (Tier-I) 23/09/2024 Shift-I
(a) 584 (b) 572 (c) 588 (d) 598

34. JHOQ, NFSO, ?, VBAK, ZZEI
SSC CGL (Tier-I) 23/09/2024 Shift-I
(a) RCXM (b) RDWM
(c) RDMV (d) RCWM

35. I _ _ I _ I _ _ I _ J _
SSC CGL (Tier-I) 19/09/2024 Shift-III
(a) J I J I J I I
(b) J I I I J J I
(c) I I J J J I J
(d) I J I I J J I

36. 58, 70. 83, 97, ...
SSC CGL (Tier-I) 19/09/2024 Shift-III
(a) 113 (b) 114
(c) 111 (d) 112

37. 625, 382, 301, 274, 265, ?
SSC CGL (Tier-I) 19/09/2024 Shift-II
(a) 248 (b) 260
(c) 258 (d) 262

38. _ B _ _ _ AL _ _ L_ _
SSC CGL (Tier-I) 19/09/2024 Shift-II
(a) BBALLBAA (b) BLABBALL
(c) LALBBABA (d) LBAALLBA

39. AWSO, KGCY, UQMI, EAWS, ?
SSC CGL (Tier-I) 19/09/2024 Shift-I
(a) ZWTQ (b) OGKH
(c) OKGC (d) WAEI

40. B _ E N B _ C E N B B C _ N B B C E _ B _ C
SSC CGL (Tier-I) 19/09/2024 Shift-I
(a) CNEBB (b) BCENB
(c) BNECB (d) CBENB

41. NW17, PY19, RA21, TC23, ?
SSC CGL (Tier-I) 18/09/2024 Shift-III
(a) VE25 (b) WF23
(c) WD24 (d) XD24

42. 3, 6, 9, 18, 21, ?
SSC CGL (Tier-I) 18/09/2024 Shift-III
(a) 24 (b) 63
(c) 42 (d) 40

43. MJPT, PGMW, SDJZ, ?, YXDF
SSC CGL (Tier-I) 18/09/2024 Shift-II
(a) VAGC (b) WAGD
(c) VAGD (d) VZFC

44. LMN_OLLM_QOLL_NQO_LMNQ_LL M
SSC CGL (Tier-I) 18/09/2024 Shift-II
(a) QLMNO (b) QNMLO
(c) NQLMO (d) QMNLO

45. 20, 25, 25, 35, 30, 45, ?, 55, 40
SSC CGL (Tier-I) 18/09/2024 Shift-II
(a) 60 (b) 30 (c) 50 (d) 35

46. _YZKXKX_ZKX_XY_KXKXYZ_XKXY
SSC CGL (Tier-I) 18/09/2024 Shift-I
(a) KYXZK (b) XYZKK
(c) XYKZK (d) KXYKZ

47. WIX, VHW, UGV, TFU, ?
SSC CGL (Tier-I) 18/09/2024 Shift-I
(a) TEU (b) SFT
(c) SET (d) SEU

48. YL 93, XK 88, WJ 83, VI 78, ?
SSC CGL (Tier-I) 17/09/2024 Shift-III
(a) VG 74 (b) VI 74
(c) UH 72 (d) UH 73

49. JKT, LJR, NIP, ?
SSC CGL (Tier-I) 17/09/2024 Shift-III
(a) PHM (b) OGP
(c) PGO (d) PHN

50. 1225, 1184, 1147, 1116, 1087, ?
SSC CGL (Tier-I) 17/09/2024 Shift-III
(a) 1064 (b) 1072
(c) 1078 (d) 1054

51. EQBY, GPDX, ?, KNHV, MMJU
SSC CGL (Tier-I) 17/09/2024 Shift-II
(a) IOEW (b) IOFW
(c) IPFW (d) HOFW

52. PJ 16, SM 25, VP 36, YS 49, ?
SSC CGL (Tier-I) 17/09/2024 Shift-I
(a) DW 64 (b) CW 81
(c) BV 64 (d) CV 36

53. 96, 77, 60, 47, 36, ?
SSC CGL (Tier-I) 17/09/2024 Shift-I
(a) 32 (b) 29 (c) 30 (d) 28

54. BKUZ, ENWB, ?, KTAF, NWCH
SSC CGL (Tier-I) 17/09/2024 Shift-I
(a) HRYD (b) HRZD
(c) HQYD (d) HRYE

55. BHVC, ZLTG, XPRK, ?, TXNS
SSC CGL (Tier-I) 13/09/2024 Shift-III
(a) VTPO (b) VTPN
(c) VPTO (d) VPTN

56. _ O _ O _ _ O _ P _ O _
SSC CGL (Tier-I) 13/09/2024 Shift-III
(a) PPOOPOP (b) OOPPPOO
(c) OPOPOOP (d) PPOOOPO

57. 9, 17, 33, 65, 129, ?
SSC CGL (Tier-I) 13/09/2024 Shift-II
(a) 258 (b) 259 (c) 257 (d) 254

58. RLYV, PJWT, NHUR, ?, JDQN
SSC CGL (Tier-I) 13/09/2024 Shift-II
(a) LFSP (b) LFTP
(c) LGTP (d) LGSP

59. f h _ h _ gf _ hg _ h _ ff _ g _ h _ f
SSC CGL (Tier-I) 13/09/2024 Shift-II
(a) ghffghfg (b) ghfhgffg
(c) ghfhghhg (d) ghfhghfg

60. 30, 20, ?, 60, 140
SSC CGL (Tier-I) 13/09/2024 Shift-II
(a) 30 (b) 40 (c) 25 (d) 35

61. D_FD_F_F_D_F
SSC CGL (Tier-I) 13/09/2024 Shift-I
(a) F F D F F (b) D F F D D
(c) F D D F F (d) D F D D F

62. AH21, CJ18, EL15, GN12, ?
SSC CGL (Tier-I) 13/09/2024 Shift-I
(a) J8 (b) HR11 (c) HQ10 (d) IP9

63. _ X _ F _ _ _ X T _ X _
SSC CGL (Tier-I) 13/09/2024 Shift-I
(a) XTTFXFX (b) XFTTXFX
(c) FXXTFXT (d) FTXTFFT

64. KES, MIQ, PMN, TQJ, YUE, ?
SSC CGL (Tier-I) 13/09/2024 Shift-I
(a) FYX (b) EXZ
(c) EXY (d) EYY

65. 7, 13, ?, 145, 721, 4321
SSC CGL (Tier-I) 12/09/2024 Shift-III
(a) 23 (b) 37 (c) 36 (d) 25

66. fd_e_ef_dd_d_ff_d_d_f
SSC CGL (Tier-I) 12/09/2024 Shift-III
(a) ddfdedef (b) ddfeedee
(c) ddfeeded (d) ddfefdee

67. E_GHEI_GELK_ _OME
SSC CGL (Tier-I) 12/09/2024 Shift-II
(a) FGEI (b) IGFE
(c) FIFE (d) IFGE

68. 16, 36, 64, ?, ?, 196, 256, 324
SSC CGL (Tier-I) 12/09/2024 Shift-II
(a) 81, 121 (b) 81, 100
(c) 81, 100 (d) 100, 144

69. IMHP, MPJQ, QSLR, UVNS, ?
SSC CGL (Tier-I) 12/09/2024 Shift-I
(a) YYPT (b) YYOT
(c) XYPT (d) YXPT

70. BYN_J_YNF_X_NFJVY_FJ
SSC CGL (Tier-I) 11/09/2024 Shift-III
(a) FJZNY (b) FZYVJ
(c) FZJYN (d) FNJYV

71. 12, 25, 49, ?, 197, 395
SSC CGL (Tier-I) 11/09/2024 Shift-III
(a) 99 (b) 100 (c) 121 (d) 96

72. 3, 20, 121, 604, 2417, ?
SSC CGL (Tier-I) 11/09/2024 Shift-II
(a) 7275 (b) 7200
(c) 7250 (d) 7300

73. _C_W_ _ _C_W_ _
SSC CGL (Tier-I) 11/09/2024 Shift-II
(a) CWCWWCCW
(b) WWCWWWCW
(c) WCCWWWCC
(d) CCWWCCWW

74. DBOI, FEQL, ?, JKUR, LNWU
SSC CGL (Tier-I) 11/09/2024 Shift-II
(a) HISP (b) HHSO
(c) HISO (d) IHSP

75. 17, 38, 84, ?, 376, 772
SSC CGL (Tier-I) 11/09/2024 Shift-I
(a) 190 (b) 200 (c) 180 (d) 150

76. qp_r_rq_p_rp_q_pr_p_q
SSC CGL (Tier-I) 11/09/2024 Shift-I
(a) r p q r r p r q
(b) r p q r r q r p
(c) r p q q r q r p
(d) r p q r r q r r

77. 4, ?, ?, 49, 121, 169, 289
SSC CGL (Tier-I) 10/09/2024 Shift-III
(a) 9, 25 (b) 3, 9
(c) 16, 25 (d) 9, 16

78. ICT, FES, CGR, ZIQ, ?
SSC CGL (Tier-I) 10/09/2024 Shift-II
(a) WJP (b) WKP
(c) XKP (d) XLO

79. DF_IJOD_HIJO_FHIJODF_IJOD_
SSC CGL (Tier-I) 10/09/2024 Shift-II
(a) FHDHF (b) HFFDH
(c) HFHDF (d) HFDHF

80. FM61, EK58, DI55, CG52, ?
SSC CGL (Tier-I) 10/09/2024 Shift-I
(a) BF48 (b) BE49
(c) CE46 (d) CD44

81. 23, 27, 43, 79, 143, ?
SSC CGL (Tier-I) 10/09/2024 Shift-I
(a) 240 (b) 243
(c) 200 (d) 250

82. ZVRN, VSPM, RPNL, ?, JJJJ
SSC CGL (Tier-I) 10/09/2024 Shift-I
(a) RNLK (b) RMLN
(c) RNLL (d) NMLK

83. 35, 38, 43, 50, 59 ......
SSC CGL (Tier-I) 9/09/2024 Shift-III
(a) 70 (c) 68 (c) 78 (d) 62

84. XF 11, YI 15, ZL 19, AO 23, ?
SSC CGL (Tier-I) 9/09/2024 Shift-III
(a) BP 26 (b) CQ 25
(c) CR 25 (d) BR 27

85. VO39, TM35, RK31, PI27, ?
SSC CGL (Tier-I) 9/09/2024 Shift-II
(a) OH24 (b) MG22
(c) MH24 (d) NG23

86. N _ B A N A _ A _ A N A N A B _ N A N A B A _ A N A
SSC CGL (Tier-I) 9/09/2024 Shift-II
(a) ANBAN (b) NANAB
(c) ANANB (d) ANABN

87. BVTO, DTVM, ?, HPZI, JNBG
SSC CGL (Tier-I) 9/09/2024 Shift-II
(a) FKXR (b) RXFK
(c) FRXK (d) RFXK

88. 99, 123, 150, 180, 213, ?
SSC CGL (Tier-I) 9/09/2024 Shift-II
(a) 259 (b) 248 (c) 249 (d) 258

89. L_P_QS_K_P_S_KP_Q_L_ _PQS
SSC CGL (Tier-I) 9/09/2024 Shift-I
(a) KPLPQQLPSK
(b) PKLPQPLSKP
(c) KPLPQLPSKP
(d) KPLPLQLSPK

90. 1, 3, 10, 41, ?, 1237
SSC CGL (Tier-I) 9/09/2024 Shift-I
(a) 202 (b) 200
(c) 206 (d) 210

91. UE 88, VG 84, WI 80, XK76, ?
SSC CGL (Tier-I) 9/09/2024 Shift-I
(a) YN73 (b) YM72
(c) ZM72 (d) ZN71

SSC CGL 2023 (Tier I & II)

92. 18, 74, 298, 1194, 4778, ?
SSC CGL (Tier-II) 26/10/2023
(a) 19116 (b) 19112
(c) 19114 (d) 19110

93. PR_Y_ _ RA_ZP_A_Z
SSC CGL (Tier-II) 26/10/2023
(a) AZYZRY (b) APYZZY
(c) AZPYRY (d) APYZRY

94. 242, 288, ?, 392, 450
SSC CGL (Tier-II) 07/03/2023
(a) 324 (b) 316 (c) 338 (d) 375

95. FIR _ DF _ _ EDF _ T _ DFI _ E _
SSC CGL (Tier-II) 06/03/2023 Shift-I
(a) EISIEUE (b) EGSJEUE
(c) EHSIEUD (d) EISIEUD

96. _V J R W B _ _ R W B V L _ _ B V _ _ W
SSC CGL (Tier-II) 03/03/2023 Shift-I
(a) B W K R W M R
(b) A V K R W M R
(c) A W K R X N R
(d) B V K R W M R

97. 58, 179, ?, 492, 688
SSC CGL (Tier-II) 02/03/2023 Shift-I
(a) 313 (b) 269 (c) 300 (d) 323

98. Q W _ R T Q _ F R _ Q W _ _ T _ _ H R T
SSC CGL (Tier-I) 02/03/2023 Shift-I
(a) E X T G R Q X
(b) E W T G R Q W
(c) E W T H S Q W
(d) F W T G R Q X

99. S _ U C T S R _ _ T _ R U E _ S R _ _ T
SSC CGL (Tier-I) 27/07/2023 Shift-III
(a) R U E S T V G (b) R U D S T U F
(c) R V E S T U F (d) R V D S T U F

100. L _ _ RALMT _ _ _ _ T R A L M _ R _
SSC CGL (Tier-I) 27/07/2023 Shift-III
(a) MTRLAMTA (b) TRMALMTA
(c) MRTLAMTA (d) MTRALMTA

101. PQST, TOVS, ?, BKBQ, FIEP
SSC CGL (Tier-I) 27/07/2023 Shift-III
(a) XYRM (b) XNYQ
(c) YNZQ (d) XMYR

102. 232, 221, 199, ?, 122, 67
(a) 155 (b) 166
(c) 165 (d) 177

103. _T M _ P T _ R _ _ M R P _ _ R
SSC CGL (Tier-I) 27/07/2023 Shift-II
(a) P M T R R M T
(b) P R M P T T M
(c) M T P R T M R
(d) M P T R M T T

104. $\frac{1}{176}, \frac{1}{88}, ?, \frac{1}{22}, \frac{1}{11}$
SSC CGL (Tier-I) 27/07/2023 Shift-I
(a) $\frac{1}{44}$ (b) $\frac{1}{42}$ (c) $\frac{1}{48}$ (d) $\frac{1}{32}$

105. G_A R E G L_R_G_C_E G L_ _E
SSC CGL (Tier-I) 27/07/2023 Shift-I
(a) K B E L R D R
(b) L B E L R D R
(c) K B E L R E R
(d) L A E L R E R

106. AJRX, CNXF, ERDN, ?, IZPD
SSC CGL (Tier-I) 27/07/2023 Shift-I
(a) HVJV (b) GVJV
(c) GVKV (d) HVIT

107. L_NNN_ _M N N N N_MN N N_
SSC CGL (Tier-I) 26/07/2023 Shift-IV
(a) L M M N L (b) M N N L M
(c) L M N N L (d) M N L L N

108. 2, 6, 9, 27, 30, 90, ?
SSC CGL (Tier-I) 26/07/2023 Shift-IV
(a) 88 (b) 93
(c) 90 (d) 85

109. WTDH, URGK, SPJN, ?, OLPT
SSC CGL (Tier-I) 26/07/2023 Shift-IV
(a) QNMQ (b) QNLP
(c) RNMQ (d) QMNP

110. 214, 207, 193, ?, 144, 109
SSC CGL (Tier-I) 26/07/2023 Shift-III
(a) 117 (b) 170
(c) 175 (d) 172

111. GTCL, KWEM, OZGN, SCIO, ?
SSC CGL (Tier-I) 26/07/2023 Shift-III
(a) WFKP (b) WKFD
(c) VJEF (d) VGLQ

112. 2, 10, 40, 120, 240, ?
SSC CGL (Tier-I) 26/07/2023 Shift-II
(a) 240 (b) 480
(c) 360 (d) 300

113. C_ _UP_EX_PC_XU_ _E_UP
SSC CGL (Tier-I) 26/07/2023 Shift-II
(a) EXUECPCX
(b) XECUEPCX
(c) EXCUPEXC
(d) EXCUEPCX

114. ZXV, TRP, NLJ, HFD, ?
SSC CGL (Tier-I) 26/07/2023 Shift-I
(a) BXZ (b) ZXB
(c) XZB (d) BZX

115. BUF_ESH_UPL_SHB_PLES_BU_LE_H
SSC CGL (Tier-I) 26/07/2023 Shift-I
(a) LBEHUSP (b) LBEUHPS
(c) LBEPUSH (d) LBEUPSH

116. 32, ? , 44, 56, 72, 92
SSC CGL (Tier-I) 25/07/2023 Shift-IV
(a) 36 (b) 38 (c) 34 (d) 40

117. ST_FIR_STNF_RGSTN_IRG__NFI_G
SSC CGL (Tier-I) 25/07/2023 Shift-IV
(a) NGSFITR (b) NGISFRT
(c) NGFISRT (d) NGIFSTR

118. 57, 69, 88, 112, 150, 186, 243, ?
SSC CGL (Tier-I) 25/07/2023 Shift-III
(a) 286 (b) 300
(c) 289 (d) 291

119. N M L _ J N _ L J J _ M L J _ N M _ J J
SSC CGL (Tier-I) 25/07/2023 Shift-III
(a) J M N J L (b) M N L J M
(c) J N L M J (d) M N J L N

120. C_RC_R_AR_A_CA_
SSC CGL (Tier-I) 25/07/2023 Shift-II
(a) AACCRR (b) ACRACR
(c) RACACA (d) RACAAC

121. 3, 8, 15, 26, 39, ?
SSC CGL (Tier-I) 25/07/2023 Shift-II
(a) 61 (b) 49 (c) 52 (d) 56

122. ADZ, GJF, MPL, SVR, ?
SSC CGL (Tier-I) 25/07/2023 Shift-II
(a) XBY (b) XYB
(c) YBX (d) YXB

123. 27, 38, ?, 68, 87, 110
SSC CGL (Tier-I) 25/07/2023 Shift-I
(a) 47 (b) 51 (c) 50 (d) 53

124. BZVR, DXWQ, ? HTYO, JRZN
SSC CGL (Tier-I) 25/07/2023 Shift-I
(a) FVPX (b) FXPV
(c) FXPN (d) FVXP

125. Z Y R _ Z _ R R Z Y _ R _ Y R _
SSC CGL (Tier-I) 25/07/2023 Shift-I
(a) Z R Y Z R (b) R Z R Y Z
(c) R Y R Z R (d) Z R R Y Z

126. 31, 37, 46, 60, 81, ?
SSC CGL (Tier-I) 24/07/2023 Shift-IV
(a) 106 (b) 111 (c) 117 (d) 122

127. D _ B A _ C B _ D C B _ D _ B A
SSC CGL (Tier-I) 24/07/2023 Shift-IV
(a) C D A A C (b) D B C A C
(c) D C B C A (d) C B D C A

128. XGR, TKN, POJ, LSF, ?, DAX
SSC CGL (Tier-I) 24/07/2023 Shift-IV
(a) HVB (b) HWB
(c) HWA (d) GWB

129. F G H_Y_G_U Y F_H_Y F G_W_
SSC CGL (Tier-I) 24/07/2023 Shift-III
(a) TFHGVHY (b) UGHGVHY
(c) TGHGVHY (d) UFHGVIY

130. 18, 20, 22, 27, 32, 39, ?
SSC CGL (Tier-I) 24/07/2023 Shift-III
(a) 47 (b) 46
(c) 45 (d) 42

131. 1, 4, 27, 16, 125, ?
SSC CGL (Tier-I) 24/07/2023 Shift-II
(a) 49 (b) 36 (c) 343 (d) 216

132. F I R _ D F _ _ E D F _ T _ D F I _ E _
SSC CGL (Tier-I) 24/07/2023 Shift-I
(a) E G S J E U E (b) E H S I E U D
(c) E I S I E U E (d) E I S I E U D

133. QZAE, RYCG, SXEI, ?, UVIM
SSC CGL (Tier-I) 24/07/2023 Shift-I
(a) TWGK (b) SWGL
(c) SWGK (d) TWHK

134. XLO, VOM, TRK, RUI, ?
SSC CGL (Tier-I) 21/07/2023 Shift-IV
(a) SXH (b) PXG
(c) PXH (d) QXG

135. 32, 54, 98, 186, ?, 714
SSC CGL (Tier-I) 21/07/2023 Shift-IV
(a) 450 (b) 354
(c) 362 (d) 452

136. WUS, QOM, KIG, ?
SSC CGL (Tier-I) 21/07/2023 Shift-III
(a) ECA (b) EAC
(c) CAE (d) ACE

137. A S D F _ A _ _ F G _ U D _ G A _ _ F G
SSC CGL (Tier-I) 21/07/2023 Shift-III
(a) F T D A F V D
(b) G T E A G X E
(c) F T E A F W D
(d) G T D A F V D

138. P _ _ MO _ ST _ OP _ TM _ _ S _ MO
SSC CGL (Tier-I) 21/07/2023 Shift-II
(a) TSSMPOPT (b) STSMPOPT
(c) STPMSOPT (d) STPSMOPT

139. T_OJEW_TRO_EWF_ROJ_WFTR_JE_F
SSC CGL (Tier-I) 21/07/2023 Shift-II
(a) RJFTWOE (b) RFJTEOW
(c) RJFOTWE (d) RFJOTEW

140. _ R Q _ P R _ S _ _ Q S P R Q _
SSC CGL (Tier-I) 21/07/2023 Shift-I
(a) P R Q S P S (b) P S R Q P S
(c) P S Q P R S (d) P Q R S P R

141. 245, 212, ?, 146, 113, 80
SSC CGL (Tier-I) 21/07/2023 Shift-I
(a) 176 (b) 179 (c) 180 (d) 178

142. EJCK, GMDO, IPES, ?, MVGA
SSC CGL (Tier-I) 21/07/2023 Shift-I
(a) KRFW (b) KRFV
(c) KTFW (d) KSFW

143. 131, 132, 141, 166, 215, ? 417
SSC CGL (Tier-I) 20/07/2023 Shift-IV
(a) 296 (b) 300
(c) 294 (d) 286

144. DMHR, AJEO, XGBL, ?, RAVF
SSC CGL (Tier-I) 20/07/2023 Shift-III
(a) UCYI (b) UDYI
(c) UDXI (d) YDYH

145. 5475, 1100, 225, 50, ?, 8, 6.6
SSC CGL (Tier-I) 20/07/2023 Shift-III
(a) 25 (b) 30
(c) 20 (d) 15

146. __SRDAT__DA_SR__TS_D
SSC CGL (Tier-I) 20/07/2023 Shift-III
(a) ATSRDTAR (b) ATSRTADR
(c) ASRTTDAR (d) ATSRTDAR

147. 17, 24, 38, 59, 87, ?
SSC CGL (Tier-I) 20/07/2023 Shift-III
(a) 137 (b) 122
(c) 109 (d) 117

148. 11, ?, 29, 53, 101, 197
SSC CGL (Tier-I) 20/07/2023 Shift-II
(a) 17 (b) 21
(c) 13 (d) 19

149. P_GIO_D_IORDG_O_DGIO
SSC CGL (Tier-I) 20/07/2023 Shift-II
(a) GQDSI (b) SIDGQ
(c) QGDIS (d) DQGIS

150. LCAZ, NECX, PGEV, ?, TKIR
SSC CGL (Tier-I) 20/07/2023 Shift-I
(a) RIGT (b) SJHS
(c) QHFV (d) TKHS

151. MAL_VY_MALIV_OM_LIVYO_A_I_Y O
SSC CGL (Tier-I) 20/07/2023 Shift-I
(a) IOYALVM (b) IYOMALV
(c) IOYAMLV (d) IYOMAVL

152. 18, 23, ? 41, 54, 71
SSC CGL (Tier-I) 20/07/2023 Shift-I
(a) 30 (b) 32
(c) 34 (d) 29

153. N O P _ Q N O _ I Q N _ P H Q _ O P G _
SSC CGL (Tier-I) 19/07/2023 Shift-IV
(a) P J O N O (b) J P Q N O
(c) J P O N Q (d) P J N O Q

154. ALW, GEY, MXA, SQC, YJE,?
SSC CGL (Tier-I) 19/07/2023 Shift-IV
(a) DBI (b) ECG
(c) DCH (d) EBH

155. A B _ K P C _ H K P E B H _ P G B H K _
SSC CGL (Tier-I) 19/07/2023 Shift-III
(a) H B K P (b) C D G P
(c) H D G P (d) C P H B

156. 27, ?, 101, 138, 175, 212, 249
SSC CGL (Tier-I) 19/07/2023 Shift-III
(a) 72 (b) 66
(c) 64 (d) 59

157. 17, ?, 35, 53, 77, 107
SSC CGL (Tier-I) 19/07/2023 Shift-III
(a) 23 (b) 25 (c) 28 (d) 21

158. WGNY, ZDQV, CATS, FXWP, ?
SSC CGL (Tier-I) 19/07/2023 Shift-III
(a) IZMU (b) IMUZ
(c) IUZM (d) IVZM

159. EGI, KMO, QSU, ?
SSC CGL (Tier-I) 19/07/2023 Shift-III
(a) VWY (b) XAD
(c) WYA (d) XYZ

160. 2, 4, 12, 48, 240, ?
SSC CGL (Tier-I) 19/07/2023 Shift-II
(a) 480 (b) 720
(c) 360 (d) 1440

161. R E U _ T R _ _ Q T R E W _ _ R E _ _ T
SSC CGL (Tier-I) 19/07/2023 Shift-II
(a) Q F V Q T X R
(b) Q E W Q T Y R
(c) Q F W Q T X Q
(d) Q E V Q T X Q

162. 3, 12, ?, 39, 57, 78
SSC CGL (Tier-I) 19/07/2023 Shift-I
(a) 24 (b) 22
(c) 19 (d) 20

163. BCE, GHJ, LMO, QRT, ?
SSC CGL (Tier-I) 19/07/2023 Shift-I
(a) VWX (b) WXZ
(c) UVX (d) VWY

164. AESO_WDAE_ _MWDA_SOM_D_ESO MW_
SSC CGL (Tier-I) 19/07/2023 Shift-I
(a) MSOEWAD (b) MOSEDAW
(c) MOESWAD (d) MSOEDAW

165. 11, ?, 20, 29, 41, 56
SSC CGL (Tier-I) 18/07/2023 Shift-IV
(a) 16 (b) 14
(c) 13 (d) 15

166. Z X C _ B Z _ _ V B _ X E V _ Z _ _ V B
SSC CGL (Tier-I) 18/07/2023 Shift-IV
(a) U X D Z B X F (b) U Y E Z B X F
(c) V Y E Z B X G (d) V X D Z B X F

167. 4, 11, 20, 31, 44, ?
SSC CGL (Tier-I) 18/07/2023 Shift-III
(a) 61 (b) 59
(c) 57 (d) 63

168. 49, 54, 44, 59, ?, 64, 34
SSC CGL (Tier-I) 18/07/2023 Shift-III
(a) 44 (b) 39 (c) 36 (d) 51

169. DY_GMI_ _YTG_ILDYT_MILD_ TGM_L
SSC CGL (Tier-I) 18/07/2023 Shift-II
(a) TDLGMYI (b) TLDGMIY
(c) TLDMGYI (d) TLDYMIG

170. BRU_TLP_RUI_LPBR_ITLPB_UIT_ _
SSC CGL (Tier-I) 18/07/2023 Shift-I
(a) IBTUPLR (b) IBTRUPL
(c) IBTURLP (d) IBRUTLP

171. CXW, EVU, GTS, IRQ, ?
SSC CGL (Tier-I) 18/07/2023 Shift-I
(a) NOL (b) MNO
(c) ONM (d) KPO

172. _B_TFHBN_FI_NTF_BNTF
SSC CGL (Tier-I) 17/07/2023 Shift-IV
(a) GTNJB (b) GBJNT
(c) GNTBJ (d) GJNTB

173. 325, 271, 226, ?, 163, 145, 136
SSC CGL (Tier-I) 17/07/2023 Shift-IV
(a) 196 (b) 186
(c) 190 (d) 180

174. PRKY_LDP_ _YOLD_RKYO_DPRK_ _LD
SSC CGL (Tier-I) 17/07/2023 Shift-III
(a) ORKPLYO (b) ORKLPOD
(c) ORPLKYO (d) ORPKYLP

175. 82, 79, 71, ?, 60, 57, 49
SSC CGL (Tier-I) 17/07/2023 Shift-III
(a) 63 (b) 61
(c) 68 (d) 62

176. 43, 52, 47, ?, 51, 60, 55
SSC CGL (Tier-I) 17/07/2023 Shift-II
(a) 57 (b) 49
(c) 56 (d) 53

177. MPKL, NRLN, OTMP, PVNR, ?
SSC CGL (Tier-I) 17/07/2023 Shift-II
(a) QXOT (b) QXPU
(c) QXPT (d) QYPY

178. C_ _SRCNP_ _ _N_SRC_PS_
SSC CGL (Tier-I) 17/07/2023 Shift-II
(a) NPSRPCRN (b) NPSRCPNR
(c) NPSRCPRN (d) PSNRCPNR

179. 512, 508, 500, 496, ?, 484
SSC CGL (Tier-I) 17/07/2023 Shift-II
(a) 480 (b) 488
(c) 484 (d) 490

180. DNU, ?, NXE, SCJ, XHO
SSC CGL (Tier-I) 17/07/2023 Shift-I
(a) GPV (b) HRY
(c) GQW (d) ISZ

181. 19, 26, ?, 46, 59, 74
SSC CGL (Tier-I) 17/07/2023 Shift-I
(a) 33 (b) 35
(c) 30 (d) 32

182. OTLN, MSJM, KRHL, IQFK, ?
SSC CGL (Tier-I) 14/07/2023 Shift-IV
(a) GQDJ (b) GPDK
(c) GPDJ (d) HPDK

183. A _ M P S A C _ P S A C O _ S A C P P _
SSC CGL (Tier-I) 14/07/2023 Shift-IV
(a) S C A N (b) C M A S
(c) S M P A (d) C N P S

184. 15, ?, 27, 39, 55, 75
SSC CGL (Tier-I) 14/07/2023 Shift-IV
(a) 20 (b) 21
(c) 18 (d) 19

185. R _ _ ODRMN _ _ _ MN _ DR _ NO_
SSC CGL (Tier-I) 14/07/2023 Shift-III
(a) MNODRODM (b) MNDOROMD
(c) MNODROMD (d) NMODROMD

186. PGLT, RHNU, TIPV, VJRW, ?
SSC CGL (Tier-I) 14/07/2023 Shift-III
(a) WXKT (b) XLTX
(c) WKUX (d) XKTX

187. 33, 80, 108, ? 183, 230, 258
SSC CGL (Tier-I) 14/07/2023 Shift-II
(a) 155 (b) 143 (c) 138 (d) 160

188. MN _ _SM_ PO _ _ N _ OSM _ P _S
SSC CGL (Tier-I) 14/07/2023 Shift-II
(a) PONMSPNO (b) PONSNOMP
(c) PNOSMPNO (d) PONSMPNO

189. 39, 42, 48, 57, 69, ?, 102
SSC CGL (Tier-I) 14/07/2023 Shift-II
(a) 84 (b) 87
(c) 81 (d) 79

190. UV, OY, IB, EE, ?
SSC CGL (Tier-I) 14/07/2023 Shift-I
(a) BH (b) AH (c) BI (d) ZK

191. C L _ V E C _ _ W E C L O _ _ C _ O _ E
SSC CGL (Tier-I) 14/07/2023 Shift-I
(a) O L P X E L Y (b) O L O X E L Y
(c) O L O X F M Y (d) O L O Y E L Z

SSC CGL 2022 (Tier I)

192. GAR, AXS, UUT, ORU, ?
SSC CGL (Tier-I) 13/12/2022 Shift-IV
(a) MOV (b) QRT
(c) IMR (d) IOV

193. EDIC, FGJF, ?, HMLL, IPMO
SSC CGL (Tier-I) 13/12/2022 Shift-IV
(a) GIKI (b) GJLI
(c) GJKJ (d) GJKI

194. 31, ?, 40, 49, 61, 76
SSC CGL (Tier-I) 13/12/2022 Shift-III
(a) 35 (b) 37 (c) 34 (d) 36

195. DW, FU, HS, JQ, LO, ?
SSC CGL (Tier-I) 13/12/2022 Shift-III
(a) NM (b) NN (c) MN (d) NO

196. TYG, ?, PSM, NPP, LMS
SSC CGL (Tier-I) 13/12/2022 Shift-II
(a) SVK (b) RVJ (c) SUJ (d) RUK

197. 12, 25, 51, 103, ?, 415, 831
SSC CGL (Tier-I) 13/12/2022 Shift-II
(a) 208 (b) 206 (c) 207 (d) 200

198. TTDS, VMLP, XFTM, ZYBJ, ?
SSC CGL (Tier-I) 13/12/2022 Shift-II
(a) BRJG (b) TTMO
(c) NDMO (d) BQRT

199. DBK, GDL, JFM, MHN, ?
SSC CGL (Tier-I) 13/12/2022 Shift-I
(a) PJO (b) PKO
(c) QKN (d) QJO

200. 67, 46, 24, 1, – 23, ?
SSC CGL (Tier-I) 13/12/2022 Shift-I
(a) – 38 (b) – 48
(c) – 46 (d) – 50

201. ABCD, EBCD, ? OBCD, UBCD
SSC CGL (Tier-I) 12/12/2022 Shift-IV
(a) JBCD (b) IBCD
(c) LBCD (d) KBCD

202. 5, 12, 26, ?, 110, 222
SSC CGL (Tier-I) 12/12/2022 Shift-IV
(a) 56 (b) 54
(c) 52 (d) 50

203. MHDM, MYLC, MPTS, MGBI, ?
SSC CGL (Tier-I) 12/12/2022 Shift-IV
(a) MNRS (b) MXYJ
(c) MJXY (d) MXJY

204. 1, 4, 13, 40, ?, 364
SSC CGL (Tier-I) 12/12/2022 Shift-III
(a) 120 (b) 121
(c) 132 (d) 124

205. COMB, GIUR, KCCH, OWKX,?
SSC CGL (Tier-I) 12/12/2022 Shift-III
(a) SQSN (b) SMRQ
(c) SRQM (d) MNQR

206. VSNY, UQLU, ? SMHM, RKFI
SSC CGL (Tier-I) 12/12/2022 Shift-II
(a) TOJQ (b) TOJR
(c) TOKQ (d) TPJQ

207. 25, 15, ? –5, –15
SSC CGL (Tier-I) 12/12/2022 Shift-II
(a) 5 (b) 20 (c) 10 (d) –1

208. ABCD, AXUR, ATMF, APET, ?
SSC CGL (Tier-I) 12/12/2022 Shift-II
(a) RATM (b) AMNO
(c) ALWH (d) ALHR

209. 12.8, 13.5, 14.9, 17, ?
SSC CGL (Tier-I) 12/12/2022 Shift-I
(a) 18.9 (b) 20.5
(c) 19.5 (d) 19.8

210. ABCD, CUKA, ENSX, GGAU, ?
SSC CGL (Tier-I) 12/12/2022 Shift-I
(a) MNOQ (b) IRQT
(c) IQRT (d) IZIR

211. ARC, EPF, JNI, PLL, ?
SSC CGL (Tier-I) 09/12/2022 Shift-IV
(a) WLQ (b) WJO
(c) QLP (d) QKP

212. ABCD, EVKT, IPSJ, MJAZ, ?
SSC CGL (Tier-I) 09/12/2022 Shift-IV
(a) RMQR (b) QDIP
(c) RQPH (d) TDIC

213. 15, 4, – 8, – 21, – 35, ?
SSC CGL (Tier-I) 09/12/2022 Shift-IV
(a) – 30 (b) – 48
(c) – 49 (d) – 50

214. 137, 114, ?, 91, 183
SSC CGL (Tier-I) 09/12/2022 Shift-III
(a) 125 (b) 112
(c) 160 (d) 145

215. NMR, QFZ, TYH, WRP ?
SSC CGL (Tier-I) 09/12/2022 Shift-II
(a) ZAM (b) ZKX
(c) ZXY (d) ZRS

216. 3, 13, 53, 213, ?, 3413
SSC CGL (Tier-I) 09/12/2022 Shift-II
(a) 1053 (b) 853
(c) 753 (d) 953

217. CBOM, FCQN, ?, LEUP, OFWQ
SSC CGL (Tier-I) 09/12/2022 Shift-II
(a) HDSO (b) IDSP
(c) IDSO (d) IDTO

218. NTSM, QNBA, THKO, WBTC, ?
SSC CGL (Tier-I) 09/12/2022 Shift-I
(a) ZYQR (b) RMNO
(c) ZVCQ (d) NMOP

219. DW, FU, IR, NM, UF,?
SSC CGL (Tier-I) 09/12/2022 Shift-I
(a) FU (b) FV
(c) GU (d) EV

220. 600, 565, 530, 495, 460,?
SSC CGL (Tier-I) 09/12/2022 Shift-I
(a) 420 (b) 425
(c) 428 (d) 430

221. 98, 70, 42, 14, ?, – 42
SSC CGL (Tier-I) 08/12/2022 Shift-IV
(a) 0 (b) – 10
(c) – 14 (d) – 15

222. LAFI, MCGL, ?, OGIR, PIJU
SSC CGL (Tier-I) 08/12/2022 Shift-IV
(a) NEIO (b) NFHO
(c) NEHO (d) NFIO

223. EGJM, GFLN, IENO, ?, MCRQ
SSC CGL (Tier-I) 08/12/2022 Shift-III
(a) KDPP (b) KPDD
(c) KPDK (d) KPDP

224. LKC, KMD, ?, IQF, HSG
SSC CGL (Tier-I) 08/12/2022 Shift-III
(a) JOE (b) IOJ
(c) IOE (d) JOP

225. TMTQ, WGCE, ZALS, CUUG,?
SSC CGL (Tier-I) 08/12/2022 Shift-II
(a) FRMQ (b) FODU
(c) FMRS (d) FORQ

226. 69, 70, 73, 78, 85, ?
SSC CGL (Tier-I) 08/12/2022 Shift-II
(a) 76 (b) 94
(c) 90 (d) 85

227. CLPM, FNQN, ?, LRSP, OTTQ
SSC CGL (Tier-I) 08/12/2022 Shift-I
(a) IPSO (b) IPRO
(c) IQRO (d) JPRO

228. 10, 15, 25, 45, 85, ?
SSC CGL (Tier-I) 08/12/2022 Shift-I
(a) 150 (b) 170
(c) 165 (d) 160

229. MOR, SXE, YGR, EPE, ?
SSC CGL (Tier-I) 07/12/2022 Shift-IV
(a) NRM (b) KMR
(c) NRQ (d) KYR

230. 17, 34, 51, ?, 85, 102
SSC CGL (Tier-I) 07/12/2022 Shift-IV
(a) 68 (b) 70 (c) 74 (d) 78

231. NTRQ, GOIF, ZJZU, SEQJ, ?
SSC CGL (Tier-I) 07/12/2022 Shift-III
(a) QNRT (b) LMRC
(c) LXYQ (d) LZHY

232. 7, 21, 63, 189, 567, ?
SSC CGL (Tier-I) 07/12/2022 Shift-III
(a) 1781 (b) 1800
(c) 1701 (d) 1720

233. XDNC, VGOE, ?, RMQI, PPRK
SSC CGL (Tier-I) 07/12/2022 Shift-III
(a) TJRG (b) TJQG
(c) TJPG (d) TKPG

234. 286, 192, 263, 176, 240, 160, 217, 144, ?
SSC CGL (Tier-I) 07/12/2022 Shift-II
(a) 186 (b) 165 (c) 190 (d) 194

235. ZYWT, XWUR, VUSP, ?, RQOL
SSC CGL (Tier-I) 07/12/2022 Shift-II
(a) TSQN (b) STQN
(c) TSQM (d) TSPN

236. NMTS, SGAK, XAHC, CUOU, ?
SSC CGL (Tier-I) 07/12/2022 Shift-II
(a) RMNO (b) HVMO
(c) OMQR (d) HOVM

237. 480, 240, 120, 60, 30, ?
SSC CGL (Tier-I) 07/12/2022 Shift-I
(a) 15 (b) 17
(c) 18 (d) 21

238. AZBY, BYCX, CXDW, ? EVFU
SSC CGL (Tier-I) 07/12/2022 Shift-I
(a) DVEW (b) DWFV
(c) DVEU (d) DWEV

239. ABCD, FVJV, KPQN, PJXF, ?
SSC CGL (Tier-I) 06/12/2022 Shift-IV
(a) EQRT (b) RQTS
(c) UDEX (d) UDQE

240. 5103, 1701, 567, ?, 63, 21
SSC CGL (Tier-I) 06/12/2022 Shift-IV
(a) 189 (b) 169 (c) 170 (d) 265

241. ACFD, CFHG, ?, GLLM, IONP
SSC CGL (Tier-I) 06/12/2022 Shift-IV
(a) FIJJ (b) EIJK
(c) EJJK (d) EIJJ

242. 27, 29, ?, 182, 730, 3652
SSC CGL (Tier-I) 06/12/2022 Shift-III
(a) 122 (b) 110
(c) 58 (d) 60

243. ZUPK, YTOJ, ?, WRMH, VQLG
SSC CGL (Tier-I) 06/12/2022 Shift-III
(a) XSNJ (b) XSMI
(c) XTNI (d) XSNI

244. NDRF, NZJT, NVBH, NRTV, ?
SSC CGL (Tier-I) 06/12/2022 Shift-II
(a) NJRM (b) NTQC
(c) NNLJ (d) NIRQ

245. QRM, PWD, OBU, NGL, ?
SSC CGL (Tier-I) 06/12/2022 Shift-I
(a) MRS (b) MQR
(c) MLC (d) MCL

246. 67, 78, 71, 82, 75, 86, ?
SSC CGL (Tier-I) 06/12/2022 Shift-I
(a) 79 (b) 92 (c) 97 (d) 84

247. MU, NE, PX, QF, SA, TG, ?
SSC CGL (Tier-I) 06/12/2022 Shift-I
(a) VC (b) UC
(c) VD (d) VE

248. HFK, KHM, ?, QLQ, TNS
SSC CGL (Tier-I) 05/12/2022 Shift-IV
(a) MKP (b) MJN
(c) NJO (d) OKN

249. 97, 131, 165, 199, 233,?
SSC CGL (Tier-I) 05/12/2022 Shift-IV
(a) 267 (b) 260 (c) 273 (d) 251

250. QML, PRC, OWT, NBK, ?
SSC CGL (Tier-I) 05/12/2022 Shift-IV
(a) MGB (b) GMR
(c) MBG (d) GQR

251. CABQ, CEJC, CIRO, CMZA, ?
SSC CGL (Tier-I) 05/12/2022 Shift-III
(a) CMNP (b) CQHM
(c) CQIM (d) CMRT

252. 1, 3, 6, 18, 36, 108, ?
SSC CGL (Tier-I) 05/12/2022 Shift-III
(a) 224 (b) 216
(c) 196 (d) 236

253. WNM, ULO, SJQ, QHS, ?
SSC CGL (Tier-I) 05/12/2022 Shift-II
(a) PFS (b) PGT
(c) OFU (d) OGU

254. TMT, ZOB, FQJ, LSR, ?
SSC CGL (Tier-I) 05/12/2022 Shift-II
(a) RZQ (b) RYO
(c) RZO (d) RUZ

255. 729, 243, ?, 27, 9, 3
SSC CGL (Tier-I) 05/12/2022 Shift-II
(a) 81 (b) 78 (c) 54 (d) 36

256. 41, 54, 67, 80, 93, ?
SSC CGL (Tier-I) 05/12/2022 Shift-I
(a) 106 (b) 105 (c) 110 (d) 108

257. AVTE, CTRG, ERPI, GPNK, ?
SSC CGL (Tier-I) 05/12/2022 Shift-I
(a) MINL (b) INJM
(c) ILNM (d) INLM

258. RLV, PNS, NPP, ? JTJ
SSC CGL (Tier-I) 03/12/2022 Shift-IV
(a) LRM (b) MSN
(c) KTM (d) KQN

259. VTHJ, ?, TRJL, SQKM, RPLN
SSC CGL (Tier-I) 03/12/2022 Shift-IV
(a) USLK (b) UZIK
(c) USIP (d) USIK

260. ?, 11, 35, 107, 323
SSC CGL (Tier-I) 03/12/2022 Shift-IV
(a) 8 (b) 5 (c) 4 (d) 3

261. ZXE, ZWD, ZVC, ?, ZTA
SSC CGL (Tier-I) 03/12/2022 Shift-III
(a) ZUB (b) SUB
(c) ZAB (d) ZUC

262. $\frac{1}{2}, \frac{3}{4}, ?, \frac{5}{4}$
SSC CGL (Tier-I) 03/12/2022 Shift-III
(a) $\frac{1}{4}$ (b) $\frac{2}{3}$ (c) 1 (d) $\frac{3}{4}$

263. TQT, ZSB, FUJ, LWR, ?
SSC CGL (Tier-I) 03/12/2022 Shift-II
(a) RNZ (b) RYA
(c) RYZ (d) RMZ

264. 26, 54, 110, 222, ?, 894
SSC CGL (Tier-I) 03/12/2022 Shift-II
(a) 442 (b) 446 (c) 440 (d) 444

265. FHG, IKJ, LNM, ?
SSC CGL (Tier-I) 03/12/2022 Shift-II
(a) OPQ (b) OQP (c) QOP (d) PRQ

266. 1, 22, 44, 67, 91, ?
SSC CGL (Tier-I) 03/12/2022 Shift-I
(a) 106 (b) 118 (c) 116 (d) 115

267. RMTS, WGAK, BAHC, GUOU, ?
SSC CGL (Tier-I) 03/12/2022 Shift-I
(a) LMNQ (b) LOVQ
(c) LMNO (d) LOVM

268. 29, 33, ?, 113, 369
SSC CGL (Tier-I) 02/12/2022 Shift-IV
(a) 54 (b) 49
(c) 55 (d) 51

269. LMR, PUA, TCJ, XKS, ?
SSC CGL (Tier-I) 02/12/2022 Shift-IV
(a) ARA (b) BSB
(c) CMQ (d) SMR

270. MBTN, KCSP, IDRR, ?, EFPV
SSC CGL (Tier-I) 02/12/2022 Shift-IV
(a) GEQT (b) GEQU
(c) GERT (d) GEQS

271. CZNM, FXOL, IVPK, ?, ORRI
SSC CGL (Tier-I) 02/12/2022 Shift-III
(a) LSQJ (b) LSQK
(c) LTQJ (d) LTRK

272. 111, 222, 444, ?, 1776, 3552
SSC CGL (Tier-I) 02/12/2022 Shift-III
(a) 1780 (b) 1770
(c) 999 (d) 888

273. 345, 356, 368, 381, 395, ?
SSC CGL (Tier-I) 02/12/2022 Shift-II
(a) 406 (b) 410
(c) 408 (d) 409

274. DMT, JOB, PQJ, VSR, ?
SSC CGL (Tier-I) 02/12/2022 Shift-II
(a) ZYM (b) BZY
(c) BZM (d) BUZ

275. ABCD, HGLO, OLUZ, VQDK, ?
SSC CGL (Tier-I) 02/12/2022 Shift-I
(a) CYQR (b) CVMV
(c) RTQV (d) CMVQ

276. abCD, fgHI, ? , stUV, abCD
SSC CGL (Tier-I) 02/12/2022 Shift-I
(a) lnMO (b) klMO
(c) lmNO (d) mnOP

277. RTM, VZX, ZFI, DLT, ?
SSC CGL (Tier-I) 01/12/2022 Shift-IV
(a) TMO (b) HRS
(c) HRE (d) RST

278. NAME, NEME, ?, NOME, NUME
(a) NIME (b) NKME
(c) NMME (d) NJME

279. 5, 10, 17, 26, 37, 50, ?
SSC CGL (Tier-I) 01/12/2022 Shift-IV
(a) 76 (b) 58
(c) 65 (d) 54

280. ABCD, BDFD, CFID, ?, EJOD
SSC CGL (Tier-I) 01/12/2022 Shift-III
(a) DHDD (b) DHLD
(c) DHED (d) DLHD

281. 1331, 2197, ?, 6859
SSC CGL (Tier-I) 01/12/2022 Shift-III
(a) 3375 (b) 5832
(c) 4096 (d) 4913

282. 4, 6, 12, 14, 28, 30, ?
SSC CGL (Tier-I) 01/12/2022 Shift-II
(a) 62 (b) 60
(c) 52 (d) 54

283. DW, FU, GT, IR, JQ, ?
SSC CGL (Tier-I) 01/12/2022 Shift-II
(a) LP (b) LN
(c) MO (d) LO

284. NMRQ, NDZG, NUHW, NLPM, ?
SSC CGL (Tier-I) 01/12/2022 Shift-I
(a) NQRC (b) MQRQ
(c) NHMH (d) NCXC

285. 382, 322, 272, 232, 202, ?
SSC CGL (Tier-I) 01/12/2022 Shift-I
(a) 168 (b) 182
(c) 132 (d) 150

SSC CGL 2021 (Tier I)

286. CLAP, HLVP, HQVK, MQQK,?
SSC CGL (Tier-I) 24/8/2021 Shift-III
(a) MVQF (b) RQLK
(c) HQVK (d) MLQP

287. 68, 3, 63, 3, 57, 9, 50, 15, 42, 33, 33,?
SSC CGL (Tier-I) 24/8/2021 Shift-III
(a) 36 (b) 63
(c) 33 (d) 66

288. dq_pln_qt_lnd_tpl_dq_p_n
SSC CGL (Tier-I) 24/8/2021 Shift-III
(a) t, t, q, p, n, l, d
(b) d, l, n, p, q, t, t
(c) t, d, p, q, n, t, l
(d) t, p, d, q, l, n, t

289. 4096, 1024, 256, 64, ?
SSC CGL (Tier-I) 24/8/2021 Shift-II
(a) 16 (b) 28 (c) 8 (d) 30

290. ROAD, SMDZ, TKGV, UIJR, ?
SSC CGL (Tier-I) 24/8/2021 Shift-II
(a) VHON (b) VHNO
(c) VGMN (d) VFNM

291. 3, 20, 38, 52, 75, 82, 114, ?
SSC CGL (Tier-I) 24/8/2021 Shift-I
(a) 118 (b) 101 (c) 110 (d) 104

292. r_vql_mv_lrm_q_rm_ql
SSC CGL (Tier-I) 24/8/2021 Shift-I
(a) q r v l v l m (b) m r q v l v
(c) l m q r v v (d) v v q r l m

293. MEND, PHJZ, SKFV, VNBR, ?
SSC CGL (Tier-I) 24/8/2021 Shift-I
(a) YQZM (b) YJYN
(c) YQXN (d) YRXO

294. 28, 18, 12, 8, ?
SSC CGL (Tier-I) 23/8/2021 Shift-II
(a) 3 (b) 2 (c) 5 (d) 4

295. ZVG, XRI, VNK, TJM, RFO, ?
SSC CGL (Tier-I) 23/8/2021 Shift-II
(a) PAR (b) QDP
(c) PEQ (d) QBR

296. 11, 13, 19, 49, 109, 239, ?
SSC CGL (Tier-I) 23/8/2021 Shift-I
(a) 494 (b) 394
(c) 349 (d) 449

297. G_CT_GP_T_GPC_D_PC_D
SSC CGL (Tier-I) 23/8/2021 Shift-I
(a) P T T D D C G
(b) P D C D T G T
(c) P C T D G T D
(d) P D D C G T T

298. PND, QKI, RHN, SES, ?
SSC CGL (Tier-I) 23/8/2021 Shift-I
(a) SXC (b) TBX
(c) SCX (d) TXB

299. 18, 3, 36, 6, 54, 9, ?
SSC CGL (Tier-I) 20/8/2021 Shift-II
(a) 72 (b) 89 (c) 12 (d) 90

300. DVG, ITM, NRS, SPY,?
SSC CGL (Tier-I) 20/8/2021 Shift-II
(a) WOE (b) XOF
(c) XNE (d) WNF

301. m_tq_ml_qrm_tq_m_t_r
SSC CGL (Tier-I) 20/8/2021 Shift-II
(a) l q r l l r t (b) l l q r l r t
(c) l t r l l r q (d) l r t l r l q

302. 121, 169, 225, 289, ?
SSC CGL (Tier-I) 20/8/2021 Shift-I
(a) 410 (b) 305 (c) 398 (d) 361

303. MCN, NCO, OCP, PCQ, ?
SSC CGL (Tier-I) 20/8/2021 Shift-I
(a) PQR (b) QCR
(c) OCQ (d) PCS

304. JL_N_J_PND_NP_DJ_P_D
SSC CGL (Tier-I) 20/8/2021 Shift-I
(a) M D N P N J O
(b) P M D N J O N
(c) P D M J N O N
(d) M D P N J N O

305. 6, 6, 8, 24, 28, 140, ?
SSC CGL (Tier-I) 18/8/2021 Shift-III
(a) 146 (b) 148
(c) 145 (d) 144

306. H, Q, I, T, K, ?, N
SSC CGL (Tier-I) 18/8/2021 Shift-III
(a) A (b) J (c) Y (d) U

307. DOWN, CRRU, BUMB, AXHI?
SSC CGL (Tier-I) 18/8/2021 Shift-I
(a) ACPZ (b) CAPZ
(c) ZACP (d) APCZ

308. 17, 20, 80, 85, ?, 517
SSC CGL (Tier-I) 18/8/2021 Shift-I
(a) 510 (b) 213
(c) 412 (d) 504

309. r_uktrj_kt_juk_rju_trj_kt
SSC CGL (Tier-I) 18/8/2021 Shift-I
(a) j, r, u, k, t, u (b) j, u, r, t, k, u
(c) j, r, u, t, u, k (d) u, j, r, t, j, u

310. ABD, CEI, EHN, ?
SSC CGL (Tier-I) 17/8/2021 Shift-III
(a) GIM (b) GHJ
(c) GKS (d) FJR

311. 215, 231, 256, 292, ?
SSC CGL (Tier-I) 17/8/2021 Shift-III
(a) 369 (b) 341
(c) 328 (d) 402

312. 24, 48, 51, 204, 209, ?
SSC CGL (Tier-I) 17/8/2021 Shift-I
(a) 416 (b) 215
(c) 1254 (d) 1047

313. P, N, J, H, ? SSC CGL (Tier-I) 17/8/2021 Shift-I
(a) D (b) B (c) E (d) C

314. WUW, TSV, QQU, NOT, ?
SSC CGL (Tier-I) 17/8/2021 Shift-I
(a) LNT (b) JNT
(c) KMS (d) MNS

315. b_ce_kb_c_fkbb_ef_bbc_fk
SSC CGL (Tier-I) 16/8/2021 Shift-III
(a) b, f, b, c, e, k, e,
(b) b, e, b, f, c, k, e,
(c) b, f, b, e, c, e, k,
(d) b, f, b, e, c, k, e,

316. 37, 52, 74, 104, 143, ?
SSC CGL (Tier-I) 16/8/2021 Shift-III
(a) 168 (b) 202
(c) 176 (d) 192

317. U A _ B _ T U _ C B D _ _ A C B _ T U A C _ _ T
SSC CGL (Tier-I) 16/8/2021 Shift-I
(a) C D A T U D C D
(b) C D A U U D B D
(c) C D A T U D B D
(d) D C A T U D D B

318. THME, WKJB, ZNGY, CQDV, ?
SSC CGL (Tier-I) 16/8/2021 Shift-I
(a) FTBS (b) FTAR
(c) FUAS (d) FTAS

319. 10, 22, 35, 40, 72, 40, ?
SSC CGL (Tier-I) 16/8/2021 Shift-I
(a) 133 (b) 131
(c) 143 (d) 134

320. Q_AD_R_KADP_QKA_PRQK_D_R
SSC CGL (Tier-I) 13/8/2021 Shift-III
(a) KPRQDAP (b) KPQRDAP
(c) KPQRDAQ (d) KPQRADP

321. UTMD, QXIH, MBEL, IFAP, ?
SSC CGL (Tier-I) 13/8/2021 Shift-III
(a) EKWU (b) EKXT
(c) EJWT (d) DJVT

322. PNNA, RPPE, TRRI, VTTO, ?
SSC CGL (Tier-I) 13/8/2021 Shift-I
(a) YVVU (b) XWWU
(c) XVVU (d) YUUV

323. 24, 35, 51, 73, 102, ?
SSC CGL (Tier-I) 13/8/2021 Shift-I
(a) 139 (b) 151
(c) 149 (d) 131

SSC CGL 2020 (Tier I)

324. PERSONA, ANPERSO, ANOSPER, ?
SSC CGL (Tier-I) 07/03/2020 Shift-II
(a) NOSAREP (b) ANOSERP
(c) ANSORPE (d) ANOSREP

325. 35, 36, 40, ?, 83, 208, 244
SSC CGL (Tier-I) 07/03/2020 Shift-II
(a) 73 (b) 67
(c) 55 (d) 60

326. eBd, hXi, kTn, nPs, ?
SSC CGL (Tier-I) 07/03/2020 Shift-I
(a) qLx (b) Qlv
(c) qKx (d) pLw

327. p_rsqrps_pqs_qr_qrps_p_s
SSC CGL (Tier-I) 07/03/2020 Shift-I
(a) q, r, p, p, r, q (b) q, r, p, s, r, q
(c) r, p, q, s, r, q (d) p, r, p, s, r, p

328. 17, 19, 22, 27, 34, 45, 58, ?
SSC CGL (Tier-I) 07/03/2020 Shift-I
(a) 67 (b) 73
(c) 78 (d) 75

329. DYKM, GZIN, JAGO, MBEP, ?
SSC CGL (Tier-I) 06/03/2020 Shift-III
(a) PCCQ (b) QCCQ
(c) PDDQ (d) PCDR

330. K, Q, V, ?, C, E, F
SSC CGL (Tier-I) 06/03/2020 Shift-III
(a) Z (b) A
(c) Y (d) X

331. 58, 73, 99, 138, 193, ?, 368
SSC CGL (Tier-I) 06/03/2020 Shift-III
(a) 312 (b) 260
(c) 329 (d) 268

332. qDx, nHs, kLn, hPi, ?
SSC CGL (Tier-I) 06/03/2020 Shift-II
(a) eSd (b) eTd
(c) fTe (d) EtD

333. _uvwuv_wvtuw_uvwuv_wv_uw
SSC CGL (Tier-I) 06/03/2020 Shift-II
(a) t, t, u, t, v (b) t, v, w, t, t
(c) t, u, t, u, t (d) t, t, t, t, t,

334. 11, 12, 36, 41, ?, 296
SSC CGL (Tier-I) 06/03/2020 Shift-II
(a) 287 (b) 123
(c) 48 (d) 205

335. ADG, CGK, EJO, ?, IPW
SSC CGL (Tier-I) 06/03/2020 Shift-I
(a) GNZ (b) GMS
(c) GMZ (d) GNS

336. 62, 66, 74, 90, ?
SSC CGL (Tier-I) 06/03/2020 Shift-I
(a) 122 (b) 106
(c) 120 (d) 116

337. 5, 10, 26, ?, 122, 170
SSC CGL (Tier-I) 06/03/2020 Shift-I
(a) 77 (b) 65
(c) 82 (d) 50

338. TULG, WRPC, ZOTY, CLXU, ?
SSC CGL (Tier-I) 05/03/2020 Shift-III
(a) FJCQ (b) FICR
(c) FIBQ (d) GIAQ

339. 45, 47, 53, 65, 85, ?
SSC CGL (Tier-I) 05/03/2020 Shift-III
(a) 145 (b) 130
(c) 105 (d) 115

340. A, T, E, U, I, V, O, W, ?, X
SSC CGL (Tier-I) 05/03/2020 Shift-III
(a) U (b) Z (c) R (d) M

341. 61, 63, 65, 77, 89, ?, 149, 205
SSC CGL (Tier-I) 05/03/2020 Shift-II
(a) 119 (b) 132
(c) 115 (d) 123

342. AR, CP, ?, GL, IJ, KH
SSC CGL (Tier-I) 05/03/2020 Shift-II
(a) DM (b) EM (c) EN (d) DN

343. SAT, VEW, YIZ, ?, EUF
SSC CGL (Tier-I) 05/03/2020 Shift-II
(a) BUK (b) FIC
(c) COD (d) BOC

344. 40, 37, 43, 34, 46, ?
SSC CGL (Tier-I) 05/03/2020 Shift-I
(a) 31 (b) 51
(c) 61 (d) 41

345. aYd, fTi, kOn, pJs, ?
SSC CGL (Tier-I) 05/03/2020 Shift-I
(a) VeX (b) uFw
(c) uEw (d) uEx

346. DAG, FCI, ?, JGM, LIO
SSC CGL (Tier-I) 04/03/2020 Shift-III
(a) GDJ (b) HKE
(c) HEK (d) IFL

347. 1537, 1539, 1543, ?, 1557, 1567
SSC CGL (Tier-I) 04/03/2020 Shift-III
(a) 1549 (b) 1553
(c) 1550 (d) 1546

SSC CPO SI 2024

निर्देश (प्र.सं 348-452) *दिए गए प्रश्नों में अगला/लुप्त पद ज्ञात कीजिए।*

348. aaabccccccccc, aaabbcccc, aaabbbbcc,?
SSC CPO 29/06/2024 Shift-III
(a) aaabbbbbbbbc
(b) aaabbbbbbbcc
(c) aaabbbbbbccc
(d) aabbbbbbbbc

349. TEKS, YLBD, ?, IZJZ, NGAK
SSC CPO 29/06/2024 Shift-III
(a) FGCW (b) JKDO
(c) DXTO (d) DSSO

350. 167 117 ? 47 27
SSC CPO 29/06/2024 Shift-III
(a) 107 (b) 37
(c) 87 (d) 77

351. 22, 27, 37, 52, 72, ?
SSC CPO 29/06/2024 Shift-III
(a) 95 (b) 92
(c) 100 (d) 97

352. 53, 62, 77, 98, ?
SSC CPO 29/06/2024 Shift-III
(a) 121 (b) 123
(c) 125 (d) 122

353. 228, 209, 192, 179, 168, ?
SSC CPO 29/06/2024 Shift-II
(a) 160 (b) 162
(c) 161 (d) 165

354. 101, 103, 107, 109, ?, 127, 131, 137
SSC CPO 29/06/2024 Shift-II
(a) 123 (b) 125
(c) 113 (d) 111

355. NBRY, PZSX, ?, TVUV, VTVU
SSC CPO 29/06/2024 Shift-II
(a) RYTW (b) SXTW
(c) SYTW (d) RXTW

356. UBIG, PDKL, ?, FHOV, AJQA
SSC CPO 29/06/2024 Shift-II
(a) JEMQ (b) KFMQ
(c) KEMR (d) LEMR

357. 46, ?, 81, 100, 120, 141
SSC CPO 29/06/2024 Shift-II
(a) 59 (b) 66
(c) 61 (d) 63

358. 1024, 899, 835, 808, 800,?
SSC CPO 29/06/2024 Shift-I
(a) 795 (b) 798
(c) 799 (d) 797

359. MLV, NMW, ONX, ?
SSC CPO 29/06/2024 Shift-I
(a) FJM (b) GNM
(c) EFG (d) POY

360. PFBR, MKUA, ?, GUGS, DZZB
SSC CPO 29/06/2024 Shift-I
(a) QYGC (b) JPNJ
(c) JLEJ (d) HKPE

361. 2, 6, 12, 20, ?, ?, 56, 72
SSC CPO 29/06/2024 Shift-I
(a) 30, 38 (b) 32, 44
(c) 30, 42 (d) 36, 40

362. TCVH, RETJ, ?, NIPN, LKNP
SSC CPO 29/06/2024 Shift-I
(a) PGRL
(b) PFRL
(c) MFSK
(d) MGSK

363. 67, 78, 103, 118, ?
SSC CPO 29/06/2024 Shift-I
(a) 184 (b) 171
(c) 147 (d) 241

364. AM, DK, GI, JG, ?
SSC CPO 28/06/2024 Shift-III
(a) ND (b) NE
(c) MD (d) ME

365. 80, 101, 120, ?, 168
SSC CPO 28/06/2024 Shift-III
(a) 149 (b) 143
(c) 147 (d) 145

366. YFJW, BJEC, ?, HRUO, KVPU
SSC CPO 28/06/2024 Shift-III
(a) ENZI (b) NWRF
(c) TDFI (d) EHSI

367. 192, 185, 171, ?, 122, 87
SSC CPO 28/06/2024 Shift-III
(a) 147 (b) 149
(c) 150 (d) 151

368. 6, 10, 15, 21, ?, 36, 45
SSC CPO 28/06/2024 Shift-III
(a) 31 (b) 26 (c) 28 (d) 30

369. RJO, SKP, TLQ, ?
SSC CPO 28/06/2024 Shift-III
(a) HKL (b) GRS
(c) UMR (d) MRW

370. 78, 86, 258, 322, ?
SSC CPO 28/06/2024 Shift-II
(a) 1610 (b) 1360
(c) 1420 (d) 1288

371. 125, 150, 177, 207, 242, ?
SSC CPO 28/06/2024 Shift-II
(a) 282 (b) 290
(c) 280 (d) 284

372. ADO, DGR, GJU, ?
SSC CPO 28/06/2024 Shift-II
(a) RCB (b) JMX
(c) JCB (d) LON

373. $-32, -8, -2, ?, -\frac{1}{8}$
SSC CPO 28/06/2024 Shift-II
(a) -1 (b) $-\frac{1}{2}$ (c) $-\frac{1}{4}$ (d) -4

374. 324, 361, 400, 441, 484, ?
SSC CPO 28/06/2024 Shift-II
(a) 586 (b) 592 (c) 567 (d) 529

375. RDLS, VKBF, ?, DYHF, HFXS
SSC CPO 28/06/2024 Shift-II
(a) FHWR (b) ZTTS
(c) KBET (d) ZRRS

376. DHMX, GJKU, ..., MNGO
SSC CPO 28/06/2024 Shift-I
(a) IMIS (b) IMIR
(c) JLIS (d) JLIR

377. WTNM, SYHT, ?, KIVH, GNPO
SSC CPO 28/06/2024 Shift-I
(a) HREK (b) UIDS
(c) OFHA (d) ODBA

378. 55, 62, ?, 72, 75, 82
SSC CPO 28/06/2024 Shift-I
(a) 65 (b) 68 (c) 71 (d) 69

379. 9, 20, 42, 86, 174, ?
SSC CPO 28/06/2024 Shift-I
(a) 380 (b) 350
(c) 370 (d) 360

380. 38, 40, 42, 42, 46, 44, ?
SSC CPO 28/06/2024 Shift-I
(a) 52 (b) 48 (c) 54 (d) 50

381. 12, 13, 30, 99, 412, ?
SSC CPO 27/06/2024 Shift-III
(a) 2065 (b) 2055
(c) 2085 (d) 2075

382. 115, 140, 160, 175, 185, ?
SSC CPO 27/06/2024 Shift-III
(a) 192 (b) 193
(c) 195 (d) 190

383. TDQR, SFNV, ?, QJHD, PLEH
SSC CPO 27/06/2024 Shift-III
(a) IDBZ (b) FJCQ
(c) RGJZ (d) RHKZ

384. 29, 30, 26, 35, 19, ?
SSC CPO 27/06/2024 Shift-III
(a) 42 (b) 44 (c) 43 (d) 41

385. FPW, FFPPPWW, FFFFPPPPPWWW ....
SSC CPO 27/06/2024 Shift-III
(a) FFFFFFFFPPPPPPPWWWW
(b) FFFFFFPPPPPPWWWWWW
(c) FFFFFFPPPPPWWWW
(d) FFFFFFFFPPPPPPPPPWWWW

386. 324, 722, 1200, ?, 2420
SSC CPO 27/06/2024 Shift-III
(a) 1632 (b) 1736
(c) 1764 (d) 1634

387. 31, 33, 37, 43, 51, ?
SSC CPO 27/06/2024 Shift-II
(a) 61 (b) 81
(c) 71 (d) 51

388. TWEZ, XBYG, ?, FLMU, JQGB
SSC CPO 27/06/2024 Shift-II
(a) TWKN (b) TWEH
(c) BJEN (d) BGSN

389. 2, ?, ?, ?, 17, 26, 37, 50, 65, 82
SSC CPO 27/06/2024 Shift-II
(a) 5, 10 (b) 3, 4
(c) 2, 5 (d) 3, 5

390. 45, 90, 154, ?, 347
SSC CPO 27/06/2024 Shift-II
(a) 273 (b) 248
(c) 239 (d) 256

391. AFM, DIP, GLS, ?
SSC CPO 27/06/2024 Shift-II
(a) FHG (b) JOV
(c) REW (d) OST

392. 1, 2, 4, 8, 10, 20, ?
SSC CPO 27/06/2024 Shift-II
(a) 22 (b) 42 (c) 24 (d) 40

393. CHO, DIP, EJQ, ?
SSC CPO 27/06/2024 Shift-I
(a) FKR (b) HMR
(c) EJL (d) DIL

394. HEWC, KIRI, ?, QQHU, TUCA
SSC CPO 27/06/2024 Shift-I
(a) PRZO (b) NMMO
(c) NBTO (d) JLSO

395. 1, 1, 2, 3, 5, 8, 13, ?
SSC CPO 27/06/2024 Shift-I
(a) 24 (b) 20
(c) 21 (d) 22

396. 25, 40, 70, 115, 175, ?
SSC CPO 27/06/2024 Shift-I
(a) 225 (b) 250
(c) 200 (d) 275

397. 7, 16, 43, 124, 367, ?
SSC CPO 27/06/2024 Shift-I
(a) 1066 (b) 1096
(c) 1076 (d) 1086

SSC CPO SI 2023

398. 69, 65, 67, 63, ?, 61
SSC CPO 05/10/2023 Shift-III
(a) 65 (b) 64 (c) 60 (d) 62

399. a, b, a, b, b, _ , a, b, a, b, _ , a, a, b, a, b, b, _
SSC CPO 05/10/2023 Shift-III
(a) b, a, b (b) b, b, b
(c) a, b, a (d) a, a, a

400. 144, 171, 200, ?, 264
SSC CPO 05/10/2023 Shift-III
(a) 231 (b) 240 (c) 256 (d) 225

401. 5, 20, 60, 240, 720, ?
SSC CPO 05/10/2023 Shift-III
(a) 2880 (b) 2675
(c) 2580 (d) 2160

402. FOHV, CKER, ?, WCYJ, TYVF
SSC CPO 05/10/2023 Shift-III
(a) AFCP (b) XHBM
(c) AHCO (d) ZGBN

403. 270, 241, 212, ?, 154, 125
SSC CPO 05/10/2023 Shift-III
(a) 198 (b) 192
(c) 183 (d) 186

404. BRCQ, EPFO, ?, KLLK, NJOI
SSC CPO 05/10/2023 Shift-III
(a) HINO (b) GINO
(c) GNMI (d) HNIM

405. 134, 129, 122, ?, 102, 89
SSC COP 04/10/2023 Shift-II
(a) 111 (b) 117
(c) 113 (d) 115

406. AXFN, GCJQ, MHNT, ?, YRVZ
SSC CPO 04/10/2023 Shift-II
(a) SMRW (b) SWMR
(c) RLQV (d) QRLV

407. 76, 99, 135, 185, 250, ?
SSC CPO 04/10/2023 Shift-II
(a) 315 (b) 331
(c) 330 (d) 328

408. PJVG, VBZB, BTDW, HLHR, ?
SSC CPO 04/10/2023 Shift-II
(a) NDLM (b) MDLM
(c) NDLN (d) MDLN

409. $\frac{1}{121}, \frac{1}{11}, 1, ?, 121$
SSC CPO 04/10/2023 Shift-II
(a) 1 (b) 12
(c) 24 (d) 11

410. 115, 130, 122, 137, 129, ?
SSC CPO 03/10/2023 Shift-I
(a) 150 (b) 148
(c) 142 (d) 144

411. 35, ?, 40, 47, 45, 53
SSC CPO 03/10/2023 Shift-I
(a) 41 (b) 37
(c) 42 (d) 43

412. ELSV, FJVR, GHYN, ?, IDEF
SSC CPO 03/10/2023 Shift-I
(a) GHFJ (b) HFBJ
(c) HFJB (d) HBJF

413. ABEG, FFHI, KJKK, PNNM, ?
SSC CPO 03/10/2023 Shift-I
(a) UROQ (b) VRQO
(c) RUQO (d) URQO

414. MKPN, LMOP, ?, JQMT, ISLV
SSC CPO 03/10/2023 Shift-I
(a) KOLT (b) KNMR
(c) KONR (d) KNNQ

SSC CPO 2022-2020

415. 131, 1179, 1171, ?, 8191
SSC CPO 11/11/2022 Shift-I
(a) 8199 (b) 8287
(c) 8197 (d) 8289

416. _s t _ _ l b z _ t m m _ _ z s _ _ m l b.
SSC CPO 11/11/2022 Shift-I
(a) z m m s b l t m
(b) z m l s l b m t
(c) z m m s l b t m
(d) z m m s l b m t

417. ZXVY, DXZY, ?, LXHY, PXLY
SSC CPO 11/11/2022 Shift-I
(a) HZDY (b) HXDY
(c) HDXY (d) HYDY

418. 10, 15, 19, 22, ?, 25
SSC CPO 11/11/2022 Shift-I
(a) 20 (b) 27
(c) 23 (d) 24

419. WGPR, UDLM, ?, QXDC, OUZX
SSC CPO 11/11/2022 Shift-I
(a) UCHF (b) TBFG
(c) SAHH (d) TAHG

420. 85, 64, 51, 44, 41, ?
SSC CPO 11/11/2022 Shift-I
(a) 39 (b) 38 (c) 40 (d) 37

421. _EF_E_EE_ _EF SSC CPO 11/11/2022 Shift-I
(a) EEFFE (b) EEFEF
(c) FEFFE (d) FEFEF

422. 25, 29, 36, 49, 71, ?
SSC CPO 11/11/2022 Shift-I
(a) 106 (b) 105 (c) 103 (d) 108

423. 98, 99, 107, ?, 198
SSC CPO 11/11/2022 Shift-I
(a) 146 (b) 148
(c) 134 (d) 154

424. w_ll_g_we_ln_k_e_l_gk
SSC CPO 10/11/2022
(a) enlkgwkn (b) enklwgln
(c) enklgwln (d) enklgwkn

425. 600, 590, 575, 550, 510, ?
SSC CPO 10/11/2022
(a) 460 (b) 420 (c) 450 (d) 440

426. 2, 12, 144, 2592, ? SSC CPO 10/11/2022
(a) 62108 (b) 63408
(c) 62208 (d) 62204

427. GSAV, JPER, ?, PJMJ, SGQF, ?
SSC CPO 10/11/2022
(a) MMJO (b) MMIN
(c) MNIP (d) MNIO

428. 52, 42, 34, 28, ? SSC CPO 25/11/2020 Shift-II
(a) 28 (b) 26 (c) 22 (d) 24

429. 5, 17, 53, ?, 485 SSC CPO 25/11/2020 Shift-II
(a) 157 (b) 161 (c) 163 (d) 159

430. SQO, LJH, ECA, ?
SSC CPO 25/11/2020 Shift-II
(a) XVT (b) YWV
(c) XUS (d) YWU

431. 124, 140, 128, 136, 132, ?
SSC CPO 25/11/2020 Shift-II
(a) 136 (b) 128
(c) 130 (d) 132

432. TWZ, VYB, XAD, ?
SSC CPO 25/11/2020 Shift-II
(a) YBE (b) ZCF
(c) ZBE (d) ADG

433. 5, 24, 61, 122, 213, ?
SSC CPO 25/11/2020 Shift-II
(a) 343 (b) 337 (c) 346 (d) 340

434. SAG, KSY, CKQ, ?
SSC CPO 25/11/2020 Shift-I
(a) SAG (b) UZF (c) UCI (d) RZF

435. 8, 13, 23, 43, ? SSC CPO 25/11/2020 Shift-I
(a) 83 (b) 86
(c) 81 (d) 84

436. 24, 61, 122, 213, ? SSC CPO 25/11/2020 Shift-I
(a) 334 (b) 337
(c) 343 (d) 340

437. 16, 28, ?, 46, 52 SSC CPO 25/11/2020 Shift-I
(a) 40 (b) 42
(c) 36 (d) 38

438. PMJ, EBY, TQN, ?
SSC CPO 25/11/2020 Shift-I
(a) HFD (b) IFC
(c) IGE (d) JGD

439. 34, 42, 50, 56, 62, 66, ?
SSC CPO 25/11/2020 Shift-I
(a) 66 (b) 72
(c) 70 (d) 68

440. UKS, ZPX, EUC, JZH, ?
SSC CPO 24/11/2020 Shift-I
(a) ODM (b) ODN
(c) PEM (d) OEM

441. 24, 25, 33, 60, ?, 249
SSC CPO 24/11/2020 Shift-I
(a) 121 (b) 124
(c) 147 (d) 133

442. 160, 183, 213, 252, 302, ?, 443
SSC CPO 24/11/2020 Shift-I
(a) 379 (b) 365
(c) 361 (d) 333

443. 65, 62, 56, 47, 35, ?
SSC CPO 24/11/2020 Shift-I
(a) 21 (b) 20 (c) 25 (d) 11

444. KOY, JPX, IQW, HRV, ?
SSC CPO 24/11/2020 Shift-I
(a) GRU (b) GSU
(c) ETU (d) GSV

445. THC, DIU, VJE, FKW, XLG, ?
SSC CPO 24/11/2020 Shift-I
(a) FKX (b) GMX
(c) HNZ (d) HMY

446. 3, 12, 52, 159, 640, ?
SSC CPO 24/11/2020 Shift-I
(a) 1863 (b) 1910
(c) 1923 (d) 1731

447. 17, 51, 58, 116, 123, 123, ?
SSC CPO 23/11/2020 Shift-I
(a) 120 (b) 130 (c) 140 (d) 150

448. 112, ?, 83, 70, 58, 47, 37
SSC CPO 23/11/2020 Shift-I
(a) 104 (b) 94 (c) 97 (d) 100

449. 2430, ?, 270, 90, 30, 10
SSC CPO 23/11/2020 Shift-I
(a) 810 (b) 800 (c) 805 (d) 540

450. XMT, ENA, LOH, SPO, ?
SSC CPO 23/11/2020 Shift-I
(a) YQU (b) ZQZ
(c) YPC (d) ZQV

451. AE, KQ, EI, LR, IO, ?, OU, NT
SSC CPO 23/11/2020 Shift-I
(a) NS (b) MR (c) MS (d) NR

452. HBS, GDP, FFM, ?, DJG
SSC CPO 23/11/2020 Shift-I
(a) EGI (b) EHJ
(c) EHG (d) DHJ

SSC CHSL 2024 (Tier I & II)

निर्देश (प्र.सं 453-661) *दिए गए प्रश्नों में अगला/लुप्त पद ज्ञात कीजिए।*

453. REMRRE_R_EEMRRE_M_
SSC CHSL (Tier-II) 18/11/2024 Shift I
(a) REME (b) EMER
(c) MREM (d) MRME

454. 86, 88, 90, 92, 94, ?
SSC CHSL (Tier-I) 11/07/2024 Shift-IV
(a) 98 (b) 96 (c) 99 (d) 97

455. JMD, OHJ, ? , YXV, DSB
SSC CHSL (Tier-I) 11/07/2024 Shift-IV
(a) AOZ (b) TCP
(c) RST (d) VCP

456. $\left[\frac{5}{9}\right], \left[\frac{14}{9}\right], \left[\frac{23}{9}\right], \left[\frac{32}{9}\right], \left[\frac{41}{9}\right]$, ?
SSC CHSL (Tier-I) 11/07/2024 Shift-IV
(a) $\left[\frac{50}{9}\right]$ (b) $\left[\frac{44}{9}\right]$
(c) $\left[\frac{51}{9}\right]$ (d) $\left[\frac{47}{9}\right]$

457. a _ z b _ y c _ x _ a z _ b y c c _ a a _ b b _ c c x _ a z _ b y _ c x
SSC CHSL (Tier-I) 11/07/2024 Shift-III
(a) abcabxzyabc (b) acbacxzyabc
(c) bacazbxyacb (d) bacabzxyabc

458. 800, 400, 480, 240, 320, ?
SSC CHSL (Tier-I) 11/07/2024 Shift-III
(a) 200 (b) 120 (c) 160 (d) 180

459. EFG, KLM, QRS, ?
SSC CHSL (Tier-I) 11/07/2024 Shift-II
(a) WXY (b) WXZ
(c) UVW (d) XYZ

460. 19, ?, 43, 55, 67
SSC CHSL (Tier-I) 11/07/2024 Shift-II
(a) 31 (b) 41 (c) 33 (d) 34

461. 131 , 141, 161, 191, 231, ?
SSC CHSL (Tier-I) 11/07/2024 Shift-II
(a) 291 (b) 281
(c) 261 (d) 271

462. RKD, ?, ZUP, QMI, HEB
SSC CHSL (Tier-I) 11/07/2024 Shift-II
(a) ZYZ (b) ABC
(c) WCI (d) ICW

463. 66, 77, 99, 132, 176, ?
SSC CHSL (Tier-I) 11/07/2024 Shift-I
(a) 232 (b) 230 (c) 233 (d) 231

464. 214, 111, 179, 126, 144, 141, 109, 156, ?
SSC CHSL (Tier-I) 11/07/2024 Shift-I
(a) 89 (b) 61
(c) 96 (d) 74

465. QUAI_Q_YIL_U_ILQUU_L
SSC CHSL (Tier-I) 11/07/2024 Shift-I
(a) LWQUI (b) LXIUQ
(c) LUQWI (d) LIQAU

466. 33, 61, 117, 229, ?
SSC CHSL (Tier-I) 11/07/2024 Shift-I
(a) 453 (b) 354
(c) 435 (d) 543

467. DGB, GKG, JOL, MSQ, ?
SSC CHSL (Tier-I) 10/07/2024 Shift-IV
(a) PWV (b) QWU
(c) RXV (d) PVT

468. XYZ, YAC, ?, AEI, BGL, CIO
SSC CHSL (Tier-I) 10/07/2024 Shift-IV
(a) YZL (b) MOP
(c) ZCF (d) ZAB

469. 165, 192, 227, 270, 321, ?
SSC CHSL (Tier-I) 10/07/2024 Shift-III
(a) 347 (b) 380
(c) 361 (d) 392

470. 160, 187, 216, 247, ?
SSC CHSL (Tier-I) 10/07/2024 Shift-III
(a) 280 (b) 208
(c) 290 (d) 209

471. VOH, YPN, BQT, ?, HSF
SSC CHSL (Tier-I) 10/07/2024 Shift-III
(a) AXY (b) ERZ
(c) MOJ (d) JHI

472. BRK, XUH, TXE, PAB, ?
SSC CHSL (Tier-I) 10/07/2024 Shift-III
(a) MCZ (b) MDX
(c) NCX (d) LDY

473. PAZ, REV, TIR, VOL, ?
SSC CHSL (Tier-I) 10/07/2024 Shift-II
(a) XVF (b) XUE
(c) XUF (d) XVG

474. 268, 259, 250, 241, 232, ?
SSC CHSL (Tier-I) 10/07/2024 Shift-II
(a) 220 (b) 223
(c) 221 (d) 224

475. JMP, UZE, FMT, QZI, ?
SSC CHSL (Tier-I) 10/07/2024 Shift-II
(a) SLP (b) LNP
(c) XHN (d) BMX

476. AFK, ?, IXM, MTN, QPO
SSC CHSL (Tier-I) 10/07/2024 Shift-I
(a) EBL (b) EBC
(c) FAE (d) FAL

477. 155, 146, 137, 128, 119, ?
SSC CHSL (Tier-I) 10/07/2024 Shift-I
(a) 133 (b) 111
(c) 122 (d) 110

478. BJR, ?, RTH, MYC, HDX
SSC CHSL (Tier-I) 10/07/2024 Shift-I
(a) MOW
(b) WOM
(c) OWM
(d) OMW

479. 612, 571, 535, 504, 478, ?
SSC CHSL (Tier-I) 10/07/2024 Shift-I
(a) 457 (b) 435
(c) 444 (d) 468

480. CEG, FHJ, IKM, LNP, ?
SSC CHSL (Tier-I) 9/07/2024 Shift-IV
(a) QRS (b) QTV
(c) OQR (d) OQS

481. 3, 7, 15, 31, 63, ?
SSC CHSL (Tier-I) 9/07/2024 Shift-IV
(a) 125 (b) 126
(c) 127 (d) 128

482. 112, 113, 122, 147, 196, ?
SSC CHSL (Tier-I) 9/07/2024 Shift-IV
(a) 294 (b) 253
(c) 277 (d) 282

483. JKL, LHP, NET, ?, RYB, TVF
SSC CHSL (Tier-I) 9/07/2024 Shift-III
(a) RAL (b) POF
(c) PBX (d) COL

484. 86, 129, 105, 118, 124, 107, 143, 96, ?
SSC CHSL (Tier-I) 9/07/2024 Shift-III
(a) 153 (b) 162 (c) 149 (d) 138

485. AEO, XAM, UWK, RSI, ?
SSC CHSL (Tier-I) 9/07/2024 Shift-III
(a) MNH (b) NMF
(c) OOG (d) LMH

486. 126, 1236, 12336, 123336, 1233336, ?
SSC CHSL (Tier-I) 9/07/2024 Shift-III
(a) 1233633 (b) 12333363
(c) 12333336 (d) 12333366

487. $\left[\frac{37}{5}\right], \left[\frac{32}{5}\right], \left[\frac{27}{5}\right], \left[\frac{22}{5}\right], \left[\frac{17}{5}\right]$, ?
SSC CHSL (Tier-I) 9/07/2024 Shift-II
(a) $\left[\frac{14}{5}\right]$ (b) $\left[\frac{16}{5}\right]$
(c) $\left[\frac{12}{5}\right]$ (d) $\left[\frac{9}{5}\right]$

488. UME, OPG, ISJ, EVN, ?
SSC CHSL (Tier-I) 9/07/2024 Shift-II
(a) AXS (b) AYS (c) BYS (d) AYR

489. ACW, FHB, KMG, PRL, ?
SSC CHSL (Tier-I) 9/07/2024 Shift-II
(a) UQW (b) UWQ
(c) VWQ (d) VQW

490. 7, 13, 39, 46, 138, 146, 438, 447, ?
SSC CHSL (Tier-I) 9/07/2024 Shift-II
(a) 1341 (b) 1146
(c) 1247 (d) 1138

491. 24, 40, 56, 72, ?, 104
SSC CHSL (Tier-I) 9/07/2024 Shift-I
(a) 86 (b) 89 (c) 87 (d) 88

492. 69, 78, 103, 152, ?
SSC CHSL (Tier-I) 9/07/2024 Shift-I
(a) 233 (b) 231
(c) 332 (d) 323

493. GDJ, KHN, OLR, SPV, ?
SSC CHSL (Tier-I) 9/07/2024 Shift-I
(a) VTY (b) WUZ
(c) VSX (d) WTZ

494. 41, 49, 65, 89, 121, 161, ?
SSC CHSL (Tier-I) 9/07/2024 Shift-I
(a) 195 (b) 215 (c) 209 (d) 189

495. 138, 137, 140, 139, 142, ?
SSC CHSL (Tier-I) 8/07/2024 Shift-IV
(a) 143 (b) 142 (c) 141 (d) 140

496. FHB, KMG, PRL, UWQ, ?
SSC CHSL (Tier-I) 8/07/2024 Shift-IV
(a) ZCV (b) ZBV (c) ZDV (d) ZVB

497. YBP, WDS, TGQ, OLT, ?
SSC CHSL (Tier-I) 8/07/2024 Shift-IV
(a) HTR (b) LSR
(c) HSP (d) HSR

498. KLHO, LKIN, ?, QFNI, UBRE
SSC CHSL (Tier-I) 8/07/2024 Shift-III
(a) NJKM (b) OIKM
(c) NIKL (d) OJKL

499. 454, 515, 426, 481, 398, 447, 370, 413, ?
SSC CHSL (Tier-I) 8/07/2024 Shift-III
(a) 354 (b) 342
(c) 326 (d) 313

500. 12, 16, 25, 41, 66, ?
SSC CHSL (Tier-I) 8/07/2024 Shift-III
(a) 103 (b) 102
(c) 104 (d) 101

501. ZY_WZTX_Z_XU_ JXT
SSC CHSL (Tier-I) 8/07/2024 Shift-III
(a) ZYOX (b) XOVZ
(c) YVOZ (d) XVOZ

502. IPX, ?, OTZ, RVA, UXB
SSC CHSL (Tier-I) 8/07/2024 Shift-II
(a) LOM (b) YHR
(c) COP (d) LRY

503. 106, 106, 108, 36, 40, 8, ?
SSC CHSL (Tier-I) 8/07/2024 Shift-II
(a) 22 (b) 14
(c) 10 (d) 28

504. 281, 392, 503, 614, 725, ?
SSC CHSL (Tier-I) 8/07/2024 Shift-II
(a) 856 (b) 866
(c) 846 (d) 836

505. 56, ?, 38, 29, 20
SSC CHSL (Tier-I) 8/07/2024 Shift-I
(a) 48 (b) 42 (c) 46 (d) 47

506. DFA, HJE, LNI, PRM, ?
SSC CHSL (Tier-I) 8/07/2024 Shift-I
(a) TVO (b) UVP
(c) TVQ (d) UWR

507. GEB, JHE, MKH, PNK, ?
SSC CHSL (Tier-I) 8/07/2024 Shift-I
(a) NSQ (b) NQS
(c) SNQ (d) SQN

508. 56, 53, 50, 47, 44, ?
SSC CHSL (Tier-I) 8/07/2024 Shift-I
(a) 42 (b) 41 (c) 43 (d) 40

509. EMU, GQA, IUG, KYM, ?
SSC CHSL (Tier-I) 5/07/2024 Shift-IV
(a) MWD (b) MCS
(c) UKA (d) VLB

510. 251, 268, 285, 302, 319, ?
SSC CHSL (Tier-I) 5/07/2024 Shift-IV
(a) 306 (b) 315 (c) 336 (d) 326

511. GLYC, FNVG, ?, DRPO, CTMS
SSC CHSL (Tier-I) 5/07/2024 Shift-IV
(a) EPSK (b) EQRK
(c) EQSJ (d) EPRJ

512. 876, 865, 832, 733, ?
SSC CHSL (Tier-I) 5/07/2024 Shift-IV
(a) 446 (b) 436
(c) 453 (d) 426

513. 23, 27, 35, 47, 63, ?
SSC CHSL (Tier-I) 5/07/2024 Shift-III
(a) 85 (b) 83 (c) 82 (d) 84

514. CPW, HRA, MTE, RVI, ?
SSC CHSL (Tier-I) 5/07/2024 Shift-III
(a) WXM (b) VYN
(c) VXN (d) XXM

515. 11, 4, 22, 20, 44, 100, 88, 500, ?
SSC CHSL (Tier-I) 5/07/2024 Shift-II
(a) 160 (b) 176
(c) 182 (d) 154

516. TUV, RXR, ?, NDJ, LGF
SSC CHSL (Tier-I) 5/07/2024 Shift-II
(a) PAN (b) VOI
(c) NAP (d) CAL

517. xy_z_xxy_zbx_yx_bx_y_z_x
SSC CHSL (Tier-I) 5/07/2024 Shift-I
(a) xbxxzxxb (b) xyxxzxxb
(c) xzxxyyzx (d) xbxyzxxb

518. 32, 61, 90, 119, ?, 177
SSC CHSL (Tier-I) 5/07/2024 Shift-I
(a) 146 (b) 149 (c) 148 (d) 147

519. PQRSO_TT_UV_MW_V
SSC CHSL (Tier-I) 4/07/2024 Shift-IV
(a) NTUY (b) XTUS
(c) TSUX (d) SNUX

520. 512, 1000, 1728, 2744, 4096, 5832, ?
SSC CHSL (Tier-I) 4/07/2024 Shift-IV
(a) 4000 (b) 6000
(c) 8000 (d) 9261

521. LPT, ?, BBF, JUL, RNR
SSC CHSL (Tier-I) 4/07/2024 Shift-IV
(a) COD (b) UTL
(c) FIZ (d) TIZ

522. 119, 128, 137, 146, 155, ?
SSC CHSL (Tier-I) 4/07/2024 Shift-IV
(a) 161 (b) 163
(c) 162 (d) 164

523. _WSVR_QTPS_RNQM_LOK_
SSC CHSL (Tier-I) 4/07/2024 Shift-III
(a) XUQPM (b) TUOPN
(c) TVOLM (d) XVQLM

524. 291, 256, 310, 275, 329, 294, ?
SSC CHSL (Tier-I) 4/07/2024 Shift-III
(a) 375 (b) 348
(c) 331 (d) 356

525. GOW, NIB, UCG, BWL, ?
SSC CHSL (Tier-I) 4/07/2024 Shift-III
(a) ZQH (b) IQQ
(c) VLB (d) XOF

526. 15, 30, 90, 360, 1800, ?
SSC CHSL (Tier-I) 4/07/2024 Shift-III
(a) 10800 (b) 14000
(c) 12000 (d) 11000

527. 77, 79, 83, 89, 97, ?
SSC CHSL (Tier-I) 4/07/2024 Shift-II
(a) 107 (b) 105 (c) 108 (d) 106

528. UTHS, VRKO, ?, XNQG, YLTC
SSC CHSL (Tier-I) 4/07/2024 Shift-II
(a) WONJ (b) TONK
(c) WPNK (d) WPMN

529. MKH, PNK, SQN, VTQ, ?
SSC CHSL (Tier-I) 4/07/2024 Shift-II
(a) WYT (b) YWT
(c) YTW (d) WTY

530. 93, 111, 139, 157, 185, 203, ?
SSC CHSL (Tier-I) 4/07/2024 Shift-II
(a) 211 (b) 215
(c) 231 (d) 227

531. 13, 22, 33, 46, ?, 78, 97
SSC CHSL (Tier-I) 4/07/2024 Shift-I
(a) 65 (b) 60 (c) 56 (d) 61

532. RST, VZW, ZGZ, DNC ?
SSC CHSL (Tier-I) 4/07/2024 Shift-I
(a) MOC (b) COD
(c) HUF (d) ALF

533. 22, 24, 28, 30, 34, ?
SSC CHSL (Tier-I) 4/07/2024 Shift-I
(a) 37 (b) 35 (c) 38 (d) 36

534. _ F _ G E E _ E _ E E F _ G E E _ E G _
SSC CHSL (Tier-I) 4/07/2024 Shift-I
(a) FEFGFFE (b) EFFGFEF
(c) EFGFEEF (d) EEFGEFE

535. WYS, BDX, GIC, LNH, ?
SSC CHSL (Tier-I) 3/07/2024 Shift-IV
(a) PSM (b) QMS
(c) SMQ (d) QSM

536. 244, 232.1, 220.2, 208.3, 196.4, ?
SSC CHSL (Tier-I) 3/07/2024 Shift-IV
(a) 184.5 (b) 172.5
(c) 180.5 (d) 176.5

537. BOJ, FQO, JST, NUY, ?
SSC CHSL (Tier-I) 3/07/2024 Shift-IV
(a) RVB (b) RWD
(c) QWD (d) QVC

538. 34, 58, 106, 202, 394, ?
SSC CHSL (Tier-I) 3/07/2024 Shift-III
(a) 774 (b) 798
(c) 778 (d) 792

539. QJC, ATM, KDW, UNG, ?
SSC CHSL (Tier-I) 3/07/2024 Shift-III
(a) BAA (b) CWO
(c) EXQ (d) SBA

540. 8, 15, 29, 57, 113, ?
SSC CHSL (Tier-I) 3/07/2024 Shift-III
(a) 223 (b) 224 (c) 222 (d) 225

541. 91, 100, 109, 118, 127, ?
SSC CHSL (Tier-I) 3/07/2024 Shift-II
(a) 136 (b) 135
(c) 138 (d) 137

542. PHO, SRP, VBQ, ?, BVS
SSC CHSL (Tier-I) 3/07/2024 Shift-II
(a) VXY (b) CFE
(c) YLR (d) UMO

543. AB_Z DEF_G_IX JKL_M_OV
SSC CHSL (Tier-I) 3/07/2024 Shift-II
(a) CYHVN (b) CYGWN
(c) CYHWN (d) YGHVN

544. 7, 28, 84, 336, 1008, ?
SSC CHSL (Tier-I) 3/07/2024 Shift-II
(a) 4128 (b) 4032
(c) 3036 (d) 3902

545. JX 26, KY 31, ? , PD 47, TH 58
SSC CHSL (Tier-I) 3/07/2024 Shift-I
(a) MA 38 (b) MB 37
(c) NB 37 (d) NA 38

546. 549, 482, 439, 372, 329, 262, 219, ?
SSC CHSL (Tier-I) 3/07/2024 Shift-I
(a) 152 (b) 149
(c) 132 (d) 162

547. 499, 498, 490, 463, 399, ?
SSC CHSL (Tier-I) 3/07/2024 Shift-I
(a) 275 (b) 274
(c) 273 (d) 276

548. ECZ, HFC, KIF, NLI, ?
SSC CHSL (Tier-I) 3/07/2024 Shift-I
(a) OLQ (b) OQL
(c) QOL (d) QLO

549. TRIC_TRI_KT_IWK_R_TK
SSC CHSL (Tier-I) 3/07/2024 Shift-I
(a) KATIR
(b) KIRTA
(c) KBTIR
(d) KZRTI

550. ECF, JHK, OMP, TRU, ?
SSC CHSL (Tier-I) 2/07/2024 Shift-IV
(a) YVZ (b) XVZ
(c) XYZ (d) YWZ

551. 12, 60, 20, 100, 60, 300, 260, ?
SSC CHSL (Tier-I) 2/07/2024 Shift-IV
(a) 1160 (b) 1300
(c) 1240 (d) 1280

552. SLE, CXS, ?, WVU, GHI
SSC CHSL (Tier-I) 2/07/2024 Shift-IV
(a) OWG (b) COR
(c) MJG (d) HAP

553. NDGB, OFJF, ? TMSQ, XRYX
SSC CHSL (Tier-I) 2/07/2024 Shift-III
(a) QINK (b) QJNK
(c) RHNK (d) RINJ

554. 12, 26, 54, ?, 222, 446
SSC CHSL (Tier-I) 2/07/2024 Shift-III
(a) 88 (b) 98
(c) 94 (d) 110

555. 27, 32, 42, 47, 57, ?
SSC CHSL (Tier-I) 2/07/2024 Shift-III
(a) 62 (b) 60
(c) 61 (d) 63

556. YQI, CZQ, GIY, KRG, ?
SSC CHSL (Tier-I) 2/07/2024 Shift-III
(a) OAO (b) EOZ
(c) DMX (d) CNY

557. PQR, RTV, TWZ, VZD, ?
SSC CHSL (Tier-I) 2/07/2024 Shift-II
(a) XCH (b) WXT
(c) OPS (d) YCZ

558. 67, 100, 146, 179, 225, 258, ?
SSC CHSL (Tier-I) 2/07/2024 Shift-II
(a) 304 (b) 292
(c) 325 (d) 318

559. 3977, 3877, 3777, 3677, 3577, ?
SSC CHSL (Tier-I) 2/07/2024 Shift-II
(a) 3333 (b) 3377
(c) 3277 (d) 3477

560. BDC, EGF, HJI, ?
SSC CHSL (Tier-I) 2/07/2024 Shift-I
(a) KLN (b) KLM
(c) KML (d) LMN

561. 6, 16, 36, 76, ?, 316
SSC CHSL (Tier-I) 2/07/2024 Shift-I
(a) 146 (b) 152
(c) 156 (d) 168

562. DLT, ZHP, VDL, ?, NVD
SSC CHSL (Tier-I) 1/07/2024 Shift-IV
(a) BLV (b) RZH
(c) DNX (d) CMW

563. 4, 20, 100, 500, 2500, ?
SSC CHSL (Tier-I) 1/07/2024 Shift-IV
(a) 12600 (b) 12700
(c) 12500 (d) 12200

564. 21, 60, 177, 528, 1581, ?
SSC CHSL (Tier-I) 1/07/2024 Shift-IV
(a) 4570 (b) 4892
(c) 4740 (d) 4636

565. _n p _r r _p _m m _p q _r q _n m _n p _r r q _n m
SSC CHSL (Tier-I) 1/07/2024 Shift-IV
(a) mrqnnrmpqp (b) mqqrnnpmqp
(c) mqqnnrpmqp (d) mqqrnrpmqp

566. LDP, GHO, BLN, WPM, ?
SSC CHSL (Tier-I) 1/07/2024 Shift-III
(a) QSM (b) QSN
(c) RTL (d) RSN

567. CKS, LRC, ?, DFW, MMG
SSC CHSL (Tier-I) 1/07/2024 Shift-III
(a) YAM (b) VMO
(c) HGO (d) UYM

568. 4, 13, ?, 58, 94, 139, 193
SSC CHSL (Tier-I) 1/07/2024 Shift-III
(a) 26 (b) 27
(c) 36 (d) 31

569. 119, 171, 223, 275, 327, ?
SSC CHSL (Tier-I) 1/07/2024 Shift-III
(a) 357 (b) 369
(c) 386 (d) 379

570. 54, 58.7, 64.4, 71.1, 78.8, ?
SSC CHSL (Tier-I) 1/07/2024 Shift-II
(a) 85.1 (b) 86.8
(c) 84.4 (d) 87.5

571. 162, 167, 172, 177, 182, ?
SSC CHSL (Tier-I) 1/07/2024 Shift-II
(a) 187 (b) 188
(c) 185 (d) 186

572. ZRJ, EUK, JXL, ?, TDN
SSC CHSL (Tier-I) 1/07/2024 Shift-II
(a) HST (b) WNE
(c) OAM (d) QHR

573. KJ_HIJKI_JM_EJ_K
SSC CHSL (Tier-I) 1/07/2024 Shift-II
(a) KJOM (b) IGJO
(c) GIJO (d) IMKR

574. 40, ?, 18, 10, 4, 0
SSC CHSL (Tier-I) 1/07/2024 Shift-I
(a) 25 (b) 22
(c) 30 (d) 28

575. FNV, LUE, ?, XIW, DPF
SSC CHSL (Tier-I) 1/07/2024 Shift-I
(a) UWZ (b) RBN (c) GQZ (d) HRY

576. 129, 128, 124, 115, 99, ?
SSC CHSL (Tier-I) 1/07/2024 Shift-I
(a) 71 (b) 74 (c) 72 (d) 73

577. A _ A _ C A B _ B _ A _ _ B C A B A _ C
SSC CHSL (Tier-I) 1/07/2024 Shift-I
(a) BBACABB (b) BBACBAB
(c) BABACBA (d) BBABBCB

578. CB_W V_SP _NLI HG_B A_XU
SSC CHSL (Tier-II) 10/1/2024 Shift-I
(a) XUOEZ (b) ZUOEZ
(c) XUOFY (d) XUOEY

579. C_EF HNE _ _ NEP RN _ U WNE _
SSC CHSL (Tier-II) 10/1/2024 Shift-I
(a) FHOSM (b) CAHKL
(c) PAWER (d) NKMEZ

SSC CHSL 2023 (Tier I & II)

580. 16, 21, ?, 43, 60, 81, 106
SSC CHSL (Tier-II) 2/11/2023 Shift-I
(a) 32 (b) 30 (c) 31 (d) 33

581. FMD_B_ZA_MVW TM_S PMN_
SSC CHSL (Tier-II) 02/11/2023 Shift-I
(a) VJJFO (b) EMXRO
(c) ENKGF (d) VHUYI

582. 154, 159, 169, 184, ?, 229, 259
SSC CHSL (Tier-II) 02/11/2023 Shift-I
(a) 202 (b) 203
(c) 201 (d) 204

583. TRY_US_U V_YU_UYU XVY_
SSC CHSL (Tier-II) 02/11/2023 Shift-I
(a) UCRSD (b) UYTWU
(c) FUUTH (d) UFYDJ

584. F_HIEH_JDIF_ _JEL
SSC CHSL (Tier-I) 17/08/2023 Shift-I
(a) GGKC (b) KGGG
(c) ELFX (d) FGEL

585. L 17 Z, ?, R 22 V, U 29 T, X 27 R
SSC CHSL (Tier-I) 17/08/2023 Shift-I
(a) O 24 X (b) N 21 X
(c) M 21 Y (d) N 23 Y

586. CMW, MWG, WGQ, GQA, ?
SSC CHSL (Tier-I) 17/08/2023 Shift-I
(a) KAQ (b) QBL
(c) AKQ (d) QAK

587. 84, 89, 98, 111, 128, ?
SSC CHSL (Tier-I) 17/08/2023 Shift-I
(a) 132 (b) 149
(c) 139 (d) 143

588. 273, 263, 248, ?, 203
SSC CHSL (Tier-I) 14/08/2023 Shift-IV
(a) 228 (b) 224
(c) 338 (d) 230

589. 9, 45, ?, 540, 1080
SSC CHSL (Tier-I) 14/08/2023 Shift-IV
(a) 240 (b) 180
(c) 300 (d) 360

590. GEF, JHI, MKL, PNO, ?
SSC CHSL (Tier-I) 14/08/2023 Shift-IV
(a) QRT (b) TRS
(c) SQR (d) QRS

591. BV_E _YPL D_US _EZZ FHE_
SSC CHSL (Tier-I) 14/08/2023 Shift-IV
(a) WDEFL (b) UCCDG
(c) KCBEG (d) WCDFK

592. 17, 18, 20, ?, 27, 32
SSC CHSL (Tier-I) 11/08/2023 Shift-I
(a) 22 (b) 21
(c) 20 (d) 23

593. ABZ, CDX, EFV, GHT, ?
SSC CHSL (Tier-I) 11/08/2023 Shift-I
(a) JKS (b) IJR
(c) IJT (d) JKT

594. S 16 H, T 13 J ?, V 23 N, W 46 P
SSC CHSL (Tier-I) 11/08/2023 Shift-I
(a) U 26 L (b) U 10 K
(c) U 39 L (d) U 29 K

595. 361, 306, ?, 208, 165, 126
SSC CHSL (Tier-I) 11/08/2023 Shift-I
(a) 216 (b) 235
(c) 298 (d) 255

596. 149, ?, 114, 89, 59, 24
SSC CHSL (Tier-I) 10/08/2023 Shift-III
(a) 139 (b) 140
(c) 134 (d) 129

597. Z_XW_ZYXXW_YYXW_
SSC CHSL (Tier-I) 10/08/2023 Shift-III
(a) WYZY (b) ZZYY
(c) ZYWZ (d) YWZZ

598. RNZ, VLD, ZJH, DHL ?
(a) IDQ (b) GEQ
(c) JER (d) HFP

599. 20, 110, 200, 290, 380,?
SSC CHSL (Tier-I) 10/08/2023 Shift-III
(a) 490 (b) 470
(c) 480 (d) 460

600. BYM, CWL, DUK, ESJ, ?
SSC CHSL (Tier-I) 09/08/2023 Shift-I
(a) FRI (b) FQG
(c) FQI (d) FRG

601. 22, 31, 49, 76, 112, ?
SSC CHSL (Tier-I) 09/08/2023 Shift-I
(a) 152 (b) 149
(c) 157 (d) 159

602. 473, 464, 448, ?, 387
SSC CHSL (Tier-I) 08.08.2023 Shift-II
(a) 423 (b) 348
(c) 378 (d) 323

603. ZAM, XCK, VEI, TGG, ?
SSC CHSL (Tier-I) 09/08/2023 Shift-I
(a) SHH (b) RIE
(c) RIH (d) SIT

604. DT 35, EU 33, ?, GW 29, HX 27
SSC CHSL (Tier-I) 09/08/2023 Shift-I
(a) EX 30 (b) EW 32
(c) FV 31 (d) GV 33

605. JOQW, LQSY, ?, PUWC
SSC CHSL (Tier-I) 08/08/2023 Shift-II
(a) MRTZ (b) KPRX
(c) NSUA (d) AUSN

606. XD 45, YE 53, ?, AG 58, BH 55
SSC CHSL (Tier-I) 08/08/2023 Shift-II
(a) ZF 54 (b) ZF 50
(c) ZG 52 (d) AF 51

607. EZ 10, ?, ID 36, KF 49, MH 62
SSC CHSL (Tier-I) 08/08/2023 Shift-II
(a) FC 21 (b) GB 23
(c) HC 21 (d) FB 22

608. 38 39 41 44 48 ?
SSC CHSL (Tier-I) 08/08/2023 Shift-II
(a) 55 (b) 53
(c) 56 (d) 51

609. DE_GYUA_TK_GOAQ_
SSC CHSL (Tier-I) 07/08/2023 Shift-IV
(a) FGVG (b) FGVA
(c) BCHL (d) VGFA

610. 26, 37, 50, 65, ?, 101
SSC CHSL (Tier-I) 07/08/2023 Shift-IV
(a) 80 (b) 82 (c) 78 (d) 84

611. 193, 206, 214, 227, ?, 248
SSC CHSL (Tier-I) 07/08/2023 Shift-IV
(a) 240 (b) 235
(c) 238 (d) 253

612. AGMQ, BHLP, CIKO?
SSC CHSL (Tier-I) 07/08/2023 Shift-IV
(a) DJJN (b) TOKC
(c) JJKL (d) DJMP

613. D F _ _ L _ P _ _ V _
SSC CHSL (Tier-I) 04/08/2023 Shift-II
(a) HJNRTX (b) GEMRSY
(c) GINRSX (d) HIMSTY

614. 84, 90, 91, 99, ?, 108, 105
SSC CHSL (Tier-I) 04/08/2023 Shift-II
(a) 96 (b) 99
(c) 98 (d) 95

615. _XWV TS_Q ONM_ J_HG ED_B
SSC CHSL (Tier-I) 04/08/2023 Shift-II
(a) ZRLKA (b) YRLIC
(c) ZRLIA (d) YRLKA

616. 13, 24, 46, 90, 178, ?
SSC CHSL (Tier-I) 02/08/2023 Shift-I
(a) 352 (b) 356
(c) 354 (d) 358

617. 383, 381, 377, 369, 353, ?
SSC CHSL (Tier-I) 02/08/2023 Shift-I
(a) 321 (b) 322 (c) 323 (d) 325

618. BO 88, ?, HU 80, KX 76, NA 72
SSC CHSL (Tier-I) 02/08/2023 Shift-I
(a) ES 86 (b) ER 84
(c) DS 86 (d) DR 82

619. GBW, EZX, CXY, AVZ, ?
SSC CHSL (Tier-I) 02/08/2023 Shift-I
(a) ZTB (b) YTA
(c) XRC (d) XSB

620. G_MA, _VOY, KTQ_, MR_U, O_US
SSC CHSL (Tier-I) 02/08/2023 Shift-I
(a) XOWSO (b) XGWTQ
(c) XIWSP (d) XGVSP

621. 10, 10, 20, 60, 240, ?
SSC CHSL (Tier-I) 21/03/2023 Shift-IV
(a) 1200 (b) 1400
(c) 1440 (d) 1150

622. PHDT, PDVH, ?, PVFJ, PRXX
SSC CHSL (Tier-I) 21/03/2023 Shift-IV
(a) PZNV (b) PZNY
(c) PZMV (d) PXNV

623. OLR, REZ, UXH, XQP, ?
SSC CHSL (Tier-I) 21/03/2023 Shift-II
(a) ALX (b) AJX
(c) AQX (d) BJY

624. 25, 42, 61, 82, ?, 130
SSC CHSL (Tier-I) 20/03/2023 Shift-III
(a) 112 (b) 108 (c) 105 (d) 115

625. ab_eea_bc_eaaa_cee
SSC CHSL (Tier-I) 20/03/2023 Shift-III
(a) aecc (b) ccae
(c) caeb (d) caec

626. NRQS, NIYI, NZGY, ?, NHWE
SSC CHSL (Tier-I) 17/03/2023 Shift-III
(a) NQQQ (b) NQQO
(c) NOOO (d) NQOO

627. 120, 110, 101, 93, 86, ?
SSC CHSL (Tier-I) 16/03/2023 Shift-I
(a) 79 (b) 81 (c) 82 (d) 80

628. MRNG, MVVS, MZDE, MDLQ, ?
SSC CHSL (Tier-I) 15/03/2023 Shift-IV
(a) MHRT (b) MHTD
(c) MGTC (d) MHTC

629. 4, 6, 6, 10, 8, 14, 10, 18, ?, 22
SSC CHSL (Tier-I) 15/03/2023 Shift-IV
(a) 14 (b) 10 (c) 16 (d) 12

630. NTR, TVZ, ZXH, FZP, ?
SSC CHSL (Tier-I) 14/03/2023 Shift-I
(a) XRT (b) LMQ
(c) LCY (d) LBX

631. 68, 82, 110, 124, 152, ?, 194
SSC CHSL (Tier-I) 14/03/2023 Shift-I
(a) 170 (b) 162 (c) 168 (d) 166

632. 46, 51, 76, 201, 826, ?
SSC CHSL (Tier-I) 13/03/2023 Shift-III
(a) 3631 (b) 4853
(c) 3951 (d) 3757

633. 48,87,165,204,282,321,?
SSC CHSL (Tier-I) 10/03/2023 Shift-II
(a) 419 (b) 399
(c) 409 (d) 389

634. AA_AB_ABC_A_C_E
SSC CHSL (Tier-I) 10/03/2023 Shift-II
(a) BCDBD (b) BCCBD
(c) AABCD (d) BABCD

635. 129, 126, 123, 120, 117, ?
SSC CHSL (Tier-I) 09/03/2023 Shift-I
(a) 114 (b) 113
(c) 112 (d) 115

636. LOG, FLH, ZII, TFJ, NCK, ?
SSC CHSL (Tier-I) 09/03/2023 Shift-I
(a) HYL (b) HAL
(c) HZL (d) HZM

SSC CHSL 2022 & 2021 (Tier I)

637. UQMI, VOPE, WMSA, ?, YIYS
SSC CHSL (Tier-I) 02/06/2022 Shift-I
(a) XVWK
(b) XKVW
(c) KXWV
(d) XKWV

638. 7, 7, 9, 27, 31, 155, ?
SSC CHSL (Tier-I) 02/06/2022 Shift-I
(a) 181 (b) 183
(c) 166 (d) 161

639. H_H_ _S r_a H_ _S r H_ _S a S r
SSC CHSL (Tier-I) 02/06/2022 Shift-I
(a) S S a H S a a H
(b) a S a H S a a H
(c) a S a a a a a H
(d) a S a S S a a H

640. 74, 62, 82, 78, 109, 159, 173, ?
SSC CHSL (Tier-I) 01/06/2022 Shift-I
(a) 223 (b) 375
(c) 415 (d) 295

641. 15, 30, 33, ?, 137, 822
SSC CHSL (Tier-I) 01/06/2022 Shift-I
(a) 130 (b) 126
(c) 132 (d) 128

642. 294, 326, 252, 273, 210, 220, 168, 167,?
SSC CHSL (Tier-I) 01/06/2022 Shift-I
(a) 125 (b) 120
(c) 115 (d) 126

643. QESC, ? QOSM, QTSR, QYSW
SSC CHSL (Tier-I) 01/06/2022 Shift-I
(a) RLSJ (b) QJSH
(c) QIRG (d) RKSI

644. d_c d_b_d_c d c_d d b c_c b d
SSC CHSL (Tier-I) 01/06/2022 Shift-I
(a) b d d b b d (b) b c d b b d
(c) d c d d b d (d) d c d b b d

645. 176, 218, 228, 291, 280, 364, 332,?
SSC CHSL (Tier-I) 31/05/2022 Shift-I
(a) 435 (b) 437
(c) 384 (d) 416

646. tu _ _ x _ _ _ u u _ _ xy _ _ _ v x x _
SSC CHSL (Tier-I) 31/05/2022 Shift-I
(a) u v x x t v x t u u y
(b) u v x y t v x t u u y
(c) u v x y t v x t u u u
(d) u v x y u v x t u u y

647. 3, 3, 12, 108, ?
SSC CHSL (Tier-I) 30/05/2022 Shift-I
(a) 1684 (b) 1512
(c) 1728 (d) 1528

648. ACF, DFI, GIL, JLO, ?
SSC CHSL (Tier-I) 30/05/2022 Shift-I
(a) ROM (b) MON
(c) NOM (d) MOR

649. B E_K D F_H K D J E H__D_E H K D
SSC CHSL (Tier-I) 30/05/2022 Shift-I
(a) I L P K (b) J P K B
(c) H E K N (d) H B P J

650. 45, 55, 72, 97, 131, ?
SSC CHSL (Tier-I) 27/05/2022 Shift-I
(a) 189 (b) 175
(c) 179 (d) 183

651. 2, 22, 32, 42, 57, 87, 162, ?
SSC CHSL (Tier-I) 27/05/2022 Shift-I
(a) 387 (b) 365
(c) 378 (d) 356

652. CFJK, JMQR, QTXY, ?, EHLM
SSC CHSL (Tier-I) 27/05/2022 Shift-I
(a) WZDF (b) XAEF
(c) XBCG (d) WXEF

653. mn_mn_om_m_nnom_mm_no
SSC CHSL (Tier-I) 27/05/2022 Shift-I
(a) o n n m n n
(b) m n n m n n
(c) m n o m n n
(d) m n n m o o

654. c k _ g k c _ t _ k _ k t g _ c k _ g k
SSC CHSL (Tier-I) 12/08/2021 Shift-III
(a) t, k, g, c, k, t
(b) t, k, c, g, k, t
(c) t, g, k, c, k, t
(d) t, k, g, c, c, t

655. 25, 26, 53, 160, 641, ?
SSC CHSL (Tier-I) 12/08/2021 Shift-III
(a) 3206 (b) 2908
(c) 3202 (d) 3403

656. 8, 24, 48, 80, ?, 168
SSC CHSL (Tier-I) 10/08/2021 Shift-I
(a) 122 (b) 120
(c) 116 (d) 118

657. 3, 5, 15, 41, ? 173
SSC CHSL (Tier-I) 04/08/2021 Shift-I
(a) 106 (b) 91
(c) 112 (d) 78

658. a_ _bcde_ _abbcd_ _aabb_ _ee
SSC CHSL (Tier-I) 04/08/2021 Shift-I
(a) abeaeecd (b) aeecdbea
(c) aeaebecd (d) abecdeae

659. 34, 39, 50, 67, 90, ?, 162
SSC CHSL (Tier-I) 19/04/2021 Shift-III
(a) 102 (b) 98
(c) 121 (d) 155

660. 10, 13, 19, 31, ?, 103
SSC CHSL (Tier-I) 12/04/2021 Shift-II
(a) 61 (b) 49
(c) 73 (d) 55

661. REST, SEST, SFST, ? , SFTU
SSC CHSL (Tier-I) 12/04/2021 Shift-II
(a) SFUT (b) SFRT
(c) SGTT (d) SFTT

SSC MTS 2024

निर्देश (प्र.सं 662-753) *दिए गए प्रश्नों में अगला/लुप्त पद ज्ञात कीजिए।*

662. XCW, UGS, RKO, ?, LSG
SSC MTS 14/11/2024 Shift III
(a) OOM (b) OMN
(c) OLO (d) OOK

663. 10, ?, 46, 94, 190, 382, 766
SSC MTS 14/11/2024 Shift III
(a) 24 (b) 22
(c) 18 (d) 20

664. 36, 39, 44, 51, 60, 71, 84, ?
SSC MTS 13/11/2024 Shift III
(a) 90 (b) 95 (c) 97 (d) 99

665. TCU, UFP, VIK, WLF, ?
SSC MTS 12/11/2024 Shift III
(a) XPA (b) XOB
(c) XOC (d) XOA

666. 6, 16, 27, 39, 52, ?
SSC MTS 12/11/2024 Shift III
(a) 67 (b) 66 (c) 65 (d) 64

667. FOM, ILJ, LIG, OFD, ?
SSC MTS 11/11/2024 Shift III
(a) SCA (b) SCB
(c) RCB (d) RCA

668. 86, 91, 101, 116, ?
SSC MTS 11/11/2024 Shift III
(a) 159 (b) 134
(c) 136 (d) 126

669. SWS, TUQ, USO, VQM, ?
SSC MTS 05/11/2024 Shift III
(a) VOK (b) VOL
(c) WOK (d) WOL

670. 12, 16, 22, 32, ? SSC MTS 05/11/2024 Shift III
(a) 46 (b) 47 (c) 44 (d) 45

671. HXS, JVQ, LTO, NRM, ?
SSC MTS 04/11/2024 Shift III
(a) PPK (b) OPD
(c) PPM (d) PNQ

672. 2, 3, 6, 11, 18, ? SSC MTS 04/11/2024 Shift III
(a) 30 (b) 27
(c) 31 (d) 29

673. TQQ, PRM, LSI, HTE, ?
SSC MTS 30/10/2024 Shift III
(a) DUA (b) DUB
(c) EUA (d) EUB

674. 5, 16, 60, 236, 940, ?
SSC MTS 30/10/2024 Shift III
(a) 678 (b) 3756
(c) 4678 (d) 6899

675. DEF, JKL, PQR, VWX, ?
SSC MTS 29/10/2024 Shift III
(a) ZBE (b) UWZ
(c) BCD (d) YZB

676. 46, 44, 40, 38, 34, 32, ?
SSC MTS 29/10/2024 Shift III
(a) 28 (b) 24
(c) 26 (d) 30

677. 19, 33, 21, 30, 23, 27, ?, 24, ?
SSC MTS 28/10/2024 Shift II
(a) 23, 25 (b) 25, 27
(c) 28, 25 (d) 25, 26

678. RSP, TQN, VOL, XMJ, ?
SSC MTS 28/10/2024 Shift II
(a) AKH (b) ZKH
(c) YLH (d) YKH

679. JLF, KOI, LRL, MUO, ?
SSC MTS 23/10/2024 Shift II
(a) OYR (b) NXR
(c) MXT (d) NRY

680. 14, 30, 93, 470, 3297, ?
SSC MTS 22/10/2024 Shift II
(a) 36267 (b) 36278
(c) 23086 (d) 29682

681. ADG, JMP, SVY, BEH, ?
SSC MTS 22/10/2024 Shift II
(a) LNQ (b) LMO
(c) KMO (d) KNQ

682. MSN, LRM, KQL, JPK, ?
SSC MTS 21/10/2024 Shift II
(a) IOJ (b) JOI (c) JIO (d) IJO

683. 6, 12, ?, 144, 720, 4320, 30240
SSC MTS 21/10/2024 Shift II
(a) 42 (b) 38 (c) 36 (d) 40

684. 3, ?, 13, 18, 23, 28, 33
SSC MTS 18/10/2024 Shift II
(a) 7 (b) 5 (c) 9 (d) 8

685. GJD, IHH, KFL, MDP, ?
SSC MTS 17/10/2024 Shift II
(a) OBT (b) PAT
(c) PBT (d) OBS

686. 219, 222, 227, 234, ?, 254
SSC MTS 17/10/2024 Shift II
(a) 243 (b) 244
(c) 241 (d) 242

687. 5040, 6064, 6576, 6832, 6960, ?
SSC MTS 16/10/2024 Shift II
(a) 7024 (b) 7088
(c) 7472 (d) 7216

688. PAX, RCV, TET, VGR, ?
SSC MTS 16/10/2024 Shift II
(a) XJP (b) XIP
(c) XJQ (d) XIQ

689. RVQ, OSN, LPK, IMH, ?
SSC MTS 14/10/2024 Shift I
(a) JEF (b) FJE
(c) EJF (d) EFJ

690. 97, 88, 85, 76, 73, ?, 61
SSC MTS 14/10/2024 Shift I
(a) 72 (b) 65 (c) 70 (d) 64

691. 647 614 581 548 515 ?
SSC MTS 15/10/2024 Shift I
(a) 505 (b) 402
(c) 491 (d) 482

692. YDY, WGT, UJO, SMJ, ?
SSC MTS 15/10/2024 Shift I
(a) QPE (b) PPD
(c) PPE (d) PPF

693. AYF, FUI, KQL, PMO, ?
SSC MTS 09/10/2024 Shift I
(a) UIR (b) UJR
(c) VIQ (d) VIR

694. 23, ?, 89, 177, 353, 705
SSC MTS 09/10/2024 Shift I
(a) 47 (b) 49
(c) 42 (d) 45

695. BXL, DVN, FTP, ?, JPT
SSC MTS 08/10/2024 Shift I
(a) GRR (b) GRS
(c) HST (d) HRR

696. 7, 12, 16, 30, 34, 66, 70, ?
SSC MTS 08/10/2024 Shift I
(a) 136 (b) 142
(c) 138 (d) 140

697. GGB, HHD, IKH, JPN, ?
SSC MTS 07/10/2024 Shift I
(a) KWV (b) OUV
(c) OWV (d) PUV

698. 1, 17, 33, 49, 65, ?
SSC MTS 07/10/2024 Shift I
(a) 77 (b) 80
(c) 81 (d) 79

699. 53, 52, 39, 38, ?, 24
SSC MTS 01/10/2024 Shift I
(a) 25 (b) 26
(c) 28 (d) 23

700. TKU, UNP, VQK, WTF, ?
SSC MTS 01/10/2024 Shift I
(a) XXA (b) YXB
(c) WAW (d) XWA

701. ACE, FHJ, KMO, PRT, ?
SSC MTS 30/09/2024 Shift I
(a) GJK (b) BCD
(c) UWY (d) NOP

702. −12, + 24, − 48, + 96, ?, + 384
SSC MTS 30/09/2024 Shift I
(a) −192 (b) −108
(c) 108 (d) 96

SSC MTS 2023

703. 14, 85, 511, 3067, 18403, ?
SSC MTS 14/09/2023 Shift-I
(a) 110119 (b) 110279
(c) 110581 (d) 110419

704. PY J _ S _ L M _ YNM YY_M B_RM
SSC MTS 14/09/2023 Shift-I
(a) MYVPY (b) MHAPV
(c) HAPPY (d) PMGHY

705. 26, 37, 59, 92, 136, ?
SSC MTS 14/09/2023 Shift-I
(a) 192 (b) 193 (c) 191 (d) 190

706. YFD, VJA, SNX, PRU, ?
SSC MTS 14/09/2023 Shift-I
(a) MXS (b) NWR
(c) NWS (d) MVR

707. 3, 21, 111, 561, 2811, ?
SSC MTS 14/09/2023 Shift-I
(a) 13468 (b) 12952
(c) 12786 (d) 14061

708. 18, 32, 60, 116, 228, ?
SSC MTS 13/09/2023 Shift-I
(a) 480 (b) 468 (c) 474 (d) 452

709. GAR, KEV, OIZ, SMD, ?
SSC MTS 13/09/2023 Shift-I
(a) WPH (b) VPG
(c) VRF (d) WQH

710. DZL_G_JD_ZHDM_FDPZ_D
SSC MTS 13/09/2023 Shift-I
(a) DZJZD (b) NVKDM
(c) KJBVD (d) DNMVH

711. 710, 720, 730, 740, 750, ?
SSC MTS 13/09/2023 Shift-I
(a) 770 (b) 780
(c) 760 (d) 790

712. 14, 47, 146, 443, 1334, ?
SSC MTS 11/09/2023 Shift-II
(a) 4078 (b) 4001
(c) 4171 (d) 4007

713. HVP, JZO, LDN, NHM, ?
SSC MTS 11/09/2023 Shift-II
(a) MLM (b) OLL
(c) NLN (d) PLL

714. _TU_T_TT_ _TU
SSC MTS 11/09/2023 Shift-II
(a) UTUTU (b) TUTUU
(c) UUTUU (d) TTUUT

715. 12, 18, 30, 54, 102, ?
SSC MTS 11/09/2023 Shift-II
(a) 190 (b) 187 (c) 198 (d) 204

716. G_KPN_RPUXY_BE_PI_MP
SSC MTS 11/09/2023 Shift-II
(a) QFDPA (b) JQPFL
(c) JPFLC (d) QJLDP

717. 5, 23, 95, ?, 1535, 6143, 24575
SSC MTS 11/09/2023 Shift-I
(a) 312 (b) 347
(c) 361 (d) 383

718. 11, 59, 299, 1499, 7499, ?
SSC MTS 11/09/2023 Shift-I
(a) 38499 (b) 37499
(c) 37599 (d) 38199

719. NO_N_ _NO_ _ON
SSC MTS 11/09/2023 Shift-I
(a) NONON
(b) ONOON
(c) OOONO
(d) NONNN

720. LVF, IUC, FTZ, CSW, ?
SSC MTS 08/09/2023 Shift-II
(a) ZRT (b) YQW
(c) ZQW (d) YSX

721. 2, 16, 86, 436, 2186, ?
SSC MTS 08/09/2023 Shift-II
(a) 11486 (b) 10936
(c) 10578 (d) 11032

722. 20, 54, 156, ?, 1380, 4134, 12396
SSC MTS 08/09/2023 Shift-II
(a) 506 (b) 474
(c) 462 (d) 358

723. JAS, HDV, FGY, DJB, ?
SSC MTS 08/09/2023 Shift-II
(a) CNF (b) CMG
(c) DNE (d) BME

724. LPA, PSY, TVW, XYU, ?
SSC MTS 06/09/2023 Shift-II
(a) CDS (b) BBS
(c) DCR (d) CBR

725. 24, 103, 498, 2473, 12348, ?
SSC MTS 06/09/2023 Shift-I
(a) 60983 (b) 61723
(c) 63487 (d) 62457

726. TOY, UQB, VSE, WUH, ?
SSC MTS 06/09/2023 Shift-I
(a) YVJ (b) ZWI
(c) XWK (d) YUI

727. UDM, XGP, AJS, DMV, ?
SSC MTS 06/09/2023 Shift-I
(a) EOX (b) FPX
(c) GPY (d) FOY

728. 77, 754, ?, 75224, 752224, 7522224, 75222224
SSC MTS 06/09/2023 Shift-I
(a) 7544 (b) 7524
(c) 7425 (d) 7254

729. 31, 32, 35, 36, 39, ?
SSC MTS 05/09/2023 Shift-II
(a) 42 (b) 40
(c) 43 (d) 41

730. FVZ, GXA, HZB, IBC, ?
SSC MTS 05/09/2023 Shift-II
(a) IED (b) KDF
(c) IEF (d) JDD

731. F_HTFKO_ _RVTFY_TF_JT
SSC MTS 05/09/2023 Shift-II
(a) UJHNH
(b) DTFCF
(c) DHJNF
(d) JFJMH

732. 16, 31, 76, ?, 616, 1831, 5476
SSC MTS 05/09/2023 Shift-II
(a) 207 (b) 201 (c) 217 (d) 211

733. 7, 30, 122, 490, 1962, ?
SSC MTS 05/09/2023 Shift-II
(a) 7872 (b) 7760
(c) 7896 (d) 7850

734. SDJ, UGL, WJN, YMP, ?
SSC MTS 05/09/2023 Shift-II
(a) BOR (b) BQS
(c) CPS (d) APR

735. 3, 20, 54, ?, 258, 530, 1074
SSC MTS 04/09/2023 Shift-II
(a) 118 (b) 122
(c) 128 (d) 124

736. 978, 967, 956, 945, 934, ?
SSC MTS 04/09/2023 Shift-II
(a) 924 (b) 921 (c) 922 (d) 923

737. KC_OK_PO_YSOKWV_K_YO
SSC MTS 04/09/2023 Shift-II
(a) LJMST (b) MDHTV
(c) KJNVL (d) MAKOU

738. ETM, AWO, WZQ, SCS, ?
SSC MTS 04/09/2023 Shift-II
(a) MEV (b) MEU
(c) OFU (d) NFV

739. 13, 52, 169, 520, 1573, ?
SSC MTS 04/09/2023 Shift-II
(a) 4781 (b) 4732
(c) 4895 (d) 4863

740. 10, 19, ?, 199, 775, 3079, 12295
SSC MTS 01/09/2023 Shift-III
(a) 63 (b) 55 (c) 50 (d) 61

741. JPX, GNU, DLR, AJO, ?
SSC MTS 01/09/2023 Shift-III
(a) ZGL (b) YGM
(c) XHL (d) YIL

742. 7, 41, 177, 721, 2897, ?
SSC MTS 01/09/2023 Shift-III
(a) 11601 (b) 12589
(c) 11283 (d) 10631

743. 9, 15, 33, 87, ?, 735, 2193
SSC MTS 01/09/2023 Shift-I
(a) 249 (b) 241
(c) 225 (d) 237

744. 3, 9, 45, 261, 1557 ?
SSC MTS 01/09/2023 Shift-I
(a) 9333 (b) 9555
(c) 8572 (d) 9433

745. X_ALZH_L_KALDNA_ _QAL
SSC MTS 01/09/2023 Shift-I
(a) EABLF (b) EBFLA
(c) FBPSB (d) FABLE

746. CNT, FQU, ITV, LWW, ?
SSC MTS 01/09/2023 Shift-I
(a) MXZ (b) NYY
(c) OZX (d) LYX

SSC MTS 2022 & 2021

747. 39, 78, 117, 156, ?, 234
(a) 175 (b) 205
(c) 185 (d) 195

748. NB, OA, PZ, QY, ?
SSC MTS 15/07/2022 Shift-I
(a) RS (b) WR
(c) RW (d) RX

749. 100, 98, 104, 92, 112, ?
SSC MTS 15/07/2022 Shift-I
(a) 64 (b) 108
(c) 82 (d) 72

750. AEI, EIO, IOU,? SSC MTS 14/07/2022 Shift-I
(a) OUA (b) AEI
(c) AII (d) UAE

751. 28, 27, 31, 22, 38, 13, 49, ?
SSC MTS 14/07/2022 Shift-I
(a) 42 (b) 0
(c) 2 (d) 22

752. GOAL, IMCJ, KKEH, MIGF, ?
SSC MTS 13/07/2022 Shift-I
(a) OGID (b) OGIC
(c) OHID (d) OGJD

753. 632, 637, 644, 653, 664, ?
SSC MTS 13/07/2022 Shift-I
(a) 681 (b) 677
(c) 679 (d) 687

754. उस संख्या की पहचान करें, जो निम्नलिखित शृंखला से सम्बन्धित है।
30, 15, 15, 22.5, 46, 112.5
SSC MTS 13/07/2022 Shift-I
(a) 46 (b) 22.5
(c) 30 (d) 112.5

निर्देश (प्र.सं 755-763) *दिए गए प्रश्नों में अगला/लुप्त पद ज्ञात कीजिए।*

755. 728, 717, 695, 662, 618, ?
SSC MTS 13/07/2022 Shift-I
(a) 564 (b) 563
(c) 561 (d) 562

756. ROM, URJ, XUG, AXD, ?
SSC MTS 13/07/2022 Shift-I
(a) DAB (b) DBA
(c) DAA (d) DAD

757. 12, 37, 110, 331, 992, ?
SSC MTS 11/07/2022 Shift-I
(a) 2947 (b) 2867
(c) 2877 (d) 2977

758. ASDF, BUGJ, CWJN, ?
SSC MTS 02/11/2021 Shift-III
(a) DXKO (b) DYMR
(c) DXLQ (d) DYKQ

759. 3, 13, 53, 213, ? SSC MTS 02/11/2021 Shift-III
(a) 1065 (b) 640
(c) 853 (d) 942

760. 2, 4, 8, 32, 256, ? SSC MTS 02/11/2021 Shift-III
(a) 8192 (b) 2048
(c) 1024 (d) 4096

761. 11, 12, 13, 17, 16, 23, ?, ?
SSC MTS 02/11/2021 Shift-II
(a) 25, 33 (b) 23, 27
(c) 21, 31 (d) 23, 29

762. CED, FJH, KQN, ?, AKF
SSC MTS 02/11/2021 Shift-I
(a) RXU (b) RZV
(c) QZV (d) SZT

763. 5, 7, 9, 11, 18, ?, 34, 35, 59, 67
SSC MTS 02/11/2021 Shift-I
(a) 17 (b) 19
(c) 21 (d) 27

SSC Steno 2024

निर्देश (प्र.सं 764-858) *दिए गए प्रश्नों में अगला/लुप्त पद ज्ञात कीजिए।*

764. YTUQ, XVRU, ?, VZLC, UBIG
SSC Steno 11/12/2024 Shift III
(a) WXPY (b) WYOX
(c) WYOY (d) WXOY

765. 29, 174, 179, ?, 719, 1438
SSC Steno 11/12/2024 Shift III
(a) 698 (b) 700 (c) 716 (d) 718

766. 4, 8, 9, 27, 16, ? SSC Steno 11/12/2024 Shift III
(a) 61 (b) 62 (c) 64 (d) 63

767. 31, 16, 17, ?, 56, 142. 5
SSC Steno 11/12/2024 Shift III
(a) 27 (b) 49 (c) 25 (d) 36

768. 287, 276, 265, 254, 243, ?
SSC Steno 11/12/2024 Shift III
(a) 233 (b) 231 (c) 232 (d) 230

769. QRT, SVR, UZP, WDN, ?
SSC Steno 11/12/2024 Shift III
(a) ZFL (b) WAY
(c) YHP (d) YHL

770. 24, 31, 22, 33, ?, 35, ?, 37
SSC Steno 11/12/2024 Shift III
(a) 20, 18 (b) 22, 18
(c) 22, 16 (d) 18, 20

771. SBRJ, UEVO, WHZT, ?, ANHD
SSC Steno 11/12/2024 Shift III
(a) ZJEX (b) YKDY
(c) XJDZ (d) ZKEY

772. 7, 13, 27, 53, 107, ?
SSC Steno 11/12/2024 Shift II
(a) 203 (b) 113
(c) 103 (d) 213

773. PQS, ?, ZAC, EFH, JKM
SSC Steno 11/12/2024 Shift II
(a) UWX (b) TUZ
(c) UVX (d) SUV

774. 1, 65, 114, ?, 175, 191
SSC Steno 11/12/2024 Shift II
(a) 154 (b) 160 (c) 150 (d) 144

775. NDJP, PBMM, RZPJ, ?, VVVD
SSC Steno 11/12/2024 Shift II
(a) UXTG (b) SZTF
(c) SYSF (d) TXSG

776. 983, 975, 948, 884, 759, ?
SSC Steno 11/12/2024 Shift II
(a) 433 (b) 633
(c) 543 (d) 733

777. 4, 9, 19, 39, 79, ? SSC Steno 11/12/2024 Shift II
(a) 151 (b) 153
(c) 159 (d) 152

778. 35, 38, 32, ?, 29, ?, 26, 47
SSC Steno 11/12/2024 Shift I
(a) 45, 51 (b) 39, 43
(c) 37, 48 (d) 41, 44

779. MSTS, LPUV, ?, JJWB , IGXE
SSC Steno 11/12/2024 Shift I
(a) KQVZ (b) KNVE
(c) KVVY (d) KMVY

780. 9, 54, 59, ?, 239, 478
SSC Steno 11/12/2024 Shift I
(a) 234 (b) 232
(c) 230 (d) 236

781. 11, 20, 37, 69, 131, ?, 489
SSC Steno 11/12/2024 Shift I
(a) 250 (b) 251
(c) 253 (d) 254

782. 7, 27, 87, 267, 807, ?
SSC Steno 11/12/2024 Shift I
(a) 6227 (b) 2427
(c) 2287 (d) 1287

783. 252, 247, 242, 237, 232, ?
SSC Steno 11/12/2024 Shift I
(a) 228 (b) 225
(c) 226 (d) 227

784. ADG, ILO, QTW, YBE, ?
SSC Steno 11/12/2024 Shift I
(a) HKL (b) HJM
(c) GJM (d) GIL

785. TJV, WFY, ZBB, CXE, ?
SSC Steno 11/12/2024 Shift I
(a) FTH (b) ETH
(c) FTA (d) FUT

786. ABCD, BCDE, ?, DEFG, EFGH
SSC Steno 10/12/2024 Shift III
(a) CBGH (b) CDFE
(c) CBDE (d) CDEF

787. HUD, LXE, PAF, TDG, ?
SSC Steno 10/12/2024 Shift III
(a) AGH (b) AGG
(c) AGI (d) XGH

788. 324, 289, 256, 225, ?
SSC Steno 10/12/2024 Shift III
(a) 196 (b) 169
(c) 180 (d) 200

789. 7, 18, 40, 73, 117, ?
SSC Steno 10/12/2024 Shift III
(a) 171 (b) 170 (c) 173 (d) 172

790. 6, 5, 18, 10, 54, 20, ?, 40
(a) 162 (b) 170
(c) 158 (d) 168

791. CRHT, GQLS, KPPR, ?, SNXP
SSC Steno 10/12/2024 Shift III
(a) NQSP (b) NOSQ
(c) OQTS (d) OOTQ

792. 16, 22, 13, 19, 10, ?, 7, ?
SSC Steno 10/12/2024 Shift III
(a) 16, 13 (b) 17, 14
(c) 13, 17 (d) 19, 15

793. 18, 71, 21, 76, 24, 81, 27, 86, 30, ?
SSC Steno 10/12/2024 Shift III
(a) 80 (b) 83
(c) 91 (d) 82

794. DUYG, ?, PGKS, VMQY, BSWE
SSC Steno 10/12/2024 Shift II
(a) KBDM (b) JZDN
(c) IZFN (d) JAEM

795. WKED, ZLHE, CMKF, FNNG, ?
SSC Steno 10/12/2024 Shift II
(a) IPQI (b) HPPI
(c) HOPH (d) IOQH

796. 53, 52, 54, 53, 55, ?
SSC Steno 10/12/2024 Shift II
(a) 54 (b) 56
(c) 57 (d) 55

797. 614, ?, 349, 249, 168, 104
SSC Steno 10/12/2024 Shift II
(a) 469 (b) 452
(c) 470 (d) 513

798. DA, XU, RO, LI, ?
SSC Steno 10/12/2024 Shift II
(a) ED (b) FC
(c) GD (d) FB

799. 120, 101, 139, 82, 158, ?
SSC Steno 10/12/2024 Shift II
(a) 55 (b) 61
(c) 58 (d) 63

800. 13, 29, 61, 125, 253, 509, ?
SSC Steno 10/12/2024 Shift II
(a) 1029 (b) 1089
(c) 1021 (d) 1099

801. 5, 14, 41, 122, 365, ?
SSC Steno 10/12/2024 Shift I
(a) 1049 (b) 1490
(c) 1940 (d) 1094

802. IGK, LJN, OMQ, RPT, ?
SSC Steno 10/12/2024 Shift I
(a) VSW (b) URW
(c) USW (d) VRW

803. WGDE, ZEGC, ?, FAMY, IYPW
SSC Steno 10/12/2024 Shift I
(a) CCJA (c) ZCIB
(c) DBJC (d) DCIB

804. 122, 135, 161, 200, 252, ?
SSC Steno 10/12/2024 Shift I
(a) 317 (b) 417
(c) 217 (d) 517

805. 12, 16, 25, 50, 99, ?, 389
SSC Steno 10/12/2024 Shift I
(a) 240 (b) 200
(c) 180 (d) 220

806. 23, 54, 81, 117, 137, 182, 191, ?
SSC Steno 10/12/2024 Shift I
(a) 245 (b) 249
(c) 294 (d) 254

807. 17, 18, 22, 31, ?, 72, ?, 157
SSC Steno 10/12/2024 Shift I
(a) 45, 107 (b) 47, 105
(c) 49, 106 (d) 47,108

808. GDA, OLI, WTQ, EBY, ?
SSC Steno 10/12/2024 Shift I
(a) KMN (b) NQP
(c) MJG (d) LRS

SSC Steno 2023-2021

809. 112, 103, 94, 85, 76, ?
SSC Steno 13/10/2023 Shift-I
(a) 72 (b) 77 (c) 67 (d) 63

810. 28, 39, 61, 94, 138, ?
SSC Steno 13/10/2023 Shift-I
(a) 182 (b) 204
(c) 193 (d) 195

811. B _ _ C M _ NDC _ BN _ _ M _ _ DCM
SSC Steno 13/10/2023 Shift-I
(a) NDBMCDNB (b) DNBMDCBN
(c) NDBMDCBN (d) NDBMCDBN

812. 18, 21, 27, 36, ? SSC Steno 13/10/2023 Shift-I
(a) 51 (b) 48
(c) 45 (d) 54

813. S _ _ K B _ F H _ B S F _ K _ S F _ _ B
SSC Steno 13/10/2023 Shift-I
(a) F H S K B H H K
(b) F H S K H K H K
(c) F H S K H B H K
(d) F H S H K B H K

814. 39, 51, 75, 111, ? SSC Steno 13/10/2023 Shift-I
(a) 163 (b) 159
(c) 145 (d) 153

815. SWBM, OSXI, ?, GKPA, CGLW
SSC Steno 13/10/2023 Shift-I
(a) KOTE (b) KOTD
(c) KOUE (d) KOTF

816. 131, 133, 181, ?, 239
SSC Steno 13/10/2023 Shift-I
(a) 193 (b) 183 (c) 229 (d) 185

817. B _ V _ _ T _ G B T _ G _ _ V G
SSC Steno 13/10/2023 Shift-I
(a) T G B V V B T (b) T G B V G V B
(c) G T B V V B G (d) T G G B V B G

818. DCZ, FFY, ?, JLW, LOV
SSC Steno 12/10/2023 Shift-I
(a) HIX (b) GJX
(c) HJX (d) FHY

819. 5, 14, 17, ?, 37 SSC Steno 12/10/2023 Shift-I
(a) 34 (b) 22
(c) 20 (d) 30

820. TUWA, ?, RISI, QEQO, PAOU
SSC Steno 12/10/2023 Shift-I
(a) USEO (b) UTET
(c) SOUE (d) SUOE

821. 69, 70, 74, 83, ?, 124
SSC Steno 12/10/2023 Shift-I
(a) 99 (b) 112
(c) 120 (d) 93

822. 363, 344, 325, 306, ?
SSC Steno 12/10/2023 Shift-I
(a) 287 (b) 291
(c) 285 (d) 293

823. 13, 39, 65, 91, 117, ?
SSC Steno 12/10/2023 Shift-I
(a) 143 (b) 145
(c) 130 (d) 127

SSC Steno 2022-2020

824. _M_B A J M Q _ A _ M Q B _ J _ _ B _
SSC Steno 18/11/2022 Shift-I
(a) J Q B J A M Q A
(b) B Q A J M Q A B
(c) J A M M Q A B J
(d) A M B Q J M J Q

825. 420, 462, 506, ?, 600, 650, 702
SSC Steno 18/11/2022 Shift-I
(a) 564 (b) 552 (c) 562 (d) 554

826. FRP, HTR, JVT, ?, NZX
SSC Steno 18/11/2022 Shift-I
(a) IWV (b) KWU (c) IUS (d) LXV

827. 144, 127, 110, ?, 76, 59
SSC Steno 18/11/2022 Shift-I
(a) 89 (b) 93 (c) 97 (d) 95

828. RJXU, ZANB, ?, PITP, XZJW
SSC Steno 17/11/2022 Shift-I
(a) JWPR (b) HRDI
(c) HDRI (d) JTEI

829. 482, 524, 576, ?, 710, 792
SSC Steno 17/11/2022 Shift-I
(a) 604 (b) 618
(c) 624 (d) 638

830. 456, 444, 420, 384, 336, ?
SSC Steno 17/11/2022 Shift-I
(a) 264 (b) 256 (c) 276 (d) 234

831. 7, 15, 30, 62, 125, 253, ?
SSC Steno 17/11/2022 Shift-I
(a) 580 (b) 508 (c) 408 (d) 480

832. 102, 100, ? 96, 112
SSC Steno 17/11/2022 Shift-I
(a) 104 (b) 108 (c) 98 (d) 100

833. U_UM_P_U J _M M P P_J U _M P_
SSC Steno 17/11/2022 Shift-I
(a) M M U U J P P (b) J M P U U M P
(c) M J P U M U P (d) J M M P U U P

834. NEUT, QJBC, ..., WTPU, ZYWD
SSC Steno 15/11/2021 Shift-I
(a) SOIM (b) TOIL
(c) SPTL (d) STPM

835. 6, 6, 7, 7, 11, 15, 20, 42, 36, 106, 61, 231, ?, 447
SSC Steno 15/11/2021 Shift-I
(a) 123 (b) 97
(c) 75 (d) 88

836. 15, 28, 45, ?, 87, 116, 147
SSC Steno 15/11/2021 Shift-I
(a) 72 (b) 64
(c) 70 (d) 54

837. 2, 0, 3, 2, 4, 6, 5, 12, 6, ?, 7, 30
SSC Steno 15/11/2021 Shift-I
(a) 6 (b) 7
(c) 20 (d) 16

838. JATR, KCWV, ... , PHBA, TKDB, UMGF
SSC Steno 15/11/2021 Shift-I
(a) LEAF (b) OFCW
(c) LEAW (d) OFYW

839. TMKB, CLNU, VOMD, ___ , XQOF
SSC Steno 12/11/2021
(a) ENPW (b) BQUR
(c) ETRW (d) BQEA

840. 5, 5, 11, 35, 95, 215, ?
SSC Steno 12/11/2021
(a) 245 (b) 254
(c) 425 (d) 452

841. EBA, _____ , UJI, ONO, IRU
SSC Steno 12/11/2021
(a) PJA (b) AFE
(c) PIA (d) QJZ

842. 1, 5, 3, 2, 10, 6, 4, 15, 9, 8, ?, 12
SSC Steno 12/11/2021
(a) 20 (b) 18 (c) 15 (d) 19

843. 15, 48, 148, ?, 1353
SSC Steno 12/11/2021
(a) 756 (b) 520 (c) 492 (d) 449

844. ACT, BAW, CYZ, ... , EUF
(a) CXC (b) DWC
(c) DYC (d) BYC

845. 61, 73, 99, 141, 201, ?
SSC Steno 11/11/2021
(a) 261 (b) 269
(c) 244 (d) 281

846. KLIMC, JJFIX, IHCES, HFZAN, ?
SSC Steno 11/11/2021
(a) GDXWJ (b) GDWWI
(c) GDUVI (d) HEWWI

847. LONDON, ORQALK, RUTXIH, ?
SSC Steno 11/11/2021
(a) UYWUEE (b) UXWTFE
(c) TXWVFJ (d) UXWUFE

848. 115, 107, 98, 88, 77, 65, ?
SSC Steno 11/11/2021
(a) 50 (b) 52
(c) 57 (d) 61

849. 55, 68, 81, 94, ?, 120
SSC Steno 11/11/2021
(a) 111 (b) 105
(c) 109 (d) 107

850. 1, 2, 4, 4, 9, 6, ?, 8, 25, 10
SSC Steno 11/11/2021
(a) 16 (b) 11
(c) 8 (d) 9

851. 65, 88, 77, 98, 91, 108, ?, 118, 125
SSC Steno 24/12/2020
(a) 107 (b) 104
(c) 95 (d) 99

852. LYR, JWP, HUN, FSL, ?
SSC Steno 24/12/2020
(a) EQJ (b) DQJ
(c) DQK (d) DPJ

853. 44, 22, 22, 33, 66, ?
SSC Steno 24/12/2020
(a) 178 (b) 143
(c) 205 (d) 165

854. 58, 60, 63, 68, 75, 86, ?
SSC Steno 24/12/2020
(a) 99 (b) 91 (c) 96 (d) 112

855. DZP, SCG, JFV, YIM, PLB, ?
SSC Steno 24/12/2020
(a) ESP (b) DOS
(c) FOR (d) EOS

856. 78, 93, ?, 153, 198, 253
SSC Steno 22/12/2020
(a) 119 (b) 127 (c) 111 (d) 118

857. QZHO, KFBU, ?, YRPG, SXJM
SSC Steno 22/12/2020
(a) ELVA (b) ELUA
(c) EKVA (d) DLUA

858. 47, 85, 135, 199, 281, ?
SSC Steno 22/12/2020
(a) 387 (b) 318
(c) 369 (d) 335

SSC GD Constable 2024

निर्देश (प्र.सं 859-894) *दिए गए प्रश्नों में अगला/लुप्त पद ज्ञात कीजिए।*

859. defghd_fghd_fghdef_hdefgh_efgh
SSC GD Constable 26/02/2024 Shift-I
(a) fdgh (b) eegd
(c) eged (d) efgh

860. 2, 5, 11, 23, 47, ?, 191
SSC GD Constable 26/02/2024 Shift-I
(a) 85 (b) 95 (c) 90 (d) 80

861. SW, UQ, OS, QM, ?
SSC GD Constable 26/02/2024 Shift-I
(a) KO (b) RS (c) KR (d) KM

862. 99, 91, ?, 74, 65, 57
SSC GD Constable 26/02/2024 Shift-I
(a) 89 (b) 82 (c) 86 (d) 78

863. 40, 21, 22, 34, 69, ?
SSC GD Constable 24/02/2024 Shift-III
(a) 173.5 (b) 180
(c) 173 (d) 145.5

864. J, E, A, X, V, ?
SSC GD Constable 24/02/2024 Shift-III
(a) R (b) U (c) S (d) T

865. ghijkgh_jkghijkg_ijkghijk_hi_
SSC GD Constable 24/02/2024 Shift-III
(a) kijg (b) ihgj
(c) ghgh (d) ihjk

866. IDG, ..., EZC, CXA, AVY, YTW
SSC GD Constable 24/02/2024 Shift-II
(a) GBE (b) GBF
(c) JBE (d) GCF

867. QV, TO, MR, PK, ?
SSC GD Constable 24/02/2024 Shift-II
(a) IM (b) IN
(c) IQ (d) IR

868. 115, 94, 72, 49, 25, ?
SSC GD Constable 24/02/2024 Shift-II
(a) 8 (b) 7 (c) 1 (d) 0

869. 31, 32, 36, ?, 61, 86
SSC GD Constable 24/02/2024 Shift-II
(a) 39 (b) 58
(c) 49 (d) 45

870. 1, 3, 7, 13, ?, 31
SSC GD Constable 24/02/2024 Shift-I
(a) 29 (b) 20 (c) 24 (d) 21

871. aaaa_bbbbbaaaa_bbbbb_aa_abbbbbaaa aabbbbb
SSC GD Constable 24/02/2024 Shift-I
(a) bbbb (b) abab
(c) aaaa (d) bbaa

872. 50, 52, 56, 64, 80, ?
SSC GD Constable 24/02/2024 Shift-I
(a) 115 (b) 120 (c) 112 (d) 130

873. abbab_b_bb_babb_bb
SSC GD Constable 23/02/2024 Shift-IV
(a) abbb (b) babb
(c) abab (d) baba

874. 18, 23, 32, 37, 46, ?
SSC GD Constable 23/02/2024 Shift-IV
(a) 49 (b) 57 (c) 61 (d) 51

875. MQRT, QUVX, UYZB, YCDF, ?
SSC GD Constable 23/02/2024 Shift-IV
(a) CGHJ (b) BQMR
(c) CMRQ (d) CMCF

876. 15, 31, 63, 127, 255, ?
SSC GD Constable 23/02/2024 Shift-IV
(a) 482 (b) 358
(c) 629 (d) 511

877. 99, 116, 133, 150, 167, ?
SSC GD Constable 23/02/2024 Shift-III
(a) 190 (b) 188 (c) 184 (d) 192

878. Y, T, P, M, K, ?
SSC GD Constable 23/02/2024 Shift-III
(a) L (b) I (c) H (d) J

879. 49, 54, 41, 62, 33, 70, ?
SSC GD Constable 23/02/2024 Shift-III
(a) 25 (b) 23 (c) 27 (d) 29

880. 104, 126, 148, 170, 192, ?
(a) 218 (b) 213
(c) 214 (d) 210

881. xy_yzxyyyzxyy_zxyyyz_yyy_
SSC GD Constable 23/02/2024 Shift-II
(a) yyxz (b) yxyx
(c) zzyy (d) yzyy

882. 52, 49, 45, 40, 34, 27, ?
SSC GD Constable 23/02/2024 Shift-II
(a) 15 (b) 17 (c) 18 (d) 19

883. ee_fgghheeffgg_heeffgghheeff_ _hh
SSC GD Constable 23/02/2024 Shift-I
(a) eeff (b) efgh
(c) fhgg (d) ggfh

884. 451, 472, 493, 514, ?, 556
SSC GD Constable 23/02/2024 Shift-I
(a) 535 (b) 538
(c) 534 (d) 530

885. MQRT, JNOQ, GKLN, DHIK, ?
SSC GD Constable 23/02/2024 Shift-I
(a) AEFH (b) AMRQ
(c) ANRS (d) ANTS

886. 64, 72, 45, 109, -16, ?
SSC GD Constable 23/02/2024 Shift-I
(a) 208 (b) 180
(c) 200 (d) 205

887. 17, 25, 37, 53, 73, 97, ?
SSC GD Constable 22/02/2024 Shift-IV
(a) 121 (b) 128
(c) 125 (d) 129

888. cd_fc_efcdefcde_cdefcde_cdef
SSC GD Constable 22/02/2024 Shift-IV
(a) fcde (b) edff
(c) efdf (d) cddf

889. 33, 34, 38, 47, 63, ?
SSC GD Constable 22/02/2024 Shift-IV
(a) 72 (b) 88 (c) 96 (d) 79

890. MNRT, QRVX, UVZB, YZDF, ?
SSC GD Constable 22/02/2024 Shift-IV
(a) DEMR (b) DEHJ
(c) CDHJ (d) DEFG

891. w_xxyywwx_yywwxxyyww_xyywwxx_y
SSC GD Constable 22/02/2024 Shift-III
(a) wwxy (b) wwxx
(c) wxxy (d) wxwx

892. 103, 108, 112, 117, 121, 126, ?
SSC GD Constable 22/02/2024 Shift-III
(a) 147 (b) 127 (c) 138 (d) 130

893. 6, 23, 93, 371, 1485, ?
SSC GD Constable 22/02/2024 Shift-III
(a) 5939 (b) 5940
(c) 5999 (d) 5980

894. AC, FN, KY, PJ, ?
SSC GD Constable 22/02/2024 Shift-III
(a) UW (b) UV
(c) UU (d) MR

SSC Selection Post 2024

निर्देश (प्र.सं 895-920) *दिए गए प्रश्नों में अगला/लुप्त पद ज्ञात कीजिए।*

895. _ R _ _ A R _ O _ _ G O A _ G O
Matric Level 20/06/2024 Shift-IV
(a) A G O G A R R
(b) A A G O G R R
(c) A G G O A R R
(d) A G O G R A A

896. AGMZ, CEOX, ECQV,?
Matric Level 20/06/2024 Shift-IV
(a) GAST (b) GDSX
(c) GBTS (d) GCSW

897. 5, 3, 20, 9, 80, 27, 320, ?
Matric Level 20/06/2024 Shift-IV
(a) 90 (b) 81
(c) 89 (d) 100

898. SOWJ, QPUK, OQSL ?, KSON
Matric Level 20/06/2024 Shift-IV
(a) MRQM (b) NRPM
(c) MSQN (d) NQQL

899. IBDA, MFHE, QJLI, ?, YRTQ
Matric Level 20/06/2024 Shift-IV
(a) UNTM (b) VNPM
(c) UNPM (d) QNPQ

900. Y, W, T, P, K, ?
Graduate Level 20/06/2024 Shift-III
(a) E (b) G
(c) H (d) F

901. 15, 20, 45, 170, ?
Graduate Level 20/06/2024 Shift-III
(a) 795 (b) 840
(c) 645 (d) 520

902. _ _ JR _ JR _ J _ R _ RR _
Higher Secondary Level 20/06/2024 Shift-II
(a) RRRRRJJ (b) JRRJJRJ
(c) JJRRJRJ (d) RJRRJJJ

903. 4, 14, 34, 64, ?, 154
Higher Secondary Level 20/06/2024 Shift-II
(a) 114 (b) 104
(c) 94 (d) 124

904. _ UG _ HU _ EH _ GE _ _ G _
Higher Secondary Level 20/06/2024 Shift-II
(a) GEHUEHU
(b) HEGUHUE
(c) HGEUGHE
(d) EHUGHGE

SSC Selection Post 2023 & 2022

905. 0.04, 0.12, 0.42, 1.68, 2.08, 10.4, ?
Graduate Level 27/06/2023 Shift-IV
(a) 11.8 (b) 12.9
(c) 10.9 (d) 12.3

906. N_M_N_ _MANNA_A_
Graduate Level 27/06/2023 Shift-IV
(a) ANNMMA (b) AANAMN
(c) ANNANM (d) ANAMAA

907. 23, 25, 28, 33, ?, 51, 64
Graduate Level 27/06/2023 Shift-IV
(a) 41 (b) 38 (c) 39 (d) 40

908. 136, 204, 306, ?, 688.5
Higher Secondary Level 27/06/2023 Shift-III
(a) 459 (b) 476
(c) 419 (d) 446

909. P Q _ _ T _ _ R S T P _ R _ T _ Q _ S T
Higher Secondary Level 27/06/2023 Shift-III
(a) S R P Q Q S R P
(b) R S P Q S Q R P
(c) R S P Q Q S P R
(d) S R P Q Q S P R

910. 9, 45, 180, ?, 1080, 1080
Higher Secondary Level 27/06/2023 Shift-III
(a) 540 (b) 360
(c) 520 (d) 480

911. ABZ, BCY, CDX, DEW, _ _ _
Higher Secondary Level 27/06/2023 Shift-III
(a) EGV (b) EFG
(c) EFV (d) EGH

912. CURB, ESPC, ?, IOLE, KMJF
Matric Level 27/06/2023 Shift-I
(a) GQND (b) HQND
(c) GRND (d) HRND

913. R M _ G _ M _ _ R _ T G _ M T _
Matric Level 27/06/2023 Shift-I
(a) T R G T M R G (b) T R T G M R G
(c) T M T G M T G (d) T R G T G M R

914. M_O_ _N O _ _ N_ P M _ O_
Matric Level 27/06/2023 Shift-I
(a) N P M P M O N P
(b) N P O P M O P O
(c) O P M P M O P M
(d) N P M P M P M N

915. 54, 46, 34, 26, 14, ?
Matric Level 27/06/2023 Shift-I
(a) 8 (b) 6 (c) 5 (d) 7

916. 6, 8, 11, 16, ?, 34, 47, 64
Graduate Level 01/08/2022 Shift-IV
(a) 27 (b) 29 (c) 21 (d) 23

917. A_ _RTA_E_T_CER_AC_ _T
Graduate Level 01/08/2022 Shift-IV
(a) CEDSATER (b) CECRATER
(c) CECRBTER (d) CECSATER

918. EFGH, FEHG, ?, HCJE, IBKD
Graduate Level 01/08/2022 Shift-IV
(a) GDHE (b) GDHF
(c) GDIF (d) GDIE

919. 304, 261, 221, 184, ?, 119
Higher Secondary Level 01/08/2022 Shift-II
(a) 150 (b) 144
(c) 161 (d) 159

920. 36, 512, 100, 1728, ?, 4096
Matric Level 01/08/2022 Shift-I
(a) 169 (b) 2744
(c) 2197 (d) 196

सही उत्तर

1	(a)	2	(b)	3	(b)	4	(d)	5	(d)	6	(d)	7	(c)	8	(b)	9	(b)	10	(a)
11	(d)	12	(b)	13	(d)	14	(b)	15	(d)	16	(a)	17	(d)	18	(c)	19	(b)	20	(a)
21	(a)	22	(a)	23	(c)	24	(d)	25	(c)	26	(b)	27	(b)	28	(c)	29	(b)	30	(a)
31	(b)	32	(d)	33	(c)	34	(b)	35	(a)	36	(d)	37	(d)	38	(c)	39	(c)	40	(d)
41	(a)	42	(c)	43	(a)	44	(b)	45	(d)	46	(c)	47	(c)	48	(d)	49	(d)	50	(a)
51	(b)	52	(c)	53	(b)	54	(c)	55	(a)	56	(c)	57	(c)	58	(a)	59	(c)	60	(a)
61	(a)	62	(d)	63	(d)	64	(d)	65	(b)	66	(b)	67	(c)	68	(d)	69	(a)	70	(c)
71	(a)	72	(c)	73	(b)	74	(b)	75	(c)	76	(d)	77	(a)	78	(b)	79	(c)	80	(b)
81	(b)	82	(d)	83	(a)	84	(d)	85	(d)	86	(a)	87	(c)	88	(c)	89	(c)	90	(c)
91	(b)	92	(c)	93	(c)	94	(c)	95	(d)	96	(d)	97	(d)	98	(b)	99	(b)	100	(d)
101	(d)	102	(b)	103	(b)	104	(a)	105	(b)	106	(b)	107	(d)	108	(b)	109	(a)	110	(d)
111	(a)	112	(a)	113	(d)	114	(d)	115	(b)	116	(a)	117	(d)	118	(d)	119	(a)	120	(a)
121	(d)	122	(c)	123	(b)	124	(d)	125	(c)	126	(b)	127	(a)	128	(b)	129	(a)	130	(b)
131	(b)	132	(d)	133	(a)	134	(b)	135	(c)	136	(a)	137	(d)	138	(c)	139	(b)	140	(c)
141	(b)	142	(d)	143	(a)	144	(b)	145	(d)	146	(d)	147	(b)	148	(a)	149	(d)	150	(a)
151	(c)	152	(a)	153	(c)	154	(b)	155	(a)	156	(c)	157	(a)	158	(c)	159	(c)	160	(d)
161	(d)	162	(a)	163	(d)	164	(a)	165	(b)	166	(d)	167	(b)	168	(b)	169	(c)	170	(c)
171	(d)	172	(c)	173	(c)	174	(a)	175	(c)	176	(c)	177	(a)	178	(b)	179	(b)	180	(d)
181	(b)	182	(c)	183	(d)	184	(d)	185	(c)	186	(d)	187	(a)	188	(d)	189	(a)	190	(b)
191	(b)	192	(d)	193	(d)	194	(c)	195	(a)	196	(b)	197	(c)	198	(a)	199	(a)	200	(b)
201	(b)	202	(b)	203	(d)	204	(b)	205	(a)	206	(a)	207	(a)	208	(c)	209	(d)	210	(d)
211	(b)	212	(b)	213	(d)	214	(c)	215	(b)	216	(b)	217	(c)	218	(c)	219	(a)	220	(b)
221	(c)	222	(c)	223	(a)	224	(a)	225	(b)	226	(b)	227	(b)	228	(c)	229	(d)	230	(a)
231	(d)	232	(c)	233	(c)	234	(d)	235	(a)	236	(d)	237	(a)	238	(d)	239	(c)	240	(a)
241	(d)	242	(d)	243	(d)	244	(c)	245	(c)	246	(a)	247	(c)	248	(c)	249	(a)	250	(a)
251	(b)	252	(b)	253	(c)	254	(d)	255	(a)	256	(a)	257	(d)	258	(a)	259	(d)	260	(d)
261	(a)	262	(c)	263	(c)	264	(b)	265	(b)	266	(c)	267	(d)	268	(b)	269	(b)	270	(a)
271	(c)	272	(d)	273	(b)	274	(d)	275	(b)	276	(c)	277	(c)	278	(a)	279	(c)	280	(b)
281	(d)	282	(b)	283	(d)	284	(d)	285	(b)	286	(a)	287	(b)	288	(c)	289	(a)	290	(c)
291	(c)	292	(b)	293	(c)	294	(c)	295	(a)	296	(d)	297	(b)	298	(b)	299	(a)	300	(c)
301	(d)	302	(d)	303	(b)	304	(c)	305	(a)	306	(c)	307	(c)	308	(a)	309	(b)	310	(c)
311	(b)	312	(c)	313	(a)	314	(c)	315	(d)	316	(d)	317	(c)	318	(d)	319	(a)	320	(b)
321	(c)	322	(c)	323	(a)	324	(d)	325	(b)	326	(a)	327	(b)	328	(d)	329	(a)	330	(a)
331	(d)	332	(b)	333	(d)	334	(a)	335	(b)	336	(a)	337	(d)	338	(c)	339	(d)	340	(a)
341	(a)	342	(c)	343	(d)	344	(a)	345	(d)	346	(c)	347	(a)	348	(a)	349	(d)	350	(d)
351	(d)	352	(c)	353	(c)	354	(c)	355	(d)	356	(b)	357	(d)	358	(c)	359	(d)	360	(b)
361	(c)	362	(a)	363	(c)	364	(d)	365	(d)	366	(a)	367	(c)	368	(c)	369	(c)	370	(a)
371	(d)	372	(b)	373	(b)	374	(d)	375	(d)	376	(d)	377	(d)	378	(a)	379	(b)	380	(d)
381	(c)	382	(d)	383	(d)	384	(b)	385	(a)	386	(c)	387	(a)	388	(d)	389	(a)	390	(c)
391	(b)	392	(a)	393	(a)	394	(b)	395	(c)	396	(b)	397	(b)	398	(a)	399	(c)	400	(a)
401	(a)	402	(d)	403	(c)	404	(d)	405	(c)	406	(a)	407	(b)	408	(a)	409	(d)	410	(d)
411	(a)	412	(b)	413	(d)	414	(c)	415	(c)	416	(c)	417	(b)	418	(d)	419	(c)	420	(c)
421	(a)	422	(b)	423	(c)	424	(c)	425	(c)	426	(c)	427	(b)	428	(d)	429	(b)	430	(a)
431	(d)	432	(b)	433	(d)	434	(c)	435	(a)	436	(d)	437	(d)	438	(b)	439	(c)	440	(d)
441	(b)	442	(b)	443	(b)	444	(b)	445	(d)	446	(c)	447	(b)	448	(c)	449	(a)	450	(d)
451	(c)	452	(b)	453	(c)	454	(b)	455	(b)	456	(a)	457	(a)	458	(c)	459	(a)	460	(a)
461	(b)	462	(d)	463	(d)	464	(d)	465	(c)	466	(a)	467	(a)	468	(c)	469	(b)	470	(a)

471	(b)	472	(d)	473	(c)	474	(b)	475	(d)	476	(a)	477	(d)	478	(b)	479	(a)	480	(d)
481	(c)	482	(c)	483	(c)	484	(b)	485	(c)	486	(c)	487	(c)	488	(b)	489	(b)	490	(a)
491	(d)	492	(a)	493	(d)	494	(c)	495	(c)	496	(b)	497	(d)	498	(c)	499	(b)	500	(b)
501	(d)	502	(d)	503	(b)	504	(d)	505	(d)	506	(c)	507	(d)	508	(b)	509	(b)	510	(c)
511	(a)	512	(b)	513	(b)	514	(a)	515	(b)	516	(a)	517	(a)	518	(c)	519	(d)	520	(c)
521	(d)	522	(d)	523	(b)	524	(b)	525	(b)	526	(a)	527	(a)	528	(c)	529	(b)	530	(c)
531	(d)	532	(c)	533	(d)	534	(d)	535	(d)	536	(a)	537	(b)	538	(c)	539	(c)	540	(d)
541	(a)	542	(c)	543	(c)	544	(b)	545	(a)	546	(a)	547	(b)	548	(c)	549	(d)	550	(d)
551	(b)	552	(c)	553	(a)	554	(d)	555	(a)	556	(a)	557	(a)	558	(a)	559	(d)	560	(c)
561	(c)	562	(b)	563	(c)	564	(c)	565	(c)	566	(c)	567	(d)	568	(d)	569	(d)	570	(d)
571	(a)	572	(c)	573	(b)	574	(d)	575	(b)	576	(b)	577	(b)	578	(b)	579	(d)	580	(b)
581	(b)	582	(d)	583	(b)	584	(a)	585	(a)	586	(d)	587	(b)	588	(a)	589	(b)	590	(c)
591	(c)	592	(d)	593	(b)	594	(a)	595	(d)	596	(c)	597	(d)	598	(d)	599	(b)	600	(c)
601	(c)	602	(a)	603	(b)	604	(c)	605	(c)	606	(b)	607	(b)	608	(b)	609	(a)	610	(b)
611	(b)	612	(a)	613	(a)	614	(c)	615	(c)	616	(c)	617	(a)	618	(b)	619	(b)	620	(c)
621	(a)	622	(a)	623	(b)	624	(c)	625	(c)	626	(d)	627	(d)	628	(d)	629	(d)	630	(d)
631	(d)	632	(c)	633	(b)	634	(a)	635	(a)	636	(c)	637	(b)	638	(d)	639	(b)	640	(c)
641	(c)	642	(d)	643	(b)	644	(b)	645	(b)	646	(b)	647	(c)	648	(d)	649	(c)	650	(b)
651	(a)	652	(b)	653	(b)	654	(a)	655	(a)	656	(b)	657	(b)	658	(a)	659	(c)	660	(d)
661	(d)	662	(d)	663	(b)	664	(d)	665	(d)	666	(b)	667	(d)	668	(c)	669	(c)	670	(a)
671	(a)	672	(b)	673	(a)	674	(b)	675	(c)	676	(a)	677	(b)	678	(b)	679	(b)	680	(b)
681	(d)	682	(a)	683	(c)	684	(d)	685	(a)	686	(a)	687	(a)	688	(b)	689	(b)	690	(d)
691	(d)	692	(a)	693	(a)	694	(d)	695	(d)	696	(c)	697	(a)	698	(c)	699	(a)	700	(d)
701	(c)	702	(a)	703	(d)	704	(a)	705	(c)	706	(d)	707	(d)	708	(d)	709	(d)	710	(a)
711	(c)	712	(d)	713	(d)	714	(d)	715	(c)	716	(b)	717	(d)	718	(b)	719	(d)	720	(a)
721	(b)	722	(c)	723	(d)	724	(b)	725	(b)	726	(c)	727	(c)	728	(b)	729	(b)	730	(d)
731	(b)	732	(d)	733	(d)	734	(d)	735	(b)	736	(d)	737	(d)	738	(c)	739	(b)	740	(b)
741	(c)	742	(a)	743	(a)	744	(a)	745	(a)	746	(c)	747	(d)	748	(d)	749	(c)	750	(a)
751	(b)	752	(a)	753	(b)	754	(a)	755	(b)	756	(c)	757	(d)	758	(b)	759	(c)	760	(a)
761	(c)	762	(b)	763	(b)	764	(d)	765	(c)	766	(c)	767	(a)	768	(c)	769	(d)	770	(a)
771	(b)	772	(d)	773	(c)	774	(c)	775	(d)	776	(c)	777	(c)	778	(d)	779	(d)	780	(d)
781	(b)	782	(b)	783	(d)	784	(c)	785	(a)	786	(d)	787	(d)	788	(a)	789	(d)	790	(a)
791	(d)	792	(a)	793	(c)	794	(d)	795	(d)	796	(a)	797	(c)	798	(b)	799	(d)	800	(c)
801	(d)	802	(c)	803	(a)	804	(a)	805	(d)	806	(b)	807	(d)	808	(c)	809	(c)	810	(c)
811	(c)	812	(b)	813	(c)	814	(b)	815	(a)	816	(b)	817	(a)	818	(a)	819	(a)	820	(c)
821	(a)	822	(a)	823	(a)	824	(a)	825	(b)	826	(d)	827	(b)	828	(b)	829	(d)	830	(c)
831	(b)	832	(a)	833	(b)	834	(b)	835	(b)	836	(b)	837	(c)	838	(d)	839	(a)	840	(c)
841	(b)	842	(a)	843	(d)	844	(b)	845	(d)	846	(b)	847	(d)	848	(b)	849	(d)	850	(a)
851	(a)	852	(b)	853	(d)	854	(a)	855	(d)	856	(d)	857	(a)	858	(a)	859	(b)	860	(b)
861	(a)	862	(b)	863	(a)	864	(b)	865	(b)	866	(a)	867	(b)	868	(d)	869	(d)	870	(d)
871	(c)	872	(c)	873	(b)	874	(d)	875	(a)	876	(d)	877	(c)	878	(d)	879	(a)	880	(c)
881	(a)	882	(d)	883	(c)	884	(a)	885	(a)	886	(c)	887	(c)	888	(b)	889	(b)	890	(c)
891	(c)	892	(d)	893	(a)	894	(c)	895	(a)	896	(a)	897	(b)	898	(a)	899	(c)	900	(a)
901	(a)	902	(a)	903	(b)	904	(b)	905	(c)	906	(b)	907	(d)	908	(a)	909	(c)	910	(a)
911	(c)	912	(a)	913	(b)	914	(a)	915	(b)	916	(d)	917	(b)	918	(c)	919	(a)	920	(d)

उत्तर सहित हल

1. (a) दी गई श्रृंखला का क्रम निम्न प्रकार है

98 50 26 14 [8] 5

−48 −24 −12 −6 −3

÷2 ÷2 ÷2 ÷2

2. (b) दी गई श्रृंखला का क्रम निम्न प्रकार है

9, 5, 6, 10.5, 23, [60]

×0.5+0.5 ×1+1 ×1.5+1.5 ×2+2 ×2.5+2.5

3. (b) दी गई श्रृंखला का क्रम निम्न प्रकार है

F →(+3) I →(+3) L →(+3) O →(+3) [R]

H →(+2) J →(+2) L →(+2) N →(+2) [P]

V →(−3) S →(−3) P →(−3) M →(−3) [J]

Q →(−2) O →(−2) M →(−2) K →(−2) [I]

4. (d) दी गई श्रृंखला का क्रम निम्न प्रकार है

672 677 686 699 716 [737]

+5 +9 +13 +17 +21

+4 +4 +4 +4

5. (d) दी गई श्रृंखला का क्रम निम्न प्रकार है

Y V D W / Y V D W / Y V D W / Y V D W

⇒ YVDVW

6. (d) दी गई श्रृंखला का क्रम निम्न प्रकार है

A B C E/F G H J/K L M O/P Q R T/U V W Y

+2 +1 +2 +1 +2 +1 +2 +1 +2

⇒ EHLRW

7. (c) दी गई श्रृंखला का क्रम निम्न प्रकार है

Y T Y Y T Y/Y T Y Y T Y

⇒ TYTYYT

8. (b) दी गई श्रृंखला का क्रम निम्न प्रकार है

30 22 36 75 178 [480]

×0.5+7 ×1+14 ×1.5+21 ×2+28 ×2.5+35

9. (b) दी गई श्रृंखला का क्रम निम्न प्रकार है

O →(+3) R →(+3) U →(+3) X →(+3) [A]

A →(+3) D →(+3) G →(+3) J →(+3) [M]

33 →(+3) 36 →(+3) 39 →(+3) 42 →(+3) [45]

10. (a) दी गई श्रृंखला का क्रम निम्न प्रकार है

O →(−1) N →(−1) [M] →(−1) L →(−1) K

P →(−1) O →(−1) [N] →(−1) M →(−1) L

O →(+1) P →(+1) [Q] →(+1) R →(+1) S

R →(+1) S →(+1) [T] →(+1) U →(+1) V

11. (d) दी गई श्रृंखला का क्रम निम्न प्रकार है

A →(+2) C →(+2) E →(+2) [G] →(+2) I

E →(+2) G →(+2) I →(+2) [K] →(+2) M

Y →(−2) W →(−2) U →(−2) [S] →(−2) Q

T →(−2) R →(−2) P →(−2) [N] →(−2) L

12. (b) दी गई श्रृंखला का क्रम निम्न प्रकार है

88 78 70 64 60 [58] [58]

−10 −8 −6 −4 −2 −0

13. (d) दी गई श्रृंखला का क्रम निम्न प्रकार है

Z →(−7) S →(−7) L →(−7) E →(−7) X

X →(−7) Q →(−7) (K) J →(−7) C →(−7) V

U →(−7) N →(−7) (I) G →(−7) Z →(−7) S

अत: गलत समूह = LKI

14. (b) दी गई श्रृंखला का क्रम निम्न प्रकार है

B D F H J L N P R T V X

+2 +2 +2 +2 +2

+2 +2 +2 +2 +2 +2

⇒ DJRV

15. (d) दी गई श्रृंखला का क्रम निम्न प्रकार है

C →(+2) E →(+2) [G] →(+2) I →(+2) K

Q →(+1) R →(+1) [S] →(+1) T →(+1) U

J →(+3) M →(+3) [P] →(+3) S →(+3) V

G →(+3) J →(+3) [M] →(+3) P →(+3) S

16. (a) दी गई श्रृंखला का क्रम निम्न प्रकार है

ZZA/ZZA/ZZA/ZZA ⇒ Z Z A Z Z A

17. (d) दी गई श्रृंखला का क्रम निम्न प्रकार है

H →(+2) J →(+2) L →(+2) N →(+2) [P]

M →(+3) P →(+3) S →(+3) V →(+3) [Y]

71 →(−3) 68 →(−3) 65 →(−3) 62 →(−3) [59]

18. (c) दी गई श्रृंखला का क्रम निम्न प्रकार है

35, 46, 68, 101, 145, [200]

+11 +22 +33 +44 +55

+11 +11 +11 +11

19. (b) दी गई श्रृंखला का क्रम निम्न प्रकार है

+2 +2 +2

B C D E/B G D G/B K D I/B O D K

+4 +4 +4

⇒ 'CBDO'

20. (a) दी गई श्रृंखला का क्रम निम्न प्रकार है

J →(+3) M →(+3) P →(+3) S →(+3) [V]

A →(+3) D →(+3) G →(+3) J →(+3) [M]

L →(+3) O →(+3) R →(+3) U →(+3) [X]

21. (a) दी गई श्रृंखला का क्रम निम्न प्रकार है

61, [67], [71], 73, 79, 83, 89

श्रृंखला क्रमागत अभाज्य संख्याओं की श्रृंखला है।

22. (a) दी गई श्रृंखला का क्रम निम्न प्रकार है

H →(+2) J →(+2) L →(+2) [N] →(+2) P

K →(+1) L →(+1) M →(+1) [N] →(+1) O

P →(−2) N →(−2) L →(−2) [J] →(−2) H

T →(−1) S →(−1) R →(−1) [Q] →(−1) P

23. (c) दी गई श्रृंखला का क्रम निम्न प्रकार है

5 10 17 26 37 [50]

+5 +7 +9 +11 +13

+2 +2 +2 +2

24. (d) दी गई श्रृंखला का क्रम निम्न प्रकार है

32 36 44 56 72 [92]

+4 +8 +12 +16 +20

+4 +4 +4 +4

25. (c) दी गई श्रृंखला का क्रम निम्न प्रकार है

+0 +0 +0

+1 +1 +1

S T U V/T R U W/U P U X/V N U Y

−2

+1 +1 +1

⇒ SUPU

26. (b) दी गई श्रृंखला का क्रम निम्न प्रकार है

T →(+2) V →(+2) X →(+2) Z →(+2) [B]

G →(+2) I →(+2) K →(+2) M →(+2) [O]

O →(−1) N →(−1) M →(−1) L →(−1) [K]

27. (b) दी गई श्रृंखला का क्रम निम्न प्रकार है

M E D I C/M F D I C/M G D I C/M H D I C

+1 +1 +1

⇒ DFMCI

28. (c) दी गई श्रृंखला का क्रम निम्न प्रकार है

M →(−2) K →(−2) I →(−2) G →(−2) [E]

Y →(−2) W →(−2) U →(−2) S →(−2) [Q]

84 →(−4) 80 →(−4) 76 →(−4) 72 →(−4) [68]

29. (b) दी गई श्रृंखला का क्रम निम्न प्रकार है

81 65 50 [36] 23 11

−16 −15 −14 −13 −12

30. (a) दी गई श्रृंखला का क्रम निम्न प्रकार है

X →(−2) V →(−2) T →(−2) R →(−2) [P]

J →(+2) L →(+2) N →(+2) P →(+2) [R]

U →(−2) S →(−2) Q →(−2) O →(−2) [M]

M →(+2) O →(+2) Q →(+2) S →(+2) [U]

31. (b) दी गई श्रृंखला का क्रम निम्न प्रकार है

A $\xrightarrow{+7}$ H $\xrightarrow{+7}$ O $\xrightarrow{+7}$ [V] $\xrightarrow{+7}$ C
B $\xrightarrow{+7}$ I $\xrightarrow{+7}$ P $\xrightarrow{+7}$ W $\xrightarrow{+7}$ D
F $\xrightarrow{+7}$ [M] $\xrightarrow{+7}$ [T] $\xrightarrow{+7}$ A $\xrightarrow{+7}$ H
[G] $\xrightarrow{+7}$ N $\xrightarrow{+7}$ U $\xrightarrow{+7}$ B $\xrightarrow{+7}$ [I]

⇒ GMTVI

32. (d) दी गई श्रृंखला का क्रम निम्न प्रकार है

B $\xrightarrow{+1}$ C $\xrightarrow{+1}$ D $\xrightarrow{+1}$ E $\xrightarrow{+1}$ [F]
H $\xrightarrow{+2}$ J $\xrightarrow{+2}$ L $\xrightarrow{+2}$ N $\xrightarrow{+2}$ [P]
14 $\xrightarrow{+3}$ 17 $\xrightarrow{+3}$ 20 $\xrightarrow{+3}$ 23 $\xrightarrow{+3}$ [26]

33. (c) दी गई श्रृंखला का क्रम निम्न प्रकार है

389 420 457 498 541 [588]
+31 +37 +41 +43 +47

34. (b) दी गई श्रृंखला का क्रम निम्न प्रकार है

J $\xrightarrow{+4}$ N $\xrightarrow{+4}$ [R] $\xrightarrow{+4}$ V $\xrightarrow{+4}$ Z
H $\xrightarrow{-2}$ F $\xrightarrow{-2}$ [D] $\xrightarrow{-2}$ B $\xrightarrow{-2}$ Z
O $\xrightarrow{+4}$ S $\xrightarrow{+4}$ [W] $\xrightarrow{+4}$ A $\xrightarrow{+4}$ E
Q $\xrightarrow{-2}$ O $\xrightarrow{-2}$ [M] $\xrightarrow{-2}$ K $\xrightarrow{-2}$ I

35. (a) दी गई श्रृंखला का क्रम निम्न प्रकार है

I J I / I J I / I J I / I J I

⇒ J I J I J I I

36. (d) दी गई श्रृंखला का क्रम निम्न प्रकार है

58 70 83 97 [112]
+12 +13 +14 +15

37. (d) दी गई श्रृंखला का क्रम निम्न प्रकार है

625 382 301 274 265 [262]
−243 −81 −27 −9 −3
÷3 ÷3 ÷3 ÷3

38. (c) दी गई श्रृंखला का क्रम निम्न प्रकार है

L B A / L B A / L B A / L B A

⇒ L A L B B A B A

39. (c) दी गई श्रृंखला का क्रम निम्न प्रकार है

A $\xrightarrow{+10}$ K $\xrightarrow{+10}$ U $\xrightarrow{+10}$ E $\xrightarrow{+10}$ [O]
W $\xrightarrow{+10}$ G $\xrightarrow{+10}$ Q $\xrightarrow{+10}$ A $\xrightarrow{+10}$ [K]
S $\xrightarrow{+10}$ C $\xrightarrow{+10}$ M $\xrightarrow{+10}$ W $\xrightarrow{+10}$ [G]
O $\xrightarrow{+10}$ Y $\xrightarrow{+10}$ I $\xrightarrow{+10}$ S $\xrightarrow{+10}$ [C]

40. (d) दी गई श्रृंखला का क्रम निम्न प्रकार है

B / C E N B B / C E N B B / C E N B B / C E N B B / C

⇒ CBENB

41. (a) दी गई श्रृंखला का क्रम निम्न प्रकार है

N $\xrightarrow{+2}$ P $\xrightarrow{+2}$ R $\xrightarrow{+2}$ T $\xrightarrow{+2}$ [V]
W $\xrightarrow{+2}$ Y $\xrightarrow{+2}$ A $\xrightarrow{+2}$ C $\xrightarrow{+2}$ [E]
17 $\xrightarrow{+2}$ 19 $\xrightarrow{+2}$ 21 $\xrightarrow{+2}$ 23 $\xrightarrow{+2}$ [25]

42. (c) दी गई श्रृंखला का क्रम निम्न प्रकार है

3 6 9 18 21 [42]
×2 +3 ×2 +3 ×2

43. (a) दी गई श्रृंखला का क्रम निम्न प्रकार है

M $\xrightarrow{+3}$ P $\xrightarrow{+3}$ S $\xrightarrow{+3}$ [V] $\xrightarrow{+3}$ Y
J $\xrightarrow{-3}$ G $\xrightarrow{-3}$ D $\xrightarrow{-3}$ [A] $\xrightarrow{-3}$ X
P $\xrightarrow{-3}$ M $\xrightarrow{-3}$ J $\xrightarrow{-3}$ [G] $\xrightarrow{-3}$ D
T $\xrightarrow{+3}$ W $\xrightarrow{+3}$ Z $\xrightarrow{+3}$ [C] $\xrightarrow{+3}$ F

44. (b) दी गई श्रृंखला का क्रम निम्न प्रकार है

L M N Q O L / L M N Q O L / L M N Q O L / L M N Q O L / L M......

⇒ 'Q N M L O'.

45. (d) दी गई श्रृंखला का क्रम निम्न प्रकार है

20 25 25 35 30 45 [35] 55 40
+10 +10 +10
+5 +5 +5 +5

46. (c) दी गई श्रृंखला का क्रम निम्न प्रकार है

X Y Z K X K / X Y Z K X K / X Y Z K X K / X Y Z K X K / X Y

⇒ 'XYKZK'

47. (c) दी गई श्रृंखला का क्रम निम्न प्रकार है

W $\xrightarrow{-1}$ V $\xrightarrow{-1}$ U $\xrightarrow{-1}$ T $\xrightarrow{-1}$ [S]
I $\xrightarrow{-1}$ H $\xrightarrow{-1}$ G $\xrightarrow{-1}$ F $\xrightarrow{-1}$ [E]
X $\xrightarrow{-1}$ W $\xrightarrow{-1}$ V $\xrightarrow{-1}$ U $\xrightarrow{-1}$ [T]

48. (d) दी गई श्रृंखला का क्रम निम्न प्रकार है

Y $\xrightarrow{-1}$ X $\xrightarrow{-1}$ W $\xrightarrow{-1}$ V $\xrightarrow{-1}$ [U]
L $\xrightarrow{-1}$ K $\xrightarrow{-1}$ J $\xrightarrow{-1}$ I $\xrightarrow{-1}$ [H]
93 $\xrightarrow{-5}$ 88 $\xrightarrow{-5}$ 83 $\xrightarrow{-5}$ 78 $\xrightarrow{-5}$ [73]

49. (d) दी गई श्रृंखला का क्रम निम्न प्रकार है

J $\xrightarrow{+2}$ L $\xrightarrow{+2}$ N $\xrightarrow{+2}$ [P]
K $\xrightarrow{-1}$ J $\xrightarrow{-1}$ I $\xrightarrow{-1}$ [H]
T $\xrightarrow{-2}$ R $\xrightarrow{-2}$ P $\xrightarrow{-2}$ [N]

50. (a) दी गई श्रृंखला का क्रम निम्न प्रकार है

1225 1184 1147 1116 1087 [1064]
−41 −37 −31 −29 −23

51. (b) दी गई श्रृंखला का क्रम निम्न प्रकार है

E $\xrightarrow{+2}$ G $\xrightarrow{+2}$ [I] $\xrightarrow{+2}$ K $\xrightarrow{+2}$ M
Q $\xrightarrow{-1}$ P $\xrightarrow{-1}$ [O] $\xrightarrow{-1}$ N $\xrightarrow{-1}$ M
B $\xrightarrow{+2}$ D $\xrightarrow{+2}$ [F] $\xrightarrow{+2}$ H $\xrightarrow{+2}$ J
Y $\xrightarrow{-1}$ X $\xrightarrow{-1}$ [W] $\xrightarrow{-1}$ V $\xrightarrow{-1}$ U

52. (c) दी गई श्रृंखला का क्रम निम्न प्रकार है

P $\xrightarrow{+3}$ S $\xrightarrow{+3}$ V $\xrightarrow{+3}$ Y $\xrightarrow{+3}$ [B]
J $\xrightarrow{+3}$ M $\xrightarrow{+3}$ P $\xrightarrow{+3}$ S $\xrightarrow{+3}$ [V]
16 25 36 49 [64]
$(4)^2$ $(5)^2$ $(6)^2$ $(7)^2$ $(8)^2$
+1 +1 +1 +1

53. (b) दी गई श्रृंखला का क्रम निम्न प्रकार है

96 77 60 47 36 [29]
−19 −17 −13 −11 −7 (क्रमागत अभाज्य संख्याएँ)

54. (c) दी गई श्रृंखला का क्रम निम्न प्रकार है

B $\xrightarrow{+3}$ E $\xrightarrow{+3}$ [H] $\xrightarrow{+3}$ K $\xrightarrow{+3}$ N
K $\xrightarrow{+3}$ N $\xrightarrow{+3}$ [Q] $\xrightarrow{+3}$ T $\xrightarrow{+3}$ W
U $\xrightarrow{+2}$ W $\xrightarrow{+2}$ [Y] $\xrightarrow{+2}$ A $\xrightarrow{+2}$ C
Z $\xrightarrow{+2}$ B $\xrightarrow{+2}$ [D] $\xrightarrow{+2}$ F $\xrightarrow{+2}$ H

55. (a) दी गई श्रृंखला का क्रम निम्न प्रकार है

B $\xrightarrow{-2}$ Z $\xrightarrow{-2}$ X $\xrightarrow{-2}$ [V] $\xrightarrow{-2}$ T
H $\xrightarrow{+4}$ L $\xrightarrow{+4}$ P $\xrightarrow{+4}$ [T] $\xrightarrow{+4}$ X
V $\xrightarrow{-2}$ T $\xrightarrow{-2}$ R $\xrightarrow{-2}$ [P] $\xrightarrow{-2}$ N
C $\xrightarrow{+4}$ G $\xrightarrow{+4}$ K $\xrightarrow{+4}$ [O] $\xrightarrow{+4}$ S

56. (c) दी गई श्रृंखला का क्रम निम्न प्रकार है

O O P | O O P | O O P | O O P

⇒ OPOPOOP

57. (c) दी गई श्रृंखला का क्रम निम्न प्रकार है

9 17 33 65 129 [257]
(×2–1) (×2–1) (×2–1) (×2–1) (×2–1)

58. (a) दी गई श्रृंखला का क्रम निम्न प्रकार है

R $\xrightarrow{-2}$ P $\xrightarrow{-2}$ N $\xrightarrow{-2}$ [L] $\xrightarrow{-2}$ J
L $\xrightarrow{-2}$ J $\xrightarrow{-2}$ H $\xrightarrow{-2}$ [F] $\xrightarrow{-2}$ D
Y $\xrightarrow{-2}$ W $\xrightarrow{-2}$ U $\xrightarrow{-2}$ [S] $\xrightarrow{-2}$ Q
V $\xrightarrow{-2}$ T $\xrightarrow{-2}$ R $\xrightarrow{-2}$ [P] $\xrightarrow{-2}$ N

59. (c) दी गई श्रृंखला का क्रम निम्न प्रकार है

f h g h h g f / f h g h h g f / f h g h h g f

⇒ ghfhghhg

60. (a) दी गई श्रृंखला का क्रम निम्न प्रकार है

30 20 [30] 60 140
$\times\frac{1}{2}+5$ $\times1+10$ $\times\frac{3}{2}+15$ $\times2+20$

61. (a) दी गई श्रृंखला का क्रम निम्न प्रकार है

DFF/DFF/DFF/DFF

⇒ 'FFDFF'.

62. (d) दी गई श्रृंखला का क्रम निम्न प्रकार है

A $\xrightarrow{+2}$ C $\xrightarrow{+2}$ E $\xrightarrow{+2}$ G $\xrightarrow{+2}$ [I]
H $\xrightarrow{+2}$ J $\xrightarrow{+2}$ L $\xrightarrow{+2}$ N $\xrightarrow{+2}$ [P]
21 $\xrightarrow{-3}$ 18 $\xrightarrow{-3}$ 15 $\xrightarrow{-3}$ 12 $\xrightarrow{-3}$ [9]

63. (d) दी गई श्रृंखला का क्रम निम्न प्रकार है

FXT/FX T/FXT/FXT

⇒ 'FTXTFFT'

64. (d) दी गई श्रृंखला का क्रम निम्न प्रकार है

$K \xrightarrow{+2} M \xrightarrow{+3} P \xrightarrow{+4} T \xrightarrow{+5} Y \xrightarrow{+6} \boxed{E}$

$E \xrightarrow{+4} I \xrightarrow{+4} M \xrightarrow{+4} Q \xrightarrow{+4} U \xrightarrow{+4} \boxed{Y}$

$S \xrightarrow{-2} Q \xrightarrow{-3} N \xrightarrow{-4} J \xrightarrow{-5} E \xrightarrow{-6} \boxed{Y}$

65. (b) दी गई श्रृंखला का क्रम निम्न प्रकार है

7, 13, $\boxed{37}$, 145, 721, 4321

(×2)–1, (×3)–2, (×4)–3, (×5)–4, (×6)–5

66. (b) दी गई श्रृंखला का क्रम निम्न प्रकार है

fd<u>d</u>e<u>d</u>ef/<u>f</u>dd<u>e</u>d<u>e</u>f/<u>f</u>dd<u>e</u>def ⇒ ddfeedee

67. (c) दी गई श्रृंखला का क्रम निम्न प्रकार है

E<u>F</u>GH/EI<u>I</u>G/ELK<u>F</u>/<u>E</u>OME

(+2, +2, +2; +3, +3, +3; –1, –1, –1)

⇒ FIFE

68. (d) दी गई श्रृंखला का क्रम निम्न प्रकार है

16, 36, 64, $\boxed{100}$, $\boxed{144}$, 196, 256, 324

$(4)^2$, $(6)^2$, $(8)^2$, $(10)^2$, $(12)^2$, $(14)^2$, $(16)^2$, $(18)^2$

+2, +2, +2, +2, +2, +2, +2

69. (a) दी गई श्रृंखला का क्रम निम्न प्रकार है

$I \xrightarrow{+4} M \xrightarrow{+4} Q \xrightarrow{+4} U \xrightarrow{+4} \boxed{Y}$

$M \xrightarrow{+3} P \xrightarrow{+3} S \xrightarrow{+3} V \xrightarrow{+3} \boxed{Y}$

$H \xrightarrow{+2} J \xrightarrow{+2} L \xrightarrow{+2} N \xrightarrow{+2} \boxed{P}$

$P \xrightarrow{+1} Q \xrightarrow{+1} R \xrightarrow{+1} S \xrightarrow{+1} \boxed{T}$

70. (c) दी गई श्रृंखला का क्रम निम्न प्रकार है

BYN<u>F</u>J/<u>Z</u>YNF<u>J</u>/X<u>Y</u>NFJ/VY<u>N</u>FJ

(–2, –2, –2)

⇒ FZJYN

71. (a) दी गई श्रृंखला का क्रम निम्न प्रकार है

12, 25, 49, $\boxed{99}$, 197, 395

×2+1, ×2–1, ×2+1, ×2–1, ×2+1

72. (c) दी गई श्रृंखला का क्रम निम्न प्रकार है

3, 20, 121, 604, 2417, $\boxed{7250}$

×7–1, ×6+1, ×5–1, ×4+1, ×3–1

73. (b) दी गई श्रृंखला का क्रम निम्न प्रकार है

<u>W</u> C <u>W</u>/W <u>C</u> <u>W</u>/<u>W</u> C <u>W</u>/W <u>C</u> <u>W</u>

⇒ "WWCWWWCW".

74. (b) दी गई श्रृंखला का क्रम निम्न प्रकार है

$D \xrightarrow{+2} F \xrightarrow{+2} \boxed{H} \xrightarrow{+2} J \xrightarrow{+2} L$

$B \xrightarrow{+3} E \xrightarrow{+3} \boxed{H} \xrightarrow{+3} K \xrightarrow{+3} N$

$O \xrightarrow{+2} Q \xrightarrow{+2} \boxed{S} \xrightarrow{+2} U \xrightarrow{+2} W$

$I \xrightarrow{+3} L \xrightarrow{+3} \boxed{O} \xrightarrow{+3} R \xrightarrow{+3} U$

75. (c) दी गई श्रृंखला का क्रम निम्न प्रकार है

17, 38, 84, $\boxed{180}$, 376, 772

×2+4, ×2+8, ×2+12, ×2+16, ×2+20

+4, +4, +4, +4

76. (d) दी गई श्रृंखला का क्रम निम्न प्रकार है

q p r <u>r</u> <u>p</u> r q/<u>q</u> p <u>r</u> r p <u>r</u> q/<u>q</u> p r <u>r</u> p <u>r</u> q

⇒ 'r p q r r q r r'.

77. (a) दी गई श्रृंखला का क्रम निम्न प्रकार है

4, $\boxed{9}$, $\boxed{25}$, 49, 121, 169, 289

$(2)^2$, $(3)^2$, $(5)^2$, $(7)^2$, $(11)^2$, $(13)^2$, $(17)^2$

78. (b) दी गई श्रृंखला का क्रम निम्न प्रकार है

$I \xrightarrow{-3} F \xrightarrow{-3} C \xrightarrow{-3} Z \xrightarrow{-3} \boxed{W}$

$C \xrightarrow{+2} E \xrightarrow{+2} G \xrightarrow{+2} I \xrightarrow{+2} \boxed{K}$

$T \xrightarrow{-1} S \xrightarrow{-1} R \xrightarrow{-1} Q \xrightarrow{-1} \boxed{P}$

79. (c) दी गई श्रृंखला का क्रम निम्न प्रकार है

L M B A <u>C</u> H O/L M B A C <u>H</u> O/L M <u>B</u> A C H O/L <u>M</u> B A C H O/L <u>M</u>

⇒ C H B M M

80. (b) दी गई श्रृंखला का क्रम निम्न प्रकार है

$F \xrightarrow{-1} E \xrightarrow{-1} D \xrightarrow{-1} C \xrightarrow{-1} \boxed{B}$

$M \xrightarrow{-2} K \xrightarrow{-2} I \xrightarrow{-2} G \xrightarrow{-2} \boxed{E}$

$61 \xrightarrow{-3} 58 \xrightarrow{-3} 55 \xrightarrow{-3} 52 \xrightarrow{-3} \boxed{49}$

81. (b) दी गई श्रृंखला का क्रम निम्न प्रकार है

23, 27, 43, 79, 143, $\boxed{243}$

+4, +16, +36, +64, +100

$(2)^2$, $(4)^2$, $(6)^2$, $(8)^2$, $(10)^2$

82. (d) दी गई श्रृंखला का क्रम निम्न प्रकार है

$Z \xrightarrow{-4} V \xrightarrow{-4} R \xrightarrow{-4} \boxed{N} \xrightarrow{-4} J$

$V \xrightarrow{-3} S \xrightarrow{-3} P \xrightarrow{-3} \boxed{M} \xrightarrow{-3} J$

$R \xrightarrow{-2} P \xrightarrow{-2} N \xrightarrow{-2} \boxed{L} \xrightarrow{-2} J$

$N \xrightarrow{-1} M \xrightarrow{-1} L \xrightarrow{-1} \boxed{K} \xrightarrow{-1} J$

83. (a) दी गई श्रृंखला का क्रम निम्न प्रकार है

35, 38, 43, 50, 59, $\boxed{70}$

+3, +5, +7, +9, +11

+2, +2, +2, +2

84. (d) दी गई श्रृंखला का क्रम निम्न प्रकार है

$X \xrightarrow{+1} Y \xrightarrow{+1} Z \xrightarrow{+1} A \xrightarrow{+1} \boxed{B}$

$F \xrightarrow{+3} I \xrightarrow{+3} L \xrightarrow{+3} O \xrightarrow{+3} \boxed{R}$

$11 \xrightarrow{+4} 15 \xrightarrow{+4} 19 \xrightarrow{+4} 23 \xrightarrow{+4} \boxed{27}$

85. (d) दी गई श्रृंखला का क्रम निम्न प्रकार है

$V \xrightarrow{-2} T \xrightarrow{-2} R \xrightarrow{-2} P \xrightarrow{-2} \boxed{N}$

$O \xrightarrow{-2} M \xrightarrow{-2} K \xrightarrow{-2} I \xrightarrow{-2} \boxed{G}$

$39 \xrightarrow{-4} 35 \xrightarrow{-4} 31 \xrightarrow{-4} 27 \xrightarrow{-4} \boxed{23}$

86. (a) दी गई श्रृंखला का क्रम निम्न प्रकार है

N <u>A</u> B A N A/<u>N</u> A <u>B</u> A N A/N A B <u>A</u> N A/N A/B A <u>N</u> A/N A

⇒ ANBAN

87. (c) दी गई श्रृंखला का क्रम निम्न प्रकार है

$B \xrightarrow{+2} D \xrightarrow{+2} \boxed{F} \xrightarrow{+2} H \xrightarrow{+2} J$

$V \xrightarrow{-2} T \xrightarrow{-2} \boxed{R} \xrightarrow{-2} P \xrightarrow{-2} N$

$T \xrightarrow{+2} V \xrightarrow{+2} \boxed{X} \xrightarrow{+2} Z \xrightarrow{+2} B$

$O \xrightarrow{-2} M \xrightarrow{-2} \boxed{K} \xrightarrow{-2} I \xrightarrow{-2} G$

88. (c) दी गई श्रृंखला का क्रम निम्न प्रकार है

99, 123, 150, 180, 213, $\boxed{249}$

+24, +27, +30, +33, +36

+3, +3, +3, +3

89. (c) दी गई श्रृंखला का क्रम निम्न प्रकार है

L <u>K</u> P <u>P</u> Q S/<u>L</u> K <u>P</u> P Q S/<u>L</u> K P <u>P</u> Q <u>S</u>/L <u>K</u> <u>P</u> P Q S

⇒ KPLPQLPSKP

90. (c) दी गई श्रृंखला का क्रम निम्न प्रकार है

1, 3, 10, 41, $\boxed{206}$, 1237

×2+1, ×3+1, ×4+1, ×5+1, ×6+1

91. (b) दी गई श्रृंखला का क्रम निम्न प्रकार है

$U \xrightarrow{+1} V \xrightarrow{+1} W \xrightarrow{+1} X \xrightarrow{+1} \boxed{Y}$

$E \xrightarrow{+2} G \xrightarrow{+2} I \xrightarrow{+2} K \xrightarrow{+2} \boxed{M}$

$88 \xrightarrow{-4} 84 \xrightarrow{-4} 80 \xrightarrow{-4} 76 \xrightarrow{-4} \boxed{72}$

92. (c) दी गई श्रृंखला का क्रम निम्न प्रकार है

18, 74, 298, 1194, 4778, $\boxed{19114}$

×4+2, ×4+2, ×4+2, ×4+2, ×4+2

93. (c) दी गई श्रृंखला का क्रम निम्न प्रकार है

P R <u>A</u> Y <u>Z</u>/<u>P</u> R A <u>Y</u> Z/P <u>R</u> A <u>Y</u> Z

⇒ AZPYRY

94. (c) दी गई श्रृंखला का क्रम निम्न प्रकार है

242, 288, $\boxed{338}$, 392, 450

+46, +50, +54, +58

+4, +4, +4

95. (d) दी गई शृंखला का क्रम निम्न प्रकार है

F R E D / F I S E D / F I T E D / F I U E D

+1, +1, +1

⇒ E I S I E U D

96. (d) दी गई शृंखला का क्रम निम्न प्रकार है

B V J R W / B V K R W / B V L R W / B V M R W

+1, +1, +1

⇒ BVKRWMR

97. (d) दी गई शृंखला का क्रम निम्न प्रकार है

58, 179, [323], 492, 688

+121, +144, +169, +196

$+11^2$, $+12^2$, $+13^2$, $+14^2$

98. (b) दी गई शृंखला का क्रम निम्न प्रकार है

Q W E R T / Q W F R T / Q W G R T / Q W H R T

+1, +1, +1

⇒ EWTGRQW

99. (b) दी गई शृंखला का क्रम निम्न प्रकार है

S R U C T / S R U D T / S R U E T / S R U F T

+1, +1, +1

⇒ R U D S T U F

100. (d) दी गई शृंखला का क्रम निम्न प्रकार है

L M T R A/L M T R A/ L M T R A/L M T R A

⇒ MTRALMTA

101. (d) दी गई शृंखला का क्रम निम्न प्रकार है

P —(−4)→ T —(+4)→ [X] —(+4)→ B —(+4)→ F
Q —(−2)→ O —(−2)→ [M] —(−2)→ K —(−2)→ I
S —(−3)→ V —(+3)→ [Y] —(+3)→ B —(+3)→ E
T —(−1)→ S —(−1)→ [R] —(−1)→ Q —(−1)→ P

102. (b) दी गई शृंखला का क्रम निम्न प्रकार है

232, 221, 199, [166], 122, 67

−11, −22, −33, −44, −55

103. (b) दी गई शृंखला का क्रम निम्न प्रकार है

P T M R / P T M R / P T M R / P T M R

⇒ PRMPTTM

104. (a) दी गई शृंखला का क्रम निम्न प्रकार है

$\frac{1}{176} \xrightarrow{\times 2} \frac{1}{88} \xrightarrow{\times 2} \boxed{\frac{1}{44}} \xrightarrow{\times 2} \frac{1}{22} \xrightarrow{\times 2} \frac{1}{11}$

105. (b) दी गई शृंखला का क्रम निम्न प्रकार है

G L A R E / G L B R E / G L C R E / G L D R E

−1, +1, +1

⇒ LBELRDR

106. (b) दी गई शृंखला का क्रम निम्न प्रकार है

A —(+2)→ C —(+2)→ E —(+2)→ [G] —(+2)→ I
J —(+4)→ N —(+4)→ R —(+4)→ [V] —(+4)→ Z
R —(+6)→ X —(+6)→ D —(+6)→ [J] —(+6)→ P
X —(+8)→ F —(+8)→ N —(+8)→ [V] —(+8)→ D

107. (d) दी गई शृंखला का क्रम निम्न प्रकार है

L M N N N N/L M N N N N/L M N N N N

⇒ MNLLN

108. (b) दी गई शृंखला का क्रम निम्न प्रकार है

2 —(×3)→ 6 —(+3)→ 9 —(×3)→ 27 —(+3)→ 30 —(×3)→ 90 —(+3)→ [93]

109. (a) दी गई शृंखला का क्रम निम्न प्रकार है

W —(−2)→ U —(−2)→ S —(−2)→ [Q] —(−2)→ O
T —(−2)→ R —(−2)→ P —(−2)→ [N] —(−2)→ L
D —(+3)→ G —(+3)→ J —(+3)→ [M] —(+3)→ P
H —(+3)→ K —(+3)→ N —(+3)→ [Q] —(+3)→ T

110. (d) दी गई शृंखला का क्रम निम्न प्रकार है

214, 207, 193, [172], 144, 109

−7, −14, −21, −28, −35

111. (a) दी गई शृंखला का क्रम निम्न प्रकार है

G —(+4)→ K —(+4)→ O —(+4)→ S —(+4)→ [W]
T —(+3)→ W —(+3)→ Z —(+3)→ C —(+3)→ [F]
C —(+2)→ E —(+2)→ G —(+2)→ I —(+2)→ [K]
L —(+1)→ M —(+1)→ N —(+1)→ O —(+1)→ [P]

112. (a) दी गई शृंखला का क्रम निम्न प्रकार है

2, 10, 40, 120, 240, [240]

×5, ×4, ×3, ×2, ×1

−1, −1, −1, −1

113. (d) दी गई शृंखला का क्रम निम्न प्रकार है

C E X U P/C E X U P/C E X U P/ C E X U P

⇒ EXCUEPCX

114. (d) दी गई शृंखला का क्रम निम्न प्रकार है

Z —(−6)→ T —(−6)→ N —(−6)→ H —(−6)→ [B]
X —(−6)→ R —(−6)→ L —(−6)→ F —(−6)→ [Z]
V —(−6)→ P —(−6)→ J —(−6)→ D —(−6)→ [X]

115. (b) दी गई शृंखला का क्रम निम्न प्रकार है

B U P L E S H / B U P L E S H / B U P L E S H / B U P L E S H

⇒ L B E U H P S

116. (a) दी गई शृंखला का क्रम निम्न प्रकार है

32, [36], 44, 56, 72, 92

+4, +8, +12, +16, +20

+4, +4, +4, +4

117. (d) दी गई शृंखला का क्रम निम्न प्रकार है

S T N F I R G / S T N F I R G / S T N F I R G / S T N F I R G

⇒ NGIFSTR

118. (d) दी गई शृंखला का क्रम निम्न प्रकार है

+31, +31

+43, +74, +105

57, 69, 88, 112, 150, 186, 243, [291]

+31, +62, +93

+31, +31

119. (a) दी गई शृंखला का क्रम निम्न प्रकार है

N M L J J/N M L J J/N M L J J/N M L J J

⇒ JMNJL

120. (a) दी गई शृंखला का क्रम निम्न प्रकार है

C A R / C A R / C A R / C A R / C A R

⇒ A A C C R R

121. (d) दी गई शृंखला का क्रम निम्न प्रकार है

3, 8, 15, 26, 39, [56]

+5, +7, +11, +13, +17

+2, +4, +2, +4

122. (c) दी गई शृंखला का क्रम निम्न प्रकार है

A —(+6)→ G —(+6)→ M —(+6)→ S —(+6)→ [Y]
D —(+6)→ J —(+6)→ P —(+6)→ V —(+6)→ [B]
Z —(+6)→ F —(+6)→ L —(+6)→ R —(+6)→ [X]

123. (b) दी गई शृंखला का क्रम निम्न प्रकार है

27, 38, [51], 68, 87, 110

+11, +13, +17, +19, +23

124. (d) दी गई शृंखला का क्रम निम्न प्रकार है

B —(+2)→ D —(+2)→ [F] —(+2)→ H —(+2)→ J
Z —(−2)→ X —(−2)→ [V] —(−2)→ T —(−2)→ R
V —(+1)→ W —(+1)→ [X] —(+1)→ Y —(+1)→ Z
R —(−1)→ Q —(−1)→ [P] —(−1)→ O —(−1)→ N

125. (c) दी गई शृंखला का क्रम निम्न प्रकार है

Z Y R R / Z Y R R / Z Y R R / Z Y R R

⇒ RYRZR

126. (b) दी गई शृंखला का क्रम निम्न प्रकार है

31, 37, 46, 60, 81, [111]

+6, +9, +14, +21, +30

+3, +5, +7, +9

127. (a) दी गई शृंखला का क्रम निम्न प्रकार है

D C B A/D C B A/D C B A/D C B A

⇒ CDAAC

128. (b) दी गई शृंखला का क्रम निम्न प्रकार है

X —(−4)→ T —(−4)→ P —(−4)→ L —(−4)→ [H] —(−4)→ D
G —(+4)→ K —(+4)→ O —(+4)→ S —(+4)→ [W] —(+4)→ A
R —(−4)→ N —(−4)→ J —(−4)→ F —(−4)→ [B] —(−4)→ X

129. (a) दी गई श्रृंखला का क्रम निम्न प्रकार है

FGHTY/FGHUY/FGHVY/FGHWY

+1 +1 +1

⇒ 'TFHGVHY'

130. (b) दी गई श्रृंखला का क्रम निम्न प्रकार है

18, 20, 22, 27, 32, 39, **46**

+2 +2 +5 +5 +7 +7

131. (b) दी गई श्रृंखला का क्रम निम्न प्रकार है

1 4 27 16 125 **36**

1^3 2^2 3^3 4^2 5^3 6^2

132. (d) दी गई श्रृंखला का क्रम निम्न प्रकार है

FIRED / FISED / FITED / FIUED

+1 +1 +1

⇒ 'EISIEUD'

133. (a) दी गई श्रृंखला का क्रम निम्न प्रकार है

Q →(+1) R →(+1) S →(+1) **T** →(+1) U

Z →(−1) Y →(−1) X →(−1) **W** →(−1) V

A →(+2) C →(+2) E →(+2) **G** →(+2) I

E →(+2) G →(+2) I →(+2) **K** →(+2) M

134. (b) दी गई श्रृंखला का क्रम निम्न प्रकार है

X →(−2) V →(−2) T →(−2) R →(−2) **P**

L →(+3) O →(+3) R →(+3) U →(+3) **X**

O →(−2) M →(−2) K →(−2) I →(−2) **G**

135. (c) दी गई श्रृंखला का क्रम निम्न प्रकार है

32 54 98 186 **362** 714

+22 +44 +88 +176 +352

×2 ×2 ×2 ×2

136. (a) दी गई श्रृंखला का क्रम निम्न प्रकार है

W →(−6) Q →(−6) K →(−6) **E**

U →(−6) O →(−6) I →(−6) **C**

S →(−6) M →(−6) G →(−6) **A**

137. (d) दी गई श्रृंखला का क्रम निम्न प्रकार है

ASDFG/ATDFG/AUDFG/AVDFG

+1 +1 +1

⇒ GTDAFVD

138. (c) दी गई श्रृंखला का क्रम निम्न प्रकार है

PS TMO/PSTMO/PSTMO/PSTMO

⇒ STPMSOPT

139. (b) दी गई श्रृंखला का क्रम निम्न प्रकार है

TROJEWF/TROJEWF/TROJEWF/TROJE WF

⇒ RFJTEOW

140. (c) दी गई श्रृंखला का क्रम निम्न प्रकार है

P R Q S/P R Q S/P R Q S/P R Q S

⇒ P S Q P R S

141. (b) दी गई श्रृंखला का क्रम निम्न प्रकार है

245 212 **179** 146 113 80

−33 −33 −33 −33 −33

142. (d) दी गई श्रृंखला का क्रम निम्न प्रकार है

E →(+2) G →(+2) I →(+2) **K** →(+2) M

J →(+3) M →(+3) P →(+3) **S** →(+3) V

C →(+1) D →(+1) E →(+1) **F** →(+1) G

K →(+4) O →(+4) S →(+4) **W** →(+4) A

143. (a) दी गई श्रृंखला का क्रम निम्न प्रकार है

131 132 141 166 215 **296** 417

+1 +9 +25 +49 +81 +121

1^2 3^2 5^2 7^2 9^2 11^2

144. (b) दी गई श्रृंखला का क्रम निम्न प्रकार है

D →(−3) A →(−3) X →(−3) **U** →(−3) R

M →(−3) J →(−3) G →(−3) **D** →(−3) A

H →(−3) E →(−3) B →(−3) **Y** →(−3) V

R →(−3) O →(−3) L →(−3) **I** →(−3) F

145. (d) दी गई श्रृंखला का क्रम निम्न प्रकार है

5475 1100 225 50 **15** 8 6.6

−4375 −875 −175 −35 −7 −1.4

÷5 ÷5 ÷5 ÷5 ÷5

146. (d) दी गई श्रृंखला का क्रम निम्न प्रकार है

A TSRD/ATS RD/ATSRD/ATSRD

⇒ ATSRTDAR.

147. (b) दी गई श्रृंखला का क्रम निम्न प्रकार है

17, 24, 38, 59 87, **122**

+7 +14 +21 +28 +35

+7 +7 +7 +7

148. (a) दी गई श्रृंखला का क्रम निम्न प्रकार है

11 **17** 29 53 101 197

+6 +12 +24 +48 +96

×2 ×2 ×2 ×2

149. (d) दी गई श्रृंखला का क्रम निम्न प्रकार है

P D G I O/Q D G I O/R D G I O/S D G I O

+1 +1 +1

⇒ DQGIS

150. (a) दी गई श्रृंखला का क्रम निम्न प्रकार है

L →(+2) N →(+2) P →(+2) **R** →(+2) T

C →(+2) E →(+2) G →(+2) **I** →(+2) K

A →(+2) C →(+2) E →(+2) **G** →(+2) I

Z →(−2) X →(−2) V →(−2) **T** →(−2) R

151. (c) दी गई श्रृंखला का क्रम निम्न प्रकार है

M A L I V Y O / M A L I V Y O / M A L I V Y O / M A L I V Y O

⇒ I O Y A M L V

152. (a) दी गई श्रृंखला का क्रम निम्न प्रकार है

18 23 **30** 41 54 71

+5 +7 +11 +13 +17

153. (c) दी गई श्रृंखला का क्रम निम्न प्रकार है

N O P J Q / N O P I Q / N O P H Q / N O P G Q

−1 −1 −1

⇒ JPONQ

154. (b) दी गई श्रृंखला का क्रम निम्न प्रकार है

A →(+6) G →(+6) M →(+6) S →(+6) Y →(+6) **E**

L →(−7) E →(−7) X →(−7) Q →(−7) J →(−7) **C**

W →(+2) Y →(+2) A →(+2) C →(+2) E →(+2) **G**

155. (a) दी गई श्रृंखला का क्रम निम्न प्रकार है

+2 +2 +2

A B H K P/C B H K P/E B H K P/G B H K P

⇒ HBKP

156. (c) दी गई श्रृंखला का क्रम निम्न प्रकार है

27 **64** 101 138 175 212 249

+37 +37 +37 +37 +37 +37

157. (a) दी गई श्रृंखला का क्रम निम्न प्रकार है

17 **23** 35 53 77 107

+6 +12 +18 +24 +30

+6 +6 +6 +6

158. (c) दी गई श्रृंखला का क्रम निम्न प्रकार है

W →(+3) Z →(+3) C →(+3) F →(+3) **I**

G →(−3) D →(−3) A →(−3) X →(−3) **U**

N →(+3) Q →(+3) T →(+3) W →(+3) **Z**

Y →(−3) V →(−3) S →(−3) P →(−3) **M**

159. (c) दी गई श्रृंखला का क्रम निम्न प्रकार है

E →(+6) K →(+6) Q →(+6) **W**

G →(+6) M →(+6) S →(+6) **Y**

I →(+6) O →(+6) U →(+6) **A**

160. (d) दी गई श्रृंखला का क्रम निम्न प्रकार है

2 4 12 48 240 **1440**

×2 ×3 ×4 ×5 ×6

161. (d) दी गई श्रृंखला का क्रम निम्न प्रकार है

REUQT/REVQT/REWQT/REXQT

+1 +1 +1

⇒ QEVQTXQ

162. (a) दी गई शृंखला का क्रम निम्न प्रकार है

3, 12, [24], 39, 57, 78

+9 +12 +15 +18 +21

+3 +3 +3 +3

163. (d) दी गई शृंखला का क्रम निम्न प्रकार है

B →(+5) G →(+5) L →(+5) Q →(+5) [V]

C →(+5) H →(+5) M →(+5) R →(+5) [W]

E →(+5) J →(+5) O →(+5) T →(+5) [Y]

164. (a) दी गई शृंखला का क्रम निम्न प्रकार है

AESOMWD/AES OMWD/AESO MWD/AESOMWD

⇒ MSOEWAD

165. (b) दी गई शृंखला का क्रम निम्न प्रकार है

11 [14] 20 29 41 56

+3 +6 +9 +12 +15

+3 +3 +3 +3

166. (d) दी गई शृंखला का क्रम निम्न प्रकार है

ZXCVB/ZXDVB/ZXEVB/ZXFVB

+1 +1 +1

⇒ VXDZBXF

167. (b) दी गई शृंखला का क्रम निम्न प्रकार है

4 11 20 31 44 [59]

+7 +9 +11 +13 +15

+2 +2 +2 +2

168. (b) दी गई शृंखला का क्रम निम्न प्रकार है

49 54 44 59 [39] 64 34

–5 –5 –5

+5 +5

169. (c) दी गई शृंखला का क्रम निम्न प्रकार है

DYTGMIL/DYTGMIL/DYTGMIL/DYTGMI L

⇒TLDMGYI

170. (c) दी गई शृंखला का क्रम निम्न प्रकार है

BRUITLP/BRUITLP/BRUITL P/BRUITLP

⇒ IBTURLP

171. (d) दी गई शृंखला का क्रम निम्न प्रकार है

C →(+2) E →(+2) G →(+2) I →(+2) [K]

X →(–2) V →(–2) T →(–2) R →(–2) [P]

W →(–2) U →(–2) S →(–2) Q →(–2) [O]

172. (c) दी गई शृंखला का क्रम निम्न प्रकार है

GBNTF/HBNTF/IBNTF/JBNTF

+1 +1 +1

⇒ 'GNTBJ'

173. (c) दी गई शृंखला का क्रम निम्न प्रकार है

325, 271, 226, [190] 163, 145, 136

–54 –45 –36 –27 –18 –9

+9 +9 +9 +9 +9

174. (a) दी गई शृंखला का क्रम निम्न प्रकार है

PRKYOLD/PRKYOLD/ PRKYOLD/PRKYOLD

⇒ ORKPLYO

175. (c) दी गई शृंखला का क्रम निम्न प्रकार है

82 79 71 [68] 60 57 49

–3 –8 –3 –8 –3 –8

176. (c) दी गई शृंखला का क्रम निम्न प्रकार है

43, 52, 47, [56], 51, 60, 55

+9 –5 +9 –5 +9 –5

177. (a) दी गई शृंखला का क्रम निम्न प्रकार है

M →(+1) N →(+1) O →(+1) P →(+1) [Q]

P →(+2) R →(+2) T →(+2) V →(+2) [X]

K →(+1) L →(+1) M →(+1) N →(+1) [O]

L →(+2) N →(+2) P →(+2) R →(+2) [T]

178. (b) दी गई शृंखला का क्रम निम्न प्रकार है

CN PSR/CNPS R/ CNPSR/CNPSR

⇒ NPSRCPNR

179. (b) दी गई शृंखला का क्रम निम्न प्रकार है

512, 508, 500, 496, [488], 484

–4 –8 –4 –8 –4

180. (d) दी गई शृंखला का क्रम निम्न प्रकार है

D →(+5) [I] →(+5) N →(+5) S →(+5) X

N →(+5) [S] →(+5) X →(+5) C →(+5) H

U →(+5) [Z] →(+5) E →(+5) J →(+5) O

181. (b) दी गई शृंखला का क्रम निम्न प्रकार है

19, 26, [35] 46, 59, 74

+7 +9 +11 +13 +15

182. (c) दी गई शृंखला का क्रम निम्न प्रकार है

O →(–2) M →(–2) K →(–2) I →(–2) [G]

T →(–1) S →(–1) R →(–1) Q →(–1) [P]

L →(–2) J →(–2) H →(–2) F →(–2) [D]

N →(–1) M →(–1) L →(–1) K →(–1) [J]

183. (d) दी गई शृंखला का क्रम निम्न प्रकार है

ACMPS / ACNPS / ACOPS / ACPPS

+1 +1 +1

⇒ CNPS

184. (d) दी गई शृंखला का क्रम निम्न प्रकार है

15 [19] 27 39 55 75

+4 +8 +12 +16 +20

+4 +4 +4 +4

185. (c) दी गई शृंखला का क्रम निम्न प्रकार है

R M NOD/RMN O D /R MN O D/R M NO D

⇒ MNODROMD

186. (d) दी गई शृंखला का क्रम निम्न प्रकार है

P →(+2) R →(+2) T →(+2) V →(+2) [X]

G →(+1) H →(+1) I →(+1) J →(+1) [K]

L →(+2) N →(+2) P →(+2) R →(+2) [T]

T →(+1) U →(+1) V →(+1) W →(+1) [X]

187. (a) दी गई शृंखला का क्रम निम्न प्रकार है

33, 80, 108, [155] 183, 230, 258

+47 +28 +47 +28 +47 +28

188. (d) दी गई शृंखला का क्रम निम्न प्रकार है

M N P O S/M N P O S/ M N P O S/ M N P O S

⇒ PONSMPNO

189. (a) दी गई शृंखला का क्रम निम्न प्रकार है

39 42 48 57 69 [84] 102

+3 +6 +9 +12 +15 +18

+3 +3 +3 +3 +3

190. (b) दी गई शृंखला का क्रम निम्न प्रकार है

स्वर शृंखला ⇒A, E, I, O, U

U →(पिछला स्वर) O →(पिछला स्वर) I →(पिछला स्वर) E →(पिछला स्वर) [A]

V →(+3) Y →(+3) B →(+3) E →(+3) [H]

191. (b) दी गई शृंखला का क्रम निम्न प्रकार है

CLOVE/CLOWE/CLOXE/CLOYE

+1 +1 +1

⇒OLOXELY

192. (d) दी गई शृंखला का क्रम निम्न प्रकार है

G →(–6) A →(–6) U →(–6) O →(–6) [I]

A →(–3) X →(–3) U →(–3) R →(–3) [O]

R →(+1) S →(+1) T →(+1) U →(+1) [V]

193. (d) दी गई शृंखला का क्रम निम्न प्रकार है

E →(+1) F →(+1) [G] →(+1) H →(+1) I

D →(+3) G →(+3) [J] →(+3) M →(+3) P

I →(+1) J →(+1) [K] →(+1) L →(+1) M

C →(+3) F →(+3) [I] →(+3) L →(+3) O

194. (c) दी गई शृंखला का क्रम निम्न प्रकार है

31, [34], 40, 49, 61, 76

+(3×1) +(3×2) +(3×3) +(3×4) +(3×5)

195. (a) दी गई शृंखला का क्रम निम्न प्रकार है

$D \xrightarrow{+2} F \xrightarrow{+2} H \xrightarrow{+2} J \xrightarrow{+2} L \xrightarrow{+2} \boxed{N}$

$W \xrightarrow{-2} U \xrightarrow{-2} S \xrightarrow{-2} Q \xrightarrow{-2} O \xrightarrow{-2} \boxed{M}$

196. (b) दी गई शृंखला का क्रम निम्न प्रकार है

$T \xrightarrow{-2} \boxed{R} \xrightarrow{-2} P \xrightarrow{-2} N \xrightarrow{-2} L$

$Y \xrightarrow{-3} \boxed{V} \xrightarrow{-3} S \xrightarrow{-3} P \xrightarrow{-3} M$

$G \xrightarrow{+3} \boxed{J} \xrightarrow{+3} M \xrightarrow{+3} P \xrightarrow{+3} S$

197. (c) दी गई शृंखला का क्रम निम्न प्रकार है

12, 25, 51, 103, $\boxed{207}$, 415, 831

×2+1, ×2+1, ×2+1, ×2+1, ×2+1, ×2+1

198. (a) दी गई शृंखला का क्रम निम्न प्रकार है

$T \xrightarrow{+2} V \xrightarrow{+2} X \xrightarrow{+2} Z \xrightarrow{+2} \boxed{B}$

$T \xrightarrow{-7} M \xrightarrow{-7} F \xrightarrow{-7} Y \xrightarrow{-7} \boxed{R}$

$D \xrightarrow{+8} L \xrightarrow{+8} T \xrightarrow{+8} B \xrightarrow{+8} \boxed{J}$

$S \xrightarrow{-3} P \xrightarrow{-3} M \xrightarrow{-3} J \xrightarrow{-3} \boxed{G}$

199. (a) दी गई शृंखला का क्रम निम्न प्रकार है

$D \xrightarrow{+3} G \xrightarrow{+3} J \xrightarrow{+3} M \xrightarrow{+3} \boxed{P}$

$B \xrightarrow{+2} D \xrightarrow{+2} F \xrightarrow{+2} H \xrightarrow{+2} \boxed{J}$

$K \xrightarrow{+1} L \xrightarrow{+1} M \xrightarrow{+1} N \xrightarrow{+1} \boxed{O}$

200. (b) दी गई शृंखला का क्रम निम्न प्रकार है

67, 46, 24, 1, −23, $\boxed{-48}$

−21, −22, −23, −24, −25

201. (b) दी गई शृंखला का क्रम निम्न प्रकार है

A —अगला स्वर→ E —अगला स्वर→ $\boxed{I}$ —अगला स्वर→ O —अगला स्वर→ U

$B \rightarrow B \rightarrow \boxed{B} \rightarrow B \rightarrow B$

$C \rightarrow C \rightarrow \boxed{C} \rightarrow C \rightarrow C$

$D \rightarrow D \rightarrow \boxed{D} \rightarrow D \rightarrow D$

202. (b) दी गई शृंखला का क्रम निम्न प्रकार है

5, 12, 26, $\boxed{54}$, 110, 222

×2+2, ×2+2, ×2+2, ×2+2, ×2+2

203. (d) दी गई शृंखला का क्रम निम्न प्रकार है

$M \rightarrow M \rightarrow M \rightarrow M \rightarrow \boxed{M}$

$H \xrightarrow{-9} Y \xrightarrow{-9} P \xrightarrow{-9} G \xrightarrow{-9} \boxed{X}$

$D \xrightarrow{+8} L \xrightarrow{+8} T \xrightarrow{+8} B \xrightarrow{+8} \boxed{J}$

$M \xrightarrow{-10} C \xrightarrow{-10} S \xrightarrow{-10} I \xrightarrow{-10} \boxed{Y}$

204. (b) दी गई शृंखला का क्रम निम्न प्रकार है

1, 4, 13, 40, $\boxed{121}$, 364

+3, +9, +27, +81, +243

3^1, 3^2, 3^3, 3^4, 3^5

205. (a) दी गई शृंखला का क्रम निम्न प्रकार है

$C \xrightarrow{+4} G \xrightarrow{+4} K \xrightarrow{+4} O \xrightarrow{+4} \boxed{S}$

$O \xrightarrow{-6} I \xrightarrow{-6} C \xrightarrow{-6} W \xrightarrow{-6} \boxed{Q}$

$M \xrightarrow{+8} U \xrightarrow{+8} C \xrightarrow{+8} K \xrightarrow{+8} \boxed{S}$

$B \xrightarrow{-10} R \xrightarrow{-10} H \xrightarrow{-10} X \xrightarrow{-10} \boxed{N}$

206. (a) दी गई शृंखला का क्रम निम्न प्रकार है

$V \xrightarrow{-1} U \xrightarrow{-1} \boxed{T} \xrightarrow{-1} S \xrightarrow{-1} R$

$S \xrightarrow{-2} Q \xrightarrow{-2} \boxed{O} \xrightarrow{-2} M \xrightarrow{-2} K$

$N \xrightarrow{-2} L \xrightarrow{-2} \boxed{J} \xrightarrow{-2} H \xrightarrow{-2} F$

$Y \xrightarrow{-4} U \xrightarrow{-4} \boxed{Q} \xrightarrow{-4} M \xrightarrow{-4} I$

207. (a) दी गई शृंखला का क्रम निम्न प्रकार है

25, 15, $\boxed{5}$, −5, −15

−10, −10, −10, −10

208. (c) दी गई शृंखला का क्रम निम्न प्रकार है

$A \rightarrow A \rightarrow A \rightarrow A \rightarrow \boxed{A}$

$B \xrightarrow{-4} X \xrightarrow{-4} T \xrightarrow{-4} P \xrightarrow{-4} \boxed{L}$

$C \xrightarrow{-8} U \xrightarrow{-8} M \xrightarrow{-8} E \xrightarrow{-8} \boxed{W}$

$D \xrightarrow{-12} R \xrightarrow{-12} F \xrightarrow{-12} T \xrightarrow{-12} \boxed{H}$

209. (d) दी गई शृंखला का क्रम निम्न प्रकार है

12.8, 13.5, 14.9, 17, $\boxed{19.8}$

+0.7, +1.4, +2.1, +2.8

+0.7, +0.7, +0.7

210. (d) दी गई शृंखला का क्रम निम्न प्रकार है

$A \xrightarrow{+2} C \xrightarrow{+2} E \xrightarrow{+2} G \xrightarrow{+2} \boxed{I}$

$B \xrightarrow{-7} U \xrightarrow{-7} N \xrightarrow{-7} G \xrightarrow{-7} \boxed{Z}$

$C \xrightarrow{+8} K \xrightarrow{+8} S \xrightarrow{+8} A \xrightarrow{+8} \boxed{I}$

$D \xrightarrow{-3} A \xrightarrow{-3} X \xrightarrow{-3} U \xrightarrow{-3} \boxed{R}$

211. (b) दी गई शृंखला का क्रम निम्न प्रकार है

$A \xrightarrow{+4} E \xrightarrow{+5} J \xrightarrow{+6} P \xrightarrow{+7} \boxed{W}$

$R \xrightarrow{-2} P \xrightarrow{-2} N \xrightarrow{-2} L \xrightarrow{-2} \boxed{J}$

$C \xrightarrow{+3} F \xrightarrow{+3} I \xrightarrow{+3} L \xrightarrow{+3} \boxed{O}$

212. (b) दी गई शृंखला का क्रम निम्न प्रकार है

$A \xrightarrow{+4} E \xrightarrow{+4} I \xrightarrow{+4} M \xrightarrow{+4} \boxed{Q}$

$B \xrightarrow{-6} V \xrightarrow{-6} P \xrightarrow{-6} J \xrightarrow{-6} \boxed{D}$

$C \xrightarrow{+8} K \xrightarrow{+8} S \xrightarrow{+8} A \xrightarrow{+8} \boxed{I}$

$D \xrightarrow{-10} T \xrightarrow{-10} J \xrightarrow{-10} Z \xrightarrow{-10} \boxed{P}$

213. (d) दी गई शृंखला का क्रम निम्न प्रकार है

15, 4, −8, −21, −35, $\boxed{-50}$

−11, −12, −13, −14, −15

214. (c) दी गई शृंखला का क्रम निम्न प्रकार है

137, 114, $\boxed{160}$, 91, 183

−23 (114 → 91)

+23 (137 → 160), +23 (160 → 183)

215. (b) दी गई शृंखला का क्रम निम्न प्रकार है

$N \xrightarrow{+3} Q \xrightarrow{+3} T \xrightarrow{+3} W \xrightarrow{+3} \boxed{Z}$

$M \xrightarrow{-7} F \xrightarrow{-7} Y \xrightarrow{-7} R \xrightarrow{-7} \boxed{K}$

$R \xrightarrow{+8} Z \xrightarrow{+8} H \xrightarrow{+8} P \xrightarrow{+8} \boxed{X}$

216. (b) दी गई शृंखला का क्रम निम्न प्रकार है

3, 13, 53, 213, $\boxed{853}$, 3413

×4+1, ×4+1, ×4+1, ×4+1, ×4+1

217. (c) दी गई शृंखला का क्रम निम्न प्रकार है

$C \xrightarrow{+3} F \xrightarrow{+3} \boxed{I} \xrightarrow{+3} L \xrightarrow{+3} O$

$B \xrightarrow{+1} C \xrightarrow{+1} \boxed{D} \xrightarrow{+1} E \xrightarrow{+1} F$

$O \xrightarrow{+2} Q \xrightarrow{+2} \boxed{S} \xrightarrow{+2} U \xrightarrow{+2} W$

$M \xrightarrow{+1} N \xrightarrow{+1} \boxed{O} \xrightarrow{+1} P \xrightarrow{+1} Q$

218. (c) दी गई शृंखला का क्रम निम्न प्रकार है

$N \xrightarrow{+3} Q \xrightarrow{+3} T \xrightarrow{+3} W \xrightarrow{+3} \boxed{Z}$

$T \xrightarrow{-6} N \xrightarrow{-6} H \xrightarrow{-6} B \xrightarrow{-6} \boxed{V}$

$S \xrightarrow{+9} B \xrightarrow{+9} K \xrightarrow{+9} T \xrightarrow{+9} \boxed{C}$

$M \xrightarrow{+14} A \xrightarrow{+14} O \xrightarrow{+14} C \xrightarrow{+14} \boxed{Q}$

219. (a) दी गई शृंखला का क्रम निम्न प्रकार है

$D \xrightarrow{+2} F \xrightarrow{+3} I \xrightarrow{+5} N \xrightarrow{+7} U \xrightarrow{+11} \boxed{F}$

$W \xrightarrow{-2} U \xrightarrow{-3} R \xrightarrow{-5} M \xrightarrow{-7} F \xrightarrow{-11} \boxed{U}$

220. (b) दी गई शृंखला का क्रम निम्न प्रकार है

600, 565, 530, 495, 460, $\boxed{425}$

−35, −35, −35, −35, −35

221. (c) दी गई शृंखला का क्रम निम्न प्रकार है

98, 70, 42, 14, $\boxed{-14}$, −42

−28, −28, −28, −28, −28

222. (c) दी गई शृंखला का क्रम निम्न प्रकार है

$L \xrightarrow{+1} M \xrightarrow{+1} \boxed{N} \xrightarrow{+1} O \xrightarrow{+1} P$

$A \xrightarrow{+2} C \xrightarrow{+2} \boxed{E} \xrightarrow{+2} G \xrightarrow{+2} I$

$F \xrightarrow{+1} G \xrightarrow{+1} \boxed{H} \xrightarrow{+1} I \xrightarrow{+1} J$

$I \xrightarrow{+3} L \xrightarrow{+3} \boxed{O} \xrightarrow{+3} R \xrightarrow{+3} U$

223. (a) दी गई शृंखला का क्रम निम्न प्रकार है

$E \xrightarrow{+2} G \xrightarrow{+2} I \xrightarrow{+2} \boxed{K} \xrightarrow{+2} M$

$G \xrightarrow{-1} F \xrightarrow{-1} E \xrightarrow{-1} \boxed{D} \xrightarrow{-1} C$

$J \xrightarrow{+2} L \xrightarrow{+2} N \xrightarrow{+2} \boxed{P} \xrightarrow{+2} R$

$M \xrightarrow{+1} N \xrightarrow{+1} O \xrightarrow{+1} \boxed{P} \xrightarrow{+1} Q$

224. (a) दी गई शृंखला का क्रम निम्न प्रकार है

$L \xrightarrow{-1} K \xrightarrow{-1} \boxed{J} \xrightarrow{-1} I \xrightarrow{-1} H$

$K \xrightarrow{+2} M \xrightarrow{+2} \boxed{O} \xrightarrow{+2} Q \xrightarrow{+2} S$

$C \xrightarrow{+1} D \xrightarrow{+1} \boxed{E} \xrightarrow{+1} F \xrightarrow{+1} G$

225. (b) दी गई शृंखला का क्रम निम्न प्रकार है

T →(+3) W →(+3) Z →(+3) C →(+3) [F]
M →(−6) G →(−6) A →(−6) U →(−6) [O]
T →(+9) C →(+9) L →(+9) U →(+9) [D]
Q →(+14) E →(+14) S →(+14) G →(+14) [U]

226. (b) दी गई शृंखला का क्रम निम्न प्रकार है

69, 70, 73, 78, 85, [94]
+1, +3, +5, +7, +9
+2, +2, +2, +2

227. (b) दी गई शृंखला का क्रम निम्न प्रकार है

C →(+3) F →(+3) [I] →(+3) L →(+3) O
L →(+2) N →(+2) [P] →(+2) R →(+2) T
P →(+1) Q →(+1) [R] →(+1) S →(+1) T
M →(+1) N →(+1) [O] →(+1) P →(+1) Q

228. (c) दी गई शृंखला का क्रम निम्न प्रकार है

10, 15, 25, 45, 85, [165]
+5, +10, +20, +40, +80
×2, ×2, ×2, ×2

229. (d) दी गई शृंखला का क्रम निम्न प्रकार है

M →(+6) S →(+6) Y →(+6) E →(+6) [K]
O →(+9) X →(+9) G →(+9) P →(+9) [Y]
R →(+13) E →(+13) R →(+13) E →(+13) [R]

230. (a) दी गई शृंखला का क्रम निम्न प्रकार है

17, 34, 51, [68], 85, 102
+17, +17, +17, +17, +17

231. (d) दी गई शृंखला का क्रम निम्न प्रकार है

N →(−7) G →(−7) Z →(−7) S →(−7) [L]
T →(−5) O →(−5) J →(−5) E →(−5) [Z]
R →(−9) I →(−9) Z →(−9) Q →(−9) [H]
Q →(+15) F →(+15) U →(+15) J →(+15) [Y]

232. (c) दी गई शृंखला का क्रम निम्न प्रकार है

7, 21, 63, 189, 567, [1701]
×3, ×3, ×3, ×3, ×3

233. (c) दी गई शृंखला का क्रम निम्न प्रकार है

X →(−2) V →(−2) [T] →(−2) R →(−2) P
D →(+3) G →(+3) [J] →(+3) M →(+3) P
N →(+1) O →(+1) [P] →(+1) Q →(+1) R
C →(+2) E →(+2) [G] →(+2) I →(+2) K

234. (d) दी गई शृंखला का क्रम निम्न प्रकार है

286, 192, 263, 176, 240, 160, 217, 144, [194]
−23, −23, −23, −23
−16, −16, −16

235. (a) दी गई शृंखला का क्रम निम्न प्रकार है

Z →(−2) X →(−2) V →(−2) [T] →(−2) R
Y →(−2) W →(−2) U →(−2) [S] →(−2) Q
W →(−2) U →(−2) S →(−2) [Q] →(−2) O
T →(−2) R →(−2) P →(−2) [N] →(−2) L

236. (d) दी गई शृंखला का क्रम निम्न प्रकार है

N →(+5) S →(+5) X →(+5) C →(+5) [H]
M →(−6) G →(−6) A →(−6) U →(−6) [O]
T →(+7) A →(+7) H →(+7) O →(+7) [V]
S →(−8) K →(−8) C →(−8) U →(−8) [M]

237. (a) दी गई शृंखला का क्रम निम्न प्रकार है

480, 240, 120, 60, 30, [15]
÷2, ÷2, ÷2, ÷2, ÷2

238. (d) दी गई शृंखला का क्रम निम्न प्रकार है

A →(+1) B →(+1) C →(+1) [D] →(+1) E
Z →(−1) Y →(−1) X →(−1) [W] →(−1) V
B →(+1) C →(+1) D →(+1) [E] →(+1) F
Y →(−1) X →(−1) W →(−1) [V] →(−1) U

239. (c) दी गई शृंखला का क्रम निम्न प्रकार है

A →(+5) F →(+5) K →(+5) P →(+5) [U]
B →(−6) V →(−6) P →(−6) J →(−6) [D]
C →(+7) J →(+7) Q →(+7) X →(+7) [E]
D →(−8) V →(−8) N →(−8) F →(−8) [X]

240. (a) दी गई शृंखला का क्रम निम्न प्रकार है

5103, 1701, 567, [189], 63, 21
÷3, ÷3, ÷3, ÷3, ÷3

241. (d) दी गई शृंखला का क्रम निम्न प्रकार है

A →(+2) C →(+2) [E] →(+2) G →(+2) I
C →(+3) F →(+3) [I] →(+3) L →(+3) O
F →(+2) H →(+2) [J] →(+2) L →(+2) N
D →(+3) G →(+3) [J] →(+3) M →(+3) P

242. (d) दी गई शृंखला का क्रम निम्न प्रकार है

27, 29, [60], 182, 730, 3652
×1 +2, ×2 +2, ×3 +2, ×4 +2, ×5 +2

243. (d) दी गई शृंखला का क्रम निम्न प्रकार है

Z →(−1) Y →(−1) [X] →(−1) W →(−1) V
U →(−1) T →(−1) [S] →(−1) R →(−1) Q
P →(−1) O →(−1) [N] →(−1) M →(−1) L
K →(−1) J →(−1) [I] →(−1) H →(−1) G

244. (c) दी गई शृंखला का क्रम निम्न प्रकार है

N →(+0) N →(+0) N →(+0) N →(+0) [N]
D →(−4) Z →(−4) V →(−4) R →(−4) [N]
R →(−8) J →(−8) B →(−8) T →(−8) [L]
F →(−12) T →(−12) H →(−12) V →(−12) [J]

245. (c) दी गई शृंखला का क्रम निम्न प्रकार है

Q →(−1) P →(−1) O →(−1) N →(−1) [M]
R →(+5) W →(+5) B →(+5) G →(+5) [L]
M →(−9) D →(−9) U →(−9) L →(−9) [C]

246. (a) दी गई शृंखला का क्रम निम्न प्रकार है

67, 78, 71, 82, 75, 86, [79]
+11, −7, +11, −7, +11, −7

247. (c) दी गई शृंखला का क्रम निम्न प्रकार है

M N P Q S T [V]
+1, +2, +1, +2, +1, +2

U E X F A G [D]
+1, +1
+3, +3, +3

248. (c) दी गई शृंखला का क्रम निम्न प्रकार है

H →(+3) K →(+3) [N] →(+3) Q →(+3) T
F →(+2) H →(+2) [J] →(+2) L →(+2) N
K →(+2) M →(+2) [O] →(+2) Q →(+2) S

249. (a) दी गई शृंखला का क्रम निम्न प्रकार है

97, 131, 165, 199, 233, [267]
+34, +34, +34, +34, +34

250. (a) दी गई शृंखला का क्रम निम्न प्रकार है

Q →(−1) P →(−1) O →(−1) N →(−1) [M]
M →(+5) R →(+5) W →(+5) B →(+5) [G]
L →(−9) C →(−9) T →(−9) K →(−9) [B]

251. (b) दी गई शृंखला का क्रम निम्न प्रकार है

C →(+0) C →(+0) C →(+0) C →(+0) [C]
A →(+4) E →(+4) I →(+4) M →(+4) [Q]
B →(+8) J →(+8) R →(+8) Z →(+8) [H]
Q →(+12) C →(+12) O →(+12) A →(+12) [M]

252. (b) दी गई शृंखला का क्रम निम्न प्रकार है

1, 3, 6, 18, 36, 108, [216]
×3, ×2, ×3, ×2, ×3, ×2

253. (c) दी गई शृंखला का क्रम निम्न प्रकार है

W →(−2) U →(−2) S →(−2) Q →(−2) [O]
N →(−2) L →(−2) J →(−2) H →(−2) [F]
M →(+2) O →(+2) Q →(+2) S →(+2) [U]

254. (d) दी गई शृंखला का क्रम निम्न प्रकार है

T →(+6) Z →(+6) F →(+6) L →(+6) [R]
M →(+2) O →(+2) Q →(+2) S →(+2) [U]
T →(+8) B →(+8) J →(+8) R →(+8) [Z]

255. (a) दी गई शृंखला का क्रम निम्न प्रकार है

729 , 243 , [81] , 27 , 9 , 3
÷3 ÷3 ÷3 ÷3 ÷3

256. (a) दी गई शृंखला का क्रम निम्न प्रकार है

41 54 67 80 93 [106]
+13 +13 +13 +13 +13

257. (d) दी गई शृंखला का क्रम निम्न प्रकार है

A →(+2) C →(+2) E →(+2) G →(+2) [I]
V →(−2) T →(−2) R →(−2) P →(−2) [N]
T →(−2) R →(−2) P →(−2) N →(−2) [L]
E →(+2) G →(+2) I →(+2) K →(+2) [M]

258. (a) दी गई शृंखला का क्रम निम्न प्रकार है

R →(−2) P →(−2) N →(−2) [L] →(−2) J
L →(+2) N →(+2) P →(+2) [R] →(+2) T
V →(−3) S →(−3) P →(−3) [M] →(−3) J

259. (d) दी गई शृंखला का क्रम निम्न प्रकार है

V →(−1) [U] →(−1) T →(−1) S →(−1) R
T →(−1) [S] →(−1) R →(−1) Q →(−1) P
H →(+1) [I] →(+1) J →(+1) K →(+1) L
J →(+1) [K] →(+1) L →(+1) M →(+1) N

260. (d) दी गई शृंखला का क्रम निम्न प्रकार है

[3] 11 35 107 323
×3+2 ×3+2 ×3+2 ×3+2

261. (a) दी गई शृंखला का क्रम निम्न प्रकार है

Z →(0) Z →(0) Z →(0) [Z] →(0) Z
X →(−1) W →(−1) V →(−1) [U] →(−1) T
E →(−1) D →(−1) C →(−1) [B] →(−1) A

262. (c) दी गई शृंखला का क्रम निम्न प्रकार है

$\frac{1}{2} \xrightarrow{+\frac{1}{4}} \frac{3}{4} \xrightarrow{+\frac{1}{4}} \boxed{1} \xrightarrow{+\frac{1}{4}} \frac{5}{4}$

263. (c) दी गई शृंखला का क्रम निम्न प्रकार है

T →(+6) Z →(+6) F →(+6) L →(+6) [R]
Q →(+2) S →(+2) U →(+2) W →(+2) [Y]
T →(+8) B →(+8) J →(+8) R →(+8) [Z]

264. (b) दी गई शृंखला का क्रम निम्न प्रकार है

26 , 54 , 110 , 222 , [446] , 894
×2 +2 ×2 +2 ×2 +2 ×2 +2 ×2 +2

265. (b) दी गई शृंखला का क्रम निम्न प्रकार है

F →(+3) I →(+3) L →(+3) [O]
H →(+3) K →(+3) N →(+3) [Q]
G →(+3) J →(+3) M →(+3) [P]

266. (c) दी गई शृंखला का क्रम निम्न प्रकार है

1 , 22 , 44 , 67 , 91 , [116]
+21 +22 +23 +24 +25

267. (d) दी गई शृंखला का क्रम निम्न प्रकार है

R →(+5) W →(+5) B →(+5) G →(+5) [L]
M →(−6) G →(−6) A →(−6) U →(−6) [O]
T →(+7) A →(+7) H →(+7) O →(+7) [V]
S →(−8) K →(−8) C →(−8) U →(−8) [M]

268. (b) दी गई शृंखला का क्रम निम्न प्रकार है

29 33 [49] 113 369
+4 +16 +64 +256
4^1 4^2 4^3 4^4

269. (b) दी गई शृंखला का क्रम निम्न प्रकार है

L →(+4) P →(+4) T →(+4) X →(+4) [B]
M →(+8) U →(+8) C →(+8) K →(+8) [S]
R →(+9) A →(+9) J →(+9) S →(+9) [B]

270. (a) दी गई शृंखला का क्रम निम्न प्रकार है

M →(−2) K →(−2) I →(−2) [G] →(−2) E
B →(+1) C →(+1) D →(+1) [E] →(+1) F
T →(−1) S →(−1) R →(−1) [Q] →(−1) P
N →(+2) P →(+2) R →(+2) [T] →(+2) V

271. (c) दी गई शृंखला का क्रम निम्न प्रकार है

C →(+3) F →(+3) I →(+3) [L] →(+3) O
Z →(−2) X →(−2) V →(−2) [T] →(−2) R
N →(+1) O →(+1) P →(+1) [Q] →(+1) R
M →(−1) L →(−1) K →(−1) [J] →(−1) I

272. (d) दी गई शृंखला का क्रम निम्न प्रकार है

111 222 444 [888] 1776 3552
×2 ×2 ×2 ×2 ×2

273. (b) दी गई शृंखला का क्रम निम्न प्रकार है

345, 356, 368, 381, 395, [410]
+11 +12 +13 +14 +15

274. (d) दी गई शृंखला का क्रम निम्न प्रकार है

D →(+6) J →(+6) P →(+6) V →(+6) [B]
M →(+2) O →(+2) Q →(+2) S →(+2) [U]
T →(+8) B →(+8) J →(+8) R →(+8) [Z]

275. (b) दी गई शृंखला का क्रम निम्न प्रकार है

A →(+7) H →(+7) O →(+7) V →(+7) [C]
B →(+5) G →(+5) L →(+5) Q →(+5) [V]
C →(+9) L →(+9) U →(+9) D →(+9) [M]
D →(+11) O →(+11) Z →(+11) K →(+11) [V]

276. (c) दी गई शृंखला का क्रम निम्न प्रकार है

a →(+5) f →(+6) [l] →(+7) s →(+8) a
b →(+5) g →(+6) [m] →(+7) t →(+8) b
C →(+5) H →(+6) [N] →(+7) U →(+8) C
D →(+5) I →(+6) [O] →(+7) V →(+8) D

277. (c) दी गई शृंखला का क्रम निम्न प्रकार है

R →(+4) V →(+4) Z →(+4) D →(+4) [H]
T →(+6) Z →(+6) F →(+6) L →(+6) [R]
M →(+11) X →(+11) I →(+11) T →(+11) [E]

278. (a) दी गई शृंखला का क्रम निम्न प्रकार है

NAME NEME [NIME] NOME NUME
अगला स्वर, अगला स्वर, अगला स्वर, अगला स्वर

279. (c) दी गई शृंखला का क्रम निम्न प्रकार है

5 , 10 , 17 , 26 , 37 , 50 , [65]
+5 +7 +9 +11 +13 +15
+2 +2 +2 +2 +2

280. (b) दी गई शृंखला का क्रम निम्न प्रकार है

A →(+1) B →(+1) C →(+1) [D] →(+1) E
B →(+2) D →(+2) F →(+2) [H] →(+2) J
C →(+3) F →(+3) I →(+3) [L] →(+3) O
D →(+0) D →(+0) D →(+0) [D] →(+0) D

281. (d) दी गई शृंखला का क्रम निम्न प्रकार है

1331, 2197, [4913], 6859
11^3 13^3 17^3 19^3

282. (b) दी गई शृंखला का क्रम निम्न प्रकार है

4 6 12 14 28 30 [60]
+2 ×2 +2 ×2 +2 ×2

283. (d) दी गई शृंखला का क्रम निम्न प्रकार है

D →(+2) F →(+1) G →(+2) I →(+1) J →(+2) [L]
W →(−2) U →(−1) T →(−2) R →(−1) Q →(−2) [O]

284. (d) दी गई शृंखला का क्रम निम्न प्रकार है

N →(+0) N →(+0) N →(+0) N →(+0) [N]
M →(−9) D →(−9) U →(−9) L →(−9) [C]
R →(+8) Z →(+8) H →(+8) P →(+8) [X]
Q →(−10) G →(−10) W →(−10) M →(−10) [C]

285. (b) दी गई शृंखला का क्रम निम्न प्रकार है

382 , 322 , 272 , 232 , 202 , [182]
−60 −50 −40 −30 −20

286. (a) दी गई शृंखला का क्रम निम्न प्रकार है

C →(+5) H →(+0) H →(+5) M →(+0) [M]
L →(+0) L →(+5) Q →(+0) Q →(+5) [V]
A →(−5) V →(+0) V →(−5) Q →(+0) [Q]
P →(+0) P →(−5) K →(+0) K →(−5) [F]

287. (b) दी गई शृंखला का क्रम निम्न प्रकार है

×2−3 ×2+3 ×2−3 ×2+3 ×2−3
68 3 63 3 57 9 50 15 42 33 33 [63]
−5 −6 −7 −8 −9

288. (c) दी गई श्रृंखला का क्रम निम्न प्रकार है

d q t p l n/d q t p l n/d q t p l n/d q t p l n

⇒ t d p q n t l

289. (a) दी गई श्रृंखला का क्रम निम्न प्रकार है

4096, 1024, 256, 64, [16]

÷4 ÷4 ÷4 ÷4

290. (c) दी गई श्रृंखला का क्रम निम्न प्रकार है

R $\xrightarrow{+1}$ S $\xrightarrow{+1}$ T $\xrightarrow{+1}$ U $\xrightarrow{+1}$ V

C $\xrightarrow{-2}$ M $\xrightarrow{-2}$ K $\xrightarrow{-2}$ I $\xrightarrow{-2}$ G

A $\xrightarrow{+3}$ D $\xrightarrow{+3}$ G $\xrightarrow{+3}$ J $\xrightarrow{+3}$ M

D $\xrightarrow{-4}$ Z $\xrightarrow{-4}$ V $\xrightarrow{-4}$ R $\xrightarrow{-4}$ N

291. (c) दी गई श्रृंखला का क्रम निम्न प्रकार है

3, 20, 38, 52, 75, 82, 114, [110]

+32 +30 +28

+35 +37 +39

292. (b) दी गई श्रृंखला का क्रम निम्न प्रकार है

r m v q l / r m v q l / r m v q l / r m v q l.

⇒ m r q v l v

293. (c) दी गई श्रृंखला का क्रम निम्न प्रकार है

M $\xrightarrow{+3}$ P $\xrightarrow{+3}$ S $\xrightarrow{+3}$ V $\xrightarrow{+3}$ Y

E $\xrightarrow{+3}$ H $\xrightarrow{+3}$ K $\xrightarrow{+3}$ N $\xrightarrow{+3}$ Q

N $\xrightarrow{-4}$ J $\xrightarrow{-4}$ F $\xrightarrow{-4}$ B $\xrightarrow{-4}$ X

D $\xrightarrow{-4}$ Z $\xrightarrow{-4}$ V $\xrightarrow{-4}$ R $\xrightarrow{-4}$ N

294. (c) दी गई श्रृंखला का क्रम निम्न प्रकार है

28, 18, 12, 8, [5]

×0.5+4 ×0.5+3 ×0.5+2 ×0.5+1

295. (a) दी गई श्रृंखला का क्रम निम्न प्रकार है

Z $\xrightarrow{-2}$ X $\xrightarrow{-2}$ V $\xrightarrow{-2}$ T $\xrightarrow{-2}$ R $\xrightarrow{-2}$ P

V $\xrightarrow{-4}$ R $\xrightarrow{-4}$ N $\xrightarrow{-4}$ J $\xrightarrow{-4}$ F $\xrightarrow{-4}$ B

G $\xrightarrow{+2}$ I $\xrightarrow{+2}$ K $\xrightarrow{+2}$ M $\xrightarrow{+2}$ O $\xrightarrow{+2}$ Q

296. (d) दी गई श्रृंखला का क्रम निम्न प्रकार है

11 13 19 49 109 239 [449]

+2 −6 +30 +60 +130 +210

1^3+1 2^3-2 3^3+3 4^3-4 5^3+5 6^3-6

297. (b) दी गई श्रृंखला का क्रम निम्न प्रकार है

GPCTD / GPCTD / GPCTD / GPCTD

⇒ PDCDTGT

298. (b) दी गई श्रृंखला का क्रम निम्न प्रकार है

P $\xrightarrow{+1}$ Q $\xrightarrow{+1}$ R $\xrightarrow{+1}$ S $\xrightarrow{+1}$ T

N $\xrightarrow{-3}$ K $\xrightarrow{-3}$ H $\xrightarrow{-3}$ E $\xrightarrow{-3}$ B

D $\xrightarrow{+5}$ I $\xrightarrow{+5}$ N $\xrightarrow{+5}$ S $\xrightarrow{+5}$ X

299. (a) दी गई श्रृंखला का क्रम निम्न प्रकार है

18 3 36 6 54 9 [72]

+3 +3

+18 +18 +18

300. (c) दी गई श्रृंखला का क्रम निम्न प्रकार है

D $\xrightarrow{+5}$ I $\xrightarrow{+5}$ N $\xrightarrow{+5}$ S $\xrightarrow{+5}$ X

V $\xrightarrow{-2}$ T $\xrightarrow{-2}$ R $\xrightarrow{-2}$ P $\xrightarrow{-2}$ N

G $\xrightarrow{+6}$ M $\xrightarrow{+6}$ S $\xrightarrow{+6}$ Y $\xrightarrow{+6}$ E

301. (d) दी गई श्रृंखला का क्रम निम्न प्रकार है

m l t q r/m l t q r/m l t q r/m l t q r

⇒ lrtlrlq

302. (d) दी गई श्रृंखला का क्रम निम्न प्रकार है

121, 169, 225, 289, [361]

$(11)^2$ $(13)^2$ $(15)^2$ $(17)^2$ $(19)^2$

303. (b) दी गई श्रृंखला का क्रम निम्न प्रकार है

M $\xrightarrow{+1}$ N $\xrightarrow{+1}$ O $\xrightarrow{+1}$ P $\xrightarrow{+1}$ Q

C $\xrightarrow{+0}$ C $\xrightarrow{+0}$ C $\xrightarrow{+0}$ C $\xrightarrow{+0}$ C

N $\xrightarrow{+1}$ O $\xrightarrow{+1}$ P $\xrightarrow{+1}$ Q $\xrightarrow{+1}$ R

304. (c) दी गई श्रृंखला का क्रम निम्न प्रकार है

J L P N D / J M P N D / J N P N D / J O P N D

+1 +1 +1

⇒ PDMJNON

305. (a) दी गई श्रृंखला का क्रम निम्न प्रकार है

6 6 8 24 28 140 [146]

×1 +2 ×3 +4 ×5 +6

306. (c) दी गई श्रृंखला का क्रम निम्न प्रकार है

H Q I T K [Y] N

+1 +2 +3

+3 +5

307. (c) दी गई श्रृंखला का क्रम निम्न प्रकार है

D $\xrightarrow{-1}$ C $\xrightarrow{-1}$ B $\xrightarrow{-1}$ A $\xrightarrow{-1}$ Z

O $\xrightarrow{+3}$ R $\xrightarrow{+3}$ U $\xrightarrow{+3}$ X $\xrightarrow{+3}$ A

W $\xrightarrow{-5}$ R $\xrightarrow{-5}$ M $\xrightarrow{-5}$ H $\xrightarrow{-5}$ C

N $\xrightarrow{+7}$ U $\xrightarrow{+7}$ B $\xrightarrow{+7}$ I $\xrightarrow{+7}$ P

308. (a) दी गई श्रृंखला का क्रम निम्न प्रकार है

17 20 80 85 [510] 517

+3 ×4 +5 ×6 +7

309. (b) दी गई श्रृंखला का क्रम निम्न प्रकार है

rjukt/rjukt/rjukt/rjukt/rjukt

⇒ jurtku

310. (c) दी गई श्रृंखला का क्रम निम्न प्रकार है

A $\xrightarrow{+2}$ C $\xrightarrow{+2}$ E $\xrightarrow{+2}$ G

B $\xrightarrow{+3}$ E $\xrightarrow{+3}$ H $\xrightarrow{+3}$ K

D $\xrightarrow{+5}$ I $\xrightarrow{+5}$ N $\xrightarrow{+5}$ S

311. (b) दी गई श्रृंखला का क्रम निम्न प्रकार है

215 231 256 292 [341]

+16 +25 +36 +49

$(4)^2$ $(5)^2$ $(6)^2$ $(7)^2$

312. (c) दी गई श्रृंखला का क्रम निम्न प्रकार है

24, 48, 51, 204, 209, [1254]

×2 +3 ×4 +5 ×6

313. (a) दी गई श्रृंखला का क्रम निम्न प्रकार है

P, N, J, H, [D]

−2 −4 −2 −4

314. (c) दी गई श्रृंखला का क्रम निम्न प्रकार है

W $\xrightarrow{-3}$ T $\xrightarrow{-3}$ Q $\xrightarrow{-3}$ N $\xrightarrow{-3}$ K

U $\xrightarrow{-2}$ S $\xrightarrow{-2}$ Q $\xrightarrow{-2}$ O $\xrightarrow{-2}$ M

W $\xrightarrow{-1}$ V $\xrightarrow{-1}$ U $\xrightarrow{-1}$ T $\xrightarrow{-1}$ S

315. (d) दी गई श्रृंखला का क्रम निम्न प्रकार है

b b c e f k/b b c e f k/b b c e f k/b b c e f k

⇒ b f b e c k e

316. (d) दी गई श्रृंखला का क्रम निम्न प्रकार है

37, 52, 74, 104, 143, [192]

+15 +22 +30 +39 +49

+7 +8 +9 +10

317. (c) दी गई श्रृंखला का क्रम निम्न प्रकार है

U A C B D T/ U A C B D T /U A C B D T/ U A C B D T

⇒ CDATUDBD

318. (d) दी गई श्रृंखला का क्रम निम्न प्रकार है

T $\xrightarrow{+3}$ W $\xrightarrow{+3}$ Z $\xrightarrow{+3}$ C $\xrightarrow{+3}$ F

H $\xrightarrow{+3}$ K $\xrightarrow{+3}$ N $\xrightarrow{+3}$ Q $\xrightarrow{+3}$ T

M $\xrightarrow{-3}$ J $\xrightarrow{-3}$ G $\xrightarrow{-3}$ D $\xrightarrow{-3}$ A

E $\xrightarrow{-3}$ B $\xrightarrow{-3}$ Y $\xrightarrow{-3}$ V $\xrightarrow{-3}$ S

319. (a) दी गई श्रृंखला का क्रम निम्न प्रकार है

10, 22, 35, 40, 72, 40, [133]

+12 +13 +5 +32 −32 +93

+1 −8 +27 −64 +125

$(1)^3$ $(-2)^3$ $(+3)^3$ $(-4)^3$ $(+5)^3$

320. (b) दी गई श्रृंखला का क्रम निम्न प्रकार है

QKADPR/QKADPR/QKADPR/QKADPR

⇒ KPQRDAP

321. (c) दी गई श्रृंखला का क्रम निम्न प्रकार है

U $\xrightarrow{-4}$ Q $\xrightarrow{-4}$ M $\xrightarrow{-4}$ I $\xrightarrow{-4}$ E

T $\xrightarrow{+4}$ X $\xrightarrow{+4}$ B $\xrightarrow{+4}$ F $\xrightarrow{+4}$ J

M $\xrightarrow{-4}$ I $\xrightarrow{-4}$ E $\xrightarrow{-4}$ A $\xrightarrow{-4}$ W

D $\xrightarrow{+4}$ H $\xrightarrow{+4}$ L $\xrightarrow{+4}$ P $\xrightarrow{+4}$ T

322. (c) दी गई शृंखला का क्रम निम्न प्रकार है

P →(+2) R →(+2) T →(+2) V →(+2) [X]
N →(+2) P →(+2) R →(+2) T →(+2) [V]
N →(+2) P →(+2) R →(+2) T →(+2) [V]
A →(अगला स्वर) E →(अगला स्वर) I →(अगला स्वर) O →(अगला स्वर) [U]

323. (a) दी गई शृंखला का क्रम निम्न प्रकार है

24, 35, 51, 73, 102, [139]
+11 +16 +22 +29 +37
+5 +6 +7 +8

324. (d) दी गई शृंखला का क्रम निम्न प्रकार है

PERSONA, ANPERSO, ANOSPER, ANOSREP

⇒ ANOSREP

325. (b) दी गई शृंखला का क्रम निम्न प्रकार है

35 36 40 [67] 83 208 244
+1 +4 +27 +16 +125 +36
1^3 2^2 3^3 4^2 5^3 6^2

326. (a) दी गई शृंखला का क्रम निम्न प्रकार है

e →(+3) h →(+3) k →(+3) n →(+3) [q]
B →(−4) X →(−4) T →(−4) P →(−4) [L]
d →(+5) i →(+5) n →(+5) s →(+5) [x]

327. (b) दी गई शृंखला का क्रम निम्न प्रकार है

pqrs/qrps/rpqs/pqrs/qrps/rpqs
⇒ qrpsrq

328. (d) दी गई शृंखला का क्रम निम्न प्रकार है

17 19 22 27 34 45 58 [75]
+2 +3 +5 +7 +11 +13 +17

329. (a) दी गई शृंखला का क्रम निम्न प्रकार है

D →(+3) G →(+3) J →(+3) M →(+3) [P]
Y →(+1) Z →(+1) A →(+1) B →(+1) [C]
K →(−2) I →(−2) G →(−2) E →(−2) [C]
M →(+1) N →(+1) O →(+1) P →(+1) [Q]

330. (a) दी गई शृंखला का क्रम निम्न प्रकार है

K Q V [Z] C E F
+6 +5 +4 +3 +2 +1

331. (d) दी गई शृंखला का क्रम निम्न प्रकार है

58 73 99 138 193 [268] 368
+15 +26 +39 +55 +75 +100
+11 +13 +16 +20 +25
+2 +3 +4 +5

332. (b) दी गई शृंखला का क्रम निम्न प्रकार है

q →(−3) n →(−3) k →(−3) h →(−3) [e]
D →(+4) H →(+4) L →(+4) P →(+4) [T]
x →(−5) s →(−5) n →(−5) i →(−5) [d]

333. (d) दी गई शृंखला का क्रम निम्न प्रकार है

tuvwuvt/wvtuw/tuvwuvt/wvtu w ⇒ ttttt

334. (a) दी गई शृंखला का क्रम निम्न प्रकार है

11 12 36 41 [287] 296
+1 ×3 +5 ×7 +9

335. (b) दी गई शृंखला का क्रम निम्न प्रकार है

A →(+2) C →(+2) E →(+2) [G] →(+2) I
D →(+3) G →(+3) J →(+3) [M] →(+3) P
G →(+4) K →(+4) O →(+4) [S] →(+4) W

336. (a) दी गई शृंखला का क्रम निम्न प्रकार है

62 66 74 90 [122]
+4 +8 +16 +32
×2 ×2 ×2

337. (d) दी गई शृंखला का क्रम निम्न प्रकार है

5 10 26 [50] 122 170
2^2+1 3^2+1 5^2+1 7^2+1 11^2+1 13^2+1

338. (c) दी गई शृंखला का क्रम निम्न प्रकार है

T →(+3) W →(+3) Z →(+3) C →(+3) [F]
U →(−3) R →(−3) O →(−3) L →(−3) [I]
L →(+4) P →(+4) T →(+4) X →(+4) [B]
G →(−4) C →(−4) Y →(−4) U →(−4) [Q]

339. (d) दी गई शृंखला का क्रम निम्न प्रकार है

45 47 53 65 85 [115]
+2 +6 +12 +20 +30
+4 +6 +8 +10
+2 +2 +2

340. (a) दी गई शृंखला का क्रम निम्न प्रकार है

A T E U I V O W [U] X
+1 +1 +1 +1
अगला स्वर, अगला स्वर, अगला स्वर, अगला स्वर

341. (a) दी गई शृंखला का क्रम निम्न प्रकार है

61 63 65 77 89 [119] 149 205
+2 +2 +12 +12 +30 +30 +56
$(1)^2+1$ 2^2-2 3^2+3 4^2-4 5^2+5 6^2-6 7^2+7

342. (c) दी गई शृंखला का क्रम निम्न प्रकार है

A →(+2) C →(+2) [E] →(+2) G →(+2) I →(+2) K
R →(−2) P →(−2) [N] →(−2) L →(−2) J →(−2) H

343. (d) दी गई शृंखला का क्रम निम्न प्रकार है

S →(+3) V →(+3) Y →(+3) [B] →(+3) E
A →(अगला स्वर) E →(अगला स्वर) I →(अगला स्वर) [O] →(अगला स्वर) U
T →(+3) W →(+3) Z →(+3) [C] →(+3) F

344. (a) दी गई शृंखला का क्रम निम्न प्रकार है

−3 −3
40 37 43 34 46 [31]
+3 +3

345. (d) दी गई शृंखला का क्रम निम्न प्रकार है

a →(+5) f →(+5) k →(+5) p →(+5) [u]
Y →(−5) T →(−5) O →(−5) J →(−5) [E]
d →(+5) i →(+5) n →(+5) s →(+5) [x]

346. (c) दी गई शृंखला का क्रम निम्न प्रकार है

D →(+2) F →(+2) [H] →(+2) J →(+2) L
A →(+2) C →(+2) [E] →(+2) G →(+2) I
G →(+2) I →(+2) [K] →(+2) M →(+2) O

347. (a) दी गई शृंखला का क्रम निम्न प्रकार है

1537 1539 1543 [1549] 1557 1567
+2 +4 +6 +8 +10
+2 +2 +2 +2

348. (a) दी गई शृंखला का क्रम निम्न प्रकार है

aaabccccccc, aaabbcccc, aaabbbbcc, aaabbbbbbbc

349. (d) दी गई शृंखला का क्रम निम्न प्रकार है

T E K S
+5 +7 −9 −15
Y L B D
+5 +7 −9 −15
[D S S O]
+5 +7 −9 −15
I Z J Z
+5 +7 −9 −15
N G A K

350. (d) दी गई शृंखला का क्रम निम्न प्रकार है

167 117 [77] 47 27
−50 −40 −30 −20

351. (d) दी गई शृंखला का क्रम निम्न प्रकार है

22 27 37 52 72 [97]
+5 +10 +15 +20 +25
+5 +5 +5 +5

352. (c) दी गई शृंखला का क्रम निम्न प्रकार है

53, 62, 77, 98, [125]

(+9, +15, +21, +27; अंतर: +6, +6, +6)

353. (c) दी गई शृंखला का क्रम निम्न प्रकार है

228, 209, 192, 179, 168, [161]

(−19, −17, −13, −11, −7)

354. (c) दी गई शृंखला का क्रम निम्न प्रकार है

101, 103, 107, 109, [113], 127, 131, 137, ...

(क्रमागत अभाज्य संख्याएँ)

355. (d) दी गई शृंखला का क्रम निम्न प्रकार है

N B R Y → (+2, −2, +1, −1) → P Z S X → (+2, −2, +1, −1) → [R X T W] → (+2, −2, +1, −1) → T V U V → (+2, −2, +1, −1) → V T V U

356. (b) दी गई शृंखला का क्रम निम्न प्रकार है

U B I G → (−5, +2, +2, +5) → P D K L → (−5, +2, +2, +5) → [K F M Q] → (−5, +2, +2, +5) → F H O V → (−5, +2, +2, +5) → A J Q A

357. (d) दी गई शृंखला का क्रम निम्न प्रकार है

46, [63], 81, 100, 120, 141

(−17, +18, +19, +20, +21)

358. (c) दी गई शृंखला का क्रम निम्न प्रकार है

1024, 899, 835, 808, 800, [799]

(−125, −64, −27, −8, −1) = $(5)^3$, $(4)^3$, $(3)^3$, $(2)^3$, $(1)^3$

359. (d) दी गई शृंखला का क्रम निम्न प्रकार है

M L V → (+1, +1, +1) → N M W → (+1, +1, +1) → O N X → (+1, +1, +1) → [P O Y]

360. (b) दी गई शृंखला का क्रम निम्न प्रकार है

P F B R → (−3, +5, −7, +9) → M K U A → (−3, +5, −7, +9) → [J P N J] → (−3, +5, −7, +9) → G U G S → (−3, +5, −7, +9) → D Z Z B

361. (c) दी गई शृंखला का क्रम निम्न प्रकार है

2, 6, 12, 20, [30], [42], 56, 72

(+4, +6, +8, +10, +12, +14, +16)

362. (a) दी गई शृंखला का क्रम निम्न प्रकार है

T C V H → (−2, +2, −2, +2) → R E T J → (−2, +2, −2, +2) → [P G R L] → (−2, +2, −2, +2) → N I P N → (−2, +2, −2, +2) → L K N P

363. (c) दी गई शृंखला का क्रम निम्न प्रकार है

67, 78, 103, 118, [147]

8^2+3, 9^2-3, 10^2+3, 11^2-3, 12^2+3

364. (d) दी गई शृंखला का क्रम निम्न प्रकार है

A M, D K, G I, J G, [M E]

(+3, +3, +3, +3; −2, −2, −2, −2)

365. (d) दी गई शृंखला का क्रम निम्न प्रकार है

80, 101, 120, [145], 168

(+21, +19, +25, +23; +4, +4)

366. (a) दी गई शृंखला का क्रम निम्न प्रकार है

Y F J W → (+3, +4, −5, +6) → B J E C → (+3, +4, −5, +6) → [E N Z I] → (+3, +4, −5, +6) → H R U O → (+3, +4, −5, +6) → K V P U

367. (c) दी गई शृंखला का क्रम निम्न प्रकार है

192, 185, 171, [150], 122, 87

(−7, −14, −21, −28, −35)

368. (c) दी गई शृंखला का क्रम निम्न प्रकार है

6, 10, 15, 21, [28], 36, 45

(+4, +5, +6, +7, +8, +9)

369. (c) दी गई शृंखला का क्रम निम्न प्रकार है

R J O → (+1, +1, +1) → S K P → (+1, +1, +1) → T L Q → (+1, +1, +1) → [U M R]

370. (a) दी गई शृंखला का क्रम निम्न प्रकार है

78, 86, 258, 322, [1610]

($+2^3$, ×3, $+4^3$, ×5)

371. (d) दी गई शृंखला का क्रम निम्न प्रकार है

125, 150, 177, 207, 242, [284]

(+25, +27, +30, +35, +42; +2, +3, +5, +7)

372. (b) दी गई शृंखला का क्रम निम्न प्रकार है

A D O → (+3, +3, +3) → D G R → (+3, +3, +3) → G J U → (+3, +3, +3) → [J M X]

373. (b) दी गई शृंखला का क्रम निम्न प्रकार है

−32, −8, −2, [−1/2], −1/8

(÷4, ÷4, ÷4, ÷4)

374. (d) दी गई शृंखला का क्रम निम्न प्रकार है

324, 361, 400, 441, 484, [529]

$(18)^2$, $(19)^2$, $(20)^2$, $(21)^2$, $(22)^2$, $(23)^2$

375. (d) दी गई शृंखला का क्रम निम्न प्रकार है

R D L S → (+4, +7, −10, −13) → V K B F → (+4, +7, −10, −13) → [Z R R S] → (+4, +7, −10, −13) → D Y H F → (+4, +7, −10, −13) → H F X S

376. (d) दी गई शृंखला का क्रम निम्न प्रकार है

D $\xrightarrow{+3}$ G $\xrightarrow{+3}$ $\boxed{J}$ $\xrightarrow{+3}$ M
H $\xrightarrow{+2}$ J $\xrightarrow{+2}$ $\boxed{L}$ $\xrightarrow{+2}$ N
M $\xrightarrow{-2}$ K $\xrightarrow{-2}$ $\boxed{I}$ $\xrightarrow{-2}$ G
X $\xrightarrow{-3}$ U $\xrightarrow{-3}$ $\boxed{R}$ $\xrightarrow{-3}$ O

377. (d) दी गई शृंखला का क्रम निम्न प्रकार है

W $\xrightarrow{-4}$ S $\xrightarrow{-4}$ $\boxed{O}$ $\xrightarrow{-4}$ K $\xrightarrow{-4}$ G
T $\xrightarrow{+5}$ Y $\xrightarrow{+5}$ $\boxed{D}$ $\xrightarrow{+5}$ I $\xrightarrow{+5}$ N
N $\xrightarrow{-6}$ H $\xrightarrow{-6}$ $\boxed{B}$ $\xrightarrow{-6}$ V $\xrightarrow{-6}$ P
M $\xrightarrow{+7}$ T $\xrightarrow{+7}$ $\boxed{A}$ $\xrightarrow{+7}$ H $\xrightarrow{+7}$ O

378. (a) दी गई शृंखला का क्रम निम्न प्रकार है

55 62 $\boxed{65}$ 72 75 82
+7 +3 +7 +3 +7

379. (b) दी गई शृंखला का क्रम निम्न प्रकार है

9 20 42 86 174 $\boxed{350}$
×2+2 ×2+2 ×2+2 ×2+2 ×2+2

380. (d) दी गई शृंखला का क्रम निम्न प्रकार है

38 40 42 42 46 44 $\boxed{50}$
+4 +4 +4
+2 +2

381. (c) दी गई शृंखला का क्रम निम्न प्रकार है

12 13 30 99 412 $\boxed{2085}$
×1×1 ×2+4 ×3+9 ×4+16 ×5+25

382. (d) दी गई शृंखला का क्रम निम्न प्रकार है

115 140 160 175 185 $\boxed{190}$
+25 +20 +15 +10 +5

383. (d) दी गई शृंखला का क्रम निम्न प्रकार है

T D Q R
−1 +2 −3 +4
S F N V
−1 +2 −3 +4
$\boxed{R\ H\ K\ Z}$
−1 +2 −3 +4
Q J H D
−1 +2 −3 +4
P L E H

384. (b) दी गई शृंखला का क्रम निम्न प्रकार है

29 30 26 35 19 $\boxed{44}$
+1 −4 +9 −16 +25

385. (a) दी गई शृंखला का क्रम निम्न प्रकार है

FPW, FFPPPWW, FFFFPPPPPWWW
FFFFFFFF PPPPPPP WWWW

F बढ़ते क्रम में, 1, 2, 4, 8 (×2 ×2 ×2)
P बढ़ते क्रम में, 1, 3, 5, 7 (विषम संख्या)
W बढ़ते क्रम में, 1, 2, 3, 4 (+1 +1 +1)

386. (c) दी गई शृंखला का क्रम निम्न प्रकार है

324, 722, 1200, $\boxed{1764}$, 2420
+398 +478 +564 +656
+80 +86 +92
+6 +6

387. (a) दी गई शृंखला का क्रम निम्न प्रकार है

31 33 37 43 51 $\boxed{61}$
+2 +4 +6 +8 +10

388. (d) दी गई शृंखला का क्रम निम्न प्रकार है

T W E Z
+4 +5 −6 +7
X B Y G
+4 +5 −6 +7
$\boxed{B\ G\ S\ N}$
+4 +5 −6 +7
F L M U
+4 +5 −6 +7
J Q G B

389. (a) दी गई शृंखला का क्रम निम्न प्रकार है

2 $\boxed{5}$ $\boxed{10}$ 17 26 37 50 65 82
+3 +5 +7 +9 +11 +13 +15 +17

390. (c) दी गई शृंखला का क्रम निम्न प्रकार है

45 90 154 $\boxed{239}$ 347
+45 +64 +85 +108
+19 +21 +23

391. (b) दी गई शृंखला का क्रम निम्न प्रकार है

A F M
+3 +3 +3
D I P
+3 +3 +3
G L S
+3 +3 +3
$\boxed{J\ O\ V}$

392. (a) दी गई शृंखला का क्रम निम्न प्रकार है

1 2 4 8 10 20 $\boxed{22}$
×2 +2 ×2 +2 ×2 +2

393. (a) दी गई शृंखला का क्रम निम्न प्रकार है

C $\xrightarrow{+1}$ D $\xrightarrow{+1}$ E $\xrightarrow{+1}$ $\boxed{F}$
H $\xrightarrow{+1}$ I $\xrightarrow{+1}$ J $\xrightarrow{+1}$ $\boxed{K}$
O $\xrightarrow{+1}$ P $\xrightarrow{+1}$ Q $\xrightarrow{+1}$ $\boxed{R}$

394. (b) दी गई शृंखला का क्रम निम्न प्रकार है

H E W C
+3 +4 −5 +6
K I R I
+3 +4 −5 +6
$\boxed{N\ M\ M\ O}$
+3 +4 −5 +6
Q Q H U
+3 +4 −5 +6
T U C A

395. (c) दी गई शृंखला का क्रम निम्न प्रकार है

1 1 2 3 5 8 13 $\boxed{21}$

1 + 1 = 2
1 + 2 = 3
2 + 3 = 5
3 + 5 = 8
5 + 8 = 13
8 + 13 = $\boxed{21}$

396. (b) दी गई शृंखला का क्रम निम्न प्रकार है

25 40 70 115 175 $\boxed{250}$
+15 +30 +45 +60 +75
+15 +15 +15 +15

397. (b) दी गई शृंखला का क्रम निम्न प्रकार है

7 16 43 124 367 $\boxed{1096}$
+9 +27 +81 +243 +729
×3 ×3 ×3 ×3

398. (a) दी गई शृंखला का क्रम निम्न प्रकार है

69, 65, 67, 63, $\boxed{65}$ 61
−4 +2 −4 +2 −4

399. (c) दी गई शृंखला का क्रम निम्न प्रकार है

a, b, a, b, b, a/a, b, a, b, b, a/a, b, a b, b, a
⇒ a, b, a

400. (a) दी गई शृंखला का क्रम निम्न प्रकार है

144, 171, 200, $\boxed{231}$, 264
+27 +29 +31 +33

401. (a) दी गई शृंखला का क्रम निम्न प्रकार है

5, 20, 60, 240, 720, $\boxed{2880}$
×4 ×3 ×4 ×3 ×4

402. (d) दी गई श्रृंखला का क्रम निम्न प्रकार है

$F \xrightarrow{-3} C \xrightarrow{-3} \boxed{Z} \xrightarrow{-3} W \xrightarrow{-3} T$

$O \xrightarrow{-4} K \xrightarrow{-4} \boxed{G} \xrightarrow{-4} C \xrightarrow{-4} Y$

$H \xrightarrow{-3} E \xrightarrow{-3} \boxed{B} \xrightarrow{-3} Y \xrightarrow{-3} V$

$V \xrightarrow{-4} R \xrightarrow{-4} \boxed{N} \xrightarrow{-4} J \xrightarrow{-4} F$

403. (c) दी गई श्रृंखला का क्रम निम्न प्रकार है

270, 241, 212, **183**, 154, 125

−29, −29, −29, −29, −29

404. (d) दी गई श्रृंखला का क्रम निम्न प्रकार है

$B \xrightarrow{+3} E \xrightarrow{+3} \boxed{H} \xrightarrow{+3} K \xrightarrow{+3} N$

$R \xrightarrow{-2} P \xrightarrow{-2} \boxed{N} \xrightarrow{-2} L \xrightarrow{-2} J$

$C \xrightarrow{+3} F \xrightarrow{+3} \boxed{I} \xrightarrow{+3} L \xrightarrow{+3} O$

$Q \xrightarrow{-2} O \xrightarrow{-2} \boxed{M} \xrightarrow{-2} K \xrightarrow{-2} I$

405. (c) दी गई श्रृंखला का क्रम निम्न प्रकार है

134, 129, 122, **113**, 102, 89

−5, −7, −9, −11, −13

406. (a) दी गई श्रृंखला का क्रम निम्न प्रकार है

$A \xrightarrow{+6} G \xrightarrow{+6} M \xrightarrow{+6} \boxed{S} \xrightarrow{+6} Y$

$X \xrightarrow{+5} C \xrightarrow{+5} H \xrightarrow{+5} \boxed{M} \xrightarrow{+5} R$

$F \xrightarrow{+4} J \xrightarrow{+4} N \xrightarrow{+4} \boxed{R} \xrightarrow{+4} V$

$N \xrightarrow{+3} Q \xrightarrow{+3} T \xrightarrow{+3} \boxed{W} \xrightarrow{+3} Z$

407. (b) दी गई श्रृंखला का क्रम निम्न प्रकार है

76, 99, 135, 185, 250, **331**

+23, +36, +50, +65, +81

+13, +14, +15, +16

408. (a) दी गई श्रृंखला का क्रम निम्न प्रकार है

$P \xrightarrow{+6} V \xrightarrow{+6} B \xrightarrow{+6} H \xrightarrow{+6} \boxed{N}$

$J \xrightarrow{-8} B \xrightarrow{-8} T \xrightarrow{-8} L \xrightarrow{-8} \boxed{D}$

$V \xrightarrow{+4} Z \xrightarrow{+4} D \xrightarrow{+4} H \xrightarrow{+4} \boxed{L}$

$G \xrightarrow{-5} B \xrightarrow{-5} W \xrightarrow{-5} R \xrightarrow{-5} \boxed{M}$

409. (d) दी गई श्रृंखला का क्रम निम्न प्रकार है

$\frac{1}{121}$, $\frac{1}{11}$, 1, **11**, 121

×11, ×11, ×11, ×11

410. (d) दी गई श्रृंखला का क्रम निम्न प्रकार है

115, 130, 122, 137, 129, **144**

+7 (115 → 122), +7 (122 → 129); +7 (130 → 137), +7 (137 → 144)

411. (a) दी गई श्रृंखला का क्रम निम्न प्रकार है

35, **41**, 40, 47, 45, 53

+6, −1, +7, −2, +8

412. (b) दी गई श्रृंखला का क्रम निम्न प्रकार है

$E \xrightarrow{+1} F \xrightarrow{+1} G \xrightarrow{+1} \boxed{H} \xrightarrow{+1} I$

$L \xrightarrow{-2} J \xrightarrow{-2} H \xrightarrow{-2} \boxed{F} \xrightarrow{-2} D$

$S \xrightarrow{+3} V \xrightarrow{+3} Y \xrightarrow{+3} \boxed{B} \xrightarrow{+3} E$

$V \xrightarrow{-4} R \xrightarrow{-4} N \xrightarrow{-4} \boxed{J} \xrightarrow{-4} F$

413. (d) दी गई श्रृंखला का क्रम निम्न प्रकार है

$A \xrightarrow{+5} F \xrightarrow{+5} K \xrightarrow{+5} P \xrightarrow{+5} \boxed{U}$

$B \xrightarrow{+4} F \xrightarrow{+4} J \xrightarrow{+4} N \xrightarrow{+4} \boxed{R}$

$E \xrightarrow{+3} H \xrightarrow{+3} K \xrightarrow{+3} N \xrightarrow{+3} \boxed{Q}$

$G \xrightarrow{+2} I \xrightarrow{+2} K \xrightarrow{+2} M \xrightarrow{+2} \boxed{O}$

414. (c) दी गई श्रृंखला का क्रम निम्न प्रकार है

$M \xrightarrow{-1} L \xrightarrow{-1} \boxed{K} \xrightarrow{-1} J \xrightarrow{-1} I$

$K \xrightarrow{+2} M \xrightarrow{+2} \boxed{O} \xrightarrow{+2} Q \xrightarrow{+2} S$

$P \xrightarrow{-1} O \xrightarrow{-1} \boxed{N} \xrightarrow{-1} M \xrightarrow{-1} L$

$N \xrightarrow{+2} P \xrightarrow{+2} \boxed{R} \xrightarrow{+2} T \xrightarrow{+2} V$

415. (c) दी गई श्रृंखला का क्रम निम्न प्रकार है

131, 1179, 1171, **8197**, 8191

×9, −8, ×7, −6

416. (c) दी गई श्रृंखला का क्रम निम्न प्रकार है

z s t m m l b/z s t m m l b/z s t m m l b

⇒ zmmslbtm

417. (b) दी गई श्रृंखला का क्रम निम्न प्रकार है

$Z \xrightarrow{+4} D \xrightarrow{+4} \boxed{H} \xrightarrow{+4} L \xrightarrow{+4} P$

$X \rightarrow X \rightarrow \boxed{X} \rightarrow X \rightarrow X$

$V \xrightarrow{+4} Z \xrightarrow{+4} \boxed{D} \xrightarrow{+4} H \xrightarrow{+4} L$

$Y \rightarrow Y \rightarrow \boxed{Y} \rightarrow Y \rightarrow Y$

418. (d) दी गई श्रृंखला का क्रम निम्न प्रकार है

10, 15, 19, 22, **24**, 25

+5, +4, +3, +2, +1

419. (c) दी गई श्रृंखला का क्रम निम्न प्रकार है

$W \xrightarrow{-2} U \xrightarrow{-2} \boxed{S} \xrightarrow{-2} Q \xrightarrow{-2} O$

$G \xrightarrow{-3} D \xrightarrow{-3} \boxed{A} \xrightarrow{-3} X \xrightarrow{-3} U$

$P \xrightarrow{-4} L \xrightarrow{-4} \boxed{H} \xrightarrow{-4} D \xrightarrow{-4} Z$

$R \xrightarrow{-5} M \xrightarrow{-5} \boxed{H} \xrightarrow{-5} C \xrightarrow{-5} X$

420. (c) दी गई श्रृंखला का क्रम निम्न प्रकार है

85, 64, 51, 44, 41, **40**

−21, −13, −7, −3, −1

+8, +6, +4, +2

421. (a) दी गई श्रृंखला का क्रम निम्न प्रकार है

EEF/EEF/EEF/EEF

⇒ EEFFE

422. (b) दी गई श्रृंखला का क्रम निम्न प्रकार है

25, 29, 36, 49, 71, **105**

+4, +7, +13, +22, +34

+3, +6, +9, +12

423. (c) दी गई श्रृंखला का क्रम निम्न प्रकार है

98, 99, 107, **134**, 198

+1, +8, +27, +64

1^3, 2^3, 3^3, 4^3

424. (c) दी गई श्रृंखला का क्रम निम्न प्रकार है

w e l l n g k/w e l l n g k/w e l l n g k

⇒ e n k l g w l n

425. (c) दी गई श्रृंखला का क्रम निम्न प्रकार है

600, 590, 575, 550, 510, **450**

−10, −15, −25, −40, −60

−5, −10, −15, −20

426. (c) दी गई श्रृंखला का क्रम निम्न प्रकार है

2, 12, 144, 2592, **62208**

×6, ×12, ×18, ×24

427. (b) दी गई श्रृंखला का क्रम निम्न प्रकार है

$G \xrightarrow{+3} J \xrightarrow{+3} \boxed{M} \xrightarrow{+3} P \xrightarrow{+3} S$

$S \xrightarrow{-3} P \xrightarrow{-3} \boxed{M} \xrightarrow{-3} J \xrightarrow{-3} G$

$A \xrightarrow{+4} E \xrightarrow{+4} \boxed{I} \xrightarrow{+4} M \xrightarrow{+4} Q$

$V \xrightarrow{-4} R \xrightarrow{-4} \boxed{N} \xrightarrow{-4} J \xrightarrow{-4} F$

428. (d) दी गई श्रृंखला का क्रम निम्न प्रकार है

52, 42, 34, 28, **24**

−10, −8, −6, −4

429. (b) दी गई श्रृंखला का क्रम निम्न प्रकार है

5, 17, 53, **161**, 485

×3+2, ×3+2, ×3+2, ×3+2

430. (a) दी गई श्रृंखला का क्रम निम्न प्रकार है

S Q O, L J H, E C A, **X V T**

−7, −7, −7, −7, −7, −7, −7, −7, −7

431. (d) दी गई श्रृंखला का क्रम निम्न प्रकार है

124 140 128 136 132 **132**

–4 –4

+4 +4

432. (b) दी गई श्रृंखला का क्रम निम्न प्रकार है

T $\xrightarrow{+2}$ V $\xrightarrow{+2}$ X $\xrightarrow{+2}$ **Z**

W $\xrightarrow{+2}$ Y $\xrightarrow{+2}$ A $\xrightarrow{+2}$ **C**

Z $\xrightarrow{+2}$ B $\xrightarrow{+2}$ D $\xrightarrow{+2}$ **F**

433. (d) दी गई श्रृंखला का क्रम निम्न प्रकार है

5 24 61 122 213 **340**

+19 +37 +61 +91 +127

+18 +24 +30 +36

+6 +6 +6

434. (c) दी गई श्रृंखला का क्रम निम्न प्रकार है

+8 +6 +8 +6 +8 +6 +8 +6

S A G K S Y C K Q **U C I**

–8 –8 –8

435. (a) दी गई श्रृंखला का क्रम निम्न प्रकार है

8 13 23 43 **83**

+5 +10 +20 +40

436. (d) दी गई श्रृंखला का क्रम निम्न प्रकार है

24 **61** 122 213 **340**

+37 +61 +91 +127

+24 +30 +36

+6 +6

437. (d) दी गई श्रृंखला का क्रम निम्न प्रकार है

16, 28, **38**, 46, 52

+12 +10 +8 +6

–2 –2 –2

438. (b) दी गई श्रृंखला का क्रम निम्न प्रकार है

P M J, E B Y, T Q N, **I F C**

–3 –3 –5 –3 –3 –5 –3 –3 –5 –3 –3

439. (c) दी गई श्रृंखला का क्रम निम्न प्रकार है

34 42 50 56 62 66 **70**

+8 +8 +6 +6 +4 +4

440. (d) दी गई श्रृंखला का क्रम निम्न प्रकार है

U $\xrightarrow{+5}$ Z $\xrightarrow{+5}$ E $\xrightarrow{+5}$ J $\xrightarrow{+5}$ **O**

K $\xrightarrow{+5}$ P $\xrightarrow{+5}$ U $\xrightarrow{+5}$ Z $\xrightarrow{+5}$ **E**

S $\xrightarrow{+5}$ X $\xrightarrow{+5}$ C $\xrightarrow{+5}$ H $\xrightarrow{+5}$ **M**

441. (b) दी गई श्रृंखला का क्रम निम्न प्रकार है

24 25 33 60 **124** 249

+1 +8 +27 +64 +125

$(1)^3$ $(2)^3$ $(3)^3$ $(4)^3$ $(5)^3$

442. (b) दी गई श्रृंखला का क्रम निम्न प्रकार है

160 183 213 252 302 **365** 443

+23 +30 +39 +50 +63 +78

+7 +9 +11 +13 +15

+2 +2 +2 +2

443. (b) दी गई श्रृंखला का क्रम निम्न प्रकार है

65 62 56 47 35 **20**

–3 –6 –9 –12 –15

–3 –3 –3 –3

444. (b) दी गई श्रृंखला का क्रम निम्न प्रकार है

K $\xrightarrow{-1}$ J $\xrightarrow{-1}$ I $\xrightarrow{-1}$ H $\xrightarrow{-1}$ **G**

O $\xrightarrow{+1}$ P $\xrightarrow{+1}$ Q $\xrightarrow{+1}$ R $\xrightarrow{+1}$ **S**

Y $\xrightarrow{-1}$ X $\xrightarrow{-1}$ W $\xrightarrow{-1}$ V $\xrightarrow{-1}$ **U**

445. (d) दी गई श्रृंखला का क्रम निम्न प्रकार है

T H C, D I U, V J E, F K W, X L G, **H M Y**

+1 +1 +1 +1 +1

+1 +1 +1 +1 +1

+1 +1 +1 +1 +1

446. (c) दी गई श्रृंखला का क्रम निम्न प्रकार है

3 12 52 159 640 **1923**

×3+3 ×4+4 ×3+3 ×4+4 ×3+3

447. (b) दी गई श्रृंखला का क्रम निम्न प्रकार है

17 51 58 116 123 123 **130**

×3 +7 ×2 +7 ×1 +7

448. (c) दी गई श्रृंखला का क्रम निम्न प्रकार है

112 **97** 83 70 58 47 37

–15 –14 –13 –12 –11 –10

449. (a) दी गई श्रृंखला का क्रम निम्न प्रकार है

2430 **810** 270 90 30 10

÷3 ÷3 ÷3 ÷3 ÷3

450. (d) दी गई श्रृंखला का क्रम निम्न प्रकार है

X $\xrightarrow{+7}$ E $\xrightarrow{+7}$ L $\xrightarrow{+7}$ S $\xrightarrow{+7}$ **Z**

M $\xrightarrow{+1}$ N $\xrightarrow{+1}$ O $\xrightarrow{+1}$ P $\xrightarrow{+1}$ **Q**

T $\xrightarrow{+7}$ A $\xrightarrow{+7}$ H $\xrightarrow{+7}$ O $\xrightarrow{+7}$ **V**

451. (c) दी गई श्रृंखला का क्रम निम्न प्रकार है

AE, KQ, EI LR, IO, **MS**, OU, NT

+1 +1 +1

+1 +1

452. (b) दी गई श्रृंखला का क्रम निम्न प्रकार है

H $\xrightarrow{-1}$ G $\xrightarrow{-1}$ F $\xrightarrow{-1}$ **E** $\xrightarrow{-1}$ D

B $\xrightarrow{+2}$ D $\xrightarrow{+2}$ F $\xrightarrow{+2}$ **H** $\xrightarrow{+2}$ J

S $\xrightarrow{-3}$ P $\xrightarrow{-3}$ M $\xrightarrow{-3}$ **J** $\xrightarrow{-3}$ G

453. (c) दी गई अक्षर श्रृंखला का क्रम निम्न है

REM/RRE<u>M</u>/R<u>R</u>EEM/RREE<u>M</u>M

∴ अभीष्ट संयोजन = MREM

454. (b) दी गई श्रृंखला का क्रम निम्न प्रकार है

86, 88, 90, 92, 94, **96**

+2 +2 +2 +2 +2

455. (b) दी गई श्रृंखला का क्रम निम्न प्रकार है

–5 –5 –5 –5

J M D, O H J, **T C P**, Y X V, D S B

+5 +6 +5 +6 +5 +6 +5 +6

456. (a) दी गई श्रृंखला का क्रम निम्न प्रकार है

+9 +9 +9 +9 +9

$\frac{5}{9}$ $\frac{14}{9}$ $\frac{23}{9}$ $\frac{32}{9}$ $\frac{41}{9}$ $\boxed{\frac{50}{9}}$

457. (a) दी गई श्रृंखला का क्रम निम्न प्रकार है

a <u>a</u> z b <u>b</u> / y c <u>c</u> x / <u>a</u> a z <u>b</u> b / y c c <u>x</u> / a a <u>z</u> b b / <u>y</u> c c x / <u>a</u> a z <u>b</u> b / y <u>c</u> c x

⇒ abcabxzyabc

458. (c) दी गई श्रृंखला का क्रम निम्न प्रकार है

800 400 480 240 320 **160**

÷2 +80 ÷2 +80 ÷2

459. (a) दी गई श्रृंखला का क्रम निम्न प्रकार है

E $\xrightarrow{+6}$ K $\xrightarrow{+6}$ Q $\xrightarrow{+6}$ **W**

F $\xrightarrow{+6}$ L $\xrightarrow{+6}$ R $\xrightarrow{+6}$ **X**

G $\xrightarrow{+6}$ M $\xrightarrow{+6}$ S $\xrightarrow{+6}$ **Y**

460. (a) दी गई श्रृंखला का क्रम निम्न प्रकार है

19 **31** 43 55 67

+12 +12 +12 +12

461. (b) दी गई श्रृंखला का क्रम निम्न प्रकार है

131 141 161 191 231 **281**

+10 +20 +30 +40 +50

+10 +10 +10 +10

462. (d) दी गई श्रृंखला का क्रम निम्न प्रकार है

R $\xrightarrow{-9}$ **I** $\xrightarrow{-9}$ Z $\xrightarrow{-9}$ Q $\xrightarrow{-9}$ H

K $\xrightarrow{-8}$ **C** $\xrightarrow{-8}$ U $\xrightarrow{-8}$ M $\xrightarrow{-8}$ E

D $\xrightarrow{-7}$ **W** $\xrightarrow{-7}$ P $\xrightarrow{-7}$ I $\xrightarrow{-7}$ B

463. (d) दी गई शृंखला का क्रम निम्न प्रकार है

66 77 99 132 176 [231]

+11 +22 +33 +44 +55

+11 +11 +11 +11

464. (d) दी गई शृंखला का क्रम निम्न प्रकार है

−35 −35 −35 −35

214 111 179 126 144 141 109 156 [74]

+15 +15 +15

465. (c) दी गई शृंखला का क्रम निम्न प्रकार है

QUAIL / QUYIL / QUWIL / QUUIL

−2 −2 −2

⇒ 'LUQWI'.

466. (a) दी गई शृंखला का क्रम निम्न प्रकार है

33 61 117 229 [453]

+28 +56 +112 +224

×2 ×2 ×2

467. (a) दी गई शृंखला का क्रम निम्न प्रकार है

D $\xrightarrow{+3}$ G $\xrightarrow{+3}$ J $\xrightarrow{+3}$ M $\xrightarrow{+3}$ [P]

G $\xrightarrow{+4}$ K $\xrightarrow{+4}$ O $\xrightarrow{+4}$ S $\xrightarrow{+4}$ [W]

B $\xrightarrow{+5}$ G $\xrightarrow{+5}$ L $\xrightarrow{+5}$ Q $\xrightarrow{+5}$ [V]

468. (c) दी गई शृंखला का क्रम निम्न प्रकार है

X $\xrightarrow{+1}$ Y $\xrightarrow{+1}$ [Z] $\xrightarrow{+1}$ A $\xrightarrow{+1}$ B $\xrightarrow{+1}$ C

Y $\xrightarrow{+2}$ A $\xrightarrow{+2}$ [C] $\xrightarrow{+2}$ E $\xrightarrow{+2}$ G $\xrightarrow{+2}$ I

Z $\xrightarrow{+3}$ C $\xrightarrow{+3}$ [F] $\xrightarrow{+3}$ I $\xrightarrow{+3}$ L $\xrightarrow{+3}$ O

469. (b) दी गई शृंखला का क्रम निम्न प्रकार है

165 192 227 270 321 [380]

+27 +35 +43 +51 +59

+8 +8 +8 +8

470. (a) दी गई शृंखला का क्रम निम्न प्रकार है

160 187 216 247 [280]

+27 +29 +31 +33

+2 +2 +2

471. (b) दी गई शृंखला का क्रम निम्न प्रकार है

V $\xrightarrow{+3}$ Y $\xrightarrow{+3}$ B $\xrightarrow{+3}$ [E] $\xrightarrow{+3}$ H

O $\xrightarrow{+1}$ P $\xrightarrow{+1}$ Q $\xrightarrow{+1}$ [R] $\xrightarrow{+1}$ S

H $\xrightarrow{+6}$ N $\xrightarrow{+6}$ T $\xrightarrow{+6}$ [Z] $\xrightarrow{+6}$ F

472. (d) दी गई शृंखला का क्रम निम्न प्रकार है

B $\xrightarrow{-4}$ X $\xrightarrow{-4}$ T $\xrightarrow{-4}$ P $\xrightarrow{-4}$ [L]

R $\xrightarrow{+3}$ U $\xrightarrow{+3}$ X $\xrightarrow{+3}$ A $\xrightarrow{+3}$ [D]

K $\xrightarrow{-3}$ H $\xrightarrow{-3}$ E $\xrightarrow{-3}$ B $\xrightarrow{-3}$ [Y]

473. (c) दी गई शृंखला का क्रम निम्न प्रकार है

P $\xrightarrow{+2}$ R $\xrightarrow{+2}$ T $\xrightarrow{+2}$ V $\xrightarrow{+2}$ [X]

A $\xrightarrow{\text{Next vowel}}$ E $\xrightarrow{\text{Next vowel}}$ I $\xrightarrow{\text{Next vowel}}$ O $\xrightarrow{\text{Next vowel}}$ [U]

Z $\xrightarrow{-4}$ V $\xrightarrow{-4}$ R $\xrightarrow{-6}$ L $\xrightarrow{-6}$ [F]

474. (b) दी गई शृंखला का क्रम निम्न प्रकार है

268 259 250 241 232 [223]

−9 −9 −9 −9 −9

475. (d) दी गई शृंखला का क्रम निम्न प्रकार है

J $\xrightarrow{+11}$ U $\xrightarrow{+11}$ F $\xrightarrow{+11}$ Q $\xrightarrow{+11}$ [B]

M $\xrightarrow{+13}$ Z $\xrightarrow{+13}$ M $\xrightarrow{+13}$ Z $\xrightarrow{+13}$ [M]

P $\xrightarrow{+15}$ E $\xrightarrow{+15}$ T $\xrightarrow{+15}$ I $\xrightarrow{+15}$ [X]

476. (a) दी गई शृंखला का क्रम निम्न प्रकार है

A $\xrightarrow{+4}$ [E] $\xrightarrow{+4}$ I $\xrightarrow{+4}$ M $\xrightarrow{+4}$ Q

F $\xrightarrow{-4}$ [B] $\xrightarrow{-4}$ X $\xrightarrow{-4}$ T $\xrightarrow{-4}$ P

K $\xrightarrow{+1}$ [L] $\xrightarrow{+1}$ M $\xrightarrow{+1}$ N $\xrightarrow{+1}$ O

477. (d) दी गई शृंखला का क्रम निम्न प्रकार है

155 146 137 128 119 [110]

−9 −9 −9 −9 −9

478. (b) दी गई शृंखला का क्रम निम्न प्रकार है

B $\xrightarrow{-5}$ [W] $\xrightarrow{-5}$ R $\xrightarrow{-5}$ M $\xrightarrow{-5}$ H

J $\xrightarrow{+5}$ [O] $\xrightarrow{+5}$ T $\xrightarrow{+5}$ Y $\xrightarrow{+5}$ D

R $\xrightarrow{-5}$ [M] $\xrightarrow{-5}$ H $\xrightarrow{-5}$ C $\xrightarrow{-5}$ X

479. (a) दी गई शृंखला का क्रम निम्न प्रकार है

612 571 535 504 478 [457]

−41 −36 −31 −26 −21

+5 +5 +5 +5

480. (d) दी गई शृंखला का क्रम निम्न प्रकार है

C $\xrightarrow{+3}$ F $\xrightarrow{+3}$ I $\xrightarrow{+3}$ L $\xrightarrow{+3}$ [O]

E $\xrightarrow{+3}$ H $\xrightarrow{+3}$ K $\xrightarrow{+3}$ N $\xrightarrow{+3}$ [Q]

G $\xrightarrow{+3}$ J $\xrightarrow{+3}$ M $\xrightarrow{+3}$ P $\xrightarrow{+3}$ [S]

481. (c) दी गई शृंखला का क्रम निम्न प्रकार है

3 7 15 31 63 [127]

+4 +8 +16 +32 +64

×2 ×2 ×2 ×2

482. (c) दी गई शृंखला का क्रम निम्न प्रकार है

112 113 122 147 196 [277]

+1 +9 +25 +49 +81

↓ ↓ ↓ ↓ ↓

$(1)^2$ $(3)^2$ $(5)^2$ $(7)^2$ $(9)^2$

483. (c) दी गई शृंखला का क्रम निम्न प्रकार है

J $\xrightarrow{+2}$ L $\xrightarrow{+2}$ N $\xrightarrow{+2}$ [P] $\xrightarrow{+2}$ R $\xrightarrow{+2}$ T

K $\xrightarrow{-3}$ H $\xrightarrow{-3}$ E $\xrightarrow{-3}$ [B] $\xrightarrow{-3}$ Y $\xrightarrow{-3}$ V

L $\xrightarrow{+4}$ P $\xrightarrow{+4}$ T $\xrightarrow{+4}$ [X] $\xrightarrow{+4}$ B $\xrightarrow{+4}$ F

484. (b) दी गई शृंखला का क्रम निम्न प्रकार है

−11 −11 −11

86 129 105 118 124 107 143 96 [162]

+19 +19 +19 +19

485. (c) दी गई शृंखला का क्रम निम्न प्रकार है

A $\xrightarrow{-3}$ X $\xrightarrow{-3}$ U $\xrightarrow{-3}$ R $\xrightarrow{-3}$ [O]

E $\xrightarrow{-4}$ A $\xrightarrow{-4}$ W $\xrightarrow{-4}$ S $\xrightarrow{-4}$ [O]

O $\xrightarrow{-2}$ M $\xrightarrow{-2}$ K $\xrightarrow{-2}$ I $\xrightarrow{-2}$ [G]

486. (c) दी गई शृंखला का क्रम निम्न प्रकार है

126, 1236, 12336, 123336, 1233336, 12333336

487. (c) दी गई शृंखला का क्रम निम्न प्रकार है

−5 −5 −5 −5 −5

$\left[\frac{37}{5}\right]$ $\left[\frac{32}{5}\right]$ $\left[\frac{27}{5}\right]$ $\left[\frac{22}{5}\right]$ $\left[\frac{17}{5}\right]$ $\boxed{\left[\frac{12}{5}\right]}$

488. (b) दी गई शृंखला का क्रम निम्न प्रकार है

U $\xrightarrow{\text{Previous vowels}}$ O $\xrightarrow{\text{Previous vowels}}$ I $\xrightarrow{\text{Previous vowels}}$ E $\xrightarrow{\text{Previous vowels}}$ [A]

M $\xrightarrow{+3}$ P $\xrightarrow{+3}$ S $\xrightarrow{+3}$ V $\xrightarrow{+3}$ [Y]

E $\xrightarrow{+2}$ G $\xrightarrow{+3}$ J $\xrightarrow{+4}$ N $\xrightarrow{+5}$ [S]

489. (b) दी गई शृंखला का क्रम निम्न प्रकार है

A $\xrightarrow{+5}$ F $\xrightarrow{+5}$ K $\xrightarrow{+5}$ P $\xrightarrow{+5}$ [U]

C $\xrightarrow{+5}$ H $\xrightarrow{+5}$ M $\xrightarrow{+5}$ R $\xrightarrow{+5}$ [W]

W $\xrightarrow{+5}$ B $\xrightarrow{+5}$ G $\xrightarrow{+5}$ L $\xrightarrow{+5}$ [Q]

490. (a) दी गई शृंखला का क्रम निम्न प्रकार है

7 13 39 46 138 146 438 447 [1341]

+6 ×3 +7 ×3 +8 ×3 +9 ×3

491. (d) दी गई शृंखला का क्रम निम्न प्रकार है

24 40 56 72 [88] 104

+16 +16 +16 +16 +16

492. (a) दी गई शृंखला का क्रम निम्न प्रकार है

69 78 103 152 [233]

$+3^2$ $+5^2$ $+7^2$ $+9^2$

493. (d) दी गई शृंखला का क्रम निम्न प्रकार है

+4 +4 +4 +4

G D J, K H N, O L R, S P V, [W T Z]

+4 +4 +4 +4 +4 +4 +4 +4 +4

494. (c) दी गई शृंखला का क्रम निम्न प्रकार है

41 49 65 89 121 161 [209]

+8×1 +8×2 +8×3 +8×4 +8×5 +8×6

495. (c) दी गई शृंखला का क्रम निम्न प्रकार है

138 137 140 139 142 [141]

−1 +3 −1 +3 −1

496. (b) दी गई शृंखला का क्रम निम्न प्रकार है

F $\xrightarrow{+5}$ K $\xrightarrow{+5}$ P $\xrightarrow{+5}$ U $\xrightarrow{+5}$ [Z]

H $\xrightarrow{+5}$ M $\xrightarrow{+5}$ R $\xrightarrow{+5}$ W $\xrightarrow{+5}$ [B]

B $\xrightarrow{+5}$ G $\xrightarrow{+5}$ L $\xrightarrow{+5}$ Q $\xrightarrow{+5}$ [V]

497. (d) दी गई शृंखला का क्रम निम्न प्रकार है

Y $\xrightarrow{-2}$ W $\xrightarrow{-3}$ T $\xrightarrow{-5}$ O $\xrightarrow{-7}$ [H]

B $\xrightarrow{+2}$ D $\xrightarrow{+3}$ G $\xrightarrow{+5}$ L $\xrightarrow{+7}$ [S]

P $\xrightarrow{+3}$ S $\xrightarrow{-2}$ Q $\xrightarrow{+3}$ T $\xrightarrow{-2}$ [R]

498. (c) दी गई शृंखला का क्रम निम्न प्रकार है

K $\xrightarrow{+1}$ L $\xrightarrow{+2}$ [N] $\xrightarrow{+3}$ Q $\xrightarrow{+4}$ U

L $\xrightarrow{-1}$ K $\xrightarrow{-2}$ [I] $\xrightarrow{-3}$ F $\xrightarrow{-4}$ B

H $\xrightarrow{+1}$ I $\xrightarrow{+2}$ [K] $\xrightarrow{+3}$ N $\xrightarrow{+4}$ R

O $\xrightarrow{-1}$ N $\xrightarrow{-2}$ [L] $\xrightarrow{-3}$ I $\xrightarrow{-4}$ E

499. (b) दी गई शृंखला का क्रम निम्न प्रकार है

454 515 426 481 398 447 370 413 [342]

(515 → 481 → 447 → 413: −34, −34, −34; 454 → 426 → 398 → 370 → 342: −28, −28, −28, −28)

500. (b) दी गई शृंखला का क्रम निम्न प्रकार है

12 16 25 41 66 [102]

$+2^2$ $+3^2$ $+4^2$ $+5^2$ $+6^2$

501. (d) दी गई शृंखला का क्रम निम्न प्रकार है

Z Y X W / Z T X V / Z O X U / Z J X T

(−5 −5 −5; −1 −1 −1)

⇒ XVOZ

502. (d) दी गई शृंखला का क्रम निम्न प्रकार है

I $\xrightarrow{+3}$ [L] $\xrightarrow{+3}$ O $\xrightarrow{+3}$ R $\xrightarrow{+3}$ U

P $\xrightarrow{+2}$ [R] $\xrightarrow{+2}$ T $\xrightarrow{+2}$ V $\xrightarrow{+2}$ X

X $\xrightarrow{+1}$ [Y] $\xrightarrow{+1}$ Z $\xrightarrow{+1}$ A $\xrightarrow{+1}$ B

503. (b) दी गई शृंखला का क्रम निम्न प्रकार है

106 106 108 36 40 8 [14]

÷1 +2 ÷3 +4 ÷5 +6

504. (d) दी गई शृंखला का क्रम निम्न प्रकार है

281 392 503 614 725 [836]

+111 +111 +111 +111 +111

505. (d) दी गई शृंखला का क्रम निम्न प्रकार है

56 [47] 38 29 20

−9 −9 −9 −9

506. (c) दी गई शृंखला का क्रम निम्न प्रकार है

D $\xrightarrow{+4}$ H $\xrightarrow{+4}$ L $\xrightarrow{+4}$ P $\xrightarrow{+4}$ [T]

F $\xrightarrow{+4}$ J $\xrightarrow{+4}$ N $\xrightarrow{+4}$ R $\xrightarrow{+4}$ [V]

A $\xrightarrow{+4}$ E $\xrightarrow{+4}$ I $\xrightarrow{+4}$ M $\xrightarrow{+4}$ [Q]

507. (d) दी गई शृंखला का क्रम निम्न प्रकार है

G $\xrightarrow{+3}$ J $\xrightarrow{+3}$ M $\xrightarrow{+3}$ P $\xrightarrow{+3}$ [S]

E $\xrightarrow{+3}$ H $\xrightarrow{+3}$ K $\xrightarrow{+3}$ N $\xrightarrow{+3}$ [Q]

B $\xrightarrow{+3}$ E $\xrightarrow{+3}$ H $\xrightarrow{+3}$ K $\xrightarrow{+3}$ [N]

508. (b) दी गई शृंखला का क्रम निम्न प्रकार है

56 53 50 47 44 [41]

−3 −3 −3 −3 −3

509. (b) दी गई शृंखला का क्रम निम्न प्रकार है

E $\xrightarrow{+2}$ G $\xrightarrow{+2}$ I $\xrightarrow{+2}$ K $\xrightarrow{+2}$ [M]

M $\xrightarrow{+4}$ Q $\xrightarrow{+4}$ U $\xrightarrow{+4}$ Y $\xrightarrow{+4}$ [C]

U $\xrightarrow{+6}$ A $\xrightarrow{+6}$ G $\xrightarrow{+6}$ M $\xrightarrow{+6}$ [S]

510. (c) दी गई शृंखला का क्रम निम्न प्रकार है

251 268 285 302 319 [336]

+17 +17 +17 +17 +17

511. (a) दी गई शृंखला का क्रम निम्न प्रकार है

G $\xrightarrow{-1}$ F $\xrightarrow{-1}$ [E] $\xrightarrow{-1}$ D $\xrightarrow{-1}$ C

L $\xrightarrow{+2}$ N $\xrightarrow{+2}$ [P] $\xrightarrow{+2}$ R $\xrightarrow{+2}$ T

Y $\xrightarrow{-3}$ V $\xrightarrow{-3}$ [S] $\xrightarrow{-3}$ P $\xrightarrow{-3}$ M

C $\xrightarrow{+4}$ G $\xrightarrow{+4}$ [K] $\xrightarrow{+4}$ O $\xrightarrow{+4}$ S

512. (b) दी गई शृंखला का क्रम निम्न प्रकार है

876 865 832 733 [436]

−11 −33 −99 −297

×3 ×3 ×3

513. (b) दी गई शृंखला का क्रम निम्न प्रकार है

23 27 35 47 63 [83]

+4 +8 +12 +16 +20

+4 +4 +4 +4

514. (a) दी गई शृंखला का क्रम निम्न प्रकार है

C $\xrightarrow{+5}$ H $\xrightarrow{+5}$ M $\xrightarrow{+5}$ R $\xrightarrow{+5}$ [W]

P $\xrightarrow{+2}$ R $\xrightarrow{+2}$ T $\xrightarrow{+2}$ V $\xrightarrow{+2}$ [X]

W $\xrightarrow{+4}$ A $\xrightarrow{+4}$ E $\xrightarrow{+4}$ I $\xrightarrow{+4}$ [M]

515. (b) दी गई शृंखला का क्रम निम्न प्रकार है

11 4 22 20 44 100 88 500 [176]

(4 → 20 → 100 → 500: ×5 ×5 ×5; 11 → 22 → 44 → 88 → 176: ×2 ×2 ×2 ×2)

516. (a) दी गई शृंखला का क्रम निम्न प्रकार है

T $\xrightarrow{-2}$ R $\xrightarrow{-2}$ [P] $\xrightarrow{-2}$ N $\xrightarrow{-2}$ L

U $\xrightarrow{+3}$ X $\xrightarrow{+3}$ [A] $\xrightarrow{+3}$ D $\xrightarrow{+3}$ G

V $\xrightarrow{-4}$ R $\xrightarrow{-4}$ [N] $\xrightarrow{-4}$ J $\xrightarrow{-4}$ F

517. (a) दी गई शृंखला का क्रम निम्न प्रकार है

x y <u>x</u> z <u>b</u> x / x y <u>x</u> z b x / <u>x</u> y x <u>z</u> b x / <u>x</u> y <u>x</u> z <u>b</u> x

⇒ xbxxzxxb

518. (c) दी गई शृंखला का क्रम निम्न प्रकार है

32 61 90 119 [148] 177

+29 +29 +29 +29 +29

519. (d) दी गई शृंखला का क्रम निम्न प्रकार है

P Q R S / O <u>S</u> T T / <u>N</u> U V <u>U</u> / M W <u>X</u> V

(+1 +1 +1; +2 +2 +2; −1 −1 −1; +2 +2 +2)

⇒ SNUX

520. (c) दी गई शृंखला का क्रम निम्न प्रकार है

512 1000 1728 2744 4096 5832 [8000]

8^3 10^3 12^3 14^3 16^3 18^3 20^3

+2 +2 +2 +2 +2

521. (d) दी गई शृंखला का क्रम निम्न प्रकार है

L $\xrightarrow{+8}$ [T] $\xrightarrow{+8}$ B $\xrightarrow{+8}$ J $\xrightarrow{+8}$ R

P $\xrightarrow{-7}$ [I] $\xrightarrow{-7}$ B $\xrightarrow{-7}$ U $\xrightarrow{-7}$ N

T $\xrightarrow{+6}$ [Z] $\xrightarrow{+6}$ F $\xrightarrow{+6}$ L $\xrightarrow{+6}$ R

522. (d) दी गई शृंखला का क्रम निम्न प्रकार है

119 128 137 146 155 [164]

+9 +9 +9 +9 +9

523. (b) दी गई शृंखला का क्रम निम्न प्रकार है

<u>T</u> W S V R / <u>U</u> Q T P S / <u>O</u> R N Q M / <u>P</u> L O K <u>N</u>

(+1 −6 +1 −6 +1; +1 −6 +1 −6 +1)

⇒ TUOPN

524. (b) दी गई शृंखला का क्रम निम्न प्रकार है

291 256 310 275 329 294 [348]

(256 → 275 → 294: +19 +19; 291 → 310 → 329 → 348: +19 +19 +19)

525. (b) दी गई शृंखला का क्रम निम्न प्रकार है

G $\xrightarrow{+7}$ N $\xrightarrow{+7}$ U $\xrightarrow{+7}$ B $\xrightarrow{+7}$ [I]

O $\xrightarrow{-6}$ I $\xrightarrow{-6}$ C $\xrightarrow{-6}$ W $\xrightarrow{-6}$ [Q]

W $\xrightarrow{+5}$ B $\xrightarrow{+5}$ G $\xrightarrow{+5}$ L $\xrightarrow{+5}$ [Q]

526. (a) दी गई शृंखला का क्रम निम्न प्रकार है

15 30 90 360 1800 [10800]

×2 ×3 ×4 ×5 ×6

527. (a) दी गई शृंखला का क्रम निम्न प्रकार है

77 79 83 89 97 [107]

+2 +4 +6 +8 +10

528. (c) दी गई शृंखला का क्रम निम्न प्रकार है

U $\xrightarrow{+1}$ V $\xrightarrow{+1}$ [W] $\xrightarrow{+1}$ X $\xrightarrow{+1}$ Y

T $\xrightarrow{-2}$ R $\xrightarrow{-2}$ [P] $\xrightarrow{-2}$ N $\xrightarrow{-2}$ L

H $\xrightarrow{+3}$ K $\xrightarrow{+3}$ [N] $\xrightarrow{+3}$ Q $\xrightarrow{+3}$ T

S $\xrightarrow{-4}$ O $\xrightarrow{-4}$ [K] $\xrightarrow{-4}$ G $\xrightarrow{-4}$ C

529. (b) दी गई शृंखला का क्रम निम्न प्रकार है

M —+3→ P —+3→ S —+3→ V —+3→ [Y]
K —+3→ N —+3→ Q —+3→ T —+3→ [W]
H —+3→ K —+3→ N —+3→ Q —+3→ [T]

530. (c) दी गई शृंखला का क्रम निम्न प्रकार है

93 111 139 157 185 203 [231]
+18 +28 +18 +28 +18 +28

531. (d) दी गई शृंखला का क्रम निम्न प्रकार है

13 22 33 46 [61] 78 97
+9 +11 +13 +15 +17 +19
+2 +2 +2 +2 +2

532. (c) दी गई शृंखला का क्रम निम्न प्रकार है

R —+4→ V —+4→ Z —+4→ D —+4→ [H]
S —+7→ Z —+7→ G —+7→ N —+7→ [U]
T —+3→ W —+3→ Z —+3→ C —+3→ [F]

533. (d) दी गई शृंखला का क्रम निम्न प्रकार है

22 24 28 30 34 [36]
+2 +4 +2 +4 +2

534. (d) दी गई शृंखला का क्रम निम्न प्रकार है

E F E G E/E F E G E/E F E G E/E F E G E

⇒ EEFGEFE

535. (d) दी गई शृंखला का क्रम निम्न प्रकार है

W —+5→ B —+5→ G —+5→ L —+5→ [Q]
Y —+5→ D —+5→ I —+5→ N —+5→ [S]
S —+5→ X —+5→ C —+5→ H —+5→ [M]

536. (a) दी गई शृंखला का क्रम निम्न प्रकार है

244 232.1 220.2 208.3 196.4 [184.5]
−11.9 −11.9 −11.9 −11.9 −11.9

537. (b) दी गई शृंखला का क्रम निम्न प्रकार है

B —+4→ F —+4→ J —+4→ N —+4→ [R]
O —+2→ Q —+2→ S —+2→ U —+2→ [W]
J —+5→ O —+5→ T —+5→ Y —+5→ [D]

538. (c) दी गई शृंखला का क्रम निम्न प्रकार है

34 58 106 202 394 [778]
+24 +48 +96 +192 +384
×2 ×2 ×2 ×2

539. (c) दी गई शृंखला का क्रम निम्न प्रकार है

Q —+10→ A —+10→ K —+10→ U —+10→ [E]
J —+10→ T —+10→ D —+10→ N —+10→ [X]
C —+10→ M —+10→ W —+10→ G —+10→ [Q]

540. (d) दी गई शृंखला का क्रम निम्न प्रकार है

8 15 29 57 113 [225]
×2−1 ×2−1 ×2−1 ×2−1 ×2−1

541. (a) दी गई शृंखला का क्रम निम्न प्रकार है

91 100 109 118 127 [136]
+9 +9 +9 +9 +9

542. (c) दी गई शृंखला का क्रम निम्न प्रकार है

P —+3→ S —+3→ V —+3→ [Y] —+3→ B
H —+10→ R —+10→ B —+10→ [L] —+10→ V
O —+1→ P —+1→ Q —+1→ [R] —+1→ S

543. (c) दी गई शृंखला का क्रम निम्न प्रकार है

−1 −1 −1 −1
ABCZ DEFY GHIX JKLW MNOU
+1+1 +1 +1+1 +1 +1+1 +1 +1+1 +1 +1+1

⇒ CYHWN

544. (b) दी गई शृंखला का क्रम निम्न प्रकार है

7 28 84 336 1008 [4032]
×4 ×3 ×4 ×3 ×4

545. (a) दी गई शृंखला का क्रम निम्न प्रकार है

J —+1→ K —+2→ [M] —+3→ P —+4→ T
X —+1→ Y —+2→ [A] —+3→ D —+4→ H
26 —+5→ 31 —+7→ [38] —+9→ 47 —+11→ 58

546. (a) दी गई शृंखला का क्रम निम्न प्रकार है

549 482 439 372 329 262 219 [152]
−67 −43 −67 −43 −67 −43 −67

547. (b) दी गई शृंखला का क्रम निम्न प्रकार है

499 498 490 463 399 [274]
$(-1)^3$ $(-2)^3$ $(-3)^3$ $(-4)^3$ $(-5)^3$

548. (c) दी गई शृंखला का क्रम निम्न प्रकार है

E —+3→ H —+3→ K —+3→ N —+3→ [Q]
C —+3→ F —+3→ I —+3→ L —+3→ [O]
Z —+3→ C —+3→ F —+3→ I —+3→ [L]

549. (d) दी गई शृंखला का क्रम निम्न प्रकार है

TRICK/TRIZK/TRIWK/TRITK
−3 −3 −3

⇒ KZRTI

550. (d) दी गई शृंखला का क्रम निम्न प्रकार है

E —+5→ J —+5→ O —+5→ T —+5→ [Y]
C —+5→ H —+5→ M —+5→ R —+5→ [W]
F —+5→ K —+5→ P —+5→ U —+5→ [Z]

551. (b) दी गई शृंखला का क्रम निम्न प्रकार है

12 60 20 100 60 300 260 [1300]
×5 −40 ×5 −40 ×5 −40 ×5

552. (c) दी गई शृंखला का क्रम निम्न प्रकार है

S —+10→ C —+10→ [M] —+10→ W —+10→ G
L —+12→ X —+12→ [J] —+12→ V —+12→ H
E —+14→ S —+14→ [G] —+14→ U —+14→ I

553. (a) दी गई शृंखला का क्रम निम्न प्रकार है

N —+1→ O —+2→ [Q] —+3→ T —+4→ X
D —+2→ F —+3→ [I] —+4→ M —+5→ R
G —+3→ J —+4→ [N] —+5→ S —+6→ Y
B —+4→ F —+5→ [K] —+6→ Q —+7→ X

554. (d) दी गई शृंखला का क्रम निम्न प्रकार है

12 26 54 [110] 222 446
×2+2 ×2+2 ×2+2 ×2+2 ×2+2

555. (a) दी गई शृंखला का क्रम निम्न प्रकार है

27 32 42 47 57 [62]
+5 +10 +5 +10 +5

556. (a) दी गई शृंखला का क्रम निम्न प्रकार है

Y —+4→ C —+4→ G —+4→ K —+4→ [O]
Q —+9→ Z —+9→ I —+9→ R —+9→ [A]
I —+8→ Q —+8→ Y —+8→ G —+8→ [O]

557. (a) दी गई शृंखला का क्रम निम्न प्रकार है

P —+2→ R —+2→ T —+2→ V —+2→ [X]
Q —+3→ T —+3→ W —+3→ Z —+3→ [C]
R —+4→ V —+4→ Z —+4→ D —+4→ [H]

558. (a) दी गई शृंखला का क्रम निम्न प्रकार है

67 100 146 179 225 258 [304]
+33 +46 +33 +46 +33 +46

559. (d) दी गई शृंखला का क्रम निम्न प्रकार है

3977 3877 3777 3677 3577 [3477]
−100 −100 −100 −100 −100

560. (c) दी गई शृंखला का क्रम निम्न प्रकार है

B —+3→ E —+3→ H —+3→ [K]
D —+3→ G —+3→ J —+3→ [M]
C —+3→ F —+3→ I —+3→ [L]

561. (c) दी गई शृंखला का क्रम निम्न प्रकार है

6 16 36 76 [156] 316
×2+4 ×2+4 ×2+4 ×2+4 ×2+4

562. (b) दी गई शृंखला का क्रम निम्न प्रकार है

D →(−4) Z →(−4) V →(−4) [R] →(−4) N
L →(−4) H →(−4) D →(−4) [Z] →(−4) V
T →(−4) P →(−4) L →(−4) [H] →(−4) D

563. (c) दी गई शृंखला का क्रम निम्न प्रकार है

4 20 100 500 2500 [12500]
×5 ×5 ×5 ×5 ×5

564. (c) दी गई शृंखला का क्रम निम्न प्रकार है

21 60 177 528 1581 [4740]
(×3)–3 (×3)–3 (×3)–3 (×3)–3 (×3)–3

565. (c) दी गई शृंखला का क्रम निम्न प्रकार है

m n p q r r q p n m / m n p q r r q p n m / m n p q r r q p n m.

⇒ m q q n n r p m q p

566. (c) दी गई शृंखला का क्रम निम्न प्रकार है

L →(−5) G →(−5) B →(−5) W →(−5) [R]
D →(+4) H →(+4) L →(+4) P →(+4) [T]
P →(−1) O →(−1) N →(−1) M →(−1) [L]

567. (d) दी गई शृंखला का क्रम निम्न प्रकार है

C →(+9) L →(+9) [U] →(+9) D →(+9) M
K →(+7) R →(+7) [Y] →(+7) F →(+7) M
S →(+10) C →(+10) [M] →(+10) W →(+10) G

568. (d) दी गई शृंखला का क्रम निम्न प्रकार है

4 13 [31] 58 94 139 193
+9 +18 +27 +36 +45 +54
9×1 9×2 9×3 9×4 9×5 9×6

569. (d) दी गई शृंखला का क्रम निम्न प्रकार है

119 171 223 275 327 [379]
+52 +52 +52 +52 +52

570. (d) दी गई शृंखला का क्रम निम्न प्रकार है

54 58.7 64.4 71.1 78.8 [87.5]
+4.7 +5.7 +6.7 +7.7 +8.7

571. (a) दी गई शृंखला का क्रम निम्न प्रकार है

162, 167, 172, 177, 182, [187]
+5 +5 +5 +5 +5

572. (c) दी गई शृंखला का क्रम निम्न प्रकार है

Z R J E U K J X L [O A M] T D N
+3 +3 +3 +3
+1 +1 +1 +1
+5 +5 +5 +5

573. (b) दी गई शृंखला का क्रम निम्न प्रकार है

K J I H / I J K I / G J M J / E J O K
+2 +2 +2
+2 +2 +2
+1 +1 +1

⇒ IGJO

574. (d) दी गई शृंखला का क्रम निम्न प्रकार है

40 [28] 18 10 4 0
–12 –10 –8 –6 –4

575. (b) दी गई शृंखला का क्रम निम्न प्रकार है

F →(+6) L →(+6) [R] →(+6) X →(+6) D
N →(+7) U →(+7) [B] →(+7) I →(+7) P
V →(+9) E →(+9) [N] →(+9) W →(+9) F

576. (b) दी गई शृंखला का क्रम निम्न प्रकार है

129 128 124 115 99 [74]
$-(1^2)$ $-(2^2)$ $-(3^2)$ $-(4^2)$ $-(5^2)$

577. (b) दी गई शृंखला का क्रम निम्न प्रकार है

A B A B C / A B A B C / A B A B C / A B A B C ⇒ BBACBAB

578. (b) दी गई शृंखला का क्रम निम्न प्रकार है

C B Z W / V U S P / O N L I / H G E B / A Z X U
–2 –2 –2 –2 –2
–1 –3 –1 –3 –1 –3 –1 –3 –1 –3

⇒ ZUOEZ

579. (d) दी गई शृंखला का क्रम निम्न प्रकार है

C N E F / H N E K / M N E P / R N E U / W N E Z
+0 +0 +0 +0
+5 +5 +5 +5
+5 +5 +5 +5

⇒ NKMEZ

580. (b) दी गई शृंखला का क्रम निम्न प्रकार है

16 21 [30] 43 60 81 106
+5 +9 +13 +17 +21 +25
+4 +4 +4 +4 +4

581. (b) दी गई शृंखला का क्रम निम्न प्रकार है

F M D E / B M Z A / X M W W / T M R S / P M N Q
–0 –0 –0 –0
–4 –4 –4 –4
–4 –4 –4 –4
–4 –4 –4 –4

⇒ EMXRO

582. (d) दी गई शृंखला का क्रम निम्न प्रकार है

154 159 169 184 [204] 229 259
+5 +10 +15 +20 +25 +30

583. (b) दी गई शृंखला का क्रम निम्न प्रकार है

T R Y U / U S Y U / V T Y U / W U Y U / X V Y U
+0 +0 +0 +0
+0 +0 +0 +0
+1 +1 +1 +1
+1 +1 +1 +1

⇒ UYTWU

584. (a) दी गई शृंखला का क्रम निम्न प्रकार है

F G H I / E H G J / D I F K / C J E L
–1 –1 –1
+1 +1 +1
–1 –1 –1
+1 +1 +1

⇒ GGKC

585. (a) दी गई शृंखला का क्रम निम्न प्रकार है

L →(+3) [O] →(+3) R →(+3) U →(+3) X
17 →(+7) [24] →(–2) 22 →(+7) 29 →(–2) 27
Z →(–2) [X] →(–2) V →(–2) T →(–2) R

586. (d) दी गई शृंखला का क्रम निम्न प्रकार है

C →(+10) M →(+10) W →(+10) G →(+10) [Q]
M →(+10) W →(+10) G →(+10) Q →(+10) [A]
W →(+10) G →(+10) Q →(+10) A →(+10) [K]

587. (b) दी गई शृंखला का क्रम निम्न प्रकार है

84, 89, 98, 111, 128, [149]
+5 +9 +13 +17 +21
+4 +4 +4 +4

588. (a) दी गई शृंखला का क्रम निम्न प्रकार है

273 →(–10) 263 →(–15) 248 →(–20) [228] →(–25) 203

589. (b) दी गई शृंखला का क्रम निम्न प्रकार है

9 →(×5) 45 →(×4) [180] →(×3) 540 →(×2) 1080

590. (c) दी गई शृंखला का क्रम निम्न प्रकार है

G →(+3) J →(+3) M →(+3) P →(+3) [S]
E →(+3) H →(+3) K →(+3) N →(+3) [Q]
F →(+3) I →(+3) L →(+3) O →(+3) [R]

591. (c) दी गई शृंखला का क्रम निम्न प्रकार है

B V K E / C Y P L / D B U S / E E Z Z / F H E G
+3 +3 +3 +3
+5 +5 +5 +5
+1 +1 +1 +1
+7 +7 +7 +7

⇒ KCBEG

592. (d) दी गई शृंखला का क्रम निम्न प्रकार है

17 18 20 [23] 27 32
+1 +2 +3 +4 +5

593. (b) दी गई शृंखला का क्रम निम्न प्रकार है

A $\xrightarrow{+2}$ C $\xrightarrow{+2}$ E $\xrightarrow{+2}$ G $\xrightarrow{+2}$ [I]
B $\xrightarrow{+2}$ D $\xrightarrow{+2}$ F $\xrightarrow{+2}$ H $\xrightarrow{+2}$ [J]
Z $\xrightarrow{-2}$ X $\xrightarrow{-2}$ V $\xrightarrow{-2}$ T $\xrightarrow{-2}$ [R]

594. (a) दी गई शृंखला का क्रम निम्न प्रकार है

S $\xrightarrow{+1}$ T $\xrightarrow{+1}$ [U] $\xrightarrow{+1}$ V $\xrightarrow{+1}$ W
16 $\xrightarrow{-3}$ 13 $\xrightarrow{\times 2}$ [26] $\xrightarrow{-3}$ 23 $\xrightarrow{\times 2}$ 46
H $\xrightarrow{+2}$ J $\xrightarrow{+2}$ [L] $\xrightarrow{+2}$ N $\xrightarrow{+2}$ P

595. (d) दी गई शृंखला का क्रम निम्न प्रकार है

361 306 [255] 208 165 126
−55 −51 −47 −43 −39
+4 +4 +4 +4

596. (c) दी गई शृंखला का क्रम निम्न प्रकार है

149, [134], 114, 89, 59, 24
−15 −20 −25 −30 −35

597. (d) दी गई शृंखला का क्रम निम्न प्रकार है

Z Y X W W / Z Y X X W / Z Y Y X W / Z
⇒ Y W Z Z

598. (d) दी गई शृंखला का क्रम निम्न प्रकार है

R $\xrightarrow{+4}$ V $\xrightarrow{+4}$ Z $\xrightarrow{+4}$ D $\xrightarrow{+4}$ [H]
N $\xrightarrow{-2}$ L $\xrightarrow{-2}$ J $\xrightarrow{-2}$ H $\xrightarrow{-2}$ [F]
Z $\xrightarrow{+4}$ D $\xrightarrow{+4}$ H $\xrightarrow{+4}$ L $\xrightarrow{+4}$ [P]

599. (b) दी गई शृंखला का क्रम निम्न प्रकार है

20, 110, 200, 290, 380, [470]
+90 +90 +90 +90 +90

600. (c) दी गई शृंखला का क्रम निम्न प्रकार है

B $\xrightarrow{+1}$ C $\xrightarrow{+1}$ D $\xrightarrow{+1}$ E $\xrightarrow{+1}$ [F]
Y $\xrightarrow{-2}$ W $\xrightarrow{-2}$ U $\xrightarrow{-2}$ S $\xrightarrow{-2}$ [Q]
M $\xrightarrow{-1}$ L $\xrightarrow{-1}$ K $\xrightarrow{-1}$ J $\xrightarrow{-1}$ [I]

601. (c) दी गई शृंखला का क्रम निम्न प्रकार है

22 31 49 76 112 [157]
+9 +18 +27 +36 +45
+9 +9 +9 +9

602. (a) दी गई शृंखला का क्रम निम्न प्रकार है

473 464 448 [423] 387
−9 −16 −25 −36
$(3)^2$ $(4)^2$ $(5)^2$ $(6)^2$

603. (b) दी गई शृंखला का क्रम निम्न प्रकार है

Z $\xrightarrow{-2}$ X $\xrightarrow{-2}$ V $\xrightarrow{-2}$ T $\xrightarrow{-2}$ [R]
A $\xrightarrow{+2}$ C $\xrightarrow{+2}$ E $\xrightarrow{+2}$ G $\xrightarrow{+2}$ [I]
M $\xrightarrow{-2}$ K $\xrightarrow{-2}$ I $\xrightarrow{-2}$ G $\xrightarrow{-2}$ [E]

604. (c) दी गई शृंखला का क्रम निम्न प्रकार है

D $\xrightarrow{+1}$ E $\xrightarrow{+1}$ [F] $\xrightarrow{+1}$ G $\xrightarrow{+1}$ H
T $\xrightarrow{+1}$ U $\xrightarrow{+1}$ [V] $\xrightarrow{+1}$ W $\xrightarrow{+1}$ X
35 $\xrightarrow{-2}$ 33 $\xrightarrow{-2}$ [31] $\xrightarrow{-2}$ 29 $\xrightarrow{-2}$ 27

605. (c) दी गई शृंखला का क्रम निम्न प्रकार है

J $\xrightarrow{+2}$ L $\xrightarrow{+2}$ [N] $\xrightarrow{+2}$ P
O $\xrightarrow{+2}$ Q $\xrightarrow{+2}$ [S] $\xrightarrow{+2}$ U
Q $\xrightarrow{+2}$ S $\xrightarrow{+2}$ [U] $\xrightarrow{+2}$ W
W $\xrightarrow{+2}$ Y $\xrightarrow{+2}$ [A] $\xrightarrow{+2}$ C

606. (b) दी गई शृंखला का क्रम निम्न प्रकार है

X $\xrightarrow{+1}$ Y $\xrightarrow{+1}$ [Z] $\xrightarrow{+1}$ A $\xrightarrow{+1}$ B
D $\xrightarrow{+1}$ E $\xrightarrow{+1}$ [F] $\xrightarrow{+1}$ G $\xrightarrow{+1}$ H
45 $\xrightarrow{+8}$ 53 $\xrightarrow{-3}$ [50] $\xrightarrow{+8}$ 58 $\xrightarrow{-3}$ 55

607. (b) दी गई शृंखला का क्रम निम्न प्रकार है

E $\xrightarrow{+2}$ [G] $\xrightarrow{+2}$ I $\xrightarrow{+2}$ K $\xrightarrow{+2}$ M
Z $\xrightarrow{+2}$ [B] $\xrightarrow{+2}$ D $\xrightarrow{+2}$ F $\xrightarrow{+2}$ H
10 $\xrightarrow{+13}$ [23] $\xrightarrow{+13}$ 36 $\xrightarrow{+13}$ 49 $\xrightarrow{+13}$ 62

608. (b) दी गई शृंखला का क्रम निम्न प्रकार है

38 39 41 44 48 [53]
+1 +2 +3 +4 +5

609. (a) दी गई शृंखला का क्रम निम्न प्रकार है

−5 −5 −5
D E F G / Y U A G / T K V G / O A Q G
−5 −5 −5
−10 −10 −10

⇒ FGVG

610. (b) दी गई शृंखला का क्रम निम्न प्रकार है

26, 37, 50, 65, [82,] 101
+11 +13 +15 +17 +19
+2 +2 +2 +2

611. (b) दी गई शृंखला का क्रम निम्न प्रकार है

+21 +21
193, 206, 214, 227, [235,] 248
+21 +21

612. (a) दी गई शृंखला का क्रम निम्न प्रकार है

A $\xrightarrow{+1}$ B $\xrightarrow{+1}$ C $\xrightarrow{+1}$ [D]
G $\xrightarrow{+1}$ H $\xrightarrow{+1}$ I $\xrightarrow{+1}$ [J]
M $\xrightarrow{-1}$ L $\xrightarrow{-1}$ K $\xrightarrow{-1}$ [J]
Q $\xrightarrow{-1}$ P $\xrightarrow{-1}$ O $\xrightarrow{-1}$ [N]

613. (a) दी गई शृंखला का क्रम निम्न प्रकार है

D F H J L N P R T V X
+2 +2 +2 +2 +2 +2 +2 +2 +2 +2

⇒ HJNRTX

614. (c) दी गई शृंखला का क्रम निम्न प्रकार है

84, 90, 91, 99, 98, 108, 105
+9 +9
+7 +7 +7

615. (c) दी गई शृंखला का क्रम निम्न प्रकार है

Y X W V / T S R Q / O N M L / J I H G / E D C B
⇒ YRLIC

616. (c) दी गई शृंखला का क्रम निम्न प्रकार है

13 24 46 90 178 [354]
+11 +22 +44 +88 +176
×2 ×2 ×2 ×2

617. (a) दी गई शृंखला का क्रम निम्न प्रकार है

383 $\xrightarrow{-2}$ 381 $\xrightarrow{-4}$ 377 $\xrightarrow{-8}$ 369 $\xrightarrow{-16}$ 353 $\xrightarrow{-32}$ [321]

618. (b) दी गई शृंखला का क्रम निम्न प्रकार है

B $\xrightarrow{+3}$ [E] $\xrightarrow{+3}$ H $\xrightarrow{+3}$ K $\xrightarrow{+3}$ N
O $\xrightarrow{+3}$ [R] $\xrightarrow{+3}$ U $\xrightarrow{+3}$ X $\xrightarrow{+3}$ A
88 $\xrightarrow{-4}$ [84] $\xrightarrow{-4}$ 80 $\xrightarrow{-4}$ 76 $\xrightarrow{-4}$ 72

619. (b) दी गई शृंखला का क्रम निम्न प्रकार है

G $\xrightarrow{-2}$ E $\xrightarrow{-2}$ C $\xrightarrow{-2}$ A $\xrightarrow{-2}$ [Y]
B $\xrightarrow{-2}$ Z $\xrightarrow{-2}$ X $\xrightarrow{-2}$ V $\xrightarrow{-2}$ [T]
W $\xrightarrow{+1}$ X $\xrightarrow{+1}$ Y $\xrightarrow{+1}$ Z $\xrightarrow{+1}$ [A]

620. (c) दी गई शृंखला का क्रम निम्न प्रकार है

+2 +2 +2 +2
−2 −2 −2 −2
G X M A / I V O Y / K T Q W / M R S U / O P U S
−2 −2 −2 −2
+2 +2 +2 +2

⇒ XIWSP

621. (a) दी गई शृंखला का क्रम निम्न प्रकार है

10 10 20 60 240 [1200]
×1 ×2 ×3 ×4 ×5

622. (a) दी गई शृंखला का क्रम निम्न प्रकार है

P $\xrightarrow{+0}$ P $\xrightarrow{+0}$ [P] $\xrightarrow{+0}$ P $\xrightarrow{+0}$ P
H $\xrightarrow{-4}$ D $\xrightarrow{-4}$ [Z] $\xrightarrow{-4}$ V $\xrightarrow{-4}$ R
D $\xrightarrow{-8}$ V $\xrightarrow{-8}$ [N] $\xrightarrow{-8}$ F $\xrightarrow{-8}$ X
T $\xrightarrow{-12}$ H $\xrightarrow{-12}$ [V] $\xrightarrow{-12}$ J $\xrightarrow{-12}$ X

623. (b) दी गई शृंखला का क्रम निम्न प्रकार है

O $\xrightarrow{+3}$ R $\xrightarrow{+3}$ U $\xrightarrow{+3}$ X $\xrightarrow{+3}$ [A]
L $\xrightarrow{-7}$ E $\xrightarrow{-7}$ X $\xrightarrow{-7}$ Q $\xrightarrow{-7}$ [J]
R $\xrightarrow{+8}$ Z $\xrightarrow{+8}$ H $\xrightarrow{+8}$ P $\xrightarrow{+8}$ [X]

624. (c) दी गई श्रृंखला का क्रम निम्न प्रकार है

25, 42, 61, 82, [105], 130
+17 +19 +21 +23 +25

625. (c) दी गई श्रृंखला का क्रम निम्न प्रकार है

a b c e e / a / a b c e e / a a / a b c e e
⇒ c a e b

626. (d) दी गई श्रृंखला का क्रम निम्न प्रकार है

N →(+0) N →(+0) N →(+0) [N] →(+0) N
R →(−9) I →(−9) Z →(−9) [Q] →(−9) H
Q →(+8) Y →(+8) G →(+8) [O] →(+8) W
S →(−10) I →(−10) Y →(−10) [O] →(−10) E

627. (d) दी गई श्रृंखला का क्रम निम्न प्रकार है

120, 110, 101, 93, 86, [80]
−10 −9 −8 −7 −6

628. (d) दी गई श्रृंखला का क्रम निम्न प्रकार है

M →(+0) M →(+0) M →(+0) M →(+0) [M]
R →(+4) V →(+4) Z →(+4) D →(+4) [H]
N →(+8) V →(+8) D →(+8) L →(+8) [T]
G →(+12) S →(+12) E →(+12) Q →(+12) [C]

629. (d) दी गई श्रृंखला का क्रम निम्न प्रकार है

+4 +4 +4
4 6 6 10 8 14 10 18 [12]
+2 +2 +2 +2

630. (d) दी गई श्रृंखला का क्रम निम्न प्रकार है

N →(+6) T →(+6) Z →(+6) F →(+6) [L]
T →(+2) V →(+2) X →(+2) Z →(+2) [B]
R →(+8) Z →(+8) H →(+8) P →(+8) [X]

631. (d) दी गई श्रृंखला का क्रम निम्न प्रकार है

68, 82, 110, 124, 152, [166] 194
+14 +28 +14 +28 +14 +28

632. (c) दी गई श्रृंखला का क्रम निम्न प्रकार है

46 51 76 201 826 [3951]
+5 +25 +125 +625 +3125
×5 ×5 ×5 ×5

633. (b) दी गई श्रृंखला का क्रम निम्न प्रकार है

48, 87, 165, 204, 282, 321, [399]
+39 +78 +39 +78 +39 +78

634. (a) दी गई श्रृंखला का क्रम निम्न प्रकार है

A/AB/ABC/ABCD/ABCDE
⇒ BCDBD

635. (a) दी गई श्रृंखला का क्रम निम्न प्रकार है

129 126 123 120 117 [114]
−3 −3 −3 −3 −3

636. (c) दी गई श्रृंखला का क्रम निम्न प्रकार है

L →(−6) F →(−6) Z →(−6) T →(−6) N →(−6) [H]
O →(−3) L →(−3) I →(−3) F →(−3) C →(−3) [Z]
G →(+1) H →(+1) I →(+1) J →(+1) K →(+1) [L]

637. (b) दी गई श्रृंखला का क्रम निम्न प्रकार है

U →(+1) V →(+1) W →(+1) [X] →(+1) Y
Q →(−2) O →(−2) M →(−2) [K] →(−2) I
M →(+3) P →(+3) S →(+3) [V] →(+3) Y
I →(−4) E →(−4) A →(−4) [W] →(−4) S

638. (d) दी गई श्रृंखला का क्रम निम्न प्रकार है

7 7 9 27 31 155 [161]
×1 +2 ×3 +4 ×5 +6

639. (b) दी गई श्रृंखला का क्रम निम्न प्रकार है

H a H S a S r / H a H S a S r / H a H S a S r
⇒ aSaHSaaH

640. (c) दी गई श्रृंखला का क्रम निम्न प्रकार है

$+2^4$ $+3^4$ $+4^4$
74 62 82 78 109 159 173 [415]
$+2^3$ $+3^3$ $+4^3$

641. (c) दी गई श्रृंखला का क्रम निम्न प्रकार है

15 30 33 [132] 137 822
×2 +3 ×4 +5 ×6

642. (d) दी गई श्रृंखला का क्रम निम्न प्रकार है

−53 −53 −53
294 326 252 273 210 220 168 167 [126]
−42 −42 −42 −42

643. (b) दी गई श्रृंखला का क्रम निम्न प्रकार है

Q →(0) [Q] →(0) Q →(0) Q →(0) Q
E →(+5) [J] →(+5) O →(+5) T →(+5) Y
S → [S] → S → S → S
C →(+5) [H] →(+5) M →(+5) R →(+5) W

644. (b) दी गई श्रृंखला का क्रम निम्न प्रकार है

d b c d c b d / d b c d c b d / d b c d c b d
⇒ bcdbbd

645. (b) दी गई श्रृंखला का क्रम निम्न प्रकार है

+52 +52 +52
176 218 228 291 280 364 332 [437]
+73 +73 +73

646. (b) दी गई श्रृंखला का क्रम निम्न प्रकार है

tuu/vxxy/tuu/vxxy/tuu/vxxy
⇒ uvxytvxtuuy

647. (c) दी गई श्रृंखला का क्रम निम्न प्रकार है

3 3 12 108 [1728]
$\times1^2$ $\times2^2$ $\times3^2$ $\times4^2$

648. (d) दी गई श्रृंखला का क्रम निम्न प्रकार है

A →(+3) D →(+3) G →(+3) J →(+3) [M]
C →(+3) F →(+3) I →(+3) L →(+3) [O]
F →(+3) I →(+3) L →(+3) O →(+3) [R]

649. (c) दी गई श्रृंखला का क्रम निम्न प्रकार है

BEHKD/FEHKD/JEHKD/NEHKD
+4 +4 +4
⇒ HEKN

650. (b) दी गई श्रृंखला का क्रम निम्न प्रकार है

45, 55, 72, 97, 131, [175]
+10 +17 +25 +34 +44
+7 +8 +9 +10

651. (a) दी गई श्रृंखला का क्रम निम्न प्रकार है

2, 22, 32, 42, 57, 87, 162, [387]
+20 +10 +10 +15 +30 +75 +225
×0.5 ×1 ×1.5 ×2 ×2.5 ×3

652. (b) दी गई श्रृंखला का क्रम निम्न प्रकार है

C →(+7) J →(+7) Q →(+7) [X] →(+7) E
F →(+7) M →(+7) T →(+7) [A] →(+7) H
J →(+7) Q →(+7) X →(+7) [E] →(+7) L
K →(+7) R →(+7) Y →(+7) [F] →(+7) M

653. (b) दी गई श्रृंखला का क्रम निम्न प्रकार है

m n m m n n o / m n m m n n o / m n m m n n o
⇒ mnnmnn

654. (a) दी गई श्रृंखला का क्रम निम्न प्रकार है

c k t g k /c k t g k/ c k t g k /c k t g k
⇒ t k g c k t

655. (a) दी गई श्रृंखला का क्रम निम्न प्रकार है

25 26 53 160 641 [3206]
×1+1 ×2+1 ×3+1 ×4+1 ×5+1

656. (b) दी गई श्रृंखला का क्रम निम्न प्रकार है

8 24 48 80 [120] 168
+16 +24 +32 +40 +48
+8 +8 +8 +8

657. (b) दी गई श्रृंखला का क्रम निम्न प्रकार है

3, 5, 15, 41, [91], 173
$+(1)^2+1$ $+(3)^2+1$ $+(5)^2+1$ $+(7)^2+1$ $+(9)^2+1$

658. (a) दी गई श्रृंखला का क्रम निम्न प्रकार है

a a b b c d e e | a a b b c d e e | a a b b c d e e
⇒ abeaeecd

659. (c) दी गई श्रृंखला का क्रम निम्न प्रकार है

34, 39, 50, 67, 90, [121], 162
+5 +11 +17 +23 +31 +41

यहाँ संख्याओं के बीच का अन्तर अभाज्य संख्याएँ हैं लेकिन दो अभाज्य संख्याओं के बीच एक अभाज्य संख्या छोड़ी गई हैं। (जैसे– 5 7 11)
5 व 11 के बीच 7 छोड़ी गई अभाज्य संख्या हैं।

660. (d) दी गई शृंखला का क्रम निम्न प्रकार है

10, 13, 19, 31, [55], 103
−3, +6, +12, +24, +48
×2, ×2, ×2, ×2

661. (d) दी गई शृंखला का क्रम निम्न प्रकार है

REST, SEST, SFST, [SFTT], SFTU
+1, +1, +1, +1

662. (d) दी गई शृंखला का क्रम निम्न प्रकार है

X →(−3) U →(−3) R →(−3) [O] →(−3) L
C →(+4) G →(+4) K →(+4) [O] →(+4) S
W →(−4) S →(−4) O →(−4) [K] →(−4) G

663. (b) दी गई शृंखला का क्रम निम्न प्रकार है

10 [22] 46 94 190 382 766
×2+2, ×2−2, ×2+2, ×2+2, ×2+2, ×2+2

664. (d) दी गई शृंखला का क्रम निम्न प्रकार है

36 39 44 51 60 71 84 [99]
+3, +5, +7, +9, +11, +13, +15
+2, +2, +2, +2, +2, +2

665. (d) दी गई शृंखला का क्रम निम्न प्रकार है

T →(+1) U →(+1) V →(+1) W →(+1) [X]
C →(+3) F →(+3) I →(+3) L →(+3) [O]
U →(−5) P →(−5) K →(−5) F →(−5) [A]

666. (b) दी गई शृंखला का क्रम निम्न प्रकार है

6 16 27 39 52 [66]
+10, +11, +12, +13, +14

667. (d) दी गई शृंखला का क्रम निम्न प्रकार है

F →(+3) I →(+3) L →(+3) O →(+3) [R]
O →(−3) L →(−3) I →(−3) F →(−3) [C]
M →(−3) J →(−3) G →(−3) D →(−3) [A]

668. (c) दी गई शृंखला का क्रम निम्न प्रकार है

86, 91, 101, 116, [136]
+5, +10, +15, +20

669. (c) दी गई शृंखला का क्रम निम्न प्रकार है

S →(+1) T →(+1) U →(+1) V →(+1) [W]
W →(−2) U →(−2) S →(−2) Q →(−2) [O]
S →(−2) Q →(−2) O →(−2) M →(−2) [K]

670. (a) दी गई शृंखला का क्रम निम्न प्रकार है

12 16 22 32 [46]
+(2×2), +(2×3), +(2×5), +(2×7)

671. (a) दी गई शृंखला का क्रम निम्न प्रकार है

H →(+2) J →(+2) L →(+2) N →(+2) [P]
X →(−2) V →(−2) T →(−2) R →(−2) [P]
S →(−2) Q →(−2) O →(−2) M →(−2) [K]

672. (b) दी गई शृंखला का क्रम निम्न प्रकार है

2 3 6 11 18 [27]
+1, +3, +5, +7, +9

673. (a) दी गई शृंखला का क्रम निम्न प्रकार है

T →(−4) P →(−4) L →(−4) H →(−4) [D]
Q →(+1) R →(+1) S →(+1) T →(+1) [U]
Q →(−4) M →(−4) I →(−4) E →(−4) [A]

674. (b) दी गई शृंखला का क्रम निम्न प्रकार है

5 16 60 236 940 [3756]
×4−4, ×4−4, ×4−4, ×4−4, ×4−4

675. (c) दी गई शृंखला का क्रम निम्न प्रकार है

D →(+6) J →(+6) P →(+6) V →(+6) [B]
E →(+6) K →(+6) Q →(+6) W →(+6) [C]
F →(+6) L →(+6) R →(+6) X →(+6) [D]

676. (a) दी गई शृंखला का क्रम निम्न प्रकार है

46 44 40 38 34 32 [28]
−2, −4, −2, −4, −2, −4

677. (b) दी गई शृंखला का क्रम निम्न प्रकार है

19 33 21 30 23 27 [25] 24 [27]
+2, +2, +2, +2
−3, −3, −3

678. (b) दी गई शृंखला का क्रम निम्न प्रकार है

R →(+2) T →(+2) V →(+2) X →(+2) [Z]
S →(−2) Q →(−2) O →(−2) M →(−2) [K]
P →(−2) N →(−2) L →(−2) J →(−2) [H]

679. (b) दी गई शृंखला का क्रम निम्न प्रकार है

J →(+1) K →(+1) L →(+1) M →(+1) [N]
L →(+3) O →(+3) R →(+3) U →(+3) [X]
F →(+3) I →(+3) L →(+3) O →(+3) [R]

680. (b) दी गई शृंखला का क्रम निम्न प्रकार है

14 30 93 470 3297 [36278]
×2+2, ×3+3, ×5+5, ×7+7, ×11+11

681. (d) दी गई शृंखला का क्रम निम्न प्रकार है

A →(+9) J →(+9) S →(+9) B →(+9) [K]
D →(+9) M →(+9) V →(+9) E →(+9) [N]
G →(+9) P →(+9) Y →(+9) H →(+9) [Q]

682. (a) दी गई शृंखला का क्रम निम्न प्रकार है

M →(−1) L →(−1) K →(−1) J →(−1) [I]
S →(−1) R →(−1) Q →(−1) P →(−1) [O]
N →(−1) M →(−1) L →(−1) K →(−1) [J]

683. (c) दी गई शृंखला का क्रम निम्न प्रकार है

6 12 [36] 144 720 4320 30240
×2, ×3, ×4, ×5, ×6, ×7

684. (d) दी गई शृंखला का क्रम निम्न प्रकार है

3 [8] 13 18 23 28 33
+5, +5, +5, +5, +5, +5

685. (a) दी गई शृंखला का क्रम निम्न प्रकार है

G →(+2) I →(+2) K →(+2) M →(+2) [O]
J →(−2) H →(−2) F →(−2) D →(−2) [B]
D →(+4) H →(+4) L →(+4) P →(+4) [T]

686. (a) दी गई शृंखला का क्रम निम्न प्रकार है

219 222 227 234 [243] 254
+3, +5, +7, +9, +11

687. (a) दी गई शृंखला का क्रम निम्न प्रकार है

5040, 6064, 6576, 6832, 6960, 7024
+1024, +512, +256, +128, +64
÷2, ÷2, ÷2, ÷2

688. (b) दी गई शृंखला का क्रम निम्न प्रकार है

P →(+2) R →(+2) T →(+2) V →(+2) [X]
A →(+2) C →(+2) E →(+2) G →(+2) [I]
X →(−2) V →(−2) T →(−2) R →(−2) [P]

689. (b) दी गई शृंखला का क्रम निम्न प्रकार है

R →(−3) O →(−3) L →(−3) I →(−3) [F]
V →(−3) S →(−3) P →(−3) M →(−3) [J]
Q →(−3) N →(−3) K →(−3) H →(−3) [E]

690. (d) दी गई शृंखला का क्रम निम्न प्रकार है

97 88 85 76 73 [64] 61
−9, −3, −9, −3, −9, −3

691. (d) दी गई शृंखला का क्रम निम्न प्रकार है

647 614 581 548 515 [482]
−33, −33, −33, −33, −33

692. (a) दी गई शृंखला का क्रम निम्न प्रकार है

Y $\xrightarrow{-2}$ W $\xrightarrow{-2}$ U $\xrightarrow{-2}$ S $\xrightarrow{-2}$ [Q]
D $\xrightarrow{+3}$ G $\xrightarrow{+3}$ J $\xrightarrow{+3}$ M $\xrightarrow{+3}$ [P]
Y $\xrightarrow{-5}$ T $\xrightarrow{-5}$ O $\xrightarrow{-5}$ J $\xrightarrow{-5}$ [E]

693. (a) दी गई शृंखला का क्रम निम्न प्रकार है

A $\xrightarrow{+5}$ F $\xrightarrow{+5}$ K $\xrightarrow{+5}$ P $\xrightarrow{+5}$ [U]
Y $\xrightarrow{-4}$ U $\xrightarrow{-4}$ Q $\xrightarrow{-4}$ M $\xrightarrow{-4}$ [I]
F $\xrightarrow{+3}$ I $\xrightarrow{+3}$ L $\xrightarrow{+3}$ O $\xrightarrow{+3}$ [R]

694. (d) दी गई शृंखला का क्रम निम्न प्रकार है

23 [45] 89 177 353 705
+22 +44 +88 +176 +352
×2 ×2 ×2 ×2

695. (d) दी गई शृंखला का क्रम निम्न प्रकार है

B $\xrightarrow{+2}$ D $\xrightarrow{+2}$ F $\xrightarrow{+2}$ [H] $\xrightarrow{+2}$ J
X $\xrightarrow{-2}$ V $\xrightarrow{-2}$ T $\xrightarrow{-2}$ [R] $\xrightarrow{-2}$ P
L $\xrightarrow{+2}$ N $\xrightarrow{+2}$ P $\xrightarrow{+2}$ [R] $\xrightarrow{+2}$ T

696. (c) दी गई शृंखला का क्रम निम्न प्रकार है

7 12 16 30 34 66 70 [138]
×2–2 +4 ×2–2 +4 ×2–2 +4 ×2–2

697. (a) दी गई शृंखला का क्रम निम्न प्रकार है

G $\xrightarrow{+1}$ H $\xrightarrow{+1}$ I $\xrightarrow{+1}$ J $\xrightarrow{+1}$ [K]
G $\xrightarrow{+1}$ H $\xrightarrow{+3}$ K $\xrightarrow{+5}$ P $\xrightarrow{+7}$ [W]
B $\xrightarrow{+2}$ D $\xrightarrow{+4}$ H $\xrightarrow{+6}$ N $\xrightarrow{+8}$ [V]

698. (c) दी गई शृंखला का क्रम निम्न प्रकार है

1 17 33 49 65 [81]
+16 +16 +16 +16 +16

699. (a) दी गई शृंखला का क्रम निम्न प्रकार है

53 52 39 38 [25] 24
–1 –13 –1 –13 –1

700. (d) दी गई शृंखला का क्रम निम्न प्रकार है

T $\xrightarrow{+1}$ U $\xrightarrow{+1}$ V $\xrightarrow{+1}$ W $\xrightarrow{+1}$ [X]
K $\xrightarrow{+3}$ N $\xrightarrow{+3}$ Q $\xrightarrow{+3}$ T $\xrightarrow{+3}$ [W]
U $\xrightarrow{-5}$ P $\xrightarrow{-5}$ K $\xrightarrow{-5}$ F $\xrightarrow{-5}$ [A]

701. (c) दी गई शृंखला का क्रम निम्न प्रकार है

A $\xrightarrow{+5}$ F $\xrightarrow{+5}$ K $\xrightarrow{+5}$ P $\xrightarrow{+5}$ [U]
C $\xrightarrow{+5}$ H $\xrightarrow{+5}$ M $\xrightarrow{+5}$ R $\xrightarrow{+5}$ [W]
E $\xrightarrow{+5}$ J $\xrightarrow{+5}$ O $\xrightarrow{+5}$ T $\xrightarrow{+5}$ [Y]

702. (a) दी गई शृंखला का क्रम निम्न प्रकार है

–12 +24 –48 +96 [–192] +384
+36 –72 +144 –288 +576
×2 ×2 ×2 ×2

703. (d) दी गई शृंखला का क्रम निम्न प्रकार है

14 85 511 3067 18403 [110419]
×6+1 ×6+1 ×6+1 ×6+1 ×6+1

704. (a) दी गई शृंखला का क्रम निम्न प्रकार है

+2 +2 +2 +2
PYJ<u>M</u>/S<u>Y</u>LM/<u>V</u>YNM/YY<u>P</u>M/<u>B</u>YRM
+3 +3 +3 +3

⇒ MYVPY

705. (c) दी गई शृंखला का क्रम निम्न प्रकार है

26 $\xrightarrow{+11}$ 37 $\xrightarrow{+22}$ 59 $\xrightarrow{+33}$ 92 $\xrightarrow{+44}$ 136 $\xrightarrow{+55}$ [191]
+11 +11 +11 +11

706. (d) दी गई शृंखला का क्रम निम्न प्रकार है

Y $\xrightarrow{-3}$ V $\xrightarrow{-3}$ S $\xrightarrow{-3}$ P $\xrightarrow{-3}$ [M]
F $\xrightarrow{+4}$ J $\xrightarrow{+4}$ N $\xrightarrow{+4}$ R $\xrightarrow{+4}$ [V]
D $\xrightarrow{-3}$ A $\xrightarrow{-3}$ X $\xrightarrow{-3}$ U $\xrightarrow{-3}$ [R]

707. (d) दी गई शृंखला का क्रम निम्न प्रकार है

3 $\xrightarrow{+18}$ 21 $\xrightarrow{+90}$ 111 $\xrightarrow{+450}$ 561 $\xrightarrow{+2250}$ 2811 $\xrightarrow{+11250}$ [14061]
×5 ×5 ×5 ×5

708. (d) दी गई शृंखला का क्रम निम्न प्रकार है

18 32 60 116 228 [452]
–2×2 –2×2 –2×2 –2×2 –2×2

709. (d) दी गई शृंखला का क्रम निम्न प्रकार है

G $\xrightarrow{+4}$ K $\xrightarrow{+4}$ O $\xrightarrow{+4}$ S $\xrightarrow{+4}$ [W]
A $\xrightarrow{+4}$ E $\xrightarrow{+4}$ I $\xrightarrow{+4}$ M $\xrightarrow{+4}$ [Q]
R $\xrightarrow{+4}$ V $\xrightarrow{+4}$ Z $\xrightarrow{+4}$ D $\xrightarrow{+4}$ [H]

710. (a) दी गई शृंखला का क्रम निम्न प्रकार है

–2 –2 –2 –2
DZL<u>D</u>/G<u>Z</u>JD/J<u>Z</u>HD/M<u>Z</u>FD/PZ<u>D</u>D
+3 +3 +3 +3

⇒ DZJZD

711. (c) दी गई शृंखला का क्रम निम्न प्रकार है

710 720 730 740 750 [760]
+10 +10 +10 +10 +10

712. (d) दी गई शृंखला का क्रम निम्न प्रकार है

14 47 146 443 1334 [4007]
×3+5 ×3+5 ×3+5 ×3+5 ×3+5

713. (d) दी गई शृंखला का क्रम निम्न प्रकार है

H $\xrightarrow{+2}$ J $\xrightarrow{+2}$ L $\xrightarrow{+2}$ N $\xrightarrow{+2}$ [P]
V $\xrightarrow{+4}$ Z $\xrightarrow{+4}$ D $\xrightarrow{+4}$ H $\xrightarrow{+4}$ [L]
P $\xrightarrow{-1}$ O $\xrightarrow{-1}$ N $\xrightarrow{-1}$ M $\xrightarrow{-1}$ [L]

714. (d) दी गई शृंखला का क्रम निम्न प्रकार है

<u>T</u> T U/<u>T</u> T <u>U</u>/T T <u>U</u>/ <u>T</u> T U

⇒ TTUUT

715. (c) दी गई शृंखला का क्रम निम्न प्रकार है

12 18 30 54 102 [198]
+6 +12 +24 +48 +96

716. (b) दी गई शृंखला का क्रम निम्न प्रकार है

G <u>J</u> K P/N <u>Q</u> R P/U X Y
+3 +1 +3 +1 +3 +1
<u>P</u>/B E <u>F</u> P/I <u>L</u> MP
+3 +1 +3 +1

⇒ JQPFL

717. (d) दी गई शृंखला का क्रम निम्न प्रकार है

5 23 95 [383] 1535 6143 24575
×4+3 ×4+3 ×4+3 ×4+3 ×4+3 ×4+3

718. (b) दी गई शृंखला का क्रम निम्न प्रकार है

11 59 299 1499 7499 [37499]
×5+4 ×5+4 ×5+4 ×5+4 ×5+4

719. (d) दी गई शृंखला का क्रम निम्न प्रकार है

N O <u>N</u>/N <u>O</u> <u>N</u>/N O <u>N</u>/<u>N</u> O N ⇒ N O N N N

720. (a) दी गई शृंखला का क्रम निम्न प्रकार है

L $\xrightarrow{-3}$ I $\xrightarrow{-3}$ F $\xrightarrow{-3}$ C $\xrightarrow{-3}$ [Z]
V $\xrightarrow{-1}$ U $\xrightarrow{-1}$ T $\xrightarrow{-1}$ S $\xrightarrow{-1}$ [R]
F $\xrightarrow{-3}$ C $\xrightarrow{-3}$ Z $\xrightarrow{-3}$ W $\xrightarrow{-3}$ [T]

721. (b) दी गई शृंखला का क्रम निम्न प्रकार है

2 16 86 436 2186 [10936]
+14 +70 +350 +1750 +8750
×5 ×5 ×5 ×5

722. (c) दी गई शृंखला का क्रम निम्न प्रकार है

20 54 156 [462] 1380 4134 12396
×3–6 ×3–6 ×3–6 ×3–6 ×3–6 ×3–6

723. (d) दी गई शृंखला का क्रम निम्न प्रकार है

J $\xrightarrow{-2}$ H $\xrightarrow{-2}$ F $\xrightarrow{-2}$ D $\xrightarrow{-2}$ [B]
A $\xrightarrow{+3}$ D $\xrightarrow{+3}$ G $\xrightarrow{+3}$ J $\xrightarrow{+3}$ [M]
S $\xrightarrow{+3}$ V $\xrightarrow{+3}$ Y $\xrightarrow{+3}$ B $\xrightarrow{+3}$ [E]

724. (b) दी गई शृंखला का क्रम निम्न प्रकार है

$L \xrightarrow{+4} P \xrightarrow{+4} T \xrightarrow{+4} X \xrightarrow{+4} \boxed{B}$

$P \xrightarrow{+3} S \xrightarrow{+3} V \xrightarrow{+3} Y \xrightarrow{+3} \boxed{B}$

$A \xrightarrow{-2} Y \xrightarrow{-2} W \xrightarrow{-2} U \xrightarrow{-2} \boxed{S}$

725. (b) दी गई शृंखला का क्रम निम्न प्रकार है

24 103 498 2473 12348 [61723]

अंतर: 79 395 1975 9875 49375

×5 ×5 ×5 ×5

726. (c) दी गई शृंखला का क्रम निम्न प्रकार है

$T \xrightarrow{+1} U \xrightarrow{+1} V \xrightarrow{+1} W \xrightarrow{+1} \boxed{X}$

$O \xrightarrow{+2} Q \xrightarrow{+2} S \xrightarrow{+2} U \xrightarrow{+2} \boxed{W}$

$Y \xrightarrow{+3} B \xrightarrow{+3} E \xrightarrow{+3} H \xrightarrow{+3} \boxed{K}$

727. (c) दी गई शृंखला का क्रम निम्न प्रकार है

$U \xrightarrow{+3} X \xrightarrow{+3} A \xrightarrow{+3} D \xrightarrow{+3} \boxed{G}$

$D \xrightarrow{+3} G \xrightarrow{+3} J \xrightarrow{+3} M \xrightarrow{+3} \boxed{P}$

$M \xrightarrow{+3} P \xrightarrow{+3} S \xrightarrow{+3} V \xrightarrow{+3} \boxed{Y}$

728. (b) दी गई शृंखला का क्रम निम्न प्रकार है

77 754 [7524] 75224 752224 7522224 75222224

+677 +6770 +67700 +677000 +6770000 +67700000

×10 ×10 ×10 ×10 ×10

729. (b) दी गई शृंखला का क्रम निम्न प्रकार है

31 32 35 36 39 [40]

+4 +4 (31 → 35 → 39)

+4 +4 (32 → 36 → 40)

730. (d) दी गई शृंखला का क्रम निम्न प्रकार है

$F \xrightarrow{+1} G \xrightarrow{+1} H \xrightarrow{+1} I \xrightarrow{+1} \boxed{J}$

$V \xrightarrow{+2} X \xrightarrow{+2} Z \xrightarrow{+2} B \xrightarrow{+2} \boxed{D}$

$Z \xrightarrow{+1} A \xrightarrow{+1} B \xrightarrow{+1} C \xrightarrow{+1} \boxed{D}$

731. (b) दी गई शृंखला का क्रम निम्न प्रकार है

+7 +7 +7 +7

F D H T / F K O T / F R V T / F Y C T / F F J T

⇒ DTFCF

732. (d) दी गई शृंखला का क्रम निम्न प्रकार है

16 31 76 [211] 616 1831 5476

+15 +45 +135 +405 +1215 +3645

×3 ×3 ×3 ×3 ×3

733. (d) दी गई शृंखला का क्रम निम्न प्रकार है

7 30 122 490 1962 [7850]

×4+2 ×4+2 ×4+2 ×4+2 ×4+2

734. (d) दी गई शृंखला का क्रम निम्न प्रकार है

$S \xrightarrow{+2} U \xrightarrow{+2} W \xrightarrow{+2} Y \xrightarrow{+2} \boxed{A}$

$D \xrightarrow{+3} G \xrightarrow{+3} J \xrightarrow{+3} M \xrightarrow{+3} \boxed{P}$

$J \xrightarrow{+2} L \xrightarrow{+2} N \xrightarrow{+2} P \xrightarrow{+2} \boxed{R}$

735. (b) दी गई शृंखला का क्रम निम्न प्रकार है

3 20 54 [122] 258 530 1074

+17, +17×2 = +34, +34×2 = +68, +68×2 = +136, +136×2 = +272, +272×2 = +544

736. (d) दी गई शृंखला का क्रम निम्न प्रकार है

$978 \xrightarrow{-11} 967 \xrightarrow{-11} 956 \xrightarrow{-11} 945 \xrightarrow{-11} 934 \xrightarrow{-11} \boxed{923}$

737. (d) दी गई शृंखला का क्रम निम्न प्रकार है

+3 +3 +3 +3

K C M O / K A P O / K Y S O / K W V O / K U Y O

−2 −2 −2 −2

⇒ MAKOU

738. (c) दी गई शृंखला का क्रम निम्न प्रकार है

$E \xrightarrow{-4} A \xrightarrow{-4} W \xrightarrow{-4} S \xrightarrow{-4} \boxed{O}$

$T \xrightarrow{+3} W \xrightarrow{+3} Z \xrightarrow{+3} C \xrightarrow{+3} \boxed{F}$

$M \xrightarrow{+2} O \xrightarrow{+2} Q \xrightarrow{+2} S \xrightarrow{+2} \boxed{U}$

739. (b) दी गई शृंखला का क्रम निम्न प्रकार है

13 52 169 520 1573 [4732]

×3+13 ×3+13 ×3+13 ×3+13 ×3+13

740. (b) दी गई शृंखला का क्रम निम्न प्रकार है

10 19 [55] 199 775 3079 12295

×4−21 ×4−21 ×4−21 ×4−21 ×4−21 ×4−21

741. (c) दी गई शृंखला का क्रम निम्न प्रकार है

$J \xrightarrow{-3} G \xrightarrow{-3} D \xrightarrow{-3} A \xrightarrow{-3} \boxed{X}$

$P \xrightarrow{-2} N \xrightarrow{-2} L \xrightarrow{-2} J \xrightarrow{-2} \boxed{H}$

$X \xrightarrow{-3} U \xrightarrow{-3} R \xrightarrow{-3} O \xrightarrow{-3} \boxed{L}$

742. (a) दी गई शृंखला का क्रम निम्न प्रकार है

7, 41, 177, 721, 2897, [11601]

×4+13 ×4+13 ×4+13 ×4+13 ×4+13

743. (a) दी गई शृंखला का क्रम निम्न प्रकार है

9 15 33 87 [249] 735 2193

×3−12 ×3−12 ×3−12 ×3−12 ×3−12 ×3−12

744. (a) दी गई शृंखला का क्रम निम्न प्रकार है

3 9 45 261 1557 [9333]

×6−9 ×6−9 ×6−9 ×6−9 ×6−9

745. (a) दी गई शृंखला का क्रम निम्न प्रकार है

+3 +3 +3 +3

X E A L / Z H A L / B K A L / D N A L / F Q A L

+2 +2 +2 +2

⇒ EABLF

746. (c) दी गई शृंखला का क्रम निम्न प्रकार है

$C \xrightarrow{+3} F \xrightarrow{+3} I \xrightarrow{+3} L \xrightarrow{+3} \boxed{O}$

$N \xrightarrow{+3} Q \xrightarrow{+3} T \xrightarrow{+3} W \xrightarrow{+3} \boxed{Z}$

$T \xrightarrow{+1} U \xrightarrow{+1} V \xrightarrow{+1} W \xrightarrow{+1} \boxed{X}$

747. (d) दी गई शृंखला का क्रम निम्न प्रकार है

39 78 117 156 [195] 234

$\times\frac{2}{1}$ $\times\frac{3}{2}$ $\times\frac{4}{3}$ $\times\frac{5}{4}$ $\times\frac{6}{5}$

748. (d) दी गई शृंखला का क्रम निम्न प्रकार है

$N \xrightarrow{+1} O \xrightarrow{+1} P \xrightarrow{+1} Q \xrightarrow{+1} \boxed{R}$

$B \xrightarrow{-1} A \xrightarrow{-1} Z \xrightarrow{-1} Y \xrightarrow{-1} \boxed{X}$

749. (c) दी गई शृंखला का क्रम निम्न प्रकार है

100 98 104 92 112 [82]

−(1×2) +(2×3) −(3×4) +(4×5) −(5×6)

750. (a) दी गई शृंखला का क्रम निम्न प्रकार है

A E I   E I O   I O U   [O U A]

751. (b) दी गई शृंखला का क्रम निम्न प्रकार है

28 27 31 22 38 13 49 [0]

-1^2 $+2^2$ -3^2 $+4^2$ -5^2 $+6^2$ -7^2

752. (a) दी गई शृंखला का क्रम निम्न प्रकार है

$G \xrightarrow{+2} I \xrightarrow{+2} K \xrightarrow{+2} M \xrightarrow{+2} \boxed{O}$

$O \xrightarrow{-2} M \xrightarrow{-2} K \xrightarrow{-2} I \xrightarrow{-2} \boxed{G}$

$A \xrightarrow{+2} C \xrightarrow{+2} E \xrightarrow{+2} G \xrightarrow{+2} \boxed{I}$

$L \xrightarrow{-2} J \xrightarrow{-2} H \xrightarrow{-2} F \xrightarrow{-2} \boxed{D}$

753. (b) दी गई शृंखला का क्रम निम्न प्रकार है

632 637 644 653 664 [677]

+5 +7 +9 +11 +13

754. (a) दी गई शृंखला का क्रम निम्न प्रकार है

30 15 15 22.5 [46] 112.5 (सही पद: 45)

×0.5 ×1 ×1.5 ×2 ×2.5

755. (b) दी गई शृंखला का क्रम निम्न प्रकार है

728 717 695 662 618 [563]

−11 −22 −33 −44 −55

−11 −11 −11 −11

756. (c) दी गई शृंखला का क्रम निम्न प्रकार है

$R \xrightarrow{+3} U \xrightarrow{+3} X \xrightarrow{+3} A \xrightarrow{+3} \boxed{D}$

$O \xrightarrow{+3} R \xrightarrow{+3} U \xrightarrow{+3} X \xrightarrow{+3} \boxed{A}$

$M \xrightarrow{-3} J \xrightarrow{-3} G \xrightarrow{-3} D \xrightarrow{-3} \boxed{A}$

757. (d) दी गई शृंखला का क्रम निम्न प्रकार है

12 37 110 331 992 [2977]

×3+1 ×3−1 ×3+1 ×3−1 ×3+1

758. (b) दी गई शृंखला का क्रम निम्न प्रकार है

A $\xrightarrow{+1}$ B $\xrightarrow{+1}$ C $\xrightarrow{+1}$ [D]
S $\xrightarrow{+2}$ U $\xrightarrow{+2}$ W $\xrightarrow{+2}$ [Y]
D $\xrightarrow{+3}$ G $\xrightarrow{+3}$ J $\xrightarrow{+3}$ [M]
F $\xrightarrow{+4}$ J $\xrightarrow{+4}$ N $\xrightarrow{+4}$ [R]

759. (c) दी गई शृंखला का क्रम निम्न प्रकार है

3 , 13 , 53 , 213 , [853]
+10, +40, +160, +640
×4, ×4, ×4

760. (a) दी गई शृंखला का क्रम निम्न प्रकार है

2 , 4 , 8 , 32 , 256 , ? [8192]
2^1, 2^2, 2^3, 2^5, 2^8, 2^{13}

761. (c) दी गई शृंखला का क्रम निम्न प्रकार है

11 12 13 13 17 16 23 [21] [31]
+2, +4, +6, +8
+1, +3, +5

762. (b) दी गई शृंखला का क्रम निम्न प्रकार है

C $\xrightarrow{+3}$ F $\xrightarrow{+5}$ K $\xrightarrow{+7}$ [R] $\xrightarrow{+9}$ A
E $\xrightarrow{+5}$ J $\xrightarrow{+7}$ Q $\xrightarrow{+9}$ [Z] $\xrightarrow{+11}$ K
D $\xrightarrow{+4}$ H $\xrightarrow{+6}$ N $\xrightarrow{+8}$ [V] $\xrightarrow{+10}$ F

763. (b) दी गई शृंखला का क्रम निम्न प्रकार है

5 7 9 11 18 [19] 34 35 59 67
+4, +8, +16, +32
+4, +8, +16
×2, ×2

764. (d) दी गई शृंखला का क्रम निम्न प्रकार है

Y $\xrightarrow{-1}$ X $\xrightarrow{-1}$ [W] $\xrightarrow{-1}$ V $\xrightarrow{-1}$ U
T $\xrightarrow{+2}$ V $\xrightarrow{+2}$ [X] $\xrightarrow{+2}$ Z $\xrightarrow{+2}$ B
U $\xrightarrow{-3}$ R $\xrightarrow{-3}$ [O] $\xrightarrow{-3}$ L $\xrightarrow{-3}$ I
Q $\xrightarrow{+4}$ U $\xrightarrow{+4}$ [Y] $\xrightarrow{+4}$ C $\xrightarrow{+4}$ G

∴ ? = WXOY

765. (c) दी गई शृंखला का क्रम निम्न प्रकार है

29 174 179 [716] 719 1438
×6, +5, ×4, +3, ×2

766. (c) दी गई शृंखला का क्रम निम्न प्रकार है

4 8 9 27 16 [64]
2^2 2^3 3^2 3^3 4^2 4^3

767. (a) दी गई शृंखला का क्रम निम्न प्रकार है

31 16 17 [27] 56 142.5
$\times\frac{1}{2}+\frac{1}{2}$, ×1+1, $\times\frac{3}{2}+\frac{3}{2}$, ×2+2, $\times\frac{5}{2}+\frac{5}{2}$

768. (c) दी गई शृंखला का क्रम निम्न प्रकार है

287 276 265 254 243 [232]
−11, −11, −11, −11, −11

769. (d) दी गई शृंखला का क्रम निम्न प्रकार है

Q $\xrightarrow{+2}$ S $\xrightarrow{+2}$ U $\xrightarrow{+2}$ W $\xrightarrow{+2}$ [Y]
R $\xrightarrow{+4}$ V $\xrightarrow{+4}$ Z $\xrightarrow{+4}$ D $\xrightarrow{+4}$ [H]
T $\xrightarrow{-2}$ R $\xrightarrow{-2}$ P $\xrightarrow{-2}$ N $\xrightarrow{-2}$ [L]

770. (a) दी गई शृंखला का क्रम निम्न प्रकार है

24 31 22 33 [20] 35 [18] 37
+2, +2, +2
−2, −2, −2

771. (b) दी गई शृंखला का क्रम निम्न प्रकार है

S $\xrightarrow{+2}$ U $\xrightarrow{+2}$ W $\xrightarrow{+2}$ [Y] $\xrightarrow{+2}$ A
B $\xrightarrow{+3}$ E $\xrightarrow{+3}$ H $\xrightarrow{+3}$ [K] $\xrightarrow{+3}$ N
R $\xrightarrow{+4}$ V $\xrightarrow{+4}$ Z $\xrightarrow{+4}$ [D] $\xrightarrow{+4}$ H
J $\xrightarrow{+5}$ O $\xrightarrow{+5}$ T $\xrightarrow{+5}$ [Y] $\xrightarrow{+5}$ D

772. (d) दी गई शृंखला का क्रम निम्न प्रकार है

7 13 27 53 107 [213]
×2−1, ×2+1, ×2−1, ×2+1, ×2−1

773. (c) दी गई शृंखला का क्रम निम्न प्रकार है

P $\xrightarrow{+5}$ [U] $\xrightarrow{+5}$ Z $\xrightarrow{+5}$ E $\xrightarrow{+5}$ J
Q $\xrightarrow{+5}$ [V] $\xrightarrow{+5}$ A $\xrightarrow{+5}$ F $\xrightarrow{+5}$ K
S $\xrightarrow{+5}$ [X] $\xrightarrow{+5}$ C $\xrightarrow{+5}$ H $\xrightarrow{+5}$ M

774. (c) दी गई शृंखला का क्रम निम्न प्रकार है

1 65 114 [150] 175 191
+64, +49, +36, +25, +16
$(8)^2$, $(7)^2$, $(6)^2$, $(5)^2$, $(4)^2$

775. (d) दी गई शृंखला का क्रम निम्न प्रकार है

N $\xrightarrow{+2}$ P $\xrightarrow{+2}$ R $\xrightarrow{+2}$ [T] $\xrightarrow{+2}$ V
D $\xrightarrow{-2}$ B $\xrightarrow{-2}$ Z $\xrightarrow{-2}$ [X] $\xrightarrow{-2}$ V
J $\xrightarrow{+3}$ M $\xrightarrow{+3}$ P $\xrightarrow{+3}$ [S] $\xrightarrow{+3}$ V
P $\xrightarrow{-3}$ M $\xrightarrow{-3}$ J $\xrightarrow{-3}$ [G] $\xrightarrow{-3}$ D

776. (c) दी गई शृंखला का क्रम निम्न प्रकार है

983 975 948 884 759 [543]
−8, −27, −64, −125, −216
$-(2)^3$, $-(3)^3$, $-(4)^3$, $-(5)^3$, $-(6)^3$
+1, +1, +1, +1

777. (c) दी गई शृंखला का क्रम निम्न प्रकार है

4 9 19 39 79 [159]
×2+1, ×2+1, ×2+1, ×2+1, ×2+1

778. (d) दी गई शृंखला का क्रम निम्न प्रकार है

35 38 32 [41] 29 [44] 26 47
+3, +3, +3
−3, −3, −3

779. (d) दी गई शृंखला का क्रम निम्न प्रकार है

M $\xrightarrow{-1}$ L $\xrightarrow{-1}$ [K] $\xrightarrow{-1}$ J $\xrightarrow{-1}$ I
S $\xrightarrow{-3}$ P $\xrightarrow{-3}$ [M] $\xrightarrow{-3}$ J $\xrightarrow{-3}$ G
T $\xrightarrow{+1}$ U $\xrightarrow{+1}$ [V] $\xrightarrow{+1}$ W $\xrightarrow{+1}$ X
S $\xrightarrow{+3}$ V $\xrightarrow{+3}$ [Y] $\xrightarrow{+3}$ B $\xrightarrow{+3}$ E

780. (d) दी गई शृंखला का क्रम निम्न प्रकार है

9 54 59 [236] 239 478
+5, +3
×6, ×4, ×2

781. (b) दी गई शृंखला का क्रम निम्न प्रकार है

11 20 37 69 131 [251] 489
×2−2, ×2−3, ×2−5, ×2−7, ×2−11, ×2−13

782. (b) दी गई शृंखला का क्रम निम्न प्रकार है

7 27 87 267 807 [2427]
+20, +60, +180, +540, +1620
×3, ×3, ×3, ×3

783. (d) दी गई शृंखला का क्रम निम्न प्रकार है

252 247 242 237 232 [227]
−5, −5, −5, −5, −5

784. (c) दी गई शृंखला का क्रम निम्न प्रकार है

A $\xrightarrow{+8}$ I $\xrightarrow{+8}$ Q $\xrightarrow{+8}$ Y $\xrightarrow{+8}$ [G]
D $\xrightarrow{+8}$ L $\xrightarrow{+8}$ T $\xrightarrow{+8}$ B $\xrightarrow{+8}$ [J]
G $\xrightarrow{+8}$ O $\xrightarrow{+8}$ W $\xrightarrow{+8}$ E $\xrightarrow{+8}$ [M]

785. (a) दी गई शृंखला का क्रम निम्न प्रकार है

T $\xrightarrow{+3}$ W $\xrightarrow{+3}$ Z $\xrightarrow{+3}$ C $\xrightarrow{+3}$ [F]
J $\xrightarrow{-4}$ F $\xrightarrow{-4}$ B $\xrightarrow{-4}$ X $\xrightarrow{-4}$ [T]
V $\xrightarrow{+3}$ Y $\xrightarrow{+3}$ B $\xrightarrow{+3}$ E $\xrightarrow{+3}$ [H]

786. (d) दी गई शृंखला का क्रम निम्न प्रकार है

A $\xrightarrow{+1}$ B $\xrightarrow{+1}$ [C] $\xrightarrow{+1}$ D $\xrightarrow{+1}$ E
B $\xrightarrow{+1}$ C $\xrightarrow{+1}$ [D] $\xrightarrow{+1}$ E $\xrightarrow{+1}$ F
C $\xrightarrow{+1}$ D $\xrightarrow{+1}$ [E] $\xrightarrow{+1}$ F $\xrightarrow{+1}$ G
D $\xrightarrow{+1}$ E $\xrightarrow{+1}$ [F] $\xrightarrow{+1}$ G $\xrightarrow{+1}$ H

787. (d) दी गई शृंखला का क्रम निम्न प्रकार है

H $\xrightarrow{+4}$ L $\xrightarrow{+4}$ P $\xrightarrow{+4}$ T $\xrightarrow{+4}$ [X]
U $\xrightarrow{+3}$ X $\xrightarrow{+3}$ A $\xrightarrow{+3}$ D $\xrightarrow{+3}$ [G]
D $\xrightarrow{+1}$ E $\xrightarrow{+1}$ F $\xrightarrow{+1}$ G $\xrightarrow{+1}$ [H]

788. (a) दी गई शृंखला का क्रम निम्न प्रकार है

324 289 256 225 [196]
$(18)^2$ $(17)^2$ $(16)^2$ $(15)^2$ $(14)^2$
−1, −1, −1, −1

789. (d) दी गई शृंखला का क्रम निम्न प्रकार है

7 18 40 73 117 [172]

+11 +22 +33 +44 +55

790. (a) दी गई शृंखला का क्रम निम्न प्रकार है

6 5 18 10 54 20 [162] 40

×3 ×3 ×3

×2 ×2 ×2

791. (d) दी गई शृंखला का क्रम निम्न प्रकार है

C —+4→ G —+4→ K —+4→ [O] —+4→ S

R —−1→ Q —−1→ P —−1→ [O] —−1→ N

H —+4→ L —+4→ P —+4→ [T] —+4→ X

T —−1→ S —−1→ R —−1→ [Q] —−1→ P

792. (a) दी गई शृंखला का क्रम निम्न प्रकार है

16 22 13 19 10 [16] 7 [13]

−3 −3 −3

−3 −3 −3

793. (c) दी गई शृंखला का क्रम निम्न प्रकार है

18 71 21 76 24 81 27 86 30 [91]

+3 +3 +3 +3

+5 +5 +5 +5

794. (d) दी गई शृंखला का क्रम निम्न प्रकार है

D —+6→ [J] —+6→ P —+6→ V —+6→ B

U —+6→ [A] —+6→ G —+6→ M —+6→ S

Y —+6→ [E] —+6→ K —+6→ Q —+6→ W

G —+6→ [M] —+6→ S —+6→ Y —+6→ E

795. (d) दी गई शृंखला का क्रम निम्न प्रकार है

W —+3→ Z —+3→ C —+3→ F —+3→ [I]

K —+1→ L —+1→ M —+1→ N —+1→ [O]

E —+3→ H —+3→ K —+3→ N —+3→ [Q]

D —+1→ E —+1→ F —+1→ G —+1→ [H]

796. (a) दी गई शृंखला का क्रम निम्न प्रकार है

53 52 54 53 55 [54]

−1 +2 −1 +2 −1

797. (c) दी गई शृंखला का क्रम निम्न प्रकार है

614 [470] 349 249 168 104

$-(12)^2$ $-(11)^2$ $-(10)^2$ $-(9)^2$ $-(8)^2$

798. (b) दी गई शृंखला का क्रम निम्न प्रकार है

D —−6→ X —−6→ R —−6→ L —−6→ [F]

A —−6→ U —−6→ O —−6→ I —−6→ [C]

799. (d) दी गई शृंखला का क्रम निम्न प्रकार है

120 101 139 82 158 [63]

−19 +38 −57 +76 −95

800. (c) दी गई शृंखला का क्रम निम्न प्रकार है

13, 29, 61, 125, 253, 509, [1021]

×2+3 ×2+3 ×2+3 ×2+3 ×2+3 ×2+3

801. (d) दी गई शृंखला का क्रम निम्न प्रकार है

5 14 41 122 365 [1094]

×3–1 ×3–1 ×3–1 ×3–1 ×3–1

802. (c) दी गई शृंखला का क्रम निम्न प्रकार है

I —+3→ L —+3→ O —+3→ R —+3→ [U]

G —+3→ J —+3→ M —+3→ P —+3→ [S]

K —+3→ N —+3→ Q —+3→ T —+3→ [W]

803. (a) दी गई शृंखला का क्रम निम्न प्रकार है

W —+3→ Z —+3→ [C] —+3→ F —+3→ I

G —−2→ E —−2→ [C] —−2→ A —−2→ Y

D —+3→ G —+3→ [J] —+3→ M —+3→ P

E —−2→ C —−2→ [A] —−2→ Y —−2→ W

804. (a) दी गई शृंखला का क्रम निम्न प्रकार है

122 135 161 200 252 [317]

+13 +26 +39 +52 +65

+13 +13 +13 +13

805. (d) दी गई शृंखला का क्रम निम्न प्रकार है

12 16 25 50 99 [220] 389

$+2^2$ $+3^2$ $+5^2$ $+7^2$ $+11^2$ $+13^2$

[नोट लगातार अभाज्य संख्याओं का वर्ग जोड़ा जा रहा है।]

806. (b) दी गई शृंखला का क्रम निम्न प्रकार है

23 54 81 117 137 182 191 [249]

+31 +27 +36 +20 +45 +9 +58

-2^2 $+3^2$ -4^2 $+5^2$ -6^2 $+7^2$

807. (d) दी गई शृंखला का क्रम निम्न प्रकार है

17 18 22 31 [47] 72 [108] 157

$+1^2$ $+2^2$ $+3^2$ $+4^2$ $+5^2$ $+6^2$ $+7^2$

808. (c) दी गई शृंखला का क्रम निम्न प्रकार है

G —+8→ O —+8→ W —+8→ E —+8→ [M]

D —+8→ L —+8→ T —+8→ B —+8→ [J]

A —+8→ I —+8→ Q —+8→ Y —+8→ [G]

809. (c) दी गई शृंखला का क्रम निम्न प्रकार है

112 103 94 85 76 [67]

−9 −9 −9 −9 −9

810. (c) दी गई शृंखला का क्रम निम्न प्रकार है

28, 39, 61, 94, 138, [193]

+11 +22 +33 +44 +55

811. (c) दी गई शृंखला का क्रम निम्न प्रकार है

B N̲ D̲ C M / B̲ N D C M̲ / B N D̲ C̲ M / B̲ N̲ D C M

⇒ N D B M D C B N

812. (b) दी गई शृंखला का क्रम निम्न प्रकार है

18, 21, 27, 36, [48]

+3 +6 +9 +12

813. (c) दी गई शृंखला का क्रम निम्न प्रकार है

S F̲ H̲ K B / S̲ F H K̲ B / S F H̲ K B̲ / S F H̲ K̲ B

⇒ F H S K H B H K

814. (b) दी गई शृंखला का क्रम निम्न प्रकार है

39, 51, 75, 111, [159]

+12 +24 +36 +48

815. (a) दी गई शृंखला का क्रम निम्न प्रकार है

S —−4→ O —−4→ [K] —−4→ G —−4→ C

W —−4→ S —−4→ [O] —−4→ K —−4→ G

B —−4→ X —−4→ [T] —−4→ P —−4→ L

M —−4→ I —−4→ [E] —−4→ A —−4→ W

816. (b) दी गई शृंखला का क्रम निम्न प्रकार है

131 133 181 [183] 239

11^2+10 11^2+12 13^2+12 13^2+14 15^2+14

817. (a) दी गई शृंखला का क्रम निम्न प्रकार है

B T̲ V G̲ / B T V̲ G / B T V̲ G / B̲ T̲ V G

⇒ T G B V V B T

818. (a) दी गई शृंखला का क्रम निम्न प्रकार है

D —+2→ F —+2→ [H] —+2→ J —+2→ L

C —+3→ F —+3→ [I] —+3→ L —+3→ O

Z —−1→ Y —−1→ [X] —−1→ W —−1→ V

819. (a) दी गई शृंखला का क्रम निम्न प्रकार है

5 14 17 [34] 37

$(2)^2+1$ $(4)^2-2$ $(4)^2+1$ $(6)^2-2$ $(6)^2+1$

820. (c) दी गई शृंखला का क्रम निम्न प्रकार है

T —−1→ [S] —−1→ R —−1→ Q —−1→ P

U —पिछला स्वर→ [O] —पिछला स्वर→ I —पिछला स्वर→ E —पिछला स्वर→ A

W —−2→ [U] —−2→ S —−2→ Q —−2→ O

A —अगला स्वर→ [E] —अगला स्वर→ I —अगला स्वर→ O —अगला स्वर→ U

821. (a) दी गई श्रृंखला का क्रम निम्न प्रकार है

69 70 74 83 **[99]** 124

+1 +4 +9 +16 +25

$(1)^2$ $(2)^2$ $(3)^2$ $(4)^2$ $(5)^2$

822. (a) दी गई श्रृंखला का क्रम निम्न प्रकार है

363 344 325 306 **[287]**

–19 –19 –19 –19

823. (a) दी गई श्रृंखला का क्रम निम्न प्रकार है

13 39 65 91 117 **[143]**

13×1 13×3 13×5 13×7 13×9 13×11

824. (a) दी गई श्रृंखला का क्रम निम्न प्रकार है

JMQBA/JMQBA/JMQBA/JMQ BA ⇒ JQBJAMQA.

825. (b) दी गई श्रृंखला का क्रम निम्न प्रकार है

420 462 506 **[552]** 600 650 702

+42 +44 +46 +48 +50 +52

826. (d) दी गई श्रृंखला का क्रम निम्न प्रकार है

F →(+2) H →(+2) J →(+2) **L** →(+2) N

R →(+2) T →(+2) V →(+2) **X** →(+2) Z

P →(+2) R →(+2) T →(+2) **V** →(+2) X

827. (b) दी गई श्रृंखला का क्रम निम्न प्रकार है

144 127 110 **[93]** 76 59

–17 –17 –17 –17 –17

828. (b) दी गई श्रृंखला का क्रम निम्न प्रकार है

R →(+8) Z →(+8) **H** →(+8) P →(+8) X

J →(–9) A →(–9) **R** →(–9) I →(–9) Z

X →(–10) N →(–10) **D** →(–10) T →(–10) J

U →(+7) B →(+7) **I** →(+7) P →(+7) W

829. (d) दी गई श्रृंखला का क्रम निम्न प्रकार है

482 524 576 **[638]** 710 792

+42 +52 +62 +72 +82

830. (c) दी गई श्रृंखला का क्रम निम्न प्रकार है

456 444 420 384 336 **[276]**

–12 –24 –36 –48 –60

–12 –12 –12 –12

831. (b) दी गई श्रृंखला का क्रम निम्न प्रकार है

7 15 30 62 125 253 **[508]**

+8 +15 +32 +63 +128 +255

×2–1 ×2+2 ×2–1 ×2+2 ×2–1

832. (a) दी गई श्रृंखला का क्रम निम्न प्रकार है

102 100 **[104]** 96 112

–2 +4 –8 +16

×2 ×2 ×2

833. (b) दी गई श्रृंखला का क्रम निम्न प्रकार है

UJU/MMPP/UJU/MMPP/UJU/MMPP

⇒ JMPUUMP

834. (b) दी गई श्रृंखला का क्रम निम्न प्रकार है

N →(+3) Q →(+3) **T** →(+3) W →(+3) Z

E →(+5) J →(+5) **O** →(+5) T →(+5) Y

U →(+7) B →(+7) **I** →(+7) P →(+7) W

T →(+9) C →(+9) **L** →(+9) U →(+9) D

835. (b) दी गई श्रृंखला का क्रम निम्न प्रकार है

$(1)^3$ $(2)^3$ $(3)^3$ $(4)^3$ $(5)^3$ $(6)^3$

6 6 7 7 11 15 20 42 36 106 61 231 **[97]** 447

$(1)^2$ $(2)^2$ $(3)^2$ $(4)^2$ $(5)^2$ $(6)^2$

836. (b) दी गई श्रृंखला का क्रम निम्न प्रकार है

15 28 45 **[64]** 87 116 147

+13 +17 +19 +23 +29 +31

नोट पदों के बीच अन्तर अभाज्य संख्याओं के रूप में है।

837. (c) दी गई श्रृंखला का क्रम निम्न प्रकार है

+1 +1 +1 +1 +1

2 0 3 2 4 6 5 12 6 **[20]** 7 30

+2 +4 +6 +8 +10

838. (d) दी गई श्रृंखला का क्रम निम्न प्रकार है

J →(+1) K →(+4) **O** →(+1) P →(+4) T →(+1) U

A →(+2) C →(+3) **F** →(+2) H →(+3) K →(+2) M

T →(+3) W →(+2) **Y** →(+3) B →(+2) D →(+3) G

R →(+4) V →(+1) **W** →(+4) A →(+1) B →(+4) F

839. (a) दी गई श्रृंखला का क्रम निम्न प्रकार है

T →(+9) C →(–7) V →(+9) **E** →(–7) X

M →(–1) L →(+3) O →(–1) **N** →(+3) Q

K →(+3) N →(–1) M →(+3) **P** →(–1) O

B →(–7) U →(+9) D →(–7) **W** →(+9) F

840. (c) दी गई श्रृंखला का क्रम निम्न प्रकार है

5 5 11 35 95 215 **[425]**

+0 +6 +24 +60 +120 +210

+6 +18 +36 +60 +90

+12 +18 +24 +30

+6 +6 +6

841. (b) दी गई श्रृंखला का क्रम निम्न प्रकार है

E →(–4) **A** →(–6) U →(–6) O →(–6) I

B →(+4) **F** →(+4) J →(+4) N →(+4) R

A →(+4) **E** →(+4) I →(+6) O →(+6) U

842. (a) दी गई श्रृंखला का क्रम निम्न प्रकार है

+5 +5 +5

1 5 3 2 10 6 4 15 9 8 **[20]** 12

+3 +3 +3

×2 ×2 ×2

843. (d) दी गई श्रृंखला का क्रम निम्न प्रकार है

15 48 148 **[449]** 1353

×3+3 ×3+4 ×3+5 ×3+6

844. (b) दी गई श्रृंखला का क्रम निम्न प्रकार है

A →(+1) B →(+1) C →(+1) **D** →(+1) E

C →(–2) A →(–2) Y →(–2) **W** →(–2) U

T →(+3) W →(+3) Z →(+3) **C** →(+3) F

845. (d) दी गई श्रृंखला का क्रम निम्न प्रकार है

61 73 99 141 201 **[281]**

+12 +26 +42 +60 +80

+14 +16 +18 +20

846. (b) दी गई श्रृंखला का क्रम निम्न प्रकार है

K →(–1) J →(–1) I →(–1) H →(–1) **G**

L →(–2) J →(–2) H →(–2) F →(–2) **D**

I →(–3) F →(–3) C →(–3) Z →(–3) **W**

M →(–4) I →(–4) E →(–4) A →(–4) **W**

C →(–5) X →(–5) S →(–5) N →(–5) **I**

847. (d) दी गई श्रृंखला का क्रम निम्न प्रकार है

L →(+3) O →(+3) R →(+3) **U**

O →(+3) R →(+3) U →(+3) **X**

N →(+3) Q →(+3) T →(+3) **W**

D →(–3) A →(–3) X →(–3) **U**

O →(–3) L →(–3) I →(–3) **F**

N →(–3) K →(–3) H →(–3) **E**

848. (b) दी गई श्रृंखला का क्रम निम्न प्रकार है

115 107 98 88 77 65 **[52]**

–8 –9 –10 –11 –12 –13

849. (d) दी गई श्रृंखला का क्रम निम्न प्रकार है

55 68 81 94 **[107]** 120

+13 +13 +13 +13 +13

850. (a) दी गई शृंखला का क्रम निम्न प्रकार है

1^2 2^2 3^2 4^2 5^2

1 2 4 4 9 6 [16] 8 25 10

+2 +2 +2 +2

851. (a) दी गई शृंखला का क्रम निम्न प्रकार है

+10 +10 +10

65 , 88 , 77 , 98 , 91 , 108, [107], 118, 125

+12 +14 +16 +18

852. (b) दी गई शृंखला का क्रम निम्न प्रकार है

L →(−2) J →(−2) H →(−2) F →(−2) [D]

Y →(−2) W →(−2) U →(−2) S →(−2) [Q]

R →(−2) P →(−2) N →(−2) L →(−2) [J]

853. (d) दी गई शृंखला का क्रम निम्न प्रकार है

44 22 22 33 66 [165]

×0.5 ×1 ×1.5 ×2 ×2.5

854. (a) दी गई शृंखला का क्रम निम्न प्रकार है

58 60 63 68 75 86 [99]

+2 +3 +5 +7 +11 +13

855. (d) दी गई शृंखला का क्रम निम्न प्रकार है

+3 +3 +3 +3 +3

+3 +3 +3 +3 +3 +3 +3

DZP SCG JFV YIM PLB [EOS]

+3 +3 +3 +3 +3

856. (d) दी गई शृंखला का क्रम निम्न प्रकार है

78 93 [118] 153 198 253

+15 +25 +35 +45 +55

857. (a) दी गई शृंखला का क्रम निम्न प्रकार है

Q →(−6) K →(−6) [E] →(−6) Y →(−6) S

Z →(+6) F →(+6) [L] →(+6) R →(+6) X

H →(−6) B →(−6) [V] →(−6) P →(−6) J

O →(+6) U →(+6) [A] →(+6) G →(+6) M

858. (a) दी गई शृंखला का क्रम निम्न प्रकार है

47 85 135 199 281 [387]

+38 +50 +64 +82 +106

+12 +14 +18 +24

+2 +4 +6

859. (b) दी गई शृंखला का क्रम निम्न प्रकार है

d e f g h/d e f g h/d e f g h/d e f g h/d e f g h/ d e f g h

⇒ e e g d

860. (b) दी गई शृंखला का क्रम निम्न प्रकार है

2 5 11 23 47 [95] 191

×2+1 ×2+1 ×2+1 ×2+1 ×2+1 ×2+1

861. (a) दी गई शृंखला का क्रम निम्न प्रकार है

S →(+2) U →(−6) O →(+2) Q →(−6) [K]

W →(−6) Q →(+2) S →(−6) M →(+2) [O]

862. (b) दी गई शृंखला का क्रम निम्न प्रकार है

99 91 [82] 74 65 57

−8 −9 −8 −9 −8

863. (a) दी गई शृंखला का क्रम निम्न प्रकार है

40 21 22 34 69 [173.5]

×0.5+1 ×1+1 ×1.5+1 ×2+1 ×2.5+1

864. (b) दी गई शृंखला का क्रम निम्न प्रकार है

J E A X V [U]

−5 −4 −3 −2 −1

865. (b) दी गई शृंखला का क्रम निम्न प्रकार है

ghijk / ghijk / ghijk / gh ijk / ghijk / ghijk

⇒ ihgj

866. (a) दी गई शृंखला का क्रम निम्न प्रकार है

I →(−2) [G] →(−2) E →(−2) C →(−2) A →(−2) Y

D →(−2) [B] →(−2) Z →(−2) X →(−2) V →(−2) T

G →(−2) [E] →(−2) C →(−2) A →(−2) Y →(−2) W

867. (b) दी गई शृंखला का क्रम निम्न प्रकार है

Q →(+3) T →(−7) M →(+3) P →(−7) [I]

V →(−7) O →(+3) R →(−7) K →(+3) [N]

868. (d) दी गई शृंखला का क्रम निम्न प्रकार है

115 94 72 49 25 [0]

−21 −22 −23 −24 −25

869. (d) दी गई शृंखला का क्रम निम्न प्रकार है

31 32 36 [45] 61 86

+1 +4 +9 +16 +25

(1^2) (2^2) (3^2) (4^2) (5^2)

870. (d) दी गई शृंखला का क्रम निम्न प्रकार है

1 3 7 13 [21] 31

+2 +4 +6 +8 +10

871. (c) दी गई शृंखला का क्रम निम्न प्रकार है

aaaaa/bbbbb/aaaaa/bbbbb/aaaaa/bbbbb/ aaaaa/bbbbb

⇒ aaaa

872. (c) दी गई शृंखला का क्रम निम्न प्रकार है

50 52 56 64 80 [112]

+2 $+2^2$ $+2^3$ $+2^4$ $+2^5$

873. (b) दी गई शृंखला का क्रम निम्न प्रकार है

abb/abbb/abbbb/abbbbb ⇒ babb

874. (d) दी गई शृंखला का क्रम निम्न प्रकार है

18 23 32 37 46 [51]

+5 +9 +5 +9 +5

875. (a) दी गई शृंखला का क्रम निम्न प्रकार है

M →(+4) Q →(+4) U →(+4) Y →(+4) [C]

Q →(+4) U →(+4) Y →(+4) C →(+4) [G]

R →(+4) V →(+4) Z →(+4) D →(+4) [H]

T →(+4) X →(+4) B →(+4) F →(+4) [J]

876. (d) दी गई शृंखला का क्रम निम्न प्रकार है

15 31 63 127 255 [511]

×2+1 ×2+1 ×2+1 ×2+1 ×2+1

877. (c) दी गई शृंखला का क्रम निम्न प्रकार है

99 116 133 150 167 [184]

+17 +17 +17 +17 +17

878. (d) दी गई शृंखला का क्रम निम्न प्रकार है

Y T P M K [J]

−5 −4 −3 −2 −1

879. (a) दी गई शृंखला का क्रम निम्न प्रकार है

+8 +8

49 54 41 62 33 70 [25]

−8 −8 −8

880. (c) दी गई शृंखला का क्रम निम्न प्रकार है

104 126 148 170 192 [214]

+22 +22 +22 +22 +22

881. (a) दी गई शृंखला का क्रम निम्न प्रकार है

xy y yz/xyyyz/xyy y z/xyyyz/ x yyy z ⇒ yyxz

882. (d) दी गई शृंखला का क्रम निम्न प्रकार है

52 49 45 40 34 27 [19]

−3 −4 −5 −6 −7 −8

883. (c) दी गई शृंखला का क्रम निम्न प्रकार है

eeffgghh/eeffgghh/eeffgghh/eeffgghh

⇒ fhgg

884. (a) दी गई शृंखला का क्रम निम्न प्रकार है

451, 472, 493, 514, [535] 556

+21 +21 +21 +21 +21

885. (a) दी गई शृंखला का क्रम निम्न प्रकार है

M →(−3) J →(−3) G →(−3) D →(−3) [A]

Q →(−3) N →(−3) K →(−3) H →(−3) [E]

R →(−3) O →(−3) L →(−3) I →(−3) [F]

T →(−3) Q →(−3) N →(−3) K →(−3) [H]

886. (c) दी गई शृंखला का क्रम निम्न प्रकार है

64 72 45 109 −16 [200]

+8 −27 +64 −125 +216

$(+2)^3$ $(-3)^3$ $(+4)^3$ $(-5)^3$ $(+6)^3$

887. (c) दी गई शृंखला का क्रम निम्न प्रकार है

17, 25, 37, 53, 73, 97, [125]

+8 +12 +16 +20 +24 +28

+4 +4 +4 +4 +4

888. (b) दी गई शृंखला का क्रम निम्न प्रकार है

c d e f / c d e f / c d e f / c d e f / c d e f / c d e f / c d e f

⇒ edff

889. (b) दी गई शृंखला का क्रम निम्न प्रकार है

33, 34, 38, 47, 63, [88]

+1 +4 +9 +16 +25

$+1^2$ $+2^2$ $+3^2$ $+4^2$ $+5^2$

890. (c) दी गई शृंखला का क्रम निम्न प्रकार है

M →(+4) Q →(+4) U →(+4) Y →(+4) [C]

N →(+4) R →(+4) V →(+4) Z →(+4) [D]

R →(+4) V →(+4) Z →(+4) D →(+4) [H]

T →(+4) X →(+4) B →(+4) F →(+4) [J]

891. (c) दी गई शृंखला का क्रम निम्न प्रकार है

w w xxyy/wwx x yy/wwxxyy/ww x xyy / wwxx y y

⇒ wxxy

892. (d) दी गई शृंखला का क्रम निम्न प्रकार है

103, 108, 112, 117, 121, 126, [130]

+5 +4 +5 +4 +5 +4

893. (a) दी गई शृंखला का क्रम निम्न प्रकार है

6, 23, 93, 371, 1485, [5939]

×4−1 ×4+1 ×4−1 ×4+1 ×4−1

894. (c) दी गई शृंखला का क्रम निम्न प्रकार है

A →(+5) F →(+5) K →(+5) P →(+5) [U]

C →(+11) N →(+11) Y →(+11) J →(+11) [U]

895. (a) दी गई शृंखला का क्रम निम्न प्रकार है

ARGO/ARGO/ARGO/ARGO

⇒ 'AGOGARR'

896. (a) दी गई शृंखला का क्रम निम्न प्रकार है

A →(+2) C →(+2) E →(+2) [G]

G →(−2) E →(−2) C →(−2) [A]

M →(+2) O →(+2) Q →(+2) [S]

Z →(−2) X →(−2) V →(−2) [T]

897. (b) दी गई शृंखला का क्रम निम्न प्रकार है

×3 ×3 ×3

5 3 20 9 80 27 320 [81]

×4 ×4 ×4

898. (a) दी गई शृंखला का क्रम निम्न प्रकार है

S →(−2) Q →(−2) O →(−2) [M] →(−2) K

O →(+1) P →(+1) Q →(+1) [R] →(+1) S

W →(−2) U →(−2) S →(−2) [Q] →(−2) O

J →(+1) K →(+1) L →(+1) [M] →(+1) N

899. (c) दी गई शृंखला का क्रम निम्न प्रकार है

I →(+4) M →(+4) Q →(+4) [U] →(+4) Y

B →(+4) F →(+4) J →(+4) [N] →(+4) R

D →(+4) H →(+4) L →(+4) [P] →(+4) T

A →(+4) E →(+4) I →(+4) [M] →(+4) Q

900. (a) दी गई शृंखला का क्रम निम्न प्रकार है

Y W T P K [E]

−2 −3 −4 −5 −6

901. (a) दी गई शृंखला का क्रम निम्न प्रकार है

15 20 45 170 [795]

$+(5)^1$ $+(5)^2$ $+(5)^3$ $+(5)^4$

902. (a) दी गई शृंखला का क्रम निम्न प्रकार है

R R J/R R J/R R J/R R J/R R J

⇒ RRRRRJJ

903. (b) दी गई शृंखला का क्रम निम्न प्रकार है

4 14 34 64 [104] 154

+10 +20 +30 +40 +50

904. (b) दी गई शृंखला का क्रम निम्न प्रकार है

H U G E/H U G E/H U G E/H U G E

⇒ HEGUHUE.

905. (c) दी गई शृंखला का क्रम निम्न प्रकार है

0.04 0.12 0.42 1.68 2.08 10.4 [10.9]

×3 +0.30 ×4 +0.40 ×5 +0.50

906. (b) दी गई शृंखला का क्रम निम्न प्रकार है

N A M A N/N A M A N/N A M A N

⇒ AANAMN

907. (d) दी गई शृंखला का क्रम निम्न प्रकार है

23 25 28 33 [40] 51 64

+2 +3 +5 +7 +11 +13

908. (a) दी गई शृंखला का क्रम निम्न प्रकार है

136 204 306 [459] 688.5

×1.5 ×1.5 ×1.5 ×1.5

909. (c) दी गई शृंखला का क्रम निम्न प्रकार है

PQRST/PQRST/PQRST/PQRST

⇒ RSPQQS PR.

910. (a) दी गई शृंखला का क्रम निम्न प्रकार है

9 45 180 [540] 1080 1080

×5 ×4 ×3 ×2 ×1

911. (c) दी गई शृंखला का क्रम निम्न प्रकार है

A →(+1) B →(+1) C →(+1) D →(+1) [E]

B →(+1) C →(+1) D →(+1) E →(+1) [F]

Z →(−1) Y →(−1) X →(−1) W →(−1) [V]

912. (a) दी गई शृंखला का क्रम निम्न प्रकार है

C →(+2) E →(+2) [G] →(+2) I →(+2) K

U →(−2) S →(−2) [Q] →(−2) O →(−2) M

R →(−2) P →(−2) [N] →(−2) L →(−2) J

B →(+1) C →(+1) [D] →(+1) E →(+1) F

913. (b) दी गई शृंखला का क्रम निम्न प्रकार है

RMTG/RMTG/RMTG/RMTG

⇒ TRTGMRG.

914. (a) दी गई शृंखला का क्रम निम्न प्रकार है

MNOP/MNOP/MNOP/MNOP

⇒ NPMPMONP.

915. (b) दी गई शृंखला का क्रम निम्न प्रकार है

−20 −20

54 46 34 26 14 [6]

−20 −20

916. (d) दी गई शृंखला का क्रम निम्न प्रकार है

6 8 11 16 [23] 34 47 64

+2 +3 +5 +7 +11 +13 +17

917. (b) दी गई शृंखला का क्रम निम्न प्रकार है

A C E R T/A C E R T/A C E R T/A C E R T

⇒ CECRATER

918. (c) दी गई शृंखला का क्रम निम्न प्रकार है

E →(+1) F →(+1) [G] →(+1) H →(+1) I

F →(−1) E →(−1) [D] →(−1) C →(−1) B

G →(+1) H →(+1) [I] →(+1) J →(+1) K

H →(−1) G →(−1) [F] →(−1) E →(−1) D

919. (a) दी गई शृंखला का क्रम निम्न प्रकार है

304 261 221 184 [150] 119

−43 −40 −37 −34 −31

+3 +3 +3 +3

920. (d) दी गई शृंखला का क्रम निम्न प्रकार है

36 512 100 1728 [196] 4096

$(6^2) \xrightarrow{+2} (8^3) \xrightarrow{+2} (10^2) \xrightarrow{+2} (12^3) \xrightarrow{+2} (14^2) \xrightarrow{+2} (16^3)$

07

दिशा और दूरी

दिशा वास्तव में एक मानक परिकल्पना है जिसकी मदद से किसी वस्तु की सापेक्षिक स्थिति बतायी जाती है। यह मानक परिकल्पना सूर्य की अवस्थिति के आधार पर की जाती है। इस परिकल्पना के अनुसार सूर्य जिस ओर उदय होता है वह पूर्व दिशा होती है तथा जिस ओर सूर्य अस्त होता है वह पश्चिम दिशा होती है।

एक निश्चित बिन्दु से गन्तव्य तक पहुँचने में हम जिन भिन्न-भिन्न दिशाओं में चलते हैं उन्हें चलने की दिशा कहते हैं।

प्रारम्भिक बिन्दु से अन्तिम बिन्दु तक भिन्न-भिन्न दिशाओं में तय किए गए कुल मार्ग की लम्बाई को चली गई दूरी कहते हैं।

दिशाएँ

दिशाएँ मुख्यतः चार होती हैं। सभी दिशाएँ एक-दूसरे से 90° के कोण पर होती हैं।

(i) पूर्व (ii) पश्चिम
(iii) उत्तर (iv) दक्षिण

उपदिशाएँ

चार मुख्य दिशाओं के अतिरिक्त दो मुख्य दिशाओं के बीच की दिशा को उपदिशा कहते हैं। मुख्य दिशा व उपदिशा के मध्य 45° का कोण होता है।

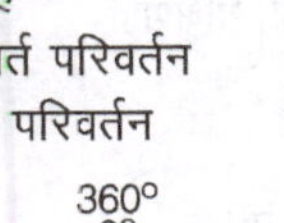

(मुख्य दिशाएँ)

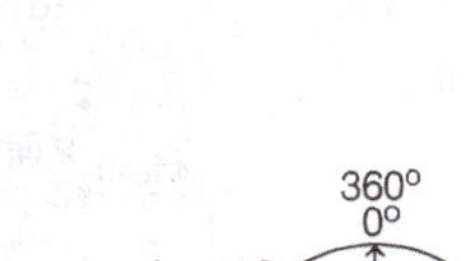

(उपदिशाएँ)

दिशा परिवर्तन या घूर्णन

भिन्न-भिन्न दिशा परिवर्तन को हम निम्नलिखित आरेखों के माध्यम से भली-भाँति समझ सकते हैं

(i) दक्षिणावर्त परिवर्तन

(ii) वामावर्त परिवर्तन

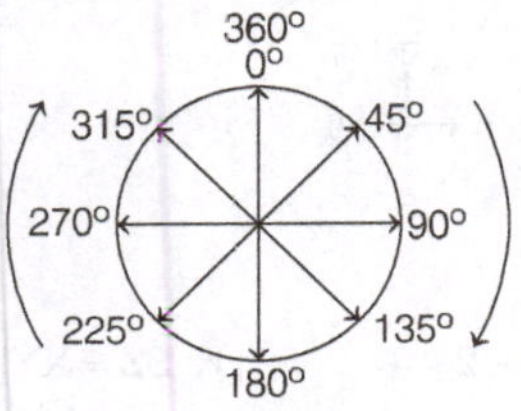

(दक्षिणावर्त)

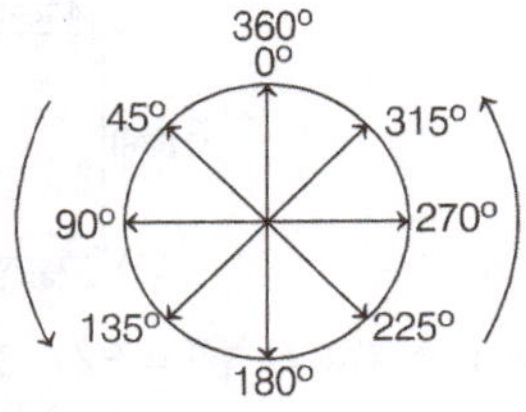

(वामावर्त)

सूर्योदय के समय परछाई

प्रातःकाल में, सूर्योदय पूर्व दिशा में होता है, तब किसी व्यक्ति या वस्तु की परछाई पश्चिम दिशा में बनती है।

सूर्यास्त के समय परछाई

सायंकाल में जब सूर्य पश्चिम दिशा में अस्त होता है, तब किसी व्यक्ति या वस्तु की परछाई पूर्व दिशा में बनती है।

किसी वस्तु/व्यक्ति द्वारा बनाई गई परछाई ज्ञात करने के लिए निम्न सारणी का उपयोग करें

दिशा	सूर्योदय	सूर्यास्त
पूर्व	पीछे	आगे
पश्चिम	आगे	पीछे
उत्तर	बाएँ	दाएँ
दक्षिण	दाएँ	बाएँ

न्यूनतम दूरी

यदि किसी प्रारम्भिक बिन्दु से अन्तिम बिन्दु तक कोई सीधी रेखा खींची जाती है, तो उस रेखा की लम्बाई को न्यूनतम दूरी कहा जाता है।

न्यूनतम दूरी ज्ञात करने के लिए पाइथागोरस प्रमेय का उपयोग किया जाता है।

पाइथागोरस प्रमेय के अनुसार,

किसी समकोण त्रिभुज में लम्ब के वर्ग तथा आधार के वर्ग का योग उसके विकर्ण के वर्ग के बराबर होता है।

संलग्न चित्र ΔABC में,

AB = आधार, BC = लम्ब तथा AC = कर्ण

तब पाइथागोरस प्रमेय से,

$$AB^2 + BC^2 = AC^2$$

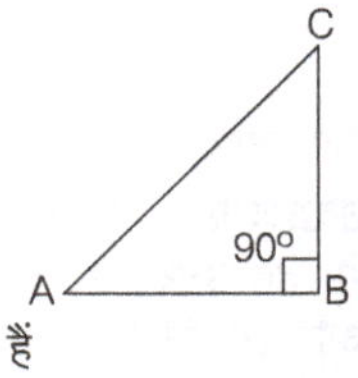

दिशा व दूरी के अन्तर्गत प्रायः तीन प्रकार के प्रश्न पूछे जाते हैं

दिशा पर आधारित

इसके अन्तर्गत आने वाले प्रश्नों में कोई निश्चित बिन्दु दिया गया होता है तथा इस निश्चित बिन्दु या किसी निश्चित दिशा से अलग-अलग दूरियों व दिशाओं में भ्रमण करते हुए किसी निश्चित बिन्दु की प्रारम्भिक स्थान से दिशा पूछी जाती है।

उदाहरण 1. सुनील बिन्दु R से चलना शुरू करता है। वह पश्चिम की ओर 28 मी चलता है, फिर दाएँ मुड़ता है और 20 मी चलकर बिन्दु M पर पहुँचता है। फिर वह बाएँ मुड़कर 30 मी चलता है फिर बाएँ मुड़ता है और 28 मी चलता है तथा बिन्दु S पर पहुँचता है। अन्त में वह बाएँ मुड़ता है और 48 मी चलकर बिन्दु Z पर पहुँचता है। बिन्दु R के सापेक्ष Z किस दिशा में है?

(a) पूर्व (b) उत्तर-पूर्व
(c) दक्षिण-पश्चिम (d) दक्षिण

हल (c) प्रश्नानुसार,

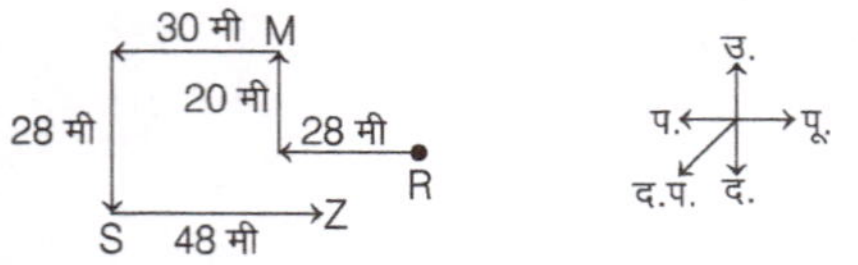

अतः R के सापेक्ष Z दक्षिण-पश्चिम दिशा में है।

उदाहरण 2. एक दिन प्रातःकाल, मोना और श्रेया एक-दूसरे की ओर मुख करके बातें कर रही थी। मोना की परछाई सीधी श्रेया पर पड़ रही थी। ज्ञात करें श्रेया किस दिशा में मुख करके बैठी थी?

(a) उत्तर (b) पश्चिम
(c) दक्षिण (d) पूर्व

हल (d) प्रश्नानुसार,

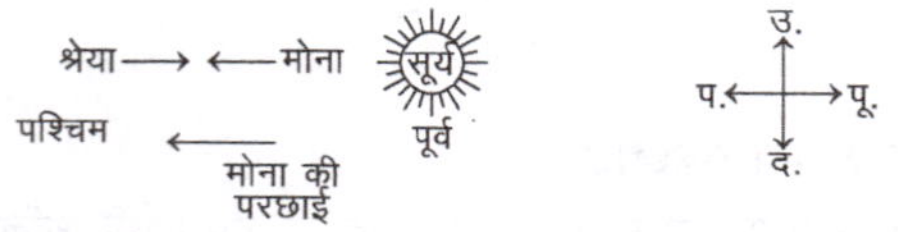

∵ मोना की परछाई सीधी श्रेया पर पड़ रही थी।
अतः स्पष्ट है कि श्रेया पूर्व दिशा में मुख करके बैठी थी।

दूरी पर आधारित

इसके अन्तर्गत आने वाले प्रश्नों में प्रायः एक बिन्दु से किसी अन्य बिन्दु की दिशा एवं दूरी से सम्बन्धित जानकारी दी गई होती है तथा प्रारम्भिक स्थान से अलग-अलग दिशाओं व दूरियों में भ्रमण करते हुए किसी निश्चित बिन्दु पर पहुँचकर प्रारम्भिक स्थान से दूरी पूछी जाती है।

उदाहरण 3. एक बस A से चलना प्रारम्भ करती है और 20 किमी दक्षिण की ओर जाती है फिर अपने दाएँ मुड़कर 25 किमी चलती है फिर से दाएँ घूमकर 20 किमी चलती है। उसके बाद वह पूर्व दिशा में 5 किमी चलती है और बिन्दु B पर पहुँच जाती है। बस प्रारम्भिक बिन्दु से कितनी दूर है?

(a) 20 किमी
(b) 35 किमी
(c) 25 किमी
(d) 30 किमी

हल (a) प्रश्नानुसार,

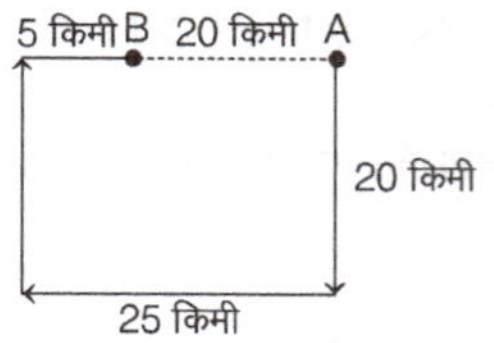

अतः स्पष्ट है कि बस प्रारम्भिक बिन्दु से 20 किमी दूर है।

उदाहरण 4. रूपाली एक खास रास्ते से अपने घर से ऑफिस जाती है। प्रारम्भ में, वह उत्तर की ओर 17 किमी चलती है, फिर पूर्व की ओर दाएँ मुड़ती है और 15 किमी की यात्रा करती है। यहाँ से वह फिर से दाएँ मुड़ती है और 17 किमी की यात्रा करती है। अब वह बाएँ मुड़ती है और 7 किमी की यात्रा करती है और अन्त में अपने ऑफिस पहुँचती है। वह अपने घर से कितने किलोमीटर दूर है? (सभी मोड़ केवल 90° के हैं) **[RRB NTPC 2022]**

(a) 23 किमी (b) 29 किमी
(c) 24 किमी (d) 22 किमी

हल (d) प्रश्नानुसार,

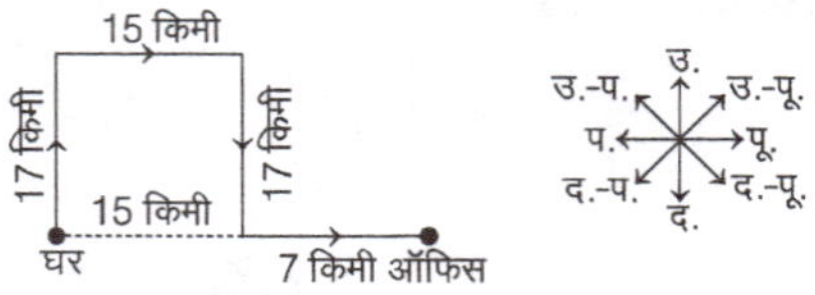

रूपाली के घर और ऑफिस के बीच की न्यूनतम दूरी = 15 + 7 = 22 किमी
अतः रूपाली अपने घर से 22 किमी की दूरी पर है।

दिशा और दूरी पर आधारित

इसके अन्तर्गत आने वाले प्रश्नों में निश्चित बिन्दु तथा दूरी दोनों दिए गए होते हैं तथा दिशा और दूरी दोनों से सम्बन्धित प्रश्न पूछे जाते हैं।

उदाहरण 5. X और Y एक ही बिन्दु से चलना प्रारम्भ करते हैं। X, 40 मी उत्तर की ओर चलता है फिर मुड़कर पश्चिम की ओर 80 मी चलता है फिर अपनी दाहिनी ओर मुड़कर 50 मी चलता है। उसी समय Y, 90 मी उत्तर की ओर चलता है। X की स्थिति से अब Y कहाँ व कितनी दूरी पर है?

(a) Y, X से 30 मी दूर पूर्व दिशा में है।
(b) Y, X से 80 मी दूर पश्चिम दिशा में है।
(c) Y, X से 30 मी दूर पश्चिम दिशा में है।
(d) Y, X से 80 मी दूर पूर्व दिशा में है।

हल (d) प्रश्नानुसार,

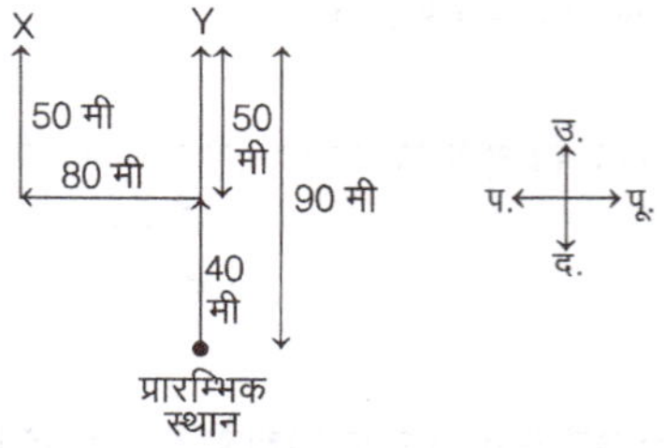

अतः Y, X से 80 मी दूर पूर्व दिशा में है।

उदाहरण 6. नमित एक बिन्दु Z से शुरुआत करता है और Y पर पहुँचने के लिए पश्चिम की ओर 4 किमी की यात्रा करता है। फिर वह बाएँ मुड़ता है और Y और Z के बीच तय की गई दूरी का 2.5 गुना तय करता है और बिन्दु X पर पहुँचता है। वहाँ से वह बाएँ मुड़ता है और गंतव्य B तक पहुँचने के लिए 4 किमी की यात्रा करता है। फिर वह बाएँ मुड़ता है और कुछ दूरी तय करता है और बिन्दु A पर पहुँचने के लिए Z से 2 किमी आगे तक जाता है। A और B के बीच न्यूनतम दूरी कितनी है और A के सन्दर्भ में B की दिशा कौन-सी है?

(a) 12 किमी, उत्तर (b) 12 किमी, दक्षिण
(c) 8 किमी, उत्तर (d) 8 किमी, दक्षिण

हल (b) प्रश्नानुसार,

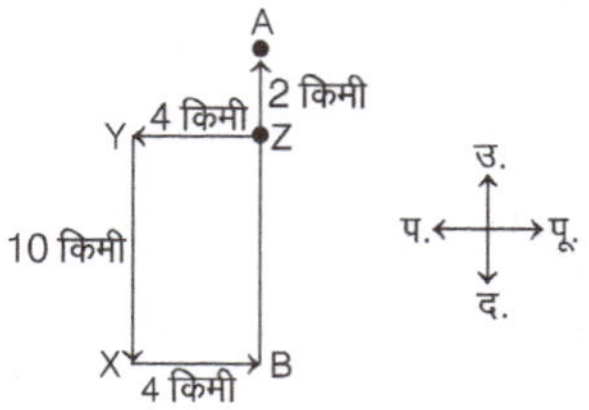

A और B के बीच की दूरी = BZ + ZA = 10 + 2 [∵ BZ = XY]
= 12 किमी

अतः B, A से 12 किमी दक्षिण दिशा में है।

SSC एग्जाम स्कैनर

SSC CPO SI 2024

1. अजय बिन्दु A से गाड़ी चलाना शुरू करता है और उत्तर की ओर 10 किमी गाड़ी चलाता है। फिर वह दाएँ मुड़ता है, 3 किमी गाड़ी चलाता है, दाएँ मुड़ता है और 15 किमी गाड़ी चलाता है। फिर वह दाएँ मुड़ता है और 8 किमी गाड़ी चलाता है। वह अन्तिम बार दाएँ मुड़ता है, 5 किमी गाड़ी चलाता है और बिन्दु P पर रुकता है। बिन्दु A पर फिर से पहुँचने के लिए उसे कितनी दूर (न्यूनतम दूरी) और किस दिशा में गाड़ी चलानी चाहिए? (सभी मोड़ केवल 90° वाले मोड़ हैं।)
SSC CPO 29/06/2024 Shift-III
(a) पश्चिम की ओर 5 किमी
(b) पश्चिम की ओर 3 किमी
(c) पूर्व की ओर 5 किमी
(d) पूर्व की ओर 3 किमी

2. कियारा बिन्दु A से ड्राइव करना आरम्भ करती है, जो बिन्दु Z के उत्तर में 6 किमी पर है। बिन्दु A से, वह पूर्व की ओर मुड़ती है और 8 किमी ड्राइव करती है। फिर वह दाएँ मुड़ती है और 9 किमी ड्राइव करती है। अन्त में, वह दाएँ मुड़ती है और 15 किमी ड्राइव करके बिन्दु B पर रुक जाती है। बिन्दु Z के सन्दर्भ में बिन्दु B किस दिशा में है?
SSC CPO 29/06/2024 Shift-III
(a) उत्तर-पूर्व (b) उत्तर-पश्चिम
(c) दक्षिण (d) दक्षिण-पश्चिम

3. बिन्दु B, बिन्दु A से 35 मी पूर्व में है। बिन्दु C, बिन्दु A से 26 मी उत्तर में है। बिन्दु C, बिन्दु D से 15 मी पश्चिम में है। बिन्दु E, बिन्दु D से 13 मी दक्षिण में है। बिन्दु F, बिन्दु E से 20 मी पूर्व में है। बिन्दु F से बिन्दु B किस दिशा में है?
SSC CPO 29/06/2024 Shift-II
(a) दक्षिण (b) दक्षिण-पूर्व
(c) पश्चिम (d) उत्तर-पश्चिम

4. मुकेश अपने कार्यालय से सीधे 12 किमी चला। फिर वह 45° दाएँ मुड़ता है और 8 किमी चलता है। यहाँ से वह बाएँ मुड़ता है। और 7 किमी चलता है ओर अन्त में बाएँ मुड़कर 11 किमी चलता है। यदि वह अन्त में उत्तर-पश्चिम की ओर जा रहा था, तो उसने अपने कार्यालय से किस दिशा में चलना शुरू किया? **SSC CPO 29/06/2024 Shift-II**
(a) उत्तर (b) पश्चिम
(c) दक्षिण (d) पूर्व

5. राजेश बिन्दु A से गाड़ी चलाना प्रारम्भ करता है और पश्चिम की ओर 17 किमी गाड़ी चलाता है। फिर वह बाएँ मुड़ता है, 10 किमी गाड़ी चलाता है, बाएँ मुड़ता है और 40 किमी गाड़ी चलाता है। फिर वह बाएँ मुड़ता है और 30 किमी गाड़ी चलाता है। वह अन्तिम बार बाएँ मुड़ता है, 23 किमी गाड़ी चलाता है और बिन्दु Q पर रुकता है। अब बिन्दु A पर दोबारा पहुँचने के लिए उसे कितनी दूर (न्यूनतम दूरी) और किस दिशा की ओर गाड़ी चलानी चाहिए? (सभी मोड़ केवल 90° वाले मोड़ हैं।) **SSC CPO 29/06/2024 Shift-I**
(a) दक्षिण की ओर 20 किमी
(b) दक्षिण की ओर 15 किमी
(c) उत्तर की ओर 15 किमी
(d) उत्तर की ओर 20 किमी

6. हरिनी एक कैफे से चलना शुरू करती है और दक्षिण दिशा की ओर 4 किमी चलती है। वह फिर दाएँ मुड़ती है और 2 किमी चलती है, फिर से दाएँ मुड़ती है और 4 किमी चलती है, और फिर बाएँ मुड़ती है और 4 किमी चलती है। इस बिन्दु से सीधे कैफे तक पहुँचने के लिए हरिनी को कितने किलोमीटर पैदल चलना पड़ेगा?
SSC CPO 29/06/2024 Shift-I
(a) 4 किमी (b) 2 किमी
(c) 8 किमी (d) 6 किमी

7. बिन्दु A, बिन्दु B से 35 मी पूर्व में है। बिन्दु C, बिन्दु A से 48 मी उत्तर में है। बिन्दु D, बिन्दु C से 23 मी पूर्व में है। बिन्दु D, बिन्दु E से 14 मी उत्तर में है। बिन्दु E, बिन्दु F से 48 मी पूर्व में है। बिन्दु A से बिन्दु F किस दिशा में है?
SSC CPO 28/06/2024 Shift-III
(a) पूर्व (b) उत्तर-पूर्व
(c) उत्तर (d) उत्तर-पश्चिम

8. अनिल स्थान A से आरम्भ करके उत्तर की ओर 8 किमी ड्राइव करता है। फिर वह दाएँ मुड़ता है, 2 किमी ड्राइव करता है, फिर दाएँ मुड़ता है और 11 किमी ड्राइव करता है। फिर वह दाएँ मुड़ता है और 5 किमी ड्राइव करता है। वह अन्तिम बार दाएँ मुड़ता है, 3 किमी ड्राइव करता है और स्थान P पर रुकता है। स्थान A पर फिर से पहुँचने के लिए उसे कितनी दूर (न्यूनतम दूरी) और किस दिशा की ओर ड्राइव करना चाहिए? (सभी मोड़ 90° के मोड़ हैं, जब तक कि निर्दिष्ट न किए गए हों।)
SSC CPO 28/06/2024 Shift-III
(a) 3 किमी उत्तर की ओर
(b) 2 किमी पश्चिम की ओर
(c) 3 किमी पूर्व की ओर
(d) 2 किमी पूर्व की ओर

9. प्रिया, बिन्दु A से शुरू करती है और उत्तर की ओर 9 किमी ड्राइव करती है। फिर वह दाएँ मुड़ती है, बिन्दु B तक पहुँचने के लिए 4 किमी ड्राइव करती है। फिर वह दाएँ मुड़ती है, 10 किमी ड्राइव करती है और बिन्दु C पर रूक जाती है। बिन्दु A के सन्दर्भ में बिन्दु C किस दिशा में है?
SSC CPO 28/06/2024 Shift-II
(a) दक्षिण (b) दक्षिण-पूर्व
(c) उत्तर-पूर्व (d) उत्तर-पश्चिम

10. शिवानी 17 किमी उत्तर की ओर ड्राइव करती है, फिर 9 किमी पूर्व की ओर ड्राइव करती है और फिर 17 किमी दक्षिण की ओर ड्राइव करती है। जब एक सीधी रेखा में विचार किया जाता है तब शिवानी प्रारम्भिक बिन्दु से कितनी दूर है?
SSC CPO 28/06/2024 Shift-II
(a) 9 किमी (b) 12 किमी
(c) 26 किमी (d) 17 किमी

11. सुनील बिन्दु A से पश्चिम की ओर 5 किमी ड्राइव करता है। फिर वह बाएँ मुड़ता है और 6 किमी ड्राइव करता है। वह फिर से बाएँ मुड़ता है और 11 किमी ड्राइव करता है। फिर वह बाएँ मुड़ता है और 6 किमी ड्राइव करता है। अन्त में वह दाएँ मुड़ता है। और बिन्दु B पर पहुँचने के लिए 6 किमी ड्राइव करता है। बिन्दु A पर लौटने के लिए उसे कितना और किस दिशा में ड्राइव करना होगा? (सभी मोड़ केवल 90° के मोड़ हैं।)
SSC CPO 28/06/2024 Shift-I
(a) पश्चिम दिशा में 12 किमी
(b) पूर्व दिशा में 10 किमी
(c) पश्चिम दिशा में 10 किमी
(d) पूर्व दिशा में 14 किमी

12. वाणी बिन्दु A से शुरू करती है और 6 किमी पश्चिम की ओर ड्राइव करती है। फिर वह बाएँ मुड़ती है और 8 किमी ड्राइव करती है। फिर वह बाएँ मुड़ती है और बिन्दु B तक पहुँचने के लिए 6 किमी ड्राइव करती हैं। बिन्दु A के सन्दर्भ में बिन्दु B किस दिशा में है?
SSC CPO 28/06/2024 Shift-I
(a) दक्षिण (b) उत्तर
(c) दक्षिण-पूर्व (d) दक्षिण-पश्चिम

13. अदिति अपने घर से निकलती है और 38 मी पश्चिम की ओर चलती है और फिर दाएँ मुड़ती है और 19 मी चलती है। अब वह दाएँ मुड़ती है और 25 मी चलती है। फिर वह बाएँ मुड़ती है और 21 मी चलती है। वह फिर से बाएँ मुड़ती है और 38 मी चलती है। वह अन्त में बाएँ मुड़ती है और स्थान *X* पर रुकने के लिए 25 मी चलती है। वह उस खम्भे से कितनी दूरी पर है जो उसके घर से 15 मी उत्तर में है? (मान लीजिए कि सभी मोड़ केवल 90° के मोड़ हैं।) **SSC CPO 27/06/2024 Shift-III**
(a) 49 मी (b) 38 मी
(c) 57 मी (d) 51 मी

14. अजय बिन्दु A से गाड़ी चलाना शुरू करता है और दक्षिण की ओर 20 किमी गाड़ी चलाता है। फिर वह बाएँ मुड़ता है, और 5 किमी गाड़ी चलाता है फिर वह बाएँ मुड़ता है और 30 किमी गाड़ी चलाता है। फिर वह दाएँ मुड़ता है और 8 किमी गाड़ी चलाता है। अन्तिम बार वह दाएँ मुड़ता है और 10 किमी गाड़ी चलाता है और बिन्दु Q पर रुकता है। अब बिन्दु A पर दोबारा पहुँचने के लिए उसे कितनी दूरी (न्यूनतम दूरी) और किस दिशा की ओर गाड़ी चलानी चाहिए? (सभी मोड़ केवल 90° वाले मोड़ हैं।) **SSC CPO 27/06/2024 Shift-III**
(a) पूर्व की ओर 13 किमी
(b) पश्चिम की ओर 13 किमी
(c) पश्चिम की ओर 5 किमी
(d) पश्चिम की ओर 8 किमी

15. मनीष बिन्दु A से गाड़ी चलाना शुरू करता है और 12 किमी पूर्व की ओर गाड़ी चलाता है। फिर वह बाएँ मुड़ता है, 5 किमी गाड़ी चलाता है, बाएँ मुड़ता है और 30 किमी गाड़ी चलाता है। फिर वह बाएँ मुड़ता है और 20 किमी गाड़ी चलाता है। वह अन्तिम बार बाएँ मुड़ता है, 18 किमी गाड़ी चलाता है और बिन्दु Q पर रुकता है। बिन्दु A पर फिर से पहुँचने के लिए उसे कितनी दूर (न्यूनतम दूरी) और किस दिशा में गाड़ी चलानी चाहिए? (सभी मोड़ केवल 90° मोड़ वाले हैं)
SSC CPO 27/06/2024 Shift-II

(a) उत्तर की ओर 15 किमी
(b) दक्षिण की ओर 15 किमी
(c) दक्षिण की ओर 10 किमी
(d) उत्तर की ओर 10 किमी

16. अमन बिन्दु A से दक्षिण की ओर 5 किमी ड्राइव करता है। फिर वह बाएँ मुड़ता है और 5 किमी ड्राइव करता है। फिर वह दाएँ मुड़ता है और 5 किमी ड्राइव करता है। वह फिर से दाएँ मुड़ता है और 10 किमी ड्राइव करता है। अन्त में वह दाएँ मुड़ता है और बिन्दु B तक पहुँचने के लिए 10 किमी ड्राइव करता है।
बिन्दु A पर लौटने के लिए उसे कितना और किस दिशा में ड्राइव करना होगा?
(सभी मोड़ केवल 90° के मोड़ हैं)
SSC CPO 27/06/2024 Shift-II
(a) उत्तर दिशा में 5 किमी
(b) पश्चिम दिशा में 5 किमी
(c) दक्षिण दिशा में 5 किमी
(d) पूर्व दिशा में 5 किमी

17. प्रीति, बिन्दु A से शुरू करती है और 7 किमी दक्षिण की ओर ड्राइव करती है। यहाँ से, वह बाएँ मुड़ती है और 9 किमी ड्राइव करती है। फिर वह अन्तिम बार बाएँ मुड़ती है और बिन्दु B तक पहुँचने के लिए 7 किमी ड्राइव करती है। प्रीति को बिन्दु B से बिन्दु A तक पहुँचने के लिए कितनी दूर ड्राइव करनी चाहिए?
SSC CPO 27/06/2024 Shift-I
(a) 7 किमी (b) 6 किमी
(c) 8 किमी (d) 9 किमी

18. सैली एक मिनी स्कूल बस चलाती है। वह स्कूल गेट से शुरू करती है और अपनी पहली सवारी लेने के लिए 7 किमी उत्तर की ओर बस चलाती है। फिर वह दाएँ मुड़ती है और रास्ते में बच्चों को लेने के लिए 10 किमी बस चलाती है। वह दुबारा दाएँ मुड़ती है और 5 किमी बस चलाती है। फिर वह स्कूल लौटने के लिए अन्तिम बार दाएँ मुड़ती है। पुन: स्कूल गेट पर वापस पहुँचने के लिए सैली को कितनी दूर तक बस चलानी पड़ेगी?
SSC CPO 27/06/2024 Shift-I
(a) 12 किमी (b) 22 किमी
(c) 10 किमी (d) 17 किमी

SSC CPO SI 2023-2020

19. स्टैनली स्थान A से साइकिल चलाना शुरू करता है। वह पश्चिम की ओर X किमी साइकिल चलाता है और फिर दाएँ मुड़ता है और 3 किमी साइकिल चलाता है। वह फिर से दाएँ मुड़ता है और X + 1 किमी साइकिल चलाता है। वह फिर से दाएँ मुड़ता है और 2X + 1 किमी साइकिल चलाता है। वह अन्तिम बार दाएँ मुड़ता है, और 1 किमी साइकिल चलाकर स्थान B पर रुकता है। स्थान B, स्थान A से 6 किमी दक्षिण में है। X का मान क्या है?
SSC CPO 05/10/2023 Shift-III
(a) 9 (b) 3 (c) 5 (d) 4

20. Q, S के पूर्व में है। E, S के दक्षिण में है। P, Q के उत्तर-पूर्व में और T के उत्तर में है। यदि T, Q के दक्षिण-पूर्व में है, तो T के सापेक्ष S की स्थिति क्या है? (सभी स्थितियों को ग्रिड पैटर्न में व्यवस्थित किया गया है।)
SSC CPO 05/10/2023 Shift-III
(a) उत्तर-पश्चिम (b) दक्षिण-पश्चिम
(c) दक्षिण-पूर्व (d) पश्चिम

21. मनोहर पश्चिम की ओर X किमी साइकिल चलाता है और फिर दाएँ मुड़ता है और अपने कार्यालय पहुँचने के लिए Y किमी साइकिल चलाता है। अब प्रारम्भिक बिन्दु और उसके कार्यालय के बीच की न्यूनतम दूरी 13 किमी है। X और Y का मान क्रमश: (किमी में) कितना हो सकता है?
SSC CPO 04/10/2023 Shift-II
(a) 8 और 5 (b) 12 और 5
(c) 6 और 7 (d) 11 और 6

22. आण्टी ग्लोरिया अपने घर से निकलती है और पूर्व की ओर 65 मी चलती है। वह बाएँ मुड़ती है और 28 मी चलती है। वह फिर से बाएँ मुड़ती है और एक सार्वजनिक पुस्तकालय तक पहुँचने के लिए 110 मी चलती है। आण्टी ग्लोरिया के घर से पुस्तकालय कितनी दूर (न्यूनतम दूरी) और किस दिशा में है? SSC CPO 04/10/2023 Shift-II
(a) 53 मी, उत्तर-पश्चिम
(b) 48 मी, उत्तर-पूर्व
(c) 53 मी, उत्तर-पूर्व
(d) 48 मी, उत्तर-पश्चिम

23. एक व्यक्ति बिन्दु Z से चलना शुरू करता है, और दक्षिण की ओर 7 किमी चलता है। वह दाएँ मुड़ता है, और 5 किमी चलता है, दाएँ मुड़ता है और 3 किमी चलता है, फिर दाएँ मुड़ता है, और 1 किमी चलता है। फिर वह बाएँ मुड़ता है, और बिन्दु X पर पहुँचने के लिए 4 किमी चलता है। बिन्दु Z पर पहुँचने के लिए अब उसे कितना और किस दिशा में चलना होगा? SSC CPO 03/10/2023 Shift-I
(a) 4 किमी, पूर्व (b) 4 किमी, दक्षिण
(c) 4 किमी, पश्चिम (d) 6 किमी, पूर्व

24. रोहित, बिन्दु A से उत्तर की ओर 3 किमी ड्राइव करता है। वह बाएँ मुड़ता है, और 4 किमी ड्राइव करता है। वह फिर से बाएँ मुड़ता है, और 6 किमी ड्राइव करता है। अन्त में, वह बाएँ मुड़ता है, और बिन्दु B तक पहुँचने के लिए 4 किमी ड्राइव करता है। फिर से बिन्दु A पर पहुँचने के लिए उसे कितनी दूर और किस दिशा में ड्राइव करना चाहिए? SSC CPO 03/10/2023 Shift-I
(a) 3 किमी उत्तर की ओर
(b) 4 किमी दक्षिण की ओर
(c) 3 किमी पूर्व की ओर
(d) 2 किमी पश्चिम की ओर

25. रितु बिन्दु A से दक्षिण की ओर 2 किमी ड्राइव करती है। वह दाएँ मुड़ती है और 2 किमी और ड्राइव करती है। वह फिर से दाएँ मुड़ती है और 2 किमी ड्राइव करती है। अन्त में वह एक और बार दाएँ मुड़ती है और बिन्दु B तक पहुँचने के लिए 4 किमी ड्राइव करती है। बिन्दु A पर फिर से पहुँचने के लिए, उसे कितनी दूर और किस दिशा में ड्राइव करना चाहिए? SSC CPO 11/11/2022
(a) 3 किमी उत्तर की ओर
(b) 2 किमी दक्षिण की ओर
(c) 2 किमी पश्चिम की ओर
(d) 3 किमी पूर्व की ओर

26. मोहन का घर दक्षिण की ओर (दक्षिणामुखी) है। वह अपने घर से बाहर निकलता है और सीधे 30 मी चलता है। वहाँ से, वह दो बार लगातार दाएँ मुड़ता है और क्रमश: 6 मी और 24 मी की दूरी तय करता है। अन्त में, वह बाएँ मुड़ता है और किराने की दुकान तक पहुँचने के लिए 2 मी की दूरी तय करता है। उसके घर और किराने की दुकान के बीच न्यूनतम दूरी कितनी है?
SSC CPO 11/11/2022
(a) 6 मी (b) 10 मी
(c) 12 मी (d) 8 मी

27. डिओगो का घर पश्चिम की ओर (पश्चिममुखी) है। वह अपने घर से बाहर निकलता है और 22 मी सीधा चलता है। फिर वह अपने बाएँ मुड़ता है और 20 मी चलता है। वह फिर से बाएँ मुड़ता है और 25 मी चलता है। अन्त में, वह एक बार फिर बाएँ मुड़ता है और अपने स्कूल तक पहुँचने के लिए 24 मी चलता है। उसके घर से स्कूल कितनी दूर है और उसके घर के सन्दर्भ में किस दिशा में है?
SSC CPO 10/11/2022
(a) दक्षिण-पूर्व की ओर 25 मी
(b) उत्तर-पूर्व की ओर 7 मी
(c) उत्तर-पश्चिम की ओर 5 मी
(d) उत्तर-पूर्व की ओर 5 मी

28. अनीता अपने घर से प्रारम्भ करके दक्षिण की ओर 6 किमी साइकिल चलाती है और फिर बाएँ मुड़कर 8 किमी साइकिल चलाती है। वह फिर से बाएँ मुड़ती है और अपने स्कूल पहुँचने के लिए x किमी साइकिल चलाती है। बिन्दु A उसके स्कूल के पश्चिम में है और साथ ही उसके घर से उत्तर में 3 किमी दूरी पर है। x का मान क्या है?
SSC CPO 10/11/2022
(a) 7 किमी (b) 3 किमी
(c) 9 किमी (d) 11 किमी

29. ऋतिक अपने कार्यालय से सीधे पूर्व की ओर गया और 4 किमी चलने के बाद दाएँ मुड़ा। वहाँ से उसने 3 किमी की दूरी तय की और फिर दाएँ मुड़ गया। वहाँ से उसने 4 किमी की दूरी तय की और अन्त में वह बाएँ मुड़ा और सीधी दिशा में चला। अन्त में ऋतिक किस दिशा में चल रहा था?
SSC CPO 25/11/2020 Shift-II
(a) दक्षिण-पूर्व (b) उत्तर
(c) दक्षिण-पश्चिम (d) दक्षिण

30. स्कूल जाते समय रोहित अपने घर से 2 किमी सीधे चलता है, फिर बाएँ मुड़कर 4 किमी चलता है। यहाँ से, वह दाएँ मुड़ता है और 2 किमी की दूरी तय करने के बाद, वह फिर दाएँ मुड़ता है और अन्तत: 2 किमी की और दूरी तय करने के बाद स्कूल पहुँचता है। यदि अन्त में वह पश्चिम की ओर चल रहा था, तो उसके स्कूल से उसका घर किस दिशा में है? SSC CPO 25/11/2020 Shift-II
(a) पश्चिम (b) दक्षिण-पश्चिम
(c) उत्तर-पश्चिम (d) उत्तर

31. शाम को 5 बजे विद्यालय से घर वापस आते समय कैतकी की परछाई उसके बाईं ओर बनती है। उसके घर से उसका विद्यालय किस दिशा में है?
SSC CPO 25/11/2020 Shift-I
(a) उत्तर (b) उत्तर-पूर्व
(c) दक्षिण (d) उत्तर-पश्चिम

32. जॉन होटल से निकलकर सीधे गया और 3 किमी चलने के बाद बाएँ मुड़कर उसी दिशा में बिन्दु X तक पहुँचने के लिए 5 किमी चला। यहाँ से वह

दाएँ मुड़ा और 4 किमी चला, वह फिर से दाएँ मुड़ा और 4 किमी और चला। वहाँ से बिन्दु X तक पहुँचने के लिए मुड़ा और सीधे चला। यदि अब जॉन उत्तर-पश्चिम दिशा की ओर जा रहा है, तो वह होटल से निकलकर किस दिशा में चला था? **SSC CPO 25/11/2020 Shift-I**

(a) उत्तर (b) पश्चिम
(c) दक्षिण-पूर्व (d) पूर्व

33. बिस्मिता पूर्व की ओर 200 मी चलती है और फिर दाएँ ओर मुड़कर 210 मी चलकर अस्पताल पहुँचती है। उसके आरम्भिक स्थल से अस्पताल तक की सबसे छोटी दूरी ज्ञात करें। **SSC CPO 24/11/2020 Shift-I**

(a) 290 मी (b) 260 मी
(c) 310 मी (d) 220 मी

34. यदि एक घड़ी की मिनट वाली सुई पूर्वाह्न 12 : 00 बजे दक्षिण की ओर है, तो उसी घड़ी की मिन्ट वाली सुई पूर्वाह्न 3 : 00 बजे किस दिशा में होगी? **SSC CPO 24/11/2020 Shift-I**

(a) दक्षिण (b) पूर्व
(c) उत्तर (d) पश्चिम

35. रतन उत्तर की ओर 15 मी चलता है और फिर दाएँ मुड़कर 23 मी चलता है, फिर वह बाएँ मुड़कर 16 मी चलता है। उसके बाद, वह बाएँ मुड़कर 11 मी चलता है। फिर, उसके बाद वह दाएँ मुड़ता है और 17 मी चलता है। फिर वह बाएँ मुड़कर 12 मी चलता है। अन्ततः वह दाएँ मुड़ता है और 19 मी चलता है। आरम्भिक बिन्दु के सन्दर्भ में, अब वह किस दिशा में और कितनी दूर है? **SSC CPO 23/11/2020 Shift-I**

(a) उत्तर, 52 मी (b) उत्तर, 48 मी
(c) उत्तर, 67 मी (d) दक्षिण, 51 मी

SSC Steno 2024

36. शहर T, शहर U के दक्षिण में है। शहर V, शहर T के पूर्व में है। शहर X, शहर V के उत्तर में है। शहर Y, शहर X के उत्तर में है। शहर Z, शहर Y के पश्चिम में है। शहर T के सन्दर्भ में शहर Z की स्थिति क्या है? **SSC Steno 11/12/2024 Shift-III**

(a) पश्चिम (b) उत्तर
(c) दक्षिण (d) पूर्व

37. सुरेश अब 19 साल का है और कॉलेज में है। जब वह 5 साल का था, तब से वह एक छात्रावास में रहा और अब 14 साल के लम्बे समय के बाद घर वापस आ रहा है। उसके माता-पिता ने उसे रेलवे स्टेशन से उसके घर तक का रास्ता लिखकर भेजा है। सुरेश को उसके माता-पिता द्वारा भेजा गया नीचे दिया गया टेक्स्ट संदेश देखिए और उसके अनुसार निम्नलिखित प्रश्न का उत्तर दीजिए।
''जब आप रेलवे स्टेशन से बाहर निकलते हैं, तो आपका मुख उत्तर की ओर होगा। दाएँ मुड़ें और 4 किमी ड्राइव करें, आपको एक T-पॉइंट/जंक्शन दिखाई देगा। दाएँ मुड़ें और 2 किमी ड्राइव करें। चार सड़कों वाला एक गोल चक्कर मिलेगा। गोल चक्कर से बाएँ दूसरा मोड़ लें और 1 किमी ड्राइव करें। दाएँ मुड़ें और 3 किमी ड्राइव करें। बाएँ मुड़ें और 2 किमी ड्राइव करें। आपको हमारा घर सामने मिलेगा। जल्दी घर आओ।'' सुरेश ने रेलवे स्टेशन से अपने घर पहुँचने के लिए कितने किलोमीटर (किमी) की दूरी तय की? **SSC Steno 10/12/2024 Shift-III**

(a) 13 (b) 10 (c) 11 (d) 12

38. रमेश अपने बचपन के दोस्त के घर जाना चाहता है। रमेश के दोस्त ने एक टेक्स्ट मैसेज के जरिए अपने घर का रास्ता बताया। रमेश को उसके मित्र के घर के रास्ते के बारे में भेजा गया टेक्स्ट देखें और उसके अनुसार निम्नलिखित प्रश्न का उत्तर दीजिए।
''जब आप अपने घर से बाहर निकलते हैं, तो आपका मुख उत्तर की ओर होता है। दाएँ मुड़ें और 3 किमी चलें, आपको एक T- पॉइंट/जंक्शन दिखाई देगा। दाएँ मुड़ें और 2 किमी चलें। यहाँ चौराहे वाला एक गोल चक्कर आएगा।
गोलचक्कर से बाएँ ओर दूसरा मोड़ लें और 1 किमी चलें। दाएँ मुड़ें और 3 किमी चलें। दाएँ मुड़ें और 1 किमी चलें। तुम खुद को मेरे घर के सामने पाओगे।'' रमेश का मुख गंतव्य स्थान पर किस दिशा में है? **SSC Steno 10/12/2024 Shift-II**

(a) दक्षिण (b) पूर्व
(c) उत्तर (d) पश्चिम

39. एक आदमी पश्चिम की ओर 10 किमी की यात्रा करता है और बाएँ मुड़ता है और 4 किमी की यात्रा करता है और फिर पूर्व की ओर 4 किमी की यात्रा करता है। फिर वह अपने दाएँ मुड़ता है और 5 किमी की यात्रा करता है। फिर वह अपनी बाएँ ओर मुड़ता है और 6 किमी की यात्रा करता है। वह अपने आरंभिक स्थान से किस दिशा में है? **SSC Steno 10/12/2024 Shift-II**

(a) दक्षिण (b) उत्तर
(c) पूर्व (d) पश्चिम

40. रमेश अपने बचपन के दोस्त के घर जाना चाहता है। रमेश के दोस्त ने एक टेक्स्ट मैसेज के जरिए अपने घर का रास्ता बताया। रमेश को उसके मित्र के घर के रास्ते के बारे में भेजा गया टेक्स्ट देखें और उसके अनुसार निम्नलिखित प्रश्न का उत्तर दीजिए।
''जब आप अपने घर से बाहर निकलते हैं, तो आपका मुख उत्तर की ओर होता है। दाएँ मुड़ें और 3 किमी चलें, आपको एक T पॉइंट/जंक्शन दिखाई देगा। दाएँ मुड़ें और 2 किमी चलें। यहाँ चौराहे वाला एक गोल चक्कर आएगा।
गोलचक्कर से बाईं ओर दूसरा मोड़ लें और 1 किमी चलें। दाएँ मुड़ें और 3 किमी चलें। दाएँ मुड़ें और 1 किमी चलें। तुम खुद को मेरे घर के सामने पाओगे।'' रमेश गोल चक्कर तक कितने किलोमीटर चला? **SSC Steno 10/12/2024 Shift-I**

(a) 9 (b) 5 (c) 6 (d) 10

41. कमलेश को एक बहुराष्ट्रीय कम्पनी में काम करने का मौका मिला। कल उसके कार्यालय का पहला दिन है और उसने अपने साथी कर्मचारी से अपने नए कार्यालय का रास्ता पूछा। कमलेश टाउन A (उत्तर में) में रहता है और उसका कार्यालय टाउन F में है। उसके साथी कर्मचारी ने उसे फोन पर रास्ता बताया और उसने इसे एक कागज के टुकड़े पर नोट कर लिया। लिखित प्रतिलिपि नीचे है। प्रतिलिपि को ध्यान से पढ़ें और नीचे दिए गए प्रश्न का उत्तर दें। 'टाउन A से बाएँ मुड़ें और 2 किमी चलें और आप टाउन B में होंगे। टाउन B से बाएँ मुड़ें और टाउन C तक पहुँचने के लिए 3 किमी चलें। टाउन C से दाएँ मुड़ें और टाउन D तक पहुँचने के लिए 4 किमी और चलें। टाउन D से दाएँ मुड़ें और टाउन E तक पहुँचने के लिए 4 किमी चलें। टाउन E से बाएँ मुड़ें और टाउन F तक पहुँचने के लिए 5 किमी चलें। कार्यालय टाउन F में है।' टाउन E पहुँचने पर, कमलेश कल कितने किलोमीटर की दूरी तय कर चुका होगा? **SSC Steno 10/12/2024 Shift-I**

(a) 18 (b) 5 (c) 9 (d) 13

42. रमेश अपने बचपन के दोस्त के घर जाना चाहता है। रमेश के दोस्त ने एक टेक्स्ट मैसेज के जरिए अपने घर का रास्ता बताया। रमेश को उसके मित्र के घर के रास्ते के बारे में भेजा गया टेक्स्ट देखें और उसके अनुसार निम्नलिखित प्रश्न का उत्तर दीजिए।
''जब आप अपने घर से बाहर निकलते हैं, तो आपका मुख उत्तर की ओर है। दाएँ मुड़ें और 3 किमी चलें, आपको एक T-पॉइंट/जंक्शन दिखाई देगा। दाएँ मुड़ें और 2 किमी चलें। यहाँ चौराहे वाला एक गोल चक्कर आएगा। गोल चक्कर से बाईं ओर दूसरा मोड़ लें और 1 किमी चलें। दाएँ मुड़ें और 3 किमी चलें। दाएँ मुड़ें और 1 किमी चलें। तुम खुद को मेरे घर के सामने पाओगे।'' रमेश का मुख किस दिशा में है जब वह गोलचक्कर से बाएँ से दूसरा मोड़ लेता है? **SSC Steno 10/12/2024 Shift-III**

(a) दक्षिण (b) पूर्व
(c) उत्तर (d) पश्चिम

43. पाँच खिलाड़ी (A, B, C, D और E) एक क्रिकेट के मैदान में इस तरह से फील्डिंग कर रहे हैं कि सभी एक-दूसरे से समान दूरी पर हैं। B, A के पूर्व में है, जबकि C, A के दक्षिण में है। यदि D, C के पूर्व में और E के पश्चिम में है, तो E के संदर्भ में B का स्थान क्या है? **SSC Steno 10/12/2024 Shift-III**

(a) उत्तर-पश्चिम (b) दक्षिण
(c) दक्षिण-पूर्व (d) पूर्व

44. सुरेश अब 19 साल का है और कॉलेज में है। जब वह 5 साल का था, तब से वह एक छात्रावास में रहा और अब 14 साल के लम्बे समय के बाद घर वापस आ रहा है। उसके माता-पिता ने उसे रेलवे स्टेशन से उसके घर तक का रास्ता लिखकर भेजा है। सुरेश को उसके माता-पिता द्वारा भेजा गया नीचे दिया गया टेक्स्ट सन्देश देखिए और उसके अनुसार निम्नलिखित प्रश्न का उत्तर दीजिए। ''जब आप रेलवे स्टेशन से बाहर निकलते हैं, तो आपका मुख उत्तर की ओर होगा।
दाएँ मुड़ें और 4 किमी ड्राइव करें, आपको एक T पॉइंट/जंक्शन दिखाई देगा। दाएँ मुड़ें और 2 किमी ड्राइव करें। चार सड़कों वाला एक गोल चक्कर मिलेगा। गोल चक्कर से बाएँ दूसरा मोड़ लें और 1 किमी ड्राइव करें। दाएँ मुड़ें और 3 किमी ड्राइव करें। बाएं मुड़ें और 2 किमी ड्राइव करें। आपको हमारा घर सामने मिलेगा। जल्दी घर आओ।' रेलवे स्टेशन से दाएँ मुड़ने के बाद सुरेश का मुख किस दिशा में है? **SSC Steno 10/12/2024 Shift-II**

(a) उत्तर (b) पूर्व (c) दक्षिण (d) पश्चिम

45. कमलेश को एक बहुराष्ट्रीय कम्पनी में काम करने का मौका मिला। कल उसके कार्यालय का पहला दिन है और उसने अपने साथी कर्मचारी से अपने नए कार्यालय का रास्ता पूछा। कमलेश टाउन A (उत्तर में) में रहता है और उसका कार्यालय टाउन F में है। उसके साथी कर्मचारी ने उसे फोन पर रास्ता बताया और उसने इसे एक कागज के टुकड़े पर नोट कर लिया। लिखित प्रतिलिपि नीचे है। प्रतिलिपि को ध्यान से पढ़ें और नीचे दिए गए प्रश्न का उत्तर दें।
'टाउन A से बाएँ मुड़ें और 2 किमी चलें और आप टाउन B में होंगे। टाउन B से बाएँ मुड़ें और टाउन C तक पहुँचने के लिए 3 किमी चलें। टाउन C से दाएँ मुड़ें और टाउन D तक पहुँचने के लिए 4 किमी और चलें। टाउन D से दाएँ मुड़ें और टाउन E तक पहुँचने के लिए 4 किमी चलें। टाउन E से बाएँ मुड़ें और टाउन F तक पहुँचने के लिए 5 किमी चलें। कार्यालय टाउन F में है।'
टाउन D पहुँचने पर, कमलेश कल कितने किलोमीटर की दूरी तय कर चुका होगा?
SSC Steno 10/12/2024 Shift-II
(a) 18 (b) 9 (c) 5 (d) 13

46. पाँच घर (A, B, C, D और E) एक-दूसरे से इस प्रकार समान दूरी पर हैं कि B, A के पूर्व में है। D, B के दक्षिण में है। C, D के पश्चिम में है और E, C के दक्षिण में है। A, E से किस दिशा में है?
SSC Steno 10/12/2024 Shift-I
(a) दक्षिण-पश्चिम (b) पश्चिम
(c) उत्तर (d) उत्तर-पूर्व

47. सुरेश अब 19 साल का है और कॉलेज में है। जब वह 5 साल का था, तब से वह एक छात्रावास में रहा और अब 14 साल के लम्बे समय के बाद घर वापस आ रहा है। उसके माता-पिता ने उसे रेलवे स्टेशन से उसके घर तक का रास्ता लिखकर भेजा है। सुरेश को उसके माता-पिता द्वारा भेजा गया नीचे दिया गया टेक्स्ट संदेश देखिए और उसके अनुसार निम्नलिखित प्रश्न का उत्तर दीजिए।
''जब आप रेलवे स्टेशन से बाहर निकलते हैं, तो आपका मुख उत्तर की ओर होगा। दाएँ मुड़ें और 4 किमी ड्राइव करें, आपको एक T-पॉइंट/जंक्शन दिखाई देगा। दाएँ मुड़ें और 2 किमी ड्राइव करें। चार सड़कों वाला एक गोल चक्कर मिलेगा। गोल चक्कर से बाएँ दूसरा मोड़ लें और 1 किमी ड्राइव करें। दाएँ मुड़ें और 3 किमी ड्राइव करें। बाएँ मुड़ें और 2 किमी ड्राइव करें। आपको हमारा घर सामने मिलेगा। जल्दी घर आओ।''
सुरेश ने अपने माता-पिता द्वारा दिए गए निर्देशों का पालन करते हुए अपने घर तक पहुँचने के लिए गोल चक्कर से दूसरा-बाएँ मुड़ने के बाद कितने किलोमीटर की दूरी तय की?
SSC Steno 10/12/2024 Shift-I
(a) 8 (b) 12 (c) 5 (d) 6

SSC Steno 2023-2020

48. बिन्दु A, बिन्दु B से 35 मी उत्तर में है। बिन्दु C, बिन्दु B से 28 मी पश्चिम में है। बिन्दु D, बिन्दु C से 25 मी दक्षिण में है। बिन्दु E, बिन्दु D से 14 मी पश्चिम में है। बिन्दु F, बिन्दु E से 40 मी उत्तर में है। बिन्दु F के सापेक्ष बिन्दु B किस दिशा में है?
SSC Steno 13/10/2023 Shift-I
(a) उत्तर (b) पश्चिम
(c) उत्तर-पूर्व (d) दक्षिण-पूर्व

49. शालिनी 5 किमी उत्तर की ओर ड्राइव करती है, फिर वह पूर्व की ओर मुड़ जाती है और 12 किमी ड्राइव करती है। इसके बाद वह उत्तर की ओर मुड़ जाती है और 4 किमी ड्राइव करती है। वह फिर से पूर्व की ओर मुड़ जाती है और 5 किमी ड्राइव करती है। शालिनी द्वारा तय की गई कुल दूरी कितनी है?
SSC Steno 13/10/2023 Shift-I
(a) 12 किमी (b) 22 किमी
(c) 9 किमी (d) 26 किमी

50. बिन्दु A, बिन्दु B से 30 मी पूर्व में है। बिन्दु C, बिन्दु A से 43 मी दक्षिण में है। बिन्दु C, बिन्दु D से 45 मी पूर्व में है। बिन्दु E, बिन्दु D से 14 मी दक्षिण में है। बिन्दु F, बिन्दु E से 35 मी पूर्व में है। बिन्दु F के सापेक्ष बिन्दु B किस दिशा में है?
SSC Steno 12/10/2023 Shift-I
(a) पश्चिम (b) उत्तर-पूर्व
(c) दक्षिण-पश्चिम (d) उत्तर-पश्चिम

51. सलमान अपने कार्यालय से चलना शुरू करता है और दक्षिण की ओर 29 किमी ड्राइव करता है। फिर वह दाएँ मुड़ता है और 16 किमी ड्राइव करता है, फिर से वह दाएँ मुड़ता है और 29 किमी ड्राइव करता है। अन्त में वह दाएँ मुड़ता है और 13 किमी ड्राइव करता है। वह एक सीधी रेखा मे अपने शुरुआती बिन्दु से कितनी दूरी पर है?
SSC Steno 12/10/2023 Shift-I
(a) 16 किमी (b) 3 किमी
(c) 13 किमी (d) 29 किमी

52. शहर C, शहर A के दक्षिण में स्थित है। शहर D, शहर A के पश्चिम में स्थित है। शहर B, शहर D के पूर्व में स्थित है। शहर E, शहर B के दक्षिण में और शहर C के दक्षिण-पूर्व में स्थित है। शहर B के सापेक्ष शहर A की स्थिति ज्ञात कीजिए।
SSC Steno 18/11/2022 Shift-I
(a) पश्चिम (b) पूर्व
(c) उत्तर (d) दक्षिण

53. टाउन M, टाउन D के पश्चिम में है। टाउन C, टाउन D के दक्षिण-पश्चिम में है। टाउन D, टाउन B के उत्तर में है। टाउन A, टाउन C के दक्षिण में है। टाउन M, टाउन C के उत्तर में है। टाउन B, टाउन A के उत्तर-पूर्व में है। टाउन M के सापेक्ष, टाउन B की स्थिति क्या है?
SSC Steno 18/11/2022 Shift-I
(a) उत्तर (b) उत्तर-पश्चिम
(c) पूर्व (d) दक्षिण-पूर्व

54. प्रिन्स बिन्दु A से पूर्व की ओर 8 किमी ड्राइव करता है। वह दाएँ मुड़ता है और 3 किमी ड्राइव करता है। वह फिर से दाएँ मुड़ता है और 5 किमी ड्राइव करता है। वह फिर दाएँ मुड़ता है और 8 किमी ड्राइव करता है। अन्त में वह बाएँ मुड़ता है और बिन्दु B तक पहुँचने के लिए 3 किमी ड्राइव करता है। बिन्दु A पर पुनः पहुँचने के लिए अब उसे कितनी दूर और किस दिशा में ड्राइव करना चाहिए?
SSC Steno 17/11/2020 Shift-I
(a) पूर्व की ओर 2 किमी
(b) पश्चिम की ओर 3 किमी
(c) उत्तर की ओर 4 किमी
(d) दक्षिण की ओर 5 किमी

55. टाउन B, टाउन A के पूर्व में है। टाउन C, टाउन B के उत्तर में है। टाउन D, टाउन C के पूर्व में है। टाउन E, टाउन D के दक्षिण में है। टाउन A के सापेक्ष टाउन E की स्थिति क्या है? (सभी स्थितियों को ग्रिड पैटर्न में व्यवस्थित किया गया है।)
SSC Steno 17/11/2022 Shift-I
(a) पूर्व (b) उत्तर-पश्चिम
(c) दक्षिण-पश्चिम (d) उत्तर

56. रेशमा दक्षिण की ओर जाती है। 500 मी के बाद, वह अपनी दोस्त रेहाना के घर पहुँचती है। अपनी दोस्त से मिलने के बाद, रेशमा पूर्व की ओर 500 मी चलती है और फिर दाईं ओर मुड़कर और 500 मी चलती है। यहाँ से, वह दाईं ओर मुड़ती है और 1 किमी चलती है। अन्त में, वह अपने दाईं ओर मुड़ती है और अपने कॉलेज पहुँचने के लिए 1 किमी चलती है। रेहाना के घर से उसका कॉलेज किस दिशा में है?
SSC Steno 15/11/2021
(a) दक्षिण-पूर्व (b) उत्तर
(c) उत्तर-पश्चिम (d) दक्षिण

57. एक सुबह, रीती पूर्व की ओर चलती है और अपने दोस्त सन्जू को किसी दिशा से आते हुए देखती है। वह सन्जू की परछाई को उसकी दाईं ओर देखती है। सन्जू किस दिशा से आ रहा है?
SSC Steno 15/11/2021
(a) पूर्व (b) उत्तर
(c) दक्षिण (d) पश्चिम

58. स्कूल से निकलने के बाद हेमन्त और अनुराग उत्तर की ओर 1 किमी चलते हैं और बस स्टॉप पर पहुँचते हैं। वहाँ से हेमन्त बाईं ओर मुड़ता है और 500 मी चलता है। उसके बाद वह अपनी बाईं ओर मुड़ता है और 2 किमी चलकर अपने घर पहुँचता है। बस स्टॉप से अनुराग दाईं ओर मुड़ता है और 250 मी चलता है। उसके बाद वह दाईं ओर मुड़ता है, और 1 किमी चलकर अपने घर पहुँचता है। हेमन्त के घर से अनुराग का घर किस दिशा में है?
SSC Steno 15/11/2021
(a) पूर्व (b) पश्चिम
(c) दक्षिण-पूर्व (d) उत्तर-पूर्व

59. एक साइकिल चलाने वाला पूर्व की ओर 2 किमी चला ओर फिर बाएँ मुड़कर 1 किमी चला। वहाँ से, वह बाएँ मुड़कर और 800 मी चलकर एक चाय की दुकान पर पहुँचा। वहाँ कुछ देर रुकने के बाद, वह दक्षिण की ओर मुड़ा और 500 मी चला। वहाँ से, वह दाएँ मुड़ा और 1.2 किमी चला। अन्ततः वह दाएँ मुड़ा और 1 किमी चला। वह अब अपने प्रारम्भिक स्थान से किस दिशा में है?
SSC Steno 12/11/2021
(a) उत्तर (b) पूर्व
(c) पश्चिम (d) दक्षिण

60. एक शाम, जब रोजी बाजार जा रही थी, तो उसने सूर्य को अपने दाएँ देखा। वह 100 मी चली और बाएँ मुड़कर 50 मी चलकर चौराहे पर पहुँची। वहाँ से वह 40 मी दक्षिण की ओर चली और अन्ततः वह बाएँ मुड़कर 60 मी चलकर बाजार पहुँची। उसके घर से बाजार किस दिशा में है?
SSC Steno 12/11/2021
(a) दक्षिण-पूर्व (b) दक्षिण-पश्चिम
(c) उत्तर-पश्चिम (d) उत्तर-पूर्व

61. तमन्ना अपने घर से उत्तर दिशा की ओर चल रही है। 500 मी चलने के बाद वह बाएँ मुड़ी और 500 मी चली। फिर वह बाएँ मुड़ी और 250 मी चली और अपने दोस्त के घर पहुँच गई। उसके दोस्त के घर से उसका घर किस दिशा में है? **SSC Steno 12/11/2021**
(a) दक्षिण-पूर्व (b) दक्षिण-पश्चिम
(c) उत्तर (d) दक्षिण

62. उदय, पश्चिम की ओर 25 मी चलता है और फिर वह बाईं ओर मुड़ता है और 55 मी चलता है। फिर, वह दाईं ओर मुड़ता है और 45 मी चलता है। अब वह फिर से दाईं ओर मुड़ता है और 70 मी चलता है। प्रारम्भिक बिन्दु के 15 मी उत्तर पहुँचने के लिए, उसे अब किस दिशा में और कितनी दूर चलना होगा? **SSC Steno 11/11/2021**
(a) उत्तर, 35 मी (b) पूर्व, 45 मी
(c) पश्चिम, 70 मी (d) पूर्व, 70 मी

63. एक सुबह, ध्वनि और प्रीत पार्क में एक-दूसरे की ओर मुख करके बैठे थे। यदि प्रीत की परछाई ध्वनि के बाईं ओर पड़ रही थी, तो ध्वनि किस दिशा में मुख करके बैठी थी? **SSC Steno 11/11/2021**
(a) पूर्व (b) दक्षिण (c) उत्तर (d) पश्चिम

64. सुयश अपने कार्यालय से चलना शुरू करता है और दक्षिण की ओर 40 मी चलता है। वहाँ से, वह दाईं ओर मुड़ता है और 35 मी चलता है, और फिर से वह दाईं ओर मुड़ता है और 70 मी चलता है। अन्त में, वह एक बार और दाईं ओर मुड़ता है और अपने घर तक पहुँचने के लिए 75 मी चलता है। उसके कार्यालय और उसके घर के बीच सबसे छोटी दूरी ज्ञात करें। **SSC Steno 11/11/2021**
(a) 40 मी (b) 50 मी
(c) 70 मी (d) 85 मी

65. सूर्योदय के समय विनीता और सुनीता पार्क में एक-दूसरे की ओर अभिमुख होकर खड़ी हैं। यदि विनीता की छाया सुनीता के बाईं ओर है, तो विनीता किस दिशा की ओर अभिमुख होकर खड़ी है? **SSC Steno 24/12/2020**
(a) पश्चिम (b) उत्तर
(c) दक्षिण (d) पूर्व

66. नीरव का घर, आकाश के घर के दक्षिण दिशा में 40 मी दूर है। दक्ष का घर, आकाश के घर के ठीक पूर्व दिशा में X मी की दूरी पर है। प्रकाश का घर, आकाश के घर के ठीक पश्चिम दिशा में Y मी की दूरी पर है। यदि प्रकाश के घर और नीरव के घर के बीच की न्यूनतम दूरी 50 मी है और दक्ष के घर और नीरव के घर के बीच की न्यूनतम दूरी भी 50 मी है, तो प्रकाश के घर और दक्ष के घर के बीच की दूरी कितनी है? **SSC Steno 24/12/2020**
(a) 40 मी (b) 30 मी
(c) 60 मी (d) 80 मी

67. कृपाल अपने घर से गाड़ी चलाना शुरू करता है और दक्षिण दिशा की ओर 37 किमी की दूरी तय करता है। वहाँ से वह बाएँ मुड़ता है और 31 किमी की दूरी तय करता है। फिर, वह दाएँ मुड़ता है और 27 किमी की दूरी तय करता है। उसके बाद, वह बाएँ मुड़ता है और Y किमी की निश्चित दूरी तय करता है। उसके बाद, वह बाएँ मुड़ता है और 57 किमी गाड़ी चलाता है। अब अन्त में, वह बाएँ मुड़ता है और 58 किमी दूर उस बैंक तक पहुँचता है, जो उसके घर से दक्षिण दिशा की ओर ठीक 7 किमी दूर है। Y का मान किमी में ज्ञात करें। **SSC Steno 24/12/2020**
(a) 55 (b) 36
(c) 27 (d) 22

68. सुयश बिन्दु A से चलना प्रारम्भ करता है और दक्षिण-पूर्व की ओर 130 मी जाता है। प्रदीप बिन्दु B से चलना प्रारम्भ करता है और दक्षिण-पश्चिम की ओर 130 मी जाता है। ये दूरियाँ तय करने के बाद, वे दोनों बिन्दु C पर मिलते हैं। बिन्दु D इस तरह स्थित है कि यदि बिन्दुओं A और B को एक-दूसरे से एक सीधी रेखा द्वारा मिलाया जाए, तो बिन्दु D उस रेखा का मध्य-बिन्दु होगा। बिन्दुओं C और D के मध्य की दूरी 120 मी है, तो बिन्दुओं A और B के मध्य की दूरी ज्ञात कीजिए। **SSC Steno 22/12/2020**
(a) 120 मी (b) 80 मी
(c) 50 मी (d) 100 मी

69. शाम के समय अमित और अस्विनी एक पार्क में ऐसे बैठे हैं कि उन दोनों की पीठ एक-दूसरे के सम्मुख है। यदि अमित की छाया अस्विनी के दाईं ओर पड़ती है, तो अमित किस दिशा की ओर अभिमुख है? **SSC Steno 22/12/2020**
(a) दक्षिण (b) पश्चिम
(c) पूर्व (d) उत्तर

70. जोया बैंक से बाहर निकली और 14 मी उत्तर की ओर चली। उसके बाद वह बाईं ओर मुड़ी और 20 मी चली। उसके बाद वह फिर बाईं ओर मुड़ी और 36 मी चली। अब वह एक बार फिर बाईं ओर मुड़ी और 65 मी चली। उसे बैंक से पूरब दिशा में 45 मी की दूरी पर स्थित अस्पताल पहुँचने के लिए किस ओर मुड़ना होगा और कितनी दूरी तय करनी पड़ेगी? **SSC Steno 22/12/2020**
(a) बाईं ओर, 22 मी
(b) दाईं ओर 22 मी
(c) बाईं ओर, 29 मी
(d) दाईं ओर 29 मी

सही उत्तर

1 (c)	2 (d)	3 (a)	4 (d)	5 (a)	6 (d)	7 (d)	8 (c)	9 (b)	10 (a)
11 (a)	12 (a)	13 (d)	14 (b)	15 (a)	16 (d)	17 (d)	18 (a)	19 (d)	20 (a)
21 (b)	22 (a)	23 (a)	24 (a)	25 (c)	26 (b)	27 (d)	28 (c)	29 (d)	30 (c)
31 (a)	32 (d)	33 (a)	34 (a)	35 (c)	36 (b)	37 (d)	38 (c)	39 (a)	40 (b)
41 (d)	42 (a)	43 (a)	44 (b)	45 (b)	46 (c)	47 (d)	48 (d)	49 (d)	50 (d)
51 (b)	52 (a)	53 (d)	54 (d)	55 (a)	56 (c)	57 (b)	58 (d)	59 (a)	60 (a)
61 (a)	62 (d)	63 (c)	64 (b)	65 (c)	66 (c)	67 (c)	68 (d)	69 (a)	70 (a)

उत्तर सहित हल

1. (c) प्रश्नानुसार,

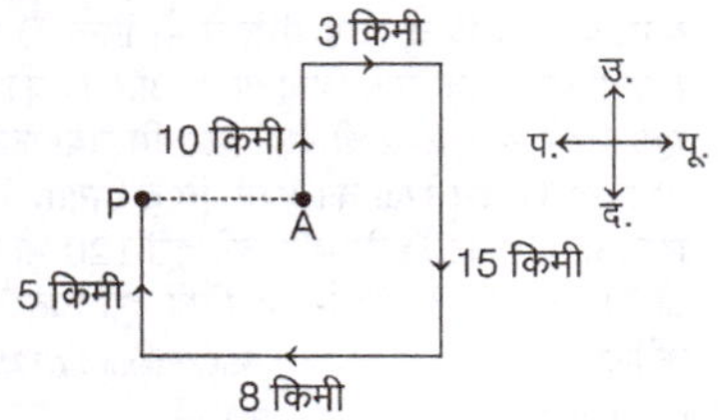

A और P के बीच की दूरी = (8 – 3) = 5 किमी

अत: P से बिन्दु A पर फिर से पहुँचने के लिए अजय को गाड़ी 5 किमी पूर्व दिशा में चलानी होगी।

2. (d) प्रश्नानुसार,

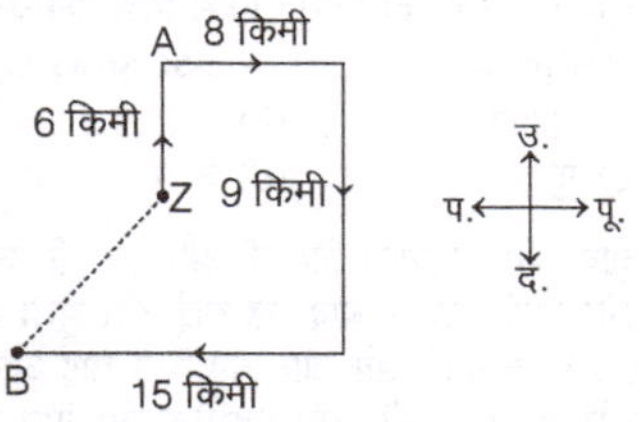

अत: बिन्दु Z के सन्दर्भ में बिन्दु B दक्षिण-पश्चिम दिशा में है।

3. (a) प्रश्नानुसार,

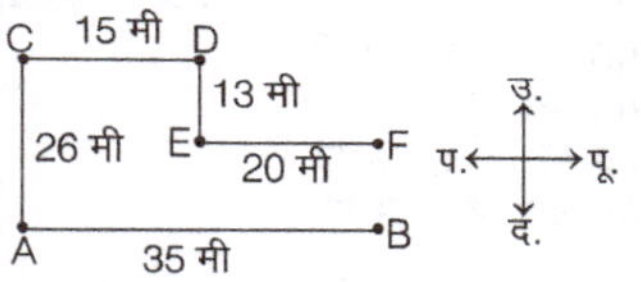

अत: बिन्दु F से बिन्दु B दक्षिण दिशा में है।

4. (d) प्रश्नानुसार,

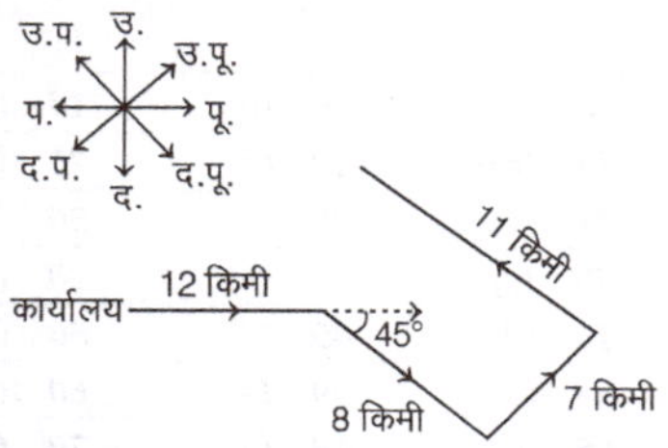

अन्त में वह उत्तर-पश्चिम की ओर जा रहा था। अत: उसने अपने कार्यालय से पूर्व दिशा में चलना शुरू किया था।

5. (a) प्रश्नानुसार,

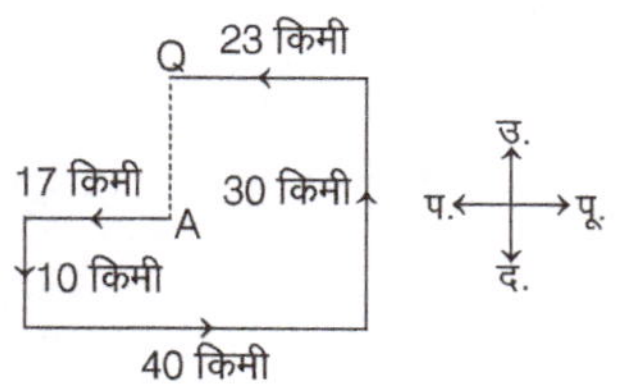

A से Q की दूरी = (30 – 10) = 20 किमी

अत: राजेश को दोबारा A पर पहुँचने के लिए 20 किमी दक्षिण में गाड़ी चलानी चाहिए।

6. (d) प्रश्नानुसार,

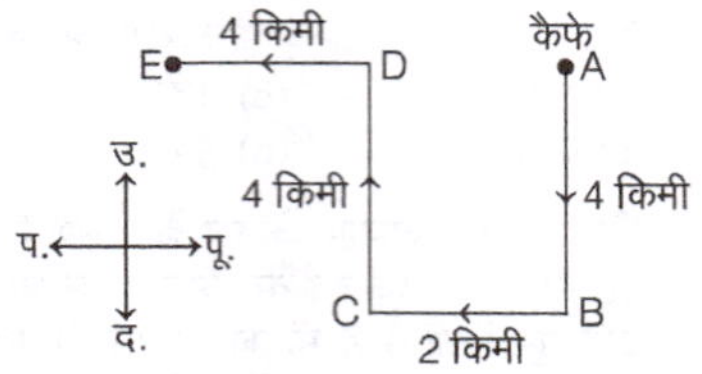

EA = ED + CB = (4 + 2) किमी = 6 किमी

अत: हरिनी को वापस कैफे पहुँचने के लिए सीधे 6 किमी चलना होगा।

7. (d) प्रश्नानुसार,

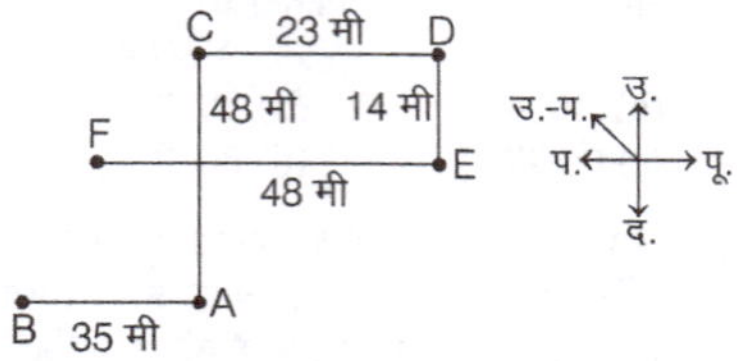

अत: F, A से उत्तर-पश्चिम दिशा में है।

8. (c) प्रश्नानुसार,

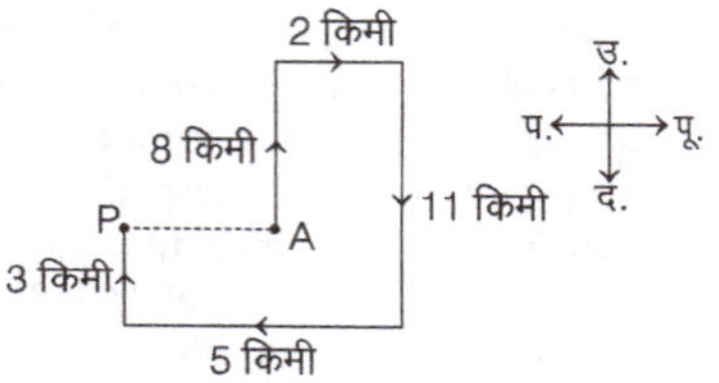

P और A के बीच की दूरी = (5 – 2) = 3 किमी

अत: अनिल को स्थान A पर वापस पहुँचने के लिए 3 किमी पूर्व की ओर जाना होगा।

9. (b) प्रश्नानुसार,

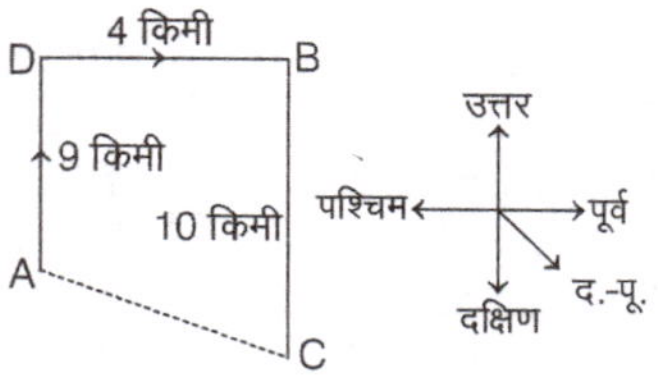

अत: बिन्दु A के सन्दर्भ में बिन्दु C दक्षिण-पूर्व दिशा में है।

10. (a) प्रश्नानुसार,

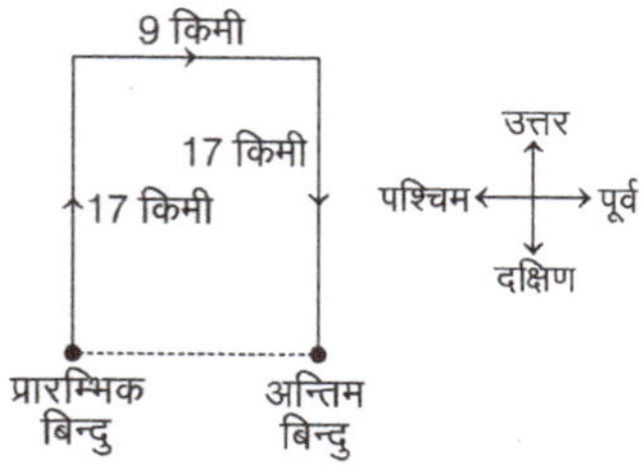

अत: सीधी रेखा पर शिवानी प्रारम्भिक बिन्दु से 9 किमी की दूरी पर है।

11. (a) प्रश्नानुसार,

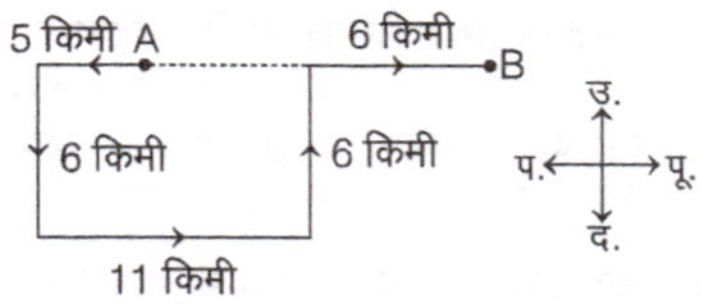

बिन्दु A और B के बीच की दूरी

= 6 + (11 – 5) किमी

= 6 + 6 किमी = 12 किमी

अत: बिन्दु A पर लौटने के लिए सुनील को 12 किमी पश्चिम दिशा में जाना होगा।

12. (a) प्रश्नानुसार,

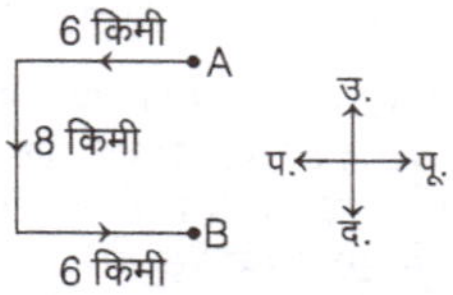

अत: A, के सन्दर्भ में बिन्दु B दक्षिण दिशा में है।

13. (d) प्रश्नानुसार,

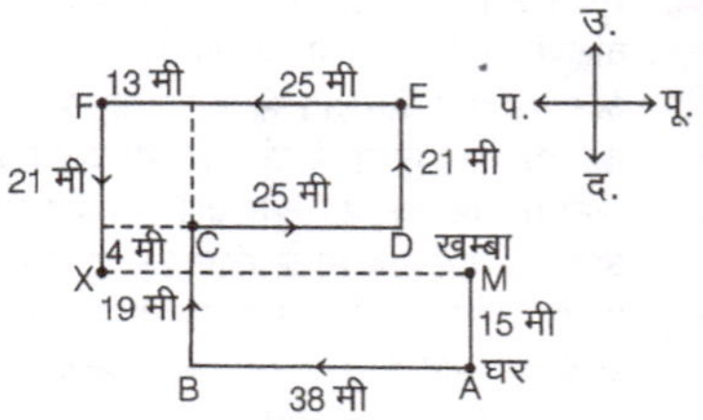

स्पष्टत: XM = 13 + 25 + (38 – 25)

= 13 + 25 + 13 = 51

अत: अभीष्ट दूरी = 51 मी

14. (b) प्रश्नानुसार,

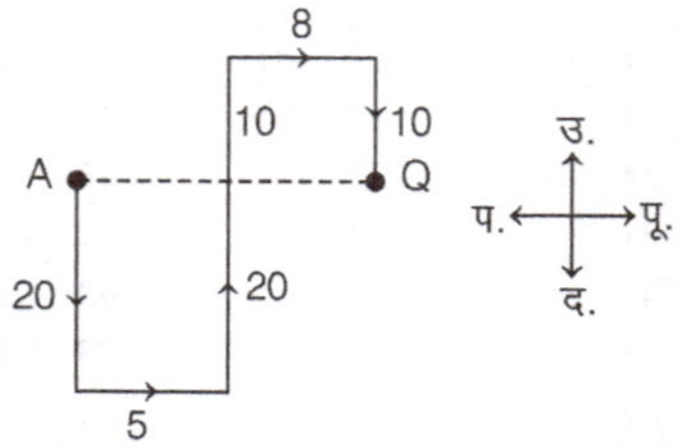

AQ = 5 + 8 = 13 किमी

अत: Q से A तक जाने में अजय को 13 किमी पश्चिम की ओर गाड़ी चलानी चाहिए।

15. (a) प्रश्नानुसार,

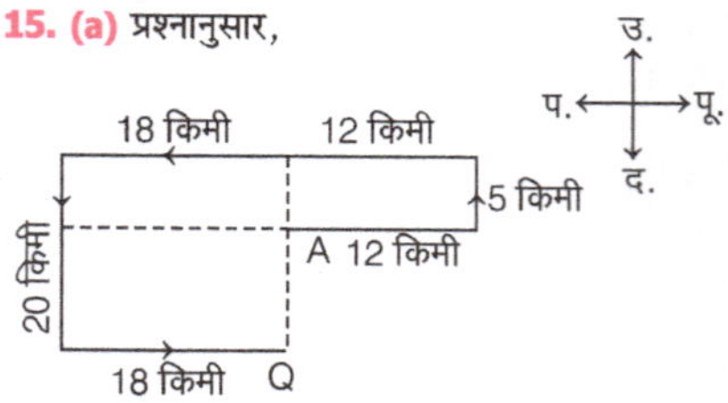

अत: AQ = 20 – 5 = 15 किमी

अत: मनीष को बिन्दु Q से A पर आने में 15 किमी, उत्तर की ओर गाड़ी चलानी होगी।

16. (d) प्रश्नानुसार,

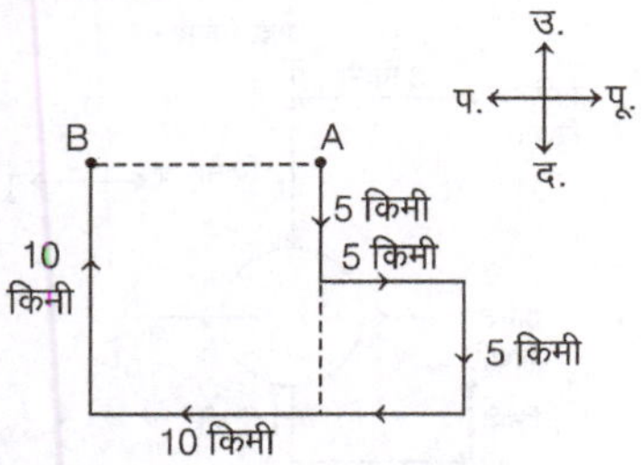

$AB = 10 - 5 = 5$ किमी

अत: अमन को बिन्दु 'B' से A पर लौटने के लिए 5 किमी, पूर्व दिशा में ड्राइव करना होगा।

17. (d) प्रश्नानुसार,

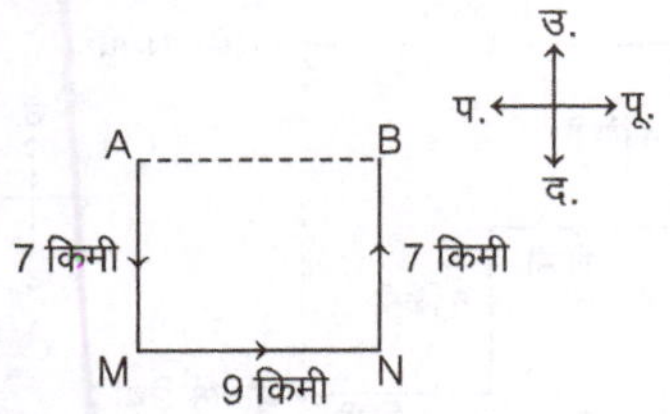

$\therefore$ $AB = 9$ किमी

अत: प्रीति को बिन्दु B से A तक पहुँचने में 9 किमी ड्राइव करनी चाहिए।

18. (a) प्रश्नानुसार,

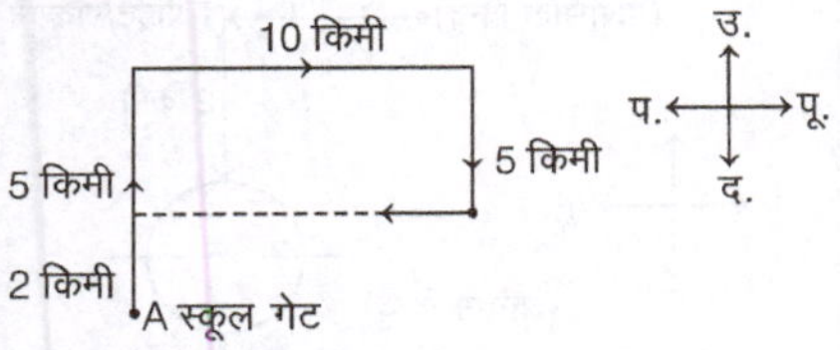

$\therefore$ अभीष्ट दूरी $= 10 + 2 = 12$ किमी

19. (d) प्रश्नानुसार,

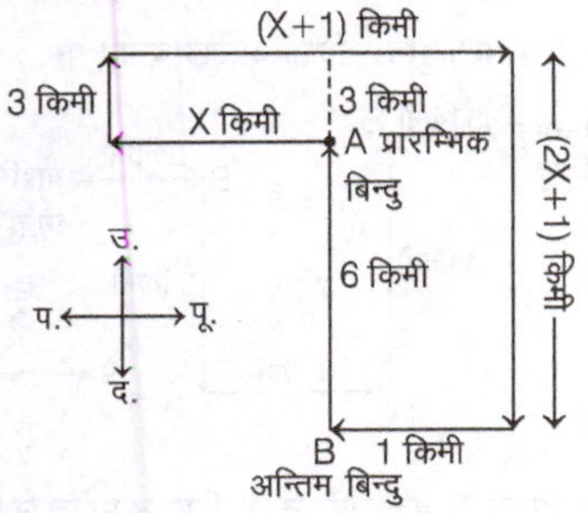

उपरोक्त आरेख के अनुसार,

$6 + 3 = 2X + 1 \Rightarrow 9 - 1 = 2X \Rightarrow 8 = 2X$

$\therefore$ $X = 4$

20. (a) प्रश्नानुसार,

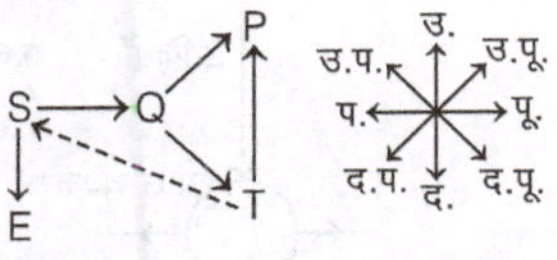

उपरोक्त से स्पष्ट है कि S, T के सापेक्ष उत्तर-पश्चिम में है।

21. (b) प्रश्नानुसार,

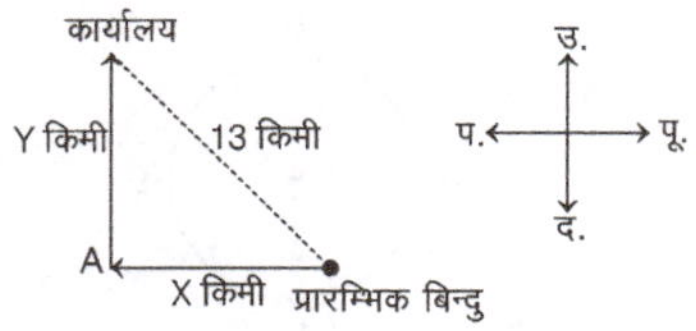

ΔOAB में पाइथागोरस प्रमेय से,

$(X)^2 + (Y)^2 = (13)^2$

जब $X = 12$ और $Y = 5$ [विकल्प (b) से]

$(12)^2 + (5)^2 = 169$

$\Rightarrow 144 + 25 = 169$

$\Rightarrow 169 = 169$

22. (a) प्रश्नानुसार,

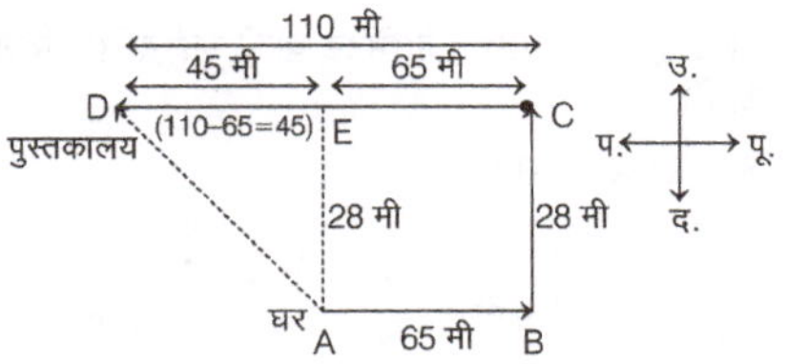

ΔAED में पाइथागोरस प्रमेय से,

$(AD)^2 = (AE)^2 + (ED)^2$

$(AD)^2 = (28)^2 + (45)^2$

$(\because AE = BC$ तथा $ED = CD - AB)$

$(AD)^2 = 784 + 2025$

$(AD)^2 = 2809$

$AD = 53$

अत: आण्टी ग्लोरिया के घर से पुस्तकालय 53 मी, उत्तर-पश्चिम में है।

23. (a) प्रश्नानुसार,

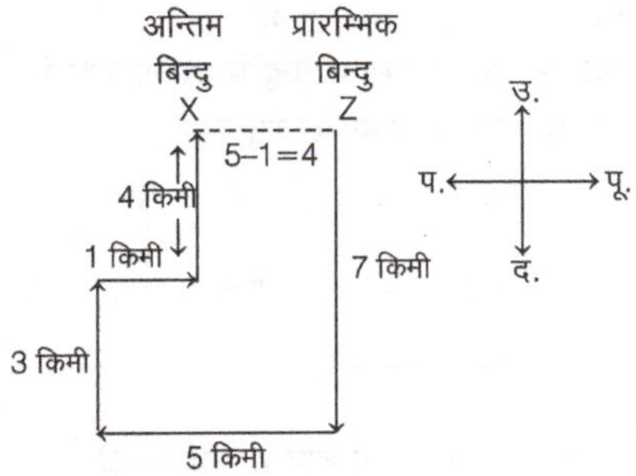

अत: बिन्दु Z तक पहुँचने के लिए उसे 4 किमी, पूर्व दिशा की ओर चलना होगा।

24. (a) प्रश्नानुसार,

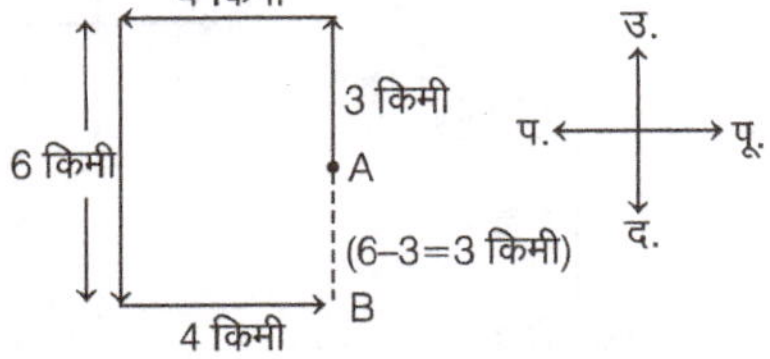

अत: रोहित को बिन्दु A पर पहुँचने के लिए 3 किमी उत्तर की ओर जाना है।

25. (c) प्रश्नानुसार,

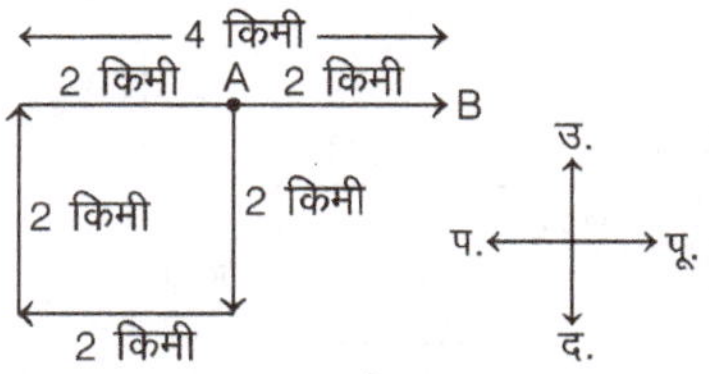

अत: पुन: बिन्दु A पर पहुँचने के लिए, उसे 2 किमी पश्चिम की ओर चलना पड़ेगा।

26. (b) प्रश्नानुसार,

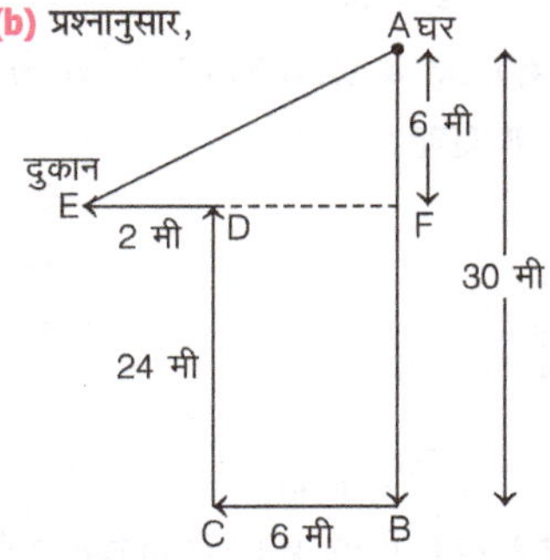

ΔAEF में, पाइथागोरस प्रमेय से,

$AE^2 = AF^2 + EF^2$

$= 6^2 + 8^2 = 36 + 64$

$\Rightarrow AE = \sqrt{100} = 10$ मी

अत: मोहन के घर और किराने की दुकान के बीच की दूरी 10 मी है।

27. (d) प्रश्नानुसार,

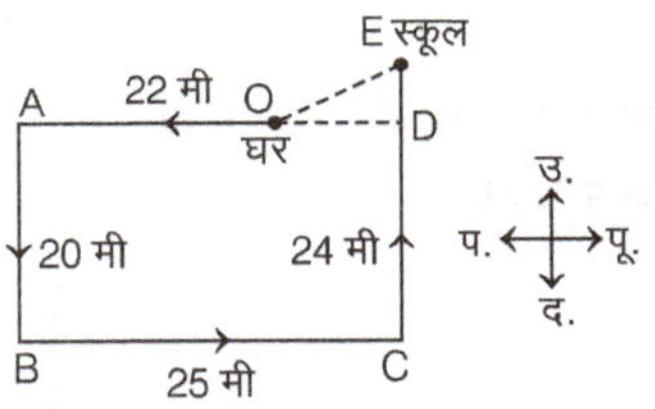

घर से स्कूल की दूरी $= OE$

$OD = 25 - 22 = 3$ मी

$ED = 24 - 20 = 4$ मी

अब ΔODE में पाइथागोरस प्रमेय से,

$OE^2 = OD^2 + ED^2 = (3)^2 + (4)^2$

$= 9 + 16 = 25$

$OE = 5$ मी

अत: उसके घर से स्कूल उत्तर-पूर्व की ओर 5 मी दूरी पर है।

28. (c) प्रश्नानुसार,

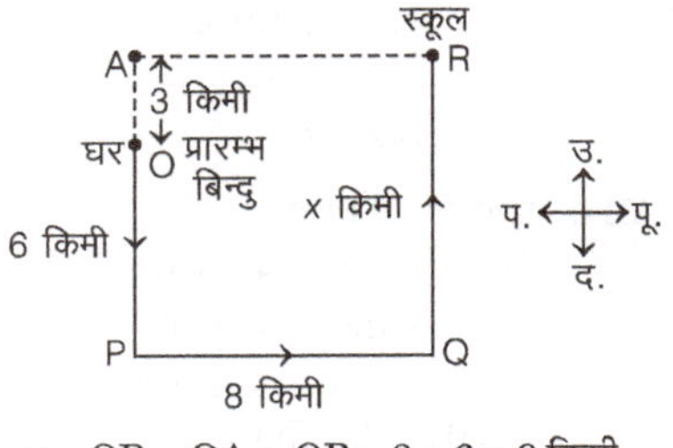

$\therefore$ $x = QR = OA + OP = 3 + 6 = 9$ किमी

29. (d) प्रश्नानुसार,

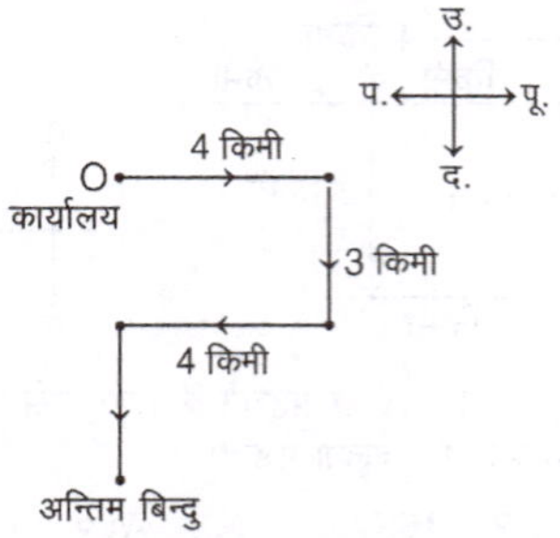

अत: अन्त में ऋतिक दक्षिण दिशा में चल रहा था।

30. (c) प्रश्नानुसार,

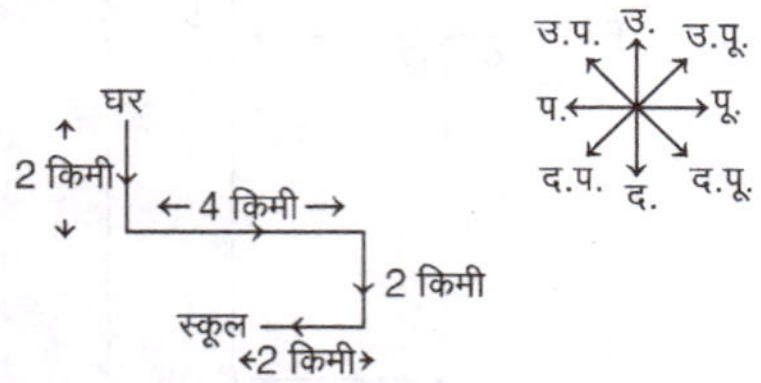

अत: उसके स्कूल से घर उत्तर-पश्चिम दिशा में है।

31. (a) प्रश्नानुसार,

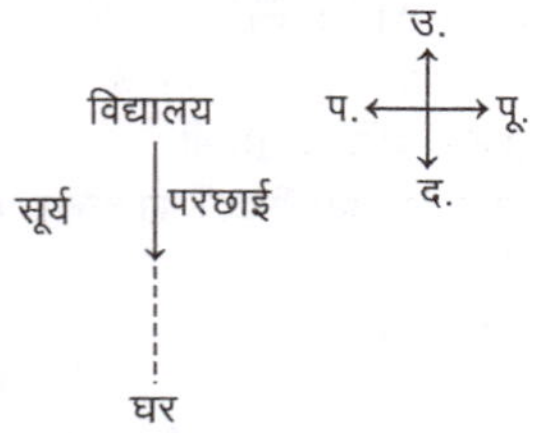

अत: घर से विद्यालय उत्तर दिशा में है।

32. (d) प्रश्नानुसार,

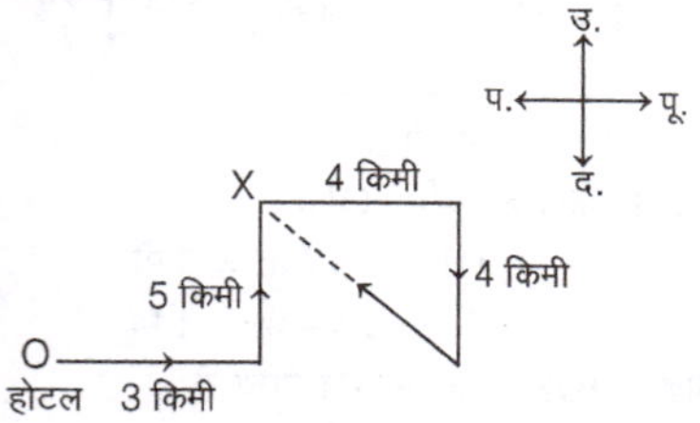

अत: वह होटल से निकलकर पूर्व दिशा में चला।

33. (a) प्रश्नानुसार,

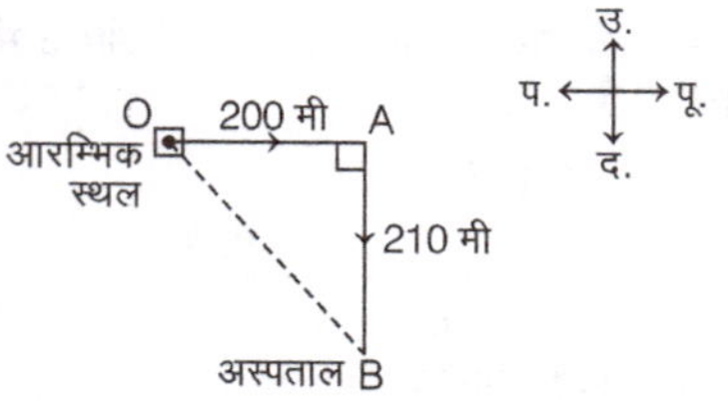

ΔOAB में पाइथागोरस प्रमेय से,

$$(OB)^2 = (OA)^2 + (AB)^2$$
$$= (200)^2 + (210)^2$$
$$= 40000 + 44100$$
$$\Rightarrow \quad OB = \sqrt{84100}$$
$$\therefore \quad OB = 290 \text{ मी}$$

34. (a) प्रश्नानुसार, पूर्वाह्न 12 : 00 बजे

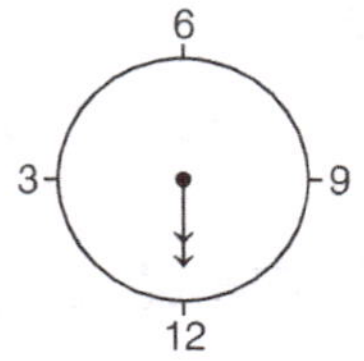

पूर्वाह्न 3 : 00 बजे

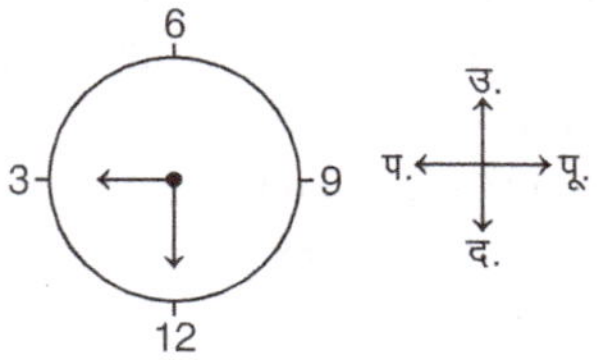

अत: पूर्वाह्न 3 : 00 बजे मिनट वाली सुई दक्षिण दिशा में होगी।

35. (c) प्रश्नानुसार,

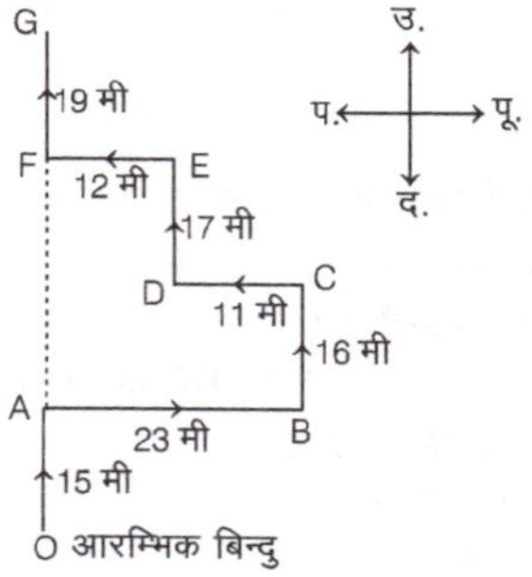

$\therefore$ अभीष्ट दूरी = OG

$$OG = OA + AF + FG$$
$$= OA + BC + DE + FG$$

15 + 16 + 17 + 19= 67 मी

अत: अब वह आरम्भिक बिन्दु से 67 मी उत्तर में है।

36. (b) दिए गए कथन के अनुसार,

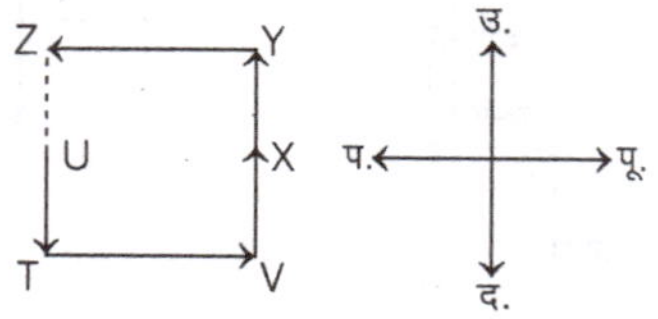

$\therefore$ शहर T के सन्दर्भ में शहर Z 'उत्तर' में है।

37. (d) प्रश्नानुसार,

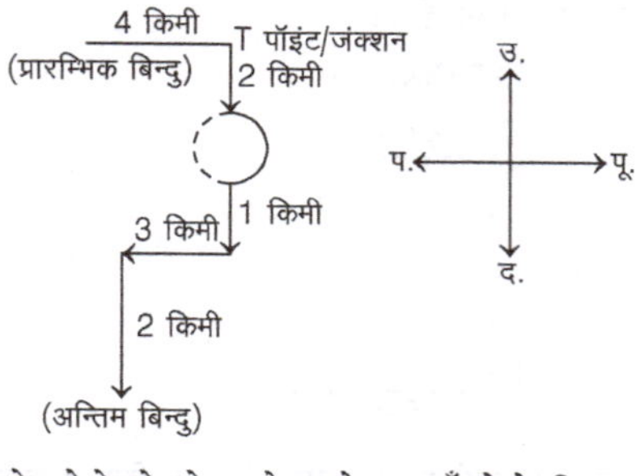

$\therefore$ सुरेश ने रेलवे स्टेशन से अपने घर पहुँचने के लिए 4+ 2+ 1+ 3+ 2=12 किमी की दूरी तय की।

38. (c) दी गई जानकारी के अनुसार,

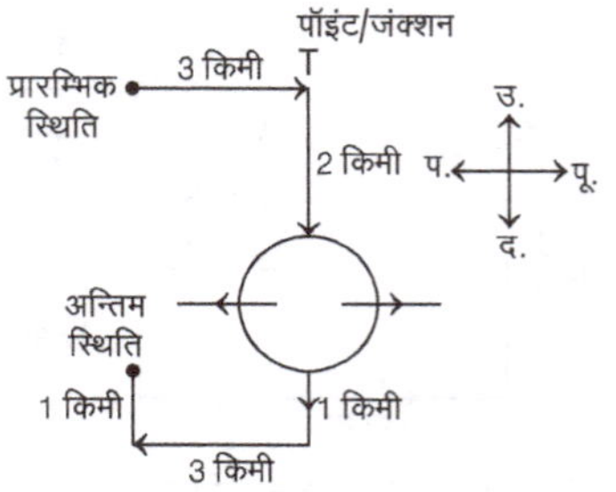

अत: रमेश का मुख गंतव्य स्थान पर उत्तर दिशा की ओर है।

39. (a) दी गई जानकारी के अनुसार,

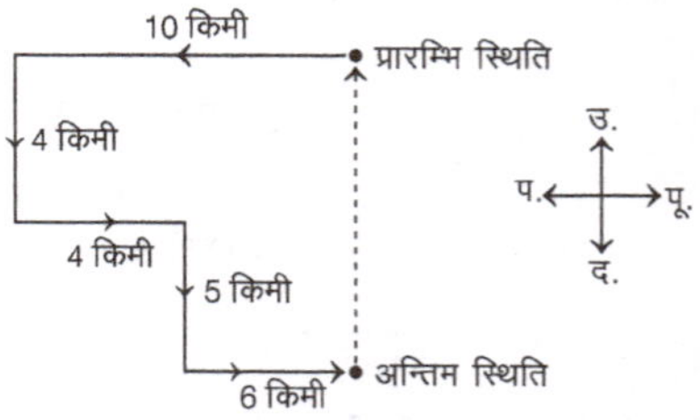

अत: अब वह आदमी अपने प्रारम्भिक स्थान से 'दक्षिण' दिशा में है।

40. (b) दी गई जानकारी के अनुसार,

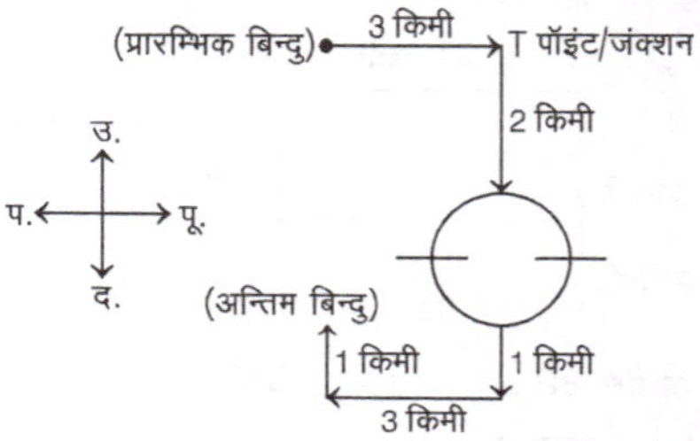

$\therefore$ रमेश गोल चक्कर तक (3+ 2) = 5 किमी चला।

41. (d) प्रश्नानुसार, दिशा आरेख बनाने पर,

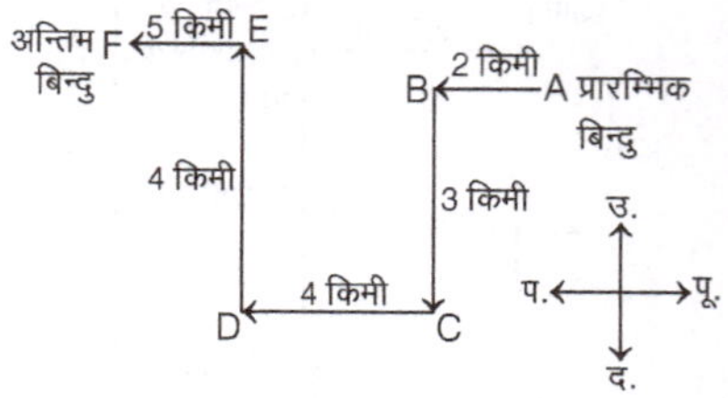

अत: टाउन E तक पहुँचने के लिए कमलेश ने '13 किमी' की दूरी तय की होगी।

42. (a) प्रश्नानुसार,

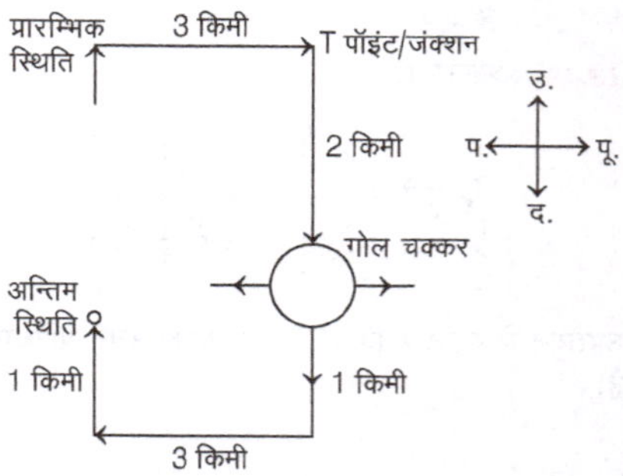

अत: जब रमेश गोल चक्कर से बाएँ से दूसरा मोड़ लेता है। तब, रमेश का मुख 'दक्षिण' की ओर होता है।

43. (a) प्रश्नानुसार,

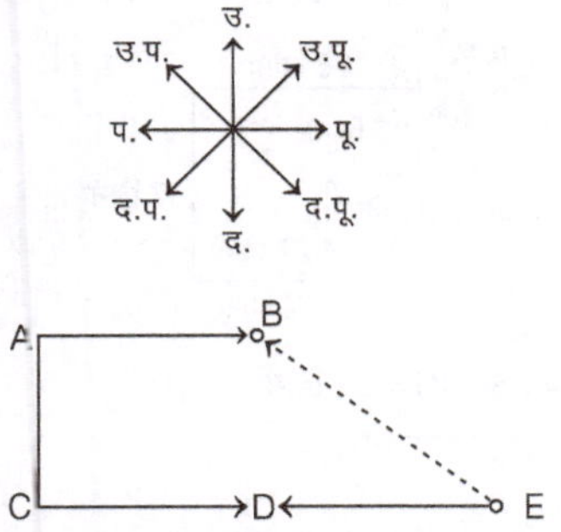

अत: B, E से 'उत्तर-पश्चिम' दिशा में हैं।

44. (b) प्रश्नानुसार,

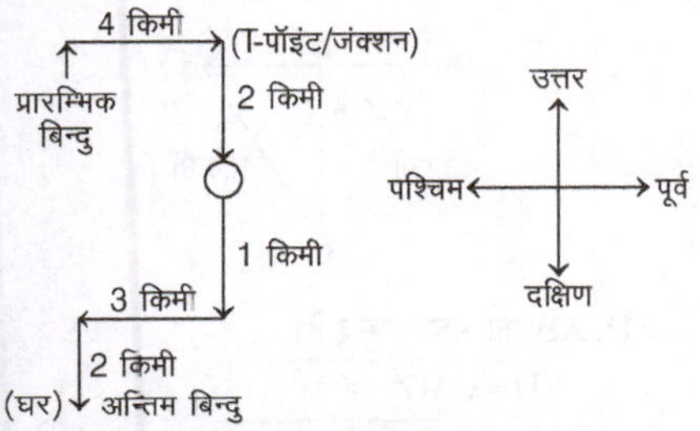

अत: रेलवे स्टेशन से दाएँ मुड़ने पर सुरेश का मुख पूर्व दिशा में है।

45. (b) प्रश्नानुसार,

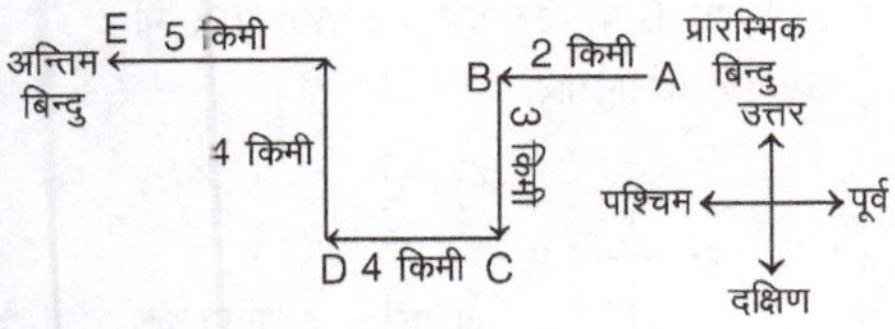

अभीष्ट दूरी = (2 + 3 + 4) = 9 किमी

46. (c) प्रश्नानुसार,

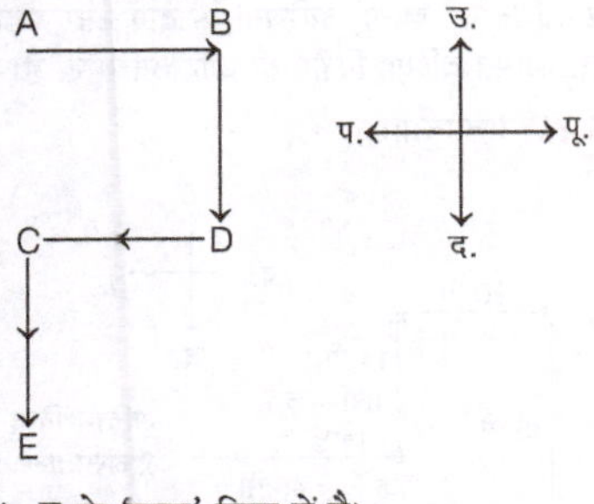

अत: A, E के 'उत्तर' दिशा में है।

47. (d) प्रश्नानुसार,

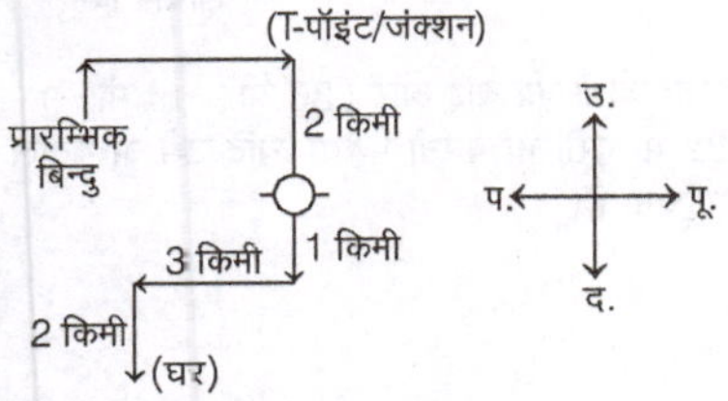

अभीष्ट दूरी = (1 + 3 + 2) = 6 किमी

48. (d) प्रश्नानुसार,

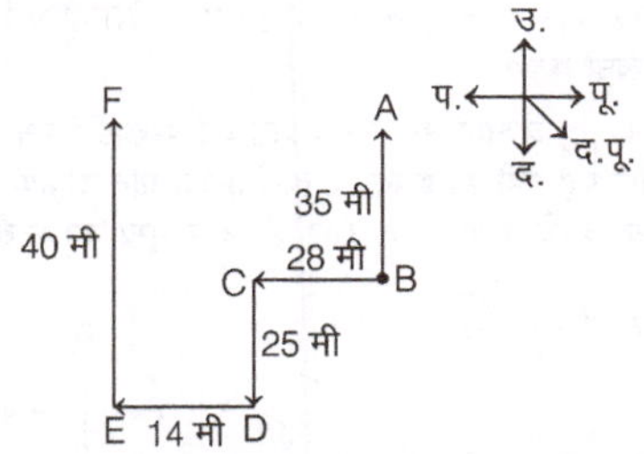

अत: बिन्दु F के सापेक्ष बिन्दु B 'दक्षिण-पूर्व' दिशा में है।

49. (d) प्रश्नानुसार,

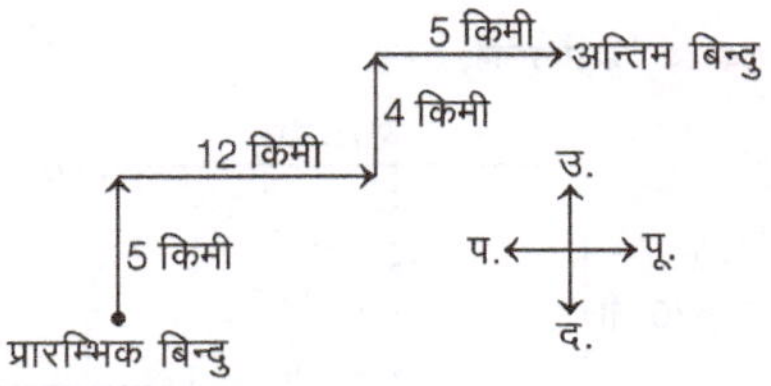

∴ शालिनी द्वारा तय की गई कुल दूरी

$= (5 + 12 + 4 + 5)$

$= 26$ किमी

50. (d) प्रश्नानुसार,

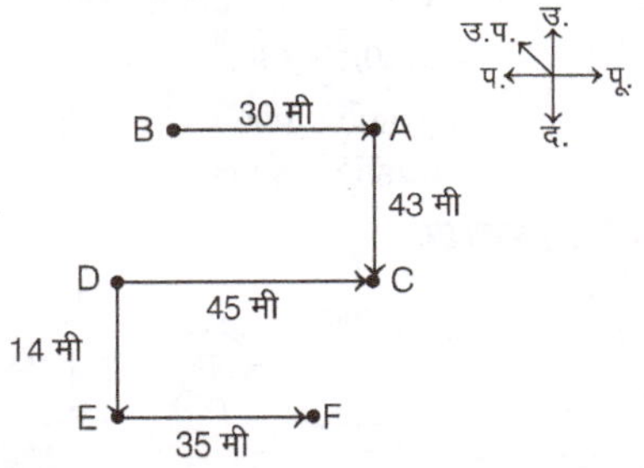

अत: बिन्दु B, बिन्दु F के सापेक्ष उत्तर-पश्चिम दिशा में है।

51. (b) प्रश्नानुसार,

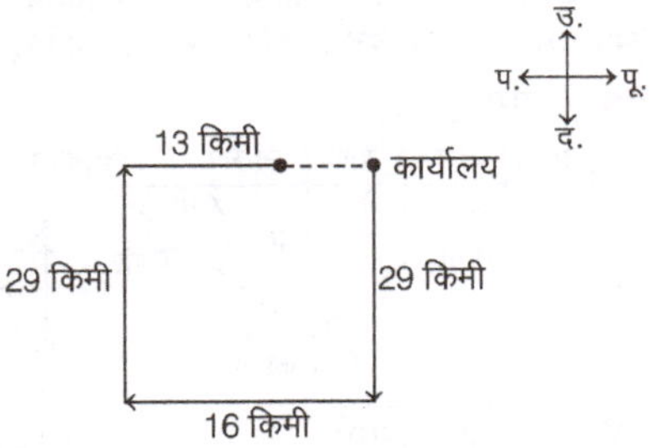

अत: अभीष्ट दूरी = 16 – 13 = 3 किमी

52. (a) प्रश्नानुसार,

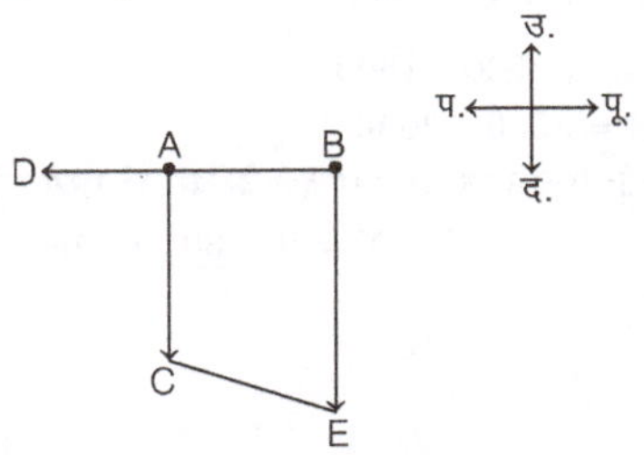

अत: शहर A, शहर B के पश्चिम में है।

53. (d) प्रश्नानुसार,

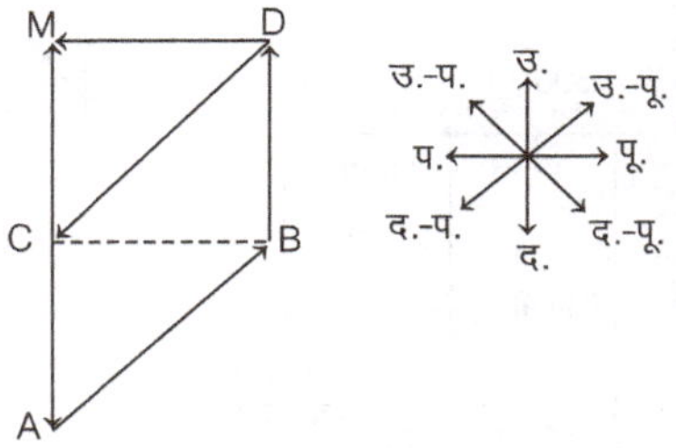

अत: टाउन B, टाउन M के दक्षिण-पूर्व में है।

54. (d) प्रश्नानुसार,

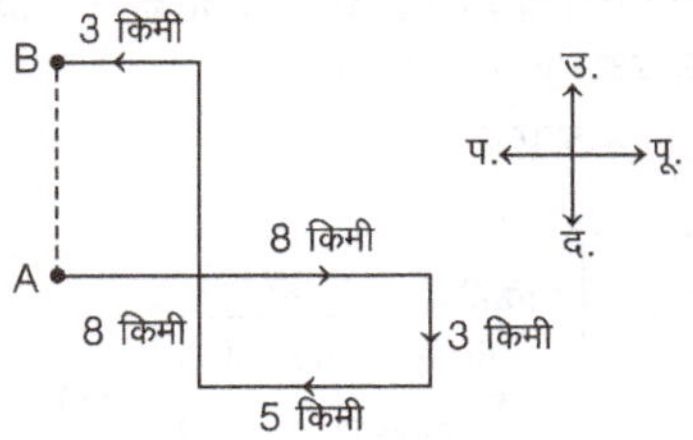

अत: बिन्दु B से, बिन्दु A पर पुन: पहुँचने के लिए, अब उसे (8 – 3) = 5 किमी दक्षिण की ओर ड्राइव करना होगा।

55. (a) प्रश्नानुसार,

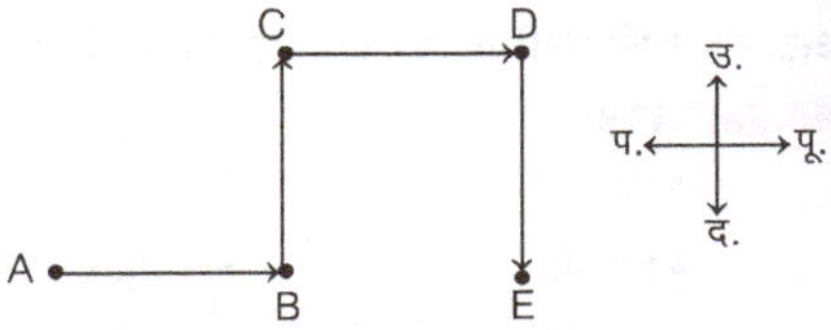

अत: टाउन E, टाउन A के पूर्व में है।

56. (c) प्रश्नानुसार,

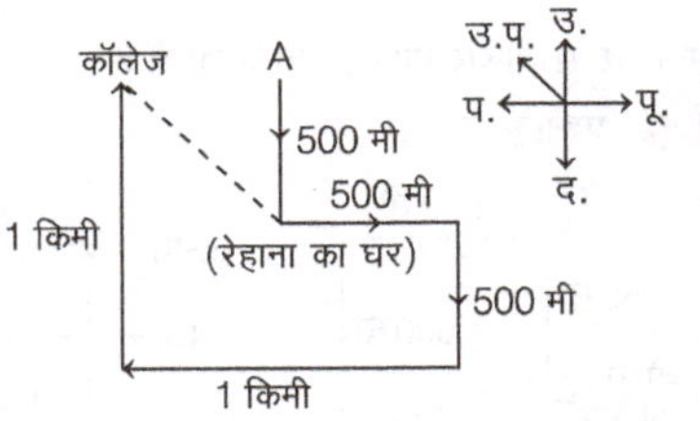

रेहाना के घर से उसका कॉलेज उत्तर-पश्चिम दिशा में है।

57. (b) प्रश्नानुसार,

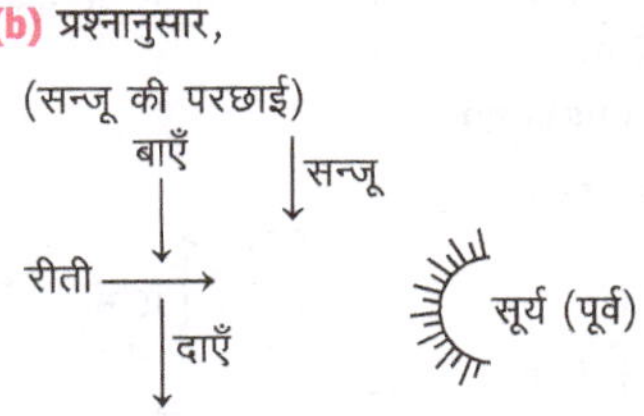

हम जानते हैं कि, सूर्य पूर्व दिशा से उगता है।

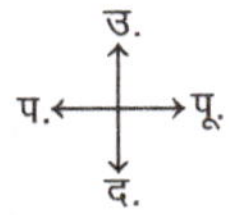

उपरोक्त चित्र से स्पष्ट है, कि सन्जू उत्तर दिशा से आ रहा है।

58. (d) प्रश्नानुसार,

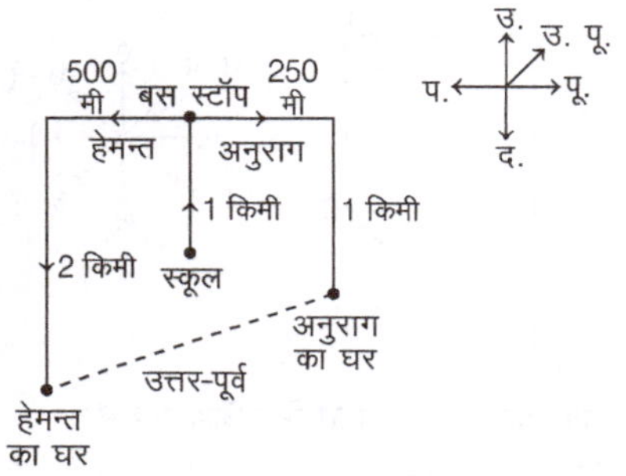

उपरोक्त चित्र से स्पष्ट है, कि अनुराग का घर, हेमन्त के घर से उत्तर-पूर्व दिशा में है।

59. (a) प्रश्नानुसार,

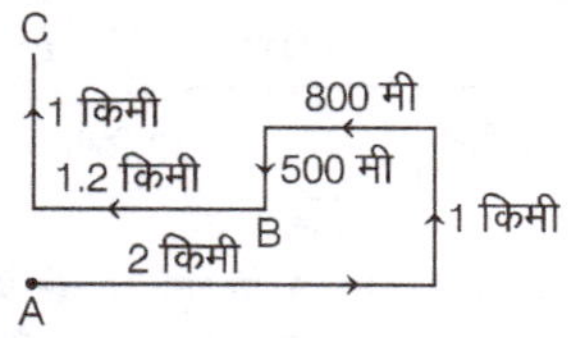

अत: वह अपने प्रारम्भिक स्थान से उत्तर दिशा की ओर है।

60. (a) प्रश्नानुसार,

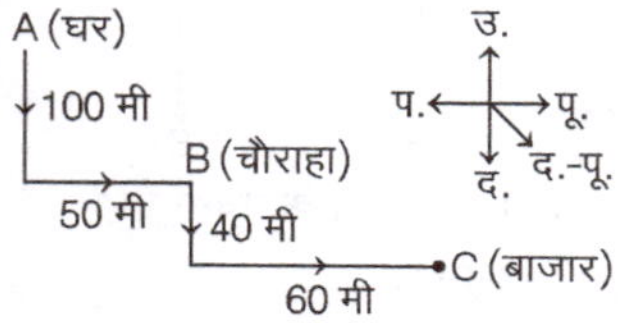

उसके घर से बाजार दक्षिण-पूर्व दिशा में है।

61. (a) प्रश्नानुसार,

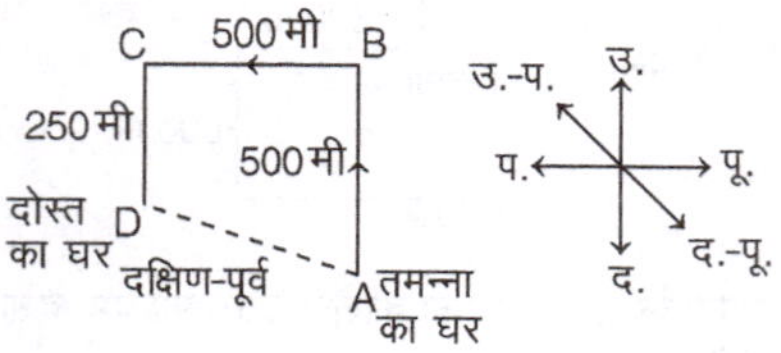

अत: तमन्ना का घर, उसके दोस्त के घर के दक्षिण-पूर्व दिशा में है।

62. (d) प्रश्नानुसार,

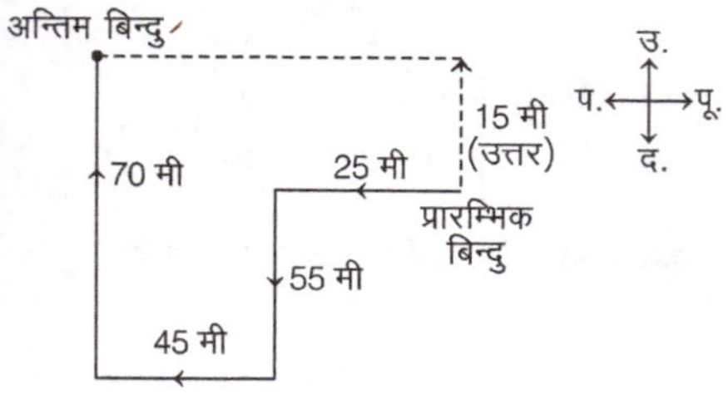

अत: उदय को प्रारम्भिक बिन्दु के 15 मी उत्तर पहुँचने के लिए अन्तिम बिन्दु से 45 + 25 मी = 70 मी पूर्व में चलना पड़ेगा।

63. (c) प्रश्नानुसार, सुबह प्रीत की परछाई ध्वनि के बाईं ओर पड़ रही है। इसका तात्पर्य है कि प्रीत दक्षिण की ओर मुख करके तथा ध्वनि उत्तर की ओर मुख करके बैठी है।

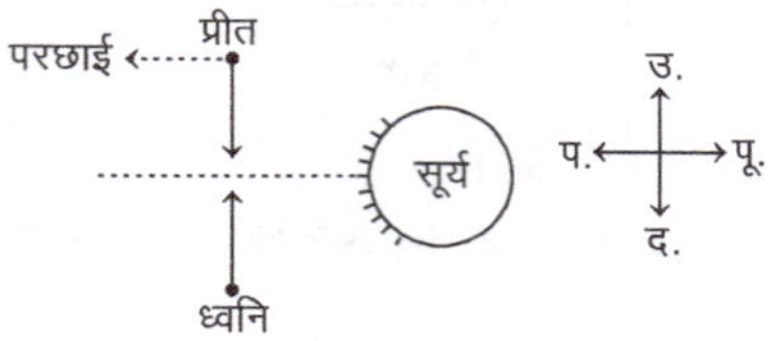

64. (b) प्रश्नानुसार,

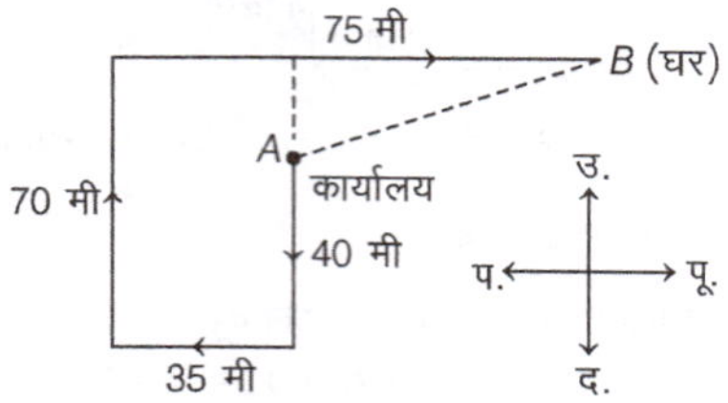

घर और कार्यालय की न्यूनतम दूरी,

$$AB = \sqrt{(75-35)^2 + (70-40)^2}$$
$$= \sqrt{(40)^2 + (30)^2}$$
$$= \sqrt{1600 + 900}$$
$$= \sqrt{2500} = 50 \text{ मी}$$

65. (c) प्रश्नानुसार,

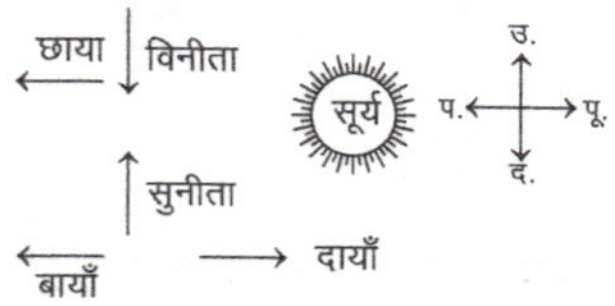

हम जानते हैं, कि सूर्य पूर्व दिशा से उगता है,
उपरोक्त चित्र से यदि विनीता की छाया सुनीता के बाएँ और पड़ती है, तब विनीता दक्षिण की ओर अभिमुख है।

66. (c) प्रश्नानुसार,

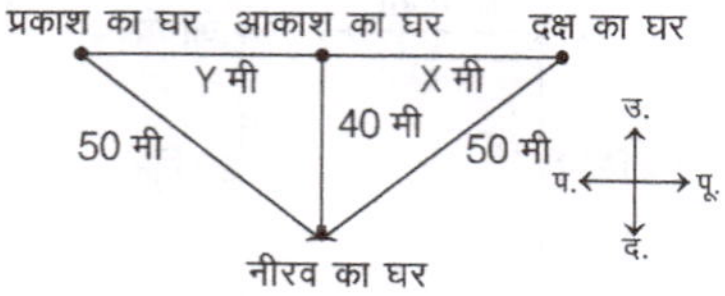

$$Y = \sqrt{(50)^2 - (40)^2}$$
$$= \sqrt{2500 - 1600} = \sqrt{900} = 30 \text{ मी}$$
$$X = \sqrt{(50)^2 - (40)^2}$$
$$= \sqrt{2500 - 1600}$$
$$= \sqrt{900} = 30 \text{ मी}$$

अत: प्रकाश के घर और दक्ष के घर की मध्य दूरी

$$= X + Y = 30 + 30 = 60 \text{ मी}$$

67. (c) प्रश्नानुसार,

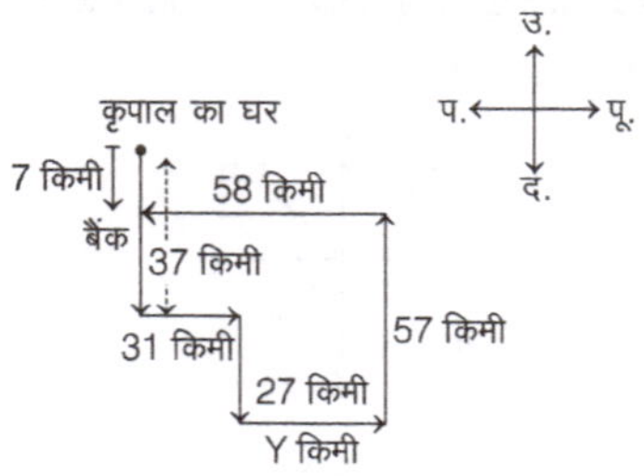

Y = 58 – 31= 27 किमी

68. (d) प्रश्नानुसार,

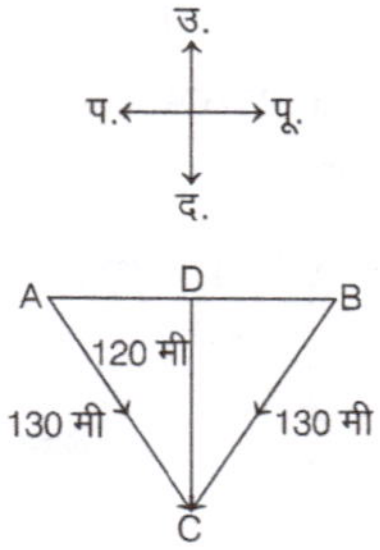

∵ D, AB का मध्य-बिन्दु है।

∴ $AD = \sqrt{AC^2 - CD^2}$
$$= \sqrt{(130)^2 - (120)^2}$$
$$= \sqrt{16900 - 14400}$$
$$= \sqrt{2500} = 50 \text{ मी}$$

∴ A और B के बीच दूरी $= 2 \times 50 = 100$ मी

69. (a) प्रश्नानुसार,

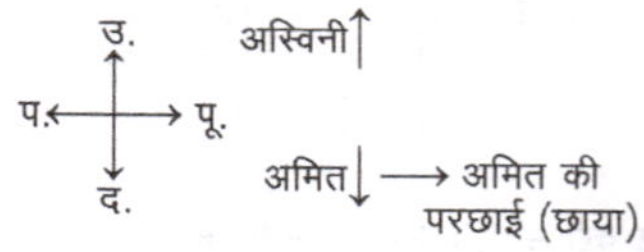

शाम के समय, सूर्य पश्चिम दिशा में होता है,
तब अमित की छाया, अस्विनी के दाएँ ओर पड़ती है।
अत: अमित दक्षिण दिशा की ओर अभिमुख है।

70. (a) प्रश्नानुसार,

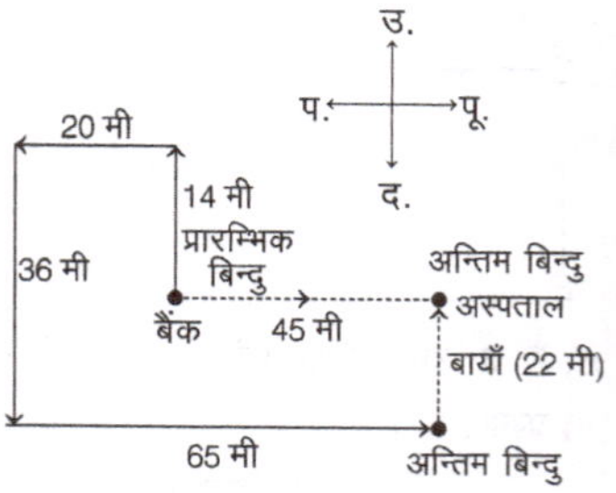

अत: जोया को बाईं ओर (36 मी – 14 मी =) 22 मी दूरी तय करनी पड़ेगी, यदि उसे अस्पताल पहुँचना है।

08

रक्त सम्बन्ध

दो या दो से अधिक व्यक्तियों के बीच अपने पूर्वजों द्वारा सन्तानोंत्पत्ति तथा उनके द्वारा स्थापित किए गए वंश/पीढ़ी के आधार पर बनाए गए सम्बन्धों को रक्त सम्बन्ध कहते हैं।

इस अध्याय के अन्तर्गत आने वाले प्रश्नों में किन्हीं दो या दो से अधिक व्यक्तियों के बीच सम्बन्ध दिए गए होते हैं। इन्हीं सम्बन्धों के आधार पर किसी व्यक्ति का अन्य व्यक्ति से सम्बन्ध ज्ञात करना होता है।

रक्त सम्बन्ध से सम्बन्धित महत्त्वपूर्ण संकेत

रक्त सम्बन्ध पर आधारित प्रश्नों को हल करने से पूर्व निम्नलिखित संकेतों की जानकारी होना आवश्यक है

A और B भाई हैं, $A^+ \xleftrightarrow{\text{भाई}} B^+$

A, B का भाई है, $A^+ \xleftarrow{\text{भाई}} B$

A, B की बहन है, $A^- \xleftarrow{\text{बहन}} B$

A, B का पति है, $A^+ \xleftrightarrow[\text{(पति-पत्नी)}]{\text{विवाहित}} B^-$

[+ ⇒ पुरुष, − ⇒ महिला]

प्रायः रक्त सम्बन्ध पर आधारित तीन प्रकार के प्रश्न पूछे जाते हैं

तथ्य पर आधारित

इस प्रकार के प्रश्नों में सामान्यतः एक या दो पीढ़ियों के बीच सम्बन्ध पर आधारित कुछ जानकारियाँ दी गई होती हैं जो आपस में पीढ़ियों के सम्बन्धों को प्रत्यक्ष या अप्रत्यक्ष रूप से घुमा-फिरा कर प्रस्तुत करती हैं।

उदाहरण 1. राधिका, शीतल की सास है। रोहित, राधिका का बेटा तथा सोनू का पिता है। यदि शीतल, रोहित की पत्नी नहीं है, तो शीतल का सोनू से क्या सम्बन्ध है?

(a) माँ (b) बहन
(c) मामी (d) चाची

हल (*d*) प्रश्नानुसार,

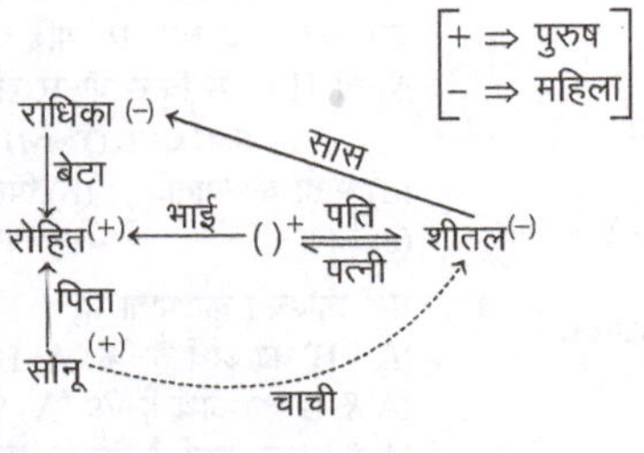

अतः स्पष्ट है कि, शीतल, सोनू की चाची है।

कथन/वार्तालाप पर आधारित

इस प्रकार के प्रश्नों में कोई व्यक्ति किसी अन्य व्यक्ति या किसी तस्वीर को दिखाते हुए व्यक्ति के परिचय को कथन के द्वारा उसके साथ सम्बन्धों को घुमा-फिरा कर प्रस्तुत करता है। जिसके आधार पर परीक्षार्थियों को किसी व्यक्ति का सम्बन्ध दूसरे व्यक्ति के सापेक्ष ज्ञात करना होता है।

उदाहरण 2. एक महिला के चित्र की ओर इशारा करते हुए कनिका ने कहा, उसकी बहू मेरे पुत्र के दादा के इकलौते पुत्र की पत्नी है। चित्र वाली महिला का कनिका से क्या सम्बन्ध है?

(a) चाची (b) माँ (c) सास (d) ननद/देवरानी

हल (*c*) प्रश्नानुसार,

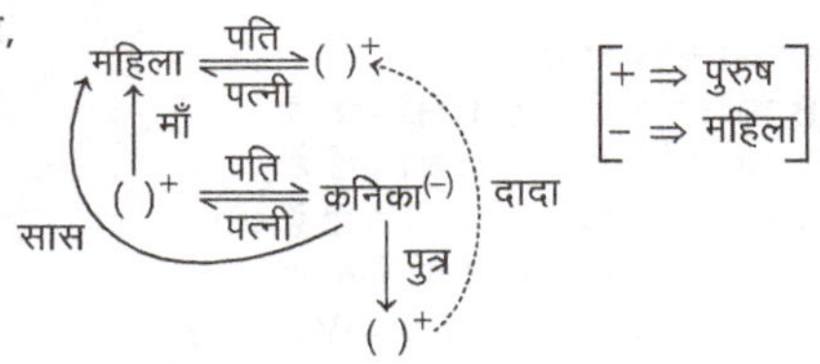

अतः तस्वीर वाली महिला कनिका की सास हुई।

कोड तथा गणितीय संकेतों पर आधारित

इस प्रकार के अन्तर्गत पूछे जाने वाले प्रश्नों में दो व्यक्तियों के बीच सम्बन्धों को A, B, +, −, ×, ÷ या अन्य प्रतीकों के माध्यम से व्यक्त किया जाता है। जिसके आधार पर अभ्यर्थियों को प्रश्नानुसार सम्बन्ध ज्ञात करना होता है।

उदाहरण 3. निम्न जानकारी को पढ़े और फिर इसके आधार पर प्रश्न का उत्तर दें।

'A + B' का अर्थ है कि 'A, B की माँ है'

'A − B' का अर्थ है कि 'A, B की बहन है'

'A * B' का अर्थ है कि 'A, B का पिता है'

'A @ B' का अर्थ है कि 'A, B का भाई है'

यदि R + P * Q @ S − T है, तो निम्नलिखित में से कौन-सा कथन सही है?

(a) R, T का दादा है (b) P, S का पिता है
(c) Q, S की बहन है (d) T, P का पुत्र है

हल (*b*) प्रश्नानुसार,

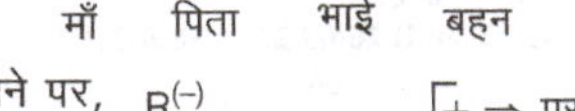

रक्त सम्बन्ध आरेख बनाने पर,

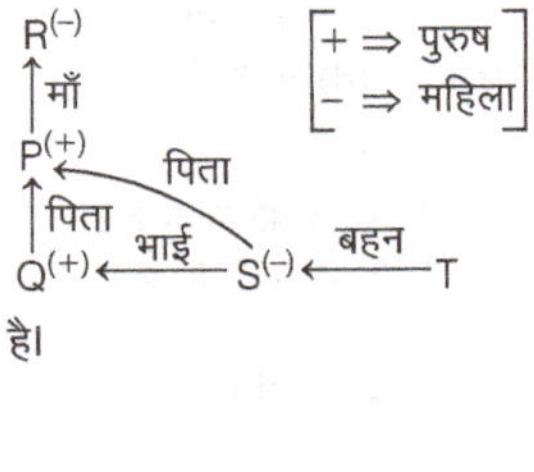

अतः स्पष्ट है कि P, S का पिता है।

SSC एग्जाम स्कैनर

SSC CGL 2024 (Tier I & II)

1. एक निश्चित कूटभाषा में,
A + B का अर्थ है, कि 'A, B की माता है',
A – B का अर्थ है, कि 'A, B का भाई है'
A × B का अर्थ है, कि 'A, B की पत्नी है'
A ÷ B का अर्थ है, कि 'A, B का पिता है'
उक्त के आधार पर, यदि U – V × W ÷ Y + Z है, तो U का Z से क्या सम्बन्ध है?
SSC CGL (Tier-II) 20/01/2025 Shift-I
(a) नानी का भाई (b) नाना का भाई
(c) नाना के पिता (d) नानी के पिता

2. एक निश्चित कूटभाषा में,
P + Q का अर्थ है कि 'P, Q की माता है'
P – Q का अर्थ है कि 'P, Q का भाई है'
P × Q का अर्थ है कि 'P, Q की पत्नी है' और
P ÷ Q का अर्थ है कि 'P, Q का पिता है'
उक्त के आधार पर, यदि 'U – V + W ÷ Y × Z' है, तो U का Z से क्या सम्बन्ध है?
SSC CGL (Tier-II) 20/01/2025 Shift-I
(a) पत्नी के पिता के मामा
(b) पत्नी के पिता के नाना
(c) पत्नी की माता के नाना
(d) पत्नी की माता के मामा

3. एक निश्चित कूटभाषा में,
A + B का अर्थ है कि 'A, B की माता है',
A – B का अर्थ है कि 'A, B का भाई है',
A × B का अर्थ है कि 'A, B की पत्नी हैं और
A ÷ B का अर्थ है कि 'A, B का पिता है'।
उक्त के आधार पर, यदि 'U + V ÷ W – Y × Z' है, तो U का Z से क्या सम्बन्ध है?
SSC CGL (Tier-II) 18/01/2025 Shift-I
(a) पत्नी की दादी (b) पत्नी की बुआ
(c) पत्नी की मौसी (d) पत्नी की नानी

4. U, N का पिता है। N, T की बहन है। T, I की पत्नी है। I, L का पुत्र है। U का L से क्या सम्बन्ध है?
SSC CGL (Tier-II) 18/01/2025 Shift-I
(a) पुत्रवधू के पिता (b) पुत्रवधू
(c) पुत्रवधू की माता (d) पुत्रवधू की बहन

5. एक निश्चित कूटभाषा में,
'A + B' का अर्थ है 'A, B की माता है';
'A – B' का अर्थ है 'A, B का भाई है';
'A × B' का अर्थ है 'A, B की पत्नी है' और
'A ÷ B' का अर्थ है 'A, B का पिता है'।
उपरोक्त के आधार पर, यदि '4 × 3 – 2 – 1' है, तो 4 का 1 से क्या सम्बन्ध है?
SSC CGL (Tier-I) 26/09/2024 Shift-III
(a) माता (b) भाई की पत्नी
(c) पिता की बहन (d) बहन

6. एक निश्चित कूटभाषा में,
'A + B' का अर्थ है 'A, B की माता है';
'A – B' का अर्थ है 'A, B का भाई है';
'A × B' का अर्थ है 'A, B की पत्नी है'
'A ÷ B' का अर्थ है 'A, B का पिता है'
उपरोक्त के आधार पर, यदि 'B + R × I – T ÷ H' है, तो I का H से क्या सम्बन्ध है?
SSC CGL (Tier-I) 26/09/2024 Shift-II
(a) भाई (b) पिता के पिता
(c) पिता का भाई (d) पिता की बहन

7. एक निश्चित कूटभाषा में,
'A + B' का अर्थ है 'A, B' का पुत्र है',
'A # B' का अर्थ है 'A, B की बहन है',
'A × B' का अर्थ है 'A, B की पत्नी है',
'A @ B' का अर्थ है 'A, B का पिता है'।
उपरोक्त के आधार पर, यदि 'M # N @ L × P + T' है, तो M का T से क्या सम्बन्ध है?
SSC CGL (Tier-I) 26/09/2024 Shift-I
(a) पुत्र की पत्नी के पिता
(b) पुत्र की पत्नी की बहन
(c) पुत्र की पत्नी के पिता की बहन
(d) पुत्र की पत्नी के पिता की माता

8. एक निश्चित कूटभाषा में,
A + B का अर्थ है 'A, B का पति है',
A – B का अर्थ है 'B, A की माता है',
A × B का अर्थ है 'B, A की बहन है' और
A ÷ B का अर्थ है 'A, B की पुत्री है'।
उपरोक्त के आधार पर, यदि 'P + Q × R – S ÷ T' है, तो Q, T से किस प्रकार सम्बन्धित है?
SSC CGL (Tier-I) 25/09/2024 Shift-III
(a) नानी (b) बहन (c) दामाद (d) नातिन

9. एक निश्चित कूटभाषा में,
A + B का अर्थ है 'A, B का पुत्र है।'
A – B का अर्थ है 'A, B की पत्नी है।'
A × B का अर्थ है 'A, B का भाई है।'
A ÷ B का अर्थ है 'A, B की माता है।'
उपरोक्त के आधार पर, यदि 'P – M + R ÷ T × S' है, तो T, P से किस प्रकार सम्बन्धित है?
SSC CGL (Tier-I) 25/09/2024 Shift-II
(a) जेठ/देवर (b) भाभी
(c) भाई (d) बहन

10. एक परिवार के सभी छः सदस्य 1, 2, 3, 4, 5 और 6 एकसाथ रहते हैं। 2, 3 की पुत्री है, लेकिन 3, 2 की माता नहीं है। 1 और 3 विवाहित युगल हैं। 5, 3 की बहन है। 4, 1 की पुत्री है। 6, 2 का भाई है। 2 की माता कौन है?
SSC CGL (Tier-I) 25/09/2024 Shift-I
(a) 2 (b) 4 (c) 5 (d) 1

11. एक निश्चित कूटभाषा में,
'A + B' का अर्थ है 'A, B की माँ है',
'A – B' का अर्थ है 'A, B का भाई है',
'A × B' का अर्थ है 'A, B की पत्नी है' और
'A ÷ B' का अर्थ है 'A, B का पिता है'
उपरोक्त के आधार पर, यदि M + Q – R + K – Y है, तो M का Y से क्या सम्बन्ध है?
SSC CGL (Tier-I) 24/09/2024 Shift-II
(a) भाई की पत्नी (भाभी)
(b) माँ की माँ (नानी)
(c) माँ
(d) पिता की माँ (दादी)

12. यदि A, B की बहन है, C, A की पुत्री है, D, A की बहन है और E, C का भाई है। D, E से किस प्रकार सम्बन्धित है?
SSC CGL (Tier-I) 24/09/2024 Shift-I
(a) मौसी (b) मामा
(c) नानी (d) मामा

13. एक निश्चित कूटभाषा में,
'A & B' का अर्थ है कि 'A, B का भाई है',
'A × B' का अर्थ है कि 'A, B का पिता है',
'A ? B' का अर्थ है कि 'A, B की माता है' और
'A! B' का अर्थ है कि 'A, B की पत्नी है',
निम्नलिखित में से किसका अर्थ यह है कि W, P की नानी है?
SSC CGL (Tier-I) 23/09/2024 Shift-III
(a) W ? R ! Y & O × P
(b) W ? R × Y ! O & P
(c) W ! R × Y ? O & P
(d) W & R ! Y × O ? P

14. एक निश्चित कूटभाषा में,
X + Y का अर्थ है 'X, Y की बहन है'
X – Y का अर्थ है 'X, Y का पुत्र है'
X × Y का अर्थ है 'X, Y का पति है'
X ÷ Y का अर्थ है 'X, Y की माता है'
उपर्युक्त के आधार पर, यदि 'T + U – V × W ÷ X' है, तो T, X से किस प्रकार सम्बन्धित है?
SSC CGL (Tier-I) 23/09/2024 Shift-II
(a) पिता की माता (b) पिता की बहन
(c) माता की बहन (d) बहन

15. यदि 'A & Z' का अर्थ है 'A, Z का भाई है',
'A # Z' का अर्थ है 'A, Z की बहन है',
'A ∧ Z' का अर्थ है 'A, Z के पिता का भाई है',
'A @ Z' का अर्थ है 'A, Z की पत्नी है',
'A % Z' का अर्थ है 'A, Z की माता है',
'A α Z' का अर्थ है 'A, Z का पिता है',
तो निम्न व्यंजक में J, Z से किस प्रकार सम्बन्धित है?
J % K # L @ M α N & Z
SSC CGL (Tier-I) 23/09/2024 Shift-I
(a) मौसी (b) माता
(c) दादी (d) नानी

16. एक निश्चित कूटभाषा में,
X + Y का अर्थ है 'X, Y की बहन है',
X – Y का अर्थ है 'X, Y की पत्नी है',
X × Y का अर्थ है 'X, Y की माता है',
X ÷ Y का अर्थ है 'X, Y का पिता है'।
उपर्युक्त के आधार पर, यदि 'H × I – J ÷ K + L' है, तो H, L से किस प्रकार सम्बन्धित है?
SSC CGL (Tier-I) 19/09/2024 Shift-III
(a) माता की माता (b) पिता की माता
(c) माता (d) पिता की बहन

17. एक निश्चित कूटभाषा में,
'A ! B' का अर्थ है कि 'A, B का पिता है',
'A & B' का अर्थ है कि 'A, B का भाई है',
'A * B' का अर्थ है कि 'A, B की पत्नी है',
'A # B' का अर्थ है कि 'A, B का पुत्री है',

निम्नलिखित में से किसका अर्थ यह है कि S, M की देवरानी/जेठानी है?
SSC CGL (Tier-I) 19/09/2024 Shift-II
(a) S & F * J ! I # M
(b) S & F ! J * I # M
(c) S * F & J ! I # M
(d) S & F # J ! I * M

18. एक निश्चित कूटभाषा में,
'A + B' का अर्थ है कि 'A, B की माता है';
'A – B' का अर्थ है कि 'A, B का पिता है';
'A $ B' का अर्थ है कि 'A, B की पुत्री है' और
'A % B' का अर्थ है कि 'A, B की बहन है'।
उपरोक्त के आधार पर, यदि P + Q – R $ S % T है, तो P का S से क्या सम्बन्ध है?
SSC CGL (Tier-I) 18/09/2024 Shift-III
(a) जीजा (b) भांजी
(c) सास (d) माता

19. एक निश्चित कूटभाषा में,
'A + B' का अर्थ है 'A, B की माता है'
'A – B' का अर्थ है 'A, B का भाई है'
'A × B' का अर्थ है 'A, B की पत्नी है'
'A ÷ B' का अर्थ है 'A, B का पिता है'।
उपर्युक्त के आधार पर, यदि 'A × B ÷ C + D' है, तो A, D से किस प्रकार सम्बन्धित है?
SSC CGL (Tier-I) 18/09/2024 Shift-II
(a) माता की माता (b) माता का पिता
(c) पिता का पिता (d) पिता की माता

20. एक निश्चित कूटभाषा में,
'A + B' का अर्थ है 'A, B की माता है;
'A – B' का अर्थ है 'A, B का भाई है';
A × B' का अर्थ है 'A, B की पत्नी है' और
"A ÷ B' का अर्थ है 'A, B का पिता है'।
उपर्युक्त के आधार पर, यदि 'P × Q ÷ R – S × A' है, तो S, P से किस प्रकार सम्बन्धित है?
SSC CGL (Tier-I) 18/09/2024 Shift-I
(a) पिता (b) पुत्र (c) पुत्री (d) माता

21. एक निश्चित कूटभाषा में,
'A + B' का अर्थ है 'A, B की माँ है',
'A – B' का अर्थ है 'A, B का भाई है';
'A × B' का अर्थ है 'A, B की बहन है' और
'A ÷ B' का अर्थ है 'A, B की पुत्री है'।
उपरोक्त के आधार पर, यदि 'J + K ÷ L – T × R' है, तो J का L से क्या सम्बन्ध है?
SSC CGL (Tier-I) 17/09/2024 Shift-III
(a) पति की बहन (ननद)
(b) पिता की बहन (बुआ)
(c) बहन
(d) पत्नी

22. एक निश्चित कूटभाषा में,
'A + B' का अर्थ है 'A, B की माता है';
'A - B' का अर्थ है 'A, B का भाई है';
'A × B' का अर्थ है 'A, B की पत्नी है';
'A ÷ B' का अर्थ है 'A, B का पिता है'।
उपर्युक्त के आधार पर, यदि '5 ÷ 1 × 3 ÷ 4 – 2' है, तो 5, 2 से किस प्रकार सम्बन्धित है?
SSC CGL (Tier-I) 17/09/2024 Shift-II
(a) पिता की माता (b) पिता का पिता
(c) माता की माता (d) माता का पिता

23. G, F का भाई है। E, K का पिता है। C, A की पुत्री है। F, E की माता है। C, E की बहन है। G, A से किस प्रकार सम्बन्धित है?
SSC CGL (Tier-I) 17/09/2024 Shift-I
(a) जीजा (b) ननद
(c) साला (d) भाभी

24. एक निश्चित कूटभाषा में,
'A ? B' का अर्थ है कि 'A, B की माता है',
'A ! B' का अर्थ है कि 'A, B की पत्नी है',
'A & B' का अर्थ है कि 'A, B का भाई है' और
'A × B' का अर्थ है कि 'A, B का पिता है'।
निम्नलिखित में से किसका अर्थ यह है कि Z, L की परसास (पत्नी के पिता की माता) है?
SSC CGL (Tier-I) 13/09/2024 Shift-III
(a) Z ? B ! T & J × L
(b) Z ? B × T & J ! L
(c) Z ! B × T ? J & L
(d) Z & B ! T × J ? L

25. एक निश्चित कूटभाषा में,
'A + B' का अर्थ है, 'A, B की माँ है',
'A – B' का अर्थ है, 'A, B का पिता है',
'A $ B' का अर्थ है, 'A, B का पुत्र है',
'A % B' का अर्थ है, 'A, B की बहन है',
'A / B' का अर्थ है, 'A, B की पत्नी है',
'A * B' का अर्थ है, 'A, B का पति है'।
निम्नलिखित में से किसका अर्थ है कि P,T की पुत्रवधू है? **SSC CGL (Tier-I) 13/09/2024 Shift-II**
(i) T /B – K * P + O
(ii) T + K * P + B % O
(iii) K * P + B % T + P
(iv) P + T * K ÷ B % O
(a) (i) और (ii) दोनों (b) (iii) और (iv)
(c) केवल (i) (d) कवेल (ii)

26. एक निश्चित कूटभाषा में,
'A + B' का अर्थ है 'A, B की माँ है'।
'A – B' का अर्थ है 'A, B का पति है'।
'A × B' का अर्थ है 'A, B का पिता है' और
'A ÷ B' का अर्थ है 'A, B की पुत्री है'।
उपरोक्त के आधार पर, यदि 'K ÷ L – M + N × O है, तो K, O से किस प्रकार सम्बन्धित है?
SSC CGL (Tier-I) 12/09/2024 Shift-III
(a) पिता की माँ (b) बहन की पुत्री
(c) माँ की बहन (d) पिता की बहन

27. एक निश्चित कूटभाषा में,
A + B का अर्थ है 'A, B का पुत्र है'
A – B का अर्थ है 'A, B की पत्नी है'
A × B का अर्थ है 'A, B का 'भाई है' और
A ÷ B का अर्थ है 'A, B की पुत्री है'।
उपरोक्त के आधार पर, यदि 'P × S ÷ M – T + R' है, तो P, R से किस प्रकार सम्बन्धित है?
SSC CGL (Tier-I) 12/09/2024 Shift-II
(a) पुत्री (b) भाई
(c) पोता (d) दादी

28. एक निश्चित कूटभाषा में,
'A + B' का अर्थ है 'A, B की माता है';
'A – B' का अर्थ है 'A, B का भाई है';
A × B' का अर्थ है 'A, B की पत्नी है'
और 'A ÷ B' का अर्थ है 'A, B का पिता है'।
उपर्युक्त के आधार पर, यदि '4 + 3 ÷ 2 ÷ 1 – 5' है, तो 4, 2 से किस प्रकार सम्बन्धित है?
SSC CGL (Tier-I) 12/09/2024 Shift-I
(a) पिता की माता (b) माता का पिता
(c) पिता का पिता (d) माता की माता

29. एक निश्चित कूटभाषा में,
R + T का अर्थ है कि 'R, T की बहन है'।
R – T का अर्थ है कि 'R, T का पिता है'।
R * T का अर्थ है कि 'R, T की पत्नी है'।
R ÷ T का अर्थ है कि 'R, T की माता है'।
उपरोक्त के आधार पर, यदि 'M * N – P + Q ÷ R + T' है, तो M का Q से क्या सम्बन्ध है?
SSC CGL (Tier-I) 11/09/2024 Shift-III
(a) मौसी (b) माता
(c) बहन (d) नानी

30. एक निश्चित कूटभाषा में,
A + B का अर्थ है कि 'A, B की पत्नी है'।
A – B का अर्थ है कि 'A, B का पुत्र है'।
A × B का अर्थ है कि 'A, B का पति है'।
A ÷ B का अर्थ है कि 'A, B का पिता है'।
उपर्युक्त के आधार पर, यदि 'P – Q + R ÷ S × T' है, तो P का T से क्या सम्बन्ध है?
SSC CGL (Tier-I) 11/09/2024 Shift-II
(a) पिता (b) ससुर (c) पौत्र (d) देवर

31. एक निश्चित कूटभाषा में,
A + B का अर्थ है 'A, B का पुत्र है',
A –B का अर्थ है 'A, B की पत्नी है',
A × B का अर्थ है 'A, B का भाई है' और
A ÷ B का अर्थ है 'A, B की माता है'।
उपरोक्त के आधार पर, यदि 'P + Q ÷ R –T × M' है, तो निम्नलिखित में से कौन-सा सत्य है?
SSC CGL (Tier-I) 11/09/2024 Shift-I
(a) P, R का भाई है।
(b) Q, M की माता है।
(c) M, T की बहन है।
(d) T, P का भाई है।

32. एक निश्चित कूटभाषा में,
'A + B' का अर्थ है 'A, B की माता है'
A – B' का अर्थ है 'A, B का भाई है.
A × B का अर्थ है 'A, B की पत्नी है'। और 'A ÷ B' का अर्थ है 'A, B का पिता है'।
उपर्युक्त के आधार पर, यदि '5 – 2 × 4 ÷ 3 है, तो 5, 3 से किस प्रकार सम्बन्धित है?
SSC CGL (Tier-I) 10/09/2024 Shift-III
(a) पिता की बहन
(b) पिता का भाई
(c) माता का भाई
(d) माता की बहन

33. एक निश्चित कूटभाषा में,
A + B का अर्थ है कि 'A, B का भाई है'।
A – B का अर्थ है कि 'A, B का पिता है'।
A × B का अर्थ है कि 'A, B की माता है'।
A ÷ B का अर्थ है कि 'A, B की पत्नी है'।
उपर्युक्त के आधार पर, यदि P × Q + R ÷ S – T है, तो P का T से क्या सम्बन्ध है?
SSC CGL (Tier-I) 10/09/2024 Shift-II
(a) माता (b) नानी
(c) बहन (d) पत्नी

34. एक निश्चित कूटभाषा में,
A # B का अर्थ है A, B की बहन है।
A @ B का अर्थ है A, B का पुत्र है।
A & B का अर्थ है A, B की पत्नी है।।
A% B का अर्थ है A, B का पिता है।
यदि P & Q % L # R & K है, तो Q, R से किस प्रकार सम्बन्धित है?
SSC CGL (Tier-I) 10/09/2024 Shift-I
(a) माँ (b) पिता
(c) बहन (d) पत्नी

35. एक निश्चित कूटभाषा में,
A + B का अर्थ है 'A, B का पुत्र है',
A – B का अर्थ है 'A, B की बहन है',
A × B का अर्थ है 'A, B का भाई है' और
A ÷ B का अर्थ है 'A, B की माता है।
उपरोक्त के आधार पर, यदि 'P ÷ Q × R – M + T' है, तो T, P से किस प्रकार सम्बन्धित है?
SSC CGL (Tier-I) 9/09/2024 Shift-III
(a) पिता (b) पति (c) भाई (d) पुत्र

36. एक निश्चित कूटभाषा में,
'A + B' का अर्थ है 'A, B की माँ है', '
A – B' का अर्थ है 'A, B का पिता है', 'A$ B' का अर्थ है 'A, B का पुत्र है',
'A% B' का अर्थ है 'A, B की बहन है',
'A / B' का अर्थ है 'A, B की पत्नी है' और
'A = B' का अर्थ है 'A, B का भाई है'।
निम्नलिखित में से किसका अर्थ है कि A, K की पुत्री है?
I. A+K/J – P = D
II. J% P = K +A=D
III. K + A/P – D%J
IV. D + K = A/P–J
SSC CGL (Tier-I) 9/09/2024 Shift-I
(a) IV (b) I (c) III (d) II

SSC CGL 2023 (Tier I & II)

37. 'A # B' का अर्थ है 'A, B का भाई है'।
'A @ B' का अर्थ है 'A, B की पुत्री है'।
'A & B' का अर्थ है 'A, B का पति है'।
'A % B' का अर्थ है 'A, B की पत्नी है'।
यदि Z % X # C @ V & B @ N है, तो Z, B से किस प्रकार सम्बन्धित है?
SSC CGL (Tier-II) 07/03/2023 Shift-I
(a) सास (b) पुत्रवधू
(c) माता (d) पुत्री

38. 'A # B' का अर्थ है 'A, B का भाई है'।
'A @ B' का अर्थ है 'A, B की पुत्री है'।
'A & B' का अर्थ है 'A, B का पति है'।
'A % B' का अर्थ है 'A, B की पत्नी है'।
यदि D @ N @ H & Y @ F % V है, तो Y, D से किस प्रकार सम्बन्धित है?
SSC CGL (Tier-II) 07/03/2023 Shift-I
(a) नानी (b) पुत्री की पुत्री
(c) भांजी (d) माँ

39. 'A # B' का अर्थ है 'A, B का भाई है'।
'A @ B' का अर्थ हैं 'A, B की पुत्री है'।
'A & B' का अर्थ है 'A, B का पति है'।
'A % B' का अर्थ है 'A, B की पत्नी है'।
यदि S% D # F @ G & H @ J है, तो F, J से किस प्रकार सम्बन्धित है?
SSC CGL (Tier-II) 06/03/2023 Shift-I
(a) पुत्रवधू (b) भांजी
(c) पुत्री (d) पुत्री की पुत्री

40. 'A # B' का अर्थ है 'A, B का भाई' है'।
'A @ B' का अर्थ है 'A, B की पुत्री है'।
'A & B' का अर्थ है 'A, B का पति है'।
'A % B' का अर्थ है 'A, B की पत्नी है'।
यदि D @ N @ H & Y @ F % V है, तो Y, D से किस प्रकार सम्बन्धित है?
SSC CGL (Tier-II) 06/03/2023 Shift-I
(a) बुआ (b) नानी (c) सास (d) माता

41. 'A # B' का अर्थ है 'A, B का भाई है'।
'A @ B' का अर्थ है 'A, B की पुत्री है'।
'A & B' का अर्थ है 'A, B का पति है'।
'A % B' का अर्थ है 'A, B की पत्नी है'।
यदि S%D#F@G&H@J है, तो F, H से किस प्रकार सम्बन्धित है?
SSC CGL (Tier-II) 03/03/2023 Shift-I
(a) माँ (b) पुत्री
(c) पुत्रवधू (d) पुत्री की पुत्री

42. 'A # B' का अर्थ है 'A, B का भाई है'।
'A @ B' का अर्थ है 'A, B की पुत्री है'।
'A & B' का अर्थ है 'A, B का पति है'।
'A % B' का अर्थ है 'A, B की पत्नी है'।
यदि W % D # G @ B & M @ I है, तो D, M से किस प्रकार सम्बन्धित है?
SSC CGL (Tier-II) 02/03/2023 Shift-I
(a) दादाजी (b) पिता
(c) पुत्र (d) पोता

43. A # B का अर्थ है 'A, B का भाई है'।
'A @ B' का अर्थ है 'A, B की पुत्री है'।
'A & B' का अर्थ है 'A, B का पति है'।
'A % B' का अर्थ है 'A, B की पत्नी है'।
यदि D @ N @ H & Y @ F % V है, तो N, F से किस प्रकार सम्बन्धित है?
SSC CGL (Tier-II) 02/03/2023 Shift-I
(a) पुत्री (b) पुत्री की पुत्री
(c) पुत्रवधू (d) भांजी

44. 'E + B' का अर्थ है कि 'E, B का पति है।'
'E – B' का अर्थ है 'कि E, B की बेटी है।'
'E $ B' का अर्थ है 'कि E, B का पिता है।'
'E # B' का अर्थ है 'कि E, B की माँ है।'
यदि 'N + D # Z $ B' हो, तो N, B से किस प्रकार सम्बन्धित है?
SSC CGL (Tier-I) 27/07/2023 Shift-III
(a) N, B की नानी है
(b) N, B की दादी है
(c) N, B की सास है
(d) N, B का दादा है

45. आजाद एक तस्वीर की ओर इशारा करते हुए कहता है कि यह उनकी माता के पिता की इकलौती नवासी के इकलौते भाई की तस्वीर है। आजाद तस्वीर में दिखाई दे रहे व्यक्ति से किस प्रकार सम्बन्धित है?
SSC CGL (Tier-I) 27/07/2023 Shift-II
(a) पिता (b) पुत्र
(c) आजाद खुद (d) बहन

46. परिवार के चित्र को देखते हुए स्नेहा ने कहा, 'वह मेरे भाई की पत्नी के पुत्र के पिता की सास की इकलौती पुत्री है।' फोटो वाली लड़की स्नेहा से किस प्रकार सम्बन्धित है?
SSC CGL (Tier-I) 27/07/2023 Shift-I
(a) बहन (b) पुत्रवधू
(c) भाभी (d) माता

47. 'A + B' का अर्थ है 'A, B का भाई है'।
'A – B' का अर्थ है 'A, B की माता है'।
'A × B' का अर्थ है 'A, B का पति है'।
'A ÷ B' का अर्थ है 'A, B की बहन है।'
यदि P ÷ Q – R + S – K × L है, तो निम्नलिखित में से कौन-सा कथन सही है?
SSC CGL (Tier-I) 26/07/2023 Shift-IV
(a) Q, S की बहन है
(b) R, L के पति का भाई है
(c) R, K की माता का भाई है
(d) Q, L की माता है

48. एक तस्वीर की ओर देखते हुए रीमा ने कहा कि "इस लड़के का पिता मेरी पुत्री का पिता है"। वह लड़का, रीमा की पुत्री से किस प्रकार से सम्बन्धित है? SSC CGL (Tier-I) 26/07/2023 Shift-III
(a) चाचा/ताऊ (b) भाई
(c) पुत्र (d) पिता

49. एक महिला की तस्वीर की ओर देखते हुए सैमुअल ने कहा, "वह मेरे पिता के भाई की पुत्री की माता है।" तस्वीर में दिख रही महिला से सैमुअल किस प्रकार सम्बन्धित है?
SSC CGL (Tier-I) 26/07/2023 Shift-II
(a) भाई
(b) देवर
(c) पति के भाई का पुत्र
(d) पुत्र

50. मिश्का का कहना है कि वह अपने भाई की नानी की इकलौती सन्तान की तलाश में हैं। वह किसकी तलाश कर रही है?
SSC CGL (Tier-I) 26/07/2023 Shift-I
(a) माता (b) पुत्र
(c) दादी (d) खुद मिश्का

51. सोनल के भाई की दादी, जिनका नाम सीता है, अपने इकलौते पुत्र के साथ सोनल की पार्टी में आ रही हैं। सीता का पुत्र सोनल से किस प्रकार सम्बन्धित है?
SSC CGL (Tier-I) 25/07/2023 Shift-IV
(a) पिता (b) भाई
(c) दादा (d) पुत्र

52. एक परिवार बँट गया और R के बच्चे R के नाना की इकलौती नवासी के पिता के पास रह गए। वह व्यक्ति जिसके पास बच्चे रह गए हैं, R से किस प्रकार सम्बन्धित है?
SSC CGL (Tier-I) 25/07/2023 Shift-III
(a) R के दादा (b) R के नाना
(c) R का बेटा (d) R के पिता

53. चार व्यक्तियों के परिवार में केवल एक बच्चा है। B, A की पत्नी और D की बेटी है। यदि C, A की बेटी है, तो C, D से किस प्रकार सम्बन्धित है? SSC CGL (Tier-I) 25/07/2023 Shift-III
(a) नातिन (b) बेटी
(c) पौत्र (d) बेटा

54. एक महिला की ओर इंगित करते हुए सुमन (एक महिला) ने कहा "वह मेरे ससुर की पत्नी के पुत्र की दादी है। "वह महिला सुमन से किस प्रकार सम्बन्धित है?
SSC CGL (Tier-I) 25/07/2023 Shift-II
(a) पति की दादी (b) सास
(c) माता (d) पुत्री

55. परिवार के चित्र को देखते हुए राजन ने कहा, "वह मेरी पत्नी के पुत्र के पिता की माँ के पति की पुत्री है। चित्र वाली लड़की राजन से किस प्रकार सम्बन्धित है।
SSC CGL (Tier-I) 25/07/2023 Shift-I
(a) सास (b) पुत्रवधू
(c) साली (d) बहन

56. 'A % B' का अर्थ है 'A, B की बेटी है'।
'A = B' का अर्थ है 'A, B की बहन है'।
'A $ B' का अर्थ है 'A, B का पिता है'।
यदि E = F = G $ H = I हो, तो G, E से किस प्रकार से सम्बन्धित है?
SSC CGL (Tier-I) 24/07/2023 Shift-IV
(a) पुत्र का पुत्र (b) पुत्र की पुत्री
(c) पिता (d) भाई

57. एक महिला की ओर इशारा करते हुए परम (एक पुरुष) ने कहा "वह मेरे पिता की बहू की सास की सास है।" परम का महिला से क्या सम्बन्ध है?
SSC CGL (Tier-I) 24/07/2023 Shift-II
(a) पोता/नाती (b) पिता
(c) पुत्र (d) भाई

58. P, Q का भाई और T का पुत्र है। S, T की पत्नी है और R की सास है। यदि T और S के केवल 2 बच्चे हैं, जिनमें से एक पुत्र है और एक पुत्री है, तो Q का S से क्या सम्बन्ध है?
SSC CGL (Tier-I) 24/07/2023 Shift-II
(a) पुत्री (b) पुत्र
(c) दामाद (d) बहन

59. तीन लोगों के एक परिवार में P, A का पिता है और K, A का दादा है। K, P से किस प्रकार सम्बन्धित है? SSC CGL (Tier-I) 24/07/2023 Shift-I
(a) पुत्र (b) पिता
(c) पोता/नाती (d) माता

60. पारिवारिक चित्र को देखते हुए, अमित ने कहा, "वह मेरी पत्नी के पिता के पुत्र की इकलौती बहन का ससुर है।" फोटो वाला व्यक्ति अमित से किस प्रकार सम्बन्धित है?
SSC CGL (Tier-I) 21/07/2023 Shift-IV
(a) पुत्र (b) ससुर
(c) पिता (d) साला

61. A%B का अर्थ है, 'A, B की बेटी है'।
A $ B का अर्थ है, 'A, B का बेटा है'।
A * B का अर्थ है 'A, B की बहन है'।
यदि H % I $ J $ K * L हो, तो H, J से किस प्रकार से सम्बन्धित है?
SSC CGL (Tier-I) 21/07/2023 Shift-III
(a) पोता/पौत्र (b) बेटी
(c) पोती/पौत्री (d) बेटा

62. 'A # B' का अर्थ है 'A, B का भाई है'।
'A @ B' का अर्थ है 'A, B की पुत्री है'।
'A & B' का अर्थ है 'A, B का पति है'।
'A % B' का अर्थ है 'A, B की पत्नी है'।
यदि D @ N @ H & Y @ F % V है, तो V, H से किस प्रकार सम्बन्धित है?
SSC CGL (Tier-I) 21/07/2023 Shift-III
(a) दादा (b) ससुर
(c) पिता (d) दामाद

63. यदि, 'B % D' का अर्थ है 'B, D का भाई है'।
'B & D' का अर्थ है 'B, D की माँ है'।
'B × D' का अर्थ है 'B, D का पति है'।
'B # D' का अर्थ है 'B, D की बहन है'।
'B $ D' का अर्थ है 'B, D का बेटा है'।
'B @ D' का अर्थ है 'B, D का पिता है'।
तो दिए गए व्यंजक में A का E से क्या सम्बन्ध है? SSC CGL (Tier-I) 21/07/2023 Shift-II
A % D $ F # B % E × S
(a) मामा (b) भांजा
(c) पति (d) भाई

64. अमित एक लड़की की ओर इशारा करता है और कहता है कि वह उसकी इकलौती पुत्री के पिता के दादा की पोती है। अमित के पिता के कोई भाई-बहन नहीं है। लड़की का अमित से क्या समबन्ध है? SSC CGL (Tier-I) 21/07/2023 Shift-I
(a) बहन (b) माता
(c) दादी (d) पोती/नातिन

65. A # B का अर्थ है 'A, B का पिता है।'
A @ B का अर्थ है 'A, B का भाई है।'
A & B का अर्थ है 'A, B का बेटा है।'
यदि H& I @ J # K @ L हो, तो J,L से किस प्रकार सम्बन्धित है?
SSC CGL (Tier-I) 20/07/2023 Shift-IV
(a) पिता (b) दादा
(c) भाई (d) पोता/पौत्र

66. यदि, 'B % D' का अर्थ है 'B, D का भाई है।'
'B & D' का अर्थ है 'B, D की माँ है।'
'B × D' का अर्थ है 'B, D का पति है।'
'B # D' का अर्थ है 'B, D की बहन है।'
'B $ D' का अर्थ है 'B, D का बेटा है।'
'B @ D' का अर्थ है 'B, D का पिता है।'
तो निम्नलिखित में से कौन-सा विकल्प दिए गए व्यंजक के सम्बन्ध में सही है?
S & Z $ F % B % E @ G
SSC CGL (Tier-I) 20/07/2023 Shift-III
(a) S, G की माँ है
(b) Z, E के भाई का पुत्र है
(c) E, F की बहन है
(d) B, Z का मामा है

67. P, M, Z, A और L पाँच सदस्यों वाले एक परिवार का हिस्सा है और L को छोड़कर सभी महिलाएँ हैं। Z और L वैवाहिक सम्बन्ध में है और P, M और A उनके बच्चे हैं। M, Z से किस प्रकार सम्बन्धित है?
SSC CGL (Tier-I) 20/07/2023 Shift-III
(a) पत्नी (b) माता
(c) पुत्री (d) पोती/नातिन

68. 'A + B' का अर्थ है 'A, B का पुत्र है'।
'A – B' का अर्थ है 'A, B की पत्नी है'।
'A × B' का अर्थ है 'A, B का पिता है'।
'A ÷ B' का अर्थ है 'A, B की बहन है'।
यदि A + P – Q × R – S है, तो निम्नलिखित में से कौन-सा कथन सही नहीं है?
SSC CGL (Tier-I) 20/07/2023 Shift-I
(a) Q, A का पिता है।
(b) P, A की माता है।
(c) A, S की पत्नी का भाई है।
(d) A, S का पुत्र है।

69. राहुल एक प्रतियोगिता में गया, जिसमें उसकी माता के दादा के इकलौते पुत्र की इकलौती नवासी भाग ले रही थी। प्रतियोगिता में भाग ले रही व्यक्ति राहुल से किस प्रकार सम्बन्धित है?
SSC CGL (Tier-I) 19/07/2023 Shift-IV
(a) माता (b) पुत्री (c) बहन (d) नानी

70. 'A # B' का अर्थ है 'A, B' का भाई है।
'A @ B' का अर्थ है 'A, B' की पुत्री है।
'A & B' का अर्थ है 'A, B का पति है।'
'A % B' का अर्थ है 'A, B की पत्नी है।'
यदि D @ N @ H & Y @ F % V है, तो N, F से किस प्रकार सम्बन्धित है?
SSC CGL (Tier-I) 19/07/2023 Shift-III
(a) पुत्री (b) भांजी
(c) नवासी (d) पुत्रवधू

71. 'A > 'B का अर्थ है 'A, B की माँ है'।
'A ! B' का अर्थ है 'A, B की बहन है'।
'A = B' का अर्थ है 'A, B का पिता है'।
यदि M > N = O ! P ! Q हो तो M , Q से किस प्रकार सम्बन्धित है?
SSC CGL (Tier-I) 19/07/2023 Shift-III
(a) बहन (b) माँ (c) दादी (d) दादा

72. सूरज की तस्वीर की ओर देखते हुए गौरव ने कहा, "यह मेरे दादा के इकलौते पुत्र का पुत्र है"। तस्वीर में दिख रहे लड़के सूरज से गौरव किस प्रकार सम्बन्धित है?
SSC CGL (Tier-I) 19/07/2023 Shift-II
(a) भाई (b) पोता
(c) पिता (d) चचेरा भाई

73. 'A + B का अर्थ है 'A, B की बहन है।'
'A – B' का अर्थ है 'A, B की पत्नी है।'
'A × B' का अर्थ है 'A, B का भाई है।'
'A ÷ B' का अर्थ है 'A, B का पिता है।'
यदि L + M + N – O ÷ P × Q है, तो निम्नलिखित में से कौन-सा कथन सही नहीं है?
SSC CGL (Tier-I) 19/07/2023 Shift-II
(a) P, N का पुत्र है
(b) M, O की पत्नी की बहन है
(c) L, N की पुत्री है
(d) O, Q का पिता है

74. A % B का अर्थ है 'A, B की बेटी है।'
A = B का अर्थ है 'A, B की बहन है।'
A $ B का अर्थ है 'A, B का पिता है।'
यदि X % Y = Z % W $ V हो, तो Z, V से किस प्रकार सम्बन्धित है?
SSC CGL (Tier-I) 19/07/2023 Shift-I
(a) नानी (b) भाई (c) माँ (d) बहन

75. प्रिया ने एक व्यक्ति की ओर इशारा करते हुए कहा कि वह उसके भाई की दादी की इकलौती सन्तान है। वह व्यक्ति प्रिया से किस प्रकार सम्बन्धित है?
SSC CGL (Tier-I) 18/07/2023 Shift-IV
(a) पिता (b) दादा (c) पुत्र (d) भाई

76. D, P, W, Y और M का एक परिवार एक-दूसरे से मिलने के लिए यात्रा कर रहा है। W अपनी पुत्रियों D और P के साथ यात्रा कर रहा है। M अपनी नानी Y के साथ यात्रा कर रहा है। D, M की माता है। Y, P से किस प्रकार सम्बन्धित है?
SSC CGL (Tier-I) 18/07/2023 Shift-III
(a) बहन (b) दादी/नानी
(c) पुत्री (d) माता

77. F, C का पुत्र है। C, B की इकलौती पुत्री है। D, A का इकलौता दामाद है। B, C का पिता है। A, B की पत्नी है। D, F से किस प्रकार सम्बन्धित है?
SSC CGL (Tier-I) 18/07/2023 Shift-II
(a) भाई (b) साला (c) ससुर (d) पिता

78. दीवार पर लगे चित्र को देखते हुए उसने कहा "मेरी भाभी S के पति Q के पुत्र N की एक बहन R थी।" S, R से किस प्रकार सम्बन्धित है?
SSC CGL (Tier-I) 18/07/2023 Shift-I
(a) पुत्रवधू (b) सास
(c) पुत्री (d) माता

79. 'A + B' का अर्थ है 'A, B का पिता है।
'A – B' का अर्थ है 'A, B का पुत्र है'।
'A × B' का अर्थ है 'A, B की बहन है'।
'A ÷ B' का अर्थ है 'A, B की पत्नी है'।
यदि H + I – J × K × L – M ÷ N है, तो निम्नलिखित में से कौन-सा कथन सही नहीं है।
SSC CGL (Tier-I) 17/07/2023 Shift-IV
(a) H, M की पुत्री का पति है।
(b) J, M के पुत्र की पत्नी है।
(c) H, K की बहन का पति है।
(d) H, L की बहन का पति है।

80. 'P @ Q' का अर्थ है 'P, Q का भाई है'
'P & Q' का अर्थ है 'P, Q का पिता है'
'P # Q' का अर्थ है 'P, Q की बेटी है'
यदि 'A # B @ C & D # E', तो B, E से किस प्रकार सम्बन्धित है?
SSC CGL (Tier-I) 17/07/2023 Shift-III
(a) भाई (b) भाई की पत्नी
(c) भाई की बेटी (d) पति का भाई

81. एक महिला की तस्वीर को देखते हुए विनीता ने कहा, "वह मेरे पिता के भाई के पिता की पत्नी है।" तस्वीर में दिख रही महिला विनीता से किस प्रकार सम्बन्धित है?
SSC CGL (Tier-I) 17/07/2023 Shift-III
(a) माता (b) सास (c) दादी (d) बुआ

82. 'A + B' का अर्थ है 'A, B की बहन है'।
'A – B' का अर्थ है 'A, B का भाई है'।
'A × B' का अर्थ है 'A, B का पिता है'।
'A ÷ B' का अर्थ है 'A, B की पत्नी है'।
यदि A + B – C ÷ D × E – F है, तो निम्नलिखित में से कौन-सा कथन सही नहीं है?
SSC CGL (Tier-I) 17/07/2023 Shift-II
(a) C, F की माता है।
(b) A, D की पत्नी की बहन है।
(c) A, C की बहन है।
(d) E, B का भाई है।

83. 'A + B' का तात्पर्य है 'A, B का भाई है'।
'A – B' का तात्पर्य है 'A, B की माँ है'।
'A × B' का तात्पर्य है 'A, B का पति है'।
'A ÷ B' का तात्पर्य है 'A, B की बहन है'।
यदि C ÷ B – E + A × F – D है, तो निम्नलिखित में से कौन-सा कथन सही नहीं है?
SSC CGL (Tier-I) 17/07/2023 Shift-I
(a) C, A की माँ की बहन है।
(b) D, B की पुत्री है।
(c) B, A की माँ है।
(d) F, B के पुत्र की पत्नी है।

84. 'P @ Q' का अर्थ है 'P, Q की पत्नी है'।
'P # Q' का अर्थ है 'P, Q का भाई है'।
'P $ Q' का अर्थ है 'P, Q का पिता है'।
'P – Q' का अर्थ है 'P, Q की पुत्री है'।
यदि Z – B $ D $ G है, तो Z, G से किस प्रकार सम्बन्धित है?
SSC CGL (Tier-I) 14/07/2023 Shift-IV
(a) Z, G की बहन है (b) Z, G की पुत्री है
(c) Z, G की बुआ है (d) Z, G की माता है

85. यदि, 'C @ S' का अर्थ है 'C, S का पिता है'।
'C * S' का अर्थ है 'C, S का भाई है'।
'C # S' का अर्थ है 'C, S की बहन है'।
'C $ S' का अर्थ है 'C, S की बेटी है'।
'C = S' का अर्थ है 'C, S की माँ है'।
तो दिए गए व्यंजक में Z का Q से क्या सम्बन्ध है?
Q $ R @ S * T $ Z
SSC CGL (Tier-I) 14/07/2023 Shift-III
(a) भाभी (b) बहन
(c) पुत्री (d) माँ

86. सुरेशा की ओर इशारा करते हुए मैंने कहा, "यह मेरी पत्नी के बेटे के भाई की बेटी है।
"मेरा सुरेशा से क्या सम्बन्ध है?
SSC CGL (Tier-I) 14/07/2023 Shift-II
(a) दादी (b) ग्रैंड अंकल
(c) ग्रैंड ऑन्ट (d) दादा

87. गणेश अपनी माता के भाई के पिता की पोती के साथ टहल रहा था। वह किसके साथ टहल रहा था? **SSC CGL (Tier-I) 14/07/2023 Shift-I**
(a) माता
(b) पोती/नतिनी
(c) पुत्री
(d) चचेरी/ममेरी/फूफेरी बहन

SSC CGL 2022 (Tier I)

88. U $ V का अर्थ है 'U, V की बहन है'
U @ V का अर्थ है 'U, V का पति है'
U * V का अर्थ है 'U, V का पुत्र है'
U ÷ V का अर्थ है 'U, V की माँ है'
यदि O $ P * B @ F है, तो O का F से क्या सम्बन्ध है?
SSC CGL (Tier-I) 13/12/2022 Shift-IV
(a) बहन (b) बहू
(c) पुत्री (d) भाई

89. यदि A × B का अर्थ है कि A, B का पिता है, A – B का अर्थ है कि A, B की माता है, A + B का अर्थ है कि A, B का भाई है, तो निम्नलिखित में से कौन-सा व्यंजक यह निरूपित करता है, कि Q, P का पुत्र है?
SSC CGL (Tier-I) 13/12/2022 Shift-IV
(a) Q × P + R (b) P × Q + R
(c) P × Q – R (d) P + R × Q

90. यदि S – T का अर्थ है कि S, T की माता है, S × T का अर्थ है कि S, T का पिता है, S + T का अर्थ है कि S, T की बहन है, तो निम्नलिखित में से कौन-सा व्यंजक यह निरूपित करता है, कि P, R की माता है?
SSC CGL (Tier-I) 13/12/2022 Shift-III
(a) R + Q – P (b) P – Q + R
(c) Q – P + R (d) P × Q + R

91. P + Q का अर्थ है कि 'P, Q के पिता है'
P – Q का अर्थ है कि 'P, Q की माता है'
P * Q का अर्थ है कि 'P, Q की बहन है'
P % Q का अर्थ है कि 'P, Q का भाई है'
यदि A – B % C * D + E है, तो A का E से क्या सम्बन्ध है?
SSC CGL (Tier-I) 13/12/2022 Shift-III
(a) दादी (b) बहन
(c) माता (d) बुआ

92. यदि P × Q का अर्थ है कि P, Q की माता है, P + Q का अर्थ है कि P, Q का पिता है, P ÷ Q का अर्थ है, कि P, Q की बहन है, तो निम्नलिखित में से कौन-सा व्यंजक यह निरूपित करता है, कि A, C की मौसी/मामी है?
SSC CGL (Tier-I) 13/12/2022 Shift-II
(a) A ÷ B × C (b) A ÷ B + C
(c) B ÷ C × A (d) C × B ÷ A

93. A – B का अर्थ है, कि 'A, B की माता है'
A * B का अर्थ है, कि 'A, B का पति है'
A % B का अर्थ है, कि 'A, B का भाई है'
A $ B का अर्थ है, कि 'A, B की बहन है'
यदि I * J – K % L $ M * N है, तो I का N से क्या सम्बन्ध है?
SSC CGL (Tier-I) 13/12/2022 Shift-II
(a) पिता (b) ससुर
(c) भाई (d) साला

94. यदि A × B का अर्थ है कि A, B का भाई है, A – B का अर्थ है कि A, B की बहन है, A + B का अर्थ है कि A, B का पिता है, तो निम्नलिखित में से कौन-सा व्यंजक यह निरूपित करता है, कि P, R का पिता है?
SSC CGL (Tier-I) 13/12/2022 Shift-I
(a) P – Q × R (b) P × Q + R
(c) P + Q + R (d) P + Q × R

95. A # B का अर्थ है 'A, B की बहन है'।
A @ B का अर्थ है 'A, B का बेटा है'।
A & B का अर्थ है 'A, B के पिता है'।
A % B का अर्थ है 'A, B की माँ है'।
यदि W & Q # T & Y @ M % K है, तो Q, K से किस प्रकार सम्बन्धित है?
SSC CGL (Tier-I) 13/12/2022 Shift-I
(a) दादी (b) बुआ
(c) मौसी (d) बहन

96. यदि X × Y का अर्थ है कि X, Y की माता है, X – Y का अर्थ है कि X, Y का पिता है, X ÷ Y का अर्थ है कि X, Y की बहन है, तो निम्नलिखित में से कौन-सा व्यंजक यह निरूपित करता है, कि P, R का दादा/नाना है?
SSC CGL (Tier-I) 12/12/2022 Shift-IV
(a) P – Q ÷ R (b) P × Q – R
(c) Q – P × R (d) P – Q × R

97. A & B का अर्थ है कि 'A, B का पुत्र है'
A # B का अर्थ है कि 'A, B की बहन है'
A @ B का अर्थ है कि 'A, B का भाई है'
A % B का अर्थ है कि 'A, B का पिता है'
A - B का अर्थ है कि 'A, B की पुत्री है'
A * B का अर्थ है कि 'A, B की पत्नी है'
यदि C # D @ E % Z & L # M - N * P है, तो L, P से किस प्रकार सम्बन्धित है?
SSC CGL (Tier-I) 12/12/2022 Shift-III
(a) पुत्री (b) बहू (c) पत्नी (d) बहन

98. यदि R ÷ S का अर्थ है कि R, S की माता है, R × S का अर्थ है कि R, S का पिता है, R – S का अर्थ है कि R, S की बहन है, तो निम्नलिखित में से कौन-सा व्यंजक यह निरूपित करता है, कि P, R का पिता है?
SSC CGL (Tier-I) 12/12/2022 Shift-III
(a) P × Q – R (b) Q × P – R
(c) R × Q – P (d) P × Q ÷ R

99. यदि A × B का अर्थ है कि A, B का पिता है, A – B का अर्थ है कि A, B की माता है, A ÷ B का अर्थ है कि A, B का भाई है, तो निम्नलिखित में से कौन-सा व्यंजक यह निरूपित करता है कि P, R का चाचा/फूफा है?
SSC CGL (Tier-I) 12/12/2022 Shift-II
(a) P × Q ÷ R (b) P ÷ Q × R
(c) Q ÷ P × R (d) P ÷ Q – R

100. A#B का अर्थ है कि 'A, B की बहन है'
A@B का अर्थ है कि 'A, B का बेटा है'
A & B का अर्थ है कि 'A, B के पिता है'
A%B का अर्थ है कि 'A, B की माँ है'
यदि W&Q%T&Y@M%K है, तो W, K से किस प्रकार सम्बन्धित है?
SSC CGL (Tier-I) 12/12/2022 Shift-II
(a) चाचा/ताऊ (b) भाई
(c) मामा (d) पिता

101. 'A @ B' का अर्थ है 'A, B का पति है'।
'A & B' का अर्थ है 'A, B का पिता है'।
'A # B' का अर्थ है 'B, A का पुत्र है'।
यदि F & G @ H # I @ J है, तो G, J से किस प्रकार सम्बन्धित है?
SSC CGL (Tier-I) 12/12/2022 Shift-I
(a) पुत्र (b) पिता (c) ससुर (d) पति

102. यदि A × B का अर्थ है कि A, B का पिता है, A ÷ B का अर्थ है कि A, B की माता है, A + B का अर्थ है कि A, B का भाई है, तो निम्नलिखित में से कौन-सा व्यंजक यह निरूपित करता है, कि P, R की दादी है?
SSC CGL (Tier-I) 12/12/2022 Shift-I
(a) P ÷ Q + R (b) P ÷ R × Q
(c) P × Q + R (d) P ÷ Q × R

103. 'A # B' का अर्थ है कि 'A, B का भाई है'
'A @ B' का अर्थ है कि 'A, B का पुत्र है'
'A & B' का अर्थ है कि 'A, B की पत्नी है'
'A % B' का अर्थ है कि 'A, B की माँ है'
यदि A % B & C # D @ E है, तो B, E से किस प्रकार सम्बन्धित है?
SSC CGL (Tier-I) 09/12/2022 Shift-IV
(a) बहन (b) बहू
(c) पुत्री (d) पत्नी

104. यदि A + B का अर्थ है कि A, B का पिता है, A ÷ B का अर्थ है कि A, B की माता है, A × B का अर्थ है कि A, B का भाई है, तो निम्नलिखित में से कौन-सा व्यंजक यह निरूपित करता है, कि Q, P की बहन है?
SSC CGL (Tier-I) 09/12/2022 Shift-III
(a) P × Q ÷ R
(b) Q × P ÷ R
(c) P × Q + R
(d) P + R × Q

105. A + B का अर्थ है कि 'A, B के पिता है'
A – B का अर्थ है कि 'A, B की माता है'
A % B का अर्थ है कि 'A, B का भाई है'
A & B का अर्थ है कि 'A, B का पुत्र है'
यदि P – Q % R & S + T है, तो P का T से क्या सम्बन्ध है?
SSC CGL (Tier-I) 09/12/2022 Shift-III
(a) माता (b) सास
(c) पुत्री (d) बहन

106. A & B का अर्थ है, कि 'A, B की पत्नी है'
A # B का अर्थ है, कि 'A, B की बहन है'
A @ B का अर्थ है, कि 'A, B का पति है'
A % B का अर्थ है, कि 'A, B का पिता है'
यदि S & T % R @ P # Q है, तो S, P से किस प्रकार सम्बन्धित है?
SSC CGL (Tier-I) 09/12/2022 Shift-II
(a) माँ (b) सास
(c) पत्नी (d) बहन

107. यदि A × B का अर्थ है कि A, B की माता है, A – B का अर्थ है, कि A, B का पिता है, A ÷ B का अर्थ है कि A, B को बहन है, तो निम्नलिखित में से कौन-सा व्यंजक यह निरूपित करता है, कि P, R की दादी है?
SSC CGL (Tier-I) 09/12/2022 Shift-II
(a) P × Q – R (b) Q × P – R
(c) P ÷ R – Q (d) P × Q ÷ R

108. A – B का अर्थ है कि 'A, B की माता है'
A * B का अर्थ है कि 'A, B की बहन है'
A % B का अर्थ है कि 'A, B का पति है'
A $ B का अर्थ है कि 'A, B का पुत्र है'
यदि Z * A $ B – C * D % E है, तो Z का E से क्या सम्बन्ध है?
SSC CGL (Tier-I) 09/12/2022 Shift-I
(a) सास (b) ननद
(c) पत्नी (d) बहन

109. यदि L + M का अर्थ है, कि L, M का पिता है, L × B का अर्थ है कि L, M की माता है, L – M का अर्थ है कि L, M का भाई है, तो निम्नलिखित में से कौन-सा व्यंजक यह निरूपित करता है, कि A, B का चाचा/फूफा है?
SSC CGL (Tier-I) 09/12/2022 Shift-I
(a) A – B + C (b) A + B – C
(c) A – B × C (d) A – C + B

110. A @ B का अर्थ है 'A, B' की बहन है।
A & B का अर्थ है 'A, B का भाई है।'
A # B का अर्थ है 'A, B की पत्नी है।'
A ∧ B का अर्थ है 'A, B की माँ है।'
A + B का अर्थ है 'A, B का पिता है।'
यदि H @ V @ U # W & E ∧ X # Z & R ∧ S है, तो निम्नलिखित में से कौन-सा कथन सही नहीं है? SSC CGL (Tier-I) 08/12/2022 Shift-IV
(a) W, U का पति है।
(b) Z, S का नाना है।
(c) U, H की बहन है।
(d) E, Z की सास है।

111. यदि A ÷ B का अर्थ है, कि A, B का भाई है, A × B का अर्थ है, कि A, B की बहन है, A – B का अर्थ है, कि A, B का पिता है, तो निम्नलिखित में से कौन-सा व्यंजक यह निरूपित करता है, कि P, R का पिता है?
SSC CGL (Tier-I) 08/12/2022 Shift-III
(a) P – Q ÷ R (b) P – Q × R
(c) P × Q – R (d) P ÷ Q × R

112. F + M का अर्थ है 'F, M का पति है'
F ÷ M का अर्थ है 'F, M की पुत्री है'
F – M का अर्थ है 'F, M का पिता है'
F × M का अर्थ है 'F, M की माँ है'
यदि U + V × K – B है, तो U, B से किस प्रकार सम्बन्धित है?
SSC CGL (Tier-I) 08/12/2022 Shift-III
(a) पिता (b) दादा (c) नानी (d) दादी

113. यदि A × B का अर्थ है कि A, B का पिता है, A + B का अर्थ है कि A, B की माता है, A ÷ B का अर्थ है कि A, B का भाई है, तो निम्नलिखित में से कौन-सा व्यंजक यह निरूपित करता है, कि A, C का चाचा/फूफा है?
SSC CGL (Tier-I) 08/12/2022 Shift-II
(a) A ÷ B + C (b) A + B ÷ C
(c) A ÷ C + B (d) A ÷ B × C

114. A & B का अर्थ है कि 'A, B का पुत्र है।'
A # B का अर्थ है कि 'A, B की बहन है।'
A @ B का अर्थ है कि 'A, B का भाई है।'
A % B का अर्थ है कि 'A, B का पिता है।'
A – B का अर्थ है कि 'A, B की पुत्री है।'
A * B का अर्थ है कि 'A, B की पत्नी है।'
यदि C # D @ E % Z & L # M – N * P है, तो Z, N से किस प्रकार सम्बन्धित है?
SSC CGL (Tier-I) 08/12/2022 Shift-II
(a) पिता (b) पुत्र
(c) पोता/नाती (d) दादा

115. A & B का अर्थ है कि 'A, B की पत्नी है'।
A # B का अर्थ है कि 'A, B का पिता है'।
A @ B का अर्थ है कि 'A, B का पुत्र है'।
A % B का अर्थ है कि 'A, B का पति है'।
A + B का अर्थ है कि 'A, B की माँ है'।
यदि A & B # C & D @ E % F + G है, तो A, D से किस प्रकार सम्बन्धित है?
SSC CGL (Tier-I) 08/12/2022 Shift-I
(a) माँ (b) सास (c) बहन (d) बहू

116. यदि L × M का अर्थ है कि L, M की माता है, L – M का अर्थ है कि L, M का पिता है, L ÷ M का अर्थ है कि L, M की बहन है, तो निम्नलिखित में से कौन-सा व्यंजक यह निरूपित करता है, कि R, P का भाई है?
SSC CGL (Tier-I) 08/12/2022 Shift-I
(a) P ÷ Q – R (b) P ÷ R – Q
(c) P ÷ R × Q (d) P × R – Q

117. यदि A + B का अर्थ है कि A, B का पिता है, A × B का अर्थ है कि A, B की माता है, A – B का अर्थ है कि A, B का भाई है, तो निम्नलिखित में से कौन-सा व्यंजक यह निरूपित करता है, कि P, R की दादी है?

SSC CGL (Tier-I) 07/12/2022 Shift-IV

(a) P × Q – R (b) P + R × Q
(c) Q × P + R (d) P × Q + R

118. A + B का अर्थ है कि 'A, B के पिता है'
A – B का अर्थ है कि 'A, B की माता है'
A * B का अर्थ है कि 'A, B की बहन है'
A % B का अर्थ है कि 'A, B का पति है'
यदि A % B – C + D * E है, तो A का E से क्या सम्बन्ध है?

SSC CGL (Tier-I) 07/12/2022 Shift-IV

(a) भाई (b) ससुर
(c) दादाजी (d) चाचा

119. यदि A – B का अर्थ है कि A, B का पिता है, A + B का अर्थ है कि A, B की माता है, A × B का अर्थ है कि A, B का भाई है, तो निम्नलिखित में से कौन-सा व्यंजक यह निरूपित करता है कि Q, P का भाई है?

SSC CGL (Tier-I) 07/12/2022 Shift-III

(a) P × Q + R (b) R × P – Q
(c) R + P × Q (d) P × Q – R

120. A # B का अर्थ है 'A, B का भाई है'।
A @ B का अर्थ है 'A, B का बेटा है'।
A & B का अर्थ है 'A, B के पिता हैं'।
A % B का अर्थ है 'A, B की माँ है'।
यदि W # Q @ T & Y @ M % K % L है, तो K, W से किस प्रकार सम्बन्धित है?

SSC CGL (Tier-I) 07/12/2022 Shift-III

(a) माँ (b) ननद
(c) बहन (d) बेटी

121. 'A ∞ B' का अर्थ है, 'A, B की बहन है'।
'A * B' का अर्थ है, 'A, B की माता है'।
'A @ B' का अर्थ है, 'B, A के पिता हैं'।
'A # B' का अर्थ है, 'B, A की पत्नी है'।
यदि V ∞ U @ W # Y * Z है, तो V, Z से किस प्रकार सम्बन्धित है?

SSC CGL (Tier-I) 07/12/2022 Shift-II

(a) बहन (b) पिता (c) माता (d) पत्नी

122. A$B का अर्थ है कि 'A, B का पति है'।
A@B का अर्थ है कि 'A, B की पुत्री है'।
A#B का अर्थ है कि 'A, B का पिता है'।
A*B का अर्थ है कि 'A, B की माँ है'।
यदि X@Y$J*M है, तो X, M से किस प्रकार सम्बन्धित है?

SSC CGL (Tier-I) 07/12/2022 Shift-I

(a) भाई (b) भाभी
(c) दादी (d) बहन

123. यदि A × B का अर्थ है कि A, B का भाई है, A ÷ B का अर्थ है कि A, B की बहन है, A + B का अर्थ है कि A,B का पिता है, तो निम्नलिखित में से से कौन-सा व्यंजक यह निरूपित करता है, कि P, R की बहन है?

SSC CGL (Tier-I) 07/12/2022 Shift-I

(a) P × Q ÷ R (b) P ÷ Q × R
(c) P ÷ Q + R (d) P + Q × R

124. A – B का अर्थ है कि 'A, B की माता है'
A × B का अर्थ है कि 'A, B की बहन है'
A % B का अर्थ है कि 'A, B का पति है'
A $ B का अर्थ है कि 'A, B का पुत्र है'
यदि P – Q – R × S $ T है, तो P का T से क्या सम्बन्ध है?

SSC CGL (Tier-I) 06/12/2022 Shift-IV

(a) भाभी (b) सास
(c) बहन (d) माता

125. यदि L × M का अर्थ है कि L, M की माता है, L + M का अर्थ है कि L, M का पिता है, L ÷ M का अर्थ है कि L, M की बहन है, तो निम्नलिखित में से कौन-सा व्यंजक यह निरूपित करता है, कि P, R का पिता है?

SSC CGL (Tier-I) 06/12/2022 Shift-IV

(a) Q + P ÷ R (b) P + Q ÷ R
(c) P + Q × R (d) P ÷ R + Q

126. 'A @ B' का अर्थ है 'A, B का पति है।'
'A & B' का अर्थ है 'A, B की माता है।'
'A # B' का अर्थ है 'B, A की पुत्री है।'
यदि D # E # F & G @ H # I है, तो G, E से किस प्रकार सम्बन्धित है?

SSC CGL (Tier-I) 06/12/2022 Shift-III

(a) पुत्र (b) नाती (c) पुत्री (d) पिता

127. यदि A + B का अर्थ है कि A, B का पिता है, A – B का अर्थ है कि A, B की माता है, A × B का अर्थ है कि A, B का भाई है, तो निम्नलिखित में से कौन-सा व्यंजक यह निरूपित करता है, कि Q, P का पुत्र है?

SSC CGL (Tier-I) 06/12/2022 Shift-III

(a) Q – P × R (b) P – Q + R
(c) P – R × Q (d) P – Q × R

128. A – B का अर्थ है कि 'A, B की माता है'
A % B का अर्थ है कि 'A, B का भाई है'
A $ B का अर्थ है कि 'A, B की बहन है'
A @ B का अर्थ है कि 'A, B का पुत्र है',
यदि L @ M – N $ O % P है, तो L का P से क्या सम्बन्ध है?

SSC CGL (Tier-I) 06/12/2022 Shift-II

(a) साला (b) पिता
(c) भाई (d) पुत्र

129. यदि X × Y का अर्थ है कि X, B का पिता है, X ÷ B का अर्थ है कि X, B की माता है, X – Y का अर्थ है कि X, Y का भाई है, तो निम्नलिखित में से कौन-सा व्यंजक यह निरूपित करता है, कि A, C का पिता है?

SSC CGL (Tier-I) 06/12/2022 Shift-II

(a) A × B – C (b) A – B × C
(c) A × C – B (d) A × B ÷ C

130. यदि A – B का अर्थ है कि A, B का भाई है, A + B का अर्थ है कि A, B की बहन है, A × B का अर्थ है कि A, B का पिता है, तो निम्नलिखित में से कौन-सा व्यंजक यह निरूपित करता है, कि P, R का भाई है?

SSC CGL (Tier-I) 06/12/2022 Shift-I

(a) P – Q + R
(b) P – Q × R
(c) P + Q – R
(d) P × Q + R

131. A & B का अर्थ है कि 'A, B का पुत्र है'
A # B का अर्थ है कि 'A, B की बहन है'
A @ B का अर्थ है कि 'A, B का भाई है'
A % B का अर्थ है कि 'A, B का पिता है'
A – B का अर्थ है कि 'A, B की पुत्री है'
A * B का अर्थ है कि 'A, B की पत्नी है'
यदि C # D @ E % Z & L # M – N * P है, तो E, L से किस प्रकार सम्बन्धित है?

SSC CGL (Tier-I) 06/12/2022 Shift-I

(a) पुत्र (b) दामाद (c) पिता (d) पति

132. यदि K ÷ L का अर्थ है कि K,L की माता है, K – L का अर्थ है कि K, L का पिता है, K × L का अर्थ है कि K, L की बहन है, तो निम्नलिखित में से कौन-सा व्यंजक यह निरूपित करता है, कि P, R की दादी है?

SSC CGL (Tier-I) 05/12/2022 Shift-IV

(a) P ÷ Q – R (b) R – Q ÷ P
(c) P ÷ Q × R (d) Q ÷ P – R

133. A#B का अर्थ है कि 'A, B की बहन है'।
A@B का अर्थ है कि 'A, B का बेटा है'।
A&B का अर्थ है कि 'A, B के पिता हैं'।
A%B का अर्थ है कि 'A, B की माँ है'।
यदि W&Q#T&Y@M%K है, तो W, K से किस प्रकार सम्बन्धित है?

SSC CGL (Tier-I) 05/12/2022 Shift-IV

(a) दादा (b) नाना (c) पिता (d) भाई

134. यदि A × B का अर्थ है, कि A, B का पिता है, A+B का अर्थ है, कि A, B की माता है, A – B का अर्थ है, कि A,B का भाई है, तो निम्नलिखित में से से कौन-सा व्यंजक यह निरूपित करता है, कि Q, P का भाई है?

SSC CGL (Tier-I) 05/12/2022 Shift-III

(a) P + Q – R (b) P × R – Q
(c) P – Q + R (d) P – Q × R

135. A#B का अर्थ है, कि 'A, B का भाई है'
A@B का अर्थ है, कि 'A, B का पुत्र है'
A&B का अर्थ है, कि 'A, B की पत्नी है'
A%B का अर्थ है, कि 'A, B की माँ है'
यदि X@Y&Z#U&W@V है, तो U, V से किस प्रकार सम्बन्धित है?

SSC CGL (Tier-I) 05/12/2022 Shift-III

(a) बहन (b) बहु (c) पुत्री (d) पत्नी

136. यदि A ÷ B का अर्थ है, कि A, B की माता है, A – B का अर्थ है, कि A, B का पिता है, A + B का अर्थ है, कि A, B की बहन है, तो निम्नलिखित में से कौन-सा व्यंजक यह निरूपित करता है, कि P, R की माता है?

SSC CGL (Tier-I) 05/12/2022 Shift-II

(a) Q + P – R (b) P ÷ Q + R
(c) P + Q – R (d) P – R + Q

137. A & B का अर्थ है, कि 'A, B की पत्नी है'
A # B का अर्थ है, कि 'A, B का पिता है'
A @ B का अर्थ है, कि 'A, B का पुत्र है'
A % B का अर्थ है, कि 'A, B का पति है'
A + B का अर्थ है, कि 'A, B की माँ है'
यदि A & B # C & D @ E % F + G हो, तो D, G से किस प्रकार सम्बन्धित है?

SSC CGL (Tier-I) 05/12/2022 Shift-II

(a) दामाद (b) पुत्र (c) भाई (d) पिता

138. A + B का अर्थ है, कि 'A, B के पिता है'
A – B का अर्थ है, कि 'A, B की माता है'
A % B का अर्थ है, कि 'A, B का भाई है'
A # B का अर्थ है, कि 'A, B की पुत्री है'
यदि P + Q % R % S # T– U है, तो Q का U से क्या सम्बन्ध है?
SSC CGL (Tier-I) 05/12/2022 Shift-I
(a) पिता (b) पुत्र (c) साला (d) भाई

139. यदि A ÷ B का अर्थ है, कि A, B का भाई है, A × B का अर्थ है, कि A, B की बहन है, A – B का अर्थ है, कि A, B का पिता है, तो निम्नलिखित में से कौन-सा व्यंजक यह निरूपित करता है, कि P, Q का चाचा/फूफा/ताऊ है?
SSC CGL (Tier-I) 05/12/2022 Shift-I
(a) P ÷ R × Q (b) P – R ÷ Q
(c) P × R – Q (d) P ÷ R – Q

140. यदि L × M का अर्थ है कि L, M की माता है, L – M का अर्थ है कि L, M का पिता है, L ÷ M का अर्थ है कि L, M की बहन है, तो निम्नलिखित में से कौन-सा व्यंजक यह निरूपित करता है कि P, R का पिता है?
SSC CGL (Tier-I) 03/12/2022 Shift-IV
(a) R – P × Q (b) P – Q × R
(c) Q – P × R (d) P – Q ÷ R

141. A + B का अर्थ है कि 'A, B के पिता हैं'
A – B का अर्थ है कि 'A, B की माता है'
A @ B का अर्थ है कि 'A, B का पुत्र है'
A # B का अर्थ है कि 'A, B की पुत्री है',
यदि A # B – C @ D + E है, तो A का E से क्या सम्बन्ध है?
SSC CGL (Tier-I) 03/12/2022 Shift-IV
(a) बहन (b) पुत्री
(c) भाभी (d) माता

142. यदि P ÷ Q का अर्थ है कि P, Q की माता है, P × Q का अर्थ है कि P, Q का पिता है, P – Q का अर्थ है कि P, Q की बहन है, तो निम्नलिखित में से कौन-सा व्यंजक यह निरूपित करता है कि A, C का पिता है?
SSC CGL (Tier-I) 03/12/2022 Shift-III
(a) A – B × C (b) B × A – C
(c) A × B – C (d) A × B ÷ C

143. A + B का अर्थ है कि 'A, B के पिता हैं'।
A * B का अर्थ है कि 'A, B की बहन हैं'।
A % B का अर्थ है कि 'A, B की पुत्री हैं'।
A $ B का अर्थ है कि 'A, B का पुत्र है'।
यदि L % M + N * O $ P है, तो L का P से क्या सम्बन्ध है?
SSC CGL (Tier-I) 03/12/2022 Shift-III
(a) सास (b) पुत्री (c) माता (d) बहन

144. A#B का अर्थ है, कि 'A, B का भाई है'
A@B का अर्थ है, कि 'A, B की पुत्री है'
A&B का अर्थ है, कि 'A, B का पति है'
A%B का अर्थ है, कि 'A, B की पत्नी है'
यदि G%M#L@P&C@B है, तो L, B से किस प्रकार सम्बन्धित है?
SSC CGL (Tier-I) 03/12/2022 Shift-II
(a) पोती/नातिन (b) बहन
(c) बहू (d) बेटी

145. यदि X – Y का अर्थ है कि X, Y की माता है, X × Y का अर्थ है कि X, Y का पिता है, X ÷ Y का अर्थ है कि X, Y की बहन है, तो निम्नलिखित में से कौन-सा व्यंजन यह निरूपित करता है, कि Q, P का पुत्र है?
SSC CGL (Tier-I) 03/12/2022 Shift-II
(a) P – Q × R (b) P – Q ÷ R
(c) Q – P × R (d) R × Q – P

146. A # B का अर्थ है 'A, B की माँ है'।
A @ B का अर्थ है 'A, B का बेटा है'।
A & B का अर्थ है 'A, B का भाई है'।
A % B का अर्थ है 'A, B की पत्नी है'।
यदि W # Q @ T & Y @ M % K है, तो K, W से किस प्रकार सम्बन्धित है?
SSC CGL (Tier-I) 03/12/2022 Shift-I
(a) देवर (b) भाई
(c) ससुर (d) पिता

147. यदि P + Q का अर्थ है कि P, Q की माता है, P ÷ Q का अर्थ है कि P, Q का पिता है, P – Q का अर्थ है कि P, Q की बहन है, तो निम्नलिखित में से कौन-सा व्यंजक यह निरूपित करता है, कि A, C की नानी है?
SSC CGL (Tier-I) 03/12/2022 Shift-I
(a) A – B ÷ C (b) A + B + C
(c) A + B ÷ C (d) B ÷ A + C

148. 'A @ B' का अर्थ है 'A, B का पति है'।
'A & B' का अर्थ है 'A, B का पिता है'।
'A # B' का अर्थ है 'B, A का पुत्र है'।
यदि K # L & M @ N # P है, तो P, K से किस प्रकार सम्बन्धित है?
SSC CGL (Tier-I) 02/12/2022 Shift-IV
(a) पिता (b) परपोता
(c) पोता (d) पुत्र

149. यदि A + B का अर्थ है, कि A, B का भाई है, A × B का अर्थ है, कि A, B की बहन है, A ÷ B का अर्थ है, कि A, B का पिता है, तो निम्नलिखित में से कौन-सा व्यंजक यह निरूपित करता है, कि P, R का भाई है?
SSC CGL (Tier-I) 02/12/2022 Shift-III
(a) P + Q ÷ R (b) P × Q + R
(c) P ÷ R × Q (d) P + Q × R

150. R + S का अर्थ है 'R, S की पुत्री है'
R = S का अर्थ है 'R, S का पिता है'
R ÷ S का अर्थ है 'R, S की पत्नी है'
R × S का अर्थ है 'R, S का भाई है'
यदि E ÷ F × J + L = M है, तो L, E से किस प्रकार सम्बन्धित है?
SSC CGL (Tier-I) 02/12/2022 Shift-III
(a) ससुर (b) पिता
(c) भाई (d) पत्नी

151. यदि A ÷ B का अर्थ है कि A, B का पिता है, A × B का अर्थ है, कि A, B की माता है, कि A + B का अर्थ है कि A, B का भाई है, तो निम्नलिखित में से कौन-सा व्यंजक यह निरूपित करता है, कि Q, P की पुत्री है?
SSC CGL (Tier-I) 02/12/2022 Shift-II
(a) P + Q ÷ R (b) P × Q ÷ R
(c) P ÷ Q × R (d) P ÷ Q + R

152. A + B का अर्थ है, कि 'A, B के पिता हैं'
A – B का अर्थ है, कि 'A, B की माता है'
A % B का अर्थ है, कि 'A, B का भाई है'
A & B का अर्थ है, कि 'A, B का पुत्र है'
यदि A + B & C – D + E है, तो A का E से क्या सम्बन्ध है?
SSC CGL (Tier-I) 02/12/2022 Shift-II
(a) चाचा (b) भाई
(c) पिता (d) दादाजी

153. यदि A – B का अर्थ है, कि A, B की माता है, A+ B का अर्थ है, कि A, B का पिता है, A ÷ B का अर्थ है, कि A, B की बहन है, तो निम्नलिखित में से कौन-सा व्यंजक यह निरूपित करता है, कि P, Q की चाची/मामी/मौसी/बुआ है?
SSC CGL (Tier-I) 02/12/2022 Shift-I
(a) P ÷ R + Q (b) R ÷ P – Q
(c) P + R ÷ Q (d) P ÷ R – Q

154. A # B का अर्थ है, कि 'A, B की बहन है',
A @ B का अर्थ है, कि 'A, B का बेटा है',
A & B का अर्थ है, कि 'A, B के पिता हैं',
A % B का अर्थ है, कि 'A, B की माँ है',
यदि W @ Q % T & Y @ M%K है, तो Q, K से किस प्रकार सम्बन्धित है?
SSC CGL (Tier-I) 02/12/2022 Shift-I
(a) दादी (b) बेटी (c) नानी (d) माँ

155. 'A @ B' का अर्थ है, कि 'A, B का पति है'।
'A & B' का अर्थ है, कि 'A, B की माता है'।
'A # B' का अर्थ है, कि 'B, A की पुत्री है'।
यदि G # H & I @ J & K है, तो H, J से किस प्रकार सम्बन्धित है?
SSC CGL (Tier-I) 01/12/2022 Shift-IV
(a) बहन (b) भाई
(c) माता (d) सास

156. यदि A + B का अर्थ है, कि A, B का भाई है, A × B का अर्थ है, कि A, B की बहन है, A ÷ B का अर्थ है, कि A, B का पिता है, तो निम्नलिखित में से कौन-सा व्यंजक यह निरूपित करता है, कि P, R की बहन है?
SSC CGL (Tier-I) 01/12/2022 Shift-IV
(a) P × Q ÷ R (b) P × Q + R
(c) P × Q + R (d) P + Q × R

157. A # B का अर्थ है, कि 'A, B की बहन है'।
A @ B का अर्थ है, कि 'A, B का बेटा है'।
A & B का अर्थ है, कि 'A, B के पिता है'।
A % B का अर्थ है, कि 'A, B की माँ है'।
यदि W @ Q # T & Y @ M % K है, तो Q, K से किस प्रकार सम्बन्धित है?
SSC CGL (Tier-I) 01/12/2022 Shift-III
(a) बहन (b) माँ
(c) मौसी (d) बुआ

158. यदि A + B का अर्थ है, कि A, B का पिता है, A– B का अर्थ है, कि A, B की माता है, A × B का अर्थ है, कि A, B का भाई है, तो निम्नलिखित में से कौन-सा व्यंजक यह निरूपित करता है, कि Q, P का पुत्र है?
SSC CGL (Tier-I) 01/12/2022 Shift-III
(a) P + Q – R (b) P × R – Q
(c) P × Q × R (d) P – Q + R

159. A @ B का अर्थ है 'A, B की बहन है'।
A & B का अर्थ है 'A, B का भाई है'।
A # B का अर्थ है 'A, B की पत्नी है'।
A ∧ B का अर्थ है 'A, B की माँ है'।
A + B का अर्थ है 'A, B का पिता है'।
यदि A + G & I + R @ S @ T # U & V है, तो निम्नलिखित में से कौन-सा कथन सही नहीं है? SSC CGL (Tier-I) 01/12/2022 Shift-II
(a) R, A की पोती है
(b) G, I का भाई है
(c) A, T का नाना है
(d) I, U का ससुर है

160. यदि A × B का अर्थ है कि A, B का भाई
A – B का अर्थ है कि A, B की बहन है,
A + B का अर्थ है कि A, B का पिता है, तो निम्नलिखित में से कौन-सा व्यंजक यह निरूपित करता है, कि P, R की बुआ/चाची है?
SSC CGL (Tier-I) 01/12/2022 Shift-I
(a) P × Q + R (b) P + Q – R
(c) P – Q + R (d) P – Q × R

161. A # B का अर्थ है कि 'A, B की बहन है'
A @ B का अर्थ है कि 'A, B की पुत्री है'
A & B का अर्थ है कि 'A, B का पति है'
A % B का अर्थ है कि 'A, B का पिता है'
यदि A % B & C # D @ E है, तो B, E से किस प्रकार सम्बन्धित है?
SSC CGL (Tier-I) 01/12/2022 Shift-I
(a) पुत्र (b) पिता
(c) भाई (d) दामाद

SSC CGL 2021 & 2020 (Tier I)

162. कॉलेज पोस्टर में एक लड़की की ओर संकेत करते हुए दीपिका ने कहा, "वह मेरी सास के इकलौते पुत्र की भांजी है"। दीपिका, उस लड़की की माँ से कैसे सम्बन्धित है?
SSC CGL (Tier-I) 24/08/2021 Shift-III
(a) बहन (b) पुत्रवधू
(c) भाभी (d) ममेरी बहन

163. गुना, श्यामला का पुत्र है। हेमन्त, मनु का पिता है। गुना की शादी दीपा से हुई है। गुना और मनु सहोदर हैं। प्रतीक, दीपा का भाई है। श्यामला का एक ही बेटा है। रोशन, गुना का बेटा है। प्रतीक, कल्कि का पिता है। जतिन, मनु का बेटा है। प्रतीक की कोई बेटी नहीं है। तो बताएं कि हेमन्त का रोशन के पिता से क्या सम्बन्ध है?
SSC CGL (Tier-I) 24/08/2021 Shift-II
(a) पिता (b) भाई (c) साला (d) दादा

164. पालने में एक बच्ची की ओर संकेत करते हुए श्रीपद ने कहा, 'वह मेरे पिता की माँ की इकलौती बड़ी बेटी की बेटी है।' तो बताएँ कि उस बच्ची की माँ का श्रीपद से क्या सम्बन्ध है?
SSC CGL (Tier-I) 24/08/2021 Shift-I
(a) भतीजी (b) भाभी
(c) फुफेरी बहन (d) बुआ

165. आर्य की माँ का पति वरुण, मीना की माँ का भाई है। मीना और कविता का भाई वंश है। वरुण, आर्य के पिता हैं। वरुण का वंश से क्या सम्बन्ध है?
SSC CGL (Tier-I) 23/08/2021 Shift-II
(a) बेटा (b) पिता (c) मामा (d) भाई

166. जानकारी को ध्यान से पढ़ें और दिए गए प्रश्नों के उत्तर दें।
'K $ D' का अर्थ है कि 'D के पिता K हैं'।
'K < D' का अर्थ है कि 'D की पत्नी K है'।
'K > D' का अर्थ है कि 'D की बेटी K है'।
'K @ D' का अर्थ है कि 'D का बेटा K है।
व्यंजक 'H > R $ S @ T > N' के अनुसार, S का N से क्या सम्बन्ध है।
SSC CGL (Tier-I) 23/08/2021 Shift-I
(a) भतीजा (b) पोता/नाती
(c) दामाद (d) पुत्र

167. स्वाति, अनिल की इकलौती बहन अक्षरा की बेटी है। अनिल की माँ गौरी है। कामिनी, गौरी की माँ है। कामिनी का पति गौरव है। पूनम, गौरव की सास है। स्वाति का गौरव से क्या सम्बन्ध है?
SSC CGL (Tier-I) 20/08/2021 Shift-II
(a) पोती/नातिन (b) बेटी
(c) परपोती/परनातिन (d) परपोती की बेटी

168. एक परिवार में दो युगल हैं। कोमली के दो बच्चे हैं। मधुरिमा, ओमप्रकाश की पत्नी है जोकि मणि का भाई है। पिंकी, कोमली की बेटी है। उर्मिला, संजू की बहन है जो कि ओमप्रकाश का बेटा है। तरुण, मणि का बेटा है जो कि पुरुष है। तो मधुरिमा का कोमली से क्या सम्बन्ध है?
SSC CGL (Tier-I) 20/08/2021 Shift-I
(a) जेठानी/देवरानी/ननद/भाभी
(b) माँ
(c) बहन
(d) चाची

169. रानी, पीयूष की बहन और कमल की बेटी है। कमल, गौरव का बेटा और आर्यन का भाई है। आर्यन, रजनीश का पिता है। आर्यन का पीयूष से क्या सम्बन्ध है?
SSC CGL (Tier-I) 18/08/2021 Shift-III
(a) पिता (b) चाचा
(c) भाई (d) दादा

170. रमेश, मणिदीप का पिता है। रमेश के केवल दो बच्चे हैं। मणिदीप, निहारिका का भाई है। निहारिका, कविता की बेटी है। अनन्या, कविता की नातिन/पोती है। सुजीत, अनन्या का पिता है, तो सुजीत का मणिदीप से क्या सम्बन्ध है?
SSC CGL (Tier-I) 18/08/2021 Shift-I
(a) भाई (b) जीजा/साला/साढ़ू
(c) बेटा (d) दामाद

171. कविता के तीन बेटे हैं- राम, रजत और रमेश। मुकुल, राम का बेटा है। मुकुल के दादा जय हैं। जय की एक बेटी है, जिसका नाम निकिता है। रजत के बेटे 'अभिराम' की शादी रानी से हुई है, जिनकी बेटी इना है। निर्मला, निकिता की बेटी है, तो बताएँ कि जय का इना से क्या सम्बन्ध है?
SSC CGL (Tier-I) 17/08/2021 Shift-III
(a) परदादा (b) ससुर
(c) दादा (d) चाचा

172. एक लड़की की तस्वीर की ओर इशारा करते हुए राघव ने कहा, 'वह मेरे पिता की माँ की बेटी के इकलौते भाई की बेटी हैं,' तो राघव के पिता का उस लड़की की माँ से क्या सम्बन्ध हैं?
SSC CGL (Tier-I) 16/08/2021 Shift-III
(a) मामा (b) पति
(c) पिता (d) बेटा

173. 'A # B' का अर्थ है, कि 'B का बेटा A है'।
'A @ B' का अर्थ है, कि 'B की माँ A है'।
'A & B' का अर्थ है, कि 'B की पत्नी A है'।
'A % B' का अर्थ है, कि 'B की बहन A है'।
यदि 'M@R%K#G#N&T' है, तो निम्न में से कौन-सा कथन सत्य नहीं है?
SSC CGL (Tier-I) 16/08/2021 Shift-I
(a) N, K की दादी हैं।
(b) R, G की बेटी है।
(c) M, K की माँ हैं।
(d) T, M के दादा हैं।

174. 'A + B' का अर्थ है कि, 'B का पति A है'।
'A % B' का अर्थ है कि, 'B का पिता A है'।
'A $ B' का अर्थ है कि, 'B की माँ A है'।
यदि 'Y + Z $ H % C $ D + S' है, तो निम्नलिखित में से कौन-सा कथन असत्य है?
SSC CGL (Tier-I) 13/08/2021 Shift-III
(a) C, S की सास है
(b) H, Y का बेटा है
(c) Z, C की नानी है
(d) H, D का नाना है

175. P, L, T, B, N और D एक कारोबारी परिवार के छः सदस्य हैं। N, B का बेटा है, जो कि N की माँ नहीं है। L, B का भाई है। D और B विवाहित जोड़ा है। T, D की बेटी है, जो P की बहन है, तो N का T से क्या सम्बन्ध है?
SSC CGL (Tier-I) 13/08/2021 Shift-I
(a) माँ (b) पिता
(c) भाई (d) बहन

176. 'A – B' का अर्थ है 'A, B की माँ है';
'A × B' का अर्थ है 'A, B की बहन है';
'A ÷ B' का अर्थ है 'A, B का बेटी है';
निम्नलिखित में से किस व्यंजक का अर्थ है 'U, Q की बेटी है'?
SSC CGL (Tier-I) 07/03/2020 Shift-II
(a) K – U ÷ Z × Q (b) Q – Z × U ÷ K
(c) K – Z ÷ U × Q (d) Q – Z ÷ U × K

177. 'A + B' का अर्थ है 'A, B की माता है';
'A – B' का अर्थ है 'A, B का पति है';
'A × B' का अर्थ है 'A, B का बेटा है';
'A ÷ B' का अर्थ है 'A, B की बेटी है'
यदि 'W × Z + Y ÷ X', तब X, Z से कैसे सम्बन्धित है?
SSC CGL (Tier-I) 07/03/2020 Shift-I
(a) बेटा (b) पति (c) बेटी (d) पत्नी

178. 'A + B' का अर्थ है 'A, B का पति है'।
'A – B' का अर्थ है 'A, B की पत्नी है'।
'A × B' का अर्थ है 'A, B की माँ है'।
'A ÷ B' का अर्थ है 'A, B का बेटा है'।
यदि W × R × J – S ÷ V + L है, तो निम्नलिखित में से कौन-सा कथन सही नहीं है?
SSC CGL (Tier-I) 06/03/2020 Shift-III
(a) V, J के ससुर है (b) L, V की पत्नी है
(c) L, S की सास है (d) W, J की नानी है

179. 'A + B' का अर्थ है 'A, B का पिता है';
'A – B' का अर्थ है 'A, B की बहन है';
'A × B' का अर्थ है 'A, B का भाई है';
'A ÷ B' का अर्थ है 'A, B की बेटी है'।

यदि, R + S × T – V ÷ U है, तो S का U से क्या सम्बन्ध है?
SSC CGL (Tier-I) 06/03/2020 Shift-II
(a) बेटा (b) बेटी (c) पति (d) भाई

180. 'A + B' का अर्थ है, 'A, B का पति है';
'A – B' का अर्थ है, 'B, A की बहन है';
'A × B' का अर्थ है, 'A, B की माँ है';
'A ÷ B' का अर्थ है, 'B, A का बेटा है'।
यदि, 'P + R × T – Q÷S+ U' है, तो P का S से क्या सम्बन्ध है?
SSC CGL (Tier-I) 06/03/2020 Shift-I
(a) नाना (b) चाचा/मामा/मौसा
(c) दादा (d) ससुर

181. साँची की तस्वीर दिखाते हुए, नितिन कहता है, इसकी माँ के पिता के बेटे की पत्नी, मेरी सास की इक्लौती बेटी है। नितिन का साँची की माँ से क्या सम्बन्ध है? SSC CGL (Tier-I) 05/03/2020 Shift-II
(a) भाई (b) चाचा (c) मामा (d) दादा

182. पाँच सदस्यों, K, L, M, N और O का एक परिवार है। उनमें से, एक शादीशुदा जोड़ा है। O अविवाहित है और K का भाई है। N, O की बहन है। M एकमात्र विवाहित महिला है और N की माँ है। L और O समूह में मात्र दो पुरुष हैं। K के पिता कौन हैं?
SSC CGL (Tier-I) 05/03/2020 Shift-I
(a) O (b) L (c) K (d) M

183. 'A + B' का अर्थ है, 'A, B' की पत्नी है'।
'A – B' का अर्थ है, 'B, A' की बेटी है'।
'A × B' का अर्थ है, 'B, A' का भाई है'।
'A ÷ B' का अर्थ है, 'A, B' का पिता है'।
यदि P + R × T – Q + S÷ U है, तो P का U की माँ से क्या सम्बन्ध है?
SSC CGL (Tier-I) 04/03/2020 Shift-III
(a) चाची/मौसी/मामी/बुआ
(b) दादी
(c) माँ
(d) नानी

SSC CPO SI 2024

184. एक निश्चित कूटभाषा में,
A+ B का अर्थ है 'A, B की माँ है'
A – B का अर्थ है 'A, B का भाई है'
A × B का अर्थ है 'A, B की पत्नी है'
A ÷ B का अर्थ है 'A, B का पिता है'
उपर्युक्त के आधार पर, यदि
P – Q ÷ R – S ÷ T × U है, तो T का Q से क्या सम्बन्ध है? SSC CPO 29/06/2024 Shift-II
(a) साली (b) नातिन
(c) पोती (d) बहन

185. एक निश्चित कूटभाषा में,
'A × B' का अर्थ है कि 'A, B का पुत्र है,
'A – B' का अर्थ है कि 'A, B का भाई है',
'A + B' का अर्थ है कि 'A, B की पत्नी है,
'A % B' का अर्थ है कि 'A, B का पिता है'।
यदि 'M × N % P– S + T' है, तो M का T से क्या सम्बन्ध है? SSC CPO 29/06/2024 Shift-III
(a) भाची का नाना (b) साला
(c) पत्नी का नाना (d) ससुर का मामा

186. एक निश्चित कूटभाषा में,
A + B का अर्थ है 'A, B की माँ है',
A – B का अर्थ है 'A, B का भाई है',
A × B का अर्थ है 'A, B की पत्नी है' और
A ÷ B का अर्थ है 'A, B का पिता है'
उपर्युक्त के आधार पर, यदि 'U – P × Q ÷ R + S – T' है, तो R का U से क्या सम्बन्ध है?
SSC CPO 29/06/2024 Shift-III
(a) साली (b) भान्जी
(c) बहन (d) पुत्री

187. एक निश्चित कूटभाषा में,
'A @ B' का अर्थ है कि 'A, B की पुत्री है',
'A # B' का अर्थ है कि 'A, B का भाई है',
'A + B' का अर्थ है कि 'A, B की पत्नी है',
'A% B' का अर्थ है कि 'A, B का पिता है'।
यदि 'M #N @ P + S% T' है, तो M का T से क्या सम्बन्ध है? SSC CPO 29/06/2024 Shift-I
(a) मामा (b) पति
(c) भाई (d) पिता

188. एक निश्चित कूटभाषा में,
'A + B' का अर्थ है कि 'A, B की माता है',
'A – B' का अर्थ है कि 'A, B का पति है',
'A × B' का अर्थ है कि 'B, A की बहन है', और
'A ÷ B' का अर्थ है कि 'A, B का पिता है'।
उपरोक्त जानकारी के आधार पर,
यदि 'R ÷ S – V +Q × T' है, तो R का T से क्या सम्बन्ध है? SSC CPO 29/06/2024 Shift-I
(a) बेटा (b) पिता
(c) भाई (d) दादा

189. एक निश्चित कूटभाषा में,
'A × B' का अर्थ है कि 'A, B का पुत्र है',
'A – B' का अर्थ है कि 'A, B का भाई है',
'A + B' का अर्थ है कि 'A, B की पत्नी है',
'A % B' का अर्थ है कि 'A, B का पिता है'।
यदि 'M × N + P – S % T' है तो M का T से क्या सम्बन्ध है? SSC CPO 28/06/2024 Shift-III
(a) पत्नी का चाचा (b) मामा
(c) चाचा का पुत्र (d) माँ का मामा

190. एक निश्चित कूटभाषा में,
'A + B' का अर्थ है, 'A, B का पिता है'
'A – B' का अर्थ है, 'B, A की बहन है'
'A × B' का अर्थ है, 'A, B की पत्नी है'
'A ÷ B' का अर्थ है, 'A, B की माता है'
उपर्युक्त के आधार पर, यदि 'N × M – K ÷ L + P' है, तो L किस प्रकार K से सम्बन्धित है?
SSC CPO 28/06/2024 Shift-III
(a) भाई (b) पिता
(c) माता (d) पुत्र

191. एक निश्चित कूटभाषा में,
M & N का अर्थ है 'M, N का पति है'।
M @ N का अर्थ है 'M, N का भाई है'।
M $ N का अर्थ है 'M, N का पिता है'।
M # N का अर्थ है 'M, N की माता है'।
उपरोक्त के आधार पर, यदि 'F & G # H @ I $ J' है, तो F, J से किस प्रकार सम्बन्धित है?
SSC CPO 28/06/2024 Shift-II
(a) बहन (b) नाना
(c) दादा (d) माता

192. एक निश्चित कूटभाषा में,
'A × B' का अर्थ है कि 'A, B का पुत्र है'।
'A – B' का अर्थ है कि 'A, B का भाई है'।
'A + B' का अर्थ है कि 'A, B की पत्नी है'।
'A % B' का अर्थ है कि 'A, B का पिता है'।
यदि 'M + N × P % S – T' है, तो M का T से क्या सम्बन्ध है? SSC CPO 28/06/2024 Shift-II
(a) पत्नी की दादी (b) नानी
(c) भाभी की दादी (d) भाभी

193. किसी निश्चित कूटभाषा से,
'A × B' का अर्थ है कि 'A, B का पुत्र है'
'A – B' का अर्थ है कि 'A, B का भाई है'
'A + B' का अर्थ है कि 'A, B की पत्नी है'
'A % B' का अर्थ है कि 'A, B का पिता है'
यदि 'M × N + P % S – T' है, तो M का T से क्या सम्बन्ध है? SSC CPO 28/06/2024 Shift-I
(a) पिता (b) मामा
(c) भाई (d) पति

194. एक निश्चित कूटभाषा में,
'A + B' का अर्थ है 'A, B की माँ है'
'A – B' का अर्थ है 'A, B का भाई है'
'A × B' का अर्थ है 'A, B की पत्नी है'
'A ÷ B' का अर्थ है 'A, B का पिता है'
उपर्युक्त के आधार पर, यदि
'A ÷ B – C + D – E × F' है, तो A का E से क्या सम्बन्ध है? SSC CPO 28/06/2024 Shift-I
(a) पिता (b) दादा (c) भाई (d) नाना

195. A, B, C, D, E और F एक परिवार के छ: सदस्य है। परिवार में माता-पिता, उनके बच्चे और पोते-पोतियाँ हैं। A, C का पुत्र है और E, A की पुत्री है। D, F की पुत्री है, जो E की माता है। निम्नलिखित में से कौन-सा युग्म माता-पिता के पोते-पोतियों का है? SSC CPO 27/06/2024 Shift-III
(a) A, E (b) A, D
(c) D, E (d) C, E

196. एक निश्चित कूटभाषा में,
'A + B' का अर्थ है 'A, B का पिता है',
'A – B' का अर्थ है 'A, B का पति है',
'A × B' का अर्थ है 'A, B की माँ है',
'A ÷ B' का अर्थ है 'A, B का भाई है'।
यदि 'P + Q – R × S ÷ T' है, तो P का T से क्या सम्बन्ध है? SSC CPO 27/06/2024 Shift-II
(a) मामा (b) चाचा/ताऊ
(c) दादा (d) नाना

197. एक निश्चित कूटभाषा में,
'A + B' का अर्थ है कि 'A, B का पिता है';
'A – B' का अर्थ है कि 'B, A की बहन है';
'A × B' का अर्थ है कि 'A, B की पत्नी है' और
'A ÷ B' का अर्थ है कि 'A, B की माता है'।
उपरोक्त जानकारी के आधार पर, यदि 'R × S – T ÷ P + V' है, तो T का V से क्या सम्बन्ध है?
SSC CPO 27/06/2024 Shift-II
(d) दादा (b) दादी (c) माता (d) बहन

198. एक निश्चित कूटभाषा में,
'A+B' का अर्थ है 'A, B के भाई की पत्नी है',
'A – B' का अर्थ है 'A, B की बहन है',
'A × B' का अर्थ है 'A, B की पत्नी है',
'A ÷ B' का अर्थ है 'A, B की पुत्री है',

उपरोक्त के आधार पर, यदि G + K – L ÷ M × 'Q' है तो G, Q से किस प्रकार सम्बन्धित है?
SSC CPO 27/06/2024 Shift-I
(a) बहन (b) साली
(c) पुत्रवधू (d) पुत्री

SSC CPO SI 2023-2020

199. Q + J का अर्थ है 'Q, J का पति है',
Q – J का अर्थ है 'Q, J का पिता है',
Q × J का अर्थ है 'Q, J की माता है',
Q * J का अर्थ है 'Q, J की पुत्री है।'
यदि D * V + B × U है, तो D का U से क्या सम्बन्ध है? **SSC CPO 05/10/2023 Shift-III**
(a) भाई (b) बहन (c) पुत्री (d) माता

200. 'T + U' का अर्थ है कि 'T, U की माता है'।
'T – U' का अर्थ है कि 'T, U का पिता है'।
'T $ U' का अर्थ है कि 'T, U का पति है'।
'T # U' का अर्थ है कि 'T, U की पुत्री है'।
यदि A # C $ V + X है, तो A का X से क्या सम्बन्ध है? **SSC CPO 05/10/2023 Shift-III**
(a) भाई (b) पिता (c) पुत्री (d) बहन

201. 'A@ B' का अर्थ है A, B का पति है,
'A & B' का अर्थ है A, B की माता है
'A # B' का अर्थ है A, B की पुत्री है।
यदि Z # L @ P & K @ J # X है, तो K का Z से क्या सम्बन्ध है? **SSC CPO 04/10/2023 Shift-II**
(a) भाई (b) माता (c) भाभी (d) बहन

202. 'F $ G' का अर्थ है कि F, G की माता है
'F # G' का अर्थ है कि F, G का पिता है
'F @ G' का अर्थ है कि F, G का पति है
'F % G' का अर्थ है कि F, G की पुत्री है।
यदि J @ C$B # R है, तो J का R से क्या सम्बन्ध है? **SSC CPO 04/10/2023 Shift-II**
(a) बुआ (b) दादा (c) मामा (d) पिता

203. L, Q की पत्नी है। P, M की माता है। J, L का पिता है। M, H की बहन है। J, H का पति है। P का L से क्या सम्बन्ध है?
SSC CPO 03/10/2023 Shift-I
(a) भाँजा (b) बहनोई
(c) नानी (d) मौसी

204. 'A = B' का अर्थ है कि 'A, B का पिता है'।
'A $ B' का अर्थ है कि 'A, B की बहन है'।
'A * B' का अर्थ है कि 'A, B की माता है'।
'A ? B' का अर्थ है कि 'A, B का पुत्र है'।
यदि M ? C $ J * Z है, तो J का M से क्या सम्बन्ध है? **SSC CPO 03/10/2023 Shift-I**
(a) मौसी (b) बहन
(c) भाई (d) नानी

205. 'A # B' का अर्थ है, 'A, B की माता है'।
A @ B का अर्थ है, 'A, B की बहन है'।
A & B का अर्थ है, 'A, B का पति है'।
A % B का अर्थ है, 'A, B की पत्नी है'।
यदि W & Q @ T # Y @ M % K है, तो K, T से किस प्रकार सम्बन्धित है?
SSC CPO 11/11/2022 Shift-I
(a) पुत्र (b) साला
(c) भाई (d) दामाद

206. 'V + W' का अर्थ है 'V, W की बहन है'।
'V – W' का अर्थ है 'V, W का पिता है'।
'V * W' का अर्थ है 'V, W की माता है'।
'V ÷ W' का अर्थ है 'V, W का भाई है'।
यदि 'J + C * K – M' है, तो J किस प्रकार K से सम्बन्धित है? **SSC CPO 11/11/2022 Shift-I**
(a) बहन (b) माता
(c) भाई (d) मौसी

207. 'A # B' का अर्थ है 'A, B का भाई है।
'A @ B' का अर्थ है 'A, B का पुत्र है।
'A & B' का अर्थ है 'A, B का पिता है।
'A % B' का अर्थ है 'A, B की माँ है।
यदि W#Q@T&Y@M%K%L, तो K, T से किस प्रकार सम्बन्धित है?
SSC CPO 10/11/2020 Shift-I
(a) बहू (b) माँ (c) पुत्री (d) बहन

208. 'C @ D' का अर्थ है 'C, D के पिता है।
'C * D' का अर्थ है 'C, D का भाई है।
'C × D' का अर्थ है 'D, C का पति है।
'C # D' का अर्थ है 'C, D की बहन है।
'C $ D' का अर्थ है 'C, D का दामाद है।
'C = D' का अर्थ है 'C, D की माँ है।
निम्नलिखित व्यंजक में A, C से किस प्रकार सम्बन्धित है।
A @ L # F * E × G $ C
SSC CPO 10/11/2022 Shift-I
(a) भाई (b) पिता
(c) बेटा (d) पति

209. एक महिला ने चित्र की ओर इशारा करते हुए कनिका ने कहा, 'उसकी बहु मेरे पुत्र के दादा के इकलौते पुत्र की पत्नी है।' चित्र वाली महिला का कनिका से क्या सम्बन्ध है?
SSC CPO 25/11/2020 Shift-II
(a) चाची (b) माँ
(c) सास (d) ननद/देवरानी

210. एक आदमी की तस्वीर की ओर इशारा करते हुए रवीश ने कहा, "मैं अपने माता-पिता की इकलौती सन्तान हूँ, लेकिन उस आदमी के पिता मेरे पिता के पुत्र हैं।" उस तस्वीर वाले व्यक्ति का रवीश से क्या सम्बन्ध है? **SSC CPO 25/11/2020 Shift-I**
(a) पुत्र (b) पिता
(c) चचेरा भाई (d) भतीजा

211. पाँच सदस्यों के एक परिवार में P, Q की बहन और R, Q की माँ है। S, R के पिता और T, S की माँ है। P का S से क्या सम्बन्ध है?
SSC CPO 25/11/2020 Shift-I
(a) माँ (b) पुत्री
(c) भतीजी/भांजी (d) पोती/नातिन

212. प्रीति, विराट की इकलौती बहन है। मनोज, दिलीप का पुत्र है, जो कि माया का पति है। विराट, देवांश का पुत्र है। देवांश, मनोज का ससुर हैं। माया का प्रीति से क्या सम्बन्ध है?
SSC CPO 24/11/2020 Shift-I
(a) सास (b) ननद/देवरानी
(c) माँ (d) बहू

213. 'A # B' का अर्थ है कि 'A, B का पति है'।
'A @ B' का अर्थ है कि 'A, B की बहन' है।
'A & B' का अर्थ है कि 'A, B की माँ है'।
'A % B' का अर्थ है कि 'A, B का पुत्र है'।
यदि S # Z @ R % K # J & T # N है, तो निम्न में से कौन-सा कथन सही नहीं है?
SSC CPO 24/11/2020 Shift-I
(a) J, S की माँ है
(b) R और T भाई-भाई हैं
(c) Z, T की बहन है
(d) K, N के ससुर हैं

214. रोनिता का इकलौता भाई विक्रम कृतिका की माँ सेजल का पति है। रोनिता की माँ चाँदनी का कृतिका से क्या सम्बन्ध है?
SSC CPO 23/11/2020 Shift-I
(a) नानी (b) दादी
(c) चाची (d) सास

215. 'A % B' का अर्थ है कि 'A, B की माँ है'।
'A $ B' का अर्थ है कि 'A, B के पिता है'।
'A # B' का अर्थ है कि 'A, B का भाई है'।
'A & B' का अर्थ है कि 'A, B की बहन है'।
यदि J $ H # R % N & T # U % P, तो निम्न में से कौन-सा कथन गलत है?
SSC CPO 23/11/2020 Shift-I
(a) R, P की नानी हैं
(b) J, N के नाना हैं
(c) R, U की माँ है
(d) N, P की बहन है

SSC CHSL 2024 (Tier I & II)

216. एक निश्चित कूटभाषा में,
A % B का अर्थ A, B की माँ है।
A # B का अर्थ A, B का भाई है।
A @ B का अर्थ A, B की पत्नी है।
A & B का अर्थ A, B का पिता है।
उपरोक्त के आधार पर, यदि P & Q % R # S @ T है, तो P का T से क्या सम्बन्ध है?
SSC CHSL (Tier-I) 11/07/2024 Shift-IV
(a) पत्नी का भाई
(b) पत्नी की माँ के पिता
(c) पत्नी की माँ का भाई
(d) पत्नी के पिता

217. एक निश्चित कूटभाषा में,
'A + B' का अर्थ है, 'A, B की बहन है',
'A – B' का अर्थ है, 'A, B का भाई है',
'A × B' का अर्थ है, 'A, B के पिता है',
'A ÷ B' का अर्थ है, 'A, B की पुत्री है'।
उपरोक्त के आधार पर, यदि 'J ÷ K + L × O – P' है, तो K का P से क्या सम्बन्ध है?
SSC CHSL (Tier-I) 11/07/2024 Shift-III
(a) माता (b) बहन
(c) पिता की बहन (d) माता की बहन

218. एक निश्चित कूटभाषा में,
'M & N' का अर्थ है 'M, N की पत्नी है',
'M @ N' का अर्थ है 'M, N का भाई है',
'M $ N' का अर्थ है 'M, N की माँ है',
'M # N' का अर्थ है 'M, N की बहन है'।
इसके आधार पर, यदि 'P & Q @ R $ T # U' है, तो Q, U से किस प्रकार सम्बन्धित है?
SSC CHSL (Tier-I) 11/07/2024 Shift-II
(a) पिता के भाई (b) माँ के भाई
(c) पिता (d) भाई

219. एक निश्चित कूटभाषा में,
A & B का अर्थ A, B की पत्नी है,
A ÷ B का अर्थ A, B की बेटी है,
A × B का अर्थ A, B का बेटा है,
A + B का अर्थ A, B की बहन है और
A @ B का अर्थ A, B का पिता है।
P & Q @ L + T & U @ V
उपरोक्त के आधार पर, Q का V से क्या सम्बन्ध है? **SSC CHSL (Tier-I) 11/07/2024 Shift-I**
(a) माँ (b) माँ के पिता
(c) बहन (d) पिता की माँ

220. एक निश्चित कूटभाषा में,
'M & N' का अर्थ, 'M, N की पत्नी है',
'M @ N' का अर्थ, 'M, N का बेटा है',
'M $ N' का अर्थ, 'M, N की माँ है'।
उपरोक्त के आधार पर, यदि 'N $ O @ P @ Q & R' है, तो R का O से क्या सम्बन्ध है?
SSC CHSL (Tier-I) 10/07/2024 Shift-IV
(a) पिता का भाई (b) पिता के पिता
(c) माँ के पिता (d) माँ के भाई

221. एक निश्चित कूटभाषा में,
'A+ B' का अर्थ है कि 'A, B का पुत्र है',
'A – B' का अर्थ है कि 'A, B का भाई है',
'A × B' का अर्थ है कि 'A, B की पत्नी है,
'A ÷ B' का अर्थ है कि 'A, B की पुत्री है'।
उपरोक्त के आधार पर, यदि 'L – N ÷ O × M + P' है, तो L का M से क्या सम्बन्ध है?
SSC CHSL (Tier-I) 10/07/2024 Shift-III
(a) पुत्र (b) पिता
(c) दादा (d) भाई

222. 'A – B' का अर्थ है 'A, B की पत्नी है'।
'A + B' का अर्थ है 'A, B का भाई है'।
'A × B' का अर्थ है 'A, B के पिता है'।
'A ÷ B' का अर्थ है 'A, B की बहन है'।
ऊपर दिए गए गणितीय संकारकों के समान अर्थ का उपयोग करते हुए ज्ञात करें कि
'T × X ÷ Y + Z' में T, Z का क्या है?
SSC CHSL (Tier-I) 10/07/2024 Shift-III
(a) पुत्र (b) माँ
(c) पिता (d) भाई

223. एक निश्चित कूटभाषा मे,
'M & N' का अर्थ, 'M, N की पत्नी है',
'M @ N' का अर्थ, 'M, N का भाई है',
'M $ N' का अर्थ, 'M, N की बेटी है',
'M # N' का अर्थ, 'M, N का बेटा है',।
उपरोक्त के आधार पर, यदि N # M @ O $ P & Q है, तो Q का N से क्या सम्बन्ध है?
SSC CHSL (Tier-I) 10/07/2024 Shift-II
(a) पिता (b) माँ के पिता
(c) पिता के पिता (d) भाई

224. एक निश्चित कूटभाषा में,
A + B का अर्थ A, B की माता है
A – B का अर्थ A, B का भाई है
A × B का अर्थ A, B का पति है
A ÷ B का अर्थ A, B का पिता है
उपरोक्त के आधार पर, यदि K × Q + R – S ÷ L है, तो K का L से क्या सम्बन्ध है?
SSC CHSL (Tier-I) 10/07/2024 Shift-I
(a) पिता के पिता
(b) पिता का भाई
(c) पिता के पिता का भाई
(d) पिता की माता के पिता

225. 'T + W' का अर्थ है 'T ,W का पिता है'
'T – W' का अर्थ है 'T, W की पत्नी है'
'T × W' का अर्थ है 'T, W का भाई है'
'T ÷ W' का अर्थ है 'T, W की पुत्री है'।
'S + T ÷ U' का क्या अर्थ है?
SSC CHSL (Tier-I) 9/07/2024 Shift-IV
(a) S, U का अंकल है
(b) S, U का भाई है
(c) S, U का पति है
(d) S, U का पुत्र है

226. एक निश्चित कूटभाषा में,
'A @ B' का अर्थ 'A, B का पति है'
'A # B' का अर्थ 'A, B की माँ है',
'A & B' का अर्थ 'A, B की बेटी है',
'A $ B' का अर्थ 'A, B का भाई है'।
इसके आधार पर, यदि 'M & N @ O # P $ Q' है, तो P का M से क्या सम्बन्ध है?
SSC CHSL (Tier-I) 09/07/2024 Shift-III
(a) पिता (b) पिता के भाई
(c) बेटा (d) भाई

227. एक निश्चित कूटभाषा में,
'A + B' का अर्थ है A, B की माँ है
'A – B' का अर्थ है A, B का भाई है
'A × B' का अर्थ है A, B की पत्नी है
'A ÷ B' का अर्थ है A, B का पिता है
उपरोक्त के आधार पर, यदि G + J ÷ H × I – K है, तो G का K से क्या सम्बन्ध है?
SSC CHSL (Tier-I) 09/07/2024 Shift-II
(a) भाई की पत्नी की बहन
(b) भाई की पत्नी के पिता की बहन
(c) भाई की पत्नी के पिता की माँ
(d) भाई की पत्नी की माँ

228. एक निश्चित कूटभाषा में,
'A + B' का अर्थ है 'A, B की बहन है',
'A – B' का अर्थ है 'A, B का भाई है',
'A × B' का अर्थ है, 'A, B के पिता है',
'A ÷ B' का अर्थ है 'A, B की पत्नी है'।
उपरोक्त के आधार पर, यदि 'P + Q ÷ R × S – T' है, तो P, T से किस प्रकार सम्बन्धित है?
SSC CHSL (Tier-I) 9/07/2024 Shift-I
(a) पिता की बहन (b) बहन
(c) माँ की बहन (d) माँ

229. एक निश्चित भाषा में,
A # B का अर्थ, 'A, B की बहन है',
A @ B का अर्थ, 'A, B का बेटा है',
A & B का अर्थ 'A, B की पत्नी है' और
A % B का अर्थ, 'A, B का पिता है'।
E & P @ D % K # L
उपरोक्त के आधार पर, E का K से क्या सम्बन्ध है? **SSC CHSL (Tier-I) 8/07/2024 Shift-IV**
(a) भाई की पत्नी
(b) माँ की माँ
(c) माँ
(d) बहन

230. 'A × B' का अर्थ है 'A, B की माँ है'।
'A ÷ B' का अर्थ है 'A, B का पुत्र है'।
'A + B' का अर्थ है 'A, B का पति है'।
'A – B' का अर्थ है 'A, B की बहन है'।
ऊपर दिए गए गणितीय संकारकों के समान अर्थ का उपयोग करते हुए ज्ञात करें कि 'D + E × F – G' में F का D से क्या सम्बन्ध है?
SSC CHSL (Tier-I) 8/07/2024 Shift-III
(a) बहन की पुत्री (b) माँ
(c) पुत्री (d) पुत्र

231. माधव का परिचय देते हुए जिहान ने कहा कि "मैं उसकी माँ के किसी एक पुत्र का इकलौता पुत्र हूँ"। माधव जिहान से किस प्रकार सम्बन्धित है?
SSC CHSL (Tier-I) 8/07/2024 Shift-III
(a) चचेरा भाई (b) पुत्र या भाई
(c) पिता या चाचा (d) भांजा या भतीजा

232. एक निश्चित कूटभाषा में,
M & N का अर्थ है 'M, N का बेटा है',
M @ N का अर्थ है 'M, N का भाई है',
M $ N का अर्थ है 'M, N के पिता है',
M # N का अर्थ है 'M, N की माँ है'।
इसके आधार पर, यदि 'A # B $ C @ D & E' है, तो E का A से क्या सम्बन्ध है?
SSC CHSL (Tier-I) 8/07/2024 Shift-II
(a) बेटे की पत्नी (b) बेटी
(c) बेटा (d) बेटी का पति

233. एक निश्चित कूटभाषा में,
'A + B' का अर्थ है 'A, B की माँ है'।
'A × B' का अर्थ है 'A, B का पति है'।
'A ÷ B' का अर्थ है 'A, B की पुत्री है'।
उपरोक्त के आधार पर, यदि 'P ÷ Q ÷ R × S + T' है, तो Q का T से क्या सम्बन्ध है?
SSC CHSL (Tier-I) 5/07/2024 Shift-IV
(a) बहन (b) पुत्री
(c) पिता की बहन (d) माँ

234. 'A ÷ B' का अर्थ है 'A, B का पुत्र है'।
'A × B' का अर्थ है 'A, B की बहन है'।
'A + B' का अर्थ है 'A, B का भाई है'।
'A – B' का अर्थ है 'A, B की माँ है'।
ऊपर दिए गए गणितीय संकारकों के समान अर्थ का उपयोग करते हुए ज्ञात करें, कि निम्नलिखित में से किसका अर्थ है कि 'S, T का पति है'?
SSC CHSL (Tier-I) 5/07/2024 Shift-III
(a) T – R ÷ V × S
(b) T × R – V + S
(c) T – R + V ÷ S
(d) T ÷ R × V + S

235. एक निश्चित कूटभाषा में,
A + B का अर्थ 'A, B की बेटी है',
A – B का अर्थ 'A, B की पत्नी है',
A × B का अर्थ 'A, B का भाई है',
और A ÷ B का अर्थ 'A, B का पिता है'।
उपरोक्त के आधार पर, यदि P + Q × R – S ÷ T है, तो निम्न में से कौन-सा सत्य है?
SSC CHSL (Tier-I) 5/07/2024 Shift-II
(a) T, S का बेटा है
(b) Q, S का भाई है
(c) P, T की बहन है
(d) P, T की माँ के भाई की बेटी है

236. एक निश्चित कूटभाषा में,
A + B का अर्थ A, B का भाई है
A – B का अर्थ A, B का पिता है
A × B का अर्थ A, B की पत्नी है
A ÷ B का अर्थ A, B की माँ है
उपरोक्त के आधार पर, यदि P ÷ Q × R – S + T है, तो P का T से क्या सम्बन्ध है।
SSC CHSL (Tier-I) 5/07/2024 Shift-I
(a) पिता की बहन (b) माँ की बहन
(c) पिता की माँ (d) माँ की माँ

237. एक निश्चित कूटभाषा में,
P + Q का अर्थ P, Q की पत्नी है।
P – Q का अर्थ P, Q का भाई है।
P ÷ Q का अर्थ P, Q का बेटा है।
P × Q का अर्थ P, Q का पिता है।
यदि V ÷ K × T + M × O है, तो K का O से क्या सम्बन्ध है?
SSC CHSL (Tier-I) 4/07/2024 Shift-IV
(a) पिता की माँ (b) पिता
(c) माँ (d) माँ के पिता

238. एक निश्चित कूटभाषा में,
A + B का अर्थ A, B का बेटा है
A – B का अर्थ A, B का भाई है
A × B का अर्थ A, B की पत्नी है
A ÷ B का अर्थ A, B का पिता है
उपरोक्त के आधार पर, यदि P × Q – R ÷ S + T है, तो P का T से क्या सम्बन्ध है?
SSC CHSL (Tier-I) 4/07/2024 Shift-III
(a) पति के भाई की पत्नी
(b) पति के भाई की बेटी
(c) पति की माँ
(d) पति की बहन

239. एक निश्चित कूटभाषा में,
A + B का अर्थ A, B की माँ है।
A – B का अर्थ A, B की बहन है।
A × B का अर्थ A, B की पत्नी है।
A ÷ B का अर्थ A, B का बेटा है।
उपरोक्त के आधार पर, यदि
Z × Y ÷ X – V + W है, तो Z का W से क्या सम्बन्ध है?
SSC CHSL (Tier-I) 4/07/2024 Shift-II
(a) माँ के भाई के बेटे की पत्नी
(b) माँ की बहन की बेटी
(c) माँ की बहन के बेटे की पत्नी
(d) माँ की बहन के बेटे की बेटी

240. एक निश्चित कूटभाषा में,
M & N का अर्थ है, 'M N की पत्नी है',
'M @ N' का अर्थ है, 'M, N का भाई है',
M $ N का अर्थ है, 'M, N के पिता है',
M # N का अर्थ है, 'M, N का पुत्र है'।
उपरोक्त के आधार पर, यदि 'T @ S # M & N $ G' है, तो T का G से क्या सम्बन्ध है?
SSC CHSL (Tier-I) 4/07/2024 Shift-I
(a) पिता के भाई (b) भाई
(c) पिता (d) पुत्र

241. एक निश्चित कूटभाषा में,
A & B का अर्थ A, B की पत्नी है,
A ÷ B का अर्थ A, B की माँ है,
A × B का अर्थ A, B का बेटा है,
A + B का अर्थ A, B की बहन है और
A @ B का अर्थ A, B का पिता है।
यदि A @ B & C @ D + K ÷ F है, तो C का K से क्या सम्बन्ध है?
SSC CHSL (Tier-I) 3/07/2024 Shift-IV
(a) पिता (b) भाई
(c) बहन (d) माँ

242. P + F' का अर्थ है 'P, F का पुत्र है'
'P – F' का अर्थ है 'P, F की पत्नी है'
'P × F' का अर्थ है 'P, F का भाई है'
'P ÷ F' का अर्थ है 'P, F की माता है'
'P = F' का अर्थ है 'P, F की बहन है'।
'K = R ÷ M' का क्या अर्थ है?
SSC CHSL (Tier-I) 3/07/2024 Shift-IV
(a) K, M की मौसी है
(b) K, M की भतीजी है
(c) K, M की बहन है
(d) K, M की पुत्री है

243. 'A + B' का अर्थ है 'A, B का भाई है',
'A – B' का अर्थ है 'A, B की पत्नी है',
'A × B' का अर्थ है 'A, B के पिता है',
'A ÷ B' का अर्थ है 'A, B की पुत्री है।'
ऊपर दी गई संक्रियाओं के समान अर्थ का उपयोग करते हुए ज्ञात कीजिए, कि निम्नलिखित में से कौन-सा विकल्प 'M, O की माँ है' को दर्शाता है? **SSC CHSL (Tier-I) 3/07/2024 Shift-III**
(a) M ÷ N × O (b) M – N + O
(c) M – N × O (d) M ÷ N + O

244. 'D + E' का अर्थ है 'D, E का पिता है'
'D – E' का अर्थ है 'D, E की बहन है'
'D × E' का अर्थ है 'D, E की माँ है'
'D ÷ E' का अर्थ है 'D, E का भाई है'।
निम्नलिखित में से कौन-सा विकल्प यह दर्शाता है, कि 'K, L की भतीजी है'?
SSC CHSL (Tier-I) 3/07/2024 Shift-II
(a) K – L × X ÷ U
(b) L ÷ Z × X – K
(c) L – F + K – P
(d) U + F + K ÷ P

245. एक निश्चित कूटभाषा में,
'A @ B' का अर्थ है ' A, B का पति है'
'A # B' का अर्थ है 'A, B की माँ है',
'A & B' का अर्थ है 'A, B की बहन है'।
उपरोक्त के आधार पर, यदि 'P @ Q # R & S @ T' है, तो T, P से किस प्रकार सम्बन्धित है? **SSC CHSL (Tier-I) 3/07/2024 Shift-II**
(a) बेटे की पत्नी (b) बहन
(c) बेटी (d) पत्नी की बहन

246. 'Z + Y' का अर्थ है 'Z, Y का पिता है'
'Z – Y' का अर्थ है 'Z, Y की माँ है'
'Z × Y' का अर्थ है 'Z, Y का भाई है'
'Z ÷ Y' का अर्थ है 'Z, Y की बहन है'।
'A × B – C' का क्या अर्थ है?
SSC CHSL (Tier-I) 3/07/2024 Shift-I
(a) A, C का पिता है
(b) A, C के पिता का भाई है
(c) A, C की माँ का भाई है
(d) A, C के पिता का पिता है

247. 'A + B' का अर्थ है 'A, B का भाई है'।
'A – B' का अर्थ है 'A, B की बहन है'।
'A × B' का अर्थ है 'A, B के पिता है'।
'A ÷ B' का अर्थ है 'A, B की माँ है'।
ऊपर दिए गए गणितीय संकारकों के समान अर्थ का उपयोग करते हुए ज्ञात करें कि निम्नलिखित में से कौन-सा विकल्प यह प्रदर्शित करता है कि 'P, S के पिता के पिता है'?
SSC CHSL (Tier-I) 2/07/2024 Shift-IV
(a) P + Q ÷ R × S (b) P × Q × R + S
(c) P – Q + R ÷ S (d) P + Q – R ÷ S

248. एक निश्चित कूटभाषा में,
'A + B' का अर्थ है 'A, B की माँ है'
'A – B' का अर्थ है 'A, B का भाई है'
'A × B' का अर्थ है 'A, B के पिता है'
'A ÷ B' का अर्थ है 'A, B की बेटी है'
उपरोक्त के आधार पर, यदि A × B – C + D ÷ E है, तो E का A से क्या सम्बन्ध है?
SSC CHSL (Tier-I) 2/07/2024 Shift-III
(a) बेटी का पति (b) बेटा
(c) पत्नी का भाई (d) भाई

249. एक निश्चित कूटभाषा में,
'M & N' का अर्थ है 'M, N की पत्नी है',
'M @ N' का अर्थ है 'M, N का भाई है',
'M $ N' का अर्थ है 'M, N के पिता है',
'M # N' का अर्थ है 'M, N की बहन है',
इसके आधार पर, यदि 'D & E $ F # G @ H' है, तो D, H से किस प्रकार सम्बन्धित है?
SSC CHSL (Tier-I) 2/07/2024 Shift-II
(a) पिता की बहन (b) पिता की माता
(c) बहन (d) माता

250. एक निश्चित कूटभाषा में,
'M & N' का अर्थ है 'M, N का पिता है',
'M@ N' का अर्थ है 'M, N की बेटी है',
'M# N' का अर्थ है 'M, N का भाई है',
'M % N' का अर्थ है 'M, N की माता है'।
इसके आधार पर, यदि 'A & B # C @ D % E' है, तो A, E से किस प्रकार सम्बन्धित है?
SSC CHSL (Tier-I) 1/07/2024 Shift-IV
(a) पिता (b) बेटा
(c) पिता के भाई (d) भाई

251. एक निश्चित कूटभाषा में,
A + B का अर्थ A, B का बेटा है
A – B का अर्थ A, B का भाई है
A × B का अर्थ A, B की पत्नी है
A ÷ B का अर्थ A, B का पिता है
उपरोक्त के आधार पर, यदि P × Q – R + S ÷ T है, तो P का T से क्या सम्बन्ध है?
SSC CHSL (Tier-I) 1/07/2024 Shift-III
(a) भाई की पत्नी की माँ
(b) बहन
(c) भाई की पत्नी
(d) माँ

252. 'Q + R' का अर्थ है 'Q, R का पिता है'
'Q – R' का अर्थ है 'Q, R की पत्नी है'
'Q × R' का अर्थ है 'Q, R का भाई है'
'Q ÷ R' का अर्थ है 'Q, R की पुत्री है'।
'M – N + O' का क्या अर्थ है?
SSC CHSL (Tier-I) 1/07/2024 Shift-II

(a) M, O की माता है
(b) M, O का भाई है
(c) M, O का पिता है
(d) M, O की पुत्री है

253. 'A + B' का अर्थ है 'A, B का भाई है'।
'A – B' का अर्थ है 'A, B की पत्नी है'।
'A × B' का अर्थ है 'A, B के पिता है'।
'A – B' का अर्थ है 'A, B की बहन है'।
ऊपर दिए गए गणितीय संकारकों के समान अर्थ का उपयोग करते हुए ज्ञात करें, कि 'T × X ÷ Y + Z' में T का Z से क्या सम्बन्ध है?
SSC CHSL (Tier-I) 1/07/2024 Shift-I
(a) पिता (b) ससुर
(c) पुत्री (d) भाई

SSC CHSL 2023 (Tier I)

254. एक निश्चित कूटभाषा में,
A + B का अर्थ 'A, B का पति है'
A – B का अर्थ 'A, B की माँ है'
A × B का अर्थ 'A, B की बहन है'
A ÷ B का अर्थ 'A, B का भाई है'
उपरोक्त जानकारी के आधार पर, यदि S × T + U – V ÷ W है, तो S का W से क्या सम्बन्ध है?
SSC CHSL (Tier-I) 14/08/2023 Shift-IV
(a) पिता की बहन (b) भाई की पत्नी
(c) बहन (d) माँ की बहन

255. एक निश्चित कूटभाषा में,
A + B अर्थ है, A, B की बेटी है,
A – B अर्थ है, A, B का पति हैं,
A × B अर्थ है, A, B का भाई है,
A ÷ B अर्थ है, A, B का पिता हैं,
उपरोक्त जानकारी के अनुसार, यदि V ÷ P – F + G × C है, तो P का G से क्या सम्बन्ध हैं?
SSC CHSL (Tier-I) 14/08/2023 Shift-IV
(a) भाई का बेटा (b) पत्नी का भाई
(c) बेटी का भाई (d) बेटी का पति

256. अपने बगल में बैठी एक महिला को देखकर गौरव ने कहा, "यह मेरी पत्नी के पति की बहन है।" महिला का गौरव से क्या सम्बन्ध है?
SSC CHSL (Tier-I) 11/08/2023 Shift-I
(a) बेटी (b) पत्नी की बहन
(c) बहन (d) माँ

257. एक निश्चित कूटभाषा में,
A + B का अर्थ 'A, B की माँ है'।
A – B का अर्थ 'A, B का भाई है'।
A × B का अर्थ 'A, B की पत्नी है'।
A ÷ B का अर्थ 'A, B का पिता है'।
उपरोक्त के आधार पर, यदि 'K ÷ L × M – N + O' है, तो M का O से क्या सम्बन्ध है?
SSC CHSL (Tier-I) 11/08/2023 Shift-I
(a) बेटी का पति (b) माँ का पति
(c) पत्नी का पिता (d) माँ का भाई

258. एक निश्चित कूटभाषा में,
'A + B' का अर्थ 'A, B की पत्नी है',
'A – B' का अर्थ 'A, B का पिता है'
'A × B' का अर्थ 'A, B का भाई है' और
'A ÷ B' का अर्थ 'A, B की बहन है'।
उपरोक्त के आधार पर, यदि 'F ÷ L × C + A – S' है, तो F का S से क्या सम्बन्ध है?
SSC CHSL (Tier-I) 10/08/2023 Shift-III
(a) भाई की बेटी
(b) माँ की माँ
(c) पिता की बहन
(d) माँ की बहन

259. एक निश्चित कूटभाषा में,
'Z + B' का अर्थ 'Z, B की माँ है',
'Z – B' का अर्थ 'Z, B का भाई है',
'Z @ B' का अर्थ 'Z, B की बहन है',
'Z # B' का अर्थ 'Z, B का पिता है'।
यदि D – E # F – G है, तो D का G से क्या सम्बन्ध है?
SSC CHSL (Tier-I) 10/08/2023 Shift-III
(a) बेटा (b) पिता के पिता
(c) पिता का भाई (d) भाई

260. एक निश्चित कूटभाषा में,
A + B का अर्थ 'A, B का पिता है'
A – B का अर्थ 'A, B का भाई है'
A × B का अर्थ 'A, B की माँ है'
A ÷ B का अर्थ 'A, B की बहन है'
उपर्युक्त के आधार पर, यदि 'I + J ÷ K × L – M' है, तो I का M से क्या सम्बन्ध है?
SSC CHSL (Tier-I) 09/08/2023 Shift-I
(a) पिता (b) पिता का भाई
(c) माँ के पिता (d) पिता के पिता

261. एक निश्चित कूटभाषा में,
A + B का अर्थ 'A, B का बेटा है'
A – B का अर्थ 'A, B की पत्नी है'
A × B का अर्थ 'A, B का भाई है'
A ÷ B का अर्थ 'A, B की माँ है'
उपर्युक्त के आधार पर, यदि 'P × Q ÷ R – S + T' है, तो R का T से क्या सम्बन्ध है?
SSC CHSL (Tier-I) 09/08/2023 Shift-I
(a) माँ का भाई (b) बेटे की पत्नी
(c) भाई (d) बेटी

262. एक निश्चित कूटभाषा में,
A + B का अर्थ 'A, B की माँ है'।
A – B का अर्थ 'A, B का भाई है'।
A × B का अर्थ 'A, B की पत्नी है'।
A ÷ B का अर्थ 'A, B का पिता है'।
उपरोक्त के आधार पर, यदि 'A – B × C ÷ D + E' है, तो B का E से क्या सम्बन्ध है?
SSC CHSL (Tier-I) 08/08/2023 Shift-II
(a) बेटी का पति (b) माँ का पति
(c) माँ की माँ (d) भाई की माँ

263. एक निश्चित कूटभाषा में,
A + B का अर्थ 'A, B की पत्नी है'।
A – B का अर्थ 'A, B का भाई है'।
A × B का अर्थ 'A, B का पिता है'।
A ÷ B का अर्थ 'A, B की माँ है'।
उपरोक्त के आधार पर, यदि 'P × Q + R – S ÷ T' है, तो निम्नलिखित में से कौन-सा कथन सत्य है?
SSC CHSL (Tier-I) 08/08/2023 Shift-II
(a) R, T की माँ का भाई है।
(b) P, R का पिता है।
(c) Q, S की बहन है।
(d) T, S का बेटा है।

264. एक निश्चित कूटभाषा में,
A + B का अर्थ 'A, B की बहन है'
A – B का अर्थ 'A, B की माँ है'
A × B का अर्थ 'A, B का पति है' और
A ÷ B का अर्थ 'A, B का पिता है।'
उपरोक्त के आधार पर, यदि 'M + U – H ÷ S × N' है, तो S का U से क्या सम्बन्ध है?
SSC CHSL (Tier-I) 07/08/2023 Shift-II
(a) पिता का बेटा (b) पत्नी के पिता
(c) बहन का बेटा (d) बेटे का बेटा

265. एक निश्चित कूटभाषा में,
A + B का अर्थ 'A, B की पत्नी है'
A – B का अर्थ 'A, B का पिता है'
A × B का अर्थ 'A, B की बहन है'
A ÷ B का अर्थ 'A, B का भाई है'
उपरोक्त के आधार पर, यदि 'V ÷ W + X – Y × Z' है, तो V का Z से क्या सम्बन्ध है?
SSC CHSL (Tier-I) 04/08/2023 Shift-II
(a) माँ का भाई (b) भाई
(c) पिता का भाई (d) पिता के पिता

266. L, G की बहन है। G, M का बेटा है। M का विवाह D से हुआ है। D, E की बहन है। E, C का बेटा है। C का विवाह S से हुआ है। S, P की बहन है। L का E से क्या सम्बन्ध है?
SSC CHSL (Tier-I) 02/08/2023 Shift-I
(a) बेटी (b) पत्नी की बहन
(c) भाई की बेटी (d) बहन की बेटी

267. एक निश्चित कूटभाषा में,
'A + B' का अर्थ 'A, B का पिता है।'
'A – B' का अर्थ 'A, B की पत्नी है।'
'A × B' का अर्थ 'A, B का भाई है।'
'A ÷ B' का अर्थ 'A, B की माँ है।'
उपरोक्त के आधार पर, यदि 'G ÷ H × I – J + K' है, तो G का K से क्या सम्बन्ध है?
SSC CHSL (Tier-I) 02/08/2023 Shift-I
(a) माँ (b) माँ की माँ
(c) पिता की बहन (d) पिता की माँ

268. एक फोटो में एक महिला की ओर इशारा करते हुए पवन ने कहा, "वह मेरी माँ की बेटी की बहन है"। उस महिला का पवन से क्या सम्बन्ध है?
SSC CHSL (Tier-I) 21/03/2023 Shift-IV
(a) माँ (b) मौसी
(c) बहन (d) बहू

269. H, I का भाई है। G, H का भाई है। I, J का बेटा है। J, K की बहन है। J, G से कैसे सम्बन्धित है?
SSC CHSL (Tier-I) 21/03/2023 Shift-II
(a) बेटी (b) सास
(c) चाची (d) माँ

270. यदि सुमन राजेश की पत्नी के बेटे की पत्नी है, तो सुमन का राजेश से क्या सम्बन्ध है?
SSC CHSL (Tier-I) 20/03/2023 Shift-III
(a) बहू (b) पत्नी (c) बहन (d) भाभी

271. एक फोटो में एक आदमी की ओर इशारा करते हुए शिवांग ने कहा, "वह मेरी माँ के भाई का पिता है।" उस आदमी का शिवांग से क्या सम्बन्ध है?
SSC CHSL (Tier-I) 17/03/2023 Shift-II
(a) भांजा (b) दादा
(c) नाना (d) ससुर

272. एक फोटो में एक महिला की ओर इशारा करते हुए, भीम ने कहा, "वह मेरी माँ के बेटे की एकमात्र बहन है"। उस महिला का भीम से क्या सम्बन्ध है?
SSC CHSL (Tier-I) 15/03/2023 Shift-IV
(a) दादी (b) बहन (c) बेटी (d) भांजी

273. M, N का भाई है। L, M का पिता है। N, O की बहन है। O, P की बेटी है। P का N से क्या सम्बन्ध है?
SSC CHSL (Tier-I) 14/03/2023 Shift-I
(a) बहन (b) माँ
(c) दादी (d) मौसी

274. राम ने एक तस्वीर की ओर इशारा करते हुए कहा, "तस्वीर में दिख रही महिला मेरे पिता की बहन की माँ के इकलौते बेटे की पत्नी है।" महिला का राम से क्या सम्बन्ध है?
SSC CHSL (Tier-I) 13/03/2023 Shift-III
(a) बहन (b) बेटी
(c) पत्नी (d) माँ

275. N, Y का भाई है और Y, B की बहन है। B, Z की पत्नी है और C, Y की माँ है। Z का C से क्या सम्बन्ध है?
SSC CHSL (Tier-I) 10/03/2023 Shift-II
(a) दामाद (b) मामा
(c) बहन (d) बेटी

276. S, T की बहन है। R, S का भाई है। U, W की पत्नी है। T, U का पिता है। T, W से कैसे सम्बन्धित है?
SSC CHSL (Tier-I) 09/03/2023 Shift-I
(a) पिता (b) ससुर
(c) मामा (d) बेटा

SSC CHSL 2022-2021 (Tier I)

277. एक महिला की ओर इशारा करते हुए रोहन ने कहा, "उसकी पुत्री का पुत्र मेरी पत्नी की पुत्री का भाई है।" वह महिला रोहन से किस प्रकार सम्बन्धित है?
SSC CHSL (Tier-I) 31/05/2022 Shift-I
(a) बहन (b) सास
(c) पुत्री (d) माता

278. यदि 'A & B' का अर्थ है कि 'A, B का पिता है' और 'A @ B' का अर्थ है कि 'A, B की बहन है', तो निम्न में से किस व्यंजक का अर्थ है कि 'H, M का पिता है'?
SSC CHSL (Tier-I) 12/08/2021 Shift-III
(a) H @ K @ P & M
(b) K & H @ P @ M
(c) M & K @ P @ H
(d) H & K @ P @ M

279. स्निग्दा ने कहा कि वह अपनी माँ के इकलौते भाई के बेटे की माँ के ससुर से मिली। वह किससे मिली? **SSC CHSL (Tier-I) 04/08/2021 Shift-I**
(a) पिता (b) मामा
(c) नाना (d) भाई

280. U, M का पिता है। V, K की पत्नी है। D, K के एकमात्र भाई M की माँ है। U, D से किस प्रकार से सम्बन्धित है?
SSC CHSL (Tier-I) 19/04/2021 Shift-I
(a) भाई (b) चाचा
(c) पति (d) पिता

281. विनीत, अन्तिमा का पति है। देव, कुशा का भाई है। शालिनी, कुशा की माँ की माँ है। देव, विनीत का पुत्र है। अन्तिमा का शालिनी से सम्बन्ध हैं?
SSC CHSL (Tier-I) 12/04/2021 Shift-II
(a) बेटी (b) मामी
(c) माँ (d) बहन

SSC Steno 2024-2020

282. रवि और रघु भाई हैं। राजू, रघु का पिता है। श्याम, तुषार का भाई है। श्याम, रवि का मामा भी है। श्याम, राजू से किस प्रकार सम्बन्धित है?
SSC Steno 11/12/2024 Shift-III
(a) भाई (b) साला (c) पति (d) पिता

283. E, L की माता है। G, H का पिता है। L, D की बहन है। H, E की बहन है। D, A का पुत्र है। H, A से किस प्रकार सम्बन्धित है?
SSC Steno 11/12/2024 Shift-III
(a) साला (b) जीजा
(c) भाभी (d) साली

284. राहुल के पिता मोनिका की माता के इकलौते पुत्र हैं। मोनिका के पति की सास का राहुल से क्या सम्बन्ध है? **SSC Steno 11/12/2024 Shift-II**
(a) चाची (b) दादी
(c) बहन (d) माता

285. एक तस्वीर की ओर इशारा करते हुए रानी ने कहा "वह मेरे दादा के इकलौते बेटे की बेटी है।" तस्वीर में दिख रही लड़की रानी से किस प्रकार सम्बन्धित है? **SSC Steno 11/12/2024 Shift-II**
(a) बेटी (b) बहन
(c) भाई
(d) चचेरी/ममेरी/मौसेरी/फुफेरी बहन

286. आशा को एक तस्वीर का परिचय देते हुए रितिका ने कहा, 'उसकी बहन मेरे पति की पुत्री है'। तस्वीर में दिखने वाली रितिका से किस प्रकार सम्बन्धित है? **SSC Steno 11/12/2024 Shift-I**
(a) माता (b) नवासी/पोती/दौहित्री
(c) पुत्री (d) भांजी

287. D, F से विवाहित है। B, Q की पत्नी है। G, A की पुत्री है। F, Q की माता है। A, D की बहन है। D, B से किस प्रकार सम्बन्धित है?
SSC Steno 11/12/2024 Shift-I
(a) सास (b) ससुर
(c) पुत्र-वधु (d) दामाद

288. एक निश्चित कूट भाषा में,
'M & N' का अर्थ है, 'M, N की पत्नी है',
'M @ N' का अर्थ है, 'M, N के दादा है',
'M % N' का अर्थ है, 'M, N का भाई है',
'M # N' का अर्थ है, 'M, N का पुत्र है'।
उपरोक्त के आधार पर, यदि 'P @ Q # R & S% T है, तो P, T से किस प्रकार सम्बन्धित है?
SSC Steno 10/12/2024 Shift-III
(a) भाई (b) पिता के भाई
(c) पिता (d) ससुर

289. Q, P से विवाहित है। M, K का पति है। R, Q का भाई है। T, K की पुत्री है। P, M का पिता है। Q, T से किस प्रकार सम्बन्धित है?
SSC Steno 10/12/2024 Shift-III
(a) पोती (b) पोता (c) दादी (d) नाना

290. A, R की पत्नी है। R, C का पुत्र है। B, C की पत्नी है और M, C का भाई है। M का R से क्या सम्बन्ध है? **SSC Steno 10/12/2024 Shift-II**
(a) बुआ (b) पुत्र (c) पिता (d) चाचा

291. F, D का भाई है। G, B की पुत्री है। H, F की माता है। D, E का पुत्र है। B, F से विवाहित है। B, E से किस प्रकार सम्बन्धित है?
SSC Steno 10/12/2024 Shift-II
(a) पुत्र-वधु (b) साला
(c) सास (d) पोती

292. यदि X, Y की बहन है, Z, A का पिता है और Y, A का पुत्र है, तो Z का X से क्या सम्बन्ध है?
SSC Steno 10/12/2024 Shift-I
(a) पिता
(b) परदादा/परनाना
(c) पोती/नातिन/नवासी
(d) दादा/नाना

293. A, C की माता है जो पुत्र नहीं है। C की एक पुत्री E है। A का विवाह F से हुआ है। F का एक पुत्र B है जिसका एक पुत्र D है। D और E का क्या सम्बन्ध है? **SSC Steno 10/12/2024 Shift-I**
(a) पुत्री
(b) माता
(c) कजिन (ममेरे/फुफेरे/चचेरे/मौसेरे भाई या बहन)
(d) बहन

294. एक लड़के की ओर इशारा करते हुए मेघा ने कहा, "वह मेरे दादा/नाना की इकलौती सन्तान का इकलौता पुत्र है।" वह लड़का मेघा से किस प्रकार सम्बन्धित है? **SSC Steno 13/10/2023 Shift-I**
(a) चाचा (b) भाई
(b) पुत्र (d) नाती

295. 'E + F' का अर्थ है 'E, F का पिता है'
'E − F' का अर्थ है 'E, F की बहन है'
'E × F' का अर्थ है 'E, F का भाई है'
'E ÷ F' का अर्थ है 'E, F का पुत्र है'
यदि 'B − C + Z × G + Q है', तो C, Q से किस प्रकार सम्बन्धित है?
SSC Steno 13/10/2023 Shift-I
(a) दादा (b) पोता
(c) भाई (d) पुत्र

296. 'A + B' का अर्थ है, 'A, B का भाई है'
'A − B' का अर्थ है, 'A, B की माँ है'
'A × B' का अर्थ है, 'A, B का पति है'
'A ÷ B' का अर्थ है, 'A, B की बहन है'
यदि 'C + M − S × K − T ÷ Q' है, तो निम्न में से कौन-सा कथन सही नहीं है?
SSC Steno 12/10/2023 Shift-I
(a) S, Q का पिता है (b) M, Q की दादी है
(c) Q, T का पति है (d) C, S का मामा है

297. 'F + R, का अर्थ है 'F, R की माँ है'
'F − R, का अर्थ है 'F, R का पिता है'
'F ÷ R, का अर्थ है 'F, R का पति है'
'F × R, का अर्थ है 'F, R की पुत्री है'
यदि 'A ÷ C × B + Q − Z' है, तो Q, A से किस प्रकार सम्बन्धित है? **SSC Steno 12/10/2023 Shift-I**
(a) साला (b) बहन
(c) दादा (d) पिता

298. 'P + Q' का अर्थ है 'P, Q की बेटी है।'
'P % Q' का अर्थ है 'P, Q का बेटा है।'
'P # Q' का अर्थ है 'P, Q की पत्नी है।'
यदि A + B # C % D # E, तो निम्नलिखित में से कौन-सा कथन सही नहीं है?
SSC Steno 18/11/2022 Shift-I
(a) C, A का पिता है
(b) D, B के पति की माँ है
(c) B, E के बेटे की बहन है
(d) A, E के बेटे की बेटी है

299. एक लड़की की ओर इशारा करते हुए, सीमा ने कहा, "वह मेरे पिता की माता के पति के इकलौते पुत्र की पुत्री है।" वह लड़की सीमा से किस प्रकार सम्बन्धित है? SSC Steno 18/11/2022 Shift-I
(a) बहन (b) माता
(c) पुत्री (d) मौसी

300. एक पारिवारिक तस्वीर को देखते हुए, F ने A की ओर इशारा किया और कहा, "वह मेरी बहन G के पिता D की बहन E के पिता B की पत्नी है।" B का F से क्या सम्बन्ध है?
SSC Steno 17/11/2022 Shift-I
(a) पिता (b) चाचा/ताऊ
(c) दादा (d) बेटा

301. 'A & E' का अर्थ है 'A, B की बहन है'।
'A – B' का अर्थ है 'A, B की माँ है'।
'A × B' का अर्थ है 'A, B का पति है'।
'A @ B' का अर्थ है 'A, B का बेटा है'।
निम्नलिखित में से किस विकल्प का अर्थ है, 'L, O का पिता है? SSC Steno 17/11/2022 Shift-I
(a) L & M × N @ O
(b) L × M – N × O
(c) L @ M – N & O
(d) L × M – N & O

302. ईना, जतिन की माँ है। प्रताप, बानी का पिता है। सुकृत, गर्व का पुत्र है। सुयोग की इकलौती बहन की शादी गर्व से हुई है। सुयोग, अंशुम का पुत्र है। ईना का पति प्रताप का इकलौता पुत्र है। अंशुम, प्रताप की पत्नी है। बानी, सुकृत की माँ है। प्रताप का जतिन से क्या सम्बन्ध है?
SSC Steno 15/11/2021 Shift-I
(a) नाना (b) दादा
(c) चाचा (d) पिता

303. जोश, सोनल का बेटा है। सोनल, मानसी की बहन है और मानवी की माँ है। तारू, मानवी का पति है। जोश का तारू से क्या सम्बन्ध है?
SSC Steno 15/11/2021 Shift-I
(a) ससुर (b) चचेरा भाई
(c) साला (d) भाई

304. 'A & B' का अर्थ है, 'A, B की बहन है'।
'A % B' का अर्थ है, 'A, B का भाई है'।
'A $ B' का अर्थ है, 'A, B की माँ है'।
'A # B' का अर्थ है, 'A, B की पत्नी है'।
यदि U $ Q & Y % D $ S # K है, तो निम्न में से कौन-सा कथन सही नहीं है?
SSC Steno 12/11/2021 Shift-I
(a) U, D की माँ है
(b) Y, U की बेटी है
(c) Q, D की बहन है
(d) D, K की सास है

305. राहुल की ओर इशारा करते हुए, बेंकट ने कहा, 'वह मेरे पिता के एकमात्र पुत्र का एकमात्र पुत्र है। बेंकट, राहुल से किस प्रकार सम्बन्धित है?
SSC Steno 12/11/2021 Shift-I
(a) दादा (b) भाई
(c) पिता (d) ममेरा भाई

306. A, C का पुत्र है, लेकिन C, A की माँ नहीं है। B, A की बहन है। C और D विवाहित युगल हैं। E, C की माँ है। A की माँ कौन है?
SSC Steno 12/11/2021 Shift-I
(a) B (b) D (c) E (d) C

307. अभिषेक, अवरित्ति का पति है। अन्वि और अंकुर जुड़वाँ हैं। रूबि, अवरित्ति के पति की बहन है। अंकुर, अभिषेक का पुत्र है। रिचा, रूबि की पुत्री है। रिचा, अन्वि से किस प्रकार सम्बन्धित है?
SSC Steno 11/11/2021 Shift-I
(a) भाभी (b) माँ
(c) बहन (d) फुफेरी बहन

308. 'A # B' का अर्थ है, 'A, B का पति है।'
'A @ B' का अर्थ है, 'A, B की बेटी है।'
'A & B' का अर्थ है, 'A, B की बहन है।'
यदि P & Q @ D # K @ S # T है, तो निम्न में से कौन-सा कथन सही नहीं है?
SSC Steno 11/11/2021 Shift-I
(a) D, T की पुत्र-वधु है
(b) S, Q का नाना है
(c) T, K की माँ है
(d) P, K की बेटी है

309. किसी लड़के की ओर इशारा करते हुए, सारिका ने कहा, 'वह मेरी बहन के बेटे के पिता की पत्नी की इकलौती बहन का बेटा है।' सारिका का उस लड़के से क्या सम्बन्ध है? SSC Steno 11/11/2021 Shift-I
(a) माँ (b) बहन
(c) नानी (d) मामी

310. 'A + B' का अर्थ है कि 'A, B का पिता है'
'A – B' का अर्थ है कि 'A, B की पत्नी है'
'A × B' का अर्थ है कि 'A, B का भाई है'
'A ÷ B' का अर्थ है कि 'A, B का पुत्र है'
इसलिए, यदि हम M × R × Q + F + S – D ÷ U पर विचार करें, तो निम्नलिखित में से कौन-सा कथन सही नहीं है? SSC Steno 24/12/2020 Shift-I
(a) F, D का ससुर है (b) Q, S का नाना है
(c) M, F का मामा है (d) S, U की बहू है

311. एक महिला एक व्यक्ति गोपेश की तस्वीर की ओर इशारा करते हुए कहती है, "उसकी बेटी के पिता की माँ की इकलौती बेटी के पति के पिता का इकलौता बेटा मेरे पति की बहन का पति है।" यदि गोपेश अपने माता-पिता का इकलौता बेटा है, तो महिला का गोपेश से क्या सम्बन्ध है?
SSC Steno 24/12/2020 Shift-I
(a) माँ (b) भतीजी
(c) बहन (d) पत्नी

312. कोमल, दमन की पत्नी है। राधिका, अर्पण की माँ है। सयंतनी, मलय की बेटी है और मलय, कार्तिक का भाई है। सयंतनी की माँ राधिका, दमन की बहू है। कोमल का कार्तिक से क्या सम्बन्ध है?
SSC Steno 24/12/2020 Shift-I
(a) नानी (b) माँ (c) दादी (d) बहन

313. 'A # B' का अर्थ है कि 'A, B की बहन है'
'A @ B' का अर्थ है कि 'A, B का पति है'
'A & B' का अर्थ है कि 'A, B का भाई है'
'A % B' का अर्थ है कि 'A, B का पुत्र है'
निम्न में से किस व्यंजक का अर्थ है कि 'U, D की माँ है'? SSC Steno 22/12/2020 Shift-I
(a) U & S # K % Z @ D
(b) D & S # K % Z @ U
(c) D % S # K & Z @ U
(d) D & S # K% U @ Z

314. 'A + B' का अर्थ है कि 'A, B का पुत्र है'
'A – B' का अर्थ है कि 'A, B का पति है'
'A × B' का अर्थ है कि 'A, B की पत्नी है'
'A ÷ B' का अर्थ है कि 'A, B का भाई है'
इसलिए, यदि हम K ÷ Q × M + R × D + H – L पर विचार करें, तो L का M से क्या सम्बन्ध है? SSC Steno 22/12/2020 Shift-I
(a) नाना (b) दादी
(c) सास (d) नानी

SSC GD Constable 2024

315. एक आदमी की तस्वीर की ओर इशारा करते हुए, राम ने कहा, "वह मेरी माँ के पति का पिता है।" उस आदमी का राम से क्या सम्बन्ध है?
SSC GD 26/02/2024 Shift-I
(a) पिता के पिता (b) पिता
(c) भाई (d) चाचा

316. यदि P + Q का अर्थ है, P, Q का भाई है, P × Q का अर्थ है, P, Q की माँ है, P ÷ Q का अर्थ है, P, Q का पिता है और P – Q का अर्थ है P, Q की बहन है। यदि A × B ÷ C – D + E – F, तो E का A से क्या सम्बन्ध है?
SSC GD 26/02/2024 Shift-I
(a) माँ (b) बेटी
(c) बेटे की बेटी (d) बहन

317. 'E × F' का अर्थ है, 'E, F की पत्नी है।'
'E + F' का अर्थ है, 'E, F का भाई है।'
'E ÷ F' का अर्थ है, 'E, F का पति है।'
'E – F' का अर्थ है, 'E, F का बेटा है।'
व्यंजक G × H + I – J ÷ K में, J का H से क्या सम्बन्ध है? SSC GD 24/02/2024 Shift-III
(a) पिता के पिता (b) पिता
(c) पति (d) बेटा

318. एक आदमी की तस्वीर की ओर इशारा करते हुए, राखी ने कहा, 'वह मेरे बेटे की माँ का भाई है'। उस आदमी का राखी से क्या सम्बन्ध है?
SSC GD 24/02/2024 Shift-II
(a) पिता (b) बेटा
(c) पिता का भाई (d) भाई

319. A × B का अर्थ है, A, B का पति है,
A + B का अर्थ है, A, B का भाई है,
A ÷ B का अर्थ है, A, B की बहन है,
A – B का अर्थ है, A, B की पत्नी है।
व्यंजक X + Y ÷ Z – A में X का A से क्या सम्बन्ध है? SSC GD 24/02/2024 Shift-I
(a) बेटा (b) पत्नी का भाई
(c) भाई (d) बहन का पति

320. P, Q की बहन है। Q, S की माँ है। S, R का भाई है। R, T का पिता है। T, U का पति है। R का U से क्या सम्बन्ध है? **SSC GD 23/02/2024 Shift-IV**
(a) पिता (b) बेटा
(c) माँ (d) पति के पिता

321. एक लड़के की ओर इशारा करते हुए सुनीता ने कहा, "वह मेरे पति की बेटी की बहन का बेटा है।" उस लड़के के पिता का सुनीता से क्या सम्बन्ध है? **SSC GD 23/02/2024 Shift-II**
(a) बेटी का बेटा (b) बेटी का पति
(c) बेटा (d) भाई

322. यदि 'R × S' का अर्थ है 'R, S की बहन है'।
यदि 'R + S' का अर्थ है 'R, S का भाई है'।
यदि 'R ÷ S' का अर्थ है 'R, S की बेटी है'।
यदि 'R – S' का अर्थ है 'R, S का पति है'।
व्यंजक 'H – F × I ÷ J' में, H का J से क्या सम्बन्ध है? **SSC GD 23/02/2024 Shift-I**
(a) बेटी का पति (b) बहन का पति
(c) पिता (d) बेटा

323. यदि P + Q का अर्थ है, P, Q का भाई है, P × Q का अर्थ है, P, Q की माँ है, P ÷ Q का अर्थ है, P, Q का पिता है और P – Q का अर्थ है, P, Q की बहन है। यदि A × B ÷ C – D + E – F, तो A का E से क्या सम्बन्ध है? **SSC GD 22/02/2024 Shift-IV**
(a) पिता (b) पिता की बहन
(c) माँ (d) पिता की माँ

324. एक आदमी की ओर इशारा करते हुए करिश्मा ने कहा, "वह मेरे भाई के पिता की इकलौती बेटी का पति है।" उस आदमी का करिश्मा से क्या सम्बन्ध है? **SSC GD 22/02/2024 Shift-III**
(a) पत्नी के पिता (b) भाई
(c) बेटा (d) पति

325. M × N का अर्थ है M, N की माँ है।
M + N का अर्थ है M, N का पिता है।
M ÷ N का अर्थ है M, N की बहन है।
M – N का अर्थ है 'M, N का भाई है।
व्यंजक X ÷ Z – A × Y में, X का Y से क्या सम्बन्ध है? **SSC GD 22/02/2024 Shift-II**
(a) पिता की बहन (b) बहन
(c) माँ की बहन (d) पति की बहन

326. 'E × F' का अर्थ है' E, F की पत्नी है'।
'E + F' का अर्थ है' E, F का भाई है'।
'E ÷ F' का अर्थ है' E, F की बहन है'।
'E – F' का अर्थ है' E, F का बेटा है'।
व्यंजक 'I + J ÷ K – L' में J का L से क्या सम्बन्ध है? **SSC GD 22/02/2024 Shift-I**
(a) माँ (b) बहन
(c) बेटी (d) पत्नी

327. 'Q × R का अर्थ है, 'Q, R की पत्नी है।'
'Q + R का अर्थ है, 'Q, R का पति है।'
'Q ÷ R का अर्थ है, 'Q, R की बेटी है।'
'Q – R का अर्थ है, 'Q, R की माँ है।'
व्यंजक 'W ÷ E + F – G' में, W का G से क्या सम्बन्ध है? **SSC GD 21/02/2024 Shift-II**
(a) माँ (b) बहन
(c) पत्नी (d) बेटी

328. P + Q का अर्थ है, P, Q का भाई है, P × Q का अर्थ है, P, Q की माँ है, P ÷ Q का अर्थ है, P, Q का पिता है, और 'P – Q' का अर्थ है, P, Q की बहन है। यदि A × B ÷ C – D + E – F, तो A का F से क्या सम्बन्ध है? **SSC GD 21/02/2024 Shift-I**
(a) माँ (b) पिता की बहन
(c) माँ की बहन (d) पिता की माँ

329. 'Q × R' का अर्थ है, 'Q, R की पत्नी है'
'Q + R' का अर्थ है, 'Q, R का पति है'
'Q ÷ R' का अर्थ है, 'Q, R की बेटी है'
'Q – R' का अर्थ है, 'Q, R का भाई है'
व्यंजक 'S – T ÷ U + V' में, V का T से क्या सम्बन्ध है? **SSC GD 20/02/2024 Shift-IV**
(a) पत्नी (b) माँ (c) बेटी (d) बहन

330. 'P × Q' का अर्थ है 'P, Q का पिता है'।
'P + Q' का अर्थ है 'P, Q का भाई है'।
'P ÷ Q' का अर्थ है 'P, Q का बेटा है'।
'P – Q' का अर्थ है 'P, Q का पति है'।
व्यंजक 'O + N ÷ M – L' में, O का L से क्या सम्बन्ध है? **SSC GD 20/02/2024 Shift-III**
(a) बेटा (b) भाई (c) पति (d) पिता

331. A, B का पिता है। B, C का भाई है। C, D का पति है। D, E की बहन है। E, F की माँ है। F, G की पत्नी है। परिवार में कुल कितने पुरुष हैं? **SSC GD 20/02/2024 Shift-II**
(a) 1 (b) 4 (c) 2 (d) 3

332. 'I × J' का अर्थ है 'I, J की माँ है'
'I + J' का अर्थ है 'I, J का पति है'
'I ÷ J' का अर्थ है 'I, J की बहन है'
'I – J' का अर्थ है 'I, J का भाई है'
व्यंजक 'Q ÷ X + Y × Z' में, 'Q' का 'Z' से क्या सम्बन्ध है? **SSC GD 20/02/2024 Shift-I**
(a) पत्नी (b) बेटी
(c) पिता की बहन (d) पत्नी की बहन

SSC GD Constable 2023

333. एक निश्चित कूटभाषा में,
'A + B' का अर्थ है कि 'A, B की माता है',
'A – B' का अर्थ है कि 'A, B का पिता है',
'A × B' का अर्थ है कि 'A, B का भाई है' 'A & B' का अर्थ है कि 'A, B की बहन है'।
यदि N – D × P + Q & C है, तो Q का N से क्या सम्बन्ध है? **SSC GD 13/02/2023 Shift-IV**
(a) बेटी (b) बहन
(c) भांजी (d) नातिन

334. एक परिवार में 7 सदस्य हैं। X और Y एक विवाहित जोड़ा हैं। X, L का पिता है। M, L की पत्नी है। C, L का भाई है। C का एक बेटा O है। P, O की बहन है। C, P से किस प्रकार सम्बन्धित है? **SSC GD 13/02/2023 Shift-II**
(a) दादा (b) चाचा
(c) पिता (d) बेटा

335. एक निश्चित कूटभाषा में,
'A + B' का अर्थ है कि 'A, B का भाई है',
'A – B' का अर्थ है कि 'A, B की माता है',
'A × B' का अर्थ है कि 'A, B का पति है' और
'A ÷ B' का अर्थ है कि 'A, B की बहन है'।
यदि A × G – T – N ÷ D + B है, तो निम्नलिखित में से कौन-सा कथन सही नहीं है? **SSC GD 09/02/2023 Shift-II**
(a) A, T का पिता है।
(b) D, T का पुत्र है।
(c) A, N का नाना है।
(d) G, B की दादी है।

336. 'A + B' का अर्थ है कि 'A, B की बहन है',
'A – B' का अर्थ है कि 'A, B का पति है',
'A × B' का अर्थ है कि 'A, B की माता है',
'A ÷ B' का अर्थ है कि 'A, B की पुत्री है',
यदि R + T ÷ P – M है, तो P, R से किस प्रकार सम्बन्धित है? **SSC GD 09/02/2023 Shift-I**
(a) पुत्री (b) माँ (c) पुत्र (d) पिता

337. 'A + B' का अर्थ है कि 'A, B का भाई है',
'A – B' का अर्थ है कि 'A, B की माँ है',
'A × B' का अर्थ है कि 'A, B का पति है',
'A ÷ B' का अर्थ है कि 'A, B की बहन है',
'A @ B' का अर्थ है कि 'A, B का बेटा है',
यदि J @ K × L – M ÷ N है तो J, N से किस प्रकार सम्बन्धित है? **SSC GD 08/02/2023 Shift-I**
(a) भाँजा (b) जीजा
(c) भाई (d) मौसी

338. D $ E का अर्थ है 'D, E की पुत्री है'
D @ E का अर्थ है 'D, E की माता है'
D + E का अर्थ है 'D, E का पिता है'
D * E का अर्थ है 'D, E का पति है'
यदि P * T $ X + Z है, तो P, Z से किस प्रकार सम्बन्धित है? **SSC GD 07/02/2023 Shift-I**
(a) बहन का पति (b) पुत्री
(c) पिता का भाई (d) बहन

339. 'A + B' का अर्थ है कि 'A, B का पिता है'
'A – B' का अर्थ है कि 'A, B की पत्नी है'
'A × B' का अर्थ है कि 'A, B का भाई है'
'A ÷ B' का अर्थ है कि 'A, B की पुत्री है'
निम्नलिखित में से किस व्यंजक के अनुसार 'S, P की पत्नी है'? **SSC GD 06/02/2023 Shift-I**
(a) S × Q ÷ R × P (b) P + Q × R ÷ S
(c) S + Q × R ÷ P (d) S × Q + R ÷ P

340. 'P % Q' का अर्थ है कि 'P, Q का भाई है'।
'P + Q' का अर्थ है कि 'P, Q की बेटी है'।
'P = Q' का अर्थ है कि 'P, Q का बेटा है'।
'P # Q' का अर्थ है कि 'P, Q की पत्नी है'।
यदि L + M % N = O # P है, तो P, L से किस प्रकार सम्बन्धित है? **SSC GD 01/02/2023 Shift-I**
(a) मामा (b) दादा
(c) जीजा (d) ताऊ/चाचा

SSC Selection Post 2024-2022

341. एक निश्चित कूटभाषा में, 'X + Y' का अर्थ है 'X, Y की माँ है', 'X* Y' का अर्थ है 'X, Y के पिता हैं 'X – Y' का अर्थ है 'X, Y' की बेटी है', 'X % Y' का अर्थ है 'X, Y की पत्नी है। उपर्युक्त के आधार पर, यदि 'A – B * C + D' है, तो A, D से किस प्रकार सम्बन्धित है? **Metric Level 20/06/2024 Shift-IV**
(a) नानी (b) मौसी
(c) बेटी (d) माँ

342. एक निश्चित कूटभाषा में,
'A + B' का अर्थ है कि 'A, B की माँ है',
'A – B' का अर्थ है कि 'A, B का भाई है',
'A × B' का अर्थ है कि 'A, B की पत्नी है',
'A ÷ B' का अर्थ है कि 'A, B का पिता है'
यदि 'P + Q ÷ R × S – T ÷ U' है, तो उपरोक्त जानकारी के आधार पर, R की पुत्री का T से क्या सम्बन्ध है? **Graduate Level 20/06/2024 Shift-III**
(a) भतीजी (b) पिता
(c) भतीजा (d) भाभी

343. एक निश्चित कूटभाषा में,
'A ÷ B' का अर्थ है 'A, B की माता है'
'A – B' का अर्थ है 'A, B का भाई है'
'A × B' का अर्थ है 'A, B की पत्नी है'
'A # B' का अर्थ है 'A, B का पिता है'
उपरोक्त के आधार पर, यदि 'W – V + T # R × S – P' है, तो W का P से क्या सम्बन्ध है?
Graduate Level 20/06/2024 Shift-III
(a) भाई की पत्नी के पिता की माता का पिता
(b) पत्नी के पिता की माता का पिता
(c) पत्नी के पिता की माता का भाई
(d) भाई की पत्नी के पिता की माता का भाई

344. 'M $ N' का अर्थ है कि 'M, N का पुत्र है',
'M + N' का अर्थ है कि 'M, N की बहू है',
'M ÷ N' का अर्थ है कि 'M, N का पति है',
'M & N' का अर्थ है कि 'M, N की पत्नी है।
'M = N' का अर्थ है कि 'M, N का भाई है',
यदि 'G $ C = A ÷ B + D & E' है, तो E का C से क्या सम्बन्ध है?
Higher Secondary Level 20/06/2024 Shift-II
(a) पुत्र (b) चाचा (c) भाई (d) पिता

345. तस्वीर में दिख रहे एक व्यक्ति की ओर इंगित करते हुए प्रीति ने कहा, "वह मेरे पति के ससुर, गोपाल की इकलौती पुत्री का पुत्र है।" तस्वीर में दिख रहा व्यक्ति प्रीति से किस प्रकार सम्बन्धित है? **Graduate Level 27/06/2023 Shift-IV**
(a) पिता (b) पुत्र (c) चाचा (d) भाई

346. 'Q + R' का अर्थ है कि 'Q, R का पिता है'
'Q – R' का अर्थ है कि 'Q, R की पत्नी है'
'Q × R' का अर्थ है कि 'Q, R का भाई है'
'Q ÷ R' का अर्थ है कि 'Q, R की पुत्री है'
यदि 'S ÷ Q + M × P – K' है, तो Q का K से क्या सम्बन्ध है?
Graduate Level 27/06/2023 Shift-IV
(a) दामाद (b) ससुर (c) पुत्र (d) पिता

347. P % Q' का अर्थ है, 'P, Q का भाई है'।
'P + Q' का अर्थ है, 'P, Q की पुत्री है'।
'P = Q' का अर्थ है, 'P, Q का पुत्र है'।
'P # Q' का अर्थ है, 'P, Q की पत्नी है'।
यदि L % M + N # R = S है, तो L का S से क्या सम्बन्ध है?
Higher Secondary Level 27/06/2023 Shift-III
(a) पुत्र
(b) नाती
(c) भाई
(d) पोता

348. यदि 'C % D' का अर्थ है 'C, D का भाई है',
'C & D' का अर्थ है 'C, D की माता है',
'C × D' का अर्थ है 'C, D का पति है',
'C # D' का अर्थ है 'C, D की बहन है',
'C $ D' का अर्थ है 'C, D का पुत्र है',
'C @ D' का अर्थ है 'C, D के पिता है',
तो निम्न व्यंजक में, P का U से क्या सम्बन्ध है?
P # Q % R & D $ T @ U
Higher Secondary Level 27/06/2023 Shift-III
(a) बहन (b) सास
(c) मौसी (d) पोती

349. 'B + D' का अर्थ है 'B, D का ससुर है'।
'B & D' का अर्थ है 'B, D का भाई है'।
'B # D' का अर्थ है 'B, D की पत्नी है'।
'B $ D' का अर्थ है 'B, D का पुत्र है'।
'B @ D' का अर्थ है 'B, D की माता है'।
यदि O अपने माता-पिता की इकलौती सन्तान है, तो निम्नलिखित में से कौन-सा विकल्प दिए गए व्यंजक के सन्दर्भ में सही है?
M # L & N @ O $ P + R
Higher Secondary Level 27/06/2023 Shift-III
(a) R, O की पत्नी है
(b) N, का केवल एक पुत्र है और एक पुत्री है
(c) L और P सहोदर हैं
(d) N, R की माता है

350. 'A # B' का अर्थ है कि 'A, B की पत्नी है'।
'A @ B' का अर्थ है कि 'A, B का पिता है'।
'A % B' का अर्थ है कि 'A, B की बहन है'।
'A & B' का अर्थ है कि 'A, B की पुत्री है'।
यदि A % G & H # B @ Z % M है, तो H का M से क्या रिश्ता है?
Matric Level 27/06/2023 Shift-I
(a) पुत्र (b) पुत्री
(c) माँ (d) सास

351. 'A # B' का अर्थ है 'A, B का भाई है'।
'A @ B' का अर्थ है 'A, B की पुत्री है'।
'A & B' का अर्थ है 'A, B का पति है'।
'A % B' का अर्थ है 'A, B की पत्नी है'।
यदि L @ M % F # Q & P @ N है, तो F, P से किस प्रकार सम्बन्धित है?
Matric Level 27/06/2023 Shift-I
(a) पति का भाई (b) पति
(c) भाई (d) पिता

352. श्री रवि का मित्र उनसे मिलने आता है और वे घर पर अपनी पुत्री के भाई-बहन की माता के रूप में एक महिला का परिचय देते हैं। यह महिला, रवि की .... है।
Graduate Level 01/08/2022 Shift-IV
(a) पुत्री (b) माता
(c) पत्नी (d) बहन

353. 'A # B' का अर्थ है 'A, B' का भाई है।
'A @ B' का अर्थ है 'A, B' की पुत्री है'।
'A & B' का अर्थ है 'A, B' का पति है'।
'A % B' का अर्थ है 'A, B' की पत्नी है'।
यदि V & R @ F% H #T @ M है, तो R, M से किस प्रकार सम्बन्धित है?
Graduate Level 01/08/2022 Shift-IV
(a) सास (b) नवासी
(c) पोती (d) पुत्री

354. देव ने एक बूढ़ी औरत की तस्वीर की ओर इशारा करते हुए कहा, ''वह मेरी पत्नी के बेटे के दादा की बहन है।'' बूढ़ी औरत का देव से क्या सम्बन्ध है? **Higher Secondary Level 01/08/2022 Shift-II**
(a) मामी (b) बेटी
(c) बुआ (d) बहन

355. 'P @ Q' का अर्थ है 'P, Q की माँ है'
'P & Q' का अर्थ है 'P, Q का भाई है'
'P # Q' का अर्थ है 'P, Q की बहन है'
यदि 'A @ B # C & D @E # F', तो A, E से किस प्रकार सम्बन्धित है?
Matric Level 01/08/2022 Shift-I
(a) माँ का भाई (b) बेटी
(c) माँ की माँ (d) बहन

356. तस्वीर में एक महिला की ओर इशारा करते हुए, राहुल ने कहा, ''वह मेरे दामाद, हरीश की इकलौती बेटी की माँ है।'' उसका राहुल से क्या सम्बन्ध है? **Matric Level 01/08/2022 Shift-I**
(a) बहू (b) माँ (c) बेटी (d) बहन

सही उत्तर

1	(a)	*2*	(a)	*3*	(a)	*4*	(a)	*5*	(b)	*6*	(c)	*7*	(c)	*8*	(d)	*9*	(a)	*10*	(d)
11	(b)	*12*	(a)	*13*	(c)	*14*	(d)	*15*	(d)	*16*	(a)	*17*	(c)	*18*	(c)	*19*	(a)	*20*	(c)
21	(d)	*22*	(d)	*23*	(c)	*24*	(b)	*25*	(a)	*26*	(d)	*27*	(c)	*28*	(a)	*29*	(b)	*30*	(d)
31	(a)	*32*	(c)	*33*	(b)	*34*	(b)	*35*	(b)	*36*	(c)	*37*	(b)	*38*	(a)	*39*	(d)	*40*	(b)
41	(b)	*42*	(c)	*43*	(b)	*44*	(d)	*45*	(c)	*46*	(c)	*47*	(c)	*48*	(b)	*49*	(c)	*50*	(a)
51	(a)	*52*	(d)	*53*	(a)	*54*	(a)	*55*	(d)	*56*	(d)	*57*	(a)	*58*	(a)	*59*	(b)	*60*	(c)
61	(c)	*62*	(b)	*63*	(b)	*64*	(a)	*65*	(a)	*66*	(b)	*67*	(c)	*68*	(d)	*69*	(c)	*70*	(c)
71	(c)	*72*	(a)	*73*	(c)	*74*	(d)	*75*	(a)	*76*	(d)	*77*	(d)	*78*	(d)	*79*	(b)	*80*	(d)
81	(c)	*82*	(d)	*83*	(b)	*84*	(c)	*85*	(d)	*86*	(d)	*87*	(d)	*88*	(c)	*89*	(b)	*90*	(b)
91	(a)	*92*	(a)	*93*	(b)	*94*	(d)	*95*	(b)	*96*	(d)	*97*	(a)	*98*	(a)	*99*	(b)	*100*	(a)
101	(c)	*102*	(d)	*103*	(b)	*104*	(a)	*105*	(a)	*106*	(b)	*107*	(a)	*108*	(b)	*109*	(d)	*110*	(b)
111	(b)	*112*	(b)	*113*	(d)	*114*	(c)	*115*	(b)	*116*	(b)	*117*	(d)	*118*	(c)	*119*	(d)	*120*	(c)
121	(a)	*122*	(d)	*123*	(b)	*124*	(b)	*125*	(b)	*126*	(b)	*127*	(d)	*128*	(c)	*129*	(a)	*130*	(a)
131	(d)	*132*	(a)	*133*	(a)	*134*	(d)	*135*	(b)	*136*	(b)	*137*	(c)	*138*	(d)	*139*	(d)	*140*	(d)
141	(a)	*142*	(c)	*143*	(b)	*144*	(a)	*145*	(a)	*146*	(c)	*147*	(b)	*148*	(b)	*149*	(d)	*150*	(a)
151	(c)	*152*	(d)	*153*	(d)	*154*	(a)	*155*	(d)	*156*	(c)	*157*	(d)	*158*	(d)	*159*	(c)	*160*	(c)
161	(d)	*162*	(c)	*163*	(a)	*164*	(d)	*165*	(c)	*166*	(b)	*167*	(c)	*168*	(a)	*169*	(b)	*170*	(b)
171	(a)	*172*	(b)	*173*	(d)	*174*	(c)	*175*	(c)	*176*	(b)	*177*	(b)	*178*	(c)	*179*	(a)	*180*	(a)
181	(a)	*182*	(b)	*183*	(a)	*184*	(c)	*185*	(b)	*186*	(b)	*187*	(c)	*188*	(d)	*189*	(c)	*190*	(d)
191	(c)	*192*	(d)	*193*	(c)	*194*	(d)	*195*	(c)	*196*	(c)	*197*	(b)	*198*	(c)	*199*	(b)	*200*	(d)
201	(a)	*202*	(b)	*203*	(c)	*204*	(a)	*205*	(d)	*206*	(d)	*207*	(c)	*208*	(d)	*209*	(c)	*210*	(a)
211	(d)	*212*	(a)	*213*	(a)	*214*	(b)	*215*	(d)	*216*	(b)	*217*	(c)	*218*	(b)	*219*	(b)	*220*	(b)
221	(a)	*222*	(c)	*223*	(c)	*224*	(a)	*225*	(c)	*226*	(d)	*227*	(c)	*228*	(c)	*229*	(a)	*230*	(c)
231	(c)	*232*	(a)	*233*	(a)	*234*	(c)	*235*	(d)	*236*	(d)	*237*	(d)	*238*	(a)	*239*	(c)	*240*	(b)
241	(a)	*242*	(a)	*243*	(c)	*244*	(c)	*245*	(a)	*246*	(c)	*247*	(b)	*248*	(a)	*249*	(d)	*250*	(a)
251	(c)	*252*	(a)	*253*	(a)	*254*	(a)	*255*	(d)	*256*	(c)	*257*	(d)	*258*	(d)	*259*	(c)	*260*	(c)
261	(b)	*262*	(c)	*263*	(a)	*264*	(d)	*265*	(a)	*266*	(d)	*267*	(b)	*268*	(c)	*269*	(d)	*270*	(a)
271	(c)	*272*	(b)	*273*	(b)	*274*	(d)	*275*	(a)	*276*	(b)	*277*	(b)	*278*	(d)	*279*	(c)	*280*	(c)
281	(a)	*282*	(b)	*283*	(d)	*284*	(b)	*285*	(b)	*286*	(c)	*287*	(b)	*288*	(c)	*289*	(c)	*290*	(d)
291	(a)	*292*	(d)	*293*	(c)	*294*	(b)	*295*	(a)	*296*	(c)	*297*	(a)	*298*	(c)	*299*	(a)	*300*	(c)
301	(d)	*302*	(b)	*303*	(c)	*304*	(b)	*305*	(c)	*306*	(b)	*307*	(d)	*308*	(a)	*309*	(a)	*310*	(b)
311	(d)	*312*	(b)	*313*	(b)	*314*	(b)	*315*	(a)	*316*	(c)	*317*	(b)	*318*	(d)	*319*	(b)	*320*	(d)
321	(b)	*322*	(a)	*323*	(d)	*324*	(d)	*325*	(c)	*326*	(c)	*327*	(b)	*328*	(d)	*329*	(b)	*330*	(a)
331	(b)	*332*	(c)	*333*	(d)	*334*	(c)	*335*	(d)	*336*	(d)	*337*	(c)	*338*	(a)	*339*	(b)	*340*	(b)
341	(b)	*342*	(a)	*343*	(d)	*344*	(d)	*345*	(b)	*346*	(b)	*347*	(d)	*348*	(c)	*349*	(a)	*350*	(c)
351	(a)	*352*	(c)	*353*	(c)	*354*	(c)	*355*	(c)	*356*	(c)								

उत्तर सहित हल

1. (a) प्रश्नानुसार,

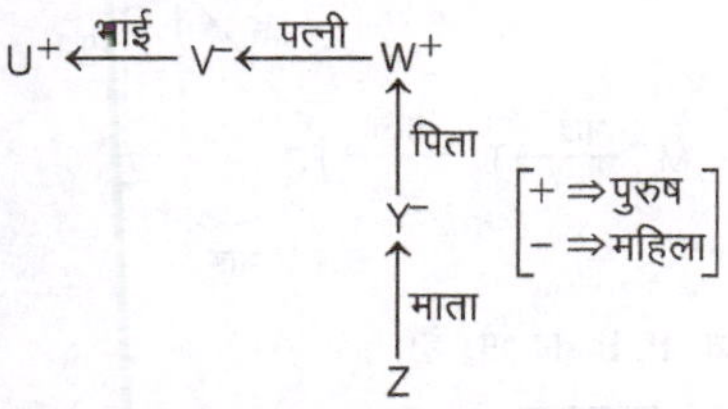

अत: U, Z की नानी का भाई है।

2. (a) प्रश्नानुसार,

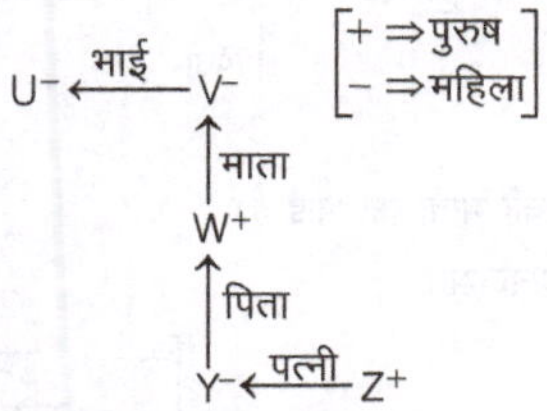

अत: U, Z की पत्नी के पिता का मामा है।

3. (a) प्रश्नानुसार,

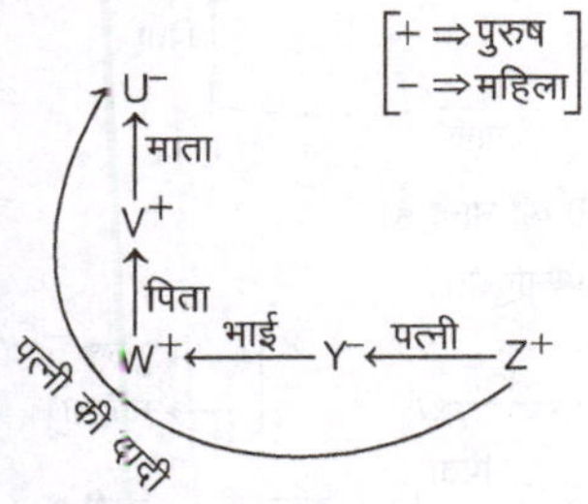

अत: U, Z की 'पत्नी की दादी' है।

4. (a) प्रश्नानुसार,

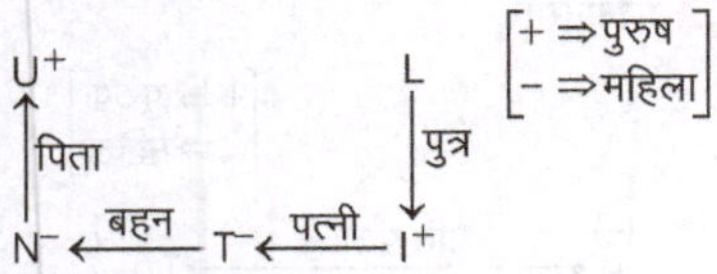

अत: U, L के पुत्रवधू के पिता है।

5. (b) प्रश्नानुसार,

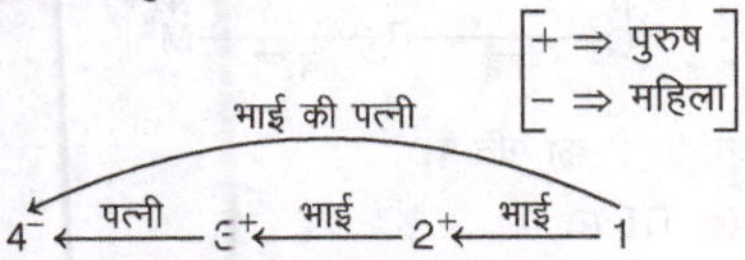

अत: 4, 1 के भाई की पत्नी है।

6. (c) प्रश्नानुसार,

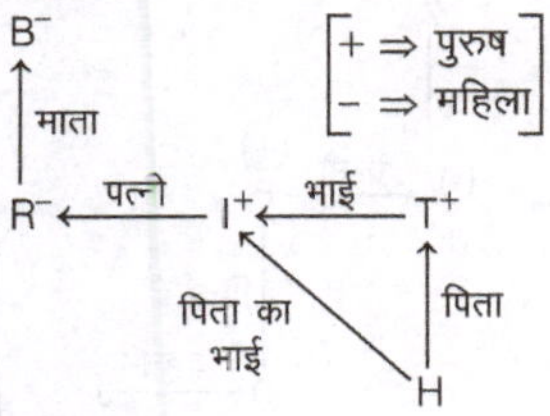

अत: I, H के पिता का भाई है।

7. (c) प्रश्नानुसार,

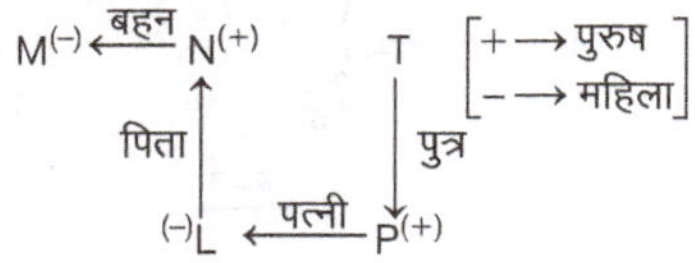

अत: M, T के पुत्र की पत्नी के पिता की बहन है।

8. (d) प्रश्नानुसार,

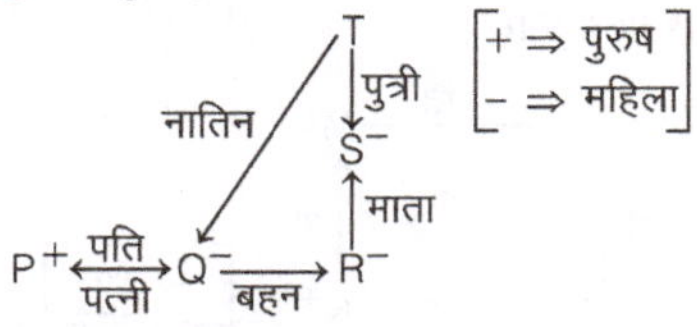

स्पष्टत: Q, T की नातिन है।

9. (a) प्रश्नानुसार,

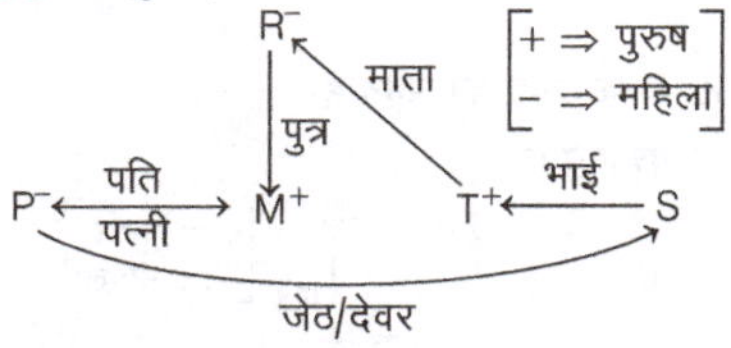

स्पष्टत: T, P का जेठ/देवर है।

10. (d) प्रश्नानुसार,

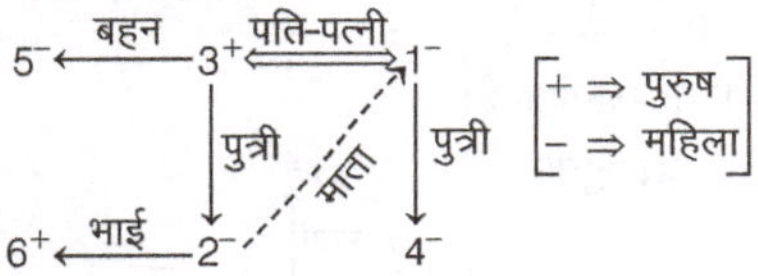

स्पष्टत: 1, 2 की माता हैं।

11. (b) प्रश्नानुसार,

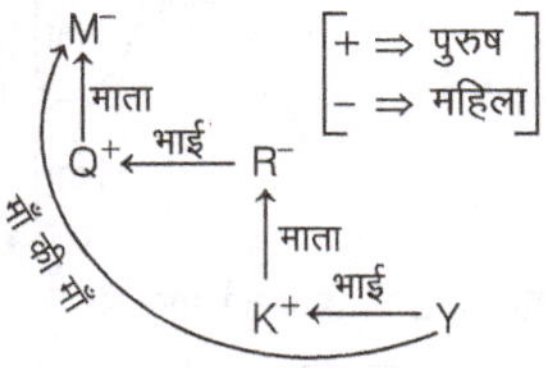

स्पष्टत: M, Y की माँ की माँ (नानी) है।

12. (a) प्रश्नानुसार,

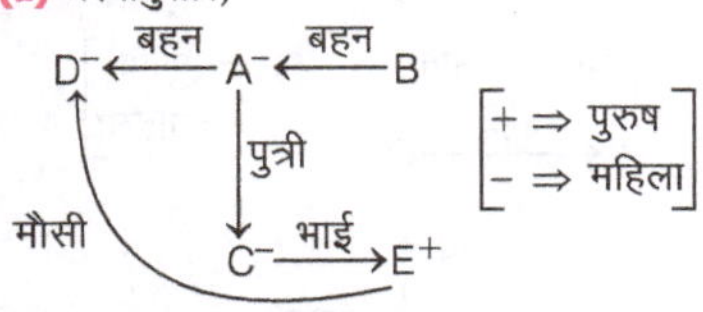

स्पष्टत: D, E की मौसी है।

13. (c) विकल्प (c) से, W!R × Y?O&P

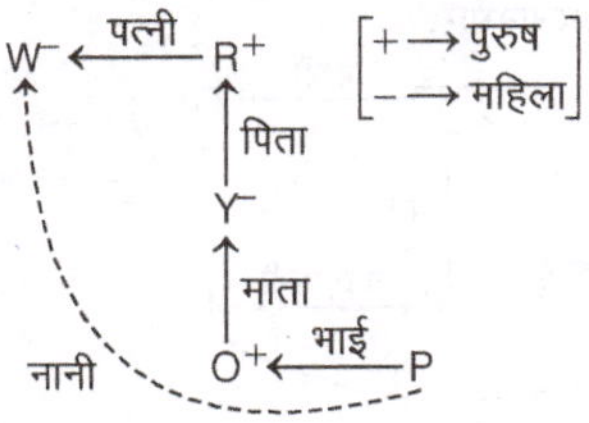

अत: W, P की नानी है।

14. (d) प्रश्नानुसार,

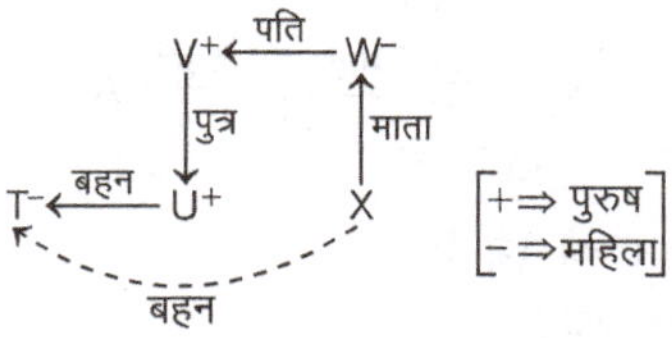

अत: T, X की बहन है।

15. (d) प्रश्नानुसार,

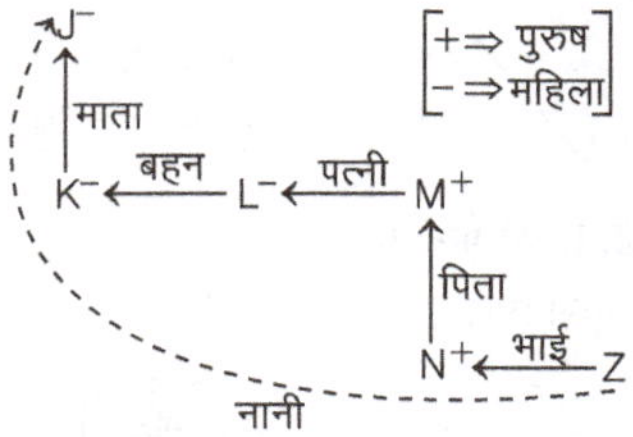

अत: J, Z की नानी है।

16. (a) प्रश्नानुसार,

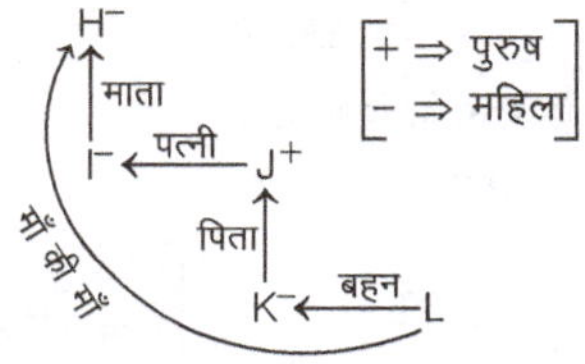

अत: H, L की माता की माता है।

17. (c) विकल्प (c) से, S*F&J!I#M

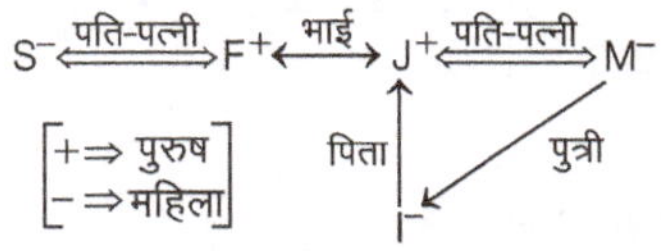

अत: यहाँ S, M की देवरानी/जेठानी है।

18. (c) प्रश्नानुसार,

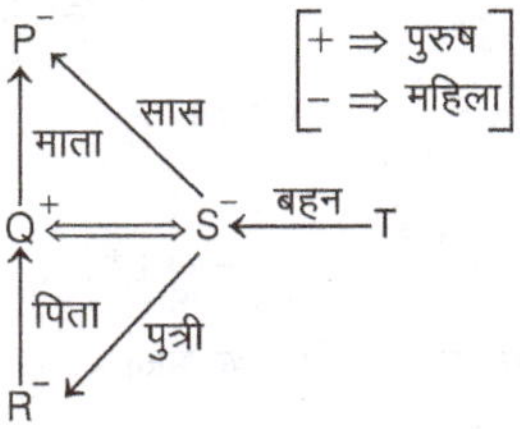

अत: P, S की सास है।

19. (a) प्रश्नानुसार,

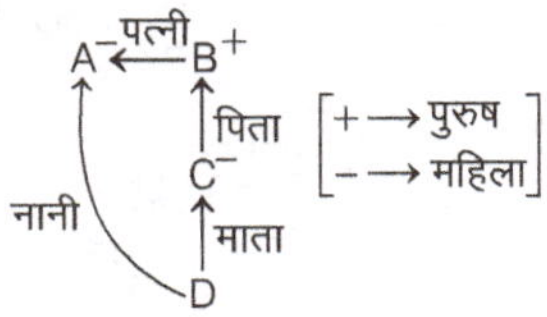

स्पष्टत: A, D की माता की माता है।

20. (c) प्रश्नानुसार,

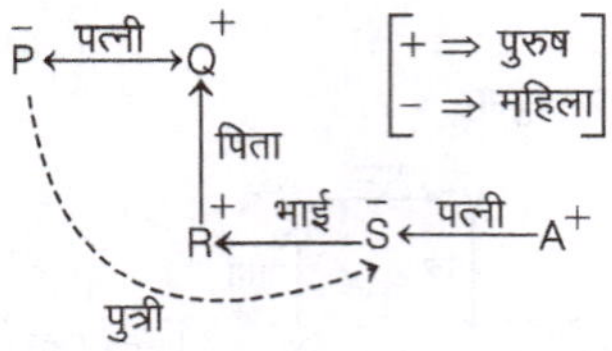

अत: S, P की पुत्री है।

21. (d) प्रश्नानुसार,

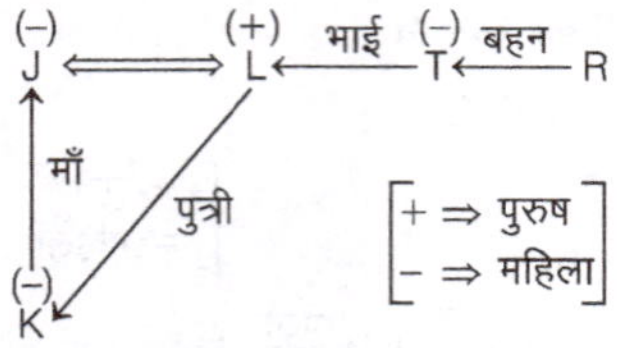

स्पष्टत: J, L की पत्नी है।

22. (d) प्रश्नानुसार,

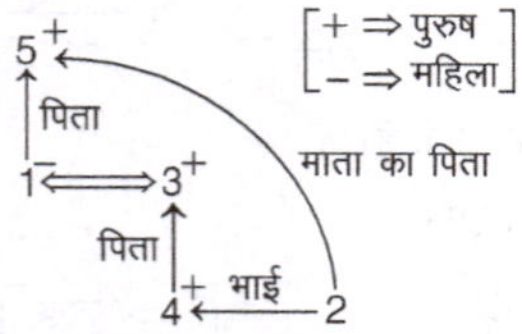

अत: 5, 2 के माता के पिता है।

23. (c) प्रश्नानुसार,

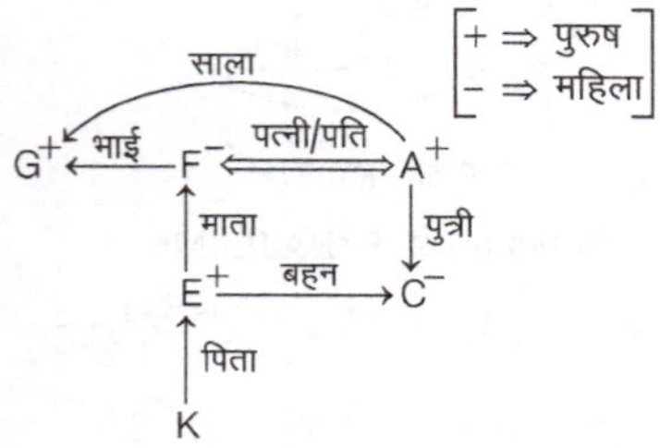

अत: G, A का साला है।

24. (b) विकल्प (b) से, Z?B $\times$ T&J!L

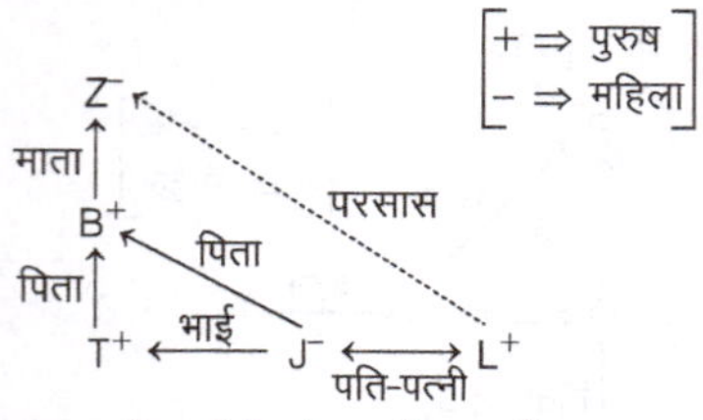

यहाँ, Z, L की पत्नी के पिता की माता है।

25. (a) सम्बन्ध (i) से,
प्रश्नानुसार,

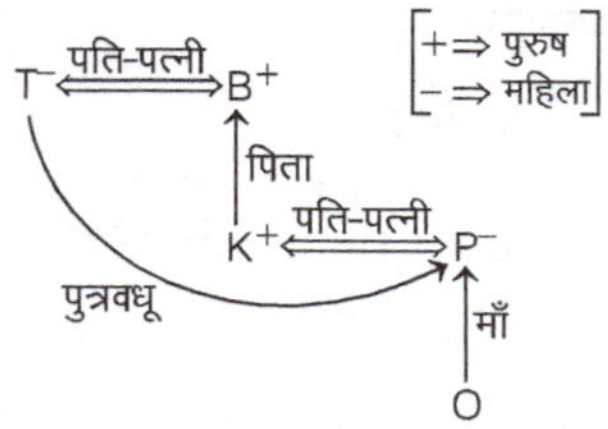

यहाँ, P, T की पुत्रवधू है।

सम्बन्ध (ii) से,

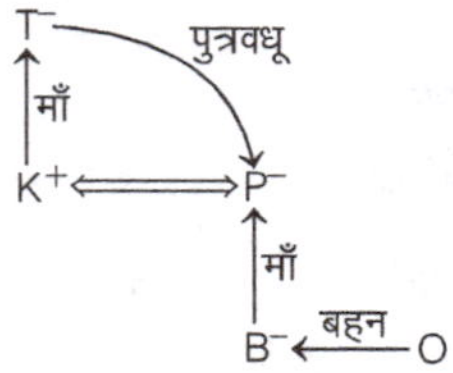

यहाँ P, T का पुत्रवधू है

अत: सम्बन्ध (i) और (ii) दोनों सही हैं।

26. (d) प्रश्नानुसार,

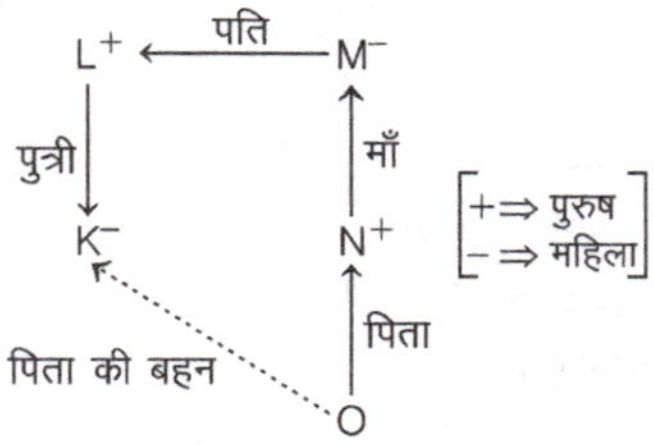

अत: K, O के पिता की बहन है।

27. (c) प्रश्नानुसार,

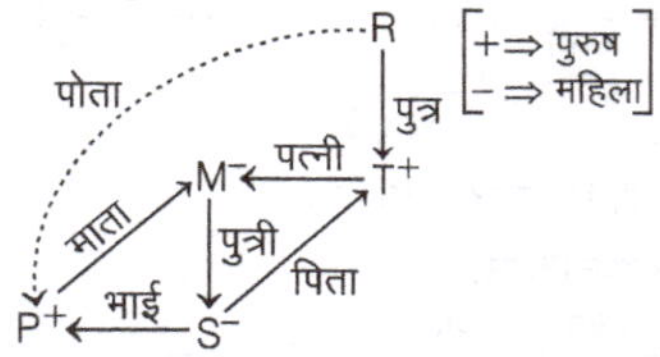

अत: P, R का पोता है।

28. (a) प्रश्नानुसार,

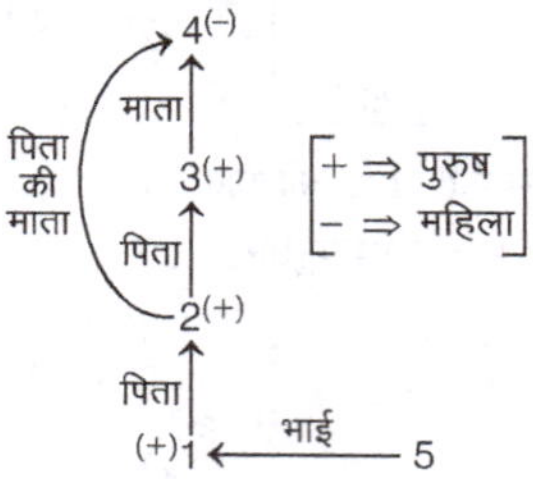

अत: 4, 2 के पिता की माता है।

29. (b) प्रश्नानुसार,

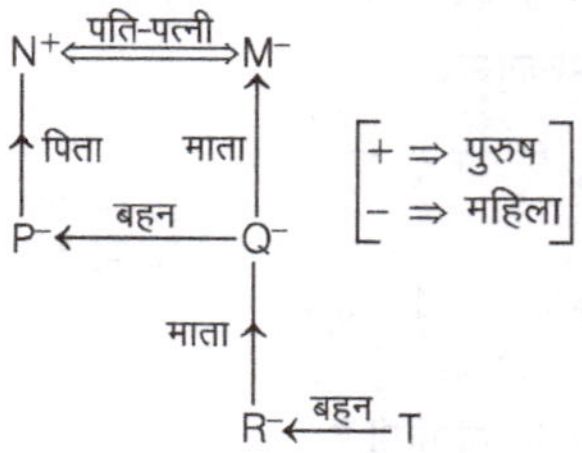

चूँकि P तथा Q बहनें हैं, अत: M, Q की माता है।

30. (d) प्रश्नानुसार,

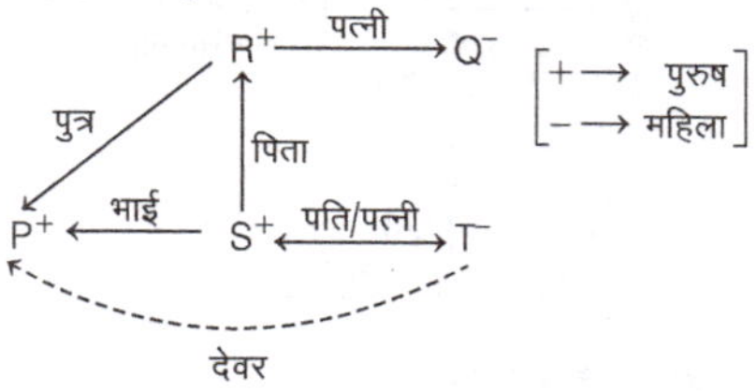

स्पष्टत: P, T का देवर है।

31. (a) प्रश्नानुसार,

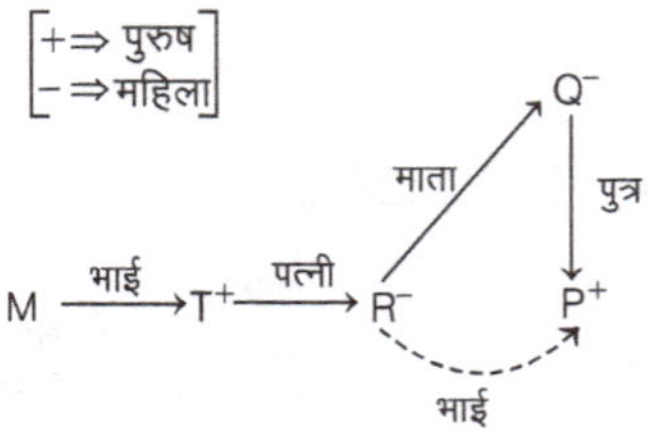

स्पष्टत: P, R का भाई है।

32. (c) प्रश्नानुसार,

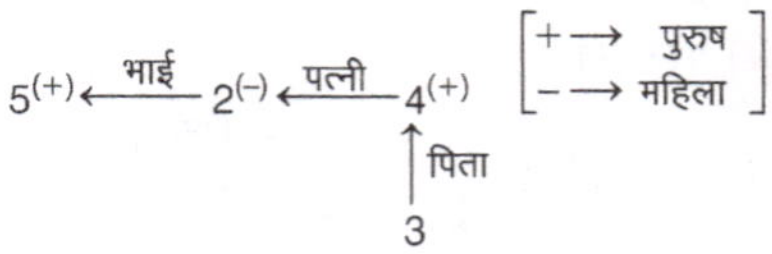

अत: 5, 3 की माता का भाई है।

33. (b) प्रश्नानुसार,

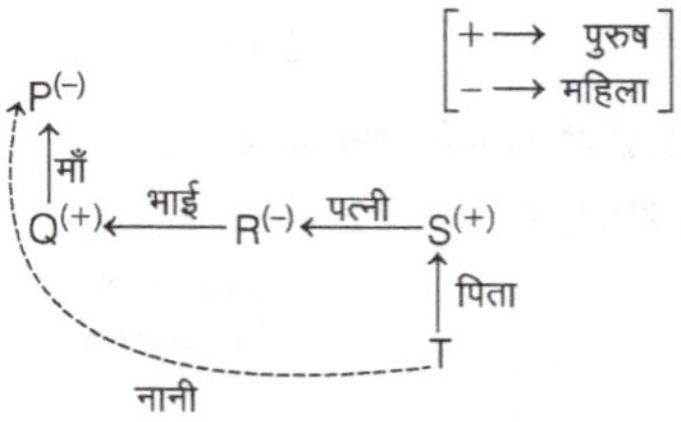

अत: P, T की नानी है।

34. (b) प्रश्नानुसार,

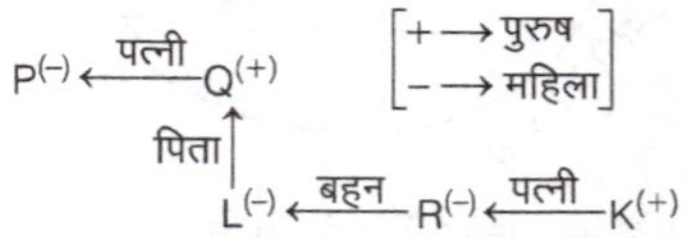

अत: Q, R का पिता है।

35. (b) प्रश्नानुसार,

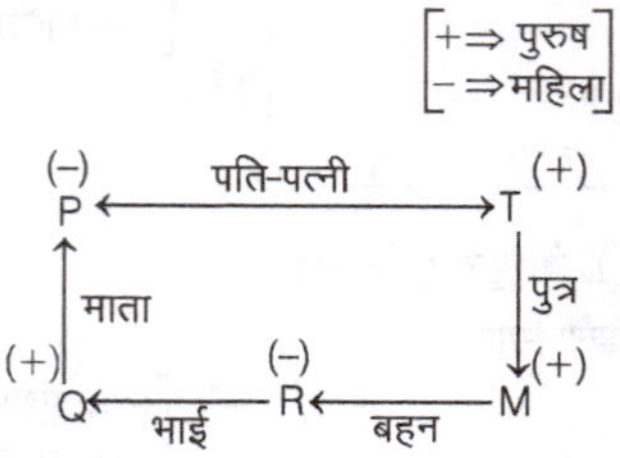

स्पष्टत: T, P का पति है।

36. (c) III से,

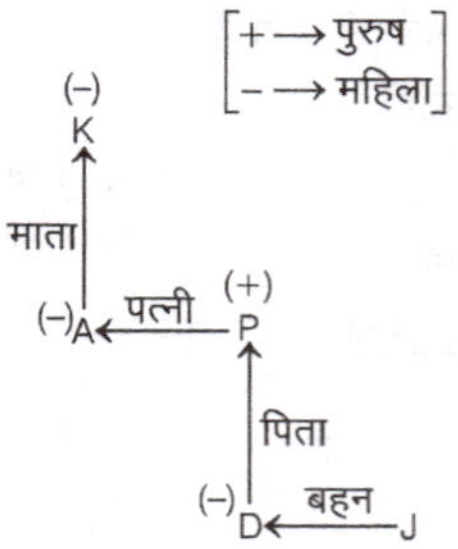

अत: A, K की पुत्री है।

37. (b) दिया गया समीकरण

Z % X # C @ V & B @ N

प्रश्नानुसार, सम्बन्ध आरेख बनाने पर,

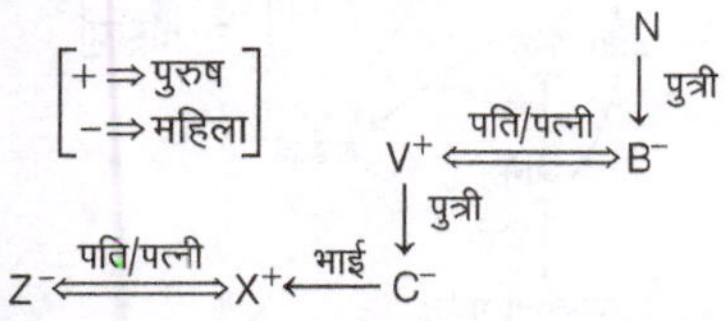

स्पष्टत: Z, B के पुत्र की पत्नी अर्थात् पुत्रवधू है।

38. (a) दिया गया समीकरण,

D @ N @ H & Y @ F % V

सम्बन्ध आरेख बनाने पर,

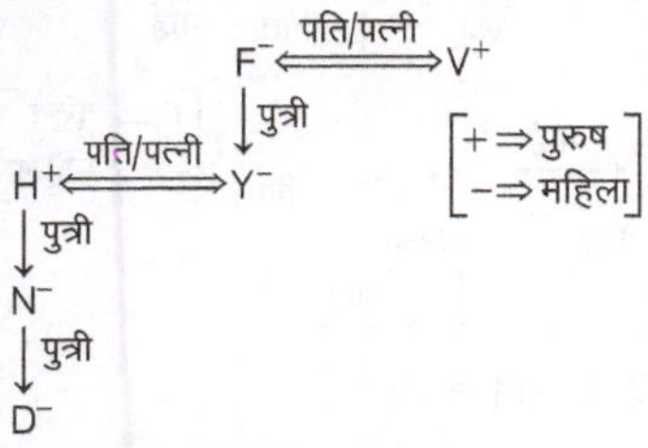

स्पष्टत: Y, D की माँ की माँ अर्थात् नानी है।

39. (d) दिया गया समीकरण,

S % D # F @ G & H @ J

सम्बन्ध आरेख बनाने पर,

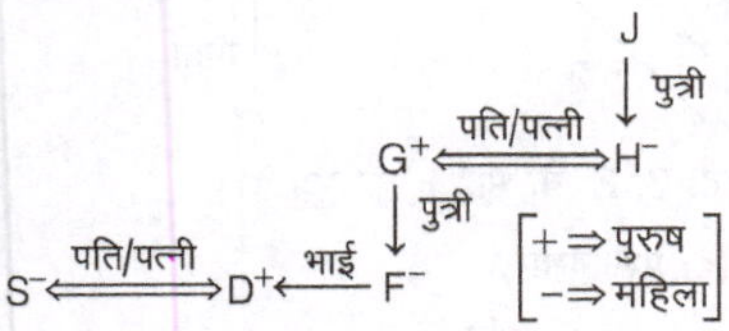

अत: F, J की धेवती अर्थात् पुत्री की पुत्री है।

40. (b) दिया है, ⇒ D@N@H&Y@F%V

प्रश्नानुसार, सम्बन्ध आरेख बनाने पर,

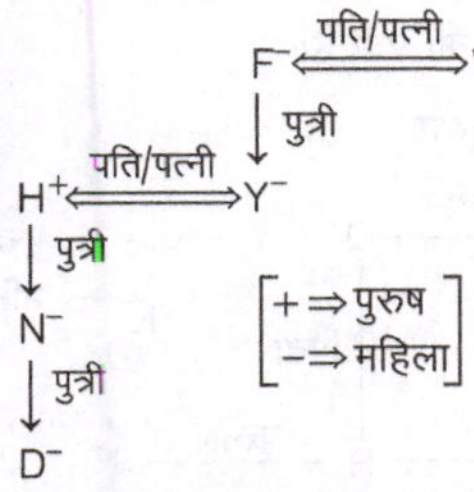

स्पष्टत: Y, D की माँ की माँ है अर्थात् Y, D की नानी है।

41. (b) दिया गया समीकरण,

S % D # F @ G & H @ J

सम्बन्ध आरेख बनाने पर,

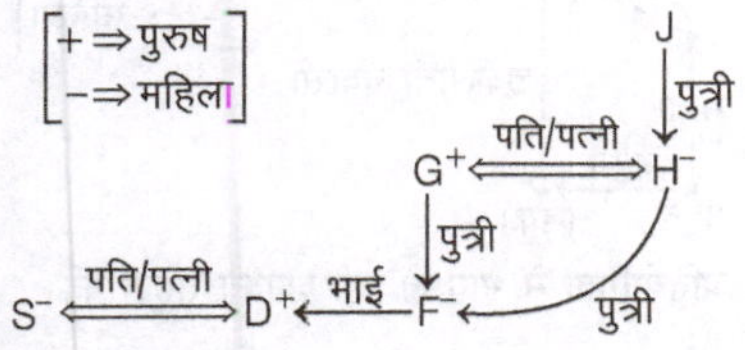

स्पष्टत: F, H की पुत्री है।

42. (c) दिया गया समीकरण,

W % D # G @ B & M @ I

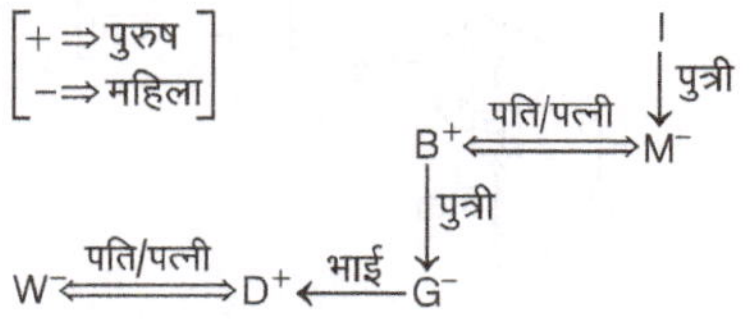

स्पष्टत: D, M का पुत्र है।

43. (b) दिया गया समीकरण,

D @ N @ H & Y @ F % V

सम्बन्ध आरेख बनाने पर,

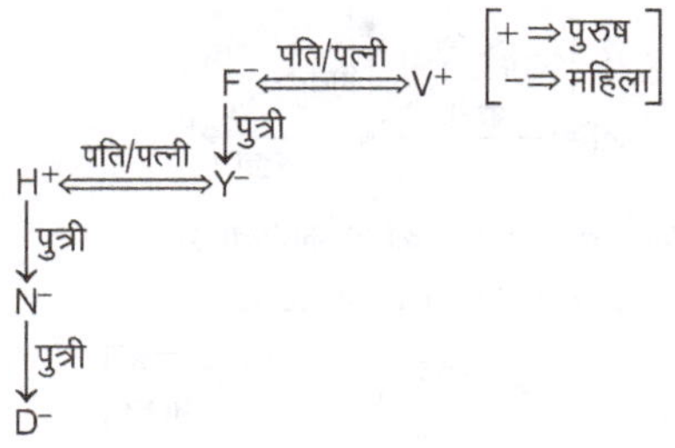

स्पष्टत: N, F की पुत्री की पुत्री है।

44. (d) दिया है,

N + D # Z $ B

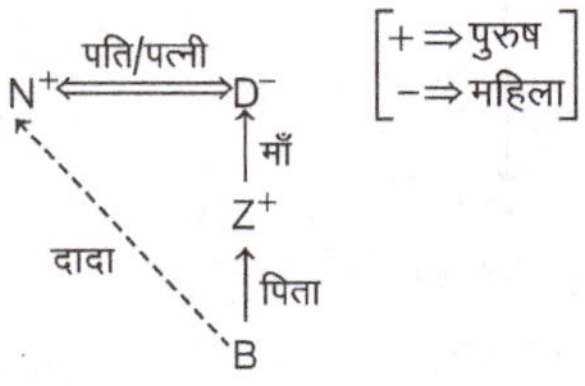

अत: N, B का दादा है।

45. (c) प्रश्नानुसार,

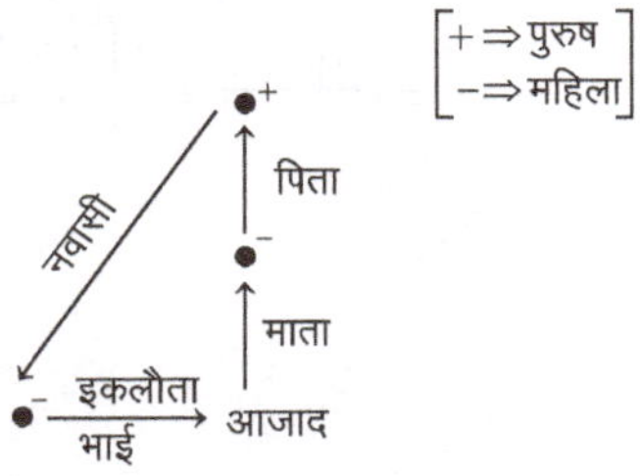

अत: आजाद का तस्वीर में देख रहे व्यक्ति का सम्बन्ध खुद से है।

46. (c) प्रश्नानुसार,

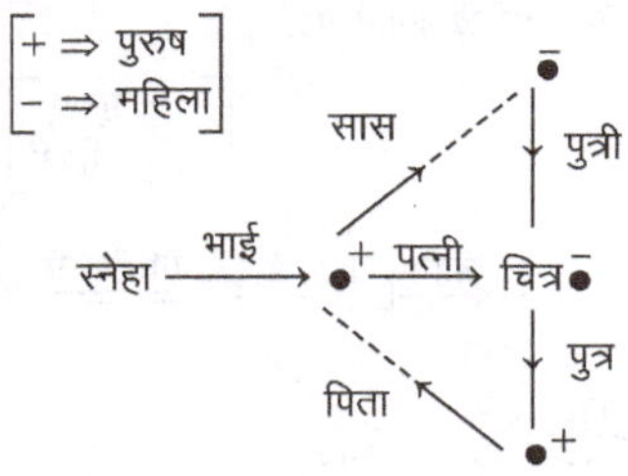

स्पष्टत: फोटो वाली लड़की स्नेहा के भाई की पत्नी है, अत: फोटो वाली लड़की, स्नेहा की भाभी है।

47. (c) प्रश्नानुसार, P ÷ Q − R + S − K × L

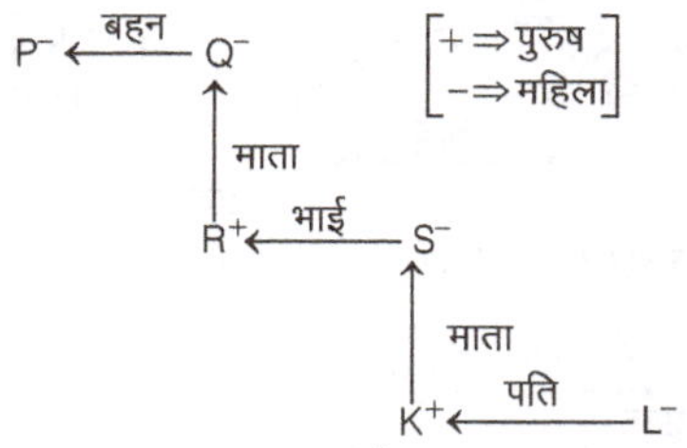

अत: R, K की माता का भाई है।

48. (b) प्रश्नानुसार,

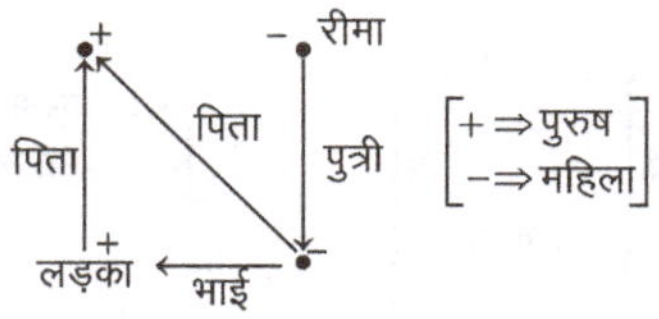

अत: लड़का, रीमा की पुत्री का भाई है।

49. (c) प्रश्नानुसार,

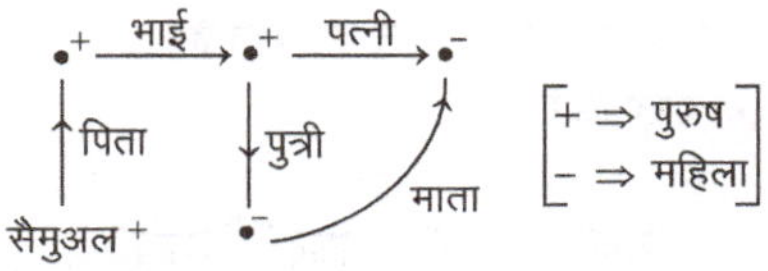

अत: सैमुअल, महिला के पति के भाई का पुत्र है।

50. (a) प्रश्नानुसार,

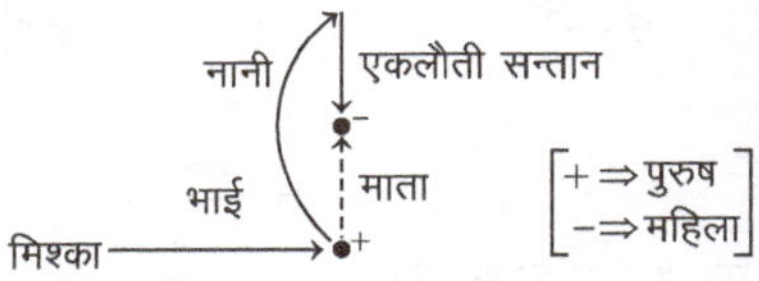

अत: मिश्का अपनी माता की तलाश में है।

51. (a) प्रश्नानुसार,

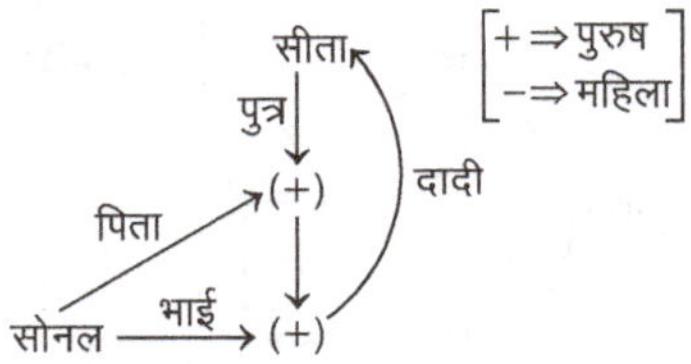

अत: सीता का पुत्र, सोनल का 'पिता' होगा।

52. (d) प्रश्नानुसार,

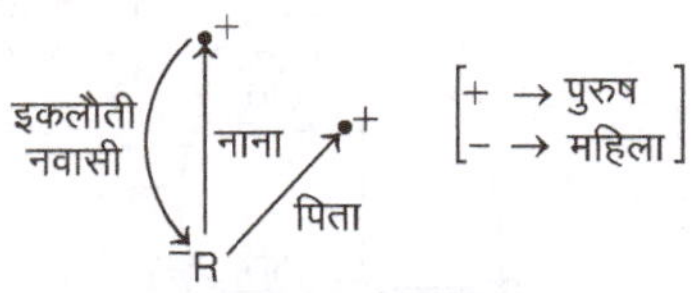

अत: R के बच्चे, R के पिता के पास रह गए।

53. (a) प्रश्नानुसार,

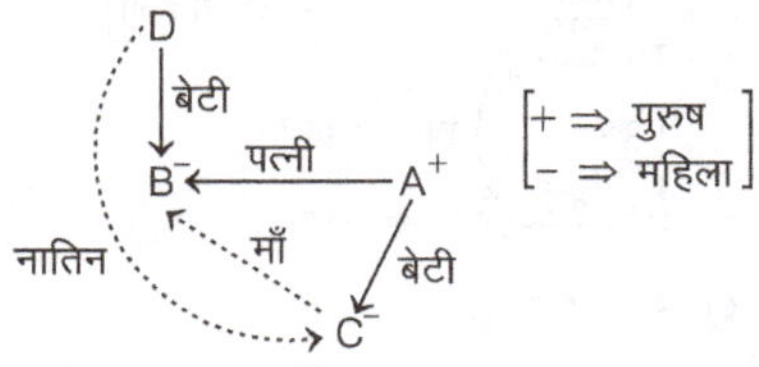

अत: C, D की नातिन है।

54. (a) प्रश्नानुसार,

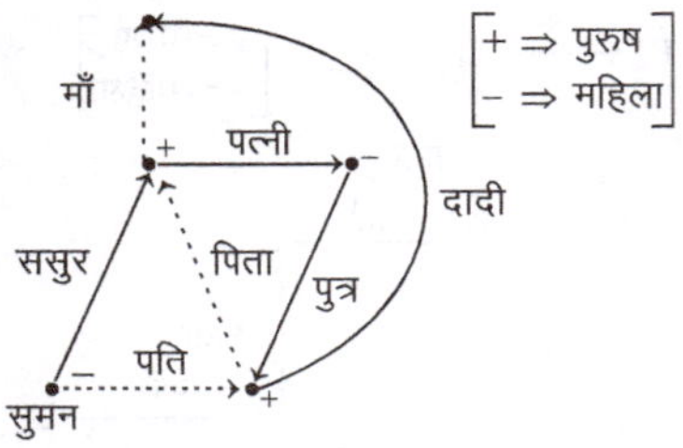

अत: महिला, सुमन के पति की दादी है।

55. (d) प्रश्नानुसार,

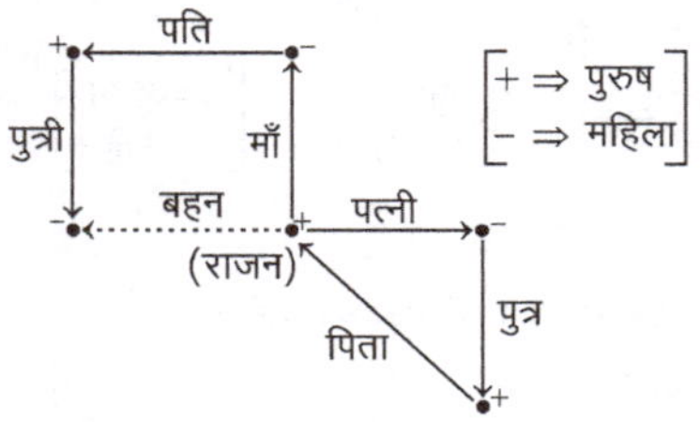

अत: चित्र वाली लड़की राजन की बहन है।

56. (d) प्रश्नानुसार,

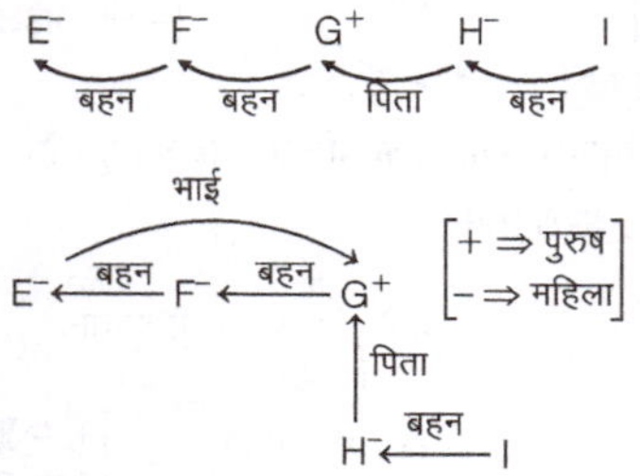

अत: 'G', E का भाई है।

57. (a) प्रश्नानुसार,

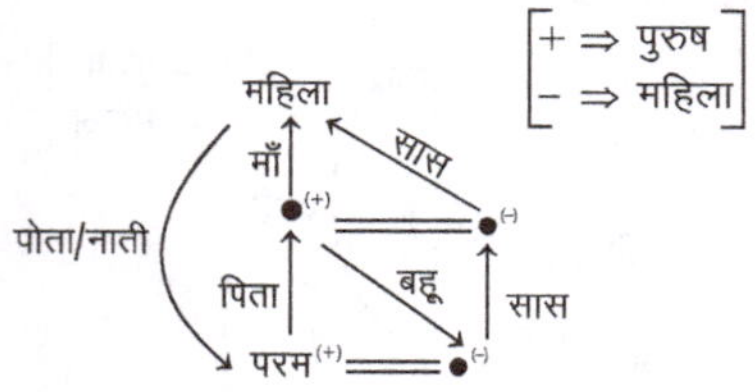

अत: परम, महिला का 'पोता/नाती' होगा।

58. (a) प्रश्नानुसार,

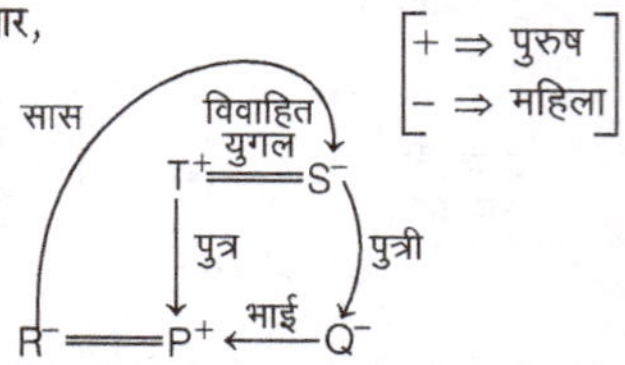

या

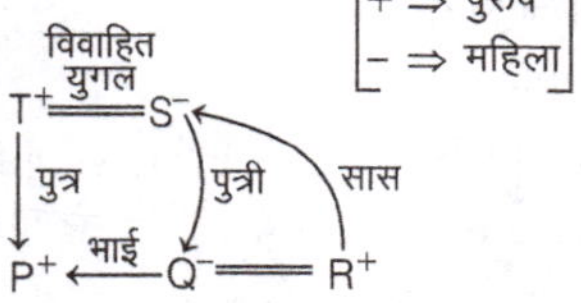

अत: Q, S की पुत्री है।

59. (b) प्रश्नानुसार,

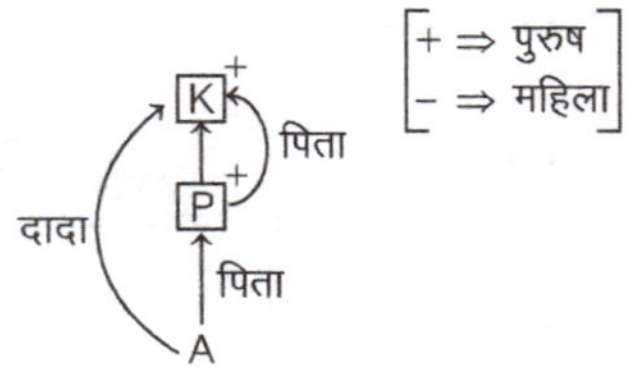

अत: K, P का 'पिता' होगा।

60. (c) प्रश्नानुसार,

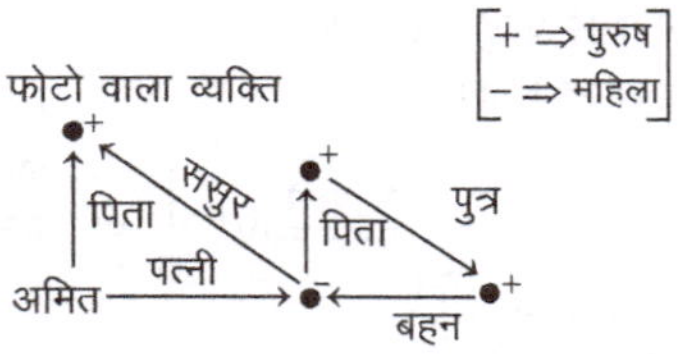

∴ फोटो वाला व्यक्ति अमित का पिता है।

61. (c) प्रश्नानुसार, H%IJK*L

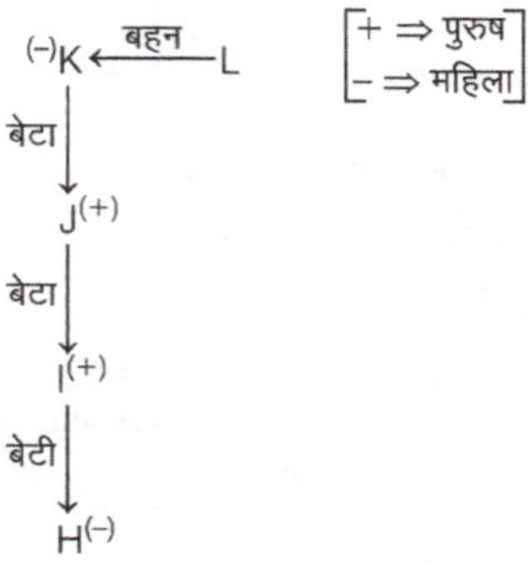

∴ H, J की पोती है।

62. (b) प्रश्नानुसार,

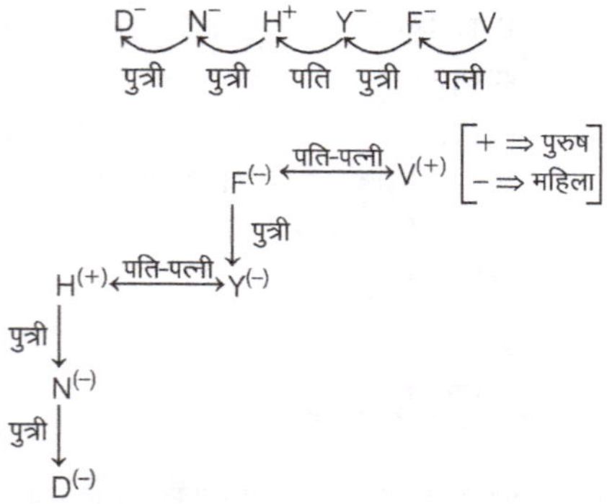

∴ V, H का ससुर है।

63. (b) प्रश्नानुसार,

रक्त सम्बन्ध आरेख बनाने पर,

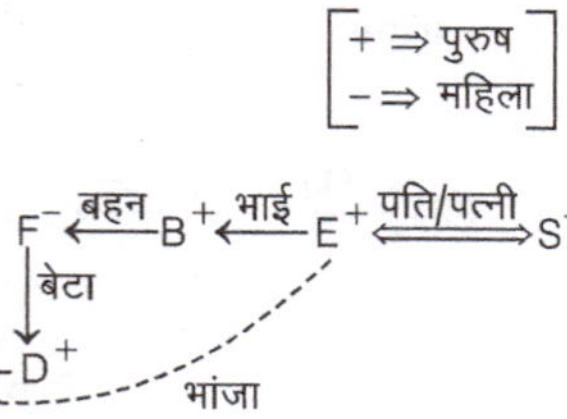

∴ A, E का भांजा है।

64. (a) प्रश्नानुसार, सम्बन्ध आरेख बनाने पर,

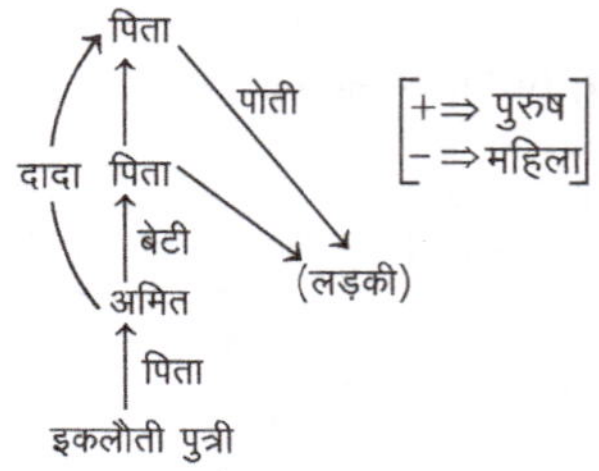

अत: वह लड़की, अमित की बहन है।

65. (a) प्रश्नानुसार,

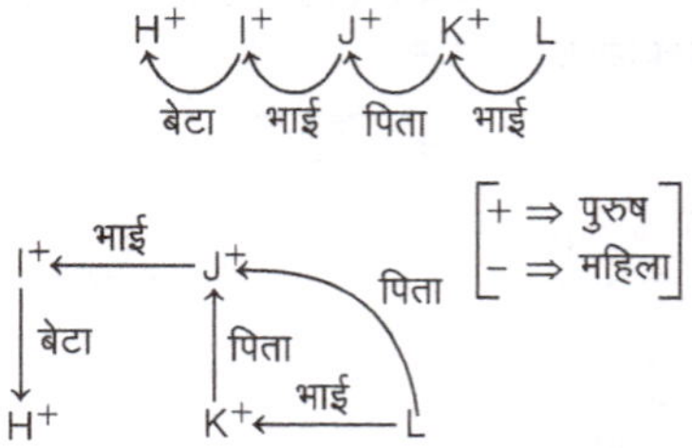

अत: J, L का पिता है।

66. (b) प्रश्नानुसार,

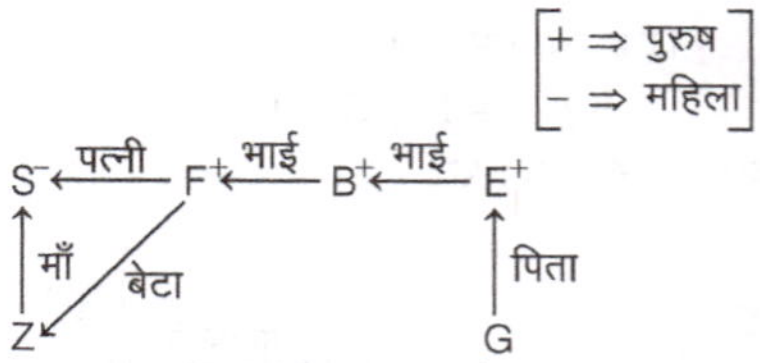

स्पष्टत: Z, E के भाई F का पुत्र है।

67. (c) प्रश्नानुसार,

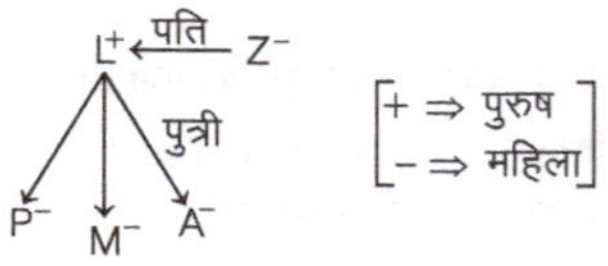

स्पष्टत: M, Z की पुत्री है।

68. (d) प्रश्नानुसार,

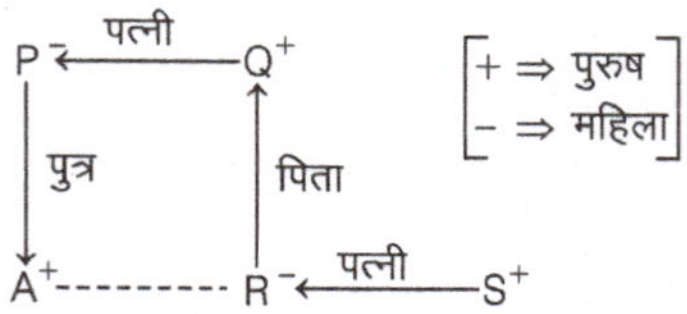

अत: A, S का पुत्र है, यह कथन गलत है।

69. (c) प्रश्नानुसार,

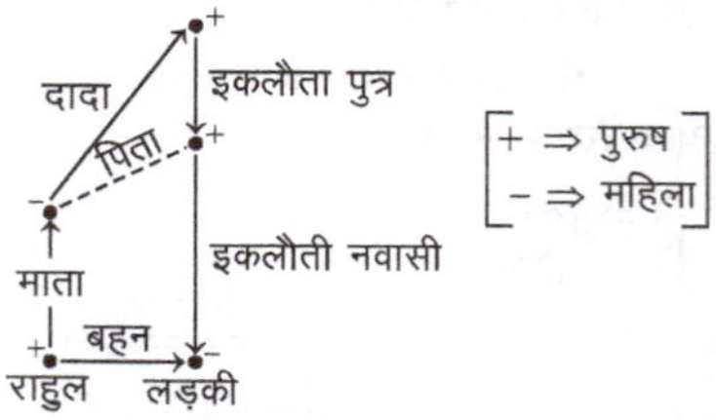

अत: प्रतियोगिता में भाग ले रही व्यक्ति राहुल की बहन है।

70. (c) प्रश्नानुसार,

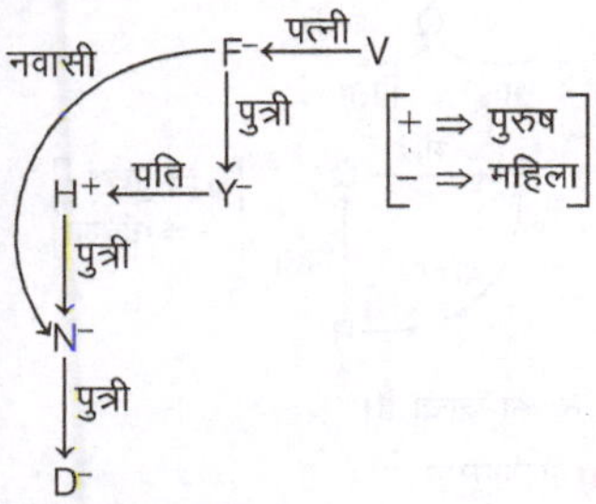

अत: N, F की नवासी है।

71. (c) प्रश्नानुसार,

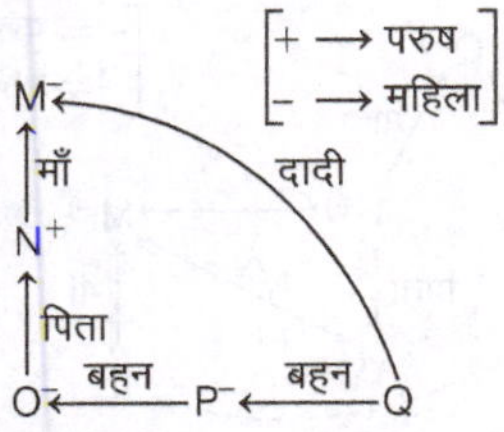

अत: M, Q की 'दादी' है।

72. (a) प्रश्नानुसार,

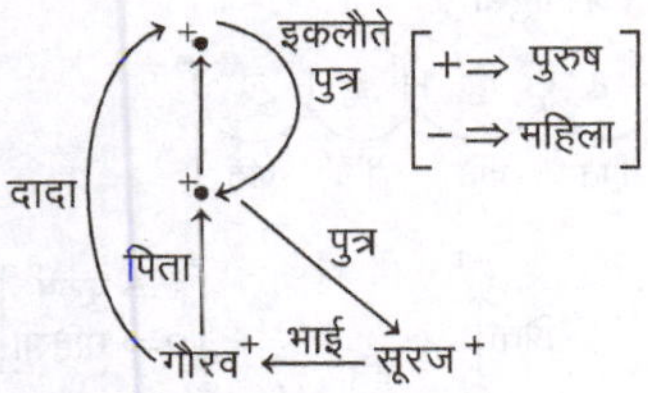

अत: गौरव, सूरज का भाई है।

73. (c) प्रश्नानुसार,

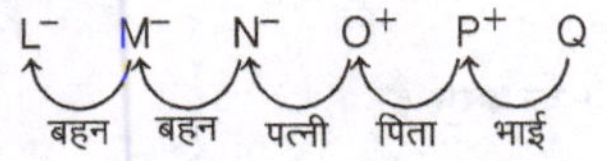

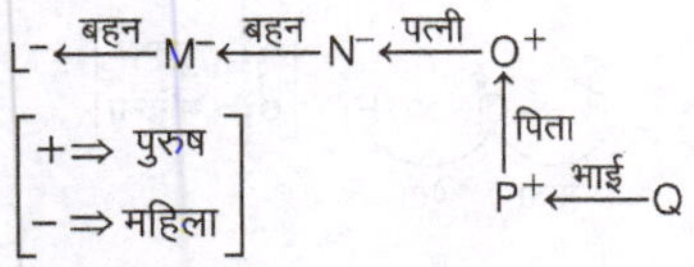

L, N की पुत्री नहीं है। अत: विकल्प (c) का कथन सही नहीं है।

74. (d) प्रश्नानुसार,

तब, X % Y = Z % W $ V का सम्बन्ध आरेख,

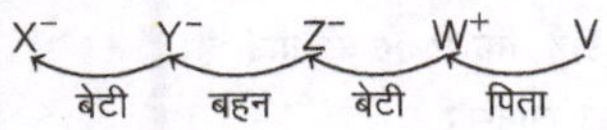

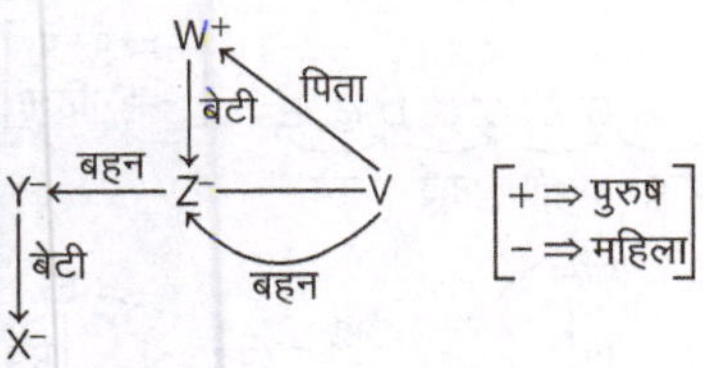

अत: Z, V की बहन है।

75. (a) प्रश्नानुसार,

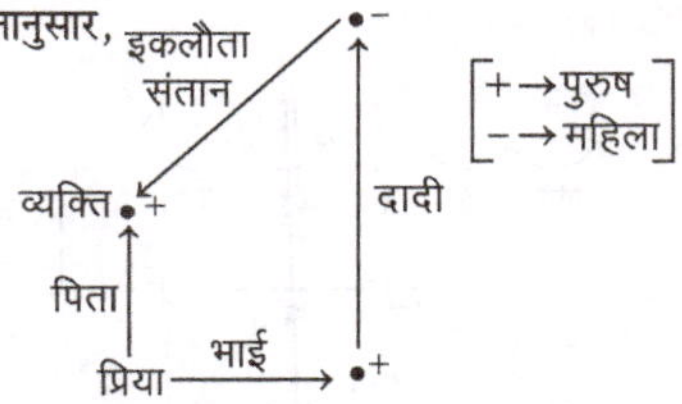

स्पष्टत: वह व्यक्ति प्रिया का पिता है।

76. (d) प्रश्नानुसार,

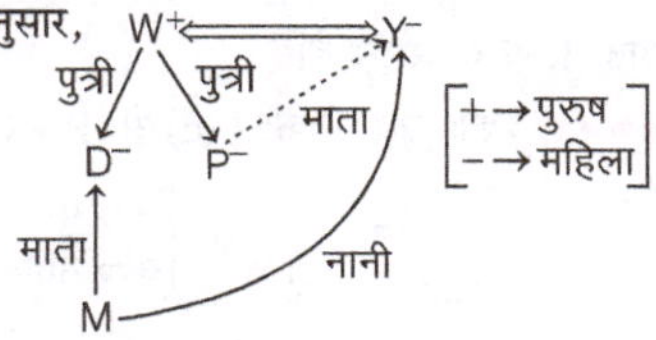

अत: Y, P की माता है।

77. (d) प्रश्नानुसार,

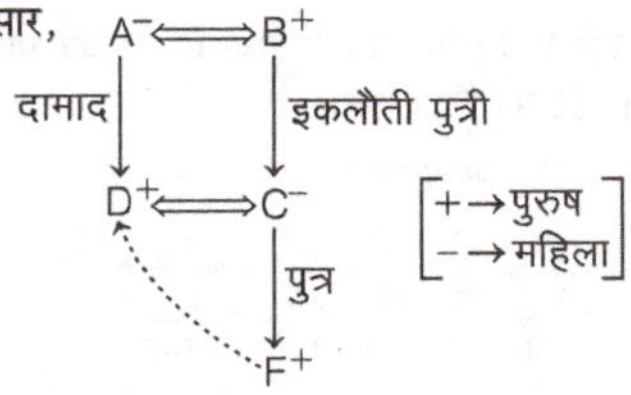

अत: D, F का पिता है।

78. (d) प्रश्नानुसार,

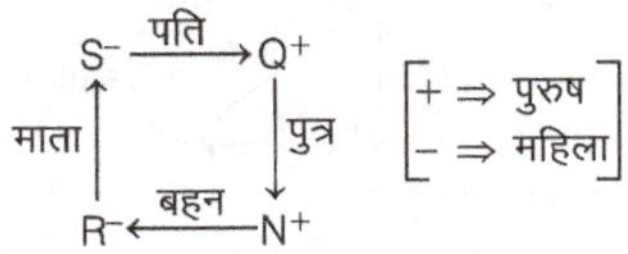

अत: S, R की माता है।

79. (b) प्रश्नानुसार,

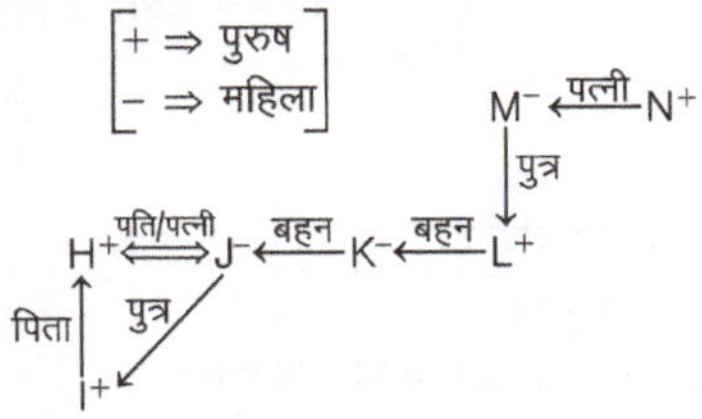

कथन J, M के पुत्र की पत्नी है।

80. (d) प्रश्नानुसार,

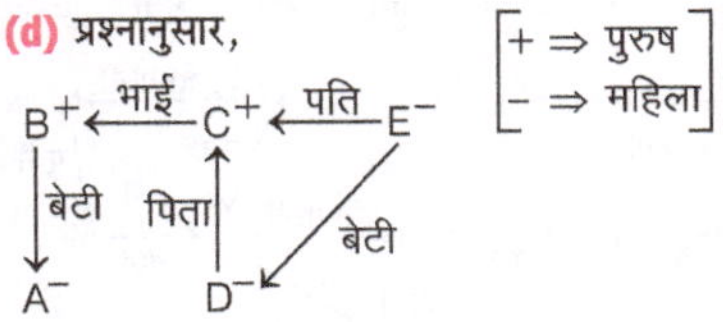

B, E के पति C का भाई है।

81. (c) प्रश्नानुसार,

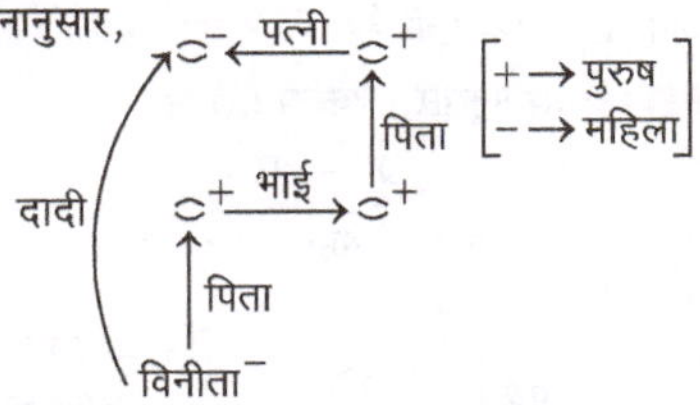

अत: तस्वीर वाली महिला, विनीता की दादी है।

82. (d) प्रश्नानुसार,

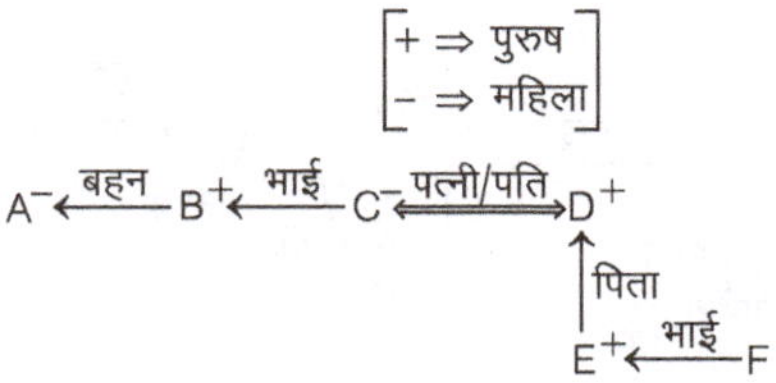

स्पष्टत: E, B भांजा है।

अत: E, B का भाई है यह कथन गलत है।

83. (b) प्रश्नानुसार,

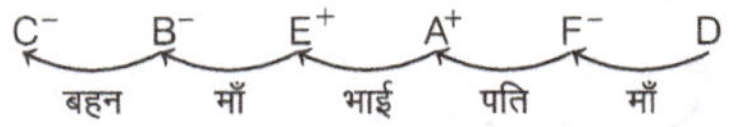

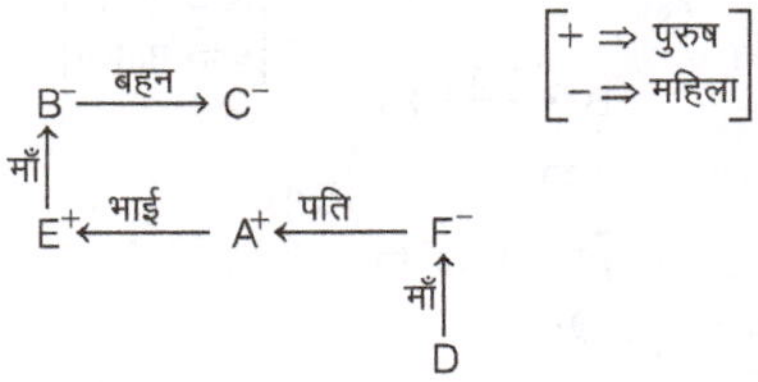

D, B की/का पौती/पौता है अत: कथन 'D, B की पुत्री है' गलत है।

84. (c) प्रश्नानुसार,

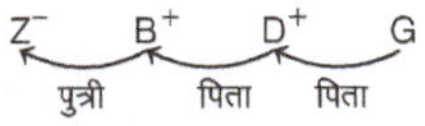

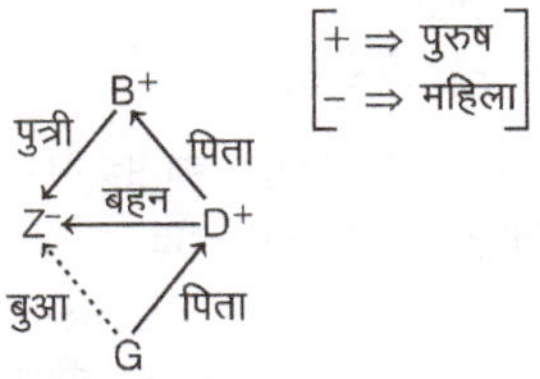

अत: Z, G की बुआ है।

85. (d) प्रश्नानुसार,

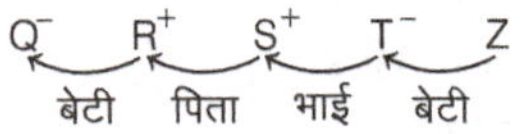

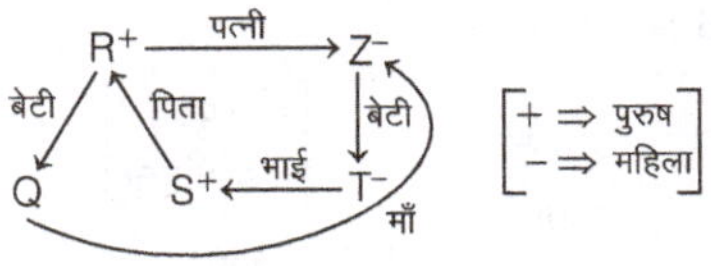

अत: Z, Q की माँ है।

86. (d) प्रश्नानुसार,

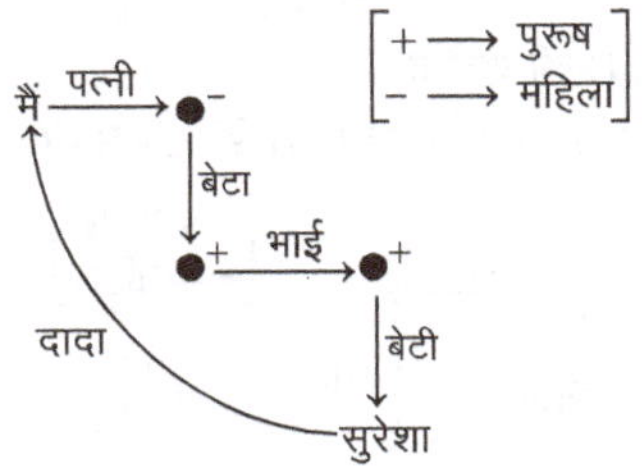

अत: मैं, सुरेशा का दादा हूँ।

87. (d) प्रश्नानुसार,

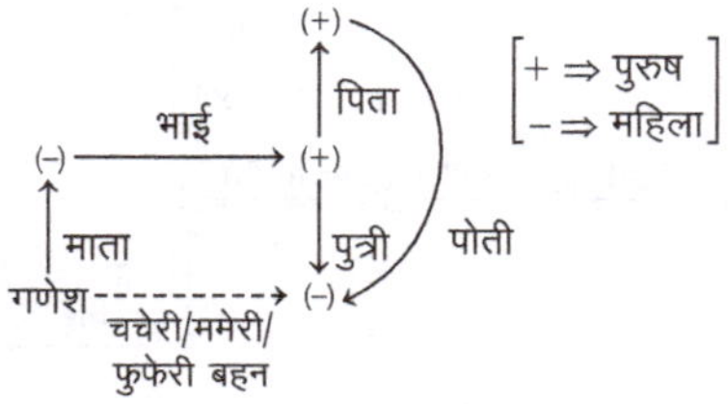

अतः गणेश, 'चचेरी/ममेरी/फूफेरी बहन' के साथ टहल रहा था।

88. (c) प्रश्नानुसार,

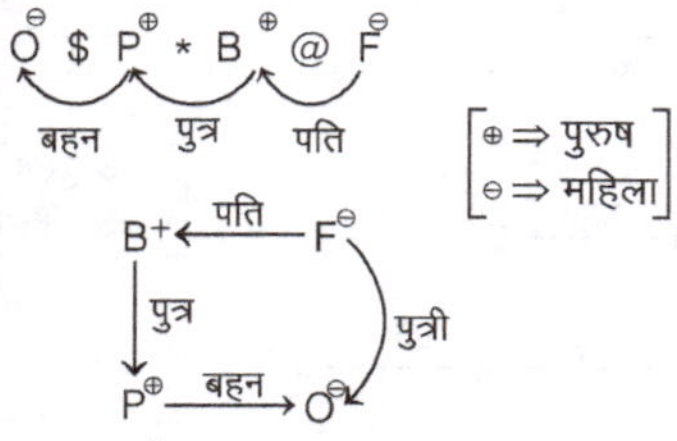

O, F की पुत्री है।

89. (b) प्रश्नानुसार, विकल्प (b) से,

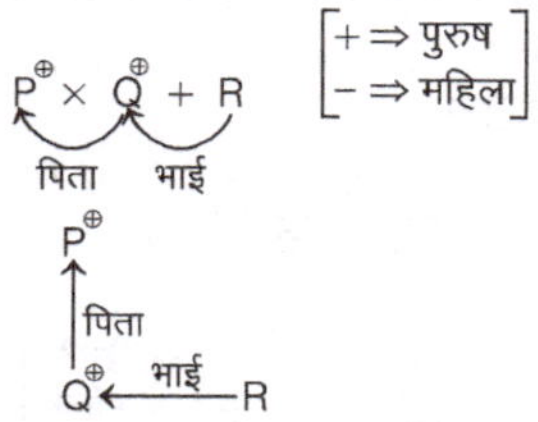

विकल्प (b) दर्शाता है कि Q, P का पुत्र है।

90. (b) प्रश्नानुसार, विकल्प (b) से,

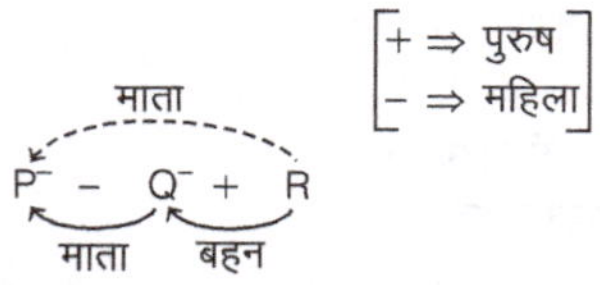

अतः विकल्प (b) सही है।

91. (a) प्रश्नानुसार,

A – B % C * D + E

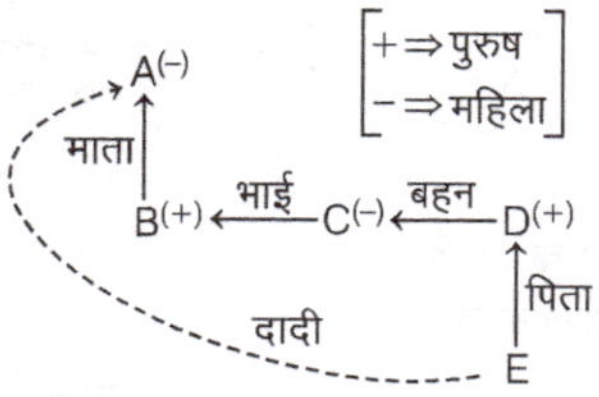

अतः A, E की दादी है।

92. (a) प्रश्नानुसार, विकल्प (a) से, A ÷ B × C

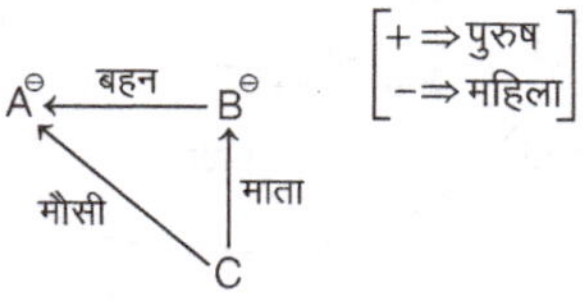

अर्थात् A व B बहनें हैं तथा B, C की माता है।
अतः A, C की मौसी होगी।

93. (b) प्रश्नानुसार,

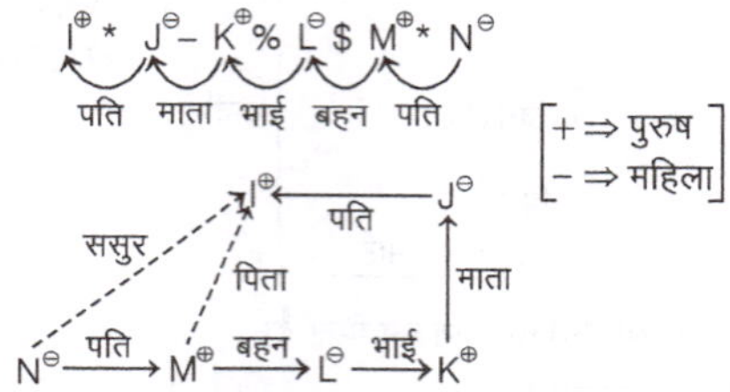

अतः I, N का ससुर है।

94. (d) प्रश्नानुसार, विकल्प (d) से, P + Q × R

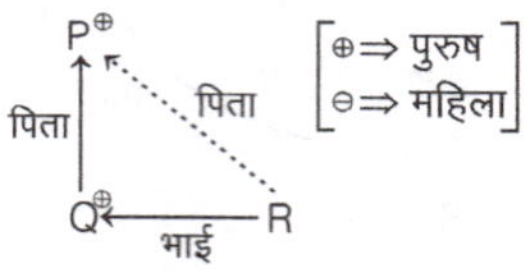

यहाँ P, Q का पिता है तथा Q, R का भाई है, इसलिए P, R का पिता हुआ।

95. (b) प्रश्नानुसार,

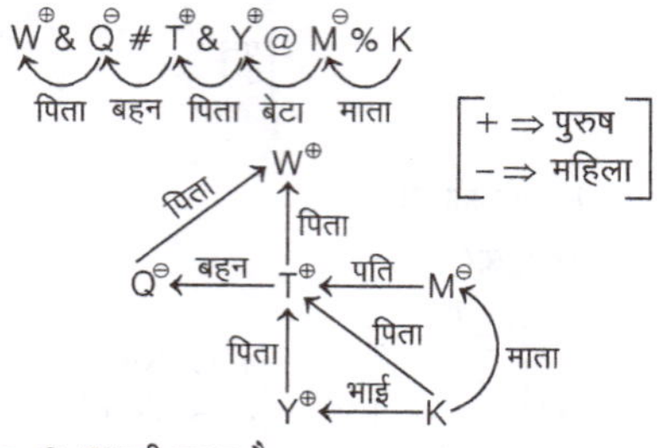

अतः Q, K की बुआ है।

96. (d) प्रश्नानुसार, विकल्प (d) से, P – Q × R

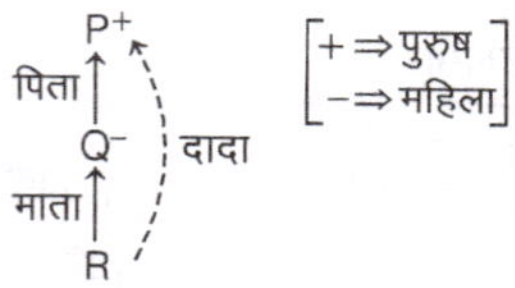

अतः P, R का दादा है।

97. (a) प्रश्नानुसार,

C # D @ E % Z & L # M – N * P

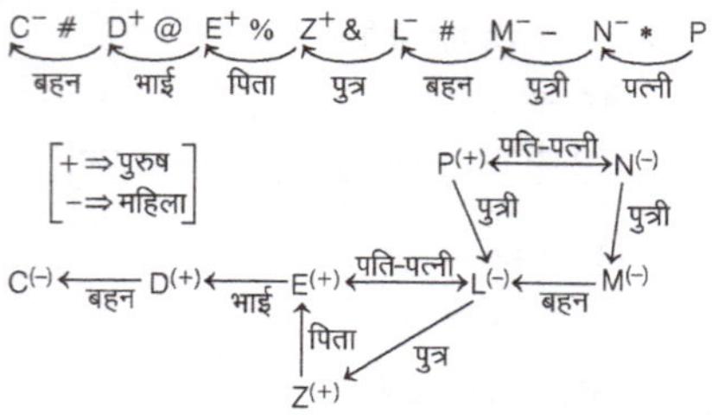

अतः L, P की पुत्री है।

98. (a) प्रश्नानुसार, विकल्प (a) से,

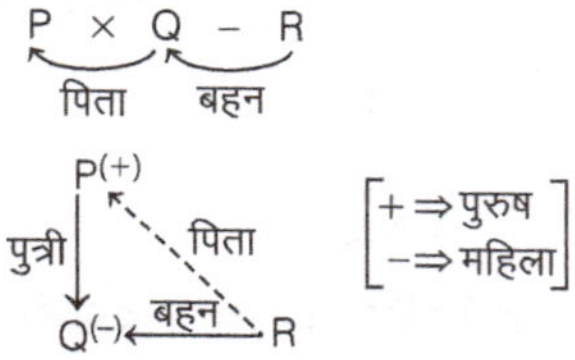

अतः ऊपर चित्र से स्पष्ट है कि P, R का पिता है।

99. (b) प्रश्नानुसार, विकल्प (b) से,

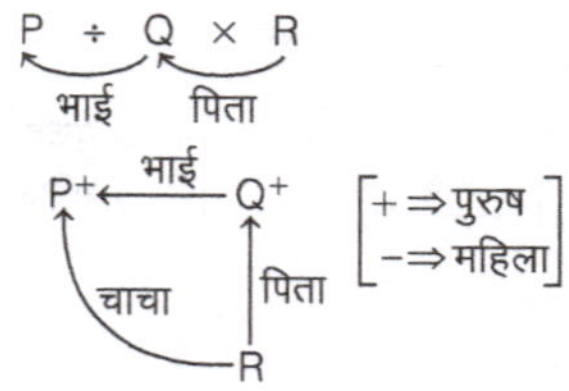

अतः P, R का चाचा है।

100. (a) प्रश्नानुसार,

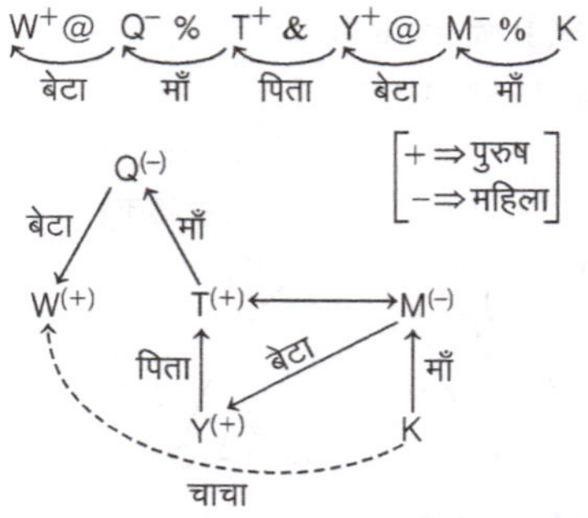

अतः W, K का चाचा/ताऊ है।

101. (c) प्रश्नानुसार,

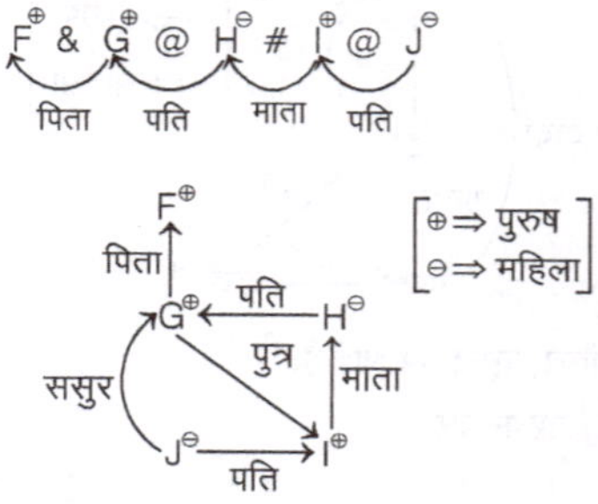

अतः G, J का ससुर है।

102. (d) प्रश्नानुसार, विकल्प (d) से,

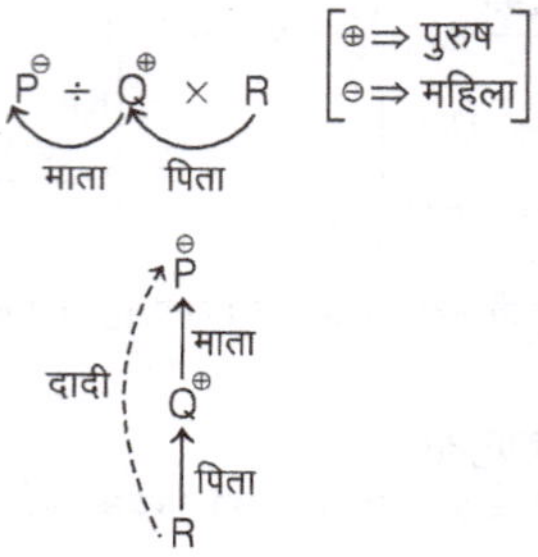

अतः स्पष्ट है, कि P, R की दादी है।

103. (b) प्रश्नानुसार,

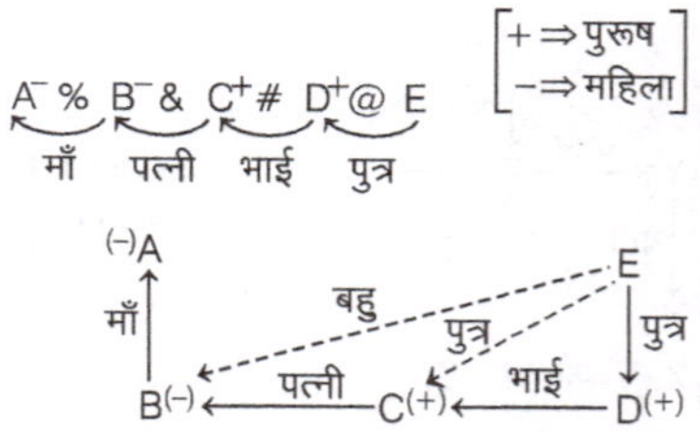

ऊपर दिए गए चित्र से स्पष्ट है कि B, E की बहू है।

104. (a) प्रश्नानुसार,
विकल्प (a) से, P × Q ÷ R

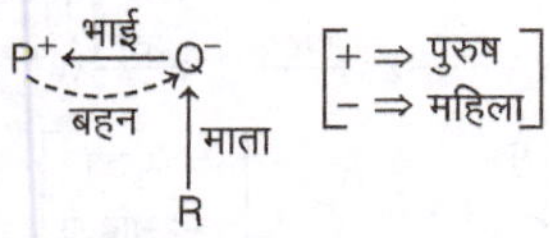

अत: उपरोक्त से स्पष्ट है कि Q, P की बहन है।

105. (a) प्रश्नानुसार,

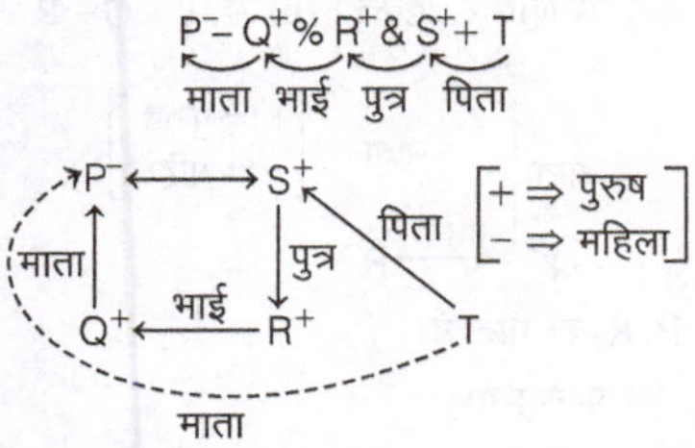

अत: P, T की माता है।

106. (b) प्रश्नानुसार, S & T % R @ P # Q

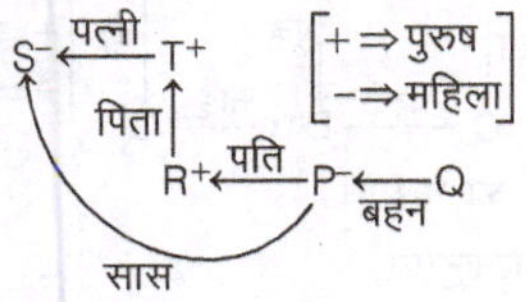

अत: S, P की सास है।

107. (a) प्रश्नानुसार, विकल्प (a) से, P × Q – R

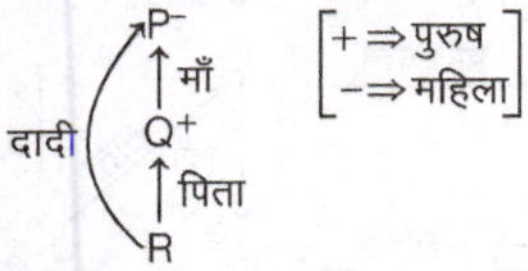

अत: P, R की दादी है।

108. (b) प्रश्नानुसार, Z * A $ B – C * D % E

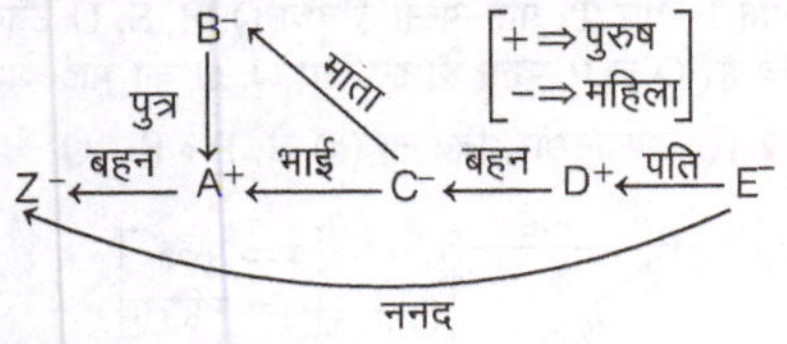

अत: Z, E की ननद है।

109. (d) प्रश्नानुसार, विकल्प (d) से, A – C + B

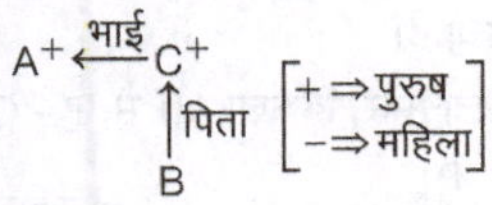

अत: A, B का चाचा है।

110. (b) प्रश्नानुसार,
H @ V @ U # W & E ∧ X # Z & R ∧ S

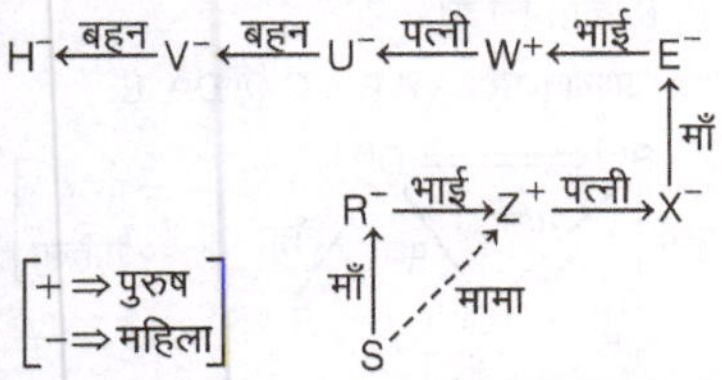

अत: विकल्प (b) Z, S का नाना है, सही नहीं है क्योंकि Z, S का मामा है न कि नाना।

111. (b) प्रश्नानुसार, विकल्प (b) से, P – Q × R

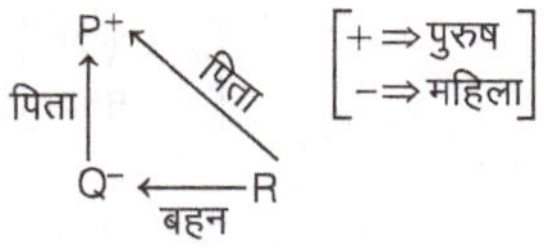

अत: P, R का पिता है।

112. (b) प्रश्नानुसार,

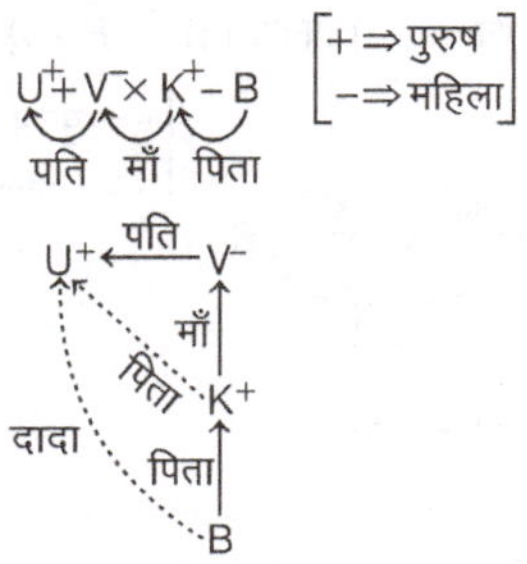

अत: U, B का दादा है।

113. (d) प्रश्नानुसार,
विकल्प (d) से, A ÷ B × C

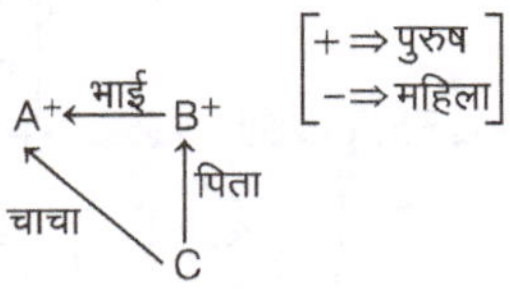

अत: उपरोक्त से स्पष्ट है कि A, C का चाचा है।

114. (c) प्रश्नानुसार,

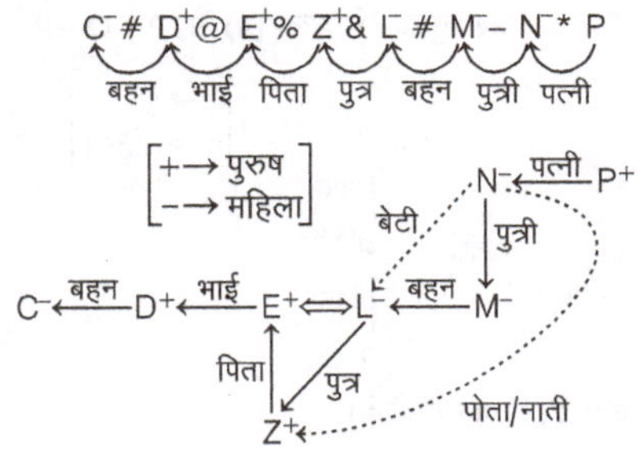

अत: Z, N का नाती है।

115. (b) प्रश्नानुसार,

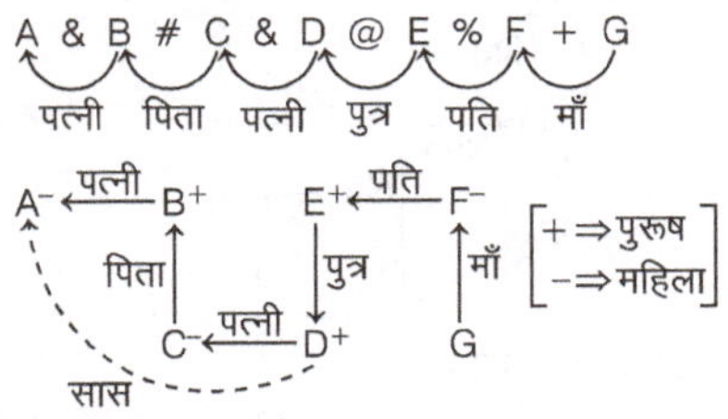

अत: A, D की सास है।

116. (b) प्रश्नानुसार,
विकल्प (b) से, P ÷ R – Q

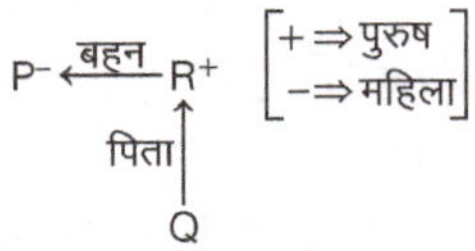

अत: उपरोक्त से स्पष्ट है, कि R, P का भाई है।

117. (d) प्रश्नानुसार,
विकल्प (d) से,

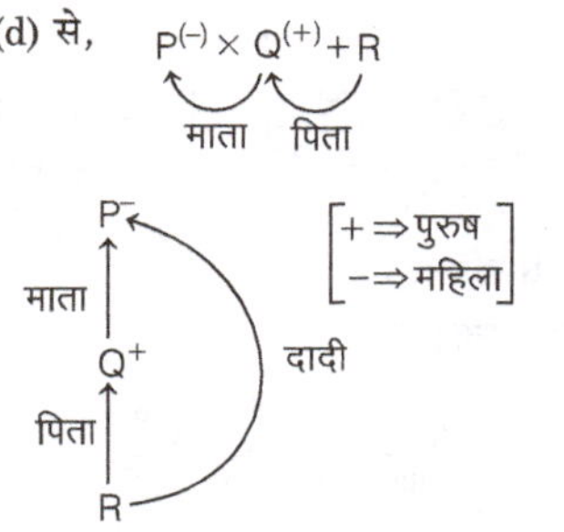

उपरोक्त से स्पष्ट है, कि P, R की दादी है।

118. (c) प्रश्नानुसार, दिया गया व्यंजक है,

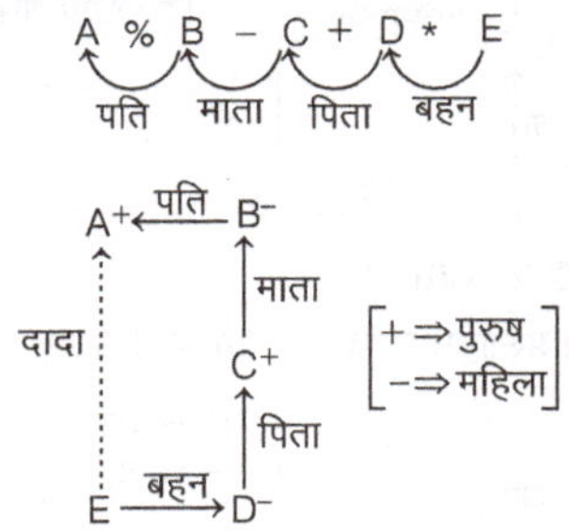

अत: A, E के दादाजी हैं।

119. (d) प्रश्नानुसार, विकल्प (d) से, P × Q – R

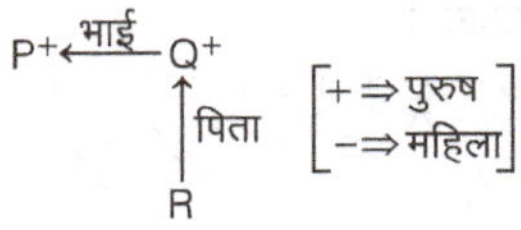

उपरोक्त से स्पष्ट है कि Q, P का भाई है।

120. (c) प्रश्नानुसार,

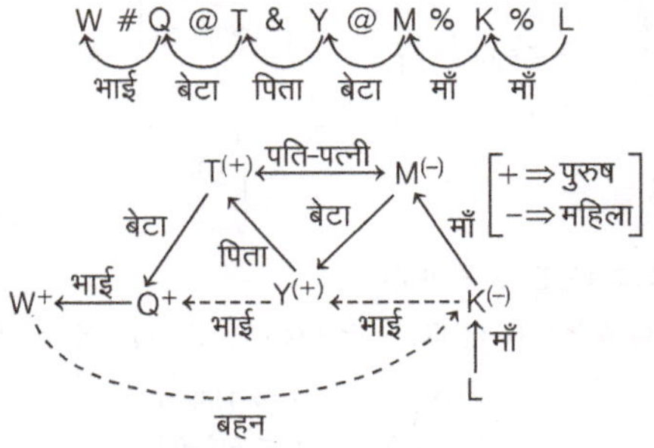

उपरोक्त से स्पष्ट है कि K, W की बहन है।

121. (a) प्रश्नानुसार, V ∞ U @ W # Y * Z

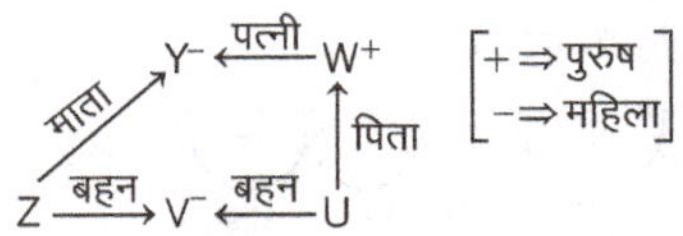

अत: V, Z की बहन है।

122. (d) प्रश्नानुसार, X @ Y $ J * M

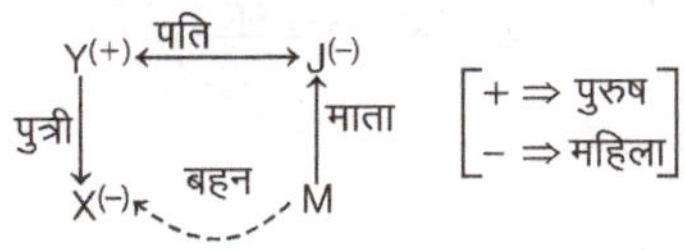

अत: X, M की बहन है।

123. (b) प्रश्नानुसार, विकल्प (b) से,

P ÷ Q × R

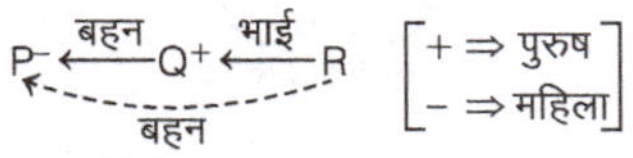

अत: P, R की बहन है।

124. (b) प्रश्नानुसार,

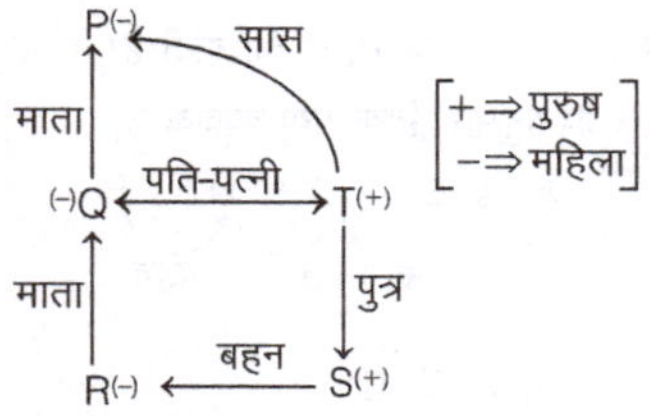

अत: P, T की सास है।

125. (b) प्रश्नानुसार, विकल्प (b) से, P + Q ÷ R

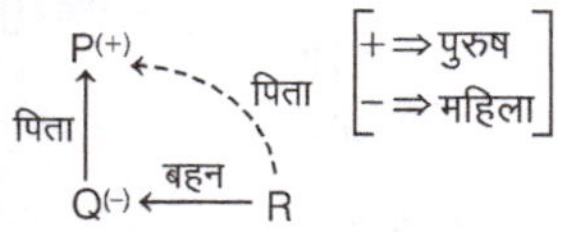

∴ P, R का पिता है।

126. (b) प्रश्नानुसार,

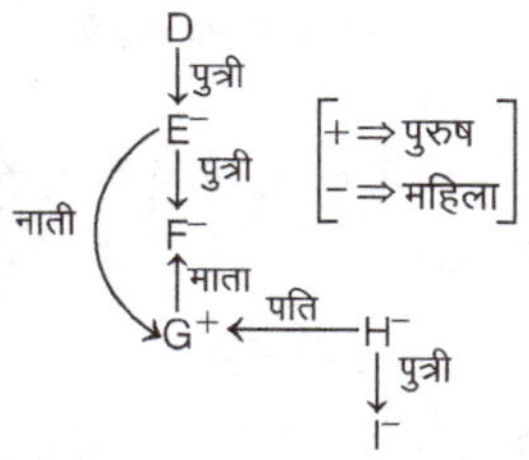

अत: G, E का नाती है।

127. (d) प्रश्नानुसार, विकल्प (d) से, P – Q × R

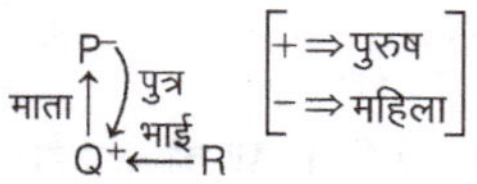

अत: Q, P का पुत्र है।

128. (c) प्रश्नानुसार,

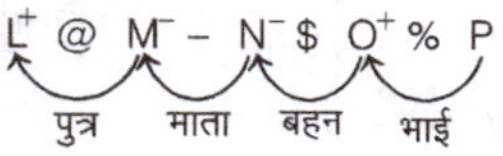

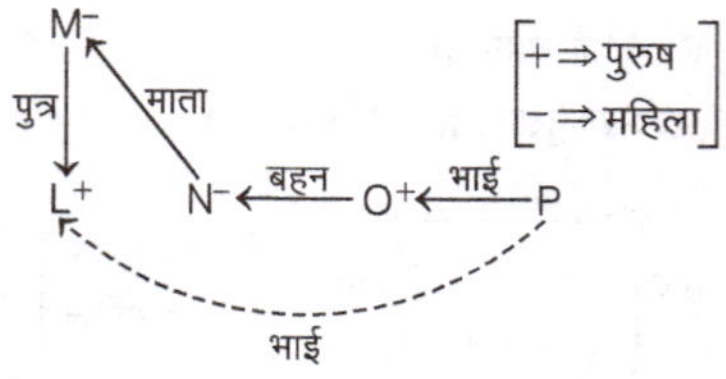

अत: L, P का भाई है।

129. (a) प्रश्नानुसार, विकल्प (a) से, A × B – C

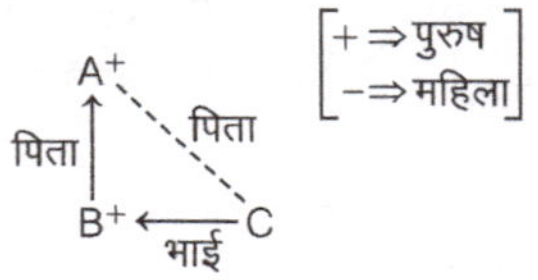

अत: A, C का पिता है।

130. (a) प्रश्नानुसार, विकल्प (a) से, P – Q + R

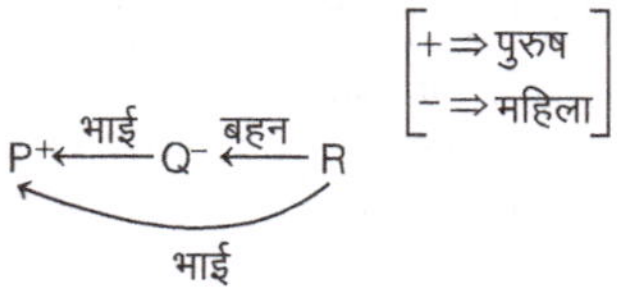

अत: P, R का भाई है।

131. (d) प्रश्नानुसार,

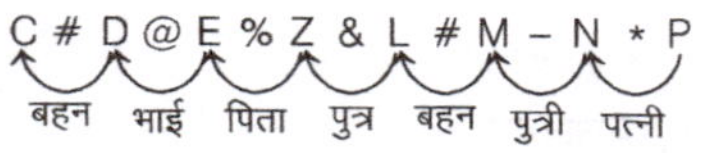

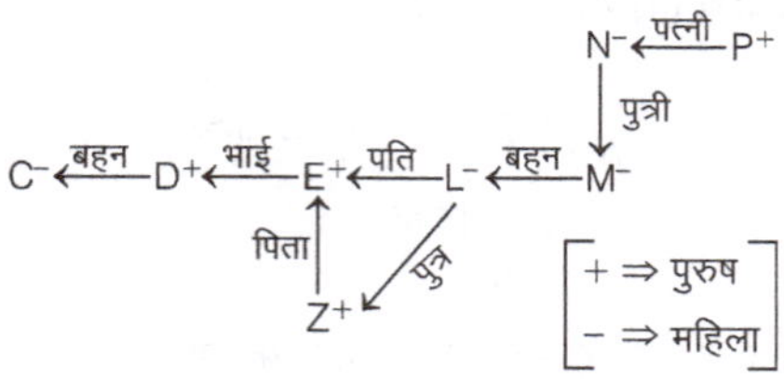

अत: E, L का पति है।

132. (a) प्रश्नानुसार, विकल्प (a) से, P ÷ Q – R

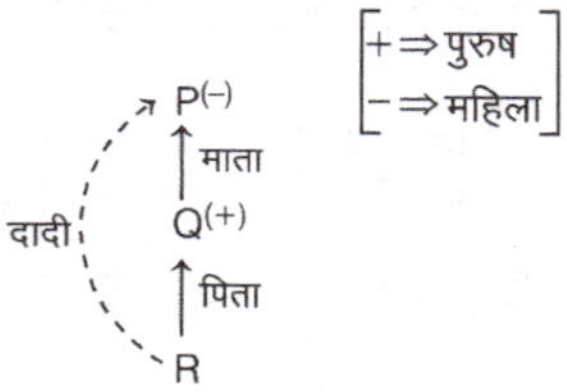

अत: P, R की दादी है।

133. (a) प्रश्नानुसार, W&Q#T&Y@M%K

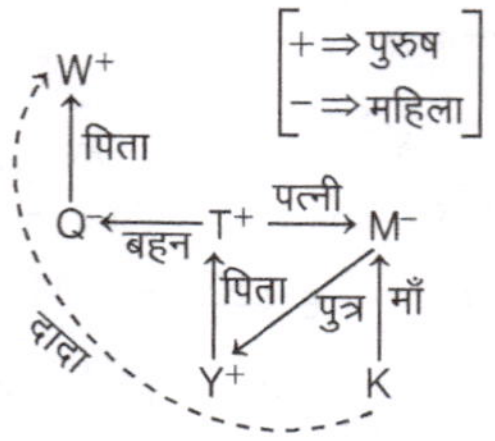

अत: W, K का दादा है।

134. (d) प्रश्नानुसार, विकल्प (d) से, P – Q × R

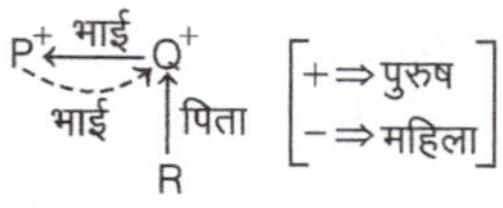

अत: Q, P का भाई है।

135. (b) प्रश्नानुसार,

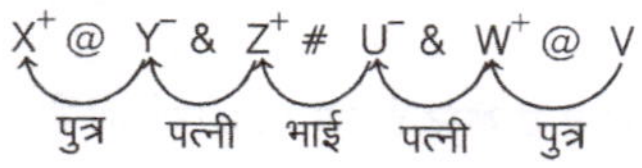

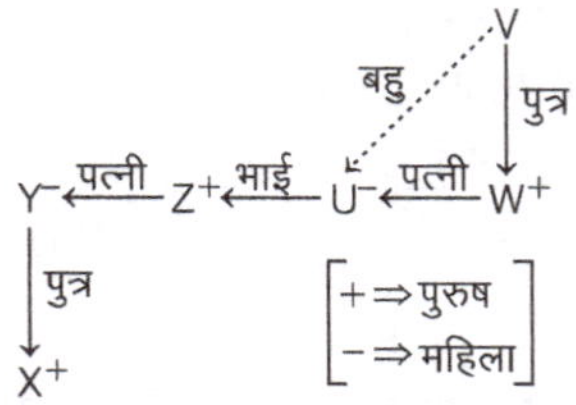

अत: U, V की बहु है।

136. (b) प्रश्नानुसार, विकल्प (b) से, P ÷ Q + R

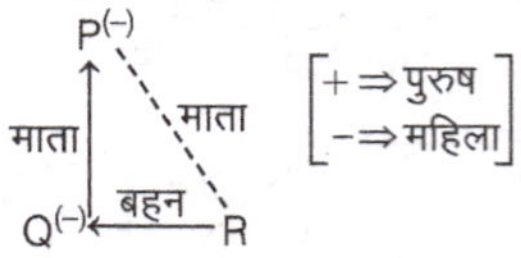

अत: P, R की माता है।

137. (c) प्रश्नानुसार,

A & B # C & D @ E % F + G

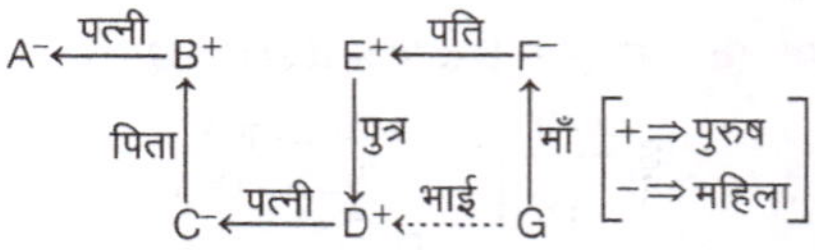

अत: D, G का भाई है।

138. (d) प्रश्नानुसार,

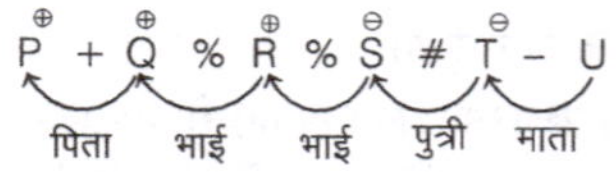

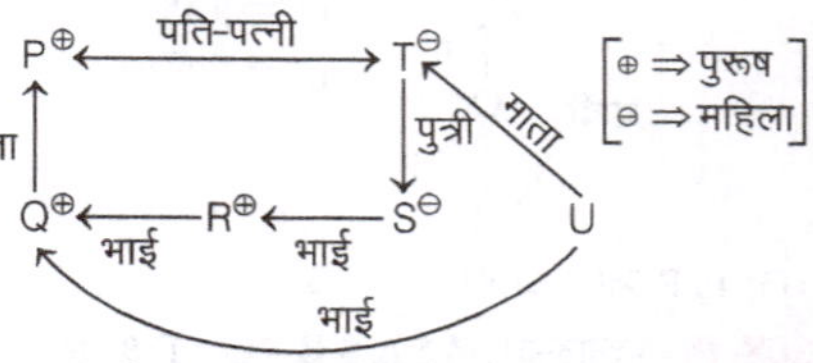

अर्थात् P और T, पति-पत्नी हैं तथा Q, R, S, U उनके बच्चे हैं। Q व R पुरुष हैं। इसलिए Q, U का भाई है।

139. (d) प्रश्नानुसार, विकल्प (d) से, P ÷ R – Q

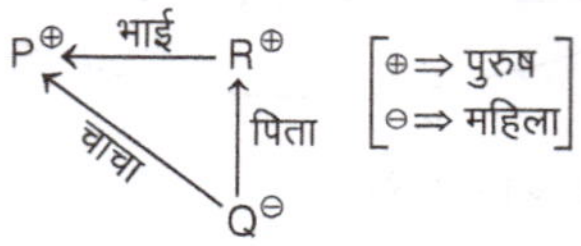

यहाँ, P, R का भाई है तथा R, Q का पिता है। इसलिए P, Q का चाचा है।

140. (d) प्रश्नानुसार, विकल्प (d) से, P – Q ÷ R

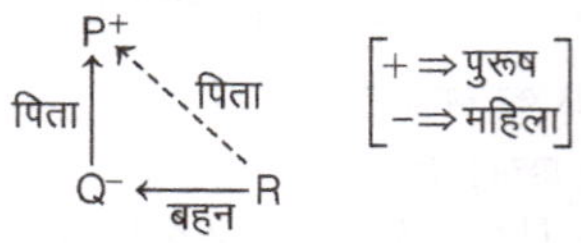

अत: P, R का पिता है।

141. (a) प्रश्नानुसार, A # B – C @ D + E

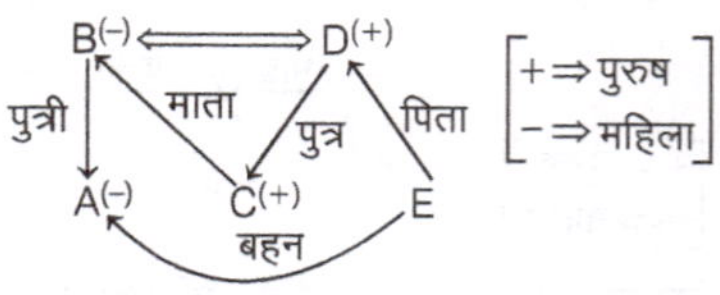

उपरोक्त से स्पष्ट है कि A, E की बहन है।

142. (c) प्रश्नानुसार, विकल्प (c) से, A × B – C

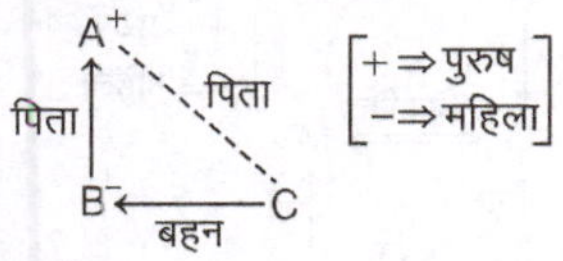

अत: A, C का पिता है।

143. (b) प्रश्नानुसार, L % M + N * O $ P

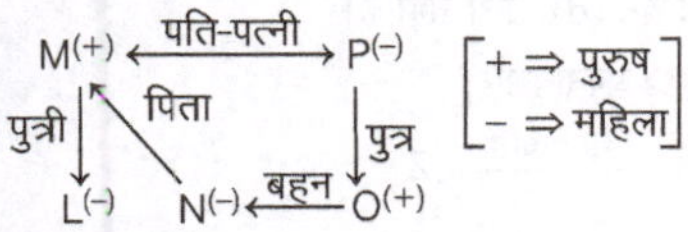

अत: L, P की पुत्री है।

144. (a) प्रश्नानुसार, G%M#L@P&C@B

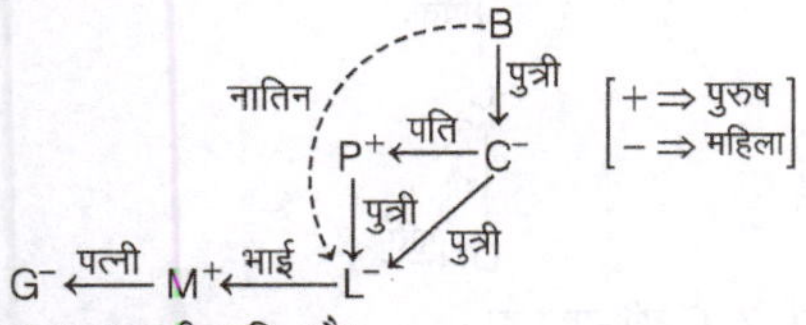

अत: L, B की नातिन है।

145. (a) प्रश्नानुसार, विकल्प (a) से, P – Q × R

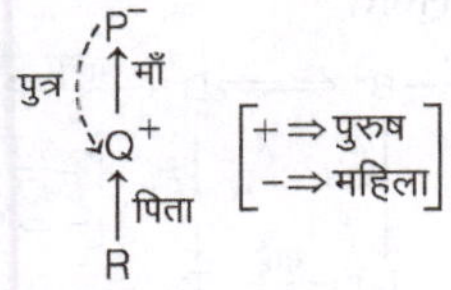

अत: Q, P का पुत्र है।

146. (c) प्रश्नानुसार, W # Q @ T & Y @ M % K

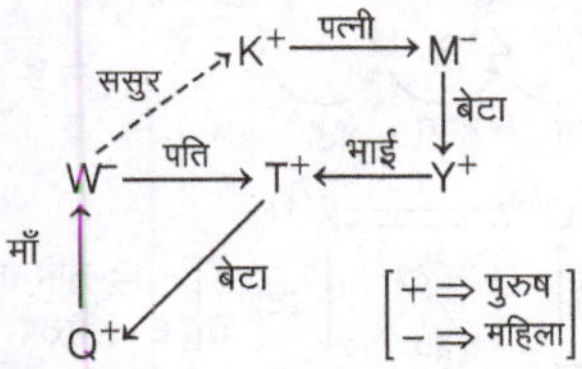

अत: K, W का ससुर है।

147. (b) प्रश्नानुसार, विकल्प (b) से, A + B + C

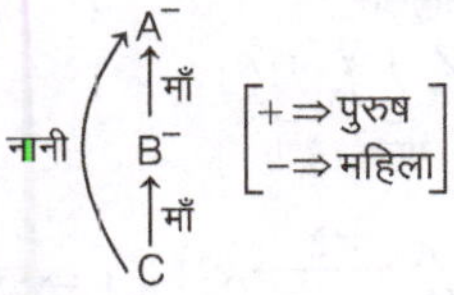

148. (b) प्रश्नानुसार,

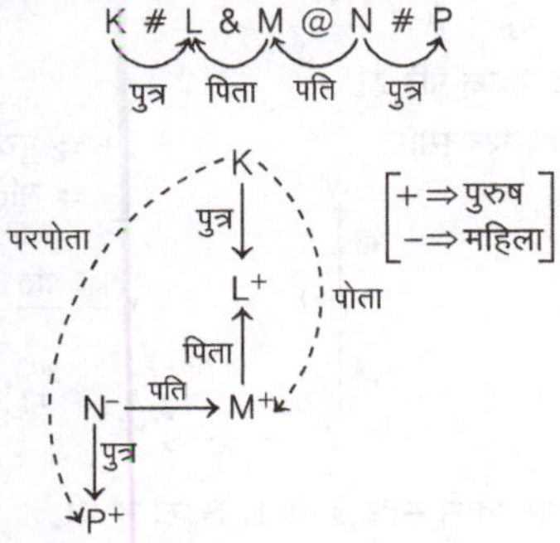

अत: P, K का परपोता है

149. (d) प्रश्नानुसार, विकल्प (d) से, P + Q × R

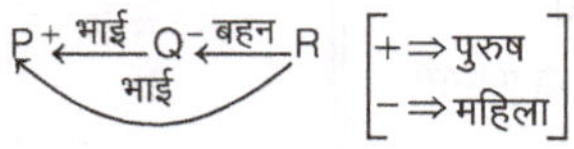

उपरोक्त से स्पष्ट है कि, P, R का भाई है।

150. (a) प्रश्नानुसार,

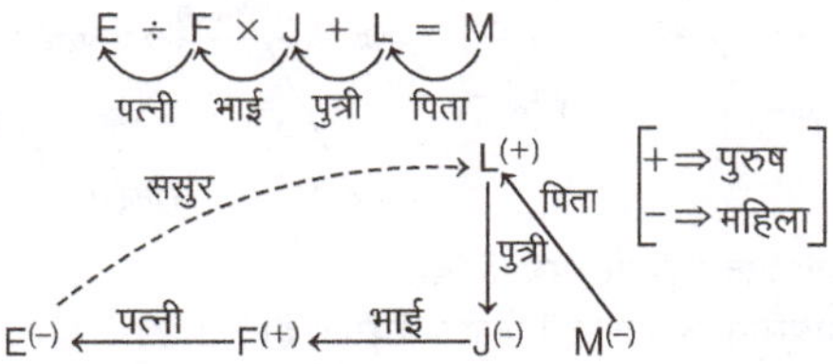

∴ L, E का ससुर है।

151. (c) प्रश्नानुसार, विकल्प (c) से, P + Q × R

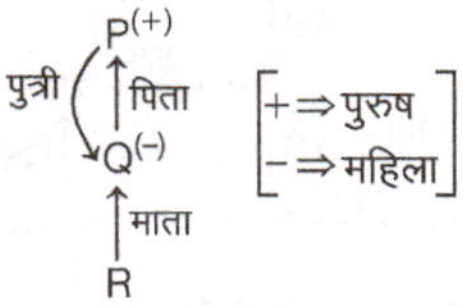

अत: Q, P की पुत्री है।

152. (d) प्रश्नानुसार, A + B & C – D + E

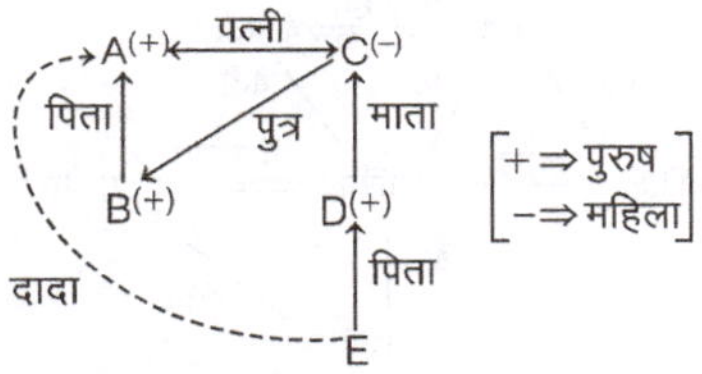

उपरोक्त से स्पष्ट है कि A, E का दादा है।

153. (d) प्रश्नानुसार, विकल्प (d) से, P + R – Q

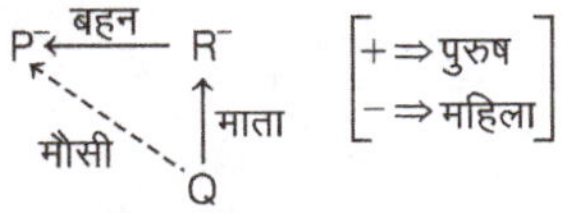

अत: P, Q की मौसी होगी।

154. (a) प्रश्नानुसार, W@Q%T&Y@M%K

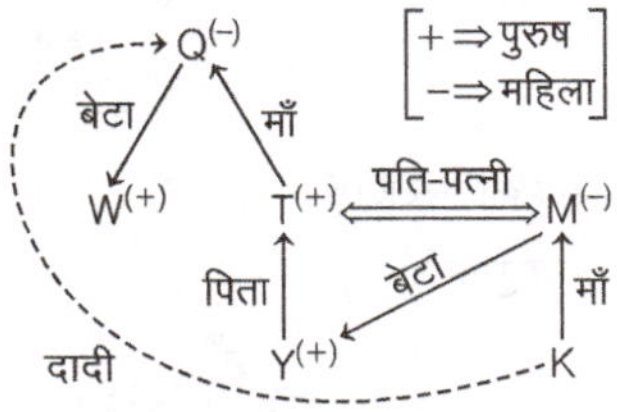

ऊपर दिए गए चित्र से स्पष्ट है, कि Q, K की दादी है।

155. (d) प्रश्नानुसार, G # H & I @ J & K

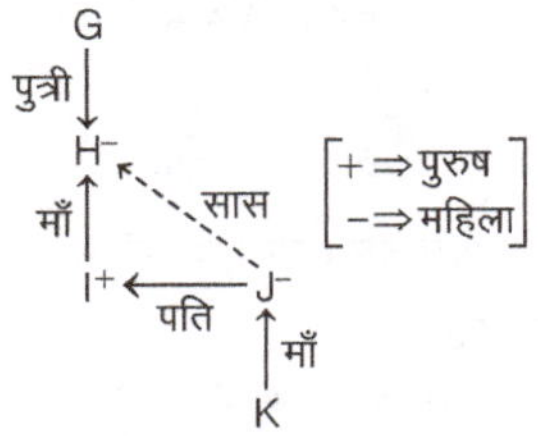

अत: H, J की सास है।

156. (c) प्रश्नानुसार, विकल्प (c) से, P × Q + R

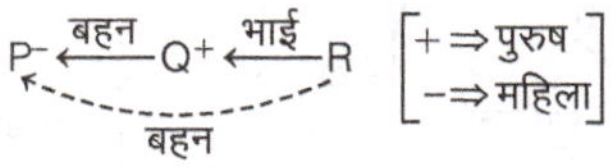

अत: P, R की बहन है।

157. (d) प्रश्नानुसार,

W @ Q # T & Y @ M % K

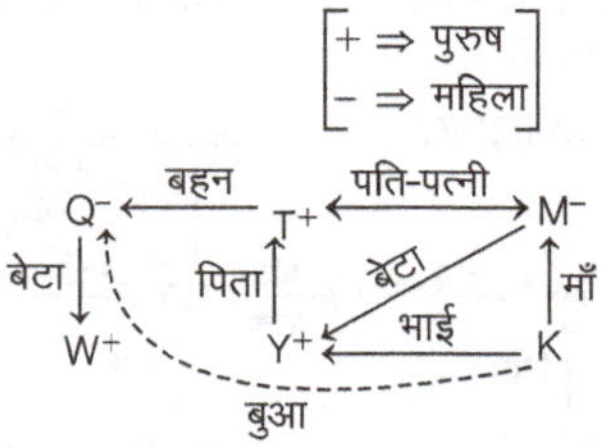

अत: Q, K की बुआ है।

158. (d) प्रश्नानुसार, विकल्प (d) से,

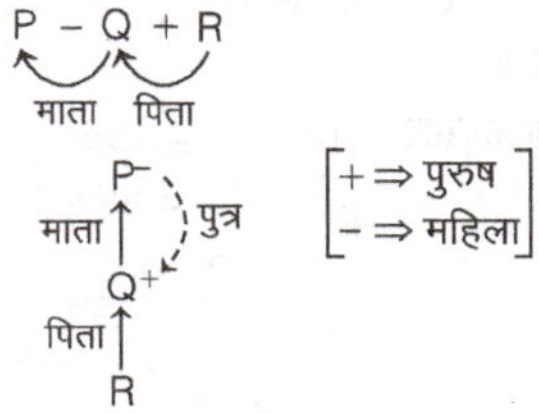

अत: Q, P का पुत्र है।

159. (c) प्रश्नानुसार,

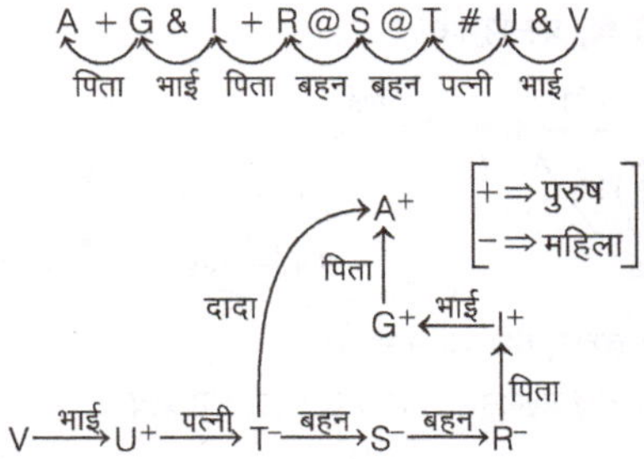

अत: A, T का दादा है। A, T का नाना नहीं है।

160. (c) प्रश्नानुसार विकल्प (c) से,

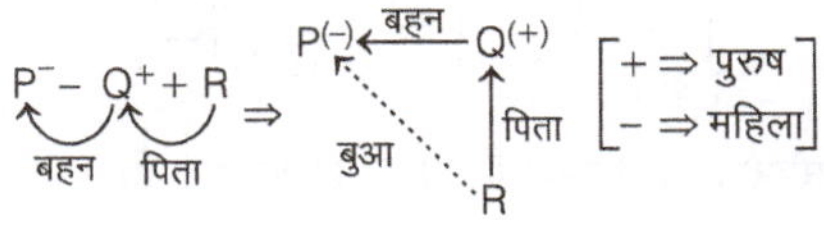

अत: P, R की बुआ है।

161. (d) प्रश्नानुसार,

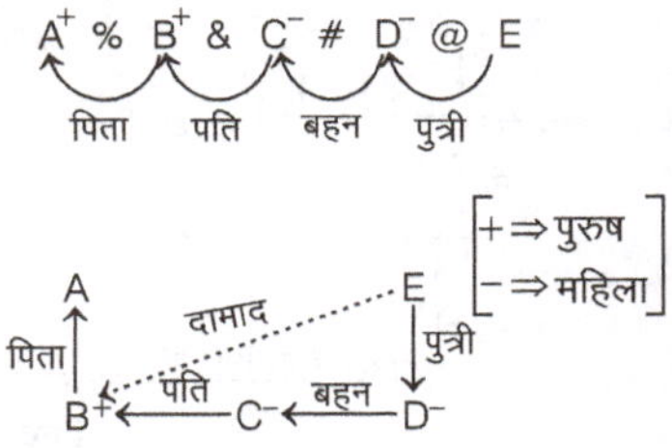

अत: B, E का दामाद है।

162. (c) प्रश्नानुसार,

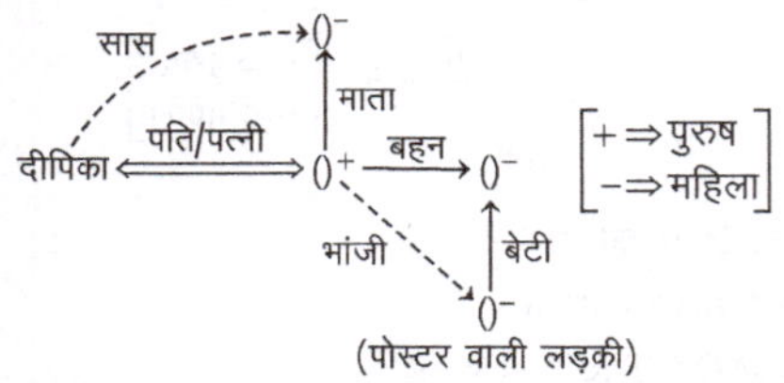

उपरोक्त चित्र से स्पष्ट है कि, दीपिका, उस लड़की की माँ की भाभी है।

163. (a) प्रश्नानुसार,

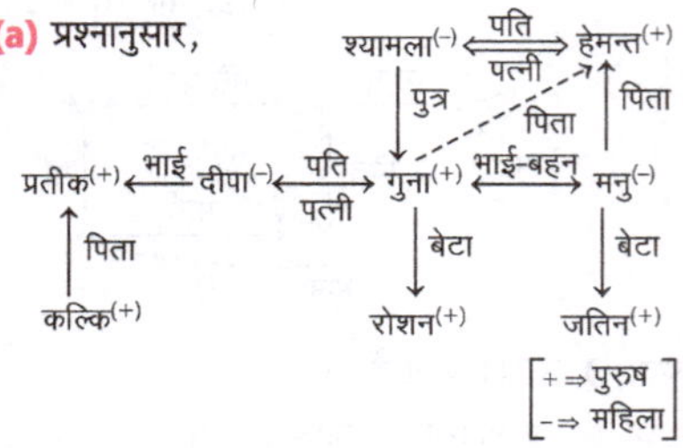

उपरोक्त चित्र से स्पष्ट है, कि हेमन्त, रोशन के पिता, गुना के पिता हैं।

164. (d) प्रश्नानुसार,

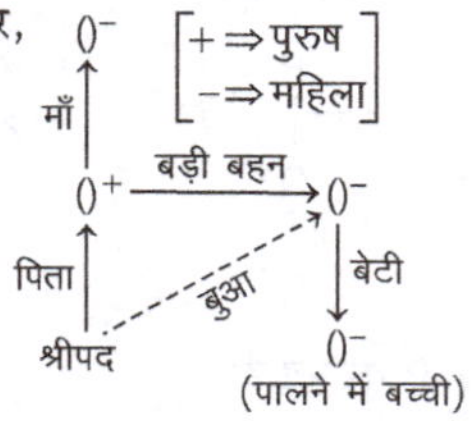

अत: उस बच्ची की माँ, श्रीपद की बुआ है।

165. (c) प्रश्नानुसार,

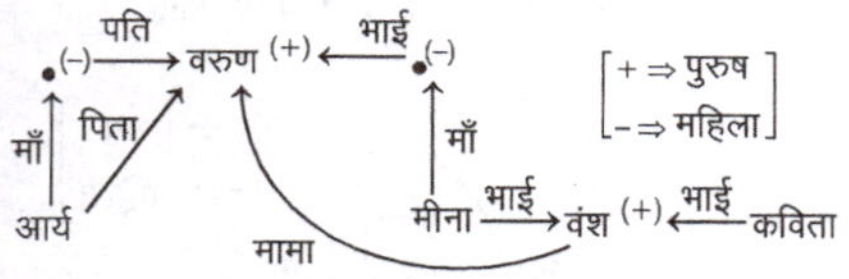

अत: वरुण, वंश का मामा है।

166. (b) प्रश्नानुसार, H > R $ S @ T > N

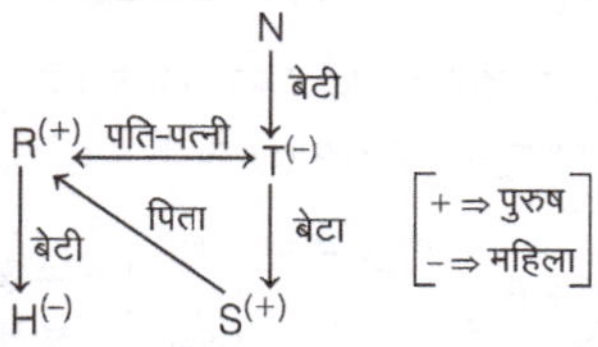

उपरोक्त चित्र से स्पष्ट है, कि S, N का नाती है।

167. (c) प्रश्नानुसार,

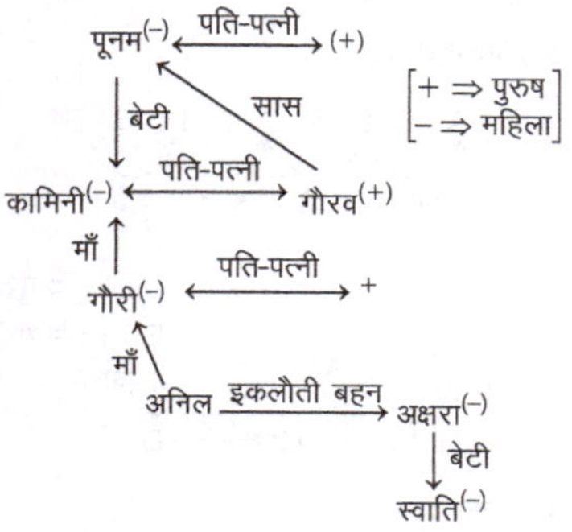

उपरोक्त चित्र से स्पष्ट है कि, स्वाति, गौरव की परनातिन है।

168. (a) प्रश्नानुसार,

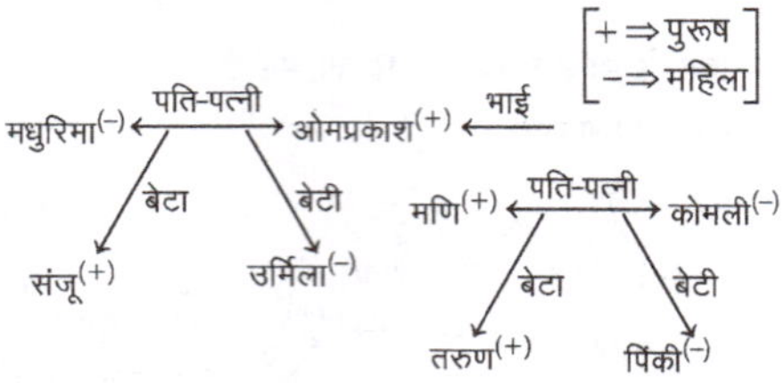

उपरोक्त चित्र से स्पष्ट है कि,
मधुरिमा, कोमली की जेठानी/देवरानी है।

169. (b) प्रश्नानुसार,

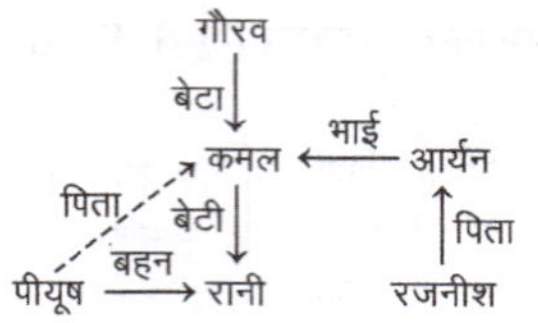

अत: आर्यन, पीयूष का चाचा है।

170. (b) प्रश्नानुसार,

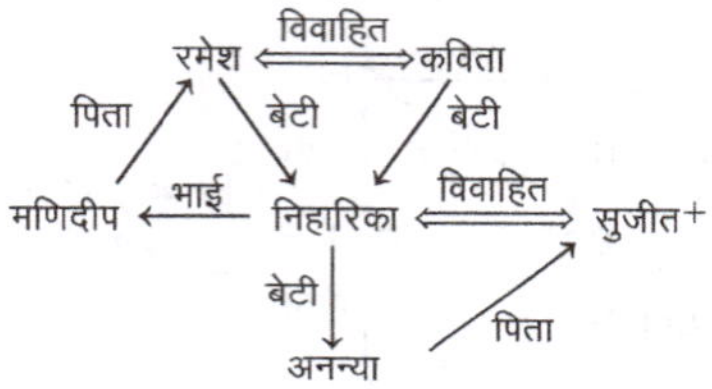

अत: सुजीत, मणिदीप का जीजा है।

171. (a) प्रश्नानुसार,

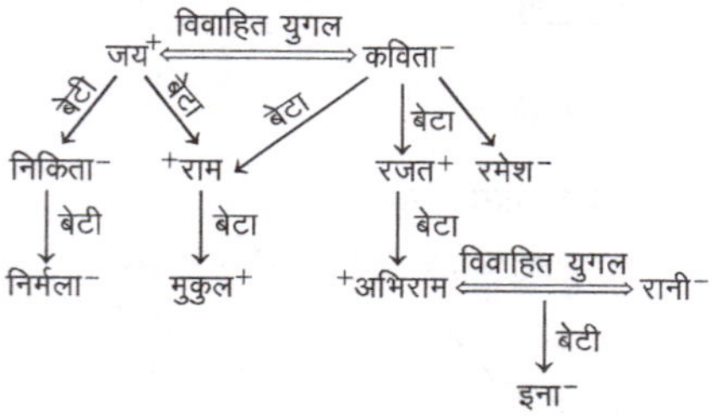

अत: जय, इना का परदादा है।

172. (b) प्रश्नानुसार,

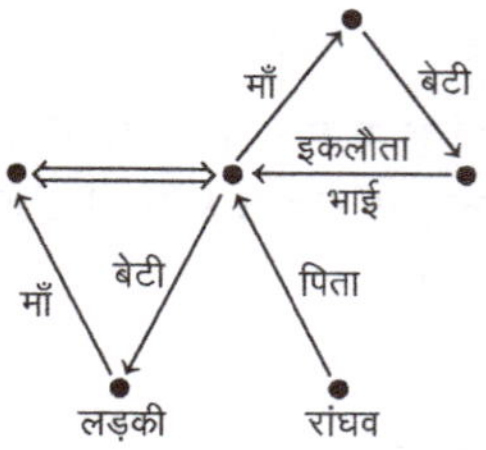

अत: राघव के पिता उस लड़की की माँ के पति हैं।

173. (d) प्रश्नानुसार,

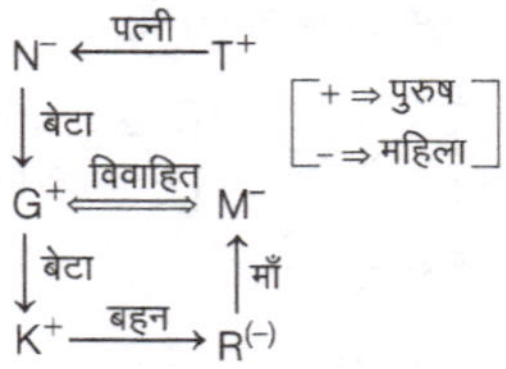

अत: T, M के दादा नहीं हैं, बल्कि पिता हैं।
अत: कथन (d) सत्य नहीं है।

174. (c) प्रश्नानुसार,

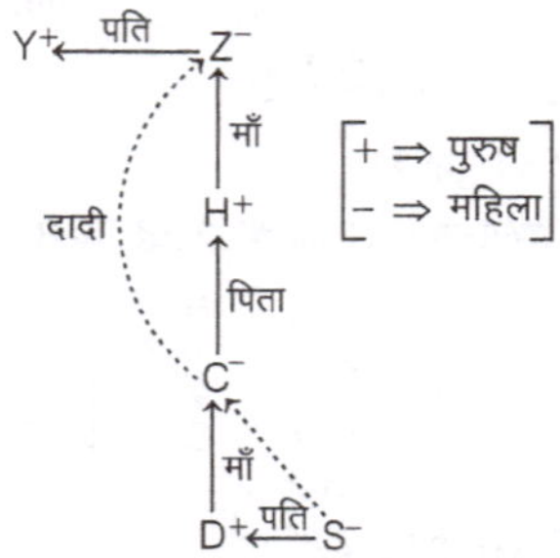

अत: Z, C की दादी है।
अत: कथन (c) असत्य है।

175. (c) प्रश्नानुसार,

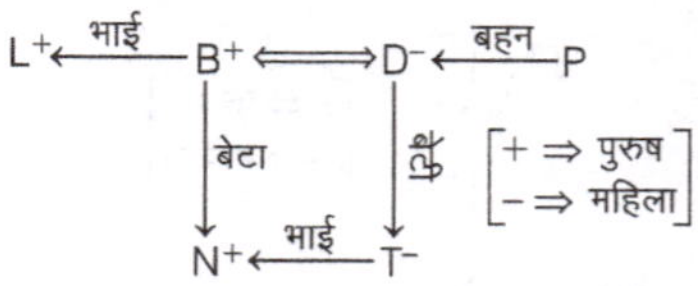

अत: उपरोक्त से स्पष्ट है कि N, T का भाई है।

176. (b) प्रश्नानुसार, विकल्प (b) से,

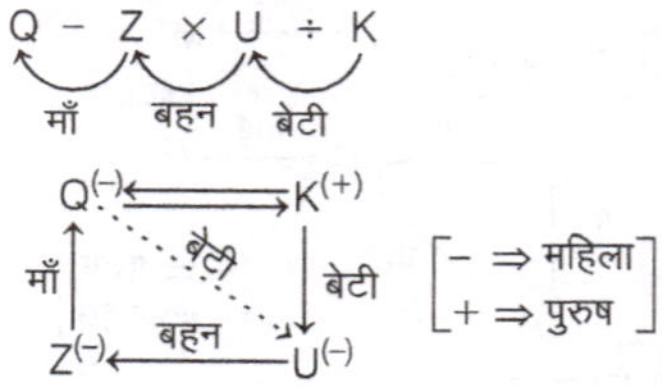

अत: U, Q की बेटी है।

177. (b) प्रश्नानुसार,

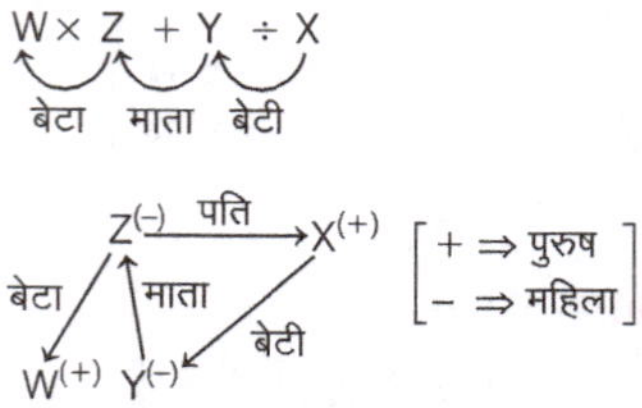

अत: X, Z का पति है।

178. (c) प्रश्नानुसार,

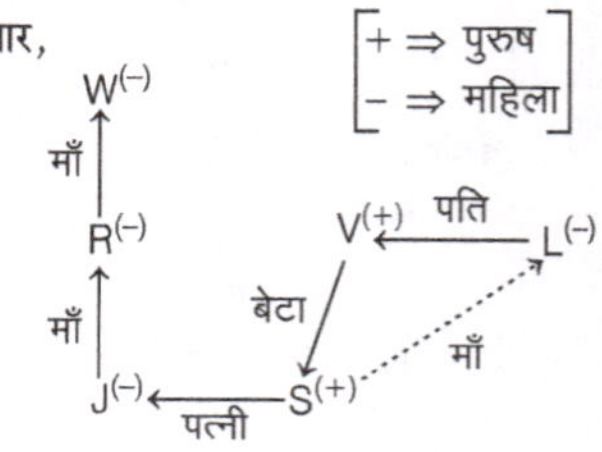

अत: उपरोक्त से स्पष्ट है कि L, S की माँ है।
अत: कथन (c) सही नहीं है।

179. (a) प्रश्नानुसार,

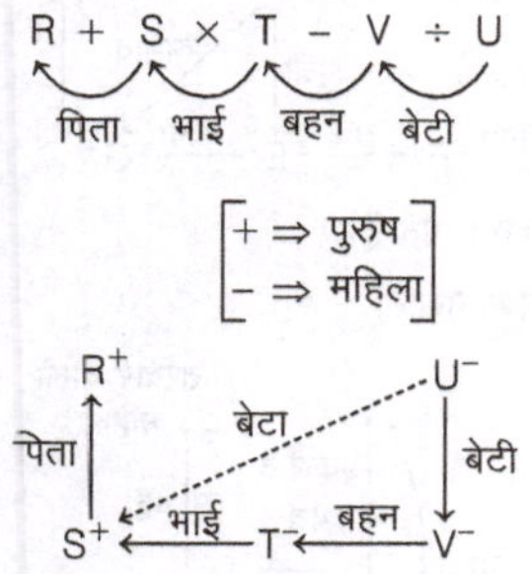

अत: S, U का बेटा है।

180. (a) प्रश्नानुसार,

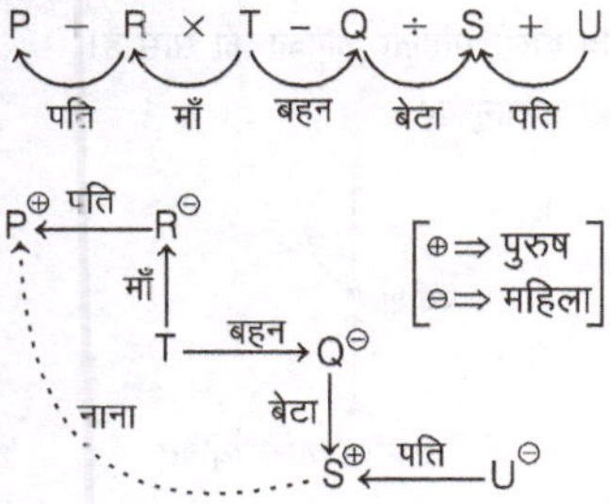

अत: P, S का नाना है।

181. (a) प्रश्नानुसार,

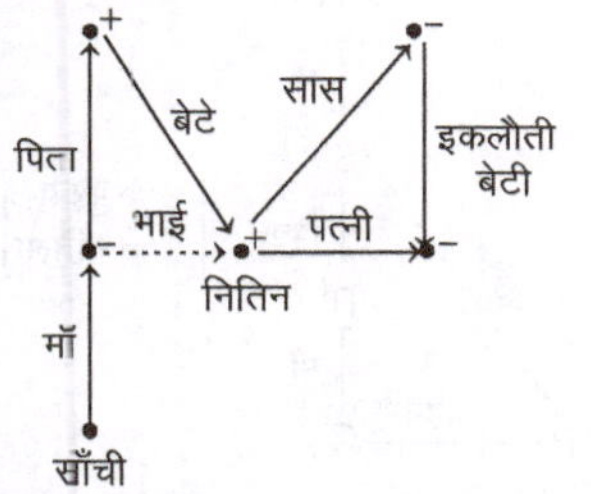

अत: नितिन, साँची की माँ का भाई है।

182. (b) प्रश्नानुसार,

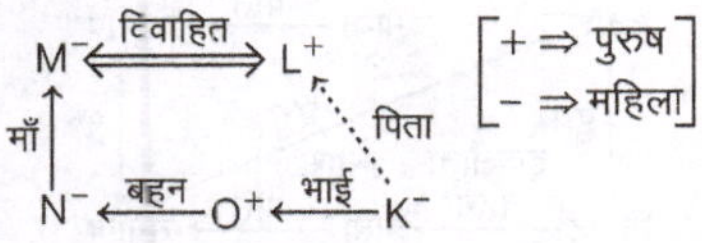

अत: L, K के पिता हैं।

183. (a) प्रश्नानुसार,

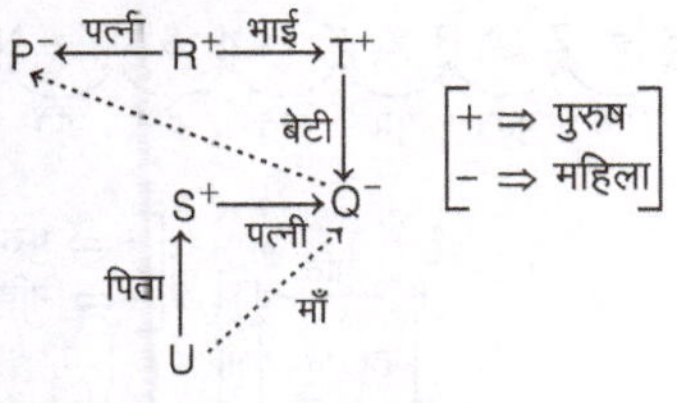

अत: P, U की माँ Q की चाची है।

184. (c) प्रश्नानुसार,

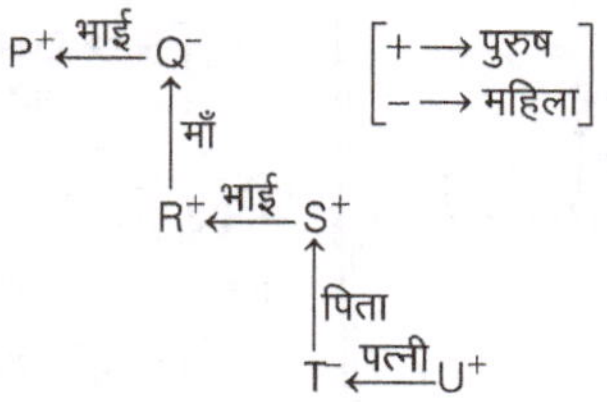

अत: T, Q की पोती है।

185. (b) प्रश्नानुसार,

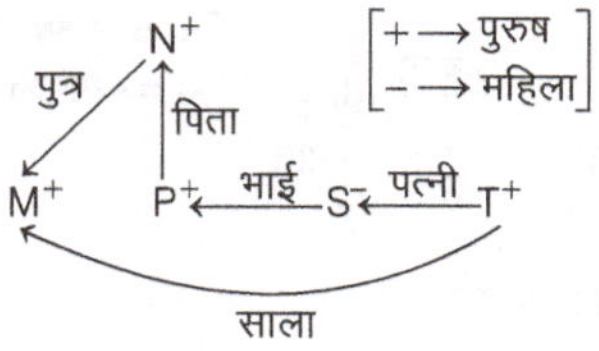

अत: M, T का साला है।

186. (b) प्रश्नानुसार,

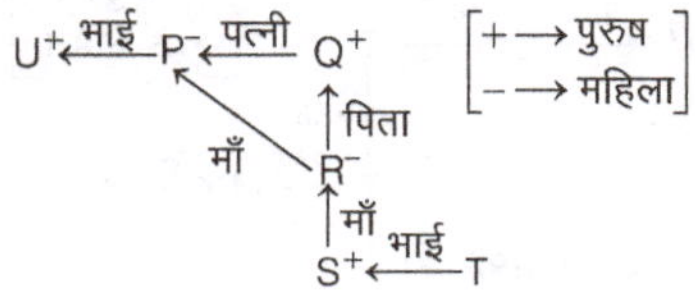

अत: R, U की भान्जी है।

187. (c) प्रश्नानुसार,

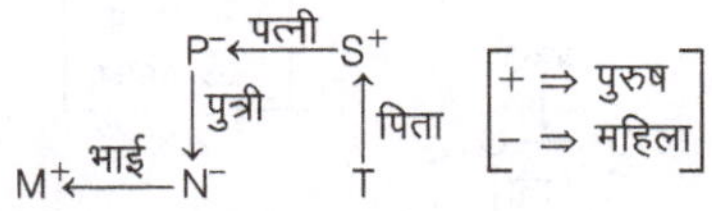

अत: M, T का भाई है।

188. (d) प्रश्नानुसार,

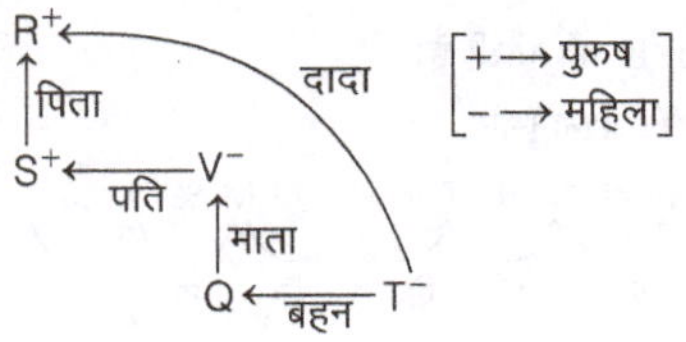

अत: R, T का दादा है।

189. (c) प्रश्नानुसार,

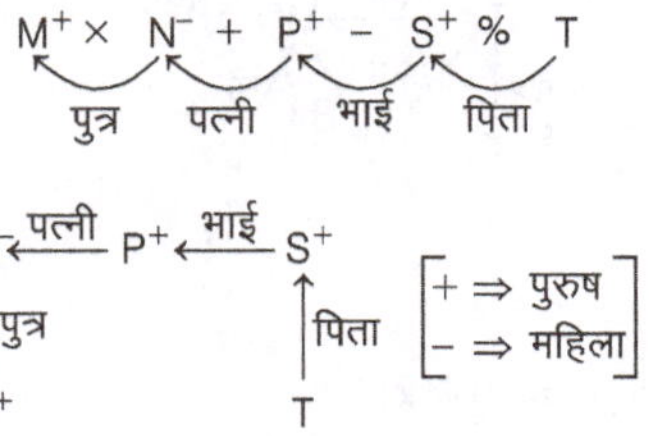

अत: M, T के चाचा का पुत्र है।

190. (d) प्रश्नानुसार,

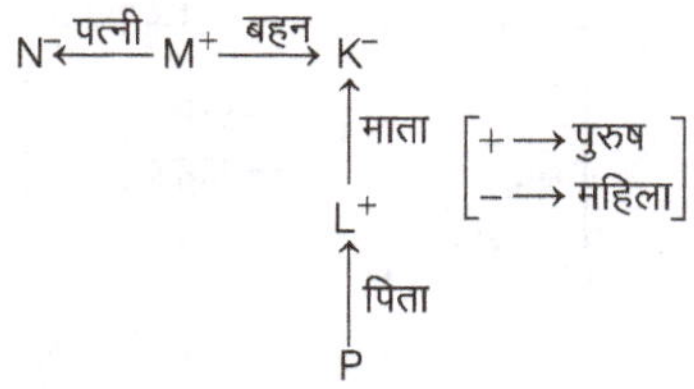

अत: L, K का पुत्र है।

191. (c) प्रश्नानुसार,

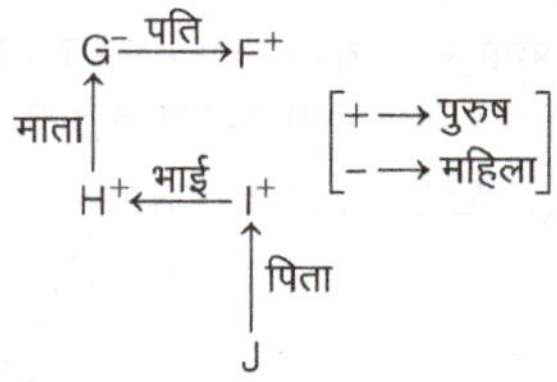

अत: F, J का दादा है।

192. (d) प्रश्नानुसार,

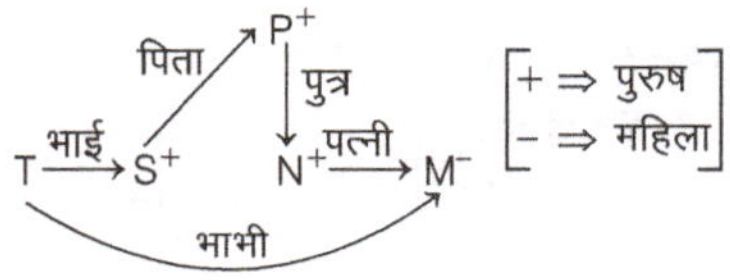

अत: M, T की भाभी है।

193. (c) प्रश्नानुसार,

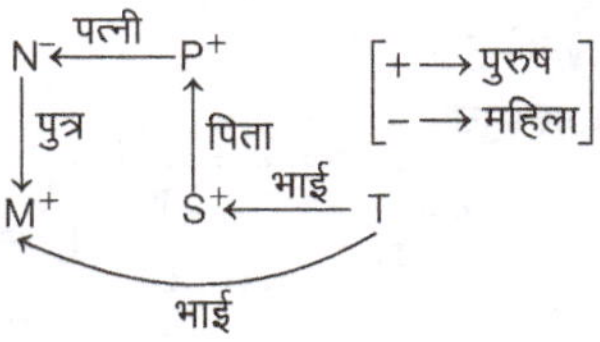

अत: M, T का भाई है।

194. (d) प्रश्नानुसार,

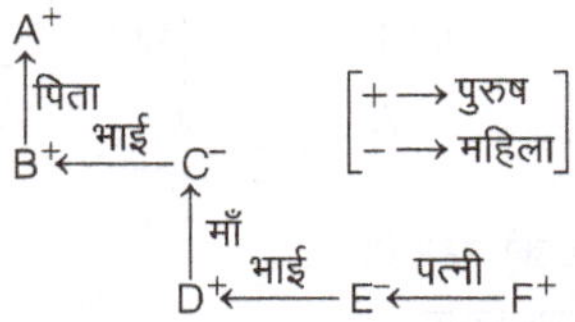

अत: A, E का नाना है।

195. (c) प्रश्नानुसार,

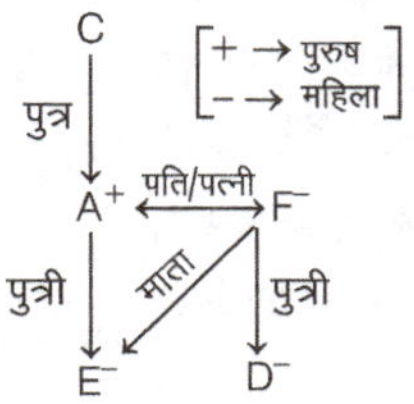

स्पष्टत: D, E अभीष्ट युग्म है।

196. (c) प्रश्नानुसार, सम्बन्ध आरेख बनाने पर

व्यंजक = P + Q − R × S + T

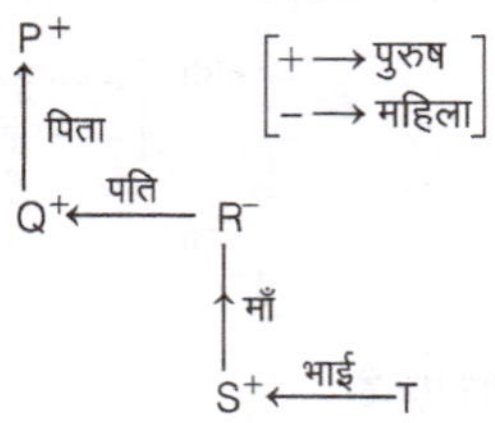

स्पष्टत: P, T का दादा है।

197. (b) प्रश्नानुसार, व्यंजक = R × S − T ÷ P + V

रक्त सम्बन्ध को आरेख द्वारा प्रदर्शित करने से,

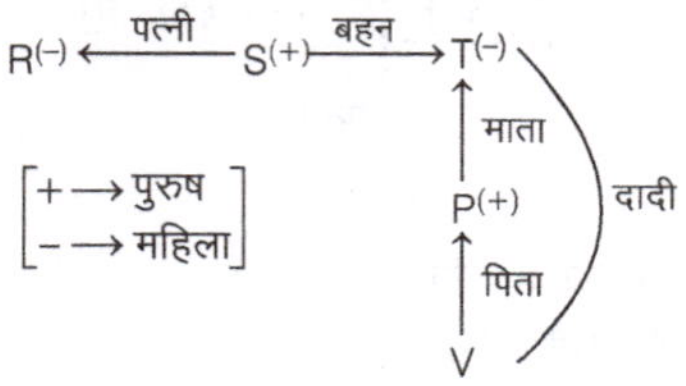

अत: स्पष्टत: T, V की दादी है।

198. (c) प्रश्नानुसार,

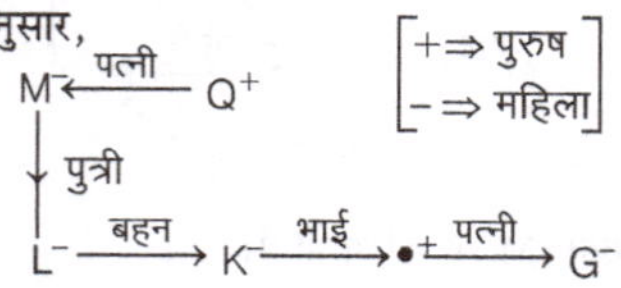

स्पष्टत: चूँकि K का भाई, Q का पुत्र है,
अत: G, Q की पुत्रवधू है।

199. (b) प्रश्नानुसार,

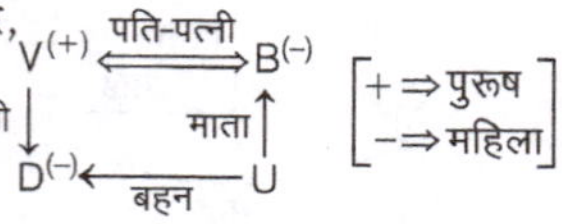

∴ D, U की बहन है।

200. (d) प्रश्नानुसार,

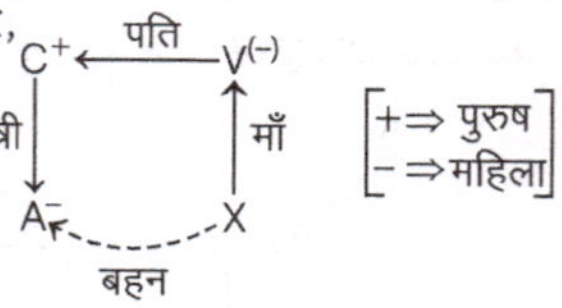

अत: A, X की बहन है।

201. (a) प्रश्नानुसार,

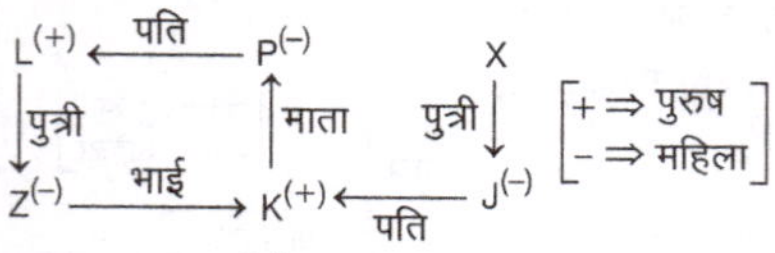

अत: K, Z का भाई है।

202. (b) प्रश्नानुसार,

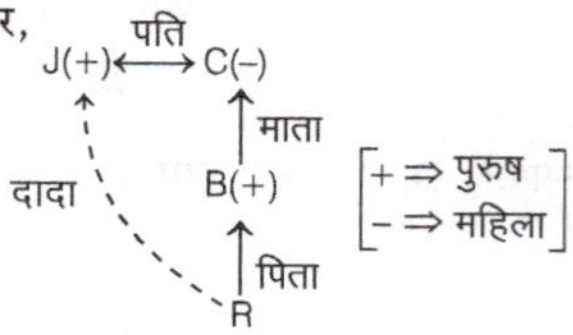

अत: J, R का दादा है।

203. (c) प्रश्नानुसार,

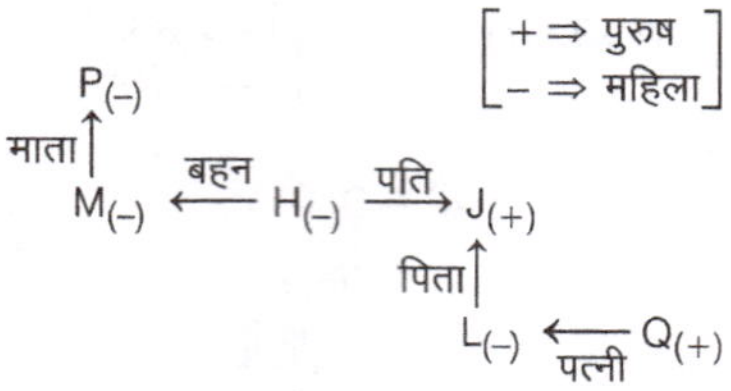

अत: P, L की नानी है।

204. (a) प्रश्नानुसार, M ? C $ J * Z

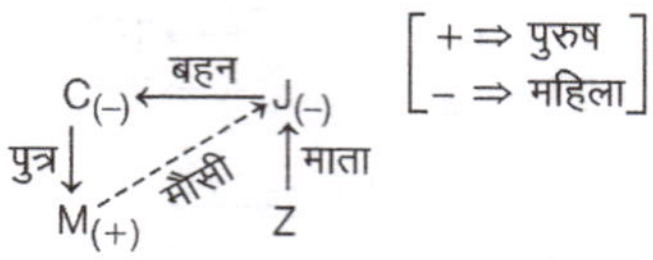

अत: J, M की मौसी है।

205. (d) प्रश्नानुसार,

W & Q @ T # Y @ M % K

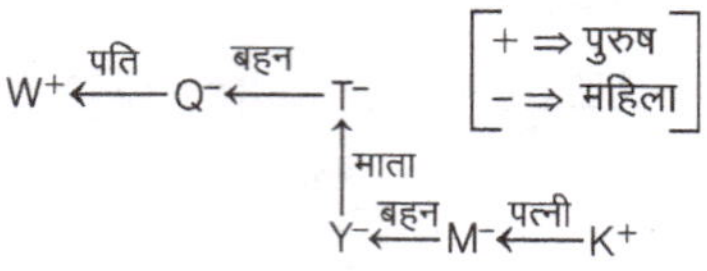

अत: K, T का दामाद है।

206. (d) प्रश्नानुसार,

J + C * K − M

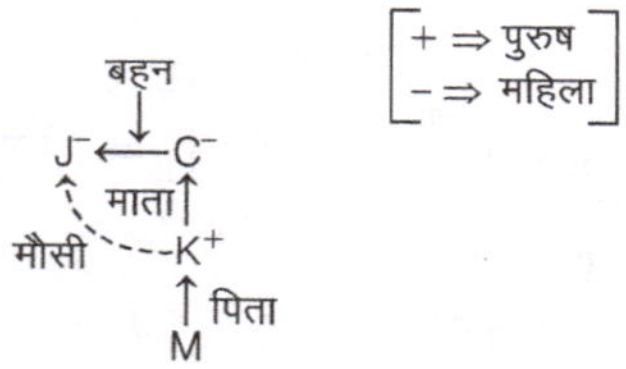

अत: J, K की मौसी है।

207. (c) प्रश्नानुसार,

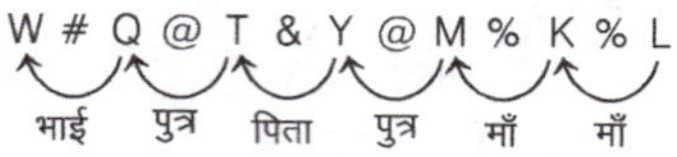

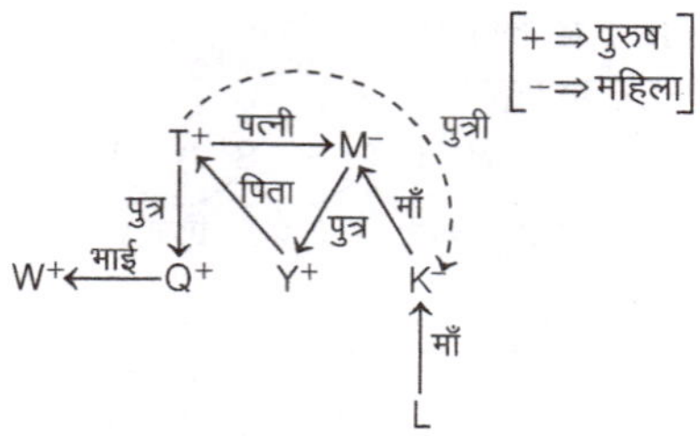

अत: K, T की पुत्री है।

208. (d) प्रश्नानुसार,

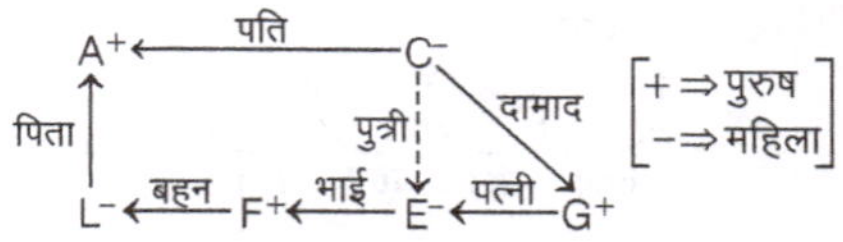

अत: A, C का पति है।

209. (c) प्रश्नानुसार,

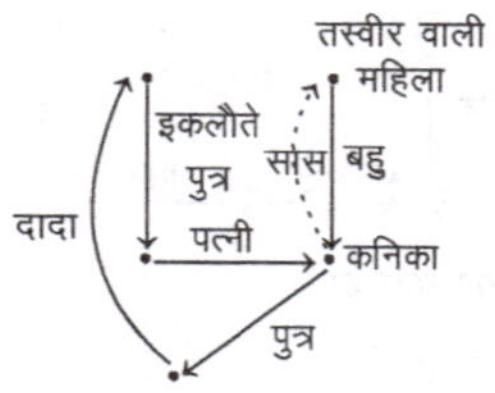

अत: चित्र वाली महिला कनिका की सास है।

210. (a) प्रश्नानुसार,

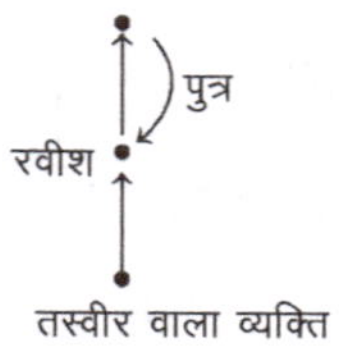

अत: तस्वीर वाला व्यक्ति रवीश का पुत्र है।

211. (d) प्रश्नानुसार,

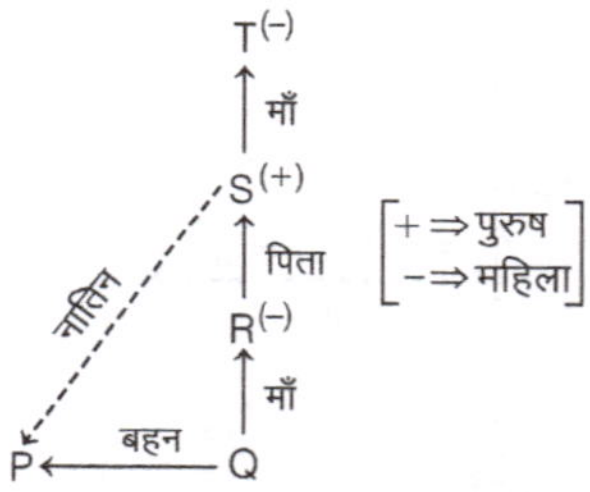

अत: P, S की नातिन है।

212. (a) प्रश्नानुसार,

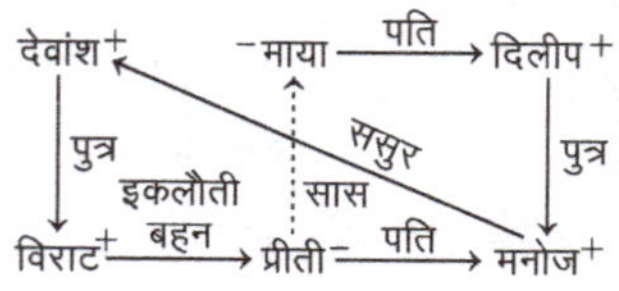

अत: माया, प्रीति की सास है।

213. (a) प्रश्नानुसार,

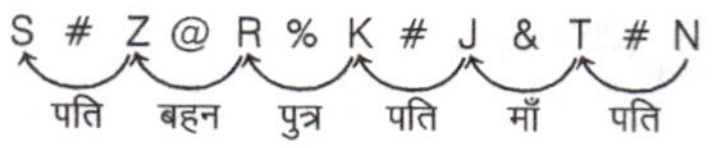

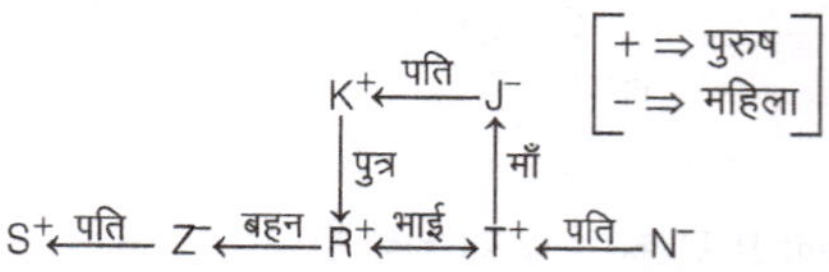

अत: उपरोक्त से स्पष्ट है, कि J, S की माँ नहीं है, बल्कि सास है।

214. (b) प्रश्नानुसार,

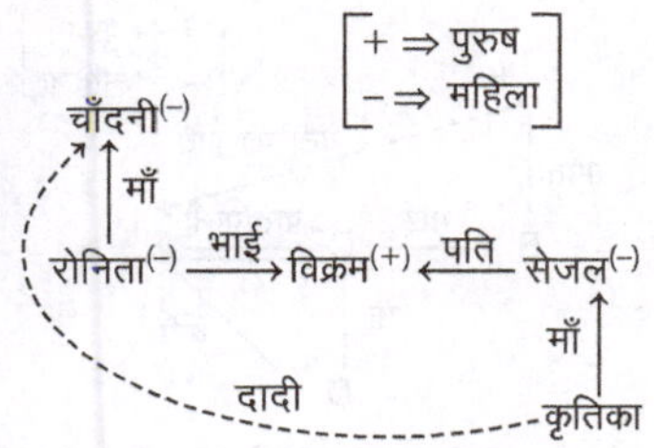

अत: रोनिता की माँ चाँदनी कृतिका की दादी है।

215. (d) प्रश्नानुसार,

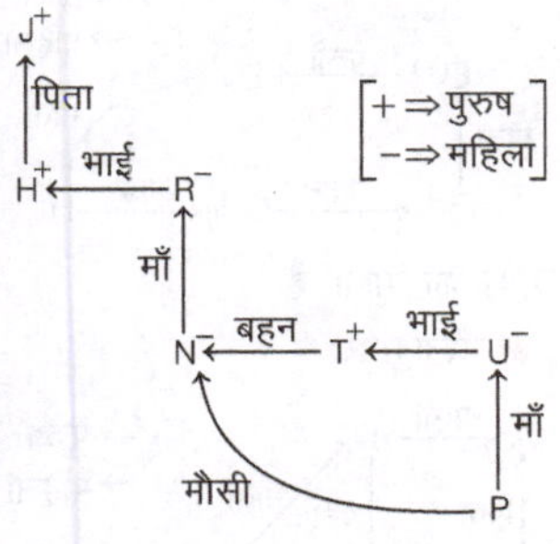

अत: कथन N, P की बहन गलत है, जबकि N, P की मौसी है।

216. (b) प्रश्नानुसार,

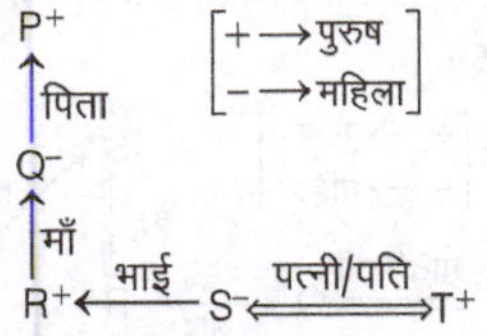

अत: P, T की पत्नी की माँ के पिता है।

217. (c) प्रश्नानुसार,

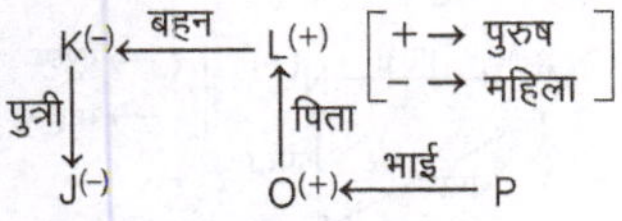

∴ K, P के पिता की बहन है।

218. (b) प्रश्नानुसार,

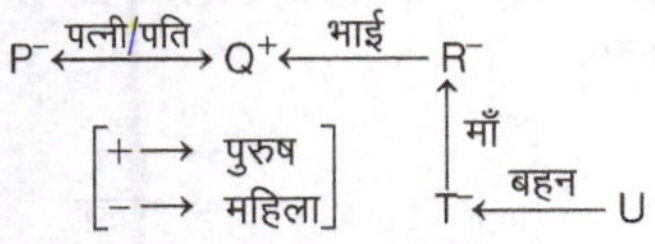

अत: Q, U के माँ का भाई है।

219. (b) प्रश्नानुसार,

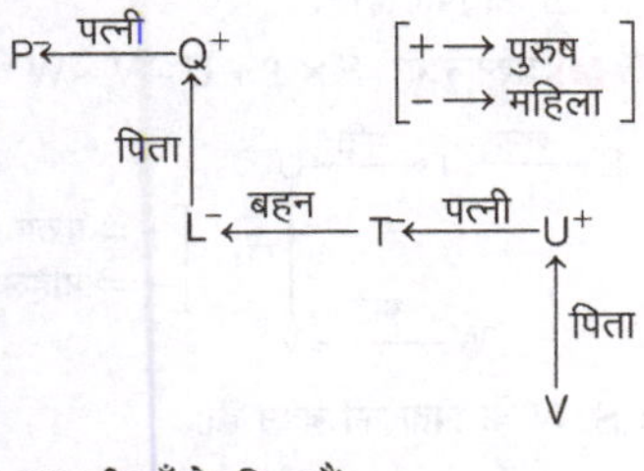

अत: Q, V की माँ के पिता हैं।

220. (b) प्रश्नानुसार,

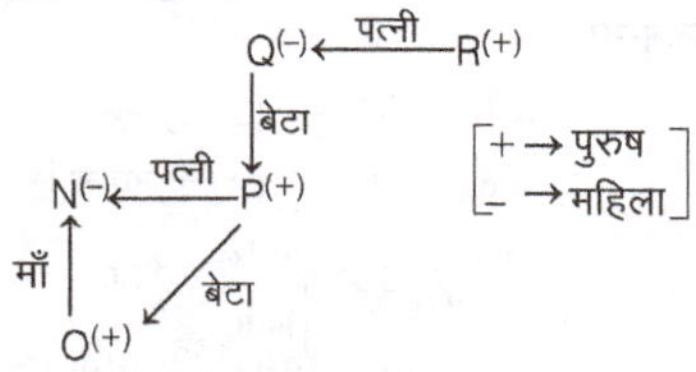

स्पष्टत: R, O के पिता के पिता है।

221. (a) प्रश्नानुसार,

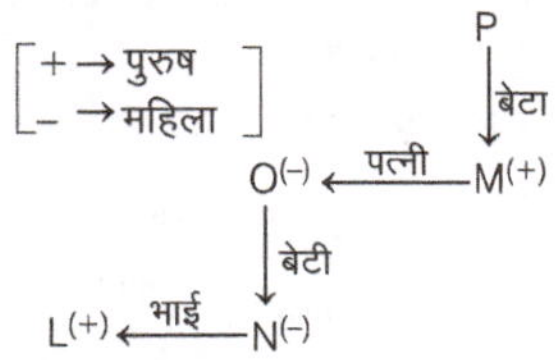

स्पष्टत: L, M का पुत्र है।

222. (c) प्रश्नानुसार,

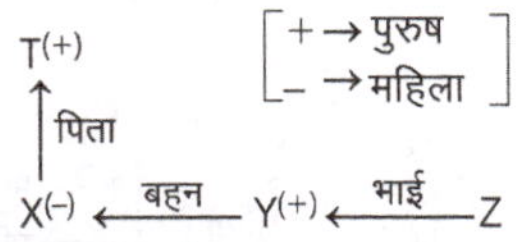

स्पष्टत: T, Z का पिता है।

223. (c) प्रश्नानुसार,

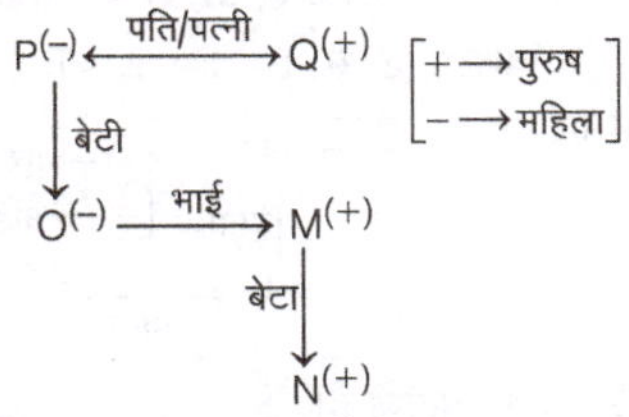

अत: Q, N के पिता का पिता है।

224. (a) प्रश्नानुसार,

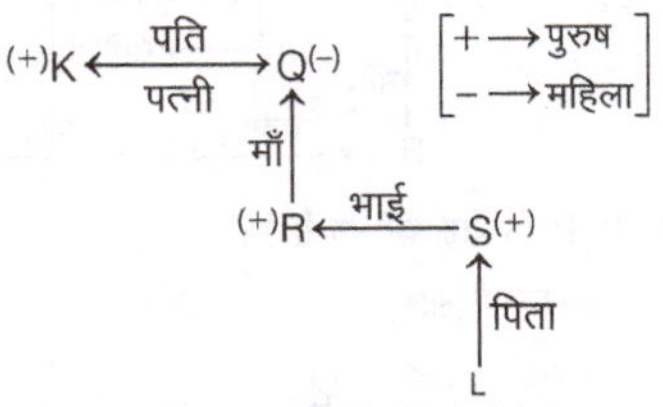

अत: K, L के पिता का पिता है।

225. (c) प्रश्नानुसार,

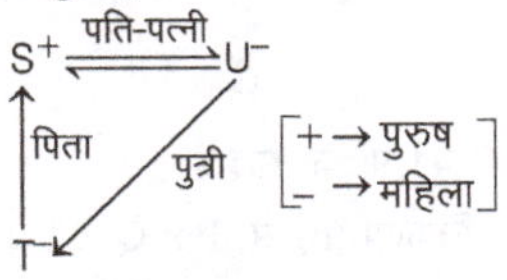

अत: S, U का पति है।

226. (d) प्रश्नानुसार,

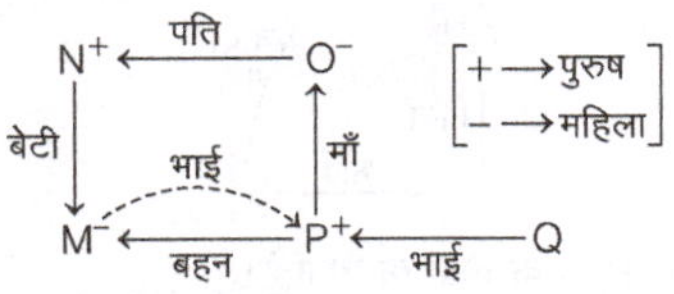

अत: P, M का भाई है।

227. (c) प्रश्नानुसार,

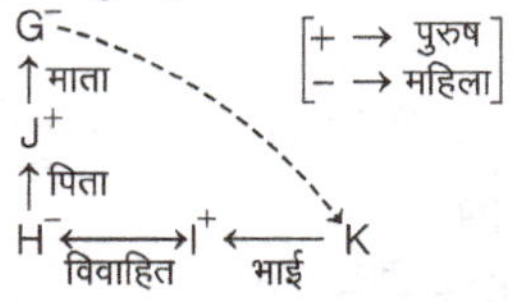

अत: G, K के भाई की पत्नी के पिता की माँ है।

228. (c) प्रश्नानुसार,

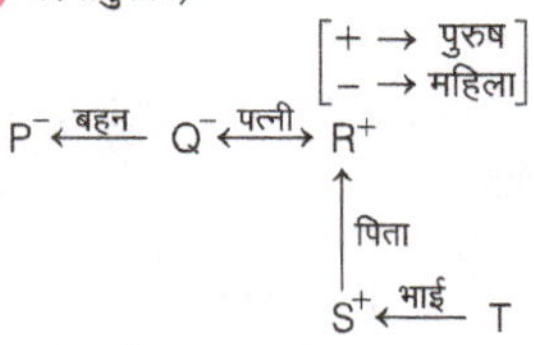

अत: P, T की माँ की बहन है।

229. (a) प्रश्नानुसार,

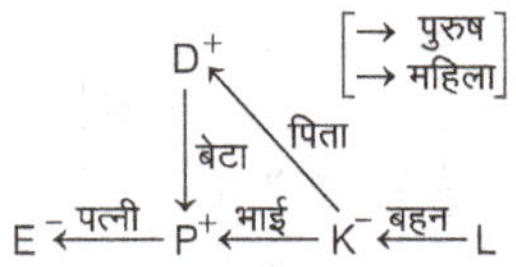

स्पष्टत: E, K के भाई 'P' की पत्नी है।

230. (c) मूल व्यंजक, $= D + E \times F - G$

प्रश्नानुसार, सम्बन्ध स्थापित करने पर,

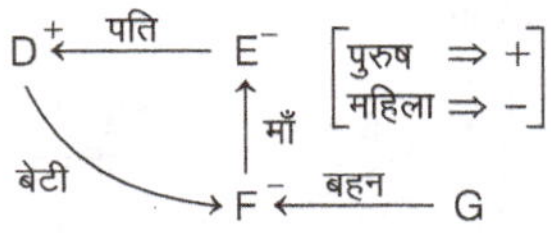

स्पष्टत: F, D की पुत्री है।

231. (c) प्रश्नानुसार,

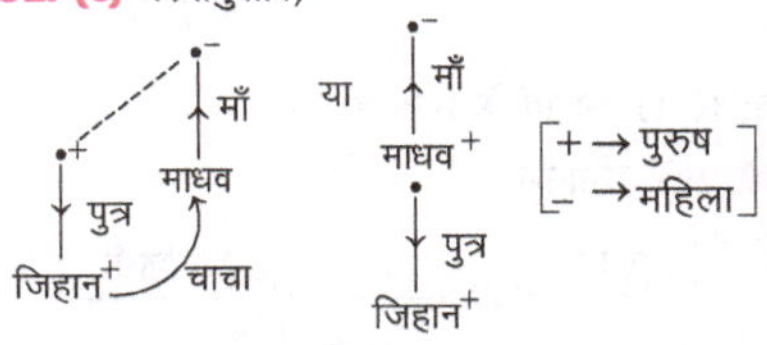

स्पष्टत: माधव, जिहान का या तो पिता या चाचा है।

232. (a) दिया गया व्यंजक, A # B $ C @ D & E

प्रश्नानुसार,

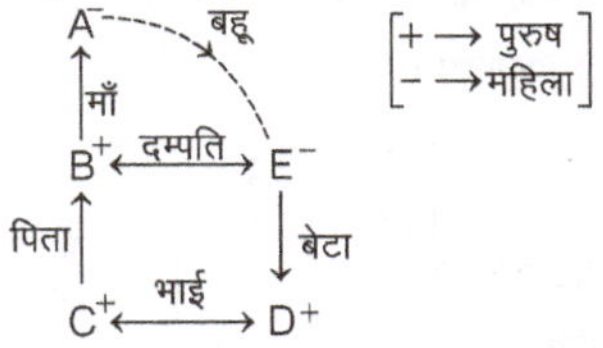

अत: E, A के बेटे की पत्नी अर्थात् A की बहू है।

233. (a) $P \div Q \div R \times S + T$

प्रश्नानुसार,

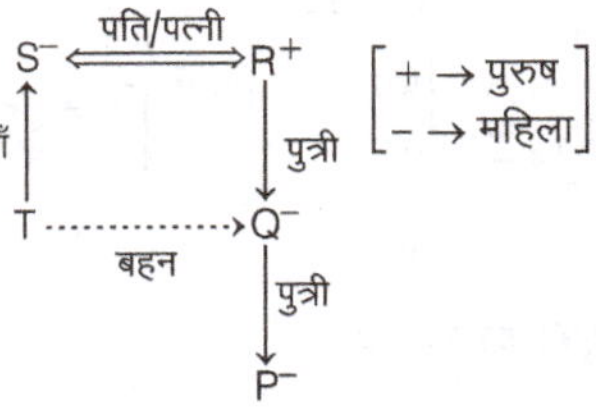

अत: Q, T की बहन है।

234. (c) विकल्प (c) से, T – R + V ÷ S
प्रश्नानुसार,

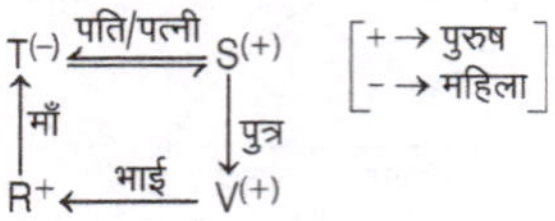

अत: S, T का पति है।

235. (d) प्रश्नानुसार,

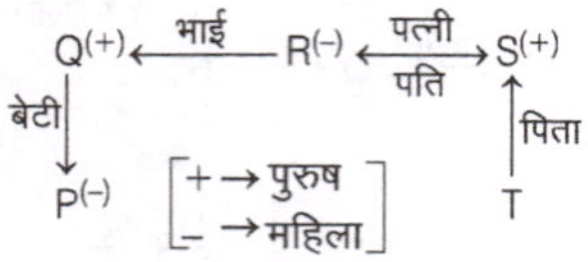

स्पष्टतया, P, T की माँ के भाई की बेटी है।

236. (d) प्रश्नानुसार,

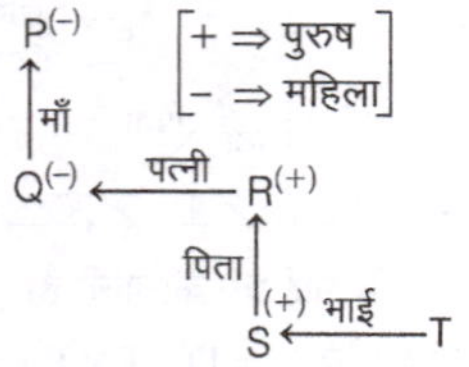

अत: P, T की माँ की माँ है।

237. (d) प्रश्नानुसार,

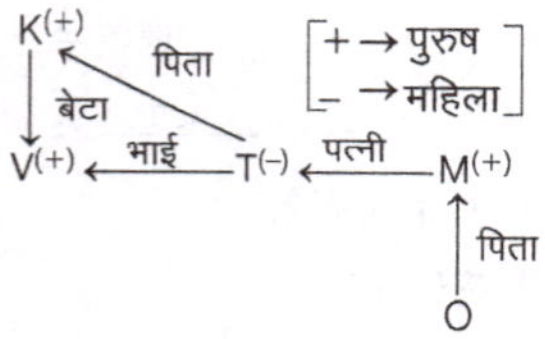

अत: K, O की माँ के पिता हैं।

238. (a) प्रश्नानुसार,

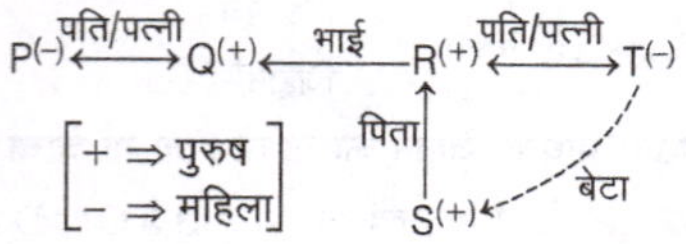

अत: P, T के पति के भाई की पत्नी है।

239. (c) प्रश्नानुसार,

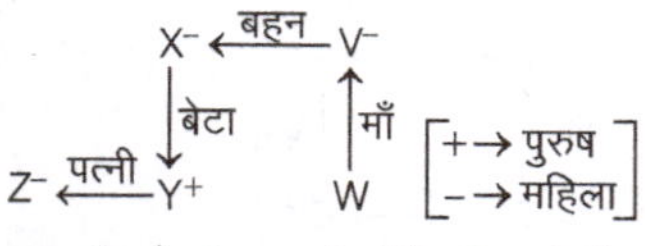

अत: Z, W की माँ की बहन के बेटे की पत्नी है।

240. (b) प्रश्नानुसार,

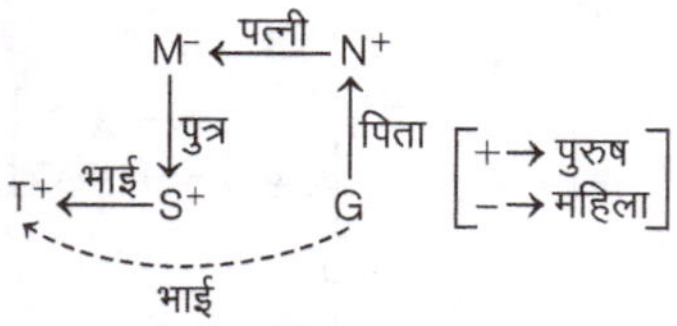

अत: T, G का भाई है।

241. (a) A @ B & C @ D + K ÷ F
प्रश्नानुसार,

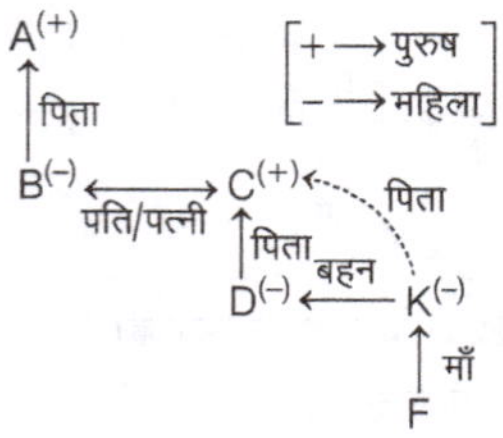

अत: C, K का पिता है।

242. (a) K = R ÷ M
प्रश्नानुसार,

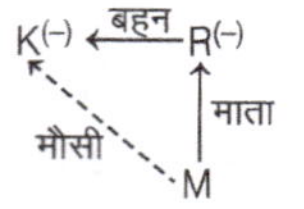

अत: K, M की मौसी है।

243. (c) विकल्प (c) से, M – N × O
प्रश्नानुसार,

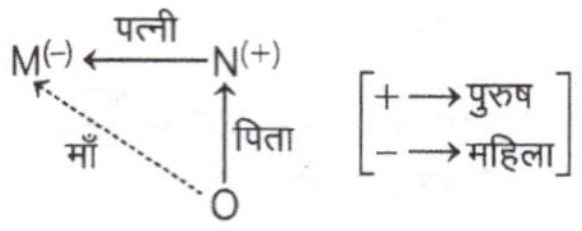

अत: विकल्प (c) से स्पष्ट है, M, O की माँ है।

244. (c) विकल्प (c) से, L – F + K – P
प्रश्नानुसार,

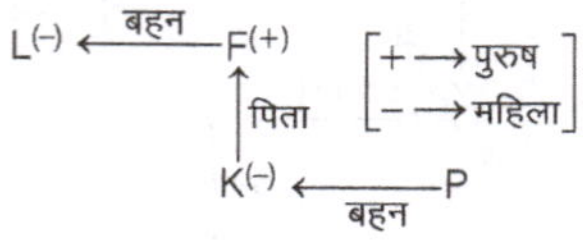

अत: K, L की भतीजी है।

245. (a) प्रश्नानुसार,

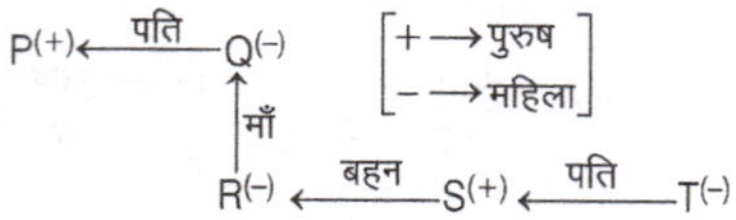

अत: T, P के बेटे की पत्नी है।

246. (c) प्रश्नानुसार,

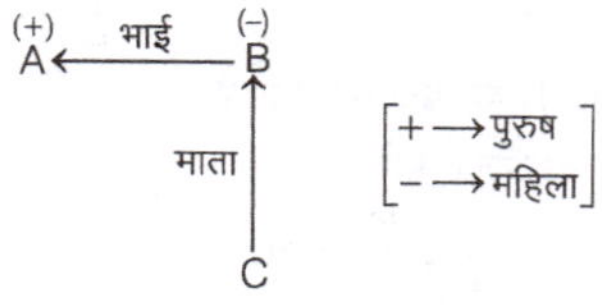

अत: A, C की माँ का भाई है।

247. (b) विकल्प (b) से, P × Q × R + S
प्रश्नानुसार,

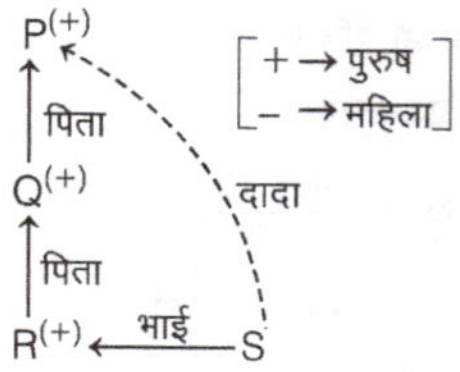

अत: P, S के पिता के पिता है।

248. (a) प्रश्नानुसार,

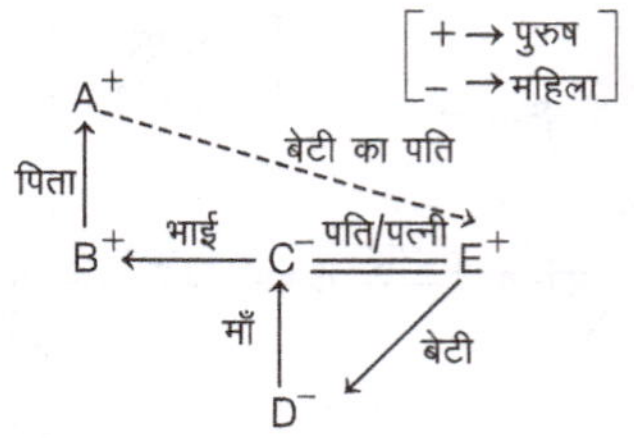

अत: E, A की बेटी का पति है।

249. (d) प्रश्नानुसार,

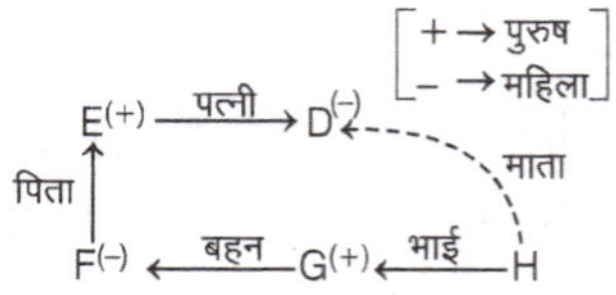

अत: D, H की 'माता' है।

250. (a) प्रश्नानुसार,

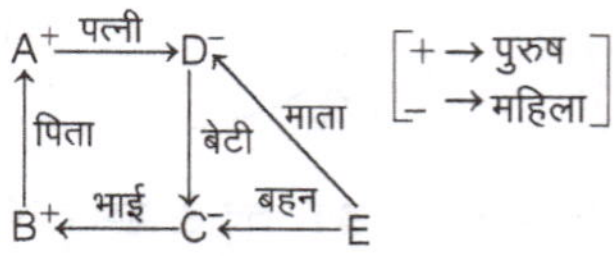

अत: A, E का पिता है।

251. (c) दिया गया व्यंजक, P × Q – R + S ÷ T
प्रश्नानुसार,

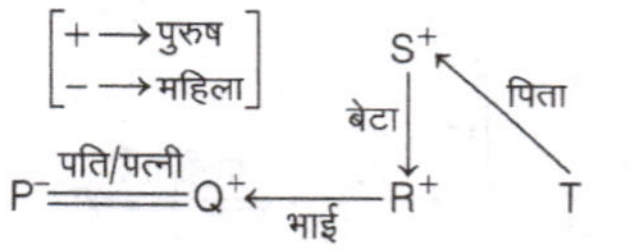

अत: P, T के भाई की पत्नी है।

252. (a) प्रश्नानुसार,

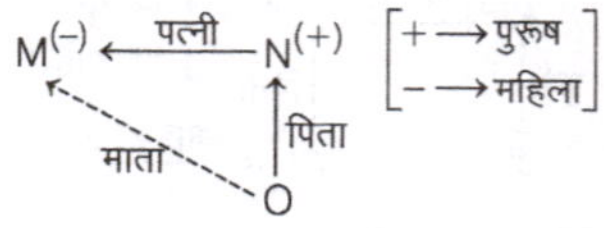

अत: M, O की माता है।

253. (a) दिया गया व्यंजक, T × X ÷ Y + Z
प्रश्नानुसार,

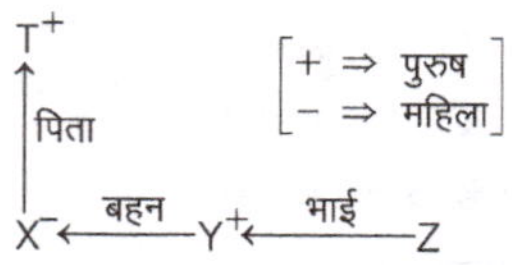

अत: T, Z का पिता है।

254. (a) प्रश्नानुसार, S × T + U – V ÷ W

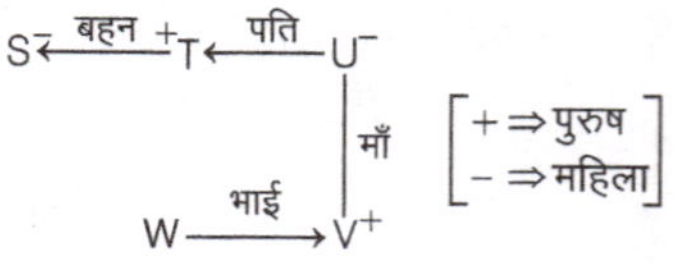

अत: S, W के पिता की बहन है।

255. (d) प्रश्नानुसार, $V \div P - F + G \times C$

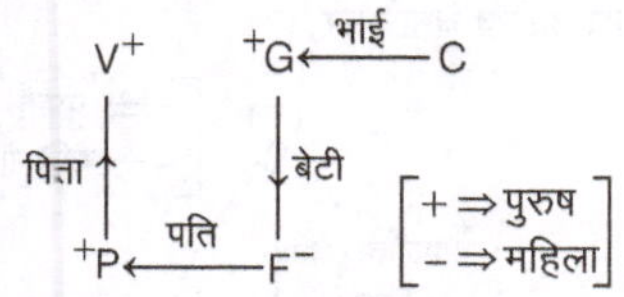

स्पष्टतः P, G की बेटी का पति है।

256. (c) प्रश्नानुसार,

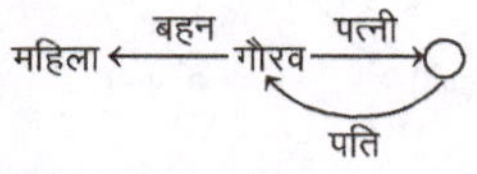

अत: महिला, गौरव की बहन है।

257. (d) प्रश्नानुसार,

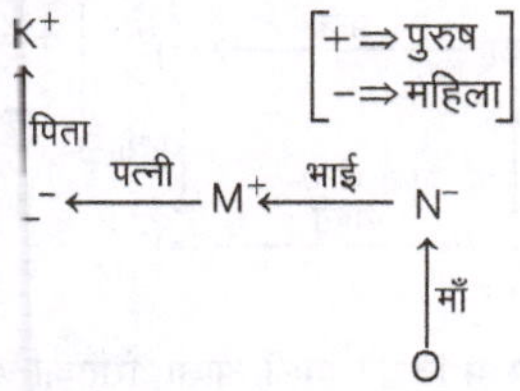

अत: उपर्युक्त से स्पष्ट होता है कि M, O की माँ का भाई है।

258. (d) प्रश्नानुसार,

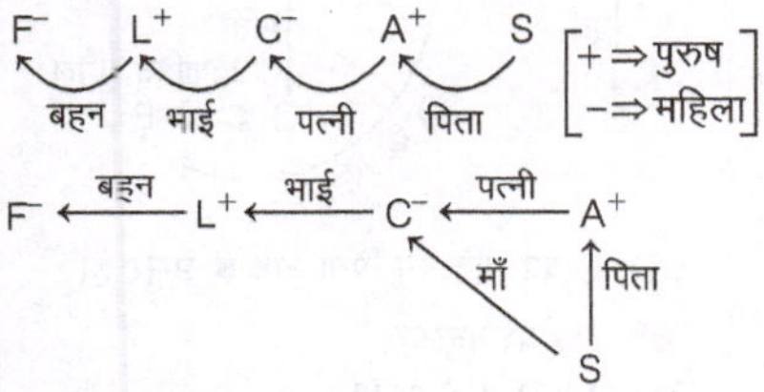

अत: F, S की माँ C की बहन है।

259. (c) प्रश्नानुसार,

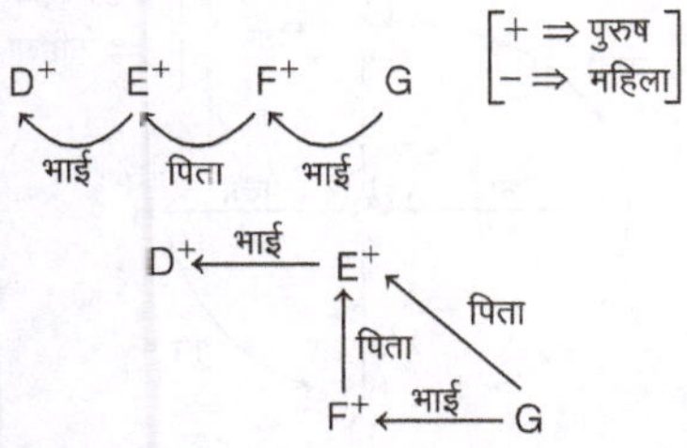

D, G के पिता 'E' का भाई है।

260. (c) प्रश्नानुसार,

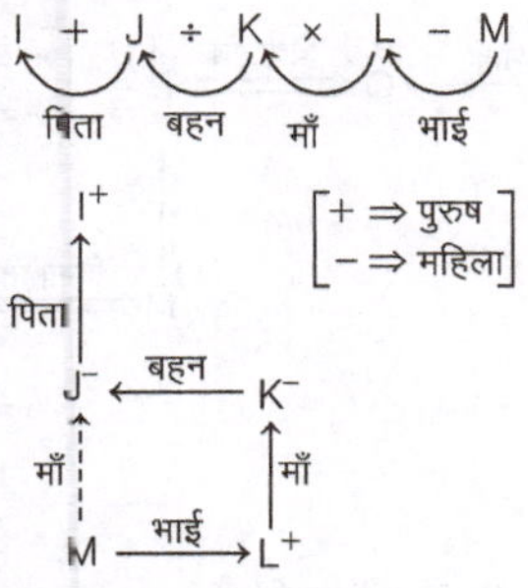

अत: I, M की नाँ के पिता हैं।

261. (b) प्रश्नानुसार,

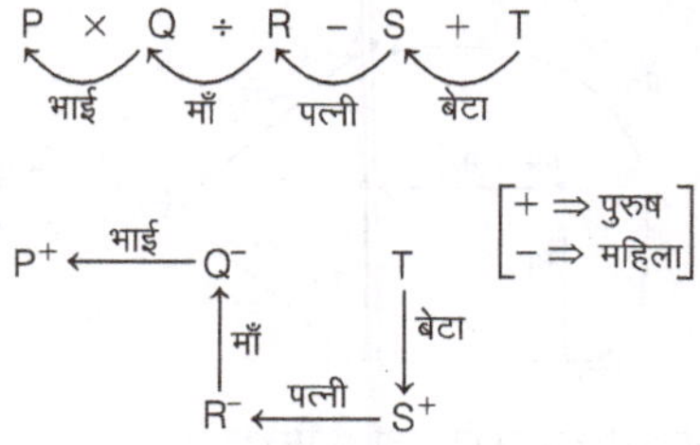

अत: R, T के बेटे की पत्नी है।

262. (c) प्रश्नानुसार, $= A - B \times C \div D + E$

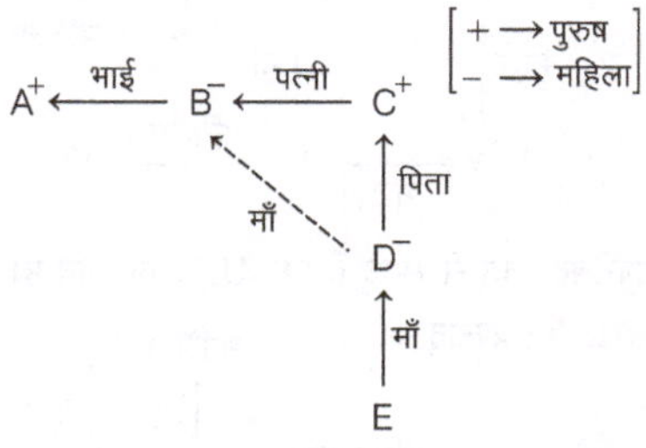

स्पष्टतः, यहाँ B, E की माँ की माँ है।

263. (a) प्रश्नानुसार,

$P \times Q + R - S \div T$

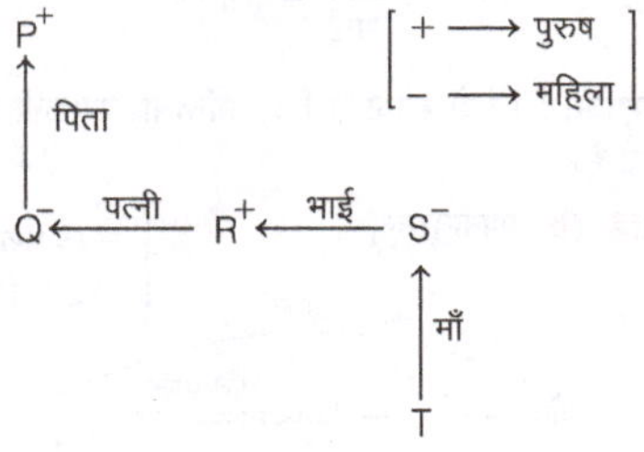

अत: R, T की माँ का भाई है।

264. (d) प्रश्नानुसार,

$M + U - H \div S \times N$ का रक्त सम्बन्ध आरेख बनाने पर,

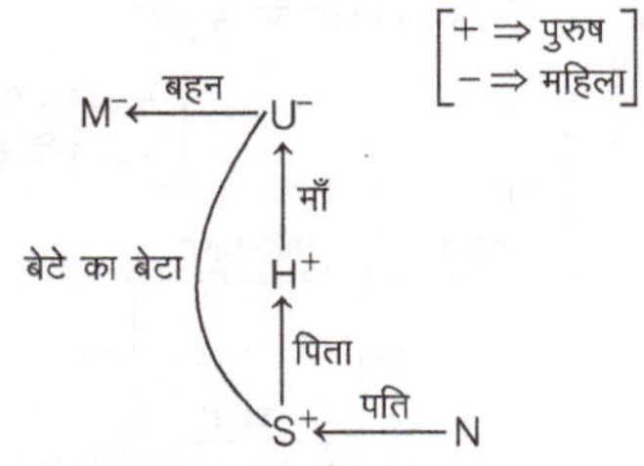

अत: S, U के बेटे का बेटा है।

265. (a) प्रश्नानुसार,

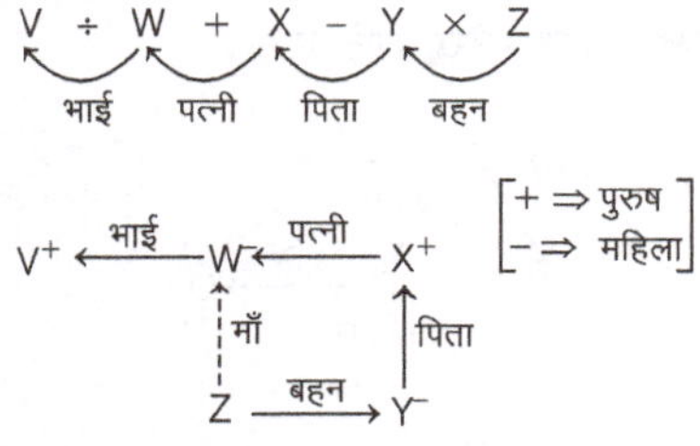

अत: V, Z की माँ का भाई है।

266. (d) प्रश्नानुसार,

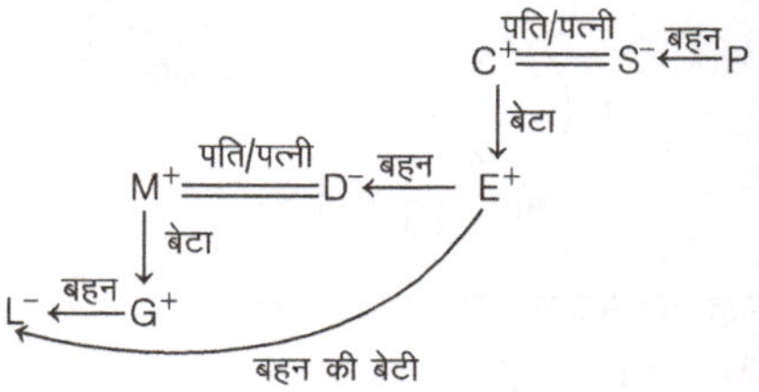

अत: 'L', E की बहन की बेटी हैं।

267. (b) प्रश्नानुसार,

अब, $G \div H \times I - J + K$ का रक्त सम्बन्ध आरेख बनाने पर,

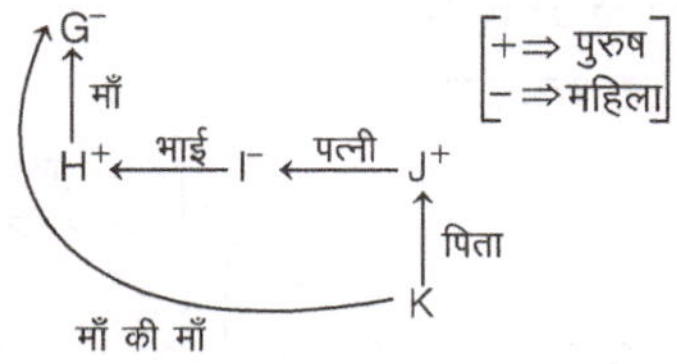

अत: G, K की माँ की माँ है।

268. (c) प्रश्नानुसार,

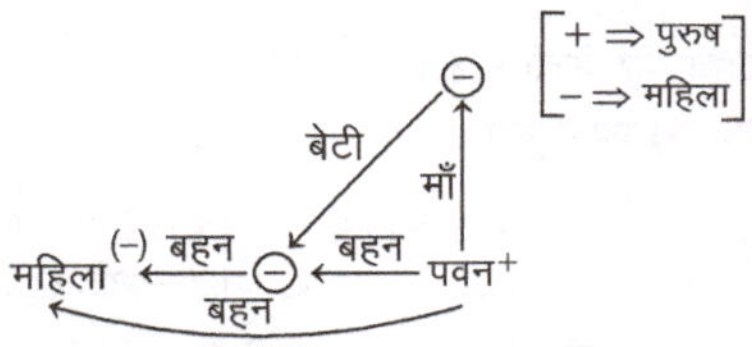

अत: तस्वीर वाली महिला, पवन की बहन है।

269. (d) प्रश्नानुसार,

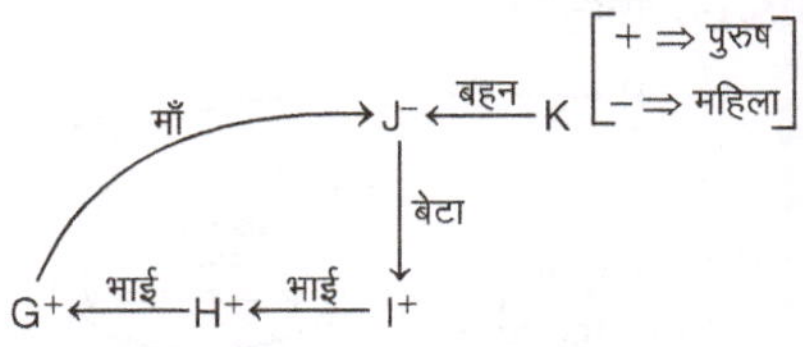

अत: J, G की माँ होगी।

270. (a) प्रश्नानुसार,

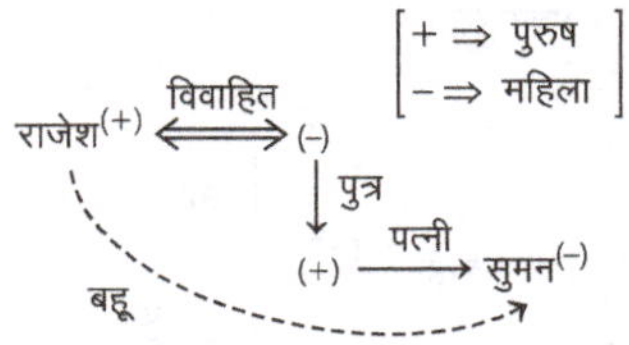

अत: सुमन, राजेश की बहू है।

271. (c) प्रश्नानुसार,

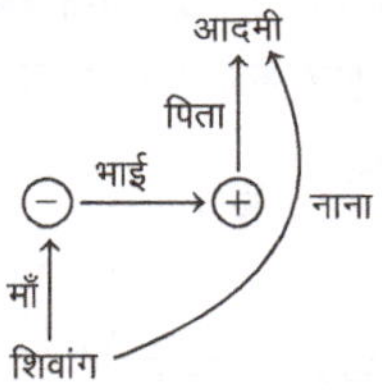

अत: फोटो वाला आदमी शिवांग के नाना हैं।

272. (b) प्रश्नानुसार,

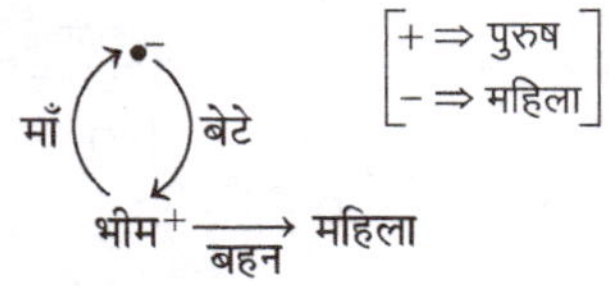

अत: वह महिला भीम की 'बहन' है।

273. (b) प्रश्नानुसार,

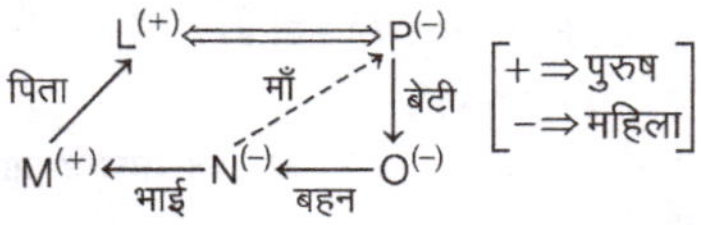

अत: P, N की माँ है।

274. (d) प्रश्नानुसार,

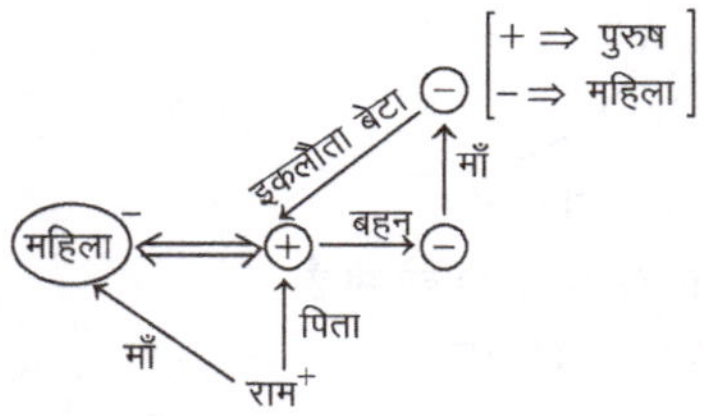

अत: तस्वीर वाली महिला, राम की माँ है।

275. (a) प्रश्नानुसार,

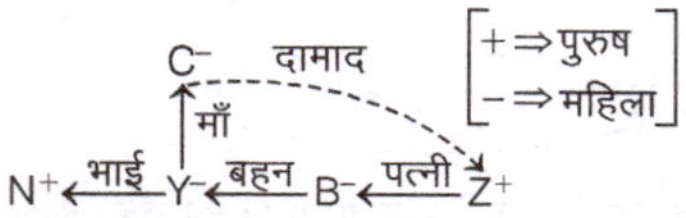

अत: Z, C का दामाद है।

276. (b) प्रश्नानुसार,

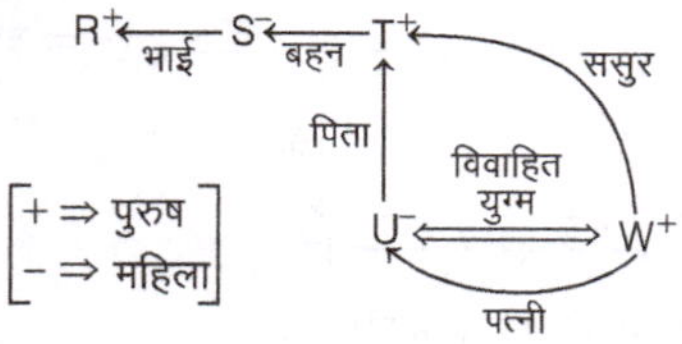

अत: T, W का 'ससुर' है।

277. (b) प्रश्नानुसार,

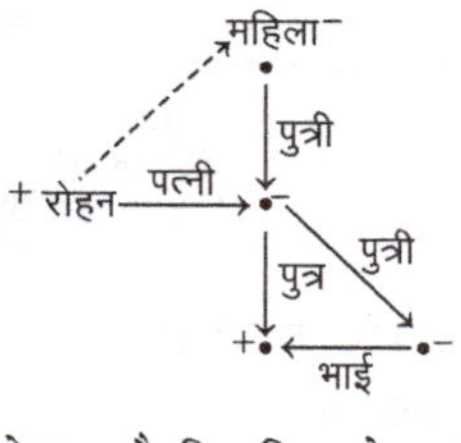

अत: उपरोक्त से स्पष्ट है, कि महिला, रोहन की सास है।

278. (d) प्रश्नानुसार, विकल्प (d) से, H & K @ P @ M

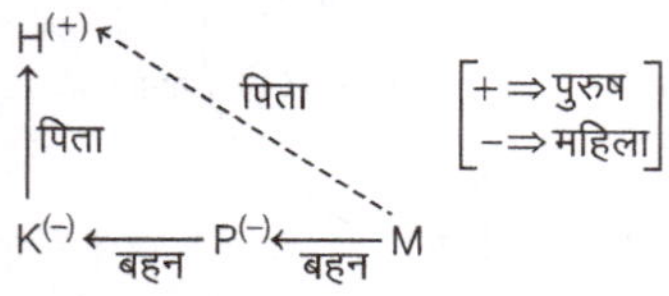

उपरोक्त चित्र से स्पष्ट है कि H, M का पिता है।

279. (c) प्रश्नानुसार,

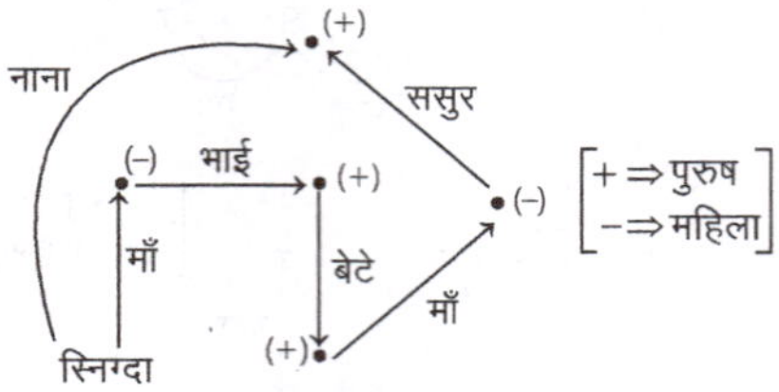

अत: स्निग्दा अपने नाना से मिली।

280. (c) प्रश्नानुसार,

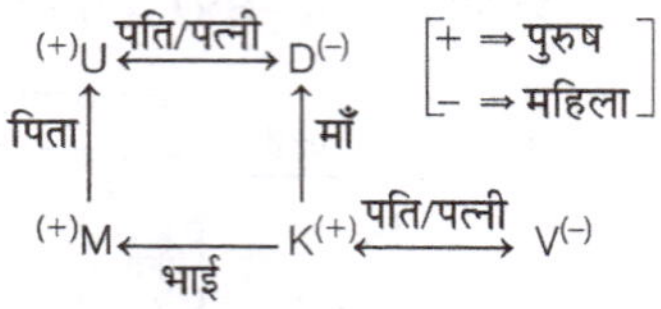

उपरोक्त चित्र से स्पष्ट है कि, U, D का पति है।

281. (a) प्रश्नानुसार,

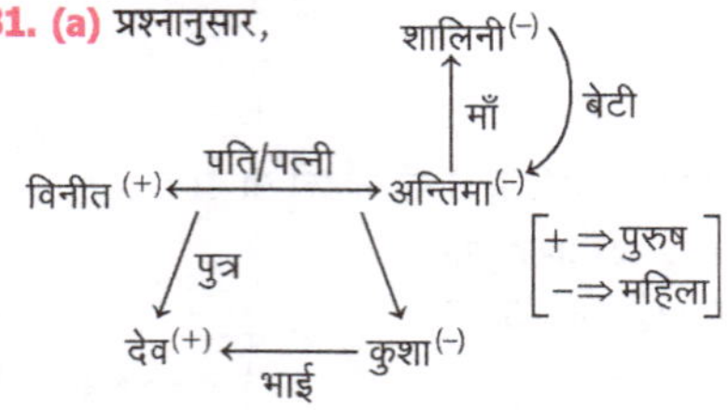

उपरोक्त चित्र से स्पष्ट है कि, अन्तिमा, शालिनी की बेटी है।

282. (b) प्रश्नानुसार,

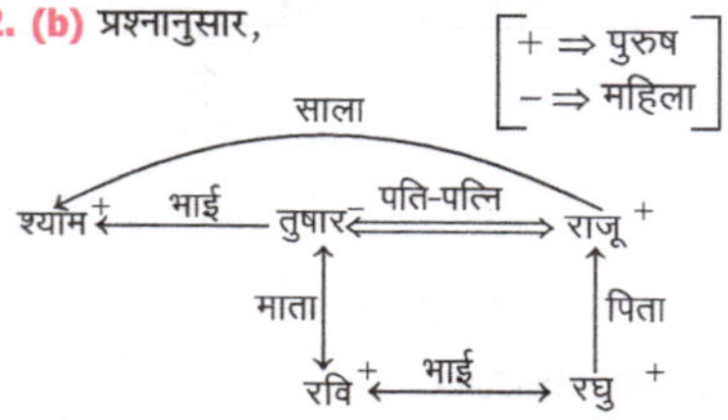

∴ श्याम, राजू का 'साला' हैं।

283. (d) दी गई जानकारी के अनुसार,

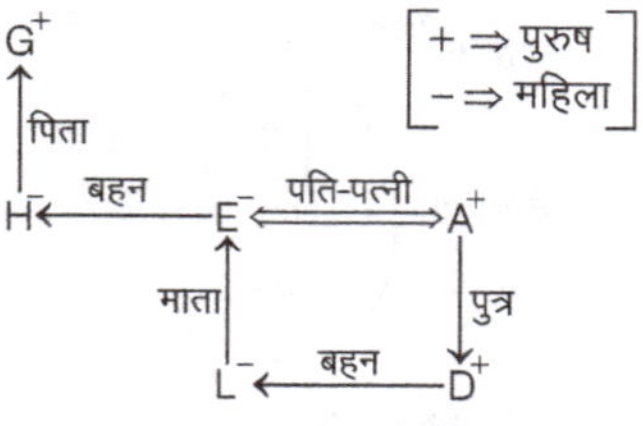

∴ H, A की साली है।

284. (b) प्रश्नानुसार,

रक्त सम्बन्ध आरेख बनाने पर,

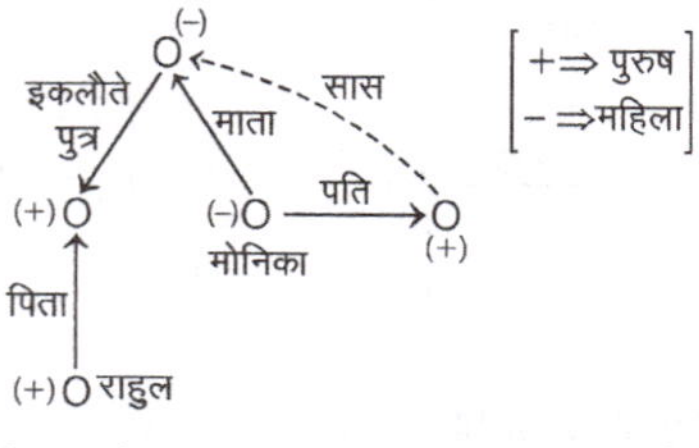

अत: मोनिका के पति की सास, राहुल की 'दादी' हैं।

285. (b) प्रश्नानुसार,

सम्बन्ध आरेख बनाने पर,

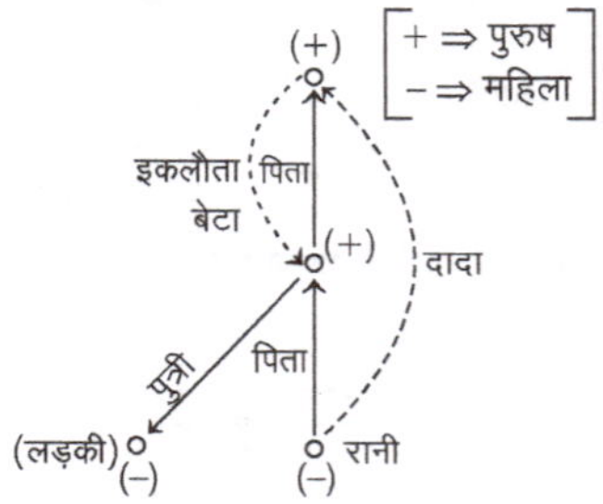

अत: वह लड़की, रानी की बहन है।

286. (c) दी गई जानकारी से,

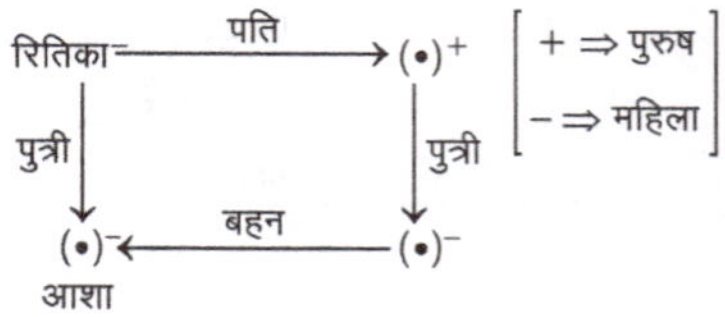

∴ तस्वीर में दिखने वाली आशा, रितिका की पुत्री है।

287. (b) प्रश्नानुसार, सम्बन्ध आरेख बनाने पर,

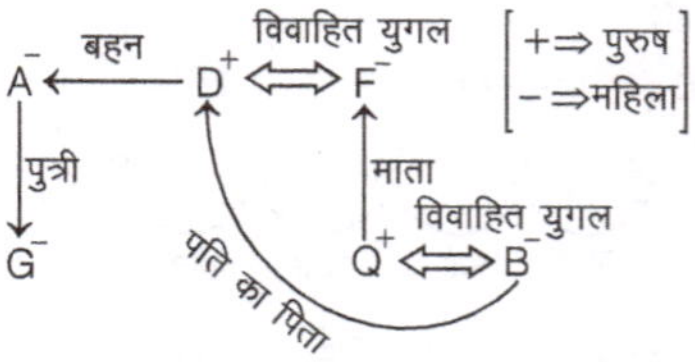

∴ D, B का पति का पिता अर्थात ससुर है।

288. (c) प्रश्नानुसार,

P @ Q # R & S % T

सम्बन्ध आरेख बनाने पर,

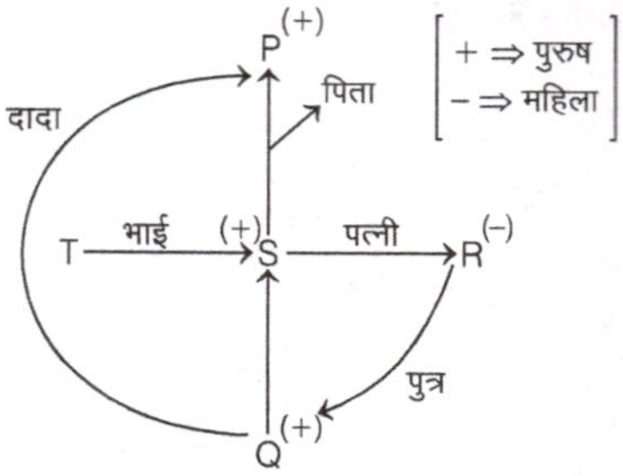

अत: P, T के 'पिता' हैं।

289. (c) प्रश्नानुसार, सम्बन्ध आरेख बनाने पर,

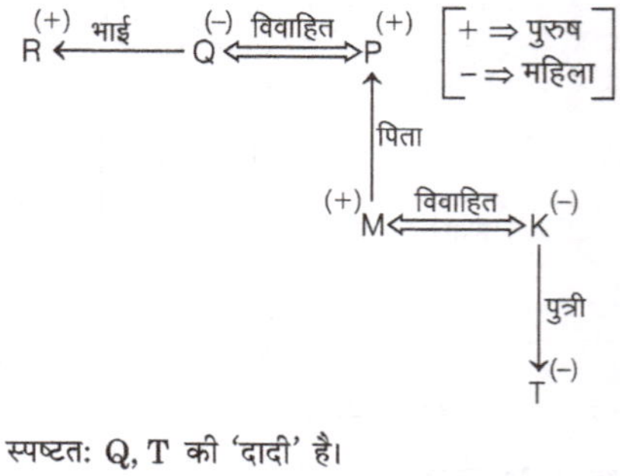

स्पष्टत: Q, T की 'दादी' है।

290. (d) प्रश्नानुसार,

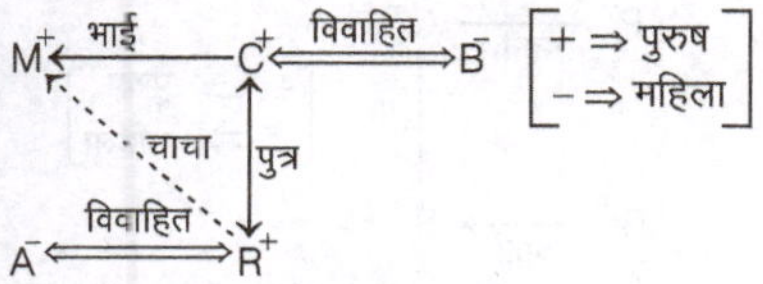

अत: M, R का चाचा है।

291. (a) प्रश्नानुसार,

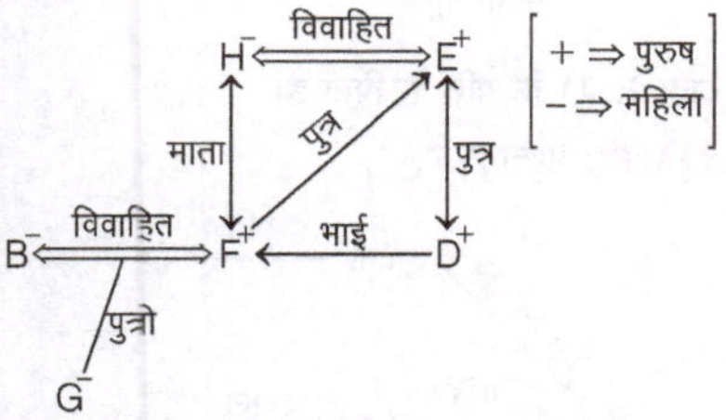

अत: B, E की पुत्र-वधु है।

292. (d) प्रश्नानुसार,

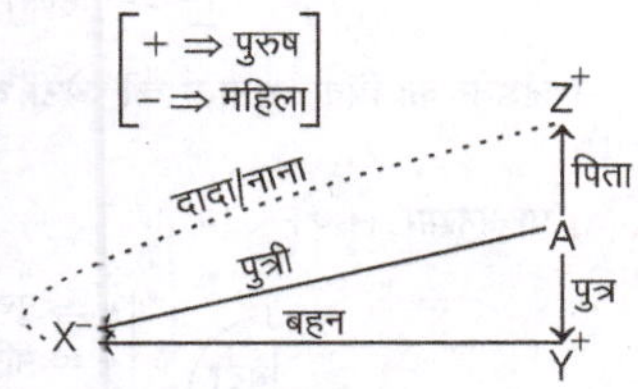

अत: Z, X का दादा या नाना है।

293. (c) प्रश्नानुसार,

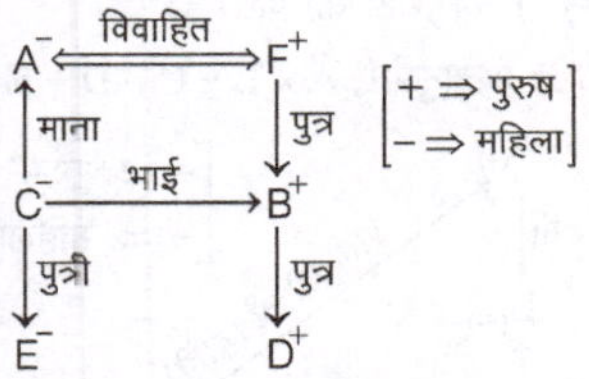

अत: D और E एक-दूसरे के कजिन हैं।

294. (b) प्रश्नानुसार,

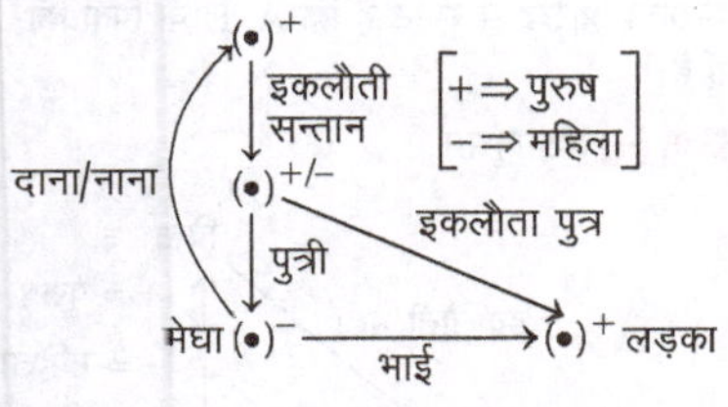

अत: विकल्पों के अनुसार वह लड़का, मेघा का भाई है।

295. (a) प्रश्नानुसार,

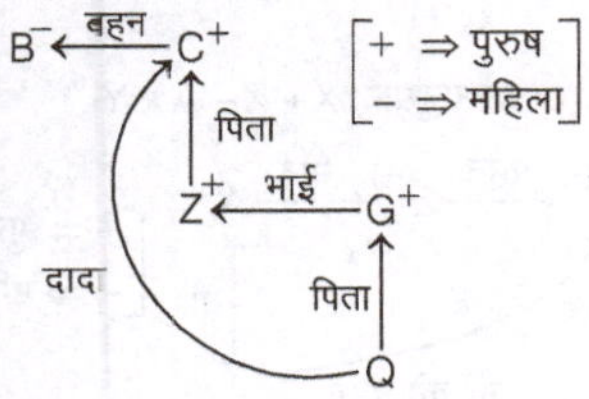

अत: C, Q का 'दादा' है।

296. (c) प्रश्नानुसार,

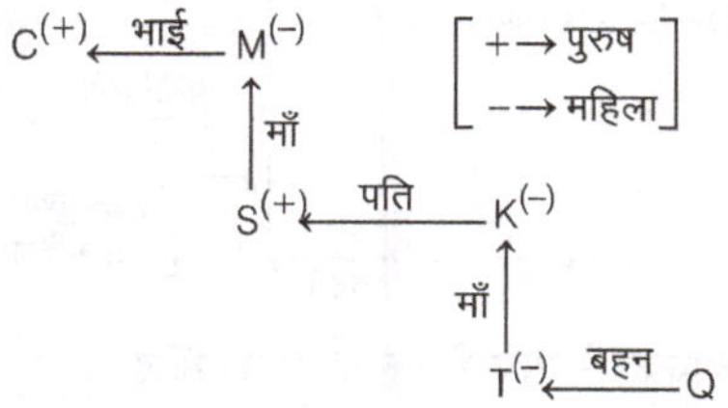

अत: उपरोक्त से स्पष्ट होता है, कि Q, T का पति नहीं है।

297. (a) प्रश्नानुसार,

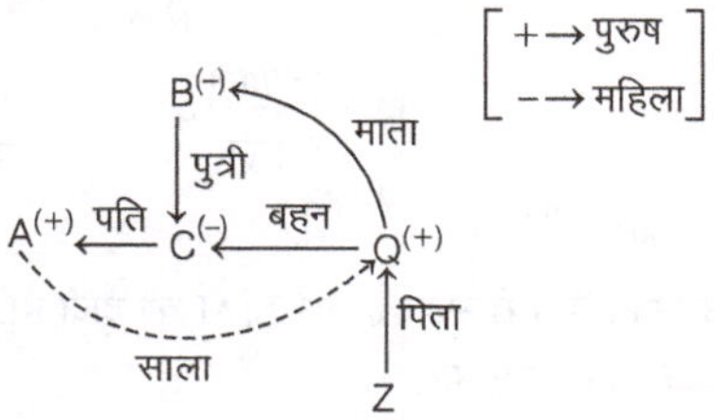

अत: Q, A का साला है।

298. (c) प्रश्नानुसार,

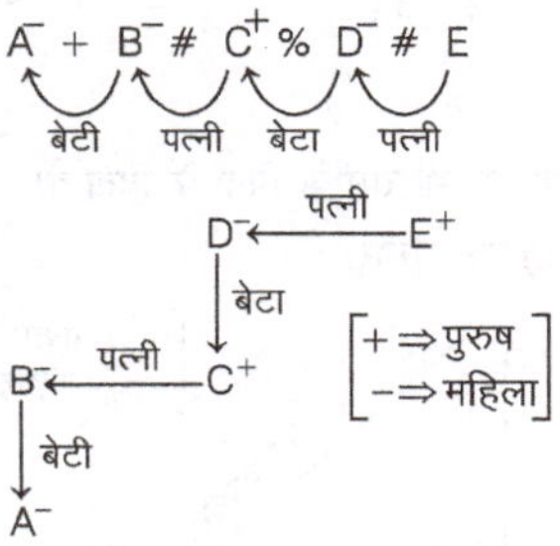

अत: B, E के बेटे की बहन नहीं है।

299. (a) प्रश्नानुसार,

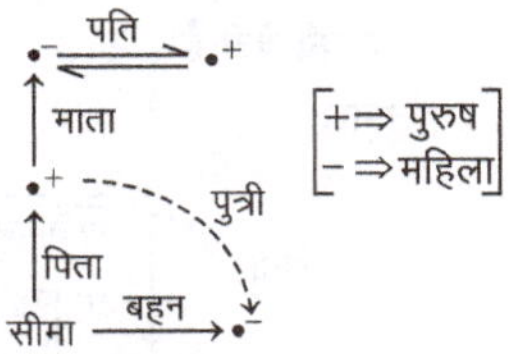

अत: वह लड़की सीमा की बहन है।

300. (c) प्रश्नानुसार,

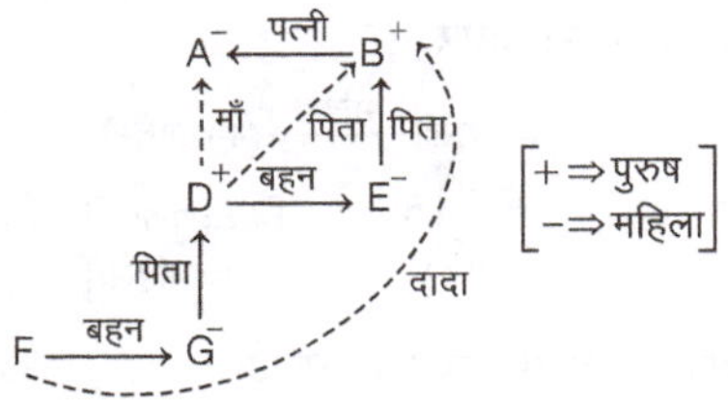

अत: B, F का दादा है।

301. (d) प्रश्नानुसार, विकल्प (d) से,

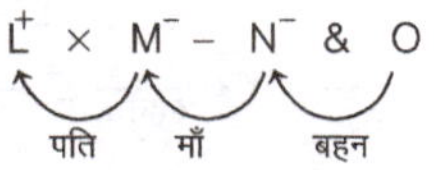

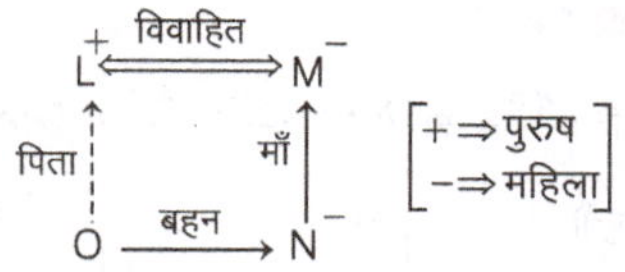

अत: L, O का पिता है।

302. (b) प्रश्नानुसार,

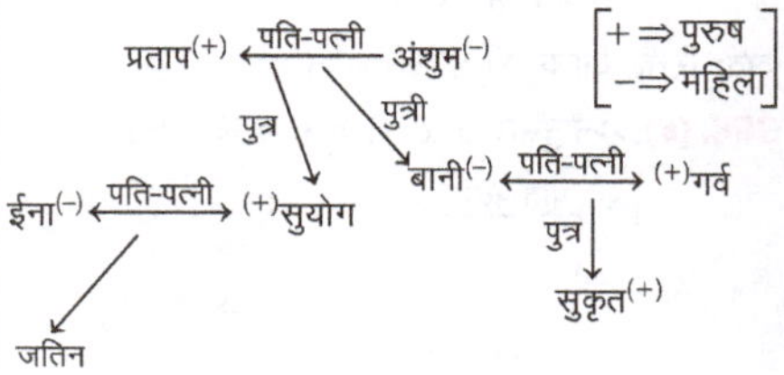

ऊपर दिए गए चित्र से स्पष्ट है, कि प्रताप, जतिन का दादा है।

303. (c) प्रश्नानुसार,

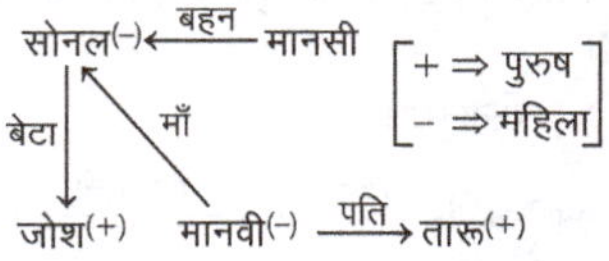

उपरोक्त चित्र से स्पष्ट है, कि जोश, तारू का साला है।

304. (b) प्रश्नानुसार,

U $ Q & Y % D $ S # K

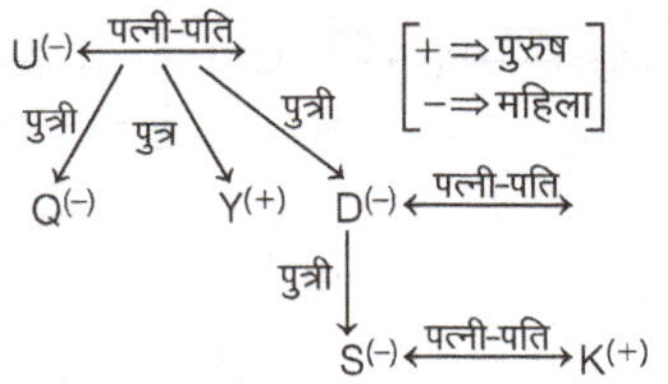

Y, U की बेटी है, यह कथन सही नहीं है।

305. (c) प्रश्नानुसार,

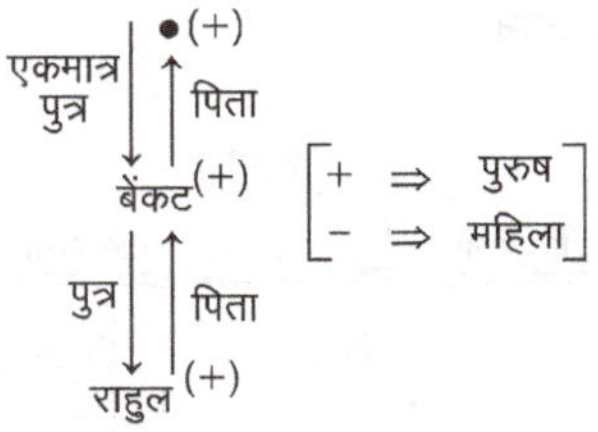

अत: बेंकट राहुल का पिता है।

306. (b) प्रश्नानुसार,

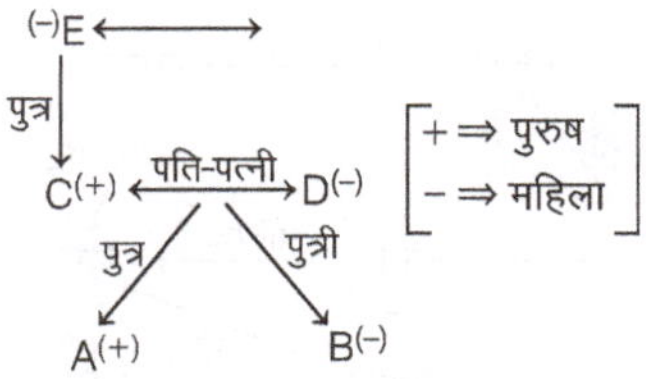

उपरोक्त चित्र से स्पष्ट है, कि D, A की माँ है।

307. (d) प्रश्नानुसार,

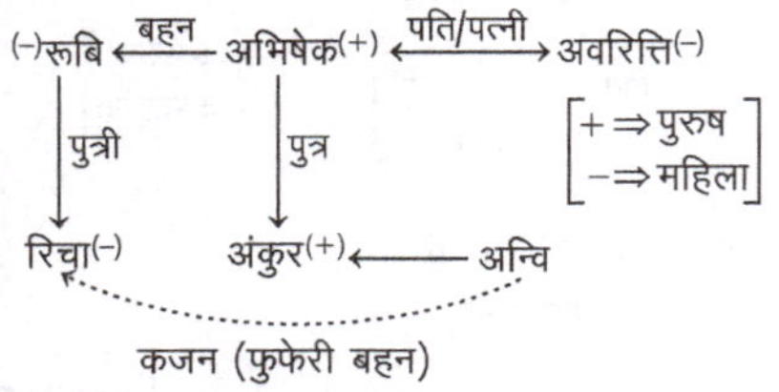

अत: रिचा, अन्वि की फुफेरी बहन है।

308. (a) प्रश्नानुसार, P & Q @ D # K @ S # T

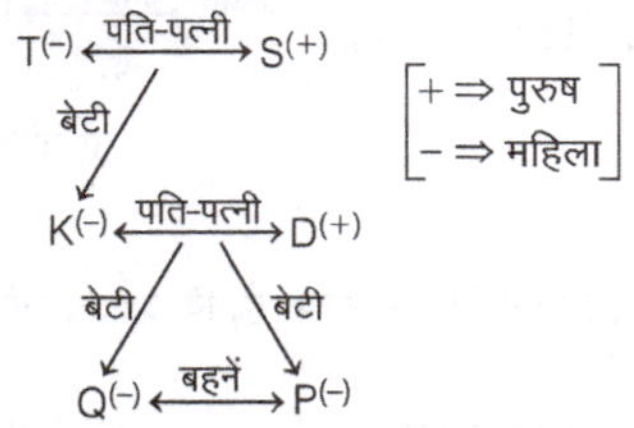

विकल्प (a) से, D, T की पुत्र-वधु है, यह कथन सत्य नहीं है।

309. (a) प्रश्नानुसार,

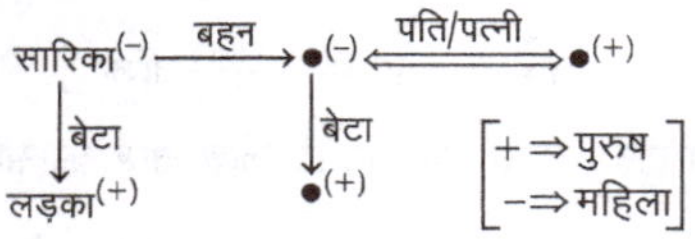

अत: सारिका उस लड़के की माँ है।

310. (b) प्रश्नानुसार, M × R × Q + F + S – D ÷ U

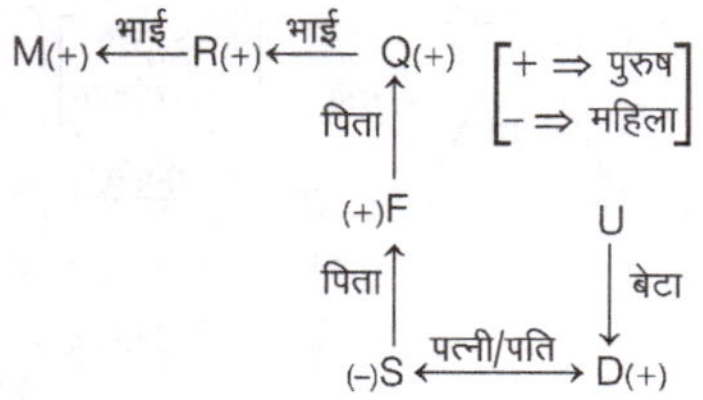

विकल्प (b) से 'Q, S का नाना है', यह कथन सही नहीं है।

311. (d) प्रश्नानुसार,

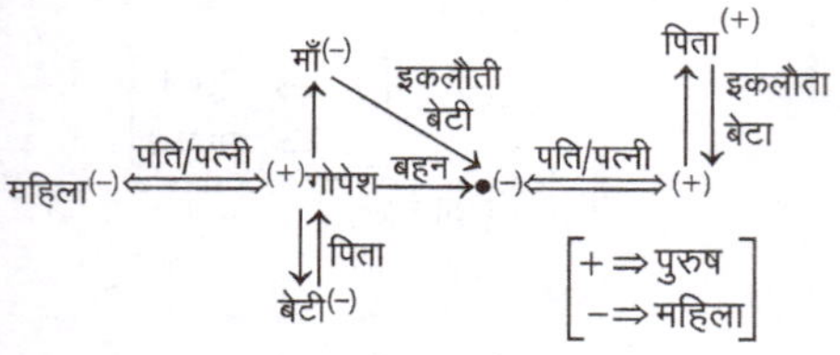

अत: वह महिला, गोपेश की पत्नी है।

312. (b) प्रश्नानुसार,

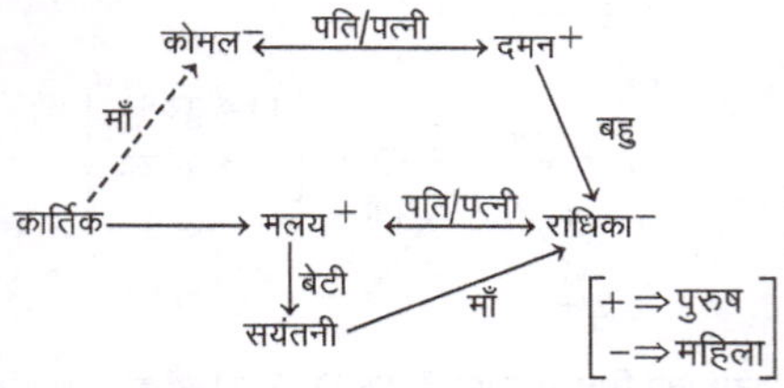

ऊपर दिए गए चित्र से, यह स्पष्ट है, कि कोमल, कार्तिक की माता (माँ) है।

313. (b) प्रश्नानुसार, विकल्प (b) से,
D&S#K%Z@U

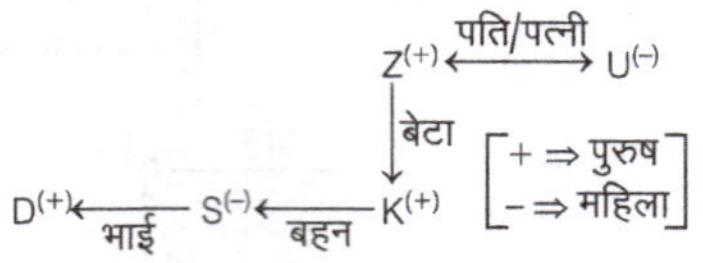

उपरोक्त से स्पष्ट है, कि U, D की माँ है।

314. (b) प्रश्नानुसार, K ÷ Q × M + R × D + H – L

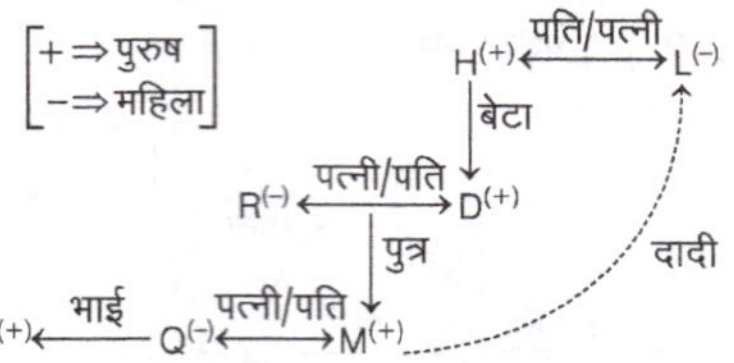

उपरोक्त चित्र से स्पष्ट है, कि L, M की दादी है।

315. (a) प्रश्नानुसार,

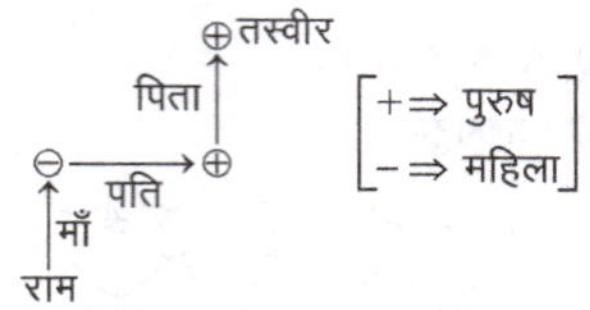

अत: वह आदमी राम के पिता के पिता है।

316. (c) प्रश्नानुसार,

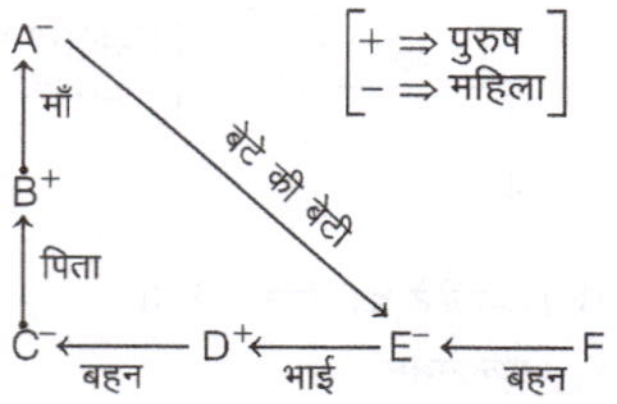

अत: E, A के बेटे की बेटी है।

317. (b) प्रश्नानुसार,

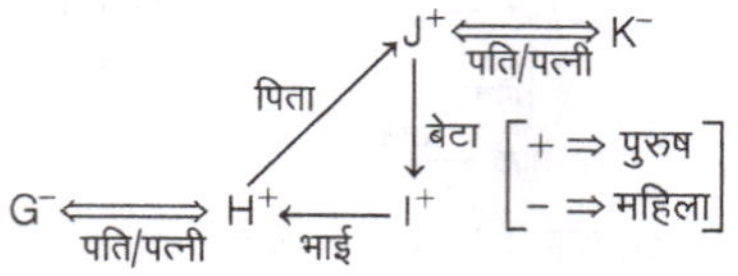

∴ J, H का पिता है।

318. (d) प्रश्नानुसार,

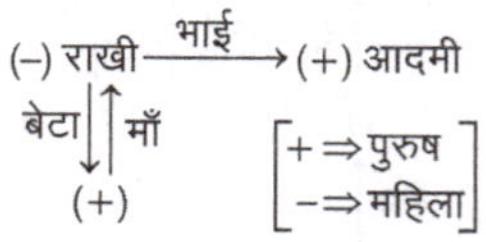

अत: वह आदमी राखी का भाई है।

319. (b) प्रश्नानुसार,

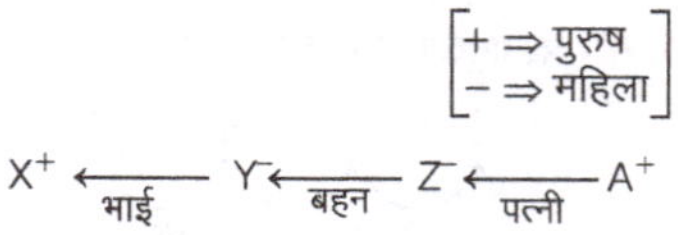

अत: X, A की पत्नी का भाई है।

320. (d) प्रश्नानुसार,

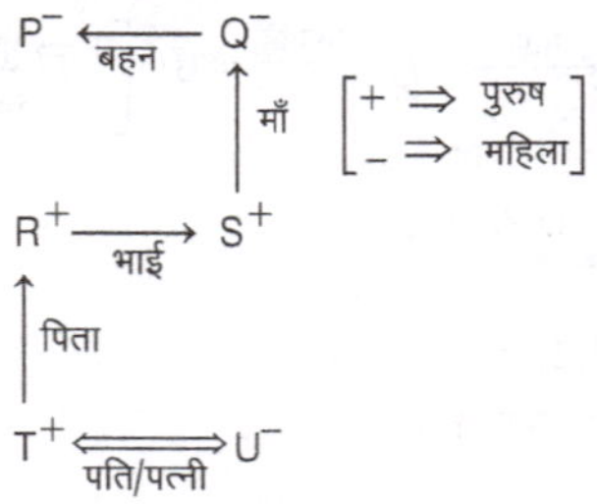

अत: R, U के पति के पिता है।

321. (b) प्रश्नानुसार,

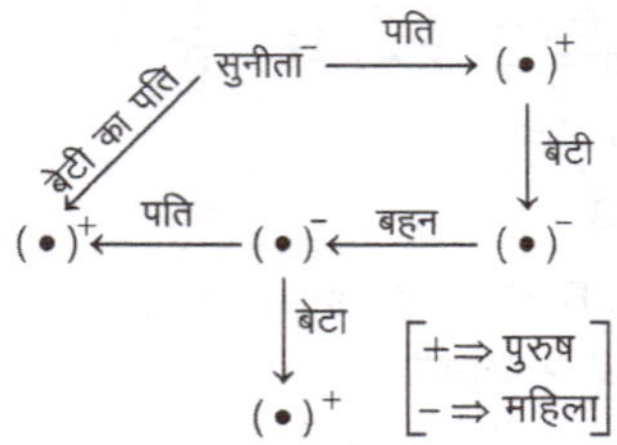

अत: उस लड़के का पिता, सुनीता की 'बेटी का पति' है।

322. (a) प्रश्नानुसार, H – F × I + J

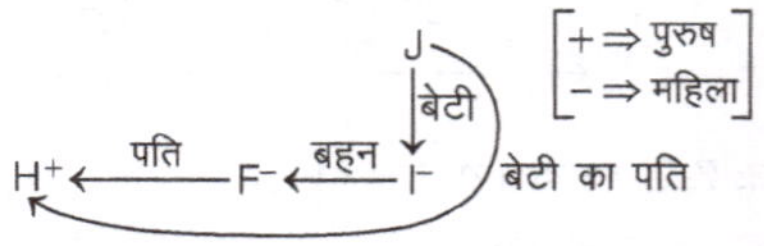

अत: H, J की 'बेटी का पति' है।

323. (d) प्रश्नानुसार, A × B ÷ C – D + E – F

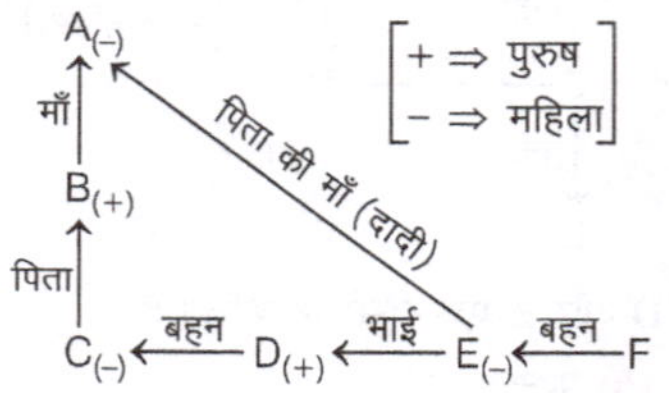

उपरोक्त आरेख से स्पष्ट है कि A, E के पिता की माँ है।

324. (d) प्रश्नानुसार,

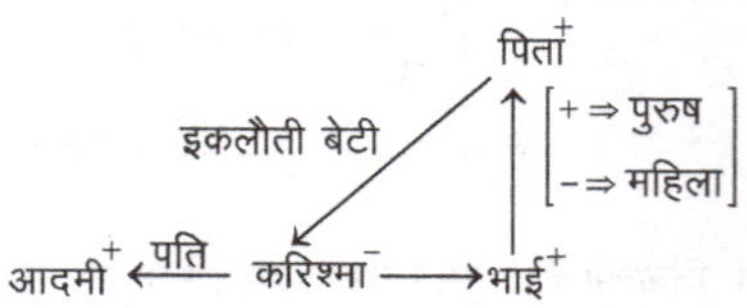

उपरोक्त से स्पष्ट है, कि वह आदमी करिश्मा का पति है।

325. (c) प्रश्नानुसार, X ÷ Z – A × Y

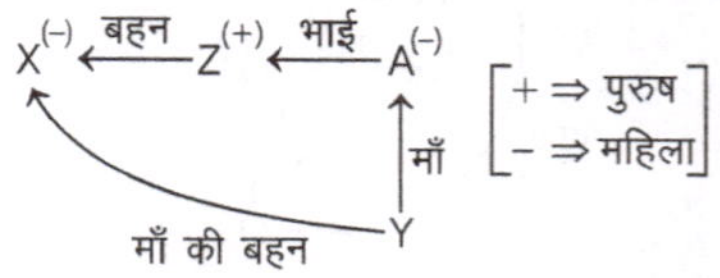

उपरोक्त आरेख से स्पष्ट है कि X, Y की माँ की बहन है।

326. (c) प्रश्नानुसार,

I + J ÷ K – L

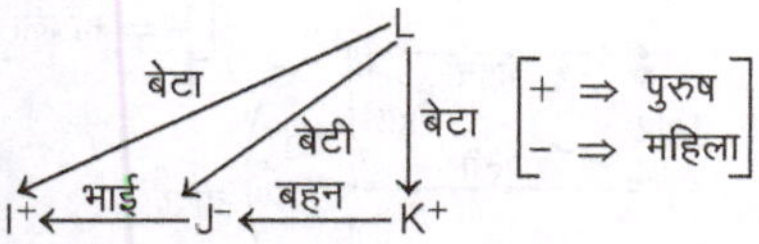

अत: J, L की बेटी है।

327. (b) प्रश्नानुसार,

W ÷ E + F – G

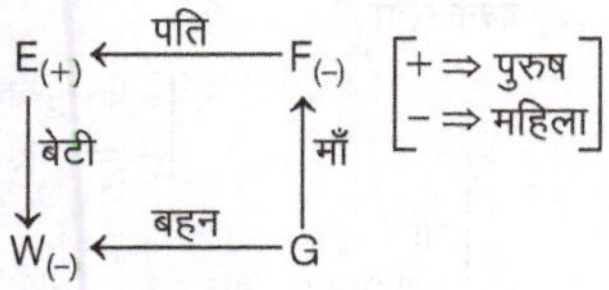

उपरोक्त से स्पष्ट है कि W, G की बहन है।

328. (d) प्रश्नानुसार,

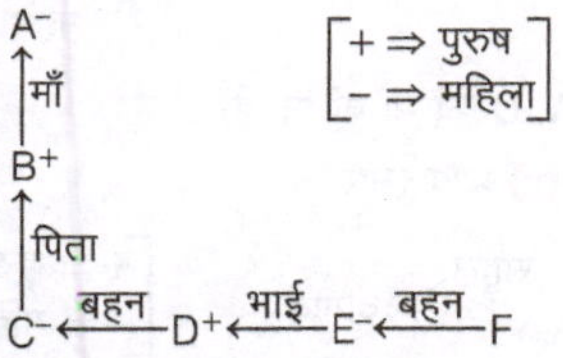

अत: A, F के पिता की माँ है।

329. (b) प्रश्नानुसार,

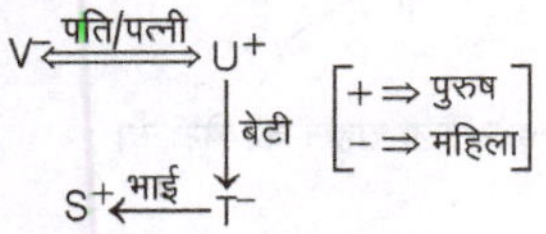

अत: V, T की माँ है।

330. (a) प्रश्नानुसार,

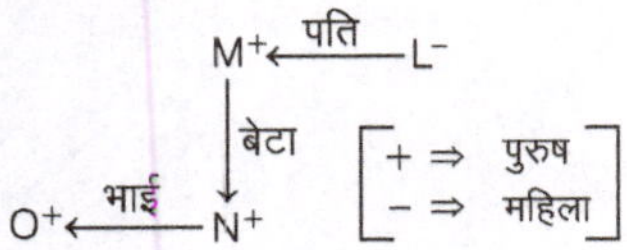

अत: O, L का बेटा है।

331. (b) प्रश्नानुसार,

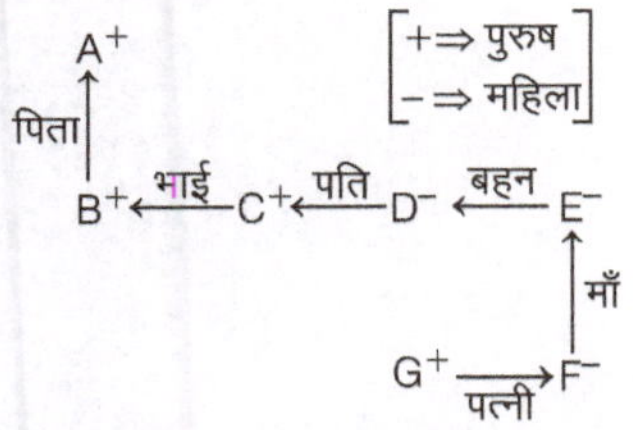

अत: परिवार में कुल 4 पुरुष हैं।

332. (c) प्रश्नानुसार,

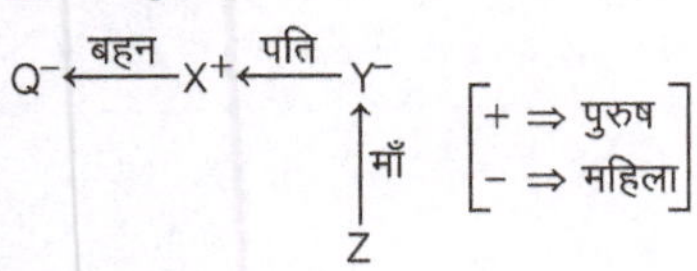

अत: Q, Z के पिता की बहन है।

333. (d) प्रश्नानुसार,

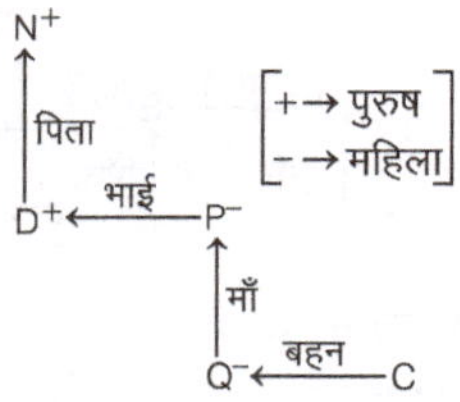

अत: Q, N की नातिन है।

334. (c) प्रश्नानुसार,

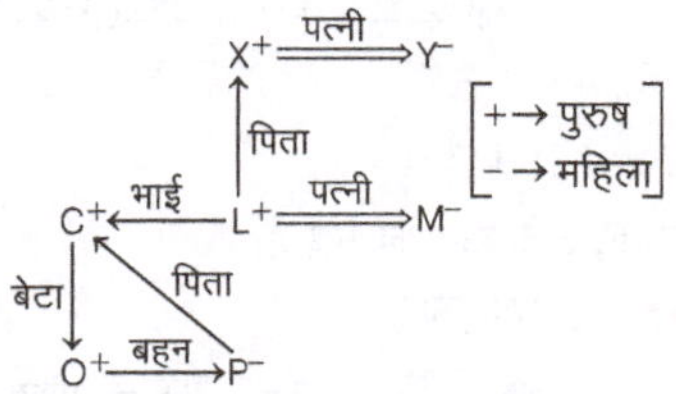

अत: C, P का पिता है।

335. (d) प्रश्नानुसार,

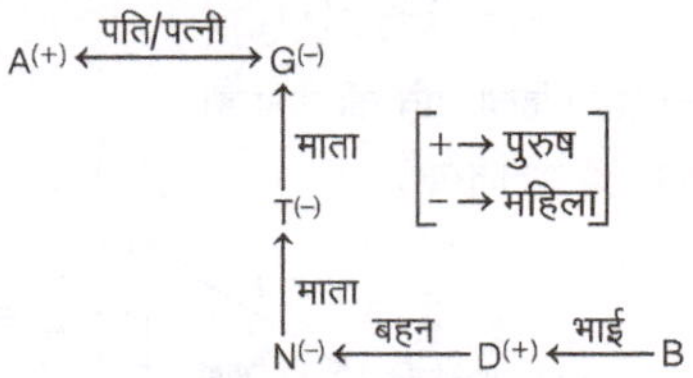

अत: G, B की दादी है। यह कथन सत्य नहीं है।

336. (d) प्रश्नानुसार, R + T ÷ P – M

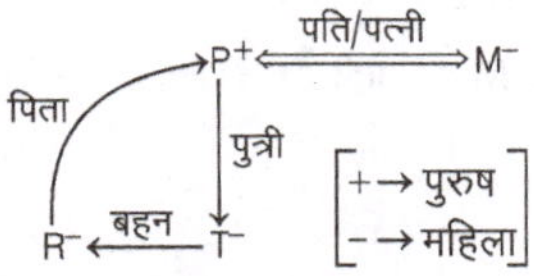

अत: R का पिता 'P' है।

337. (c) प्रश्नानुसार, J @ K × L – M ÷ N

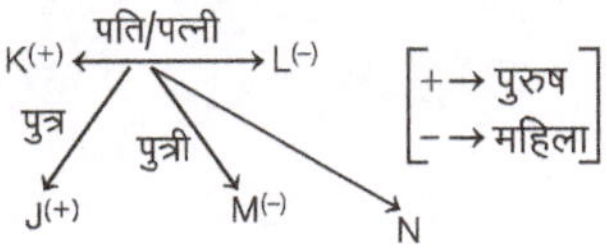

∴ 'J', 'N' का भाई है।

338. (a) प्रश्नानुसार,

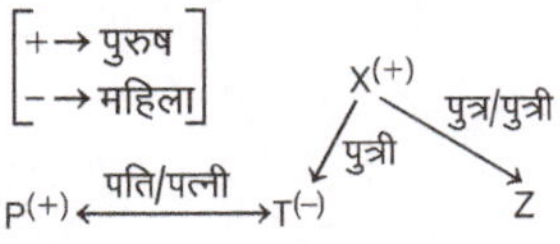

उपरोक्त से स्पष्ट है, कि P, Z की बहन का पति है।

339. (b) प्रश्नानुसार, विकल्प (b) से, P + Q × R ÷ S

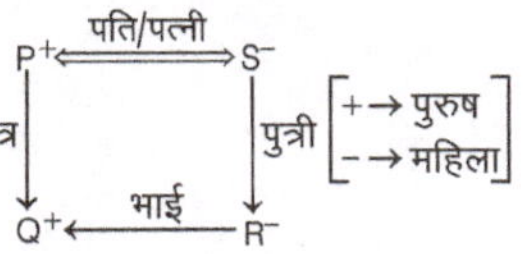

अत: विकल्प (b) के अनुसार स्पष्ट है, कि 'S', P की पत्नी है।

340. (b) प्रश्नानुसार,

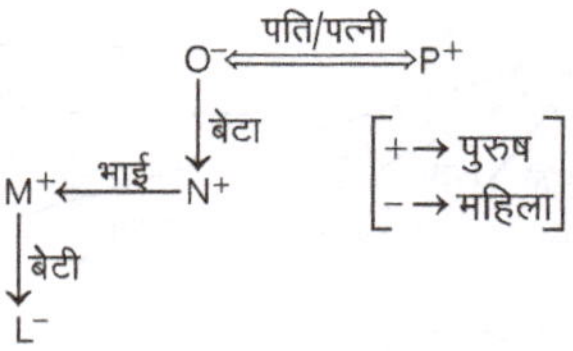

अत: 'P', 'L' के दादा हैं।

341. (b) प्रश्नानुसार, सम्बन्ध आरेख बनाने पर,

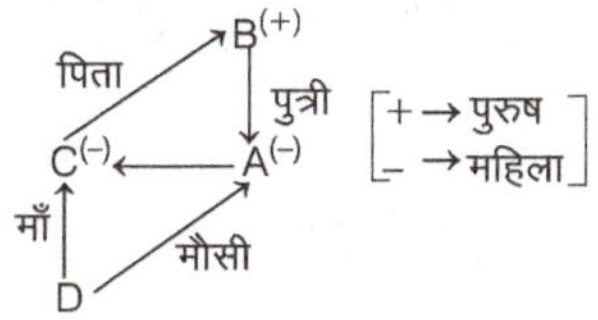

अत:, A, D की मौसी है।

342. (a) प्रश्नानुसार,

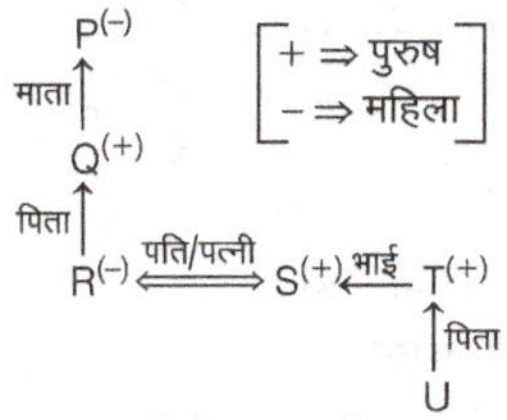

चित्र से स्पष्ट है कि R की पुत्री, 'T' की भतीजी होगी।

343. (d) प्रश्नानुसार,

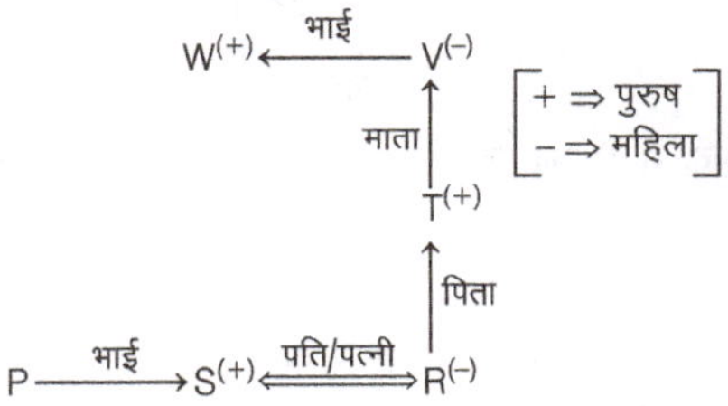

यहाँ, W, P के भाई की पत्नी के पिता की माता का भाई है।

344. (d) प्रश्नानुसार,

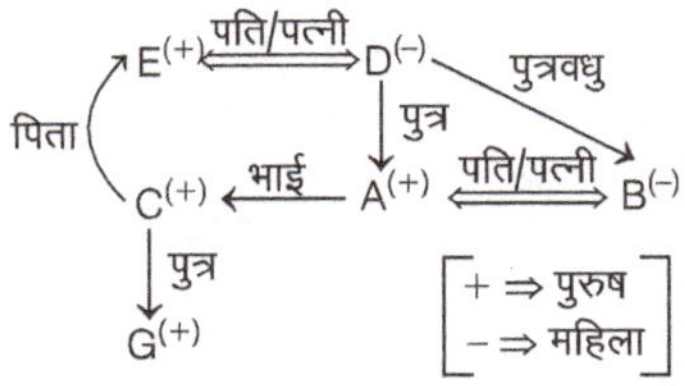

अत: स्पष्ट है कि E, C का पिता है।

345. (b) प्रश्नानुसार,

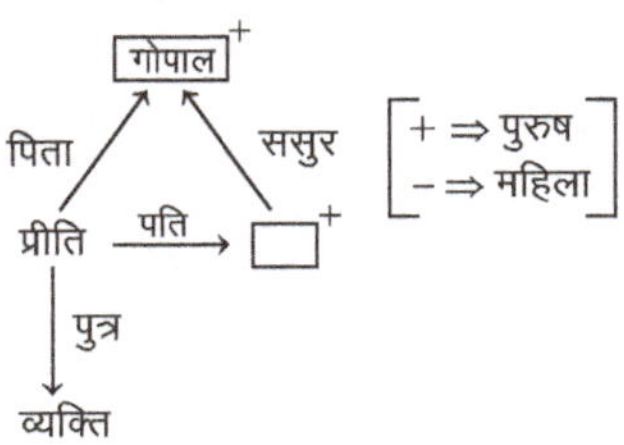

अत: तस्वीर में दिख रहा व्यक्ति, प्रीति का पुत्र है।

346. (b) प्रश्नानुसार,

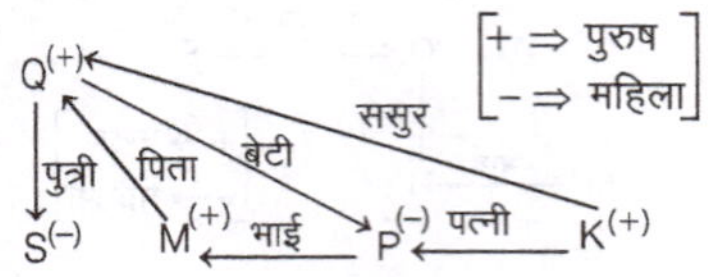

अत: Q, K का ससुर है।

347. (d) प्रश्नानुसार,

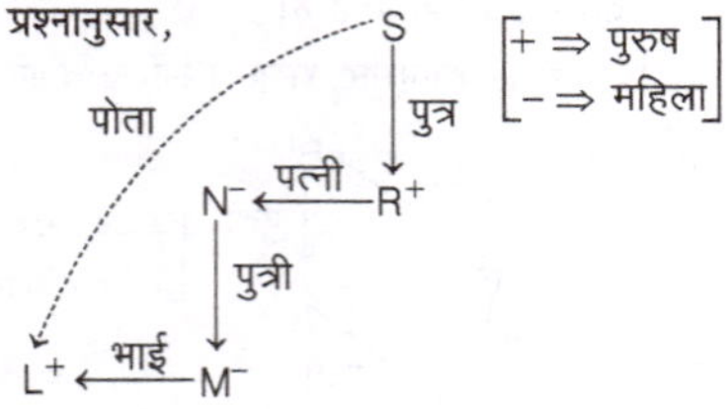

अत: L, S का पोता है।

348. (c) प्रश्नानुसार,

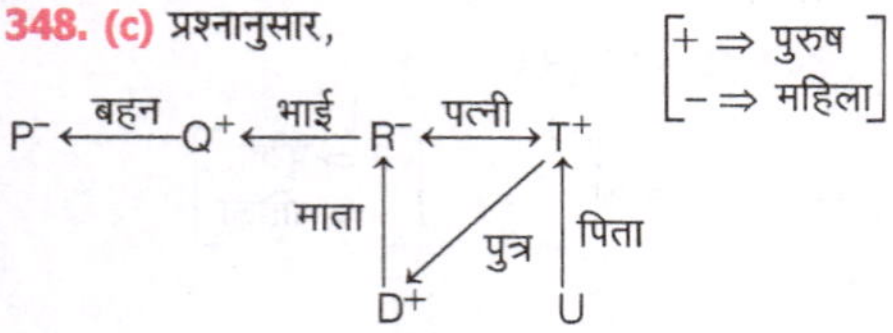

अत: P, U की मौसी है।

349. (a) प्रश्नानुसार,

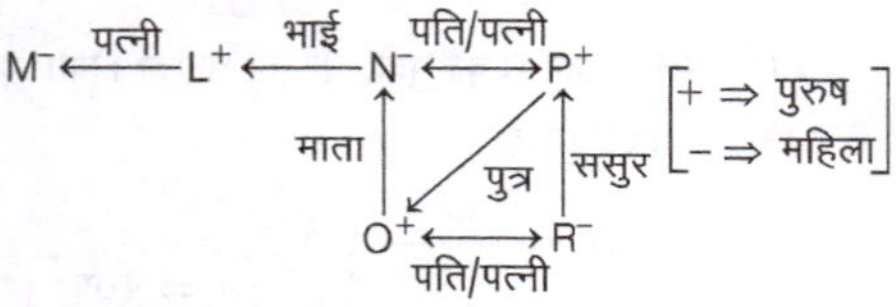

अत: R, O की पत्नी है।

350. (c) प्रश्नानुसार,

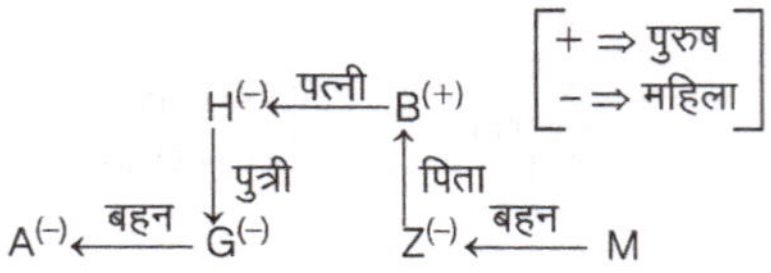

अत: H, M की माँ है।

351. (a) प्रश्नानुसार,

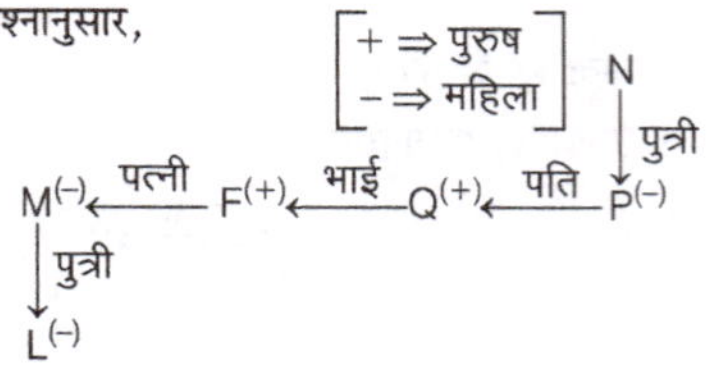

अत: F, P के पति का भाई है।

352. (c) प्रश्नानुसार,

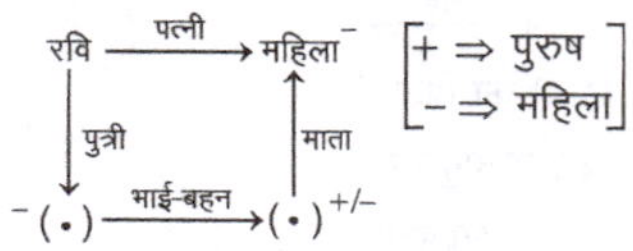

अत: यह महिला, रवि की पत्नी है।

353. (c) प्रश्नानुसार,

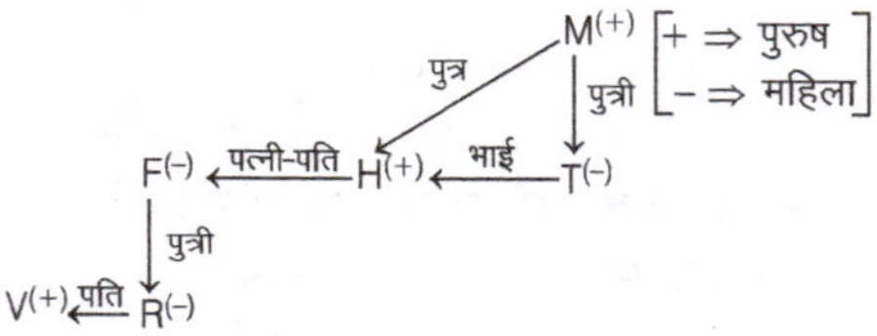

अत: R, M की पोती है।

354. (c) प्रश्नानुसार,

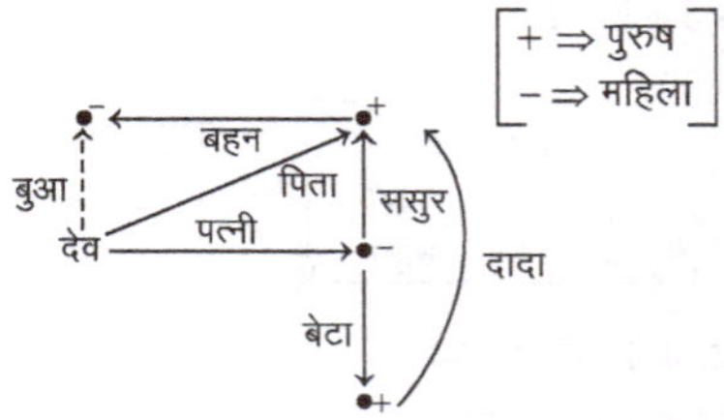

अत: बूढ़ी औरत देव की बुआ है।

355. (c) प्रश्नानुसार,

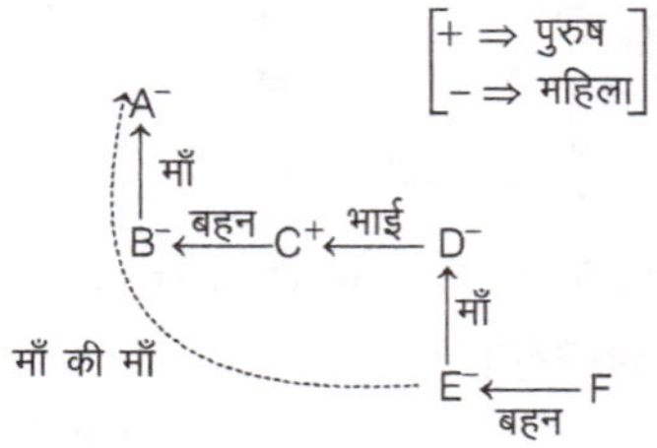

अत: A, E की माँ की माँ है।

356. (c) प्रश्नानुसार,

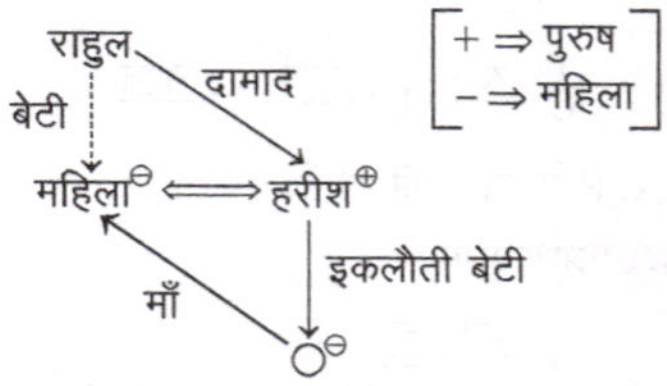

अत: वह महिला राहुल की बेटी है।

09

क्रम व्यवस्था परीक्षण

कुछ व्यक्तियों, वस्तुओं या स्थानों के समूह को उनके गुण, आकार, स्थिति इत्यादि के सापेक्ष तुलना करते हुए सार्थक क्रम (आरोही या अवरोही क्रम) में व्यवस्थित करने की प्रक्रिया को क्रम व्यवस्थिकरण कहते हैं।

इस अध्याय के अन्तर्गत आने वाले प्रश्न निम्न प्रकार के होते हैं

स्थान क्रम व्यवस्था

इस प्रकार के प्रश्न पंक्तिबद्ध व्यक्तियों या सूचीबद्ध नामों पर आधारित होते हैं। व्यक्तियों या नामों का स्थान पंक्ति या सूची के प्रारम्भ तथा अन्त से दिया होता है। अभ्यर्थियों को दिए गए तथ्यों के आधार पर क्रम व्यवस्था का निर्धारण करना होता है।

महत्त्वपूर्ण सूत्र

- किसी कक्षा अथवा पंक्ति में कुल व्यक्तियों की संख्या = (किसी एक व्यक्ति का बाएँ या ऊपर से स्थान) + (उसी व्यक्ति का दाएँ या नीचे से स्थान) – 1
- किसी व्यक्ति का पंक्ति में दाएँ अथवा नीचे से स्थान = (पंक्ति में कुल व्यक्तियों की संख्या) – (उस व्यक्ति का पंक्ति में बाएँ या ऊपर से स्थान) + 1
- किसी व्यक्ति का पंक्ति में बाएँ अथवा ऊपर से स्थान = (पंक्ति में कुल व्यक्तियों की संख्या) – (उस व्यक्ति का पंक्ति में दाएँ या नीचे से स्थान) + 1
- दो व्यक्तियों के परस्पर स्थान परिवर्तन की स्थिति में
  (a) व्यक्तियों की कुल संख्या = (पहले व्यक्ति का प्रारम्भिक स्थान + दूसरे व्यक्ति का प्रारम्भिक स्थान) – 1
  (b) दूसरे व्यक्ति का नया स्थान = (पहले व्यक्ति के दोनों स्थानों का अन्तर) + दूसरे व्यक्ति का प्रारम्भिक स्थान
- दो व्यक्तियों के मध्य व्यक्तियों की संख्या ज्ञात करना
  (a) अधिव्यापन (overlapping) न होने की स्थिति में : (व्यक्तियों की कुल संख्या) – (विपरीत दिशा से दोनों व्यक्तियों के स्थानों का योग)
  (b) अधिव्यापन (overlapping) होने की स्थिति में : (अन्त से दो अलग-अलग व्यक्तियों की स्थिति का योग) – (व्यक्तियों की कुल संख्या) – 2

उदाहरण 1. रोहित की रैंक कक्षा में शीर्ष से 18वीं है। यदि गिनती नीचे से की जाए, तो उसकी रैंक 36 वीं है। कक्षा में कुल कितने विद्यार्थी हैं?

(a) 53 (b) 54
(c) 52 (d) 55

हल *(a)* प्रश्नानुसार,

रोहित की शीर्ष से रैंक = 18 तथा नीचे से रैंक = 36

∴ कक्षा में कुल विद्यार्थी = शीर्ष से रैंक + नीचे से रैंक – 1

= 18 + 36 – 1 = 53

तुलना के आधार पर क्रम व्यवस्था

इस प्रकार के प्रश्नों में सामान्यत: दो या दो से अधिक व्यक्तियों या वस्तुओं की विशेषता जैसे– आयु, लम्बाई/ ऊँचाई/मोटाई, वजन/गुण/योग्यता या बुद्धिमत्ता के आधार पर तुलना की जाती है।

स्मरणीय तथ्य

- प्रश्न को हल करने में, 'से लम्बा' को '>' चिन्ह से तथा 'से छोटा' को '<' चिन्ह से निरूपित किया जाता है। जैसे– A, C से छोटा है ⇒ $A < C$
- सबसे बड़ा नहीं का अर्थ है बड़ा है, लेकिन सबसे बड़ा नहीं। इसका अर्थ यह कभी भी न समझे कि वह सबसे छोटा है।

उदाहरण 2. A, F जोकि तीन व्यक्तियों से छोटा है, से लम्बा है। C, D जोकि सबसे लम्बा है, से छोटा है। B, E से लम्बा है। C न तो F से छोटा है न ही A से लम्बा है। निम्न दिए गए व्यक्तियों में से दूसरा सबसे छोटा व्यक्ति कौन है?

(a) E (b) B
(c) C (d) A

हल *(b)* दी गई जानकारी के अनुसार, $A > F$ (तीन व्यक्तियों से छोटा)

(सबसे लम्बा) $D > C$

$B > E$

$A > C > F$

उपरोक्त सभी को मिलाने पर,

$\overset{1}{D} > \overset{2}{A} > \overset{3}{C} > \overset{4}{F} > \overset{5}{B} > \overset{6}{E}$

अतः दूसरा सबसे छोटा B है।

SSC एग्जाम स्कैनर

SSC CGL 2024 & 2023 (Tier I & II)

1. पारस, अपनी कक्षा में शीर्ष से 5वें स्थान पर है और नीचे से 24वें स्थान पर है। उसकी कक्षा में कितने विद्यार्थी हैं?
SSC CGL (Tier-II) 20/01/2025 Shift-I
(a) 27 (b) 29
(c) 26 (d) 28

2. किसी परीक्षा में सात व्यक्तियों A, B, C, D, E, F और G ने अलग-अलग अंक (100 में से) प्राप्त किए। G ने सबसे कम अंक प्राप्त किए। B ने दूसरे उच्चतम अंक प्राप्त किए, जो 80 थे। A ने 72 अंक प्राप्त किए। E ने F से अधिक, लेकिन C से कम अंक प्राप्त किए। C द्वारा प्राप्त किए गए अंक 11 के गुणज और 70 से कम थे। C और F द्वारा प्राप्त अंकों का योग 120 था। F द्वारा प्राप्त अंक क्या है?
SSC CGL (Tier-II) 20/01/2025 Shift-I
(a) 56 (b) 50
(c) 55 (d) 54

3. अमित अपनी कक्षा में ऊपर से 7वें और नीचे से 26वें स्थान पर है। कक्षा में कितने छात्र हैं?
SSC CGL (Tier-II) 07/03/2023
(a) 27 (b) 31
(c) 33 (d) 32

4. 4 मित्र A, B, C और D एक सीधी रेखा में खड़े हैं, हालाँकि यह जरूरी नहीं कि वे इसी क्रम में हों। A और B कम-से-कम 1 व्यक्ति के आगे हैं। B, C और D के बीच में खड़ा है। D सबसे अन्त में नहीं खड़ा है। पहले स्थान पर कौन खड़ा है?
SSC CGL (Tier II) 06/03/2023
(a) A (b) B (d) C (d) D

5. उत्तर की ओर अभिमुख लोगों की एक पंक्ति में, प्रिन्स दाएँ छोर से 5वें स्थान पर है। अमित दाएँ छोर से 15वें स्थान पर है। अमित, प्रिन्स और आदित्य के ठीक बीच में है। यदि आदित्य पंक्ति के बाएँ छोर से छठे स्थान पर है, तो पंक्ति में कितने व्यक्ति हैं? SSC CGL (Tier-II) 03/03/2023 Shift-I
(a) 32 (b) 29
(c) 30 (d) 31

6. एक कक्षा में सभी 32 विद्यार्थी एक पंक्ति में उत्तर की ओर अभिमुख होकर खड़े हैं। आकाश दाएँ छोर से 12वें स्थान पर है जबकि प्रिया बाएँ छोर से 18वें स्थान पर है। आकाश और प्रिया के बीच कितने लोग खड़े हैं? SSC CGL (Tier-II) 02/03/2023 Shift-I
(a) दो (b) चार
(c) पाँच (d) तीन

SSC CPO SI 2020

7. रोहित की रैंक कक्षा में शीर्ष से 18वीं है। यदि गिनती नीचे से की जाए, तो उसकी रैंक 36वीं है। कक्षा में कुल कितने विद्यार्थी हैं?
SSC CPO 25/11/2020 Shift-II
(a) 53 (b) 54
(c) 52 (d) 55

8. एक कक्षा में रैंक के हिसाब से X का स्थान ऊपर से सातवाँ और Y का स्थान नीचे से सोलहवाँ है। यदि वे दोनों अपनी स्थितियाँ आपस में बदल लेते हैं, तो X ऊपर से इक्कीसवें स्थान पर आ जाता है। अब Y की नीचे से क्या स्थिति होगी?
SSC CPO 25/11/2020 Shift-I
(a) 16वीं (b) 29वीं (c) 30वीं (d) 21वीं

SSC CHSL 2024-2022 (Tier I & II)

9. एक कक्षा में सभी 20 विद्यार्थी उत्तर की ओर मुख करके एक सीधी रेखा में खड़े हैं। नेहा दाईं ओर के छोर से 10वें स्थान पर है, जबकि नलिन बाईं ओर के छोर से 12वें स्थान पर हैं। नेहा और नलिन के बीच कितने विद्यार्थी खड़े हैं?
SSC CHSL (Tier-II) 10/01/2024 Shift-I
(a) तीन (b) एक
(c) दो (d) एक भी नहीं

10. सुनीता अपनी कक्षा में शीर्ष से 10वें और नीचे से 18वें स्थान पर है। कक्षा में कितने विद्यार्थी हैं?
SSC CHSL (Tier-II) 02/11/2023 Shift-I
(a) 27 (b) 30 (c) 29 (d) 28

11. कुछ व्यक्ति एक सीधी पंक्ति में उत्तर की ओर मुख करके बैठे हैं। K और L के बीच में केवल दो व्यक्ति बैठे हैं। L, M के दाईं ओर से तीसरे स्थान पर बैठा है। केवल तीन व्यक्ति I और J के बीच में बैठे हैं। K के ठीक दाईं ओर I बैठा है। यदि पंक्ति में कोई अन्य व्यक्ति नहीं बैठा है, तो व्यक्तियों की कुल संख्या कितनी है?
SSC CHSL (Tier II) 02/11/2023
(a) बारह (b) नौ (c) दस (d) आठ

12. यदि आप एक कतार में एक सिरे से 27वें और दूसरे सिरे से 38वें स्थान पर हैं, तो कतार में कुल कितने व्यक्ति हैं? SSC CHSL (Tier II) 26/06/2023
(a) 66 (b) 65 (c) 64 (d) 63

13. सात बहनों T, U, V, W, X, Y, Z में, U केवल चार अन्य बहनों से बड़ी है। V, W से बड़ी है। T, Y से बड़ी है। X केवल एक बहन से बड़ी है, वह Z है, जो सभी बहनों में सबसे छोटी है। U, T से बड़ी है। यह देखते हुए कि कोई भी दो बहनों की आयु समान नहीं है, ज्ञात कीजिए कि सबसे बड़ी बहन कौन है?
SSC CHSL (Tier-I) 20/03/2023 Shift-III
(a) W (b) V (c) U (d) X

14. एक ट्यूशन क्लास के सात छात्रों, पँछी, काजी, रिकी, स्वेता, टिया, उरुशा और विनय द्वारा प्राप्त अंकों का उल्लेख किया गया है। पँछी कक्षा में दूसरे स्थान पर आई। विनय द्वारा प्राप्त अंक केवल एक व्यक्ति से अधिक थे। स्वेता के अंक टिया के अंकों से अधिक थे लेकिन पँछी के अंकों से कम थे। तीन छात्रों ने टिया से अधिक अंक प्राप्त किए और तीन छात्रों ने टिया से कम अंक प्राप्त किए। न तो रिकी और न ही काजी ने सबसे कम अंक प्राप्त किए। यह देखते हुए कि किसी भी दो छात्रों के अंक समान नहीं हैं, किसके अंक सबसे कम थे?
SSC CHSL (Tier-I) 17/03/2023 Shift-I
(a) रिकी (b) उरुशा
(c) विनय (d) टिया

15. छः दोस्तों उदय, विक्रान्त, विलियम, जेना, यासिर और जिया में, प्रत्येक का कद अलग-अलग है। विक्रान्त केवल तीन अन्य दोस्तों से लम्बा है। जिया केवल जेना से लम्बी है और विलियम का कद केवल उदय से छोटा है। यह देखते हुए कि किसी भी दो दोस्तों का कद समान नहीं है, ज्ञात कीजिए कि सभी दोस्तों में तीसरा सबसे छोटा कद किसका है? SSC CHSL (Tier-I) 15/03/2023 Shift-III
(a) यासिर (b) उदय
(c) जिया (d) विलियम

16. सात मित्रों M, N, O, P, Q, R और S में, प्रत्येक की ऊँचाई अन्य से भिन्न है। केवल दो लोग Q से लम्बे हैं। P, Q से लम्बा, लेकिन O से छोटा है। M, R से लम्बा, लेकिन S से छोटा है। केवल तीन लोग S से लम्बे हैं। N सबसे छोटा है। कितने लोगों की ऊँचाई Q और R की ऊँचाई के मध्य है?
SSC CHSL (Tier-I) 01/06/2022 Shift-I
(a) 3 (b) 4 (c) 2 (d) 1

17. सात मित्रों A, B, C, D, E, F और G, में से प्रत्येक की ऊँचाई अलग-अलग है। A, B से छोटा है लेकिन C से लम्बा है। B केवल चार अन्य से लम्बा है। E, G से लम्बा है लेकिन C से छोटा है। D, B से लम्बा है लेकिन F से छोटा है। इन सभी में सबसे लम्बा कौन है?
SSC CHSL (Tier-I) 27/05/2022 Shift II
(a) B (b) A (c) F (d) D

SSC MTS 2023-2021

18. पाँच लड़कियों मानसी, काजल, रीतू, टीना और रिया के अंकों की तुलना की गई। रिया के अंक मानसी से कम लेकिन टीना से अधिक हैं। रीतू के अंक टीना, रिया और मानसी से कम हैं। काजल के अंक रीतू से कम हैं। कितनी लड़कियों के अंक रिया के अंक से कम हैं?
SSC MTS 17/05/2023 Shift I
(a) 2 (b) 1 (c) 0 (d) 3

19. पाँच मित्रों पीयूष, निखिल, राहुल, सक्षम और तरुण के कद अलग-अलग हैं। तरुण केवल तीन अन्य मित्रों से लम्बा है। राहुल सभी मित्रों में सबसे लम्बा है। निखिल केवल एक मित्र से लम्बा है। पीयूष से केवल दो मित्र लम्बे हैं। सभी मित्रों में किसका कद सबसे कम है?
SSC MTS 16/05/2023 Shift-II
(a) सक्षम (b) निखिल
(c) पीयूष (d) तरुण

20. पाँच लड़कियों अंजली, बीना, चिंटू, दीक्षा और श्रुति की आयु अलग-अलग हैं। अंजली केवल दीक्षा और श्रुति से छोटी है। श्रुति, दीक्षा से छोटी है। चिंटू सबसे छोटी है। समूह में चौथी सबसे बड़ी कौन है? SSC MTS 15/05/2023 Shift-I
(a) बीना (b) चिंटू
(c) दीक्षा (d) श्रुति

21. पाँच कारों A, L, J, M और T के मूल्यों की तुलना की जाती है। A का मूल्य सबसे कम है। कोई भी दो कारों का मूल्य समान नहीं है। J का मूल्य T, L और M से कम है। न तो T और न ही L का मूल्य सबसे अधिक है। T का मूल्य L से कम है। कितनी कारों का मूल्य T के मूल्य से अधिक है? **SSC MTS 12/05/2023 Shift-I**

(a) 1 (b) 3
(c) 2 (d) 0

22. रश्मि, मोनिका से कद में छोटी है जो प्रेरणा से कद में छोटी है। सना, रश्मि से कद में छोटी है। हर्षिता, प्रेरण से लम्बी है। उमा, निकिता से कद में छोटी है और हर्षिता से लम्बी है। इनमें से किसका कद सबसे छोटा है? **SSC MTS 11/05/2023 Shift-I**

(a) उमा (b) सना
(c) रश्मि (d) प्रेरणा

23. पाँच लड़कों अमन, बमन, चमन, दमन और फरहान की आयु अलग-अलग हैं। फरहान केवल अमन और बमन से बड़ा है। दमन केवल चमन से छोटा है। अमन सबसे छोटा नहीं है। कितने लड़के अमन से बड़े हैं? **SSC MTS 10/05/2023 Shift-I**

(a) 1 (b) 2 (c) 3 (d) 4

24. सात भाईयों P, Q, R, S, T, U और V का जन्म अलग-अलग वर्षों में हुआ था। S केवल 2 भाईयों से छोटा है और उनमें से कोई भी U नहीं है। P, R से बड़ा है परन्तु U और S से छोटा है। R सबसे छोटा नहीं है। U, Q से छोटा है जो T से छोटा है। सबसे छोटा कौन है? **SSC MTS 09/05/2023 Shift-I**

(a) T (b) P (c) Q (d) V

25. एक फेयरवेल पार्टी में सात सहकर्मियों P, A, R, S, T, U और V ने धनराशि का योगदान दिया। कोई भी दो सहकर्मियों ने समान धनराशि का योगदान नहीं दिया। V ने P से अधिक धनराशि का योगदान दिया, जिसने A से अधिक धनराशि का योगदान दिया। R और T ने अधिकतम और न्यूनतम धनराशि का योगदान दिया परन्तु जरूरी नहीं कि इसी क्रम में दिया हो। U का योगदान केवल R से कम था। S का योगदान केवल एक व्यक्ति से अधिक था। तीसरे स्थान पर सर्वाधिक योगदान किसका था? **SSC MTS 08/05/2023 Shift-III**

(a) R (b) S
(c) V (d) T

26. सात मित्रों M, N, O, P, Q, R और S का कद अलग-अलग है। वे अपनी लम्बाई के अनुसार आरोही क्रम में खड़े हैं। सबसे लम्बा व्यक्ति दाईं ओर और सबसे छोटे कद वाला व्यक्ति बाईं ओर खड़ा है। केवल तीन मित्र O से लम्बे हैं। R का कद केवल Q से छोटा है। N, P और M दोनों से लम्बा है। लेकिन S से कद में छोटा है। तीसरा सबसे लम्बा व्यक्ति कौन है? **SSC MTS 08/05/2023 Shift I**

(a) P (b) N
(c) S (d) O

27. छः बाइक T_1, T_2, T_3, T_4, T_5 और T_6 की चाल की तुलना की जाती है। T_6 की चाल केवल तीन बाइक से अधिक है। किसी भी दो बाइक की चाल समान नहीं है। T_4 की चाल T_2 से अधिक लेकिन T_6 से कम है। T3 की चाल T_5 से कम नहीं है। T_2 और T_5 की चाल सबसे कम नहीं है। कितनी बाइक की चाल T_3 से कम है? **SSC MTS 04/05/2023 Shift III**

(a) 0 (b) 1 (c) 3 (d) 5

28. उमेश, सतीश से बड़ा है। सुरेश, नीरज से छोटा है लेकिन उमेश से बड़ा है। तरुण, रितेश से बड़ा है लेकिन सतीश से छोटा है। मनीष सबसे छोटा है। उनमें से सबसे बड़ा कौन है? **SSC MTS 03/05/2023 Shift II**

(a) सतीश (b) नीरज
(c) रितेश (d) सुरेश

29. पाँच कारों B, M, J, N और U के मूल्यों की तुलना की जाती है। J का मूल्य U, M और N के मूल्य से कम है। B का मूल्य सबसे कम है। कोई भी दो कारों का मूल्य एकसमान नहीं है। U का मूल्य M के मूल्य से कम है। न तो U और न ही M का मूल्य सबसे अधिक है। कितनी कारों का मूल्य M के मूल्य से कम है? **SSC MTS 03/05/2023 Shift I**

(a) 3 (b) 2
(c) 4 (d) 1

30. छः गेंदबाजों अनिल, कमल, लक्ष्मण, मोहन, बिट्टू और राहुल द्वारा लिए गए विकेटों की संख्या की तुलना की जाती है। कमल द्वारा लिए गए विकेटों की संख्या केवल अनिल द्वारा लिए गए विकेटों की संख्या से अधिक है। बिट्टू द्वारा लिए गए विकेटों की संख्या केवल दो गेंदबाजों से कम है। मोहन द्वारा लिए गए विकेटों की संख्या बिट्टू से अधिक नहीं है। निम्नलिखित में से किसने बिट्टू से अधिक विकेट लिए हैं? **SSC MTS 02/05/2023 Shift III**

(a) राहुल (b) कमल
(c) अनिल (d) मोहन

31. एक कोचिंग सेंटर के सात छात्रों, परम, काजी, रवि, सुरेश, तनवीर, उदय और वर्षा ने अलग-अलग प्रतिशत प्राप्त किए। कोचिंग सेंटर में दूसरे स्थान पर परम ने सबसे अधिक प्रतिशत प्राप्त किया। वर्षा द्वारा प्राप्त किया गया प्रतिशत केवल एक छात्र से अधिक था। सुरेश का प्रतिशत तनवीर से अधिक लेकिन परम से कम था। तीन छात्रों को तनवीर से अधिक प्रतिशत और तीन को तनवीर से कम प्रतिशत प्राप्त हुए। रवि और काजी दोनों में से किसी को भी सबसे कम प्रतिशत नहीं मिले। किसका प्रतिशत सबसे कम था? **SSC MTS 02/05/2023 Shift II**

(a) तनवीर (b) परम
(c) उदय (d) काजी

32. पाँच कारों C_1, C_2, C_3, C_4 और C_5 की चाल की तुलना की जाती है। C_1 की चाल केवल एक कार से अधिक है। C_5 की चाल चार कारों से अधिक है। C_4 की चाल C_1 से अधिक लेकिन C_3 और C_5 से कम है। कितनी कारों की चाल C_3 की चाल से कम है। **SSC MTS 02/05/2023 Shift I**

(a) 0 (b) 1
(c) 3 (d) 2

33. आठ व्यक्ति A, B, C, D, E, F, G और H हैं और सभी का भार अलग-अलग है। केवल दो व्यक्ति F से हल्के हैं। F, A से भारी है किन्तु B से हल्का है। D, E से हल्का है किन्तु G से भारी है। H, A से हल्का है। C, E से भारी है। C सबसे भारी व्यक्ति नहीं है। दूसरे सबसे भारी और दूसरे सबसे हल्के व्यक्तियों का भार क्रमश: 78 किग्रा और 48 किग्रा हैं। कितने व्यक्ति उस व्यक्ति से हल्के हैं, जो D से हल्का है? **SSC MTS 15/07/2022 Shift-I**

(a) तीन (b) चार
(c) दो (d) एक

34. एक परीक्षा में सात छात्रों A, B, C, D, E, F और G के प्राप्तांक निम्नानुसार दिए गए थे। A का प्राप्तांक E और F के प्राप्तांक के ठीक बीच में था। B का प्राप्तांक केवल G के प्राप्तांक से अधिक था। C का प्राप्तांक B के प्राप्तांक से एक अंक अधिक था। F का प्राप्तांक E के प्राप्तांक से अधिक था और F का प्राप्तांक अधिकतम नहीं था। परीक्षा में सबसे ज्यादा प्राप्तांक किसके थे? **SSC MTS 14/07/2022 Shift-I**

(a) G (b) D (c) A (d) E

35. सात कारों C_1, C_2, C_3, C_4, C_5, C_6 और C_7 की गति की तुलना की गई है। सभी कारों की गति भिन्न है। C_1 की गति केवल दो कारों से अधिक है। C_6 की गति C_4 से अधिक और C_5 से कम है। C_2 और C_3 की गति क्रमश: सबसे अधिक और सबसे कम है। C_4 की गति C_1 से अधिक है। कितनी कारों की गति C_7 से कम है? **SSC MTS 13/07/2022 Shift-I**

(a) 2 (b) 4 (c) 5 (d) 1

36. P, Q, R, S और T पाँच मित्र हैं जिन्होंने एक परीक्षा में अलग-अलग अंक प्राप्त किए। केवल दो लोगों ने P से अधिक लेकिन S से कम अंक प्राप्त किए। Q ने सर्वाधिक अंक प्राप्त किए। T ने R से अधिक अंक प्राप्त किए। चौथे उच्चतम अंक किसने प्राप्त किए? **SSC MTS 12/07/2022 Shift-I**

(a) Q (b) S (c) R (d) P

37. सात महिलाओं W_1, W_2, W_3, W_4, W_5, W_6 और W_7 के भारों की तुलना की गई हैं। W_4 का भार W_7 से अधिक है। W_5 का भार केवल तीन महिलाओं से अधिक है और W_2 का भार केवल W_1 और W_3 से कम है। यदि W_7 का भार सबसे कम है, तो W_6 से अधिक भार वाली महिलाओं की न्यूनतम संख्या क्या होगी? **SSC MTS 11/07/2022 Shift-I**

(a) 2 (b) 3 (c) 1 (d) 4

38. पाँच लोग अपनी लम्बाइयों के बारे में विवरण तैयार करते हैं। उनमें से केवल एक झूठ बोलता है। विवरणों का ध्यानपूर्वक अध्ययन करें और समूह के दूसरे सबसे लम्बे व्यक्ति की पहचान करें। **SSC MTS 02/11/2021 Shift-II**

I. **आदित्य** मैं नचिकेत से लम्बा हूँ, लेकिन सानिका से छोटा हूँ।
II. **ऋषिकेश** मैं आदित्य से लम्बा हूँ, लेकिन सानिका से छोटा हूँ।
III. **नचिकेत** मेरी और ऋषिकेश की लम्बाई बराबर है और मैं निकिता से लम्बा हूँ।
IV. **सानिका** मैं सबसे लम्बी हूँ।
V. **निकिता** ऋषिकेश, आदित्य से छोटा है।

(a) ऋषिकेश (b) आदित्य
(c) निकिता (d) नचिकेत

39. पाँच वस्तुएँ A, B, C, D और E भिन्न-भिन्न भार की हैं। B का वजन E के वजन का दोगुना है। C का वजन A के वजन का तीन गुना है। D का वजन C के वजन का चार गुना है। B का वजन D के वजन का आधा है। कौन-सी वस्तु सबसे भारी है सब में? SSC MTS 08/10/2021 Shift II

(a) B (b) C (c) D (d) E

40. एक स्कूल की सुबह की प्रार्थना में चंचल आगे से 8वें स्थान पर थी, जबकि प्रिंस उसी पंक्ति में पीछे से 11वें स्थान पर था। यदि वे अपने पदों की अदला-बदली करते हैं, तो चंचल सामने से 22वें स्थान पर आ जाती है। पंक्ति में विद्यार्थियों की संख्या कितनी है? SSC MTS 05/10/2021 Shift I

(a) 32 (b) 30 (c) 31 (d) 33

SSC Steno 2024-2020

41. K, L, M, W, X, Y और Z ने एक परीक्षा में अलग-अलग अंक प्राप्त किए। K ने L और W दोनों से अधिक, लेकिन Y से कम अंक प्राप्त किए। X ने केवल Y से कम अंक प्राप्त किए। न तो L और न ही M ने सबसे कम अंक प्राप्त किए। Z ने L से अधिक, लेकिन M से कम अंक प्राप्त किए। K ने M से अधिक अंक प्राप्त किए। तीसरे सबसे कम अंक किसने प्राप्त किए? SSC Steno 10/12/2024 Shift-III

(a) W (b) Z (c) L (d) K

42. किसी परीक्षा में सात व्यक्तियों A, B, C, D, E, F और G ने अलग-अलग अंक (100 में से) प्राप्त किए। A ने सर्वाधिक अंक प्राप्त किए। G के अंक 9 के गुणज थे, लेकिन 85 से अधिक थे। किसी ने भी 92 से अधिक अंक प्राप्त नहीं किए। G और F के अंकों का योग 150 था। D ने केवल E से अधिक अंक प्राप्त किए। C ने F से अधिक और B से कम अंक प्राप्त किए। E ने 33 अंक प्राप्त किए। निम्नलिखित में से कौन-से D के लिए संभाव्य अंक हो सकते हैं? SSC Steno 10/12/2024 Shift-II

(a) 63 (b) 62 (c) 48 (d) 30

43. D, E, K, W, X, Y और Z ने एक परीक्षा में अलग-अलग अंक प्राप्त किए। K ने केवल दो व्यक्तियों से अधिक अंक प्राप्त किए। E ने केवल एक व्यक्ति से कम अंक प्राप्त किए। W ने D से अधिक, लेकिन E और Z ने दोनों से कम अंक प्राप्त किए। D ने सबसे कम अंक प्राप्त नहीं किए और Z ने उच्चतम अंक प्राप्त नहीं किए। X ने Y से कम अंक प्राप्त किए। कितने लोगों ने Y से अधिक अंक प्राप्त किए? SSC Steno 11/12/2024 Shift-I

(a) तीन (b) दो
(c) कोई नहीं (d) तीन से अधिक

44. K, L, M, W, X, Y और Z ने एक परीक्षा में अलग-अलग अंक प्राप्त किए। K ने केवल तीन व्यक्तियों से अधिक अंक प्राप्त किए। Y ने केवल L और M से कम अंक प्राप्त किए। W ने Z से अधिक, लेकिन X से कम अंक प्राप्त किए। L ने उच्चतम अंक प्राप्त नहीं किए। कितने लोगों ने X से कम अंक प्राप्त किए? SSC Steno 10/12/2024 Shift-III

(a) कोई नहीं (b) दो
(c) एक (d) चार

45. सात व्यक्तियों F, G, H, K, L, M और N में से प्रत्येक की आयु भिन्न है। केवल H, K से बड़ा है। दूसरा सबसे बड़ा 38 वर्ष का है। L से केवल तीन व्यक्ति छोटे हैं। M केवल N से बड़ा है। M की आयु K की आयु से आधी है। F की आयु 36 वर्ष है। L की आयु 10 की गुणज है। K और L की आयु का योग कितना है? SSC Steno 10/12/2024 Shift-II

(a) 56 वर्ष (b) 66 वर्ष
(c) 68 वर्ष (d) 60 वर्ष

46. सात व्यक्तियों F, G, H, K, L, M और N में से प्रत्येक की आयु भिन्न है। केवल दो व्यक्ति M से बड़े हैं। केवल दो व्यक्ति K से छोटे हैं। K की आयु 10 का गुणज है। सबसे छोटा 12 वर्ष का है। F सबसे बड़ा है। N, L से बड़ा है, लेकिन H से छोटा है। L सबसे छोटा नहीं है। सबसे छोटे और दूसरे सबसे बड़े व्यक्ति की आयु का योग 42 वर्ष है। L की संभाव्य आयु क्या हो सकती है? SSC Steno 10/12/2024 Shift-I

(a) 21 वर्ष (b) 15 वर्ष
(c) 12 वर्ष (d) 10 वर्ष

47. सात दोस्तों के समूह में मायशा, मायरा, हीर, टिया, यश, सिया और आरव प्रत्येक की लम्बाई भिन्न-भिन्न है। सिया अपने दोस्तों में तीसरी सबसे लम्बी है। मायशा अपने दोस्तों में तीसरी सबसे छोटी है। आरव, यश और सिया से लम्बा है। हीर और टिया, मायरा से छोटी हैं। आरव समूह में सबसे लम्बा नहीं है। उनमें से कौन सबसे लम्बा है? SSC Steno 13/10/2023 Shift-I

(a) टिया (b) हीर (c) मायरा (d) यश

48. A, B, C, D, E, F और G की लम्बाई भिन्न-भिन्न है। A केवल दो व्यक्तियों से लम्बा है। D केवल G से छोटा है। F, A से लम्बा है, लेकिन B से छोटा है। C, E से छोटा है। E से कितने व्यक्ति छोटे हैं? SSC Steno 12/10/2023 Shift-I

(a) एक (b) तीन (c) कोई नहीं (d) चार

49. I, J, K, L, M, N और O सात मित्र हैं जिनकी आयु अलग-अलग हैं। I, K से बड़ा है, लेकिन J से छोटा है। K, N से बड़ा है, लेकिन I से छोटा है। J, I से बड़ा है, लेकिन 2 व्यक्तियों से छोटा है। L, J से बड़ा है। M सबसे बड़ा नहीं है और O सबसे छोटा है। I और N के बीच कितने व्यक्तियों की आयु हैं? SSC Steno 18/11/2022 Shift-I

(a) 3 (b) 1 (c) 0 (d) 2

50. A, B, C, D, E, F और G सात मित्र हैं। जिनकी लम्बाई अलग-अलग है। A, C से लम्बा है, लेकिन B से नाटा है। C, F से लम्बा है, लेकिन A से नाटा है। B, A से लम्बा है, लेकिन 2 व्यक्तियों से नाटा हैं। D, B से लम्बा हैं, E सबसे लम्बा नहीं है और G सबसे नाटा है। कितने व्यक्ति C से लम्बे हैं? SSC Steno 17/11/2022 Shift-I

(a) 5 (b) 1 (c) 3 (d) 4

51. पाँच दोस्त कोई परीक्षा देते हैं। पायल को कोमल से अधिक अंक प्राप्त हुए। रीना को पायल से कम अंक प्राप्त हुए। सिमी को तनु से अधिक, लेकिन कोमल से कम अंक प्राप्त हुए। उनमें से किसने सबसे ज्यादा अंक प्राप्त किए? SSC Steno 15/11/2021

(a) कोमल (b) तनु
(c) रीना (d) पायल

52. A, B, C, D, E, F और G, रात के भोजन के लिए किसी रेस्तरां में जाते हैं। इन सभी ने बिल में योगदान दिया। प्रत्येक व्यक्ति ने अलग-अलग राशि का भुगतान किया। C ने E से अधिक भुगतान किया और F ने A से अधिक भुगतान किया। B ने A से कम भुगतान किया, D ने सबसे अधिक राशि का भुगतान किया और E ने सबसे कम राशि का भुगतान किया। यदि G ने समूह में दो व्यक्तियों से अधिक भुगतान किया, तो निम्न में से कौन-सा कथन सही है? SSC Steno 15/11/2021

(a) F ने D से कम लेकिन C से अधिक भुगतान किया
(b) G ने E से अधिक लेकिन C से कम भुगतान किया
(c) B ने D और G से कम भुगतान किया
(d) A चार सबसे कम भुगतान करने वालों में से था।

53. 10 छात्रों वाले समूह को उनकी आयु के अनुसार किसी पंक्ति में बैठाया गया है। रोहन, शुरुआत से छठे स्थान पर बैठा है और उसकी दोस्त सौम्या पंक्ति के अन्त से नौवें स्थान पर बैठी है। उनके बीच कितने छात्र बैठे हैं? SSC Steno 15/11/2021

(a) 3 (b) 2 (c) 4 (d) 5

54. A, ऊँचाई में B से बड़ा है। C और D ऊँचाई में समान हैं। E, ऊँचाई में B से छोटा लेकिन D से बड़ा है। F, ऊँचाई में C से छोटा है, जोकि B से छोटा है। इन सभी में ऊँचाई में सबसे छोटा कौन है? SSC Steno 12/11/2021

(a) F (b) E (c) D (d) C

55. घुड़दौड़ के बीच में घोड़ा E, घोड़ा D से आगे चल रहा था। घोड़ा C, घोड़ा A से आगे लेकिन घोड़ा B से पीछे चल रहा था। घोड़ा A, घोड़ा E से आगे चल रहा था। इस बिन्दु से, चौथे स्थान का घोड़ा आगे बढ़ा और दौड़ जीत गया। यदि अन्य घोड़ों का स्थान पहले जैसा ही रहा, तो दौड़ की समाप्ति पर बीच के स्थान पर कौन-सा घोड़ा रहा? SSC Steno 12/11/2021

(a) B (b) A (c) E (d) C

56. पाँच व्यक्ति P, Q, R, S और T में, T, P से बड़ा है, Q, T से छोटा है, S, R से बड़ा है और P, S से बड़ा है, लेकिन Q से छोटा है। इन सभी में सबसे बड़ा कौन है? SSC Steno 11/11/2021

(a) S (b) T (c) Q (d) P

57. विद्यार्थियों की एक पंक्ति में, परेश, बाईं ओर से 14वें और दिलीप, दाईं ओर से 16वें स्थान पर है। जब परेश और दिलीप अपनी-अपनी जगह एक-दूसरे से बदलते हैं, तो दिलीप, दाईं ओर से 21वें स्थान पर आ जाता है। पंक्ति में विद्यार्थियों की संख्या कितनी है? SSC Steno 24/12/2020

(a) 33 (b) 36
(c) 34 (d) 35

58. सात मित्रों, A, B, C, D, E, F और G में से, A और C से G बड़ा है। C, D से बड़ा है। F केवल एक मित्र से बड़ा है। A तीसरा सबसे बड़ा है। E सबसे छोटा है। G, B से छोटा है। सबसे बड़ा कौन है? SSC Steno 24/12/2020

(a) C (b) B (c) F (d) G

सही उत्तर

1 (d)	2 (d)	3 (d)	4 (a)	5 (c)	6 (a)	7 (a)	8 (c)	9 (d)	10 (a)
11 (a)	12 (c)	13 (b)	14 (b)	15 (a)	16 (c)	17 (c)	18 (d)	19 (a)	20 (a)
21 (c)	22 (b)	23 (c)	24 (d)	25 (c)	26 (c)	27 (d)	28 (b)	29 (a)	30 (a)
31 (c)	32 (c)	33 (a)	34 (b)	35 (d)	36 (c)	37 (d)	38 (b)	39 (c)	40 (a)
41 (b)	42 (c)	43 (c)	44 (b)	45 (c)	46 (b)	47 (c)	48 (a)	49 (b)	50 (d)
51 (d)	52 (a)	53 (a)	54 (a)	55 (d)	56 (b)	57 (c)	58 (b)		

उत्तर सहित हल

1. (d) कक्षा में कुल विद्यार्थियों की संख्या

$= (5 + 24) - 1 = 28$

2. (d) प्रश्नानुसार,

(80), (72), (66), (54)

D > B > A > C > E > F > G

चूँकि C ने 11 के गुणज में 70 से कम अंक प्राप्त किए हैं।

$\therefore$ C द्वारा प्राप्त अंक = 66

दिया है, C और F के अंकों का योग = 120

$\therefore$ F के अंक = 120 − 66 = 54

3. (d) कक्षा में छात्रों की संख्या = (7 + 26) − 1 = 32

4. (a) प्रश्नानुसार,

क्रम व्यवस्था परीक्षण

A D B C

अत: पहले स्थान पर A खड़ा है।

5. (c) प्रश्नानुसार,

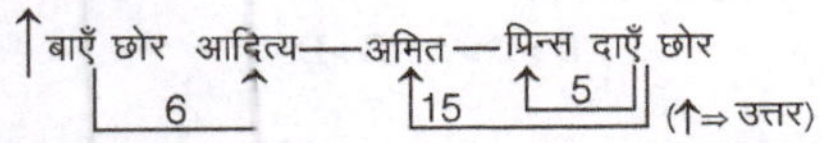

अमित तथा प्रिन्स के बीच 15 − (5 + 1) = 9 व्यक्ति हैं।

चूँकि अमित आदित्य तथा प्रिन्स के ठीक बीच में है, अत: आदित्य तथा अमित के बीच में 9 व्यक्ति होंगे।

अत: पंक्ति में व्यक्तियों की संख्या = आदित्य का बाएँ से स्थान + आदित्य तथा अमित के बीच व्यक्तियों की संख्या + अमित का दाएँ से स्थान

= 6 + 9 + 15 = 30

6. (a) प्रश्नानुसार,

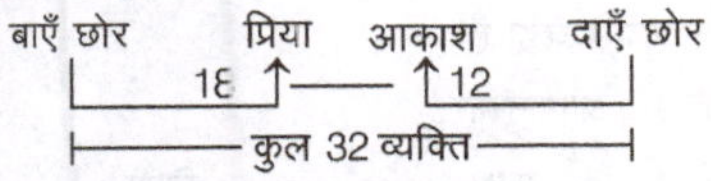

आकाश तथा प्रिया के बीच व्यक्तियों की संख्या

= 32 − (18 + 12) = 2

7. (a) प्रश्नानुसार, रोहित की शीर्ष से रैंक = 18

नीचे से रैंक = 36

$\therefore$ कक्षा में कुल विद्यार्थी = शीर्ष से रैंक + नीचे से रैंक −1

= 18 + 36 − 1 = 53

8. (c) प्रश्नानुसार,

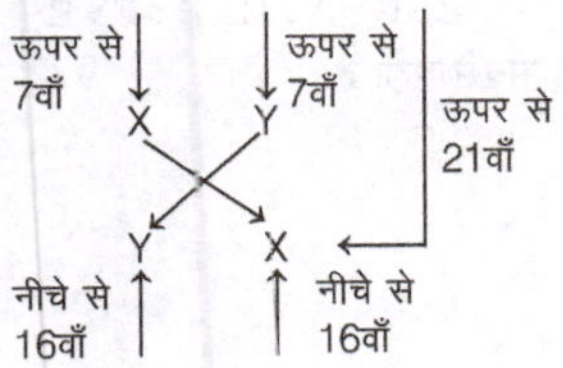

स्थान परिवर्तन के बाद X का ऊपर से स्थान = 21वाँ

X का नीचे से स्थान = 16वाँ

$\therefore$ कक्षा में कुल छात्र = 21 + 16 − 1 = 36

$\therefore$ अत: स्थान परिवर्तन के बाद Y का नीचे से स्थान

= 36 − 7 + 1 = 30 वाँ

9. (d) प्रश्नानुसार,

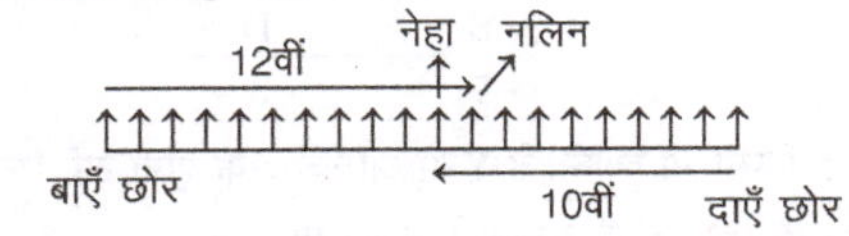

अत: उपरोक्त से स्पष्ट होता है कि नेहा और नलिन के बीच एक भी विद्यार्थी नहीं है।

10. (a) प्रश्नानुसार, कक्षा में विद्यार्थियों की संख्या

= 10 + 18 − 1

= 27

11. (a) प्रश्नानुसार,

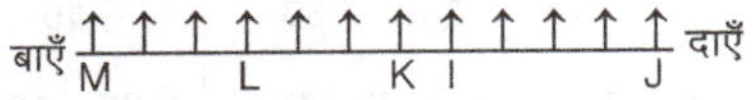

अत: पंक्ति में व्यक्तियों की कुल संख्या बारह है।

12. (c) व्यक्तियों की कुल संख्या = एक सिरे से स्थिति + दूसरे सिरे से स्थिति − 1 = 38 + 27 − 1 = 64

13. (b) प्रश्नानुसार,

V > W > U > T > Y > X > Z

अत: V सबसे बड़ी बहन है।

14. (b) प्रश्नानुसार,

रिकी/काजी > पँछी > स्वेता > टिया > रिकी/काजी > विनय > उरुशा

अत: उरुशा के अंक सबसे कम थे।

15. (a) प्रश्नानुसार,

उदय > विलियम > विक्रान्त > यासिर > जिया > जेना

अत: तीसरा सबसे छोटा कद यासिर का है।

16. (c) प्रश्नानुसार,

O > P > Q > S > M > R > N

अत: Q और R की ऊँचाई के मध्य 2 व्यक्तियों S और M की ऊँचाई है।

17. (c) प्रश्नानुसार,

G < E < C < A < B < D < F

अत: F सबसे लम्बा है।

18. (d) प्रश्नानुसार,

मानसी > रिया > टीना > रीतू > काजल

अत: तीन लड़कियों के अंक रिया के अंक से कम है।

19. (a) प्रश्नानुसार,

राहुल > तरुण > पीयूष > निखिल > सक्षम

अत: सभी मित्रों में सक्षम का कद सबसे कम है।

20. (a) प्रश्नानुसार,

दीक्षा > श्रुति > अंजली > बीना > चिंटू

अत: बीना चौथी सबसे बड़ी है।

21. (c) प्रश्नानुसार, M > L > T > J > A

अत: दो कारों की कीमत T से अधिक है।

22. (b) प्रश्नानुसार,

निकिता > उमा > हर्षिता > प्रेरणा > मोनिका > रश्मि > सना

अत: सना का कद सबसे छोटा है।

23. (c) प्रश्नानुसार,

चमन > दमन > फरहान > अमन > बमन

अत: तीन लड़के अमन से बड़े हैं।

24. (d) प्रश्नानुसार,

T > Q > S > U > P > R > V

अत: V सबसे छोटा है।

25. (c) प्रश्नानुसार, R > U > V > P > A > S > T

अत: तीसरे स्थान पर सर्वाधिक योगदान V का था।

26. (c) प्रश्नानुसार,

Q > R > S > O > N > P/M > P/M

अत: S तीसरा सबसे लम्बा व्यक्ति है।

27. (d) प्रश्नानुसार, $T_3 > T_5 > T_6 > T_4 > T_2 > T_1$

अत: 5 बाइकों की चाल T_3 से कम है।

28. (b) प्रश्नानुसार,

नीरज > उमेश > सुरेश > सतीश > तरुण > रितेश > मनीष

अत: नीरज सबसे बड़ा है।

29. (a) प्रश्नानुसार, N > M > U > J > B

अत: 3 कारों की कीमत M से कम है।

30. (a) प्रश्नानुसार,

लक्ष्मण/राहुल > लक्ष्मण/राहुल > बिट्टू > मोहन > कमल > अनिल

अत: विकल्पों के अनुसार राहुल उत्तर होगा।

31. (c) प्रश्नानुसार,

काजी/रवि > परम > सुरेश > तनवीर > काजी/रवि > वर्षा > उदय

अत: उदय को सबसे कम प्रतिशत प्राप्त हुआ।

32. (c) प्रश्नानुसार, $C_5 > C_3 > C_4 > C_1 > C_2$

अत: 3 कारों की चाल C_3 से कम है।

33. (a) प्रश्नानुसार,

B > C > E > D > G > F > A > H
(C ↓ 78 किग्रा, A ↓ 48 किग्रा)

अत: स्पष्ट है, कि तीन व्यक्ति G से हल्के हैं, जो D से हल्का है।

34. (b) प्रश्नानुसार,

D > F > A > E > C > B > G

अत: स्पष्ट है, सबसे अधिक प्राप्तांक D के है।

35. (d) प्रश्नानुसार,

$C_2 > C_5 > C_6 > C_4 > C_1 > C_7 > C_3$

अत: स्पष्ट है, केवल एक कार C_3 की गति C_7 से कम है।

36. (c) दी गई जानकारी के अनुसार,

Q > S > T > R > P

अत: चौथे उच्चतम अंक R ने प्राप्त किए।

37. (d) प्रश्नानुसार,

W_1 और $W_3 > W_2 > W_5 > W_6 > W_4 > W_7$

अत: W_6 से अधिक भार वाली महिलाओं की न्यूनतम संख्या 4 है।

38. (b) प्रश्नानुसार,

सानिका > आदित्य > नचिकेत = ऋषिकेश > निकिता

अत: उक्त व्यवस्था से स्पष्ट है कि आदित्य समूह में दूसरा सबसे लम्बा व्यक्ति हैं।

39. (c) माना, A का भार = 1 किग्रा

C का भार = 3 किग्रा

D का भार = 12 किग्रा

B का भार = 6 किग्रा

E का भार = 3 किग्रा

अत: सबसे अधिक भार D का है।

40. (a) प्रश्नानुसार,

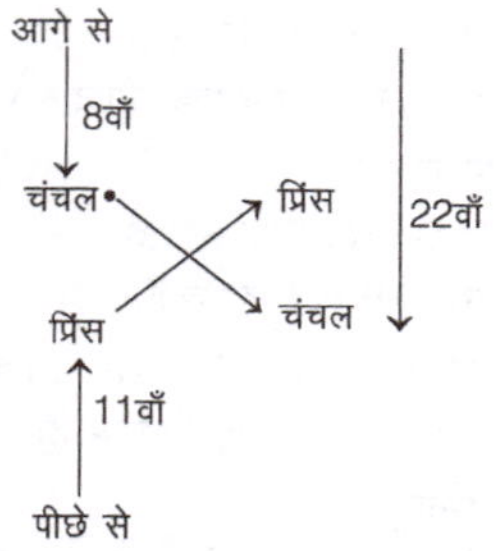

अत: कुल विद्यार्थियों की संख्या = 22 + 11 − 1 = 32

41. (b) प्रश्नानुसार,

क्र. सं.	व्यक्ति
1	Y
2	X
3	K
4	M
5	Z
6	L
7	W

(2 से 7: व्यक्तियों के अंकों का घटता क्रम)

∴ तीसरे सबसे कम अंक 'Z' ने प्राप्त किए।

42. (c) दी गई जानकारी के अनुसार,

G + F = 150 ....(i)

B > C > F ....(ii)

A > G > B > C > F > D > E
(A ↓ 92, G ↓ 90/91, F ↓ 59/60, E ↓ 33)

G + F = 150

F = 150 − 90/91

F = 59/60

अत: D के सम्भावित अंक 33 से ज्यादा तथा 59/60 से कम होगें। विकल्पों से, D का सम्भावित स्कोर 48 होगा।

43. (c) दी गई जानकारी से,

क्र. स.	व्यक्ति
1	Y
2	E
3	Z
4	W
5	K
6	D
7	X

∴ किसी भी व्यक्ति ने Y से अधिक अंक प्राप्त नहीं किए।

44. (b) दी गई जानकारी के अनुसार,

M > L > Y > K > X > W > Z

अत: दो लोगों (W तथा Z) ने X से कम अंक प्राप्त किए।

45. (c) प्रश्नानुसार,

व्यक्तियों का आयु के अनुसार घटते क्रम

H > K > F > L > G > M > N
(K ↓ 38, F ↓ 36, L ↓ 30, M ↓ 19)

M की आयु = $\frac{1}{2}$ × K की आयु = $\frac{1}{2} \times 38 = 19$ वर्ष

∴ K और L की आयु = 38 + 30 = 68 वर्ष

46. (b) व्यक्तियों की आयु के अनुसार घटते क्रम निम्न है,

F > H > M > N > K > L > G
(F ↓ 30, K ↓ 20, G ↓ 12)

K की आयु = 20 वर्ष (10 का गुणज और 30 > K > 12)

दूसरे सबसे बड़े व्यक्ति की आयु = (42 − 12) = 30 वर्ष

∴ L की संभाव्य आयु = 15 वर्ष [20 > L > 12]

47. (c) प्रश्नानुसार,

— मायरा
— आरव
— सिया
— यश/हीर/टिया
— मायशा
— यश/हीर/टिया
— यश/हीर/टिया

(लम्बाई का घटता क्रम ↓)

अत: 'मायरा' उनमें से सबसे लम्बी है।

48. (a) प्रश्नानुसार,

G > D > B > F > A > E > C

अत: E से केवल एक व्यक्ति छोटा है।

49. (b) प्रश्नानुसार,

L > M > J > I > K > N > O

अत: I और N के बीच केवल 1 व्यक्ति की आयु है।

50. (d) प्रश्नानुसार,

D > E > B > A > C > F > G

अत: 4 व्यक्ति, C से लम्बे हैं।

51. (d) प्रश्नानुसार, अंकों के अनुसार क्रम है,

पायल > कोमल, रीना > सिमी > तनु

अत: पायल को सबसे ज्यादा अंक प्राप्त हुए हैं।

52. (a) प्रश्नानुसार,

D > F > A > C > G > B > E

अत: F ने D से कम लेकिन C से अधिक भुगतान किया है।

53. (a) प्रश्नानुसार,

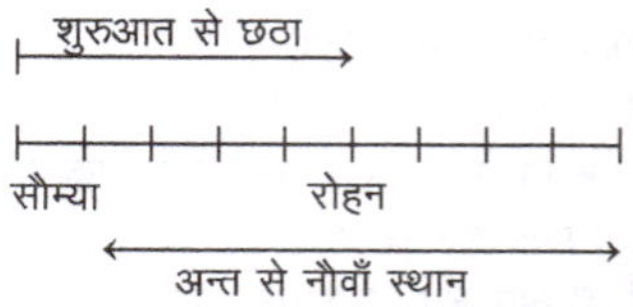

अत: सौम्या और रोहन के बीच 3 छात्र बैठे हैं।

54. (a) ऊँचाई के अनुसार व्यक्तियों को क्रम में लगाने पर,

A > B > E > C = D > F
(F ↑ सबसे छोटा)

अत: F ऊँचाई में सबसे छोटा है।

55. (d) घोड़ों की पहली स्थिति

B > C > A > E > D
(E ↑ चौथा घोड़ा)

यदि चौथा घोड़ा पहले स्थान पर पहुँच जाए, तब नई स्थिति

E > B > C > A > D

अत: दौड़ की समाप्ति पर बीच के स्थान पर घोड़ा C है।

56. (b) प्रश्नानुसार,

T > Q > P > S > R

∴ T सबसे बड़ा है।

57. (c) प्रश्नानुसार,

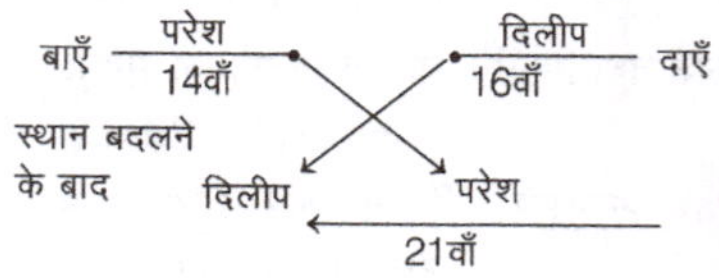

कुल बच्चे = 14 + 21 − 1 = 34

58. (b) व्यक्तियों को आयु के अनुसार क्रम में लगाने पर,

B > G > A > C > D > F > E

अत: B सबसे बड़ा है।

10

बैठक व्यवस्था परीक्षण

व्यक्तियों या वस्तुओं के समूह को, दी गई विशेष परिस्थिति या नियमों के आधार पर, क्रम में बैठाने या व्यवस्थित करने की प्रक्रिया को बैठक व्यवस्था परीक्षण कहा जाता है। इस अध्याय में सामान्यतया निम्न तीन प्रकार के प्रश्न पूछे जाते हैं।

पंक्ति/पंक्तियों में व्यवस्थिकरण

इस प्रकार के प्रश्नों में एक पंक्ति/पंक्तियों में कुछ व्यक्तियों या वस्तुओं की दाएँ सिरे या बाएँ सिरे या किसी अन्य व्यक्ति या वस्तु के सापेक्ष स्थितियाँ दी गई होती हैं। अभ्यर्थियों को दी गई जानकारी के अनुसार सभी व्यक्तियों को सुव्यवस्थित करना होता है और सही उत्तर ज्ञात करना होता है।

उदाहरण 1. दस व्यक्ति दो समानान्तर पंक्तियों 1 और 2 में बैठे हैं। A, B, C, D और E पंक्ति 1 में उत्तर की ओर मुख करके बैठे हैं, और V, W, X, Y और Z पंक्ति 2 में दक्षिण की ओर मुख करके बैठे हैं। इस प्रकार पंक्ति 1 में बैठे प्रत्येक सदस्य का मुख, पंक्ति 2 में बैठे एक सदस्य की ओर है।

A पंक्ति के दाएँ सिरे से दूसरे स्थान पर बैठा है। W का मुख A के ठीक बगल में बैठे व्यक्ति की ओर है। X, W के दाएँ ओर तीसरे स्थान पर बैठा है। X की ओर मुख करके बैठा व्यक्ति, B के दाएँ ओर ठीक बगल में बैठा है। B और C के बीच केवल एक व्यक्ति बैठा है। V, Y के दाएँ ओर ठीक बगल में बैठा है। D पंक्ति के किसी भी सिरे पर नहीं बैठा है।

इनमें से कौन Z के ठीक सामने बैठा है?

(a) E (b) D (c) B (d) C

हल (c) प्रश्नानुसार,

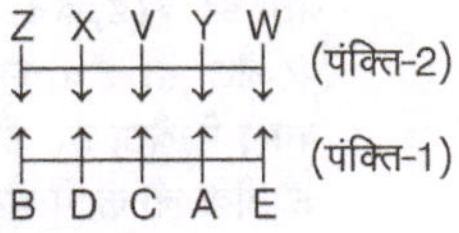

अतः Z के ठीक सामने B बैठा है।

वृत्तीय क्रम व्यवस्था

इस प्रकार के प्रश्नों में व्यक्तियों अथवा वस्तुओं को वृत्तीय क्रम में इस प्रकार संयोजित किया जाता है कि उनका मुँह केन्द्र की ओर या केन्द्र से बाहर की ओर हो सकता है या फिर दोनों स्थितियाँ एकसाथ सम्भव हो सकती हैं।

व्यक्तियों का मुँह केन्द्र की ओर

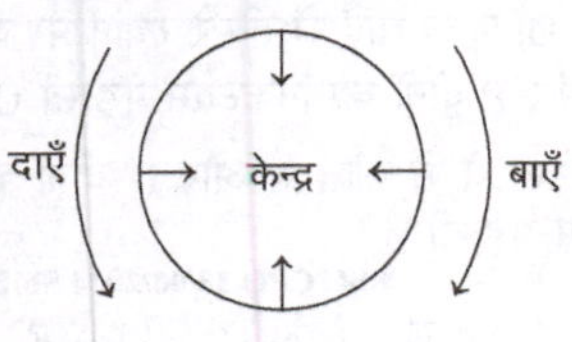

व्यक्तियों का मुँह केन्द्र से बाहर की ओर

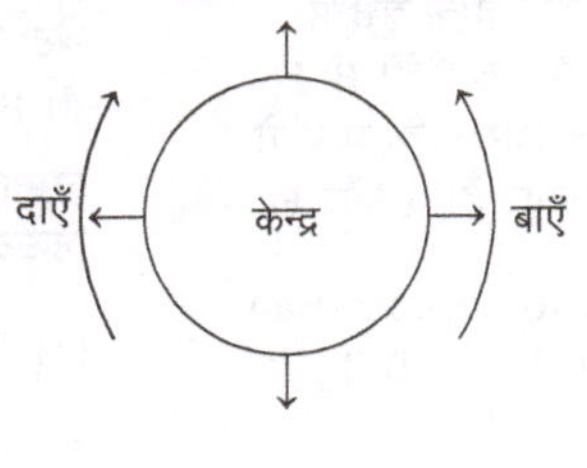

उदाहरण 2. आठ सहकर्मी K, L, M, N, O, P, Q और R एक वृत्ताकार व्यवस्था में केन्द्र की ओर मुख करके बैठे हैं। N, L और Q दोनों के ठीक बगल में बैठा है। P, K और R दोनों के ठीक बगल में बैठा है। O, K के दाएँ ओर दूसरे स्थान पर बैठा है। M की स्थिति के बारे में निम्नलिखित में से कौन-सा निश्चित रूप से सत्य है?

(a) O और P के ठीक मध्य में
(b) L के बाएँ ओर दूसरे स्थान पर
(c) K और O के ठीक मध्य में
(d) Q और O के ठीक मध्य में

हल (c) प्रश्नानुसार,

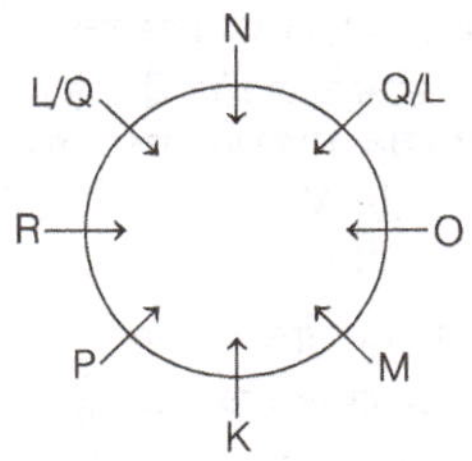

स्पष्टतः M, K और O के ठीक मध्य में बैठा है।

उदाहरण 3. A, B, C, D, E, F और G एक वृत्त में बैठे हैं, इनमें से चार का मुँह केन्द्र से विपरीत दिशा में है। C, D के बाएँ ओर तीसरे स्थान पर है और दोनों का मुँह केन्द्र की ओर है। E न तो D के, न ही C के बगल में बैठा है। जो D व F के ठीक बीचों-बीच बैठा है और उसका मुँह केन्द्र की विपरीत दिशा में है।

G, A के दाएँ ओर तीसरे स्थान पर बैठा है और उसका मुँह केन्द्र की ओर है। B की बगल में बैठे एक व्यक्ति का मुँह केन्द्र से विपरीत दिशा में है। यदि सभी व्यक्तियों को A से आरम्भ करके वर्णानुक्रम में घड़ी की दिशा में बैठने के लिए कहा जाए, तो A को छोड़कर कितने व्यक्तियों का स्थान अपरिवर्तित रहेगा?

(a) तीन (b) कोई नहीं (c) दो (d) चार

हल (c) प्रश्नानुसार,

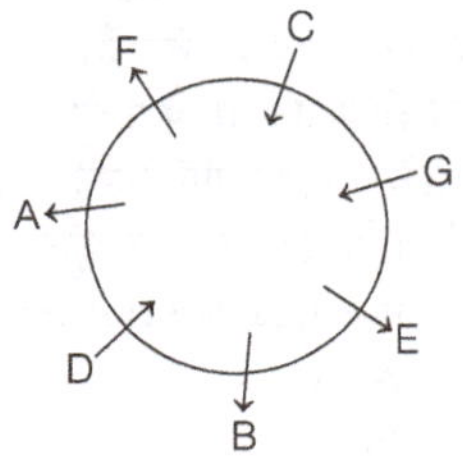

अब A से प्रारम्भ करके तथा वर्णानुक्रम में घड़ी की दिशा में सभी व्यक्तियों के बैठने का क्रम निम्न है

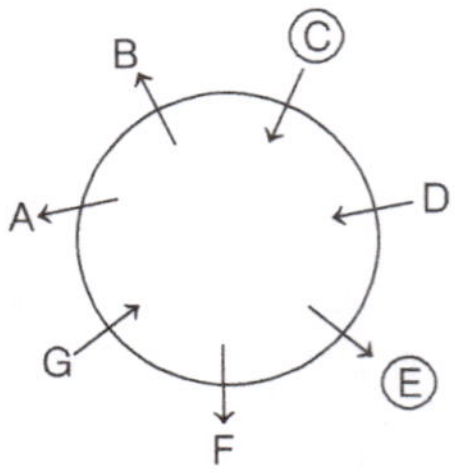

आरेख से स्पष्ट है कि दो व्यक्तियों C तथा E के स्थान अपरिवर्तित रहेंगे।

वर्गाकार या आयताकार क्रम व्यवस्था

इस प्रकार के प्रश्नों में व्यक्तियों या वस्तुओं को वर्गाकार या आयताकार क्रम में शीर्षों या भुजाओं में व्यवस्थित किया जाता है। इस व्यवस्थिकरण में भी व्यक्तियों का मुँह केन्द्र की ओर या केन्द्र के बाहर की ओर भी हो सकता है।

उदाहरण 4. आठ व्यक्ति P, Q, R, S, T, U, V और W रात्रिभोज के लिए एक वर्गाकार मेज के चारों ओर इस प्रकार बैठे हैं कि 4 व्यक्ति एक-एक कोने पर बैठे हैं और 4 व्यक्ति चार भुजाओं के मध्य स्थानों पर बैठे हैं। उन सभी का मुख वर्ग के केन्द्र की ओर है। S, U के बाएँ ओर ठीक बगल में बैठा हैं। U, T के बाएँ और ठीक बगल में बैठा है। T, किसी एक भुजा के मध्य स्थान पर बैठा है। R, U के दाएँ ओर तीसरे स्थान पर बैठा है। P, V और R दोनों के ठीक बगल में बैठा है। W, T के ठीक बगल में नहीं बैठा है।

निम्नलिखित में से कौन किसी एक कोने पर बैठा है?

(a) S (b) R (c) Q (d) V

हल (c) प्रश्नानुसार,

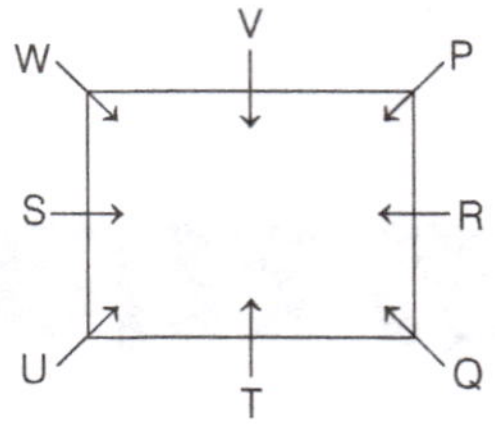

अतः Q, एक कोने पर बैठा है।

SSC एग्जाम स्कैनर

SSC CGL 2024 & 2023 (Tier I & II)

1. M, N, O, X, Y और Z एक वृत्ताकार मेज के चारों ओर केन्द्र की ओर मुख करके बैठे हैं। O, Y का निकटतम पड़ोसी है। Z, O के दाएँ से दूसरे स्थान पर बैठा है। X, M और N दोनों का निकटतम पड़ोसी है। M, O का निकटतम पड़ोसी नहीं है। Y के ठीक बाएँ कौन बैठा है?
SSC CGL (Tier- II) 20/01/2025 Shift I
(a) X (b) M
(c) N (d) O

2. O, P, Q, R, S और T एक गोल मेज के परितः केन्द्र की ओर अभिमुख होकर बैठे हैं (लेकिन इसी क्रम में जरूरी नहीं)। P, T के बाएँ से दूसरे स्थान पर बैठा है। S, Q के दाएँ से तीसरे स्थान पर बैठा है। Q, P का निकटतम पड़ोसी नहीं है। O, S के दाएँ से दूसरे स्थान पर बैठा है। निम्नलिखित में से कौन-सा विकल्प R के सन्दर्भ में O की स्थिति को दर्शाता है?
SSC CGL (Tier- I) 18/01/2025 Shift I
(a) दाएँ से तीसरा (b) ठीक दाएँ
(c) बाएँ से तीसरा (d) बाएँ से दूसरा

3. सात व्यक्ति, A, B, C, D, E, F और G एक सीधी पंक्ति में उत्तर की ओर अभिमुख होकर बैठे है। D के बाएँ केवल तीन व्यक्ति बैठे हैं। D और A के बीच केवल दो व्यक्ति बैठे है। B, C के दाएँ ओर पाँचवें स्थान पर बैठा है। G, E के ठीक दाएँ लेकिन A के बाएँ किसी स्थान पर बैठा है। पंक्ति के दाएँ सिरे पर कौन बैठा है? **SSC CGL (Tier-II) 26/10/2023 Shift-I**
(a) B (b) A
(c) E (d) G

4. सात व्यक्ति एक वृत्ताकार 'खाने की मेज' के परितः केन्द्र की ओर अभिमुख होकर बैठे हैं। S, Y के ठीक बाएँ तथा R के दाईं ओर तीसरे स्थान पर बैठा है। R, A के ठीक बाएँ तथा P के ठीक दाएँ बैठा है। A, D के ठीक बाएँ बैठा है। Q, P के ठीक बाएँ बैठा है। यदि D, Y के साथ तथा P, Q के साथ अपना स्थान बदल लेता है, तो D के ठीक दाएँ कौन बैठा होगा?
SSC CGL (Tier-II) 07/03/2023 Shift-I
(a) R (b) Q
(d) S (d) P

5. मित्र A, B, C और D सीधी रेखा में खड़े हैं, हालाँकि यह जरूरी नहीं है कि वे इसी क्रम में हों। A और B कम-से-कम 1 व्यक्ति के आगे है। B, C और D के बीच में खड़ा है। D सबसे अन्त में नहीं खड़ा है। पहले स्थान पर कौन खड़ा है? **SSC CGL (Tier-II) 06/03/2023 Shift-I**
(a) A (b) C (c) B (d) D

6. छः मित्र J, K, L, M, N और O एक वृत्ताकार मेज के परितः केन्द्र की ओर मुख करके बैठे हैं। N, M के ठीक बगल में नहीं बैठा है। M, J के ठीक बाएँ बैठा है। J, L के सम्मुख बैठा है जो कि K के ठीक दाएँ बैठा है। L के बाईं ओर दूसरे स्थान पर कौन बैठा है?
SSC CGL (Tier-II) 03/03/2023 Shift-I
(a) N (b) M (c) K (d) O

7. छः मित्र A, B, C, D, E और F एक वृत्त में केन्द्र की ओर अभिमुख होकर खड़े हैं। B, F और C के बीच में है, A, E और D के बीच में है और F, D के ठीक बाईं ओर है। A और F के बीच में कौन है?
SSC CGL (Tier-II) 02/03/2023 Shift-I
(a) E (b) C (c) D (d) B

SSC CPO SI 2024

8. छह: विद्यार्थी P, Q, R, S, T और U एक गोल मेज के परितः केन्द्र की ओर अभिमुख होकर बैठे हैं। Q, U के बाएँ से दूसरे स्थान पर बैठा है। T, P के दाएँ से तीसरे स्थान पर बैठा है। Q और U का निकटतम पड़ोसी P है। S, U का पड़ोसी नहीं है।
निम्नलिखित में से कौन U और T दोनों का पड़ोसी है? **SSC CPO 29/06/2024 Shift-III**
(a) P (b) R
(c) S (d) Q

9. छः विद्यार्थी एक गोल मेज के परितः इसके केन्द्र की ओर अभिमुख होकर बैठे हैं। वेन, ल्यूक के बाईं ओर दूसरे स्थान पर बैठा है। ल्यूक, रूथ और मैक्स दोनों के ठीक बगल में बैठा है। ज्यूड, वैन के बाईं ओर दूसरे स्थान पर बैठा है। रूथ, ल्यूक और वेन दोनों के ठीक बगल में बैठा है। कौन ज्यूड और ल्यूक दोनों के ठीक बगल में बैठा है?
SSC CPO 29/06/2024 Shift-I
(a) रूस (b) टेस
(c) मैक्स (d) वेन

10. छः विद्यार्थी A, B, C, D, E और F - एक गोल मेज के परितः केन्द्र की ओर अभिमुख होकर बैठे हैं। E और F दोनों का निकटतम पड़ोसी A है। B, E के दाएँ से दूसरे स्थान पर बैठा है। D, F के बाएँ से तीसरे स्थान पर बैठा है। B और F दोनों का निकटतम पड़ोसी C है।
निम्नलिखित में से कौन A और D दोनों का निकटतम पड़ोसी है?
SSC CPO 28/06/2024 Shift-III
(a) B (b) E (c) C (d) F

11. J, K, L, M, O और P एक वृत्ताकार मेज के चारों ओर केन्द्र की ओर मुख करके बैठे हैं। L और M दोनों J के निकटतम पड़ोसी हैं। M और P के बीच केवल एक व्यक्ति बैठा है। O, J के दाएँ से दूसरे स्थान पर बैठा है। O, L का निकटतम पड़ोसी नहीं है। K के ठीक दाएँ कौन बैठा है? **SSC CPO 28/06/2024 Shift-II**

(a) J (b) P
(c) L (d) O

12. छः मित्र A, B, C, D, E और F किसी वृत्ताकार मेज के परित: मेज के केन्द्राभिमुख होकर बैठे हैं। D और C, A के ठीक समीपस्थ हैं। B, A के दाएँ से दूसरा है। F, E के ठीक समीपस्थ और D के बाएँ से चौथा है। E की स्थिति कहाँ है? **SSC CPO 28/06/2024 Shift-I**

(a) C के ठीक बाएँ
(b) A के बाएँ से तीसरा
(c) D और F के ठीक पास
(d) A के दाएँ से दूसरा

13. P, Q, R, S, T और U एक वृत्ताकार मेज के चारों ओर केन्द्र की ओर मुख करके बैठे हैं। T और R के बीच केवल एक व्यक्ति बैठा है। केवल एक व्यक्ति R और U के बीच बैठा है। U और Q के बीच केवल दो व्यक्ति बैठे हैं। S, T के ठीक बाएँ बैठा है। P के बाएँ से दूसरे स्थान पर कौन बैठा है? **SSC CPO 27/06/2024 Shift-III**

(a) S (b) R (c) U (d) Q

14. M, N, O, P, Q और R एक वृत्ताकार मेज के चारों ओर केन्द्र की ओर मुख करके बैठे हैं। O, M का निकटतम पड़ोसी है। O और Q के बीच केवल दो व्यक्ति बैठे हैं। P, R के बाएँ से दूसरे स्थान पर बैठा है। N, P का निकटतम पड़ोसी है। M के दाएँ से दूसरे स्थान पर कौन बैठा है? **SSC CPO 27/06/2024 Shift-II**

(a) R (b) N (c) Q (d) P

15. छह विद्यार्थी–अमन, बॉबी, चिंटू, गीता, प्रणय और राम–एक गोल मेज के परित: केन्द्र की ओर अभिमुख होकर बैठे हैं।
राम, गीता के दाएँ से दूसरे स्थान पर बैठा है है। गीता और बॉबी का निकटतम पड़ोसी प्रणय है। अमन, गीता के दाएँ से तीसरे स्थान पर बैठा है। निम्नलिखित में से कौन राम और बॉबी दोनों का निकटतम पड़ोसी है? **SSC CPO 27/06/2024 Shift-I**

(a) गीता (b) अमन
(c) प्रणय (d) चिंटू

SSC CPO SI 2023-2020

16. छः विद्यार्थी मीरा, जिज्ञासा, तरुण, नैना, शाम्भवी और अवनी एक वृत्ताकार मेज के परित: केन्द्र की ओर मुख करके बैठे हैं (उनका इसी क्रम में होना अनिवार्य नहीं है।) शाम्भवी, जिज्ञासा और अवनी दोनों के ठीक बगल में है। तरुण, जिज्ञासा के बाईं ओर तीसरे स्थान पर बैठा है। मीरा, अवनी के दाईं ओर दूसरे स्थान पर बैठी है। जिज्ञासा के बाईं ओर दूसरे स्थान पर कौन बैठा/बैठी है? **SSC CPO 05/10/2023 Shift-III**

(a) मीरा (b) अवनी
(c) नैना (d) तरुण

17. सात व्यक्ति A, B, C, D, E, F और G उत्तर की ओर मुख करके एक सीधी पंक्ति में बैठे हैं। D के दाईं ओर केवल 2 व्यक्ति बैठे हैं। G, D के ठीक बगल में बैठा है। A और G के बीच में केवल 3 व्यक्ति बैठे हैं। B और C के बीच में केवल 2 व्यक्ति बैठे हैं। E, C के ठीक बगल में नहीं है। F, G के दाईं ओर ठीक बगल में बैठा है। A के बाईं ओर ठीक बगल में कौन बैठा हुआ है? **SSC CPO 05/10/2023 Shift-III**

(a) B (b) C
(c) E (d) D

18. छः व्यक्ति एक वृत्ताकार मेज के परित: केन्द्र की ओर मुख करके बैठे हैं। P, Q के बाईं ओर दूसरे स्थान पर बैठा है। S, Q और U दोनों के ठीक बगल में हैं। T, R के बाईं ओर दूसरे स्थान पर बैठा है। P और U दोनों के ठीक बगल में कौन बैठा है? **SSC CPO 04/10/2023 Shift-II**

(a) T (b) Q
(c) R (d) S

19. छः विद्यार्थी प्रतीक, समीर, कबीर, जिया, जोसफ, किरण एक वृत्ताकार मेज के परित: केन्द्र की ओर मुख करके बैठे हैं (उनका इसी क्रम में होना अनिवार्य नहीं है।) प्रतीक, समीर और कबीर दोनों के ठीक बगल में है। जिया, समीर के दाईं ओर दूसरे स्थान पर बैठी है। किरण, कबीर के बाईं ओर तीसरे स्थान पर बैठी है। जोसेफ, जिया और कबीर दोनों के ठीक बगल में है। जिया के ठीक बगल में कौन है? **SSC CPO 04/10/2023 Shift-II**

(a) कबीर (b) समीर
(c) किरण (d) प्रतीक

20. सात व्यक्ति, A, B, C, D, E, F और G उत्तर की ओर मुख करके एक सीधी पंक्ति में बैठे हैं (उनका इसी क्रम में होना अनिवार्य नहीं है) D के बाईं ओर केवल एक व्यक्ति बैठा है। A, D के ठीक बगल में बैठा है। F और D के बीच में केवल दो व्यक्ति बैठे हैं। C और G के बीच में केवल तीन व्यक्ति बैठे हैं। B, G के ठीक बगल में नही है। E और A के बीच में केवल दो व्यक्ति बैठे हैं। पंक्ति के बिल्कुल दाएँ सिरे पर कौन बैठा है? **SSC CPO 03/10/2023 Shift-I**

(a) A (b) B
(c) C (d) G

21. आठ व्यक्ति दो समानान्तर पंक्तियों में प्रत्येक में 4 व्यक्ति इस प्रकार बैठे हैं, कि आसन्न व्यक्तियों के बीच समान दूरी हैं। P, Q, R और S एक ही पंक्ति में दक्षिण की ओर मुख करके बैठे हैं तथा L, M, N और O सामने पंक्ति में उत्तर की ओर मुख करके बैठे हैं। L, पंक्ति के बाएँ छोर पर बैठा है और उसका मुख R की ओर है, जो उसके ठीक विपरीत बैठा है। P, R के बायीं ओर से दूसरे स्थान पर बैठा है, और O के ठीक विपरीत हैं। M अपनी पंक्ति के दाएँ छोर पर बैठा है और S के ठीक विपरीत बैठा है। Q के ठीक विपरीत कौन बैठा है? **SSC CPO 11/11/2022**

(a) N (b) L
(c) O (d) M

22. छः विद्यार्थी एक वृत्ताकार मेज के चारों ओर केन्द्र की ओर मुख करके बैठे हैं। बॉबी, आर्यन और कुसुम दोनों का निकटतम पड़ोसी हैं। सिमरन, अस्विया और शीतल दोनों की निकटतम पड़ोसी हैं। कुसुम, बॉबी और अस्विया दोनों की निकटतम पड़ोसी हैं। शीतल, आर्यन और सिमरन दोनों की निकटतम पड़ोसी हैं। शीतल के बाएँ से तीसरे स्थान पर कौन बैठा है? **SSC CPO 11/11/2022**

(a) अस्विया (b) बॉबी
(c) आर्यन (d) कुसुम

23. छः व्यक्ति दो समानान्तर पंक्तियों में प्रत्येक में 3 व्यक्ति इस प्रकार बैठे हैं कि आसन्न व्यक्तियों के बीच समान दूरी है। S, T और U एक ही पंक्ति में दक्षिण की ओर उन्मुख होकर बैठे हैं। X, Y और Z एक ही पंक्ति में उत्तर की ओर उन्मुख होकर बैठे हैं। U अपनी पंक्ति के अन्तिम दाएँ छोर पर बैठा है और X के ठीक विपरीत है। T, U का निकटतम पड़ोसी है और Z के ठीक विपरीत बैठा है। उत्तर की ओर मुख करके पंक्ति के अन्तिम दाएँ छोर पर कौन बैठा है? **SSC CPO 10/11/2022**

(a) Y (b) Z
(c) U (d) X

24. आठ व्यक्ति दो समानान्तर पंक्तियों में प्रत्येक में चार व्यक्ति इस प्रकार बैठे हैं। कि आसन्न व्यक्तियों के बीच समान दूरी है। 5, 6, 7 और 8 एक ही पंक्ति में दक्षिण की ओर मुख करके बैठे हैं। 1, 2, 3 और 4 एक ही पंक्ति में उत्तर की ओर मुख करके बैठे हैं। 4 और 2 अपनी पंक्ति के अन्तिम छोर पर नहीं बैठे हैं। 7 अपनी पंक्ति के अन्तिम दाएँ छोर पर बैठा है और 1 के ठीक विपरीत है। 3, 8 के ठीक विपरीत बैठा है। दक्षिण की ओर मुख करके बैठे व्यक्तियों की पंक्ति के अन्तिम बाएँ छोर पर कौन बैठा है? **SSC CPO 10/11/2022**

(a) 8 (b) 6
(c) 5 (d) 3

25. छ: व्यक्ति P, Q, R, S, T और U एक षट्कोणीय मेज के चारों ओर केन्द्र की ओर मुँह करके बैठे हैं। U, P के सामने बैठा है, जोकि R के बाईं ओर पड़ोस में बैठा है। S, U के दाईं ओर पड़ोस में बैठा है तथा P और S के ठीक बीच में T बैठा है। Q कहाँ बैठा है?
SSC CPO 25/11/2020 Shift-II

(a) R के सामने
(b) S के सामने
(c) P के बाईं ओर पड़ोस में
(d) T के सामने

26. पाँच छात्र J, K, L, M और N श्यामपट्ट (ब्लैकबोर्ड) की ओर मुँह करके एक बैंच पर बैठे हुए हैं। K, M के बिलकुल बगल में दाईं ओर बैठा है, जो बिलकुल बाईं ओर है। यदि J, L के ठीक बाईं ओर लेकिन N के ठीक दाईं ओर बैठा हुआ है, तो बैंच के बीच में कौन बैठा हुआ है? **SSC CPO 25/11/2020 Shift-I**

(a) L (b) K
(c) J (d) N

27. आठ दोस्त A, B, C, D, E, F, G और H एक सीधी पंक्ति में उत्तर की ओर मुँह किए हुए बैठें हैं। D और G के बीच में F बैठा है। H और A के बीच में B बैठा है। G, जोकि किसी छोर पर है, उसके बाईं ओर तीसरे स्थान पर E बैठा है। C के बाईं ओर तीसरे स्थान पर H बैठा है। A और E के बीच में कौन बैठा है?
SSC CPO 24/11/2020 Shift-I

(a) C (b) H
(c) G (d) B

28. छ: दोस्त P, Q, R, S, T और U एक वृत्ताकार मेज के चारों ओर इस तरह बैठे हैं कि उन सबके मुँह मेज के केन्द्र की ओर हैं। S के दाईं ओर दूसरे स्थान पर P बैठा है। T के ठीक बाईं ओर Q बैठा है। R और U के बीच में P बैठा है। R के ठीक बाईं ओर S बैठा है। P और S के बीच में कौन बैठा है?
SSC CPO 24/11/2020 Shift-I

(a) R (b) T (c) U (d) Q

29. पाँच मित्र P, Q, R, S और T एक वृत्ताकार मेज के चारों ओर केन्द्र की ओर मुँह करके बैठे हुए हैं। S, P के ठीक बगल में दाईं ओर है। T, Q के ठीक बगल में बाईं ओर है। P, S और R के बीच में है। T के बाईं ओर दूसरे स्थान पर कौन बैठा है?
SSC CPO 23/11/2020 Shift-I

(a) S (b) P (c) Q (d) R

30. दो टीमें, जिनमें प्रत्येक टीम में तीन सदस्य हैं, एक वाद-विवाद प्रतियोगिता में भाग ले रही हैं। पहली टीम के तीनों सदस्य दूसरी टीम के तीनों सदस्यों के सामने मुँह करके बैठे हुए हैं। K और L का मुँह आमने-सामने है। N और O अलग-अलग टीमों में हैं। M का मुँह N के सामने है। P एक कोने पर है। N, L के ठीक बगल में दाईं ओर बैठा है। निम्न में से कौन-से सदस्य एक ही टीम में हैं?
SSC CPO 23/11/2020 Shift-I

(a) K, M और P
(b) N, L और M
(c) L, N और P
(d) O, K और N

31. चार मित्र कैरम खेल रहे हैं और वे कैरम बोर्ड के चारों ओर बैठे हुए हैं। B, C के दाईं ओर है। D, A के बाईं ओर है। C के बाईं ओर कौन है?
SSC CPO 23/11/2020 Shift-I

(a) B
(b) A
(c) आँकड़े अपर्याप्त हैं
(d) D

SSC CHSL 2024 & 2023 (Tier II)

32. कुछ व्यक्ति उत्तर की ओर मुख करके एक पंक्ति में बैठे हैं। 'T', 'U' के ठीक दाएँ बैठा है। 'Y', 'U' के बाएँ से पाँचवें स्थान पर बैठा है। 'T' और 'P' दोनों का निकटतम पड़ोसी 'Z' है। 'V', 'T' के बाएँ से पाँचवें स्थान पर बैठा है। 'O' किसी एक छोर पर बैठा है तथा 'O' और 'Y' के बीच में केवल एक व्यक्ति बैठा है। यदि पंक्ति में कोई अन्य व्यक्ति नहीं बैठा है, तो पंक्ति में बैठे व्यक्तियों की कुल संख्या कितनी है? **SSC CHSL (Tier-II) 18/11/2024 Shift I**

(a) 14 (b) 12
(c) 13 (d) 11

33. कुछ व्यक्ति एक सीधी पंक्ति में उत्तर की ओर मुख करके बैठे हैं। K और L के बीच में केवल दो व्यक्ति बैठे हैं। L, M के दाईं ओर से तीसरे स्थान पर बैठा है। केवल तीन व्यक्ति I और J के बीच में बैठे हैं। K के ठीक दाईं ओर I बैठा है। यदि पंक्ति में कोई अन्य व्यक्ति नहीं बैठा है, तो व्यक्तियों की कुल संख्या कितनी है?
SSC CHSL (Tier-II) 02/11/2023 Shift-I

(a) बारह (b) नौ
(c) आठ (d) दस

SSC MTS 2024

34. A, B, C, D, E, F, G और H एक वृत्ताकार मेज के चारों ओर केन्द्र की ओर पीठ करके बैठे हैं (परन्तु जरूरी नहीं कि वे इसी क्रम में बैठे हों)। D, A के ठीक बाएँ और H के दाएँ से तीसरे स्थान पर बैठा है। B, F के दाएँ से तीसरे स्थान पर बैठा है। C और G का निकटतम पड़ोसी F है। C, A के दाएँ से तीसरे स्थान पर बैठा है। A के दाएँ से चौथे स्थान पर कौन बैठा है? **SSC MTS 14/11/2024 Shift III**

(a) H (b) B
(c) D (d) C

35. A, B, C, D, E, F और G एक वृत्ताकार मेज के चारों ओर केन्द्र की ओर मुख करके बैठे हैं (परन्तु जरूरी नहीं कि वे इसी क्रम में बैठे हों)। B, E के ठीक बाईं ओर बैठा है। C, F के ठीक बाईं ओर बैठा है। F, G के बाईं ओर दूसरे स्थान पर बैठा है। D, E के बाईं ओर तीसरे स्थान पर बैठा है। A के बाईं ओर तीसरे स्थान पर कौन बैठा है?
SSC MTS 14/11/2024 Shift III

(a) B (b) E
(c) G (d) F

36. सात व्यक्ति A, B, C, D, E, F और G एक वृत्ताकार मेज के चारों ओर केन्द्र की ओर मुख करके बैठे हैं (परन्तु जरूरी नहीं कि वे इसी क्रम में बैठे हों)। D, F के बाईं ओर दूसरे स्थान पर बैठा है। A, B के दाईं ओर तीसरे स्थान पर बैठा है। C, D के ठीक दाईं ओर बैठा है। F और G के बीच में केवल दो व्यक्ति बैठे हैं। G के बाईं ओर से गिनती करने पर C और G के बीच में कितने व्यक्ति बैठे हैं? **SSC MTS 13/11/2024 Shift III**

(a) दो (b) एक
(c) तीन (d) चार

37. A, E, I, O, U, S और K एक वृत्ताकार मेज के चारों ओर केन्द्र की ओर मुख करके बैठे हैं (परन्तु जरूरी नहीं कि वे इसी क्रम मे बैठे हों)। K, O के ठीक दाएँ बैठा है। O और S दोनों का निकटतम पड़ोसी E है। I, न तो S और न ही A का निकटतम पड़ोसी है। U के ठीक दाएँ कौन बैठा है?
SSC MTS 13/11/2024 Shift III

(a) K (b) A
(c) S (d) I

38. एक लॉ फर्म के सात अधिकारी (P, Q, R, S, T, U और V) एक बैठक के लिए एक वृत्ताकार मेज के चारों ओर बैठे हैं, सभी केन्द्र की ओर मुख करके बैठे हैं। (परन्तु जरूरी नहीं कि वे इसी क्रम में बैठे हों)।
U और S दोनों का निकटतम पड़ोसी P है।
Q, S के ठीक दाएँ बैठा है और T के निकटतम पड़ोसियों में से एक है।
V, T के दाएँ से दूसरे स्थान पर बैठा है।
U के बाएँ से दूसरे स्थान पर कौन बैठा है?
SSC MTS 12/11/2024 Shift III

(a) V (b) T
(c) R (d) Q

39. E, F, G, H, P, S और T एक वृत्ताकार मेज के चारों ओर केन्द्र की ओर मुख करके बैठे हैं (परन्तु जरूरी नहीं कि वे इसी क्रम में बैठे हों)। F, T के दाएँ से दूसरे स्थान पर बैठा है। P, S के ठीक बाएँ बैठा है। P के बाएँ से गिनती करने पर P और G के बीच में केवल एक व्यक्ति बैठा है। H, E के दाएँ से तीसरे स्थान

पर बैठा है। H के दाएँ से गिनती करने पर H और P के बीच में कितने व्यक्ति बैठे हैं?
SSC MTS 12/11/2024 Shift III
(a) एक (b) दो
(c) तीन (d) एक भी नहीं

40. सात उम्मीदवार A, B, L, N, S, T और Z समूह चर्चा के लिए एक वृत्ताकार मेज के चारों ओर केन्द्र की ओर मुख करके बैठे हैं (परन्तु जरूरी नहीं कि वे इसी क्रम में बैठे हों) L, N के बाईं ओर तीसरे स्थान पर बैठा है। T और B के ठीक बीच में N बैठा है। Z, B का निकटतम पड़ोसी है और S के बाईं ओर तीसरे स्थान पर बैठा है। Z भी A का निकटतम पड़ोसी है। N के बाईं ओर दूसरे स्थान पर कौन बैठा है? **SSC MTS 11/11/2024 Shift III**
(a) A (b) Z (c) L (d) S

41. E, F, G, H, I, J और K एक वृत्ताकार मेज के चारों ओर इसके केन्द्र की ओर मुख करके बैठे हैं (परन्तु जरूरी नहीं कि वे इसी क्रम में बैठे हों)। I, J के बाईं ओर से तीसरे स्थान पर बैठा है। G और H दोनों का निकटतम पड़ोसी E है। G, J के दाईं ओर से तीसरे स्थान पर बैठा है। F, I के दाईं ओर से दूसरे स्थान पर बैठा है। H के सापेक्ष K का स्थान क्या है?
SSC MTS 11/11/2024 Shift III
(a) दाईं ओर से तीसरा
(b) बाईं ओर से दूसरा
(c) बाईं ओर से तीसरा
(d) ठीक दाईं ओर

42. A, B, C, D, E, F और G एक वृत्ताकार मेज के चारों ओर केन्द्र की ओर मुख करके बैठे हैं (परन्तु जरूरी नहीं कि वे इसी क्रम में बैठे हों)। B, A के दाएँ से दूसरे स्थान पर और C के ठीक बाएँ बैठा है। C, D के बाएँ से दूसरे स्थान पर बैठा है। F, A के ठीक दाएँ बैठा है। E, A का निकटतम पड़ोसी नहीं है। A के बाएँ से गिनती करने पर D और A के बीच में कितने लोग बैठे हैं? **SSC MTS 05/11/2024 Shift III**
(a) एक (b) एक भी नहीं
(c) दो (d) तीन

43. छः व्यक्ति P1, P2, P3, P4, P5 और P6 एक वृत्ताकार मेज के चारों ओर केन्द्र की ओर मुख करके बैठे हैं (परन्तु जरूरी नहीं कि वे इसी क्रम में बैठे हों)। P2, P5 के बाएँ से दूसरे स्थान पर बैठा है। P2 के बाएँ से गिनती करने पर P2 और P6 के बीच में एक व्यक्ति बैठा है। P3 और P2 क्रमश: P5 और P4 के पड़ोसी नहीं हैं।
निम्नलिखित में से कौन-सा/कौन-से कथन सही है/हैं? **SSC MTS 05/11/2024 Shift III**
I. P1 के दाएँ से गिनती करने पर P1 और P6 के बीच में एक व्यक्ति बैठा है।
II. P3, P2 का निकटतम पड़ोसी है।
(a) केवल I
(b) न तो I और न ही II
(c) I और II दोनों
(d) केवल II

44. छः व्यक्ति A, B, C, D, E और F एक वृत्ताकार मेज के चारों ओर केन्द्र की ओर मुख करके बैठे हैं (परन्तु जरूरी नहीं कि वे इसी क्रम में बैठे हों)। F, C के दाएँ से तीसरे स्थान पर बैठा है। D, F के बाएँ से दूसरे स्थान पर बैठा है। A और E निकटतम पड़ोसी हैं। E, B के दाएँ से दूसरे स्थान पर बैठा है।
E के बाएँ से गिनने पर E और C के बीच में कितने व्यक्ति बैठे हैं?
SSC MTS 04/11/2024 Shift III
(a) तीन (b) एक (c) दो (d) चार

45. छः व्यक्ति-राहुल, राम, रंजन, रीना, रोहित और रूपाली एक वृत्ताकार मेज के चारों ओर केन्द्र की ओर मुख करके बैठे हैं (परन्तु जरूरी नहीं कि वे इसी क्रम में बैठे हों।) रूपाली, राम के दाएँ से दूसरे स्थान पर बैठी है, जो रीना का निकटतम पड़ोसी है। रोहित, रीना का निकटतम पड़ोसी नहीं है। रूपाली और राम दोनों का निकटतम पड़ोसी राहुल है।
राम के बाएँ से दूसरे स्थान पर कौन बैठा/बैठी है? **SSC MTS 04/11/2024 Shift III**
(a) राहुल (b) रंजन
(c) रूपाली (d) रीना

46. लल्ला, बबलू, महेश, अब्दुल, आरिफ, सुरेखा और किकू एक वृत्ताकार मेज के चारों ओर केन्द्र की ओर मुख करके बैठे हैं (परन्तु जरूरी नहीं कि वे इसी क्रम में बैठे हों)। लल्ला, बबलू के दाएँ से दूसरे स्थान पर बैठा है। महेश, अब्दुल के बाएँ से तीसरे स्थान पर बैठा है। आरिफ, अब्दुल के ठीक बाएँ बैठा है। सुरेखा, बबलू की निकटतम पड़ोसी है। किकू, सुरेखा का निकटतम पड़ोसी नहीं है। अब्दुल के दाएँ से तीसरे स्थान पर कौन बैठा है?
SSC MTS 30/10/2024 Shift III
(a) लल्ला (b) सुरेखा
(c) किकू (d) बबलू

47. सात सहकर्मी (L, M, N, O, P, Q, R) एक वृत्ताकार बैठक मेज के चारों ओर केन्द्र की ओर मुख करके बैठे हैं (परन्तु जरूरी नहीं कि वे इसी क्रम में बैठे हों)। O, L के ठीक दाएँ बैठा है, जबकि P, L के ठीक बाएँ बैठा है। R और N के बीच में केवल Q बैठा है, और R का निकटतम पड़ोसी M है, जो O का भी निकटतम पड़ोसी है।
निम्नलिखित में से कौन-से दो सहकर्मी निकटतम पड़ोसी नहीं हैं?
SSC MTS 30/10/2024 Shift III
(a) R और M (b) O और R
(c) P और N (d) Q और N

48. A, B, C, D, E, F और G एक वृत्ताकार मेज के चारों ओर केन्द्र की ओर मुख करके बैठे हैं (परन्तु जरूरी नहीं कि वे इसी क्रम में बैठे हों)। G और E के बीच में केवल C बैठा है। E, F के बाईं ओर तीसरे स्थान पर बैठा है। D, F के ठीक बाईं ओर बैठा है। B, E का निकटतम पड़ोसी नहीं है। A के दाईं ओर दूसरे स्थान पर कौन बैठा है?
SSC MTS 29/10/2024 Shift III
(a) D (b) B
(c) F (d) C

49. छः कर्मचारी धीरज, रोशन, सतीश, पवन, तरुण और नीरज एक वृत्ताकार मेज के चारों ओर केन्द्र की ओर मुख करके बैठे हैं (परन्तु जरूरी नहीं कि वे इसी क्रम में बैठे हों।) सतीश, पवन के ठीक दाएँ बैठा है। नीरज, सतीश के बाएँ से दूसरे स्थान पर बैठा है। तरूण, नीरज के ठीक बाएँ बैठा है। नीरज और रोशन के बीच में केवल तरुण बैठा है। सतीश और रोशन के बीच में कौन बैठा है?
SSC MTS 29/10/2024 Shift III
(a) नीरज (b) धीरज
(c) पवन (d) तरूण

50. U, V, W, X, Y, K और A एक वृत्ताकार मेज के चारों ओर केन्द्र की ओर मुख करके बैठे हैं (परन्तु जरूरी नहीं कि वे इसी क्रम में बैठे हों।) X के बाईं ओर से गिनने पर W और X के बीच में केवल दो व्यक्ति बैठे हैं। U, K के बाईं ओर तीसरे स्थान पर बैठा है। V, K के ठीक दाईं ओर बैठा है। V, W के बाईं ओर से दूसरे स्थान पर बैठा हैं। Y, U का निकटतम पड़ोसी नहीं है। A के दाईं ओर से तीसरे स्थान पर कौन बैठा है? **SSC MTS 28/10/2024 Shift II**
(a) W (b) V (c) U (d) K

51. P, Q, R, S, T और U एक गोल मेज के चारों ओर केन्द्र की ओर मुख करके बैठे हैं। (परन्तु जरूरी नहीं कि वे इसी क्रम में बैठे हों।) P, U के ठीक दाएँ और S के ठीक बाएँ बैठा है। S, T के ठीक बाएँ बैठा है। Q, T के ठीक दाएँ और R के ठीक बाँए बैठा है। R के ठीक दाएँ कौन बैठा है? **SSC MTS 28/10/2024 Shift II**
(a) U (b) S (c) P (d) T

52. छः छात्र अमित, शिवम, दिनेश, कमलेश, निहार और रोशन एक वृत्ताकार मेज के चारों ओर केन्द्र की ओर मुख करके बैठे हैं (परन्तु जरूरी नहीं कि वे इसी क्रम में बैठे हों)। अमित, शिवम के ठीक दाएँ बैठा है। दिनेश, शिवम के दाएँ से दूसरे स्थान पर बैठा है। निहार, दिनेश और रोशन दोनों का निकटतम पड़ोसी है। रोशन के ठीक दाएँ कौन बैठा है?
SSC MTS 23/10/2024 Shift II
(a) निहार (b) शिवम
(c) अमित (d) कमलेश

53. A, B, C, D, E, F और G एक वृत्ताकार मेज के चारों ओर केन्द्र की ओर मुख करके बैठे हैं (परन्तु जरूरी नहीं कि वे इसी क्रम में बैठे हों)। G के दाएँ से गिनती करने पर G और A के बीच में केवल 2 व्यक्ति बैठे हैं। E के दाएँ से गिनती करने पर E और D के बीच में केवल 2 व्यक्ति बैठे हैं। E, A का निकटतम पड़ोसी है। C के बाएँ से गिनती करने पर B और C के बीच में केवल 2 व्यक्ति बैठे हैं।

तब, F, B के बाएँ से कौन-से स्थान पर है?

SSC MTS 23/10/2024 Shift II

(a) बाएँ से दूसरा (b) दाएँ से दूसरा
(c) बाएँ से तीसरा (d) दाएँ से तीसरा

54. छः मित्र A, B,C, D, E और F एक वृत्ताकार मेज के चारों ओर केन्द्र की ओर पीठ करके बैठे हैं (परन्तु जरूरी नहीं कि वे इसी क्रम मे बैठे हों)। B और C दोनों का निकटतम पड़ोसी F है। D, B के दाएँ से दूसरे स्थान पर बैठा है। A, D के ठीक दाएँ बैठा है। निम्नलिखित में से कौन F के बाएँ दूसरे स्थान पर बैठा है? **SSC MTS 22/10/2024 Shift II**

(a) B (b) A
(c) D (d) E

55. सात व्यक्ति R, S, T, D, E, F और G एक वृत्ताकार मेज के चारों ओर केन्द्र की ओर मुख करके बैठे हैं (परन्तु जरूरी नहीं कि वे इसी क्रम में बैठे हों)। R, D के दाएँ से तीसरे स्थान पर बैठा है। G के बाएँ से गिनने पर G और E के बीच में केवल एक व्यक्ति बैठा है। S, T के ठीक दाएँ बैठा है। G के दाएँ से गिनने पर G और T के बीच में केवल एक व्यक्ति बैठा है। F के दाएँ से तीसरे स्थान पर कौन बैठा है? **SSC MTS 22/10/2024 Shift II**

(a) T (b) D
(c) S (d) G

56. 56. A, B, C, D, E, F और G एक वृत्ताकार मेज के चारों ओर केन्द्र की ओर मुख करके बैठे हैं (परन्तु जरूरी नहीं कि वे इसी क्रम में बैठे हो)। E के बाएँ से गिनने पर, E और F के बीच में केवल तीन व्यक्ति बैठे हैं। D के दाएँ से गिनने पर, G और D के बीच में केवल तीन व्यक्ति बैठे हैं। A, G के ठीक दाएँ बैठा है। D और F दोनों का निकटतम पड़ोसी C है।

B के बाएँ से दूसरे स्थान पर कौन बैठा है?

SSC MTS 21/10/2024 Shift II

(a) A (b) C
(c) G (d) E

57. पाँच मित्र, आशीष, बिपिन, चन्दू, दिनेश और इमैनुएल, एक ट्रेक पर गए। उन्होंने पहाड़ी की चोटी पर एक अलाव जलाया और एक घेरा बनाकर इसके चारों ओर केन्द्र की ओर मुख करके बैठ गए (परन्तु जरुरी नहीं कि वे इसी क्रम में बैठे हों)। यह स्मरण होता है कि आशीष और चन्दू के बीच में केवल एक व्यक्ति बैठा था, जबकि चन्दू स्वयं बिपिन के बाएँ से दूसरे स्थान पर बैठा था। यदि चन्दू और बिपिन दोनों का निकटतम पड़ोसी दिनेश था, तो आशीष के ठीक दाएँ कौन बैठा था?

SSC MTS 21/10/2024 Shift II

(a) चन्दू (b) दिनेश
(c) बिपिन (d) इमैनुएल

58. P, Q, R, S, T, U, और V एक वृत्ताकार मेज के चारों ओर केन्द्र की ओर पीठ करके बैठे हैं (परन्तु जरूरी नहीं कि वे इसी क्रम में बैठे हों)। P, U के बाएँ से दूसरे स्थान पर बैठा है। R, S के दाएँ से तीसरे स्थान पर बैठा है। S, V का निकटतम पड़ोसी है। V, P के ठीक बाएँ बैठा है। T, U का निकटतम पड़ोसी नहीं है। P के दाएँ से गिनती करने पर P और Q के बीच कितने व्यक्ति बैठे हैं?

SSC MTS 18/10/2024 Shift II

(a) चार (b) तीन
(c) एक (d) दो

59. R, S, T, D, E, F और G एक वृत्ताकार मेज के चारों ओर केन्द्र की ओर मुख करके बैठे हैं (परन्तु जरूरी नहीं कि वे इसी क्रम में बैठे हों)। E के दाईं ओर से गिनने पर E और T के बीच में केवल तीन व्यक्ति बैठे हैं। R और G के बीच में केवल दो व्यक्ति बैठे हैं। S, D के ठीक बाईं ओर बैठा है। T और R के बीच में केवल दो व्यक्ति बैठे हैं। F के बाईं ओर से गिनने पर F और S के बीच में कितने व्यक्ति बैठे हैं? **SSC MTS 18/10/2024 Shift II**

(a) एक (b) दो
(c) चार (d) तीन

60. A, D, K, N, Y और Z एक वृत्ताकार मेज के चारों ओर केन्द्र की ओर मुख करके बैठे हैं (परन्तु जरूरी नहीं कि वे इसी क्रम में बैठे हों)। Z, D के दाएँ से तीसरे स्थान पर बैठा है। K, Z का निकटतम पड़ोसी नहीं है। A, Z के बाएँ से दूसरे स्थान पर बैठा है। N, A का निकटतम पड़ोसी नहीं है। A और K के बीच में कौन बैठा है? **SSC MTS 17/10/2024 Shift II**

(a) D (b) Z
(c) N (d) Y

61. A, B, C, D, E, F और G एक वृत्ताकार मेज के चारों ओर केन्द्र की ओर मुख करके बैठे हैं (परन्तु जरूरी नहीं कि वे इसी क्रम में बैठे हों)। D के दाईं ओर से गिनती करने पर D और A के बीच में केवल एक व्यक्ति बैठा है। A और B के बीच में केवल एक व्यक्ति बैठा है। D और G के बीच में केवल एक व्यक्ति बैठा है। E के दाईं ओर से गिनती करने पर E और B के बीच में केवल दो व्यक्ति बैठे हैं। F और G के बीच में केवल एक व्यक्ति बैठा है। C के दाईं ओर तीसरे स्थान पर कौन बैठा है?

SSC MTS 17/10/2024 Shift II

(a) B (b) A
(c) D (d) F

62. सात व्यक्ति P, Q, R, S, T, U और V एक वृत्ताकार मेज के चारों ओर केन्द्र की ओर मुख करके बैठे हैं (परन्तु जरूरी नहीं कि वे इसी क्रम में बैठे हों)। S, V के बाएँ से तीसरे स्थान पर बैठा है। T, S के दाएँ से दूसरे स्थान पर बैठा है। P, Q के दाएँ से चौथे स्थान पर बैठा है। U, P के बाएँ से दूसरे स्थान पर बैठा है। T के सापेक्ष में R का स्थान क्या है?

SSC MTS 16/10/2024 Shift II

(a) ठीक बाएँ ओर (b) दाएँ से तीसरा
(c) बाएँ से दूसरा (d) बाएँ से तीसरा

63. A, B, C, D, E और F एक वृत्ताकार मेज के चारों ओर केन्द्र की ओर मुख करके बैठे हैं (परन्तु जरूरी नहीं कि वे इसी क्रम में बैठे हों)। A, B के बाएँ से तीसरे स्थान पर बैठा है। C, F के दाएँ से दूसरे स्थान पर बैठा है। A, C के ठीक बाएँ बैठा है। D, C का निकटतम पड़ोसी नहीं है। E के सापेक्ष में, B का स्थान कौन-सा है? **SSC MTS 16/10/2024 Shift II**

(a) दाएँ से दूसरा (b) बाएँ से दूसरा
(c) ठीक दाएँ (d) ठीक बाएँ

64. P, Q, R, S, T, U और V एक वृत्ताकार मेज के चारों ओर केन्द्र की ओर मुख करके बैठे हैं (परन्तु जरूरी नहीं कि वे इसी क्रम में बैठे हों)। T और U दोनों का निकटतम पड़ोसी P है। S, P के दाएँ से दूसरे स्थान पर बैठा है।

R के निकटतम पड़ोसी U और Q हैं।
S, U का निकटतम पड़ोसी नहीं है।
Q के ठीक बाएँ कौन बैठा है?

SSC MTS 14/10/2024 Shift I

(a) U (b) V
(c) S (d) R

65. A, B, C, D, E, F और G एक वृत्ताकार मेज के चारों ओर केन्द्र की ओर मुख करके बैठे हैं (परन्तु जरूरी नहीं कि वे इसी क्रम में बैठे हों)। F, B के बाएँ से दूसरे स्थान पर बैठा है। F, D के बाएँ से तीसरे स्थान पर बैठा है। B, E के ठीक दाएँ बैठा है। A, E के बाएँ से तीसरे स्थान पर बैठा है। A, G के ठीक दाएँ बैठा है। E के सापेक्ष में F का स्थान क्या है?

SSC MTS 14/10/2024 Shift I

(a) ठीक दाएँ (b) दाएँ से तीसरा
(c) बाएँ से दूसरा (d) ठीक बाएँ

66. M, N, O, P, Q, R और S एक वृत्ताकार मेज के चारों ओर केन्द्र की ओर मुख करके बैठे हैं (परन्तु जरूरी नहीं कि वे इसी क्रम में बैठे हों)। R और P दोनों का निकटतम पड़ोसी Q है। M, R के बाएँ से दूसरे स्थान पर बैठा है। O, M के बाएँ से दूसरे स्थान पर बैठा है। S, O का निकटतम पड़ोसी नहीं है। यदि 'M' से आरम्भ करते हुए सभी व्यक्तियों को वर्णानुक्रम

में घड़ी की सुई की दिशा में क्रमबद्ध रूप से बिठाए जाए, तो कितने व्यक्तियों का स्थान अपरिवर्तित रहेगा? SSC MTS 15/10/2024 Shift I

(a) चार (b) पाँच
(c) छ: (d) सात

67. सात व्यक्ति A, B, C, D, E, F और G एक वृत्ताकार मेज के चारों ओर केन्द्र की ओर मुख करके बैठे हैं (परन्तु जरुरी नहीं कि वे इसी क्रम में बैठे हों)। C के दाएँ से गिनने पर C और G के बीच में केवल तीन व्यक्ति बैठे हैं। E, G के बाएँ से तीसरे स्थान पर बैठा है। E के बएँ से गिनने पर E और F के बीच में ठीक एक व्यक्ति बैठा है। D, B के ठीक बाएँ बैठा है। A के बाएँ से गिनने पर, A और D के बीच नें कितने व्यक्ति बैठे हैं? SSC MTS 15/10/2024 Shift I

(a) 4 (b) 3
(c) 2 (d) 1

68. पाँच लड़कियाँ P, Q, R, S और T एक वृत्ताकार मेज के चारों ओर केन्द्र की ओर मुख करके बैठी हैं (परन्तु जरूरी नहीं कि वे इसी क्रम में बैठे हो)। S और T के बीच में केवल एक लड़की बैठी है। P, R के ठीक बाएँ बैठी है। P, S की निकटतम पड़ोसी नहीं है। T के दाएँ से तीसरे स्थान पर कौन-सी लड़की बैठी है? SSC MTS 09/10/2024 Shift I

(a) R (b) P
(c) S (d) Q

69. A, B, C, P, X, Y और Z एक वृत्ताकार मेज के चारों ओर केन्द्र की ओर मुख करके बैठे हैं (परन्तु जरूरी नहीं कि वे इसी क्रम में बैठे हो)। Y, A के बाएँ से तीसरे स्थान पर बैठा है। B, C के बाएँ से दूसरे स्थान पर बैठा है। Z, B के ठीक बाएँ बैठा है। P, Z के बाएँ से तीसरे स्थान पर बैठा है। A, C का निकटतम पड़ोसी नहीं है। Y के बाएँ से तीसरे स्थान पर कौन बैठा है? SSC MTS 09/10/2024 Shift I

(a) X (b) Y
(c) Z (d) B

70. A, B, C, D, E, F और G एक वृत्ताकार मेज के चारों ओर केन्द्र की ओर मुख करके बैठे हैं (परन्तु जरूरी नहीं कि वे इसी क्रम में बैठे हों)। E के दाई ओर से गिनने पर E और A के बीच में केवल 3 व्यक्ति बैठे हैं। B, A के बाईं ओर दूसरे स्थान पर बैठा है। G, F के ठीक बाईं ओर बैठा है। B के दाईं ओर से गिनने पर B और G के बीच में केवल 2 व्यक्ति बैठे हैं। C, E का निकटतम पड़ोसी है। E के सापेक्ष में D का स्थान क्या है? SSC MTS 08/10/2024 Shift I

(a) बाईं ओर से दूसरा (b) बाईं ओर से तीसरा
(c) दाईं ओर से दूसरा (d) दाईं ओर से तीसरा

71. सात व्यक्ति S, E, C, T, I, O और N एक वृत्ताकार मेज के चारों ओर केन्द्र की ओर मुख करके बैठे हैं (परन्तु जरूरी नहीं कि वे इसी क्रम में बैठे हों)। E, N के बाएँ से दूसरे स्थान पर बैठा है, जबकि N, S के बाएँ से दूसरे स्थान पर बैठा है। S के दाएँ से गिनने पर S और O के बीच में केवल एक व्यक्ति बैठा है। C, E के ठीक दाएँ बैठा है, जबकि T, O के ठीक बाएँ बैठा है। I के ठीक दाएँ कौन बैठा है? SSC MTS 08/10/2024 Shift I

(a) S (b) T (c) C (d) O

72. M, N, O, P, Q और R एक वृत्ताकार मेज के चारों ओर केन्द्र की ओर मुख करके बैठे हैं (परन्तु जरूरी नहीं कि वे इसी क्रम में बैठे हों)। N, R के ठीक दाएँ बैठा है। M, N के दाएँ से दूसरे स्थान पर बैठा है। P, M के दाएँ से दूसरे स्थान पर बैठा है। O, P के दाएँ से तीसरे स्थान पर बैठा है। Q के ठीक दाएँ कौन बैठा है? SSC MTS 07/10/2024 Shift I

(a) M (b) P (c) R (d) O

73. सात सहेलियाँ, कमला, रवीना, अमृता, निशा, गौतमी, भावना और त्रिवेणी, एक वृत्ताकार खाने की मेज के चारों ओर केन्द्र की ओर मुख करके बैठी हैं (परन्तु जरूरी नहीं कि वे इसी क्रम में बैठी हों)। रवीना, निशा के दाएँ से दूसरे स्थान पर बैठी है। गौतमी की निकटतम पड़ोसी कमला और त्रिवेणी हैं। त्रिवेणी, निशा के बाएँ से तीसरे स्थान पर बैठी है। अमृता, निशा की निकटतम पड़ोसी नहीं है। भावना के बाएँ से चौथे स्थान पर कौन बैठी है? SSC MTS 07/10/2024 Shift I

(a) कमला (b) रवीना
(c) निशा (d) त्रिवेणी

74. सात लोग A, B, C, D, E, F और G एक वृत्ताकार मेज के चारों ओर केन्द्र की ओर मुख करके बैठे हैं (परन्तु जरूरी नहीं कि वे इसी क्रम में बैठे हों)। G, E के बाएँ से तीसरे स्थान पर बैठा है। A, G के ठीक बाएँ बैठा है। A और B का निकटतम पड़ोसी D है। F, C के ठीक बाएँ बैठा है। F के दाएँ से गिनने पर F और D के बीच में कितने लोग बैठे हैं? SSC MTS 01/10/2024 Shift I

(a) चार (b) तीन
(c) दो (d) पाँच

75. P, Q, R, S, T और U एक वृत्ताकार मेज के चारों ओर केन्द्र की ओर मुख करके बैठे हैं (परन्तु जरूरी नहीं कि वे इसकी क्रम में बैठे हों)। P, T के बाएँ से दूसरे स्थान पर है। U और P दोनों का निकटतम पड़ोसी Q है। S और P निकटतम पड़ोसी हैं। निम्नलिखित में से किसके निकटतम पड़ोसी T और U दोनों हैं? SSC MTS 01/10/2024 Shift I

(a) S (b) Q (c) R (d) P

76. सात लोग A, B, C, D, E, F और G एक वृत्ताकार मेज के चारों ओर केन्द्र की ओर मुख करके बैठे हैं (परन्तु जरूरी नहीं कि वे इसी क्रम में बैठे हों)। C, E के ठीक दाएँ बैठा है। D, C के बाएँ से तीसरे स्थान पर बैठा है। B और C का निकटतम पड़ोसी A है। F, E का निकटतम पड़ोसी नहीं है।
A के सापेक्ष में G का स्थान क्या है? SSC MTS 30/09/2024 Shift I

(a) ठीक बाएँ ओर (b) दाएँ से दूसरा
(c) बाएँ से दूसरा (d) बाएँ से तीसरा

77. सात व्यक्ति A, B, C, D, E, F और G एक वृत्ताकार मेज के चारों ओर केन्द्र की ओर मुख करके बैठे हैं (परन्तु जरूरी नहीं कि वे इसी क्रम में बैठे हों)। A, E के दाईं ओर दूसरे स्थान पर बैठा है। D और A के बीच में केवल एक व्यक्ति बैठा है। B, G के दाईं ओर तीसरे स्थान पर बैठा है। F, B का निकटतम पड़ोसी है। E के बाईं ओर से गिनती करने पर D और E के बीच में कितने व्यक्ति बैठें हैं? SSC MTS 30/09/2024 Shift I

(a) तीन (b) एक (c) दो (d) चार

SSC MTS 2023

78. किरण, पीहू, सिया, लीना, रीना और जिया एक वृत्ताकार मेज के चारों ओर केन्द्र की ओर मुख करके बैठी हैं। किरण, पीहू के दाईं ओर से तीसरे स्थान पर बैठी है। सिया, किरण के दाईं ओर से दूसरे स्थान पर बैठी है। लीना, सिया के बाईं ओर से तीसरे स्थान पर बैठी है। रीना , लीना की निकटतम पड़ोसी है। जिया के ठीक बाईं ओर कौन बैठी है? SSC MTS 14/09/2023 Shift-I

(a) लीना (b) सिया
(c) किरण (d) पीहू

79. D, E, F, G, H, I, J और K एक वर्गाकार मेज के चारों ओर केन्द्र की ओर मुख करके बैठे हैं। उनमें से कुछ मेज के कोनों पर बैठे हैं जबकि कुछ भुजाओं के ठीक मध्य में बैठे हैं। K, I के दाईं ओर से तीसरे स्थान पर बैठा है। K किसी एक कोने पर बैठा है। E, G के बाईं ओर से दूसरे स्थान पर बैठा है। G किसी भी एक कोने पर बैठा है। I और D का निकटतम पड़ोसी E है। F, J के दाईं ओर से तीसरे स्थान पर बैठा है। F और K का निकटतम पड़ोसी H है। I के बाईं ओर से गिनने पर I और F के बीच में कितने व्यक्ति बैठे हैं? SSC MTS 13/09/2023 Shift-I

(a) तीन (b) एक (c) दो (d) चार

80. छः लोग दीपक, गौरी, बबीता, इरा, फरहीन और हेमा एक सीधी पंक्ति में उत्तर की ओर मुख करके बैठे हैं। दीपक बाईं ओर के छोर से दूसरे स्थान पर बैठा है। गौरी, दीपक के दाईं ओर से दूसरे स्थान पर बैठी है। इरा, गौरी के

दाईं ओर से दूसरे स्थान पर बैठी है। फरहीन, इरा के बाईं ओर से तीसरे स्थान पर बैठी है। बबीता, फरहीन के बाईं ओर दूसरे स्थान पर बैठी है। दीपक के दाईं ओर से तीसरे स्थान पर कौन बैठा/बैठी है? SSC MTS 11/09/2023 Shift-I

(a) इरा (b) फरहीन
(c) हेमा (d) बबीता

81. अबीर, बेला, दीपा, फरहीन, हीरा और गिरीश एक वृत्ताकार मेज के चारों ओर केन्द्र की ओर मुख करके बैठे हैं। गिरीश, दीपा के दाईं ओर से दूसरे स्थान पर बैठा है। फरहीन, गिरीश के ठीक बाईं ओर बैठी है। बेला, फरहीन के दाईं ओर से दूसरे स्थान पर बैठी है। हीरा, दीपा का निकटतम पड़ोसी है। बेला के ठीक दाईं ओर कौन बैठा है? SSC MTS 08/09/2023 Shift-II

(a) गिरीश (b) दीपा
(c) अबीर (d) हीरा

82. E, F, G, H, I और J एक वृत्ताकार मेज के चारों ओर केन्द्र की ओर मुख करके बैठे हैं। J, I के ठीक बाईं ओर बैठा है। G, I के दाईं ओर से दूसरे स्थान पर बैठा है। E, G के दाईं ओर से दूसरे स्थान पर बैठा है। H, F के बाईं ओर से दूसरे स्थान पर बैठा है। E के दाईं ओर से तीसरे स्थान पर कौन बैठा है? SSC MTS 06/09/2023 Shift-I

(a) F (b) I (c) J (d) H

83. मनु, राम, गौरव, शिवम, उमेश और वीर एक वृत्ताकार मेज के चारों ओर केन्द्र की ओर मुख करके बैठे हैं। मनु, राम के बाईं ओर से दूसरे स्थान पर बैठा है। गौरव, राम के दाईं ओर से तीसरे स्थान पर बैठा है। शिवम, मनु के बाईं ओर से तीसरे स्थान पर बैठा है। उमेश, शिवम के बाईं ओर से दूसरे स्थान पर बैठा है। मनु के बाईं ओर से दूसरे स्थान पर कौन बैठा है? SSC MTS 05/09/2023 Shift-II

(a) वीर (b) उमेश
(c) राम (d) गौरव

84. J, K, P, Q, R और M एक वृत्ताकार मेज के चारों ओर केन्द्र की ओर मुख करके बैठे हैं। J, M के ठीक बाईं ओर बैठा है। R, J के बाईं ओर से दूसरे स्थान पर बैठा है। K, J के दाईं ओर से तीसरे स्थान पर बैठा है। P, R के ठीक दाईं ओर बैठा है। K के बाईं ओर से दूसरे स्थान पर कौन बैठा है? SSC MTS 04/09/2023 Shift-II

(a) R (b) M
(c) P (d) Q

85. सात व्यक्ति, S, T, U, V, W, X और Y एक सीधी पंक्ति में उत्तर की ओर मुख करके बैठे हैं। केवल दो व्यक्ति W के दाईं ओर बैठे हैं। केवल तीन व्यक्ति S और W के बीच में बैठे हैं। T और X का निकटतम पड़ोसी U है। X, W का निकटतम पड़ोसी नहीं है। V, T के दाईं ओर से तीसरे स्थान पर बैठा है। W और V के बीच में कौन बैठा है? SSC MTS 01/09/2023 Shift-III

(a) U (b) T
(c) X (d) Y

86. छः व्यक्ति, P,Q,R,S,T और U एक सीधी पंक्ति में उत्तर की ओर मुख करके बैठे हैं। U,R के दाईं ओर से चौथे स्थान पर बैठा है। R पंक्ति के अन्तिम छोर पर नहीं बैठा है। U और S का निकटतम पड़ोसी T है। Q, S के बाईं ओर से तीसरे स्थान पर बैठा है। R के ठीक दाईं ओर कौन बैठा है? SSC MTS 01/09/2023 Shift-I

(a) P (b) Q
(c) S (d) T

87. सात व्यक्ति G, M, R, K, L, P और C एक वृत्ताकार मेज के चारों ओर मेज के केन्द्र की ओर मुख करके बैठे हैं। उनके बारे में निम्नलिखित जानकारी ज्ञात है। G, K के दाएँ ओर बिल्कुल बगल में बैठा है, जो C के बाएँ ओर तीसरे स्थान पर बैठा है। R, C और P दोनों के बिल्कुल बगल में बैठा है। M, G के बिल्कुल बगल में नहीं बैठा है। M के बाएँ ओर तीसरे स्थान पर कौन बैठा है? SSC MTS 15/09/2023 Shift-I

(a) L (b) R (c) G (d) C

SSC MTS 2022 & 2021

88. पाँच मित्र N, M, O, P और Q एक कतार में पूर्व की ओर मुख करके बैठे हैं (लेकिन जरूरी नहीं कि वे इसी क्रम में हों)। O सबसे बाएँ ओर बैठा है। N, M और Q का निकटतम पड़ोसी है। P किसी भी छोर की सीट पर नहीं बैठा है। O का निकटतम पड़ोसी कौन है? SSC MTS 14/07/2022 Shift-I

(a) P (b) N (c) Q (d) M

89. सात लड़के B_1, B_2, B_3, B_4, B_5, B_6 और B_7 एक वृत्ताकार मेज के चारों ओर मेज के केन्द्र की ओर मुख करके (आवश्यक नहीं है कि इसी क्रम में हो) बैठे हैं। B_1, B_7 के बाएँ ओर तीसरे स्थान पर बैठा है। B_4, B_1 के बाएँ ओर निकटतम स्थान पर बैठा है। B_2, B_6 के बाएँ ओर दूसरे स्थान पर बैठा है। B_6, B_5 के निकटतम स्थान पर नहीं बैठा है। B_3 के निकटतम स्थानों पर कौन बैठे हैं? SSC MTS 14/07/2022 Shift-I

(a) B_6 और B_7 (b) B_1 और B_2
(c) B_5 और B_4 (d) B_4 और B_6

90. सात लड़कियाँ A, B, C, D, E, F और G एक वृत्ताकार मेज के केन्द्र के विपरीत मुख करके (आवश्यक नहीं है कि इसी क्रम में हो) बैठी हैं। E, A के दाएँ ओर दूसरे स्थान पर बैठा है। C, E की सन्निकट पड़ोसन है। D, C के दाएँ ओर तीसरे स्थान पर बैठा है। B, E और A की सन्निकट पड़ोसन है। F, A के दाएँ ओर चौथे स्थान पर बैठा है।

निम्नलिखित में से कौन-सा/से कथन सही है/हैं?

I. D, G के दाएँ ओर बगल में बैठा है।
II. A, B के बाएँ ओर तीसरे स्थान पर बैठा है। SSC MTS 13/07/2022 Shift-I

(a) न तो I और न ही II
(b) केवल I
(c) केवल II
(d) I और II दोनों

91. चार लड़के R, S, T और U एक पंक्ति में दक्षिण की ओर मुख करके (आवश्यक नहीं है कि इसी क्रम में हों) बैठे हैं। चार लड़कियाँ A, B, C और D एक पंक्ति में (आवश्यक नहीं है कि इसी क्रम में हों) बैठी हैं, जिनका मुख इन लड़कों के मुख की ओर है। C और R तिर्यक रूप से एक-दूसरे के सामने बैठे हैं। A और S तिर्यक रूप से एक-दूसरे के सामने बैठे हैं। T, R के निकटतम स्थान पर बैठा है। D, C के निकटतम स्थान पर बैठा है। किसका मुख D की ओर है? SSC MTS 13/07/2022 Shift-I

(a) R (b) U (c) T (d) S

92. छः लड़कियाँ, पूजा, किमत, रीति, श्वेता, तेजस्विनी और विनीता, एक गोलाकार मेज के परित: बैठी हैं। सभी के मुँह मेज के केन्द्र की ओर हैं। (लेकिन जरूरी नही कि वे इसी क्रम में हों) तेजस्विनी, विनीता और रीति के ठीक बगल में बैठी है। पूजा, विनीता के ठीक बाएँ बैठी है। किमत, पूजा के दाएँ चौथे स्थान पर बैठी है। श्वेता, पूजा के ठीक बाएँ बगल में बैठी है। श्वेता के ठीक बाएँ बगल में कौन बैठी है? SSC MTS 12/07/2022 Shift-I

(a) पूजा (b) रीति
(c) तेजस्विनी (d) किमत

93. आठ लड़के G, H, I, J, K, L, M और N एक वर्गाकार मेज के चारों ओर मेज के केन्द्र की ओर मुख करके (आवश्यक नहीं है कि इसी क्रम में हो) बैठे हैं। चार लड़के कोनों पर बैठे हैं और चार लड़के मेज की भुजाओं के मध्य भाग में बैठे हैं। J, G और H के निकटतम स्थान पर है और वह एक कोने में बैठा है। M, N और K के निकटतम स्थान पर है। L मेज की भुजा के मध्य भाग में बैठा है। G, L के सामने नहीं बैठा है। N, H के दाईं ओर निकटतम स्थान पर बैठा है। I के सामने तिर्यक रूप से कौन बैठा है? SSC MTS 11/07/2022 Shift-I

(a) J (b) L (c) N (d) K

94. छः लड़के J, K, L, M, N और P एक आयताकार मेज के चारों ओर मेज के केन्द्र की ओर मुख करके (आवश्यक नहीं है कि इसी क्रम में हो) बैठे हैं। 4 लड़के कोनों पर इस

प्रकार बैठे हैं कि प्रत्येक कोने पर एक लड़का बैठा है। मेज की प्रत्येक छोटी भुजा के बीच में एक लड़का बैठा है। N, K के दाईं ओर दूसरे स्थान पर और J के बाईं ओर दूसरे स्थान पर बैठा है। M, N के ठीक सामने बैठा है और M कोने में नहीं बैठा है।

निम्नलिखित में से कौन-सा/से कथन निश्चित रूप से सही है/हैं?

I. L और P दोनों N के बगल में हैं।

II. K, L के विकर्णत: सामने बैठा है।

SSC MTS 11/07/2022 Shift-I

(a) केवल I सही है
(b) न तो I और न ही II सही है
(c) I और II दोनों सही हैं
(d) केवल II सही है

95. पाँच व्यक्ति, A, B, C, D, E, केन्द्र की ओर अभिमुख होकर एक गोल मेज के परित: बैठे हैं।

1. E और D के पड़ोस में A बैठा है।
2. B, D के बाएँ दूसरे स्थान पर बैठा है।

B के दाएँ पड़ोस में कौन बैठा है?

SSC MTS 02/11/2021 Shift-III

(a) E (b) C
(c) D (d) A

96. छ: व्यक्ति, विनय, माधव, नीलेश, सागर, अरविन्द, राजेश, दो पंक्तियों में एक-दूसरे के सामने खड़े हैं, और हर पंक्ति में तीन व्यक्ति हैं।

1. नीलेश ठीक अरविन्द और सागर के बीच में है
2. नीलेश, विनय के सामने नहीं है।
3. माधव, अरविन्द के सामने है।

राजेश कहाँ खड़ा है?

SSC MTS 02/11/2021 Shift-III

(a) विनय के सम्मुख
(b) विनय और माधव के बीच
(c) विनय और अरविन्द के बीच में
(d) सागर के सम्मुख

97. छ: लड़कियाँ उत्तर की ओर अभिमुख होकर बैठी हैं।

I. नविका, सीमा के ठीक बाएँ ओर पड़ोस में बैठी है, जो सबनम के पड़ोस में है।

II. हीमा पंक्ति के किसी एक छोर पर बैठी हैं, लेकिन सबनम किसी भी छोर पर नहीं है।

III. विनीता और नविका के बीच में रूपाली बैठी है।

पंक्ति के दूसरे छोर पर कौन-सी लड़की बैठी है?

SSC MTS 02/11/2021 Shift-I

(a) नविका (b) रुपाली (c) विनीता (d) सीमा

98. आठ मित्र A, B, C, D, E, F, G और H वर्गाकार मेज के परित: केन्द्र की ओर अभिमुख होकर बैठे हैं।

I. B, D के सम्मुख है जो E के दाएँ ओर बैठा है।

II. F, जो कि D के पड़ोस में बैठा है, G के सम्मुख है।

III. C और H के बीच दो व्यक्ति बैठे हैं और H, E के सम्मुख नहीं बैठा है।

यदि C और G के बीच केवल एक व्यक्ति ही बैठा है, तो वह कौन हो सकता है?

SSC MTS 02/11/2021 Shift-I

(a) D (b) B
(c) A (d) G

SSC Steno 2024

99. A, B, C, D, E और F एक गोल मेज के परित: केन्द्र की ओर मुख करके बैठे हैं (लेकिन इसी क्रम में जरूरी नहीं)। F, A के बाएँ से दूसरे स्थान पर बैठा है। E, F का निकटतम पडोसी है। C, D के दाएँ से दूसरे स्थान पर बैठा है। B, E के ठीक बाएँ बैठा है। B के बाएँ से दूसरे स्थान पर कौन बैठा है?

SSC Steno 11/12/2024 Shift III

(a) A (b) C
(c) D (d) F

100. छ: विद्यार्थी एक गोल मेज के परित: इसके केन्द्र की ओर अभिमुख होकर बैठे हैं। दीया, अर्जुन के बाईं ओर दूसरे स्थान पर बैठी है। पवन, भीम के दाईं ओर दूसरे स्थान पर बैठा है। कपिल, दीया के बाईं ओर दूसरे स्थान पर बैठा है। दीया ठीक पवन और राम दोनों के पड़ोस में है। पवन और भीम के बीच में कौन बैठा है? **SSC Steno 11/12/2024 Shift III**

(a) राम (b) कपिल
(c) अर्जुन (d) पवन

101. छ: बच्चे एक गोल डाइनिंग टेबल के परित: इसके केन्द्र की ओर अभिमुख होकर बैठे हैं। जो, लूसी और स्टेसी दोनों का निकतम पड़ोसी है। ईवा, लूसी के दाएँ से दूसरे स्थान पर बैठी है। कीथ, स्टेसी के बाएँ से तीसरे स्थान पर बैठी है। कैरल, ईवा और स्टेसी दोनों का निकतम पड़ोसी है। निम्नलिखित में से कौन जो और कैरल के बीच में बैठा है?

SSC Steno 11/12/2024 Shift II

(a) ईवा (b) कीथ
(c) स्टेसी (d) लूसी

102. P, Q, R, S, T और U एक गोल मेज के परित: केन्द्र की ओर मुख करके बैठे हैं (लेकिन इसी क्रम में जरूरी नहीं)। U, Q के ठीक दाएँ बैठा है। U और R के बीच केवल दो लोग बैठे हैं। P, S के ठीक बाएँ बैठा है। निम्नलिखित में से कौन-सा विकल्प, S के सन्दर्भ में T की स्थिति को दर्शाता है?

SSC Steno 11/12/2024 Shift II

(a) बाएँ से तीसरा
(b) दाएँ से दूसरा
(c) ठीक दाएँ
(d) बाएँ से दूसरा

103. A, E, O, R, S और T एक गोल मेज के परित: उसके केन्द्र की ओर अभिमुख होकर बैठे हैं (लेकिन इसी क्रम में जरूरी नहीं)। A और S के बीच केवल एक व्यक्ति बैठा है। S और E के बीच केवल दो व्यक्ति बैठे हैं। R, E के बाएँ से दूसरे स्थान पर बैठा है। T, A के बाएँ से दूसरे स्थान पर बैठा है। O के ठीक बाएँ कौन बैठा है? **SSC Steno 11/12/2024 Shift-I**

(a) R (b) T
(c) A (d) S

104. छ: वैज्ञानिक एक गोल मेज के परित: उसके केन्द्र की ओर अभिमुख होकर बैठे हैं। सुहैल, एलरॉय और आरोन का निकटतम पड़ोसी है। नेल्सन, एलरॉय के ठीक दाएँ बैठा है। राजन, सुहैल के बाएँ से दूसरे स्थान पर बैठा है। कार्लटन, नेल्सन का निकटतम पड़ोसी है। आरोन और कार्लटन के बीच में कौन बैठा है?

SSC Steno 11/12/2024 Shift I

(a) एलरॉय (b) नेल्सन
(c) सुहैल (d) राजन

105. R, S, T, U, V और W एक गोल मेज के परित: केन्द्र की ओर मुख करके बैठे हैं (लेकिन इसी क्रम में जरूरी नहीं)। R, V के बाएँ से दूसरे स्थान पर बैठा है। R और S के बीच केवल एक व्यक्ति बैठा है। S और W के बीच केवल दो व्यक्ति बैठे हैं। T, R का निकटतम पड़ोसी नहीं है। U के बाएँ से दूसरे स्थान पर कौन बैठा है?

SSC Steno 10/12/2024 Shift III

(a) W (b) S
(c) T (d) R

106. छ: विद्यार्थी (रितु, विनायक, अर्नब, माया, फातिमा और अंकुर) एक गोल मेज के परित: उसके केन्द्र की ओर अभिमुख होकर बैठे हैं (लेकिन इसी क्रम में जरूरी नहीं)। रितु, विनायक और अर्नब दोनों की निकटतम पड़ोसी है। अर्नब, फातिमा के बाएँ से दूसरे स्थान पर बैठा है। फातिमा विनायक के बाएँ से दूसरे स्थान पर बैठी है। विनायक रितु और माया दोनों का निकटतम पड़ोसी है। फातिमा और अर्नब के ठीक बीच में कौन बैठा है?

SSC Steno 10/12/2024 Shift III

(a) विनायक (b) रितु
(c) माया (d) अंकुर

107. H, I, J, K, L और M एक वृत्ताकार मेज के पारित: (लेकिन इसी क्रम में जरूरी नहीं) केन्द्र की ओर मुख करके बैठे हैं। L और M के बीच केवल दो व्यक्ति बैठे हैं। M, I और J का निकटतम पड़ोसी है। H, I के ठीक दाएँ बैठा है। K के बाएँ से गिने जाने पर K और H के बीच कितने व्यक्ति बैठे हैं?

SSC Steno 10/12/2024 Shift II

(a) एक भी नहीं (b) दो
(c) एक (d) तीन

108. छः खिलाड़ी एक गोल मेज के परितः उसके केन्द्र की ओर अभिमुख होकर बैठे हैं। R, M के दाएँ से दूसरे स्थान पर बैठा है। R और K के बीच केवल दो व्यक्ति बैठे हैं। V, S के दाएँ से दूसरे स्थान पर बैठा है। N, K और V दोनों का निकटतम पड़ोसी है। M और R के ठीक बीच में कौन बैठा है?

SSC Steno 10/12/2024 Shift II

(a) N (b) K (c) V (d) S

109. A, B, C, X, Y और Z एक गोल मेज के परितः उसके केन्द्र की ओर अभिमुख होकर बैठे हैं (लेकिन इसी क्रम में जरूरी नहीं)। X, A के ठीक बाएँ बैठा है। X और Z के बीच केवल एक व्यक्ति बैठा है। C, B के दाएँ से दूसरे स्थान पर बैठा है। Y, A का निकटतम पड़ोसी नहीं है। Z के ठीक दाएँ कौन बैठा है?

SSC Steno 10/12/2024 Shift I

(a) C (b) Y (c) B (d) A

110. छह दोस्त एक गोल मेज के परितः इसके केन्द्र की ओर अभिमुख होकर बॉटल स्पिनिंग का खेल, खेल रहे हैं। रोहिणी, रश्मि के बाएँ से तीसरे स्थान पर बैठी है। राहुल, रश्मि और रमेश के बीच में बैठा है। रवि, रोहिणी और राजू के बीच में बैठा है। रवि, रश्मि के दाएँ से दूसरे स्थान पर बैठा है। निम्नलिखित में से कौन राजू के ठीक बाएँ बैठा है?

SSC Steno 10/12/2024 Shift I

(a) राहुल (b) रोहिणी
(c) रमेश (d) रश्मि

SSC Steno 2023-2020

111. छः सहकर्मी J, K, L, M, N और O दो पंक्तियों में बैठे हैं, प्रत्येक पंक्ति में 3 लोग हैं, जो एक-दूसरे के सामने हैं। आसन्न व्यक्तियों के बीच समान दूरी है। एक पंक्ति में प्रत्येक व्यक्ति, दूसरी पंक्ति के किसी अन्य व्यक्ति की ओर अभिमुख है। M, L का निकटतम पड़ोसी है। J, L के बाएँ दूसरे स्थान पर बैठा है। N, पंक्ति के किसी भी छोर पर नहीं बैठा है। O, जो N का निकटतम पड़ोसी हैं J के तिर्यक रूप से सामने बैठा है। M के सामने निम्नलिखित में से कौन बैठा है?

SSC Steno 13/10/2023 Shift-I

(a) J (b) N (c) L (d) O

112. आठ मित्र-जेक, केन, लिली, देव, मिनी, नैन्सी, ओम और पोली एक वर्गाकार मेज के चारों ओर इस प्रकार बैठे हैं कि उनमें से चार मेज के कोनों पर बैठे हैं और अन्य चार मेज की चारों भुजाओं में से प्रत्येक के मध्य में बैठे हैं। सभी मेज के केन्द्र की ओर मुख करके बैठे हैं। न तो जेक और न ही ओम, मिनी का निकटतम पड़ोसी है। लिली, ओम के बाएँ चौथे स्थान पर बैठी है। नैन्सी किसी भी भुजा के मध्य में नहीं बैठी है। ओम, जेक के दाएँ दूसरे स्थान पर बैठा है। जेक किसी भी भुजा के मध्य में नहीं बैठा है। मिनी किसी एक भुजा के मध्य में बैठी है। केन और मिनी के मध्य में केवल एक व्यक्ति बैठा है। पोली, ओम का निकटतम पड़ोसी नहीं है। जेक के दाएँ चौथे स्थान पर कौन बैठा/बैठी है? SSC Steno 13/10/2023 Shift-I

(a) लिली (b) मिनी
(c) नैन्सी (d) ओम

113. सात लोग A, B, C, D, E, F और G उत्तर की ओर मुख करके एक सीधी पंक्ति मे बैठे हुए हैं। E के बाएँ केवल 2 लोग बैठे हैं। G, E के ठीक बगल में बैठा है। B, F के दाएँ ठीक बगल में बैठा है। G और F के बीच में केवल 3 लोग बैठे हैं। A, D के बाएँ ठीक बगल में बैठा है। पंक्ति के बाएँ छोर पर कौन बैठा है?

SSC Steno 12/10/2023 Shift-I

(a) G (b) C (c) F (d) A

114. सात व्यक्ति तनु, रानो, बीना, शिरीन, कनक, आदित्य और अंशुल एक सीधी पंक्ति मे उत्तर की ओर मुख करके बैठे हैं। तनु के बाईं ओर केवल दो व्यक्ति बैठे हैं। तनु और रानो के बीच केवल तीन व्यक्ति बैठे हैं। बीना, शिरीन के दाईं ओर दूसरे स्थान पर बैठी है। बीना, रानो की निकटतम पड़ोसी है। कनक, आदित्य के दाईं ओर ठीक बगल में बैठी है। पंक्ति के दाएँ छोर पर कौन बैठा/बैठी है?

SSC Steno 12/10/2023 Shift-I

(a) अंशुल (b) कनक
(c) आदित्य (d) रानो

115. छः मित्र A, C, D, E, F और G एक सीधी पंक्ति में उत्तर की ओर अभिमुख होकर बैठे हैं। वे अपने सातवें दोस्त B के शामिल होने की प्रतीक्षा कर रहे हैं। A के बाएँ तीन व्यक्ति बैठे हैं। C एक छोर पर बैठा है। F और D, G के निकटतम पड़ोसी हैं। यदि D, A के ठीक बाएँ पड़ोस में बैठा है और E, A के दाएँ से दूसरे स्थान पर बैठा है, तो B कहाँ बैठेगा?

SSC Steno 18/11/2022 Shift-I

(a) G के दाएँ पाँचवाँ (b) F के दाएँ चौथा
(c) E के ठीक दाएँ (d) D के दाएँ तीसरा

116. A, B, C, D, E, F, G और H एक वर्गाकार मेज के चारों ओर बैठे हैं तथा उनके मुख केन्द्र की ओर नहीं हैं। उनमें से कुछ कोनों पर बैठे हैं, जबकि कुछ भुजाओं के ठीक केन्द्र में बैठे हैं। A, F के ठीक दाएँ और E के ठीक बाएँ बैठा है। C, E के ठीक दाएँ बैठा है। G, E के दाएँ से दो स्थान पर बैठा है। B, G के ठीक दाएँ बैठा है। H, B के ठीक दाएँ और D के ठीक बाएँ बैठा है। D, F के बाएँ ओर बैठा है। A और D के बीच में कौन बैठा है?

SSC Steno 18/11/2022 Shift-I

(a) H (b) F
(c) E (d) G

117. नौ व्यक्ति-अजय, राहुल, बीना, अजीत, कोमल, पवन, अंकित, आदित्य और कौशल-एक सीधी रेखा में उत्तर की ओर अभिमुख होकर बैठे हैं, लेकिन जरूरी नहीं कि वे इसी क्रम में बैठे हों। राहुल, बीना के दाएँ चौथे स्थान पर है। कोमल, आदित्य के बाएँ दूसरे स्थान पर और अजय के दाएँ चौथे स्थान पर है, जोकि अजीत के बाएँ पाँचवे स्थान पर है। अजय, बीना के ठीक पड़ोस में नहीं है। आदित्य दाएँ छोर पर बैठा है। पवन, राहुल के ठीक पड़ोस में नहीं है। राहुल के ठीक पड़ोस में कौन-कौन बैठा है?

SSC Steno 17/11/2022 Shift-I

(a) कौशल, अंकित (b) कौशल, कोमल
(c) अजय, अंकित (d) अजय, कोमल

118. किसी पंक्ति में, चार दोस्त उत्तर की ओर अभिमुख होकर बैठे हैं। B किसी एक छोर पर बैठा है। A, D के दाईं ओर दूसरे स्थान पर बैठा है। यदि D ठीक B और C के बीच में बैठा है, तो निम्न में से कौन-सा कथन सत्य नहीं है? SSC Steno 15/11/2021

(a) A और B एक-दूसरे के बगल में बैठे हैं।
(b) B, D के ठीक बाईं ओर बैठा है।
(c) A, किसी एक छोर पर बैठा है।
(d) C, D के ठीक दाईं ओर बैठा

119. P, Q, R, S, T और U छः दोस्त एक वृत्ताकार मेज के परितः एक-दूसरे से समान दूरी पर केन्द्र की ओर मुख करके बैठे हैं। U, T के बाएँ चौथे स्थान पर बैठा है। कोई S और T के बीच में बैठा है, लेकिन यह P नहीं है। R, U के ठीक बाएँ बैठा है। T के सामने कौन बैठा है? SSC Steno 12/11/2021

(a) Q (b) P
(c) S (d) R

120. छः मित्र A, B, C, D, E और F एक वृत्ताकार मेज के परितः मेज के केन्द्र की ओर मुख किए बैठे हैं। A, E के ठीक बाईं ओर बैठा है। B, F के ठीक दाईं ओर बैठा है। D, F के बाईं ओर दूसरे स्थान पर बैठा है। दोनों छोर से A और C के बीच समान संख्या में व्यक्ति बैठे हैं। A और F के बीच कौन बैठा है?

SSC Steno 11/11/2021

(a) D (b) C
(c) B (d) E

121. छः दोस्त, K, L, M, N, O और P सीधी रेखा में बैठे हैं। सभी उत्तर की ओर मुख किए हुए हैं। K, M और N के बीच बैठा है। O, M के दाईं ओर से तीसरे स्थान पर बैठा है। P, K के बाईं ओर से तीसरे स्थान पर बैठा है। M, L के ठीक दाईं ओर बैठा है। कौन-से दो व्यक्ति छोरों पर बैठे हैं? SSC Steno 11/11/2021

(a) N और L (b) P और O
(c) O और N (d) P और N

122. छः घर, P, Q, R, S, T और U दो पंक्तियों में स्थित हैं और प्रत्येक पंक्ति में तीन घर हैं। दोनों पंक्तियों में बने घरों के अग्रभाग एक-दूसरे के सम्मुख हैं। P का अग्रभाग T के सम्मुख है। Q का अग्रभाग U के सम्मुख नहीं है। S ठीक P और U के बीच में है। कौन-से तीन घर एक ही पंक्ति में हैं? **SSC Steno 24/12/2020**

(a) S, T, U (b) P, S, T
(c) P, Q, R (d) Q, R, T

123. पाँच मित्र K, L, M, N और O एक गोल मेज के परित: केन्द्र की ओर अभिमुख होकर बैठे हैं। N, K के ठीक दाईं ओर पड़ोस में है। L, M के ठीक बाईं ओर पड़ोस में है। N, M के दाईं ओर दूसरे स्थान पर है। O कहाँ बैठा है? **SSC Steno 22/12/2020**

(a) N और M के बीच में
(b) L के दाईं ओर तीसरे स्थान पर
(c) N और L के बीच में
(d) M के ठीक दाईं ओर

124. आठ मित्र A, B, C, D, E, F, G और H एक गोल मेज के परित: केन्द्र की ओर अभिमुख होकर वामावर्त रूप से एक-दूसरे से बराबर-बराबर दूरी पर बैठे हैं। यदि G दक्षिण-पूर्व में बैठा है, तो व्यक्ति का और उसके बैठने की दिशा का निम्न में से कौन-सा युग्म सही नहीं है? **SSC Steno 22/12/2020**

(a) H : पश्चिम (b) B : उत्तर
(c) C : उत्तर-पश्चिम (d) E : दक्षिण-पश्चिम

SSC GD Constable 2024

125. पाँच मित्र P, B, C, G और H एक वृत्ताकार मेज के चारों ओर केन्द्र की ओर मुख करके बैठे हैं। H, C के ठीक दाईं ओर बैठा है। B, H के बाईं ओर से तीसरे स्थान पर बैठा है। P, C का निकटतम पडोसी नहीं है। G के ठीक दाईं ओर कौन बैठा है? **SSC GD 26/02/2024 Shift-I**

(a) B (b) P
(c) H (d) C

126. आठ व्यक्ति रीना, किरण, राहुल, दीपक, अमित, विकास, प्रीति और प्रिया एक वर्गाकार मेज के चारों ओर इस प्रकार बैठें हैं कि प्रत्येक भुजा के मध्य में दो व्यक्ति बैठे हैं। सभी व्यक्ति मेज के केन्द्र की ओर मुख करके बैठे हैं। रीना, अमित के ठीक दाईं ओर बैठी है और वे दोनों एक ही तरफ बैठे हैं प्रीति उस व्यक्ति की ओर मुख करके बैठी है, जो किरण के बाईं ओर से दूसरे स्थान पर बैठा है। प्रीति, रीना के दाईं ओर से चौथे स्थान पर बैठी है। विकास और दीपक के बीच में दो व्यक्ति बैठे हैं। (जब केवल एक तरफ से गिना जाता है।) और दीपक, अमित के आसन्न बैठा है। प्रीति और राहुल के बीच में केवल एक व्यक्ति बैठा है (जब केवल एक तरफ से गिना जाता है।) दीपक के ठीक बाईं ओर कौन बैठा/बैठी है? **SSC GD 26/02/2024 Shift-I**

(a) राहुल (b) प्रिया
(c) विकास (d) रीना

127. छः विद्यार्थी आरव, भव्या, चेतन, दीया, ईशा और फरहान एक घेरे में केन्द्र की ओर मुख करके बैठे हैं। भव्या, आरव के ठीक दाईं ओर बैठी है। दीया, आरव या फरहान के बगल में नहीं बैठी है। ईशा, जो फरहान के ठीक बाईं ओर बैठी है, चेतन के ठीक दाईं ओर भी बैठी है। दीया और ईशा दोनों का निकटतम पड़ोसी कौन है? **SSC GD 24/02/2024 Shift-III**

(a) फरहान (b) भव्या
(c) चेतन (d) आरव

128. P, Q, R, S, T, U और V एक पंक्ति में उत्तर की ओर मुख करके बैठे हैं। U, T के ठीक दाईं ओर बैठा है। T, V के दाईं ओर से चौथे स्थान पर बैठा है। R, Q और S का पड़ोसी है। जो व्यक्ति S के बाईं ओर से तीसरे स्थान पर है, वह किसी एक छोर पर बैठा है। S के ठीक बाईं ओर कौन बैठा है? **SSC GD 24/02/2024 Shift-III**

(a) T (b) V
(c) P (d) R

129. पाँच सहेलियाँ पूजा, भावना, चारु, गीता और हेमा एक वृत्ताकार मेज के चारों ओर केन्द्र की ओर मुख करके बैठी हैं। चारु, भावना की निकटतम पड़ोसी नहीं है। भावना, हेमा के बाईं ओर से दूसरे स्थान पर बैठी है। गीता, भावना और हेमा की निकटतम पड़ोसी है। चारु के ठीक बाईं ओर कौन बैठा है? **SSC GD 24/02/2024 Shift-II**

(a) पूजा (b) गीता
(c) भावना (d) हेमा

130. छः लोग ऐलिस, बॉब, कैरोल, डेविड, एमिली और फ्रैंक एक वृत्ताकार मेज पर केन्द्र की ओर मुख करके बैठे हैं। ऐलिस और एमिली के बीच में डेविड बैठा है। कैरोल, बॉब के ठीक दाईं ओर बैठी है। फ्रैंक और ऐलिस पड़ोसी नहीं हैं। कैरोल, फ्रैंक की निकटतम पड़ोसी है। एमिली के ठीक दाईं ओर कौन बैठा है? **SSC GD 24/02/2024 Shift-II**

(a) कैरोल (b) डेविड
(c) बॉब (d) फ्रैंक

131. पाँच मित्र P, B, C, G और H एक वृत्ताकार मेज के चारों ओर केन्द्र की ओर मुख करके बैठे हैं। H, C के ठीक दाईं ओर बैठा है। B, H के बाईं ओर से तीसरे स्थान पर बैठा है। P, C का निकटतम पड़ोसी नहीं है। P के ठीक बाईं ओर कौन बैठा है? **SSC GD 24/02/2024 Shift-I**

(a) C (b) B
(c) G (d) H

132. आठ लड़के A, B, C, D, E, F, G और H एक सीधी पंक्ति में, दक्षिण की ओर मुख करके बैठे हैं (परन्तु जरूरी नहीं कि वे इसी क्रम में बैठे हों)। A और H पंक्ति के अन्तिम छोरों पर बैठे हैं। E और F, B के निकटतम पड़ोसी हैं। C, B के बाईं ओर से चौथे स्थान पर बैठा है। F, A के ठीक बाईं ओर बैठा है। D, C का निकटतम पड़ोसी नहीं है। C के ठीक दाईं ओर कौन बैठा है? **SSC GD 23/02/2024 Shift-IV**

(a) D (b) H (c) E (d) G

133. पाँच व्यक्ति A, B, C ,D और E एक वृत्ताकार मेज के चारों ओर केन्द्र की ओर मुख करके बैठे हैं (परन्तु जरूरी नहीं कि वे इसी क्रम में बैठे हों) B, D के दाईं ओर से दूसरे स्थान पर बैठा है। A, B के दाईं ओर से दूसरे स्थान पर बैठा है। C, A का निकटतम पड़ोसी नहीं है। D के ठीक दाईं ओर कौन बैठा है? **SSC GD 23/02/2024 Shift-IV**

(a) E (b) B (c) C (d) A

134. एक परिवार के छः सदस्य P, Q, R, S, T और U एक वृत्ताकार मेज पर एक-दूसरे की ओर मुख करके बैठे हैं। S, U के ठीक बाईं ओर बैठा है, और Q, S के बाईं ओर से दूसरे स्थान पर बैठा है। P, R के बाईं ओर से दूसरे स्थान पर बैठा है। U और P दोनों का निकटतम पड़ोसी कौन है? **SSC GD 23/02/2024 Shift-III**

(a) P (b) T (c) S (d) R

135. पाँच मित्र P, B, C, G और H एक वृत्ताकार मेज के चारों ओर केन्द्र की ओर मुख करके बैठे हैं। B, C के ठीक बाईं ओर बैठा है। G और H, C के निकटतम पड़ोसी नहीं हैं। H, P के दाईं ओर से दूसरे स्थान पर बैठा है। C के ठीक बाईं ओर कौन बैठा है? **SSC GD 23/02/2024 Shift-III**

(a) P (b) G (c) H (d) B

136. सात लड़कियाँ P, Q, R, S, T, U और V एक वृत्ताकार मेज के चारों ओर केन्द्र से बाहर की ओर मुख करके बैठी हैं (परन्तु जरूरी नहीं कि वे इसी क्रम में बैठी हों)। P, Q और R दोनों की निकटतम पड़ोसी है। S न तो R और न ही T की निकटतम पड़ोसी है। V, T और U दोनों की निकटतम पड़ोसी है। V, S के दाईं ओर से दूसरे स्थान पर बैठी है। S के ठीक बाईं ओर कौन बैठी है? **SSC GD 23/02/2024 Shift-II**

(a) V (b) Q (c) U (d) P

137. पाँच मित्र P, B, C, G और H एक वृत्ताकार मेज के चारों ओर केन्द्र की ओर मुख करके बैठे हैं। H, C के ठीक दाईं ओर बैठा है। B, H के बाईं ओर से तीसरे स्थान पर बैठा है। P, C का निकटतम पड़ोसी नहीं है। H के ठीक दाईं ओर कौन बैठा है? **SSC GD 23/02/2024 Shift-II**

(a) B (b) G (c) C (d) P

138. छः व्यक्ति P_1, P_2, P_3, P_4, P_5 और P_6 एक वृत्ताकार मेज के चारों ओर केन्द्र की ओर मुख करके बैठे हैं (परन्तु जरूरी नहीं कि वे इसी क्रम में बैठे हों)। P_2 और P_6 के बीच मे किसी भी तरफ से केवल दो ही व्यक्ति बैठे हैं। P_2 और P_4 के बीच में केवल एक व्यक्ति बैठा है। P_5, P_3 के ठीक दाईं ओर बैठा है। P_1, P_6 के दाईं ओर से दूसरे स्थान पर बैठा है। P_1 के ठीक दाईं ओर कौन बैठा है?

SSC GD 23/02/2024 Shift-I

(a) P_4 (b) P_2 (c) P_5 (d) P_6

139. सात लड़कियाँ A, B, C, X, Y, W और Z एक वृत्ताकार मेज के चारों ओर केन्द्र से बाहर की ओर मुख करके बैठी हैं (परन्तु जरूरी नहीं कि वे इसी क्रम में बैठी हों।) W, X के बाईं ओर से दूसरे स्थान पर बैठी है। B और C दोनों की निकटतम पड़ोसी W है। Z, B के बाईं ओर से चौथे स्थान पर बैठी है। Y, C की निकटतम पड़ोसी नहीं है। X के ठीक बाईं ओर कौन बैठी है?

SSC GD 22/02/2024 Shift-IV

(a) Z (b) A (c) B (d) Y

140. छः दोस्त लिसा, मार्क, निकोल, ओवेन, पाम ओर क्विन एक वृत्ताकार मेज के चारों ओर केन्द्र से बाहर की ओर मुख करके बैठे हैं। लिसा, मार्क के ठीक दाईं ओर बैठी है। क्विन, निकोल और ओवेन के ठीक बीच में बैठा है। ओवेन, पाम के ठीक बाईं ओर बैठा है। पाम के ठीक दाईं ओर कौन बैठा/बैठी है?

SSC GD 22/02/2024 Shift-III

(a) मार्क (b) लिसा (c) क्विन (d) ओवेन

141. छः लड़के सुमित, गोपाल, हनी, ईशान, जतिन और ललित एक वृत्ताकार मेज के चारों ओर केन्द्र की ओर मुख करके बैठे हैं। ईशान, सुमित के बाईं ओर से तीसरे स्थान पर बैठा है। जतिन और हनी, ईशान के निकटतम पड़ोसी हैं। ललित, जतिन के ठीक दाईं ओर बैठा है। ईशान के ठीक बाईं ओर कौन बैठा है?

SSC GD 22/02/2024 Shift-III

(a) ललित (b) जतिन (c) गोपाल (d) हनी

142. छः सहकर्मी पीटर, क्विन, रेचल, सैम, टीना और यूलिसिस एक घेरे में केन्द्र से बाहर की ओर मुख करके बैठे है। पीटर, क्विन के ठीक दाईं ओर बैठा है। टीना, पीटर के बगल में नहीं बैठी है। सैम, जो क्विन के ठीक बाईं ओर बैठा है, यूलिसिस के ठीक दाईं ओर भी बैठा है। टीना के ठीक दाईं ओर कौन बैठा है?

SSC GD 22/02/2024 Shift-II

(a) क्विन (b) यूलिसिस
(c) पीटर (d) रेचल

143. पाँच मित्र प्रिया, राहुल, सुरेश, टीना और वरूण एक वृत्ताकार मेज पर केन्द्र की ओर मुख करके बैठे हैं। वरूण, जो राहुल के ठीक बाईं ओर बैठा है, टीना के दाईं ओर से दूसरे स्थान पर भी बैठा है। सुरेश, वरूण के बगल में नहीं बैठा है। राहुल के बाईं ओर से दूसरे स्थान पर कौन बैठा/बैठी है?

SSC GD 22/02/2024 Shift-II

(a) प्रिया (b) टीना (c) सुरेश (d) वरूण

144. आठ लड़के B_1, B_2, B_3, B_4, B_5, B_6, B_7 और B_8 एक पंक्ति में उत्तर की ओर मुख करके बैठे हैं (परन्तु जरूरी नहीं कि वे इसी क्रम में बैठे हों)। B_6, B_1 के दाईं ओर से पाँचवें स्थान पर बैठा है। B_4, B_5 के दाईं ओर से पाँचवें स्थान पर बैठा हैं। B_5, B_1 के ठीक दाईं ओर बैठा है। B_8, B_4 के बाईं ओर से तीसरे स्थान पर बैठा है। B_2, B_7 के दाईं ओर से तीसरे स्थान पर बैठा है। B_7, B_1 का निकटतम पड़ोसी है। B_2 के ठीक दाईं ओर कौन बैठा है?

SSC GD 22/02/2024 Shift-I

(a) B_8 (b) B_7 (c) B_6 (d) B_5

145. छः मित्र P, Q, R, S, T और U एक वृत्ताकार मेज के चारो ओर केन्द्र से बाहर की ओर मुख करके बैठे हैं। U, R और S के ठीक बीच में बैठा है। S, T के ठीक बाईं ओर बैठा है। P, Q के ठीक दाईं ओर बैठा है। T के विपरीत कौन बैठा है?

SSC GD 22/02/2024 Shift-I

(a) S (b) R (c) P (d) U

146. पाँच व्यक्ति अनुज, भीम, चेतन, धीर और इमरान एक वृत्ताकार मेज के चारों ओर केन्द्र की ओर मुख करके बैठे हैं (परन्तु जरूरी नहीं कि वे इसी क्रम में बैठे हों) चेतन और धीर के बीच में केवल एक व्यक्ति बैठा है। भीम, धीर के बाईं ओर दूसरे स्थान पर बैठा है। अनुज, भीम के ठीक दाईं ओर बैठा है। चेतन के ठीक दाईं ओर कौन बैठा है?

SSC GD 21/02/2024 Shift-IV

(a) अनुज (b) इमरान
(c) भीम (d) धीर

147. छः घर नीला, हरा, लाल, पीला, नारंगी और बैंगनी एक घेरे में, केन्द्र की ओर मुख करके व्यवस्थित हैं। नीला घर, हरे घर के दाईं ओर से दूसरे स्थान पर और नारंगी घर के विपरीत स्थित है। पीला घर, लाल घर और नारंगी घर के ठीक बीच में स्थित हैं। बैंगनी घर, पीले घर के विपरीत स्थित हैं। नीले घर के ठीक दाईं ओर कौन-सा घर स्थित है?

SSC GD 21/02/2024 Shift-IV

(a) पीला (b) हरा (c) बैंगनी (d) लाल

148. पाँच व्यक्ति अमाण्डा, बेन, कैरोल, डेविड और एमिली एक वृत्ताकार मेज पर केन्द्र की ओर मुख करके बैठे हैं। बेन और डेविड के बीच में कैरोल बैठी है। एमिली, अमाण्डा के बाईं ओर बैठी है। अमाण्डा और डेविड पड़ोसी नही हैं। अमाण्डा के ठीक दाईं ओर कौन बैठा/बैठी है?

SSC GD 21/02/2024 Shift-III

(a) कैरोल (b) डेविड (c) बेन (d) एमिली

149. सात मित्र, A, B, C, D, E, F और G एक वृत्ताकार मेज के चारों ओर केन्द्र से बाहर की ओर मुख करके बैठे हैं। D, G के ठीक दाईं ओर बैठा है। C और E के ठीक बीच में A बैठा है। B, F के ठीक बाईं ओर बैठा है। G और C पड़ोसी नही हैं। E, D के आसन्न बैठा है। F के ठीक दाईं ओर कौन बैठा है?

SSC GD 21/02/2024 Shift-III

(a) B (b) A (c) E (d) G

150. आठ लड़के A, B, C, D, E, F, G और H एक पंक्ति मे दक्षिण की ओर मुख करके बैठे हैं (परन्तु जरूरी नहीं है कि वे इसी क्रम में बैठे हों) A और H पंक्ति के अन्तिम छोरों पर बैठे हैं। E और F, B के निकटतम पड़ोसी हैं। C, B के बाईं से चौथें स्थान पर बैठा है। F, A के ठीक बाईं ओर बैठा है। D, C का निकटतम पड़ोसी नहीं है। E के ठीक दाईं ओर कौन बैठा है?

SSC GD 21/02/2024 Shift-II

(a) G (b) B (c) D (d) F

151. पाँच व्यक्ति A, B, C, D और E एक वृत्ताकार मेज के चारों ओर केन्द्र की ओर मुख करके बैठे हैं (परन्तु जरूरी नहीं कि वे इसी क्रम में बैठे हों) C और D के बीच केवल एक व्यक्ति बैठा है (केवल एक ओर से गिनने पर) B, D के बाईं ओर से दूसरे स्थान पर बैठा है। A, B के ठीक दाईं ओर बैठा है। B के ठीक बाईं ओर कौन बैठा है?

SSC GD 21/02/2024 Shift-II

(a) C (b) D (c) E (d) A

152. सात लड़कियाँ P, Q, R, S, T, U और V एक पंक्ति में दक्षिण की ओर मुख करके बैठी हैं (परन्तु जरूरी नहीं है कि वे इसी क्रम में बैठी हों।) Q और R एक-दूसरे के निकटतम पड़ोसी हैं। Q किसी एक छोर पर बैठी है। P, Q के बाईं ओर से चौथे स्थान पर बैठी है। U न तो P और न ही R की निकटतम पड़ोसी है। S, V के दाईं ओर दूसरे स्थान पर बैठी है। R के ठीक दाईं ओर कौन बैठी है?

SSC GD 21/02/2024 Shift-I

(a) V (b) T (c) Q (d) P

153. P, Q, R, S, T, U और V एक पंक्ति में उत्तर की ओर मुख करके बैठे हैं। U, T के ठीक दाईं ओर बैठा है। T, V के दाईं ओर से चौथे स्थान पर बैठा है। Q और S का पड़ोसी R है। जो व्यक्ति S के बाईं ओर से तीसरे स्थान पर बैठा है, वह किसी एक छोर पर बैठा है। R के ठीक दाईं ओर कौन बैठा है?

SSC GD 21/02/2024 Shift-I

(a) S (b) U (c) P (d) T

154. पाँच मित्र पूजा, भावना, चारू, गीता और हेमा एक वृत्ताकार मेज के चारों ओर केन्द्र की ओर मुख करके बैठी हैं। चारु, भावना की पड़ोसी नहीं है। भावना, हेमा के बाईं ओर से दूसरे

स्थान पर बैठी है। गीता, भावना और हेमा की पड़ोसी है। भावना के ठीक दाईं ओर कौन बैठा है? SSC GD 20/02/2024 Shift-IV

(a) चारु (b) हेमा (c) पूजा (d) गीता

155. आठ एथलीट सुनील, अभिषेक, मोहित, चीनू, राहुल, तनु, कोयल और अंकित एक वृत्ताकार मेज के चारों ओर केन्द्र से बाहर की ओर मुख करके बैठे हैं (परन्तु जरूरी नहीं कि वे इसी क्रम में बैठे हों) कोयल, राहुल के बाईं ओर से तीसरे स्थान पर बैठी है। तनु, चीनू के दाईं ओर से तीसरे स्थान पर बैठी है। मोहित, सुनील के दाईं ओर से दूसरे स्थान पर बैठा है। अभिषेक, चीनू के बाईं ओर से दूसरे स्थान पर बैठा है। तनु, सुनील के बाईं ओर से दूसरे स्थान पर बैठी है। कोयल के बाईं ओर से दूसरे स्थान पर कौन बैठा/बैठी है? SSC GD 20/02/2024 Shift-IV

(a) राहुल (b) तनु (c) मोहित (d) सुनील

156. पाँच मित्र पूजा, भावना, चारु, गीता और हेमा एक वृत्ताकार मेज के चारों ओर केन्द्र की ओर मुख करके बैठी हैं। चारु, भावना की निकटतम पड़ोसी नहीं है। भावना, हेमा के बाईं ओर से दूसरे स्थान पर बैठी है। गीता, भावना और हेमा की निकटतम पड़ोसी है। हेमा के ठीक दाईं ओर कौन बैठा है? SSC GD 20/02/2024 Shift-III

(a) गीता (b) चारु (c) पूजा (d) भावना

157. पाँच मित्र लन्दन, मैड्रिड, पेरिस, रोम और विएना को एक वृत्त में केन्द्र की ओर मुख करके व्यवस्थित किया गया है। मैड्रिड, पेरिस के ठीक बाईं ओर है। लन्दन और विएना के ठीक बीच में रोम है। विएना, पेरिस के ठीक दाईं ओर है। मैड्रिड के ठीक बाईं ओर कौन-सा मित्र है? SSC GD 20/02/2024 Shift-III

(a) रोम (b) लन्दन (c) पेरिस (d) विएना

158. आठ व्यक्ति रीना, कविता, रमन, उमेश, रोहित, विकास, मोनिका और प्रिया, एक वर्गाकार मेज के चारों ओर इस प्रकार बैठे हैं कि दो व्यक्ति प्रत्येक भुजाओं पर बैठे हैं। सभी व्यक्ति मेज के केन्द्र की ओर मुख करके बैठे हैं। रीना, रोहित के ठीक दाईं ओर बैठी है और वे दोनों एक ही तरफ बैठे है। मोनिका उस व्यक्ति की ओर मुख करके बैठी है, जो कविता के बाईं ओर से दूसरे स्थान पर बैठा/बैठी है। मोनिका, रीना के दाईं ओर से चौथे स्थान पर बैठी हैं। विकास और उमेश के बीच में दो व्यक्ति बैठे हैं (जब केवल एक तरफ से गिना जाता है) और उमेश, रोहित के आसन्न बैठा है। मोनिका और रमन के बीच में केवल एक व्यक्ति बैठा है (जब केवल एक तरफ से गिना जाता है)। रमन के बाईं ओर से दूसरे स्थान पर कौन बैठा/बैठी है? SSC GD 20/02/2024 Shift-II

(a) रोहित (b) मोनिका
(c) प्रिया (d) रीना

159. आठ लड़के $B_1, B_2, B_3, B_4, B_5, B_6, B_7$ और B_8 एक पंक्ति में उत्तर की ओर मुख करके बैठे हैं (परन्तु जरूरी नहीं कि वे इसी क्रम में बैठे हों।) B_6, B_1 के दाईं ओर से पाँचवें स्थान पर बैठा है। B_4, B_5 के दाईं ओर से पाँचवें स्थान पर बैठा है। B_5, B_1 के ठीक दाईं ओर बैठा है। B_8, B_4 के बाईं ओर से तीसरे स्थान पर बैठा है। B_2, B_7 के दाईं ओर से तीसरे स्थान पर बैठा है। B_7, B_1 का निकटतम पड़ोसी है। B_1 के ठीक बाईं ओर कौन बैठा है? SSC GD 20/02/2024 Shift-I

(a) B_7 (b) B_8 (c) B_2 (d) B_6

160. पाँच मित्र एलेक्स, बेन, क्रिस, डेविड और एमा एक वृत्ताकार मेज के चारों ओर केन्द्र की ओर मुख करके बैठे हैं। एलेक्स, बेन के ठीक दाईं ओर बैठा है। क्रिस या डेविड के बगल में एलेक्स नहीं बैठा है। डेविड, एमा के ठीक दाईं ओर बैठा है। क्रिस के ठीक दाईं ओर कौन बैठा/बैठी हैं? SSC GD 20/02/2024 Shift-I

(a) डेविड (b) एलेक्स
(c) बेन (d) एमा

SSC GD Constable 2023

161. नौ विद्यार्थी – A, B, C, D, E, F, G, H और Z एक पंक्ति में बैठे हैं, लेकिन उनका इसी क्रम में होना अनिवार्य नहीं है। D, C के बाई और ठीक बगल में बैठा है, जो E के दाईं ओर तीसरे स्थान पर है। B पंक्ति के एक सिरे पर बैठा है। H, F और G दोनों के ठीक बगल में बैठा है। F, B के बाईं ओर तीसरे स्थान पर है। A, F के बाईं ओर ठीक बगल में बैठा है। ये सभी नौ विद्यार्थी उत्तर दिशा की ओर मुख करके बैठे हैं, तो D और A के बीच में कौन बैठा है? SSC GD 13/02/2023 Shift-IV

(a) C (b) G (c) F (d) Z

162. छ: विद्यार्थी–लवली, जॉनसन, विल, मैरी, सामंथा और जोएल एक वृत्ताकार मेज के परित: केन्द्र की ओर मुख करके बैठे हैं। लवली, जॉनसन के बाईं ओर दूसरे स्थान पर बैठी है। विल, जॉनसन के दाईं ओर दूसरे स्थान पर बैठा है। सामंथा, विल के बाईं ओर तीसरे स्थान पर बैठी है। जोएल, जॉनसन के दाईं ओर तीसरे स्थान पर बैठा है। मैरी, विल और जॉनसन के ठीक बगल में है। लवली और जॉनसन के बीच में कौन बैठा/बैठी है? SSC GD 13/02/2023 Shift-IV

(a) मैरी (b) जोएल (c) सामंथा (d) विल

163. आठ लड़कियाँ P, Q, R, S, U, V, T और W एक वृत्ताकार मेज के पारित: केन्द्र की ओर मुख करके बैठी हैं। V, Q के बाईं ओर ठीक बगल में, और U के दाईं ओर ठीक बगल में बैठी है। W, V के बाईं ओर तीसरे स्थान पर, और P के दाईं ओर दूसरे स्थान पर बैठी है। R, P और Q के ठीक बगल में बैठी है। T, R के बाईं ओर चौथे स्थान पर बैठी है। U के बाईं ओर तीसरे स्थान पर कौन बैठी है? SSC GD 13/02/2023 Shift-II

(a) V (b) P (c) T (d) S

164. छ: विद्यार्थी P, Q, R, S, T और U एक वृत्ताकार मेज के परित: केन्द्र की ओर मुख करके बैठे हैं। P, Q के दाईं ओर दूसरे स्थान पर बैठा है। S, Q और R दोनों के ठीक बगल में बैठा है। U, R के बाईं ओर तीसरे स्थान पर बैठा है। T, P और R दोनों के ठीक बगल में बैठा है। इनमें से कौन P और Q के ठीक बगल में बैठा है? SSC GD 13/02/2023 Shift-II

(a) T (b) U (c) R (d) S

165. छ: छात्र-पर्पल, ब्लैक, ग्रे, इंडिगो, सियान और येलो एक वृत्ताकार मेज के पारित: केन्द्र की ओर मुख करके बैठा हैं। पर्पल, ब्लैक के बाईं ओर ठीक बगल में बैठा है। सियान, ब्लैक के बाईं ओर तीसरे स्थान पर बैठा है। ग्रे, पर्पल और सियान के ठीक बगल में है। इंडिगो, ब्लैक के दाई ओर दूसरे स्थान पर बैठा है। येलो, ग्रे के दाईं ओर तीसरे स्थान पर बैठा है। ग्रे और इंडिगो के बीच में कौन बैठा है? SSC GD 09/02/2023 Shift-II

(a) पर्पल (b) येलो (c) सियान (d) ब्लैक

166. सात व्यक्ति A, B, C, D, E, F और G एक सीधी पंक्ति में उत्तर की ओर मुख करके बैठे हैं। A, D के बाईं ओर तीसरे स्थान पर बैठा है। D अंतिम दाएँ सिरे पर बैठा है। A और F के बीच केवल दो व्यक्ति बैठे हैं। B, F के ठीक बगल में है। C और D के बीच केवल एक व्यक्ति बैठा है। G, A के ठीक बगल में नहीं है। B और A के बीच में कौन बैठा है? SSC GD 09/02/2023 Shift-II

(a) C (b) G (c) E (d) F

167. सात व्यक्ति M, N, O, P, Q, R और S एक सीधी पंक्ति में उत्तर की ओर मुख करके बैठी हैं। P, M के दाईं ओर तीसरे स्थान पर बैठा है। Q और S के बीच केवल चार व्यक्ति बैठे हैं। O, Q के दाईं ओर तीसरे स्थान पर बैठा है। R, Q के बाईं ओर ठीक बगल में बैठा है। पंक्ति के ठीक मध्य में कौन बैठा है? SSC GD 09/02/2023 Shift-I

(a) O (b) N (c) M (d) Q

168. छ: मित्र- K, L, M, N, O और P, एक वृत्ताकार मेज के पारित: केन्द्र के विपरीत दिशा की ओर मुख करके बैठे हैं। M, O के बाईं ओर ठीक बगल में, और K के दाईं ओर ठीक बगल में बैठा है। K, N के दाईं ओर ठीक बगल में बैठा है। L, N के बाई ओर ठीक बगल में बैठा है। P, L और O के बीच में बैठा है। P के दाईं ओर ठीक बगल में कौन बैठा है? SSC GD 09/02/2023 Shift-I

(a) M (b) O (c) Q (d) L

169. सात व्यक्ति L, M, N, O, P, Q और R एक पंक्ति में उत्तर की ओर मुख करके बैठे हैं। R और P पंक्ति के सिरों पर बैठे हैं। N, P के दाईं ओर ठीक बगल में बैठा है। M, R के बाईं ओर तीसरे स्थान पर बैठा है। O, M के दाईं ओर ठीक बगल में बैठा है। L, N और M के बीच में बैठा है। R के बाईं ओर ठीक बगल में कौन बैठा है?

SSC GD 08/02/2023 Shift-I

(a) P (b) M (c) Q (d) L

170. सात व्यक्ति A, B, C, D, E, F और G एक सीधी पंक्ति में उत्तर की ओर मुख करके बैठे हैं। E के दाईं ओर केवल दो व्यक्ति बैठे हैं। E और A के बीच में केवल दो व्यक्ति बैठे हैं। B, A के दाईं ओर दूसरे स्थान पर बैठा है। D, F के दाईं ओर ठीक बगल में बैठा है। C, G के बाईं ओर किसी एक स्थान पर बैठा है। पंक्ति के बाएँ सिरे पर कौन बैठा है?

SSC GD 08/02/2023 Shift-I

(a) F (b) A (c) C (d) B

171. छः मित्र (अमन, बिप्लब, चिरंजन, दिव्या, एलिजाबेथ और फिरोज) एक वृत्ताकार मेज के परितः मेज के केन्द्र की ओर मुख करके बैठ हैं। अमन, बिप्लब के बाईं ओर तीसरे स्थान पर बैठा है। चिरंजन, अमन के ठीक बगल में है। एलिजाबेथ, दिव्या के दाईं ओर दूसरे स्थान पर बैठी है। चिरंजन, दिव्या के ठीक बगल में नहीं है। बिप्लब के बाईं ओर ठीक बगल में कौन बैठा है?

SSC GD 07/02/2023 Shift-I

(a) चिरंजन (b) दिव्या
(c) एलिजाबेथ (d) फिरोज

172. आमिर, बंटी, लेस्ली, प्रदीप, ईशान, फैज, गौरव और हरीश एक वर्गाकार मेज के चारों ओर मेज के केन्द्र की ओर मुख करके बैठे हैं। उनमें से कुछ कोनों पर बैठे हैं, जबकि कुछ भुजाओं के ठीक मध्य में बैठे हैं। प्रदीप, गौरव के दाईं ओर तीसरे स्थान पर बैठा है। प्रदीप किसी एक कोने पर बैठा है। बंटी, फैज के दाईं ओर दूसरे स्थान पर बैठा है। फैज किसी भी कोने पर नहीं बैठा है। बंटी, प्रदीप के ठीक बगल में नहीं बैठा है। हरीश, आमिर के ठीक बगल में बैठा है। हरीश किसी भी भुजा के ठीक मध्य में नहीं बैठा है। हरीश और लेस्ली के बीच केवल एक व्यक्ति बैठा है। आमिर के दाईं ओर तीसरे स्थान पर कौन बैठा/बैठी है?

SSC GD 06/02/2023 Shift-I

(a) लेस्ली (b) बंटी (c) गौरव (d) ईशान

173. A, B, C, D, E, F और G एक पंक्ति में उत्तर की ओर मुख करके बैठे हैं। G, E के दाईं ओर ठीक बगल में बैठा है। G, पंक्ति के अंतिम दाएँ सिरे पर बैठा है। A, E के बाईं ओर तीसरे स्थान पर बैठा है। B, A के दाईं ओर ठीक बगल में बैठा है। C, B के दाईं ओर बैठा है। D, A के बाईं ओर ठीक बगल में बैठा है। पंक्ति के अंतिम बाएँ सिरे कौन बैठा है?

SSC GD 06/02/2023 Shift-I

(a) G (b) F (c) D (d) A

174. छः विद्यार्थी एक वृत्ताकार मेज के परितः केन्द्र की ओर मुख करके बैठे हैं। F, A के ठीक बगल में है। D, E के दाईं ओर दूसरे स्थान पर बैठा है। B, E के ठीक बगल में है, और C के दाईं ओर दूसरे स्थान पर बैठा है। F, D के दाईं ओर दूसरे स्थान पर बैठा है। A, E के ठीक बगल में नहीं है। A के दाईं ओर से देखे जाने पर, E और A के बीच कौन बैठा है?

SSC GD 02/02/2023 Shift-I

(a) F और C (b) D और C
(c) F और B (d) C और B

175. सात व्यक्ति A, B, C, D, E, F और G एक सीधी पंक्ति में उत्तर की ओर मुख करके बैठे हैं। A बाईं ओर से दूसरे स्थान पर बैठा है। A और C के बीच केवल दो व्यक्ति बैठे हैं। D और F के बीच केवल तीन व्यक्ति बैठे हैं, और D, A के ठीक बगल में हैं। B, D के ठीक बगल में हैं, और E, C के ठीक बगल में नहीं हैं। A और G के बीच में कितने व्यक्ति बैठे हैं?

SSC GD 02/02/2023 Shift-I

(a) 3 (b) 1 (c) 2 (d) 4

176. आठ व्यक्ति, D, E, G, H, M, N, Y और Z एक सीधी पंक्ति में उत्तर की ओर मुख करके बैठे हैं। Y पंक्ति के किसी एक सिरे पर बैठा है। Y और Z के बीच केवल तीन व्यक्ति बैठे हैं। E, Z के दाईं ओर दूसरे स्थान पर बैठा है। E और D के बीच केवल तीन व्यक्ति बैठे हैं। G, D के बाईं ओर किसी एक स्थान पर बैठा है, लेकिन पंक्ति के किसी भी सिरे पर नहीं बैठा है। M, Z के ठीक बगल में नहीं बैठा है। N, H के दाईं ओर दूसरे स्थान पर बैठा है। H के बाईं ओर कितने व्यक्ति बैठे हैं?

SSC GD 01/02/2023 Shift-I

(a) तीन (b) दो
(c) एक (d) कोई नहीं

177. छः दोस्त M, N, O, P, Q और R दक्षिण की ओर मुख करके एक पंक्ति में बैठे हैं। N, P और Q के ठीक मध्य में है। O, R के बाईं ओर ठीक बगल में है। M, P के दाईं ओर ठीक बगल में है। यदि Q पंक्ति के बाएँ सिरे पर बैठा है, तो O के बाईं ओर ठीक बगल में कौन बैठा है?

SSC GD 01/02/2023 Shift-I

(a) N (b) M
(c) Q (d) P

सही उत्तर

1	(d)	2	(d)	3	(b)	4	(d)	5	(a)	6	(a)	7	(c)	8	(b)	9	(c)	10	(b)
11	(c)	12	(a)	13	(d)	14	(b)	15	(b)	16	(a)	17	(b)	18	(a)	19	(c)	20	(c)
21	(a)	22	(d)	23	(a)	24	(a)	25	(d)	26	(d)	27	(a)	28	(a)	29	(b)	30	(c)
31	(b)	32	(d)	33	(a)	34	(a)	35	(c)	36	(c)	37	(b)	38	(c)	39	(d)	40	(d)
41	(c)	42	(a)	43	(d)	44	(a)	45	(b)	46	(a)	47	(b)	48	(c)	49	(b)	50	(b)
51	(a)	52	(d)	53	(a)	54	(b)	55	(a)	56	(b)	57	(d)	58	(d)	59	(d)	60	(a)
61	(b)	62	(b)	63	(c)	64	(b)	65	(d)	66	(d)	67	(c)	68	(c)	69	(a)	70	(d)
71	(a)	72	(b)	73	(d)	74	(b)	75	(c)	76	(d)	77	(c)	78	(c)	79	(c)	80	(c)
81	(c)	82	(d)	83	(a)	84	(b)	85	(d)	86	(a)	87	(d)	88	(a)	89	(d)	90	(b)
91	(b)	92	(d)	93	(c)	94	(a)	95	(b)	96	(b)	97	(c)	98	(b)	99	(a)	100	(b)
101	(c)	102	(b)	103	(c)	104	(d)	105	(c)	106	(d)	107	(c)	108	(d)	109	(c)	110	(d)
111	(b)	112	(c)	113	(b)	114	(d)	115	(b)	116	(b)	117	(a)	118	(a)	119	(b)	120	(c)
121	(b)	122	(d)	123	(c)	124	(a)	125	(d)	126	(b)	127	(c)	128	(d)	129	(d)	130	(b)
131	(d)	132	(d)	133	(c)	134	(b)	135	(d)	136	(b)	137	(d)	138	(b)	139	(c)	140	(a)
141	(d)	142	(b)	143	(a)	144	(a)	145	(b)	146	(c)	147	(d)	148	(c)	149	(d)	150	(b)
151	(a)	152	(c)	153	(a)	154	(d)	155	(c)	156	(b)	157	(b)	158	(d)	159	(a)	160	(c)
161	(a)	162	(c)	163	(d)	164	(b)	165	(c)	166	(c)	167	(b)	168	(d)	169	(c)	170	(c)
171	(b)	172	(d)	173	(b)	174	(a)	175	(a)	176	(a)	177	(b)						

उत्तर सहित हल

1. (d) प्रश्नानुसार,

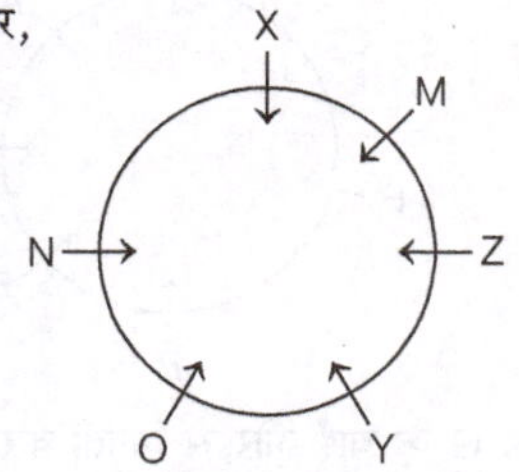

अत: Y के ठीक बाएँ O बैठा है।

2. (d) प्रश्नानुसार,

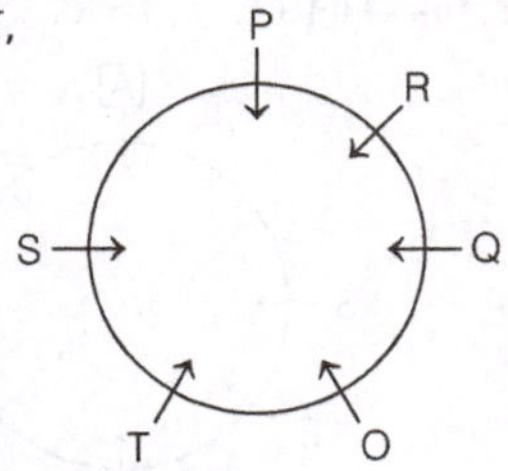

अत: O, R के 'बाएँ से दूसरा' है।

3. (b) प्रश्नानुसार,

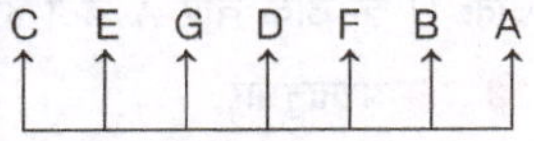

अत: पंक्ति के दाएँ सिरे पर A बैठा है।

4. (d) प्रश्नानुसार,

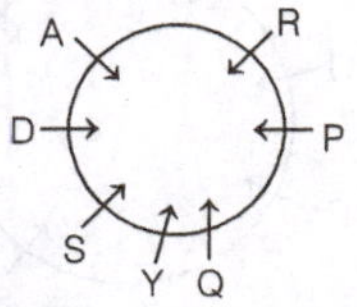

यदि D, Y के साथ और P, Q के साथ अपना स्थान बदल लेते हैं।

तब

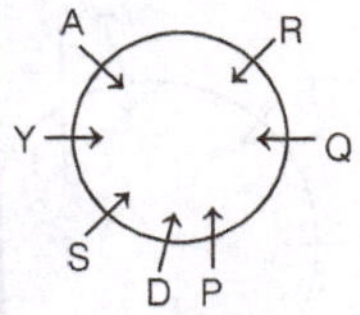

∴ D के ठीक दाएँ ओर P बैठा है।

5. (a) प्रश्नानुसार,

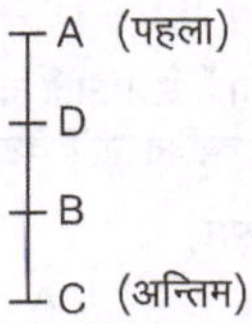

स्पष्टत: पहले स्थान पर A खड़ा है।

6. (a) प्रश्नानुसार,

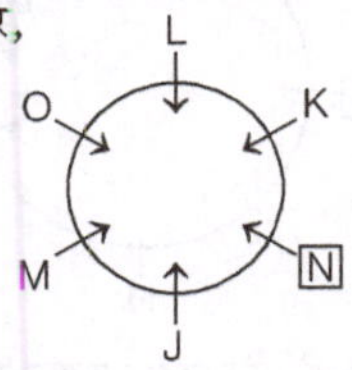

स्पष्टत: L के बाईं ओर दूसरे स्थान पर N बैठा है।

7. (c) प्रश्नानुसार,

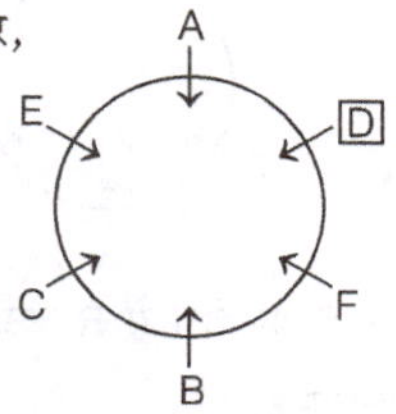

स्पष्टत: A तथा F के बीच D है।

8. (b) प्रश्नानुसार,

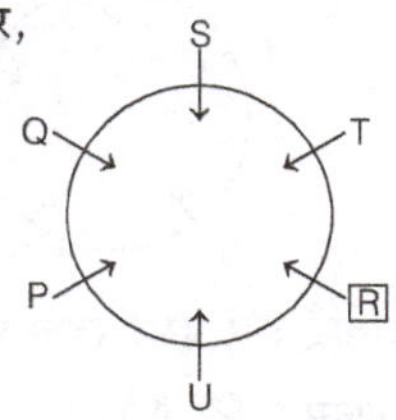

अत: U और T दोनों का पड़ोसी R है।

9. (c) प्रश्नानुसार,

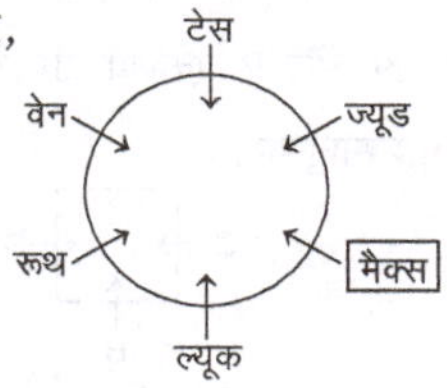

अत: मैक्स, ज्यूड और ल्यूक दोनों के ठीक बगल में बैठा है।

10. (b) प्रश्नानुसार,

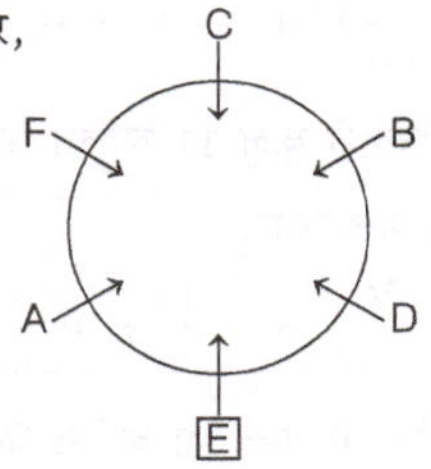

अत: E, A और D दोनों का निकटतम पड़ोसी है।

11. (c) प्रश्नानुसार,

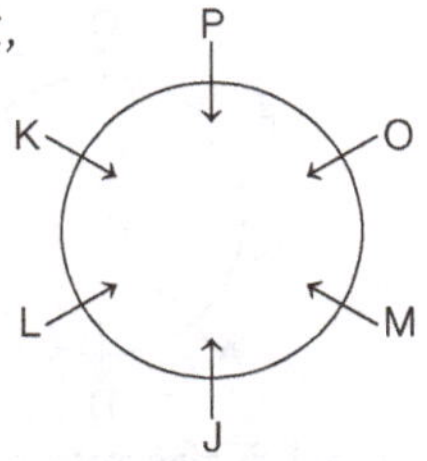

अत: L, K के ठीक दाएँ ओर बैठा है।

12. (a) प्रश्नानुसार,

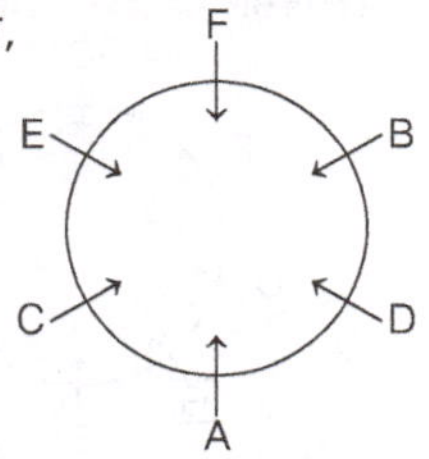

अत: E, C के ठीक बाएँ ओर बैठा है।

13. (d) प्रश्नानुसार,

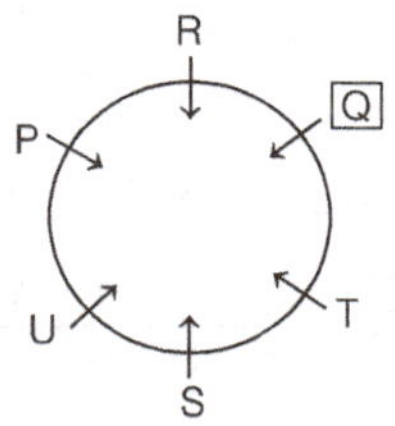

स्पष्टत: P के बाएँ दूसरे स्थान पर Q बैठा है।

14. (b) प्रश्नानुसार,

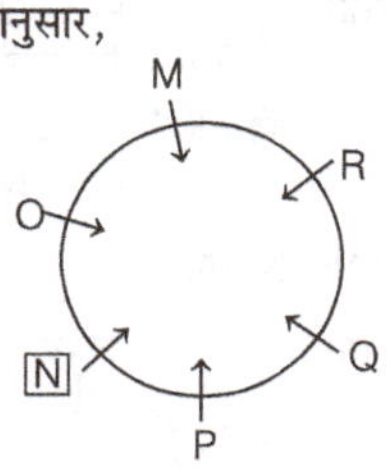

स्पष्टत: 'M' के दाएँ से दूसरे स्थान पर 'N' बैठा है।

15. (b) प्रश्नानुसार,

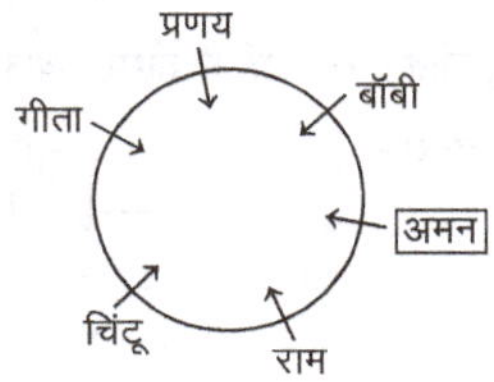

स्पष्टत: अमन, राम और बॉबी का निकटतम पड़ोसी है।

16. (a) प्रश्नानुसार,

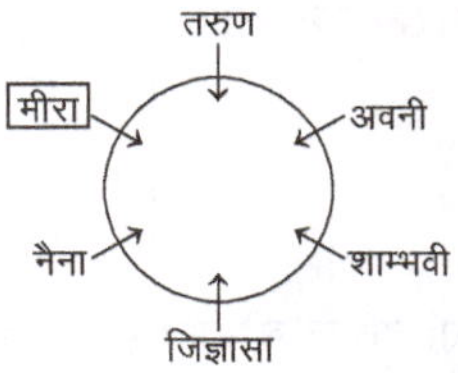

अत: जिज्ञासा के बाईं ओर दूसरे स्थान पर मीरा बैठी है।

17. (b) प्रश्नानुसार,

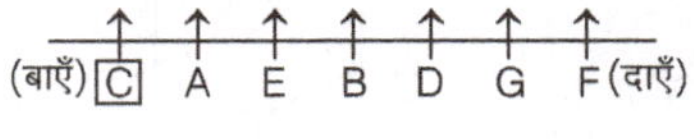

∴ A के बाईं ओर ठीक बगल में C बैठा है।

18. (a) प्रश्नानुसार,

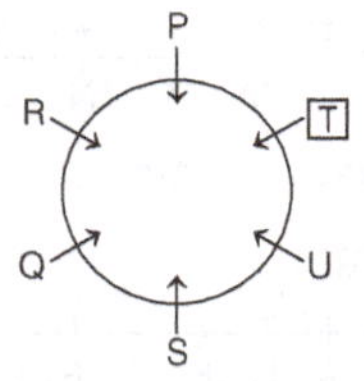

अत: P और U दोनों के ठीक बगल में T बैठा है।

19. (c) प्रश्नानुसार,

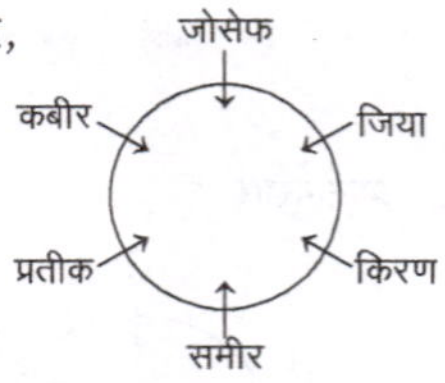

अत: जिया के ठीक बगल में किरण है।

20. (c) प्रश्नानुसार,

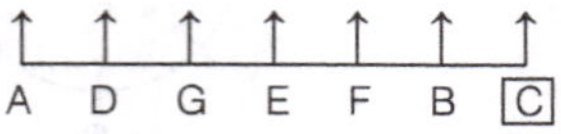

अत: पंक्ति के बिल्कुल दाएँ सिरे पर C बैठा है।

21. (a) प्रश्नानुसार,

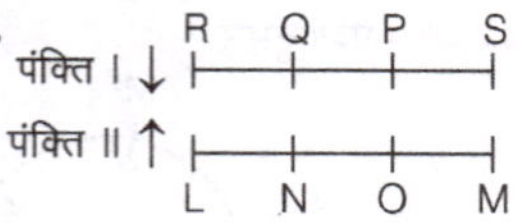

अत: Q के विपरीत N बैठा है।

22. (d) प्रश्नानुसार,

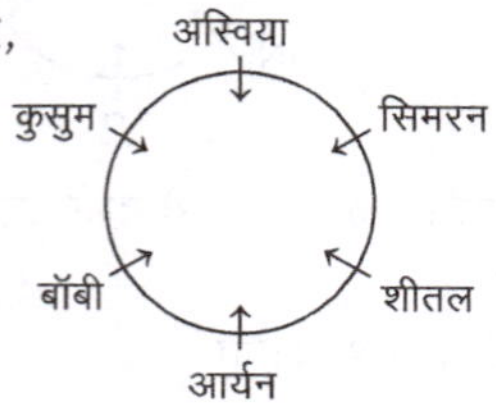

अत: कुसुम, शीतल के बाएँ से तीसरे स्थान पर बैठी है।

23. (a) प्रश्नानुसार,

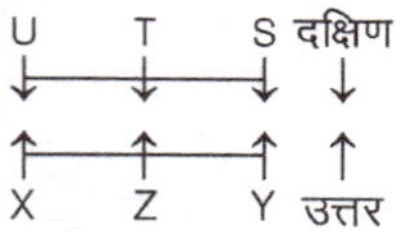

अत: उत्तर की ओर मुख करके पंक्ति के अन्तिम दाएँ छोर पर Y बैठा है।

24. (a) प्रश्नानुसार,

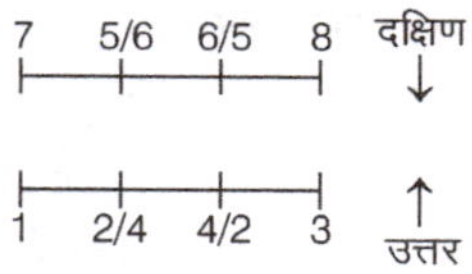

अत: दक्षिण की ओर मुख करके बैठे व्यक्तियों की पंक्ति के अन्तिम बाएँ छोर पर 8 बैठा है।

25. (d) प्रश्नानुसार,

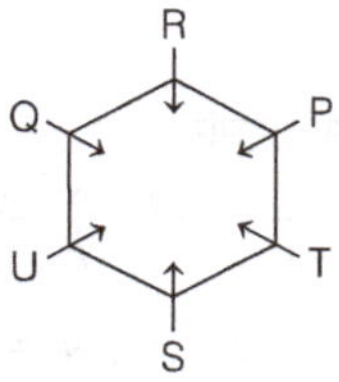

अत: Q, T के सामने बैठा है।

26. (d) प्रश्नानुसार,

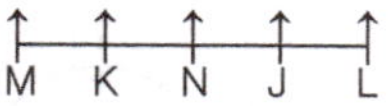

अत: बैच के बीच में N बैठा है।

27. (a) प्रश्नानुसार,

अत: A और E के बीच C बैठा है।

28. (a) प्रश्नानुसार,

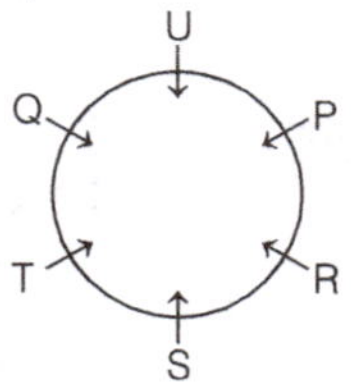

अत: P और S के बीच में R बैठा है।

29. (b) प्रश्नानुसार,

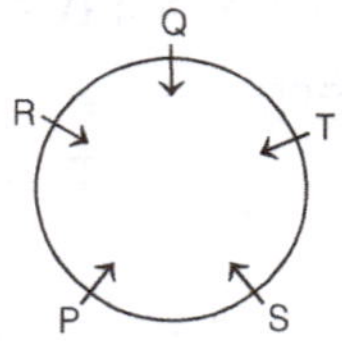

अत: T के बाएँ ओर दूसरे स्थान पर P है।

30. (c) प्रश्नानुसार,

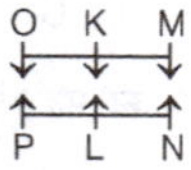

अत: L, N और P एक ही टीम में हैं।

31. (b) प्रश्नानुसार,

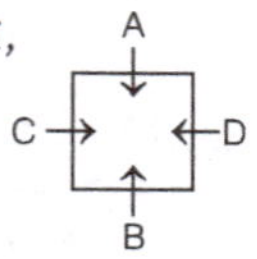

अत: C के बाईं ओर A है।

32. (d) प्रश्नानुसार,

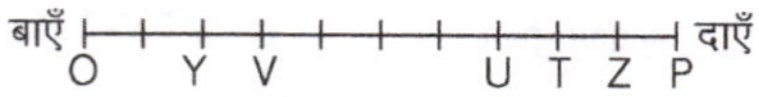

अत: पंक्ति में कुल 11 व्यक्ति बैठे हैं।

33. (a) प्रश्नानुसार,

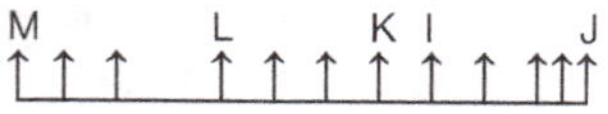

अत: पंक्ति में कुल 12 व्यक्ति बैठे हैं।

34. (a) प्रश्नानुसार,

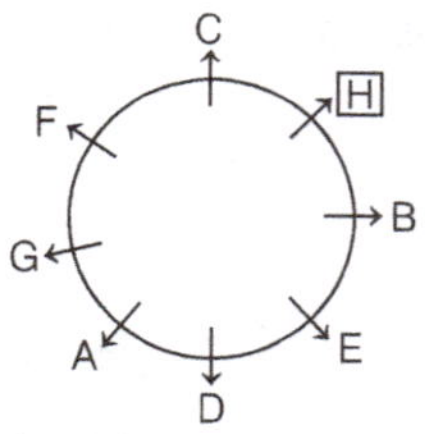

अत: A के दाएँ से चौथे स्थान पर 'H' बैठा है।

35. (c) प्रश्नानुसार,

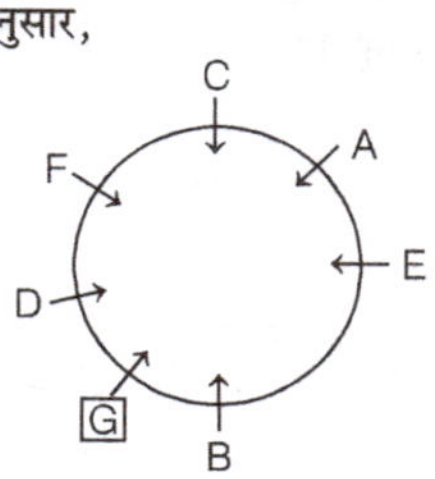

अत: A के बाईं ओर तीसरे स्थान पर 'G' बैठा है।

36. (c) प्रश्नानुसार,

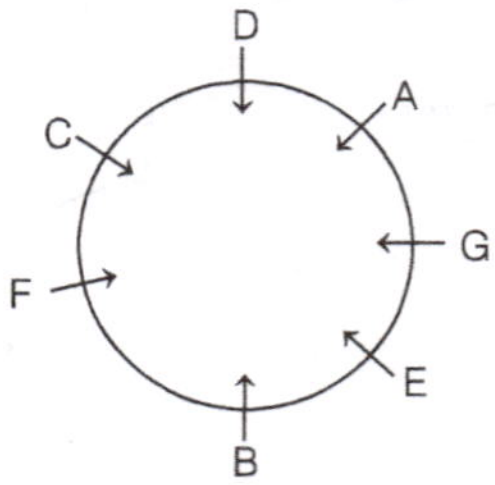

अत: G के बाईं ओर से गिनती करने पर C और G के बीच तीन व्यक्ति बैठे हैं।

37. (b) प्रश्नानुसार,

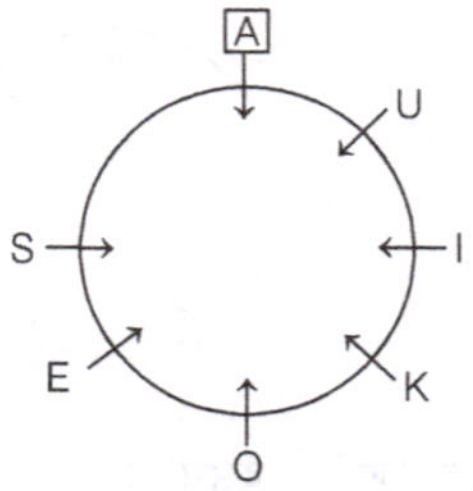

अत: U के ठीक बाएँ A बैठा है।

38. (c) प्रश्नानुसार,

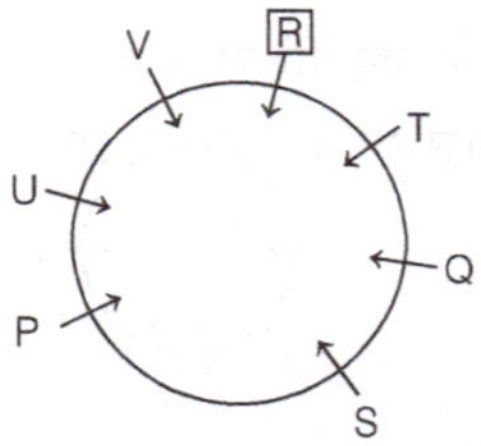

अत: U के बाएँ से दूसरे स्थान पर R बैठा है।

39. (d) प्रश्नानुसार,

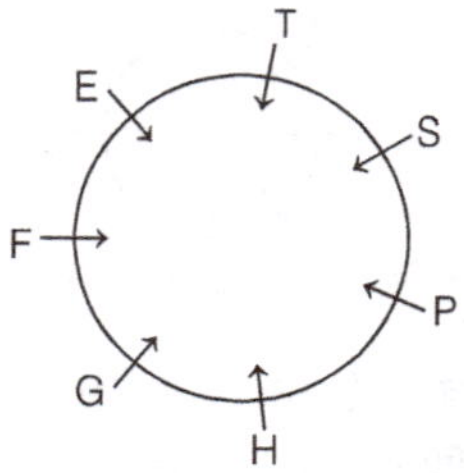

स्पष्टत: H के दाएँ से गिनती करने पर H और P के बीच कोई भी व्यक्ति नहीं बैठा है।

40. (d) प्रश्नानुसार,

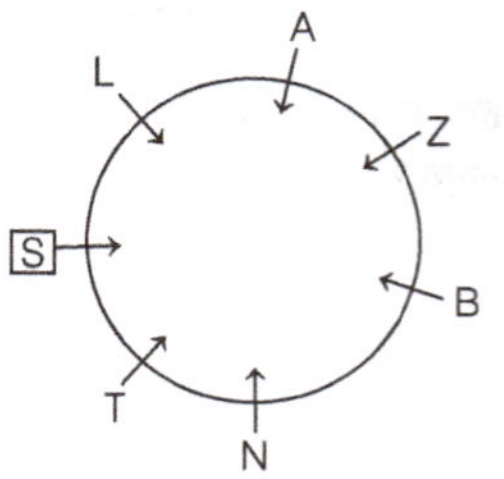

अत: N के बाईं ओर दूसरे स्थान पर 'S' बैठा है।

41. (c) प्रश्नानुसार,

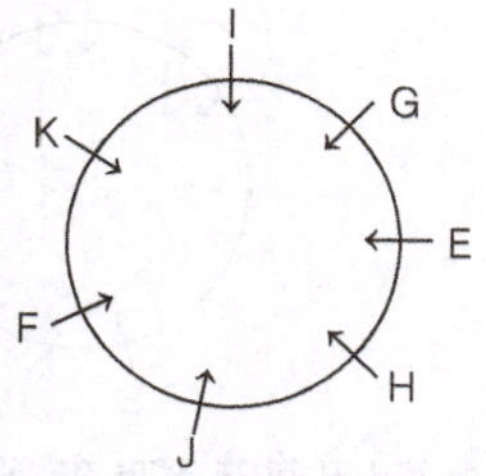

स्पष्टत: H के सापेक्ष K, बाईं ओर से तीसरा है।

42. (a) प्रश्नानुसार,

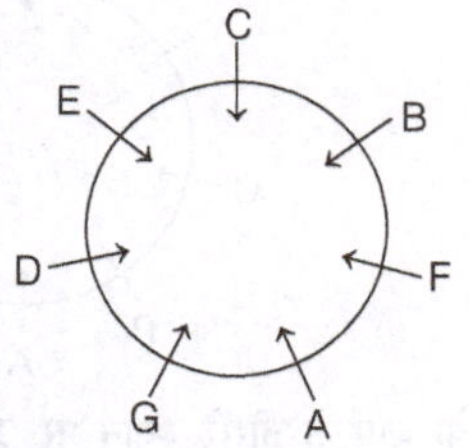

अत: A के बाएँ से गिनती करने पर D और A के बीच एक व्यक्ति 'G' बैठा है।

43. (d) प्रश्नानुसार,

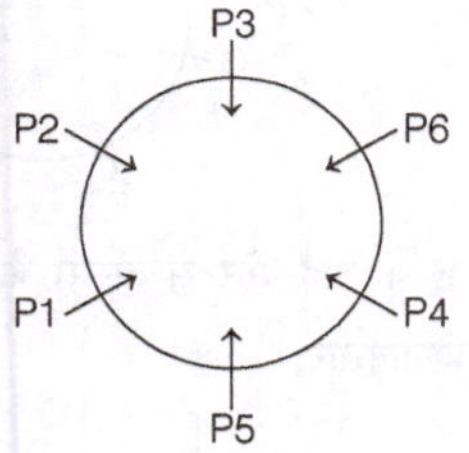

कथन I. (✗) II. (✓)

अत: केवल कथन II सही है।

44. (a) प्रश्नानुसार,

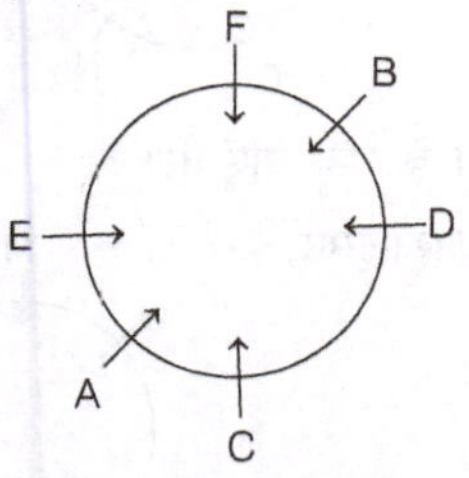

अत: E के बाएँ से गिनने पर E और C के बीच 'तीन' व्यक्ति बैठे हैं।

45. (b) प्रश्नानुसार,

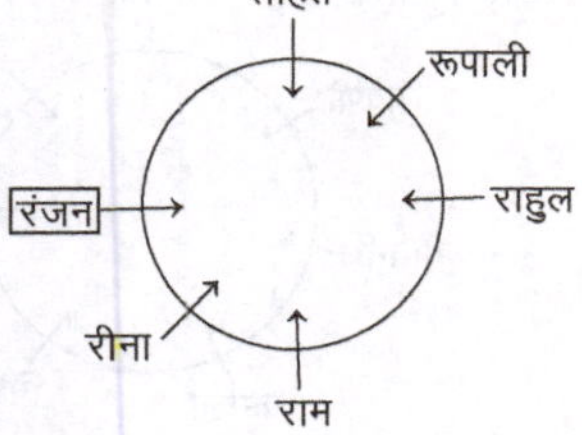

अत: राम के बाएँ से दूसरे स्थान पर रंजन बैठा है।

46. (a) प्रश्नानुसार,

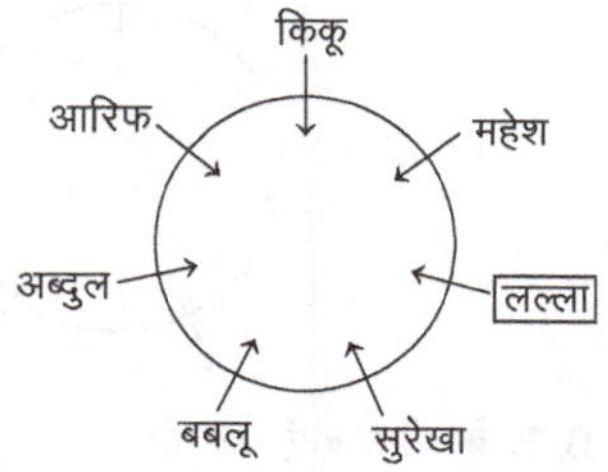

अत: अब्दुल के दाएँ से तीसरे स्थान पर लल्ला बैठा है।

47. (b) प्रश्नानुसार,

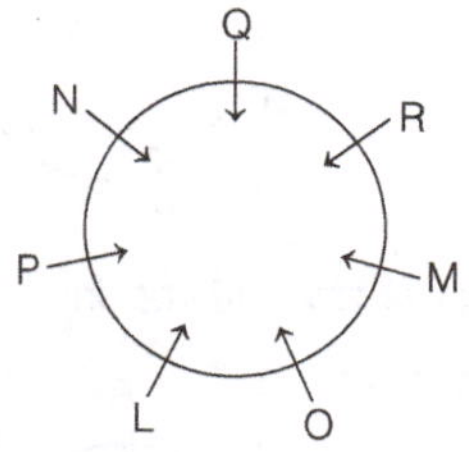

अत: O और R सहकर्मी निकटतम पड़ोसी नहीं है।

48. (c) प्रश्नानुसार,

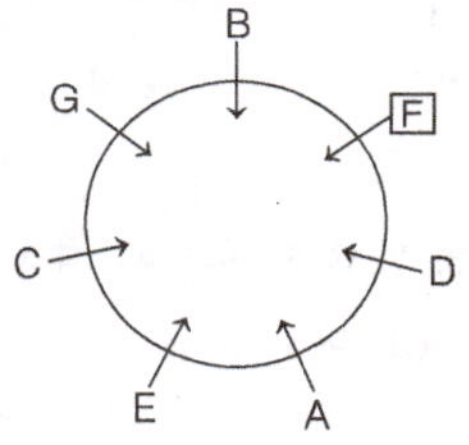

अत: A के दाईं ओर दूसरे स्थान पर 'F' बैठा है।

49. (b) प्रश्नानुसार,

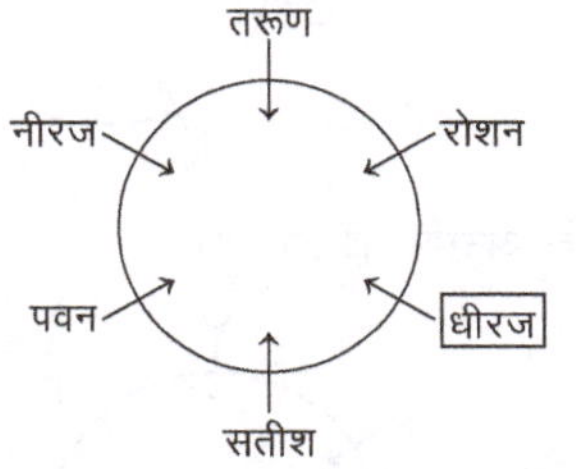

अत: सतीश और रोशन के बीच 'धीरज' बैठा है।

50. (b) प्रश्नानुसार,

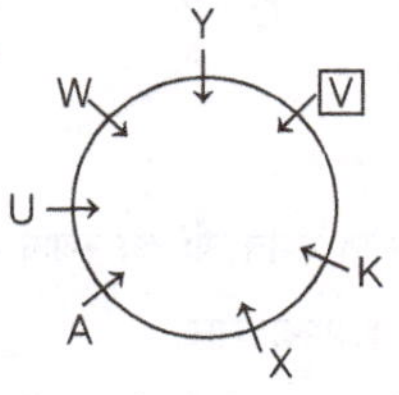

अत: A के दाईं ओर से तीसरे स्थान पर V बैठा है।

51. (a) प्रश्नानुसार,

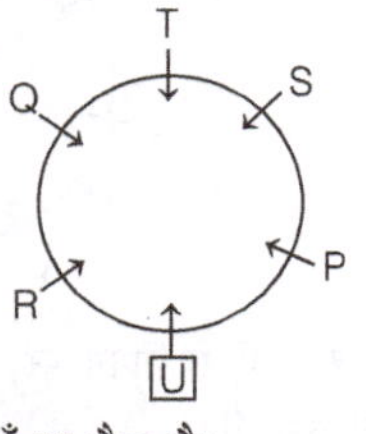

अत: R के ठीक दाएँ U बैठा है।

52. (d) प्रश्नानुसार,

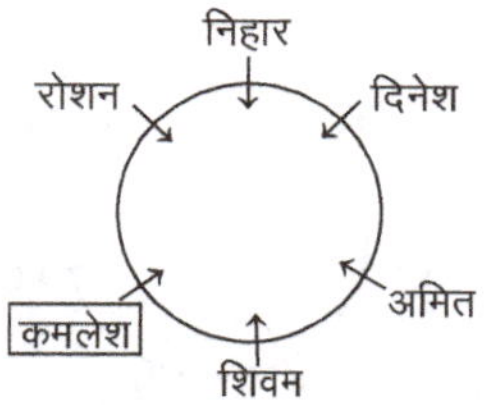

अत: कमलेश, रोशन के ठीक दाएँ ओर बैठा है।

53. (a) प्रश्नानुसार,

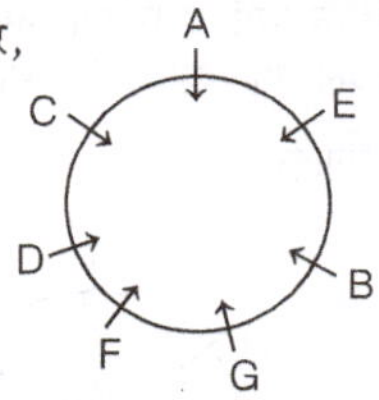

अत: F, B के बाएँ से दूसरा है।

54. (b) प्रश्नानुसार,

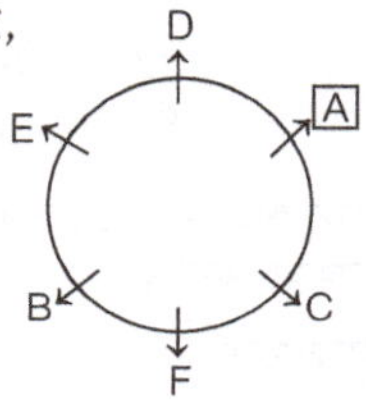

अत: F के बाएँ दूसरे स्थान पर 'A' बैठा है।

55. (a) प्रश्नानुसार,

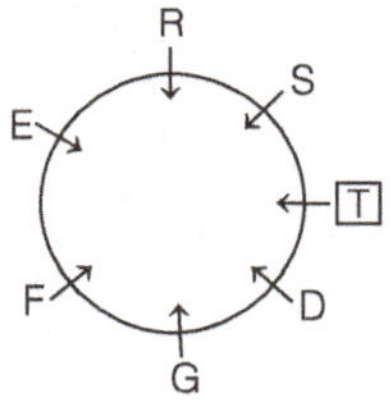

अत: F के दाएँ से तीसरे स्थान पर T बैठा है।

56. (b) प्रश्नानुसार,

जब मुख केन्द्र की ओर हो

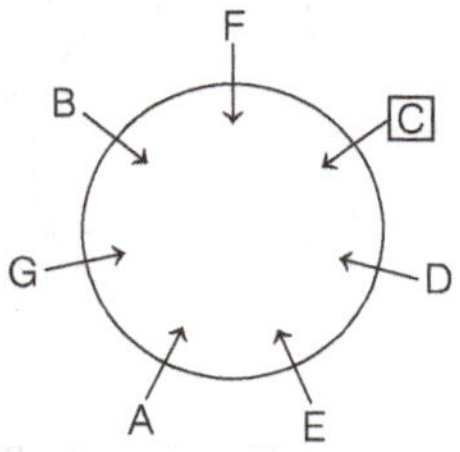

अत: B के बाएँ से दूसरे स्थान पर C बैठा है।

57. (d) प्रश्नानुसार,

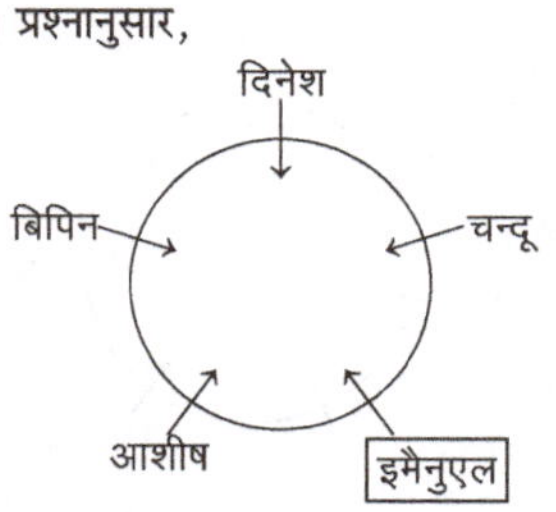

अत: आशीष के ठीक दाएँ इमैनुएल बैठा है।

58. (d) प्रश्नानुसार,

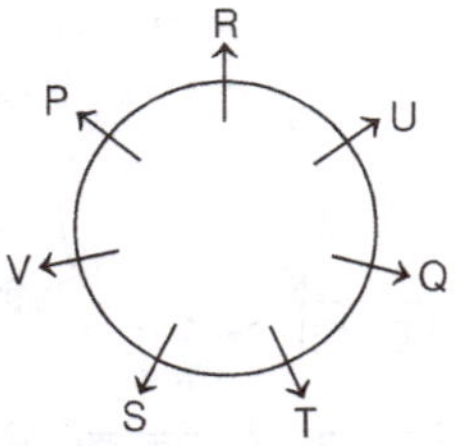

स्पष्टत: 'P' के दाएँ से गिनती करने पर 'P' और 'Q' के मध्य केवल 'दो' व्यक्ति बैठे हैं।

59. (d) प्रश्नानुसार,

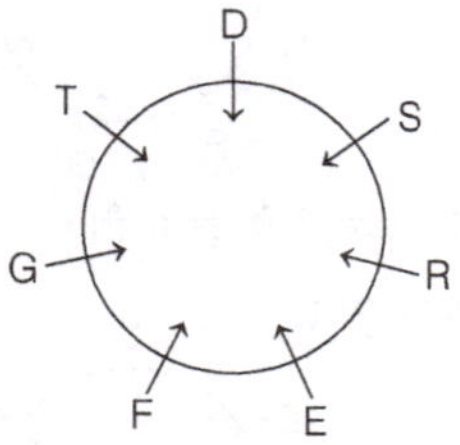

स्पष्टत: F के बाईं ओर से गिनने पर F और S के बीच तीन व्यक्ति बैठे हैं।

60. (a) प्रश्नानुसार,

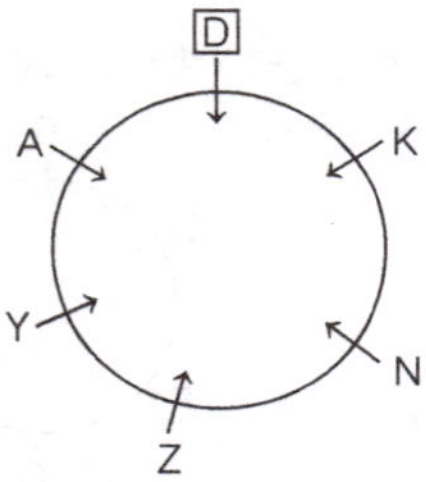

स्पष्टत: A और K के मध्य 'D' बैठा है।

61. (b) प्रश्नानुसार,

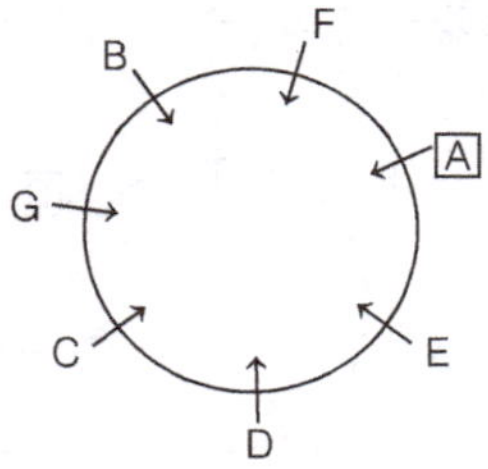

स्पष्टत: 'C' के दाईं ओर तीसरे स्थान पर 'A' बैठा है।

62. (b) प्रश्नानुसार,

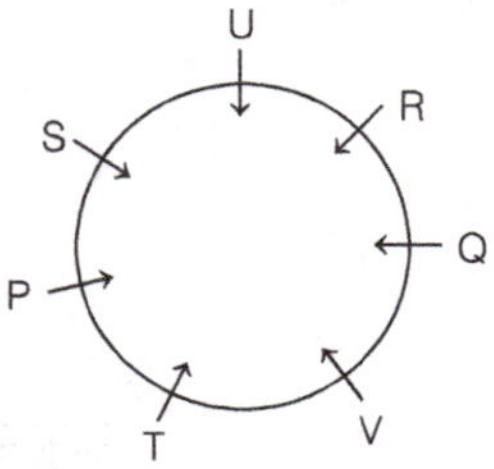

अत: R, T के दाएँ से तीसरा है।

63. (c) प्रश्नानुसार,

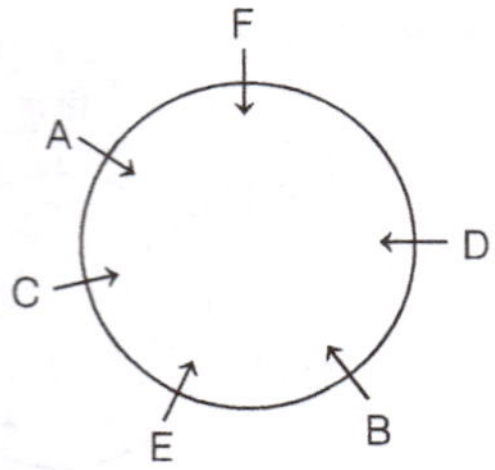

अत: B, E के ठीक दाएँ बैठा है।

64. (b) प्रश्नानुसार,

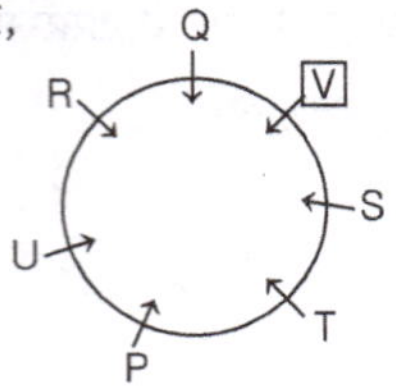

अत: V, Q के ठीक बाएँ बैठा है।

65. (d) प्रश्नानुसार,

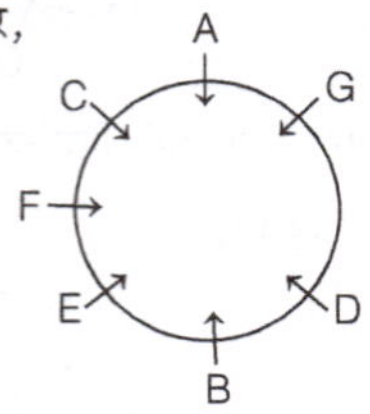

अत: F, E के ठीक बाएँ बैठा है।

66. (d) प्रश्नानुसार,

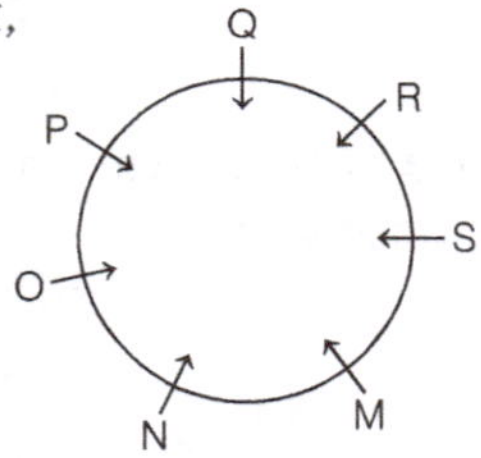

शर्तों के अनुसार नई व्यवस्था

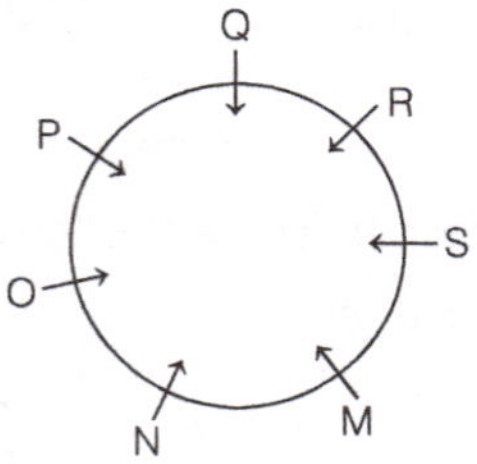

अत: सात व्यक्तियों का स्थान अपरिवर्तित रहेगा।

67. (c) प्रश्नानुसार,

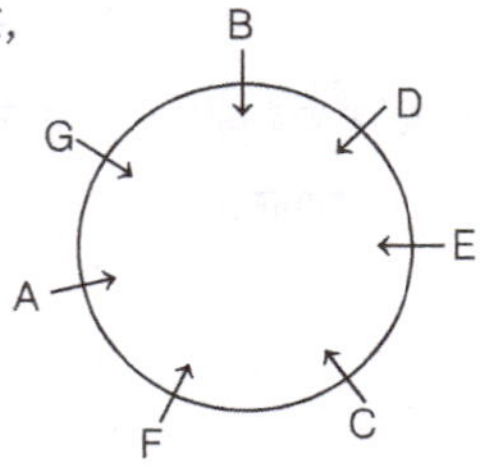

अत: A के बाएँ से गिनने पर, A और D के बीच 2 व्यक्ति बैठे हैं।

68. (c) प्रश्नानुसार,

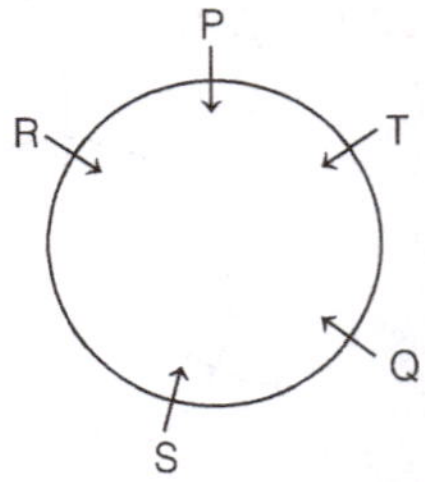

अत: T के दाएँ से तीसरे स्थान पर 'S' बैठी है।

69. (a) प्रश्नानुसार,

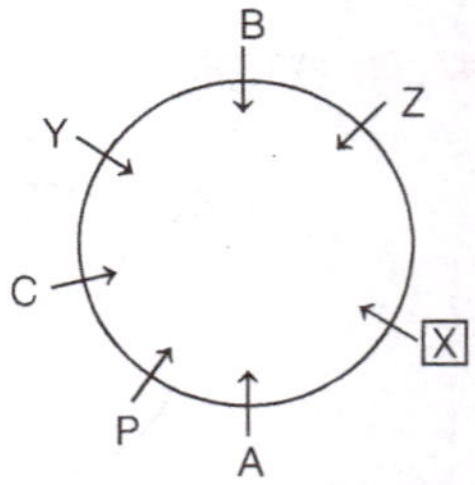

अत: Y के बाएँ से तीसरे स्थान पर 'X' बैठा है।

70. (d) प्रश्नानुसार,

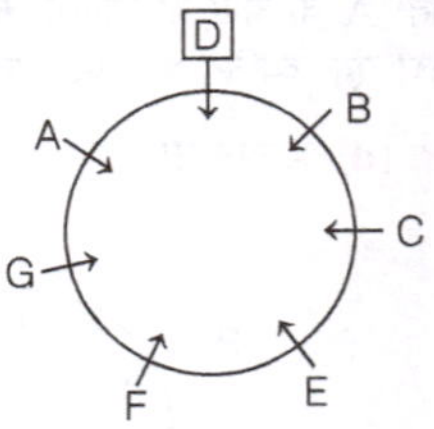

अत: D, E के दाईं ओर से तीसरा बैठा है।

71. (a) प्रश्नानुसार,

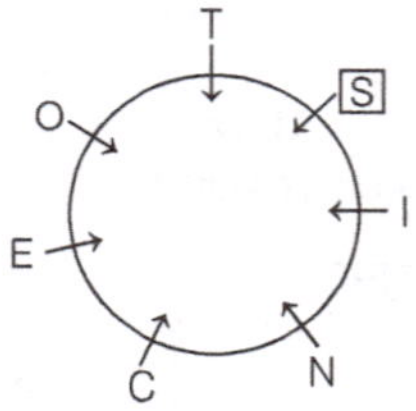

अत: S, I के ठीक दाएँ बैठा है।

72. (b) प्रश्नानुसार,

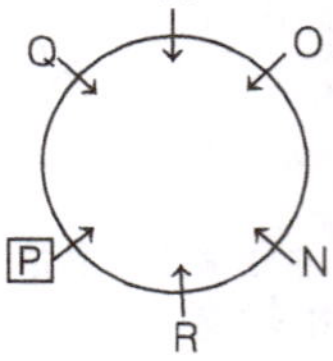

अत: Q के ठीक दाएँ, P बैठा है।

73. (d) प्रश्नानुसार,

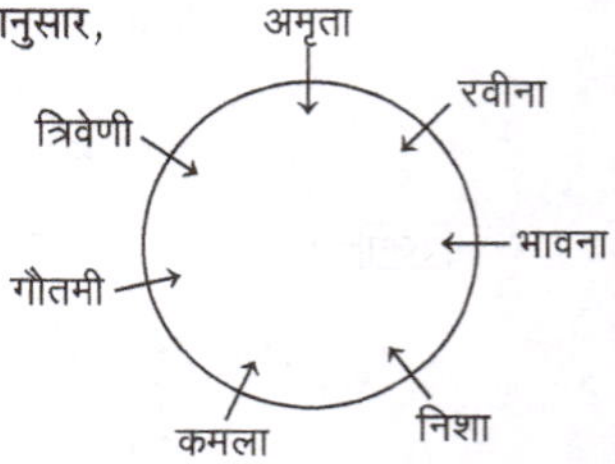

अत: भावना के बाएँ से चौथे स्थान पर 'त्रिवेणी' बैठी है।

74. (b) प्रश्नानुसार,

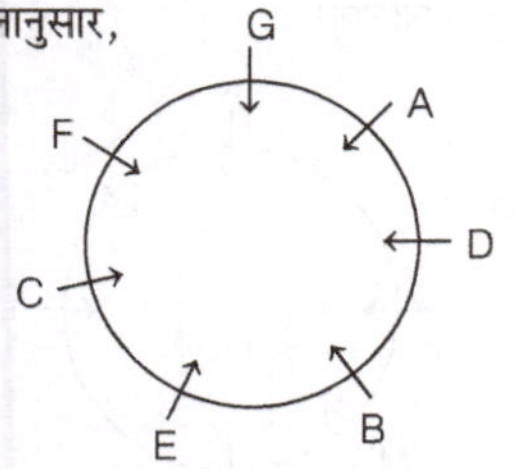

अत: F के दाएँ से गिनने पर F और D के बीच तीन लोग बैठे हैं।

75. (c) प्रश्नानुसार,

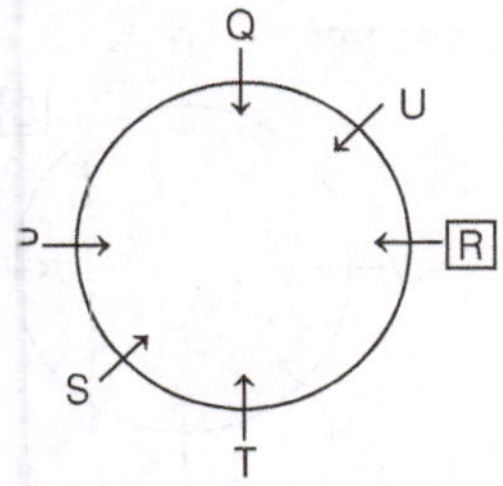

अत: R का निकटतम पड़ोसी T और U दोनों हैं।

76. (d) प्रश्नानुसार,

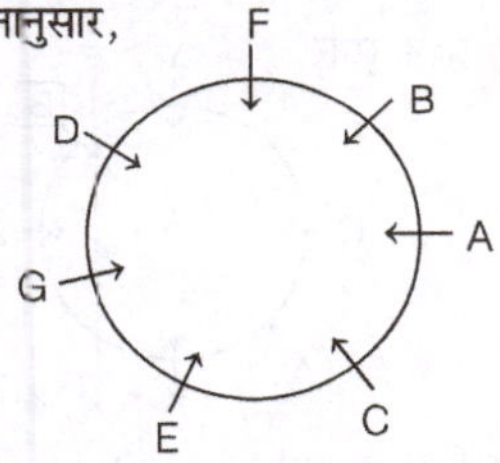

अत: G, A के बाएँ से तीसरे स्थान पर बैठा है।

77. (c) प्रश्नानुसार,

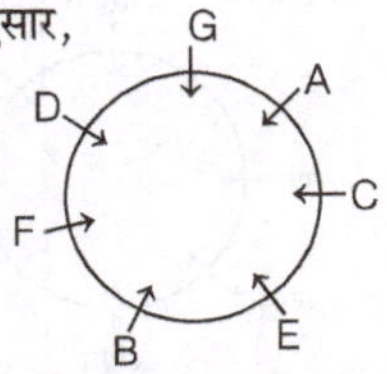

अत: E के बाएँ ओर से गिनती करने पर D और E के बीच दो व्यक्ति बैठे हैं।

78. (c) प्रश्नानुसार,

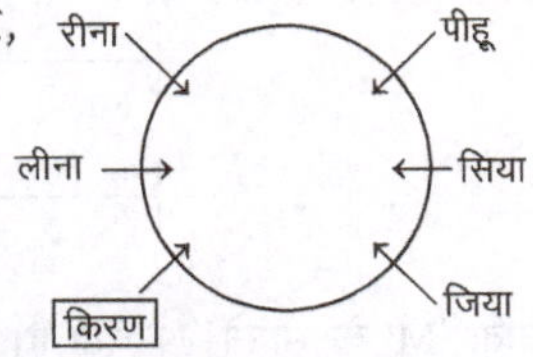

अत: जिया के ठीक बाईं ओर किरण बैठी है।

79. (c) प्रश्नानुसार,

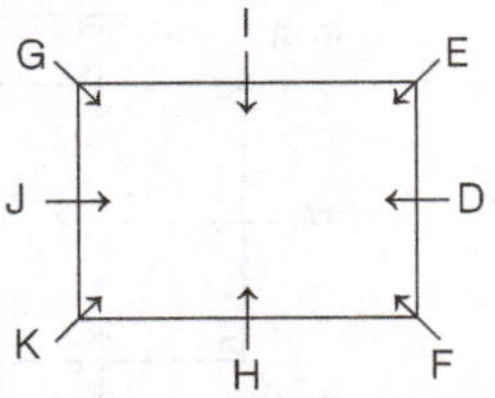

अत: I के बाईं ओर से गिनने पर I और F के बीच दो व्यक्ति बैठे हैं।

80. (c) प्रश्नानुसार,

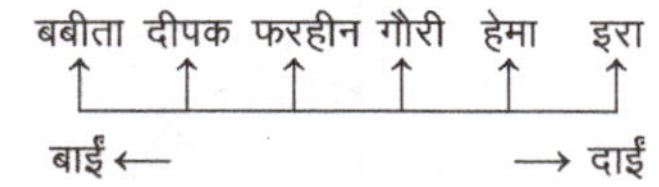

स्पष्टत: दीपक के दाईं ओर तीसरे स्थान पर हेमा बैठी है।

81. (c) प्रश्नानुसार,

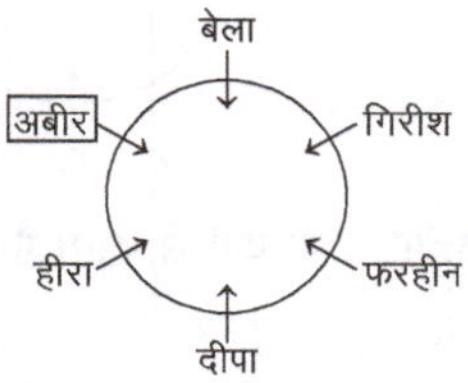

स्पष्टत: बेला के ठीक दाईं ओर अबीर बैठा है।

82. (d) प्रश्नानुसार,

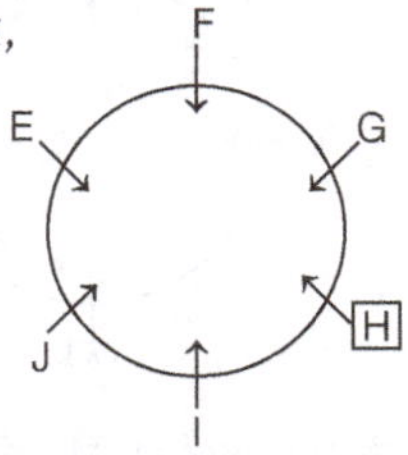

अत: E के दाईं ओर तीसरे स्थान पर 'H' बैठा है।

83. (a) प्रश्नानुसार,

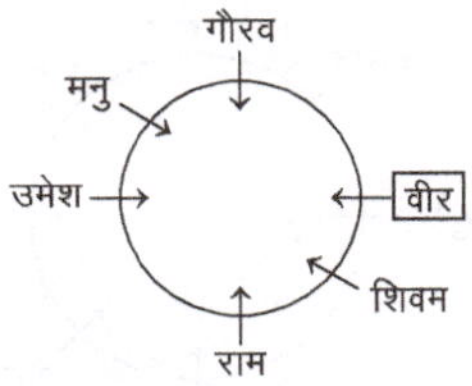

अत: मनु के बाईं ओर दूसरे स्थान पर 'वीर' बैठा है।

84. (b) प्रश्नानुसार,

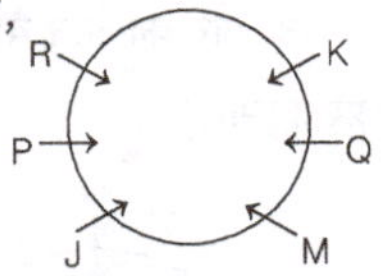

अत: K के बाईं ओर से दूसरे स्थान पर M बैठा है।.

85. (d) प्रश्नानुसार,

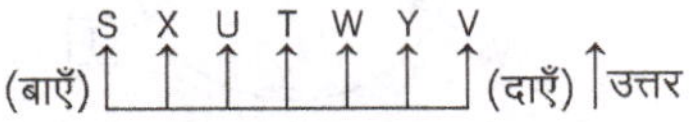

अत: W और V के बीच Y बैठा है।

86. (a) प्रश्नानुसार,

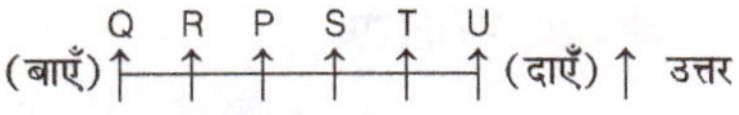

अत: R के ठीक दाईं ओर P बैठा है।

87. (d) प्रश्नानुसार,

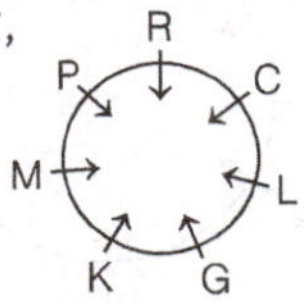

अत: M के बाएँ ओर तीसरे स्थान पर C बैठा है।

88. (a) प्रश्नानुसार,

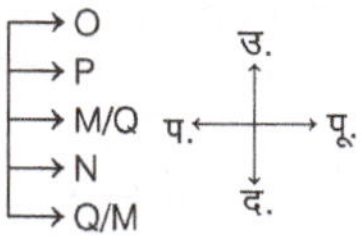

अत: O का निकटतम पड़ोसी P है।

89. (d) प्रश्नानुसार,

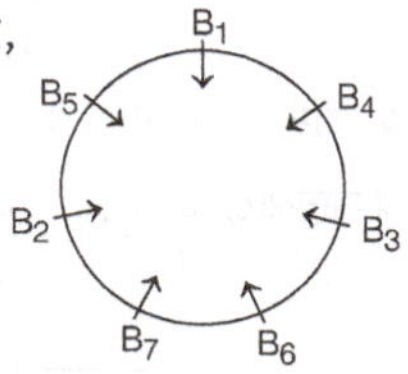

अत: B_4 और B_6, B_3 के निकटतम स्थानों पर बैठे हैं।

90. (b) प्रश्नानुसार,

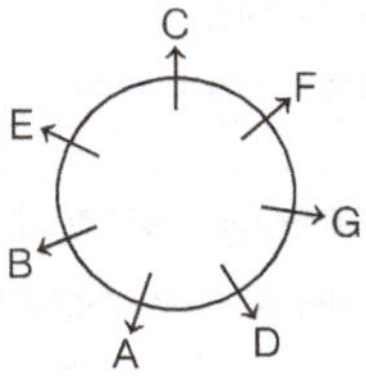

कथन I.(✓) II. (✗)

अत: केवल कथन I सही है।

91. (b) प्रश्नानुसार,

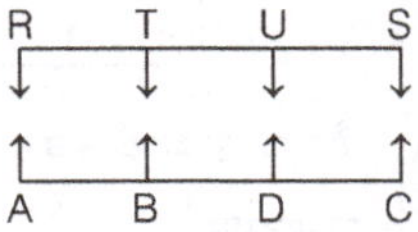

अत: U का मुख D की ओर है।

92. (d) प्रश्नानुसार,

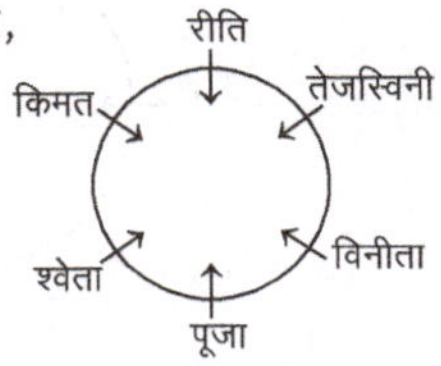

अत: श्वेता के ठीक बाएँ बगल में किमत बैठी है

93. (c) प्रश्नानुसार,

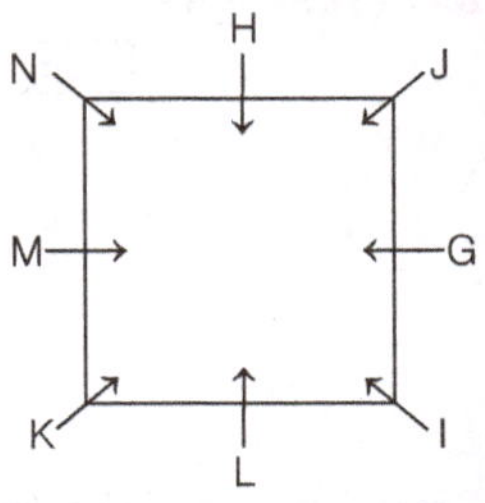

उपरोक्त से स्पष्ट है कि I के सामने तिर्यक N बैठा है।

94. (a) प्रश्नानुसार,

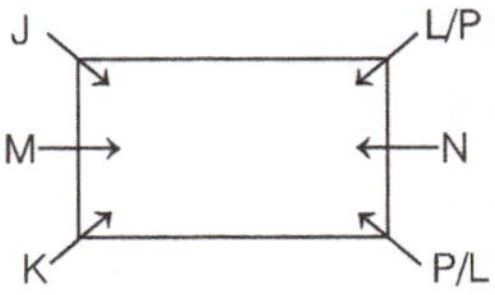

कथन I. (✓) II. (✗)

अत: केवल कथन I सही है।

95. (b) प्रश्नानुसार,

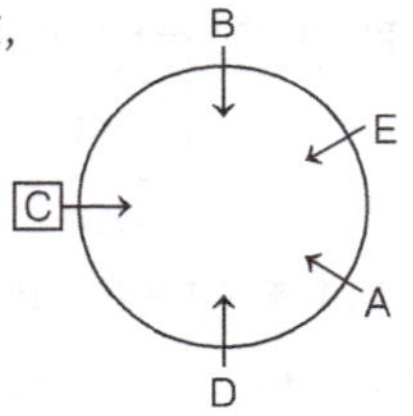

अत: B के दाएँ पड़ोस में C बैठा है।

96. (b) प्रश्नानुसार,

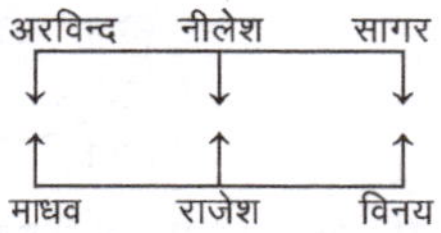

अत: राजेश, माधव और विनय के बीच खड़ा है

97. (c) प्रश्नानुसार,

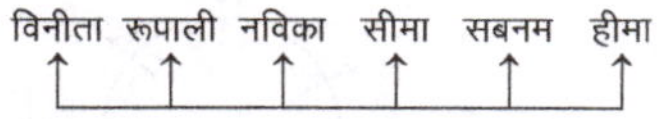

अत: पंक्ति के दूसरे छोर पर विनीता बैठी है।

98. (b) प्रश्न में दी गई जानकारी के अनुसार

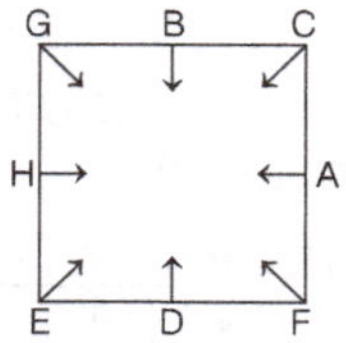

अत: C और G के मध्य केवल एक व्यक्ति B बैठा है।

99. (a) प्रश्नानुसार,

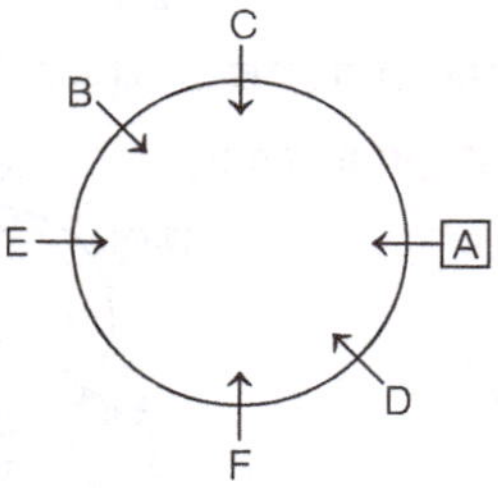

∴ B के बाएँ से दूसरे स्थान पर 'A' बैठा है।

100. (b) प्रश्नानुसार,

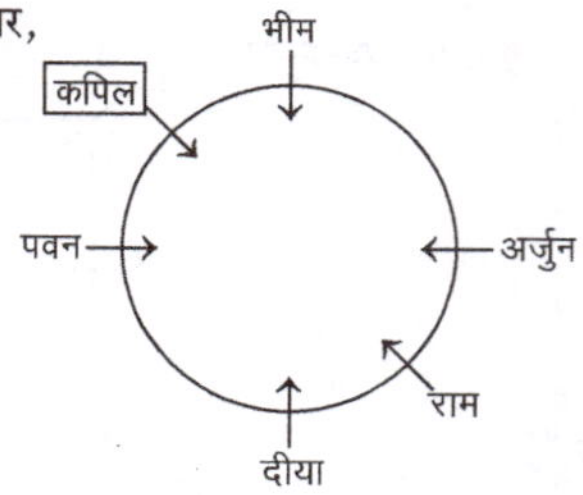

∴ पवन और भीम के बीच 'कपिल' बैठा है।

101. (c) प्रश्नानुसार,

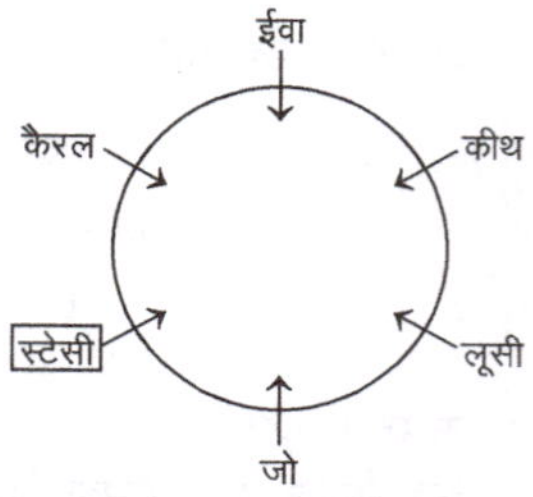

अत: स्टेसी, जो और कैरल के बीच में बैठा है।

102. (b) प्रश्नानुसार,

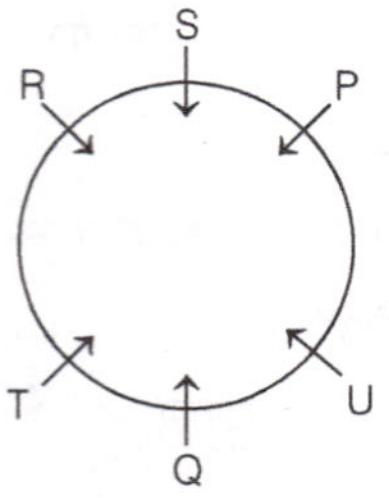

अत: T, S के दाएँ से दूसरा हैं।

103. (c) प्रश्नानुसार,

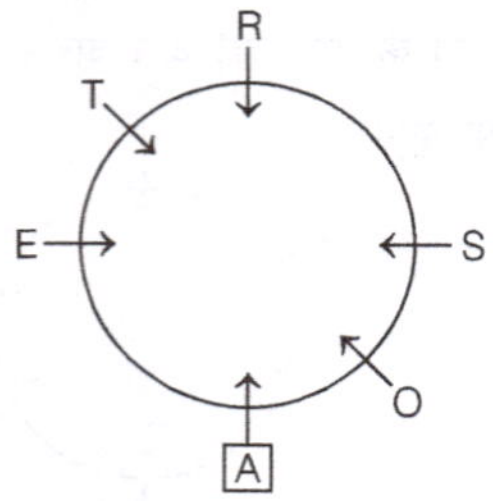

अत: O के ठीक बाएँ 'A' बैठा है।

104. (d) प्रश्नानुसार,

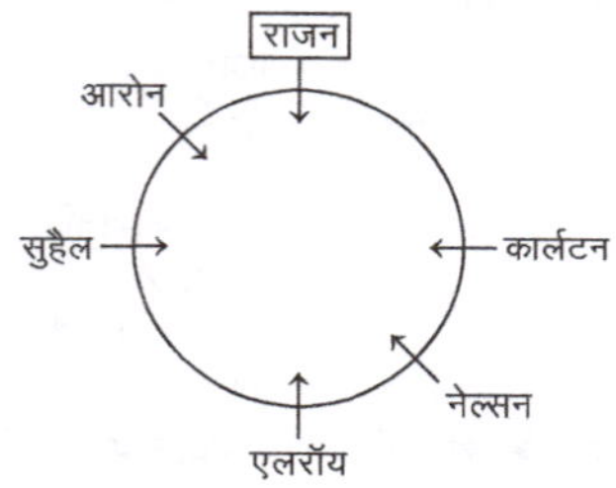

∴ राजन, आरोन और कार्लटन के बीच में बैठा है।

105. (c) प्रश्नानुसार,

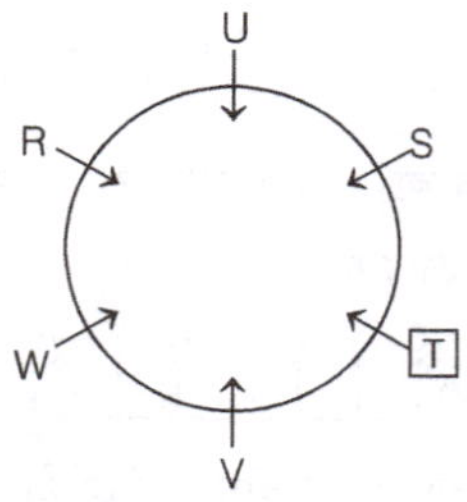

अत: U के बाएँ से दूसरे स्थान पर T बैठा है।

106. (d) प्रश्नानुसार,

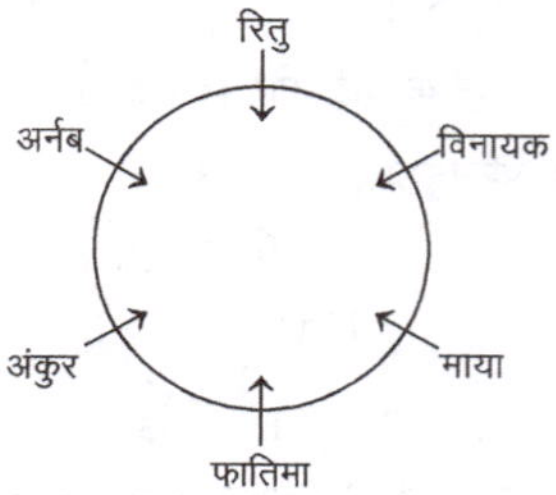

अत: अंकुर, अर्नब व फातिमा के ठीक बीच में है।

107. (c) प्रश्नानुसार,

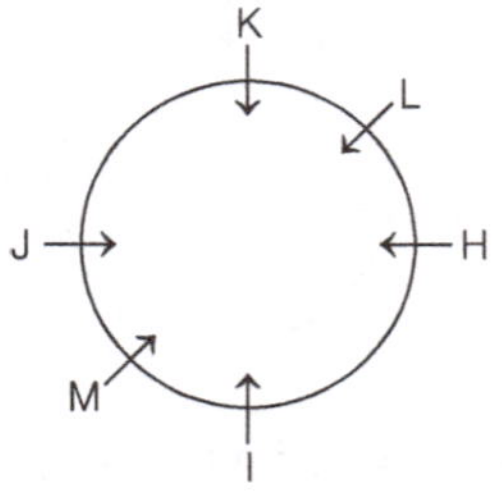

अत: K के बाएँ से गिने जाने पर K और H के बीच केवल एक व्यक्ति है।

108. (d) प्रश्नानुसार,

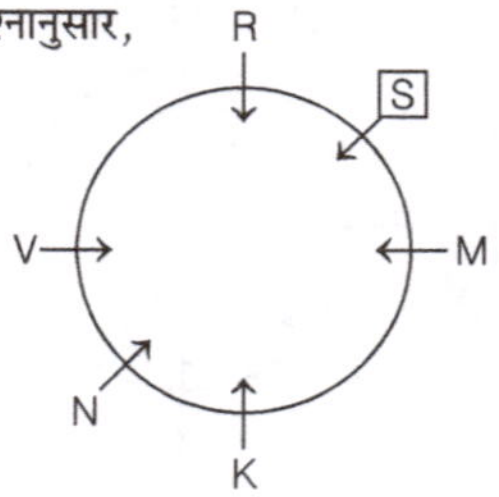

अत: M और R के बीच S बैठा है।

109. (c) प्रश्नानुसार,

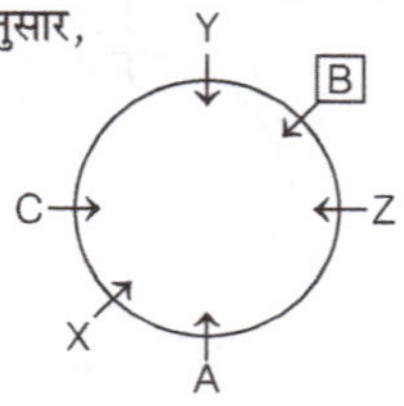

अत: Z के ठीक दाएँ 'B' बैठा है।

110. (d) प्रश्नानुसार,

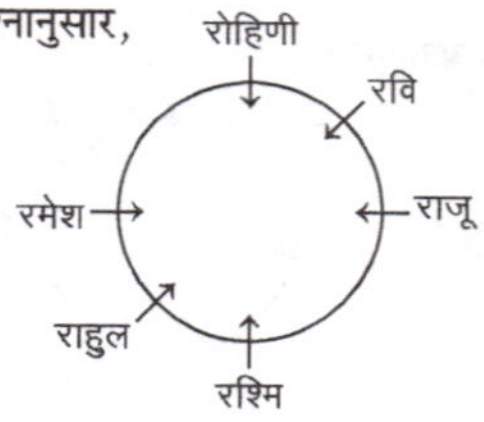

अत: राजू के ठीक बाएँ 'रश्मि' बैठी है।

111. (b) प्रश्नानुसार,

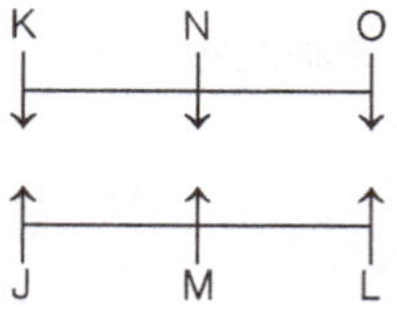

अत: 'M' के सामने 'N' बैठा है।

112. (c) प्रश्नानुसार,

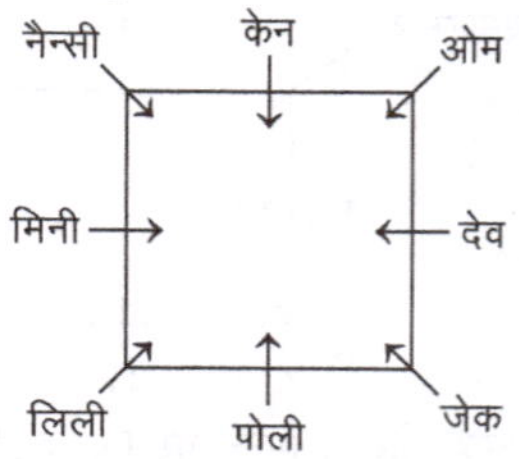

∴ जेक के दाएँ चौथे स्थान पर 'नैन्सी' बैठी है।

113. (b) प्रश्नानुसार,

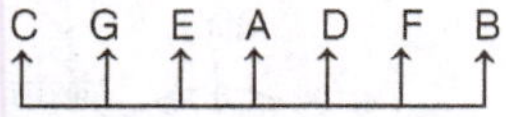

अतः पंक्ति के बाएँ छोर पर C बैठा है।

114. (d) प्रश्नानुसार,

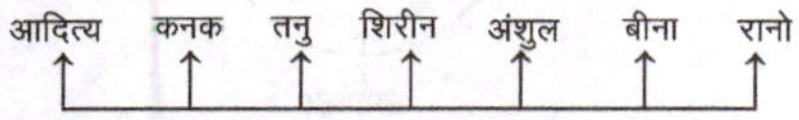

अतः पंक्ति के दाएँ छोर पर रानो बैठी है।

115. (b) प्रश्नानुसार,

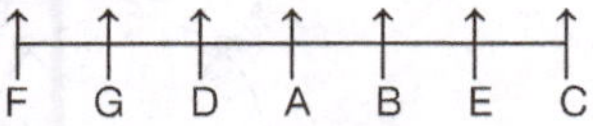

अतः B, F के दाएँ चौथे स्थान पर बैठेगा।

116. (b) प्रश्नानुसार,

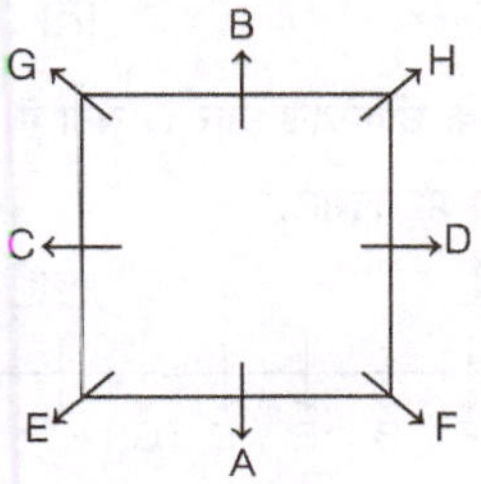

अतः A और D के बीच F बैठा है।

117. (a) प्रश्नानुसार,

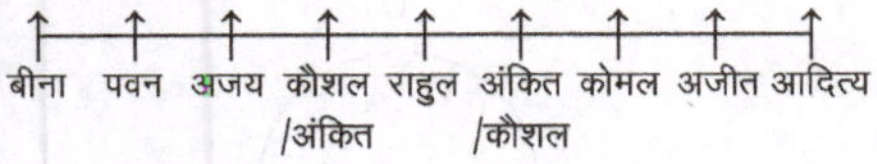

अतः राहुल के ठीक पड़ोस में कौशल और अंकित बैठे हैं।

118. (a) प्रश्नानुसार, व्यवस्था निम्न प्रकार से है।

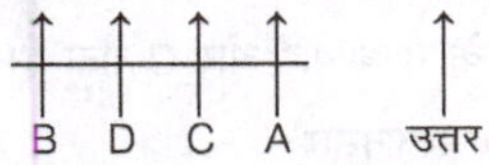

अतः विकल्प (a) में दिया गया कथन गलत है।

119. (b) प्रश्नानुसार,

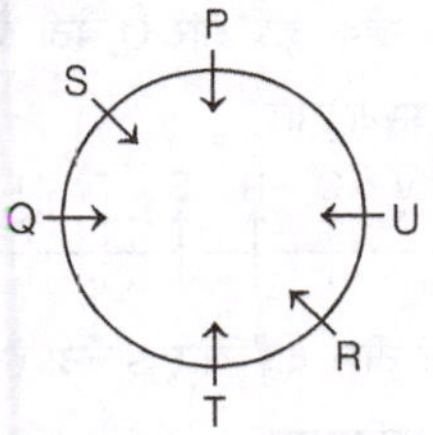

अतः T के सामने P बैठा है।

120. (c) प्रश्नानुसार,

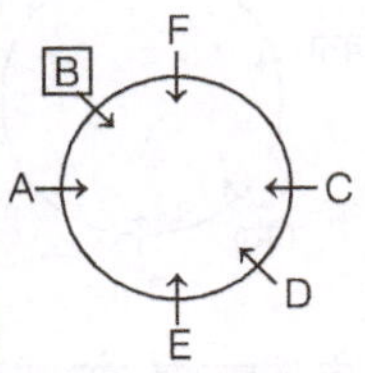

अतः B, A और F के बीच में बैठा है।

121. (b) प्रश्नानुसार,

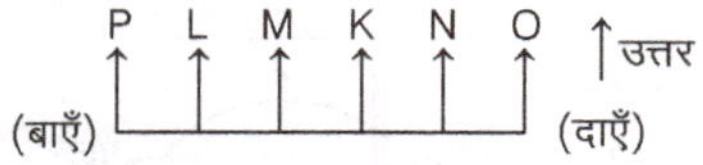

अतः P और O, पंक्ति के छोरों पर बैठे हैं।

122. (d) प्रश्नानुसार,

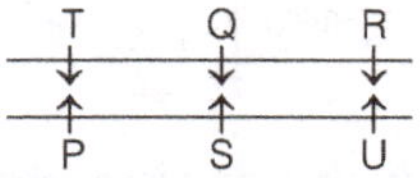

अतः T, Q और R, एक पंक्ति में हैं।

123. (c) प्रश्नानुसार,

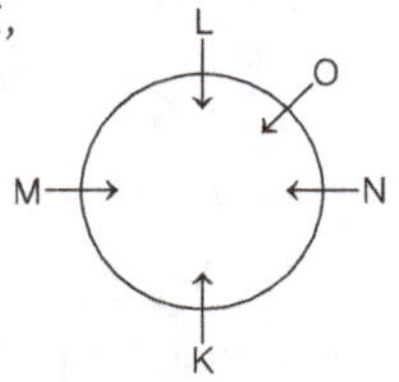

स्पष्टतः O, L और N के बीच में बैठा है।

124. (a) प्रश्नानुसार,

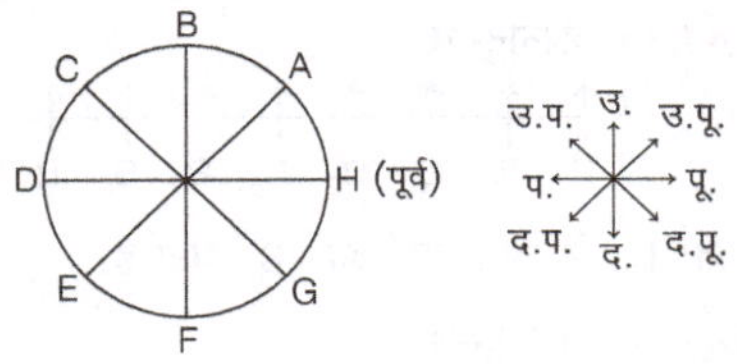

उपरोक्त से स्पष्ट है, कि H-पूर्व दिशा में है।
अतः H की पश्चिम दिशा सही नहीं है।

125. (d) प्रश्नानुसार,

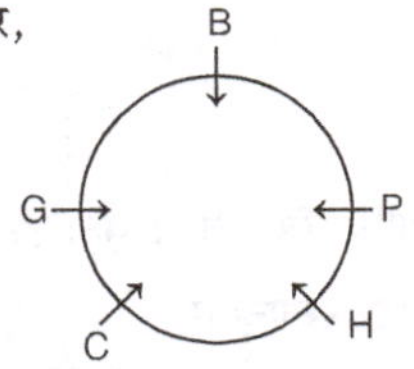

अतः G के ठीक दाईं ओर C बैठा है।

126. (b) प्रश्नानुसार,

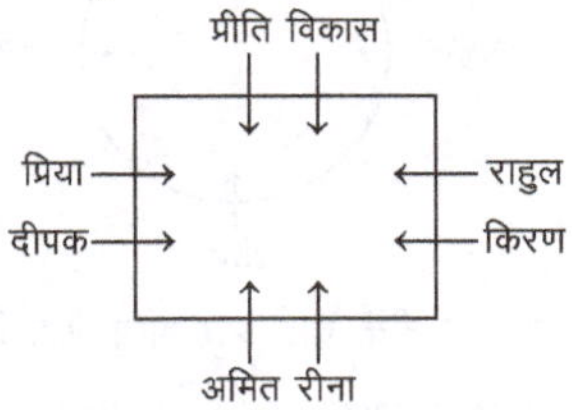

अतः दीपक के ठीक बाईं ओर प्रिया बैठी है।

127. (c) प्रश्नानुसार,

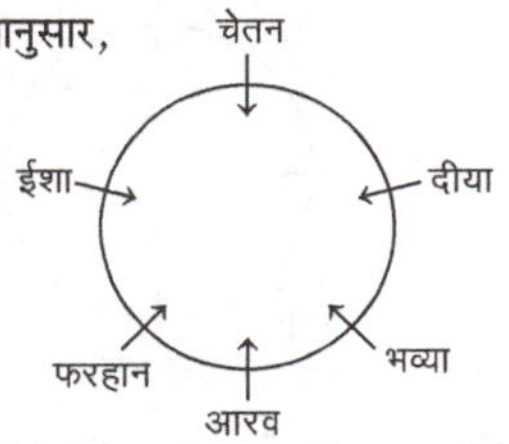

दीया और ईशा का निकटतम पड़ोसी चेतन है।

128. (d) प्रश्नानुसार,

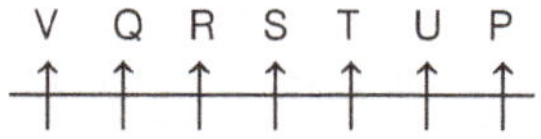

अतः S के ठीक बाईं ओर R बैठा है।

129. (d) प्रश्नानुसार,

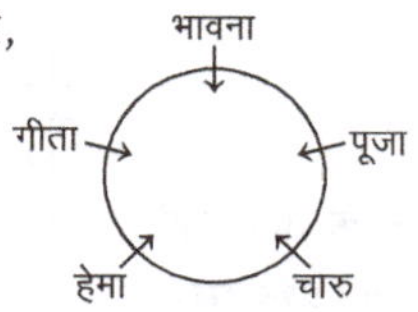

अतः चारु के ठीक बाईं ओर हेमा बैठी है।

130. (b) प्रश्नानुसार,

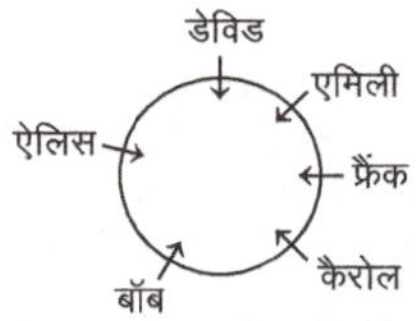

अतः एमिली के ठीक दाईं ओर डेविड बैठा है।

131. (d) प्रश्नानुसार,

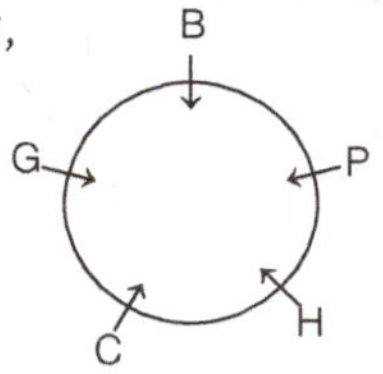

अतः P के ठीक बाईं ओर H बैठा है।

132. (d) प्रश्नानुसार,

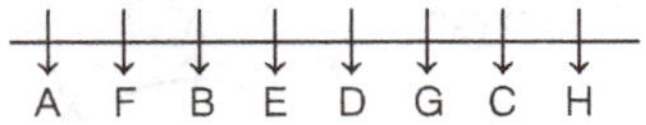

अतः C के ठीक दाईं ओर G बैठा है

133. (c) प्रश्नानुसार,

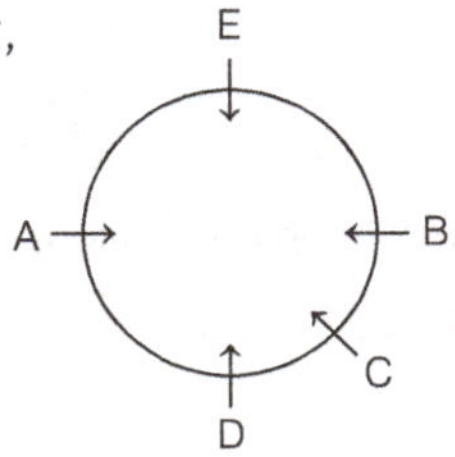

अतः D के ठीक दाईं ओर C बैठा है।

134. (b) प्रश्नानुसार,

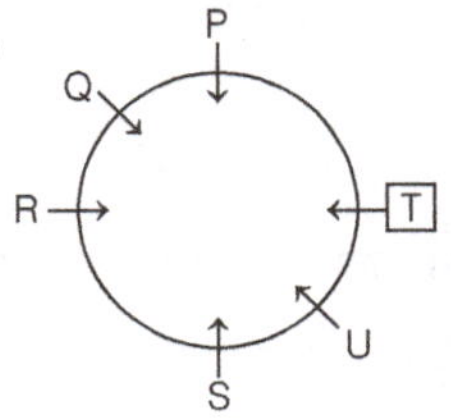

अतः U और P दोनों का निकटतम पड़ोसी T है।

135. (d) प्रश्नानुसार,

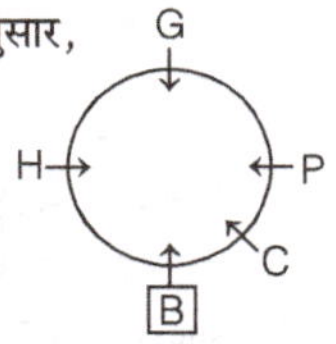

अतः B, C के ठीक बाईं ओर बैठा है।

136. (b) प्रश्नानुसार,

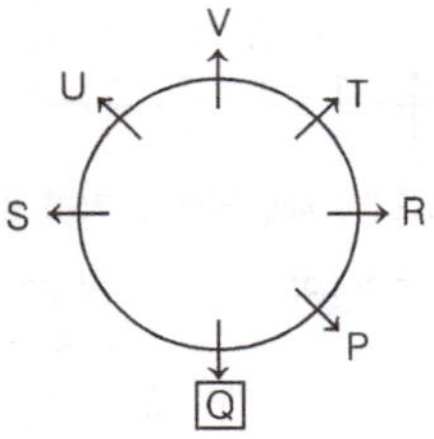

अत: S के ठीक बाईं ओर Q बैठी है।

137. (d) प्रश्नानुसार,

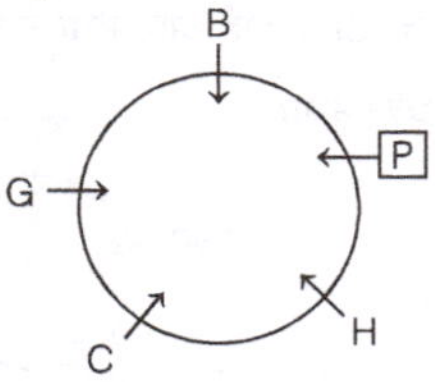

अत: H के ठीक दाईं ओर P बैठा है।

138. (b) प्रश्नानुसार,

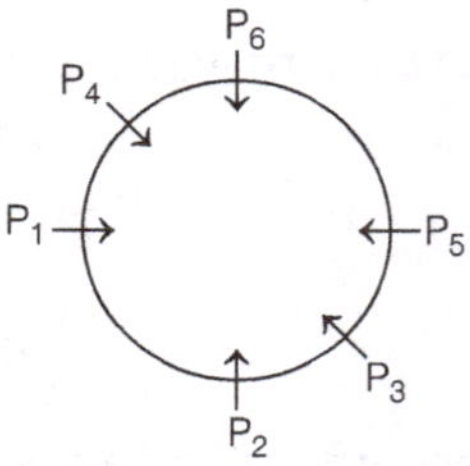

अत: P_1 के ठीक दाईं ओर P_2 बैठा है।

139. (c) प्रश्नानुसार,

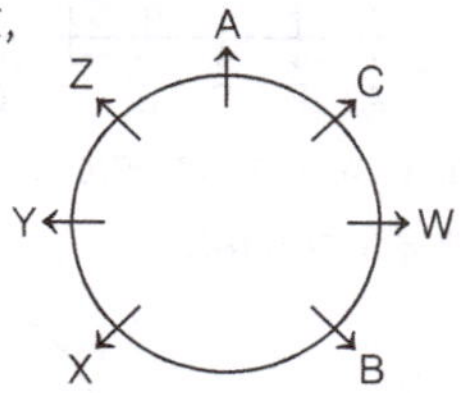

अत: X के ठीक बाईं ओर B बैठी है।

140. (a) प्रश्नानुसार,

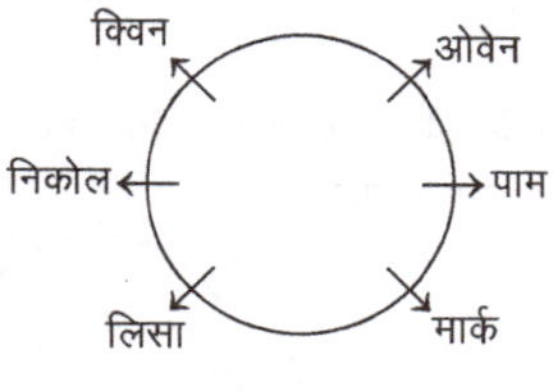

अत: पाम के ठीक दाईं ओर मार्क बैठा है।

141. (d) प्रश्नानुसार,

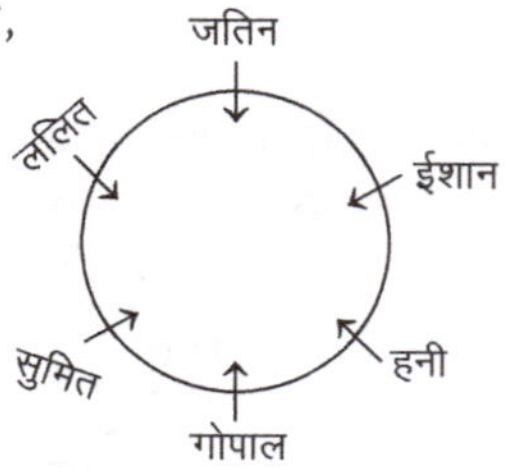

अत: ईशान के ठीक बाईं ओर हनी बैठा है।

142. (b) प्रश्नानुसार,

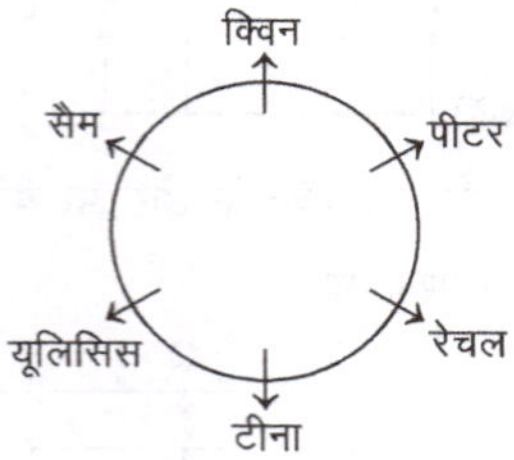

अत: टीना के ठीक दाईं ओर यूलिसिस बैठा है।

143. (a) प्रश्नानुसार,

अत: राहुल के बाईं ओर से दूसरे स्थान पर प्रिया बैठी है।

144. (a) प्रश्नानुसार,

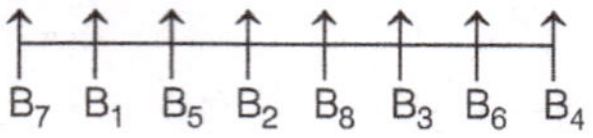

अत: B_2 के ठीक दाईं ओर B_8 बैठा है।

145. (b) प्रश्नानुसार,

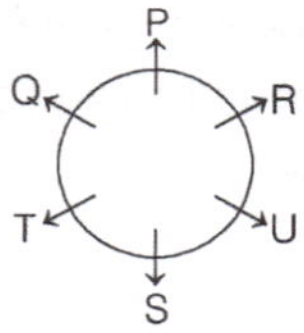

अत: T के विपरीत R बैठा है।

146. (c) प्रश्नानुसार,

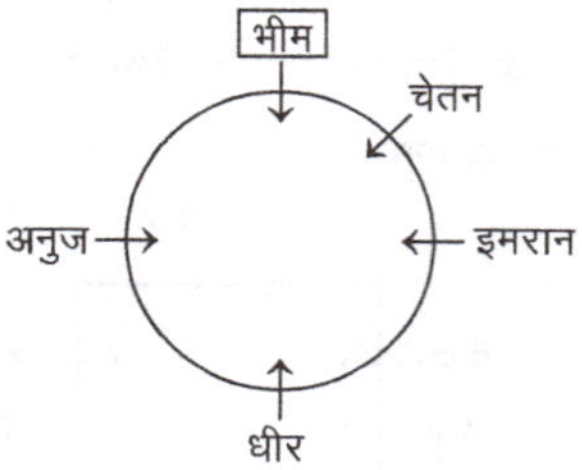

अत: चेतन के ठीक दाईं ओर भीम बैठा है।

147. (d) प्रश्नानुसार,

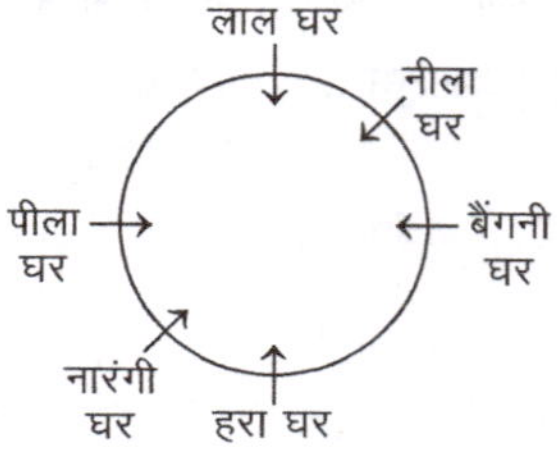

अत: नीला घर के ठीक दाईं ओर लाल घर स्थित है।

148. (c) प्रश्नानुसार,

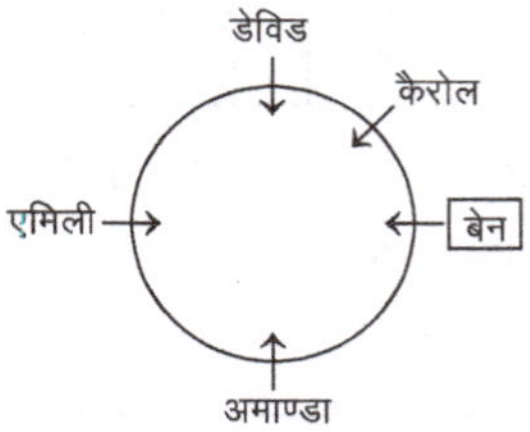

अत: अमाण्डा के ठीक दाईं ओर बेन बैठा है।

149. (d) प्रश्नानुसार,

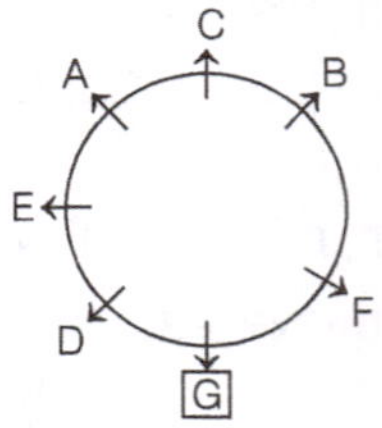

अत: F के ठीक दाईं ओर G बैठा है।

150. (b) प्रश्नानुसार,

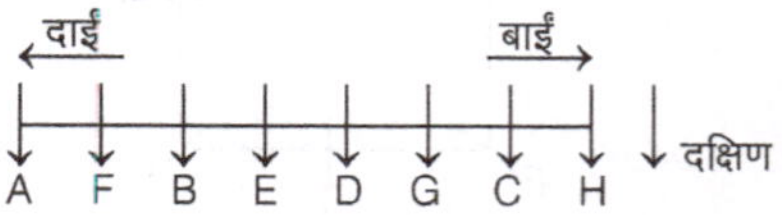

अत: 'E' के ठीक दाईं ओर 'B' बैठा है।

151. (a) प्रश्नानुसार,

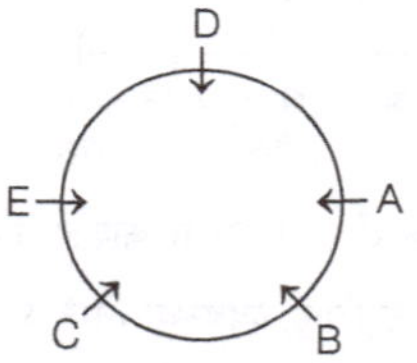

अत: B के ठीक बाईं ओर C बैठा है।

152. (c) प्रश्नानुसार,

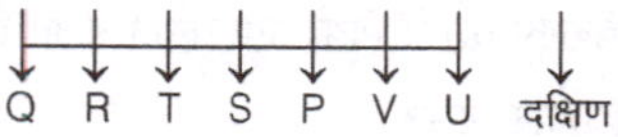

अत: R के ठीक दाईं ओर Q बैठी है।

153. (a) प्रश्नानुसार,

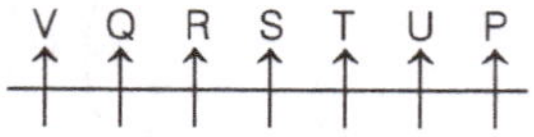

अत: R के ठीक दाईं ओर S बैठा है।

154. (d) प्रश्नानुसार,

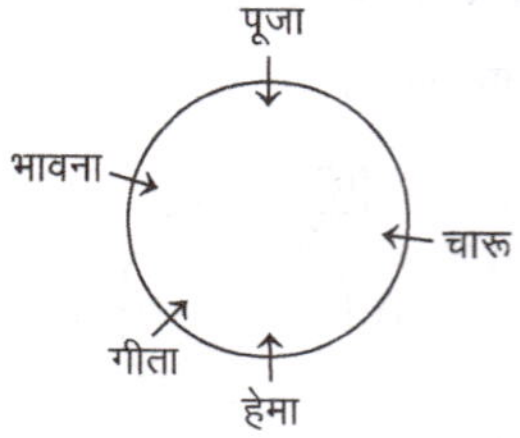

अत: भावना के ठीक दाईं ओर गीता है।

155. (c) प्रश्नानुसार,

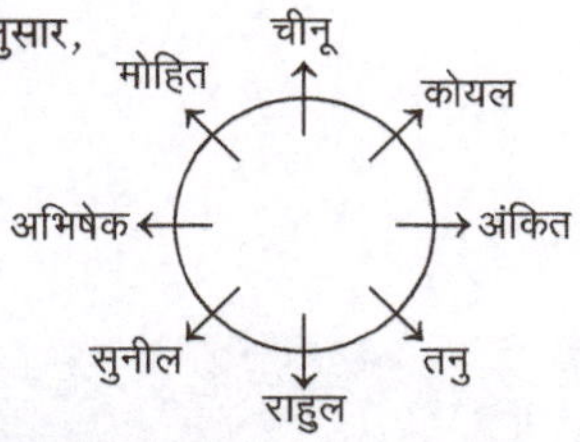

अत: कोयल के बाईं ओर से दूसरे स्थान पर मोहित बैठा है।

156. (b) प्रश्नानुसार,

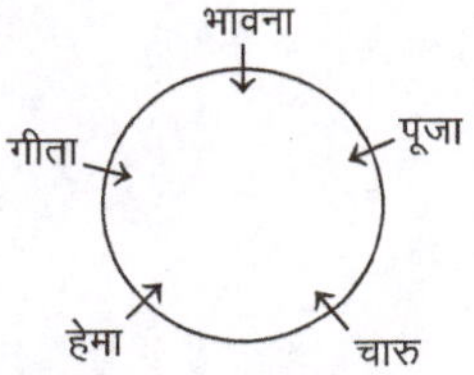

अत: हेमा के ठीक दाईं ओर चारु बैठी है।

157. (b) प्रश्नानुसार,

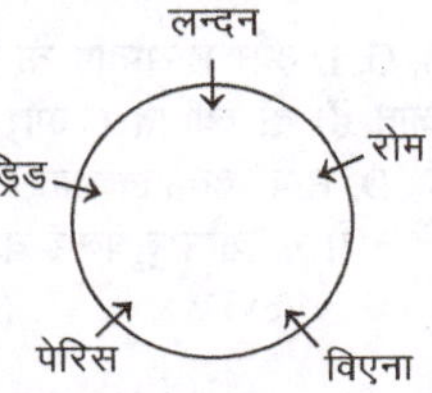

अत: मैड्रिड के ठीक बाईं ओर लन्दन बैठा है।

158. (d) प्रश्नानुसार,

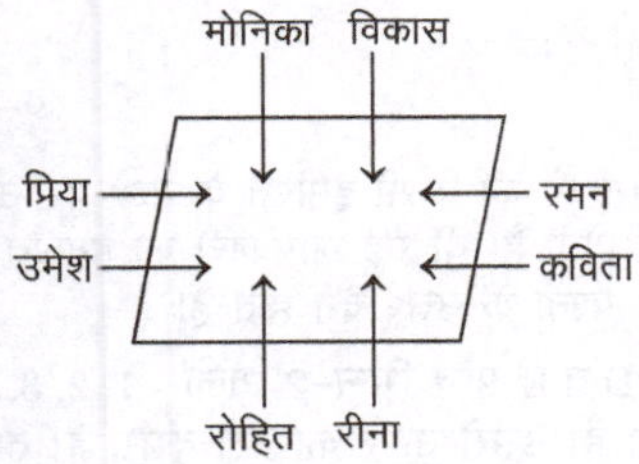

अत: रमन के बाईं ओर दूसरे स्थान पर रीना बैठी है।

159. (a) दी गई जानकारी के अनुसार,

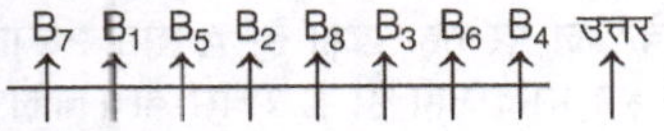

अत: B_1 के ठीक बाईं ओर B_7 बैठा है।

160. (c) प्रश्नानुसार,

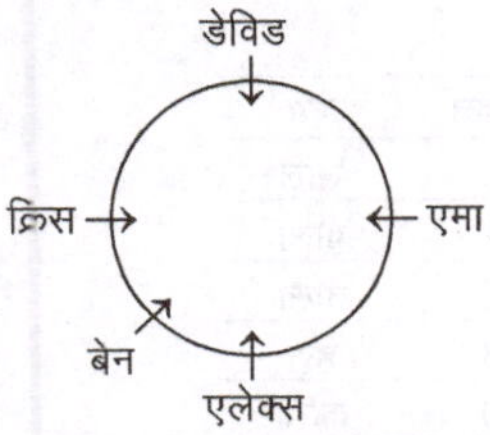

अत: क्रिस के ठीक दाईं ओर बेन बैठा है।

161. (a) प्रश्नानुसार,

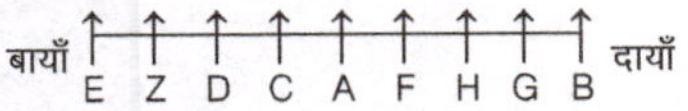

अत: D और A के बीच C बैठा है।

162. (c) प्रश्नानुसार,

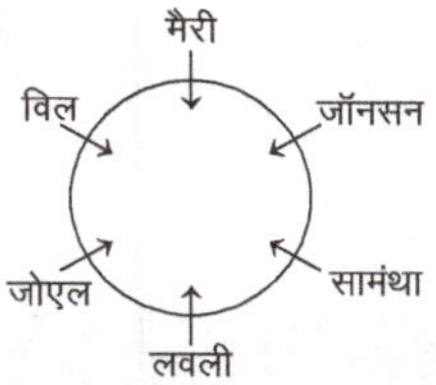

अत: लवली और जॉनसन के बीच सामंथा बैठी है।

163. (d) प्रश्नानुसार,

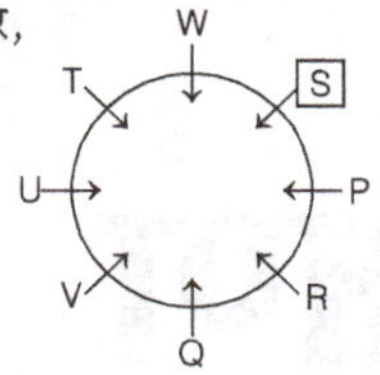

अत: U के बाईं ओर तीसरे स्थान पर S बैठा है।

164. (b) प्रश्नानुसार,

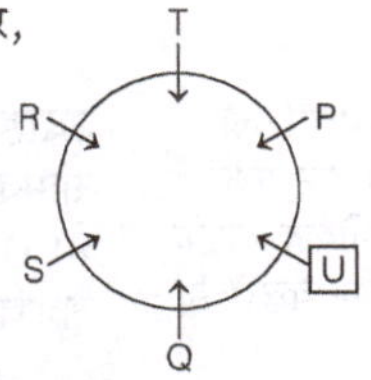

अत: P और Q के ठीक बगल में U बैठा है।

165. (c) प्रश्नानुसार,

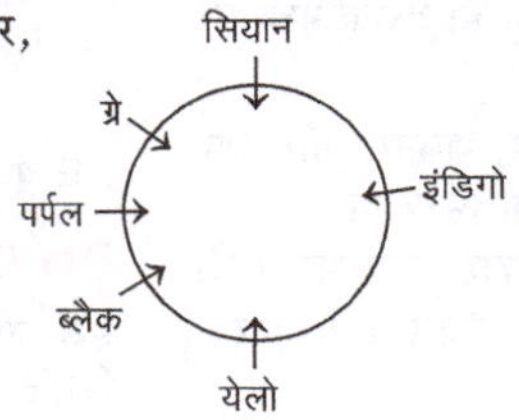

∴ सियान, ग्रे और इंडिगो के बीच में बैठा है।

166. (c) प्रश्नानुसार,

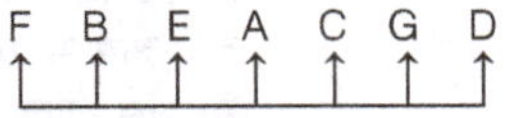

अत: E, B और A के बीच बैठा है।

167. (b) प्रश्नानुसार,

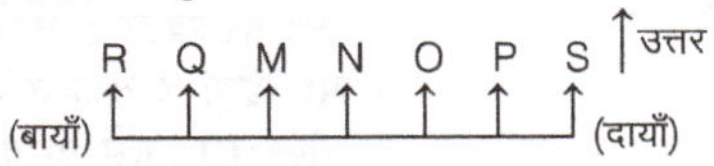

अत: पंक्ति के मध्य में 'N' बैठा है।

168. (d) प्रश्नानुसार,

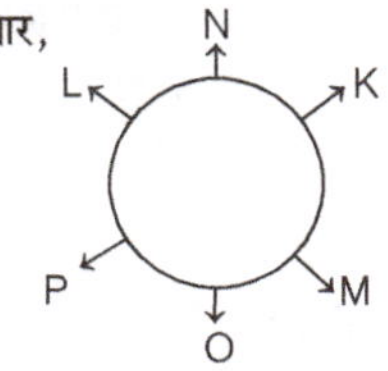

अत: 'P' के तुरन्त दाएँ 'L' बैठा है।

169. (c) प्रश्नानुसार,

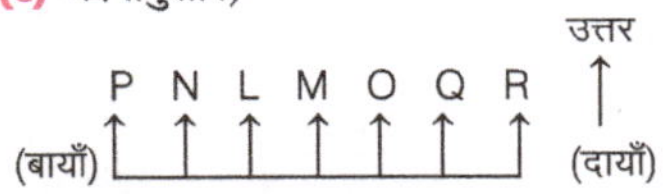

अत: R के बाईं ओर ठीक बगल में Q बैठा है।

170. (c) प्रश्नानुसार,

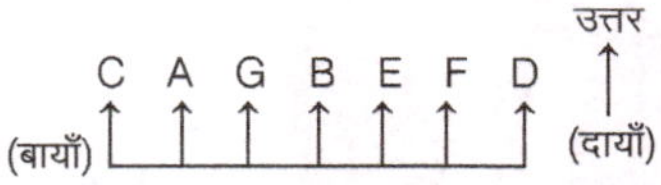

अत: पंक्ति के बाएँ सिरे पर 'C' बैठा है।

171. (b) प्रश्नानुसार,

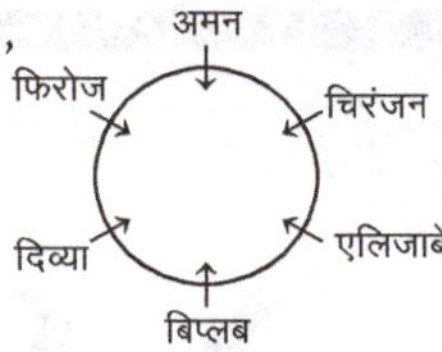

∴ बिप्लब के बाईं ओर ठीक बगल में दिव्या बैठी है।

172. (d) प्रश्नानुसार,

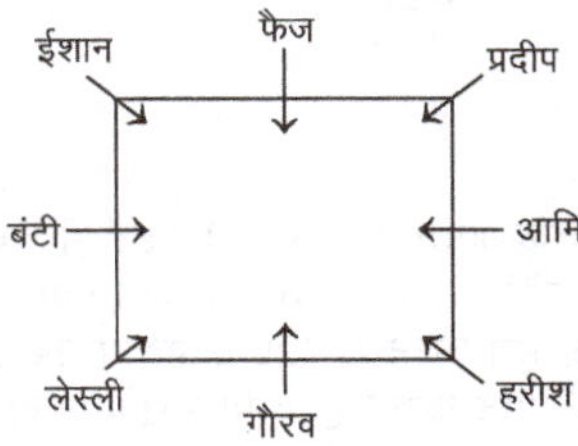

अत: आमिर के दाईं ओर तीसरे स्थान पर ईशान बैठा है।

173. (b) प्रश्नानुसार,

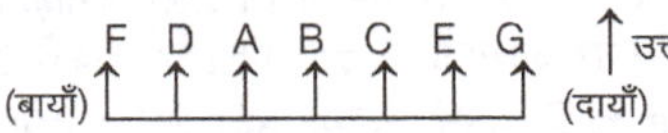

अत: पंक्ति के अन्तिम बाएँ सिरे पर F बैठा है।

174. (a) प्रश्नानुसार,

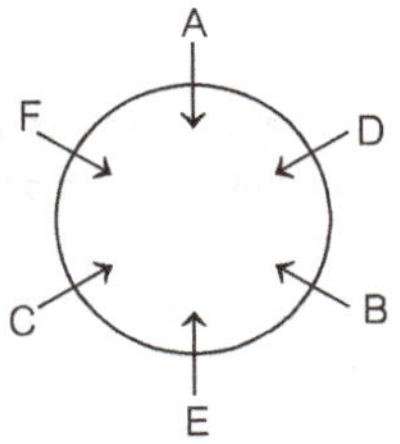

∴ A के दाईं ओर से देखे जाने पर E और A के बीच F और C बैठा है।

175. (a) प्रश्नानुसार,

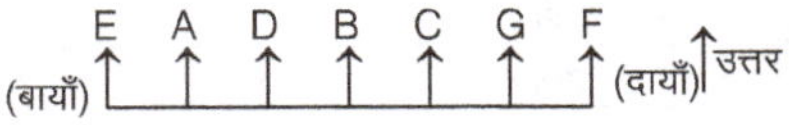

अत: A और G के बीच 3 व्यक्ति बैठे हैं।

176. (a) प्रश्नानुसार,

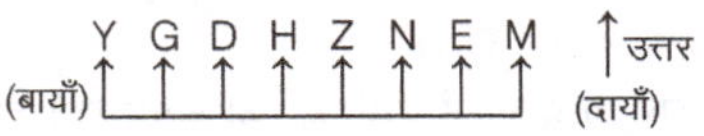

अत: तीन व्यक्ति H के बाईं ओर बैठे हैं।

177. (b) प्रश्नानुसार,

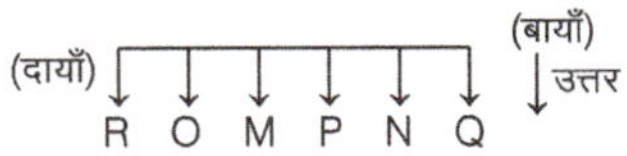

अत: M, O के तुरन्त बाएँ बैठा है।

11

पहेली परीक्षण

इस अध्याय के अन्तर्गत आने वाले प्रश्नों में कथनों का ऐसा समूह होता है। जो पूर्णतः सत्य होने के बाद भी अस्पष्ट अर्थ प्रदान करता है। अभ्यर्थियों को इस प्रकार के प्रश्नों को हल करने के लिए सर्वप्रथम कथनों को क्रमबद्ध या सारणीबद्ध करके उनका अर्थ स्पष्ट करना होता है। उसके पश्चात् दिए गए प्रश्नों को हल करते हैं।

वर्गीकरण पर आधारित

इस प्रकार की पहेली में व्यक्तियों और वस्तुओं को उनकी विशेषताओं पसंद, नापसंद आदि के आधार पर अलग-अलग वगीकृत किया जाता है। इसके पश्चात् प्रश्नों के उत्तर आसानी से ज्ञात किए जा सकते हैं।

उदाहरण 1. दो पुरुष, अनिल और डेविड तथा दो महिलाएँ, शबनम और रेखा, एक विक्रेता समूह में हैं। जिनमें केवल दो तमिलभाषी हैं तथा अन्य दो मराठीभाषी हैं। इनमें से केवल एक पुरुष और एक महिला कार चला सकते हैं। शबनम मराठीभाषी है तथा अनिल तमिलभाषी है। रेखा और डेविड दोनों कार चला सकते हैं।

निम्नलिखित में से कौन-सा कथन सत्य है?

(a) दोनों तमिलभाषी कार चला सकते हैं
(b) दोनों मराठीभाषी कार चला सकते हैं
(c) दोनों कार चलाने वाले मराठीभाषी हैं
(d) कार चलाने वालों में से एक तमिलभाषी है

हल (*d*) प्रश्न में दी गई जानकारी को निम्न प्रकार दर्शाया जा सकता है

व्यक्ति	मराठी	तमिल	ड्राइव (कार चलाना)
शबनम	✓		
रेखा			✓
डेविड			✓
अनिल		✓	

∵ प्रश्न में बताया गया है कि दो तमिलभाषी व दो मराठीभाषी हैं।
∴ रेखा अथवा डेविड में से कोई एक निश्चित रूप से तमिलभाषी होगा।
अतः स्पष्ट है कि कार चलाने वालों में से एक तमिलभाषी है।

घटना क्रम पर आधारित

इस प्रकार के प्रश्नों में घटनाओं का समय क्रम तथा स्थान आदि से सम्बन्धित जानकारी दी गई होती हैं। घटनाओं को क्रम तथा समय के अनुसार सारणीबद्ध व्यवस्थित करके प्रश्नों का उत्तर ज्ञात करना होता है।

उदाहरण 2. पाँच व्यक्ति A, B, C, D और E सप्ताह के विभिन्न दिनों में, जो सोमवार से शुक्रवार है। स्कूल जाते हैं। दो व्यक्ति C और B के मध्य स्कूल जाते हैं। C, बुधवार से पहले जाता है, D, E के तत्काल बाद स्कूल जाता है। A, शुक्रवार को नहीं जाता है। तो निम्न में से कौन बुधवार को स्कूल जाता है?

(a) B (b) C (c) D (d) E

हल (*d*) प्रश्नानुसार,

दिन	सोमवार	मंगलवार	बुधवार	गुरुवार	शुक्रवार
व्यक्ति	A	C	E	D	B

∴ E बुधवार को स्कूल जाता है।

तल पर आधारित

इस प्रकार के प्रश्नों में व्यक्तियों या वस्तुओं की किसी इमारत के तलों पर उनकी स्थिति से सम्बन्धित जानकारी दी गई होती है। दी गई जानकारी को इमारत के तल क्रमांक के अनुसार व्यवस्थित कर प्रश्नों के उत्तर देने होते हैं।

उदाहरण 3. पाँच व्यक्ति A, B, C, D व E पाँच भिन्न-2 तलों - 1, 2, 3, 4 व 5 खड़े हैं। सबसे नीचे का तल पहला है। उससे ऊपर का तल दूसरा है। तथा इसी क्रम में सबसे ऊपर का तल पाँचवा है। प्रत्येक को भिन्न-भिन्न रंग पसंद है। जैसे-नीला, पीला, हरा, लाल व काला। C सबसे ऊपर के तल पर खड़ा है तथा उसे लाल रंग पसंद है। जो व्यक्ति सबसे नीचे के तल पर खड़ा है। उसे काला रंग पसंद है। B सबसे नीचे के तल पर नहीं खड़ा है। A सम संख्या वाले तल पर खड़ा है तथा उसे काला व हरा पसंद नहीं है। E सबसे बीच वाले तल पर खड़ा है तथा उसे नीला रंग पसंद है। B, A के नीचे किसी तल पर खड़ा है। पीला रंग किसे पसंद है?

(a) A (b) B (c) C (d) D

हल (*a*) प्रश्नानुसार,

तल	व्यक्ति	रंग
5	C	लाल
4	A	पीला
3	E	नीला
2	B	हरा
1	D	काला

पीला रंग A को पसंद है।

SSC एग्जाम स्कैनर

SSC CGL 2024 & 2023 (Tier I & II)

1. P, Q, R, S, T, U और V में से प्रत्येक की परीक्षा, सोमवार से शुरू होकर रविवार को समाप्त होने वाले सप्ताह के अलग-अलग दिन है।
Q की परीक्षा शनिवार को है। S और Q की परीक्षाओं के बीच केवल दो व्यक्तियों की परीक्षा है। R की परीक्षा, S की परीक्षा से पहले है, लेकिन P की परीक्षा के बाद है । U की परीक्षा, T की परीक्षा के ठीक बाद है।
V की परीक्षा निम्नलिखित में से किस दिन है?
SSC CGL (Tier-II) 18/01/2025 Shift-I
(a) शनिवार (b) गुरुवार
(c) रविवार (d) शुक्रवार

2. A, B, C, D, E, F और G में से प्रत्येक की परीक्षा सोमवार से शुरू होने वाले और रविवार को समाप्त होने वाले एक ही सप्ताह के अलग-अलग दिनों में है। A की परीक्षा बुधवार को है। A और B के बीच केवल एक व्यक्ति की परीक्षा है। D की परीक्षा B के ठीक पहले वाले दिन है। F और B के बीच केवल एक व्यक्ति की परीक्षा है। G की परीक्षा A से पहले किसी एक दिन लेकिन C के बाद किसी एक दिन है। G की परीक्षा किस दिन है? **SSC CGL (Tier-II) 06/03/2023 Shift-I**
(a) सोमवार (b) मंगलवार
(c) बुधवार (d) शुक्रवार

SSC CHSL 2024 (Tier I & II)

3. A, B, C, D, E और F एक ही इमारत के छः अलग-अलग माले पर रहते हैं। इमारत के सबसे निचले माले का क्रमांक 1, उसके ठीक ऊपर वाले माले का क्रमांक 2 और इसी तरह जारी रखते हुए सबसे ऊपरी माले का क्रमांक 6 है। E एक विषम क्रमांक वाले माले पर रहता है परन्तु वह क्रमांक 5 वाले माले पर नहीं रहता है। E और C के बीच में केवल एक व्यक्ति रहता है। D, F के ठीक ऊपर रहता है। B, C के नीचे वाले माले पर रहता है। A सबसे ऊपरी माले पर नहीं रहता है। सबसे ऊपरी माले पर कौन रहता है?
SSC CHSL (Tier-II) 10/01/2024 Shift-I
(a) D (b) A (c) B (d) C

SSC MTS 2021

4. वार्षिक परीक्षा में, गणित, भौतिकी, भूगोल, अर्थशास्त्र, रसायन विज्ञान, इतिहास के 6 पेपर, सप्ताह के 6 क्रमागत दिन (सोमवार से शनिवार तक) को निर्धारित किए जाते हैं।
I. गणित का पेपर रसायन विज्ञान के पेपर के बाद है, जिसमें उनके बीच 1 दिन का अन्तराल है।
II. भौतिकी का पेपर सोमवार को है।
III. भूगोल का पेपर आखिरी दिन नहीं है।
IV. इतिहास का पेपर, जो गणित के पेपर के पिछले दिन निर्धारित है, उसके और भौतिकी के पेपर के बीच दो दिन का अन्तराल है।
कौन-सा पेपर, शनिवार को निर्धारित किया जाता है? **SSC MTS 02/11/2021 Shift-II**
(a) अर्थशास्त्र
(b) गणित
(c) रसायन विज्ञान
(d) इतिहास

5. वार्षिक परीक्षा में, गणित, भौतिकी, भूगोल, अर्थशास्त्र, रसायन विज्ञान, इतिहास के 6 पेपर, सप्ताह के 6 क्रमागत दिन (सोमवार से शनिवार तक) को निर्धारित किए जाते हैं।
1. गणित का पेपर रसायन विज्ञान के पेपर के बाद है, जिसमें उनके बीच 1 दिन का अन्तराल है।
2. भौतिकी का पेपर सोमवार को है।
3. भूगोल का पेपर आखिरी दिन नहीं है।
4. इतिहास का पेपर, जो गणित के पेपर के पिछले दिन निर्धारित है, उसके और भौतिकी के पेपर के बीच दो दिन का अन्तराल है।
उपर्युक्त विवरण में, इतिहास का पेपर, पाठ्यक्रम अपूर्ण होने के कारण रद्द कर दिया जाता है और परीक्षा पाँच दिन (सोमवार से शुक्रवार तक) के लिए निर्धारित की जाती है, जिसके साथ पेपर का क्रम भी उलट जाता है।
कौन-सा पेपर गुरुवार को निर्धारित किया जाता है? **SSC MTS 02/11/2021 Shift-II**
(a) भूगोल (b) गणित
(c) भौतिकी (d) रसायन विज्ञान

6. कोई मेडिकल प्रतिनिधि, सोमवार से शनिवार तक डॉक्टर P, Q, R, S, T और U के पास जाता है प्रतिदिन केवल एक डॉक्टर के पास।
I. वह डॉक्टर U के पास, डॉक्टर R और T के पास जाने से किसी दिन पहले जाता है।
II. वह डॉक्टर P के पास, डॉक्टर S के पास जाने से एक दिन पहले जाता है, लेकिन गुरुवार को नहीं जाता है।
III. वह अंतिम दिन Q या S के पास नहीं जाता है।
IV. वह डॉक्टर Q के पास, ठीक डॉक्टर U के बाद जाता है, लेकिन मंगलवार को नहीं जाता है।
वह पहले दो दिन किन दो डॉक्टरों के पास जाता है? **SSC MTS 02/11/2021 Shift-I**
(a) P और U
(b) U और Q
(c) S और U
(d) P और S

SSC Steno 2021 & 2020

7. पाँच लड़कियाँ, A, B, C, D और E निम्न पाँच शहरों में से केवल एक शहर की यात्रा करती हैं, मुम्बई, दिल्ली, कोलकाता, चेन्नई और जयपुर। E, कोलकाता, मुम्बई या चेन्नई की यात्रा नहीं करती है। D, मुम्बई, चेन्नई या दिल्ली की यात्रा नहीं करती है। A, जयपुर की यात्रा करती है। C, मुम्बई की यात्रा नहीं करती है। C किस शहर की यात्रा करती है? **SSC Steno 11/11/2021**
(a) कोलकाता
(b) चेन्नई
(c) दिल्ली
(d) जयपुर

8. चार विद्यार्थियों P, Q, R और S में अंग्रेजी, फ्रेंच, स्पेनिश तथा जर्मन में से एक-एक भाषा सीखी है। P और R ने स्पेनिश नहीं सीखी है। S ने फ्रेंच सीखी है। यदि P ने जर्मन नहीं सीखी है, तो अंग्रेजी किसने सीखी है? **SSC Steno 22/12/2020**
(a) R (b) P
(c) S (d) Q

सही उत्तर

1 (c)	2 (b)	3 (a)	4 (a)	5 (a)	6 (d)	7 (b)	8 (b)

उत्तर सहित हल

1. (c) प्रश्नानुसार,

दिन	व्यक्ति
सोमवार	P
मंगलवार	R
बुधवार	S
गुरुवार	T
शुक्रवार	U
शनिवार	Q
रविवार	V

अत: V की परीक्षा रविवार वाले दिन है।

2. (b) प्रश्नानुसार,

दिन	व्यक्ति
सोमवार	C
मंगलवार	G
बुधवार	A
गुरुवार	D
शुक्रवार	B
शनिवार	E
रविवार	F

स्पष्टत: G की परीक्षा मंगलवार को है।

3. (a) प्रश्नानुसार,

माला	व्यक्ति
6	D
5	F
4	A
3	C
2	B
1	E

अत: उपरोक्त से स्पष्ट होता है कि D सबसे ऊपरी माले पर रहता है।

4. (a) प्रश्नानुसार,

दिन	विषय
सोमवार	भौतिकी
मंगलवार	भूगोल
बुधवार	रसायन विज्ञान
गुरुवार	इतिहास
शुक्रवार	गणित
शनिवार	अर्थशास्त्र

अत: अर्थशास्त्र का पेपर शनिवार के दिन निर्धारित किया गया है।

5. (a) प्रश्नानुसार,

दिन	विषय	पेपर रद्द होने के बाद
सोमवार	भौतिकी	अर्थशास्त्र
मंगलवार	भूगोल	गणित
बुधवार	रसायन विज्ञान	रसायन विज्ञान
गुरुवार	इतिहास	भूगोल
शुक्रवार	गणित	भौतिकी
शनिवार	अर्थशास्त्र	×

नई व्यवस्था के अनुसार, भूगोल विषय का पेपर गुरुवार को निर्धारित किया जाता है।

6. (d) प्रश्नानुसार,

दिन	डॉक्टर
सोमवार	P
मंगलवार	S
बुधवार	U
गुरुवार	Q
शुक्रवार	R/T
शनिवार	T/R

अत: वह पहले दो दिन डॉक्टर P और S के पास जाता है।

7. (b) प्रश्नानुसार,

लड़कियाँ	शहर
A	जयपुर
B	मुम्बई
C	चेन्नई
D	कोलकाता
E	दिल्ली

अत: C, चेन्नई की यात्रा करती है।

8. (b) प्रश्नानुसार,

विद्यार्थी ↓ भाषा →	अंग्रेजी	फ्रेंच	स्पेनिश	जर्मन
P	✓	✗	✗	✗
Q	✗	✗	✓	✗
R	✗	✗	✗	✓
S	✗	✓	✗	✗

उपरोक्त चित्र से स्पष्ट है, कि P ने अंग्रेजी सीखी है।

12

कैलेण्डर

किसी वर्ष में आने वाले माह, सप्ताह, तिथि और दिनों को प्रदर्शित करने वाली तालिका को कैलेण्डर कहते हैं। कैलेण्डर में वर्षों को दो भागों में विभक्त किया है।

- **सामान्य वर्ष** एक सामान्य वर्ष में 365 दिन (52 सप्ताह +1 दिन) होते हैं। ऐसे वर्ष 4 से विभक्त नहीं होते हैं। जैसे– 2001, 2002, 2003 आदि।
  शताब्दियों के रूप में साधारण वर्ष 400 से विभाजित नहीं होते
  जैसे– 900 1800, 2100 आदि।
- **लीप वर्ष** एक लीप वर्ष में 366 दिन (52 सप्ताह +2 दिन) होते हैं। ऐसे वर्ष 4 से विभक्त होते हैं। जैसे– 2004, 2008, 2012 आदि।
  शताब्दियों के रूप में लीप वर्ष 400 से विभाजित होते हैं।
  जैसे– 2000, 2400, 2800 आदि।

विषम दिन

दिनों के पूर्ण साप्ताहिक चक्र के बाद बचे अतिरिक्त दिनों को **विषम दिन** कहा जाता है।

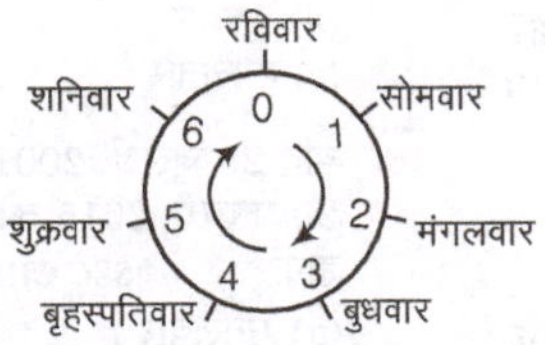

दिनों की संख्या को 7 से भाग करने पर जो शेषफल प्राप्त होता है, वह विषम दिन होते हैं।
उक्त नियम के आधार पर वर्ष के माह में विषम दिनों की संख्या ज्ञात कर सकते हैं जैसा कि आगे सारणी में दिया गया है

माह	जनवरी	फरवरी		मार्च	अप्रैल	मई	जून	जुलाई	अगस्त	सितम्बर	अक्टूबर	नवम्बर	दिसम्बर
		साधारण	अधिवर्ष										
विषम दिनों की संख्या	3	0	1	3	2	3	2	3	3	2	3	2	3

कैलेण्डर से सम्बन्धित महत्त्वपूर्ण तथ्य

- एक सामान्य वर्ष = 365 दिन = 52 सप्ताह + 1 दिन = 1 विषम दिन
- एक लीप वर्ष = 366 दिन = 52 सप्ताह + 2 दिन = 2 विषम दिन
- साधारण वर्ष का पहला और अन्तिम दिन समान होता है।
- अधिवर्ष का पहला और अन्तिम दिन असमान होता है अर्थात् अन्तिम दिन, पहले दिन से एक दिन आगे बढ़ जाता है।
- किसी शताब्दी का प्रथम दिन सोमवार, मंगलवार, बृहस्पतिवार, शुक्रवार या शनिवार हो सकता है।
- किसी शताब्दी का अन्तिम दिन बुधवार, शुक्रवार तथा रविवार हो सकता है, परन्तु मंगलवार, बृहस्पतिवार या शनिवार नहीं हो सकता है।

किसी निश्चित तिथि का दिन ज्ञात करना

इस प्रकार के प्रश्नों में अभ्यार्थी को एक निश्चित तिथि पर दिन ज्ञात करना होता है।

उदाहरण 1. 27 नवम्बर, 1955 को कौन-सा दिन था?
(a) गुरुवार (b) शनिवार (c) रविवार (d) मंगलवार

हल (*c*) 1900 वर्षों में विषम दिनों की संख्या = 1600 वर्ष + 300 वर्ष

$$= 0 + 1 = 1 \text{ दिन}$$

54 वर्षों में विषम दिनों की संख्या $= \frac{(13 \times 2) + (41 \times 1)}{7} = \frac{67}{7} = 4$ दिन

अब, 1 जनवरी, 1955 से 27 नवम्बर, 1955 तक विषम दिनों की संख्या

$$= \frac{3+0+3+2+3+2+3+3+2+3+6}{7} = \frac{30}{7} = 2 \text{ दिन}$$

$\therefore$ कुल विषम दिनों की संख्या $= \frac{1+4+2}{7} = 0$ विषम दिन

अतः 27 नवम्बर, 1955 को रविवार था।

किसी विशेष तिथि का दिन ज्ञात करना, जब एक निश्चित दिवस दिया हो

इस प्रकार के प्रश्नों में एक निश्चित दिवस दिया गया होता है, जिसके आधार पर अभ्यार्थी को एक विशेष तिथि पर दिन ज्ञात करना होता है।

उदाहरण 2. 1 फरवरी, 2009 का दिन रविवार का था, तब 1 मार्च, 2011 का दिन होगा
(a) बुधवार (b) मंगलवार (c) शुक्रवार (d) रविवार

हल (*b*) प्रश्नानुसार, 1 फरवरी, 2009 से 1 मार्च, 2011 तक के कुल विषम दिन

$$= 1 + 1 + 28 = 30 = \frac{30}{7} = 2 \text{ (विषम दिन)}$$

$\therefore$ 1 मार्च, 2011 = रविवार + 2 = मंगलवार

किसी साप्ताहिक दिन के अनुसार, दूसरा साप्ताहिक दिन ज्ञात करना

इस प्रकार के प्रश्नों में एक साप्ताहिक दिन दिया गया होता है, जिसके आधार पर अभ्यार्थी को दूसरा साप्ताहिक दिन ज्ञात करना होता है।

उदाहरण 3. यदि बीते कल से पहले (परसों) शुक्रवार था तो सोमवार कब होगा?
(a) आज (b) आने वाला कल
(c) आने वाले कल के दो दिन बाद (d) आने वाले कल के एक दिन बाद

हल (*b*) प्रश्नानुसार,

बीता परसों	बीता कल	आज	आगामी कल
↓	↓	↓	↓
शुक्रवार	शनिवार	रविवार	सोमवार

अतः उपरोक्त से स्पष्ट है कि आने वाला कल सोमवार होगा।

SSC एग्जाम स्कैनर

SSC CGL 2023-2020 (Tier I)

1. यदि 31 जनवरी, 2009 को शनिवार था, तो 30 जनवरी, 2013 को सप्ताह का कौन-सा दिन था? **SSC CGL (Tier-I) 25/07/2023 Shift-III**
(a) शुक्रवार (b) मंगलवार
(c) सोमवार (d) बुधवार

2. जून महीने की पन्द्रहवीं तारीख को शनिवार का दिन है। 31 दिनों वाले अगले महीने का आखिरी दिन कौन-सा होगा? **SSC CGL (Tier-I) 24/07/2023 Shift-III**
(a) सोमवार (b) मंगलवार
(c) शुक्रवार (d) बुधवार

3. यदि आज शुक्रवार है, तो 72 दिनों के बाद कौन-सा दिन होगा? **SSC CGL (Tier-I) 21/07/2023 Shift-III**
(a) शुक्रवार (b) रविवार
(c) मंगलवार (d) गुरुवार

4. यदि ठीक 1 वर्ष और 2 दिन बाद मंगलवार हैं, तो आज कौन-सा दिन है? यह लीप वर्ष नहीं है। **SSC CGL (Tier-I) 18/07/2023 Shift-III**
(a) सोमवार (b) मंगलवार
(c) रविवार (d) शनिवार

5. निम्नलिखित में से कौन-सा लीप वर्ष है? **SSC CGL (Tier-I) 14/07/2023 Shift-II**
(a) 1998 (b) 1354 (c) 1675 (d) 1076

6. निम्नलिखित में से कौन-सा कैलेण्डर वर्ष 2003 के कैलेण्डर के समान होगा? **SSC CGL (Tier-I) 13/12/2022 Shift-III**
(a) 2013 (b) 2012
(c) 2014 (d) 2011

7. 26 नवम्बर, 1994 को सप्ताह का कौन-सा दिन था? **SSC CGL (Tier-I) 12/12/2022 Shift-III**
(a) शनिवार (b) गुरुवार
(c) शुक्रवार (d) बुधवार

8. निम्नलिखित में से कौन-सा कैलेण्डर वर्ष 2009 के कैलेण्डर के समान होगा? **SSC CGL (Tier-I) 09/12/2022 Shift-IV**
(a) 2025 (b) 2015 (c) 2036 (d) 2042

9. आज शुक्रवार है। 55 दिनों के बाद कौन-सा दिन होगा? **SSC CGL (Tier-I) 09/12/2022 Shift-I**
(a) गुरुवार (b) सोमवार
(c) मंगलवार (d) बुधवार

10. 1 जनवरी, 2033 को सप्ताह का कौन-सा दिन होगा? **SSC CGL (Tier-I) 01/12/2022 Shift-III**
(a) सोमवार (b) शनिवार
(c) रविवार (d) मंगलवार

11. 17 अप्रैल 2014 को सप्ताह का कौन-सा दिन था? **SSC CGL (Tier-I) 16/08/2021 Shift-I**
(a) शुक्रवार (b) बुधवार
(c) गुरुवार (d) शनिवार

12. 31 जनवरी, 2007 को सप्ताह का कौन-सा दिन था? **SSC CGL (Tier-I) 07/03/2020 Shift-II**
(a) सोमवार (b) मंगलवार
(c) बुधवार (d) गुरुवार

SSC CPO SI 2022-2020

13. यदि 31 जनवरी, 2022 को सोमवार था, तो 100 वर्ष पूर्व इसी तिथि को कौन-सा दिन था? **SSC CPO (Tier-I) 11/11/2022 Shift-III**
(a) रविवार (b) बुधवार
(c) सोमवार (d) मंगलवार

14. 14 मार्च, 2010 को कौन-सा साप्ताहिक दिन था? **SSC CPO (Tier-I) 24/11/2020 Shift-I**
(a) मंगलवार (b) रविवार
(c) शनिवार (d) सोमवार

15. यदि 18 अक्टूबर, 2006 को बुधवार था, तो 17 अक्टूबर, 2000 को सप्ताह का कौन-सा दिन था? **SSC CPO (Tier-I) 23/11/2020 Shift-I**
(a) बुधवार (b) मंगलवार
(c) रविवार (d) सोमवार

SSC CHSL 2024 (Tier I)

16. यदि 25 अगस्त, 2006 को शुक्रवार था, तो 25 अगस्त, 2018 को सप्ताह का कौन-सा दिन था? **SSC CHSL (Tier-I) 11/07/2024 Shift-IV**
(a) बुधवार (b) रविवार
(c) शनिवार (d) गुरुवार

17. यदि 18 जनवरी, 2013 को शुक्रवार था, तो 19 दिसम्बर, 2021 को सप्ताह का कौन-सा दिन था? **SSC CHSL (Tier-I) 11/7/2024 Shift-III**
(a) गुरुवार (b) बुधवार
(c) शनिवार (d) रविवार

18. यदि 2 अगस्त, 2016 को मंगलवार है, तो 19 अक्टूबर, 2020 को सप्ताह का कौन-सा दिन होगा? **SSC CHSL (Tier-I) 11/7/2024 Shift-II**
(a) गुरुवार (b) सोमवार
(c) शनिवार (d) बुधवार

19. यदि 19 जुलाई, 2000 को बुधवार है, तो 14 जून, 2009 को सप्ताह का कौन-सा दिन होगा? **SSC CHSL (Tier-I) 11/7/2024 Shift-II**
(a) रविवार (b) मंगलवार
(c) शुक्रवार (d) गुरुवार

20. यदि 24 जुलाई, 1999 को शनिवार था, तो 28 जुलाई, 2003 को सप्ताह का कौन-सा दिन रहा होगा? **SSC CHSL (Tier-I) 11/7/2024 Shift-I**
(a) मंगलवार (b) सोमवार
(c) शनिवार (d) रविवार

21. यदि 27 सितम्बर, 2001 को गुरुवार था, तो 22 अक्टूबर, 2009 को सप्ताह का कौन-सा दिन था? **SSC CHSL (Tier-I) 10/7/2024 Shift-IV**
(a) बुधवार (b) रविवार
(c) गुरुवार (d) शुक्रवार

22. यदि 17 दिसम्बर, 2012 को सोमवार था, तो 18 नवम्बर, 2020 को सप्ताह का कौन-सा दिन था? **SSC CHSL (Tier-I) 10/7/2024 Shift-IV**
(a) मंगलवार (b) बुधवार
(c) गुरुवार (d) रविवार

23. यदि 20 मार्च, 2011 को रविवार था, तो 20 मार्च, 2019 को सप्ताह का कौन-सा दिन था? **SSC CHSL (Tier-I) 10/7/2024 Shift-II**
(a) बुधवार (b) सोमवार
(c) शनिवार (d) शुक्रवार

24. यदि 23 जून, 2008 को सोमवार था, तो 23 जून, 2020 को सप्ताह का कौन-सा दिन था? **SSC CHSL (Tier-I) 10/7/2024 Shift-I**
(a) बुधवार (b) रविवार
(c) मंगलवार (d) शनिवार

25. यदि आज से 10 दिन पहले रविवार था और 6 दिन बाद मंगलवार होगा, तो आज कौन-सा दिन है? **SSC CHSL (Tier-I) 9/7/2024 Shift-IV**
(a) शुक्रवार (b) सोमवार
(c) बुधवार (d) मंगलवार

26. यदि 22 मार्च, 2000 को बुधवार है, तो 16 जनवरी, 2010 को सप्ताह का कौन-सा दिन होगा? **SSC CHSL (Tier-I) 9/7/2024 Shift-III**
(a) रविवार (b) शनिवार
(c) मंगलवार (d) बुधवार

27. यदि 19 फरवरी, 2014 को बुधवार था, तो 19 फरवरी, 2022 को सप्ताह का कौन-सा दिन था? **SSC CHSL (Tier-I) 9/7/2024 Shift-III**
(a) बुधवार (b) शनिवार
(c) मंगलवार (d) गुरुवार

28. यदि 29 जुलाई, 2001 को रविवार है, तो 20 फरवरी, 2015 को सप्ताह का कौन-सा दिन होगा? **SSC CHSL (Tier-I) 9/7/2024 Shift-II**
(a) मंगलवार (b) रविवार
(c) सोमवार (d) शुक्रवार

29. यदि 25 अक्टूबर, 2004 को सोमवार था, तो 2 नवम्बर, 2007 को सप्ताह का कौन-सा दिन रहा होगा? **SSC CHSL (Tier-I) 9/7/2024 Shift-II**
(a) बुधवार (b) शनिवार
(c) शुक्रवार (d) गुरुवार

30. यदि 19 फरवरी, 2004 को गुरुवार था, तो 2 मार्च, 2019 को सप्ताह का कौन-सा दिन था? **SSC CHSL (Tier-I) 9/7/2024 Shift-I**
(a) शनिवार
(b) शुक्रवार
(c) सोमवार
(d) गुरुवार

31. यदि 5 अगस्त, 2005 को शुक्रवार है, तो 17 अप्रैल, 2011 को सप्ताह का कौन-सा दिन होगा? **SSC CHSL (Tier-I) 8/7/2024 Shift-III**
(a) बुधवार (b) सोमवार
(c) शनिवार (d) रविवार

32. यदि 11 नवम्बर, 2009 को बुधवार था, तो 17 नवम्बर, 2013 को सप्ताह का कौन-सा दिन रहा होगा? **SSC CHSL (Tier-I) 8/7/2024 Shift-II**
(a) शुक्रवार (b) गुरुवार
(c) शनिवार (d) रविवार

33. 36 दिन बाद रविवार होगा। आज कौन-सा दिन है? **SSC CHSL (Tier-I) 8/7/2024 Shift-II**
(a) रविवार (b) सोमवार
(c) शनिवार (d) शुक्रवार

34. यदि 19 नवम्बर, 2003 को बुधवार है, तो 25 मार्च, 2011 को सप्ताह का कौन-सा दिन होगा? **SSC CHSL (Tier-I) 8/7/2024 Shift-I**
(a) गुरुवार (b) मंगलवार
(c) रविवार (d) शुक्रवार

35. यदि 1 जनवरी, 2006 को बुधवार है, तो 31 दिसम्बर, 2006 को कौन-सा दिन होगा? **SSC CHSL (Tier-I) 5/7/2024 Shift-IV**
(a) बुधवार (b) शुक्रवार
(c) गुरुवार (d) सोमवार

36. यदि 15 अगस्त, 2006 को मंगलवार है, तो 7 सितम्बर, 2017 को सप्ताह का कौन-सा दिन होगा? **SSC CHSL (Tier-I) 5/7/2024 Shift-III**
(a) बुधवार (b) गुरुवार
(c) सोमवार (d) रविवार

37. यदि 19 जुलाई, 2012 को गुरुवार है, तो 11 जनवरी, 2018 को सप्ताह का कौन-सा दिन होगा? **SSC CHSL (Tier-I) 5/7/2024 Shift-II**
(a) बुधवार (b) सोमवार
(c) शनिवार (d) गुरुवार

38. यदि 18 अगस्त, 2000 को शुक्रवार था, तो 21 अगस्त, 2005 को सप्ताह का कौन-सा दिन रहा होगा? **SSC CHSL (Tier-I) 5/7/2024 Shift-I**
(a) रविवार (b) बुधवार
(c) सोमवार (d) शुक्रवार

39. यदि 4 दिसम्बर, 2014 को गुरुवार था, तो 10 दिसम्बर, 2018 को कौन-सा दिन रहा होगा? **SSC CHSL (Tier-I) 5/7/2024 Shift-I**
(a) बुधवार
(b) शुक्रवार
(c) सोमवार
(d) मंगलवार

40. यदि 16 सितम्बर, 2010 को गुरुवार है, तो 17 अगस्त, 2017 को सप्ताह का कौन-सा दिन होगा? **SSC CHSL (Tier-I) 4/7/2024 Shift-III**
(a) बुधवार (b) सोमवार
(c) रविवार (d) गुरुवार

41. यदि 26 नवम्बर, 2013 को मंगलवार था, तो 29 नवम्बर, 2018 को सप्ताह का कौन-सा दिन रहा होगा? **SSC CHSL (Tier-I) 4/7/2024 Shift-II**
(a) शनिवार (b) बुधवार
(c) शुक्रवार (d) गुरुवार

42. यदि 23 जनवरी, 2002 को बुधवार था, तो 26 जनवरी, 2007 को सप्ताह का कौन-सा दिन रहा होगा? **SSC CHSL (Tier-I) 4/7/2024 Shift-II**
(a) शनिवार (b) रविवार
(c) शुक्रवार (d) सोमवार

43. यदि 16 जुलाई, 2001 को सोमवार हो, तो 23 दिसम्बर, 2006 को सप्ताह का कौन-सा दिन होगा? **SSC CHSL (Tier-I) 4/7/2024 Shift-I**
(a) सोमवार (b) गुरुवार
(c) बुधवार (d) शनिवार

44. यदि 19 जुलाई, 2000 को बुधवार है, तो 17 मार्च, 2015 को सप्ताह का कौन-सा दिन होगा? **SSC CHSL (Tier-I) 3/7/2024 Shift-IV**
(a) रविवार (b) मंगलवार
(c) शुक्रवार (d) बुधवार

45. यदि 10 अक्टूबर, 2003 को शुक्रवार था, तो 8 अक्टूबर, 2015 को सप्ताह का कौन-सा दिन था? **SSC CHSL (Tier-I) 3/7/2024 Shift-IV**
(a) गुरुवार (b) मंगलवार
(c) सोमवार (d) शुक्रवार

46. यदि 26 सितम्बर, 2005 को सोमवार था, तो 26 सितम्बर, 2017 को सप्ताह का कौन-सा दिन था? **SSC CHSL (Tier-I) 3/7/2024 Shift-III**
(a) बुधवार (b) मंगलवार
(c) शनिवार (d) रविवार

47. यदि 29 दिसम्बर, 1956 को शनिवार था, तो 16 जनवरी, 1967 को सप्ताह का कौन-सा दिन था? **SSC CHSL (Tier-I) 3/7/2024 Shift-III**
(a) रविवार (b) शनिवार
(c) शुक्रवार (d) सोमवार

48. यदि 17 अगस्त, 2003 को रविवार था, तो 12 सितम्बर, 2014 को सप्ताह का कौन-सा दिन था? **SSC CHSL (Tier-I) 3/7/2024 Shift-II**
(a) बुधवार (b) सोमवार
(c) रविवार (d) शुक्रवार

49. यदि 15 जनवरी, 2019 को मंगलवार था, तो 29 जनवरी, 2020 को सप्ताह का कौन-सा दिन था? **SSC CHSL (Tier-I) 3/7/2024 Shift-I**
(a) शुक्रवार (b) बुधवार
(c) मंगलवार (d) गुरुवार

50. यदि 3 अप्रैल, 1996 को बुधवार था, तो 7 अप्रैल, 2001 को सप्ताह का कौन-सा दिन रहा होगा? **SSC CHSL (Tier-I) 3/7/2024 Shift-I**
(a) शुक्रवार (b) शनिवार
(c) रविवार (d) सोमवार

51. यदि 24 अगस्त, 1932 को बुधवार था, तो 11 सितम्बर, 1943 को सप्ताह का कौन-सा दिन था? **SSC CHSL (Tier-I) 2/7/2024 Shift-III**
(a) शनिवार (b) सोमवार
(c) रविवार (d) बुधवार

52. यदि किसी महीने का सातवाँ दिन, शुक्रवार से तीन दिन पहले पड़ता हो, तो महीने के 20वें दिन पर कौन-सा दिन होगा? **SSC CHSL (Tier-I) 2/7/2024 Shift-II**
(a) गुरुवार (b) बुधवार
(c) सोमवार (d) मंगलवार

53. यदि 9 मार्च, 2007 को शुक्रवार था, तो 13 मार्च, 2012 को सप्ताह का कौन-सा दिन रहा होगा? **SSC CHSL (Tier-I) 2/7/2024 Shift-I**
(a) बुधवार (b) मंगलवार
(c) गुरुवार (d) सोमवार

54. यदि 1 जनवरी, 2020 को बुधवार था, तो 1 जनवरी, 2021 को सप्ताह का कौन-सा दिन था? **SSC CHSL (Tier-I) 1/7/2024 Shift-IV**
(a) गुरुवार (b) मंगलवार
(c) शुक्रवार (d) बुधवार

55. यदि 15 अगस्त, 2006 को मंगलवार है, तो 19 फरवरी, 2012 को सप्ताह का कौन-सा दिन होगा? **SSC CHSL (Tier-I) 1/7/2024 Shift-III**
(a) शनिवार (b) शुक्रवार
(c) मंगलवार (d) रविवार

56. यदि 6 मई, 2005 को शुक्रवार है, तो 25 सितम्बर, 2018 को सप्ताह का कौन-सा दिन होगा? **SSC CHSL (Tier-I) 1/7/2024 Shift-II**
(a) गुरुवार (b) रविवार
(c) मंगलवार (d) शुक्रवार

57. यदि 15 दिसम्बर, 2006 को शुक्रवार है, तो 13 अक्टूबर, 2009 को सप्ताह का कौन-सा दिन होगा? **SSC CHSL (Tier-I) 1/7/2024 Shift-II**
(a) शनिवार
(b) मंगलवार
(c) सोमवार
(d) शुक्रवार

58. यदि कोई लीप वर्ष न हो, तो उस वर्ष का अन्तिम दिन और उसी वर्ष का पहला दिन किस प्रकार सम्बन्धित है? **SSC CHSL (Tier-I) 1/7/2024 Shift-I**
(a) वे एक ही हैं
(b) पहला दिन रविवार है, अन्तिम दिन शनिवार है
(c) पहला दिन मंगलवार है, अन्तिम दिन शनिवार है
(d) पहला दिन रविवार है, अन्तिम दिन शुक्रवार है

SSC CHSL 2023 & 2022 (Tier I)

59. यदि 2 जून, 1995 को शुक्रवार है, तो 16 जून, 1996 को सप्ताह का कौन-सा दिन होगा? **SSC CHSL (Tier-I) 17/08/2023 Shift-I**
(a) सोमवार (b) मंगलवार
(c) बुधवार (d) रविवार

60. यदि 22 जुलाई, 1969 को मंगलवार था, तो 6 अगस्त, 1985 को सप्ताह का कौन-सा दिन होगा? **SSC CHSL (Tier-I) 14/08/2023 Shift-IV**
(a) गुरुवार (b) बुधवार
(c) मंगलवार (d) सोमवार

61. यदि 19 दिसम्बर, 1992 को शनिवार है, तो 22 दिसम्बर, 2009 को सप्ताह का कौन-सा दिन होगा? **SSC CHSL (Tier-I) 08/08/2023 Shift-II**
(a) मंगलवार (b) रविवार
(c) शनिवार (d) गुरुवार

62. यदि 15 जनवरी, 1996 को सोमवार है, तो 30 मार्च, 1997 को सप्ताह का कौन-सा दिन होगा? **SSC CHSL (Tier-I) 08/08/2023 Shift-II**
(a) सोमवार (b) मंगलवार
(c) रविवार (d) बुधवार

63. यदि 28 मई, 2015 को गुरुवार था, तो 24 अप्रैल, 2023 को सप्ताह का कौन-सा दिन होगा? **SSC CHSL (Tier-I) 07/08/2023 Shift-IV**
(a) बुधवार (b) रविवार
(c) शुक्रवार (d) सोमवार

64. यदि 20 मार्च, 2001 को मंगलवार है, तो 23 अप्रैल, 2021 को सप्ताह का कौन-सा दिन होगा? **SSC CHSL (Tier-I) 07/08/2023 Shift-IV**
(a) मंगलवार (b) बुधवार
(c) शुक्रवार (d) सोमवार

65. यदि 14 मई, 1953 को गुरुवार है, तो 27 जुलाई, 1963 को सप्ताह का कौन-सा दिन होगा? **SSC CHSL (Tier-I) 04/08/2023 Shift-II**
(a) बुधवार (b) शनिवार
(c) सोमवार (d) रविवार

66. यदि 17 अप्रैल, 1992 को शुक्रवार है, तो 10 अक्टूबर, 1993 को सप्ताह का कौन-सा दिन होगा? **SSC CHSL (Tier-I) 02/08/2023 Shift-I**
(a) मंगलवार (b) सोमवार
(c) बुधवार (d) रविवार

67. यदि 1 मार्च, 2012 को बृहस्पतिवार था, तो 1 फरवरी, 2016 को सप्ताह का कौन-सा दिन था? **SSC CHSL (Tier-I) 27/05/2022 Shift-I**
(a) शुक्रवार (b) शनिवार
(c) रविवार (d) सोमवार

SSC MTS 2023

68. यदि 5 मई, 2010 को बुधवार है, तो 5 जून, 2022 को सप्ताह का कौन-सा दिन होगा? **SSC MTS 14/09/2023 Shift-I**
(a) रविवार (b) बुधवार
(c) मंगलवार (d) सोमवार

69. यदि 11 दिसम्बर, 2009 को शुक्रवार है, तो 18 दिसम्बर, 2014 को सप्ताह का कौन-सा दिन होगा? **SSC MTS 13/09/2023 Shift-I**
(a) गुरुवार (b) सोमवार
(c) बुधवार (d) मंगलवार

70. यदि 15 फरवरी, 2010 को सोमवार है, तो 7 जुलाई, 2011 को सप्ताह का कौन-सा दिन होगा? **SSC MTS 11/09/2023 Shift-II**
(a) गुरुवार (b) शनिवार
(c) बुधवार (d) सोमवार

71. यदि 4 नवम्बर, 2021 को गुरुवार है, तो 13 मई, 2023 को सप्ताह का कौन-सा दिन होगा? **SSC MTS 06/09/2023 Shift-I**
(a) रविवार (b) शनिवार
(c) शुक्रवार (d) सोमवार

72. यदि 3 मई, 2010 को सोमवार है, तो 16 दिसम्बर, 2014 को सप्ताह का कौन-सा दिन होगा? **SSC MTS 05/09/2023 Shift-II**
(a) रविवार (b) शुक्रवार
(c) शनिवार (d) मंगलवार

73. यदि 6 जुलाई, 2011 को बुधवार है, तो 16 फरवरी, 2010 को सप्ताह का कौन-सा दिन होगा? **SSC MTS 01/09/2023 Shift-III**
(a) सोमवार (b) शनिवार
(c) गुरुवार (d) मंगलवार

SSC Steno 2024-2020

74. 22 अक्टूबर, 1979 को सप्ताह का कौन-सा दिन था? **SSC Steno 11/12/2024 Shift-III**
(a) मंगलवार (b) रविवार
(c) बुधवार (d) सोमवार

75. 13 जनवरी, 2076 को सप्ताह का कौन-सा दिन होगा? **SSC Steno 11/12/2024 Shift-III**
(a) बुधवार (b) मंगलवार
(c) सोमवार (d) रविवार

76. 08 जून, 2030 को सप्ताह का कौन-सा दिन होगा? **SSC Steno 11/12/2024 Shift-II**
(a) शनिवार (b) शुक्रवार
(c) सोमवार (d) रविवार

77. 4 जुलाई, 2008 को सप्ताह का कौन-सा दिन था? **SSC Steno 11/12/2024 Shift-I**
(a) बुधवार (b) गुरुवार
(c) शुक्रवार (d) रविवार

78. 26 जनवरी, 2028 को सप्ताह का कौन-सा दिन होगा? **SSC Steno 11/12/2024 Shift-I**
(a) बुधवार (b) मंगलवार
(c) सोमवार (d) शुक्रवार

79. 05 दिसम्बर 2045 को सप्ताह का कौन-सा दिन होगा? **SSC Steno 11/12/2024 Shift-III**
(a) रविवार (b) सोमवार
(c) शनिवार (d) मंगलवार

80. यदि 2 अक्टूबर 2012 को मंगलवार था, तो 1 अक्टूबर 2016 को सप्ताह का कौन-सा दिन था? **SSC Steno 11/12/2024 Shift-II**
(a) शनिवार (b) गुरुवार
(c) रविवार (d) शुक्रवार

81. 14 सितम्बर 3041 को सप्ताह का कौन-सा दिन होगा? **SSC Steno 11/12/2024 Shift-I**
(a) शुक्रवार (b) रविवार
(c) मंगलवार (d) सोमवार

82. सोनू का जन्म 15 जून, 1992 को हुआ था, उनका जन्म सप्ताह के किस दिन हुआ था? **SSC Steno 13/10/2023 Shift-II**
(a) बुधवार (b) रविवार
(c) सोमवार (d) मंगलवार

83. यदि 1 जनवरी, 2017 को रविवार था, तो 1 जनवरी, 2016 को सप्ताह का कौन-सा दिन था? **SSC Steno12/10/2023 Shift-II**
(a) शनिवार (b) गुरुवार
(c) रविवार (d) शुक्रवार

84. 19 नवम्बर, 2053 को सप्ताह का कौन-सा दिन होगा? **SSC Steno 18/11/2022 Shift-I**
(a) बुधवार (b) मंगलवार
(c) सोमवार (d) गुरुवार

85. 24 अगस्त, 1923 को सप्ताह का कौन-सा दिन था? **SSC Steno 17/11/2022 Shift-I**
(a) गुरुवार (b) शुक्रवार
(c) रविवार (d) सोमवार

86. यदि 16 जनवरी, 2015 को शुक्रवार था, तो 16 जनवरी, 2010 को सप्ताह का कौन-सा दिन था? **SSC Steno 11/11/2021**
(a) सोमवार (b) रविवार
(c) शनिवार (d) मंगलवार

87. 20 जुलाई, वर्ष 2009 को सप्ताह का कौन-सा दिन था? **SSC Steno 24/12/2020**
(a) शनिवार (b) मंगलवार
(c) सोमवार (d) रविवार

88. 15 सितम्बर, 2005 को सप्ताह का कौन-सा दिन था? **SSC Steno 22/12/2020**
(a) मंगलवार (b) बुधवार
(c) गुरुवार (d) शुक्रवार

सही उत्तर

1	(d)	2	(d)	3	(b)	4	(d)	5	(d)	6	(c)	7	(a)	8	(b)	9	(a)	10	(b)
11	(c)	12	(c)	13	(d)	14	(b)	15	(b)	16	(c)	17	(d)	18	(b)	19	(a)	20	(b)
21	(c)	22	(b)	23	(a)	24	(c)	25	(c)	26	(b)	27	(b)	28	(d)	29	(c)	30	(a)
31	(d)	32	(d)	33	(c)	34	(d)	35	(a)	36	(b)	37	(d)	38	(a)	39	(c)	40	(d)
41	(d)	42	(c)	43	(d)	44	(b)	45	(a)	46	(b)	47	(d)	48	(d)	49	(b)	50	(b)
51	(a)	52	(c)	53	(b)	54	(c)	55	(d)	56	(c)	57	(b)	58	(a)	59	(d)	60	(c)
61	(a)	62	(c)	63	(d)	64	(c)	65	(b)	66	(d)	67	(d)	68	(a)	69	(a)	70	(a)
71	(b)	72	(d)	73	(d)	74	(d)	75	(c)	76	(a)	77	(c)	78	(a)	79	(d)	80	(a)
81	(c)	82	(c)	83	(d)	84	(a)	85	(b)	86	(c)	87	(c)	88	(c)				

उत्तर सहित हल

1. (d) 31 जनवरी, 2009 का दिन = शनिवार
30 जनवरी, 2009 का दिन = शुक्रवार
30 जनवरी, 2009 से 30 जनवरी, 2013 तक विषम दिनों की संख्या = 1+ 1+ 1+ 2 = 5 विषम दिन
∴ 30 जनवरी, 2009 का दिन = शुक्रवार + 5 = बुधवार

2. (d) जून महीने की 15वीं तारीख = शनिवार
अब, 31 दिनों वाले जुलाई महीने की आखिरी दिन = 15 जून से 31 जुलाई के मध्य विषम दिन
$$= \frac{15+31}{7} = \frac{46}{7} = 4$$
31 जुलाई का दिन = शनिवार + 4 = बुधवार
अत: '31 जुलाई' को 'बुधवार' होगा।

3. (b) 72 दिनों में कुल विषम दिन = $\frac{72}{7}$, तो
विषम दिन = 2
आज का दिन = शुक्रवार
अत: 72 दिनों बाद का दिन = शुक्रवार + 2 दिन
= रविवार

4. (d) हम जानते हैं, कि
1 साधारण वर्ष में विषम दिन = 1
∴ 1 वर्ष 2 दिन में विषम दिन = 3
अत: यदि ठीक 1 वर्ष 2 दिन बाद मंगलवार है, तब आज का दिन मंगलवार से 3 दिन पहले का दिन अर्थात् शनिवार होगा।

5. (d) लीप वर्ष '4' से पूर्णत: विभाजित होता है।
अत: विकल्प (d) से,
$$\frac{1076}{4} = 269$$
∴ 1076 एक लीप वर्ष है।

6. (c) 2003 को 4 से विभाजित करने पर हमें शेषफल 3 प्राप्त होता है।
इस स्थिति में यदि हमें अगला समान कैलेण्डर प्राप्त करना होता है, तो दिए गए वर्ष में 11 जोड़ते हैं। ताकि शेषफल 0 प्राप्त हो।
∴ अत: अगला समान कैलेण्डर वर्ष
= 2003 + 11 = 2014

7. (a) वर्ष 1900 तक विषम दिनों की संख्या
= 1 विषम दिन
वर्ष 1901 से 1993 तक
= 23 लीप वर्ष + 70 सामान्य वर्ष
वर्ष 1901 से 1993 तक विषम दिनों की संख्या
$$= \frac{46+70}{7} = \frac{116}{7} = 4 \text{ विषम दिन}$$
जनवरी 1994 से 26 नवम्बर 1994 तक विषम दिनों की संख्या
$$= \frac{3+0+3+2+3+2+3+3+2+3+26}{7}$$
$$= \frac{50}{7} = 1 \text{ विषम दिन}$$
कुल विषम दिन = 1+ 4+ 1 = 6
अत: 26 नवम्बर 1994 को शनिवार था।

8. (b) समान कैलेण्डर प्राप्त करने के लिए वर्ष 2009 तथा अभीष्ट वर्ष के मध्य विषम दिनों की संख्या '0' होनी चाहिए।

वर्ष	2009	2010	2011	2012	2013	2014
विषम दिन	1	1	1	2	1	1

कुल विषम दिन = 1+ 1+ 1+ 2 + 1+ 1 = 7 विषम दिन
∴ वर्ष 2009 का कैलेण्डर 6 साल बाद वर्ष 2015 के समान होगा।

9. (a) 55 दिनों में विषम दिनों की संख्या
$$= \frac{55}{7} = 6 \text{ विषम दिन}$$
∴ 55 दिनों के बाद का दिन
= शुक्रवार + 6 विषम दिन = गुरुवार

10. (b) 1 जनवरी, 2033 तक विषम दिन
= [2000 वर्ष + 32 वर्ष + 1 जनवरी, 2033] में विषम दिन
= [2000 + 8 लीप वर्ष + 24 साधारण वर्ष + 1 जनवरी] में विषम दिन
∴ विषम दिन = 0 + 8 × 2 + 24 + 1
= 16 + 24 + 1 = 41 विषम दिन
= $\frac{41}{7}$ में शेषफल = 6 विषम दिन = शनिवार
अत: 1 जनवरी 2033 को शनिवार होगा।

11. (c) दी गई तारीख 17 अप्रैल 2014 है।
∴ वर्ष 2000 में विषम दिन = 0
13 वर्षों में विषम दिन = 3 × 2 + 10 = 16
(∵ 2004, 2008 एवं 2012 लीप वर्ष हैं)
1 जनवरी से 17 अप्रैल तक विषम दिन
= 3 + 0 + 3 + 17 = 23
∴ कुल विषम दिन = 0 + 16 + 23 = 39
= 4 विषम दिन (∵ 39 = 7 × 5 + 4)
अत: 17 अप्रैल 2014 को गुरुवार था।

12. (c) 31 जनवरी, 2007 तक विषम दिन
= 2000 वर्ष में विषम दिन + 6 वर्षों में विषम दिन + 3 विषम दिन
= 0 + 2 + 5 + 3 = 10 = 1 सप्ताह 3 दिन
= 3 विषम दिन
अत: 31 जनवरी, 2007 को बुधवार था।

13. (d) 100 वर्ष में लीप वर्ष = $\frac{100}{4}$ = 25
तब, विषम दिनों की संख्या = 25 × 2 + 75
$$= \frac{125}{7} = 6 \text{ विषम दिन}$$
∴ 100 वर्ष पूर्व 31 जनवरी, 1922 का दिन
= सोमवार – 6 = मंगलवार

14. (b) 14 मार्च, 2010 तक विषम दिन
= 2000 वर्षों में विषम दिन + 9 वर्षों में विषम दिन + 1 जनवरी से 14 मार्च तक विषम दिन
= 0 + 7 + 4 + 3 + 0 + 14
= 28 = 0 विषम दिन
अत: 14 मार्च, 2010 को रविवार था।

15. (b) दिया है, 18 अक्टूबर, 2006 को दिन
= बुधवार
अब, 17 अक्टूबर, 2000 से 18 अक्टूबर 2006 तक विषम दिन = (1 + 1 + 1 + 2 + 1 + 1) + 1
{∵ सामान्य वर्ष = 1 विषम दिन तथा लीप वर्ष (2004) = 2 विषम दिन}
= 8 = 1 विषम दिन
अत: 17 अक्टूबर, 2000 को दिन
= बुधवार – 1 = मंगलवार

16. (c) 25 अगस्त, 2006 का दिन = शुक्रवार
25 अगस्त, 2018 का दिन = शुक्रवार + 9(सामान्य वर्ष) + 3 (लीप वर्ष)
= शुक्रवार + 9 + (2 × 3)
= शुक्रवार + 15
= शनिवार

17. (d) 18 जनवरी, 2013 से 18 जनवरी, 2021 तक विषम दिनों की संख्या
$$= \frac{1+1+1+2+1+1+1+2}{7}$$
$$= \frac{10}{7} = 3 \text{ विषम दिन}$$
∵ 2016, 2020 लीप वर्ष हैं अत: इनमें 2 विषम दिन होंगे।
19 जनवरी, 2021 से 19 दिसम्बर, 2021 तक विषम दिनों की संख्या
$$= \frac{(13 + 28 + 31 + 30 + 31 + 30 + 31 + 31 + 30 + 31 + 30 + 19)}{7}$$
$$= \frac{335}{7} = 6 \text{ विषम दिन}$$
कुल विषम दिनों की संख्या = $\frac{6+3}{7} = \frac{9}{7}$
= 2 विषम दिन
18 जनवरी, 2013 = शुक्रवार
∴ 19 दिसम्बर, 2021 = शुक्रवार + 2 = रविवार

18. (b) दिया है, 2 अगस्त, 2016 = मंगलवार
प्रश्नानुसार, 2 अगस्त, 2016 से 2 अगस्त, 2020 तक के कुल विषम दिनों की संख्या
= 1 + 1 + 1 + 2 = 5 विषम दिन
अब, 2 अगस्त, 2016 से 19 अक्टूबर, 2020 तक के कुल विषम दिनों की संख्या
= 5 विषम दिन + $\frac{29+30+19}{7}$ विषम दिन
= 5 विषम दिन + $\frac{1+2+5}{7}$ विषम दिन
= 5 विषम + 1 विषम दिन = 6 विषम दिन
∴ 19 अक्टूबर 2020 का दिन = मंगलवार + 6 विषम दिन
= सोमवार
अत: 19 अक्टूबर, 2020 का दिन सोमवार होगा।

19. (a) दिया है, 19 जुलाई, 2000 = बुधवार
प्रश्नानुसार, 19 जुलाई, 2000 से 19 जुलाई, 2008 तक के कुल विषम दिनों की संख्या

$= 1 + 1 + 1 + 2 + 1 + 1 + 1 + 2$

$= \frac{10}{7}$ विषम दिन = 3 विषम दिन

अब, 19 जुलाई, 2008 से 14 जून, 2009 तक के कुल विषम दिनों की संख्या

$= \frac{12 + 31 + 30 + 31 + 30 + 31 + 31 + 28 + 31 + 30 + 31 + 14}{7}$

$= \frac{5 + 3 + 2 + 3 + 2 + 3 + 3 + 3 + 2 + 3}{7}$

$= \frac{8}{7}$ विषम दिन = 1 विषम दिन

अब, 19 जुलाई, 2000 से 14 जून, 2009 तक के कुल विषम दिन

$= 3 + 1 \Rightarrow 4$ विषम दिन

∴ 14 जून, 2009 का दिन

= बुधवार + 4 विषम दिन = रविवार

अत: 14 जून, 2009 का दिन रविवार होगा।

20. (b) दिया है, 24 जुलाई 1999 का दिन = शनिवार
प्रश्नानुसार,
24 जुलाई, 1999 से 24 जुलाई, 2003 तक के कुल विषम दिनों की संख्या = 2 + 1 + 1 + 1 = 5 विषम दिन
अब, 24 जुलाई, 2003 से 28 जुलाई 2003 तक के विषम दिनों की संख्या = 4 विषम दिन
∴ कुल विषम दिनों की संख्या

$= 5 + 4 = \frac{9}{7} = 2$ विषम दिन

∴ 28 जुलाई, 2003 का दिन

= शनिवार + 2 = सोमवार

अत: 28 जुलाई, 2003 का दिन सोमवार होगा।

21. (c) दिया है,
27 सितम्बर, 2001 का दिन = गुरुवार
27 सितम्बर, 2001 से 27 सितम्बर, 2009 तक विषम दिनों की संख्या

$= \frac{1 + 1 + 2 + 1 + 1 + 1 + 2 + 1}{7}$

$= \frac{10}{7}$ विषम दिन = 3 विषम दिन

27 सितम्बर, 2001 से 22 अक्टूबर, 2009 तक विषम दिनों की संख्या $= \frac{3 + 22 + 3}{7}$

$= \frac{28}{7} = 0$ विषम दिन

अत: 22 अक्टूबर, 2009 का दिन = गुरुवार

22. (b) प्रश्नानुसार,
17 दिसम्बर, 2012 का दिन = सोमवार
17 दिसम्बर, 2012 से 18 नवम्बर, 2020 तक दिनों की संख्या = 14 + 1 + 1 + 1 + 2 + 1 + 1 + 1 + 323
= 345 दिन
अब, $\frac{345}{7} = 49\frac{2}{7}$ में 2 विषम दिन हैं।
अत: 18 नवम्बर, 2020 का दिन

= सोमवार + 2 दिन = बुधवार

23. (a) दिया है, 20 मार्च, 2011 = रविवार
20 मार्च, 2011 से लेकर 20 मार्च, 2019 तक कुल विषम दिनों की संख्या

$= \frac{2 + 1 + 1 + 1 + 2 + 1 + 1 + 1}{7}$

(∵ 2012 और 2016 लीप वर्ष हैं।)

$= \frac{10}{7} = 3$ विषम दिन

अत: 20 मार्च, 2019 = रविवार + 3 = बुधवार

24. (c) दिया है, 23 जून, 2008 = सोमवार
प्रश्नानुसार, 23 जून, 2008 से 23 जून, 2020 तक कुल विषम दिनों की संख्या

$= \frac{1 + 1 + 1 + 2 + 1 + 1 + 1 + 2 + 1 + 1 + 1 + 2}{7}$

$= \frac{15}{7} = 1$ विषम दिन

∴ 23 जून, 2020 का दिन

= सोमवार + 1 विषम दिन = मंगलवार

अत: 23 जून, 2020 का दिन मंगलवार होगा।

25. (c) माना आज x दिन है।
प्रश्नानुसार,

$x - 10$ = रविवार

x = रविवार + 10

= रविवार + $\frac{10}{7}$

= रविवार + 3 विषम दिन

= बुधवार

अत: आज बुधवार है।

26. (b) दिया है, 22 मार्च, 2000 का दिन = बुधवार
22 मार्च, 2000 से 22 मार्च, 2009 तक विषम दिनों की संख्या

$= \frac{1 + 1 + 1 + 2 + 1 + 1 + 1 + 2 + 1}{7}$

$= \frac{11}{7} = 4$ विषम दिन

22 मार्च, 2009 से 16 जनवरी, 2010 तक विषम दिनों की संख्या,

$= \frac{9 + 30 + 31 + 30 + 31 + 31 + 30 + 31 + 30 + 31 + 16}{7}$

$= \frac{300}{7} = 6$ विषम दिन

कुल विषम दिन $= \frac{4 + 6}{7}$

$= \frac{10}{7} = 3$ विषम दिन

अत: 16 जनवरी, 2010 का दिन = बुधवार + 3
= शनिवार

27. (b) दिया है,
19 फरवरी, 2024 = बुधवार
19 फरवरी, 2014 से 19 फरवरी, 2022 तक
विषम दिन = 1 + 2 + 1 + 1 + 1 + 1 + 2 + 1

$= \frac{10}{7} = 3$ विषम दिन

अत: 19 फरवरी, 2022 का दिन

= बुधवार + 3 = शनिवार

28. (d) दिया है, 29 जुलाई, 2001 = रविवार
प्रश्नानुसार, 29 जुलाई, 2001 से 29 जुलाई, 2014 तक कुल विषम दिनों की संख्या

$= \frac{1 + 1 + 2 + 1 + 1 + 1 + 2 + 1 + 1 + 1 + 2 + 1 + 1}{7}$

$= \frac{16}{7} = 2$ विषम दिन

अब, 29 जुलाई, 2001 से 20 फरवरी, 2015 तक कुल विषम दिनों की संख्या

= 2 विषम दिन $+ \frac{2 + 31 + 30 + 31 + 30 + 31 + 31 + 20}{7}$

$= \frac{(2 + 3 + 2 + 3 + 2 + 3 + 3 + 6)}{7}$ विषम दिन + 2 विषम दिन

$= \frac{24}{7}$ + 2 विषम दिन = 5 विषम दिन

∴ 20 फरवरी, 2015 को सप्ताह का दिन

= रविवार + 5 विषम दिन = शुक्रवार

29. (c) दिया है,
25 अक्टूबर, 2004 = सोमवार
प्रश्नानुसार,
25 अक्टूबर, 2004 से 25 अक्टूबर, 2007 तक कुल विषम दिनों की संख्या

= 1 + 1 + 1 = 3 विषम दिन

अब, 25 अक्टूबर, 2004 से 2 नवम्बर, 2007 तक कुल विषम दिनों की संख्या

$= \frac{3 \text{ विषम दिन} + (6 + 2) \text{ विषम दिन}}{7}$

$= \frac{11}{7} = 4$ विषम दिन

∴ 2 नवम्बर, 2007 को सप्ताह का दिन

= सोमवार + 4 विषम दिन = शुक्रवार

30. (a) 19 फरवरी, 2004 = गुरुवार
19 फरवरी, 2004 से 19 फरवरी, 2019 तक के कुल विषम दिनों की संख्या

$= \frac{2 + 1 + 1 + 1 + 2 + 1 + 1 + 1 + 2 + 1 + 1 + 1 + 2 + 1 + 1}{7}$

$= \frac{19}{7} = 5$ विषम दिन

अब, 19 फरवरी, 2004 से 2 मार्च, 2019 तक के कुल विषम दिनों की संख्या

$= \frac{5 \text{ विषम दिन} + (9 + 2) \text{ विषम दिन}}{7}$

$= \frac{16}{7} = 2$ विषम दिन

∴ 2 मार्च, 2019 का दिन

= गुरुवार + 2 (विषम दिन)

= शनिवार

31. (d) दिया है, 5 अगस्त, 2005 = शुक्रवार
प्रश्नानुसार, 5 अगस्त, 2005 से 5 अगस्त, 2011 तक विषम दिनों की संख्या

$= \frac{1 + 1 + 2 + 1 + 1 + 1}{7} = \frac{7}{7} = 0$ विषम दिन

अब, 17 अप्रैल से 5 अगस्त, 2011 तक दिनों की संख्या

$= 13 + 31 + 30 + 31 + 5$

$= \frac{110}{7} = 15\frac{5}{7} =$ 5 विषम दिन

17 अप्रैल, 2011 का दिन

= शुक्रवार – 5 विषम दिन = रविवार

32. (d) दिया है,

11 नवम्बर, 2009 का दिन = बुधवार

11 नवम्बर, 2009 से 11 नवम्बर, 2013 तक विषम दिनों की संख्या

$= 1 + 1 + 2 + 1 =$ 5 विषम दिन

11 नवम्बर, 2013 से 17 नवम्बर, 2013 तक विषम दिनों की संख्या = 6 विषम दिन

$\therefore$ कुल विषम दिनों की संख्या $= \frac{5+6}{7} =$ 4 विषम दिन

17 नवम्बर, 2013 का दिन = बुधवार + 4 = रविवार

अत: 17 नवम्बर, 2013 का दिन रविवार होगा।

33. (c) 36 दिन के बाद का दिन = रविवार

36 दिन $= \frac{36}{7}$

विषम दिनों की संख्या = 1

अत: आज का दिन = रविवार – 1 = शनिवार

34. (d) दिया है,

19 नवम्बर, 2003 का दिन = बुधवार

19 नवम्बर, 2003 से 19 नवम्बर, 2010 तक विषम दिनों की संख्या

$= \frac{2+1+1+1+2+1+1}{7} = \frac{9}{7} =$ 2 विषम दिन

19 नवम्बर, 2010 से 25 मार्च, 2011 तक विषम दिनों की संख्या $= \frac{11+31+31+28+25}{7}$

$= \frac{126}{7} =$ 0 विषम दिन

कुल विषम दिन = 2 + 0 = 2

अत: 25 मार्च, 2011 का दिन = बुधवार + 2 = शुक्रवार

35. (a) दिया है,

1 जनवरी, 2006 का दिन = बुधवार

1 जनवरी, 2006 से 1 जनवरी, 2007 तक विषम दिनों की संख्या = 1 विषम दिन

$\therefore$ 1 जनवरी, 2007 का दिन = बुधवार + 1 = गुरुवार

अत: 31 दिसम्बर, 2006 का दिन

= गुरुवार – 1 = बुधवार

36. (b) दिया है,

15 अगस्त, 2006 का दिन = मंगलवार

15 अगस्त, 2006 से 15 अगस्त, 2017 तक विषम दिनों की संख्या

$= \frac{1+2+1+1+1+2+1+1+1+2+1}{7}$

$= \frac{14}{7} =$ 0 विषम दिन

15 अगस्त, 2017 से 7 सितम्बर, 2017 तक विषम दिनों की संख्या $= \frac{16+7}{7} = \frac{23}{7} =$ 2 विषम दिन

कुल विषम दिन = 0 + 2 = 2 विषम दिन

अत: 7 सितम्बर, 2017 का दिन

= मंगलवार + 2 = गुरुवार

37. (d) दिया है,

19 जुलाई, 2012 का दिन = गुरुवार

$\Rightarrow$ 19 जुलाई, 2016 का दिन = गुरुवार + 5

= मंगलवार

$\Rightarrow$ 19 जुलाई, 2017 का दिन = बुधवार

अब, 19 जुलाई, 2017 से 11 जनवरी, 2018 तक विषम दिन

$= \frac{12+31+30+31+30+31+11}{7}$

$= \frac{176}{7} = 1$

अत: 11 जनवरी, 2018 का दिन = गुरुवार

38. (a) दिया है, 18 अगस्त, 2000 $\rightarrow$ शुक्रवार

18 अगस्त, 2000 से 21 अगस्त, 2005 के बीच विषम दिन $= 3 + 1 + 1 + 1 + 2 + 1$

= 9 अर्थात् 2

अत: 21 अगस्त, 2005 का दिन = शुक्रवार + 2

= रविवार

39. (c) दिया है, 4 दिसम्बर, 2014 $\rightarrow$ गुरुवार

4 दिसम्बर, 2014 से 10 दिसम्बर, 2018 के बीच विषम दिनों की संख्या $= 6 + 1 + 2 + 1 + 1$

$= \frac{11}{7}$ अर्थात् 4 विषम दिन

अत: अभीष्ट दिन = गुरुवार + 4 = सोमवार

40. (d) दिया है,

16 सितम्बर, 2010 का दिन = गुरुवार

16 सितम्बर, 2010 से 16 सितम्बर, 2016 तक विषम दिनों की संख्या $= \frac{1+2+1+1+1+2}{7}$

$= \frac{8}{7} =$ 1 विषम दिन

16 सितम्बर, 2016 से 17 अगस्त, 2017 तक विषम दिनों की संख्या

$= \frac{14+31+30+31+31+28+31+30+31+30+31+17}{7}$

$= \frac{335}{7} =$ 6 विषम दिन

$\therefore$ कुल विषम दिन $= \frac{6+1}{7} =$ 0 विषम दिन

अत: 17 अगस्त, 2017 का दिन = गुरुवार + 0

= गुरुवार

41. (d) दिया है, 26 नवम्बर, 2013 = मंगलवार

26 नवम्बर, 2013 से 26 नवम्बर, 2018 तक के कुल विषम दिनों की संख्या

$= 1 + 1 + 2 + 1 + 1 =$ 6 विषम दिन

अब, 26 नवम्बर, 2013 से 29 नवम्बर, 2018 तक के कुल विषम दिनों की संख्या

= 3 विषम दिन + 6 विषम दिन

$= \frac{9}{7}$ अर्थात् 2 विषम दिन

$\therefore$ 29 नवम्बर, 2018 का दिन

= मंगलवार + 2 विषम दिन

= गुरुवार

अत: 29 नवम्बर, 2018 को गुरुवार होगा।

42. (c) दिया है, 23 जनवरी, 2002 = बुधवार

23 जनवरी, 2002 से 23 जनवरी, 2007 तक कुल विषम दिनों की संख्या

$= 1 + 1 + 2 + 1 + 1 =$ 6 विषम दिन

अब, 23 जनवरी, 2007 से 26 जनवरी, 2007 तक कुल विषम दिन = 3 विषम दिन

$\because$ 23 जनवरी, 2002 से 26 जनवरी, 2007 तक कुल विषम दिन $= \left(\frac{6+3}{7}\right)$ विषम दिन

$= \frac{9}{7} =$ 2 विषम दिन

$\therefore$ 26 जनवरी, 2007 का दिन

= बुधवार + 2 (विषम दिन) = शुक्रवार

अत: 26 जनवरी, 2007 को शुक्रवार होगा।

43. (d) दिया है, 16 जुलाई, 2001 = सोमवार

प्रश्नानुसार, 16 जुलाई, 2001 से 16 जुलाई, 2006 तक के कुल विषम दिनों की संख्या

$= 1 + 1 + 2 + 1 + 1 =$ 6 विषम दिन

अब, 16 जुलाई, 2006 से 23 दिसम्बर, 2006 तक विषम दिनों की संख्या

$= 1 + 3 + 2 + 3 + 2 + 2 = 13$

$\therefore$ कुल विषम दिन $= 6 + 13 = 19$

= 5 विषम दिन $(\because 19 = 7 \times 2 + 5)$

$\therefore$ 23 दिसम्बर, 2006 का दिन

= सोमवार + 5 विषम दिन = शनिवार

अत: 23 दिसम्बर, 2006 के दिन शनिवार होगा।

44. (b) 19 जुलाई, 2000 का दिन = बुधवार

19 जुलाई, 2000 से 19 जुलाई, 2014 तक विषम दिनों की संख्या

$= \frac{1+1+1+2+1+1+1+2+1+1+1+2+1+1}{7}$

$= \frac{17}{7} =$ 3 विषम दिन

20 जुलाई, 2014 से 17 मार्च, 2015 तक विषम दिनों की संख्या

$= \frac{12+31+30+31+30+31+31+28+17}{7}$

$= \frac{241}{7} =$ 3 विषम दिन

कुल विषम दिन = 3 + 3 = 6

$\therefore$ 17 मार्च, 2015 का दिन = बुधवार + 6

= मंगलवार

45. (a) 10 अक्टूबर, 2003 का दिन = शुक्रवार

10 अक्टूबर, 2003 से 10 अक्टूबर, 2015 तक विषम दिनों की संख्या

$= \frac{2+1+1+1+2+1+1+1+2+1+1+1}{7}$

$= \frac{15}{7} =$ 1 विषम दिन

$\therefore$ 10 अक्टूबर, 2015 का दिन = शुक्रवार + 1

= शनिवार

अत: 8 अक्टूबर, 2015 का दिन

= शनिवार – 2 = गुरुवार

46. (b) दिया है, 26 सितम्बर, 2005 = सोमवार
प्रश्नानुसार, 26 सितम्बर, 2005 से
26 सितम्बर, 2017 तक के कुल विषम दिनों की संख्या
$$= \frac{1+1+2+1+1+1+2+1+1+1+2+1}{7}$$
$$= \frac{15}{7}$$ अर्थात् 1 विषम दिन
∴26 सितम्बर, 2017 का दिन
= सोमवार +1 = मंगलवार

47. (d) दिया है, 29 दिसम्बर, 1956 = शनिवार
अब, 29 दिसम्बर, 1956 से
29 दिसम्बर, 1966 तक के कुल विषम दिनों की संख्या
$$= \frac{1+1+1+2+1+1+1+2+1+1}{7}$$
$$= \frac{12}{7}$$ अर्थात् 5 विषम दिन
अब, 29 दिसम्बर, 1956 से 16 जनवरी, 1967 तक के कुल विषम दिनों की संख्या
$$= \frac{2+16}{7} + 5 \text{ विषम दिन}$$
$$= \frac{4+5}{7} = \frac{9}{7}$$
अर्थात् 2 विषम दिन
∴ 16 जनवरी, 1967 का दिन = शनिवार + 2
= सोमवार
अत: 16 जनवरी, 1967 का दिन सोमवार होगा।

48. (d) 17 अगस्त, 2003 का दिन = रविवार
17 अगस्त, 2003 से 12 सितम्बर, 2014 तक विषम दिन
$$= \frac{2+1+1+1+2+1+1+1+2+1+1+14+12}{7}$$
$$= \frac{40}{7} = 5 \text{ विषम दिन}$$
अत: 12 सितम्बर, 2014 का दिन = रविवार + 5
= शुक्रवार

49. (b) 15 जनवरी, 2019 का दिन = मंगलवार
∴15 जनवरी, 2020 का दिन = बुधवार
अब, 15 जनवरी और 29 जनवरी के बीच कुल दिनों की संख्या = 14
अर्थात् 0 विषम दिन
अत: 29 जनवरी, 2020 का दिन
= बुधवार + 0 = बुधवार

50. (b) 3 अप्रैल, 1996 का दिन = बुधवार
∴ 3 अप्रैल, 2001 का दिन
= बुधवार + 1 + 1 + 1 + 2 + 1
= बुधवार + 6 = मंगलवार
अत: 7 अप्रैल, 2001 का दिन = मंगलवार + 4
= शनिवार

51. (a) दिया है, 24 अगस्त, 1932 = बुधवार
24 अगस्त, 1932 से 24 अगस्त, 1943 तक विषम दिनों की संख्या
$$= \frac{1+1+1+2+1+1+1+2+1+1+1}{7}$$
$$= \frac{13}{7} = 6 \text{ विषम दिन}$$
∴ 24 अगस्त, 1943 का दिन = बुधवार + 6
= मंगलवार
अब, 24 अगस्त, 1943 से 11 सितम्बर, 1943 तक विषम दिन
= मंगलवार + 7 + 11 = शनिवार
अत: 11 सितम्बर, 1943 को शनिवार होगा।

52. (c) प्रश्नानुसार,
महीने का सातवाँ दिन = शुक्रवार − 3
= मंगलवार
∴ महीने का 20वाँ दिन = मंगलवार + 13
= मंगलवार − 1 = सोमवार

53. (b) दिया है, 9 मार्च, 2007 का दिन = शुक्रवार
9 मार्च, 2007 से 9 मार्च, 2012 तक विषम दिनों की संख्या
$$= 2+1+1+1+2 = \frac{7}{7} = 0 \text{ विषम दिन}$$
9 मार्च, 2012 से 13 मार्च, 2012 तक विषम दिनों की संख्या = 4 विषम दिन
कुल विषम दिनों की संख्या $= \frac{0+4}{7} = 4$ विषम दिन
13 मार्च, 2012 का दिन = शुक्रवार +4 = मंगलवार
अत: 13 मार्च, 2012 का दिन मंगलवार होगा।

54. (c) ∵ 1 जनवरी, 2020 को बुधवार था
तथा 2020 एक लीप वर्ष (अधिवर्ष) है, तो इसमें विषम दिनों की संख्या 2 होगी।
∴1 जनवरी, 2021 का दिन = बुधवार + 2 = शुक्रवार

55. (d) दिया है,
15 अगस्त, 2006 का दिन = मंगलवार
15 अगस्त, 2006 से 15 अगस्त, 2011 तक कुल विषम दिनों की संख्या = (1+ 2 + 1 + 1 + 1) विषम दिन
= मंगलवार + 6 विषम दिन = सोमवार
15 अगस्त, 2011 से 19 फरवरी, 2012 तक दिनों की कुल संख्या
= 16 + 30 + 31 + 30 + 31 + 31 + 19
= 188 दिन
15 अगस्त, 2011 से 19 फरवरी, 2012 तक विषम दिनों की संख्या $= \frac{188}{7} = 6$ विषम दिन
अत: 19 फरवरी, 2012 का दिन
= सोमवार + 6 विषम दिन = रविवार

56. (c) दिया है, 6 मई, 2005 = शुक्रवार
6 मई, 2005 से 6 मई, 2018 तक कुल विषम दिन
= 1 + 1 + 2 + 1 + 1 + 1 + 2 + 1 + 1 + 1 + 2 + 1 + 1
⇒ $\frac{16}{7} = 2$ विषम दिन
अब, 6 मई, 2018 का दिन = शुक्रवार + 2 = रविवार
तब, 6 मई, 2018 से 25 सितम्बर, 2018 तक कुल विषम दिनों की संख्या
= 25 + 30 + 31 + 31 + 25
$$= \frac{142}{7} = 2 \text{ विषम दिन}$$
∴25 सितम्बर, 2018 का दिन
= रविवार + 2 विषम दिन = मंगलवार
अत: 25 सितम्बर, 2018 के दिन मंगलवार होगा।

57. (b) दिया है, 15 दिसम्बर, 2006 = शुक्रवार
15 दिसम्बर, 2006 से 15 दिसम्बर, 2008 तक कुल विषम दिन = 1 + 2 = 3
15 दिसम्बर, 2008 का दिन = शुक्रवार + 3
= सोमवार
अब, 15 दिसम्बर, 2008 से 13 अक्टूबर, 2009 तक कुल विषम दिन
= 16 + 31 + 28 + 31 + 30 + 31 + 30 + 31 + 31 + 30 + 13
$$= \frac{302}{7} = 1 \text{ विषम दिन}$$
∴13 अक्टूबर, 2009 का दिन
= सोमवार + 1 विषम दिन = मंगलवार
अत: 13 अक्टूबर, 2009 का दिन मंगलवार होगा।

58. (a) हम जानते हैं कि यदि कोई वर्ष लीप वर्ष न हो, तो उसका पहला और अन्तिम दिन समान होते हैं।

59. (d) 2 जून, 1995 से 2 जून, 1996 तक विषम दिन = 1 + 1 (लीप वर्ष) = 2
2 जून से 16 जून तक विषम दिन = 14 अर्थात् 0
अत: 16 जून, 1996 को दिन
= शुक्रवार +2 = रविवार

60. (c) 22 जुलाई, 1969 से 6 अगस्त, 1985 तक विषम दिनों की संख्या = 16 + 4 + 9 + 6
(∵ 1972, 1976, 1980 और 1984 लीप वर्ष हैं।)
= 35 अर्थात् 0
अत: 6 अगस्त 1985 को दिन = मंगलवार

61. (a) 19 दिसम्बर, 1992 को शनिवार है।
19 दिसम्बर, 1992 से 19 दिसम्बर, 2009 तक विषम दिनों की संख्या = 13 + 8 = 21 दिन
19 दिसम्बर 1992 से 22 दिसम्बर 2009 तक कुल विषम दिन = 21 + 3 = 24
$\frac{24}{7}$ में शेषफल = 3 विषम दिन
22 दिसम्बर, 2009 का दिन
= शनिवार + 3 दिन = मंगलवार
अत: 22 दिसम्बर, 2009 को मंगलवार होगा।

62. (c) दिया है, 15 जनवरी, 1996 को सोमवार है।
चूँकि 1996 लीप वर्ष है।
अत: 15 जनवरी, 1997 को बुधवार होगा।
15 जनवरी, 1997 से 30 मार्च, 1997 के बीच दिनों की संख्या = 16 + 28 + 30 = 74
विषम दिनों की संख्या = 4 (∵ $74 = 7 \times 10 + 4$)
अत: 30 मार्च, 1997 का दिन
= बुधवार + 4 दिन = रविवार
अत: 30 मार्च, 1997 को रविवार होगा।

63. (d) दिया है, 28 मई, 2015 का दिन = गुरुवार
वर्ष 2015 में शेष बचे दिनों में विषम दिन
= 3 + 2 + 3 + 3 + 2 + 3 + 2 + 3
= $21 = 7 \times 3 = 0$
वर्ष 2022 तक विषम दिन
= 2 + 1 + 1 + 1 + 2 + 1 + 1
= $9 = 7 \times 1 + 2 = 2$ विषम दिन
24 अप्रैल, 2023 तक विषम दिन = 3 + 0 + 3 + 24
= $30 = 7 \times 4 + 2 = 2$ विषम दिन

कुल विषम दिन = 0 + 2 + 2 = 4
अत: 24 अप्रैल, 2023 का दिन
= गुरुवार + 4 = सोमवार

64. (c) ∵ 20 मार्च, 2001 को दिन = मंगलवार
20 मार्च, 2001 से 23 अप्रैल, 2021 तक विषम दिन
$= 20 + 5 + 11 + 23 = \frac{59}{7} = 3$ विषम दिन
अत: 23 अप्रैल, 2021 को दिन
= मंगलवार + 3 = शुक्रवार

65. (b) 14 मई 1953 को दिन = गुरुवार
14 मई 1953 से 27 जुलाई 1963 तक विषम दिन = 14 मई 1953 से 14 मई 1963 तक विषम दिन + 14 मई से 27 जुलाई तक विषम दिन
$= (1 + 1 + 2 + 1 + 1 + 1 + 2 + 1 + 1 + 1) + (3 + 2 + 6)$
= 12 + 11 = 23 दिन = 2 विषम दिन
अत: 27 जुलाई 1963 को गुरुवार से दो दिन बाद का दिन अर्थात् शनिवार होगा।

66. (d) ∵ 17 अप्रैल, 1992 का दिन = शुक्रवार
17 अप्रैल 1993 का दिन = शनिवार
17 अप्रैल, 1993 से 10 अक्टूबर, 1993 तक दिनों की संख्या = 13 + 31 + 30 + 31 + 31 + 30 + 10
= 176 दिन = 176
= 1 (विषम दिन) $(\because 176 = 25 \times 7 + 1)$
अत: 10 अक्टूबर, 1993 का दिन
= शनिवार + 1 = रविवार

67. (d) दिया है,
1 मार्च, 2012 को दिन = बृहस्पतिवार
1 मार्च, 2012 से 1 फरवरी, 2016 तक विषम दिन
$= 1 + 1 + 1 + (3 + 2 + 3 + 2 + 3 + 3 + 2 + 3 + 2 + 3 + 3)$
= 32
= 4 विषम दिन $(\because 32 = 7 \times 4 + 4)$
∴ 1 फरवरी, 2016 का दिन = बृहस्पतिवार + 4
= सोमवार

68. (a) 5 मई, 2010 का दिन = बुधवार
5 मई, 2010 से 5 जून, 2022 तक कुल विषम दिनों की संख्या
$= (1 + 2 + 1 + 1 + 1 + 2 + 1 + 1 + 1 + 2 + 1 + 1 + 26 + 5)$
$= \frac{46}{7} = 6$ सप्ताह 4 विषम दिन
∴ 5 जून, 2022 का दिन = बुधवार + 4 = रविवार

69. (a) 11 दिसम्बर, 2009 का दिन = शुक्रवार
11 दिसम्बर, 2009 से 18 दिसम्बर, 2014 तक कुल विषम दिनों की संख्या
$= (20 + 1 + 1 + 2 + 1 + 3 + 0 + 3 + 2 + 3 + 2 + 3 + 3 + 2 + 3 + 2 + 4$
$= \frac{55}{7} = 6$ दिन (विषम)
∴ 18 दिसम्बर, 2014 का दिन
= शुक्रवार + 6 = गुरुवार

70. (a) 15 फरवरी, 2010 का दिन = सोमवार
15 फरवरी, 2011 का दिन = मंगलवार
15 फरवरी, 2011 से 7 जुलाई, 2011 तक विषम दिन
= 13 + 31 + 30 + 31 + 30 + 7 = 142
अब, $\frac{142}{7} = 2$ (विषम दिन)
अत: 7 जुलाई, 2011 का दिन
= मंगलवार + 2 दिन = गुरुवार

71. (b) दिया है, 4 नवम्बर, 2021 को दिन = गुरुवार
13 मई, 2023 तक विषम दिनों की संख्या
= 1 + 26 + 31 + 31 + 28 + 31 + 30 + 13 (विषम दिन)
= 1 + 5 + 3 + 3 + 3 + 2 + 6 = 2 (विषम दिन)
∴ 4 नवम्बर, 2021 का दिन = गुरुवार + 2
= शनिवार

72. (d) 3 मई, 2010 को दिन = सोमवार
∴ 16 दिसम्बर, 2014 को दिन
= सोमवार + (1 + 2 + 1 + 1 + 28 + 30 + 31 + 30 + 31 + 30 + 31 + 16) में विषम दिन
= सोमवार + (5 + 2 + 3 + 2 + 3 + 2 + 3 + 2)
= सोमवार + 1 = मंगलवार

73. (d) दिया है, 6 जुलाई 2011 को दिन = बुधवार
अब, 16 फरवरी 2010 से, 6 जुलाई 2011 तक विषम दिनों की संख्या
= 1 + 12 + 3 + 2 + 3 + 2 + 6 = 29 = 1 विषम दिन
अत: 16 फरवरी, 2010 को मंगलवार होगा।

74. (d) 1978 तक विषम दिन निकालने के लिए
$(400 \text{ वर्ष} \times 4) + (300 \text{ वर्ष}) + 78 \text{ वर्ष} + 19$
विषम दिन ⇒ 0 + 1 + 78 + 19 = 98
$= \frac{98}{7} = 0$ विषम दिन
1 जनवरी से 22 अक्टूबर तक विषम दिन
= 31 + 28 + 31 + 30 + 31 + 30 + 31 + 31 + 30 + 22 (अक्टूबर)
विषम दिन
$= \frac{3 + 0 + 3 + 2 + 3 + 2 + 3 + 3 + 2 + 1}{7}$
$= \frac{22}{7} = 1$ (विषम दिन)
कुल विषम दिन = 0 + 1 = 1 (सोमवार)
अत: 22 अक्टूबर 1979 को 'सोमवार' होगा।

75. (c) ∵ 2000 वर्षों तक विषम दिनों की संख्या = 0
अब, 13 जनवरी 2076 को वार
⇒ 1 जनवरी 2001 से 13 जनवरी 2076
⇒ 75 वर्ष + 13 दिन
⇒ 57 (सामान्य वर्ष) + 18 (लीप वर्ष) + 13 दिन
$\Rightarrow (57 \times 1) + (18 \times 2) + 13$
⇒ 57 + 36 + 13 = 106
∴ विषम दिनों की संख्या $= \frac{106}{7} = 1$
अत: कुल विषम दिन = 1
अर्थात् 13 जनवरी 2076 को वार 'सोमवार' होगा।

76. (a) 2029 तक विषम दिनों की संख्या
= 2000 + 29 + 7
$= 0 + 36 = \frac{36}{7} = 1$ विषम दिन
2030 में, 1 जनवरी से 08 जून तक विषम दिनों की संख्या
= जनवरी + फरवरी + मार्च + अप्रैल + मई + जून
= 31 + 28 + 31 + 30 + 31 + 08
= 3 + 0 + 3 + 2 + 3 + 08
$= \frac{19}{7} = 5$ विषम दिन
कुल विषम दिनों की संख्या = 5 + 1 = 6 विषम दिन
अत: 08 जून 2030 को 'शनिवार' होगा।

77. (c) प्रश्नानुसार,
2000 वर्षों तक विषम दिनों की संख्या = 0
अब, 1 जनवरी 2001 से 4 जुलाई 2008 तक विषम दिनों की संख्या ⇒ 1 (लीप वर्ष) + 6 (सामान्य वर्ष) + 31 + 29
$= \frac{+ 31 + 30 + 31 + 30 + 4}{7}$
$= \frac{(1 \times 2) + (6 \times 1) + 31 + 29 + 31 + 30 + 31 + 30 + 4}{7}$
$= \frac{2 + 6 + 31 + 29 + 31 + 30 + 31 + 30 + 4}{7}$
$= \frac{194}{7} = 5$ (शुक्रवार)
∴ 4 जुलाई 2008 का दिन ⇒ शुक्रवार

78. (a) प्रश्नानुसार,
2000 वर्षों तक विषम दिनों की संख्या = 0
अब, 1 जनवरी 2001 से 26 जनवरी 2028 तक विषम दिनों की संख्या
$\Rightarrow \frac{6 (\text{लीप वर्ष}) + 21 (\text{सामान्य वर्ष}) + 26}{7}$
$= \frac{(6 \times 2) + (21 \times 1) + 26}{7}$
$= \frac{12 + 21 + 26}{7} = 3$ (बुधवार)
∴ 26 जनवरी 2028 का दिन = बुधवार

79. (d) 2044 तक विषम दिनों की संख्या
= 2000 + 44 + 11
$= 0 + 55 = \frac{55}{7} = 6$ विषम दिन
1 जनवरी, 2045 से 05 दिसम्बर, 2045 तक विषम दिनों की संख्या = जनवरी + फरवरी + मार्च + अप्रैल + मई + जून + जुलाई + अगस्त + सितम्बर + अक्टूबर + नवम्बर + दिसम्बर
= 31 + 28 + 31 + 30 + 31 + 30 + 31 + 31 + 30 + 31 + 30 + 05
= 3 + 0 + 3 + 2 + 3 + 2 + 3 + 3 + 2 + 3 + 2 + 05
= 31 विषम दिन
कुल विषम दिनों की संख्या
$= 6 + 31 = \frac{37}{7} = 2$ विषम दिन
अत: 05 दिसम्बर 2045 का दिन 'मंगलवार' है।

80. (a) 2 अक्टूबर 2012 का दिन = मंगलवार

2 अक्टूबर 2012 से 2 अक्टूबर 2016 तक

कुल विषम दिन = 1+ 1+ 1+ 2 = 5 दिन

2 अक्टूबर 2016 का दिन = मंगलवार + 5 = रविवार

$\therefore$ 1 अक्टूबर 2016 का दिन = रविवार − 1 = शनिवार

81. (c) वर्ष 3040 तक कुल विषम दिन

= [(400 × 7) वर्ष में + 200 वर्ष में + 40 वर्ष में]

= 0+ 3+ 2 × 10+ 1 × 30

$= \frac{53}{7} = 4$ (शेष)

3040 से 14 सितम्बर 3041 तक विषम दिन

= 3+ 0+ 3+ 2+ 3+ 2+ 3+ 3+ 0= 19

कुल विषम दिन $= \frac{(19+4)}{7} = 2$ (शेष)

$\therefore$ 14 सितम्बर 3041 का दिन = मंगलवार

82. (c) वर्ष 1991 तक विषम दिन

= 1600 + 300 + 91 में विषम दिन

= 0 + 1+ 22 × 2 + 69 विषम दिन

= 114 विषम दिन

तथा 1 जनवरी, 1992 से 15 जून, 1992 तक विषम दिन

= 3 + 1+ 3 + 2 + 3 + 1 = 13

कुल विषम दिन = 114 + 13 = 127

$= \frac{127}{7} = 1$ विषम दिन

$\therefore$ 15 जून, 1992 का दिन = सोमवार

83. (d) दिया है,

1 जनवरी, 2017 का दिन = रविवार

$\because$ 2016 एक लीप वर्ष है इसलिए 2016 में 2 विषम दिन होंगे

अत: 1 जनवरी, 2016 का दिन

= रविवार − 2= शुक्रवार

84. (a) 19 नवम्बर, 2053 तक विषम दिन

= 2000 वर्षों में + 52 वर्षों में + 1 जनवरी से 19 नवम्बर तक विषम दिन

= 0 + 13 × 2+ 39+ 3 + 0 + 3 + 2 + 3+ 2+ 3+ 3+ 2+ 3+ 19

= 26 + 39 + 43 = 108 = 3 विषम दिन

(15 × 7 = 105)

$\therefore$ 19 नवम्बर 2053 को सप्ताह का तीसरा दिन अर्थात् बुधवार होगा।

85. (b) 24 अगस्त, 1923 तक विषम दिन

= 1600 वर्षों में विषम दिन + 300 वर्षों में विषम दिन + 22 वर्षों में विषम दिन + 1 जनवरी से 24 अगस्त तक विषम दिन = 0 + 1+ (5 × 2 + 17) + 3 + 0 + 3 + 2 + 3 + 2 + 3 + 3

= 1+ 27 + 19 = 47= 5 विषम दिन

अत: 24 अगस्त, 1923 को शुक्रवार था।

86. (c) 16 जनवरी, 2010 से 16 जनवरी, 2015 तक विषम दिन = 1+ 2 + 1+ 1+ 1 = 6

($\because$ 2012 लीप वर्ष है)

अत: 16 जनवरी 2010 को दिन

= शुक्रवार − 6 = शनिवार

87. (c) वर्ष 2000 तक विषम दिन = 0

2001 से 2008 तक विषम दिन

= 2 × 2 + 6 × 1 = 4 + 6

$= 10 = \frac{10}{7} = 3$

($\because$ वर्ष 2004 और 2008 लीप वर्ष हैं)

वर्ष 2009 में विषम दिन

= 3+ 0+ 3+ 2+ 3+ 2+ 6

कुल विषम दिन $= \frac{19}{7} = 5$

20 जुलाई, वर्ष 2009 तक कुल विषम दिन

= 0 + 3 + 5= 8= 1 विषम दिन

$\therefore$ अभीष्ट दिन = सोमवार

88. (c) वर्ष 2000 तक विषम दिन = 0

वर्ष 2004 तक विषम दिन = 1+ 1+ 1+ 2 = 5 (2004 एक लीप वर्ष है।)

15 सितम्बर 2005 तक कुल दिन

= 3+ 0+ 3+ 2+ 3+ 2+ 3+ 3+ 1

= 20 = 6

कुल दिन = 6 + 5 = 11

कुल विषम दिन $= \frac{11}{7} = 4$

अत: 15 सितम्बर 2005 को गुरुवार है।

13

गणितीय संक्रियाएँ

इस अध्याय के अन्तर्गत पूछे गए प्रश्नों में दिए गए गणितीय व्यंजकों/चिह्नों/अक्षरों को निर्देशानुसार वास्तविक गणितीय चिह्नों में परिवर्तित करते हुए व्यंजक को हल करते हैं। इस प्रकार के प्रश्नों में गणितीय व्यंजकों को हल करने के लिए VBODMAS नियम का प्रयोग करते हैं।

V → Vinculum,
B → Bracket
O → Of
D → Division
M → Multiplication
A → Addition
S → Subtraction

इस अध्याय के अन्तर्गत आने वाले प्रश्नों को निम्न प्रकार के उदाहरण द्वारा समझा जा सकता है।

प्रतिस्थापन द्वारा समस्या समाधान

इस प्रकार के अन्तर्गत आने वाले प्रश्नों में दी गई समीकरण के चिह्नों को प्रश्न में दिए गए निर्देश/जानकारी के अनुसार चिह्नों का प्रतिस्थापन करके समीकरण का मान ज्ञात करना होता है।

उदाहरण 1. यदि '+' का अर्थ '×', '−' का अर्थ '÷', '×' का अर्थ '−' और '÷' का अर्थ '+' है, तो $4 \div 8 - 2 \times 2 + 4 = ?$

(a) 4 (b) 0 (c) 8 (d) 6

हल (b) दिया है, $4 \div 8 - 2 \times 2 + 4 = ?$

प्रश्नानुसार चिह्न बदलने पर,

$4 + 8 \div 2 - 2 \times 4 \Rightarrow 4 + 4 - 8$

$\Rightarrow 8 - 8 = 0$

चिह्नों को प्रतिस्थापित करके समीकरण को सन्तुलित करना

इस प्रकार के अन्तर्गत आने वाले प्रश्नों में विकल्पों में दिए गए गणितीय चिह्नों का प्रयोग करके दिए गए समीकरण में सही विकल्प के अनुसार चिह्नों के स्थान की पूर्ति करनी होती है, जिससे समीकरण सन्तुलित हो जाए।

उदाहरण 2. 'O' प्रतीकों को बदलने और दिए गए समीकरण को सन्तुलित करने के लिए अंक गणितीय प्रतीकों के सही प्रतीक चुनिए।

8 O 4 O 6 O 5 O 60

(a) ×, ÷, −, = (b) ×, =, ÷, +
(c) ÷, ×, ×, = (d) +, ÷, ×, −

हल (c) दिया है, 8 O 4 O 6 O 5 O 60

विकल्प (c) से, $8 \div 4 \times 6 \times 5 = 60$

$\Rightarrow \frac{8}{4} \times 6 \times 5 = 60 \Rightarrow 2 \times 6 \times 5 = 60 \Rightarrow 60 = 60$

चिह्नों तथा संख्याओं का परस्पर प्रतिस्थापन

इस प्रकार के प्रश्नों में दिए गए समीकरण में दो चिह्नों या दो संख्याओं को परस्पर बदलकर समीकरण को सन्तुलित करना होता है।

उदाहरण 3. दिए गए समीकरण को सही बनाने के लिए किन दो चिह्नों को आपस में बदला जाना चाहिए?

$18 + 6 - 6 \div 3 \times 3 = 6$

(a) + और ÷ (b) + और ×
(c) − और ÷ (d) + और −

हल (a) दिया है, $18 + 6 - 6 \div 3 \times 3 = 6$

विकल्प (a) से,

'+' और '÷' को परस्पर बदलने पर,

$18 \div 6 - 6 + 3 \times 3 = 6 \Rightarrow 3 - 6 + 9 = 6 \Rightarrow 12 - 6 = 6 \Rightarrow 6 = 6$

उदाहरण 4. दी गई दो संख्याओं तथा दो चिह्नों को आपस में परस्पर बदलने के पश्चात् क्रमशः समीकरण I और II के मान क्या होंगे?

× और +, 3 और 9

I. $6 \times 9 - 8 \div 4 + 3$ II. $8 \times 9 - 6 + 8 \div 4$

(a) 0, −2 (b) 11, −7
(c) −7, −9 (d) −9, −1

हल (d) दिया है, I. $6 \times 9 - 8 \div 4 + 3$

प्रश्नानुसार, $6 + 3 - 8 \div 4 \times 9$

$9 - 2 \times 9 = 9 - 18 = \boxed{-9}$

II. $8 \times 9 - 6 + 8 \div 4$

प्रश्नानुसार, $8 + 3 - 6 \times \frac{8}{4} = 11 - 12 = \boxed{-1}$

चिह्नों/संख्याओं के प्रतिस्थापन के बाद सन्तुलित समीकरण की पहचान करना

इस प्रकार के प्रश्नों में दिए गए समीकरण में दो चिह्नों या दो संख्याओं को परस्पर बदलकर सन्तुलित समीकरण की पहचान करनी होती है।

उदाहरण 5. यदि '+' का अर्थ 'गुणा' है, '–' का अर्थ 'जोड़' है, '×' का अर्थ 'भाग' है तथा '÷' का अर्थ 'घटाव' है, तो निम्नलिखित में से कौन-सा समीकरण सही है?

(a) $30 \div 8 \times 4 - 6 + 1 = 32$
(b) $8 + 5 - 20 \times 4 + 6 = 41$
(c) $12 - 12 \div 6 \times 6 + 3 = 21$
(d) $6 + 7 \times 3 - 4 \div 6 = 26$

हल (c) प्रत्येक समीकरण के चिह्नों को प्रश्नानुसार बदलने एवं VBODMAS का प्रयोग करने पर,

विकल्प (c) से, $12 - 12 \div 6 \times 6 + 3 = 21$

$\Rightarrow 12 + 12 - 6 \div 6 \times 3 = 21$

$\Rightarrow 12 + 12 - 1 \times 3 = 21$

$\Rightarrow 12 + 12 - 3 = 21$

$\Rightarrow 24 - 3 = 21$

$\Rightarrow 21 = 21$

$\therefore$ बायाँ पक्ष = दायाँ पक्ष

विशेष प्रणाली पर आधारित प्रश्न

इस प्रकार के प्रश्नों में अंकों या समीकरण का मान अन्य अंकों के रूप में दिया गया होता है। दिए गए अंकों या समीकरण में किस पैटर्न का प्रयोग किया जा रहा है, उसे समझकर पूछे गए अंक या समीकरण का उसी पैटर्न के अनुसार मान ज्ञात करना होता है।

उदाहरण 6. कुछ समीकरण एक विशेष प्रणाली के आधार पर हल किए गए हैं। उसी आधार पर अनुत्तरित समीकरण का सही उत्तर ज्ञात कीजिए।

$5 + 7 + 2 = 725$, $6 + 9 + 0 = 906$, $8 + 4 + 3 = ?$

(a) 815 (b) 384 (c) 438 (d) 834

हल (c) जिस प्रकार, $5 + 7 + 2 \longrightarrow 7\ 2\ 5$

तथा $6 + 9 + 0 \longrightarrow 9\ 0\ 6$

उसी प्रकार, $8 + 4 + 3 \longrightarrow \boxed{4\ 3\ 8}$

SSC एग्जाम स्कैनर

SSC CGL 2024 (Tier I & II)

1. यदि '+' और '–' को परस्पर बदल दिया जाए तथा '×' और '÷' को परस्पर बदल दिया जाए, तो निम्नलिखित समीकरण में प्रश्नचिह्न (?) के स्थान पर क्या आएगा?
SSC CGL (Tier -II) 20/01/2025 Shift I

$98 \div 7 + 288 \times 2 - 144 \times 3 - 152 \div 2 + 120 = ?$

(a) 671 (b) 743 (c) 774 (d) 632

2. यदि '+' और '–' को आपस में बदल दिया जाए और '×' और '÷' को आपस में बदल दिया जाए, तो निम्नलिखित समीकरण में प्रश्न चिह्न (?) के स्थान पर क्या आएगा?
SSC CGL (Tier-I) 26/09/2024 Shift-III

$2736 \times 8 - 55 + 105 \div 2 = ?$

(a) 137 (b) 127 (c) 187 (d) 177

3. यदि '+' और '×' को आपस में बदल दिया जाए और '–' और '÷' को आपस में बदल दिया जाए, तो निम्नलिखित समीकरण में प्रश्न चिह्न (?) के स्थान पर कौन-सी संख्या आएगी? **SSC CGL (Tier-I) 26/09/2024 Shift-III**

$95 - 19 \times 4 + 6 \div 16 = ?$

(a) 13 (b) 14
(c) 12 (d) 11

4. यदि निम्नलिखित समीकरण में '+' और '–' को आपस में बदल दिया जाए और '×' और '÷' को आपस में बदल दिया जाए, तो प्रश्नचिह्न (?) के स्थान पर कौन-सी संख्या आएगी?
SSC CGL (Tier-I) 26/09/2024 Shift-II

$11 \div 8 - 78 \times 6 + 37 = ?$

(a) 62 (b) 58
(c) 71 (d) 64

5. यदि निम्नलिखित समीकरण में, '+' और '–' को आपस में बदल दिया जाए, और '×' और '÷' को आपस में बदल दिया जाए, तो प्रश्नचिह्न (?) के स्थान पर क्या आएगा?
SSC CGL (Tier-I) 26/09/2024 Shift-I

$4 - 5 \div 9 + 6 \times 2 = ?$

(a) 38 (b) 46
(c) 36 (d) 42

6. यदि '+' और '–' को आपस में बदल दिया जाए और '×' और '÷' को आपस में बदल दिया जाए, तो निम्नलिखित समीकरण में प्रश्नचिह्न (?) के स्थान पर क्या आएगा?
SSC CGL (Tier-I) 26/09/2024 Shift-I

$229 \div 41 + 502 \times 2 - 44 = ?$

(a) 9182 (b) 9812
(c) 9281 (d) 9218

7. यदि '÷' और '–' को आपस में बदल दिया जाए और '×' और '+' को आपस में बदल दिया जाए, तो निम्नलिखित समीकरण में प्रश्नचिह्न (?) के स्थान पर क्या आएगा?
SSC CGL (Tier-I) 25/09/2024 Shift-III

$2 \times 16 \div 36 + 42 - 6 = ?$

(a) –234 (b) –216
(c) –246 (d) –280

8. दिए गए समीकरण को सही करने के लिए किन दो संख्याओं (अंक नहीं) को आपस में बदलना चाहिए?
SSC CGL (Tier-I) 25/09/2024 Shift-II

$15 + 5 \times 8 - 72 \div 4 + 16 \times 3 = 101$

(a) 5 और 4
(b) 5 और 3
(c) 8 और 4
(d) 15 और 16

9. उन गणितीय चिह्नों के सही संयोजन का चयन करें, जिन्हें नीचे दिए गए रिक्त स्थानों में क्रमिक रूप से बाएँ से दाएँ रखने पर दिया गया समीकरण सन्तुलित हो जाएगा।
SSC CGL (Tier-I) 25/09/2024 Shift-I

75 _ 3 _ 17 _ 8 = 0

(a) ÷, –, – (b) –, –, +
(c) ×, +, – (d) –, –, ×

10. यदि निम्नलिखित समीकरण में '+' और '–' को आपस में बदल दिया जाता है तथा '×' और '÷' को आपस में बदल दिया जाता है, तो प्रश्नचिह्न (?) के स्थान कौन-सी संख्या आएगी?
SSC CGL (Tier-I) 24/09/2024 Shift-III

$7 \div 5 - 30 \times 6 + 4 = ?$

(a) 36 (b) 32 (c) 30 (d) 34

11. निम्नलिखित समीकरण को सही करने के लिए किन दो चिह्नों को आपस में बदलना चाहिए?
SSC CGL (Tier-I) 24/09/2024 Shift-II

$29 \times 145 + 5 - 640 \div 15 = 216$

(a) – और + (b) – और ×
(c) ÷ और + (d) ÷ और ×

12. यदि निम्नलिखित समीकरण में '+' और '–' को आपस में बदल दिया जाता है तथा '×' और '÷' को आपस में बदल दिया जाता है, तो प्रश्नचिह्न (?) के स्थान कौन-सी संख्या आएगी?
SSC CGL (Tier-I) 24/09/2024 Shift-II

$14 - 45 \times 5 + 6 \div 3 = ?$

(a) 4 (b) 3 (c) 6 (d) 5

13. यदि '+' और '–' को आपस में बदल दिया जाए और '×' और '÷' को आपस में बदल दिया जाए, तो निम्नलिखित समीकरण में प्रश्नचिह्न (?) के स्थान पर क्या आएगा?
SSC CGL (Tier-I) 24/09/2024 Shift-I

125 ÷ 5 + 1809 × 9 − 14 = ?
(a) 483 (b) 348
(c) 438 (d) 384

14. दिए गए समीकरण को सही करने के लिए किन दो संख्याओं (अंक नहीं) को आपस में बदलना चाहिए?
SSC CGL (Tier-I) 23/09/2024 Shift-III
6 × 8 + 8 ÷ 2 + 21 + 5 × 4 − 14 ÷ 7 = 53
(a) 8 और 4 (b) 21 और 14
(c) 2 और 4 (d) 3 और 5

15. निम्नलिखित समीकरण में यदि '+' और '−' को आपस में बदल दिया जाए और '×' और '÷' को आपस में बदल दिया जाए, तो प्रश्नचिह्न (?) के स्थान पर कौन-सी संख्या आएगी?
SSC CGL (Tier-I) 23/09/2024 Shift-II
15 − 7 ÷ 4 + 36 × 9 = ?
(a) 40 (b) 39 (c) 42 (d) 34

16. यदि '+' और '−' को आपस में बदल दिया जाए और '×' और '÷' को आपस में बदल दिया जाए, तो निम्नलिखित समीकरण में प्रश्नचिह्न (?) के स्थान पर क्या आएगा?
SSC CGL (Tier-I) 23/09/2024 Shift-II
6408 × 8 + 27 − 15 ÷ 10 = ?
(a) 921 (b) 922 (c) 924 (d) 923

17. यदि निम्नलिखित समीकरण में '+' और '−' को आपस में बदल दिया जाए और '×' और '÷' को आपस नें बदल दिया जाए, तो प्रश्नचिह्न (?) के स्थान पर कौन-सी संख्या आएगी?
SSC CGL (Tier-I) 23/09/2024 Shift-I
63 × 7 ÷ 13 − 64 + 42 = ?
(a) 139 (b) 124 (c) 144 (d) 131

18. यदि '+' और '−' को आपस में बदल दिया जाए और '×' और '÷' को आपस में बदल दिया जाए, तो निम्नलिखित समीकरण में प्रश्नचिह्न (?) के स्थान पर क्या आएगा?
SSC CGL (Tier-I) 19/09/2024 Shift-III
69 + 2485 × 5 − 912 ÷ 2 = ?
(a) 1639 (b) 1936 (c) 1963 (d) 1396

19. उन गणितीय चिह्नों के सही संयोजन का चयन करें जिन्हें नीचे दिए गए रिक्त स्थानों में क्रमिक रूप से बाएँ से दाएँ रखने पर दिया गया समीकरण संतुलित हो जाएगा।
SSC CGL (Tier-I) 19/09/2024 Shift-II
8_27_9_6_5_ = 0
(a) +, ÷, −, − (b) ÷, +, −, +
(c) −, ÷, +, + (d) −, +, ÷, +

20. यदि निम्नलिखित समीकरण में '+' और '−' को आपस में बदल दिया जाता है तथा '×' और '÷' को आपस में बदल दिया जाता है, तो प्रश्नचिह्न (?) के स्थान कौन-सी संख्या आएगी?
SSC CGL (Tier-I) 19/09/2024 Shift-I
20 + 10 × 2 − 4 ÷ 5 = ?
(a) 30 (b) 35 (c) 45 (d) 40

21. दिए गए समीकरण को सही करने के लिए किन दो संख्याओं (अंक नहीं) को आपस में बदलना चाहिए?
SSC CGL (Tier-I) 18/09/2024 Shift-III
19 + 125 ÷ 25 − 100 ÷ 5 + 4 × 3 = 52
(a) 25 और 5 (b) 19 और 4
(c) 4 और 5 (d) 125 और 100

22. यदि '+' और '−' को आपस में बदल दिया जाए और '×' और '÷' को आपस में बदल दिया जाए, तो निम्नलिखित समीकरण में प्रश्नचिह्न (?) के स्थान पर क्या आएगा?
SSC CGL (Tier-I) 18/09/2024 Shift-II
272 × 16 + 97 − 23 ÷ 4 = ?
(a) 2 (b) 21
(c) 12 (d) 22

23. निम्नलिखित समीकरण में, यदि '÷' और '−' को आपस में बदल दिया जाए तथा '×' और '+' को आपस में बदल दिया जाए, तो '?' के स्थान पर क्या आएगा?
SSC CGL (Tier-I) 18/09/2024 Shift-I
37 ÷ 56 − 7 × 2 + 6 = ?
(a) 47 (b) 41
(c) 55 (d) 37

24. यदि '+' और '−' को आपस में बदल दिया जाए और '×' और '÷' को आपस में बदल दिया जाए, तो निम्नलिखित समीकरण में प्रश्नचिह्न (?) के स्थान पर क्या आएगा?
SSC CGL (Tier-I) 18/09/2024 Shift-I
1064 × 2 − 653 ÷ 2 + 89 = ?
(a) 1947 (b) 1974
(c) 1749 (d) 1497

25. यदि '+' और '−' को आपस में बदल दिया जाए और '×' और '÷' को आपस में बदल दिया जाए, तो निम्नलिखित समीकरण में प्रश्नचिह्न (?) के स्थान पर क्या आएगा?
SSC CGL (Tier-I) 17/09/2024 Shift-III
99 ÷ 41 + 208 × 2 − 35 = ?
(a) 3990 (b) 3890
(c) 3390 (d) 3980

26. यदि '+' और '−' को परस्पर बदल दिया जाए और '×' और '÷' को परस्पर बदल दिया जाए, तो निम्नलिखित समीकरण में '?' के स्थान पर कितना मान आएगा?
SSC CGL (Tier-I) 17/09/2024 Shift-II
63 × 9 + 21 − 4 ÷ 5 = ?
(a) 7 (b) 6 (c) 4 (d) 5

27. निम्नलिखित समीकरण में, यदि '÷' और '−' को आपस में बदल दिया जाए तथा '×' और '+' को आपस में बदल दिया जाए, तो '?' के स्थान पर क्या आएगा?
SSC CGL (Tier-I) 17/09/2024 Shift-I
4 + 9 × 48 − 6 ÷ 7 = ?
(a) 37 (b) 41
(c) 27 (d) 30

28. यदि '+' और '−' को आपस में बदल दिया जाए और '×' और '÷' को आपस में बदल दिया जाए, तो निम्नलिखित समीकरण में प्रश्नचिह्न (?) के स्थान पर क्या आएगा?
SSC CGL (Tier-I) 13/09/2024 Shift-III
2864 × 4 − 168 ÷ 2 + 69 = ?
(a) 839 (b) 389
(c) 983 (d) 938

29. यदि '×' को '÷' से बदल दिया जाए, '÷' को '+' से बदल दिया जाए, '+' को '×' से बदल दिया जाए और '−' अपरिवर्तित रहे, तो निम्नलिखित समीकरण में प्रश्नवाचक चिह्न (?) के स्थान पर क्या आएगा।
SSC CGL (Tier-I) 13/09/2024 Shift-II
42 × 3 ÷ 4 + 9 − 17 = ?
(a) 29 (b) 23
(c) 33 (d) 30

30. समीकरण को सही करने के लिए किन दो संख्याओं (अंक नहीं) को आपस में बदला जाना चाहिए?
SSC CGL (Tier-I) 13/09/2024 Shift-I
$\frac{480 \div 0.3 \times 5 + 500}{190 + 9 \times 27 \div 1.6} = 2$
(a) 500 और 190
(b) 5 और 9
(c) 0.3 और 1.6
(d) 27 और 480

31. दिए गए समीकरण को सही करने के लिए किन दो संख्याओं (अंक नहीं) को आपस में बदला जाना चाहिए?
SSC CGL (Tier-I) 12/09/2024 Shift-III
$2^{57-33\div11\times13-2} + 3^{64-56\div8\times4-44} = 35$
(a) 57 और 64 (b) 33 और 44
(c) 56 और 57 (d) 2 और 4

32. यदि निम्नलिखित समीकरण में '+' और '−' को आपस में बदल दिया जाता है तथा '×' और '÷' को आपस में बदल दिया जाता है, तो प्रश्नचिह्न (?) के स्थान पर कौन-सी संख्या आएगी?
SSC CGL (Tier-I) 12/09/2024 Shift-III
49 × 7 − 6 ÷ 2 + 15 = ?
(a) 5 (b) 2
(c) 4 (d) 8

33. दिए गए समीकरण को सही बनाने (संतुलित करने) के लिए निम्नलिखित में से किन संक्रियाओं को आपस में बदलना होगा?
SSC CGL (Tier-I) 12/09/2024 Shift-II
12 + 12 − 4 × 4 ÷ 2 = 22
(a) + और ÷ (b) ÷ और −
(c) − और + (d) × और −

34. निम्नलिखित समीकरण को सही करने के लिए किन दो चिह्नों को आपस में बदलना चाहिए?
SSC CGL (Tier-I) 12/09/2024 Shift-I
247 ÷ 13 + 16 × 3 − 148 = 119
(a) ÷ और × (b) − और +
(c) + और × (d) − और ×

35. यदि निम्नलिखित समीकरण में '+' और '–' को आपस में बदल दिया जाए और '×' और '÷' को आपस में बदल दिया जाए, तो प्रश्नचिह्न (?) के स्थान पर कौन-सी संख्या आएगी?
SSC CGL (Tier-I) 11/09/2024 Shift-II

$41-54\times6\div9+7=?$

(a) 108 (b) 115 (c) 104 (d) 119

36. यदि '+' और '–' को आपस में बदल दिया जाए और '×' और '÷' को आपस में बदल दिया जाए, तो निम्नलिखित समीकरण में प्रश्नचिह्न (?) के स्थान पर क्या आएगा?
SSC CGL (Tier-I) 11/09/2024 Shift-I

$14014\times14-10\div8+14=?$

(a) 1062 (b) 1067 (c) 1063 (d) 1064

37. दिए गए समीकरण को सही करने के लिए किन दो संख्याओं (अंक नहीं) को आपस में बदलना चाहिए?
SSC CGL (Tier-I) 11/09/2024 Shift-I

$48\div3+12\times4-6\times7+21=27$

(a) 4 और 7 (b) 3 और 4
(c) 12 और 21 (d) 3 और 6

38. यदि निम्नलिखित समीकरण में '+' और '–' को आपस में बदल दिया जाए और '×' और '÷' को आपस में बदल दिया जाए, तो प्रश्नचिह्न (?) के स्थान पर कौन-सी संख्या आएगी?
SSC CGL (Tier-I) 10/09/2024 Shift-III

$11\div12-78\times6+57=?$

(a) 83 (b) 95
(c) 88 (d) 74

39. दिए गए समीकरण को सही करने के लिए किन दो संख्याओं (अंक नहीं) को आपस में बदलना चाहिए?
SSC CGL (Tier-I) 10/09/2024 Shift-II

$116-92\div4+25\times2-20=150$

(a) 116 और 92 (b) 2 और 4
(c) 25 और 20 (d) 20 और 92

40. यदि '+' और '÷' को आपस में बदल दिया जाए और '×' और '–' को आपस में बदल दिया जाए, तो निम्नलिखित समीकरण में प्रश्नचिह्न (?) के स्थान पर क्या आएगा?
SSC CGL (Tier-I) 10/09/2024 Shift-I

$4-12+3\div12\times6=?$

(a) 46 (b) 13 (c) 22 (d) 11

41. निम्नलिखित समीकरण को सही करने के लिए किन दो चिह्नों को आपस में बदलना चाहिए?
SSC CGL (Tier-I) 10/09/2024 Shift-I

$18-23\times455\div7+28=377$

(a) – और + (b) – और ×
(c) ÷ और – (d) + और ×

42. दिए गए समीकरण को सही करने के लिए किन दो संख्याओं (अंक नहीं) को आपस में बदलना चाहिए?
SSC CGL (Tier-I) 09/09/2024 Shift-III

$24\div3-4\times2+6\times5+12=50$

(a) 3 और 2 (b) 5 और 4
(c) 4 और 3 (d) 24 और 12

43. निम्नलिखित समीकरण में, यदि '+' और '–' को आपस में बदल दिया जाए तथा '×' और '÷' को आपस में बदल दिया जाए, तो '?' के स्थान पर क्या आएगा?
SSC CGL (Tier-I) 09/09/2024 Shift-II

$4\div6+91\times7-5=?$

(a) 12 (b) 21 (c) 17 (d) 16

44. यदि '+' और '–' को आपस में बदल दिया जाए और '×' और '÷' को आपस में बदल दिया जाए, तो निम्नलिखित समीकरण में प्रश्नचिह्न (?) के स्थान पर क्या आएगा?
SSC CGL (Tier-I) 09/09/2024 Shift-II

$1604\times4-525\div5+73=?$

(a) 2395 (b) 2539 (c) 2953 (d) 2935

45. यदि '+' और '–' को परस्पर बदल दिया जाए और '×' और '÷' को परस्पर बदल दिया जाए, तो निम्नलिखित समीकरण में '?' के स्थान पर कितना मान आएगा?
SSC CGL (Tier-I) 09/09/2024 Shift-I

$5-4\div9+80\times10=?$

(a) 31 (b) 30 (c) 33 (d) 35

SSC CGL 2023 (Tier I & II)

46. यदि '+' और '–' को परस्पर बदल दिया जाए तथा '×' और '÷' को परस्पर बदल दिया जाए, तो निम्नलिखित समीकरण में प्रश्नचिह्न (?) के स्थान पर क्या आएगा?
SSC CGL (Tier-II) 26/10/2023 Shift-I

$161\div4+75\times5-4=?$

(a) 533 (b) 633 (c) 643 (d) 543

47. गणितीय चिह्नों के उस सही संयोजन का चयन करें, जिसे दिए गए समीकरण में * चिह्नों के स्थान पर क्रमिक रूप से रखे जाने पर समीकरण सन्तुलित हो जाए।
SSC CGL (Tier-II) 7/3/2023 Shift-I

11 * 7 * 345 * 5 * 31 = 115

(a) ÷ × + – (b) × + ÷ –
(c) ÷ – + × (d) + × ÷ –

48. गणितीय चिह्नों के उस सही संयोजन का चयन करें, जिसे दिए गए समीकरण में * चिह्नों के स्थान पर क्रमिक रूप से रखे जाने पर समीकरण सन्तुलित हो जाए।
SSC CGL (Tier-II) 3/3/2023 Shift-I

33 * 4 * 15 * 3 * 61 = 188

(a) + × ÷ – (b) × – ÷ +
(c) + – ÷ × (d) ÷ × – +

49. गणितीय चिह्नों के उस सही संयोजन का चयन करें, जिन्हें * चिह्नों के स्थान पर क्रमिक रूप से रखे जाने पर दिया गया समीकरण सन्तुलित हो जाएगा। **SSC CGL (Tier-I) 27/3/2023 Shift-III**

7 * 5 * 4 * 2 * 3 * 7

(a) +, –, ÷, –, = (b) –, +, ÷, ÷, =
(c) –, ÷, +, ×, = (d) ÷, –, +, ×, =

50. यदि '<' का अर्थ '–' है, '!' का अर्थ '×' है, '>' का अर्थ '+' है, और '$' का अर्थ '÷' है, तो निम्नलिखित व्यंजक का मान ज्ञात कीजिए।
SSC CGL (Tier-I) 27/7/2023 Shift-II

205 > 210 $ 15 ! 2 < 19

(a) 238 (b) 226 (c) 214 (d) 242

51. दिए गए समीकरण को सन्तुलित करने के लिए किन दो चिह्नों को आपस में बदला जाना चाहिए? **SSC CGL (Tier-I) 27/7/2023 Shift-II**

$312-13\times14+207\div4=539$

(a) + और × (b) – और +
(c) ÷ और – (d) ÷ और +

52. यदि '+' का अर्थ '÷' है, '–' का अर्थ '×' है, '÷' का अर्थ '–' है और '×' का अर्थ '+' है, तो निम्नलिखित व्यंजक का मान ज्ञात कीजिए।
SSC CGL (Tier-I) 27/7/2023 Shift-I

$805+23\div4-6\times2$

(a) 29 (b) 13 (c) 25 (d) 32

53. यदि '+' का अर्थ '–' है, '–' का अर्थ '×' है, '÷' का अर्थ '+' है और '×' का अर्थ '÷' है, तो निम्नलिखित व्यंजक का मान ज्ञात कीजिए।
SSC CGL (Tier-I) 26/7/2023 Shift-IV

$26-13+144\times18\div81$

(a) 411 (b) 144 (c) 292 (d) 405

54. निम्नलिखित समीकरण को सन्तुलित करने के लिए किन दो चिह्नों और दो संख्याओं को आपस में बदला जाना चाहिए?
SSC CGL (Tier-I) 26/7/2023 Shift-III

$15\div80-34+10\times8=102$

(a) 10, 80, ÷, – (b) 34, 15, +, ÷
(c) 15, 34, –, × (d) 10, 34, ÷, ×

55. निम्नलिखित में से किन दो चिह्नों को आपस में बदलने से दिया गया समीकरण सही हो जाएगा? **SSC CGL (Tier-I) 26/7/2023 Shift-III**

$1000-448+14\div15\times2=998$

(a) + और ÷ (b) – और +
(c) ÷ और – (d) × और ÷

56. दिए गए समीकरण को सही करने के लिए किन दो चिह्नों को परस्पर बदला जाना चाहिए?
SSC CGL (Tier-I) 26/7/2023 Shift-I

$13\times6+24\div6-17=91$

(a) ÷ और + (b) + और ×
(c) + और – (d) ÷ और ×

57. निम्नलिखित समीकरण को सही करने के लिए किन दो चिह्नों और दो संख्याओं को परस्पर बदला जाना चाहिए?
SSC CGL (Tier-I) 25/7/2023 Shift-III

$840\div38-7+10\times12=462$

(a) 12 और 38, × और –
(b) 12 और 10, ÷ और +
(c) 840 और 10, + और –
(d) 12 और 7, + और ×

58. गणितीय चिह्नों के उस सही संयोजन का चयन करें, जिन्हें * चिह्नों के स्थान पर क्रमिक रूप से रखे जाने पर दिया गया समीकरण संतुलित हो जाएगा? **SSC CGL (Tier-I) 25/7/2023 Shift-III**

9 * 16 * 64 * 8 * 2 * 9
(a) –, ÷, +, × =
(b) ÷, –, +, ×, =
(c) ÷, +, ×, –, =
(d) +, ÷, ×, –, =

59. गणितीय चिह्नों के उस सही संयोजन का चयन करें, जिन्हें क्रमिक रूप से * चिह्नों के स्थान पर रखे जाने पर दिया गया समीकरण संतुलित हो जाएगा। **SSC CGL (Tier-I) 25/7/2023 Shift-II**

18*3*12*9*3*111
(a) ×,+,×,–, = (b) ×,–,×,÷, =
(c) ×,+,÷,–,= (d) ÷,+,×,–, =

60. दिए गए समीकरण को सही बनाने (सन्तुलित करने) के लिए किन दो गणितीय चिह्नों को आपस में बदलना होगा **SSC CGL (Tier-I) 25/7/2023 Shift-I**

3 × 12 – 6 ÷ 2 + 12 = 16
(a) × और ÷ (b) – और ÷
(c) ÷ और + (d) – और ÷

61. क्रमिक रूप से @ चिह्नों को बदलने और दिए गए समीकरण को संतुलित करने के लिए गणितीय चिह्नों के सही संयोजन का चयन करें। **SSC CGL (Tier-I) 24/7/2023 Shift-III**

72 @ 9 @ 3 @ 6 @ 6 @ 6 @ 6
(a) ×, ÷, =, –, +, × (b) ÷, ×, +, =, ×, –
(c) +, ×, =, –, ÷, ÷ (d) ÷, ×, +, =, –, +

62. गणितीय चिह्नों के उस सही संयोजन का चयन करें, जिन्हें * चिह्नों के स्थान पर क्रमिक रूप से रखे जाने पर दिया गया समीकरण सन्तुलित हो जाएगा। **SSC CGL (Tier-I) 24/7/2023 Shift-II**

12 * 4 * 15 * 3 * 16 * 24
(a) +, –, ÷, ×, = (b) ÷, –, +, ×, =
(c) ÷, +, ÷, +, = (d) –, +, ÷, ×, =

63. यदि '+' का अर्थ '–' है, '–' का अर्थ '×' है, '÷' का अर्थ '+' है और '×' का अर्थ '÷' है, तो निम्नलिखित व्यंजक का मान ज्ञात कीजिए। **SSC CGL (Tier-I) 24/7/2023 Shift-I**

14 – 19 + 240 × 16 ÷ 61
(a) 329 (b) 284
(c) 247 (d) 312

64. निम्नलिखित समीकरण को सही करने के लिए किन दो संख्याओं को आपस में और किन दो चिह्नों को आपस में बदल दिया जाना चाहिए? **SSC CGL (Tier-I) 24/7/2023 Shift-I**

3 – 17 + 3 + 16 × 8 = 60
(a) 17 और 8, – और ×
(b) 17 और 16, – और ×
(c) 3 और 16, – और ×
(d) 3 और 17, – और ×

65. हीरे की आकृतियों (डायमण्ड शेप) को क्रमिक रूप से भरने और दिए गए समीकरण को सन्तुलित करने के लिए गणितीय चिह्नों के सही संयोजन का चयन करें। **SSC CGL (Tier-I) 21/7/2023 Shift-IV**

42 ◇ 7 ◇ 5 ◇ 5 ◇ 40 ◇ 5
(a) ÷, ×, +, =, – (b) +, =, ÷, ×, +
(c) ÷, ×, –, =, × (d) ÷, ×, =, ÷, ÷

66. निम्नलिखित समीकरण को सही बनाने के लिए किन दो चिह्नों और संख्याओं को आपस में बदलने की आवश्यकता है? **SSC CGL (Tier-I) 21/7/2023 Shift-III**

24 – (9 ÷ 12) + (84 × 4) + 28 = 23
(a) 9 और 4, ÷ और ×
(b) 24 और 28, × और ÷
(c) 12 और 4, ÷ और ×
(d) 24 और 28, – और ÷

67. दिए गए समीकरण को संतुलित करने के लिए * चिह्नों को क्रमिक रूप से बदलने के लिए गणितीय चिह्नों के सही संयोजन का चयन करें। **SSC CGL (Tier-I) 21/7/2023 Shift-II**

321 * 3 * 236 * 5 * 248*4*20 = 384
(a) +, –, ×, +, ÷, × (b) –, +, ×, –, ÷, +
(c) ÷, +, –, ×, +, – (d) ×, +, –, ÷, +, –

68. गणितीय चिह्नों के उस सही संयोजन का चयन कीजिए जो क्रमिक रूप से * चिह्नों को प्रतिस्थापित कर सकता है और दिए गए समीकरण को संतुलित कर सकता है। **SSC CGL (Tier-I) 21/7/2023 Shift-I**

93 * 3 * 7 * 4 * 11 = 15
(a) ÷, –, ×, + (b) ×, +, ÷, –
(c) +, ÷, ×, – (d) ×, ÷, –, +

69. यदि '+' का अर्थ '×' है, '–' का अर्थ '÷' है, '×' का अर्थ '–' है और '÷' का अर्थ '+' है, तो निम्नलिखित व्यंजक का मान ज्ञात कीजिए। **SSC CGL (Tier-I) 20/7/2023 Shift-IV**

26 + 342 – 19 × 73 ÷ 14
(a) 524 (b) 481 (c) 510 (d) 409

70. * चिह्नों को क्रमिक रूप से बदलने और दिए गए समीकरण को सन्तुलित करने के लिए गणितीय चिह्नों के सही संयोजन का चयन कीजिए। **SSC CGL (Tier-I) 20/7/2023 Shift-II**

16*31*18*2*11*494
(a) ÷, –, +, ×, = (b) –, ×, +, ÷,=
(c) ×, +, ÷, –, = (d) ÷, +, –, ×, =

71. दिए गए समीकरण को सही करने के लिए किन दो चिह्नों को परस्पर बदला जाना चाहिए? **SSC CGL (Tier-I) 20/7/2023 Shift-II**

12 ÷ 5 – 8 × 2 + 14 = 70
(a) + और × (b) ÷ और +
(c) ÷ और × (d) – और +

72. गणितीय चिह्नों के उस सही संयोजन का चयन कीजिए, जो क्रमिक रूप से * चिह्नों को प्रतिस्थापित कर सकता है और दिए गए समीकरण को सन्तुलित कर सकता है। **SSC CGL (Tier-I) 20/7/2023 Shift-I**

11 * 13 *238 * 17 * 34 = 123
(a) ×, +, ÷,– (b) ÷, ×, –,–
(c) +, ÷, ×, – (d) ÷, –, ÷, ×

73. निम्नलिखित में से संख्याओं और चिह्नों की कौन-सी अदला-बदली दिए गए समीकरण को सही करेगी? **SSC CGL (Tier-I) 19/7/2023 Shift-IV**

24 × 9 + 6 ÷ 24 – 18 = 22
(a) 24 और 6, × और +
(b) 6 और 9, ÷ और +
(c) 6 और 18, + और ×
(d) 18 और 22, + और –

74. निम्नलिखित समीकरण को सही करने के लिए किन दो संख्याओं को आपस में और किन दो चिह्नों को आपस में बदल दिया जाना चाहिए? **SSC CGL (Tier-I) 19/7/2023 Shift-II**

14 + 16 – 14 × 9 ÷ 4 = 61
(a) 14 और 9, + और ×
(b) 16 और 9, + और –
(c) 16 और 14, + और ×
(d) 14 और 4, – और ÷

75. दिए गए समीकरण को सही बनाने के लिए कौन-से दो चिह्नों को परस्पर बदलना चाहिए? **SSC CGL (Tier-I) 19/7/2023 Shift-II**

2 × 236 – 2 + 36 ÷ 72 = 200
(a) – और + (b) ÷ और –
(c) × और + (d) + और ÷

76. गणितीय चिह्नों के उस सही संयोजन का चयन कीजिए जो क्रमिक रूप से * चिह्नों को प्रतिस्थापित कर सकता है और दिए गए समीकरण को सन्तुलित कर सकता है। **SSC CGL (Tier-I) 19/7/2023 Shift-I**

36 * 12 * 6 * 12 * 3 = 63
(a) × ÷ – + (b) ÷ + × –
(c) ÷ – + × (d) ÷ + – ×

77. दिए गए समीकरण को सन्तुलित करने के लिए किन दो चिह्नों को आपस में बदला जाना चाहिए? **SSC CGL (Tier-I) 19/7/2023 Shift-I**

756 ÷ 252 + 89 × 180 – 63 = 384
(a) + और × (b) – और +
(c) ÷ और – (d) ÷ और +

78. वृत्तों को क्रमिक रूप से भरने और दिए गए समीकरण को सन्तुलित करने के लिए गणितीय चिह्नों के सही संयोजन का चयन करें। **SSC CGL (Tier-I) 18/7/2023 Shift-IV**

45 ◯ 9 ◯ 3 ◯ 25 ◯ 55 ◯ 15
(a) +, =, ÷, ×, +
(b) ÷, ×, +, = ,–
(c) ÷, ×, –, = , ×
(d) –, ×, =, ÷, +

79. दिए गए समीकरण को सन्तुलित करने के लिए किन दो चिह्नों को आपस में बदला जाना चाहिए? **SSC CGL (Tier-I) 18/7/2023 Shift-III**

$1664 \div 4 \times 2 + 712 - 316 = 436$

(a) – और + (b) ÷ और +
(c) ÷ और × (d) ÷ और –

80. यदि '+' का अर्थ '–' है, '–' का अर्थ '×' है, '÷' का अर्थ '+' है और '×' का अर्थ '÷' है, तो निम्नलिखित व्यंजक का मान ज्ञात कीजिए। **SSC CGL (Tier-I) 18/7/2023 Shift-II**

$3 - 21 + 153 \times 17 \div 26$

(a) 84 (b) 58 (c) 76 (d) 80

81. गणितीय चिह्नों के निम्नलिखित संयोजनों में से सही संयोजन को चुनें, जिसे निम्नलिखित समीकरण को सन्तुलित करने के लिए क्रमिक रूप से भरा जा सकता है। **SSC CGL (Tier-I) 18/7/2023 Shift-I**

28 ⬡ 4 ⬡ 3 ⬡ 9 ⬡ 42 ⬡ 12

(a) ÷, ×, –, =, × (b) ÷, ×, =, +, +
(c) ÷, =, ÷, ×, + (d) ÷, ×, +, =, –

82. हीरे की आकृतियों (डायमण्ड शेप) को क्रमिक रूप से भरने और दिए गए समीकरण को सन्तुलित करने के लिए गणितीय चिह्नों के सही संयोजन का चयन करें। **SSC CGL (Tier-I) 17/7/2023 Shift-IV**

56 ◇ 8 ◇ 4 ◇ 7 ◇ 50 ◇ 15

(a) ÷,×,=,÷,+ (b) ÷,=,÷,×,+
(c) ÷,×,–,=,× (d) ÷,×,+,=,–

83. गणितीय चिह्नों के उस सही संयोजन का चयन कीजिए जो क्रमिक रूप से * चिह्नों को प्रतिस्थापित कर सकता है और दिए गए समीकरण को सन्तुलित कर सकता है। **SSC CGL (Tier-I) 17/7/2023 Shift-III**

32* 42* 7* 7* 17 = 202

(a) ×, ÷, –, + (b) +, ×, ÷, –
(c) ÷, ÷, ×, – (d) ×, –, +, ÷

84. * चिह्नों को क्रमिक रूप से बदलने और दिए गए समीकरण को सन्तुलित करने के लिए गणितीय चिह्नों के सही संयोजन का चयन कीजिए। **SSC CGL (Tier-I) 17/7/2023 Shift-III**

5* 23* 24* 4* 10* 111

(a) +, –, ÷, ×, = (b) –, ×, +, ÷, =
(c) ×, +, ÷, –, = (d) ÷, +, –, ×, =

85. दिए गए समीकरण को सन्तुलित करने के लिए किन दो चिह्नों को आपस में बदला जाना चाहिए? **SSC CGL (Tier-I) 17/7/2023 Shift-I**

$912 - 456 \times 28 + 390 \div 2 = 444$

(a) – और ÷ (b) + और ×
(c) – और + (d) ÷ और +

86. गणितीय चिह्नों के उस सही संयोजन का चयन करें, जिन्हें * चिह्नों के स्थान पर क्रमिक रूप से रखे जाने पर दिया गया समीकरण सन्तुलित हो जाएगा। **SSC CGL (Tier-I) 17/7/2023 Shift-I**

76 * 34 * 23 * 12 * 6 * 21

(a) +, –, +, ÷, = (b) –, –, +, ÷ =
(c) –, –, +, +, = (d) ×, – +, ÷, =

87. यदि '+' का अर्थ '–' है, '–' का अर्थ '×' है, '÷' का अर्थ '+' है और '×' का अर्थ '÷' है, तो निम्नलिखित व्यंजक का मान ज्ञात कीजिए। **SSC CGL (Tier-I) 14/7/2023 Shift-III**

$11 - 14 + 9 \times 3 \div 104$

(a) 245 (b) 271
(c) 269 (d) 255

88. * चिह्नों को क्रमिक रूप से बदलने और दिए गए समीकरण को सन्तुलित करने के लिए गणितीय चिह्नों के सही संयोजन का चयन कीजिए। **SSC CGL (Tier-I) 14/7/2023 Shift-II**

150 * 3 * 10 * 2 * 7 * 46

(a) +, –, ÷, ×, =
(b) ÷, +, –, ×, =
(c) ×, +, ÷, –,=
(d) –, ×, +, ÷,=

89. गणितीय चिह्नों के उस सही संयोजन का चयन कीजिए जो क्रमिक रूप से * चिह्नों को प्रतिस्थापित कर सकता है और दिए गए समीकरण को सन्तुलित कर सकता है। **SSC CGL (Tier-I) 14/7/2023 Shift-I**

256 * 4 * 9 * 3 * 14 = 51

(a) × + – ÷ (b) × ÷ + –
(c) ÷ × – + (d) ÷ – × +

90. दिए गए समीकरण को सन्तुलित करने के लिए किन दो चिह्नों को आपस में बदला जाना चाहिए? **SSC CGL (Tier-I) 14/7/2023 Shift-I**

$588 \div 28 \times 32 + 72 - 160 = 760$

(a) + और × (b) ÷ और –
(c) – और + (d) ÷ और +

91. दिए गए समीकरण को सन्तुलित करने के लिए किन दो संख्याओं और किन दो चिह्नों को परस्पर बदलना होगा? **SSC CGL (Tier-I) 13/12/2023 Shift-IV**

$78 + 456 - 45 \times 12 \div 4 = 519$

(a) 456 और 45, ÷ और –
(b) 12 और 4, ÷ और ×
(c) 78 और 456, ÷ और ×
(d) 45 और 12, + और ÷

SSC CGL 2022 (Tier I)

92. दिए गए समीकरण में कौन-से दो चिह्नों के स्थान परस्पर बदल देने से समीकरण सन्तुलित हो जाएगा? **SSC CGL (Tier-I) 13/12/2022 Shift-III**

$95 \times 5 + 19 \div 2 - 21 = 36$

(a) ÷ और × (b) + और ×
(c) ÷ और – (d) + और –

93. दी गई दो संख्याओं को अपास में परस्पर बदलने पर, निम्नलिखित में से कौन-सा समीकरण सन्तुलित नहीं होगा? **SSC CGL (Tier-I) 13/12/2022 Shift-II**

7 तथा 4

(a) $4 \times 8 - 9 \div 3 + 7 = 57$
(b) $8 \div 6 \times 9 + 7 - 4 = 12$
(c) $7 \times 8 + 4 - 6 \div 3 = 37$
(d) $9 - 4 \times 3 + 6 \times 7 \div 1 = 12$

94. दिए गए समीकरण में & चिह्नों को क्रमिक रूप से बदलने और समीकरण को सन्तुलित करने के लिए निम्नलिखित विकल्पों में से गणितीय चिह्नों के सही संयोजन का चयन कीजिए। **SSC CGL (Tier-I) 13/12/2022 Shift-II**

[{(42 & 26) & (12 & 2)} & (4 & 5)] & 5 & 10

(a) –, ÷, ×, ×, ÷, ×, =
(b) –, +, ×, ÷, ×, ×, =
(c) ×, –, +, ×, ÷, ×, =
(d) ×, ÷, ×, ×, –, +, =

95. दिए गए समीकरण को सन्तुलित करने के लिए किन दो संख्याओं और किन दो चिह्नों को परस्पर बदलना होगा? **SSC CGL (Tier-I) 13/12/2022 Shift-I**

$28 + 7 \times 10 \div 5 - 20 = 5$

(a) 5 और 10, + और ÷
(b) 10 और 20, × और +
(c) 7 और 28, × और ÷
(d) 5 और 20, – और ÷

96. दी गई दो संख्याओं को आपस में परस्पर बदलने पर, निम्नलिखित में से कौन-सा समीकरण सही नहीं होगा? **SSC CGL (Tier-I) 12/12/2022 Shift-IV**

4 तथा 2

(a) $6 \times 4 - 8 \div 2 + 7 = 17$
(b) $4 \times 3 - 8 \div 2 + 7 = 11$
(c) $8 \div 4 \times 2 - 6 + 9 = 18$
(d) $4 - 8 \times 3 + 2 \div 1 = -18$

97. दी गई दो संख्याओं को आपस में परस्पर बदलने पर निम्नलिखित में से कौन-सा समीकरण सही नहीं होगा? **SSC CGL (Tier-I) 12/12/2022 Shift-IV**

7 तथा 9

(a) $7 + 6 - 9 \times 4 \div 2 = 2$
(b) $9 \times 3 + 4 \div 2 - 7 = 14$
(c) $8 \times 3 \div 6 + 9 - 7 = 2$
(d) $9 + 4 \times 3 - 7 \div 1 = 10$

98. गणितीय चिह्नों के उस सही संयोजन का चयन कीजिए जिसे क्रमिक रूप से * के स्थान पर रखने पर दिया गया समीकरण संतुलित हो जाएगा। **SSC CGL (Tier-I) 12/12/2022 Shift-IV**

16*3*2*11*9 = 22

(a) ÷,×,+,+ (b) ×,÷,+,–
(c) ×,÷,–,+ (d) ÷,+,×,÷

99. गणितीय चिह्नों के उस सही संयोजन का चयन करें जिसे क्रमिक रूप से * चिह्नों के स्थान पर रखने पर दिया गया समीकरण सन्तुलित हो जाएगा। **SSC CGL (Tier-I) 12/12/2022 Shift-III**

50 * 25 * 10 * 2 * 175

(a) +, ×, ÷, = (b) –, ×, +, =
(c) +, ÷, ×, = (d) –, ×, ÷, =

100. दिए गए समीकरण को सन्तुलित करने के लिए, किन दो संख्याओं और किन दो चिह्नों को परस्पर बदलना होगा? **SSC CGL (Tier-I) 12/12/2022 Shift-II**

72 ÷ 6 – 20 + 30 × 5 = 70

(a) 5 और 20, – और ×
(b) 6 और 20, + और ÷
(c) 5 और 70, + और –
(d) 20 और 30, × और ÷

101. निम्नलिखित समीकरण को सही (सन्तुलित) करने के लिए किन दो गणितीय चिह्नों और दो संख्याओं को आपस में बदलना होगा? **SSC CGL (Tier-I) 12/12/2022 Shift-I**

13 – 65 ÷ 45 × 21 + 2 = 82

(a) 45 और 21, × और +
(b) 65 और 13, × और +
(c) 45 और 13, × और +
(d) 45 और 13, – और +

102. दिए गए दो चिह्नों को आपस में परस्पर बदलने पर, निम्नलिखित में से कौन-सा समीकरण सही नहीं होगा? **SSC CGL (Tier-I) 12/12/2022 Shift-I**

+ तथा ÷

(a) 18 + 6 – 6 ÷ 3 × 3 = 6
(b) 6 × 9 + 3 – 24 ÷ 8 = 2
(c) 7 × 8 ÷ 4 + 2 – 6 = 49
(d) 18 + 2 × 6 ÷ 3 – 7 = 50

103. दिए गए दो चिह्नों तथा संख्याओं को आपस में परस्पर बदलने पर, निम्नलिखित में से कौन-सा समीकरण सही हो जाएगा? **SSC CGL (Tier-I) 9/12/2022 Shift-IV**

+ तथा –, 6 तथा 3

(a) 6 ÷ 2 × 8 + 3 – 1 = 20
(b) 9 ÷ 3 × 4 – 6 + 7 = 10
(c) 8 – 3 × 4 ÷ 6 + 9 = 18
(d) 8 + 4 × 6 ÷ 3 – 9 = 15

104. निम्नलिखित समीकरण को सन्तुलित करने के लिए, विकल्पों में दी गई किन दो संख्याओं को परस्पर बदलना होगा? **SSC CGL (Tier-I) 9/12/2022 Shift-III**

$$18 + (12 \times 6) + (63 \div 7) \times 4 + (27)^{\frac{1}{3}} - 11 = 112$$

(a) 18 और 11 (b) 12 और 4
(c) 18 और 12 (d) 6 और 4

105. दिए गए समीकरण को सन्तुलित करने के लिए, किन दो संख्याओं और किन दो चिह्नों को परस्पर बदलना होगा? **SSC CGL (Tier-I) 9/12/2022 Shift-II**

60 × 3 + 660 ÷ 6 – 20 = 290

(a) 6 और 660, × और ÷
(b) 20 और 60, + और ×
(c) 20 और 660, + और ÷
(d) 20 और 6, + और –

106. दी गई दो संख्याओं तथा दो चिह्नों को आपस में परस्पर बदलने के पश्चात् क्रमशः समीकरण (i) तथा (ii) के मान क्या होंगे? **SSC CGL (Tier-I) 9/12/2022 Shift-I**

× तथा –, 4 तथा 2

I. 7 – 5 × 4 + 8 ÷ 2
II. 7 × 3 – 8 ÷ 2 + 4

(a) 35, 3 (b) 37, 25
(c) 41, 47 (d) 25, 23

107. दिए गए समीकरण को सन्तुलित करने के लिए किन दो संख्याओं और किन दो चिह्नों को परस्पर बदलना होगा? **SSC CGL (Tier-I) 9/12/2022 Shift-I**

40 – 220 ÷ 2 × 2 + 20 = 200

(a) 2 और 20, ÷ और +
(b) 20 और 40, + और –
(c) 220 और 20, ÷ और ×
(d) 220 और 40, + और ×

108. दी गई दो संख्याओं को आपस में परस्पर बदलने पर, निम्नलिखित में से कौन-सा समीकरण सही होगा? **SSC CGL (Tier-I) 8/12/2022 Shift-IV**

7 तथा 3

(a) 3 ÷ 1 – 7 × 2 + 4 = 8
(b) 3 × 2 + 7 – 6 ÷ 3 = 18
(c) 3 + 7 × 4 – 6 ÷ 2 = 20
(d) 7 + 3 × 2 – 4 ÷ 1 = 13

109. दिए गए समीकरण में कौन-से दो चिह्नों के स्थान परस्पर बदल देने से समीकरण सन्तुलित हो जाएगी? **SSC CGL (Tier-I) 8/12/2022 Shift-IV**

108 ÷ 2 × 10 + 70 – 10 = 480

(a) + और – (b) ÷ और –
(c) ÷ और × (d) + और ×

110. गणितीय चिह्नों के उस सही संयोजन का चयन करें, जिन्हें * चिह्नों के स्थान पर क्रमिक रूप से रखे जाने पर, दिया गया समीकरण सन्तुलित हो जाएगा। **SSC CGL (Tier-I) 8/12/2022 Shift-III**

59 * 12 * 6 * 24 * 2 * 105

(a) –, ÷, +, ×, = (b) –, +, –, +, =
(c) ×, –, +, ×, = (d) +, ×, +, –, =

111. दिए गए दो चिह्नों को आपस में परस्पर बदलने पर, निम्नलिखित में से कौन-सा समीकरण सही नहीं होगा? **SSC CGL (Tier-I) 8/12/2022 Shift-II**

– तथा ×

(a) 20 × 12 + 6 – 16 ÷ 8 = 20
(b) 4 × 5 – 36 ÷ 6 + 10 = 10
(c) 20 × 8 – 4 ÷ 2 + 3 = 7
(d) 16 × 91 ÷ 13 + 5 – 3 = 24

112. दिए गए समीकरण को सन्तुलित करने के लिए, किन दो संख्याओं और किन दो चिह्नों को परस्पर बदलना होगा? **SSC CGL (Tier-I) 8/12/2022 Shift-I**

264 + 24 × 9 ÷ 60 – 4 = 630

(a) 4 और 9, – और ×
(b) 4 और 24, ÷ और +
(c) 264 और 9, + और –
(d) 264 और 9, ÷ और –

113. गणितीय चिह्नों के उस सही संयोजन का चयन कीजिए, जिसे क्रमिक रूप से * के स्थान पर रखने पर दिया गया समीकरण सन्तुलित हो जाएगा। **SSC CGL (Tier-I) 8/12/2022 Shift-I**

11 * 3 * 11 * 2 * 9 = 10

(a) ×, ÷, +, – (b) ÷, ×, –, +
(c) ×, ÷, –, + (d) ÷, +, –, ×

114. दिए गए समीकरण में कौन-से दो चिह्नों के स्थान परस्पर बदल देने से समीकरण सन्तुलित हो जाएगी? **SSC CGL (Tier-I) 7/12/2022 Shift-IV**

16 + 4 ÷ 2 × 12 – 4 = 40

(a) ÷ और + (b) ÷ और ×
(c) + और – (d) + और ×

115. दी गई दो संख्याओं को आपस में परस्पर बदलने पर निम्नलिखित में से कौन-सा समीकरण सही होगा? **SSC CGL (Tier-I) 7/12/2022 Shift-III**

5 तथा 8

(a) 5 × 2 – 8 + 9 ÷ 1 = 20
(b) 5 × 7 + 8 – 3 ÷ 1 = 55
(c) 8 – 5 × 2 + 6 ÷ 2 = – 9
(d) 8 + 5 × 4 – 9 ÷ 3 = 30

116. दिए गए दो चिह्नों को आपस में परस्पर बदलने पर निम्नलिखित में से कौन-सा समीकरण सही नहीं होगा? **SSC CGL (Tier-I) 7/12/2022 Shift-III**

+ तथा ÷

(a) 46 + 23 ÷ 14 × 5 – 6 = 66
(b) 9 – 3 + 12 × 8 ÷ 4 = 11
(c) 6 + 20 ÷ 12 × 7 – 11 = 70
(d) 12 ÷ 8 × 12 + 6 – 7 = 21

117. दिए गए दो चिह्नों को आपस में परस्पर बदलने पर निम्नलिखित में से कौन-सा समीकरण सही होगा? **SSC CGL (Tier-I) 7/12/2022 Shift-II**

+ तथा –

(a) 55 ÷ 11 – 15 + 3 × 2 = 15
(b) 4 × 3 – 6 ÷ 2 + 7 = 7
(c) 15 – 7 × 8 + 18 ÷ 3 = 65
(d) 529 ÷ 23 + 10 – 5 × 4 = 30

118. निम्नलिखित समीकरण को सही (सन्तुलित) करने के लिए किन दो गणितीय चिह्नों और दो संख्याओं को आपस में बदलना होगा? **SSC CGL (Tier-I) 7/12/2022 Shift-II**

98 – 9 × 21 ÷ 7 + 56 = 69

(a) 98 और 9, + और ×
(b) 56 और 21, + और ×
(c) 56 और 9, + और ×
(d) 21 और 7, + और –

119. दिए गए दो चिह्नों तथा संख्याओं को आपस में परस्पर बदलने पर निम्नलिखित में से कौन-सा समीकरण सही हो जाएगा?
SSC CGL (Tier-I) 6/12/2022 Shift-IV

+ तथा –, 7 तथा 6
(a) $7 - 6 \times 3 + 4 \div 1 = 8$
(b) $8 \times 7 + 5 \div 1 - 6 = 17$
(c) $4 \times 7 + 6 - 3 \div 1 = 20$
(d) $7 \times 2 - 6 + 4 \div 2 = 13$

120. गणितीय चिह्नों के उस सही संयोजन का चयन करें, जिसे क्रमिक रूप से × चिह्नों के स्थान पर रखने पर दिया गया समीकरण सन्तुलित हो जाएगा। SSC CGL (Tier-I) 6/12/2022 Shift-IV

25 * 2 * 220 * 11 * 43
(a) +, –, ×, = (b) –, +, ÷, =
(c) +, +, ÷, = (d) +, –, ÷, =

121. दी गई दो संख्याओं को आपस में परस्पर बदलने पर, निम्नलिखित में से कौन-सा समीकरण सही होगा?
SSC CGL (Tier-I) 6/12/2022 Shift-III

1 तथा 7
(a) $7 + 6 \div 3 - 5 \times 1 = -10$
(b) $7 + 1 \times 2 - 6 \div 3 = 13$
(c) $1 \times 2 - 7 + 8 \div 2 = 16$
(d) $7 \times 2 + 1 - 5 = 6$

122. दिए गए समीकरण को सन्तुलित करने के लिए, किन दो संख्याओं और किन दो चिह्नों को परस्पर बदलना होगा?
SSC CGL (Tier-I) 6/12/2022 Shift-III

$10 - 4 \div 20 + 16 \times 8 = 16$
(a) 4 और 20, + और ÷
(b) 10 और 16, × और ÷
(c) 10 और 20, + और ×
(d) 4 और 8, × और –

123. निम्नलिखित समीकरण को सन्तुलित करने के लिए, विकल्पों में दी गई किन्हीं दो संख्याओं को परस्पर बदलना होगा?
SSC CGL (Tier-I) 6/12/2022 Shift-II

$14 + 39 - (\sqrt{144} \div 4) + (5 \times 3) - 6 = 63$
(a) 5 और 39 (b) 4 और 3
(c) 14 और 6 (d) 4 और 6

124. दिए गए दो चिह्नों को आपस में परस्पर बदलने पर, निम्नलिखित में से कौन-सा समीकरण सही होगा? SSC CGL (Tier-I) 6/12/2022 Shift-II

+ तथा ÷
(a) $16 + 2 \times 6 \div 3 - 7 = 50$
(b) $16 + 8 \times 2 \div 6 - 9 = 10$
(c) $9 \times 18 + 27 \div 36 - 30 = 18$
(d) $9 + 3 \times 2 - 8 \div 1 = -1$

125. विकल्पों में से गणितीय चिह्नों के उस सही संयोजन का चयन कीजिए, जिसे नीचे दिए गए समीकरण में * चिह्नों के स्थान पर रखने से समीकरण सन्तुलित हो जाएगा।
SSC CGL (Tier-I) 6/12/2022 Shift-I

5 * 15 * 320 * 2 * 45 = 190
(a) ×, ÷, –, + (b) ×, +, ÷, –
(c) +, ÷, ×, – (d) +, ×, ÷, –

126. निम्नलिखित समीकरण को सही बनाने (सन्तुलित करने) के लिए दिए गए विकल्पों में से किन दो संख्याओं को आपस में बदलना होगा? SSC CGL (Tier-I) 5/12/2022 Shift-IV

$248 \div 4 + 184 \div (4 \times 6 - 2 \times 8) = 77$
(a) 4 और 6
(b) 8 और 4
(c) 184 और 248
(d) 184 और 77

127. दिए गए दो चिह्नों को आपस में परस्पर बदलने पर, निम्नलिखित में से कौन-सा समीकरण सही हो जाएगा? SSC CGL (Tier-I) 5/12/2022 Shift-IV

× तथा +
(a) $24 - 8 - 5 \times 5 + 3 = 14$
(b) $5 \times 10 - 15 + 20 \div 25 = 8$
(c) $24 \times 8 + 6 \div 3 - 18 = 22$
(d) $7 \times 8 \div 9 + 18 - 11 = 16$

128. दिए गए दो चिह्नों तथा संख्याओं को आपस में परस्पर बदलने पर, निम्नलिखित में से कौन-सा समीकरण सन्तुलित हो जाएगा?
SSC CGL (Tier-I) 5/12/2022 Shift-III

+ तथा –, 7 तथा 3
(a) $3 + 7 \div 1 - 4 \times 2 = 16$
(b) $7 + 3 \times 9 - 8 \div 2 = 30$
(c) $3 \times 4 \div 2 + 7 - 5 = 16$
(d) $9 \times 7 + 3 - 4 \div 2 = 18$

129. दी गई दो संख्याओं को आपस में परस्पर बदलने पर, निम्नलिखित में से कौन-सी समीकरण सन्तुलित नहीं होगी?
SSC CGL (Tier-I) 5/12/2022 Shift-III

3 तथा 4
(a) $9 \times 3 \div 6 + 4 - 8 = 1$
(b) $4 \times 6 - 3 + 9 \div 1 = 25$
(c) $3 \times 7 - 8 \div 2 + 4 = 27$
(d) $3 + 5 \times 4 - 6 \div 2 = 16$

130. निम्नलिखित समीकरण को सन्तुलित करने के लिए विकल्पों में दी गई किन दो संख्याओं को परस्पर बदलना होगा?
SSC CGL (Tier-I) 5/12/2022 Shift-II

$72 + (7 \times 8) - (126 \div 14) - (4)^2 = 150$
(a) 72 और 126 (b) 7 और 4
(c) 8 और 4 (d) 14 और 7

131. दिए गए दो चिह्नों तथा संख्याओं को परस्पर बदलने पर, निम्नलिखित में से कौन-सा समीकरण सही नहीं होगा?
SSC CGL (Tier-I) 5/12/2022 Shift-I

× तथा ÷, 2 तथा 6
I. $7 - 4 \times 3 \div 6 + 2 = 8$
II. $6 - 8 \times 2 + 9 \div 3 = 5$
(a) केवल II
(b) केवल I
(c) I तथा II दोनों
(d) न ही I न ही II

132. निम्नलिखित समीकरण को सन्तुलित करने के लिए, विकल्पों में दी गई किन दो संख्याओं को परस्पर बदलना होगा?
SSC CGL (Tier-I) 5/12/2022 Shift-I

$(6)^2 - 20 + (28 \div 7) - [(\sqrt{4}) \times 8] + (2)^2 = 40$
(a) 6 और 8 (b) 20 और 8
(c) 7 और 2 (d) 2 और 8

133. निम्नलिखित समीकरण को सन्तुलित करने के लिए विकल्पों में दी गई किन दो संख्याओं को परस्पर बदलना होगा?
SSC CGL (Tier-I) 3/12/2022 Shift-IV

$54 - (3 \times 12) \div (8)^{\frac{1}{3}} + (11 \times 4) + 6 = 69$
(a) 11 और 6 (b) 4 और 12
(c) 6 और 4 (d) 3 और 4

134. विकल्पों में से गणितीय चिह्नों के उस सही संयोजन का चयन कीजिए, जिसे नीचे दिए गए समीकरण में * चिह्नों के स्थान पर रखने से समीकरण सन्तुलित हो जाएगा।
SSC CGL (Tier-I) 3/12/2022 Shift-IV

66 * 6 * 12 *3 * 15 = 12
(a) ÷, ×, +, – (b) ×, –, ÷, +
(c) +, –, ÷, × (d) ÷, –, ×, +

135. गणितीय चिह्नों के उस सही संयोजन का चयन करें, जिसे क्रमिक रूप से * चिह्नों के स्थान पर रखने पर दिया गया समीकरण सन्तुलित हो जाएगा। SSC CGL (Tier-I) 3/12/2022 Shift-III

25 * 4 * 6 * 2 * 17
(a) +, –, ×, = (b) –, +, ×, =
(c) +, –, ÷, = (d) +, –, =, +

136. दिए गए दो चिह्नों तथा संख्याओं को आपस में परस्पर बदलने पर, निम्नलिखित में से कौन-सा समीकरण सन्तुलित हो जाएगा?
SSC CGL (Tier-I) 3/12/2022 Shift-II

× तथा +, 6 तथा 4
(a) $3 \times 9 - 4 \div 2 + 6 = 8$
(b) $7 \times 6 - 4 + 9 \div 3 = -7$
(c) $8 - 3 \times 6 + 4 \div 1 = 18$
(d) $8 \times 6 + 4 \div 2 - 5 = -5$

137. गणितीय चिह्नों के उस सही संयोजन का चयन करें जिसे क्रमिक रूप से * चिह्नों के स्थान पर रखने पर दिया गया समीकरण सन्तुलित हो जाएगा। SSC CGL (Tier-I) 3/12/2022 Shift-I

20*2*50*5*115
(a) –, ×, +, = (b) –, ×, =, +
(c) +, ×, –, = (d) +, ×, =, –

138. दिए गए दो चिह्नों को आपस में परस्पर बदलने पर, निम्नलिखित में से कौन-सा समीकरण सन्तुलित नहीं होगा?
SSC CGL (Tier-I) 2/12/2022 Shift-IV

– तथा ÷
(a) $12 - 4 + 11 \times 3 \div 8 = 28$
(b) $20 \times 8 - 4 \div 2 + 7 = 50$
(c) $35 - 5 + 8 \div 4 \times 3 = 3$
(d) $10 + 8 \times 6 - 4 \div 2 = 20$

139. गणितीय चिह्नों के उस सही संयोजन का चयन करें, जिसे क्रमिक रूप से * चिह्नों के स्थान पर रखने पर, दिया गया समीकरण सन्तुलित हो जाएगा। **SSC CGL (Tier-I) 2/12/2022 Shift-IV**

25*5*10*2*13

(a) ÷, −, +, = (b) ÷, ×, −, =
(c) ×, +, −, = (d) ÷, +, − =

140. दिए गए दो चिह्नों को आपस में परस्पर बदलने पर निम्नलिखित में से कौन-सा समीकरण सही नहीं होगा? **SSC CGL (Tier-I) 2/12/2022 Shift-III**

+ तथा −

(a) $4 \times 6 + 7 - 3 \div 1 = 20$
(b) $18 + 8 \times 6 \div 3 - 11 = 13$
(c) $6 \times 9 + 7 - 8 \div 2 = 51$
(d) $18 \div 3 + 8 \times 5 - 4 = 30$

141. दिए गए दो चिह्नों तथा संख्याओं को आपस में परस्पर बदलने पर, निम्नलिखित में से कौन-सा समीकरण सही हो जाएगा? **SSC CGL (Tier-I) 2/12/2022 Shift-III**

+ तथा −, 2 तथा 4

(a) $5 + 7 \times 4 - 8 \div 2 = 5$
(b) $7 \times 4 - 2 \div 1 + 5 = 13$
(c) $7 - 8 \div 2 + 16 \times 4 = 18$
(d) $9 - 5 \div 4 \times 2 + 8 = 80$

142. दिए गए दो चिह्नों तथा संख्याओं को आपस में परस्पर बदलने पर, निम्नलिखित में से कौन-सा समीकरण सही हो जाएगा? **SSC CGL (Tier-I) 2/12/2022 Shift-II**

× तथा +, 9 तथा 6

(a) $9 \times 7 + 4 \div 1 - 6 = 7$
(b) $7 \times 6 \div 3 + 9 - 8 = 17$
(c) $6 \times 8 - 9 \div 3 + 5 = 50$
(d) $7 + 6 \times 4 \div 9 - 8 = 8$

143. दी गई दो संख्याओं तथा दो चिह्नों को आपस में परस्पर बदलने के पश्चात् क्रमशः समीकरण (I) तथा (II) के मान क्या होंगे? **SSC CGL (Tier-I) 2/12/2022 Shift-II**

+ तथा ×, 5 तथा 4

I. $4 + 6 \times 5 - 7 \div 1$
II. $5 \times 3 - 4 + 8 \div 2$

(a) 20, 6 (b) 30, − 13
(c) 27, − 13 (d) − 9, − 8

144. दिए गए दो चिह्नों तथा संख्याओं को आपस में परस्पर बदलने पर, निम्नलिखित में से कौन-सा समीकरण सन्तुलित हो जाएगा? **SSC CGL (Tier-I) 2/12/2022 Shift-I**

× तथा ÷, 7 तथा 9

(a) $9 + 4 \times 3 - 7 \div 1 = 40$
(b) $9 \times 3 + 4 \div 2 - 7 = 18$
(c) $8 \times 3 \div 6 + 9 - 7 = 14$
(d) $9 - 7 \times 2 + 6 \div 3 = 11$

145. दिए गए दो चिह्नों तथा संख्याओं को परस्पर बदलने पर, निम्नलिखित में से कौन-सा समीकरण सन्तुलित नहीं होगा? **SSC CGL (Tier-I) 1/12/2022 Shift-IV**

× तथा −, 8 तथा 4

I. $4 + 3 \times 8 - 2 \div 1 = 3$
II. $8 \times 2 - 4 + 6 \div 2 = 11$

(a) I तथा II दोनों (b) केवल I
(c) केवल II (d) न ही I न ही II

146. गणितीय चिह्नों के उस सही संयोजन का चयन कीजिए, जिसे क्रमिक रूप से ङ के स्थान पर रखने पर दिया गया समीकरण सन्तुलित हो जाएगा। **SSC CGL (Tier-I) 1/12/2022 Shift-IV**

35 * 5 * 7 * 2 * 19 = 42

(a) ÷, ×, −, − (b) ÷, ×, +, +
(c) +, −, +, − (d) ×, ÷, −, +

147. निम्नलिखित समीकरण को सन्तुलित करने के लिए, विकल्पों में दी गई किन दो संख्याओं को परस्पर बदलना होगा? **SSC CGL (Tier-I) 1/12/2022 Shift-III**

$(6)^3 \div 12 + [\sqrt{81} \times 4] - (28 \div 2) + 24 = 43$

(a) 12 और 24 (b) 28 और 24
(c) 81 और 4 (d) 6 और 24

148. दी गई दो संख्याओं को आपस में परस्पर बदलने पर, निम्नलिखित में से कौन-सा समीकरण सही नहीं होगा? **SSC CGL (Tier-I) 1/12/2022 Shift-III**

3 तथा 8

(a) $6 \div 2 \times 8 + 3 - 1 = 17$
(b) $8 - 3 + 6 \times 2 \div 4 = -2$
(c) $7 + 3 - 4 \div 2 \times 8 = 9$
(d) $2 + 3 - 6 \div 2 \times 8 = 1$

149. निम्नलिखित में से कौन-से अंकों और गणितीय चिह्नों को एक-दूसरे के स्थान पर रखने पर समीकरण सही (सन्तुलित) हो जाएगा? **SSC CGL (Tier-I) 1/12/2022 Shift-II**

$30 \div 6 \times 4 + 15 - 35 = 25$

(a) 4 और 6, + और −
(b) 25 और 35, × और ÷
(c) 30 और 35, − और ÷
(d) 25 और 30, × और −

150. यदि '+' का अर्थ '÷' है, '−' का अर्थ '+' है, '×' का अर्थ '−' है और '÷' का अर्थ '×' है, तो निम्नलिखित व्यंजक का मान क्या होगा? **SSC CGL (Tier-I) 1/12/2022 Shift-II**

$[\{(38 \times 23) - (4 \div 3)\} + (6 - 3)] \div 2$

(a) 8 (b) 6 (c) 3 (d) 12

151. गणितीय चिह्नों के उस सही संयोजन का चयन करें, जिसे क्रमिक रूप से * चिह्नों के स्थान पर रखने पर दिया गया समीकरण सन्तुलित हो जाएगा। **SSC CGL (Tier-I) 1/12/2022 Shift-I**

12 * 24 * 4 * 2 * 60

(a) +, ×, −, = (b) +, ÷, ×, =
(c) −, ×, +, = (d) +, ×, ÷, =

152. दी गई दो संख्याओं तथा दो चिह्नों को आपस में परस्पर बदलने के पश्चात् क्रमशः समीकरण (I) तथा (II) के मान क्या होंगे? **SSC CGL (Tier-I) 1/12/2022 Shift-I**

× तथा +, 3 तथा 9

I. $7 \times 9 - 8 \div 2 + 3$
II. $4 \times 9 - 3 + 8 \div 2$

(a) 0, 1 (b) 12, 13
(c) 6, 0 (d) − 26, − 29

SSC CGL 2021 & 2020 (Tier I)

153. गणितीय चिह्नों का वह सही संयोजन चुनें, जिसे क्रमिक रूप से * चिह्नों के स्थान पर रखने से समीकरण सन्तुलित हो जाएगा। **SSC CGL (Tier-I) 24/8/2021 Shift-III**

512 * 32 * 9 * 100 * 6 * 25 * 2

(a) +, ×, ÷, =, −, × (b) ÷, ×, +, −, =, ×
(c) ÷, ×, −, +, =, × (d) ÷, ×, +, =, −, ×

154. निम्नलिखित समीकरण को सन्तुलित करने के लिए किन दो चिह्नों का स्थान परस्पर बदल दिया जाना चाहिए? **SSC CGL (Tier-I) 24/8/2021 Shift-I**

$156 - 13 + 9 \times 18 \div 5 = 169$

(a) × और − (b) × और ÷
(c) ÷ और − (d) ÷ और +

155. गणितीय चिह्नों का वह सही संयोजन चुनें, जिसे क्रमिक रूप से * चिह्नों के स्थान पर रखने से समीकरण सन्तुलित हो जाएगा। **SSC CGL (Tier-I) 23/8/2021 Shift-I**

25*7*40*20*4*210

(a) ×, +, −, ÷, = (b) ×, −, +, ÷, =
(c) −, + =, ÷, × (d) +, −, =, ÷, ×

156. गणितीय चिह्नों का वह सही संयोजन चुनें, जिसे क्रमिक रूप से * चिह्नों के स्थान पर रखने से समीकरण सन्तुलित हो जाएगा। **SSC CGL (Tier-I) 20/8/2021 Shift-I**

45 * 24 * 72 * 20 * 12 * 7

(a) =, ×, +, ÷, − (b) ×, ÷, =, −, +
(c) ÷, ×, +, −, = (d) +, ÷, −, =, ×

157. गणितीय चिह्नों का वह सही संयोजन चुनें जिसे क्रमिक रूप से * चिह्नों के स्थान पर रखने से समीकरण सन्तुलित हो जाएगा। **SSC CGL (Tier-I) 18/8/2021 Shift-III**

483 * 23 * 93 * 16 * 4 * 50

(a) ÷, −, + ×, = (b) ÷, +, −, ×, =
(c) ÷, +, − , =, × (d) +, ÷, −, ×, =

158. गणितीय चिह्नों का वह सही संयोजन चुनें, जिसे क्रमिक रूप से * चिह्नों के स्थान पर रखने से समीकरण सन्तुलित हो जाएगा। **SSC CGL (Tier-I) 17/8/2021 Shift-III**

48*12*8*15*3*44

(a) ÷, ×, +, −, = (b) ×, ÷, =, −, +
(c) =, ×, +, ÷, − (d) +, ÷, −, =, ×

159. किन दो संख्याओं का स्थान परस्पर बदलने से दिया गया समीकरण सही हो जाएगा? **SSC CGL (Tier-I) 16/8/2021 Shift-I**

$36 \times 81 \div 9 - (88 \div 4) + 14 + (22 + 7) = 169$

(a) 9 और 36 (b) 81 और 36
(c) 14 और 22 (d) 14 और 36

160. यदि 'A' का अर्थ '–' है, 'B' का अर्थ '×' है, 'C' का अर्थ '+' है और 'D' का अर्थ '÷' है, तो निम्नलिखित व्यंजक का मान क्या है?
SSC CGL (Tier-I) 7/3/2020 Shift-II

27 A 8 B 5 C (11 C 3) B 5 C 36 D 6

(a) 20 (b) 63 (c) 60 (d) 24

161. '=' चिह्न के दोनों ओर दिए गए दोनों व्यंजकों का मान तब बराबर होगा जब उनमें किसी एक ओर या दोनों ओर की दो संख्याओं को आपस में बदला जाएगा। दिए गए विकल्पों में से आपस में बदली जाने वाली सही संख्याओं का चयन करें। **SSC CGL (Tier-I) 6/3/2020 Shift-II**

$4 + 6 \times 7 - 27 \div 3 = 7 \times 8 - 4 + 39 \div 3$

(a) 8, 7 (b) 3, 4 (c) 6, 4 (d) 6, 8

162. किन दो चिह्नों और दो संख्याओं को आपस में बदला जाना चाहिए कि दिया गया समीकरण सन्तुलित हो जाए?
SSC CGL (Tier-I) 5/3/2020 Shift-III

$11 \times 7 \div 35 - 64 + 56 = 47$

(a) × और ÷ ; 35 और 56
(b) × और ÷ ; 35 और 11
(c) + और – ; 35 और 11
(d) + और – ; 7 और 11

163. '=' चिह्न के दोनों ओर दिए गए दोनों व्यंजकों का मान तब बराबर होगा जब उनमें किसी एक ओर या दोनों ओर की दो संख्याओं को आपस में बदला जाएगा। दिए गए विकल्पों में से आपस में बदली जाने वाली सही संख्याओं का चयन करें। **SSC CGL (Tier-I) 5/3/2020 Shift-I**

$3 + 5 \times 4 - 24 \div 3 = 7 \times 4 - 3 + 36 \div 6$

(a) 4, 7 (b) 24, 36 (c) 5, 7 (d) 6, 3

SSC CPO SI 2024

164. यदि 'I' का अर्थ '×' है, 'J' का अर्थ '+' है, 'K' का अर्थ '÷' है और L का अर्थ है '–' , तो निम्नलिखित समीकरण में प्रश्नचिह्न (?) के स्थान पर क्या आएगा?
SSC CPO 29/06/2024 Shift-III

(40 J 32 K4) I 5 L 155 J719 =?

(a) 156 (b) 148 (c) 134 (d) 126

165. गणितीय चिह्नों का निम्नलिखित में से कौन-सा परस्पर विनिमय दिए गए समीकरण को सही (सन्तुलित) कर देगा?
SSC CPO 29/06/2024 Shift-III

$3 - 15 + 10 \div 2 \times 7 = 43$

(a) ÷ और × (b) – और ×
(c) – और + (d) + और ×

166. यदि + का अर्थ – है, – का अर्थ × है, × का अर्थ ÷ है, ÷ का अर्थ + है, तो दिए गए समीकरण में प्रश्नचिह्न (?) के स्थान पर क्या आएगा? **SSC CPO 29/06/2024 Shift-III**

$180 \times 60 - 33 \div 1 + 50 = ?$

(a) 50 (b) 40 (c) 51 (d) 55

167. दिए गए समीकरण को सही बनाने के लिए कौन-से दो चिह्नों को परस्पर बदलना चाहिए?
SSC CPO 29/06/2024 Shift-III

$30 + 3 \times 990 - 11 \div 63 = 237$

(a) + और – (b) – और ×
(c) ÷ और – (d) × और +

168. यदि 'A' का अर्थ '+' है, 'B' का अर्थ '–' है, 'C' का अर्थ '×' है और 'D' का अर्थ '÷' है, तो निम्नलिखित समीकरण में प्रश्नचिह्न (?) के स्थान पर क्या आएगा?
SSC CPO 29/06/2024 Shift-II

80 B 12 C 5 A 27 D 9 = ?

(a) 19 (b) 23 (c) 25 (d) 27

169. निम्नलिखित समीकरण में '?' के स्थान पर क्या आएगा, यदि '+' और '–' को आपस में बदल दिया जाए तथा '×' और '÷' को भी आपस में बदल दिया जाए? **SSC CPO 29/06/2024 Shift-II**

$11 \div 12 - 78 \times 6 + 54 = ?$

(a) 91 (b) 104 (c) 86 (d) 99

170. यदि 'A' का अर्थ '÷' है 'B' का अर्थ '×' है, 'C' का अर्थ '+' है और 'D' का अर्थ '–' है तो निम्नलिखित समीकरण में प्रश्नचिह्न (?) के स्थान पर क्या आएगा?
SSC CPO 29/06/2024 Shift-II

96 A 4 D 5 B 7 C 20 = ?

(a) 2 (b) 4 (c) 7 (d) 9

171. यदि + और – को आपस में बदल दिया जाए, तो प्रश्नवाचक चिह्न (?) के स्थान पर क्या आएगा? **SSC CPO 29/06/2024 Shift-II**

$8 - 3 \times 4 + 16 \div 2 = ?$

(a) 14 (b) 10 (c) 12 (d) 11

172. यदि 'A' का अर्थ '÷' है, 'B' का अर्थ '×' है, 'C' का अर्थ '+' है और 'D' का अर्थ '–' है, तो निम्नलिखित समीकरण में प्रश्नचिह्न (?) के स्थान पर क्या आएगा?
SSC CPO 29/06/2024 Shift-I

228 B 5 C 89 D 328 A4 = ?

(a) 1474 (b) 1174 (c) 1774 (d) 1147

173. यदि '+' का अर्थ '–' है, '–' का अर्थ '×' है, '×' का अर्थ '÷' है और '÷' का अर्थ '+' है, तो निम्नलिखित समीकरण में '?' के स्थान पर क्या आएगा? **SSC CPO 29/06/2024 Shift-I**

$59 \div 6 - 28 \times 7 + 30 = ?$

(a) 58 (b) 53
(c) 49 (d) 67

174. यदि + का अर्थ – है, – का अर्थ × है, × का अर्थ ÷ है, ÷ का अर्थ + है, तो दिए गए समीकरण में प्रश्नचिह्न (?) के स्थान पर क्या आएगा? **SSC CPO 29/06/2024 Shift-I**

$300 - 12 \times 120 \div 9 + 32 = ?$

(a) 10 (b) 12
(c) 7 (d) 5

175. यदि '+' का अर्थ '–' हो, '–' का अर्थ '×' हो, '×' का अर्थ '÷' हो, '÷' का अर्थ '+' हो तो निम्नलिखित समीकरण में प्रश्नचिह्न (?) के स्थान पर क्या आएगा?
SSC CPO 29/06/2024 Shift-I

$42 \times 3 - 16 \div 9 + 11 = ?$

(a) 227 (b) 240
(c) 222 (d) 232

176. यदि 'A' का अर्थ '÷' है, 'B' का अर्थ '×' है, 'C' का अर्थ '+' है और 'D' का अर्थ '–' है, तो निम्नलिखित समीकरण में प्रश्नचिह्न (?) के स्थान पर क्या आएगा?
SSC CPO 28/06/2024 Shift-III

8 B 9 C 49 A 7 D 25 = ?

(a) 62 (b) 25
(c) 57 (d) 54

177. यदि 'A' का अर्थ '+' है, 'B' का अर्थ '–' है, 'C' का अर्थ '×' है और D का अर्थ ÷ है, तो निम्नलिखित समीकरण में प्रश्नचिह्न (?) के स्थान पर क्या आएगा?
SSC CPO 28/06/2024 Shift-III

6 C 7 C 8 B 71 A 11 B 32 C 2 = ?

(a) 228 (b) 192
(c) 198 (d) 212

178. निम्नलिखित समीकरण को सही करने (सन्तुलित करने) के लिए किन दो गणितीय चिह्नों को आपस में बदलना होगा?
SSC CPO 28/06/2024 Shift-III

$6 + 3 \times 8 - 12 \div 4 = 4$

(a) + और ÷
(b) ÷ और ×
(c) ÷ और –
(d) – और +

179. यदि 'A' का अर्थ '÷' है, 'B' का अर्थ '×' है, 'C' का अर्थ '+' है और 'D' का अर्थ '–' है, तो निम्नलिखित समीकरण में प्रश्नचिह्न के स्थान पर क्या आएगा? **SSC CPO 28/06/2024 Shift-III**

8 B 9 C 49 A 7 D 25 = ?

(a) 52 (b) 44 (c) 56 (d) 54

180. दिए गए समीकरण को सही बनाने के लिए कौन-से दो चिह्नों को परस्पर बदलना चाहिए?
SSC CPO 28/06/2024 Shift-III

$16 \times 121 \div 11 + 4 - 10 = 50$

(a) + और – (b) – और ÷
(c) + और × (d) ÷ और +

181. यदि 'A' का अर्थ '+' है, 'B' का अर्थ '–' है, 'C' का अर्थ '×' है और D का अर्थ ÷ है, तो निम्नलिखित समीकरण में प्रश्नचिह्न (?) के स्थान पर क्या आएगा?
SSC CPO 28/06/2024 Shift-III

74 A (17 C 2 B 24) D 2 A 16 C 3 B 8 = ?

(a) 128 (b) 134
(c) 119 (d) 109

182. नीचे दी गई समीकरण को सही करने के लिए किन दो संख्याओं को आपस में बदलना चाहिए? SSC CPO 28/06/2024 Shift-II

$71+32\times2-63\div7+\left[(81)^{\frac{1}{4}}\right]\times3-22=113$

(a) 2 और 3 (b) 32 और 22
(c) 3 और 7 (d) 71 और 22

183. निम्नलिखित समीकरण में '?' के स्थान पर क्या आएगा, यदि '+' और '–' को आपस में बदल दिया जाए तथा '×' और '÷' को भी आपस में बदल दिया जाए? SSC CPO 28/06/2024 Shift-II

53 – 48 × 6 ÷ 9 + 11 = ?

(a) 129 (b) 107 (c) 101 (d) 114

184. यदि 'A' का अर्थ '÷' है, 'B' का अर्थ '×' है, 'C' का अर्थ '+' है और 'D' का अर्थ '–' है, तो निम्नलिखित समीकरण में प्रश्नचिह्न (?) के स्थान पर क्या आएगा? SSC CPO 28/06/2024 Shift-II

342 A 2 C 125 B 1 D 43 = ?

(a) 251 (b) 250 (c) 252 (d) 253

185. यदि '+' का अर्थ '–' है, '–' का अर्थ '×' है, '×' का अर्थ '÷' है, '÷' का अर्थ '+' है, तो दिए गए समीकरण में प्रश्नचिह्न (?) के स्थान पर क्या आएगा? SSC CPO 28/06/2024 Shift-I

180 × 60 – 30 ÷ 30 + 20 = ?

(a) 160 (b) 100 (c) 199 (d) 200

186. यदि 'A' का अर्थ '+' है, 'B' का अर्थ '–' है, 'C' का अर्थ '×' है और 'D' का अर्थ '÷' है, तो निम्नलिखित समीकरण में प्रश्नचिह्न (?) के स्थान पर क्या आएगा? SSC CPO 28/06/2024 Shift-I

29 A 37 B 14 C 3 A (84 D 4) A 46 = ?

(a) 78 (b) 83 (c) 91 (d) 97

187. निम्नलिखित समीकरण को सही करने (सन्तुलित करने) के लिए किन दो गणितीय चिह्नों को आपस में बदलना होगा? SSC CPO 28/06/2024 Shift-I

9 + 6 × 3 – 9 ÷ 1 = 10

(a) ÷ और – (b) × और ÷
(c) ÷ और + (d) – और +

188. गणितीय चिह्नों का निम्नलिखित में से कौन-सा परस्पर विनिमय दिए गए समीकरण को सही (सन्तुलित) कर देगा? SSC CPO 28/06/2024 Shift-I

10 + 23 – 3 × 63 ÷ 7 = 70

(a) – और × (b) + और ×
(c) – और + (d) ÷ और ×

189. यदि 'P' का अर्थ '÷' है, 'Q' का अर्थ '×' है, 'R' का अर्थ '+' है और S का अर्थ '–' है, तो निम्नलिखित समीकरण में प्रश्नचिह्न (?) के स्थान पर क्या आएगा? SSC CPO 27/06/2024 Shift-III

45 R (26 Q2) P 4 R 19 S 32 = ?

(a) 40 (b) 45
(c) 35 (d) 50

190. यदि 'P' का अर्थ '÷' है, Q का अर्थ '×' है 'R' का अर्थ '+' है और S का अर्थ '–' है, तो निम्नलिखित समीकरण में प्रश्नचिह्न (?) के स्थान पर क्या आएगा? SSC CPO 27/06/2024 Shift-III

(121 S 46) R 19 Q5 R 126 P 6 S 38 = ?

(a) 159 (b) 139
(c) 153 (d) 144

191. यदि + और – को आपस में बदल दिया जाए, साथ ही 8 और 6 को भी आपस में बदल दिया जाए, तो प्रश्नवाचक चिह्न (?) के स्थान पर क्या आएगा? SSC CPO 27/06/2024 Shift-III

8 – 6 + 10 = ?

(a) 6 (b) 4 (c) 7 (d) 5

192. यदि 'P' का अर्थ है '÷', 'Q' का अर्थ '×' है, 'R' का अर्थ '+' है और S का अर्थ '–' है, तो निम्नलिखित समीकरण में प्रश्नचिह्न (?) के स्थान पर क्या आएगा? SSC CPO 27/06/2024 Shift-III

[(18S5) Q4] P2 R 22 Q3 S 24 R 9=?

(a) 77 (b) 63 (c) 89 (d) 82

193. यदि + और – को आपस में बदल दिया जाए, साथ ही 5 और 18 को भी आपस में बदल दिया जाए, तो प्रश्नचिह्न (?) के स्थान पर क्या आएगा? SSC CPO 27/06/2024 Shift-II

5 – 18 + 12 = ?

(a) 13 (b) 12 (c) 10 (d) 11

194. गणितीय चिह्नों के उस सही संयोजन का चयन कीजिए, जिसे क्रमिक रूप से * चिह्नों के स्थान पर रखने पर दिया गया समीकरण सन्तुलित हो जाएगा। SSC CPO 27/06/2024 Shift-II

16 * 17 * 14 * 2 * 3 * 251

(a) ×, –, ÷, ×, =
(b) ×, –, +, ×, =
(c) –, –, ÷, ×, =
(d) ×, –, ÷, –, =

195. यदि + का अर्थ – है, – का अर्थ × है, × का अर्थ ÷ है, ÷ का अर्थ + है, तो दिए गए समीकरण में प्रश्नचिह्न (?) के स्थान पर क्या आएगा? SSC CPO 27/06/2024 Shift-II

168 × 14 – 8 + 90 ÷ 4 = ?

(a) 10 (b) 15 (c) 20 (d) 18

196. दिए गए समीकरण को सही बनाने के लिए कौन-से दो चिह्नों को परस्पर बदलना चाहिए? SSC CPO 27/06/2024 Shift-II

5 + 156 – 12 × 15 ÷ 15 = 185

(a) + और × (b) × और –
(c) – और + (d) ÷ और –

197. यदि + का अर्थ × है, – का अर्थ ÷ है, × का अर्थ – है और ÷ का अर्थ + है, तो निम्नलिखित व्यंजक का मान क्या होगा? SSC CPO 27/06/2024 Shift-II

9 + 7 × 15 – 5 ÷ 5 = ?

(a) 55 (b) 52
(c) 60 (d) 65

198. उन गणितीय चिह्नों के सही संयोजन का चयन करें जिन्हें नीचे दिए गए रिक्त स्थानों में क्रमिक रूप से बाएँ से दाएँ रखने पर दिया गया समीकरण संतुलित हो जाएगा। SSC CPO 27/06/2024 Shift-I

6_2_0_8 = 20

(a) –, ×, + (b) +, ×, ÷
(c) +, +, × (d) ×, +, +

199. यदि '+' और '×' को आपस में बदल दिया जाए '–' और '÷' को आपस में बदल दिया जाए, तो निम्नलिखित समीकरण में प्रश्नचिह्न (?) के स्थान पर क्या आएगा? SSC CPO 27/06/2024 Shift-I

14 – 7 × 10 ÷ 1 + 7 = ?

(a) 5 (b) 77
(c) 45 (d) 26

200. गणितीय चिह्नों के उस सही संयोजन का चयन कीजिए जिसे * चिह्नों के स्थान पर रखने पर समीकरण संतुष्ट हो जाएगा। SSC CPO 27/06/2024 Shift-I

10 * 2 * 1 * 8 * 11 * 8

(a) ÷, –, ×, +, = (b) ÷, –, –, +, =
(c) +, –, ×, +, = (d) ÷, –, ×, –, =

201. यदि '+' का अर्थ '–' है, '–' का अर्थ '×' है, '×' का अर्थ '÷' है, '÷' का अर्थ '+' है, तो दिए गए समीकरण में प्रश्नचिह्न (?) के स्थान पर क्या आएगा? SSC CPO 27/06/2024 Shift-I

22 × 11 – 450 ÷ 50 + 500 = ?

(a) 550 (b) 450 (c) 350 (d) 650

202. गणितीय चिह्नों के उस सही संयोजन का चयन कीजिए जिसे * चिह्नों के स्थान पर रखने पर समीकरण संतुष्ट हो जाएगा। SSC CPO 27/06/2024 Shift-I

13 * 7 * 12 * 4 * 15 * 65

(a) –, +, ÷, ×, =
(b) +, ÷, ×, +, =
(c) +, +, ÷, ×, =
(d) +, ×, ÷, ×, =

SSC CPO SI 2023

203. दिए गए समीकरण को सही बनाने के लिए किन दो चिह्नों को आपस में बदला जाना चाहिए? SSC CPO 5/10/2023 Shift-II

42 ÷ 7 + 11 × 87 – 12 = 141

(a) – और × (b) ÷ और –
(c) + और ÷ (d) × और +

204. यदि A का अर्थ '+' हो, B का अर्थ '×' हो, C का अर्थ '–' हो और D का अर्थ '÷' हो, तो निम्नलिखित समीकरण का मान कितना होगा? SSC CPO 5/10/2023 Shift-III

11 B 12 C 144 D 24 A 57 =?

(a) 180 (b) 183 (c) 160 (d) 186

205. दिए गए समीकरण को सही बनाने के लिए किन दो गणितीय चिह्न को आपस में बदला जाना चाहिए? SSC CPO 5/10/2023 Shift-III

$(45 \times 2) \div 15 - (6 \times 3) + 10 - (63 \div 21) = 17$

(a) + और × (b) – और +
(c) × और – (d) ÷ और +

206. यदि M का अर्थ '–' है, N का अर्थ '÷' है, O का अर्थ '×' है और P का अर्थ '+' है, तो निम्नलिखित समीकरण में '?' के स्थान पर क्या आएगा? SSC CPO 5/10/2023 Shift-III

21 O 5 P 69 N 3 P $\sqrt{225}$ M 88 = ?

(a) 55 (b) 50 (c) 61 (d) 65

207. दिए गए समीकरण को सही बनाने के लिए किन दो गणितीय चिह्नों को आपस में बदला जाना चाहिए? SSC CPO 4/10/2023 Shift-II

$15 \times 3 \div 15 - (45 \times 3) - 10 + (13 \div 2) = 76$

(a) ÷ और + (b) ÷ और ×
(c) × और ÷ (d) × और –

208. यदि '+' का अर्थ '–', '–' का अर्थ '×', '×' का अर्थ '÷' और '÷' का अर्थ '+' हो, तो निम्नलिखित समीकरण में प्रश्नचिह्न (?) के स्थान पर क्या आएगा? SSC CPO 4/10/2023 Shift-II

$23 - 5 \div 240 \times 8 + 14 = ?$

(a) 145 (b) 119
(c) 131 (d) 124

209. यदि A का अर्थ '+' है, B का अर्थ '×' है, C का अर्थ '–' है, और D का अर्थ '÷' है, तो निम्नलिखित समीकरण में '?' के स्थान पर क्या आएगा? SSC CPO 3/10/2023 Shift-I

2B ? D 2 = 4 B 32 D 8

(a) 8 (b) 30
(c) 16 (d) 12

210. यदि A का अर्थ '+' है, B का अर्थ है '×' है, C का अर्थ '–' है और D का अर्थ '÷' है, तो निम्नलिखित व्यंजक का मान क्या होगा? SSC CPO 3/10/2023 Shift-I

39 D 13 B 2 C 6 A 8

(a) 9 (b) 12
(c) 10 (d) 8

211. यदि '+' का अर्थ '÷', '–' का अर्थ '+', '×' का अर्थ '–' और '÷' का अर्थ '×' है, तो निम्नलिखित व्यंजक का मान क्या होगा? SSC CPO 3/10/2023 Shift-I

$[\{(14 \times 6) - (4 \div 3)\} + (6 - 4)] \div 3$

(a) 1 (b) 9
(c) 3 (d) 6

212. यदि A का अर्थ '+' है, B का अर्थ '×' है, C का अर्थ '–' है, और D का अर्थ '÷' है, तो निम्नलिखित समीकरण में '?' के स्थान पर क्या आएगा? SSC CPO 3/10/2023 Shift-I

7 A 3 B 24 D 2 = 20 B ? A 3

(a) 7 (b) 14
(c) 20 (d) 2

SSC CPO SI 2022-2020

213. * चिह्नों को क्रमानुसार प्रतिस्थापित करने और दिए गए समीकरण को सन्तुलित करने के लिए गणितीय चिह्नों के सही संयोजन का चयन करें। SSC CPO 11/11/2022

213 * 67 * 119 * (248 * 31) * 169

(a) +, –, =, –, × (b) +, –, +, ÷, =
(c) ×, –, =, +, ÷ (d) –, ÷, =, –, ×

214. * चिह्नों को क्रमानुसार प्रतिस्थापित करने और दिए गए समीकरण को सन्तुलित करने के लिए गणितीय चिह्नों के सही संयोजन का चयन करें। SSC CPO 11/11/2022

(440 * 11) * 85 * 57 * (34 * 3)

(a) ÷, –, =, –, × (b) ÷, ×, =, ÷, +
(c) +, –, =, ÷, + (d) ×, =, –, ÷, +

215. यदि M का अर्थ – है, N का अर्थ ÷ है, O का अर्थ × है और P का अर्थ + है, तो निम्नलिखित समीकरण में (?) के स्थान पर क्या आएगा? SSC CPO 11/11/2022

($\sqrt{169}$ O $\sqrt{25}$)P 48 N 4 M 21 P 32 = ?

(a) 92 (b) 90 (c) 88 (d) 86

216. यदि A का अर्थ '+' है, 'B' का अर्थ '×' है, 'C' का अर्थ '–' है, और 'D' का अर्थ '÷' है, तो निम्नलिखित समीकरण में (?) के स्थान पर क्या आएगा? SSC CPO 11/11/2022

16 D 2 B 9 C 15 A 32 = ?

(a) 89 (b) 99 (c) 97 (d) 93

217. यदि A का अर्थ '+' है, B का अर्थ '×' है, C का अर्थ – है, और D का अर्थ '÷' है, तो निम्नलिखित समीकरण में '?' के स्थान पर क्या आएगा? SSC CPO 10/11/2022

34 A 15 B 3 C 11 B 2 A (51 D 17) = ?

(a) 65 (b) 53 (c) 60 (d) 58

218. यदि I का अर्थ '÷' है, J का अर्थ '×' है, K का अर्थ '–' है और L का अर्थ '+' है, तो निम्नलिखित समीकरण में (?) के स्थान पर क्या आएगा? SSC CPO 10/11/2022

17 J 6 K 21 L 93 I 3 L 35 K 12 = ?

(a) 128 (b) 135
(c) 130 (d) 140

219. यदि A का अर्थ '+' है, B का अर्थ '×' है, C का अर्थ '–' है और D का अर्थ '÷' है, तो निम्नलिखित व्यंजक का मान क्या होगा? SSC CPO 10/11/2022

144 C 8 B 20 A 81 D 3 = ?

(a) 23 (b) 21
(c) 11 (d) 45

220. यदि – का अर्थ + हैं, × का अर्थ ÷ है, ÷ का अर्थ – है, + का अर्थ × है, तो प्रश्नचिह्न (?) के स्थान पर क्या आएगा? SSC CPO 10/11/2022

$76 \times 4 + 13 \div 8 - 3 = ?$

(a) 236 (b) 212 (c) 108 (d) 242

221. यदि '×' का अर्थ 'जोड़', '÷' का अर्थ 'गुणा', '+' का अर्थ 'घटाना' और '–' का अर्थ 'भाग' है, तो निम्न व्यंजक का मान ज्ञात करें। SSC CPO 25/11/2020

$16 - 4 \times 12 \div 3 + 18$

(a) 24 (b) 18 (c) 22 (d) 30

222. गणितीय चिह्नों का वह सही अनुक्रम क्या होगा, जिसे निम्न समीकरण में * के स्थान पर रखने से यह सन्तुलित हो जाएगा। SSC CPO 25/11/2020

24 * 4 * 16 * 4 * 15 = 85

(a) ÷, +, ×, – (b) ÷, –, +, ×
(c) ×, +, ÷, – (d) –, ÷, +, ×

223. निम्न समीकरण की किन दो संख्याओं और किन दो चिह्नों को आपस में बदलने पर यह सन्तुलित हो जाएगा? SSC CPO 25/11/2020

$16 \times 4 + 12 \div 4 - 15 = 59$

(a) 16 और 12, + और –
(b) 4 और 12, × और ÷
(c) 15 और 16, × और +
(d) 12 और 15, ÷ और –

224. यदि 'A' जोड़ को निर्दिष्ट करता है, 'B', '×' को निर्दिष्ट करता है, 'C', '–' को निर्दिष्ट करता है और 'D', '÷' को निर्दिष्ट करता है, तो निम्न व्यंजक का मान ज्ञात करें। SSC CPO 24/11/2020

50 D (2 B 5) A 3 B (15 A 12) C 2 B (18 C 15) = ?

(a) 80 (b) 89 (c) 54 (d) 127

225. यदि 'A', 'जोड़' को दर्शाता है, 'B', 'गुणा' को दर्शाता है, 'C', 'घटाना' को दर्शाता है और 'D', 'भाग' को दर्शाता है, तो निम्न व्यंजक का मान ज्ञात करें। SSC CPO 23/11/2020

35 B 2 A 5 B (40 C 37) A (8 B 4) D 16 C 14 = ?

(a) 66 (b) 73 (c) 54 (d) 56

SSC CHSL 2024 (Tier I & II)

226. यदि निम्नलिखित समीकरण में '+' और '–' को आपस में बदल दिया जाए और '×' और '÷' को आपस में बदल दिया जाए, तो इसमें प्रश्नचिह्न (?) के स्थान पर क्या आएगा? SSC CHSL (Tier -II) 18/11/2024 Shift I

$21 - 7 \div 144 \times 3 + 18 = ?$

(a) 342 (b) 339 (c) 330 (d) 323

227. यदि 'A' का अर्थ '÷', 'B' का अर्थ '×', 'C' का अर्थ '+' और 'D' का अर्थ '–' है, तो निम्नलिखित में से किसका परिणाम 421 होगा?
SSC CHSL (Tier-I) 11/07/2024 Shift-IV
(a) 63 A 7 D 125 B 5 C 5
(b) 63 B 7 D 125 A 5 C 5
(c) 63 B 7 A 125 D 5 C 5
(d) 63 C 7 D 125 A 5 B 5

228. यदि 'A' का अर्थ '÷', 'B' का अर्थ '×', 'C' का अर्थ '+' और 'D' का अर्थ '–' है, तो निम्नलिखित समीकरण में प्रश्नचिह्न (?) के स्थान पर क्या आएगा?
SSC CHSL (Tier-I) 11/07/2024 Shift-III
5 B 5 C 216 A 9 D 3 = ?
(a) 64 (b) 32
(c) 46 (d) 23

229. यदि '+' और '–' को आपस में बदल दिया जाए तथा '×' और '÷' को आपस में बदल दिया जाए, तो निम्नलिखित समीकरण में प्रश्नचिह्न (?) के स्थान पर क्या आएगा?
SSC CHSL (Tier-I) 11/07/2024 Shift-III
$17 \div 4 - 28 + 125 \times 5 = ?$
(a) 72 (b) 71 (c) 73 (d) 74

230. यदि 'A' का अर्थ '÷', 'B' का अर्थ '×', 'C' का अर्थ '+' और 'D' का अर्थ '–' है, तो निम्नलिखित समीकरण में प्रश्नचिह्न (?) के स्थान पर क्या आएगा?
SSC CHSL (Tier-I) 11/07/2024 Shift-II
128 A 4 C 16 B 7 D 5 = ?
(a) 129 (b) 139 (c) 159 (d) 149

231. यदि '+' और '÷' को आपस में बदल दिया जाए तथा '–' और '×' को आपस में बदल दिया जाए, तो निम्नलिखित समीकरण में (?) के स्थान पर क्या आएगा?
SSC CHSL (Tier-I) 11/07/2024 Shift-II
$28 \div 90 + 6 - 5 \times 17 = ?$
(a) 82 (b) 86
(c) 84 (d) 80

232. यदि 'A' का अर्थ '÷', 'B' का अर्थ '×', 'C' का अर्थ '+' और 'D' का अर्थ '–' है, तो निम्नलिखित समीकरण में प्रश्नचिह्न (?) के स्थान पर क्या आएगा? SSC CHSL (Tier-I) 11/07/2024 Shift-I
62 B 2 D 190 A 5 C 7 = ?
(a) 90 (b) 91
(c) 93 (d) 92

233. यदि 'A' का अर्थ '÷', 'B' का अर्थ '×', 'C' का अर्थ '+' और 'D' का अर्थ '–' है, तो निम्नलिखित में से किसका परिणाम 100 होगा? SSC CHSL (Tier-I) 11/07/2024 Shift-I
(a) 15 D 9 B 810 A 9 C 55
(b) 15 C 9 D 810 A 9 B 55
(c) 15 A 9 D 810 B 9 C 55
(d) 15 B 9 D 810 A 9 C 55

234. दिए गए समीकरण को सही बनाने के लिए किन दो संख्याओं को आपस में बदला जाना चाहिए? SSC CHSL (Tier-I) 10/07/2024 Shift-IV
(**ध्यान दें** संख्याओं को आपस में बदला जाना चाहिए और घटक अंकों को नहीं बदला जाना चाहिए। उदाहरण— यदि समीकरण $43\times3+4\div2$ में 2 और 3 को आपस में बदलना है, तो बदला हुआ समीकरण $43\times2+4\div3$ होगा।)
$35+(25\times3-45)\div2+(15\times4)=125$
(a) 15 और 25 (b) 25 और 35
(c) 2 और 15 (d) 35 और 45

235. यदि '+' और '×' को आपस में बदल दिया जाए तथा '–' और '÷' को आपस में बदल दिया जाए, तो निम्नलिखित समीकरण में प्रश्नचिह्न (?) के स्थान पर क्या आएगा?
SSC CHSL (Tier-I) 10/07/2024 Shift-IV
$123-41\times14+2\div7=?$
(a) 24 (b) 22 (c) 20 (d) 23

236. यदि 'A' का अर्थ '÷', 'B' का अर्थ '–', 'C' का अर्थ '×' और 'D' का अर्थ '+' है, तो निम्नलिखित समीकरण में प्रश्नचिह्न (?) के स्थान पर क्या आएगा? SSC CHSL (Tier-I) 10/07/2024 Shift-III
36 B 8 A 56 C 49 D 53 = ?
(a) 82 (b) 30 (c) 53 (d) 46

237. यदि '×' और '÷' को आपस में बदल दिया जाए तो निम्नलिखित समीकरण में (?) के स्थान पर क्या आएगा?
SSC CHSL (Tier-I) 10/07/2024 Shift-III
$45 \times 9 + 23 - 16 \div 7 = ?$
(a) –79 (b) –64 (c) –84 (d) –76

238. यदि 'A' का अर्थ '÷', 'B' का अर्थ '×', 'C' का अर्थ '+' और 'D' का अर्थ '–' है, तो निम्नलिखित समीकरण में प्रश्नचिह्न (?) के स्थान पर क्या आएगा?
SSC CHSL (Tier-I) 10/07/2024 Shift-II
82 B 6 D 114 A 2 C 35 = ?
(a) 460 (b) 480 (c) 450 (d) 470

239. यदि '+' और '–' को आपस में बदल दिया जाए तथा '×' और '÷' को आपस में बदल दिया जाए, तो निम्नलिखित समीकरण में प्रश्नचिह्न (?) के स्थान पर क्या आएगा?
SSC CHSL (Tier-I) 10/07/2024 Shift-II
$204 \times 4 - 9 \div 2 + 6 = ?$
(a) 63 (b) 62 (c) 64 (d) 61

240. यदि 'A' का अर्थ '÷', 'B' का अर्थ '×', 'C' का अर्थ '+' और 'D' का अर्थ '–' है, तो निम्नलिखित में से किसका परिणाम 218 होगा? SSC CHSL (Tier-I) 10/07/2024 Shift-I
(a) 32 C 8 D 160 A 2 B 42
(b) 32 A 8 D 160 B 2 C 42
(c) 32 B 8 D 160 C 2 A 42
(d) 32 B 8 D 160 A 2 C 42

241. यदि 'A' का अर्थ '÷', 'B' का अर्थ '×', 'C' का अर्थ '+' और 'D' का अर्थ '–' है, तो निम्नलिखित समीकरण में प्रश्नचिह्न (?) के स्थान पर क्या आएगा?
SSC CHSL (Tier-I) 10/07/2024 Shift-I
14 B 11 D 22 C 328 A 8 = ?
(a) 173 (b) 153 (c) 163 (d) 133

242. यदि '+' और '–' को आपस में बदल दिया जाए तथा '×' और '÷' को आपस में बदल दिया जाए, तो निम्नलिखित समीकरण में प्रश्नचिह्न (?) के स्थान पर क्या आएगा?
SSC CHSL (Tier-I) 09/07/2024 Shift-IV
$14-15\div2+56\times14=?$
(a) 40 (b) 30 (c) 35 (d) 45

243. यदि 'A' का अर्थ '÷', 'B' का अर्थ '×', 'C' का अर्थ '+' और 'D' का अर्थ '–' है, तो निम्नलिखित समीकरण में प्रश्नचिह्न (?) के स्थान पर क्या आएगा?
SSC CHSL (Tier-I) 09/07/2024 Shift-III
222 A 2 C 7 B 3 D 11 = ?
(a) 141 (b) 121 (c) 131 (d) 111

244. दिए गए समीकरण को सही बनाने के लिए किन दो संख्याओं को आपस में बदला जाना चाहिए? SSC CHSL (Tier-I) 09/07/2024 Shift-III
(**ध्यान दें** संख्याओं को आपस में बदला जाना चाहिए और घटक अंकों को नहीं बदला जाना चाहिए। उदाहरण—यदि समीकरण $43 \times 3 + 4 \div 2$ में 2 और 3 को आपस में बदलना है, तो बदला हुआ समीकरण $43 \times 2 + 4 \div 3$ होगा)
$29 + 46 - (48 \div 4) + (7 \times 3) - 26 = 61$
(a) 26 और 29 (b) 4 और 3
(c) 46 और 48 (d) 46 और 26

245. यदि '+' और '–' को आपस में बदल दिया जाए तथा '×' और '÷' को आपस में बदल दिया जाए, तो निम्नलिखित समीकरण में प्रश्नचिह्न (?) के स्थान पर क्या आएगा?
SSC CHSL (Tier-I) 09/07/2024 Shift-II
$216 \times 9 + 52 - 7 \div 7 = ?$
(a) 22 (b) 19 (c) 21 (d) 20

246. यदि '+' और '×' को आपस में बदल दिया जाए तथा '–' और '÷' को आपस में बदल दिया जाए, तो निम्नलिखित समीकरण में प्रश्नचिह्न (?) के स्थान पर क्या आएगा?
SSC CHSL (Tier-I) 09/07/2024 Shift-II
$98-14\times11+6\div23=?$
(a) 52 (b) 50
(c) 55 (d) 56

247. यदि '+' और '–' को आपस में बदल दिया जाए तथा '×' और '÷' को आपस में बदल दिया जाए, तो निम्नलिखित समीकरण में प्रश्नचिह्न (?) के स्थान पर क्या आएगा?
SSC CHSL (Tier-I) 09/07/2024 Shift-I
$20-80\times16\div5+15=?$
(a) 30 (b) 36 (c) 32 (d) 25

248. यदि 'Y' का अर्थ '÷', 'N' का अर्थ '×', 'M' का अर्थ '+' और 'G' का अर्थ '–' हैं, तो निम्नलिखित समीकरण में प्रश्नचिह्न (?) के स्थान पर क्या आएगा?
SSC CHSL (Tier-I) 09/07/2024 Shift-I
100 N 80 G 40 Y 20 M 10 = ?
(a) 987 (b) 8008
(c) 8976 (d) 5776

249. दिए गए समीकरण को सही बनाने के लिए किन दो संख्याओं को आपस में बदला जाना चाहिए? **SSC CHSL (Tier-I) 08/07/2024 Shift-IV**
$79 - 43 + (23 + 75) \times 3 - (30 \div 15) \times 4 = 175$
(**ध्यान दें** संख्याओं को आपस में बदला जाना चाहिए और घटक अंकों को नहीं बदला जाना चाहिए। उदाहरण यदि समीकरण $43 \times 3 + 4 \div 2$ में 2 और 3 को आपस में बदलना है, तो बदला हुआ समीकरण $43 \times 2 + 4 \div 3$ होगा।)
(a) 23 और 43 (b) 75 और 79
(c) 3 और 4 (d) 75 और 30

250. यदि '+' और '–' को आपस में बदल दिया जाए तथा '×' और '÷' को आपस में बदल दिया जाए, तो निम्नलिखित समीकरण में प्रश्नचिह्न (?) के स्थान पर क्या आएगा?
SSC CHSL (Tier-I) 08/07/2024 Shift-III
$61 + 80 - 48 \times 3 \div 5 = ?$
(a) 63 (b) 62 (c) 61 (d) 60

251. यदि 'A' का अर्थ '÷', 'B' का अर्थ '×', 'C' का अर्थ '+' और 'D' का अर्थ '–' है, तो निम्नलिखित समीकरण में प्रश्नचिह्न (?) के स्थान पर क्या आएगा?
SSC CHSL (Tier-I) 08/07/2024 Shift-III
45 B 6 D 78 A 3 C 15 = ?
(a) 258 (b) 256
(c) 257 (d) 259

252. यदि 'A' का अर्थ '÷', 'B' का अर्थ '×', 'C' का अर्थ '+' और 'D' का अर्थ '–' है, तो निम्नलिखित समीकरण में प्रश्नचिह्न (?) के स्थान पर क्या आएगा?
SSC CHSL (Tier-I) 08/07/2024 Shift-II
91 B 2 D 22 A 11 C 8 = ?
(a) 148 (b) 188
(c) 128 (d) 168

253. यदि 'A' का अर्थ '÷', 'B' का अर्थ '×', 'C' का अर्थ '+' और 'D' का अर्थ '–' है, तो निम्नलिखित में से किसका परिणाम 338 होगा?
SSC CHSL (Tier-I) 08/07/2024 Shift-II
(a) 32 D 11 B 80 A 4 C 6
(b) 32 C 11 D 80 A 4 B 6
(c) 32 A 11 D 80 B 4 C 6
(d) 32 B 11 D 80 A 4 C 6

254. यदि '+' और '÷' को आपस में बदल दिया जाए तथा '–' और '×' को आपस में बदल दिया जाए, तो निम्नलिखित समीकरण में प्रश्नचिह्न (?) के स्थान पर क्या आएगा?
SSC CHSL (Tier-I) 08/07/2024 Shift-I
$44 \div 78 + 6 - 3 \times 19 = ?$
(a) 64 (b) 68
(c) 74 (d) 78

255. यदि '+' और '–' को आपस में बदल दिया जाए तथा '×' और '÷' को आपस में बदल दिया जाए, तो निम्नलिखित समीकरण में (?) के स्थान पर क्या आएगा?
SSC CHSL (Tier-I) 08/07/2024 Shift-I
$18 \div 9 + 24 \times 3 - 16 = ?$
(a) 450 (b) 170
(c) 980 (d) 678

256. यदि 'A' का अर्थ '÷', 'B' का अर्थ '×', 'C' का अर्थ '+' और 'D' का अर्थ '–' है, तो निम्नलिखित समीकरण में प्रश्नचिह्न (?) के स्थान पर क्या आएगा?
SSC CHSL (Tier-I) 08/07/2024 Shift-I
88 B 3 D 12 A 4 C 6 = ?
(a) 267 (b) 265
(c) 268 (d) 264

257. यदि '+' और '–' को आपस में बदल दिया जाए तथा '×' और '÷' को आपस में बदल दिया जाए, तो निम्नलिखित समीकरण में प्रश्नचिह्न (?) के स्थान पर क्या आएगा?
SSC CHSL (Tier-I) 05/07/2024 Shift-IV
$32 \times 8 \div 4 - 6 + 15 = ?$
(a) 5 (b) 15
(c) 7 (d) 13

258. यदि 'A' का अर्थ '÷', 'B' का अर्थ '×', 'C' का अर्थ '+' और 'D' का अर्थ '–' है, तो निम्नलिखित समीकरण में प्रश्नचिह्न (?) के स्थान पर क्या आएगा? **SSC CHSL (Tier-I) 05/07/2024 Shift-III**
28 B 7 D 176 A 8 C 13 = ?
(a) 184 (b) 185
(c) 187 (d) 186

259. यदि '+' और '–' को आपस में बदल दिया जाए तथा '×' और '÷' को आपस में बदल दिया जाए, तो निम्नलिखित समीकरण में प्रश्नचिह्न (?) के स्थान पर क्या आएगा?
SSC CHSL (Tier-I) 05/07/2024 Shift-III
$13 \div 3 + 2 \times 2 - 11 = ?$
(a) 29 (b) 39
(c) 49 (d) 59

260. दिए गए समीकरण को सही बनाने के लिए किन दो संख्याओं को आपस में बदला जाना चाहिए? **SSC CHSL (Tier-I) 05/07/2024 Shift-III**
$136 - (176 \div 11) \times 8 + 22 \times 3 = 105$
(**ध्यान दें** संख्याओं को आपस में बदला जाना चाहिए और घटक अंकों को नहीं बदला जाना चाहिए। उदाहरण यदि समीकरण $43 \times 3 + 4 \div 2$ में 2 और 3 को आपस में बदलना है, तो बदला हुआ समीकरण $43 \times 2 + 4 \div 3$ होगा।)
(a) 8 और 11 (b) 8 और 3
(c) 22 और 176 (d) 11 और 22

261. यदि '+' और '×' को आपस में बदल दिया जाए तथा '–' और '÷' को आपस में बदल दिया जाए, तो निम्नलिखित समीकरण में प्रश्नचिह्न (?) के स्थान पर क्या आएगा?
SSC CHSL (Tier-I) 05/07/2024 Shift-II
$21 - 7 \times 26 + 46 \div 36 = ?$
(a) 8667 (b) 1163
(c) 908 (d) 760

262. यदि 'A' का अर्थ '÷', 'B' का अर्थ '×', 'C' का अर्थ '+' और 'D' का अर्थ '–' है, तो निम्नलिखित समीकरण में प्रश्नचिह्न (?) के स्थान पर क्या आएगा?
SSC CHSL (Tier-I) 05/07/2024 Shift-II
17 C 69 A 3 D 22 B 1 = ?
(a) 16 (b) 18 (c) 14 (d) 12

263. दिए गए समीकरण को सही बनाने के लिए किन दो संख्याओं को आपस में बदला जाना चाहिए? **SSC CHSL (Tier-I) 05/07/2024 Shift-I**
$69 + 15 - (14 \times 4) \div 2 + (48 \div 3) = 58$
(**ध्यान दें** संख्याओं को आपस में बदला जाना चाहिए और घटक अंकों को नहीं बदला जाना चाहिए। उदाहरण—यदि समीकरण $43 \times 2 + 4 \div 2$ में 2 और 3 को आपस में बदलना है, तो बदला हुआ समीकरण $43 \times 2 + 4 \div 3$ होगा।)
(a) 3 और 4 (b) 69 और 48
(c) 48 और 15 (d) 4 और 2

264. दिए गए समीकरण को सही बनाने के लिए किन दो संख्याओं को आपस में बदला जाना चाहिए। **SSC CHSL (Tier-I) 05/07/2024 Shift-I**
(**ध्यान दें** संख्याओं को आपस में बदला जाना चाहिए और घटक अंकों को नहीं बदला जाना चाहिए। उदाहरण—यदि समीकरण $43 \times 3 + 4 \div 2$ में 2 और 3 को आपस में बदलना है, तो बदला हुआ समीकरण $43 \times 2 + 4 \div 3$ होगा।
SSC CHSL (Tier-I) 05/07/2024 Shift-I
$(99 - 42 + 11) + (36 \div 6) \times 7 - 50 = 73$
(a) 42 और 36
(b) 50 और 11
(c) 7 और 11
(d) 50 और 99

265. यदि 'A' का अर्थ '÷', 'B' का अर्थ '×', 'C' का अर्थ '+' और 'D' का अर्थ '–' है, तो निम्नलिखित समीकरण में प्रश्नचिह्न (?) के स्थान पर क्या आएगा?
SSC CHSL (Tier-I) 04/07/2024 Shift-IV
26 B 3 C 5 D 120 A 4 = ?
(a) 51 (b) 57 (c) 55 (d) 53

266. यदि 'A' का अर्थ '÷', 'B' का अर्थ '×' 'C' का अर्थ '+' और 'D' का अर्थ '–' है, तो निम्नलिखित समीकरण में प्रश्नचिह्न (?) के स्थान पर क्या आएगा?

SSC CHSL (Tier-I) 04/07/2024 Shift-III

96 B 3 D 285 A 5 C 11 = ?

(a) 242 (b) 262 (c) 272 (d) 252

267. यदि 'W' का अर्थ '÷', 'Y' का अर्थ '×', 'Z' का अर्थ '+' और 'A' का अर्थ '–' है, तो निम्नलिखित समीकरण में प्रश्नचिह्न (?) के स्थान पर क्या आएगा?

SSC CHSL (Tier-I) 04/07/2024 Shift-III

11 W 11 Y 11 Z 11 A 11 = ?

(a) 22 (b) 11 (c) 21 (d) 42

268. यदि 'A' का अर्थ '÷' 'B' का अर्थ '×', 'C' का अर्थ '+' और 'D' का अर्थ '–' है, तो निम्नलिखित समीकरण में प्रश्नचिह्न (?) के स्थान पर क्या आएगा?

SSC CHSL (Tier-I) 04/07/2024 Shift-II

16 B 8 D 51 A 3 C 57 = ?

(a) 148 (b) 128 (c) 168 (d) 188

269. दिए गए समीकरण को सही बनाने के लिए किन दो संख्याओं को आपस में बदला जाना चाहिए? **SSC CHSL (Tier-I) 04/07/2024 Shift-II**

(**ध्यान दें** संख्याओं को आपस में बदला जाना चाहिए और घटक अंकों को नहीं बदला जाना चाहिए। उदाहरण—यदि समीकरण $43 \times 3 + 4 \div 2$ में 2 और 3 को आपस में बदलना है, तो बदला हुआ समीकरण $43 \times 2 + 4 \div 3$ होगा।)

$17 \times 7 + (21 \div 3) \times 5 - 28 + 34 = 72$

(a) 21 और 28 (b) 7 और 3
(c) 17 और 28 (d) 5 और 7

270. यदि 'J' का अर्थ '÷', 'V' का अर्थ '×', 'K' का अर्थ '+' और 'A' का अर्थ '–' है, तो निम्नलिखित समीकरण में प्रश्नचिह्न (?) के स्थान पर क्या आएगा?

SSC CHSL (Tier-I) 04/07/2024 Shift-I

12 J 2 K 17 A 15 V 19 = ?

(a) –262 (b) – 75 (c) – 76 (d) – 776

271. यदि '+' और '–' को आपस में बदल दिया जाए तथा '×' और '÷' को आपस में बदल दिया जाए, तो निम्नलिखित समीकरण में (?) के स्थान पर क्या आएगा?

SSC CHSL (Tier-I) 03/07/2024 Shift-IV

$105 \div 2 + 4 - 120 \times 6 = ?$

(a) 216 (b) 126
(c) 266 (d) 226

272. यदि '+' और '–' को तथा '×' और '÷' को आपस में बदल दिया जाए, तो निम्नलिखित समीकरण में प्रश्नचिह्न (?) के स्थान पर क्या आएगा? **SSC CHSL (Tier-I) 03/07/2024 Shift-III**

$800 \times 16 - 8 \div 12 + 18 = ?$

(a) 126 (b) 127
(c) 129 (d) 128

273. यदि '+' और '–' को आपस में बदल दिया जाए और '×' और '÷' को आपस में बदल दिया जाए, तो निम्नलिखित समीकरण में प्रश्नचिह्न (?) के स्थान पर क्या आएगा?

SSC CHSL (Tier-I) 03/07/2024 Shift-III

$73 - 27 \times 9 + 5 \div 13 = ?$

(a) 23 (b) 9 (c) 17 (d) 11

274. यदि '+' और '–' को आपस में बदल दिया जाए तथा '×' और '÷' को आपस में बदल दिया जाए, तो निम्नलिखित समीकरण में प्रश्नचिह्न (?) के स्थान पर क्या आएगा?

SSC CHSL (Tier-I) 03/07/2024 Shift-II

$198 \times 9 + 29 - 7 \div 10 = ?$

(a) 62 (b) 63 (c) 60 (d) 61

275. यदि 'Z' का अर्थ '÷', 'H' का अर्थ '×', 'M' का अर्थ '+' और 'T' का अर्थ '–' है, तो निम्नलिखित समीकरण में प्रश्नचिह्न (?) के स्थान पर क्या आएगा? **SSC CHSL (Tier-I) 03/07/2024 Shift-II**

52 M 36 Z 18 T 46 H 19 = ?

(a) – 820 (b) – 898
(c) – 654 (d) – 754

276. यदि '+' और '–' को आपस में बदल दिया जाए तथा '×' और '÷' को आपस में बदल दिया जाए, तो निम्नलिखित समीकरण में प्रश्नचिह्न (?) के स्थान पर क्या आएगा?

SSC CHSL (Tier-I) 03/07/2024 Shift-I

$333 \times 3 + 11 - 5 \div 5 = ?$

(a) 175 (b) 152 (c) 125 (d) 192

277. यदि '+' और '–' को आपस में बदल दिया जाए तथा '×' और '÷' को आपस में बदल दिया जाए, तो निम्नलिखित समीकरण में प्रश्नचिह्न (?) के स्थान पर क्या आएगा?

SSC CHSL (Tier-I) 03/07/2024 Shift-I

$66 \times 11 - 26 + 3 \div 9 = ?$

(a) 15 (b) 8 (c) 11 (d) 5

278. यदि 'A' का अर्थ '÷', 'B' का अर्थ '×', 'C' का अर्थ '+' और 'D' का अर्थ '–' है, तो निम्नलिखित समीकरण में प्रश्नचिह्न (?) के स्थान पर क्या आएगा?

SSC CHSL (Tier-I) 02/07/2024 Shift-IV

11 B 11 D 68 A 4 C 4 = ?

(a) 106 (b) 108 (c) 102 (d) 104

279. यदि 'A' का अर्थ '÷', 'B' का अर्थ '×', 'C' का अर्थ '+' और 'D' का अर्थ '–' है, तो निम्नलिखित समीकरण में प्रश्नचिह्न (?) के स्थान पर क्या आएगा? **SSC CHSL (Tier-I) 02/07/2024 Shift-IV**

95 B 8 D 12 A 2 C 16 = ?

(a) 750 (b) 730
(c) 710 (d) 770

280. यदि 'A' का अर्थ '÷', 'B' का अर्थ '×', 'C' का अर्थ '+' और 'D' का अर्थ '–' है, तो निम्नलिखित में से किसका परिणाम 233 होगा? **SSC CHSL (Tier-I) 02/07/2024 Shift-III**

(a) 21 A 11 D 33 B 11 C 5
(b) 21 C 11 D 33 A 11 B 5
(c) 21 B 11 D 33 A 11 C 5
(d) 21 B 11 A 33 D 11 C 5

281. दिए गए समीकरण को सही बनाने के लिए किन दो संख्याओं को आपस में बदला जाना चाहिए? **SSC CHSL (Tier-I) 02/07/2024 Shift-III**

(**ध्यान दें** संख्याओं को आपस में बदला जाना चाहिए और घटक अंकों को नहीं बदला जाना चाहिए। उदाहरण—यदि समीकरण $43 \times 3 + 4 \div 2$ में 2 और 3 को आपस में बदलना है, तो बदला हुआ समीकरण $43 \times 2 + 4 \div 3$ होगा।)

$8 \times (7 + 5 - 3) + (46 \div 23) \times 6 - 69 = 44$

(a) 3 और 5 (b) 46 और 69
(c) 8 और 6 (d) 6 और 7

282. दिए गए समीकरण को सही बनाने के लिए किन दो संख्याओं को आपस में बदला जाना चाहिए? **SSC CHSL (Tier-I) 02/07/2024 Shift-I**

(**ध्यान दें** संख्याओं को आपस में बदला जाना चाहिए और घटक अंकों को नहीं बदला जाना चाहिए। उदाहरण—यदि समीकरण $43 \times 3 + 4 \div 2$ में 2 और 3 को आपस में बदलना है, तो बदला हुआ समीकरण $43 \times 2 + 4 \div 3$ होगा)

$45 \div 3 + 12 \times 9 - 15 + 2 \times 5 = 36$

(a) 5 और 3 (b) 3 और 9
(c) 12 और 5 (d) 2 और 9

283. यदि 'A' का अर्थ '÷', 'B' का अर्थ '×', 'C' का अर्थ '+' और 'D' का अर्थ '–' है, तो निम्नलिखित में से किसका परिणाम 217 होगा? **SSC CHSL (Tier-I) 01/07/2024 Shift-IV**

(a) 32 A 5 D 10 B 2 C 62
(b) 32 B 5 D 10 A 2 C 62
(c) 32 D 5 B 10 A 2 C 62
(d) 32 B 5 D 10 C 2 A 62

284. यदि '+' और '–' को आपस में बदल दिया जाए तथा '×' और '÷' को आपस में बदल दिया जाए, तो निम्नलिखित समीकरण में प्रश्नचिह्न (?) के स्थान पर क्या आएगा?

SSC CHSL (Tier-I) 01/07/2024 Shift-IV

$209 \div 2 + 14 - 120 \times 3 = ?$

(a) 454 (b) 434
(c) 412 (d) 444

285. यदि '+' और '–' को आपस में बदल दिया जाए तथा '×' और '÷' को आपस में बदल दिया जाए, तो निम्नलिखित समीकरण में प्रश्नचिह्न (?) के स्थान पर क्या आएगा?

SSC CHSL (Tier-I) 01/07/2024 Shift-III

91 × 7 + 27 − 7 ÷ 13 = ?
(a) 66 (b) 88
(c) 99 (d) 77

286. यदि '+' और '×' को आपस में बदल दिया जाए तथा '−' और '÷' को आपस में बदल दिया जाए, तो निम्नलिखित समीकरण में प्रश्नचिह्न (?) के स्थान पर क्या आएगा?
SSC CHSL (Tier-I) 01/07/2024 Shift-III
46 × 17 + 4 ÷ 98 − 7 = ?
(a) 85 (b) 90 (c) 100 (d) 80

287. यदि 'Z' का अर्थ '÷', 'Q' का अर्थ '×', 'H' का अर्थ '+' और 'E' का अर्थ '−' है, तो निम्नलिखित समीकरण में प्रश्नचिह्न (?) के स्थान पर क्या आएगा?
SSC CHSL (Tier-I) 01/07/2024 Shift-II
17 H 23 Q 42 Z 7 E 13 = ?
(a) 785 (b) 975
(c) 688 (d) 142

288. यदि '+' और '÷' को आपस में बदल दिया जाए तथा '×' और '−' को आपस में बदल दिया जाए, तो निम्नलिखित समीकरण में प्रश्नचिह्न (?) के स्थान पर क्या आएगा?
SSC CHSL (Tier-I) 01/07/2024 Shift-II
21 + 3 − 7 ÷ 11 × 4 = ?
(a) 48 (b) 51
(c) 56 (d) 63

289. यदि 'T' का अर्थ '×', 'M' का अर्थ '+', 'K' का अर्थ '÷' और 'G' का अर्थ '−' है, तो निम्नलिखित समीकरण में प्रश्नचिह्न (?) के स्थान पर क्या आएगा?
SSC CHSL (Tier-I) 01/07/2024 Shift-II
100 K 5 M 73 T 48 M 56 G 23 = ?
(a) 3557 (b) 3500
(c) 3575 (d) 3560

290. दिए गए समीकरण को सही बनाने के लिए किन दो संख्याओं को आपस में बदला जाना चाहिए? **SSC CHSL (Tier-I) 01/07/2024 Shift-I**
74 − 52 + (39 ÷ 13) × 16 + (14 ÷ 2) = 106
(**ध्यान दें** संख्याओं को आपस में बदला जाना चाहिए और घटक अंकों को नहीं बदला जाना चाहिए। उदाहरण— यदि समीकरण 43 × 3 + 4 ÷ 2 में 2 और 3 को आपस में बदलना है, तो बदला हुआ समीकरण 43 × 2 + 4 ÷ 3 होगा)
(a) 14 और 52 (b) 14 और 16
(c) 74 और 52 (d) 52 और 39

291. यदि '+' और '−' को आपस में बदल दिया जाए तथा '×' और '÷' को आपस में बदल दिया जाए, तो निम्नलिखित समीकरण में (?) के स्थान पर क्या आएगा?
SSC CHSL (Tier-II) 10/01/2024 Shift-I
617 ÷ 3 − 84 + 515 × 5 = ?
(a) 1836 (b) 1834
(c) 1832 (d) 1838

SSC CHSL 2023 (Tier I & II)

292. यदि '+' और '−' को आपस मे बदल दिया जाए, तथा '×' ओर '÷' को आपस में बदल दिया जाए, तो निम्नलिखित समीकरण में '?' के स्थान पर क्या आएगा?
SSC CHSL (Tier-II) 02/11/2023 Shift-I
292 ÷ 2 − 15 + 164 × 4 = ?
(a) 556 (b) 555 (c) 558 (d) 557

293. यदि '+' और '−' को आपस में बदल दिया जाए तथा '×' और '÷' को आपस में बदल दिया जाए, तो निम्नलिखित समीकरण में (?) के स्थान पर क्या आएगा?
SSC CHSL (Tier-I) 17/08/2023 Shift-I
13 ÷ 145 × 29 − 69 + 27 = ?
(a) 79 (b) 114 (c) 102 (d) 107

294. यदि 'A' का अर्थ '÷', B का अर्थ '×', 'C' का अर्थ '+' और 'D' का अर्थ '−' है, तो निम्नलिखित समीकरण में प्रश्न चिह्न '?' के स्थान पर क्या आएगा?
SSC CHSL (Tier-I) 17/08/2023 Shift-I
13 B 145 A 29 C 69 D 17 = ?
(a) 115 (b) 117 (c) 121 (d) 119

295. यदि '+' और '−' को आपस में बदल दिया जाए और '×' और '÷' को आपस में बदल दिया जाए, तो निम्नलिखित समीकरण में प्रश्न चिह्न (?) के स्थान पर क्या आएगा?
SSC CHSL (Tier-I) 14/08/2023 Shift-IV
11 ÷ 4 + 8 × 2 − 1 = ?
(a) 40 (b) 41 (c) 43 (d) 39

296. यदि 'A' का अर्थ '÷', 'B' का अर्थ '×', 'C' का अर्थ '+', 'D' का अर्थ '−' है, तो निम्नलिखित समीकरण में प्रश्न चिह्न '?' के स्थान पर क्या आएगा?
SSC CHSL (Tier-I) 11/08/2023 Shift-I
37 C 28 B 6 D 322 A 23 = ?
(a) 181 (b) 191 (c) 189 (d) 197

297. यदि 'A' का अर्थ '÷' B का अर्थ '×', 'C' का अर्थ '+', 'D' का अर्थ '−' है, तो निम्नलिखित समीकरण में प्रश्न चिह्न '?' के स्थान पर क्या आएगा? **SSC CHSL (Tier-I) 11/08/2023 Shift-I**
39 A 3 B 11 C 57 D 29 = ?
(a) 174 (b) 171 (c) 169 (d) 166

298. यदि '+' और '−' को आपस में बदल दिया जाए तथा '×' और '÷' को आपस में बदल दिया जाए, तो निम्नलिखित समीकरण में (?) के स्थान पर क्या आएगा?
SSC CHSL (Tier-I) 10/08/2023 Shift-III
6 + 15 × 5 − 4 ÷ 3 = ?
(a) 21 (b) 15 (c) 12 (d) 18

299. निम्नलिखित समीकरण में '?' के स्थान पर क्या आएगा, यदि
SSC CHSL (Tier-I) 09/08/2023 Shift-I
'+' को '−' से बदल दिया जाए
'−' को '÷' से बदल दिया जाए
'÷' को '+' से बदल दिया जाए
'×' को न बदला जाए
120 − 6 + 31 ÷ 8 × 11 = ?
(a) 55 (b) 73
(c) 69 (d) 77

300. यदि '+' और '÷' को आपस में बदल दिया जाए और '×' और '−' को आपस में बदल दिया जाए तो निम्नलिखित समीकरण में प्रश्न चिह्न (?) के स्थान पर क्या आएगा?
SSC CHSL (Tier-I) 08/08/2023 Shift-II
5 − 9 × 8 ÷ 12 + 4 = ?
(a) 23 (b) 40 (c) 27 (d) 12

301. यदि '+' और '−' को आपस में बदल दिया जाए तथा '×' और '÷' को आपस में बदल दिया जाए, तो निम्नलिखित समीकरण में '?' के स्थान पर क्या आएगा?
SSC CHSL (Tier-I) 08/08/2023 Shift-II
71 − 11 × 484 ÷ 88 + 30 = ?
(a) 49 (b) 43 (c) 39 (d) 33

302. यदि '÷' और '×' को आपस में बदल दिया जाए तथा '−' और '+' को आपस में बदल दिया जाए, तो निम्नलिखित समीकरण में ? के स्थान पर क्या जाएगा?
SSC CHSL (Tier-I) 07/08/2023 Shift-IV
58 − 17 ÷ 6 + 322 × 23 = ?
(a) 161 (b) 153 (c) 138 (d) 146

303. यदि 'A' का अर्थ '÷', 'B' का अर्थ '×', 'C' का अर्थ '+' और 'D' का अर्थ '−' है, तो निम्नलिखित समीकरण में प्रश्न चिह्न '?' के स्थान पर क्या आएगा?
SSC CHSL (Tier-I) 04/08/2023 Shift-II
67 C 429 A 11 B 5 D 85 = ?
(a) 126 (b) 262
(c) 110 (d) 177

304. यदि 'A' का अर्थ '÷', 'B' का अर्थ '×', 'C' का अर्थ '÷' और 'D' का अर्थ '−' है, तो निम्नलिखित समीकरण में प्रश्न चिह्न (?) के स्थान पर क्या आएगा? **SSC CHSL (Tier-I) 02/08/2023 Shift-I**
114C85A5B4D33 = ?
(a) 149 (b) 138
(c) 151 (d) 143

305. दिए गए दो चिह्नों को आपस में बदलने पर, निम्नलिखित में से कौन-सा समीकरण सही होगा? **SSC CHSL (Tier-I) 21/03/2023 Shift-II**
× और −
I. 11 + 6 × 8 − 8 ÷ 2 = 15
II. 15 − 4 × 3 + 6 ÷ 1 = 63
(a) न तो I न ही II (b) I और II दोनों
(c) केवल I (d) केवल II

306. दी गई दो संख्याओं (अंकों की नहीं) को आपस में बदलने पर, निम्नलिखित समीकरण का मान क्या होगा?

13 और 11

SSC CHSL (Tier-I) 20/03/2023 Shift-III

$48 \div 6 + 9 - 11 \times 11 + 13$

(a) –121 (b) –113
(c) –141 (d) –137

307. दिए गए समीकरण को सही करने के लिए किन दो संख्याओं (अंकों को नहीं) को आपस में बदलना चाहिए?

SSC CHSL (Tier-I) 17/03/2023 Shift-II

$5 - 6 \div 3 \times 9 + 1 = 0$

(a) 6 और 3 (b) 6 और 9
(c) 5 और 9 (d) 1 और 0

308. यदि 7 @ 3 = 343 और 9 @ 3 = 729, तो 6 @ 3 = ? SSC CHSL (Tier-I) 16/03/2023 Shift-I

(a) 144 (b) 108
(c) 216 (d) 36

309. यदि 13% 27 % 3 = 1053 और 4% 8% 13 = 416, तो 3% 16% 10 = ?

SSC CHSL (Tier-I) 15/03/2023 Shift-IV

(a) 480 (b) 260
(c) 340 (d) 320

310. किन दो संख्याओं (अंकों को नहीं) को आपस में बदलने पर, दिया गया समीकरण सही हो जाएगा? SSC CHSL (Tier-I) 15/03/2023 Shift-IV

$16 + 6 \div 18 - 5 \times 1 = 14$

(a) 5 और 16 (b) 18 और 6
(c) 5 और 14 (d) 14 और 18

311. दिए गए दो चिह्नों को आपस में बदलने पर निम्नलिखित में से कौन-सा समीकरण सही नहीं होगा? SSC CHSL (Tier-I) 14/03/2023 Shift-I

× और +

I. $7 - 6 + 2 \div 1 \times 9 = 2$
II. $16 + 4 - 9 \times 1 \div 3 = 60$

(a) केवल II (b) केवल I
(c) न तो I और न ही II (d) I और II दोनों

312. यदि 14 A 7 B 3 = 5 और 16 A 4 B 3 = 7, तो 39 A 3 B 17 = ?

SSC CHSL (Tier-I) 13/03/2023 Shift-III

(a) 28 (b) 30 (c) 34 (d) 22

313. यदि 64#58#32 = –26 और 104#17#89 = –2, तो 56#7#24 = ?

SSC CHSL (Tier-I) 10/03/2023 Shift-II

(a) –2 (b) –13 (c) 25 (d) 21

314. दिए गए दो चिह्नों को आपस में बदलने पर निम्नलिखित में से कौन-सा समीकरण सही नहीं होगा?

SSC CHSL (Tier-I) 10/03/2023 Shift-II

+ और –

I. $18 \div 3 + 8 \times 5 - 4 = 20$
II. $6 + 8 \times 9 \div 3 - 4 = 14$

(a) I और II दोनों
(b) न तो I न ही II
(c) केवल I
(d) केवल II

SSC CHSL 2022 & 2021 (Tier I & II)

315. गणितीय चिह्नों के उस सही संयोजन का चयन करे जिससे * चिह्नों को प्रतिस्थापित करने पर दिया गया समीकरण सन्तुलित हो जाएगा।

SSC CHSL (Tier-I) 02/06/2022 Shift-I

50 * 24 * 2 * 5 * 3

(a) =, +, +, + (b) –, =, +, ×
(c) =, ×, +, – (d) +, =, ×, ×

316. गणितीय चिह्नों के उस सही संयोजन का चयन कीजिए जिसे क्रमिक रूप से * चिह्नों के स्थान पर रखने पर दिया गया समीकरण सन्तुलित हो जाएगा। SSC CHSL (Tier-I) 31/05/2022 Shift-I

104*26*13*7*18*77

(a) ×, +, ÷, –, = (b) ÷, +, ×, –, =
(c) ÷, –, ×, +, = (d) ×, +, –, ÷, =

317. गणितीय चिह्नों के उस सही संयोजन का चयन कीजिए जिसे क्रमिक रूप से * चिह्नों के स्थान पर रखने पर दिया गया समीकरण सन्तुलित हो जाएगा। SSC CHSL (Tier-I) 30/05/2022 Shift-I

13 * 5 * 60 * 6 * 11 * 64

(a) +, –, ×, ÷, = (b) ×, +, ÷, –, =
(c) ×, +, –, ÷, = (d) –, +, ×, ÷, =

318. यदि I का अर्थ '÷' है, J का अर्थ '×' है, K का अर्थ '–' है, और L का अर्थ '+' है, तो निम्नलिखित समीकरण में प्रश्न चिह्न (?) के स्थान पर क्या आएगा?

SSC CHSL (Tier-I) 30/05/2022 Shift-I

118 L (16 I 4) K (72 J 2) L 28 L (39 J 3) = ?

(a) 125 (b) 119
(c) 130 (d) 123

319. दिए गए समीकरण को सही बनाने के लिए दिए गए विकल्पों में से किन दो संख्याओं को आपस में बदला जाना चाहिए?

SSC CHSL (Tier-I) 27/05/2022 Shift-I

$15 - 4 + (8 \times 6) \div 16 + 9 \times 3 - 7 = 31$

(a) 8 और 16 (b) 4 और 3
(c) 4 और 6 (d) 6 और 16

320. गणितीय चिह्नों के उस सही संयोजन का चयन करें, जिन्हें क्रमिक रूप से * के चिह्न के स्थान पर रखने पर दिया गया समीकरण सन्तुलित हो जाएगा। SSC CHSL (Tier-I) 12/08/2021 Shift-III

40 * 15 * 3 * 72 * 9 = 77

(a) +, ÷, –, ×, =
(b) ×, ÷, +, –, =
(c) +, ×, –, ÷, =
(d) +, ×, ÷, –, =

321. निम्न समीकरण को सन्तुलित करने के लिए इनमें से कौन-से दो चिह्नों को आपस में बदलना होगा?

SSC CHSL (Tier-I) 04/08/2021 Shift-I

$12 - 8 + 4 \div 2 \times 8 = 4$

(a) × और + (b) ÷ और –
(c) × और ÷ (d) – और ×

322. निम्न समीकरण को सन्तुलित करने के लिए, इनमें से किन दो चिह्नों को एक-दूसरे से बदलना होगा?

SSC CHSL (Tier-I) 12/04/2021 Shift-II

$8 + 12 \div 6 \times 8 - 9 = 8$

(a) × और – (b) ÷ और +
(c) + और × (d) × और ÷

SSC MTS 2024

323. यदि '+' और '×' को आपस में बदल दिया जाए तथा '–' और '÷' को आपस में बदल दिया जाए तो निम्नलिखित समीकरण में प्रश्नचिह्न (?) के स्थान पर क्या आएगा?

SSC MTS 14/11/2024 Shift III

$78 - 6 \div 6 + 2 \times 8 = ?$

(a) 0 (b) 9 (c) 7 (d) 4

324. यदि निम्नलिखित समीकरण में '–' और '÷' को आपस में बदल दिया जाए तथा '×' और '+' को आपस में बदल दिया जाए, तो इस समीकरण में प्रश्नचिह्न '?' के स्थान पर क्या आएगा? SSC MTS 13/11/2024 Shift III

$70 \div 90 - 10 + 20 \times 80 = ?$

(a) – 40 (b) – 30
(c) – 10 (d) – 45

325. यदि '+' और '–' को आपस में बदल दिया जाए तथा '×' और '÷' को आपस में बदल दिया जाए, तो निम्नलिखित समीकरण में प्रश्नचिह्न (?) के स्थान पर क्या आएगा?

SSC MTS 13/11/2024 Shift III

$81 \times 3 - 9 \div 3 + 2 = ?$

(a) 52 (b) 3 (c) 2 (d) 56

326. यदि '–' और '+' को आपस में बदल दिया जाए तथा '÷' और '×' को आपस में बदल दिया जाए, तो निम्नलिखित समीकरण में प्रश्नचिह्न (?) के स्थान पर क्या आएगा?

SSC MTS 12/11/2024 Shift III

$15 - 4 + 9 \times 3 \div 6 = ?$

(a) 1 (b) 12 (c) 10 (d) 18

327. यदि '+' और '–' को आपस में बदल दिया जाए तथा '×' और '÷' को आपस में बदल दिया जाए, तो निम्नलिखित समीकरण में प्रश्न चिह्न (?) के स्थान पर क्या आएगा?

SSC MTS 11/11/2024 Shift III

$234 \times 6 - 6 \div 66 + 60 = ?$

(a) 375 (b) 329
(c) 365 (d) 322

328. यदि '+' और '–' को आपस में बदल दिया जाए तथा '×' और '÷' को आपस में बदल दिया जाए, तो निम्नलिखित समीकरण में प्रश्नचिह्न (?) के स्थान पर क्या आएगा?

SSC MTS 05/11/2024 Shift III

$22 \times 484 \div 44 - 93 + 12 = ?$

(a) 86 (b) 68
(c) 38 (d) 83

329. यदि '+' और '–' को आपस में बदल दिया जाए तथा '×' और '÷' को आपस में बदल दिया जाए, तो निम्नलिखित समीकरण में प्रश्नवाचक चिह्न (?) के स्थान पर क्या आएगा?
SSC MTS 05/11/2024 Shift III

$41 \div 6 + 99 \times 3 - 9 = ?$

(a) 224 (b) 222 (c) 220 (d) 226

330. यदि '+' और '–' को आपस में बदल दिया जाए तथा '×' और '÷' को आपस में बदल दिया जाए, तो निम्नलिखित समीकरण में प्रश्नचिह्न (?) के स्थान पर क्या आएगा?
SSC MTS 04/11/2024 Shift III

$2 \div 40 \times 5 - 4 + 5 = ?$

(a) 31 (b) 11
(c) 15 (d) 13

331. यदि निम्नलिखित समीकरण में '+' और '÷' को आपस में बदल दिया जाए तथा '×' और '–' को आपस में बदल दिया जाए, तो इस समीकरण में प्रश्नचिह्न '?' के स्थान पर क्या आएगा?
SSC MTS 04/11/2024 Shift III

$88 \div 18 \times 28 + 4 - 14 = ?$

(a) 8 (b) 28
(c) –2 (d) 18

332. निम्नलिखित समीकरण को सन्तुलित करने के लिए किन दो संख्याओं को आपस में बदला जाना चाहिए?

$9 \times 2 - (150 \div 5) + 24 + (32 \div 8) \times 6 + 15 = 71$

(**ध्यान दें** अदला-बदली पूरी संख्या की होनी चाहिए, न कि दी गई संख्या के अलग-अलग अंकों की।)
SSC MTS 30/10/2024 Shift III

(a) 5 और 6 (b) 5 और 15
(c) 2 और 6 (d) 9 और 6

333. निम्नलिखित में से किन चिह्नों को आपस में बदलने पर दिया गया समीकरण सही हो जाएगा?
SSC MTS 29/10/2024 Shift III

$25 - 63 \div 3 + 7 \times 5 = 11$

(a) – और × (b) + और –
(c) + और ÷ (d) ÷ और –

334. यदि '+' और '–' को आपस में बदल दिया जाए तथा '×' और '÷' को आपस में बदल दिया जाए, तो निम्नलिखित समीकरण में प्रश्नचिह्न (?) के स्थान पर क्या आएगा?
SSC MTS 28/10/2024 Shift II

$84 - 112 \times 8 + 15 \div 3 = ?$

(a) 63 (b) 53 (c) 57 (d) 45

335. निम्नलिखित समीकरण को सही बनाने के लिए किन दो चिह्नों को आपस में बदला जाना चाहिए?
SSC MTS 23/10/2024 Shift II

$14 + 18 - 6 \times 15 \div 24 = 35$

(a) – और + (b) ÷ और ×
(c) + और × (d) – और ÷

336. निम्नलिखित समीकरण में प्रश्नचिह्न (?) के स्थान पर क्या आएगा, यदि '–' और '÷' को आपस में बदल दिया जाए और '+' और '×' को आपस में बदल दिया जाए?
SSC MTS 23/10/2024 Shift II

$7 + 5 \div 4 + 5 \div 36 - 4 \times 7 = ?$

(a) 13 (b) 15 (c) 31 (d) 53

337. निम्नलिखित समीकरण को सही करने के लिए किन दो संख्याओं को आपस में बदला जाना चाहिए?
SSC MTS 21/10/2024 Shift II

$(8 \div 2) \times 11 - 9 \times 3 + (51 \div 17) \times 6 = 30$

(**नोट** अदला-बदली पूरी संख्या की होनी चाहिए न कि दी गई संख्या के अलग-अलग अंकों की)।

(a) 11 और 6 (b) 9 और 6
(c) 3 और 6 (d) 9 और 11

338. यदि '+' और '×' को आपस में बदल दिया जाए तथा '–' और '÷' को आपस में बदल दिया जाए, तो निम्नलिखित समीकरण में '?' के स्थान पर क्या आएगा?
SSC MTS 18/10/2024 Shift II

$41 \times 1 + 390 - 10 \div 15 = ?$

(a) 75 (b) 73
(c) 55 (d) 65

339. यदि '+' और '–' को आपस में बदल दिया जाए तथा '×' और '÷' को आपस में बदल दिया जाए, तो निम्नलिखित समीकरण में प्रश्नवाचक चिह्न (?) के स्थान पर क्या आएगा?
SSC MTS 17/10/2024 Shift II

$66 \times 6 - 15 \div 3 + 9 = ?$

(a) 47 (b) 46 (c) 49 (d) 48

340. यदि '+' और '÷' को आपस में बदल दिया जाए तथा '–' और '×' को आपस में बदल दिया जाए तो निम्नलिखित समीकरण में प्रश्नचिह्न (?) के स्थान पर क्या आएगा?
SSC MTS 16/10/2024 Shift II

$4 - 6 \times 27 \div 72 + 6 = ?$

(a) 9 (b) 6 (c) 1 (d) 14

341. यदि '+' और '×' को आपस में बदल दिया जाए तथा '–' और '÷' को आपस में बदल दिया जाए, तो निम्नलिखित समीकरण में प्रश्नचिह्न (?) के स्थान पर क्या आएगा?
SSC MTS 14/10/2024 Shift I

$55 \times 16 - 4 \div 7 + 3 = ?$

(a) 28 (b) 12 (c) 38 (d) 17

342. यदि '+' और '–' को आपस में बदल दिया जाए तथा '×' और '÷' को आपस में बदल दिया जाए, तो निम्नलिखित समीकरण में प्रश्नवाचक चिह्न (?) के स्थान पर क्या आएगा?
SSC MTS 15/10/2024 Shift I

$18 \div 5 + 8 \times 4 - 3 = ?$

(a) 85 (b) 78
(c) 83 (d) 91

343. निम्नलिखित समीकरण को सही बनाने के लिए किन दो संख्याओं को आपस में बदला जाना चाहिए?
SSC MTS 15/10/2024 Shift I

$(15 \div 3) \times 11 + 48 - 21 \times 2 + 8 = 57$

(**नोट** अदला-बदली पूरी संख्या की होनी चाहिए, न कि दी गई संख्या के अलग-अलग अंकों की।)

(a) 15 और 48
(b) 11 और 8
(c) 15 और 21
(d) 21 और 8

344. दिए गए समीकरण को सन्तुलित करने के लिए किन दो संख्याओं को आपस में बदला जाना चाहिए?
SSC MTS 09/10/2024 Shift I

$(24 + 14 - 6) \div 2 + 18 \times 3 - 20 = 40$

(**नोट** अदला-बदली पूरी संख्या की होनी चाहिए, न कि दी गई संख्या के अलग-अलग अंकों की)

(a) 2 और 3 (b) 14 और 18
(c) 20 और 14 (d) 20 और 24

345. निम्नलिखित समीकरण को सही करने के लिए किन दो संख्याओं को आपस में बदला जाना चाहिए?
SSC MTS 08/10/2024 Shift I

$(28 \times 2) - 16 \times 6 + 8 \times 3 + 5 \times 7 = 39$

(**नोट** अदला-बदली पूरी संख्या की होनी चाहिए, न कि दी गई संख्या के अलग-अलग अंकों की।)

(a) 8 और 7 (b) 2 और 3
(c) 6 और 7 (d) 5 और 3

346. यदि '+' और '–' को आपस में बदल दिया जाए तथा '×' और '÷' को आपस में बदल दिया जाए, तो निम्नलिखित समीकरण में '?' के स्थान पर क्या आएगा?
SSC MTS 07/10/2024 Shift I

$8 + 2 - 1 \times 1 \div 1 = ?$

(a) 10 (b) 5
(c) 3 (d) 7

347. निम्नलिखित समीकरण में प्रश्नचिह्न (?) के स्थान पर क्या आएगा, यदि '–' और '×' को आपस में बदल दिया जाए तथा '÷' और '+' को आपस में बदल दिया जाए?
SSC MTS 01/10/2024 Shift I

$6 - 8 \div 12 + 3 \times 9 + 3 \div 17 = ?$

(a) 2 (b) 71
(c) 56 (d) 66

348. निम्नलिखित समीकरण में यदि '+' और '–' को आपस में बदल दिया जाए तथा '×' और '÷' को आपस में बदल दिया जाए, तो समीकरण में प्रश्नचिह्न (?) के स्थान पर क्या आएगा?
SSC MTS 30/09/2024 Shift I

$5 \div 6 \times 3 - 4 + 11 = ?$

(a) 14 (b) 7
(c) 11 (d) 3

349. यदि निम्नलिखित समीकरण में '+' और '–' को आपस में बदल दिया जाए तथा '×' और '÷' को आपस में बदल दिया जाए तो इस समीकरण में '?' के स्थान पर क्या आएगा?

SSC MTS 30/09/2024 Shift I

39 ÷ 3 – 24 + 60 × 12 = ?

(a) 190 (b) 136
(c) 163 (d) 86

SSC MTS 2023

350. यदि '+' और '–' को आपस में बदल दिया जाए और '×' और '÷' को आपस में बदल दिया जाए, तो निम्नलिखित समीकरण में '?' के स्थान पर क्या आएगा?

SSC MTS 14/09/2023 Shift-I

357 × 7 + 19 ÷ 2 – 38 = ?

(a) 61 (b) 71
(c) 41 (d) 51

351. यदि 'I' का अर्थ '+', 'J' का अर्थ '×', 'K' का अर्थ '÷' और 'L' का अर्थ '–' है, तो निम्नलिखित समीकरण में प्रश्नचिह्न (?) के स्थान पर क्या आएगा?

SSC MTS 14/09/2023 Shift-I

(95 K 19) J 7 L 15 I (10 J 4) = ?

(a) 70 (b) 40
(c) 60 (d) 50

352. यदि 'I' का अर्थ '+', 'J' का अर्थ '×', 'K' का अर्थ '÷' और 'L' का अर्थ '–' है, तो निम्नलिखित समीकरण में प्रश्नचिह्न (?) के स्थान पर क्या आएगा? SSC MTS 13/09/2023 Shift-I

(48 K 8) J 4 L 15 I (12 J 3) I 20 = ?

(a) 70 (b) 60
(c) 55 (d) 65

353. यदि '+' और '–' को आपस में बदल दिया जाए और '×' और '÷' को आपस में बदल दिया जाए, तो निम्नलिखित समीकरण में '?' के स्थान पर क्या आएगा?

SSC MTS 11/09/2023 Shift-II

10 + 6 – 5 × 5 ÷ 3 = ?

(a) 7 (b) 8
(c) 4 (d) 5

354. यदि F का अर्थ '–', C का अर्थ '×', D का अर्थ '÷' और A का अर्थ '+' है, तो निम्नलिखित समीकरण में प्रश्नचिह्न (?) के स्थान पर क्या आएगा?

SSC MTS 08/09/2023 Shift-II

65 A 39 D 3 F 23 C 2 = ?

(a) 32 (b) 64
(c) 56 (d) 42

355. यदि 'A' का अर्थ '÷', 'B' का अर्थ '×', 'C' का अर्थ '+' और 'D' का अर्थ '–' है, तो निम्नलिखित समीकरण में प्रश्नचिह्न (?) के स्थान पर क्या आएगा?

SSC MTS 08/09/2023 Shift-II

(54 A 9) C 34 D (10 B 3) C 46 D 16 = ?

(a) 46 (b) 32
(c) 40 (d) 54

356. यदि 'I' का अर्थ '+', 'J' का अर्थ '×', 'K' का अर्थ '÷' और 'L' का अर्थ '–' है, तो निम्नलिखित समीकरण में प्रश्न चिह्न (?) के स्थान पर क्या आएगा?

SSC MTS 06/09/2023 Shift-I

105 L (72 K 9) I 43 L (9 J 4) = ?

(a) 114 (b) 106
(c) 126 (d) 104

357. यदि G का अर्थ '–', C का अर्थ '×', D का अर्थ '÷' और E का अर्थ '+' है, तो निम्नलिखित समीकरण में प्रश्नचिह्न (?) के स्थान पर क्या आएगा?

SSC MTS 05/09/2023 Shift-II

64 D 4 G 37 E 12 C 7 = ?

(a) 71 (b) 36
(c) 89 (d) 63

358. यदि '–' और '÷' को आपस में बदल दिया जाए और '+' और '×' को आपस में बदल दिया जाए, तो निम्नलिखित समीकरण में '? के स्थान पर क्या आएगा? SSC MTS 04/09/2023 Shift-II

18 – 9 ÷ 4 × 3 + 5 = ?

(a) 18 (b) 17
(c) 13 (d) 19

359. यदि '+' और '×' को आपस में बदल दिया जाए और '–' और '÷' को आपस में बदल दिया जाए, तो निम्नलिखित समीकरण में '?' के स्थान पर क्या आएगा?

SSC MTS 01/09/2023 Shift-III

2 × 4 – 1 ÷ 6 + 8 = ?

(a) – 42 (b) – 24
(c) – 13 (d) – 18

360. यदि 'A' का अर्थ '÷', 'B' का अर्थ '×', 'C' का अर्थ '+' और 'D' का अर्थ '–' है, तो निम्नलिखित समीकरण में प्रश्नचिह्न (?) के स्थान पर क्या आएगा?

SSC MTS 01/09/2023 Shift-I

(87A29)B14D24C14C6B5 = ?

(a) 62 (b) 68
(c) 56 (d) 74

361. गणितीय रूप से सही बनाने के लिए, दिए गए समीकरण में कौन–से गणितीय चिह्नों को परस्पर बदलना चाहिए?

SSC MTS 15/07/2022 Shift-I

12 + 66 ÷ 11 – 4 × 91 = 159

(a) + और × (b) + और –
(c) ÷ और × (d) + और ÷

362. निम्नलिखित समीकरण को सही करने के लिए, किन दो संख्याओं को परस्पर बदलने की आवश्यकता होगी? SSC MTS 14/07/2023 Shift-I

27 – 8 × 4 – 3 ÷ 2 = 1

(a) 8 और 4 (b) 3 और 4
(c) 2 और 8 (d) 2 और 3

SSC MTS 2022-2021

363. यदि '×' और '–' को आपस में बदल दिया जाए तथा '+' और '÷' को आपस में बदल दिया जाए, तो निम्नलिखित व्यंजक का मान क्या होगा? SSC MTS 14/07/2022 Shift-I

200 ÷ 100 × 300 ÷ 200 + 10 – 2 × 40 = ?

(a) 200 (b) 0
(c) 40 (d) 2

364. दिए गए दो चिह्नों और दो संख्याओं को आपस में बदलने पर निम्नलिखित व्यंजक का मान क्या होगा? SSC MTS 13/07/2022 Shift-I

÷ और +; 7 और 15

5 ÷ 35 + 15 × 6 – 7 = ?

(a) 10 (b) 20
(c) 40 (d) 30

365. निम्नलिखित समीकरण को सन्तुलित करने के लिए किन दो चिह्नों को परस्पर बदला जाना चाहिए? SSC MTS 12/07/2022 Shift-I

9 + 3 – 4 ÷ 5 × 2 = 9

(a) + और ÷ (b) + और ×
(c) – और × (d) – और +

366. दिए गए समीकरण को सन्तुलित करने के लिए किन दो संख्याओं को आपस में बदलना चाहिए? SSC MTS 11/07/2022 Shift-I

20 ÷ 6 + 10 – 5 × 2 = 2

(a) 10 और 20
(b) 5 और 6
(c) 5 और 10
(d) 6 और 10

367. गणितीय चिह्नों के उस सही संयोजन का चयन करें, जिन्हें क्रमिक रूप से * चिह्नों के स्थान पर रखने पर समीकरण सन्तुलित हो जाएगा।

SSC MTS 02/11/2021 Shift-III

12 * 6 * 54 * 6 * 7 = 70

(a) ×, –, ÷, + (b) ÷, +, ×, –
(c) ÷, +, –, × (d) –, +, ÷, ×

368. किसी निश्चित कूटभाषा में, यदि चिह्नों + और × को एक-दूसरे से प्रतिस्थापित किया जाता है और अंकों 3 और 8 को एक-दूसरे से प्रतिस्थापित किया जाता है, तो निम्न व्यंजक का मान ज्ञात करें। SSC MTS 02/11/2021 Shift-II

6 × 35 ÷ 5 + 8 – 9

(a) 31 (b) 101
(c) 48 (d) 44

369. यदि – और ÷ चिह्नों को एक-दूसरे से प्रतिस्थापित किया जाता है, तो निम्न में से कौन-सा समीकरण सही होगा?

SSC MTS 02/11/2021 Shift-I

(a) 4 – 8 × 16 ÷ 4 = 6
(b) 8 + 12 – 6 ÷ 3 = 9
(c) 8 × 12 – 6 ÷ 3 = 12
(d) 12 ÷ 4 × 3 – 6 = 10

SSC Steno 2024

370. गणितीय चिह्नों के उस सही संयोजन का चयन करें, जिसके चिह्नों को नीचे दिए गए समीकरण में चिह्नों के स्थान पर क्रमिक रूप से रखने पर समीकरण सन्तुलित हो जाएगा।
SSC Steno 11/12/2024 Shift III

(87*63)*6*1*5

(a) +, ÷, ×, = (b) ×, +, ÷, =
(c) ÷, +, ×, = (d) −, ÷, +, =

371. यदि निम्नलिखित समीकरण में '+' और '−' को आपस में बदल दिया जाए और '×' और '÷' को आपस में बदल दिया जाए, तो प्रश्नचिह्न (?) के स्थान पर कौन-सी संख्या आएगी?
SSC Steno 11/12/2024 Shift III

$13 \div 145 \times 29 - 69 + 13 = ?$

(a) 129 (b) 121
(c) 113 (d) 116

372. निम्नलिखित समीकरण में यदि '−' का अर्थ '×' है, '×' का अर्थ '+' है और '+' का अर्थ '−' है, तो प्रश्नचिह्न (?) के स्थान पर क्या आएगा? **SSC Steno 11/12/2024 Shift III**

$9 \times 4 + 5 - 2 = ?$

(a) 5 (b) 6
(c) 7 (d) 3

373. यदि दो व्यंजकों के बाईं ओर की दो संख्याओं (अंक नहीं) को परस्पर बदल दिया जाए और दाईं ओर के दो चिह्नों को परस्पर बदल दिया जाए, तो उस बराबर चिह्न के दोनों ओर के दोनों व्यंजकों का मान समान होगा। वे दो संख्याएँ (अंक नहीं) और दो चिह्न क्या हैं?
SSC Steno 11/12/2024 Shift III

$4 \times 3 \div 6 + 2 - 8 = 10 + 2 \times 3 \div 5 - 18$

(a) 4 और 6; ÷ और ×
(b) 6 और 8; + और −
(c) 4 और 8; + और ÷
(d) 2 और 4; + और ×

374. निम्नलिखित समीकरण में यदि 'a' का अर्थ '÷' है, 'b' का अर्थ '+' है, 'c' का अर्थ '−' और 'd' का अर्थ '×' है, तो प्रश्न-चिह्न (?) के स्थान पर क्या आएगा?
SSC Steno 11/12/2024 Shift II

11 b 15 c 8 a 4 d 5 = ?

(a) 15 (b) 16
(c) 14 (d) 17

375. यदि 'A' का अर्थ '+' है, 'B' का अर्थ '−' है, 'C' का अर्थ '×' है और 'D' का अर्थ '÷' है, तो निम्नलिखित समीकरण में प्रश्नवाचक चिह्न के स्थान पर क्या आएगा?
SSC Steno 11/12/2024 Shift II

7 C 9 B 35 D 5 A 3 = ?

(a) 55 (b) 52
(c) 59 (d) 49

376. यदि 'A' का अर्थ '+' है, 'B' का अर्थ '−' है, 'C' का अर्थ '×' है और 'D' का अर्थ '÷' है, तो निम्नलिखित समीकरण में प्रश्नवाचक चिह्न के स्थान पर क्या आएगा?
SSC Steno 11/12/2024 Shift II

60 D 10 A 4 C 6 B 25 = ?

(a) 10 (b) 9
(c) 6 (d) 5

377. यदि निम्नलिखित समीकरण में '+' और '−' को आपस में बदल दिया जाए और '×' और '÷' को आपस में बदल दिया जाए, तो प्रश्न चिह्न (?) के स्थान पर कौन-सी संख्या आएगी?
SSC Steno 11/12/2024 Shift II

$42 \times 7 \div 13 - 67 + 13 = ?$

(a) 132 (b) 146
(c) 129 (d) 121

378. यदि A का अर्थ '+' है, B का अर्थ '×' है, C का अर्थ '−' है और D का अर्थ '÷' है, तो निम्नलिखित व्यंजक का मान क्या होगा?
SSC Steno 11/12/2024 Shift I

16 D 4 A 4 B 2 C 2

(a) 40 (b) 20
(c) 30 (d) 10

379. निम्नलिखित समीकरण में यदि '+' और '−' को परस्पर बदल दिया जाए तथा '×' और '÷' को परस्पर बदल दिया जाए, तो प्रश्नचिह्न (?) के स्थान पर क्या आएगा?
SSC Steno 11/12/2024 Shift I

$3 \div 4 \times 2 - 1 \times 5 = ?$

(a) 4 (b) 5
(c) 2 (d) 3

380. यदि '+' का अर्थ '−', '×' का अर्थ '+', '÷' का अर्थ '×', '−' का अर्थ '÷' है, तो दिए गए समीकरण में '?' क्या है?
SSC Steno 11/12/2024 Shift I

$8 + 1 \div 112 - 2 \times 86 = ?$

(a) 150 (b) 38
(c) 149 (d) 37

381. निम्नलिखित समीकरण में यदि '+' और '−' को आपस में बदल दिया जाए और '×' और '÷' को आपस में बदल दिया जाए, तो प्रश्नवाचक चिह्न (?) के स्थान पर क्या आएगा?
SSC Steno 11/12/2024 Shift I

$14 \div 3 - 18 \times 6 + 28 = ?$

(a) 12 (b) 17
(c) 47 (d) 22

382. निम्नलिखित समीकरण को सही बनाने के लिए परस्पर किन दो संख्याओं (अंक नहीं) और परस्पर किन दो चिह्नों को बदला जाना चाहिए?
SSC Steno 11/12/2024 Shift I

$33 - 15 \times 4 + 9 \div 11 = 6$

(a) 9 और 15, − और ×
(b) 4 और 11, + और ÷
(c) 15 और 33, × और ÷
(d) 11 और 15, − और ÷

383. निम्नलिखित समीकरण को मान्य बनाने के लिए परस्पर किन दो संख्याओं (अंक नहीं) को और परस्पर किन दो चिह्नों को बदला जाना चाहिए? **SSC Steno 10/12/2024 Shift III**

$55 \times 5 \div 1 - 3 + 14 = 0$

(a) 3, 5 और '+', '÷' (b) 1, 5 और '+', '−'
(c) 1, 3 और '−', '÷' (d) 5, 14 और '−', '×'

384. निम्नलिखित समीकरण में यदि '+' और '÷' को परस्पर बदल दिया जाए तथा '×' और '−' को परस्पर बदल दिया जाए, तो प्रश्न चिह्न (?) के स्थान पर क्या आएगा?
SSC Steno 10/12/2024 Shift III

$3 \div 4 - 5 \times 6 + 2 = ?$

(a) 20 (b) 18
(c) 19 (d) 22

385. यदि '+' का अर्थ '−' है, '−' का '×' अर्थ है '×' का अर्थ '÷' है, '÷' का अर्थ + है, तो दिए गए समीकरण में प्रश्न-चिह्न (?) के स्थान पर क्या आएगा? **SSC Steno 10/12/2024 Shift III**

$70 \times 2 - 4 \div 60 + 150 = ?$

(a) 125 (b) 50
(c) 100 (d) 150

386. यदि दो व्यंजकों के बाईं ओर की दो संख्याओं को परस्पर बदल दिया जाए और दाईं ओर के दो चिह्नों को परस्पर बदल दिया जाए, तो उस बराबर चिह्न के दोनों ओर के दोनों व्यंजकों का मान समान होगा। वे दो संख्याएँ (अंक नहीं) और दो चिह्न क्या हैं?
SSC Steno 10/12/2024 Shift III

$9 \times 1 \div 3 + 8 - 7 = 12 \div 3 + 2 \times 33 - 13$

(a) 1 और 9; ÷ और ×
(b) 3 और 7; + और ÷
(c) 1 और 3; + और ×
(d) 3 और 8; + और −

387. दिए गए समीकरण को सही करने के लिए किन दो संख्याओं (न कि अंकों) को आपस में बदलना चाहिए?
SSC Steno 10/12/2024 Shift III

$21 \times 8 - 18 + (64 \div 2) + 32 = 64$

(a) 8 और 2
(b) 18 और 32
(c) 32 और 64
(d) 8 और 18

388. जब संख्या 12 और 6 को आपस में बदल दिया जाता है और चिह्न ÷ और + को आपस में बदल दिया जाता है, तो निम्नलिखित में से कौन-सा समीकरण सही होगा?
SSC Steno 10/12/2024 Shift II

(a) $6 \div 4 \times 5 - 12 + 3 = 30$
(b) $4 - 6 \times 12 \div 5 + 7 = 22$
(c) $12 \div 3 - 8 - 6 + 1 = 15$
(d) $9 \div 6 \times 4 + 12 - 3 = 18$

389. यदि '+' का अर्थ '×', '×' का अर्थ '–', '–' का अर्थ '÷' और '÷' का अर्थ '+' है, तो दिए गए व्यंजक का मान क्या होगा?
SSC Steno 10/12/2024 Shift II
$24 - 4 + 18 \times 3 \div 7$
(a) 118 (b) 112
(c) 98 (d) 120

390. निम्नलिखित समीकरण को सही बनाने के लिए किन दो चिह्नों को आपस में बदलने की आवश्यकता है? **SSC Steno 10/12/2024 Shift II**
$\{(78 + 70) - (6 \times 2)\} \div 2 = 10$
(a) ÷, + (b) –, +
(c) +, × (d) ÷, ×

391. दिए गए समीकरण को सही करने के लिए किन दो संख्याओं (अंक नहीं) को आपस में बदलना चाहिए? **SSC Steno 10/12/2024 Shift II**
$104 \div 8 - 15 + 4 \times 26 = 21$
(a) 8 और 26 (b) 15 और 4
(c) 15 और 26 (d) 8 और 15

392. निम्नलिखित समीकरण में यदि '+' और '–' को आपस में बदल दिया जाए और '×' और '÷' को आपस में बदल दिया जाए, तो प्रश्नवाचक चिह्न (?) के स्थान पर क्या आएगा?
SSC Steno 10/12/2024 Shift I
$108 \times 2 - 14 \div 6 + 27 = ?$
(a) 101 (b) 111 (c) 114 (d) 212

393. निम्नलिखित समीकरण में यदि '+' और '×' को परस्पर बदल दिया जाए और '–' और '÷' को परस्पर बदल दिया जाए, तो प्रश्न चिह्न (?) के स्थान पर क्या आएगा?
SSC Steno 10/12/2024 Shift I
$5 + 3 \times 2 \div 10 - 5 = ?$
(a) 15 (b) 10
(c) 13 (d) 12

394. जब संख्या 3 और 9 को परस्पर बदल दिया जाता है और चिह्न '–' और '×' को परस्पर बदल दिया जाता है, तो निम्नलिखित में से कौन-सा समीकरण सही होगा?
SSC Steno 10/12/2024 Shift I
(a) $12 \div 9 - 2 \times 7 + 3 = 10$
(b) $1 - 9 \times 10 \div 4 + 3 = 32$
(c) $9 \div 2 \times 1 - 3 + 5 = 15$
(d) $9 \div 4 \times 3 + 1 - 6 = 18$

395. यदि × का अर्थ ÷, ÷ का अर्थ –, – का अर्थ + और + का अर्थ × है, तो दिए गए व्यंजक का मान क्या होगा? **SSC Steno 10/12/2024 Shift I**
$7 + 5 \div 3 - 12 \times 4$
(a) 35 (b) 6 (c) 28 (d) 30

396. यदि L का अर्थ ÷, N का अर्थ ×, P का अर्थ + और J का अर्थ – है, तो दिए गए समीकरण, 19 L 95 N 5 J 35 P 7 = 333, को सही करने के लिए निम्नलिखित में से कौन-सा परस्पर बदला जाना चाहिए?
SSC Steno 10/12/2024 Shift I
(a) (P और L) (b) (P और N)
(c) (J और N) (d) (N और L)

SSC Steno 2023-2020

397. 'A' को प्रतिस्थापित करने के लिए गणितीय चिह्नों के उस सही संयोजन का चयन कीजिए, जो निम्नलिखित समीकरण को सन्तुलित करता है। **SSC Steno 13/10/2023 Shift-I**
48 A 12 A 24 A 3 A 8 A 5 A 4
(a) –, +, ×, =, ÷, + (b) –, +, ÷, ×, =, +
(c) –, +, ÷, =, ×, + (d) ÷, –, ÷, ×, =, +

398. यदि '+' का अर्थ '–' है, '–' का अर्थ '×' है, '×' का अर्थ '÷' है और '÷' का अर्थ '+' है, तो निम्नलिखित समीकरण में '?' के स्थान पर क्या आएगा? **SSC Steno 13/10/2023 Shift-I**
$62 \div 12 \times 3 - 8 + 5 = ?$
(a) 94 (b) 87
(c) 99 (d) 89

399. यदि A का अर्थ '÷' है, B का अर्थ '×' है, C का अर्थ '–' है, और D का अर्थ '+' है, तो निम्नलिखित व्यंजक का मान क्या होगा?
SSC Steno 13/10/2023 Shift-I
60 D 4 B 330 A 3 C 100 = ?
(a) 400 (b) 408
(c) 404 (d) 402

400. यदि 'A' का अर्थ '÷' है, 'B' का अर्थ '×' है, 'C' का अर्थ '+' है और 'D' का अर्थ '–' है, तो निम्नलिखित समीकरण में प्रश्नचिह्न (?) के स्थान पर क्या आएगा?
SSC Steno 13/10/2023 Shift-I
34 B 4 D 16 C 30 A 2 = ?
(a) 138 (b) 137
(c) 136 (d) 135

401. निम्नलिखित समीकरण को सही करने के लिए किन दो चिह्नों को परस्पर बदला जाना चाहिए।
SSC Steno 12/10/2023 Shift-I
$[\{(82 + 22) - (6 \times 2)\} \div (2 - 4)] \times 2 = 24$
(a) – और + (b) ÷ और ×
(c) + और × (d) ÷ और +

402. गणितीय चिह्नों के उचित संयोजन को चुनिए, जो 'A' को क्रमिक रूप से प्रतिस्थापित कर सकें और दिए गए समीकरण को सन्तुलित कर सकें। **SSC Steno 12/10/2023 Shift-I**
28 A 14 A 12 A 6 A 4 A 3 A 4
(a) +, –, ÷, ×, =, + (b) –, +, ÷, =, ×, +
(c) –, +, ÷, ×, =, + (d) –, +, ×, =, ÷,+

403. निम्नलिखित में से कौन-सी संख्याओं को (अंकों को नहीं) आपस में प्रतिस्थापित करने पर दिया गया समीकरण सन्तुलित हो जाएगा?
SSC Steno 12/10/2023 Shift-I
$14 \times 4 \div 10 + 10 - 20 = 2$
(a) 10, 20 (b) 2, 14
(c) 4, 20 (d) 2, 10

404. विकल्पों में से गणितीय चिह्नों के उस सही संयोजन का चयन कीजिए, जिसे नीचे दिए गए समीकरण में * चिह्नों के स्थान पर रखने से समीकरण सन्तुलित हो जाएगी।
SSC Steno 18/11/2022 Shift-I
831 * 3 * 13 * 45 * 245 * 1
(a) =, ÷, +, –, ×
(b) =, ×, ÷, +, –
(c) =, –, ÷, +, –
(d) ÷, +, –, =, ×

405. निम्नलिखित समीकरण को सन्तुलित करने के लिए विकल्पों में दिए गए किन दो चिह्नों को परस्पर बदलना होगा? **SSC Steno 18/11/2022**
$272 \div 17 - 196 \div (5 \times 3 + 1) = 30$
(a) × और – (b) × और +
(c) + और ÷ (d) + और –

406. निम्नलिखित समीकरणों को सन्तुलित करने के लिए विकल्पों में दिए गए किन दो चिह्नों को परस्पर बदलना होगा?
SSC Steno 18/11/2022 Shift-I
$(35 - 2) \times 3 = (56 \times 8 \div 3 + 100) \times 11$
(a) × और –
(b) ÷ और +
(c) ÷ और –
(d) × और ÷

407. यदि A का अर्थ '+' है, B का अर्थ '×' है, C का अर्थ '–' है और D का अर्थ '÷' है, तो निम्नलिखित समीकरण में '?' के स्थान पर क्या आएगा? **SSC Steno 18/11/2022 Shift-I**
140 D 7 A 30 = 25 B ? D 8
(a) 5 (b) 16
(c) 14 (d) 32

408. निम्नलिखित समीकरण को सन्तुलित करने के लिए विकल्पों में दी गई किन दो संख्याओं को परस्पर बदलना होगा?
SSC Steno 17/11/2022 Shift-I
$(240 \div 2 + 5) \times 8 + 15 \times 8 = 100$
(a) 100 और 240 (b) 5 और 8
(c) 15 और 5 (d) 2 और 8

409. यदि A का अर्थ '+' है, B का अर्थ '×' है, C का अर्थ '–' है और D का अर्थ '÷' है, तो निम्नलिखित समीकरण में प्रश्न चिह्न (?) के स्थान पर क्या आएगा?
SSC Steno 17/11/2022 Shift-I
(9 A 9 C 55 D 5)B ? = 10 B 3 A 5
(a) 7 (b) 5
(c) 11 (d) 4

410. निम्नलिखित समीकरण को सन्तुलित करने के लिए, विकल्पों में दी गई किन दो संख्याओं को परस्पर बदलना होगा?
SSC Steno 17/11/2022 Shift-I

$108 \div 3 - 126 \div (5 \times 3 + 12) + 4 = 11$
(a) 11 और 12 (b) 12 और 4
(c) 12 और 3 (d) 126 और 108

411. चिह्नों के उस संयोजन का चयन करें, जिन्हें दिए गए रिक्त स्थानों में क्रामिक रूप से रखने पर दिया गया समीकरण सन्तुलित हो जाएगा।
SSC Steno 15/11/2021

7_3_4_12_6 = 19
(a) –, ×, +, ÷ (b) ×, –, +, ÷
(c) ÷, ×, +, – (d) +, ÷, ×, –

412. निम्न समीकरण को सन्तुलित करने के लिए, किन दो चिह्नों को आपस में बदलना होगा?
SSC Steno 15/11/2021

$22 - 16 \div (3 \times 4) + 6 = 8$
(a) – और + (b) – और ×
(c) ÷ और × (d) ÷ और +

413. निम्न समीकरण को सन्तुलित करने के लिए, किन दो चिह्नों को एक-दूसरे से और किन दो संख्याओं को एक-दूसरे से बदलना होगा?
SSC Steno 15/11/2021

$19 + 27 - 4 \div 2 \times 3 = 20$
(a) ÷ और ×; 19 और 27
(b) – और ÷; 4 और 3
(c) – और +; 27 और 2
(d) + और ×; 3 और 2

414. यदि ‘<’ का अर्थ ‘×’ है, ‘×’ का अर्थ ‘–’ है, ‘÷’ का अर्थ ‘+’ है, और ‘+’ का अर्थ ‘÷’ है, तो निम्न व्यंजक का मान ज्ञात करें।
SSC Steno 12/11/2021

$5 \div 3 < 2 + (9 + 3) \times 2 = ?$
(a) 1 (b) 7
(c) 5 (d) 12

415. गणितीय चिह्नों के उस उचित संयोजन का चयन करें, जिसे निम्न समीकरण को सन्तुलित करने के लिए * के स्थान पर बाएँ से दाएँ क्रमिक रूप से रखा जा सके।
SSC Steno 11/11/2021

30 * 3 * 16 * 4 * 24 * 70
(a) ×, +, ÷, –, = (b) ÷, ×, –, +, =
(c) +, ×, –, ÷, = (d) ×, ÷, +, –, =

416. निम्नलिखित समीकरण को सही बनाने के लिए किन दो चिह्नों को एक-दूसरे और किन दो संख्याओं को एक-दूसरे से बदला जाना चाहिए?
SSC Steno 24/12/2020

$19 \times 12 - 51 \div 34 + 17 = 197$
(a) 51 और 17, × और ÷
(b) 34 और 51, × और +
(c) 17 और 51, × और –
(d) 34 और 51, + और ÷

417. यदि A, ‘+’ को दर्शाता है, B, ‘×’ को दर्शाता है, C, ‘–’ को दर्शाता है, और D, ‘÷’ को दर्शाता है, तो निम्नलिखित समीकरण का मान कितना होगा?
SSC Steno 24/12/2020

27 B 3 C (11 A 3) A 14 B (100 D 10)
(a) 111 (b) 207
(c) 117 (d) 221

418. यदि A ‘जोड़’ को निर्दिष्ट करता है, B ‘गुणा’ को निर्दिष्ट करता है, C ‘घटाने’ को निर्दिष्ट करता है तथा D ‘भाग’ को निर्दिष्ट करता है, तो निम्न समीकरण का मान क्या होगा?
SSC Steno 22/12/2020

63 D 7 B(9 A 4) A 24 C (264 D 88)
(a) 130 (b) 138
(c) 118 (d) 143

SSC GD Constable 2024

419. दिए गए विकल्पों में से, किन दो चिह्नों को आपस में बदलने पर निम्नलिखित समीकरण सही होगा? **SSC GD Constable 26/02/2024 Shift-I**

$18 + 2 \div 6 - 8 \times 24 = 22$
(a) + और ÷ (b) × और +
(c) × और ÷ (d) × और –

420. यदि 100 R 50 S 18 T 9 = 152 और 84 R 30 S 80 T 4 = 134, तो 75 R 125 S 200 T 40 = ? **SSC GD Constable 26/02/2024 Shift-I**

(a) 180 (b) 185
(c) 200 (d) 205

421. नीचे दिए गए समीकरण में किन दो चिह्नों और दो संख्याओं को आपस में बदलने से समीकरण सही होगा?
SSC GD Constable 24/02/2024 Shift-III

$8 - 9 \times 4 \div 6 + 7 = 5$
(a) ÷ और +, 8 और 7
(b) × और ÷, 6 और 7
(c) + और –, 9 और 6
(d) + और –, 8 और 7

422. यदि 13 A 14 B 15 C 20 = 243 और 15 A 10 B 8 C 9 = 104, तो
45 A 10 B 18 C 50 = ?
SSC GD Constable 24/02/2024 Shift-II

(a) 280 (b) 145
(c) 265 (d) 275

423. दिए गए विकल्पों में से किन दो चिह्नों को आपस में बदलनें पर निम्नलिखित समीकरण सही होगा? **SSC GD Constable 24/02/2024 Shift-I**

$26 + 2 \times 8 - 4 \div 1 = 14$
(a) – और ×
(b) = और ×
(c) = और –
(d) + और –

424. नीचे दी गई दो संख्याओं (न कि अंकों) को आपस में बदलने से निम्नलिखित में से कौन-सा समीकरण सही नहीं होगा?
SSC GD Constable 24/02/2024 Shift-I

7 और 3
(a) $7 \times 8 - 9 + 3 \div 1 = 30$
(b) $7 + 3 \times 8 - 8 \div 2 = 55$
(c) $9 \times 7 + 3 - 4 \div 2 = 32$
(d) $8 \div 2 + 9 \times 3 - 7 = 64$

425. यदि 10 A 5 B 6 C 2 = 53 और 6 A 4 B 8 C 2 = 28 है, तो 17 A 5 B 18 C 9 = ?
SSC GD Constable 24/02/2024 Shift-I

(a) 87 (b) 91
(c) 90 (d) 95

426. दिए गए विकल्पों में से किन दो चिह्नों को आपस में बदलने पर निम्नलिखित समीकरण सही होगा?
SSC GD Constable 23/02/2024 Shift-IV

$12 + 6 \times 2 - 24 \div 8 = 3$
(a) ÷ और – (b) × और –
(c) + और – (d) – और =

427. नीचे दिए गए समीकरण में किन दो चिह्नों और दो संख्याओं (न कि अंकों) को आपस में बदलने से समीकरण सही होगा?
SSC GD Constable 23/02/2024 Shift-III

$7 \times 5 \div 6 + 2 - 4 = 16$
(a) × और –, 5 और 6
(b) ÷ और +, 7 और 4
(c) + और –, 6 और 2
(d) × और ÷, 2 और 4

428. यदि 8 R 4 S 3 T 2 = 31 और 19 R 11 S 30 T 8 = 187, तो 6 R 3 S 8 T 5 = ?
SSC GD Constable 23/02/2024 Shift-II

(a) 15 (b) 18 (c) 21 (d) 20

429. यदि 67 L 50 M 15 N 6 = 27 और 100 L 50 M 13 N 5 = 85 है, तो 6 L 8 M 4 N 3 = ?
SSC GD Constable 23/02/2024 Shift-I

(a) 7 (b) 5 (c) 2 (d) 8

430. नीचे दिए गए दो चिह्नों को आपस में बदलने पर, निम्नलिखित में से कौन-सा समीकरण सही होगा? **SSC GD Constable 23/02/2024 Shift-I**

× और ÷
I. $5 + 6 \times 2 - 4 \div 1 = 10$
II. $9 \times 3 - 4 \div 2 + 5 = 4$
(a) न तो I और न ही II
(b) I और II दोनों
(c) केवल II
(d) केवल I

431. यदि 15 A 8 B 9 C 3 = 20 और 18 A 20 B 15 C 5 = 35 हैं, तो 8 A 6 B 4 C 2 = ?
SSC GD Constable 22/02/2024 Shift-IV

(a) 12 (b) 15
(c) 13 (d) 11

432. दिए गए विकल्पों में से किन दो चिह्नों को आपस में बदलने पर निम्नलिखित समीकरण सही होगा?
SSC GD Constable 22/02/2024 Shift-IV

14 – 21 × 7 + 3 ÷ 6 = 29

(a) × और – (b) × और ÷
(c) + और – (d) = और ×

433. दिए गए विकल्पों में से किन दो चिह्नों को आपस में बदलने पर निम्नलिखित समीकरण सही होगा?
SSC GD Constable 22/02/2024 Shift-III

26 + 2 ÷ 4 – 8 × 25 = 30

(a) × और + (b) × और –
(c) × और ÷ (d) + और ÷

434. यदि 17 M 18 N 55 O 5 = 46 और 68 M 13 N 65 O 13 = 86 हैं, तो 40 M 70 N 85 O 17 = ? **SSC GD Constable 22/02/2024 Shift-II**

(a) 145 (b) 150
(c) 135 (d) 115

435. किन दो चिह्नों और दो संख्याओं (न कि अंकों) को आपस में बदलने से समीकरण सही होगा? **SSC GD Constable 22/02/2024 Shift-I**

8 – 4 × 9 + 6 ÷ 3 = 29

(a) – और ×, 6 और 9
(b) × और ÷, 8 और 4
(c) – और ×, 9 और 3
(d) + और ×, 4 और 6

436. यदि 7 * 5@10#20 = 370 और 4 * 3@5#30 = 90, तो 2 * 3@4#5 = ?
SSC GD Constable 22/02/2024 Shift-I

(a) 29 (b) 27
(c) 21 (d) 19

437. नीचे दिए गए दो चिह्नों को आपस में बदलने पर निम्नलिखित में से कौन–सा समीकरण सही होगा? **SSC GD Constable 21/02/2024 Shift-IV**

÷ और ×

(a) 32 + 3 – 12 ÷ 18 × 9 = 10
(b) 23 – 20 + 35 ÷ 2 × 10 = 10
(c) 9 × 3 + 8 ÷ 4 – 7 = 30
(d) 11 ÷ 12 × 6 + 8 – 10 = 25

438. यदि 59 * 60 # 45 @ 5 = 128 और 63 * 50 # 48 @ 12 = 117, तो 79 * 30 # 120 @ 20 = ? **SSC GD Constable 21/02/2024 Shift-II**

(a) 115 (b) 129
(c) 118 (d) 120

439. दिए गए विकल्पों में से किन दो चिह्नों को आपस में बदलने पर निम्नलिखित समीकरण सही होगा?
SSC GD Constable 21/02/2024 Shift-III

15 ÷ 9 × 8 + 12 – 4 = 17

(a) × और ÷ (b) + और ÷
(c) × और – (d) × और +

440. यदि 16 A 13 B 6 C 9 = 85 और 15 A 20 B 7 C 30 = 125, तो 10 A 15 B 6 C 20 = ?
SSC GD Constable 21/02/2024 Shift-II

(a) 90 (b) 95
(c) 98 (d) 80

441. यदि 6 @ 10 # 5 * 7 = 63 और 4 @ 3 # 2 * 5 = 15 है, तो 4 @ 5 # 6 * 7 = ?
SSC GD Constable 21/02/2024 Shift-I

(a) 41 (b) 39
(c) 18 (d) 28

442. दिए गए विकल्पों में से किन दो चिह्नों को आपस में बदलने पर निम्नलिखित समीकरण सही होगा? **SSC GD Constable 21/02/2024 Shift-I**

28 + 12 – 6 × 40 ÷ 8 = 46

(a) + और ÷ (b) × और +
(c) + और – (d) × और –

443. किन दो चिह्नों और दो संख्याओं (न कि अंक) को आपस में बदलने पर समीकरण सही होगा? **SSC GD Constable 21/02/2024 Shift-IV**

8 + 6 × 4 – 3 ÷ 1 = 2

(a) + और –, 6 और 3
(b) + और ÷, 1 और 8
(c) × और ÷, 8 और 3
(d) × और ÷, 6 और 3

444. दिए गए विकल्पों में से किन दो संख्याओं को आपस में बदलने पर निम्नलिखित समीकरण सही होगा?
SSC GD Constable 20/02/2024 Shift-IV

5 – 3 × 0 + 1 = 2

(a) 5 और 3 (b) 5 और 2
(c) 1 और 3 (d) 2 और 0

445. दिए गए विकल्पों में से किन दो संख्याओं को आपस में बदलने पर निम्नलिखित समीकरण सही होगा?
SSC GD Constable 20/02/2024 Shift-III

8 + 7 × 5 ÷ 14 – 3 = 6

(a) 8 और 7 (b) 3 और 5
(c) 14 और 6 (d) 8 और 5

446. दिए गए दो चिह्नों को आपस में बदलने के बाद समीकरण (I) और (II) का क्रमशः मान कितना होगा?
SSC GD Constable 20/02/2024 Shift-III

× और ÷

I. 18 ÷ 3 – 4 × 2 + 7
II. 18 × 3 ÷ 6 – 8 + 4

(a) 40 और 80 (b) 9 और 7
(c) 59 और 32 (d) 16 और 30

447. यदि 40 A 10 B 8 C 15 = 65 और 15 A 30 B 9 C 20 = 70, तो 7 A 9 B 3 C 8 = ?
SSC GD Constable 20/02/2024 Shift-II

(a) 20 (b) 35 (c) 29 (d) 31

448. नीचे दिए गए समीकरण में कौन–से दो चिह्नों और दो संख्याओं को आपस में बदलने पर निम्नलिखित समीकरण सही होगा?
SSC GD Constable 20/02/2024 Shift-II

8 ÷ 4 × 6 + 3 – 9 = 1

(a) + और ×, 4 और 6
(b) + और –, 6 और 9
(c) × और ÷, 8 और 9
(d) × और ÷, 4 और 9

449. दिए गए विकल्पों में से किन दो संख्याओं को आपस में बदलने पर निम्नलिखित समीकरण सही होगा? **SSC GD Constable 20/02/2024 Shift-I**

8 × 9 ÷ 4 + 5 – 3 = 2

(a) 2 और 5 (b) 9 और 2
(c) 8 और 4 (d) 3 और 9

SSC GD Constable 2023

450. दिए गए समीकरण को संतुलित करने के लिए इसमें किन दो संख्याओं (अंको को नहीं) और किन दो चिह्नों को आपस में बदला जाना चाहिए? **SSC GD Constable 13/02/2023 Shift-IV**

18 ÷ 3 – 30 + 15 × 2 = – 1

(a) 18 और 15; + और –
(b) 15 और 3; + और –
(c) 3 और 30; × और +
(d) 2 और 18; + और ×

451. दिए गए समीकरण को संतुलित करने के लिए विकल्पों में दिए गए किन दो चिह्नों को परस्पर बदला जाना चाहिए?
SSC GD Constable 13/02/2023 Shift-II

(9 ÷ 3 + 169 × 13) ÷ 5 – 10 + 16 = 206

(a) + और – (b) × और –
(c) ÷ और × (d) ÷ और ×

452. नीचे दिए गए समीकरण को गणितीय रूप से सही बनाने के लिए किन दो चिह्नों को परस्पर बदलना चाहिए?
SSC GD Constable 09/02/2023 Shift-II

135 ÷ 15 × 54 + 6 – 18 = 252

(a) ÷ और ×
(b) + और ×
(c) ÷ और –
(d) ÷ और +

453. दिए गए समीकरण को संतुलित करने के लिए इसमें किन दो संख्याओं (अंको को नहीं) को परस्पर बदलना चाहिए?
SSC GD Constable 09/02/2023 Shift-I

$(60 \div 2) \times 3 - 100 \div 400 = 560$
(a) 100 और 560
(b) 60 और 100
(c) 400 और 60
(d) 400 और 560

454. दिए गए समीकरण को संतुलित करने के लिए इसमें किन दो संख्याओं (अंको को नही) को परस्पर बदला जाना चाहिए?
SSC GD Constable 08/02/2023 Shift-I
$540 + 225 \div 15 \times 25 - 260 = 415$
(a) 415 और 415
(b) 225 और 260
(c) 15 और 260
(d) 225 और 25

455. नीचे दिए गए समीकरण को गणितीय रूप से सही बनाने के लिए किन दो चिह्नों को परस्पर बदलना चाहिए?
SSC GD Constable 08/02/2023 Shift-I
$165 - 15 \div 5 + 6 \times 16 = 102$
(a) + और ÷ (b) + और ×
(c) – और + (d) ÷ और –

456. नीचे दिए गए समीकरण को गणितीय रूप से सही बनाने के लिए किन दो चिह्नों को परस्पर बदलना चाहिए?
SSC GD Constable 07/02/2023 Shift-I
$72 \times 3 + 48 \div 6 - 16 = 296$
(a) + और – (b) ÷ और –
(c) × और + (d) × और ÷

457. नीचे दिए गए समीकरण को गणितीय रूप से सही बनाने के लिए किन दो चिह्नों को परस्पर बदलना चाहिए?
SSC GD Constable 06/02/2023 Shift-I
$24 \times 108 - 36 \div 6 + 18 = 84$
(a) – और + (b) ÷ और –
(c) + और ÷ (d) + और ×

458. नीचे दिए गए समीकरण को गणितीय रूप से सही बनाने के लिए किन दो गणितीय चिह्नों को परस्पर बदलना चाहिए?
SSC GD Constable 06/02/2023 Shift-I
$360 \times 8 - 320 + 72 \div 5 = 85$
(a) + और ÷ (b) × और ÷
(c) + और × (d) – और +

459. यदि '–' का अर्थ '÷', '+' का अर्थ '×', '×' का अर्थ '+' और '÷' का अर्थ '–' है, तो निम्नलिखित में से कौन–सा समीकरण सही है? **SSC GD Constable 02/02/2023 Shift-I**
(a) $20 + 6 - 4 \times 9 \div 6 = 32$
(b) $10 + 3 - 2 \times 9 \div 2 = 21$
(c) $10 \div 2 + 3 \div 9 \times 2 = 8$
(d) $20 - 4 + 6 \div 9 \times 4 = 25$

460. नीचे दिए गए समीकरण को गणितीय रूप से सही बनाने के लिए किन दो चिह्नों को परस्पर बदलना चाहिए?
SSC GD Constable 02/02/2023 Shift-I
$54 + 18 \div 9 - 36 \times 16 = 88$
(a) ÷ और + (b) × और +
(c) ÷ और × (d) + और –

461. दिए गए समीकरण को संतुलित करने के लिए इसमें किन दो चिह्नों को परस्पर बदला जाना चाहिए? **SSC GD Constable 01/02/2023 Shift-I**
$790 + 5 \div 58 \times 5 - 96 = 352$
(a) + और ÷ (b) + और –
(c) ÷ और × (d) ÷ और –

SSC Selection Post 2024-2022

462. यदि '+' और '×' को आपस में बदल दिया जाए और '–' और '÷' को आपस में बदल दिया जाए; तो निम्नलिखित समीकरण में प्रश्नचिह्न (?) के स्थान पर क्या आएगा?
Matric Level 20/06/2024 Shift-IV
$16 - 4 + 7 \times 8 \div 1 = ?$
(a) 35 (b) 23 (c) 47 (d) 15

463. दिए गए समीकरण को सन्तुलित करने के लिए किन दो संख्याओं (अकेले अंकों को नहीं) को आपस में बदलना होगा?
Matric Level 20/06/2024 Shift-IV
$[(39 - 3) \div 6] + 11 \times 2 - 4 \times 5 = 13$
(a) 11 और 4 (b) 2 और 5
(c) 2 और 6 (d) 3 और 6

464. यदि '+' का अर्थ भाग देना है, '–' का अर्थ गुणा करना है, '÷' का अर्थ जोड़ना है और '×' का अर्थ घटाना है, तो निम्नलिखित व्यंजक का मान ज्ञात कीजिए।
Higher Secondary Level 20/06/2024 Shift-IV
$19 - 6 \div 306 + 17 \times 9$
(a) 123 (b) 218 (c) 212 (d) 126

465. चिह्नों को प्रतिस्थापित करने और दिए गए समीकरण को सन्तुलित करने के लिए गणितीय चिह्नों के सही संयोजन का चयन कीजिए।
Matric Level 27/06/2023 Shift-I
119 * 7 * 63 * 24 * 3 * 8
(a) –, +, ÷, ×, = (b) +, ÷, –, ×, =
(c) ÷, +, –, ×, = (d) +, ÷, ×, –, =

466. चिह्नों को क्रमानुसार प्रतिस्थापित करने और दिए गए समीकरण को सन्तुलित करने के लिए गणितीय चिह्नों के सही संयोजन का चयन करें।
Matric Level 27/06/2023 Shift-I
289* 121 * 154 * 307 * (34 * 3) * 2
(a) ÷, +, –, ×, +, =
(b) +, –, =, –, ×, ÷
(c) ÷, –, +, –, ×, =
(d) ×, +, –, =, +, ÷

467. गणितीय चिह्नों के उस सही संयोजन का चयन कीजिए, जिसे क्रमिक रूप से * चिह्नों के स्थान पर रखने पर दिया गया समीकरण सन्तुलित हो जाएगा।
Higher Secondary Level 27/6/2023 Shift-III
15 * 5 * 16 * 15 * 2 * 61
(a) ÷, ×, +, ÷, = (b) –, ×, +, ÷, =
(c) ÷, ×, –, ÷, = (d) ÷, ×, +, –, =

468. दिए गए समीकरण को सही बनाने के लिए किन दो संख्याओं को (न कि संख्याओं के अंकों को) आपस में और किन दो चिह्नों को आपस में बदला जाना चाहिए?
Graduate Level 01/08/2022 Shift-IV
$27 \div 9 - 63 \times 3 + 10 = 78$
(a) 3 और 9; + और ÷
(b) 63 और 10; + और –
(c) 9 और 10; × और +
(d) 27 और 63; + और –

469. दिया गया समीकरण सन्तुलित करने के लिए प्रस्तुत विकल्पों में से किन दो संख्याओं को (न कि संख्याओं के अकों को) परस्पर बदला जाना चाहिए? **Matric Level 01/08/2023 Shift-I**
$52 \div 13 + 6 - 25 \times 2 = 17$
(a) 13 और 2 (b) 6 और 25
(c) 13 और 25 (d) 6 और 2

470. गणितीय चिह्नों के उस संयोजन का चयन कीजिए, जिसके चिह्नों को दिए गए समीकरण में * के स्थान पर क्रमिक रूप से रखने से समीकरण सन्तुलित हो जाएगा
Higher Secondary Level 01/08/2023 Shift-II
20*4*10*5*15 = 93
(a) ×, –, ÷, + (b) ÷, ×, +, –
(c) –, ×, ÷, + (d) +, ÷, –, ×

सही उत्तर

1	(c)	2	(c)	3	(a)	4	(d)	5	(b)	6	(a)	7	(a)	8	(b)	9	(a)	10	(a)
11	(c)	12	(d)	13	(c)	14	(b)	15	(b)	16	(c)	17	(a)	18	(d)	19	(a)	20	(b)
21	(a)	22	(c)	23	(b)	24	(c)	25	(a)	26	(b)	27	(a)	28	(c)	29	(c)	30	(c)
31	(b)	32	(c)	33	(b)	34	(b)	35	(b)	36	(b)	37	(b)	38	(c)	39	(b)	40	(c)
41	(b)	42	(d)	43	(d)	44	(c)	45	(c)	46	(b)	47	(b)	48	(b)	49	(a)	50	(c)
51	(c)	52	(b)	53	(a)	54	(b)	55	(a)	56	(c)	57	(a)	58	(d)	59	(d)	60	(b)
61	(b)	62	(c)	63	(d)	64	(b)	65	(a)	66	(c)	67	(b)	68	(a)	69	(d)	70	(c)
71	(c)	72	(a)	73	(b)	74	(b)	75	(b)	76	(a)	77	(a)	78	(b)	79	(a)	80	(d)
81	(d)	82	(d)	83	(a)	84	(c)	85	(a)	86	(b)	87	(d)	88	(b)	89	(d)	90	(c)
91	(c)	92	(a)	93	(b)	94	(b)	95	(a)	96	(c)	97	(a)	98	(c)	99	(a)	100	(a)
101	(c)	102	(c)	103	(d)	104	(d)	105	(b)	106	(a)	107	(b)	108	(d)	109	(a)	110	(a)
111	(b)	112	(b)	113	(c)	114	(d)	115	(a)	116	(c)	117	(c)	118	(c)	119	(c)	120	(b)
121	(b)	122	(d)	123	(b)	124	(d)	125	(b)	126	(c)	127	(c)	128	(c)	129	(b)	130	(d)
131	(c)	132	(a)	133	(d)	134	(c)	135	(a)	136	(b)	137	(c)	138	(b)	139	(d)	140	(d)
141	(b)	142	(b)	143	(c)	144	(c)	145	(c)	146	(d)	147	(a)	148	(a)	149	(b)	150	(b)
151	(d)	152	(d)	153	(c)	154	(c)	155	(a)	156	(b)	157	(b)	158	(a)	159	(d)	160	(b)
161	(d)	162	(b)	163	(c)	164	(b)	165	(b)	166	(a)	167	(c)	168	(b)	169	(a)	170	(d)
171	(c)	172	(d)	173	(b)	174	(c)	175	(c)	176	(d)	177	(d)	178	(c)	179	(d)	180	(c)
181	(c)	182	(c)	183	(d)	184	(d)	185	(b)	186	(c)	187	(a)	188	(a)	189	(b)	190	(c)
191	(b)	192	(a)	193	(d)	194	(a)	195	(a)	196	(d)	197	(d)	198	(d)	199	(a)	200	(a)
201	(b)	202	(c)	203	(d)	204	(b)	205	(b)	206	(a)	207	(b)	208	(c)	209	(c)	210	(d)
211	(d)	212	(d)	213	(b)	214	(a)	215	(c)	216	(a)	217	(c)	218	(b)	219	(c)	220	(d)
221	(c)	222	(c)	223	(a)	224	(a)	225	(b)	226	(b)	227	(b)	228	(c)	229	(b)	230	(b)
231	(b)	232	(c)	233	(d)	234	(d)	235	(a)	236	(a)	237	(c)	238	(d)	239	(a)	240	(d)
241	(a)	242	(a)	243	(b)	244	(b)	245	(c)	246	(b)	247	(a)	248	(b)	249	(d)	250	(c)
251	(c)	252	(b)	253	(d)	254	(a)	255	(b)	256	(a)	257	(c)	258	(c)	259	(c)	260	(d)
261	(b)	262	(b)	263	(b)	264	(a)	265	(d)	266	(a)	267	(b)	268	(c)	269	(b)	270	(a)
271	(d)	272	(d)	273	(d)	274	(b)	275	(a)	276	(c)	277	(d)	278	(b)	279	(d)	280	(c)
281	(b)	282	(b)	283	(b)	284	(d)	285	(d)	286	(c)	287	(d)	288	(c)	289	(a)	290	(d)
291	(c)	292	(c)	293	(d)	294	(b)	295	(b)	296	(b)	297	(b)	298	(b)	299	(d)	300	(b)
301	(b)	302	(d)	303	(d)	304	(a)	305	(d)	306	(c)	307	(c)	308	(c)	309	(a)	310	(b)
311	(d)	312	(b)	313	(c)	314	(a)	315	(c)	316	(b)	317	(b)	318	(d)	319	(c)	320	(c)
321	(a)	322	(d)	323	(b)	324	(b)	325	(a)	326	(a)	327	(a)	328	(d)	329	(b)	330	(c)
331	(a)	332	(c)	333	(b)	334	(b)	335	(d)	336	(a)	337	(a)	338	(d)	339	(a)	340	(a)
341	(c)	342	(d)	343	(b)	344	(b)	345	(b)	346	(d)	347	(d)	348	(d)	349	(b)	350	(d)
351	(c)	352	(d)	353	(a)	354	(a)	355	(c)	356	(d)	357	(d)	358	(c)	359	(a)	360	(a)
361	(a)	362	(b)	363	(b)	364	(b)	365	(a)	366	(b)	367	(a)	368	(c)	369	(d)	370	(d)
371	(b)	372	(d)	373	(c)	374	(b)	375	(c)	376	(d)	377	(a)	378	(d)	379	(c)	380	(b)
381	(b)	382	(d)	383	(b)	384	(a)	385	(b)	386	(c)	387	(a)	388	(a)	389	(b)	390	(b)
391	(a)	392	(b)	393	(a)	394	(a)	395	(a)	396	(d)	397	(c)	398	(d)	399	(a)	400	(d)
401	(a)	402	(b)	403	(d)	404	(d)	405	(d)	406	(d)	407	(b)	408	(d)	409	(b)	410	(c)
411	(b)	412	(d)	413	(b)	414	(c)	415	(a)	416	(d)	417	(b)	418	(b)	419	(b)	420	(d)
421	(d)	422	(d)	423	(d)	424	(a)	425	(a)	426	(c)	427	(b)	428	(a)	429	(c)	430	(a)
431	(a)	432	(b)	433	(a)	434	(d)	435	(a)	436	(a)	437	(b)	438	(a)	439	(b)	440	(d)
441	(a)	442	(c)	443	(a)	444	(d)	445	(d)	446	(c)	447	(c)	448	(c)	449	(d)	450	(a)
451	(c)	452	(d)	453	(c)	454	(c)	455	(d)	456	(d)	457	(b)	458	(b)	459	(d)	460	(b)
461	(a)	462	(a)	463	(d)	464	(a)	465	(c)	466	(b)	467	(d)	468	(d)	469	(b)	470	(a)

उत्तर सहित हल

1. (c) दिया गया व्यंजक,
$98 \div 7 + 288 \times 2 - 144 \times 3 - 152 \div 2 + 120 = ?$
प्रश्नानुसार, चिह्नों को बदलने पर,
$? = 98 \times 7 - 288 \div 2 + 144 \div 3 + 152 \times 2 - 120$
$= 98 \times 7 - 144 + 48 + 152 \times 2 - 120$
$= 686 - 144 + 48 + 304 - 120$
$= 1038 - 264 = 774$

2. (c) दिया गया व्यंजक,
$2736 \times 8 - 55 + 105 \div 2 = ?$
प्रश्नानुसार, चिह्नों को आपस में बदलने पर
$? = 2736 \div 8 + 55 - 105 \times 2$
$= 342 + 55 - 210 = 397 - 210 = 187$

3. (a) दिया गया व्यंजक,
$95 - 19 \times 4 + 6 \div 16 = ?$
प्रश्नानुसार, चिह्नों को आपस में बदलने पर
$95 \div 19 + 4 \times 6 - 16 = 5 + 24 - 16 = 13$

4. (d) दिया गया व्यंजक
$11 \div 8 - 78 \times 6 + 37 = ?$
प्रश्नानुसार, चिह्नों को आपस में बदलने पर,
$11 \times 8 + 78 \div 6 - 37$
$= 88 + 13 - 37 = 101 - 37 = 64$

5. (b) दिया गया व्यंजक,
$4 - 5 \div 9 + 6 \times 2 = ?$
प्रश्नानुसार, चिह्नों को आपस में बदलने पर,
$4 + 5 \times 9 - 6 \div 2 = 4 + 5 \times 9 - 3 = 4 + 45 - 3 = 46$

6. (a) दिया गया व्यंजक,
$229 \div 41 + 502 \times 2 - 44 = ?$
प्रश्नानुसार, चिह्नों को आपस में बदलने पर,
$229 \times 41 - 502 \div 2 + 44 = 9389 - 251 + 44$
$= 9433 - 251 = 9182$

7. (a) $2 \times 16 \div 36 + 42 - 6 = ?$
प्रश्नानुसार, चिह्नों को परस्पर बदलने पर,
$2 + 16 - 36 \times 42 \div 6 = 2 + 16 - 36 \times 7$
$= 2 + 16 - 252 = 18 - 252 = -234$

8. (b) दिया गया व्यंजक,
$15 + 5 \times 8 - 72 \div 4 + 16 \times 3 = 101$
विकल्प (b) से, 5 तथा 3 को परस्पर बदलने पर,
$15 + 3 \times 8 - 72 \div 4 + 16 \times 5 = 101$
$\Rightarrow 15 + 24 - 18 + 80 = 101$
$\Rightarrow 39 - 18 + 80 = 101$
$\Rightarrow 119 - 18 = 101$
$101 = 101$

9. (a) दिया गया व्यंजक,
$75 - 3 - 17 - 8 = 0$
विकल्प (a) से, चिह्न रखने पर
$\Rightarrow 75 \div 3 - 17 - 8 = 0$
$\Rightarrow 25 - 25 = 0 \Rightarrow 0 = 0$

10. (a) व्यंजक $7 \div 5 - 30 \times 6 + 4 = ?$
प्रश्नानुसार, चिह्नों को परस्पर बदलने पर,
नया व्यंजक, $7 \times 5 + 30 \div 6 - 4$
$= 7 \times 5 + 5 - 4 = 35 + 5 - 4$
$= 40 - 4 = 36$

11. (c) व्यंजक,
$29 \times 145 + 5 - 640 \div 15 = 216$
विकल्प (c) से,
$29 \times 145 \div 5 - 640 + 15 = 216$
$\Rightarrow 29 \times 29 - 640 + 15 = 216$
$\Rightarrow 841 - 640 + 15 = 216$
$\Rightarrow 856 - 640 = 216$
$\Rightarrow 216 = 216$

12. (d) $14 - 45 \times 5 + 6 \div 3 = ?$
$\Rightarrow ? = 14 + 45 \div 5 - 6 \times 3$
$= 14 + 9 - 18$
$= 23 - 18 = 5$

13. (c) $125 \div 5 + 1809 \times 9 - 14 = ?$
प्रश्नानुसार, चिह्नों को परस्पर बदलने पर,
$? = 125 \times 5 - 1809 \div 9 + 14$
$? = 125 \times 5 - 201 + 14$
$? = 625 - 201 + 14$
$? = 639 - 201 = 438$

14. (b) दिया गया व्यंजक,
$6 \times 3 + 8 \div 2 + 21 + 5 \times 4 - 14 \div 7 = 53$
विकल्प (b) से, 21 और 14 को आपस में बदलने पर,
$6 \times 3 + 8 \div 2 + 14 + 5 \times 4 - 21 \div 7 = 53$
$\Rightarrow 18 + 4 + 14 + 20 - 3 = 53$
$\Rightarrow 56 - 3 = 53$
$\Rightarrow 53 = 53$

15. (b) $15 - 7 \div 4 + 36 \times 9 = ?$
प्रश्नानुसार, चिह्नों को आपस में बदलने पर,
$15 + 7 \times 4 - 36 \div 9 = ?$
$\Rightarrow ? = 15 + 28 - 4$
$\Rightarrow ? = 43 - 4$
$\Rightarrow ? = 39$

16. (c) $6408 \times 8 + 27 - 15 \div 10 = ?$
प्रश्नानुसार, चिह्नों को आपस में बदलने पर,
$6408 \div 8 - 27 + 15 \times 10 = ?$
$\Rightarrow ? = 801 - 27 + 150$
$\Rightarrow ? = 951 - 27$
$\Rightarrow ? = 924$

17. (a) $63 \times 7 \div 13 - 64 + 42 = ?$
प्रश्नानुसार, चिह्नों को आपस में बदलने पर,
$63 \div 7 \times 13 + 64 - 42 = ?$
$\Rightarrow ? = 9 \times 13 + 64 - 42$
$\Rightarrow ? = 117 + 64 - 42$
$\Rightarrow ? = 181 - 42$
$\Rightarrow ? = 139$

18. (d) $69 + 2485 \times 5 - 912 \div 2 = ?$
प्रश्नानुसार, चिह्नों को आपस में बदलने पर,
$69 - 2485 \div 5 + 912 \times 2 = ?$
$\Rightarrow ? = 69 - 497 + 1824$
$\Rightarrow ? = 1893 - 497 \Rightarrow ? = 1396$

19. (a) दिया गया व्यंजक
8 _ 27 _ 9 _ 6 _ 5 = 0
विकल्प (a) के चिह्न को प्रतिस्थापित करने से,
$8 + 27 \div 9 - 6 - 5 = 0$
$\Rightarrow 8 + 3 - 6 - 5 = 0$
$\Rightarrow 11 - 11 = 0$
$\Rightarrow 0 = 0$

20. (b) $20 + 10 \times 2 - 4 \div 5 = ?$
प्रश्नानुसार, चिह्नों को आपस में बदलने पर,
$20 - 10 \div 2 + 4 \times 5 = ?$
$\Rightarrow ? = 20 - 5 + 20$
$\Rightarrow ? = 40 - 5$
$\Rightarrow ? = 35$

21. (a) $19 + 125 \div 25 - 100 \div 5 + 4 \times 3 = 52$
विकल्प (a) से, 25 और 5 को आपस में बदलने पर,
$19 + 125 \div 5 - 100 \div 25 + 4 \times 3 = 52$
$\Rightarrow 19 + 25 - 4 + 12 = 52$
$\Rightarrow 56 - 4 = 52 \Rightarrow 52 = 52$

22. (c) $? = 272 \times 16 + 97 - 23 \div 4$
प्रश्नानुसार, चिह्नों को परस्पर बदलने पर
$? = 272 \div 16 - 97 + 23 \times 4$
$= 17 - 97 + 92 = 109 - 97 = 12$

23. (b) $? = 37 \div 56 - 7 \times 2 + 6$
प्रश्नानुसार,
$? = 37 - 56 \div 7 + 2 \times 6$
$= 37 - 8 + 2 \times 6$
$= 37 - 8 + 12 = 49 - 8 = 41$

24. (c) $? = 1064 \times 2 - 653 \div 2 + 89$
प्रश्नानुसार,
$? = 1064 \div 2 + 653 \times 2 - 89$
$= 532 + 653 \times 2 - 89$
$= 532 + 1306 - 89$
$= 1838 - 89 = 1749$

25. (a) मूल व्यंजक $= 99 \div 41 + 208 \times 2 - 35$
चिह्न बदलने पर नया व्यंजक
$= 99 \times 41 - 208 \div 2 + 35$
$= 99 \times 41 - 104 + 35$
$= 4059 + 35 - 104$
$= 4094 - 104$
$= 3990$

26. (b) मूल व्यंजक $= 63 \times 9 + 21 - 4 \div 5$
चिह्न बदलने से,
नया व्यंजक $= 63 \div 9 - 21 + 4 \times 5$
$= 7 - 21 + 4 \times 5$
$= 7 - 21 + 20 = 27 - 21 = 6$

27. (a) दिया गया व्यंजक
$4 + 9 \times 48 - 6 \div 7 = ?$
प्रश्नानुसार, चिह्नों को आपस में बदलने पर,
$4 \times 9 + 48 \div 6 - 7$
$= 36 + 8 - 7 = 37$

28. (c) मूल व्यंजक $= 2864 \times 4 - 168 \div 2 + 69$
चिह्नों को परस्पर बदलने से,
नया व्यंजक $= 2864 \div 4 + 168 \times 2 - 69$
$= 716 + 168 \times 2 - 69$
$= 716 + 336 - 69$
$= 1052 - 69 = 983$

29. (c) मूल व्यंजक $= 42 \times 3 \div 4 + 9 - 17$

चिह्न बदलने से, नया व्यंजक $= 42 \div 3 + 4 \times 9 - 17$

('–' का चिह्न अपरिवर्तित है)

$= 14 + 4 \times 9 - 17$

$= 14 + 36 - 17 = 50 - 17 = 33$

30. (c) दिया गया व्यंजक, $\frac{480 \div 0.3 \times 5 + 500}{190 + 9 \times 27 \div 16} = 2$

विकल्प (c) के अनुसार अंक परिवर्तित करने पर,

$\Rightarrow \frac{480 \div 16 \times 5 + 500}{190 + 9 \times 27 \div 0.3} = 2$

$\Rightarrow \frac{4800 \div 16 \times 5 + 500}{190 + 9 \times 270 \div 3} = 2$

$\Rightarrow \frac{300 \times 5 + 500}{190 + 9 \times 90} = 2$

$\Rightarrow \frac{1500 + 500}{190 + 810} = 2 \Rightarrow \frac{2000}{1000} = 2$

$2 = 2$

31. (b) दिया गया व्यंजक

$2^{57-33\div11\times13-2} + 3^{64-56\div8\times4-44} = 35$

विकल्प (b) से,

$2^{57-44\div11\times13-2} + 3^{64-56\div8\times4-33} = 35$

$\Rightarrow 2^{57-4\times13-2} + 3^{64-7\times4-33} = 35$

$\Rightarrow 2^{57-52-2} + 3^{64-28-33} = 35$

$\Rightarrow 2^{57-54} + 3^{64-61} = 35$

$\Rightarrow 2^3 + 3^3 = 35$

$\Rightarrow 8 + 27 = 35 \Rightarrow 35 = 35$

32. (c) दिया गया व्यंजक,

$49 \times 7 - 6 \div 2 + 15$

प्रश्नानुसार, चिह्नों को आपस में बदलने पर,

$49 \div 7 + 6 \times 2 - 15 = 7 + 12 - 15 = 19 - 15 = 4$

33. (b) दिया गया व्यंजक,

$12 + 12 - 4 \times 4 \div 2 = 22$

प्रश्नानुसार, विकल्प (b) से चिह्नों को परिवर्तित करने पर,

$12 + 12 \div 4 \times 4 - 2 = 22$

$\Rightarrow 12 + 3 \times 4 - 2 = 22$

$\Rightarrow 12 + 12 - 2 = 22$

$\Rightarrow 24 - 2 = 22 \Rightarrow 22 = 22$

34. (b) दिया गया व्यंजक,

$247 \div 13 + 16 \times 3 - 148 = 119$

विकल्प (b) से '–' और '+' को आपस में बदलने पर,

$247 \div 13 - 16 \times 3 + 148$

$= 19 - 48 + 148 = 119$

35. (b) $41 - 54 \times 6 \div 9 + 7$

$? = 41 + 54 \div 6 \times 9 - 7$

$= 41 + 9 \times 9 - 7$

$= 41 + 81 - 7 = 122 - 7 = 115$

36. (b) $? = 14014 \times 14 - 10 \div 8 + 14$

$? = 14014 \div 14 + 10 \times 8 - 14$

$= 1001 + 80 - 14$

$= 1081 - 14 = 1067$

37. (b) $48 \div 3 + 12 \times 4 - 6 \times 7 + 21 = 27$

संख्या 3 और 4 को परस्पर बदलने पर,

$48 \div 4 + 12 \times 3 - 6 \times 7 + 21 = 27$

$\Rightarrow 12 + 12 \times 3 - 6 \times 7 + 21 = 27$

$\Rightarrow 12 + 36 - 42 + 21 = 27$

$\Rightarrow 69 - 42 = 27$

$\Rightarrow 27 = 27$

38. (c) $11 \div 12 - 78 \times 6 + 57 = ?$

प्रश्नानुसार,

$? = 11 \times 12 + 78 \div 6 - 57$

$= 132 + 13 - 57 = 145 - 57 = 88$

39. (b) $116 - 92 \div 4 + 25 \times 2 - 20 = 150$

विकल्प (b) से,

$116 - 92 \div 2 + 25 \times 4 - 20 = 150$

$\Rightarrow 116 - 46 + 100 - 20 = 150$

$\Rightarrow 70 + 80 = 150$

$\Rightarrow 150 = 150$

40. (c) $4 - 12 + 3 \div 12 \times 6 = ?$

प्रश्नानुसार, चिह्नों को आपस में बदलने पर,

$4 \times 12 \div 3 + 12 - 6 = 4 \times 4 + 12 - 6$

$= 16 + 12 - 6 = 28 - 6 = 22$

41. (b) दिया गया व्यंजक,

$18 - 23 \times 455 \div 7 + 28 = 377$

विकल्प (b) से, – और × को आपस में बदलने पर,

$18 \times 23 - 455 \div 7 + 28 = 377$

$\Rightarrow 414 - 65 + 28 = 377$

$\Rightarrow 349 + 28 = 377$

$\Rightarrow 377 = 377$

42. (d) $24 \div 3 - 4 \times 2 + 6 \times 5 + 12 = 50$

विकल्प (d) से, 24 तथा 12 को परस्पर बदलने पर,

$12 \div 3 - 4 \times 2 + 6 \times 5 + 24 = 50$

$\Rightarrow 4 - 8 + 30 + 24 = 50$

$\Rightarrow 30 + 24 + 4 - 8 = 50$

$\Rightarrow 58 - 8 = 50 \Rightarrow 50 = 50$

43. (d) $4 \div 6 + 91 \times 7 - 5 = ?$

प्रश्नानुसार, चिह्नों को परस्पर बदलने पर,

$4 \times 6 - 91 \div 7 + 5 = 24 - 13 + 5$

$= 29 - 13 = 16$

44. (c) $1604 \times 4 - 525 \div 5 + 73 = ?$

प्रश्नानुसार, चिह्नों को परस्पर बदलने पर,

$= 1604 \div 4 + 525 \times 5 - 73$

$= 401 + 2625 - 73$

$= 3026 - 73 = 2953$

45. (c) $5 - 4 \div 9 + 80 \times 10$

प्रश्नानुसार, चिह्नों को परस्पर बदलने पर,

$5 + 4 \times 9 - 80 \div 10 = 5 + 36 - 8$

$= 41 - 8 = 33$

46. (b) $161 \div 4 + 75 \times 5 - 4 = ?$

$? = 161 \times 4 - 75 \div 5 + 4$

$= 161 \times 4 - 15 + 4 = 644 - 15 + 4$

$= 648 - 15 = 633$

47. (b) 11 * 7 * 345 * 5 * 31 = 115

विकल्प (b) से, $11 \times 7 + 345 \div 5 - 31 = 115$

$\Rightarrow 11 \times 7 + 69 - 31 = 115$

$\Rightarrow 77 + 69 - 31 = 15$

$\Rightarrow 146 - 31 = 115$

$\Rightarrow 115 = 115$

48. (b) 33 * 4 * 15 * 3 * 61 = 188

विकल्प (b) से, $33 \times 4 - 15 \div 3 + 61 = 188$

$\Rightarrow 33 \times 4 - 5 + 61 = 188$

$\Rightarrow 132 - 5 + 61 = 188$

$\Rightarrow 193 - 5 = 188 \Rightarrow 188 = 188$

49. (a) 7 * 5 * 4 * 2 * 3 * 7

विकल्प (a) से, $7 + 5 - 4 \div 2 - 3 = 7$

$\Rightarrow 7 + 5 - 2 - 3 = 7 \Rightarrow 12 - 5 = 7 \Rightarrow 7 = 7$

50. (c) 205 > 210 \$ 15 ! 2 < 19

$205 + 210 \div 15 \times 2 - 19$

$= 205 + \left(\frac{210}{15} \times 2\right) - 19$

$= 205 + (14 \times 2) - 19$

$= 205 + 28 - 19 = 233 - 19 = 214$

51. (c) $312 - 13 \times 14 + 207 \div 4 = 539$

विकल्प (c) से,

$312 \div 13 \times 14 + 207 - 4 = 539$

$\Rightarrow \left(\frac{312}{13}\right) \times 14 + 207 - 4 = 539$

$\Rightarrow (24 \times 14) + 207 - 4 = 539$

$\Rightarrow (336 + 207) - 4 = 539$

$\Rightarrow 543 - 4 = 539$

$\Rightarrow 539 = 539$

52. (b) $805 + 23 \div 4 - 6 \times 2$

प्रश्नानुसार,

$805 \div 23 - 4 \times 6 + 2 = \frac{805}{23} - 4 \times 6 + 2$

$= 35 - 4 \times 6 + 2$

$= 37 - 24 = 13$

53. (a) $26 - 13 + 144 \times 18 \div 81$

प्रश्नानुसार, चिह्न बदलने पर

$26 \times 13 - 144 \div 18 + 81$

$= 26 \times 13 - 8 + 81 = 338 - 8 + 81 = 411$

54. (b) $15 \div 80 - 34 + 10 \times 8 = 102$

विकल्प (b) से, $34 + 80 - 15 \div 10 \times 8 = 102$

$\Rightarrow 34 + 80 - \frac{3}{2} \times 8 = 102$

$\Rightarrow 34 + 80 - 12 = 102$

$\Rightarrow 114 - 12 = 102 \Rightarrow 102 = 102$

55. (a) $1000 - 448 + 14 \div 15 \times 2 = 998$

विकल्प (a) से,

$\therefore 1000 - 448 \div 14 + 15 \times 2 = 998$

$\Rightarrow 1000 - 32 + 30 = 998$

$\Rightarrow 1030 - 32 = 998 \Rightarrow 998 = 998$

56. (c) $13 \times 6 + 24 \div 6 - 17 = 91$

विकल्प (c) से,

$13 \times 6 - 24 \div 6 + 17 = 91$

$\Rightarrow 78 - 4 + 17 = 91$

$\Rightarrow 95 - 4 = 91 \Rightarrow 91 = 91$

57. (a) $840 \div 38 - 7 + 10 \times 12 = 462$

विकल्प (a) से,

$840 \div 12 \times 7 + 10 - 38 = 462$

$\Rightarrow 70 \times 7 + 10 - 38 = 462$

$\Rightarrow 490 + 10 - 38 = 462$

$\Rightarrow 500 - 38 = 462 \Rightarrow 462 = 462$

58. (d) $9 * 16 * 64 * 8 * 2 * 9$

विकल्प (d) से, $9 + 16 \div 64 \times 8 - 2 = 9$

$\Rightarrow 9 + \frac{1}{4} \times 8 - 2 = 9$

$\Rightarrow 9 + 2 - 2 = 9 \Rightarrow 9 = 9$

59. (d) $18 * 3 * 12 * 9 * 3 * 111$

विकल्प (d) से, $18 \div 3 + 12 \times 9 - 3 = 111$

$\Rightarrow 6 + 108 - 3 = 111$

$\Rightarrow 114 - 3 = 111 \Rightarrow 111 = 111$

60. (b) $3 \times 12 - 6 \div 2 + 12 = 16$

विकल्प (b) से,

$3 \times 12 \div 6 - 2 + 12 = 16$

$\Rightarrow 3 \times 2 - 2 + 12 = 16$

$\Rightarrow 6 - 2 + 12 = 16$

$\Rightarrow 18 - 2 = 16 \Rightarrow 16 = 16$

61. (b) 72 @ 9 @ 3 @ 6 @ 6 @ 6 @ 6

विकल्प (b) से,

$72 \div 9 \times 3 + 6 = 6 \times 6 - 6$

$\Rightarrow \left(\frac{72}{9} \times 3\right) + 6 = 36 - 6$

$\Rightarrow 24 + 6 = 36 - 6 \Rightarrow 30 = 30$

62. (c) $12 * 4 * 15 * 3 * 16 * 24$

विकल्प (c) से, $12 \div 4 + 15 \div 3 + 16 = 24$

$\Rightarrow \left(\frac{12}{4}\right) + \left(\frac{15}{3}\right) + 16 = 24$

$\Rightarrow 3 + 5 + 16 = 24 \Rightarrow 24 = 24$

63. (d) $14 - 19 + 240 \times 16 \div 61$

प्रश्नानुसार, चिह्न बदलने पर

$14 \times 19 - 240 \div 16 + 61$

$= 14 \times 19 - 15 + 61$

$= 266 - 15 + 61 = 327 - 15 = 312$

64. (b) $3 - 17 + 3 + 16 \times 8 = 60$

विकल्प (b) से, $3 \times 16 + 3 + 17 - 8 = 60$

$\Rightarrow 48 + 20 - 8 = 60 \Rightarrow 68 - 8 = 60$

$\Rightarrow 60 = 60$

65. (a) 42 ◇ 7 ◇ 5 ◇ 5 ◇ 40 ◇ 5

विकल्प (a) से, $42 \div 7 \times 5 + 5 = 40 - 5$

$\Rightarrow 6 \times 5 + 5 = 35 \Rightarrow 30 + 5 = 35 \Rightarrow 35 = 35$

66. (c) $24 - (9 \div 12) + (84 \times 4) + 28 = 23$

विकल्प (c) से,

$24 - (9 \times 4) + (84 \div 12) + 28 = 23$

$\Rightarrow 24 - 36 + 7 + 28 = 23$

$\Rightarrow 59 - 36 = 23 \Rightarrow 23 = 23$

67. (b) दिया है,

$321 * 3 * 236 * 5 * 248 * 4 * 20 = 384$

विकल्प (a) से, चिह्न रखने पर

$321 + 3 - 236 \times 5 + 248 \div 4 \times 20 = 384$

$321 + 3 - 236 \times 5 + 62 \times 20 = 384$

$321 + 3 - 1180 + 1240 = 384$

$1564 - 1180 = 384$

$384 = 384$

68. (a) $93 * 3 * 7 * 4 * 11 = 15$

विकल्प (a) से, $96 \div 3 - 7 \times 4 + 11 = 15$

$\Rightarrow 96 \div 3 - 28 + 11 = 15$

$\Rightarrow 32 - 28 + 11 = 15 \Rightarrow 15 = 15$

69. (d) $26 + 342 - 19 \times 73 \div 14$

प्रश्नानुसार, $26 \times 342 \div 19 - 73 + 14$

$= 26 \times 18 - 73 + 14$

$= 468 - 73 + 14 = 482 - 73 = 409$

70. (c) $16 * 31 * 18 * 2 * 11 * 494$

विकल्प (c) से, $16 \times 31 + 18 \div 2 - 11 = 494$

$\Rightarrow 16 \times 31 + 9 - 11 = 494$

$\Rightarrow 496 + 9 - 11 = 494$

$\Rightarrow 505 - 11 = 494 \Rightarrow 494 = 494$

71. (c) $12 \div 5 - 8 \times 2 + 14 = 70$

विकल्प (c) से, $12 \times 5 - 8 \div 2 + 14 = 70$

$\Rightarrow 12 \times 5 - 4 + 14 = 70$

$\Rightarrow 60 + 14 - 4 = 70$

$\Rightarrow 74 - 4 = 70 \Rightarrow 70 = 70$

72. (a) $11 * 13 * 238 * 17 * 34 = 123$

विकल्प (a) से,

$\text{LHS} = 11 \times 13 + 238 \div 17 - 34$

$= 11 \times 13 + \frac{238}{17} - 34$

$= 11 \times 13 + 14 - 34$

$= 143 + 14 - 34 = 157 - 34$

$= 123 = \text{RHS}$

73. (b) $24 \times 9 + 6 \div 24 - 18 = 22$

विकल्प (b) से, $24 \times 6 \div 9 + 24 - 18 = 22$

$\Rightarrow 24 \times \frac{6}{9} + 24 - 18 = 22$

$\Rightarrow 16 + 24 - 18 = 22 \Rightarrow 40 - 18 = 22 \Rightarrow 22 = 22$

74. (b) $14 + 16 - 14 \times 9 \div 4 = 61$

विकल्प (b) से, $14 - 9 + 14 \times 16 \div 4 = 61$

$\Rightarrow 14 - 9 + 14 \times 4 = 61 \Rightarrow 14 - 9 + 56 = 61$

$\Rightarrow 70 - 9 = 61 \Rightarrow 61 = 61$

75. (b) $2 \times 236 - 2 + 36 \div 72 = 200$

विकल्प (b) से,

$2 \times 236 \div 2 + 36 - 72 = 200$

$\Rightarrow 2 \times 118 + 36 - 72 = 200$

$\Rightarrow 236 + 36 - 72 = 200$

$\Rightarrow 272 - 72 = 200 \Rightarrow 200 = 200$

76. (a) $36 * 12 * 6 * 12 * 3 = 63$

विकल्प (a) से, $36 \times 12 \div 6 - 12 + 3 = 63$

$\Rightarrow \frac{36 \times 12}{6} - 12 + 3 = 63$

$\Rightarrow 72 - 12 + 3 = 63 \Rightarrow 75 - 12 = 63 \Rightarrow 63 = 63$

77. (a) $756 \div 252 + 89 \times 180 - 63 = 384$

विकल्प (a) से, $756 \div 252 \times 89 + 180 - 63 = 384$

$\Rightarrow \left(\frac{756}{252}\right) \times 89 + 180 - 63 = 384$

$\Rightarrow (3 \times 89) + 180 - 63 = 384$

$\Rightarrow 267 + 180 - 63 = 384$

$\Rightarrow 447 - 63 = 384 \Rightarrow 384 = 384$

78. (b) 450903025055015

विकल्प (b) से, $45 \div 9 \times 3 + 25 = 55 - 15$

$\Rightarrow 5 \times 3 + 25 = 40 \Rightarrow 15 + 25 = 40 \Rightarrow 40 = 40$

79. (a) $1664 \div 4 \times 2 + 712 - 316 = 436$

विकल्प (a) से, $1664 \div 4 \times 2 - 712 + 316 = 436$

$\Rightarrow 416 \times 2 - 712 + 316 = 436$

$\Rightarrow 832 - 712 + 316 = 436$

$\Rightarrow 1148 - 712 = 436 \Rightarrow 436 = 436$

80. (d) $3 - 21 + 153 \times 17 \div 26$

प्रश्नानुसार, $3 \times 21 - 153 \div 17 + 26$

$= 63 - 9 + 26 = 89 - 9 = 80$

81. (d) 28 ⬡ 4 ⬡ 3 ⬡ 9 ⬡ 42 ⬡ 12

विकल्प (d) से, $28 \div 4 \times 3 + 9 = 42 - 12$

$\Rightarrow 7 \times 3 + 9 = 30 \Rightarrow 21 + 9 = 30 \Rightarrow 30 = 30$

82. (d) 56 ◇ 8 ◇ 4 ◇ 7 ◇ 50 ◇ 15

विकल्प (d) से, $56 \div 8 \times 4 + 7 = 50 - 15$

$\Rightarrow 7 \times 4 + 7 = 35 \Rightarrow 28 + 7 = 35 \Rightarrow 35 = 35$

83. (a) $32 * 42 * 7 * 7 * 17 = 202$

विकल्प (a) से, $32 \times 42 \div 7 - 7 + 17 = 202$

$\Rightarrow 32 \times 6 - 7 + 17 = 202$

$\Rightarrow 192 - 7 + 17 = 202$

$\Rightarrow 209 - 7 = 202 \Rightarrow 202 = 202$

84. (c) $5 * 23 * 24 * 4 * 10 * 111$

विकल्प (c) से, $5 \times 23 + 24 \div 4 - 10 = 111$

$\Rightarrow 5 \times 23 + 6 - 10 = 111 \Rightarrow 115 + 6 - 10 = 111$

$\Rightarrow 121 - 10 = 111 \Rightarrow 111 = 111$

85. (a) $912 - 456 \times 28 + 390 \div 2 = 444$

विकल्प (a) से, $912 \div 456 \times 28 + 390 - 2 = 444$

$\Rightarrow 2 \times 28 + 390 - 2 = 444$

$\Rightarrow 56 + 390 - 2 = 444$

$\Rightarrow 446 - 2 = 444 \Rightarrow 444 = 444$

86. (b) $76 * 34 * 23 * 12 * 6 * 21$

विकल्प (b) से, $76 - 34 - 23 + 12 \div 6 = 21$

$\Rightarrow 76 - 34 - 23 + 2 = 21$

$\Rightarrow 78 - 57 = 21 \Rightarrow 21 = 21$

87. (d) $11 - 14 + 9 \times 3 \div 104$

प्रश्नानुसार, $11 \times 14 - 9 \div 3 + 104$

$= 154 - 3 + 104 = 258 - 3 = 255$

88. (b) $150 * 3 * 10 * 2 * 7 * 46$

विकल्प (b) से, $150 \div 3 + 10 - 2 \times 7 = 46$

$\Rightarrow 50 + 10 - 2 \times 7 = 46 \Rightarrow 50 + 10 - 14 = 46$

$\Rightarrow 60 - 14 = 46 \Rightarrow 46 = 46$

89. (d) $256 * 4 * 9 * 3 * 14 = 51$

विकल्प (d) से, $256 \div 4 - 9 \times 3 + 14 = 51$

$\Rightarrow 64 - 27 + 14 = 51$

$\Rightarrow 78 - 27 = 51 \Rightarrow 51 = 51$

90. (c) $588 \div 28 \times 32 + 72 - 160 = 760$

विकल्प (c) से, $588 \div 28 \times 32 - 72 + 160 = 760$

$\left(\frac{588}{28} \times 32\right) - 72 + 160 = 760$

$\Rightarrow 672 - 72 + 160 = 760$

$\Rightarrow 832 - 72 = 760 \Rightarrow 760 = 760$

91. (c) $78 + 456 - 45 \times 12 \div 4 = 519$

विकल्प (c) से, $456 + 78 - 45 \div 12 \times 4 = 519$

$\Rightarrow 534 - \frac{45}{12} \times 4 = 519 \Rightarrow 534 - 15 = 519$

$\Rightarrow 519 = 519$

92. (a) $95 \times 5 + 19 \div 2 - 21 = 36$

विकल्प (a) से, $95 \div 5 + 19 \times 2 - 21 = 36$

$\Rightarrow \quad 19 + 38 - 21 = 36 \Rightarrow 57 - 21 = 36$

$\Rightarrow$ 36 = 36 (सत्य)

93. (b) विकल्प (b) से, $8 \div 6 \times 9 + 7 - 4 = 12$

7 तथा 4 को परस्पर बदलने पर,

$8 \div 6 \times 9 + 4 - 7 = 12$

$\text{LHS} = \frac{8}{6} \times 9 + 4 - 7 = 12 + 4 - 7 = 9 \neq \text{RHS}$

94. (b) [{42 & 26) & (12 & 2)} & (4 & 5)}] & 5 & 10

विकल्प (b) से,

$[\{(42 - 26) + (12 \times 2)\} \div (4 \times 5)] \times 5 = 10$

$[\{16 + 24\} \div 20] \times 5 = 10$

$\Rightarrow [40 \div 20] \times 5 = 10 \Rightarrow 2 \times 5 = 10 \Rightarrow 10 = 10$

95. (a) $28 + 7 \times 10 \div 5 - 20 = 5$

विकल्प (a) से, $28 \div 7 \times 5 + 10 - 20 = 10$

$\Rightarrow \quad 4 \times 5 + 10 - 20 = 10$

$\Rightarrow \quad 20 + 10 - 20 = 10 \Rightarrow 10 = 10$

96. (c) विकल्प (c) से, $8 \div 4 \times 2 - 6 + 9 = 18$

4 तथा 2 के स्थान परस्पर बदलने पर,

$8 \div 2 \times 4 - 6 + 9 = 18 \Rightarrow 4 \times 4 - 6 + 9 = 18$

$\Rightarrow 16 - 6 + 9 = 18 \Rightarrow 19 \neq 18$

97. (a) विकल्प (a) से, $7 + 6 - 9 \times 4 \div 2 = 2$

7 तथा 9 के स्थान परस्पर बदलने पर,

$9 + 6 - 7 \times 4 \div 2 = 2$

$\Rightarrow 9 + 6 - 7 \times 2 = 2 \Rightarrow 15 - 14 = 2 \Rightarrow 1 \neq 2$

98. (c) 16*3*2*11*9 = 22

विकल्प (c) से, $16 \times 3 \div 2 - 11 + 9 = 22$

$\Rightarrow 16 \times \frac{3}{2} - 11 + 9 = 22 \Rightarrow 8 \times 3 - 11 + 9 = 22$

$\Rightarrow 24 - 11 + 9 = 22 \Rightarrow 33 - 11 = 22 \Rightarrow 22 = 22$

99. (a) 50 * 25 * 10 * 2 * 175

विकल्प (a) से, $50 + 25 \times 10 \div 2 = 175$

$\Rightarrow \quad 50 + 25 \times 5 = 175$

$\Rightarrow \quad 50 + 125 = 175 \Rightarrow 175 = 175$

100. (a) $72 \div 6 - 20 + 30 \times 5 = 70$

विकल्प (a) से, $72 \div 6 \times 5 + 30 - 20 = 70$

$\Rightarrow \quad 12 \times 5 + 30 - 20 = 70$

$\Rightarrow \quad 60 + 30 - 20 = 70 \Rightarrow 70 = 70$

101. (c) $13 - 65 \div 45 \times 21 + 2 = 82$

विकल्प (c) से, $45 - 65 \div 13 + 21 \times 2 = 82$

$\Rightarrow 45 - 5 + 42 = 82 \Rightarrow 87 - 5 = 82 \Rightarrow 82 = 82$

102. (c) $7 \times 8 \div 4 + 2 - 6 = 49$

विकल्प (c) से, प्रश्नानुसार,

$\text{LHS} = 7 \times 8 + 4 \div 2 - 6$

$= 7 \times 8 + 2 - 6 = 56 + 2 - 6 = 52 \neq \text{RHS}$

103. (d) $8 + 4 \times 6 \div 3 - 9 = 15$

विकल्प (d) से,

प्रश्नानुसार, $8 - 4 \times 3 \div 6 + 9 = 15$

$\Rightarrow \quad 8 - 4 \times \frac{1}{2} + 9 = 15$

$\Rightarrow \quad 8 - 2 + 9 = 15 \Rightarrow 15 = 15$

104. (d) $18 + (12 \times 6) + (63 \div 7) \times 4 + (27)^{\frac{1}{3}} - 11 = 112$

विकल्प (d) से,

$\text{LHS} = 18 + (12 \times 4) + (63 \div 7) \times 6 + (27)^{\frac{1}{3}} - 11$

$= 18 + 48 + (9 \times 6) + 3 - 11$

$= 18 + 48 + 54 + 3 - 11 = 112$

RHS = 112

105. (b) $60 \times 3 + 660 \div 6 - 20 = 290$

विकल्प (b) से, $20 + 3 \times 660 \div 6 - 60 = 290$

$\Rightarrow \quad 20 + 3 \times 110 - 60 = 290$

$\Rightarrow \quad 20 + 330 - 60 = 290$

$\Rightarrow \quad 350 - 60 = 290 \Rightarrow 290 = 290$

106. (a) I. $7 - 5 \times 4 + 8 \div 2$

प्रश्नानुसार, $7 \times 5 - 2 + 8 \div 4 = 35 - 2 + 2 = 35$

II. $7 \times 3 - 8 \div 2 + 4 = 7 - 3 \times 8 \div 4 + 2$

प्रश्नानुसार,

$= 7 - 3 \times 2 + 2 = 7 - 6 + 2 = 9 - 6 = 3$

∴ अभीष्ट मान = 35, 3

107. (b) $40 - 220 \div 2 \times 2 + 20 = 200$

विकल्प (b) से, $20 + 220 \div 2 \times 2 - 40 = 200$

$\Rightarrow \quad 20 + 220 - 40 = 200$

$\Rightarrow \quad 240 - 40 = 200 \Rightarrow 200 = 200$

108. (d) $7 + 3 \times 2 - 4 \div 1 = 13$

विकल्प (d) से,

$\text{LHS} = 3 + 7 \times 2 - 4 \div 1 = 3 + 7 \times 2 - \frac{4}{1}$

$= 3 + 14 - 4 = 13 = \text{RHS}$

109. (a) $108 \div 2 \times 10 + 70 - 10 = 480$

विकल्प (a) से,

$\text{LHS} = 108 \div 2 \times 10 - 70 + 10$

$= \frac{108}{2} \times 10 - 70 + 10$

$= (54 \times 10) - 70 + 10 = 480 = \text{RHS}$

110. (a) 59 * 12 * 6 * 24 * 2 * 105

विकल्प (a) से, $59 - 12 \div 6 + 24 \times 2 = 105$

$\Rightarrow \quad 59 - 2 + 48 = 105$

$\Rightarrow \quad 107 - 2 = 105 \Rightarrow 105 = 105$

111. (b) $4 \times 5 - 36 \div 6 + 10 = 10$

विकल्प (b) से,

प्रश्नानुसार,

$4 - 5 \times 36 \div 6 + 10 = 4 - 5 \times 6 + 10$

$= 4 - 30 + 10 = 14 - 30 = -16 \neq 10$

112. (b) $264 + 24 \times 9 \div 60 - 4 = 630$

विकल्प (b) से,

$264 \div 4 \times 9 + 60 - 24 = 630$

$\Rightarrow \quad 66 \times 9 + 60 - 24 = 630$

$\Rightarrow \quad 594 + 60 - 24 = 630$

$\Rightarrow 654 - 24 = 630 \Rightarrow 630 = 630$

113. (c) 11 * 3 * 11 * 2 * 9 = 10

विकल्प (c) से, $11 \times 3 \div 11 - 2 + 9 = 10$

$\Rightarrow \quad 11 \times \frac{3}{11} - 2 + 9 = 10$

$\Rightarrow 3 - 2 + 9 = 10 \Rightarrow 12 - 2 = 10 \Rightarrow 10 = 10$

114. (d) $16 + 4 \div 2 \times 12 - 4 = 40$

विकल्प (d) से, $16 \times 4 \div 2 + 12 - 4 = 40$

$\text{LHS} = 16 \times 4 \div 2 + 12 - 4 = 16 \times \frac{4}{2} + 12 - 4$

$= 16 \times 2 + 8 = 32 + 8 = 40 = \text{RHS}$

115. (a) विकल्प (a) से, $5 \times 2 - 8 + 9 \div 1 = 20$

5 तथा 8 को परस्पर बदलने पर,

$8 \times 2 - 5 + 9 \div 1 = 20$

$\Rightarrow \quad 16 - 5 + 9 = 20 \Rightarrow 20 = 20$

116. (c) विकल्प (c) से,

$6 + 20 \div 12 \times 7 - 11 = 70$

$\text{LHS} = 6 \div 20 + 12 \times 7 - 11$

$\Rightarrow \frac{6}{20} + 84 - 11 \Rightarrow \frac{3}{10} + 73$

$\Rightarrow \quad \frac{3 + 730}{10} \Rightarrow \frac{733}{10} \neq 70 \neq \text{RHS}$

117. (c) विकल्प (c) से, $15 - 7 \times 8 + 18 \div 3 = 65$

+ और − चिह्नों को परस्पर बदलने पर,

$15 + 7 \times 8 - 18 \div 3 = 65$

$\text{LHS} = 15 + 7 \times 8 - 18 \div 3 = 15 + 7 \times 8 - \frac{18}{3}$

$= 15 + 56 - 6 = 65 = \text{RHS}$

118. (c) $98 - 9 \times 21 \div 7 + 56 = 69$

विकल्प (c) से,

$= 98 - 56 + 21 \div 7 \times 9$

$= (98 - 56) + \left(\frac{21}{7} \times 9\right) = 42 + 27 = 69$

119. (c) विकल्प (c) से,

प्रश्नानुसार, $4 \times 6 - 7 + 3 \div 1 = 20$

$\Rightarrow \quad 24 - 7 + 3 = 20$

$\Rightarrow \quad 27 - 7 = 20 \Rightarrow 20 = 20$

120. (b) 25 * 2 * 220 * 11 * 43

विकल्प (b) से, $25 - 2 + 220 \div 11 = 43$

$\Rightarrow \quad 25 - 2 + 20 = 43$

$\Rightarrow \quad 45 - 2 = 43 \Rightarrow 43 = 43$

121. (b) विकल्प (b) से, $7 + 1 \times 2 - 6 \div 3 = 13$

प्रश्नानुसार, $1 + 7 \times 2 - 6 \div 3 = 13$

$\Rightarrow \quad 1 + 14 - 2 = 13 \Rightarrow 13 = 13$

122. (d) $10 - 4 \div 20 + 16 \times 8 = 16$

विकल्प (d) से, $10 \times 8 \div 20 + 16 - 4 = 16$

$\Rightarrow \quad 10 \times \frac{2}{5} + 16 - 4 = 16$

$\Rightarrow \quad 4 + 16 - 4 = 16 \Rightarrow 16 = 16$

123. (b) $14 + 39 - (\sqrt{144} \div 4) + (5 \times 3) - 6 = 63$

विकल्प (b) से,

$14 + 39 - (\sqrt{144} \div 3) + (5 \times 4) - 6 = 63$

$\Rightarrow \quad 14 + 39 - (12 \div 3) + 20 - 6 = 63$

$\Rightarrow \quad 14 + 39 - 4 + 20 - 6 = 63$

$\Rightarrow \quad 73 - 10 = 63 \Rightarrow 63 = 63$

124. (d) विकल्प (d) से, $9 + 3 \times 2 - 8 \div 1 = -1$

प्रश्नानुसार, $9 \div 3 \times 2 - 8 + 1 = -1$

$\Rightarrow \quad 3 \times 2 - 8 + 1 = -1$

$\Rightarrow 6 - 8 + 1 = -1 \Rightarrow 7 - 8 = -1 \Rightarrow -1 = -1$

125. (b) 5 * 15 * 320 * 2 * 45 = 190

विकल्प (b) से, $5 \times 15 + 320 \div 2 - 45 = 190$

$\Rightarrow \quad 75 + 160 - 45 = 190$

$\Rightarrow \quad 235 - 45 = 190 \Rightarrow 190 = 190$

126. (c) $248 \div 4 + 184 \div (4 \times 6 - 2 \times 8) = 77$
विकल्प (c) से, $184 \div 4 + 248 \div (4 \times 6 - 2 \times 8) = 77$
$\Rightarrow 46 + 248 \div (24 - 16) = 77$
$\Rightarrow 46 + \frac{248}{8} = 77 \Rightarrow 46 + 31 = 77$
$\Rightarrow 77 = 77$

127. (c) विकल्प (c) से, $24 \times 8 + 6 \div 3 - 18 = 22$
प्रश्नानुसार, $24 + 8 \times 6 \div 3 - 18 = 22$
$\Rightarrow 24 + 8 \times 2 - 18 = 22$
$\Rightarrow 24 + 16 - 18 = 22$
$\Rightarrow 40 - 18 = 22 \Rightarrow 22 = 22$

128. (c) $3 \times 4 \div 2 + 7 - 5 = 16$
विकल्प (c) से,
प्रश्नानुसार, $7 \times 4 \div 2 - 3 + 5 = 16$
$\Rightarrow 7 \times 2 - 3 + 5 = 16$
$\Rightarrow 14 - 3 + 5 = 16 \Rightarrow 16 = 16$

129. (b) $4 \times 6 - 3 + 9 \div 1 = 25$
विकल्प (b) से,
प्रश्नानुसार, $3 \times 6 - 4 + 9 \div 1 \neq 25$
$\Rightarrow 18 - 4 + 9 \neq 25$
$\Rightarrow 27 - 4 \neq 25 \Rightarrow 23 \neq 25$

130. (d) $72 + (7 \times 8) - (126 \div 14) - (4)^2 = 150$
विकल्प (d) से,
$72 + (14 \times 8) - (126 \div 7) - (4)^2 = 150$
$\Rightarrow 72 + 112 - 18 - 16 = 150$
$\Rightarrow 184 - 34 = 150 \Rightarrow 150 = 150$

131. (c) समीकरण (I); $7 - 4 \times 3 \div 6 + 2 = 8$
× तथा ÷, 2 तथा 6 को परस्पर बदलने पर,
$7 - 4 \div 3 \times 2 + 6 = 8$
LHS $= 7 - 4 \div 3 \times 2 + 6$
$= 7 - \frac{4}{3} \times 2 + 6 = 13 - \frac{8}{3} = \frac{31}{3} \neq$ RHS
समीकरण (II), $6 - 8 \times 2 + 9 \div 3 = 5$
× तथा ÷, 2 तथा 6 को परस्पर बदलने पर,
$2 - 8 \div 6 + 9 \times 3 = 5$
LHS $= 2 - 8 \div 6 + 9 \times 3$
$= 2 - \frac{8}{6} + 27 = 29 - \frac{4}{3} = \frac{83}{3} \neq$ RHS
अतः चिह्नों व संख्याओं को परस्पर बदलने पर, दोनों समीकरण सही नहीं होती हैं।

132. (a) दिया है,
$(6)^2 - 20 + (28 \div 7) - [(\sqrt{4}) \times 8] + (2)^2 = 40$
विकल्प (a) से, 6 और 8 को परस्पर बदलने पर,
$(8)^2 - 20 + (28 \div 7) - [(\sqrt{4}) \times 6] + (2)^2 = 40$
$\Rightarrow 64 - 20 + 4 - [2 \times 6] + 4 = 40$
$\Rightarrow 64 - 20 + 4 - 12 + 4 = 40$
$\Rightarrow 72 - 32 = 40 \Rightarrow 40 = 40$

133. (d) $54 - (3 \times 12) \div (8)^{1/3} + (11 \times 4) + 6 = 69$
विकल्प (d) से,
$54 - (4 \times 12) \div (8)^{1/3} + (11 \times 3) + 6 = 69$
$\Rightarrow 54 - 48 \div 2 + 33 + 6 = 69$
$\Rightarrow 54 - 24 + 33 + 6 = 69$
$\Rightarrow 93 - 24 = 69$
$\Rightarrow 69 = 69$

134. (c) 66 * 6 * 12 * 3 * 15 = 12
विकल्प (c) से, $66 + 6 - 12 \div 3 \times 15 = 12$
$\Rightarrow 66 + 6 - 60 = 12 \Rightarrow 72 - 60 = 12 \Rightarrow 12 = 12$

135. (a) 25 * 4 * 6 * 2 * 17
विकल्प (a) से, $25 + 4 - 6 \times 2 = 17$
LHS $= 25 + 4 - 6 \times 2 = 25 + 4 - 12$
$= 25 - 8 = 17 =$ RHS

136. (b) $7 \times 6 - 4 + 9 \div 3 = -7$
विकल्प (b) से,
प्रश्नानुसार, $7 + 4 - 6 \times 9 \div 3 = -7$
$\Rightarrow 7 + 4 - 18 = -7 \Rightarrow 11 - 18 = -7 \Rightarrow -7 = -7$

137. (c) 20 * 2 * 50 * 5 * 115
विकल्प (c) से, $20 + 2 \times 50 - 5 = 115$
$\Rightarrow 20 + 100 - 5 = 115 \Rightarrow 115 = 115$

138. (b) $20 \times 8 - 4 \div 2 + 7 = 50$
विकल्प (b) से,
प्रश्नानुसार, $20 \times 8 \div 4 - 2 + 7 \neq 50$
$\Rightarrow 20 \times 2 - 2 + 7 \neq 50$
$\Rightarrow 40 - 2 + 7 \neq 50$
$\Rightarrow 47 - 2 \neq 50 \Rightarrow 45 \neq 50$

139. (d) 25*5*10*2*13
विकल्प (d) से, $25 \div 5 + 10 - 2 = 13$
$\Rightarrow 5 + 10 - 2 = 13 \Rightarrow 15 - 2 = 13 \Rightarrow 13 = 13$

140. (d) विकल्प (d) से, $18 \div 3 + 8 \times 5 - 4 = 30$
प्रश्नानुसार, $18 \div 3 - 8 \times 5 + 4 \neq 30$
$\Rightarrow 6 - 8 \times 5 + 4 \neq 30$
$\Rightarrow 6 - 40 + 4 \neq 30$
$\Rightarrow 10 - 40 \neq 30 \Rightarrow -30 \neq 30$

141. (b) $7 \times 4 - 2 \div 1 + 5 = 13$
विकल्प (b) से,
प्रश्नानुसार, $7 \times 2 + 4 \div 1 - 5 = 13$
$\Rightarrow 14 + 4 - 5 = 13 \Rightarrow 18 - 5 = 13 \Rightarrow 13 = 13$

142. (b) $7 \times 6 \div 3 + 9 - 8 = 17$
प्रश्नानुसार,
LHS $= 7 + 9 \div 3 \times 6 - 8$
$= 7 + \frac{9}{3} \times 6 - 8$
$= 7 + 18 - 8 = 17 =$ RHS

143. (c) I. $4 + 6 \times 5 - 7 \div 1$
प्रश्नानुसार, $5 \times 6 + 4 - 7 \div 1$
$= 30 + 4 - 7 = 34 - 7 = 27$
II. $5 \times 3 - 4 + 8 \div 2$
प्रश्नानुसार, $4 + 3 - 5 \times 8 \div 2$
$= 7 - 5 \times \frac{8}{2} = 7 - 5 \times 4 = 7 - 20 = -13$

144. (c) $8 \times 3 \div 6 + 9 - 7 = 14$
प्रश्नानुसार, विकल्प (c) से,
LHS $= 8 \div 3 \times 6 + 7 - 9 = \frac{8}{3} \times 6 + 7 - 9$
$= 16 + 7 - 9 = 14 =$ RHS

145. (c) I. $4 + 3 \times 8 - 2 \div 1 = 3$
प्रश्नानुसार, $8 + 3 - 4 \times 2 \div 1 = 3$
$\Rightarrow 11 - 8 = 3 \Rightarrow 3 = 3$
II. $8 \times 2 - 4 + 6 \div 2 = 11$
प्रश्नानुसार, $4 - 2 \times 8 + 6 \div 2 = 11$
$\Rightarrow 4 - 16 + 3 = 11 \Rightarrow -9 \neq 11$

146. (d) 35 * 5 * 7 * 2 * 19 = 42
विकल्प (d) से, $35 \times 5 \div 7 - 2 + 19 = 42$
$\Rightarrow 35 \times 5 \times \frac{1}{7} - 2 + 19 = 42$
$\Rightarrow 25 - 2 + 19 = 42 \Rightarrow 42 = 42$

147. (a) $(6)^3 \div 12 + [(\sqrt{81}) \times 4] - (28 \div 2) + 24 = 43$
विकल्प (a) से,
$(6)^3 \div 24 + [(\sqrt{81}) \times 4] - (28 \div 2) + 12 = 43$
$\Rightarrow 216 \div 24 + [9 \times 4] - 14 + 12 = 43$
$\Rightarrow 9 + 36 - 14 + 12 = 43$
$\Rightarrow 57 - 14 = 43 \Rightarrow 43 = 43$

148. (a) विकल्प (a) से, $6 \div 2 \times 8 + 3 - 1 = 17$
3 तथा 8 के स्थान आपस में बदलने पर,
$6 \div 2 \times 3 + 8 - 1 = 17$
$\Rightarrow 9 + 8 - 1 = 17 \Rightarrow 16 \neq 17$

149. (b) $30 \div 6 \times 4 + 15 - 35 = 25$
विकल्प (b) से, $30 \times 6 \div 4 + 15 - 25 = 35$
$\Rightarrow 30 \times \frac{6}{4} + 15 - 25 = 35$
$\Rightarrow 45 + 15 - 25 = 35 \Rightarrow 60 - 25 = 35 \Rightarrow 35 = 35$

150. (b) $[\{(38 \times 23) - (4 \div 3)\} + (6 - 3)] \div 2$
प्रश्नानुसार, $[\{(38 - 23) + (4 \times 3)\} \div (6 + 3)] \times 2$
$= [\{15 + 12\} \div 9] \times 2 = [27 \div 9] \times 2 = 3 \times 2 = 6$

151. (d) 12 * 24 * 4 * 2 * 60
विकल्प (d) से, $12 + 24 \times 4 \div 2 = 60$
$\Rightarrow 12 + 24 \times 2 = 60 \Rightarrow 12 + 48 = 60 \Rightarrow 60 = 60$

152. (d) I. $7 \times 9 - 8 \div 2 + 3$
प्रश्नानुसार,
$7 + 3 - 8 \div 2 \times 9 = 7 + 3 - 4 \times 9$
$= 10 - 36 = -26$
II. $4 \times 9 - 3 + 8 \div 2$
प्रश्नानुसार,
$4 + 3 - 9 \times 8 \div 2 = 4 + 3 - 9 \times 4 = 7 - 36$
$= -29$

153. (c) 512 * 32 * 9 * 100 * 6 * 25 * 2
विकल्प (c) से, $512 \div 32 \times 9 - 100 + 6 = 25 \times 2$
$\frac{512}{32} \times 9 - 100 + 6 = 50 \Rightarrow 16 \times 9 - 100 + 6 = 50$
$\Rightarrow 144 - 100 + 6 = 50 \Rightarrow 50 = 50$

154. (c) $156 - 13 + 9 \times 18 \div 5 = 169$
विकल्प (c) से, $156 \div 13 + 9 \times 18 - 5 = 169$
$\frac{156}{13} + 162 - 5 = 169$
$\Rightarrow 12 + 162 - 5 = 169 \Rightarrow 169 = 169$

155. (a) 25*7*40*20*4*210
विकल्प (a) से, $25 \times 7 + 40 - 20 \div 4 = 210$
$175 + 40 - 5 = 210$
$\Rightarrow 215 - 5 = 210 \Rightarrow 210 = 210$

156. (b) 45 * 24 * 72 * 20 * 12 * 7
विकल्प (b) से, $45 \times 24 \div 72 = 20 - 12 + 7$
$\Rightarrow 45 \times \frac{1}{3} = 27 - 12 \Rightarrow 15 = 15$

157. (b) 483 * 23 * 93 * 16 * 4 * 50
विकल्प (b) से, $483 \div 23 + 93 - 16 \times 4 = 50$
$LHS = 21 + 93 - 16 \times 4 = 21 + 93 - 64$
$= 114 - 64 = 50 = RHS$

158. (a) 48*12*8*15*3*44
विकल्प (a) से, $48 \div 12 \times 8 + 15 - 3 = 44$
$LHS = 4 \times 8 + 15 - 3 = 32 + 15 - 3 = 47 - 3$
$= 44 = RHS$

159. (d) $36 \times 81 \div 9 - (88 \div 4) + 14 + (22 + 7) = 169$
विकल्प (d) से,
$LHS = 14 \times 81 \div 9 - (88 \div 4) + 36 + (22 + 7)$
$= 14 \times \frac{81}{9} - \frac{88}{4} + 36 + 29$
$= 14 \times 9 - 22 + 36 + 29$
$= 126 - 22 + 36 + 29$
$= 191 - 22 = 169 = RHS$

160. (b) 27 A 8 B 5 C (11 C 3) B 5 C 36 D 6
प्रश्नानुसार, $27 - 8 \times 5 + (11 + 3) \times 5 + 36 \div 6$
$= 27 - 40 + 14 \times 5 + 6$
$= 27 - 40 + 70 + 6 = 103 - 40 = 63$

161. (d) $4 + 6 \times 7 - 27 \div 3 = 7 \times 8 - 4 + 39 \div 3$
विकल्प (d) से, $4 + 8 \times 7 - 27 \div 3$
$= 7 \times 6 - 4 + 39 \div 3$
$\Rightarrow 4 + 56 - 9 = 42 - 4 + 13$
$\Rightarrow 60 - 9 = 55 - 4 \Rightarrow 51 = 51$

162. (b) $11 \times 7 \div 35 - 64 + 56 = 47$
विकल्प (b) से, $35 \div 7 \times 11 - 64 + 56 = 47$
$\Rightarrow 5 \times 11 - 64 + 56 = 47$
$\Rightarrow 55 - 64 + 56 = 47 \Rightarrow 47 = 47$

163. (c) $3 + 5 \times 4 - 24 \div 3 = 7 \times 4 - 3 + 36 \div 6$
विकल्प (c) से,
$3 + 7 \times 4 - 24 \div 3 = 5 \times 4 - 3 + 36 \div 6$
$\Rightarrow 3 + 28 - 8 = 20 - 3 + 6$
$\Rightarrow 31 - 8 = 26 - 3 \Rightarrow 23 = 23$

164. (b) दिया गया व्यंजक
(40 J 32K4) I5L 155 J 7I9 = ?
प्रश्नानुसार, $? = (40 + 32 \div 4) \times 5 - 155 + 7 \times 9$
$= (40 + 8) \times 5 - 155 + 7 \times 9$
[VBODMAS का प्रयोग कर हल करने पर]
$= 48 \times 5 - 155 + 7 \times 9$
$= 240 - 155 + 63 = 303 - 155 = 148$

165. (b) दिया है, $3 - 15 + 10 \div 2 \times 7 = 43$
विकल्प (b) से चिह्न बदलने पर, $(- \leftrightarrow \times)$
$3 \times 15 + 10 \div 2 - 7 = 43$
$\Rightarrow 3 \times 15 + 5 - 7 = 43$
$\Rightarrow 45 + 5 - 7 = 43$
$\Rightarrow 50 - 7 = 43$
$\Rightarrow 43 = 43$

166. (a) दिया है, $180 \times 60 - 33 \div 1 + 50$
प्रश्नानुसार, चिह्न बदलने पर,
$180 \div 60 \times 33 + 1 - 50 = 3 \times 33 + 1 - 50$
$= 99 + 1 - 50 = 100 - 50 = 50$

167. (c) दिया है, $30 + 3 \times 990 - 11 \div 63 = 237$
विकल्प (c) से चिह्न बदलने पर, $[\div \Leftrightarrow -]$
$30 + 3 \times 990 \div 11 - 63 = 237$
$\Rightarrow 30 + 3 \times 90 - 63 = 237$
$\Rightarrow 30 + 270 - 63 = 237$
$\Rightarrow 300 - 63 = 237$
$\Rightarrow 237 = 237$

168. (b) दिया है,
समीकरण $\Rightarrow$ 80 B 12 C 5 A 27 D 9
अक्षरों के स्थान पर चिह्न रखने पर,
$80 - 12 \times 5 + 27 \div 9 = 80 - 12 \times 5 + 3$
$= 80 - 60 + 3 = 83 - 60 = 23$

169. (a) दिया है, $11 \div 12 - 78 \times 6 + 54$
प्रश्नानुसार, चिह्न बदलने पर,
$11 \times 12 + 78 \div 6 - 54 = 132 + 13 - 54$
$= 145 - 54 = 91$

170. (d) 96 A 4 D 5 B 7 C 20
प्रश्नानुसार, अक्षरों के स्थान पर चिह्न रखने पर
$96 \div 4 - 5 \times 7 + 20 = 24 - 5 \times 7 + 20$
$= 24 - 35 + 20 = 44 - 35 = 9$

171. (c) $8 - 3 \times 4 + 16 \div 2$
प्रश्नानुसार, चिह्न बदलने पर,
$8 + 3 \times 4 - 16 \div 2 = 8 + 3 \times 4 - 8$
$= 8 + 12 - 8 = 12$

172. (d) दिया है, 228 B 5 C 89 D 328 A 4
अक्षरों के स्थान पर चिह्न प्रतिस्थापित करने पर,
$228 \times 5 + 89 - 328 \div 4 = 228 \times 5 + 89 - 82$
$= 1140 + 89 - 82 = 1147$

173. (b) दिया है, $59 \div 6 - 28 \times 7 + 30$
चिह्न बदलने पर,
$59 + 6 \times 28 \div 7 - 30$
$= 59 + 6 \times 4 - 30$
$= 59 + 24 - 30 = 83 - 30 = 53$

174. (c) दिया है, $300 - 12 \times 120 \div 9 + 32$
प्रश्नानुसार चिह्न बदलने पर,
$300 \times 12 \div 120 + 9 - 32$
$= 300 \times \frac{12}{120} + 9 - 32$
$= 30 + 9 - 32 = 39 - 32 = 7$

175. (c) दिया है, $42 \times 3 - 16 \div 9 + 11$
चिह्न बदलने पर,
$42 \div 3 \times 16 + 9 - 11$
$= 14 \times 16 + 9 - 11$
$= 224 + 9 - 11$
$= 233 - 11 = 222$

176. (d) दिया है, 8B9C49A7D25
चिह्न प्रतिस्थापित करने पर,
$8 \times 9 + 49 \div 7 - 25$
$= 8 \times 9 + 7 - 25$
$= 72 + 7 - 25$
$= 79 - 25 = 54$

177. (d) दिया है,
6 C 7 C 8 B 71 A 11 B 32 C 2
चिह्न प्रतिस्थापित करने पर,
$6 \times 7 \times 8 - 71 + 11 - 32 \times 2$
$= 336 - 71 + 11 - 64$
$= 347 - 135 = 212$

178. (c) $6 + 3 \times 8 - 12 \div 4 = 4$
विकल्प (c) से चिह्न बदलने पर,
$6 + 3 \times 8 \div 12 - 4 = 4$
$\Rightarrow 6 + 3 \times \frac{8}{12} - 4 = 4$
$\Rightarrow 6 + 2 - 4 = 4$
$\Rightarrow 8 - 4 = 4$
$\Rightarrow 4 = 4$

179. (d) दिया है, 8 B 9 C 49 A 7 D 25 = ?
चिह्न प्रतिस्थापित करने पर,
$8 \times 9 + 49 \div 7 - 25 = ?$
$? = 8 \times 9 + 7 - 25$
$? = 72 + 7 - 25$
$? = 79 - 25 = 54$

180. (c) $16 \times 121 \div 11 + 4 - 10 = 50$
विकल्प (c) चिह्नों को परस्पर बदलने पर,
$16 + 121 \div 11 \times 4 - 10 = 50$
$\Rightarrow 16 + 11 \times 4 - 10 = 50$
$\Rightarrow 16 + 44 - 10 = 50$
$\Rightarrow 60 - 10 = 50$
$\Rightarrow 50 = 50$

181. (c) दिया है,
74 A (17 C 2 B 24) D 2 A 16 C 3 B 8
प्रश्नानुसार, चिह्न प्रतिस्थापित करने पर,
$74 + (17 \times 2 - 24) \div 2 + 16 \times 3 - 8$
$= 74 + (34 - 24) \div 2 + 16 \times 3 - 8$
$= 74 + 10 \div 2 + 16 \times 3 - 8$
$= 74 + 5 + 16 \times 3 - 8$
$= 74 + 5 + 48 - 8$
$= 127 - 8 = 119$

182. (c) दिया है,
$71 + 32 \times 2 - 63 \div 7 + [(81)^{\frac{1}{4}}] \times 3 - 22 = 113$
विकल्प (c) के अनुसार संख्या बदलने पर,
$71 + 32 \times 2 - 63 \div 3 + [(81)^{\frac{1}{4}}] \times 7 - 22 = 113$
$\Rightarrow 71 + 32 \times 2 - 21 + 3 \times 7 - 22 = 113$
$\Rightarrow 71 + 64 - 21 + 21 - 22 = 113$
$\Rightarrow 135 - 22 = 113$
$\therefore 113 = 113$

183. (d) दिया है, $53 - 48 \times 6 \div 9 + 11 = ?$
चिह्नों को आपस में बदलने पर,
नया व्यंजक $= 53 + 48 \div 6 \times 9 - 11$
$= 53 + 8 \times 9 - 11$
$= 53 + 72 - 11$
$= 125 - 11 = 114$

184. (d) दिया है, 342 A 2 C 125 B 1 D 43
चिह्नों को प्रतिस्थापित करने पर,
$342 \div 2 + 125 \times 1 - 43$

$= 171 + 125 \times 1 - 43$
$= 171 + 125 - 43$
$= 296 - 43 = 253$

185. (b) दिया है, $180 \times 60 - 30 \div 30 + 20$
प्रश्नानुसार, चिह्न रखने पर,
$180 \div 60 \times 30 + 30 - 20$
$= 3 \times 30 + 30 - 20$
$= 90 + 30 - 20$
$= 120 - 20 = 100$

186. (c) दिया है,
29 A 37 B 14 C 3 A (84 D 4) A 46
अक्षरों के स्थान पर चिह्न रखने पर,
$29 + 37 - 14 \times 3 + (84 \div 4) + 46$
$= 29 + 37 - 14 \times 3 + 21 + 46$
$= 29 + 37 - 42 + 21 + 46$
$= 133 - 42 = 91$

187. (a) $9 + 6 \times 3 - 9 \div 1 = 10$ $[\div \leftrightarrow -]$
विकल्प (a) से चिह्न बदलने पर,
$9 + 6 \times 3 \div 9 - 1 = 10$
$\Rightarrow 9 + \frac{6 \times 3}{9} - 1 = 10$
$\Rightarrow 9 + 2 - 1 = 10 \Rightarrow 11 - 1 = 10$
$10 = 10$

188. (a) दिया है,
$10 + 23 - 3 \times 63 \div 7 = 70$ $[- \leftrightarrow \times]$
विकल्प (a) से चिह्न बदलने पर,
$10 + 23 \times 3 - 63 \div 7 = 70$
$\Rightarrow 10 + 69 - 9 = 70$
$\Rightarrow 79 - 9 = 70 \Rightarrow 70 = 70$

189. (b) व्यंजक = 45R(26Q2)P4R19S32
प्रश्नानुसार, अक्षरों को चिह्नों में बदलने पर,
$45 + (26 \times 2) \div 4 + 19 - 32$
$= 45 + 52 \div 4 + 19 - 32$
$= 45 + 13 + 19 - 32$
$= 77 - 32 = 45$

190. (c) मूल व्यंजक
= (121S46) R 19Q5R126P6S38
प्रश्नानुसार, चिह्न बदलने पर,
$(121 - 46) + 19 \times 5 + 126 \div 6 - 38$
$= 75 + 19 \times 5 + 126 \div 6 - 38$
$= 75 + 95 + 21 - 38$
$= 191 - 38 = 153$

191. (b) दिया गया व्यंजक $= 8 - 6 + 10$
प्रश्नानुसार, चिह्न और संख्या परस्पर बदलने पर,
नया व्यंजक $= 6 + 8 - 10 = 14 - 10 = 4$

192. (a) दिया गया, व्यंजक
= [(18 S5) Q4] P 2R 22Q3S24R9
प्रश्नानुसार, अक्षरों के स्थान पर चिह्न रखने पर,
$[(18 - 5) \times 4] \div 2 + 22 \times 3 - 24 + 9$
$= 52 \div 2 + 66 - 24 + 9$
$= 26 + 66 - 24 + 9$
$= 26 + 66 + 9 - 24$
$= 101 - 24 = 77$

193. (d) मूल व्यंजक $= 5 - 18 + 12$
प्रश्नानुसार, चिह्नों और संख्याओं को परस्पर बदलने से,
नया व्यंजक $= 18 + 5 - 12 = 23 - 12 = 11$

194. (a) व्यंजक = 16 * 17 * 14 * 2 * 3 * 251
विकल्प (a) के चिह्नों को * के स्थान पर प्रतिस्थापित करने से,
नया व्यंजक $= 16 \times 17 - 14 \div 2 \times 3 = 251$
$\Rightarrow 16 \times 17 - 7 \times 3 = 251$
$\Rightarrow 272 - 21 = 251$
$\Rightarrow 251 = 251$

195. (a) मूल व्यंजक $= 168 \times 14 - 8 + 90 \div 4$
प्रश्नानुसार, चिह्नों को बदलने पर,
नया व्यंजक $= 168 \div 14 \times 8 - 90 + 4$
$= 12 \times 8 - 90 + 4$
$= 96 + 4 - 90$
$= 100 - 90 = 10$

196. (d) दिया गया व्यंजक,
$5 + 156 - 12 \times 15 \div 15 = 185$
दिए गए समीकरण चिह्न ÷ और – को परस्पर बदलने से,
$5 + 156 \div 12 \times 15 - 15$
$= 5 + 13 \times 15 - 15$
$= 5 + 195 - 15$
$= 200 - 15 = 185$

197. (d) मूल व्यंजक, $9 + 7 \times 15 - 5 \div 5$
चिह्नों को बदलने से,
प्रश्नानुसार, नया व्यंजक $= 9 \times 7 - 15 \div 5 + 5$
$= 9 \times 7 - 3 + 5$
$= 63 + 5 - 3 = 68 - 3 = 65$

198. (d) दिया गया समीकरण है,
6_2_0_8 = 20
विकल्प (d) के चिह्नों को समीकरण में रखने से,
$6 \times 2 + 0 + 8 = 20 \Rightarrow 12 + 8 = 20$
$\therefore 20 = 20$

199. (a) व्यंजक $= 14 - 7 \times 10 \div 1 + 7$
प्रश्नानुसार, चिह्न परस्पर बदलने पर,
$14 \div 7 + 10 - 1 \times 7$
$= 2 + 10 - 7 = 12 - 7 = 5$

200. (a) व्यंजक = 10 * 2 * 1 * 8 * 11 * 8
विकल्प (a) से चिह्नों को प्रतिस्थापित करने से,
$10 \div 2 - 1 \times 8 + 11 = 8$
$\Rightarrow 5 - 1 \times 8 + 11 = 8$
$\Rightarrow 5 + 11 - 8 = 8$
$\Rightarrow 16 - 8 = 8$
$\therefore 8 = 8$

201. (b) व्यंजक $= 22 \times 11 - 450 \div 50 + 500$
प्रश्नानुसार चिह्न को बदलने पर,
$= 22 \div 11 \times 450 + 50 - 500$
$= 2 \times 450 + 50 - 500$
$= 900 + 50 - 500$
$= 950 - 500 = 450$

202. (c) दिया है, 13 * 7 * 12 * 4 * 15 * 65
विकल्प (c) के चिह्नों को व्यंजक में प्रतिस्थापित करने से,
$13 + 7 + 12 \div 4 \times 15 = 65$
बायाँ पक्ष $= 13 + 7 + 12 \div 4 \times 15$
$= 13 + 7 + 3 \times 15$
$= 20 + 45 = 65$

203. (d) प्रश्नानुसार,
$42 \div 7 + 11 \times 87 - 12 = 141$
विकल्प (d) से, $42 \div 7 \times 11 + 87 - 12 = 141$
$\Rightarrow 6 \times 11 + 87 - 12 = 141$
$\Rightarrow 66 + 87 - 12 = 141$
$\Rightarrow 153 - 12 = 141 \Rightarrow 141 = 141$

204. (b) 11 B 12 C 144 D 24 A 57 = ?
प्रश्नानुसार, $? = 11 \times 12 - 144 \div 24 + 57$
$= 132 - 6 + 57 = 189 - 6 = 183$

205. (b) $(45 \times 2) \div 15 - (6 \times 3) + 10 - (63 \div 21) = 17$
विकल्प (b) से,
$(45 \times 2) \div 15 + (6 \times 3) - 10 + (63 \div 21) = 7$
$\Rightarrow 90 \div 15 + 18 - 10 + 3 = 7$
$\Rightarrow 6 + 18 - 10 + 3 = 7$
$\Rightarrow 27 - 10 = 17 \Rightarrow 17 = 17$

206. (a) 21 O 5 P 69 N 3P $\sqrt{225}$ M 88 = ?
प्रश्नानुसार,
$? = 21 \times 5 + 69 \div 3 + \sqrt{225} - 88$
$= 105 + 23 + 15 - 88 = 55$

207. (b) $15 \times 3 \div 15 - (45 \times 3) - 10 + (13 \div 2) = 76$
विकल्प (b) से,
$15 \div 3 \times 15 - (45 \div 3) - 10 + (13 \times 2) = 76$
$\Rightarrow 75 - 15 - 10 + 26 = 76$
$\Rightarrow 101 - 25 = 76 \Rightarrow 76 = 76$

208. (c) $23 - 5 \div 240 \times 8 + 14 = ?$
प्रश्नानुसार, $? = 23 \times 5 + 240 \div 8 - 14$
$= 115 + 30 - 14 = 145 - 14 = 131$

209. (c) 2 B ? D 2 = 4 B 3 2 D 8
प्रश्नानुसार, $2 \times ? \div 2 = 4 \times 32 \div 8$
$\Rightarrow 2 \times \frac{?}{2} = 4 \times \frac{32}{8} \Rightarrow 2 \times \frac{?}{2} = 4 \times 4$
$\Rightarrow ? = 16$

210. (d) 39 D13 B 2 C 6 A 8
प्रश्नानुसार, $39 \div 13 \times 2 - 6 + 8$
$= 3 \times 2 - 6 + 8 = 6 - 6 + 8 = 8$

211. (d) $[\{(14 \times 6) - (4 \div 3)\} + (6 - 4)] \div 3$
प्रश्नानुसार, $[\{(14 - 6) + (4 \times 3)\} \div (6 + 4)] \times 3$
$= [\{8 + 12\} \div 10] \times 3$
$= [20 \div 10] \times 3$
$= 2 \times 3 = 6$

212. (d) 7A 3B 24D 2 = 20 B ? A3
प्रश्नानुसार, $7 + 3 \times 24 \div 2 = 20 \times ? + 3$
$\Rightarrow 7 + 3 \times 12 = 20 \times ? + 3$
$\Rightarrow 7 + 36 = 20 \times ? + 3$
$\Rightarrow 43 = 20 \times ? + 3$
$\Rightarrow 40 = 20 \times ?$
$\Rightarrow ? = 2$

213. (b) $213 * 67 * 119 * (248*31) * 169$
विकल्प (b) से,
$213 + 67 - 119 + (248 \div 31) = 169$
$\Rightarrow \quad 280 - 119 + 8 = 169$
$\Rightarrow \quad 288 - 119 = 169 \Rightarrow 169 = 169$

214. (a) $(440 * 11) * 85 * 57 * (34 * 3)$
विकल्प (a) से,
$(440 \div 11) - 85 = 57 - (34 \times 3)$
$\Rightarrow \quad 40 - 85 = 57 - 102 \Rightarrow -45 = -45$

215. (c) $(\sqrt{169}$ O $\sqrt{25})$ P 48 N 4 M 21 P 32 = ?
प्रश्नानुसार, $? = (\sqrt{169} \times \sqrt{25}) + 48 \div 4 - 21 + 32$
$= 13 \times 5 + 12 - 21 + 32$
$= 65 + 12 - 21 + 32 = 109 - 21 = 88$

216. (a) 16 D 2B9 C15 A 32 = ?
प्रश्नानुसार, $16 \div 2 \times 9 - 15 + 32$
$= 8 \times 9 - 15 + 32$
$= 72 + 32 - 15 = 104 - 15 = 89$

217. (c) 34 A 15 B 3 C 11 B 2 A (51 D 17) = ?
प्रश्नानुसार, $34 + 15 \times 3 - 11 \times 2 + (51 \div 17) = ?$
$? = 34 + 45 - 22 + 3 = 82 - 22 = 60$

218. (b) 17 J 6 K 21 L 93 I 3 L 35 K 12 = ?
प्रश्नानुसार, $? = 17 \times 6 - 21 + 93 \div 3 + 35 - 12$
$= 17 \times 6 - 21 + 31 + 35 - 12$
$= 102 - 21 + 31 + 35 - 12$
$= 168 - 33 = 135$

219. (c) 144 C 8 B 20 A 81 D 3 = ?
प्रश्नानुसार, $144 - 8 \times 20 + 81 \div 3 = ?$
$? = 144 - 8 \times 20 + 27$
$= 144 - 160 + 27 = 171 - 160 = 11$

220. (d) $76 \times 4 + 13 \div 8 - 3 = ?$
प्रश्नानुसार, $? = 76 \div 4 \times 13 - 8 + 3$
$= 19 \times 13 - 8 + 3 = 247 - 8 + 3$
$= 250 - 8 = 242$

221. (c) $16 - 4 \times 12 \div 3 + 18$
प्रश्नानुसार, $16 \div 4 + 12 \times 3 - 18$
$= 4 + 12 \times 3 - 18$
$= 4 + 36 - 18 = 40 - 18 = 22$

222. (c) $24 * 4 * 16 * 4 * 15 = 85$
विकल्प (c) से, $24 \times 4 + 16 \div 4 - 15 = 85$
$\Rightarrow \quad 24 \times 4 + 4 - 15 = 85$
$\Rightarrow \quad 96 + 4 - 15 = 85$
$\Rightarrow \quad 100 - 15 = 85 \Rightarrow 85 = 85$

223. (a) $16 \times 4 + 12 \div 4 - 15 = 59$
विकल्प (a) से, $12 \times 4 - 16 \div 4 + 15$
$= 48 - 4 + 15 = 63 - 4 = 59$

224. (a) ? = 50 D (2 B 5) A 3 B (15 A 12) C 2 B (18 C 15)
प्रश्नानुसार,
$? = 50 \div (2 \times 5) + 3 \times (15 + 12) - 2 \times (18 - 15)$
$= 50 \div 10 + 3 \times 27 - 2 \times 3$
$= 5 + 81 - 6 = 86 - 6 = 80$

225. (b) व्यंजक
35 B 2A 5B (40 C 37) A (8 B 4) D 16 C 14 = ?
प्रश्नानुसार,
$? = 35 \times 2 + 5 \times (40 - 37) + (8 \times 4) \div 16 - 14$
$= 70 + 5 \times 3 + 32 \div 16 - 14$
$= 70 + 15 + 2 - 14$
$= 87 - 14 = 73$

226. (b) दी गई समीकरण,
$21 - 7 \div 144 \times 3 + 18 = ?$
प्रश्नानुसार, चिह्नों को परस्पर बदलने पर,
$21 + 7 \times 144 \div 3 - 18$
$= 21 + 7 \times 48 - 18$
$= 21 + 336 - 18$
$= 357 - 18 = 339$

227. (b) विकल्प (b) से,
63 B 7 D 12 5 A 5 C 5
प्रश्नानुसार,
$63 \times 7 - 125 \div 5 + 5$
$= 441 - 25 + 5$
$= 441 - 20 = 421$

228. (c) दिया गया व्यंजक,
5 B 5 C 216 A 9 D 3 = ?
अक्षरों को चिह्नों से बदलने पर,
$? = 5 \times 5 + 216 \div 9 - 3$
$= 25 + 24 - 3 = 46$

229. (b) दिया गया व्यंजक,
$17 \div 4 - 28 + 125 \times 5 = ?$
प्रश्नानुसार, चिह्नों को परस्पर बदलने पर
$? = 17 \times 4 + 28 - 125 \div 5$
$= 68 + 28 - 25 = 71$

230. (b) दिया गया व्यंजक,
128 A 4 C 16 B 7 D 5 = ?
प्रश्नानुसार, चिह्न प्रतिस्थापित करने पर,
$128 \div 4 + 16 \times 7 - 5$
$= 32 + 112 - 5$
$= 144 - 5 = 139$

231. (b) दिया गया व्यंजक,
$28 \div 90 + 6 - 5 \times 17 = ?$
प्रश्नानुसार, चिह्नों को परस्पर बदलने पर,
$28 + 90 \div 6 \times 5 - 17$
$= 28 + 15 \times 5 - 17$
$= 28 + 75 - 17 = 86$

232. (c) मूल व्यंजक = 62 B 2 D 190 A 5 C 7
चिह्न प्रतिस्थापित करने पर,
नया व्यंजक $= 62 \times 2 - 190 \div 5 + 7$
$= 124 - 38 + 7$
$= 131 - 38 = 93$

233. (d) विकल्प (d) से, चिह्नों को प्रतिस्थापित करने पर,
नया व्यंजक $= 15 \times 9 - 810 \div 9 + 55$
$= 135 - 90 + 55$
$= 135 + 55 - 90$
$= 190 - 90 = 100$

234. (d) दिया गया व्यंजक,
$35 + (25 \times 3 - 45) \div 2 + (15 \times 4) = 125$
विकल्प (d) से, 35 तथा 45 को परस्पर बदलने से,
$45 + (25 \times 3 - 35) \div 2 + (15 \times 4)$
$= 45 + (75 - 35) \div 2 + 60$
$= 45 + 40 \div 2 + 60$
$= 45 + 20 + 60 = 125$

235. (a) मूल व्यंजक $= 123 - 41 \times 14 + 2 \div 7$
प्रश्नानुसार चिह्नों को परस्पर बदलने पर,
नया व्यंजक $= 123 \div 41 + 14 \times 2 - 7$
$= 3 + 28 - 7 = 31 - 7 = 24$

236. (a) मूल व्यंजक = 36 B 8 A 56 C 49 D 53
चिह्न प्रतिस्थापित करने से,
नया व्यंजक $= 36 - 8 \div 56 \times 49 + 53$
$= 36 - \frac{8}{56} \times 49 + 53$
$= 36 - 7 + 53$
$= 36 + 53 - 7 = 89 - 7 = 82$

237. (c) मूल व्यंजक $= 45 \times 9 + 23 - 16 \div 7$
चिह्न परस्पर बदलने से,
नया व्यंजक $= 45 \div 9 + 23 - 16 \times 7$
$= 5 + 23 - 112$
$= 28 - 112 = -84$

238. (d) दिया गया व्यंजक,
82 B 6 D 114 A 2 C 35
प्रश्नानुसार, वर्णों को चिह्नों से बदलने पर,
$82 \times 6 - 114 \div 2 + 35$
$= 492 - 57 + 35 = 470$

239. (a) दिया गया व्यंजक,
$204 \times 4 - 9 \div 2 + 6 = ?$
प्रश्नानुसार, '+' और '–' और '×' और '÷' को आपस में बदलने पर,
$204 \div 4 + 9 \times 2 - 6$
$= 51 + 18 - 6 = 63$

240. (d) विकल्प (d) से, 32 B 8 D 160 A 2 C 42
प्रश्नानुसार, चिह्नों को प्रतिस्थापित करने पर,
$32 \times 8 - 160 \div 2 + 42$
$= 32 \times 8 - 80 + 42$
$= 256 - 80 + 42$
$= 298 - 80 = 218$

241. (a) दिया गया व्यंजक,
14 B 11 D 22 C 32 8 A 8 = ?
प्रश्नानुसार, चिह्नों को प्रतिस्थापित करने पर,
$? = 14 \times 11 - 22 + 328 \div 8$
$= 14 \times 11 - 22 + 41$
$= 154 - 22 + 41$
$= 195 - 22 = 173$

242. (a) दिया गया व्यंजक,
$14 - 15 \div 2 + 56 \times 14 = ?$
प्रश्नानुसार, चिह्नों को आपस में बदलने पर,
$? = 14 + 15 \times 2 - 56 \div 14$
$= 14 + 15 \times 2 - 4$
$= 14 + 30 - 4$
$= 44 - 4 = 40$

243. (b) दिया गया व्यंजक,

222 A 2 C 7 B 3 D 11 = ?

प्रश्नानुसार, वर्णों के स्थान पर चिह्न रखने पर,

$? = 222 \div 2 + 7 \times 3 - 11$
$= 111 + 7 \times 3 - 11$
$= 111 + 21 - 11$
$= 132 - 11 = 121$

244. (b) दिया गया व्यंजक,

$29 + 46 - (48 \div 4) + (7 \times 3) - 26 = 61$

विकल्प (b) से, 4 और 3 को आपस में बदलने पर,

$29 + 46 - (48 \div 3) + (7 \times 4) - 26 = 61$
$\Rightarrow 29 + 46 - 16 + 28 - 26 = 61$
$\Rightarrow 29 + 46 - 16 + 28 - 26 = 61$
$\Rightarrow 103 - 42 = 61$
$\therefore 61 = 61$

245. (c) दिया गया व्यंजक,

$216 \times 9 + 52 - 7 \div 7 = ?$

प्रश्नानुसार, चिह्नों को परस्पर बदलने पर,

$? = 216 \div 9 - 52 + 7 \times 7$
$= 24 - 52 + 49 = 21$

246. (b) दिया गया व्यंजक,

$98 - 14 \times 11 + 6 \div 23 = ?$

प्रश्नानुसार, चिह्नों को परस्पर बदलने पर,

$? = 98 \div 14 + 11 \times 6 - 23$
$= 7 + 11 \times 6 - 23$
$= 7 + 66 - 23$
$= 73 - 23 = 50$

247. (a) दिया गया समीकरण

$20 - 80 \times 16 \div 5 + 15 = ?$

प्रश्नानुसार, चिह्नों को परस्पर बदलने पर,

$20 + 80 \div 16 \times 5 - 15 = ?$
$\Rightarrow ? = 20 + 5 \times 5 - 15 \Rightarrow ? = 5 + 25$
$\therefore ? = 30$

248. (b) दिया गया समीकरण

100 N 80 G 40Y 20 M 10 = ?

प्रश्नानुसार, चिह्नों को परस्पर बदलने पर,

व्यंजक $= 100 \times 80 - 40 \div 20 + 10$
$= 100 \times 80 - 2 + 10$
$= 8000 - 2 + 10 = 8010 - 2 = 8008$

249. (d) दी गई समीकरण,

$79 - 43 + (23 + 75) \times 3 - (30 \div 15) \times 4 = 175$

विकल्प (d) से, 75 तथा 30 को परस्पर बदलने पर,

$79 - 43 + (23 + 30) \times 3 - (75 \div 15) \times 4$
$= 79 - 43 + 53 \times 3 - 5 \times 4$
$= 79 - 43 + 159 - 20$
$= 79 + 159 - 43 - 20$
$= 238 - 63 = 175$

250. (c) मूल व्यंजक $= 61 + 80 - 48 \times 3 \div 5$

प्रश्नानुसार, परस्पर चिह्न बदलने पर, नया व्यंजक

$61 - 80 + 48 \div 3 \times 5$
$= 61 - 80 + 16 \times 5$
$= 61 - 80 + 80 = 61$

251. (d) व्यंजक = 4 5 B 6 D 7 8 A 3 C 1 5

प्रश्नानुसार, चिह्न प्रतिस्थापित करने से,

नया व्यंजक $= 45 \times 6 - 78 \div 3 + 15$
$= 45 \times 6 - 26 + 15$
$= 270 + 15 - 26 = 285 - 26 = 259$

252. (b) मूल व्यंजक = 91 B 2 D 22 A 11 C 8

प्रश्नानुसार, चिह्न प्रतिस्थापित करने पर,

नया व्यंजक $= 91 \times 2 - 22 \div 11 + 8$
$= 91 \times 2 - 2 + 8$
$= 182 + 8 - 2 = 190 - 2 = 188$

253. (d) विकल्प (d) से,

मूल व्यंजक = 32 B 11 D 80 A 4 C 6

चिह्न प्रतिस्थापित करने पर,

नया व्यंजक $= 32 \times 11 - 80 \div 4 + 6$
$= 32 \times 11 - 20 + 6$
$= 352 + 6 - 20$
$= 358 - 20 = 338$

254. (a) दिया गया व्यंजक,

$44 \div 78 + 6 - 3 \times 19$

प्रश्नानुसार, चिह्नों को आपस में बदलने पर,

नया व्यंजक $= 44 + 78 \div 6 \times 3 - 19 = ?$
$\Rightarrow 44 + 13 \times 3 - 19 = ?$
$\Rightarrow ? = 44 + 39 - 19$
$\Rightarrow ? = 83 - 19$
$\therefore ? = 64$

255. (b) दिया गया व्यंजक,

$18 \div 9 + 24 \times 3 - 16$

प्रश्नानुसार, चिह्नों को आपस में बदलने पर,

नया व्यंजक $18 \times 9 - 24 \div 3 + 16 = ?$
$\Rightarrow ? = 162 - 8 + 16$
$\therefore ? = 170$

256. (a) दिया गया समीकरण

88 B 3 D 12 A 4 C 6 = ?

प्रश्नानुसार, चिह्नों को प्रतिस्थापित करने पर,

नया व्यंजक $= 88 \times 3 - 12 \div 4 + 6 = ?$
$\Rightarrow ? = 264 - 3 + 6$
$\therefore ? = 267$

257. (c) दिया है, $32 \times 8 \div 4 - 16 + 15 = ?$

प्रश्नानुसार, चिह्नों को आपस में बदलने पर,

नया व्यंजक $= 32 \div 8 \times 4 + 6 - 15 = ?$
$\Rightarrow 4 \times 4 + 6 - 15 = ?$
$\Rightarrow 16 + 6 - 15 = ?$
$\therefore ? = 7$

258. (c) दिया है, 28 B 7 D 176 A 8 C 13 = ?

प्रश्नानुसार, चिह्नों को परस्पर बदलने पर,

नया व्यंजक $= 28 \times 7 - 176 \div 8 + 13 = ?$
$\Rightarrow ? = 196 - 22 + 13$
$\therefore ? = 187$

259. (c) व्यंजक $= 13 \div 3 + 2 \times 2 - 11 = ?$

प्रश्नानुसार, चिह्नों को आपस में बदलने पर,

नया व्यंजक $= 13 \times 3 - 2 \div 2 + 11 = ?$
$\Rightarrow ? = 39 - 1 + 11$
$\therefore ? = 49$

260. (d) दिया है,

$136 - (176 \div 11) \times 8 + 22 \times 3 = 105$

विकल्प (d) से, 11 और 22 को आपस में बदलने पर,

$136 - (176 \div 22) \times 8 + 11 \times 3 = 105$
$\Rightarrow 136 - 8 \times 8 + 33 = 105$
$\Rightarrow 136 - 64 + 33 = 105$
$\Rightarrow 105 = 105$

261. (b) दिया गया व्यंजक

प्रश्नानुसार,

$21 - 7 \times 26 + 46 \div 36 = ?$

+ और ×, – और ÷ को परस्पर बदलने पर,

नया व्यंजक $\rightarrow 21 \div 7 + 26 \times 46 - 36 = ?$
$\Rightarrow ? = 3 + 1196 - 36$
$\therefore ? = 1199 - 36 = 1163$

262. (b) दिया गया व्यंजक

17 C 69 A 3 D 22 B 1

प्रश्नानुसार, चिह्न रखने पर,

$? = 17 + 69 \div 3 - 22 \times 1$
$? = 17 + \frac{69}{3} - 22 \times 1$
$\Rightarrow ? = 17 + 23 - 22 = 18$

263. (b) दिया गया व्यंजक,

$69 + 15 - (14 \times 4) \div 2 + (48 \div 3) = 58$

विकल्प (b) से, संख्या 69 और 48 को आपस में बदलने पर,

नया व्यंजक

$48 + 15 - (14 \times 4) \div 2 + (69 \div 3) = 58$
$\Rightarrow 48 + 15 - 56 \div 2 + 23 = 58$
$\Rightarrow 48 + 15 - 28 + 23 = 58$
$\Rightarrow 86 - 28 = 58 \Rightarrow 58 = 58$

264. (a) दिया गया व्यंजक,

$(99 - 42 + 11) + (36 \div 6) \times 7 - 50 = 73$

विकल्प (a) से, 42 और 36 को आपस में बदलने पर,

नया व्यंजक

$(99 - 36 + 11) + (42 \div 6) \times 7 - 50 = 73$
$\Rightarrow 74 + 7 \times 7 - 50 = 73$
$\Rightarrow 74 + 49 - 50 = 73$
$\therefore 73 = 73$

265. (d) दिया गया व्यंजक,

26 B 3 C 5 D 120 A 4 = ?

प्रश्नानुसार, अक्षरों के स्थान पर चिह्न रखने पर,

$? = 26 \times 3 + 5 - 120 \div 4$
$= 26 \times 3 + 5 - 30$
$= 78 + 5 - 30$
$= 83 - 30 = 53$

266. (a) दिया गया व्यंजक

96 B 3 D 285 A 5 C 11 = ?

प्रश्नानुसार, अक्षरों के स्थान पर चिह्न रखने पर

$96 \times 3 - 285 \div 5 + 11 = ?$
$\Rightarrow ? = 288 - 57 + 11$
$\therefore ? = 242$

267. (b) 11 W 11 Y 11 Z 11 A 11 = ?
प्रश्नानुसार, अक्षरों के स्थान पर चिह्न रखने पर
नया व्यंजक $11 \div 11 \times 11 + 11 - 11 = ?$
$\Rightarrow \quad ? = 1 \times 11 + 11 - 11$
$\Rightarrow \quad ? = 11 + 11 - 11$
$\therefore \quad ? = 11$

268. (c) दिया गया व्यंजक
16 B 8 D 51 A 3 C 57 = ?
प्रश्नानुसार, चिह्नों को प्रतिस्थापित करने पर,
नया व्यंजक $= 16 \times 8 - 51 \div 3 + 57$
$= 128 - 17 + 57 = 128 + 40 = 168$

269. (b) दिया गया व्यंजक,
$17 \times 7 + (21 \div 3) \times 5 - 28 + 34 = 72$
विकल्प (b) से, 7 और 3 को आपस में बदलने पर,
$17 \times 3 + (21 \div 7) \times 5 - 28 + 34 = 72$
$\Rightarrow \quad 51 + 3 \times 5 + 6 = 72$
$\Rightarrow \quad 51 + 15 + 6 = 72$
$\therefore \quad 72 = 72$

270. (a) दिया गया व्यंजक,
12 J 2 K 17 A 15 V 19 = ?
प्रश्नानुसार, चिह्नों को प्रतिस्थापित करने पर,
नया व्यंजक $= 12 \div 2 + 17 - 15 \times 19$
$= 6 + 17 - 285 = -262$

271. (d) $105 \div 2 + 4 - 120 \times 6 = ?$
प्रश्नानुसार, चिह्नों को आपस में बदलने पर,
$105 \times 2 - 4 + 120 \div 6 = ?$
$\Rightarrow \quad ? = 210 - 4 + 20$
$\Rightarrow \quad ? = 230 - 4$
$\therefore \quad ? = 226$

272. (d) दिया गया व्यंजक,
$800 \times 16 - 8 \div 12 + 18 = ?$
प्रश्नानुसार, चिह्नों को परस्पर बदलने पर,
नया व्यंजक, $800 \div 16 + 8 \times 12 - 18$
$= 50 + 96 - 18$
$= 146 - 18 = 128$

273. (d) दिया गया व्यंजक
$73 - 27 \times 9 + 5 \div 13 = ?$
प्रश्नानुसार, चिह्नों को आपस में बदलने पर,
नया व्यंजक, $73 + 27 \div 9 - 5 \times 13$
$= 73 + 3 - 65 = 76 - 65 = 11$

274. (b) दिया गया व्यंजक,
$198 \times 9 + 29 - 7 \div 10 = ?$
प्रश्नानुसार, चिह्नों को बदलने पर,
$? = 198 \div 9 - 29 + 7 \times 10$
$= 22 - 29 + 70$
$= 92 - 29 = 63$

275. (a) दिया गया व्यंजक,
52M36Z18T46H19 = ?
प्रश्नानुसार, चिह्नों को प्रतिस्थापित करने पर,
$? = 52 + 36 \div 18 - 46 \times 19$
$? = 52 + 2 - 874$
$? = 54 - 874 = -820$

276. (c) $333 \times 3 + 11 - 5 \div 5 = ?$
प्रश्नानुसार, चिह्नों को बदलने पर,
$? = 333 \div 3 - 11 + 5 \times 5$
$= 111 - 11 + 5 \times 5$
$= 111 - 11 + 25 = 136 - 11 = 125$

277. (d) दिया है, $66 \times 11 - 26 + 3 \div 9 = ?$
प्रश्नानुसार, चिह्नों को बदलने पर,
नया व्यंजक $= 66 \div 11 + 26 - 3 \times 9$
$= 6 + 26 - 3 \times 9$
$= 6 + 26 - 27$
$= 32 - 27 = 5$

278. (b) दिया है,
11 B 11 D 68 A 4 C 4 = ?
प्रश्नानुसार, अक्षरों के स्थान पर चिह्नों को प्रयुक्त करने पर,
$11 \times 11 - 68 \div 4 + 4 = ?$
$\Rightarrow \quad ? = 121 - 17 + 4$
$\therefore \quad ? = 108$

279. (d) 9 5 B 8 D 12 A 2 C 16 = ?
प्रश्नानुसार, अक्षरों के स्थान पर चिह्नों को रखने पर,
$95 \times 8 - 12 \div 2 + 16 = ?$
$\Rightarrow \quad ? = 760 - 6 + 16$
$\Rightarrow \quad ? = 770$

280. (c) विकल्प (c) के अनुसार, व्यंजक
21 B 11 D 33 A 11 C 5
प्रश्नानुसार, चिह्नों को प्रतिस्थापित करने पर,
$21 \times 11 - 33 \div 11 + 5$
$= 21 \times 11 - \frac{33}{11} + 5$
$= 21 \times 11 - 3 + 5$
$= 231 - 3 + 5$
$= 236 - 3 = 233$

281. (b) दिया गया व्यंजक,
$8 \times (7 + 5 - 3) + (46 \div 23) \times 6 - 69 = 44$
46 और 69 को परस्पर बदलने पर,
नया व्यंजक
$8 \times (7 + 5 - 3) + (69 \div 23) \times 6 - 46 = 44$
$\Rightarrow \quad 8 \times 9 + 3 \times 6 - 46 = 44$
$\Rightarrow \quad 72 + 18 - 46 = 44$
$\Rightarrow \quad 90 - 46 = 44 \Rightarrow 44 = 44$

282. (b) दिया है,
$45 \div 3 + 12 \times 9 - 15 + 2 \times 5 = 36$
विकल्प (b) से, 3 और 9 को परस्पर बदलने पर,
$45 \div 9 + 12 \times 3 - 15 + 2 \times 5 = 36$
$\Rightarrow \quad 5 + 36 - 15 + 10 = 36$
$\Rightarrow \quad 51 - 15 = 36 \Rightarrow 36 = 36$

283. (b) विकल्प (b) से,
व्यंजक, 32B5D10A2C62
प्रश्नानुसार, चिह्नों को प्रतिस्थापित करने पर,
$32 \times 5 - 10 \div 2 + 62$
$= 32 \times 5 - 5 + 62$
$= 160 - 5 + 62$
$= 222 - 5 = 217$

284. (d) दिया गया व्यंजक,
$209 \div 2 + 14 - 120 \times 3 = ?$
प्रश्नानुसार, चिह्नों को परस्पर बदलने पर,
नया व्यंजक,
$? = 209 \times 2 - 14 + 120 \div 3$
$= 209 \times 2 - 14 + 40$
$= 418 - 14 + 40 = 458 - 14 = 444$

285. (d) दिया गया व्यंजक
$91 \times 7 + 27 - 7 \div 13 = ?$
प्रश्नानुसार, चिह्नों को आपस में बदलने पर,
नया व्यंजक,
$91 \div 7 - 27 + 7 \times 13 = ?$
$\Rightarrow \quad ? = 13 - 27 + 91$
$\Rightarrow \quad ? = 104 - 27 \Rightarrow ? = 77$

286. (c) दिया गया व्यंजक
$46 \times 17 + 4 \div 98 - 7 = ?$
प्रश्नानुसार, चिह्नों को आपस में बदलने पर,
नया व्यंजक, $46 + 17 \times 4 - 98 \div 7 = ?$
$\Rightarrow \quad ? = 46 + 68 - 14$
$\Rightarrow \quad ? = 114 - 14$
$\therefore \quad ? = 100$

287. (d) दिया गया व्यंजक,
17 H 23 Q 42 Z 7 E 13 = ?
प्रश्नानुसार, चिह्न प्रतिस्थापित करने पर,
नया व्यंजक, $? = 17 + 23 \times 42 \div 7 - 13$
$= 17 + 23 \times 6 - 13$
$= 4 + 138 = 142$

288. (c) दिया गया व्यंजक,
$21 + 3 - 7 \div 11 \times 4 = ?$
प्रश्नानुसार, चिह्नों को प्रतिस्थापित करने पर,
नया व्यंजक, $? = 21 \div 3 \times 7 + 11 - 4$
$= 7 \times 7 + 11 - 4$
$= 49 + 11 - 4 = 49 + 7 = 56$

289. (a) दिया गया व्यंजक,
100K5M73T48M56G23 = ?
प्रश्नानुसार, चिह्नों को प्रतिस्थापित करने पर,
$? = 100 \div 5 + 73 \times 48 + 56 - 23$
$= 20 + 3504 + 33 = 3557$

290. (d) दिया गया व्यंजक,
$74 - 52 + (39 \div 13) \times 16 + (14 \div 2) = 106$
विकल्प (d) से, 52 और 39 को आपस में बदलने पर,
$74 - 39 + (52 \div 13) \times 16 + (14 \div 2) = 106$
$\Rightarrow \quad 74 - 39 + 4 \times 16 + 7 = 106$
$\Rightarrow \quad 74 - 39 + 64 + 7 = 106$
$\Rightarrow \quad 145 - 39 = 106$
$\therefore \quad 106 = 106$

291. (c) $617 \div 3 - 84 + 515 \times 5 = ?$
प्रश्नानुसार, $? = 617 \times 3 + 84 - 515 \div 5$
$= 617 \times 3 + 84 - 103$
$= 1851 + 84 - 103$
$= 1935 - 103 = 1832$

292. (c) $292 \div 2 - 15 + 164 \times 4 = ?$
प्रश्नानुसार, $? = 292 \times 2 + 15 - 164 \div 4$
$= 292 \times 2 + 15 - 41 = 584 + 15 - 41$
$= 599 - 41 = 558$

293. (d) $13 \div 145 \times 29 - 69 + 27$
प्रश्नानुसार, $13 \times 145 \div 29 + 69 - 27$
$= 13 \times 5 + 69 - 27$
$= 65 + 69 - 27 = 134 - 27 = 107$

294. (b) 13 B 145 A 29 C 69 D 17
प्रश्नानुसार, $13 \times 145 \div 29 + 69 - 17$
$= 13 \times 5 + 69 - 17$
$= 65 + 69 - 17$
$= 134 - 17 = 117$

295. (b) $11 \div 4 + 8 \times 2 - 1$
प्रश्नानुसार,
$11 \times 4 - 8 \div 2 + 1 = 11 \times 4 - 4 + 1$
$= 44 + 1 - 4 = 45 - 4 = 41$

296. (b) 37 C 28 B 6 D 322 A 23
प्रश्नानुसार, $37 + 28 \times 6 - 322 \div 23$
$= 37 + 28 \times 6 - 14$
$= 37 + 168 - 14$
$= 205 - 14 = 191$

297. (b) 39 A 3 B 11 C 57 D 29
प्रश्नानुसार, $39 \div 3 \times 11 + 57 - 29$
$= 13 \times 11 + 57 - 29$
$= 143 + 57 - 29$
$= 200 - 29 = 171$

298. (b) $6 + 15 \times 5 - 4 \div 3$
प्रश्नानुसार, $6 - 15 \div 5 + 4 \times 3$
$= 6 - 3 + 4 \times 3$
$= 6 - 3 + 12 = 18 - 3 = 15$

299. (d) $120 - 6 + 31 \div 8 \times 11 = ?$
प्रश्नानुसार, $? = 120 \div 6 - 31 + 8 \times 11$
$= 20 - 31 + 88 = 108 - 31 = 77$

300. (b) $5 - 9 \times 8 \div 12 + 4 = ?$
प्रश्नानुसार,
$5 \times 9 - 8 + 12 \div 4 = 5 \times 9 - 8 + 3$
$= 45 + 3 - 8 = 48 - 8 = 40$

301. (b) $71 - 11 \times 484 \div 88 + 30 = ?$
प्रश्नानुसार, $? = 71 + 11 \div 484 \times 88 - 30$
$= 71 + \frac{11}{484} \times 88 - 30$
$= 71 + 11 \times \frac{2}{11} - 30$
$= 71 + 2 - 30 = 73 - 30 = 43$

302. (d) $58 - 17 \div 6 + 322 \times 23 = ?$
प्रश्नानुसार, $? = 58 + 17 \times 6 - 322 \div 23$
$\Rightarrow ? = 58 + 102 - 14$
$\Rightarrow ? = 160 - 14 = 146$

303. (d) 67 C 429 A 11 B 5 D 85 = ?
प्रश्नानुसार, $? = 67 + 429 \div 11 \times 5 - 85$
$= 67 + 39 \times 5 - 85$
$= 67 + 195 - 85$
$= 262 - 85 = 177$

304. (a) 114C 85 A 5 B 4 D 33 = ?
प्रश्नानुसार, $? = 114 + 85 \div 5 \times 4 - 33$
$\Rightarrow ? = 114 + 17 \times 4 - 33$
$\Rightarrow ? = 114 + 68 - 33 = 182 - 33$
$\therefore ? = 149$

305. (d) I. $11 + 6 \times 8 - 8 \div 2 = 15$
प्रश्नानुसार, $11 + 6 - 8 \times 8 \div 2 = 15$
$\Rightarrow 11 + 6 - 8 \times 4 = 15$
$\Rightarrow 17 - 32 = 15 \Rightarrow -15 \neq 15$
अत: समीकरण I सही नहीं है।
II. $15 - 4 \times 3 + 6 \div 1 = 63$
प्रश्नानुसार,
$15 \times 4 - 3 + 6 \div 1 = 63$
$\Rightarrow 60 - 3 + 6 = 63 \Rightarrow 63 = 63$
अत: समीकरण II सही है।

306. (c) $48 \div 6 + 9 - 11 \times 11 + 13$
प्रश्नानुसार, $48 \div 6 + 9 - 13 \times 13 + 11$
$= 8 + 9 - 169 + 11$
$= 28 - 169 = -141$

307. (c) $5 - 6 \div 3 \times 9 + 1 = 0$
विकल्प (c) से, $9 - 6 \div 3 \times 5 + 1 = 0$
$\Rightarrow 9 - 2 \times 5 + 1 = 0 \Rightarrow 9 - 10 + 1 = 0$
$\Rightarrow 10 - 10 = 0 \Rightarrow 0 = 0$

308. (c) जिस प्रकार, $7@3 = 343 \Rightarrow 7^3 = 343$
तथा $9@3 = 729 \Rightarrow 9^3 = 729$
उसी प्रकार, $6@3 = ? \Rightarrow 6^3 = 216$

309. (a) जिस प्रकार,
$13\%27\%3 \rightarrow 13 \times 27 \times 3 = 1053$
और $4\%8\%13 \rightarrow 4 \times 8 \times 13 = 416$
उसी प्रकार, $3\%16\%10 \rightarrow 3 \times 16 \times 10 = 480$

310. (b) $16 + 6 \div 18 - 5 \times 1 = 14$
विकल्प (b) से, $16 + 18 \div 6 - 5 \times 1 = 14$
$\Rightarrow 16 + 3 - 5 \times 1 = 14$
$\Rightarrow 16 + 3 - 5 = 14 \Rightarrow 14 = 14$

311. (d) कथन I से, $7 - 6 + 2 \div 1 \times 9 = 2$
प्रश्नानुसार, $7 - 6 \times 2 \div 1 + 9 = 2$
$\Rightarrow 7 - 12 + 9 = 2 \Rightarrow 16 - 12 = 2 \Rightarrow 4 \neq 2$
अत: कथन I असत्य है।
कथन II से, $16 + 4 - 9 \times 1 \div 3 = 60$
प्रश्नानुसार, $16 \times 4 - 9 + 1 \div 3 = 60$
$\Rightarrow 64 - 9 + \frac{1}{3} = 60 \Rightarrow 64 - \frac{28}{3} = 60$
$\Rightarrow 64 \times 3 - 28 = 60 \times 3$
$\Rightarrow 192 - 28 = 180 \Rightarrow 164 \neq 180$
अत: कथन II असत्य है।
अत: कथन I और II दोनों सही नहीं हैं।

312. (b) जिस प्रकार, 14 A 7 B 3 = 5
$A = \div$, $B = +$ रखने पर,
$14 \div 7 + 3 = 5 \Rightarrow 2 + 3 = 5 \Rightarrow 5 = 5$
तथा $16A4B3 = 7 \Rightarrow 16 \div 4 + 3 = 7$
$\Rightarrow 4 + 3 = 7 \Rightarrow 7 = 7$
उसी प्रकार, 39A3B17 = ?
$\Rightarrow 39 \div 3 + 17 = ? \Rightarrow 13 + 17 = ?$
$\Rightarrow ? = 30$

313. (c) जिस प्रकार, $64\#58\#32 = -26$
$\# = -$ रखने पर, $64 - 58 - 32 = -26$
$\Rightarrow 64 - 90 = -26 \Rightarrow -26 = -26$
तथा $104\#17\#89 = -2$
$\# = -$ रखने पर,
$104 - 17 - 89 = -2 \Rightarrow 104 - 106 = -2$
$\Rightarrow -2 = -2$
उसी प्रकार, $56\#7\#24 = ?$
$\# = -$ रखने पर,
$56 - 7 - 24 = ? \Rightarrow 56 - 31 = ? \Rightarrow ? = 25$

314. (a) समी I $18 \div 3 + 8 \times 5 - 4 = 20$
प्रश्नानुसार, $18 \div 3 - 8 \times 5 + 4 = 20$
$\Rightarrow 6 - 40 + 4 = 20 \Rightarrow 10 - 40 = 20 \Rightarrow -30 \neq 20$
समी II $6 + 8 \times 9 \div 3 - 4 = 14$
प्रश्नानुसार, $6 - 8 \times 9 \div 3 + 4 = 14$
$\Rightarrow 6 - 8 \times 3 + 4 = 14$
$\Rightarrow 10 - 24 = 14 \Rightarrow -14 \neq 14$
अत: कथन I और II दोनों सही नहीं हैं।

315. (c) 50*24*2*5*3
विकल्प (c), $50 = 24 \times 2 + 5 - 3$
$\Rightarrow 50 = 48 + 5 - 3 \Rightarrow 50 = 53 - 3$
$\Rightarrow 50 = 50$

316. (b) 104*26*13*7*18*77
विकल्प (b) से, $104 \div 26 + 13 \times 7 - 18 = 77$
$\Rightarrow 4 + 13 \times 7 - 18 = 77 \Rightarrow 4 + 91 - 18 = 77$
$\Rightarrow 95 - 18 = 77 \Rightarrow 77 = 77$

317. (b) 13 * 5 * 60 * 6 * 11 * 64
विकल्प (b) से, $13 \times 5 + 60 \div 6 - 11 = 64$
$\Rightarrow 65 + 10 - 11 = 64 \Rightarrow 64 = 64$

318. (d) 118 L (16I4) K (72 J2) L 28L (39J3) = ?
प्रश्नानुसार, $? = 118 + (16 \div 4) - (72 \times 2) + 28 + (39 \times 3)$
$= 118 + 4 - 144 + 28 + 117$
$= 267 - 144 = 123$

319. (c) $15 - 4 + (8 \times 6) \div 16 + 9 \times 3 - 7 = 31$
विकल्प (c) से, $4 \Leftrightarrow 6$
$15 - 6 + (8 \times 4) \div 16 + 9 \times 3 - 7 = 31$
$\Rightarrow 15 - 6 + \frac{32}{16} + 9 \times 3 - 7 = 31$
$\Rightarrow 15 - 6 + 2 + 27 - 7 = 31$
$\Rightarrow 9 + 2 + 20 = 31 \Rightarrow 31 = 31$

320. (c) 40 * 15 * 3 * 72 * 9 = 77
विकल्प (c) से, $40 + 15 \times 3 - 72 \div 9 = 77$
$40 + 45 - 8 = 77 \Rightarrow 85 - 8 = 77 \Rightarrow 77 = 77$

321. (a) $12 - 8 + 4 \div 2 \times 8 = 4$
विकल्प (a) से, $12 - 8 \times 4 \div 2 + 8 = 4$
$12 - 8 \times \frac{4}{2} + 8 = 4 \Rightarrow 12 - 16 + 8 = 4$
$\Rightarrow 20 - 16 = 4 \Rightarrow 4 = 4$

322. (d) $8 + 12 \div 6 \times 8 - 9 = 8$
विकल्प (d) से, $8 + 12 \times 6 \div 8 - 9 = 8$
$\Rightarrow 8 + 12 \times \frac{3}{4} - 9 = 8 \Rightarrow 8 + 9 - 9 = 8 \Rightarrow 8 = 8$

323. (b) दिया है,

$78 - 6 \div 6 + 2 \times 8 = ?$

प्रश्नानुसार, '+' और '×' तथा '–' और '÷' को आपस में बदलने पर,

$78 \div 6 - 6 \times 2 + 8 = ?$

$\Rightarrow ? = 13 - 12 + 8$

$\Rightarrow ? = 9$

324. (b) $70 \div 90 - 10 + 20 \times 80 = ?$

प्रश्नानुसार, – और ÷ तथा × और + को आपस में बदलने पर,

$70 - 90 \div 10 \times 20 + 80 = ?$

$\Rightarrow ? = 70 - 9 \times 20 + 80$

$\Rightarrow ? = 70 - 180 + 80$

$\Rightarrow ? = -30$

325. (a) दिया है, $81 \times 3 - 9 \div 3 + 2 = ?$

प्रश्नानुसार, + और – तथा × और ÷ को आपस में बदलने पर,

$81 \div 3 + 9 \times 3 - 2 = ?$

$\Rightarrow ? = 27 + 27 - 2$

$\Rightarrow ? = 52$

326. (a) मूल व्यंजक $= 15 - 4 + 9 \times 3 \div 6$

प्रश्नानुसार, चिह्न परस्पर बदलने से,

नया व्यंजक $= 15 + 4 - 9 \div 3 \times 6$

$= 15 + 4 - 3 \times 6$

$= 19 - 18 = 1$

327. (a) मूल व्यंजक $= 234 \times 6 - 6 \div 66 + 60$

प्रश्नानुसार चिह्न बदलने पर,

नया व्यंजक $= 234 \div 6 + 6 \times 66 - 60$

$= 39 + 396 - 60$

$= 435 - 60 = 375$

328. (d) $22 \times 484 \div 44 - 93 + 12 = ?$

प्रश्नानुसार, '+' और '–' तथा '×' और '÷' को आपस में बदलने पर,

$22 \div 484 \times 44 + 93 - 12$

$= \frac{22}{484} \times 44 + 93 - 12$

$= 2 + 93 - 12 = 95 - 12 = 83$

329. (b) दिया है, $41 \div 6 + 99 \times 3 - 9 = ?$

प्रश्नानुसार चिह्न बदलने पर,

$41 \times 6 - 99 \div 3 + 9$

$= 41 \times 6 - 33 + 9$

$= 246 - 33 + 9 = 255 - 33 = 222$

330. (c) $2 \div 40 \times 5 - 4 + 5 = ?$

प्रश्नानुसार, चिह्न बदलने पर,

$2 \times 40 \div 5 + 4 - 5$

$= 2 \times 8 + 4 - 5$

$= 16 + 4 - 5$

$= 20 - 5 = 15$

331. (a) $88 \div 18 \times 28 + 4 - 14 = ?$

प्रश्नानुसार,

चिह्न बदलने पर,

$88 + 18 - 28 \div 4 \times 14$

$= 88 + 18 - 7 \times 14$

$= 88 + 18 - 98$

$= 106 - 98 = 8$

332. (c) दिया गया व्यंजक

$9 \times 2 - (150 \div 5) + 24 + (32 \div 8) \times 6 + 15 = 71$

विकल्प (c) से, 2 और 6 को आपस में बदलने पर,

$9 \times 6 - (150 \div 5) + 24 + (32 \div 8) \times 2 + 15 = 71$

$\Rightarrow 54 - 30 + 24 + 4 \times 2 + 15 = 71$

$\Rightarrow 54 - 30 + 24 + 8 + 15 = 71 \Rightarrow 71 = 71$

333. (b) प्रश्नानुसार,

$25 - 63 \div 3 + 7 \times 5 = 11$

विकल्प (b) से, + और – को आपस में बदलने पर,

$25 + 63 \div 3 - 7 \times 5 = 11$

$\Rightarrow 25 + 21 - 35 = 11$

$\Rightarrow 46 - 35 = 11$

$\Rightarrow 11 = 11$

334. (b) दिया है, $84 - 112 \times 8 + 15 \div 3 = ?$

प्रश्नानुसार, चिह्नों को परस्पर बदलने पर,

नया व्यंजन $= 84 + 112 \div 8 - 15 \times 3$

$= 84 + 14 - 45$

$= 98 - 45$

$= 53$

335. (d) दिया है,

$14 + 18 - 6 \times 15 \div 24 = 35$

विकल्प (d) से, – तथा ÷ को परस्पर बदलने पर,

$14 + 18 \div 6 \times 15 - 24 = 35$

$\Rightarrow 14 + 3 \times 15 - 24 = 35$

$\Rightarrow 14 + 45 - 24 = 35$

$\Rightarrow 59 - 24 = 35$

$\Rightarrow 35 = 35$

336. (a) $7 + 5 \div 4 + 5 \div 36 - 4 \times 7 = ?$

प्रश्नानुसार, चिह्नों को परस्पर बदलने पर,

नया व्यंजन $= 7 \times 5 - 4 \times 5 - 36 \div 4 + 7$

$= 35 - 20 - 9 + 7$

$= 42 - 29$

$= 13$

337. (a) दिया है,

$(8 \div 2) \times 11 - 9 \times 3 + (51 \div 17) \times 6 = 30$

विकल्प (a) के द्वारा परिवर्तन करने पर,

$(8 \div 2) \times 6 - 9 \times 3 + (51 \div 17) \times 11 = 30$

$\Rightarrow 24 - 27 + 33 = 30$

$\Rightarrow 57 - 27 = 30$

$\Rightarrow 30 = 30$

338. (d) प्रश्नानुसार, + ⇔ × तथा – ⇔ ÷

मूल व्यंजक $= 41 \times 1 + 390 - 10 \div 15$

चिह्न परस्पर बदलने से,

नया व्यंजक $= 41 + 1 \times 390 \div 10 - 15$

$= 41 + 1 \times \frac{390}{10} - 15$

$= 41 + 1 \times 39 - 15$

$= 41 + 39 - 15$

$= 80 - 15 = 65$

339. (a) प्रश्नानुसार, + ⇔ – तथा × ⇔ ÷

मूल व्यंजक $= 66 \times 6 - 15 \div 3 + 9$

चिह्न परस्पर बदलने से,

नया व्यंजक $= 66 \div 6 + 15 \times 3 - 9$

$= 11 + 15 \times 3 - 9$

$= 11 + 45 - 9$

$= 56 - 9 = 47$

340. (a) दिया है, $4 - 6 \times 27 \div 72 + 6 = ?$

प्रश्नानुसार, चिह्नों को आपस में बदलने पर,

$4 \times 6 - 27 + 72 \div 6$

$= 4 \times 6 - 27 + 12$

$= 24 - 27 + 12$

$= 36 - 27 = 9$

341. (c) दिया है, $55 \times 16 - 4 \div 7 + 3 = ?$

प्रश्नानुसार, चिह्नों को परस्पर बदलने पर,

नया व्यंजक $= 55 + 16 \div 4 - 7 \times 3$

$= 55 + 4 - 21$

$\Rightarrow 59 - 21 = 38$

342. (d) प्रश्नानुसार, चिह्नों को बदलने पर,

$18 \times 5 - 8 \div 4 + 3$

$= 18 \times 5 - 2 + 3$

$= 90 - 2 + 3$

$= 93 - 2 = 91$

343. (b) $(15 \div 3) \times 11 + 48 - 21 \times 2 + 8 = 57$

विकल्प (b) से,

$(15 \div 3) \times 8 + 48 - 21 \times 2 + 11 = 57$

$\Rightarrow 5 \times 8 + 48 - 21 \times 2 + 11 = 57$

$\Rightarrow 40 + 48 - 42 + 11 = 57$

$\Rightarrow 99 - 42 = 57$

$\Rightarrow 57 = 27$

$\Rightarrow$ बायाँ पक्ष = दायाँ पक्ष

344. (b) $(24 + 14 - 6) \div 2 + 18 \times 3 - 20 = 40$

विकल्प (b) से,

$(24 + 18 - 6) \div 2 + 14 \times 3 - 20 = 40$

$\Rightarrow 36 \div 2 + 14 \times 3 - 20 = 40$

$\Rightarrow 18 + 42 - 20 = 40$

$\Rightarrow 60 - 20 = 40$

$\Rightarrow 40 = 40$

बायाँ पक्ष = दायाँ पक्ष

345. (b) दिया है,

$(28 \times 2) - 16 \times 6 + 8 \times 3 + 5 \times 7 = 39$

विकल्प (b) से, 2 और 3 को परस्पर बदलने पर,

$(28 \times 3) - 16 \times 6 + 8 \times 2 + 5 \times 7 = 39$

$\Rightarrow 84 - 96 + 16 + 35 = 39$

$\Rightarrow 135 - 96 = 39$

$\Rightarrow 39 = 39$

346. (d) दिया है,

$8 + 2 - 1 \times 1 \div 1 = ?$

प्रश्नानुसार, चिह्नों को परस्पर बदलने पर

नया व्यंजन $\rightarrow 8 - 2 + 1 \div 1 \times 1$

$= 8 - 2 + 1 \times 1 = 9 - 2 = 7$

347. (d) $6 - 8 \div 12 + 3 \times 9 + 3 \div 17 = ?$

प्रश्नानुसार,

चिह्नों को बदलने पर,

$= 6\times8+12\div3-9\div3+17$
$= 6\times8+4-3+17$
$= 48+4-3+17 = 69-3 = 66$

348. (d) दिया है, $5\div6\times3-4+11=?$
प्रश्नानुसार, चिह्नों को बदलने पर,
$5\times6\div3+4-11 = 5\times2+4-11$
$= 10+4-11 = 14-11 = 3$

349. (b) $39\div3-24+60\times12=?$
प्रश्नानुसार, चिह्नों को आपस में बदलने पर,
$39\times3+24-60\div12$
$= 39\times3+24-5$
$= 117+24-5$
$= 141-5 = 136$

350. (d) $357\times7+19\div2-38=?$
प्रश्नानुसार, $? = 357\div7-19\times2+38$
$= 51-38+38 = 51$

351. (c) (95 K 19) J 7 L 15 I (10 J 4) = ?
प्रश्नानुसार, $? = (95\div19)\times7-15+(10\times4)$
$= 5\times7-15+40$
$= 35-15+40 = 75-15 = 60$

352. (d) (48 K 8) J 4 L 15 I (12 J 3) I 20 = ?
प्रश्नानुसार, $(48\div8)\times4-15+(12\times3)+20$
$= 6\times4-15+36+20$
$= 24-15+36+20 = 80-15 = 65$

353. (a) $10+6-5\times5\div3=?$
प्रश्नानुसार, $? = 10-6+5\div5\times3$
$= 10-6+1\times3$
$= 10-6+3 = 13-6 = 7$

354. (a) 65 A 39 D 3 F 23 C 2 = ?
प्रश्नानुसार, $? = 65+39\div3-23\times2$
$= 65+13-23\times2$
$= 65+13-46 = 78-46 = 32$

355. (c) (54A9)C 34 D (10 B 3)C 46 D 16 = ?
प्रश्नानुसार, $? = (54\div9)+34-(10\times3)+46-16$
$= 6+34-30+46-16$
$= 86-30-16 = 86-46 = 40$

356. (d) 105L (72 K9) I 43 L (9 J 4) = ?
प्रश्नानुसार, $? = 105-(72\div9)+43-(9\times4)$
$\Rightarrow ? = 105-8+43-36$
$\Rightarrow ? = 148-44 = 104$

357. (d) 64 D 4 G 37 E 12 C 7
प्रश्नानुसार, $? = 64\div4-37+12\times7$
$\Rightarrow ? = 16-37+84 \Rightarrow ? = 100-37 = 63$

358. (c) $18-9\div4\times3+5=?$
प्रश्नानुसार, $? = 18\div9-4+3\times5$
$= 2-4+15 = 17-4 = 13$

359. (a) $2\times4-1\div6+8=?$
प्रश्नानुसार, $? = 2+4\div1-6\times8$
$= 2+4-48 = 6-48 = -42$

360. (a) (87A29)B14D24C14C6B5 = ?
प्रश्नानुसार, $? = (87\div29)\times14-24+14+6\times5$
$= 3\times14-24+14+30$
$= 42-24+14+30 = 86-24 = 62$

361. (a) $12+66\div11-4\times91=159$
विकल्प (a) से, $12\times66\div11-4+91=159$
$\Rightarrow 12\times6-4+91=159 \Rightarrow 72-4+91=159$
$\Rightarrow 68+91=159 \Rightarrow 159=159$

362. (b) व्यंजक $27-8\times4-3\div2=1$
विकल्प (b) से, $27-8\times3-4\div2=1$
$\Rightarrow 27-24-2=1 \Rightarrow 27-26=1 \Rightarrow 1=1$

363. (b) $200\div100\times300\div200+10-2\times40=?$
प्रश्नानुसार, $200+100-300+200\div10\times2-40=?$
$\Rightarrow 200+100-300+20\times2-40=?$
$\Rightarrow 300-300+40-40=? \Rightarrow ?=0$

364. (b) दिया है, $5\div35+15\times6-7=?$
प्रश्नानुसार, $5+35\div7\times6-15=?$
$\Rightarrow 5+5\times6-15=? \Rightarrow 5+30-15=?$
$\Rightarrow 35-15=? \Rightarrow ?=20$

365. (a) $9+3-4\div5\times2=9$
विकल्प (a) से, $9\div3-4+5\times2=9$
$3-4+10=9 \Rightarrow 13-4=9 \Rightarrow 9=9$

366. (b) $20\div6+10-5\times2=2$
विकल्प (b) से, $20\div5+10-6\times2=2$
$\Rightarrow 4+10-6\times2=2 \Rightarrow 4+10-12=2$
$\Rightarrow 14-12=2 \Rightarrow 2=2$

367. (a) 12 * 6 * 54 * 6 * 7 = 70
विकल्प (a) से, $12\times6-54\div6+7=70$
$\Rightarrow 72-9+7=70 \Rightarrow 70=70$

368. (c) $6\times35\div5+8-9$
प्रश्नानुसार, $6+85\div5\times3-9$
$= 6+17\times3-9$
$= 6+51-9 = 48$

369. (d) विकल्प (d) से, $12\div4\times3-6=10$
प्रश्नानुसार, $12-4\times3\div6=10$
$\Rightarrow 12-4\times3\times\frac{1}{6}=10 \Rightarrow 12-2=10 \Rightarrow 10=10$

370. (d) दिया है, (87 * 63) * 6 * 1 * 5
विकल्प (d) में दिए गए चिह्नों को रखने पर,
$(87-63)\div6+1=5$
$\Rightarrow (24\div6)+1=5$
$\Rightarrow 4+1=5$
$\Rightarrow 5=5$

371. (b) दिया समीकरण
$13\div145\times29-69+13=?$
प्रश्नानुसार,
$+\Leftrightarrow-, \times\Leftrightarrow\div$ को परस्पर बदलने पर,
$?=13\times145\div29+69-13$
$\Rightarrow ?=\frac{13\times145}{29}+69-13$
$\Rightarrow ?=65+69-13=121$

372. (d) दिया समी $9\times4+5-2=?$
$-\Rightarrow\times, \times\Rightarrow+$ व $+\Rightarrow-$ को बदलने पर,
$?=9+4-5\times2$
$\Rightarrow ?=9+4-10$
$\Rightarrow ?=13-10=3$

373. (c) दिया व्यंजक
$4\times3\div6+2-8=10+2\times3\div5-18$
विकल्प (c) में,
बाएँ पक्ष में '4' और '8' को बदलने पर तथा दाएँ पक्ष में '+' और '÷' को बदलने पर,
$8\times3\div6+2-4=10\div2\times3+5-18$
$\Rightarrow 4+2-4=5\times3+5-18$
$\Rightarrow 2=20-18$
$\Rightarrow 2=2$

374. (b) दिया गया व्यंजक,
11 b 15 c 8 a 4 d 5
प्रश्नानुसार, अक्षरों के स्थान पर चिह्न रखने पर,
नया व्यंजक $\rightarrow 11+15-8\div4\times5$
$=11+15-2\times5$
$=26-10=16$

375. (c) दिया गया व्यंजक → 7C9B35D5A3
प्रश्नानुसार, अक्षरों के स्थान पर चिह्न रखने पर,
नया व्यंजक $\rightarrow 7\times9-35\div5+3$
$=63-7+3$
$=66-7=59$

376. (d) दिया गया व्यंजक
60 D 10 A 4 C 6 B 25
प्रश्नानुसार, अक्षरों के स्थान पर चिह्न रखने पर,
नया व्यंजक $\rightarrow 60\div10+4\times6-25$
$=6+24-25$
$=30-25=5$

377. (a) दिया गया व्यंजक,
$42\times7\div13-67+13$
प्रश्नानुसार, चिह्नों को परस्पर बदलने पर,
नया व्यंजक $\rightarrow 42\div7\times13+67-13$
$=6\times13+67-13$
$=78+67-13=145-13=132$

378. (d) दिया व्यंजक 16D4A4B2C2
$A\Rightarrow+, B\Rightarrow\times, C\Rightarrow-$ व $D\Rightarrow\div$
प्रश्नानुसार,
$16\div4+4\times2-2$
$\Rightarrow 4+8-2=12-2=10$

379. (c) दिया समीकरण $3\div4\times2-1+5=?$
$+\Leftrightarrow-$ व $\times\Leftrightarrow\div$ को परस्पर बदलने पर,
$\Rightarrow ?=3\times4\div2+1-5$
$\Rightarrow ?=\frac{3\times4}{2}+1-5=6+1-5=2$

380. (b) दिया समीकरण $8+1\div112-2\times86=?$
चिह्नों को परस्पर बदलने पर,
$+\Rightarrow-, \times\Rightarrow+, \div\Rightarrow\times$ व $-\Rightarrow\div$
$\Rightarrow ?=8-1\times112\div2+86$
$=8-112\div2+86$
$=8-56+86$
$=94-56=38$

381. (b) दिया समीकरण $14\div3-18\times6+28=?$
$+\Leftrightarrow-$ व $\times\Leftrightarrow\div$ को परस्पर बदलने पर,
$?=14\times3+18\div6-28$
$\Rightarrow ?=14\times3+3-28$
$\Rightarrow ?=42+3-28=45-28=17$

382. (d) दिया गया समीकरण
$33-15\times4+9\div11=6$
प्रश्नानुसार,
$11\Leftrightarrow15$ व $-\Leftrightarrow\div$ को परस्पर बदलने पर,
$33\div11\times4+9-15=6$
$\Rightarrow 3\times4+9-15=6$
$\Rightarrow 12+9-15=6$
$\Rightarrow 9-3=6\Rightarrow 6=6$

383. (b) दिया गया समीकरण
$55\times5\div1-3+14=0$
समीकरण को सही करने के लिए
विकल्प (b) से, संख्याओं तथा चिह्नों को परस्पर बदलने पर
$55\times1\div5+3-14=11+3-14$
$=14-14=0$
LHS = RHS

384. (a) दिया है, $3\div4-5\times6+2=?$
प्रश्नानुसार, चिह्नों को परस्पर बदलने पर,
नया व्यंजक $\rightarrow 3+4\times5-6\div2$
$=3+20-3$
$=23-3=20$

385. (b) दिया गया व्यंजक
$70\times2-4\div60+150$
प्रश्नानुसार, चिह्न बदलने पर,
नया व्यंजक $\rightarrow 70\div2\times4+60-150$
$=35\times4+60-150$
$=140+60-150$
$=200-150=50$

386. (c) दिया गया समीकरण
$9\times1\div3+8-7=12\div3+2\times33-13$
विकल्प (c) से, संख्याओं तथा चिह्नों को आपस में बदलने पर,
$9\times3\div1+8-7=12\div3\times2+33-13$
$\Rightarrow 27+8-7=4\times2+33-13$
$\Rightarrow 35-7=41-13$
$\Rightarrow 28=28$

387. (a) दिया गया समीकरण
$21\times8-18+(64\div2)+32=64$
समीकरण को सही करने के लिए
विकल्प (a) से, संख्याओं को आपस में बदलने पर,
नया समीकरण $\rightarrow$
$21\times2-18+(64\div8)+32=64$
$\Rightarrow 42-18+8+32=64$
$\Rightarrow 82-18=64$
$\Rightarrow 64=64$

388. (a) विकल्प (a) से,
$6\div4\times5-12\div3=30$
प्रश्नानुसार संख्या तथा चिह्न को आपस में बदलने पर,
$12+4\times5-6\div3=30$
$\Rightarrow 12+4\times5-2=30$
$\Rightarrow 12+20-2=30$
$\Rightarrow 32-2=30$
$\Rightarrow 30=30$
LHS = RHS

389. (b) व्यंजक $=24-4+18\times3\div7$
प्रश्नानुसार, चिह्नों को बदलने पर,
$24\div4\times18-3+7$
$=6\times18-3+7$
$=108-3+7$
$=115-3=112$

390. (b) दिया गया समीकरण
$\{(78+70)-(6\times2)\}\div2=10$
विकल्प (b) से,
$\{(78-70)+(6\times2)\}\div2=10$
$\Rightarrow \{8+12\}\div2=10$
$\Rightarrow 20\div2=10$
$\Rightarrow 10=10$
LHS = RHS

391. (a) $104\div8-15+4\times26=21$
विकल्प (a) से, संख्या 8 और 26 को आपस में बदलने पर,
$104\div26-15+4\times8=21$
$\Rightarrow 4-15+4\times8=21$
$\Rightarrow 4-15+32=21$
$\Rightarrow 36-15=21$
$\Rightarrow 21=21$
LHS = RHS

392. (b) $108\times2-14\div6+27=?$
प्रश्नानुसार,
चिन्हों को आपस में बदलने पर,
$108\div2+14\times6-27$
$=54+14\times6-27$
$=54+84-27$
$=138-27=111$

393. (a) $5+3\times2\div10-5=?$
प्रश्नानुसार चिह्नों को बदलने पर,
$5\times3+2-10\div5$
$=15+2-2$
$=17-2$
$=15$

394. (a) विकल्प (a) से,
$12\div9-2\times7+3=10$
प्रश्नानुसार, चिन्ह तथा संख्या को बदलने पर
$12\div3\times2-7+9=10$
$\Rightarrow 4\times2-7+9=10$
$\Rightarrow 8-7+9=10$
$\Rightarrow 17-7=10\Rightarrow 10=10$

395. (a) व्यंजक $=7+5\div3-12\times4$
प्रश्नानुसार, चिह्न बदलने पर,
$7\times5-3+12\div4$
$=7\times5-3+3$
$=35-3+3$
$=38-3=35$

396. (d) 19 L 95 N 5 J 35 P 7 = 333
विकल्प (d) से,
$\Rightarrow$ 19 N 95 L 5 J 35 P 7 = 333
प्रश्नानुसार, चिह्नों को रखने पर,
$19\times95\div5-35+7=333$
$\Rightarrow 19\times19-35+7=333$
$\Rightarrow 361-35+7=333$
$\Rightarrow 368-35=333$
$\Rightarrow 333=333$
LHS = RHS

397. (c) दिया गया व्यंजक,
48 A 12 A 24 A 3 A 8 A 5 A 4
विकल्प (c) से, अक्षरों के स्थान पर चिह्न रखने पर,
$48-12+24\div3=8\times5+4$
$\Rightarrow 48-12+\frac{24}{3}=40+4$
$\Rightarrow 48-12+8=44$
$\Rightarrow 56-12=44$
$\Rightarrow 44=44$

398. (d) दिया गया व्यंजक,
$?=62\div12\times3-8+5$
प्रश्नानुसार, चिह्न परिवर्तित करने पर,
$?=62+12\div3\times8-5$
$=62+4\times8-5$
$=62+32-5=94-5=89$

399. (a) दिया गया व्यंजक,
60 D 4 B 330 A 3 C 100 = ?
प्रश्नानुसार, अक्षरों को चिह्नों से प्रतिस्थापित करने पर,
$?=60+4\times330\div3-100$
$\Rightarrow ?=60+4\times110-100$
$\Rightarrow ?=60+440-100$
$\therefore ?=400$

400. (d) दिया गया व्यंजक,
34 B 4 D 16 C 30 A 2 = ?
प्रश्नानुसार, अक्षरों को चिह्नों से प्रतिस्थापित करने पर,
$?=34\times4-16+30\div2$
$\Rightarrow ?=34\times4-16+\frac{30}{2}$
$\Rightarrow ?=136-16+15\Rightarrow ?=135$

401. (a) दिया गया व्यंजक,
$[\{(82+22)-(6\times2)\}\div(2-4)]\times2=24$
विकल्प (a) से, – और + के चिह्नों को परस्पर बदलने पर,
$[\{(82-22)+(6\times2)\}\div(2+4)]\times2=24$
$\Rightarrow [\{60+12\}\div6]\times2=24$
$\Rightarrow [72\div6]\times2=24$
$\Rightarrow 12\times2=24$
$\Rightarrow 24=24$

402. (b) दिया गया व्यंजक,
28 A 14 A 12 A 6 A 4 A 3 A 4
विकल्प (b) से, चिह्नों को व्यंजक में प्रतिस्थापित करने पर,
$28-14+12\div6=4\times3+4$
$\Rightarrow 28-14+2=12+4$
$\Rightarrow 30-14=16\Rightarrow 16=16$

403. (d) दिया गया व्यंजक,
$14\times4\div10+10-20=2$
विकल्प (d) से, 2 और 10 को आपस में बदलने पर,

$\Rightarrow 14 \times 4 \div 2 + 2 - 20 = 10$

$\Rightarrow 14 \times 2 + 2 - 20 = 10$

$\Rightarrow 28 + 2 - 20 = 10$

$\Rightarrow 10 = 10$

404. (d) 831 * 3 * 13 * 45 * 245 * 1

विकल्प (d) से, $831 \div 3 + 13 - 45 = 245 \times 1$

$\Rightarrow 277 + 13 - 45 = 245$

$\Rightarrow 290 - 45 = 245 \Rightarrow 245 = 245$

405. (d) $272 \div 17 - 196 \div (5 \times 3 + 1) = 30$

विकल्प (d) से, $272 \div 17 + 196 \div (5 \times 3 - 1) = 30$

$\Rightarrow 16 + 196 \div (15 - 1) = 30$

$\Rightarrow 16 + 196 \div 14 = 30$

$\Rightarrow 16 + 14 = 30 \Rightarrow 30 = 30$

406. (d) $(35 - 2) \times 3 = (56 \times 8 \div 3 + 100) \times 11$

विकल्प (d) से,

$(35 - 2) \div 3 = (56 \div 8 \times 3 + 100) \div 11$

$\Rightarrow \frac{33}{3} = (7 \times 3 + 100) \div 11$

$\Rightarrow 11 = (21 + 100) \div 11$

$\Rightarrow 11 = \frac{121}{11} \Rightarrow 11 = 11$

407. (b) 140 D 7 A 30 = 25 B ? D 8

प्रश्नानुसार, $140 \div 7 + 30 = 25 \times ? \div 8$

$\Rightarrow 20 + 30 = 25 \times \frac{?}{8}$

$\Rightarrow 50 = \frac{25 \times ?}{8} \Rightarrow ? = \frac{50 \times 8}{25} = 16$

408. (d) $(240 \div 2 + 5) \times 8 + 15 \times 8 = 100$

विकल्प (d) से, $(240 \div 8 + 5) \times 2 + 15 \times 2 = 100$

$\Rightarrow (30 + 5) \times 2 + 30 = 100$

$\Rightarrow 35 \times 2 + 30 = 100$

$\Rightarrow 70 + 30 = 100 \Rightarrow 100 = 100$

409. (b) (9 A 9 C 55 D5) B ? = 10 B 3 A 5

प्रश्नानुसार, $(9 + 9 - 55 \div 5) \times ? = 10 \times 3 + 5$

$\Rightarrow (9 + 9 - 11) \times ? = 30 + 5$

$\Rightarrow (18 - 11) \times ? = 35$

$\Rightarrow 7 \times ? = 35 \Rightarrow ? = 5$

410. (c) दी गई समीकरण,

$108 \div 3 - 126 \div (5 \times 3 + 12) + 4 = 11$

विकल्प (c) से,

$108 \div 12 - 126 \div (5 \times 12 + 3) + 4 = 11$

$\Rightarrow 9 - 126 \div (60 + 3) + 4 = 11$

$\Rightarrow 9 - 126 \div 63 + 4 = 11$

$\Rightarrow 9 - 2 + 4 = 11 \Rightarrow 13 - 2 = 11 \Rightarrow 11 = 11$

411. (b) 7 _ 3 _ 4 _ 1 _ 2 _ 6 = 19

विकल्प (d) से, $7 \times 3 - 4 + 12 \div 6 = 19$

$\Rightarrow 7 \times 3 - 4 + 2 = 19 \Rightarrow 21 - 4 + 2 = 19$

$\Rightarrow 17 + 2 = 19 \Rightarrow 19 = 19$

412. (d) $22 - 16 \div (3 \times 4) + 6 = 8$

विकल्प (d) से, $22 - 16 + (3 \times 4) \div 6 = 8$

$\Rightarrow 22 - 16 + 12 \div 6 = 8$

$\Rightarrow 22 - 16 + 2 = 8$

$\Rightarrow 8 = 8$

413. (b) $19 + 27 - 4 \div 2 \times 3 = 20$

विकल्प (b) से, $19 + 27 \div 3 - 2 \times 4 = 20$

$\Rightarrow 19 + 9 - 8 = 20 \Rightarrow 28 - 8 = 20$

$\Rightarrow 20 = 20$

414. (c) $5 \div 3 < 2 + (9 + 3) \times 2 = ?$

प्रश्नानुसार, $5 + 3 \times 2 \div (9 \div 3) - 2 = ?$

$\Rightarrow 5 + 3 \times 2 \div 3 - 2 = ?$

$\Rightarrow 5 + 3 \times \frac{2}{3} - 2 = ? \Rightarrow 5 + 2 - 2 = ? \Rightarrow ? = 5$

415. (a) 30 * 3 * 16 * 4 * 24 *70

विकल्प (a) से, $30 \times 3 + 16 \div 4 - 24 = 70$

$\Rightarrow 90 + 4 - 24 = 70 \Rightarrow 94 - 24 = 70$

$\Rightarrow 70 = 70$

416. (d) $19 \times 12 - 51 \div 34 + 17 = 197$

विकल्प (d) से, $19 \times 12 - 34 + 51 \div 17 = 197$

$19 \times 12 - 34 + 3 = 197$

$\Rightarrow 228 - 34 + 3 = 197$

$\Rightarrow 228 - 31 = 197 \Rightarrow 197 = 197$

417. (b) 27B3C (11A3) A14B(100D10)

प्रश्नानुसार, $27 \times 3 - (11 + 3) + 14 \times (100 \div 10)$

$= 27 \times 3 - 14 + 14 \times 10$

$= 81 - 14 + 140 = 207$

418. (b) 6 3 D 7 B (9 A 4) A 24 C (264 D 88)

प्रश्नानुसार, $63 \div 7 \times (9 + 4) + 24 - (264 \div 88)$

$= 9 \times 13 + 24 - 3$

$= 117 + 21 = 138$

419. (b) $18 + 2 \div 6 - 8 \times 24 = 22$

विकल्प (b) से, $18 \times 2 \div 6 - 8 + 24 = 22$

$\Rightarrow 18 \times \frac{2}{6} - 8 + 24 = 22$

$\Rightarrow 6 - 8 + 24 = 22 \Rightarrow 22 = 22$

420. (d) 100 R 50 S 18T9 = 152

R = +, S = + तथा T = ÷ रखने पर,

$100 + 50 + 18 \div 9 = 152$

$\Rightarrow 150 + 2 = 152 \Rightarrow 152 = 152$

तथा 84 R30 S80 T4 = 134

$\Rightarrow 84 + 30 + 80 \div 4 = 134$

$\Rightarrow 114 + 20 = 134 \Rightarrow 134 = 134$

उसी प्रकार, 75 R 125 S200 T40 = ?

$? = 75 + 125 + 200 \div 40 = 200 + 5 = \boxed{205}$

421. (d) $8 - 9 \times 4 \div 6 + 7 = 5$

विकल्प (d) से, $7 + 9 \times 4 \div 6 - 8 = 5$

$\Rightarrow 7 + 9 \times \frac{4}{6} - 8 = 5 \Rightarrow 7 + 6 - 8 = 5$

$\Rightarrow 13 - 8 = 5 \Rightarrow 5 = 5$

422. (d) जिस प्रकार, 13 A 14 B 15 C 20 = 243

$\Rightarrow 13 + 14 \times 15 + 20 = 243$

$\Rightarrow 13 + 210 + 20 = 243 \Rightarrow 243 = 243$

तथा 15 A 10 B 8 C 9 = 104

$\Rightarrow 15 + 10 \times 8 + 9 = 104$

$\Rightarrow 15 + 80 + 9 = 104 \Rightarrow 104 = 104$

उसी प्रकार, 45 A 10 B 18 C 50

$= 45 + 10 \times 18 + 50 = 45 + 180 + 50 = 275$

423. (d) $26 + 2 \times 8 - 4 \div 1 = 14$

विकल्प (d) से, $26 - 2 \times 8 + 4 \div 1 = 14$

$\Rightarrow 26 - 16 + 4 = 14 \Rightarrow 10 + 4 = 14$

$\Rightarrow 14 = 14$

424. (a) $7 \times 8 - 9 + 3 \div 1 = 30$

विकल्प (a) से, $3 \times 8 - 9 + 7 \div 1 = 30$

$\Rightarrow 3 \times 8 - 9 + 7 = 30$

$\Rightarrow 24 - 9 + 7 = 30 \Rightarrow 22 \neq 30$

425. (a) यदि A = ×, B = + तथा C = ÷ हो तो,

जिस प्रकार, 10 A 5 B 6 C 2 = 53

$10 \times 5 + 6 \div 2 = 53 \Rightarrow 50 + 3 = 53$

तथा 6A4B8C2 = 28

$6 \times 4 + 8 \div 2 = 28 \Rightarrow 24 + 4 = 28$

उसी प्रकार, 17A5 B18C9 = $17 \times 5 + 18 \div 9$

$= 85 + 2 = 87$

426. (c) $12 + 6 \times 2 - 24 \div 8 = 3$

विकल्प (c) से, $12 - 6 \times 2 + 24 \div 8 = 3$

$\Rightarrow 12 - 6 \times 2 + 3 = 3$

$\Rightarrow 12 - 12 + 3 = 3 \Rightarrow 3 = 3$

427. (b) $7 \times 5 \div 6 + 2 - 4 = 16$

विकल्प (b) से, $4 \times 5 + 6 \div 2 - 7 = 16$

$\Rightarrow 20 + 3 - 7 = 16 \Rightarrow 16 = 16$

428. (a) जिस प्रकार, 8R4S3T2 = 31

R = ×, S = – और T = + रखने पर,

$8 \times 4 - 3 + 2 = 31 \Rightarrow 32 + 2 - 3 = 31$

$\Rightarrow 31 = 31$

तथा 19R11S30T8 = 187

$\Rightarrow 19 \times 11 - 30 + 8 = 187$

$\Rightarrow 209 - 30 + 8 = 187 \Rightarrow 187 = 187$

उसी प्रकार, 6R3S8T5 = ?

$\Rightarrow ? = 6 \times 3 - 8 + 5 \Rightarrow$

$? = 18 - 8 + 5 = 15$

429. (c) जिस प्रकार, 67 L 50 M 15 N 6 = 27

L = +, M = –, N = × रखने पर,

$67 + 50 - 15 \times 6 = 27$

$\Rightarrow 117 - 90 = 27 \Rightarrow 27 = 27$

तथा 100 L 50 M 13 N 5 = 85

$100 + 50 - 13 \times 5 = 85$

$\Rightarrow 150 - 65 = 85 \Rightarrow 85 = 85$

उसी प्रकार, 6 L 8 M 4 N3 = ?

$? = 6 + 8 - 4 \times 3 = 14 - 12 = 2$

430. (a) I. $5 + 6 \times 2 - 4 \div 1 = 10$

प्रश्नानुसार, $5 + 6 \div 2 - 4 \times 1 = 10$

$\Rightarrow 5 + 3 - 4 = 10 \Rightarrow 8 - 4 = 10 \Rightarrow 4 \neq 10$

II. $9 \times 3 - 4 \div 2 + 5 = 4$

प्रश्नानुसार, $9 \div 3 - 4 \times 2 + 5 = 4$

$\Rightarrow 3 - 8 + 5 = 4 \Rightarrow 8 - 8 = 4 \Rightarrow 0 \neq 4$

अत: न तो I और न ही II सत्य है।

431. (a) जिस प्रकार, 15 A 8 B 9 C 3 = 20

A को '+' से, B को '–' से तथा C को '÷' से परिवर्तित करने पर,

$15 + 8 - 9 \div 3 = 20 \Rightarrow 15 + 8 - 3 = 20$

$\Rightarrow 23 - 3 = 20 \Rightarrow 20 = 20$

तथा $18\,A\,20\,B\,15\,C\,5 = 35$

$18 + 20 - 15 \div 5 = 35 \Rightarrow 18 + 20 - 3 = 35$

$\Rightarrow 38 - 3 = 35 \Rightarrow 35 = 35$

उसी प्रकार, $8\,A\,6\,B\,4\,C\,2 = 8 + 6 - 4 \div 2$

$= 8 + 6 - 2 = 14 - 2 = 12$

432. (b) $14 - 21 \times 7 + 3 \div 6 = 29$

विकल्प (b) से, $14 - 21 \div 7 + 3 \times 6 = 29$

$\Rightarrow 14 - 3 + 3 \times 6 = 29 \Rightarrow 14 - 3 + 18 = 29$

$\Rightarrow 32 - 3 = 29 \Rightarrow 29 = 29$

433. (a) $26 + 2 \div 4 - 8 \times 25 = 30$

विकल्प (a) से, $26 \times 2 \div 4 - 8 + 25 = 30$

$\Rightarrow 26 \times \frac{2}{4} - 8 + 25 = 30 \Rightarrow 13 - 8 + 25 = 30$

$\Rightarrow 38 - 8 = 30 \Rightarrow 30 = 30$

434. (d) यहाँ 'M' तथा 'N' को '+' से 'O' को ÷ से परिवर्तित किया गया है।

जिस प्रकार, $17\,M\,18\,N\,55\,05 = 46$

$\Rightarrow 17 + 18 + 55 \div 5 = 46$

$\Rightarrow 17 + 18 + 11 = 46 \Rightarrow 46 = 46$

तथा, $68\,M\,13\,N\,65\,O\,13 = 86$

$68 + 13 + 65 \div 13 = 86$

$\Rightarrow 68 + 13 + 5 = 86 \Rightarrow 86 = 86$

उसी प्रकार, $40\,M\,70\,N\,85\,O\,17 = ?$

$40 + 70 + 85 \div 17 = ?$

$\Rightarrow ? = 40 + 70 + 5 \Rightarrow ? = 115$

435. (a) समीकरण $8 - 4 \times 9 + 6 \div 3 = 29$

विकल्प (a) से, $8 \times 4 - 6 + 9 \div 3 = 29$

$\Rightarrow 32 - 6 + 3 = 29 \Rightarrow 29 = 29$

436. (a) जिस प्रकार, 7 * 5 @ 10 # 20 = 370

* = ×, @ = × तथा # = + रखने पर,

$\Rightarrow 7 \times 5 \times 10 + 20 = 370$

$350 + 20 = 370$

$\Rightarrow 370 = 370$

और 4 * 3 @ 5 # 30 = 90

$\Rightarrow 4 \times 3 \times 5 + 30 = 90$

$60 + 30 = 90 \Rightarrow 90 = 90$

उसी प्रकार, 2 * 3 @ 4 # 5 = ?

$? = 2 \times 3 \times 4 + 5 = 24 + 5 = 29$

437. (b) विकल्प (b) से,

$23 - 20 + 35 \div 2 \times 10 = 10$

प्रश्नानुसार, $23 - 20 + 35 \times 2 \div 10 = 10$

$\Rightarrow 23 - 20 + 35 \times \frac{2}{10} = 10$

$\Rightarrow 23 - 20 + 7 = 10$

$\Rightarrow 30 - 20 = 10$

$\Rightarrow 10 = 10$

438. (a) जिस प्रकार, 59 * 60 # 45 @ 5 = 128

* = +, # = + तथा @ = ÷ रखने पर,

$\Rightarrow 59 + 60 + 45 \div 5 = 59 + 60 + 9 = 128$

और 63 * 50 # 48 @ 12 = 117

$\Rightarrow 63 + 50 + 48 \div 12 = 63 + 50 + 4 = 117$

उसी प्रकार, 79 * 30 # 120 @ 20 = ?

$\Rightarrow ? = 79 + 30 + 120 \div 20$

$\Rightarrow ? = 79 + 30 + 6 = 115$

439. (b) $15 \div 9 \times 8 + 12 - 4 = 17$

विकल्प (b) से, $15 + 9 \times 8 \div 12 - 4 = 17$

$\Rightarrow 15 + 9 \times \frac{8}{12} - 4 = 17$

$\Rightarrow 15 + 6 - 4 = 17 \Rightarrow 21 - 4 = 17 \Rightarrow 17 = 17$

440. (d) $16\,A\,13\,B\,6\,C\,9 = 85$

उपरोक्त में 'A' को + से, 'B' को × से तथा 'C' को − से बदलने पर,

$16 + 13 \times 6 - 9 = 85 \Rightarrow 16 + 78 - 9 = 85$

$\Rightarrow 94 - 9 = 85 \Rightarrow 85 = 85$

तथा $15\,A\,20\,B\,7\,C\,30 = 125$

$15 + 20 \times 7 - 30 = 125$

$\Rightarrow 15 + 140 - 30 = 125$

$\Rightarrow 155 - 30 = 125 \Rightarrow 125 = 125$

तब, $10A\,15\,B\,6\,C\,20 = ?$

$10 + 15 \times 6 - 20 = ? \Rightarrow 10 + 90 - 20 = ?$

$\Rightarrow 100 - 20 = ? \Rightarrow ? = 80$

441. (a) जिस प्रकार, 6@10#5*7 = 63

@ ⇒ +, # ⇒ ×, * ⇒ + रखने पर,

$6 + 10 \times 5 + 7 = 63$

$\Rightarrow 6 + 50 + 7 = 63 \Rightarrow 63 = 63$

तथा 4@3#2*5 = 15

$4 + 3 \times 2 + 5 = 15 \Rightarrow 4 + 6 + 5 = 15$

$\Rightarrow 15 = 15$

उसी प्रकार, 4@5#6*7

$= 4 + 5 \times 6 + 7 = 4 + 30 + 7 = 41$

442. (c) दिया गया समीकरण

$28 + 12 - 6 \times 40 \div 8 = 46$

विकल्प (c) से, $28 - 12 + 6 \times 40 \div 8 = 46$

$\Rightarrow 28 - 12 + 6 \times 5 = 46$

$\Rightarrow 16 + 30 = 46 \Rightarrow 46 = 46$

443. (a) दिया गया समीकरण

$8 + 6 \times 4 - 3 \div 1 = 2$

विकल्प (a) से, $8 - 3 \times 4 + 6 \div 1 = 2$

$\Rightarrow 8 - 12 + 6 = 2 \Rightarrow 14 - 12 = 2 \Rightarrow 2 = 2$

444. (d) दिया गया समीकरण

$5 - 3 \times 0 + 1 = 2$

विकल्प (d) से, $5 - 3 \times 2 + 1 = 0$

$5 - 6 + 1 = 0 \Rightarrow 0 = 0$

445. (d) दिया गया समीकरण

समी $8 + 7 \times 5 \div 14 - 3 = 6$

विकल्प (d) से, $5 + 7 \times 8 \div 14 - 3 = 6$

$\Rightarrow 5 + 7 \times \frac{8}{14} - 3 = 6 \Rightarrow 5 + 4 - 3 = 6 \Rightarrow 6 = 6$

446. (c) दिया गया समीकरण

I. $18 \div 3 - 4 \times 2 + 7$

प्रश्नानुसार, $18 \times 3 - 4 \div 2 + 7$

$= 18 \times 3 - 2 + 7 = 54 + 5 = 59$

II. $18 \times 3 \div 6 - 8 + 4$

प्रश्नानुसार, $18 \div 3 \times 6 - 8 + 4$

$= 6 \times 6 - 8 + 4 = 36 - 4 = 32$

447. (c) दिया गया समीकरण

जिस प्रकार, $40\,A\,10\,B\,8\,C\,15 = 65$

A = ×, B = ÷ तथा C = + रखने पर,

$40 \times 10 \div 8 + 15 = 65$

$\Rightarrow 40 \times \frac{10}{8} + 15 = 65 \Rightarrow 65 = 65$

तथा $15\,A\,30\,B\,9\,C\,20 = 70$

$\Rightarrow 15 \times 30 \div 9 + 20 = 70$

$\Rightarrow 15 \times \frac{30}{9} + 20 = 70$

$\Rightarrow 70 = 70$

उसी प्रकार, $7\,A\,9\,B\,3\,C\,8 = ?$

$? = 7 \times 9 \div 3 + 8 = 7 \times 3 + 8 = 29$

448. (c) दिया गया समीकरण

$8 \div 4 \times 6 + 3 - 9 = 1$

विकल्प (c) से, $9 \times 4 \div 6 + 3 - 8 = 1$

$\Rightarrow 9 \times \frac{4}{6} + 3 - 8 = 1 \Rightarrow 6 + 3 - 8 = 1$

$\Rightarrow 1 = 1$

449. (d) दिया गया समीकरण

$8 \times 9 \div 4 + 5 - 3 = 2$

विकल्प (d) से, $8 \times 3 \div 4 + 5 - 9 = 2$

$\Rightarrow 8 \times \frac{3}{4} + 5 - 9 = 2 \Rightarrow 6 + 5 - 9 = 2$

$\Rightarrow 11 - 9 = 2 \Rightarrow 2 = 2$

450. (a) दिया गया समीकरण

$18 \div 3 - 30 + 15 \times 2 = -1$

विकल्प (b) से, $15 \div 3 + 30 - 18 \times 2 = -1$

$\Rightarrow 5 + 30 - 36 = -1 \Rightarrow 35 - 36 = -1 \Rightarrow$

$-1 = -1$

451. (c) दिया गया समीकरण

$(9 \div 3 + 169 \times 13) \div 5 - 10 + 16 = 206$

विकल्प (c) से,

$(9 \times 3 + 169 \div 13) \times 5 - 10 + 16 = 206$

$\Rightarrow (27 + 13) \times 5 - 10 + 16 = 206$

$\Rightarrow 200 - 10 + 16 = 206$

$\Rightarrow 206 = 206$

452. (d) दिया गया समीकरण

$135 \div 15 \times 54 + 6 - 18 = 252$

विकल्प (d) से, $135 + 15 \times 54 \div 6 - 18 = 252$

$\Rightarrow 135 + 15 \times 9 - 18 = 252$

$\Rightarrow 135 + 135 - 18 = 252$

$\Rightarrow 270 - 18 = 252 \Rightarrow 252 = 252$

453. (c) दिया गया समीकरण

$(60 \div 2) \times 3 - 100 + 400 = 560$

$(400 \div 2) \times 3 - 100 + 60 = 560$

$\Rightarrow 200 \times 3 - 100 + 60 = 560$

$\Rightarrow 600 - 100 + 60 = 560$

$\Rightarrow 660 - 100 = 560 \Rightarrow 560 = 560$

454. (c) दिया गया समीकरण

$540 + 225 \div 15 \times 25 - 260 = 415$

विकल्प (a) से,

$540 + 225 \div 25 \times 15 - 260 = 415$

$\Rightarrow 540 + 9 \times 15 - 260 = 415$

$\Rightarrow 540 + 135 - 260 = 415$

$\Rightarrow 675 - 260 = 415 \Rightarrow 415 = 415$

455. (d) दिया गया समीकरण

$165 - 15 \div 5 + 6 \times 16 = 102$

विकल्प (d) से, $165 \div 15 - 5 + 6 \times 16 = 102$

$\Rightarrow 11 - 5 + 6 \times 16 = 102 \Rightarrow 11 - 5 + 96 = 102$

$\Rightarrow 107 - 5 = 102 \Rightarrow 102 = 102$

456. (d) $72 \times 3 + 48 \div 6 - 16 = 296$

विकल्प (d) से, $72 \div 3 + 48 \times 6 - 16 = 296$

$\Rightarrow 24 + 48 \times 6 - 16 = 296$

$\Rightarrow 24 + 288 - 16 = 296$

$\Rightarrow 312 - 16 = 296 \Rightarrow 296 = 296$

457. (b) $24 \times 108 - 36 \div 6 + 18 = 84$

विकल्प (b) से, $24 \times 108 \div 36 - 6 + 18 = 84$

$\Rightarrow 24 \times \frac{108}{36} - 6 + 18 = 84 \Rightarrow 72 - 6 + 18 = 84$

$\Rightarrow 90 - 6 = 84 \Rightarrow 84 = 84$

458. (b) $360 \times 8 - 320 + 72 \div 5 = 85$

विकल्प (b) से, $360 \div 8 - 320 + 72 \times 5 = 85$

$\Rightarrow 45 - 320 + 360 = 85$

$\Rightarrow 405 - 320 = 85 \Rightarrow 85 = 85$

459. (d) विकल्प (d) से, $20 - 4 + 6 \div 9 \times 4 = 25$

प्रश्नानुसार, चिह्न बदलने पर

$20 \div 4 \times 6 - 9 + 4 = 25$

$\Rightarrow 5 \times 6 - 9 + 4 = 25$

$\Rightarrow 30 - 9 + 4 = 25$

$\Rightarrow 34 - 9 = 25 \Rightarrow 25 = 25$

460. (b) $54 + 18 \div 9 - 36 \times 16 = 88$

विकल्प (b) से, चिह्न बदलने पर

$54 \times 18 \div 9 - 36 + 16 = 88$

$\Rightarrow \frac{54 \times 18}{9} - 36 + 16 = 88$

$\Rightarrow 108 - 36 + 16 = 88$

$\Rightarrow 72 + 16 = 88 \Rightarrow 88 = 88$

461. (a) $790 + 5 \div 58 \times 5 - 96 = 352$

विकल्प (a) से, $790 \div 5 + 58 \times 5 - 96 = 352$

$\Rightarrow 158 + 58 \times 5 - 96 = 352$

$\Rightarrow 158 + 290 - 96 = 352$

$\Rightarrow 448 - 96 = 352 \Rightarrow 352 = 352$

462. (a) दिया गया व्यंजक,

$16 - 4 + 7 \times 8 \div 1 = ?$

प्रश्नानुसार, '+' और '×' तथा '–' और ÷ को परस्पर परिवर्तित करने पर,

$16 \div 4 \times 7 + 8 - 1 = ?$

$\Rightarrow 4 \times 7 + 8 - 1 = ?$

$\Rightarrow 28 + 8 - 1 = ?$

$\Rightarrow 36 - 1 = 35$

$\therefore ? = 35$

463. (d) दिया गया व्यंजक,

$[(39 - 3) \div 6] + 11 \times 2 - 4 \times 5 = 13$

विकल्प (d) से, 3 और 6 को परस्पर परिवर्तित करने पर,

$[(39 - 6) \div 3] + 11 \times 2 - 4 \times 5 = 13$

$\Rightarrow [33 \div 3] + 22 - 20 = 13$

$\Rightarrow 11 + 22 - 20 = 13$

$\Rightarrow 33 - 20 = 13$

$\Rightarrow 13 = 13$

464. (a) दिया है, $19 - 6 \div 306 + 17 \times 9$

प्रश्नानुसार, चिह्नों को परस्पर प्रतिस्थापित करने पर,

$19 \times 6 + 306 \div 17 - 9$

$= 114 + 18 - 9$

$= 132 - 9 = 123$

465. (c) दिया गया व्यंजक,

119 * 7 * 63 * 24 * 3 * 8

विकल्प (c) से, चिह्न प्रतिस्थापित करने पर,

$119 \div 7 + 63 - 24 \times 3 = 8$

$\Rightarrow 17 + 63 - 24 \times 3 = 8$ [BODMAS नियम से]

$\Rightarrow 17 + 63 - 72 = 8$

$\Rightarrow 80 - 72 = 8$

$\Rightarrow 8 = 8$

466. (b) दिया गया व्यंजक,

289 * 121 * 154 * 307 * (34 * 3) * 2

विकल्प (b) से, चिह्न प्रतिस्थापित करने पर,

$289 + 121 - 154 = 307 - \frac{34 \times 3}{2}$

$\Rightarrow 289 + 121 - 154 = 307 - 17 \times 3$

$\Rightarrow 289 + 121 - 154 = 307 - 51$

$\Rightarrow 410 - 154 = 307 - 51$

$\Rightarrow 256 = 256$

467. (d) दिया गया व्यंजक,

15 * 5 * 16 * 15 * 2 * 61

विकल्प (d) से, चिह्न रखने पर,

$15 \div 5 \times 16 + 15 - 2 = 61$

$\Rightarrow 3 \times 16 + 15 - 2 = 61$

$\Rightarrow 48 + 15 - 2 = 61$

$\Rightarrow 63 - 2 = 61 \Rightarrow 61 = 61$

468. (d) दिया गया व्यंजक

$27 \div 9 - 63 \times 3 + 10 = 78$

विकल्प (d) से, चिह्नों तथा संख्याओं को आपस में बदलने पर,

$63 \div 9 + 27 \times 3 - 10 = 78$

$\Rightarrow 7 + 81 - 10 = 78$

$\Rightarrow 88 - 10 = 78 \Rightarrow 78 = 78$

469. (b) दिया गया व्यंजक,

$52 \div 13 + 6 - 25 \times 2 = 17$

विकल्प (b) से, 6 और 25 को बदलने पर,

$52 \div 13 + 25 - 6 \times 2 = 17$

$4 + 25 - 6 \times 2 = 17$

$\Rightarrow 4 + 25 - 12 = 17$

$\Rightarrow 29 - 12 = 17 \Rightarrow 17 = 17$

470. (a) दिया गया व्यंजक,

20*4*10*5*15 = 93

विकल्प (a) से चिह्न रखने पर,

$20 \times 4 - 10 \div 5 + 15 = 93$

$20 \times 4 - 2 + 15 = 93$

$\Rightarrow 80 - 2 + 15 = 93$

$\Rightarrow 95 - 2 = 93$

$\Rightarrow 93 = 93$

14

गणितीय तर्कशक्ति

इस अध्याय के अन्तर्गत पूछे गए प्रश्नों को हल करने के लिए गणितीय योग्यता के साथ-साथ तार्किक क्षमता, बौद्धिक तथा व्यवहारिक ज्ञान की आवश्यकता होती है। अभ्यर्थियों की गणितीय संकल्पनाओं व नियमों की जानकारी इस प्रकार के प्रश्नों को हल करने में अहम् भूमिका निभाती है।

आयु पर आधारित

इस प्रकार के प्रश्नों में दो व्यक्तियों की आयु के सम्बन्ध में कुछ तथ्य दिए गए होते हैं, जिनमें कुछ समय पहले और कुछ समय बाद की आयु दी गई होती है। इन्हीं तथ्यों के आधार पर प्रश्न में पूछे गए व्यक्तियों की आयु ज्ञात करनी होती है।

उदाहरण 1. रहीम और उसके चाचा की आयु में 30 वर्ष का अन्तर है। 7 वर्ष बाद, यदि दोनों की आयु का योग 66 वर्ष है, तो चाचा की आयु क्या है? (वर्षों में)

(a) 51 (b) 49 (c) 39 (d) 41

हल (*d*) माना चाचा की आयु = x वर्ष

तथा रहीम की आयु = y वर्ष

प्रश्नानुसार, $x - y = 30$ ...(i)

पुनः 7 वर्ष बाद, $(x+7)+(y+7) = 66$

⇒ $x + y = 52$ ...(ii)

समी (i) व (ii) से, $2x = 82$

⇒ $x = 41$ वर्ष

अतः चाचा की आयु '41 वर्ष' होगी।

वेन आरेख पर आधारित

इस प्रकार के प्रश्नों में एक वेन आरेख दिया जाता है या दी गई जानकारी को वेन आरेख के रूप में निरूपित करके, प्रश्न का उत्तर दिया जाता है।

उदाहरण 2. 38 छात्रों की कक्षा में, 18 छात्र क्रिकेट पसन्द करते हैं, 20 छात्र फुटबॉल पसन्द करते हैं और 15 चेस पसन्द करते हैं। 8 छात्र क्रिकेट और चेस दोनों पसन्द करते हैं और उनमें से 3 फुटबॉल भी पसन्द करते हैं। 7 छात्र केवल क्रिकेट पसन्द करते हैं और 6 छात्र केवल चेस पसन्द करते हैं। कितने छात्र केवल फुटबॉल पसन्द करते हैं?

(a) 11 (b) 13 (c) 15 (d) 17

हल (*b*) प्रश्नानुसार,

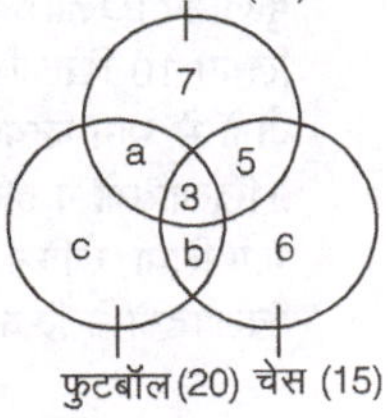

केवल क्रिकेट और फुटबॉल पसन्द करने वाले छात्रों की संख्या (a)

$= 18-(7+5+3)$

$= 18-15 = 3$

केवल फुटबॉल और चेस पसन्द करने वाले छात्रों की संख्या (b)

$= 15-(6+5+3)$

$= 15-14 = 1$

∴ केवल फुटबॉल पसन्द करने वाले छात्र (c)

$= 20-(3+3+1)$

$= 20-7 = 13$

अंकगणित पर आधारित

इस प्रकार के प्रश्नों में लाभ-हानि, क्रम संख्या, साझेदारी, औसत, गति, समय और दूरी आदि विभिन्न विषय शामिल होते हैं।

उदाहरण 3. 11 संख्याओं का औसत 50 है। यदि पहली छः संख्याओं का औसत 40 है तथा अन्तिम छः संख्याओं का औसत 60 है, तो छठवीं संख्या कौन-सी है?

(a) 20 (b) 40
(c) 50 (d) 80

हल (*c*) ∵ 11 संख्याओं का औसत = 50

⇒ 11 संख्याओं का कुल योग $= 50 \times 11 = 550$

∵ पहली 6 संख्याओं का औसत = 40

⇒ पहली 6 संख्याओं का कुल योग $= 40 \times 6 = 240$

तथा अन्तिम 6 संख्याओं का औसत = 60

⇒ अन्तिम 6 संख्याओं का कुल योग $= 60 \times 6 = 360$

∴ छठवीं संख्या $= (240+360)-550$

$= 600-550$

$= 50$

उदाहरण 4. रमेश को कुछ आम मिले, जिनमें पके हुए आमों की संख्या, कच्चे आमों से तीन गुनी थीं। यदि उसे कुल 68 आम मिले, तो उनमें से कितने कच्चे थे?

(a) 17 (b) 16
(c) 34 (d) 18

हल (*a*) माना कच्चे आमों की संख्या $= x$

∴ पके हुए आमों की संख्या $= 3x$

प्रश्नानुसार,

$x + 3x = 68$

⇒ $4x = 68$

⇒ $x = 17$

अतः कच्चे आमों की संख्या 17 है।

SSC एग्जाम स्कैनर

SSC CGL 2023-2020 (Tier I & II)

1. A, B और C की औसत आयु 20 वर्ष है। दो वर्ष पहले A और B की आयु का योग C की आयु से 6 अधिक था। C की वर्तमान आयु ज्ञात कीजिए। SSC CGL (Tier-II) 26/10/2023 Shift-I

(a) 25 वर्ष (b) 29 वर्ष
(c) 28 वर्ष (d) 26 वर्ष

2. राम और मोहन की वर्तमान आयु का अनुपात 3 : 5 है। यदि दो वर्षों बाद उनकी आयु का अनुपात 2 : 3 हो जाता है।, तो मोहन की वर्तमान आयु ज्ञात करें।
SSC CGL (Tier-II) 26/10/2023 Shift-I

(a) 10 (b) 17
(c) 5 (d) 18

3. तीन संख्याओं में से पहली व दूसरी संख्या का अनुपात 3 : 4 है तथा दूसरी व तीसरी संख्या का अनुपात 5 : 6 है। यदि पहली और तीसरी संख्या के बीच का अन्तर 1125 है, तो दूसरी और तीसरी संख्या का औसत ज्ञात कीजिए।
SSC CGL (Tier-I) 24/08/2021 Shift-II

(a) 2075 (b) 2570
(c) 2507 (d) 2750

4. अक्षर और मानविता ने अभी अपने विवाह की रजत वर्षगाँठ मनाई है और उनके सबसे बड़े पुत्र 'संजू' का जन्म दिवस भी मनाया है। यदि संजू की आयु उसके माता-पिता के विवाह के 18 वर्ष बाद और उसकी आयु उसके माता-पिता के विवाह की स्वर्ण वर्षगाँठ का अनुपात 5 : 21 है, तब विवाह के कितने वर्ष बाद संजू का जन्म हुआ है?
SSC CGL (Tier-I) 24/08/2021 Shift-I

(a) 8 वर्ष (b) 12 वर्ष
(c) 15 वर्ष (d) 10 वर्ष

5. 17 व्यक्तियों की औसत आयु 39 वर्ष है। यदि पहले 9 व्यक्तियों की औसत आयु 35 वर्ष है और अन्तिम 9 व्यक्तियों की औसत आयु 44 वर्ष है, तो 9वें व्यक्ति की आयु कितनी है?
SSC CGL (Tier-I) 23/08/2021 Shift-II

(a) 45 वर्ष (b) 41 वर्ष
(c) 48 वर्ष (d) 36 वर्ष

6. A और B दो ऐसी संख्याएँ हैं, कि A के 3% और B के 6% का योगफल, A के 4% और B के 6% के योगफल का $\frac{4}{5}$ है। A + B और A – B का अनुपात ज्ञात करें।
SSC CGL (Tier-I) 23/08/2021 Shift-I

(a) 6 : 5 (b) 4 : 5 (c) 7 : 5 (d) 5 : 6

7. अलेख्या का जन्म अपनी माँ की शादी के एक वर्ष बाद हुआ था। उसके पिता उसकी माँ से दो वर्ष बड़े हैं और अलेख्या से पच्चीस वर्ष बड़े हैं, जो इस समय छः वर्ष की है। उसकी माँ की शादी किस आयु में हुई थी?
SSC CGL (Tier-I) 20/08/2021 Shift-II

(a) 22 वर्ष (b) 31 वर्ष
(c) 21 वर्ष (d) 25 वर्ष

8. अंकित, संजय और रोशन नामक तीन क्रिकेटरों की विभिन्न स्रोतों से मासिक आय 12 : 9 : 7 के अनुपात में है, और उनका व्यय 15 : 9 : 8 के अनुपात में है। यदि अंकित भविष्य में निवेश के लिए अपनी आय की 25% बचत करता है, तो अंकित, संजय और रोशन की बचत का अनुपात क्या है?
SSC CGL (Tier-I) 20/08/2021 Shift-I

(a) 23 : 18 : 11 (b) 5 : 8 : 7
(c) 15 : 18 : 11 (d) 25 : 16 : 13

9. रमेश की वर्तमान आयु उसकी पत्नी संगीता की वर्तमान आयु से 7 वर्ष अधिक है। 6 वर्षों के बाद, रमेश की आयु उसके बेटे मयंक से तीन गुनी हो जाएगी। यदि मयंक की वर्तमान आयु 10 वर्ष है, तो संगीता की वर्तमान आयु कितनी है? SSC CGL (Tier-I) 18/08/2021 Shift-III

(a) 30 वर्ष (b) 35 वर्ष
(c) 48 वर्ष (d) 42 वर्ष

10. तीन संख्याओं का योग 240 है। दूसरी संख्या, पहली संख्या की चार गुनी है। तीसरी संख्या, पहली संख्या की तीन गुनी है। तीनों संख्याओं का औसत क्या होगा?
SSC CGL (Tier-I) 18/08/2021 Shift-I

(a) 70 (b) 60
(c) 50 (d) 80

11. एक प्रेस सम्मेलन में 28 व्यक्ति मौजूद हैं। सम्मेलन के बाद सभी व्यक्ति एक-दूसरे से हाथ मिलाते हैं। यदि उनमें से 7 व्यक्ति हाथ मिलाने से मना कर देते हैं, तो कुल मिलाकर कितने हाथ मिलाए जाएँगे?
SSC CGL (Tier-I) 17/08/2021 Shift-III

(a) 420 (b) 210
(c) 378 (d) 231

12. राजेश ने ₹ 136 में 6 आम, 3 केले और 10 अमरूद खरीदे। यदि आम, केले और अमरूदों के मूल्य (प्रतिनग) का अनुपात 3 : 2 : 1 है, तो 1 आम, 2 केले और 3 अमरूदों का कुल मूल्य कितना होगा?
SSC CGL (Tier-I) 17/08/2021 Shift-I

(a) ₹ 46 (b) ₹ 27
(c) ₹ 38 (d) ₹ 40

13. जब संख्या X को उसकी अगली संख्या से गुणा किया जाता है, तो गुणनफल 1260 प्राप्त होता है। जब संख्या X को संख्या Y में जोड़ा जाता है, तो योगफल 106 प्राप्त होता है। संख्या Y का मान ज्ञात करें। (संख्याओं को धनात्मक मानें)
SSC CGL (Tier-I) 16/08/2021 Shift-III

(a) 61 (b) 71
(c) 87 (d) 77

14. एक प्रशिक्षण शिविर में, तीन खेलों हॉकी, क्रिकेट और बैडमिण्टन का प्रशिक्षण दिया गया। कुल छात्रों में से 14% ने क्रिकेट का प्रशिक्षण लिया। शेष छात्रों में से 22% ने हॉकी का प्रशिक्षण लिया। शेष छात्रों में से आधे छात्रों ने बैडमिण्टन का प्रशिक्षण लिया। उन छात्रों का प्रतिशत कितना है, जिन्होंने इनमें से किसी भी खेल का प्रशिक्षण नहीं लिया?
SSC CGL (Tier-I) 13/08/2021 Shift-III

(a) 67.52% (b) 33.54%
(c) 32.56% (d) 24.52%

15. कुल खिलाड़ियों में से, $\frac{100}{3}$% होटल X में और शेष खिलाड़ी होटल Y में ठहरे हुए हैं। यदि होटल Y के 20 खिलाड़ियों को होटल X में स्थानान्तरित किया जाता है, तो होटल X में ठहरे हुए खिलाड़ियों की संख्या, कुल खिलाड़ियों की संख्या की 50% हो जाती है। यदि होटल X के 20 खिलाड़ियों को होटल Y में स्थानान्तरित कर दिया जाता है, तो होटल X में ठहरे हुए खिलाड़ियों की संख्या, खिलाड़ियों की कुल संख्या के कितने प्रतिशत हो जाएगी?
SSC CGL (Tier-I) 13/08/2021 Shift-I

(a) 20.67% (b) 16.67%
(c) 26.34% (d) 12.75%

16. एक निजी टैक्सी कम्पनी, तय की गई दूरी के आधार पर प्रति किलोमीटर के हिसाब से शुल्क लेने के साथ ही एक तय शुल्क भी वसूल करती है। 24 किमी के सफर के लिए ₹ 368 और 32 किमी के सफर के लिए ₹ 464 का भुगतान कम्पनी को किया गया, तो एक व्यक्ति को 15 किमी के सफर के लिए कितना भुगतान करना होगा?
SSC CGL (Tier-I) 07/03/2020 Shift-I

(a) ₹ 290 (b) ₹ 260
(c) ₹ 280 (d) ₹ 180

17. एक टूर्नामेण्ट में, 160 खिलाड़ियों में से 57 ने तीन खेलों अर्थात् क्रिकेट, हॉकी और बैडमिण्टन में से किसी में भी भाग नहीं लिया। कुल 37 खिलाड़ियों ने केवल एक खेल में भाग लिया। 10 खिलाड़ियों ने क्रिकेट और हॉकी दोनों में भाग लिया, लेकिन बैडमिण्टन में नहीं। 9 खिलाड़ियों ने हॉकी और बैडमिण्टन दोनों में भाग लिया, लेकिन क्रिकेट में नहीं और 13 खिलाड़ियों ने क्रिकेट और बैडमिण्टन दोनों में

भाग लिया, लेकिन हॉकी में नहीं। कितने खिलाड़ियों ने तीनों खेलों में भाग लिया?

SSC CGL (Tier-I) 06/03/2020 Shift-III

(a) 30 (b) 34 (c) 32 (d) 38

18. एक कैफे में तीन मित्र, K, L और M बैठे हैं। उनकी औसत आयु 24 वर्ष है। एक और मित्र 'N' उनमें शामिल होता है और उनकी नई औसत आयु 23 वर्ष हो जाती है। यदि कोई अन्य मित्र 'R', जिसकी आयु 'N' से 2 वर्ष ज्यादा है, 'K' की जगह लेता है, तो L, M, N और R की औसत आयु 22.5 वर्ष हो जाती है। K की आयु क्या है?

SSC CGL (Tier-I) 06/03/2020 Shift-II

(a) 22 वर्ष (b) 24 वर्ष
(c) 20 वर्ष (d) 25 वर्ष

19. पुरुषों और घोड़ों के एक निश्चित समूह में, पैरों की कुल संख्या सिरों की संख्या के दोगुने से 14 अधिक है। समूह में कितने घोड़े हैं?

SSC CGL (Tier-I) 06/03/2020 Shift-I

(a) 11 (b) 9 (c) 5 (d) 7

20. 100 छात्रों की एक कक्षा में, प्रत्येक छात्र तीन विषयों अर्थात् इतिहास, अर्थशास्त्र और अंग्रेजी में से किसी एक या एक से अधिक में उत्तीर्ण हुए हैं। सभी छात्रों में से, 24 छात्र केवल अंग्रेजी में उत्तीर्ण हुए हैं, 14 छात्र केवल इतिहास में उत्तीर्ण हुए हैं, 11 छात्र केवल अंग्रेजी और अर्थशास्त्र दोनों में उत्तीर्ण हुए हैं, और 12 छात्र केवल अंग्रेजी और इतिहास दोनों में उत्तीर्ण हुए हैं। इतिहास में कुल 50 छात्र उत्तीर्ण हुए हैं। यदि तीनों विषयों में केवल 5 छात्र उत्तीर्ण हुए हैं, तो केवल अर्थशास्त्र में कितने छात्र उत्तीर्ण हुए हैं?

SSC CGL (Tier-I) 05/03/2020 Shift-III

(a) 10 (b) 20 (c) 18 (d) 15

21. विनीत, राजेश और कृति के पास अलग-अलग धनराशियाँ हैं। राजेश के पास विनीत के मुकाबले दोगुनी धनराशि है। राजेश और कृति के पास कुल ₹147 की धनराशि है। कृति की धनराशि विनीत की धनराशि से ₹6 अधिक है। कृति के पास कुल कितनी धनराशि है?

SSC CGL (Tier-I) 05/03/2020 Shift-II

(a) ₹ 72 (b) ₹ 50 (c) ₹ 53 (d) ₹ 64

22. शान के पास कुल ₹ 5500 हैं। वह इस राशि से ₹ 5000 में एक उत्पाद 'Z' खरीदता है और फिर उसे किसी अन्य व्यक्ति को बेचता है, और उस पर 15% का लाभ कमाता है। अब उसके पास मौजूद सारे पैसे से, वह एक उत्पाद 'X' खरीदता है और उस पर 25% का लाभ कमाते हुए किसी अन्य व्यक्ति को बेचता है। शान के पास अब कुल कितने रुपये हैं?

SSC CGL (Tier-I) 05/03/2020 Shift-I

(a) ₹ 7187.50 (b) ₹ 6325.50
(c) ₹ 7815.50 (d) ₹ 7812.50

23. एक उत्पाद पर मूल्य का लेबल लगाया गया जिस पर अंकित मूल्य पर 20% की छूट देने की बात की गई है। बिक्री के समय, दुकानदार ने लेबल वाले मूल्य पर 10% की अतिरिक्त छूट दी। यदि किसी ग्राहक ने उत्पाद को ₹468 में खरीदा, तो उत्पाद का अंकित मूल्य क्या है?

SSC CGL (Tier-I) 04/03/2020 Shift-III

(a) ₹700 (b) ₹650
(c) ₹600 (d) ₹520

SSC CPO SI 2020

24. चार व्यक्तियों की आयु का योग 86 वर्ष है। आज से 4 वर्ष पहले उनकी औसत आयु क्या थी?

SSC CPO 25/11/2020 Shift-II

(a) 19.5 वर्ष (b) 20.5 वर्ष
(c) 20 वर्ष (d) 17.5 वर्ष

25. एक नल 1250 लीटर का टैंक 4 घण्टे में भर सकता है, जबकि एक दूसरा नल उसी टैंक को 8 घण्टे में भर सकता है। एक खाली करने वाला नल उस टैंक को 6 घण्टे में खाली कर सकता है। यदि सभी तीनों नल एक साथ खोल दिए जाते हैं, तो टैंक को पूर्ण रूप से भरने में कितना समय लगेगा?

SSC CPO 25/11/2020 Shift-II

(a) 4.5 घण्टे
(b) 5 घण्टे
(c) 4.8 घण्टे
(d) 4.2 घण्टे

26. साइकिल के चार टायर और तीन ट्यूब की कीमत ₹ 720 है, जबकि साइकिल के तीन टायर और चार ट्यूब की कीमत ₹ 610 है। एक ट्यूब की कीमत की गणना करें।

SSC CPO 25/11/2020 Shift-II

(a) ₹ 45 (b) ₹ 42
(c) ₹ 50 (d) ₹ 40

27. एक माँ ने अपने बेटे से कहा, 'जब तुम पैदा हुए थे तो मेरी आयु तुम्हारी वर्तमान आयु के बराबर थी।' यदि 5 वर्ष पहले, बेटे की आयु 16 वर्ष थी, तो माँ की वर्तमान आयु ज्ञात करें।

SSC CPO 25/11/2020 Shift-I

(a) 42 वर्ष (b) 37 वर्ष
(c) 38 वर्ष (d) 32 वर्ष

28. वह कौन-सी संख्या है, जिसे उसी संख्या में 14 बार जोड़ने पर 195 आता है?

SSC CPO 25/11/2020 Shift-I

(a) 14 (b) 13
(c) 15 (d) 16

29. एक फॉर्म पर कुछ रखवालों के साथ 48 बत्तखें, 42 बकरियाँ और 10 गायें हैं। यदि पैरों की कुल संख्या, सिरों की कुल संख्या से 216 अधिक है, तो फॉर्म पर रखवालों की संख्या कितनी है?

SSC CPO 25/11/2020 Shift-I

(a) 12 (b) 8
(c) 10 (d) 14

30. 73 दोस्तों के समूह में, 14 दोस्त जिम और कराटे दोनों क्लास में जाते हैं जबकि 7 दोस्त न तो जिम क्लास में जाते हैं और न ही कराटे क्लास में। अगर जिम क्लास में कुल 36 दोस्त जाते हैं, तो केवल कराटे क्लास में कितने दोस्त जाते हैं?

SSC CPO 24/11/2020 Shift-I

(a) 44 (b) 32
(c) 30 (d) 23

31. जब एक संख्या को इसकी अगली संख्या में और एक ऐसी अन्य संख्या में जोड़ा जाता है, जो इसकी अगली संख्या से चार गुना अधिक है, तो इन तीनों संख्याओं का योग 95 होता है। वह संख्या ज्ञात करें।

SSC CPO 24/11/2020 Shift-I

(a) 14 (b) 17
(c) 15 (d) 16

32. संख्या *A* और संख्या *B* नामक दो संख्याएँ हैं। संख्या *A*, इसके वर्ग और इसके घन का योग 399 है। संख्या *B*, इसके वर्ग और इसके घन का योग 819 है। संख्या *A* और संख्या *B* के योग से प्राप्त संख्या का वर्ग क्या होगा?

SSC CPO 23/11/2020 Shift-I

(a) 289 (b) 225
(c) 324 (d) 256

33. एक दिन एक बस में 90 विद्यार्थी यात्रा कर रहे थे, जिसमें लड़कों और लड़कियों की संख्या का अनुपात 2 : 1 था। अगले दिन विद्यार्थियों की संख्या पूर्ववत् थी, लेकिन लड़कों और लड़कियों की संख्या का अनुपात 3 : 2 हो गया। दोनों दिन बस में यात्रा करने वाले लड़कों की संख्या में कितना अन्तर था?

SSC CPO 23/11/2020 Shift-I

(a) 18 (b) 6
(c) 14 (d) 30

SSC CHSL 2021 (Tier I & II)

34. विशाल के पास ₹ 5, ₹ 10, ₹ 20 और ₹ 50 के नोटों के मूल्यवर्ग में कुल ₹ 4100 के नोट हैं। उसके पास ₹ 5 और ₹ 10 के नोट समान संख्या में है। ₹ 20 के नोटों की संख्या ₹ 5 के नोटों की संख्या से दोगुनी है। ₹ 50 के नोटों की संख्या ₹ 10 के नोटों की संख्या से तीन गुनी है। गणना करें, कि विशाल के पास ₹ 5 के कितने नोट हैं?

SSC CHSL (Tier-I) 10/08/2021 Shift-I

(a) 10 (b) 30
(c) 40 (d) 20

35. वॉशिंग मशीन स्टोर का सेल्स बॉय अपने ग्राहकों से क्रय मूल्य से 24% अधिक प्राप्त करता है। यदि एक ग्राहक ने वाशिंग मशीन के लिए ₹ 6200 का भुगतान किया, तो वाशिंग मशीन का क्रय मूल्य ज्ञात करें।

SSC CHSL (Tier-I) 04/08/2021 Shift-I

(a) ₹ 6200 (b) ₹ 5000
(c) ₹ 5500 (d) ₹ 7200

36. A, B और C कोड वाली तीन पुस्तकें हैं। पुस्तक A की कीमत पुस्तक B की कीमत से दोगुनी और पुस्तक C की कीमत की एक-तिहाई है। यदि पुस्तक C की कीमत ₹ 84 है, तो पुस्तक A और पुस्तक B की कीमत क्रमश: ज्ञात करें।
SSC CHSL (Tier-I) 19/04/2021 Shift-III
(a) ₹ 14 और ₹ 42 (b) ₹ 14 और ₹ 7
(c) ₹ 28 और ₹ 14 (d) ₹ 24 और ₹ 42

37. लड़कों और लड़कियों वाली कक्षा में, 85 सेब बाँटे जाने हैं। यदि प्रत्येक लड़के को 5 सेब मिलते हैं, तो प्रत्येक लड़की को 7 सेब मिलेंगे और यदि प्रत्येक लड़के को 4 सेब मिलते हैं, तो प्रत्येक लड़की को 9 सेब मिलेंगे। कक्षा में कुल कितने विद्यार्थी हैं?
SSC CHSL (Tier-I) 12/04/2021 Shift-II
(a) 19 (b) 17 (c) 15 (d) 14

SSC Steno 2022-2020

38. राहुल के पास ₹ 340 है। जिसमें ₹ 2, ₹ 5 और ₹ 10 के नोट हैं। सभी नोटों की संख्या बराबर है। राहुल के पास नोटों की कुल संख्या क्या है?
SSC Steno 17/11/2022 Shift-I
(a) 20 (b) 40 (c) 60 (d) 80

39. किसी कॉलेज में, जीव विज्ञान या रसायन विज्ञान का चयन करने वाले छात्रों की कुल संख्या 150 है। बाद में, 12 छात्र जिन्होंने जीवविज्ञान का चयन किया था, उन्होंने अपने चयन को बदल दिया और रसायन विज्ञान का चयन किया। अब जीवविज्ञान में छात्रों की संख्या, रसायन विज्ञान में छात्रों की संख्या की आधी है। अब, रसायन विज्ञान में कितने छात्र हैं?
SSC Steno 17/11/2021
(a) 104 (b) 100 (c) 88 (d) 94

40. रीना और उसके पिता की आयु का योगफल 60 है और उनकी आयु के बीच का अन्तर 36 है। रीना के पिता की आयु ज्ञात करें।
SSC Steno 15/11/2021
(a) 48 वर्ष (b) 52 वर्ष
(c) 58 वर्ष (d) 60 वर्ष

41. 200 लोगों वाली एक फैंसी ड्रेस पार्टी में, 30% मेहमानों ने जानवरों के रूप में कपड़े पहने हैं। शेष मेहमानों में से 40% ने पक्षियों के रूप मे कपड़े पहने हैं। शेष मेहमानों में से 50% ने जोकरों की तरह कपड़े पहने हैं। शेष मेहमानों ने पौधों के रूप में कपड़े पहने हैं। कितने मेहमानों ने पौधों के रूप में कपड़े पहने हैं?
SSC Steno 15/11/2021
(a) 62 (b) 56
(c) 70 (d) 42

42. जब पेट्रोल की कीमत में 25% की वृद्धि हुई, तो योगेश ने अपनी यात्रा कम कर दी, ताकि वह पेट्रोल पर मासिक व्यय, पहले जितना ही करता रहे। योगेश ने अपनी यात्रा में कितने प्रतिशत की कटौती की? **SSC Steno 12/11/2021**
(a) 25% (b) 30%
(c) 20% (d) 15%

43. एक पुस्तक जिसका क्रय मूल्य ₹ 40 है, 25% लाभ पर बेची जाती है। यदि पुस्तक के क्रय मूल्य में, 10% की वृद्धि कर दी जाती है और लाभ प्रतिशत समान ही रहता है, तो समान पुस्तक का नया विक्रय मूल्य क्या होगा?
SSC Steno 12/11/2021
(a) ₹ 55 (b) ₹ 48
(c) ₹ 52 (d) ₹ 58

44. राम और उसके दो मित्रों द्वारा प्राप्त अंकों का योग तीनों के परीक्षा में अधिकतम अंक का 60% है। यदि उनके द्वारा प्राप्त अंकों का अनुपात 4 : 5 : 6 है, तब उनमें से कितनों ने 70% से ज्यादा अंक प्राप्त किए हैं?
SSC Steno 12/11/2021
(a) एक (b) दो
(c) तीन (d) कोई भी नहीं

45. यदि किसी संख्या, संख्या के वर्ग और उसके घन का योगफल 584 है, तो संख्या ज्ञात करें।
SSC Steno 11/11/2021
(a) 9 (b) 7 (c) 6 (d) 8

46. ₹ 5110 की राशि को राजेश, विवेक और कृपाल के बीच इस प्रकार विभाजित करना है, कि राजेश को विवेक से दोगुनी राशि मिले और कृपाल को राजेश से दोगुनी राशि मिले। कृपाल को कितनी राशि मिलेगी? **SSC Steno 11/11/2021**
(a) ₹ 1550 (b) ₹ 2920
(c) ₹ 2188 (d) ₹ 2236

47. 120 विद्यार्थियों की कक्षा में, 100 विद्यार्थी या तो गोल्फ, या स्केटिंग, या दोनों में भाग लेते हैं। उनमें से कुल 60 विद्यार्थी गोल्फ में भाग लेते हैं। स्केटिंग में कुल 56 विद्यार्थी भाग लेते हैं। केवल स्केटिंग में भाग लेने वाले विद्यार्थी की संख्या कितनी है? **SSC Steno 24/12/2020**
(a) 44 (b) 16 (c) 36 (d) 40

48. एक निश्चित धनराशि को दर्शन, स्वाति और निवृति के बीच बाँटा गया। उसमें से निवृति को ₹ 539 मिले। यदि दर्शन, स्वाति और निवृति के बीच बाँटी गई धनराशि का अनुपात 5 : 6 : 7 हैं, तो बाँटी गई कुल धनराशि कितनी थी?
SSC Steno 24/12/2020
(a) ₹ 1422 (b) ₹ 1386
(c) ₹ 1341 (d) ₹ 1356

49. 80 विद्यार्थियों में से 24 रसायन विज्ञान में उत्तीर्ण हुए, 35 भौतिकी में उत्तीर्ण हुए और 29 गणित में उत्तीर्ण हुए। 8 विद्यार्थी परीक्षा में नहीं बैठे। यदि 2 विद्यार्थी सभी तीनों विषयों में उत्तीर्ण हुए, 2 विद्यार्थी भौतिकी व रसायन विज्ञान दोनों में उत्तीर्ण हुए लेकिन गणित में उत्तीर्ण नहीं हुए, 2 विद्यार्थी रसायन विज्ञान व गणित दोनों में उत्तीर्ण हुए लेकिन भौतिकी में उत्तीर्ण नहीं हुए, 8 विद्यार्थी भौतिकी व गणित दोनों में उत्तीर्ण हुए लेकिन रसायन विज्ञान में उत्तीर्ण नहीं हुए, तो कितने विद्यार्थी केवल गणित में उत्तीर्ण हुए?
SSC Steno 22/12/2020
(a) 18 (b) 20 (c) 19 (d) 17

50. ₹ 6764 की धनराशि चार मित्रों P, Q, R और S में 8 : 6 : 3 : 2 के अनुपात में वितरित की जानी है। P और R को मिलाकर कुल कितनी धनराशि मिलेगी? **SSC Steno 22/12/2020**
(a) ₹ 3916 (b) ₹ 3766
(c) ₹ 2848 (d) ₹ 4120

सही उत्तर

1	(d)	2	(a)	3	(d)	4	(a)	5	(c)	6	(c)	7	(a)	8	(c)	9	(b)	10	(d)
11	(b)	12	(d)	13	(b)	14	(b)	15	(b)	16	(b)	17	(b)	18	(b)	19	(d)	20	(d)
21	(c)	22	(d)	23	(b)	24	(d)	25	(c)	26	(d)	27	(a)	28	(b)	29	(a)	30	(c)
31	(c)	32	(d)	33	(b)	34	(d)	35	(b)	36	(c)	37	(c)	38	(c)	39	(b)	40	(a)
41	(d)	42	(c)	43	(a)	44	(a)	45	(d)	46	(b)	47	(d)	48	(b)	49	(d)	50	(a)

उत्तर सहित हल

1. (d) A, B और C की आयु का योग

$= 20 \times 3 = 60$ वर्ष

दो वर्ष पहले $A + B + C = 60 - 2 \times 3 = 54$ वर्ष ...(i)

प्रश्नानुसार, $A + B = C + 6$

A + B का मान समी (i) से लेने पर,

$C + 6 = 54 - C$

$\Rightarrow 2C = 48 \Rightarrow C = \frac{48}{2} = 24$ वर्ष

अत: C की वर्तमान आयु $= 24 + 2 = 26$ वर्ष

2. (a) माना राम व मोहन की आयु क्रमश: $3x$ तथा $5x$ हैं।

प्रश्नानुसार, $\frac{3x+2}{5x+2} = \frac{2}{3}$

$\Rightarrow 9x + 6 = 10x + 4 \Rightarrow x = 2$

मोहन की वर्तमान आयु $= 5 \times 2 = 10$ वर्ष

3. (d) माना पहली संख्या, दूसरी संख्या व तीसरी संख्या क्रमश: x, y और z हैं।

तब, $x : y = 3 : 4,\ y : z = 5 : 6$

$\therefore x : y : z \Rightarrow 3 \times 5 : 4 \times 5 : 6 \times 4 = 15 : 20 : 24$

माना $x = 15K, z = 24K$

प्रश्नानुसार, $24K - 15K = 1125$

$\Rightarrow 9K = 1125 \Rightarrow K = \frac{1125}{9} \Rightarrow K = 125$

$\therefore$ दूसरी व तीसरी संख्या का औसत

$= \frac{y+z}{2} = \frac{20K + 24K}{2} = \frac{44 \times 125}{2} = 2750$

4. (a) माना संजू की वर्तमान आयु $= x$ वर्ष

माता-पिता की शादी के 18 वर्ष बाद संजू की आयु

$= x - (25 - 18) = (x - 7)$ वर्ष

माता-पिता की शादी की स्वर्ण वर्षगाँठ पर संजू की आयु

$= (x + 25)$ वर्ष

प्रश्नानुसार, $\frac{x-7}{x+25} = \frac{5}{21} \Rightarrow 21x - 147 = 5x + 125$

$\Rightarrow 16x = 272 \Rightarrow x = 17$ वर्ष

$\therefore$ संजू का जन्म अपने माता-पिता की शादी के $(25 - 17) = 8$ वर्ष के बाद हुआ है।

5. (c) 17 व्यक्तियों की आयु का योग $= 17 \times 39 = 663$

पहले 9 व्यक्तियों की आयु का योग $= 9 \times 35 = 315$

तथा अन्तिम 9 व्यक्तियों की आयु का योग

$= 9 \times 44 = 396$

$\therefore$ 9वें व्यक्ति की आयु $= (315 + 396) - 663$

$= 711 - 663 = 48$ वर्ष

6. (c) प्रश्नानुसार, $\frac{3}{100} \times A + \frac{6}{100} \times B = \frac{4}{5}\left[A \times \frac{4}{100} + B \times \frac{6}{100}\right]$

$\Rightarrow 3A + 6B = \frac{4}{5}(4A + 6B)$

$\Rightarrow 15A + 30B = 16A + 24B \Rightarrow A = 6B$

$\therefore \frac{A}{B} = \frac{6}{1} \Rightarrow \frac{A+B}{A-B} = \frac{6+1}{6-1} = \frac{7}{5} = 7 : 5$

7. (a) दिया है, अलेख्या की वर्तमान आयु 6 वर्ष है।

तब, पिता की वर्तमान आयु $= 6 + 25 = 31$ वर्ष

माता की वर्तमान आयु $= 31 - 2 = 29$ वर्ष

$\therefore$ माता की शादी के समय आयु $= 29 - (6 + 1)$

$= 29 - 7 = 22$ वर्ष

8. (c) माना अंकित, संजय और रोशन की मासिक आय क्रमश: ₹ $12x$, ₹ $9x$ और ₹ $7x$ हैं।

और इनका मासिक व्यय ₹ $15y$, ₹ $9y$ और ₹ $8y$ हैं।

$\therefore$ अंकित की बचत $= 12x - 15y$

अब, $\frac{25}{100} \times 12x = 12x - 15y$

$\Rightarrow 12x - 3x = 15y \Rightarrow 9x = 15y \Rightarrow y = \frac{9x}{15}$

अंकित, संजय और रोशन की बचत का अनुपात

$= (12x - 15y) : (9x - 9y) : (7x - 8y)$

$= \left(12x - 15 \times \frac{9x}{15}\right) : \left(9x - \frac{9 \times 9x}{15}\right) : \left(7x - \frac{8 \times 9x}{15}\right)$

$= \left(\frac{180 - 135}{15}\right)x : \left(\frac{135 - 81}{15}\right)x : \left(\frac{105 - 72}{15}\right)x$

$= 45 : 54 : 33 = 15 : 18 : 11$

9. (b) माना संगीता की वर्तमान आयु $= x$ वर्ष

$\therefore$ रमेश की वर्तमान आयु $= (x + 7)$ वर्ष

प्रश्नानुसार, 6 वर्ष बाद रमेश की आयु

$= x + 7 + 6 = x + 13$ वर्ष

मयंक की वर्तमान आयु $= 10$ वर्ष

$\therefore x + 13 = (10 + 6) \times 3 \Rightarrow x = 48 - 13 = 35$ वर्ष

10. (d) माना पहली संख्या $= x$

$\therefore$ दूसरी संख्या $= 4x$ तथा तीसरी संख्या $= 3x$

प्रश्नानुसार, $x + 4x + 3x = 240$

$\Rightarrow 8x = 240 \Rightarrow x = 30$

$\therefore$ तीनों संख्याओं का औसत

$= \frac{x + 4x + 3x}{3} = \frac{8x}{3} = \frac{8 \times 30}{3} = 80$

11. (b) कुल व्यक्ति $= 28$

हाथ मिलाने वाले व्यक्ति $= 28 - 7 = 21$

$\therefore$ हाथ मिलाए जाने की कुल संख्या $= \frac{21 \times 20}{2} = 210$

12. (d) माना आम, केले और अमरूद के मूल्य (प्रति नग) क्रमश: $3x, 2x$ और x हैं।

प्रश्नानुसार, $3x \times 6 + 2x \times 3 + x \times 10 = 136$

$\Rightarrow 18x + 6x + 10x = 136$

$\Rightarrow 34x = 136 \Rightarrow x = 4$

$\therefore$ 1 आम, 2 केले और 3 अमरूद का कुल मूल्य

$= 3x \times 1 + 2x \times 2 + x \times 3$

$= 3x + 4x + 3x$

$= 10x = 10 \times 4 =$ ₹ 40

13. (b) प्रश्नानुसार, $X(X + 1) = 1260$

$\Rightarrow X^2 + X = 1260$

$\Rightarrow X^2 + X - 1260 = 0$

$\Rightarrow X^2 + 36X - 35X - 1260 = 0$

$\Rightarrow X(X + 36) - 35(X + 36) = 0$

$\Rightarrow (X + 36)(X - 35) = 0$

$\because X - 35 = 0 \Rightarrow X = 35$

यहाँ $X = -36$ मान नहीं होगा क्योंकि प्रश्न में संख्या धनात्मक है।

पुन: प्रश्नानुसार, $X + Y = 106$

$\Rightarrow Y = 106 - 35 = 71$

14. (b) माना शिविर में कुल छात्रों की संख्या $= 100$

क्रिकेट का प्रशिक्षण लेने वाला छात्र $= 100 \times \frac{14}{100} = 14$

शेष छात्र $= 100 - 14 = 86$

हॉकी का प्रशिक्षण लेने वाला छात्र $= 86 \times \frac{22}{100} = 18.92$

शेष छात्र $= 86 - 18.92 = 67.08$

बैडमिण्टन का प्रशिक्षण लेने वाला छात्र

$= 67.08 \times \frac{1}{2} = 33.54$

$\therefore$ किसी भी खेल का प्रशिक्षण न लेने वाला छात्र का प्रतिशत $= \frac{(67.08 - 33.54)}{100} \times 100 = 33.54\%$

15. (b) माना कुल खिलाड़ियों की संख्या $= N$

$\therefore$ होटल X में ठहरे हुए खिलाड़ी $= N \times \frac{100}{300} = \frac{N}{3}$

होटल Y में ठहरे हुए खिलाड़ी $= N - \frac{N}{3} = \frac{2N}{3}$

प्रश्नानुसार, $\frac{N}{3} + 20 = N \times \frac{50}{100} \Rightarrow \frac{N + 60}{3} = \frac{N}{2}$

$\Rightarrow 2N + 120 = 3N \Rightarrow N = 120$

$\therefore$ होटल X में ठहरे हुए खिलाड़ी $= \frac{N}{3} = \frac{120}{3} = 40$

पुन: होटल X के 20 खिलाड़ी होटल Y में स्थानान्तरित करने के पश्चात् होटल X में बचे खिलाड़ी

$= 40 - 20 = 20$

$\therefore$ अभीष्ट प्रतिशत $= \frac{20}{120} \times 100 = 16.67\%$

16. (b) माना प्रति किलोमीटर का शुल्क = ₹ x

तथा तय शुल्क = ₹ y

प्रश्नानुसार, $24x + y = 368$ ... (i)

तथा $32x + y = 464$ ... (ii)

समी (ii) में से समी (i) घटाने पर,

$8x = 96 \Rightarrow x = 12$ तथा $y = 80$

$\therefore$ 15 किमी के सफर के लिए भुगतान

$= 15 \times 12 + 80 =$ ₹ 260

17. (b) प्रश्नानुसार, कुल खिलाड़ी $= 160$

भाग लेने वाले खिलाड़ी $= 160 - 57 = 103$

केवल एक खेल में भाग लेने वाले खिलाड़ी $= 37$

केवल दो खेलों में भाग लेने वाले खिलाड़ी

$= 10 + 9 + 13 = 32$

$\therefore$ तीनों खेलों में भाग लेने वाले खिलाड़ी

$= 103 - (37 + 32) = 103 - 69 = 34$

18. (b) प्रश्नानुसार,

$K + L + M = 24 \times 3 = 72$ ... (i)

$K + L + M + N = 23 \times 4 = 92$ ...(ii)

$R = N + 2$ ... (iii)

$L + M + N + R = 22.5 \times 4 = 90$ ...(iv)

समी (ii) में से समी (i) को घटाने पर,

$N = 92 - 72 = 20$

समी (iii) से,

$\Rightarrow R = 20 + 2 = 22$

समी (iv) में N और R का मान रखने पर,

$L + M = 90 - 20 - 22 = 48$

अब समी (i) में, L + M का मान रखने पर,

$K = 72 - 48 = 24$ वर्ष

19. (d) माना पुरुषों की संख्या = x
तथा घोड़ों की संख्या = y
प्रश्नानुसार, $2x + 4y = (x + y) \times 2 + 14$
$\Rightarrow \quad 2x + 4y = 2x + 2y + 14$
$\Rightarrow \quad 2y = 14 \Rightarrow y = 7$
अत: घोड़ों की संख्या '7' होगी।

20. (d) प्रश्नानुसार, कुल छात्रों की संख्या = 100

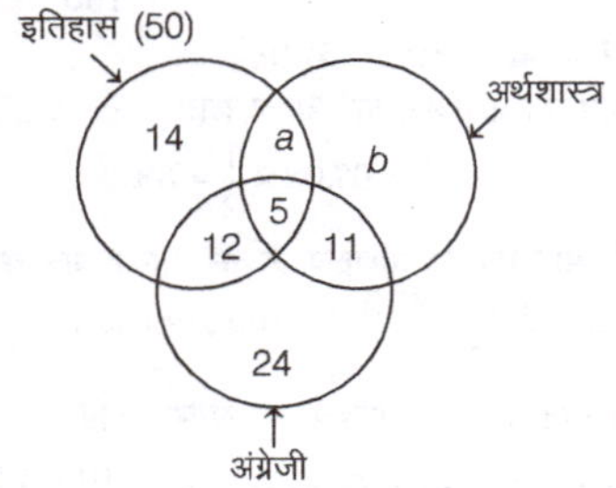

$\therefore$ केवल इतिहास और अर्थशास्त्र में उत्तीर्ण छात्र (a)
$= 50 - (14 + 12 + 5) = 50 - 31 = 19$
$\therefore$ केवल अर्थशास्त्र में उत्तीर्ण छात्र (b)
$= 100 - (14 + 12 + 19 + 5 + 24 + 11)$
$= 100 - 85 = 15$

21. (c) माना कृति के पास धनराशि = ₹ x
तब, विनीत के पास धनराशि = ₹ $(x - 6)$
तथा राजेश के पास धनराशि = ₹ $2(x - 6)$
प्रश्नानुसार, $x + 2(x - 6) = 147$
$\Rightarrow \quad 3x - 12 = 147 \Rightarrow 3x = 159 \Rightarrow x =$ ₹ 53

22. (d) शान के पास कुल राशि = ₹ 5500
उत्पाद Z का क्रय मूल्य = ₹ 5000
15% लाभ पर उत्पाद Z को बेचने पर हुआ लाभ
$= 5000 \times \frac{15}{100} =$ ₹ 750
$\therefore$ अब शान के पास कुल राशि
$= 5500 + 750 =$ ₹ 6250
अब इस राशि से उत्पाद X खरीदता है और 25% लाभ कमाता है।
तब शान के पास कुल राशि
$= 6250 \times \frac{125}{100} =$ ₹ 7812.5

23. (b) माना उत्पाद का अंकित मूल्य = ₹ x
प्रश्नानुसार,
$x \times \left(\frac{100-20}{100}\right) \times \left(\frac{100-10}{100}\right) = 468$
$\Rightarrow \quad x \times \frac{80}{100} \times \frac{90}{100} = 468$
$\therefore \quad x = \frac{468 \times 100}{8 \times 9} =$ ₹650

24. (d) दिया है, चार व्यक्तियों की आयु का योग
= 86 वर्ष
$\therefore$ 4 वर्ष पहले आयु का योग
$= 86 - 4 \times 4 = 86 - 16 = 70$
$\therefore$ 4 वर्ष पहले औसत आयु $= \frac{70}{4} = 17.5$ वर्ष

25. (c) पहले नल द्वारा 1 घण्टे में भरा गया भाग $= \frac{1}{4}$
तथा दूसरे नल द्वारा 1 घण्टे में भरा गया भाग $= \frac{1}{8}$
खाली करने वाले नल द्वारा 1 घण्टे में खाली किया गया भाग $= \frac{1}{6}$
प्रश्नानुसार,
तीनों नलों को एकसाथ खोलने पर 1 घण्टे में भरा गया भाग
$= \frac{1}{4} + \frac{1}{8} - \frac{1}{6} = \frac{6 + 3 - 4}{24} = \frac{5}{24}$
$\therefore$ तीनों नल खोलने पर टंकी भरने में लगा समय
$= \frac{24}{5}$ घण्टे = 4.8 घण्टे

26. (d) माना साइकिल के एक टायर और एक ट्यूब की कीमत क्रमश: ₹ x और ₹ y है।
प्रश्नानुसार,
$4x + 3y = 720 \quad \ldots(i)$
तथा $3x + 4y = 610 \quad \ldots(ii)$
समी (i) × 3 – समी (ii) × 4 करने पर,
$9y - 16y = 2160 - 2440$
$-7y = -280 \Rightarrow y =$ ₹ 40
अत: एक ट्यूब की कीमत ₹ 40 है।

27. (a) दिया है, 5 वर्ष पूर्व बेटे की आयु = 16 वर्ष
बेटे की वर्तमान आयु = 16 + 5 = 21 वर्ष
$\therefore$ 21 वर्ष पूर्व माँ की आयु = 21 वर्ष
$\therefore$ माँ की वर्तमान आयु = 21 + 21 = 42 वर्ष

28. (b) माना संख्या = x
प्रश्नानुसार, $x + 14x = 195$
$\Rightarrow \quad 15x = 195 \Rightarrow x = \frac{195}{15} = 13$

29. (a) माना रखवालों की संख्या = x
प्रश्नानुसार,
$(x + 48 + 42 + 10) + 216$
$= x \times 2 + 48 \times 2 + 42 \times 4 + 10 \times 4$
$\Rightarrow x + 316 = 2x + 96 + 168 + 40$
$\Rightarrow x + 316 = 2x + 304 \Rightarrow x = 12$

30. (c) दिया है, कुल मित्र = 73
जिम और कराटे दोनों में जाने वाले = 14
न तो जिम और न कराटे में जाने वाले = 7
जिम क्लास जाने वाले = 36
$\therefore$ केवल कराटे क्लास जाने वाले = 73 – 7 – 36 = 30

31. (c) माना संख्या = x
प्रश्नानुसार, $x + (x + 1) + (x + 1) \times 4 = 95$
$\Rightarrow \quad x + x + 1 + 4x + 4 = 95$
$\Rightarrow \quad 6x = 95 - 5 = 90 \Rightarrow x = \frac{90}{6} = 15$

32. (d) प्रश्नानुसार, $A + A^2 + A^3 = 399$
अब 399 के निकटतम घन संख्या 343 है, जोकि 7 का घन है। अत: A = 7 रखने पर,
$7 + (7)^2 + (7)^3 = 399;\ 7 + 49 + 343 = 399$
$399 = 399 \Rightarrow B + B^2 + B^3 = 819$
इसी प्रकार, 819 के निकटतम घन संख्या 729 है, जो कि 9 का घन है। अत: $B = 9$ रखने पर,
$9 + 9^2 + 9^3 = 819;\ 9 + 81 + 729 = 819$
$819 = 819$
$\therefore \quad A = 7$ तथा $B = 9$
$A + B = 7 + 9 = 16;\ (A + B)^2 = (16)^2 = 256$

33. (b) बस में विद्यार्थियों की संख्या = 90
पहले दिन लड़कों की संख्या
$= 90 \times \frac{2}{2+1} = 90 \times \frac{2}{3} = 60$
तथा अगले दिन लड़कों की संख्या
$= 90 \times \frac{3}{3+2} = 90 \times \frac{3}{5} = 54$
$\therefore$ अभीष्ट अन्तर = 60 – 54 = 6

34. (d) माना ₹ 5 के नोटों की संख्या = x
₹ 10 के नोटों की संख्या = x
₹ 20 के नोटों की संख्या = $2x$
₹ 50 के नोटों की संख्या = $3x$
प्रश्नानुसार,
$5 \times x + 10 \times x + 20 \times 2x + 50 \times 3x = 4100$
$\Rightarrow 5x + 10x + 40x + 150x = 4100$
$\Rightarrow 205x = 4100 \Rightarrow x = \frac{4100}{205} \Rightarrow x = 20$
$\therefore$ ₹ 5 के नोटों की संख्या 20 है।

35. (b) भुगतान राशि = ₹ 6200
तब, क्रय मूल्य $\times \frac{(100 + 24)}{100} = 6200$
$\therefore$ क्रय मूल्य $= \frac{6200}{124} \times 100 =$ ₹ 5000

36. (c) पुस्तक C की कीमत ₹ 84 है।
$\therefore$ पुस्तक A की कीमत $= \frac{1}{3} \times 84 =$ ₹ 28
पुस्तक B की कीमत $= \left(\frac{1}{2} \times 28\right) =$ ₹ 14

37. (c) माना कक्षा में लड़कों की संख्या x है, और लड़कियों की संख्या y है।
प्रश्नानुसार, $5x + 7y = 85 \quad \ldots(i)$
और $4x + 9y = 85 \quad \ldots(ii)$
समी (ii) × 5 – समी (i) × 4 से,
$17y = 85 \Rightarrow y = 5$
y का मान समी (i) में रखने पर, $x = 10$
अत: कक्षा में कुल विद्यार्थी = $x + y = 5 + 10 = 15$

38. (c) माना प्रत्येक प्रकार के नोटों की संख्या = x
प्रश्नानुसार,
$2x + 5x + 10x = 340$
$\Rightarrow \quad 17x = 340$
$\therefore \quad x = \frac{340}{17} = 20$
$\therefore$ कुल नोटों की संख्या = $3x = 3 \times 20 = 60$

39. (b) माना जीव विज्ञान का चयन करने वाले छात्रों की संख्या = x
तब, रसायन विज्ञान का चयन करने वाले छात्रों की संख्या = $150 - x$
12 छात्रों द्वारा अपने चयन बदलने के बाद,
जीव विज्ञान का चयन करने वाले छात्रों की संख्या
$= x - 12$
रसायन विज्ञान का चयन करने वाले छात्रों की संख्या
$= 150 - x + 12$
$= 162 - x$
प्रश्नानुसार,
$x - 12 = \frac{162 - x}{2}$
$\Rightarrow \quad 2x - 24 = 162 - x$

$\Rightarrow \quad 2x + x = 162 + 24$

$\Rightarrow \quad 3x = 186$

$\Rightarrow \quad x = 62$

अत: अब रसायन विज्ञान में छात्रों की संख्या

$= 162 - 62 = 100$

40. (a) माना रीना के पिता की आयु 'x' वर्ष है।

अत: रीना की आयु = $(x - 36)$ वर्ष

प्रश्नानुसार, $x + x - 36 = 60 \Rightarrow 2x = 96 \Rightarrow x = 48$

अत: रीना के पिता 48 वर्ष के हैं।

41. (d) कुल लोगों की संख्या = 200

जानवरों के कपड़े पहने लोगों की संख्या

$= \frac{30}{100} \times 200 = 60$

पक्षियों के रूप में कपड़े पहने लोगों की संख्या

$= \frac{40}{100}(200 - 60) = 56$

जोकरों के रूप में कपड़े पहने लोगों की संख्या

$= \frac{50}{100}(140 - 56) = 42$

पौधों के रूप में कपड़े पहने लोगों की संख्या

$= 140 - 56 - 42 = 42$

42. (c) दिया है, $r = 25\%$

यात्रा में अभीष्ट कटौती $= \left(\frac{r}{100 + r}\right) \times 100$

$= \left(\frac{25}{100 + 25}\right) \times 100 = 20\%$

43. (a) पुस्तक का नया क्रय मूल्य

$= ₹\left(40 + \frac{10}{100} \times 40\right) = ₹\ 44$

लाभ प्रतिशत = 25%

नया विक्रय मूल्य $= ₹\ \frac{125}{100} \times 44 = ₹\ 55$

44. (a) माना परीक्षा के अधिकतम अंक = 100

माना तीनों मित्रों द्वारा प्राप्त अंक क्रमश: $4x$, $5x$ और $6x$ हैं।

प्रश्नानुसार,

$4x + 5x + 6x = \frac{60}{100} \times 300$

$\Rightarrow \quad 15x = 180 \Rightarrow x = 12$

राम द्वारा प्राप्त अंक = $4x = 48$

पहले मित्र द्वारा प्राप्त अंक = $5x = 60$

दूसरे मित्र द्वारा प्राप्त अंक = $6x = 72$

अत: केवल एक व्यक्ति के 70% से अधिक अंक है।

45. (d) माना संख्या x है।

प्रश्नानुसार, $x + x^2 + x^3 = 584$

विकल्प (d) से, x के स्थान पर 8 रखने पर,

$8 + 8^2 + 8^3 = 8 + 64 + 512 = 584$

अत: $x = 8$

46. (b) कुल राशि = ₹ 5110

राशि निम्न अनुपात में विभाजित हुई है।

राजेश : विवेक : कृपाल

$2x : x : 4x$

$2 : 1 : 4$

कृपाल को मिली राशि $= \frac{5110}{7} \times 4 = ₹\ 2920$

47. (d) कुल विद्यार्थी = 120

विद्यार्थी जो या तो गोल्फ खेलते हैं, या स्केटिंग या दोनों = 100

कुल विद्यार्थी जो स्केटिंग खेलते हैं = 56

कुल विद्यार्थी जो गोल्फ खेलते हैं = 60

विद्यार्थी जो दोनों खेलते हैं = $(60 + 56) - 100 = 16$

$\therefore$ विद्यार्थी जो केवल स्केटिंग खेलते हैं = $56 - 16 = 40$

48. (b) माना कुल धनराशि = ₹ x

प्रश्नानुसार,

$\frac{7}{5 + 6 + 7} \times x = 539$

$\Rightarrow \quad \frac{7}{18}x = 539$

$\Rightarrow \quad x = \frac{539 \times 18}{7}$

$\therefore \quad x = ₹\ 1386$

49. (d) प्रश्नानुसार,

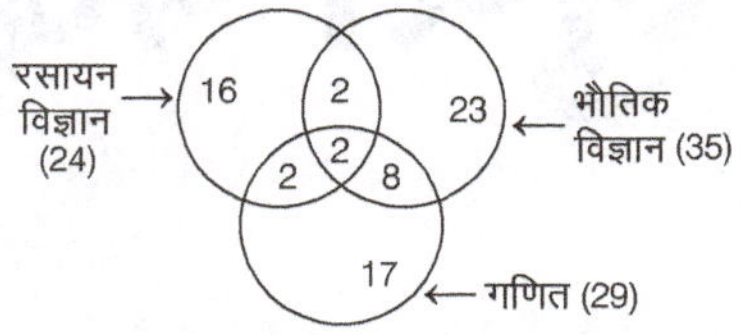

केवल गणित में उत्तीर्ण विद्यार्थियों की कुल संख्या

$= 29 - (2 + 2 + 8) = 29 - 12 = 17$

50. (a) दिया है, कुल धनराशि = ₹ 6764

तथा P : Q : R : S = 8 : 6 : 3 : 2

P और R को मिली कुल धनराशि

$= \frac{8 + 3}{8 + 6 + 3 + 2} \times 6764$

$= \frac{11}{19} \times 6764 = ₹\ 3916$

15

लुप्त पदों को भरना

इस अध्याय के अन्तर्गत पूछे गए प्रश्नों में संख्याओं को गणितीय संक्रियाओं के आधार पर एक या एक से अधिक आरेखों या ज्यामितीय आकृतियों में व्यवस्थित किया जाता है तथा उनमें से एक स्थान को खाली/लुप्त या प्रश्नचिह्न से प्रस्तुत किया जाता है।

खाली स्थान या प्रश्नचिह्न के स्थान पर आने वाली संख्या को ज्ञात करने के लिए सर्वप्रथम अभ्यर्थियों को संख्याओं के व्यवस्थिकरण के नियम को ज्ञात करना होता है तथा इसके पश्चात् उसी नियम के आधार पर लुप्त पद या प्रश्नचिह्न (?) के स्थान पर आने वाली उपयुक्त संख्या को ज्ञात करना होता है।

आव्यूह पर आधारित

इस प्रकार के प्रश्नों में एक आकृति आव्यूह दिया जाता है जिसमें पंक्तिवार या स्तम्भवार एक निश्चित पैटर्न का अनुसरण करने वाली कुछ संख्याएँ दी होती हैं। अभ्यर्थी को उस पैटर्न को ज्ञात करके, उस संख्या को ज्ञात करना होता है जो प्रश्नचिह्न (?) को प्रतिस्थापित करेगी।

उदाहरण 1. निम्नलिखित प्रश्न में प्रश्नवाचक चिह्न (?) के स्थान पर कौन-सी संख्या आएगी?

6	18	4
16	12	16
10	6	?

(a) 6 (b) 8
(c) 10 (d) 20

हल (*d*) जिस प्रकार, $(6, 18, 4) \Rightarrow \frac{18 \times 4}{6} = 12$

तथा $(16, 12, 16) \Rightarrow \frac{12 \times 16}{16} = 12$

उसी प्रकार, $(10, 6, \boxed{20}) \Rightarrow \frac{6 \times 20}{10} = 12$

उदाहरण 2. दिए गए प्रश्न में लुप्त पद ज्ञात कीजिए।

8	7	6
9	13	?
4	9	5

(a) 11 (b) 9
(c) 12 (d) 8

हल (*d*) जिस प्रकार, पहले स्तम्भ में, $(8 + 4) - 3 = 9$

तथा दूसरे स्तम्भ में, $(7 + 9) - 3 = 13$

उसी प्रकार, तीसरे स्तम्भ में, $(6 + 5) - 3 = 8$

$? = \boxed{8}$

ज्यामितीय आकृतियों पर आधारित

इस प्रकार के प्रश्नों में, संख्याओं को एक निश्चित पैटर्न का अनुसरण करते हुए कुछ ज्यामितीय पैटर्न/आकृतियों में व्यवस्थित किया जाता है। अभ्यर्थी को उस पैटर्न को ज्ञात करके उस संख्या का पता लगाना होता है जो प्रश्नचिह्न (?) को प्रतिस्थापित करेगा।

उदाहरण 3. नीचे दी गई आकृति में प्रश्नचिह्न के स्थान पर क्या आएगा?

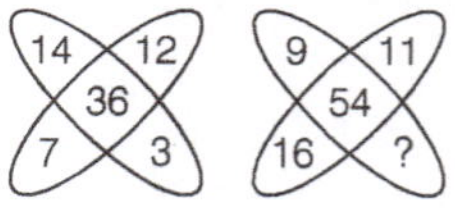

(a) 18 (b) 12
(c) 17 (d) 16

हल (*a*) जिस प्रकार, $14 + 12 + 7 + 3 = 36$

उसी प्रकार, $9 + 11 + ? + 16 = 54$

$\Rightarrow ? = 54 - 36 = 18$

उदाहरण 4. दिए गए प्रश्न में लुप्त पद ज्ञात कीजिए।

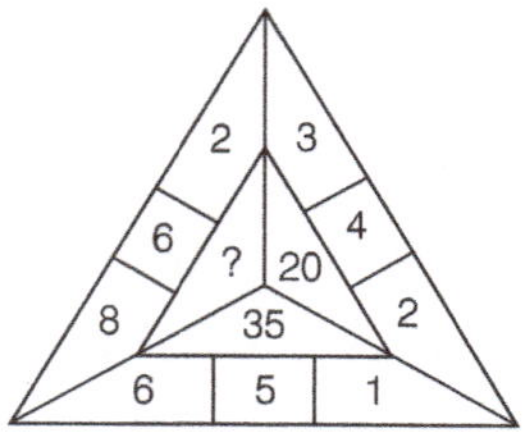

(a) 50 (b) 52
(c) 60 (d) 55

हल (c) जिस प्रकार, $(6 + 1) \times 5 = 35$

तथा $(3 + 2) \times 4 = 20$

उसी प्रकार, $(2 + 8) \times 6 = \boxed{60}$

SSC एग्जाम स्कैनर

SSC CGL 2023 (Tier I & II)

निर्देश (प्र. सं. 1-95) *दिए गए पैटर्न का ध्यानपूर्वक अध्ययन करें और विकल्पों से वह संख्या चुनें जो प्रश्नचिह्न (?) के स्थान पर आ सकती है।*

1.

3	9	2
8	6	8
5	3	?

SSC CGL (Tier-I) 27/07/2023 Shift-II

(a) 22 (b) 13 (c) 10 (d) 5

2.

4	2	6
9	3	9
24	6	?

SSC CGL (Tier-I) 27/07/2023 Shift-I

(a) 10 (b) 12 (c) 15 (d) 8

3.

16	15	35
12	18	33
8	17	?

SSC CGL (Tier-I) 25/07/2023 Shift-I

(a) 30 (b) 27 (c) 25 (d) 31

4.

2	2	4
1	6	6
7	2	?

SSC CGL (Tier-I) 24/07/2023 Shift-I

(a) 14 (b) 2 (c) 7 (d) 12

5.

5	14	3
3	24	7
9	30	?

SSC CGL (Tier-I) 21/07/2023 Shift-II

(a) 7 (b) 5 (c) 13 (d) 9

6.

3	5	6
5	12	15
9	4	?

SSC CGL (Tier-I) 21/07/2023 Shift-I

(a) 13 (b) 9 (c) 11 (d) 7

7.

4	2	18
1	7	24
5	4	?

SSC CGL (Tier-I) 20/07/2023 Shift-III

(a) 19 (b) 27
(c) 18 (d) 24

8.

15	3	252
11	5	246
9	6	?

SSC CGL (Tier-I) 20/07/2023 Shift-I

(a) 277 (b) 299 (c) 279 (d) 297

9.

18	28	50
17	13	11
26	27	?

SSC CGL (Tier-I) 20/07/2023 Shift-I

(a) 61 (b) 30 (c) 29 (d) 36

10.

16	4	4
30	5	15
8	2	?

SSC CGL (Tier-I) 19/07/2023 Shift-III

(a) 2 (b) 8 (c) 6 (d) 4

11.

5	19	4
1	7	4
6	?	1

SSC CGL (Tier-I) 18/07/2023 Shift-II

(a) 7 (b) 9 (c) 19 (d) 13

12.

2	1	5
5	12	22
6	2	?

SSC CGL (Tier-I) 17/07/2023 Shift-IV

(a) 6 (b) 14 (c) 8 (d) 12

13.

14	10	9
6	8	2
8	4	?

SSC CGL (Tier-I) 17/07/2023 Shift-IV

(a) 4 (b) 6 (c) 3 (d) 5

14.

6	2	34
1	5	13
9	1	?

SSC CGL (Tier-I) 17/07/2023 Shift-II

(a) 25 (b) 19
(c) 16 (d) 13

15.

6	4	6
18	9	13
8	6	?

SSC CGL (Tier-I) 17/07/2023 Shift-I

(a) 8 (b) 14
(c) 4 (d) 6

16.

8	28	53
7	25	47
13	43	?

SSC CGL (Tier-I) 14/07/2023 Shift-III

(a) 93 (b) 85 (c) 95 (d) 83

SSC CGL 2022 (Tier I)

17.

12	7	32
17	13	33
14	8	?

SSC CGL (Tier-I) 13/12/2022 Shift-III

(a) 38 (b) 35 (c) 43 (d) 42

18.

6	9	90
12	8	120
13	6	?

SSC CGL (Tier-I) 07/12/2022 Shift-II

(a) 114 (b) 125 (c) 102 (d) 110

19.

243	162	9
108	72	6
48	?	4

SSC CGL (Tier-I) 06/12/2022 Shift-II

(a) 12 (b) 21 (c) 32 (d) 23

20.

15	11	43
13	8	48
9	7	?

SSC CGL (Tier-I) 05/12/2022 Shift-IV

(a) 23 (b) 30 (c) 27 (d) 28

21.

18	9	27
40	36	140
40	13	?

SSC CGL (Tier-I) 02/12/2022 Shift-IV

(a) 53 (b) 54 (c) 25 (d) 45

22.

	12		36		60	
72	3	4, 63	4	12, 98	?	15
	12		9		14	

SSC CGL (Tier-I) 21/04/2022 Shift-II

(a) 4 (b) 5 (c) 2 (d) 3

23.

13	16	52
15	24	90
23	36	?

SSC CGL (Tier-I) 21/04/2022 Shift-I

(a) 81 (b) 108
(c) 207 (d) 117

24.

12	7	70
15	6	78
11	9	?

SSC CGL (Tier-I) 20/04/2022 Shift-III

(a) 75 (b) 85 (c) 81 (d) 76

25.

8	6	76
12	10	?
7	13	113

SSC CGL (Tier-I) 20/04/2022 Shift-II

(a) 117 (b) 120 (c) 128 (d) 110

26.

9	7	9
5	4	7
43	26	?

SSC CGL (Tier-I) 20/04/2022 Shift-I

(a) 48 (b) 61 (c) 35 (d) 29

27.

14	21	165
13	19	?
10	17	99

SSC CGL (Tier-I) 19/04/2022 Shift-III

(a) 156 (b) 140 (c) 120 (d) 175

28.

8 55 56
91 28 2, 68 20 11, 27 ? 7
13 17 9

SSC CGL (Tier-I) 19/04/2022 Shift-II

(a) 20 (b) 24 (c) 30 (d) 18

29.

28 54 32
56 8 7, 65 8 18, 84 ? 8
14 13 12

SSC CGL (Tier-I) 19/04/2022 Shift-I

(a) 9 (b) 11 (c) 10 (d) 8

30.

60	152	161
14	18	17
15	19	?

SSC CGL (Tier-I) 18/04/2022 Shift-III

(a) 23 (b) 13 (c) 19 (d) 7

31.

7	9	5
3	8	?
28	81	50

SSC CGL (Tier-I) 18/04/2022 Shift-II

(a) 9 (b) 5 (c) 7 (d) 8

32.

12	8	100
18	6	111
15	4	?

SSC CGL (Tier-I) 18/04/2022 Shift-I

(a) 102 (b) 108 (c) 62 (d) 78

33.

5	16	77
8	19	149
13	12	?

SSC CGL (Tier-I) 13/04/2022 Shift-III

(a) 153 (b) 157 (c) 155 (d) 151

34.

15	9	144
18	12	?
22	17	195

SSC CGL (Tier-I) 13/04/2022 Shift-II

(a) 188 (b) 255
(c) 180 (d) 224

35.

24	36	32
6	3	?
12	2	24
12	54	24

SSC CGL (Tier-I) 12/04/2022 Shift-III

(a) 10 (b) 15 (c) 18 (d) 29

36.

18	24	19
7	8	9
8	11	14
17	?	14

SSC CGL (Tier-I) 12/04/2022 Shift-II

(a) 15 (b) 21 (c) 38 (d) 30

37.

11	15	9
14	16	?
75	31	88

SSC CGL (Tier-I) 12/04/2022 Shift-I

(a) 13 (b) 22 (c) 18 (d) 25

38.

6	18	42
5	15	?
7	36	61

SSC CGL (Tier-I) 11/04/2022 Shift-III

(a) 30 (b) 53 (c) 25 (d) 45

39.

7	13	174
9	25	104
11	30	?

SSC CGL (Tier-I) 11/04/2022 Shift-II

(a) 431 (b) 335
(c) 100 (d) 129

40.

48 63 56
42 18 8, 45 15 21, 51 ? 8
14 9 17

SSC CGL (Tier-I) 11/04/2022 Shift-I

(a) 21 (b) 20 (c) 18 (d) 15

SSC CGL 2021 (Tier I)

41.

45	9	3
122	10	12
116	6	?

SSC CGL (Tier-I) 24/08/2021 Shift-III

(a) 10 (b) 12 (c) 16 (d) 14

42.

23	32	16
3	4	5
72	132	?

SSC CGL (Tier-I) 24/08/2021 Shift-III

(a) 80 (b) 85
(c) 162 (d) 88

43.

12	34	110
6	13	35
9	?	60

SSC CGL (Tier-I) 20/08/2021 Shift-I

(a) 21 (b) 23 (c) 18 (d) 19

44.

3	13	4
6	67	31
5	?	20

SSC CGL (Tier-I) 18/08/2021 Shift-III

(a) 55 (b) 40 (c) 45 (d) 50

45.

3	5	7
23	27	31
69	135	?

SSC CGL (Tier-I) 18/08/2021 Shift-I

(a) 155 (b) 217
(c) 266 (d) 93

46.

3	11	2
5	11	7
13	?	18

SSC CGL (Tier-I) 17/08/2021 Shift-II

(a) 31 (b) 27 (c) 29 (d) 33

47.

25	64	81
23	41	38
18	33	?

SSC CGL (Tier-I) 13/08/2021 Shift-III

(a) 17 (b) 19
(c) 27 (d) 29

48.

4	7	6
15	?	21
44	68	60

SSC CGL (Tier-I) 13/08/2021 Shift-I

(a) 24 (b) 19 (c) 18 (d) 20

SSC CGL 2020 (Tier I)

49.

14	17	22
49	61	?
189	237	317

SSC CGL (Tier-I) 07/03/2020 Shift-II

(a) 83 (b) 71 (c) 81 (d) 79

50.

29	71	67
8	11	14
4	7	?
3	6	3

SSC CGL (Tier-I) 07/03/2020 Shift-I

(a) 6 (b) 5 (c) 3 (d) 4

51.

50	48	30
56	32	40
350	192	?

SSC CGL (Tier-I) 06/03/2020 Shift-III

(a) 140 (b) 150 (c) 145 (d) 180

52.

10	4	7	5
15	7	8	25
14	3	6	12
10	?	14	65

SSC CGL (Tier-I) 06/03/2020 Shift-II

(a) 16 (b) 18 (c) 10 (d) 14

53.

23	5	110
56	9	121
49	3	?

SSC CGL (Tier-I) 06/03/2020 Shift-I

(a) 113 (b) 95 (c) 111 (d) 77

54.

15	3	24
21	6	30
49	5	?

SSC CGL (Tier-I) 06/03/2020 Shift-I

(a) 82 (b) 92 (c) 98 (d) 88

55.

42	37	?
18	24	36
252	296	540

SSC CGL (Tier-I) 05/03/2020 Shift-III

(a) 55 (b) 45 (c) 40 (d) 50

56.

10	4	14	35
15	3	5	25
14	7	6	12
18	?	8	16

SSC CGL (Tier-I) 05/03/2020 Shift-I

(a) 8 (b) 7 (c) 9 (d) 6

57.

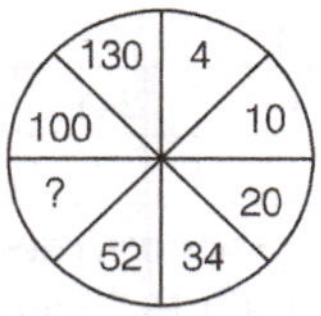

SSC CGL (Tier-I) 04/03/2020 Shift-III

(a) 82 (b) 64 (c) 74 (d) 96

SSC CPO SI 2023-2020

58.

19	6	37
21	8	45
72	14	?

SSC CPO 03/10/2023 Shift-I

(a) 114 (b) 144 (c) 124 (d) 134

59.

12	9	14
6	?	8
7	10	4
14	18	7

SSC CPO 25/11/2020 Shift-II

(a) 8 (b) 7 (c) 6 (d) 5

60.

9	8	7
6	7	8
4	5	3
50	?	53

SSC CPO 25/11/2020 Shift-II

(a) 61 (b) 47 (c) 52 (d) 51

61.

36	49	43
42	64	?
24	36	30

SSC CPO 25/11/2020 Shift-II

(a) 32 (b) 38 (c) 36 (d) 34

62.

12	9	16
9	3	27
14	?	28

SSC CPO 25/11/2020 Shift-I

(a) 8 (b) 9 (c) 11 (d) 7

63.

12	33	28
9	12	?
13	40	17

SSC CPO 25/11/2020 Shift-I

(a) 15 (b) 51 (c) 61 (d) 16

64.

8	27	32	16
12	18	16	20
18	12	?	25

SSC CPO 25/11/2020 Shift-I

(a) 8 (b) 10 (c) 12 (d) 14

65.

46	12	30	28
32	16	?	30
54	10	29	35

SSC CPO 25/11/2020 Shift-I

(a) 16 (b) 18 (c) 22 (d) 20

66.

18	21	24
24	11	27
12	?	16
16	22	18

SSC CPO 25/11/2020 Shift-I

(a) 38 (b) 36
(c) 32 (d) 42

67.

14	26	182
24	16	192
?	22	187

SSC CPO 24/11/2020 Shift-I

(a) 30 (b) 21 (c) 23 (d) 17

68.

17	18	19
21	22	?
396	437	520

SSC CPO 24/11/2020 Shift-I

(a) 27 (b) 28 (c) 25 (d) 30

69.

17	41	?
15	24	29
49	106	85

SSC CPO 24/11/2020 Shift-I

(a) 28 (b) 24 (c) 32 (d) 37

70.

?	8	11
7	6	5
48	63	72

SSC CPO 23/11/2020 Shift-I

(a) 5 (b) 7 (c) 4 (d) 6

71.

54	40	56
68	57	44
47	39	?

SSC CPO 23/11/2020 Shift-I

(a) 30 (b) 22
(c) 32 (d) 39

72.

28	58	118
21	44	90
47	96	?

SSC CPO 23/11/2020 Shift-I

(a) 176 (b) 150
(c) 188 (d) 194

73.

14	16	60
11	17	?
15	18	99

SSC CPO 23/11/2020 Shift-I

(a) 144 (b) 89 (c) 168 (d) 78

SSC CHSL 2022 & 2021 (Tier I)

74.

7	9	39
4	8	28
6	7	?

SSC CHSL (Tier-I) 07/06/2022 Shift-III

(a) 32 (b) 38 (c) 40 (d) 37

75.

19	81	30
42	57	107
23	45	?

SSC CHSL (Tier-I) 06/06/2022 Shift-I

(a) 75 (b) 82 (c) 54 (d) 66

76.

9	7	48
12	5	44
8	13	?

SSC CHSL (Tier-I) 01/06/2022 Shift-I

(a) 84 (b) 76 (c) 94 (d) 96

77.

12	36	60
24	72	120
33	99	?

SSC CHSL (Tier-I) 01/06/2022 Shift-I

(a) 165 (b) 140
(c) 175 (d) 160

78.

86	82	56
74	67	47
54	48	?

SSC CHSL (Tier-I) 01/06/2022 Shift-I

(a) 37 (b) 34 (c) 38 (d) 32

79.

9	34	72
7	26	56
23	90	?

SSC CHSL (Tier-I) 01/06/2022 Shift-I

(a) 184 (b) 148 (c) 164 (d) 146

80.

6	8	34
3	2	10
11	18	?

SSC CHSL (Tier-I) 31/05/2022 Shift-III

(a) 47 (b) 84 (c) 74 (d) 48

81.

3	43	4
6	241	5
2	?	11

SSC CHSL (Tier-I) 24/05/2022 Shift-III

(a) 173 (b) 192 (c) 137 (d) 129

82.

73	52	75
64	41	63
68	47	?

SSC CHSL (Tier-I) 24/05/2022 Shift-I

(a) 71 (b) 69 (c) 63 (d) 65

83.

28	16	27
44	16	15
84	?	24

SSC CHSL (Tier-I) 04/08/2021 Shift-I

(a) 27 (b) 30 (c) 29 (d) 28

SSC Steno 2022-2020

84.

4	6	13
9	8	21
5	6	?

SSC Steno 18/11/2022 Shift-I

(a) 16 (b) 14 (c) 13 (d) 12

85.

14	12	336
15	18	540
16	?	416

SSC Steno 15/11/2021

(a) 11 (b) 14 (c) 12 (d) 13

86.

125	25	10
216	49	13
27	121	?

SSC Steno 12/11/2021 Shift-I

(a) 14 (b) 12 (c) 8 (d) 16

87.

5	7	100
8	9	181
11	10	?

SSC Steno 11/11/2021

(a) 244 (b) 265 (c) 255 (d) 260

88.

8	7	224
11	13	572
12	15	?

SSC Steno 11/11/2021

(a) 320 (b) 360
(c) 456 (d) 720

89.

3	45	36
4	?	166
2	3	13

SSC Steno 24/12/2020

(a) 80 (b) 100
(c) 90 (d) 110

90.

8	9	73
11	25	?
7	14	63

SSC Steno 24/12/2020

(a) 136 (b) 132
(c) 146 (d) 106

91.

121	64	144
27	?	8
14	12	14

SSC Steno 24/12/2020

(a) 56 (b) 64
(c) 49 (d) 72

92.

25	40	10
9	9	9
?	16	8

SSC Steno 24/12/2020

(a) 12 (b) 34
(c) 30 (d) 36

93.

7	14	144
11	16	234
12	?	266

SSC Steno 22/12/2020

(a) 17 (b) 19
(c) 18 (d) 20

94.

11	29	22
17	23	?
112	208	156

SSC Steno 22/12/2020

(a) 17 (b) 20
(c) 26 (d) 16

95.

4	3	6
3	5	3
337	706	?

SSC Steno 22/12/2020

(a) 1456 (b) 895
(c) 1123 (d) 1377

सही उत्तर

1	(c)	2	(b)	3	(b)	4	(a)	5	(a)	6	(c)	7	(b)	8	(d)	9	(d)	10	(a)
11	(c)	12	(b)	13	(b)	14	(a)	15	(d)	16	(d)	17	(a)	18	(a)	19	(c)	20	(a)
21	(c)	22	(d)	23	(c)	24	(c)	25	(b)	26	(b)	27	(b)	28	(b)	29	(b)	30	(a)
31	(a)	32	(c)	33	(a)	34	(c)	35	(c)	36	(b)	37	(a)	38	(a)	39	(a)	40	(a)
41	(d)	42	(b)	43	(a)	44	(c)	45	(d)	46	(c)	47	(d)	48	(a)	49	(c)	50	(b)
51	(b)	52	(a)	53	(d)	54	(d)	55	(b)	56	(c)	57	(c)	58	(a)	59	(d)	60	(d)
61	(d)	62	(d)	63	(c)	64	(a)	65	(b)	66	(d)	67	(d)	68	(c)	69	(a)	70	(a)
71	(c)	72	(d)	73	(c)	74	(a)	75	(c)	76	(a)	77	(a)	78	(b)	79	(a)	80	(c)
81	(d)	82	(b)	83	(c)	84	(b)	85	(d)	86	(a)	87	(b)	88	(d)	89	(c)	90	(c)
91	(b)	92	(a)	93	(a)	94	(a)	95	(d)										

उत्तर सहित हल

1. (c) जिस प्रकार, पहली पंक्ति में

$$(3, 9, 2) = 9\times\frac{2}{3} = \frac{18}{3} = 6$$

तथा दूसरी पंक्ति में,

$$(8, 6, 8) = 6\times\frac{8}{8} = \frac{48}{8} = 6$$

उसी प्रकार, तीसरी पंक्ति में

$$(5, 3, ?) = \frac{3\times ?}{5} = 6$$

$$\Rightarrow \quad ? = 5\times\frac{6}{3} = \frac{30}{3} = \boxed{10}$$

2. (b) जिस प्रकार, पहली पंक्ति में,

$(4, 2, 6)\Rightarrow\frac{4}{2}\times 3 = 6$ (तीसरी संख्या)

तथा, दूसरी पंक्ति में,

$(9, 3, 9)\Rightarrow\frac{9}{3}\times 3 = 9$ (तीसरी संख्या)

उसी प्रकार, तीसरी पंक्ति में,

$(24, 6, ?)\Rightarrow\frac{24}{6}\times 3 = \boxed{12}$

3. (b) जिस प्रकार, पहली पंक्ति में

$16, 15, 35 \Rightarrow (16+15)+\frac{16}{4} = 31+4 = 35$

दूसरी पंक्ति में;

$12, 18, 33 \Rightarrow (12+18)+\frac{12}{4} = 30+3 = 33$

उसी प्रकार, तीसरी पंक्ति में;

$(8, 17, ?) \Rightarrow (8+17)+\frac{8}{4} = 25+2 = \boxed{27}$

$\therefore \quad ? = 27$

4. (a) जिस प्रकार, पहली पंक्ति में,

$(2, 2, 4) = 2\times 2 = 4$ (तीसरी संख्या)

तथा दूसरी पंक्ति में,

$(1, 6, 6) = 1\times 6 = 6$ (तीसरी संख्या)

उसी प्रकार, तीसरी पंक्ति में,

$(7, 2, ?) = 7\times 2 = \boxed{14}$ (तीसरी संख्या)

5. (a) जिस प्रकार, पहली पंक्ति में

$(5, 14, 3) = 5+(3\times 3) = 5+9 = 14$

तथा दूसरी पंक्ति में,

$(3, 24, 7) = 3+(7\times 3) = 3+21 = 24$

उसी प्रकार, तीसरी पंक्ति में

$(9, 30, ?) = 9+(\boxed{7}\times 3) = 9+21 = 30$

$\therefore \quad ? = 7$

6. (c) जिस प्रकार, पहली पंक्ति में

$(3, 5, 6) = (3+5)-2 = 8-2 = 6$

तथा दूसरी पंक्ति में,

$(5, 12, 15) = (5+12)-2 = 17-2 = 15$

उसी प्रकार, तीसरी पंक्ति में,

$(9, 4, ?) = (9+4)-2 = 13-2 = \boxed{11}$

7. (b) जिस प्रकार, पहली पंक्ति में

$(4, 2, 18) = (4+2)\times 3 = 6\times 3 = 18$

तथा दूसरी पंक्ति में,

$(1, 7, 24) = (1+7)\times 3 = 8\times 3 = 24$

उसी प्रकार, तीसरी पंक्ति में,

$(5, 4, ?) = (5+4)\times 3 = 9\times 3 = \boxed{27}$

8. (d) जिस प्रकार, पहली पंक्ति में

$(15, 3, 252) = (15)^2+(3)^3 = 225+27 = 252$

तथा दूसरी पंक्ति में,

$(11, 5, 246) = (11)^2+(5)^3 = 121+125 = 246$

उसी प्रकार, तीसरी पंक्ति में

$(9, 6, ?) = (9)^2+(6)^3 = 81+216 = \boxed{297}$

9. (d) जिस प्रकार, पहले स्तम्भ में,

$$\frac{18}{2}+17 = 9+17 = 26$$

और दूसरे स्तम्भ में, $\frac{28}{2}+13 = 14+13 = 27$

उसी प्रकार, तीसरे स्तम्भ में,

$$\frac{50}{2}+11 = 25+11 = 36$$

10. (a) जिस प्रकार, पहली पंक्ति में

$(16, 4, 4) = (16-4)\div 3 = 12\div 3 = 4$

तथा दूसरी पंक्ति में,

$(30, 5, 15) = (30-15)\div 3 = 15\div 3 = 5$

उसी प्रकार, तीसरी पंक्ति में

$(8, 2, ?)\Rightarrow\frac{(8-?)}{3} = 2\Rightarrow ? = 8-6 = \boxed{2}$

11. (c) जिस प्रकार, पहली पंक्ति में,

$(5, 19, 4) = (5\times 3)+4 = 15+4 = 19$

तथा दूसरी पंक्ति में,

$(1, 7, 4) = (1\times 3)+4 = 3+4 = 7$

उसी प्रकार, तीसरी पंक्ति में,

$(6, ?, 1) = (6\times 3)+1 = 18+1 = \boxed{19}$

12. (b) जिस प्रकार, पहली पंक्ति में,

$(2, 1, 5) = (2\times 2)+1 = 4+1 = 5$

तथा दूसरी पंक्ति में,

$(5, 12, 22) = (5\times 2)+12 = 10+12 = 22$

उसी प्रकार, तीसरी पंक्ति में,

$(6, 2, ?) = (6\times 2)+2 = 12+2 = \boxed{14}$

13. (b) जिस प्रकार, पहली पंक्ति में,

$(14, 10, 9) = \frac{10}{2}+9 = 5+9 = 14$

तथा दूसरी पंक्ति में,

$(6, 8, 2) = \frac{8}{2}+2 = 4+2 = 6$

उसी प्रकार, तीसरी पंक्ति में

$(8, 4, ?) = \frac{4}{2}+? = 8\Rightarrow 2+? = 8$

$\Rightarrow ? = 8-2 = \boxed{6}$

14. (a) जिस प्रकार, पहली पंक्ति में

$(6, 2, 34) = (6\times 2)\times 3-2 = 36-2 = 34$

तथा दूसरी पंक्ति में,

$(1, 5, 13) = (1\times 5)\times 3-2 = 15-2 = 13$

उसी प्रकार, तीसरी पंक्ति में

$(9, 1, ?) = (9\times 1)\times 3-2 = 27-2 = \boxed{25}$

15. (d) जिस प्रकार, पहली पंक्ति में

$\Rightarrow (4+6)-4 = 10-4 = 6$

तथा दूसरी पंक्ति में,

$\Rightarrow (9+13)-4 = 22-4 = 18$

उसी प्रकार, तीसरी पंक्ति में,

$\Rightarrow (6+?)-4 = 8\Rightarrow 12-6 = \boxed{6}$

16. (d) जिस प्रकार, पहली पंक्ति में,

$\Rightarrow (8\times 3)+4 = 28, (28\times 2)-3 = 53$

तथा दूसरी पंक्ति में,

$\Rightarrow (7\times 3)+4 = 25, (25\times 2)-3 = 47$

उसी प्रकार, तीसरी पंक्ति में

$\Rightarrow (13\times 3)+4 = 43, (43\times 2)-3 = \boxed{83}$

17. (a) जिस प्रकार, पहली पंक्ति में,
$(12, 7, 32) = (12-7)\times 5 + 7 = 25 + 7 = 32$
तथा दूसरी पंक्ति में,
$(17, 13, 33) = (17-13)\times 5 + 13 = 20 + 13 = 33$
उसी प्रकार, तीसरी पंक्ति में,
$(14, 8, ?) = (14-8)\times 5 + 8 = 30 + 8 = \boxed{38}$

18. (a) जिस प्रकार, पहली पंक्ति में,
$\Rightarrow \quad (6+9)\times 6 = 15\times 6 = 90$
तथा दूसरी पंक्ति में,
$\Rightarrow \quad (12+8)\times 6 = 20\times 6 = 120$
उसी प्रकार, तीसरी पंक्ति में,
$\Rightarrow \quad (13+6)\times 6 = 19\times 6 = \boxed{114}$

19. (c) जिस प्रकार, पहली पंक्ति में,
$(243, 162, 9) \Rightarrow (9)^2\times 2 = 162,\ (9)^2\times 3 = 243$
तथा दूसरी पंक्ति में,
$(108, 72, 6) \Rightarrow (6)^2\times 2 = 72,\ (6)^2\times 3 = 108$
उसी प्रकार, तीसरी पंक्ति में
$(48, ?, 4) \Rightarrow (4)^2\times 2 = \boxed{32},\ (4)^2\times 3 = 48$

20. (a) जिस प्रकार, पहली पंक्ति में
$\Rightarrow (15-11)\times 8 + 11 = 4\times 8 + 11 = 32 + 11 = 43$
तथा दूसरी पंक्ति में,
$\Rightarrow (13-8)\times 8 + 8 = 5\times 8 + 8 = 40 + 8 = 48$
उसी प्रकार, तीसरी पंक्ति में,
$\Rightarrow (9-7)\times 8 + 7 = 2\times 8 + 7 = 16 + 7 = \boxed{23}$

21. (c) जिस प्रकार, पहली पंक्ति में,
$\Rightarrow \quad \frac{18+27}{5} = \frac{45}{5} = 9$
तथा दूसरी पंक्ति में,
$\Rightarrow \quad \frac{40+140}{5} = \frac{180}{5} = 36$
उसी प्रकार, तीसरी पंक्ति में,
$\Rightarrow \quad \frac{40+?}{5} = 13 \Rightarrow ? = 65 - 40$
$? = 25$

22. (d) जिस प्रकार,

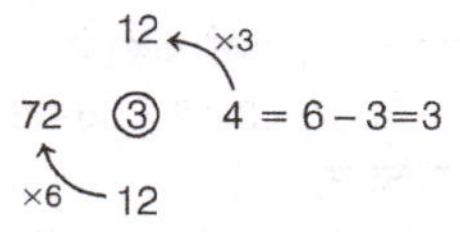

तथा

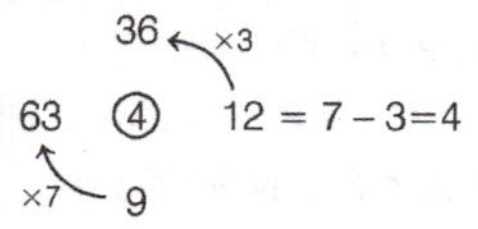

उसी प्रकार,

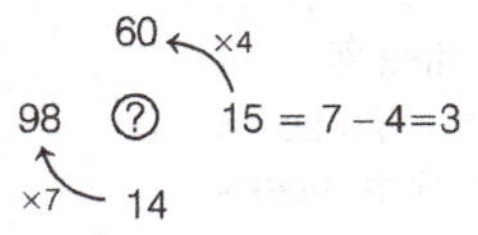

$\therefore \quad ? = 3$

23. (c) जिस प्रकार, पहली पंक्ति में,
$\Rightarrow \quad 13\times\frac{16}{4} = 13\times 4 = 52$
तथा दूसरी पंक्ति में,
$\Rightarrow \quad 15\times\frac{24}{4} = 15\times 6 = 90$
उसी प्रकार, तीसरी पंक्ति में,
$\Rightarrow \quad 23\times\frac{36}{4} = 23\times 9 = \boxed{207}$

24. (c) जिस प्रकार, पहली पंक्ति में,
$\Rightarrow \quad (12-2)\times 7 = 10\times 7 = 70$
तथा दूसरी पंक्ति में,
$\Rightarrow \quad (15-2)\times 6 = 13\times 6 = 78$
उसी प्रकार, तीसरी पंक्ति में,
$\Rightarrow \quad (11-2)\times 9 = 9\times 9 = \boxed{81}$

25. (b) जिस प्रकार, पहली पंक्ति में
$\Rightarrow (8+6)\times 5 + 6 = 14\times 5 + 6 = 70 + 6 = 76$
तथा तीसरी पंक्ति में,
$\Rightarrow (7+13)\times 5 + 13 = 20\times 5 + 13 = 113$
उसी प्रकार, दूसरी पंक्ति में,
$\Rightarrow (12+10)\times 5 + 10 = 22\times +5 + 10$
$= 110 + 10 = \boxed{120}$

26. (b) जिस प्रकार, पहले स्तम्भ में,
$\Rightarrow \quad (9\times 5) - 2 = 45 - 2 = 43$
तथा दूसरे स्तम्भ में,
$\Rightarrow \quad (7\times 4) - 2 = 28 - 2 = 26$
उसी प्रकार, तीसरे स्तम्भ में,
$\Rightarrow \quad (9\times 7) - 2 = 63 - 2 = \boxed{61}$

27. (b) जिस प्रकार, पहली पंक्ति में,
$\Rightarrow \quad (14+1)\times\left(\frac{21+1}{2}\right) = 15\times 11 = 165$
तथा तीसरी पंक्ति में,
$\Rightarrow \quad (10+1)\times\left(\frac{17+1}{2}\right) = 11\times 9 = 99$
उसी प्रकार, दूसरी पंक्ति में,
$\Rightarrow \quad (13+1)\times\left(\frac{19+1}{2}\right) = 14\times 10 = \boxed{140}$

28. (b) जिस प्रकार,

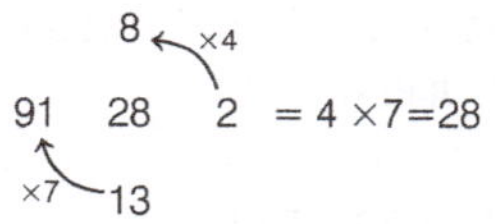

तथा

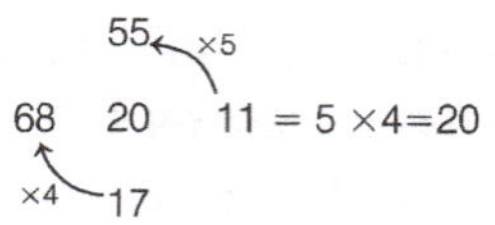

उसी प्रकार,

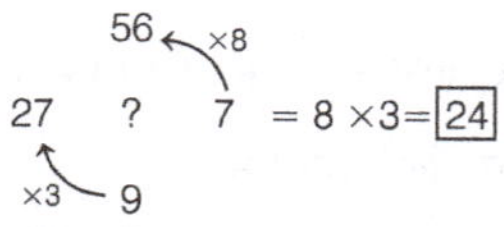

29. (b) जिस प्रकार,
$\frac{56}{14} + \frac{28}{7} = 4 + 4 = 8$
तथा $\quad \frac{54}{18} + \frac{65}{13} = 3 + 5 = 8$
उसी प्रकार, $\frac{84}{12} + \frac{32}{8} = 7 + 4 = \boxed{11}$

30. (a) जिस प्रकार, पहले स्तम्भ में,
$\Rightarrow 15\times(14-10) = 15\times 4 = 60$
तथा दूसरे स्तम्भ में,
$\Rightarrow 19\times(18-10) = 19\times 8 = 152$
उसी प्रकार, तीसरे स्तम्भ में,
$\Rightarrow \quad ?\times(17-10) = 161$
$\therefore \quad ? = \frac{161}{7} = \boxed{23}$

31. (a) जिस प्रकार, पहले स्तम्भ में,
$\Rightarrow 7\times(3+1) = 7\times 4 = 28$
तथा दूसरे स्तम्भ में,
$\Rightarrow 9\times(8+1) = 9\times 9 = 81$
उसी प्रकार, तीसरे स्तम्भ में,
$5\times(?+1) = 50$
$\Rightarrow \quad ? + 1 = 10$
$\therefore \quad ? = 10 - 1 = \boxed{9}$

32. (c) जिस प्रकार, पहली पंक्ति में,
$\Rightarrow \quad (12\times 8) + \frac{8}{2} = 96 + 4 = 100$
तथा दूसरी पंक्ति में,
$\Rightarrow \quad (18\times 6) + \frac{6}{2} = 108 + 3 = 111$
उसी प्रकार तीसरी पंक्ति में,
$\Rightarrow \quad (15\times 4) + \frac{4}{2} = 60 + 2 = \boxed{62}$

33. (a) जिस प्रकार, पहली पंक्ति में,
$\Rightarrow \quad (5\times 16) - 3 = 80 - 3 = 77$
तथा दूसरी पंक्ति में,
$\Rightarrow \quad (8\times 19) - 3 = 152 - 3 = 149$
उसी प्रकार, तीसरी पंक्ति में,
$\Rightarrow \quad (13\times 12) - 3 = 156 - 3 = \boxed{153}$

34. (c) जिस प्रकार, पंक्ति I में
$\Rightarrow (15+9)\times(15-9) = 24\times 6 = 144$
तथा पंक्ति III में,
$\Rightarrow (22+17)\times(22-17) = 39\times 5 = 195$
उसी प्रकार, पंक्ति II में,
$\Rightarrow (18+12)\times(18-12) = 30\times 6 = \boxed{180}$

35. (c) जिस प्रकार, स्तम्भ I में,
$\Rightarrow 24\times 6 = 144,\ 12\times 12 = 144$
तथा स्तम्भ II में,
$\Rightarrow 36\times 3 = 108,\ 54\times 2 = 108$
उसी प्रकार, स्तम्भ III में,
$\Rightarrow \quad 24\times 24 = 576,\ 32\times ? = 576$
$? = \frac{576}{32} = 18$

36. (b) जिस प्रकार, स्तम्भ I में,
$\Rightarrow \quad (18-8) + 7 = 10 + 7 = 17$
तथा स्तम्भ III में,
$\Rightarrow \quad (19-14) + 9 = 5 + 9 = 14$
उसी प्रकार, स्तम्भ II में,
$\Rightarrow \quad (24-11) + 8 = 13 + 8 = \boxed{21}$

37. (a) जिस प्रकार, पहले स्तम्भ में,
$\Rightarrow \quad (14+11)\times(14-11) = 25\times 3 = 75$
तथा स्तम्भ II में,
$\Rightarrow \quad (16+15)\times(16-15) = 31\times 1 = 31$
उसी प्रकार, स्तम्भ III में,
$\Rightarrow \quad (13+9)\times(13-9) = 22\times 4 = 88$
$\therefore \quad ? = 13$

38. (a) जिस प्रकार, पंक्ति I में

$\Rightarrow \quad (6)^2 + \frac{18}{3} = 36 + 6 = 42$

तथा पंक्ति III में,

$\Rightarrow \quad (7)^2 + \frac{36}{3} = 49 + 12 = 61$

उसी प्रकार, पंक्ति II में,

$\Rightarrow \quad (5)^2 + \frac{15}{3} = 25 + 5 = \boxed{30}$

39. (a) जिस प्रकार, पंक्ति I में,

$\Rightarrow (7)^3 - (13)^2 = 343 - 169 = 174$

तथा पंक्ति II में,

$\Rightarrow (9)^3 - (25)^2 = 729 - 625 = 104$

उसी प्रकार, पंक्ति III में

$\Rightarrow (11)^3 - (30)^2 = 1331 - 900 = \boxed{431}$

40. (a) जिस प्रकार,

$\frac{48}{8} \times \frac{42}{14} = 6 \times 3 = 18$

तथा $\frac{63}{21} \times \frac{45}{9} = 3 \times 5 = 15$

उसी प्रकार, $\frac{56}{8} \times \frac{51}{17} = 7 \times 3 = \boxed{21}$

41. (d) जिस प्रकार, पहली पंक्ति में,

$(45, 9, 3) \Rightarrow \frac{9^2 + 3^2}{2} = \frac{81 + 9}{2} = 45$

दूसरी पंक्ति में, $(122, 10, 12) \Rightarrow \frac{(12)^2 + (10)^2}{2}$

$= \frac{144 + 100}{2} = 122$

उसी प्रकार, तीसरी पंक्ति में,

$\frac{6^2 + ?^2}{2} = 116$

$\Rightarrow \quad 36 + ?^2 = 232$

$\Rightarrow \quad ?^2 = 232 - 36$

$\Rightarrow \quad ?^2 = 196$

$\Rightarrow \quad ? = \sqrt{196}$

$\therefore \quad ? = \boxed{14}$

42. (b) जिस प्रकार, पहले स्तम्भ में,

$(23 \times 3) + 3 = 72$

दूसरे स्तम्भ में, $(32 \times 4) + 4 = 132$

उसी प्रकार, तीसरे स्तम्भ में,

$(16 \times 5) + 5 = \boxed{85}$

$\therefore \quad ? = 85$

43. (a) जिस प्रकार, पहली पंक्ति में, (12, 34, 110)

$\Rightarrow \quad (34 - 12) \times 5 = 22 \times 5 = 110$

दूसरी पंक्ति में, (6, 13, 35)

$\Rightarrow \quad (13 - 6) \times 5 = 7 \times 5 = 35$

उसी प्रकार, तीसरी पंक्ति में, (9, ?, 60)

$(? - 9) \times 5 = 60$

$\Rightarrow \quad ? - 9 = 12$

$\Rightarrow \quad ? = 12 + 9$

$\therefore \quad ? = 21$

44. (c) जिस प्रकार, पहली पंक्ति में,

$3^2 + 4 = 9 + 4 = 13$

दूसरी पंक्ति में, $6^2 + 31 = 36 + 31 = 67$

उसी प्रकार, तीसरी पंक्ति में

$5^2 + 20 = 25 + 20 = \boxed{45}$

45. (d) जिस प्रकार, पहले स्तम्भ में $3 \times 23 = 69$

दूसरे स्तम्भ में, $5 \times 27 = 135$

उसी प्रकार, तीसरे स्तम्भ में, $7 \times 31 = \boxed{217}$

अत: ? = 217

46. (c) जिस प्रकार, पहली पंक्ति में,

$\Rightarrow (3 \times 5) - (2 \times 2) = 15 - 4 = 11$

तथा दूसरी पंक्ति में,

$\Rightarrow (5 \times 5) - (7 \times 2) = 25 - 14 = 11$

उसी प्रकार, तीसरी पंक्ति में

$\Rightarrow (13 \times 5) - (18 \times 2) = 65 - 36 = \boxed{29}$

47. (d) जिस प्रकार, पहले स्तम्भ में,

$23 - \sqrt{25} = 23 - 5 = 18$

और दूसरे स्तम्भ में, $41 - \sqrt{64} = 41 - 8 = 33$

उसी प्रकार, तीसरे स्तम्भ में,

$38 - \sqrt{81} = 38 - 9 = \boxed{29}$

48. (a) जिस प्रकार, पहले स्तम्भ में, $4 \times 3 + 3 = 15$

$15 \times 3 - (4 - 3) = 45 - 1 = 44$

तथा तीसरे स्तम्भ में, $6 \times 3 + 3 = 21$

$21 \times 3 - (6 - 3) = 63 - 3 = 60$

उसी प्रकार, दूसरे स्तम्भ में, $7 \times 3 + 3 = \boxed{24}$

$24 \times 3 - (7 - 3) = 72 - 4 = 68$

49. (c) जिस प्रकार, पहले स्तम्भ में,

$14 \times 4 - 7 = 49$

तथा $49 \times 4 - 7 = 189$

दूसरे स्तम्भ में, $17 \times 4 - 7 = 61$

तथा $61 \times 4 - 7 = 237$

उसी प्रकार, तीसरे स्तम्भ में,

$22 \times 4 - 7 = \boxed{81}$

तथा $81 \times 4 - 7 = 317$

50. (b) जिस प्रकार, पहले स्तम्भ में

$8 \times 4 - 3 = 32 - 3 = 29$

दूसरे स्तम्भ में, $11 \times 7 - 6 = 77 - 6 = 71$

उसी प्रकार, तीसरे स्तम्भ में

$14 \times ? - 3 = 67$

$\Rightarrow \quad 14 \times ? = 70$

$\Rightarrow \quad ? = 5$

51. (b) पहले स्तम्भ में, $\frac{50 \times 56}{8} = 350$

दूसरे स्तम्भ में, $\frac{48 \times 32}{8} = 192$

तीसरे स्तम्भ में, $\frac{30 \times 40}{8} = \boxed{150}$

52. (a) जिस प्रकार, पहले स्तम्भ में,

$10 \times (15 - 14) = 10 \times 1 = 10$

तीसरे स्तम्भ में, $7 \times (8 - 6) = 7 \times 2 = 14$

चौथे स्तम्भ में, $5 \times (25 - 12) = 5 \times 13 = 65$

उसी प्रकार, दूसरे स्तम्भ में,

$4 \times (7 - 3) = 4 \times 4 = \boxed{16}$

53. (d) जिस प्रकार, पहली पंक्ति में,

$(2 + 3) + 5 = 5 + 5 = 10$

तथा $10 \times 11 = 110$

दूसरी पंक्ति में,

$(5 + 6) + 9 = 11 + 9 = (1 + 1) + 9 = 11$

तथा $11 \times 11 = 121$

उसी प्रकार तीसरी पंक्ति में,

$(4 + 9) + 3 = 13 + 3 = (1 + 3) + 3 = 7$

तथा $7 \times 11 = \boxed{77}$

54. (d) जिस प्रकार, पहली पंक्ति में,

$(15 - 3) \times 2 = 12 \times 2 = 24$

दूसरी पंक्ति में, $(21 - 6) \times 2 = 15 \times 2 = 30$

उसी प्रकार, तीसरी पंक्ति में,

$(49 - 5) \times 2 = 44 \times 2 = \boxed{88}$

55. (b) जिस प्रकार पहले स्तम्भ में,

$\frac{42 \times 18}{3} = \frac{756}{3} = 252$

दूसरे स्तम्भ में, $\frac{37 \times 24}{3} = \frac{888}{3} = 296$

उसी प्रकार तीसरे स्तम्भ में, $\frac{? \times 36}{3} = 540$

$\Rightarrow \quad ? = \frac{540 \times 3}{36} = \boxed{45}$

56. (c) जिस प्रकार,

पहली पंक्ति में, $\frac{10 \times 14}{4} = 35$

दूसरी पंक्ति में, $\frac{15 \times 5}{3} = 25$

तीसरी पंक्ति में, $\frac{14 \times 6}{7} = 12$

उसी प्रकार, चौथी पंक्ति में $\frac{18 \times 8}{?} = 16$

$\therefore \quad ? = \frac{144}{16} = \boxed{9}$

57. (c) दिया गया पैटर्न निम्न प्रकार है,

4 10 20 34 52 $\boxed{74}$ 100 130

+6 +10 +14 +18 +22 +26 +30

+4 +4 +4 +4 +4 +4

58. (a) जिस प्रकार,

पहली पंक्ति, $19 + 6 + (2 \times 6) = 19 + 6 + 12$
$= 37$

दूसरी पंक्ति, $21 + 8 + (2 \times 8) = 21 + 8 + 16$
$= 45$

उसी प्रकार, तीसरी पंक्ति,

$72 + 14 + (2 \times 14) = 72 + 14 + 28 = \boxed{114}$

59. (d) जिस प्रकार, पहले स्तम्भ में,

$12 \times 7 = 14 \times 6$

$84 = 84$

तथा तीसरे स्तम्भ में, $14 \times 4 = 8 \times 7$

$56 = 56$

उसी प्रकार, दूसरे स्तम्भ में, $9 \times 10 = ? \times 18$

$90 = ? \times 18$

$? = \frac{90}{18} = 5$

60. (d) जिस प्रकार पहले स्तम्भ में,

$9 \times 6 - 4 = 54 - 4 = 50$

तीसरे स्तम्भ में, $7 \times 8 - 3 = 56 - 3 = 53$

उसी प्रकार, दूसरे स्तम्भ में

$$8 \times 7 - 5 = 56 - 5 = \boxed{51}$$

61. (d) जिस प्रकार, पहली पंक्ति में,

$$49 = (43 - 36)^2$$

$$\Rightarrow \quad 49 = 49$$

तथा तीसरी पंक्ति में, $36 = (30 - 24)^2$

$$\Rightarrow \quad 36 = 36$$

उसी प्रकार, दूसरी पंक्ति में,

$$64 = (42 - ?)^2$$

$$\Rightarrow \quad (8)^2 = (42 - ?)^2$$

$$\Rightarrow \quad 8 = 42 - ?$$

$$\Rightarrow \quad ? = 42 - 8 = \boxed{34}$$

62. (d) जिस प्रकार, पहली पंक्ति में,

$$\frac{(12)^2}{16} = \frac{144}{16} = 9$$

दूसरी पंक्ति में, $\frac{(9)^2}{27} = \frac{81}{27} = 3$

उसी प्रकार, तीसरी पंक्ति में, $\frac{(14)^2}{28} = \frac{196}{28} = 7$

63. (c) पहले स्तम्भ में,

$$(2 \times 12 - 13) - 2(13 - 12)$$

$$= 24 - 13 - 2 = 11 - 2 = 9$$

दूसरे स्तम्भ में, $(2 \times 33 - 40) - 2(40 - 33)$

$$= 66 - 40 - 14 = 26 - 14 = 12$$

तीसरे स्तम्भ में, $(2 \times 28 - 17) - 2(17 - 28)$

$$= 56 - 17 + 22 = 39 + 22 = \boxed{61}$$

64. (a) पहले स्तम्भ में, $8 \times 18 = 144$

तथा $(12)^2 = 144$

दूसरे स्तम्भ में, $27 \times 12 = 324$

तथा $(18)^2 = 324$

तीसरे स्तम्भ में, $32 \times ? = (16)^2$

$$\therefore \quad ? = \frac{16 \times 16}{32} = \boxed{8}$$

चौथे स्तम्भ में, $16 \times 25 = 400$

तथा $(20)^2 = 400$

65. (b) जिस प्रकार, पहली पंक्ति में,

$$46 + 12 = 30 + 28$$

$$58 = 58$$

तथा तीसरी पंक्ति में,

$$54 + 10 = 29 + 35$$

$$64 = 64$$

उसी प्रकार, दूसरी पंक्ति में,

$$32 + 16 = ? + 30$$

$$\Rightarrow \quad 48 = ? + 30$$

$$? = 48 - 30 = 18$$

66. (d) पहले स्तम्भ में, $18 \times 16 = 24 \times 12$

$$\Rightarrow \quad 288 = 288$$

तीसरे स्तम्भ में, $24 \times 18 = 27 \times 16$

$$\Rightarrow \quad 432 = 432$$

दूसरे स्तम्भ में, $21 \times 22 = ? \times 11$

$$\Rightarrow \quad \frac{21 \times 22}{11} = ?$$

$$\therefore \quad ? = 42$$

67. (d) जिस प्रकार, पहली पंक्ति में,

$$(14 \times 26) \div 2 = 182$$

दूसरी पंक्ति में, $(24 \times 16) \div 2 = 192$

उसी प्रकार, तीसरी पंक्ति में,

$$(? \times 22) \div 2 = 187$$

$$\Rightarrow \quad ? \times 22 = 374$$

$$\therefore \quad ? = \frac{374}{22} = \boxed{17}$$

68. (c) पहले स्तम्भ में,

$$(17 + 1) \times (21 + 1) = 18 \times 22 = 396$$

दूसरे स्तम्भ में,

$$(18 + 1) \times (22 + 1) = 19 \times 23 = 437$$

तीसरे स्तम्भ में,

$$(19 + 1) \times (? + 1) = 520$$

$$\Rightarrow \quad 20 \times (? + 1) = 520$$

$$\Rightarrow \quad ? + 1 = 26$$

$$\therefore \quad ? = 26 - 1 = \boxed{25}$$

69. (a) जिस प्रकार, पहले स्तम्भ में

$$17 \times 2 + 15 = 34 + 15 = 49$$

दूसरे स्तम्भ में, $41 \times 2 + 24 = 82 + 24 = 106$

उसी प्रकार, तीसरे स्तम्भ में,

$$? \times 2 + 29 = 85$$

$$\Rightarrow \quad ? \times 2 = 85 - 29 = 56$$

$$\therefore \quad ? = \frac{56}{2} = 28$$

70. (a) जिस प्रकार, दूसरे स्तम्भ में,

$$(8 + 1) \times (6 + 1) = 9 \times 7 = 63$$

तीसरे स्तम्भ में,

$$(11 + 1) \times (5 + 1) = 12 \times 6 = 72$$

उसी प्रकार, पहले स्तम्भ में

$$(? + 1) \times (7 + 1) = 48$$

$$\Rightarrow \quad (? + 1) = \frac{48}{8} = 6$$

$$\Rightarrow \quad ? = 6 - 1 = \boxed{5}$$

71. (c) जिस प्रकार, पंक्ति I में,

$$(54 - 40) \times 4 = 14 \times 4 = 56$$

तथा पंक्ति II में, $(68 - 57) \times 4 = 11 \times 4 = 44$

उसी प्रकार, पंक्ति III में,

$$(47 - 39) \times 4 = 8 \times 4 = \boxed{32}$$

72. (d) जिस प्रकार, पहली पंक्ति में,

$$28 \times 2 + 2 = 58$$

तथा $58 \times 2 + 2 = 118$

दूसरी पंक्ति में, $21 \times 2 + 2 = 44$

तथा $44 \times 2 + 2 = 90$

उसी प्रकार तीसरी पंक्ति में, $47 \times 2 + 2 = 96$

तथा $96 \times 2 + 2 = \boxed{194}$

73. (c) जिस प्रकार, पहली पंक्ति में,

$$16^2 - 14^2 = 256 - 196 = 60$$

तीसरी पंक्ति में, $18^2 - 15^2 = 324 - 225 = 99$

उसी प्रकार, दूसरी पंक्ति में,

$$17^2 - 11^2 = 289 - 121 = \boxed{168}$$

74. (a) जिस प्रकार, पंक्ति I में,

$$\Rightarrow \quad (7 + 9) \times 2 + 7 = 32 + 7 = 39$$

तथा पंक्ति II में,

$$\Rightarrow \quad (4 + 8) \times 2 + 4 = 24 + 4 = 28$$

उसी प्रकार, पंक्ति III में,

$$\Rightarrow \quad (6 + 7) \times 2 + 6 = 26 + 6 = 32$$

$$\therefore ? = \boxed{32}$$

75. (c) जिस प्रकार, पंक्ति I में,

$$\Rightarrow \quad (19 \times 3) - \frac{81}{3} = 57 - 27 = 30$$

तथा पंक्ति II में,

$$\Rightarrow \quad (42 \times 3) - \frac{57}{3} = 126 - 19 = 107$$

उसी प्रकार, पंक्ति III में,

$$\Rightarrow \quad (23 \times 3) - \frac{45}{3} = 69 - 15 = \boxed{54}$$

76. (a) जिस प्रकार, पहली पंक्ति में,

$9, 7, 48 \Rightarrow (9 - 1) \times (7 - 1) = 8 \times 6 = 48$

तथा दूसरी पंक्ति में,

$12, 5, 44 \Rightarrow (12 - 1) \times (5 - 1) = 11 \times 4 = 44$

उसी प्रकार, तीसरी पंक्ति में,

$8, 13, ? \Rightarrow (8 - 1) \times (13 - 1) = 7 \times 12 = 84$

अत: $? = 84$

77. (a) जिस प्रकार, पहली पंक्ति में,

$12, 36, 60 \Rightarrow 36 \times 2 - 12 = 72 - 12 = 60$

तथा दूसरी पंक्ति में,

$24, 72, 120 \Rightarrow 72 \times 2 - 24 = 144 - 24 = 120$

उसी प्रकार, तीसरी पंक्ति में,

$33, 99, ? \Rightarrow 99 \times 2 - 33 = 198 - 33 = 165$

अत: $? = 165$

78. (b) जिस प्रकार, पहली पंक्ति में,

$86, 82, 56 \Rightarrow \frac{86 + 82}{3} = \frac{168}{3} = 56$

तथा दूसरी पंक्ति में,

$74, 67, 47 \Rightarrow \frac{74 + 67}{3} = \frac{141}{3} = 47$

उसी प्रकार, तीसरी पंक्ति में,

$54, 48, ? \Rightarrow \frac{54 + 48}{3} = \frac{102}{3} = 34$

अत: $? = 34$

79. (a) जिस प्रकार, पहली पंक्ति में,

$$9, 34, 72 \Rightarrow 9 \times 4 - 2 = 34$$

तथा $34 \times 2 + 4 = 72$

तथा दूसरी पंक्ति में,

$$7, 26, 56 \Rightarrow 7 \times 4 - 2 = 26$$

तथा $26 \times 2 + 4 = 56$

उसी प्रकार, तीसरी पंक्ति में,

$$23, 90, ? \Rightarrow 23 \times 4 - 2 = 90$$

तथा $90 \times 2 + 4 = 184$

अत: $? = 184$

80. (c) जिस प्रकार, पंक्ति I में,

$\Rightarrow (6 \times 2) + (8 \times 3) - 2 = 12 + 24 - 2 = 34$

तथा पंक्ति II में,

$\Rightarrow (3 \times 2) + (2 \times 3) - 2 = 6 + 6 - 2 = 10$

उसी प्रकार, पंक्ति III में,

$\Rightarrow (11 \times 2) + (18 \times 3) - 2 = 22 + 54 - 2 = \boxed{74}$

81. (d) जिस प्रकार, पंक्ति I में

$\Rightarrow \quad (3)^3 + (4)^2 = 27 + 16 = 43$

तथा पंक्ति II में,

$\Rightarrow \quad (6)^3 + (5)^2 = 216 + 25 = 241$

उसी प्रकार, पंक्ति III में

$\Rightarrow \quad (2)^3 + (11)^2 = 8 + 121 = \boxed{129}$

82. (b) जिस प्रकार, पंक्ति I में

$\Rightarrow \quad \left(\frac{73+52}{5}\right) \times 3 = \frac{125}{5} \times 3 = 75$

तथा पंक्ति II में,

$\Rightarrow \quad \left(\frac{64+41}{5}\right) \times 3 = \frac{105}{5} \times 3 = 63$

उसी प्रकार,

$\Rightarrow \quad \left(\frac{68+47}{5}\right) \times 3 = \frac{115}{5} \times 3 = \boxed{69}$

83. (c) जिस प्रकार, पहली पंक्ति में,

$\frac{28}{4} + \frac{27}{3} \Rightarrow 7 + 9 = 16$

दूसरी पंक्ति में, $\frac{44}{4} + \frac{15}{3} \Rightarrow 11 + 5 = 16$

उसी प्रकार, तीसरी पंक्ति में,

$(84 \; ? \; 24) \Rightarrow \frac{84}{4} + \frac{24}{3} \Rightarrow 21 + 8 = 29$

$\therefore \quad ? = 29$

84. (b) जिस प्रकार, पहली पंक्ति में,

$4 + 6 + \frac{6}{2} = 10 + 3 = 13$

तथा दूसरी पंक्ति में, $9 + 8 + \frac{8}{2} = 17 + 4 = 21$

उसी प्रकार, तीसरी पंक्ति में,

$5 + 6 + \frac{6}{2} = 11 + 3 = \boxed{14}$

85. (d) जिस प्रकार, $(14 \times 12) \times 2 = 336$

और $(15 \times 18) \times 2 = 540$

उसी प्रकार, $(16 \times ?) \times 2 = 416$

$? = \frac{416}{16 \times 2} = \boxed{13}$

86. (a) जिस प्रकार, पहली पंक्ति में

$10 - \sqrt{25} = 5$ तथा $5^3 = 125$

दूसरी पंक्ति में,

$13 - \sqrt{49} = 6$ तथा $6^3 = 216$

उसी प्रकार, तीसरी पंक्ति में

$\boxed{14} - \sqrt{121} = 3$ तथा $3^3 = 27$

$\therefore \quad ? = 14$

87. (b) जिस प्रकार, पहली पंक्ति में

$(5+1)^2 + (7+1)^2 = 6^2 + 8^2 = 36 + 64 = 100$

दूसरी पंक्ति में,

$(8+1)^2 + (9+1)^2 = 9^2 + 10^2 = 81 + 100 = 181$

उसी प्रकार, तीसरी पंक्ति में

$(11+1)^2 + (10+1)^2 = 12^2 + 11^2$

$= 144 + 121 = 265$

88. (d) जिस प्रकार,

पहली पंक्ति में, $8 \times 7 \times 4 = 224$

दूसरी पंक्ति में, $11 \times 13 \times 4 = 572$

उसी प्रकार, तीसरी पंक्ति में, $12 \times 15 \times 4 = 720$

$\therefore \quad ? = 720$

89. (c) जिस प्रकार,

$3^4 - 36 = 81 - 36 = 45;$

$2^4 - 13 = 16 - 13 = 3$

उसी प्रकार, $(4)^4 - 166 = 256 - 166 = 90$

$\therefore \quad ? = 90$

90. (c) जिस प्रकार, $8^2 + 9 = 64 + 9 = 73$

और, $7^2 + 14 = 49 + 14 = 63$

उसी प्रकार, $(11)^2 + 25 = 121 + 25 = 146$

91. (b) पहले स्तम्भ में,

$11^2 = 121, 3^3 = 27;$ तथा $11 + 3 = 14$

तीसरे, स्तम्भ में,

$(12)^2 = 144, 2^3 = 8;$ तथा $2 + 12 = 14$

उसी प्रकार से, दूसरे स्तम्भ में,

$8^2 = 64, 4^3 = \boxed{64};$ तथा $8 + 4 = 12$

$\therefore \quad ? = 64$

92. (a) जिस प्रकार, $\frac{40+10}{2} = \frac{50}{2} = 25$

और $\frac{9+9}{2} = \frac{18}{2} = 9$

उसी प्रकार, $\frac{16+8}{2} = \frac{24}{2} = 12$

93. (a) जिस प्रकार, $(7+2) \times (14+2) = 144$

तथा $(11+2) \times (16+2) = 234$

उसी प्रकार, $(12+2) \times (?+2) = 266$

$\therefore \quad ? = 17$

94. (a) जिस प्रकार, $(11 + 17) \times 4 = 112$

तथा $(29 + 23) \times 4 = 208$

उसी प्रकार, $(22 + ?) \times 4 = 156$

$\therefore \quad ? = \boxed{17}$

95. (d) जिस प्रकार,

$4^4 + 3^4 = 337$

तथा $3^4 + 5^4 = 706$

उसी प्रकार, $6^4 + 3^4 = \boxed{1377}$

16

गणितीय कथन तथा निष्कर्ष (असमानता)

इस अध्याय के अन्तर्गत पूछे गए प्रश्नों में अक्षरों एवं गणितीय चिन्हों या अन्य संकेतों के माध्यम से युक्त गणितीय कथन दिए हुए होते हैं तथा इन कथनों के आधार पर दो या दो से अधिक तार्किक निष्कर्ष दिए हुए होते हैं। प्रश्नों में दिए गए कथन वास्तविकता से भिन्न हो सकते है। लेकिन हमें उन्हें सदैव सत्य मानकर निष्कर्षों की सत्यता की जाँच करनी होती है। गणितीय कथन के अन्तर्गत साधारणतः निम्न पाँच गणितीय चिन्हों का प्रयोग किया जाता है।

गणितीय चिन्ह	अर्थ	उदाहरण	व्याख्या
>	बड़ा	A > B	(i) A, B से बड़ा है। (ii) A न तो B से छोटा है और न ही समान है।
<	छोटा	A < B	(i) A, B से छोटा है। (ii) A न तो B से बड़ा है और न ही समान है।
=	बराबर	A = B	(i) A, B के बराबर है। (ii) A न तो B से बड़ा है और न ही छोटा है।
≥	बड़ा या बराबर	A ≥ B	(i) A, B से बड़ा है या बराबर है। (ii) A, B से छोटा नहीं है।
≤	छोटा या बराबर	A ≤ B	(i) A, B से छोटा है या बराबर है। (ii) A, B से बड़ा नहीं है।

'या तो' की स्थिति

जब दो निष्कर्षों के बीच निम्न शर्तें होती है, तब 'या तो' की स्थिति होती है।

1. दोनों निष्कर्षों में तत्व/अक्षर एक जैसे होने चाहिए।
2. दोनों निष्कर्ष गलत होने चाहिए।
3. सभी सम्भावित सम्बन्ध शामिल होने चाहिए।

दो निष्कर्षों पर आधारित प्रश्न

इस प्रकार के प्रश्नों में एक कथन और दो निष्कर्ष दिए गए होते हैं। अभ्यर्थियों को दिए गए कथनों के आधार पर ज्ञात करना होता है कि कौन-सा निष्कर्ष सही है।

उदाहरण 1. एक कथन के बाद दो निष्कर्ष I और II दिए गए हैं। ज्ञात कीजिए कि दिए गए कथन के आधार पर कौन-सा/कौन-से निष्कर्ष सत्य है/हैं?

कथन P > Q ≥ R ≥ S ≤ T < V

निष्कर्ष I. Q > S II. Q = S

(a) या तो निष्कर्ष I या II सत्य है
(b) केवल निष्कर्ष II सत्य है
(c) केवल निष्कर्ष I सत्य है
(d) न तो निष्कर्ष I और न ही निष्कर्ष II सत्य है

हल (*a*) **कथन** P > Q ≥ R ≥ S ≤ T < V

निष्कर्ष I. Q > S (✗)
II. Q = S (✗)] पूरक युग्म

अतः या तो निष्कर्ष I या II सत्य हैं।

दो से अधिक निष्कर्षों पर आधारित प्रश्न

इस प्रकार के प्रश्नों में एक कथन और दो से अधिक निष्कर्ष दिए गए होते हैं। अभ्यर्थियों को दिए गए कथनों के आधार पर ज्ञात करना होता है कि कौन-सा निष्कर्ष सही है।

उदाहरण 2. एक कथन के बाद I, II, III और IV क्रमांकित चार निष्कर्ष दिए गए हैं। ज्ञात कीजिए कि दिए गए कथन के आधार पर कौन-सा/से निष्कर्ष सत्य है/हैं?

कथन J > K ≥ H = U ≥ B ≤ T < F ≤ R

निष्कर्ष I. J > B II. H < R III. U ≥ T IV. B < R

(a) केवल निष्कर्ष II सत्य है।
(b) केवल निष्कर्ष I और III सत्य हैं।
(c) इनमें से कोई सत्य नहीं है।
(d) केवल निष्कर्ष I और IV सत्य हैं।

हल (*d*) **कथन** J > K ≥ H = U ≥ B ≤ T < F ≤ R

निष्कर्ष I. J > B (✓) II. H < R (✗) III. U ≥ T (✗) IV. B < R (✓)

अतः निष्कर्ष I और IV सत्य हैं।

SSC एग्जाम स्कैनर

SSC CGL 2024-2023 (Tier I & II)

1. इस प्रश्न में, दो कथनों के बाद विकल्प के रूप में चार निष्कर्ष दिए गए हैं। दिए गए कथनों के आधार पर निर्धारित करें, कि कौन-सा निष्कर्ष निश्चित रूप से सत्य है। **SSC CGL (Tier-II) 18/01/2025 Shift-I**

कथन

$A < B \geq C > D$

$C > E \geq F = G$

(a) $G > C$ (b) $B > G$ (c) $D < F$ (d) $A < E$

2. एक कथन के बाद चार निष्कर्ष दिए गए हैं। दिए गए कथन के आधार पर कौन-सा/से निष्कर्ष सत्य है/हैं? **SSC CGL (Tier-II) 26/10/2023 Shift-I**

कथन $I < M < F \leq D \leq S = J$

निष्कर्ष I. $S < M$ II. $F = S$ III. $I > J$ IV. $M < D$

(a) केवल निष्कर्ष IV सत्य है
(b) निष्कर्ष I और III सत्य हैं
(c) केवल निष्कर्ष II सत्य है
(d) निष्कर्ष IV और II सत्य हैं

3. इस प्रश्न में, एक कथन के बाद दो निष्कर्ष दिए गए हैं। दोनों में से कौन-सा/से निष्कर्ष सत्य है/हैं? **SSC CGL (Tier-II) 07/03/2023 Shift-I**

कथन $Z = E \geq R > G < Y > Q = F$

निष्कर्ष I. $R < F$ II. $R \geq Z$

(a) निष्कर्ष I और II दोनों सत्य हैं
(b) केवल निष्कर्ष I सत्य है
(c) न तो निष्कर्ष I और न ही II सत्य है
(d) केवल निष्कर्ष II सत्य है

4. इस प्रश्न में, कथन के बाद दो निष्कर्ष दिए गए हैं। दोनों में से कौन-सा/से निष्कर्ष सत्य है/हैं? **SSC CGL (Tier-II) 06/03/2023 Shift-I**

कथन $Z > F \geq A = B = G > S < E$

निष्कर्ष I. $Z < A$ II. $G < F$

(a) केवल निष्कर्ष II सत्य है
(b) न तो निष्कर्ष I और न ही II सत्य है
(c) निष्कर्ष I और II दोनों सत्य है
(d) केवल निष्कर्ष I सत्य है

5. इस प्रश्न नें, कथन के बाद दो निष्कर्ष दिए गए हैं। दोनों में से कौन-सा/से निष्कर्ष सत्य है/हैं? **SSC CGL (Tier-II) 03/03/2023 Shift-I**

कथन $A = B \geq C \leq D > G < E < F$

निष्कर्ष I. $B > F$ II. $C < A$

(a) केवल निष्कर्ष II सत्य है
(b) केवल निष्कर्ष I सत्य है
(c) निष्कर्ष I और II दोनों सत्य हैं
(d) न तो निष्कर्ष I और न ही II सत्य है

6. इस प्रश्न में, एक कथन के बाद दो निष्कर्ष दिए गए हैं। दोनों में से कौन-सा/से निष्कर्ष सत्य है/हैं? **SSC CGL (Tier-II) 02/03/2023 Shift-I**

कथन $M < K > I < J > H = G \leq F$

निष्कर्ष I. $H = F$ II. $J > G$

(a) निष्कर्ष I और II दोनों सत्य हैं
(b) केवल निष्कर्ष II सत्य है
(c) न तो निष्कर्ष I और न ही II सत्य है
(d) केवल निष्कर्ष I सत्य है

SSC CHSL 2024 & 2023 (Tier I & II)

7. इस प्रश्न में, एक कथन के बाद I और II से क्रमांकित दो निष्कर्ष दिए गए हैं। दिए गए कथन के आधार पर निर्णय कीजिए कि दोनों में से कौन-सा/से निष्कर्ष सत्य हैं/है? **SSC CHSL (Tier-II) 18/11/2024 Shift-I**

कथन

$M < N \leq O = S > T \geq W \geq Z$

निष्कर्ष I. $M \leq T$ II. $N < Z$

(a) केवल निष्कर्ष II सत्य है
(b) निष्कर्ष I और निष्कर्ष II दोनों सत्य हैं
(c) केवल निष्कर्ष I सत्य है
(d) न तो निष्कर्ष I और न ही निष्कर्ष II सत्य है

8. एक कथन के बाद I और II क्रमांकित दो निष्कर्ष दिए गए हैं। ज्ञात कीजिए कि दिए गए कथन के आधार पर कौन-सा/कौन-से निष्कर्ष सत्य है/हैं। **SSC CHSL (Tier-II) 10/01/2024 Shift-I**

कथन $T \geq M < W = P \geq Q > R \leq S$

निष्कर्ष I. $P \leq M$ II. $Q > T$

(a) केवल निष्कर्ष II सत्य है
(b) न तो निष्कर्ष I और न ही निष्कर्ष II, सत्य है
(c) केवल निष्कर्ष I सत्य है
(d) निष्कर्ष I और II दोनों सत्य हैं

9. एक कथन के बाद I और II क्रमांकित दो निष्कर्ष दिए गए हैं। ज्ञात कीजिए कि दिए गए कथन के आधार पर कौन-सा/कौन-से निष्कर्ष सत्य है/हैं। **SSC CHSL (Tier-II) 10/01/2024 Shift-I**

कथन $P \leq L \geq M \geq N = U < V < G$

निष्कर्ष I. $P > V$ II. $G \leq L$

(a) न तो निष्कर्ष I और न ही निष्कर्ष II सत्य है
(b) निष्कर्ष I और II दोनों सत्य हैं
(c) केवल निष्कर्ष I सत्य है
(d) केवल निष्कर्ष II सत्य है

10. एक कथन के बाद I और II क्रमांकित दो निष्कर्ष दिए गए हैं। ज्ञात कीजिए कि, कथन के आधार पर कौन-सा/कौन-से निष्कर्ष सत्य है/हैं। **SSC CHSL (Tier-II) 02/11/2023 Shift-I**

कथन $G < H > K \leq S \geq L = M < Q$

निष्कर्ष I. $G > L$ II. $H = Q$

(a) केवल निष्कर्ष II सत्य है
(b) केवल निष्कर्ष I सत्य है
(c) न तो निष्कर्ष I और न ही II सत्य है
(d) निष्कर्ष I और II दोनों सत्य हैं

11. एक कथन के बाद I और II क्रमांकित दो निष्कर्ष दिए गए हैं। ज्ञात कीजिए कि, कथन के आधार पर कौन-सा/कौन-से निष्कर्ष सत्य है/हैं? **SSC CHSL (Tier-II) 02/11/2023 Shift-I**

कथन $Z < Y = J \geq G \geq P \geq C \geq R$

निष्कर्ष I. $Z \geq R$ II. $J = C$

(a) केवल निष्कर्ष I सत्य है
(b) निष्कर्ष I और II दोनों सत्य हैं
(c) केवल निष्कर्ष II सत्य है
(d) न तो निष्कर्ष I और न ही II सत्य है

SSC Steno 2024-2020

12. नीचे एक कथन दिया गया है जिसके बाद दो निष्कर्ष I और II दिए गए हैं। कथन का ध्यानपूर्वक अध्ययन करें और निर्धारित करें कि कौन-सा/से निष्कर्ष निश्चित रूप से सत्य है/हैं। **SSC Steno 11/12/2024 Shift-III**

कथन $M \geq N > O \geq P = W; X \geq O > Y$

निष्कर्ष I. $M > X$ II. $W < Y$

(a) न तो निष्कर्ष I सत्य है और न ही II सत्य है
(b) केवल निष्कर्ष II सत्य है
(c) केवल निष्कर्ष I सत्य है
(d) निष्कर्ष I और II दोनों सत्य हैं

13. इस प्रश्न में, दो कथनों के बाद विकल्प के रूप में चार निष्कर्ष दिए गए हैं। दिए गए कथनों के आधार पर निर्धारित करें कि कौन-सा निष्कर्ष निश्चित रूप से सत्य है। **SSC Steno 11/12/2024 Shift-II**

कथन $P \leq Q < R < S$

$T > S > V \geq W$

(a) $Q < W$ (b) $P < V$
(c) $P < T$ (d) $R > W$

14. इस प्रश्न में, दो कथनों के बाद विकल्प के रूप में चार निष्कर्ष दिए गए हैं। दिए गए कथनों के आधार पर निर्धारित करें कि कौन-सा निष्कर्ष निश्चित रूप से सत्य है? **SSC Steno 11/12/2024 Shift-I**

कथन

$P \geq Q \geq R \geq S < T$

$J \leq K \leq R$

(a) $K < T$ (b) $J > T$
(c) $P \geq J$ (d) $S \geq K$

15. इस प्रश्न में, दो कथनों के बाद विकल्प के रूप में चार निष्कर्ष दिए गए हैं। दिए गए कथनों के आधार पर निर्धारित करें कि कौन-सा निष्कर्ष निश्चित रूप से सत्य है। **SSC Steno 10/12/2024 Shift-III**

कथन

$P \leq Q = R > S$

$Q \leq T \leq U = V$

(a) $S > P$ (b) $V < S$
(c) $V \geq P$ (d) $S \geq U$

16. इस प्रश्न में, दो कथनों के बाद विकल्प के रूप में चार निष्कर्ष दिए गए हैं। दिए गए कथनों के आधार पर निर्धारित करें कि कौन-सा निष्कर्ष निश्चित रूप से सत्य है? **SSC Steno 10/12/2024 Shift-II**

कथन

$A \geq B > C < D$

$E < B > F \geq G$

(a) $E < G$ (b) $C > E$
(c) $G < A$ (d) $D > E$

17. नीचे एक कथन दिया गया है जिसके बाद दो निष्कर्ष I और II दिए गए हैं। कथन का ध्यानपूर्वक अध्ययन करें और निर्धारित करें कि कौन-सा/से निष्कर्ष निश्चित रूप से सत्य है/हैं। **SSC Steno 10/12/2024 Shift-I**

कथन

$M > N \geq O \leq P \leq W; X \geq O > Y$

निष्कर्ष I. $M > X$

II. $Y < W$

(a) निष्कर्ष I और II दोनों सत्य हैं
(b) केवल निष्कर्ष II सत्य हैं
(c) न तो निष्कर्ष I सत्य है और न ही II सत्य है
(d) केवल निष्कर्ष I सत्य है

18. यदि $F = C < B = E$ और $D < C = A < E$ है, तो निम्नलिखित में से कौन-सा विकल्प सही नहीं है? **SSC Steno 13/10/2024 Shift-I**

(a) $E > D$ (b) $A < B$
(c) $A = F$ (d) $A > E$

19. यदि $D = B > C = F$ और $F < B = E < A$ है, तो निम्नलिखित में से कौन-सा विकल्प सही नही है? **SSC Steno 12/10/2023 Shift-I**

(a) $A < F$
(b) $A > C$
(c) $F < E$
(d) $E = D$

20. निम्न प्रश्न में, एक कथन के बाद दो निष्कर्ष दिए गए हैं। दोनों में से कौन-सा/से निष्कर्ष सत्य है/हैं? **SSC Steno 18/11/2022 Shift-I**

कथन $A \leq D < C = B > E \geq F < G$

निष्कर्ष I. $B > A$

II. $C < F$

(a) न तो निष्कर्ष I और न ही II सत्य है
(b) निष्कर्ष I और II दोनों सत्य हैं
(c) केवल निष्कर्ष II सत्य है
(d) केवल निष्कर्ष I सत्य है

21. इस प्रश्न में, एक कथन के बाद दो निष्कर्ष दिए गए हैं। दोनों में से कौन-सा/से निष्कर्ष सत्य है।/हैं? **SSC Steno 17/11/2022 Shift-I**

कथन $X < U = F > R \geq P < T < W$

निष्कर्ष I. $X < T$ II. $R > W$

(a) निष्कर्ष I और II दोनों सत्य हैं
(b) केवल निष्कर्ष I सत्य है
(c) केवल निष्कर्ष II सत्य है
(d) न तो निष्कर्ष I और न ही निष्कर्ष II सत्य है

22. यदि $G = E < D < R$ और $E = Y > K > Q$ है, तो निम्न में से कौन-सा विकल्प सही नहीं है? **SSC Steno 11/11/2021 Shift-I**

(a) $G < R$ (b) $Y < R$
(c) $R > Q$ (d) $G < Q$

23. यदि $U = M > J = R$ और $J = S < T$ है, तो निम्नलिखित में से कौन-सा विकल्प सही नहीं है? **SSC Steno 24/12/2020 Shift-I**

(a) $R = S$ (b) $J < T$
(c) $J < U$ (d) $M < T$

24. यदि $N > H > Q = X$ और $H = F = C < T$ है, तो निम्न में से कौन-सा विकल्प सही नहीं है? **SSC Steno 22/12/2020 Shift-I**

(a) $H < T$ (b) $Q < C$
(c) $N > X$ (d) $C < X$

सही उत्तर

1 (b)	2 (a)	3 (c)	4 (b)	5 (d)	6 (b)	7 (d)	8 (b)	9 (a)	10 (c)
11 (d)	12 (a)	13 (c)	14 (c)	15 (c)	16 (c)	17 (b)	18 (d)	19 (a)	20 (d)
21 (d)	22 (d)	23 (d)	24 (d)						

उत्तर सहित हल

1. (b) कथन I और कथन II से
$A < B \geq C > D > E \geq F = G$
विकल्प (a) (✗), (b) (✓)
(c) (✗), (d) (✗)
अत: $B > G$

2. (a) कथन $I < M < F \leq D \leq S = J$
निष्कर्ष I. $S < M$ (✗) II. $F = S$ (✗)
III. $I > J$ (✗) IV. $M < D$ (✓)
अत: केवल निष्कर्ष IV सत्य है।

3. (c) दिया गया कथन
$Z = E \geq R > G < Y > Q = F$
निष्कर्ष I. $R < F$ (✗)
II. $R \geq Z$ (✗)
अत: न तो निष्कर्ष I और न ही II सत्य है।

4. (b) दिया गया कथन
$Z > F \geq A = B = G > S < E$
निष्कर्ष I. $Z < A$ (✗) II. $G < F$ (✗)
अत: न तो निष्कर्ष I और न ही II सत्य है।

5. (d) दिया गया कथन
$A = B \geq C \leq D > G < E < F$
निष्कर्ष I. $B > F$ (✗) II. $C < A$ (✗)
अत: न तो निष्कर्ष I न ही II सत्य है।

6. (b) दिया गया कथन
$M < K > I < J > H = G \leq F$
निष्कर्ष I. $H = F$ (✗) II. $J > G$ (✓)
केवल निष्कर्ष II सत्य है।

7. (d) कथन $M < N \leq O = S > T \geq W \geq Z$
निष्कर्ष I. $M \leq T$ (असत्य)
II. $N < Z$ (असत्य)
अत: न तो निष्कर्ष I और न ही निष्कर्ष II सत्य है।

8. (b) कथन
$T \geq M < W = P \geq Q > R \leq S$
निष्कर्ष I. $P \leq M$ (✗)
II. $Q > T$ (✗)
अत: न तो निष्कर्ष I और न ही II सत्य है।

9. (a) कथनानुसार,
$P \leq L \geq M \geq N = U < V < G$
निष्कर्ष I. $P > V$ (✗)
II. $G \leq L$ (✗)
अत: न तो निष्कर्ष I और न ही II सत्य है।

10. (c) प्रश्नानुसार,
$G < H > K \leq S \geq L = M < Q$
निष्कर्ष I. $G > L$ (✗)
II. $H = Q$ (✗)
अत: न तो निष्कर्ष I और न ही II सत्य है।

11. (d) कथनानुसार,
$Z < Y = J \geq G \geq P \geq C \geq R$
निष्कर्ष I. $Z \geq R$ (✗) II. $J = C$ (✗)
अत: न तो निष्कर्ष I और न ही II सत्य है।

12. (a) दिया है, $M \geq N > O \geq P = W$ ...(i)
$X \geq O > Y$ ...(ii)
समी (i) व (ii) सयुक्त करने पर,
$M \geq N > O \leq X$ ...(iii)
$W = P \leq O > Y$ ...(iii)
निष्कर्ष I. $M > X$ (✗) [समी (iii) से]
II. $W < Y$ (✗) [समी (iv) से]
अत: न तो निष्कर्ष I सत्य है और न ही II सत्य है।

13. (c) दिए गए कथन है
$P \leq Q < R < S$ ...(i)
$T > S > V \geq W$ ...(ii)
दोनों कथनों को जोड़ने पर,
$P \leq Q < R < S < T > V \geq W$
उपरोक्त, अभिव्यक्ति से ज्ञात होता है कि केवल विकल्प (c), $P < T$ निश्चित रूप से सत्य है।

14. (c) कथनानुसार,
$P \geq Q \geq R \geq S < T; J \leq K \leq R$
संयुक्त करने पर,
$P \geq Q \geq R \geq K \geq J, R \geq S < T$
विकल्पानुसार,
विकल्प (b) ; $J > T$ (असत्य)
विकल्प (a) ; $K < T$ (असत्य)
विकल्प (c) ; $P \geq J$ (सत्य)
विकल्प (d) ; $S \geq K$ (असत्य)
∴ विकल्प (c) सत्य है।

15. (c) दिए गए कथन
$P \leq Q = R > S$ ...(i)
$Q \leq T \leq U = V$ ...(ii)
दोनों कथनों को जोड़ने पर,
$V = U \geq T \geq Q = R \geq P$
$\vee$
S
अत: $V \geq P$ निश्चित रूप से सत्य है।

16. (c) $A \geq B > C < D$ ...(i)
$E < B > F \geq G$ ...(ii)
समी (i) तथा (ii) से,
विकल्प (a) $E < G$ (✗) [समी (ii) से]
(b) $C > E$ (✗) [$E < B > C$]
(c) $G < A$ (✓) [$A \geq B > F \geq G$]
(d) $D > E$ (✗) [$E < B > C < D$]
अत: विकल्प (c) सही है।

17. (b) प्रश्नानुसार,
$M > N \geq O \leq P \leq W$ ...(i)
$X \geq O > Y$ ...(ii)
समी (i) और (ii) से,
$M > N \geq O \leq X$ ...(iii)
$Y < O \leq P \leq W$ ...(iv)
निष्कर्ष
I. $M > X$ (✗) [समी (iii) से]
II. $W > Y$ (✓) [समी (iv) से]
अत: केवल निष्कर्ष II सत्य है।

18. (d) दिया है, $F = C < B = E$ ...(i)
और $D < C = A < E$ ...(ii)
समी (i) व (ii) से,
स्पष्ट रूप से देखा जा सकता है। $A > E$ कभी भी सम्भव नहीं हो सकता है।

19. (a) दिया है, $D = B > C = F$ ...(i)
और $F < B = E < A$ ...(ii)
दोनों समीकरणों से,
$A > D = B = E > C = F$
अत: '$A < F$' सही नहीं है।

20. (d) कथनानुसार,
$A \leq D < C = B > E \geq F < G$
निष्कर्ष I. $B > A$ (✓)
II. $C < F$ (✗)
अत: केवल निष्कर्ष I सत्य है।

21. (d) कथनानुसार,
$X < U = F > R \geq P < T < W$
निष्कर्ष I. $X < T$ (✗) II. $R > W$ (✗)
अत: न तो निष्कर्ष I और न ही II सत्य है।

22. (d) दिया है,
$G = E < D < R$
और $E = Y > K > Q$
दोनों को जोड़ने पर,
$Q < K < Y = G = E < D < R$
विकल्प
(a) $G < R$ (✓), (b) $Y < R$ (✓)
(c) $R > Q$ (✓), (d) $G < Q$ (✗)
अत: विकल्प (d) गलत है।

23. (d) $U = M > J = R$ ...(i)
$J = S < T$ ...(ii)
समी (i) और (ii) से,
$U = M > J = R = S < T$
विकल्प
(a) $R = S$ (✓), (b) $J < T$ (✓)
(c) $J < U$ (✓), (d) $M < T$ (✗)
अत: विकल्प (d) सही नहीं है।

24. (d) $N > H > Q = X$ और $H = F = C < T$
दोनों को जोड़ने पर,
$N > H = F = C > Q = X$
$T > C = F = H > Q = X$
विकल्प
(a) $H < T$ (✓), (b) $Q < C$ (✓)
(c) $N > X$ (✓), (d) $C < X$ (✗)
अत: विकल्प (d) गलत है।

17

आँकड़ों की पर्याप्तता

इस अध्याय के अन्तर्गत पूछे गए प्रश्नों में सर्वप्रथम एक प्रश्न और उसके बाद दो या दो से अधिक कथन दिए गए होते हैं। इस प्रकार के प्रश्न क्रम-व्यवस्था, दिशा और दूरी, रक्त सम्बन्ध, अंग्रेजी वर्णमाला, बैठक व्यवस्था, कूटलेखन-कूटवाचन आदि से सम्बन्धित हो सकते हैं।

प्रश्न के निर्देशानुसार, अभ्यर्थियों को यह ज्ञात करना होता है कि प्रश्न का उत्तर प्राप्त करने के लिए कौन-सा/से कथन में दी गई जानकारी अकेले/मिलाकर पर्याप्त है या नहीं।

इस अध्याय के अन्तर्गत आने वाले प्रश्नों को निम्न उदाहरण की सहायता से आसानी से समझा जा सकता है।

बैठक व्यवस्थिकरण पर आधारित

इस प्रकार के प्रश्न आमतौर पर व्यक्तियों की बैठने की व्यवस्था या वस्तुओं को रैखिक, वृत्ताकार या बहुकोणीय रूप में रखने पर आधारित होते है।

उदाहरण 1. नीचे एक प्रश्न दिया गया है। जिसके बाद दो कथन I और II दिए गए हैं। दोनों कथनों को ध्यानपूर्वक पढ़कर तय कीजिए कि इनमें से कौन-सा कथन प्रश्न का उत्तर देने के लिए पर्याप्त है?

P, Q, R, S और T केन्द्र की ओर मुँह करके एक वृत्ताकार मेज के चारों ओर इस प्रकार बैठे हैं कि अगल-बगल बैठे प्रत्येक व्यक्ति के बीच एक समान दूरी है। T के एकदम दाएँ कौन बैठा है?

I. Q, T के दाएँ से दूसरे और S, T के बाएँ से दूसरे स्थान पर बैठा है।

II. R, P तथा Q का निकटस्थ पड़ोसी नहीं है।

(a) कथन I का डेटा अकेले प्रश्न का उत्तर देने के लिए पर्याप्त है, जबकि कथन II का डेटा पर्याप्त नहीं है

(b) या तो कथन I का डेटा या कथन II का डेटा प्रश्न का उत्तर देने के लिए पर्याप्त है

(c) कथन I और II का डेटा मिलकर प्रश्न का उत्तर देने के लिए पर्याप्त है

(d) कथन II का डेटा अकेले प्रश्न का उत्तर देने के लिए पर्याप्त है, जबकि कथन I का डेटा पर्याप्त नहीं है

हल (c) दोनों कथनों से,

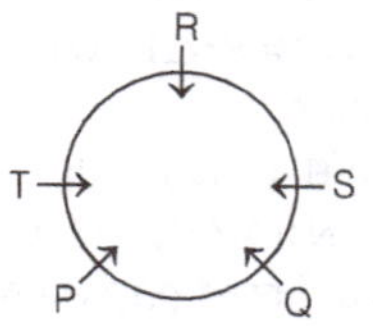

'T' के एकदम दाएँ 'P' बैठा है।

अतः कथन I और II का डेटा मिलकर प्रश्न का उत्तर देने के लिए पर्याप्त हैं।

रक्त सम्बन्ध पर आधारित

इस प्रकार के प्रश्नों में दिए गए कथन परिवार के विभिन्न सदस्यों के बीच सम्बन्ध के बारे में सामान्य जानकारी देते हैं। अभ्यर्थियों को किन्हीं दो व्यक्तियों के बीच के सम्बन्ध ज्ञात करना होता है।

उदाहरण 2. निम्नलिखित प्रश्नों में दो कथन I और II दिए गए हैं। आपको यह तय करना है कि कथनों में दिया गया डाटा प्रश्न का उत्तर देने के लिए पर्याप्त है या नहीं। दोनों कथनों को ध्यानपूर्वक पढ़िए और उत्तर दीजिए।

V, R से किस प्रकार सम्बन्धित है?

I. R, G की पुत्री है। G तथा S, K के बच्चे हैं। V, K का पति है।

II. M का विवाह, G के साथ हुआ है। M, R की माता है। V, G का पिता है।

(a) यदि या तो कथन I या कथन II में दिया गया डाटा प्रश्न का उत्तर देने के लिए पर्याप्त है

(b) यदि केवल कथन II में दिया गया डाटा प्रश्न का उत्तर देने के लिए पर्याप्त है, जबकि कथन I में दिया गया डाटा प्रश्न का उत्तर देने के लिए पर्याप्त नहीं है

(c) यदि कथन I और II में दिया गया डाटा प्रश्न का उत्तर देने के लिए आवश्यक है

(d) यदि केवल कथन I में दिया गया डाटा प्रश्न का उत्तर देने के लिए पर्याप्त है, जबकि कथन II में दिया गया डाटा प्रश्न का उत्तर देने के लिए पर्याप्त नहीं है

हल (a) प्रश्नानुसार,

कथन I से,

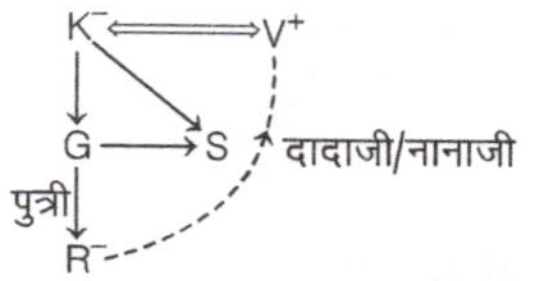

उपरोक्त सम्बन्ध आरेख से स्पष्ट है कि V, R के दादाजी/नानाजी हैं।

कथन II से,

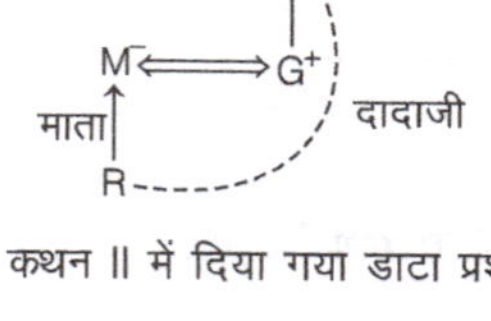

स्पष्टतः या तो कथन I या कथन II में दिया गया डाटा प्रश्न का उत्तर देने के लिए पर्याप्त है।

उपरोक्त सम्बन्ध आरेख से स्पष्ट है कि V, R के दादाजी हैं।

SSC एग्जाम स्कैनर

SSC CGL 2024 (Tier I & II)

1. एक प्रश्न के बाद I और II से क्रमांकित दो कथन दिए गए हैं। आपको यह तय करना है कि कथनों में दिया गया डेटा प्रश्न का उत्तर देने के लिए पर्याप्त है या नहीं। दोनों कथनों को पढ़िए और उचित विकल्प चुनिए।

प्रश्न शौर्य ने पहले भारी पार्सलों की डिलीवरी को प्राथमिकता देते हुए पाँच स्थानों A, B, C, D और E पर पार्सल डिलिवर किए। अन्त में किस स्थान पर डिलीवरी की गई?

I. स्थान C का पार्सल अन्य सभी पार्सलों से भारी था।

II. स्थान D का पार्सल, स्थान B और A के पार्सलों से हल्का था।

SSC CGL (Tier-II) 20/01/2025 Shift-I

(a) कथन I और II में दिए गए डेटा एकसाथ प्रश्न का उत्तर देने के लिए पर्याप्त हैं।
(b) कथन I और II में दिए गए डेटा एकसाथ प्रश्न का उत्तर देने के लिए पर्याप्त नहीं हैं।
(c) कथन I में दिया गया डेटा अकेले प्रश्न का उत्तर देने के लिए पर्याप्त है, जबकि कथन II में दिया गया डेटा अकेले पर्याप्त नहीं है।
(d) कथन II में दिया गया डेटा अकेले प्रश्न का उत्तर देने के लिए पर्याप्त है, जबकि कथन I में दिया गया डेटा अकेले पर्याप्त नहीं है।

2. एक प्रश्न दिया गया है, जिसके बाद I और II चिह्नांकित कर दो कथन दिए गए हैं। पहचान कीजिए कि कौन-सा/से कथन इस प्रश्न का उत्तर देने के लिए पर्याप्त है/हैं?

प्रश्न
पाँच अलग-अलग रंगों (नीला, हरा, पीला, लाल और बैंगनी) के पाँच घर, प्रत्येक दो आसन्न घरों के बीच समान जगह के साथ, उत्तरमुखी एक पंक्ति में बनाए गए हैं। कौन-से रंग का घर पंक्ति के बिल्कुल मध्य में है?

कथन

I. हरे और पीले रंग के घर पंक्ति के अन्तिम छोर पर बनाए गए हैं।

II. बैंगनी और नीले रंग के घर क्रमशः हरे और पीले रंग के घरों के ठीक पड़ोस वाले घर हैं।

SSC CGL (Tier-II) 20/01/2025 Shift-I

(a) कथन I और II में दिया गया डेटा एक साथ प्रश्न का उत्तर देने के लिए पर्याप्त नहीं है
(b) कथन I और II में दिया गया डेटा एक साथ प्रश्न का उत्तर देने के लिए पर्याप्त है
(c) केवल कथन II में दिया गया डेटा ही प्रश्न का उत्तर देने के लिए पर्याप्त है, जबकि कथन I में दिया गया डेटा अकेले प्रश्न का उत्तर देने के लिए पर्याप्त नहीं है।
(d) कथन I में दिया गया डेटा अकेले प्रश्न का उत्तर देने के लिए पर्याप्त है, जबकि कथन II में दिया गया डेटा अकेले प्रश्न का उत्तर देने के लिए पर्याप्त नहीं है।

3. एक प्रश्न दिया गया है, जिसके बाद I और II क्रमांकित दो कथन दिए गए हैं। पहचान कीजिए कि कौन-सा/कौन-से कथन इस प्रश्न का उत्तर देने के लिए पर्याप्त/आवश्यक है/हैं?

प्रश्न
एक निश्चित कूटभाषा में, 'fire in mountain' को 'si ph bo' के रूप में कूटबद्ध किया जाता है । 'fire' के लिए कूट क्या है?

कथन

I. 'mountain' को 'bo' के रूप में कूटबद्ध किया जाता है।

II. 'ice and fire' को 'si yu ca' के रूप में कूटबद्ध किया जाता है।

SSC CGL (Tier-II) 18/01/2025 Shift-I

(a) कथन I में दिया गया डेटा अकेले ही प्रश्न का उत्तर देने के लिए पर्याप्त है जबकि कथन II में दिया गया डेटा अकेले प्रश्न का उत्तर देने के लिए पर्याप्त है
(b) कथन I और II में दिया गया डेटा एकसाथ मिलकर प्रश्न का उत्तर देने के लिए पर्याप्त नहीं है
(c) कथन I और II में दिया गया डेटा एकसाथ मिलकर प्रश्न का उत्तर देने के लिए पर्याप्त है
(d) कथन II में दिया गया डेटा अकेले ही प्रश्न का उत्तर देने के लिए पर्याप्त है जबकि कथन । में दिया गया डेटा अकेले प्रश्न का उत्तर देने के लिए पर्याप्त नहीं है

4. एक प्रश्न दिया गया है, जिसके बाद I और II क्रमांकित दो कथन दिए गए हैं।' पहचान कीजिए कि कौन-सा/कौन-से कथन इस प्रश्न का उत्तर देने के लिए पर्याप्त/आवश्यक है/हैं?

प्रश्न
अरविंद के पास नीले, हरे और सफेद कन्चें हैं। उसके पास मौजूद सभी कन्चों में से सफेद कंचों का प्रतिशत कितना है?

कथन

I. उसके पास नीले और हरे कन्चों का योग 7 है।

II. उसके पास 10 कन्चों में से 3 सफेद कन्चें हैं।

SSC CGL (Tier-II) 18/01/2025 Shift-I

(a) कथन I में दिया गया डेटा अकेले ही प्रश्न का उत्तर देने के लिए पर्याप्त है जबकि कथन II में दिया गया डेटा अकेले प्रश्न का उत्तर देने के लिए पर्याप्त नहीं है
(b) कथन II में दिया गया डेटा अकेले ही प्रश्न का उत्तर देने के लिए पर्याप्त है जबकि कथन I में दिया गया डेटा अकेले प्रश्न का उत्तर देने के लिए पर्याप्त नहीं है।
(c) कथन I और II में दिया गया डेटा एकसाथ मिलकर प्रश्न का उत्तर देने के लिए पर्याप्त नहीं है
(d) कथन I और II में दिया गया डेटा एकसाथ मिलकर प्रश्न का उत्तर देने के लिए पर्याप्त है

SSC CGL 2023 (Tier I & II)

5. नीचे एक प्रश्न और उसके बाद दो कथन I और II दिए गए हैं। पहचान करें कि कौन-सा/से कथन प्रश्न का उत्तर देने के लिए पर्याप्त है/हैं।

प्रश्न A, B, C, D, E और F एक वृत्ताकार मेज के परितः बैठे हुए हैं। उनमें से प्रत्येक का मुख या तो मेज के केन्द्र की ओर या बाहर की ओर (अर्थात् केन्द्र की विपरीत दिशा में) है। D किस दिशा में अभिमुख है?

कथन

I. B, F के दाएँ दूसरे स्थान पर बैठा है और दोनों केन्द्र की ओर अभिमुख हैं। A और E के बीच किसी भी छोर से केवल दो व्यक्ति बैठे हैं। A और E दोनों समान दिशा की ओर अभिमुख हैं। A, B का निकटतम पड़ोसी नहीं है।

II. C, B की विपरीत दिशा में अभिमुख है। D, C के बाएँ दूसरे स्थान पर बैठा है।

SSC CGL (Tier-II) 26/10/2023 Shift-I

(a) कथन I अकेले प्रश्न का उत्तर देने के लिए पर्याप्त है, जबकि कथन II नहीं है।
(b) कथन I और II मिलकर प्रश्न का उत्तर देने के लिए पर्याप्त नहीं है।
(c) कथन II अकेले प्रश्न का उत्तर देने के लिए पर्याप्त है, जबकि कथन I नहीं है।
(d) कथन I और II मिलकर प्रश्न का उत्तर देने के लिए पर्याप्त हैं।

6. इस प्रश्न में एक प्रश्न के बाद I और II के रूप में क्रमांकित दो कथन दिए गए हैं। आपको यह तय करना है कि कथनों में दी गई जानकारी प्रश्न का उत्तर देने के लिए पर्याप्त हैं या नहीं। दोनों कथनों को पढ़िए और उपयुक्त उत्तर का निर्णय कीजिए।

SSC CGL (Tier-II) 26/10/2023 Shift-I

प्रश्न किशोर का सुजाता से क्या सम्बन्ध है?

I. नव्या, किशोर की पुत्री है। विनीता, किशोर की पत्नी है।

II. अमन, नव्या का भाई है। सुजाता, अमन की इकलौती पुत्री है।

(a) II अकेला पर्याप्त है, जबकि I अकेला पर्याप्त नहीं है

(b) I अकेला पर्याप्त है, जबकि II अकेला पर्याप्त नहीं है
(c) I और II दोनों एकसाथ आवश्यक हैं
(d) या तो I अकेला या II अकेला पर्याप्त है

7. नीचे एक प्रश्न दिया गया है जिसके बाद दो कथन I और II दिए गए हैं। दोनों कथनों को ध्यानपूर्वक पढ़कर तय कीजिए कि इनमें से कौन-सा कथन, प्रश्न का उत्तर देने के लिए पर्याप्त है।

प्रश्न छः व्यक्ति K, M, N, P, Q और R एक गोल मेज के परित: केन्द्र की ओर अभिमुख होकर बैठे हैं। P के बाईं ओर दूसरे स्थान पर कौन बैठा है?

SSC CGL (Tier-II) 07/03/2023 Shift-I

कथन

I. K, P के ठीक दाएँ बैठा है। P और Q के बीच केवल दो व्यक्ति बैठे हैं। R, M के दाईं ओर दूसरे स्थान पर बैठा है।
II. N और M के बीच केवल दो व्यक्ति बैठे हैं। Q, M का निकटतम पड़ोसी है। Q और K के बीच केवल एक व्यक्ति बैठा है।

(a) कथन I का डेटा अकेले प्रश्न का उत्तर देने के लिए पर्याप्त है जबकि कथन II का डेटा पर्याप्त नहीं है
(b) कथन II का डेटा अकेले प्रश्न का उत्तर देने के लिए पर्याप्त है, जबकि कथन I का डेटा पर्याप्त नहीं है
(c) कथन I और II के डेटा मिलकर प्रश्न का उत्तर देने के लिए पर्याप्त नहीं हैं
(d) कथन I और II के डेटा मिलकर प्रश्न का उत्तर देने के लिए पर्याप्त हैं

8. नीचे एक प्रश्न और उसके बाद दो कथन क्रमांक I और II दिए गए हैं। आपको यह तय करना है कि कथनों में दिया गया डाटा प्रश्न का उत्तर देने के लिए पर्याप्त है या नहीं। दोनों कथनों का अध्ययन कीजिए और उपुयक्त उत्तर का चयन कीजिए।

प्रश्न चार व्यक्ति A, B, C और D एक सीधी पंक्ति में दक्षिण की ओर मुख करके बैठे हैं। दाएँ छोर पर कौन बैठा है?

SSC CGL (Tier-II) 07/03/2023 Shift-I

कथन

I. B और D के बीच में केवल दो व्यक्ति बैठे हैं; A, B के ठीक बाएँ बैठा है।
II. B और C के बीच में केवल एक व्यक्ति बैठा है; A, C के ठीक दाएँ बैठा है।

(a) कथन I में दिया गया डाटा अकेले प्रश्न का उत्तर देने के लिए पर्याप्त है जबकि कथन II में दिया गया डाटा प्रश्न का उत्तर देने के लिए पर्याप्त नहीं है
(b) कथन I और II दोनों में दिया गया डाटा मिलकर प्रश्न का उत्तर देने के लिए पर्याप्त है
(c) या तो कथन I में दिया गया डाटा अकेले या कथन II में दिया गया डाटा अकेले प्रश्न का उत्तर देने के लिए पर्याप्त है
(d) कथन II में दिया गया डाटा अकेले प्रश्न का उत्तर देने के लिए पर्याप्त है जबकि कथन I में दिया गया डाटा प्रश्न का उत्तर देने के लिए पर्याप्त नहीं है

9. इस प्रश्न में, एक प्रश्न के बाद I और II से संख्यांकित दो कथन दिए गए हैं। आपको यह निर्णय लेना है कि कथन/कथनों में दिया गया डेटा प्रश्न का उत्तर देने के लिए पर्याप्त है या नहीं। दोनों कथनों को पढ़िए और सावधानीपूर्वक अपने उत्तर का चयन कीजिए।

SSC CGL (Tier-II) 06/03/2023 Shift-I

प्रश्न P, Q, R, S, T, U और V, 7 व्यक्ति एक पंक्ति में खड़े हैं और सभी उत्तर की ओर अभिमुख हैं (जरूरी नहीं कि इसी क्रम में हों)। T के दाईं ओर दूसरे स्थान पर कौन खड़ा है?

कथन

I. U दाएँ छोर से तीसरे स्थान पर और R के बाईं ओर दूसरे स्थान पर खड़ा है।
II. Q, T के ठीक दाएँ खड़ा है। Q, P के बाईं ओर दूसरे स्थान पर खड़ा है।

(a) कथन I का डेटा अकेले प्रश्न का उत्तर देने के लिए पर्याप्त है जबकि कथन II का डेटा अकेले प्रश्न का उत्तर देने के लिए पर्याप्त नहीं है।
(b) कथन II का डेटा अकेले प्रश्न का उत्तर देने के लिए पर्याप्त है जबकि कथन I का डेटा अकेले प्रश्न का उत्तर देने के लिए पर्याप्त नहीं है
(c) कथन I और II के डेटा मिलकर भी प्रश्न का उत्तर देने के लिए पर्याप्त नहीं है
(d) कथन I और II के डेटा मिलकर प्रश्न का उत्तर देने के लिए पर्याप्त हैं

10. नीचे एक प्रश्न और उसके बाद दो कथन क्रमांक I और II दिए गए हैं। आपको यह तय करना है कि कथनों में दिया गया डाटा प्रश्न का उत्तर देने के लिए पर्याप्त है या नहीं। दोनों कथनों का अध्ययन कीजिए और उपयुक्त उत्तर का चयन कीजिए। **SSC CGL (Tier-II) 06/03/2023 Shift-I**

प्रश्न

उस पंक्ति में कुल कितने व्यक्ति खड़े हैं जिसमें सभी व्यक्तियों का मुख उत्तर की ओर है?

कथन

I. A बाएँ छोर से चौथे स्थान पर है; M, A के दाईं ओर दूसरे स्थान पर है; और R बाएँ छोर से दूसरे स्थान पर है।
II. M दाएँ छोर से चौथे स्थान पर है; M और B के बीच में केवल दो व्यक्ति खड़े हैं।

(a) कथन I और II दोनों में दिया गया डाटा मिलकर प्रश्न का उत्तर देने के लिए पर्याप्त है
(b) कथन II में दिया गया डाटा अकेले प्रश्न का उत्तर देने के लिए पर्याप्त है जबकि कथन I में दिया गया डाटा प्रश्न का उत्तर देने के लिए पर्याप्त नहीं है
(c) या तो कथन I में दिया गया डाटा अकेले या कथन II में दिया गया डाटा अकेले प्रश्न का उत्तर देने के लिए पर्याप्त है
(d) कथन I में दिया गया डाटा अकेले प्रश्न का उत्तर देने के लिए पर्याप्त है जबकि कथन II में दिया गया डाटा प्रश्न का उत्तर देने के लिए पर्याप्त नहीं है

11. नीचे एक प्रश्न और उसके बाद दो कथन क्रमांक I और II दिए गए हैं। आपको यह तय करना है कि कथनों में दिया गया डाटा प्रश्न का उत्तर देने के लिए पर्याप्त है या नहीं। दोनों कथनों का अध्ययन कीजिए और उपर्युक्त उत्तर का चयन कीजिए।

प्रश्न A, B, C और D एक वृत्ताकार मेज के परित: केन्द्र की ओर मुख करके बैठे हैं। A के ठीक दाएँ कौन बैठा है?

SSC CGL (Tier-II) 03/03/2023 Shift-I

कथन

I. C, A के ठीक बाएँ बैठा है; C और D के बीच में केवल एक व्यक्ति बैठा है।
II. A और B के बीच में केवल एक व्यक्ति बैठा है; C, B के ठीक दाएँ बैठा है।

(a) कथन I में दिया गया डाटा अकेले प्रश्न का उत्तर देने के लिए पर्याप्त है जबकि कथन II में दिया गया डाटा प्रश्न का उत्तर देने के लिए पर्याप्त नहीं है
(b) कथन I और II दोनों में दिया गया डाटा मिलकर प्रश्न का उत्तर देने के लिए पर्याप्त है
(c) या तो कथन I में दिया गया डाटा अकेले या कथन II में दिया गया डाटा अकेले प्रश्न का उत्तर देने के लिए पर्याप्त है
(d) कथन II में दिया गया डाटा अकेले प्रश्न का उत्तर देने के लिए पर्याप्त है, जबकि कथन I में दिया गया डाटा प्रश्न का उत्तर देने के लिए पर्याप्त नहीं है

12. नीचे एक प्रश्न दिया गया है जिसके बाद दो कथन I और II दिए गए हैं। दोनों कथनों को ध्यानपूर्वक पढ़कर तय कीजिए कि इनमें से कौन-सा कथन, प्रश्न का उत्तर देने के लिए पर्याप्त है।

प्रश्न छः व्यक्ति A, B, C, D, E और F एक सीधी पंक्ति में उत्तर की ओर अभिमुख होकर बैठे हैं। D के ठीक बाएँ कौन बैठा है?

SSC CGL (Tier-II) 03/03/2023 Shift-I

I. A पंक्ति के किसी एक छोर से दूसरे स्थान पर बैठा है। A और B के बीच केवल दो व्यक्ति बैठे हैं। E, C के ठीक दाएँ बैठा है।
II. C पंक्ति के बाएँ छोर से तीसरे स्थान पर बैठा है। C और F के बीच केवल एक व्यक्ति बैठा है। E, F के दाईं ओर तीसरे स्थान पर बैठा है।

(a) कथन I डेटा अकेले प्रश्न का उत्तर देने के लिए पर्याप्त है जबकि कथन II डेटा पर्याप्त नहीं है
(b) कथन I और II के डेटा मिलकर भी प्रश्न का उत्तर देने के लिए पर्याप्त नहीं है

(c) कथन II का डेटा अकेले प्रश्न का उत्तर देने के लिए पर्याप्त है जबकि कथन I का डेटा पर्याप्त नहीं है
(d) कथन I और कथन II के डेटा मिलकर प्रश्न का उत्तर देने के लिए पर्याप्त है

13. नीचे एक प्रश्न और उसके बाद दो कथन क्रमांक I और II दिए गए हैं। आपको यह तय करना है कि कथनों में दिया गया डाटा प्रश्न का उत्तर देने के लिए पर्याप्त है या नहीं। दोनों कथनों का अध्ययन कीजिए और उपयुक्त उत्तर का चयन कीजिए।

SSC CGL (Tier-II) 02/03/2023 Shift-I

प्रश्न छ: व्यक्ति दो समानान्तर पंक्तियों में बैठे हैं। पंक्ति 1 में J, K और L उत्तर की ओर मुख करके बैठे हैं, और पंक्ति 2 में - F, G और H दक्षिण की ओर मुख करके करके बैठे हैं। एक पंक्ति में बैठे व्यक्ति का मुख दूसरी पंक्ति में बैठे व्यक्ति की ओर है। G के समक्ष कौन बैठा है?

कथन

I. H का मुख K की ओर है। L का मुख H के निकटतम पड़ोसी की ओर है।
II. G पंक्ति के किसी एक अन्तिम छोर पर बैठा है। J, L के ठीक बाएँ बैठा है।

(a) कथन I में दिया गया डाटा अकेले प्रश्न का उत्तर देने के लिए पर्याप्त है, जबकि कथन II में दिया गया डाटा प्रश्न का उत्तर देने के लिए पर्याप्त नहीं है
(b) या तो कथन I में दिया गया डाटा अकेले या कथन II में दिया गया डाटा अकेले प्रश्न का उत्तर देने के लिए पर्याप्त है
(c) कथन II में दिया गया डाटा अकेले प्रश्न का उत्तर देने के लिए पर्याप्त है जबकि कथन I में दिया गया डाटा प्रश्न का उत्तर देने के लिए पर्याप्त नहीं है
(d) कथन I और II दोनों में दिया गया डाटा मिलकर प्रश्न का उत्तर देने के लिए पर्याप्त है

14. नीचे एक प्रश्न दिया गया है जिसके बाद दो कथन I और II दिए गए हैं। दोनों कथनों को ध्यानपूर्वक पढ़कर तय कीजिए कि इनमें से कौन-सा कथन, प्रश्न का उत्तर देने के लिए पर्याप्त है।

प्रश्न छ: व्यक्ति K, M, N, P, Q और R एक गोल मेज के परित: केन्द्र के अभिमुख होकर बैठे हैं। K के ठीक दाएँ कौन बैठा है?

SSC CGL (Tier-II) 02/03/2023 Shift-I

I. K, M के बाईं ओर तीसरे स्थान पर बैठा है। K और N के बीच केवल एक व्यक्ति बैठा है। R, N के ठीक बाएँ बैठा है।
II. K, Q के दाईं ओर दूसरे स्थान पर बैठा है। K और M के बीच केवल दो व्यक्ति बैठे हैं। P, R के बाईं ओर दूसरे स्थान पर बैठा है।

(a) कथन I का डेटा अकेले प्रश्न का उत्तर देने के लिए पर्याप्त है जबकि कथन II का डेटा पर्याप्त नहीं है
(b) या तो कथन I का डेटा या कथन II का डेटा प्रश्न का उत्तर देने के लिए पर्याप्त है
(c) कथन II का डेटा अकेले प्रश्न का उत्तर देने के लिए पर्याप्त है जबकि कथन I का डेटा पर्याप्त नहीं है
(d) कथन I और II के डेटा मिलकर प्रश्न का उत्तर देने के लिए पर्याप्त हैं,

सही उत्तर

1	(b)	2	(b)	3	(d)	4	(b)	5	(b)	6	(c)	7	(a)	8	(a)	9	(c)	10	(a)
11	(c)	12	(b)	13	(d)	14	(b)												

उत्तर सहित हल

1. (b) कथन I से स्पष्ट नहीं है कि अन्त में किस स्थान पर डिलीवरी की गई है।
कथन II से, स्थान E के सम्बन्ध में कोई जानकारी नहीं है,
अत: कथन I और II का डाटा प्रश्न का उत्तर देने के लिए पर्याप्त नहीं है।

2. (b) कथन I और II से

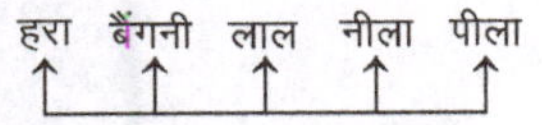

इसलिए लाल रंग का घर पंक्ति के मध्य में हैं।
अत: कथन I और II में दिया गया डेटा एक साथ मिलकर प्रश्न का उत्तर देने के लिए पर्याप्त है।

3.(d) दिया है,

[fire] in mountain → [si] ph bo

कथन II से,

ice and [fire] → [si] yu ca

∴ fire का कूट = si
अत: कथन II में दिया गया डेटा अकेले ही प्रश्न का उत्तर देने के लिए पर्याप्त है।

4. (b) कथन II से, सफेद कन्चों की संख्या = 3
तथा कुल कन्चों की संख्या = 10

∴ सफेद कन्चों का प्रतिशत = $\frac{3}{10} \times 100 = 30\%$

अत: कथन II में दिया गया डेटा अकेले ही प्रश्न का उत्तर देने के लिए पर्याप्त है।

5. (b) दोनों कथनों से D की दिशा की जानकारी प्राप्त नहीं होती है क्योंकि दोनों कथनों में D की दिशा निश्चित नहीं है।
अत: दोनों कथन प्रश्न के उत्तर देने के लिए प्राप्त नहीं है।

6. (c) कथन I और II से,

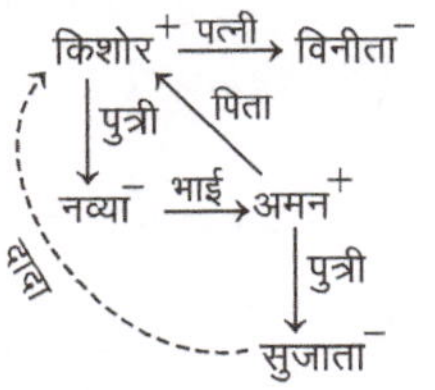

∴ किशोर, सुजाता का दादा है।
अत: कथन I और II दोनों एकसाथ आवश्यक हैं।

7. (a) कथन I से,

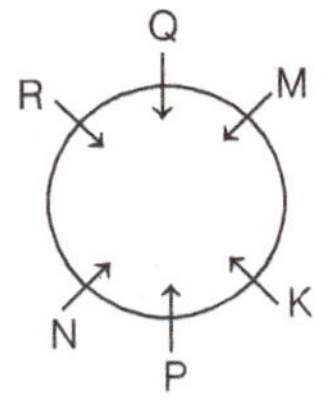

स्पष्टत: कथन I प्रश्न का उत्तर देने के लिए पर्याप्त है।
कथन II से,

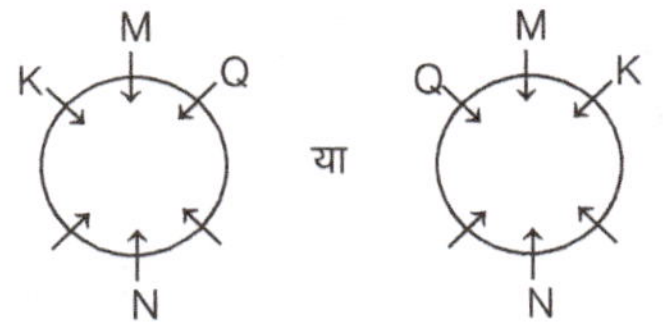

चूँकि P का स्थान नियत नहीं है, साथ ही दो Q और K के स्थान का भी दो स्थिति बन रहे है। अत: कथन II प्रश्न का उत्तर देने के लिए पर्याप्त नहीं है।

8. (a) कथन I से, ↓ (दक्षिण) B A C D (↓ ↓ ↓ ↓)

अत: कथन I प्रश्न का उत्तर देने के लिए पर्याप्त है।

कथन II से,

↓ (दक्षिण) D B A C (↓ ↓ ↓ ↓) या ↓ (दक्षिण) B A C D (↓ ↓ ↓ ↓)

या A C D B (↓ ↓ ↓ ↓) ↓ (दक्षिण)

अत: कथन II प्रश्न का उत्तर देने के लिए पर्याप्त नहीं है।

9. (c) दोनों कथनों की सहायता से,

T Q S/V P U S/V R (↑ ↑ ↑ ↑ ↑ ↑ ↑)

या S/V S/V T Q U P R (↑ ↑ ↑ ↑ ↑ ↑ ↑)

अत: दोनों कथनों को मिलाकर भी उत्तर देना पर्याप्त नहीं है।

10. (a) कथन I से,

बाएँ छोर ↑ R ↑ A ↑ M

चूँकि दाएँ छोर के बारे में स्पष्ट नहीं हैं, अत: कथन I से पंक्ति में खड़े कुल व्यक्तियों की संख्या ज्ञात नहीं की जा सकती है।

कथन II से, B ↑ ↑ M ↑ ↑ ↑ दाएँ छोर

या M ↑ ↑ ↑ B

चूँकि बाएँ छोर के बारे में स्पष्ट नहीं है, अत: कथन II से भी पंक्ति में खड़े कुल व्यक्ति की संख्या ज्ञात नहीं की जा सकती है।

दोनों कथनों को मिलाने से,

बाएँ छोर ↑ ↑ B A ↑ M ↑ ↑ ↑ दाएँ छोर

या M ↑ ↑ ↑ B

पंक्ति में व्यक्तियों की संख्या = 9

अत: कथन I तथा II मिलकर प्रश्न का उत्तर देने के लिए पर्याप्त है।

11. (c) कथन I से,

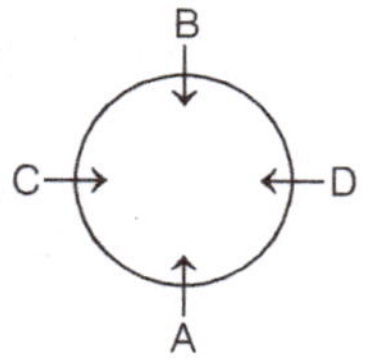

स्पष्टत: A के ठीक दाएँ D है।

अत: कथन I प्रश्न का उत्तर देने के लिए पर्याप्त है।

कथन II से,

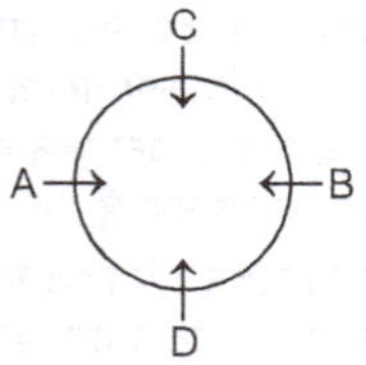

स्पष्टत: A के ठीक दाएँ D है।

अत: कथन II भी अकेले प्रश्न का उत्तर देने के लिए पर्याप्त है।

अत: या तो कथन I में दिया गया डाटा अकेले या कथन II में दिया गया डाटा अकेले प्रश्न का उत्तर देने के लिए पर्याप्त है।

12. (b) कथन I से,

↑ D/F A C E B F/D

या (↑⇒ उत्तर)

↑ D/F B C E A F/D

D के ठीक बाएँ कौन बैठे है यह निश्चित रूप से ज्ञात नहीं किया जा सकता। अत: कथन I प्रश्न का उत्तर देने के लिए पर्याप्त नहीं है।

कथन II से,

↑ F __ C E __ __ (↑⇒ उत्तर)

D का स्थान निश्चित नहीं है। अत: कथन II भी प्रश्न का उत्तर देने के लिए पर्याप्त नहीं है।

दोनों कथनों से,

↑ F A/B C E B/A D (↑⇒ उत्तर)

D के ठीक बाएँ या तो B या A है।

अत: कथन I और II दोनों मिलकर भी प्रश्न का उत्तर देने के लिए पर्याप्त नहीं है।

13. (d) कथन I से,

↓ F/G G/F H या ↓ F/G H G/F

↑ J L K ↑ J K L

या [↓⇒ दक्षिण, ↑⇒ उत्तर]

↓ F/G H G/F या ↓ H G/F F/G

↑ L K J ↑ K L J

कथन I से स्पष्ट नहीं है कि G के समक्ष कौन बैठा है, अत: कथन I अकेले उत्तर देने के लिए पर्याप्त नहीं है।

कथन II से,

↓ G __ __ या ↓ __ __ G

↑ J L K ↑ K J L

या [↓⇒ दक्षिण, ↑⇒ उत्तर]

↓ G __ __ या ↓ __ __ G

↑ K J L ↑ J L K

कथन II से भी स्पष्ट नहीं है कि G के समक्ष कौन बैठा है, अत: कथन II भी अकेले उत्तर देने के लिए पर्याप्त नहीं है।

दोनों कथनों की सहायता से,

↓ G F H [↓⇒ दक्षिण]

↑ J L K [↑⇒ उत्तर]

G के समक्ष J बैठा है। अत: कथन I तथा II दोनों में दिया गया डाटा मिलकर प्रश्न का उत्तर देने के लिए पर्याप्त है।

14. (b) कथन I से,

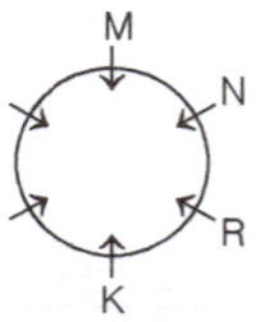

K के ठीक दाएँ R बैठा है। अत: कथन I उत्तर देने के लिए पर्याप्त है।

कथन II से,

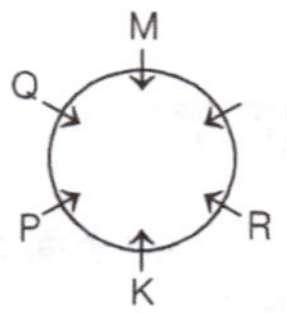

K के ठीक दाएँ R बैठा है। अत: कथन II उत्तर देने के लिए पर्याप्त है।

अत: या तो कथन I का डेटा या कथन II का डेटा प्रश्न का उत्तर देने के लिए पर्याप्त है।

18

पासा

ऐसा घन जिसकी सतहों पर 1 से 6 तक के अंक या बिन्दु या कुछ अक्षर अंकित होते हैं। पासा कहलाता है।

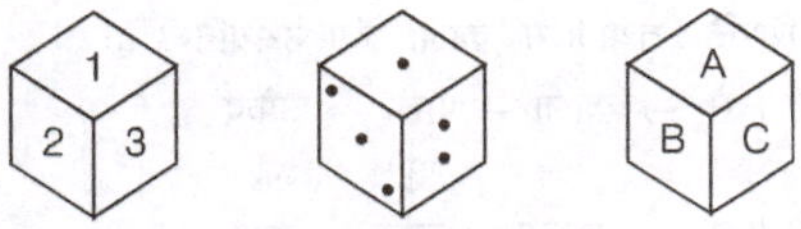

पासे के प्रकार

सम्भवतः पासे को दो प्रकार से बाटाँ जा सकता है

1. **सामान्य पासा** इस प्रकार के पासे की विपरीत सतहों के अंकों का योग 7 नहीं होता है बल्कि किन्हीं दो निकटवर्ती सतहों के अंकों का योग 7 हो सकता है।

   जैसे–

   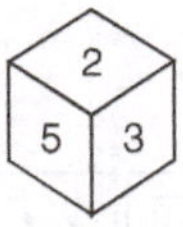

   2+5=7

   अतः दिया गया पासा एक सामान्य पासा है।

   यदि इसमें 2 के विपरीत सतह का अंक पूछा जाए, तो 1, 4 एवं 6 में से कोई भी एक हो सकता है।

2. **मानक पासा** इस प्रकार के पासे की किन्हीं भी दो विपरीत सतहों के अंकों का योग सदैव 7 होता है। अतः यदि दो संलग्न सतहों का योग 7 नहीं हो, तो वह मानक पासा हो सकता है।

   जैसे–

   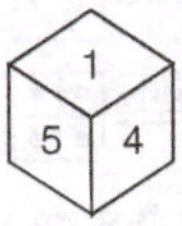

   1+4=5
   4+5=9
   1+5=6

   अतः दिया गया पासा एक मानक पासा है।

   इस प्रकार के पासे में, यदि किसी भी अंक का विपरीत अंक पूछा जाए, तो उस अंक को 7 में से घटा देंगे

   अर्थात् 1 के विपरीत $\rightarrow 7-1=6$; 2 के विपरीत $\rightarrow 7-2=5$

पासे के विपरीत फलक ज्ञात करना

इसके अन्तर्गत आने वाले प्रश्नों में, पासे की आकृति या आकृतियाँ दी गई होती हैं तथा एक निश्चित सतह के विपरीत सतह पर अंक/बिन्दु/अक्षर/रंग के बारे में पूछा जाता है। अभ्यर्थियों को दिए गए विकल्पों में से सही उत्तर विकल्प को ज्ञात करना होता है।

नीचे पासे की दो स्थितियों X तथा Y को दर्शाया गया है।

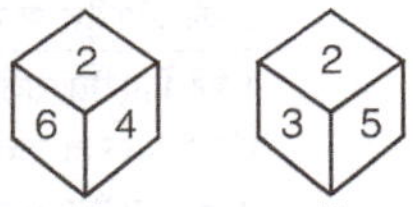

X Y

स्थिति I जब पासे की दो स्थितियों में केवल एक अंक समान हो और समान अंक दो भिन्न सतहों पर हों, तो समान अंक से शुरू कर उसे अलग-अलग श्रेणी में दक्षिणावर्त क्रम में लिखते हैं, जैसे-

X पासे के लिए $\longrightarrow$ 2, 4, 6
Y पासे के लिए $\longrightarrow$ 2, 5, 3

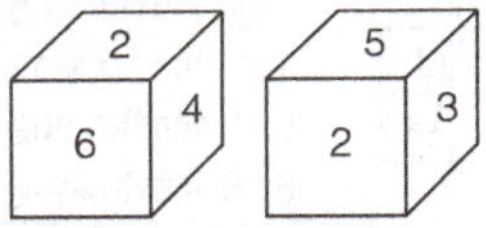

इसमें 4 के विपरीत $\longrightarrow$ 5 या
6 के विपरीत $\longrightarrow$ 3
2 के विपरीत $\longrightarrow$ 1 होगा।

नोट *यदि किसी संगत सतह पर समान अंक दिखे, तो अन्य संगत सतहों के अंक एक-दूसरे के विपरीत होते हैं।*

स्थिति II जब पासे की दोनों स्थितियों में दो अंक समान हों जैसे 2 व 3 अंक दोनों स्थितियों में समान हैं,

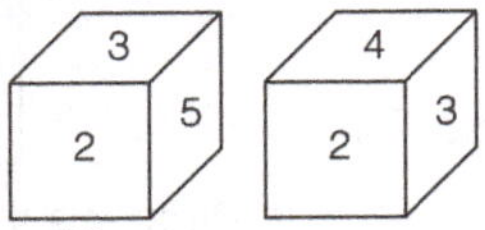

(X) (Y)

तो शेष दो अंक आपस में विपरीत होंगे
∴ इसमें 4 के विपरीत $\longrightarrow$ 5 होगा

स्थिति III यदि दर्शाई गई दोनों स्थितियों में कोई भी अंक समान नहीं हो, तो मानकता के नियम की जाँच करें।
जैसे–

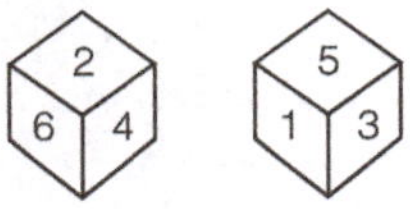

1 के विपरीत $\longrightarrow$ 6 ; 2 के विपरीत $\longrightarrow$ 5 ;
3 के विपरीत $\longrightarrow$ 4
अतः दोनों पासे मानक पासे हैं।

प्रसारित सतहों से पासा बनाना

जिस प्रकार पासे से प्रसारित सतहों को दर्शाया जाता है, उसी प्रकार प्रसारित सतहों से पासे को रूप प्रदान किया जाता है। प्रसारित सतहों में कुल छः वर्ग दिए होते हैं, जिस पर अंक/अक्षर/प्रतीक/आकृति अंकित होते हैं और इन्हीं को सजावट की सहायता से पासे को सही रूप प्रदान किया जाता है। प्रसारित पासों की आकृतियाँ निम्नवत् हो सकती हैं।

प्रसारित सतह	विपरीत सतह
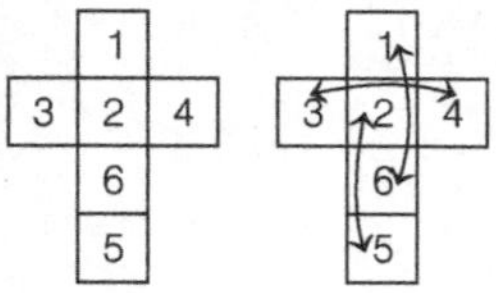	1 की विपरीत सतह पर अंक = 6 2 की विपरीत सतह पर अंक = 5 3 की विपरीत सतह पर अंक = 4 4 की विपरीत सतह पर अंक = 3 5 की विपरीत सतह पर अंक = 2 6 की विपरीत सतह पर अंक = 1
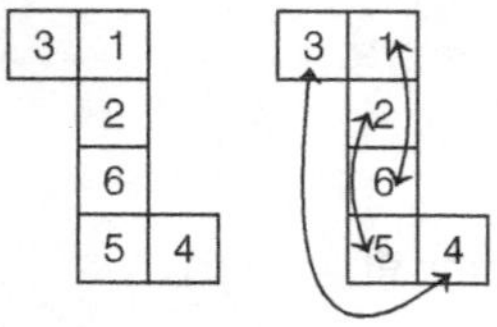	1 की विपरीत सतह पर अंक = 6 2 की विपरीत सतह पर अंक = 5 3 की विपरीत सतह पर अंक = 4 4 की विपरीत सतह पर अंक = 3 5 की विपरीत सतह पर अंक = 2 6 की विपरीत सतह पर अंक = 1
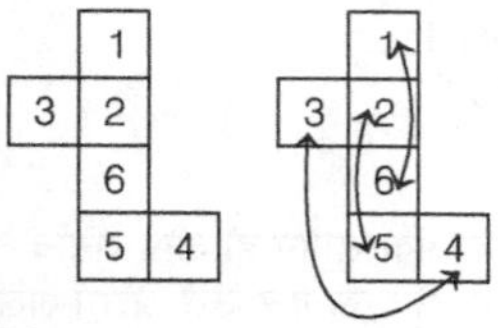	1 की विपरीत सतह पर अंक = 6 2 की विपरीत सतह पर अंक = 5 3 की विपरीत सतह पर अंक = 4 4 की विपरीत सतह पर अंक = 3 5 की विपरीत सतह पर अंक = 2 6 की विपरीत सतह पर अंक = 1
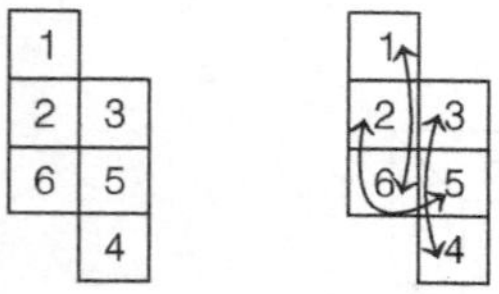	1 की विपरीत सतह पर अंक = 6 2 की विपरीत सतह पर अंक = 5 3 की विपरीत सतह पर अंक = 4 4 की विपरीत सतह पर अंक = 3 5 की विपरीत सतह पर अंक = 2 6 की विपरीत सतह पर अंक = 1
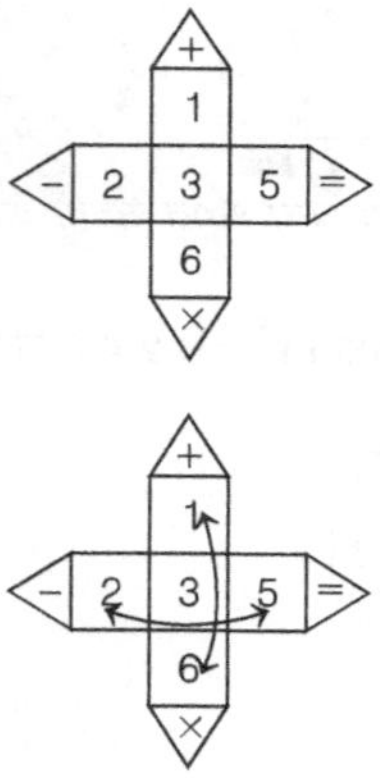	1 की विपरीत सतह पर अंक = 6 2 की विपरीत सतह पर अंक = 5 3 की विपरीत सतह पर चिह्न 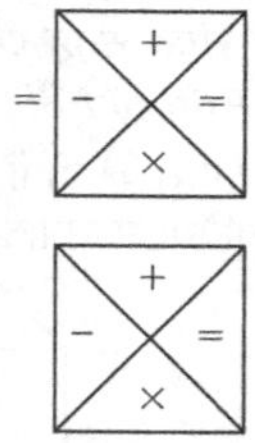 की विपरीत सतह पर अंक = 3 5 की विपरीत सतह पर अंक = 2 6 की विपरीत सतह पर अंक = 1

उदाहरण 1. एक ही पासे की दो भिन्न स्थितियों को दर्शाया गया है। यदि संख्या 6 निचले फलक पर है, तो ऊपरी फलक पर कौन-सी संख्या दिखाई देगी?

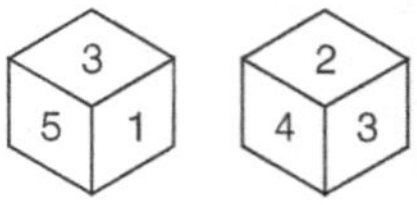

(a) 4 (b) 1 (c) 2 (d) 3

हल (*d*) प्रश्नानुसार, पासे की दोनों स्थितियों में अंक '3' उभयनिष्ठ है।

स्थिति I से → 3 → 1 → 5
↕ ↕
स्थिति II से → 3 → 4 → 2

स्पष्टतया: '6' निचले फलक पर तो ऊपरी फलक पर '3' आएगा।

उदाहरण 2. निम्नलिखित चित्रों में एक ही पासे की तीन विभिन्न स्थितियाँ दिखाई गई हैं। लाल पृष्ठ के विपरीत कौन-सा रंग होगा?

(a) सफेद (b) भूरा
(c) पीला (d) हरा

हल (*c*) पासे की स्थिति I तथा II में 'काला' रंग उभयनिष्ठ है।

स्थिति I से → काला → पीला → सफेद
↕ ↕
स्थिति II से → काला → लाल → हरा

अतः स्पष्ट है कि लाल पृष्ठ के विपरीत 'पीला' है।

उदाहरण 3. उत्तर आकृति में किस घन को प्रश्न आकृति में फैले हुए घन के आधार पर नहीं बनाया जा सकता है?

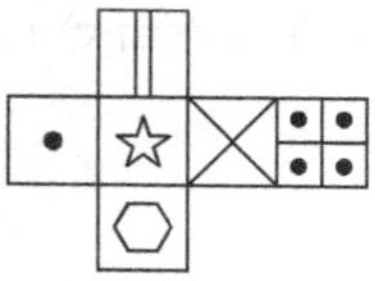

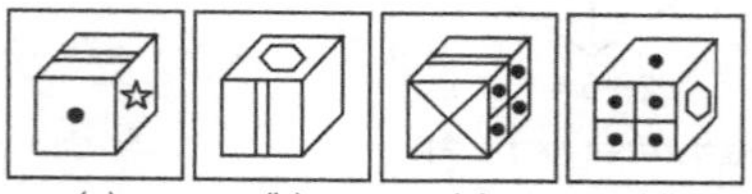

(a) (b) (c) (d)

हल (*b*) प्रश्न आकृति में फैले हुए घन की आमने-सामने की फलकें निम्न प्रकार हैं

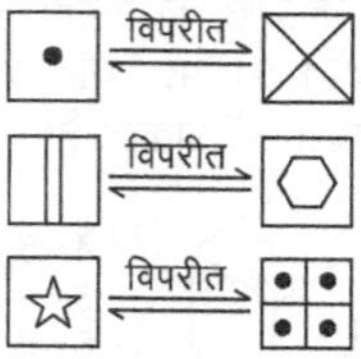

अतः विकल्प (b) में दिया गया घन प्रश्न में फैले हुए घन के आधार पर नहीं बनाया जा सकता है।

SSC एग्जाम स्कैनर

SSC CGL 2024 (Tier I & II)

1. एक पासे के विभिन्न फलकों पर छह अक्षर P, Q, S, T, U और V अंकित हैं। चित्र में इस पासे की दो स्थितियाँ दिखाई गई हैं। T अक्षर वाले फलक के विपरीत फलक पर अंकित अक्षर ज्ञात कीजिए।
SSC CGL (Tier-II) 18/01/2025 Shift-I

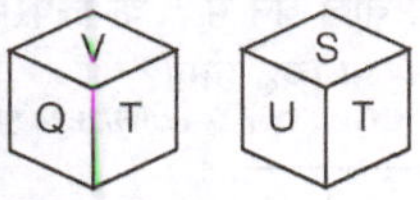

(a) P (b) U
(c) S (d) V

2. एक पासे के विभिन्न फलकों पर छः अक्षर I, O, A, Y, Z और X लिखे गए हैं। इस पासे की दो स्थितियाँ नीचे चित्र में दर्शाई गई हैं। O के विपरीत वाले फलक पर आने वाला अक्षर ज्ञात कीजिए। **SSC CGL (Tier-I) 26/09/2024 Shift-III**

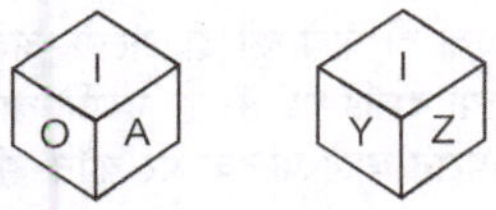

(a) X (b) Z (c) Y (d) A

3. Z, G, M, F, H और S फलकों वाले एक ही पासे की दो अलग-अलग स्थितियाँ नीचे दिखाई गई हैं। उस अक्षर का चयन कीजिए, जो G अक्षर वाले फलक के विपरीत फलक पर होगा। **SSC CGL (Tier-I) 26/09/2024 Shift-II**

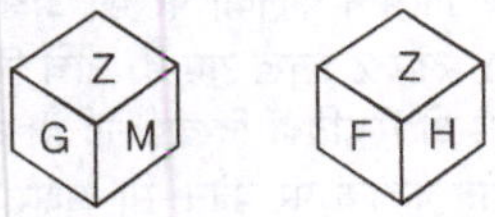

(a) M (b) F (c) S (d) H

4. एक पासे के विभिन्न फलकों पर छः संख्याएँ 5, 3, 6, 7, 9 और 2 अंकित हैं। इस पासे की दो स्थितियाँ नीचे दी गई आकृति में दर्शाई गई हैं। 5 वाले फलक के विपरीत फलक पर संख्या ज्ञात कीजिए।
SSC CGL (Tier-I) 26/09/2024 Shift-II

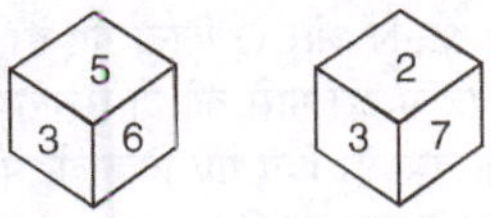

(a) 3 (b) 6
(c) 9 (d) 2

5. 9, 2, 5, 3, 8 और 6 फलकों वाले एक ही पासे की दो अलग-अलग स्थितियाँ नीचे दिखाई गई हैं। उस संख्या का चयन कीजिए, जो 2 संख्या वाले फलक के विपरीत फलक पर होगी।
SSC CGL (Tier-I) 25/09/2024 Shift-III

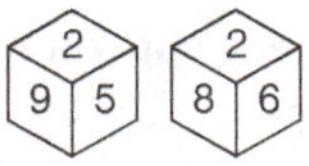

(a) 5 (b) 3 (c) 9 (d) 6

6. नीचे एक ही पासे की दो अलग-अलग स्थितियाँ दी गई हैं। संख्या 5 वाले फलक के विपरीत फलक पर कौन-सी संख्या है?
SSC CGL (Tier-I) 25/09/2024 Shift-II

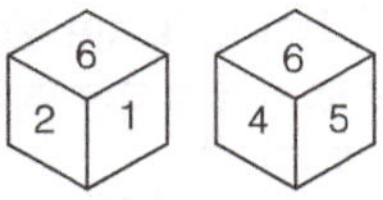

(a) 3 (b) 6
(c) 1 (d) 2

7. एक पासे के विभिन्न फलकों पर छः अक्षर J, K, L, M, N और O लिखे गए हैं। इस पासे की दो स्थितियों को नीचे चित्र में दर्शाया गया है। N के विपरीत फलक पर आने वाले अक्षर की पहचान कीजिए।
SSC CGL (Tier-I) 25/09/2024 Shift-I

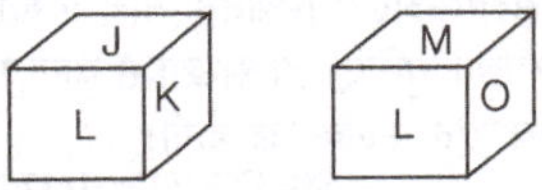

(a) J (b) K
(c) M (d) L

8. एक पासे के विभिन्न फलकों पर छः अक्षर J, T, E, X, I और O लिखे गए हैं। इस पासे की दो स्थितियाँ नीचे चित्र में दर्शाई गई हैं। X के विपरीत वाले फलक पर आने वाला अक्षर ज्ञात कीजिए। **SSC CGL (Tier-I) 24/09/2024 Shift-II**

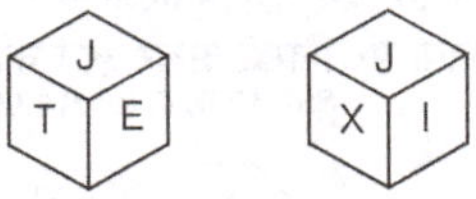

(a) E (b) I (c) O (d) T

9. एक पासे के विभिन्न फलकों पर छः अक्षर M, N, O, P, Q और R लिखे गए हैं। नीचे दिए गए चित्र में इस पासे की दो स्थितियों को दर्शाया गया है। दिए गए विकल्पों में से O के विपरीत फलक पर लिखा अक्षर ज्ञात कीजिए।
SSC CGL (Tier-I) 24/09/2024 Shift-I

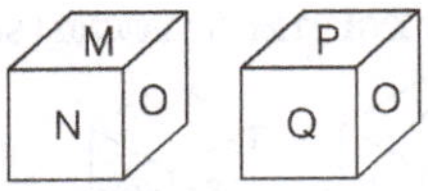

(a) P (b) M (c) R (d) Q

10. एक पासे के विभिन्न फलकों पर छः शब्द 'खाना', 'खेलना', 'रोना', 'सोना', 'नाचना' और 'दौड़ना' लिखे हुए हैं। नीचे चित्र में इस पासे की दो स्थितियों को दिखाया गया है। 'खाना' ('Eat') शब्द के विपरीत फलक पर कौन-सा शब्द होगा?
SSC CGL (Tier-I) 24/09/2024 Shift-I

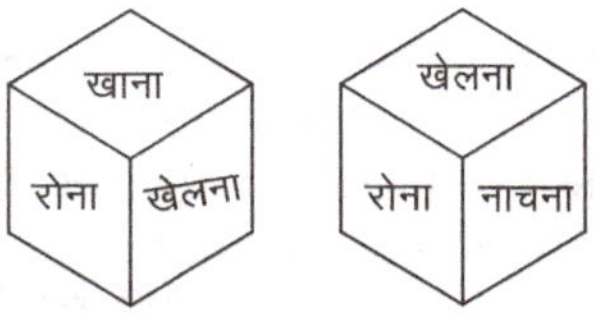

(a) सोना (b) नाचना (c) खेलना (d) रोना

11. एक पासे के विभिन्न फलकों पर छः अक्षर O, Z, F, T, R और M लिखे गए हैं। इस पासे की दो स्थितियाँ नीचे चित्र में दर्शाई गई हैं। Z के विपरीत वाले फलक पर आने वाला अक्षर ज्ञात कीजिए। **SSC CGL (Tier-I) 23/09/2024 Shift-III**

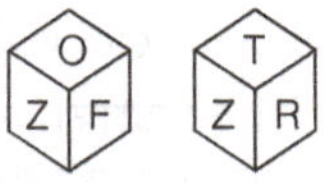

(a) T (b) F (c) R (d) M

12. एक पासे के विभिन्न फलकों पर छः अक्षर V, C, R, E, X और Z लिखे गए हैं। इस पासे की दो स्थितियाँ नीचे चित्र में दर्शाई गई हैं। C के विपरीत वाले फलक पर आने वाला अक्षर ज्ञात कीजिए। **SSC CGL (Tier-I) 23/09/2024 Shift-II**

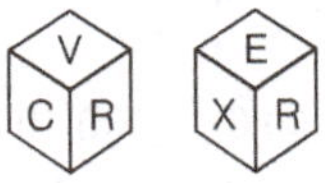

(a) R (b) X (c) Z (d) V

13. एक ही पासे की तीन अलग-अलग स्थितियाँ दर्शाई गई हैं। '2' दर्शाने वाले फलक के विपरीत वाले फलक पर कौन-सी संख्या होगी? **SSC CGL (Tier-I) 23/09/2024 Shift-I**

(a) 1 (b) 4 (c) 6 (d) 3

14. एक पासे के विभिन्न फलकों पर छः अक्षर P, J, U, W, L और K लिखे गए हैं। इस पासे की दो स्थितियाँ नीचे चित्र में दर्शाई गई हैं। P के विपरीत वाले फलक पर आने वाला अक्षर ज्ञात कीजिए। **SSC CGL (Tier-I) 23/09/2024 Shift-I**

(a) J (b) W (c) K (d) U

15. एक पासे के विभिन्न फलकों पर छः अक्षर X, T, S, M, R और O लिखे गए हैं। इस पासे की दो स्थितियाँ नीचे चित्र में दर्शाई गई हैं। R के

विपरीत वाले फलक पर आने वाला अक्षर ज्ञात कीजिए। **SSC CGL (Tier-I) 19/09/2024 Shift-II**

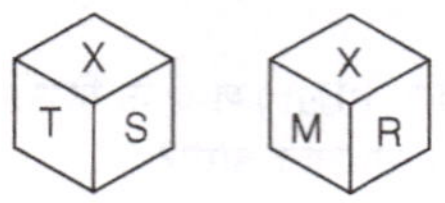

(a) S (b) M (c) O (d) T

16. दी गई शीट को दर्शाई गई रेखाओं के अनुदिश मोड़कर एक घन का निर्माण किया जाता है। इस प्रकार बनने वाले घन में, 'Ball' के विपरीत फलक पर कौन-सा शब्द होगा? **SSC CGL (Tier-I) 19/09/2024 Shift-II**

(a) Bat (b) Goal (c) Field (d) Stick

17. एक पासे के विभिन्न फलकों पर छ: संख्याएँ 5, 6, 7, 8, 9 और 10 लिखी गई हैं। इस पासे की दो स्थितियों को नीचे आकृति में दर्शाया गया है। '7' के विपरीत फलक पर संख्या ज्ञात कीजिए। **SSC CGL (Tier-I) 19/09/2024 Shift-I**

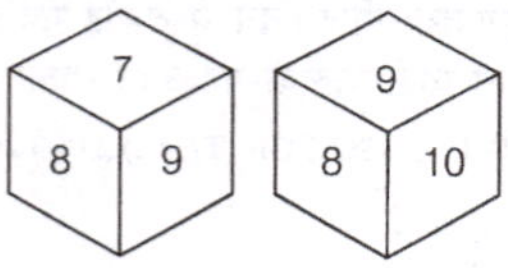

(a) 9 (b) 8 (c) 6 (d) 10

18. एक पासे के विभिन्न फलकों पर छ: रोमन संख्याएँ I, II, III, IV, V और VI अंकित की गई है। नीचे चित्र में इस पासे की दो स्थितियों को दिखाया गया है। संख्या 'VI' के विपरीत फलक पर आने वाली रोमन संख्या ज्ञात कीजिए। **SSC CGL (Tier-I) 19/09/2024 Shift-I**

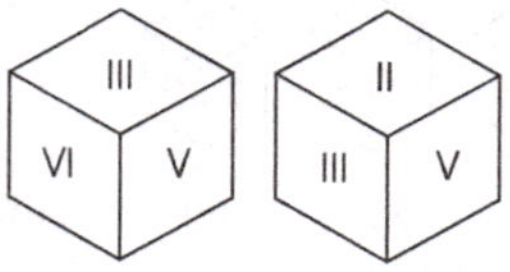

(a) III (b) V (c) II (d) IV

19. K, B, V, M, P और T फलकों वाले एक ही पासे की दो अलग-अलग स्थितियाँ नीचे दिखाई गई हैं। उस अक्षर का चयन कीजिए, जो अक्षर B वाले फलक के विपरीत फलक पर होगा। **SSC CGL (Tier-I) 18/09/2024 Shift-III**

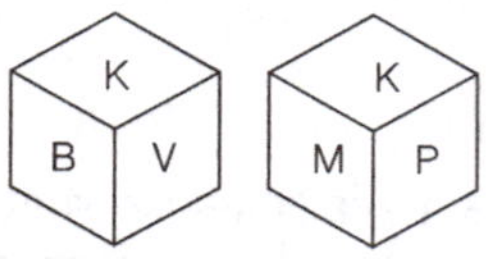

(a) V (b) K (c) P (d) M

20. एक पासे के विभिन्न फलकों पर छः अक्षर A, B, C, D, E और F लिखे गए हैं। नीचे चित्र में इस पासे की तीन स्थितियाँ दिखाई गई हैं। अक्षर A के विपरीत फलक पर कौन-सा अक्षर है? **SSC CGL (Tier-I) 18/09/2024 Shift-I**

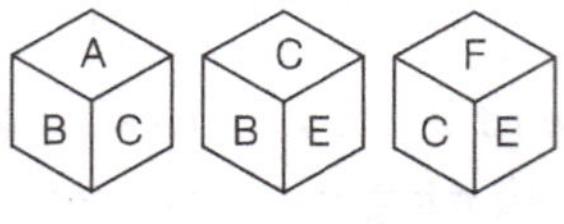

(a) E (b) D (c) F (d) C

21. एक पासे के विभिन्न फलकों पर छ: शब्द हाथ, पैर, आँख, नाक, मुँह और कान लिखे हुए हैं। नीचे चित्र में इस पासे की तीन स्थितियाँ दिखाई गई हैं। हाथ शब्द के विपरीत फलक पर कौन-सा शब्द है? **SSC CGL (Tier-I) 17/09/2024 Shift-III**

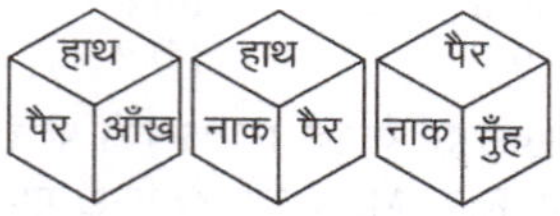

(a) पैर (b) नाक (c) कान (d) मुँह

22. एक पासे के फलकों पर संख्याएँ 1, 2, 3, 5, 6 और 8 अंकित हैं। एक ही पासे की दो अलग-अलग स्थितियाँ नीचे दिखाई गई हैं। वह संख्या चुनिए, जो संख्या 6 वाले फलक के विपरीत फलक पर होगी। **SSC CGL (Tier-I) 17/09/2024 Shift-I**

(a) 2 (b) 1 (c) 8 (d) 3

23. एक पासे के विभिन्न फलकों पर छ: अक्षर G, H, I, J, K और L लिखे गए हैं। नीचे दिए गए चित्र में इस पासे की दो स्थितियों को दर्शाया गया है। दिए गए विकल्पों में से G के विपरीत फलक पर लिखा अक्षर ज्ञात कीजिए। **SSC CGL (Tier-I) 13/09/2024 Shift-III**

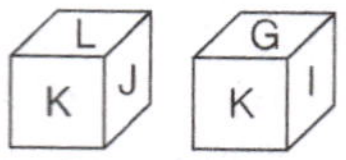

(a) K (b) L (c) I (d) J

24. एक पासे के विभिन्न फलकों पर छ: प्रतीक %, &, ?, +, $ और @ अंकित हैं। नीचे दी गई आकृति में इस पासे की दो स्थितियाँ दर्शाई गई हैं। @ वाले फलक के विपरीत फलक पर प्रतीक ज्ञात कीजिए। **SSC CGL (Tier-I) 13/09/2024 Shift-II**

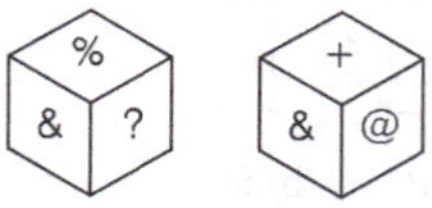

(a) ? (b) & (c) $ (d) %

25. एक पासे के विभिन्न फलकों पर छ: अक्षर A, B, C, E, F और G लिखे गए हैं। नीचे दिए गए चित्र में इस पासे की दो स्थितियों को दर्शाया गया है। दिए गए विकल्पों में से A के विपरीत फलक पर लिखा अक्षर ज्ञात कीजिए। **SSC CGL (Tier-I) 13/09/2024 Shift-I**

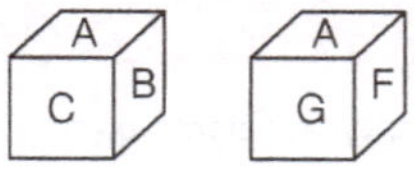

(a) C (b) G
(c) F (d) E

26. दी गई शीट को दर्शाई गई रेखाओं के अनुदिश मोड़कर एक घन का निर्माण किया जाता है। इस प्रकार बनने वाले घन में # के विपरीत फलक पर कौन-सा चिह्न होगा? **SSC CGL (Tier-I) 12/09/2024 Shift-III**

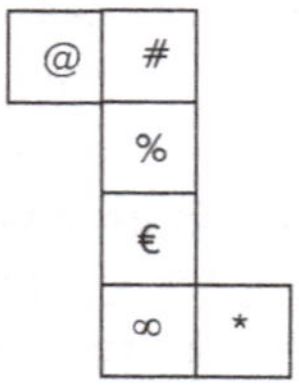

(a) € (b) @
(c) % (d) ∞

27. नीचे एक ही पासे को दो अलग-अलग स्थितियाँ दर्शाई गई हैं। '5' दर्शाने वाले फलक के विपरीत वाले फलक पर कौन-सी संख्या होगी? **SSC CGL (Tier-I) 12/09/2024 Shift-III**

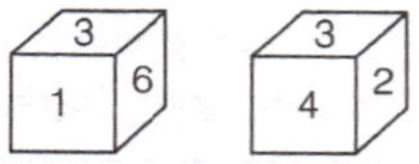

(a) 2 (b) 1
(c) 3 (d) 6

28. एक पासे के विभिन्न फलकों पर छ: अक्षर U, V, W, X, Y और Z लिखे गए हैं। नीचे चित्र में इस पासे की दो स्थितियाँ दिखाई गई है। अक्षर V के विपरीत फलक पर कौन-सा अक्षर है? **SSC CGL (Tier-I) 12/09/2024 Shift-II**

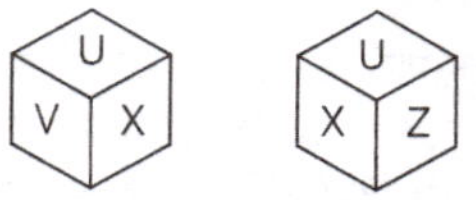

(a) Z (b) W
(c) X (d) Y

29. एक पासे के विभिन्न फलकों पर छ: अक्षर J, K, L, M, N और O लिखे गए हैं। नीचे दिए गए चित्र में इस पासे की दो स्थितियों को दर्शाया गया है। दिए गए विकल्पों में से J के विपरीत फलक पर लिखा अक्षर ज्ञात कीजिए। **SSC CGL (Tier-I) 12/09/2024 Shift-II**

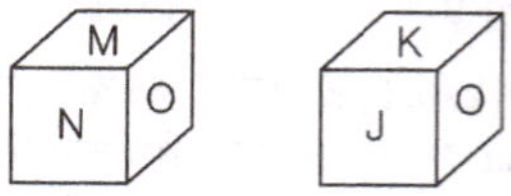

(a) M (b) O
(c) L (d) N

30. एक पासे के विभिन्न फलकों पर छः शब्द खाना, रोना, खेलना, सोना, दौड़ना और नहाना लिखे हुए हैं। नीचे चित्र में इस पासे की तीन स्थितियाँ दिखाई गई है। खाना (Eat) शब्द के विपरीत फलक पर कौन-सा शब्द है? **SSC CGL (Tier-I) 12/09/2024 Shift-I**

(a) रोना (b) खेलना (c) दौड़ना (d) सोना

31. T, O, B, L, Y और V फलकों वाले एक ही पासे की दो अलग-अलग स्थितियाँ नीचे दिखाई गई हैं। उस अक्षर का चयन कीजिए, जो L अक्षर वाले फलक के विपरीत फलक पर होगा। **SSC CGL (Tier-I) 12/09/2024 Shift-I**

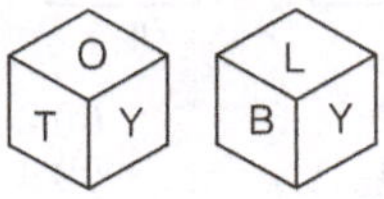

(a) Y (b) V
(c) B (d) O

32. R, P, T, S, M और B फलकों वाले एक ही पासे की दो अलग-अलग स्थितियाँ नीचे दिखाई गई हैं। उस अक्षर का चयन कीजिए, जो S अक्षर वाले फलक के विपरीत फलक पर होगा। **SSC CGL (Tier-I) 11/09/2024 Shift-III**

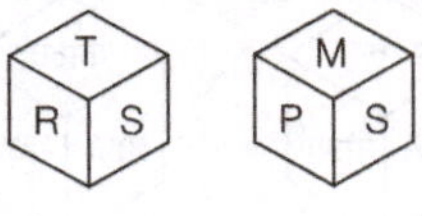

(a) M (b) R
(c) B (d) T

33. नीचे एक ही पासे की दो अलग-अलग स्थितियाँ दी गई हैं। संख्या 1 वाले फलक के विपरीत फलक पर कौन-सी संख्या है? **SSC CGL (Tier-I) 11/09/2024 Shift-II**

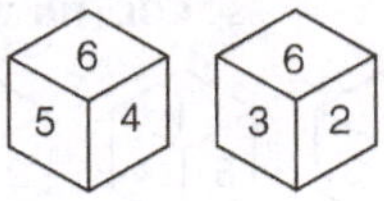

(a) 4 (b) 5
(c) 6 (d) 3

34. 3, 7, 8, 2, 9 और 4 फलकों वाले एक ही पासे की दो अलग-अलग स्थितियाँ नीचे दिखाई गई हैं। उस संख्या का चयन कीजिए, जो 4 संख्या वाले फलक के विपरीत फलक पर होगी। **SSC CGL (Tier-I) 10/09/2024 Shift-III**

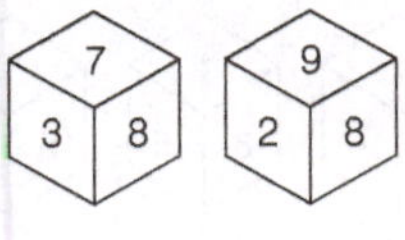

(a) 8 (b) 2
(c) 3 (d) 9

35. एक पासे के विभिन्न फलकों पर छः अक्षर K, L, M, N, O और P लिखे गए हैं। नीचे चित्र में इस पासे की तीन स्थितियाँ दिखाई गई हैं। अक्षर M के विपरीत फलक पर कौन-सा अक्षर है? **SSC CGL (Tier-I) 10/09/2024 Shift-III**

(a) N (b) P
(c) K (d) L

36. एक पासे के विभिन्न फलकों पर छः अक्षर A, T, M, P, S और R अंकित हैं। नीचे दी गई आकृति में इस पासे की दो स्थितियाँ दर्शायी गई हैं। R वाले फलक के विपरीत फलक पर अक्षर ज्ञात कीजिए। **SSC CGL (Tier-I) 10/09/2024 Shift-II**

(a) S (b) T (c) A (d) M

37. एक पासे के विभिन्न फलकों पर छः अक्षर U, V, W, X, Y और Z लिखे गए हैं। नीचे दिए गए चित्र में इस पासे की दो स्थितियों को दर्शाया गया है। दिए गए विकल्पों में से Z के विपरीत फलक पर लिखा अक्षर ज्ञात कीजिए। **SSC CGL (Tier-I) 10/09/2024 Shift-II**

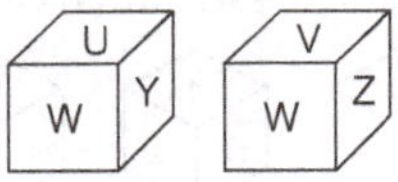

(a) W (b) U
(c) Y (d) X

38. एक पासे के विभिन्न फलकों पर छः अक्षर S, T, M, P, R और C लिखे गए हैं। इस पासे की दो स्थितियाँ नीचे चित्र में दर्शाई गई हैं। M के विपरीत वाले फलक पर आने वाला अक्षर ज्ञात कीजिए। **SSC CGL (Tier-I) 10/09/2024 Shift-I**

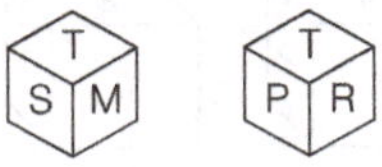

(a) P (b) C (c) R (d) S

39. एक पासे के विभिन्न फलकों पर छ अक्षर P, Q, R, S, T और U लिखे गए हैं। नीचे दिए गए चित्र में इस पासे की दो स्थितियों को दर्शाया गया है। दिए गए विकल्पों में से R के विपरीत फलक पर लिखा अक्षर ज्ञात कीजिए। **SSC CGL (Tier-I) 09/09/2024 Shift-III**

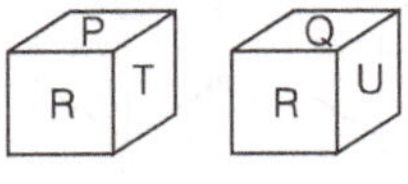

(a) S (b) Q (c) T (d) U

40. एक पासे के विभिन्न फलकों पर छः अक्षर A, M, R, S, Y और Q लिखे गए हैं। इस पासे की दो स्थितियाँ नीचे चित्र में दर्शाई गई हैं। S के विपरीत वाले फलक पर आने वाला अक्षर ज्ञात कीजिए। **SSC CGL (Tier-I) 09/09/2024 Shift-III**

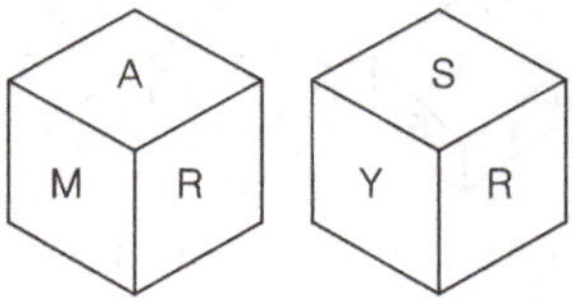

(a) M (b) Q (c) Y (d) A

41. एक पासे के विभिन्न फलकों पर छः अक्षर Q, Z, V, T, L और A लिखे गए हैं। इस पासे की दो स्थितियाँ नीचे चित्र में दर्शाई गई हैं। Q के विपरीत वाले फलक पर आने वाला अक्षर ज्ञात कीजिए। **SSC CGL (Tier-I) 09/09/2024 Shift-I**

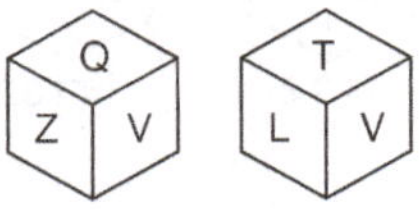

(a) A (b) T (c) Z (d) V

SSC CGL 2023 (Tier I & II)

42. जब नीचे दिए गए आरेख को घन के आकार में मोड़ा जाता है तो कौन-सा प्रतीक '⋀' के विपरीत फलक पर होगा? **SSC CGL (Tier-II) 26/10/2023 Shift-I**

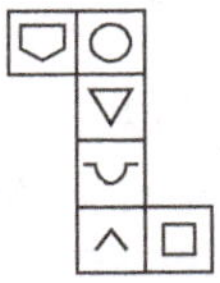

(a)  (b)  (c)  (d) 

43. एक ही पासे की दो अलग-अलग स्थितियाँ दर्शाई गई है। 'X' दर्शाने वाले फलक के विपरीत वाले फलक पर कौन-सा अक्षर होगा? **SSC CGL (Tier-II) 27/03/2023 Shift-II**

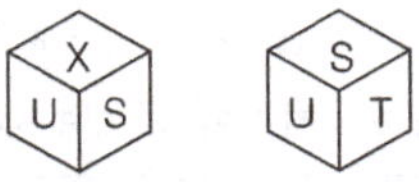

(a) V (b) W (c) T (d) S

44. एक ही पासे के विभिन्न फलकों पर 1, 2, 3, 4, 5 और 6 लिखे गए हैं। एक ही पासे की तीन अलग-अलग स्थितियाँ नीचे दर्शाई गई हैं। '4' दर्शाने वाले फलक के विपरीत फलक पर संख्या ज्ञात कीजिए। **SSC CGL (Tier-II) 26/07/2023 Shift-I**

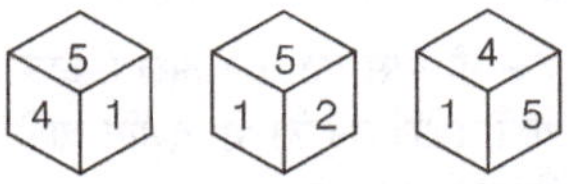

आकृति 1 आकृति 2 आकृति 3

(a) 2 (b) 5
(c) 1 (d) 6

45. एक ही पासे की तीन अलग-अलग स्थितियाँ यहाँ दर्शाई गई है। '1' दर्शाने वाले फलक के विपरीत वाले फलक पर आने वाली संख्या ज्ञात कीजिए।
SSC CGL (Tier-I) 25/07/2023 Shift-III

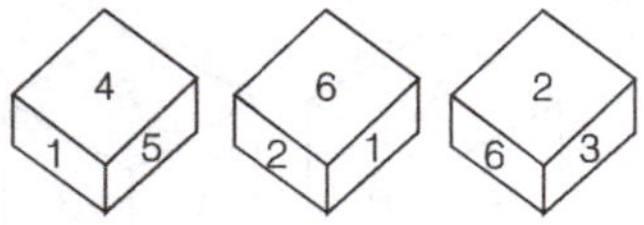

(a) 6 (b) 2
(c) 5 (d) 3

46. एक ही पासे की तीन अलग-अलग स्थितियाँ दर्शाई गई हैं। '3' दर्शाने वाले फलक के विपरीत फलक पर कौन-सी संख्या होगी?
SSC CGL (Tier-I) 24/07/2023 Shift-III

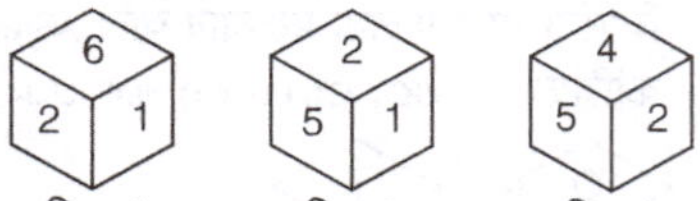

चित्र 1 चित्र 2 चित्र 3

(a) 5 (b) 2
(c) 6 (d) 4

47. एक पासे के विभिन्न फलकों पर छः अक्षर M, N, O, P, Q और R लिखे गए हैं। चित्र में इस पासे की दो स्थितियाँ दिखायी गयी हैं। एक स्वर के विपरीत फलक पर अक्षर ढूँढ़े।
SSC CGL (Tier-I) 21/07/2023 Shift-IV

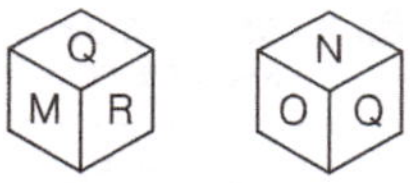

(a) M (b) R (c) P (d) N

48. एक ही पासे की तीन विभिन्न स्थितियाँ प्रदर्शित हैं। '2' प्रदर्शित करने वाले फलक के विपरीत फलक पर कौन-सी संख्या है?
SSC CGL (Tier-I) 21/07/2023 Shift-I

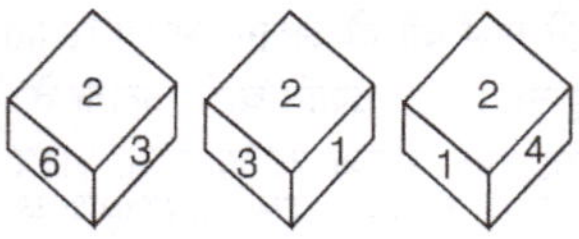

(a) 3 (b) 6 (c) 4 (d) 5

49. नीचे एक ही पासे की तीन अलग-अलग स्थितियाँ दर्शाई गई है। संख्या '1' को दर्शाने वाले फलक के विपरीत फलक पर कौन-सी संख्या होगी?
SSC CGL (Tier-I) 20/07/2023 Shift-II

(a) 2 (b) 4 (c) 3 (d) 6

50. एक ही पासे की तीन अलग-अलग स्थितियाँ यहाँ दर्शाई गई हैं। '6' दर्शाने वाले फलक के विपरीत वाले फलक पर आने वाली संख्या ज्ञात कीजिए।
SSC CGL (Tier-I) 20/07/2023 Shift-I

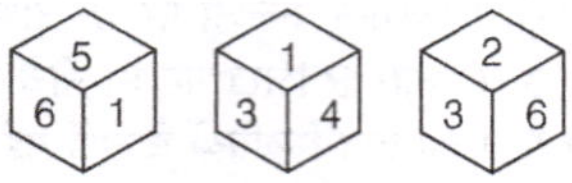

(a) 1 (b) 3 (c) 2 (d) 4

51. एक ही पासे की तीन अलग-अलग स्थितियाँ दर्शाई गई हैं। '3' दर्शाने वाले फलक के विपरीत फलक पर कौन-सी संख्या होगी?
SSC CGL (Tier-I) 19/07/2023 Shift-IV

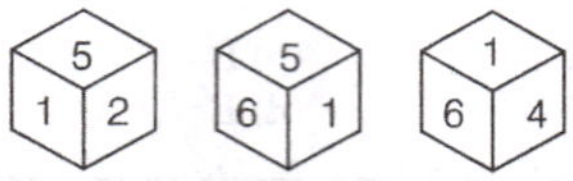

(a) 4 (b) 6 (c) 5 (d) 1

52. एक ही पासे की अलग-अलग स्थितियाँ दिखाई गई हैं, जिसके छः फलक U से Z तक के अक्षरों से चिह्नित हैं। उस अक्षर का चयन करें, जो 'W' दर्शाने वाले फलक के विपरीत फलक पर होगा। **SSC CGL (Tier-I) 19/07/2023 Shift-II**

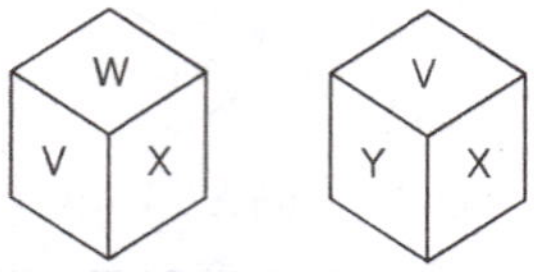

(a) X (b) V (c) Y (d) Z

53. नीचे एक ही पासे की तीन अलग-अलग स्थितियों को दर्शाया गया है। '3' दर्शाने वाले फलक के विपरीत वाले फलक पर आने वाली संख्या ज्ञात कीजिए।
SSC CGL (Tier-I) 19/07/2023 Shift-I

(a) 2 (b) 1 (c) 4 (d) 5

54. एक ही पासे की दो अलग-अलग स्थितियाँ दर्शाई गई हैं, जिसके छः फलकों को 1 से 6 से क्रमांकित किया गया है। उस संख्या का चयन करें, जो 1 दर्शाने वाले फलक के विपरीत फलक पर होगी।
SSC CGL (Tier-I) 17/07/2023 Shift-IV

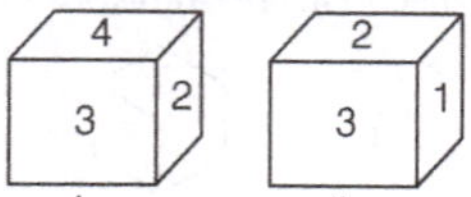

I II

(a) 2 (b) 3 (c) 4 (d) 5

55. एक ही पासे की तीन अलग-अलग स्थितियाँ दर्शाई गई हैं। '5' दर्शाने वाले फलक के विपरीत फलक पर कौन-सी संख्या होगी?
SSC CGL (Tier-I) 17/07/2023 Shift-III

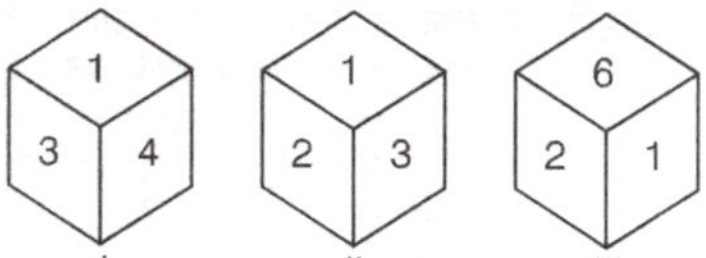

I II III

(a) 1 (b) 2 (c) 6 (d) 4

56. एक ही पासे की तीन विभिन्न स्थितियाँ प्रदर्शित है। '1' प्रदर्शित करने वाले फलक के विपरीत फलक पर कौन-सी संख्या है?
SSC CGL (Tier-I) 17/07/2023 Shift-I

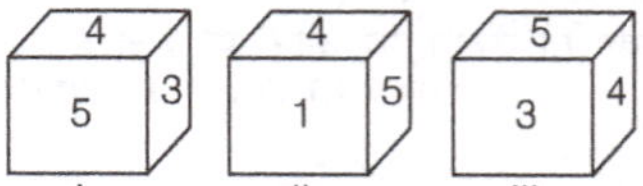

I II III

(a) 6 (b) 3
(c) 4 (d) 2

57. एक ही पासे की तीन अलग-अलग स्थितियों को दर्शाया गया है। '5' दर्शाने वाले फलक के विपरीत वाले फलक पर कौन-सी संख्या होगी? **SSC CGL (Tier-I) 14/07/2023 Shift-IV**

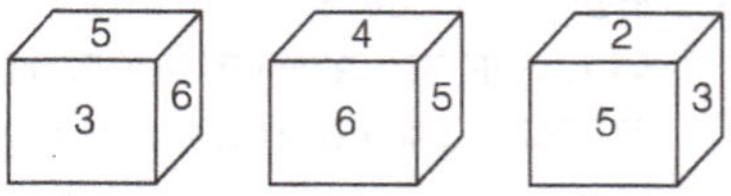

I II III

(a) 1 (b) 2
(c) 3 (d) 4

58. एक ही पासे की दो अलग-अलग स्थितियाँ दर्शाई गई हैं और उसके प्रत्येक फलक पर अलग-अलग रंग- सफेद, लाल, नीला, पीला, हरा और काला लिखा हुआ है। नीला दिखाने वाले फलक के विपरीत वाले फलक पर कौन-सा रंग लिखा होगा?
SSC CGL (Tier-I) 14/07/2023 Shift-III

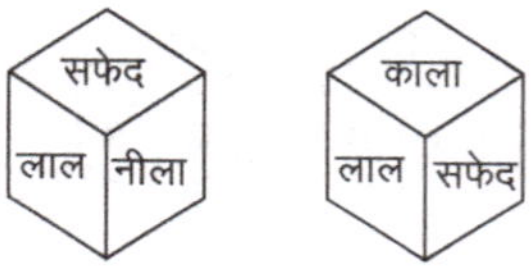

(a) पीला (b) हरा
(c) काला (d) सफेद

59. एक ही पासे की तीन अलग-अलग स्थितियों को दर्शाया गया है। '4' दर्शाने वाले फलक के विपरीत फलक की संख्या ज्ञात कीजिए।
SSC CGL (Tier-I) 14/07/2023 Shift-II

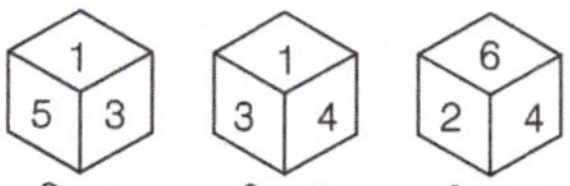

चित्र I चित्र II चित्र III

(a) 1 (b) 5
(c) 6 (d) 2

60. एक ही पासे की तीन विभिन्न स्थितियाँ प्रदर्शित हैं। '1' प्रदर्शित करने वाले फलक के विपरीत फलक पर कौन-सी संख्या है?
SSC CGL (Tier-I) 14/07/2023 Shift-I

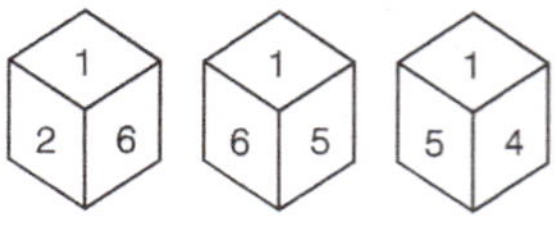

(a) 2 (b) 3
(c) 6 (d) 4

61. एक ही पासे की तीन विभिन्न स्थितियाँ प्रदर्शित हैं। '4' प्रदर्शित करने वाले फलक के विपरीत फलक पर कौन-सी संख्या है?
SSC CGL (Tier-I) 14/07/2023 Shift-I

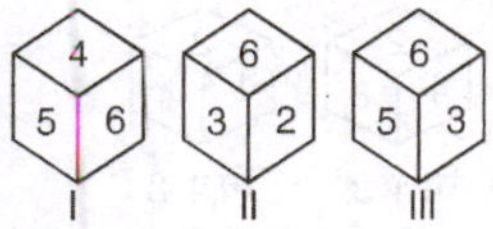

I II III

(a) 5 (b) 3 (c) 2 (d) 6

SSC CGL 2022 (Tier I)

62. एक ही पासे की तीन अलग-अलग स्थितियों को दर्शाया गया है। '2' दर्शाने वाले फलक के विपरीत फलक की संख्या ज्ञात कीजिए।
SSC CGL (Tier-I) 13/12/2022 Shift-IV

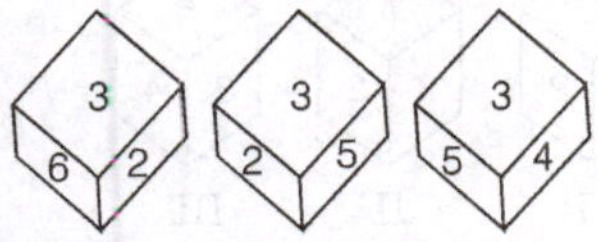

चित्र 1 चित्र 2 चित्र 3

(a) 3 (b) 6 (c) 1 (d) 4

63. एक ही पासे की तीन अलग-अलग स्थितियों को दर्शाया गया है। '1' दर्शाने वाले फलक के विपरीत फलक की संख्या ज्ञात कीजिए।
SSC CGL (Tier-I) 13/12/2022 Shift-III

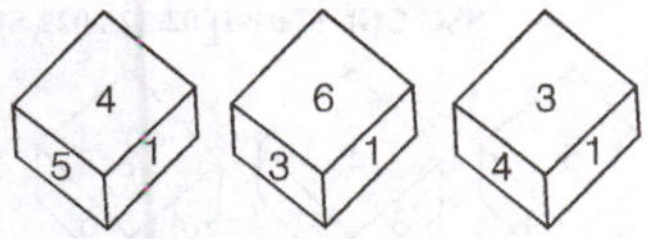

चित्र 1 चित्र 2 चित्र 3

(a) 6 (b) 3
(c) 2 (d) 4

64. एक पासे के विभिन्न फलकों पर छ: अक्षर T, P, K, G, R और U लिखे गए हैं। इस पासे की दो स्थितियाँ आकृति में दर्शाई गई हैं। K वाले फलक के विपरीत फलक पर कौन-सा अक्षर होगा?
SSC CGL (Tier-I) 13/12/2022 Shift-II

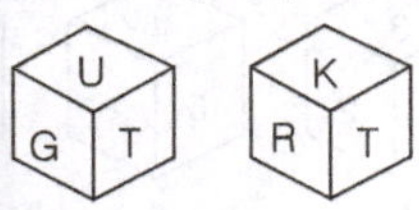

(a) R (b) P (c) U (d) G

65. एक ही पासे की तीन अलग-अलग स्थितियों को दिखाया गया है। '6' दर्शाने वाले फलक के विपरीत फलक की संख्या ज्ञात कीजिए।
SSC CGL (Tier-I) 12/12/2022 Shift-IV

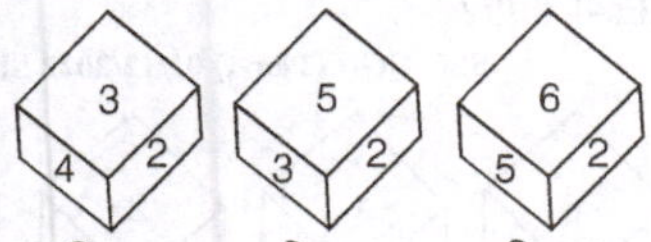

चित्र 1 चित्र 2 चित्र 3

(a) 5 (b) 2
(c) 3 (d) 1

66. एक ही पासे की तीन अलग-अलग स्थितियाँ यहाँ दर्शाई गई हैं। '2' दर्शाने वाले फलक के सामने वाले फलक पर आने वाली संख्या ज्ञात कीजिए। **SSC CGL (Tier-I) 12/12/2022 Shift-III**

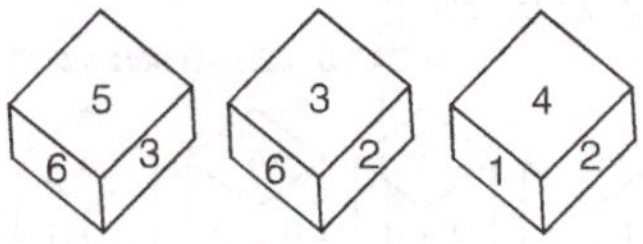

चित्र 1 चित्र 2 चित्र 3

(a) 6 (b) 3
(c) 5 (d) 4

67. एक ही पासे की तीन अलग-अलग स्थितियों को दर्शाया गया है। '2' दर्शाने वाले फलक के विपरीत फलक की संख्या ज्ञात कीजिए।
SSC CGL (Tier-I) 12/12/2022 Shift-II

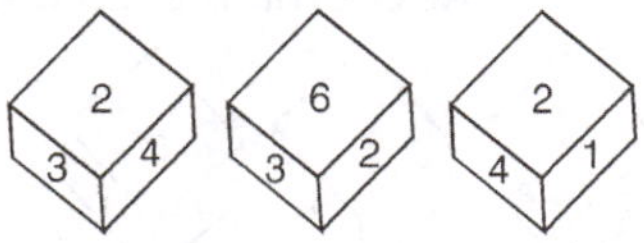

(a) 6 (b) 3 (c) 5 (d) 4

68. एक ही पासे की तीन अलग-अलग स्थितियों को दिखाया (आकृति 1 से 3) गया है। '6' वाले फलक के विपरीत फलक पर संख्या ज्ञात कीजिए। **SSC CGL (Tier-I) 12/12/2022 Shift-I**

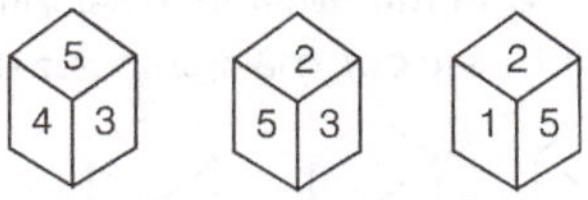

स्थिति 1 स्थिति 2 स्थिति 3

(a) 4 (b) 5 (c) 2 (d) 1

69. एक ही पासे की तीन अलग-अलग स्थितियाँ नीचे दर्शाई गई हैं। '3' दर्शाने वाले फलक के विपरीत फलक पर कौन-सी संख्या आएगी?
SSC CGL (Tier-I) 09/12/2022 Shift-IV

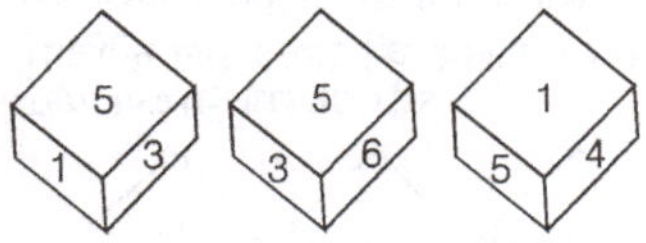

चित्र 1 चित्र 2 चित्र 3

(a) 6 (b) 4
(c) 1 (d) 2

70. एक ही पासे की चार अलग-अलग स्थितियाँ दर्शाई गई हैं, जिनमें से छ: फलकों की संख्या 1 से 6 तक है। उस संख्या का चयन कीजिए, जो '3' दर्शाने वाले फलक के विपरीत वाले फलक पर होगी।
SSC CGL (Tier-I) 09/12/2022 Shift-II

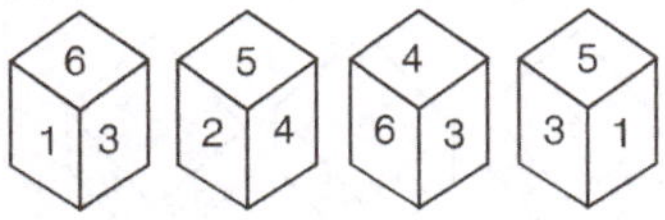

I II III IV

(a) 5 (b) 6
(c) 1 (d) 2

71. एक ही पासे की चार अलग-अलग स्थितियाँ दशाई गई हैं, जिनमें से छ: फलकों की संख्या 1 से 6 तक है। उस संख्या का चयन कीजिए, जो 2 दर्शाने वाले फलक के विपरीत वाले फलक पर होगी।
SSC CGL (Tier-I) 08/12/2022 Shift-IV

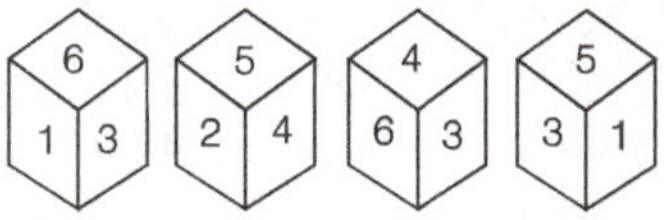

I II III IV

(a) 3 (b) 6 (c) 5 (d) 4

72. एक ही पासे की तीन विभिन्न स्थितियाँ प्रदर्शित हैं। '1' प्रदर्शित करने वाले फलक के विपरीत फलक पर कौन-सी संख्या है?
SSC CGL (Tier-I) 08/12/2022 Shift-III

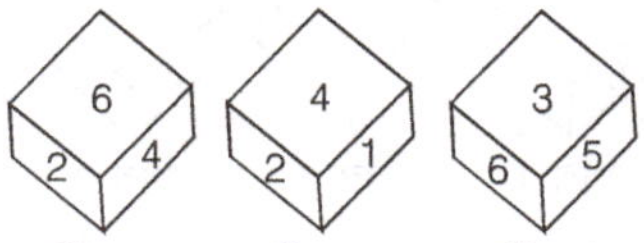

चित्र 1 चित्र 2 चित्र 3

(a) 3 (b) 6 (c) 2 (d) 4

73. उस घन का चयन करें, जो दी गई शीट को रेखाओं के अनुदिश मोड़कर बनाया जा सकता है? **SSC CGL (Tier-I) 08/12/2022 Shift-II**

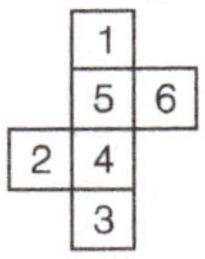

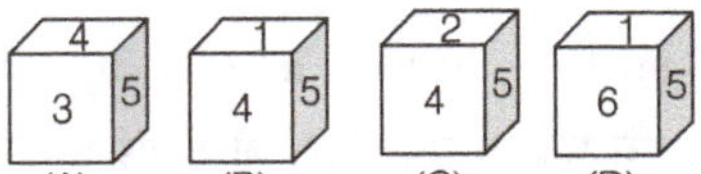

(a) केवल A और B (b) केवल A और C
(c) केवल C और D (d) केवल A, B और C

74. एक ही पासे की तीन अलग-अलग स्थितियों को दर्शाया गया है। '4' दर्शाने वाले फलक के विपरीत फलक की संख्या ज्ञात कीजिए।
SSC CGL (Tier-I) 08/12/2022 Shift-I

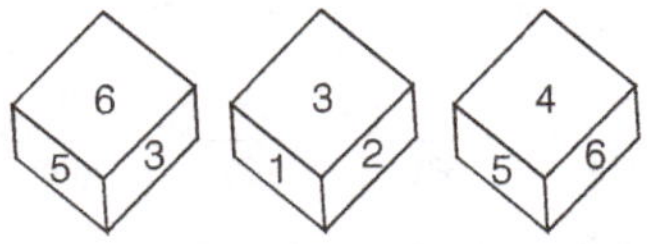

(a) 1 (b) 6 (c) 3 (d) 2

75. एक ही पासे को तीन अलग-अलग स्थितियों को दिखाया (आकृति 1 से 3) गया है। '5' वाले फलक के विपरीत फलक पर संख्या ज्ञात कीजिए। **SSC CGL (Tier-I) 07/12/2022 Shift-IV**

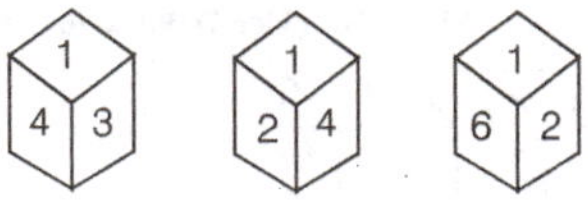

(a) 4 (b) 1 (c) 6 (d) 3

76. एक ही पासे की तीन अलग-अलग स्थितियों को दर्शाया गया है। '2' दर्शाने वाले फलक के विपरीत फलक की संख्या ज्ञात कीजिए।
SSC CGL (Tier-I) 07/12/2022 Shift-III

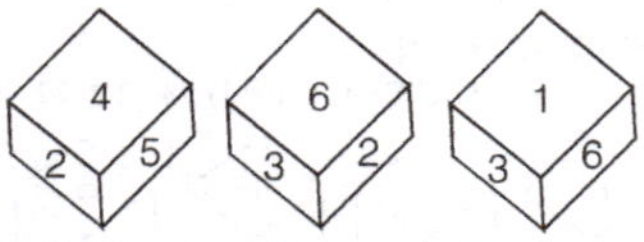

चित्र 1 चित्र 2 चित्र 3

(a) 6 (b) 1 (c) 4 (d) 3

77. एक ही पासे की तीन अलग-अलग स्थितियाँ नीचे दर्शाई गई हैं। '3' दर्शाने वाले फलक के विपरीत फलक पर कौन-सी संख्या आएगी?
SSC CGL (Tier-I) 07/12/2022 Shift-II

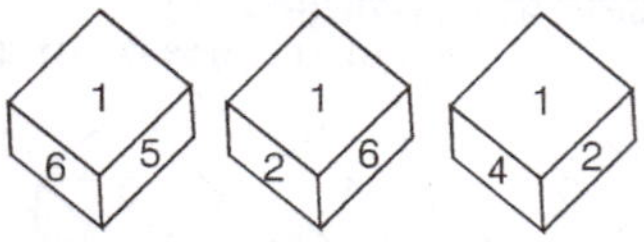

चित्र 1 चित्र 2 चित्र 3

(a) 5 (b) 1 (c) 6 (d) 2

78. नीचे एक ही पासे की तीन अलग-अलग स्थितियाँ दर्शाई गई हैं। संख्या '3' को दर्शाने वाले फलक के विपरीत फलक पर कौन-सी संख्या होगी? **SSC CGL (Tier-I) 06/12/2022 Shift-IV**

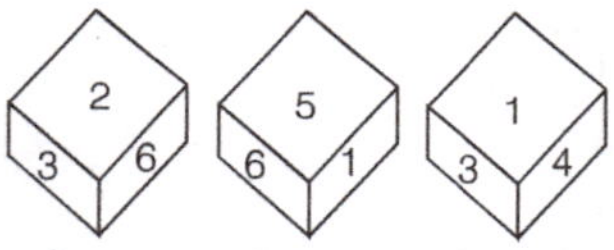

चित्र 1 चित्र 2 चित्र 3

(a) 2 (b) 4 (c) 1 (d) 5

79. उस घन का चयन करें, जो दी गई शीट को रेखाओं के अनुदिश मोड़कर बनाया जा सकता है? **SSC CGL (Tier-I) 06/12/2022 Shift-III**

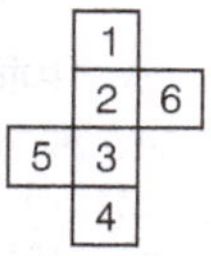

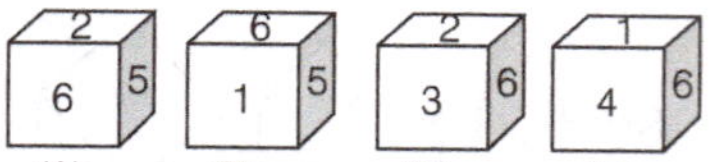

(A) (B) (C) (D)

(a) केवल C और D (b) केवल A और C
(c) केवल B (d) केवल D

80. एक ही पासे की दो अलग-अलग स्थितियों को दर्शाया गया है। जब ऊपर वाले फलक पर '6' दिखाई दे रहा हो, तो नीचे वाले फलक पर कौन-सी संख्या होगी?
SSC CGL (Tier-I) 06/12/2022 Shift-II

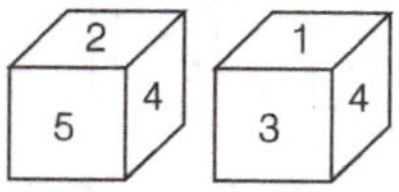

(a) 4 (b) 2 (c) 5 (d) 3

81. एक ही पासे की चार अलग-अलग स्थितियाँ दर्शाई गई हैं, जिनमें से छः फलकों की संख्या 1 से 6 तक हैं। उस संख्या का चयन कीजिए, जो '4' दर्शाने वाले फलक के विपरीत वाले फलक पर होगी।
SSC CGL (Tier-I) 06/12/2022 Shift-I

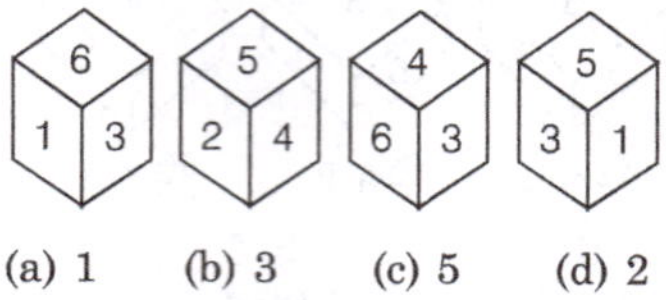

(a) 1 (b) 3 (c) 5 (d) 2

82. नीचे एक ही पासे की तीन अलग-अलग स्थितियाँ दर्शाई गई हैं। संख्या '2' को दर्शाने वाले फलक के विपरीत फलक पर कौन-सी संख्या होगी?
SSC CGL (Tier-I) 05/12/2022 Shift-IV

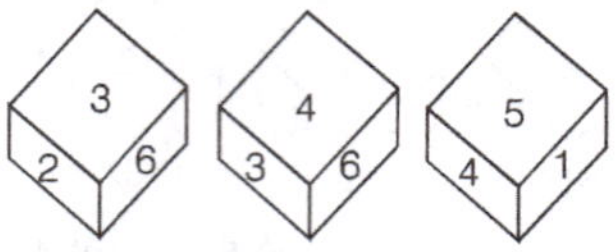

चित्र 1 चित्र 2 चित्र 3

(a) 4 (b) 6 (c) 5 (d) 1

83. एक ही पासे की तीन अलग-अलग स्थितियों को दिखाया (चित्र I से III) गया है। '3' वाले फलक के विपरीत फलक पर संख्या ज्ञात कीजिए। **SSC CGL (Tier-I) 05/12/2022 Shift-III**

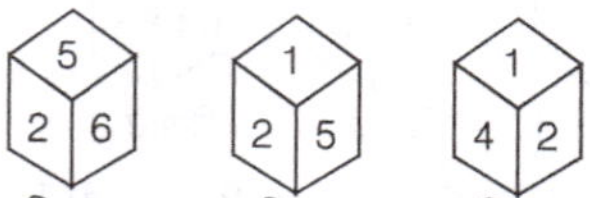

चित्र I चित्र II चित्र III

(a) 1 (b) 5
(c) 2 (d) 6

84. एक ही पासे की तीन अलग-अलग स्थितियों को दर्शाया गया है। '5' दर्शाने वाले फलक के विपरीत फलक की संख्या ज्ञात कीजिए।
SSC CGL (Tier-I) 05/12/2022 Shift-I

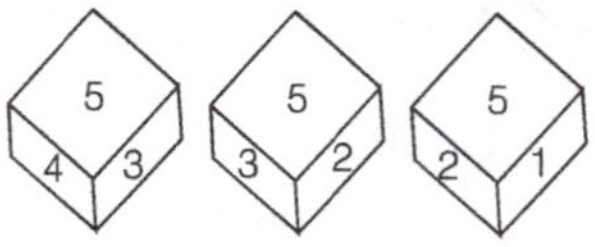

I II III

(a) 1 (b) 3 (c) 2 (d) 6

85. नीचे एक ही पासे की तीन अलग-अलग स्थितियाँ दर्शाई गई हैं। संख्या '2' को दर्शाने वाले फलक के विपरीत फलक पर कौन-सी संख्या होगी?
SSC CGL (Tier-I) 03/12/2022 Shift-IV

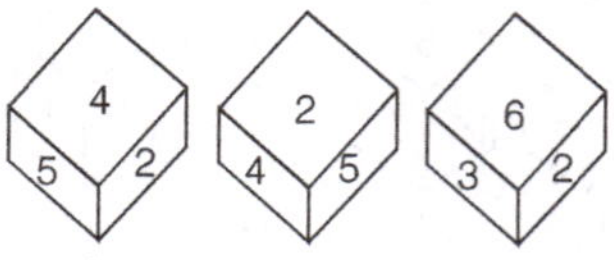

I II III

(a) 4 (b) 3 (c) 5 (d) 1

86. एक ही पासे की तीन अलग-अलग स्थितियाँ नीचे दर्शाई गई हैं। '3' दर्शाने वाले फलक के विपरीत फलक पर कौन-सी संख्या आएगी?
SSC CGL (Tier-I) 03/12/2022 Shift-II

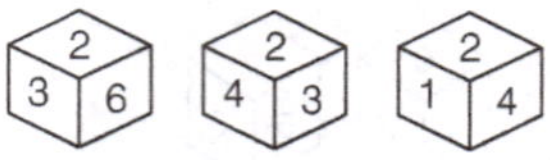

चित्र 1 चित्र 2 चित्र 3

(a) 2 (b) 6
(c) 1 (d) 5

87. एक ही पासे की तीन अलग-अलग स्थितियों को दिखाया (आकृति 1 से 3) गया है। '1' वाले फलक के विपरीत फलक पर संख्या ज्ञात कीजिए। **SSC CGL (Tier-I) 03/12/2022 Shift-I**

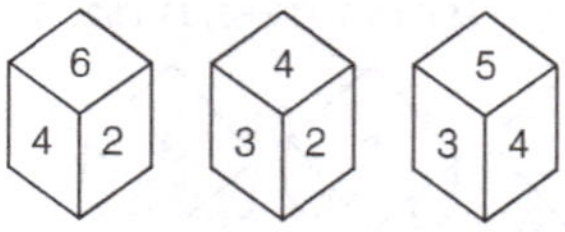

I II III

(a) 4 (b) 3
(c) 5 (d) 6

88. नीचे एक ही पासे की तीन अलग-अलग स्थितियाँ दर्शाई गई हैं। संख्या '3' को दर्शाने वाले फलक के विपरीत फलक पर कौन-सी संख्या होगी?
SSC CGL (Tier-I) 02/12/2022 Shift-III

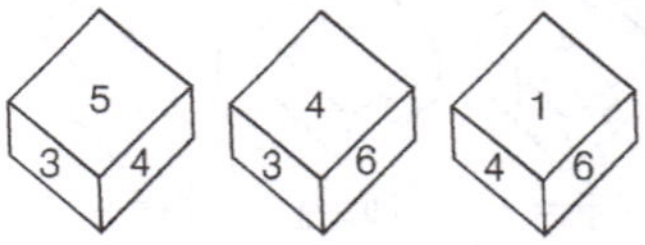

चित्र 1 चित्र 2 चित्र 3

(a) 5 (b) 1
(c) 4 (d) 6

89. एक ही पासे की तीन अलग-अलग स्थितियों को दर्शाया गया (आकृति I से III) है। '1' वाले फलक के विपरीत फलक पर संख्या ज्ञात कीजिए। **SSC CGL (Tier-I) 02/12/2022 Shift-II**

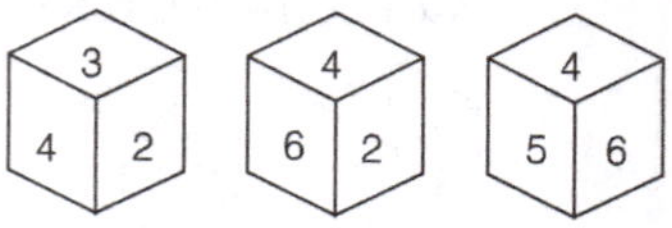

I II III

(a) 6 (b) 3 (c) 4 (d) 5

90. नीचे एक ही पासे की तीन अलग-अलग स्थितियाँ दर्शाई गई हैं। संख्या '1' को दर्शाने वाले फलक के विपरीत फलक पर कौन-सी संख्या होगी?
SSC CGL (Tier-I) 01/12/2022 Shift-III

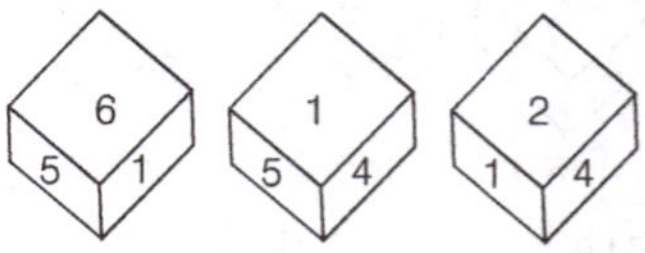

(a) 3 (b) 2 (c) 6 (d) 4

91. एक ही पासे की तीन अलग-अलग स्थितियाँ नीचे दर्शाई गई हैं। '2' दर्शाने वाले फलक के विपरीत फलक पर कौन-सी संख्या आएगी?
SSC CGL (Tier-I) 01/12/2022 Shift-II

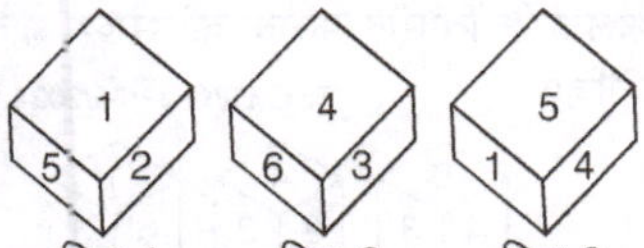

चित्र 1 चित्र 2 चित्र 3

(a) 4 (b) 1
(c) 5 (d) 3

SSC CGL 2021 (Tier I)

92. एक पासे की तीन अलग-अलग स्थितियाँ दिखाई गई हैं, जिनके फलकों पर अक्षर L, M, N, O, P और Q अंकित हैं। वह अक्षर चुनें जो 'M' अक्षर वाले फलक के विपरीत फलक पर आएगा। **SSC CGL (Tier-I) 24/08/2021 Shift-III**

(a) L (b) Q
(c) N (d) P

93. एक ही पासे की दो अलग-अलग स्थितियाँ दर्शाई गई हैं, जिनके फलकों पर अक्षर p, q, r, s, t और u अंकित किए गए हैं। वह अक्षर चुनें जो 'q' अक्षर वाले फलक के विपरीत फलक पर आएगा।
SSC CGL (Tier-I) 24/08/2021 Shift-II

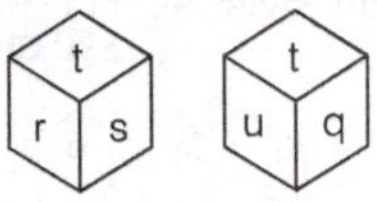

(a) s (b) p
(c) u (d) r

94. उन घनों का चयन करें, जिन्हें दी गई शीट को लाइनों पर मोड़कर बनाए जा सकते हैं।
SSC CGL (Tier-I) 24/08/2021 Shift-I

प्रश्न आकृति

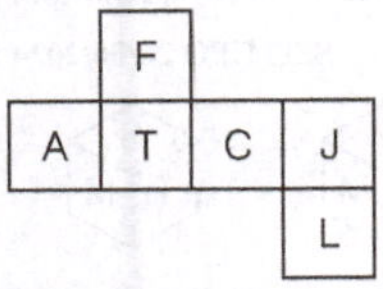

उत्तर आकृतियाँ

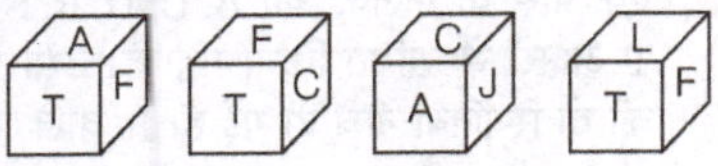

(A) (B) (C) (D)

(a) A, B और C
(b) A और B
(c) A, B और D
(d) B और C

95. दी गई शीट को मोड़कर एक घन बनाया गया है। इस निर्मित घन पर, संख्या '1' वाले फलक के विपरीत फलक पर कौन-सी संख्या आएगी?
SSC CGL (Tier-I) 23/08/2021 Shift-II

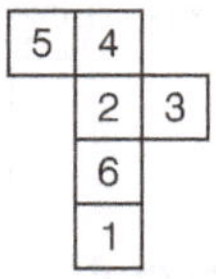

(a) 3 (b) 5 (c) 2 (d) 4

96. उन घनों का चयन करें, जिन्हें दी गई शीट को लाइनों पर मोड़कर बनाए जा सकते हैं।
SSC CGL (Tier-I) 23/08/2021 Shift-I

प्रश्न आकृति

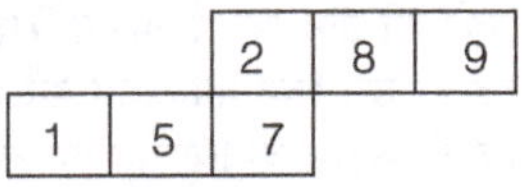

उत्तर आकृतियाँ

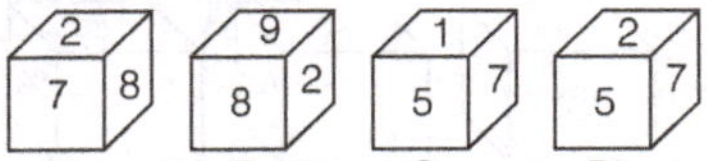

A B C D

(a) B, C और D
(b) A और D
(c) A, C और D
(d) B और C

97. एक ही पासे की दो अलग-अलग स्थितियाँ दर्शाई गई हैं, जिनके फलकों पर अक्षर F, G, H, I, J और K अंकित किए गए हैं। वह अक्षर चुनें, जो अक्षर 'F' वाले फलक के विपरीत फलक पर आएगा।
SSC CGL (Tier-I) 20/08/2021 Shift-I

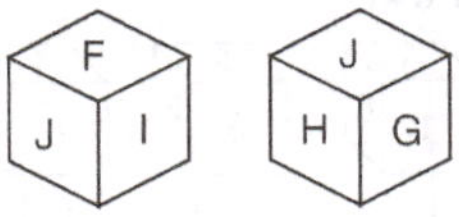

(a) I (b) H
(c) J (d) G

98. एक पासे की तीन अलग-अलग स्थितियाँ दिखाई गई हैं, जिनके फलकों पर A, B, C, D, E और F अक्षर अंकित किए गए हैं। वह अक्षर चुनें, जो 'D' अक्षर वाले फलक के विपरीत फलक पर आएगा।
SSC CGL (Tier-I) 18/08/2021 Shift-III

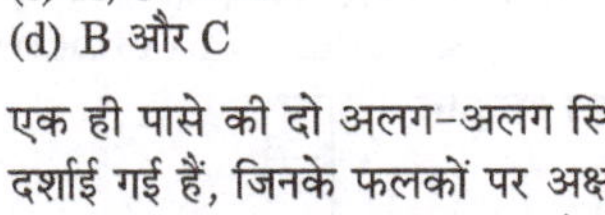

(a) B (b) F
(c) C (d) A

99. दी गई शीट को मोड़कर एक घन बनाया गया है। इस प्रकार निर्मित घन में, निम्न में से कौन-सा अक्षर-समूह एक-दूसरे के विपरीत फलक पर आएगा?
SSC CGL (Tier-I) 18/08/2021 Shift-I

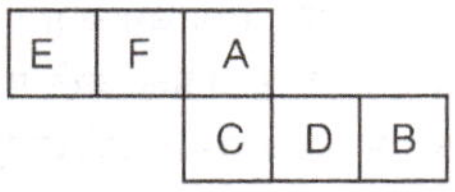

(a) E और C (b) D और F
(c) A और D (d) E और B

100. एक ही पासे की दो अलग-अलग स्थितियाँ दर्शाई गई हैं, जिनके फलकों पर संख्याएँ IX, X, XI, XII, XIII और XIV अंकित की गई हैं। वह संख्या चुनें, जो 'XIV' वाले फलक के विपरीत फलक पर आएगी।
SSC CGL (Tier-I) 17/08/2021 Shift-III

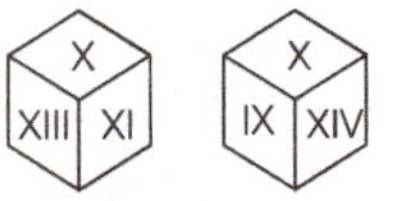

(a) IX (b) X (c) XII (d) XI

101. एक ही पासे की दो अलग-अलग स्थितियाँ दर्शाई गई हैं, जिनके छः फलकों पर A से F तक के अक्षर अंकित किए गए हैं। वह अक्षर चुनें, जो 'C' अक्षर वाले फलक के विपरीत फलक पर आएगा।
SSC CGL (Tier-I) 17/08/2021 Shift-I

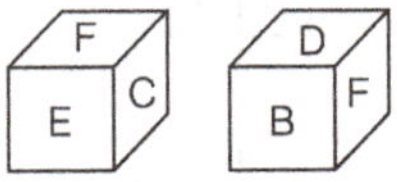

(a) D (b) B (c) F (d) A

102. दी गई शीट को मोड़कर एक घन बनाया गया है। इस निर्मित घन पर, 'A' अक्षर वाले फलक के विपरीत वाले फलक पर कौन-सा अक्षर होगा? **SSC CGL (Tier-I) 16/08/2021 Shift-III**

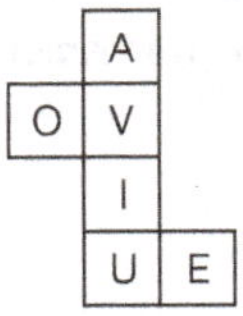

(a) I (b) V (c) U (d) E

103. उन बॉक्सों का चयन करें, जिन्हें दी गई शीट को लाइनों पर मोड़कर बनाए जा सकते हैं।
SSC CGL (Tier-I) 16/08/2021 Shift-I

प्रश्न आकृति

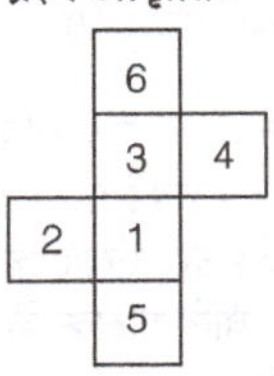

उत्तर आकृतियाँ

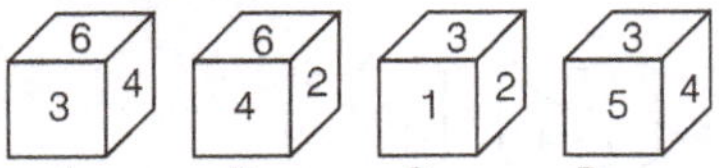

A B C D

(a) B और C (b) A, C और D
(c) A और C (d) C और D

104. दी गई शीट को मोड़कर एक घन बनाया गया है। इस निर्मित घन पर, # प्रतीक वाले फलक के विपरीत फलक पर कौन-सा प्रतीक होगा?
SSC CGL (Tier-I) 13/08/2021 Shift-I

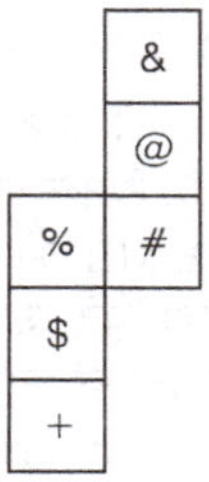

(a) & (b) %
(c) + (d) $

SSC CGL 2020 (Tier I)

105. दी गई शीट को मोड़कर एक घन (क्यूब) बनाया जाता है। इस प्रकार बनाए गए घन में, निम्नलिखित में से कौन सी संख्याओं की जोड़ी विपरीत फलक पर होगी?
SSC CGL (Tier-I) 07/03/2020 Shift-II

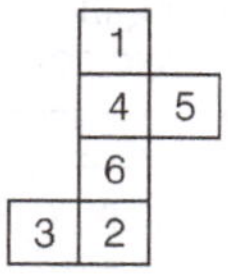

(a) 3 और 6
(b) 2 और 4
(c) 1 और 5
(d) 1 और 2

106. उस बॉक्स का चयन करें, जो दिए गए खुले हुए बॉक्स को मोड़कर नहीं बनाया जा सकता है। **SSC CGL (Tier-I) 07/03/2020 Shift-I**

प्रश्न आकृति

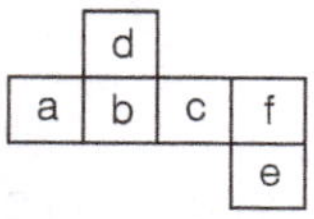

उत्तर आकृतियाँ

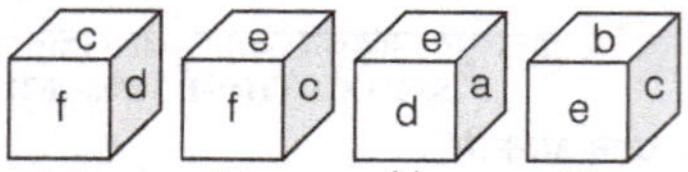

(a) (b) (c) (d)

107. एक ही पासे की दो अलग-अलग स्थितियाँ दर्शाई गई हैं, जिसके छः फलकों पर 1 से 6 तक संख्याएँ डाली गई हैं। उस संख्या का चयन करें, जो '5' दर्शाने वाले फलक के विपरीत फलक पर होगी।
SSC CGL (Tier-I) 06/03/2020 Shift-III

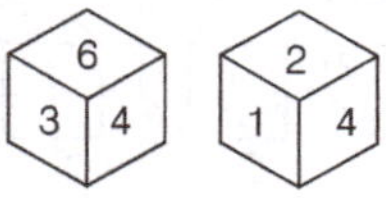

(a) 2 (b) 3
(c) 4 (d) 6

108. उस घन का चयन करें, जिसे दी गई शीट (अनफोल्ड बॉक्स) की रेखाओं पर मोड़कर बनाया जा सकता है।
SSC CGL (Tier-I) 06/03/2020 Shift-II

प्रश्न आकृति

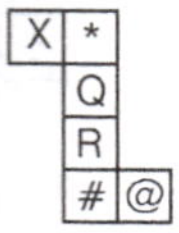

उत्तर आकृतियाँ

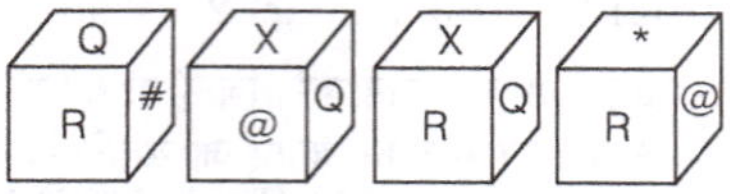

(a) (b) (c) (d)

109. एक ही पासे की तीन अलग-अलग स्थितियाँ दिखाई गई हैं। उस चिह्न का चयन करें, जो '+' चिह्न वाले फलक के विपरीत फलक पर होगा। **SSC CGL (Tier-I) 06/03/2020 Shift-I**

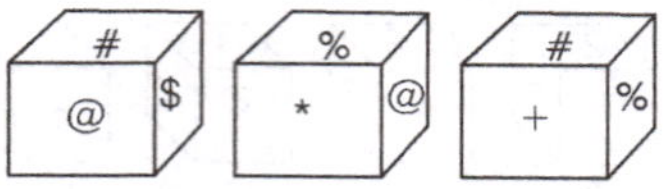

(a) $ (b) # (c) @ (d) *

110. उस पासे का चयन करें, जिसे दी गई शीट की रेखाओं पर मोड़कर बनाया जा सकता है।
SSC CGL (Tier-I) 05/03/2020 Shift-II

प्रश्न आकृति

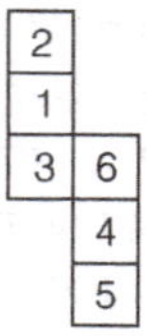

उत्तर आकृतियाँ

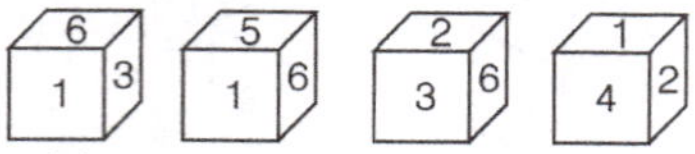

(A) (B) (C) (D)

(a) C और D (b) केवल A
(c) A और B (d) केवल B

111. एक ही पासे की चार अलग-अलग स्थितियाँ दिखाई गई हैं। उस संख्या का चयन करें, जो '3' वाले फलक के विपरीत फलक पर होगी?
SSC CGL (Tier-I) 05/03/2020 Shift-I

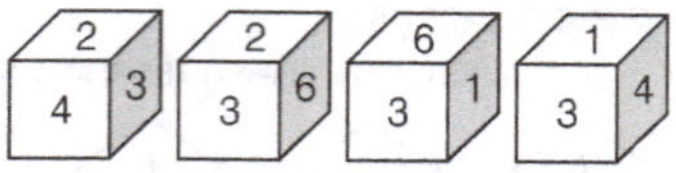

(a) 4 (b) 5 (c) 2 (d) 6

112. एक ही पासे की तीन अलग-अलग स्थितियाँ दिखाई गई हैं। उस संकेत का चयन करें, जो '=' वाले फलक के विपरीत फलक पर होगा?
SSC CGL (Tier-I) 04/03/2020 Shift-III

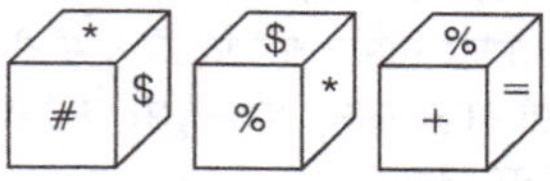

(a) # (b) % (c) * (d) $

SSC CPO SI 2024

113. नीचे एक ही पासे की तीन अलग-अलग स्थितियाँ दर्शाई गई हैं। सख्या '1' दर्शाने वाले फलक के विपरीत फलक की संख्या ज्ञात कीजिए। **SSC CPO 29/06/2024 Shift-II**

(a) 2 (b) 3 (c) 5 (d) 6

114. एक पासे के फलकों पर 11, 12, 13, 14, 15 और 16 संख्याएँ अंकित हैं। उसी पासे की दो स्थितियाँ नीचे दी गई है। 14 वाले फलक के विपरीत कौन-सा फलक है?
SSC CPO 29/06/2024 Shift-I

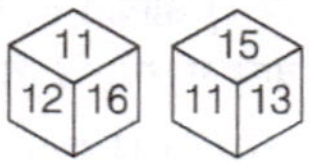

(a) 16 (b) 11 (c) 15 (d) 12

115. एक पासे के फलकों को प्रतीक $\alpha, \beta, \theta, \gamma, \pi$ और δ द्वारा चिह्नित किया गया है। एक ही पासे की दो स्थितियाँ नीचे दी गई है। कौन-सा फलक, फलक β के विपरीत है?
SSC CPO 29/06/2024 Shift-I

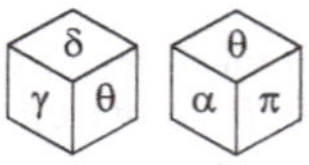

(a) θ (b) α (c) γ (d) δ

116. एक ही पासे की तीन अलग-अलग स्थितियाँ नीचे दर्शाई गई हैं। 6 अंक वाले फलक के विपरीत फलक पर कौन-सा अंक होगा?
SSC CPO 29/06/2024 Shift-I

(a) 4 (b) 1 (c) 3 (d) 5

117. एक पासे के फलकों पर अक्षर M, Q, R, S, T और V हैं। नीचे एक ही पासे की दो अलग-अलग स्थितियाँ दी गई हैं। उस अक्षर का चयन करें, जो V वाले फलक के विपरीत फलक पर होगा। **SSC CPO 28/06/2024 Shift-III**

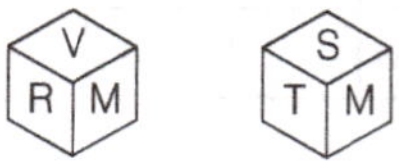

(a) Q (b) T (c) M (d) S

118. एक पासे के फलकों को B, C, D, R, S और T अक्षरों से नामित किया गया है। उसी पासे की दो स्थितियाँ नीचे दी गई हैं। R वाले फलक के विपरीत कौन-सा फलक होगा?
SSC CPO 28/06/2024 Shift-III

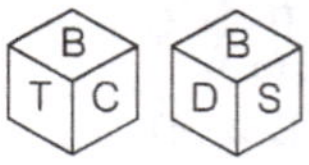

(a) S (b) T (c) D (d) B

119. एक ही पासे की तीन अलग-अलग स्थितियाँ दर्शाई गई हैं। '4' दर्शाने वाले फलक के विपरीत वाले फलक पर कौन-सी संख्या होगी? **SSC CPO 28/06/2024 Shift-III**

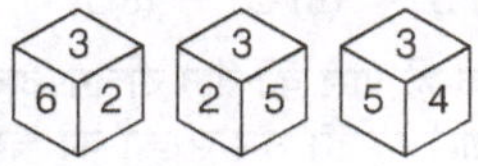

(a) 1 (b) 6 (c) 5 (d) 2

120. एक ही पासे के फलकों को प्रतीक θ, δ, ω, ε, η और % द्वारा चिह्नित किया गया है। उसी पासे की दो स्थितियाँ नीचे दी गई हैं। % वाले फलक के विपरीत कौन-सा फलक है? **SSC CPO 28/06/2024 Shift-III**

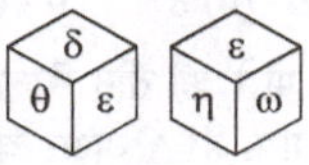

(a) ε (b) ω (c) η (d) θ

121. एक पासे के फलकों पर संख्याएँ 2,3, 4, 5, 8 और 9 हैं। नीचे एक ही पासे की दो अलग-अलग स्थितियाँ दी गई हैं। उस संख्या का चयन करें, जो 3 वाले फलक के विपरीत फलक पर होगी। **SSC CPO 28/06/2024 Shift-II**

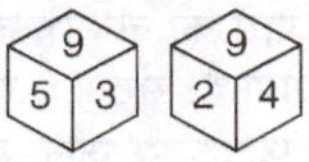

(a) 8 (b) 4 (c) 5 (d) 2

122. एक ही पासे की तीन अलग-अलग स्थितियाँ दर्शाई गई हैं। '6' दर्शाने वाले फलक के विपरीत वाले फलक पर कौन-सी संख्या होगी? **SSC CPO 28/06/2024 Shift-I**

(a) 4 (b) 3 (c) 2 (d) 1

123. एक पासे के फलकों को नाम अक्षर H, I, J, X, Y और Z से रेखा गया है। एक ही पासे की दो स्थितियाँ नीचे दी गई हैं। कौन-सा फलक, फलक Y के विपरीत है? **SSC CPO 28/06/2024 Shift-I**

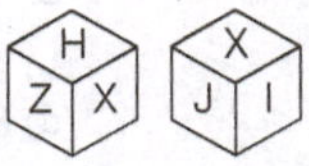

(a) Z (b) J (c) X (d) H

124. एक पासे के फलकों को L, M, N, V, W और X अक्षरों से नामित किया गया है। उसी पासे की दो स्थितियाँ नीचे दी गई हैं। X वाले फलक के विपरीत कौन-सा फलक होगा? **SSC CPO 28/06/2024 Shift-I**

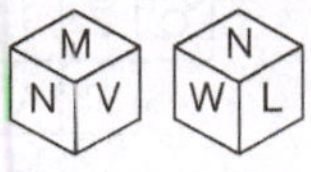

(a) L (b) M (c) W (d) N

125. एक पासे के फलकों पर 2, 4, 6, 8, 10 और 12 संख्याएँ अंकित हैं। उसी पासे की दो स्थितियाँ नीचे दी गई हैं। 4 वाले फलक के विपरीत कौन-सा फलक है? **SSC CPO 27/06/2024 Shift-III**

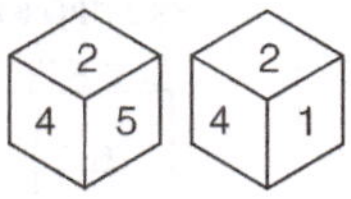

(a) 6 (b) 10
(c) 2 (d) 12

126. एक पासे के फलकों पर 5, 6, 7, 8, 9 और 10 संख्याएँ अंकित हैं। उसी पासे की दो स्थितियाँ नीचे दी गई हैं। 6 वाले फलक के विपरीत कौन-सा फलक है? **SSC CPO 27/06/2024 Shift-II**

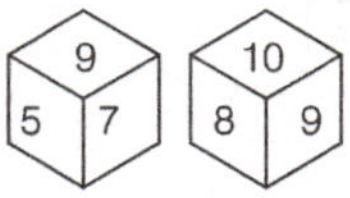

(a) 10 (b) 8
(c) 9 (d) 5

127. एक पासे के फलकों पर संख्याएँ 4, 8, 12, 16, 20 और 24 अंकित हैं। एक ही पासे की दो स्थितियाँ नीचे दी गई हैं। कौन-सा फलक, फलक 16 के विपरीत है? **SSC CPO 27/06/2024 Shift-II**

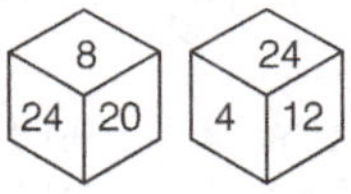

(a) 12 (b) 4 (c) 8 (d) 24

128. एक पासे के फलकों पर 10, 20, 30, 40, 50 और 60 संख्याएँ अंकित हैं। उसी पासे की दो स्थितियाँ नीचे दी गई हैं। 50 वाले फलक के विपरीत कौन-सा फलक है? **SSC CPO 27/06/2024 Shift-I**

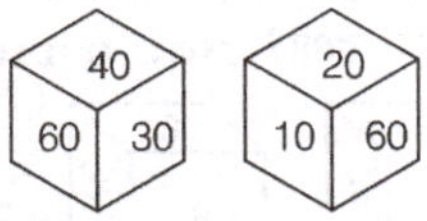

(a) 10 (b) 30 (c) 40 (d) 60

129. एक ही पासे की दो अलग-अलग स्थितियाँ नीचे दर्शाई गई है। 1 दर्शाने वाले फलक के विपरीत फलक पर कौन-सी संख्या होगी? **SSC CPO 27/06/2024 Shift-I**

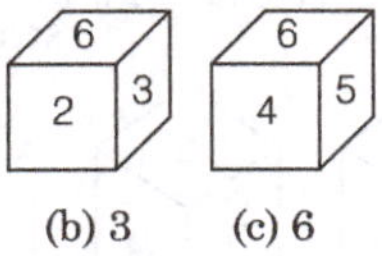

(a) 4 (b) 3 (c) 6 (d) 2

130. एक पासे के फलकों पर संख्याएँ 2, 3, 5, 6, 7 और 8 हैं। नीचे एक ही पासे की दो अलग-अलग स्थितियाँ दी गई हैं। उस संख्या का चयन करें, जो 8 वाले फलक के विपरीत फलक पर होगी। **SSC CPO 27/06/2024 Shift-I**

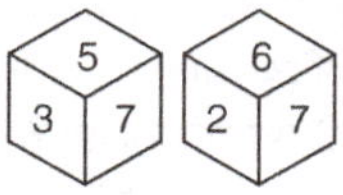

(a) 2 (b) 3 (c) 7 (d) 6

SSC CPO SI 2023

131. यदि दी गई शीट को मोड़कर एक घन बनाया जाए, तो निर्मित घन में अक्षर-संख्या 'A1' वाले फलक के विपरीत फलक पर कौन-सी अक्षर-संख्या होगी?
(एलिमेण्ट केवल फलकों को इंगित करने के लिए दिखाए गए हैं।)
SSC CPO 05/10/2023 Shift-III

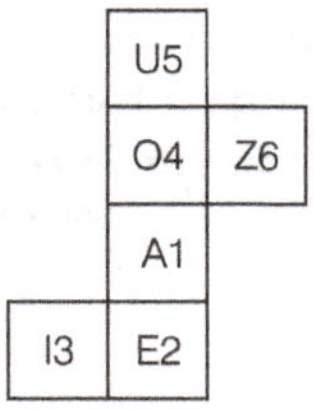

(a) E2 (b) U5
(c) I3 (d) O4

132. एक पासे के अलग-अलग फलकों पर छः अक्षर/अंक A, B, C, 1, 2 और 3 लिखे गए हैं। इस पासे की दो स्थितियाँ दी गई आकृति में दिखाई गई हैं। C अक्षर वाले फलक के विपरीत फलक पर कौन-सा अक्षर/अंक है? **SSC CPO 05/10/2023 Shift-III**

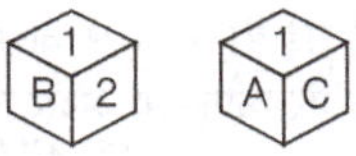

(a) A (b) B
(c) 2 (d) 3

133. एक पासे के अलग-अलग फलकों पर छः अक्षर/अंक A, B, C, 1, 2 और 3 लिखे गए हैं। इस पासे की दो स्थितियाँ दी गई आकृतियों में दिखाई गई हैं। 3 अंक वाले फलक के विपरीत फलक पर कौन-सा अक्षर/अंक है? **SSC CPO 05/10/2023 Shift-III**

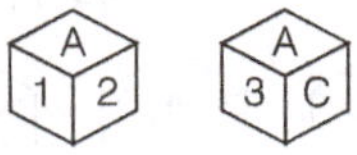

(a) B (b) 1 (c) 2 (d) C

134. दी गई शीट को मोड़कर एक घन बनाया जाता है। निर्मित घन में 'F' वाले फलक के विपरीत फलक पर कौन-सा अक्षर होगा? **SSC CPO 04/10/2023 Shift-II**

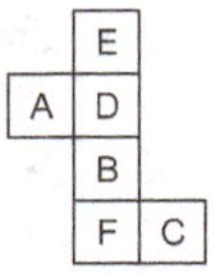

(a) E (b) B (c) D (d) A

135. यदि दी गई शीट को मोड़कर एक घन का आकार दिया जाता है, तो विकल्पों में से कौन-सी आकृति सम्भव है?
SSC CPO 04/10/2023 Shift-II

प्रश्न आकृति

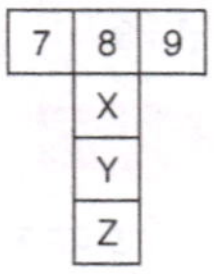

उत्तर आकृतियाँ

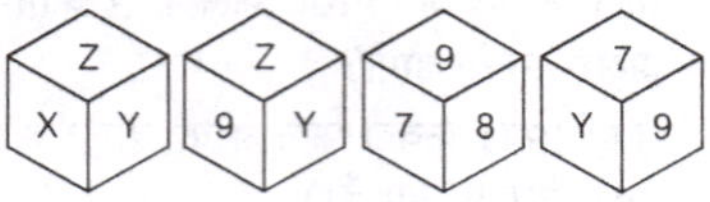

(a) (b) (c) (d)

136. दी गई शीट को मोड़कर एक घन बनाया जाता है। निर्मित घन में विपरीत फलकों पर अक्षरों का कौन-सा युग्म होगा?
SSC CPO 04/10/2023 Shift-II

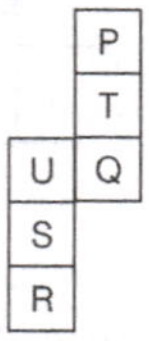

(a) T और S (b) U और T
(c) P और U (d) R और P

137. एक पासे के अलग-अलग फलकों पर छः अक्षर/अंक A, B, C, 1, 2 और 3 लिखे गए हैं। इस पासे की दो स्थितियाँ दी गई आकृति में दिखाई गई हैं। A अक्षर वाले फलक के विपरीत फलक पर कौन-सा अक्षर/अंक है?
SSC CPO 04/10/2023 Shift-II

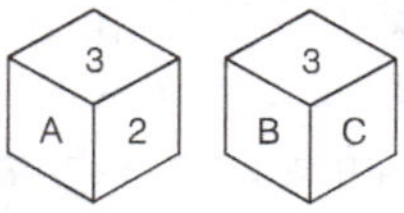

(a) B (b) C (c) 2 (d) 1

138. एक ही पासे की तीन अलग-अलग स्थितियाँ दर्शाई गई हैं। '4' दर्शाने वाले फलक के विपरीत फलक पर कौन-सी संख्या होगी?
SSC CPO 03/10/2023 Shift-I

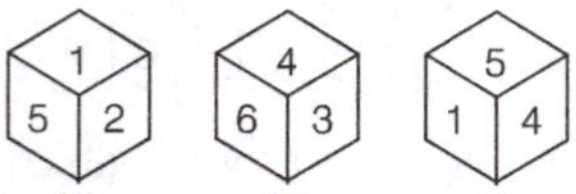

(1) (2) (3)

(a) 3 (b) 6 (c) 1 (d) 2

139. एक ही पासे की तीन अलग-अलग स्थितियाँ दर्शाई गई हैं। '1' दर्शाने वाले फलक के विपरीत फलक पर कौन-सी संख्या होगी?
SSC CPO 03/10/2023 Shift-I

(1) (2) (3)

(a) 4 (b) 6 (c) 3 (d) 2

140. एक ही पासे की दो अलग-अलग स्थितियाँ दिखाई गई हैं, जिनमें छः फलकों को 1 से 6 तक संख्यांकित किया गया है। उस संख्या का चयन करें, जो 1 को दर्शाने वाले फलक के विपरीत फलक पर होगी।
SSC CPO 03/10/2023 Shift-II

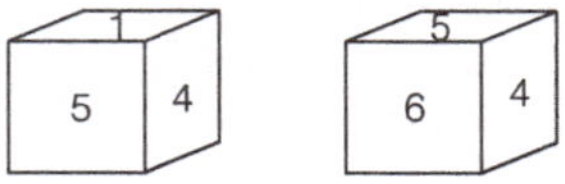

(a) 4 (b) 6 (c) 3 (d) 5

141. यदि दी गई शीट को मोड़कर एक घन बनाया जाए, तो निम्न में से कौन-सी आकृति/आकृतियाँ बनना सम्भव है? (अक्षर केवल घनों के फलकों को इंगित करने के लिए दिए गए हैं)
SSC CPO 03/10/2023 Shift-I

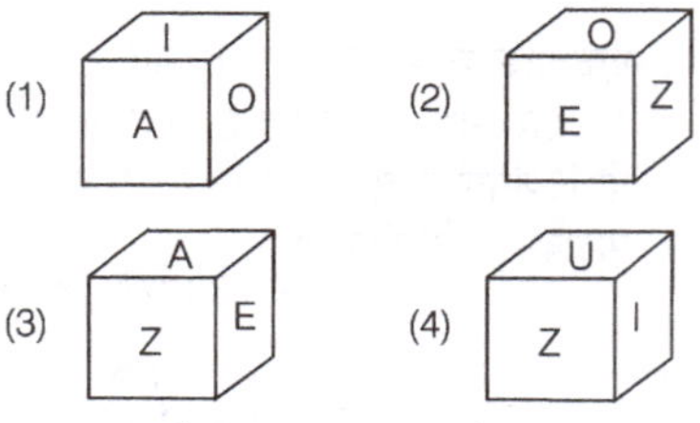

(a) 1, 2 और 4 (b) 1 और 2
(c) केवल 3 (d) 2 और 3

SSC CPO SI 2022-2020

142. एक ही पासे की दो अलग-अलग स्थितियाँ दिखाई गई हैं। जिनमें छः फलकों को 1 से 6 तक संख्यांकित किया गया हैं। उस संख्या का चयन करें, जो '5' को दर्शाने वाले फलक के विपरीत फलक पर होगी? **SSC CPO 11/11/2022**

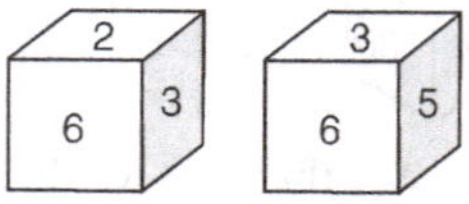

(a) 2 (b) 6 (c) 4 (d) 1

143. एक ही पासे की तीन विभिन्न स्थितियाँ प्रदर्शित हैं। '4' प्रदर्शित करने वाले फलक के विपरीत फलक पर कौन-सी संख्या है?
SSC CPO 11/11/2022

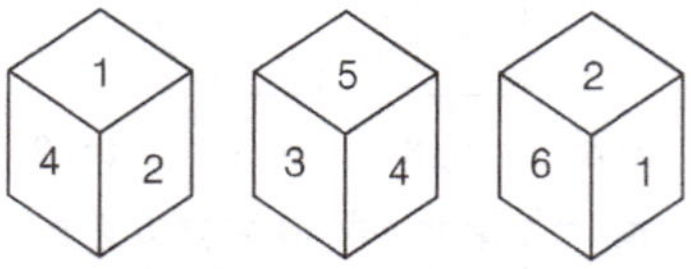

(a) 1 (b) 2 (c) 3 (d) 6

144. एक ही पासे की दो स्थितियाँ दर्शाई गई हैं। F अक्षर वाले फलक के विपरीत फलक पर कौन-सा अक्षर होगा? **SSC CPO 11/11/2022**

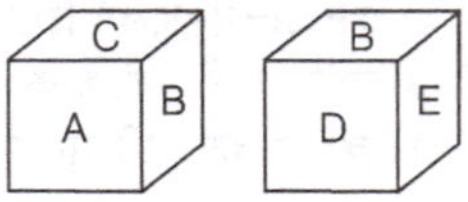

(a) D (b) C (c) A (d) B

145. एक ही पासे की तीन अलग-अलग स्थितियाँ दर्शाई गई हैं। उस संख्या का चयन करें, जो संख्या 1 वाले फलक के विपरीत फलक पर होगी? **SSC CPO 25/11/2020 Shift-II**

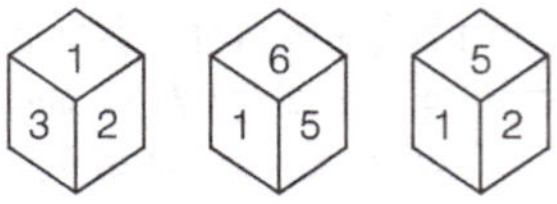

(a) 2 (b) 3 (c) 6 (d) 4

146. एक ही पासे की तीन भिन्न स्थितियों को नीचे दर्शाया गया है। A अक्षर वाले फलक के विपरीत फलक पर कौन-सा अक्षर होगा?
SSC CPO 25/11/2020 Shift-I

(a) B (b) E (c) D (d) C

147. एक ही पासे की तीन भिन्न स्थितियों को नीचे दर्शाया गया है। संख्या 6 वाले फलक के विपरीत फलक पर कौन-सी संख्या होगी?
SSC CPO 25/11/2020 Shift-I

(a) 5 (b) 2
(c) 4 (d) 3

148. एक पासे की तीन अलग-अलग स्थितियाँ दर्शाई गई हैं, जिसके छः में से हर एक फलक पर 1 से 6 तक संख्याएँ लिखी हुई हैं। उस संख्या का चयन करें, जो इसके '1' अंकित फलक के विपरीत फलक पर होगी?
SSC CPO 24/11/2020 Shift-I

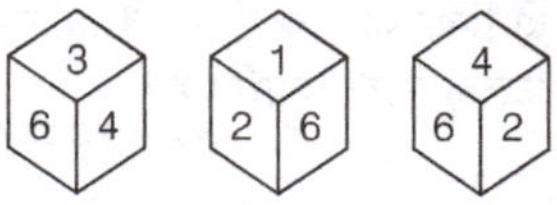

(a) 2 (b) 4
(c) 5 (d) 3

149. दी गई शीट को मोड़कर एक घन बनाया गया है। निर्मित घन के विपरीत फलकों पर निम्न में अक्षरों का कौन-सा युग्म होगा?
SSC CPO 24/11/2020 Shift-I

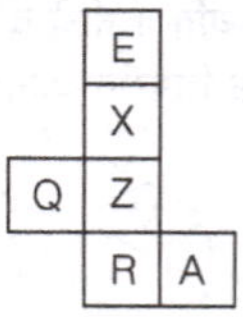

(a) Q और X (b) A और Z
(c) R और X (d) A और E

150. एक ही पासे की दो भिन्न स्थितियों को नीचे दर्शाया गया है, जिनके छः में से हर फलक पर 1 से 6 तक संख्याएँ लिखी हुई हैं। '5' अंकित फलक के विपरीत फलक पर कौन-सी संख्या होगी? **SSC CPO 23/11/2020 Shift-I**

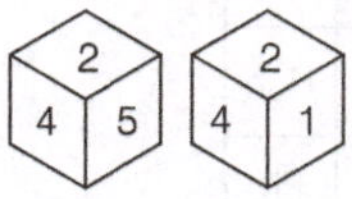

(a) 3 (b) 6
(c) 1 (d) 4

151. दी गई शीट को मोड़कर एक घन बनाया जाता है। इस निर्मित घन में, कौन-से चिह्न-युग्म एक-दूसरे के विपरीत फलकों पर नहीं होंगे? **SSC CPO 23/11/2020 Shift-I**

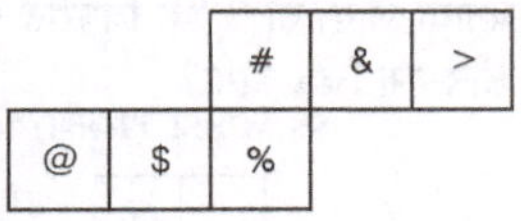

(a) $ और # (b) @ और %
(c) # और > (d) & और $

SSC CHSL 2024 (Tier I)

152. यदि नीचे दी गई शीट को मोड़कर एक घन बनाया जाए, तो 'P' के विपरीत फलक पर कौन-सा अक्षर होगा? **SSC CHSL (Tier-I) 11/07/2024 Shift-IV**

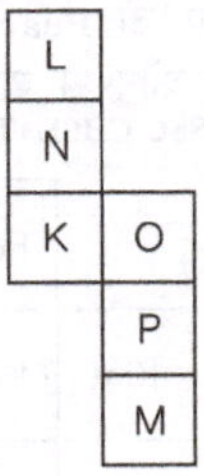

(a) L (b) K
(c) N (d) M

153. यदि नीचे दी गई शीट को मोड़कर एक घन बनाया जाए, तो 'V' के विपरीत फलक पर कौन-सी रोमन संख्या होगी? **SSC CHSL (Tier-I) 11/07/2024 Shift-IV**

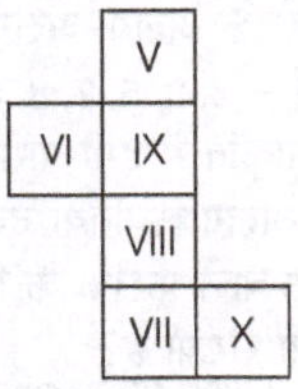

(a) X (b) VI
(c) VII (d) VIII

154. एक पासे के अलग-अलग फलकों पर छः संख्याएँ—1, 2, 4, 5, 7 और 9 अंकित हैं। निम्न आकृति में इसी पासे की दो अलग-अलग स्थितियाँ दर्शाई गई हैं। संख्या 9 वाले फलक के विपरीत फलक पर कौन-सी संख्या है? **SSC CHSL (Tier-I) 11/07/2024 Shift-II**

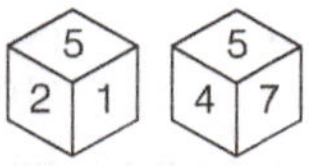

(a) 7 (b) 5
(c) 1 (d) 2

155. यदि नीचे दी गई शीट को मोड़कर एक घन बनाया जाए, तो '23' के विपरीत फलक पर कौन-सी संख्या होगी? **SSC CHSL (Tier-I) 11/07/2024 Shift-I**

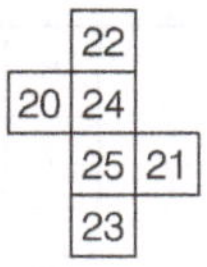

(a) 20 (b) 22
(c) 21 (d) 24

156. यदि नीचे दी गई शीट को मोड़कर एक घन बनाया जाए, तो '7' के विपरीत फलक पर कौन-सी संख्या होगी? **SSC CHSL (Tier-I) 10/07/2024 Shift-IV**

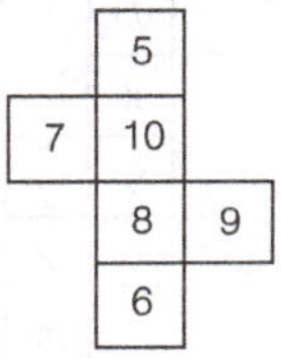

(a) 6 (b) 5 (c) 9 (d) 8

157. यदि नीचे दी गई शीट को मोड़कर एक घन बनाया जाए, तो 'VI' के विपरीत फलक पर कौन-सी रोमन संख्या होगी? **SSC CHSL (Tier-I) 10/07/2024 Shift-III**

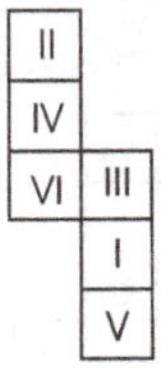

(a) II (b) III (c) I (d) V

158. एक पासे के अलग-अलग फलकों पर छः अक्षर N, P, R, S, T और U अंकित हैं। निम्न आकृति में इसी पासे की दो अलग-अलग स्थितियाँ दर्शाई गई है। अक्षर U वाले फलक के विपरीत फलक पर कौन-सा अक्षर हैं? **SSC CHSL (Tier-I) 10/07/2024 Shift-II**

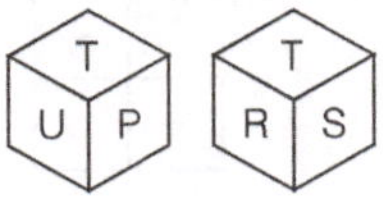

(a) R (b) N
(c) P (d) S

159. एक पासे के अलग-अलग फलकों पर छः अक्षर A, R, T, W, Y और Z अंकित हैं। निम्न आकृति में इसी पासे की दो अलग-अलग स्थितियाँ दर्शाई गई हैं। अक्षर A वाले फलक के विपरीत फलक पर कौन-सा अक्षर है? **SSC CHSL (Tier-I) 09/07/2024 Shift-IV**

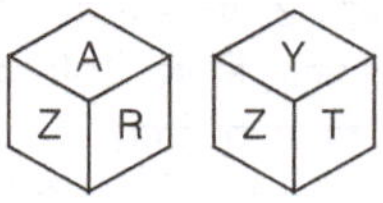

(a) W (b) Y
(c) Z (d) R

160. यदि नीचे दी गई शीट को मोड़कर एक घन बनाया जाए, तो 'Green' शब्द के विपरीत फलक पर कौन-सा शब्द होगा? **SSC CHSL (Tier-I) 09/07/2024 Shift-III**

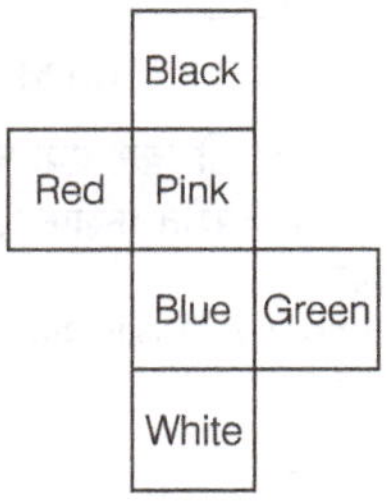

(a) White (b) Red
(c) Pink (d) Black

161. एक पासे के अलग-अलग फलकों पर छः अक्षर— E, J, K, L, M और P अंकित हैं। निम्न आकृति में इसी पासे की दो अलग-अलग स्थितियाँ दर्शाई गई हैं। अक्षर M वाले फलक के विपरीत फलक पर कौन-सा अक्षर है? **SSC CHSL (Tier-I) 09/07/2024 Shift-I**

(a) J (b) K
(c) P (d) E

162. यदि नीचे दी गई शीट को मोड़कर एक घन बनाया जाए, तो '16' के विपरीत फलक पर कौन-सी संख्या होगी? **SSC CHSL (Tier-I) 09/07/2024 Shift-I**

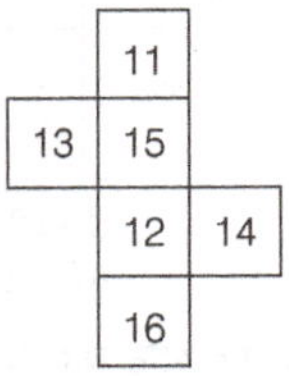

(a) 11 (b) 15
(c) 14 (d) 13

163. यदि नीचे दी गई शीट को मोड़कर एक घन बनाया जाए, तो 'S' के विपरीत फलक पर कौन-सा अक्षर होगा? **SSC CHSL (Tier-I) 08/07/2024 Shift-IV**

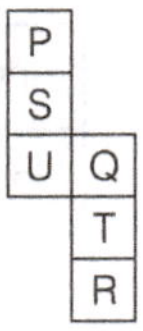

(a) Q (b) P
(c) T (d) R

164. यदि नीचे दी गई शीट को मोड़कर एक घन बनाया जाए, तो 'N' के विपरीत फलक पर कौन-सा अक्षर होगा?
SSC CHSL (Tier-I) 08/07/2024 Shift-II

(a) L (b) O (c) K (d) M

165. यदि नीचे दी गई शीट को मोड़कर एक घन बनाया जाए, तो '@' के विपरीत फलक पर कौन-सा चिह्न होगा?
SSC CHSL (Tier-I) 08/07/2024 Shift-I

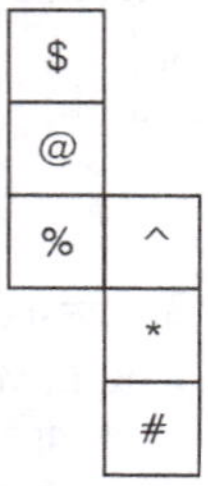

(a) % (b) * (c) # (d) ^

166. यदि नीचे दी गई शीट को मोड़कर एक घन बनाया जाए, तो 'Kiwi' शब्द के विपरीत फलक पर कौन-सा शब्द होगा?
SSC CHSL (Tier-I) 05/07/2024 Shift-III

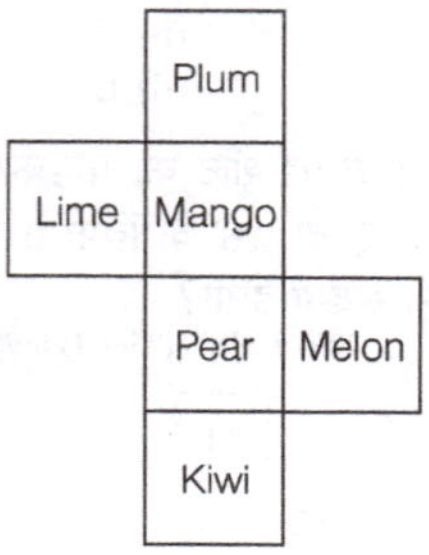

(a) Melon (b) Plum
(c) Mango (d) Lime

167. यदि नीचे दी गई शीट को मोड़कर एक घन बनाया जाए, तो 'Feb' के विपरीत फलक पर कौन-सा शब्द होगा?
SSC CHSL (Tier-I) 05/07/2024 Shift-II

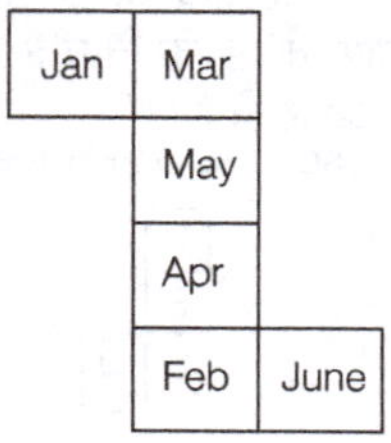

(a) June (b) Jan
(c) Mar (d) May

168. यदि नीचे दी गई शीट को मोड़कर एक घन बनाया जाए, तो '8' के विपरीत फलक पर कौन-सी संख्या होगी?
SSC CHSL (Tier-I) 05/07/2024 Shift-II

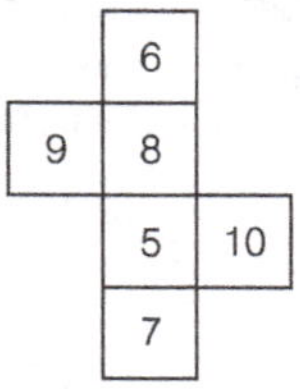

(a) 5 (b) 7
(c) 6 (d) 10

169. यदि नीचे दी गई शीट को मोड़कर एक घन बनाया जाए, तो 'VI' के विपरीत फलक पर कौन-सी रोमन संख्या होगी?
SSC CHSL (Tier-I) 04/07/2024 Shift-IV

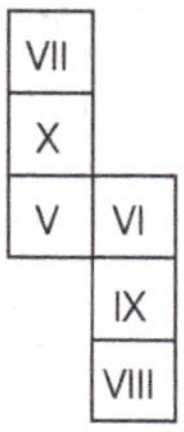

(a) V (b) VII
(c) VIII (d) X

170. यदि नीचे दी गई शीट को मोड़कर एक घन बनाया जाए, तो '÷' के विपरीत फलक पर कौन-सा चिह्न होगा?
SSC CHSL (Tier-I) 04/07/2024 Shift-III

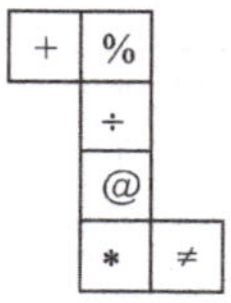

(a) * (b) %
(c) ≠ (d) +

171. यदि नीचे दी गई शीट को मोड़कर एक घन बनाया जाए, तो '≤' के विपरीत फलक पर कौन-सा चिह्न होगा?
SSC CHSL (Tier-I) 04/07/2024 Shift-III

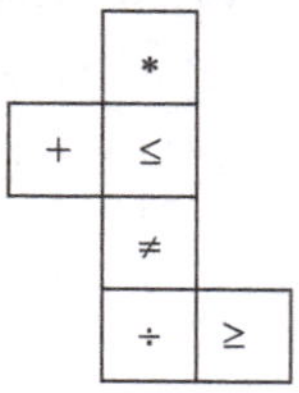

(a) ≥ (b) *
(c) ÷ (d) +

172. यदि नीचे दी गई शीट को मोड़कर एक घन बनाया जाए, तो 'Eat' शब्द के विपरीत फलक पर कौन-सा शब्द होगा?
SSC CHSL (Tier-I) 04/07/2024 Shift-I

(a) Cry (b) Fly
(c) Pray (d) Play

173. यदि नीचे दी गई शीट को मोड़कर एक घन बनाया जाए, तो '*' के विपरीत फलक पर कौन-सा चिह्न होगा?
SSC CHSL (Tier-I) 04/07/2024 Shift-I

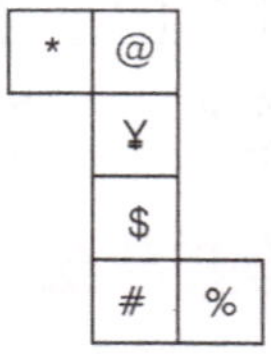

(a) # (b) ¥
(c) % (d) $

174. यदि नीचे दी गई शीट को मोड़कर एक घन बनाया जाए, तो 'Pear' शब्द के विपरीत फलक पर कौन-सा शब्द होगा?
SSC CHSL (Tier-I) 03/07/2024 Shift-III

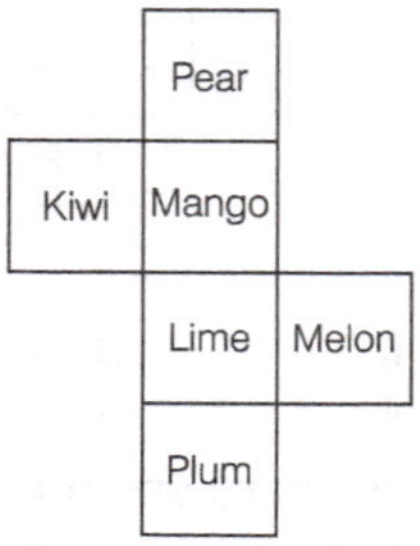

(a) Lime (b) Mango
(c) Kiwi (d) Melon

175. एक पासे के अलग-अलग फलकों पर छः संख्याएँ - 2, 3, 5, 7, 8 और 9 अंकित हैं। निम्न आकृति में इसी पासे की दो अलग-अलग स्थितियाँ दर्शाई गई हैं। संख्या 5 वाले फलक के विपरीत फलक पर कौन-सी संख्या है?
SSC CHSL (Tier-I) 03/07/2024 Shift-II

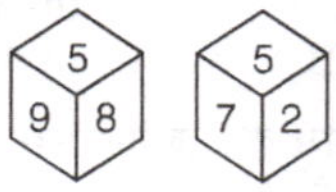

(a) 9 (b) 8 (c) 2 (d) 3

176. एक पासे के अलग-अलग फलकों पर छः संख्याएँ- 1, 2, 5, 6, 8 और 9 अंकित हैं। निम्न आकृति में इसी पासे की दो अलग-अलग स्थितियाँ दर्शाई गई हैं। संख्या 8 वाले फलकों के विपरीत फलक पर कौन-सी संख्या है?
SSC CHSL (Tier-I) 03/07/2024 Shift-I

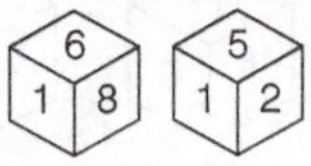

(a) 2 (b) 1 (c) 5 (d) 9

177. यदि नीचे दी गई आकृति को मोड़कर एक घन बनाया जाए, तो 'V' के विपरीत फलक पर क्या होगा? **SSC CHSL (Tier-I) 03/07/2024 Shift-I**

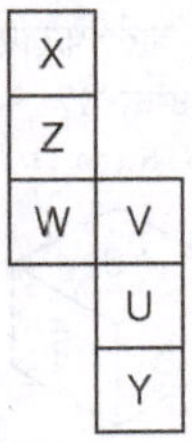

(a) Y (b) W (c) X (d) Z

178. यदि नीचे दी गई शीट को मोड़कर एक घन बनाया जाए, तो '30' के विपरीत फलक पर कौन-सी संख्या होगी?
SSC CHSL (Tier-I) 02/07/2024 Shift-II

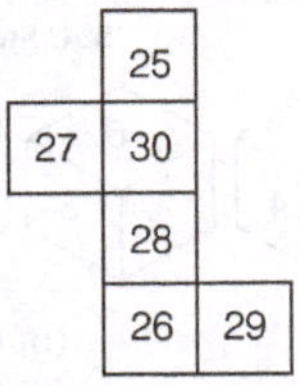

(a) 26 (b) 28 (c) 29 (d) 27

179. यदि नीचे दी गई शीट को मोड़कर एक घन बनाया जाए, तो 'R' के विपरीत फलक पर कौन-सा अक्षर होगा?
SSC CHSL (Tier-I) 02/07/2024 Shift-I

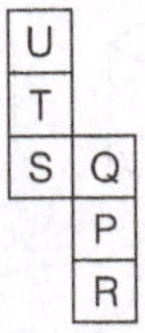

(a) S (b) T (c) Q (d) U

180. यदि नीचे दी गई शीट को मोड़कर एक घन बनाया जाए, तो '@' के विपरीत फलक पर कौन-सा चिह्न होगा?
SSC CHSL (Tier-I) 01/07/2024 Shift-IV

(a) $ (b) % (c) * (d) ^

181. यदि नीचे दी गई शीट को मोड़कर एक घन बनाया जाए, तो '@' के विपरीत फलक पर कौन-सा चिह्न होगा?
SSC CHSL (Tier-I) 01/07/2024 Shift-III

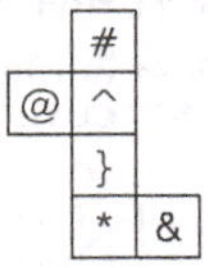

(a) * (b) #
(c) } (d) &

182. यदि नीचे दी गई शीट को मोड़कर एक घन बनाया जाए, तो '20' के विपरीत फलक पर कौन-सी संख्या होगी?
SSC CHSL (Tier-I) 01/07/2024 Shift-III

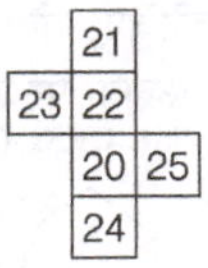

(a) 25 (b) 23 (c) 21 (d) 22

183. यदि नीचे दी गई शीट को मोड़कर एक घन बनाया जाए, तो K के विपरीत फलक पर कौन-सा अक्षर होगा?
SSC CHSL (Tier-I) 01/07/2024 Shift-II

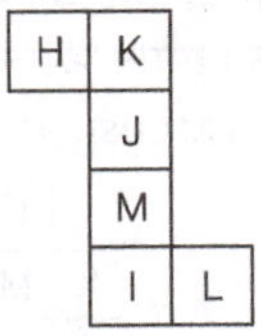

(a) L (b) H
(c) I (d) M

184. यदि नीचे दी गई शीट को मोड़कर एक घन बनाया जाए, तो 'नीला' शब्द के विपरीत फलक पर कौन-सा शब्द होगा?
SSC CHSL (Tier-I) 01/07/2024 Shift-II

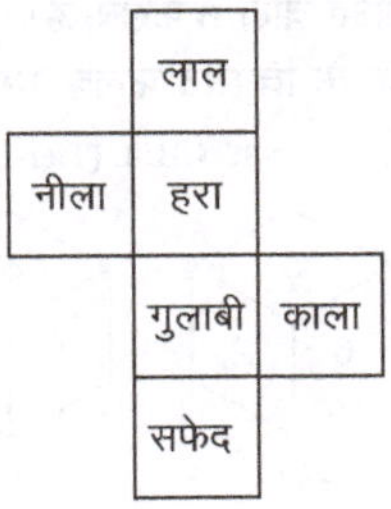

(a) काला (b) सफेद
(c) गुलाबी (d) लाल

185. यदि दी गई शीट को मोड़कर एक घन बनाया जाए, तो '≠' के विपरीत फलक पर कौन-सा चिह्न होगा? **SSC CHSL (Tier-I) 01/07/2024 Shift-I**

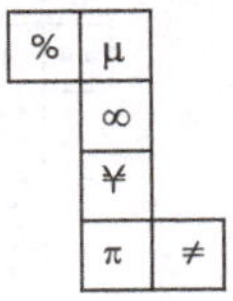

(a) % (b) μ (c) ∞ (d) ¥

186. एक पासे के अलग-अलग फलकों पर छः संख्याएँ - 1, 3, 5, 6, 7 और 8 अंकित हैं। निम्न आकृति में इसी पासे की दो अलग-अलग स्थितियाँ दर्शाई गई हैं। संख्या 6 वाले फलक के विपरीत फलक पर कौन-सी संख्या है? **SSC CHSL (Tier-I) 01/07/2024 Shift-I**

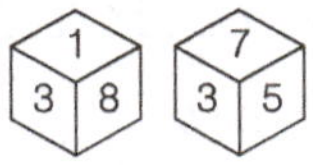

(a) 7 (b) 3
(c) 5 (d) 8

187. यदि नीचे दी गई शीट को मोड़कर एक घन बनाया जाए, तो 'Y' के विपरीत फलक पर कौन-सा अक्षर होगा?
SSC CHSL (Tier-I) 01/07/2024 Shift-I

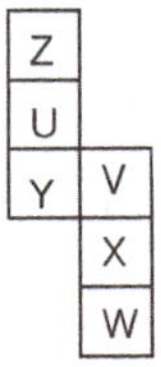

(a) V (b) X
(c) Z (d) W

SSC CHSL 2023 (Tier I)

188. नीचे एक ही पासे की दो अलग-अलग स्थितियाँ दी गई हैं। C अक्षर वाले फलक के विपरीत फलक के अक्षर को ज्ञात कीजिए।
SSC CHSL (Tier-I) 21/03/2023 Shift-I

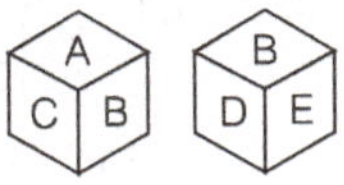

(a) A (b) D
(c) B (d) E

189. नीचे एक पासे की तीन स्थितियाँ दी गई हैं। 9 वाले फलक के विपरीत फलक पर क्या आएगा? **SSC CHSL (Tier-I) 21/03/2023 Shift-II**

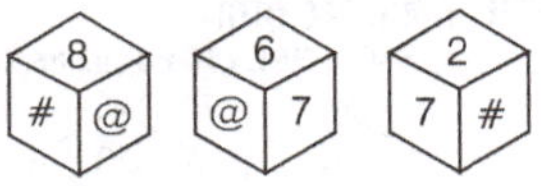

(a) 7
(b) 2
(c) #
(d) 8

190. नीचे एक ही पासे की तीन अलग-अलग स्थितियों को दर्शाया गया है। उस अक्षर को चुनिए, जो 'A' वाले फलक के सम्मुख फलक पर होगा। **SSC CHSL (Tier-I) 17/03/2023 Shift-II**

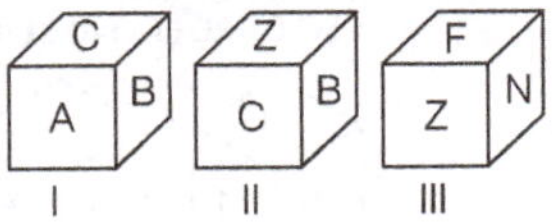

(a) F (b) B
(c) Z (d) N

191. नीचे एक ही पासे की तीन अलग-अलग स्थितियों को दर्शाया गया है। उस चिह्न को चुनिए, जो '@' वाले फलक के सम्मुख फलक पर आएगा। **SSC CHSL (Tier-I) 14/03/2023 Shift-I**

I II III

(a) % (b) # (c) O (d) &

192. दी गई शीट को मोड़कर एक घन बनाया गया है। इस प्रकार बने घन में, 'B' दर्शाने वाले फलक के विपरीत फलक पर कौन-सा अक्षर होगा? **SSC CHSL (Tier-I) 13/03/2023 Shift-III**

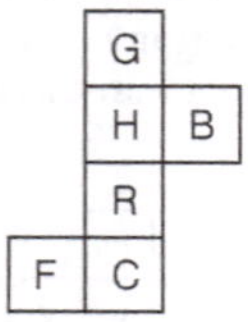

(a) F (b) C (c) R (d) G

SSC CHSL 2022 & 2021 (Tier I)

193. एक ही पासे की दो अलग-अलग स्थितियों को दिखाया गया है, जिसके छः फलक Red, Green, Blue, Yellow, Black और White रंग के हैं। उस रंग का चयन करें, जो Yellow रंग के फलक के विपरीत फलक पर होगा। **SSC CHSL (Tier-I) 02/06/2022 Shift-I**

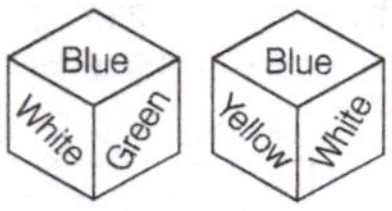

(a) Red (b) White
(c) Black (d) Green

194. एक ही पासे की दो अलग-अलग स्थितियाँ दिखाई गई हैं, जिसके छः फलकों पर 11 से 16 तक की संख्याएँ अंकित हैं। उस संख्या का चयन करें, जो '12' दर्शाने वाले फलक के विपरीत फलक पर होगी। **SSC CHSL (Tier-I) 02/06/2022 Shift-I**

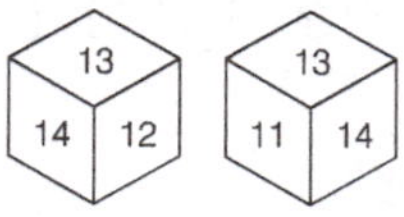

(a) 15 (b) 16 (c) 11 (d) 13

195. एक ही पासे की दो अलग-अलग स्थितियाँ दिखाई गई हैं, जिसके छः फलकों पर 11 से 16 तक की संख्याएँ अंकित है। उस संख्या का चयन करें, जो '15' दर्शाने वाले फलक के विपरीत फलक पर होगी। **SSC CHSL (Tier-I) 31/05/2022 Shift-I**

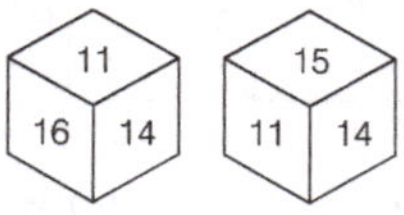

(a) 14 (b) 12 (c) 13 (d) 16

196. एक पासे की दो अलग-अलग स्थितियाँ दर्शाई गई हैं जिसके 6 फलकों पर €, ₭, ₮, $, ₹, ⏏ में से एक-एक प्रतीक चिह्न अंकित हैं। उस प्रतीक चिह्न का चयन कीजिए, जो '⏏' दर्शाने वाले फलक के विपरीत फलक पर होगा। **SSC CHSL (Tier-I) 30/05/2022 Shift-I**

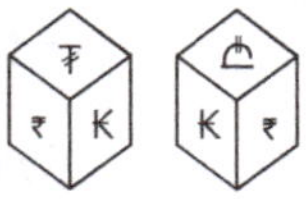

(a) $ (b) ₮ (c) ₭ (d) €

197. एक पासे की दो अलग-अलग स्थितियाँ दर्शाई गई हैं, जिसके 6 फलकों पर A, B, C, D, E, F में से एक-एक अक्षर अंकित है। उस अक्षर का चयन कीजिए, जो 'D' दर्शाने वाले फलक के विपरीत फलक पर होगा। **SSC CHSL (Tier-I) 30/05/2022 Shift-I**

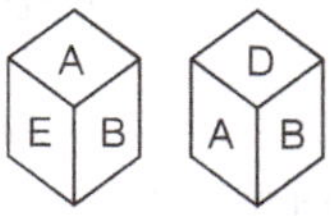

(a) B (b) C (c) F (d) E

198. दी गई शीट को मोड़कर एक घन बनाया गया है। इस तरह निर्मित घन में, 'K' दर्शाने वाले फलक के विपरीत फलक पर कौन-सा अक्षर होगा? **SSC CHSL (Tier-I) 12/08/2021 Shift-III**

(a) L (b) O (c) P (d) N

199. नीचे एक ही पासे की दो अलग-अलग स्थितियाँ दिखाई गई हैं जिनमें 1 से 6 तक की संख्याओं वाले 6 फलक हैं। '2' दर्शाने वाले फलक के विपरीत फलक पर कौन-सी संख्या होगी? **SSC CHSL (Tier-I) 10/08/2021 Shift-I**

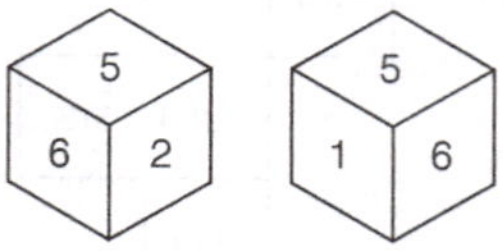

(i) (ii)

(a) 6 (b) 5 (c) 3 (d) 1

200. दी गई शीट को मोड़कर एक घन बनाया जाता है। इस प्रकार बने घन में '4' बिन्दु दर्शाने वाले फलक के विपरीत फलक पर कितने बिन्दु होंगे? **SSC CHSL (Tier-I) 04/08/2021 Shift-I**

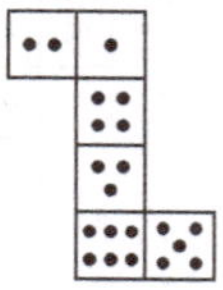

(a) 1 (b) 2 (c) 5 (d) 6

201. एक ही पासे की तीन भिन्न-भिन्न स्थितियाँ (X, Y और Z) को दर्शाया गया है। उस चिह्न का चयन करें, जो चिह्न '!' वाले फलक के विपरीत फलक पर होगा। **SSC CHSL (Tier-I) 19/04/2021 Shift-III**

X Y Z

(a) $ (b) @ (c) % (d) #

SSC Steno 2024 & 2023

202. एक ही पासे की दो अलग-अलग स्थितियाँ नीचे दिखाई गई हैं। 1 वाले फलक के विपरीत फलक पर कौन-सा अंक है? **SSC Steno 11/12/2024 Shift-III**

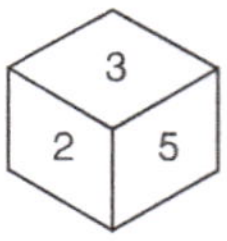

(a) 3 (b) 2
(c) 6 (d) 5

203. एक ही पासे की तीन अलग-अलग स्थितियाँ दर्शाई गई हैं। संख्या '6' दर्शाने वाले फलक के विपरीत वाले फलक पर कौन-सी संख्या होगी? **SSC Steno 11/12/2024 Shift-II**

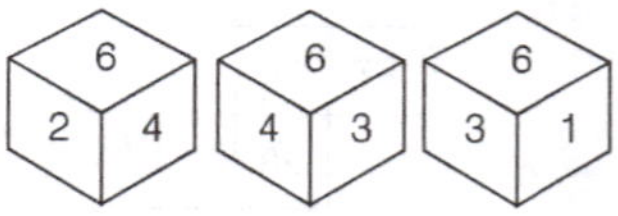

(a) 3 (b) 4
(c) 5 (d) 2

204. एक ही पासे की दो अलग-अलग स्थितियाँ नीचे दिखाई गई हैं। 2 वाले फलक के विपरीत फलक पर कौन-सा अंक है? **SSC Steno 11/12/2024 Shift-II**

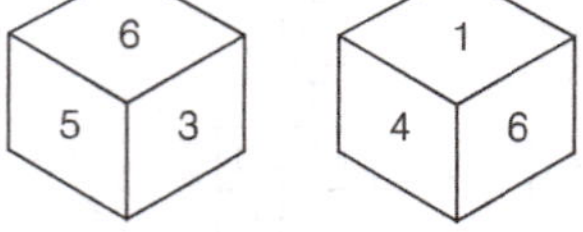

(a) 4 (b) 6
(c) 5 (d) 1

205. एक ही पासे की दो अलग-अलग स्थितियाँ नीचे दिखाई गई हैं। 5 वाले फलक के विपरीत फलक पर कौन-सा अंक है? **SSC Steno 11/12/2024 Shift-II**

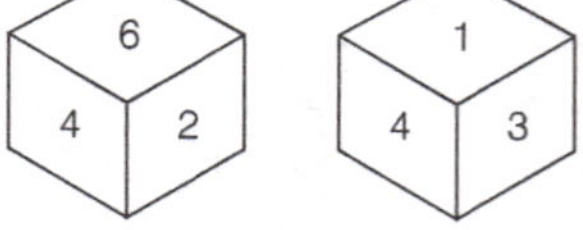

(a) 6 (b) 3
(c) 1 (d) 4

206. एक ही पासे की दो अलग-अलग स्थितियाँ नीचे दिखाई गई हैं। 2 वाले फलक के विपरीत फलक पर कौन-सा अंक है? **SSC Steno 11/12/2024 Shift-I**

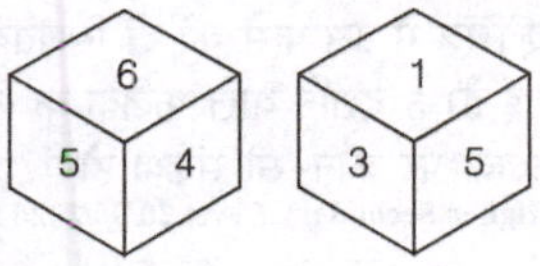

(a) 6 (b) 4
(c) 1 (d) 5

207. एक पासे के विभिन्न फलकों पर छः अक्षर P, Q, R, S, T और U लिखे गए हैं। इस पासे की दो स्थितियों को निम्नलिखित आकृति में दर्शाया गया है। S के विपरीत फलक पर अक्षर ज्ञात कीजिए। **SSC Steno 10/12/2024 Shift-III**

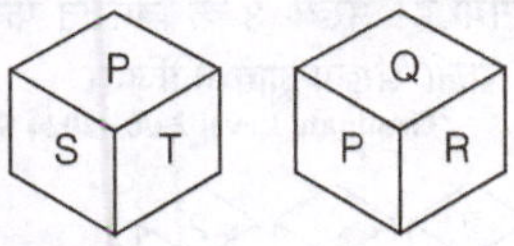

(a) P (b) U
(c) R (d) Q

208. एक ही पासे की दो अलग-अलग स्थितियाँ नीचे दिखाई गई हैं। 6 वाले फलक के विपरीत फलक पर कौन-सा अंक है? **SSC Steno 10/12/2024 Shift-II**

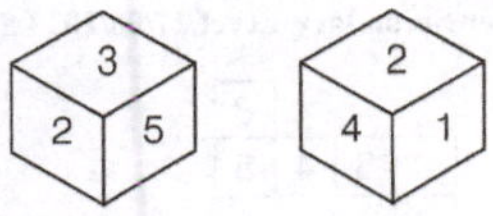

(a) 2 (b) 4
(c) 5 (d) 1

209. एक ही पासे की तीन अलग-अलग स्थितियाँ दर्शाई गई हैं। संख्या '4' दर्शाने वाले फलक के विपरीत वाले फलक पर कौन-सी संख्या होगी? **SSC Steno 10/12/2024 Shift-II**

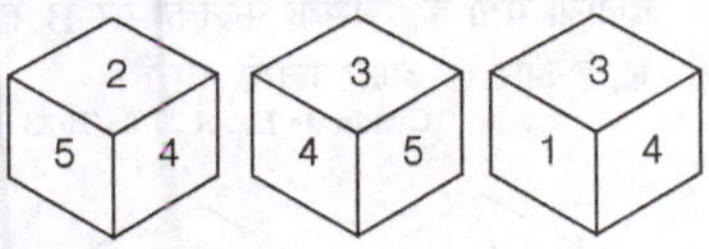

(a) 6 (b) 2
(c) 5 (d) 3

210. एक पासे के विभिन्न फलकों पर 1, 2, 3, 4, 5 और 6 लिखे गए हैं। उसी पासे की तीन अलग-अलग स्थितियाँ नीचे दर्शाई गई हैं। '2' दर्शाने वाले फलक के विपरीत फलक पर कौन-सी संख्या है? **SSC Steno 13/10/2023 Shift-I**

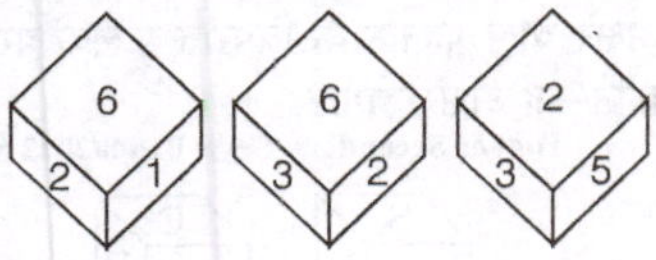

(a) 3
(b) 1
(c) 4
(d) 5

SSC GD Constable 2024

211. दिए गए पासे को मोड़ने पर कौन-सी संख्या 9 वाले फलक के विपरीत फलक पर होगी? **SSC GD 23/02/2024 Shift-IV**

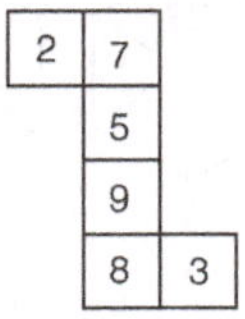

(a) 3 (b) 7 (c) 5 (d) 2

212. नीचे एक ही पासे की दो स्थितियाँ दी गई हैं। 'K' वाले फलक के विपरीत फलक पर निम्नलिखित विकल्पों में से क्या आएगा? **SSC GD 23/02/2024 Shift-III**

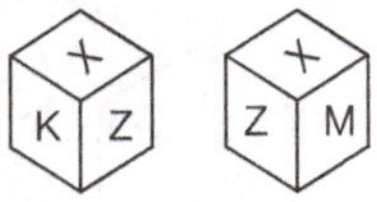

(a) Z (b) M (c) N (d) X

213. नीचे एक ही पासे की तीन स्थितियाँ दी गई हैं। 'D' वाले फलक के विपरीत फलक पर निम्नलिखित विकल्पों में से क्या आएगा? **SSC GD 23/02/2024 Shift-II**

(a) F (b) A
(c) B (d) C

214. नीचे एक पासे की दो स्थितियाँ दी गई हैं। '1' वाले फलक के विपरीत फलक पर निम्नलिखित विकल्पों में से क्या आएगा? **SSC GD 23/02/2024 Shift-II**

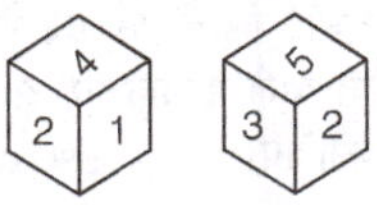

(a) 6 (b) 5
(c) 3 (d) 4

215. नीचे एक ही पासे की दो अलग-अलग स्थितियाँ दी गई हैं। 'M' वाले फलक के विपरीत फलक पर कौन-सा अक्षर आएगा? **SSC GD 23/02/2024 Shift-I**

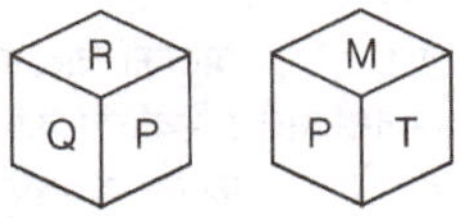

(a) T (b) P (c) R (d) Q

216. निम्नलिखित विकल्पों में से उस पासे का चयन कीजिए, जो दी गई शीट को मोड़ने पर नहीं बनाया जा सकता। **SSC GD 22/02/2024 Shift-IV**

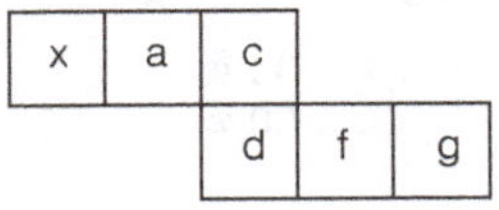

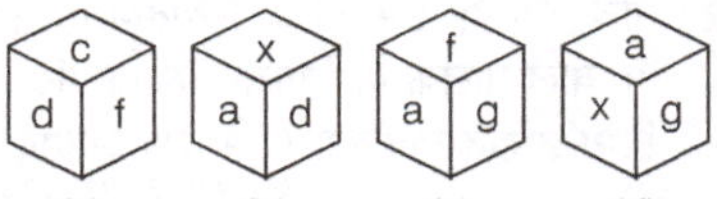

(a) (b) (c) (d)

217. दिए गए पासे को मोड़ने पर, कौन-सी संख्या '20' वाले फलक के विपरीत फलक पर होगी? **SSC GD 22/02/2024 Shift-III**

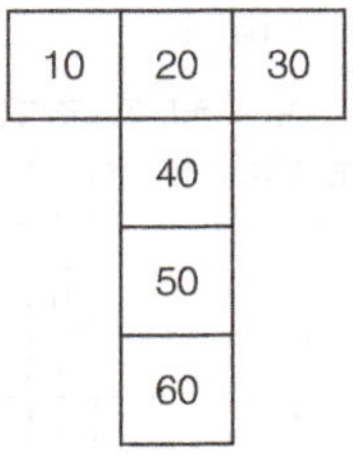

(a) 30 (b) 50
(c) 40 (d) 60

218. नीचे एक पासे की तीन स्थितियाँ दी गई है। 'F' वाले फलक के विपरीत फलक पर निम्नलिखित विकल्पों में से क्या आएगा? **SSC GD 22/02/2024 Shift-III**

(a) N (b) I
(c) M (d) P

219. नीचे एक ही पासे की दो स्थितियाँ दी गई हैं। '8' वाले फलक के विपरीत फलक पर क्या आएगा? **SSC GD 22/02/2024 Shift-II**

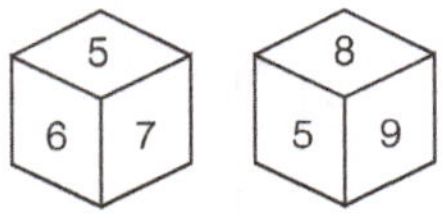

(a) 6 (b) 5
(c) 7 (d) 9

220. दिए गए पासे को मोड़ने पर, कौन-सा अक्षर 'K' वाले फलक के विपरीत फलक पर होगा? **SSC GD 21/02/2024 Shift-III**

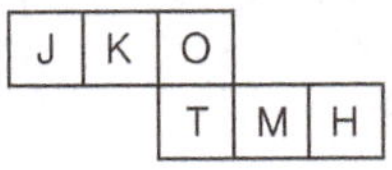

(a) M (b) H
(c) T (d) O

221. नीचे एक ही पासे की तीन स्थितियाँ दी गई हैं। '7' वाले फलक के विपरीत फलक पर क्या आएगा? **SSC GD 21/02/2024 Shift-I**

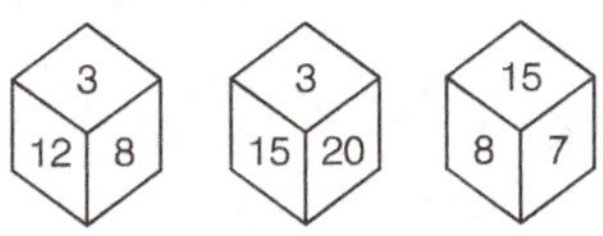

(a) 20 (b) 3
(c) 15 (d) 12

222. नीचे एक ही पासे की दो स्थितियाँ दी गई हैं '3' वाले फलक के विपरीत फलक पर निम्नलिखित विकल्पों में से क्या आएगा?
SSC GD 21/02/2024 Shift-I

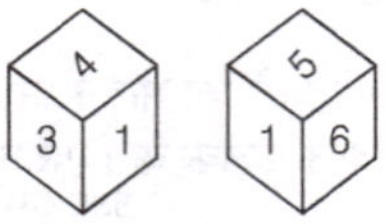

(a) 6 (b) 4 (c) 2 (d) 5

223. दिए गए पासे को मोड़ने पर, अक्षर 'n' के विपरीत कौन-सा अक्षर होगा?
SSC GD 20/02/2024 Shift-II

(a) p (b) j (c) r (d) h

224. नीचे एक ही पासे की चार अलग-अलग स्थितियाँ दी गई हैं। संख्या 23 वाले फलक के विपरीत फलक पर कौन-सी संख्या आएगी?
SSC GD 20/02/2024 Shift-I

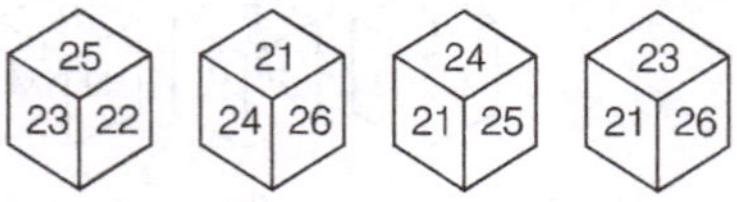

(a) 26 (b) 25 (c) 21 (d) 24

225. निम्नलिखित विकल्पों में से उस घन का चयन कीजिए, जो दी गई शीट को मोड़ने पर नहीं बन सकता है। **SSC GD 20/02/2024 Shift-I**

प्रश्न आकृति

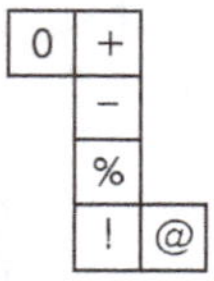

उत्तर आकृतियाँ

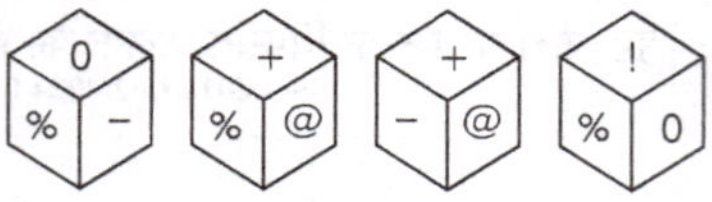

(a) (b) (c) (d)

SSC GD Constable 2023

226. एक ही पासे की तीन अलग-अलग स्थितियाँ दर्शाई गई हैं। '4' दर्शाने वाले फलक के विपरीत फलक पर संख्या ज्ञात करें।
SSC GD 13/02/2023 Shift-II

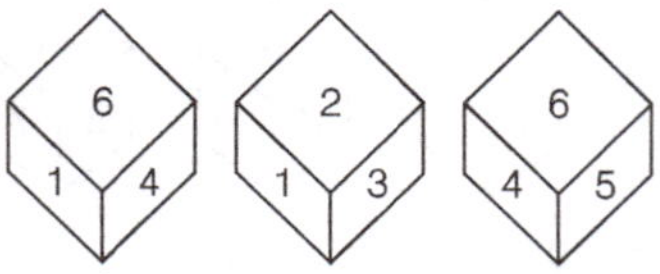

आकृति 1 आकृति 2 आकृति 3

(a) 3 (b) 6 (c) 5 (d) 2

227. एक ही पासे की दो अलग-अलग स्थितियों को दिखाया गया है। '27' दर्शाने वाले फलक के विपरीत फलक पर संख्या ज्ञात कीजिए।
SSC GD 09/02/2023 Shift-II

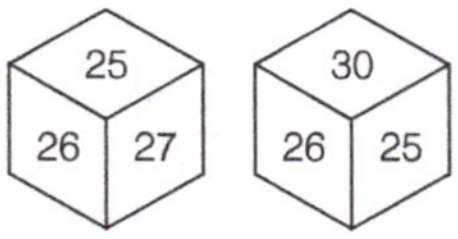

(a) 30
(b) 26
(c) 26
(d) इनमें से कोई नहीं

228. एक ही पासे की दो अलग-अलग स्थितियों को दिखाया गया है। '11' दर्शाने वाले फलक के विपरीत फलक पर संख्या ज्ञात कीजिए।
SSC GD 09/02/2023 Shift-I

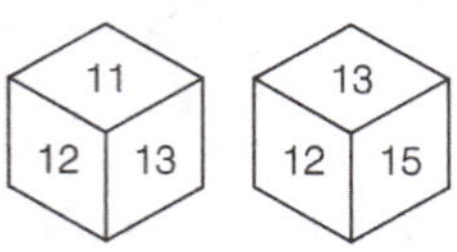

(a) 16 (b) 15
(c) 14 (d) 12

229. एक ही पासे की तीन अलग-अलग स्थितियों को दर्शाया गया है। '3' दर्शाने वाले फलक के विपरीत फलक की संख्या ज्ञात कीजिए।
SSC GD 07/02/2023 Shift-I

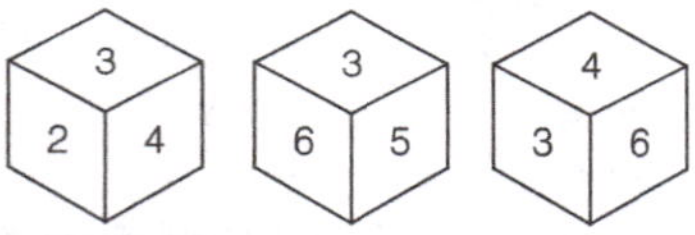

(a) 2 (b) 1
(c) 4 (d) 5

230. एक ही पासे की तीन अलग-अलग स्थितियाँ यहाँ दर्शाई गई हैं। '6' दर्शाने वाले फलक के विपरीत वाले फलक पर आने वाली संख्या ज्ञात कीजिए। **SSC GD 06/02/2023 Shift-I**

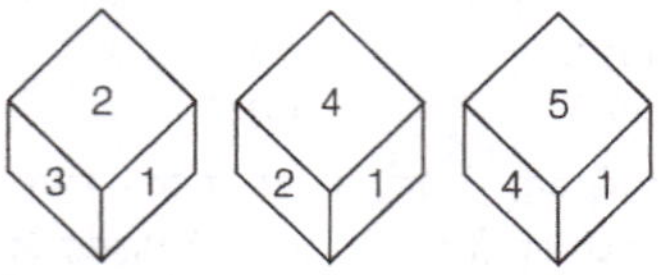

(a) 5 (b) 1
(c) 3 (d) 2

231. $, @, !, *, ∞, ÷ प्रतीकों वाले एक ही पासे की दो अलग-अलग स्थितियों को दर्शाया गया है। '÷' दर्शाने वाले फलक के विपरीत फलक पर प्रतीक ज्ञात कीजिए। **SSC GD 01/02/2023 Shift-I**

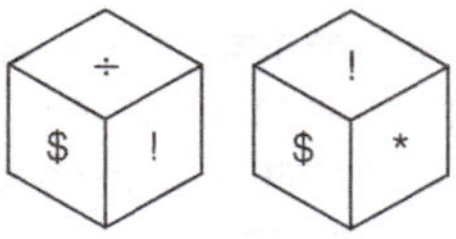

(a) ! (b) @
(c) * (d) ∞

SSC Selection Post 2024

232. एक पासे के अलग-अलग फलकों पर छः संख्याएँ 1, 2, 3, 4, 5 और 6 लिखी गई हैं। दिए गए चित्र में इस पासे की दो स्थितियाँ दर्शाई गई हैं। 5 दर्शाने वाले फलक के विपरीत वाले फलक पर कौन-सी संख्या होगी?
Higher Secondary Level 20/06/2024 Shift-II

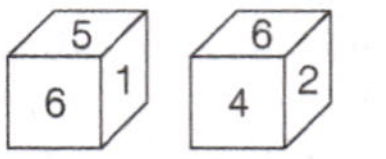

(a) 2 (b) 4 (c) 6 (d) 3

233. एक पासे के अलग-अलग फलकों पर छः अंक 1, 2, 3, 4, 5 और 6 लिखे गए हैं। दी गई आकृति में इस पासे की तीन स्थितियों को दिखाया गया है। संख्या 3 के विपरीत फलक पर आने वाली संख्या ज्ञात कीजिए।
Graduate Level 20/06/2024 Shift-III

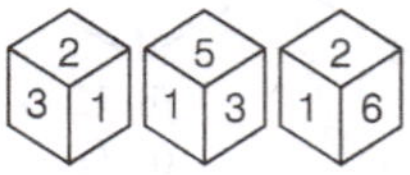

(a) 4 (b) 2 (c) 1 (d) 6

234. यदि दी गई शीट को मोड़कर एक घन बनाया जाता है, तो दी गई आकृतियों में से कौन-सी आकृति बनना सम्भव नहीं है?
Higher Secondary Level 27/06/2023 Shift-III

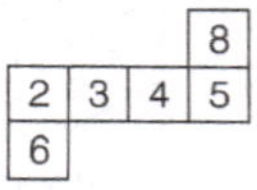

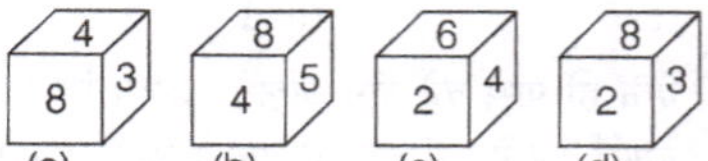

(a) (b) (c) (d)

235. एक ही पासे की दो अलग-अलग स्थितियों को दर्शाया गया है, जिसके फलकों पर B, C, D, E, F और G अक्षर लिखे हुए हैं।
Graduate Level 27/06/2023 Shift-IV

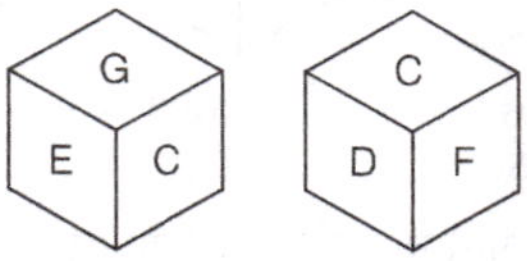

E वाले फलक के विपरीत फलक पर कौन-सा अक्षर है?

(a) B (b) D (c) F (d) G

236. एक ही पासे की दो स्थितियाँ दर्शाई गई हैं। D अक्षर वाले फलक के विपरीत फलक पर कौन-सा अक्षर होगा?
Higher Secondary Level 01/08/2022 Shift-II

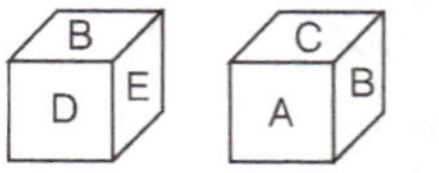

(a) B (b) C (c) E (d) F

सही उत्तर

1	(a)	2	(c)	3	(b)	4	(d)	5	(b)	6	(c)	7	(d)	8	(d)	9	(c)	10	(b)
11	(d)	12	(b)	13	(d)	14	(b)	15	(a)	16	(c)	17	(d)	18	(c)	19	(d)	20	(a)
21	(d)	22	(c)	23	(b)	24	(a)	25	(d)	26	(a)	27	(c)	28	(a)	29	(d)	30	(c)
31	(d)	32	(c)	33	(c)	34	(a)	35	(a)	36	(d)	37	(c)	38	(c)	39	(a)	40	(d)
41	(b)	42	(c)	43	(c)	44	(a)	45	(d)	46	(b)	47	(b)	48	(d)	49	(a)	50	(d)
51	(d)	52	(c)	53	(b)	54	(c)	55	(a)	56	(b)	57	(a)	58	(c)	59	(b)	60	(b)
61	(b)	62	(d)	63	(c)	64	(c)	65	(c)	66	(c)	67	(c)	68	(b)	69	(b)	70	(d)
71	(a)	72	(b)	73	(c)	74	(c)	75	(b)	76	(b)	77	(b)	78	(d)	79	(a)	80	(a)
81	(a)	82	(a)	83	(c)	84	(d)	85	(d)	86	(c)	87	(a)	88	(b)	89	(c)	90	(a)
91	(a)	92	(d)	93	(a)	94	(b)	95	(c)	96	(b)	97	(d)	98	(a)	99	(b)	100	(d)
101	(b)	102	(a)	103	(c)	104	(a)	105	(b)	106	(c)	107	(c)	108	(c)	109	(c)	110	(b)
111	(b)	112	(d)	113	(a)	114	(b)	115	(a)	116	(c)	117	(d)	118	(d)	119	(d)	120	(a)
121	(b)	122	(c)	123	(c)	124	(d)	125	(c)	126	(c)	127	(d)	128	(d)	129	(c)	130	(c)
131	(b)	132	(c)	133	(b)	134	(c)	135	(b)	136	(a)	137	(a)	138	(d)	139	(c)	140	(b)
141	(c)	142	(a)	143	(d)	144	(d)	145	(d)	146	(d)	147	(b)	148	(b)	149	(c)	150	(c)
151	(a)	152	(c)	153	(d)	154	(b)	155	(d)	156	(c)	157	(a)	158	(a)	159	(b)	160	(b)
161	(a)	162	(b)	163	(c)	164	(d)	165	(b)	166	(c)	167	(d)	168	(b)	169	(c)	170	(a)
171	(c)	172	(b)	173	(c)	174	(a)	175	(d)	176	(a)	177	(a)	178	(a)	179	(c)	180	(c)
181	(d)	182	(c)	183	(d)	184	(a)	185	(a)	186	(b)	187	(c)	188	(d)	189	(c)	190	(c)
191	(c)	192	(a)	193	(d)	194	(c)	195	(d)	196	(b)	197	(d)	198	(d)	199	(d)	200	(d)
201	(d)	202	(a)	203	(c)	204	(b)	205	(d)	206	(d)	207	(c)	208	(a)	209	(a)	210	(c)
211	(b)	212	(b)	213	(a)	214	(b)	215	(d)	216	(c)	217	(b)	218	(c)	219	(c)	220	(a)
221	(b)	222	(d)	223	(b)	224	(d)	225	(b)	226	(a)	227	(a)	228	(b)	229	(b)	230	(b)
231	(c)	232	(a)	233	(d)	234	(c)	235	(c)	236	(b)								

उत्तर सहित हल

1. (a) पासे की दोनों स्थितियों में फलक 'T' उभयनिष्ठ है तब T के दक्षिणावर्त फलकों को लिखने पर,

स्थिति I → T Q V

P

स्थिति II → T U S

(Q ↕ U, V ↕ S विपरीत फलक)

अत: 'T' के विपरीत फलक 'P' होगा।

2. (c) प्रश्नानुसार, पासे की दोनों स्थितियों में अक्षर I उभयनिष्ठ फलक पर है, इसलिए I दक्षिणावर्त क्रम में संगत फलक एक-दूसरे के विपरीत होंगे।

पहली स्थिति → I → A → O

दूसरी स्थिति → I → Z → Y

अत: O के विपरीत वाले फलक पर Y बनेगा।

3. (b) दिए गए पासे की दोनों स्थितियों में अक्षर 'Z' उभयनिष्ठ है, अक्षर 'Z' के दक्षिणावर्त दिशा में संगत फलक एक-दूसरे के विपरीत होंगे।

स्थिति I → Z–M–G

स्थिति II → Z–H–F

अत: G अक्षर वाले फलक के विपरीत F होगा।

4. (d) दिए गए पासे की दोनों स्थिति में संख्या '3' उभयनिष्ठ है। संख्या '3' के दक्षिणावर्त दिशा में संगत फलक एक-दूसरे के विपरीत होंगे।

स्थिति I → 3 → 5 → 6

स्थिति II → 3 → 2 → 7

अत: 5 वाले फलक के विपरीत फलक पर संख्या '2' होगी।

5. (b) दिए गए पासे की दोनों स्थितियों में अंक '2' उभयनिष्ठ है। अंक '2' से दक्षिणावर्त लिखने पर,

स्थिति I ⟶ 2 ⟶ 5 ⟶ 9

विपरीत ↕ विपरीत ↕

स्थिति II ⟶ 2 ⟶ 6 ⟶ 8

अत: शेष फलक/अंक '3', अंक '2' के विपरीत होगा।

6. (c) दिए गए पासे की दोनों स्थितियों में फलक '6' उभयनिष्ठ फलक है, '6' से दक्षिणावर्त लिखने पर,

स्थिति I ⟶ 6 ⟶ 1 2

↕ विपरीत ↕ विपरीत

स्थिति II ⟶ 6 ⟶ 5 4

अत: 5 के विपरीत फलक पर '1' होगा।

7. (d) दिए गए पासे की दोनों स्थितियों में फलक 'L' उभयनिष्ठ हैं। 'L' से दक्षिणावर्त लिखने पर,

स्थिति I → L J K

↕ विपरीत ↕ विपरीत

स्थिति II → L M O

अत: शेष फलक 'N' के विपरीत फलक पर 'L' होगा।

8. (d) दिए गए पासे की दोनों स्थितियों में एक फलक 'J' उभयनिष्ठ हैं, J से दक्षिणावर्त लिखने पर,

स्थिति I ⟶ J E T

↕ विपरीत ↕ विपरीत

स्थिति II ⟶ J I X

अत: X के विपरीत फलक पर 'T' होगा।

9. (c) दिए गए पासे की दोनों स्थितियों में अक्षर 'O' उभयनिष्ठ है, इसलिए 'O' से दक्षिणावर्त लिखने पर,

स्थिति I → O N M

विपरीत ↕ ↕ विपरीत

स्थिति II → O Q P

अत: शेष फलक या अक्षर 'R', O के विपरीत फलक पर होगा।

10. (b) दिए गए पासे की दोनों स्थितियों में 'रोना' तथा 'खेलना' उभयनिष्ठ हैं, तब शेष फलक एक-दूसरे के विपरीत हो जाते हैं।

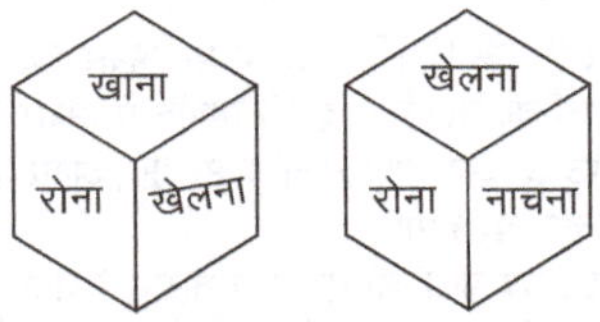

अत: 'खाना' के विपरीत फलक पर 'नाचना' होगा।

11. (d) पासे की दोनों स्थिति में उभयनिष्ठ फलक 'Z' है।

∴ Z के सापेक्ष में पासे की स्थिति को दक्षिणावर्त घुमाने पर,

पासा I ⟶ Z O F

M

पासा III ⟶ Z T R

(O ↕ T, F ↕ R विपरीत)

अत: Z के विपरीत फलक पर अक्षर 'M' होगा।

12. (b) पासे की दोनों स्थिति में अक्षर 'R' उभयनिष्ठ है।
∴ R के दक्षिणावर्त में संगत फलक एक-दूसरे के विपरीत होंगे।

पासा I ⟶ R C V
↕ ↕ विपरीत
पासा III ⟶ R X E

अत: अक्षर 'C' के विपरीत फलक पर 'X' होगा।

13. (d) पासे की स्थिति II तथा III में 6 उभयनिष्ठ फलक है।
∴ 6 के सापेक्ष दक्षिणावर्त घुमाने पर,

पासा II ⟶ 6 4 3
5 ↕ ↕
पासा III ⟶ 6 1 2

अत: 2 वाले फलक के विपरीत फलक पर '3' होगा।

14. (b) पासे की दोनों स्थितियों में उभयनिष्ठ अक्षर 'J' है
∴ J के सापेक्ष दक्षिणावर्त घुमाने पर,

पासा I ⟶ J P U
K ↕ ↕ विपरीत
पासा II ⟶ J W L

अत: P के विपरीत फलक पर अक्षर 'W' होगा।

15. (a) पासे की दोनों स्थितियों में अक्षर 'X' उभयनिष्ठ है
∴ X के सापेक्ष दक्षिणावर्त घुमाने पर,

स्थिति I → X S T
↕ ↕ ↕
स्थिति II → X R M

अत: 'R' के विपरीत वाले फलक पर अक्षर 'S' होगा।

16. (c) दी गई शीट के अनुसार,

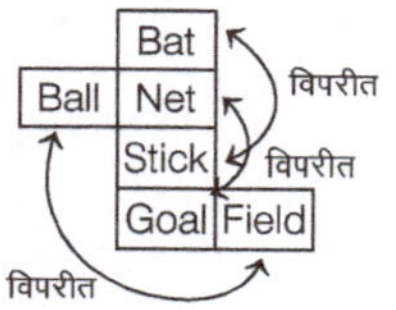

अत: 'Ball' के विपरीत फलक पर शब्द 'Field' होगा।

17. (d) ∵ पासे की दोनों स्थितियों में संख्या 8 और 9 उभयनिष्ठ फलक हैं।
∴ संख्या 7 के विपरीत फलक पर संख्या 10 होगी।

18. (c) ∵ पासे की दोनों स्थितियों में संख्या III और 'V' उभयनिष्ठ फलक हैं।
∴ संख्या 'VI' के विपरीत फलक पर संख्या 'II' होगी।

19. (d) पासे की दोनों स्थितियों में उभयनिष्ठ फलक 'K' है। K के सापेक्ष दक्षिणावर्त घुमाने पर,

पासा I ⟶ K V B
T ↕ ↕ विपरीत
पासा II ⟶ K P M

अत: अक्षर 'B' के विपरीत फलक पर अक्षर 'M' होगा।

20. (a) पासे की पहली व दूसरी स्थिति में अक्षर B तथा C उभयनिष्ठ हैं। अत: शेष बचा अक्षर 'E', अक्षर 'A' के विपरीत फलक पर होगा।

21. (d) दिए गए पासे की दूसरी व तीसरी स्थिति में नाक और पैर उभयनिष्ठ है। अत: शेष बचा भाग मुँह और हाथ एक-दूसरे के विपरीत फलक पर होंगे।

22. (c) दिए गए पासे की दोनों स्थिति में संख्या 6 उभयनिष्ठ है इसलिए '6' से दक्षिणावर्त लिखने पर,

स्थिति I → 6 5 3
↕
स्थिति II → 6 2 1

अत: बची हुई संख्या '4', संख्या 6 वाले फलक के विपरीत फलक पर होगी।

23. (b) पासे की दोनों स्थितियों में अक्षर 'K' उभयनिष्ठ है। इसलिए 'K' के सापेक्ष दक्षिणावर्त लिखने पर,

स्थिति I → K L J
↕ ↕
स्थिति II → K G I

अत: 'G' के विपरीत फलक पर अक्षर 'L' है।

24. (a) पासे की दोनों स्थितियों में संकेत '&' उभयनिष्ठ है। इसलिए '&' के सापेक्ष दक्षिणावर्त लिखने पर,

स्थिति I → & % ?
↕ ↕
स्थिति II → & + @

अत: '@' वाले फलक के विपरीत फलक पर संकेत '?' है।

25. (d) पासे की दोनों स्थितियों में अक्षर 'A' उभयनिष्ठ है, A से दक्षिणावर्त लिखने पर,

स्थिति I → A B C
विपरीत ↕ विपरीत ↕
स्थिति II → A F G

अत: शेष फलक अर्थात् अक्षर 'E', अक्षर 'A' के विपरीत होगा।

26. (a) प्रश्नानुसार,

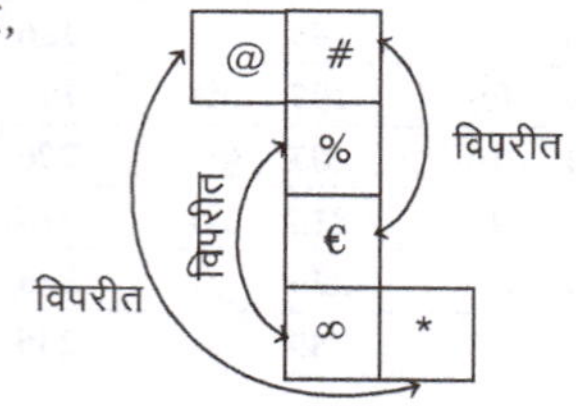

अत: '#' के विपरीत फलक पर € होगा।

27. (c) दिए गए पासे की दोनों स्थितियों में संख्या '3' उभयनिष्ठ है, 3 से दक्षिणावर्त लिखने पर,

पासा 1 3 – 6 – 1
5 ↕ ↕
पासा 2 3 – 2 – 4

अत: '5' दर्शाने वाले फलक के विपरीत '3' होगा।

28. (a) दिए गए पासे की दोनों स्थिति में अक्षर 'U' और 'X' उभयनिष्ठ है इसलिए तीसरा अक्षर एक-दूसरे के विपरीत होगा।

पासा I → U — X — [V]
पासा II → U — X — [Z]

अत: अक्षर V के विपरीत फलक पर Z होगा।

29. (d) दिए गए पासे की दोनों स्थिति में अक्षर 'O' उभयनिष्ठ है। O से दक्षिणावर्त लिखने पर,

स्थिति I → O → [N] → M
स्थिति II → O → [J] → K

अत: J के विपरीत फलक पर N होगा।

30. (c) दिए गए पासे की स्थिति II तथा III में खेलना तथा सोना उभयनिष्ठ है। इस अवस्था में शेष फलक एक-दूसरे के विपरीत होते हैं।

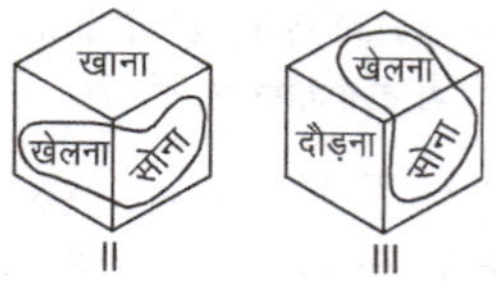

अत: फलक खाना के विपरीत फलक दौड़ना होगा।

31. (d) दिए गए पासे की दोनों स्थितियों में अक्षर 'Y' उभयनिष्ठ है, Y से दक्षिणावर्त घुमाने पर,

स्थिति I ⟶ Y – T – [O]
स्थिति II ⟶ Y – B – [L]

अत: 'L' अक्षर वाले फलक के विपरीत फलक पर अक्षर 'O' होगा।

32. (c) दिए गए पासे की दोनों स्थिति में अक्षर 'S' उभयनिष्ठ है।

स्थिति I → S R T
↕ ↕
स्थिति II → S P M

अत: शेष अक्षर 'B' फलक 'S' के विपरीत फलक पर होगा।

33. (c) दिए गए पासे की दोनों स्थितियों में संख्या '6' उभयनिष्ठ है 6 से दक्षिणावर्त घुमाने पर,

स्थिति I 6 4 5
स्थिति II 6 2 3

स्पष्टत: शेष बचे फलक '1' के विपरीत फलक पर संख्या '6' होगी।

34. (a) प्रश्नानुसार,

पासा 1 8 — [3] — [7]
4 ↓ ↓ विपरीत
पासा 2 8 — [2] — [9]

अत: 4 संख्या के विपरीत फलक पर संख्या 8 होगी।

35. (a) प्रश्नानुसार,
पासे की पहली तथा तीसरी स्थिति से,

पासा 1 ⟶ K — [M] — O
विपरीत
पासा 2 ⟶ K — [N] — L

अत: M के विपरीत फलक पर N होगा।

36. (d) प्रश्नानुसार,

पासा 1 M — T — [A]
R ↕ विपरीत ↕ विपरीत
पासा 2 M — P — [S]

अत: R के विपरीत फलक पर M होगा।

37. (c) प्रश्नानुसार,

पासा 1 W — U — [Y]
Y ↓ विपरीत विपरीत
पासा 2 W — V — [Z]

अत: Z के विपरीत फलक पर Y होगा।

38. (c) प्रश्नानुसार,

पासा 1 ⟶ T — [M] — S
पासा 2 ⟶ T — [R] — P

अत: M के विपरीत वाले फलक पर R होगा।

39. (a) दिए गए पासे की दोनों स्थितियों में अक्षर 'R' उभयनिष्ठ है, अक्षर 'R' से दक्षिणावर्त लिखने पर,

स्थिति I ⟶ R P T
↕ विपरीत ↕ विपरीत
स्थिति II ⟶ R Q U

अत: अक्षर 'R' के विपरीत फलक पर शेष फलक अर्थात् अक्षर 'S' होगा।

40. (d) दिए गए पासे की दोनों स्थितियों में अक्षर 'R' उभयनिष्ठ है। 'R' से दक्षिणावर्त लिखने पर,

स्थिति I ⟶ R M A
↕विपरीत ↕विपरीत
स्थिति II ⟶ R Y S

अत: अक्षर 'S' के विपरीत फलक पर अक्षर 'A' होगा।

41. (b) दिए गए पासे की दोनों स्थितियों में अक्षर V उभयनिष्ठ है। उभयनिष्ठ अक्षर V से दक्षिणावर्त दिशा में दोनों स्थितियों के अक्षरों को लिखने पर,

स्थिति I ⟶ V Z Q
↕विपरीत ↕विपरीत
स्थिति II ⟶ V L T

अत: अक्षर 'Q' के विपरीत फलक पर अक्षर 'T' होगा।

42. (c) प्रश्नानुसार,

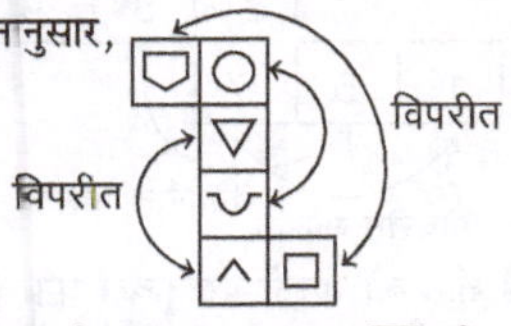

अत: प्रतीक '⋀' के विपरीत फलक '▽' होगा।

43. (c) पासे की दोनों स्थितियों का ध्यानपूर्वक अवलोकन करने पर, दोनों चित्रों में फलक U और S उभयनिष्ठ है। अत: फलक 'X' के विपरीत सतह पर फलक 'T' होगा।

44. (a) दिए गए पासे की पहली और दूसरी स्थिति में संख्या 5 और 1 उभयनिष्ठ है।
इसलिए 4 दर्शाने वाले फलक के विपरीत फलक पर संख्या 2 होगी।

45. (d) दी गई पासे की दूसरी तथा तीसरी स्थिति में से, संख्या 2 और 6 उभयनिष्ठ है।
इसलिए संख्या 1 वाले फलक के विपरीत फलक पर संख्या 3 होगी।

46. (b) पासे की स्थितियों का ध्यानपूर्वक अवलोकन करने पर, चित्र 1 और 2 में 1 और 2 उभयनिष्ठ है। अत: 6 के विपरीत फलक पर 5 होगा। इसी प्रकार, चित्र 2 और 3 से, 1 के विपरीत फलक पर 4 होगा।
अत: 3 के विपरीत फलक पर 2 होगा।

47. (b) दिए गए पासे की दोनों स्थितियों में Q उभयनिष्ठ है। प्रत्येक स्थिति में Q से दक्षिणावर्त क्रम में लिखने पर,

I [Q] R M
उभयनिष्ठ ↕ विपरीत ↕ विपरीत
II [Q] O N

∴ स्वर O वाले फलक के विपरीत पर 'R' होगा।

48. (d) तीनों पासे की स्थितियों से स्पष्ट है कि संख्या '2' वाले फलक के संलग्न फलकों पर संख्याएँ 1, 3, 4 और 6 हैं। इसलिए '2' प्रदर्शित करने वाले फलक के विपरीत फलक पर संख्या '5' है।

49. (a) पासे की पहली तथा दूसरी स्थिति में संख्या 1 उभयनिष्ठ है।

स्थिति I → 1 3 4
↕ ↕
स्थिति II → 1 6 5

अत: संख्या '1' के विपरीत फलक पर संख्या '2' होगी।

50. (d) पासे की पहली तथा दूसरी स्थिति में '1' उभयनिष्ठ है।

स्थिति I → 1 6 5
↕ ↕
स्थिति II → 1 4 3

स्पष्टत: '6' के विपरीत फलक पर संख्या '4' है।

51. (d) पासे की स्थिति I व II में, 5 व 1 उभयनिष्ठ है। अत: 2 दर्शाने वाले फलक के विपरीत 6 होगा तथा पासे की स्थिति II व III में, 1 व 6 उभयनिष्ठ है। अत: 5 दर्शाने वाले फलक के विपरीत 4 होगा।
इसलिए 3 दर्शाने वाले फलक के विपरीत फलक पर संख्या 1 होगी।

52. (c) दिए गए पासे की दोनों स्थिति में अक्षर X तथा V उभयनिष्ठ है अत: W के विपरीत फलक पर Y होगा।

53. (b) दिए गए पासे की पहली तथा दूसरी स्थिति में संख्या '5' उभयनिष्ठ है।
∴ संख्या 5 के सापेक्ष दक्षिणावर्त लिखने पर,

स्थिति I → 5 3 4
↕ ↕ विपरीत
स्थिति II → 5 1 2

अत: '3' दर्शाने वाले विपरीत फलक पर संख्या '1' होगी।

54. (c) दिए गए पासे की दोनों स्थितियों से संख्या 2 और 3 उभयनिष्ठ है, इसलिए संख्या 4 और 1 एक-दूसरे के विपरीत फलक पर होगी।

55. (a) चित्र I तथा II में, 1 और 3 उभयनिष्ठ है।
अत: फलक 4 के विपरीत फलक पर 2 होगा।
चित्र II तथा III में, 1 और 2 उभयनिष्ठ है,
अत: फलक 3 के विपरीत फलक पर 6 होगा।
स्पष्टत: फलक 5 के विपरीत फलक पर 1 होगा।

56. (b) पासे की स्थिति I तथा II में संख्या 4 और 5 उभयनिष्ठ हैं। अत: संख्या '1' वाले फलक के विपरीत फलक संख्या 3 होगी।

57. (a) पासे की स्थिति I व II में, 5 व 6 उभयनिष्ठ हैं। अत: 4 के विपरीत 3 होगा तथा पासे की स्थिति I व III में 5 व 3 उभयनिष्ठ है। अत: 2 के विपरीत 6 होगा।
∴ 5 दर्शाने वाले फलक के विपरीत फलक पर संख्या '1' होगी।

58. (c) पासे की दोनों स्थिति का ध्यानपूर्वक अवलोकन करने पर, हम देखते हैं कि लाल और सफेद दोनों फलक उभयनिष्ठ हैं।
अत: नीले वाले फलक के विपरीत फलक पर काला फलक होगा।

59. (b) पासे की स्थिति I तथा II में, 1 और 3 उभयनिष्ठ है। अत: शेष बची संख्या 5 व 4 एक-दूसरे के विपरीत फलक पर होंगी।

60. (b) पासे की स्थिति I व II में, 1 व 6 उभयनिष्ठ हैं। अत: 2 के विपरीत 5 आएगा तथा पासे की स्थिति II व III में, 1 व 5 उभयनिष्ठ है। अत: 4 के विपरीत 6 आएगा।
अत: '1' प्रदर्शित करने वाले फलक के विपरीत फलक पर शेष बची संख्या '3' होगी।

61. (b) दिए गए पासे की स्थिति I व III में, 5 और 6 उभ्यनिष्ठ हैं इसलिए शेष बची संख्याएँ 4 और 3 एक-दूसरे के विपरीत होंगी।
अत: '4' प्रदर्शित करने वाले फलक के विपरीत फलक पर संख्या '3' होगी।

62. (d) दिए गए पासे के चित्र 2 व 3 में संख्याएँ 3 और 5 उभयनिष्ठ है।
अत: शेष संख्याएँ 2 और 4 एक-दूसरे के विपरीत फलक पर होगी।

63. (c) दिए गए चित्र 1, 2 और 3 से संख्या 1 के संलग्न फलकों पर संख्या 3, 4, 5 व 6 हैं।
अत: संख्या 1 के विपरीत फलक पर संख्या 2 होगी।

64. (c) दिए गए पासे की दोनों स्थितियों में T उभयनिष्ठ है तब दक्षिणावर्त दिशा में,

पहली स्थिति → T [G] [U]
दूसरी स्थिति → T [R] [K]

अत: K के विपरीत फलक पर U होगा।

65. (c) चित्र 2 व 3 में, संख्या 5 और 2 दोनों में उभयनिष्ठ है। इसलिए संख्या 6 के विपरीत फलक पर संख्या '3' होगी।

66. (c) पासे की दूसरी और तीसरी स्थिति से स्पष्ट है कि संख्या '2' वाले फलक के संलग्न फलकों पर संख्या '6' '3', '1' और '4' हैं। अत: संख्या '2' वाले फलक के विपरीत फलक पर संख्या '5' होगी।

67. (c) पासे की तीनों स्थितियों से स्पष्ट है कि संख्या '2' वाले फलक के संलग्न फलकों पर संख्या 3, 4, 6, 1 है। इसलिए संख्या '2' के विपरीत फलक पर संख्या '5' होगी।

68. (b) दिए गए पासे की स्थिति (1) व (3) में अंक 5 उभयनिष्ठ हैं, इसलिए अंक 5 से आरम्भ करके दक्षिणावर्त दिशा में क्रमश: लिखने पर,

स्थिति 1 ⟶ [5] 3 4
↕ विपरीत ↕ विपरीत
स्थिति 3 ⟶ [5] 1 2

अत: '6' वाले फलक के विपरीत फलक पर संख्या '5' है।

69. (b) पासे की पहली और तीसरी स्थिति में 1 और 5 उभयनिष्ठ है।
इसलिए संख्या '3' वाले फलक के विपरीत फलक पर संख्या '4' होगी।

70. (d) पासे की स्थितियाँ III व IV से, संख्या 3 की संलग्न फलकों पर उपस्थित संख्याएँ 1, 4, 5 व 6 हैं।
अत: संख्या '3' दर्शाने वाले फलक के विपरीत वाले फलक पर संख्या '2' होगी।

71. (a) स्थिति I व III से, 6 और 3 पासे की दोनों स्थितियों में उभयनिष्ठ है।
∴ शेष बची संख्याएँ 1 और 4 एक-दूसरे के विपरीत होंगी।
इसी प्रकार, स्थिति I और IV से
∵ 3 और 1 उभयनिष्ठ है।
∴ 5 और 6 एक-दूसरे के विपरीत होगी।
अत: शेष बची संख्या 2 और 3 एक-दूसरे के विपरीत होंगी।

72. (b) दिए गए पासे की पहली और दूसरी स्थिति में अंक 2 और 4 उभयनिष्ठ हैं। इसलिए 1 के विपरीत फलक पर अंक 6 होगा।

73. (c) दी गई शीट में,

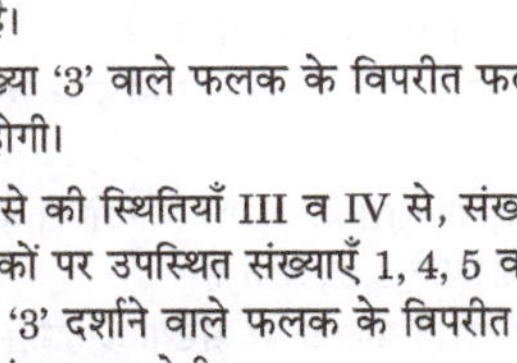

हम जानते हैं कोई भी दो विपरीत फलक एक-दूसरे के संलग्न नहीं हो सकती है।
अत: केवल आकृति C और D बनाई जा सकती है।

74. (c) दिए गए पासे की पहली और तीसरी स्थिति में संख्या 5 और 6 उभयनिष्ठ हैं। इसलिए 4 दर्शाने वाले फलक के विपरीत फलक की संख्या 3 है।

75. (b) दिए गए पासे की तीनों स्थितियों में संख्या 1 उभयनिष्ठ है। संख्या 1 के संलग्न फलकों पर स्थित संख्या 2, 3, 4, 6 है। इसलिए संख्या 1 के विपरीत फलक पर संख्या 5 है।

76. (b) पासे की पहली दो स्थितियों से स्पष्ट है कि संख्या '2' वाले फलक के संलग्न फलकों पर संख्या 4, 5, 6 और 3 है।

अत: '2' संख्या वाले फलक के विपरीत फलक पर संख्या 1 होगी।

77. (b) दिए गए तीनों चित्रों में संख्या 1 उभयनिष्ठ है और संख्या 1 वाले फलक के संलग्न फलकों पर संख्या 2, 4, 5, 6 है। इसलिए संख्या 3 वाला फलक संख्या 1 वाले फलक के विपरीत होगा।

78. (d) पासे की स्थिति 1 व 3 से, संख्या '3' वाले फलक के संलग्न फलकों पर संख्या 2, 6, 1 और 4 हैं। अत: संख्या '3' के विपरीत फलक पर संख्या '5' होगी।

79. (a) प्रश्नानुसार,

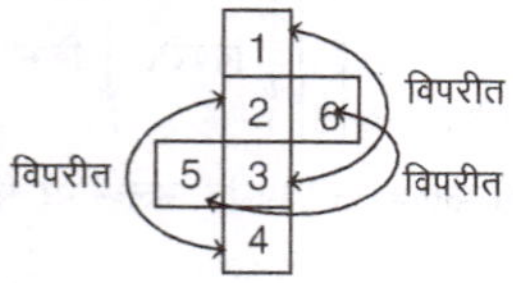

हम जानते हैं कि घन के कोई भी दो विपरीत फलक एक-दूसरे के संलग्न नहीं हो सकते हैं।

अत: केवल घन C और D को ही मोड़कर बनाया जा सकता है।

80. (a) दिए गए पासे की दोनों स्थितियों से 4 के संलग्न फलकों पर संख्याएँ 1, 2, 3, 5 हैं।

अत: 6 के विपरीत फलक पर संख्या 4 होगी।

81. (a) दिए गए पासे की पहली और तीसरी स्थिति में 3 और 6 उभयनिष्ठ हैं। इसलिए 4 को दर्शाने वाले फलक के विपरीत फलक पर 1 होगा।

82. (a) पासे की स्थिति (1) व (2) में संख्या 3 और 6 उभयनिष्ठ हैं। इसलिए शेष बची दोनों संख्याएँ एक-दूसरे के विपरीत होंगी।

अत: 2 के विपरीत वाले फलक पर संख्या 4 होगी।

83. (c) चित्र (I) और (II) में, 2 और 5 उभयनिष्ठ हैं। इसलिए 1 के विपरीत 6 होगा।

इसी प्रकार चित्र (II) और (III) में, 1 और 2 उभयनिष्ठ हैं, इसलिए 4 के विपरीत 5 होगा।

अत: 3 वाले फलक के विपरीत फलक पर संख्या 2 होगी।

84. (d) दी गई पासे की स्थितियों में संख्या 1, 2, 3 और 4 सभी संख्या 5 के संलग्न फलक पर हैं।

अत: शेष बची संख्या 6, संख्या 5 के विपरीत फलक पर होगी।

85. (d) पासे की स्थिति II व III में, उभयनिष्ठ संख्या 2 के दक्षिणावर्त दिशा में

स्थिति II [2] उभयनिष्ठ 5 ↕ 3 विपरीत 4 ↕ 6 विपरीत
स्थिति III [2]

अत: 2 के विपरीत फलक पर 1 अंकित होगा।

86. (c) पासे की स्थिति (2) व (3) में, संख्या 4 और 2 उभयनिष्ठ है। इसलिए शेष बची दोनों संख्याएँ एक-दूसरे के विपरीत होंगी।

अत: 3 दर्शाने वाले फलक के विपरीत फलक पर '1' होगा।

87. (a) पासे की स्थिति I व II में 4 और 2 उभयनिष्ठ हैं। इसलिए शेष बची संख्याएँ एक-दूसरे के विपरीत होंगी।

$\therefore$ $3 \leftrightarrow 6$

इसी प्रकार, स्थिति II व III में 3 व 4 उभयनिष्ठ हैं।

$\therefore$ $2 \leftrightarrow 5$

$\therefore$ $1 \leftrightarrow 4$

अत: संख्या 1 के विपरीत फलक पर संख्या 4 होगी।

88. (b) दी गई आकृति 2 और आकृति 3 में संख्या 4 और संख्या 6 उभयनिष्ठ है।

इसलिए शेष बची तीसरी संख्या एक-दूसरे के विपरीत फलक पर होगी।

अत: संख्या 3 के विपरीत फलक पर संख्या 1 होगी।

89. (c) पासे की स्थिति I व III में, संख्या 4 के संलग्न फलक पर 2, 3, 5 तथा 6 संख्याएँ हैं। इसलिए शेष बची संख्या 1, 4 के विपरीत फलक पर होगी।

90. (a) पासे की स्थति I व II में, 5 और 1 संख्याएँ उभयनिष्ठ हैं। इसलिए शेष बची दो संख्याएँ परस्पर विपरीत होंगी।

$\therefore$ $6 \leftrightarrow 4$

इसी प्रकार, स्थिति II व III में, 4 और 1 उभयनिष्ठ हैं

$\therefore$ $5 \leftrightarrow 2$

$\therefore$ $1 \leftrightarrow 3$

अत: संख्या 1 के विपरीत फलक पर संख्या 3 होगी।

91. (a) पासे की पहली और तीसरी स्थिति में संख्या 1 और 5 उभयनिष्ठ है।

इसलिए शेष बची दोनों संख्याएँ 2 और 4 एक-दूसरे के विपरीत फलक पर होंगी।

92. (d) दिए गए पासे की पहली व तीसरी स्थिति में अक्षर 'O' उभयनिष्ठ है

स्थिति I → O Q [M]
स्थिति III → O N [P]

$\therefore$ 'M' अक्षर वाले फलक के विपरीत 'P' अक्षर वाला फलक है।

93. (a) पासे की दोनों स्थितियों में अक्षर t उभयनिष्ठ है।

स्थिति I → t [s] r

स्थिति II → t [q] u

$\therefore$ 'q' अक्षर वाले फलक के विपरीत फलक पर अक्षर 's' होगा।

94. (b) प्रश्नानुसार,

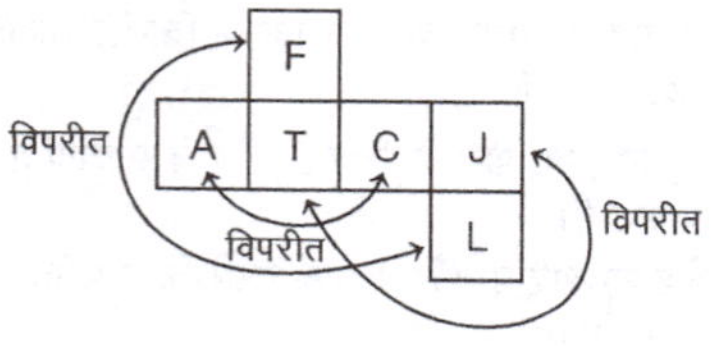

अत: प्रश्न में दी गई शीट को मोड़कर घन A और B बनाए जा सकते हैं।

95. (c) प्रश्नानुसार,

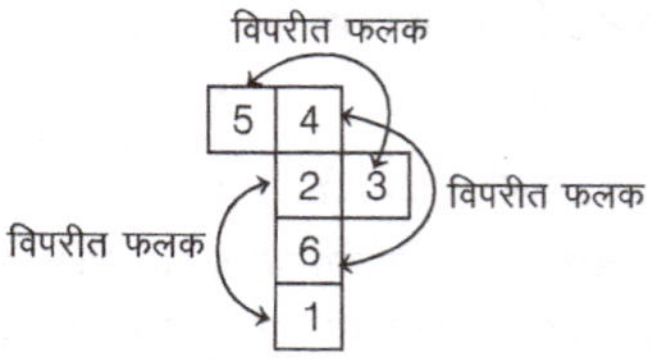

उपरोक्त चित्र से स्पष्ट है कि, संख्या '1' के फलक के विपरीत, संख्या '2' का फलक होगा।

96. (b) प्रश्नानुसार,

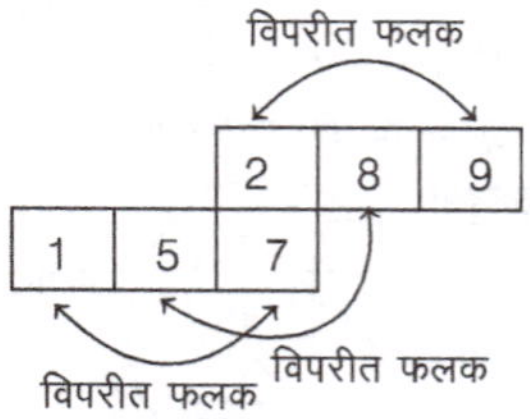

अत: दी गई शीट को मोड़ने पर केवल घन A और D बनाए जा सकते हैं।

97. (d) पासे की दोनों स्थितियों में अक्षर J उभयनिष्ठ है। अत: J से शुरू करते हुए अन्य अक्षरों को दक्षिणावर्त क्रम में लिखने पर,

स्थिति I → J [F] I

स्थिति II → J [G] H

अत: 'F' अक्षर वाले फलक के विपरीत 'G' अक्षर वाला फलक होगा।

98. (a) पासे की पहली व तीसरी स्थिति को दक्षिणावर्त लिखने पर,

स्थिति I → B C A
स्थिति III → B E F

अत: D के विपरीत फलक पर B आएगा।

99. (b) दी गई शीट को मोड़कर घन बनाने पर निम्न फलक विपरीत होंगे।

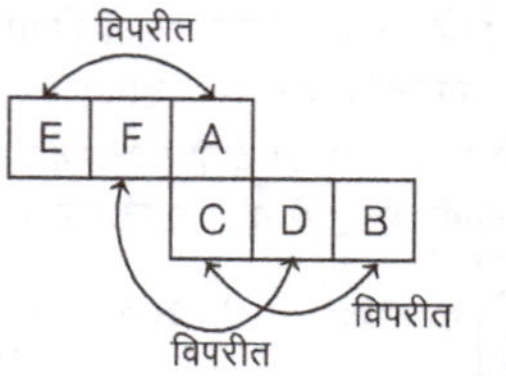

अत: D और F अक्षर एक-दूसरे के विपरीत फलक पर आएँगे।

100. (d) पासे की दी गई दोनों स्थितियों को दक्षिणावर्त लिखने पर,

स्थिति I → X XI XIII
स्थिति II → X XIV IX

अत: XIV वाले फलक के विपरीत XI आएगा।

101. (b) पासे की दोनों स्थितियों में अक्षर F उभयनिष्ठ है। अक्षर F से दक्षिणावर्त दिशा में संगत अक्षर विपरीत फलक पर होंगे

अर्थात् पहली स्थिति से → F [C] [E]
दूसरी स्थिति से → F [B] [D]

अत: C अक्षर वाले फलक के विपरीत फलक पर अक्षर B आएगा।

102. (a) प्रश्नानुसार,

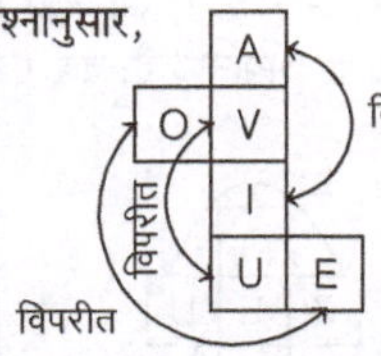

अत: शीट को मोड़कर घन बनाने पर अक्षर A के विपरीत फलक पर अक्षर I होगा।

103. (c) प्रश्नानुसार,

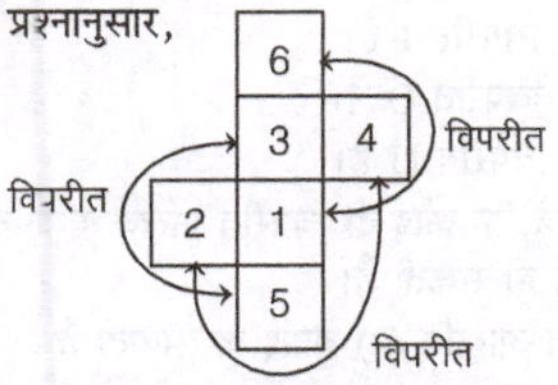

दी गई प्रश्न आकृति को मोड़कर आकृति A और C बनाई जा सकती है।

104. (a) प्रश्नानुसार,

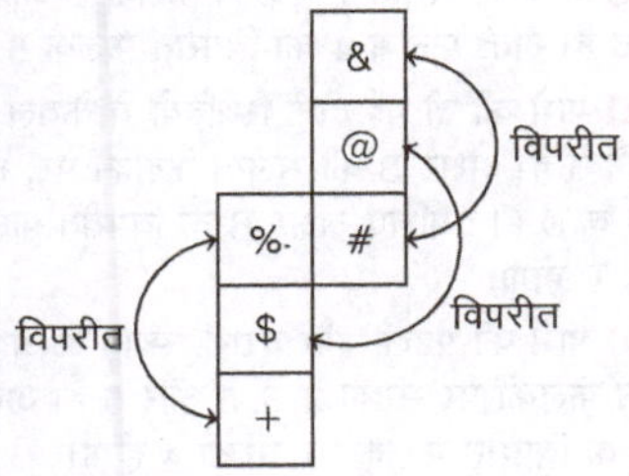

अत: दी गई शीट को मोड़ने पर बने घन पर प्रतीक # वाले फलक के विपरीत फलक पर प्रतीक & होगा।

105. (b) प्रश्नानुसार,

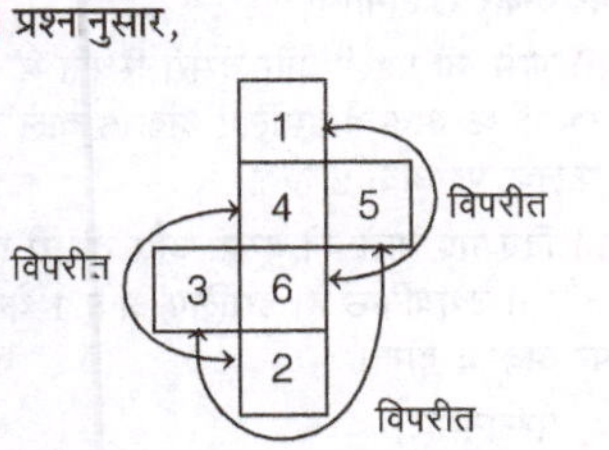

अत: 2 और 4 संख्याओं की जोड़ी विपरीत फलक पर होगी।

106. (c) प्रश्नानुसार,

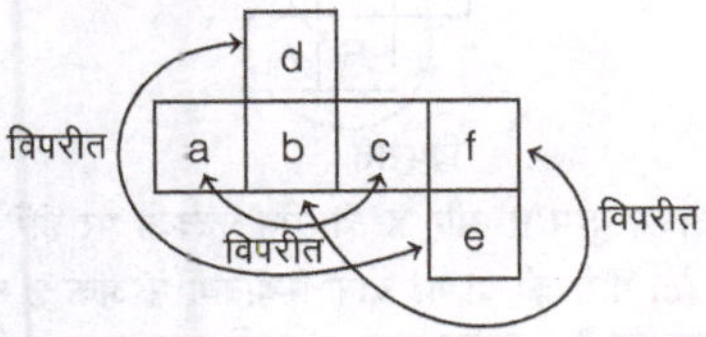

अत: उत्तर आकृति (c) में दिया गया बॉक्स नहीं बनाया जा सकता है।

107. (c) पासे कि दी गई दोनों स्थितियों से संख्या 4 उभयनिष्ठ फलक है। संख्या 4 से दक्षिणावर्त दिशा में संगत फलकों पर स्थित संख्याएँ एक-दूसरे के विपरीत होंगी

स्थिति I → 4 3 6
↕ ↕
स्थिति II → 4 1 2

इसलिए संख्या 5 के विपरीत फलक पर संख्या 4 होगी।

108. (c) प्रश्नानुसार,

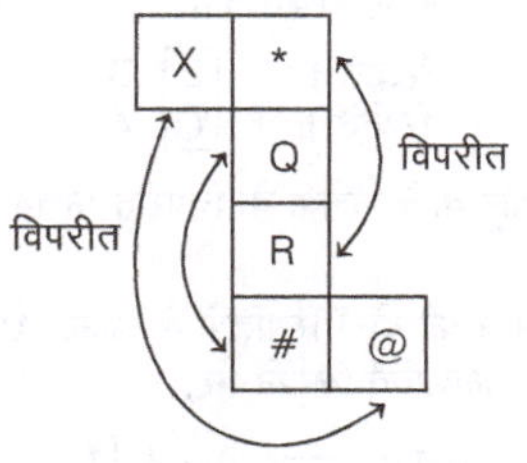

अत: दी गई शीट को मोड़कर उत्तर आकृति (c) बनाई जा सकती है।

109. (c) पासे की पहली और तीसरी स्थिति को दक्षिणावर्त लिखने पर,

स्थिति I → # $ @
स्थिति II → # % +

अत: '+' चिह्न वाले फलक के विपरीत @ होगा।

110. (b) प्रश्नानुसार,

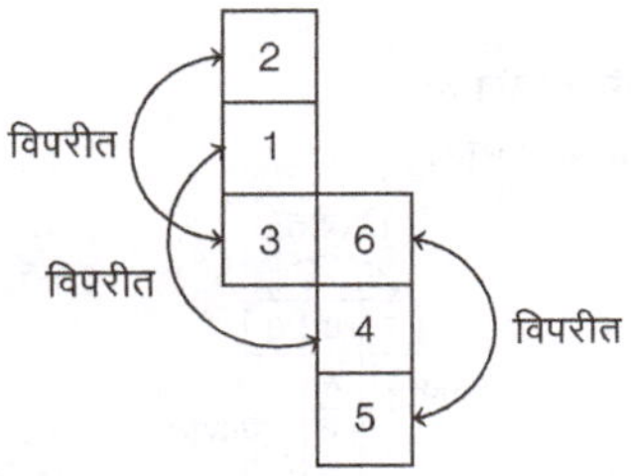

अत: दी गई शीट मोड़कर उत्तर आकृति (A) बनाई जा सकती है।

111. (b) दी गई स्थितियों से 3 वाले फलक के संलग्न फलकों पर संख्याएँ 1, 2, 4, व 6 हैं।
∴ 3 वाले फलक के विपरीत फलक पर अंक 5 होगा।

112. (d) दिए गए पासे की दूसरी और तीसरी स्थिति को दक्षिणावर्त लिखने पर,

स्थिति II → % $ *
स्थिति III → % = +

अत: '=' चिह्न के विपरीत फलक पर '$' होगा।

113. (a) दिए गए पासे की स्थिति I व II में 5 उभ्यनिष्ठ है, 5 से दक्षिणावर्त लिखने पर,

स्थिति I ⟶ 5 2 4
↕ विपरीत ↕ विपरीत
स्थिति II ⟶ 5 1 3

अत: फलक 1 के विपरीत फलक पर 2 होगा।

114. (b) दिए गए पासे की स्थितियों में फलक 11 उभयनिष्ठ है, 11 से दक्षिणावर्त लिखने पर

स्थिति I ⟶ 11 16 12
↕ विपरीत ↕ विपरीत
स्थिति II ⟶ 11 15 13

अत: फलक 14 के विपरीत फलक पर 11 होगा।

115. (a) दिए गए पासे की दोनों स्थितियों में θ उभयनिष्ठ है, θ से दक्षिणावर्त लिखने पर,

स्थिति I ⟶ θ γ δ
↕ विपरीत ↕ विपरीत
स्थिति II ⟶ θ π α

अत: शेष फलक β के विपरीत θ होगा।

116. (c) दिए गए पासे की स्थिति II व III में 5 तथा 4 उभ्यनिष्ठ है, तब शेष फलक एक-दूसरे के विपरीत होते है।

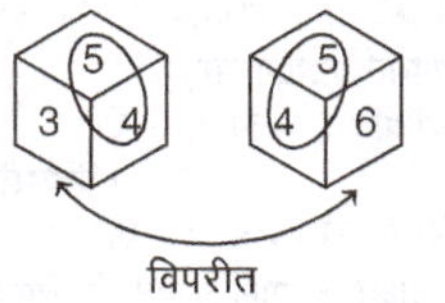

अत: अंक 6 के विपरीत फलक पर अंक 3 होगा।

117. (d) दोनों पासों में M उभयनिष्ठ है, तो M से दक्षिणावर्त लिखने पर,

स्थिति I ⟶ M R V
↕ विपरीत ↕ विपरीत
स्थिति II ⟶ M T S

अत: V वाले फलक के विपरीत फलक पर S होगा।

118. (d) पासे की दोनों स्थितियों में B उभयनिष्ठ है। B से दक्षिणावर्त लिखने पर,

स्थिति I B—C—T
↕ ↕ विपरीत
स्थिति II B—S—D

अत: R वाले फलक के विपरीत फलक पर B होगा।

119. (d) पासे की दोनों स्थितियों II तथा III में 3 और 5 उभयनिष्ठ है। शेष बचे दोनों फलक एक-दूसरे के विपरीत होगी।

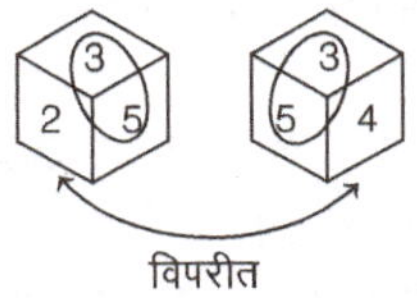

अत: '4' दर्शाने वाले फलक के विपरीत फलक पर संख्या '2' होगी।

120. (a) पासे की दोनों स्थितियों में 'ε' उभयनिष्ठ है, तो 'ε' से दक्षिणावर्त लिखने पर,

स्थिति I ε – θ – δ
↕ ↕ ↕ विपरीत
स्थिति II ε – ω – η

अत: % के विपरीत शेष बचा हुआ चिह्न 'ε' होगा।

121. (b) पासे की दोनों स्थितियों में 9 उभयनिष्ठ है, तो '9' से दक्षिणावर्त लिखने पर,

स्थिति I ⇒ 9 → 3 → 5
स्थिति II ⇒ 9 → 4 → 2

अत: संख्या 3 वाले फलक के विपरीत फलक पर संख्या 4 होगी।

122. (c) दिए गए पासे की स्थिति II तथा III में 4 और 5 उभयनिष्ठ है। दोनों पासे की स्थिति में शेष बचे दोनों संख्या एक-दूसरे के विपरीत है।

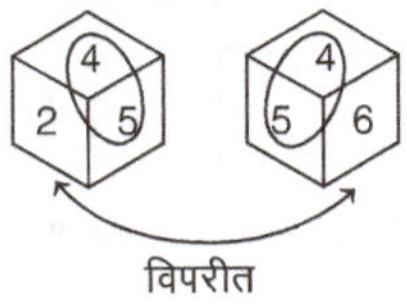

अत: '6' दर्शाने वाले फलक के विपरीत वाले फलक पर '2' होगा।

123. (c) दिए गए पासे की दोनों स्थितियों में X उभयनिष्ठ है। X के दक्षिणावर्त में संगत फलक एक-दूसरे के विपरीत होंगे।

स्थिति I ⟶ X Z H
↕ ↕ विपरीत
स्थिति II ⟶ X I J

अत: फलक Y के विपरीत फलक पर X है।

124. (d) पासे की दोनों स्थितियों में 'N' उभयनिष्ठ है, तो N से दक्षिणावर्त लिखने पर,

स्थिति I → N M V
↕ ↕ विपरीत
स्थिति II → N L W

अत: शेष बचा अक्षर X वाले फलक के विपरीत N होगा।

125. (c) दिए गए पासे की दोनों स्थितियों मे फलक 2 उभयनिष्ठ है, 2 से दक्षिणावर्त लिखने पर,

स्थिति I ⟶ 2 12 10
↕ विपरीत ↕ विपरीत
स्थिति II ⟶ 2 6 8

अत: शेष फलक 4 के विपरीत फलक पर '2' होगा।
स्पष्टत: फलक '2', फलक '4' के विपरीत फलक पर है।

126. (c) पासे की दोनों स्थितियों में संख्या '9' उभयनिष्ठ है। 9 के दक्षिणावर्त में संगत फलक एक-दूसरे के विपरीत है।

स्थिति I ⟶ 9 7 5
↕ ↕ विपरीत
स्थिति II ⟶ 9 8 10

अत: शेष संख्या '6', फलक '9' के विपरीत फलक पर होगी।

127. (d) पासे की दोनों स्थितियों में '24' उभयनिष्ठ है। 24 के दक्षिणावर्त दिशा में संगत फलक एक-दूसरे के विपरीत होंगी।

स्थिति I ⟶ 24 8 20
↕ ↕ विपरीत
स्थिति II ⟶ 24 12 4

स्पष्टत: शेष बची संख्या '16', फलक '24' के विपरीत फलक पर है।

128. (d) पासे की दोनों स्थितियों में संख्या '60' उभयनिष्ठ है, तो 60 से दक्षिणावर्त लिखने पर,

स्थिति I ⟶ 60 40 30
↕ ↕ विपरीत
स्थिति II ⟶ 60 10 20

अत: शेष संख्या '50', संख्या 60 के विपरीत फलक पर होगी।

129. (c) पासे की दोनों स्थितियों में संख्या '6' उभयनिष्ठ है, तो 6 से दक्षिणावर्त लिखने पर,

स्थिति I ⟶ 6 3 2
↕ ↕ विपरीत
स्थिति II ⟶ 6 5 4

अत: '1' दर्शान वाले फलक के विपरीत फलक पर संख्या '6' होगी।

130. (c) पासे की दोनों स्थितियों में संख्या '7' उभयनिष्ठ है, तो 7 से दक्षिणावर्त लिखने पर,

स्थिति I ⟶ 7 3 5
↕ ↕ विपरीत
स्थिति II ⟶ 7 2 6

स्पष्टत: शेष बची हुई संख्या '8', संख्या '7' के विपरीत फलक पर होगी।

131. (b) प्रश्नानुसार,

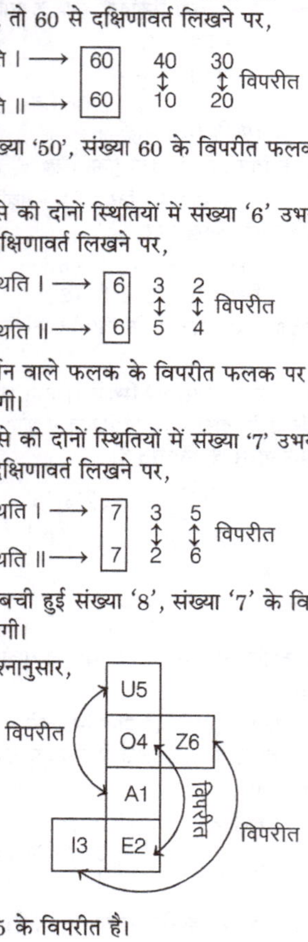

अत: A1, U5 के विपरीत है।

132. (c) पासे की दोनों स्थितियों में संख्या '1' उभयनिष्ठ है, तो 1 से दक्षिणावर्त लिखने पर,

स्थिति I 1 2 B
स्थिति II 1 C A

अत: 'C' अक्षर वाले फलक के विपरीत फलक पर अंक '2' होगा।

133. (b) पासे की दोनों स्थितियों में अक्षर 'A' उभयनिष्ठ है, तो A से दक्षिणावर्त लिखने पर,

स्थिति I ⟶ A 2 1
स्थिति II ⟶ A C 3

अत: '3' अंक वाले फलक के विपरीत फलक पर अंक '1' होगा।

134. (c) प्रश्नानुसार,

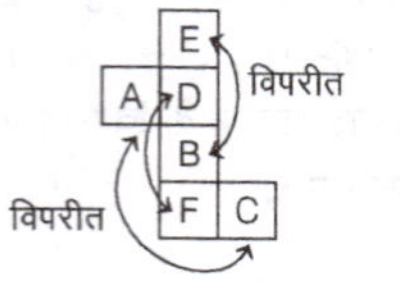

∴ F, D के विपरीत है।

135. (b) प्रश्नानुसार,

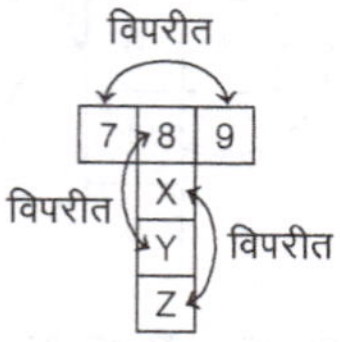

यहाँ, 8 के विपरीत Y है।
X के विपरीत Z है।
तथा 7 के विपरीत 9 है।
दी गई प्रश्न आकृति को मोड़कर उत्तर आकृति (b) बनाई जा सकती है।

136. (a) प्रश्नानुसार,

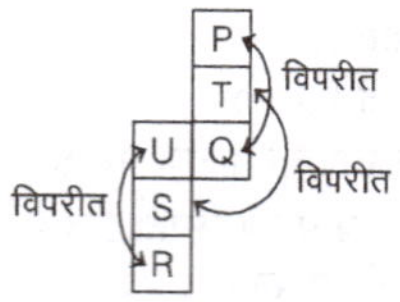

यहाँ T, S के विपरीत है।
U, R के विपरीत है।
तथा P, Q के विपरीत है।

137. (a) प्रश्नानुसार, पासों की स्थिति निम्न प्रकार है, दोनों स्थितियों में अंक 3 वाली फलक उभयनिष्ठ है और समान फलक पर स्थित है इसलिए अन्य संगत फलक एक-दूसरे के विपरीत होगा।

स्थिति I ⟶ 3 2 A
स्थिति II ⟶ 3 C B

अत: A के विपरीत अक्षर B आएगा।

138. (d) प्रश्नानुसार, आकृति (1) और (3) से,
दोनों पासों में संख्या 1 और 5 उभयनिष्ठ हैं, तब 2 के विपरीत 4 है।

139. (c) प्रश्नानुसार, तीनों ही आकृतियों में 1 उभयनिष्ठ है।
अत: 1 के संलग्न संख्याएँ 2, 4, 5, 6 कभी भी 1 के विपरीत नहीं हो सकती। अत: 1 के विपरीत '3' होगा।

140. (b) प्रश्नानुसार, आकृति (1) और (2) से,
दोनों पासों में 5 और 4 उभयनिष्ठ हैं, तब 1 के विपरीत 6 है।

141. (c) प्रश्नानुसार,

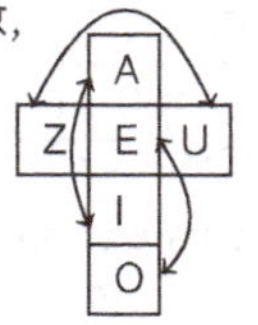

यहाँ, A के विपरीत I है।
E के विपरीत O है।
Z के विपरीत U है।
हम जानते हैं कि कोई दो विपरीत फलक एक-दूसरे के संलग्न नहीं हो सकती है।
अत: केवल आकृति (3) बनाई जा सकती है।

142. (a) पासे की दोनों स्थितियों में फलक 3 व 6 उभयनिष्ठ है।
अत: फलक 5 का विपरीत फलक '2' होगा।

143. (d) पासे की स्थिति 1 व 3 में फलक 1 और 2 उभयनिष्ठ हैं। अत: फलक 4 का विपरीत फलक 6 होगा।

144. (d) पासे की दी गई दोनों स्थितियों में केवल अक्षर B उभयनिष्ठ है। अक्षर B की संलग्न फलकों पर, अक्षर A, C, D व E हैं। इसलिए अक्षर B के विपरीत फलक पर अक्षर F होगा।

145. (d) पासे की पहली और दूसरी स्थिति से अंक 1 के संलग्न फलकों पर संख्या 2, 3, 5 और 6 है। अत: संख्या 1 के विपरीत फलक पर संख्या 4 होगी।

146. (d) पासे की दी गई तीन स्थितियों में A के संलग्न फलकों पर अक्षर B, D, E और F है। अत: A के विपरीत फलक पर अक्षर C होगा।

147. (b) पासे की पहली और दूसरी स्थिति में अंक 2 और 5 उभयनिष्ठ अंक है इसलिए अंक 6 वाले फलक के विपरीत फलक पर अंक 2 होगा।

148. (b) दिए गए पासे की दूसरी और तीसरी स्थिति में अंक 2 और 6 उभयनिष्ठ हैं। इसलिए अंक 1 के विपरीत फलक पर अंक 4 होगा।

149. (c) प्रश्नानुसार,

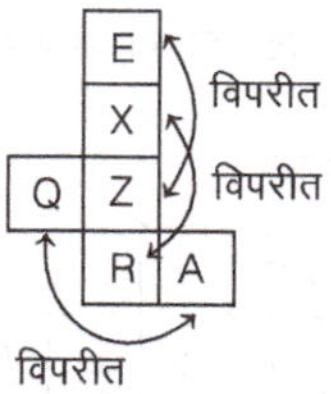

अत: अक्षर युग्म R और X विपरीत फलकों पर होंगे।

150. (c) पासे की दी गई दोनों स्थितियों में अंक 2 और 4 उभयनिष्ठ है। इसलिए अंक 5 के विपरीत अंक 1 होगा।

151. (a) प्रश्नानुसार,

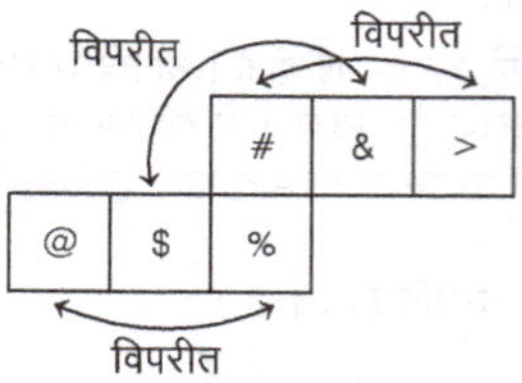

अत: $ और # एक-दूसरे के विपरीत फलकों पर नहीं होंगे।

152. (c) प्रश्नानुसार,

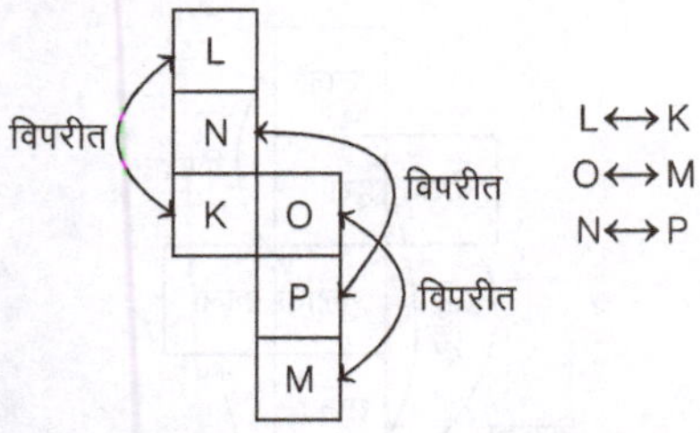

अतः दी गई शीट को मोड़कर एक घन बनाया जाए तो 'P' के विपरीत फलक पर 'N' होगा।

153. (d) प्रश्नानुसार,

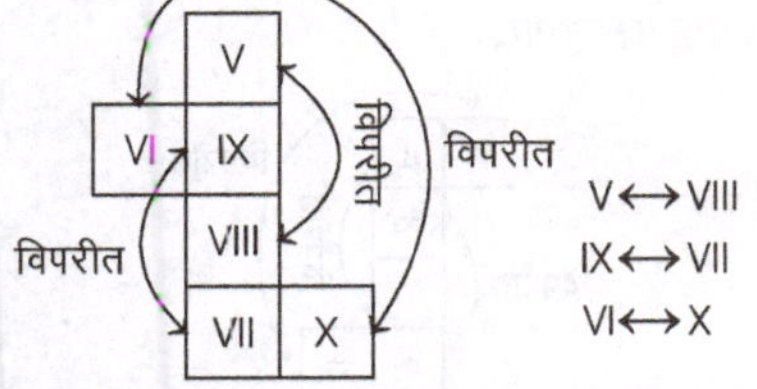

अतः दी गई शीट को मोड़कर एक घन बनाया जाए, तो 'V' के विपरीत फलक पर 'VIII' होगा।

154. (b) पासे की पहली तथा दूसरी स्थितियों से स्पष्ट है,

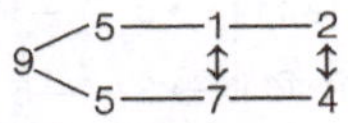

∴ 9 के विपरीत फलक 5 होगा।

155. (d) प्रश्नानुसार,

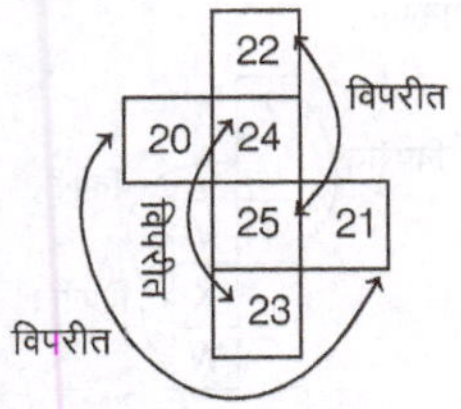

अतः दी गई शीट को मोड़कर एक घन बनाया जाए, तो 23 के विपरीत फलक पर 24 होगा।

156. (c) दी गई शीट को मोड़कर घन बनाया जाता है।

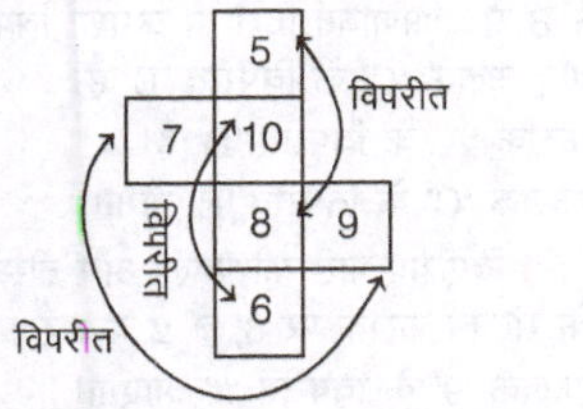

स्पष्टतः '7' के विपरीत फलक पर संख्या '9' होगी।

157. (a) प्रश्नानुसार,

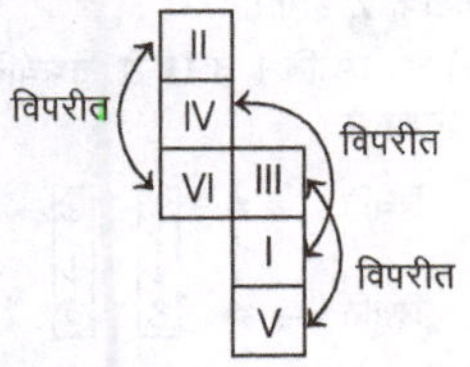

अतः फलक VI के विपरीत फलक पर II होगा।

158. (a) पासे की दोनों स्थितियों से,

स्थिति I ⟶ T P U

स्थिति II ⟶ T S R

∴'U' वाले फलक के विपरीत फलक पर अक्षर 'R' होगा।

159. (b) दिए गए पासे की दो स्थितियों में एक फलक 'Z' उभयनिष्ठ है।

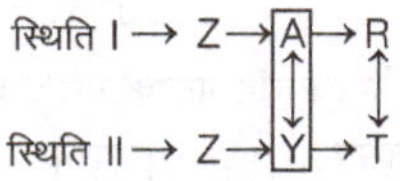

अतः 'A' के विपरीत फलक 'Y' है।

160. (b) प्रश्नानुसार,

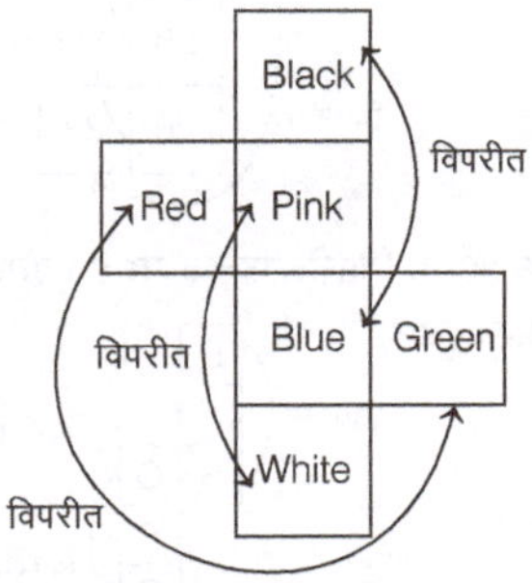

अतः 'Green' शब्द के विपरीत फलक का शब्द 'Red' है।

161. (a) पासे की पहली तथा दूसरी स्थितियों से स्पष्ट है,

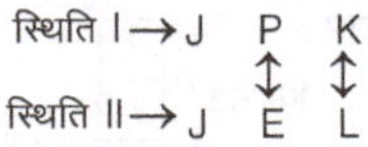

∴ M के विपरीत फलक पर 'J' होगा।

162. (b) प्रश्नानुसार,

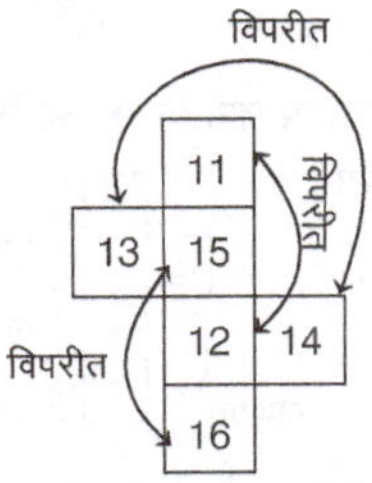

अतः फलक 16 के विपरीत फलक पर 15 होगा।

163. (c) प्रश्नानुसार,

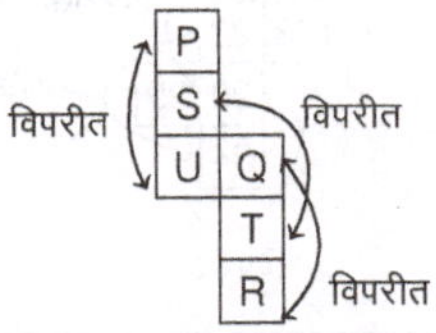

अतः फलक S के विपरीत फलक पर T होगा।

164. (d) प्रश्नानुसार,

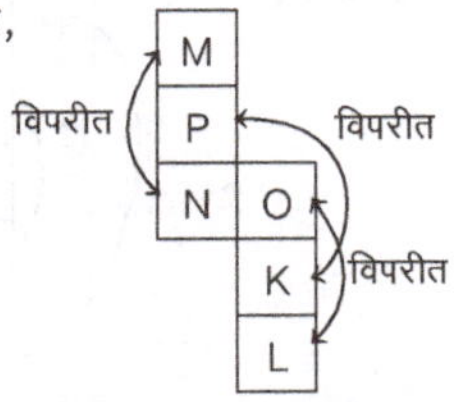

अतः फलक N के विपरीत फलक पर M होगा।

165. (b) प्रश्नानुसार,

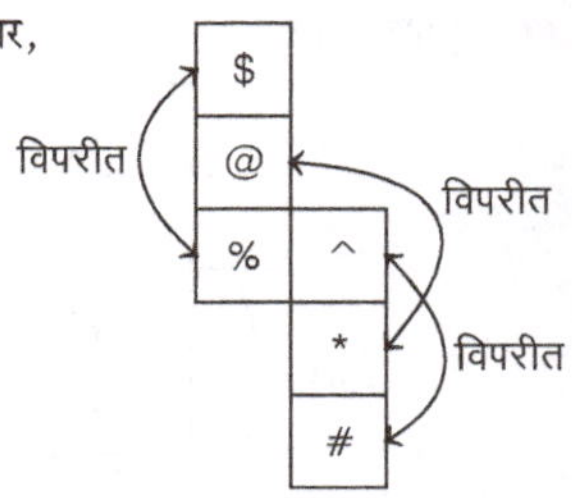

अतः '@' के विपरीत फलक पर '*' होगा।

166. (c) प्रश्नानुसार,

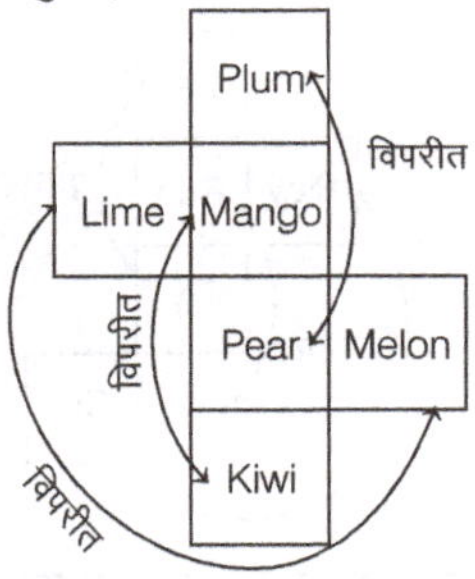

अतः 'Kiwi' के विपरीत फलक पर 'Mango' होगा।

167. (d) प्रश्नानुसार,

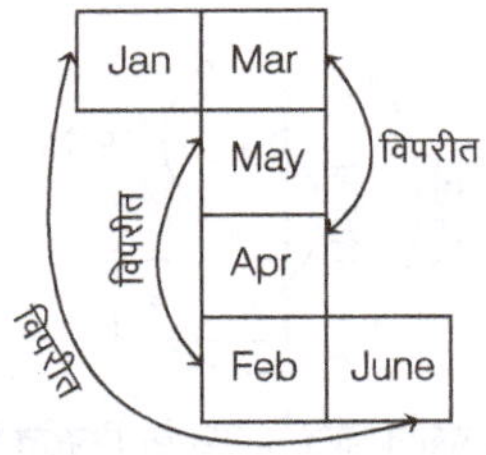

अतः 'Feb' के विपरीत फलक पर 'May' होगा।

168. (b) प्रश्नानुसार,

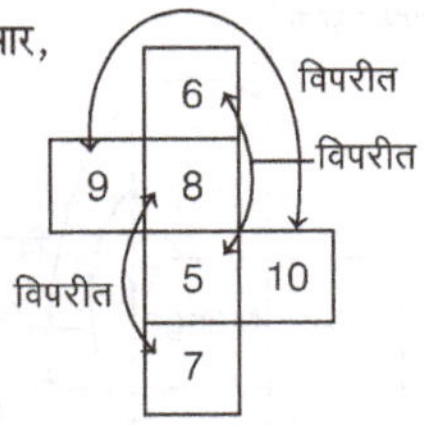

अतः फलक 8 के विपरीत फलक पर 7 होगा।

169. (c) प्रश्नानुसार,

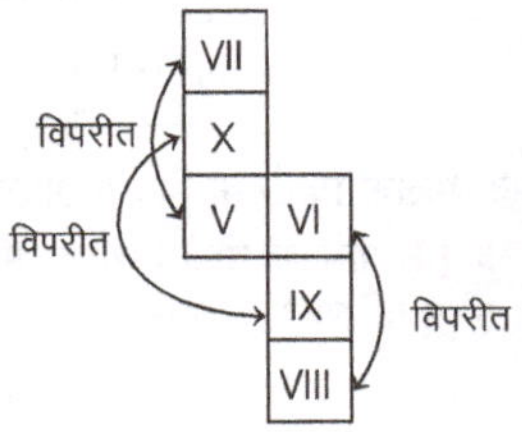

अतः फलक VI के विपरीत फलक पर VIII होगा।

170. (a) प्रश्नानुसार,

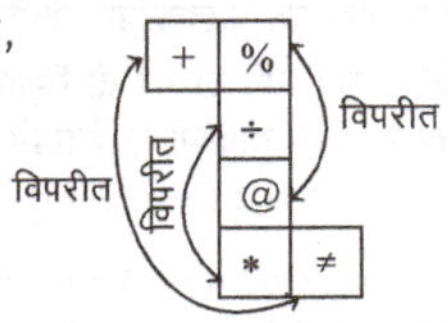

अतः फलक ÷ के विपरीत फलक पर * होगा।

171. (c) प्रश्नानुसार,

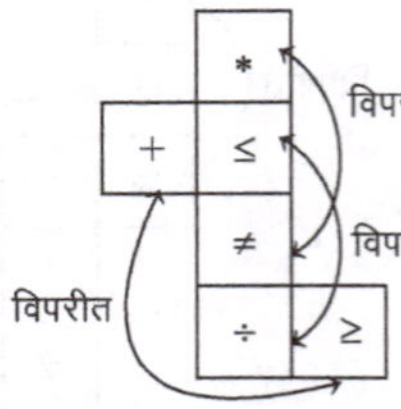

अत: फलक ≤ के विपरीत फलक पर ÷ होगा।

172. (b) प्रश्नानुसार,

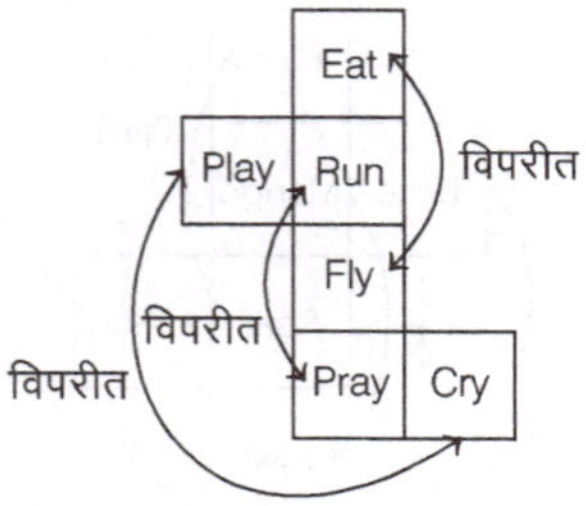

अत: 'Eat' शब्द दर्शाने वाले फलक के विपरीत फलक पर 'Fly' होगा।

173. (c) प्रश्नानुसार,

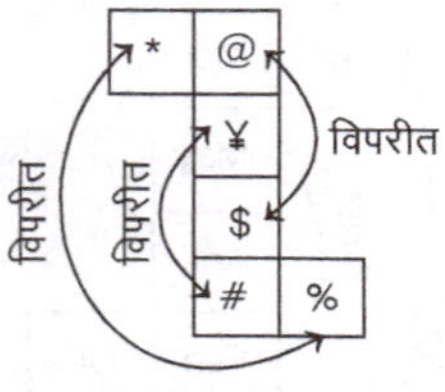

अत: '*' चिह्न दर्शाने वाले फलक के विपरीत फलक पर '%' होगा।

174. (a) प्रश्नानुसार,

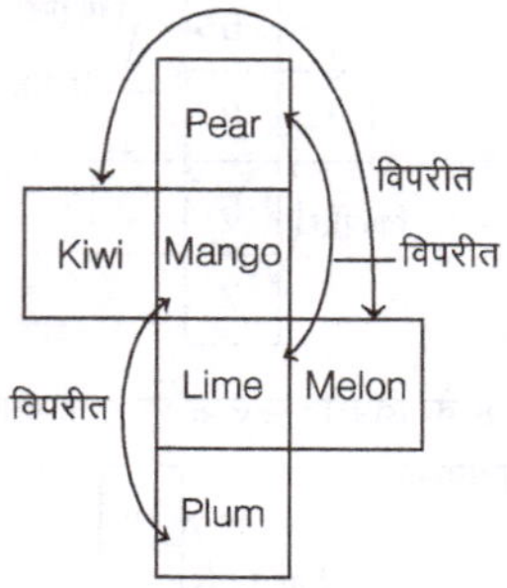

अत: फलक Pear के विपरीत फलक पर Lime होगा।

175. (d) पासे की दोनों स्थितियों में संख्या '5' उभयनिष्ठ है '5' से दक्षिणावर्त लिखने पर,

स्थिति I → 5 → 8 → 9
↕ ↕
स्थिति II → 5 → 2 → 7

अत: '5' के विपरीत फलक पर '3' है।

176. (a) ∵ पासे की दी गई दो स्थितियों में फलक '1' उभयनिष्ठ है। 1 से दक्षिणावर्त लिखने पर,

स्थिति I → 1 → 6 → 8
↕ ↕
स्थिति II → 1 → 5 → 2

अत: संख्या '8' वाले फलक के विपरीत फलक की संख्या 2 है।

177. (a) प्रश्नानुसार,

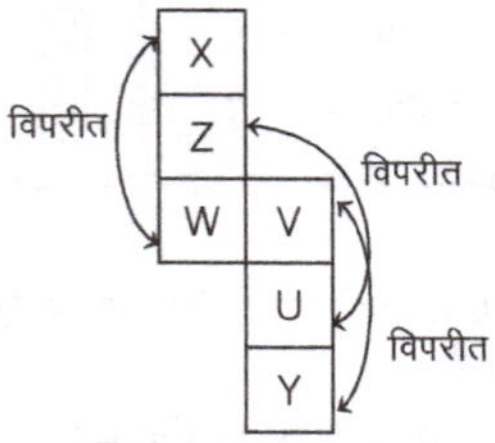

अत: फलक V के विपरीत फलक पर Y होगा।

178. (a) प्रश्नानुसार,

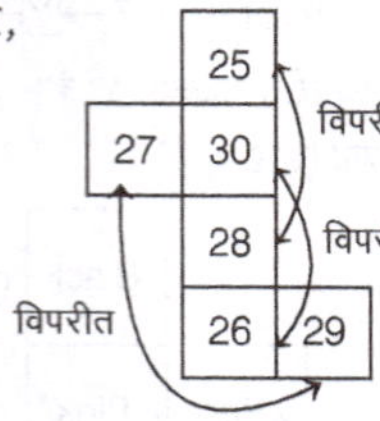

अत: फलक 30 के विपरीत फलक पर 26 होगा।

179. (c) प्रश्नानुसार,

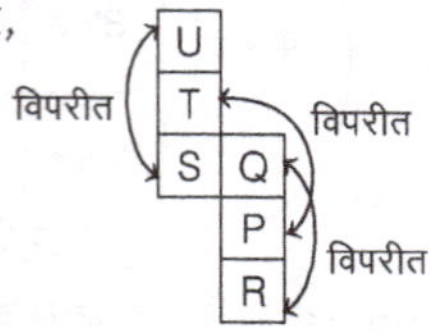

अत: फलक R के विपरीत फलक पर Q होगा।

180. (c) प्रश्नानुसार,

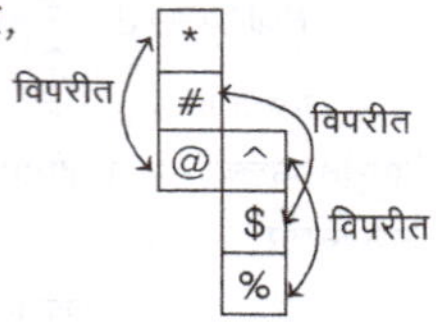

अत: '@' के विपरीत फलक पर '*' का चिह्न होगा।

181. (d) प्रश्नानुसार,

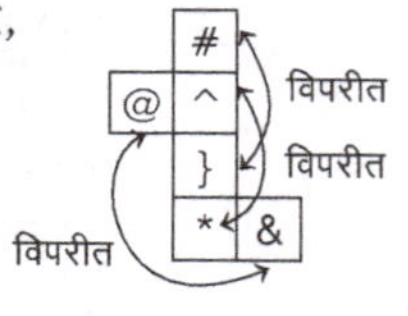

अत: '@' के विपरीत फलक पर '&' होगा।

182. (c) प्रश्नानुसार,

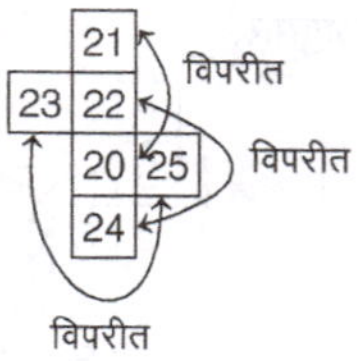

अत: '20' के विपरीत फलक पर संख्या '21' होगा।

183. (d) प्रश्नानुसार,

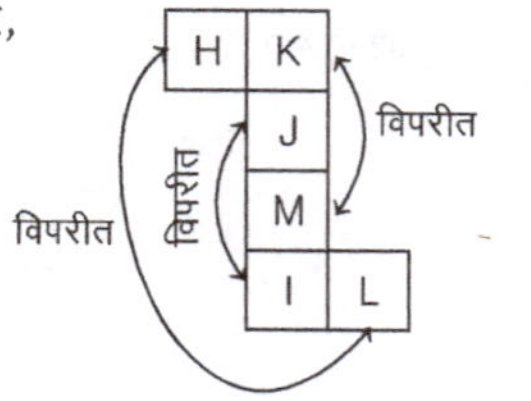

अत: 'K' दर्शाने वाले फलक के विपरीत फलक पर M होगा।

184. (a) प्रश्नानुसार,

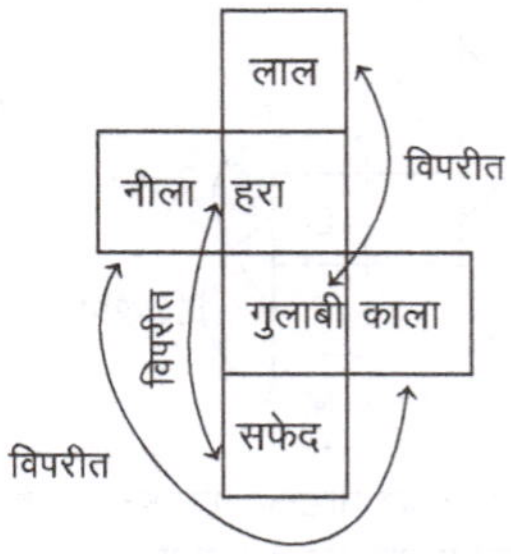

अत: नीला दर्शाने वाले फलक के विपरीत फलक पर काला होगा।

185. (a) प्रश्नानुसार,

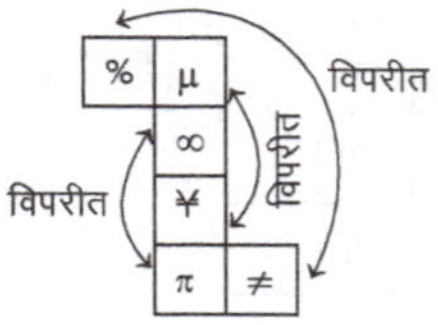

अत: '≠' के विपरीत फलक पर चिह्न '%' होगा।

186. (b) एक पासे की दो स्थितियों में एक फलक अर्थात् 3 उभयनिष्ठ है। 3 से दक्षिणावर्त लिखने पर,

स्थिति I → 3—1—8
↕ ↕
स्थिति II → 3—7—5

अत: संख्या 6 वाले फलक के विपरीत फलक पर संख्या 3 है।

187. (c) प्रश्नानुसार,

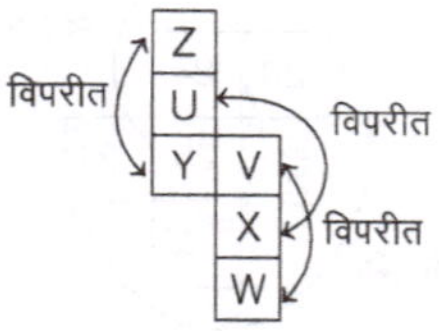

अत: Y के विपरीत फलक पर Z है।

188. (d) पासे में दी गई जानकारी के आधार पर, फलक B उभयनिष्ठ फलक है।
फलक B से दक्षिणावर्त दिशा में क्रमश: विपरीत फलक है अर्थात् फलक 'C' के विपरीत 'E' है।
और फलक 'A' के विपरीत 'D' है।
अत: फलक 'C' के विपरीत 'E' होगा।

189. (c) दिए गए पासे की पहली और तीसरी स्थितियों में # के संलग्न फलक पर 8, @, 2 व 7 हैं।
अत: फलक '9' के विपरीत '#' आएगा।

190. (c) पासे की स्थिति I व II में,
फलक B व C उभयनिष्ठ फलक हैं, इसलिए फलक A का विपरीत फलक Z होगा।

191. (c) पासे की स्थिति I व II से, उभयनिष्ठ फलक के दक्षिणावर्त दिशा में

स्थिति I → # % O
↓ ↕ ↕
स्थिति II → # & @

अत: @ वाले फलक के सम्मुख/विपरीत फलक पर 'O' आएगा।

192. (a) प्रश्नानुसार,

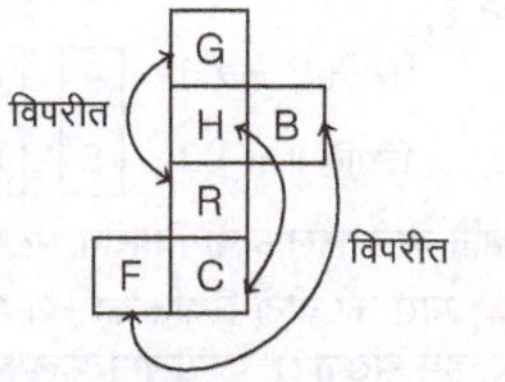

अत: फलक B के विपरीत फलक पर F अंकित होगा।

193. (d) दिए गए पासे की दोनों स्थितियों में Blue और White रंग की फलक उभयनिष्ठ है। इसलिए अन्य शेष फलकें एक-दूसरे के विपरीत होंगी।
अत: Yellow रंग की फलक के विपरीत फलक पर Green रंग होगा।

194. (c) दिए गए पासे की दोनों ही स्थितियों में संख्या 13 और 14 वाली फलक उभयनिष्ठ है।
∴ अन्य शेष फलकें एक-दूसरे के विपरीत होंगी।
अत: 12 दर्शाने वाली फलक के विपरीत 11 दर्शाने वाली फलक होगी।

195. (d) दिए गए पासे की दोनों स्थितियों में, संख्या 11 और 14 वाली फलक उभयनिष्ठ है। इसलिए दोनों स्थितियों में शेष तीसरी फलक एक-दूसरे के विपरीत होगी। अत: संख्या 15 दर्शाने वाले फलक के विपरीत फलक पर संख्या 16 होगी।

196. (b) दिए गए पासे की दोनों स्थितियों में चिह्न ₹ और ⋉ उभयनिष्ठ हैं इसलिए चिह्न ⏏ के विपरीत फलक पर चिह्न ₹ होगा।

197. (d) दिए गए पासे की दोनों स्थितियों में अक्षर A और B उभयनिष्ठ हैं। इसलिए अक्षर D के विपरीत फलक पर अक्षर E होगा।

198. (d) प्रश्नानुसार,

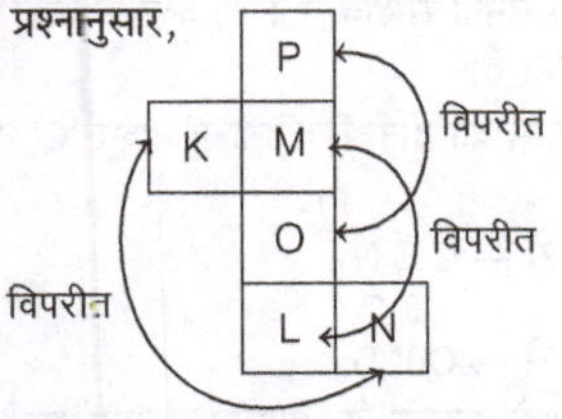

अत: 'K' दर्शाने वाले फलक के विपरीत फलक पर 'N' होगा।

199. (d) यहाँ पासे की दोनों स्थितियों में 5 और 6 उभयनिष्ठ हैं। अत: '2' दर्शाने वाले फलक के विपरीत '1' दर्शाने वाला फलक है।

200. (d) प्रश्नानुसार,

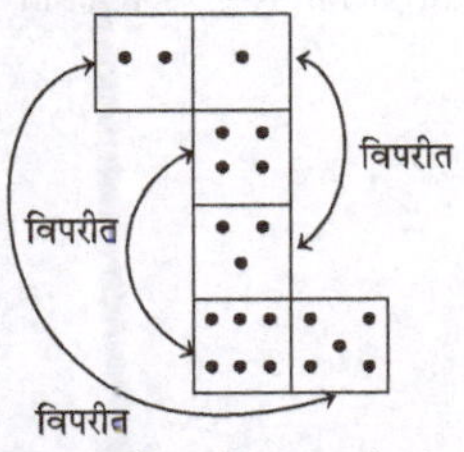

अत: '4' बिन्दु दर्शाने वाले फलक के विपरीत '6' बिन्दु दर्शाने वाला फलक है।

201. (d) पासे की स्थिति (Y) और (Z) से स्पष्ट है कि @, $, % और * चिह्न ! के संलग्न फलक पर है।
अत: शेष बचा चिह्न #, चिह्न ! के विपरीत फलक पर होगा।

202. (a) दिए गए पासों में,

3 ⟶ 5 ⟶ 2
(विपरीत फलक) 3 ⟶ 4 ⟶ 6

अत: '1' के विपरीत फलक पर अंक '3' होगा।

203. (c) स्थिति I व III में अंक '6' उभयनिष्ठ है, 6 से दक्षिणावर्त लिखने पर,

स्थिति I → 6   4   2
विपरीत   विपरीत
स्थिति II → 6   1   3

अत: शेष अंक '5', 6 के विपरीत है।

204. (b) पासे की दोनों स्थितियों में अंक '6' उभयनिष्ठ है। अत: '6' से दक्षिणावर्त लिखने पर,

स्थिति I → 6   3   5
विपरीत   विपरीत
स्थिति II → 6   4   1

अत: शेष अंक '2' के विपरीत फलक पर अंक '6' होगा।

205. (d) पासे की दोनों स्थितियों में अंक '4' उभयनिष्ठ है।
'4' से दक्षिणावर्त लिखने पर,

स्थिति I → 4   6   2
विपरीत   विपरीत
स्थिति II → 4   1   3

अत: शेष अंक '5' के विपरीत फलक पर अंक '4' होगा।

206. (d) पासों का ध्यानपूर्वक अवलोकन करने पर,

स्थिति I → 5 ⟶ 6 ⟶ 4
स्थिति II → 5 ⟶ 3 ⟶ 1

अत: अंक '2' वाले फलक के विपरीत फलक पर अंक '5' होगा।

207. (c) पासे की दोनों स्थितियों में अक्षर 'P' उभयनिष्ठ है।
P से दक्षिणावर्त लिखने पर

स्थिति I ⟶ P   T   S
विपरीत   विपरीत
स्थिति II ⟶ P   Q   R

अत: S के विपरीत फलक पर 'R' है।

208. (a) पासें के दोनों स्थितियों में संख्या '2' उभयनिष्ठ है।

स्थिति I ⟶ 2 ⟶ 3 ⟶ 5
स्थिति II ⟶ 2 ⟶ 1 ⟶ 4
6

अत: 6 वाले फलक के विपरीत फलक पर अंक '2' होगा।

209. (a) पासे की स्थिति I और III में अंक '4' उभयनिष्ठ है।
स्थिति I → 4 5 2
स्थिति III → 4 1 3
अत: संख्या '4' दर्शाने वाले फलक के विपरीत फलक पर अंक '6' होगा।

210. (c) पासे की स्थिति I तथा III से स्पष्ट है कि 2 के संगत फलक पर 1, 6, 3, 5 है।
इसलिए बची संख्या 4, 2 के विपरीत होगी।

211. (b) प्रश्नानुसार,

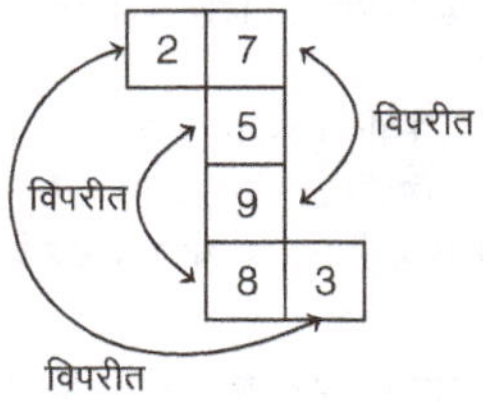

अत: संख्या 9 वाले फलक का विपरीत फलक 7 होगा।

212. (b) पासे का ध्यानपूर्वक अवलोकन करने पर दोनों पासों में 'X' और 'Z' उभयनिष्ठ हैं।
∴ 'K' वाले फलक के विपरीत फलक पर 'M' आएगा।

213. (a) पासे की दूसरी तथा तीसरी स्थिति को लेने पर,

A—F—B
A—D—E

अत: D वाले फलक का विपरीत फलक 'F' होगा।

214. (b) ∵ पासे की दोनों स्थिति में संख्या 2 वाले फलक उभयनिष्ठ है।

2—4—1
2—3—5

अत: 1 वाले फलक का विपरीत फलक '5' होगा।

215. (d) ∵ पासे की दोनों स्थिति में 'P' फलक उभयनिष्ठ है।

उभयनिष्ठ फलक
P—Q—R
P—M—T

अत: फलक 'M' के विपरीत फलक 'Q' होगा।

216. (c) प्रश्नानुसार,

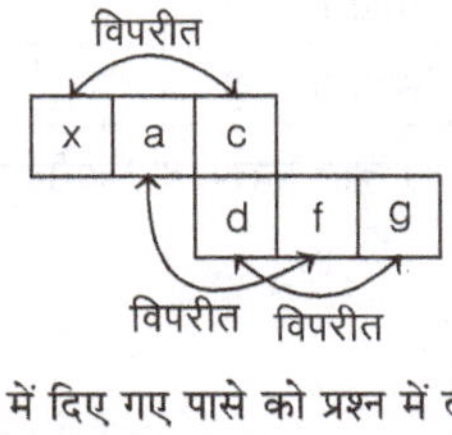

अत: विकल्प (c) में दिए गए पासे को प्रश्न में दी गई सीट को मोड़ने पर नहीं बनाया जा सकता।

217. (b) दिए गए पासे का विपरीत फलक निम्न प्रकार है,

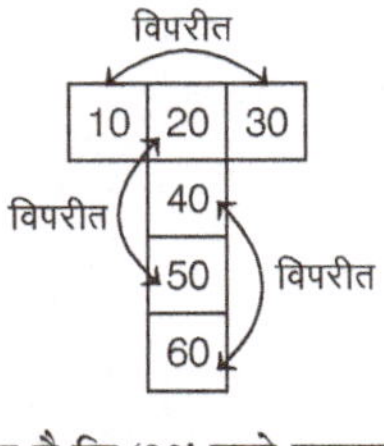

उपरोक्त से स्पष्ट है कि '20' वाले फलक के विपरीत '50' वाला फलक होगा।

218. (c) दिए गए पासे की दूसरी तथा तीसरी स्थिति में 'P' अक्षर वाला फलक उभयनिष्ठ है।
'P' अक्षर वाले फलक से दक्षिणावर्त दिशा में जाने पर स्थिति निम्न होगी,

स्थिति I → P F I
स्थिति II → P M N

अत: 'F' वाले फलक के विपरीत 'M' होगा।

219. (c) पासे की दोनों स्थिति में '5' उभयनिष्ठ फलक है।
फलक '5' से दक्षिणावर्त दिशा में फलकों की स्थिति निम्नवत् है

स्थिति I → 5 → 7 → 6
स्थिति II → 5 → 8 → 9

उपरोक्त से स्पष्ट है कि '8' वाले फलक के विपरीत '7' है।

220. (a) दिए गए पासे में,

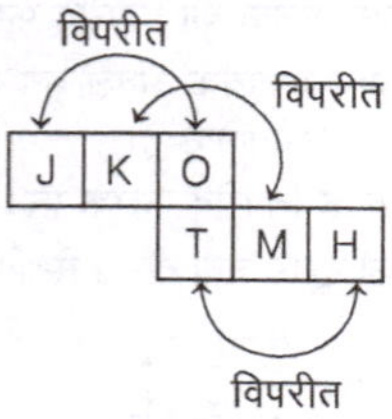

अत: अक्षर 'K' वाले फलक के विपरीत फलक पर अक्षर 'M' होगा।

221. (b) दिए गए पासों का ध्यानपूर्वक अवलोकन करने पर,
पासे की द्वितीय तथा तृतीय स्थिति से,

द्वितीय स्थिति	15	3	20
तृतीय स्थिति	15	7	8

स्पष्टतया: '7' वाले फलक के विपरीत फलक पर '3' आएगा।

222. (d) पासे की दोनों स्थितियों में संख्या '1' वाला फलक उभयनिष्ठ है।

स्थिति I	1	3	4
स्थिति II	1	5	6

स्पष्टतया : '3' वाले फलक के विपरीत फलक पर '5' आएगा।

223. (b) प्रश्नानुसार,

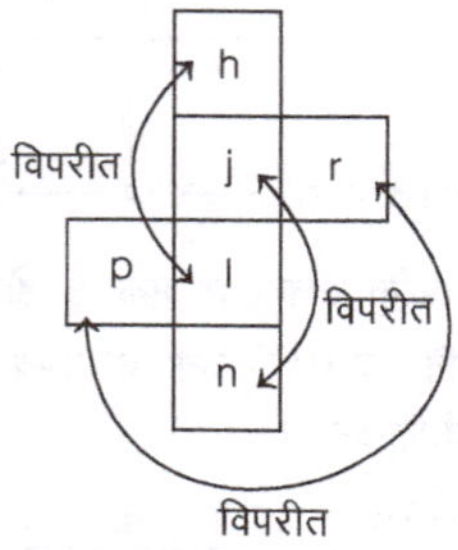

अत: n के विपरीत j होगा।

224. (d) प्रश्नानुसार,
पासे की स्थिति I व III द्वारा, 25 दोनों में समान है
अत: घड़ी की दिशा में घुमाने पर,

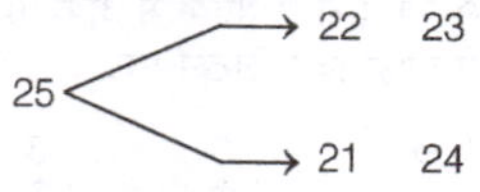

अत: 23 के विपरीत 24 होगा।

225. (b) प्रश्नानुसार,

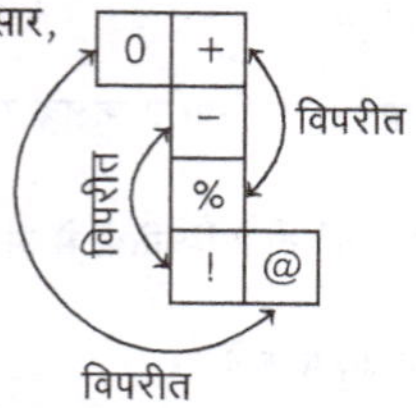

अत: किसी भी घन में दो विपरीत फलक एक साथ कभी नहीं हो सकते हैं।
अत: उत्तर आकृति (b) नहीं बनेगी।

226. (a) ∵ पासे की स्थिति I तथा II में संख्या 1 उभयनिष्ठ है।

स्थिति I → 1 6 4
↕ ↕
स्थिति II → 1 2 3

अत: 4 दर्शाने वाले फलक के विपरीत फलक पर संख्या 3 होगी।

227. (a) पासे की दोनों स्थिति का ध्यानपूर्वक अवलोकन करने पर, 25 और 26 दोनों स्थिति में उभयनिष्ठ है।
अत: '27' के विपरीत फलक पर संख्या '30' होगी।

228. (b) प्रश्नानुसार, पासे की दोनों स्थिति में '12' और '13' उभयनिष्ठ हैं।
अत: '11' के विपरीत फलक पर '15' होगा।

229. (b) पासे की पहली दो स्थितियों में संख्या '3' उभयनिष्ठ है,

स्थिति I → 3 [4] [2]
स्थिति II → 3 [5] [6]

∴ '3' दर्शाने वाले फलक के विपरीत संख्या '1' है।

230. (b) पासे की तीनों स्थिति का ध्यानपूर्वक अवलोकन करने पर, हमें संख्या '1' के संलग्न फलक पर संख्या 2, 3, 4 और 5 होगा।
∴ फलक '1' के विपरीत फलक पर '6' होगा।

231. (c) पासे की दोनों स्थिति का ध्यानपूर्वक अध्ययन करने पर हम देखते हैं कि $ और ! दोनों पासों में उभयनिष्ठ हैं।
अत: '÷' दर्शाने वाले फलक के विपरीत फलक '*' होगा।

232. (a) दोनों पासों से,

स्थिति I → 6 → 5 → 1
↕ ↕
स्थिति II → 6 → 2 → 4

अत: '5' के विपरीत 2 है।

233. (d) पासा 1 व पासा 3 को ध्यानपूर्वक देखने पर हम यह पाते है कि संख्या 1 व संख्या 2 दोनों पासों में उभयनिष्ठ है। अत: संख्या 3 के विपरीत फलक पर आने वाली संख्या 6 होगी।

234. (c) दी गई आकृति में,

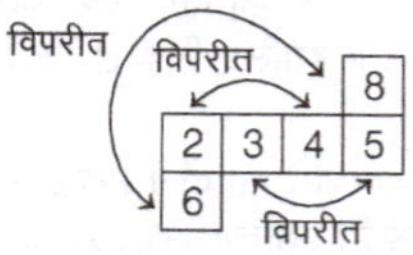

अत: उपरोक्त आकृति से स्पष्ट है कि, विकल्प आकृति (c) बनना सम्भव नहीं है, क्योंकि अंक 2, अंक 4 के विपरीत है।

235. (c) पासे की दोनों स्थितियों में अक्षर 'C' उभयनिष्ठ है,

∴ स्थिति I से → C E G
↕ ↕
स्थिति II से → C F D

अत: E वाले फलक के विपरीत फलक पर अक्षर 'F' होगा।

236. (b) दिए गए पासे की स्थिति के अनुसार,

स्थिति I → B → E → (D)
स्थिति II → B → A → (C)

अत: D के विपरीत फलक पर C अक्षर होगा।

19

वेन आरेख

इस अध्याय के अन्तर्गत पूछे गए प्रश्नों में संख्याओं, अक्षरों, व्यक्तियों, वस्तुओं आदि के मध्य सम्बन्ध को बन्द ज्यामितीय आकृतियों या आरेखों (जैसे– वृत्त, वर्ग, आयत, त्रिभुज आदि) के माध्यम से दर्शाया जाता है इस तरह आरेखों के मध्य सम्बन्ध को बन्द ज्यामितीय या आरेखों में दर्शाना वेन आरेख के अन्तर्गत आता है इस अध्याय के अन्तर्गत आने वाले प्रश्नों को निम्न प्रकारों में विभाजित किया जा सकता है।

सम्बन्धों की पहचान पर आधारित प्रश्न

इस प्रकार के प्रश्नों में दो या दो से अधिक व्यक्ति, वस्तु या उनका समूह दिया गया होता है जिसके आधार पर अभ्यर्थियों को उचित सम्बन्ध ज्ञात करना होता है या उस आरेख का चयन करना होता है, जो उनके बीच के सही सम्बन्ध को निरूपित करता है।

उदाहरण 1. उस वेन आरेख का चयन कीजिए, जो निम्नलिखित वर्गों के बीच सम्बन्ध को सर्वोत्तम रूप से दर्शाता है।

आलू, सब्जी, केला

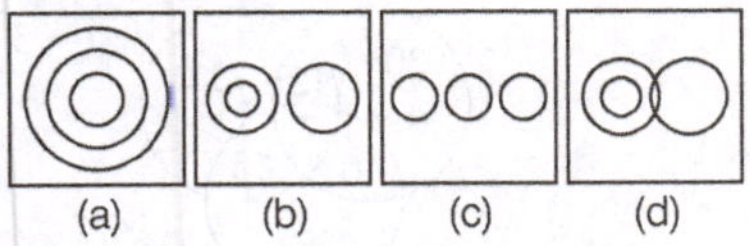

हल (b) प्रश्नानुसार,

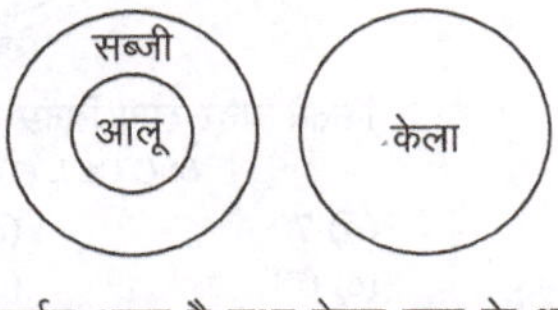

चूँकि आलू, सब्जी के अन्तर्गत आता है तथा केला फल के अन्तर्गत आता है।

उदाहरण 2. उस वेन आरेख का चयन करें, जो निम्नलिखित वर्गों के बीच के सम्बन्ध को सर्वोत्तम रूप से दर्शाता है।

राजा, पिता, रानी

हल (b) दिए गए शब्दों का वेन आरेख इस प्रकार हयै

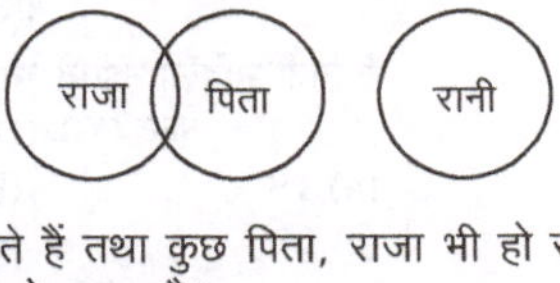

कुछ राजा, पिता हो सकते हैं तथा कुछ पिता, राजा भी हो सकते है लेकिन रानी एक महिला है और दोनों से अलग है।

विश्लेषणात्मक वेन आरेख पर आधारित प्रश्न

इस प्रकार के प्रश्नों में कुछ बन्द संयुक्त आरेख दिए जाते हैं। इन संयुक्त आरेख के अन्दर का क्षेत्र प्रतीकात्मक रूप से किसी समुच्चय के अवयवों की स्थितियों को दर्शाता है। ये अवयव भिन्न-भिन्न संख्या अथवा भिन्न-भिन्न अक्षर हो सकते हैं। प्रत्येक आरेख अलग-अलग वर्ग के द्योतक होते हैं। जिसके आधार पर अभ्यर्थियों को उन्हीं आरेख या उसके अन्दर दी गई संख्याओं के माध्यम से किसी विशेष वर्ग में आने वाली वस्तुओं की संख्या, दोनों समूह में समाहित सदस्यों की संख्या आदि को ज्ञात करना होता है।

उदाहरण 3. दिए गए आरेख का ध्यानपूर्वक अध्ययन कीजिए और प्रश्नों के उत्तर दीजिए।

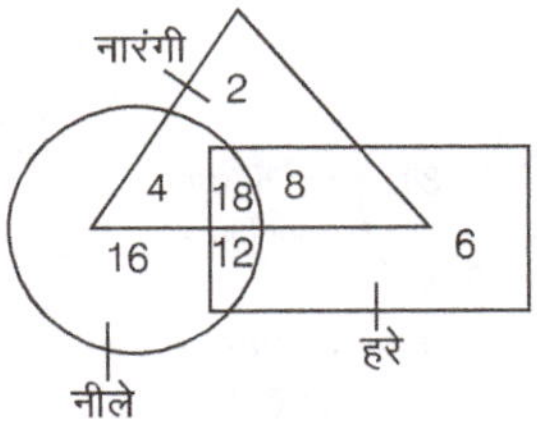

कितने हरे केवल नीले हैं?

(a) 12 (b) 18 (c) 4 (d) 2

हल (a) उपरोक्त वेन आरेख का ध्यानपूर्वक विश्लेषण करने पर हमें ज्ञात होता है कि संख्या '12' उस क्षेत्र को दर्शाती है, जो हरे केवल नीले हैं।

उदाहरण 4. दिए गए चित्र का ध्यानपूर्वक अध्ययन करें और प्रश्न का उत्तर दें। विभिन्न अनुभागों की संख्याएँ, व्यक्तियों की संख्या दर्शाती हैं। वृत्त, 'खिलाड़ियों' को दर्शाता है, वर्ग, 'कोचों' को दर्शाता है और त्रिभुज, प्रशासकों को दर्शाता है।

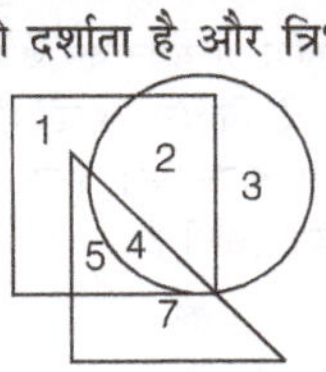

ऐसे कितने खिलाड़ी हैं, जो कोच भी हैं, लेकिन प्रशासक नहीं हैं?

(a) 2 (b) 1 (c) 4 (d) 3

हल (a) वेन आरेख के अनुसार,

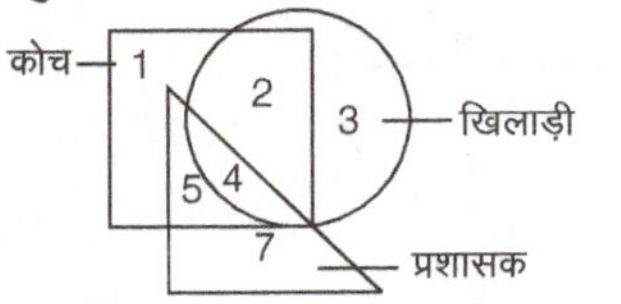

ऐसे खिलाड़ियों की संख्या, '2' हैं जो कोच भी हैं, लेकिन प्रशासक नहीं हैं।

SSC एग्जाम स्कैनर

SSC CGL 2024 (Tier I & II)

1. दिए गए आरेख का ध्यानपूर्वक अध्ययन कीजिए और नीचे दिए गए प्रश्न का उत्तर दीजिए। विभिन्न वर्गों वाली संख्याएँ परिवहन के विभिन्न साधनों से यात्रा करने वाले व्यक्तियों की संख्या को दर्शाती हैं।

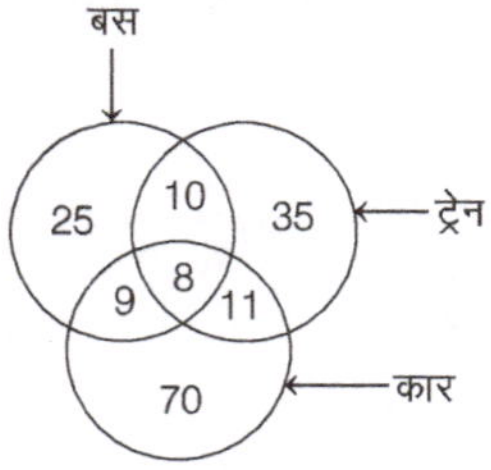

कितने व्यक्ति बस और कार दोनों से यात्रा करते हैं, लेकिन ट्रेन से यात्रा नहीं करते?
SSC CGL (Tier-I) 25/09/2024 Shift-III

(a) 27 (b) 17
(c) 19 (d) 9

2. दिए गए आरेख का ध्यानपूर्वक अध्ययन करें और निम्नलिखित प्रश्न का उत्तर दें। विभिन्न खण्डों में दी गई संख्याएँ अलग-अलग विषयों का अध्ययन करना पसन्द करने वाले छात्रों की संख्या को दर्शाती हैं।

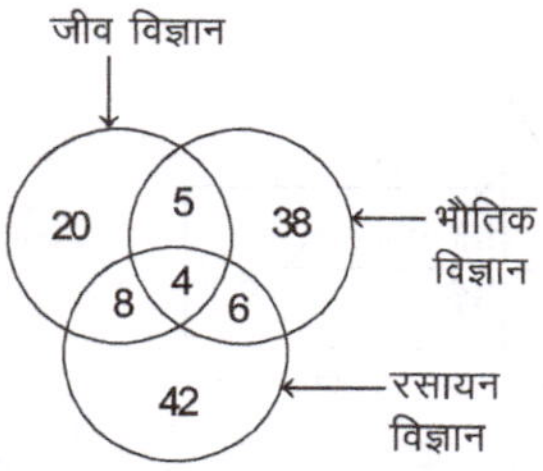

सभी तीनों विषयों का अध्ययन करना पसन्द करने वाले छात्रों की संख्या और केवल जीव विज्ञान का अध्ययन करना पसन्द करने वाले छात्रों की संख्या के बीच का अन्तर क्या है?
SSC CGL (Tier-I) 25/09/2024 Shift-III

(a) 16 (b) 3
(c) 17 (d) 19

3. दिए गए आरेख का ध्यानपूर्वक अध्ययन करें और निम्नलिखित प्रश्न का उत्तर दें। विभिन्न खण्डों में दी गई संख्याएँ अलग-अलग वाहन चला सकने वाले व्यक्तियों की संख्या को दर्शाती हैं।

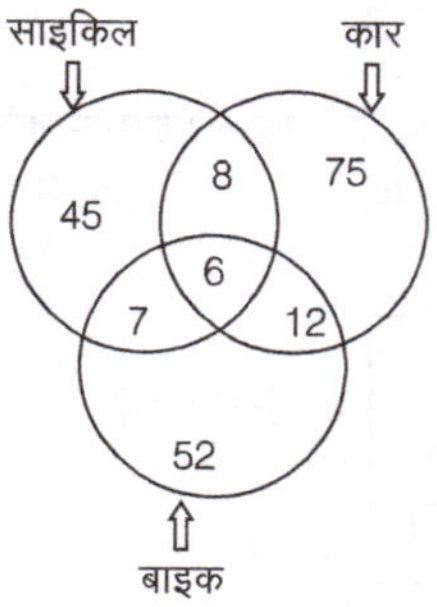

सभी तीनों वाहन चला सकने वाले व्यक्तियों की संख्या और इनमें से कोई भी दो वाहन चला सकने वाले व्यक्तियों की संख्या के बीच का अन्तर क्या है?
SSC CGL (Tier-I) 24/09/2024 Shift-III

(a) 27 (b) 12
(c) 21 (d) 15

4. नीचे दिया गया वेन आरेख चाय, कॉफी और सूप के लिए लोगों की पसन्द को दर्शाता है।

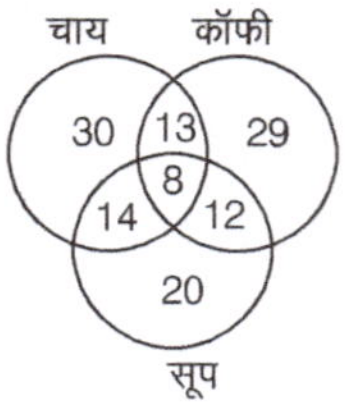

कितने लोग चाय और कॉफी दोनों पसन्द करते हैं?
SSC CGL (Tier-I) 23/09/2024 Shift-III

(a) 29 (b) 43
(c) 21 (d) 13

5. दिए गए वेन आरेख के अनुसार कितने लोग या तो केवल मसालेदार या केवल मीठा पसन्द करते हैं?

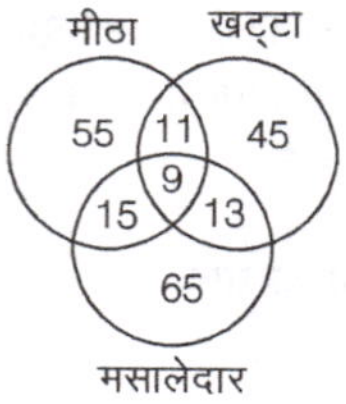

SSC CGL (Tier-I) 23/09/2024 Shift-III

(a) 110 (b) 144
(c) 120 (d) 135

6. दिए गए वेन आरेख के अनुसार ऐसे कितने लोग हैं जो या तो केवल वॉलीबॉल या केवल शतरंज खेलते हैं?
SSC CGL (Tier-I) 13/09/2024 Shift-III

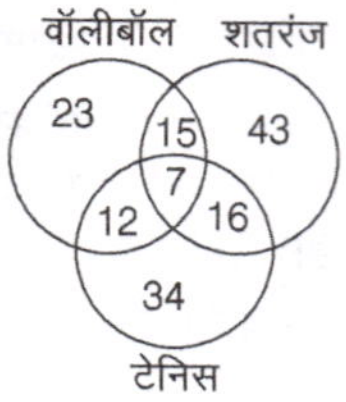

(a) 66 (b) 81 (c) 88 (d) 15

7. दिए गए वेन आरेख का अध्ययन करें और नीचे दिए गए प्रश्न का उत्तर दें।

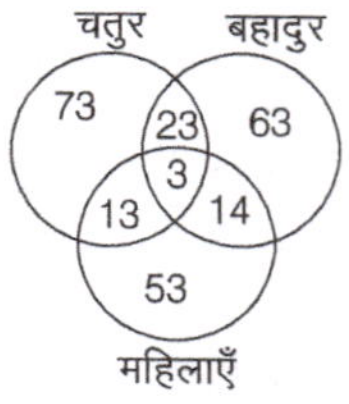

कितनी महिलाएँ या तो चतुर हैं या बहादुर हैं या दोनों हैं?
SSC CGL (Tier-I) 13/09/2024 Shift-III

(a) 27 (b) 30 (c) 26 (d) 23

8. दिए गए वेन आरेख के अनुसार कितने लोग या तो केवल कार या केवल फॉक्सवैगन वाहन पसन्द करते हैं?
SSC CGL (Tier-I) 12/09/2024 Shift-III

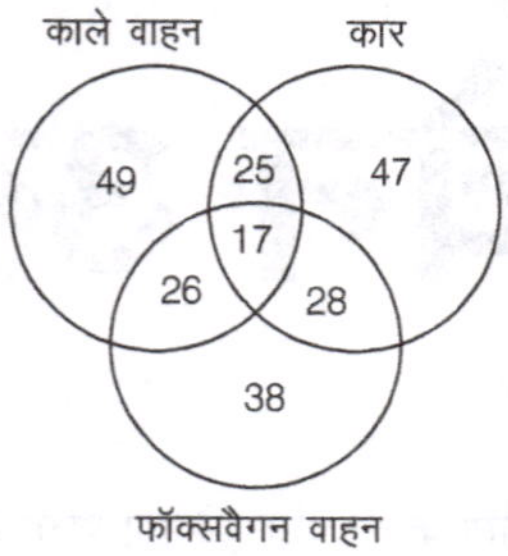

(a) 28 (b) 75 (c) 66 (d) 85

9. उस वेन आरेख का चयन करें, जो निम्नलिखित वर्गों के बीच के सम्बन्ध को सर्वोत्तम रूप से दर्शाता है।
पुरुष, इन्जीनियर और पिता
SSC CGL (Tier-I) 11/09/2024 Shift-III

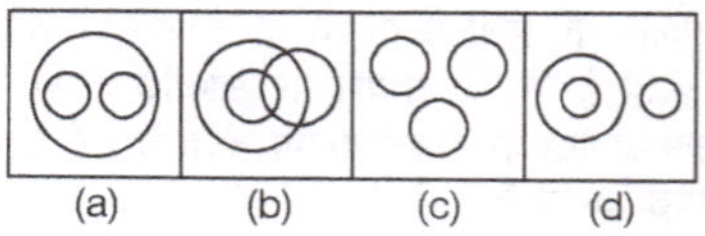

10. दिए गए वेन आरेख का अध्ययन करें और नीचे दिए गए प्रश्न का उत्तर दें।

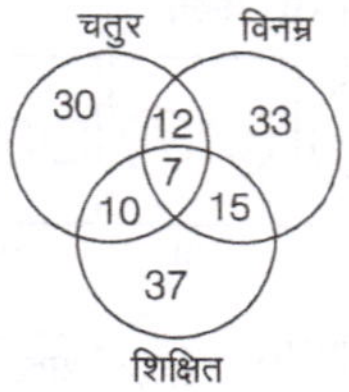

कितने चतुर लोग विनम्र हैं?
SSC CGL (Tier-I) 10/09/2024 Shift-III

(a) 7 (b) 19
(c) 63 (d) 12

11. दिए गए वेन आरेख का अध्ययन करें और नीचे दिए गए प्रश्न का उत्तर दें।

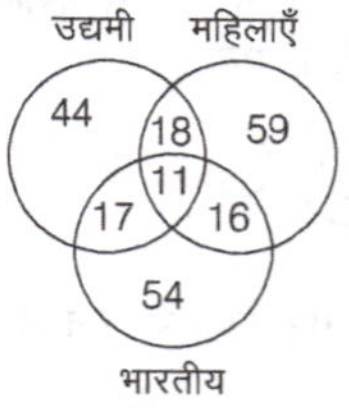

कितनी महिला उद्यमी भारतीय नहीं हैं?
SSC CGL (Tier-I) 10/09/2024 Shift-III

(a) 18 (b) 29
(c) 17 (d) 11

12. नीचे दिया गया वेन आरेख डॉक्टरों और शतरंज खिलाड़ियों के रूप में पुरुषों के पेशे को दर्शाता है।

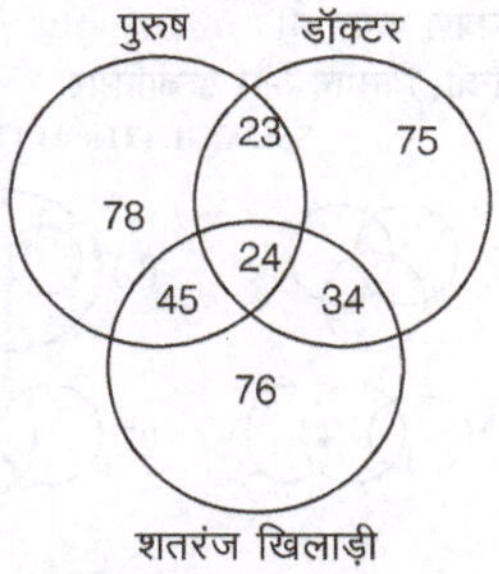

कितने पुरुष डॉक्टर हैं?

SSC CGL (Tier-I) 09/09/2024 Shift-III

(a) 47 (b) 34 (c) 24 (d) 23

13. दिए गए आरेख का ध्यानपूर्वक अध्ययन करें और निम्नलिखित प्रश्न का उत्तर दें। विभिन्न खण्डों में दी गई संख्याएँ अलग-अलग पदों के लिए आवेदन करने वाले व्यक्तियों की संख्या को दर्शाती हैं।

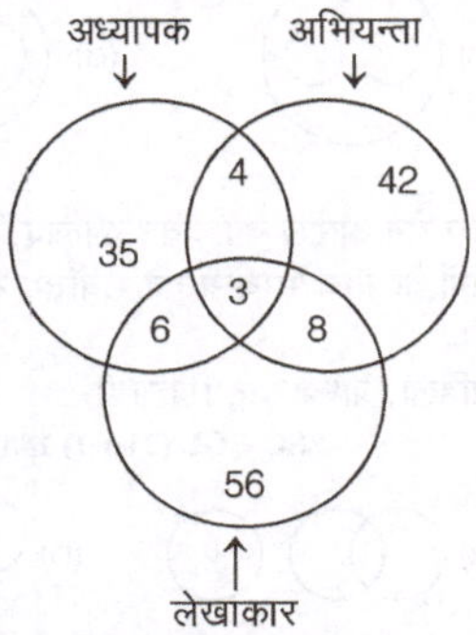

एक से अधिक पदों के लिए आवेदन करने वाले व्यक्तियों की कुल संख्या कितनी है?

SSC CGL (Tier-I) 09/09/2024 Shift-III

(a) 21 (b) 113 (c) 18 (d) 15

SSC CGL 2023 (Tier I)

14. निम्नलिखित श्रेणियों के बीच के सम्बन्ध को सर्वोत्तम तरीके से दिखाने वाले वेन-डायग्राम का चयन करें। **SSC CGL (Tier-I) 27/07/2023 Shift-I**

कलम, किताब, रबर

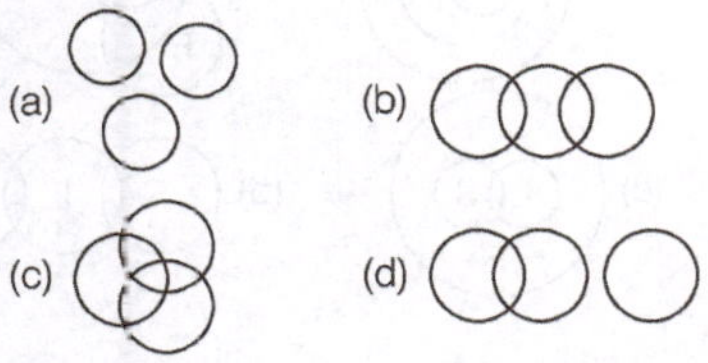

15. उस वेन आरेख का चयन कीजिए, जो निम्नलिखित वर्गों के बीच सम्बन्ध को सर्वोत्तम रूप से दर्शाता है **SSC CGL (Tier-I) 27/07/2023 Shift-I**

सांप, मगरमच्छ, सरीसृप

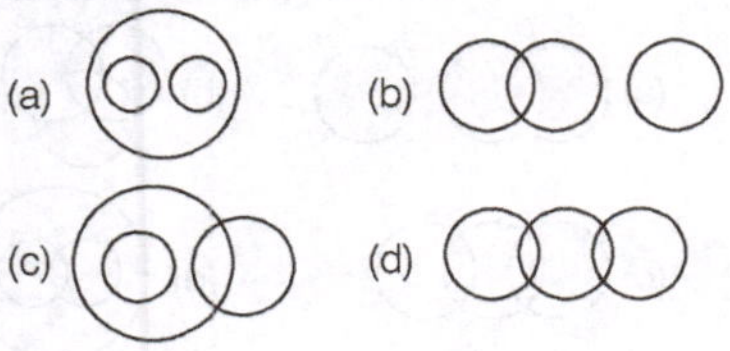

16. उस वेन आरेख का चयन करें, जो निम्नलिखित वर्गों के बीच सम्बन्ध को सबसे अच्छा दर्शाता है।

परियाँ, पौराणिक जीव, यूनिकॉर्न

SSC CGL (Tier-I) 26/07/2023 Shift-IV

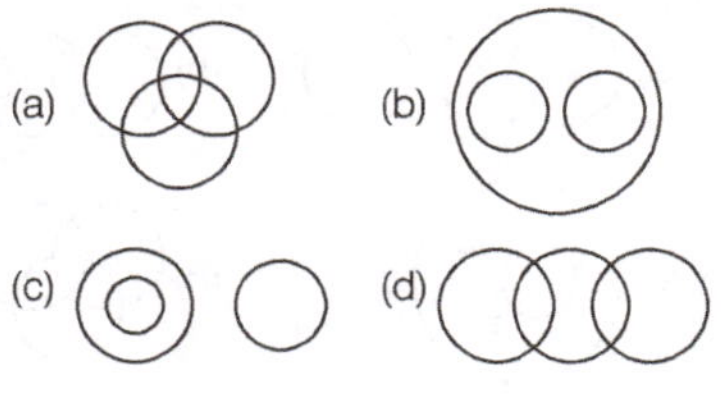

17. उस वेन आरेख का चयन करें, जो निम्नलिखित वर्गों के बीच के सम्बन्ध को सर्वोत्तम रूप से दर्शाता है।

सरीसृप, घड़ियाल, प्राणी

SSC CGL (Tier-I) 26/07/2023 Shift-IV

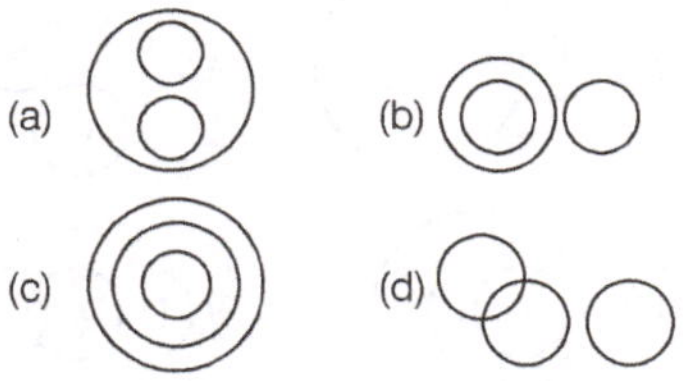

18. वर्गों के उस समुच्चय का चयन करें, जिसके बीच का सम्बन्ध नीचे दिए गए वेन आरेख द्वारा सबसे अच्छे तरीके से दर्शाया गया है।

SSC CGL (Tier-I) 26/07/2023 Shift-I

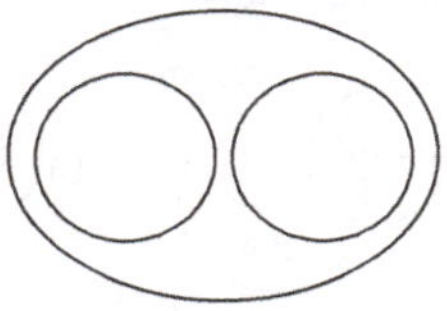

(a) बेटी, बेटा, भाई
(b) सरीसृप, साँप, छिपकलियाँ
(c) जूते, घड़ियाँ, काले चश्मे (गोगल्स)
(d) चश्में, कलमें, डायरियाँ

19. उस वेन आरेख का चयन कीजिए, जो निम्नलिखित वर्गों के बीच सम्बन्ध को सर्वोत्तम रूप से दर्शाता है

कीट (Insect), जन्तु (Animals), विषैला (Poisonous)

SSC CGL (Tier-I) 25/07/2023 Shift-IV

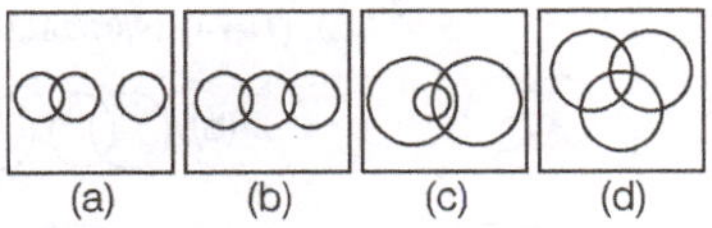

20. उस वेन आरेख का चयन करें, जो निम्नलिखित वर्गों के बीच के सम्बन्ध को सर्वोत्तम रूप से दर्शाता है।

स्नातक, शिक्षित, बेरोजगार

SSC CGL (Tier-I) 25/07/2023 Shift-I

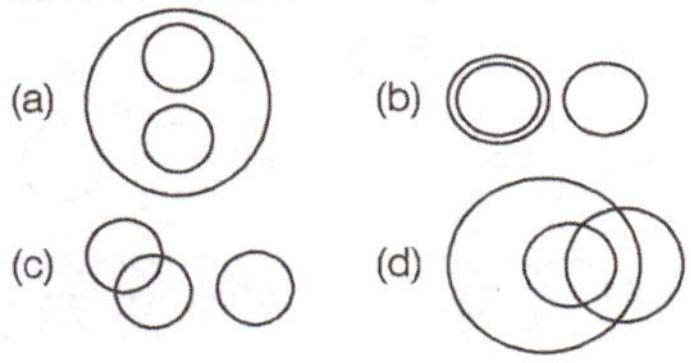

21. उस वेन आरेख का चयन कीजिए, जो निम्नलिखित वर्गों के बीच सम्बन्ध को सर्वोत्तम रूप से दर्शाता है।

मोबाइल, पुस्तक, डिजिटल उपकरण

SSC CGL (Tier-I) 24/07/2023 Shift-IV

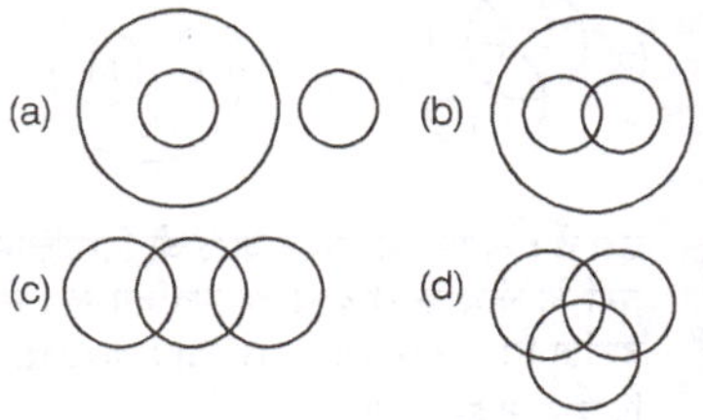

22. उस वेन-आरेख का चयन करें, जो निम्नलिखित वर्गों के बीच सम्बन्ध को अच्छी तरह से दर्शाता है।

खिलाड़ी, कप्तान, कोच

SSC CGL (Tier-I) 24/07/2023 Shift-IV

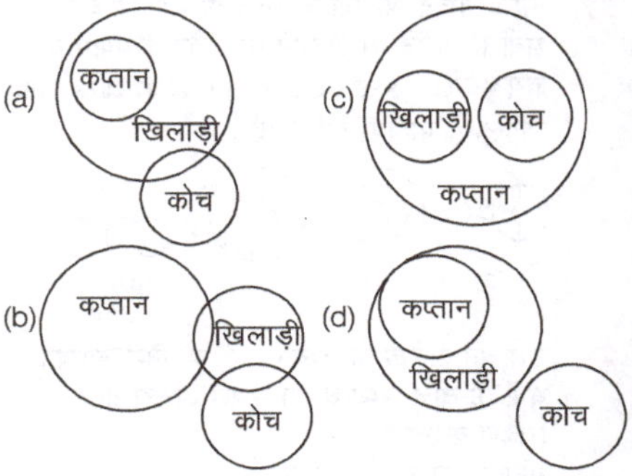

23. निम्नलिखित श्रेणियों के बीच के सम्बन्ध को सर्वोत्तम तरीके से दिखाने वाले वेन डायग्राम का चयन करें।

खेल, बैडमिण्टन, हॉकी

SSC CGL (Tier-I) 24/07/2023 Shift-I

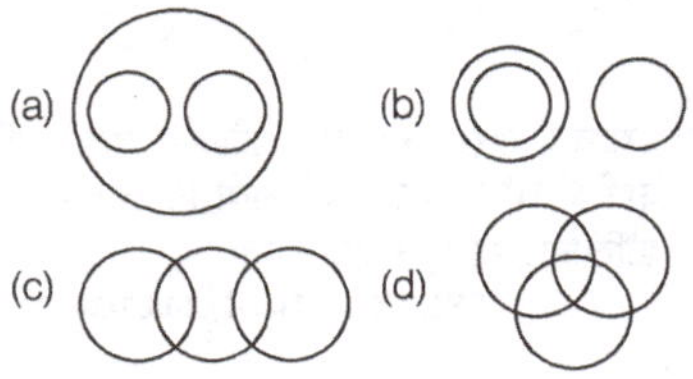

24. उस वेन आरेख का चयन कीजिए, जो निम्नलिखित वर्गों के बीच सम्बन्ध को सर्वोत्तम रूप से दर्शाता है।

महिला, मानव, शेर

SSC CGL (Tier-I) 21/07/2023 Shift-IV

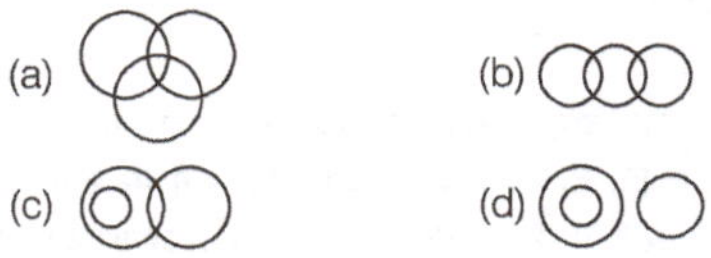

25. उस वेन आरेख का चयन कीजिए, जो निम्नलिखित वर्गों के बीच सर्वोत्तम सम्बन्ध को दर्शाता है।

लैपटॉप (L), इलेक्ट्रॉनिक्स (E)

माइक्रोवेव अवन (M)

SSC CGL (Tier-I) 21/07/2023 Shift-IV

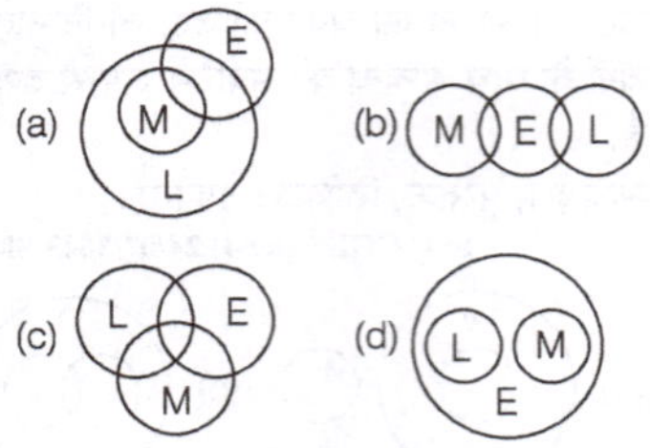

26. उस वेन आरेख का चयन करें, जो निम्नलिखित वर्गों के बीच के सम्बन्ध को सर्वोत्तम रूप से दर्शाता है। **SSC CGL (Tier-I) 21/07/2023 Shift-I**
दिरहम, दुबई, मुद्रा

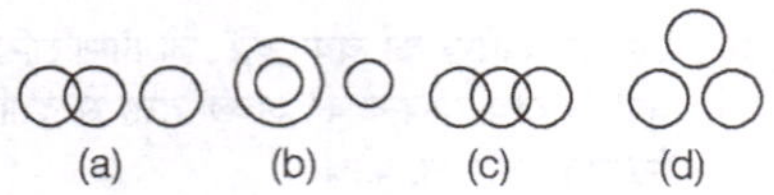

27. निम्नलिखित श्रेणियों के बीच के सम्बन्ध को सर्वोत्तम तरीके से दिखाने वाले वेन डायग्राम का चयन करें। **SSC CGL (Tier-I) 21/07/2023 Shift-I**
महिलाएँ, माताएँ, गायिकाएँ

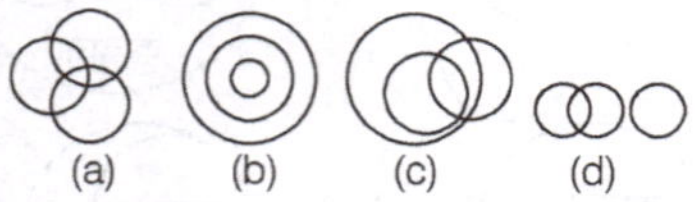

28. उस वेन आरेख का चयन करें, जो निम्नलिखित वर्गों के बीच सम्बन्ध का सबसे अच्छी तरह से चित्रण करता है।
माताएँ, बहनें और महिलाएँ
SSC CGL (Tier-I) 20/07/2023 Shift-IV

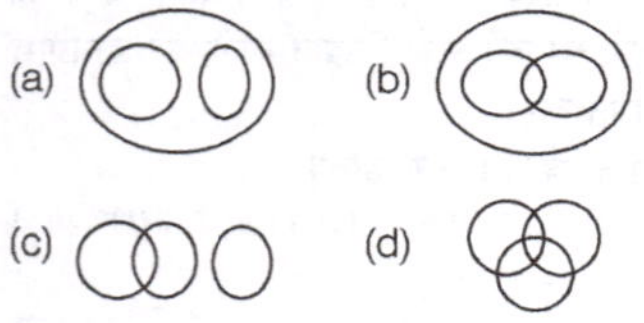

29. उस वेन आरेख का चयन कीजिए, जो निम्नलिखित वर्गों के बीच सम्बन्ध को सर्वोत्तम रूप से दर्शाता है
डॉल्फिन, शार्क, समुद्री जीव
SSC CGL (Tier-I) 20/07/2023 Shift-IV

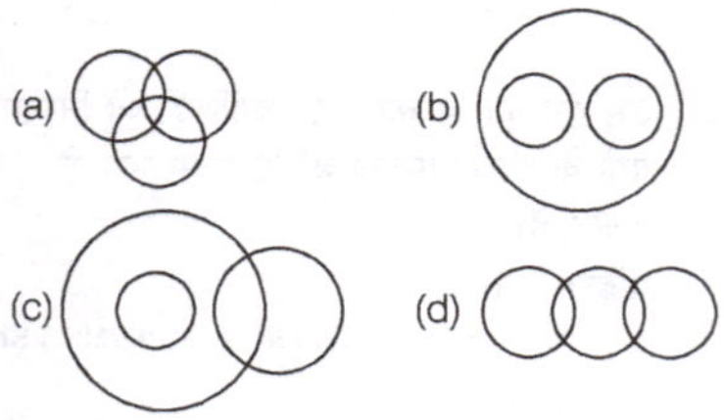

30. उस वेन आरेख का चयन करें, जो निम्नलिखित वर्गों के बीच के सम्बन्ध को सर्वोत्तम रूप से दर्शाता है। **SSC CGL (Tier-I) 20/07/2023 Shift-I**
क्रिकेट, एथलीट, खेल

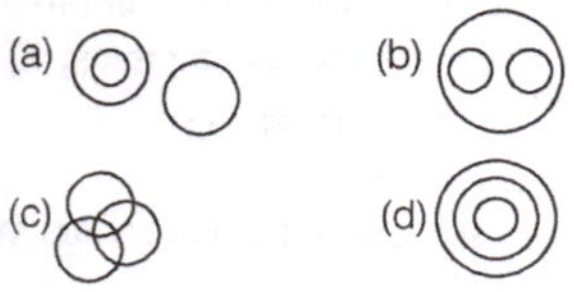

31. उस वेन आरेख का चयन कीजिए, जो निम्नलिखित वर्गों के बीच सम्बन्ध को सर्वोत्तम रूप से दर्शाता है। **SSC CGL (Tier-I) 20/07/2023 Shift-I**
फुटबॉल प्रशंसक, क्रिकेट प्रशंसक, चिकित्सक

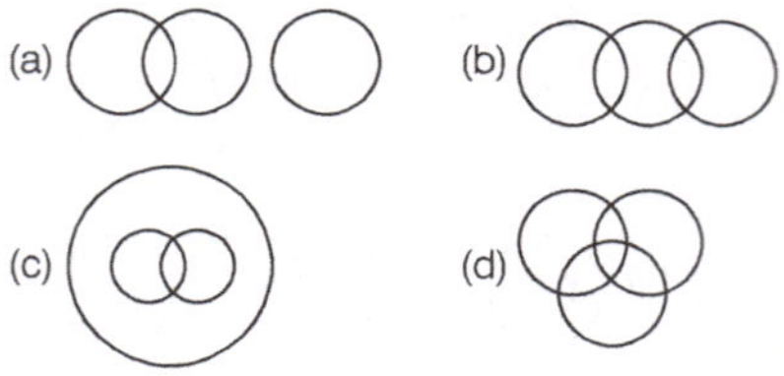

32. उस वेन–आरेख का चयन कीजिए, जो निम्नलिखित वर्गों के बीच सम्बन्ध को सर्वोत्तम रूप से दर्शाता है। **SSC CGL (Tier-I) 19/07/2023 Shift-IV**
बोली, भाषा, सम्प्रेषण

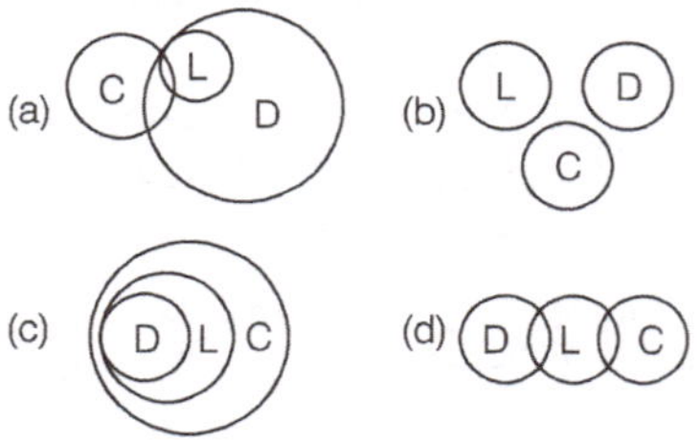

33. उस वेन आरेख का चयन करें, जो निम्नलिखित वर्गों के बीच सम्बन्ध को सबसे अच्छी तरह से दर्शाता है। **SSC CGL (Tier-I) 19/07/2023 Shift-IV**
तैरना, दौड़ना, खेल

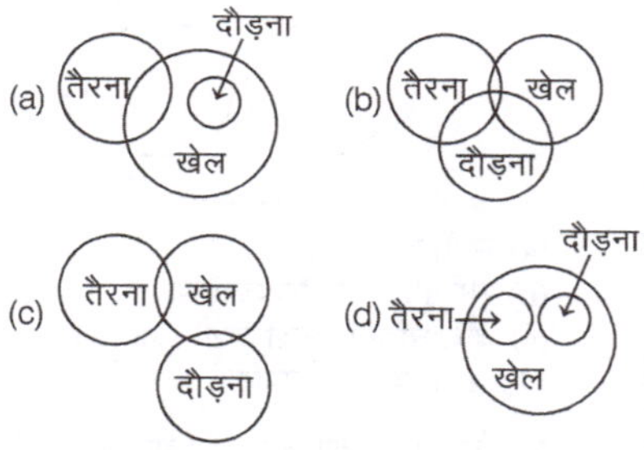

34. उस वेन आरेख का चयन करें, जो निम्नलिखित वर्गों के बीच सम्बन्ध का सबसे अच्छी तरह से चित्रण करता है।
पिता, भाई और पुरुष
SSC CGL (Tier-I) 19/07/2023 Shift-I

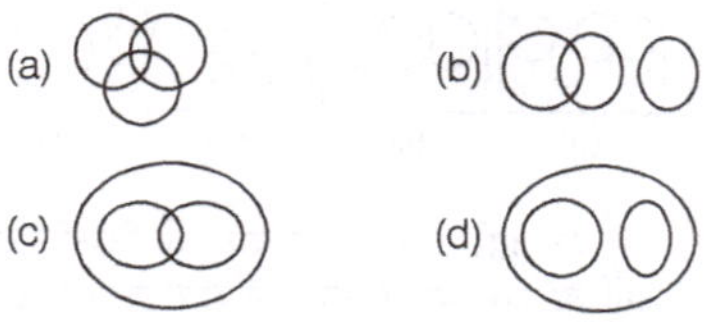

35. निम्नलिखित श्रेणियों के बीच के सम्बन्ध को सर्वोत्तम तरीके से दिखाने वाले वेन डायग्राम का चयन करें। **SSC CGL (Tier-I) 18/07/2023 Shift-I**
दुबई, एशिया, अफ्रीका

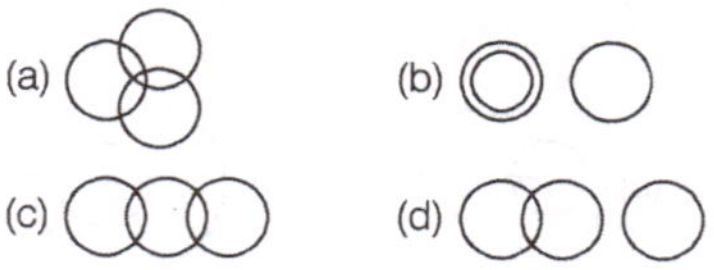

36. उस वेन आरेख का चयन करें, जो निम्नलिखित वर्गों के बीच सम्बन्ध का सबसे अच्छी तरह से चित्रण करता है।
मन्त्री, किसान और इन्जीनियर
SSC CGL (Tier-I) 17/07/2023 Shift-I

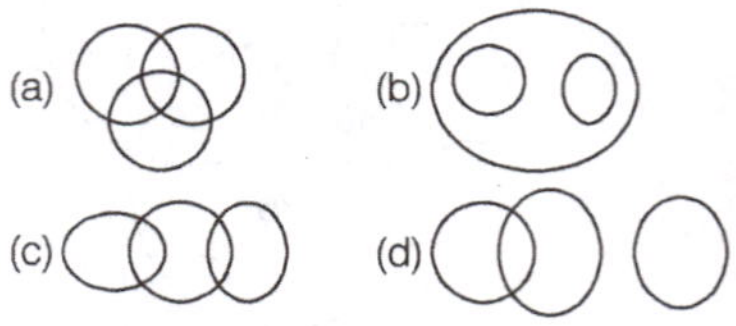

37. उस वेन आरेख का चयन कीजिए, जो निम्नलिखित वर्गों के बीच सम्बन्ध को सर्वोत्तम रूप से दर्शाता है
अभिनेता, हास्य अभिनेता, राजनेता
SSC CGL (Tier-I) 17/07/2023 Shift-I

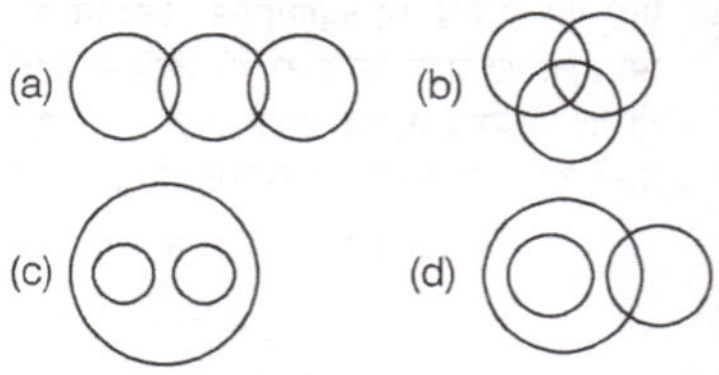

38. उस वेन आरेख का चयन कीजिए, जो निम्नलिखित वर्गों के बीच सम्बन्ध को सर्वोत्तम रूप से दर्शाता है।
महिला, प्राध्यापक, खिलाड़ी
SSC CGL (Tier-I) 14/07/2023 Shift-IV

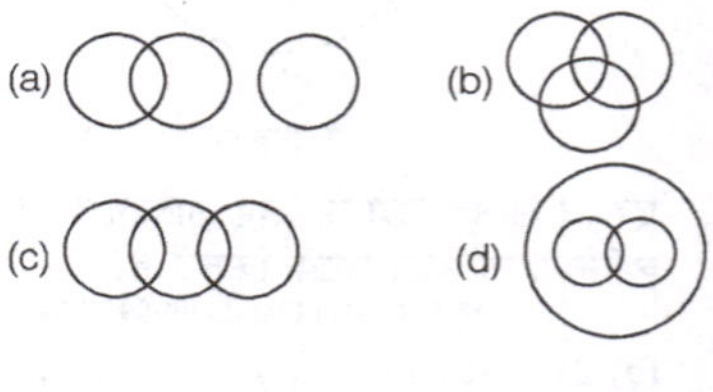

39. उस वेन आरेख का चयन कीजिए, जो निम्नलिखित वर्गों के बीच सर्वोत्तम सम्बन्ध को दर्शाता है।
पत्तेदार सब्जियाँ = L, सलाद = S,
खाना = F **SSC CGL (Tier-I) 14/07/2023 Shift-IV**

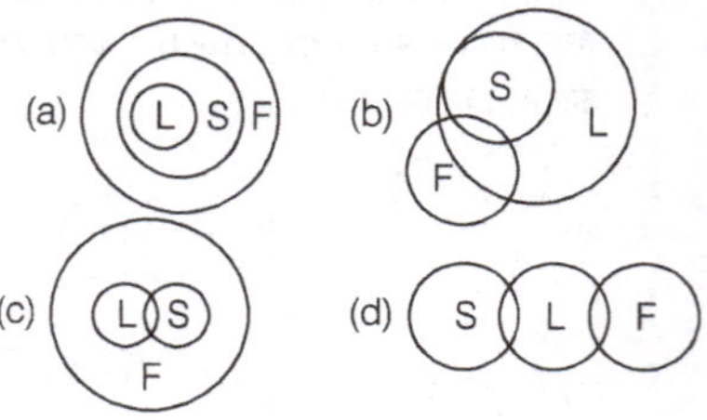

40. उस वेन आरेख का चयन कीजिए, जो निम्नलिखित वर्गों के बीच सम्बन्ध को सर्वोत्तम रूप से दर्शाता है।
टिकट, हवाई जहाज, रेल
SSC CGL (Tier-I) 14/07/2023 Shift-I

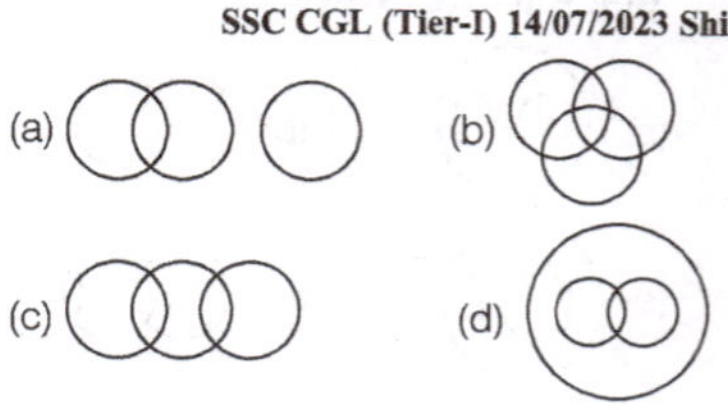

SSC CGL 2021 (Tier I)

41. वह वेन आरेख चुनें, जो निम्न वर्गों के बीच के सम्बन्ध का सबसे अच्छा निरूपण करता है।
पुरुष, गीतकार, बहिर्मुखी
SSC CGL (Tier-I) 24/08/2021 Shift-III

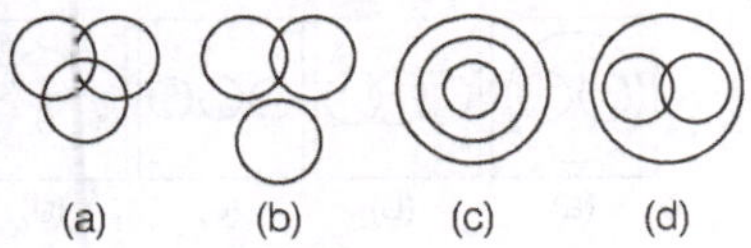

42. दिए गए आरेख में, वृत्त 'स्नातकों' को निरूपित करता है, त्रिभुज 'नियोजित व्यक्तियों' को निरूपित करता है और आयत 'ग्रामीण जनों' को निरूपित करता है। आरेख का ध्यानपूर्वक अवलोकन करें और उसके बाद दिए गए प्रश्न का उत्तर दें।
SSC CGL (Tier-I) 24/08/2021 Shift-II

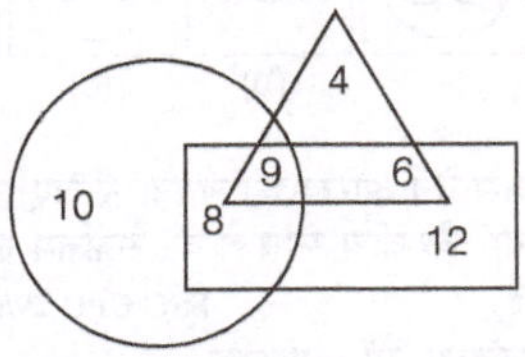

ग्रामीण अनियोजित स्नातकों की संख्या कितनी है?
(a) 6 (b) 12 (c) 9 (d) 8

43. वह वेन आरेख चुनें, जो निम्न श्रेणियों के बीच के सम्बन्ध का सबसे अच्छा निरूपण करता है।
सरीसृप, मेंढ़क, जन्तु
SSC CGL (Tier-I) 23/08/2021 Shift-II

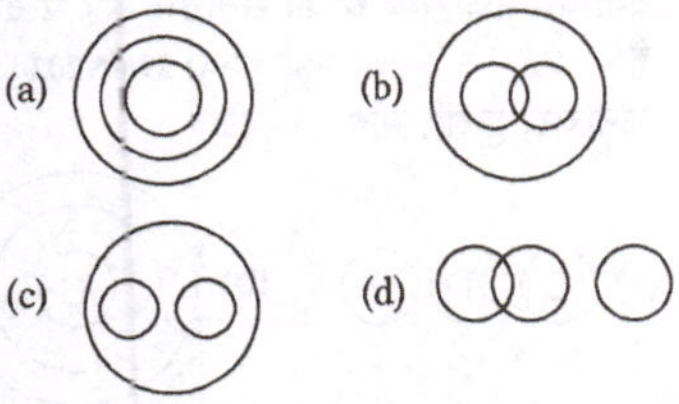

44. दिए गए आरेख में, वृत्त 'शिक्षकों' को निरूपित करता है, त्रिभुज 'नर्तकों' को निरूपित करता है और आयत 'लेखकों' को निरूपित करता है, दिए गए आरेख का ध्यानपूर्वक अवलोकन करें और उसके बद दिए गए निम्न प्रश्न का उत्तर दें।

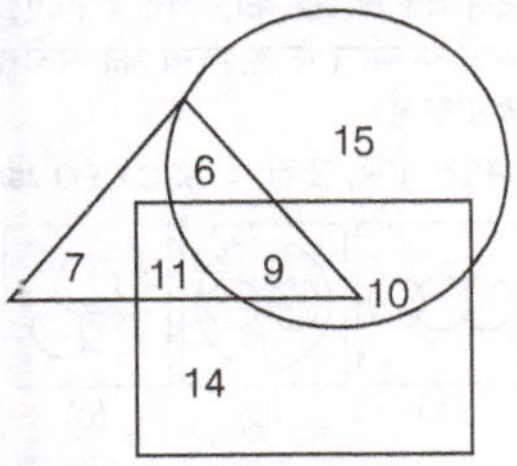

उन शिक्षकों की संख्या कितनी है, जो लेखक तो हैं किन्तु नर्तक नहीं हैं?
SSC CGL (Tier-I) 23/08/2021 Shift-I
(a) 10 (b) 11 (c) 9 (d) 15

45. सामान्य रूप से ज्ञात तथ्यों को अनदेखा करते हुए दिए गए कथनों को पढ़ें और फिर निम्नलिखित चार विकल्पों में उस वेन आरेख की पहचान करें, जो कथनों का सही निरूपण करता है।

कथन
1. कुछ स्टूल (S), टम्बलर (T) हैं।
2. कुछ टम्बलर (T), ग्राइण्डर (G) हैं।
SSC CGL (Tier-I) 20/08/2021 Shift-II

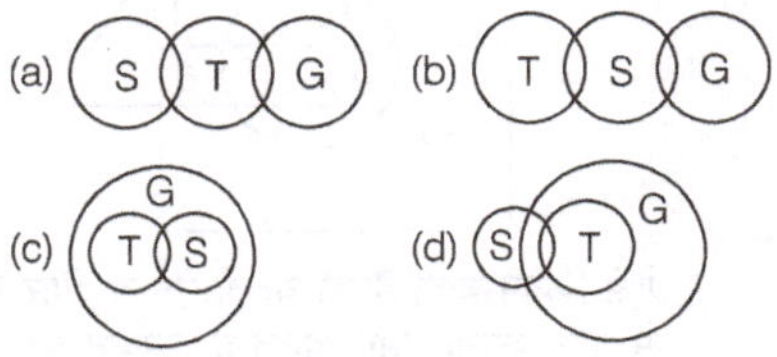

46. वर्गों के उस समूह का चयन करें, जिनके बीच के सम्बन्ध को निम्न वेन आरेख द्वारा सर्वोत्तम ढंग से दर्शाया गया है।
SSC CGL (Tier-I) 20/08/2021 Shift-I

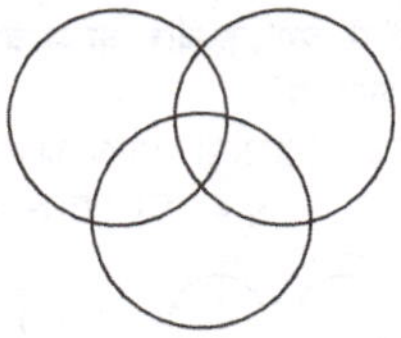

(a) स्टेशनरी, स्टेपलर, इरेज़र
(b) डॉक्टर, पिता, बहनें
(c) नौकरशाह, पुरुष, महिलाएँ
(d) बहिर्मुखी, पुरुष, रूपवान

47. वह वेन आरेख चुनें, जो निम्न श्रेणियों के बीच के सम्बन्ध का सबसे अच्छा निरूपण करता है।
वरुण, ग्रह, चन्द्रमा
SSC CGL (Tier-I) 18/08/2021 Shift-II

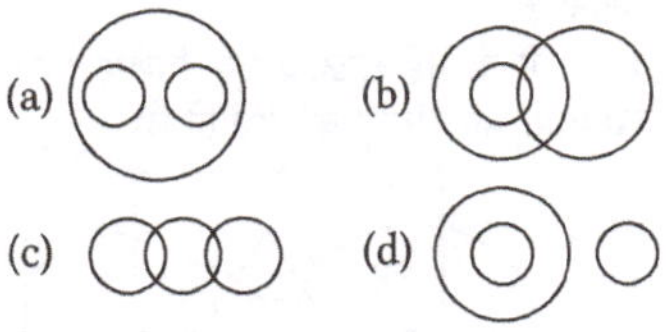

48. उस वेन आरेख का चयन कीजिए, जो निम्नलिखित शब्दों के बीच सम्बन्ध का सबसे अच्छा निरुपण करता है। **SSC CGL (Tier-I) 18/08/2021 Shift-I**
ब्रह्माण्ड, प्लूटो, सौरमण्डल

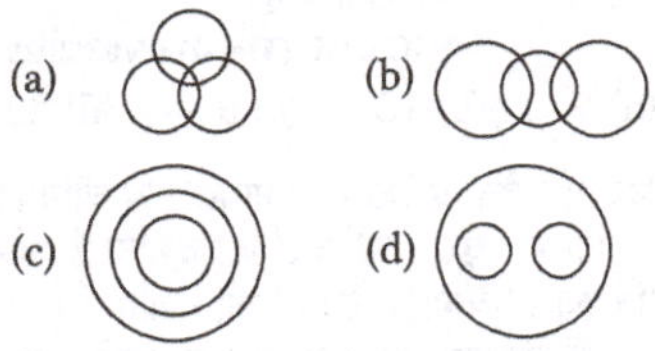

49. निम्नलिखित वेन आरेख में, त्रिभुज 'खिलाड़ियों' को निरूपित करता है, षटभुज 'भारतीयों' को निरूपित करता है और आयत 'लड़कों' को निरूपित करता है। दी गई संख्याएँ उस विशेष श्रेणी के व्यक्तियों की संख्या को दर्शाती हैं।
SSC CGL (Tier-I) 17/08/2021 Shift-III

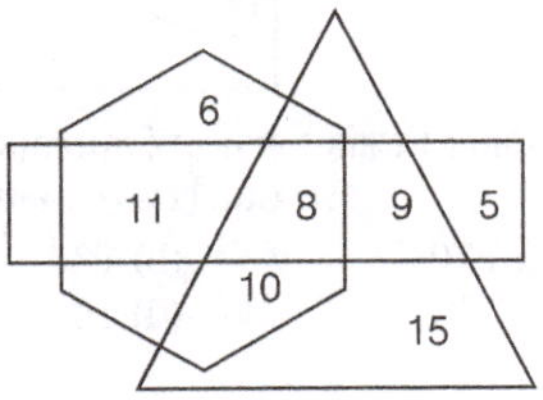

बताएँ कि कितने 'भारतीय' खिलाड़ी हैं लेकिन 'लड़के' नहीं हैं?
SSC CGL (Tier-I) 17/08/2021 Shift-III
(a) 10 (b) 11 (c) 8 (d) 9

50. वह वेन आरेख चुनें, जो निम्न श्रेणियों के बीच के सम्बन्ध का सबसे अच्छा निरूपण करता है।
भाई, पिता, करदाता
SSC CGL (Tier-I) 17/08/2021 Shift-I

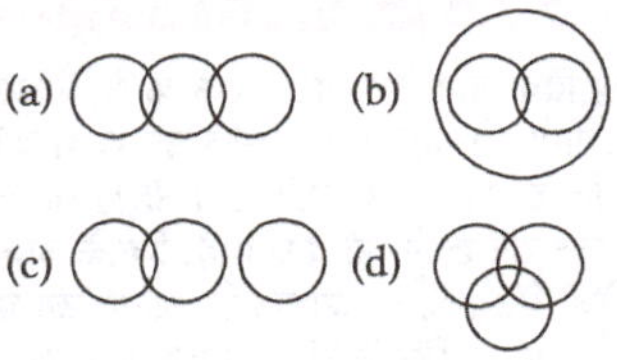

51. निम्नलिखित वेन आरेख में उन परिवारों की संख्या दर्शाई गई है। जिन्होंने तीन अलग-अलग स्थानों (श्रीनगर, शिमला, गंगटोक) की यात्रा की है।
SSC CGL (Tier-I) 16/08/2021 Shift-III

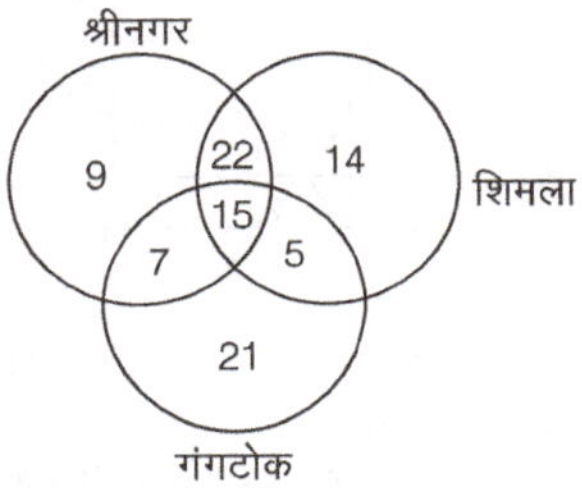

उन परिवारों की संख्या कितनी है जिन्होंने श्रीनगर, शिमला और गंगटोक में से कम-से-कम दो स्थानों की यात्रा की है?
(a) 15 (b) 27 (c) 34 (d) 49

52. वह वेन आरेख चुनें, जो निम्न श्रेणियों के बीच के सम्बन्ध का सबसे अच्छा निरूपण करता है।
धनिया, मसाले, दालचीनी
SSC CGL (Tier-I) 16/08/2021 Shift-I

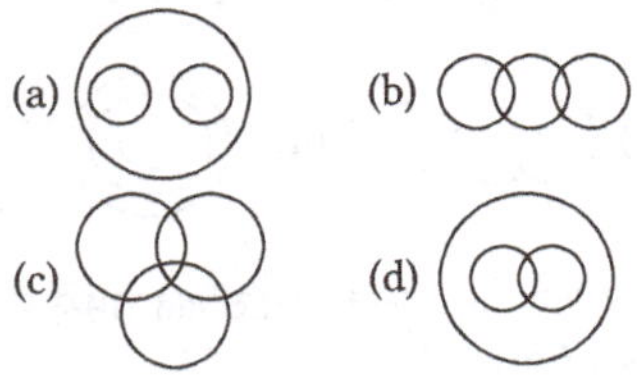

53. वह वेन आरेख चुनें, जो निम्न श्रेणियों के बीच एक सम्बन्ध का सबसे अच्छा निरूपण करता है।
महिला, सास, गृहिणी
SSC CGL (Tier-I) 13/08/2021 Shift-III

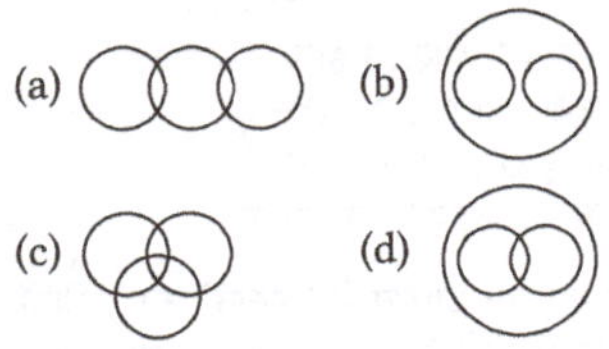

54. वह वेन आरेख चुनें, जो निम्न श्रेणियों के बीच के सम्बन्ध का सबसे अच्छा निरूपण करता है।
महिलाएँ, शोधकर्ता, अन्तर्मुखी
SSC CGL (Tier-I) 13/08/2021 Shift-I

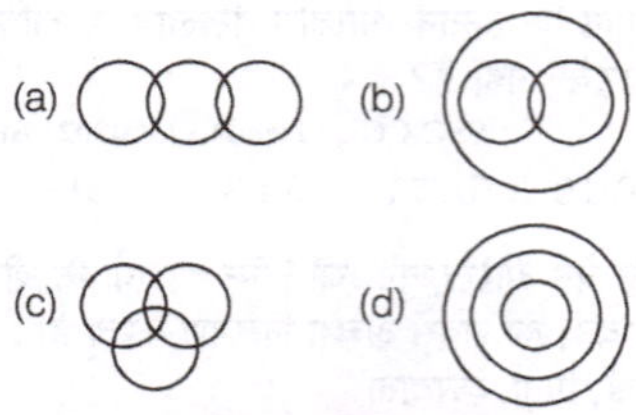

SSC CGL 2020 (Tier I)

55. नीचे दिया गया वेन आरेख एक कक्षा के छात्रों के परिणामों को दर्शाता है। त्रिभुज उन छात्रों को दर्शाता है, जिनके अंकगणित में 85% या अधिक हैं, वृत्त उन छात्रों को दर्शाता है, जिनके अंक अंग्रेजी में 85% या अधिक हैं, आयत उन छात्रों को दर्शाता है जिनके अंक विज्ञान में 85% या अधिक हैं, वर्ग उन छात्रों को दर्शाता है जिनके अंक सामाजिक विज्ञान में 85% या अधिक हैं।

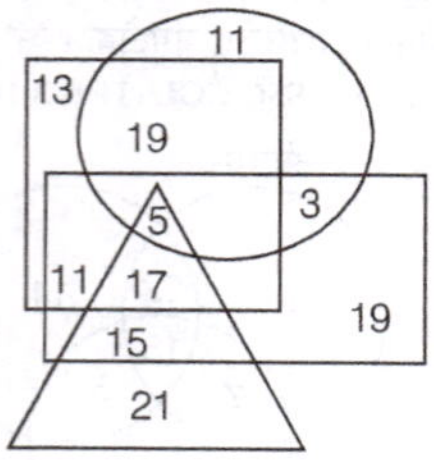

कितने छात्रों ने सभी विषयों में 85% या अधिक अंक प्राप्त किए।

SSC CGL (Tier-I) 07/03/2020 Shift-I

(a) 15 (b) 5 (c) 11 (d) 17

56. निम्नलिखित में से कौन-सा वेन आरेख निम्नलिखित वर्गों के बीच सम्बन्ध को बेहतर ढंग से दर्शाता है?

मसाले, जीरा, भोजन

SSC CGL (Tier-I) 06/03/2020 Shift-III

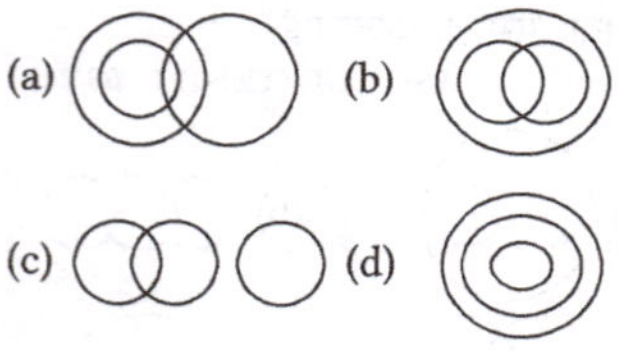

57. दिया गया वेन आरेख निम्नलिखित समूहों में से किसे सर्वोत्तम ढंग से दर्शाता है?

SSC CGL (Tier-I) 06/03/2020 Shift-II

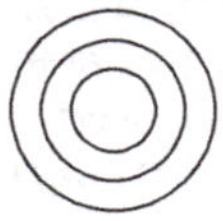

(a) सप्ताह, साल, महीने
(b) ट्रक, जहाज, परिवहन
(c) अनुच्छेद, वाक्य, पेन
(d) घर, खिड़की, किराएदार

58. दिए गए वेन आरेख में 'आयत' उन यात्रियों को दर्शाता है, 'जो विमान से यात्रा करना पसन्द करते हैं', 'वृत्त' उन यात्रियों को दर्शाता है, 'जो बस से यात्रा करना पसन्द करते हैं' और 'त्रिभुज' उन यात्रियों को दर्शाता है, 'जो ट्रेन से यात्रा करना पसन्द करते हैं। आरेख में दी गई संख्या उस विशेष श्रेणी के यात्रियों की संख्या को दर्शाती है।

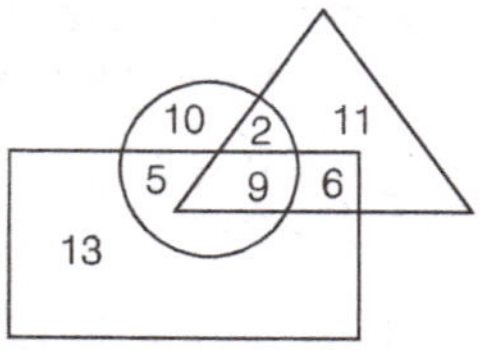

ऐसे कितने यात्री हैं जो या तो ट्रेन या फिर विमान में यात्रा करना पसन्द करते हैं, लेकिन बस में बिल्कुल नहीं?

SSC CGL (Tier-I) 06/03/2020 Shift-I

(a) 36 (b) 30 (c) 29 (d) 27

59. निम्नलिखित में से कौन-सा वेन आरेख, दिए गए शब्दों के वर्गों के बीच के सम्बन्धों को सर्वोत्तम ढंग से दर्शाता है?

क्रिकेटर, खिलाड़ी, मानव जातियाँ

SSC CGL (Tier-I) 05/03/2020 Shift-II

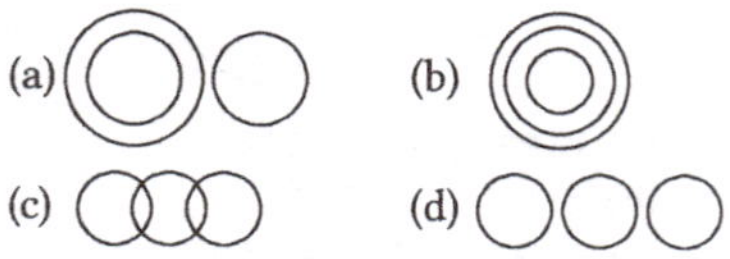

60. दिए गए वेन आरेख में, 'त्रिभुज', टेबल टेनिस खेलने वाले विद्यार्थियों को दर्शाता है, 'आयत' बैडमिण्टन खेलने वाले विद्यार्थियों को दर्शाता है। 'वृत्त' महिला विद्यार्थियों को दर्शाता है, और 'पंचभुज' फुटबॉल खेलने वाले विद्यार्थियों को दर्शाता है।

आरेख में दी गई संख्याएँ उस विशेष श्रेणी के व्यक्तियों की संख्या को दर्शाती हैं।

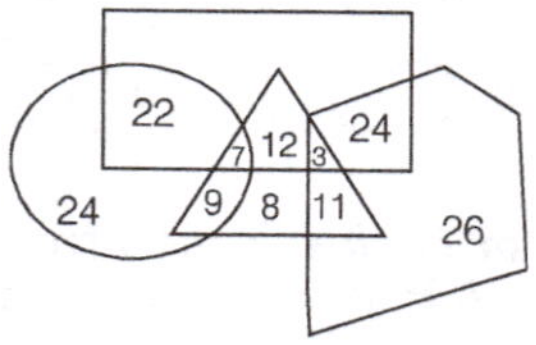

कितनी 'महिला विद्यार्थी' टेबल टेनिस और बैडमिण्टन दोनों खेलती हैं?

SSC CGL (Tier-I) 05/03/2020 Shift-I

(a) 7 (b) 18 (c) 9 (d) 22

61. दिए गए वेन आरेख में, 'आयत', 'इन्जीनियर' को दर्शाता है, 'वृत्त', 'मैनेजर' को दर्शाता है और 'त्रिभुज', 'विवाहित लोगों' को दर्शाता है। आरेख में दी गई संख्याएँ उन श्रेणी में आने वाले लोगों की संख्या को दर्शाती हैं।

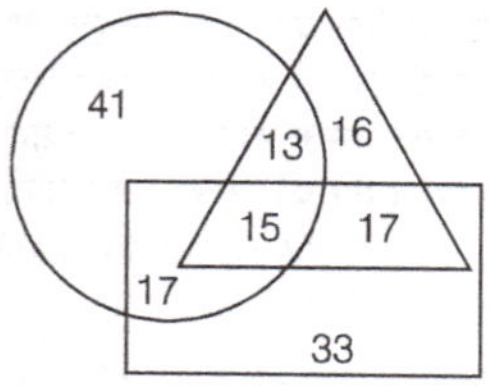

कितने विवाहित लोग इन्जीनियर नहीं हैं?

SSC CGL (Tier-I) 04/03/2020 Shift-III

(a) 70 (b) 13
(c) 29 (d) 16

SSC CPO SI 2024

62. उस वेन आरेख का चयन कीजिए, जो निम्नलिखित वर्गों के बीच सम्बन्ध को सर्वोत्तम रूप से दर्शाता है। **SSC CPO 29/06/2024 Shift-III**

चित्रकार, पुरुष, महिलाएँ

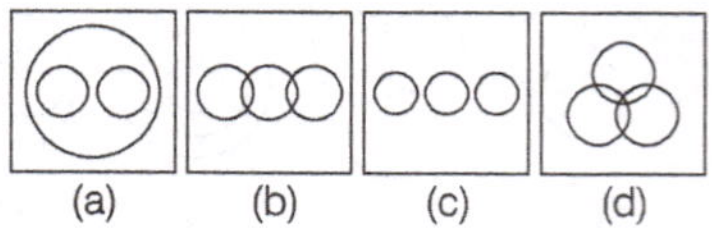

63. उस वेन आरेख का चयन कीजिए, जो निम्नलिखित वर्गों के बीच सम्बन्ध को सर्वोत्तम रूप से दर्शाता है। **SSC CPO 29/06/2024 Shift-II**

जानवर, शेर, सियार

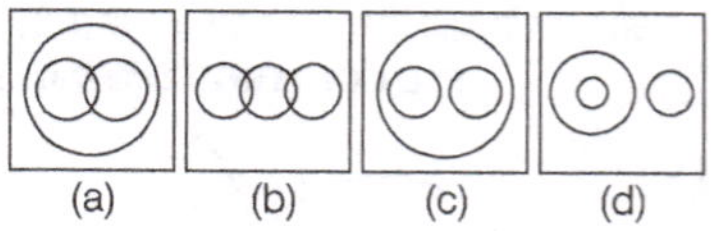

64. उस वेन आरेख का चयन कीजिए, जो निम्नलिखित वर्गों के बीच सम्बन्ध को सर्वोत्तम रूप से दर्शाता है। **SSC CPO 29/06/2024 Shift-II**

महिला, माँ, अभिनेता

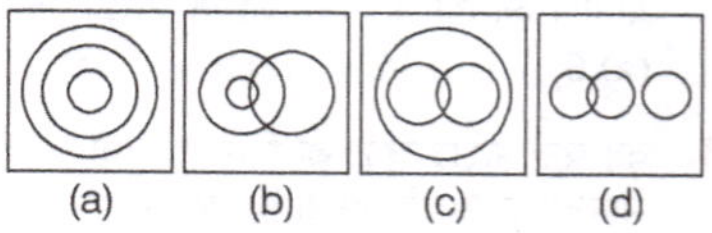

65. उस वेन आरेख का चयन कीजिए, जो निम्नलिखित वर्गों के बीच सम्बन्ध को सर्वोत्तम रूप से दर्शाता है। **SSC CPO 29/06/2024 Shift-II**

फर्नीचर, कुर्सी, मेज

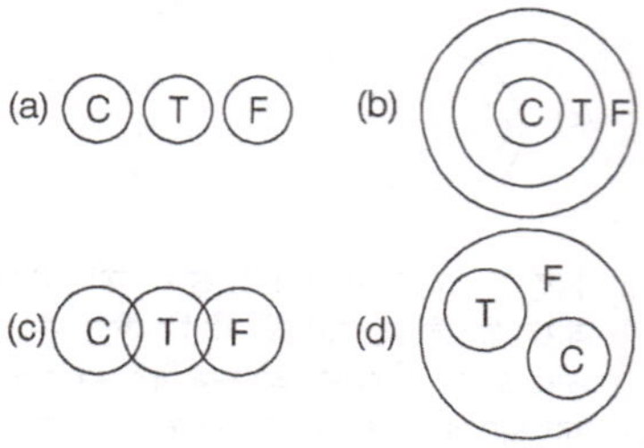

66. उस वेन आरेख का चयन कीजिए, जो निम्नलिखित वर्गों के बीच के सम्बन्ध को सर्वोत्तम रूप से दर्शाता है।

अंगूर, सेब, फल **SSC CPO 28/06/2024 Shift-II**

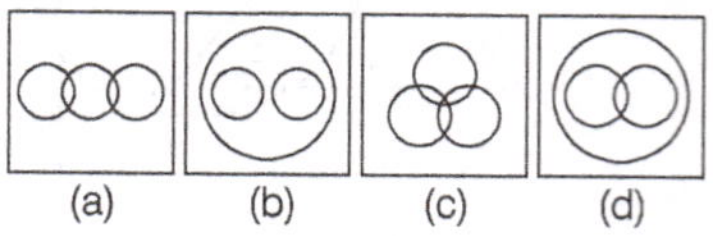

67. उस वेन आरेख का चयन कीजिए, जो निश्चित वर्गों के बीच सम्बन्ध को सर्वोत्तम रूप से दर्शाता है।

SSC CPO 28/06/2024 Shift-II

बाघ, साँप, हाथी

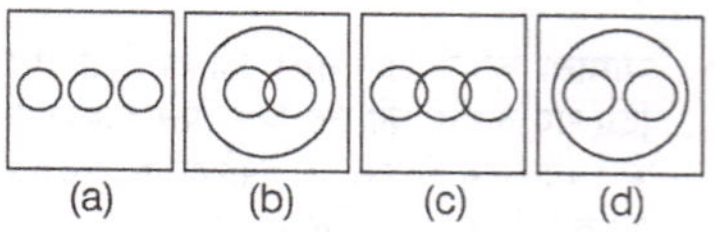

68. उस वेन आरेख का चयन कीजिए, जो निम्नलिखित वर्गों के बीच के सम्बन्ध को सर्वश्रेष्ठ रूप से दर्शाता है।
माँ, महिला, पति **SSC CPO 28/06/2024 Shift-I**

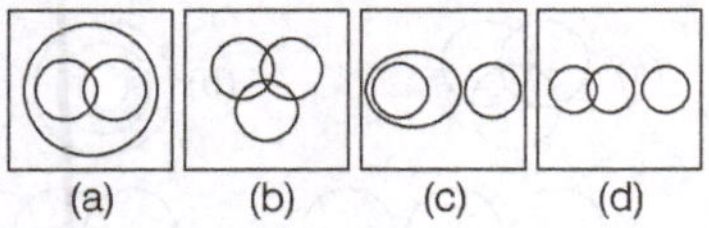

69. उस वेन आरेख का चयन कीजिए, जो निम्नलिखित वर्गों के बीच सम्बन्ध को सर्वोत्तम रूप से दर्शाता है। **SSC CPO 27/06/2024 Shift-III**
मनुष्य, चित्रकार, पुरुष

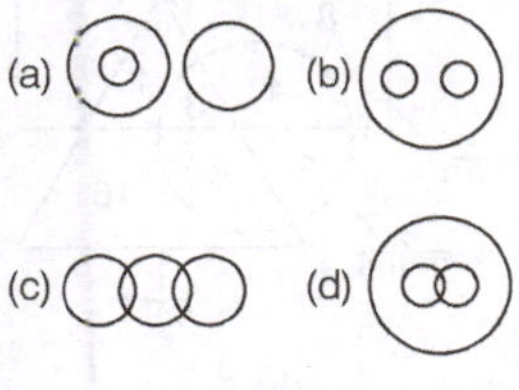

70. उस वेन आरेख का चयन कीजिए, जो निम्नलिखित वर्गों के बीच सम्बन्ध को सर्वोत्तम रूप से दर्शाता है। **SSC CPO 27/06/2024 Shift-III**
मैकेनिक, चपरासी, वकील

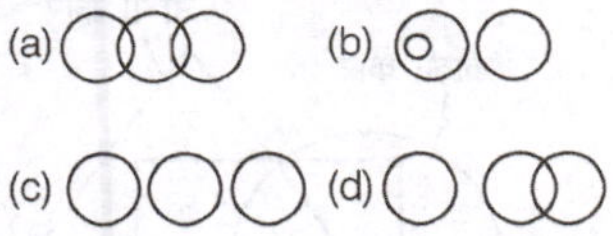

71. उस वेन आरेख का चयन करें, जो निम्नलिखित वर्गों के बीच के सम्बन्ध को सर्वोत्तम रूप से दर्शाता है
भारत, तमिलनाडु, चेन्नई
SSC CPO 27/06/2024 Shift-III

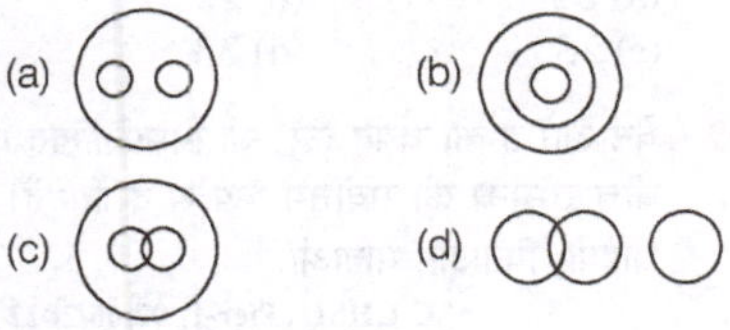

72. उस वेन आरेख का चयन कीजिए, जो निम्नलिखित वर्गों के बीच के सम्बन्ध को सर्वश्रेष्ठ रूप से दर्शाता है। **SSC CPO 27/06/2024 Shift-II**
संगीत वाद्ययन्त्र, कथक, जाइलोफोन

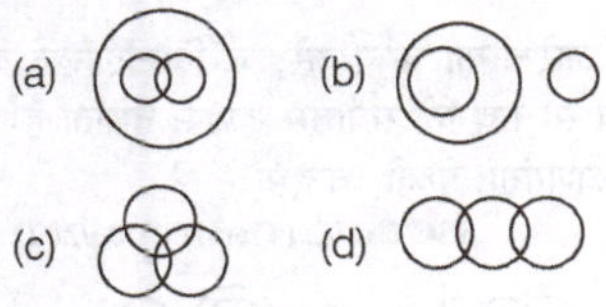

73. उस वेन-आरेख का चयन कीजिए, जो निम्नलिखित वर्गों के बीच के सम्बन्ध को सर्वोत्तम रूप से दर्शाता है **SSC CPO 27/06/2024 Shift-II**
पिता, पायलट, महिलाएँ

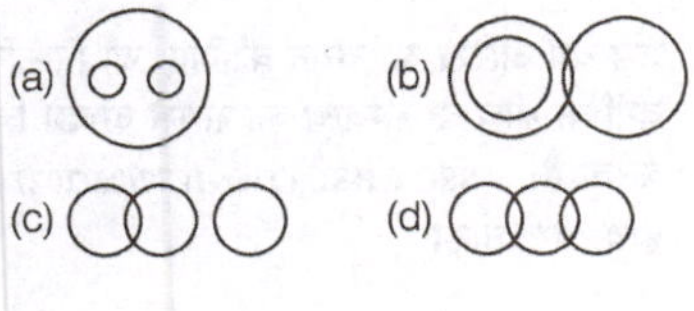

74. उस वेन आरेख का चयन कीजिए, जो निम्नलिखित वर्गों के बीच के सम्बन्ध को सर्वश्रेष्ठ रूप से दर्शाता है। **SSC CPO 27/06/2024 Shift-I**
चीता, पक्षी, चील

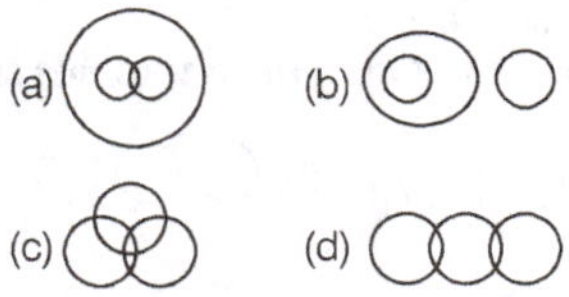

75. उस वेन आरेख का चयन कीजिए, जो निम्नलिखित वर्गों के बीच के सम्बन्ध को सर्वोत्तम रूप से दर्शाता है। **SSC CPO 27/06/2024 Shift-I**
आलू, सब्जियाँ, अंगूर

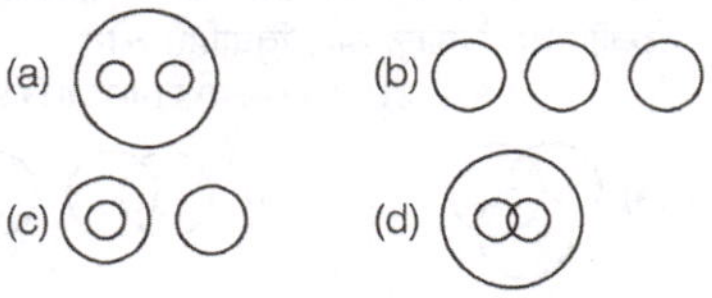

76. उस वेन आरेख का चयन कीजिए, जो निम्नलिखित वर्गों के बीच सम्बन्ध को सर्वोत्तम रूप से दर्शाता है। **SSC CPO 27/06/2024 Shift-I**
कुत्ता, बिल्ली, लैब्राडोर

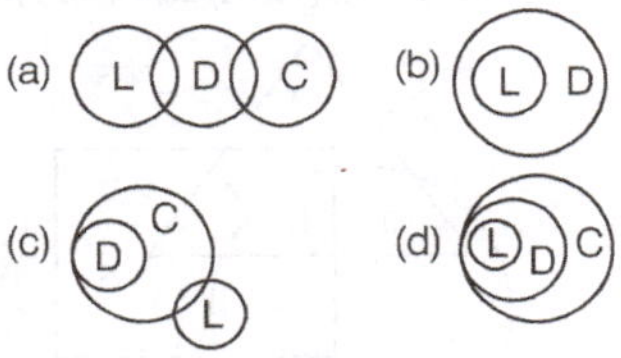

77. उस वेन आरेख का चयन कीजिए, जो निम्नलिखित वर्गों के बीच के सम्बन्ध को सर्वोत्तम रूप से दर्शाता है। **SSC CPO 27/06/2024 Shift-I**
केले, सेब, अंगूर

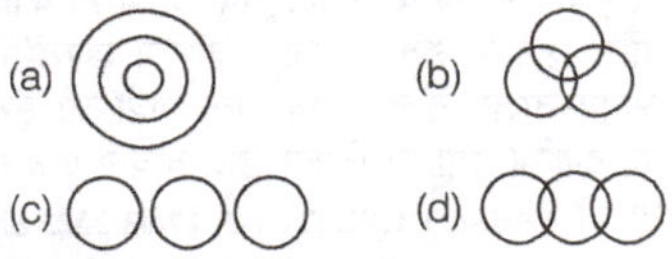

SSC CPO SI 2023-2020

78. उस वेन आरेख का चयन करें, जो निम्नलिखित वर्गों के बीच के सम्बन्ध को सर्वोत्तम ढंग से दर्शाता है।
कपड़े, जूते, शर्ट **SSC CPO 05/10/2023 Shift-III**

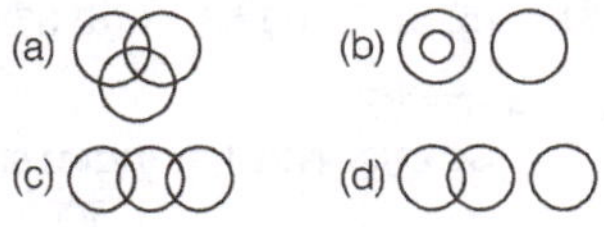

79. उस वेन आरेख का चयन करें, जो निम्नलिखित वर्गों के बीच के सम्बन्ध को सर्वोत्तम ढंग से दर्शाता है। **SSC CPO 05/10/2023 Shift-III**
जानवर, जंगल, जंगली जानवर

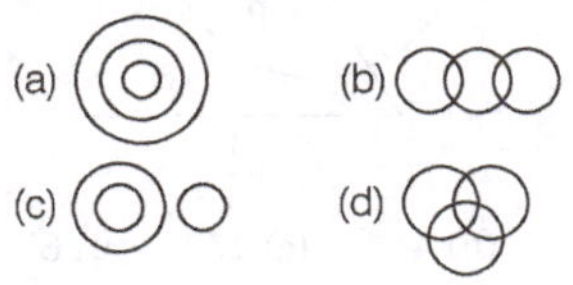

80. उस वेन आरेख का चयन करें, जो निम्नलिखित वर्गों के बीच के सम्बन्ध को सर्वोत्तम ढंग से दर्शाता है। **SSC CPO 03/10/2023 Shift-I**
पेंसिल, रबड़, शार्पनर

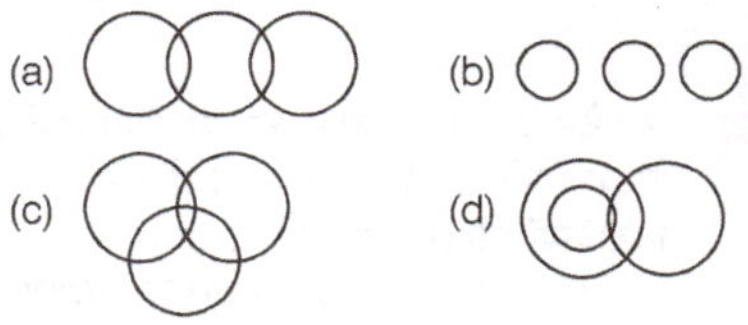

81. उस वेन आरेख का चयन करें, जो निम्नलिखित वर्गों के बीच के सम्बन्ध को सर्वोत्तम रूप से दर्शाता है। **SSC CPO 11/11/2022 Shift-I**
एशिया, भारत, पाकिस्तान

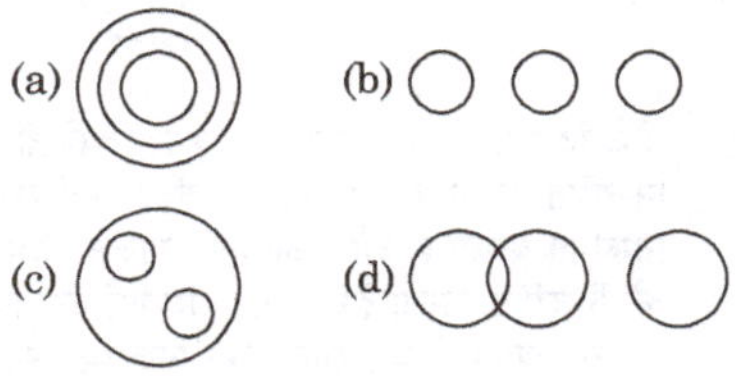

82. निम्न वर्गों के बीच के सम्बन्ध को सर्वोत्तम रूप से दर्शाने वाले वेन आरेख का चयन करें।
चश्मा, लेन्स, दर्पण **SSC CPO 10/11/2022 Shift-I**

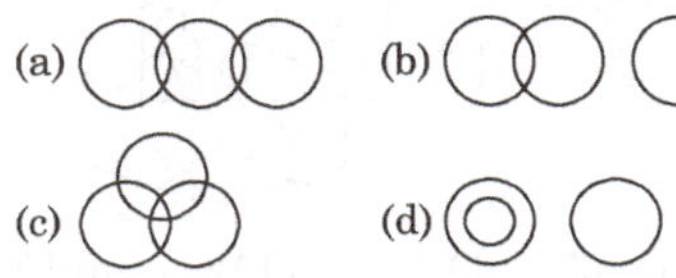

83. उस वेन आरेख का चयन करें, जो निम्नलिखित वर्गों के बीच के सम्बन्ध को सर्वोत्तम रूप से दर्शाता है।
पुरुष, पिता, डॉक्टर **SSC CPO 10/11/2022 Shift-I**

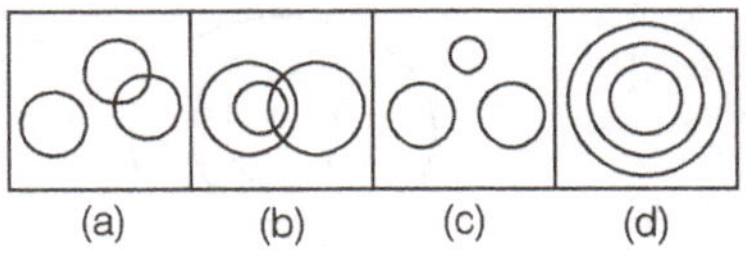

84. उस वेन आरेख का चयन करें, जो निम्न वर्गों के बीच सम्बन्ध को सर्वश्रेष्ठ रूप से दर्शाता है।
शिक्षक, गिटार वादक, छात्र
SSC CPO 25/11/2020 Shift-II

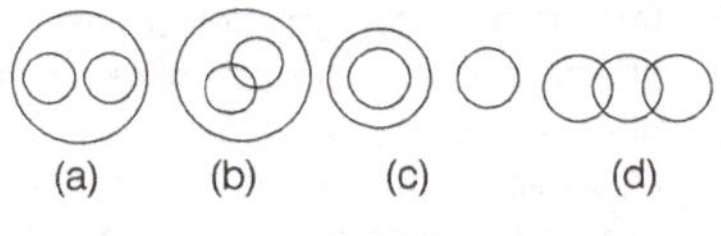

85. उस वेन आरेख का चयन करें, जो निम्न वर्गों के बीच सम्बन्ध को सर्वश्रेष्ठ रूप से दर्शाता है।
फसलें, खेत, जौ **SSC CPO 25/11/2020 Shift-II**

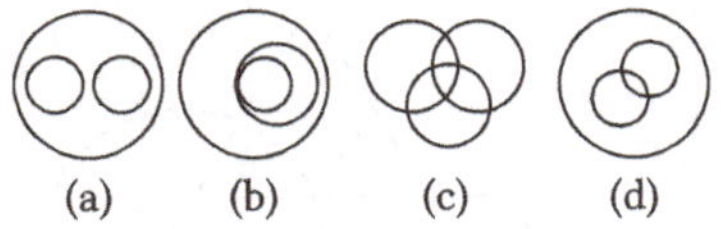

86. उस वेन आरेख का चयन करें, जो निम्न वर्गों के बीच सर्वश्रेष्ठ सम्बन्ध को दर्शाता है।
आलू, सब्जी, गाजर **SSC CPO 25/11/2020 Shift-I**

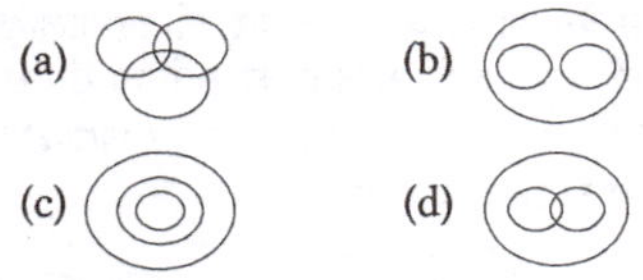

87. उस वेन आरेख का चयन करें, जो निम्न वर्गों के बीच सम्बन्ध को सर्वश्रेष्ठ रूप से दर्शाता है।
लड़कियाँ, टेनिस खिलाड़ी, लड़के
SSC CPO 25/11/2020 Shift-I

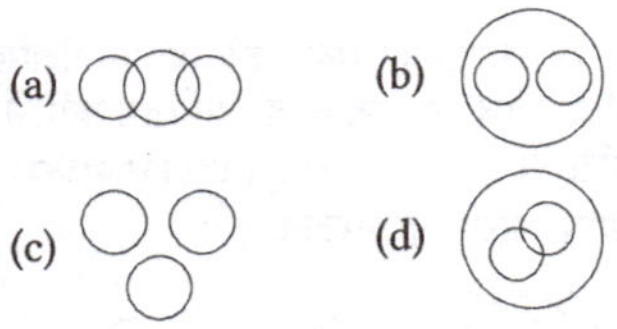

88. नीचे दिए गए वेन आरेख में, 'वृत्त' 'वकीलों' को निरूपित करता है, 'षट्कोण' 'महिलाओं' को निरूपित करता है और 'आयत' 'भोजन-प्रेमियों' को निरूपित करता है। दी गई संख्याएँ उस विशिष्ट वर्ग के व्यक्तियों की संख्या को निरूपित करती हैं। कितनी महिलाएँ ऐसी हैं, जो भोजन-प्रेमी और वकील दोनों हैं? **SSC CPO 24/11/2020 Shift-I**

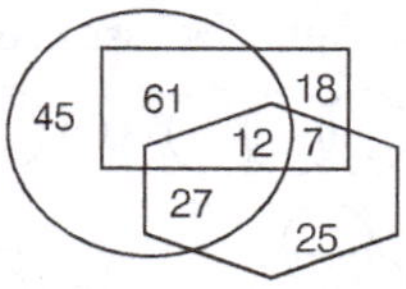

(a) 27 (b) 7 (c) 12 (d) 19

89. विकल्पों में दिए गए वर्गों के किस समूह के बीच सम्बन्धों को निम्न वेन आरेख सर्वोत्तम ढंग से निरूपित करता है?
SSC CPO 23/11/2020 Shift-I

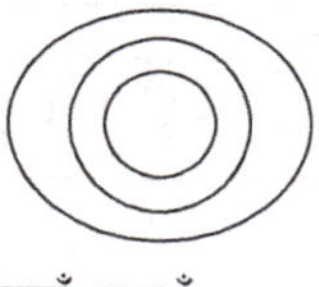

(a) बहनें, महिलाएँ, माताएँ
(b) पिता, पुरुष, डॉक्टर
(c) अभियन्ता, भाई, पुरुष
(d) पुरुष, पिता, पुत्र

90. निम्न वेन आरेख में, 'वृत्त' 'पत्रकारों' का प्रतिनिधित्व करता है, 'त्रिभुज' 'महिलाओं' का प्रतिनिधित्व करता है और 'आयत' शहरी निवासियों का प्रतिनिधित्व करता है। दी गई संख्याएँ उस विशेष वर्ग के व्यक्तियों की संख्या को दर्शाती हैं। कितनी पत्रकार, महिलाएँ तो हैं, लेकिन शहरी निवासी नहीं हैं?
SSC CPO 23/11/2020 Shift-I

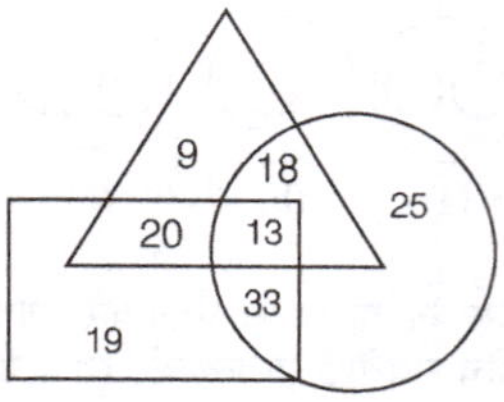

(a) 9 (b) 25 (c) 18 (d) 13

SSC CHSL 2023-2021 (Tier I)

91. उस वेन आरेख को चुनिए, जो निम्नलिखित वर्गों के बीच के सम्बन्ध को सबसे अच्छे से दर्शाता है।
आम, फल, केला
SSC CHSL (Tier-I) 21/03/2023 Shift-IV

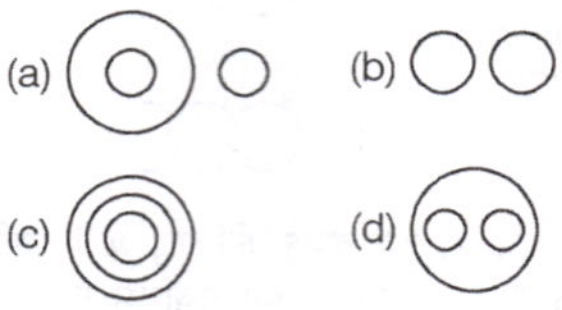

92. उस वेन आरेख को चुनिए, जो निम्नलिखित वर्गों के बीच के सम्बन्ध को सबसे अच्छे से दर्शाता है।
इन्जीनियर, वकील और विवाहित लोग
SSC CHSL (Tier-I) 21/03/2023 Shift-II

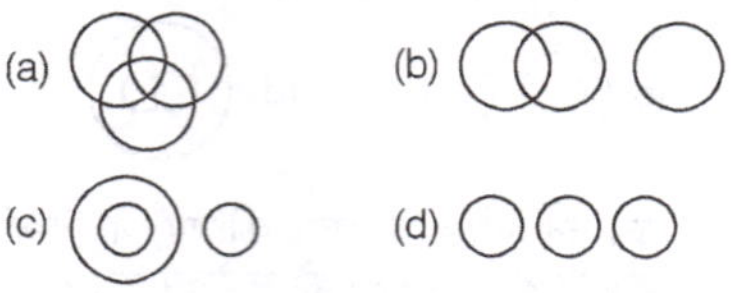

93. कितने घर केवल बाइक हैं?
SSC CHSL (Tier-I) 20/03/2023 Shift-IV

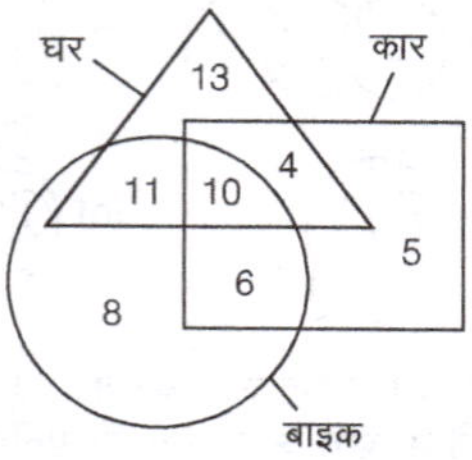

(a) 10 (b) 16 (c) 11 (d) 21

94. दिए गए आरेख का ध्यानपूर्वक अध्ययन कीजिए और प्रश्नों के उत्तर दीजिए। विभिन्न खण्डों में अलग-अलग खेल खेलने वाले छात्रों की संख्याओं को दर्शाया गया है। कितने छात्र केवल एक खेल खेलते हैं? **SSC CHSL (Tier-I) 17/03/2023 Shift-III**

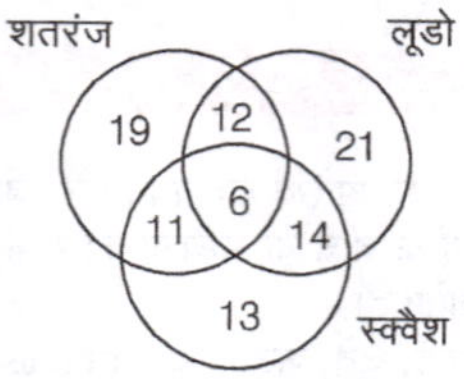

(a) 61 (b) 32 (c) 53 (d) 37

95. कितने हाथ बाल हैं?
SSC CHSL (Tier-I) 15/03/2023 Shift-IV

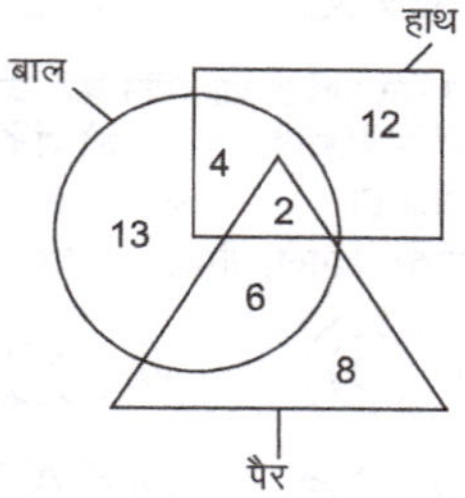

(a) 8 (b) 4 (c) 15 (d) 6

96. उस वेन आरेख को चुनिए, जो निम्नलिखित वर्गों के बीच के सम्बन्ध को सबसे अच्छे से दर्शाता है।
पेन, पेंसिल और रबर
SSC CHSL (Tier-I) 14/03/2023 Shift-I

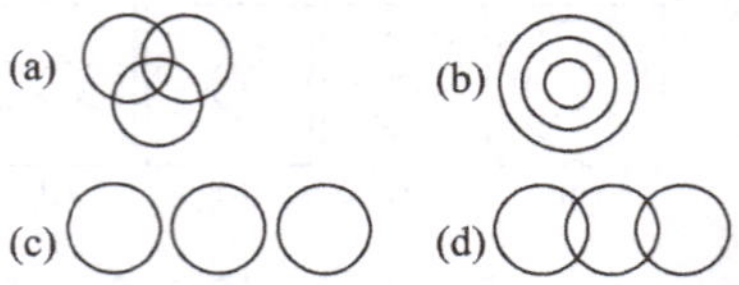

97. कितने कपड़े पतलून हैं?
SSC CHSL (Tier-I) 13/03/2023 Shift-III

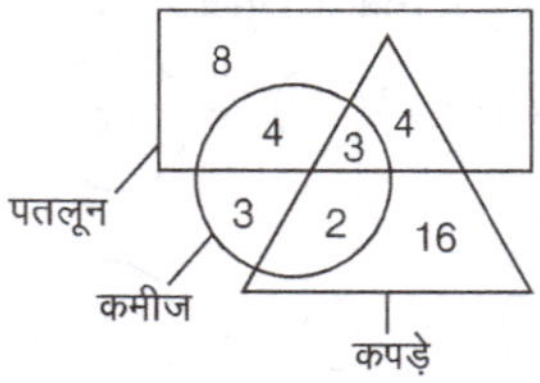

(a) 4 (b) 5
(c) 7 (d) 3

98. दिए गए आरेख में, कितनी लाल कारें हैं?
SSC CHSL (Tier-I) 09/03/2023 Shift-I

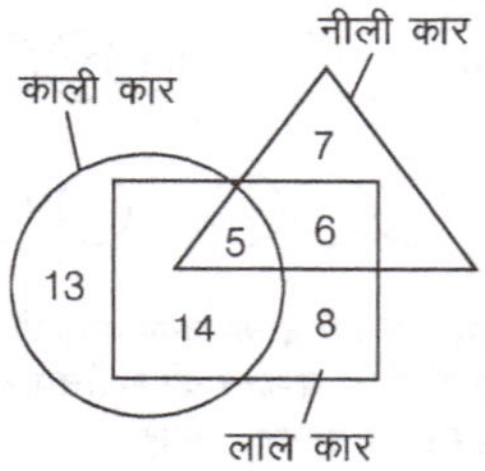

(a) 31 (b) 22
(c) 28 (d) 33

99. वेन आरेख का चयन करें, जो निम्नलिखित वर्गों के बीच सम्बन्ध को सर्वोत्तम रूप से दर्शाता है।
भाईयों, पिताओं, माताओं
SSC CHSL (Tier-I) 02/06/2022 Shift-I

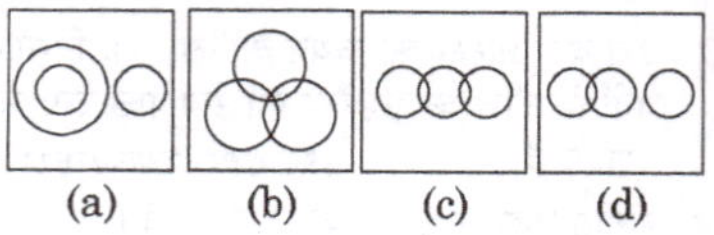

100. वेन आरेख का चयन करें, जो निम्नलिखित वर्गों के बीच सम्बन्ध को सर्वोत्तम रूप से दर्शाता है।
आकाशगंगा, पृथ्वी, चन्द्रमा
SSC CHSL (Tier-I) 01/06/2022 Shift-I

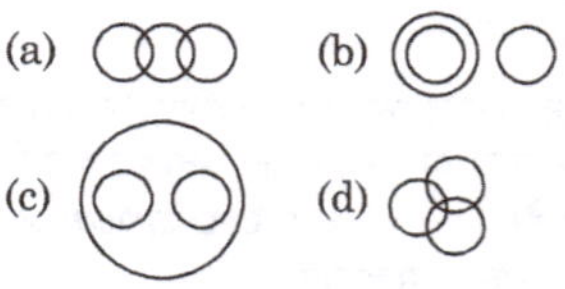

101. उस वेन आरेख का चयन कीजिए, जो निम्नलिखित वर्गों के बीच के सम्बन्ध का सबसे अच्छा चित्रण करता है। **SSC CHSL (Tier-I) 27/05/2022 Shift-I**
हाथ, पैर, ठोड़ी

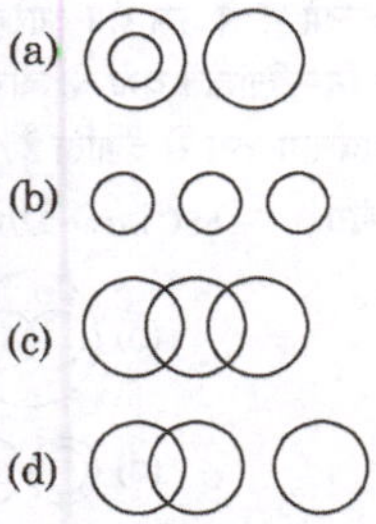

102. वर्गों के उस समुच्चय का चयन कीजिए, जिनके मध्य के सम्बन्ध को दिए गए वेन आरेख द्वारा सर्वश्रेष्ठ तरीके से प्रदर्शित किया गया है।
SSC CHSL (Tier-I) 12/08/2021 Shift-III

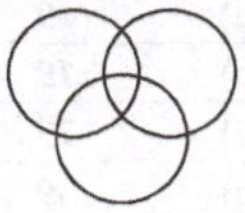

(a) उल्लू, स्तनधारी, सरीसृप
(b) माताएँ, अभियन्ता, महिलाएँ
(c) स्टेशनरी, पेन, पेन्सिल
(d) चिकित्सक, पिता, भाई

103. उस वेन आरेख का चयन करें, जो निम्न वर्गों के बीच के सम्बन्ध को सर्वोत्तम ढंग से निरूपित करता है।
इन्जीनियर, शिक्षित व्यक्ति, पुरुष
SSC CHSL (Tier-I) 10/08/2021 Shift-I

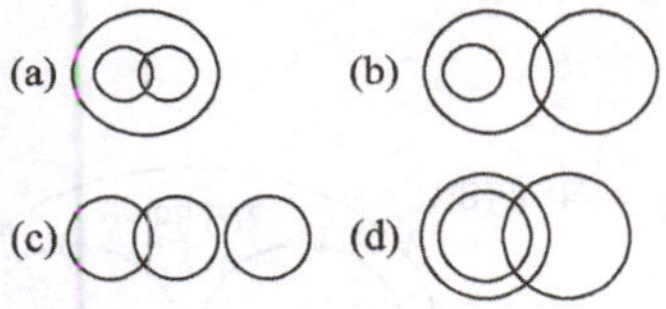

104. उस वेन आरेख का चयन करें, जो निम्न वर्गों के बीच के सम्बन्धों को उचित ढंग से निरूपित करता है।
महिला, स्त्रीरोग विशेषज्ञ, डॉक्टर
SSC CHSL (Tier-I) 19/04/2021 Shift-I

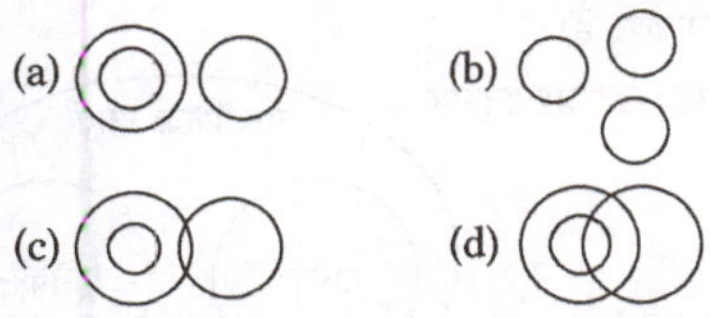

105. दिए गए आरेख में, वृत्त 'किसानों' को निरूपित करता है, आयत 'ग्रामीणों' को निरूपित करता है और त्रिभुज 'अमीरों' को निरूपित करता है। विभिन्न खण्डों में दी गई संख्याएँ उस श्रेणी के व्यक्तियों की संख्या को दर्शाती हैं। कितने ग्रामीण या तो किसान हैं या अमीर हैं, लेकिन दोनों नहीं हैं?
SSC CHSL (Tier-I) 12/04/2021 Shift-I

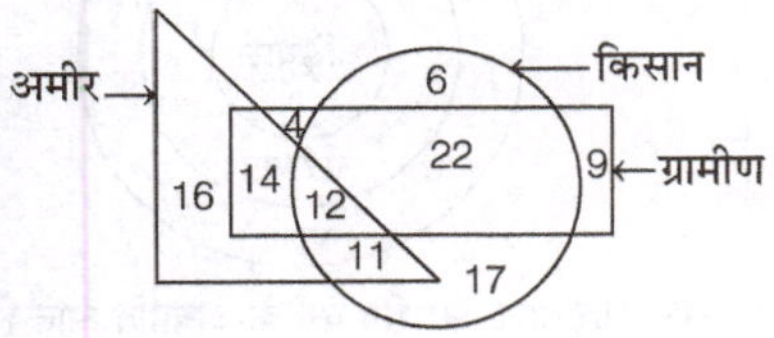

(a) 25 (b) 36 (c) 47 (d) 26

SSC MTS 2021

106. उस वेन-आरेख का चयन करें, जो निम्न के बीच सम्बन्ध को सर्वश्रेष्ठ रूप से निरूपित करता है।
SSC MTS 02/11/2021 Shift-III
बाघ, सरीसृप, कछुआ

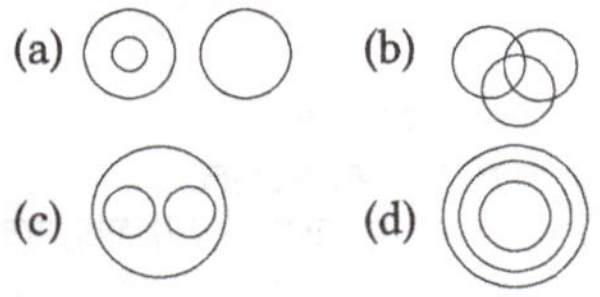

107. निम्न आकृति में, त्रिभुज 'बढ़ईयों' को निरूपित करता है, वृत्त 'लोहारों' को निरूपित करता है और आयत 'मछुआरों' को निरूपित करता है। कितने लोग मछुआरे हैं? **SSC MTS 02/11/2021 Shift-II**

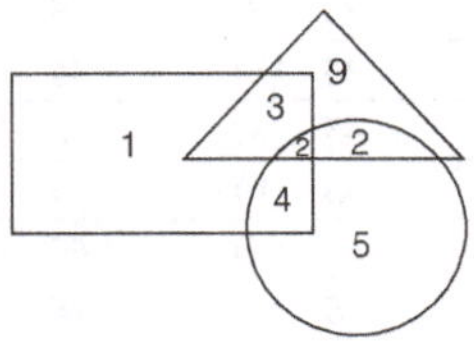

(a) 13 (b) 10 (c) 9 (d) 1

108. उस वेन आरेख का चयन करें, जो निम्न वर्गों के बीच सम्बन्ध को सर्वोत्तम ढंग से निरूपित करता है।
काले बालों वाले लोग, लम्बे व्यक्ति, भारोत्तोलक
SSC MTS 02/11/2021 Shift-I

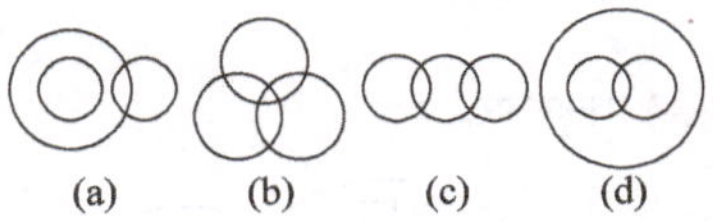

SSC Steno 2022-2020

109. निम्न वर्गों के बीच के सम्बन्ध को सर्वोत्तम रूप से दर्शाने वाले वेन आरेख का चयन करें।
वाहन, कार, मोटर साइकिल
SSC Steno 18/11/2022 Shift-I

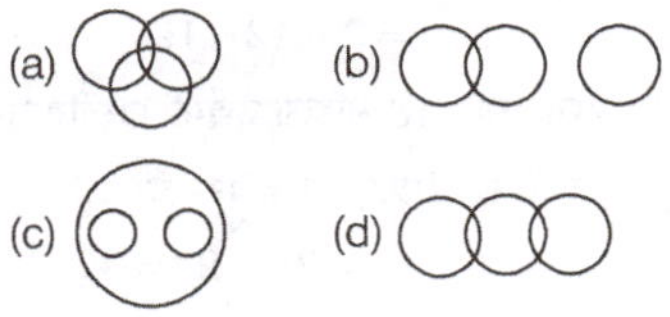

110. वेन आरेख का चयन करें, जो निम्नलिखित वर्गों के बीच सम्बन्धों को सबसे अच्छा दिखाता है।
फर, पशु, लकड़ी **SSC Steno 17/11/2022 Shift-I**

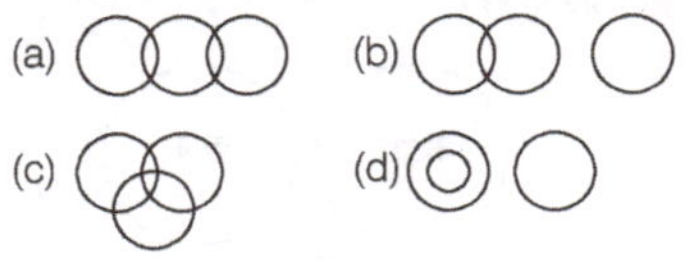

111. उस वेन आरेख का चयन करें, जो निम्न वर्गों के बीच के सम्बन्ध को सर्वोत्तम ढंग से निरूपित करता है।
मनुष्य, समाज, परिवार **SSC Steno 15/11/2021**

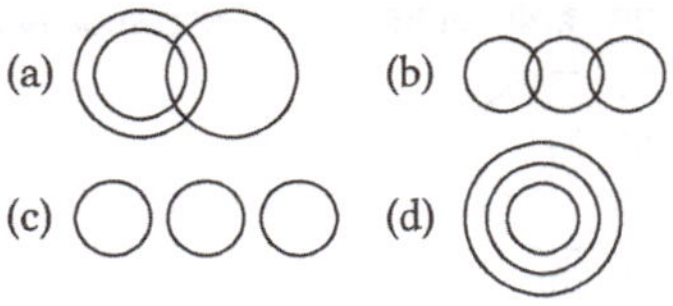

112. उस वेन आरेख का चयन करें, जो निम्न वर्गों के मध्य सम्बन्ध का सर्वश्रेष्ठ रूप से निरूपण करता है।
आड़ू, लीची, फल **SSC Steno 15/11/2021**

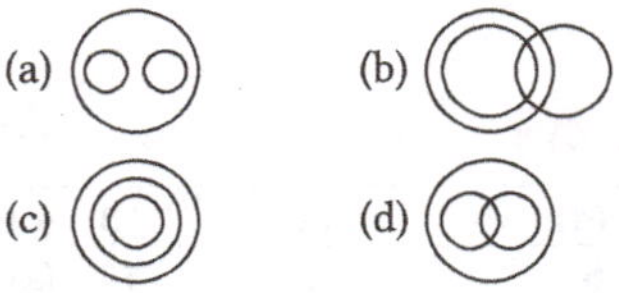

113. निम्न में से कौन-सा विकल्प नीचे दिए गए वेन आरेख के द्वारा सही रूप से निरूपित किया जा सकता है? **SSC Steno 12/11/2021**

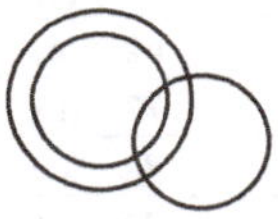

(a) माताएँ, डॉक्टर, महिलाएँ
(b) संगीतकार, अध्यापक, अभियन्ता
(c) पत्र, डाकघर, कागज
(d) पुस्तक, कॉपी, छात्र

114. उस वेन आरेख का चयन करें, जो निम्न वर्गों के मध्य सम्बन्ध का सर्वश्रेष्ठ निरूपण करता है।
पुरुष, महिलाएँ, बेटियाँ **SSC Steno 11/11/2021**

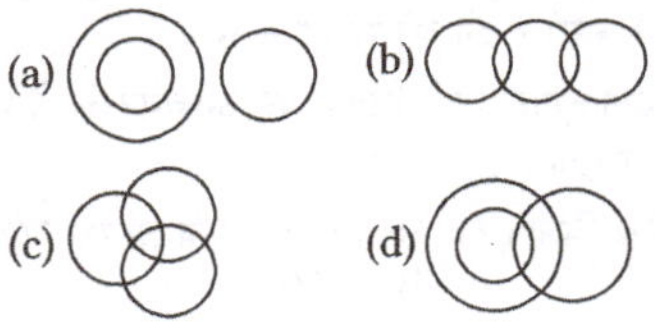

115. निम्न वेन आरेख में, आयत 'छात्रों' को निरूपित करता है, त्रिभुज 'खिलाड़ियों' को निरूपित करता है और वृत्त 'छात्रावास निवासियों' को निरूपित करता है। दी गई संख्याएँ उस विशेष श्रेणी में व्यक्तियों की संख्या को निरूपित करती है। कितने छात्र, छात्रावास निवासी और खिलाड़ी दोनों हैं?
SSC Steno 11/11/2021

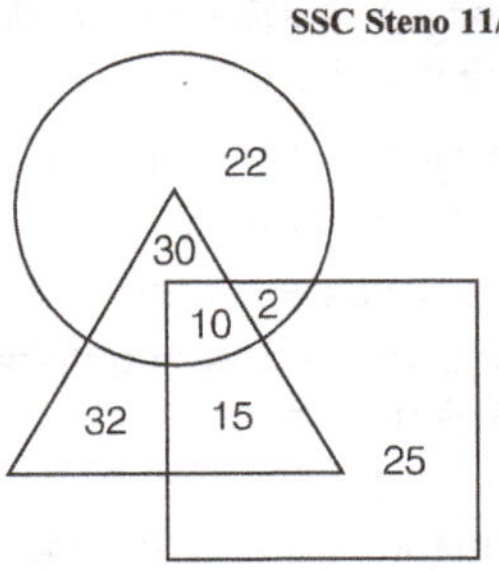

(a) 15 (b) 22
(c) 32 (d) 10

116. उस वेन आरेख का चयन करें, जो दिए गए वर्गों के बीच सम्बन्ध का सबसे अच्छा निरूपण करता है।

शेर, हाथी, जानवर **SSC Steno 24/12/2020**

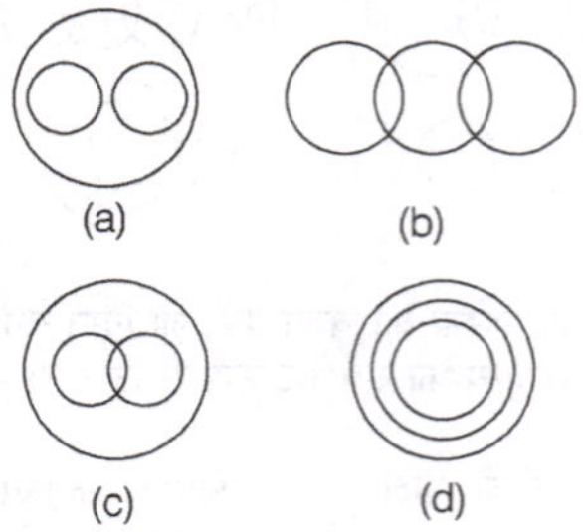

117. निम्नलिखित वेन आरेख में विकल्पों में दिए गए किन वर्गों के बीच के सम्बन्ध को सबसे बेहतर तरीके से दर्शाया गया है? **SSC Steno 24/12/2020**

(a) डॉक्टर, इन्जीनियर, बढ़ई
(b) स्तनधारी, पशु, ब्लूव्हेल
(c) बहनें, माताएँ, महिलाएँ (d) भाई, पुरुष, चाची

118. निम्नांकित विकल्पों में से उस वेन आरेख का चयन करें, जो निम्नलिखित वर्गों के बीच सम्बन्धों को सर्वोत्तम रूप से दर्शाता है?

अनाज, गेहूँ, हींग **SSC Steno 22/12/2020**

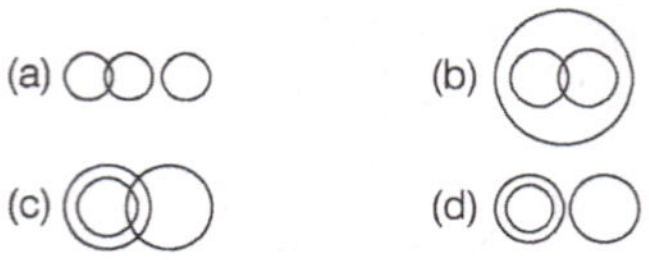

सही उत्तर

1 (d)	2 (a)	3 (c)	4 (c)	5 (c)	6 (a)	7 (b)	8 (d)	9 (b)	10 (b)
11 (a)	12 (a)	13 (a)	14 (a)	15 (a)	16 (b)	17 (c)	18 (b)	19 (c)	20 (d)
21 (a)	22 (d)	23 (a)	24 (d)	25 (d)	26 (b)	27 (c)	28 (b)	29 (b)	30 (a)
31 (d)	32 (c)	33 (d)	34 (c)	35 (b)	36 (a)	37 (b)	38 (b)	39 (c)	40 (c)
41 (a)	42 (d)	43 (c)	44 (a)	45 (a)	46 (d)	47 (d)	48 (d)	49 (a)	50 (d)
51 (d)	52 (a)	53 (d)	54 (c)	55 (b)	56 (d)	57 (a)	58 (b)	59 (b)	60 (a)
61 (c)	62 (b)	63 (c)	64 (b)	65 (d)	66 (b)	67 (a)	68 (c)	69 (d)	70 (c)
71 (b)	72 (b)	73 (d)	74 (b)	75 (c)	76 (b)	77 (c)	78 (b)	79 (c)	80 (b)
81 (c)	82 (d)	83 (b)	84 (d)	85 (b)	86 (b)	87 (a)	88 (c)	89 (d)	90 (c)
91 (d)	92 (a)	93 (c)	94 (c)	95 (d)	96 (c)	97 (c)	98 (d)	99 (d)	100 (c)
101 (b)	102 (d)	103 (d)	104 (d)	105 (b)	106 (a)	107 (b)	108 (b)	109 (c)	110 (d)
111 (d)	112 (a)	113 (a)	114 (a)	115 (d)	116 (a)	117 (c)	118 (d)		

उत्तर सहित हल

1. (d) बस तथा कार दोनों से यात्रा करने वाले लेकिन ट्रेन से यात्रा न करने वालों की संख्या = 9

2. (a) प्रश्नानुसार, तीनों विषयों का अध्ययन करने वाले छात्रों की संख्या (A) = 4 तथा

केवल जीव विज्ञान का अध्ययन करने वालों की संख्या (B) = 20

(A – B) दोनों का अन्तर = 20 – 4 = 16

3. (c) प्रश्नानुसार, सभी तीनों वाहन चलाने वाले व्यक्तियों की संख्या = 6

कोई भी दो वाहन चलाने वालों की संख्या = 8 + 12 + 7 = 27

अभीष्ट अन्तर = 27 – 6 = 21

4. (c) प्रश्नानुसार, वे व्यक्ति, जो चाय और कॉफी दोनों पसन्द करते हैं = 13 + 8 = 21

5. (c) प्रश्नानुसार, वे व्यक्ति, जो या तो केवल मसालेदार या केवल मीठा पसन्द करते हैं

= 55 + 65 = 120

6. (a) प्रश्नानुसार, या तो केवल वॉलीबॉल या केवल शतरंज खेलने वालों की संख्या

= 23 + 43 = 66

7. (b) प्रश्नानुसार, ऐसी महिलाओं की संख्या जो या तो चतुर है या बहादुर हैं या दोनों हैं

= 13 + 14 + 3 = 30

8. (d) वेन आरेख के अनुसार, केवल कार या केवल फॉक्सवैगन वाहन पसन्द करने वाले व्यक्तियों की संख्या

= 47 + 38 = 85

9. (b) प्रश्नानुसार,

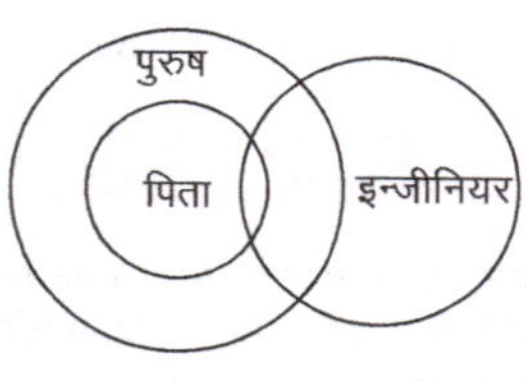

10. (b) उन चतुर लोगों की संख्या जो विनम्र हैं

= 7 + 12 = 19

11. (a) प्रश्नानुसार, 18 महिला उद्यमी भारतीय नहीं हैं।

12. (a) पुरुषों की संख्या, जो डॉक्टर हैं

= 23 + 24 = 47

13. (a) एक से अधिक पदों के लिए आवेदन करने वाले व्यक्तियों की कुल संख्या

= 4 + 3 + 6 + 8 = 21

14. (a) प्रश्नानुसार,

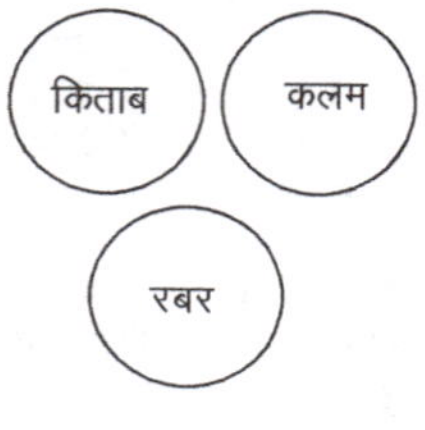

कलम, किताब व रबर तीनों अलग-अलग वस्तुएँ हैं।

15. (a) प्रश्नानुसार,

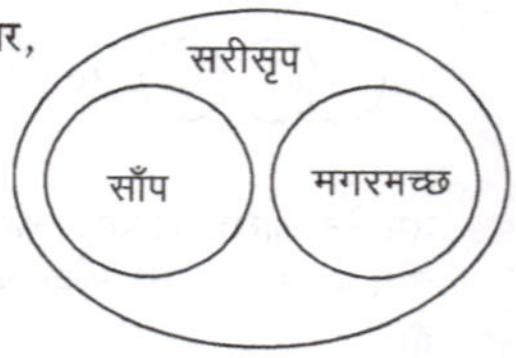

साँप व मगरमच्छ सरीसृप श्रेणी के अन्तर्गत आते हैं, जबकि साँप और मगरमच्छ दोनों अलग-अलग जानवर हैं।

16. (b) प्रश्नानुसार,

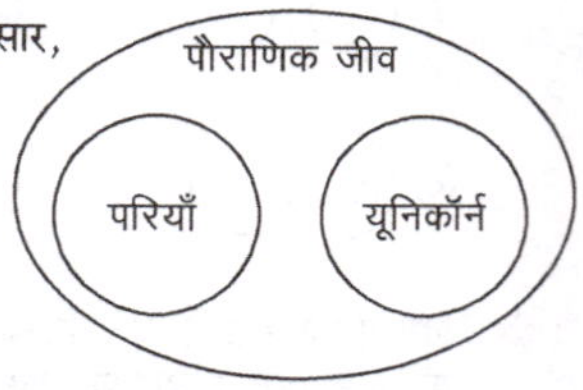

सभी परियाँ और यूनिकॉर्न पौराणिक जीव है।

17. (c) प्रश्नानुसार,

सभी घड़ियाल, सरीसृप वर्ग के अन्तर्गत आते हैं। सभी सरीसृप प्राणी है।

18. (b) प्रश्नानुसार,

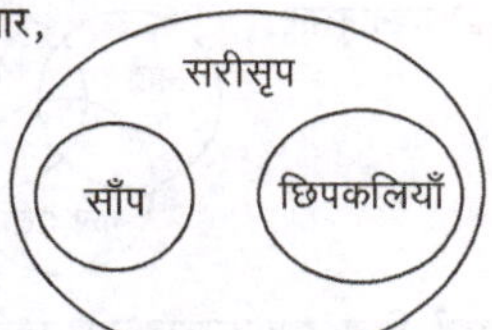

साँप और छिपकलियाँ, दोनों सरीसृप के अन्तर्गत आते हैं।

19. (c) प्रश्नानुसार,

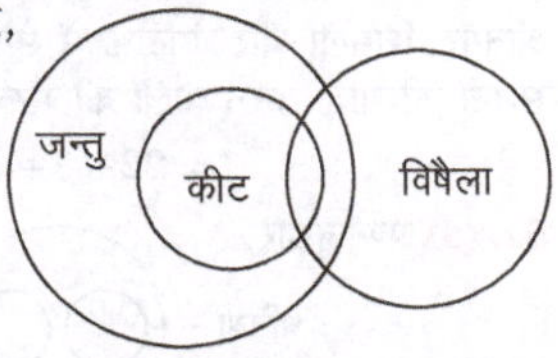

चूँकि सभी कीट जन्तु के अन्तर्गत आते हैं, और कुछ कीट जो कि जन्तु है, विषैले हो सकते हैं।

20. (d) प्रश्नानुसार,

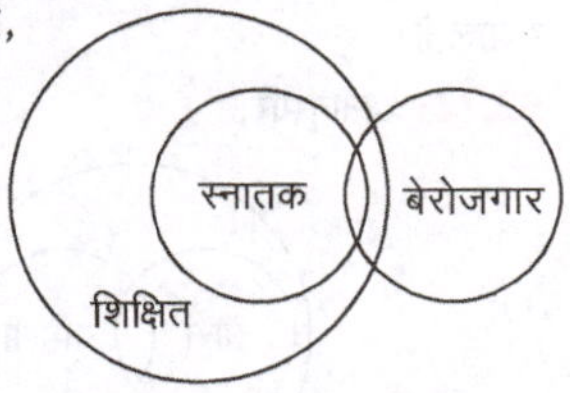

सभी स्नातक शिक्षित के अन्तर्गत आते हैं और कुछ स्नातक जो कि शिक्षित है, बेरोजगार भी हो सकते हैं।

21. (a) प्रश्नानुसार,

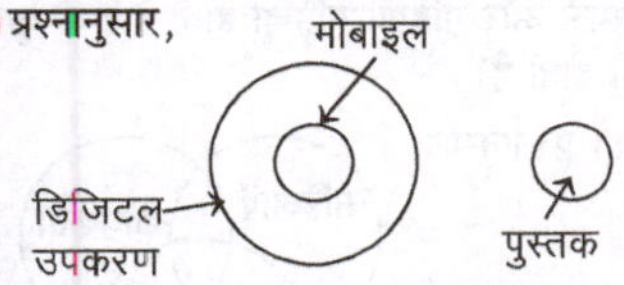

कुछ मोबाइल डिजिटल उपकरण होते हैं पुस्तक न ही मोबाइल है और न ही डिजिटल उपकरण।

22. (d) प्रश्नानुसार,

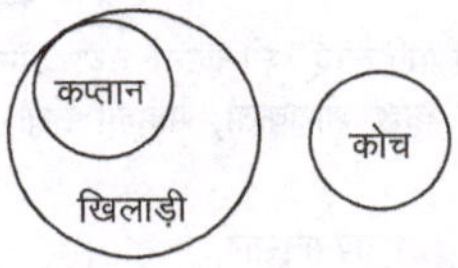

∵ कप्तान, एक खिलाड़ी बनता है। अत: वह एक खिलाड़ी के अन्तर्गत आता है।

23. (a) प्रश्नानुसार,

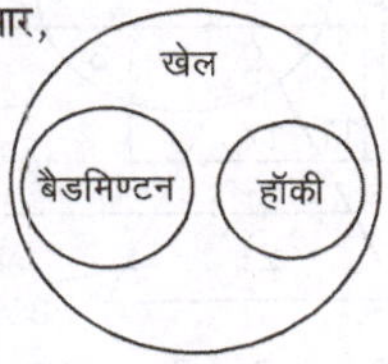

चूँकि बैडमिण्टन तथा हॉकी, खेल के अन्तर्गत आते हैं।

24. (d) प्रश्नानुसार,

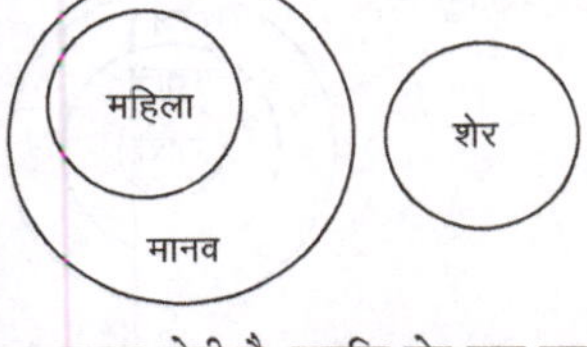

सभी महिला, मानव होती है, जबकि शेर एक जानवर होता है।

25. (d) प्रश्नानुसार,

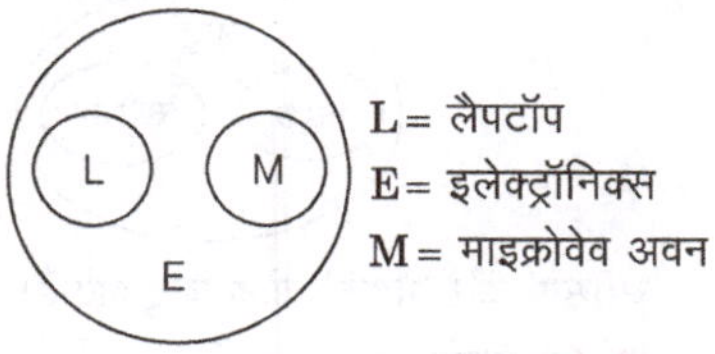

लैपटॉप और माइक्रोवेव अवन, इलेक्ट्रॉनिक्स उपकरण होते हैं।

26. (b) प्रश्नानुसार,

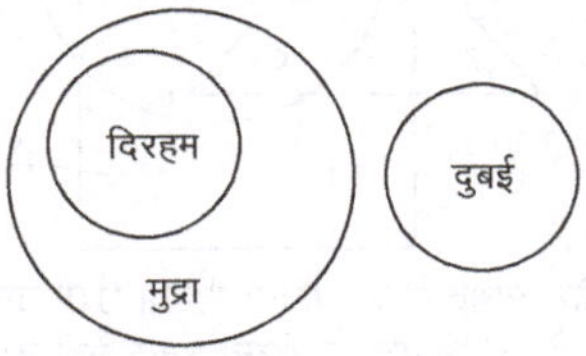

दिरहम एक मुद्रा है और दुबई एक देश है।

27. (c) प्रश्नानुसार,

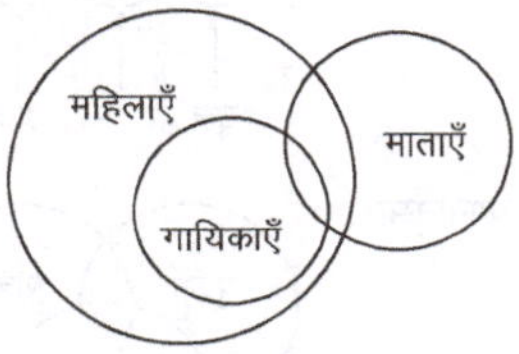

सभी गायिकाएँ, महिलाएँ हैं और कुछ महिलाएँ और गायिकाएँ माताएँ हो सकती है।

28. (b) प्रश्नानुसार,

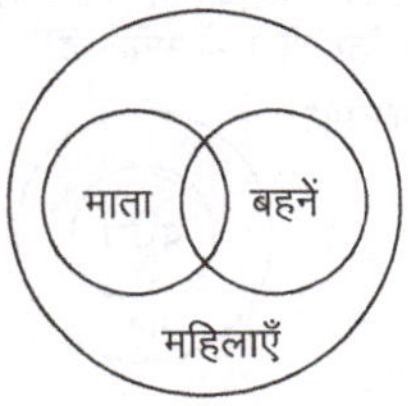

चूँकि माता व बहन दोनों महिला के अन्तर्गत आते हैं, कुछ बहने माता हो सकती हैं।

29. (b) डॉल्फिन और शार्क दोनों भिन्न प्रकार के समुद्री जीव हैं।

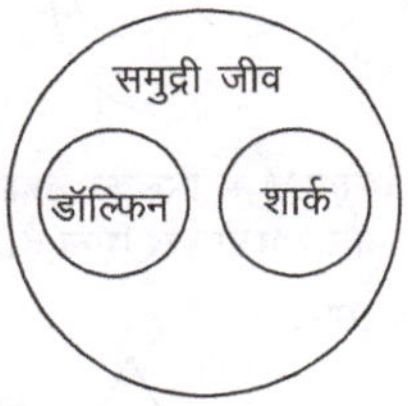

30. (a) प्रश्नानुसार,

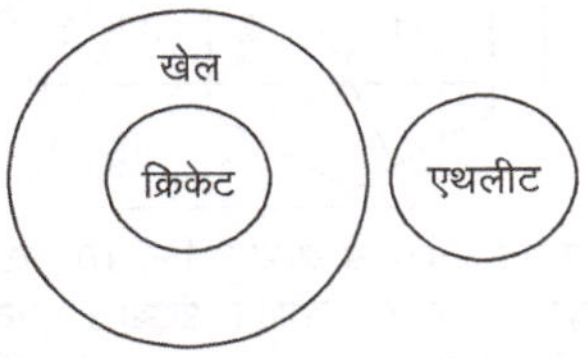

31. (d) प्रश्नानुसार,

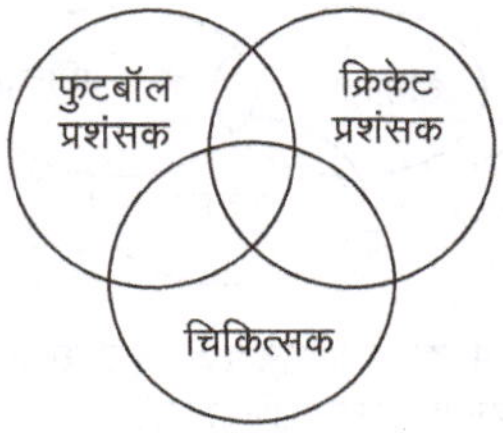

32. (c) प्रश्नानुसार,

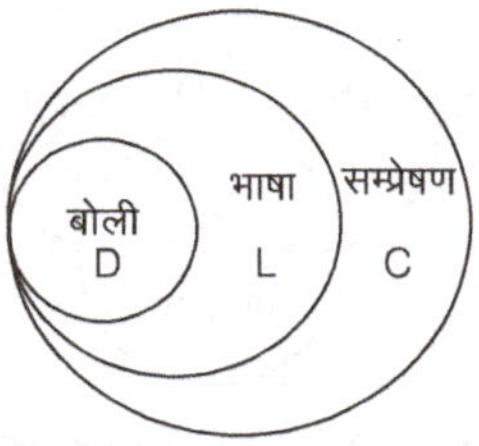

33. (d) प्रश्नानुसार,

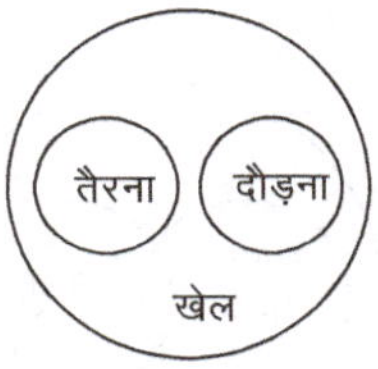

34. (c) कथनानुसार,

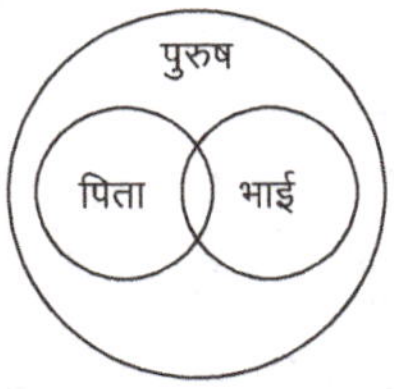

चूँकि पिता और भाई पुरुष के अन्तर्गत आते हैं तथा कुछ भाई, पिता हो सकते हैं।

35. (b) कथनानुसार,

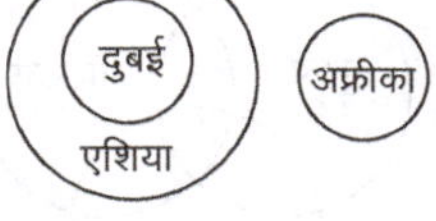

दुबई, संयुक्त अरब अमीरात (UAE) मध्यपूर्व एशिया में स्थित एक शहर है जबकि अफ्रीका, एशिया महाद्वीप के बाद विश्व का दूसरा सबसे बड़ा महाद्वीप है।

36. (a) प्रश्नानुसार,

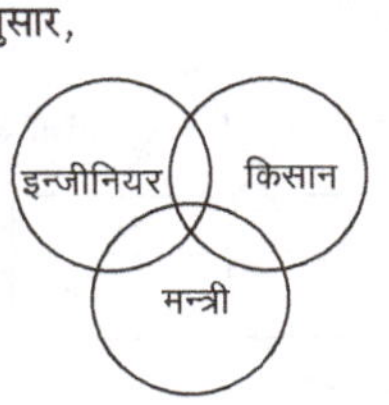

कुछ इन्जीनियर किसान हैं। कुछ मन्त्री इन्जीनियर हैं। कुछ मन्त्री किसान हैं।

37. (b) प्रश्नानुसार,

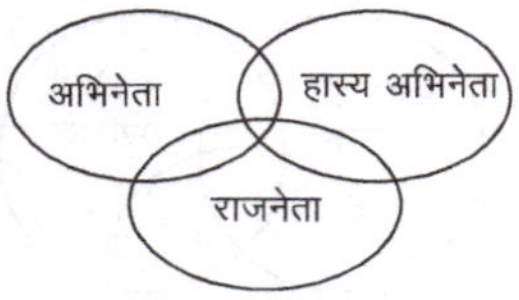

कुछ अभिनेता, हास्य अभिनेता हैं। कुछ राजनेता, अभिनेता हैं। कुछ राजनेता, हास्य अभिनेता हैं।

38. (b) प्रश्नानुसार,

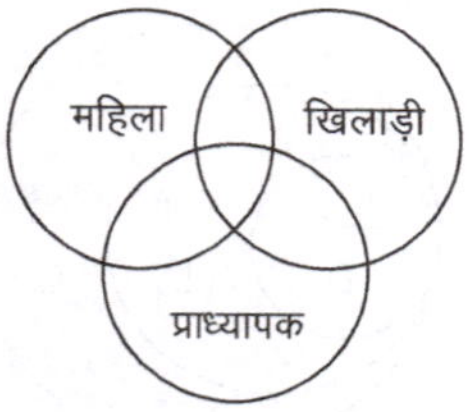

कुछ महिला खिलाड़ी हैं। कुछ प्राध्यापक महिला हैं। कुछ प्राध्यापक खिलाड़ी हैं।

39. (c) प्रश्नानुसार,

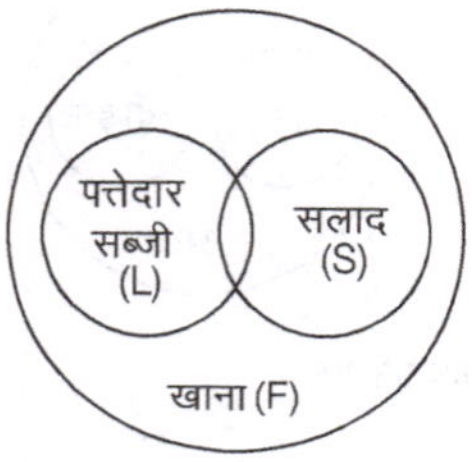

40. (c) प्रश्नानुसार,

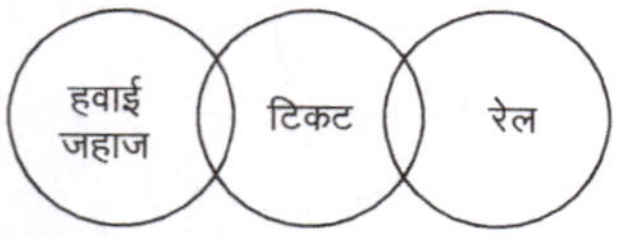

चूँकि टिकट, हवाई जहाज तथा रेल दोनों में से किसी की भी हो सकती है।

41. (a) प्रश्नानुसार,

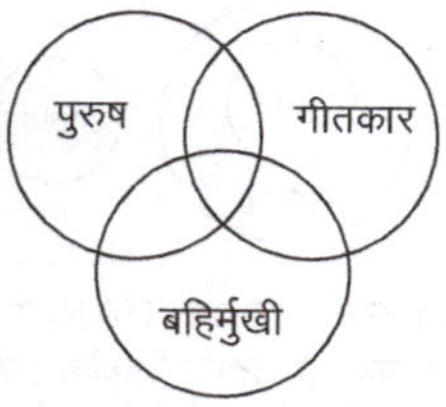

कुछ पुरुष गीतकार और बहिर्मुखी दोनों हो सकते हैं।

42. (d) प्रश्नानुसार,

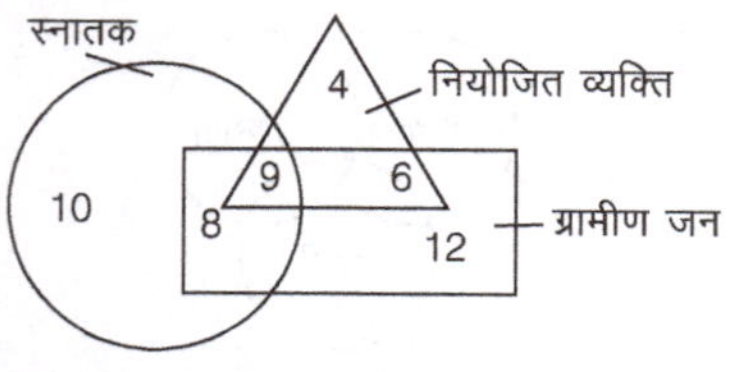

संख्या '8' केवल वृत्त और आयत में उभयनिष्ठ है, इसलिए ग्रामीण अनियोजित स्नातकों की संख्या '8' है।

43. (c) प्रश्नानुसार,

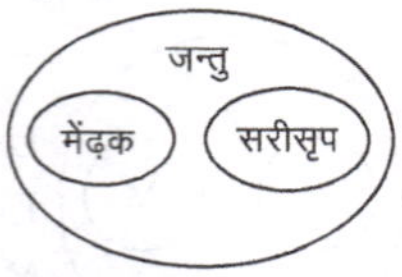

'सरीसृप' और 'मेंढ़क', दोनों जन्तु होते हैं।

44. (a) प्रश्नानुसार,

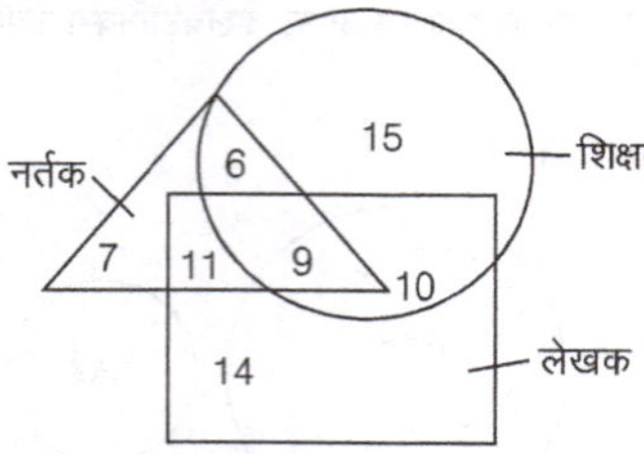

वृत्त और आयत में उभयनिष्ठ संख्या '10' उन शिक्षकों को दर्शाती है, जो लेखक हैं, किन्तु नर्तक नहीं हैं।

45. (a) कथनानुसार,

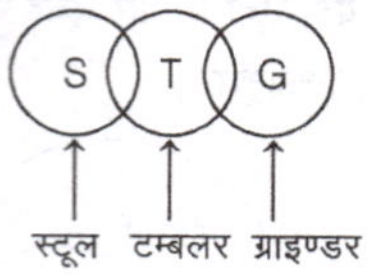

46. (d) प्रश्नानुसार,

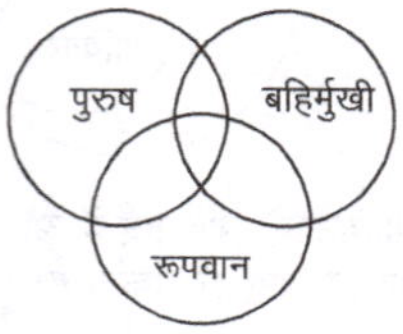

कुछ पुरुष या तो बहिर्मुखी हो सकते हैं, या रूपवान हो सकते हैं, या फिर दोनों हो सकते हैं।

47. (d) प्रश्नानुसार,

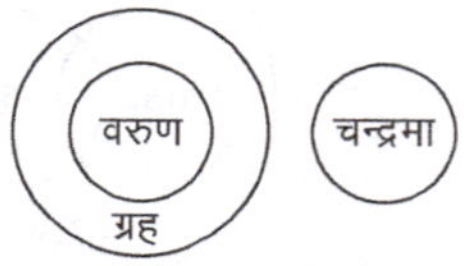

वरुण एक ग्रह है तथा चन्द्रमा, पृथ्वी का एक उपग्रह है।

48. (d) प्रश्नानुसार,

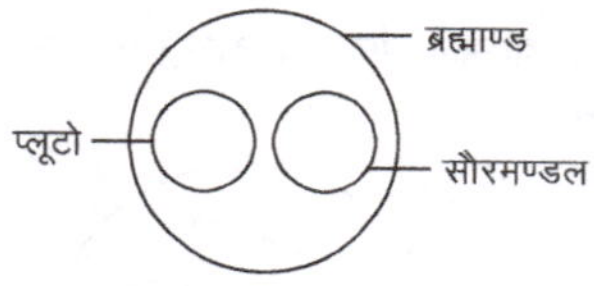

प्लूटो और सौरमण्डल से मिलकर ब्रह्माण्ड बनता है। जबकि प्लूटो और सौरमण्डल भिन्न है।

49. (a) प्रश्नानुसार,

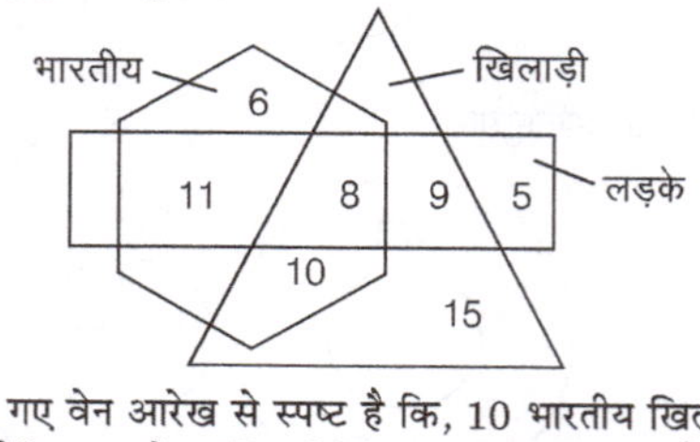

दिए गए वेन आरेख से स्पष्ट है कि, 10 भारतीय खिलाड़ी हैं, लेकिन लड़के नहीं, क्योंकि संख्या 10 षटभुज और त्रिभुज में उभयनिष्ठ है, लेकिन आयत में नहीं हैं।

50. (d) प्रश्नानुसार,

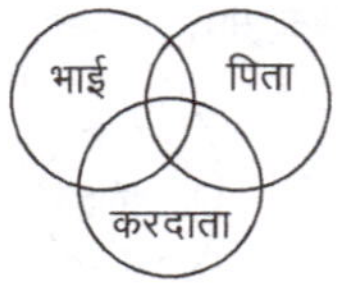

कुछ भाई, पिता तथा करदाता हो सकते हैं तथा कुछ पिता, भाई तथा करदाता भी हो सकते हैं।

51. (d) दिए गए वेन आरेख से,

श्रीनगर, शिमला और गंगटोक में से कम-से-कम दो स्थानों की यात्रा करने वालों की संख्या

$$= 22 + 7 + 5 + 15 = 49$$

52. (a) प्रश्नानुसार,

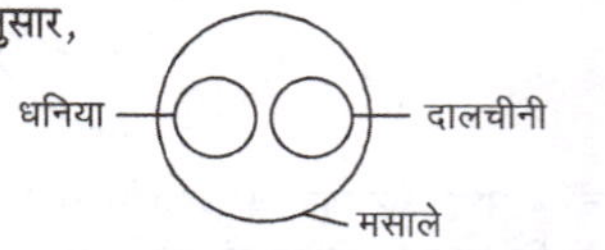

धनिया तथा दालचीनी दो अलग-अलग प्रकार के मसाले हैं।

53. (d) प्रश्नानुसार,

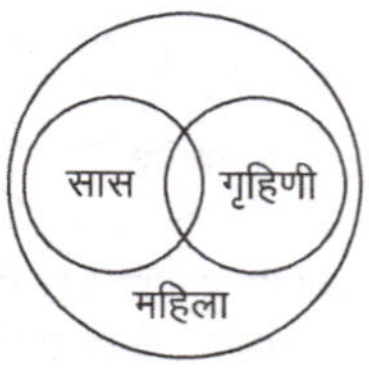

सभी सास और गृहिणी महिला होती हैं तथा कुछ सास गृहिणी होती हैं।

54. (c) प्रश्नानुसार,

कुछ महिलाएँ, शोधकर्ता तथा अन्तर्मुखी हो सकती हैं; तथा कुछ शोधकर्ता, महिला तथा अन्तर्मुखी हो सकती हैं।

55. (b) प्रश्नानुसार,

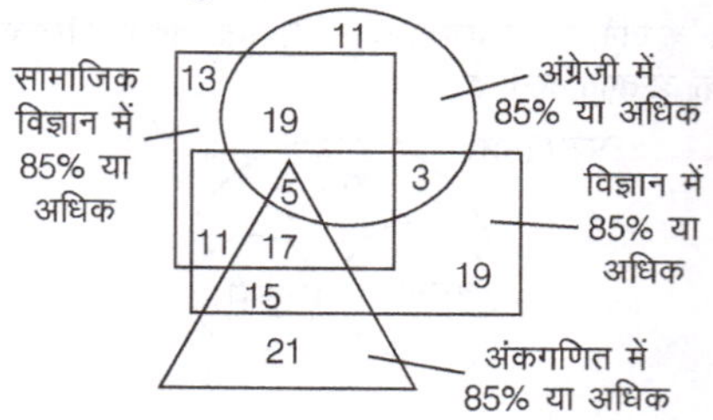

संख्या 5, सभी आकृतियों में उभयनिष्ठ है, इसलिए 5 छात्रों ने सभी विषयों में 85% या उससे अधिक अंक प्राप्त किए।

56. (d) प्रश्नानुसार,

जीरा, मसाले के अन्तर्गत आता है तथा सभी मसाले भोजन के अन्तर्गत आते हैं।

57. (a) प्रश्नानुसार,

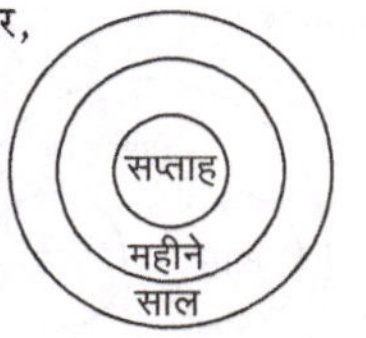

सभी सप्ताह महीने के अन्तर्गत आते हैं तथा सभी महीने साल के अन्तर्गत आते हैं।

58. (b) प्रश्नानुसार,

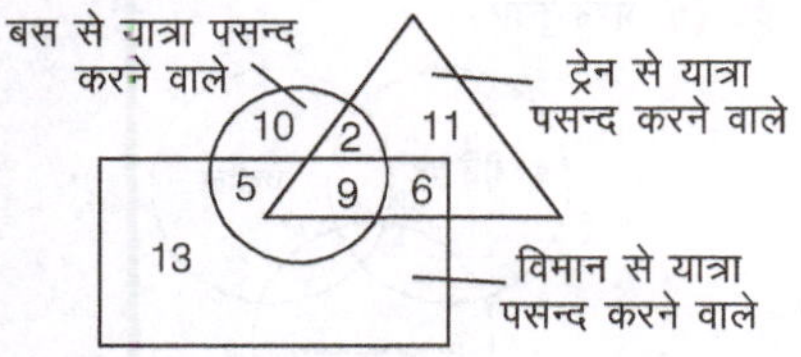

दिए गए वेन आरेख से, यात्री जो या तो ट्रेन या विमान से यात्रा करना पसन्द करते हैं, लेकिन बस से बिल्कुल नहीं, उनकी संख्या = 11 + 13 + 6 = 30

59. (b) प्रश्नानुसार,

सभी क्रिकेटर खिलाड़ी हैं और सभी खिलाड़ी मानव जातियाँ हैं।

60. (a) प्रश्नानुसार,

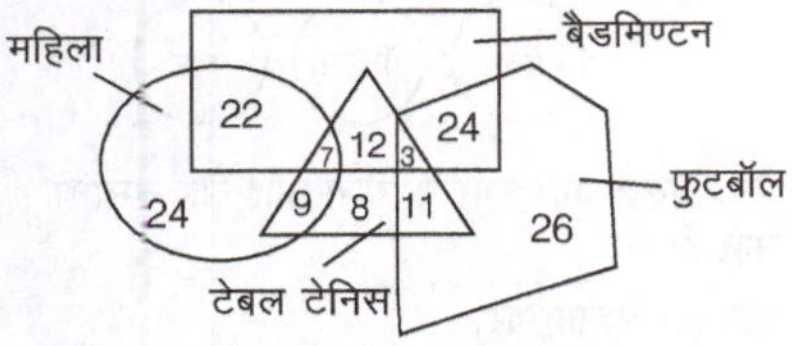

7 महिला विद्यार्थी टेबल टेनिस और बैडमिण्टन दोनों खेलती हैं, क्योंकि वेन आरेख में संख्या 7, वृत्त, त्रिभुज और आयत तीनों में उभयनिष्ठ है।

61. (c) प्रश्नानुसार,

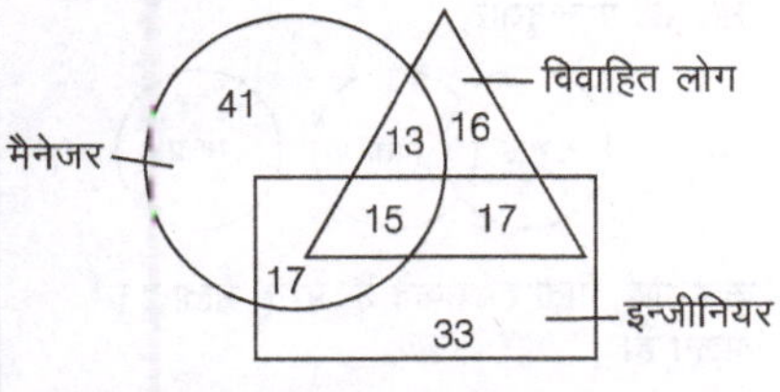

आयत इन्जीनियर को और त्रिभुज विवाहित को दर्शाता है।

∴ विवाहित लोग जो इन्जीनियर नहीं है

= 13 + 16 = 29

62. (b) प्रश्नानुसार,

चित्रकार, कुछ महिला तथा कुछ पुरुष होते है।

63. (c) प्रश्नानुसार,

∴ शेर तथा सियार दोनों जानवर हैं।

64. (b) प्रश्नानुसार,

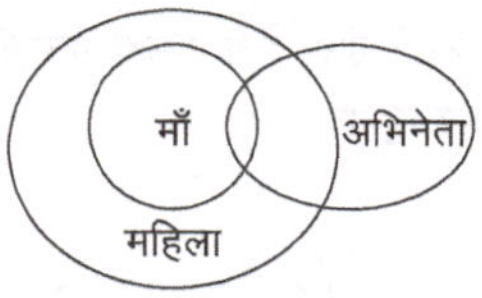

∴ कुछ माँ तथा कुछ महिलाएँ अभिनेता होती है, तथा सभी माँ, महिलाएँ होती है।

65. (d) प्रश्नानुसार,

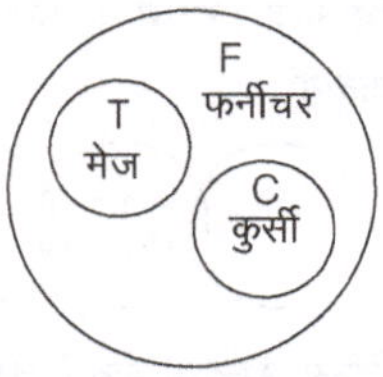

मेज और कुर्सी दोनों ही अलग-अलग प्रकार के फर्नीचर हैं।

66. (b) प्रश्नानुसार,

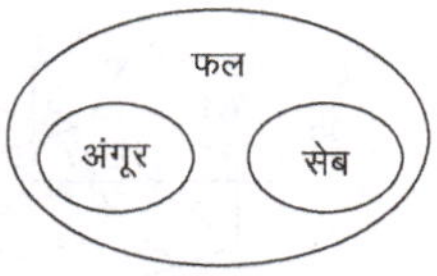

अंगूर व सेब अलग-अलग प्रकार के फल हैं।

67. (a) प्रश्नानुसार,

बाघ और हाथी विभिन्न प्रकार के स्तनधारी जानवर हैं और साँप एक सरीसृप जानवर है।

68. (c) प्रश्नानुसार,

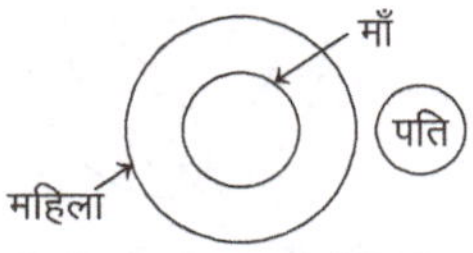

सभी माँ, महिलाएँ होती है, लेकिन कोई भी पति, महिला नहीं होता है।

69. (d) प्रश्नानुसार,

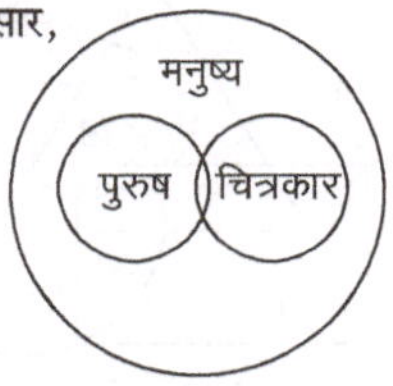

सारे पुरुष, मनुष्य होते हैं तथा कुछ पुरुष, चित्रकार हो सकते हैं, अत: सर्वोत्तम रूप से सम्बन्ध को दर्शाने वाला वेन आरेख विकल्प (d) का वेन आरेख है।

70. (c) प्रश्नानुसार,

मैकेनिक, चपरासी व वकील तीनों अलग-अलग तरह के रोजगार व व्यवसाय के प्रकार हैं।

71. (b) प्रश्नानुसार,

चेन्नई, तमिलनाडु राज्य में स्थित है तथा तमिलनाडु भारत के अन्तर्गत आने वाला एक राज्य है।

72. (b) प्रश्नानुसार,

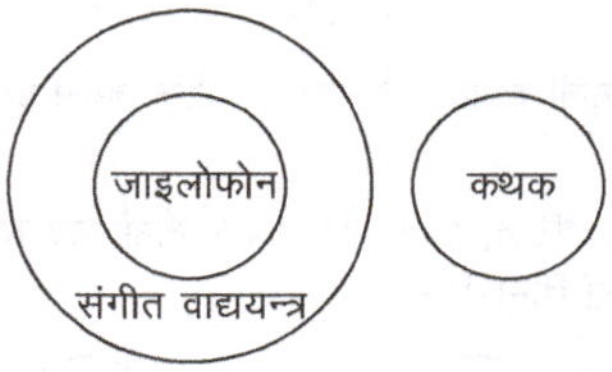

जाइलोफोन एक संगीत वाद्ययन्त्र है, जबकि कथक एक नृत्य का प्रकार है, जो संगीत से भिन्न है।

73. (d) प्रश्नानुसार,

पिता व महिलाएँ दोनों पायलट हो सकती हैं, जबकि महिलाएँ, पिता अथवा पिता, महिला नहीं हो सकती है।

74. (b) प्रश्नानुसार,

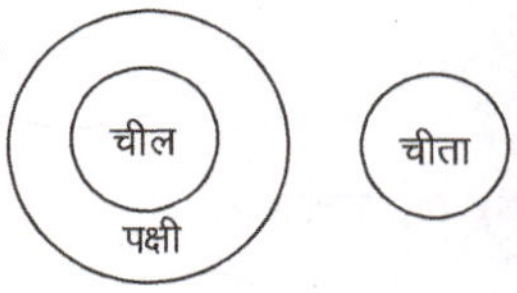

चील एक प्रकार पक्षी है जबकि चीता एक पशु है, जो पक्षी से भिन्न है।

75. (c) प्रश्नानुसार,

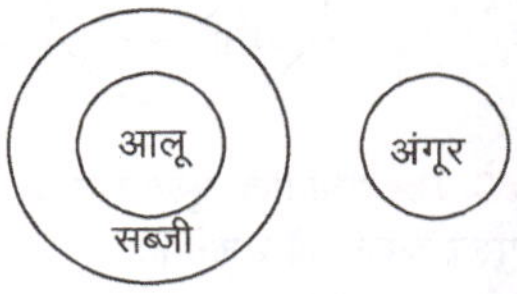

आलू एक प्रकार की सब्जी है, जबकि अंगूर एक फल है जो सब्जी से अलग है।

76. (b) प्रश्नानुसार,

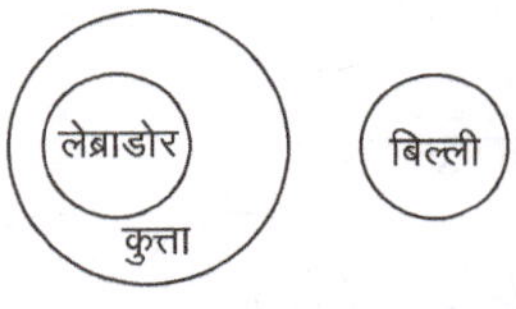

लेब्राडोर, कुत्ते की एक प्रजाति है जबकि बिल्ली इनसे अलग है।

77. (c) प्रश्नानुसार,

केले, सेब व अंगूर विभिन्न प्रकार के फल हैं।

78. (b) प्रश्नानुसार,

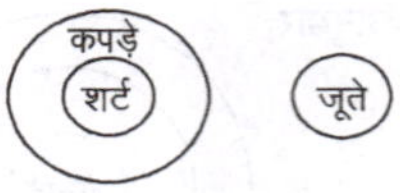

शर्ट, कपड़े से बनती है और जूते इनसे अलग है।

79. (c) प्रश्नानुसार,

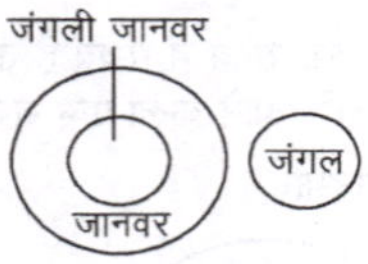

सभी जंगली जानवर, जानवर है, परन्तु जंगल इनसे अलग है।

80. (b) पेंसिल, रबड़ और शार्पनर तीनों स्टेशनरी वस्तुएँ हैं और तीनों भिन्न-भिन्न हैं।

81. (c) भारत और पाकिस्तान दो स्वतन्त्र देश हैं तथा दोनों ही एशिया महाद्वीप के अन्तर्गत आते हैं।

82. (d) प्रश्नानुसार,

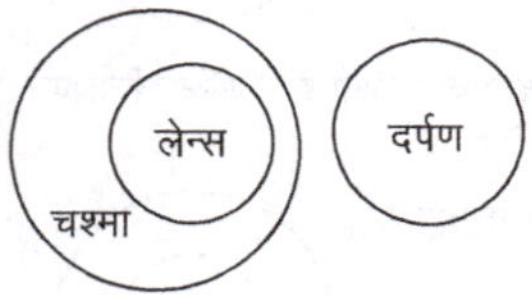

83. (b) सभी पिता पुरुष होते हैं। कुछ पिता और कुछ पुरुष डॉक्टर हो सकते हैं।

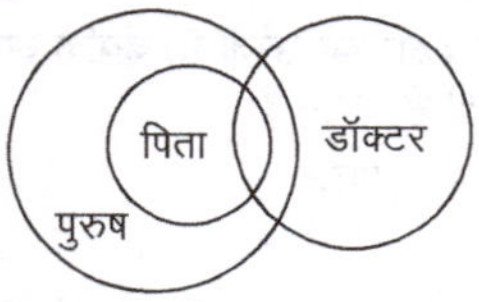

84. (d) प्रश्नानुसार,

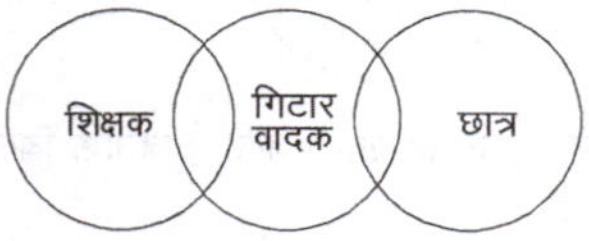

85. (b) प्रश्नानुसार,

सभी जौ, फसलें होती है तथा सभी फसलें, खेत में होती हैं।

86. (b) प्रश्नानुसार,

सभी आलू तथा गाजर, सब्जी के अन्तर्गत आते हैं।

87. (a) प्रश्नानुसार,

कुछ लड़के टेनिस खिलाड़ी होते है तथा कुछ टेनिस खिलाड़ी लड़कियाँ होती है।

88. (c) प्रश्नानुसार,

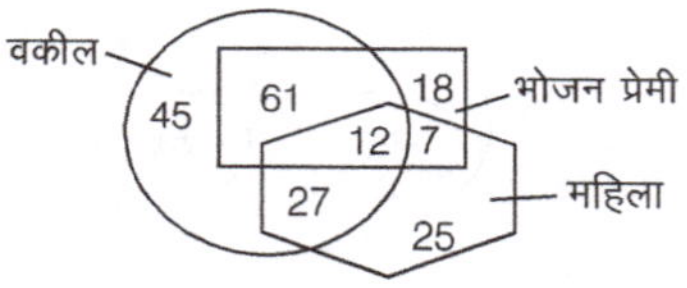

संख्या 12 उन महिलाओं को दर्शाती है, जो भोजन प्रेमी और वकील दोनों हैं, क्योंकि संख्या 12 तीनों में उभयनिष्ठ है।

89. (d) प्रश्नानुसार,

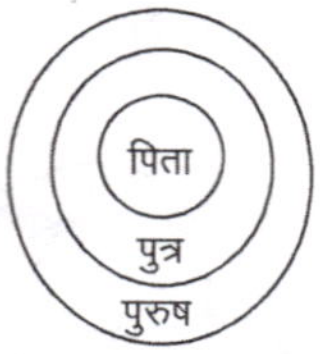

सभी पिता, पुत्र होते हैं तथा सभी पुत्र, पुरुष होते हैं।

90. (c) प्रश्नानुसार,

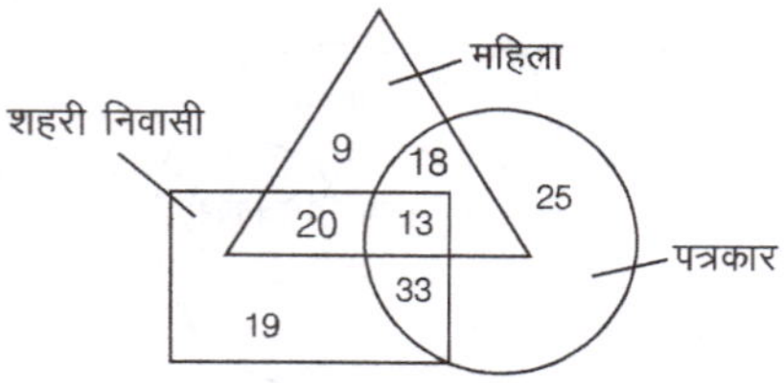

दिए गए वेन आरेख में संख्या 18 उन पत्रकार महिलाओं को दर्शाती है, जो शहरी निवासी नहीं हैं, क्योंकि संख्या 18 वृत्त एवं त्रिभुज में तो है, लेकिन आयत में नहीं है।

91. (d) प्रश्नानुसार,

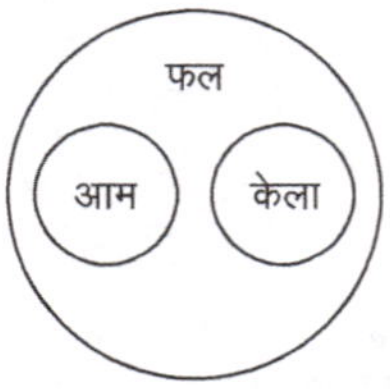

अतः आम और केला दोनों फल हैं।

92. (a) प्रश्नानुसार,

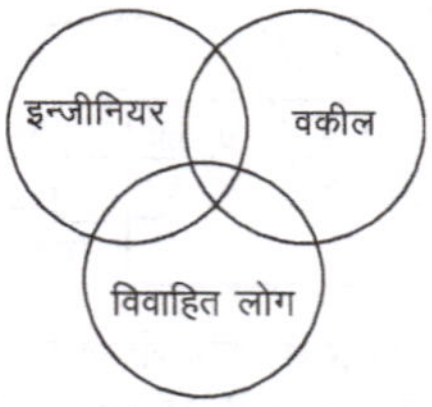

स्पष्टतया: कुछ विवाहित लोग, इन्जीनियर और वकील दोनों ही हो सकते हैं।

93. (c) प्रश्नानुसार, वे घर जो केवल बाइक हैं, की संख्या = 11

94. (c) प्रश्नानुसार, केवल एक खेल खेलने वाले छात्रों की संख्या = 19 + 21 + 13 = 53

95. (d) दिए गए आरेख से स्पष्ट है कि संख्या '4' और '2' उस क्षेत्र को दर्शाती है। जो हाथ, बाल हैं।
तब, वे हाथ जो बाल हैं, की कुल संख्या
= 4 + 2 = 6

96. (c) प्रश्नानुसार,

पेन, पेंसिल और रबर के बीच कोई सह सम्बन्ध नहीं है।

97. (c) प्रश्नानुसार,
वे कपड़े जो पतलून हैं की संख्या = 4 + 3 = 7

98. (d) दिए गए वेन आरेख के अनुसार,
लाल कारों की कुल संख्या
= 8 + 6 + 14 + 5 = 33

99. (d) प्रश्नानुसार,

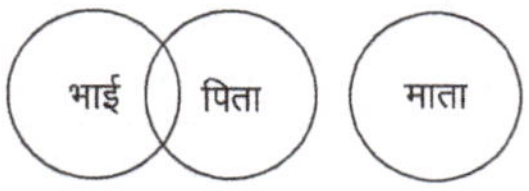

कुछ भाई, पिता हो सकते हैं, परन्तु माता इनसे अलग है।

100. (c) प्रश्नानुसार,

∴ पृथ्वी और चन्द्रमा दोनों आकाशगंगा के भाग है।

101. (b) प्रश्नानुसार,

हाथ, पैर और ठोड़ी, तीनों मानव शरीर के अलग-अलग अंग हैं।

102. (d) प्रश्नानुसार,

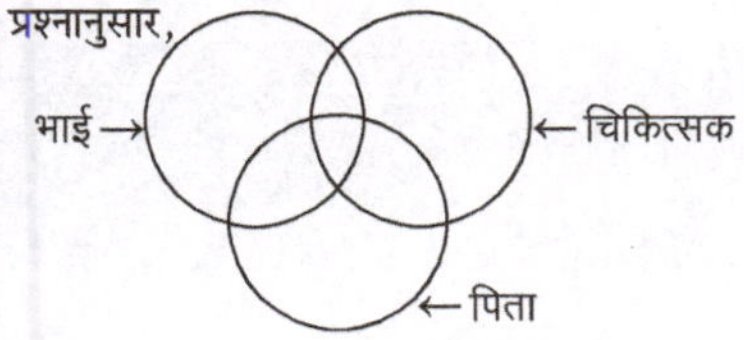

कुछ पिता, चिकित्सक और भाई भी हो सकते हैं।

103. (d) प्रश्नानुसार,

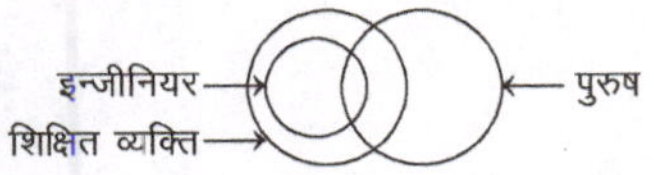

सभी इन्जीनियर शिक्षित व्यक्ति होते हैं। कुछ इन्जीनियर व शिक्षित व्यक्ति पुरुष होते हैं।

104. (d) प्रश्नानुसार,

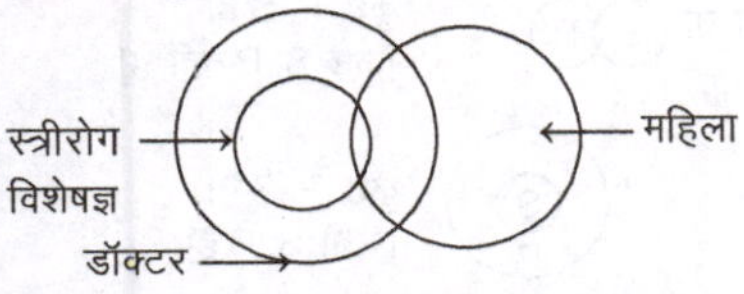

सभी स्त्रीरोग विशेषज्ञ, डॉक्टर होते हैं। कुछ स्त्रीरोग विशेषज्ञ और डॉक्टर महिला हो सकती हैं।

105. (b) वेन आरेख से,

केवल ग्रामीण किसान = 22

और केवल अमीर ग्रामीण = 14

∴ उन ग्रामीणों की संख्या, जो या तो किसान है या अमीर, लेकिन दोनों नहीं = 14+ 22= 36

106. (a) कथनानुसार,

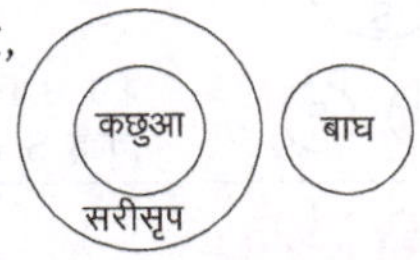

कछुआ एक सरीसृप है पर बाघ उनसे अलग है।

107. (b) प्रश्नानुसार,

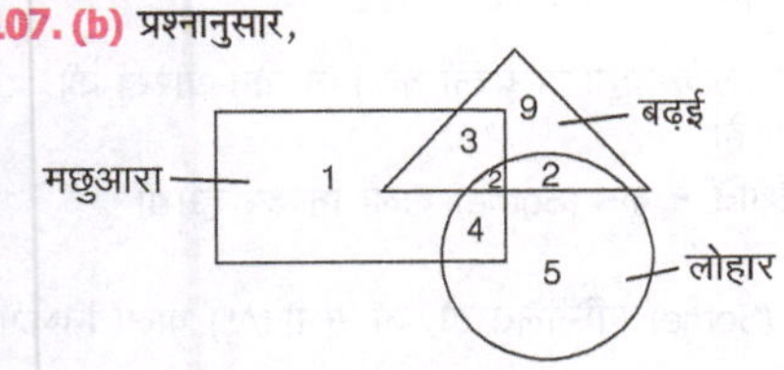

कुल मछुआरों की संख्या = 1+ 2+ 3+ 4 = 10

108. (b) प्रश्नानुसार,

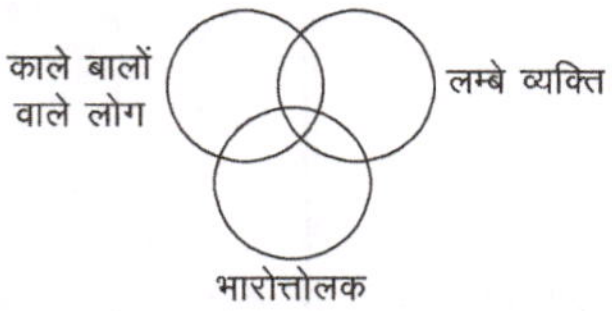

कुछ भारोत्तोलक काले बाल वाले और लम्बे व्यक्ति हो सकते हैं।

109. (c) प्रश्नानुसार,

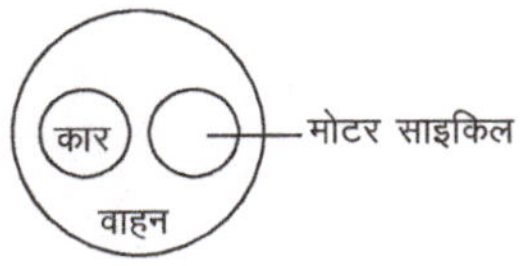

110. (d) प्रश्नानुसार,

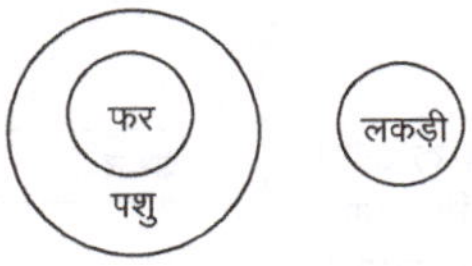

फर पशु से प्राप्त होता है, जबकि लकड़ी भिन्न है।

111. (d) प्रश्नानुसार,

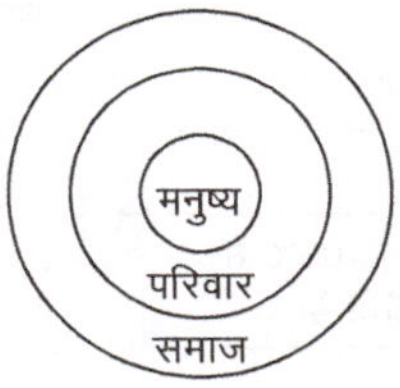

मनुष्य, परिवार का अंग होता है, और परिवार, समाज का अंग होता है।

112. (a) प्रश्नानुसार,

आड़ू और लीची दोनों फल होते हैं।

113. (a) प्रश्नानुसार,

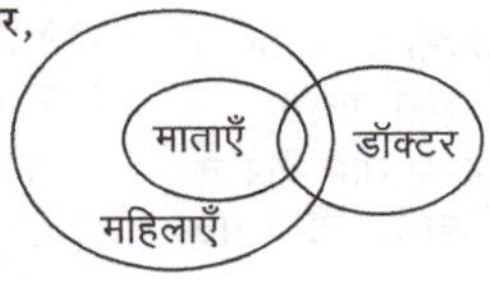

सभी माताएँ महिलाएँ होती हैं। कुछ माताएँ, डॉक्टर भी हो सकती हैं।

114. (a) प्रश्नानुसार,

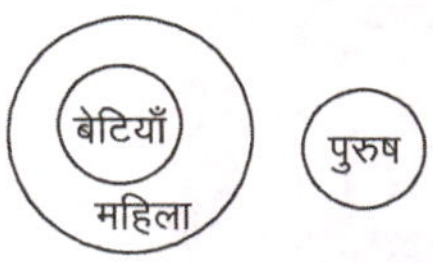

पुरुष और महिला दोनों अलग वर्ग हैं। लेकिन सभी बेटियाँ महिला होती हैं।

115. (d) प्रश्नानुसार,

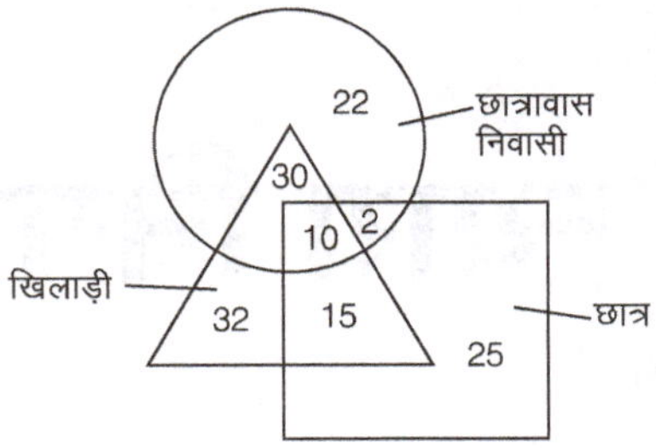

उन छात्रों की संख्या जो छात्रावास निवासी और खिलाड़ी दोनों हैं = 10

116. (a) प्रश्नानुसार,

शेर और हाथी, दोनों अलग-अलग जानवर हैं।

117. (c) प्रश्नानुसार,

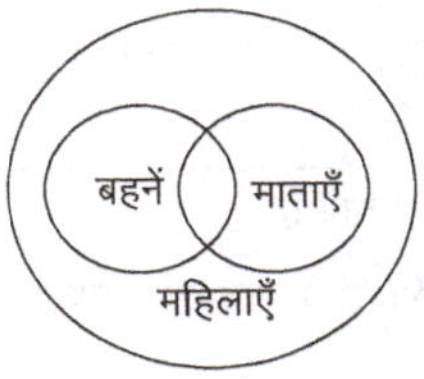

बहनें और माताएँ, महिलाएँ होती हैं।

118. (d) प्रश्नानुसार,

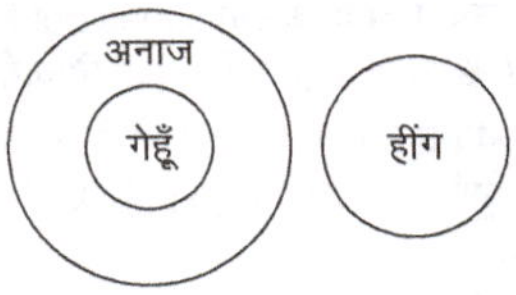

गेहूँ एक अनाज है, जबकि हींग सबसे भिन्न है।

20

न्याय निगमन

इस अध्याय के अन्तर्गत पूछे गए प्रश्नों में दो या दो से अधिक कथनों के आधार पर एक या एक से अधिक तार्किक निष्कर्ष निकाले जाते हैं। प्रश्नों में दिए गए कथन वास्तविकता से भिन्न हो सकते है, लेकिन हम उन्हें सदैव सत्य मानकर निष्कर्ष ज्ञात करते हैं।

कथन सामान्यतः दो प्रकार के होते हैं

(i) सार्वभौमिक (Universal) (ii) विशिष्ट (Particular)

सार्वभौमिक	विशिष्ट
(i) पूर्ण सूचनाएँ उपलब्ध होती हैं।	(i) अपूर्ण सूचना अर्थात् 100% से कम सूचनाएँ उपलब्ध होती हैं।
(ii) सभी A, B हैं। 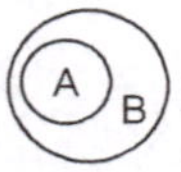 धनात्मक कथन	(ii) कुछ A, B है। 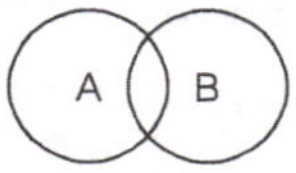 धनात्मक कथन
(iii)कोई A, B नहीं है। 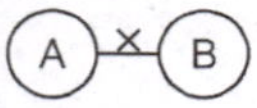 ऋणात्मक कथन	(iii) कुछ A, B नहीं है। 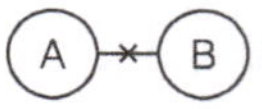 ऋणात्मक कथन

निष्कर्ष सामान्यतः तीन प्रकार के होते हैं

(i) **अनुसरण** (Follow) जो निष्कर्ष कथनों के आधार पर 100% सत्य हों।

(ii) **अनुसरण नहीं करना** (Does not follow)- जो निष्कर्ष कथनों के आधार पर 100% असत्य होते हैं, ऐसे निष्कर्ष कथनों का अनुसरण नहीं करते।

(iii) **सम्भावना** (Possibility)-ऐसे निष्कर्ष जो न तो पूर्णतः (100%) सही और न ही पूर्णतः गलत (100%) हो, ऐसी स्थिति में सम्भवतः निष्कर्ष सही व गलत होते हैं।

वेन आरेख का निरूपण

कथन	वेन आरेख
सभी S, P हैं।	हमेशा 
कोई S, P नहीं है।	हमेशा 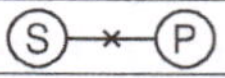

कथन	वेन आरेख	
कुछ S, P हैं।	या तो 	कुछ P, S हैं। [कुछ S, P नहीं हैं]
	या 	कुछ P, S हैं। [सभी S, P हैं]
	या 	कुछ S, P हैं। [सभी P, S हैं]
कुछ S, P नहीं है।	या तो 	कुछ S, P नहीं हैं। [कुछ S, P हैं]
	या 	कुछ S, P नहीं हैं। [सभी P, S हैं]
	या 	कुछ S, P नहीं हैं। [कोई S, P नहीं हैं]

निष्कर्षों का सम्पूरक युग्म ('या' की स्थिति)

जहाँ कोई भी निष्कर्ष निश्चित रूप से सत्य नहीं होता है, परन्तु दोनों निष्कर्षों का संयोजक एक पूरक युग्म बनाता है।

नीचे दिए गए बिन्दुओं का स्मरण करके बहुत से प्रश्नों को बिना वेन-आरेख की मदद से भी हल किया जा सकता है।

(i) कथन में सभी (All) की स्थिति में कुछ (Some) वाला निष्कर्ष हमेशा अनुसरण करता है।

(ii) यदि सभी कथनों में कुछ (Some) सम्मिलित हों, तो सभी (All) वाला निष्कर्ष कभी भी सत्य नहीं होगा।

(iii) धनात्मक कथन (Positive statement) से कभी भी सीधा ऋणात्मक निष्कर्ष (Negative conclusion) नहीं निकाला जा सकता है और इसके ठीक विपरीत कथन भी सदैव सत्य होगा।

नोट सभी (All) के स्थान पर अन्य शब्द प्रत्येक, हरेक, इत्यादि भी पूर्ण (100%) सूचनाएँ देती है इसके साथ-साथ कुछ (Some) के स्थान पर अन्य शब्द ज्यादातर (Most of), अनेक (Many), कम-से-कम (At least), कुछ (A few, Few) इत्यादि भी अपूर्ण (100% से कम) सूचनाएँ देती हैं।

दो निष्कर्षों पर आधारित

इस प्रकार के प्रश्नों में कथनों के बाद दो निष्कर्ष दिए गए होते हैं। अभ्यर्थियों को यह ज्ञात करना होता है कि दिए गए दोनों कथनों के आधार पर कौन-सा/से निष्कर्ष कथनों का तार्किक रूप से अनुसरण करता है/करते /हैं?

निर्देश (उदा. सं. 1 और 2) *नीचे दिए गए प्रश्न में दो कथन और उसके बाद दो निष्कर्ष I और II दिए गए हैं। आपको दिए गए कथनों को सत्य मानना है, भले ही वे सामान्यतः ज्ञात तथ्यों से भिन्न प्रतीत हों। सभी निष्कर्षों को ध्यानपूर्वक पढ़े, फिर तय करें कि कौन-सा/से निष्कर्ष दिए गए कथनों का तथ्यों तार्किक रूप से अनुसरण करता है/करते/हैं?*

उदाहरण 1. कथन कुछ ताले, चाबियाँ हैं।
सभी चाबियाँ, दरवाजे हैं।

निष्कर्ष I. सभी दरवाजे, चाबियाँ हैं।
II. कुछ ताले, दरवाजे हैं।

(a) केवल निष्कर्ष I अनुसरण करता है
(b) केवल निष्कर्ष II अनुसरण करता है
(c) निष्कर्ष I और II दोनों अनुसरण करते हैं
(d) कोई भी निष्कर्ष अनुसरण नहीं करता है

हल (b) कथनानुसार,

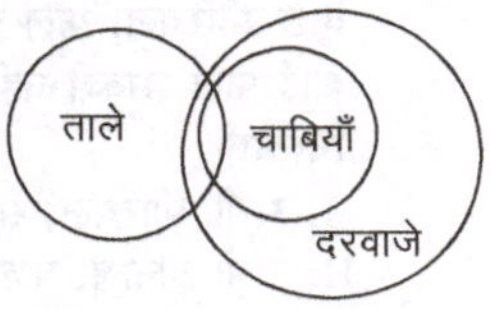

निष्कर्ष I. (✗) II. (✓)

अतः केवल निष्कर्ष II अनुसरण करता है।

उदाहरण 2. कथन सभी कॉपी, किताब हैं।
कुछ कलम, किताब हैं।
कुछ कलम, पैन हैं।

निष्कर्ष I. कुछ किताब, कॉपी नहीं हैं।
II. कुछ किताब, कलम हैं।

(a) निष्कर्ष I और II दोनों सत्य हैं
(b) केवल निष्कर्ष I सत्य है
(c) केवल निष्कर्ष II सत्य है
(d) न तो निष्कर्ष I न ही II सत्य है

हल (c) कथनानुसार,

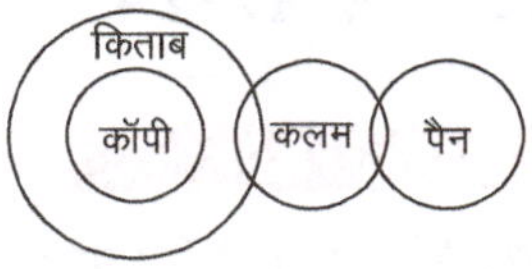

निष्कर्ष I. (✗) II. (✓)

अतः केवल निष्कर्ष II सत्य है।

दो से अधिक निष्कर्षों पर आधारित

इस प्रकार के प्रश्नों में कथनों के बाद दो या दो से अधिक निष्कर्ष दिए गए होते हैं। अभ्यर्थियों को यह ज्ञात करना होता है कि दिए गए दोनों कथनों के आधार पर कौन-सा/ से निष्कर्ष कथनों का तार्किक रूप से अनुसरण करता है/करते/हैं?

निर्देश (उदा. सं. 3) *नीचे दिए गए कुछ कथनों के बाद तीन निष्कर्ष I, II और III दिए गए हैं। यह मानते हुए कि कथनों में दी गई जानकारी सत्य है, भले ही वे सर्वज्ञात तथ्यों में भिन्न प्रतीत होती हों। यह निर्णय करें कि कौन-सा/से निष्कर्ष तार्किक और निश्चित रूप से अनुसरण करता है/करते/हैं?*

उदाहरण 3. कथन सभी M, P है।
कोई, S, P नहीं है।
कुछ G, S है।

निष्कर्ष I. कुछ G, M है।
II. कोई G, P नहीं है।
III. कोई S, M नहीं है।

(a) केवल निष्कर्ष III अनुसरण करता है
(b) केवल निष्कर्ष II अनुसरण करता है
(c) निष्कर्ष I और II दोनों अनुसरण करते हैं
(d) केवल निष्कर्ष I अनुसरण करता है

हल (a) कथनानुसार,

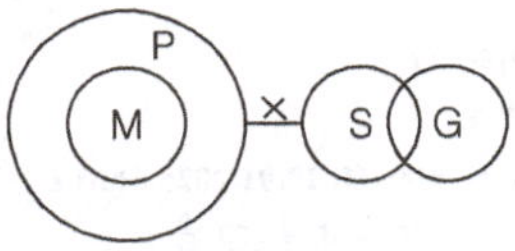

निष्कर्ष I. (✗) II. (✗) III. (✓)

अतः केवल निष्कर्ष III अनुसरण करता है।

SSC एग्जाम स्कैनर

SSC CGL 2024 (Tier I & II)

निर्देश (प्र. सं. 1-114) *निम्नलिखित प्रश्नों में दिए गए कथनों और निष्कर्षों को ध्यान से पढ़ें। कथनों में दी गई जानकारी को सत्य मानते हुए, भले ही वह सामान्य रूप से ज्ञात तथ्यों से भिन्न प्रतीत होती हों, निर्धारित करें कि कौन-सा/कौन-से निष्कर्ष दिए गए कथनों का तार्किक रूप से अनुसरण करता है/करते हैं अथवा कौन-सा/से निष्कर्ष कथनों के अनुसार हैं?*

1. कथन
सभी गुड़िया, रोबोट हैं।
कुछ रोबोट, खिलौने हैं।
कुछ खिलौने, साइकिल हैं।
निष्कर्ष
I. कुछ खिलौने, गुड़िया हैं।
II. कोई साइकिल, रोबोट नहीं है

SSC CGL (Tier-II) 20/01/2025 Shift-I

(a) निष्कर्ष I और II दोनों सत्य हैं
(b) न तो निष्कर्ष I और न ही II सत्य है
(c) केवल निष्कर्ष I सत्य है
(d) केवल निष्कर्ष II सत्य है

2. कथन
सभी भेड़ें, गायें हैं।
कुछ गायें, घोड़े हैं।
सभी घोड़े, सियार हैं।
निष्कर्ष
I. कुछ सियार, गायें हैं।
II. कुछ घोड़े, भेड़ें हैं।

SSC CGL (Tier-II) 18/01/2025 Shift-I

(a) केवल निष्कर्ष II अनुसरण करता है
(b) केवल निष्कर्ष I अनुसरण करता है
(c) न तो निष्कर्ष I और न ही निष्कर्ष II अनुसरण करता है
(d) निष्कर्ष I और II दोनों अनुसरण करते हैं

3. कथन
सभी फोन, टीवी हैं।
कुछ टीवी, बड़े/बड़ी हैं।
कुछ बड़े/बड़ी कारें हैं।
निष्कर्ष
I. कुछ टीवी, फोन हैं।
II. कुछ बड़े/बड़ी टीवी हैं।
III. सभी बड़े/बड़ी, कारें हैं।

SSC CGL (Tier-I) 26/09/2024 Shift-III

(a) केवल निष्कर्ष I और II अनुसरण करते हैं
(b) कोई भी निष्कर्ष अनुसरण नहीं करता है
(c) केवल निष्कर्ष II और III अनुसरण करते हैं
(d) केवल निष्कर्ष III अनुसरण करता है

4. कथन
कुछ कप, गिलास हैं।
कोई भी गिलास, पत्थर नहीं है।
सभी पत्थर, धातुएँ हैं।
निष्कर्ष
I. सभी कप कभी भी पत्थर नहीं हो सकते हैं।
II. कोई भी कप, धातु नहीं है।
III. सभी धातुएँ कभी भी गिलास नहीं हो सकती हैं।

SSC CGL (Tier-I) 26/09/2024 Shift-III

(a) निष्कर्ष I, II और III सभी अनुसरण करते हैं
(b) केवल निष्कर्ष I और III अनुसरण करते हैं
(c) केवल निष्कर्ष I अनुसरण करता है
(d) केवल निष्कर्ष II और III अनुसरण करते हैं

5. कथन
सभी अँगूर, जामुन हैं।
कुछ जामुन, जूस हैं।
सभी जूस, सोडा हैं।
निष्कर्ष
I. कुछ जामुन, अँगूर हैं।
II. कुछ सोडा, जामुन हैं।

SSC CGL (Tier-I) 26/09/2024 Shift-II

(a) निष्कर्ष I और II दोनों अनुसरण नहीं करते हैं
(b) केवल निष्कर्ष II अनुसरण करता है
(c) निष्कर्ष I और II दोनों अनुसरण करते हैं
(d) केवल निष्कर्ष I अनुसरण करता है

6. कथन
सभी लाल, हरे हैं।
सभी हरे, गुलाबी हैं।
कोई गुलाबी, नीला नहीं है।
निष्कर्ष
I. कोई हरा, नीला नहीं है।
II. कुछ नीले, लाल हैं।

SSC CGL (Tier-I) 26/09/2024 Shift-I

(a) केवल निष्कर्ष II अनुसरण करता है
(b) निष्कर्ष I और II दोनों अनुसरण करते हैं
(c) केवल निष्कर्ष I अनुसरण करता है
(d) न तो निष्कर्ष I और न ही II अनुसरण करता है

7. कथन
सभी पेपर, पेंसिलें हैं।
सभी पेंसिले, रबड़ (इरेजर) हैं।
सभी रबड़ (इरेज़र), पेन हैं।
निष्कर्ष
I. सभी पेन, पेपर हैं।
II. कुछ पेपर, रबड़ (इरेज़र) हैं।
III. कुछ पेन, पेंसिलें हैं।

SSC CGL (Tier-I) 25/09/2024 Shift-II

(a) सभी निष्कर्ष अनुसरण करते हैं
(b) केवल निष्कर्ष I और II अनुसरण करते हैं
(c) केवल निष्कर्ष II और III अनुसरण करते हैं
(d) केवल निष्कर्ष I और III अनुसरण करते हैं

8. कथन
कुछ सब्जियाँ, फल हैं।
कुछ फल, फूल हैं।
सभी फूल, मालाएँ हैं।
निष्कर्ष
I. कुछ मालाएँ, फल हैं।
II. कुछ सब्जियाँ, फूल हैं।
III. कुछ सब्जियाँ, मालाएँ हैं।

SSC CGL (Tier-I) 25/09/2024 Shift-I

(a) केवल निष्कर्ष I अनुसरण करता है
(b) केवल निष्कर्ष I और II अनुसरण करते हैं
(c) केवल निष्कर्ष I और III अनुसरण करते हैं
(d) केवल निष्कर्ष II और III अनुसरण करते हैं

9. कथन
सभी अनाज, सीरियल हैं।
कुछ सीरियल, फल हैं।
कोई फल, सब्जी नहीं है।
निष्कर्ष
I. सभी सीरियल, सब्जियाँ हो सकते हैं।
II. सभी अनाज, फल हैं।

SSC CGL (Tier-I) 24/09/2024 Shift-III

(a) केवल निष्कर्ष I अनुसरण करता है
(b) न तो निष्कर्ष I और न ही II अनुसरण करता है
(c) केवल निष्कर्ष II अनुसरण करता है
(d) निष्कर्ष I और II दोनों अनुसरण करते हैं

10. कथन
सभी हार, वर्ग हैं।
कुछ वर्ग, वृत्त हैं।
कोई भी वृत्त, वलय नहीं है।
निष्कर्ष
I. कोई वर्ग, वलय नहीं है।
II. कोई वलय, वृत्त नहीं है।
III. कुछ वर्ग, हार है।

SSC CGL (Tier-I) 24/09/2024 Shift-II

(a) सभी निष्कर्ष अनुसरण करते हैं
(b) केवल निष्कर्ष II और III अनुसरण करते हैं
(c) केवल निष्कर्ष I और III अनुसरण करते हैं
(d) केवल निष्कर्ष III अनुसरण करता है

11. कथन कुछ दर्पण, सजावटी हैं।
कोई सजावटी, पौधा नहीं है।
सभी पौधे, वृक्ष हैं।
निष्कर्ष
I. कुछ दर्पण, पौधे हैं।
II. कुछ सजावटी, वृक्ष हैं।

SSC CGL (Tier-I) 24/09/2024 Shift-I

(a) न तो निष्कर्ष I और न ही निष्कर्ष II अनुसरण करता है
(b) केवल निष्कर्ष II अनुसरण करता है
(c) केवल निष्कर्ष I अनुसरण करता है
(d) निष्कर्ष I और II दोनों अनुसरण करते हैं

12. कथन
सभी मटर, सब्जियाँ हैं।
सभी गाजर, सब्जियाँ हैं।
सभी सब्जियाँ हरी/हरे हैं।
निष्कर्ष
I. सभी मटर, हरी/हरे हैं।
II. सभी हरी/हरे, गाजर हैं।
III. कुछ हरी/हरे, मटर हैं।

SSC CGL (Tier-I) 23/09/2024 Shift-II

(a) सभी निष्कर्ष अनुसरण करते हैं
(b) दोनों निष्कर्ष I और III अनुसरण करते हैं
(c) दोनों निष्कर्ष II और III अनुसरण करते हैं
(d) दोनों निष्कर्ष I और II अनुसरण करते हैं

13. कथन
सभी कौए, तोते हैं।
सभी गरुड़, तोते हैं।
सभी तोते, पक्षी हैं।
निष्कर्ष
I. कोई भी कौआ, पक्षी नहीं है।
II. कुछ पक्षी, गरुड़ हैं।
III. सभी पक्षी, कौए हैं।

SSC CGL (Tier-I) 23/09/2024 Shift-II

(a) केवल निष्कर्ष II अनुसरण करता है
(b) सभी निष्कर्ष अनुसरण करते हैं
(c) दोनों निष्कर्ष I और III अनुसरण करते हैं
(d) या तो निष्कर्ष II या III अनुसरण करता है

14. कथन
कुछ शर्ट, पैंट हैं।
सभी पैंट, जैकेट हैं।
सभी जैकेट, ट्राउजर हैं।
निष्कर्ष
I. कुछ ट्राउजर, शर्ट हैं।
II. सभी जैकेट, शर्ट हैं।

SSC CGL (Tier-I) 19/09/2024 Shift-III

(a) केवल निष्कर्ष II अनुसरण करता है
(b) न तो निष्कर्ष I और न ही II अनुसरण करता है
(c) निष्कर्ष I और II दोनों अनुसरण करते हैं
(d) केवल निष्कर्ष I अनुसरण करता है

15. कथन
सभी शिक्षक, नर्तक हैं।
सभी नर्तक, इंजीनियर हैं।
कुछ इंजीनियर, सुन्दर हैं।
निष्कर्ष
I. सभी शिक्षक, सुन्दर है।
II. कुछ नर्तक, सुन्दर है।

SSC CGL (Tier-I) 19/09/2024 Shift-II

(a) केवल निष्कर्ष I अनुसरण करता है
(b) निष्कर्ष I और II दोनों अनुसरण करते हैं
(c) केवल निष्कर्ष II अनुसरण करता है
(d) न तो निष्कर्ष I और न ही II अनुसरण करता है।

16. कथन
कुछ गरुड़, गौरैया हैं।
सभी गौरैया, तोते हैं।
कोई भी तोता, पेंगुइन नहीं है।
निष्कर्ष
I. कुछ तोते, गरुड़ हैं।
II. कोई भी पेंगुइन, गौरैया नहीं है।

SSC CGL (Tier-I) 19/09/2024 Shift-I

(a) न तो निष्कर्ष I और न ही निष्कर्ष II अनुसरण करता है
(b) केवल निष्कर्ष II अनुसरण करता है
(c) केवल निष्कर्ष II अनुसरण करता है
(d) निष्कर्ष I और II दोनों अनुसरण करते हैं

17. कथन
कोई दवा, कैप्सूल नहीं है।
कुछ कैप्सूल, टैबलेट हैं।
कुछ टैबलेट, लैपटॉप हैं।
निष्कर्ष
I. कुछ कैप्सूल, लैपटॉप हैं।
II. सभी टैबलेट कभी भी दवा नहीं हो सकते।

SSC CGL (Tier-I) 18/09/2024 Shift-III

(a) न तो निष्कर्ष I और न ही II अनुसरण करता है
(b) निष्कर्ष I और II दोनों अनुसरण करते हैं
(c) केवल निष्कर्ष II अनुसरण करता है
(d) केवल निष्कर्ष I अनुसरण करता है

18. कथन
सभी समुद्रतट, रेत हैं।
कुछ रेगिस्तान, रेत हैं।
सभी पर्वत, चट्टान हैं।
निष्कर्ष
I. कम-से-कम कुछ समुद्रतट, रेगिस्तान हैं।
II. कम-से-कम कुछ रेत, चट्टानी हैं।

SSC CGL (Tier-I) 18/09/2024 Shift-III

(a) न तो निष्कर्ष I और न ही निष्कर्ष II अनुसरण करता है
(b) निष्कर्ष I और II दोनों अनुसरण करते हैं
(c) केवल निष्कर्ष I अनुसरण करता है
(d) केवल निष्कर्ष II अनुसरण करता है

19. कथन
कुछ अनानास, सन्तरे हैं।
सभी सन्तरे, केले हैं।
सभी केले, आलूबुखारा हैं।
निष्कर्ष
I. कुछ अनानास, आलूबुखारा हैं।
II. सभी सन्तरे, आलूबुखारा हैं।
III. कोई भी अनानास, केला नहीं है।

SSC CGL (Tier-I) 18/09/2024 Shift-I

(a) केवल निष्कर्ष I और III अनुसरण करते हैं
(b) केवल निष्कर्ष II और III अनुसरण करते हैं
(c) केवल निष्कर्ष I और II अनुसरण करते हैं
(d) केवल निष्कर्ष III अनुसरण करता है

20. कथन
कुछ वृत्त, आयत हैं।
कुछ आयत, वर्ग हैं।
सभी वर्ग, त्रिभुज हैं।
निष्कर्ष
I. कोई वृत्त, त्रिभुज नहीं है।
II. कुछ आयत, त्रिभुज हैं।
III. सभी आयत, त्रिभुज हैं

SSC CGL (Tier-I) 17/09/2024 Shift-III

(a) केवल निष्कर्ष II अनुसरण करता है
(b) केवल निष्कर्ष I अनुसरण करता है
(c) केवल निष्कर्ष III अनुसरण करता है
(d) निष्कर्ष I और निष्कर्ष II, दोनों अनुसरण करते हैं

21. कथन
सभी कम्प्यूटर, प्रिण्टर हैं।
कुछ प्रिण्टर, लैपटॉप हैं।
सभी लैपटॉप, मोबाइल हैं।
निष्कर्ष
I. कुछ प्रिण्टर, कम्प्यूटर हैं।
II. कुछ लैपटॉप, प्रिण्टर हैं।
III. कुछ मोबाइल, लैपटॉप हैं।

SSC CGL (Tier-I) 17/09/2024 Shift-II

(a) केवल निष्कर्ष I अनुसरण करता है
(b) केवल निष्कर्ष II और III अनुसरण करते हैं
(c) सभी निष्कर्ष अनुसरण करते हैं
(d) केवल निष्कर्ष III अनुसरण करता है

22. कथन
कुछ गेंदें, खिलौने हैं।
सभी वृत्त, गेंदें हैं।
सभी गेंदें, गड्डे हैं।
निष्कर्ष
I. कुछ वृत्त, खिलौने हैं।
II. सभी गड्डे, खिलौने हैं।

SSC CGL (Tier-I) 17/09/2024 Shift-I

(a) न तो निष्कर्ष I और न ही निष्कर्ष II अनुसरण करता है
(b) केवल निष्कर्ष I अनुसरण करता है
(c) केवल निष्कर्ष II अनुसरण करता है
(d) निष्कर्ष I और निष्कर्ष II दोनों अनुसरण करते हैं

23. कथन
सभी कारें, पक्षी हैं।
कुछ पक्षी, पौधे हैं।
सभी पौधे, पत्ते हैं।
निष्कर्ष
I. कुछ पक्षी, कारें हैं।
II. कुछ पौधे, पक्षी हैं।
III. कुछ पत्ते, पौधे हैं।

SSC CGL (Tier-I) 17/09/2024 Shift-I

(a) केवल निष्कर्ष II और III अनुसरण करते हैं
(b) कोई भी निष्कर्ष अनुसारण नहीं करता है

(c) केवल निष्कर्ष I और III अनुसरण करते हैं
(d) सभी निष्कर्ष अनुसरण करते हैं

24. कथन
कुछ खिलौने, प्लास्टिक हैं।
कुछ प्लास्टिक, धातु हैं।
कोई धातु, रसायन नहीं है।
निष्कर्ष
I. कुछ रसायन, प्लास्टिक हैं।
II. कोई खिलौना, रसायन नहीं है।
SSC CGL (Tier-I) 13/09/2024 Shift-II
(a) निष्कर्ष I और II दोनों का अनुसरण करते हैं
(b) केवल निष्कर्ष II अनुसरण करता है
(c) केवल निष्कर्ष I अनुसरण करता है
(d) न तो निष्कर्ष I और न ही निष्कर्ष II अनुसरण करता है

25. कथन
कोई भी कमल, डेज़ी नहीं है।
सभी कमल, टयूलिप हैं।
सभी टयूलिप, सूरजमुखी हैं।
निष्कर्ष
I. सभी डेज़ी, टयूलिप हैं।
II. कुछ सूरजमुखी, डेज़ी हैं।
III. कोई सूरजमुखी, डेज़ी नहीं है।
SSC CGL (Tier-I) 12/09/2024 Shift-III
(a) या तो निष्कर्ष II या III अनुसरण करता है
(b) केवल निष्कर्ष I अनुसरण करता है
(c) केवल निष्कर्ष III अनुसरण करता है
(d) केवल निष्कर्ष II अनुसरण करता है

26. कथन
सभी कार्ड, पोस्टकार्ड हैं।
कुछ पोस्टकार्ड, किताबें हैं।
सभी किताबें, उपन्यास हैं।
निष्कर्ष
I. कुछ पोस्टकार्ड, उपन्यास हैं।
II. कोई भी कार्ड, किताब नहीं है।
III. सभी कार्ड, उपन्यास हैं।
SSC CGL (Tier-I) 12/09/2024 Shift-II
(a) केवल निष्कर्ष I अनुसरण करता है
(b) केवल निष्कर्ष III अनुसरण करता है
(c) केवल निष्कर्ष I और II अनुसरण करते हैं
(d) केवल निष्कर्ष II और III अनुसरण करते हैं

27. कथन
सभी पेज, डायरियाँ हैं।
कुछ डायरियाँ, किताबें हैं।
सभी किताबें, नोटबुक हैं।
निष्कर्ष
I. कोई पेज, नोटबुक नहीं है।
II. सभी पेज, नोटबुक हैं।
III. सभी डायरियों के नोटबुक होने की सम्भावना है।
SSC CGL (Tier-I) 12/09/2024 Shift-I
(a) केवल निष्कर्ष I और III अनुसरण करते हैं
(b) केवल निष्कर्ष III अनुसरण करता है
(c) निष्कर्ष I और II, दोनों अनुसरण करते हैं
(d) केवल निष्कर्ष II अनुसरण करता है

28. कथन
कुछ चूहे, मूषक हैं।
कोई मूषक, कृतक नहीं है।
कुछ चूहे, बिल्ली-शावक हैं।
निष्कर्ष
I. कोई कृतक, बिल्ली-शावक नहीं है।
II. कुछ चूहे, कृतक हैं।
III. कोई बिल्ली-शावक, चूहा नहीं है।
SSC CGL (Tier-I) 11/09/2024 Shift-III
(a) कोई भी निष्कर्ष अनुसरण नहीं करता है
(b) केवल निष्कर्ष II अनुसरण करता है
(c) केवल निष्कर्ष III अनुसरण करता है
(d) केवल निष्कर्ष I अनुसरण करता है

29. कथन
सभी सेब, आम हैं।
सभी आम, नींबू हैं।
सभी नींबू, कीवी हैं।
निष्कर्ष
I. सभी सेब, नींबू हैं।
II. सभी आम, कीवी हैं।
SSC CGL (Tier-I) 11/09/2024 Shift-II
(a) निष्कर्ष I और II दोनों अनुसरण करते हैं
(b) न तो निष्कर्ष I अनुसरण करता है और न ही II अनुसरण करता है
(c) केवल निष्कर्ष II अनुसरण करता है
(d) केवल निष्कर्ष I अनुसरण करता है

30. कथन
कोई भी बेंच, कुर्सी नहीं है।
सभी सोफे, बेंच हैं।
सभी मेजें, सोफे हैं।
निष्कर्ष
I. कोई मेज, कुर्सी नहीं है।
II. कुछ सोफे, कुर्सियाँ हैं।
III. सभी मेजें, बेंच हैं।
SSC CGL (Tier-I) 10/09/2024 Shift-II
(a) केवल निष्कर्ष I और II अनुसरण करते हैं
(b) केवल निष्कर्ष II अनुसरण करता है
(c) केवल निष्कर्ष I और III अनुसरण करते हैं
(d) केवल निष्कर्ष । अनुसरण करता है

31. कथन
कुछ बैग, पर्स हैं।
सभी पर्स, बटुए (वॉलेट) हैं।
सभी बटुए (वॉलेट), थैले (सैक) हैं।
निष्कर्ष
I. सभी पर्स, थैले (सैक) हैं।
II. कुछ बटुए (वॉलेट), बैग हैं।
SSC CGL (Tier-I) 10/09/2024 Shift-II
(a) केवल निष्कर्ष II अनुसरण करता है
(b) केवल निष्कर्ष I अनुसरण करता है
(c) न तो निष्कर्ष I और न ही निष्कर्ष II अनुसरण करता है।
(d) निष्कर्ष I और निष्कर्ष II दोनों अनुसरण करते हैं

32. कथन
कुछ बक्से, कार्टन हैं।
सभी कार्टन, कागज हैं।
कुछ कार्टन, बर्तन हैं।
निष्कर्ष
I. कोई बक्सा, बर्तन नहीं है।
II. कुछ कागज, बर्तन हैं।
SSC CGL (Tier-I) 10/09/2024 Shift-I
(a) केवल निष्कर्ष I अनुसरण करता है
(b) केवल निष्कर्ष II अनुसरण करता है
(c) न तो निष्कर्ष I और न ही II अनुसरण करता है
(d) निष्कर्ष I और II दोनों अनुसरण करते हैं

33. कथन
सभी पंखे, ब्राउन हैं।
कुछ ब्राउन, कुर्सियाँ हैं।
कुछ कुर्सियाँ, प्लास्टिक हैं।
निष्कर्ष
I. कुछ ब्राउन, पंखें हैं।
II. कुछ कुर्सियाँ, ब्राउन हैं।
III. कोई कुर्सी, प्लास्टिक नहीं है।
SSC CGL (Tier-I) 09/09/2024 Shift-II
(a) केवल निष्कर्ष III अनुसरण करता है
(b) केवल निष्कर्ष I और II अनुसरण करते हैं
(c) कोई भी निष्कर्ष अनुसरण नहीं करता है
(d) केवल निष्कर्ष II और III अनुसरण करते हैं

34. कथन
कोई भी कार्ड, पार्सल नहीं है।
सभी कार्ड, लिफाफे हैं।
कुछ लिफाफे, बैग हैं।
निष्कर्ष
I. सभी लिफाफे कभी भी पार्सल नहीं हो सकते।
II. कोई भी कार्ड, बैग नहीं है।
III. कम-से-कम कुछ बैग, कार्ड हैं।
SSC CGL (Tier-I) 09/09/2024 Shift-I
(a) केवल निष्कर्ष II और III अनुसरण करते हैं
(b) केवत निष्कर्ष I और II अनुसरण करते हैं
(c) केवल निष्कर्ष II अनुसरण करता है
(d) केवल निष्कर्ष I अनुसरण करता है

SSC CGL 2023 (Tier I & II)

35. कथन
कुछ कलम, किताबें हैं।
सभी किताबें, कारें हैं।
कुछ कारें, चम्मच हैं।
SSC CGL (Tier-II) 26/10/2023 Shift-I
निष्कर्ष
I. कुछ चम्मच, कलम हैं।

II. कुछ किताबें, कलम हैं।
(a) केवल निष्कर्ष I अनुसरण करता है
(b) केवल निष्कर्ष II अनुसरण करता है
(c) निष्कर्ष I और II दोनों अनुसरण करते हैं
(d) न तो निष्कर्ष I और न ही II अनुसरण करता है

36. कथन
कुछ चूड़ियाँ, कंगन हैं।
सभी चेन, अँगूठियाँ हैं।
कुछ कंगन, चेन हैं।
SSC CGL (Tier-II) 07/03/2023 Shift-I

निष्कर्ष
I. कुछ चूड़ियाँ, अँगूठियाँ हैं।
II. कुछ चेन, चूड़ियाँ हैं।
III. कुछ अँगूठियाँ, कंगन हैं।
(a) केवल निष्कर्ष III अनुसरण करता है
(b) निष्कर्ष I और III दोनों अनुसरण करते हैं
(c) केवल निष्कर्ष I अनुसरण करता है
(d) निष्कर्ष I और II दोनों अनुसरण करते हैं

37. कथन
सभी फोन, लैपटॉप हैं।
सभी पेन-ड्राइव, फोन हैं।
सभी पेन-ड्राइव, पेन हैं।
SSC CGL (Tier-II) 06/03/2023 Shift-I

निष्कर्ष
I. सभी पेन, फोन हैं।
II. सभी लैपटॉप, पेन हैं।
III. सभी पेन-ड्राइव, लैपटॉप हैं।
(a) निष्कर्ष I और II अनुसरण करते हैं
(b) निष्कर्ष III अनुसरण करता है
(c) निष्कर्ष I और III अनुसरण करते हैं
(d) निष्कर्ष II और III अनुसरण करते हैं

38. कथन
कुछ कविताएँ, घोड़े हैं।
सभी घोड़े, खिलौने हैं।
सभी खिलौने, जहाज हैं।
SSC CGL (Tier-II) 03/03/2023 Shift-I

निष्कर्ष
I. सभी खिलौने के कविता होने की सम्भावना है।
II. कुछ घोड़े, जहाज हैं।
(a) या तो निष्कर्ष I या II अनुसरण करता है
(b) केवल निष्कर्ष I अनुसरण करता है
(c) न तो निष्कर्ष I और न ही निष्कर्ष II अनुसरण करता है
(d) निष्कर्ष I और II दोनों ही अनुसरण करते हैं

39. कथन
सभी P, G हैं।
कुछ G, B हैं।
सभी B, C हैं।
SSC CGL (Tier-II) 02/03/2023 Shift-I

निष्कर्ष
I. सभी P के C होने की सम्भावना है।
II. कुछ P, B हैं।
III. कुछ C, G हैं।
IV. कुछ G, P हैं।
(a) केवल निष्कर्ष III अनुसरण नहीं करता है
(b) केवल निष्कर्ष II अनुसरण नहीं करता है
(c) केवल निष्कर्ष IV अनुसरण नहीं करता है
(d) केवल निष्कर्ष I अनुसरण नहीं करता है

40. कथन
कुछ शिक्षक, वैज्ञानिक हैं।
सभी वैज्ञानिक, डॉक्टर हैं।
सभी डॉक्टर, इंजीनियर हैं।
SSC CGL (Tier-I) 27/07/2023 Shift-II

निष्कर्ष
I. कुछ डॉक्टर, शिक्षक हैं।
II. कुछ इंजीनियर, शिक्षक हैं।
III. कुछ डॉक्टर, वैज्ञानिक हैं।
(a) केवल निष्कर्ष I और III अनुसरण करते हैं
(b) केवल निष्कर्ष I और II अनुसरण करते हैं
(c) केवल निष्कर्ष II और III अनुसरण करते हैं
(d) सभी निष्कर्ष अनुसरण करते हैं

41. कथन
सभी कैंसर, रोग हैं।
सभी तपेदिक, रोग हैं।
सभी रोग, साध्य हैं।
SSC CGL (Tier-I) 26/07/2023 Shift-III

निष्कर्ष
I. सभी तपेदिक, साध्य हैं।
II. कुछ कैंसर, तपेदिक हैं।
III. सभी कैंसर, साध्य हैं।
(a) निष्कर्ष II और III अनुसरण करते हैं
(b) निष्कर्ष I और III अनुसरण करते हैं
(c) निष्कर्ष I और II अनुसरण करते हैं
(d) सभी निष्कर्ष अनुसरण करते हैं

42. कथन
सभी तारे, चन्द्रमा हैं।
कुछ चन्द्रमा, सूर्य हैं।
सभी सूर्य, उपग्रह हैं।
SSC CGL (Tier-I) 26/07/2023 Shift-II

निष्कर्ष
I. कुछ उपग्रह, चन्द्रमा हैं।
II. कुछ उपग्रह, तारे हैं।
III. कुछ चन्द्रमा, तारे हैं।
(a) निष्कर्ष II और III दोनों अनुसरण करते हैं
(b) सभी निष्कर्ष अनुसरण करते हैं
(c) निष्कर्ष I और II दोनों अनुसरण करते हैं
(d) निष्कर्ष I और III दोनों अनुसरण करते हैं

43. कथन
कुछ बीज, फल हैं।
कुछ फल, जैम हैं।
सभी जैम, मिठाइयाँ हैं।
SSC CGL (Tier-I) 26/07/2023 Shift-I

निष्कर्ष
I. कुछ जैम, बीज हैं।
II. कुछ मिठाइयाँ, जैम हैं।
III. कुछ फल, मिठाइयाँ हैं।
(a) निष्कर्ष I और III अनुसरण करते हैं
(b) निष्कर्ष II और III अनुसरण करते हैं
(c) निष्कर्ष I और II अनुसरण करते हैं
(d) सभी निष्कर्ष अनुसरण करते हैं

44. कथन
कुछ रंग, इन्द्रधनुष हैं।
कुछ पेंट, इन्द्रधनुष हैं।
सभी इन्द्रधनुष, चित्र हैं।
SSC CGL (Tier-I) 25/07/2023 Shift-II

निष्कर्ष
I. कुछ चित्र, रंग हैं।
II. सभी पेंट, चित्र हैं।
III. कुछ चित्र, इन्द्रधनुष हैं।
(a) सभी निष्कर्ष अनुसरण करते हैं
(b) निष्कर्ष I और II अनुसरण करते हैं
(c) निष्कर्ष II और III अनुसरण करते हैं
(d) निष्कर्ष I और III अनुसरण करते हैं

45. कथन
सभी पेन, समाचार पत्र हैं।
कुछ समाचार पत्र, उपन्यास हैं।
कोई भी उपन्यास, किताब नहीं है।
SSC CGL (Tier-I) 25/07/2023 Shift-I

निष्कर्ष
I. कुछ किताबें, पेन हैं।
II. कुछ उपन्यास, पेन हैं।
III. कोई भी किताब, पेन नहीं हैं।
(a) या तो निष्कर्ष II अनुसरण करता है या III अनुसरण करता है
(b) निष्कर्ष II और III दोनों अनुसरण करते हैं
(c) या तो निष्कर्ष I अनुसरण करता है या तो III अनुसरण करता है
(d) दोनों निष्कर्ष I और II अनुसरण करते हैं

46. कथन
सभी पक्षी, बत्तख हैं।
कुछ बत्तख, कौएँ हैं।
सभी कौएँ, तोते हैं।
SSC CGL (Tier-I) 24/07/2023 Shift-II

निष्कर्ष
I. कुछ तोते, पक्षी हैं।
II. कुछ तोते, बत्तख हैं।
III. कुछ कौएँ, पक्षी हैं।
IV. सभी तोते, पक्षी हैं।
(a) केवल निष्कर्ष II अनुसरण करता है
(b) निष्कर्ष I, II और IV अनुसरण करते हैं
(c) निष्कर्ष II और III अनुसरण करते हैं
(d) निष्कर्ष I और IV अनुसरण करते हैं

47. कथन
सभी मोर, कबूतर हैं।
कुछ कबूतर, गुलाबी हैं।
कुछ गुलाबी, पक्षी हैं।
SSC CGL (Tier-I) 24/07/2023 Shift-II

निष्कर्ष
I. कुछ गुलाबी, मोर हैं।
II. कुछ पक्षी, कबूतर हैं।
III. कुछ मोर, पक्षी हैं।

(a) केवल निष्कर्ष I अनुसरण करता है
(b) केवल निष्कर्ष II अनुसरण करता है
(c) कोई भी निष्कर्ष अनुसरण नहीं करता है
(d) या तो निष्कर्ष I या निष्कर्ष III अनुसरण करता है

48. कथन
सभी प्लेट, कटोरे हैं।
कोई भी कटोरा, गिलास नहीं है।
कुछ गिलास, बर्तन हैं।
SSC CGL (Tier-I) 21/07/2023 Shift-III

निष्कर्ष
I. कुछ गिलास, प्लेट हैं।
II. कुछ कटोरे, प्लेट हैं।
III. कुछ बर्तन, कटोरे हैं।
(a) केवल निष्कर्ष I अनुसरण करता है
(b) केवल निष्कर्ष II अनुसरण करता है
(c) निष्कर्ष II और III दोनों अनुसरण करते हैं
(d) I और II निष्कर्ष दोनों अनुसरण करते हैं

49. कथन
सभी गुटके, खिलौने हैं।
सभी खिलौने, किताबें हैं।
सभी किताबें, कहानियाँ हैं।
SSC CGL (Tier-I) 21/07/2023 Shift-III

निष्कर्ष
I. कुछ खिलौने, गुटके हैं।
II. कुछ गुटके, किताबें हैं।
III. कुछ कहानियाँ, खिलौने हैं।
(a) निष्कर्ष II और III अनुसरण करते हैं
(b) सभी निष्कर्ष अनुसरण करते हैं
(c) निष्कर्ष I और II अनुसरण करते हैं
(d) निष्कर्ष I और III अनुसरण करते हैं

50. कथन
कुछ पेड़, पत्तियाँ हैं।
कुछ पत्तियाँ, फूल हैं।
कुछ फूल, शाखाएँ हैं।
SSC CGL (Tier-I) 21/07/2023 Shift-II

निष्कर्ष
I. कुछ पेड़, फूल हैं।
II. कुछ पत्तियाँ, शाखाएँ हैं।
III. कुछ शाखाएँ, फूल हैं।
IV. कुछ शाखाएँ, पत्तियाँ हैं।
(a) कोई भी निष्कर्ष अनुसरण नहीं करता है
(b) निष्कर्ष I और II अनुसरण करते हैं
(c) निष्कर्ष II और III अनुसरण करते हैं
(d) केवल निष्कर्ष III अनुसरण करता है

51. कथन
सभी क्रिकेटर, धनवान हैं।
कुछ धनवान, भारतीय हैं।
सभी भारतीय, ईमानदार हैं।
SSC CGL (Tier-I) 20/07/2023 Shift-III

निष्कर्ष
I. सभी भारतीय, क्रिकेटर हैं।
II. कुछ क्रिकेटर, ईमानदार हैं।
(a) केवल निष्कर्ष II अनुसरण करता है
(b) निष्कर्ष I और II दोनों अनुसरण करते हैं
(c) केवल निष्कर्ष I अनुसरण करता है
(d) न तो निष्कर्ष I और न ही II अनुसरण करता है

52. कथन
सभी चमड़े, जूते हैं।
कुछ बैग, जूते हैं।
कुछ बैग, कागज हैं।
SSC CGL (Tier-I) 20/07/2023 Shift-II

निष्कर्ष
I. कुछ कागज, चमड़े हैं।
II. कुछ जूते, चमड़े हैं।
III. कुछ जूते, कागज हैं।
(a) केवल निष्कर्ष II अनुसरण करता है
(b) सभी निष्कर्ष अनुसरण करते हैं
(c) केवल निष्कर्ष I अनुसरण करता है
(d) केवल निष्कर्ष III अनुसरण करता है

53. कथन
कुछ पहाड़ियाँ, पर्वत हैं।
कुछ पहाड़ियाँ, घाटियाँ हैं।
सभी घाटियाँ, नदियाँ हैं।
SSC CGL (Tier-I) 20/07/2023 Shift-II

निष्कर्ष
I. कुछ नदियाँ, घाटियाँ हैं।
II. कुछ पर्वत, घाटियाँ हैं।
III. कुछ पहाड़ियाँ, नदियाँ हैं।
(a) निष्कर्ष I और III अनुसरण करते हैं
(b) निष्कर्ष II और III अनुसरण करते हैं
(c) निष्कर्ष I और II अनुसरण करते हैं
(d) केवल निष्कर्ष I अनुसरण करता है

54. कथन सभी चावल, गेहूँ हैं।
कुछ गेहूँ, दाल हैं।
कोई भी दाल, सब्जी नहीं है।
SSC CGL (Tier-I) 19/07/2023 Shift-III

निष्कर्ष
I. कुछ सब्जियाँ, चावल हैं।
II. कुछ दालें, चावल हैं।
III. कुछ सब्जियाँ, गेहूँ हैं।
(a) कोई भी निष्कर्ष अनुसरण नहीं करता है
(b) निष्कर्ष I और II दोनों अनुसरण करते हैं
(c) सभी निष्कर्ष अनुसरण करते हैं
(d) निष्कर्ष II और III दोनों अनुसरण करते हैं

55. कथन
कुछ रसोइये, कवि हैं।
सभी कवि, पादरी हैं।
कुछ पादरी, डॉक्टर हैं।
SSC CGL (Tier-I) 19/07/2023 Shift-II

निष्कर्ष
I. कुछ रसोइये, पादरी हैं।
II. कुछ पादरी, रसोइये हैं।
III. सभी डॉक्टर, पादरी हैं।
IV. कुछ डॉक्टर, पादरी हैं।
(a) निष्कर्ष II, III और IV अनुसरण करते हैं
(b) निष्कर्ष I, II और IV अनुसरण करते हैं
(c) निष्कर्ष I, II और III अनुसरण करते हैं
(d) कोई भी निष्कर्ष अनुसरण नहीं करता है

56. कथन
सभी पेंसिलें, रंग हैं।
सभी रंग, पेंट हैं।
कुछ पेंट, चित्र हैं।
SSC CGL (Tier-I) 18/07/2023 Shift-IV

निष्कर्ष
I. कुछ पेंसिलें, चित्र हैं।
II. कुछ पेंट, रंग हैं।
III. कुछ रंग, पेंसिलें हैं।
(a) निष्कर्ष I और II अनुसरण करते हैं
(b) निष्कर्ष I और III अनुसरण करते हैं
(c) सभी निष्कर्ष अनुसरण करते हैं
(d) निष्कर्ष II और III अनुसरण करते हैं

57. कथन
सभी पर्दे, डोरमैट हैं।
कुछ डोरमैट, तकिए हैं।
कुछ तकिए, बेडशीट हैं।
SSC CGL (Tier-I) 18/07/2023 Shift-III

निष्कर्ष
I. कुछ बेडशीट, डोरमैट हैं।
II. कुछ बेडशीट, पर्दे हैं।
III. कुछ तकिए, डोरमैट हैं।
(a) सभी निष्कर्ष अनुसरण करते हैं
(b) केवल निष्कर्ष III अनुसरण करता है
(c) केवल निष्कर्ष II अनुसरण करता है
(d) केवल निष्कर्ष I अनुसरण करता है

58. कथन
सभी फल, वाइन है।
कुछ वाइन, जूस हैं।
सभी जूस, अल्कोहल हैं।
SSC CGL (Tier-I) 18/07/2023 Shift-II

निष्कर्ष
I. कुछ अल्कोहल, जूस हैं।
II. कुछ वाइन, अल्कोहल हैं।
III. कुछ वाइन, फल हैं।
(a) निष्कर्ष II और III अनुसरण करते हैं
(b) निष्कर्ष I और II अनुसरण करते हैं
(c) निष्कर्ष I और III अनुसरण करते हैं
(d) सभी निष्कर्ष अनुसरण करते हैं

59. कथन
कुछ चम्मच, काले हैं।
सभी काले, कौवे हैं।
कोई भी कौवा, प्लेट नहीं है।
SSC CGL (Tier-I) 17/07/2023 Shift-IV

निष्कर्ष
I. कुछ काले, चम्मच हैं।
II. सभी कौवे, काले हैं।
III. कोई भी प्लेट, कौवा नहीं है।
(a) कोई भी निष्कर्ष अनुसरण नहीं करता है
(b) निष्कर्ष II अनुसरण करता है
(c) निष्कर्ष I अनुसरण करता है
(d) निष्कर्ष I और III अनुसरण करते हैं

60. कथन
कुछ पेन, बॉक्स हैं।
कोई भी बॉक्स, पंखा नहीं है।
कुछ पेन, पंखे हैं।
SSC CGL (Tier-I) 17/07/2023 Shift-IV

निष्कर्ष
I. कोई भी पेन, पंखा नहीं है।
II. कोई भी बॉक्स, पेन नहीं है।
III. कुछ पंखे, पेन हैं।
IV. कुछ बॉक्स, पेन हैं।
(a) निष्कर्ष III और IV अनुसरण करते हैं
(b) निष्कर्ष I और III अनुसरण करते हैं
(c) निष्कर्ष II और IV अनुसरण करते हैं
(d) निष्कर्ष I और II अनुसरण करते हैं

61. **कथन**
सभी कम्प्यूटर, लैपटॉप हैं।
सभी लैपटॉप, मोबाइल हैं।
कुछ मोबाइल, टैबलेट हैं।
SSC CGL (Tier-I) 17/07/2023 Shift-III

निष्कर्ष
I. कुछ मोबाइल, कम्प्यूटर हैं।
II. सभी कम्प्यूटर, मोबाइल हैं।
III. कुछ कम्प्यूटर, टैबलेट हैं।
(a) निष्कर्ष I और II अनुसरण करते हैं
(b) निष्कर्ष II और III अनुसरण करते हैं
(c) निष्कर्ष I और III अनुसरण करते हैं
(d) सभी निष्कर्ष अनुसरण करते हैं

62. **कथन**
सभी गेंद, फूल हैं।
सभी फूल, प्लेट हैं।
कुछ प्लेट, कप हैं।
SSC CGL (Tier-I) 14/07/2023 Shift-III

निष्कर्ष
I. कुछ फूल, गेंद हैं।
II. कुछ प्लेट, फूल हैं।
III. सभी कप, प्लेट हैं।
(a) केवल निष्कर्ष II अनुसरण करता हैं
(b) केवल निष्कर्ष III अनुसरण करता हैं
(c) केवल निष्कर्ष I अनुसरण करता है
(d) निष्कर्ष I और II अनुसरण करते हैं

63. **कथन**
सभी चावल, अनाज हैं।
सभी दालें, अनाज हैं।
सभी अनाज, खाद्य पदार्थ हैं।
SSC CGL (Tier-I) 14/07/2023 Shift-II

निष्कर्ष
I. सभी चावल, खाद्य पदार्थ हैं।
II. सभी दालें, खाद्य पदार्थ हैं।
III. कुछ खाद्य पदार्थ, अनाज हैं।
(a) केवल निष्कर्ष I और III अनुसरण करते हैं
(b) केवल निष्कर्ष II और III अनुसरण करते हैं
(c) केवल निष्कर्ष I और II अनुसरण करते हैं
(d) सभी निष्कर्ष अनुसरण करते हैं

64. **कथन**
कुछ डेस्क, ट्रे हैं।
कुछ ट्रे, प्लेट हैं।
कुछ प्लेट, डेस्क हैं।
SSC CGL (Tier-I) 14/07/2023 Shift-I

निष्कर्ष
I. सभी डेस्क, प्लेट हैं।
II. सभी प्लेट, डेस्क हैं।
III. कुछ प्लेट, ट्रे हैं।
IV. सभी ट्रे, डेस्क हैं।
(a) केवल निष्कर्ष IV अनुसरण करता है।
(b) केवल निष्कर्ष III अनुसरण करता है।
(c) केवल निष्कर्ष II अनुसरण करता है।
(d) केवल निष्कर्ष I अनुसरण करता है।

SSC CGL 2022 (Tier I)

65. **कथन**
सभी O, C हैं।
सभी C, D हैं।
SSC CGL (Tier-I) 13/12/2022 Shift-IV

निष्कर्ष
I. कुछ C, O हैं।
II. कुछ D, C हैं।
III. कोई O, D नहीं है।
(a) II तथा III दोनों निष्कर्ष अनुसरण करते हैं
(b) I तथा III दोनों निष्कर्ष अनुसरण करते हैं
(c) सभी निष्कर्ष अनुसरण करते हैं
(d) I तथा II दोनों निष्कर्ष अनुसरण करते हैं

66. **कथन**
कुछ चिप्स, केक हैं।
सभी केक, आइसक्रीम हैं।
सभी आइसक्रीम, मिठाइयाँ हैं।
SSC CGL (Tier-I) 13/12/2022 Shift-IV

निष्कर्ष
I. कुछ मिठाइयाँ, केक हैं।
II. कुछ आइसक्रीम, केक हैं।
III. सभी केक, मिठाइयाँ हैं।
(a) या तो निष्कर्ष I अनुसरण करता है या निष्कर्ष III अनुसरण करता है
(b) केवल निष्कर्ष I अनुसरण करता है
(c) केवल निष्कर्ष II अनुसरण करता है
(d) निष्कर्ष I, II और III सभी अनुसरण करते हैं

67. **कथन**
सभी टॉय, लोगो हैं।
कोई ब्लॉक, लोगो नहीं है।
कुछ पजल, ब्लॉक हैं।
SSC CGL (Tier-I) 13/12/2022 Shift-III

निष्कर्ष
I. कुछ लोगो, पजल हैं।
II. कोई लोगो, ब्लॉक नहीं है।
III. कुछ टॉय, ब्लॉक हैं।
(a) केवल निष्कर्ष I और II अनुसरण करते हैं
(b) केवल निष्कर्ष I अनुसरण करता है
(c) केवल निष्कर्ष I और III अनुसरण करते हैं
(d) केवल निष्कर्ष II अनुसरण करता है

68. **कथन**
कुछ Z, X हैं।
कुछ W, Z हैं।
SSC CGL (Tier-I) 13/12/2022 Shift-II

निष्कर्ष
I. कुछ X, W नहीं हैं।
II. कुछ X, Z नहीं हैं।
(a) केवल निष्कर्ष II अनुसरण करता है
(b) I तथा II दोनों निष्कर्ष अनुसरण करते हैं
(c) केवल निष्कर्ष I अनुसरण करता है
(d) कोई भी निष्कर्ष अनुसरण नहीं करता है

69. **कथन**
कोई A, B नहीं है।
कोई C, B नहीं है।
SSC CGL (Tier-I) 13/12/2022 Shift-I

निष्कर्ष
I. कुछ C, A नहीं हैं।
II. कुछ A, B हैं।
(a) I तथा II दोनों निष्कर्ष अनुसरण करते हैं
(b) कोई भी निष्कर्ष अनुसरण नहीं करता है
(c) केवल निष्कर्ष I अनुसरण करता है
(d) केवल निष्कर्ष II अनुसरण करता है

70. **कथन**
कुछ पेंसिलें, छड़ हैं।
कोई छड़, दरवाजा नहीं है।
सभी गेन्दें, छड़ हैं।
SSC CGL (Tier-I) 13/12/2022 Shift-I

निष्कर्ष
I. कुछ पेंसिलों के गेंद होने की सम्भावना है।
II. कोई गेंद, दरवाजा नहीं है।
III. सभी छड़, गेंद हैं।
IV. कोई पेंसिल, दरवाजा नहीं है।
(a) केवल निष्कर्ष I अनुसरण करता है
(b) निष्कर्ष I और II अनुसरण करते हैं
(c) निष्कर्ष I, II और IV अनुसरण करते हैं
(d) निष्कर्ष II और III अनुसरण करते हैं

71. **कथन**
कुछ बेंच, मेज हैं।
कुछ मेज, कुर्सियाँ हैं।
कुछ कुर्सियाँ, पेंसिलें हैं।
SSC CGL (Tier-I) 12/12/2022 Shift-IV

निष्कर्ष
I. कुछ बेंच, कुर्सियाँ हैं।
II. कुछ मेज, पेंसिल हैं।
III. कुछ पेंसिलें, कुर्सियों हैं।
IV. कुछ पेंसिलें, मेज हैं।
(a) केवल निष्कर्ष III अनुसरण करता है
(b) केवल निष्कर्ष II तथा IV दोनों अनुसरण करते हैं
(c) केवल निष्कर्ष I तथा II अनुसरण करते हैं
(d) कोई भी निष्कर्ष अनुसरण नहीं करता है

72. **कथन**
सभी W, L हैं।
सभी L, M हैं।
SSC CGL (Tier-I) 12/12/2022 Shift-III

निष्कर्ष
I. कोई L, W नहीं है।
II. कोई M, L नहीं है।
III. कोई M, W नहीं है।
(a) सभी निष्कर्ष अनुसरण करते हैं
(b) केवल निष्कर्ष II अनुसरण करता है
(c) केवल निष्कर्ष I अनुसरण करता है
(d) कोई भी निष्कर्ष अनुसरण नहीं करता है

73. **कथन**
सभी S,B हैं।
कुछ B, C हैं।
SSC CGL (Tier-I) 12/12/2022 Shift-II
निष्कर्ष
I. सभी S, C हैं।
II. कोई C,B नहीं है।
III. सभी B, S हैं।
(a) केवल निष्कर्ष I अनुसरण करता है
(b) कोई भी निष्कर्ष अनुसरण नहीं करता है
(c) केवल निष्कर्ष II अनुसरण करता है
(d) सभी निष्कर्ष अनुसरण करते हैं

74. **कथन**
कुछ L, Z हैं।
कुछ L, T हैं।
SSC CGL (Tier-I) 12/12/2022 Shift-I
निष्कर्ष
I. सभी Z, L हैं।
II. कोई T, Z नहीं है।
(a) कोई भी निष्कर्ष अनुसरण नहीं करता है
(b) केवल निष्कर्ष I अनुसरण करता है
(c) निष्कर्ष I तथा II दोनों अनुसरण करते हैं
(d) केवल निष्कर्ष II अनुसरण करता है

75. **कथन** सभी सन्तरे, सेब हैं।
कुछ सन्तरे, केले हैं।
सभी केले, फल हैं।
SSC CGL (Tier-I) 12/12/2022 Shift-I
निष्कर्ष
I. कुछ फल, सेब हैं।
II. कुछ सेब, केले हैं।
III. कुछ सन्तरे, फल हैं।
(a) सभी निष्कर्ष अनुसरण करते हैं
(b) केवल निष्कर्ष I और II अनुसरण करते हैं
(c) केवल निष्कर्ष II और III अनुसरण करते हैं
(d) केवल निष्कर्ष I और III अनुसरण करते हैं

76. **कथन**
कुछ A, W हैं।
कुछ W, C हैं।
SSC CGL (Tier-I) 09/12/2022 Shift-IV
निष्कर्ष
I. सभी A, C हैं।
II. कोई C, W नहीं है।
III. कोई W, A नहीं है।
(a) सभी निष्कर्ष अनुसरण करते हैं
(b) केवल निष्कर्ष I अनुसरण करता है
(c) केवल निष्कर्ष II अनुसरण करता है
(d) कोई भी निष्कर्ष अनुसरण नहीं करता है

77. **कथन**
कुछ सेब, फल हैं।
सभी फल, सब्जियाँ हैं।
कोई सब्जी, स्वास्थकारी नहीं है।
SSC CGL (Tier-I) 09/12/2022 Shift-III
निष्कर्ष
I. कोई सेब, स्वास्थकारी नहीं है।
II. कोई स्वास्थकारी, सब्जी नहीं है।
III. कुछ सब्जियाँ, सेब हैं।
(a) सभी निष्कर्ष अनुसरण करते हैं
(b) केवल निष्कर्ष II और III अनुसरण करते हैं
(c) केवल निष्कर्ष I और III अनुसरण करते हैं
(d) केवल निष्कर्ष I और II अनुसरण करते हैं

78. **कथन**
कुछ जोकर, कलाकार हैं।
सभी कलाकार, होशियार हैं।
सभी होशियार, अमीर हैं।
SSC CGL (Tier-I) 09/12/2022 Shift-II
निष्कर्ष
I. सभी कलाकार, अमीर हैं।
II. कुछ जोकर, होशियार हैं।
III. सभी जोकर, कलाकार हैं।
(a) निष्कर्ष I और II दोनों अनुसरण करते हैं
(b) सभी निष्कर्ष अनुसरण करते हैं
(c) निष्कर्ष I और III दोनों अनुसरण करते हैं
(d) निष्कर्ष II और III दोनों अनुसरण करते हैं

79. **कथन**
सभी A, M हैं।
कोई M, B नहीं है।
SSC CGL (Tier-I) 09/12/2022 Shift-I
निष्कर्ष
I. कुछ M, A हैं।
II. कुछ B, M हैं।
III. कुछ A, B हैं।
(a) II तथा III दोनों निष्कर्ष अनुसरण करते हैं
(b) I तथा III दोनों निष्कर्ष अनुसरण करते हैं
(c) केवल निष्कर्ष II अनुसरण करता है
(d) केवल निष्कर्ष I अनुसरण करता है

80. **कथन** सभी कैडबरी, नेस्ले हैं।
कोई नेस्ले, अमूल नहीं है।
कुछ कैडबरी, ब्रिटानिया हैं।
SSC CGL (Tier-I) 09/12/2022 Shift-I
निष्कर्ष
I. कुछ नेस्ले, ब्रिटानिया हैं।
II. कोई अमूल, कैडबरी नहीं है।
III. कोई अमूल, ब्रिटानिया नहीं है।
(a) निष्कर्ष I और II अनुसरण करते हैं
(b) केवल निष्कर्ष I अनुसरण करता है
(c) निष्कर्ष I और III अनुसरण करते हैं
(d) केवल निष्कर्ष II अनुसरण करता है

81. **कथन** सभी गोरिल्ले, भालू हैं।
सभी सूअर, भालू हैं।
सभी भालू, बाघ हैं।
SSC CGL (Tier-I) 08/12/2022 Shift-IV
निष्कर्ष
I. सभी सूअर, बाघ हैं।
II. सभी बाघ, गोरिल्ले हैं।
III. कुछ बाघ, सूअर हैं।
(a) सभी निष्कर्ष अनुसरण करते हैं
(b) केवल निष्कर्ष I और II अनुसरण करते हैं
(c) केवल निष्कर्ष I और III अनुसरण करते हैं
(d) केवल निष्कर्ष II और III अनुसरण करते हैं

82. **कथन** सभी N, K हैं।
सभी K, P हैं।
SSC CGL (Tier-I) 08/12/2022 Shift-IV
निष्कर्ष
I. कुछ P, K नहीं हैं।
II. कोई P, N नहीं है।
(a) केवल निष्कर्ष II अनुसरण करता है
(b) कोई भी निष्कर्ष अनुसरण नहीं करता है
(c) केवल निष्कर्ष I अनुसरण करता है
(d) I तथा II दोनों निष्कर्ष अनुसरण करते हैं

83. **कथन**
कोई P, Q नहीं है।
सभी B, Q हैं।
SSC CGL (Tier-I) 08/12/2022 Shift-III
निष्कर्ष
I. कोई P, B नहीं है।
II. कुछ Q, P नहीं है।
III. कुछ B, Q नहीं है।
(a) केवल निष्कर्ष I अनुसरण करता है
(b) कोई भी निष्कर्ष अनुसरण नहीं करता है
(c) I तथा II दोनों निष्कर्ष अनुसरण करते हैं
(d) I तथा III दोनों निष्कर्ष अनुसरण करते हैं

84. **कथन** कुछ फर्श, प्लेट हैं।
कोई प्लेट सोफा नहीं है।
सभी उद्यान, प्लेट हैं।
SSC CGL (Tier-I) 08/12/2022 Shift-III
निष्कर्ष
I. कुछ फर्शों के उद्यान होने की सम्भावना हैं।
II. कोई उद्यान, सोफा नहीं है।
III. सभी प्लेट, उद्यान हैं।
IV. कोई फर्श, सोफा नहीं है।
(a) केवल निष्कर्ष I, II और IV अनुसरण करते हैं
(b) केवल निष्कर्ष I अनुसरण करता है
(c) केवल निष्कर्ष I और II अनुसरण करते हैं
(d) केवल निष्कर्ष II और III अनुसरण करते हैं

85. **कथन** सभी पेन, प्लेट हैं।
सभी प्लेट, ट्रे हैं।
कुछ ट्रे, बॉक्स है।
SSC CGL (Tier-I) 08/12/2022 Shift-II
निष्कर्ष
I. कुछ बॉक्स, प्लेट हैं।
II. कुछ ट्रे, पेन हैं।
III. कुछ बॉक्स, पेन हैं।
IV. कोई ट्रे, प्लेट नहीं है।
(a) केवल निष्कर्ष IV अनुसरण करता है
(b) केवल निष्कर्ष I अनुसरण करता है
(c) केवल निष्कर्ष II अनुसरण करता है
(d) केवल निष्कर्ष III अनुसरण करता है

86. **कथन** सभी F, K हैं।
सभी W, K हैं।
SSC CGL (Tier-I) 07/12/2022 Shift-IV
निष्कर्ष
I. सभी W, F हैं।
II. कुछ K, W नहीं हैं।

III. कुछ F, W हैं।
(a) केवल निष्कर्ष I अनुसरण करता है
(b) कोई भी निष्कर्ष अनुसरण नहीं करता है
(c) II तथा III दोनों निष्कर्ष अनुसरण करते हैं
(d) I तथा III दोनों निष्कर्ष अनुसरण करते हैं

87. **कथन** सभी दवाएँ, कैप्सूल हैं।
कुछ कैप्सूल, चूड़ियाँ हैं।
कुछ चूड़ियाँ, टूथपेस्ट हैं।
SSC CGL (Tier-I) 07/12/2022 Shift-III

निष्कर्ष
I. कुछ चूड़ियाँ, दवाएँ हैं।
II. कुछ टूथपेस्ट, कैप्सूल हैं।
III. कुछ दवाएँ, चूड़ियाँ हैं।
IV. कुछ दवाएँ, टूथपेस्ट हैं।
(a) केवल निष्कर्ष I और II अनुसरण करते हैं
(b) केवल निष्कर्ष III और IV अनुसरण करते हैं
(c) केवल निष्कर्ष II और III अनुसरण करते हैं
(d) कोई भी निष्कर्ष अनुसरण नहीं करता है

88. **कथन** कुछ G, U हैं।
कुछ S, U हैं।
SSC CGL (Tier-I) 07/12/2022 Shift-III

निष्कर्ष
I. कोई S, G नहीं है।
II. कोई U, G नहीं है।
(a) कोई भी निष्कर्ष अनुसरण नहीं करता है
(b) I तथा II दोनों निष्कर्ष अनुसरण करते हैं
(c) केवल निष्कर्ष II अनुसरण करता है
(d) केवल निष्कर्ष I अनुसरण करता है

89. **कथन** सभी c, f हैं।
कोई f, t नहीं है।
सभी p, c हैं।
SSC CGL (Tier-I) 07/12/2022 Shift-II

निष्कर्ष
I. कुछ t, c हैं।
II. कोई p, t नहीं है।
(a) या तो निष्कर्ष I या II अनुसरण करता है
(b) केवल निष्कर्ष I अनुसरण करता है
(c) केवल निष्कर्ष II अनुसरण करता है
(d) न तो निष्कर्ष I और न ही II अनुसरण करता है

90. **कथन** कुछ मेज, कुर्सी हैं।
कोई कुर्सी, स्टूल नहीं है।
SSC CGL (Tier-I) 07/12/2022 Shift-I

निष्कर्ष
I. सभी कुर्सी, मेज हैं।
II. कुछ कुर्सी, स्टूल हैं।
III. सभी मेज, स्टूल हैं।
(a) केवल निष्कर्ष I अनुसरण करता है
(b) सभी निष्कर्ष अनुसरण करते हैं
(c) कोई भी निष्कर्ष अनुसरण नहीं करता है
(d) केवल II और III दोनों निष्कर्ष अनुसरण करते हैं

91. **कथन** सभी बाइकें, कार हैं।
कुछ कारें, ट्रक हैं।
सभी ट्रक, साइकिले हैं।
SSC CGL (Tier-I) 07/12/2022 Shift-I

निष्कर्ष
I. कुछ कारें, साइकिले हैं।
II. कुछ साइकिले, ट्रक हैं।
III. कुछ बाइकें, ट्रक हैं।
(a) केवल निष्कर्ष II और III अनुसरण करते हैं
(b) केवल निष्कर्ष I और II अनुसरण करते हैं
(c) केवल निष्कर्ष I और III अनुसरण करते हैं
(d) सभी निष्कर्ष अनुसरण करते हैं

92. **कथन** कोई A, D नहीं है।
सभी D, E हैं।
SSC CGL (Tier-I) 06/12/2022 Shift-III

निष्कर्ष
I. कोई D, A नहीं हैं।
II. कुछ E, D हैं।
(a) केवल निष्कर्ष II अनुसरण करता है
(b) केवल निष्कर्ष I अनुसरण करता है
(c) कोई भी निष्कर्ष अनुसरण नहीं करता है
(d) निष्कर्ष I तथा II दोनों अनुसरण करते हैं

93. **कथन** सभी जावास्क्रिप्ट, बाइनरी हैं।
सभी बाइनरी, माइनक्राफ्ट हैं।
सभी रोब्लोक्स, माइनक्राफ्ट हैं।
SSC CGL (Tier-I) 06/12/2022 Shift-III

निष्कर्ष
I. कुछ जावास्क्रिप्ट, रोब्लोक्स हैं।
II. कुछ जावास्क्रिप्ट, माइनक्राफ्ट हैं।
III. सभी जावास्क्रिप्ट, माइनक्राफ्ट हैं।
(a) केवल निष्कर्ष I और II अनुसरण करते हैं
(b) केवल निष्कर्ष II और III अनुसरण करते हैं
(c) केवल निष्कर्ष I और III अनुसरण करते हैं
(d) सभी निष्कर्ष अनुसरण करते हैं

94. **कथन** सभी Z, X हैं।
सभी G, X हैं।
SSC CGL (Tier-I) 06/12/2022 Shift-I

निष्कर्ष
I. कुछ G, Z हैं।
II. सभी X, G हैं।
III. कुछ Z, X हैं।
(a) केवल निष्कर्ष III अनुसरण करता है
(b) I तथा III दोनों निष्कर्ष अनुसरण करते हैं
(c) II तथा III दोनों निष्कर्ष अनुसरण करते हैं
(d) कोई भी निष्कर्ष अनुसरण नहीं करता है

95. **कथन** कुछ टेस्ट, एग्जाम हैं।
कुछ एग्जाम, वाइवा हैं।
सभी वाइवा, थ्योरी हैं।
SSC CGL (Tier-I) 06/12/2022 Shift-I

निष्कर्ष
I. कुछ थ्योरी, एग्जाम हैं।
II. कुछ थ्योरी, वाइवा हैं।
III. कुछ टेस्ट, वाइवा हैं।
(a) केवल निष्कर्ष I और II अनुसरण करते हैं
(b) केवल निष्कर्ष II और III अनुसरण करते हैं
(c) केवल निष्कर्ष I और III अनुसरण करते हैं
(d) सभी निष्कर्ष अनुसरण करते हैं

96. **कथन** सभी P, W हैं।
कोई O, W नहीं हैं।
SSC CGL (Tier-I) 05/12/2022 Shift-IV

निष्कर्ष
I. कुछ O, P नहीं हैं।
II. सभी W, O हैं।
(a) केवल I तथा II दोनों निष्कर्ष अनुसरण करते हैं
(b) केवल निष्कर्ष II अनुसरण करता है
(c) केवल निष्कर्ष I अनुसरण करता है
(d) कोई भी निष्कर्ष अनुसरण नहीं करता है

97. **कथन** कुछ सेकण्ड, समय हैं।
सभी समय, मिनट हैं।
SSC CGL (Tier-I) 05/12/2022 Shift-III

निष्कर्ष
I. कोई मिनट, समय नहीं है।
II. कोई समय, सेकण्ड नहीं है।
III. कोई सेकण्ड, मिनट नहीं है।
(a) केवल निष्कर्ष I अनुसरण करता है
(b) केवल निष्कर्ष I तथा II अनुसरण करते हैं
(c) सभी निष्कर्ष अनुसरण करते हैं
(d) कोई भी निष्कर्ष अनुसरण नहीं करता है

98. **कथन** कुछ वायलिन, पियानों हैं।
सभी वायलिन, बाँसुरी हैं।
कोई वायलिन, गिटार नहीं है।
SSC CGL (Tier-I) 05/12/2022 Shift-III

निष्कर्ष
I. कोई गिटार, पियानों नहीं है।
II. कुछ बाँसुरी पियानों हैं।
III. सभी बाँसुरी गिटार हैं।
(a) केवल निष्कर्ष I तथा III अनुसरण करते हैं
(b) केवल निष्कर्ष II अनुसरण करता है
(c) केवल निष्कर्ष I अनुसरण करता है
(d) केवल निष्कर्ष I तथा II अनुसरण करते हैं

99. **कथन** सभी रंग, छोटे हैं।
कोई छोटे, बड़े नहीं है।
SSC CGL (Tier-I) 05/12/2022 Shift-II

निष्कर्ष
I. सभी छोटे, रंग हैं।
II. कुछ छोटे, रंग हैं।
III. सभी बड़े, रंग हैं।
(a) केवल निष्कर्ष III अनुसरण करता है
(b) I तथा II दोनों निष्कर्ष अनुसरण करते हैं
(c) केवल निष्कर्ष II अनुसरण करता है
(d) कोई भी निष्कर्ष अनुसरण नहीं करता है

100. **कथन** कुछ पोत, कप हैं।
कोई कप, स्टूल नहीं है।
सभी खिड़कियाँ, कप हैं।
SSC CGL (Tier-I) 05/12/2022 Shift-I

निष्कर्ष
I. कुछ पोतों के खिड़कियाँ होने की संभावना हैं।
II. कोई खिड़की, स्टूल नहीं है।
III. सभी कप, खिड़कियाँ हैं।
IV. कोई पोत, स्टूल नहीं है।

(a) केवल निष्कर्ष II और III अनुसरण करते हैं
(b) केवल निष्कर्ष I, II और IV अनुसरण करते हैं
(c) केवल निष्कर्ष I अनुसरण करता है
(d) केवल निष्कर्ष I और II अनुसरण करते हैं

101. **कथन** कुछ F, D हैं।
कोई A, D नहीं है।
SSC CGL (Tier-I) 05/12/2022 Shift-I

निष्कर्ष
I. कुछ F, A हैं।
II. कोई D, A नहीं है।
III. कुछ F, A नहीं हैं।
(a) दोनों निष्कर्ष II तथा III अनुसरण करते हैं
(b) कोई भी निष्कर्ष अनुसरण नहीं करता है
(c) केवल निष्कर्ष I अनुसरण करता है
(d) केवल निष्कर्ष III अनुसरण करता है

102. **कथन** सभी P, Q है।
सभी R, Q है।
SSC CGL (Tier-I) 03/12/2022 Shift-IV

निष्कर्ष
I. सभी Q, R हैं।
II. सभी P, R हैं।
(a) I तथा II दोनों निष्कर्ष अनुसरण करते हैं
(b) केवल निष्कर्ष II अनुसरण करता है
(c) कोई भी निष्कर्ष अनुसरण नहीं करता है
(d) केवल निष्कर्ष I अनुसरण करता है

103. **कथन** सभी चम्मच, काँटे हैं।
सभी चाकू, काँटे हैं।
सभी काँटे, प्लेट हैं।
SSC CGL (Tier-I) 03/12/2022 Shift-IV

निष्कर्ष
I. सभी चाकू, प्लेट हैं।
II. सभी प्लेट, चम्मच हैं।
III. कुछ प्लेट, चाकू हैं।
(a) निष्कर्ष I और II दोनों अनुसरण करते हैं
(b) निष्कर्ष II और III दोनों अनुसरण करते हैं
(c) निष्कर्ष I और III दोनों अनुसरण करते हैं
(d) सभी निष्कर्ष अनुसरण करते हैं

104. **कथन**
कोई भी छात्र, शिक्षक नहीं है।
सभी छात्र, बच्चे हैं।
कुछ लड़कियाँ, छात्र हैं।
SSC CGL (Tier-I) 03/12/2022 Shift-II

निष्कर्ष
I. कुछ बच्चे, शिक्षक नहीं हैं।
II. कुछ लड़कियाँ, शिक्षक नहीं हैं।
III. कोई भी लड़की, शिक्षक नहीं है।
(a) केवल निष्कर्ष I और II अनुसरण करते हैं
(b) केवल निष्कर्ष I और III अनुसरण करते हैं
(c) केवल निष्कर्ष II और III अनुसरण करते हैं
(d) सभी निष्कर्ष अनुसरण करते हैं

105. **कथन** सभी पेन्सिल, कलम हैं।
कुछ कलम, रबड़ हैं।
SSC CGL (Tier-I) 03/12/2022 Shift-II

निष्कर्ष
I. सभी रबड़, पेन्सिल हैं।
II. कुछ कलम, पेन्सिल नहीं है।
III. कुछ रबड़, कलम नहीं है।
(a) सभी निष्कर्ष अनुसरण करते हैं
(b) कोई भी निष्कर्ष अनुसरण नहीं करता है
(c) I तथा III दोनों निष्कर्ष अनुसरण करते हैं
(d) केवल निष्कर्ष II अनुसरण करता है

106. **कथन** कुछ बल्ब, स्विच हैं।
कोई स्विच फूलदान, नहीं है।
सभी पंखे, स्विच हैं।
SSC CGL (Tier-I) 03/12/2022 Shift-I

निष्कर्ष
I. कुछ बल्ब के पंखे होने की सम्भावना है।
II. कोई पंखा, फूलदान नहीं है।
III. सभी स्विच, पंखे हैं।
IV. कोई बल्ब, फूलदान नहीं है।
(a) केवल निष्कर्ष I और II अनुसरण करते हैं
(b) केवल निष्कर्ष II और III अनुसरण करते हैं
(c) केवल निष्कर्ष I, II और IV अनुसरण करते हैं
(d) केवल निष्कर्ष I अनुसरण करता है

107. **कथन** सभी टमाटर, मटर हैं।
कुछ मटर, आलू हैं।
सभी आलू, फल हैं।
SSC CGL (Tier-I) 02/12/2022 Shift-IV

निष्कर्ष
I. कुछ टमाटर, आलू हैं।
II. कुछ फल, आलू हैं।
III. कुछ मटर, फल हैं।
(a) केवल निष्कर्ष I और II अनुसरण करते हैं
(b) केवल निष्कर्ष II और III अनुसरण करते हैं
(c) केवल निष्कर्ष I और III अनुसरण करते हैं
(d) सभी निष्कर्ष अनुसरण करते हैं

108. **कथन** सभी A, R हैं
सभी R, C हैं
SSC CGL (Tier-I) 02/12/2022 Shift-IV

निष्कर्ष
I. सभी A, C हैं।
II. कुछ R, A हैं।
III. कोई C, R नहीं है।
(a) दोनों निष्कर्ष I और III अनुसरण करते हैं
(b) सभी निष्कर्ष अनुसरण करते हैं
(c) दोनों निष्कर्ष II और III अनुसरण करते हैं
(d) दोनों निष्कर्ष I और II अनुसरण करते हैं

109. **कथन** सभी भालू, खरगोश हैं।
सभी खरगोश, कुत्ते हैं।
कुछ कुत्ते, काले हैं।
SSC CGL (Tier-I) 02/12/2022 Shift-III

निष्कर्ष
I. कुछ खरगोश, काले हैं।
II. कुछ कुत्ते, भालू हैं।
III. सभी भालू, कुत्ते हैं।
(a) सभी निष्कर्ष अनुसरण करते हैं
(b) केवल निष्कर्ष I और III अनुसरण करते हैं
(c) केवल निष्कर्ष I और II अनुसरण करते हैं
(d) केवल निष्कर्ष II और III अनुसरण करते हैं

110. **कथन** कुछ घास, पेड़ हैं।
कुछ पेड़, शाखाएँ हैं।
कुछ शाखाएँ, कुत्ते हैं।
SSC CGL (Tier-I) 02/12/2022 Shift-II

निष्कर्ष
I. कुछ घास, शाखाएँ हैं।
II. कुछ पेड़, कुत्ते हैं।
III. कुछ घास, कुत्ते हैं।
IV. कुछ शाखाएँ, घास हैं।
(a) केवल निष्कर्ष II और III अनुसरण करते हैं
(b) केवल निष्कर्ष I और II अनुसरण करते हैं
(c) कोई भी निष्कर्ष अनुसरण नहीं करता है
(d) केवल निष्कर्ष III और IV अनुसरण करते हैं

111. **कथन** सभी A, D हैं।
कोई D, E नहीं है।
SSC CGL (Tier-I) 02/12/2022 Shift-I

निष्कर्ष
I. कोई E, A नहीं है।
II. सभी D, A हैं।
III. सभी E, D हैं।
(a) कोई भी निष्कर्ष अनुसरण नहीं करता है
(b) केवल निष्कर्ष I अनुसरण करता है
(c) केवल निष्कर्ष II अनुसरण करता है
(d) केवल निष्कर्ष III अनुसरण करता है

112. **कथन**
कुछ अँगुलियाँ, पादांगुलि हैं।
कुछ पादांगुलि, रिंग हैं।
कुछ रिंग, हाथ हैं।
SSC CGL (Tier-I) 02/12/2022 Shift-I

निष्कर्ष
I. कुछ हाथ, पादांगुलि हैं।
II. कुछ रिंग, अँगुलियाँ हैं।
III. कुछ हाथ, अँगुलियाँ हैं।
IV. कुछ अँगुलियाँ, रिंग हैं।
(a) केवल निष्कर्ष II और III अनुसरण करते हैं
(b) कोई भी निष्कर्ष अनुसरण नहीं करता है
(c) केवल निष्कर्ष III और IV अनुसरण करते हैं
(d) केवल निष्कर्ष I और II अनुसरण करते हैं

113. **कथन**
कुछ सफेद, कार हैं।
कोई ट्रक, कार नहीं है।
SSC CGL (Tier-I) 01/12/2022 Shift-IV

निष्कर्ष
I. सभी ट्रक, सफेद हैं।
II. कुछ कार, सफेद हैं।

(a) कोई भी निष्कर्ष अनुसरण नहीं करता है
(b) केवल निष्कर्ष I अनुसरण करता है
(c) I तथा II दोनों निष्कर्ष अनुसरण करते हैं
(d) केवल निष्कर्ष II अनुसरण करता है

114. **कथन** सभी J, B हैं।
कुछ D, B हैं।
SSC CGL (Tier-I) 01/12/2022 Shift-III
निष्कर्ष
I. कुछ D, J नहीं है।
II. कुछ B, J नहीं है।
(a) I तथा II दोनो निष्कर्ष अनुसरण करते हैं
(b) कोई भी निष्कर्ष अनुसरण नहीं करता है
(c) केवल निष्कर्ष II अनुसरण करता है
(d) केवल निष्कर्ष I अनुसरण करता है

SSC CPO SI 2024

निर्देश (प्र. सं. 115-140) *निम्नलिखित प्रश्नों में दिए गए कथनों और निष्कर्षों को ध्यान से पढ़ें। कथनों में दी गई जानकारी को सत्य मानते हुए, भले ही वह सामान्य रूप से ज्ञात तथ्यों से भिन्न प्रतीत होती हों, निर्धारित करें कि कौन-सा/कौन-से निष्कर्ष दिए गए कथनों का तार्किक रूप से अनुसरण करता है/करते हैं अथवा कौन-सा/से निष्कर्ष कथनों के अनुसार हैं?*

115. **कथन**
सभी स्कैनर, प्रिण्टर हैं।
कुछ स्कैनर, कॉपियर हैं।
निष्कर्ष
I. कुछ प्रिण्टर, कॉपियर है।
II. कोई कॉपियर, प्रिण्टर नहीं है।
III. कुछ प्रिण्टर, स्कैनर हैं।
SSC CPO 29/06/2024 Shift-III
(a) निष्कर्ष I और II अनुसरण करते हैं
(b) निष्कर्ष I और III अनुसरण करते हैं
(c) निष्कर्ष II और III अनुसरण करते हैं
(d) सभी निष्कर्ष अनुसरण करते हैं

116. **कथन**
कोई प्लेट, प्याला नहीं है।
सभी प्लेट, गिलास है।
निष्कर्ष
I. कोई गिलास, प्लेट नहीं है।
II. कुछ गिलास, प्याले हैं।
SSC CPO 29/06/2024 Shift-II
(a) न तो निष्कर्ष I और न ही II अनुसरण करता है
(b) या तो निष्कर्ष I या II अनुसरण करता है
(c) केवल निष्कर्ष I अनुसरण करता है
(d) केवल निष्कर्ष II अनुसरण करता है।

117. **कथन**
सभी नेटवर्क, फाइबर हैं।
कुछ फाइबर, तार हैं।
निष्कर्ष
I. सभी नेटवर्क कभी तार नहीं हो सकते हैं।
II. कुछ नेटवर्क, तार हैं।
SSC CPO 29/06/2024 Shift-I
(a) केवल निष्कर्ष I अनुसरण करता है
(b) निष्कर्ष । और II दोनों अनुसरण करते हैं
(c) केवल निष्कर्ष II अनुसरण करता है
(d) न तो निष्कर्ष I है और न ही II अनुसरण करता है

118. **कथन** कुछ कपड़े, साड़ी हैं।
सभी साड़ी, सिल्क हैं।
निष्कर्ष
I. कुछ कपड़े, सिल्क हैं।
II. कुछ सिल्क, साड़ी हैं।
SSC CPO 29/06/2024 Shift-I
(a) न तो निष्कर्ष I और न ही II अनुसरण करता है
(b) केवल निष्कर्ष II अनुसरण करता है
(c) निष्कर्ष I और II दोनों अनुसरण करते हैं
(d) केवल निष्कर्ष I अनुसरण करता है

119. **कथन** सभी नोटबुक, इरेज़र हैं।
सभी इरेज़र, पेन हैं।
निष्कर्ष
I. सभी नोटबुक, पेन हैं।
II. कुछ पेन, नोटबुक हैं।
SSC CPO 29/06/2024 Shift-I
(a) केवल निष्कर्ष I अनुसरण करता है
(b) न तो निष्कर्ष I और न ही II अनुसरण करता है
(c) केवल निष्कर्ष II अनुसरण करता है
(d) निष्कर्ष I और II दोनों अनुसरण करते हैं

120. **कथन**
कुछ धाराएँ, नदियाँ हैं।
कुछ नदियाँ, महासागर हैं।
निष्कर्ष
I. कुछ धाराएँ, महासागर हैं।
II. सभी नदियाँ, महासागर हैं।
SSC CPO 28/06/2024 Shift-III
(a) केवल निष्कर्ष I अनुसरण करता है
(b) निष्कर्ष I और II दोनों अनुसरण करते हैं
(c) केवल निष्कर्ष II अनुसरण करता है
(d) न तो निष्कर्ष I और न ही II अनुसरण करता है

121. **कथन** सभी कार्ड, प्लास्टिक हैं।
कुछ प्लास्टिक, लकड़ी हैं।
निष्कर्ष
I. कुछ कार्ड, लकड़ी हैं।
II. कोई कार्ड, लकड़ी नहीं है।
SSC CPO 28/06/2024 Shift-III
(a) न तो निष्कर्ष I और न ही II अनुसरण करता है
(b) या तो निष्कर्ष I या II अनुसरण करता है
(c) केवल निष्कर्ष II अनुसरण करता है
(d) केवल निष्कर्ष I अनुसरण करता हैं

122. **कथन** सभी ट्रेन, बस हैं।
कुछ बस, कार हैं।
निष्कर्ष
I. सभी कार, बस हैं।
II. कुछ बस, ट्रेन हैं।
SSC CPO 28/06/2024 Shift-II
(a) दोनों निष्कर्ष अनुसरण करते हैं
(b) केवल निष्कर्ष II अनुसरण करता है
(c) केवल निष्कर्ष I अनुसरण करता है
(d) न तो निष्कर्ष I और न ही II अनुसरण करता है।

123. **कथन**
सभी सड़क, मार्ग है।
सभी मार्ग पुल हैं।
निष्कर्ष
I. कुछ मार्ग, सड़क हैं।
II. सभी सड़क, पुल है।
SSC CPO 28/06/2024 Shift-I
(a) न तो निष्कर्ष I और न ही II अनुसरण करता है
(b) केवल निष्कर्ष II अनुसरण करता है
(c) केवल निष्कर्ष I अनुसरण करता है
(d) निष्कर्ष I और II दोनों अनुसरण करते हैं

124. **कथन**
सभी खेल, टूर्नामेंट हैं।
कुछ टूर्नामेंट, मैच हैं।
निष्कर्ष
I. सभी खेल, टूर्नामेंट हैं।
II. कोई खेल, टूर्नामेंट नहीं हैं।
SSC CPO 28/06/2024 Shift-I
(a) न तो निष्कर्ष I अनुसरण करता है और न ही II अनुसरण करता है
(b) केवल निष्कर्ष II अनुसरण करता है
(c) निष्कर्ष I और II दोनों अनुसरण करते हैं
(d) केवल निष्कर्ष I अनुसरण करता है।

125. **कथन** सभी पंख, सफेद हैं।
कोई सफेद, छड़ी नहीं है।
निष्कर्ष
I. कुछ पंख, छड़ी हैं।
II. कोई छड़ी, सफेद नहीं है।
SSC CPO 27/06/2024 Shift-III
(a) न तो निष्कर्ष I और न ही II अनुसरण करता है
(b) निष्कर्ष I और II दोनों अनुसरण करते हैं
(c) केवल निष्कर्ष II अनुसरण करता है
(d) केवल निष्कर्ष I अनुसरण करता है

126. **कथन** सभी अनानास, पपीते हैं।
सभी पपीते, नाशपाती हैं।
निष्कर्ष
I. सभी अनानास, नाशपाती हैं।
II. कुछ नाशपाती अनानास हैं।
SSC CPO 27/06/2024 Shift-II
(a) न तो निष्कर्ष I अनुसरण करता है और न ही II अनुसरण करता है
(b) निष्कर्ष I और II दोनों अनुसरण करते हैं
(c) केवल निष्कर्ष I अनुसरण करता है
(d) केवल निष्कर्ष II अनुसरण करता है

SSC CPO SI 2023

127. **कथन** सभी चाबियाँ, ताले हैं।
कोई दरवाजा, ताला नहीं है।
SSC CPO 05/10/2023 Shift-III

निष्कर्ष
I. कुछ ताले, दरवाजें हैं।
II. कुछ ताले, चाबियाँ हैं।
III. कोई भी चाबी, दरवाजा नहीं है।
(a) निष्कर्ष I और II दोनों पालन करते हैं
(b) निष्कर्ष I, II और III पालन करते हैं
(c) निष्कर्ष II और III दोनों पालन करते हैं
(d) निष्कर्ष I और III दोनों पालन करते हैं

128. **कथन** कुछ मूवी, ड्रामा हैं।
कुछ ड्रामा, फिक्शन हैं।
SSC CPO 04/10/2023 Shift-II

निष्कर्ष
I. कुछ मूवी, फिक्शन हैं।
II. सभी फिक्शन, मूवी हैं।
(a) केवल निष्कर्ष I पालन करता है
(b) केवल निष्कर्ष II पालन करता है
(c) न तो निष्कर्ष I और न ही II पालन करता है
(d) निष्कर्ष I और II दोनों पालन करते हैं

129. **कथन** सभी चाय, जूस हैं।
सभी जूस, कॉकटेल हैं।
SSC CPO 04/10/2023 Shift-II

निष्कर्ष
I. सभी चाय, कॉकटेल हैं।
II. सभी कॉकटेल, निश्चित रूप से जूस हैं।
(a) केवल निष्कर्ष II पालन करता है
(b) केवल निष्कर्ष I पालन करता है
(c) निष्कर्ष I और II दोनों पालन करते हैं
(d) न तो निष्कर्ष I और न ही निष्कर्ष II पालन करता है

130. **कथन** कुछ नदियाँ, महासागर हैं।
सभी महासागर, समुद्र-तट हैं।
SSC CPO 04/10/2023 Shift-II

निष्कर्ष
I. कुछ नदियाँ, समुद्र तट हैं।
II. सभी महासागर, नदियाँ हैं।
(a) निष्कर्ष I और II दोनों पालन करते हैं
(b) न तो निष्कर्ष I और न ही II पालन करता है।
(c) केवल निष्कर्ष II पालन करता है
(d) केवल निष्कर्ष I पालन करता है

131. **कथन** सभी फूल, पेड़ हैं।
सभी पत्ते, फूल हैं। **SSC CPO 03/10/2023 Shift-I**

निष्कर्ष
I. सभी पेड़, फूल हैं।
II. सभी पत्ते, पेड़ हैं।
(a) केवल निष्कर्ष II पालन करता है
(b) निष्कर्ष I और II पालन करते हैं
(c) केवल निष्कर्ष I पालन करता है
(d) न तो निष्कर्ष I और न ही II पालन करता है

132. **कथन**
कुछ सोफा, कुर्सी हैं।
कुछ कुर्सी, मेज हैं।
सभी मेज, बेड हैं। **SSC CPO 11/11/2022 Shift-I**

निष्कर्ष
I. कुछ सोफे, मेज हैं।
II. कुछ कुर्सी, बेड हैं।
III. कुछ बेड, सोफा हैं।
(a) केवल निष्कर्ष I अनुसरण करता है
(b) निष्कर्ष I और III दोनों अनुसरण करते हैं
(c) केवल निष्कर्ष II अनुसरण करता है
(d) निष्कर्ष II और III दोनों अनुसरण करते हैं

133. **कथन** सभी पेड़, चट्टानें हैं।
सभी चट्टानें, कप हैं।
SSC CPO 11/11/2022 Shift-I

निष्कर्ष
I. सभी पेड़, कप हैं।
II. कुछ कप, पेड़ हैं।
(a) केवल निष्कर्ष I अनुसरण करता है
(b) न तो निष्कर्ष I और न ही II अनुसरण करता है
(c) केवल निष्कर्ष II अनुसरण करता है
(d) निष्कर्ष I और II दोनों अनुसरण करते हैं

134. **कथन** सभी बैकपैक, सूटकेस हैं।
सभी सूटकेस, ट्रॉली हैं।
कुछ बैकपैक, लगेज हैं।
SSC CPO 10/11/2022 Shift-I

निष्कर्ष
I. कुछ सूटकेस, लगेज हैं।
II. कुछ बैकपैक, ट्रॉली हैं।
III. सभी ट्रॉली, लगेज हैं।
(a) निष्कर्ष I और III दोनों अनुसरण करते हैं
(b) केवल निष्कर्ष I अनुसरण करता है
(c) निष्कर्ष I और II दोनों अनुसरण करते हैं
(d) निष्कर्ष II और III दोनों अनुसरण करते हैं

135. **कथन** सभी भेड़िए, कुत्ते हैं।
सभी कुत्ते, सियार हैं।
SSC CPO 25/11/2020 Shift-II

निष्कर्ष
I. सभी भेड़िए, सियार हैं।
II. सभी सियार, भेड़िए हैं।
(a) निष्कर्ष I और II दोनों अनुसरण करते हैं
(b) केवल निष्कर्ष II अनुसरण करता है
(c) न तो निष्कर्ष I और न ही II अनुसरण करता है
(d) केवल निष्कर्ष I अनुसरण करता है

136. **कथन** सभी बल्ले, छड़ी हैं।
कोई छड़ी, गेंद नहीं है।

निष्कर्ष
I. कोई बल्ला, गेंद नहीं है।
II. कोई गेंद, बल्ला नहीं है।
(a) निष्कर्ष I और II दोनों अनुसरण करते हैं
(b) केवल निष्कर्ष I अनुसरण करता है
(c) न तो निष्कर्ष I और न ही II अनुसरण करता है
(d) केवल निष्कर्ष II अनुसरण करता है

137. **कथन** कुछ बिल्लियाँ, चूहे हैं।
सभी चूहे, चुहियाँ हैं।
SSC CPO 25/11/2020 Shift-I

निष्कर्ष
I. कुछ बिल्लियाँ, चुहियाँ हैं।
II. कुछ चुहियाँ, बिल्लियाँ हैं।
(a) केवल निष्कर्ष I अनुसरण करता है
(b) निष्कर्ष I और II दोनों अनुसरण करते हैं
(c) न तो निष्कर्ष I और न ही II अनुसरण करता है
(d) केवल निष्कर्ष II अनुसरण करता है

138. **कथन** सभी किसान, डॉक्टर हैं।
सभी डॉक्टर, जादूगर हैं।
SSC CPO 24/11/2020 Shift-I

निष्कर्ष
I. सभी किसान, जादूगर हैं।
II. कोई किसान, जादूगर नहीं है।
(a) केवल निष्कर्ष I अनुसरण करता है
(b) केवल निष्कर्ष II अनुसरण करता है
(c) या तो निष्कर्ष I या II अनुसरण करता है
(d) दोनों निष्कर्ष अनुसरण करते हैं

139. **कथन** कोई पेड़, आलूबुखारा नहीं है।
सभी अनार, पेड़ हैं। **SSC CPO 24/11/2020 Shift-I**

निष्कर्ष
I. कोई अनार, आलूबुखारा नहीं है।
II. कोई आलूबुखारा, पेड़ नहीं है।
III. कुछ पेड़, अनार हैं।
(a) निष्कर्ष I और II अनुसरण करते हैं
(b) सभी निष्कर्ष अनुसरण करते हैं
(c) निष्कर्ष I और III अनुसरण करते हैं
(d) निष्कर्ष II और III अनुसरण करते हैं

140. **कथन**
कोई पौधा, पेड़ नहीं है।
सभी आभूषण, पौधे हैं।
SSC CPO 23/11/2020 Shift-I

निष्कर्ष
I. कोई आभूषण, पेड़ नहीं है।
II. कुछ पौधे, आभूषण हैं।
(a) दोनों निष्कर्ष अनुसरण करते हैं
(b) केवल निष्कर्ष I अनुसरण करता है
(c) केवल निष्कर्ष II अनुसरण करता है
(d) या तो निष्कर्ष I या निष्कर्ष II अनुसरण करता है

SSC CHSL 2024 (Tier I & II)

निर्देश (प्र. सं. 141-179) *निम्नलिखित प्रश्नों में दिए गए कथनों और निष्कर्षों को ध्यान से पढ़ें। कथनों में दी गई जानकारी को सत्य मानते हुए, भले ही वह सामान्य रूप से ज्ञात तथ्यों से भिन्न प्रतीत होती हों, निर्धारित करें कि कौन-सा/कौन-से निष्कर्ष दिए गए कथनों का तार्किक रूप से अनुसरण करता है/करते हैं अथवा कौन-सा/से निष्कर्ष कथनों के अनुसार है/हैं?*

141. **कथन** **SSC CHSL (Tier-II) 18/11/2024 Shift - I**
कुछ चावल, सफेद हैं।
कुछ चावल, भूरे हैं

कोई सफेद, गेहूँ नहीं है।

निष्कर्ष

I. कुछ गेहूँ, भूरे हैं।
II. कुछ चावल, गेहूँ नहीं है।
III. कुछ भूरे, सफेद नहीं है।

(a) केवल II और III
(b) केवल I और III
(c) केवल II
(d) केवल III

142. कथन SSC CHSL (Tier-II) 18/11/2024 Shift - I

कुछ क्रेयॉन, रंग हैं।
कोई रंग, पानी नहीं है।
कुछ पानी, तरल है।

निष्कर्ष

I. कुछ क्रेयॉन, तरल है।
II. कुछ क्रेयॉन, पानी नहीं है।
III. कुछ तरल, रंग नहीं है।

(a) केवल II और III
(b) केवल III
(c) केवल II
(d) केवल I और III

143. कथन कोई गुलाब, ऑर्किड नहीं है।
सभी गुलाब, लिली हैं।
सभी लिली, कमल हैं।

निष्कर्ष

I. कुछ लिली, ऑर्किड हैं।
II. कुछ कमल, ऑर्किड हैं।
III. सभी लिली, ऑर्किड हैं।

SSC CHSL (Tier-I) 11/07/2024 Shift-IV

(a) निष्कर्ष I और III, दोनों अनुसरण करते हैं
(b) निष्कर्ष II और III, दोनों अनुसरण करते हैं
(c) न तो निष्कर्ष I, II अनुसरण करता है और न ही निष्कर्ष III अनुसरण करता है
(d) निष्कर्ष I और II, दोनों अनुसरण करते हैं

144. कथन

सभी मैदान, पवन हैं।
कुछ मेजें, मैदान हैं।
सभी पवन, पृथ्वी हैं।

निष्कर्ष

I. कोई मेज, पृथ्वी नहीं है।
II. सभी पृथ्वी, मैदान हैं।

SSC CHSL (Tier-I) 11/07/2024 Shift-III

(a) केवल निष्कर्ष I कथनों के अनुसार है
(b) केवल निष्कर्ष II कथनों के अनुसार है
(c) दोनो निष्कर्ष I और II कथनों के अनुसार हैं
(d) न तो निष्कर्ष I और न ही II कथनों के अनुसार है

145. कथन

कुछ टेबल, गेट हैं।
सभी मैट, टेबल हैं।
सभी प्लेट, गेट हैं।

निष्कर्ष

I. सभी गेट, मैट हैं।
II. सभी टेबल, प्लेट हैं।

SSC CHSL (Tier-I) 11/07/2024 Shift-II

(a) दोनों निष्कर्ष I और II कथनों के अनुसार हैं
(b) केवल निष्कर्ष I कथनों के अनुसार है
(c) न तो निष्कर्ष I और न ही II कथनों के अनुसार है
(d) केवल निष्कर्ष II कथनों के अनुसार है

146. कथन

सभी सीढ़ियाँ, कुर्सियाँ हैं।
सभी कुर्सियाँ, मेजे हैं।
कोई मेज, जीना नहीं है।

निष्कर्ष

I. कुछ मेजें, सीढ़ियाँ हैं।
II. कोई कुर्सी, जीना नहीं है।
III. कुछ सीढ़ियाँ, जीने हैं।

SSC CHSL (Tier-I) 11/07/2024 Shift-I

(a) केवल निष्कर्ष I अनुसरण करता है
(b) निष्कर्ष I और II दोनों अनुसरण करते हैं
(c) केवल निष्कर्ष II अनुसरण करता है
(d) केवल निष्कर्ष III अनुसरण करता है

147. कथन

कुछ लैपटॉप, कम्प्यूटर हैं।
कोई कम्प्यूटर, रोबोट नहीं है।
कुछ रोबोट, मनुष्य हैं।

निष्कर्ष

I. सभी मनुष्य कभी भी कम्प्यूटर नहीं हो सकते हैं।
II. कुछ रोबोट, लैपटॉप हैं।

SSC CHSL (Tier-I) 10/07/2024 Shift-III

(a) केवल निष्कर्ष II अनुसरण करता है
(b) कोई भी निष्कर्ष अनुसरण नहीं करता है
(c) केवल निष्कर्ष I अनुसरण करता है
(d) दोनों निष्कर्ष I और II अनुसरण करते हैं

148. कथन

सभी घर, पेड़ हैं।
सभी पेड़, पत्थर हैं।
सभी पत्थर, चट्टानें हैं।

निष्कर्ष

I. कुछ पत्थर, पेड़ हैं।
II. सभी घर, चट्टानें हैं।

SSC CHSL (Tier-I) 10/07/2024 Shift-I

(a) केवल निष्कर्ष I कथनों के अनुसार है
(b) केवल निष्कर्ष II कथनों के अनुसार है
(c) दोनों निष्कर्ष I और II कथनों के अनुसार हैं
(d) न तो निष्कर्ष I और न ही II कथनों के अनुसार है

149. कथन

कुछ स्वेटर, जैकेट हैं।
कुछ जैकेट, पुलओवर हैं।
कोई भी पुलओवर, दस्ताना नहीं है।

निष्कर्ष

I. कोई भी जैकेट, दस्ताना नहीं है।
II. कुछ स्वेटर, पुलओवर हैं।

SSC CHSL (Tier-I) 09/07/2024 Shift-IV

(a) केवल निष्कर्ष II अनुसरण करता है
(b) कोई भी निष्कर्ष अनुसरण नहीं करता है
(c) दोनों निष्कर्ष I और II अनुसरण करते हैं
(d) केवल निष्कर्ष I अनुसरण करता है

150. कथन

कोई भी बादल, पर्वत नहीं है।
सभी पर्वत, नदियाँ हैं।
सभी नदियाँ, महासागर हैं।

निष्कर्ष

I. सभी नदियाँ कभी भी बादल नहीं हो सकती हैं।
II. सभी पर्वत, महासागर हैं।

SSC CHSL (Tier-I) 09/07/2024 Shift-III

(a) केवल निष्कर्ष I अनुसरण करता है
(b) कोई भी निष्कर्ष अनुसरण नहीं करता है
(c) दोनों निष्कर्ष I और II अनुसरण करते हैं
(d) केवल निष्कर्ष II अनुसरण करता है

151. कथन

सभी पोशाक, बादल हैं।
कुछ बादल, मेज हैं।
कुछ मेज, पत्थर हैं।

निष्कर्ष

I. सभी पत्थर, पोशाक हैं।
II. कुछ पोशाक, मेज हैं।

SSC CHSL (Tier-I) 09/07/2024 Shift-II

(a) न तो निष्कर्ष I और न ही II कथनों के अनुसार है
(b) केवल निष्कर्ष II कथनों के अनुसार है
(c) दोनों निष्कर्ष I और II कथनों के अनुसार हैं
(d) केवल निष्कर्ष I कथनों के अनुसार है

152. कथन

सभी पेपर, चार्ट हैं।
कुछ चार्ट, नोटबुक हैं।
कुछ नोटबुक, फाइलें हैं।

निष्कर्ष

I. कुछ चार्ट, फाइलें हैं।
II. सभी पेपर के नोटबुक होने की सम्भावना है।

SSC CHSL (Tier-I) 09/07/2024 Shift-I

(a) केवल निष्कर्ष I अनुसरण करता है
(b) दोनों निष्कर्ष I और II अनुसरण करते हैं
(c) केवल निष्कर्ष II अनुसरण करता है
(d) कोई भी निष्कर्ष अनुसरण नहीं करता है

153. कथन

सभी जूते, टाई हैं।
कुछ टाई, पैन्ट हैं।
सभी पैन्ट, बटन हैं।

निष्कर्ष

I. कुछ बटन, जूते हैं।
II. कोई टाई, बटन नहीं है।

SSC CHSL (Tier-I) 08/07/2024 Shift-IV

(a) दोनों निष्कर्ष I और II कथनों के अनुसार हैं
(b) न तो निष्कर्ष I और न ही II कथनों के अनुसार है
(c) केवल निष्कर्ष I कथनों के अनुसार है
(d) केवल निष्कर्ष II कथनों के अनुसार है

154. **कथन**
कुछ नदियाँ, झोपड़ियाँ हैं।
सभी धाराएँ, घास हैं।
कुछ घास, नदियाँ हैं।
निष्कर्ष
I. सभी घास, धाराएँ हैं।
II. कुछ घास, झोपड़ियाँ हैं।

SSC CHSL (Tier-I) 08/07/2024 Shift-III

(a) केवल निष्कर्ष II कथनों के अनुसार है
(b) केवल निष्कर्ष I कथनों के अनुसार है
(c) न तो निष्कर्ष I और न ही II कथनों के अनुसार है
(d) दोनों निष्कर्ष I और II कथनों के अनुसार हैं

155. **कथन**
कोई ताँबा, चाँदी नहीं है।
सभी सोना, ताँबा हैं।
सभी एल्युमिनियम, सोना हैं।
निष्कर्ष
I. कोई एल्युमिनियम, चाँदी नहीं है।
II. कुछ सोना, चाँदी है।
III. सभी एल्युमिनियम, ताँबा है।

SSC CHSL (Tier-I) 08/07/2024 Shift-I

(a) निष्कर्ष I और III दोनों अनुसरण करते हैं
(b) निष्कर्ष I और II दोनों अनुसरण करते हैं
(c) केवल निष्कर्ष I अनुसरण करता है
(d) केवल निष्कर्ष II अनुसरण करता है

156. **कथन**
कुछ फिल्में, वीडियो हैं।
कोई भी वीडियो, ऑडियो नहीं है।
सभी ऑडियो, गाने हैं।
निष्कर्ष
I. सभी फिल्में, कभी भी ऑडियो नहीं हो सकती हैं।
II. कोई भी वीडियो, गाना नहीं है।

SSC CHSL (Tier-I) 05-07-2024 Shift-IV

(a) केवल निष्कर्ष II अनुसरण करता है
(b) दोनों निष्कर्ष I और II अनुसरण करते हैं
(c) कोई भी निष्कर्ष अनुसरण नहीं करता है
(d) केवल निष्कर्ष I अनुसरण करता है

157. **कथन**
कुछ शेर, तेन्दुए हैं।
कोई तेन्दुआ, बाघ नहीं है।
कुछ शेर, बिल्लियाँ हैं।
निष्कर्ष
I. कोई बाघ, बिल्ली नहीं है।
II. कुछ शेर, बाघ हैं।
III. कोई बिल्ली, तेन्दुआ नहीं है।

SSC CHSL (Tier-I) 05/07/2024 Shift-III

(a) न तो निष्कर्ष I, II अनुसरण करता है और न ही निष्कर्ष III अनुसरण करता है
(b) निष्कर्ष II और III दोनों अनुसरण करते हैं
(c) केवल निष्कर्ष I अनुसरण करता है
(d) निष्कर्ष I और II दोनों अनुसरण करते हैं

158. **कथन**
कुछ स्ट्रॉबेरियाँ, सन्तरें हैं।
कुछ सन्तरें, कीवी हैं।
सभी कीवी खरबूजे हैं।
निष्कर्ष
I. कोई स्ट्रॉबेरी, खरबूजा नहीं है।
II. सभी स्ट्रॉबेरियाँ, खरबूजे हैं।
III. कुछ स्ट्रॉबेरियाँ, कीवी हैं।

SSC CHSL (Tier-I) 05/07/2024 Shift-I

(a) I, II और III सभी निष्कर्ष अनुसरण करते हैं
(b) निष्कर्ष II और III दोनों अनुसरण करते हैं
(c) निष्कर्ष I और II दोनों अनुसरण करते हैं
(d) न तो निष्कर्ष I, II और न ही निष्कर्ष III अनुसरण करता है

159. **कथन**
कुछ बैग, कागज हैं।
सभी लकड़ी, कागज हैं।
कुछ बैग, गुड़ियाँ हैं।
निष्कर्ष
I. सभी गुड़ियाँ, कागज हैं।
II. कुछ बैग, लकड़ी हैं।

SSC CHSL (Tier-I) 04/07/2024 Shift-IV

(a) केवल निष्कर्ष I कथनों के अनुसार है
(b) न तो निष्कर्ष I और न ही II कथनों के अनुसार है
(c) केवल निष्कर्ष II कथनों के अनुसार है
(d) दोनों निष्कर्ष I और II कथनों के अनुसार हैं

160. **कथन**
सभी अन्तरिक्ष, पवन हैं।
कुछ पवन, पृथ्वी हैं।
कुछ अग्नि, पृथ्वी हैं।
निष्कर्ष
I. सभी पृथ्वी, अन्तरिक्ष हैं।
II. कुछ पवन, अग्नि हैं।

SSC CHSL (Tier-I) 04/07/2024 Shift-II

(a) केवल निष्कर्ष I कथनों के अनुसार है
(b) केवल निष्कर्ष II कथनों के अनुसार है
(c) दोनों निष्कर्ष I और II कथनों के अनुसार हैं
(d) न तो निष्कर्ष I और न ही II कथनों के अनुसार है

161. **कथन**
सभी अँगूठियाँ, चूड़ियाँ हैं।
कुछ चूड़ियाँ, पायल हैं।
कोई भी पायल, झुमका नहीं है।
निष्कर्ष
I. सभी अँगूठियों के पायल होने की सम्भावना है।
II. सभी चूड़ियाँ कभी भी झुमके नहीं हो सकती हैं।

SSC CHSL (Tier-I) 04/07/2024 Shift-I

(a) केवल निष्कर्ष II अनुसरण करता है
(b) कोई भी निष्कर्ष अनुसरण नहीं करता है
(c) केवल निष्कर्ष I अनुसरण करता है
(d) दोनों निष्कर्ष I और II अनुसरण करते हैं

162. **कथन**
कुछ गाजर, प्याज हैं।
सभी प्याज, आलू हैं।
सभी आलू, मूली हैं।
निष्कर्ष
I. कुछ गाजर, मूली हैं।
II. सभी प्याज, मूली हैं।
III. कोई गाजर, आलू नहीं है।

SSC CHSL (Tier-I) 03/07/2024 Shift-IV

(a) केवल निष्कर्ष II अनुसरण करता है
(b) निष्कर्ष I और II दोनों अनुसरण करते हैं
(c) केवल निष्कर्ष I अनुसरण करता है
(d) केवल निष्कर्ष III अनुसरण करता है

163. **कथन**
सभी पेन्ट, घर हैं।
सभी घर, लकड़ी हैं।
कुछ सड़कें, लकड़ी हैं।
निष्कर्ष
I. कुछ सड़कें, घर हैं।
II. सभी पेन्ट, लकड़ी हैं।

SSC CHSL (Tier-I) 03/07/2024 Shift-I

(a) केवल निष्कर्ष II कथनों के अनुसार है
(b) न तो निष्कर्ष I और न ही II कथनों के अनुसार है
(c) केवल निष्कर्ष I कथनों के अनुसार है
(d) दोनों निष्कर्ष I और II कथनों के अनुसार हैं

164. **कथन**
सभी आग, पानी है।
कुछ पानी, पृथ्वी है।
कोई पृथ्वी, वायु नहीं है।
निष्कर्ष
I. कुछ आग, पृथ्वी है।
II. कुछ आग, वायु है।

SSC CHSL (Tier-I) 02/07/2024 Shift-IV

(a) केवल निष्कर्ष II कथनों के अनुसार है
(b) दोनों निष्कर्ष I और II कथनों के अनुसार हैं
(c) न तो निष्कर्ष I और न ही II कथनों के अनुसार हैं
(d) केवल निष्कर्ष I कथनों के अनुसार है

165. **कथन**
कुछ बोतलें, कलमें हैं।
सभी कलमें, मेजें हैं।
सभी मेजें, गिलास हैं।
निष्कर्ष
I. कुछ गिलास, बोतलें हैं।

II. कुछ कलमें, गिलास हैं।

SSC CHSL (Tier-I) 02/07/2024 Shift-III

(a) दोनों निष्कर्ष I और II कथनों के अनुसार हैं
(b) केवल निष्कर्ष I कथनों के अनुसार है
(c) न तो निष्कर्ष I और न ही II कथनों के अनुसार है
(d) केवल निष्कर्ष II कथनों के अनुसार है

166. **कथन**
सभी पत्रिकाएँ, पुस्तकें हैं।
कुछ पुस्तकें, पंखे हैं।
सभी पंखे, लकड़ी हैं।
निष्कर्ष
I. कुछ पत्रिकाएँ, लकड़ी हैं।
II. कुछ पंखे, पुस्तकें हैं।

SSC CHSL (Tier-I) 02/07/2024 Shift-I

(a) दोनों निष्कर्ष I और II कथनों के अनुसार हैं
(b) न तो निष्कर्ष I और न ही II कथनों के अनुसार है
(c) केवल निष्कर्ष I कथनों के अनुसार है
(d) केवल निष्कर्ष II कथनों के अनुसार है

167. **कथन** सभी घड़ियाँ, डायल हैं।
सभी डायल, फोन हैं।
कुछ फोन, मोबाइल हैं।
निष्कर्ष
I. कोई भी घड़ी, फोन नहीं है।
II. कुछ डायल, मोबाइल हैं।

SSC CHSL (Tier-I) 01/07/2024 Shift-IV

(a) दोनों निष्कर्ष I और II अनुसरण करते हैं
(b) केवल निष्कर्ष II अनुसरण करता है
(c) कोई भी निष्कर्ष अनुसरण नहीं करता है
(d) केवल निष्कर्ष I अनुसरण करता है

168. **कथन** कुछ हैंडल, शलाकें हैं।
सभी शलाकें, डंडियाँ हैं।
कोई डंडी, छड़ी नहीं है।
निष्कर्ष
I. कुछ हैंडल, डंडियाँ हैं।
II. कोई शलाका, छड़ी नहीं है।

SSC CHSL (Tier-I) 01/07/2024 Shift-III

(a) केवल निष्कर्ष II अनुसरण करता है
(b) कोई भी निष्कर्ष अनुसरण नहीं करता है
(c) केवल निष्कर्ष I अनुसरण करता है
(d) दोनों निष्कर्ष I और II अनुसरण करते हैं

169. **कथन**
कुछ चाबियाँ, जंजीरें हैं।
सभी जंजीरें, ताले हैं।
कोई ताला, चट्टान नहीं है।
निष्कर्ष
I. कोई चट्टान, चाबी नहीं है।
II. कम-से-कम कुछ चाबियाँ, ताले हैं।

SSC CHSL (Tier-I) 01/07/2024 Shift-I

(a) केवल निष्कर्ष II अनुसरण करता है
(b) कोई भी निष्कर्ष अनुसरण नहीं करता है
(c) दोनों निष्कर्ष I और II अनुसरण करते हैं
(d) केवल निष्कर्ष I अनुसरण करता है

170. **कथन** सभी सेब, आलूबुखारे हैं।
कुछ आलूबुखारे, बेरी हैं।
कुछ बेरी, नारियल हैं।
निष्कर्ष
I. कुछ बेरी, आलूबुखारें हैं।
II. सभी आलूबुखारें, सेब हैं।
III. कुछ नारियल, बेरी हैं।

SSC CHSL (Tier-II) 10/01/2024 Shift-I

(a) केवल निष्कर्ष III कथनों के अनुसार है
(b) निष्कर्ष I और III दोनों कथनों के अनुसार हैं
(c) केवल निष्कर्ष II कथनों के अनुसार है
(d) केवल निष्कर्ष I कथनों के अनुसार है

171. **कथन** कुछ घण्टियाँ, पम्प हैं।
सभी पम्प, स्केट हैं।
सभी घण्टियाँ, पतंगें हैं।
निष्कर्ष
I. कुछ पतंगें, स्केट हैं।
II. कुछ स्केट, घण्टियाँ हैं।
III. कुछ स्केट, पम्प हैं।

SSC CHSL (Tier-II) 10/01/2024 Shift-I

(a) निष्कर्ष I और II दोनों कथनों के अनुसार हैं
(b) निष्कर्ष I, II और III सभी कथनों के अनुसार हैं
(c) निष्कर्ष II और III दोनों कथनों के अनुसार हैं
(d) निष्कर्ष I और III दोनों कथनों के अनुसार हैं

SSC CHSL 2023 (Tier I)

172. **कथन**
सभी कागज, कैंचियाँ हैं।
कुछ कैंचियाँ, किताबें हैं।
सभी किताबें, जानवर हैं।
निष्कर्ष
I. कुछ जानवर, किताबें हैं।
II. कुछ कैंचियाँ, कागज हैं।

SSC CHSL (Tier-I) 17/08/2023 Shift-I

(a) केवल निष्कर्ष II कथनों के अनुसार है।
(b) दोनों निष्कर्ष I और II कथनों के अनुसार हैं
(c) न तो निष्कर्ष I और न ही II कथनों के अनुसार है
(d) केवल निष्कर्ष I कथनों के अनुसार है

173. **कथन**
सभी ईगल, शिकारी हैं।
सभी बाघ, शिकारी हैं।
कुछ बाघ, बिल्लियाँ हैं।

SSC CHSL (Tier-I) 14/08/2023 Shift-IV

निष्कर्ष
I. सभी बिल्लियाँ, शिकारी हैं।
II. सभी ईगल, बाघ हैं।
(a) दोनों निष्कर्ष I और II कथनों के अनुसार हैं।
(b) न तो निष्कर्ष I और न ही II कथनों के अनुसार है।
(c) केवल निष्कर्ष II कथनों के अनुसार है।
(d) केवल निष्कर्ष I कथनों के अनुसार है।

174. **कथन** कुछ गुलबहार, लिली हैं।
सभी गुलाब, लिली हैं।
कुछ ट्यूलिप, गुलबहार हैं।

SSC CHSL (Tier-I) 11/08/2023 Shift-I

निष्कर्ष
I. कुछ लिली, ट्यूलिप हैं।
II. कुछ गुलाब, गुलबहार हैं।
(a) केवल निष्कर्ष I कथनों के अनुसार है
(b) न तो निष्कर्ष I और न ही II कथनों के अनुसार है
(c) केवल निष्कर्ष II कथनों के अनुसार है
(d) दोनों निष्कर्ष I और II कथनों के अनुसार हैं

175. **कथन** कुछ टेबल, कैप हैं।
सभी कैप, बाइक हैं।
सभी बाइक, पिन हैं।

SSC CHSL (Tier-I) 10/08/2023 Shift-III

निष्कर्ष
I. कुछ पिन, टेबल हैं।
II. कुछ कैप, पिन नहीं हैं।
(a) न तो निष्कर्ष I और न ही II कथनों के अनुसार हैं
(b) केवल निष्कर्ष I कथनों के अनुसार है
(c) निष्कर्ष I और II दोनों कथनों के अनुसार हैं
(d) केवल निष्कर्ष II कथनों के अनुसार है

176. **कथन** कुछ पेपर, बटन हैं।
सभी पेपर, फूल हैं।
सभी बटन, स्टैम्प हैं।
निष्कर्ष
I. कुछ फूल, स्टैम्प हैं।
II. कुछ बटन, फूल हैं।

SSC CHSL (Tier-I) 09/08/2023 Shift-I

(a) न तो निष्कर्ष I और न ही II कथनों के अनुसार है
(b) दोनों निष्कर्ष I और II कथनों के अनुसार हैं
(c) केवल निष्कर्ष II कथनों के अनुसार है
(d) केवल निष्कर्ष I कथनों के अनुसार है

177. **कथन** सभी ट्यूलिप, लिली हैं।
सभी ऑर्किड, लिली हैं।
कोई लिली, गुलाब नहीं है।
निष्कर्ष
I. कुछ ट्यूलिप, ऑर्किड हैं।
II. कोई ऑर्किड, गुलाब नहीं है।

SSC CHSL (Tier-I) 08/08/2023 Shift-II

(a) केवल निष्कर्ष II कथनों के अनुसार है
(b) दोनों निष्कर्ष I और II कथनों के अनुसार हैं
(c) न तो निष्कर्ष I और न ही II कथनों के अनुसार है
(d) केवल निष्कर्ष I कथनों के अनुसार है

178. **कथन** सभी क्रेन, मिक्सर है।
कुछ मिक्सर, ट्रक हैं।
सभी ट्रक, वेन है।
निष्कर्ष
I. कोई क्रेन, वेन नहीं है।
II. कुछ वेन, मिक्सर है।
SSC CHSL (Tier-I) 07/08/2023 Shift-IV
(a) निष्कर्ष I और II कथनों के अनुसार हैं।
(b) केवल निष्कर्ष I कथनों के अनुसार है।
(c) केवल निष्कर्ष II कथनों के अनुसार है।
(d) न तो निष्कर्ष I और न ही II कथनों के अनुसार है।

179. **कथन** सभी नृत्य, कला हैं।
कुछ दीवारें, कला हैं।
कुछ नृत्य, समूह हैं।
निष्कर्ष
I. कुछ दीवारें, नृत्य हैं।
II. कुछ समूह, कला हैं।
SSC CHSL (Tier-I) 04/08/2023 Shift-II
(a) न तो निष्कर्ष I और न ही II कथनों के अनुसार है।
(b) केवल निष्कर्ष II कथनों के अनुसार है।
(c) केवल निष्कर्ष I कथनों के अनुसार है।
(d) दोनों निष्कर्ष I और II कथनों के अनुसार हैं।

SSC MTS 2024

निर्देश (प्र. सं. 180-232) *निम्नलिखित प्रश्नों में दिए गए कथनों और निष्कर्षों को ध्यान से पढ़ें। कथनों में दी गई जानकारी को सत्य मानते हुए, भले ही वह सामान्य रूप से ज्ञात तथ्यों से भिन्न प्रतीत होती हों, निर्धारित करें कि कौन-सा/कौन-से निष्कर्ष दिए गए कथनों का तार्किक रूप से अनुसरण करता है/करते हैं अथवा कौन-सा/से निष्कर्ष कथनों के अनुसार है/हैं?*

180. **कथन** कुछ टमाटर, आलू हैं।
कोई आलू, प्याज नहीं है।
निष्कर्ष
I. कुछ आलू, टमाटर नहीं है।
II. कोई टमाटर, प्याज नहीं है।
SSC MTS 14/11/2024 Shift - III
(a) निष्कर्ष I और II दोनों अनुसरण करते हैं
(b) केवल निष्कर्ष II अनुसरण करता है
(c) केवल निष्कर्ष I अनुसरण करता है
(d) न तो निष्कर्ष I और न ही II अनुसरण करता है

181. **कथन**
कुछ वेतन, बोनस हैं।
सभी पारिश्रमिक, बोनस हैं।
निष्कर्ष
I. कुछ वेतन, पारिश्रमिक हैं।
II. सभी बोनस, पारिश्रमिक हैं।
SSC MTS 13/11/2024 Shift-III
(a) न तो निष्कर्ष I और न ही II अनुसरण करता है
(b) केवल निष्कर्ष II अनुसरण करता है
(c) निष्कर्ष I और II दोनों अनुसरण करते हैं
(d) केवल निष्कर्ष I अनुसरण करता है

182. **कथन**
सभी स्कूल, कॉलेज हैं।
कोई कॉलेज, यूनिवर्सिटी नहीं है।
निष्कर्ष
I. कोई स्कूल, यूनिवर्सिटी नहीं है।
II. सभी कॉलेज, स्कूल हैं।
SSC MTS 12/11/2024 Shift-III
(a) केवल निष्कर्ष II अनुसरण करता है
(b) केवल निष्कर्ष I अनुसरण करता है
(c) न तो निष्कर्ष I और न ही II अनुसरण करता है
(d) निष्कर्ष I और II दोनों अनुसरण करते हैं

183. **कथन**
कोई सूरजमुखी, लिली नहीं है।
कोई लिली, गुलाब नहीं है।
निष्कर्ष
I. कोई सूरजमुखी, गुलाब नहीं हैं।
II. कोई गुलाब, लिली नहीं है।
SSC MTS 12/11/2024 Shift-III
(a) केवल निष्कर्ष II अनुसरण करता है
(b) निष्कर्ष I और II दोनों अनुसरण करते हैं
(c) केवल निष्कर्ष I अनुसरण करता है
(d) न तो निष्कर्ष I और न ही II अनुसरण करता है

184. **कथन**
सभी बेल्ट, बटूए हैं।
कुछ बटुए, चश्में हैं।
निष्कर्ष
I. कुछ बेल्ट, चश्में हैं।
II. कुछ चश्में, बटुए नहीं हैं।
SSC MTS 11/11/2024 Shift-III
(a) न तो निष्कर्ष I और न ही II अनुसरण करता है
(b) निष्कर्ष I और II दोनों अनुसरण करते हैं
(c) केवल निष्कर्ष II अनुसरण करता है
(d) केवल निष्कर्ष I अनुसरण करता है

185. **कथन**
कुछ शिशु, मानव हैं।
सभी शिशु, जानवर हैं।
निष्कर्ष
I. कम-से-कम कुछ जानवर, मानव हैं।
II. सभी जानवर, शिशु हैं।
SSC MTS 11/11/2024 Shift-III
(a) निष्कर्ष I और II दोनों अनुसरण करते हैं
(b) केवल निष्कर्ष I अनुसरण करता है
(c) न तो निष्कर्ष I और न ही II अनुसरण करता है
(d) केवल निष्कर्ष II अनुसरण करता है

186. **कथन**
कुछ कागज, कलम हैं।
सभी पेंसिलें, कलम हैं।
निष्कर्ष
I. कुछ कलम, पेंसिलें हैं।
II. कुछ कलम, कागज हैं।
SSC MTS 05/11/2024 Shift-III
(a) केवल निष्कर्ष II अनुसरण करता है
(b) न तो निष्कर्ष I और न ही II अनुसरण करता है
(c) निष्कर्ष I और II दोनों अनुसरण करते हैं
(d) केवल निष्कर्ष I अनुसरण करता है

187. **कथन**
कुछ मेजें, प्लेट हैं।
कुछ मेजें, चम्मच हैं।
निष्कर्ष
I. कम-से-कम कुछ चम्मच, प्लेट हैं।
II. कुछ प्लेट, मेजें हैं।
SSC MTS 04/11/2024 Shift-III
(a) न तो निष्कर्ष I और न ही II अनुसरण करता है
(b) केवल निष्कर्ष I अनुसरण करता है
(c) निष्कर्ष I और II दोनों अनुसरण करते हैं
(d) केवल निष्कर्ष II अनुसरण करता है

188. **कथन**
सभी इस्त्री, हीटर हैं।
कुछ इस्त्री, पंखे हैं।
निष्कर्ष
I. कुछ हीटर, पंखे हैं।
II. सभी पंखे, इस्त्री हैं।
SSC MTS 04/11/2024 Shift-III
(a) न तो निष्कर्ष I और न ही II अनुसरण करता है
(b) निष्कर्ष I और II दोनों अनुसरण करते हैं
(c) केवल निष्कर्ष II अनुसरण करता है
(d) केवल निष्कर्ष I अनुसरण करता है

189. **कथन**
सभी लैपटॉप, डेस्कटॉप हैं।
कोई डेस्कटॉप, कम्प्यूटर नहीं है।
निष्कर्ष
I. कोई लैपटॉप, कम्प्यूटर नहीं है।
II. कुछ कम्प्यूटर, डेस्कटॉप हैं।
SSC MTS 30/10/2024 Shift-III
(a) केवल निष्कर्ष II अनुसरण करता है
(b) केवल निष्कर्ष I अनुसरण करता है
(c) न तो निष्कर्ष I और न ही II अनुसरण करता है
(d) निष्कर्ष I और II दोनों अनुसरण करते हैं

190. **कथन** सभी दरवाजे, ताले हैं।
कुछ दरवाजे, चाबियाँ हैं।
निष्कर्ष
I. कुछ ताले, चाबियाँ हैं।
II. कुछ चाबियाँ, दरवाजे हैं।
SSC MTS 30/10/2024 Shift-III
(a) केवल निष्कर्ष I अनुसरण करता है
(b) केवल निष्कर्ष II अनुसरण करता है
(c) न तो निष्कर्ष I और न ही II अनुसरण करता है
(d) निष्कर्ष I और II दोनों अनुसरण करते हैं

191. **कथन**
सभी पिल्ले, कुत्ते हैं।
सभी कुत्ते, जानवर हैं।

निष्कर्ष
I. सभी जानवर, पिल्ले हैं।
II. कुछ कुत्ते, पिल्ले नहीं हैं।
SSC MTS 29/10/2024 Shift-III
(a) निष्कर्ष I और II दोनों अनुसरण करते हैं
(b) केवल निष्कर्ष II अनुसरण करता है
(c) न तो निष्कर्ष I और न ही II अनुसरण करता है
(d) केवल निष्कर्ष I अनुसरण करता है

192. **कथन**
कोई भी बल्ला, विकेट नहीं है।
कोई भी विकेट, दस्ताना नहीं है।
निष्कर्ष
I. कोई भी बल्ला, दस्ताना नहीं है।
II. कोई भी विकेट, बल्ला नहीं है।
SSC MTS 28/10/2024 Shift-II
(a) केवल निष्कर्ष II अनुसरण करता है
(b) केवल निष्कर्ष I अनुसरण करता है
(c) निष्कर्ष I और II दोनों अनुसरण करते हैं
(d) न तो निष्कर्ष I और न ही II अनुसरण करता है

193. **कथन** कोई कौआ, तोता नहीं है।
कोई तोता, गौरैया नहीं है।
निष्कर्ष
I. कोई कौआ, गौरैया नहीं है।
II. कोई तोता, कौआ नहीं है।
SSC MTS 23/10/2024 Shift-II
(a) निष्कर्ष I और II दोनों अनुसरण करते हैं
(b) केवल निष्कर्ष I अनुसरण करता है
(c) केवल निष्कर्ष II अनुसरण करता है
(d) न तो निष्कर्ष I और न ही II अनुसरण करता है

194. **कथन**
कुछ पौधे, मसाले हैं।
कोई भी मसाला, दाल नहीं है।
निष्कर्ष
I. कुछ दालें, पौधे हैं।
II. कुछ मसाले, पौधे हैं।
SSC MTS 22/10/2024 Shift-II
(a) केवल निष्कर्ष I अनुसरण करता है
(b) न तो निष्कर्ष I और न ही II अनुसरण करता है
(c) निष्कर्ष I और II दोनों अनुसरण करते हैं
(d) केवल निष्कर्ष II अनुसरण करता है

195. **कथन**
सभी शर्ट, पैंट हैं।
सभी पैंट, घड़ियाँ हैं।
निष्कर्ष
I. सभी पैंट, शर्ट हैं।
II. सभी शर्ट, घड़ियाँ हैं।
SSC MTS 22/10/2024 Shift-II
(a) केवल निष्कर्ष II अनुसरण करता है
(b) निष्कर्ष I और II दोनों अनुसरण करते हैं
(c) केवल निष्कर्ष I अनुसरण करता है
(d) न तो निष्कर्ष I और न ही II अनुसरण करता है

196. **कथन**
कुछ घोड़े, बकरियाँ हैं।
सभी बकरियाँ, सियार हैं।
निष्कर्ष
I. कुछ घोड़े, सियार हैं।
II. सभी सियार, बकरियाँ हैं।
SSC MTS 21/10/2024 Shift-II
(a) न तो निष्कर्ष I और न ही II अनुसरण करता है
(b) केवल निष्कर्ष II अनुसरण करता है
(c) केवल निष्कर्ष I अनुसरण करता है
(d) निष्कर्ष I और II दोनों अनुसरण करते हैं

197. **कथन**
सभी चील, बाज हैं।
सभी बाज, पक्षी हैं।
निष्कर्ष
I. सभी पक्षी, चील हैं।
II. कुछ पक्षी, बाज हैं।
SSC MTS 21/10/2024 Shift-II
(a) केवल निष्कर्ष I अनुसरण करता है
(b) निष्कर्ष I और II दोनों अनुसरण करते हैं
(c) न तो निष्कर्ष I और न ही निष्कर्ष II अनुसरण करता है
(d) केवल निष्कर्ष II अनुसरण करता है

198. **कथन**
कुछ पेड़, नीले हैं।
सभी नीले, हरे हैं।
निष्कर्ष
I. सभी पेड़, नीले हैं।
II. कुछ पेड़, हरे हैं।
SSC MTS 18/10/2024 Shift-II
(a) केवल निष्कर्ष II अनुसरण करता है
(b) न तो निष्कर्ष I और न ही II अनुसरण करता है
(c) केवल निष्कर्ष I अनुसरण करता है
(d) निष्कर्ष I और II दोनों अनुसरण करते हैं

199. **कथन**
कुछ बैल, चट्टाने हैं।
कुछ चट्टानें, पत्थर हैं।
निष्कर्ष
I. कुछ बैल, पत्थर हैं।
II. सभी पत्थर, चट्टानें हैं।
SSC MTS 18/10/2024 Shift-II
(a) निष्कर्ष I और II दोनों अनुसरण करते हैं
(b) केवल निष्कर्ष II अनुसरण करता है
(c) न तो निष्कर्ष I और न ही II अनुसरण करता है
(d) केवल निष्कर्ष I अनुसरण करता है

200. **कथन**
सभी डिब्बे, गिलास हैं।
सभी गिलास, कप हैं।
कुछ कप, बोतल हैं।
निष्कर्ष
I. सभी डिब्बे, कप हैं।
II. कुछ गिलास, बोतल हैं।
SSC MTS 17/10/2024 Shift-II
(a) केवल निष्कर्ष I अनुसरण करता है
(b) निष्कर्ष I और II दोनों अनुसरण करते हैं
(c) केवल निष्कर्ष II अनुसरण करता है
(d) न तो निष्कर्ष I और न ही II अनुसरण करता है

201. **कथन**
सभी बैग, पर्स हैं।
कोई पर्स, वॉलेट नहीं है।
निष्कर्ष
I. कम-से-कम कुछ वॉलेट, पर्स हैं।
II. कोई बैग, वॉलेट नहीं है।
SSC MTS 16/10/2024 Shift-II
(a) न तो निष्कर्ष I और न ही II अनुसरण करता है
(b) निष्कर्ष I और II दोनों अनुसरण करते हैं
(c) केवल निष्कर्ष I अनुसरण करता है
(d) केवल निष्कर्ष II अनुसरण करता है

202. **कथन**
सभी चॉकलेट, जूस हैं।
कोई भी जूस, बिस्किट नहीं है।
निष्कर्ष
I. कोई भी चॉकलेट, बिस्किट नहीं है।
II. कोई भी बिस्किट, जूस नहीं है।
SSC MTS 16/10/2024 Shift-II
(a) न तो निष्कर्ष I और न ही II अनुसरण करता है
(b) निष्कर्ष I और II दोनों अनुसरण करते हैं
(c) केवल निष्कर्ष II अनुसरण करता है
(d) केवल निष्कर्ष I अनुसरण करता है

203. **कथन**
सभी गाजर, प्याज हैं।
कोई प्याज, टमाटर नहीं है।
निष्कर्ष
I. कोई गाजर, टमाटर नहीं है।
II. सभी प्याज, गाजर हैं।
SSC MTS 14/10/2024 Shift-I
(a) केवल निष्कर्ष I अनुसरण करता है
(b) न तो निष्कर्ष I और न ही II अनुसरण करता है
(c) केवल निष्कर्ष II अनुसरण करता है
(d) निष्कर्ष I और II दोनों अनुसरण करते हैं

204. **कथन** सभी कॉकटेल, मॉकटेल हैं।
कुछ कॉकटेल, जूस हैं।
निष्कर्ष
I. कुछ मॉकटेल, जूस हैं।
II. कुछ जूस, कॉकटेल नहीं है।
SSC MTS 14/10/2024 Shift-I
(a) न तो निष्कर्ष I और न ही II अनुसरण करता है
(b) केवल निष्कर्ष II अनुसरण करता है
(c) निष्कर्ष I और II दोनों अनुसरण करते हैं
(d) केवल निष्कर्ष I अनुसरण करता है

205. **कथन**
कुछ शाखाएँ, पत्तियाँ हैं।
कुछ पत्तियाँ, केबल हैं।
निष्कर्ष
I. कम-से-कम कुछ केबल, शाखाएँ हैं।
II. कुछ केबल, पत्तियाँ हैं।
SSC MTS 15/10/2024 Shift-I
(a) न तो निष्कर्ष I और न ही II अनुसरण करता है
(b) केवल निष्कर्ष I अनुसरण करता है
(c) केवल निष्कर्ष II अनुसरण करता है
(d) दोनों निष्कर्ष I और II अनुसरण करते हैं

206. **कथन**
सभी कुर्ते, साड़ियाँ हैं।
सभी साड़ियाँ, ब्लाउज हैं।
निष्कर्ष
I. सभी कुर्ते, ब्लाउज हैं।
II. कोई ब्लाउज, साड़ी नहीं है।
SSC MTS 09/10/2024 Shift-I
(a) केवल निष्कर्ष I अनुसरण करता है
(b) न तो निष्कर्ष I और न ही निष्कर्ष II अनुसरण करता है
(c) दोनों निष्कर्ष I और II अनुसरण करते हैं
(d) केवल निष्कर्ष II अनुसरण करता है

207. **कथन**
सभी कद्दू, मटन हैं।
सभी मटन, मछलियाँ हैं।
निष्कर्ष
I. कुछ मछलियाँ, मटन हैं।
II. सभी कद्दू, मछलियाँ हैं।
SSC MTS 08/10/2024 Shift-I
(a) निष्कर्ष I और II दोनों अनुसरण करते हैं
(b) केवल निष्कर्ष I अनुसरण करता है
(c) न तो निष्कर्ष I और न ही II अनुसरण करता है
(d) केवल निष्कर्ष II अनुसरण करता है

208. **कथन**
कुछ पौधे, चट्टानें हैं
कोई सब्जी, पौधा नहीं है।
निष्कर्ष
I. कोई सब्जी, चट्टान नहीं है।
II. कुछ चट्टानें, पौधे हैं।
SSC MTS 08/10/2024 Shift-I
(a) निष्कर्ष I और II दोनों अनुसरण करते हैं
(b) न तो निष्कर्ष I और न ही II अनुसरण करता है
(c) केवल निष्कर्ष II अनुसरण करता है
(d) केवल निष्कर्ष I अनुसरण करता है

209. **कथन**
कुछ पतंगें, चट्टानें हैं।
सभी चट्टानें, पत्थर हैं।
निष्कर्ष
I. कम-से-कम कुछ पतंगें, पत्थर हैं।
II. सभी पत्थर, चट्टानें हैं।
SSC MTS 07/10/2024 Shift-I
(a) निष्कर्ष I और निष्कर्ष II दोनों अनुसरण करते हैं
(b) न तो निष्कर्ष I और नही निष्कर्ष II अनुसरण करता हैं
(c) केवल निष्कर्ष I अनुसरण करता है
(d) केवल निष्कर्ष II अनुसरण करता है

210. **कथन**
सभी ग्रह, तारे हैं।
सभी तारे, आकाशगंगाएँ हैं।
निष्कर्ष
I. सभी तारे, ग्रह हैं।
II. सभी ग्रह, आकाशगंगाएँ हैं।
SSC MTS 09/10/2024 Shift-I
(a) न तो निष्कर्ष I और न ही II अनुसरण करता है
(b) निष्कर्ष I और II दोनों अनुसरण करते हैं
(c) केवल निष्कर्ष II अनुसरण करता है
(d) केवल निष्कर्ष I अनुसरण करता है

211. **कथन**
सभी तोते, चील हैं।
कोई तोता, कौवा नहीं है।
निष्कर्ष
I. कोई चील, कौवा नहीं है।
II. सभी कौवे, तोते हैं।
SSC MTS 01/10/2024 Shift-I
(a) दोनों निष्कर्ष I और II अनुसरण करते हैं
(b) केवल निष्कर्ष I अनुसरण करता है
(c) न तो निष्कर्ष I और न ही II अनुसरण करता है
(d) केवल निष्कर्ष II अनुसरण करता है

212. **कथन**
कोई बस, कार नहीं है।
कोई कार, ट्रक नहीं है।
निष्कर्ष
I. कोई कार, बस नहीं है।
II. कोई ट्रक, कार नहीं है।
SSC MTS 30/09/2024 Shift-I
(a) केवल निष्कर्ष I अनुसरण करता है
(b) न तो निष्कर्ष I और न ही II अनुसरण करता है
(c) निष्कर्ष I और II दोनों अनुसरण करते हैं
(d) केवल निष्कर्ष II अनुसरण करता है

213. **कथन** कुछ चूजे, मुर्गियाँ हैं।
कोई मुर्गी, अण्डा नहीं है।
निष्कर्ष
I. कोई चूजा, अण्डा नहीं है।
II. सभी मुर्गियाँ, चूजे हैं।
SSC MTS 30/09/2024 Shift-I
(a) केवल निष्कर्ष I अनुसरण करता है
(b) केवल निष्कर्ष II अनुसरण करता है
(c) न तो निष्कर्ष I और न ही II अनुसरण करता है
(d) निष्कर्ष I और II दोनों अनुसरण करते हैं

SSC MTS 2023

214. **कथन** सभी ट्रक, बाइकें हैं।
सभी बाइकें, ठेले हैं।
कुछ ठेले, कलमें हैं।
SSC MTS 14/09/2023 Shift-I
निष्कर्ष
I. कुछ ट्रक, ठेले हैं।
II. कोई बाइकें, कलमें नहीं हैं।
(a) केवल निष्कर्ष II कथनों के अनुसार है
(b) केवल निष्कर्ष I कथनों के अनुसार है
(c) दोनों निष्कर्ष I और II कथनों के अनुसार हैं
(d) न तो निष्कर्ष I और न ही II कथनों के अनुसार है

215. **कथन** कुछ चार्जर, धातु हैं।
सभी धातु, कठोर हैं।
कुछ कठोर, स्टूल हैं।
निष्कर्ष **SSC MTS 14/09/2023 Shift-I**
I. सभी चार्जर, धातु हैं।
II. कुछ स्टूल, कठोर हैं।
(a) दोनों निष्कर्ष I और II कथनों के अनुसार हैं
(b) केवल निष्कर्ष I कथनों के अनुसार है
(c) केवल निष्कर्ष II कथनों के अनुसार है
(d) न तो निष्कर्ष I और न ही II कथनों के अनुसार हैं

216. **कथन** कुछ पत्तियाँ, पुरानी हैं।
सभी पुरानी, कपड़े हैं।
कुछ कपड़े, कागज हैं।
निष्कर्ष **SSC MTS 13/09/2023 Shift-I**
I. सभी पत्तियाँ, पुरानी हैं।
II. कुछ पुरानी, कपड़े हैं।
(a) केवल निष्कर्ष I कथनों के अनुसार है
(b) दोनों निष्कर्ष I और II कथनों के अनुसार हैं
(c) न तो निष्कर्ष I और न ही II कथनों के अनुसार है
(d) केवल निष्कर्ष II कथनों के अनुसार है

217. **कथन** सभी जोकर, बोतलें हैं।
कुछ बोतलें, स्टील हैं।
सभी स्टील, चाबियाँ हैं।
निष्कर्ष
I. कुछ जोकर, बोतले हैं।
II. सभी स्टील, बोतलें हैं।
SSC MTS 11/09/2023 Shift-II
(a) दोनों निष्कर्ष I और II कथनों के अनुसार हैं
(b) केवल निष्कर्ष I कथनों के अनुसार है
(c) केवल निष्कर्ष II कथनों के अनुसार है
(d) न तो निष्कर्ष I और न ही II कथनों के अनुसार है

218. **कथन** सभी फोन, फूल हैं।
कुछ फूल, थैले हैं।
सभी थैले, भारी हैं। **SSC MTS 11/09/2023 Shift-I**
निष्कर्ष
I. कुछ फोन, फूल हैं।
II. सभी फूल, थैले हैं।

(a) केवल निष्कर्ष I कथनों के अनुसार है
(b) केवल निष्कर्ष II कथनों के अनुसार है
(c) न तो निष्कर्ष I और न ही II कथनों के अनुसार है
(d) दोनों निष्कर्ष I और II कथनों के अनुसार हैं

219. **कथन** सभी पेन्सिलें, कलमें हैं।
सभी कलमें, स्याही हैं।
निष्कर्ष
I. सभी पेन्सिलें, स्याही हैं।
II. कुछ स्याही, पेन्सिलें हैं।
SSC MTS 08/09/2023 Shift-II
(a) दोनों निष्कर्ष I और II कथनों के अनुसार हैं
(b) केवल निष्कर्ष II कथनों के अनुसार है
(c) न तो निष्कर्ष I और न ही II कथनों के अनुसार है
(d) केवल निष्कर्ष I कथनों के अनुसार है

220. **कथन** कुछ बिस्तर, टेलीफोन हैं।
सभी टेलीफोन, तकिए हैं।
कुछ तकिए, अलमारियाँ हैं।
निष्कर्ष
I. कुछ तकिए, टेलीफोन हैं।
II. कुछ बिस्तर, तकिए हैं।
SSC MTS 08/09/2023 Shift-II
(a) केवल निष्कर्ष I कथनों के अनुसार है
(b) केवल निष्कर्ष II कथनों के अनुसार है
(c) न तो निष्कर्ष I और न ही II कथनों के अनुसार है
(d) दोनों निष्कर्ष I और II कथनों के अनुसार हैं

221. **कथन** सभी केक, बिस्किट हैं।
कुछ बिस्किट, टार्ट हैं।
सभी टार्ट, पुडिंग हैं।
SSC MTS 06/09/2023 Shift-I
निष्कर्ष
I. कुछ बिस्किट, केक हैं।
II. कुछ पुडिंग, बिस्किट हैं।
(a) केवल निष्कर्ष I कथनों के अनुसार है
(b) न तो निष्कर्ष I और न ही II कथनों के अनुसार है
(c) केवल निष्कर्ष II कथनों के अनुसार है
(d) दोनों निष्कर्ष I और II कथनों के अनुसार हैं

222. **कथन** कुछ दीवारें, पत्थर हैं।
सभी पत्थर, हीरे हैं।
सभी हीरे, ईंट हैं। **SSC MTS 05/09/2023 Shift-II**
निष्कर्ष
I. कुछ पत्थर, दीवारें हैं।
II. कुछ पत्थर, ईंटें हैं।
(a) दोनों निष्कर्ष I और II कथनों के अनुसार हैं
(b) केवल निष्कर्ष I कथनों के अनुसार है
(c) न तो निष्कर्ष I और न ही II कथनों के अनुसार है
(d) केवल निष्कर्ष II कथनों के अनुसार है

223. **कथन** सभी ऑर्किड, फूल हैं।
कुछ ऑर्किड, सुन्दर हैं।
निष्कर्ष
I. कुछ फूल, सुन्दर हैं।
II. सभी सुन्दर, फूल हैं।
SSC MTS 05/09/2023 Shift-II
(a) केवल निष्कर्ष II कथनों के अनुसार है
(b) न तो निष्कर्ष I और न ही II कथनों के अनुसार है
(c) केवल निष्कर्ष I कथनों के अनुसार है
(d) दोनों निष्कर्ष I और II कथनों के अनुसार हैं

224. **कथन** सभी कौवे, गौरैया है।
कुछ गौरैया, तोते हैं।
सभी तोते, पीले हैं।
निष्कर्ष **SSC MTS 04/09/2023 Shift-II**
I. कुछ कौवे, तोते हैं।
II. कुछ पीले, तोते है।
(a) न तो निष्कर्ष I और न ही II कथनों के अनुसार है
(b) दोनों निष्कर्ष I और II कथनों के अनुसार हैं
(c) केवल निष्कर्ष I कथनों के अनुसार है
(d) केवल निष्कर्ष II कथनों के अनुसार है

225. **कथन** कुछ तस्वीरें, फूलदान हैं।
सभी फूलदान, लम्बे हैं।
कुछ लम्बे, इमारतें हैं।
निष्कर्ष
I. कुछ तस्वीरें, इमारतें हैं।
II. सभी लम्बे, फूलदान हैं।
SSC MTS 01/09/2023 Shift-III
(a) दोनों निष्कर्ष I और II कथनों के अनुसार हैं
(b) न तो निष्कर्ष I और न ही II कथनों के अनुसार है
(c) केवल निष्कर्ष I कथनों के अनुसार है
(d) केवल निष्कर्ष II कथनों के अनुसार है

226. **कथन** सभी टुकड़े, कालीन हैं।
कुछ कालीन, स्टील हैं।
कुछ स्टील, बोतलें हैं।
SSC MTS 01/09/2023 Shift-I
निष्कर्ष
I. सभी कालीन, टुकड़े हैं।
II. कुछ कालीन, बोतले हैं।
(a) केवल निष्कर्ष II कथनों के अनुसार है
(b) दोनों निष्कर्ष I और II कथनों के अनुसार हैं
(c) केवल निष्कर्ष I कथनों के अनुसार है
(d) न तो निष्कर्ष I और न ही II कथनों के अनुसार है

SSC MTS 2022-2020

227. **कथन** कोई भी X, W नहीं है।
कुछ R, X हैं। **SSC MTS 15/07/2022 Shift-I**
निष्कर्ष
I. कुछ W, X नहीं है।
II. कोई भी W, R नहीं है।
(a) निष्कर्ष I और II दोनों अनुसरण करते हैं
(b) केवल निष्कर्ष I अनुसरण करता है
(c) न तो निष्कर्ष I न ही II अनुसरण करता है
(d) केवल निष्कर्ष II अनुसरण करता है

228. **कथन** कुछ M, Q हैं।
सभी V, Q हैं। **SSC MTS 14/07/2022 Shift-I**
निष्कर्ष
I. कुछ Q, M हैं।
II. कोई भी M, V नहीं हैं।
(a) न तो निष्कर्ष I न ही II अनुसरण करता है
(b) निष्कर्ष I और II दोनों अनुसरण करते हैं
(c) केवल निष्कर्ष I अनुसरण करता है
(d) केवल निष्कर्ष II अनुसरण करता है

229. **कथन** कुछ नकली परीक्षण, परीक्षाएँ हैं।
कुछ परीक्षाएँ, बैंक हैं।
कोई भी बैंक, स्थानीय नहीं है।
SSC MTS 13/07/2022 Shift-I
निष्कर्ष
I. कुछ नकली परीक्षण, स्थानीय हैं।
II. कोई भी नकली परीक्षण, स्थानीय नहीं है।
(a) केवल निष्कर्ष I अनुसरण करता है
(b) न तो निष्कर्ष I न ही II अनुसरण करता है
(c) या तो निष्कर्ष I या II अनुसरण करता है
(d) केवल निष्कर्ष II अनुसरण करता है

230. **कथन** कोई 90s, 80s नहीं है।
कुछ 90s, 40s हैं।
सभी 80s, 70s हैं। **SSC MTS 13/07/2022 Shift-I**
निष्कर्ष
I. सभी 80s के 40s होने की सम्भावना है।
II. कुछ 70s, 90s नहीं हैं।
(a) निष्कर्ष I और II दोनों अनुसरण करते हैं
(b) केवल निष्कर्ष II अनुसरण करता है
(c) न तो निष्कर्ष I न ही II अनुसरण करता है
(d) केवल निष्कर्ष I अनुसरण करता है

231. **कथन** कोई भी प्लेट, चम्मच नहीं है।
कुछ प्लेटें, काँटें हैं
सभी काँटे, चाकू हैं। **SSC MTS 12/07/2022 Shift-I**
निष्कर्ष
I. कुछ प्लेटों के चाकू होने की सम्भावना है।
II. कोई भी चम्मच, काँटा नहीं है।
(a) न तो निष्कर्ष I और न ही निष्कर्ष II अनुसरण करता है
(b) केवल निष्कर्ष I अनुसरण करता है
(c) निष्कर्ष I और II दोनों अनुसरण करते हैं
(d) केवल निष्कर्ष II अनुसरण करता है

232. **कथन** कुछ कुर्सियाँ, खिड़कियाँ हैं।
सभी खिड़कियाँ, बोर्ड हैं।
SSC MTS 02/11/2021 Shift-III
निष्कर्ष
I. सभी कुर्सियाँ, बोर्ड हैं।
II. सभी बोर्ड, खिड़कियाँ हैं।
(a) केवल निष्कर्ष II अनुसरण करता है
(b) निष्कर्ष I और II दोनों अनुसरण करते हैं
(c) न तो निष्कर्ष I और न ही II अनुसरण करता है
(d) केवल निष्कर्ष I अनुसरण करता है

SSC Steno 2024

निर्देश (प्र. सं. 233-271) *निम्नलिखित प्रश्नों में दिए गए कथनों और निष्कर्षों को ध्यान से पढ़ें। कथनों में दी गई जानकारी को सत्य मानते हुए, भले ही वह सामान्य रूप से ज्ञात तथ्यों से भिन्न प्रतीत होती हों, निर्धारित करें कि कौन-सा/कौन-से निष्कर्ष दिए गए कथनों का तार्किक रूप से अनुसरण करता है/करते हैं अथवा कौन-सा/से निष्कर्ष कथनों के अनुसार हैं?*

233. कथन
सभी पत्थर, कंकड़ हैं।
कुछ पत्थर, रत्न हैं।
निष्कर्ष
I. सभी रत्न, कंकड़ हैं।
II. कुछ कंकड़, पत्थर हैं।
SSC Steno 11/12/2024 Shift-III
(a) केवल निष्कर्ष I अनुसरण करता है
(b) न तो निष्कर्ष I और न ही II अनुसरण करता है
(c) निष्कर्ष I और II दोनों अनुसरण करते हैं
(d) केवल निष्कर्ष II अनुसरण करता है

234. कथन
कोई अक्षर, वर्णमाला नहीं है।
सभी वर्णमाला, शब्द हैं।
निष्कर्ष
I. सभी शब्द कभी भी अक्षर नहीं हो सकते हैं।
II. सभी अक्षरों के शब्द होने की सम्भावना है।
SSC Steno 11/12/2024 Shift-III
(a) केवल निष्कर्ष II अनुसरण करता है
(b) केवल निष्कर्ष I अनुसरण करता है
(c) निष्कर्ष I और II दोनों अनुसरण करते हैं
(d) न तो निष्कर्ष I और न ही II अनुसरण करता है

235. कथन
सभी डहलिया, लिली हैं।
सभी सूरजमुखी, लिली हैं।
कुछ डहलिया, हिबिस्कस हैं।
निष्कर्ष
I. कुछ सूरजमुखी, डहलिया नहीं हैं।
II. कुछ हिबिस्कस, लिली नहीं हैं।
III. कुछ लिली, हिबिस्कस हैं।
SSC Steno 11/12/2024 Shift-III
(a) केवल निष्कर्ष III अनुसरण करता है
(b) निष्कर्ष I और III दोनों अनुसरण करते हैं
(c) निष्कर्ष II और III दोनों अनुसरण करते हैं
(d) सभी निष्कर्ष अनुसरण करते हैं

236. कथन
सभी दूध, सफेद हैं।
कुछ सफेद, लाल हैं।
निष्कर्ष
I. सभी लाल, दूध हैं।
II. कोई लाल, दूध नहीं है।
SSC Steno 11/12/2024 Shift-II
(a) केवल निष्कर्ष I अनुसरण करता है
(b) केवल निष्कर्ष II अनुसरण करता है
(c) न तो निष्कर्ष I और न ही II अनुसरण करता है
(d) निष्कर्ष I और II दोनों अनुसरण करते हैं

237. कथन
सभी पेपर, किताब हैं।
कुछ किताबें, नोटबुक हैं।
सभी नोटबुक, फाइल हैं।
निष्कर्ष
I. कुछ पेपर, नोटबुक हैं।
II. सभी किताबें, फाइल हैं।
SSC Steno 11/12/2024 Shift-II
(a) केवल निष्कर्ष I अनुसरण करता है
(b) न तो निष्कर्ष I और न ही II अनुसरण करता है
(c) निष्कर्ष I और II दोनों अनुसरण करते हैं
(d) केवल निष्कर्ष II अनुसरण करता है

238. कथन
सभी नाशपाती, खरबूजे हैं।
सभी खरबूजे, खुबानी हैं।
सभी खुबानी, फल हैं।
निष्कर्ष
I. सभी नाशपाती, फल हैं।
II. कुछ फल, खरबूजे हैं।
SSC Steno 11/12/2024 Shift-I
(a) निष्कर्ष I और II दोनों अनुसरण करते हैं
(b) केवल निष्कर्ष II अनुसरण करता है
(c) केवल निष्कर्ष I अनुसरण करता है
(d) न तो निष्कर्ष I और न ही II अनुसरण करता है

239. कथन
कुछ संज्ञा, सर्वनाम हैं।
सभी सर्वनाम, विशेषण हैं।
कोई विशेषण, क्रिया विशेषण नहीं है।
निष्कर्ष
I. कोई सर्वनाम, क्रिया विशेषण नहीं है।
II. कम-से-कम कुछ संज्ञा, क्रिया-विशेषण हैं।
SSC Steno 11/12/2024 Shift-I
(a) न तो निष्कर्ष I और न ही II अनुसरण करता है
(b) केवल निष्कर्ष II अनुसरण करता है
(c) केवल निष्कर्ष I अनुसरण करता है
(d) दोनों निष्कर्ष I और II अनुसरण करते हैं

240. कथन
कुछ ब्राउनी, हेल्दी हैं।
सभी ब्राउनी, केक हैं।
निष्कर्ष
I. कुछ केक, हेल्दी हैं।
II. कोई केक, हेल्दी नहीं है।
SSC Steno 11/12/2024 Shift-I
(a) न तो निष्कर्ष I और न ही II अनुसरण करता है
(b) केवल निष्कर्ष II अनुसरण करता है
(c) निष्कर्ष I और II दोनों अनुसरण करते हैं
(d) केवल निष्कर्ष I अनुसरण करता है

241. कथन
सभी कुशन, रजाइयाँ हैं।
सभी तकिए, रजाइयाँ हैं।
सभी रजाइयाँ, बेड हैं।
निष्कर्ष
I. कुछ कुशन, बेड हैं।
II. कुछ तकिए, बेड हैं।
III. कुछ कुशन, तकिए हैं।
SSC Steno 10/12/2024 Shift-III
(a) केवल निष्कर्ष I और III अनुसरण करते हैं
(b) सभी निष्कर्ष अनुसरण करते हैं
(c) केवल निष्कर्ष II और III अनुसरण करते हैं
(d) केवल निष्कर्ष I और II अनुसरण करते है

242. कथन
कुछ उपकरण, इलेक्ट्रॉनिक्स हैं।
सभी इलेक्ट्रॉनिक्स, मोबाइल हैं।
कोई मोबाइल, फोन नहीं है।
निष्कर्ष
I. कोई फोन, उपकरण नहीं है।
II. कम-से-कम कुछ इलेक्ट्रॉनिक्स फोन हैं।
SSC Steno 10/12/2024 Shift-III
(a) न तो निष्कर्ष I और न ही II अनुसरण करता है
(b) केवल निष्कर्ष II अनुसरण करता है
(c) दोनों निष्कर्ष I और II अनुसरण करते हैं
(d) केवल निष्कर्ष I अनुसरण करता है

243. कथन
सभी कुत्ते, भेड़ हैं।
सभी भेड़िये, लोमड़ी हैं।
सभी भेड़, भेड़िये हैं।
निष्कर्ष
I. सभी भेड़िये, भेड़ हैं।
II. सभी कुत्ते, लोमड़ी हैं।
III. सभी कुत्ते, भेड़िये हैं।
SSC Steno 10/12/2024 Shift-III
(a) केवल निष्कर्ष I और II अनुसरण करते हैं
(b) कोई भी निष्कर्ष अनुसरण नहीं करता है
(c) केवल निष्कर्ष II और III अनुसरण करते हैं
(d) केवल निष्कर्ष I और II अनुसरण करते हैं

244. कथन
सभी बिल्लियाँ, जानवर हैं।
सभी जानवर, काले हैं।
निष्कर्ष
I. कुछ काले, बिल्लियाँ हैं।
II. सभी बिल्लियाँ, काले हैं।
SSC Steno 10/12/2024 Shift-III
(a) केवल निष्कर्ष II अनुसरण करता है
(b) न तो निष्कर्ष I और न ही II अनुसरण करता है
(c) निष्कर्ष I और II दोनों अनुसरण करते हैं
(d) केवल निष्कर्ष I अनुसरण करता है

245. कथन
सभी किताबें, कॉपी हैं।
कुछ किताबें, मूल-पाठ हैं।

निष्कर्ष
I. कुछ मूल-पाठ, कॉपी हैं।
II. कोई मूल-पाठ, कॉपी नहीं है।
SSC Steno 10/12/2024 Shift-II
(a) केवल निष्कर्ष I अनुसरण करता है
(b) केवल निष्कर्ष II अनुसरण करता है
(c) न तो निष्कर्ष I और न ही II अनुसरण करता है
(d) निष्कर्ष I और II दोनों अनुसरण करते हैं

246. कथन सभी आयत, समलम्ब हैं।
सभी समलम्ब, समान्तर चतुर्भुज हैं।
कोई समान्तर चतुर्भुज, वृत्त नहीं है।
निष्कर्ष
I. कोई आयत, वृत्त नहीं है।
II. कोई समलम्ब, वृत्त नहीं है।
III. सभी आयत, समान्तर चतुर्भुज हैं।
SSC Steno 10/12/2024 Shift-II
(a) केवल II और III
(b) सभी I, II और III
(c) केवल I और II
(d) केवल I और III

247. कथन
कुछ जिंक, लोहा है।
कुछ जिंक, चाँदी है।
कोई चाँदी, सोना नहीं है।
निष्कर्ष
I. कुछ जिंक, सोना नहीं है।
II. कुछ जिंक, सोना है।
III. कुछ चाँदी, लोहा है।
SSC Steno 10/12/2024 Shift-II
(a) केवल I (b) या तो I या II
(c) केवल III (d) केवल II

248. कथन
कुछ शिक्षक, नर्तक हैं।
सभी नर्तक, सुन्दर हैं।
सभी शिक्षक, ईमानदार हैं।
निष्कर्ष
I. कुछ शिक्षक, सुन्दर हैं।
II. कुछ नर्तक, ईमानदार हैं।
SSC Steno 10/12/2024 Shift-I
(a) केवल निष्कर्ष II अनुसरण करता है
(b) केवल निष्कर्ष I अनुसरण करता है
(c) निष्कर्ष I और II दोनों अनुसरण करते हैं
(d) न तो निष्कर्ष I अनुसरण करता है और न ही II अनुसरण करता है

249. कथन
सभी पैंट, शर्ट हैं।
सभी शर्ट, जैकेट हैं।
कुछ जैकेट, स्वेटर हैं।
निष्कर्ष
I. कुछ जैकेट, पैंट हैं।
II. कुछ स्वेटर, शर्ट हैं।
III. कोई पैंट, स्वेटर नहीं है।
SSC Steno 10/12/2024 Shift-I
(a) केवल निष्कर्ष I अनुसरण करता है
(b) निष्कर्ष I और II दोनों अनुसरण करते हैं
(c) I, II या III कोई भी निष्कर्ष अनुसरण नहीं करता है
(d) निष्कर्ष II और III दोनों अनुसरण करते हैं

250. कथन
कुछ फूल, कलियाँ हैं।
कुछ फूल, पेड़ हैं।
निष्कर्ष
I. कुछ पेड़, कलियाँ हैं।
II. कोई पेड़, कली नहीं है।
SSC Steno 10/12/2024 Shift-I
(a) न तो निष्कर्ष I और न ही II अनुसरण करता है
(b) निष्कर्ष I और II दोनों अनुसरण करते हैं
(c) केवल निष्कर्ष I अनुसरण करता है
(d) केवल निष्कर्ष II अनुसरण करता है

SSC Steno 2023 & 2022

251. कथन
कुछ खिड़कियाँ, दरवाजे हैं।
कोई भी खिड़की, कपबोर्ड नहीं है।
निष्कर्ष
I. कोई भी कपबोर्ड, दरवाजा नहीं है।
II. कुछ दरवाजें निश्चित ही कपबोर्ड नहीं हैं।
SSC Steno 13/10/2023 Shift-I
(a) केवल निष्कर्ष I अनुसरण करता है
(b) न तो निष्कर्ष I न ही II अनुसरण करता है
(c) दोनों निष्कर्ष I और II अनुसरण करते हैं
(d) केवल निष्कर्ष II अनुसरण करता है

252. कथन कुछ कॉपी, तकिएँ हैं।
कुछ तकिएँ, लैपटॉप हैं।
कुछ लैपटॉप, पेन हैं।
निष्कर्ष
I. कुछ कॉपी, लैपटॉप हैं।
II. कुछ तकिएँ पेन हैं।
III. कुछ पेन, लैपटॉप हैं।
IV. कुछ पेन, तकिएँ हैं।
SSC Steno 13/10/2023 Shift-I
(a) केवल निष्कर्ष I अनुसरण करता है
(b) केवल निष्कर्ष II अनुसरण करता है
(c) केवल निष्कर्ष III अनुसरण करता है
(d) केवल निष्कर्ष IV अनुसरण करता है

253. कथन सभी चाबियाँ, ताले हैं।
सभी ताले, हैण्डल हैं।
निष्कर्ष
I. सभी ताले, चाबियाँ हैं।
II. सभी हैण्डल, चाबियाँ हैं।
SSC Steno 13/10/2023 Shift-I
(a) न तो निष्कर्ष I और न ही II अनुसरण करता है
(b) केवल निष्कर्ष II अनुसरण करता है
(b) केवल निष्कर्ष I अनुसरण करता है
(d) निष्कर्ष I और II दोनों अनुसरण करते हैं

254. कथन सभी ब्रेड, केक हैं।
कुछ केक, पेस्ट्री हैं।
सभी पेस्ट्री, टॉफी हैं।
निष्कर्ष
I. सभी केक, टॉफी हैं।
II. कोई भी ब्रेड, पेस्ट्री नहीं है।
SSC Steno 12/10/2023 Shift-I
(a) केवल निष्कर्ष I अनुसरण करता है
(b) निष्कर्ष I और II दोनों अनुसरण करते हैं
(c) न तो निष्कर्ष I और न ही II अनुसरण करता है
(d) केवल निष्कर्ष II अनुसरण करता है

255. कथन सभी होल्डर, हैंगर हैं।
सभी हैंगर, हथौड़े हैं।
कुछ हथौड़े, कुल्हाड़ी हैं।
निष्कर्ष
I. कुछ कुल्हाड़ी, हैंगर हैं।
II. कुछ हथौड़े, होल्डर हैं।
III. कुछ हैंगर, होल्डर हैं।
SSC Steno 12/10/2023 Shift-I
(a) निष्कर्ष II और III अनुसरण करते हैं
(b) निष्कर्ष I और II अनुसरण करते हैं
(c) निष्कर्ष I और III अनुसरण करते हैं
(d) कोई भी निष्कर्ष अनुसरण नहीं करता है

256. कथन कोई खिलौना, सुन्दर नहीं है।
कुछ सुन्दर, अभिनेत्रियाँ हैं।
सभी अभिनेत्रियाँ, अमीर हैं।
निष्कर्ष
I. कोई खिलौना, अमीर नहीं है।
II. कुछ अभिनेत्रियाँ, सुन्दर हैं।
III. कुछ अभिनेत्रियाँ, अमीर हैं।
SSC Steno 18/11/2022 Shift-I
(a) निष्कर्ष I और II अनुसरण करते हैं
(b) निष्कर्ष II और III अनुसरण करते हैं
(c) सभी निष्कर्ष अनुसरण करते हैं
(d) निष्कर्ष I और III अनुसरण करते हैं

257. कथन सभी बसें, कार हैं।
कोई जीप, कार नहीं है।
निष्कर्ष
I. कोई कार, जीप नहीं है।
II. कोई जीप, बस नहीं है।
SSC Steno 18/11/2022 Shift-I
(a) न तो निष्कर्ष I और न ही II अनुसरण करता है
(b) निष्कर्ष I और II दोनों अनुसरण करते हैं
(c) केवल निष्कर्ष I अनुसरण करता है
(d) केवल निष्कर्ष II अनुसरण करता है

258. कथन सभी ट्रोजन, फेयरी हैं।
कोई फेयरी, फूल नहीं है।
सभी वायरस, ट्रोजन हैं।
निष्कर्ष
I. कोई फूल, ट्रोजन नहीं है।
II. कुछ वायरस, ट्रोजन हैं।
III. कोई ट्रोजन, वायरस नहीं है।
SSC Steno 18/11/2022 Shift-I

(a) निष्कर्ष I और II अनुसरण करते हैं
(b) निष्कर्ष I और III अनुसरण करते हैं
(c) केवल निष्कर्ष I अनुसरण करता है
(d) केवल निष्कर्ष II अनुसरण करता है

259. **कथन** कुछ ईंटें, धातु हैं।
सभी धातुएँ, चमकदार हैं।
कोई चमकदार चीज, तैर नहीं सकती।
निष्कर्ष
I. कुछ धातुएँ, तैर सकती हैं।
II. कोई ईंट, तैर नहीं सकती।
III. कुछ ईंटें, चमकदार हैं।
SSC Steno 17/11/2022 Shift-I
(a) केवल निष्कर्ष II अनुसरण करता है
(b) केवल निष्कर्ष III अनुसरण करता है
(c) निष्कर्ष I, II और III सभी अनुसरण करते हैं
(d) कोई भी निष्कर्ष अनुसरण नहीं करता

260. **कथन** कुछ टास्क, जॉब हैं।
कोई जॉब, ड्यूटी नहीं है।
निष्कर्ष
I. सभी टास्क कभी ड्यूटी नहीं हो सकतें।
II. कुछ टास्क, ड्यूटी हैं।
SSC Steno 17/11/2022 Shift-I
(a) केवल निष्कर्ष I अनुसरण करता है
(b) न तो निष्कर्ष I और न ही II अनुसरण करता है
(c) या तो निष्कर्ष I या II अनुसरण करता है
(d) केवल निष्कर्ष II अनुसरण करता है

SSC Steno 2021 & 2020

261. **कथन** सभी रंग, लाल हैं।
कुछ लाल, हरे हैं।
सभी हरे, गहरे हैं। SSC Steno 15/11/2021 Shift-I
निष्कर्ष
I. सभी रंगों के गहरे होने की सम्भावना है।
II. कुछ लाल, गहरे हैं।
III. कुछ लाल, रंग हैं।
(a) सभी निष्कर्ष अनुसरण करते हैं
(b) केवल निष्कर्ष II अनुसरण करता है
(c) केवल निष्कर्ष III अनुसरण करता है
(d) केवल निष्कर्ष I अनुसरण करता है

262. **कथन** सभी प्रोफेसर, पुरुष हैं।
सभी पुरुष, सुन्दर हैं।
कुछ पुरुष, प्रोफेशनल हैं। SSC Steno 15/11/2021
निष्कर्ष
I. कोई प्रोफेशनल, सुन्दर नहीं है।
II. कुछ प्रोफेशनल, प्रोफेसर हैं।
III. कुछ सुन्दर, प्रोफेशनल हैं।
IV. कुछ प्रोफेसर, सुन्दर हैं।
(a) केवल निष्कर्ष IV अनुसरण करता है।
(b) निष्कर्ष III और IV अनुसरण करते हैं।
(c) निष्कर्ष I और II अनुसरण करते हैं।
(d) केवल निष्कर्ष I अनुसरण करता है।

263. **कथन** कुछ मेज, कुर्सियाँ हैं।
कुछ कुर्सियाँ, बिस्तर हैं।
सभी बिस्तर, सामान हैं। SSC Steno 12/11/2021
निष्कर्ष
I. कुछ कुर्सियाँ, सामान हैं।
II. कुछ सामान, बिस्तर नहीं हैं।
(a) निष्कर्ष I और II दोनों अनुसरण करते हैं
(b) कोई भी निष्कर्ष अनुसरण नहीं करता है
(c) केवल निष्कर्ष I अनुसरण करता है
(d) केवल निष्कर्ष II अनुसरण करता है

264. **कथन** कोई शहर, जिला नहीं है।
कुछ जिले, जोन हैं।
कुछ जोन, राज्य हैं। SSC Steno 12/11/2021
निष्कर्ष
I. कुछ जोन, जिले हैं।
II. कुछ जिले, शहर हैं।
III. कोई भी राज्य, जोन नहीं है।
(a) केवल निष्कर्ष II अनुसरण करता है
(b) निष्कर्ष I और III अनुसरण करते हैं
(c) निष्कर्ष I और II अनुसरण करते हैं
(d) केवल निष्कर्ष I अनुसरण करता है

265. **कथन** कुछ पुरुष, अमीर हैं।
कुछ पुरुष, मूर्ख नहीं हैं।
सभी या तो मूर्ख हैं, या फिर अमीर।
SSC Steno 15/11/2021
निष्कर्ष
I. कोई पुरुष, अमीर नहीं है।
II. कुछ पुरुषों के मूर्ख होने की सम्भावना है।
III. कोई भी मूर्ख और अमीर नहीं है।
(a) केवल निष्कर्ष I अनुसरण करता है
(b) केवल निष्कर्ष III अनुसरण करता है
(c) सभी निष्कर्ष अनुसरण करते हैं
(d) केवल निष्कर्ष II अनुसरण करता है

266. **कथन** सभी कक्षाएँ, विद्यालय हैं।
कोई भी विद्यालय, पार्क नहीं है।
सभी घर, पार्क हैं। SSC Steno 11/11/2021
निष्कर्ष
I. कोई भी घर, कक्षा नहीं है।
II. कोई भी पार्क, कक्षा नहीं है।
III. कोई भी विद्यालय, घर नहीं है।
(a) सभी निष्कर्ष अनुसरण करते हैं
(b) केवल निष्कर्ष I अनुसरण करता है
(c) केवल निष्कर्ष II अनुसरण करता है
(d) केवल निष्कर्ष III अनुसरण करता है

267. **कथन** कुछ पौधे, फूल हैं।
कुछ फूल, फल हैं।
सभी फूल, बगीचे हैं। SSC Steno 11/11/2021
निष्कर्ष
I. कुछ बगीचे, पौधे हैं।
II. कुछ फल, बगीचे हैं।
III. कुछ बगीचे, फूल हैं।
(a) निष्कर्ष I और III अनुसरण करते हैं।
(b) निष्कर्ष I और II अनुसरण करते हैं
(c) सभी निष्कर्ष अनुसरण करते हैं
(d) निष्कर्ष II और III अनुसरण करते हैं

268. **कथन** सभी शिक्षक, इंजीनियर हैं।
सभी क्लर्क, शिक्षक हैं। SSC Steno 11/11/2021
निष्कर्ष
I. कुछ इंजीनियर, क्लर्क हैं।
II. कुछ शिक्षक, क्लर्क हैं।
III. कुछ क्लर्क, इंजीनियर नहीं हैं।
(a) निष्कर्ष I और II अनुसरण करते हैं
(b) निष्कर्ष I और III अनुसरण करते हैं
(c) सभी निष्कर्ष अनुसरण करते हैं
(d) निष्कर्ष II और III अनुसरण करते हैं

269. **कथन** कुछ तस्वीरें, पुरस्कार हैं।
कुछ पुरस्कार, इरेजर हैं।
कुछ इरेजर, हेलमेट हैं। SSC Steno 24/12/2020
निष्कर्ष
I. कुछ हेलमेट, पुरस्कार हैं।
II. कुछ इरेजर, तस्वीरें हैं।
III. कोई भी हेलमेट, पुरस्कार नहीं है।
(a) या तो निष्कर्ष II या फिर निष्कर्ष III अनुसरण करता है
(b) केवल निष्कर्ष II अनुसरण करता है
(c) या तो निष्कर्ष I या निष्कर्ष III अनुसरण करता है
(d) निष्कर्ष II और III अनुसरण करते हैं

270. **कथन** सभी बोतलें, गिलास हैं।
सभी गिलास, जग हैं। SSC Steno 24/12/2020
निष्कर्ष
I. सभी बोतलें, जग हैं।
II. सभी जग, बोतलें हैं।
III. कुछ गिलास, बोतलें हैं।
(a) केवल निष्कर्ष I अनुसरण करता है
(b) निष्कर्ष I और III अनुसरण करते हैं
(c) निष्कर्ष II और III अनुसरण करते हैं
(d) निष्कर्ष I और II अनुसरण करते हैं

271. **कथन** सभी वायुयान, कारें हैं।
सभी हेलीकॉप्टर, कारें हैं।
सभी कारें, स्कूटर हैं। SSC Steno 22/12/2020
निष्कर्ष
I. सभी हेलीकॉप्टर, स्कूटर हैं।
II. कुछ वायुयान, हेलीकॉप्टर हैं।
III. कोई वायुयान, हेलीकॉप्टर नहीं है।
(a) निष्कर्ष II तथा निष्कर्ष I या III में से कोई एक अनुसरण करते हैं
(b) निष्कर्ष I और II अनुसरण करते हैं
(c) निष्कर्ष I और III अनुसरण करते हैं
(d) निष्कर्ष I तथा निष्कर्ष II या III में से कोई एक अनुसरण करते हैं

SSC GD Constable 2024

निर्देश (प्र. सं. 272-284) *निम्नलिखित प्रश्नों में दिए गए कथनों और निष्कर्षों को ध्यान से पढ़ें। कथनों में दी गई जानकारी को सत्य मानते हुए, भले ही वह सामान्य रूप से ज्ञात तथ्यों से भिन्न प्रतीत होती हों, निर्धारित करें कि कौन-सा/कौन-से निष्कर्ष दिए गए कथनों का तार्किक रूप से अनुसरण करता है/करते हैं अथवा कौन-सा/से निष्कर्ष कथनों के अनुसार है/हैं?*

272. **कथन** कोई S, T नहीं है।
कुछ U, S हैं।
निष्कर्ष
I. कुछ U, T नहीं हैं।
II. सभी T, U है।
SSC GD Constable 26/02/2024 Shift-I
(a) निष्कर्ष I और II दोनों अनुसरण करते हैं
(b) कोई भी निष्कर्ष अनुसरण नहीं करता है
(c) केवल निष्कर्ष II अनुसरण करता है
(d) केवल निष्कर्ष I अनुसरण करता है

273. **कथन** सभी पर्दे, बिस्तर हैं।
कुछ बिस्तर, कुर्सियाँ हैं।
कुछ कुर्सियाँ, मेज नहीं हैं।
निष्कर्ष
I. कुछ कुर्सियाँ, मेज हैं।
II. कुछ कुर्सियो के पर्दे होने की सम्भावना है।
SSC GD Constable 24/02/2024 Shift-II
(a) न तो निष्कर्ष I और न ही II अनुसरण करता है
(b) केवल निष्कर्ष I अनुसरण करता है
(c) निष्कर्ष I और II दोनों अनुसरण करते हैं
(d) केवल निष्कर्ष II अनुसरण करता है

274. **कथन** कोई A, B नहीं है।
कुछ B, P हैं।
निष्कर्ष
I. कुछ B, A नहीं है।
II. कुछ P, A नहीं है।
SSC GD Constable 24/02/2024 Shift-I
(a) कोई भी निष्कर्ष कथनों का अनुसरण नहीं करता है
(b) निष्कर्ष I और II दोनों कथनों का अनुसरण करते हैं
(c) केवल निष्कर्ष II कथनों का अनुसरण करता है
(d) केवल निष्कर्ष I कथनों का अनुसरण करता है

275. **कथन** सभी ड्रम, गिटार हैं।
सभी गिटार, बाँसुरी हैं।
सभी बाँसुरी, सितार हैं।
निष्कर्ष
I. कुछ ड्रम, सितार हैं।
II. सभी सितार, गिटार हैं।
SSC GD Constable 23/02/2024 Shift-III
(a) निष्कर्ष I और II दोनों अनुसरण करते हैं
(b) केवल निष्कर्ष I अनुसरण करता है
(c) न तो निष्कर्ष I और न ही II अनुसरण करता है
(d) केवल निष्कर्ष II अनुसरण करता है

276. **कथन** कुछ रेलगाड़ियाँ, कार हैं।
कुछ कार, ट्रक हैं।
कुछ ट्रक, जहाज हैं।
निष्कर्ष
I. कुछ रेलगाड़ियाँ, जहाज हैं।
II. कुछ जहाज, कार नहीं हैं।
SSC GD Constable 23/02/2024 Shift-II
(a) केवल निष्कर्ष I अनुसरण करता है
(b) निष्कर्ष I और II दोनों अनुसरण करते हैं
(c) केवल निष्कर्ष II अनुसरण करता है
(d) न तो निष्कर्ष I और न ही II अनुसरण करता है

277. **कथन** सभी बिल्लियाँ, स्तनधारी हैं।
सभी स्तनधारी, जानवर हैं।
सभी जानवर, जीवित प्राणी हैं।
SSC GD Constable 23/02/2024 Shift-I
निष्कर्ष
I. कुछ बिल्लियाँ, जीवित प्राणी हैं।
II. सभी जीवित प्राणी, बिल्लियाँ हैं।
(a) निष्कर्ष I और II दोनों अनुसरण करते हैं
(b) न तो निष्कर्ष I और न ही II अनुसरण करता है
(c) केवल निष्कर्ष I अनुसरण करता है
(d) केवल निष्कर्ष II अनुसरण करता है

278. **कथन** कुछ इन्जीनियर, डॉक्टर हैं।
सभी डॉक्टर, वकील हैं।
सभी वकील, शिक्षक नहीं हैं।
निष्कर्ष
I. कुछ वकील, शिक्षक हैं।
II. कुछ इन्जीनियर, वकील हैं।
SSC GD Constable 22/02/2024 Shift-IV
(a) न तो निष्कर्ष I और न ही II अनुसरण करता है
(b) केवल निष्कर्ष II अनुसरण करता है
(c) केवल निष्कर्ष I अनुसरण करता है।
(d) निष्कर्ष I और II दोनों अनुसरण करते हैं

279. **कथन** सभी भूमि, रिक्त हैं।
कोई भूमि, लड़की नहीं है।
निष्कर्ष
I. सभी रिक्त, भूमि हैं।
II. सभी लड़कियाँ, रिक्त हैं।
SSC GD Constable 22/02/2024 Shift-I
(a) निष्कर्ष I और II दोनों अनुसरण करते हैं।
(b) केवल निष्कर्ष II अनुसरण करता है।
(c) केवल निष्कर्ष I अनुसरण करता है।
(d) कोई भी निष्कर्ष अनुसरण नहीं करता है।

280. **कथन** कोई पहाड़, रेगिस्तान नहीं है।
कुछ रेगिस्तान, रेतीले स्थान हैं।
कुछ रेतीले स्थान, पहाड़ नहीं हैं।
निष्कर्ष
I. कुछ रेगिस्तान, पहाड़ नहीं हैं।
II. कुछ रेतीले स्थान, पहाड़ हैं।
SSC GD Constable 21/02/2024 Shift-IV
(a) केवल निष्कर्ष I अनुसरण करता है
(b) न तो निष्कर्ष I और न ही II अनुसरण करता है
(c) केवल निष्कर्ष II अनुसरण करता हैं
(d) निष्कर्ष I और II दोनों अनुसरण करते हैं

281. **कथन** सभी L, V हैं।
कोई L, J नही है।
निष्कर्ष
I. सभी V, L हैं। II.सभी J, V हैं।
SSC GD Constable 21/02/2024 Shift-II
(a) निष्कर्ष I और II दोनों अनुसरण करते हैं
(b) कोई भी निष्कर्ष अनुसरण नहीं करता है
(c) केवल निष्कर्ष I अनुसरण करता है
(d) केवल निष्कर्ष II अनुसरण करता है

282. **कथन** कुछ U, C हैं।
कोई L, U नहीं है।
निष्कर्ष
I. कुछ L, U हैं।
II. कोई C, L नहीं है।
SSC GD Constable 21/02/2024 Shift-I
(a) निष्कर्ष I और II दोनों अनुसरण करते हैं
(b) केवल निष्कर्ष II अनुसरण करता है
(c) केवल निष्कर्ष I अनुसरण करता है
(d) कोई भी निष्कर्ष अनुसरण नहीं करता है

283. **कथन** कुछ H, R हैं।
कोई P, H नहीं है।
निष्कर्ष
I. कुछ P, H हैं। II. कुछ R, P नहीं है।
SSC GD Constable 20/02/2024 Shift-II
(a) केवल निष्कर्ष I अनुसरण करता है
(b) कोई भी निष्कर्ष अनुसरण नहीं करता है
(c) केवल निष्कर्ष II अनुसरण करता है
(d) निष्कर्ष I और II दोनों अनुसरण करते हैं

284. **कथन** सभी बल्ले, गेंद हैं।
सभी गेंद, बैडमिण्टन हैं।
सभी बैडमिण्टन, विकेट हैं।
निष्कर्ष
I. सभी बल्ले, विकेट हैं।
II. कुछ बैडमिण्टन, बल्ले हैं।
SSC GD Constable 20/02/2024 Shift-I
(a) न तो निष्कर्ष I और न ही II अनुसरण करता है
(b) केवल निष्कर्ष II अनुसरण करता है
(c) केवल निष्कर्ष I अनुसरण करता है
(d) निष्कर्ष I और II दोनों अनुसरण करते हैं

SSC Selection Post 2024-2022

निर्देश (प्र. सं. 285-300) *निम्नलिखित प्रश्नों में दिए गए कथनों और निष्कर्षों को ध्यान से पढ़ें। कथनों में दी गई जानकारी को सत्य मानते हुए, भले ही वह सामान्य ज्ञात तथ्यों से भिन्न प्रतीत हों निर्धारित करें कि कौन-सा/से निष्कर्ष दिए गए कथनों का तार्किक रूप से अनुसरण करता/करते है/हैं?*

285. **कथन** कुछ कार, बाइक हैं।
सभी बाइक, ट्रक हैं।
कुछ ट्रक, बस हैं।
निष्कर्ष
I. कुछ ट्रक, कार हैं।
II. सभी बस, कार हैं।
III. कुछ कार, बस हैं।
IV. सभी बाइक, बस हैं।
Matric Level 20/06/2024 Shift-IV
(a) केवल निष्कर्ष I और IV अनुसरण करते हैं
(b) केवल निष्कर्ष II और III अनुसरण करते हैं
(c) केवल निष्कर्ष I अनुसरण करता है
(d) केवल निष्कर्ष I, II और IV अनुसरण करते हैं

286. **कथन**
कुछ मृत्तिका (क्ले), मिट्टी हैं।
कुछ मिट्टी, कीचड़ (मड) हैं।
कुछ कीचड़ (मड), धूल हैं।
निष्कर्ष
I. कुछ मृत्तिका (क्ले), धूल हैं।
II. सभी धूल, मिट्टी हैं।
Matric Level 20/06/2024 Shift-IV
(a) केवल निष्कर्ष I अनुसरण करता है
(b) न तो निष्कर्ष I और न ही II अनुसरण करता है
(c) दोनों निष्कर्ष I और II अनुसरण करते हैं
(a) केवल निष्कर्ष II अनुसरण करता है

287. **कथन**
कुछ मार्कर, मेंढक हैं।
सभी मेंढक, कंघे हैं।
कोई कंघा, स्टोव नहीं है।
निष्कर्ष
I. सभी मार्कर के स्टोव होने की सम्भावना है।
II. कुछ कंघे, मार्कर हैं।
Graduate Level 20/06/2024 Shift-III
(a) केवल निष्कर्ष I अनुसरण करता है
(b) केवल निष्कर्ष II अनुसरण करता है
(c) न तो निष्कर्ष I न ही II अनुसरण करता है
(d) निष्कर्ष I और II दोनों अनुसरण करते हैं

288. **कथन**
सभी मोटर, जलपोत हैं।
कुछ जलपोत, प्याले हैं।
कोई जलपोत, हथौड़ा नहीं है।
निष्कर्ष
I. कुछ मोटर, हथौड़े हैं।
II. कुछ प्याले, मोटर हैं।
III. कुछ प्याले, हथौड़े नहीं हैं।
Graduate Level 20/06/2024 Shift-III
(a) केवल निष्कर्ष I अनुसरण करता है
(b) निष्कर्ष I, II और III सभी अनुसरण करते हैं
(c) केवल निष्कर्ष III अनुसरण करता है
(d) या तो निष्कर्ष I या निष्कर्ष II अनुसरण करता है

289. **कथन**
सभी मोजे, कपड़े हैं।
सभी कपड़े, जूते हैं।
कुछ जूते, दस्ताने हैं।
निष्कर्ष
I. कुछ जूते, मोजे हैं।
II. कुछ दस्ताने, कपड़े हैं।
Higher Secondary Level 20/06/2024 Shift-II
(a) केवल निष्कर्ष II अनुसरण करता है
(b) दोनों निष्कर्ष I और II अनुसरण करते हैं
(c) केवल निष्कर्ष I अनुसरण करता है
(d) न तो निष्कर्ष I और न ही II अनुसरण करता है

290. **कथन** सभी आम, फल हैं।
कुछ आम, नाशपाती हैं।
सभी नाशपाती, सब्जियाँ हैं।
निष्कर्ष
I. कुछ आम, सब्जियाँ हैं।
II. कुछ फल, सब्जियाँ हैं।
Higher Secondary Level 20/06/2024 Shift-II
(a) केवल निष्कर्ष II अनुसरण करता है
(b) न तो निष्कर्ष I और न ही II अनुसरण करता है
(c) केवल निष्कर्ष I अनुसरण करता है
(d) दोनों निष्कर्ष I और II अनुसरण करते हैं

291. **कथन**
कुछ नाशपाती, आम हैं।
सभी आम, अंगूर हैं।
सभी नाशपाती, फल हैं।
निष्कर्ष
I. कुछ नाशपाती, अंगूर हैं।
II. कुछ आम, फल हैं।
Graduate Level 27/06/2023 Shift-IV
(a) केवल निष्कर्ष I अनुसरण करता है
(b) निष्कर्ष I और II दोनों अनुसरण करते हैं
(c) केवल निष्कर्ष II अनुसरण करता है
(d) न तो निष्कर्ष I और न हीं II अनुसरण करता है

292. **कथन**
कुछ गेट, रास्ते हैं।
सभी रास्ते, मार्ग हैं।
कोई भी मार्ग, द्वार नहीं है।
निष्कर्ष
I. कोई भी द्वार, रास्ता नहीं है।
II. कुछ गेट, मार्ग हैं।
Graduate Level 27/06/2023 Shift-IV
(a) केवल निष्कर्ष II अनुसरण करता है
(b) न तो निष्कर्ष I और न ही II अनुसरण करता है
(c) केवल निष्कर्ष I अनुसरण करता है
(d) निष्कर्ष I और II दोनों अनुसरण करते हैं

293. **कथन**
सभी ग्रह, क्षुद्रग्रह हैं।
सभी कक्षा, क्षुद्रग्रह हैं।
कोई भी तारा, क्षुद्रग्रह नहीं है।
निष्कर्ष
I. कोई भी ग्रह, तारा नहीं है।
II. कोई भी तारा, कक्षा नहीं है।
Higher Secondary Level 27/06/2023 Shift-III
(a) दोनों निष्कर्ष I और II अनुसरण करते हैं
(b) केवल निष्कर्ष I अनुसरण करता है
(c) केवल निष्कर्ष II अनुसरण करता है
(d) न तो निष्कर्ष I और न ही II अनुसरण करता है

294. **कथन** अधिकांश सूट, ट्राउजर हैं।
कुछ शर्ट, टाई हैं।
सभी सूटकेस, घड़ियाँ हैं।
निष्कर्ष
I. सभी ट्राउजर, सूट हैं।
II. कुछ शर्ट, सूटकेस हैं।
III. कुछ शर्ट, घड़ियाँ नहीं हैं।
Matric Level 27/06/2023 Shift-I
(a) या तो निष्कर्ष I अनुसरण करता है या निष्कर्ष III अनुसरण करता है
(b) केवल निष्कर्ष I अनुसरण करता है
(c) केवल निष्कर्ष II अनुसरण करता है
(d) इनमें से कोई भी निष्कर्ष अनुसरण नहीं करता है

295. **कथन** कुछ तोते, सुअर हैं।
कुछ सुअर, खम्भे हैं।
सभी खम्भे, पालतू हैं।
निष्कर्ष
I. कुछ खम्भे, सुअर हैं।
II. कुछ पालतू, तोते हैं।
III. सभी तोते, पालतू हैं।
IV. कुछ पालतू, सुअर हैं।
Matric Level 27/06/2023 Shift-I
(a) केवल निष्कर्ष IV अनुसरण करता है
(b) केवल निष्कर्ष I और II अनुसरण करते हैं
(c) केवल निष्कर्ष III अनुसरण करता है
(d) केवल निष्कर्ष I और IV अनुसरण करते हैं

296. **कथन**
सभी कम्प्यूटर, फुटबॉल हैं।
कुछ फुटबॉल, गोल हैं।
कुछ गोल, स्टूल हैं।

निष्कर्ष

I. कुछ फुटबॉल, कम्प्यूटर हैं।
II. कुछ गोल, फुटबॉल हैं।
III. कुछ स्टूल, गोल हैं।

Matric Level 27/06/2023 Shift-I

(a) केवल निष्कर्ष I और II अनुसरण करते हैं
(b) सभी निष्कर्ष अनुसरण करते हैं
(c) केवल निष्कर्ष II और III अनुसरण करते हैं
(d) केवल निष्कर्ष I और III अनुसरण करते हैं

297. **कथन** कोई आम, केला नहीं है।
कोई केला, अमरूद नहीं है।
कुछ अमरूद, सन्तरे हैं।

निष्कर्ष

I. कुछ आम, सन्तरे हैं।
II. कुछ अमरूद, आम हैं।
III. कोई संतरा, केला नहीं है।

Graduate Level 01/08/2022 Shift-IV

(a) केवल निष्कर्ष II अनुसरण करता है
(b) केवल निष्कर्ष I अनुसरण करता है
(c) निष्कर्ष I, II और III अनुसरण करते हैं
(d) कोई भी निष्कर्ष अनुसरण नहीं करता है

298. **कथन** कुछ C, P हैं।
कोई C, T नहीं है।
सभी P, S हैं।

निष्कर्ष

I. सभी S के C होने की सम्भावना है।
II. कम-से-कम कुछ T, C नहीं हैं।
III. कुछ P, T नहीं हैं।

Graduate Level 01/08/2022 Shift-IV

(a) निष्कर्ष I, II और III सभी अनुसरण करते हैं
(b) केवल निष्कर्ष I अनुसरण करता है
(c) केवल निष्कर्ष II और III अनुसरण करते हैं
(d) केवल निष्कर्ष I और III अनुसरण करते हैं

299. **कथन**
सभी नोड, जॉइण्ट्स हैं।
कुछ जॉइण्ट्स, हड्डियाँ हैं।
सभी हड्डियाँ कार्टिलेज हैं।

निष्कर्ष

I. कोई नोड, हड्डी नहीं है।
II. सभी जॉइण्ट्स, कार्टिलेज हैं।
III. कुछ कार्टिलेज, नोड हैं।

Higher Secondary Level 01/08/2022 Shift-II

(a) केवल निष्कर्ष II और III अनुसरण करते हैं
(b) कोई भी निष्कर्ष अनुसरण नहीं करता है
(c) केवल निष्कर्ष I अनुसरण करता है
(d) केवल निष्कर्ष I और II अनुसरण करते हैं

300. **कथन**
कोई ताला, चाबी नहीं हैं।
कुछ चाबियाँ, पासवर्ड हैं।

निष्कर्ष

I. कुछ पासवर्ड, ताले हैं।
II. सभी पासवर्ड, ताले हैं।

Matric Level 01/08/2022 Shift-I

(a) निष्कर्ष I और II दोनों अनुसरण करते हैं
(b) केवल निष्कर्ष II अनुसरण करता है
(c) केवल निष्कर्ष I अनुसरण करता है
(d) न तो निष्कर्ष I अनुसरण करता है और न ही II अनुसरण करता है

सही उत्तर

1	(b)	2	(b)	3	(a)	4	(b)	5	(c)	6	(c)	7	(c)	8	(a)	9	(b)	10	(b)
11	(a)	12	(b)	13	(a)	14	(d)	15	(d)	16	(d)	17	(c)	18	(a)	19	(c)	20	(a)
21	(c)	22	(a)	23	(d)	24	(d)	25	(a)	26	(a)	27	(b)	28	(a)	29	(a)	30	(c)
31	(d)	32	(b)	33	(b)	34	(d)	35	(b)	36	(a)	37	(b)	38	(d)	39	(b)	40	(d)
41	(b)	42	(d)	43	(b)	44	(d)	45	(c)	46	(a)	47	(c)	48	(b)	49	(b)	50	(d)
51	(d)	52	(a)	53	(a)	54	(a)	55	(b)	56	(d)	57	(b)	58	(d)	59	(d)	60	(a)
61	(a)	62	(d)	63	(d)	64	(b)	65	(d)	66	(d)	67	(d)	68	(d)	69	(b)	70	(b)
71	(a)	72	(d)	73	(b)	74	(a)	75	(a)	76	(d)	77	(b)	78	(a)	79	(d)	80	(a)
81	(c)	82	(b)	83	(c)	84	(c)	85	(c)	86	(b)	87	(d)	88	(a)	89	(c)	90	(c)
91	(b)	92	(d)	93	(b)	94	(a)	95	(a)	96	(c)	97	(d)	98	(b)	99	(c)	100	(d)
101	(a)	102	(c)	103	(c)	104	(a)	105	(b)	106	(a)	107	(b)	108	(d)	109	(d)	110	(c)
111	(b)	112	(b)	113	(d)	114	(b)	115	(b)	116	(a)	117	(d)	118	(c)	119	(d)	120	(d)
121	(b)	122	(b)	123	(d)	124	(a)	125	(c)	126	(b)	127	(c)	128	(c)	129	(b)	130	(d)
131	(a)	132	(c)	133	(d)	134	(c)	135	(d)	136	(a)	137	(b)	138	(a)	139	(b)	140	(a)
141	(c)	142	(a)	143	(c)	144	(d)	145	(c)	146	(b)	147	(c)	148	(c)	149	(b)	150	(c)
151	(a)	152	(c)	153	(b)	154	(c)	155	(a)	156	(d)	157	(a)	158	(d)	159	(b)	160	(d)
161	(d)	162	(b)	163	(a)	164	(c)	165	(a)	166	(d)	167	(c)	168	(d)	169	(a)	170	(b)
171	(b)	172	(b)	173	(b)	174	(b)	175	(b)	176	(b)	177	(a)	178	(c)	179	(b)	180	(d)
181	(a)	182	(b)	183	(a)	184	(a)	185	(b)	186	(c)	187	(d)	188	(d)	189	(b)	190	(d)
191	(c)	192	(a)	193	(c)	194	(d)	195	(a)	196	(c)	197	(d)	198	(a)	199	(c)	200	(a)
201	(d)	202	(b)	203	(a)	204	(d)	205	(c)	206	(a)	207	(a)	208	(c)	209	(c)	210	(c)
211	(c)	212	(c)	213	(c)	214	(b)	215	(c)	216	(d)	217	(b)	218	(a)	219	(a)	220	(d)
221	(d)	222	(a)	223	(c)	224	(d)	225	(b)	226	(d)	227	(b)	228	(c)	229	(c)	230	(a)
231	(a)	232	(c)	233	(d)	234	(c)	235	(a)	236	(c)	237	(b)	238	(a)	239	(c)	240	(d)
241	(d)	242	(a)	243	(c)	244	(c)	245	(a)	246	(b)	247	(a)	248	(c)	249	(a)	250	(a)
251	(d)	252	(c)	253	(a)	254	(c)	255	(a)	256	(b)	257	(b)	258	(a)	259	(b)	260	(a)
261	(a)	262	(b)	263	(c)	264	(d)	265	(d)	266	(a)	267	(c)	268	(a)	269	(c)	270	(b)
271	(d)	272	(d)	273	(d)	274	(b)	275	(b)	276	(d)	277	(c)	278	(b)	279	(d)	280	(a)
281	(b)	282	(d)	283	(c)	284	(d)	285	(c)	286	(b)	287	(b)	288	(c)	289	(c)	290	(d)
291	(b)	292	(d)	293	(a)	294	(d)	295	(d)	296	(b)	297	(d)	298	(a)	299	(b)	300	(d)

उत्तर सहित हल

1. (b) प्रश्नानुसार,

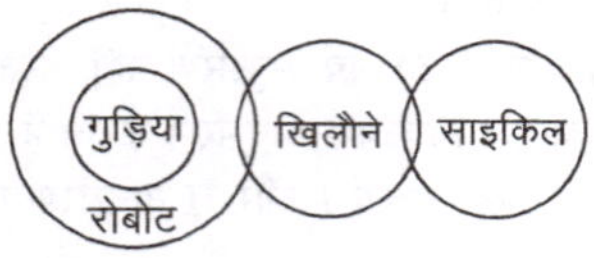

निष्कर्ष I. (✗) II. (✗)
अत: न तो निष्कर्ष I और न ही II सत्य है।

2. (b) प्रश्नानुसार,

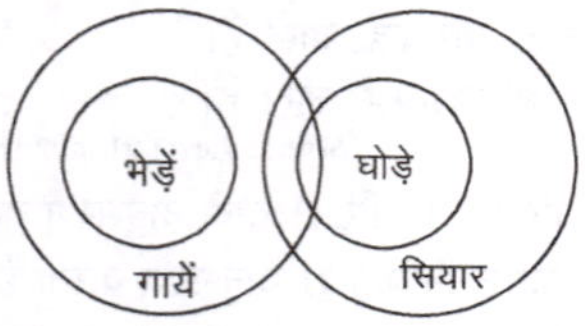

निष्कर्ष I. (✓) II. (✗)
अत: केवल निष्कर्ष I अनुसरण करता है।

3. (a) कथनानुसार,

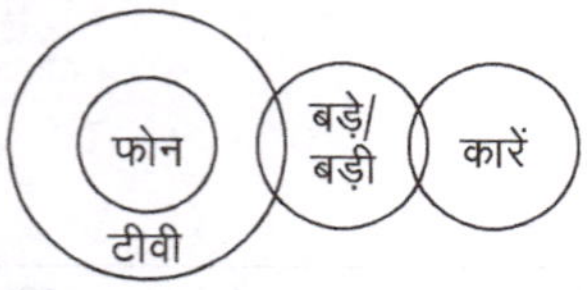

निष्कर्ष I. (✓) II. (✓) III. (✗)
अत: केवल निष्कर्ष I और II अनुसरण करते हैं।

4. (b) कथनानुसार,

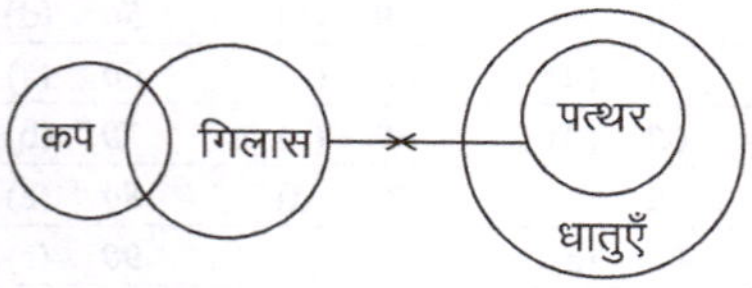

निष्कर्ष I. (✓) II. (✗) III. (✓)
अत: केवल निष्कर्ष I और III अनुसरण करते हैं।

5. (c) कथनानुसार,

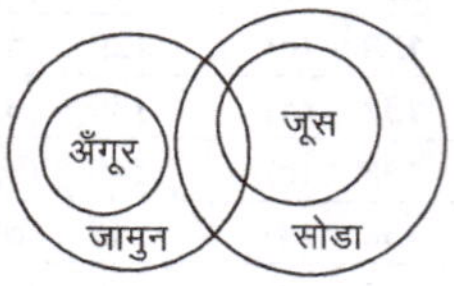

निष्कर्ष I. (✓) II. (✓)
अत: निष्कर्ष I और II दोनों अनुसरण करते हैं।

6. (c) कथनानुसार,

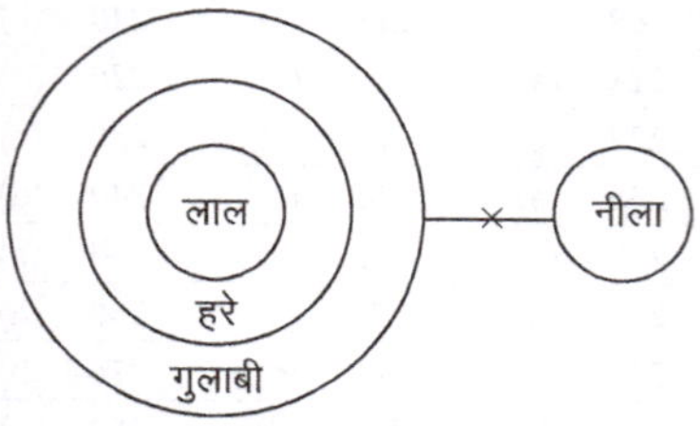

निष्कर्ष I. (✓) II. (✗)
अत: केवल निष्कर्ष I अनुसरण करता है।

7. (c) कथनानुसार,

निष्कर्ष I. (✗) II. (✓) III. (✓)
अत: केवल निष्कर्ष II तथा III अनुसरण करते हैं।

8. (a) कथनानुसार,

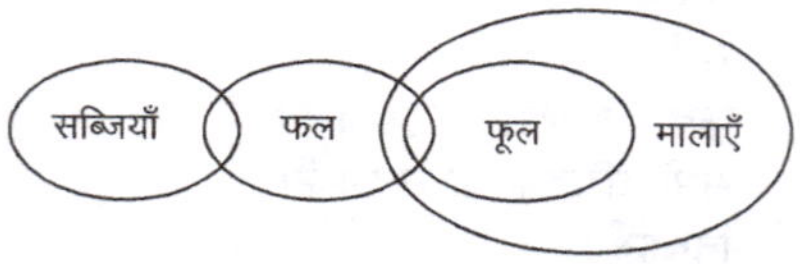

निष्कर्ष I. (✓) II. (✗) III. (✗)
अत: केवल निष्कर्ष I अनुसरण करता है।

9. (b) कथनानुसार,

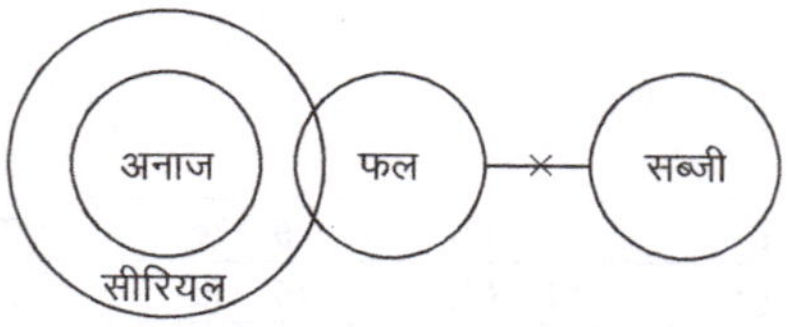

निष्कर्ष I. (✗) II. (✗)
अत: न तो निष्कर्ष I और न ही II अनुसरण करता है।

10. (b) कथनानुसार,

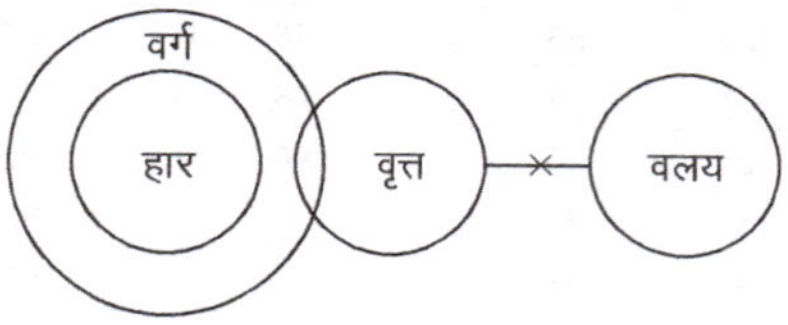

निष्कर्ष I. (✗) II. (✓) III. (✓)
अत: निष्कर्ष II तथा III दोनों अनुसरण करते हैं।

11. (a) कथनानुसार,

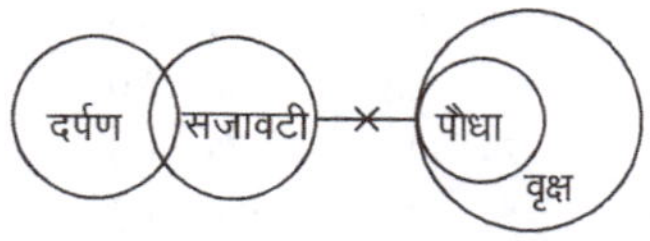

निष्कर्ष I. (✗) II. (✗)
अत: न तो निष्कर्ष I और न ही II अनुसरण करता है।

12. (b) कथनानुसार,

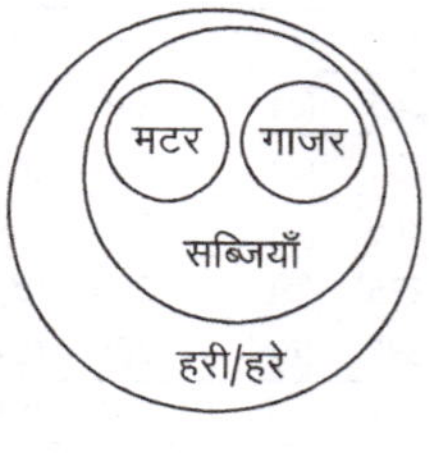

निष्कर्ष I. (✓) II. (✗) III. (✓)
अत: निष्कर्ष I और III अनुसरण करते हैं।

13. (a) कथनानुसार,

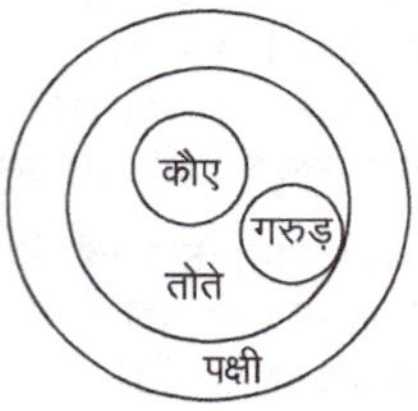

निष्कर्ष I. (✗) II. (✓) III. (✗)
अत: केवल निष्कर्ष II अनुसरण करता है।

14. (d) कथनानुसार,

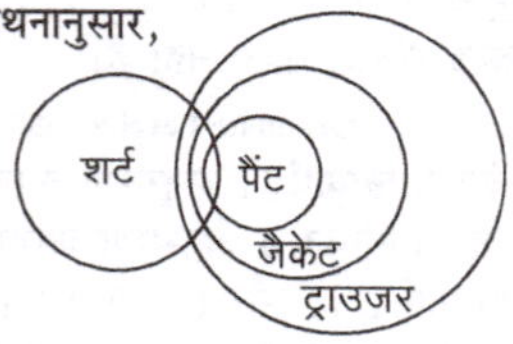

निष्कर्ष I. (✓) II. (✗)
अत: केवल निष्कर्ष I अनुसरण करता है।

15. (d) कथनानुसार,

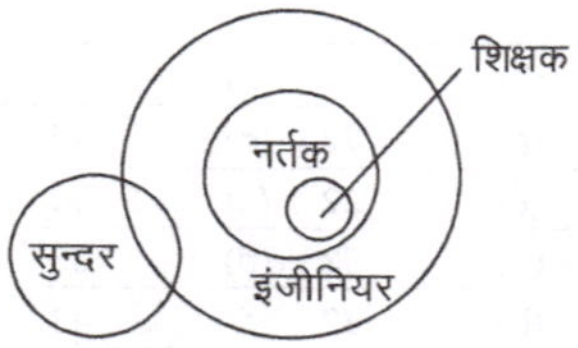

निष्कर्ष I. (✗) II. (✗)
अत: न तो निष्कर्ष I और न ही II अनुसरण करता है।

16. (d) कथनानुसार,

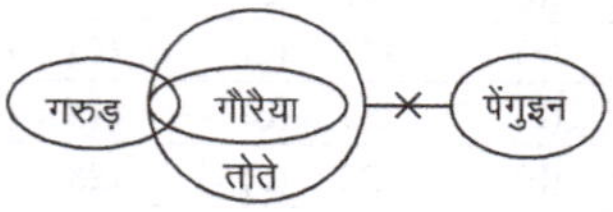

निष्कर्ष I. (✓) II. (✓)
अत: निष्कर्ष I और II दोनों अनुसरण करते हैं।

17. (c) कथनानुसार,

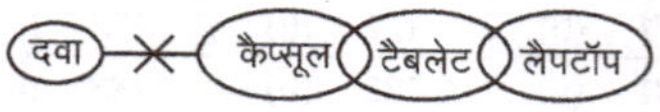

निष्कर्ष I. (✗) II. (✓)
अत: केवल निष्कर्ष II अनुसरण करता है।

18. (a) कथनानुसार,

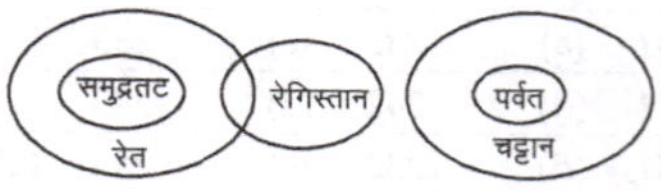

निष्कर्ष I. (✗) II. (✗)
अत: न तो निष्कर्ष I और न ही निष्कर्ष II अनुसरण करता है।

19. (c) कथनानुसार,

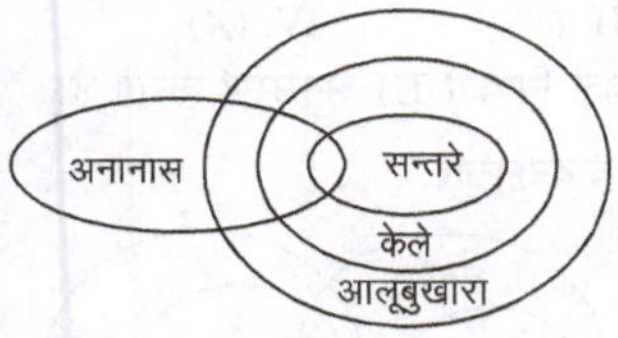

निष्कर्ष I. (✓) II. (✓) III. (✗)

अत: केवल निष्कर्ष I और II अनुसरण करते हैं।

20. (a) कथनानुसार,

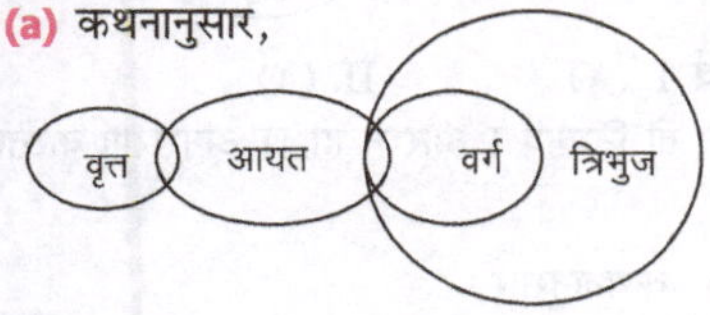

निष्कर्ष I. (✗) II. (✓) III. (✗)

अत: केवल निष्कर्ष II अनुसरण करता है।

21. (c) कथनानुसार,

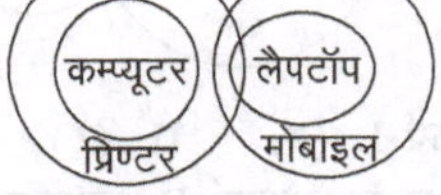

निष्कर्ष I. (✓) II. (✓) III. (✓)

अत: सभी निष्कर्ष अनुसरण करते हैं।

22. (a) कथनानुसार,

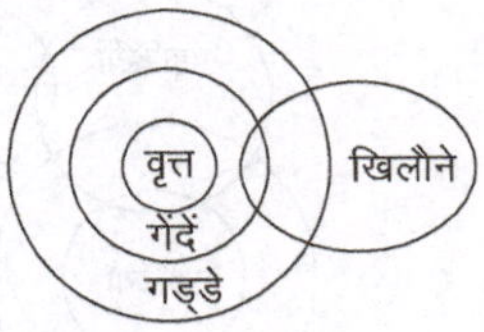

निष्कर्ष I. (✗) II. (✗)

अत: न तो निष्कर्ष I और न ही निष्कर्ष II अनुसरण करता है।

23. (d) कथनानुसार,

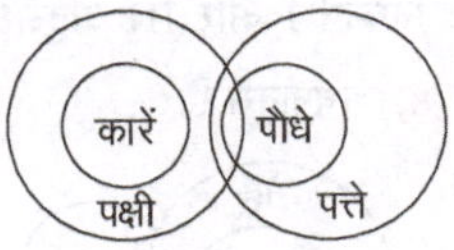

निष्कर्ष I. (✓) II. (✓) III. (✓)

अत: सभी निष्कर्ष अनुसरण करते हैं।

24. (d) कथनानुसार,

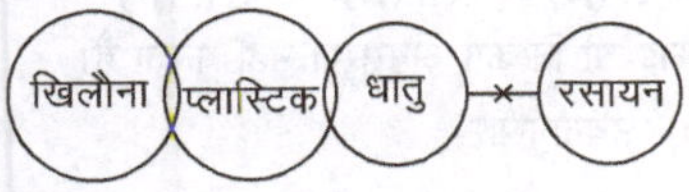

निष्कर्ष I. (✗) II. (✗)

अत: न तो निष्कर्ष I और न ही निष्कर्ष II अनुसरण करता है।

25. (a) कथनानुसार,

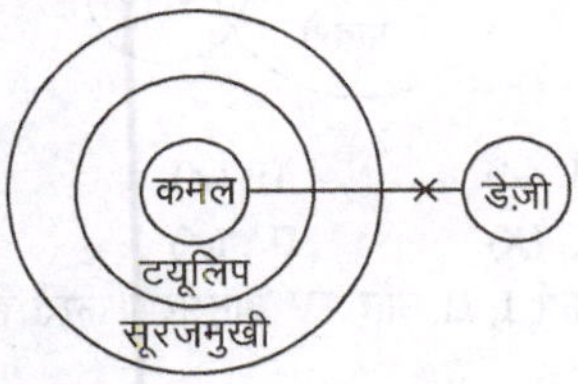

निष्कर्ष I. (✗) II. (✗) III. (✗)

यहाँ, निष्कर्ष II तथा III एक-दूसरे के पूरक हैं।

अत: या तो निष्कर्ष II या III अनुसरण करता है।

26. (a) कथनानुसार,

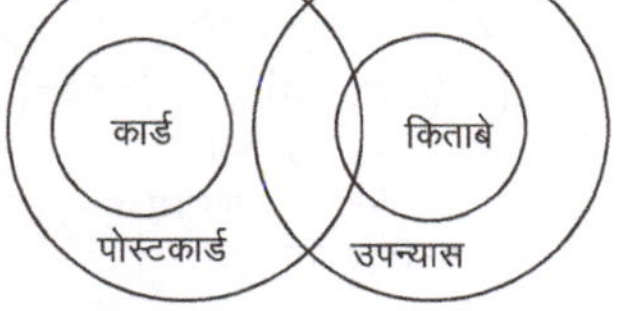

निष्कर्ष I. (✓) II. (✗) III. (✗)

अत: केवल निष्कर्ष I अनुसरण करता है।

27. (b) कथनानुसार,

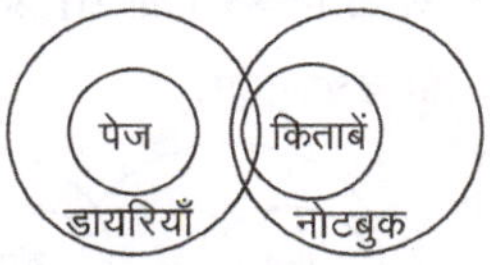

निष्कर्ष I. (✗) II. (✗) III. (✓)

अत: केवल निष्कर्ष III अनुसरण करता है।

28. (a) कथनानुसार,

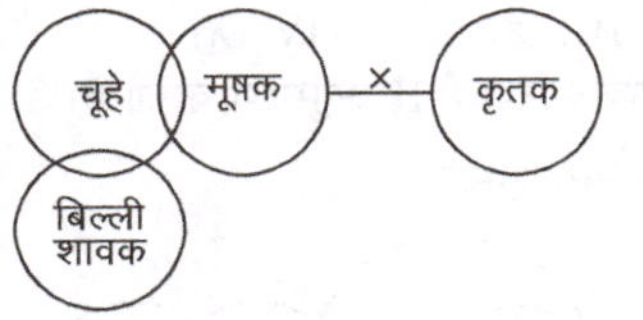

निष्कर्ष I. (✗) II. (✗) III. (✗)

स्पष्टत: कोई भी निष्कर्ष अनुसरण नहीं करता है।

29. (a) कथनानुसार,

निष्कर्ष I. (✓) II. (✓)

अत: दोनों निष्कर्ष I और II अनुसरण करते हैं।

30. (c) कथनानुसार,

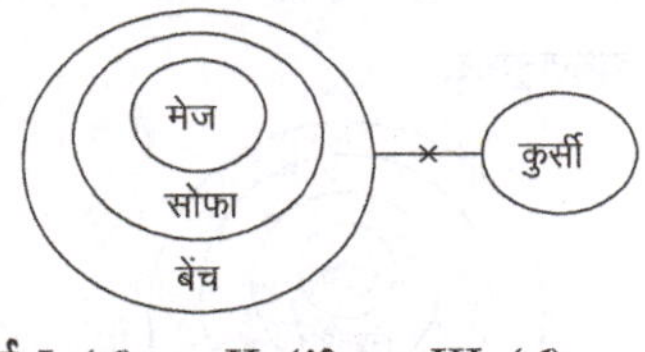

निष्कर्ष I. (✓) II. (✗) III. (✓)

अत: केवल निष्कर्ष I और III अनुसरण करते हैं।

31. (d) कथनानुसार,

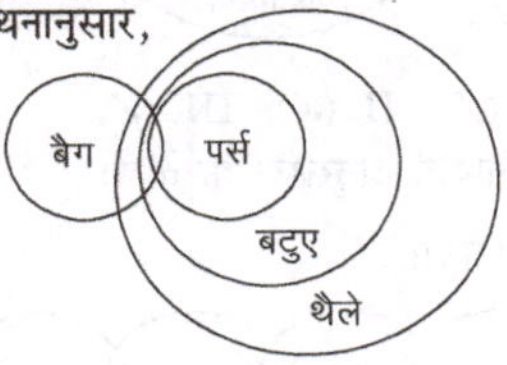

निष्कर्ष I. (✓) II. (✓)

अत: निष्कर्ष I और निष्कर्ष II दोनों अनुसरण करते हैं।

32. (b) कथनानुसार,

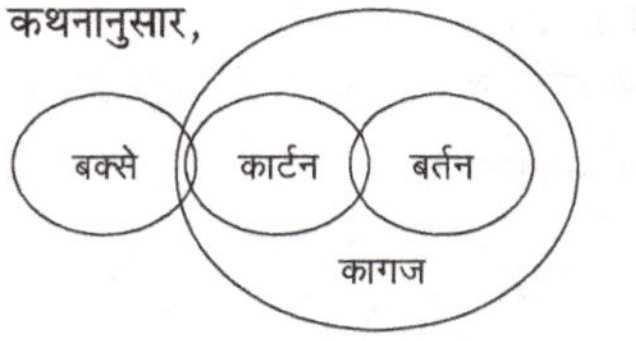

निष्कर्ष I. (✗) II. (✓)

अत: केवल निष्कर्ष II अनुसरण करता है।

33. (b) कथनानुसार,

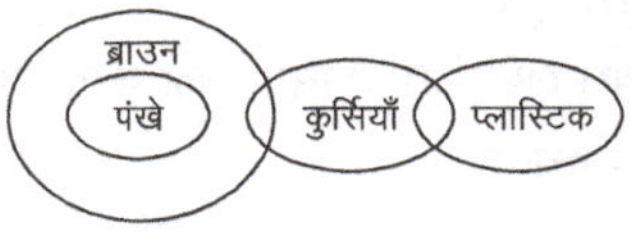

निष्कर्ष I. (✓) II. (✓) III. (✗)

अत: केवल निष्कर्ष I तथा II अनुसरण करते हैं।

34. (d) कथनानुसार,

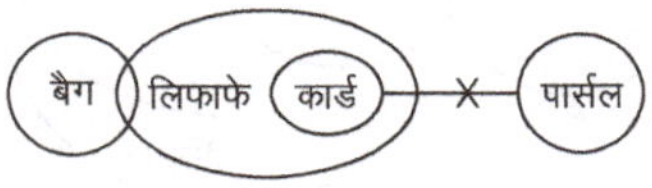

निष्कर्ष I. (✓) II. (✗) III. (✗)

अत: केवल निष्कर्ष I अनुसरण करता है।

35. (b) कथनानुसार,

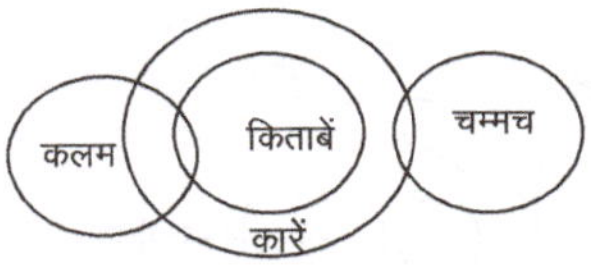

निष्कर्ष I. (✗) II. (✓)

अत: केवल निष्कर्ष II अनुसरण करता है।

36. (a) कथनानुसार,

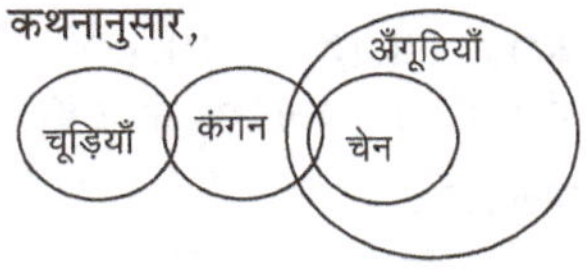

निष्कर्ष I. (✗) II. (✗) III. (✓)

अत: केवल निष्कर्ष III अनुसरण करता है।

37. (b) कथनानुसार,

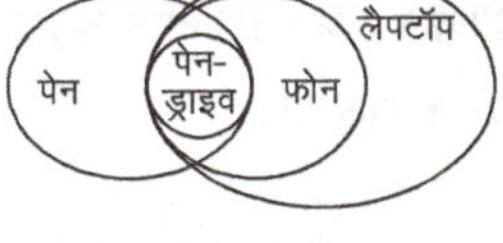

निष्कर्ष I. (✗) II. (✗) III. (✓)

केवल निष्कर्ष III अनुसरण करता है।

38. (d) कथनानुसार,

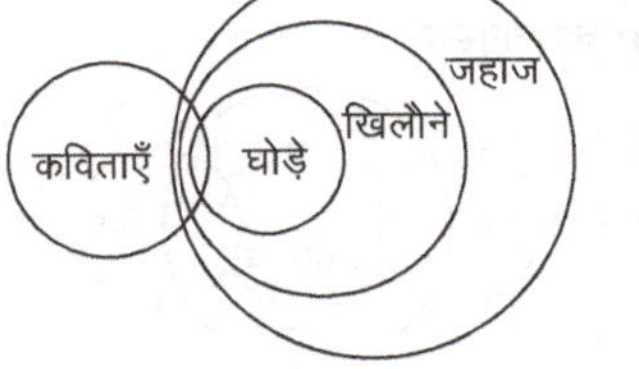

निष्कर्ष I. (✓) II. (✓)
अत: निष्कर्ष I तथा II दोनों ही अनुसरण करते हैं।

39. (b) कथनानुसार,

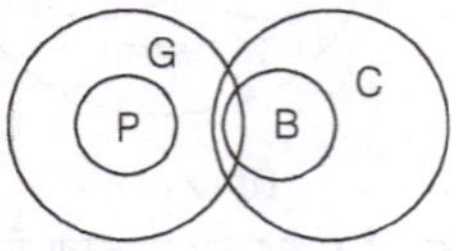

निष्कर्ष I. (✓) II. (✗)
III. (✓) IV. (✓)
अत: केवल निष्कर्ष II अनुसरण नहीं करता है।

40. (d) कथनानुसार,

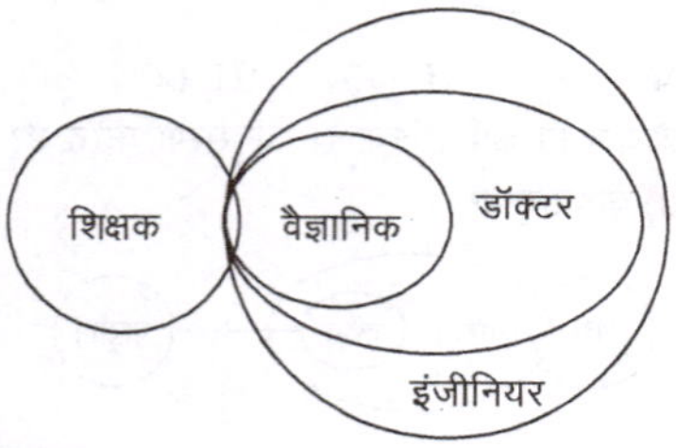

निष्कर्ष I. (✓) II. (✓) III. (✓)
अत: सभी निष्कर्ष अनुसरण करते हैं।

41. (b) कथनानुसार,

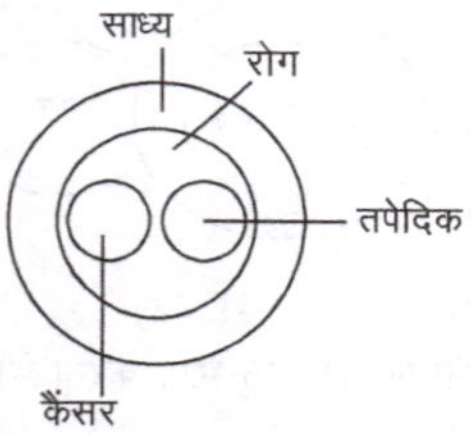

निष्कर्ष I. (✓) II. (✗) III. (✓)
अत: निष्कर्ष I और III अनुसरण करते हैं।

42. (d) कथनानुसार,

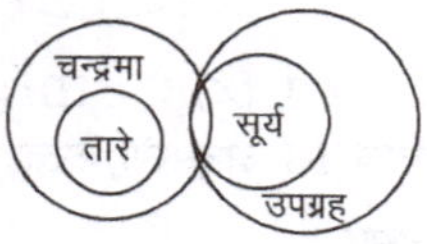

निष्कर्ष I. (✓) II. (✗) III. (✓)
अत: निष्कर्ष I और III दोनों अनुसरण करते हैं।

43. (b) कथनानुसार,

निष्कर्ष I. (✗) II. (✓) III. (✓)
अत: निष्कर्ष II और III अनुसरण करते हैं।

44. (d) कथनानुसार,

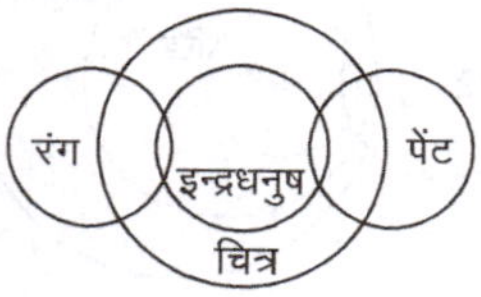

निष्कर्ष I. (✓) II. (✗) III. (✓)
अत: निष्कर्ष I और III अनुसरण करते हैं।

45. (c) कथनानुसार,

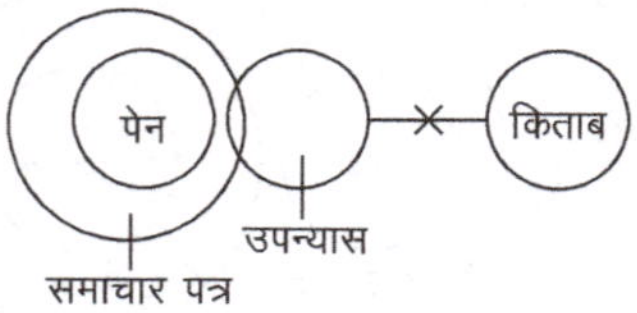

निष्कर्ष I. (✗) II. (✗) III. (✗)
या
अत: या तो निष्कर्ष I या III अनुसरण करता है।

46. (a) कथनानुसार,

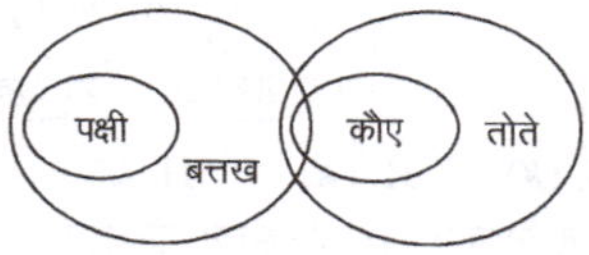

निष्कर्ष I. (✗) II. (✓)
III. (✗) IV. (✗)
अत: केवल निष्कर्ष II अनुसरण करता है।

47. (c) कथनानुसार,

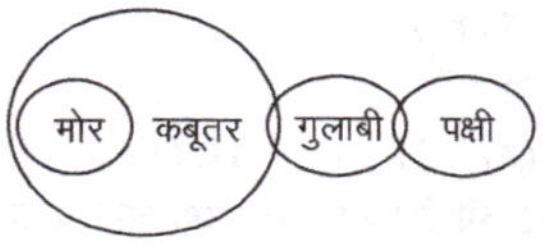

निष्कर्ष I. (✗) II. (✗) III. (✗)
अत: कोई भी निष्कर्ष अनुसरण नहीं करता है।

48. (b) कथनानुसार,

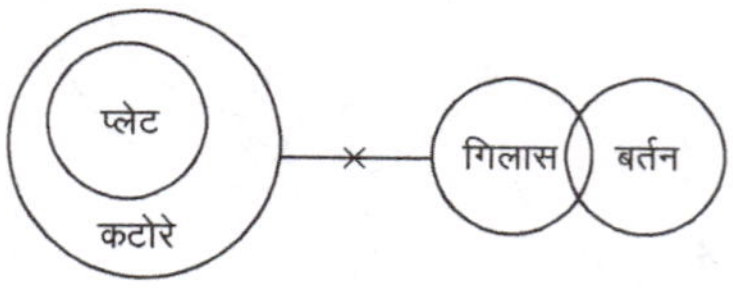

निष्कर्ष I. (✗) II. (✓) III. (✗)
अत: केवल निष्कर्ष II अनुसरण करता है।

49. (b) कथनानुसार,

निष्कर्ष I. (✓) II. (✓) III. (✓)
अत: सभी निष्कर्ष अनुसरण करते हैं।

50. (d) कथनानुसार,

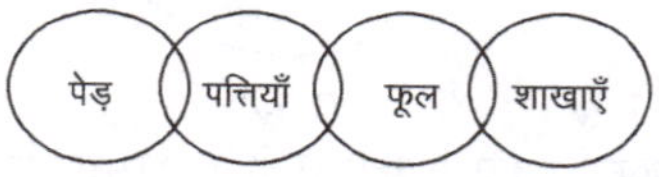

निष्कर्ष I. (✗) II. (✗)
III. (✓) IV. (✗)
अत: केवल निष्कर्ष III अनुसरण करता है।

51. (d) कथनानुसार,

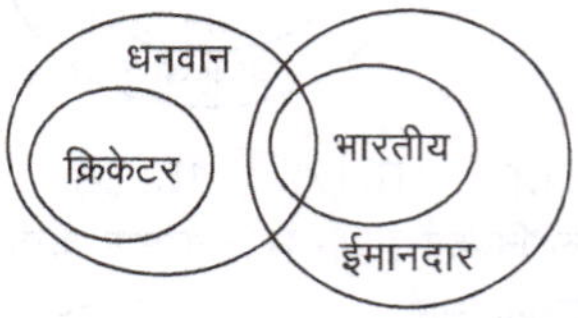

निष्कर्ष I. (✗) II. (✗)
अत: न तो निष्कर्ष I और न ही II अनुसरण करता है।

52. (a) कथनानुसार,

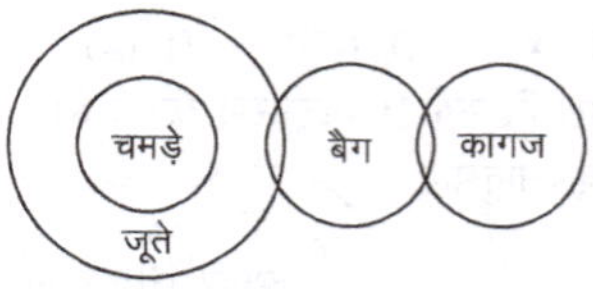

निष्कर्ष I. (✗) II. (✓) III. (✗)
अत: केवल निष्कर्ष II अनुसरण करता है।

53. (a) कथनानुसार,

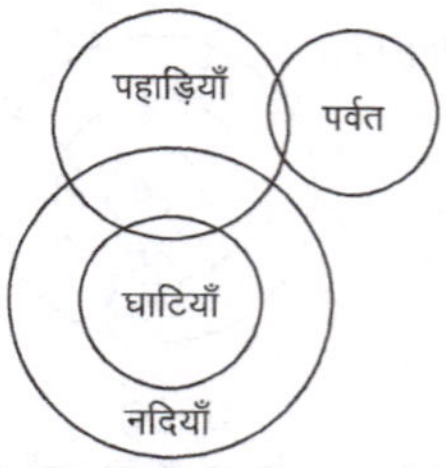

निष्कर्ष I. (✓) II. (✗) III. (✓)
अत: निष्कर्ष I और III अनुसरण करते हैं।

54. (a) कथनानुसार,

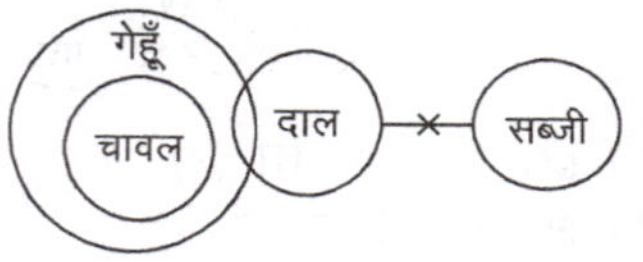

निष्कर्ष I. (✗) II. (✗) III. (✗)
अत: कोई भी निष्कर्ष अनुसरण नहीं करता है।

55. (b) कथनानुसार,

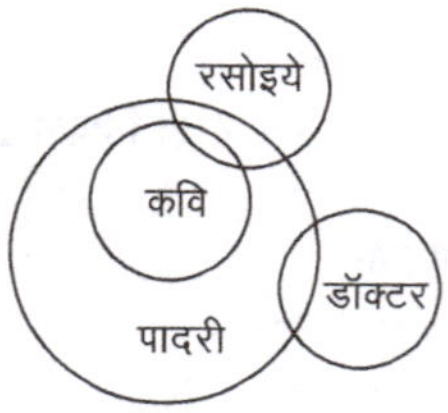

निष्कर्ष I. (✓) II. (✓)
III. (✗) IV. (✓)
अत: निष्कर्ष I, II और IV अनुसरण करते हैं।

56. (d) कथनानुसार,

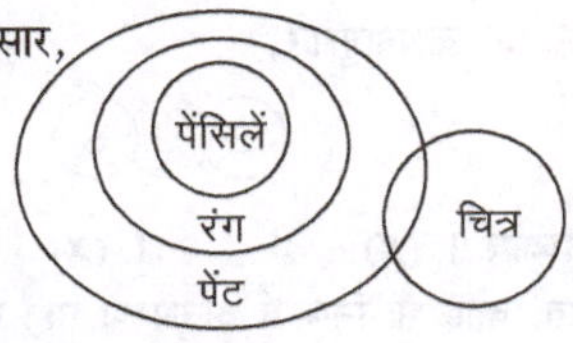

निष्कर्ष I. (✗) II. (✓) III. (✓)
अत: निष्कर्ष II और III अनुसरण करते हैं।

57. (b) कथनानुसार,

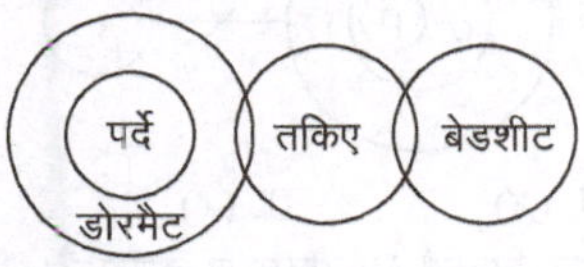

निष्कर्ष I. (✗) II. (✗) III. (✓)
अत: केवल निष्कर्ष III अनुसरण करता है।

58. (d) कथनानुसार,

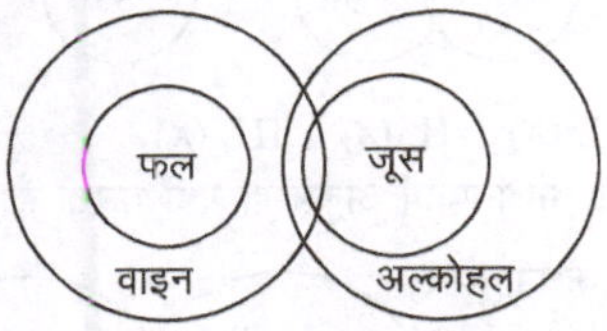

निष्कर्ष I. (✓) II. (✓) III. (✓)
अत: सभी निष्कर्ष अनुसरण करते हैं।

59. (d) कथनानुसार,

निष्कर्ष I. (✓) II. (✗) III. (✓)
अत: निष्कर्ष I और III अनुसरण करते हैं।

60. (a) कथनानुसार,

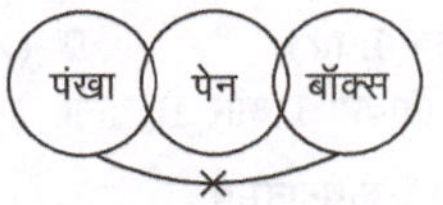

निष्कर्ष I. (✗) II. (✗)
III. (✓) IV. (✓)
अत: निष्कर्ष III और IV अनुसरण करते हैं।

61. (a) कथनानुसार,

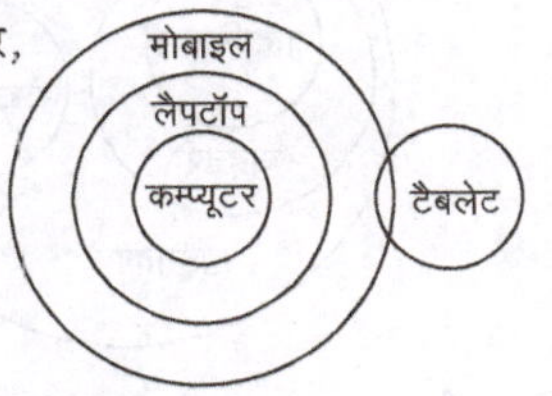

निष्कर्ष I. (✓) II. (✓) III. (✗)
अत: निष्कर्ष I और II अनुसरण करते हैं।

62. (d) कथनानुसार,

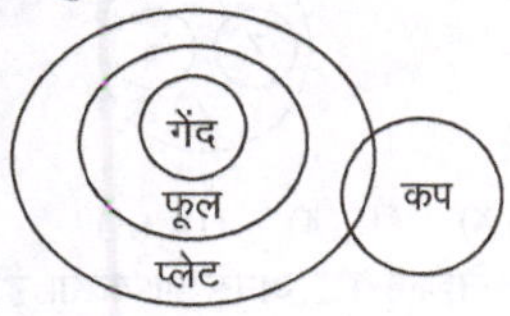

निष्कर्ष I. (✓) II. (✓) III. (✗)
अत: केवल निष्कर्ष I और II अनुसरण करते हैं।

63. (d) कथनानुसार,

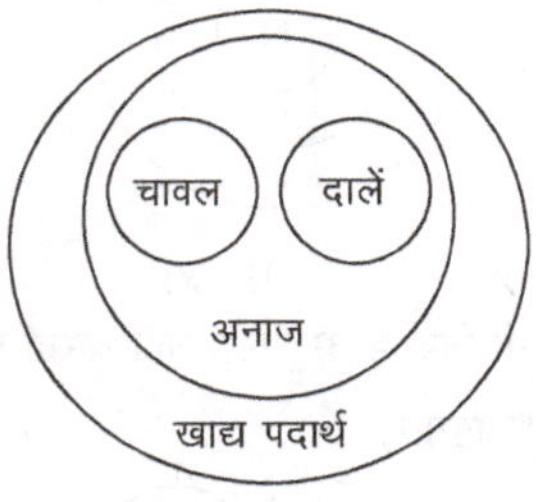

निष्कर्ष I. (✓) II. (✓) III. (✓)
अत: सभी निष्कर्ष अनुसरण करते हैं।

64. (b) कथनानुसार,

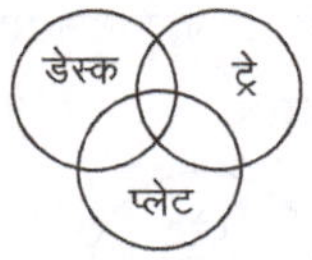

निष्कर्ष I. (✗) II. (✗)
III. (✓) IV. (✗)
अत: केवल निष्कर्ष III अनुसरण करता है।

65. (d) कथनानुसार,

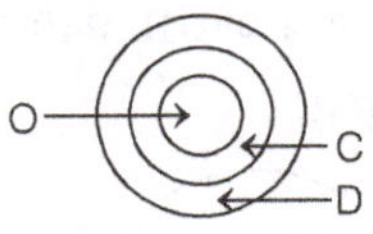

निष्कर्ष I. (✓) II. (✓) III. (✗)
अत: निष्कर्ष I तथा II दोनों अनुसरण करते हैं।

66. (d) कथनानुसार,

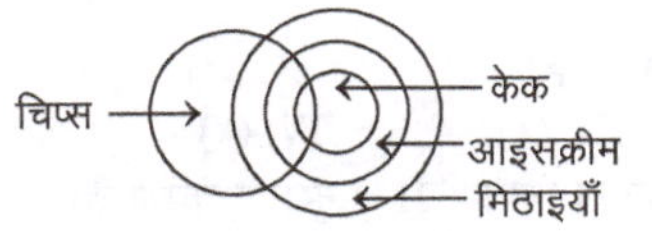

निष्कर्ष I. (✓) II. (✓) III. (✓)
अत: निष्कर्ष I, II तथा III तीनों अनुसरण करते हैं।

67. (d) कथनानुसार,

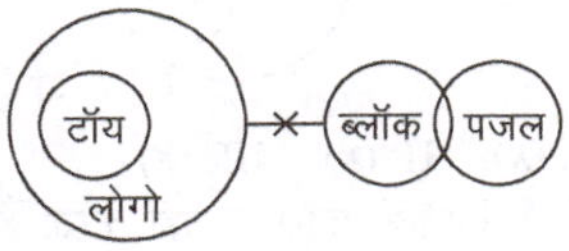

निष्कर्ष I. (✗) II. (✓) III. (✗)
अत: केवल निष्कर्ष II अनुसरण करता है।

68. (d) कथनानुसार,

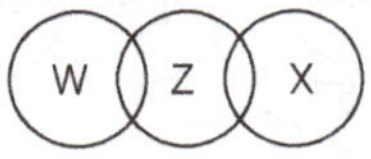

निष्कर्ष I. (✗) II. (✗)
अत: कोई भी निष्कर्ष अनुसरण नहीं करता है।

69. (b) कथनानुसार,

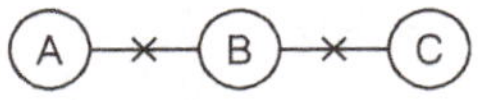

निष्कर्ष I. (✗) II. (✗)
अत: कोई भी निष्कर्ष अनुसरण नहीं करता है।

70. (b) कथनानुसार,

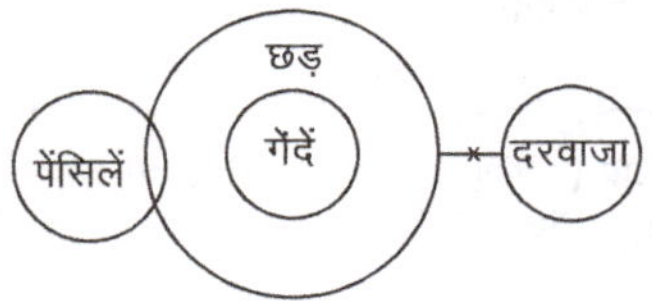

निष्कर्ष I. (✓) II. (✓)
III. (✗) IV. (✗)
अत: निष्कर्ष I और II अनुसरण करते हैं।

71. (a) कथनानुसार,

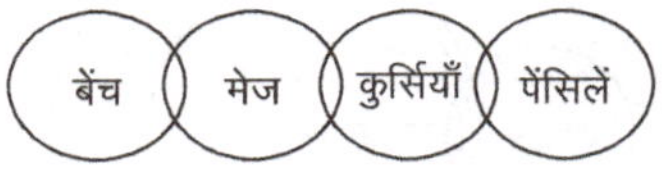

निष्कर्ष I. (✗) II. (✗)
III. (✓) IV. (✗)
अत: केवल निष्कर्ष III अनुसरण करता है।

72. (d) कथनानुसार,

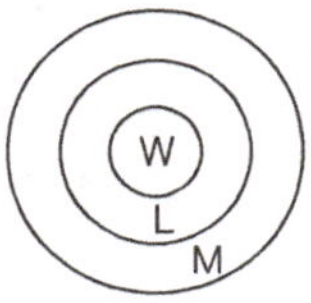

निष्कर्ष I. (✗) II. (✗) III. (✗)
अत: कोई भी निष्कर्ष अनुसरण नहीं करता है।

73. (b) कथनानुसार,

निष्कर्ष I. (✗) II. (✗) III. (✗)
अत: कोई भी निष्कर्ष अनुसरण नहीं करता है।

74. (a) कथनानुसार,

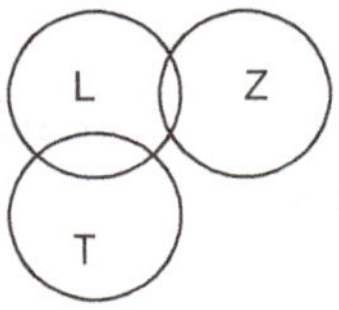

निष्कर्ष I. (✗) II. (✗)
अत: कोई भी निष्कर्ष अनुसरण नहीं करता है।

75. (a) कथनानुसार,

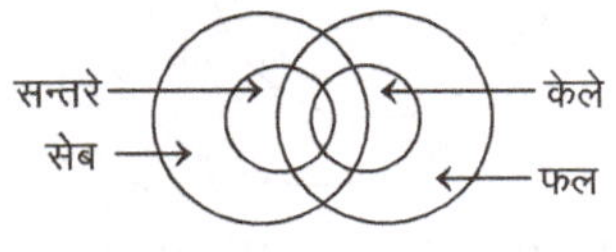

निष्कर्ष I. (✓) II. (✓) III. (✓)
अत: सभी निष्कर्ष अनुसरण करते हैं।

76. (d) कथनानुसार,

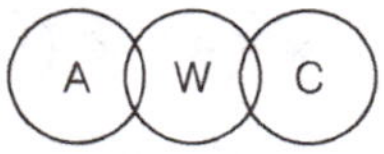

निष्कर्ष I. (✗) II. (✗) III. (✗)

अत: कोई भी निष्कर्ष अनुसरण नहीं करता है।

77. (b) कथनानुसार,

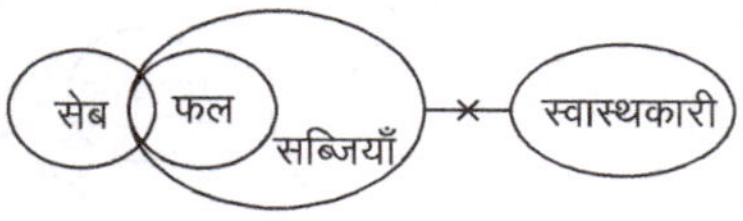

निष्कर्ष I. (✗) II. (✓) III. (✓)

अत: निष्कर्ष II और III अनुसरण करते हैं।

78. (a) कथनानुसार,

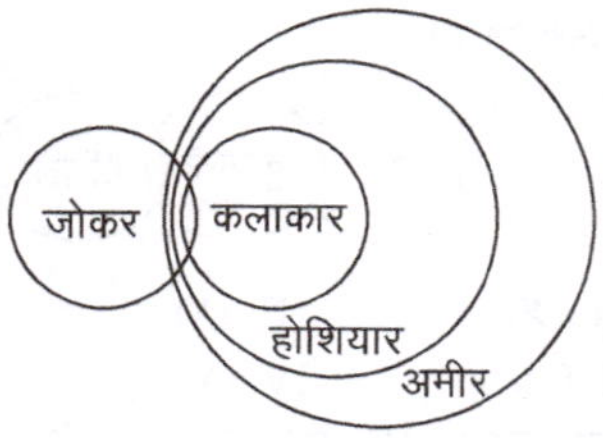

निष्कर्ष I. (✓) II. (✓) III. (✗)

अत: केवल निष्कर्ष I और II अनुसरण करते हैं।

79. (d) कथनानुसार,

निष्कर्ष I. (✓) II. (✗) III. (✗)

अत: केवल निष्कर्ष I अनुसरण करता है।

80. (a) कथनानुसार,

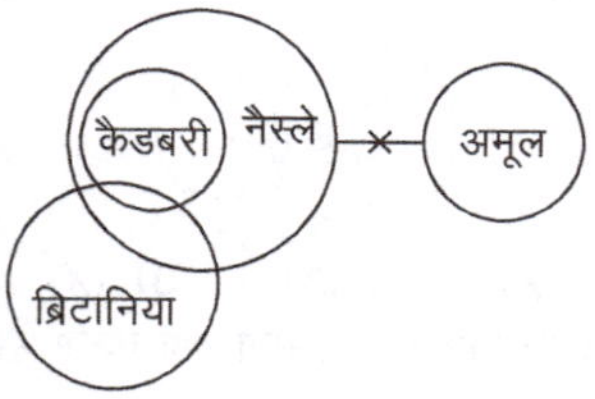

निष्कर्ष I. (✓) II. (✓) III. (✗)

अत: केवल निष्कर्ष I व II अनुसरण करते हैं।

81. (c) कथनानुसार,

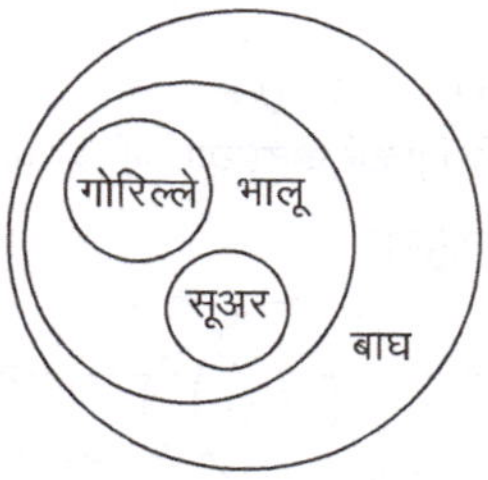

निष्कर्ष I. (✓) II. (✗) III. (✓)

अत: केवल निष्कर्ष I और III अनुसरण करते हैं।

82. (b) कथनानुसार,

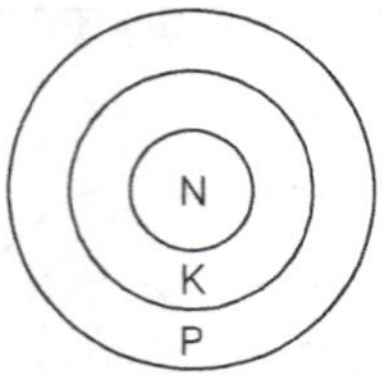

निष्कर्ष I. (✗) II. (✗)

अत: कोई भी निष्कर्ष अनुसरण नहीं करता है।

83. (c) कथनानुसार,

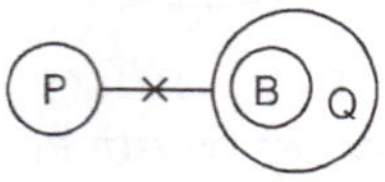

निष्कर्ष I. (✓) II. (✓) III. (✗)

अत: निष्कर्ष I और II दोनों अनुसरण करते हैं।

84. (c) कथनानुसार,

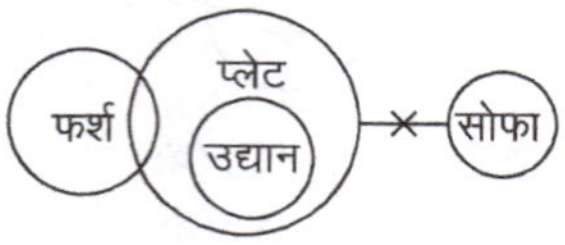

निष्कर्ष I. (✓) II. (✓) III. (✗) IV. (✗)

अत: केवल निष्कर्ष I और II अनुसरण करते हैं।

85. (c) कथनानुसार,

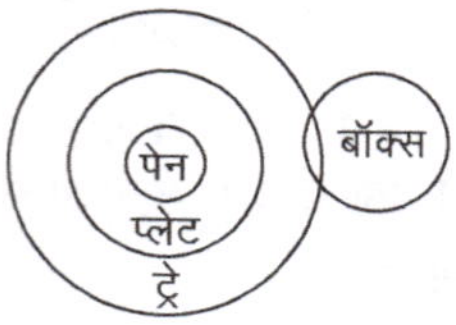

निष्कर्ष I. (✗) II. (✓) III. (✗) IV. (✗)

अत: केवल निष्कर्ष II अनुसरण करता है।

86. (b) कथनानुसार,

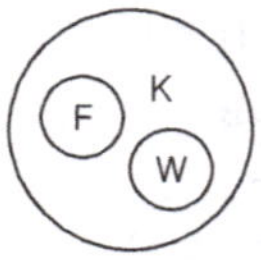

निष्कर्ष I. (✗) II. (✗) III. (✗)

अत: कोई भी निष्कर्ष अनुसरण नहीं करता है।

87. (d) कथनानुसार,

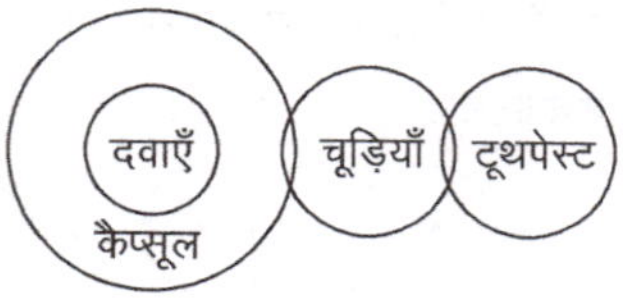

निष्कर्ष I. (✗) II. (✗) III. (✗) IV. (✗)

अत: कोई भी निष्कर्ष अनुसरण नहीं करता है।

88. (a) कथनानुसार,

निष्कर्ष I. (✗) II. (✗)

अत: कोई भी निष्कर्ष अनुसरण नहीं करता है।

89. (c) कथनानुसार,

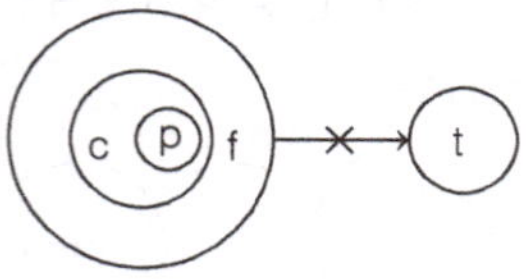

निष्कर्ष I. (✗) II. (✓)

अत: केवल निष्कर्ष II अनुसरण करता है।

90. (c) कथनानुसार,

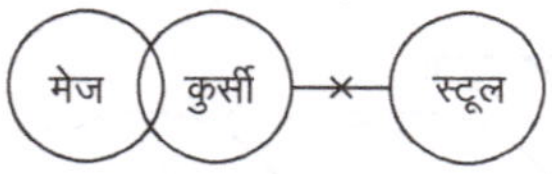

निष्कर्ष I. (✗) II. (✗) III. (✗)

अत: कोई भी निष्कर्ष अनुसरण नहीं करता है।

91. (b) कथनानुसार,

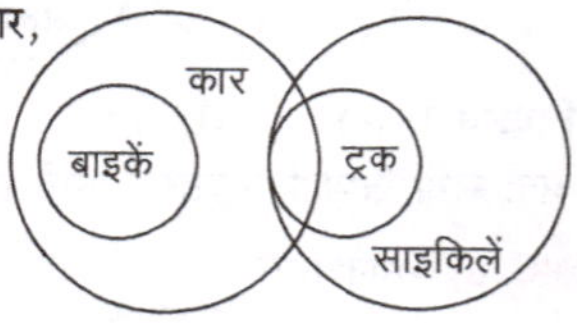

निष्कर्ष I. (✓) II. (✓) III. (✗)

अत: केवल निष्कर्ष I व II अनुसरण करते हैं।

92. (d) कथनानुसार,

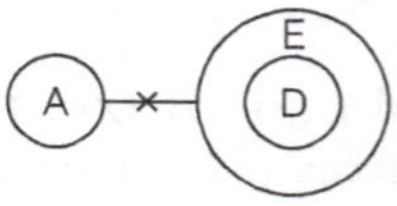

निष्कर्ष I. (✓) II. (✓)

अत: निष्कर्ष I और II दोनों अनुसरण करते हैं।

93. (b) कथनानुसार,

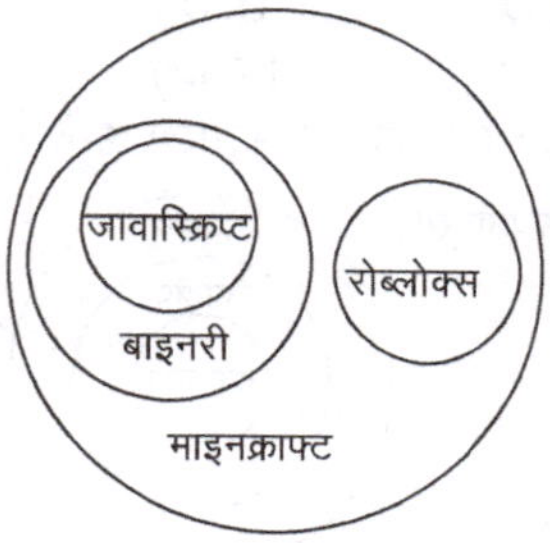

निष्कर्ष I. (✗) II. (✓) III. (✓)

अत: निष्कर्ष II और III अनुसरण करते हैं।

94. (a) कथनानुसार,

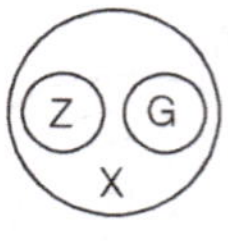

निष्कर्ष I. (✗) II. (✗) III. (✓)

अत: केवल निष्कर्ष III अनुसरण करता है।

95. (a) कथनानुसार,

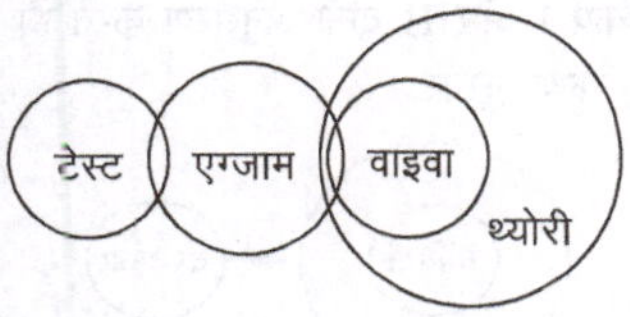

निष्कर्ष I. (✓) II. (✓) III. (✗)
अत: केवल निष्कर्ष I और II अनुसरण करते हैं।

96. (c) कथनानुसार,

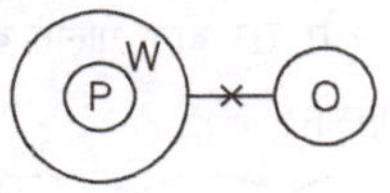

निष्कर्ष I. (✓) II. (✗)
अत: केवल निष्कर्ष I अनुसरण करता है।

97. (d) कथनानुसार,

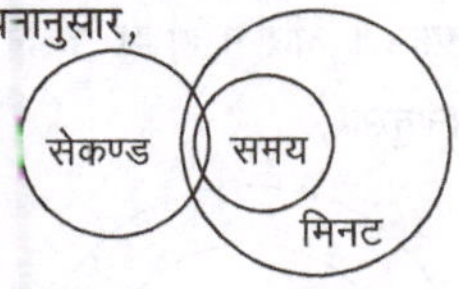

निष्कर्ष I. (✗) II. (✗) III. (✗)
अत: कोई भी निष्कर्ष अनुसरण नहीं करता है।

98. (b) कथनानुसार,

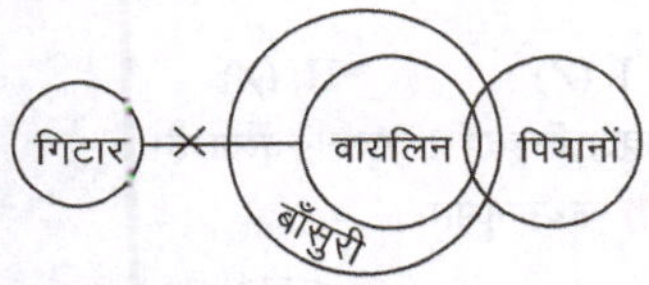

निष्कर्ष I. (✗) II. (✓) III. (✗)
अत: केवल निष्कर्ष II अनुसरण करता है।

99. (c) कथनानुसार,

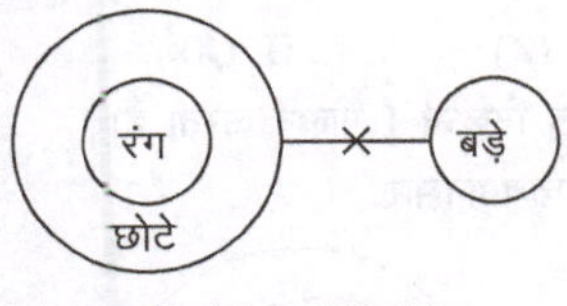

निष्कर्ष I. (✗) II. (✓) III. (✗)
अत: केवल निष्कर्ष II अनुसरण करता है।

100. (d) कथनानुसार,

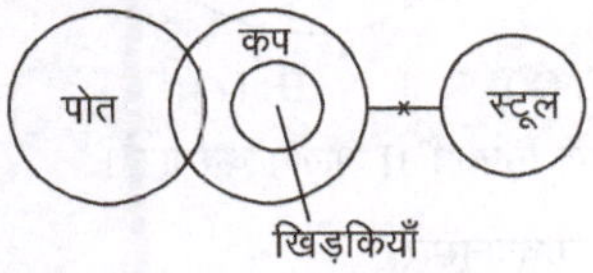

निष्कर्ष I. (✓) II. (✓)
III. (✗) IV. (✗)
अत: निष्कर्ष I और II अनुसरण करते हैं।

101. (a) कथनानुसार,

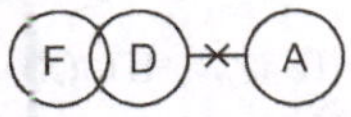

निष्कर्ष I. (✗) II. (✓) III. (✓)
अत: दोनों निष्कर्ष II तथा III अनुसरण करते हैं।

102. (c) कथनानुसार,

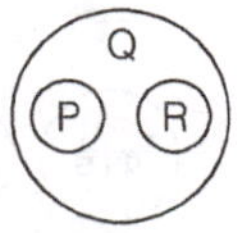

निष्कर्ष I. (✗) II. (✗)
अत: कोई भी निष्कर्ष अनुसरण नहीं करता है।

103. (c) कथनानुसार,

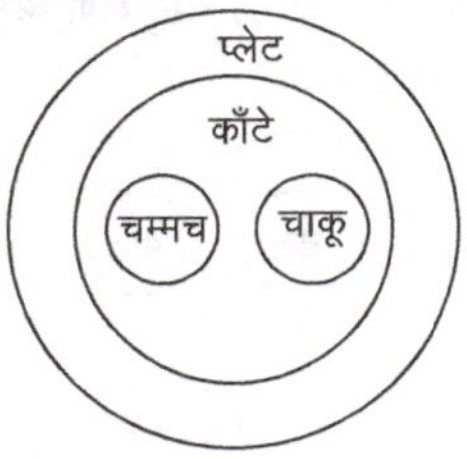

निष्कर्ष I. (✓) II. (✗) III. (✓)
अत: केवल निष्कर्ष I और III अनुसरण करते हैं।

104. (a) कथनानुसार,

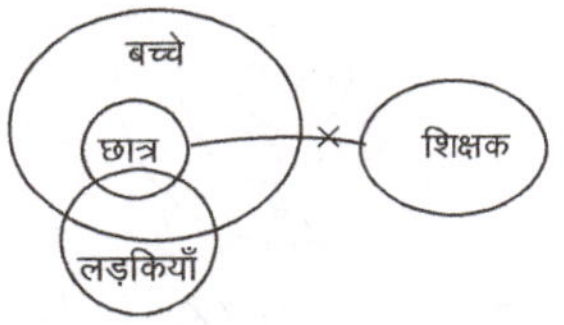

निष्कर्ष I. (✓) II. (✓) III. (✗)
अत: केवल निष्कर्ष I और II अनुसरण करते हैं।

105. (b) कथनानुसार,

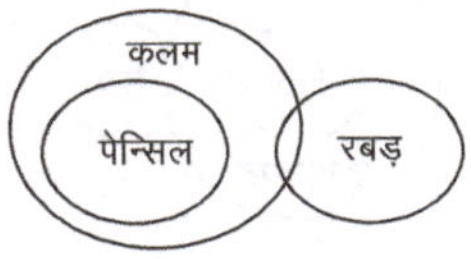

निष्कर्ष I. (✗) II. (✗) III. (✗)
अत: कोई भी निष्कर्ष अनुसरण नहीं करता है।

106. (a) कथनानुसार,

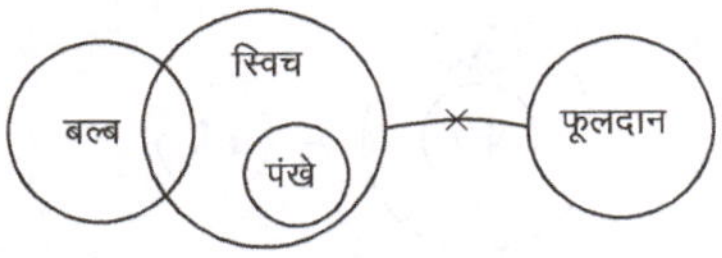

निष्कर्ष I. (✓) II. (✓)
III. (✗) IV. (✗)
अत: केवल निष्कर्ष I और II अनुसरण करते हैं।

107. (b) कथनानुसार,

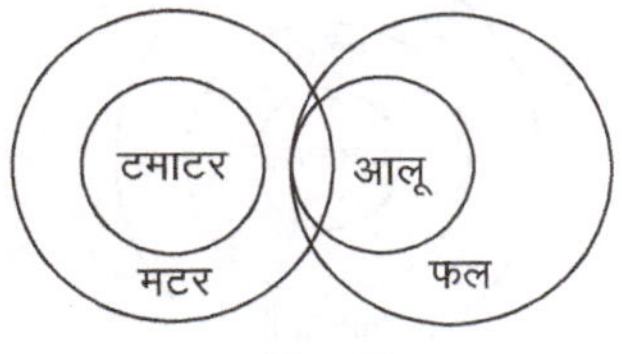

निष्कर्ष I. (✗) II. (✓) III. (✓)
अत: केवल निष्कर्ष II और III अनुसरण करते हैं।

108. (d) कथनानुसार,

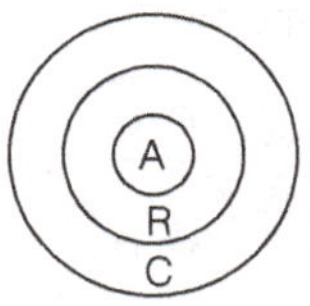

निष्कर्ष I. (✓) II. (✓) III. (✗)
अत: दोनों निष्कर्ष I और II अनुसरण करते हैं।

109. (d) कथनानुसार,

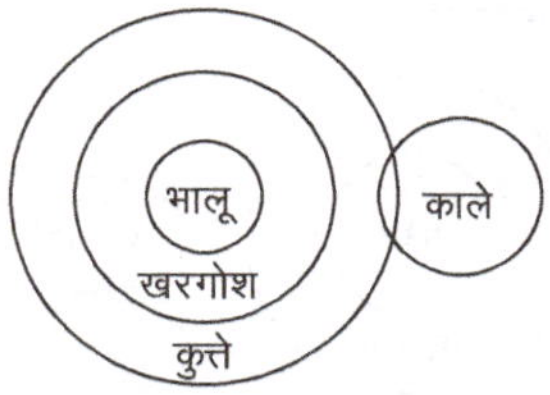

निष्कर्ष I. (✗) II. (✓) III. (✓)
अत: केवल निष्कर्ष II और III अनुसरण करते हैं।

110. (c) कथनानुसार,

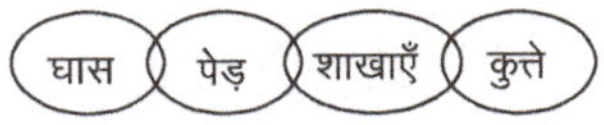

निष्कर्ष I. (✗) II. (✗)
III. (✗) IV. (✗)
कोई भी निष्कर्ष अनुसरण नहीं करता है।

111. (b) कथनानुसार,

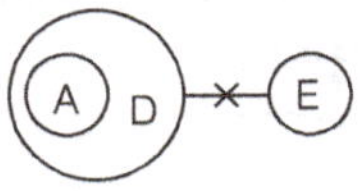

निष्कर्ष I. (✓) II. (✗) III. (✗)
अत: केवल निष्कर्ष I अनुसरण करता है।

112. (b) कथनानुसार,

निष्कर्ष I. (✗) II. (✗)
III. (✗) IV. (✗)
अत: कोई भी निष्कर्ष अनुसरण नहीं करता है।

113. (d) कथनानुसार,

निष्कर्ष I. (✗) II. (✓)
अत: केवल निष्कर्ष II अनुसरण करता है।

114. (b) कथनानुसार,

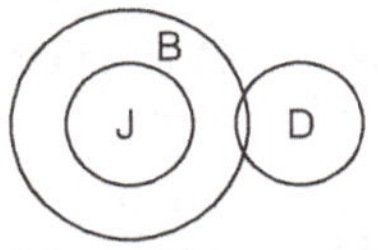

निष्कर्ष I. (✗) II. (✗)
अत: कोई भी निष्कर्ष अनुसरण नहीं करता है।

115. (b) कथनानुसार,

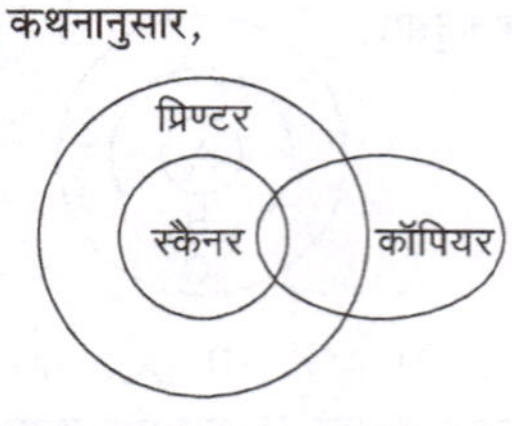

निष्कर्ष I. (✓) II. (✗) III. (✓)

अत: केवल निष्कर्ष I और III अनुसरण करते हैं।

116. (a) कथनानुसार,

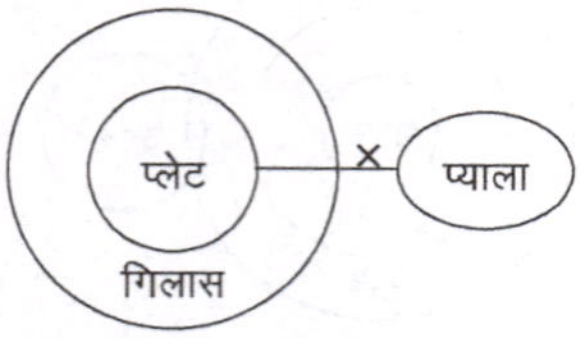

निष्कर्ष I. (✗) II. (✗)

अत: न तो निष्कर्ष I और न ही II अनुसरण करता है।

117. (d) कथनानुसार,

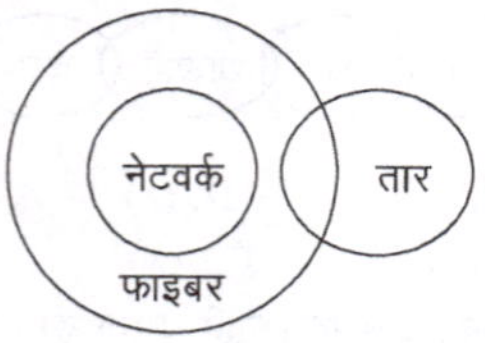

निष्कर्ष I. (✗) II. (✗)

अत: न तो निष्कर्ष I और न ही II अनुसरण करता है।

118. (c) कथनानुसार,

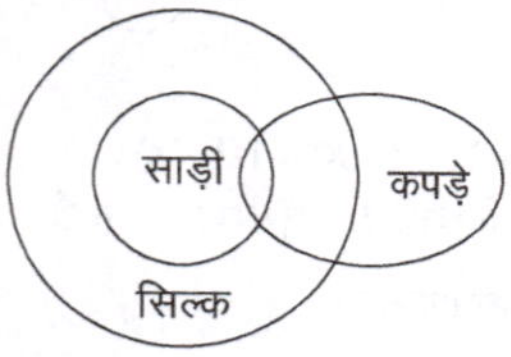

निष्कर्ष I. (✓) II. (✓)

अत: निष्कर्ष I और II दोनों अनुसरण करते हैं।

119. (d) कथनानुसार,

निष्कर्ष I. (✓) II. (✓)

अत: निष्कर्ष I और II दोनों अनुसरण करते हैं।

120. (d) कथनानुसार,

निष्कर्ष I. (✗) II. (✗)

अत: न तो निष्कर्ष I और न ही II अनुसरण करता है।

121. (b) कथनानुसार,

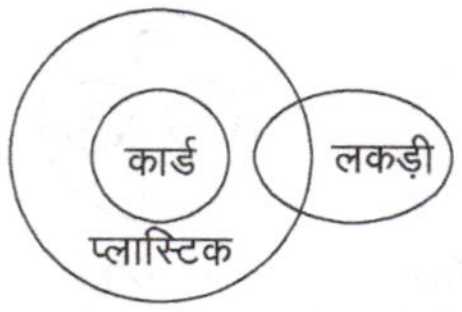

निष्कर्ष I. (✗) या II. (✗)

अत: या तो निष्कर्ष I या II अनुसरण करता है।

122. (b) कथनानुसार,

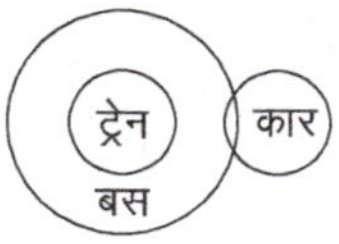

निष्कर्ष I. (✗) II. (✓)

अत: केवल निष्कर्ष II अनुसरण करता है।

123. (d) कथनानुसार,

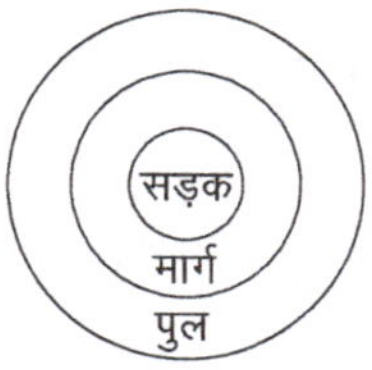

निष्कर्ष I. (✓) II. (✓)

अत: निष्कर्ष I और II दोनों अनुसरण करते हैं।

124. (a) कथनानुसार,

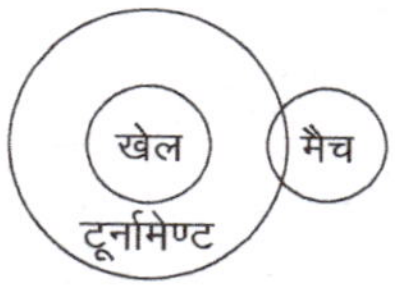

निष्कर्ष I. (✗) II. (✗)

अत: न तो निष्कर्ष I और न ही II अनुसरण करता है।

125. (c) कथनानुसार,

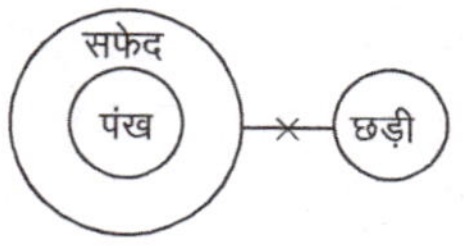

निष्कर्ष I. (✗) II. (✓)

अत: केवल निष्कर्ष II अनुसरण करता है।

126. (b) कथनानुसार,

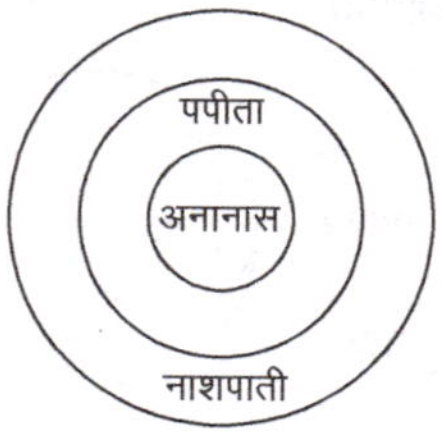

निष्कर्ष I. (✓) II. (✓)

अत: निष्कर्ष I और II दोनों अनुसरण करते हैं।

127. (c) कथनानुसार,

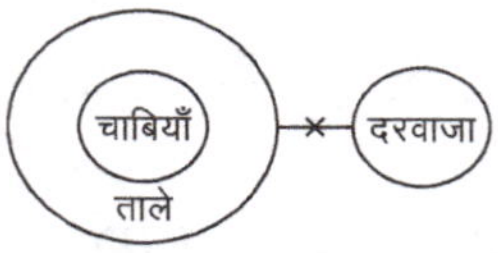

निष्कर्ष I. (✗) II. (✓)

III. (✓)

अत: निष्कर्ष II और III दोनों पालन करते हैं।

128. (c) कथनानुसार,

निष्कर्ष I. (✗) II. (✗)

अत: न तो निष्कर्ष I और न ही II पालन करता है।

129. (b) कथनानुसार,

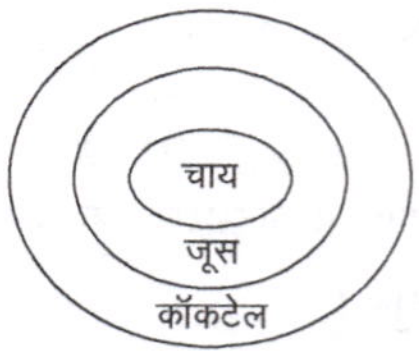

निष्कर्ष I. (✓) II. (✗)

अत: केवल निष्कर्ष I पालन करता है।

130. (d) कथनानुसार,

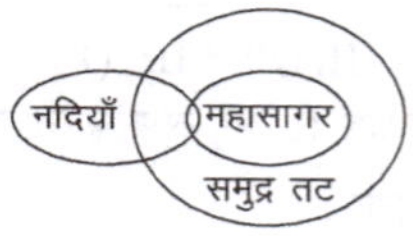

निष्कर्ष I. (✓) II. (✗)

अत: केवल निष्कर्ष I पालन करता है।

131. (a) कथनानुसार,

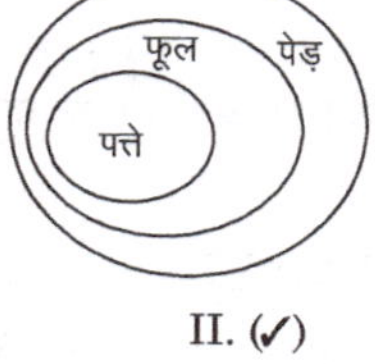

निष्कर्ष I. (✗) II. (✓)

अत: केवल निष्कर्ष II पालन करता है।

132. (c) कथनानुसार,

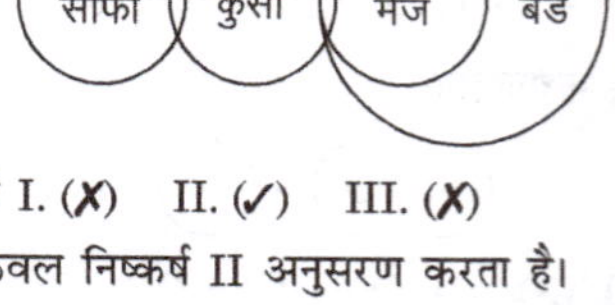

निष्कर्ष I. (✗) II. (✓) III. (✗)

अत: केवल निष्कर्ष II अनुसरण करता है।

133. (d) कथनानुसार,

निष्कर्ष I. (✓) II. (✓)
अत: निष्कर्ष I और II दोनों अनुसरण करते हैं।

134. (c) कथनानुसार,

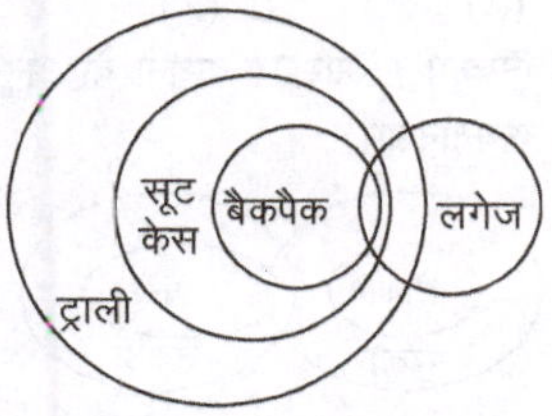

निष्कर्ष I. (✓) II. (✓) III. (✗)
अत: निष्कर्ष I और II दोनों अनुसरण करते हैं।

135. (d) कथनानुसार,

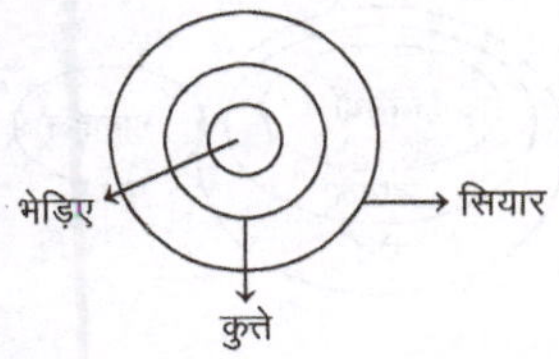

निष्कर्ष I. (✓) II. (✗)
अत: केवल निष्कर्ष I अनुसरण करता है।

136. (a) कथनानुसार,

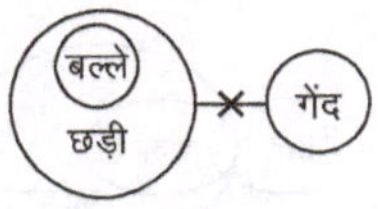

निष्कर्ष I. (✓) II. (✓)
अत: निष्कर्ष I और II दोनों अनुसरण करते हैं।

137. (b) कथनानुसार,

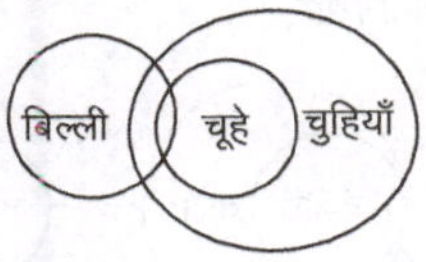

निष्कर्ष I. (✓) II. (✓)
अत: निष्कर्ष I और II दोनों अनुसरण करते हैं।

138. (a) कथनानुसार,

निष्कर्ष I. (✓) II. (✗)
अत: केवल निष्कर्ष I अनुसरण करता है।

139. (b) कथनानुसार,

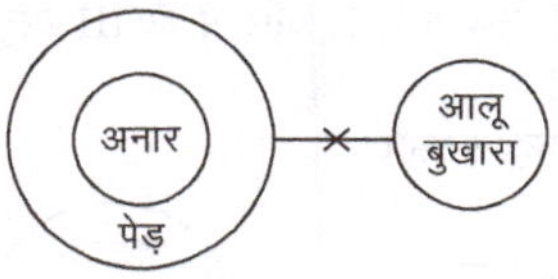

निष्कर्ष I. (✓) II. (✓) III. (✓)
अत: सभी निष्कर्ष अनुसरण करते हैं।

140. (a) कथनानुसार,

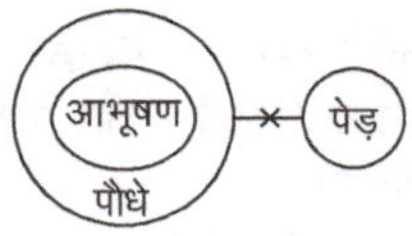

निष्कर्ष I. (✓) II. (✓)
अत: दोनों निष्कर्ष अनुसरण करते हैं।

141. (c) कथनानुसार,

निष्कर्ष I. (✗) II. (✓) III. (✗)
अत: केवल निष्कर्ष II अनुसरण करता है।

142. (a) कथनानुसार,

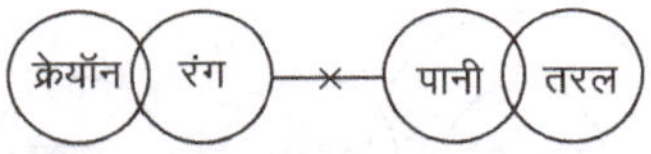

निष्कर्ष I. (✗) II. (✓) III. (✓)
अत: केवल निष्कर्ष II तथा III अनुसरण करते हैं।

143. (c) कथनानुसार,

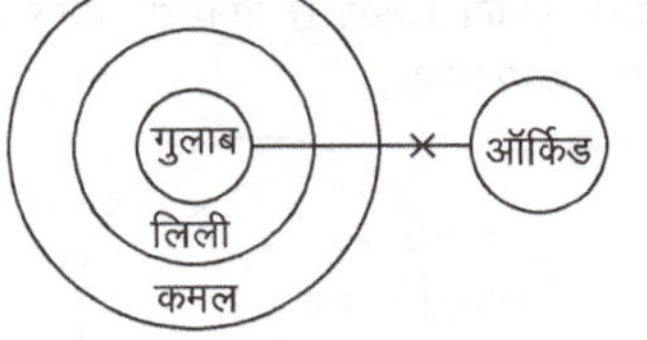

निष्कर्ष I. (✗) II. (✗) III. (✗)
अत: न तो निष्कर्ष I, II और न ही निष्कर्ष III अनुसरण करता है।

144. (d) कथनानुसार,

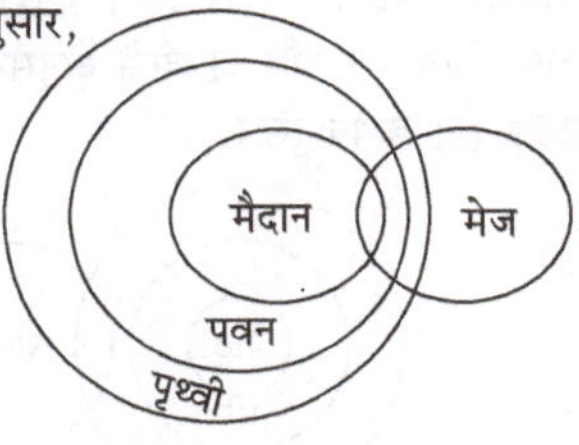

निष्कर्ष I. (✗) II. (✗)
न तो निष्कर्ष I और न ही II अनुसरण करता है।

145. (c) कथनानुसार,

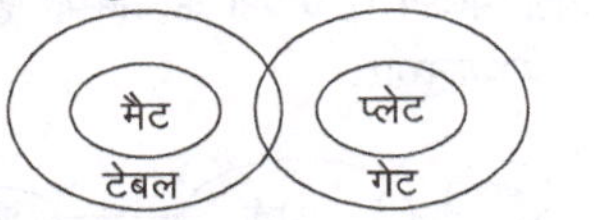

निष्कर्ष I. (✗) II. (✗)
अत: न तो निष्कर्ष I और न ही II कथनों का अनुसरण करता है।

146. (b) कथनानुसार,

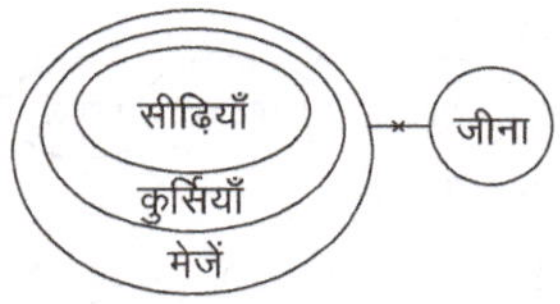

निष्कर्ष I. (✓) II. (✓) III. (✗)
अत: केवल निष्कर्ष I और II दोनों अनुसरण करते हैं।

147. (c) कथनानुसार,

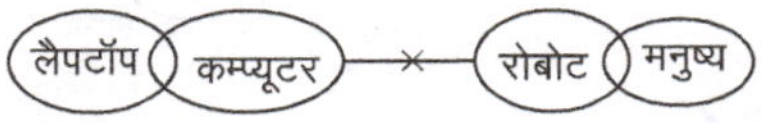

निष्कर्ष I. (✓) II. (✗)
यहाँ कुछ मनुष्य के कम्प्यूटर होने की सम्भावना है, परन्तु सभी मनुष्य कम्प्यूटर नहीं हो सकते हैं, निष्कर्ष सत्य है। अत: केवल निष्कर्ष I अनुसरण करता है।

148. (c) कथनानुसार,

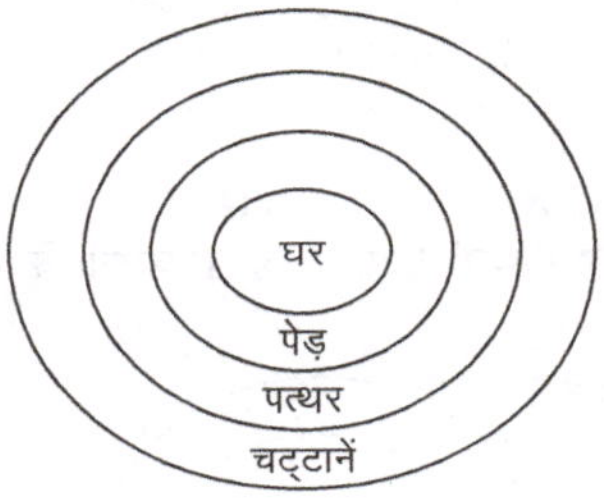

निष्कर्ष I. (✓) II. (✓)
अत: निष्कर्ष I और II दोनों अनुसरण करते हैं।

149. (b) कथनानुसार,

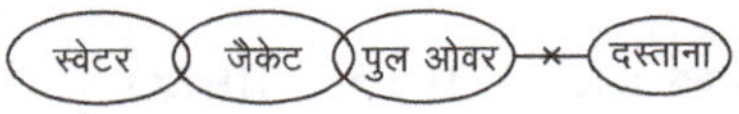

निष्कर्ष I. (✗) II. (✗)
अत: कोई भी निष्कर्ष अनुसरण नहीं करता है।

150. (c) कथनानुसार,

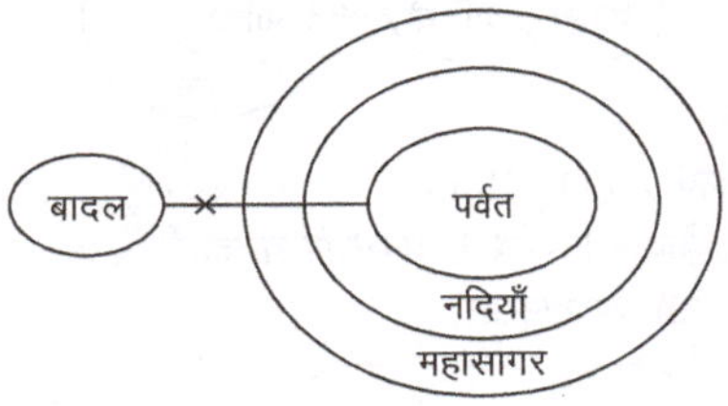

निष्कर्ष I. (✓) II. (✓)
अत: निष्कर्ष I और II दोनों अनुसरण करते हैं।

151. (a) कथनानुसार,

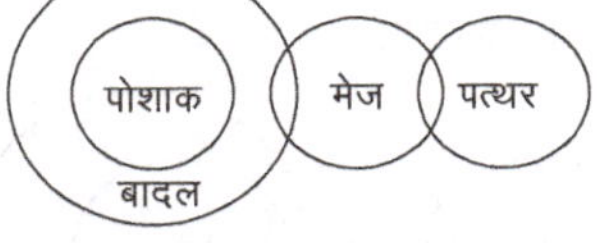

निष्कर्ष I. (✗) II. (✗)
अत: न तो निष्कर्ष I और न ही II कथनों के अनुसार है।

152. (c) कथनानुसार,

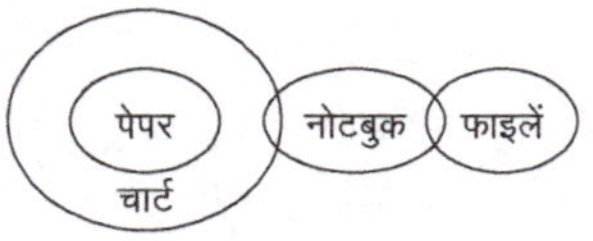

निष्कर्ष I. (✗) II. (✓)
अत: केवल निष्कर्ष II अनुसरण करता है।

153. (b) कथनानुसार,

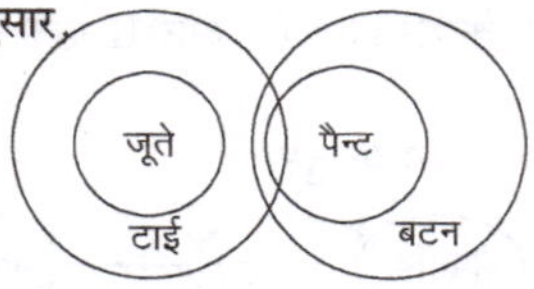

निष्कर्ष I. (✗) II. (✗)
अत: न तो निष्कर्ष I और न ही II कथनों के अनुसार है।

154. (c) कथनानुसार,

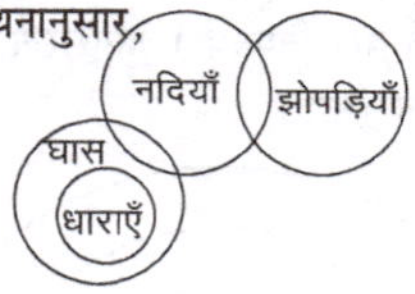

निष्कर्ष I. (✗) II. (✗)
अत: न तो निष्कर्ष I और न ही II कथनों के अनुसार है।

155. (a) कथनानुसार,

निष्कर्ष I. (✓) II. (✗) III. (✓)
अत: निष्कर्ष I और III दोनों अनुसरण करते हैं।

156. (d) कथनानुसार,

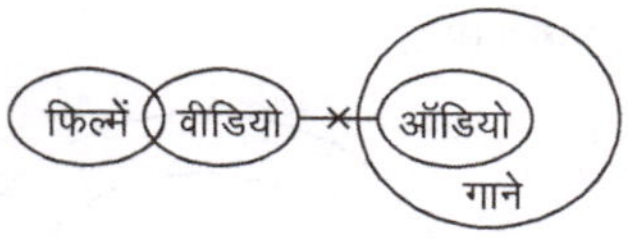

निष्कर्ष I. (✓) II. (✗)
अत: केवल निष्कर्ष I अनुसरण करता है।

157. (a) कथनानुसार,

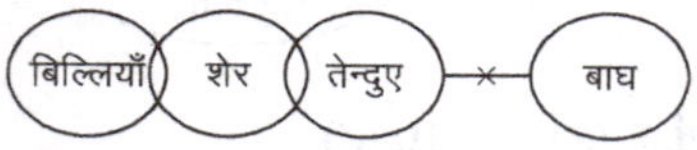

निष्कर्ष I. (✗) II. (✗) III. (✗)
अत: न तो निष्कर्ष I, II और न ही निष्कर्ष III अनुसरण करता है।

158. (d) कथनानुसार,

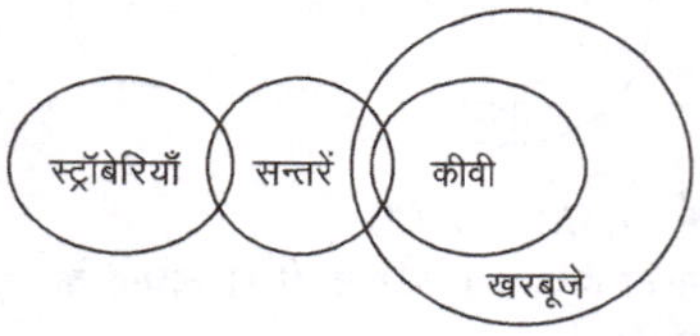

निष्कर्ष I. (✗) II. (✗) III. (✗)
अत: न तो निष्कर्ष I, II और न ही III अनुसरण करता है।

159. (b) कथनानुसार,

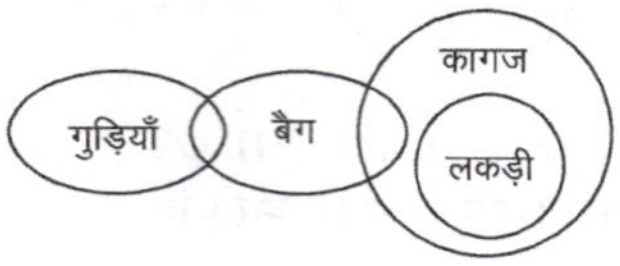

निष्कर्ष I. (✗) II. (✗)
अत: न तो निष्कर्ष I और न ही II कथनों के अनुसार है।

160. (d) कथनानुसार,

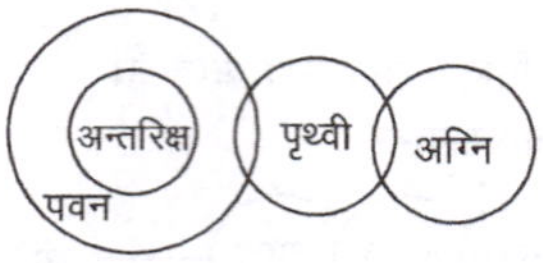

निष्कर्ष I. (✗) II. (✗)
अत: न तो निष्कर्ष I और न ही II कथनों के अनुसार है।

161. (d) कथनानुसार,

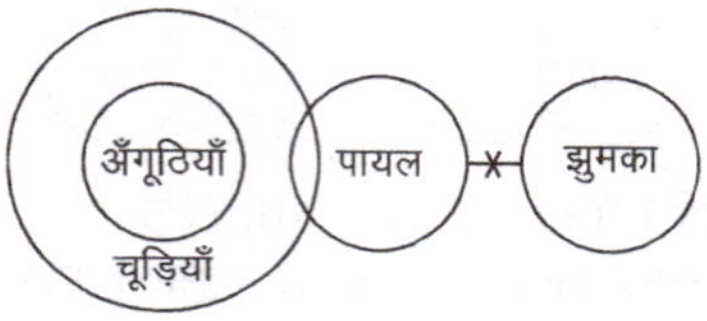

निष्कर्ष I. (✓) II. (✓)
अत: दोनों निष्कर्ष I और II अनुसरण करते हैं।

162. (b) कथनानुसार,

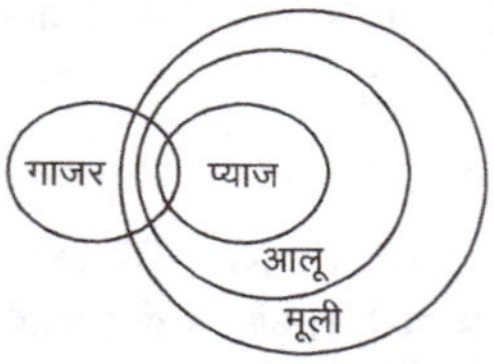

निष्कर्ष I. (✓) II. (✓) III. (✗)
अत: निष्कर्ष I और II दोनों अनुसरण करते हैं।

163. (a) कथनानुसार,

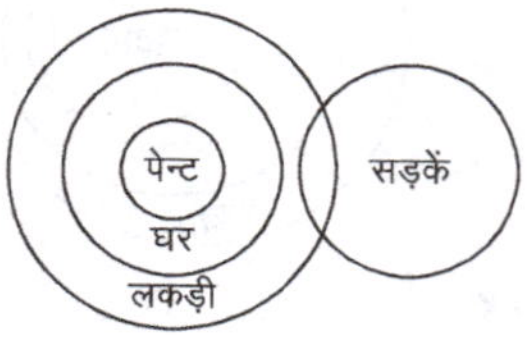

निष्कर्ष I. (✗) II. (✓)
अत: केवल निष्कर्ष II कथनों के अनुसार है।

164. (c) कथनानुसार,

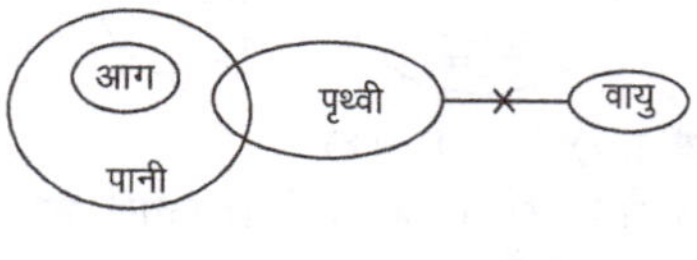

निष्कर्ष I. (✗) II. (✗)
अत: न तो निष्कर्ष I और न ही II कथनों के अनुसार है।

165. (a) कथनानुसार,

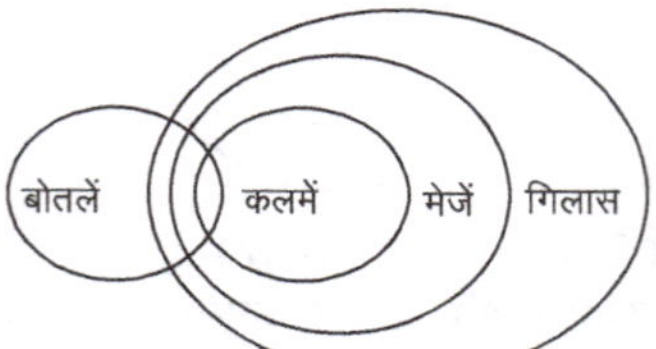

निष्कर्ष I. (✓) II. (✓)
अत: दोनों निष्कर्ष I और II कथनों के अनुसार हैं।

166. (d) कथनानुसार,

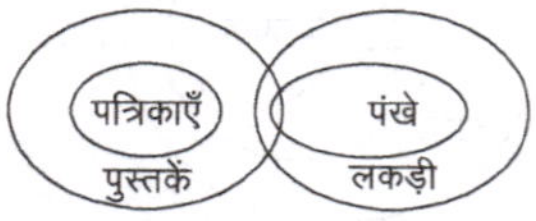

निष्कर्ष I. (✗) II. (✓)
अत: निष्कर्ष II कथनों के अनुसार है।

167. (c) कथनानुसार,

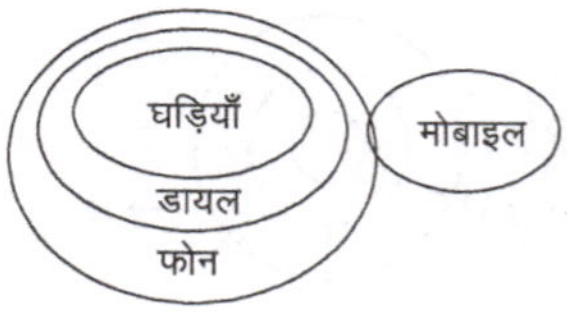

निष्कर्ष I. (✗) II. (✗)
अत: कोई भी निष्कर्ष अनुसरण नहीं करता है।

168. (d) कथनानुसार,

निष्कर्ष I. (✓) II. (✓)
अत: दोनों निष्कर्ष I और II अनुसरण करते हैं।

169. (a) कथनानुसार,

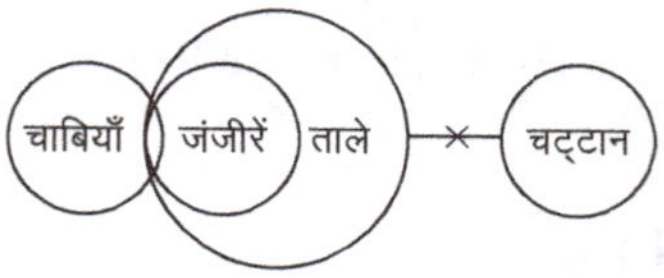

निष्कर्ष I. (✗) II. (✓)
अत: केवल निष्कर्ष II अनुसरण करता है।

170. (b) कथनानुसार,

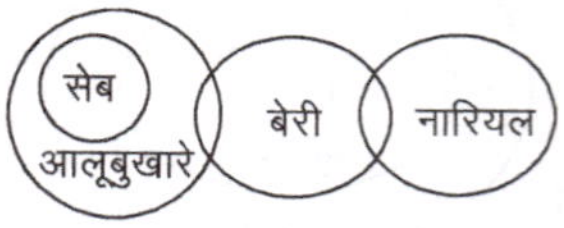

निष्कर्ष I. (✓) II. (✗) III. (✓)
अत: निष्कर्ष I और III अनुसरण करते हैं।

171. (b) कथनानुसार,

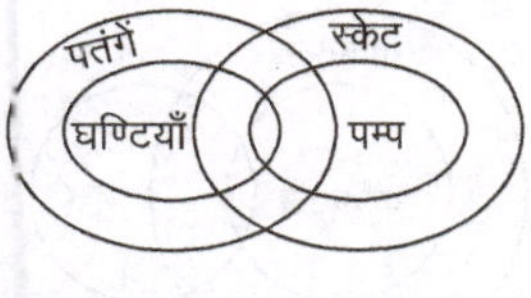

निष्कर्ष I. (✓) II. (✓) III. (✓)
अत: निष्कर्ष I, II और III सभी कथनों के अनुसार हैं।

172. (b) कथनानुसार,

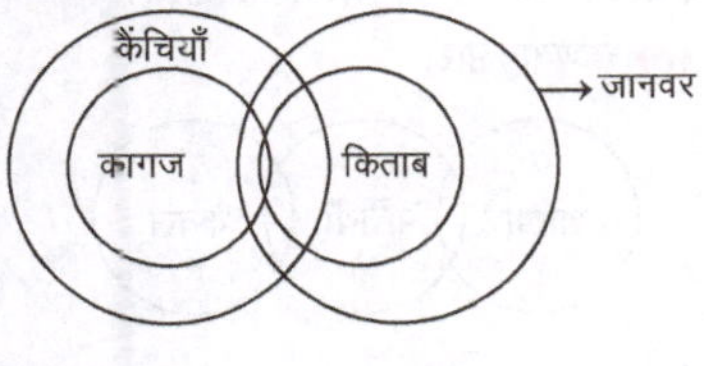

निष्कर्ष I. (✓) II. (✓)
अत: दोनों निष्कर्ष I और II कथनों के अनुसार हैं।

173. (b) कथनानुसार,

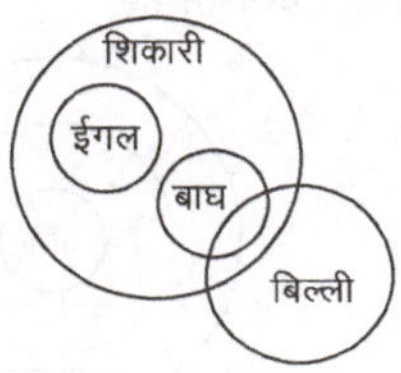

निष्कर्ष I. (✗) II. (✗)
अत: न तो निष्कर्ष I और न ही निष्कर्ष II कथनों के अनुसार हैं।

174. (b) कथनानुसार,

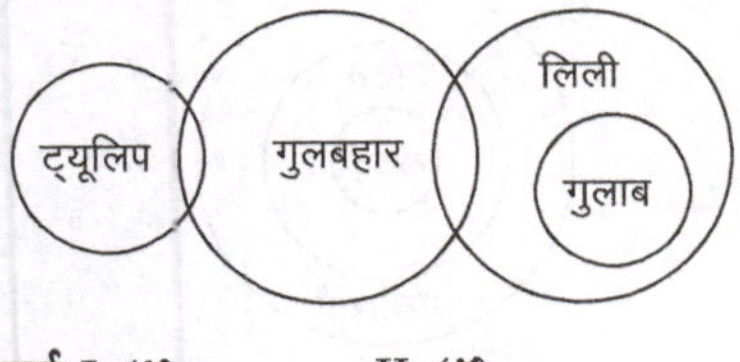

निष्कर्ष I. (✗) II. (✗)
अत: न तो निष्कर्ष I और न ही II कथनों के अनुसार हैं।

175. (b) कथनानुसार,

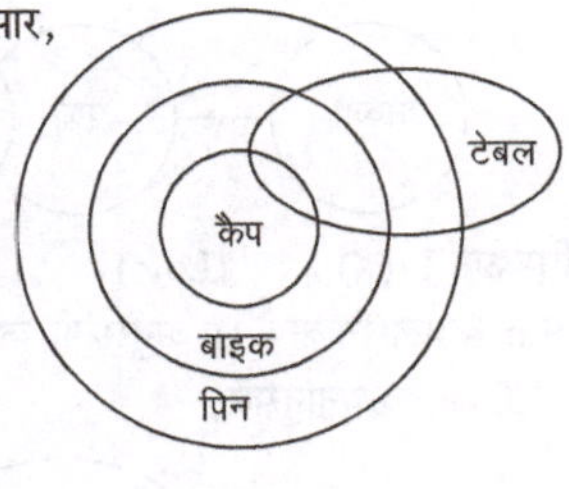

निष्कर्ष I. (✓) II. (✗)
अत: केवल निष्कर्ष I कथनों के अनुसार है।

176. (b) कथनानुसार,

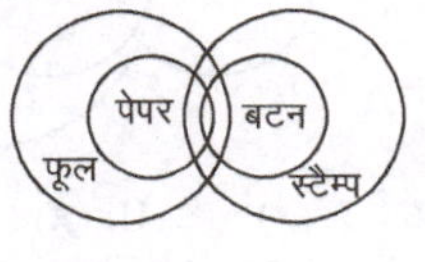

निष्कर्ष I. (✓) II. (✓)
अत: दोनों निष्कर्ष I और II कथनों के अनुसार हैं।

177. (a) कथनानुसार,

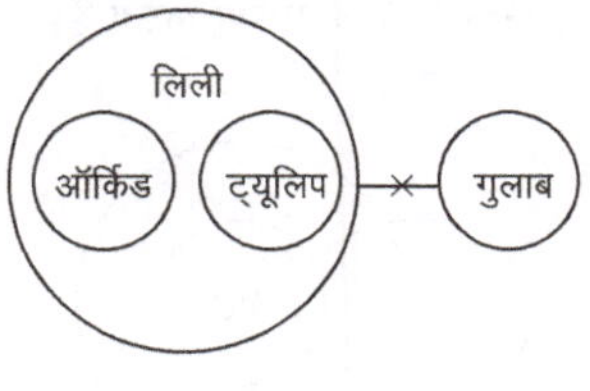

निष्कर्ष I. (✗) II. (✓)
अत: केवल निष्कर्ष II कथनों के अनुसार है।

178. (c) कथनानुसार,

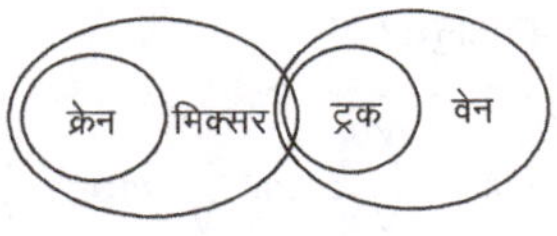

निष्कर्ष I. (✗) II. (✓)
अत: केवल निष्कर्ष II कथनों के अनुसार है।

179. (b) कथनानुसार,

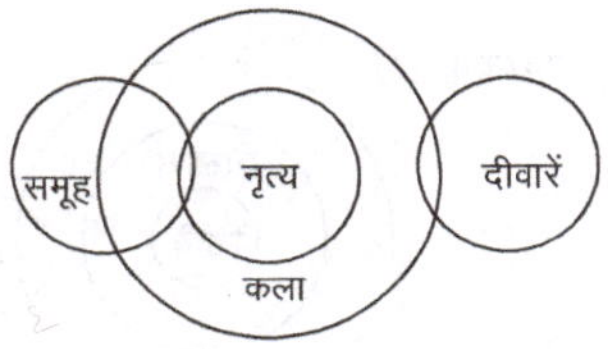

निष्कर्ष I. (✗) II. (✓)
अत: केवल निष्कर्ष II कथनों के अनुसार है।

180. (d) कथनानुसार,

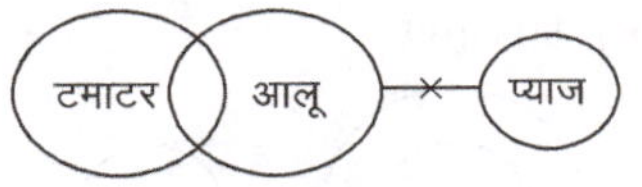

निष्कर्ष I. (✗) II. (✗)
अत: न तो निष्कर्ष I और न ही II अनुसरण करता है।

181. (a) कथनानुसार,

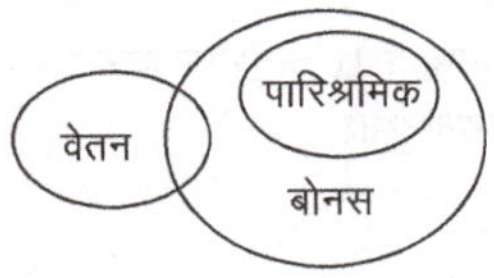

निष्कर्ष I. (✗) II. (✗)
अत: न तो निष्कर्ष I और न ही II अनुसरण करता है।

182. (b) कथनानुसार,

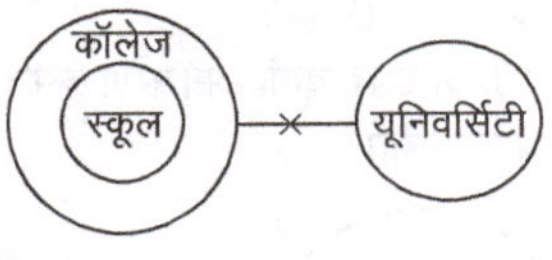

निष्कर्ष I. (✓) II. (✗)
अत: केवल निष्कर्ष I अनुसरण करता है।

183. (a) कथनानुसार,

निष्कर्ष I. (✗) II. (✓)
अत: केवल निष्कर्ष II अनुसरण करता है।

184. (a) कथनानुसार,

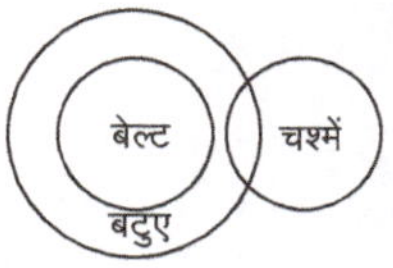

निष्कर्ष I. (✗) II. (✗)
अत: न तो निष्कर्ष I और न ही II अनुसरण करता है।

185. (b) कथनानुसार,

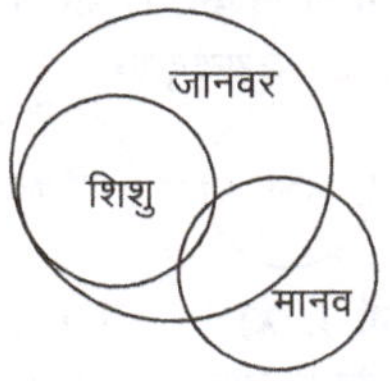

निष्कर्ष I. (✓) II. (✗)
अत: केवल निष्कर्ष I अनुसरण करता है।

186. (c) कथनानुसार,

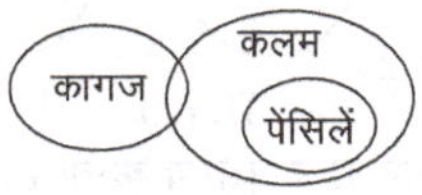

निष्कर्ष I. (✓) II. (✓)
अत: निष्कर्ष I और II दोनों अनुसरण करते हैं।

187. *(d)* कथनानुसार,

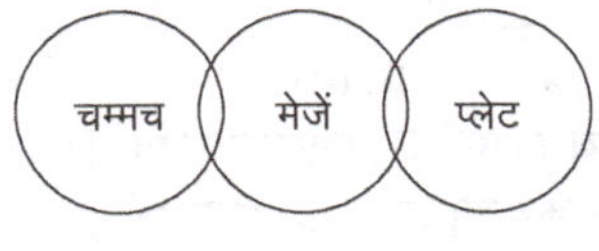

निष्कर्ष I. (✗) II. (✓)
अत: केवल निष्कर्ष II अनुसरण करता है।

188. (d) कथनानुसार,

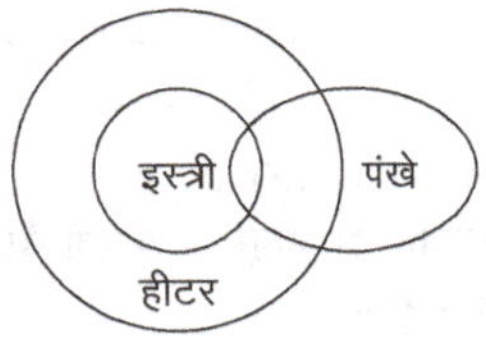

निष्कर्ष I. (✓) II. (✗)
अत: केवल निष्कर्ष I अनुसरण करता है।

189. (b) कथनानुसार,

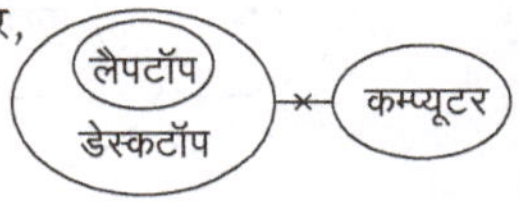

निष्कर्ष I. (✓) II. (✗)
अत: केवल निष्कर्ष I अनुसरण करता है।

190. (d) कथनानुसार,

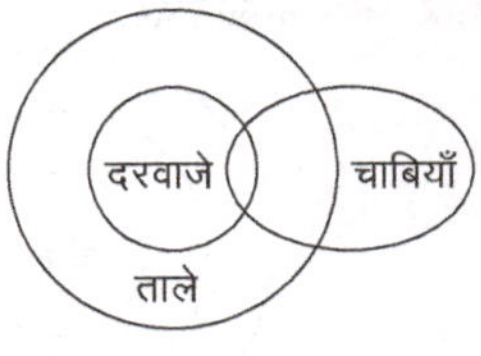

निष्कर्ष I. (✓) II. (✓)
अत: निष्कर्ष I और II दोनों अनुसरण करते हैं।

191. (c) कथनानुसार,

निष्कर्ष I. (✗) II. (✗)

अत: न तो निष्कर्ष I और न ही II अनुसरण करता

192. (a) कथनानुसार,

निष्कर्ष I. (✗) II. (✓)

अत: केवल निष्कर्ष II अनुसरण करता है।

193. (c) कथनानुसार,

निष्कर्ष I. (✗) II. (✓)

अत: केवल निष्कर्ष II अनुसरण करता है।

194. (d) कथनानुसार,

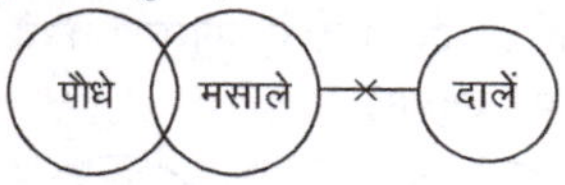

निष्कर्ष I. (✗) II. (✓)

अत: केवल निष्कर्ष II अनुसरण करता है।

195. (a) कथनानुसार,

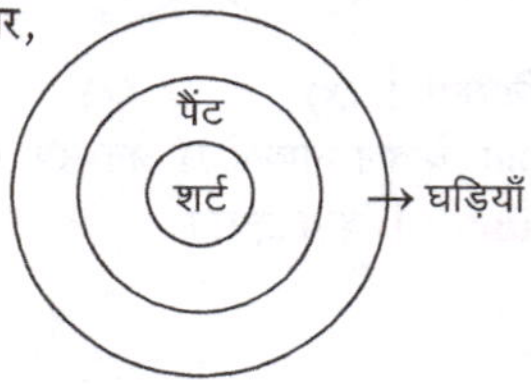

निष्कर्ष I. (✗) II. (✓)

अत: केवल निष्कर्ष II अनुसरण करता है।

196. (c) कथनानुसार,

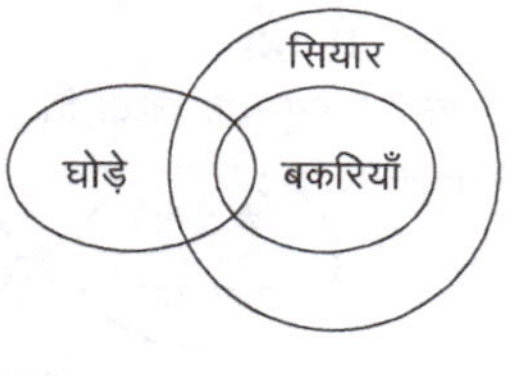

निष्कर्ष I. (✓) II. (✗)

अत: केवल निष्कर्ष I अनुसरण करता है।

197. (d) कथनानुसार,

निष्कर्ष I. (✗) II. (✓)

अत: केवल निष्कर्ष II अनुसरण करता है।

198. (a) कथनानुसार,

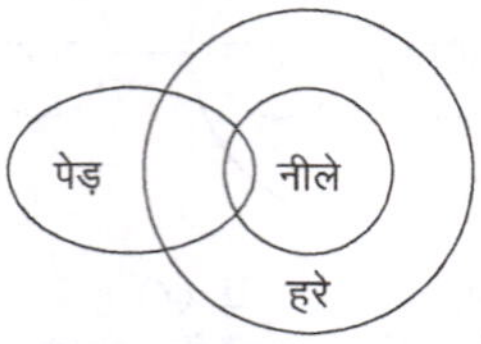

निष्कर्ष I. (✗) II. (✓)

अत: केवल निष्कर्ष II अनुसरण करता है।

199. (c) कथनानुसार,

निष्कर्ष I. (✗) II. (✗)

अत: न तो निष्कर्ष I और न ही II अनुसरण करता है।

200. (a) कथनानुसार,

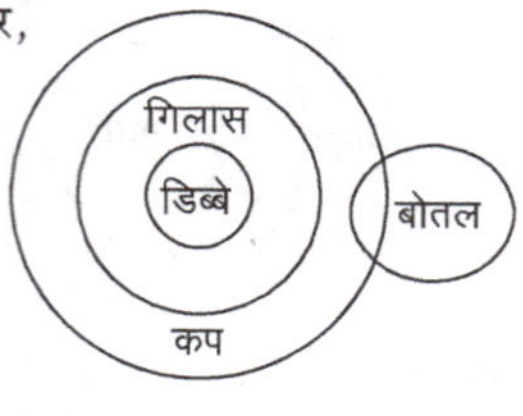

निष्कर्ष I. (✓) II. (✗)

अत: केवल निष्कर्ष I अनुसरण करता है।

201. (d) कथनानुसार,

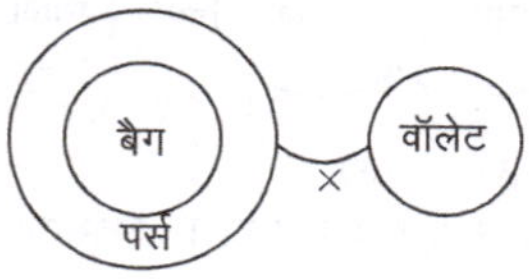

निष्कर्ष I. (✗) II. (✓)

अत: केवल निष्कर्ष II अनुसरण करता है।

202. (b) कथनानुसार,

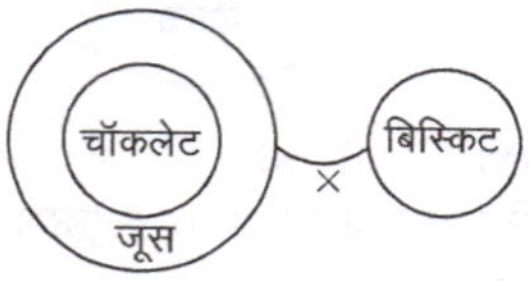

निष्कर्ष I. (✓) II. (✓)

अत: निष्कर्ष I और II दोनों अनुसरण करते हैं।

203. (a) कथनानुसार,

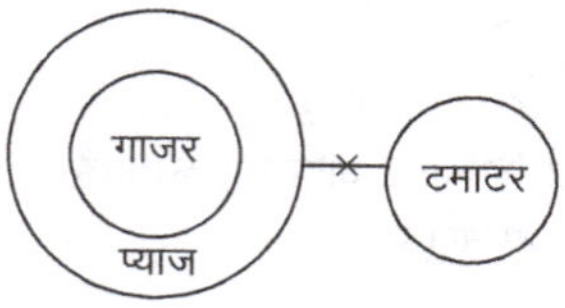

निष्कर्ष I. (✓) II. (✗)

अत: केवल निष्कर्ष I अनुसरण करता है।

204. (d) कथनानुसार,

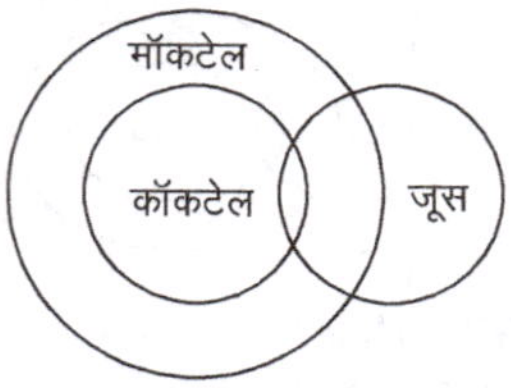

निष्कर्ष I. (✓) II. (✗)

अत: केवल निष्कर्ष I अनुसरण करता है।

205. (c) कथनानुसार,

निष्कर्ष I. (✗) II. (✓)

अत: केवल निष्कर्ष II अनुसरण करता है।

206. (a) कथनानुसार,

निष्कर्ष I. (✓) II. (✗)

अत: केवल निष्कर्ष I अनुसरण करता है।

207. (a) कथनानुसार,

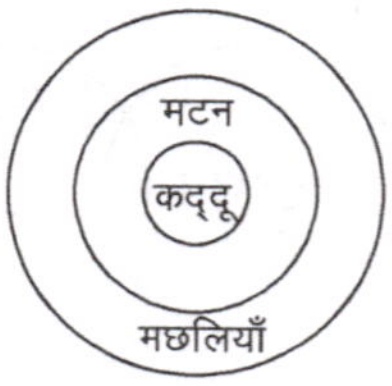

निष्कर्ष I. (✓) II. (✓)

अत: निष्कर्ष I और II दोनों अनुसरण करते हैं।

208. (c) कथनानुसार,

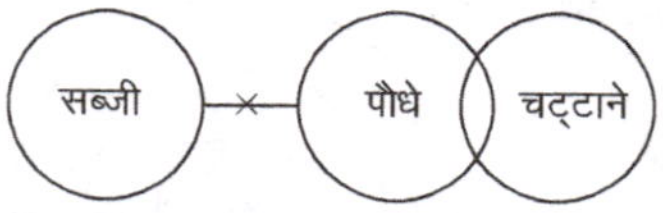

निष्कर्ष I. (✗) II. (✓)

अत: केवल निष्कर्ष II अनुसरण करता है।

209. (c) कथनानुसार,

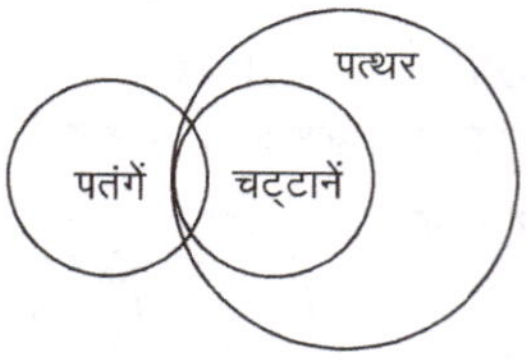

निष्कर्ष I. (✓) II. (✗)

अत: केवल निष्कर्ष I अनुसरण करता है।

210. (c) कथनानुसार,

निष्कर्ष I. (✗) II. (✓)

अत: केवल निष्कर्ष II अनुसरण करता है।

211. (c) कथनानुसार,

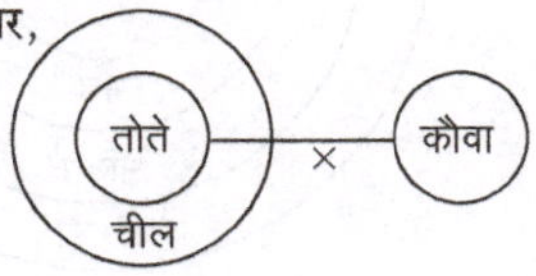

निष्कर्ष I. (✗) II. (✗)

अत: न तो निष्कर्ष I और न ही निष्कर्ष II अनुसरण करता है।

212. (c) कथनानुसार,

निष्कर्ष I. (✓) II. (✓)

अत: निष्कर्ष I और II दोनों अनुसरण करते हैं।

213. (c) कथनानुसार,

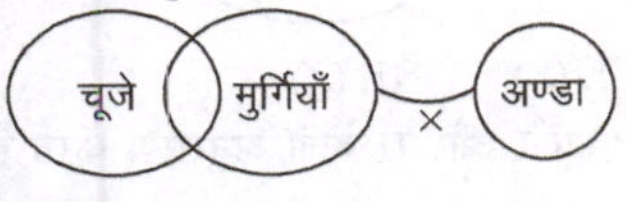

निष्कर्ष I. (✗) II. (✗)

अत: न तो निष्कर्ष I और न ही निष्कर्ष II अनुसरण करता है।

214. (b) कथनानुसार,

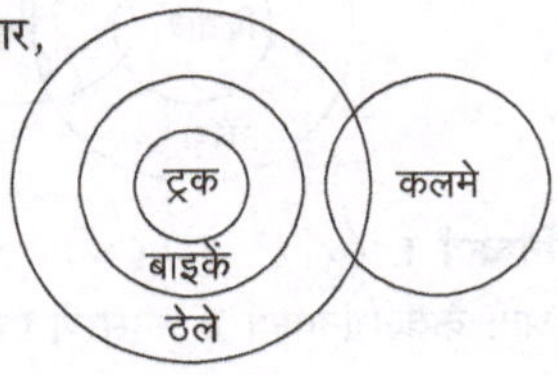

निष्कर्ष I. (✓) II. (✗)

अत: केवल निष्कर्ष I अनुसरण करता है।

215. (c) कथनानुसार,

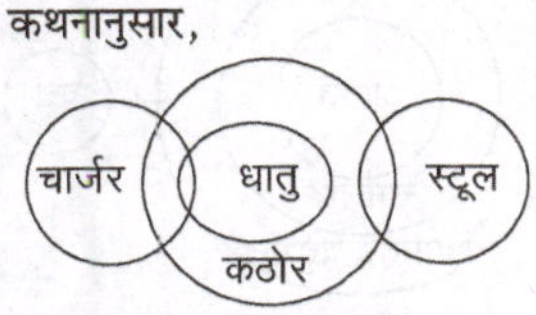

निष्कर्ष I. (✗) II. (✓)

अत: केवल निष्कर्ष II अनुसरण करता है।

216. (d) कथनानुसार,

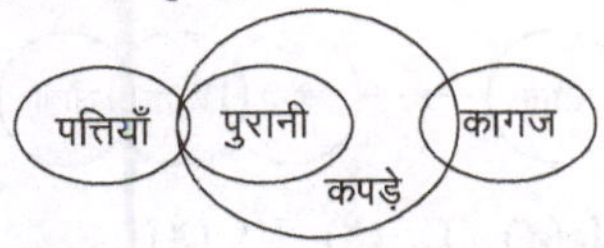

निष्कर्ष I. (✗) II. (✓)

अत: केवल निष्कर्ष II कथनों का अनुसरण करता है।

217. (b) कथनानुसार,

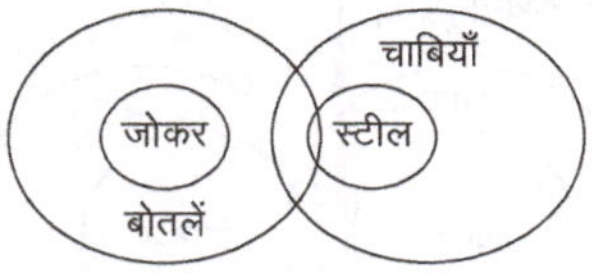

निष्कर्ष I. (✓) II. (✗)

अत: केवल निष्कर्ष I कथनों के अनुसार है।

218. (a) कथनानुसार,

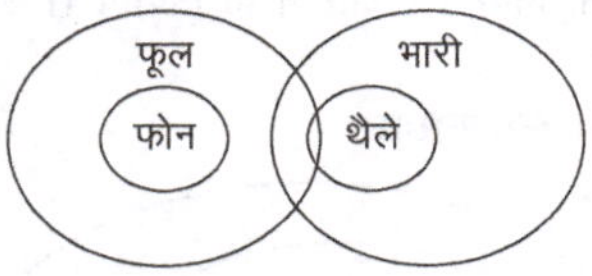

निष्कर्ष I. (✓) II. (✗)

अत: केवल निष्कर्ष I कथनों के अनुसार है।

219. (a) कथनानुसार,

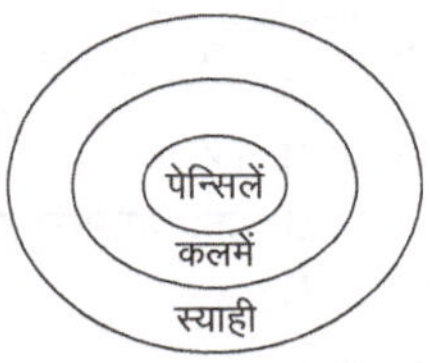

निष्कर्ष I. (✓) II. (✓)

स्पष्टत: दोनों निष्कर्ष I और II कथनों का अनुसरण करते हैं।

220. (d) कथनानुसार,

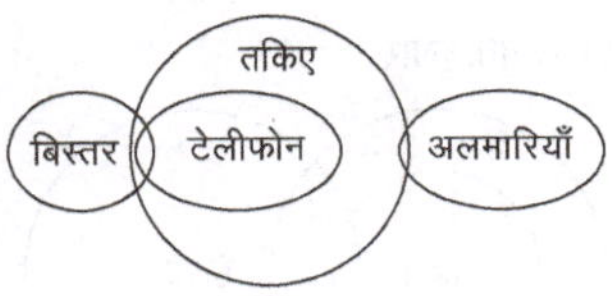

निष्कर्ष I. (✓) II. (✓)

स्पष्टत: दोनों निष्कर्ष I और II कथनों का अनुसरण करते हैं।

221. (d) कथनानुसार,

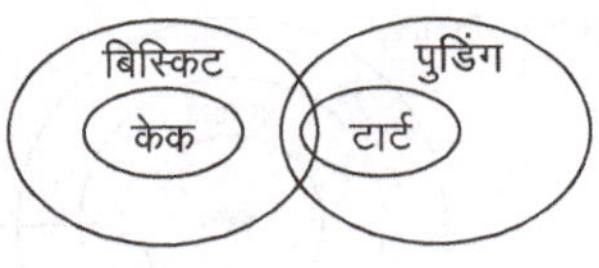

निष्कर्ष I. (✓) II. (✓)

अत: दोनों निष्कर्ष I और II कथनों के अनुसार हैं।

222. (a) कथनानुसार,

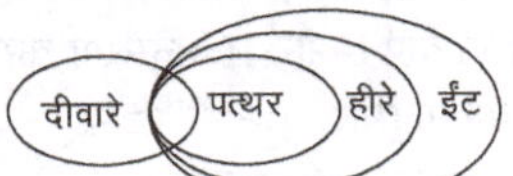

निष्कर्ष I. (✓) II. (✓)

अत: दोनों निष्कर्ष I और II कथनों के अनुसार हैं।

223. (c) कथनानुसार,

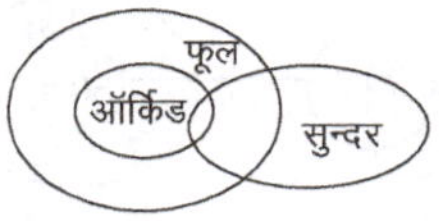

निष्कर्ष I. (✓) II. (✗)

अत: केवल निष्कर्ष I कथनों के अनुसार है।

224. (d) कथनानुसार,

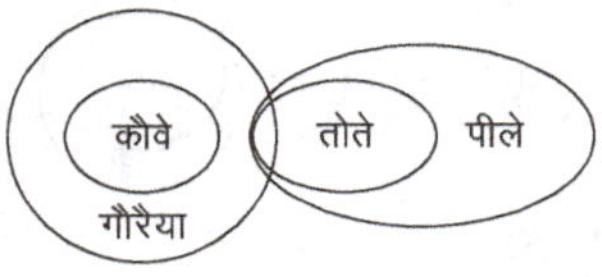

निष्कर्ष I. (✗) II. (✓)

अत: केवल निष्कर्ष II कथनों के अनुसार है।

225. (b) कथनानुसार,

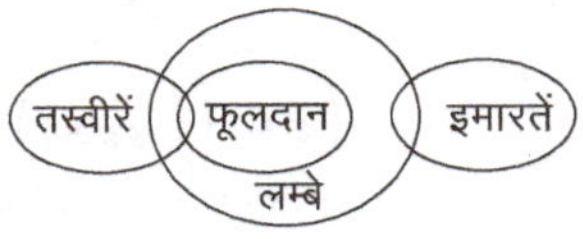

निष्कर्ष I. (✗) II. (✗)

अत: न तो निष्कर्ष I और न ही II कथनों के अनुसार हैं।

226. (d) कथनानुसार,

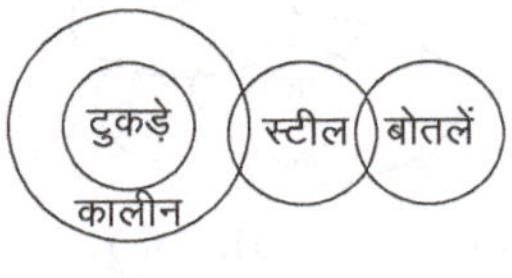

निष्कर्ष I. (✗) II. (✗)

अत: न तो निष्कर्ष I और न ही II कथनों के अनुसार है।

227. (b) कथनानुसार,

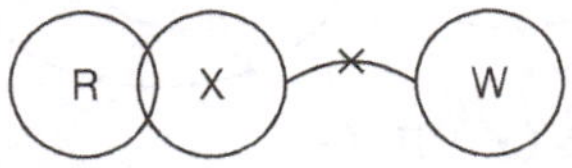

निष्कर्ष I. (✓) II. (✗)

अत: केवल निष्कर्ष I अनुसरण करता है।

228. (c) कथनानुसार,

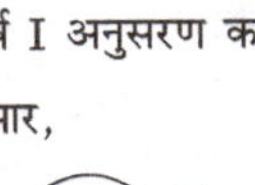

निष्कर्ष I. (✓) II. (✗)

अत: केवल निष्कर्ष I अनुसरण करता है।

229. (c) कथनानुसार,

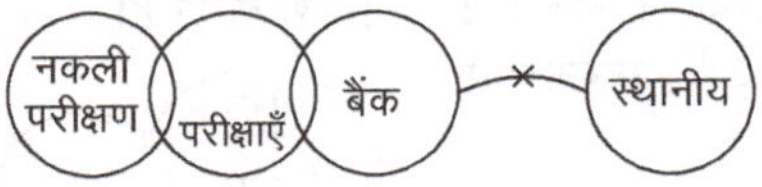

निष्कर्ष I. (✗) II. (✗)

या

अत: या तो निष्कर्ष I या II अनुसरण करता है।

230. (a) कथनानुसार,

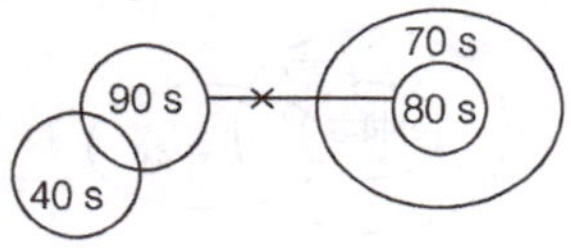

निष्कर्ष I. (✓) II. (✓)

अत: निष्कर्ष I और II दोनों अनुसरण करते हैं।

231. (a) कथनानुसार,

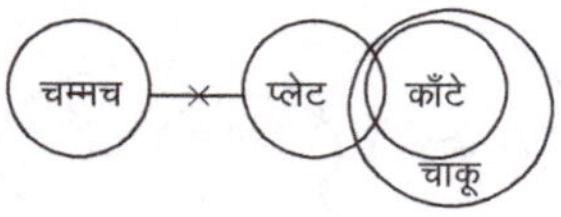

निष्कर्ष I. (✗) II. (✗)

नोट जब सही कथन दिया हो, तो उसकी सम्भावना हमेशा गलत होती है।

अत: न तो निष्कर्ष I और न ही II अनुसरण करता है।

232. (c) कथनानुसार,

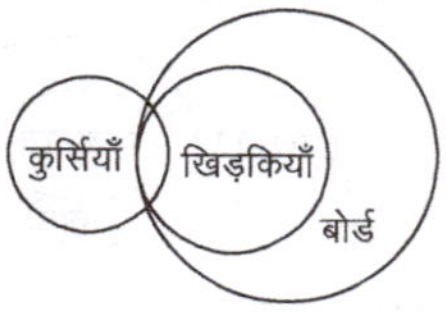

निष्कर्ष I. (✗) II. (✗)

अत: न तो निष्कर्ष I और न ही II अनुसरण करता है।

233. (d) कथनानुसार,

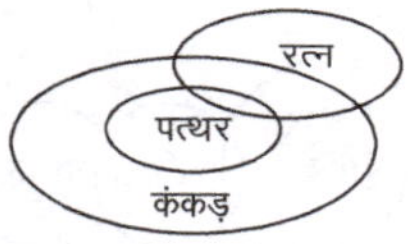

निष्कर्ष I. (✗) II. (✓)

अत: केवल निष्कर्ष II अनुसरण करता है।

234. (c) कथनानुसार,

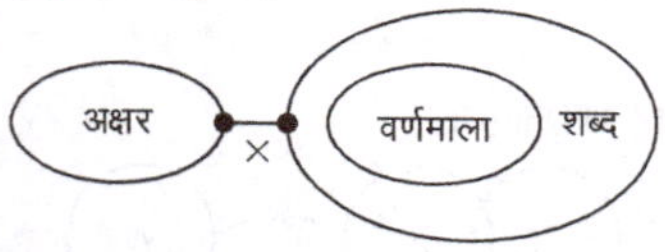

निष्कर्ष I. (✓) II. (✓)

अत: निष्कर्ष I और II दोनों अनुसरण करते हैं।

235. (a) कथनानुसार,

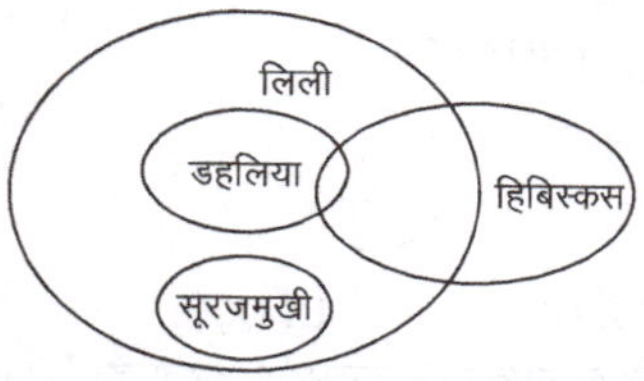

निष्कर्ष I. (✗) II. (✗) III. (✓)

अत: केवल निष्कर्ष III अनुसरण करता है।

236. (c) कथनानुसार,

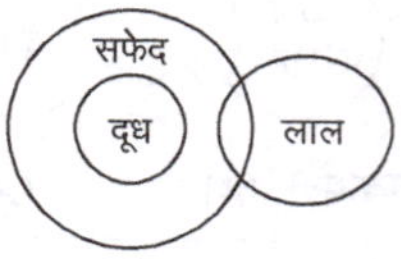

निष्कर्ष I. (✗) II. (✗)

अत: न तो निष्कर्ष I और न ही II अनुसरण करता है।

237. (b) कथनानुसार,

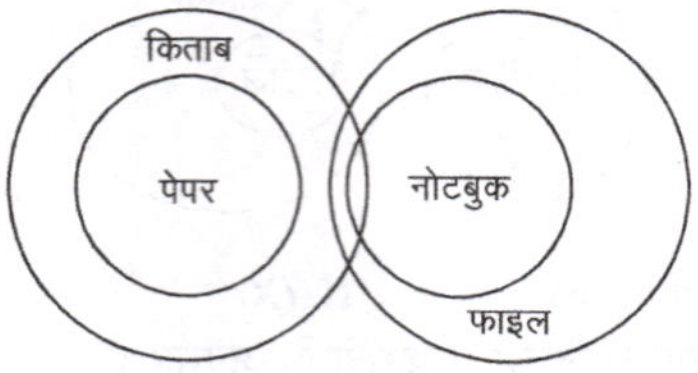

निष्कर्ष I. (✗) II. (✗)

अत: न तो निष्कर्ष I और न ही निष्कर्ष II अनुसरण करता हैं।

238. (a) कथनानुसार,

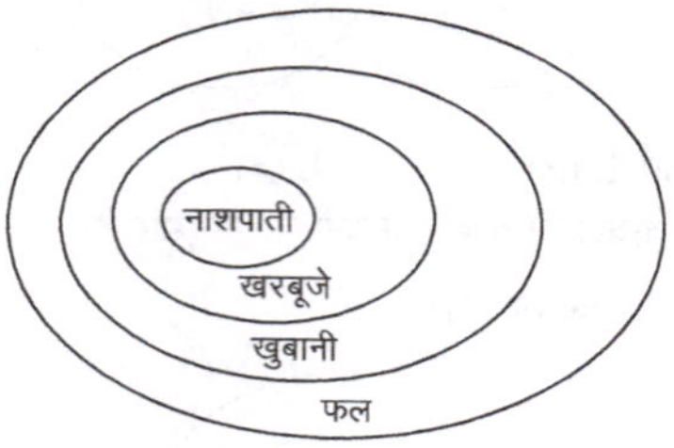

निष्कर्ष I. (✓) II. (✓)

अत: निष्कर्ष I और II दोनों अनुसरण करते हैं।

239. (c) कथनानुसार,

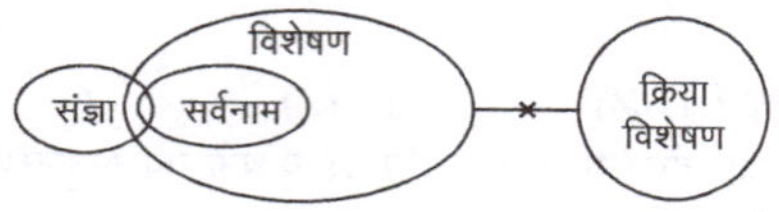

निष्कर्ष I. (✓) II. (✗)

अत: केवल निष्कर्ष I अनुसरण करता है।

240. (d) कथनानुसार,

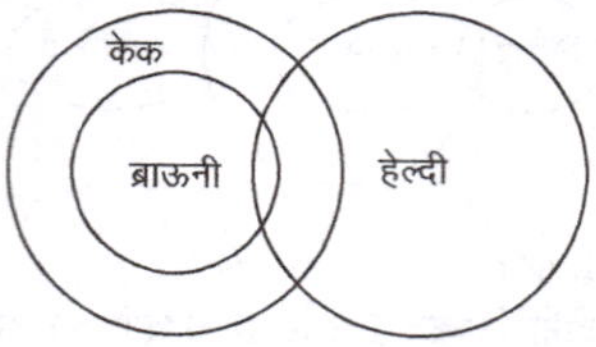

निष्कर्ष I. (✓) II. (✗)

अत: केवल निष्कर्ष I अनुसरण करता है।

241. (d) कथनानुसार,

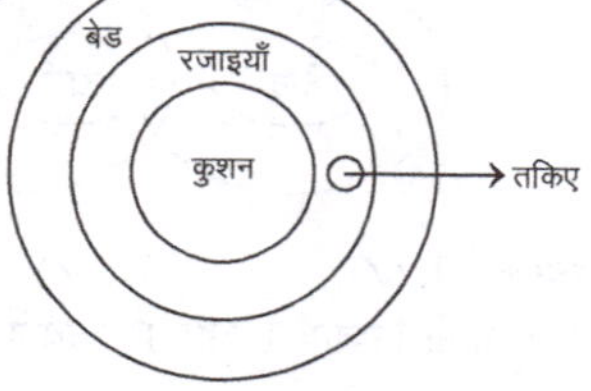

निष्कर्ष I. (✓) II. (✓) III. (✗)

अत: केवल निष्कर्ष I और II अनुसरण करते हैं।

242. (a) कथनानुसार,

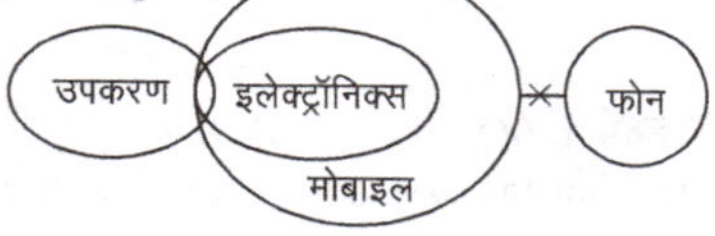

निष्कर्ष I. (✗) II. (✗)

अत: न तो निष्कर्ष I और न ही II अनुसरण करता है।

243. (c) कथनानुसार,

निष्कर्ष I. (✗) II. (✓) III. (✓)

अत: केवल निष्कर्ष II व III अनुसरण करते हैं।

244. (c) कथनानुसार,

निष्कर्ष I. (✓) II. (✓)

अत: निष्कर्ष I और II दोनों अनुसरण करते हैं।

245. (a) कथनानुसार,

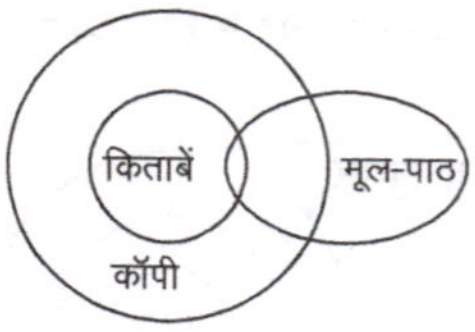

निष्कर्ष I. (✓) II. (✗)

अत: केवल निष्कर्ष I अनुसरण करता है।

246. (b) कथनानुसार,

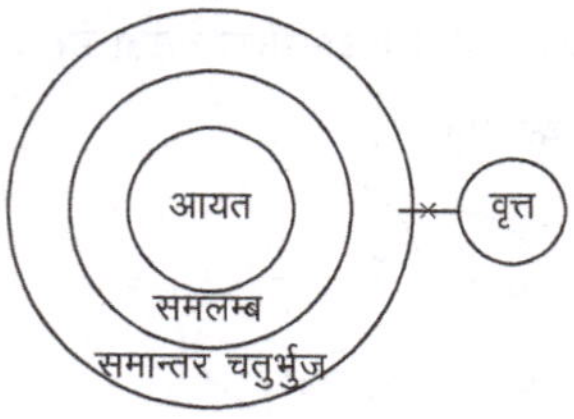

निष्कर्ष I. (✓) II. (✓) III. (✓)

अत: I, II तथा III अनुसरण करता है।

247. (a) कथनानुसार,

निष्कर्ष I. (✓) II. (✗) III. (✗)

अत: केवल निष्कर्ष I अनुसरण करता है।

248. (c) कथनानुसार,

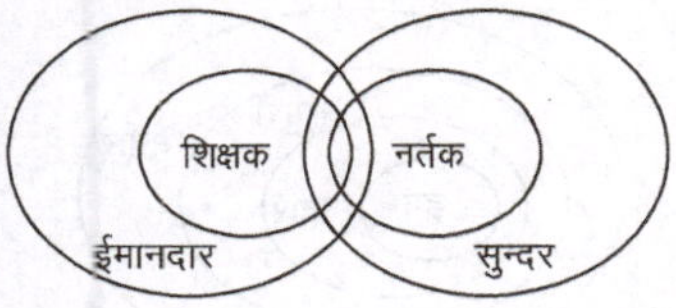

निष्कर्ष I. (✓) II. (✓)

अत: निष्कर्ष I और II दोनों अनुसरण करते हैं।

249. (a) कथनानुसार,

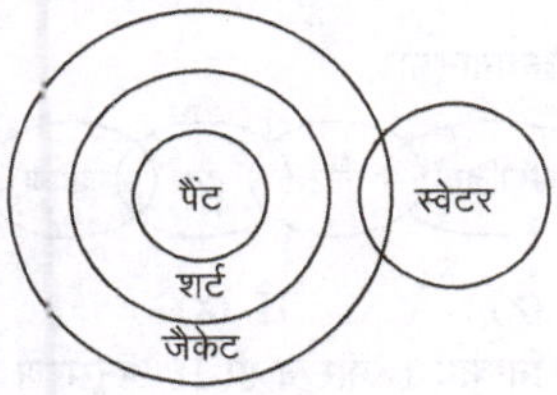

निष्कर्ष I. (✓) II. (×) III. (×)

अत: केवल निष्कर्ष I अनुसरण करता है।

250. (a) कथनानुसार,

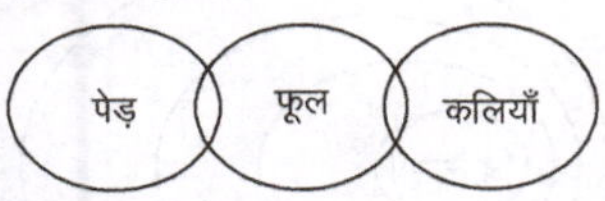

निष्कर्ष I. (×) II. (×)

अत: न तो निष्कर्ष I और न ही II अनुसरण करता है।

251. (d) कथनानुसार,

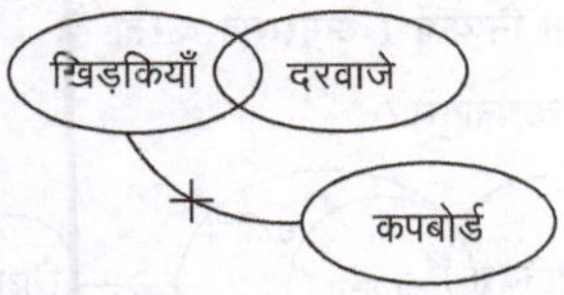

निष्कर्ष I. (✗) II. (✓)

अत: केवल निष्कर्ष II अनुसरण करता है।

252. (c) कथनानुसार,

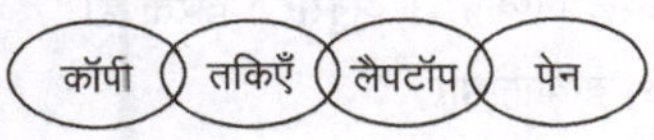

निष्कर्ष I. (✗) II. (✗)
III. (✓) IV. (✗)

अत: केवल निष्कर्ष III अनुसरण करता है।

253. (a) कथनानुसार,

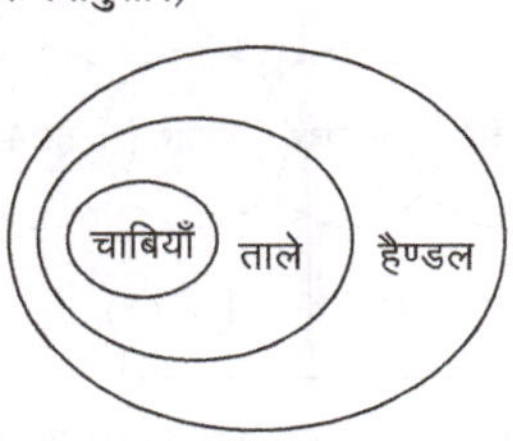

निष्कर्ष I. (✗) II. (✗)

अत: न तो निष्कर्ष I, न ही II अनुसरण करता है।

254. (c) कथनानुसार,

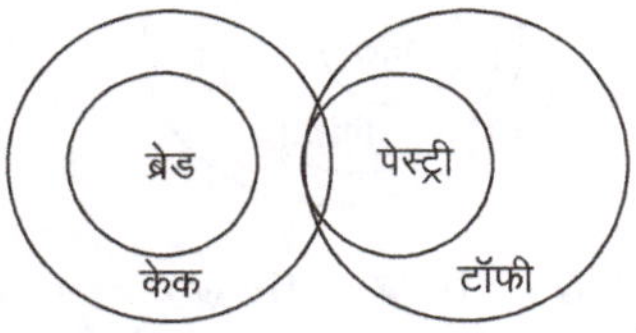

निष्कर्ष I. (✗) II. (✗)

अत: न तो निष्कर्ष I और न ही II अनुसरण करता है।

255. (a) कथनानुसार,

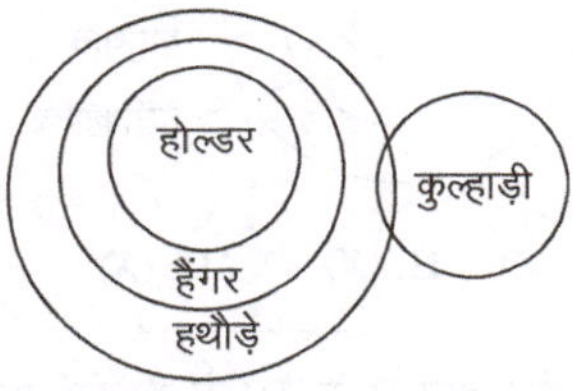

निष्कर्ष I. (✗) II. (✓)
III. (✓)

अत: केवल निष्कर्ष II और III अनुसरण करते हैं।

256. (b) कथनानुसार,

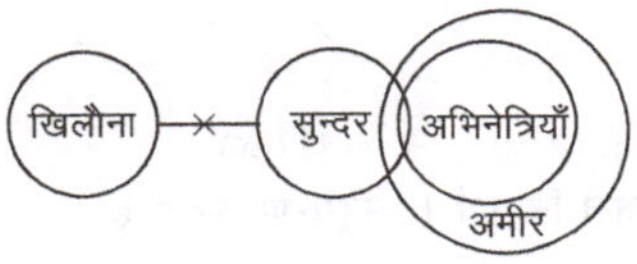

निष्कर्ष I. (✗) II. (✓)
III. (✓)

अत: निष्कर्ष II और III अनुसरण करते हैं।

257. (b) कथनानुसार,

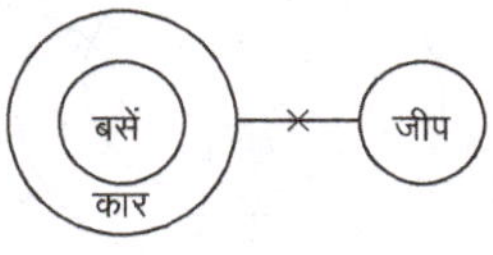

निष्कर्ष I. (✓) II. (✓)

अत: निष्कर्ष I और II दोनों अनुसरण करते हैं।

258. (a) कथनानुसार,

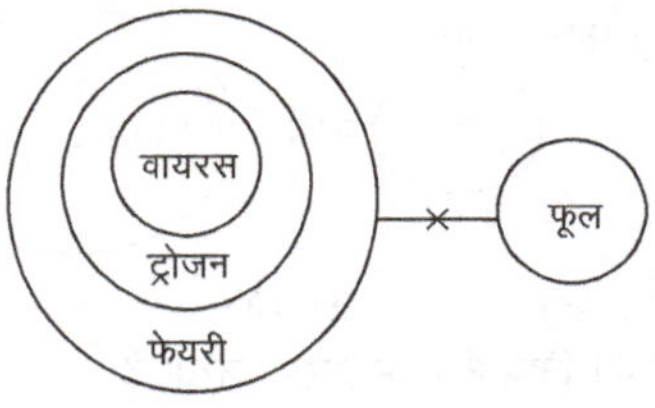

निष्कर्ष I. (✓) II. (✓) III. (✗)

अत: निष्कर्ष I और II अनुसरण करते हैं।

259. (b) कथनानुसार,

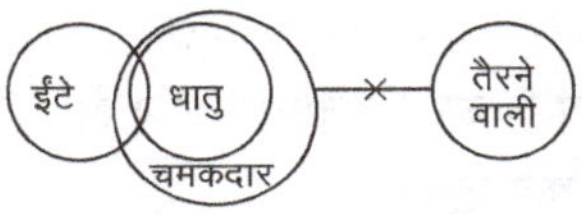

निष्कर्ष I. (✗) II. (✗) III. (✓)

अत: केवल निष्कर्ष III अनुसरण करता है।

260. (a) कथनानुसार,

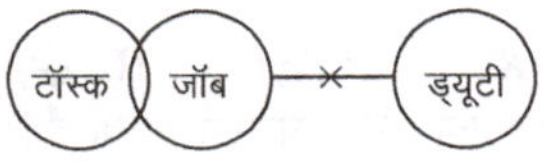

निष्कर्ष I. (✓) II. (✗)

अत: केवल निष्कर्ष I अनुसरण करता है।

261. (a) कथनानुसार,

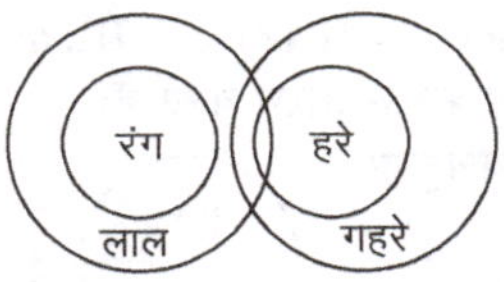

निष्कर्ष I. (✓) II. (✓) III. (✓)

अत: सभी निष्कर्ष अनुसरण करते हैं।

262. (b) कथनानुसार,

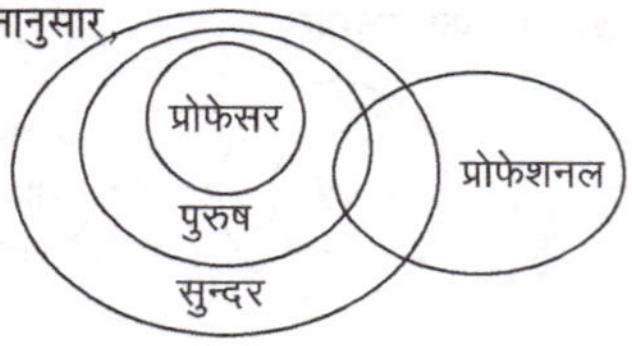

निष्कर्ष I. (✗) II. (✗)
III. (✓) IV. (✓)

अत: निष्कर्ष III और IV दोनों अनुसरण करते हैं।

263. (c) कथनानुसार,

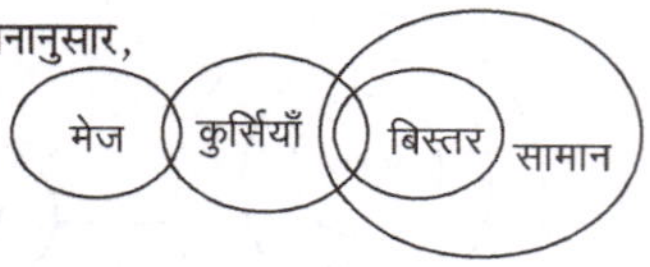

निष्कर्ष I. (✓) II. (✗)

अत: केवल निष्कर्ष I अनुसरण करता है।

264. (d) कथनानुसार,

निष्कर्ष I. (✓) II. (✗) III. (✗)

अत: केवल निष्कर्ष I अनुसरण करता है।

265. (d) कथनानुसार,

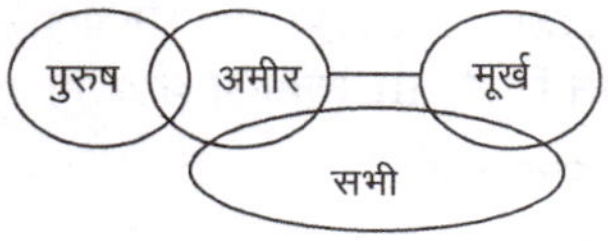

निष्कर्ष I. (✗) II. (✓) III. (✗)

अत: केवल निष्कर्ष II अनुसरण करता है।

266. (a) कथनानुसार,

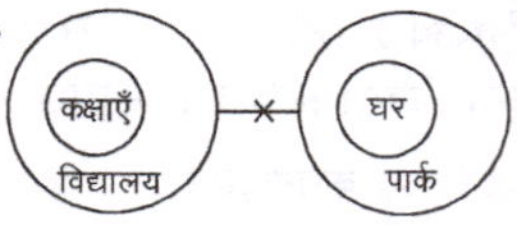

निष्कर्ष I. (✓) II. (✓) III. (✓)

अत: सभी निष्कर्ष अनुसरण करते हैं।

267. (c) कथनानुसार,

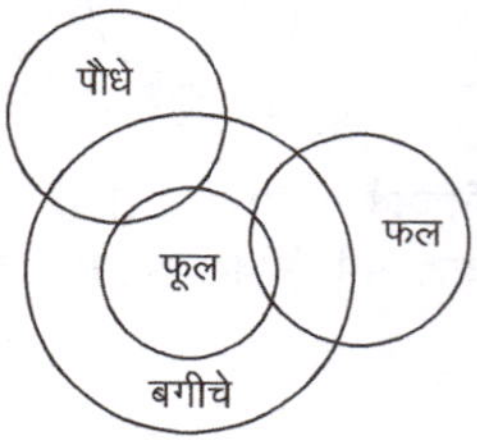

निष्कर्ष I. (✓) II. (✓) III. (✓)

अत: सभी निष्कर्ष अनुसरण करते हैं।

268. (a) कथनानुसार,

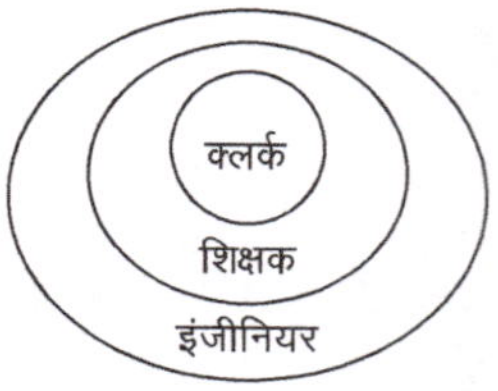

निष्कर्ष I. (✓) II. (✓) III. (✗)

अत: निष्कर्ष I और II अनुसरण करते हैं।

269. (c) कथनानुसार,

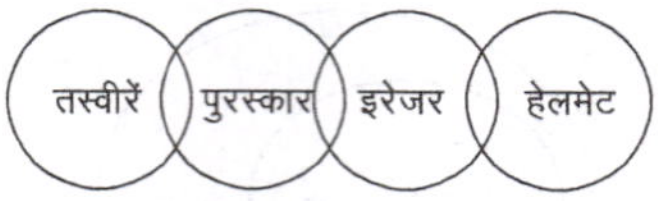

निष्कर्ष I. (✗) II. (✗) III. (✗)

या तो निष्कर्ष I या निष्कर्ष III अनुसरण करता है।

270. (b) कथनानुसार,

निष्कर्ष I. (✓) II. (✗) III. (✓)

अत: निष्कर्ष I और III अनुसरण करते हैं।

271. (d) कथनानुसार,

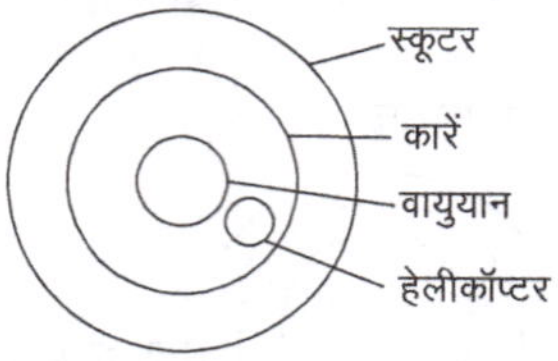

निष्कर्ष I. (✓) II. (✗) III. (✗)

अत: निष्कर्ष I तथा II या III में से कोई एक अनुसरण करता है।

272. (d) कथनानुसार,

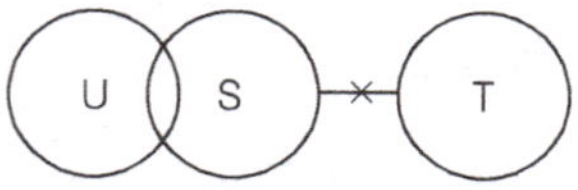

निष्कर्ष I. (✓) II. (✗)

अत: केवल निष्कर्ष I अनुसरण करता है।

273. (d) कथनानुसार,

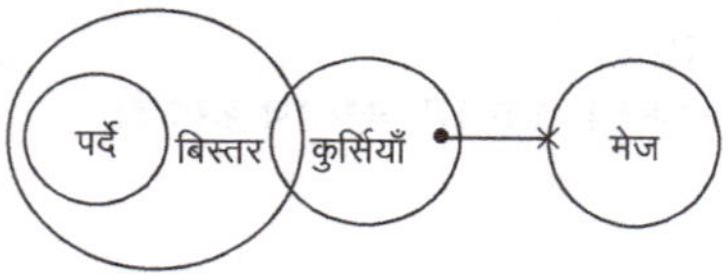

निष्कर्ष I. (✗) II. (✓)

अत: केवल निष्कर्ष II अनुसरण करता है।

274. (b) कथनानुसार,

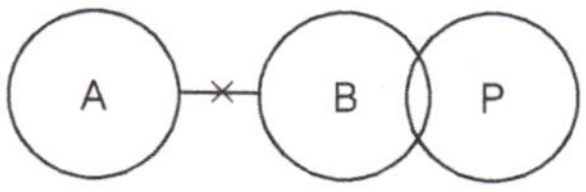

निष्कर्ष I. (✓) II. (✓)

अत: निष्कर्ष I और II दोनों कथनों का अनुसरण करते हैं।

275. (b) कथनानुसार,

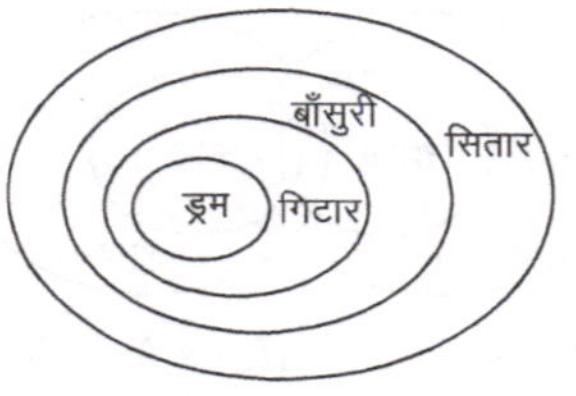

निष्कर्ष I. (✓) II. (✗)

अत: केवल निष्कर्ष I अनुसरण करता है।

276. (d) कथनानुसार,

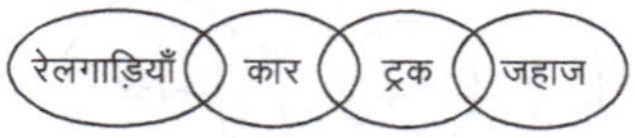

निष्कर्ष I. (✗) II. (✗)

अत: न तो निष्कर्ष I और न ही II अनुसरण करता है।

277. (c) कथनानुसार,

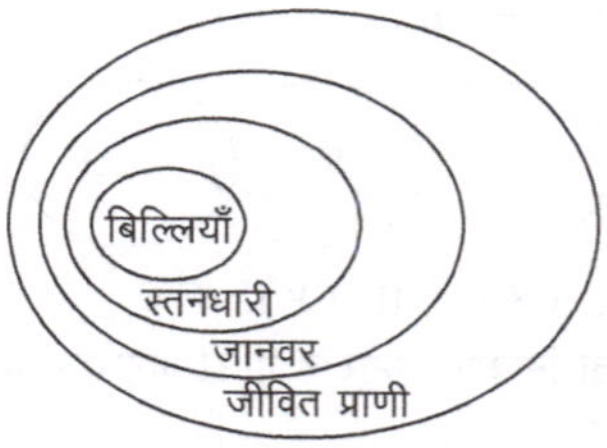

निष्कर्ष I. (✓) II. (✗)

अत: केवल निष्कर्ष I अनुसरण करता है।

278. (b) कथनानुसार,

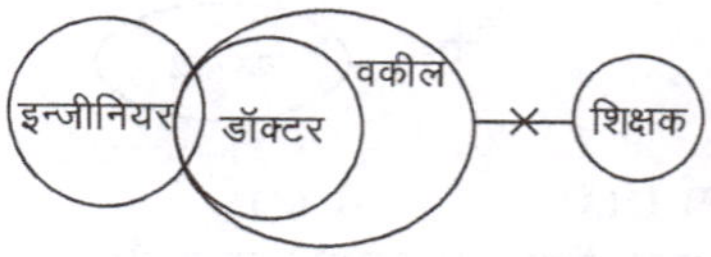

निष्कर्ष I. (✗) II. (✓)

अत: केवल निष्कर्ष II अनुसरण करता है।

279. (d) कथनानुसार,

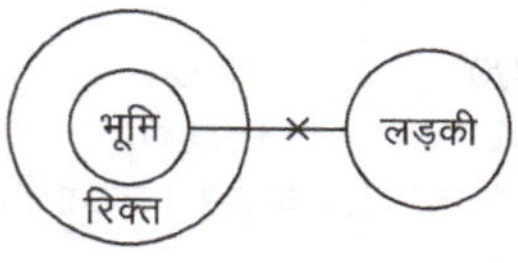

निष्कर्ष I. (✗) II. (✗)

अत: कोई भी निष्कर्ष अनुसरण नहीं करता है।

280. (a) कथनानुसार,

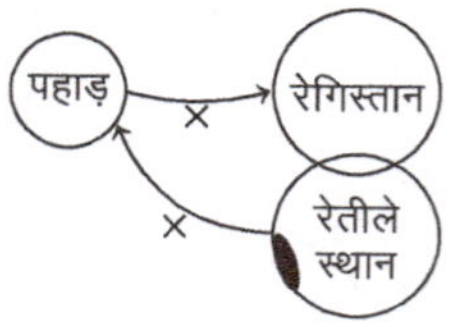

निष्कर्ष I. (✓) II. (✗)

अत: केवल निष्कर्ष I अनुसरण करता है।

281. (b) कथनानुसार,

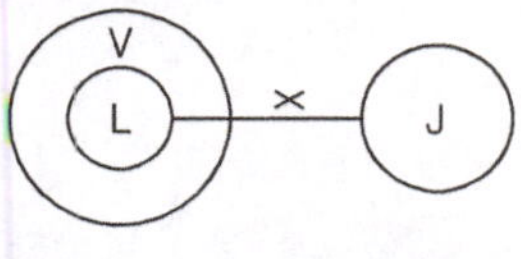

निष्कर्ष I. (✗) II. (✗)

अत: कोई भी निष्कर्ष अनुसरण नहीं करता है।

282. (d) कथनानुसार,

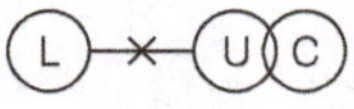

निष्कर्ष I. (✗) II. (✗)

अत: कोई भी निष्कर्ष अनुसरण नहीं करता है।

283. (c) कथनानुसार,

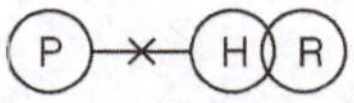

निष्कर्ष I. (✗) II. (✓)

अत: केवल निष्कर्ष II अनुसरण करता है।

284. (d) कथनानुसार,

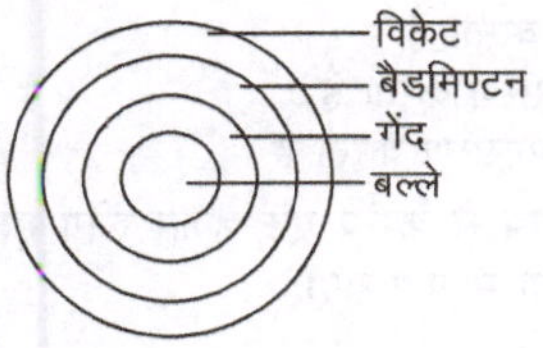

निष्कर्ष I. (✓) II. (✓)

अत: निष्कर्ष I और II दोनों अनुसरण करते हैं।

285. (c) कथनानुसार,

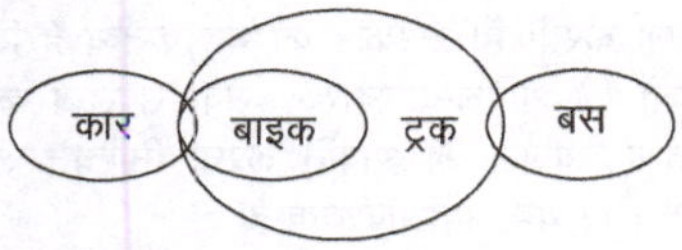

निष्कर्ष I. (✓) II. (✗)

III. (✗) IV. (✗)

अत: केवल निष्कर्ष I अनुसरण करता है।

286. (b) कथनानुसार,

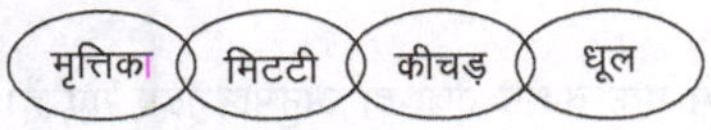

निष्कर्ष I. (✗) II. (✗)

अत: न तो निष्कर्ष I और न ही निष्कर्ष II अनुसरण करता है।

287. (b) कथनानुसार,

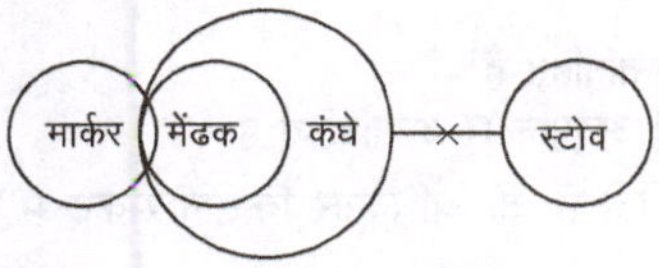

निष्कर्ष I. (✗) II. (✓)

अत: केवल निष्कर्ष II अनुसरण करता है।

288. (c) कथनानुसार,

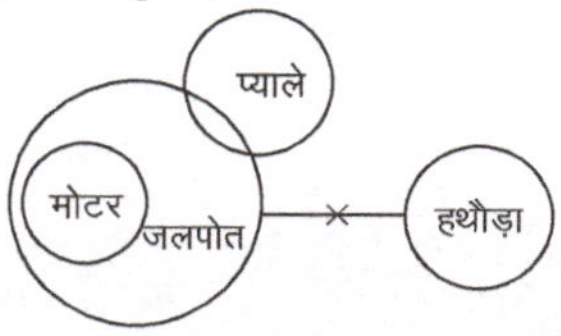

निष्कर्ष I. (✗) II. (✗) III. (✓)

अत: केवल निष्कर्ष III अनुसरण करता है।

289. (c) कथनानुसार,

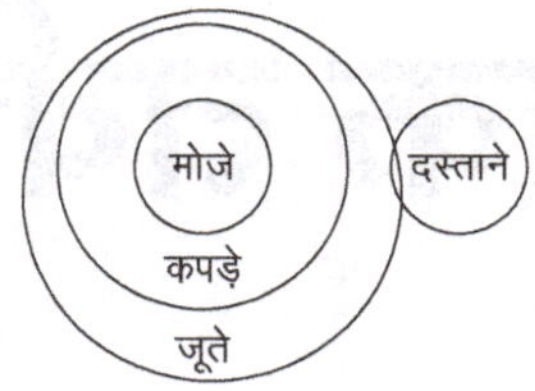

निष्कर्ष I. (✓) II. (✗)

अत: निष्कर्ष I अनुसरण करता है।

290. (d) कथनानुसार,

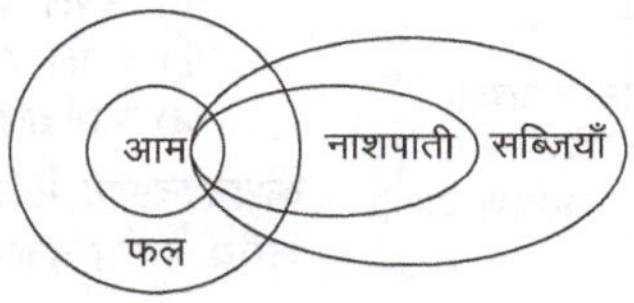

निष्कर्ष I. (✓) II. (✓)

अत: निष्कर्ष I और II दोनों अनुसरण करते हैं।

291. (b) कथनानुसार,

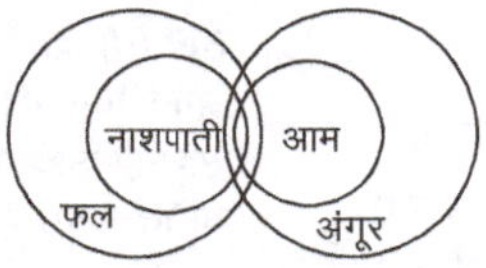

निष्कर्ष I. (✓) II. (✓)

अत: निष्कर्ष I और II दोनों अनुसरण करते हैं।

292. (d) कथनानुसार,

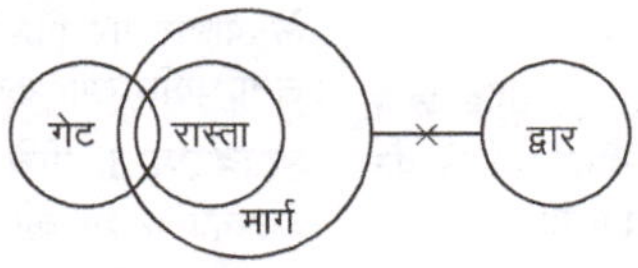

निष्कर्ष I. (✓) II. (✓)

अत: निष्कर्ष I और II दोनों अनुसरण करते हैं।

293. (a) कथनानुसार,

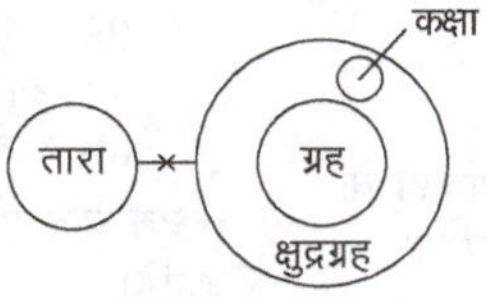

निष्कर्ष I. (✓) II. (✓)

अत: दोनों निष्कर्ष I और II अनुसरण करते हैं।

294. (d) कथनानुसार,

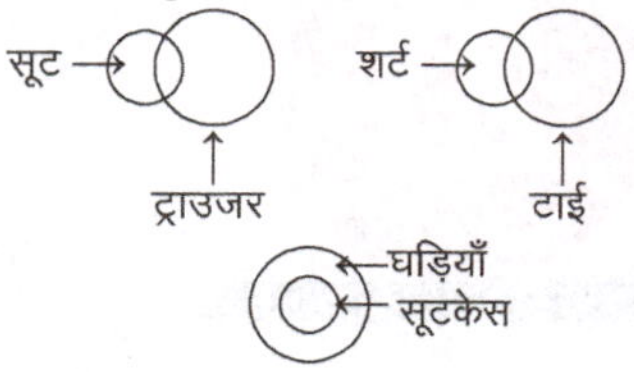

निष्कर्ष I. (✗) II. (✗) III. (✗)

अत: कोई भी निष्कर्ष अनुसरण नहीं करता है।

295. (d) कथनानुसार,

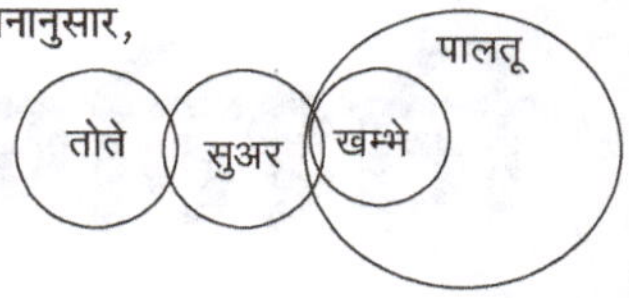

निष्कर्ष I. (✓) II. (✗) III. (✗) IV. (✓)

अत: निष्कर्ष I और IV अनुसरण करते हैं।

296. (b) कथनानुसार,

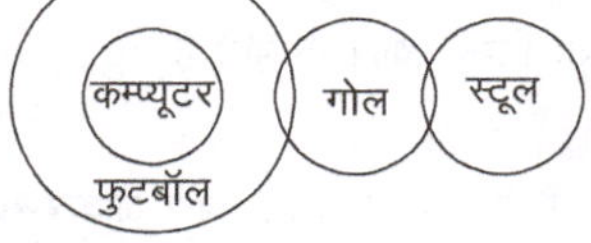

निष्कर्ष I. (✓) II. (✓) III. (✓)

अत: सभी निष्कर्ष अनुसरण करते हैं।

297. (d) कथनानुसार,

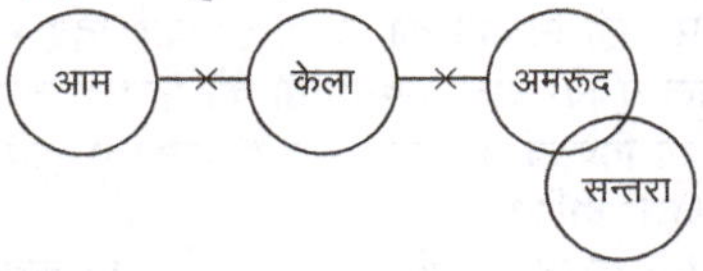

निष्कर्ष I. (✗) II. (✗) III. (✗)

अत: कोई भी निष्कर्ष अनुसरण नहीं करता है।

298. (a) कथनानुसार,

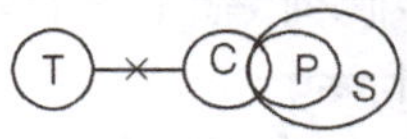

निष्कर्ष I. (✓) II. (✓) III. (✓)

अत: सभी निष्कर्ष अनुसरण करते हैं।

299. (b) कथनानुसार,

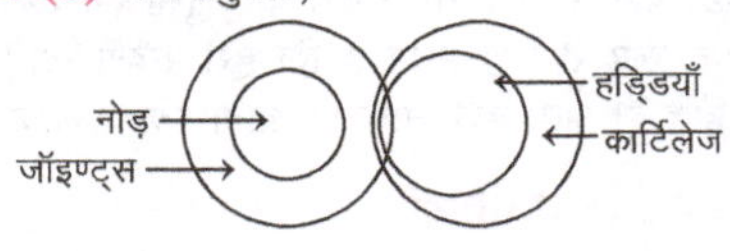

निष्कर्ष I. (✗) II. (✗) III. (✗)

अत: कोई भी निष्कर्ष अनुसरण नहीं करता है।

300. (d) कथनानुसार,

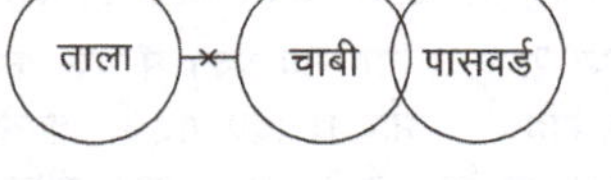

निष्कर्ष I. (✗) II. (✗)

अत: न तो निष्कर्ष I और न ही निष्कर्ष II अनुसरण करता है।

21

विश्लेषणात्मक तर्क

विश्लेषणात्मक तर्क एक व्यक्ति की तथ्यों या नियमों के समूह के भीतर पैटर्न की पहचान करने और उन पैटर्नों का उपयोग करके उन परिणामों को निर्धारित करने की क्षमता है, जो सत्य हो सकते हैं या होने चाहिए।

यह मुख्यतः निम्न प्रकार के होते हैं

कथन एवं निष्कर्ष

कथन एक ऐसी अवधारणा है, जिसे आधार मानकर हम अपने अनुमान अथवा निष्कर्ष को व्यक्त करते हैं। निष्कर्ष एक ऐसी तथ्यपरक विवेचना या विकल्प है, जोकि किसी व्यक्ति द्वारा कहे गए कथनों या तथ्यों के आधार पर विश्लेषण करके विचारों के रूप में व्यक्त करते हैं।

उदाहरण 1. नीचे दिए गए कथन के दो निष्कर्ष दिए गए हैं। आपको कथन के अनुसार सही निष्कर्ष को चुनना है। चाहे दिए गए कथन सामान्य बातों के अनुकूल न हों। अतः अभ्यर्थियों को फैसला करना है कि दिए गए निष्कर्षों में से कौन-सा निष्कर्ष अनिवार्य रूप में कथन के परिणामस्वरूप है?

उत्तर दीजिए

(a) केवल I निर्गत है
(b) केवल II निर्गत है
(c) या तो I या II निर्गत है
(d) न तो I और न ही II निर्गत हैं

कथन हाल ही की सर्वेक्षण रिपोर्ट में यह कहा गया है कि जो प्रतिदिन हरी सब्जियाँ खाते हैं, वे किसी भी दिल की बीमारियों से कम ग्रस्त होते हैं।

निष्कर्ष

I. हरी सब्जियाँ खाना स्वस्थ जीवन जीने के लिए आवश्यक है।

II. सभी लोग, जो बैठे हुए काम करते हैं निश्चित रूप से दिल की बीमारियों से पीड़ित होते हैं।

हल (*a*) प्रश्न में दिए गए कथन के अनुसार केवल निष्कर्ष I निकलता है। चूँकि कथन में स्पष्ट रूप से कहा गया है कि हरी सब्जी खाने वाले दिल की बीमारियों से कम ग्रस्त होते हैं। अतः हरी सब्जियाँ खाना स्वस्थ जीवन के लिए आवश्यक है।

कथन एवं कार्यवाहियाँ

हमारे सामान्य जन-जीवन से सम्बन्धित दी गई घटना या जानकारी को कथन कहते हैं। ऐसी कोई घटना या स्थिति जो हमारे सामान्य जन-जीवन को अशतः या पूर्णतः बाधित (Disturb) कर देती है या उसमें गतिरोध उत्पन्न कर देती है। ऐसी घटना या स्थिति को समस्या (Problem) कहा जाता है। समस्या के निदान के लिए उठाया गया उचित कदम कार्यवाही कहलाता है।

उदाहरण 2. नीचे दिए गए प्रश्न में एक कथन और उसके बाद कार्यवाही के दो कार्यवाहियाँ I और II दिए गए हैं। कार्यवाही से तात्पर्य उस उपाय या प्रशासकीय निर्णय से है, जो समस्या, नीति आदि के सन्दर्भ में सुधार, अनुवर्तन या आगे की जाने वाली कार्यवाही से सम्बन्धित है। नीचे दी गई जानकारी के आधार पर आपको कथन में दी गई प्रत्येक बात को सही मानना है और उसके बाद तय करना है कि किन्हीं सुझावों में से कौन-सी कार्यवाही कार्यान्वयन के लिए तर्कसंगत रूप से अनुसरण करती है?

उत्तर दीजिए

(a) केवल कार्यवाही I अनुसरण करती है
(b) केवल कार्यवाही II अनुसरण करती है
(c) केवल कार्यवाही I या II अनुसरण करती है
(d) कार्यवाहियाँ I और II दोनों अनुसरण करती हैं

कथन जापान में आए शक्तिशाली भूकम्प से करीब एक हजार लोग मृत तथा करीब पचास हजार लोग घायल अवस्था में पाए गए।

कार्यवाहियाँ

I. घायलों को अविलम्ब स्वास्थ्य सेवा उपलब्ध करानी चाहिए।

II. प्रभावित क्षेत्र में सरकार को अविलम्ब शिविर, खाद्य-सामग्री एवं पेयजल की व्यवस्था करनी चाहिए।

हल (*d*) दोनों ही कार्यवाहियाँ अनुसरण करती हैं। सरकार का यह कर्त्तव्य है कि वह जन-जीवन की रक्षा करें। अतः घायलों को अविलम्ब स्वास्थ्य सेवा उपलब्ध कराना, साथ-ही-साथ शिविर, खाद्य-सामग्री तथा पेयजल की आपूर्ति करना निश्चित रूप से उचित कदम है, क्योंकि जीवन रक्षा के लिए यह अतिआवश्यक है।

कथन एवं अनुमान

किसी भी विषय से सम्बन्धित दी गई जानकारी को कथन कहते हैं तथा अप्रत्यक्ष रूप से परिकल्पित अवधारणा, जो किसी कथन में सन्निहित तथ्य (Fact) को दर्शाती है, उसे परिकल्पना या अनुमान कहते हैं अर्थात् कथन में दी गई जानकारी के आधार पर किसी विषय/बात का अनुमान लगाना या बिना किसी प्रमाण के मान लेना पूर्वाधारणा कहलाती है।

उदाहरण 3. नीचे दिए गए प्रश्न में एक कथन तथा दो अनुमान दिए गए हैं। आपको कथन को ध्यानपूर्वक पढ़कर यह पता करना है कि दिए गए अनुमान में से कौन-सा अनुमान अन्तर्निहित होगा? कथन को पूर्णतः सत्य मानना है तथा इस पर विचार करके अन्तर्निहित होने वाले अनुमान का चयन करना है।

उत्तर दीजिए

(a) अनुमान I अन्तर्निहित है
(b) अनुमान II अन्तर्निहित है
(c) अनुमान I और II दोनों अन्तर्निहित हैं
(d) न तो अनुमान I और न ही अनुमान II अन्तर्निहित है

कथन यदि पूरे महीने बारिश नहीं होती है, तो अधिकतर किसान संकट में पड़ जाएँगे।

अनुमान

I. समय से बारिश होना खेती के लिए अनिवार्य है।

II. सामान्यतः अधिकतर किसान बारिश पर निर्भर होते हैं।

हल (c) अनुमान I और II दोनों ही कथन में अन्तर्निहित हैं, क्योंकि समय से बारिश खेती के लिए अनिवार्य है और यदि बारिश नहीं हुई, तो यह संकट की स्थिति पैदा करेगी तथा साथ ही अधिकतर किसान बारिश पर ही निर्भर होते हैं।

कथन एवं तर्क

'तर्क' (Argument) किसी कथन के पक्ष अथवा विपक्ष में व्यक्त किया गया विचार है जो कथन को उचित अथवा अनुचित सिद्ध करने हेतु संदर्भित होता है।
इस प्रकार के प्रश्नों में एक कथन दिया होता है तथा उसके बाद दो तर्क दिए गए होते हैं तथा निर्णय करना होता है कि दिया गया तर्क 'ठोस' है या 'निर्बल'। 'ठोस' तर्क वे होते हैं जो महत्त्वपूर्ण और प्रश्न से सीधे सम्बन्धित होते हैं तथा 'निर्बल' तर्क वे होते हैं, जो प्रश्न से सीधे सम्बन्धित नहीं होते हैं या कम महत्त्वपूर्ण होते हैं।

उदाहरण 4. एक कथन के बाद दो तर्क दिए गए हैं। निर्णय लें कि कथन/प्रश्न के सम्बन्ध में कौन-सा तर्क प्रबल हैं?

(a) यदि केवल तर्क II प्रबल है
(b) यदि केवल तर्क I प्रबल है
(c) यदि तर्क I और II दोनों प्रबल हैं
(d) यदि तर्क I और II दोनों प्रबल नहीं हैं

कथन क्या विद्यालय में शिक्षा के लिए सभी को आर्थिक सहायता देनी चाहिए।

तर्क

I. हाँ, इससे बड़ी संख्या में लोगों को सहायता मिलेगी क्योंकि जनसंख्या का बड़ा हिस्सा मध्यम और निचले वर्ग से आता है।
II. नहीं, इससे नकद से निर्बद्ध राजकोष पर बड़ा बोझ पड़ेगा।

हल (*b*) विद्यालय में सभी को शिक्षा के लिए सरकार द्वारा आर्थिक सहायता मिलनी ही चाहिए, क्योंकि जनसंख्या का एक बड़ा हिस्सा निचले और मध्यम वर्ग से सम्बन्धित है। ऐसा करने से बड़ी संख्या में लोगों को सहायता मिलेगी। अतः केवल तर्क I प्रभावशाली है।

कारण एवं प्रभाव

इस प्रकार के प्रश्नों में कुछ कथन दिए गए होते हैं। ये कथन या तो स्वतंत्र कारण हो सकते हैं या स्वतंत्र कारणों के प्रभाव हो सकते हैं। अभ्यर्थियों को इनका विश्लेषण करके सही विकल्प का चयन करना होता है।

उदाहरण 5. प्रश्न में दिए गए कथनों को पढ़िए और उत्तर दीजिए।

(a) यदि कथन I कारण है और कथन II प्रभाव है
(b) यदि कथन II कारण है और कथन I प्रभाव है
(c) यदि कथन I और II दोनों स्वतन्त्र कारण हैं
(d) यदि कथन I और II दोनों स्वतन्त्र कारणों के प्रभाव हैं

कथन I. शहर के दूरस्थ उपनगरों में जवाहरातों की दुकानों में कई बार चोरी की घटनाएँ रिकॉर्ड की गई हैं।
II. शहर और उपनगरों के दुकानदारों ने सुरक्षा की स्थिति में सुधार हेतु पुलिस प्राधिकरण से माँग की है।

हल (*a*) शहर के दूरस्थ उपनगरों में जवाहरातों की दुकानों में कई बार चोरी की घटनाएँ रिकॉर्ड की गई हैं जिसके कारण शहर और उपनगरों के दुकानदारों ने सुरक्षा की स्थिति में सुधार हेतु पुलिस प्राधिकरण से माँग की है।
अतः कथन I कारण तथा कथन II उसका प्रभाव है।

SSC एग्जाम स्कैनर

SSC CGL 2024 (Tier I & II)

1. इस प्रश्न में, एक कथन के बाद I और II क्रमांकित दो कार्रवाईयाँ दी गई हैं। आपको कथन में दी गई सभी जानकारी को सत्य मानना होगा और कथन में दी गई जानकारी के आधार पर निर्णय लेना होगा कि तार्किक रूप से कौन-सी कार्यवाही/कार्यवाहियों का अनुसरण किया जाना चाहिए।

कथन कई लोगों ने अपने आयकर रिटर्न के रिफण्ड मिलने में देरी के सम्बन्ध में वित्त मन्त्रालय से शिकायत की है।

कार्यवाही

I. वित्त मन्त्रालय को आयकर रिफण्ड में देरी के सम्बन्ध में प्राप्त शिकायतों की जाँच करानी चाहिए।
II. वित्त मन्त्रालय को देरी की अवधि के लिए आयकर दाताओं को उनके रिफण्ड पर ब्याज का भुगतान करके मुआवजा देना चाहिए।

SSC CGL (Tier-II) 20/01/2025 Shift-I

(a) केवल II का अनुसरण किया जाना चाहिए
(b) केवल I का अनुसरण किया जाना चाहिए
(c) I और II दोनों का अनुसरण किया जाना चाहिए
(d) न तो I और न ही II का अनुसरण किया जाना चाहिए

2. नीचे एक कथन (कारण) दिया गया है, जिसके बाद सम्भावित प्रभाव संख्या I, II और III दिए गए हैं।
'कारण' को ध्यानपूर्वक पढ़िए और निश्चय कीजिए कि तीनों में से कौन-सा/ कौन-से सम्भावित प्रभाव हो सकता/सकते है/हैं।

कारण शहर X में कल हुई भारी बारिश के कारण रेलवे स्टेशन और हवाई अड्डे सहित कई क्षेत्रों में बाढ़ आ गई है।

प्रभाव I रेलवे ने आज सुबह शहर X से शुरू होने वाली तीन ट्रेनों के प्रस्थान में देरी की घोषणा की है।

प्रभाव II कल शाम कई उड़ानें शहर X के हवाई अड्डे पर उतरने में असमर्थ रहीं।

प्रभाव III वित्त मन्त्रालय ने टैक्स रिटर्न दाखिल करने की तारीख एक महीने बढ़ा दी है।

SSC CGL (Tier-II) 20/01/2025 Shift-I

(a) II और III दोनों सम्भावित प्रभाव हैं
(b) केवल II एक सम्भावित प्रभाव है
(c) I और II दोनों सम्भावित प्रभाव है
(d) केवल I एक सम्भावित प्रभाव है

3. निम्नलिखित जानकारी को पढ़िए और उसके बाद प्रश्न का उत्तर दीजिए।
अनुभवी बागवानों की तरह, बागबान G मृदा उर्वरता को बनाए रखने के लिए सस्यावर्तन का अभ्यास करता है, जिससे पौधों की समृद्धि और विविधता बढ़ती है।'
दिए गए कथन से निम्नलिखित में से क्या अनुमान लगाया जा सकता है? (अनुमान, ऐसा कुछ है, जो स्पष्ट रूप से कथित नहीं है, लेकिन कथन में दिए गए तथ्यों/जानकारी से प्राप्त किया जा सकता है)

I. बागबान G के बगीचे में समृद्ध और विविध पौधों की वृद्धि सम्भवतः सस्यावर्तन के अभ्यास से प्रभावित है।
II. सर्वोत्तम बागवानी अभ्यासों के लिए बागबान G क्षेत्र के अन्य बागबानों से परामर्श लेता है।

SSC CGL (Tier-II) 20/01/2025 Shift-I

(a) न तो I और न ही II का अनुमान लगाया जा सकता है
(b) केवल I का अनुमान लगाया जा सकता है
(c) I और II दोनों का अनुमान लगाया जा सकता है
(d) केवल II का अनुमान लगाया जा सकता है

4. एक कथन के बाद I और II से क्रमांकित दो तर्क दिए गए हैं। कथन और तर्कों को ध्यानपूर्वक पढ़िए तथा दिए गए विकल्पों में से उचित उत्तर का चयन कीजिए।

कथन
विद्युत उत्पादन के अन्य तरीकों की तुलना में जलविद्युत (Hydroelectricity) एक स्वच्छ और हरित ऊर्जा है।

तर्क

I. जलविद्युत संयन्त्रों में लगभग शून्य CO_2 उत्सर्जन होता है।

II. जलविद्युत परियोजनाएँ बहुत अधिक मात्रा में जल के अन्दर प्लावित होती हैं, जिससे स्थानीय वनस्पतिजात और प्राणिजात प्रभावित होते हैं।

SSC CGL (Tier-II) 18/01/2025 Shift-I

(a) I और II दोनों कथन को दुर्बल करते हैं
(b) I कथन को दुर्बल जबकि II प्रबल करता है
(c) I और II दोनों कथन को प्रबल करते हैं
(d) II कथन को दुर्बल जबकि I प्रबल करता है

5. निम्नलिखित जानकारी को पढ़िए और उसके बाद प्रश्न का उत्तर दीजिए।

'विशेषज्ञ पहेली समाधानकर्ताओं के समान, समाधानकर्ता व्यवस्थित समस्या-समाधान दृष्टिकोण अपनाता है, जिससे जटिल चुनौतियों का कुशल और सटीक समाधान सुनिश्चित होता है।'

दिए गए कथन से निम्नलिखित में से क्या अनुमान लगाया जा सकता है ? (अनुमान, ऐसा कुछ है, जो स्पष्ट रूप से कथित नहीं है, लेकिन कथन में दिए गए तथ्यों / जानकारी से प्राप्त किया जा सकता है)

I. जटिल चुनौतियों का समाधान करने में समाधानकर्ता S की दक्षता और सटीकता का श्रेय उसकी व्यवस्थित समस्या-समाधान विधियों को दिया जा सकता है।

II. समाधानकर्ता S विशेषज्ञ पहेली समाधानकर्ताओं के समान, व्यवस्थित समस्या समाधान दृष्टिकोण का उपयोग करता है।

SSC CGL (Tier-II) 18/01/2025 Shift-I

(a) न तो I और न ही II का अनुमान लगाया जा सकता है
(b) केवल II का अनुमान लगाया जा सकता है
(c) केवल I का अनुमान लगाया जा सकता है
(d) I और II दोनों का अनुमान लगाया जा सकता है

6. नीचे एक कथन (कारण) दिया गया है, जिसके बाद सम्भावित प्रभाव संख्या I, II और III दिए गए हैं। 'कारण' को ध्यानपूर्वक से पढ़िए और निश्चय कीजिए कि तीनों में से कौन-सा / कौन-से सम्भावित प्रभाव हो सकता/सकते हैं/हैं?

कारण शहर X में कई लोगों ने इस महीने एक के बजाय दो बिजली बिल आने की सूचना दी है।

प्रभाव I बिजली बोर्ड ने शहर X में उन क्षेत्रों का विवरण प्रकाशित किया है, जहाँ कल बिजली बन्द होने की सम्भावना है।

प्रभाव II शहर X के नगर निगम आयुक्त ने स्पष्ट किया है कि जिस तकनीकी खराबी के कारण कई बिजली बिल उत्पन्न हुए थे, उसे 48 घण्टों के भीतर हल कर दिया जाएगा।

प्रभाव III कई इलाकों में बिजली बोर्ड कार्यालयों के बाहर लंबी कतारें देखी गईं।

SSC CGL (Tier-II) 18/01/2025 Shift-I

(a) केवल I एक सम्भावित प्रभाव है
(b) II और III दोनों सम्भावित प्रभाव हैं
(c) केवल II एक सम्भावित प्रभाव है
(d) I और II दोनों सम्भावित प्रभाव हैं

SSC CGL 2023 (Tier I & II)

7. नीचे एक कथन दिया गया है जिसके बाद I और II के रूप में क्रमांकित दो सम्भावित कारण दिए गए हैं। कथन को ध्यानपूर्वक पढ़िए और तय कीजिए कि दोनों में से कौन-सा/से कारण, कथन में दी गई घटना/अवलोकन/सूचना की व्याख्या करता है/करते हैं?

कथन भारत में बड़े शहरों ने देश के ग्रामीण हिस्सों से प्रवासी आबादी को आकर्षित किया है। 2011 की जनगणना के अनुसार, भारत के छ: सबसे बड़े महानगरों (दिल्ली, मुम्बई, चेन्नई, बेंगलुरु, कोलकाता और हैदराबाद) में लगभग 48% निवासी प्रवासी थे।

कारण

I. शहरों में बेहतर भविष्य और आर्थिक सम्भावनाओं की उपलब्धता के कारण प्रवास होता है।

II. प्रवास इसलिए होता है क्योंकि लोगों को यात्रा करना और नए शहरों को देखना पसन्द हैं। **SSC CGL (Tier-II) 26/10/2023**

(a) केवल I सम्भावित कारण है।
(b) न तो I और न ही II सम्भावित कारण है।
(c) I और II दोनों सम्भावित कारण हैं।
(d) केवल II सम्भावित कारण है।

8. एक कथन और उसके बाद I और II के रूप में क्रामांकित दो अनुमान दिए गए हैं। कथन को पढ़िए और तय कीजिए कि दिए गए कथन के लिए कौन-सा/से अनुमान सत्य है/हैं?

कथन भारत में ईंधन की कीमतें दिन-प्रति-दिन बढ़ती जा रही हैं और इसकी कीमत में वृद्धि की कोई ऊपरी सीमा नहीं है।

अनुमान

I. केन्द्र और राज्य सरकारों ने ईंधन पर अपने विशेष करों में कटौती नहीं की है।

II. अन्तर्राष्ट्रीय बाजार में महँगाई का प्रभाव ईंधन की बढ़ती कीमतों के लिए उत्तरदायी है। **SSC CGL (Tier-II) 26/10/2023**

(a) I और II दोनों अनुमान सत्य हैं
(b) केवल अनुमान II सत्य है
(c) न तो अनुमान I और न ही II सत्य है
(d) केवल अनुमान I सत्य है

9. एक कथन के बाद दो अनुमान I और II दिए हैं। यह मानते हुए कि दिया गया कथन सत्य है, भले ही यह कथन सामान्य रूप से ज्ञात तथ्यों से भिन्न प्रतीत होता हो, तय करें कि दिए गए अनुमानों में से कौन-सा/से अनुमान कथन का तार्किक रूप से अनुसरण करता है/करते हैं?

कथन

टीम-X और टीम-Y के बीच एक फुटबॉल मैच में, टीम-Y द्वारा किए गए गोलों की कुल संख्या 5 थी, जिसमें से 3 गोल बाएँ पैर वाले खिलाड़ी द्वारा किए गए थे।

अनुमान

I. बाएँ पैर वाला खिलाड़ी गोल करने में माहिर था।

II. टीम-Y के 60% खिलाड़ी बाएँ पैर वाले हैं। **SSC CGL (Tier-II) 07/03/2023**

(a) I और II दोनों अनुसरण करते हैं
(b) केवल I अनुसरण करता है
(c) न तो I और न ही II अनुसरण करता है
(d) केवल II अनुसरण करता है

10. इस प्रश्न में दो कथन I और II दिए गए हैं। ये कथन स्वतन्त्र कारण या स्वतन्त्र कारणों या एक उभयनिष्ठ कारण के प्रभाव हो सकते हैं। एक कथन दूसरे कथन का प्रभाव हो सकता है। दोनों कथनों को पढ़ें और सही उत्तर का चयन करें।

कथन

I. पिछले दो वर्षों में कम्पनी P के 22% कर्मचारियों को नौकरी से निकाला गया।

II. पिछले दो वर्षों में कम्पनी P ने अपनी कई प्रमुख सम्पत्तियों को बेच दिया है।

SSC CGL (Tier-II) 07/03/2023

(a) II कारण है और I इसका सम्भावित प्रभाव है
(b) I कारण है और II इसका सम्भावित प्रभाव है
(c) I और II दोनों एक उभयनिष्ठ कारण के प्रभाव हैं
(d) I और II दोनों स्वतन्त्र कारण हैं

11. इस प्रश्न में एक कथन के बाद दो कार्यवाहियाँ क्रमांक I और II दी गई हैं। आपको कथन में दी गई सभी बातों को सत्य मानना है और कथन में दी गई जानकारी के आधार पर यह तय करना है कि कौन-सी कार्यवाही/कार्यवाहियाँ करने के लिए तार्किक रूप से अनुसरण करती है/हैं?

कथन

किसी कम्पनी के तकनीकी अनुभाग में कुछ गम्भीर त्रुटियाँ पाई गई।

कार्यवाहियाँ

I. तकनीकी त्रुटियों की जाँच के लिए एक कुशल तकनीकी टीम नियुक्त की जानी चाहिए।

II. अनियमितताओं में शामिल सभी कर्मचारियों को कारण स्पष्टीकरण नोटिस जारी किया जाना चाहिए। **SSC CGL (Tier-II) 07/03/2023**

(a) केवल I अनुसरण करता है
(b) केवल II अनुसरण करता है
(c) न तो I न ही II अनुसरण करता है
(d) I और II दोनों अनुसरण करते हैं

12. एक स्थिति दी गई है, जिसके बाद दो निष्कर्ष I और II दिए गए हैं। स्थिति और दोनों निष्कर्षों को ध्यानपूर्वक पढ़ें और सही उत्तर का चयन करें।

स्थिति
पिछले 15 वर्षों से, दुनिया के मिट्टी के बर्तनों के बाजार में 75% उत्पाद देश K से आते हैं। हालाँकि, देश K के मिट्टी के बर्तन उद्योग में पिछले 3 वर्षों से हर साल रोजगार में 5-9% की लगातार गिरावट आ रही है।

निष्कर्ष
I. रोजगार घटने के बाद भी, देश K के पास अन्तर्राष्ट्रीय बाजार में समान रूप से योगदान जारी रखने के लिए पर्याप्त कुम्हार है।
II. देश K में मिट्टी के बर्तनों की स्थानीय माँग में काफी कमी आई है, जिससे कुम्हारों के बीच रुचि कम हो गई।

SSC CGL (Tier-II) 06/03/2023

(a) केवल निष्कर्ष II निकाला जा सकता है
(b) केवल निष्कर्ष I निकाला जा सकता है
(c) निष्कर्ष I और II दोनों निकाले जा सकते हैं
(d) न तो निष्कर्ष I निकाला जा सकता है और न ही II निकाला जा सकता है

13. एक कथन के बाद दो अनुमान I और II दिए गए हैं। यह मानते हुए कि दिया गया कथन सत्य है, भले ही यह सामान्य रूप से ज्ञात तथ्यों से भिन्न प्रतीत होता हों, तय करें कि दिए गए अनुमानों में से कौन-सा/से अनुमान कथन का तार्किक रूप से अनुसरण करता है/करते हैं?

कथन
कई विद्यार्थियों को मोबाइल गेम्स खेलने की आदत पड़ गई है और इसी कारण वे खराब शैक्षिक प्रदर्शन करते हैं।

अनुमान
I. कई विद्यार्थी मोबाइल गेम्स के कारण पढ़ाई पर ध्यान नहीं दे रहे हैं।
II. मोबाइल गेम्स के कारण ही विद्यार्थी परीक्षा में अनुत्तीर्ण होते हैं।

SSC CGL (Tier-II) 06/03/2023

(a) I और II दोनों अनुसरण करते हैं
(b) केवल II अनुसरण करता है
(c) केवल I अनुसरण करता है
(d) न तो I और न ही II अनुसरण करता है

14. इस प्रश्न में दो कथन I और II दिए गए हैं। ये कथन स्वतन्त्र कारण या स्वतन्त्र कारणों या एक उभयनिष्ठ कारण के प्रभाव हो सकते हैं। एक कथन दूसरे कथन का प्रभाव हो सकता है। दोनों कथनों को पढ़ें और सही उत्तर का चयन करें।

I. पिछले तीन वर्षों से, राज्य M ने राज्य की कृषि उपज में तीव्र और वास्तविक गिरावट दर्ज की है।
II. पिछले पाँच वर्षों में, राज्य M में कुल औसत वर्षा में 6% की वृद्धि हुई है, जिससे किसानों को राहत मिली है।

SSC CGL (Tier-II) 06/03/2023

(a) I और II दोनों स्वतन्त्र कारण है
(b) I कारण है और II इसका सम्भावित प्रभाव है
(c) I और II दोनों स्वतन्त्र कारणों के प्रभाव है
(d) II कारण है और I इसका सम्भावित प्रभाव है।

15. इस प्रश्न में दो कथन I और II दिए गए हैं। ये कथन स्वतन्त्र कारण हो सकते हैं या स्वतन्त्र कारणों या एक उभयनिष्ठ कारण के प्रभाव हो सकते हैं। एक कथन, दूसरे कथन का प्रभाव हो सकता है। दोनों कथनों को पढ़िए और सही उत्तर का चयन कीजिए।

I. देश X ने पिछले 5 वर्षों में अपने कच्चे तेल के आयात में 6% की कमी की है।
II. देश X में ऑटोमोबाइल उद्योग ने इस वर्ष अपने विकास मार्जिन में 13% की तीव्र गिरावट देखी है।

SSC CGL (Tier-II) 03/03/2023

(a) I और II दोनों स्वतन्त्र कारणों के प्रभाव हैं
(b) I कारण है और II इसका सम्भावित प्रभाव है
(c) I और II दोनों स्वतन्त्र कारण है
(d) II कारण है और I इसका सम्भावित प्रभाव है

16. **निर्देश** एक कथन के बाद दो अनुमान I और II दिए गए हैं। यह मानते हुए कि दिया गया कथन सत्य है, भले ही यह सामान्य रूप से ज्ञात तथ्यों से भिन्न प्रतीत होता हो, तय करें कि दिए गए अनुमानों में से कौन-सा/से अनुमान कथन का तार्किक रूप से अनुसरण करता है/करते हैं?

कथन
कृषि उत्पादन में कीटनाशकों का अत्यधिक उपयोग करने से वे मिट्टी और जल को दूषित करते हैं, फसलों में उनका अंश रह जाता है और आखिरकार वे खाद्य शृंखला में प्रवेश करते हैं, जिससे मानवों के लिए खतरा पैदा हो जाता है।

अनुमान
I. कृषि उत्पादन में कीटनाशकों का अत्यधिक उपयोग किया जाना, लोगों के लिए अच्छा नहीं है।
II. कृषि उत्पादन में कीटनाशकों का अत्यधिक उपयोग करने से जल पर बुरा प्रभाव पड़ सकता है। **SSC CGL (Tier-II) 03/03/2023**

(a) केवल I अनुकरण करता है
(b) केवल II अनुसरण करता है
(c) न तो I और न ही II अनुसरण करता है
(d) I और II दोनों अनुसरण करते हैं

17. इस प्रश्न में एक कथन के बाद दो कार्यवाहियाँ क्रमांक I और II दी गई हैं। आपको कथन में दी गई सभी बातों को सत्य मानना है और कथन में दी गई जानकारी के आधार पर यह तय करना है कि कौन-सी कार्रवाई/कार्रवाइयाँ करने के लिए तार्किक रूप से अनुसरण करती है/हैं?

कथन
शहरी क्षेत्रों में ग्रामीणों के प्रवास में भारी वृद्धि हुई है, क्योंकि बार-बार फसल खराब होने से उन्हें वित्तीय समस्याओं का सामना करना पड़ रहा है।

कार्यवाहियाँ
I. ग्रामीणों को उनके गाँवों में आय का एक वैकल्पिक स्रोत प्रदान किया जाना चाहिए ताकि वे वहीं रहें।
II. उनके अस्तित्व को सुनिश्चित करने के लिए, विस्थापित ग्रामीणों को शहरी क्षेत्रों में आवास के सभी विकल्पों तक पहुँच प्रदान की जानी चाहिए।

SSC CGL (Tier-II) 03/03/2023

(a) केवल I अनुसरण करता है
(b) न तो I न ही II अनुसरण करता है
(c) I और II दोनों अनुसरण करते हैं
(d) केवल II अनुसरण करता है

18. इस प्रश्न में दो कथन I और II दिए गए हैं। ये कथन स्वतन्त्र कारण हो सकते हैं या स्वतन्त्र कारणों या एक उभयनिष्ठ कारण के प्रभाव हो सकते हैं। एक कथन, दूसरे कथन का प्रभाव हो सकता है। दोनों कथनों को पढ़िए और सही उत्तर का चयन कीजिए।

I. इस वर्ष कॉलेज X ने प्रवेश परीक्षा के लिए कट-ऑफ अंकों को 60 से घटाकर 50 कर दिया।
II. पिछले दो वर्षों में, कॉलेज X में छात्र संघ कॉलेज कैंटीन में भोजन की गुणवत्ता और स्वास्थ्य तथा स्वच्छता मानकों के सम्बन्ध में कॉलेज प्रशासन के साथ सक्रिय रूप से बातचीत कर रहा है।

SSC CGL (Tier-II) 02/03/2023 Shift-I

(a) I कारण है और II इसका सम्भावित प्रभाव है
(b) I और II दोनों स्वतन्त्र कारण हैं
(c) II कारण है और I इसका सम्भावित प्रभाव है
(d) I और II दोनों स्वतन्त्र कारणों के प्रभाव हैं

19. एक कथन के बाद दो अनुमान I और II दिए गए हैं। यह मानते हुए कि दिया गया कथन सत्य है, भले ही यह सामान्य रूप से ज्ञात तथ्यों से भिन्न प्रतीत होता हो, तय करें कि दिए गए अनुमानों में से कौन सा/से अनुमान कथन का तार्किक रूप से अनुसरण करता है/करते हैं?

कथन
राष्ट्रीय दुलगामी मार्ग-A सबसे चौड़ा दुतगामी मार्ग है और कुछ लोग इसका इस्तेमाल करते हैं। जब लोग कोई खाली और चौड़ी सड़क देखते हैं, तब वे तेज गति से वाहन चलाते हैं, जिससे दुर्घटनाएँ होती हैं।

अनुमान
I. सभी दुर्घटनाएँ अत्यधिक गति के कारण होती हैं।
II. तेज गति से दुर्घटना का खतरा बढ़ जाता है। **SSC CGL (Tier-II) 02/03/2023 Shift-I**

(a) केवल II अनुसरण करता है
(b) I और II दोनों अनुसरण करते हैं
(c) केवल I अनुसरण करता है
(d) न तो I और न ही II अनुसरण करता है

20. इस प्रश्न में एक कथन के बाद दो कार्यवाहियाँ क्रमांक I और II दी गई हैं। आपको कथन में दी गई सभी बातों को सत्य मानना है और कथन में दी गई जानकारी के आधार पर यह तय करना है कि कौन-सी कार्यवाही/कार्यवाहियाँ करने के लिए तार्किक रूप से अनुसरण करती है/हैं?

कथन
शहर के लोगों की एक बड़ी संख्या का मलेरिया रोग से पीड़ित होने का पता चला है।

कार्यवाहियाँ
I. शहर के नगरपालिका अधिकारियों को शहर में व्यापक धूमन करने के लिए तत्काल कदम उठाने चाहिए।
II. क्षेत्र के लोगों को मच्छरों के काटने से बचने के लिए कदम उठाने की सलाह दी जानी चाहिए। **SSC CGL (Tier-II) 02/03/2023 Shift-I**

(a) I और II दोनों अनुसरण करते हैं
(b) न तो I न ही II अनुसरण करता है
(c) केवल II अनुसरण करता है
(d) केवल I अनुसरण करता है

SSC CHSL 2024 & 2023 (Tier I & II)

21. दो कथन I और II दिए गए हैं। ये कथन स्वतन्त्र कारण हो सकते हैं या स्वतन्त्र कारणों के प्रभाव या उभयनिष्ठ कारण हो सकते हैं। एक कथन, दूसरे कथन का प्रभाव हो सकता है। दोनों कथनों को पढ़िए और सही विकल्प का चयन कीजिए।

कथन I तरोताजा और स्वादिष्ट सलाद में प्रति-ऑक्सीकारक, विटामिन-A, विटामिन-C, फोलेट, कैल्शियम, फाइबर और फाइटोन्यूट्रिएण्ट भरपूर मात्रा में पाए जाते हैं, जो स्वास्थ्य के लिए अच्छे होते हैं।

कथन II स्वस्थ जीवन के लिए हमें अपने दिन की शुरूआत सलाद खाकर करना एक बहुत ही अच्छा उपाय है।

SSC CHSL (Tier-II) 18/11/2024 Shift-I

(a) I और II दोनों स्वतन्त्र कारण हैं
(b) I कारण है और II इसका सम्भावित प्रभाव है
(c) II कारण है और I इसका सम्भावित प्रभाव है
(d) I और II दोनों स्वतन्त्र कारणों के प्रभाव हैं

22. इस प्रश्न में, एक कथन के बाद I और II से क्रमांकित दो कार्यवाहियाँ दी गई हैं। आपको कथन में दी गई सभी जानकारी को सत्य मानना है और कथन में दी गई सभी जानकारी के आधार पर तय करना है कि दी गई कार्यवाहियों में से किसका/किनका तार्किक रूप से अनुसरण किया जाना चाहिए?

कथन
प्रिन्सिपल की बार-बार चेतावनी देने के बावजूद, स्कूल में एक बच्चा मोबाइल फोन छुपाए हुए पकड़ा गया।

कार्यवाहियाँ
I. बच्चे से मोबाइल फोन छीन लिया जाना चाहिए और माता-पिता को स्कूल में बुलाया जाना चाहिए।
II. इस गलती के लिए बच्चे को दण्डित किया जाना चाहिए। **SSC CHSL (Tier-II) 18/11/2024 Shift-I**

(a) दोनों I और II का अनुसरण किया जाना चाहिए
(b) केवल II का अनुसरण किया जाना चाहिए
(c) न तो I और न ही II का अनुसरण किया जाना चाहिए
(d) केवल I का अनुसरण किया जाना चाहिए

23. दो कथन I और II दिए गए हैं। ये कथन स्वतन्त्र कारण हो सकते हैं या स्वतन्त्र कारणों के प्रभाव या उभयनिष्ठ कारण हो सकते हैं। एक कथन, दूसरे कथन का प्रभाव हो सकता है। दोनों कथनों को पढ़िए और सही विकल्प का चयन कीजिए।

कथन I बालासोर में कल के लिए निर्धारित की गई सभी स्नातक परीक्षाएँ विश्वविद्यालय द्वारा स्थगित कर दी गई हैं। नई तारीखों की घोषणा अगले सप्ताह के शुरूआत में की जाएगी।

कथन II बालासोर में कल तेज हवाओं और अत्यधिक भारी बारिश की सम्भावना है क्योंकि सायक्लोन के दोपहर 3 बजे तक धरती से टकराने की सम्भावना है। **SSC CHSL (Tier-II) 18/11/2024 Shift-I**

(a) II कारण है और I इसका सम्भावित प्रभाव है
(b) I और II दोनों स्वतन्त्र कारणों के प्रभाव हैं
(c) I कारण है और II इसका सम्भावित प्रभाव है
(d) I और II दोनों स्वतन्त्र कारण हैं

24. दिए गए कथन और निष्कर्षों को ध्यानपूर्वक पढ़ें। यह मानते हुए कि कथनों में दी गई जानकारी सत्य है, भले ही यह सामान्यत: ज्ञात तथ्यों से भिन्न प्रतीत होते हो, निर्णय लें कि दिए गए निष्कर्षों में से कौन-सा निष्कर्ष कथन से निकाला जा सकता है?

कथन
सभी स्तनधारी गर्म खून वाले जानवर हैं।

निष्कर्ष
I. कुत्ते गर्म खून वाले जानवर हैं।
II. सभी गर्म खून वाले कीट स्तनधारी हैं।
SSC CHSL (Tier-II) 10/01/2024 Shift-I

(a) केवल I
(b) केवल II
(c) न तो I न ही II
(d) I और II दोनों

25. एक कथन के बाद दो कार्यवाहियाँ I और II क्रमांकित हैं। आपको कथन में दी गई सभी बातों को सत्य मानना होगा और कथन में दी गई जानकारी के आधार पर निर्णय लेना होगा, कि तार्किक रूप से किस कार्यवाही का अनुसरण किया जाना चाहिए।

कथन A के घर में वोल्टेज के उतार-चढ़ाव से उसके कई नए विद्युत उपकरण खराब हो गए हैं।

कार्यवाहियाँ
I. A को एक इलेक्ट्रीशियन से परामर्श लेना चाहिए और वोल्टेज में उतार-चढ़ाव से विद्युत उपकरणों की सुरक्षा के लिए एक युक्ति स्थापित करनी चाहिए।
II. A को सभी खराब हुए उपकरण को नए उपकरणों से बदल देना चाहिए।
SSC CHSL (Tier-II) 10/01/2024 Shift-I

(a) केवल I का अनुसरण किया जाना चाहिए
(b) केवल II का अनुसरण किया जाना चाहिए
(c) न तो I और न ही II का अनुसरण किया जाना चाहिए
(d) I और II दोनों का अनुसरण किया जाना चाहिए

26. इस प्रश्न में, एक कथन के बाद I और II क्रमांकित दो अनुमान दिए गए हैं। कथन के आधार पर, आपको निश्चय करना है, कि उपरोक्त कथन से निम्नलिखित में से कौन-सा अनुमान लगाया जा सकता है?
(अनुमान कुछ ऐसा है, जो कि सीधे तौर पर नहीं कहा गया है, लेकिन कथन में दिए गए तथ्यों/जानकारी से प्राप्त किया जा सकता है।)

कथन
पाठ्यक्रम में प्रवेश के लिए पात्रता 10वीं कक्षा की बोर्ड परीक्षाओं में न्यूनतम 80% अंक है।
हालाँकि, जो विद्यार्थी इस वर्ष 10वीं कक्षा की बोर्ड परीक्षाओं में शामिल हुए हैं, वे भी आवेदन कर सकते हैं।

अनुमान
I. 11वीं कक्षा का कोई भी विद्यार्थी इस पाठ्यक्रम के लिए आवेदन नहीं कर सकता है।

II. जो विद्यार्थी 10वीं कक्षा की परीक्षाओं में शामिल हुए हैं, उन्हें प्रवेश तभी मिलेगा, जब वे परीक्षा में 80% या उससे अधिक अंक प्राप्त करेंगें।

SSC CHSL (Tier-II) 02/11/2023 Shift-I

(a) न तो I का और न ही II का अनुमान लगाया जा सकता है
(b) I और II दोनों का अनुमान लगाया जा सकता हैं।
(c) केवल II का अनुमान लगाया जा सकता है।
(d) केवल I का अनुमान लगाया जा सकता है।

27. निम्नलिखित जानकारी पढ़िए और नीचे दिए गए प्रश्न का उत्तर दीजिए।
प्रतियोगी परीक्षा में रमेश के विश्वसनीय परिणाम के बारे में सुनने के बाद सुरेश ने विवेचनात्मक तर्क का अभ्यास करना शुरू कर दिया है।
उपरोक्त कथन से निम्नलिखित में से क्या अनुमान लगाया जा सकता है? (अनुमान कुछ ऐसा है, जो सीधे तौर पर नही कहा गया है, लेकिन कथन मे दिए गए तथ्यों/जानकारी से प्राप्त किया जा सकता है।)

I. रमेश ने अधिकांश अंक विवेचनात्मक तर्क में प्राप्त किये हैं
II. परीक्षा में अधिकांश प्रश्न विवेचनात्मक तर्क वाले होते हैं।

SSC CHSL (Tier-II) 02/11/2023 Shift-I

(a) केवल I का अनुमान लगाया जा सकता है
(b) न तो I का और न ही II का अनुमान लगाया जा सकता है
(c) केवल II का अनुमान लगाया जा सकता है
(d) I और II दोनों का अनुमान लगाए जा सकते हैं

सही उत्तर

1	(c)	2	(c)	3	(b)	4	(d)	5	(d)	6	(b)	7	(a)	8	(c)	9	(c)	10	(c)
11	(d)	12	(b)	13	(c)	14	(c)	15	(a)	16	(d)	17	(a)	18	(d)	19	(a)	20	(a)
21	(b)	22	(a)	23	(a)	24	(a)	25	(a)	26	(c)	27	(d)						

उत्तर सहित हल

1. (c) यदि लोगों ने अपने आयकर रिटर्न के रिफण्ड मिलने में देरी के सम्बन्ध में वित्त मन्त्रालय से शिकायत की है, तो वित्त मन्त्रालय को उससे सम्बन्धित प्राप्त शिकायतों की जाँच करानी चाहिए तथा रिफण्ड पर ब्याज का भुगतान करके मुआवजा देना चाहिए।
अत: कार्यवाही I और II दोनों का अनुसरण करना चाहिए।

2. (c) शहर X में कल हुई भारी बारिश के कारण रेलवे स्टेशन और हवाई अड्डे सहित कई क्षेत्रों में बाढ़ आ गई है जिसके परिणाम स्वरूप शहर X से जाने वाली कुछ ट्रेनों में देरी की घोषणा की गई है तथा हवाई अड्डे पर उड़ाने उतरने में असमर्थ हुई।
अत: I और II दोनों सम्भावित प्रभाव हैं।

3. (b) अनुमान-I दिए गए कथन से सम्बन्धित है, जबकि अनुमान II दिए गए कथन से सम्बन्धित नहीं है।
अत: केवल I का अनुमान लगाया जा सकता है।

4. (d) विद्युत उत्पादन के अन्य तरीकों की तुलना में जल विद्युत एक स्वच्छ और हरित ऊर्जा है, क्योंकि जल विद्युत संयन्त्रों में लगभग शून्य CO_2 उत्सर्जन होता है।
इसलिए तर्क I प्रबल है, जबकि तर्क II दुर्बल है।

5. (d) ''विशेषज्ञ पहेली समाधानकर्ताओं के समान, समाधानकर्ता S व्यवस्थित समस्या-समाधान दृष्टिकोण अपनाता है, जिससे जटिल चुनौतियों का कुशल और सटीक समाधान सुनिश्चित होता है'' के लिए दिए गए I और II दोनों का अनुमान लगाया जा सकता है।

6. (b) शहर X में कई लोगों ने इस महीने एक के बजाय दो बिजली बिल आने की सूचना दी हैं। जिसका प्रभाव यह होगा कि तकनीकी खराबी के कारण बिल उत्पन्न हुए थे, जिन्हें 48 घण्टों के भीतर हल किया जाएगा तथा कई इलाकों में बिजली बोर्ड कार्यालयों के बाहर लम्बी कतारें देखी जाएगी।
अत: प्रभाव II और प्रभाव III दोनों सम्भावित प्रभाव हैं।

7. (a) अधिकतर लोग नौकरी की तलाश में कस्बों और शहरों की ओर पलायन करते हैं क्योंकि गाँवों में रोजगार उपलब्ध नहीं होते हैं। अत: केवल कारण I सम्भावित है।

8. (c) ईंधन की कीमतें कच्चे तेल की कीमत के आनुपातिक होती है। इसका सरकार द्वारा लगाए गए कर और अन्तर्राष्ट्रीय बाजार में मुद्रास्फीति से कोई लेना-देना नहीं है।
अत: न तो अनुमान I और न ही II सत्य है।

9. (c) कथन के अनुसार, अनुमान I अनुसरण नहीं करता है, क्योंकि खेल में प्रदर्शन करने के पीछे बहुत सारे प्रत्यक्ष तथा अप्रत्यक्ष कारण होते हैं। तीन गोल के आधार पर बाएँ पैर वाले खिलाड़ी को गोल करने में माहिर करार देना सही नहीं है। यदि ऐसा बहुत सारे खेलों में होता तो एक हद तक सही था। अनुमान II भी अनुसरण नहीं करता है क्योंकि यह पूरी टीम-Y का आँकड़ा है जबकि 5 गोल का 60 प्रतिशत 3 गोल, गोल किए जाने वाले आँकड़े से सम्बन्धित है। अत: न तो अनुमान I न ही II अनुसरण करता है।

10. (c) कथन I तथा कथन II दोनों एक उभयनिष्ठ कारण के प्रभाव हैं। कर्मचारियों को बड़ी संख्या में निकाल देना तथा कई प्रमुख सम्पत्तियों को बेच देने का कारण कम्पनी P का भारी नुकसान तथा वित्तीय संकट को झेलना है, जिसके परिणामस्वरूप कर्मचारियों की छँटनी तथा प्रमुख सम्पत्तियों को बेचना है।

11. (d) कथन के अनुसार, त्रुटियों की प्रकृति गम्भीर किस्म की है अत: कार्यवाही I तथा II दोनों अनुसरण करनी चाहिए। कार्यवाही I इसलिए अनुसरण करेगी क्योंकि यह तकनीकी त्रुटियाँ हैं तथा तकनीकी होने की वजह से इसकी कुशल तकनीकी टीम द्वारा जाँच होना आवश्यक है।
सामान्य त्रुटियों की स्थिति में समस्या का सीधे समाधान किया जाता है, लेकिन तकनीकी त्रुटियों की स्थिति में बिना जाँच किए तथा कारण पता लगाए समस्या का समाधान तुरन्त करना समस्या को बढ़ा सकता है। चूँकि त्रुटियाँ गम्भीर प्रकृति की है, अत: जाँच बहुत आवश्यक है। कार्यवाही II इसलिए आवश्यक है ताकि त्रुटियों की जाँच कर्मचारियों के द्वारा खुल के आ सके। कर्मचारियों को स्पष्टीकरण नोटिस देने से तथा उनके जवाब मिलने से समस्या को और विस्तृत रूप से समझा जा सकता है तथा समस्या के जड़ में जाया जा सकता है।

12. (b) पिछले 15 वर्षों से, देश K दुनिया के मिट्टी के बर्तनों के बाजार का 75% उत्पादन कर रहा है। इसके बावजूद पिछले 3 वर्षों से हर साल देश K में रोजगार में 5-9% की लगातार गिरावट आ रही है। इसका कारण उपलब्ध रोजगारों की तुलना में कुम्हारों की संख्या का ज्यादा होते जाना है। स्पष्टत: 75% उत्पादन के लिए पर्याप्त कुम्हार उपलब्ध है।
अत: निष्कर्ष I सही है। निष्कर्ष II गलत है, क्योंकि बर्तनों के स्थानीय माँग के सम्बन्ध में स्थिति (कथन) में कोई चर्चा नहीं है।

13. (c) मोबाइल गेम्स के कारण विद्यार्थी पढ़ाई पर पर्याप्त ध्यान नहीं दे पाते हैं अत: अनुमान I अनुसरण करता है। केवल मोबाइल गेम्स ही परीक्षा में खराब प्रदर्शन के लिए जिम्मेदार नहीं है। अत: अनुमान II अनुसरण नहीं करता है।

14. (c) दोनों कथन स्वतन्त्र कारणों के प्रभाव है। औसत वर्षा में 6 प्रतिशत की वृद्धि तथा किसानों को राहत मिलने का सम्बन्ध कथन I में दिए गए कृषि उपज में तीव्र तथा वास्तविक गिरावट से स्थापित नहीं किया जा सकता है।

15. (a) कथन I से पिछले 5 वर्षों में कच्चे तेल के आयात में 6% की कमी की है। इसका कारण कच्चे तेल की माँग में कमी हो सकती है। कथन II से ऑटोमोबाइल उद्योग ने इस वर्ष विकास मार्जिन में 13% की तीव्र गिरावट देखी है। इसका कारण माँग की कमी या लोगों की क्रय क्षमता में कमी हो सकती है। अत: दोनों कथन अलग-अलग कारणों के प्रभाव है।
(**नोट** कच्चे तेल के आयात में कमी से विकास मार्जिन में तीव्र गिरावट नहीं होगी)

16. (d) कथन से स्पष्ट है कि कीटनाशकों के अत्यधिक उपयोग से जल दूषित होता है अत: अनुमान II अनुसरण करता है। साथ ही कथनानुसार कीटनाशकों के अत्यधिक प्रयोग से फसलों में उसका अंश रह जाता है जो खाद्य श्रृंखला में प्रवेश कर जाता है। स्पष्टत: यह लोगों की सेहत के लिए अच्छा नहीं है। अत: अनुमान I भी अनुसरण करता है।

17. (a) कथन के अनुसार शहरी क्षेत्रों में ग्रामीणों के प्रवास में भारी वृद्धि हुई है। इसका कारण बार-बार फसल खराब होने से ग्रामीणों के द्वारा वित्तीय समस्याओं का सामना करना है। वित्तीय स्थितियों को ठीक करने के लिए ग्रामीणों को आय का वैकल्पिक स्रोत प्रदान करना होगा ताकि उनकी कृषिगत आय पर निर्भरता न के बराबर रहे। ऐसा होने पर प्रवास में भारी वृद्धि को लगभग रोका जा सकता है। अत: कार्यवाही I अनुसरण करता है। शहरी क्षेत्रों में आवास के सभी विकल्पों तक पहुँच अत्यन्त खर्चीली प्रक्रिया है, साथ ही यह समस्या का समाधान मूल रूप में नहीं करेगा क्योंकि समस्या का समाधान प्रवास में भारी वृद्धि को रोकना तथा ग्रामीण अर्थव्यवस्था और कृषि अर्थव्यवस्था को बनाए रखना है नहीं तो ग्रामीण अर्थव्यवस्था चौपट होगी साथ ही शहरी अवसंरचना का सन्तुलन भी बिगड़ जाएगा जो समावेशी विकास के लिए घातक है। अत: कार्यवाही II अनुसरण नहीं करता है।

18. (d) दोनों कथन I तथा II स्वतन्त्र कारणों के प्रभाव है। कथन I प्रवेश परीक्षा के लिए कट-ऑफ अंकों को घटाने से सम्बन्धित है जबकि कथन II कैंटीन में भोजन की गुणवत्ता तथा स्वास्थ्य और स्वच्छता मानकों से सम्बन्धित है। दोनों विषय अलग-अलग है।

अत: कथन I के अलग कारण होंगे तथा कथन II के अलग कारण होंगे।

19. (a) अनुमान I अनुसरण नहीं करता है, क्योंकि इसमें सभी शब्द का इस्तेमाल किया गया है। सभी दुर्घटनाएँ अत्यधिक गति के कारण नहीं होती है बल्कि इसके और भी कारण होते हैं। कथन के अनुसार अनुमान II अनुसरण करता है क्योंकि कथन में स्पष्ट तौर पर लिखा है, कि जब लोग चौड़ी सड़क देखते ही तब तेज गति से वाहन चलाते हैं, तो दुर्घटनाएँ होती हैं।

20. (a) कथन से स्पष्ट है, कि लोगों की बड़ी संख्या मलेरिया से पीड़ित है अत: दी गई कार्यवाही I तथा II दोनों अनुसरण करेगी। कार्यवाही I से व्यापक धूमन करने के बाद मच्छर पर काबू पाया जा सकता है। कार्यवाही II से लोगों को जागरूक किया जा सकता है जिससे लोग मच्छर से अपनी रक्षा यथासम्भव कर सके।

अत: I तथा II दोनों अनुसरण करते हैं।

21. (b) कथन I कारण है तथा कथन II इसका सम्भावित प्रभाव है।

स्वस्थ जीवन को व्यवस्थित बनाने के लिए हमें अपने दैनिक आहार में नियमित प्रति-ऑक्सीकारक, विटामिन, फोलेट, कैल्शियम तथा फाइबर युक्त आहार लेने चाहिए। जिससे हमें तरोताजा तथा अच्छा महसूस हो। इसलिए हमें अपने दिन की शुरूआत सलाद खाकर करनी चाहिए।

22. (a) चेतावनी के बाद भी कार्य किया जाता है। इसलिए बच्चे के माता-पिता को स्कूल में बुलाकर मीटिंग करनी चाहिए। इसके साथ ही बच्चे को इस गलती के लिए दण्डित किया जाना चाहिए। ताकि आगे और बच्चे ऐसी हरकत न करें और उन्हें इससे अवगत कराना चाहिए। इसलिए कार्यवाही I व II दोनों ही अनुसरण करती है।

23. (a) कथन II कारण है और कथन I इसका सम्भावित प्रभाव है।

सायक्लोन के धरती से टकराने की सम्भावना है जिससे कल बालासोर में तेज हवा तथा बारिश हो सकती है। इसके परिणामस्वरूप कल बालासोर में सभी स्नातक परीक्षाएँ स्थगित कर दी गई हैं।

24. (a) दिए गए कथन के अनुसार सभी स्तनधारी गर्म खून वाले जानवर हैं और कुत्ता भी एक स्तनधारी है, इसलिए कथन I सही है तथा कथन II में सभी गर्म खून वाले कीट स्तनधारी नहीं होते हैं। इसलिए कथन II गलत होगा।

25. (a) A के घर में वोल्टेज के उतार-चढ़ाव से विद्युत उपकरण खराब हो गए हैं, जिसके लिए A को एक इलेक्ट्रीशियन चाहिए और वोल्टेज में उतार-चढ़ाव से विद्युत-उपकरणों की सुरक्षा के लिए युक्ति बनानी चाहिए। अत: केवल कार्यवाही I दिए गए कथन का अनुसरण करती है।

26. (c) 11 वी कक्षा का कोई भी विद्यार्थी इस पाठ्यक्रम के लिए आवेदन नहीं कर सकता है यह अनुमान अनुसरण नहीं करता है। क्योंकि यह कथन के विपरीत हैं, जबकि अनुमान II में कहा गया है कि, जो विद्यार्थी 10वीं कक्षा की परीक्षाओं में शामिल हुए हैं उन्हें तभी प्रवेश मिलेगा, जब वे परीक्षा में 80% या उससे अधिक अंक प्राप्त करेंगे। यह अनुमान कथन का अनुसरण करता है।

अत: केवल अनुमान II कथन का अनुसरण करता है।

27. (d) प्रतियोगी परीक्षा में रमेश के अविश्वसनीय परिणाम के बारे में सुनने के बाद सुरेश ने विवेचनात्मक तर्क का अभ्यास करना शुरू किया है, जिससे यह अनुमान लगाया जा सकता है कि अधिकांश अंक विवेचनात्मक तर्क के होंगे तथा उसी में रमेश ने अधिकांश अंक प्राप्त किए होंगे।

अत: कथन से अनुमान I और II दोनों लगाए जा सकते हैं।

22

आकृति सादृश्यता

सादृश्यता का शाब्दिक अर्थ समानता है अर्थात् यदि कोई भी दो आकृतियाँ, जो दिखने में किसी-न-किसी प्रकार से एक समान हो या एक जैसी दिखती हो या एक जैसी प्रतीत होती हो या एकसमान गुण रखती हो, सादृश्य कहलाती है तथा उनका यह गुण सादृश्यता कहलाता है।

इस अध्याय के अन्तर्गत आने वाले प्रश्नों में आकृतियों के मध्य अन्तर्निहित समानता या कोई सम्बन्ध उनके आकार, रूप, घूर्णन, रेखाओं की संख्या इत्यादि गुणों पर आधारित होता है। इन सम्बन्धों या गुणों को ज्ञात करके ही ऐसे प्रश्नों को सरलतापूर्वक हल किया जा सकता है।

निर्देश (उदाहरण 1-3) *निम्न प्रश्नों में प्रश्न आकृतियाँ तथा उत्तर आकृतियाँ दी गई हैं। प्रश्न आकृति के प्रथम युग्म की पहली आकृति तथा दूसरी आकृति में एक विशेष सम्बन्ध स्थापित है। यही सम्बन्ध द्वितीय युग्म की पहली आकृति तथा वैकल्पिक आकृतियों में से किसी एक में स्थापित है। इस वैकल्पिक आकृति का चयन कीजिए।*

उदाहरण 1. प्रश्न आकृतियाँ

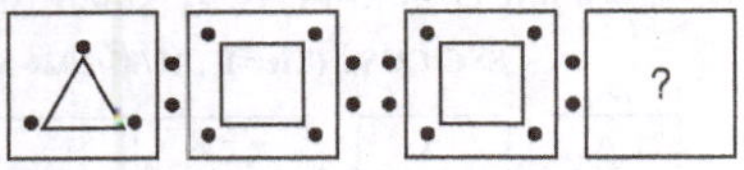

उत्तर आकृतियाँ

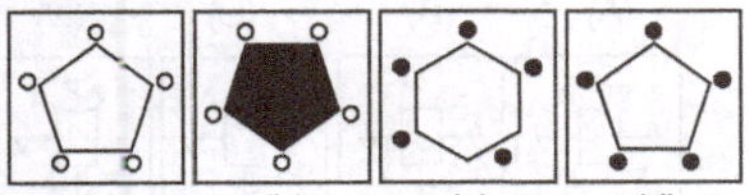

(a) (b) (c) (d)

हल (*d*) जिस प्रकार, प्रश्न आकृति की पहली आकृति से दूसरी आकृति में एक रेखा और एक छायांकित बिन्दु की बढ़ोत्तरी हो रही है। उसी प्रकार, तीसरी आकृति में यह नियम लागू करने पर उत्तर आकृति (d) प्राप्त होगी।

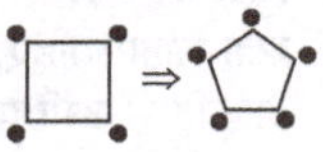

उदाहरण 2. प्रश्न आकृतियाँ

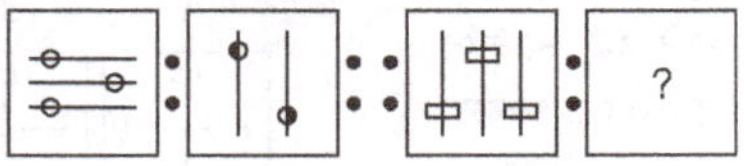

उत्तर आकृतियाँ

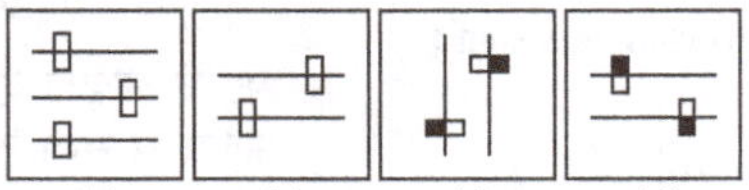

(a) (b) (c) (d)

हल (*d*) प्रश्न आकृति के प्रथम युग्म की दोनों आकृतियों का ध्यानपूर्वक अवलोकन करने पर स्पष्ट होता है कि पहली आकृति में दिए गए पिनों की संख्या दूसरी आकृति में जाने पर एक कम हो जाती है साथ ही अन्य दो पिन दक्षिणावर्त दिशा में 90° कोण पर घूम जाती है। पिन का आधा वृत्त छायांकित हो जाता है तथा दोनों पिनों में छायांकित हुए भाग की दिशा विपरीत होती है अर्थात् यदि एक पिन का वृत्त बाईं ओर छायांकित हुआ है, तो दूसरे पिन का वृत्त दाईं ओर छायांकित होगा। यही सम्बन्ध द्वितीय युग्म की दोनों आकृतियों में लगाने पर विकल्प (d) की आकृति प्राप्त होगी।

उदाहरण 3. प्रश्न आकृतियाँ

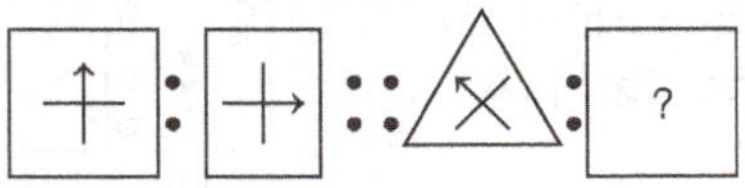

उत्तर आकृतियाँ

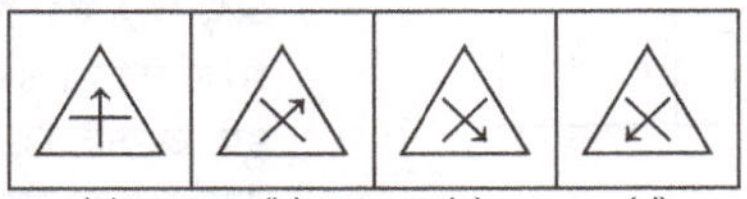

(a) (b) (c) (d)

हल (*b*) जिस प्रकार पहले युग्म की पहली आकृति को 90° दक्षिणावर्त घुमने पर दूसरी आकृति प्राप्त होती है, उसी प्रकार दूसरे युग्म की पहली आकृति को 90° दक्षिणावर्त घुमाने पर विकल्प (b) की आकृति प्राप्त होगी।

SSC एग्जाम स्कैनर

SSC CGL 2024 & 2023 (Tier I & II)

1. आकृति A एक निश्चित पैटर्न में B से सम्बन्धित है। उसी पैटर्न का अनुसरण करते हुए आकृति C, D से सम्बन्धित है। पैटर्न का अध्ययन कीजिए और उस आकृति का चयन कीजिए जिसे D के स्थान पर रखा जाना चाहिए। **SSC CGL (Tier-II) 20/01/2025 Shift-I**

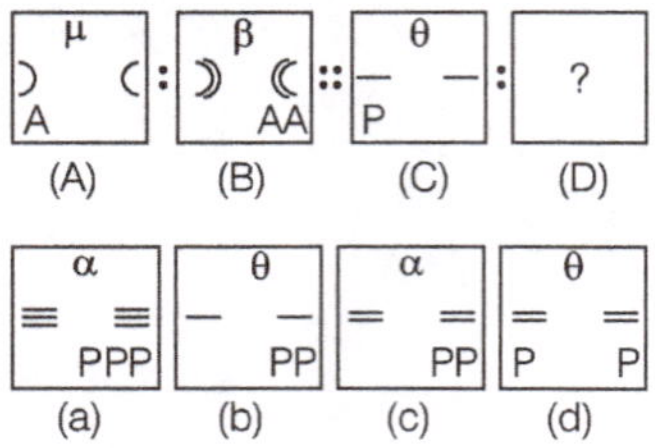

2. चित्र A एक निश्चित पैटर्न में B से सम्बन्धित है। उसी पैटर्न का अनुसरण करते हुए, आकृति C, D से सम्बन्धित है। उस पैटर्न का अध्ययन कीजिए और उस आकृति का चयन कीजिए, जो D के स्थान पर होनी चाहिए। **SSC CGL (Tier-II) 18/01/2025 Shift-I**

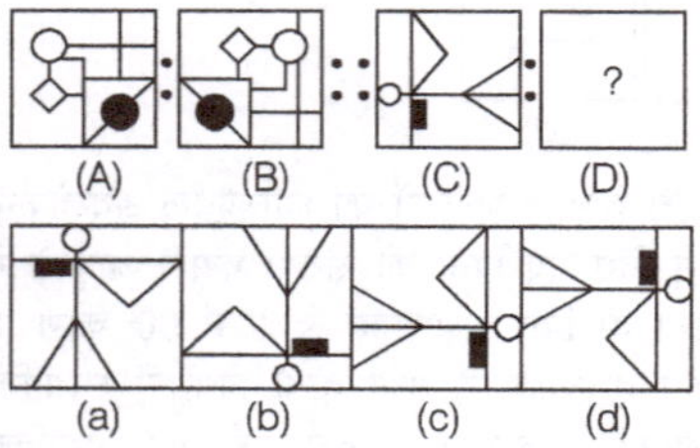

3. एक निश्चित पैटर्न में आकृति A, आकृति B से सम्बन्धित है। उसी पैटर्न का अनुसरण करते हुए, आकृति C, आकृति D से सम्बन्धित है। पेटर्न का अध्ययन कीजिए और उस आकृति का चयन कीजिए, जिसे D के स्थान पर रखा जाना चाहिए। **SSC CGL (Tier-II) 26/10/2023 Shift-I**

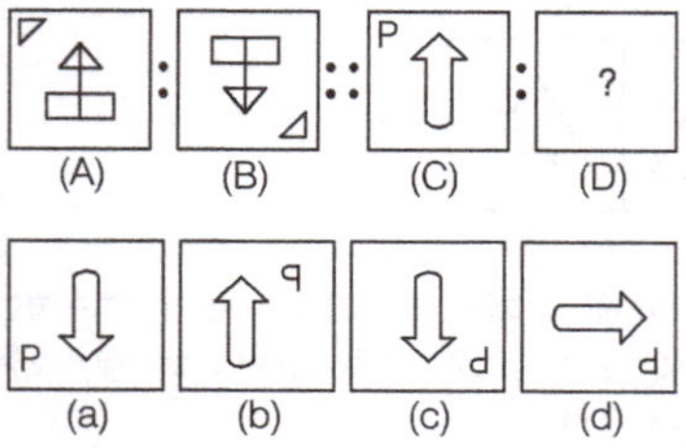

4. आकृति A एक निश्चित पैटर्न के अनुसार B से सम्बन्धित है। उसी पैटर्न का अनुसरण करते हुए आकृति C, से सम्बन्धित है। पैटर्न का अध्ययन करें और उस आकृति का चयन करें, जिसे D के स्थान पर रखा जाना चाहिए। **SSC CGL (Tier-II) 07/03/2023 Shift-I**

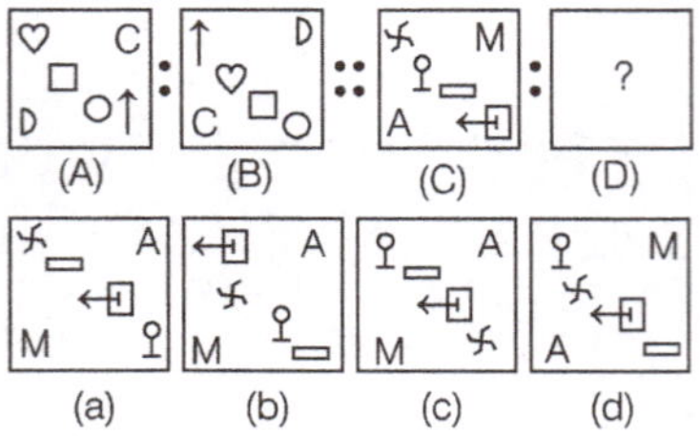

5. आकृति A एक निश्चित पैटर्न के अनुसार B से सम्बन्धित है। उसी पैटर्न का अनुसरण करते हुए आकृति C, D से सम्बन्धित है। पैटर्न का अध्ययन करें और उस आकृति का चयन करें, जिसे D के स्थान पर रखा जाना चाहिए। **SSC CGL (Tier-II) 06/03/2023 Shift-I**

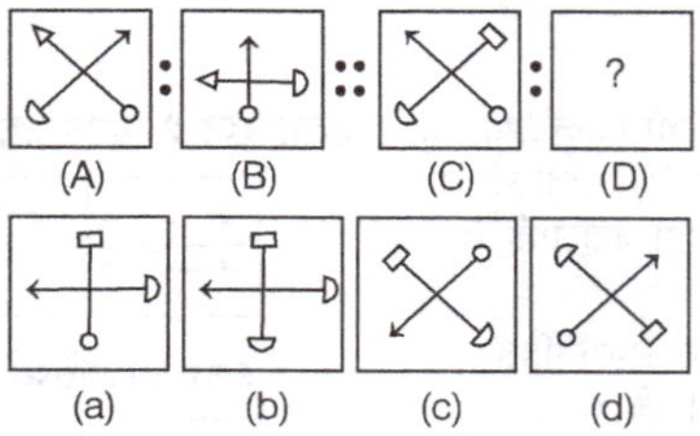

6. पहली आकृति दूसरी आकृति से एक निश्चित प्रकार से सम्बन्धित हैं। पैटर्न का अध्ययन कीजिए और उस आकृति का चयन कीजिए, जिसे प्रश्नचिह्न (?) के स्थान पर इस प्रकार रखा जाना चाहिए, कि तीसरी आकृति, चौथी आकृति से उसी प्रकार सम्बन्धित हों। **SSC CGL (Tier-II) 03/03/2023 Shift-I**

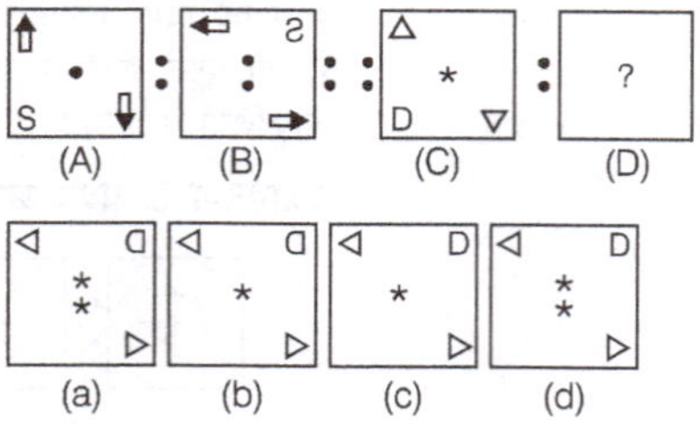

7. आकृति A एक निश्चित पैटर्न में आकृति B से सम्बन्धित है। उसी पैटर्न का अनुसरण करते हुए, आकृति C, आकृति D से सम्बन्धित है। पैटर्न का अध्ययन कीजिए और उस आकृति का चयन कीजिए जिसे D के स्थान पर रखा जाना चाहिए। **SSC CGL (Tier-II) 02/03/2023 Shift-I**

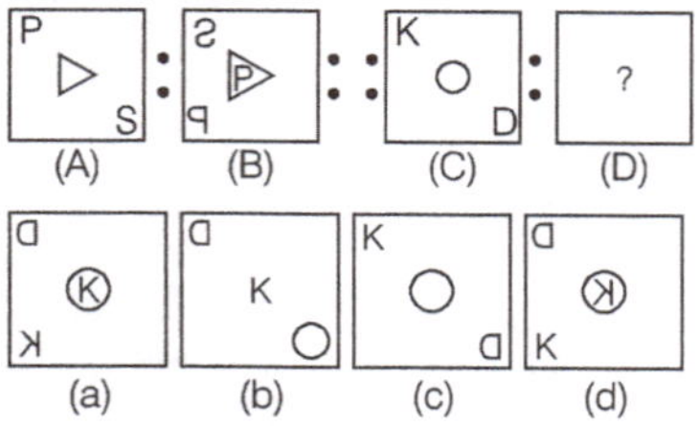

SSC CHSL 2024 & 2023 (Tier I & II)

8. उस विकल्प का चयन कीजिए जो आकृति C से ठीक उसी प्रकार सम्बन्धित है, जिस प्रकार आकृति B आकृति A से सम्बन्धित है। **SSC CHSL (Tier-II) 18/11/2024 Shift-I**

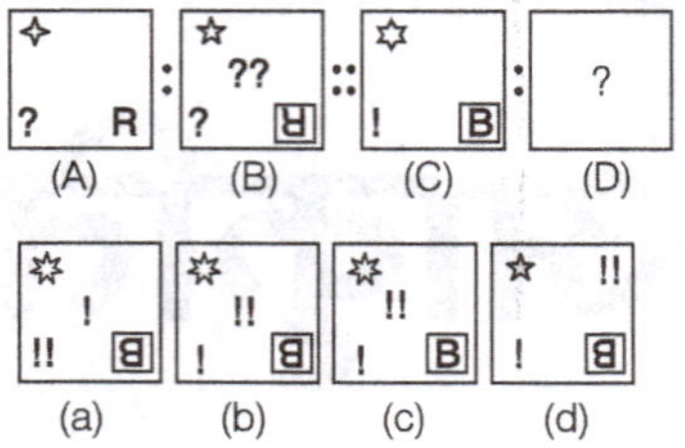

9. विकल्पों में से उस आकृति का चयन कीजिए जो प्रश्न चिह्न (?) के स्थान पर आकर दी गई श्रृंखला को पूरा कर सकती है। **SSC CHSL (Tier-II) 18/11/2024 Shift-I**

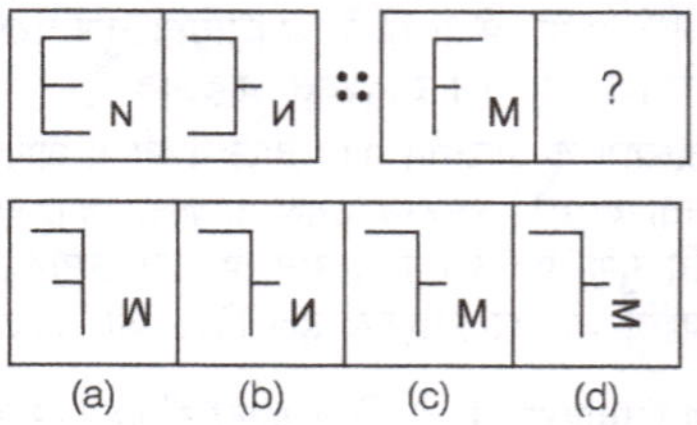

10. आकृति A एक निश्चित पैटर्न में आकृति B से सम्बन्धित है। उसी पैटर्न के अनुसार, आकृति C, आकृति D से सम्बन्धित है। पैटर्न का अध्ययन कीजिए और उस आकृति को चुनिए, जो आकृति D के स्थान पर आ सकती है। **SSC CHSL (Tier-II) 10/01/2024 Shift-I**

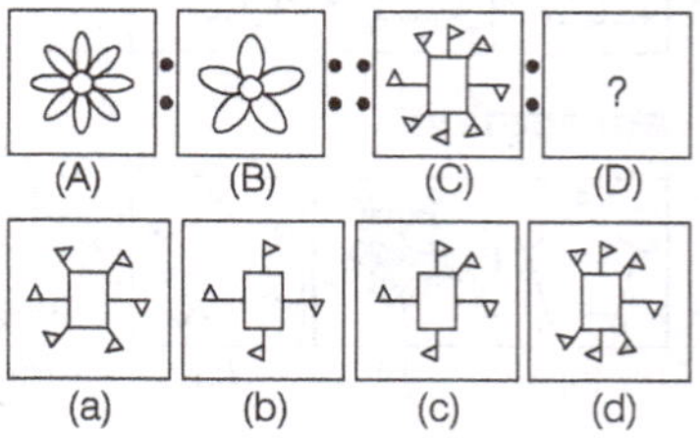

11. पहली आकृति दूसरी आकृति से एक निश्चित प्रकार से सम्बन्धित हैं। पैटर्न का अध्ययन कीजिए और उस आकृति का चयन कीजिए, जिसे प्रश्नचिह्न (?) के स्थान पर इस प्रकार रखा जाना चाहिए, कि तीसरी आकृति, चौथी आकृति से उसी प्रकार सम्बन्धित हों। **SSC CHSL (Tier-II) 02/11/2023 Shift-I**

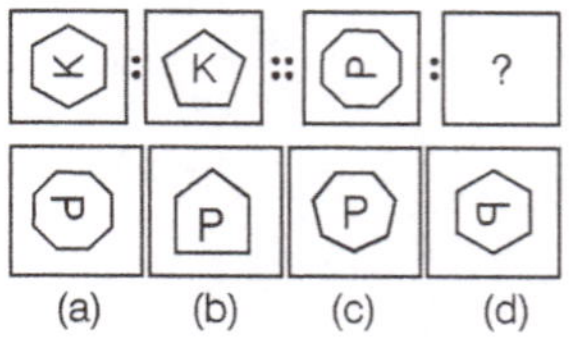

SSC GD Constable 2023

12. वह विकल्प ज्ञात कीजिए, जो तीसरी आकृति से उसी प्रकार सम्बन्धित है जैसे दूसरी आकृति पहली आकृति से सम्बन्धित है। (पहला आकृति सबसे बाईं ओर की आकृति है।)

SSC GD Constable 13/02/2023 Shift-II

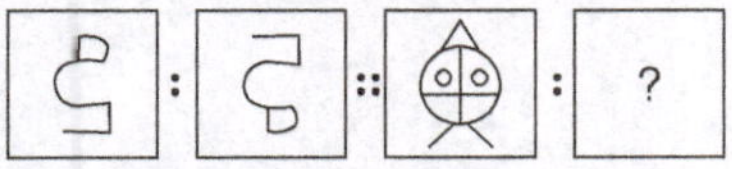

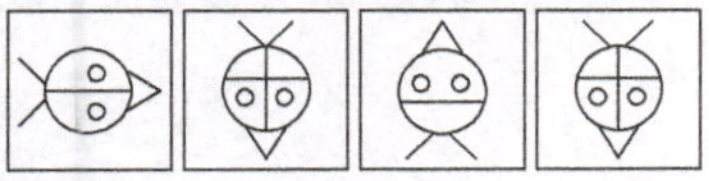

(a) (b) (c) (d)

13. वह विकल्प ज्ञात कीजिए, जो तीसरी आकृति से उसी प्रकार सम्बन्धित है जैसे दूसरी आकृति पहली आकृति से सम्बन्धित है। (पहली आकृति सबसे बाईं ओर की आकृति है।) **SSC GD Constable 09/02/2023 Shift-II**

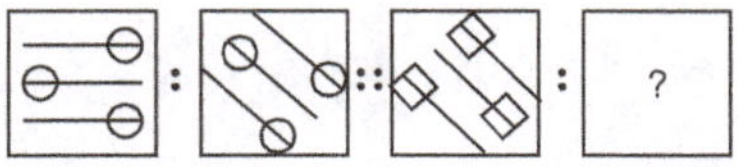

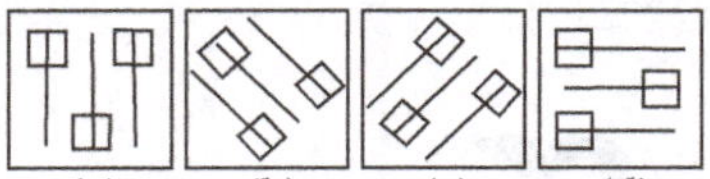

(a) (b) (c) (d)

14. वह विकल्प ज्ञात कीजिए, जो तीसरी आकृति से उसी प्रकार सम्बन्धित है जैसे दूसरी आकृति पहली आकृति से सम्बन्धित है। (पहला आकृति सबसे बाईं ओर की आकृति है।) **SSC GD Constable 09/02/2023 Shift-I**

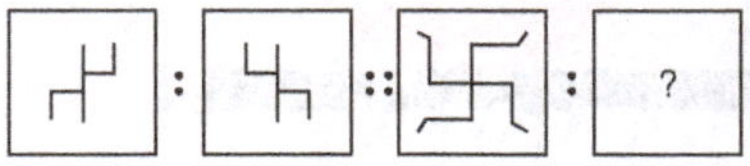

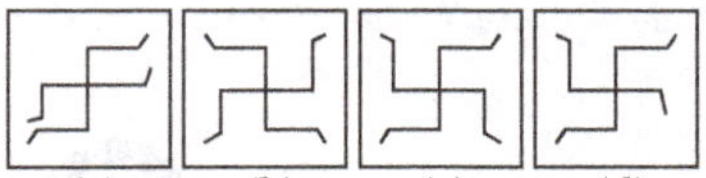

(a) (b) (c) (d)

सही उत्तर

1 (c)	2 (a)	3 (c)	4 (b)	5 (a)	6 (a)	7 (a)	8 (b)	9 (c)	10 (c)
11 (c)	12 (b)	13 (a)	14 (b)						

उत्तर सहित हल

1. (c) जिस प्रकार, आकृति (A) में चिह्नों '), (' को दोगुना तथा अक्षर *A* को भी दोगुना करके वर्ग के दाएँ कोने पर प्रतिस्थापित किया जाता है। और ऊपर वाले चिह्न को नये चिह्न में बदलकर आकृति (B) प्राप्त की जाती है। उसी प्रकार, आकृति (C) से आकृति (D) प्राप्त की जाएगी।

अत: प्रश्नचिह्न के स्थान पर विकल्प (c) की आकृति आएगी।

2. (a) जिस प्रकार, आकृति-A को 90° दक्षिणावर्त घुमाकर आकृति-B बनती है, उसी प्रकार आकृति-C को 90° दक्षिणावर्त घुमाकर विकल्प (a) की आकृति प्राप्त होगी।

3. (c) जिस प्रकार,

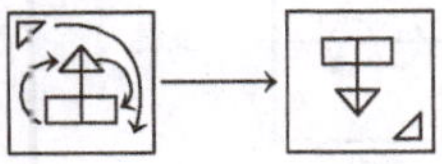

उसी प्रकार,

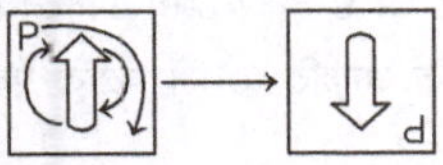

4. (b) प्रश्न आकृति युग्म के पहले पद में बाएँ ऊपर से दाएँ नीचे विकर्ण पर स्थित चारों आकृतियों के बदलने का क्रम इस प्रकार है तीर ऊपर की ओर व्यवस्थित होता है बाकि तीनों आकृतियाँ एक-एक स्थान नीचे की ओर विकर्णवत व्यवस्थित हो जाते हैं। दाहिने स्थान पर ऊपर स्थित आकृति बाएँ स्थान नीचे स्थित आकृति से स्थानों की अदला-बदली करते हैं। इसी पैटर्न के आधार पर तीसरी आकृति (C) का व्यवस्थित क्रम विकल्प आकृति (b) के जैसा होगा।

5. (a) जिस प्रकार, आकृति A से आकृति B में ↗ = 45° वामावर्त, ↖ = 45° वामावर्त, ∢ = 135° वामावर्त तथा ↘ = 45° दक्षिणावर्त घूमती है, उसी प्रकार, आकृति C में मौजूद आकृति खण्डों को घुमाने पर उत्तर विकल्प (a) जैसी आकृति प्रश्न चिह्न के स्थान पर आएगी।

6. (a) आकृति A में ऊपर बाईं तरफ तथा नीचे दाईं तरफ स्थित आकृति खण्ड 90° वामावर्त घूम जाती है। नीचे बाईं तरफ वाली आकृति अपने मूल स्थान पर आकृति B में विकर्णवत ऊपर दाहिनी तरफ दर्पण प्रतिबिम्ब बनाती है तथा बीच में मौजूद आकृति एक से बढ़ जाती है।

इस पैटर्न के आधार पर प्रश्न-चिह्न के स्थान पर उत्तर विकल्प (a) वाली आकृति आएगी।

7. (a) आकृति A में मौजूद P ऊपर से नीचे खिसकता है, तथा दर्पण प्रतिबिम्ब बनाता है। S विकर्णवत नीचे से ऊपर की ओर जाता है तथा यह की दर्पण प्रतिबिम्ब बनाता है। बीच की आकृति त्रिभुज का मूल स्वरूप रहता है लेकिन इसके अन्दर वर्गाकार खाने के बाईं ओर ऊपर मौजूद P त्रिभुज के अन्दर दिखता है।

इस पैटर्न के आधार पर प्रश्न चिन्ह के स्थान पर विकल्प आकृति (a) आएगी।

8. (b) पहली आकृति से दूसरी आकृति में, दिए गए स्टार के शीर्षों की संख्या में एक से वृद्धि तथा प्रश्नवाचक चिह्नों की संख्या में वृद्धि हो रही है एवं प्रश्नवाचक चिह्न दूसरी आकृति के केन्द्र में स्थापित हो जाता है तथा अक्षर 'R' का पहले दर्पण तथा उसके बाद जल प्रतिबिम्ब बनाकर और एक बॉक्स में बन्द करके दूसरी आकृति के अन्दर निहित हो जाती है। इस क्रम का अनुसरण करते हुए, विकल्प आकृति (b), आकृति (c) से सम्बन्धित है।

9. (a) दूसरी आकृति, पहली आकृति के दोनों अक्षरों का दर्पण प्रतिबिम्ब है, परन्तु पहले अक्षर में ऊपर से दूसरी पंक्ति समान आकार में रहती है।

10. (c) जिस प्रकार, पहली आकृति में से तीन पत्तियाँ '()' कम होकर दूसरी आकृति बना रही है, उसी प्रकार, प्रश्न आकृति में तीन '⊳' कम होकर विकल्प (c) की आकृति बनाएगे।

11. (c) जिस प्रकार, पहली आकृति के अन्दर के अक्षर को 90° दक्षिणावर्त घुमाकर तथा बाह्य आकृति की एक भुजा कम करके दूसरी आकृति प्राप्त हो रही है। उसी प्रकार, तीसरी आकृति से विकल्प (c) की आकृति प्राप्त होगी।

12. (b) जिस प्रकार, दूसरी आकृति, पहली आकृति का जल प्रतिबिम्ब है उसी प्रकार, विकल्प आकृति (b), तीसरी आकृति का जल प्रतिबिम्ब है।

अत: विकल्प (b) सही उत्तर है।

13. (a) जिस प्रकार, द्वितीय आकृति प्रथम आकृति के 45° दक्षिणावर्त घूर्णन से प्राप्त होती है।

उसी प्रकार, चतुर्थ आकृति तृतीय आकृति के 45° दक्षिणावर्त घूर्णन से प्राप्त होती है।

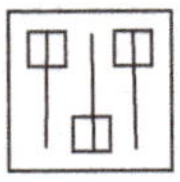

14. (b) जिस प्रकार, द्वितीय आकृति, प्रथम आकृति का दर्पण प्रतिबिम्ब है। उसी प्रकार, विकल्प आकृति (b) तृतीय आकृति का दर्पण प्रतिबिम्ब है।

23

आकृति वर्गीकरण

'वर्गीकरण' का तात्पर्य है, समान लक्षणों के आधार पर भिन्न आकृति को ज्ञात करना अर्थात् सामान्य लक्षणों के आधार पर दी गई आकृतियों को वर्गीकृत करना। इस अध्याय के अन्तर्गत पूछे जाने वाले प्रश्नों में चार या पाँच आकृतियाँ दी गई होती हैं। इन आकृतियों में से तीन या चार आकृतियाँ किसी गुण विशेष के कारण एकसमान होती है तथा एक आकृति अन्य तीन या चार आकृतियों से भिन्न होती है। अभ्यर्थियों को उस भिन्न आकृति को ही ज्ञात करना होता है।

उदाहरण 1. **निम्न प्रश्न में दी गई चार आकृतियों में से तीन किसी एक गुण के आधार पर समान हैं तथा एक सर्वप्रकार भिन्न है। इस भिन्न आकृति का चयन कीजिए।**

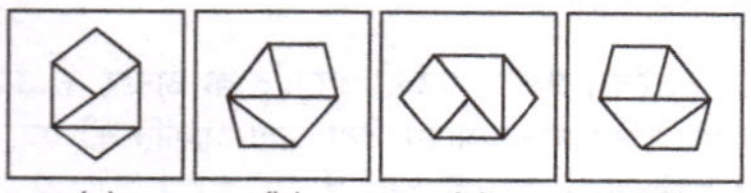

(a) (b) (c) (d)

हल *(d)* आकृति (d) के अतिरिक्त अन्य सभी आकृतियाँ परस्पर एक-दूसरे को घुमाकर प्राप्त की जा सकती है।

उदाहरण 2. निम्न आकृतियों में से भिन्न आकृति चुनिए।

(a) (b) (c) (d)

हल *(d)* आकृति (d) के अतिरिक्त अन्य सभी आकृतियाँ तीन सरल रेखाओं द्वारा निर्मित हैं, जबकि आकृति (d) चार सरल रेखाओं द्वारा निर्मित है।

उदाहरण 3. दी गई आकृतियों में से भिन्न आकृति चुनिए।

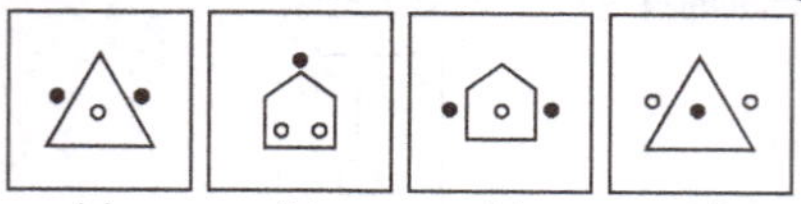

(a) (b) (c) (d)

हल *(b)* विकल्प आकृति (b) को छोड़कर, अन्य सभी आकृतियों के अन्दर एक वृत्त है जबकि आकृति (b) में दो वृत्त हैं।

निर्देश (उदा. सं. 4-6) *निम्नलिखित दिए गए प्रश्नों में चार आकृतियाँ दी गई हैं, जिनमें से तीन आकृतियाँ किसी निश्चित तरीके से एक-दूसरे के समान हैं और एक आकृति अलग है। विषम आकृति ज्ञात कीजिए।*

उदाहरण 4.

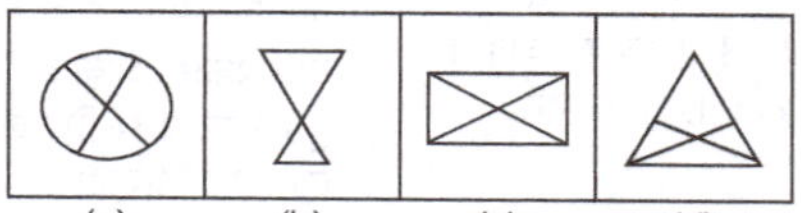

(a) (b) (c) (d)

हल *(b)* विकल्प (b) की आकृति को दो भागों में विभाजित किया गया है, जबकि अन्य आकृतियों को चार भागों में विभाजित किया गया है। अतः विकल्प आकृति (b) विषम है।

उदाहरण 5.

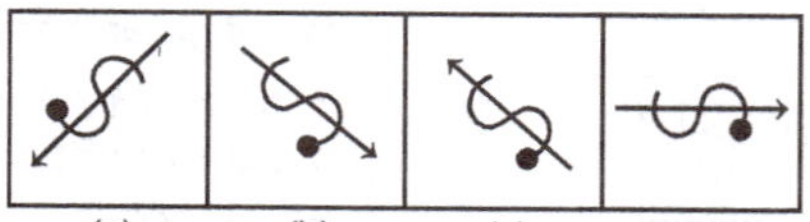

(a) (b) (c) (d)

हल (c) विकल्प आकृति (c) में दी गई आकृति को छोड़कर अन्य आकृतियों में प्रतीक (•) और (↑) एक-दूसरे के आसन्न हैं, जबकि आकृति (c) में प्रतीक एक-दूसरे के विपरीत हैं।

उदाहरण 6.

(a) (b) (c) (d)

हल *(b)* विकल्प आकृति (b) वक्र रेखाओं से बनी है, जबकि अन्य आकृति सरल रेखाओं से मिलकर बनी है। अतः विकल्प आकृति **(b)** अन्य से विषम है।

SSC एग्जाम स्कैनर

SSC CGL 2024 & 2023 (Tier I & II)

1. निम्नलिखित पाँच आकृतियों में से चार आकृतियाँ एक निश्चित तरीके से समान हैं और इस प्रकार एक समूह बनाती हैं। वह कौन-सी आकृति है, जो उस समूह से सम्बन्धित नहीं है?
SSC CGL (Tier-II) 20/01/2025 Shift-I

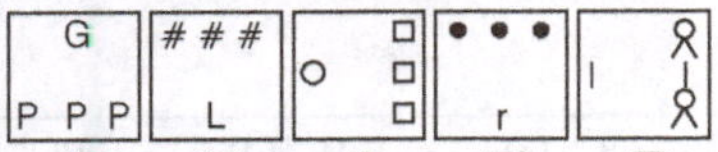

(A) (B) (C) (D) (E)

(a) E (b) A
(c) B (d) D

2. निम्नलिखित पाँच आकृतियों में से चार आकृतियाँ एक निश्चित तरीके से समान हैं और इस प्रकार एक समूह बनाती हैं। वह कौन-सी आकृति है, जो उस समूह से सम्बन्धित नहीं है?
SSC CGL (Tier-II) 18/01/2025 Shift-I

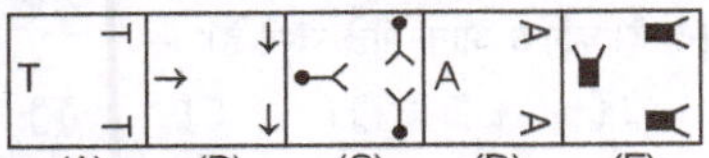

(A) (B) (C) (D) (E)

(a) D (b) A
(c) C (d) B

3. निम्नांकित पाँच आकृतियों में से चार आकृतियाँ एक निश्चित तरीके से समान हैं और इस प्रकार एक समूह बनाती हैं। वह कौन-सी आकृति है, जो उस समूह से सम्बन्धित नहीं है?
SSC CGL (Tier-II) 26/10/2023

A B C D E

(a) C (b) D
(c) B (d) A

4. नीचे दी गई पाँच आकृतियों में से चार किसी प्रकार से एक समान हैं और एक असंगत है। उस असंगत आकृति का चयन करें।
SSC CGL (Tier-II) 07/03/2023

(a) (b) (c) (d)

5. नीचे दी गई पाँच आकृतियों में से चार किसी प्रकार से एक समान हैं और एक असंगत है। उस असंगत आकृति का चयन करें।
SSC CGL (Tier-II) 07/03/2023 Shift-I

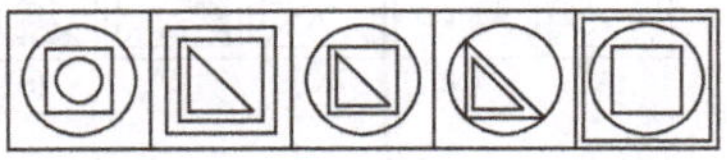

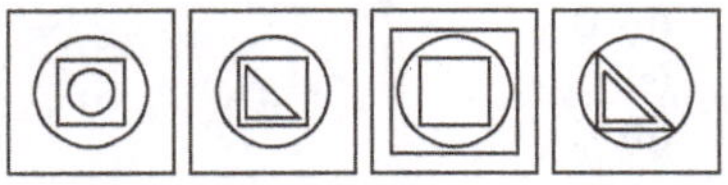

(a) (b) (c) (d)

6. नीचे दी गई पाँच आकृतियों में से चार किसी प्रकार से एक समान है और एक असंगत है। उस असंगत आकृति का चयन करें।
SSC CGL (Tier-II) 06/03/2023 Shift-I

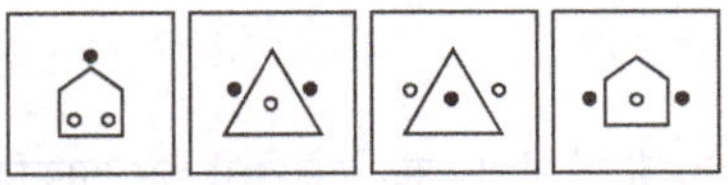

(a) (b) (c) (d)

7. नीचे दी गई पाँच आकृतियों में से चार किसी प्रकार से एक समान है और एक असंगत है। उस असंगत आकृति का चयन करें।
SSC CGL (Tier-II) 06/03/2023 Shift-I

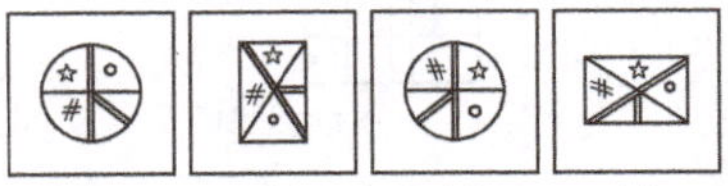

(a) (b) (c) (d)

8. नीचे दी गई पाँच आकृतियाँ में से चार किसी प्रकार से एक समान है और एक असंगत है। उस असंगत आकृति का का चयन करें।
SSC CGL (Tier-II) 03/03/2023 Shift-I

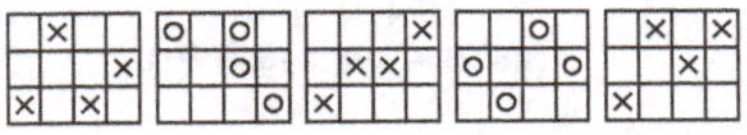

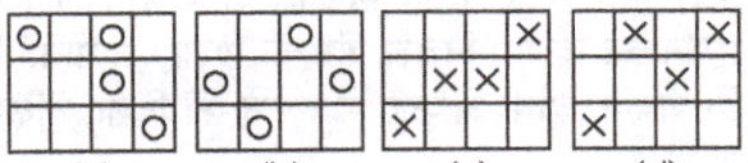

(a) (b) (c) (d)

9. नीचे दी गई पाँच आकृतियों में से चार किसी प्रकार से एक समान हैं और एक अंसगत है। उस असंगत आकृति का चयन करें।
SSC CGL (Tier-II) 03/03/2023 Shift-I

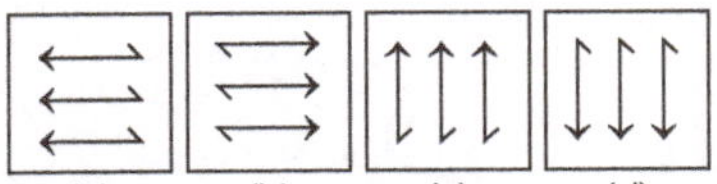

(a) (b) (c) (d)

10. नीचे दी गई पाँच आकृतियों में से चार किसी प्रकार से एक समान हैं और एक असंगत है। उस असंगत आकृति का चयन करें।
SSC CGL (Tier-II) 02/03/2023 Shift-I

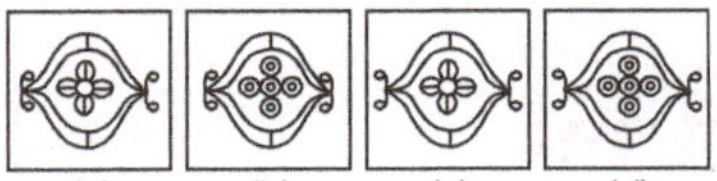

(a) (b) (c) (d)

11. नीचे दी गई पाँच आकृतियों में से चार किसी प्रकार से एक समान है और एक असंगत है। उस असंगत आकृति का चयन करें।
SSC CGL (Tier-II) 02/03/2023 Shift-I

(a) (b) (c) (d)

SSC CHSL 2024 & 2023 (Tier I & II)

12. चार आकृति युग्म दिए गए हैं, जिनमें से तीन किसी निश्चित प्रकार से समान हैं और इस प्रकार एक समूह बनाते हैं। वह आकृति युग्म कौन-सा है, जो उस समूह से सम्बन्धित नहीं है? **SSC CHSL (Tier-II) 28/11/2024 Shift-I**

(a) 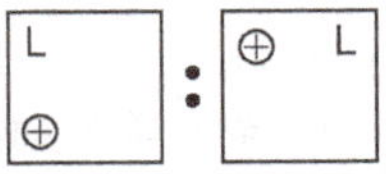

(b) 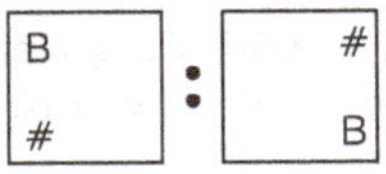

(c) 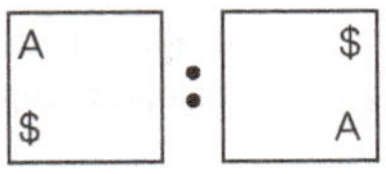

(d) 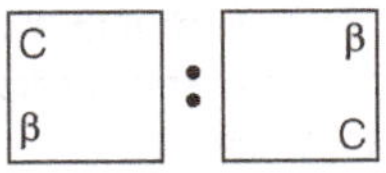

13. चार आकृति युग्म दिए गए हैं, जिनमें से तीन किसी निश्चित प्रकार से समान है और इस प्रकार एक समूह बनाते हैं। वह आकृति युग्म कौन-सा है, जो उस समूह से सम्बन्धित नहीं है? **SSC CHSL (Tier-II) 28/11/2024 Shift-I**

(a) 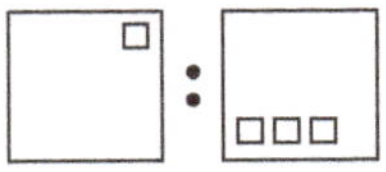

(b) 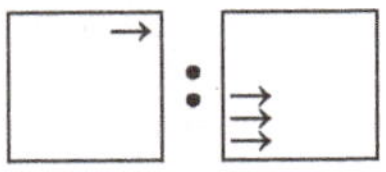

(c) 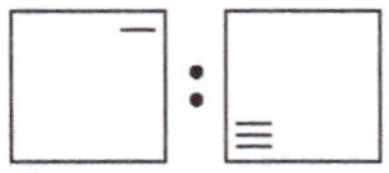

(d) 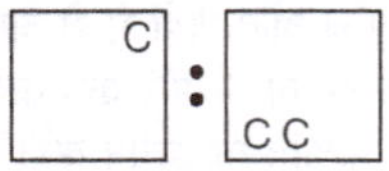

14. निम्नलिखित पाँच आकृतियों में से चार किसी प्रकार से समान हैं और इस प्रकार एक समूह बनाती हैं। वह आकृति कौन-सी है जो उस समूह से सम्बन्धित नहीं है?

SSC CHSL (Tier-II) 10/01/2024 Shift-I

(a) E
(b) D
(c) B
(d) C

15. नीचे दर्शायी गई पाँच आकृतियों में से चार किसी प्रकार से समान हैं और इस प्रकार एक समूह बनाती हैं। वह आकृति कौन-सी है, जो उस समूह से सम्बन्धित नहीं है?

SSC CHSL (Tier-II) 02/11/2023 Shift-I

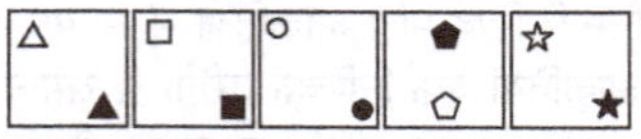

(a) B (b) A (c) C (d) D

सही उत्तर

1 (a)	2 (c)	3 (c)	4 (d)	5 (b)	6 (a)	7 (b)	8 (a)	9 (d)	10 (a)
11 (c)	12 (a)	13 (d)	14 (c)	15 (d)					

उत्तर सहित हल

1. (a) आकृति E में केवल तीन चिह्न है, जबकि अन्य आकृतियों में चार चिह्न हैं।

2. (c) विकल्प (c) की आकृति के अतिरिक्त अन्य सभी विकल्पों के दाईं ओर की दोनों आकृतियाँ समान दिशा की ओर स्थित हैं जबकि विकल्प (c) के दाईं ओर की दोनों आकृतियाँ एक-दूसरे के विपरीत दिशा में हैं।

3. (c) आकृति 'B' के अतिरिक्त अन्य सभी आकृतियों में अन्दर वृत्त है।

अत: विकल्प (c) समूह से सम्बन्धित नहीं है।

4. (d) प्रश्न में दी गई पाँचों आकृतियों में पहली आकृति का निचले हिस्से वाली आकृति बाकी सभी चारों आकृतियों से छोटी है।

अत: उत्तर विकल्प (d) सही है।

5. (b) पाँचों आकृतियों में से केवल तीसरी आकृति में अन्दर की तीनों आकृतियों अलग-अलग (वृत्त, वर्ग, त्रिभुज) है। बाकी सभी आकृतियों में आकृति का दुहराव है। उदाहरणस्वरूप पहली आकृति में अन्दर की तीनों आकृतियाँ वृत्त, वर्ग तथा वृत्त है।

अर्थात् वृत्त दो बार है। दूसरी आकृति में दो वर्ग, चौथी आकृति में दो त्रिभुज तथा पाँचवीं आकृति में दो वर्ग हैं।

6. (a) प्रश्न में दी गई दूसरी आकृति में दो वृत्त अन्दर तथा एक वृत्त बाहर है, जबकि बाकी सभी आकृतियों में एक वृत्त अन्दर तथा दो वृत्त बाहर है।

7. (b) दी गई पाँचों आकृतियों में से चार आकृतियों में ||, #, ☆, ○ दक्षिणावर्त व्यवस्थित है तथा विकल्प (b) वाली आकृति इसका अनुसरण नहीं करती हैं। इस आधार पर उत्तर विकल्प (b) वाली आकृति बाकी आकृतियों से भिन्न है।

8. (a) प्रश्न में दी गई पाँचों आकृतियों में से असंगत आकृति दूसरी आकृति है। दूसरी आकृति में लम्बवत् तीनों खानों में से एक खाने में वृत्त नहीं है। जैसे

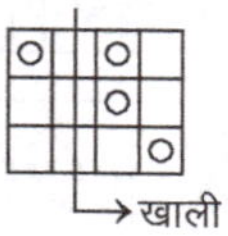

जबकि अन्य सभी आकृतियों में लम्बवत् खानों में कम-से-कम एक आकृति जरूर है। जैसे पहली आकृति में

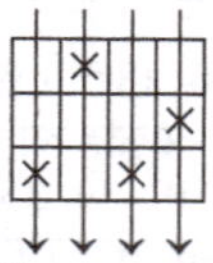

(प्रत्येक में एक आकृति है।)

9. (d) चौथी आकृति को छोड़कर अन्य सभी आकृतियों में घूर्णन की दिशा (निचले तीर की दिशा) वामावर्त दिशा में है। जबकि चौथी आकृति में घूर्णन की दिशा, दक्षिणावर्त दिशा में है।

10. (a) विकल्प (a) में दी गई आकृति अन्य आकृतियों से भिन्न है क्योंकि इसमें बाएँ तथा दाएँ प्रयोग की गई आकृति खण्ड न तो एक-दूसरे के विपरीत है ना ही सम्मुख है। बल्कि आगे-पीछे जैसी है।

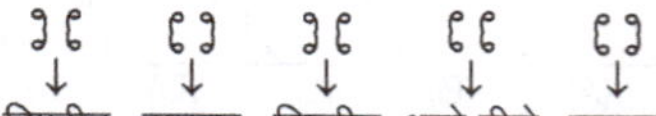

11. (c) विकल्प (c) के अतिरिक्त सभी आकृतियों में दोनों आँखों की दृष्टि एक दिशा में हैं। जबकि विकल्प (c) में यह एक दिशा में न होकर नीचे तथा ऊपर है।

12. (a) विकल्प (a) के अतिरिक्त, अन्य सभी विकल्पों में पहली आकृति के घटक आपस में अपना स्थान बदलकर दूसरी आकृति में बाईं ओर चले जाते हैं। जबकि विकल्प (a) में ऐसा नहीं हो रहा है।

13. (d) विकल्प (d) के अतिरिक्त, अन्य सभी विकल्पों में पहली आकृति के घटकों की संख्या दूसरी आकृति में पहुँचकर तीन गुना हो जाती है तथा अपने स्थान को भी ऊपर से नीचे की ओर खिसका लेती है।

14. (c) दी गई आकृतियों के समूह में आकृति 'B' समूह से भिन्न है, क्योंकि इस आकृति में '⌒' उपस्थित नहीं है।

15. (d) दी गई आकृतियों में, आकृति 'D' के अतिरिक्त अन्य सभी आकृतियाँ वर्ग के कोने पर स्थित हैं।

अत: विकल्प (d) सही उत्तर है।

24

आकृति श्रृंखला

शृंखला (Series) का शाब्दिक अर्थ आकृतियों को क्रमबद्ध रूप से सजाना होता है। इन आकृतियों की स्थिति के बीच किसी विशेष नियम के आधार पर कुछ सम्बन्ध होता है और इसी सम्बन्ध के आधार पर शृंखला का निर्माण किया जाता है।

इस अध्याय नें पूछे जाने वाले प्रश्नों के दो भाग होते हैं। जिनमें पहले भाग को प्रश्न आकृतियाँ तथा दूसरे भाग को उत्तर आकृतियाँ कहते हैं। प्रश्न आकृतियों में तीन, चार या पाँच आकृतियाँ दी जाती है। प्रश्न आकृति की प्रत्येक अगली आकृति में एक निश्चित नियमानुसार या क्रमबद्ध परिवर्तन होता है और इसी परिवर्तन को समझकर अभ्यर्थियों को आगे आने वाली आकृति को उत्तर आकृतियों में से ज्ञात करना होता है।

अगली आकृति ज्ञात करना

इस प्रकार के प्रश्नों में, एक आकृति एक निश्चित पैटर्न का अनुसरण करती है जैसे दक्षिणावर्त या वामावर्त घूर्णन, आकृति के अन्दर प्रतीकों का विस्थापन आदि। अभ्यर्थी को इसी पैटर्न के आधार पर शृंखला को पूरा करने के लिए अगली आकृति को ज्ञात करना होता है।

उदाहरण 1. निम्नलिखित आकृति शृंखला में आने वाली अगली आकृति का चयन कीजिए।

प्रश्न आकृतियाँ

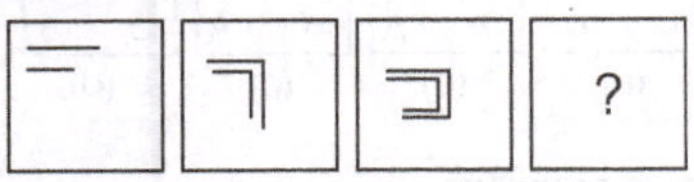

उत्तर आकृतियाँ

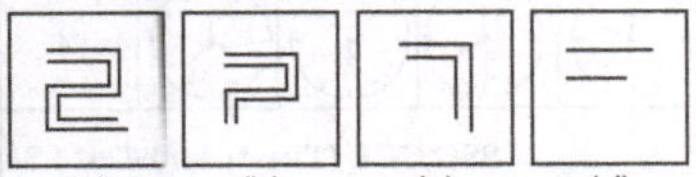

(a) (b) (c) (d)

हल *(b)* दी गई शृंखला मे प्रत्येक अगली आकृति में दो रेखाओं की वृद्धि हो रही है। अतः शृंखला में प्रश्नचिह्न (?) के स्थान पर उत्तर आकृति (b) आएगी।

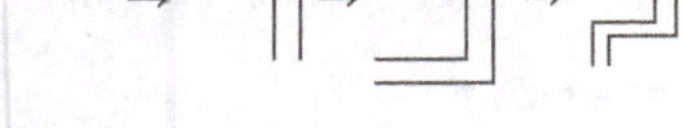

उदाहरण 2. निम्नलिखित आकृति शृंखला में आने वाली अगली आकृति का चयन कीजिए।

प्रश्न आकृतियाँ

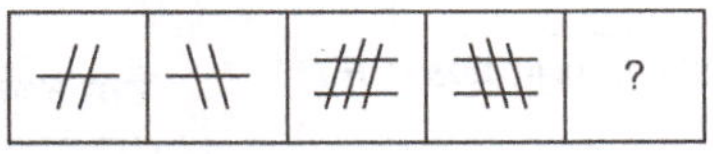

उत्तर आकृतियाँ

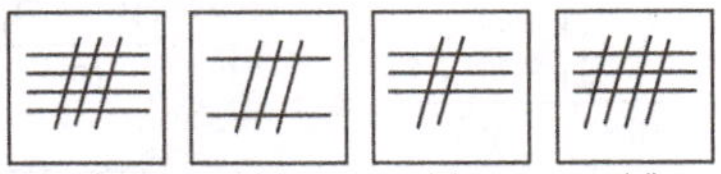

(a) (b) (c) (d)

हल *(d)* दी गई आकृति शृंखला के प्रत्येक अगले पद में पहले आकृति प्रतिबिम्ब के समान उलट जाती है और एकान्तर क्रम के अगली आकृति में एक क्षैतिज रेखा और एक ऊर्ध्वाधर रेखा में वृद्धि हो जाती है।

इस प्रकार शृंखला में प्रश्नचिह्न के स्थान पर उत्तर आकृति (d) आएगी।

लुप्त आकृति ज्ञात करना

इस प्रकार के प्रश्नों में, एक आकृति शृंखला एक निश्चित पैटर्न का अनुसरण करती है जिसमें शृंखला का एक लुप्त पद होता है। अभ्यर्थी को इसी पैटर्न के आधार पर लुप्त आकृति को ज्ञात करना होता है।

उदाहरण 3. लुप्त आकृति ज्ञात कीजिए।

प्रश्न आकृतियाँ

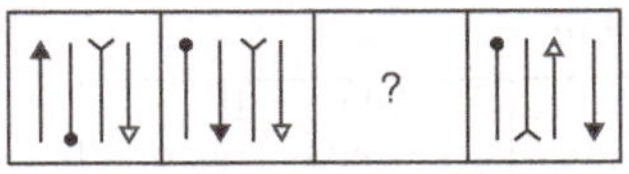

उत्तर आकृतियाँ

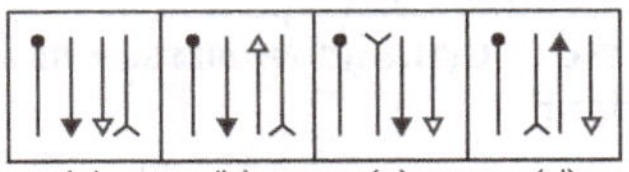

(a) (b) (c) (d)

हल *(d)* प्रश्न आकृति की प्रत्येक अगली आकृति में डिजाइनें बाएँ तीर के क्रम से एक-एक डिजाइन के स्थान परिवर्तन करके पलट जाती हैं। आगे भी यही क्रम जारी रहता है, तो उत्तर आकृति (d) प्राप्त होगी।

SSC एग्जाम स्कैनर

SSC CGL 2024 (Tier I & II)

निर्देश (प्र. सं. 1-168) *दिए गए विकल्पों में से उस आकृति का चयन कीजिए, जो प्रश्नचिह्न (?) को प्रतिस्थापित कर सकती है और श्रृंखला को तार्किक रूप से पूरा कर सकती है।*

1. **प्रश्न आकृतियाँ**

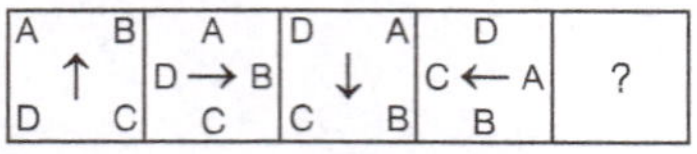

SSC CGL (Tier-II) 20/01/2025 Shift-I

उत्तर आकृतियाँ

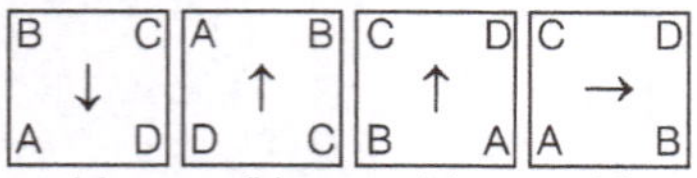

(a) (b) (c) (d)

2. **प्रश्न आकृतियाँ**

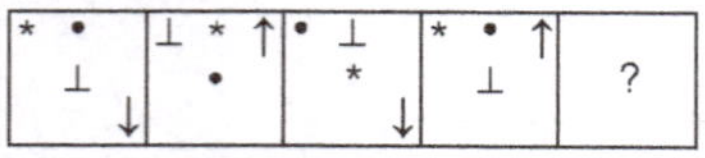

SSC CGL (Tier-II) 18/01/2025 Shift-I

उत्तर आकृतियाँ

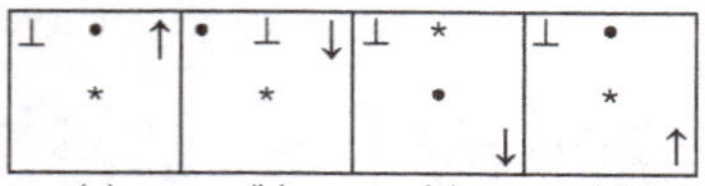

(a) (b) (c) (d)

3. **प्रश्न आकृतियाँ**

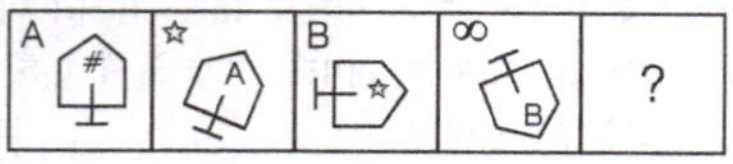

I II III IV V

SSC CGL (Tier-I) 26/09/2024 Shift-III

उत्तर आकृतियाँ

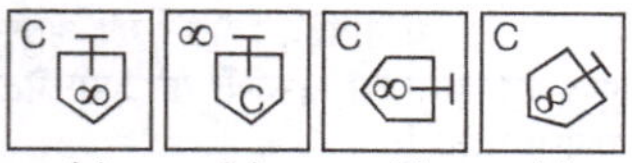

(a) (b) (c) (d)

4. **प्रश्न आकृतियाँ**

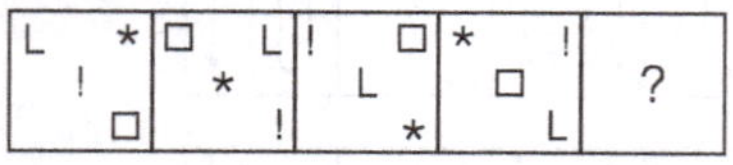

SSC CGL (Tier-I) 26/09/2024 Shift-III

उत्तर आकृतियाँ

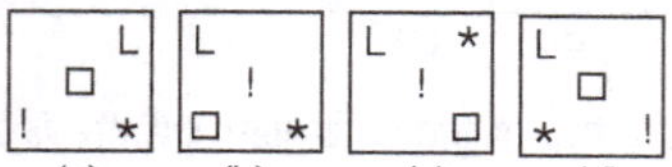

(a) (b) (c) (d)

5. **प्रश्न आकृतियाँ**

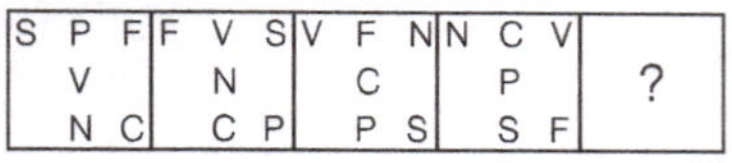

SSC CGL (Tier-I) 26/09/2024 Shift-II

उत्तर आकृतियाँ

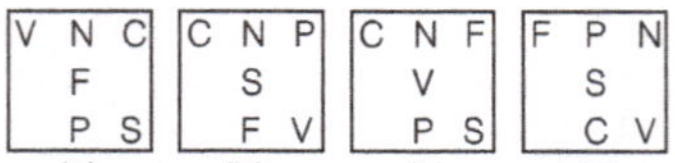

(a) (b) (c) (d)

6. **प्रश्न आकृतियाँ**

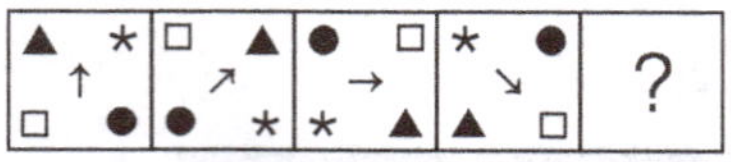

SSC CGL (Tier-I) 26/09/2024 Shift-II

उत्तर आकृतियाँ

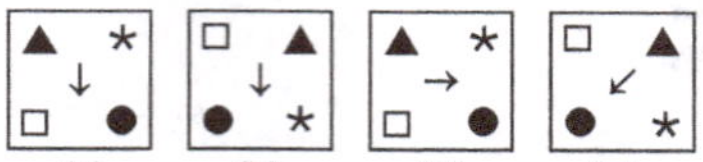

(a) (b) (c) (d)

7. **प्रश्न आकृतियाँ**

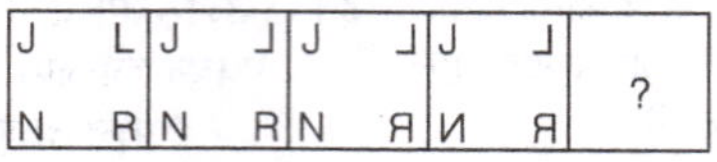

SSC CGL (Tier-I) 26/09/2024 Shift-I

उत्तर आकृतियाँ

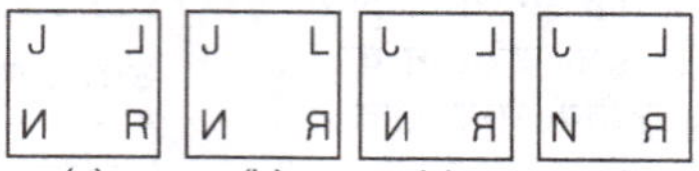

(a) (b) (c) (d)

8. **प्रश्न आकृतियाँ**

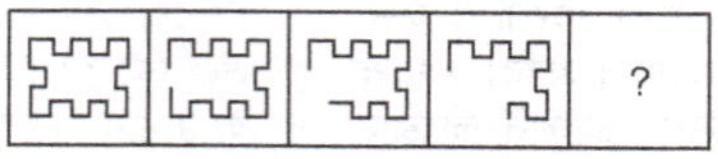

SSC CGL (Tier-I) 26/09/2024 Shift-I

उत्तर आकृतियाँ

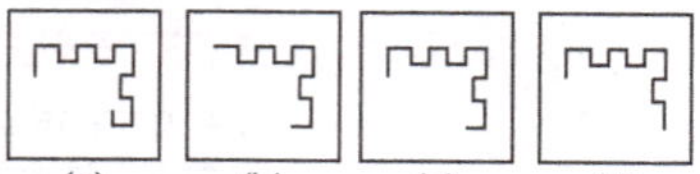

(a) (b) (c) (d)

9. **प्रश्न आकृतियाँ**

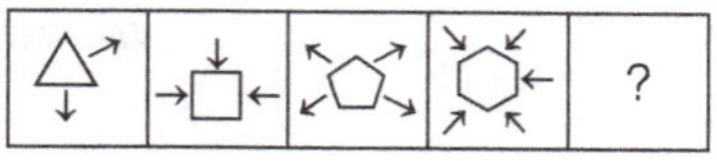

SSC CGL (Tier-I) 25/09/2024 Shift-II

उत्तर आकृतियाँ

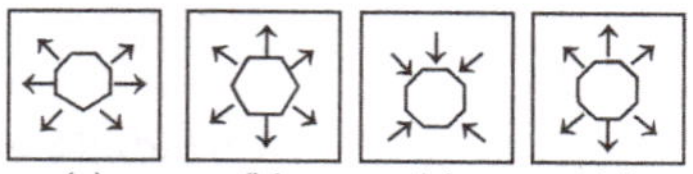

(a) (b) (c) (d)

10. **प्रश्न आकृतियाँ**

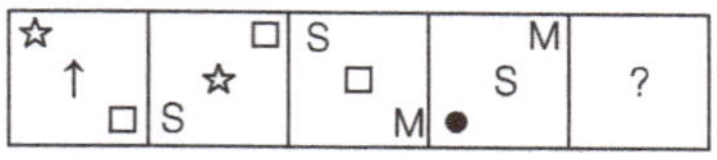

SSC CGL (Tier-I) 25/09/2024 Shift-I

उत्तर आकृतियाँ

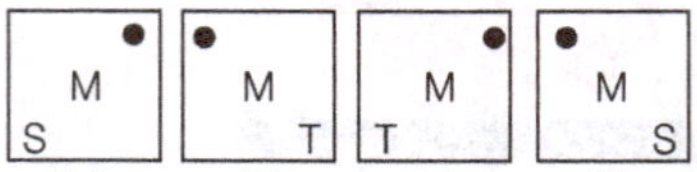

(a) (b) (c) (d)

11. **प्रश्न आकृतियाँ**

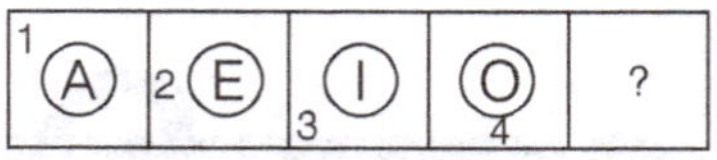

SSC CGL (Tier-I) 24/09/2024 Shift-III

उत्तर आकृतियाँ

(a) (b) (c) (d)

12. **प्रश्न आकृतियाँ**

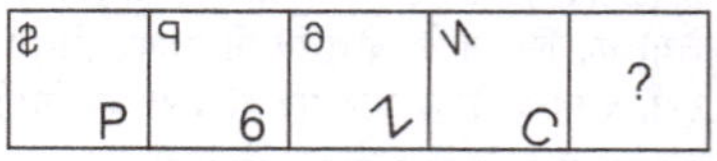

SSC CGL (Tier-I) 24/09/2024 Shift-I

उत्तर आकृतियाँ

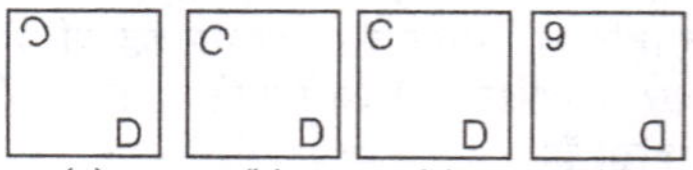

(a) (b) (c) (d)

13. **प्रश्न आकृतियाँ**

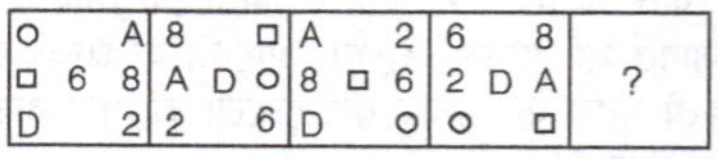

SSC CGL (Tier-I) 24/09/2024 Shift-II

उत्तर आकृतियाँ

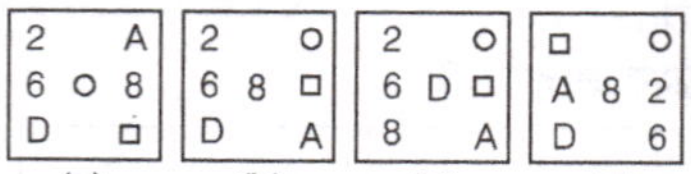

(a) (b) (c) (d)

14. **प्रश्न आकृतियाँ**

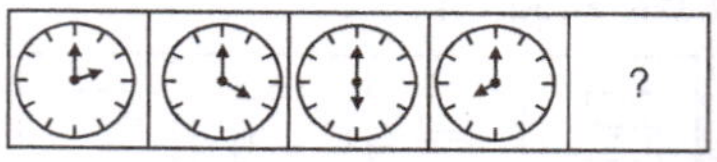

SSC CGL (Tier-I) 24/09/2024 Shift-II

उत्तर आकृतियाँ

(a) (b) (c) (d)

15. **प्रश्न आकृतियाँ**

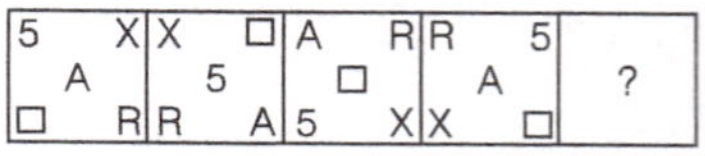

SSC CGL (Tier-I) 24/09/2024 Shift-I

उत्तर आकृतियाँ

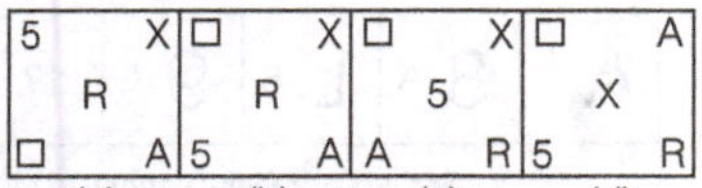

(a) (b) (c) (d)

16. प्रश्न आकृतियाँ

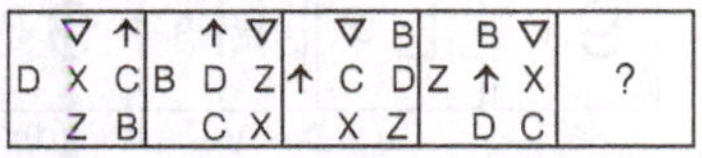

SSC CGL (Tier-I) 23/09/2024 Shift-III

उत्तर आकृतियाँ

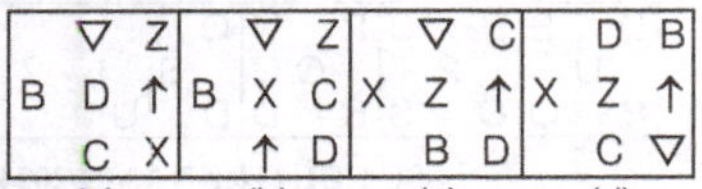

(a) (b) (c) (d)

17. प्रश्न आकृतियाँ

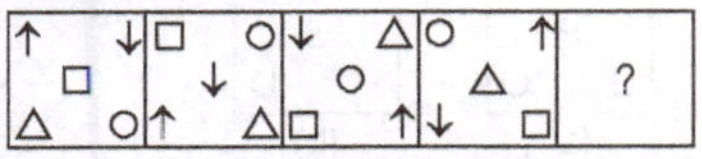

SSC CGL (Tier-I) 23/09/2024 Shift-II

उत्तर आकृतियाँ

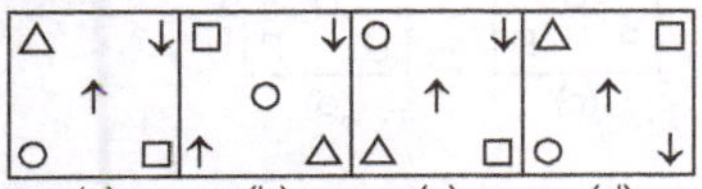

(a) (b) (c) (d)

18. प्रश्न आकृतियाँ

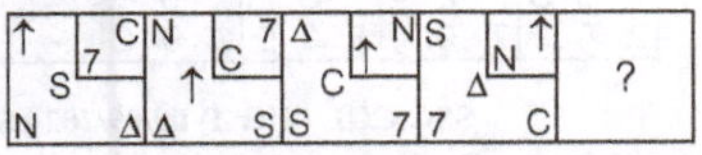

SSC CGL (Tier-I) 23/09/2024 Shift-I

उत्तर आकृतियाँ

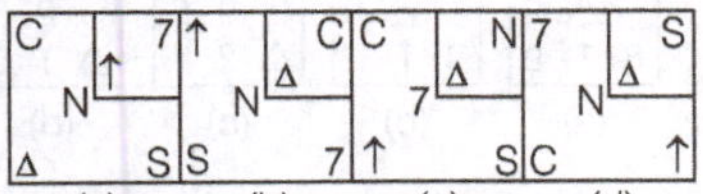

(a) (b) (c) (d)

19. प्रश्न आकृतियाँ

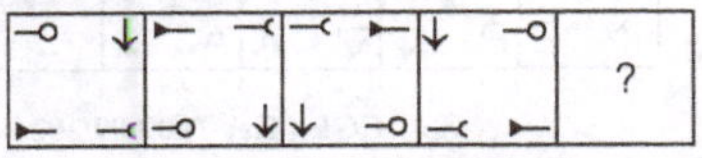

SSC CGL (Tier-I) 23/09/2024 Shift-I

उत्तर आकृतियाँ

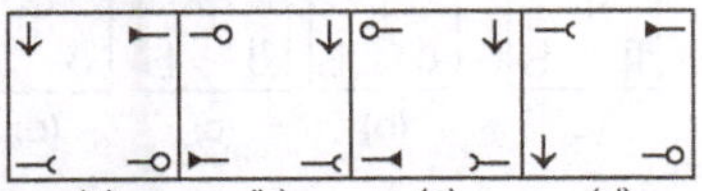

(a) (b) (c) (d)

20. प्रश्न आकृतियाँ

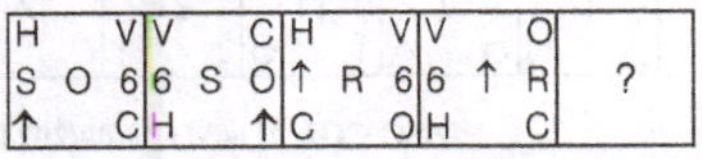

SSC CGL (Tier-I) 19/09/2024 Shift-III

उत्तर आकृतियाँ

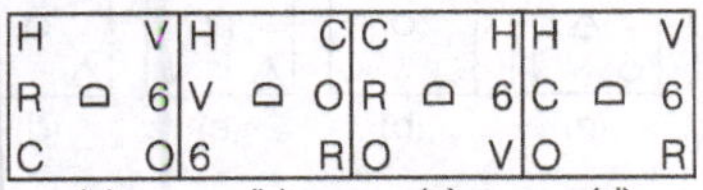

(a) (b) (c) (d)

21. प्रश्न आकृतियाँ

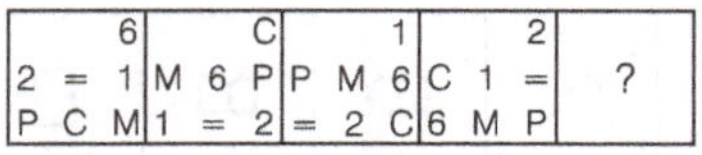

SSC CGL (Tier-I) 19/09/2024 Shift-II

उत्तर आकृतियाँ

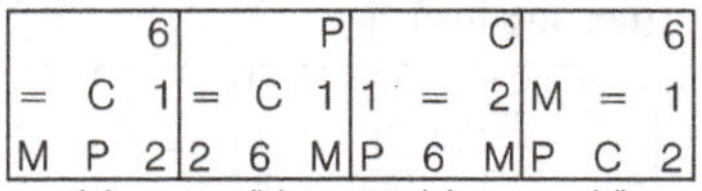

(a) (b) (c) (d)

22. प्रश्न आकृतियाँ

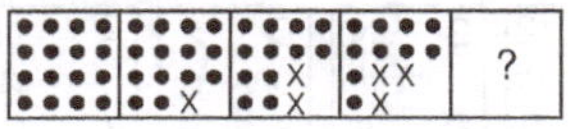

SSC CGL (Tier-I) 19/09/2024 Shift-I

उत्तर आकृतियाँ

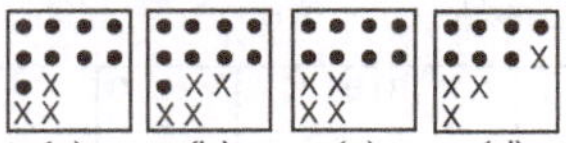

(a) (b) (c) (d)

23. प्रश्न आकृतियाँ

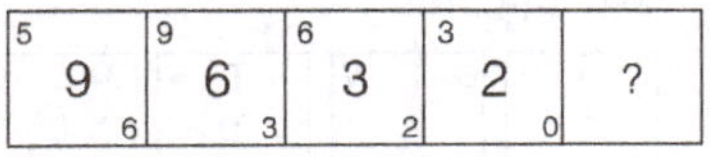

SSC CGL (Tier-I) 18/09/2024 Shift-III

उत्तर आकृतियाँ

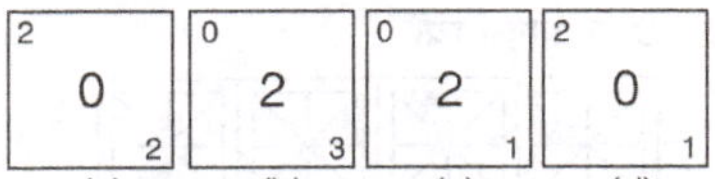

(a) (b) (c) (d)

24. प्रश्न आकृतियाँ

SSC CGL (Tier-I) 18/09/2024 Shift-II

उत्तर आकृतियाँ

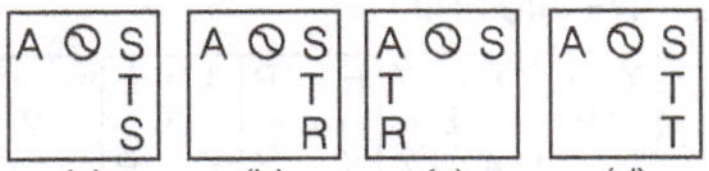

(a) (b) (c) (d)

25. प्रश्न आकृतियाँ

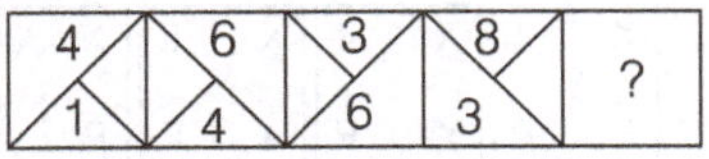

SSC CGL (Tier-I) 18/09/2024 Shift-II

उत्तर आकृतियाँ

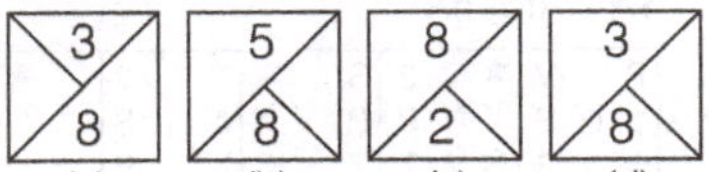

(a) (b) (c) (d)

26. प्रश्न आकृतियाँ

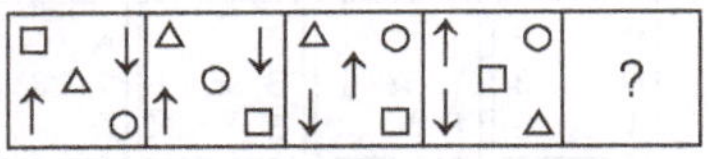

SSC CGL (Tier-I) 18/09/2024 Shift-I

उत्तर आकृतियाँ

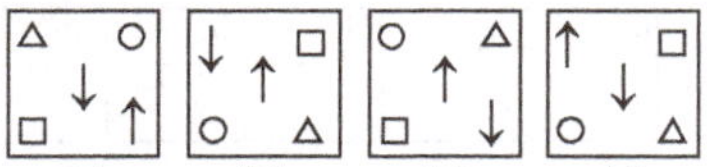

(a) (b) (c) (d)

27. प्रश्न आकृतियाँ

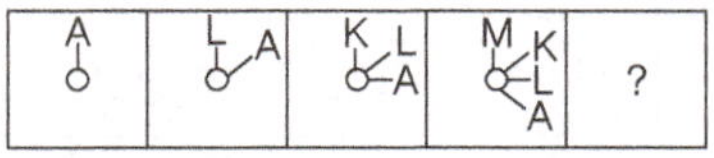

SSC CGL (Tier-I) 17/09/2024 Shift-II

उत्तर आकृतियाँ

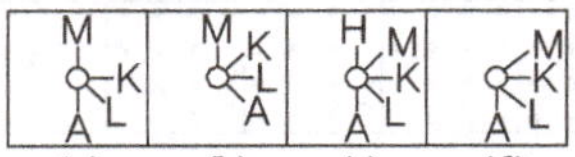

(a) (b) (c) (d)

28. प्रश्न आकृतियाँ

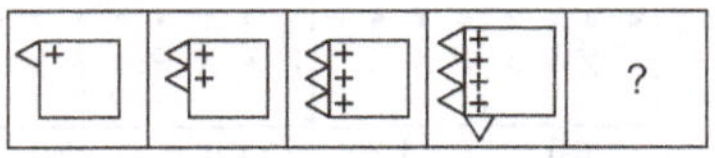

SSC CGL (Tier-I) 17/09/2024 Shift-II

उत्तर आकृतियाँ

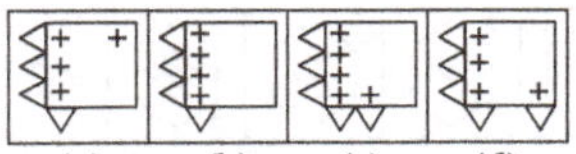

(a) (b) (c) (d)

29. प्रश्न आकृतियाँ

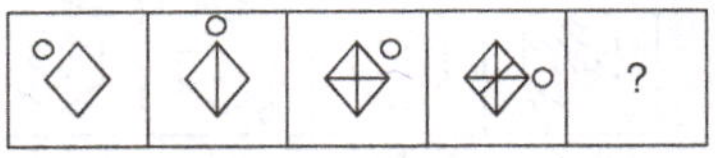

SSC CGL (Tier-I) 17/09/2024 Shift-I

उत्तर आकृतियाँ

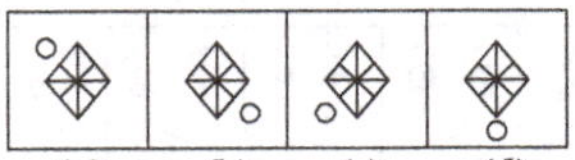

(a) (b) (c) (d)

30. प्रश्न आकृतियाँ

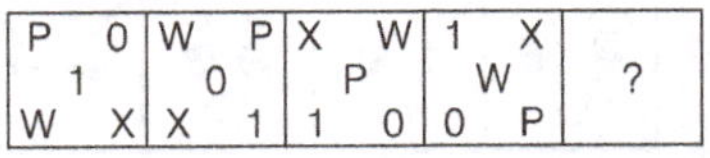

SSC CGL (Tier-I) 13/09/2024 Shift-III

उत्तर आकृतियाँ

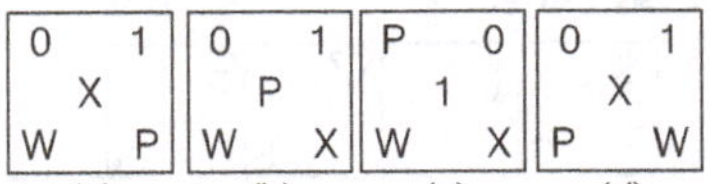

(a) (b) (c) (d)

31. प्रश्न आकृतियाँ

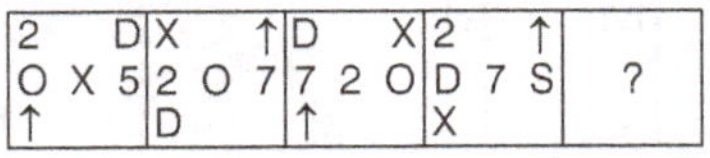

SSC CGL (Tier-I) 13/09/2024 Shift-III

उत्तर आकृतियाँ

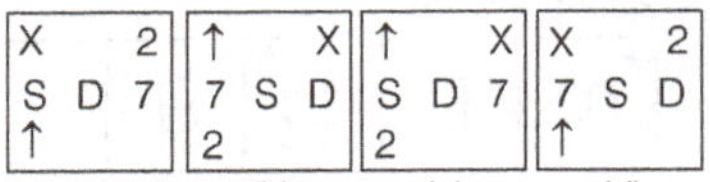

(a) (b) (c) (d)

32. प्रश्न आकृतियाँ

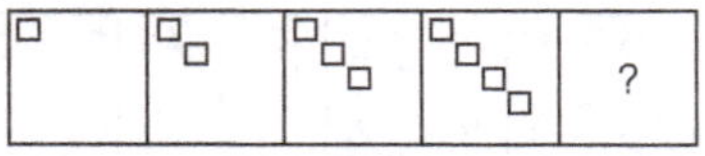

SSC CGL (Tier-I) 13/09/2024 Shift-I

उत्तर आकृतियाँ

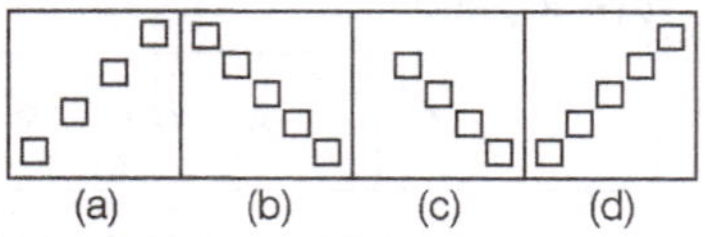

33. प्रश्न आकृतियाँ

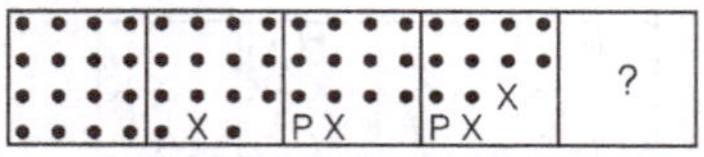

SSC CGL (Tier-I) 12/09/2024 Shift-III

उत्तर आकृतियाँ

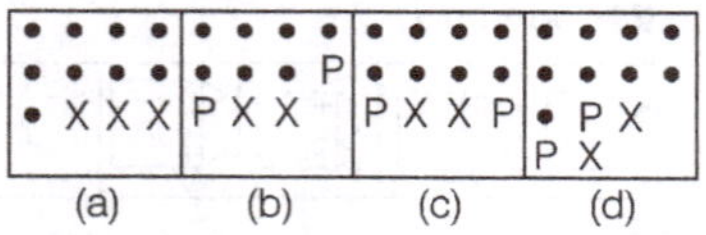

34. प्रश्न आकृतियाँ

SSC CGL (Tier-I) 12/09/2024 Shift-III

उत्तर आकृतियाँ

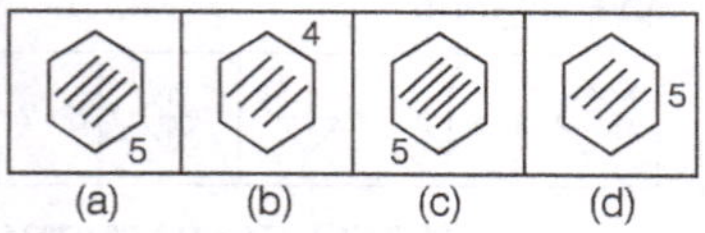

35. प्रश्न आकृतियाँ

SSC CGL (Tier-I) 12/09/2024 Shift-I

उत्तर आकृतियाँ

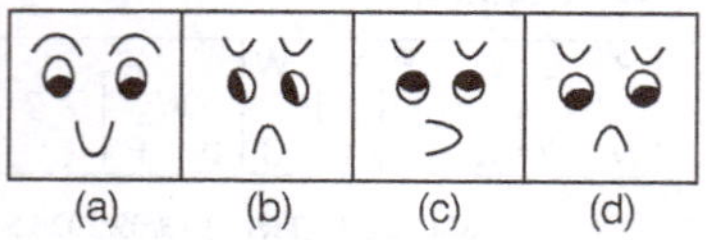

36. प्रश्न आकृतियाँ

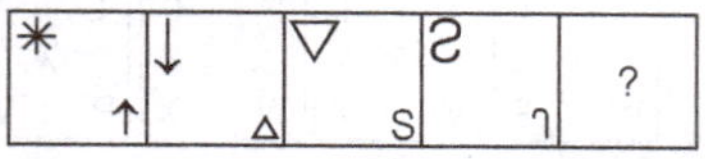

SSC CGL (Tier-I) 12/09/2024 Shift-I

उत्तर आकृतियाँ

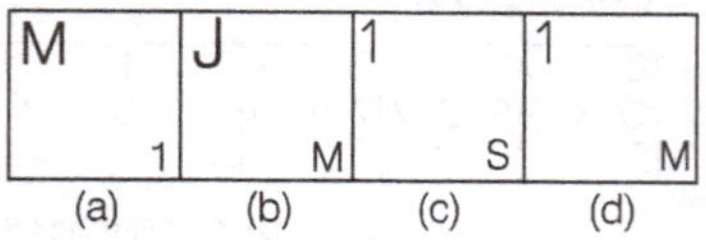

37. प्रश्न आकृतियाँ

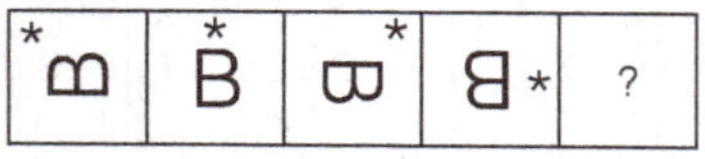

SSC CGL (Tier-I) 11/09/2024 Shift-III

उत्तर आकृतियाँ

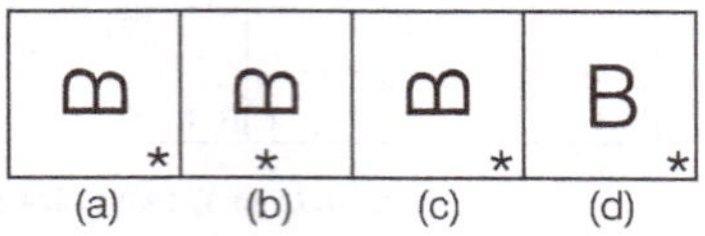

38. प्रश्न आकृतियाँ

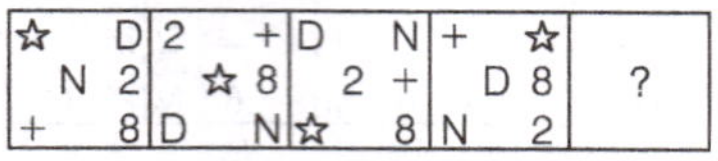

SSC CGL (Tier-I) 11/09/2024 Shift-I

उत्तर आकृतियाँ

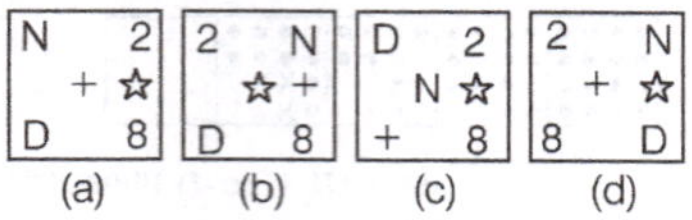

39. प्रश्न आकृतियाँ

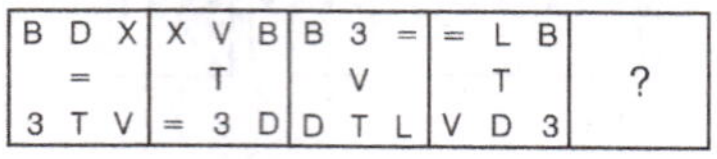

SSC CGL (Tier-I) 11/09/2024 Shift-II

उत्तर आकृतियाँ

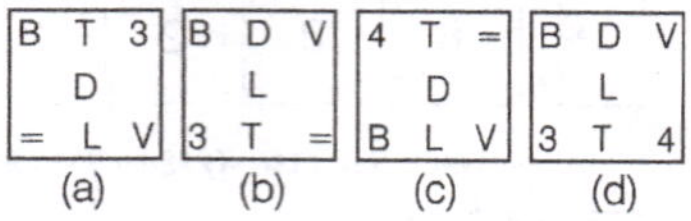

40. प्रश्न आकृतियाँ

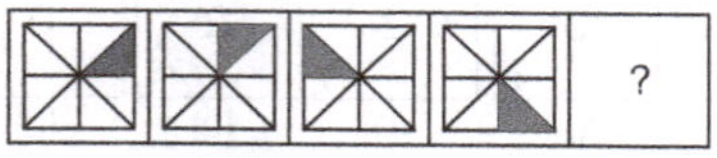

SSC CGL (Tier-I) 11/09/2024 Shift-II

उत्तर आकृतियाँ

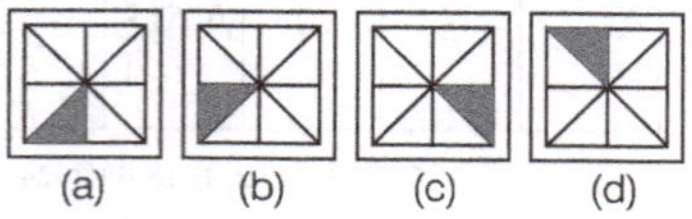

41. प्रश्न आकृतियाँ

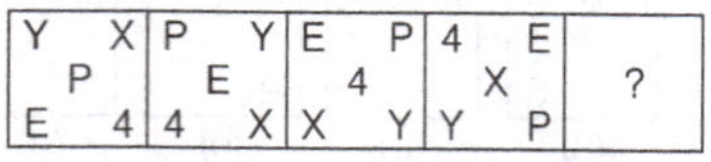

SSC CGL (Tier-I) 10/09/2024 Shift-III

उत्तर आकृतियाँ

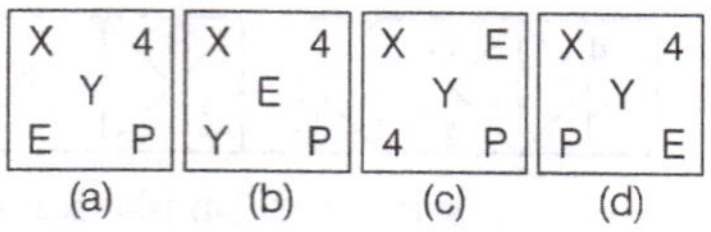

42. प्रश्न आकृतियाँ

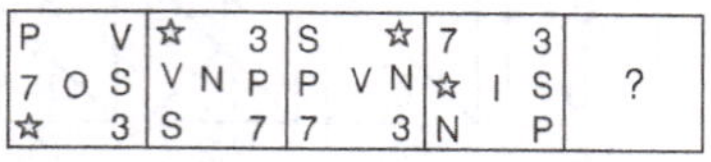

SSC CGL (Tier-I) 10/09/2024 Shift-II

उत्तर आकृतियाँ

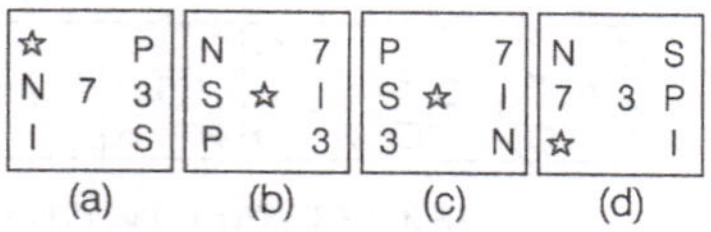

43. प्रश्न आकृतियाँ

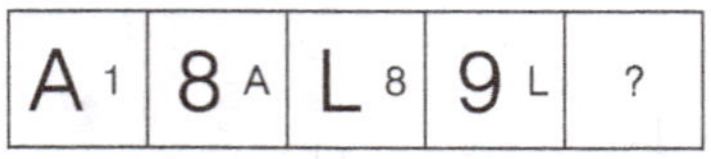

SSC CGL (Tier-I) 10/09/2024 Shift-II

उत्तर आकृतियाँ

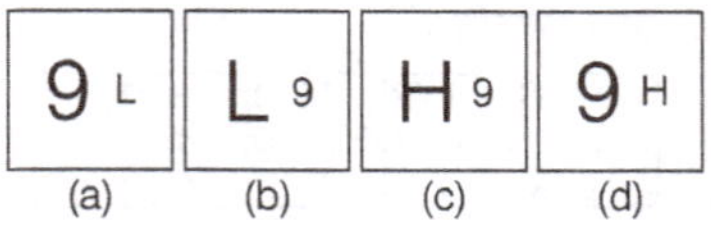

44. प्रश्न आकृतियाँ

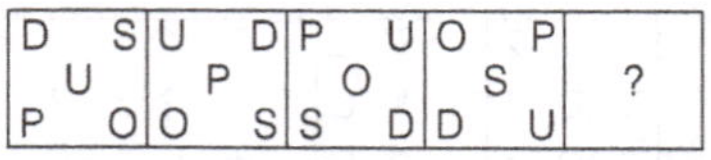

SSC CGL (Tier-I) 10/09/2024 Shift-I

उत्तर आकृतियाँ

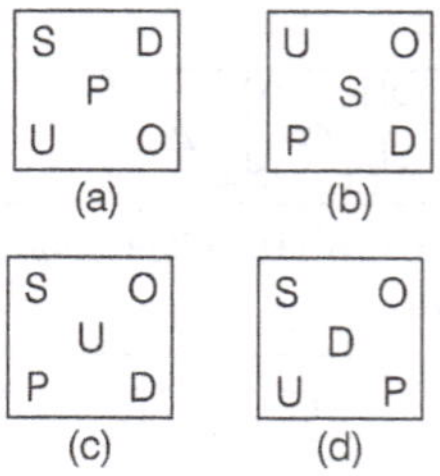

45. प्रश्न आकृतियाँ

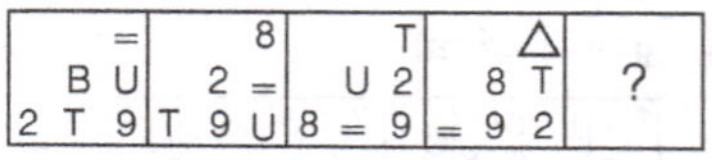

SSC CGL (Tier-I) 09/09/2024 Shift-III

उत्तर आकृतियाँ

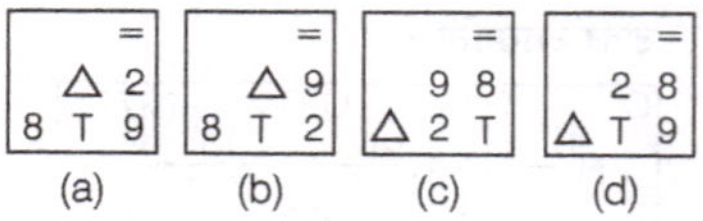

46. प्रश्न आकृतियाँ

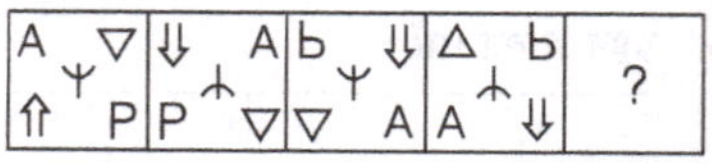

SSC CGL (Tier-I) 09/09/2024 Shift-II

उत्तर आकृतियाँ

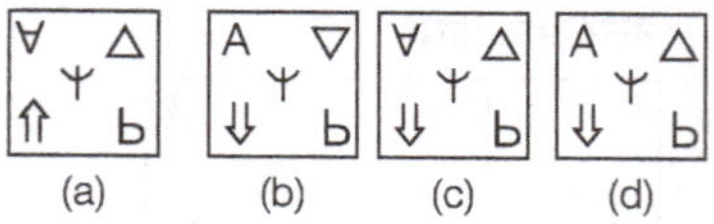

47. प्रश्न आकृतियाँ

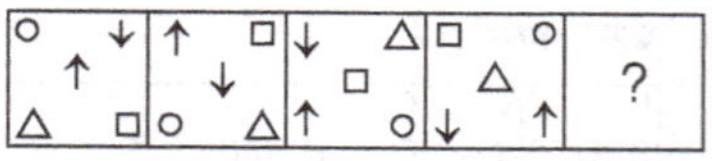

SSC CGL (Tier-I) 09/09/2024 Shift-I

उत्तर आकृतियाँ

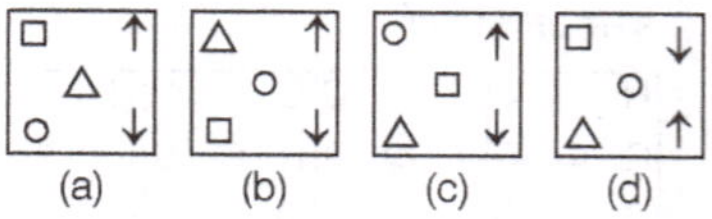

SSC CGL 2023 (Tier I & II)

48. प्रश्न आकृतियाँ

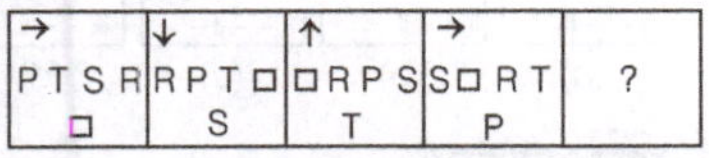

SSC CGL (Tier-II) 26/10/2023

उत्तर आकृतियाँ

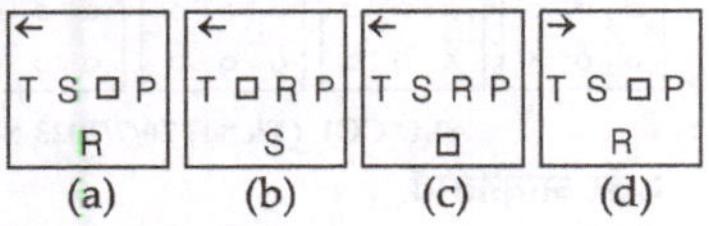

49. प्रश्न आकृतियाँ

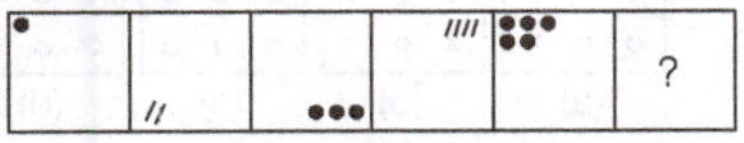

SSC CGL (Tier-II) 6/3/2023 Shift-I

उत्तर आकृतियाँ

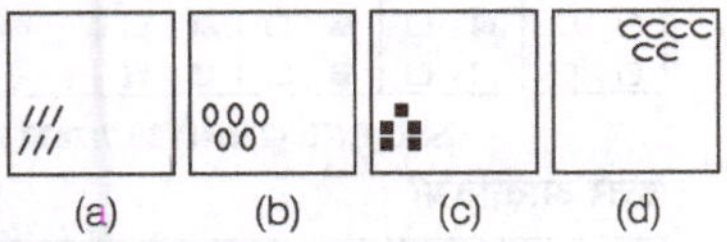

50. प्रश्न आकृतियाँ

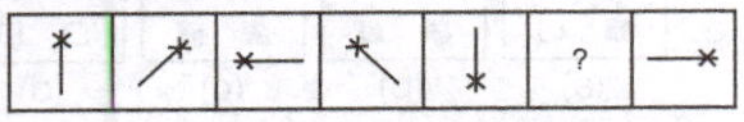

SSC CGL (Tier-II) 3/3/2023 Shift-I

उत्तर आकृतियाँ

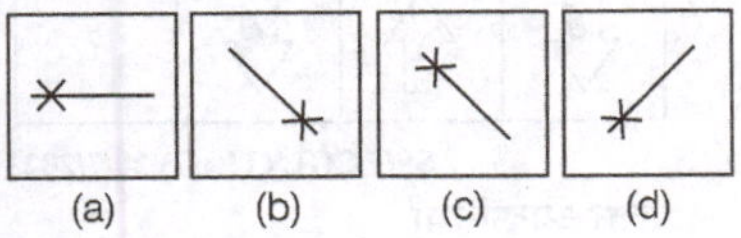

51. प्रश्न आकृतियाँ

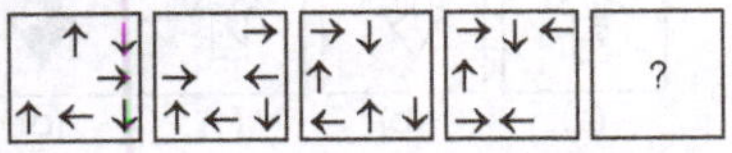

SSC CGL (Tier-II) 2/3/2023 Shift-I

उत्तर आकृतियाँ

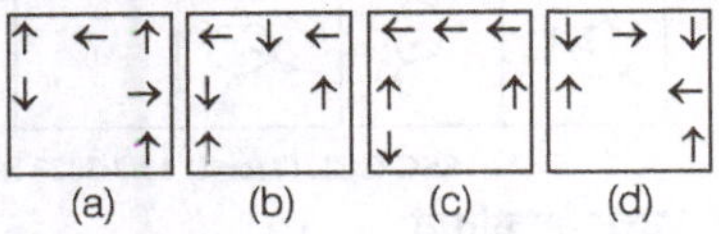

52. प्रश्न आकृतियाँ

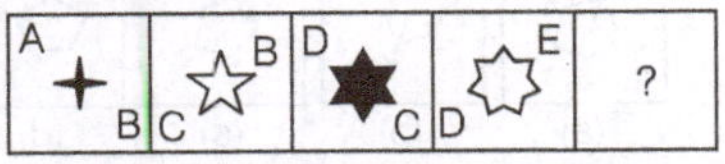

SSC CGL (Tier-I) 27/7/2023 Shift-III

उत्तर आकृतियाँ

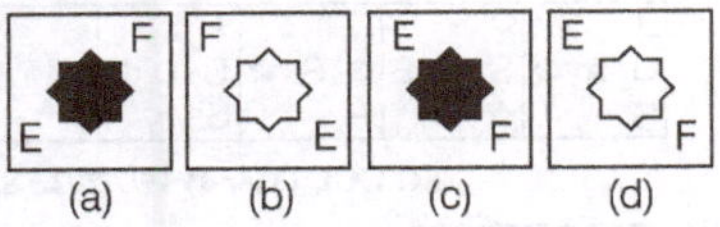

53. प्रश्न आकृतियाँ

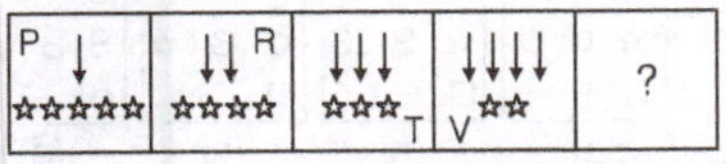

SSC CGL (Tier-I) 27/7/2023 Shift-II

उत्तर आकृतियाँ

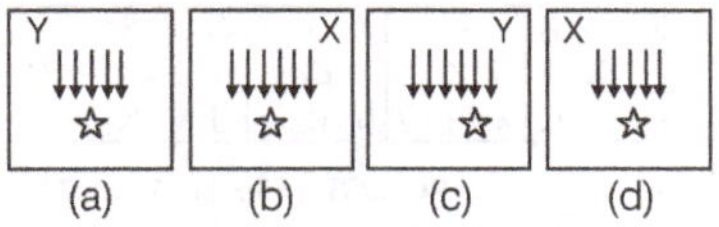

54. प्रश्न आकृतियाँ

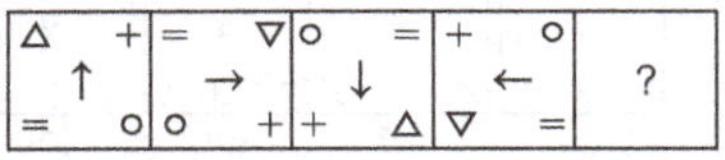

SSC CGL (Tier-I) 27/7/2023 Shift-I

उत्तर आकृतियाँ

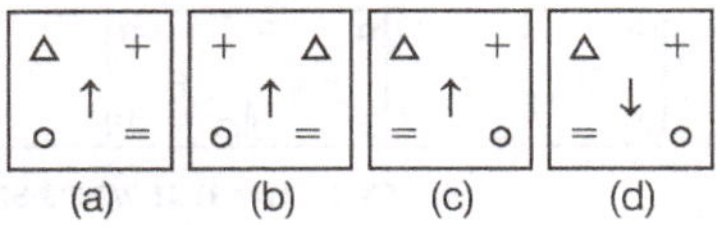

55. प्रश्न आकृतियाँ

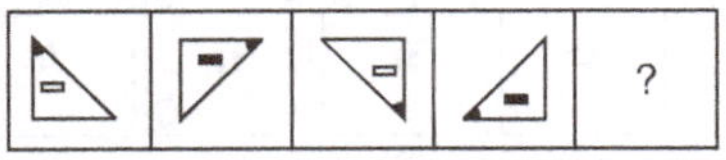

SSC CGL (Tier-I) 27/7/2023 Shift-I

उत्तर आकृतियाँ

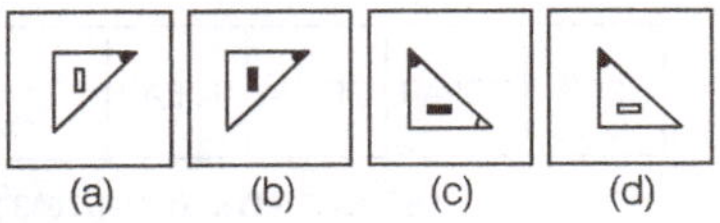

56. प्रश्न आकृतियाँ

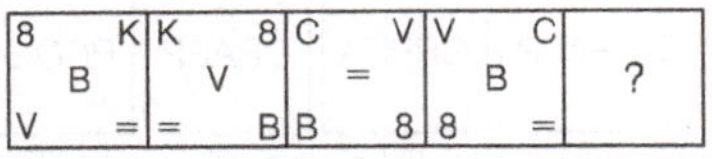

SSC CGL (Tier-I) 26/7/2023 Shift-III

उत्तर आकृतियाँ

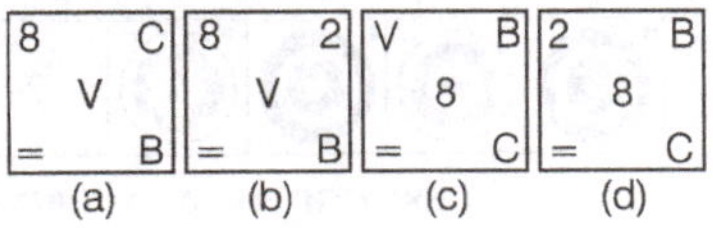

57. प्रश्न आकृतियाँ

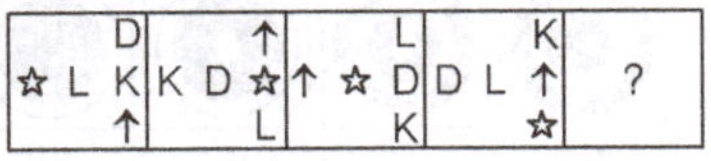

SSC CGL (Tier-I) 26/7/2023 Shift-II

उत्तर आकृतियाँ

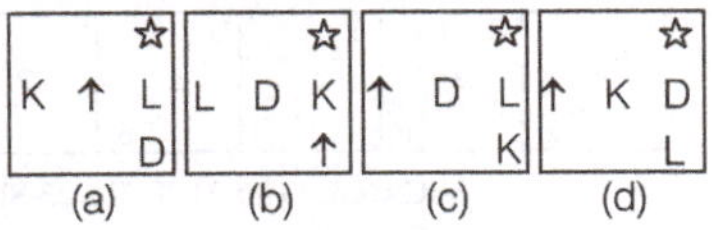

58. प्रश्न आकृतियाँ

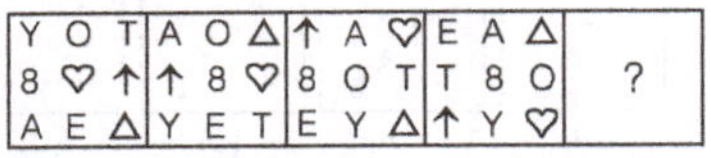

SSC CGL (Tier-I) 26/7/2023 Shift-II

उत्तर आकृतियाँ

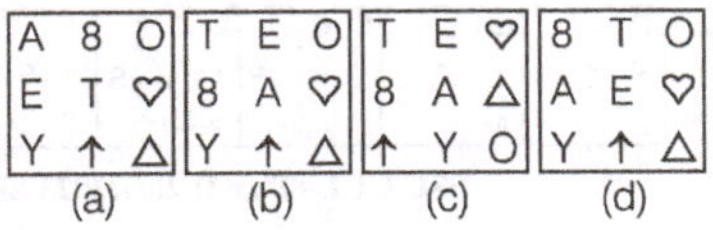

59. प्रश्न आकृतियाँ

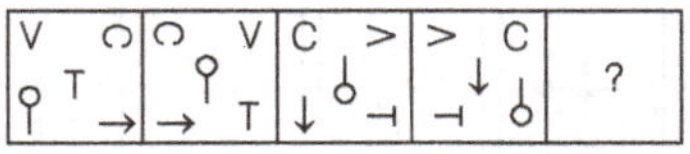

SSC CGL (Tier-I) 26/7/2023 Shift-I

उत्तर आकृतियाँ

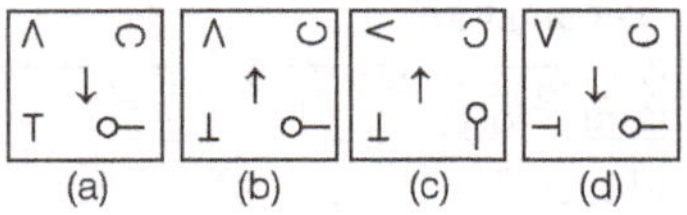

60. प्रश्न आकृतियाँ

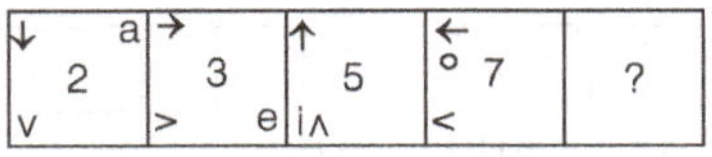

SSC CGL (Tier-I) 25/7/2023 Shift-IV

उत्तर आकृतियाँ

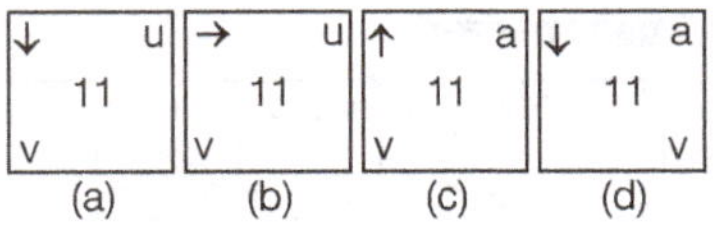

61. प्रश्न आकृतियाँ

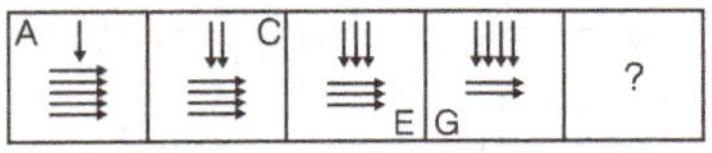

SSC CGL (Tier-I) 25/7/2023 Shift-III

उत्तर आकृतियाँ

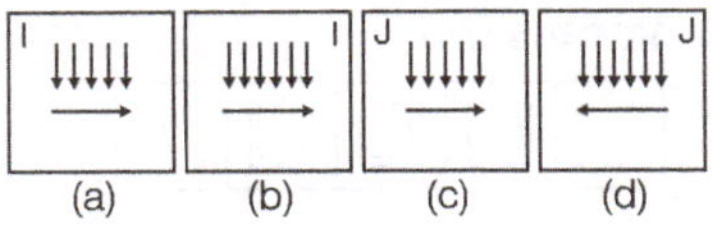

62. प्रश्न आकृतियाँ

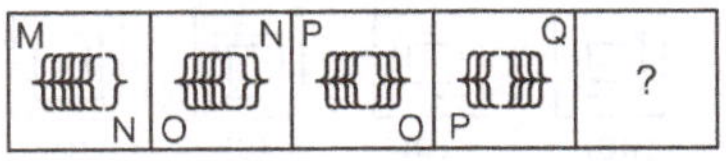

SSC CGL (Tier-I) 25/7/2023 Shift-II

उत्तर आकृतियाँ

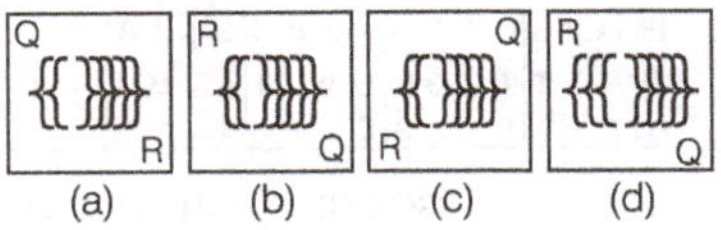

63. प्रश्न आकृतियाँ

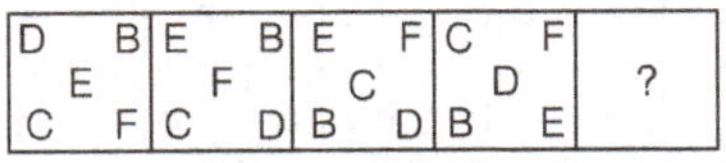

SSC CGL (Tier-I) 25/7/2023 Shift-II

उत्तर आकृतियाँ

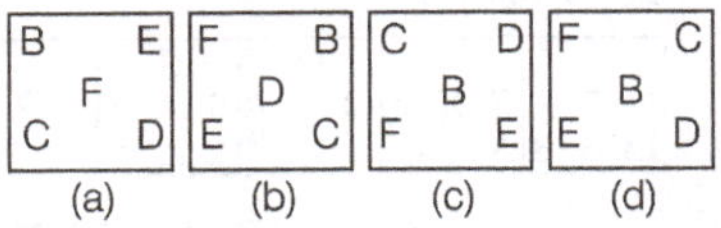

64. प्रश्न आकृतियाँ

SSC CGL (Tier-I) 25/7/2023 Shift-I

उत्तर आकृतियाँ

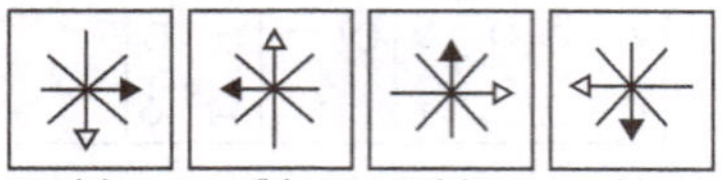

(a) (b) (c) (d)

65. प्रश्न आकृतियाँ

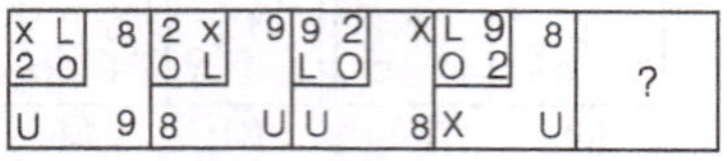

SSC CGL (Tier-I) 24/7/2023 Shift-IV

उत्तर आकृतियाँ

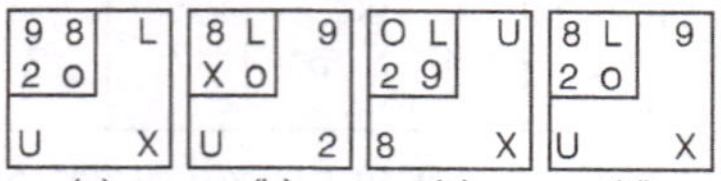

(a) (b) (c) (d)

66. प्रश्न आकृतियाँ

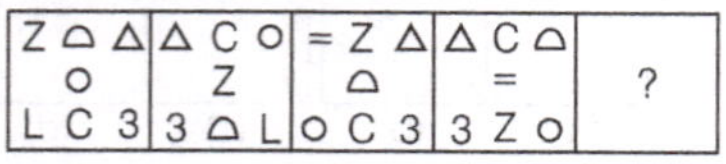

SSC CGL (Tier-I) 24/7/2023 Shift-III

उत्तर आकृतियाँ

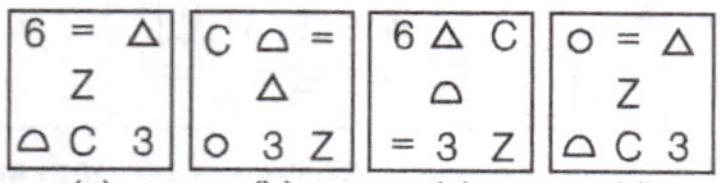

(a) (b) (c) (d)

67. प्रश्न आकृतियाँ

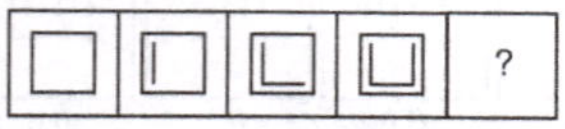

SSC CGL (Tier-I) 24/7/2023 Shift-III

उत्तर आकृतियाँ

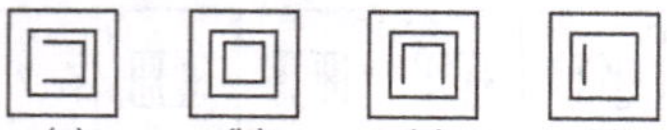

(a) (b) (c) (d)

68. प्रश्न आकृतियाँ

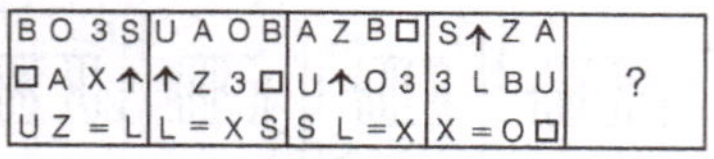

SSC CGL (Tier-I) 24/7/2023 Shift-II

उत्तर आकृतियाँ

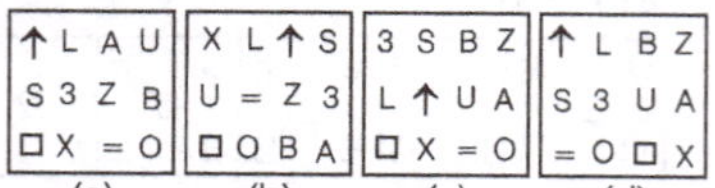

(a) (b) (c) (d)

69. प्रश्न आकृतियाँ

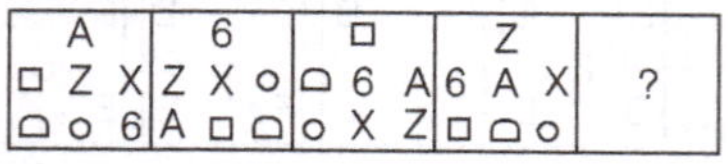

SSC CGL (Tier-I) 24/7/2023 Shift-I

उत्तर आकृतियाँ

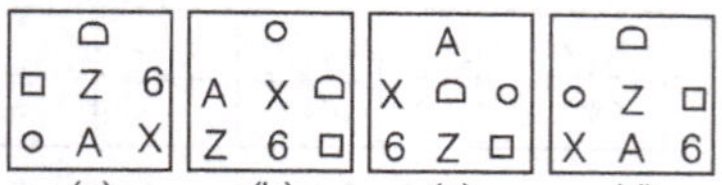

(a) (b) (c) (d)

70. प्रश्न आकृतियाँ

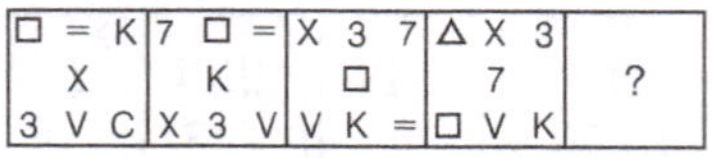

SSC CGL (Tier-I) 21/7/2023 Shift-IV

उत्तर आकृतियाँ

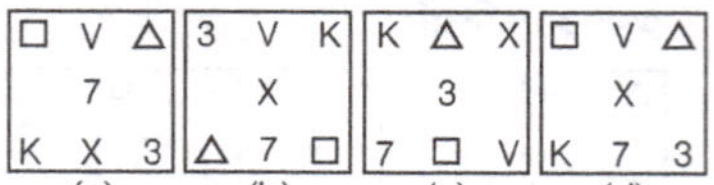

(a) (b) (c) (d)

71. प्रश्न आकृतियाँ

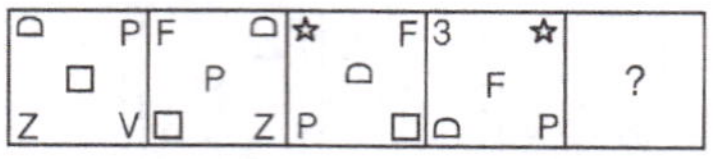

SSC CGL (Tier-I) 21/7/2023 Shift-III

उत्तर आकृतियाँ

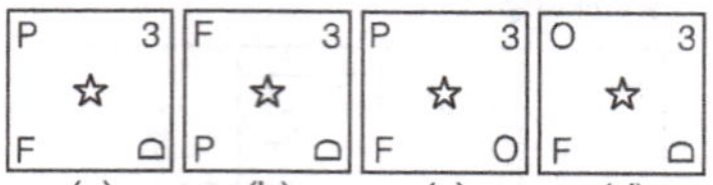

(a) (b) (c) (d)

72. प्रश्न आकृतियाँ

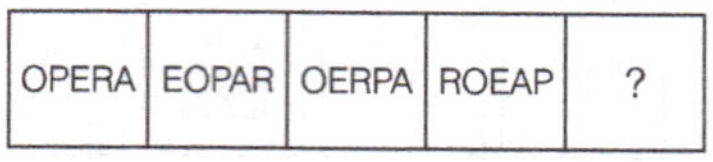

SSC CGL (Tier-I) 21/7/2023 Shift-I

उत्तर आकृतियाँ

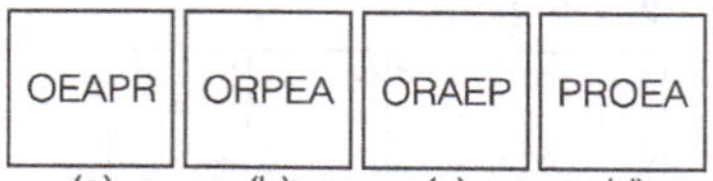

(a) (b) (c) (d)

73. प्रश्न आकृतियाँ

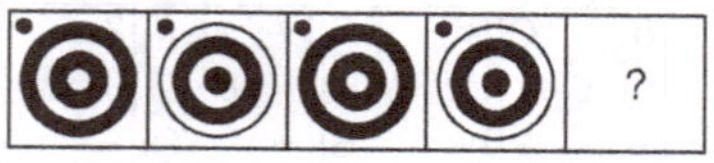

SSC CGL (Tier-I) 21/7/2023 Shift-I

उत्तर आकृतियाँ

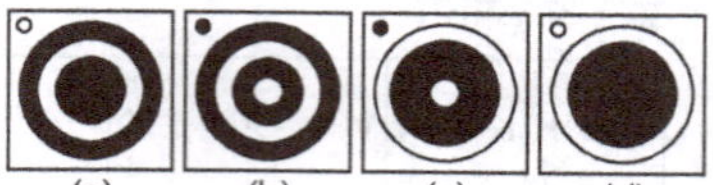

(a) (b) (c) (d)

74. प्रश्न आकृतियाँ

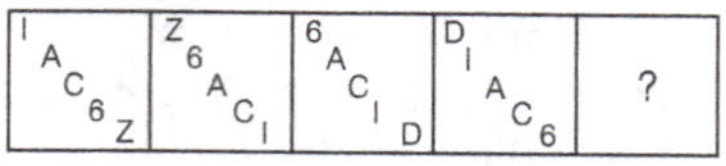

SSC CGL (Tier-I) 20/7/2023 Shift-IV

उत्तर आकृतियाँ

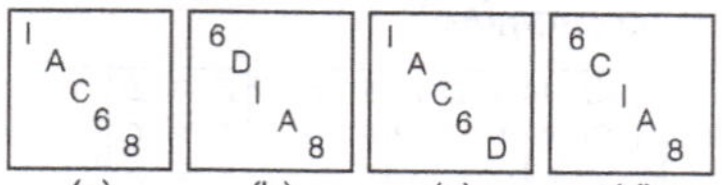

(a) (b) (c) (d)

75. प्रश्न आकृतियाँ

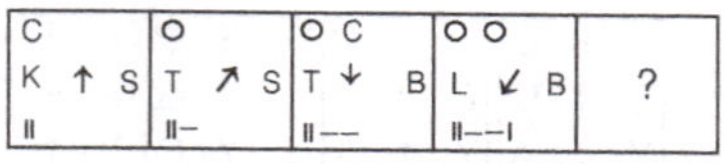

SSC CGL (Tier-I) 20/7/2023 Shift-IV

उत्तर आकृतियाँ

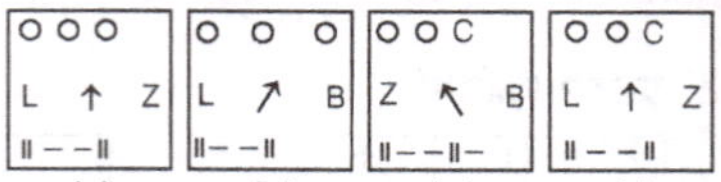

(a) (b) (c) (d)

76. प्रश्न आकृतियाँ

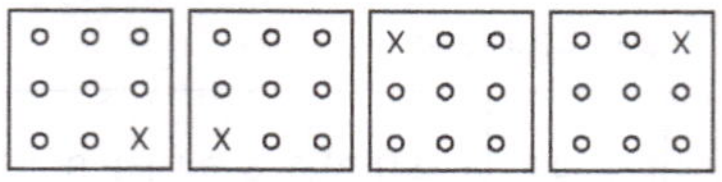

SSC CGL (Tier-I) 20/7/2023 Shift-III

उत्तर आकृतियाँ

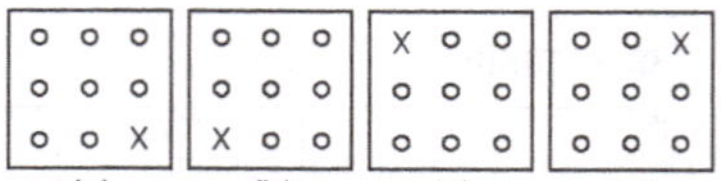

(a) (b) (c) (d)

77. प्रश्न आकृतियाँ

SSC CGL (Tier-I) 20/7/2023 Shift-II

उत्तर आकृतियाँ

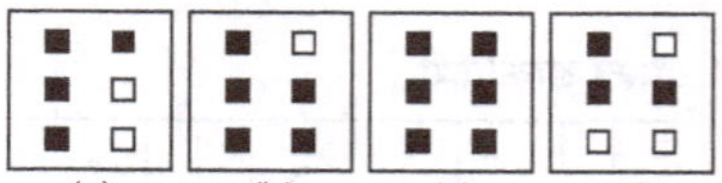

(a) (b) (c) (d)

78. प्रश्न आकृतियाँ

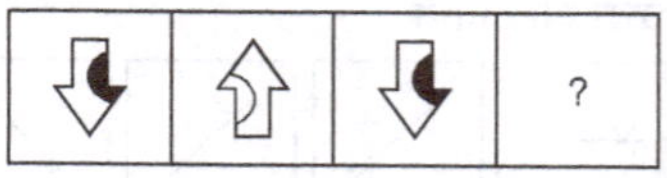

SSC CGL (Tier-I) 20/7/2023 Shift-I

उत्तर आकृतियाँ

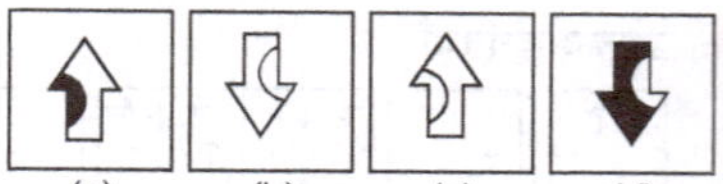

(a) (b) (c) (d)

79. प्रश्न आकृतियाँ

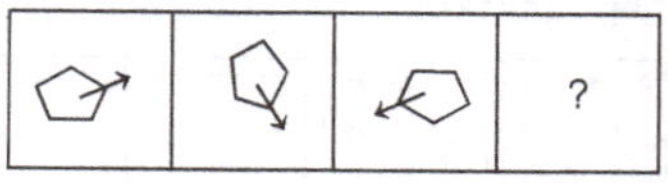

SSC CGL (Tier-I) 19/7/2023 Shift-IV

उत्तर आकृतियाँ

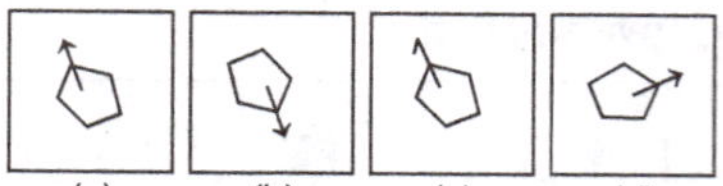

(a) (b) (c) (d)

80. प्रश्न आकृतियाँ

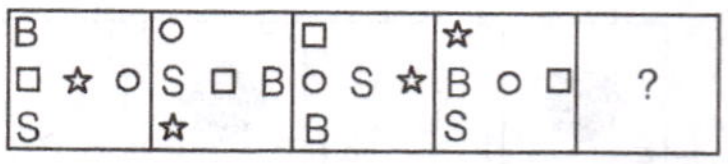

SSC CGL (Tier-I) 19/7/2023 Shift-IV

उत्तर आकृतियाँ

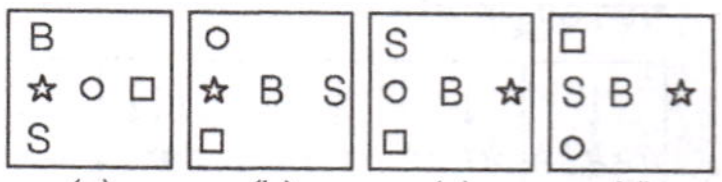

(a) (b) (c) (d)

81. प्रश्न आकृतियाँ

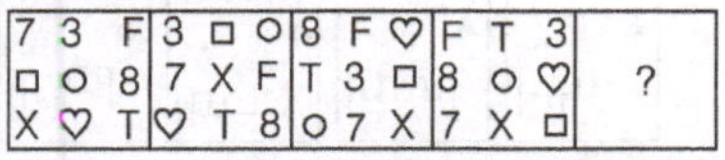

SSC CGL (Tier-I) 19/7/2023 Shift-III

उत्तर आकृतियाँ

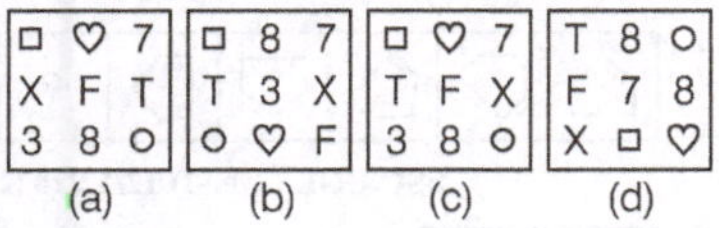

82. प्रश्न आकृतियाँ

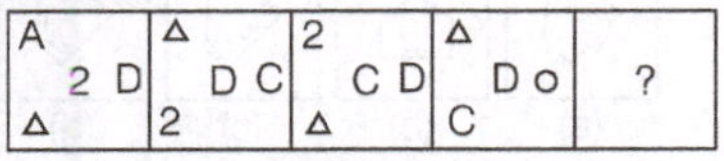

SSC CGL (Tier-I) 19/7/2023 Shift-II

उत्तर आकृतियाँ

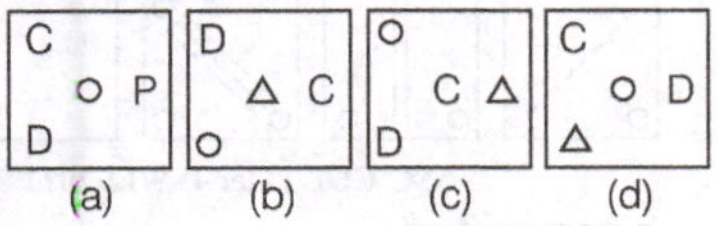

83. प्रश्न आकृतियाँ

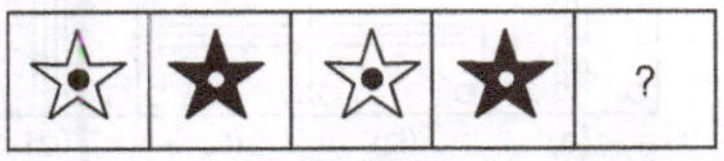

SSC CGL (Tier-I) 19/7/2023 Shift-II

उत्तर आकृतियाँ

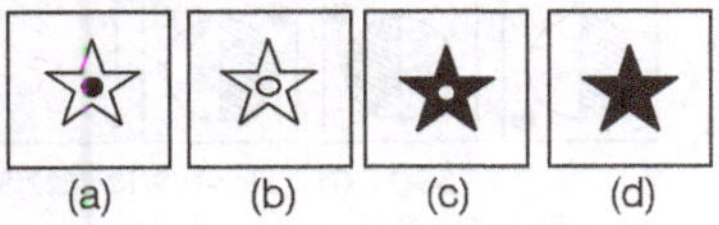

84. प्रश्न आकृतियाँ

SSC CGL (Tier-I) 19/7/2023 Shift-I

उत्तर आकृतियाँ

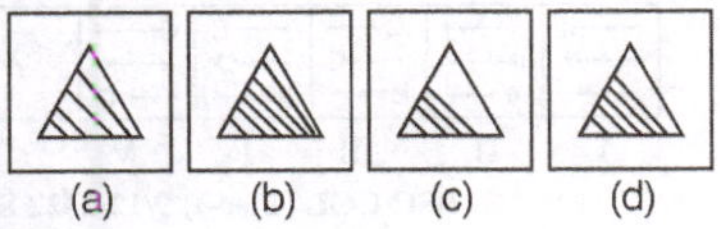

85. प्रश्न आकृतियाँ

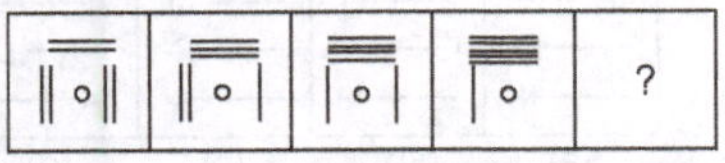

SSC CGL (Tier-I) 19/7/2023 Shift-I

उत्तर आकृतियाँ

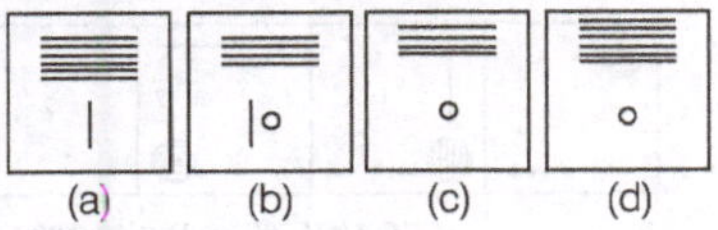

86. प्रश्न आकृतियाँ

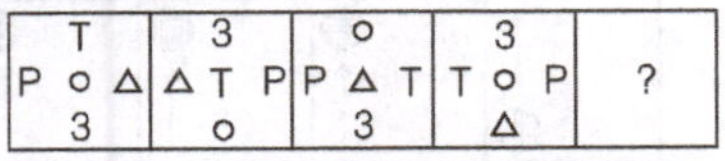

SSC CGL (Tier-I) 18/7/2023 Shift-IV

उत्तर आकृतियाँ

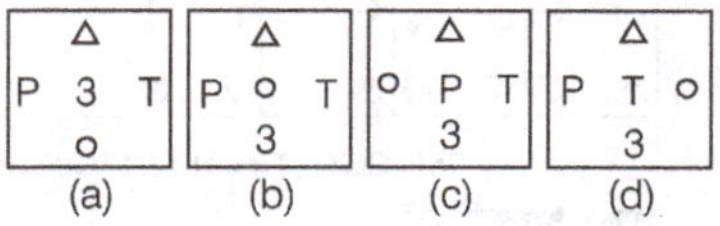

87. प्रश्न आकृतियाँ

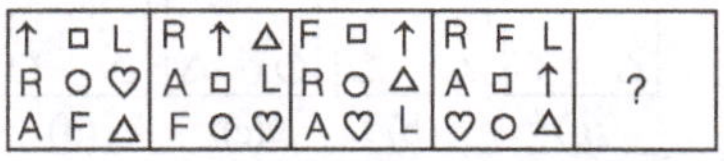

SSC CGL (Tier-I) 18/7/2023 Shift-II

उत्तर आकृतियाँ

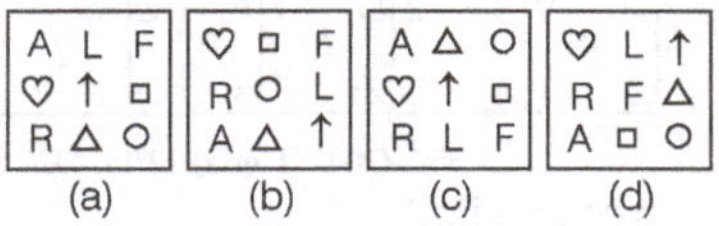

88. प्रश्न आकृतियाँ

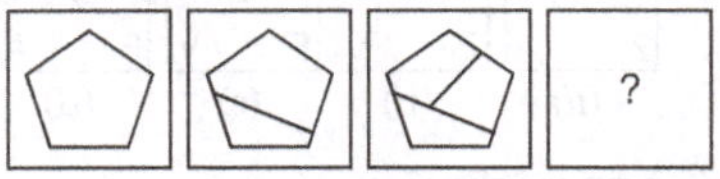

SSC CGL (Tier-I) 18/7/2023 Shift-I

उत्तर आकृतियाँ

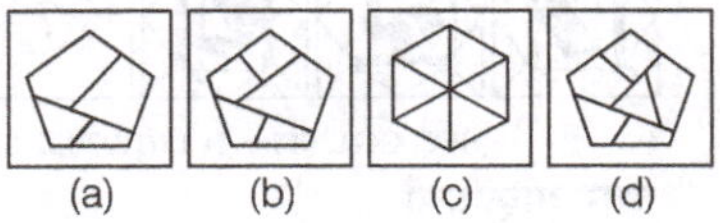

89. प्रश्न आकृतियाँ

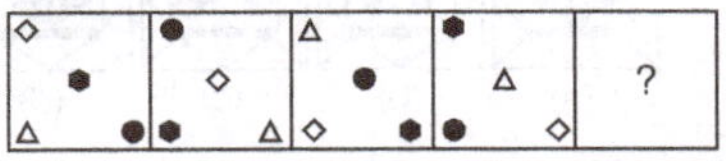

SSC CGL (Tier-I) 18/7/2023 Shift-I

उत्तर आकृतियाँ

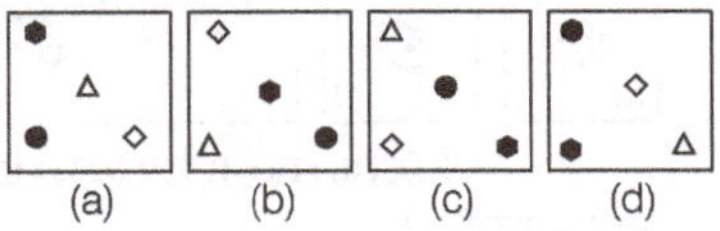

90. प्रश्न आकृतियाँ

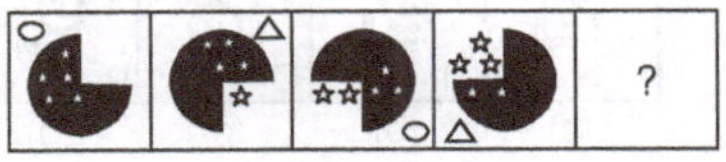

SSC CGL (Tier-I) 17/7/2023 Shift-IV

उत्तर आकृतियाँ

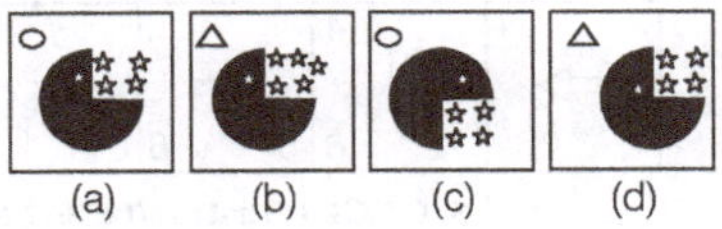

91. प्रश्न आकृतियाँ

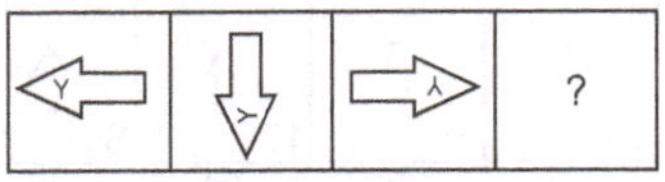

SSC CGL (Tier-I) 17/7/2023 Shift-IV

उत्तर आकृतियाँ

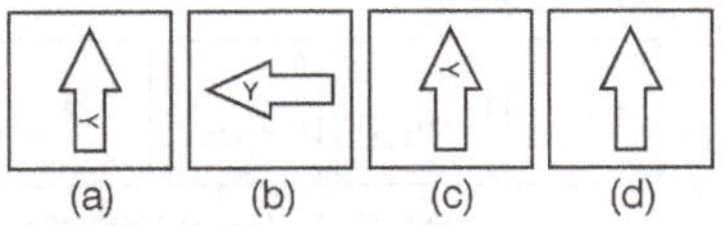

92. प्रश्न आकृतियाँ

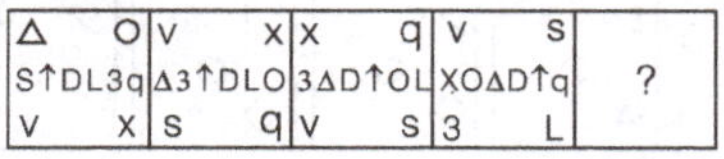

SSC CGL (Tier-I) 17/7/2023 Shift-III

उत्तर आकृतियाँ

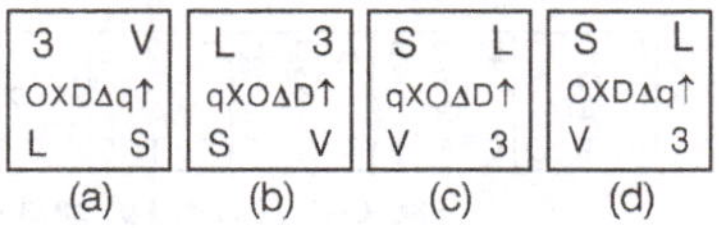

93. प्रश्न आकृतियाँ

SSC CGL (Tier-I) 17/7/2023 Shift-II

उत्तर आकृतियाँ

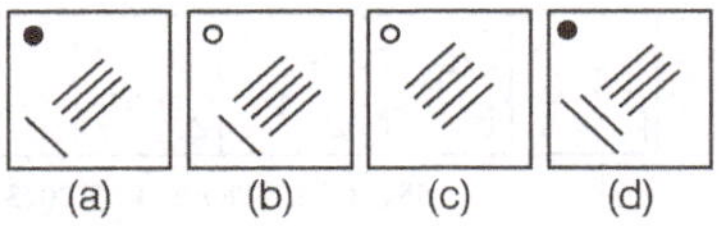

94. प्रश्न आकृतियाँ

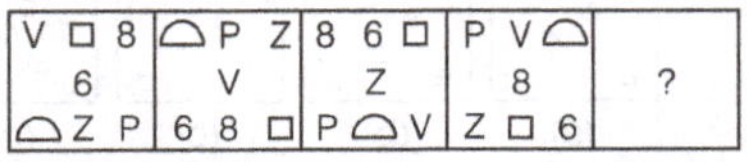

SSC CGL (Tier-I) 14/7/2023 Shift-IV

उत्तर आकृतियाँ

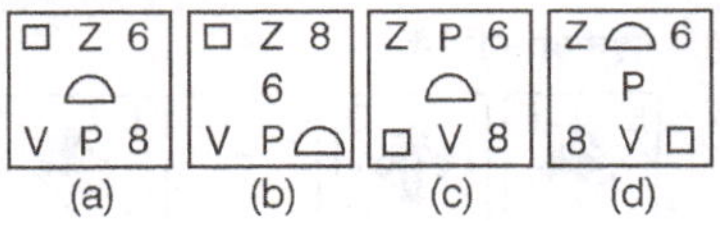

95. प्रश्न आकृतियाँ

SSC CGL (Tier-I) 14/7/2023 Shift-IV

उत्तर आकृतियाँ

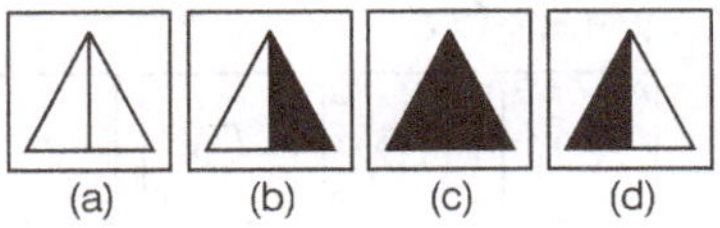

96. प्रश्न आकृतियाँ

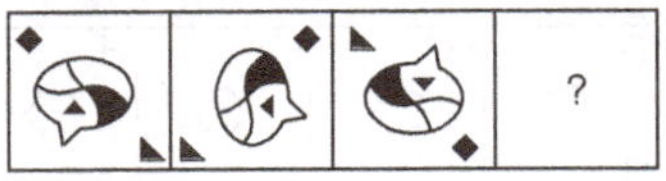

SSC CGL (Tier-I) 17/7/2023 Shift-II

उत्तर आकृतियाँ

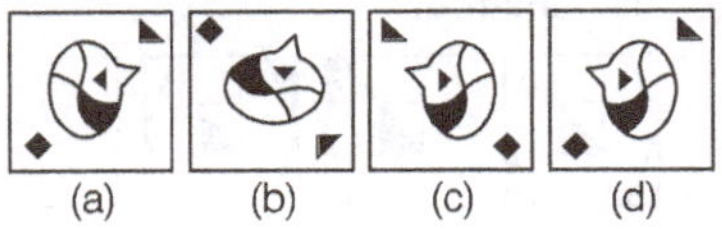

97. प्रश्न आकृतियाँ

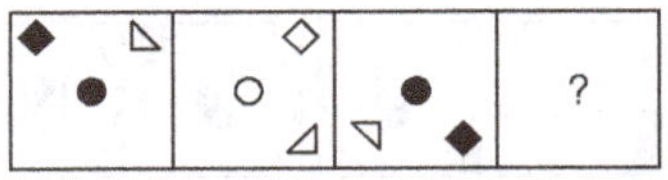

SSC CGL (Tier-I) 14/7/2023 Shift-III

उत्तर आकृतियाँ

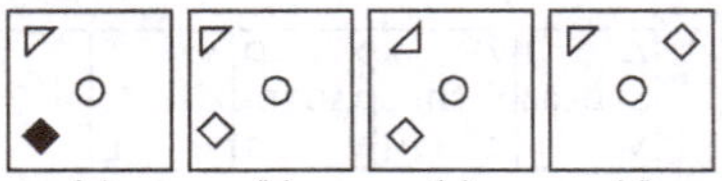

(a) (b) (c) (d)

98. प्रश्न आकृतियाँ

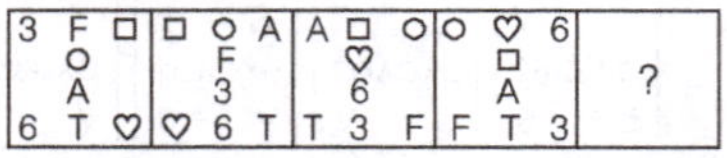

SSC CGL (Tier-I) 14/7/2023 Shift-II

उत्तर आकृतियाँ

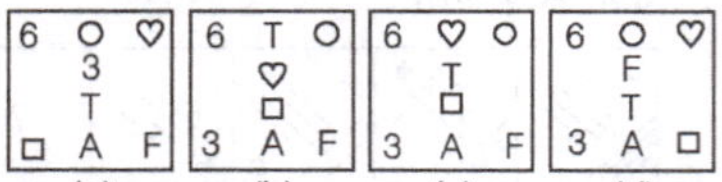

(a) (b) (c) (d)

99. प्रश्न आकृतियाँ

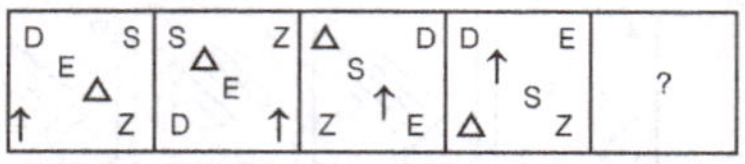

SSC CGL (Tier-I) 14/7/2023 Shift-I

उत्तर आकृतियाँ

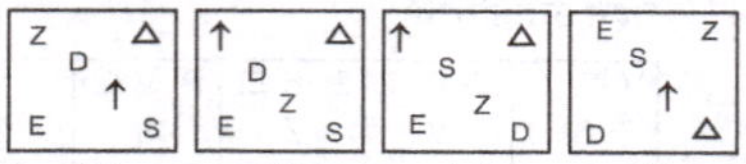

(a) (b) (c) (d)

SSC CGL 2022 (Tier I)

100. प्रश्न आकृतियाँ

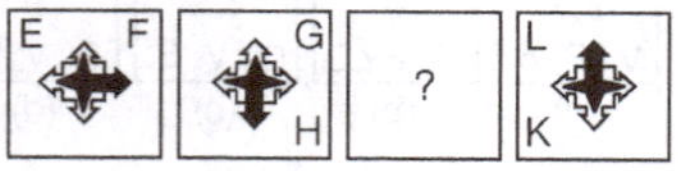

SSC CGL (Tier-I) 13/12/ 2022 Shift-IV

उत्तर आकृतियाँ

(a) (b) (c) (d)

101. प्रश्न आकृतियाँ

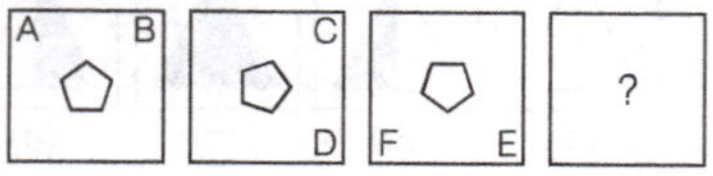

SSC CGL (Tier-I) 13/12/2022 Shift-III

उत्तर आकृतियाँ

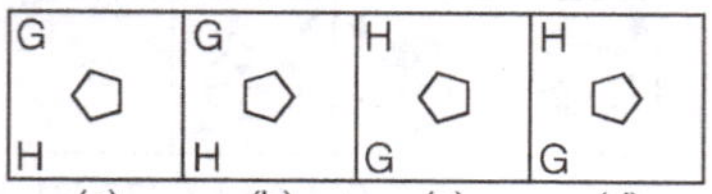

(a) (b) (c) (d)

102. प्रश्न आकृतियाँ

SSC CGL (Tier-I) 13/12/2022 Shift-III

उत्तर आकृतियाँ

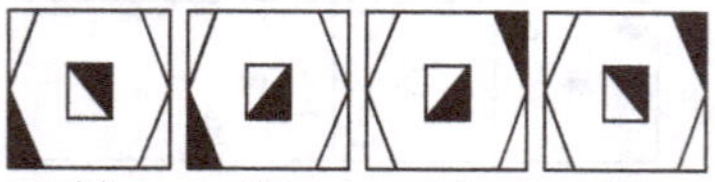

(a) (b) (c) (d)

103. प्रश्न आकृतियाँ

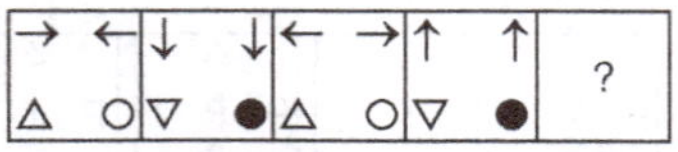

SSC CGL (Tier-I) 13/12/2022 Shift-II

उत्तर आकृतियाँ

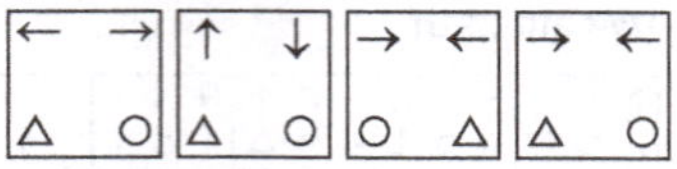

(a) (b) (c) (d)

104. प्रश्न आकृतियाँ

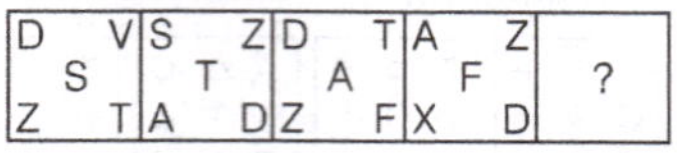

SSC CGL (Tier-I) 13/12/2022 Shift-II

उत्तर आकृतियाँ

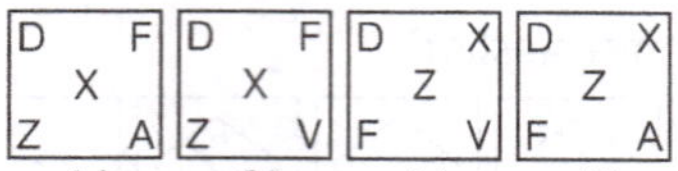

(a) (b) (c) (d)

105. प्रश्न आकृतियाँ

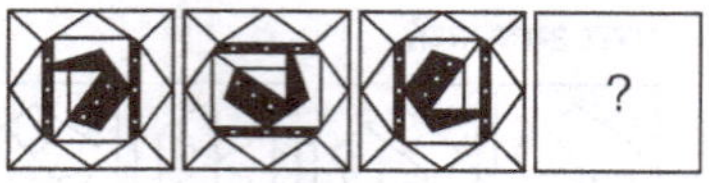

SSC CGL (Tier-I) 12/12/2022 Shift-IV

उत्तर आकृतियाँ

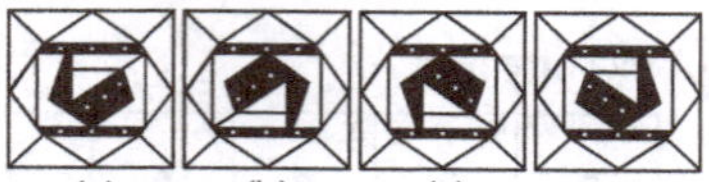

(a) (b) (c) (d)

106. प्रश्न आकृतियाँ

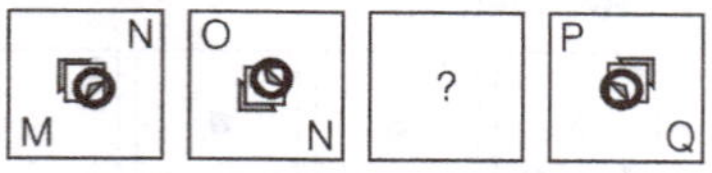

SSC CGL (Tier-I) 12/12/2022 Shift-III

उत्तर आकृतियाँ

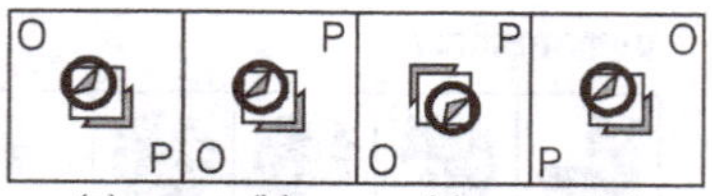

(a) (b) (c) (d)

107. प्रश्न आकृतियाँ

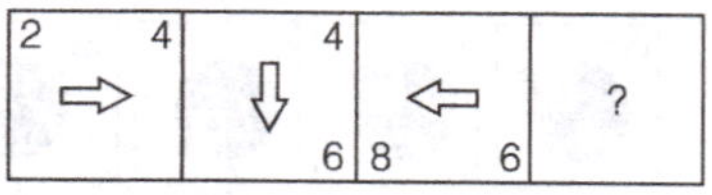

SSC CGL (Tier-I) 12/12/2022 Shift-II

उत्तर आकृतियाँ

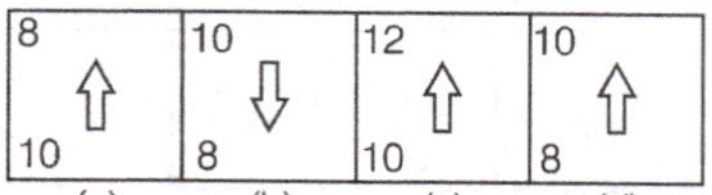

(a) (b) (c) (d)

108. प्रश्न आकृतियाँ

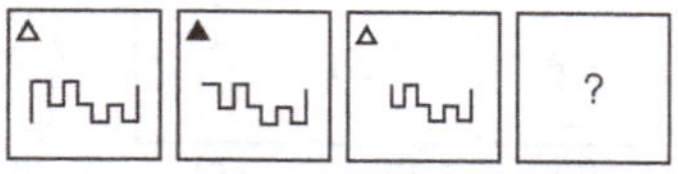

SSC CGL (Tier-I) 12/12/2022 Shift-I

उत्तर आकृतियाँ

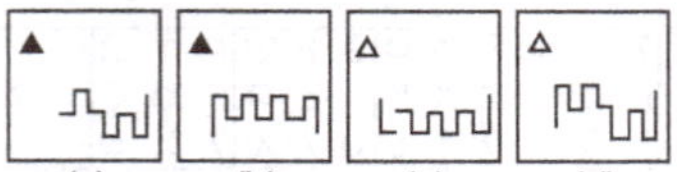

(a) (b) (c) (d)

109. प्रश्न आकृतियाँ

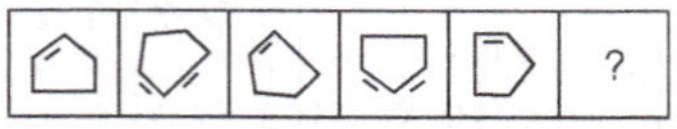

SSC CGL (Tier-I) 12/12/2022 Shift-I

उत्तर आकृतियाँ

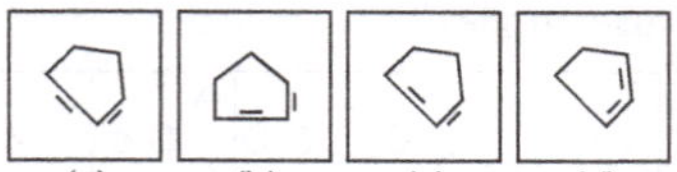

(a) (b) (c) (d)

110. प्रश्न आकृतियाँ

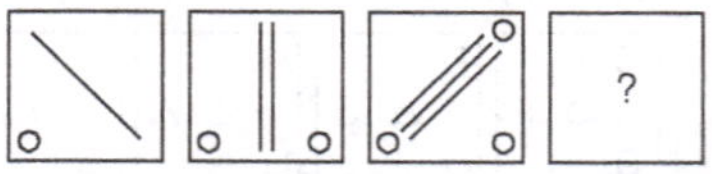

SSC CGL (Tier-I) 9/12/2022 Shift-IV

उत्तर आकृतियाँ

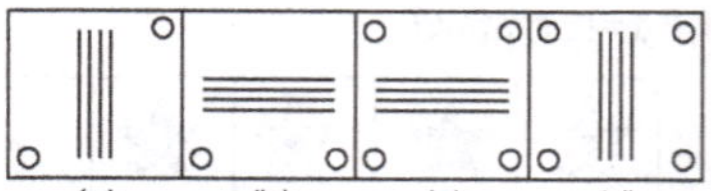

(a) (b) (c) (d)

111. प्रश्न आकृतियाँ

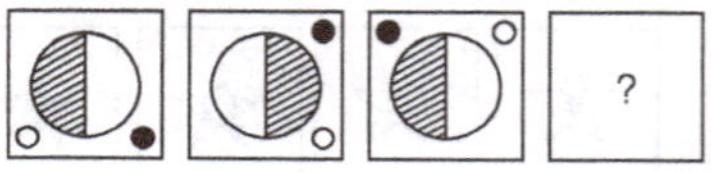

SSC CGL (Tier-I) 9/12/2022 Shift-III

उत्तर आकृतियाँ

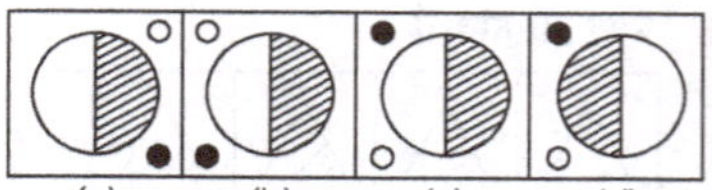

(a) (b) (c) (d)

112. प्रश्न आकृतियाँ

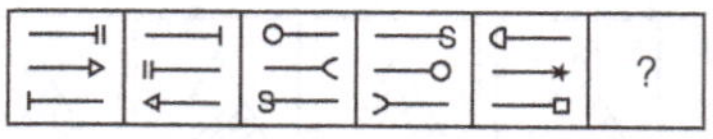

I II III IV V

SSC CGL (Tier-I) 9/12/2022 Shift-III

उत्तर आकृतियाँ

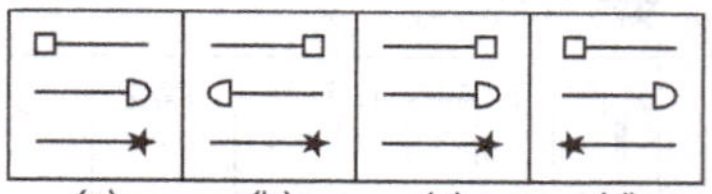

(a) (b) (c) (d)

113. प्रश्न आकृतियाँ

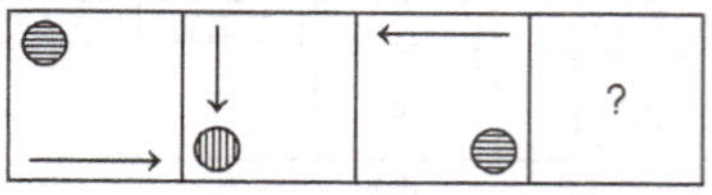

SSC CGL (Tier-I) 9/12/2022 Shift-II

उत्तर आकृतियाँ

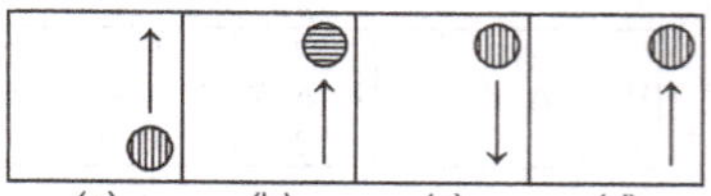

(a) (b) (c) (d)

114. प्रश्न आकृतियाँ

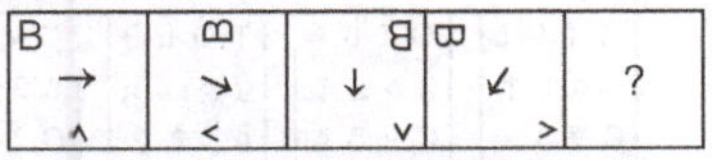

SSC CGL (Tier-I) 9/12/2022 Shift-I

उत्तर आकृतियाँ

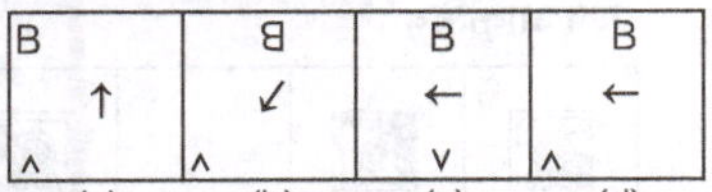

(a) (b) (c) (d)

115. प्रश्न आकृतियाँ

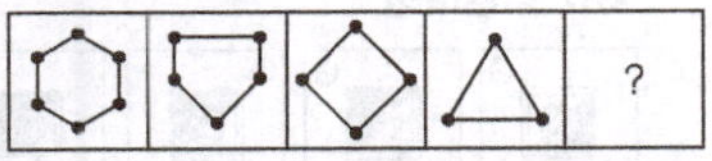

SSC CGL (Tier-I) 9/12/2022 Shift-I

उत्तर आकृतियाँ

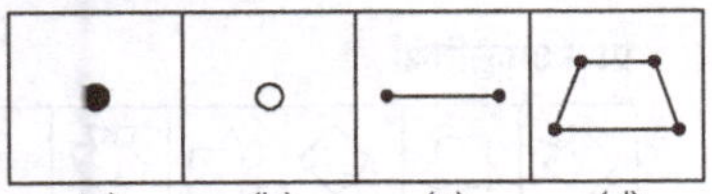

(a) (b) (c) (d)

116. प्रश्न आकृतियाँ

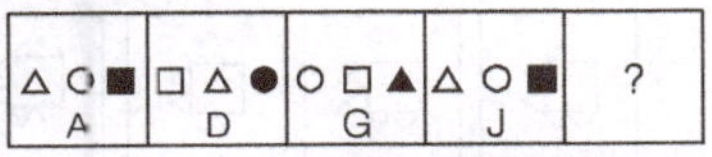

SSC CGL (Tier-I) 8/12/2022 Shift-IV

उत्तर आकृतियाँ

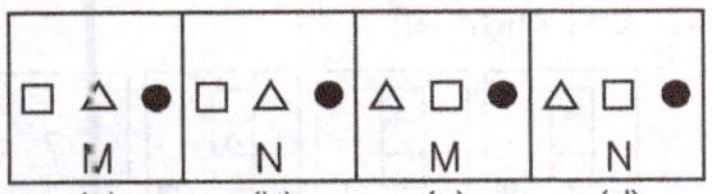

(a) (b) (c) (d)

117. प्रश्न आकृतियाँ

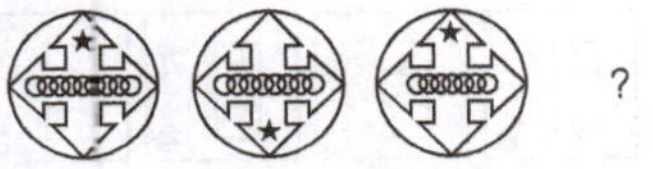

SSC CGL (Tier-I) 8/12/2022 Shift-IV

उत्तर आकृतियाँ

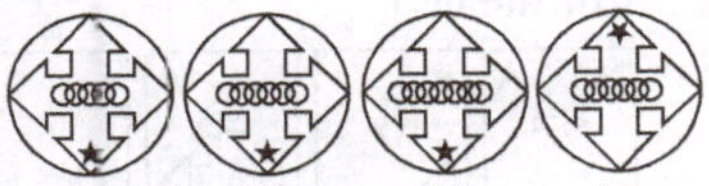

(a) (b) (c) (d)

118. प्रश्न आकृतियाँ

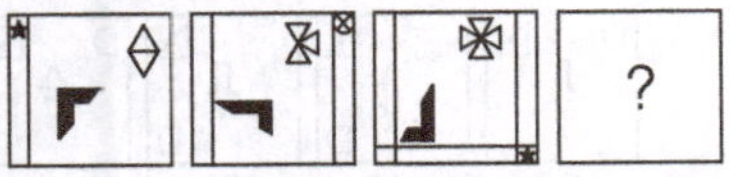

SSC CGL (Tier-I) 8/12/2022 Shift-III

उत्तर आकृतियाँ

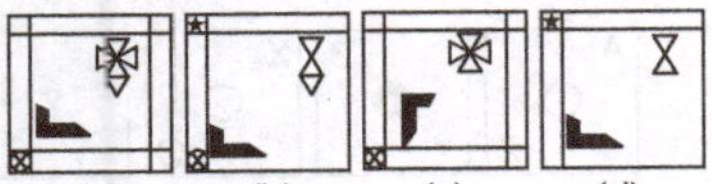

(a) (b) (c) (d)

119. प्रश्न आकृतियाँ

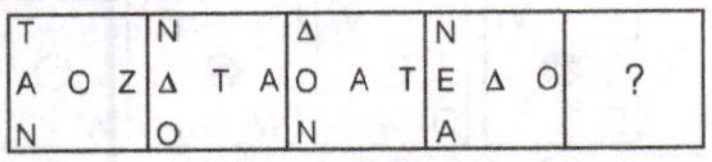

SSC CGL (Tier-I) 8/12/2022 Shift-III

उत्तर आकृतियाँ

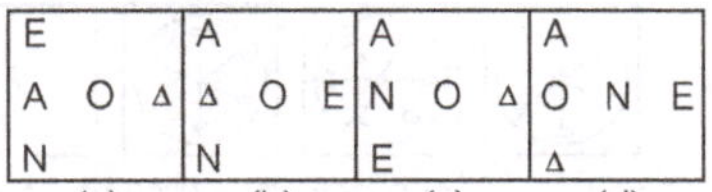

(a) (b) (c) (d)

120. प्रश्न आकृतियाँ

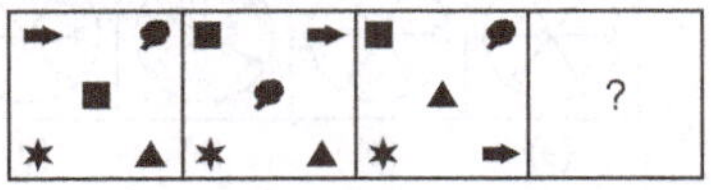

SSC CGL (Tier-I) 8/12/2022 Shift-II

उत्तर आकृतियाँ

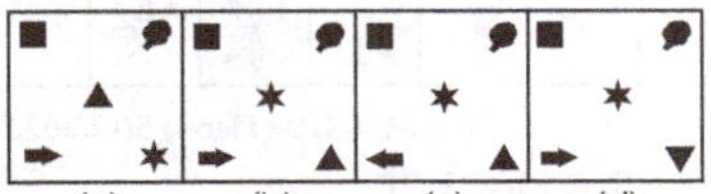

(a) (b) (c) (d)

121. प्रश्न आकृतियाँ

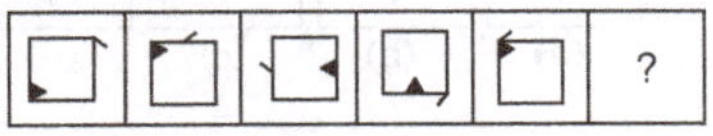

SSC CGL (Tier-I) 8/12/2022 Shift-I

उत्तर आकृतियाँ

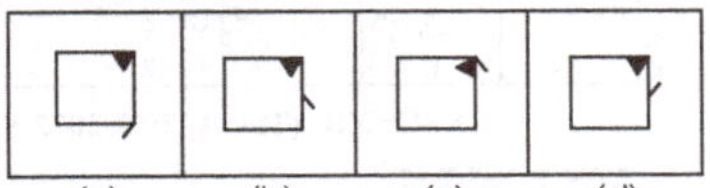

(a) (b) (c) (d)

122. प्रश्न आकृतियाँ

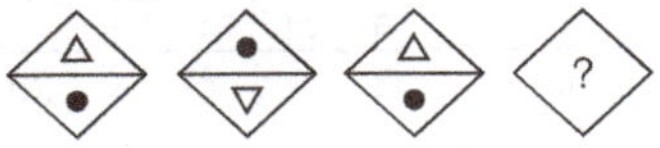

SSC CGL (Tier-I) 8/12/2022 Shift-I

उत्तर आकृतियाँ

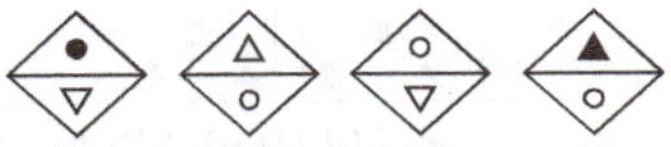

(a) (b) (c) (d)

123. प्रश्न आकृतियाँ

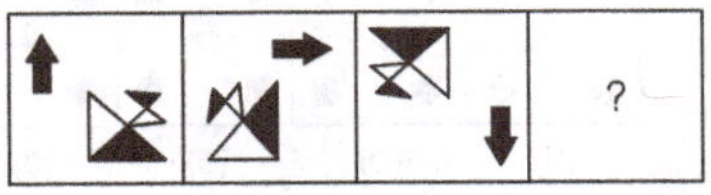

SSC CGL (Tier-I) 7/12/2022 Shift-IV

उत्तर आकृतियाँ

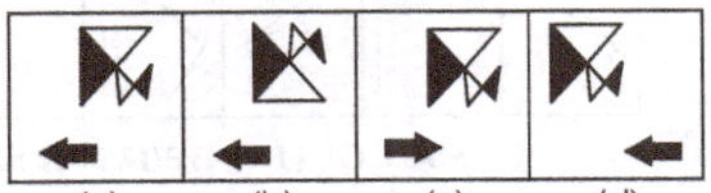

(a) (b) (c) (d)

124. प्रश्न आकृतियाँ

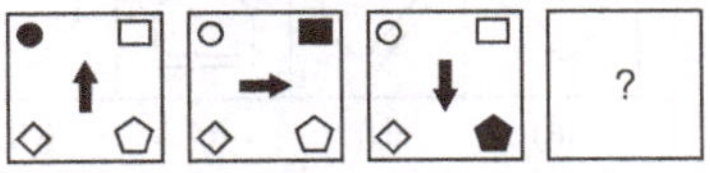

SSC CGL (Tier-I) 7/12/2022 Shift-III

उत्तर आकृतियाँ

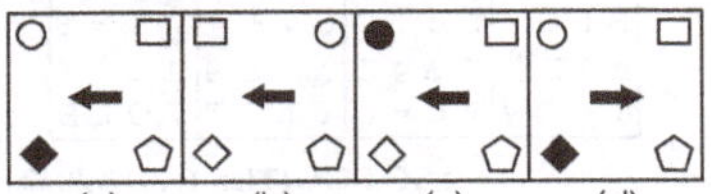

(a) (b) (c) (d)

125. प्रश्न आकृतियाँ

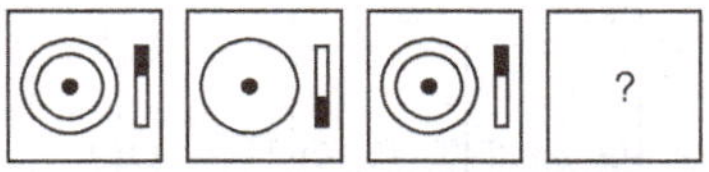

SSC CGL (Tier-I) 7/12/2022 Shift-II

उत्तर आकृतियाँ

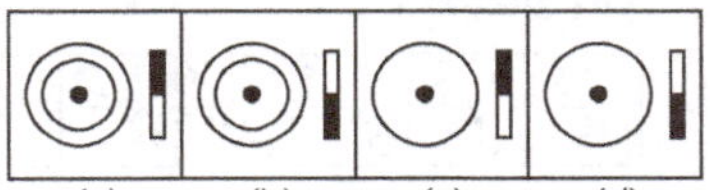

(a) (b) (c) (d)

126. प्रश्न आकृतियाँ

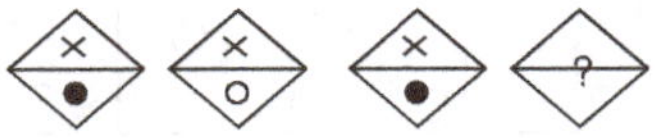

SSC CGL (Tier-I) 7/12/2022 Shift-I

उत्तर आकृतियाँ

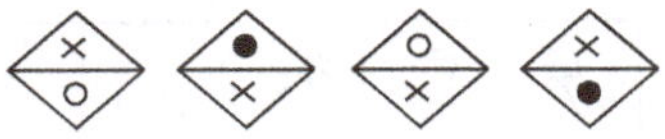

(a) (b) (c) (d)

127. प्रश्न आकृतियाँ

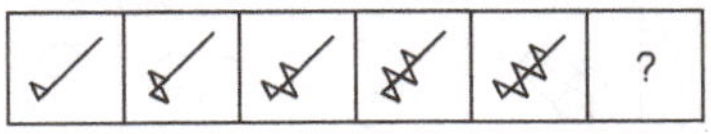

SSC CGL (Tier-I) 6/12/2022 Shift-IV

उत्तर आकृतियाँ

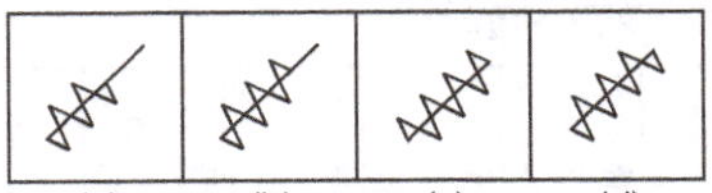

(a) (b) (c) (d)

128. प्रश्न आकृतियाँ

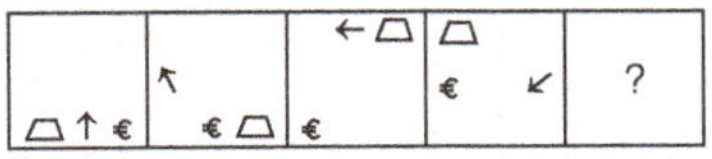

SSC CGL (Tier-I) 6/12/2022 Shift-IV

उत्तर आकृतियाँ

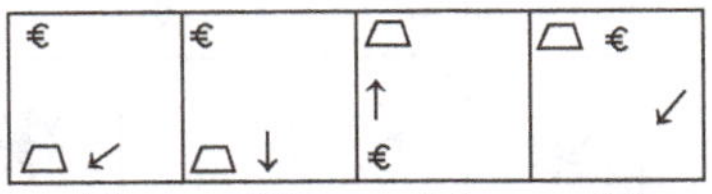

(a) (b) (c) (d)

129. प्रश्न आकृतियाँ

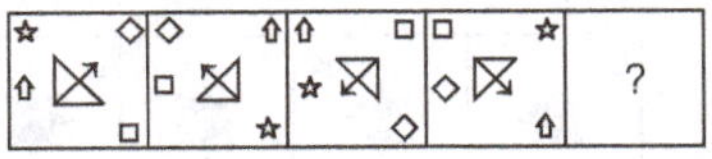

SSC CGL (Tier-I) 6/12/2022 Shift-III

उत्तर आकृतियाँ

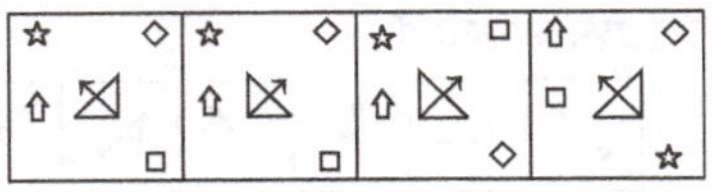

(a) (b) (c) (d)

130. प्रश्न आकृतियाँ

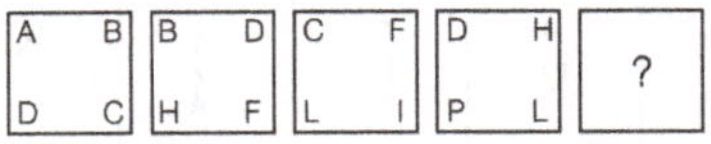

SSC CGL (Tier-I) 6/12/2022 Shift-II

उत्तर आकृतियाँ

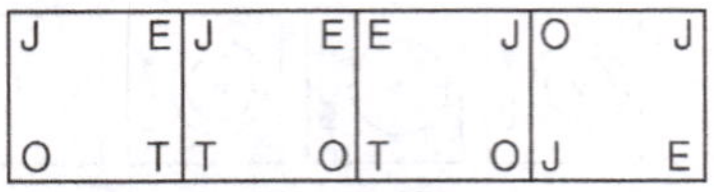

(a) (b) (c) (d)

131. प्रश्न आकृतियाँ

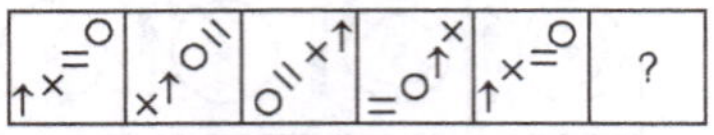

SSC CGL (Tier-I) 6/12/2022 Shift-II

उत्तर आकृतियाँ

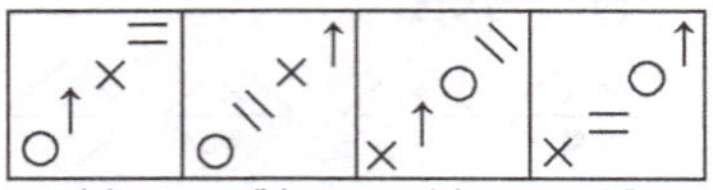
(a) (b) (c) (d)

132. प्रश्न आकृतियाँ

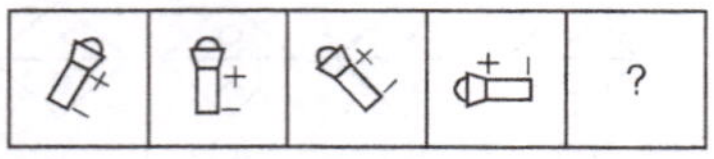

SSC CGL (Tier-I) 6/12/2022 Shift-I

उत्तर आकृतियाँ

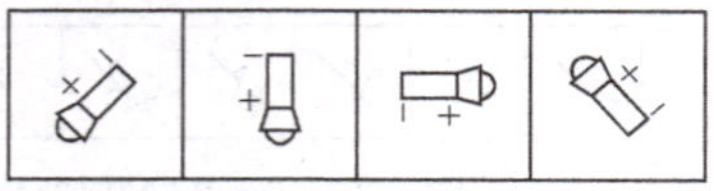
(a) (b) (c) (d)

133. प्रश्न आकृतियाँ

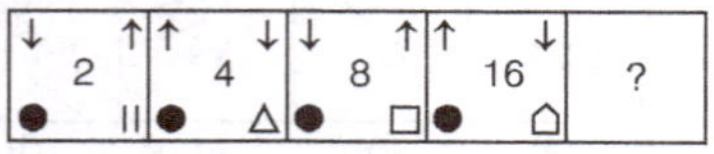

SSC CGL (Tier-I) 5/12/2022 Shift-IV

उत्तर आकृतियाँ

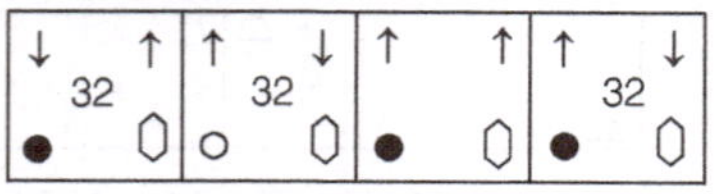

(a) (b) (c) (d)

134. प्रश्न आकृतियाँ

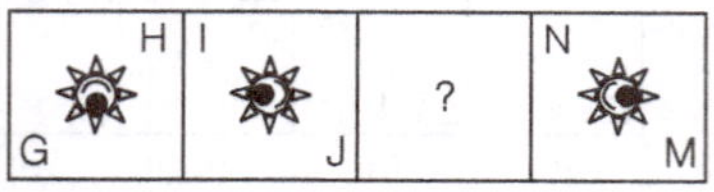

SSC CGL (Tier-I) 5/12/2022 Shift-III

उत्तर आकृतियाँ

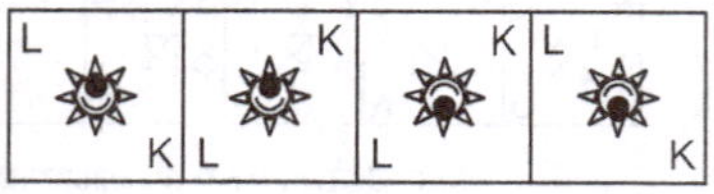

(a) (b) (c) (d)

135. प्रश्न आकृतियाँ

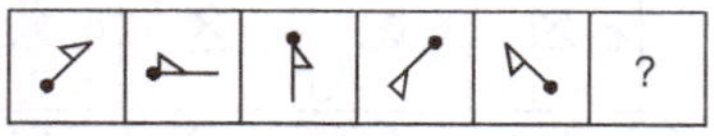

SSC CGL (Tier-I) 5/12/2022 Shift-III

उत्तर आकृतियाँ

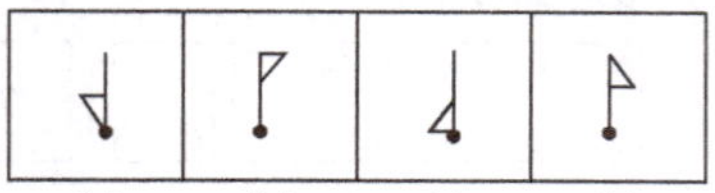
(a) (b) (c) (d)

136. प्रश्न आकृतियाँ

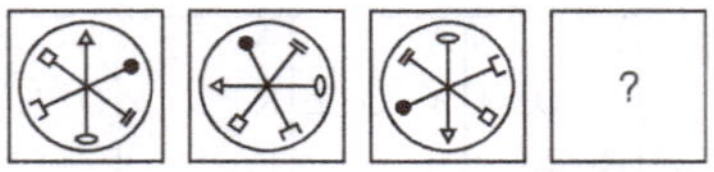

SSC CGL (Tier-I) 5/12/2022 Shift-II

उत्तर आकृतियाँ

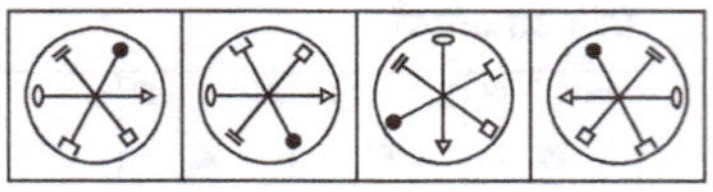
(a) (b) (c) (d)

137. प्रश्न आकृतियाँ

SSC CGL (Tier-I) 5/12/2022 Shift-I

उत्तर आकृतियाँ

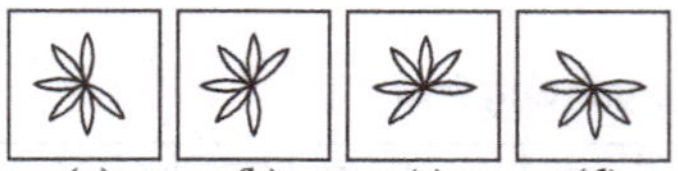
(a) (b) (c) (d)

138. प्रश्न आकृतियाँ

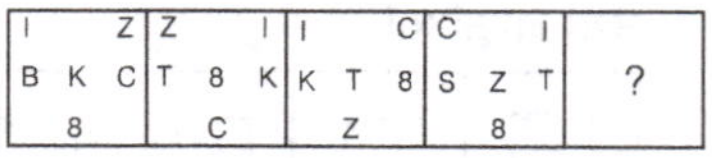

SSC CGL (Tier-I) 3/12/2022 Shift-IV

उत्तर आकृतियाँ

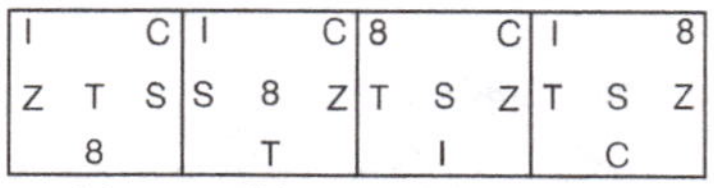

(a) (b) (c) (d)

139. प्रश्न आकृतियाँ

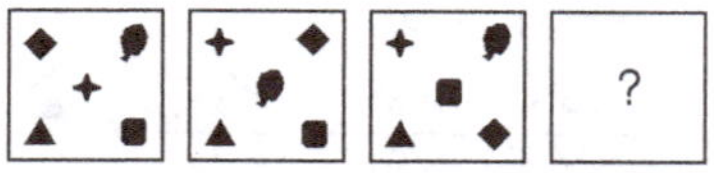

SSC CGL (Tier-I) 3/12/2022 Shift-III

उत्तर आकृतियाँ

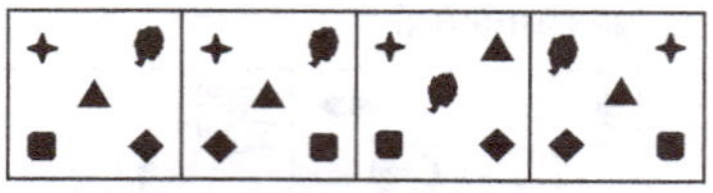
(a) (b) (c) (d)

140. प्रश्न आकृतियाँ

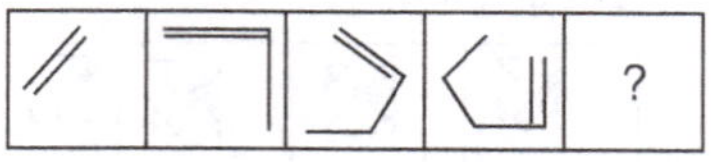

SSC CGL (Tier-I) 3/12/2022 Shift-III

उत्तर आकृतियाँ

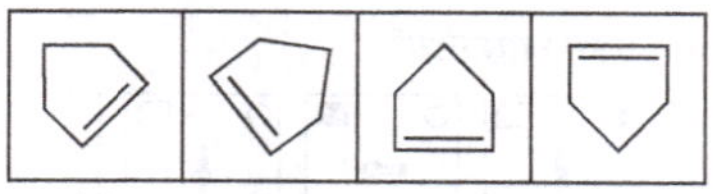
(a) (b) (c) (d)

141. प्रश्न आकृतियाँ

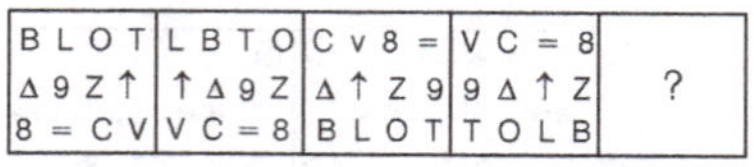

SSC CGL (Tier-I) 3/12/2022 Shift-II

उत्तर आकृतियाँ

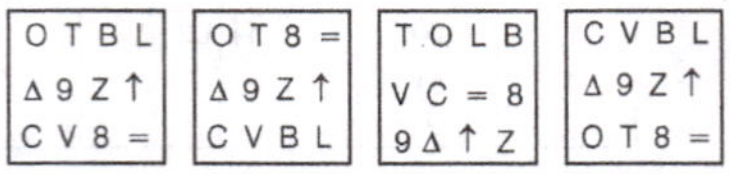

(a) (b) (c) (d)

142. प्रश्न आकृतियाँ

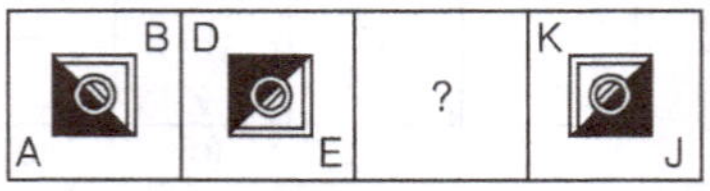

SSC CGL (Tier-I) 3/12/2022 Shift-II

उत्तर आकृतियाँ

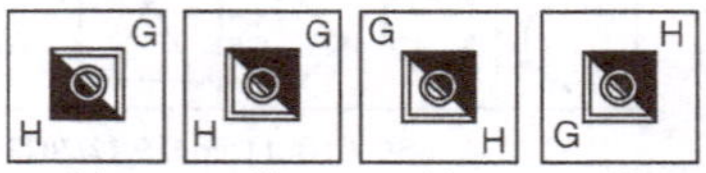

(a) (b) (c) (d)

143. प्रश्न आकृतियाँ

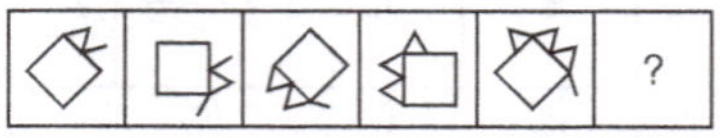

SSC CGL (Tier-I) 3/12/2022 Shift-I

उत्तर आकृतियाँ

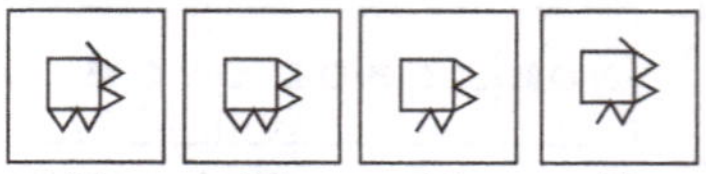
(a) (b) (c) (d)

144. प्रश्न आकृतियाँ

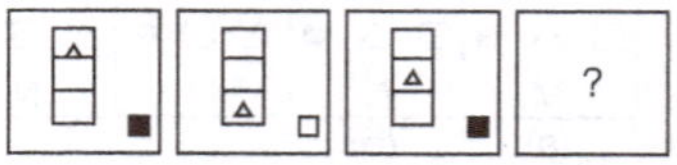

SSC CGL (Tier-I) 2/12/2022 Shift-IV

उत्तर आकृतियाँ

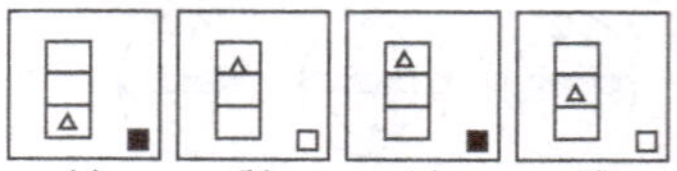
(a) (b) (c) (d)

145. प्रश्न आकृतियाँ

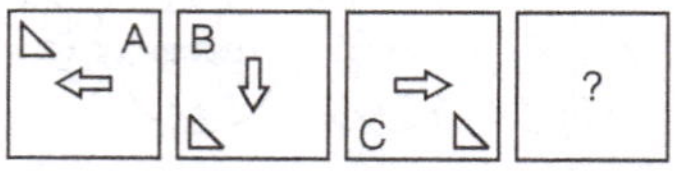

SSC CGL (Tier-I) 2/12/2022 Shift-III

उत्तर आकृतियाँ

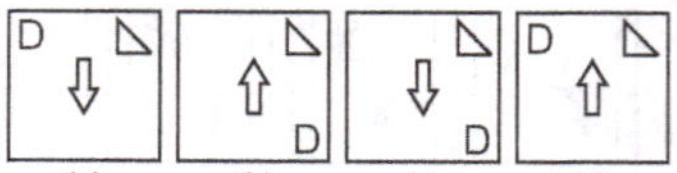

(a) (b) (c) (d)

146. प्रश्न आकृतियाँ

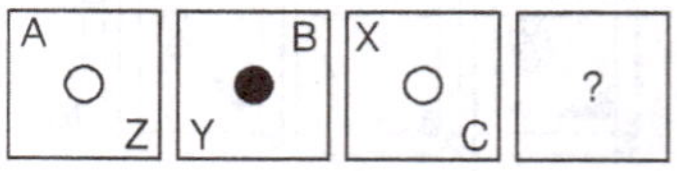

SSC CGL (Tier-I) 2/12/2022 Shift-II

उत्तर आकृतियाँ

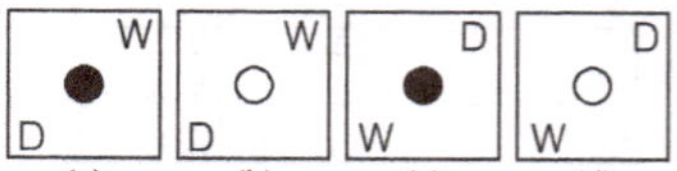

(a) (b) (c) (d)

147. प्रश्न आकृतियाँ

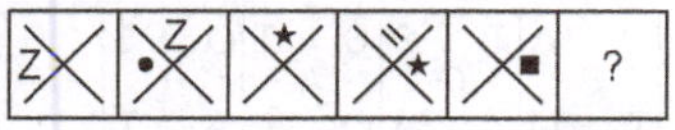

SSC CGL (Tier-I) 2/12/2022 Shift-I

उत्तर आकृतियाँ

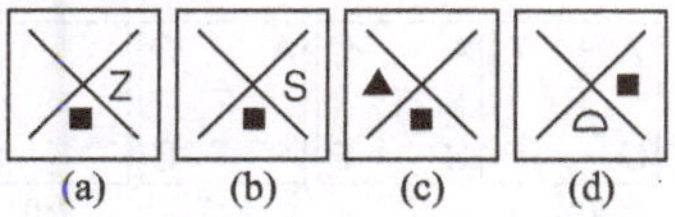

148. प्रश्न आकृतियाँ

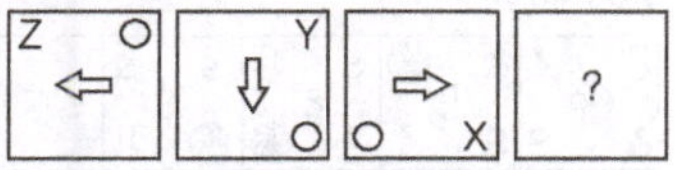

SSC CGL (Tier-I) 2/12/2022 Shift-I

उत्तर आकृतियाँ

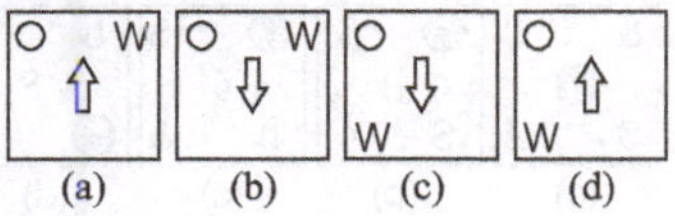

149. प्रश्न आकृतियाँ

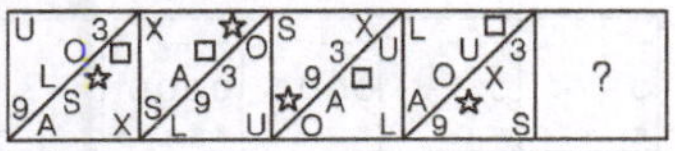

SSC CGL (Tier-I) 1/12/2022 Shift-III

उत्तर आकृतियाँ

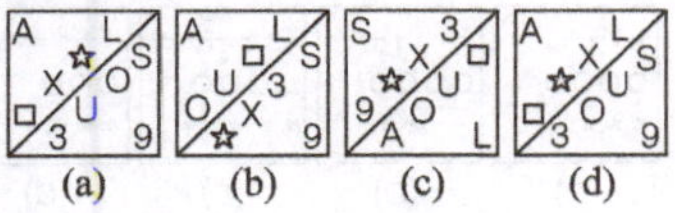

150. प्रश्न आकृतियाँ

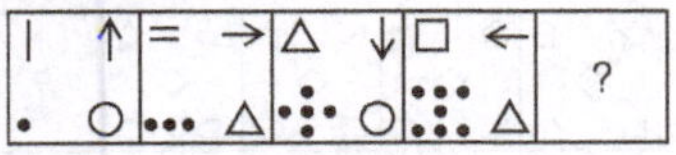

SSC CGL (Tier-I) 1/12/2022 Shift-II

उत्तर आकृतियाँ

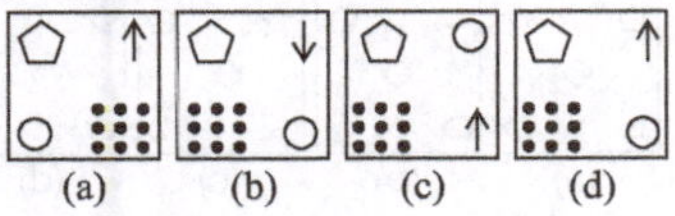

151. प्रश्न आकृतियाँ

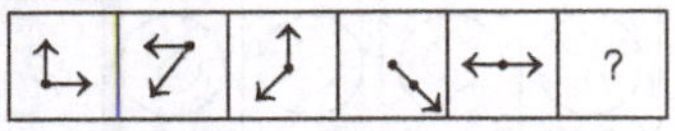

SSC CGL (Tier-I) 1/12/2022 Shift-II

उत्तर आकृतियाँ

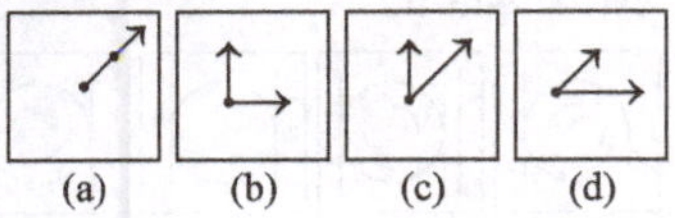

152. प्रश्न आकृतियाँ

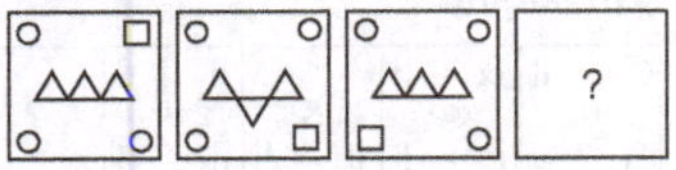

SSC CGL (Tier-I) 1/12/2022 Shift-I

उत्तर आकृतियाँ

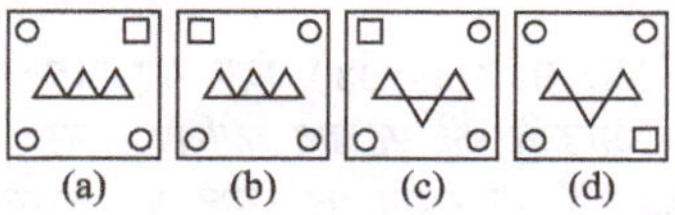

SSC CGL 2021 & 2020 (Tier-I)

153. प्रश्न आकृतियाँ

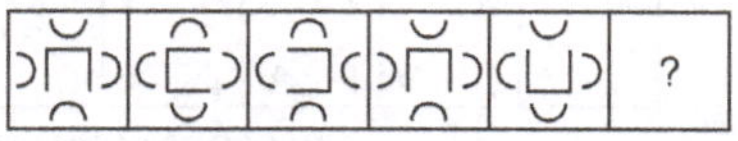

SSC CGL (Tier-I) 24/8/2021 Shift-III

उत्तर आकृतियाँ

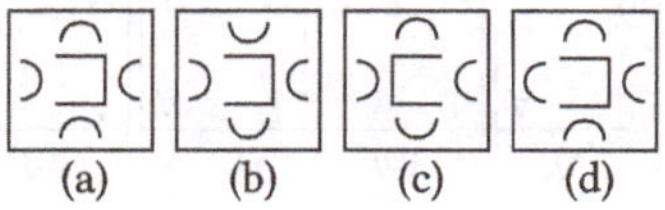

154. प्रश्न आकृतियाँ

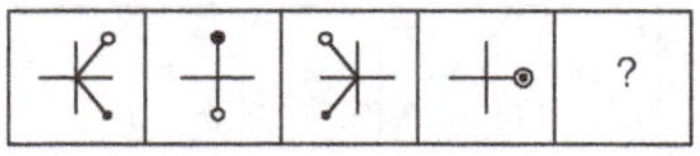

SSC CGL (Tier-I) 24/8/2021 Shift-II

उत्तर आकृतियाँ

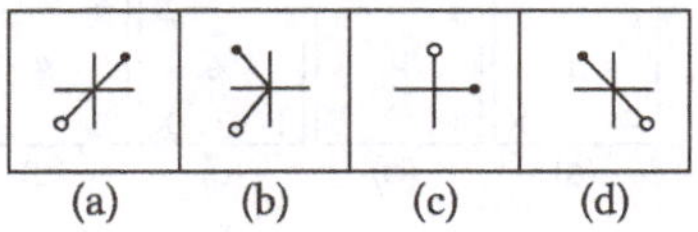

155. प्रश्न आकृतियाँ

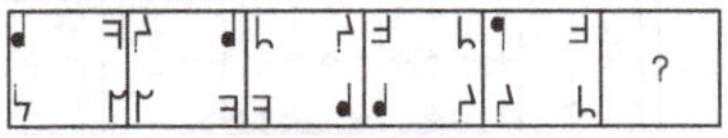

SSC CGL (Tier-I) 23/8/2021 Shift-II

उत्तर आकृतियाँ

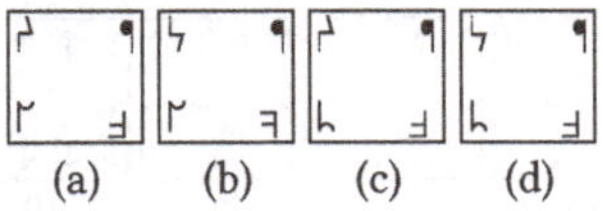

156. प्रश्न आकृतियाँ

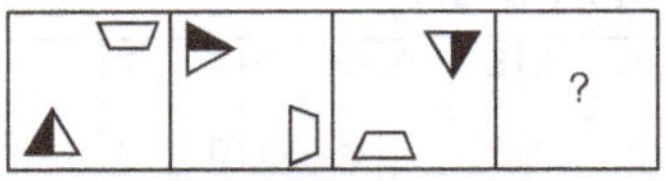

SSC CGL (Tier-I) 20/8/2021 Shift-I

उत्तर आकृतियाँ

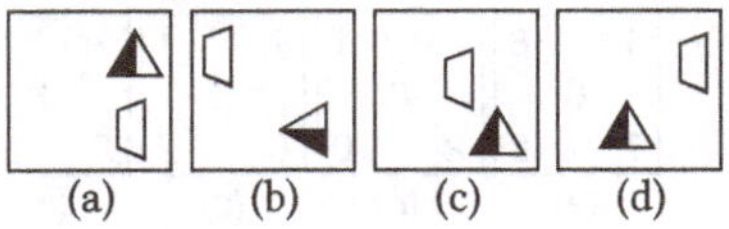

157. प्रश्न आकृतियाँ

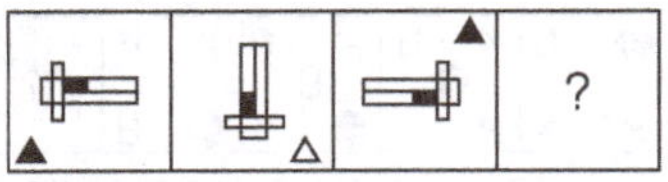

SSC CGL (Tier-I) 18/8/2021 Shift-I

उत्तर आकृतियाँ

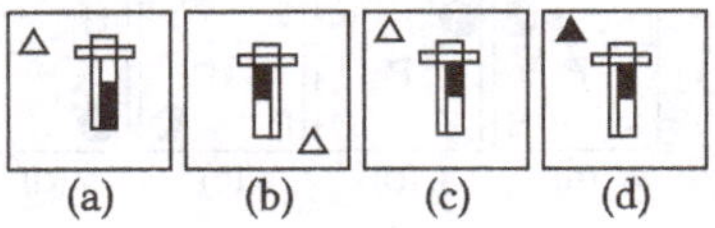

158. प्रश्न आकृतियाँ

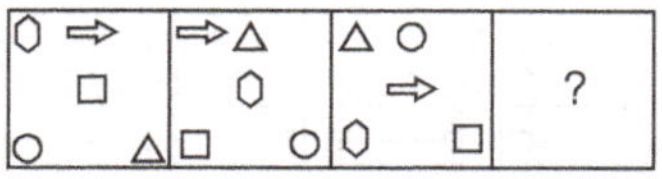

SSC CGL (Tier-I) 17/8/2021 Shift-I

उत्तर आकृतियाँ

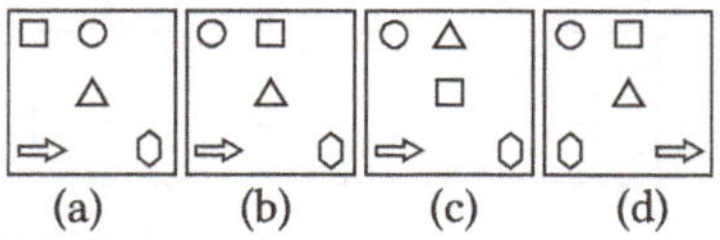

159. प्रश्न आकृतियाँ

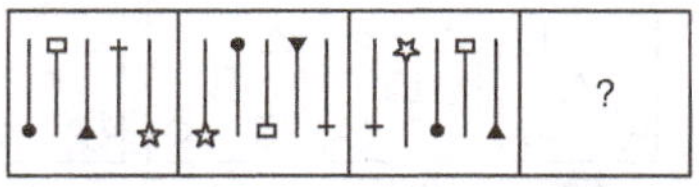

SSC CGL (Tier-I) 16/8/2021 Shift-III

उत्तर आकृतियाँ

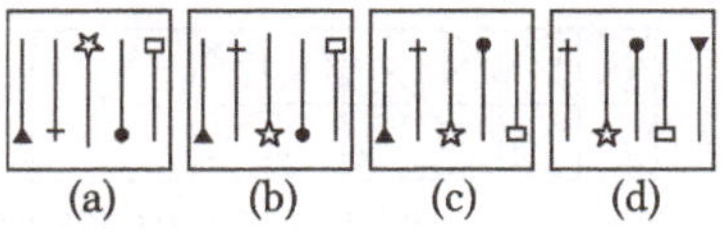

160. प्रश्न आकृतियाँ

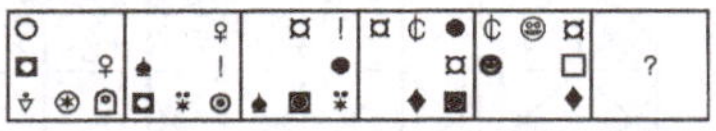

SSC CGL (Tier-I) 16/8/2021 Shift-I

उत्तर आकृतियाँ

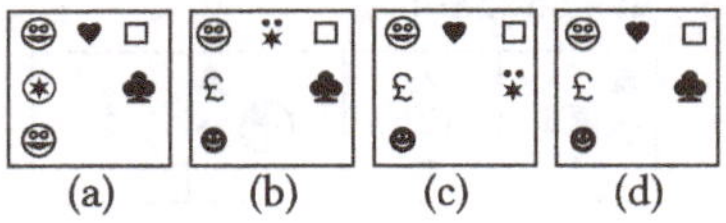

161. प्रश्न आकृतियाँ

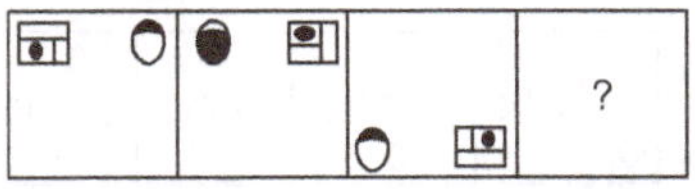

SSC CGL (Tier-I) 13/8/2021 Shift-III

उत्तर आकृतियाँ

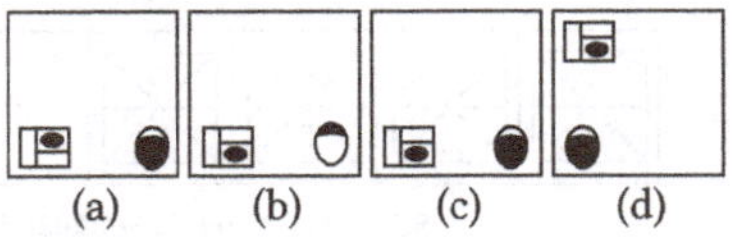

162. प्रश्न आकृतियाँ

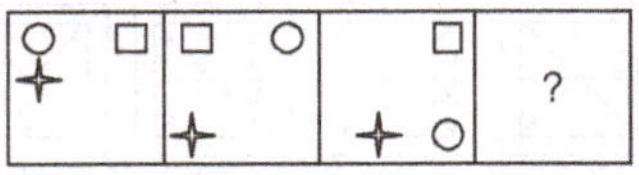

SSC CGL (Tier-I) 7/3/2020 Shift-II

उत्तर आकृतियाँ

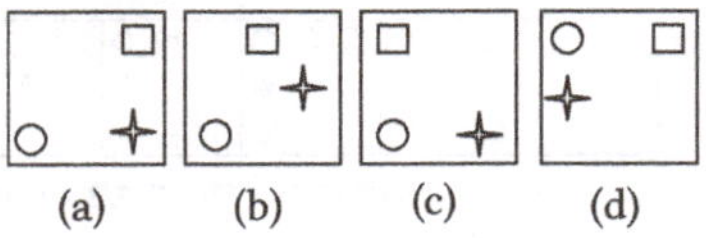

163. प्रश्न आकृतियाँ

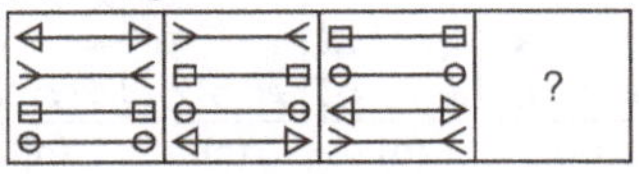

SSC CGL (Tier-I) 7/3/2020 Shift-I

उत्तर आकृतियाँ

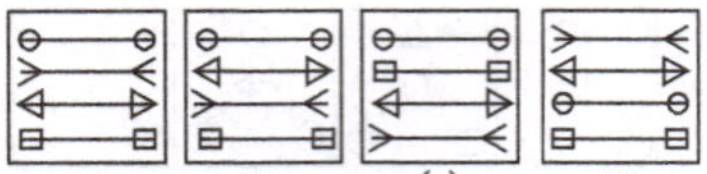

(a) (b) (c) (d)

164. प्रश्न आकृतियाँ

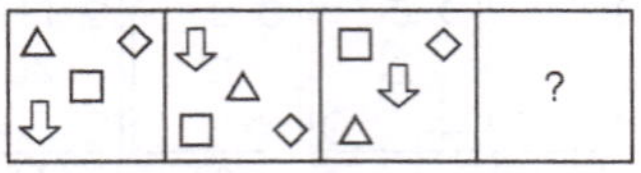

SSC CGL (Tier-I) 6/3/2020 Shift-III

उत्तर आकृतियाँ

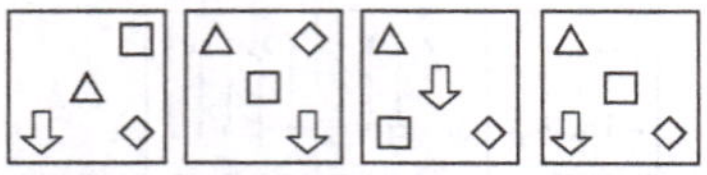

(a) (b) (c) (d)

165. प्रश्न आकृतियाँ

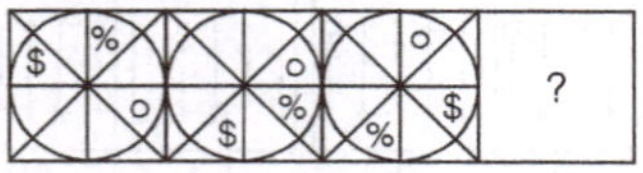

SSC CGL (Tier-I) 6/3/2020 Shift-II

उत्तर आकृतियाँ

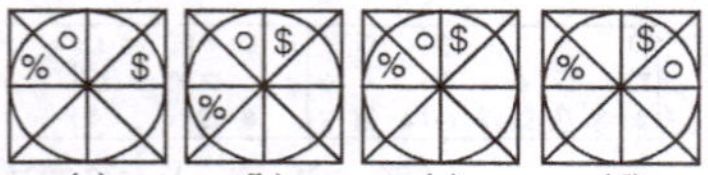

(a) (b) (c) (d)

166. प्रश्न आकृतियाँ

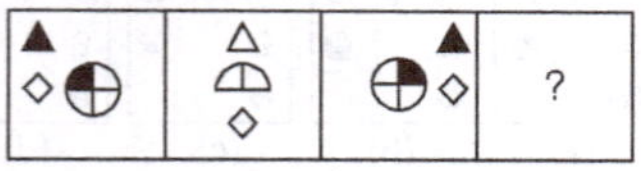

SSC CGL (Tier-I) 5/3/2020 Shift-III

उत्तर आकृतियाँ

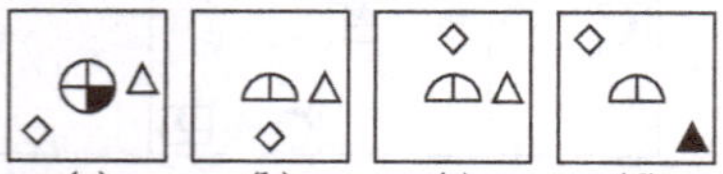

(a) (b) (c) (d)

167. प्रश्न आकृतियाँ

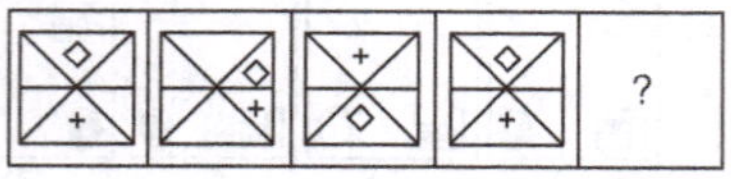

SSC CGL (Tier-I) 5/3/2020 Shift-II

उत्तर आकृतियाँ

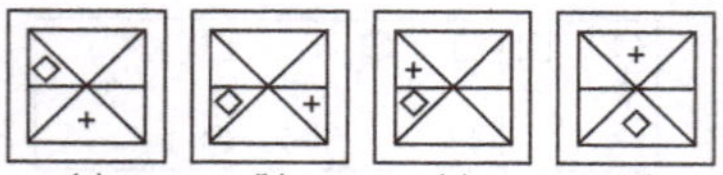

(a) (b) (c) (d)

168. प्रश्न आकृतियाँ

SSC CGL (Tier-I) 5/3/2020 Shift-I

उत्तर आकृतियाँ

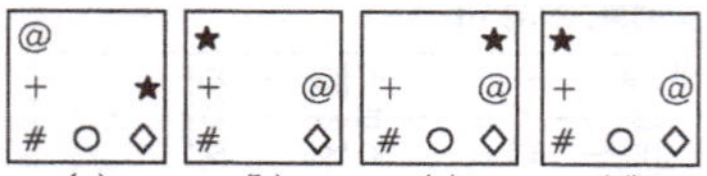

(a) (b) (c) (d)

SSC CPO SI 2024

निर्देश (प्र. सं. 169-203) *दिए गए विकल्पों में से उस आकृति की पहचान कीजिए, जिसे प्रश्नचिह्न '?' के स्थान पर रखने पर शृंखला तार्किक रूप से पूर्ण हो जाएगी।*

169. प्रश्न आकृतियाँ

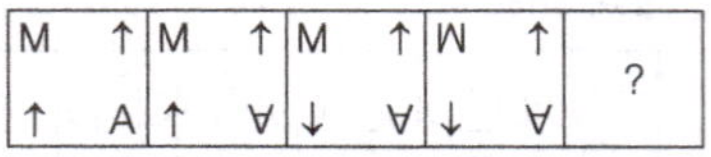

SSC CPO 29/06/2024 Shift-III

उत्तर आकृतियाँ

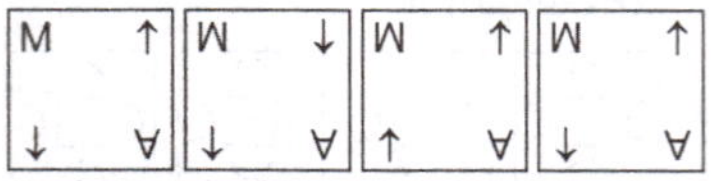

(a) (b) (c) (d)

170. प्रश्न आकृतियाँ

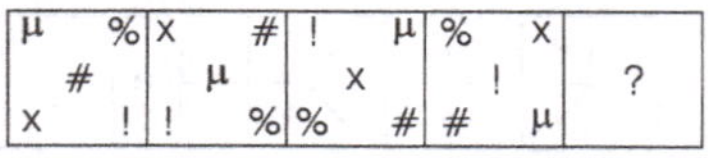

SSC CPO 29/06/2024 Shift-III

उत्तर आकृतियाँ

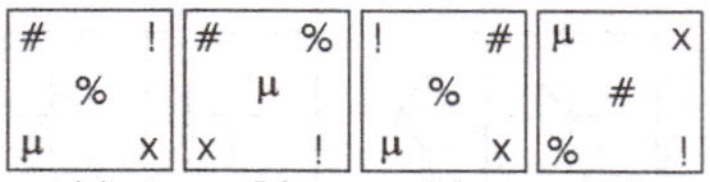

(a) (b) (c) (d)

171. प्रश्न आकृतियाँ

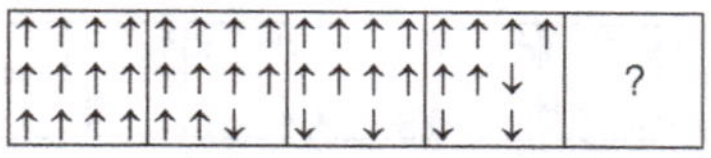

SSC CPO 29/06/2024 Shift-II

उत्तर आकृतियाँ

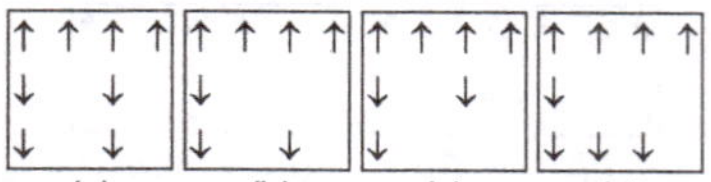

(a) (b) (c) (d)

172. प्रश्न आकृतियाँ

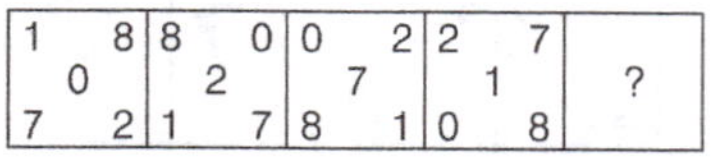

SSC CPO 29/06/2024 Shift-II

उत्तर आकृतियाँ

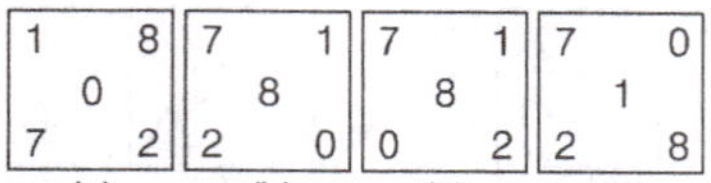

(a) (b) (c) (d)

173. प्रश्न आकृतियाँ

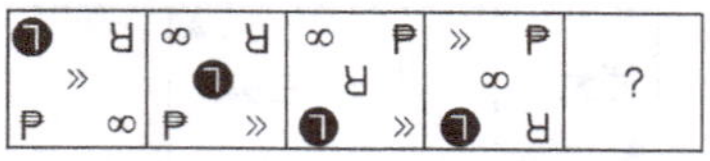

SSC CPO 29/06/2024 Shift-I

उत्तर आकृतियाँ

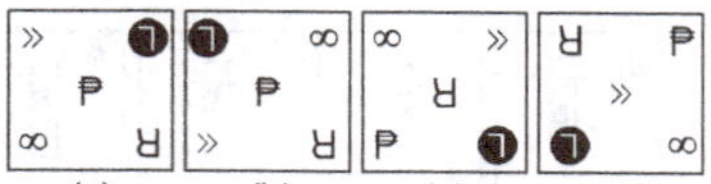

(a) (b) (c) (d)

174. प्रश्न आकृतियाँ

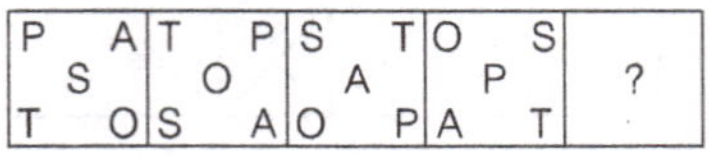

SSC CPO 29/06/2024 Shift-I

उत्तर आकृतियाँ

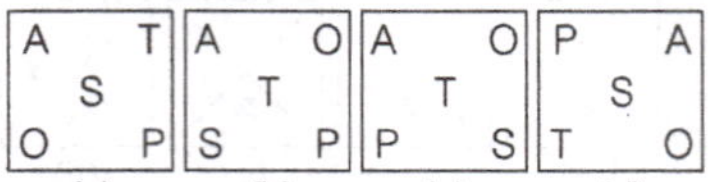

(a) (b) (c) (d)

175. प्रश्न आकृतियाँ

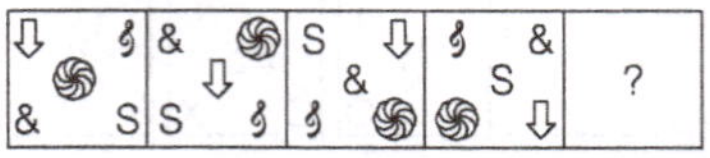

SSC CPO 28/06/2024 Shift-III

उत्तर आकृतियाँ

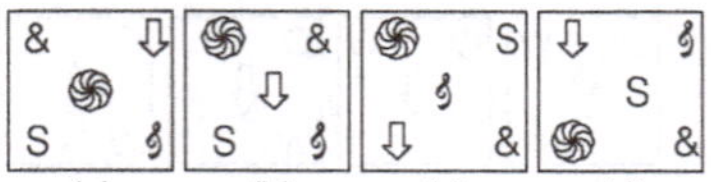

(a) (b) (c) (d)

176. प्रश्न आकृतियाँ

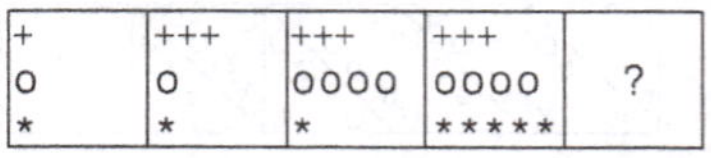

SSC CPO 28/06/2024 Shift-III

उत्तर आकृतियाँ

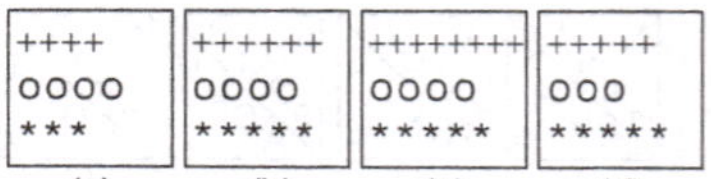

(a) (b) (c) (d)

177. प्रश्न आकृतियाँ

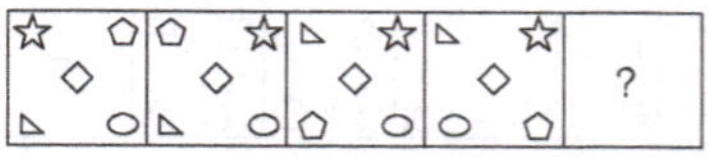

SSC CPO 28/06/2024 Shift-II

उत्तर आकृतियाँ

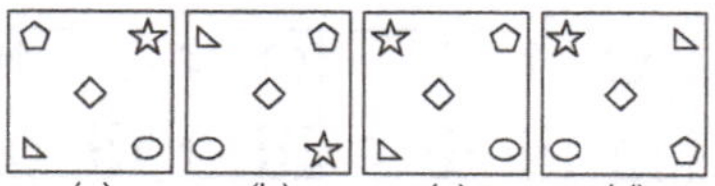

(a) (b) (c) (d)

178. प्रश्न आकृतियाँ

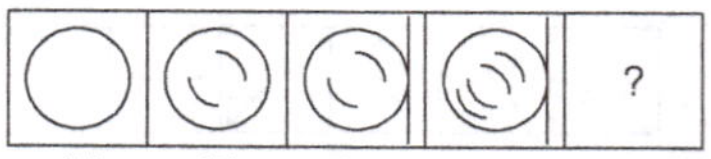

(1) (2) (3) (4) (5)

SSC CPO 28/06/2024 Shift-I

उत्तर आकृतियाँ

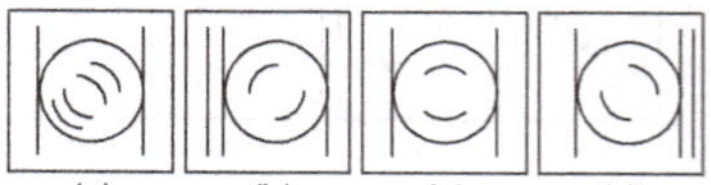

(a) (b) (c) (d)

179. प्रश्न आकृतियाँ

SSC CPO 28/06/2024 Shift-I

उत्तर आकृतियाँ

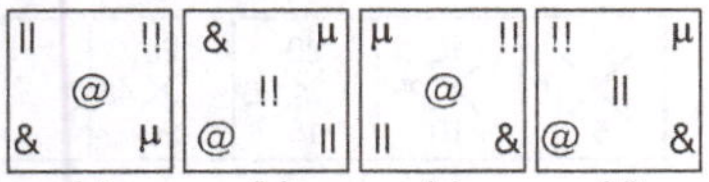

(a) (b) (c) (d)

180. प्रश्न आकृतियाँ

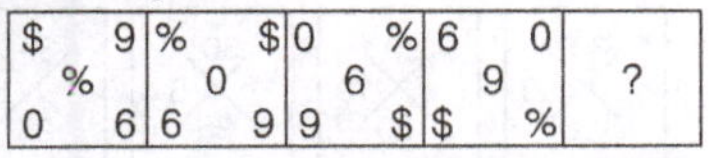

SSC CPO 28/06/2024 Shift-I

उत्तर आकृतियाँ

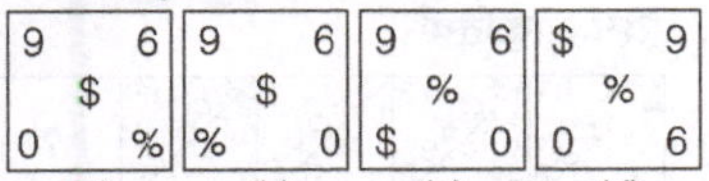

(a) (b) (c) (d)

181. प्रश्न आकृतियाँ

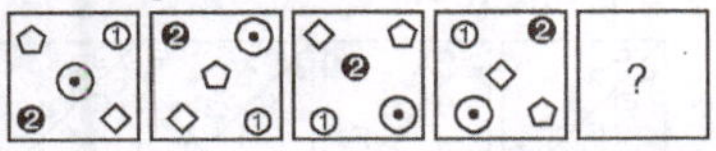

SSC CPO 27/06/2024 Shift-III

उत्तर आकृतियाँ

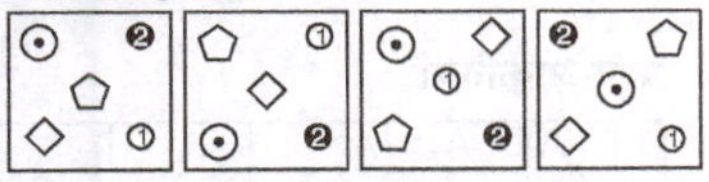

(a) (b) (c) (d)

182. प्रश्न आकृतियाँ

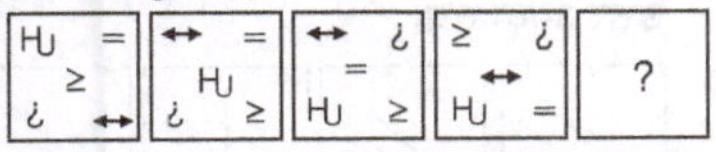

SSC CPO 27/06/2024 Shift-III

उत्तर आकृतियाँ

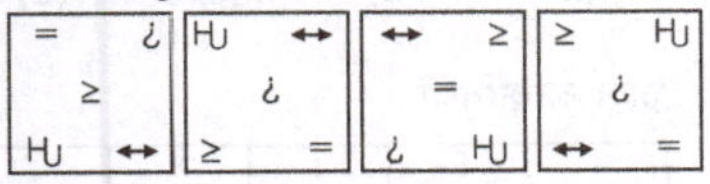

(a) (b) (c) (d)

183. प्रश्न आकृतियाँ

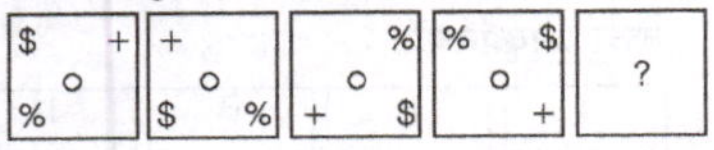

SSC CPO 27/06/2024 Shift-II

उत्तर आकृतियाँ

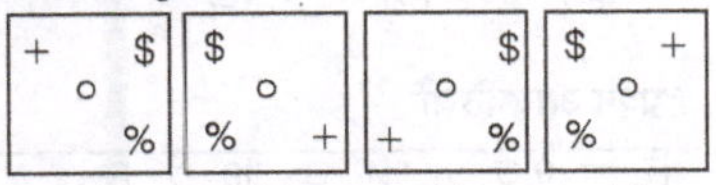

(a) (b) (c) (d)

SSC CPO SI 2023

184. प्रश्न आकृतियाँ

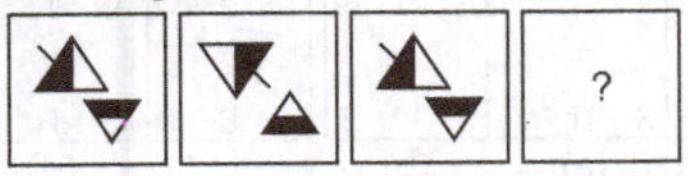

SSC CPO 5/10/2023 Shift-III

उत्तर आकृतियाँ

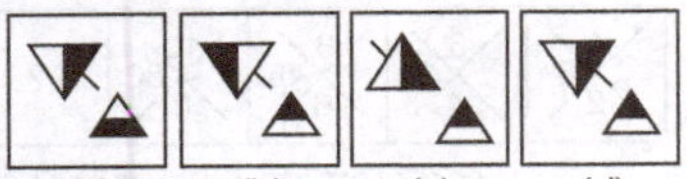

(a) (b) (c) (d)

185. प्रश्न आकृतियाँ

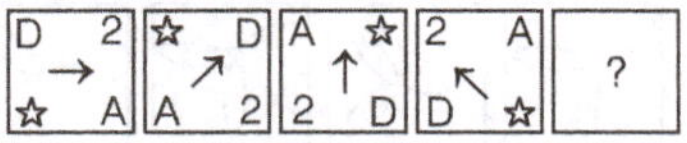

SSC CPO 5/10/2023 Shift-III

उत्तर आकृतियाँ

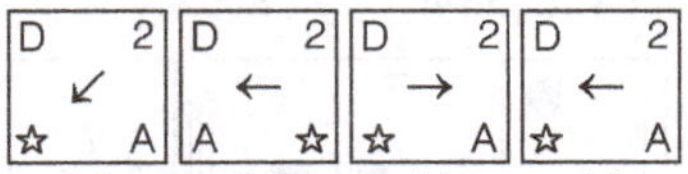

(a) (b) (c) (d)

186. प्रश्न आकृतियाँ

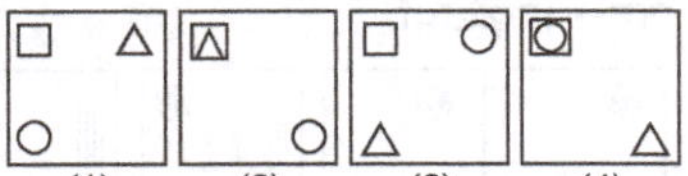

(1) (2) (3) (4)

SSC CPO 5/10/2023 Shift-III

उत्तर आकृतियाँ

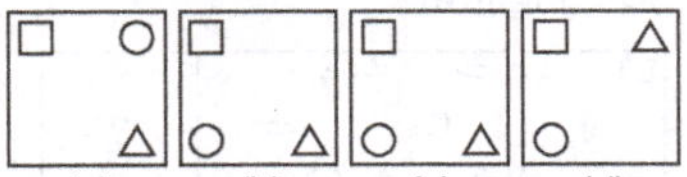

(a) (b) (c) (d)

187. प्रश्न आकृतियाँ

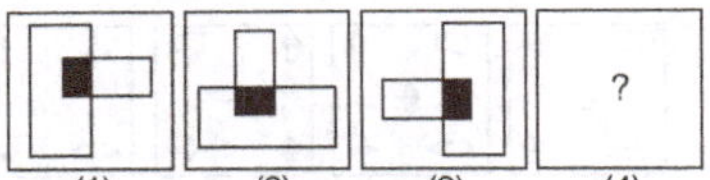

(1) (2) (3) (4)

SSC CPO 4/10/2023 Shift-II

उत्तर आकृतियाँ

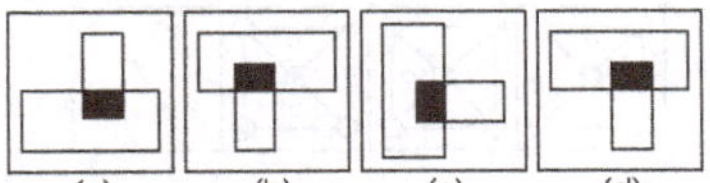

(a) (b) (c) (d)

188. प्रश्न आकृतियाँ

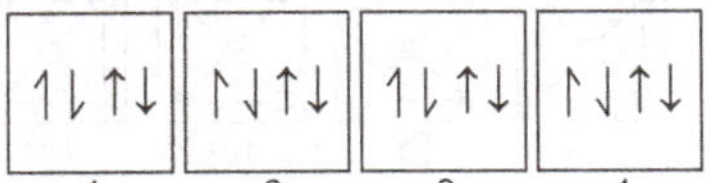

1 2 3 4

SSC CPO 4/10/2023 Shift-II

उत्तर आकृतियाँ

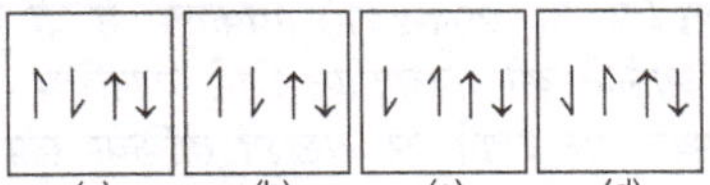

(a) (b) (c) (d)

189. प्रश्न आकृतियाँ

BLAST	LBPTS	SLBPT	LSCTP	?

SSC CPO 3/10/2023 Shift-I

उत्तर आकृतियाँ

(a)	(b)	(c)	(d)
SCTPL	SLDPT	PLTSC	PLSCT

190. प्रश्न आकृतियाँ

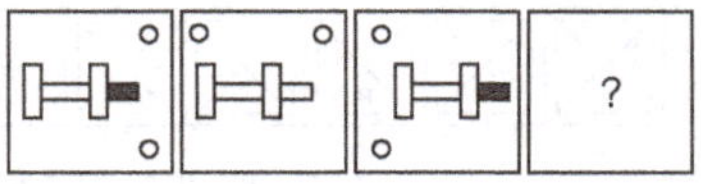

SSC CPO 3/10/2023 Shift-I

उत्तर आकृतियाँ

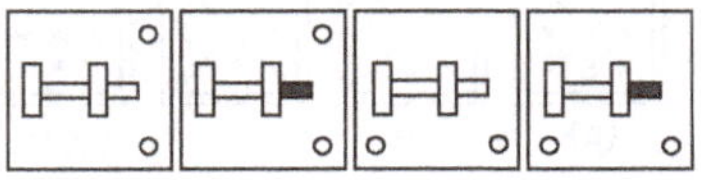

(a) (b) (c) (d)

191. प्रश्न आकृतियाँ

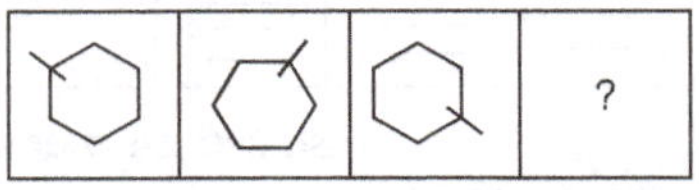

SSC CPO 3/10/2023 Shift-I

उत्तर आकृतियाँ

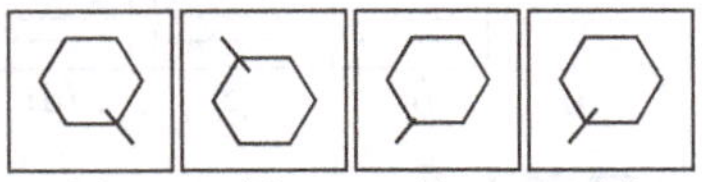

(a) (b) (c) (d)

SSC CPO SI 2022-2020

192. प्रश्न आकृतियाँ

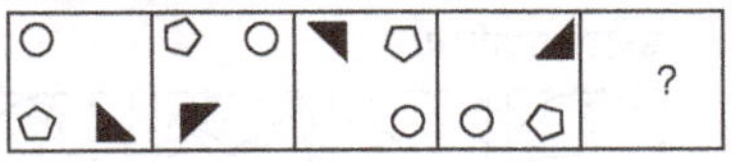

SSC CPO 11/11/2022 Shift-III

उत्तर आकृतियाँ

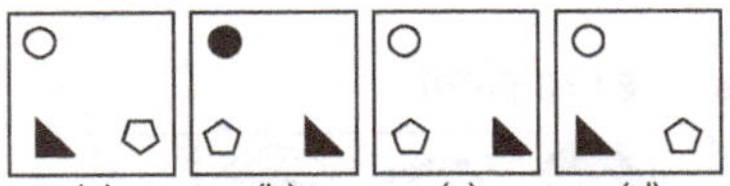

(a) (b) (c) (d)

193. प्रश्न आकृतियाँ

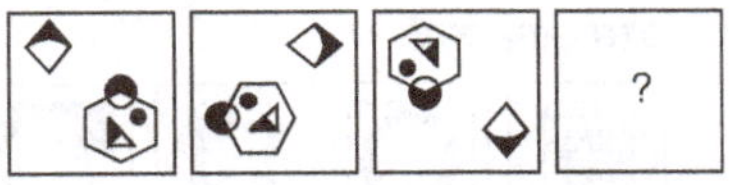

SSC CPO 11/11/2022 Shift-III

उत्तर आकृतियाँ

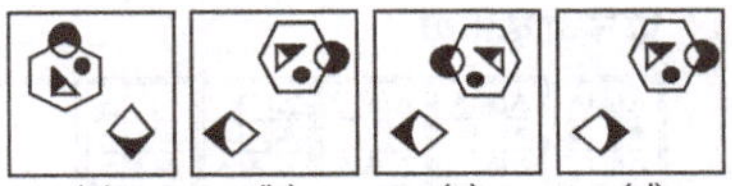

(a) (b) (c) (d)

194. प्रश्न आकृतियाँ

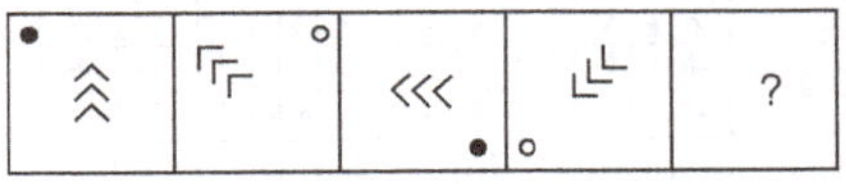

SSC CPO 10/11/2022 Shift-III

उत्तर आकृतियाँ

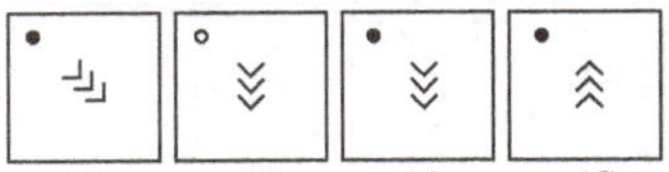

(a) (b) (c) (d)

195. प्रश्न आकृतियाँ

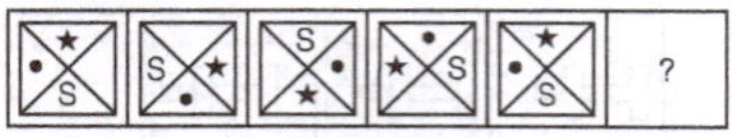

SSC CPO 10/11/2022 Shift-III

उत्तर आकृतियाँ

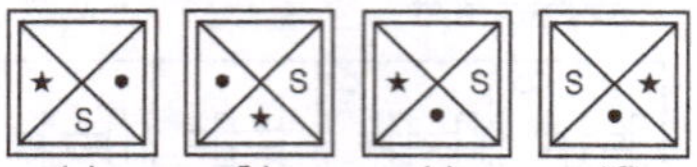

(a) (b) (c) (d)

196. प्रश्न आकृतियाँ

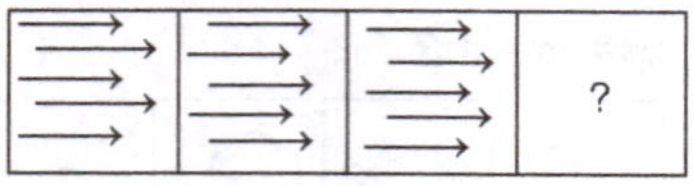

SSC CPO 25/11/2020 Shift-II

उत्तर आकृतियाँ

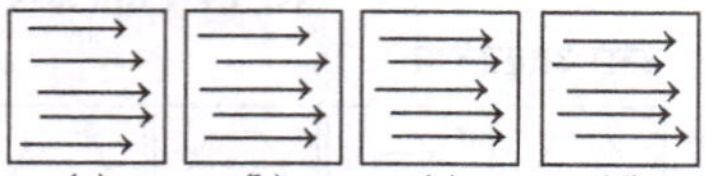

(a) (b) (c) (d)

197. प्रश्न आकृतियाँ

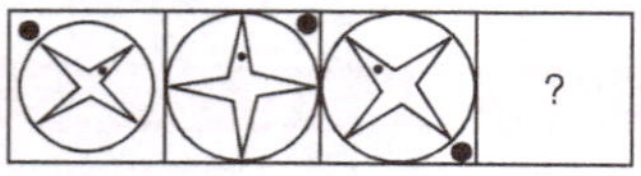

SSC CPO 25/11/2020 Shift-II

उत्तर आकृतियाँ

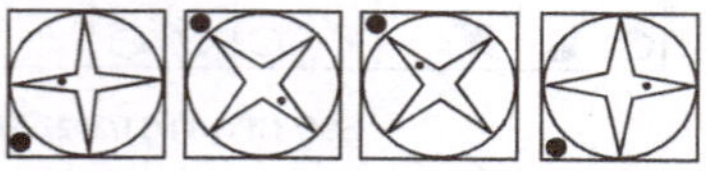

(a) (b) (c) (d)

198. प्रश्न आकृतियाँ

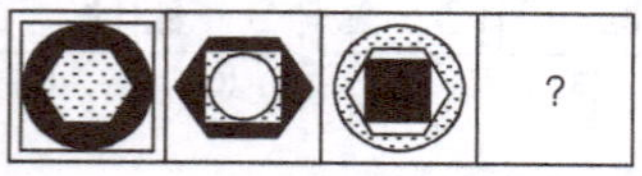

SSC CPO 25/11/2020 Shift-I

उत्तर आकृतियाँ

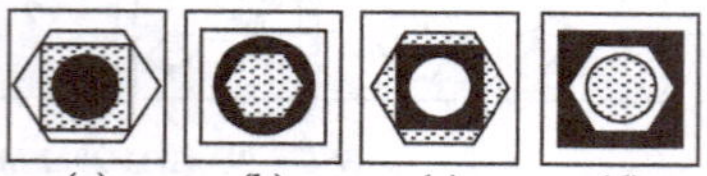

(a) (b) (c) (d)

199. प्रश्न आकृतियाँ

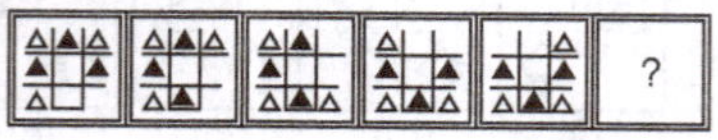

SSC CPO 25/11/2020 Shift-I

उत्तर आकृतियाँ

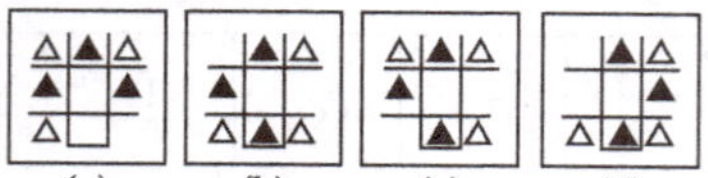

(a) (b) (c) (d)

200. प्रश्न आकृतियाँ

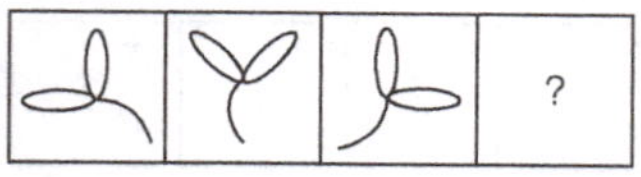

SSC CPO 25/11/2020 Shift-I

उत्तर आकृतियाँ

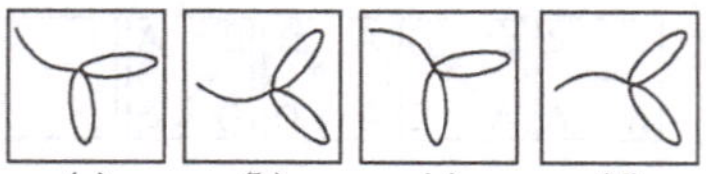

(a) (b) (c) (d)

201. प्रश्न आकृतियाँ

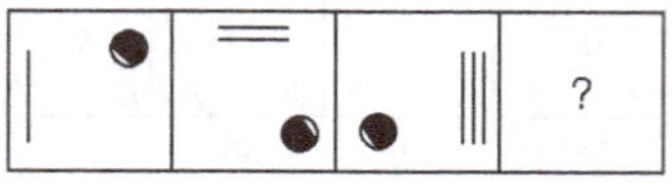

SSC CPO 24/11/2020 Shift-I

उत्तर-आकृतियाँ

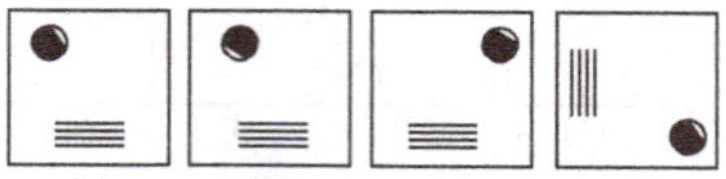

(a) (b) (c) (d)

202. प्रश्न आकृतियाँ

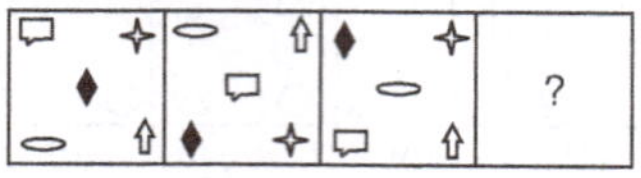

SSC CPO 24/11/2020 Shift-I

उत्तर आकृतियाँ

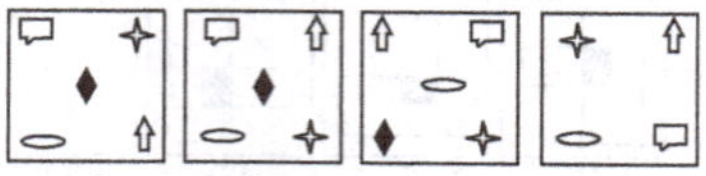

(a) (b) (c) (d)

203. प्रश्न आकृतियाँ

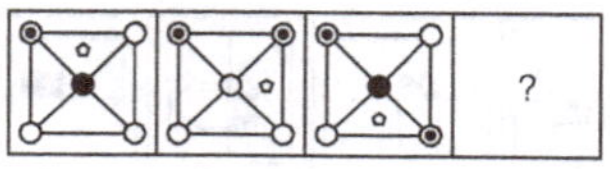

SSC CPO 23/11/2020 Shift-I

उत्तर आकृतियाँ

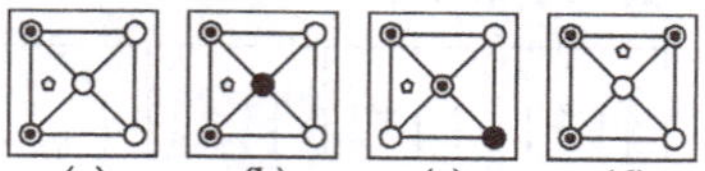

(a) (b) (c) (d)

SSC CHSL 2024 (Tier I & II)

निर्देश (प्र. सं. 204-247) *विकल्पों में दी गई उस आकृति को पहचानिए, जिसे प्रश्नचिह्न (?) के स्थान पर रखने पर शृंखला तार्किक रूप से पूरी हो जाएगी।*

204. प्रश्न आकृतियाँ

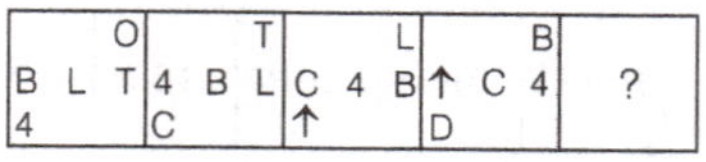

SSC CHSL (Tier-1) 11/07/2024 Shift-IV

उत्तर आकृतियाँ

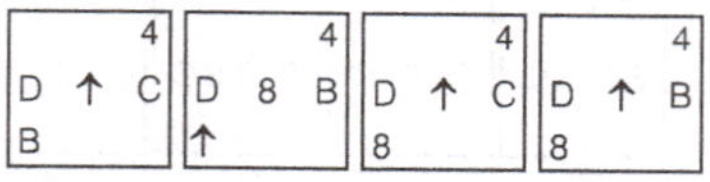

(a) (b) (c) (d)

205. प्रश्न आकृतियाँ

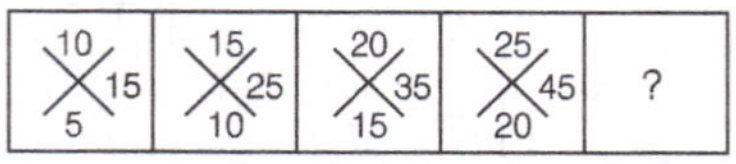

SSC CHSL (Tier-1) 11/07/2024 Shift-III

उत्तर आकृतियाँ

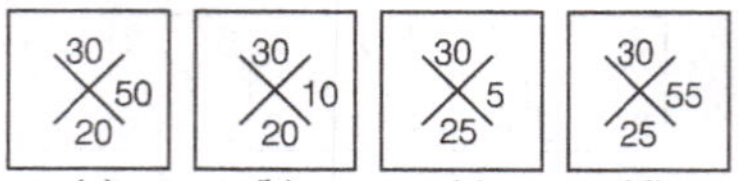

(a) (b) (c) (d)

206. प्रश्न आकृतियाँ

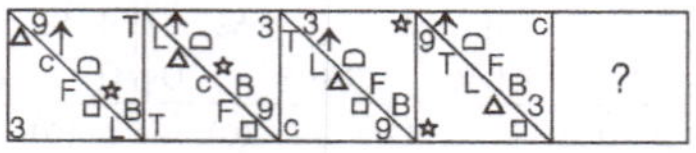

SSC CHSL (Tier-1) 11/07/2024 Shift-II

उत्तर आकृतियाँ

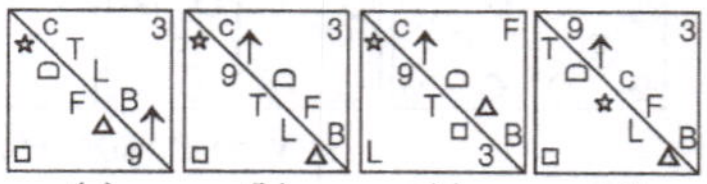

(a) (b) (c) (d)

207. प्रश्न आकृतियाँ

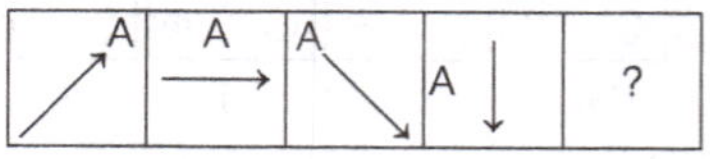

SSC CHSL (Tier-1) 11/07/2024 Shift-I

उत्तर आकृतियाँ

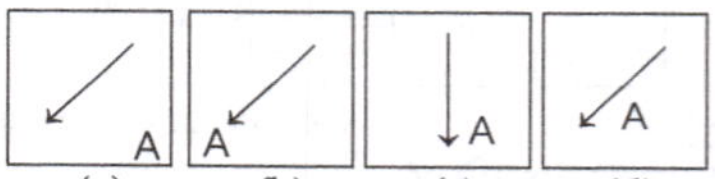

(a) (b) (c) (d)

208. प्रश्न आकृतियाँ

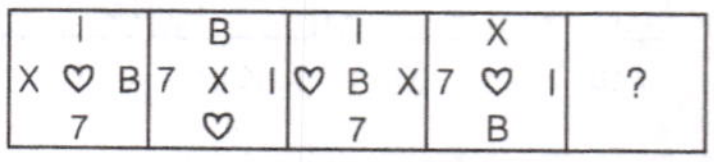

SSC CHSL (Tier-1) 10/07/2024 Shift-II

उत्तर आकृतियाँ

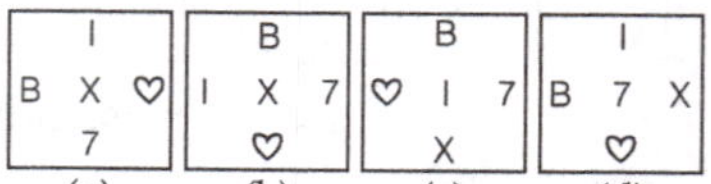

(a) (b) (c) (d)

209. प्रश्न आकृतियाँ

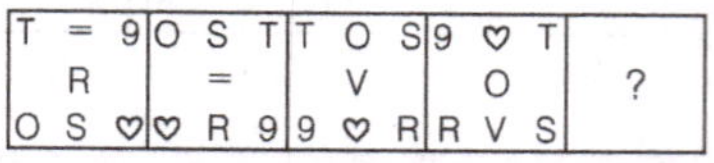

SSC CHSL (Tier-1) 10/07/2024 Shift-I

उत्तर आकृतियाँ

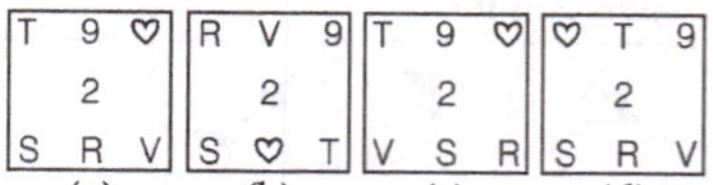

(a) (b) (c) (d)

210. प्रश्न आकृतियाँ

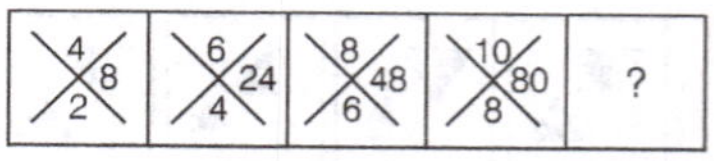

SSC CHSL (Tier-1) 9/07/2024 Shift-IV

उत्तर आकृतियाँ

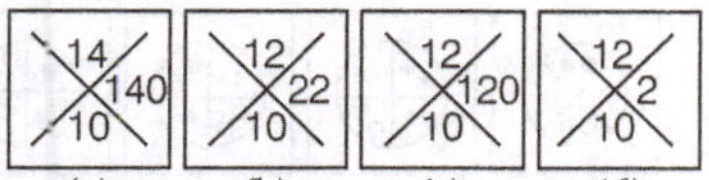

(a) (b) (c) (d)

211. प्रश्न आकृतियाँ

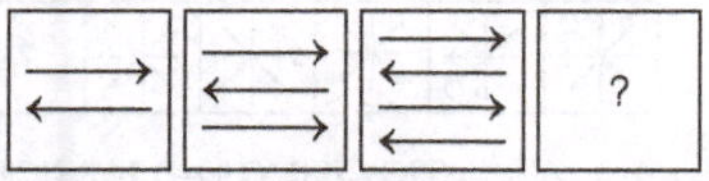

SSC CHSL (Tier-1) 9/07/2024 Shift-III

उत्तर आकृतियाँ

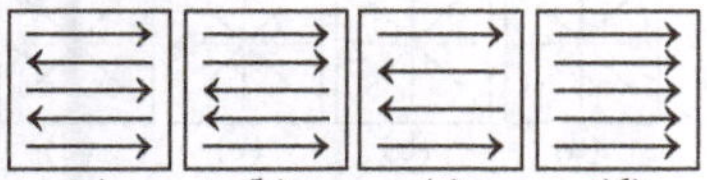

(a) (b) (c) (d)

212. प्रश्न आकृतियाँ

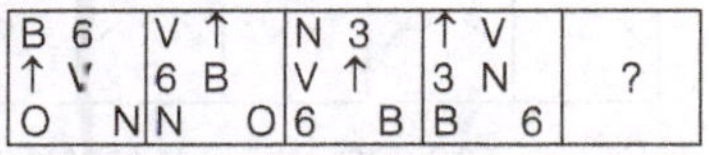

SSC CHSL (Tier-1) 9/07/2024 Shift-I

उत्तर आकृतियाँ

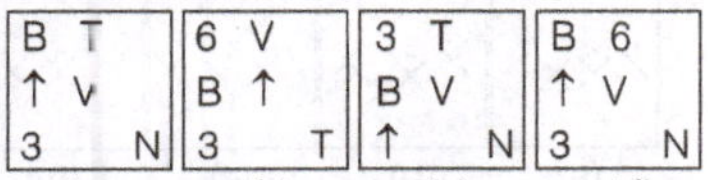

(a) (b) (c) (d)

213. प्रश्न आकृतियाँ

SSC CHSL (Tier-1) 8/07/2024 Shift-III

उत्तर आकृतियाँ

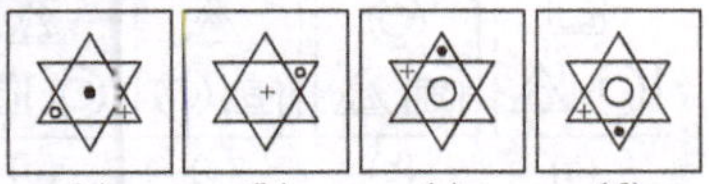

(a) (b) (c) (d)

214. प्रश्न आकृतियाँ

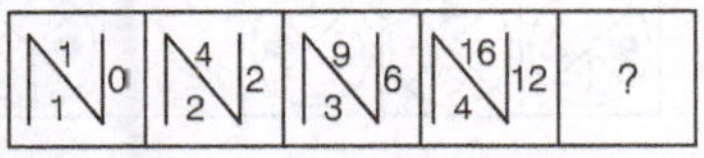

SSC CHSL (Tier-1) 5/07/2024 Shift-IV

उत्तर आकृतियाँ

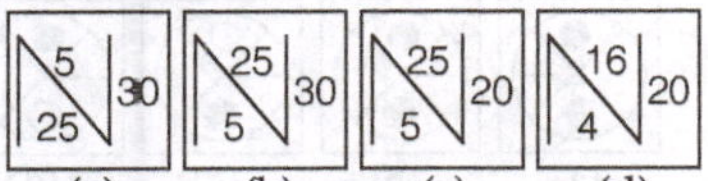

(a) (b) (c) (d)

215. प्रश्न आकृतियाँ

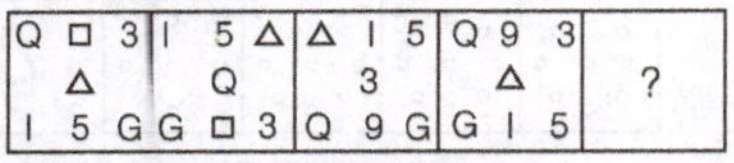

SSC CHSL (Tier-1) 5/07/2024 Shift-II

उत्तर आकृतियाँ

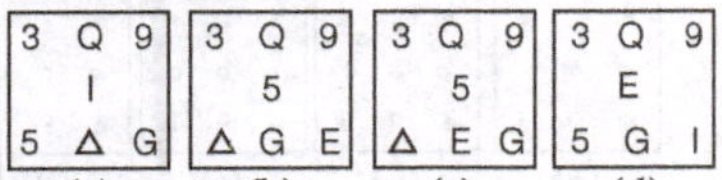

(a) (b) (c) (d)

216. प्रश्न आकृतियाँ

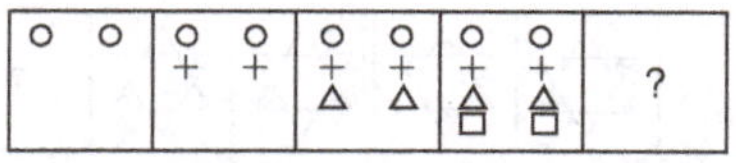

SSC CHSL (Tier-1) 5/07/2024 Shift-I

उत्तर आकृतियाँ

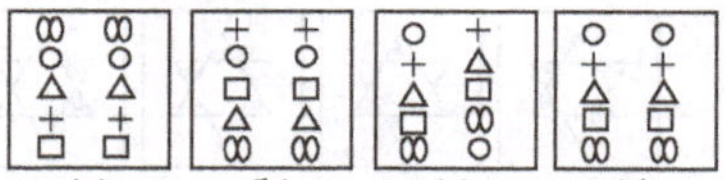

(a) (b) (c) (d)

217. प्रश्न आकृतियाँ

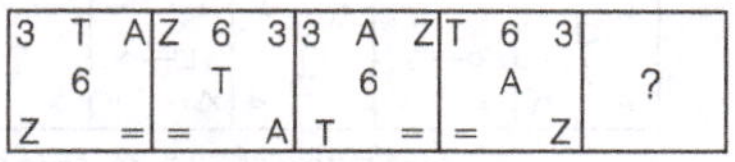

SSC CHSL (Tier-1) 4/07/2024 Shift-II

उत्तर आकृतियाँ

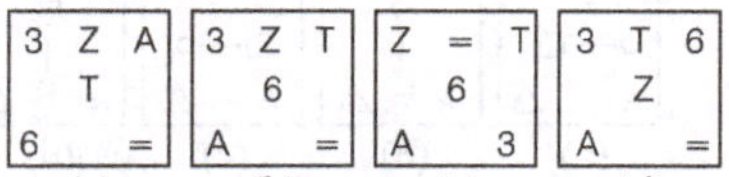

(a) (b) (c) (d)

218. प्रश्न आकृतियाँ

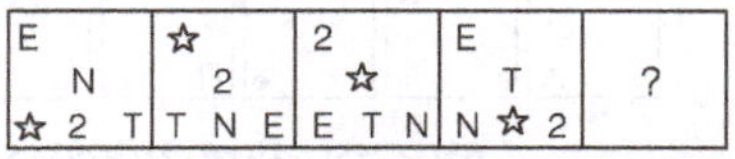

SSC CHSL (Tier-1) 3/07/2024 Shift-IV

उत्तर आकृतियाँ

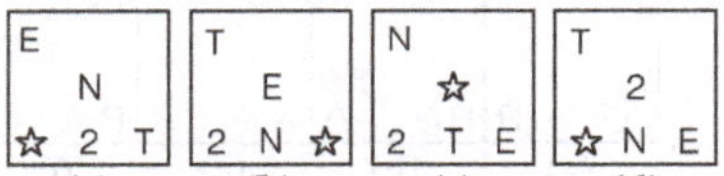

(a) (b) (c) (d)

219. प्रश्न आकृतियाँ

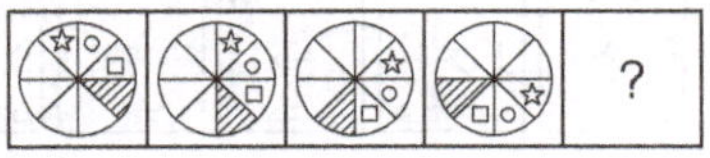

SSC CHSL (Tier-1) 3/07/2024 Shift-I

उत्तर आकृतियाँ

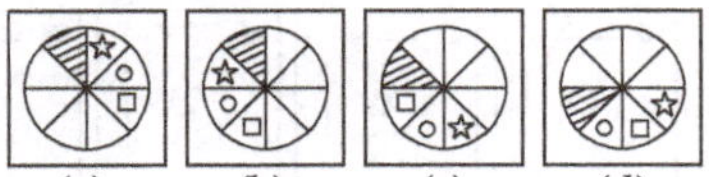

(a) (b) (c) (d)

220. प्रश्न आकृतियाँ

SSC CHSL (Tier-1) 2/07/2024 Shift-III

उत्तर आकृतियाँ

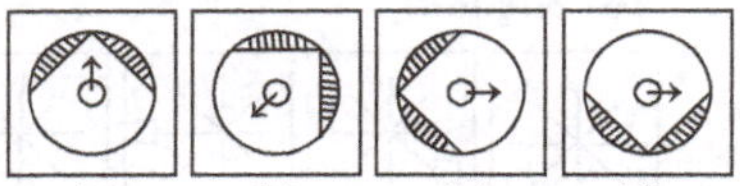

(a) (b) (c) (d)

221. प्रश्न आकृतियाँ

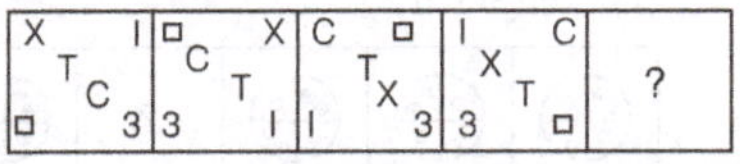

SSC CHSL (Tier-1) 2/07/2024 Shift-II

उत्तर आकृतियाँ

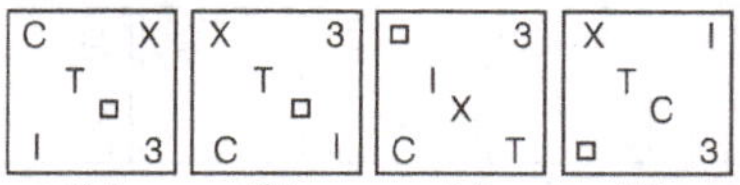

(a) (b) (c) (d)

222. प्रश्न आकृतियाँ

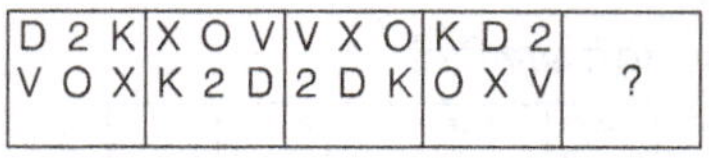

SSC CHSL (Tier-1) 1/07/2024 Shift-IV

उत्तर आकृतियाँ

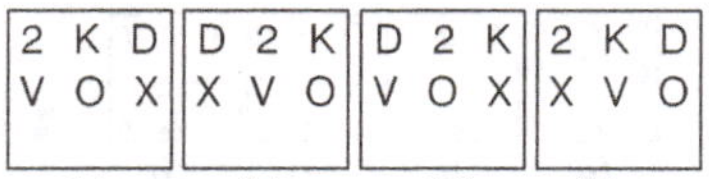

(a) (b) (c) (d)

223. प्रश्न आकृतियाँ

SSC CHSL (Tier-1) 1/07/2024 Shift-III

उत्तर आकृतियाँ

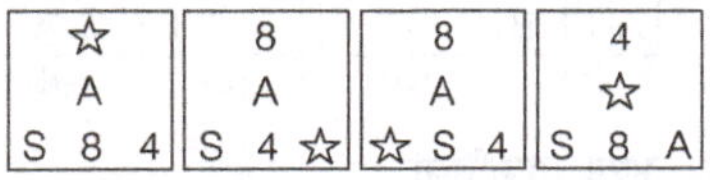

(a) (b) (c) (d)

224. प्रश्न आकृतियाँ

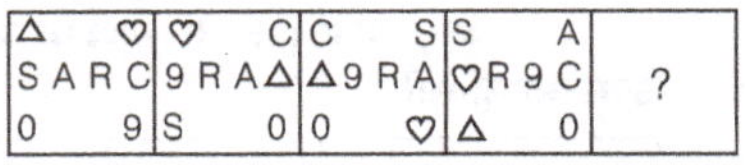

SSC CHSL (Tier-1) 1/07/2024 Shift-II

उत्तर आकृतियाँ

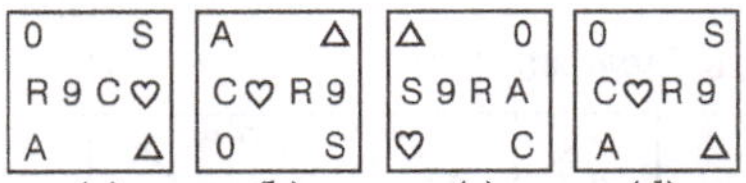

(a) (b) (c) (d)

225. प्रश्न आकृतियाँ

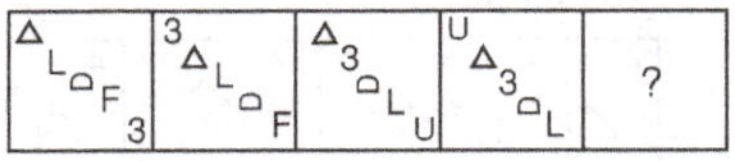

SSC CHSL (Tier-1) 1/07/2024 Shift-I

उत्तर आकृतियाँ

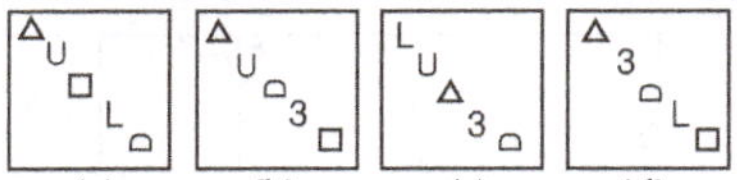

(a) (b) (c) (d)

226. प्रश्न आकृतियाँ

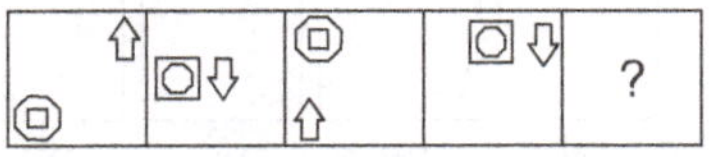

SSC CHSL (Tier-II) 10/01/2024 Shift-I

उत्तर आकृतियाँ

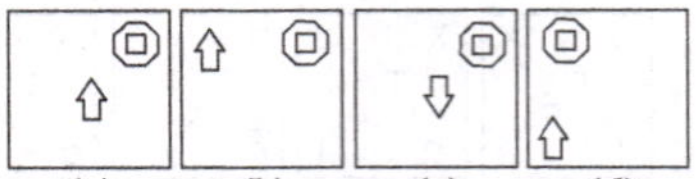

(a) (b) (c) (d)

SSC CHSL 2023-2021 (Tier I & II)

227. प्रश्न आकृतियाँ

SSC CHSL (Tier-II) 02/11/2023 Shift-I

उत्तर आकृतियाँ

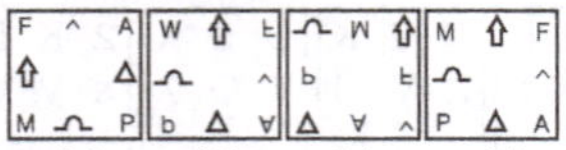

(a) (b) (c) (d)

228. प्रश्न आकृतियाँ

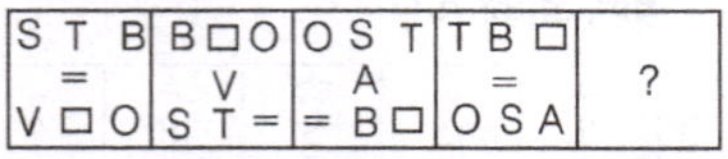

SSC CHSL (Tier-I) 17/08/2023 Shift-I

उत्तर आकृतियाँ

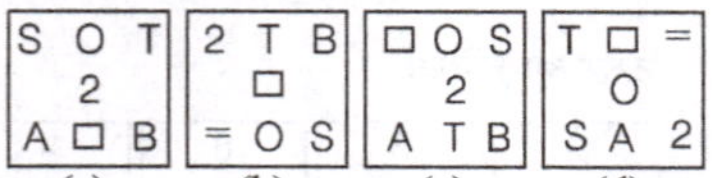

(a) (b) (c) (d)

229. प्रश्न आकृतियाँ

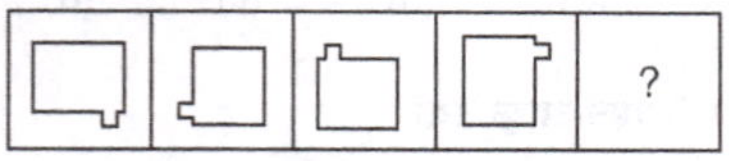

SSC CHSL (Tier-I) 14/8/2023 Shift-IV

उत्तर आकृतियाँ

(a) (b) (c) (d)

230. प्रश्न आकृतियाँ

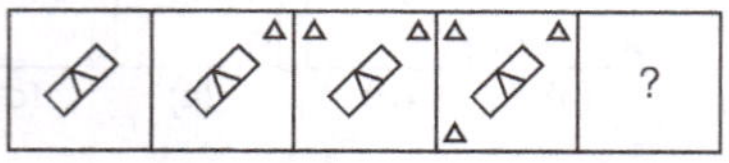

SSC CHSL (Tier-I) 10/8/2023 Shift-III

उत्तर आकृतियाँ

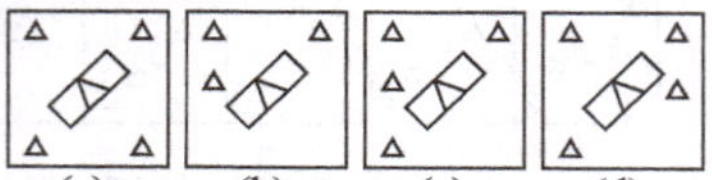

(a) (b) (c) (d)

231. प्रश्न आकृतियाँ

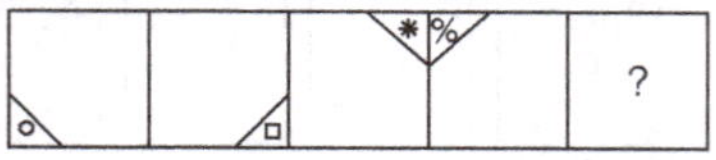

SSC CHSL (Tier-I) 9/8/2023 Shift-I

उत्तर आकृतियाँ

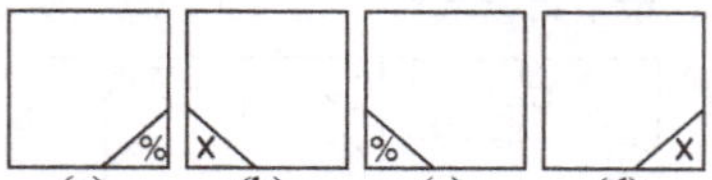

(a) (b) (c) (d)

232. प्रश्न आकृतियाँ

SSC CHSL (Tier-I) 7/8/2023 Shift-IV

उत्तर आकृतियाँ

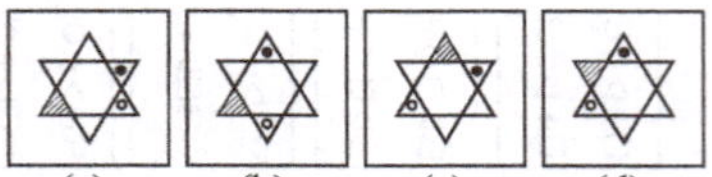

(a) (b) (c) (d)

233. प्रश्न आकृतियाँ

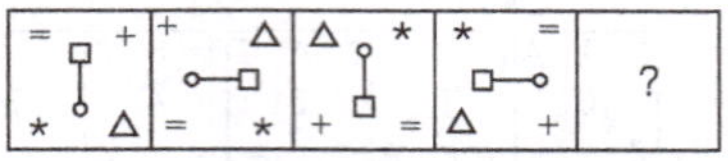

SSC CHSL (Tier-I) 4/8/2023 Shift-II

उत्तर आकृतियाँ

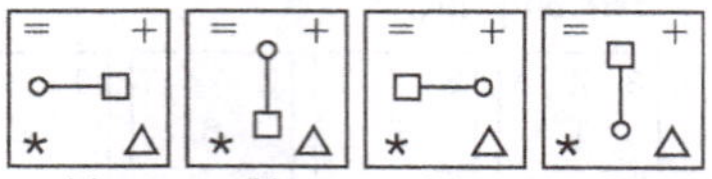

(a) (b) (c) (d)

234. प्रश्न आकृतियाँ

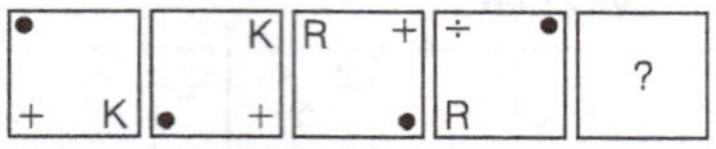

SSC CHSL (Tier-I) 21/3/2023 Shift-IV

उत्तर आकृतियाँ

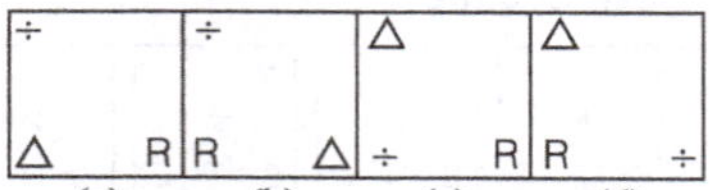

(a) (b) (c) (d)

235. प्रश्न आकृतियाँ

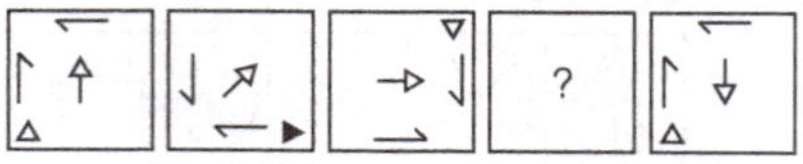

SSC CHSL (Tier-I) 21/3/2023 Shift-II

उत्तर आकृतियाँ

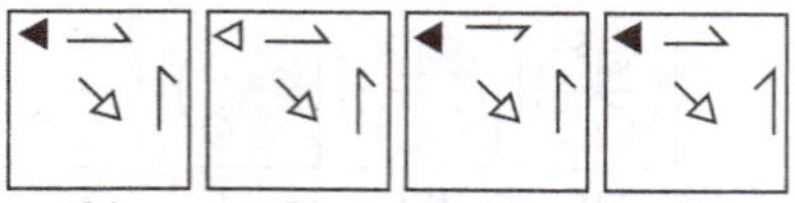

(a) (b) (c) (d)

236. प्रश्न आकृतियाँ

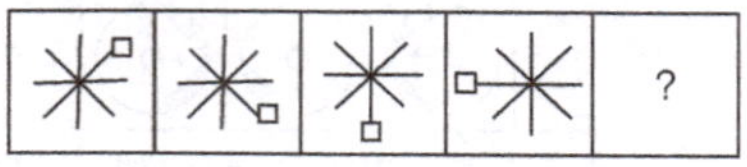

SSC CHSL (Tier-I) 20/3/2023 Shift-III

उत्तर आकृतियाँ

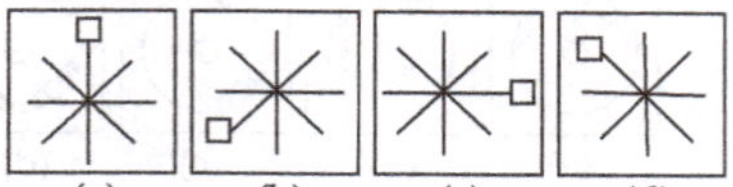

(a) (b) (c) (d)

237. प्रश्न आकृतियाँ

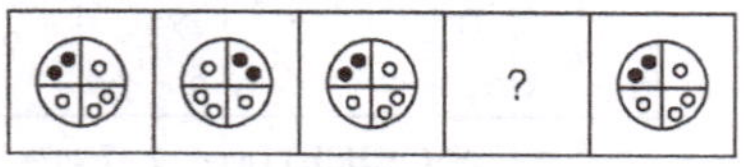

SSC CHSL (Tier-I) 16/3/2023 Shift-I

उत्तर आकृतियाँ

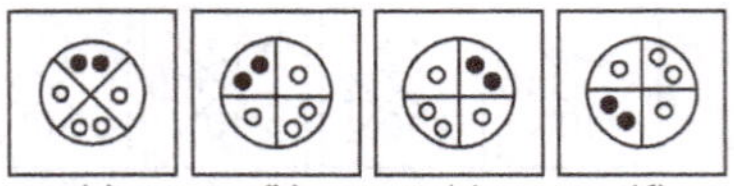

(a) (b) (c) (d)

238. प्रश्न आकृतियाँ

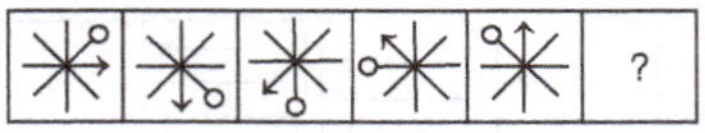

SSC CHSL (Tier-I) 14/3/2023 Shift-I

उत्तर आकृतियाँ

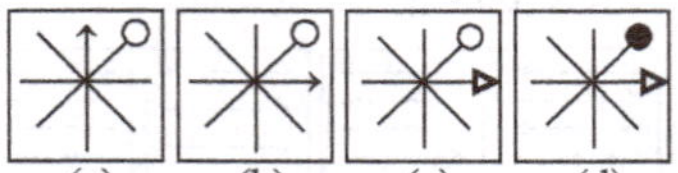

(a) (b) (c) (d)

239. प्रश्न आकृतियाँ

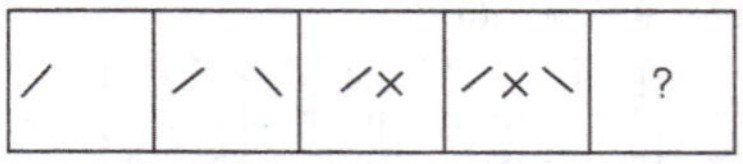

SSC CHSL (Tier-I) 13/03/2023 Shift-III

उत्तर आकृतियाँ

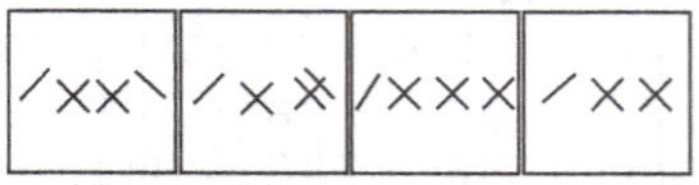

(a) (b) (c) (d)

240. प्रश्न आकृतियाँ

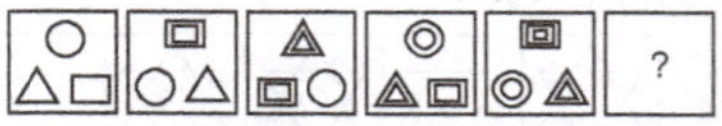

SSC CHSL (Tier-I) 10/03/2023 Shift-II

उत्तर आकृतियाँ

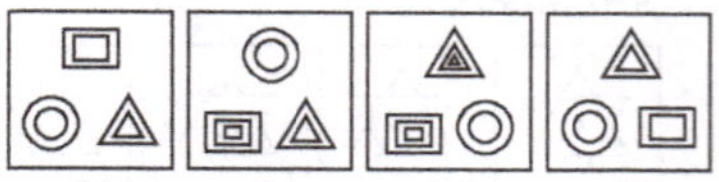

(a) (b) (c) (d)

241. प्रश्न आकृतियाँ

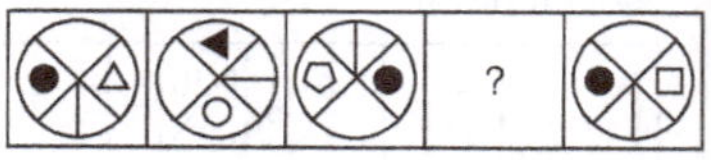

SSC CHSL (Tier-I) 9/03/2023 Shift-I

उत्तर आकृतियाँ

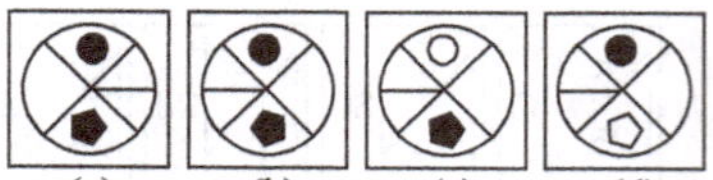

(a) (b) (c) (d)

242. प्रश्न आकृतियाँ

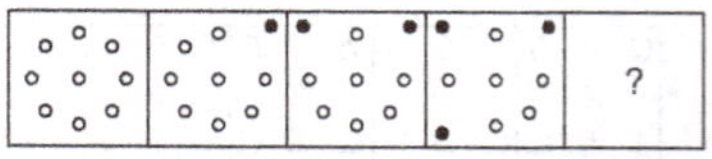

SSC CHSL (Tier-I) 2/06/2022 Shift-I

उत्तर आकृतियाँ

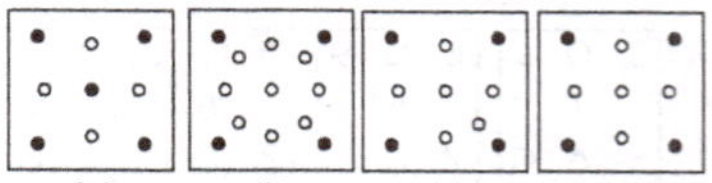

(a) (b) (c) (d)

243. प्रश्न आकृतियाँ

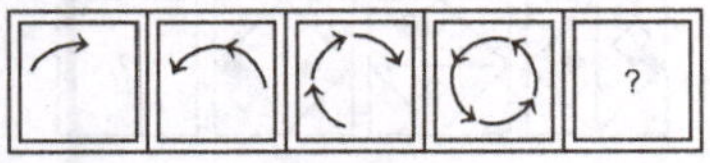

SSC CHSL (Tier-I) 27/5/2022 Shift-I

उत्तर आकृतियाँ

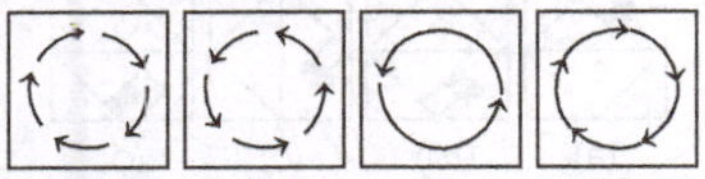

(a) (b) (c) (d)

244. प्रश्न आकृतियाँ

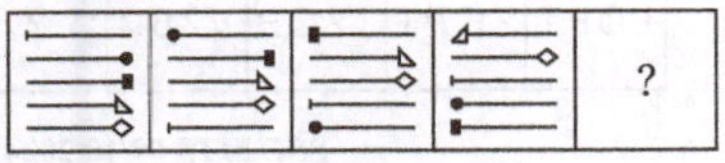

SSC CHSL (Tier-I) 12/8/2021 Shift-III

उत्तर आकृतियाँ

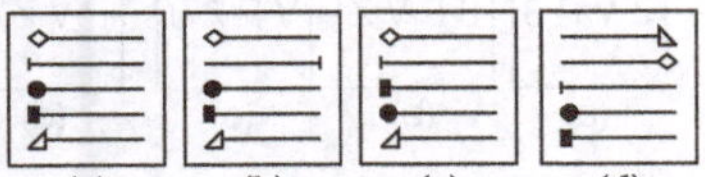

(a) (b) (c) (d)

245. प्रश्न आकृतियाँ

SSC CHSL (Tier-I) 4/8/2021 Shift-I

उत्तर आकृतियाँ

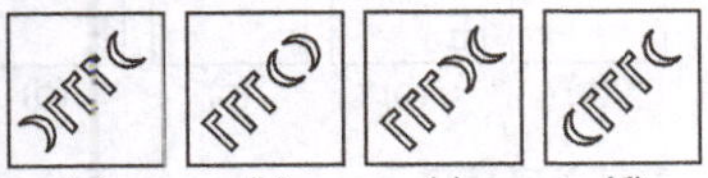

(a) (b) (c) (d)

246. प्रश्न आकृतियाँ

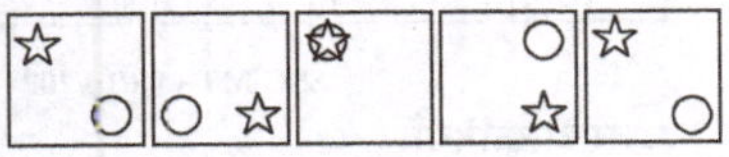

SSC CHSL (Tier-I) 19/4/2021 Shift-III

उत्तर आकृतियाँ

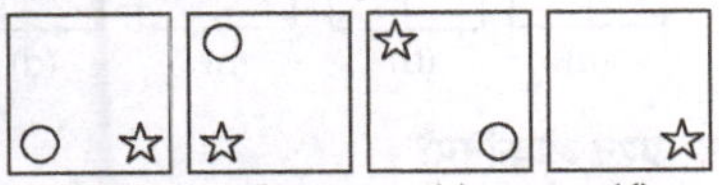

(a) (b) (c) (d)

247. प्रश्न आकृतियाँ

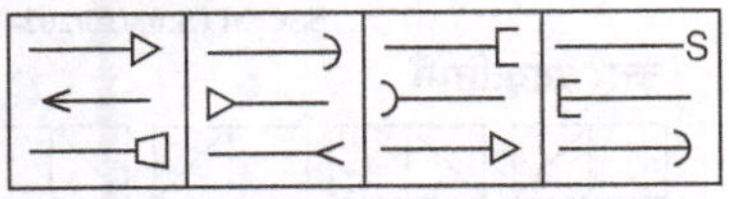

SSC CHSL (Tier-I) 12/4/2021 Shift-II

उत्तर आकृतियाँ

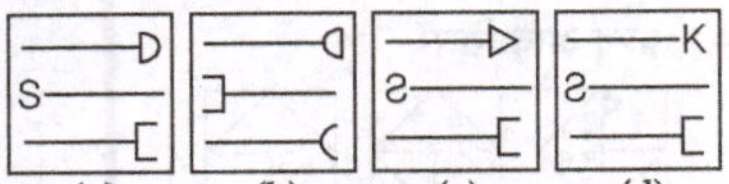

(a) (b) (c) (d)

SSC MTS 2024

निर्देश (प्र. सं. 248-292) *यदि निम्नलिखित आकृति शृंखला को जारी रखना हो, तो कौन-सी आकृति प्रश्नचिह्न (?) के स्थान पर आनी चाहिए?*

248. प्रश्न आकृतियाँ

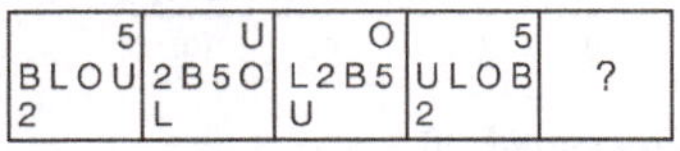

SSC MTS 14/11/2024 Shift III

उत्तर आकृतियाँ

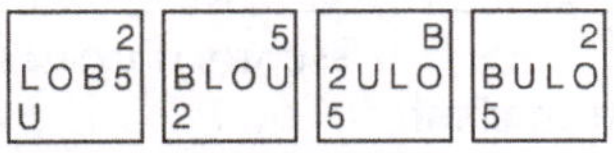

(a) (b) (c) (d)

249. प्रश्न आकृतियाँ

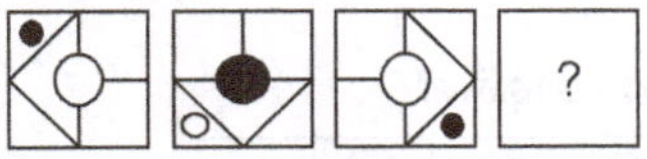

SSC MTS 14/11/2024 Shift III

उत्तर आकृतियाँ

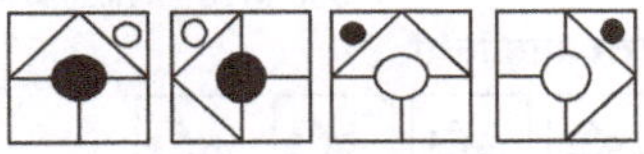

(a) (b) (c) (d)

250. प्रश्न आकृतियाँ

SSC MTS 13/11/2024 Shift III

उत्तर आकृतियाँ

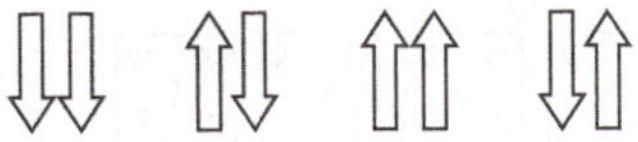

(a) (b) (c) (d)

251. प्रश्न आकृतियाँ

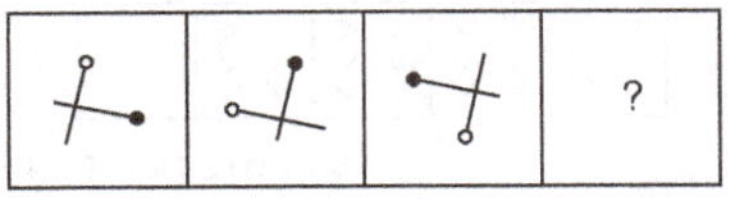

SSC MTS 12/11/2024 Shift III

उत्तर आकृतियाँ

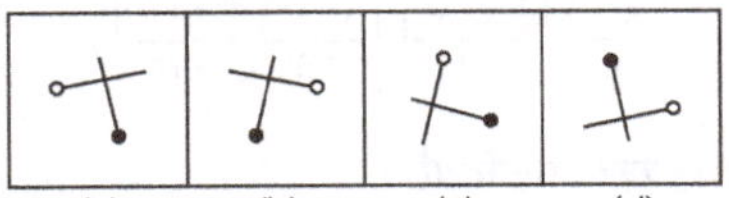

(a) (b) (c) (d)

252. प्रश्न आकृतियाँ

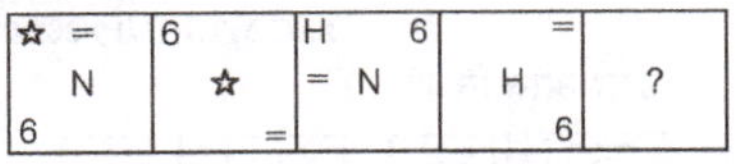

SSC MTS 11/11/2024 Shift III

उत्तर आकृतियाँ

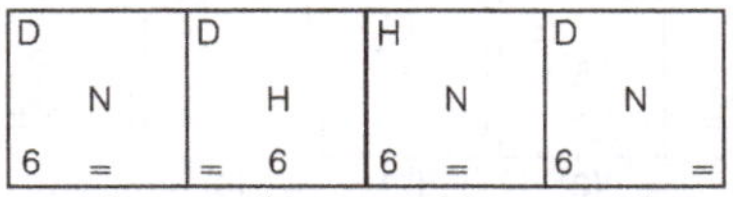

(a) (b) (c) (d)

253. प्रश्न आकृतियाँ

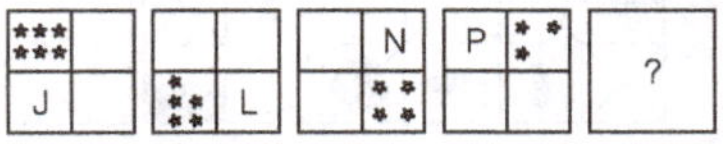

SSC MTS 05/11/2024 Shift III

उत्तर आकृतियाँ

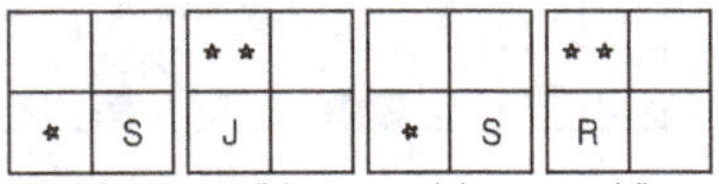

(a) (b) (c) (d)

254. प्रश्न आकृतियाँ

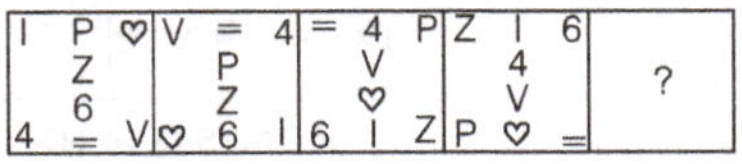

SSC MTS 04/11/2024 Shift III

उत्तर आकृतियाँ

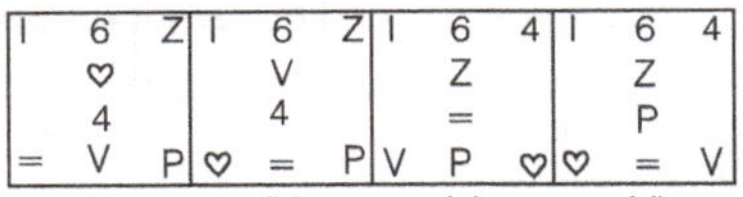

(a) (b) (c) (d)

255. प्रश्न आकृतियाँ

SSC MTS 04/11/2024 Shift III

उत्तर आकृतियाँ

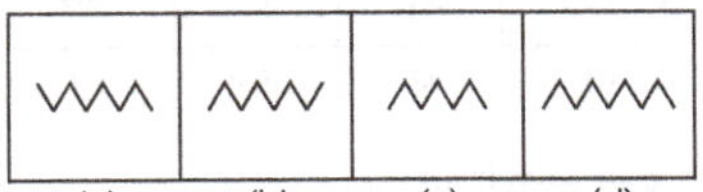

(a) (b) (c) (d)

256. प्रश्न आकृतियाँ

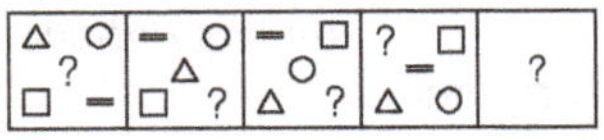

SSC MTS 30/10/2024 Shift III

उत्तर आकृतियाँ

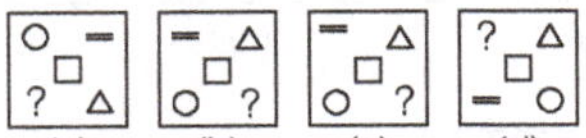

(a) (b) (c) (d)

257. प्रश्न आकृतियाँ

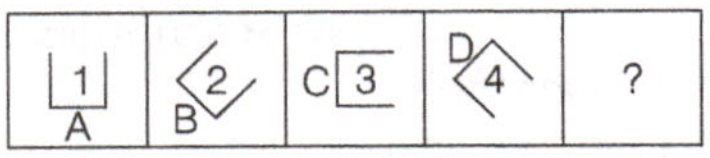

SSC MTS 29/10/2024 Shift III

उत्तर आकृतियाँ

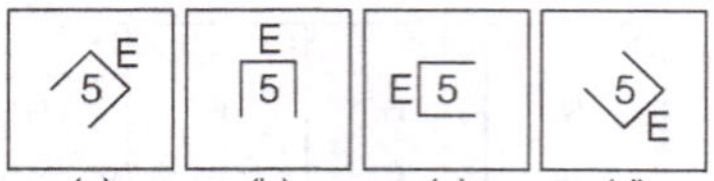

(a) (b) (c) (d)

258. प्रश्न आकृतियाँ

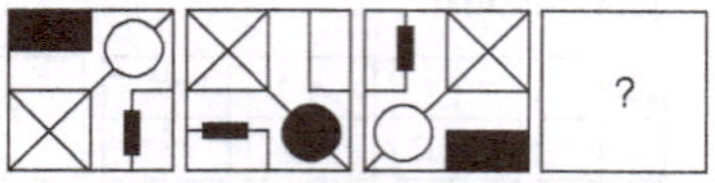

SSC MTS 23/10/2024 Shift II

उत्तर आकृतियाँ

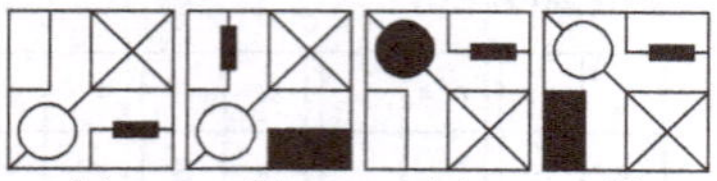

(a) (b) (c) (d)

259. प्रश्न आकृतियाँ

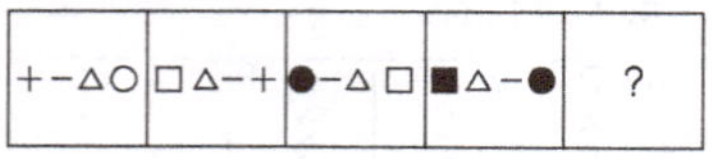

SSC MTS 23/10/2024 Shift II

उत्तर आकृतियाँ

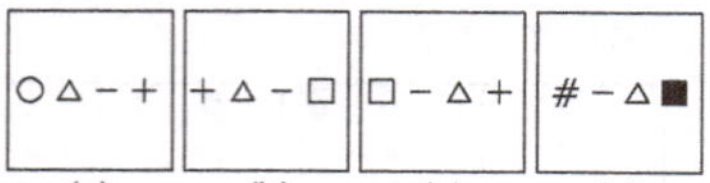

(a) (b) (c) (d)

260. प्रश्न आकृतियाँ

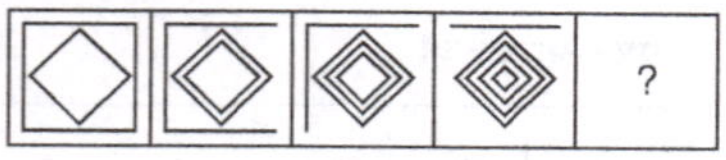

SSC MTS 22/10/2024 Shift II

उत्तर आकृतियाँ

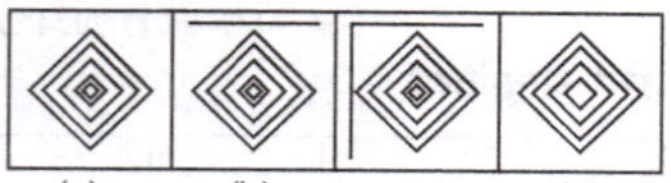

(a) (b) (c) (d)

261. प्रश्न आकृतियाँ

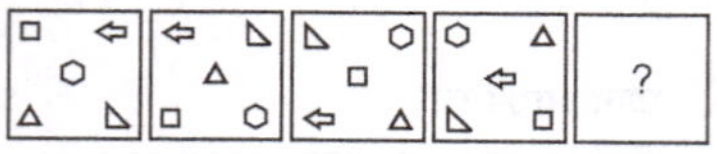

SSC MTS 22/10/2024 Shift II

उत्तर आकृतियाँ

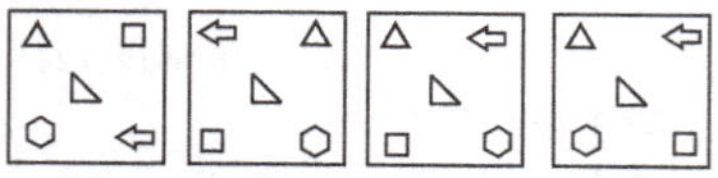

(a) (b) (c) (d)

262. प्रश्न आकृतियाँ

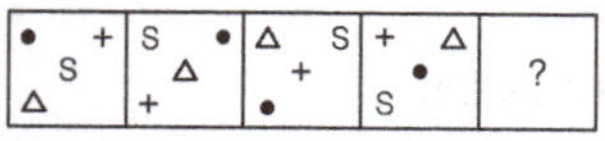

SSC MTS 21/10/2024 Shift II

उत्तर आकृतियाँ

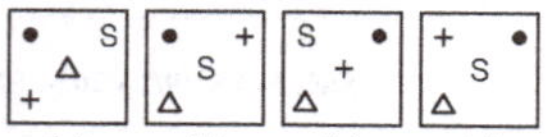

(a) (b) (c) (d)

263. प्रश्न आकृतियाँ

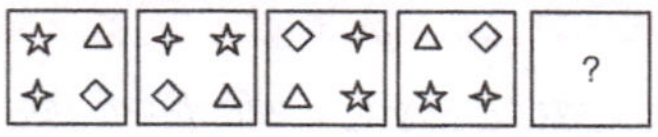

SSC MTS 21/10/2024 Shift II

उत्तर आकृतियाँ

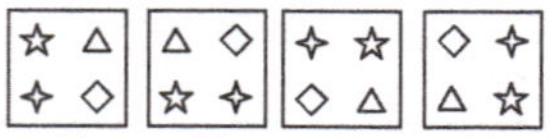

(a) (b) (c) (d)

264. प्रश्न आकृतियाँ

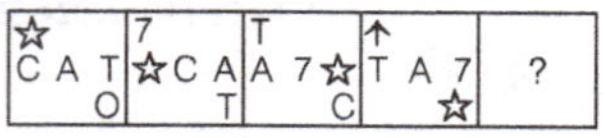

SSC MTS 17/10/2024 Shift II

उत्तर आकृतियाँ

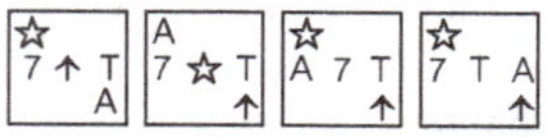

(a) (b) (c) (d)

265. प्रश्न आकृतियाँ

SSC MTS 17/10/2024 Shift II

उत्तर आकृतियाँ

(a) (b) (c) (d)

266. प्रश्न आकृतियाँ

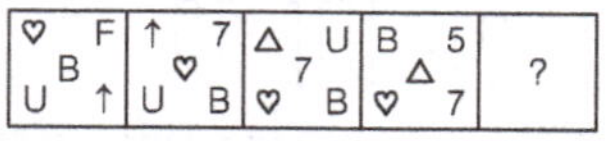

SSC MTS 16/10/2024 Shift II

उत्तर आकृतियाँ

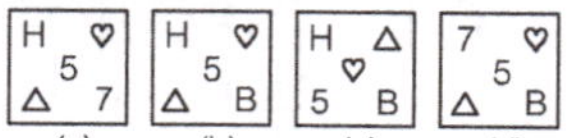

(a) (b) (c) (d)

267. प्रश्न आकृतियाँ

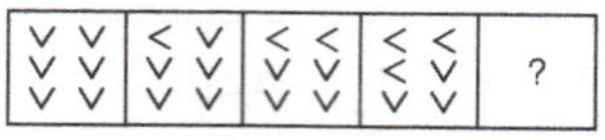

SSC MTS 16/10/2024 Shift II

उत्तर आकृतियाँ

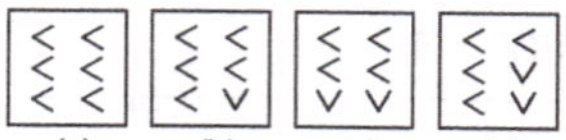

(a) (b) (c) (d)

268. प्रश्न आकृतियाँ

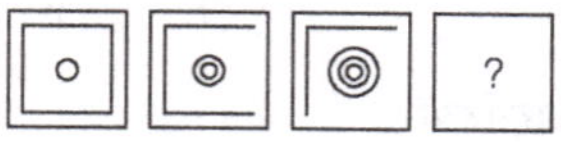

SSC MTS 15/10/2024 Shift I

उत्तर आकृतियाँ

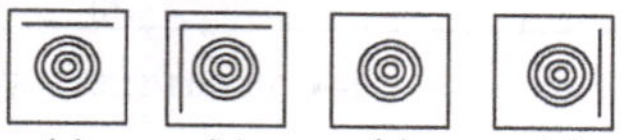

(a) (b) (c) (d)

269. प्रश्न आकृतियाँ

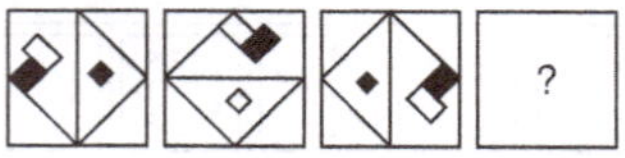

SSC MTS 14/10/2024 Shift I

उत्तर आकृतियाँ

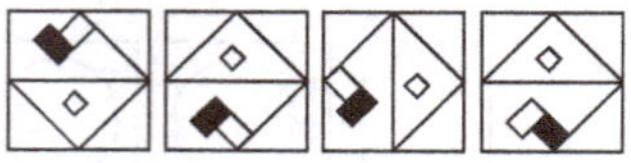

(a) (b) (c) (d)

270. प्रश्न आकृतियाँ

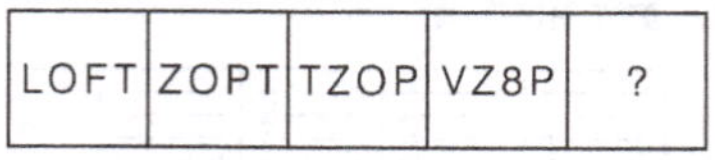

SSC MTS 09/10/2024 Shift I

उत्तर आकृतियाँ

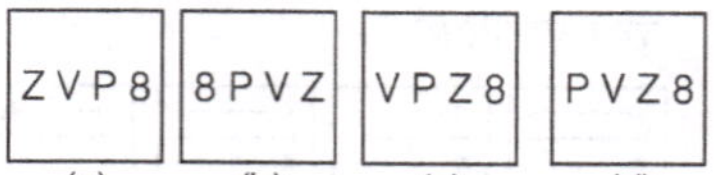

(a) (b) (c) (d)

271. प्रश्न आकृतियाँ

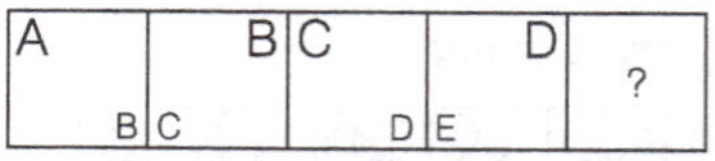

SSC MTS 09/10/2024 Shift I

उत्तर आकृतियाँ

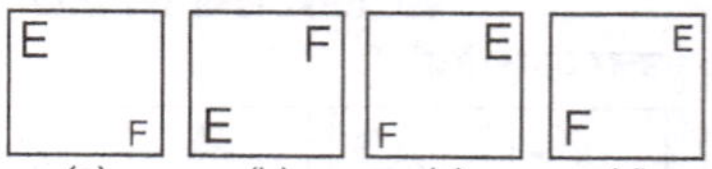

(a) (b) (c) (d)

272. प्रश्न आकृतियाँ

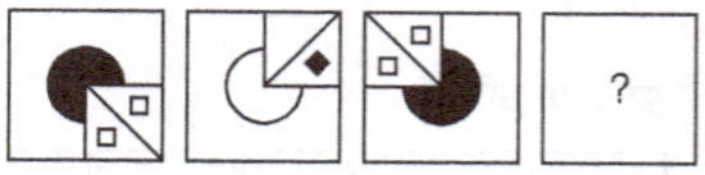

SSC MTS 08/10/2024 Shift I

उत्तर आकृतियाँ

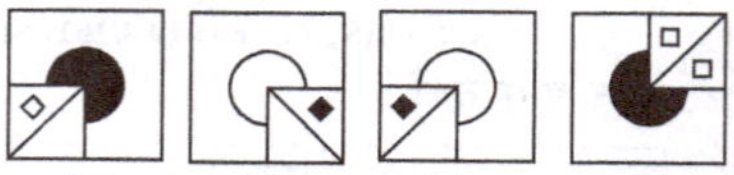

(a) (b) (c) (d)

273. प्रश्न आकृतियाँ

SSC MTS 08/10/2024 Shift I

उत्तर आकृतियाँ

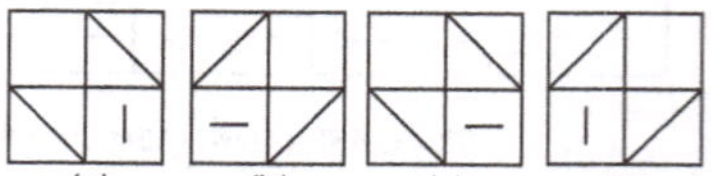

(a) (b) (c) (d)

274. प्रश्न आकृतियाँ

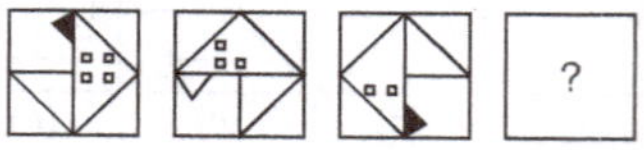

SSC MTS 07/10/2024 Shift I

उत्तर आकृतियाँ

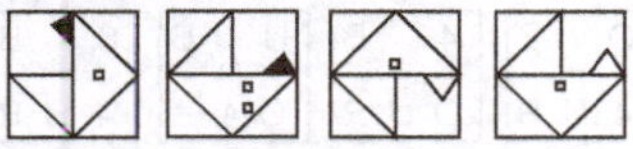

(a) (b) (c) (d)

275. प्रश्न आकृतियाँ

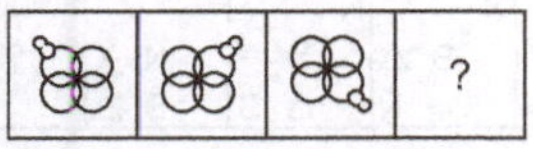

SSC MTS 01/10/2024 Shift I

उत्तर आकृतियाँ

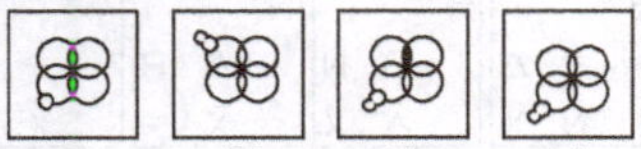

(a) (b) (c) (d)

276. प्रश्न आकृतियाँ

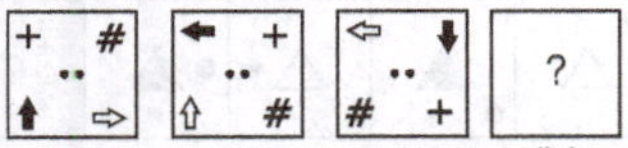

(i) (ii) (iii) (iv)

SSC MTS 01/10/2024 Shift I

उत्तर आकृतियाँ

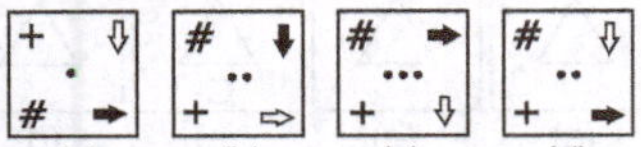

(a) (b) (c) (d)

277. प्रश्न आकृतियाँ

SSC MTS 30/09/2024 Shift I

उत्तर आकृतियाँ

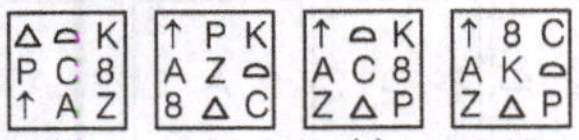

(a) (b) (c) (d)

SSC MTS 2023-2021

278. प्रश्न आकृतियाँ

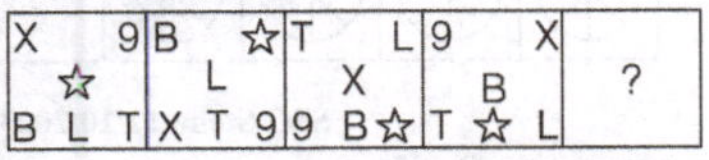

SSC MTS 14/09/2023 Shift-I

उत्तर आकृतियाँ

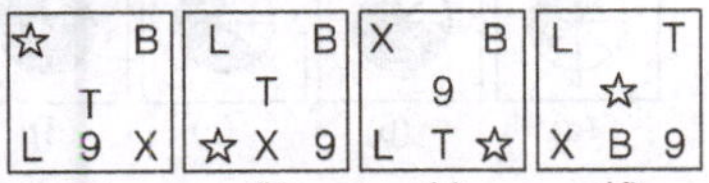

(a) (b) (c) (d)

279. प्रश्न आकृतियाँ

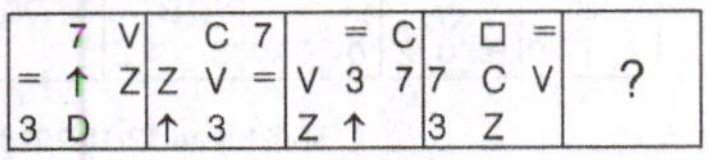

SSC MTS 11/09/2023 Shift-I

उत्तर आकृतियाँ

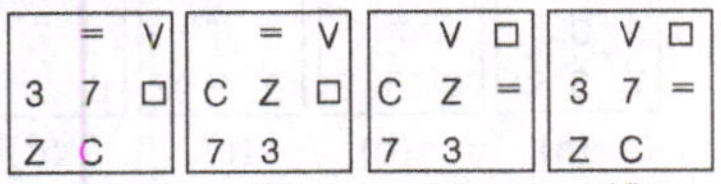

(a) (b) (c) (d)

280. प्रश्न आकृतियाँ

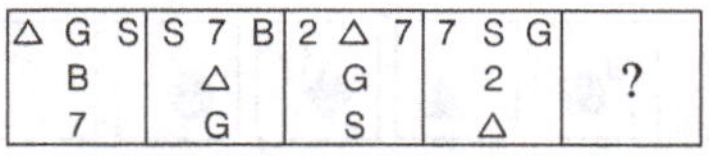

SSC MTS 08/09/2023 Shift-II

उत्तर आकृतियाँ

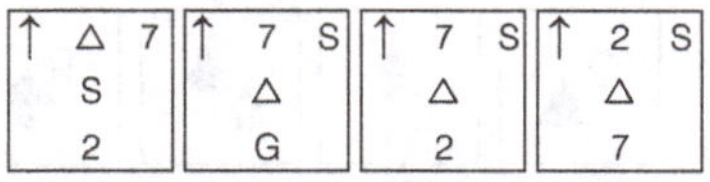

(a) (b) (c) (d)

281. प्रश्न आकृतियाँ

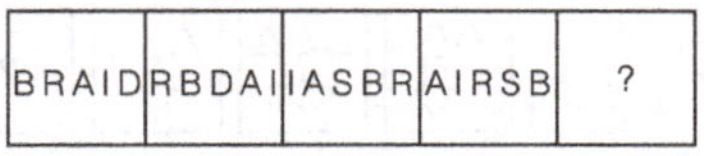

SSC MTS 05/09/2023 Shift-II

उत्तर आकृतियाँ

(a) (b) (c) (d)

282. प्रश्न आकृतियाँ

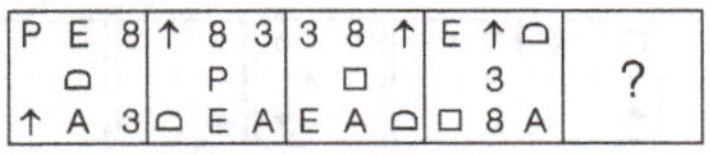

SSC MTS 04/09/2023 Shift-II

उत्तर आकृतियाँ

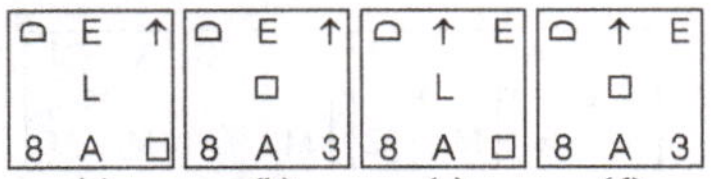

(a) (b) (c) (d)

283. प्रश्न आकृतियाँ

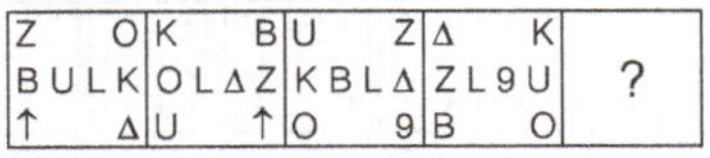

SSC MTS 01/09/2023 Shift-III

उत्तर आकृतियाँ

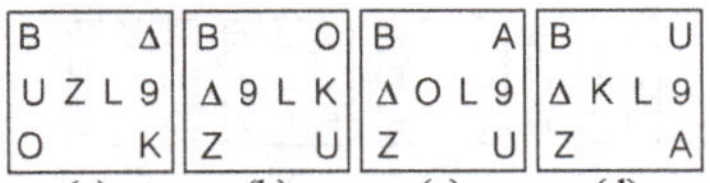

(a) (b) (c) (d)

284. प्रश्न आकृतियाँ

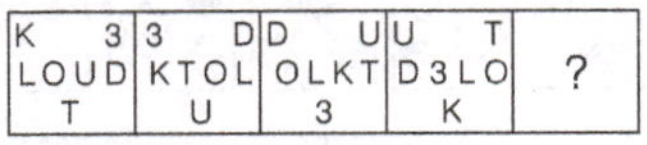

SSC MTS 01/09/2023 Shift-I

उत्तर आकृतियाँ

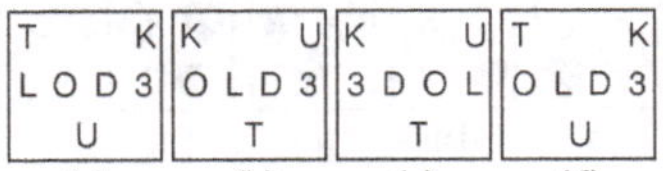

(a) (b) (c) (d)

285. प्रश्न आकृतियाँ

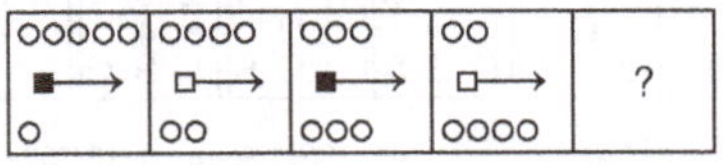

SSC MTS 15/07/2022 Shift-I

उत्तर आकृतियाँ

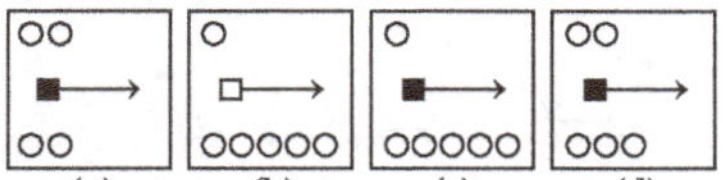

(a) (b) (c) (d)

286. प्रश्न आकृतियाँ

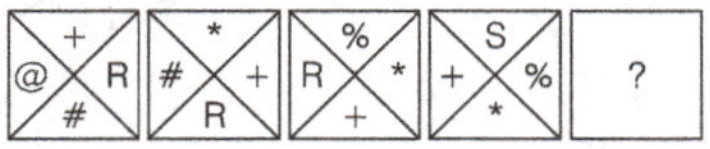

SSC MTS 14/07/2022 Shift-I

उत्तर आकृतियाँ

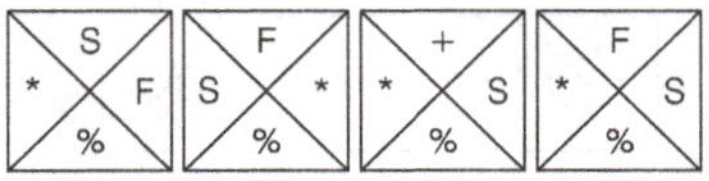

(a) (b) (c) (d)

287. प्रश्न आकृतियाँ

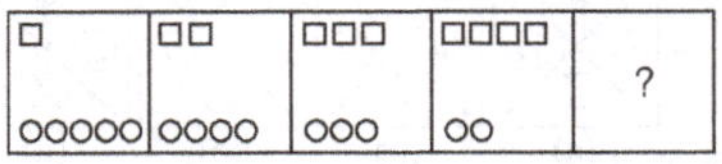

SSC MTS 13/07/2022 Shift-I

उत्तर आकृतियाँ

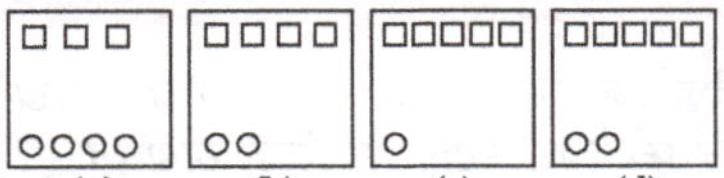

(a) (b) (c) (d)

288. प्रश्न आकृतियाँ

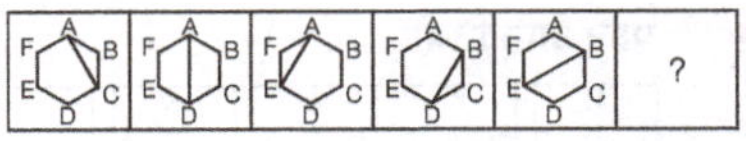

SSC MTS 12/07/2022 Shift-I

उत्तर आकृतियाँ

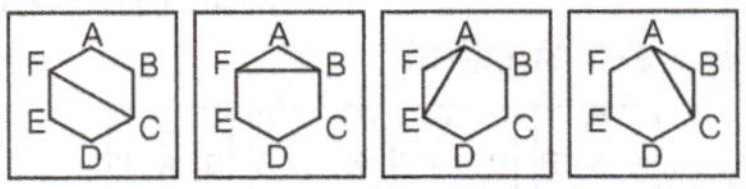

(a) (b) (c) (d)

289. प्रश्न आकृतियाँ

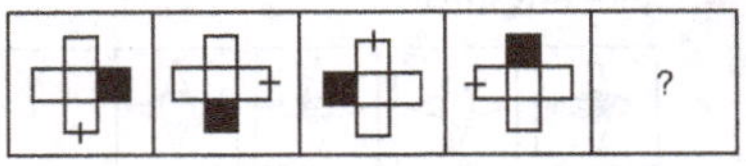

SSC MTS 12/07/2022 Shift-I

उत्तर आकृतियाँ

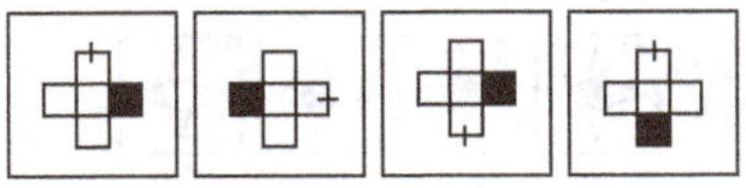

(a) (b) (c) (d)

290. प्रश्न आकृतियाँ

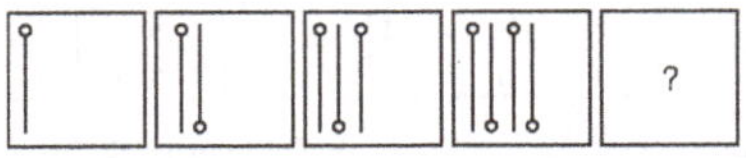

SSC MTS 11/07/2022 Shift-I

उत्तर आकृतियाँ

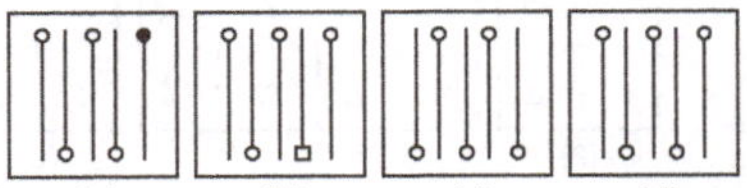

(a) (b) (c) (d)

291. प्रश्न आकृतियाँ

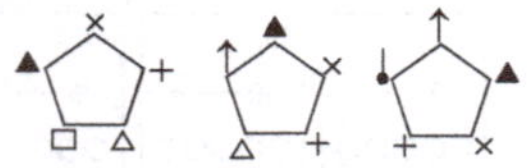

SSC MTS 02/11/2021 Shift-II

उत्तर आकृतियाँ

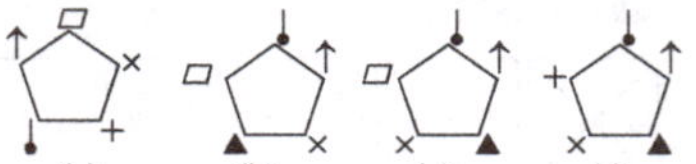

(a) (b) (c) (d)

292. प्रश्न आकृतियाँ

SSC MTS 02/11/2021 Shift-I

उत्तर आकृतियाँ

(a) (b) (c) (d)

SSC Steno 2024-2020

निर्देश (प्र. सं. 293-316) *निम्नांकित शृंखला में पैटर्न को जारी रखने के लिए प्रश्नचिह्न (?) को किस आकृति द्वारा प्रतिस्थापित किया जाना चाहिए?*

293. प्रश्न आकृतियाँ

SSC Steno 11/12/2024 Shift III

उत्तर आकृतियाँ

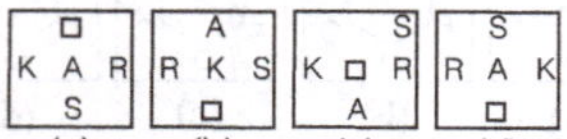

(a) (b) (c) (d)

294. प्रश्न आकृतियाँ

SSC Steno 11/12/2024 Shift III

उत्तर आकृतियाँ

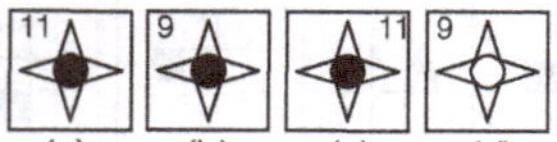

(a) (b) (c) (d)

295. प्रश्न आकृतियाँ

SSC Steno 11/12/2024 Shift II

उत्तर आकृतियाँ

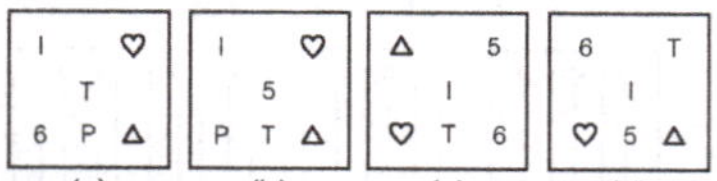

(a) (b) (c) (d)

296. प्रश्न आकृतियाँ

SSC Steno 11/12/2024 Shift II

उत्तर आकृतियाँ

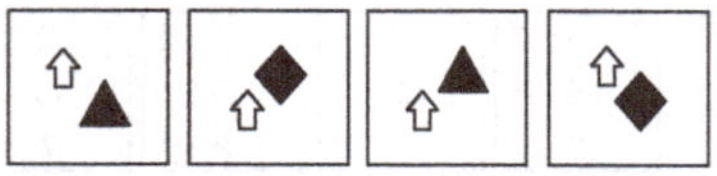

(a) (b) (c) (d)

297. प्रश्न आकृतियाँ

SSC Steno 11/12/2024 Shift I

उत्तर आकृतियाँ

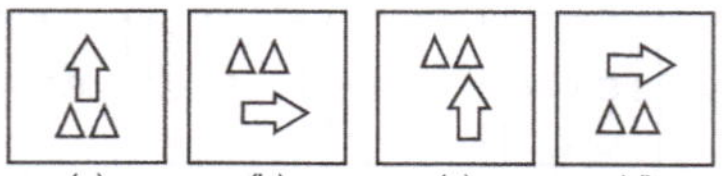

(a) (b) (c) (d)

298. प्रश्न आकृतियाँ

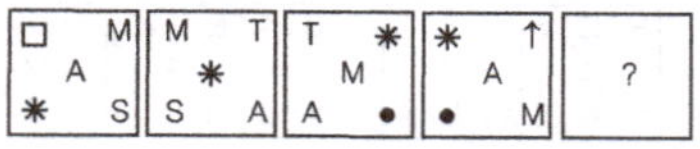

SSC Steno 10/12/2024 Shift III

उत्तर आकृतियाँ

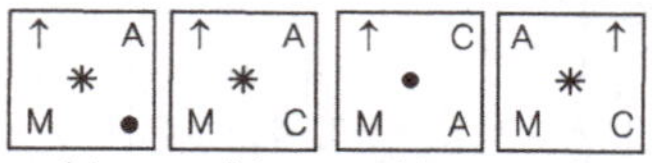

(a) (b) (c) (d)

299. प्रश्न आकृतियाँ

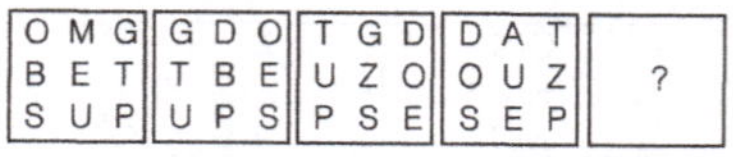

SSC Steno 10/12/2024 Shift III

उत्तर आकृतियाँ

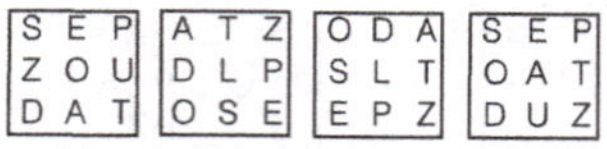

(a) (b) (c) (d)

300. प्रश्न आकृतियाँ

SSC Steno 10/12/2024 Shift II

उत्तर आकृतियाँ

(a) (b) (c) (d)

301. प्रश्न आकृतियाँ

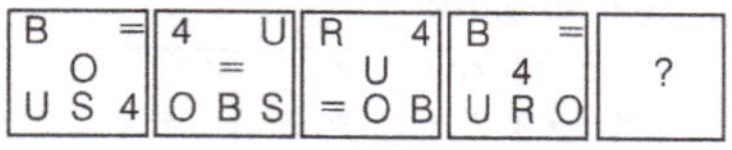

SSC Steno 10/12/2024 Shift I

उत्तर आकृतियाँ

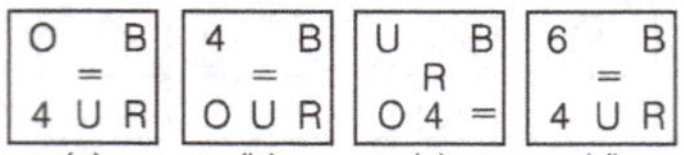

(a) (b) (c) (d)

302. प्रश्न आकृतियाँ

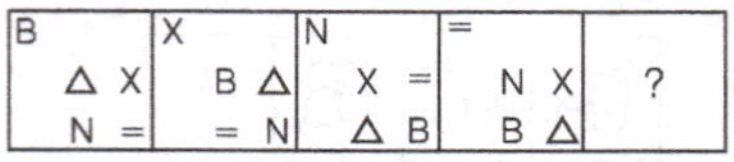

SSC Steno 13/10/2023 Shift-I

उत्तर आकृतियाँ

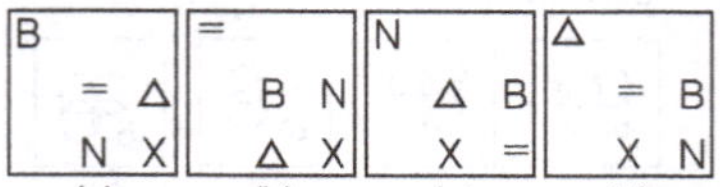

(a) (b) (c) (d)

303. प्रश्न आकृतियाँ

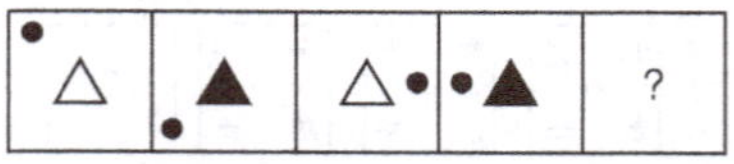

SSC Steno 13/10/2023 Shift-I

उत्तर आकृतियाँ

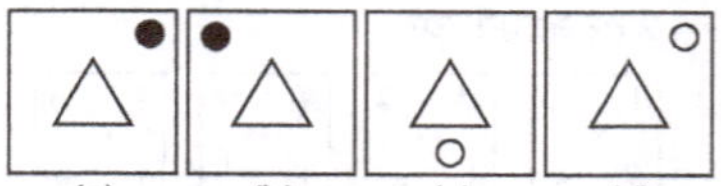

(a) (b) (c) (d)

304. प्रश्न आकृतियाँ

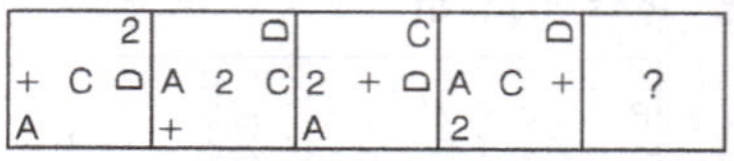

SSC Steno 13/10/2023 Shift-I

उत्तर आकृतियाँ

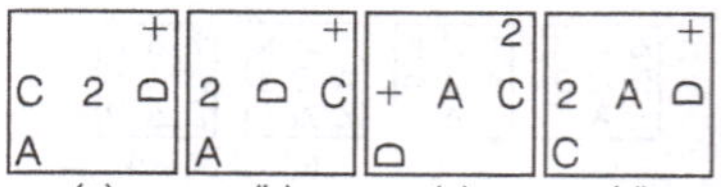

(a) (b) (c) (d)

305. प्रश्न आकृतियाँ

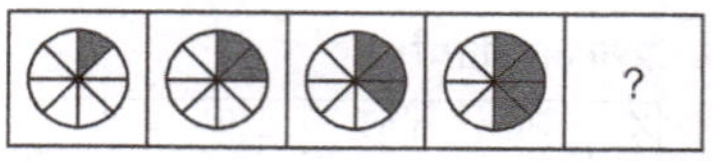

SSC Steno 12/10/2023 Shift-I

उत्तर आकृतियाँ

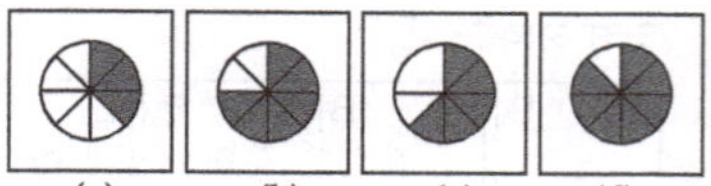

(a) (b) (c) (d)

306. प्रश्न आकृतियाँ

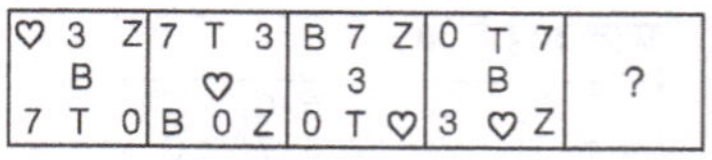

SSC Steno 12/10/2023 Shift-I

उत्तर आकृतियाँ

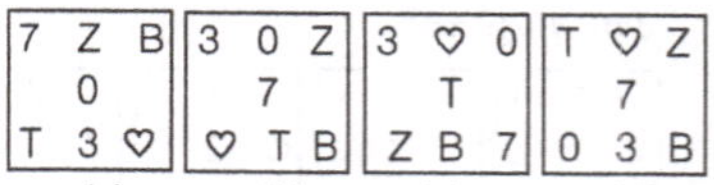

(a) (b) (c) (d)

307. प्रश्न आकृतियाँ

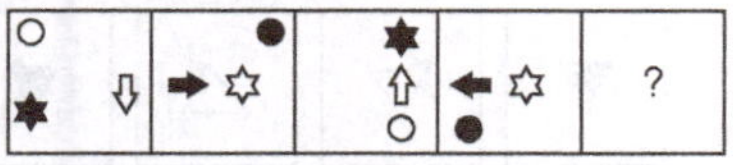

SSC Steno 17/11/2022 Shift-I

उत्तर आकृतियाँ

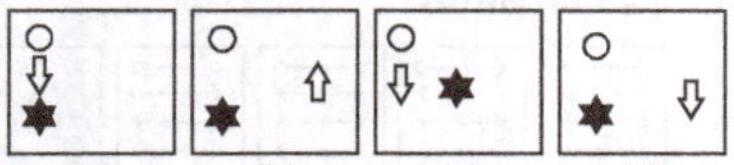

(a) (b) (c) (d)

308. प्रश्न आकृतियाँ

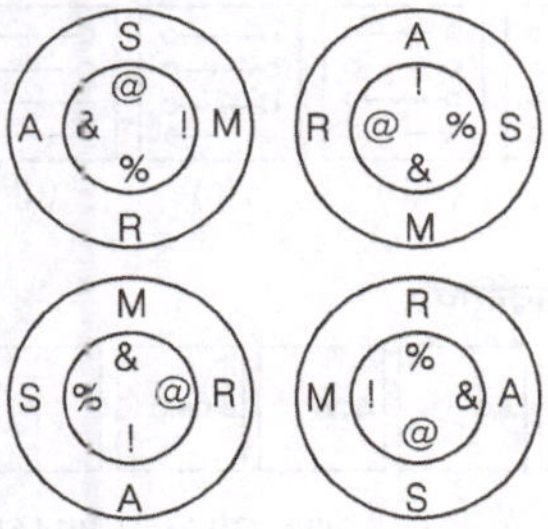

SSC Steno 15/11/2021 Shift-I

उत्तर आकृतियाँ

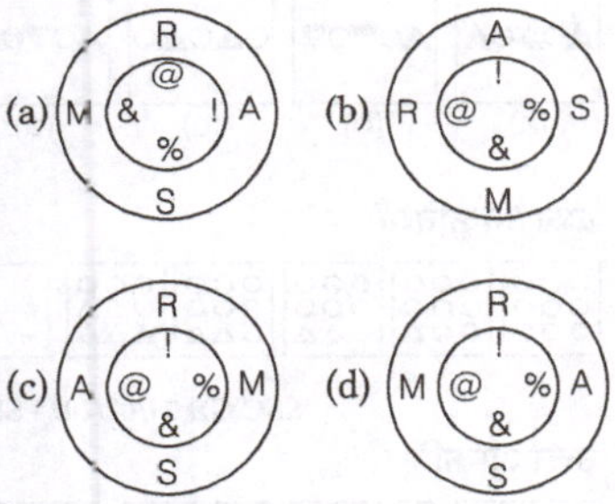

(a) (b) (c) (d)

309. प्रश्न आकृतियाँ

SSC Steno 15/11/2021 Shift-I

उत्तर आकृतियाँ

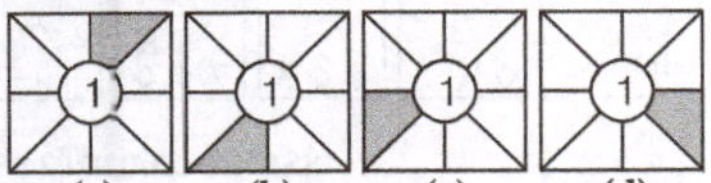

(a) (b) (c) (d)

310. प्रश्न आकृतियाँ

SSC Steno 12/11/2021 Shift-I

उत्तर आकृतियाँ

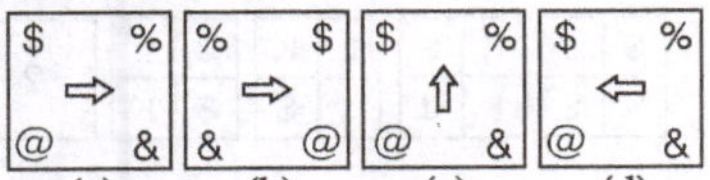

(a) (b) (c) (d)

311. प्रश्न आकृतियाँ

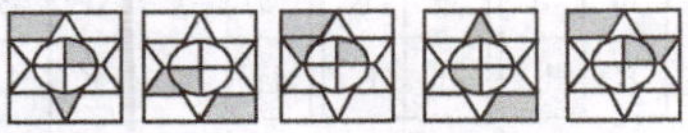

SSC Steno 12/11/2021 Shift-I

उत्तर आकृतियाँ

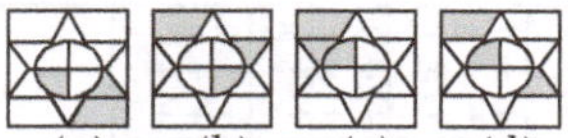

(a) (b) (c) (d)

312. प्रश्न आकृतियाँ

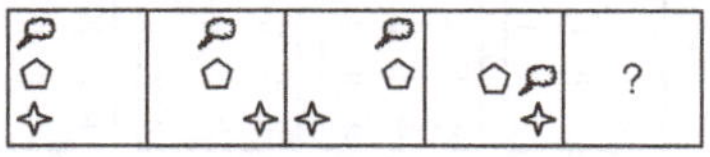

SSC Steno 11/11/2021 Shift-I

उत्तर आकृतियाँ

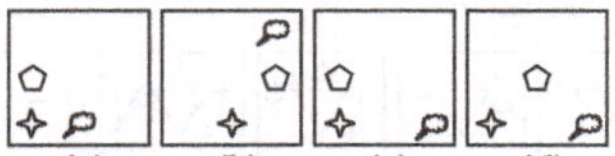

(a) (b) (c) (d)

313. प्रश्न आकृतियाँ

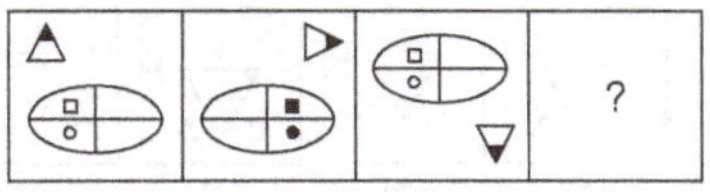

SSC Steno 24/12/2020 Shift-I

उत्तर आकृतियाँ

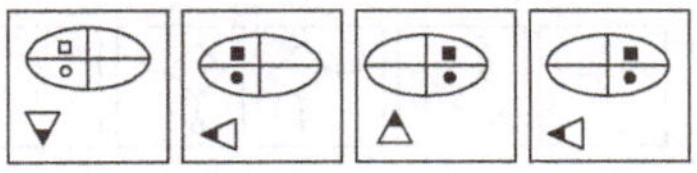

(a) (b) (c) (d)

314. प्रश्न आकृतियाँ

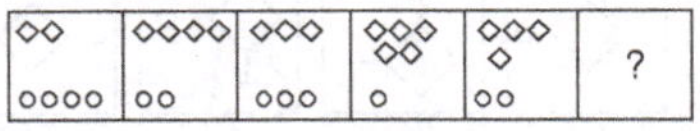

SSC Steno 24/12/2020 Shift-I

उत्तर आकृतियाँ

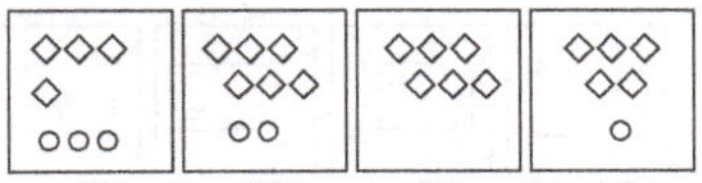

(a) (b) (c) (d)

315. प्रश्न आकृतियाँ

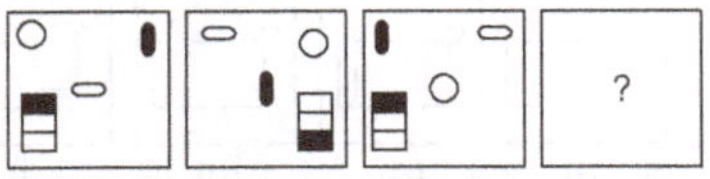

SSC Steno 22/12/2020 Shift-I

उत्तर आकृतियाँ

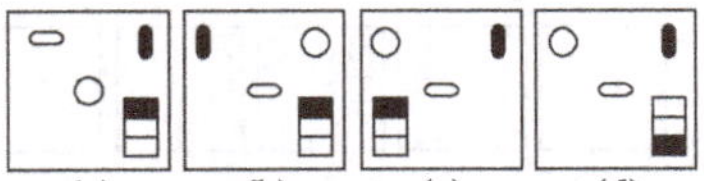

(a) (b) (c) (d)

316. प्रश्न आकृतियाँ

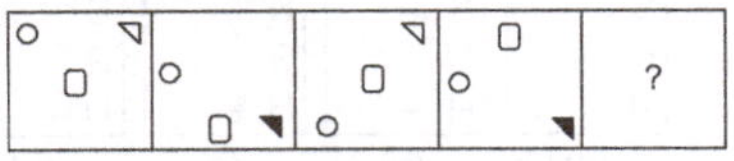

SSC Steno 22/12/2020 Shift-I

उत्तर आकृतियाँ

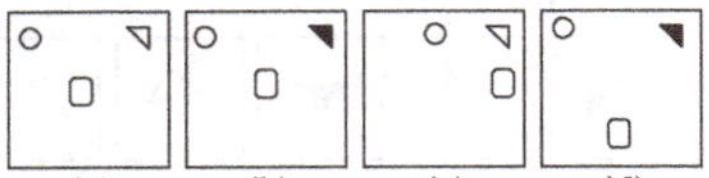

(a) (b) (c) (d)

SSC GD Constable 2024 & 2023

निर्देश (प्र. सं. 317-350) *निम्नलिखित प्रश्न में विकल्पों में दी गई उस आकृति का चयन कीजिए, जिसे प्रश्नचिह्न (?) के स्थान पर रखा जा सकता है।*

317. प्रश्न आकृतियाँ

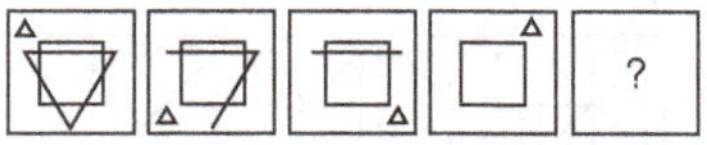

SSC GD 26/02/2024 Shift-I

उत्तर आकृतियाँ

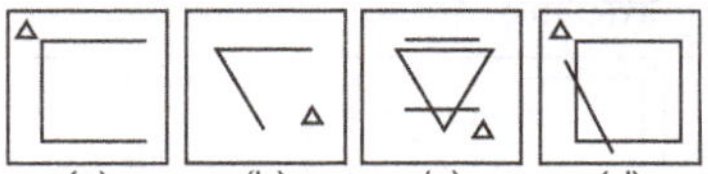

(a) (b) (c) (d)

318. प्रश्न आकृतियाँ

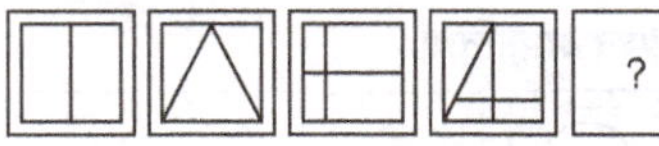

SSC GD 26/02/2024 Shift-I

उत्तर आकृतियाँ

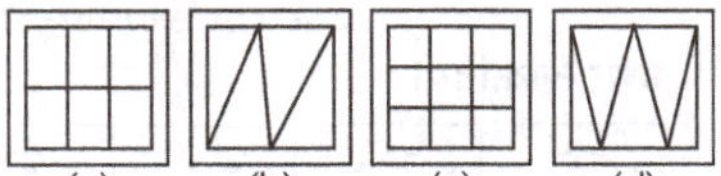

(a) (b) (c) (d)

319. प्रश्न आकृतियाँ

SSC GD 24/02/2024 Shift-III

उत्तर आकृतियाँ

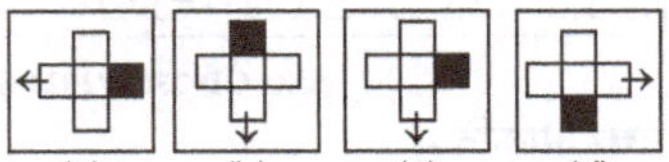

(a) (b) (c) (d)

320. प्रश्न आकृतियाँ

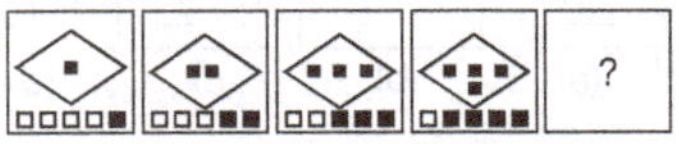

SSC GD 24/02/2024 Shift-II

उत्तर आकृतियाँ

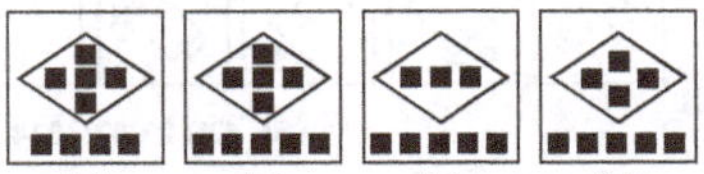

(a) (b) (c) (d)

321. प्रश्न आकृतियाँ

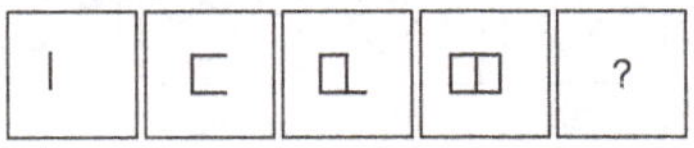

SSC GD 24/02/2024 Shift-I

उत्तर आकृतियाँ

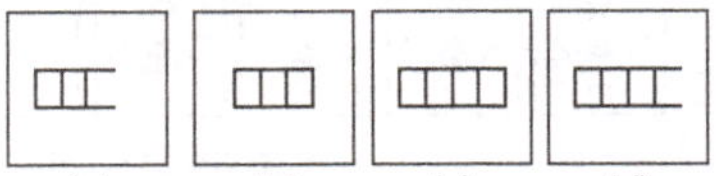

(a) (b) (c) (d)

322. प्रश्न आकृतियाँ

SSC GD 23/02/2024 Shift-IV

उत्तर आकृतियाँ

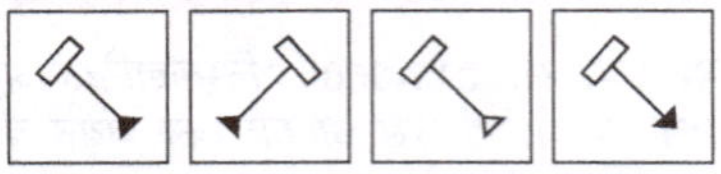

(a) (b) (c) (d)

323. प्रश्न आकृतियाँ

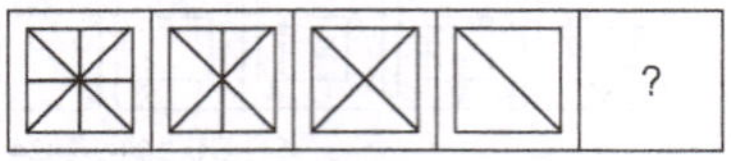

SSC GD 23/02/2024 Shift-III

उत्तर आकृतियाँ

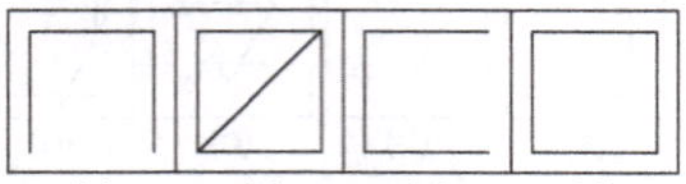

(a) (b) (c) (d)

324. प्रश्न आकृतियाँ

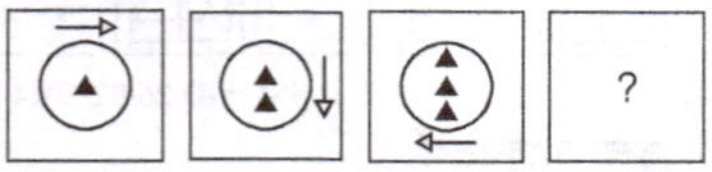

SSC GD 23/02/2024 Shift-III

उत्तर आकृतियाँ

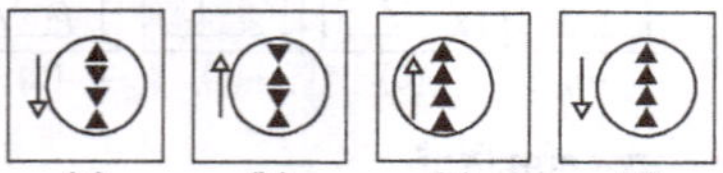

(a) (b) (c) (d)

325. प्रश्न आकृतियाँ

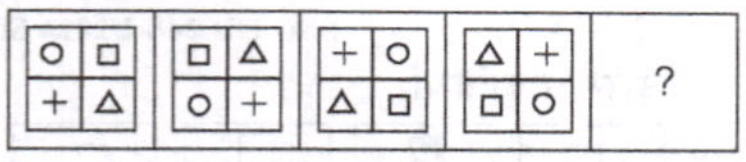

SSC GD 23/02/2024 Shift-II

उत्तर आकृतियाँ

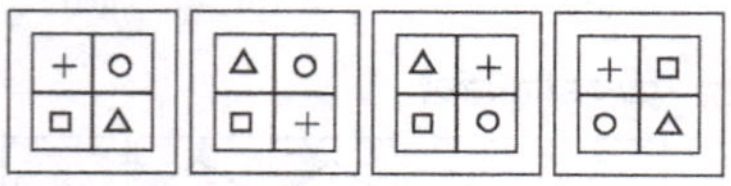

(a) (b) (c) (d)

326. प्रश्न आकृतियाँ

SSC GD 23/02/2024 Shift-I

उत्तर आकृतियाँ

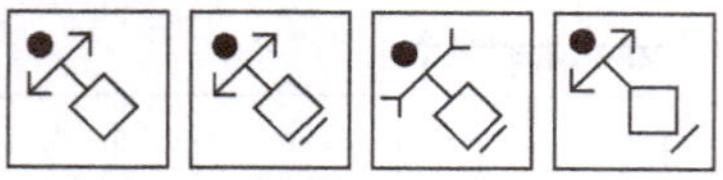

(a) (b) (c) (d)

327. प्रश्न आकृतियाँ

SSC GD 23/02/2024 Shift-I

उत्तर आकृतियाँ

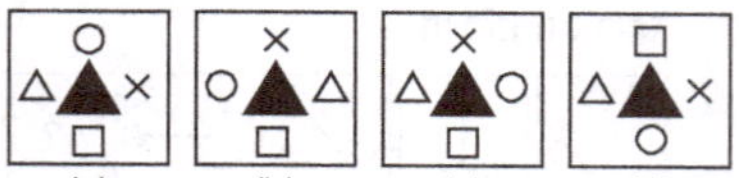

(a) (b) (c) (d)

328. प्रश्न आकृतियाँ

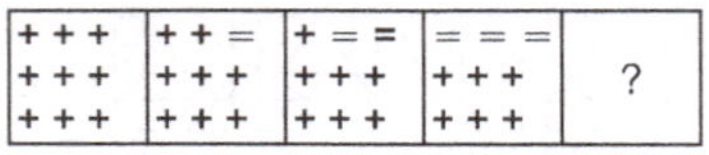

SSC GD 22/02/2024 Shift-III

उत्तर आकृतियाँ

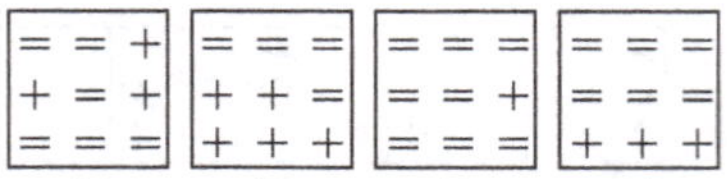

(a) (b) (c) (d)

329. प्रश्न आकृतियाँ

SSC GD 22/02/2024 Shift-III

उत्तर आकृतियाँ

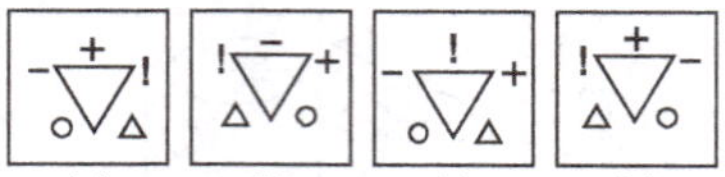

(a) (b) (c) (d)

330. प्रश्न आकृतियाँ

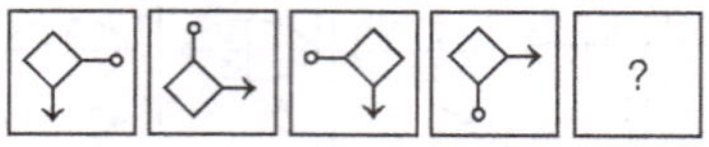

SSC GD 22/02/2024 Shift-II

उत्तर आकृतियाँ

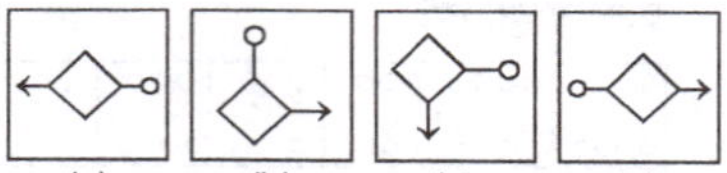

(a) (b) (c) (d)

331. प्रश्न आकृतियाँ

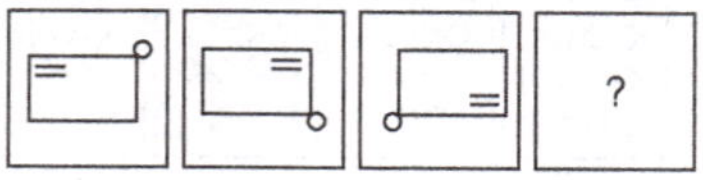

SSC GD 22/02/2024 Shift-II

उत्तर आकृतियाँ

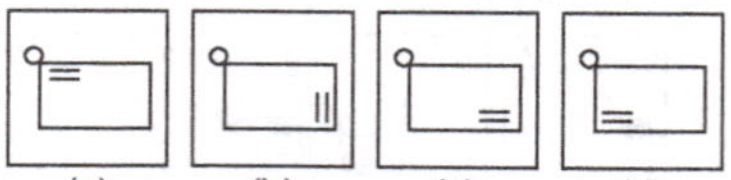

(a) (b) (c) (d)

332. प्रश्न आकृतियाँ

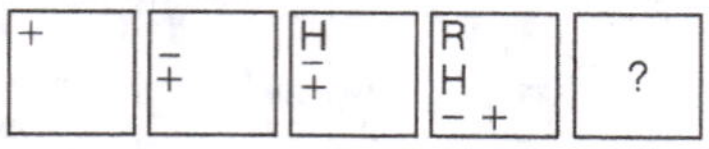

SSC GD 22/02/2024 Shift-I

उत्तर आकृतियाँ

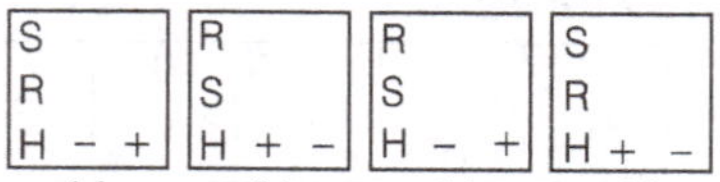

(a) (b) (c) (d)

333. प्रश्न आकृतियाँ

SSC GD 22/02/2024 Shift-I

उत्तर आकृतियाँ

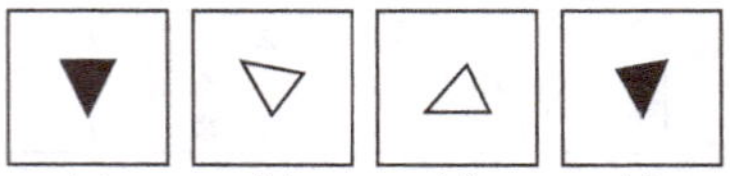

(a) (b) (c) (d)

334. प्रश्न आकृतियाँ

SSC GD 21/02/2024 Shift-IV

उत्तर आकृतियाँ

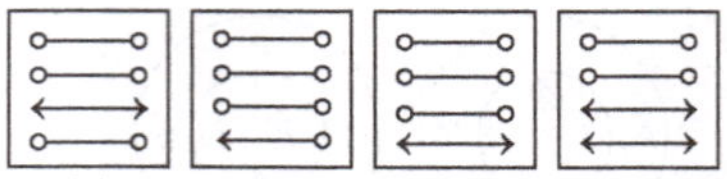

(a) (b) (c) (d)

335. प्रश्न आकृतियाँ

SSC GD 21/02/2024 Shift-III

उत्तर आकृतियाँ

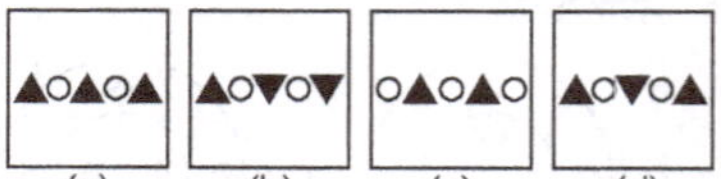

(a) (b) (c) (d)

336. प्रश्न आकृतियाँ

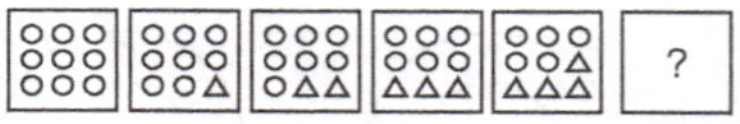

SSC GD 21/02/2024 Shift-III

उत्तर आकृतियाँ

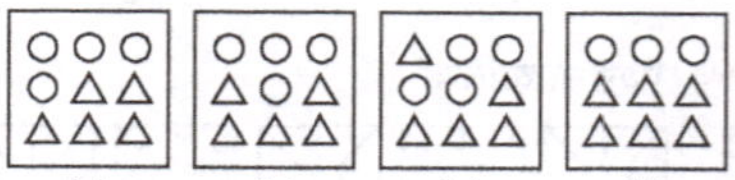

(a) (b) (c) (d)

337. प्रश्न आकृतियाँ

SSC GD 21/02/2024 Shift-II

उत्तर आकृतियाँ

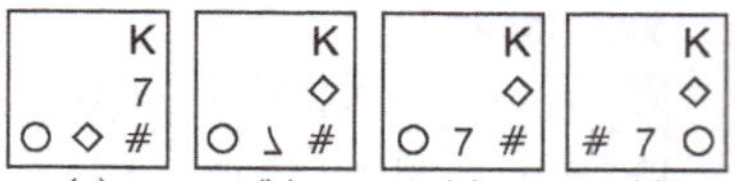

(a) (b) (c) (d)

338. प्रश्न आकृतियाँ

SSC GD 21/02/2024 Shift-I

उत्तर आकृतियाँ

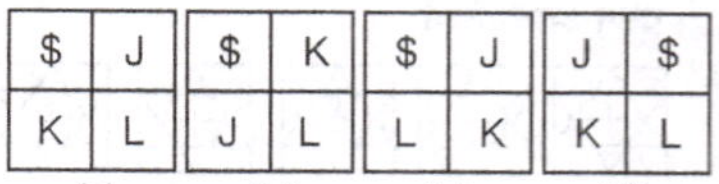

(a) (b) (c) (d)

339. प्रश्न आकृतियाँ

SSC GD 20/02/2024 Shift-I

उत्तर आकृतियाँ

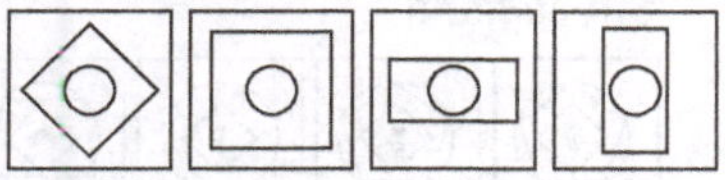

(a) (b) (c) (d)

340. प्रश्न आकृतियाँ

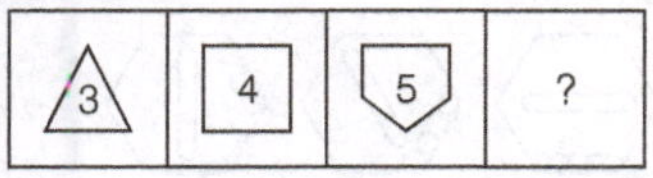

SSC GD 20/02/2024 Shift-IV

उत्तर आकृतियाँ

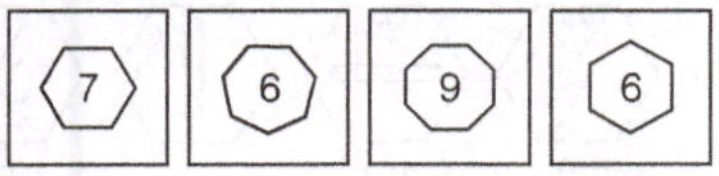

(a) (b) (c) (d)

341. प्रश्न आकृतियाँ

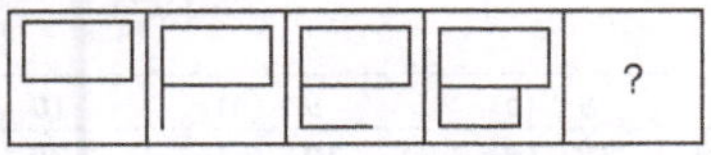

SSC GD 20/02/2024 Shift-IV

उत्तर आकृतियाँ

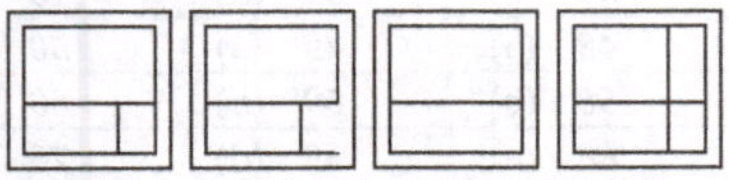

(a) (b) (c) (d)

342. प्रश्न आकृतियाँ

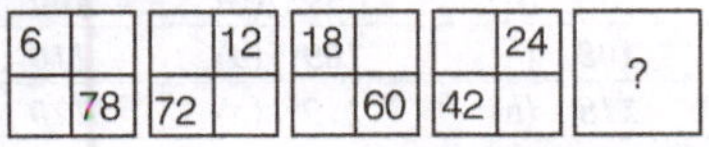

SSC GD 20/02/2024 Shift-III

उत्तर आकृतियाँ

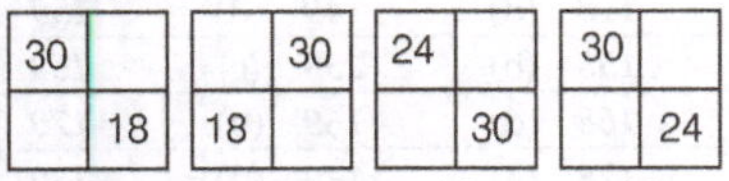

(a) (b) (c) (d)

343. प्रश्न आकृतियाँ

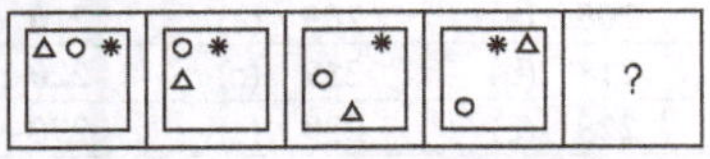

SSC GD 20/02/2024 Shift-II

उत्तर आकृतियाँ

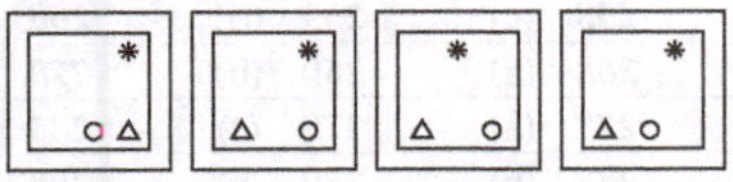

(a) (b) (c) (d)

344. प्रश्न आकृतियाँ

SSC GD 20/02/2024 Shift-II

उत्तर आकृतियाँ

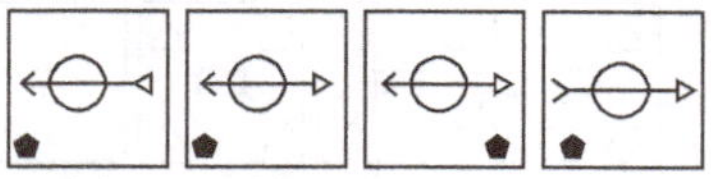

(a) (b) (c) (d)

345. प्रश्न आकृतियाँ

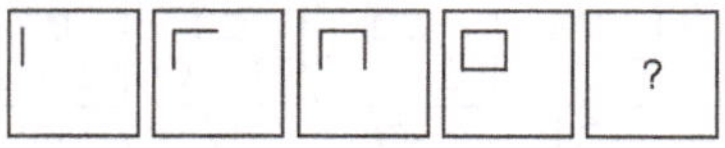

SSC GD 20/02/2024 Shift-I

उत्तर आकृतियाँ

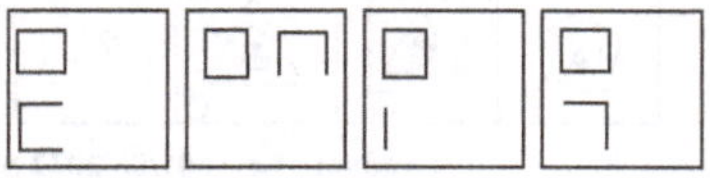

(a) (b) (c) (d)

346. प्रश्न आकृतियाँ

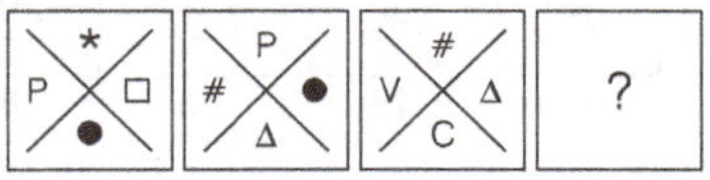

SSC GD 13/02/2024 Shift-IV

उत्तर आकृतियाँ

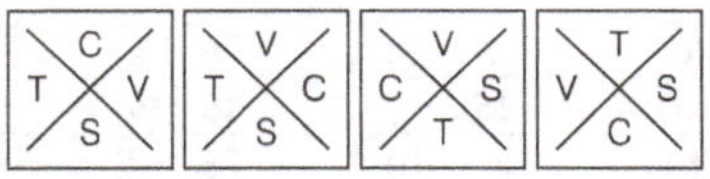

(a) (b) (c) (d)

347. प्रश्न आकृतियाँ

SSC GD 07/02/2023 Shift-I

उत्तर आकृतियाँ

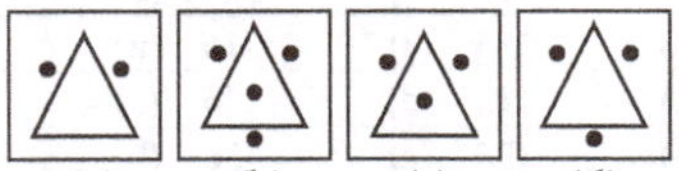

(a) (b) (c) (d)

348. प्रश्न आकृतियाँ

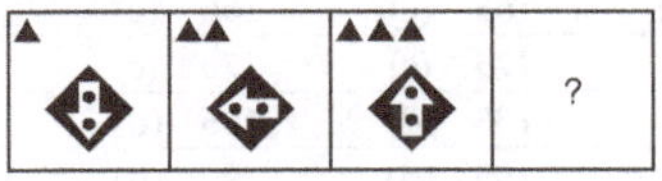

SSC GD 06/02/2023 Shift-I

उत्तर आकृतियाँ

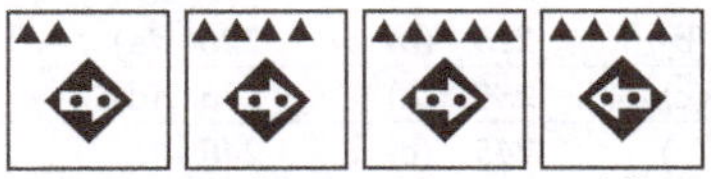

(a) (b) (c) (d)

349. प्रश्न आकृतियाँ

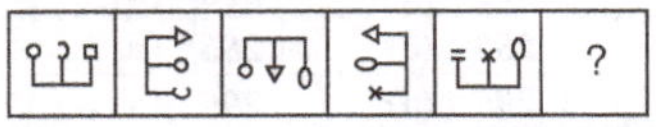

SSC GD 02/02/2023 Shift-I

उत्तर आकृतियाँ

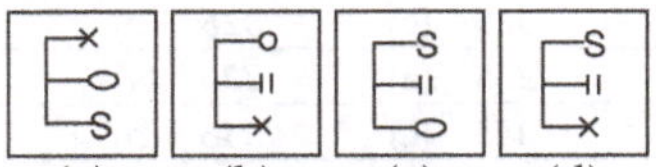

(a) (b) (c) (d)

350. प्रश्न आकृतियाँ

SSC GD 01/02/2023 Shift-I

उत्तर आकृतियाँ

(a) (b) (c) (d)

SSC Selection Post 2024-2022

निर्देश (प्र. सं. 351-360) *उस विकल्प आकृति का चयन कीजिए, जो श्रृंखला को तर्कसंगत रूप से पूर्ण करने के लिए निम्नलिखित श्रृंखला में प्रश्नचिह्न (?) को प्रतिस्थापित कर सकती है।*

351. प्रश्न आकृतियाँ

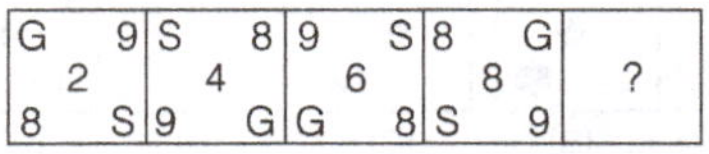

Matric Level 20/06/2024 Shift-IV

उत्तर आकृतियाँ

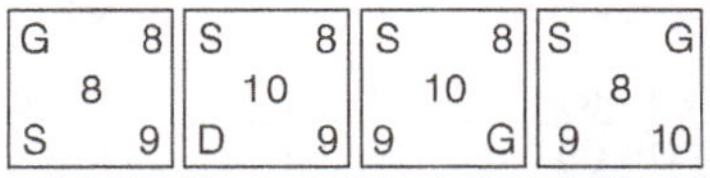

(a) (b) (c) (d)

352. प्रश्न आकृतियाँ

Higher Secondary Level 20/06/2024 Shift-II

उत्तर आकृतियाँ

(a) (b) (c) (d)

353. प्रश्न आकृतियाँ

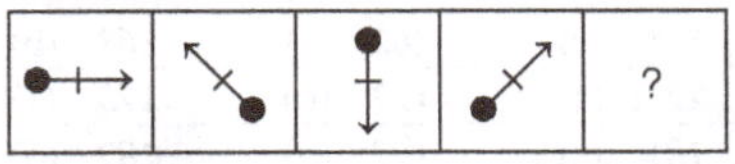

Graduate Level 20/06/2024 Shift-III

उत्तर आकृतियाँ

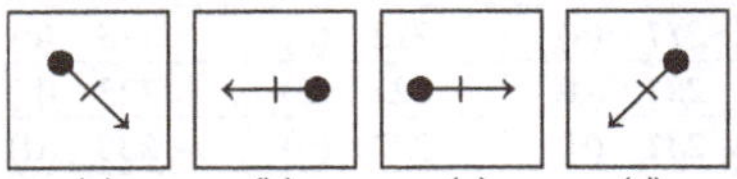

(a) (b) (c) (d)

354. प्रश्न आकृतियाँ

Matric Level 27/06/2023 Shift-I

उत्तर आकृतियाँ

(a) (b) (c) (d)

355. प्रश्न आकृतियाँ

Matric Level 27/06/2023 Shift-I

उत्तर आकृतियाँ

(a) (b) (c) (d)

356. प्रश्न आकृतियाँ

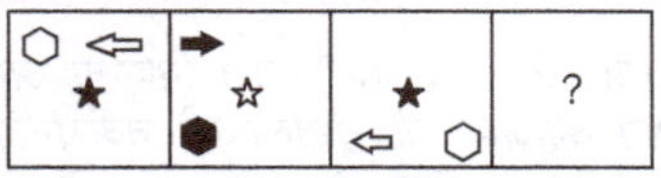

Graduate Level 27/06/2023 Shift-IV

उत्तर आकृतियाँ

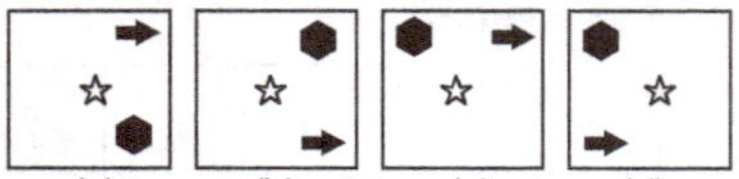

(a) (b) (c) (d)

357. प्रश्न आकृतियाँ

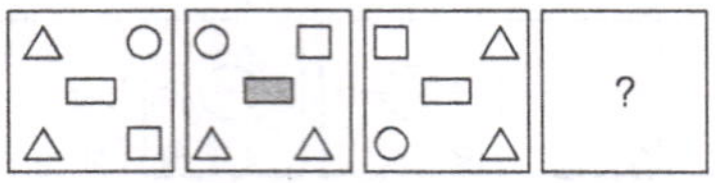

Higher Secondary Level 27/06/2023 Shift-III

उत्तर आकृतियाँ

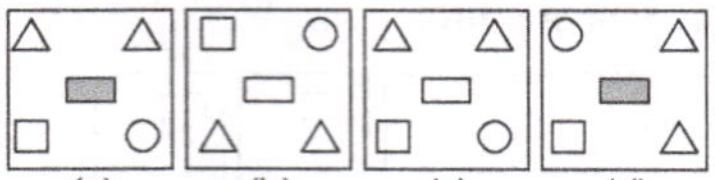

(a) (b) (c) (d)

358. प्रश्न आकृतियाँ

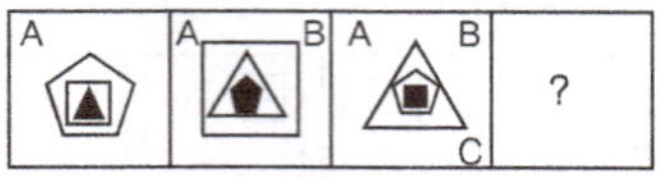

Graduate Level 01/08/2022 Shift-IV

उत्तर आकृतियाँ

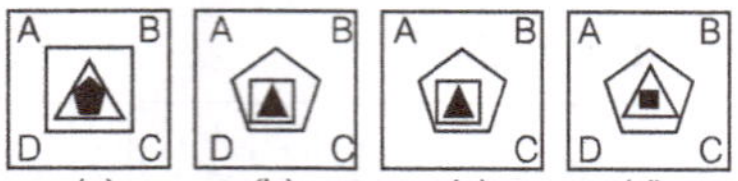

(a) (b) (c) (d)

359. प्रश्न आकृतियाँ

Matric Level 01/08/2022 Shift-I

उत्तर आकृतियाँ

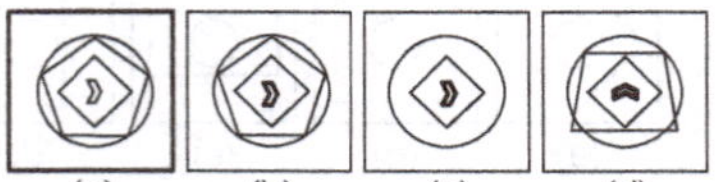

(a) (b) (c) (d)

360. प्रश्न आकृतियाँ

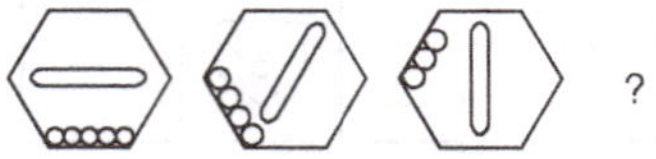

Higher Secondary Level 01/08/2022 Shift-II

उत्तर आकृतियाँ

(a) (b) (c) (d)

सही उत्तर

1	(c)	2	(c)	3	(a)	4	(c)	5	(b)	6	(a)	7	(c)	8	(c)	9	(a)	10	(b)
11	(b)	12	(a)	13	(b)	14	(d)	15	(c)	16	(a)	17	(d)	18	(d)	19	(b)	20	(d)
21	(a)	22	(c)	23	(d)	24	(b)	25	(b)	26	(d)	27	(c)	28	(c)	29	(b)	30	(d)
31	(a)	32	(b)	33	(c)	34	(a)	35	(d)	36	(b)	37	(c)	38	(a)	39	(d)	40	(d)
41	(d)	42	(b)	43	(c)	44	(d)	45	(d)	46	(c)	47	(b)	48	(a)	49	(a)	50	(d)
51	(d)	52	(c)	53	(d)	54	(c)	55	(d)	56	(d)	57	(a)	58	(b)	59	(b)	60	(a)
61	(a)	62	(a)	63	(c)	64	(d)	65	(d)	66	(a)	67	(b)	68	(a)	69	(d)	70	(d)
71	(d)	72	(b)	73	(b)	74	(a)	75	(d)	76	(a)	77	(b)	78	(c)	79	(a)	80	(b)
81	(a)	82	(d)	83	(a)	84	(d)	85	(d)	86	(d)	87	(b)	88	(a)	89	(b)	90	(a)
91	(c)	92	(d)	93	(c)	94	(a)	95	(d)	96	(d)	97	(b)	98	(d)	99	(b)	100	(b)
101	(c)	102	(b)	103	(d)	104	(b)	105	(c)	106	(d)	107	(d)	108	(a)	109	(a)	110	(c)
111	(b)	112	(d)	113	(d)	114	(d)	115	(c)	116	(a)	117	(b)	118	(a)	119	(a)	120	(b)
121	(b)	122	(a)	123	(a)	124	(a)	125	(d)	126	(a)	127	(b)	128	(b)	129	(b)	130	(c)
131	(c)	132	(a)	133	(a)	134	(b)	135	(c)	136	(b)	137	(b)	138	(d)	139	(b)	140	(a)
141	(a)	142	(b)	143	(d)	144	(b)	145	(b)	146	(a)	147	(b)	148	(d)	149	(d)	150	(d)
151	(c)	152	(c)	153	(d)	154	(b)	155	(d)	156	(b)	157	(c)	158	(b)	159	(c)	160	(d)
161	(c)	162	(c)	163	(b)	164	(d)	165	(c)	166	(c)	167	(c)	168	(d)	169	(b)	170	(a)
171	(a)	172	(b)	173	(a)	174	(c)	175	(c)	176	(c)	177	(b)	178	(a)	179	(d)	180	(b)
181	(c)	182	(d)	183	(d)	184	(a)	185	(d)	186	(d)	187	(d)	188	(b)	189	(d)	190	(c)
191	(d)	192	(c)	193	(b)	194	(c)	195	(d)	196	(d)	197	(a)	198	(b)	199	(d)	200	(d)
201	(a)	202	(b)	203	(a)	204	(c)	205	(d)	206	(c)	207	(b)	208	(a)	209	(a)	210	(c)
211	(a)	212	(a)	213	(c)	214	(c)	215	(c)	216	(d)	217	(b)	218	(b)	219	(c)	220	(a)
221	(d)	222	(d)	223	(b)	224	(b)	225	(b)	226	(a)	227	(d)	228	(c)	229	(c)	230	(a)
231	(b)	232	(b)	233	(d)	234	(c)	235	(a)	236	(d)	237	(c)	238	(b)	239	(d)	240	(c)
241	(c)	242	(d)	243	(a)	244	(a)	245	(c)	246	(a)	247	(a)	248	(c)	249	(a)	250	(d)
251	(b)	252	(a)	253	(d)	254	(d)	255	(c)	256	(d)	257	(b)	258	(c)	259	(d)	260	(a)
261	(a)	262	(b)	263	(a)	264	(a)	265	(b)	266	(a)	267	(c)	268	(a)	269	(b)	270	(d)
271	(a)	272	(c)	273	(c)	274	(d)	275	(d)	276	(d)	277	(c)	278	(a)	279	(c)	280	(d)
281	(a)	282	(c)	283	(d)	284	(a)	285	(c)	286	(d)	287	(c)	288	(b)	289	(c)	290	(d)
291	(c)	292	(c)	293	(d)	294	(c)	295	(a)	296	(a)	297	(b)	298	(b)	299	(c)	300	(c)
301	(d)	302	(d)	303	(a)	304	(a)	305	(c)	306	(b)	307	(d)	308	(a)	309	(d)	310	(a)
311	(a)	312	(c)	313	(d)	314	(c)	315	(d)	316	(a)	317	(a)	318	(a)	319	(c)	320	(b)
321	(a)	322	(a)	323	(d)	324	(c)	325	(c)	326	(b)	327	(b)	328	(b)	329	(a)	330	(c)
331	(d)	332	(a)	333	(d)	334	(d)	335	(a)	336	(a)	337	(c)	338	(a)	339	(c)	340	(d)
341	(b)	342	(a)	343	(d)	344	(b)	345	(c)	346	(b)	347	(b)	348	(b)	349	(d)	350	(b)
351	(c)	352	(c)	353	(b)	354	(a)	355	(d)	356	(b)	357	(a)	358	(b)	359	(b)	360	(a)

उत्तर सहित हल

1. (c) दी गई आकृति शृंखला की प्रत्येक अगली आकृति में अक्षर वर्ग में दक्षिणावर्त एक स्थान आगे बढ़ रहे हैं तथा तीर का चिह्न अपने स्थान पर 90° दक्षिणावर्त घूम रहा है।

अत: प्रश्नचिह्न के स्थान पर विकल्प (c) की आकृति आएगी।

2. (c) दी गई आकृति शृंखला का क्रम निम्न प्रकार है।

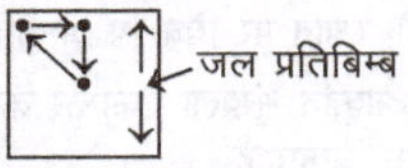

अत: प्रश्नचिह्न के स्थान पर विकल्प (c) की आकृति आएगी।

3. (a) दी गई आकृति शृंखला के प्रत्येक अगले पद में पंचभुजनुमा आकृति अपने स्थान पर दक्षिणावर्त दिशा में 45° घुम रहा है तथा अक्षर और चिह्न आपस में अपना स्थान बदल रहे हैं तथा इनमें से जो भी बाहर आ रहे वह नए चिह्न और अक्षर में बदलता जा रहा है।

इस प्रकार शृंखला में प्रश्नचिह्न के स्थान पर विकल्प आकृति (a) होगा।

4. (c) दी गई आकृति शृंखला का क्रम निम्न पैटर्न पर आधारित है।

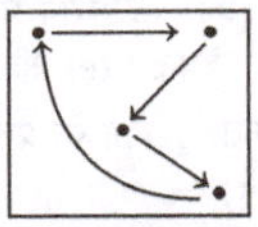

इस प्रकार प्रश्नचिह्न के स्थान पर विकल्प आकृति (c) आएगी।

5. (b) दी गई आकृति शृंखला में एकान्तर क्रम में निम्न पैटर्न लागू हो रहा है।

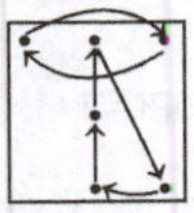

आकृति 1 से 2 तथा आकृति 3 से 4 में

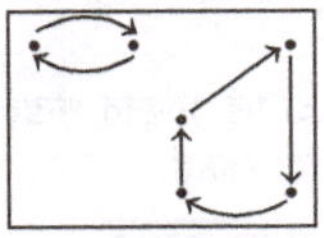

आकृति 2 से 3 तथा आकृति 4 से 5 में

इस प्रकार उत्तर आकृति (b) शृंखला के प्रश्न चिह्न के स्थान पर होगा।

6. (a) दी गई आकृति शृंखला के प्रत्येक अगली आकृति में मध्य का चिह्न अपने स्थान पर 45° दक्षिणावर्त घूम रहा है तथा वर्ग के कोने पर स्थित तत्त्व दक्षिणावर्त एक स्थान आगे बढ़ रही है। इस प्रकार शृंखला की अगली आकृति विकल्प (a) की आकृति होगी।

7. (c) दी गई आकृति शृंखला के ऊपरी दाएँ कोने में स्थित अक्षर से आरम्भ होकर प्रत्येक अगले पद में दक्षिणावर्त दिशा में आने वाले अक्षर अपने दर्पण प्रतिबिम्ब में बदल जा रहा है। इस प्रकार शृंखला के प्रश्नचिह्न के स्थान पर उत्तर आकृति (c) होगी।

8. (c) दी गई शृंखला के प्रत्येक अगले पद में वामावर्त दिशा में तीन रेखाएँ कम हो रही हैं।

अत: शृंखला में प्रश्नचिह्न के स्थान पर विकल्प आकृति (c) होगी।

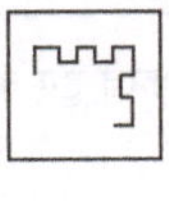

9. (a) दी गई आकृति शृंखला के प्रत्येक अगली आकृति में एक भुजा और एक तीर की वृद्धि हो रही है तथा एकान्तर आकृति में तीरों के सिर अन्दर तथा बाहर की तरफ हो रहे है। अत: इस क्रमानुसार, विकल्प आकृति (a) इस आकृति शृंखला को पूर्ण करेगी।

10. (b) दी गई आकृति शृंखला में एकान्तर क्रम में निम्न पैटर्न का अनुसरण हो रहा है

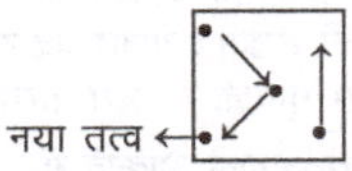

आकृति (i) से (ii) तथा आकृति (iii) से (iv)

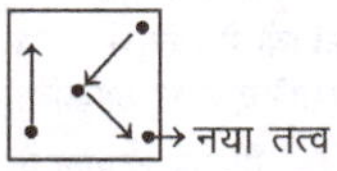

आकृति (ii) से (iii) तथा आकृति (iv) से (v)

उपरोक्त क्रम के अनुसार, उत्तर आकृति (b) इस शृंखला को पूर्ण करेगी।

11. (b) दी गई आकृति शृंखला का क्रम निम्न प्रकार से है।

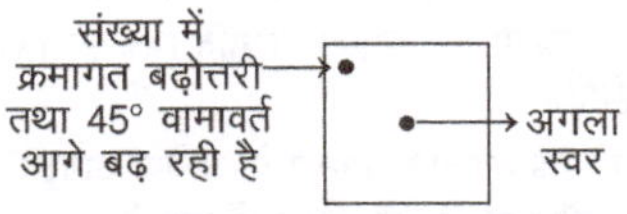

इसी क्रम का अनुसरण करते हुए, उत्तर आकृति (b) इस आकृति शृंखला को पूर्ण करेगी।

12. (a) दी गई आकृति शृंखला में निम्न क्रम/नियम का अनुसरण हो रहा है।

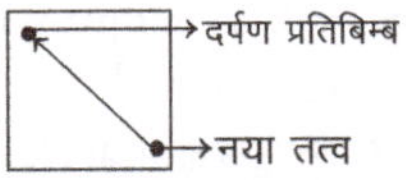

इसी क्रम के अनुसार, उत्तर आकृति (a), इस आकृति शृंखला को पूर्ण करेगी।

13. (b) दी गई आकृति शृंखला में एकान्तर क्रम में निम्न पैटर्न का अनुसरण हो रहा है।

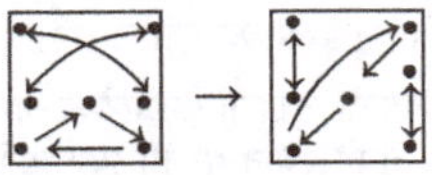

आकृति (i) से (ii) तथा आकृति (iii) से (iv) → आकृति (ii) से (iii) तथा आकृति (iv) से (v)

अत: उपरोक्त क्रम के अनुसार, उत्तर आकृति (b) दी गई शृंखला को पूर्ण करेंगी।

14. (d) दी गई आकृति शृंखला के प्रत्येक अगली आकृति में घड़ी का समय 2 घण्टे लगातार बढ़ रहा है।

अत: उत्तर आकृति (d) इस शृंखला को पूर्ण करेंगी।

15. (c) दी गई आकृति शृंखला में निम्न क्रम/नियम का अनुसरण हो रहा है,

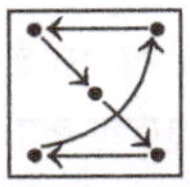

आकृति I से II तथा आकृति III से IV में,

आकृति II से III तथा आकृति IV से V में,

अत: इस क्रम का अनुसरण करते हुए उत्तर आकृति (c) इस आकृति शृखला को पूर्ण करेंगी।

16. (a) दी गई आकृति शृंखला का क्रम निम्न प्रकार है,

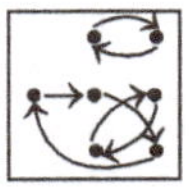

आकृति I से II तथा आकृति III से IV में,

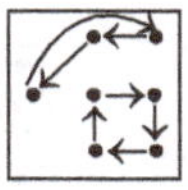

आकृति II से III तथा आकृति IV से V में,

अत: विकल्प आकृति (a) शृंखला को पूर्ण करेगी।

17. (d) दी गई आकृति शृंखला का क्रम निम्न प्रकार है,

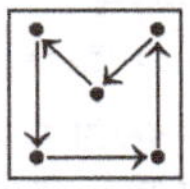

∴ विकल्प आकृति (d) शृंखला को पूर्ण करेगी।

18. (d) दी गई आकृति शृंखला का क्रम निम्न प्रकार है

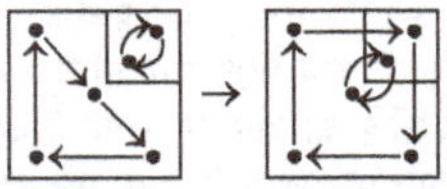

आकृति I से II तथा आकृति III से IV में, → आकृति II से III तथा आकृति IV से V में,

अत: विकल्प आकृति (d) आकृति शृंखला को पूर्ण करेगी

19. (b) दी गई आकृति शृंखला का क्रम निम्न प्रकार है

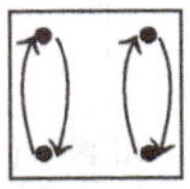

आकृति I से II तथा आकृति III से IV में,

आकृति II से III तथा आकृति IV से V में,

अत: विकल्प आकृति (b) दी गई आकृति शृंखला को पूर्ण करेगी।

20. (d) दी गई आकृति शृंखला का क्रम निम्न प्रकार है

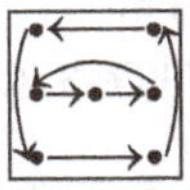

आकृति 1 से 2 तथा 3 से 4 में

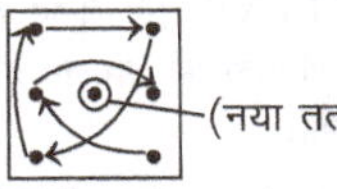

आकृति 2 से 3 तथा 4 से 5 में

अत: प्रश्नचिह्न के स्थान पर विकल्प आकृति (d) आएगी।

21. (a) दी गई आकृति शृंखला में एकान्तर क्रम निम्न प्रकार है

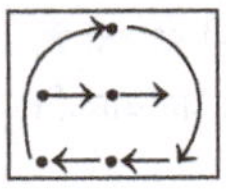

आकृति II से III तथा IV से V में,

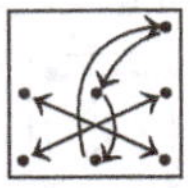

आकृति I से II तथा III से IV में,

इस प्रकार शृंखला में प्रश्नचिह्न के स्थान पर विकल्प आकृति (a) होगी।

22. (c) दी गई आकृति शृंखला में प्रत्येक अगली आकृति में दो बिन्दु के स्थान पर एक चिह्न (×) आकृति में आ जाता है। अत: प्रश्न चिह्न के स्थान पर विकल्प आकृति (c) आएगी।

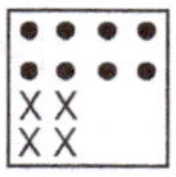

23. (d) दी गई आकृति शृंखला में प्रत्येक अगली आकृति का क्रम निम्न प्रकार है–

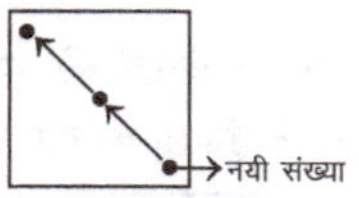

अत: प्रश्नचिह्न के स्थान पर विकल्प आकृति (d) आएगी।

24. (b) दी गई आकृति शृंखला में प्रत्येक अगली आकृति में दाईं ओर अर्थात् दक्षिणावर्त दिशा में एक नया तत्त्व जुड़ रहा है। अत: प्रश्नचिह्न के स्थान पर विकल्प (b) की आकृति आएगी।

25. (b) दी गई आकृति शृंखला की प्रत्येक अगली आकृति में वर्ग का विकर्ण 90° वामावर्त घूम रहा है तथा ऊपर वाला अंक नीचे की ओर आ जाता है और ऊपर वाले अंक के स्थान पर एक नया अंक प्रतिस्थापित हो जाता है।

अत: प्रश्नचिन्ह के स्थान पर विकल्प (b) की आकृति आएगी।

26. (d) दी गई आकृति शृंखला एकान्तर क्रम शृंखला है जिसमें आकृतियों के परिवर्तन का पैटर्न निम्न है,

आकृति (i) से (ii) तथा आकृति (iii) से (iv) में — आकृति (ii) से (iii) तथा आकृति (iv) से (v) में

इस प्रकार उपरोक्त पैटर्न का अनुसरण कर विकल्प आकृति (d) दी गई शृंखला को पूर्ण करेगी।

27. (c) दी गई आकृति शृंखला में प्रत्येक अगली आकृति में पहले वाली रेखा 45° दक्षिणावर्त दिशा में स्थानान्तरित हो रही है तथा एक नया अक्षर पहले से उपस्थित अक्षर से 45° का कोण बनाते हुए जुड़ते जा रहा है।

इस प्रकार शृंखला की अगली आकृति विकल्प (c) की आकृति होगी।

28. (c) शृंखला के प्रत्येक अगली आकृति में एक त्रिभुज बाहर तथा एक '+' चिह्न अन्दर वामावर्त दिशा में जुड़ रहा हैं। इस प्रकार शृंखला की अगली आकृति विकल्प (c) की आकृति होगी।

29. (b) दी गई आकृति शृंखला के प्रत्येक अगली आकृति में बाहरी वृत्त 45° दक्षिणावर्त आगे बढ़ता है तथा चतुर्भुज में एक रेखा की बढ़ोत्तरी हो रही है।

इस प्रकार विकल्प (b) की आकृति, शृंखला की अगली आकृति होगी।

30. (d) दी गई आकृति शृंखला के प्रत्येक अगली आकृति में परिवर्तन का पैटर्न निम्न है

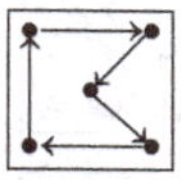

इस प्रकार शृंखला की अगली आकृति विकल्प (d) की आकृति होगी।

31. (a) दी गई आकृति शृंखला एकान्तर क्रम शृंखला है।

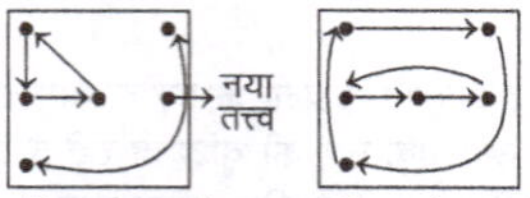

आकृति I से II और आकृति III से IV — आकृति II से III और आकृति IV से V

अत: शृंखला की अगली आकृति विकल्प (a) की आकृति होगी।

32. (b) दी गई आकृति शृंखला के प्रत्येक अगली आकृतियों में विकर्णत: एक वर्ग की संख्या लगातार बढ़ रही हैं। इसलिए उत्तर आकृति (b) इस शृंखला को पूरा करेगी।

33. (c) दी गई शृंखला के, प्रत्येक अगली आकृति में एक-एक बिन्दु घट रहे हैं तथा उसके स्थान पर एकान्तर क्रम में X तथा P आ रहा है। अत: इस प्रकार शृंखला की अगली आकृति उत्तर आकृति (c) होगी।

34. (a) दी गई आकृति शृंखला के प्रत्येक अगली आकृति में षट्भुज के अन्दर तथा बाहर उपस्थित क्रमश: रेखा तथा संख्या में एक की वृद्धि हो रही है तथा संख्या वामावर्त दिशा में षट्भुज के अगले भुजा पर स्थानान्तरित हो रही है।

इस प्रकार शृंखला की अगली आकृति विकल्प (a) की आकृति होगी।

35. (d) दी गई आकृति शृंखला के प्रत्येक अगली आकृति में निम्न क्रम/नियम का अनुसरण हो रहा है।

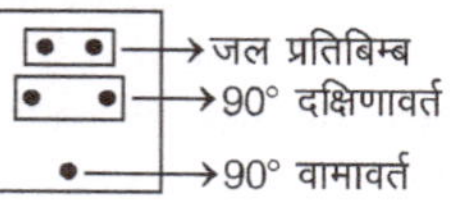

अत: उपरोक्त क्रम/नियम का अनुसरण करते हुए शृंखला को विकल्प आकृति (d) पूर्ण करेगी।

36. (b) दी गई आकृति शृंखला में प्रत्येक चरण के साथ निचले दाएँ कोने पर दी गई उपआकृति आकार में बढ़ जाती है और ऊर्ध्वाधर रूप से पलटकर ऊपरी बाएँ कोने पर स्थानान्तरित हो जाती है। इसके अतिरिक्त निचले दाएँ कोने पर नई आकृति आ जाती है।

अत: इसी क्रम का अनुसरण करने पर विकल्प आकृति (b) दी गई आकृति शृंखला को पूरा करेगी।

37. (c) दी गई आकृति शृंखला के प्रत्येक अगली आकृति में बीच का अक्षर अपने स्थान पर ही 90° दक्षिणावर्त दिशा में घूम रहा है तथा चिह्न (*) दक्षिणावर्त दिशा में आगे बढ़ रहा है। इस प्रकार शृंखला की अगली आकृति विकल्प (c) की आकृति होगी।

38. (a) दी गई शृंखला एकान्तर क्रम शृंखला है, जो निम्न प्रकार से पैटर्न का अनुसरण करती है।

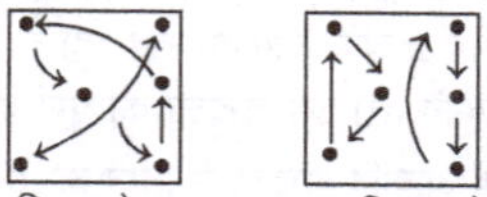

आकृति (i) से (ii) और आकृति (iii) से (iv) — आकृति (ii) से (iii) और आकृति (iv) से (v)

अत: विकल्प आकृति (a) शृंखला को पूरा करेगी।

39. (d) दी गई शृंखला एकान्तर शृंखला क्रम में हैं, जो निम्न पैटर्न का अनुसरण करती है।

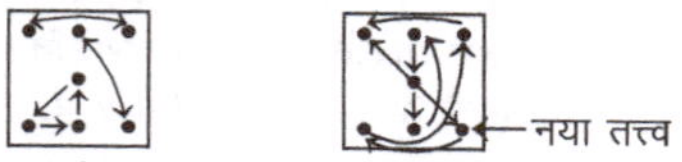

आकृति (i) से (ii) तथा आकृति (iii) से (iv) — आकृति (ii) से (iii) तथा आकृति (iv) से (v)

अत: अगली आकृति विकल्प (d) होगी।

40. (d) दी गई आकृति शृंखला के प्रत्येक अगली आकृति में छायांकित भाग क्रमश: 1, 2, 3, 4 स्थान वामावर्त दिशा में स्थानान्तरित हो रहा है, इस प्रकार शृंखला की अगली आकृति विकल्प (d) की आकृति होगी।

41. (d) दी गई आकृति शृंखला प्रत्येक अगली आकृति निम्न पैटर्न पर आधारित है

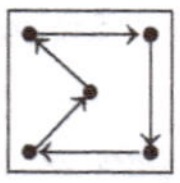

अत: प्रश्नचिह्न के स्थान पर विकल्प आकृति (d) होगी।

42. (b) दी गई आकृति शृंखला एकान्तर क्रम में है जिसका पैटर्न निम्न प्रकार है

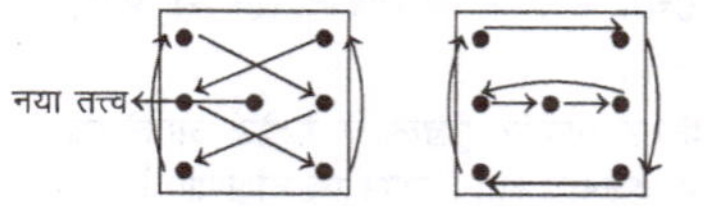

आकृति (i) से (ii) में तथा आकृति (iii) से (iv) में — आकृति (ii) से (iii) में तथा आकृति (iv) से (v) में

अत: प्रश्नचिह्न के स्थान पर विकल्प (b) की आकृति आएगी।

43. (c) दी गई आकृति शृंखला के प्रत्येक अगले पद में अक्षर तथा संख्या अपने स्थान परिवर्तन कर रहे हैं। इसके अतिरिक्त एकान्तर क्रम में नयी संख्या तथा अक्षर उपस्थित संख्या तथा अक्षर के स्थान पर आ जाते हैं। अत: प्रश्नचिह्न के स्थान पर विकल्प (c) की आकृति आएगी।

44. (d) दी गई आकृति शृंखला के प्रत्येक अगली आकृति का क्रम निम्न प्रकार है,

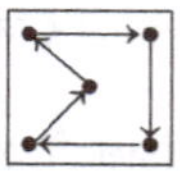

अत: प्रश्नचिह्न (?) के स्थान पर विकल्प आकृति (d) होगी।

45. (d) दी गई आकृति शृंखला में निम्न क्रम का अनुसरण हो रहा है।

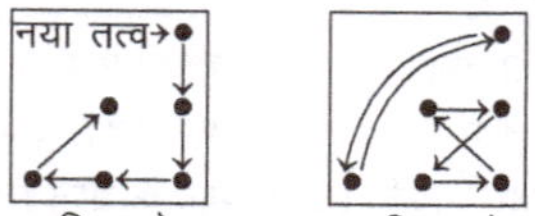

आकृति (i) से (ii) तथा (iii) से (iv) में — आकृति (ii) से (iii) तथा (iv) से (v) में

अत: आकृति (d) इस शृंखला को पूरा करेगी।

46. (c) दी गई आकृति शृंखला के प्रत्येक अगली आकृति में निम्न क्रम का अनुसरण हो रहा है।

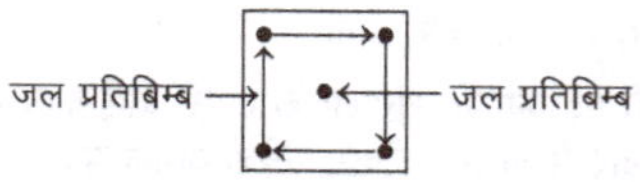

इसी क्रम का अनुसरण करते हुए, इस आकृति शृंखला को विकल्प आकृति (c) पूरा करेगी।

47. (b) दी गई आकृति शृंखला की प्रत्येक अगली आकृति में निम्नवत् परिवर्तन हो रहा है।

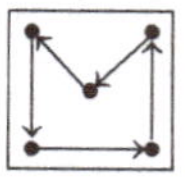

इसी क्रम का अनुसरण करते हुए आकृति (b) इस शृंखला को पूरा करेगी।

48. (a) दी गई आकृति शृंखला का क्रम निम्न प्रकार है तथा तीर के चिह्न को एकान्तर तरीके से 90° तथा 180° दक्षिणावर्त घुमाया जा रहा है।

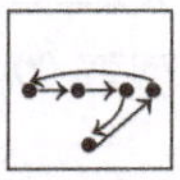

अत: विकल्प (a) की आकृति '?' के स्थान पर आएगी।

49. (a) दी गई आकृति शृंखला दो शृंखलाओं पर आधारित है। पहली शृंखला, आकृति 1, 3, 5 तथा दूसरी शृंखला आकृति 2, 4, 6 में है। पहली शृंखला आकृति (1, 3 तथा 5) में 2 बिन्दु की वृद्धि के साथ विकर्णवत अपना स्थान भी परिवर्तित करती है।

इसी प्रकार दूसरी शृंखला में रेखाखण्ड, में 2 की वृद्धि के साथ विकर्णवत अपना स्थान परिवर्तित करती है। इस प्रकार उत्तर आकृति (a) दूसरी शृंखला आकृति के प्रश्नचिह्न के स्थान पर आएगी।

50. (d) दी गई आकृति शृंखला के प्रत्येक अगली आकृति में डिजाइन एकान्तर क्रम में पहले 45° दक्षिणावर्त घूमती है तथा फिर यह 135° वामावर्त घूमती है इस प्रकार प्रश्नचिह्न के स्थान पर उत्तर आकृति (d) होगी।

51. (d) दी गई शृंखला आकृति के प्रत्येक अगली आकृति में तीर अपने स्थान पर 90° दक्षिणावर्त घूमता है तथा साथ में ये सारे तीर एकान्तर क्रम में 45° तथा 90° दक्षिणावर्त दिशा में आगे बढ़ते हैं। इस प्रकार प्रश्नचिह्न के स्थान पर उत्तर आकृति (d) होगा।

52. (c) दी गई आकृति शृंखला के प्रत्येक अगले पद में अक्षर दक्षिणावर्त दिशा में 90° आगे जा रहे हैं और अंग्रेजी वर्णमाला के अगले अक्षरों से परिवर्तित हो जाते हैं। इसके अतिरिक्त मध्य की आकृति में एक शीर्ष बढ़ जाता है और एकान्तर क्रम में छायांकित हो जाती है। इस प्रकार शृंखला में प्रश्नचिह्न के स्थान पर उत्तर आकृति (c) आएगी।

53. (d) दी गई आकृति शृंखला में प्रत्येक अगली आकृति में तीर की संख्या क्रमागत रूप से बढ़ती जाती है तथा '*' की संख्या क्रमागत रूप से घटती जाती है। और अंग्रेजी वर्णमाला का अक्षर प्रत्येक अगली आकृति में 90° दक्षिणावर्त आगे होकर वर्णमाला के दो स्थान आगे वाले अक्षर में परिवर्तित हो जाता है। इस प्रकार यह क्रम जारी रहता है। अत: अगली आकृति विकल्प (d) आकृति होगी।

54. (c) दी गई आकृति शृंखला के प्रत्येक अगली आकृति में किनारे के डिजाइन 90° दक्षिणावर्त दिशा में आगे बढ़ रहे हैं तथा त्रिभुज (Δ) अपनी स्थिति उल्टा कर लेता है। साथ ही, तीर (↑) का चिह्न 90° अपने स्थान पर ही दक्षिणावर्त दिशा में घूम रहा है। इस प्रकार प्राप्त शृंखला की अगली आकृति विकल्प (c) की आकृति होगी।

55. (d) दी गई आकृति शृंखला के प्रत्येक अगली आकृति में त्रिभुज की आकृति 90° दक्षिणावर्त दिशा में घूम रही है, जबकि मध्य का आयत एकान्तर रूप से छायांकित हो रहा है। इस प्रकार प्राप्त अगली आकृति उत्तर (d) की आकृति होगी।

56. (d) दी गई आकृति शृंखला के पहले से दूसरे पद तथा तीसरे से चौथे पद में निम्न प्रकार परिवर्तन होता है

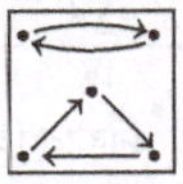

और दूसरे से तीसरे पद में तथा चौथे से पाँचवें पद में निम्न प्रकार परिवर्तन हो रहा है।

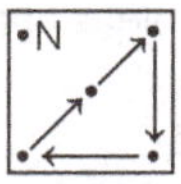

जहाँ, N = नई आकृति

इस प्रकार शृंखला की अगली आकृति विकल्प (d) की आकृति होगी।

57. (a) दी गई आकृति शृंखला के प्रत्येक अगले पद में एकान्तर क्रम के अनुसार निम्न परिवर्तन हो रहा है

(i) आकृति I से II तथा III से IV में,

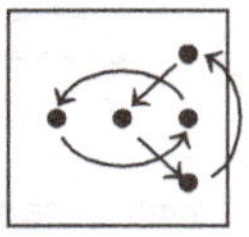

(ii) आकृति II से III तथा IV से V में,

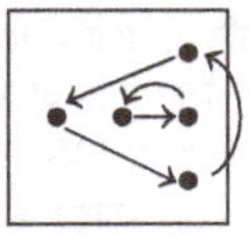

इस प्रकार दी गई शृंखला के प्रश्नचिह्न के स्थान पर उत्तर आकृति (a) होगी।

58. (b) दी गई आकृति के प्रत्येक अगले पद में एकान्तर रूप से निम्न क्रम है

(i) आकृति I से II तथा III से IV में,

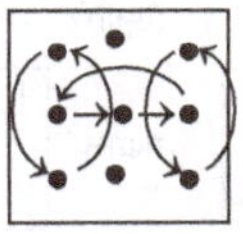

(ii) आकृति II से III तथा IV से V में,

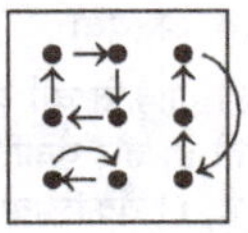

इस प्रकार शृंखला में इन क्रम के अनुसरण करने पर प्रश्नचिह्न के स्थान पर उत्तर आकृति (b) होगा।

59. (b) दी गई आकृति शृंखला के पहले पद से दूसरे पद में और तीसरे पद से चौथे पद में निम्न प्रकार परिवर्तन हो रहा है।

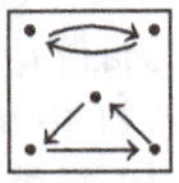

तथा दूसरे पद से तीसरे पद में और चौथे पद से पाँचवें पद में ऊपर की आकृतियाँ 90° वामावर्त घूम जाती हैं, जबकि नीचे की आकृतियाँ 90° दक्षिणावर्त घूम जाती है और बीच की आकृति 180° घूम जाती है। इस प्रकार शृंखला में प्रश्नचिह्न के स्थान पर उत्तर आकृति (b) आएगी।

60. (a) प्रश्न आकृतियों का ध्यानपूर्वक अवलोकन करने के बाद ज्ञात होता है कि प्रत्येक अगली आकृति में बाईं ओर उपस्थित ऊपर तथा नीचे की उपआकृति 90° वामावर्त घूम जाती है। मध्य का अंक प्रत्येक अगली आकृति में अगली अभाज्य संख्या में परिवर्तित होता जाता है। तथा अंग्रेजी वर्णमाला का स्वर प्रत्येक अगली आकृति में 90° दक्षिणावर्त दिशा में आगे बढ़कर अगले स्वर में बदलता जाता है।

इस प्रकार यह क्रम जारी रहता है, तब शृंखला की अगली आकृति विकल्प (a) की आकृति होगी।

61. (a) दी गई आकृति शृंखला के प्रत्येक अगले पद में क्षैतिज दिशा के अनुदिश एक तीर ऊर्ध्वाधर हो जाता है। इसके अतिरिक्त अंग्रेजी वर्णमाला का अक्षर अगले दूसरे अक्षर में परिवर्तित होकर दक्षिणावर्त दिशा में 90° आगे बढ़ जाता है। इस प्रकार शृंखला में प्रश्नचिह्न के स्थान पर उत्तर आकृति (a) आएगी।

62. (a) दी गई आकृति शृंखला के प्रत्येक अगले पद में चिह्न '{' बाएँ से दाएँ एक-एक बढ़ते क्रम में उल्टा हो जाता है तथा कोने में दिए अक्षर दक्षिणावर्त दिशा में 90° आगे बढ़ जाते हैं और अंग्रेजी वर्णमाला के अगले अक्षर से परिवर्तित हो जाते हैं।

इस प्रकार आकृति शृंखला में प्रश्नचिह्न (?) के स्थान पर उत्तर आकृति (a) आएगी।

63. (c) दी गई आकृति शृंखला में पहले पद से दूसरे पद में और तीसरे पद से चौथे पद में निम्न परिवर्तन हो रहा है

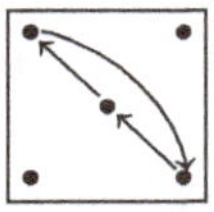

तथा दूसरे पद से तीसरे पद में और चौथे पद से पाँचवे पद में निम्न परिवर्तन हो रहा है

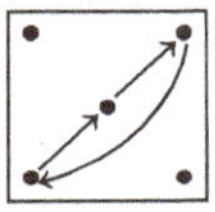

इसी प्रकार शृंखला में प्रश्नचिह्न के स्थान पर उत्तर आकृति (c) आएगी।

64. (d) दी गई आकृति शृंखला के प्रत्येक अगले पद को पूरी आकृति को 90° दक्षिणावर्त घुमाने पर प्राप्त होती है। अत: इस प्रकार शृंखला में 5वें स्थान पर विकल्प आकृति (d) आएगी।

65. (d) पहली आकृति से दूसरी आकृति में,

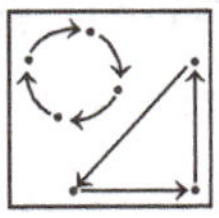

दूसरी आकृति से तीसरी आकृति में,

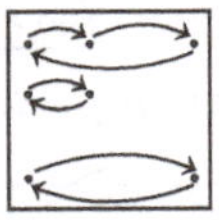

यह दो पैटर्न वैकल्पिक रूप से आगे की आकृति में भी जारी रहेंगें। अत: विकल्प आकृति (d) शृंखला की अगली आकृति है।

66. (a) दी गई आकृति के प्रत्येक अगले पद में एकान्तर रूप से निम्न क्रम है

विषम से सम स्थान की आकृति में,

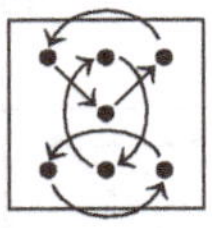

सम से विषम स्थान की आकृति में,

नया तत्त्व

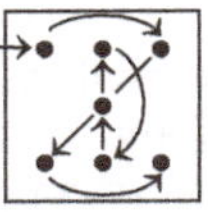

इस प्रकार प्रश्नचिह्न के स्थान पर विकल्प आकृति (a) होगी।

67. (b) प्रश्न आकृतियों को ध्यानपूर्वक देखने पर यह ज्ञात होता है कि प्रत्येक अगली आकृति में रेखाओं की संख्या एक बढ़ती जाती है। इसी प्रकार यह क्रम आगे जारी रहता है।

अत: आकृति (b) अगली आकृति होगी।

68. (a) प्रश्न आकृतियों का ध्यानपूर्वक अध्ययन करने के बाद हमें शृंखला में निम्न क्रम प्राप्त होता है।

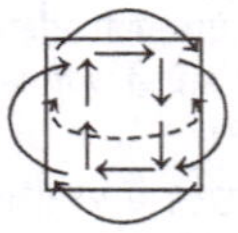

आकृति I से II तथा III से IV में,

(iv-v)

अर्थात्

↑ L A U
S 3 Z B
□ X = O

आकृति II से III व IV से V में,

अत: अगली आकृति विकल्प (a) की आकृति होगी।

69. (d) शृंखला का ध्यानपूर्वक अध्ययन करने के बाद हमें निम्न क्रम प्राप्त होता है।

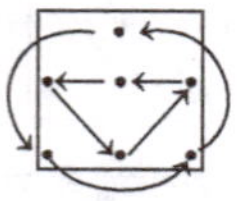

आकृति I से II तथा III से IV में,

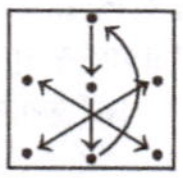

आकृति II से III व IV से V में,

अत: अगली आकृति विकल्प (d) होगी।

70. (d) आकृति शृंखला का पैटर्न निम्न प्रकार से है,

नया तत्त्व

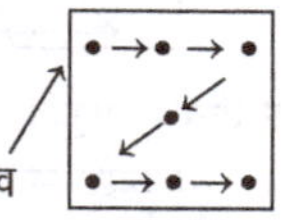

आकृति I से II तथा III से IV में,

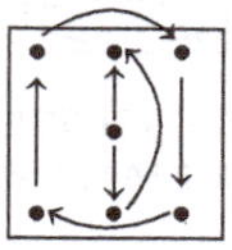

आकृति II से III व IV से V में,

अत: आकृति (d) प्रश्नचिह्न (?) के स्थान पर आएगी।

71. (d) प्रश्न में दी गई आकृति शृंखला का पैटर्न निम्न प्रकार से है,

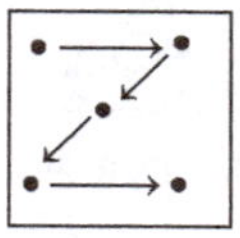

और बाएँ तरफ के ऊपरी आकृति के पास नया तत्त्व आ जाता है तथा दाएँ तरफ की निचली आकृति को हटा दिया जाता है। अत: विकल्प (d) की आकृति, आकृति शृंखला को पूरा करेगी।

72. (b) दी गई आकृति शृंखला के प्रत्येक अगले पद में निम्न क्रम है

- विषम से सम स्थान आकृति में,

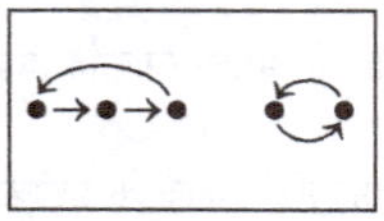

- सम से विषम स्थान आकृति में,

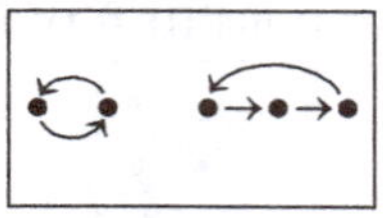

इस प्रकार, प्रश्नचिह्न के स्थान पर विकल्प (b) की आकृति होगी।

73. (b) दी गई आकृति शृंखला में एकान्तर क्रम में समान आकृति आ रहे हैं इसलिए आकृति 1, 3 तथा 5 एक जैसी है, तथा आकृति 2, 4 एक जैसी है।

अत: विकल्प आकृति (b) शृंखला की अगली आकृति है।

74. (a) दी गई आकृति शृंखला का सही क्रम निम्न प्रकार है।

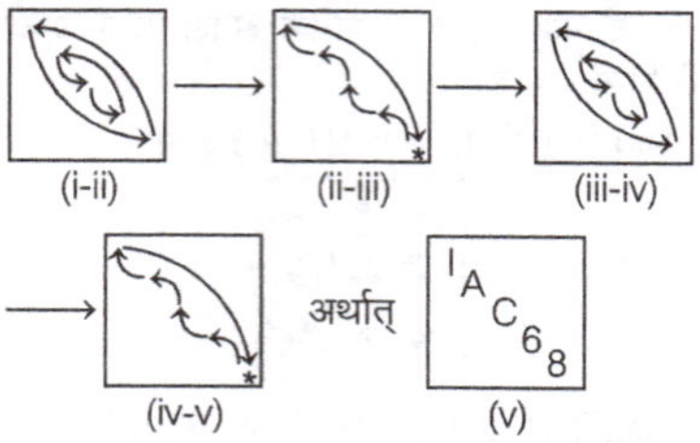

[यहाँ * का अर्थ है नया अवयव]

75. (d) प्रत्येक अगली आकृति वर्ग के नीचे की भुजा के साथ एक रेखा जुड़ रही है, तीर वैकल्पिक रूप से अपने स्थान पर पलट जाता है, C वैकल्पिक रूप से आकृति शृंखला में निहित है (आकृति 1, 3 तथा 5 में) तथा वैकल्पिक रूप से दाएँ और बाएँ के मध्य अक्षर बदल रहे है। अत: विकल्प आकृति (d) शृंखला की अगली आकृति है।

76. (a) प्रत्येक अगली आकृति में क्रॉस (×) दो स्थान (90°) दक्षिणावर्त दिशा में आगे बढ़ रहा है। अत: अगली आकृति विकल्प (a) की आकृति होगी।

77. (b) प्रत्येक अगली आकृति में एक वर्ग वामावर्त दिशा में छायांकित हो रहा है। इस प्रकार, प्राप्त शृंखला में अगली आकृति विकल्प (b) की आकृति होगी।

78. (c) दी गई शृंखला के प्रत्येक अगली आकृति में सम्पूर्ण डिजाइन 180°घूम रही है तथा प्रत्येक एकान्तर क्रम में छायांकित तथा अछायांकित हो रहा है। इस प्रकार प्रश्नचिह्न के स्थान पर विकल्प आकृति (c) होगी।

79. (a) दी गई आकृति शृंखला के प्रत्येक अगले पद में आकृति दक्षिणावर्त दिशा में 90° घूम जाती है। इस प्रकार शृंखला में प्रश्नचिह्न (?) के स्थान पर उत्तर आकृति (a) आएगी।

80. (b) दी गई आकृति शृंखला के पहले से दूसरे में और तीसरे से चौथे में निम्न प्रकार परिवर्तन होता है।

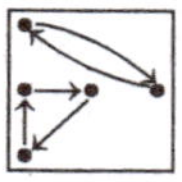

दूसरे से तीसरे में और चौथे से पाँचवें में निम्न प्रकार परिवर्तन होता है।

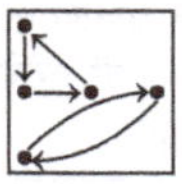

इस प्रकार शृंखला में प्रश्नचिह्न (?) के स्थान पर उत्तर आकृति (b) आएगी।

81. (a) दी गई आकृति शृंखला में एकान्तर क्रम में पैटर्न निम्न है,

आकृति (i) से (ii) तथा (iii) से (iv) मे,

आकृति (ii) से (iii) तथा (iv) से (v) मे,

अत: प्रश्नचिह्न के स्थान पर विकल्प (a) की आकृति आएगी।

82. (d) दी गई आकृति शृंखला में दो एकान्तर शृंखलाएँ हैं, जिनके पैटर्न निम्नवत् है

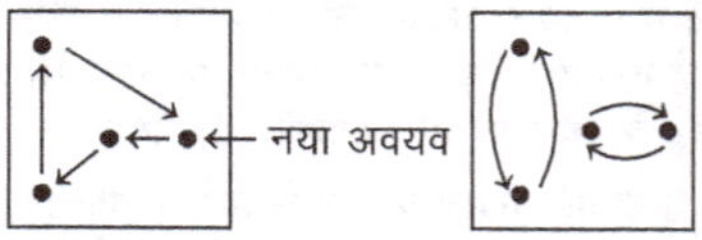

आकृति (i) से (ii) व आकृति (iii) से (iv)

आकृति (ii) से (iii) व आकृति (iv) से (v)

अत: प्रश्नचिह्न के स्थान पर विकल्प (d) में दी गई आकृति आएगी।

83. (a) दी गई आकृति शृंखला के प्रत्येक अगले पद में छायांकित भाग रिक्त भाग में और रिक्त भाग छायांकित भाग में परिवर्तित हो रहा है। इस प्रकार शृंखला में अगली आकृति उत्तर आकृति (a) होगी।

84. (d) प्रत्येक अगली आकृति में एक रेखा निरन्तर बढ़ती जाती है। इस प्रकार यह क्रम जारी रहता है। अगली आकृति में पाँच रेखा होगी।

अत: शृंखला की अगली आकृति विकल्प (d) के समान होगी।

85. (d) दी गई आकृति शृंखला के प्रश्न आकृति में क्षैतिज रेखाओं की संख्या प्रत्येक अगली आकृति में बढ़ती जाती है तथा उर्ध्वाधर रेखाओं की संख्या प्रत्येक अगली आकृति में घटती जाती है। इस प्रकार, यह क्रम जारी रहता है। अत: अगली आकृति विकल्प (d) के समान होगी।

86. (d) दी गई शृंखला में एकान्तर श्रेणी-क्रम की पुनरावृत्ति हो रही है।

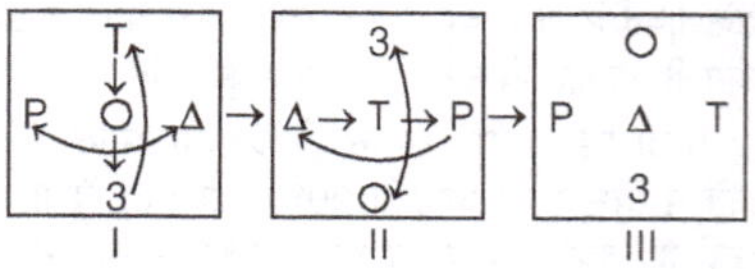

इसी प्रकार,

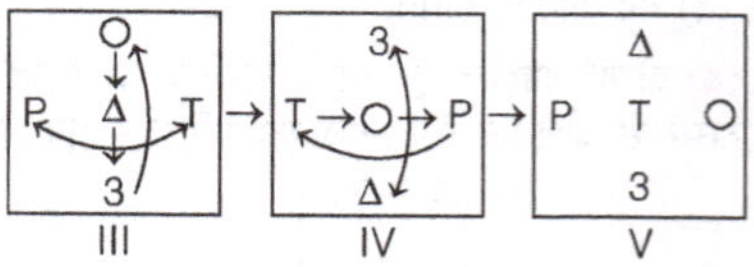

अत: शृंखला की अगली आकृति विकल्प (d) की आकृति होगी।

87. (b) दी गई आकृति शृंखला में पहले पद से दूसरे पद और तीसरे पद से चौथे पद में निम्न परिवर्तन हो रहा है।

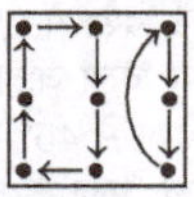

तथा दूसरे पद से तीसरे पद में और चौथे पद से पाँचवे पद में निम्न प्रकार परिवर्तन हो रहा है।

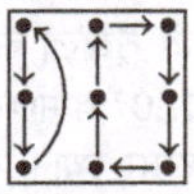

इस प्रकार शृंखला में प्रश्नचिह्न (?) के स्थान पर उत्तर आकृति (b) आएगी।

88. (a) दी गई आकृति शृंखला के प्रत्येक अगली आकृति में मुख्य आकृति के भागों में एक की बढ़त हो रही है। इस प्रकार शृंखला में प्रश्नचिह्न के स्थान पर विकल्प आकृति (a) प्राप्त होगी।

89. (b) दी गई आकृति शृंखला में प्रत्येक अगले पद में निम्न पैटर्न अनुसरण करता है

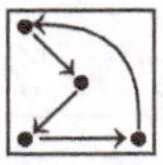

अत: इस प्रकार शृंखला में प्रश्नचिह्न के स्थान पर उत्तर आकृति (b) आएगी।

90. (a) दी गई आकृति शृंखला के प्रत्येक अगले पद में सम्पूर्ण आकृति 90° दक्षिणावर्त घूम जाती है और प्रत्येक अगले पद में एक तारानुमा आकृति वृत्त के छायांकित भाग से रिक्त भाग में आ जाती है। इसके अतिरिक्त एकान्तर क्रम में कोने की आकृति एक बार त्रिभुज और अगली बार वृत्त में बदल जाती है।

इस प्रकार, शृंखला में प्रश्नचिह्न के स्थान पर विकल्प आकृति (a) आएगी।

91. (c) दी गई आकृति शृंखला के प्रत्येक अगले पद में सम्पूर्ण आकृति वामावर्त दिशा में 90° घूम जाती है।

अत: शृंखला में प्रश्नचिह्न के स्थान पर उत्तर आकृति (c) आएगी।

92. (d) दिए गए आकृति शृंखला का पैटर्न एकान्तर क्रम में इस प्रकार परिवर्तित हो रहा है

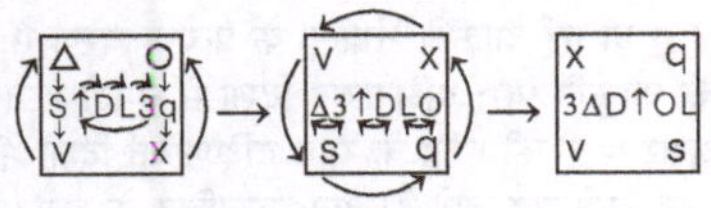

यही प्रक्रिया दोबारा दोहराने से,

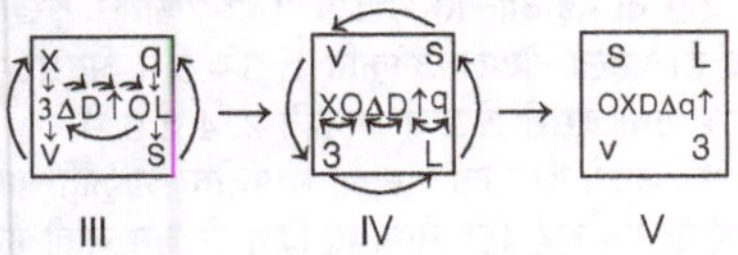

अत: शृंखला की अगली आकृति विकल्प (d) की आकृति होगी।

93. (c) दी गई आकृति शृंखला के प्रत्येक अगली आकृति में नीचे से एक रेखा घट रही है तथा वृत्त 90° दक्षिणावर्त दिशा में आगे बढ़ रहा है तथा एकान्तर क्रम में अछायांकित तथा छायांकित हो रहा है।

अत: विकल्प आकृति (c) प्रश्नवाचक चिह्न के स्थान पर आएगी।

94. (a) दी गई आकृति-शृंखला के पहले पद से दूसरे पद में और तीसरे पद से चौथे पद में निम्न प्रकार परिवर्तन हो रहा है

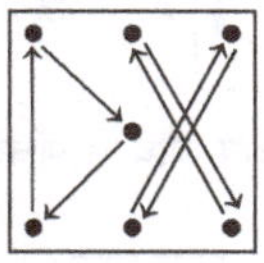

तथा दूसरे पद से तीसरे पद में और चौथे पद से पाँचवें पद में निम्न प्रकार परिवर्तन हो रहा है

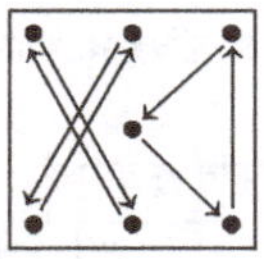

अत: इस प्रकार शृंखला में प्रश्नचिह्न के स्थान पर विकल्प आकृति (a) आएगी।

95. (d) दी गई आकृति शृंखला के प्रत्येक अगले पद में आकृति 180° घूम रही है।

इस प्रकार शृंखला में प्रश्नचिह्न के स्थान पर उत्तर आकृति (d) आएगी।

96. (d) प्रत्येक अगली आकृति में, ◆ तथा ◣, 90° दक्षिणावर्त दिशा में आगे बढ़ रही है तथा बीच की आकृति 90° वामावर्त दिशा में घूम रही है।

अत: विकल्प आकृति (d) शृंखला में प्रश्नचिह्न के स्थान पर आएगी।

97. (b) दी गई आकृति शृंखला के प्रत्येक अगले पद में डिजाइन '◆' तथा '△', 90° दक्षिणावर्त में आगे बढ़ रहे हैं साथ ही डिजाइन '◺' अपना दर्पण प्रतिबिम्ब बना रहा है और डिजाइन ◇ तथा ○ वैकल्पिक रूप से छायांकित हो रहा है।

अत: अगली आकृति विकल्प (b) की आकृति होगी।

98. (d) दी गई, आकृति शृंखला में दो प्रकार की शृंखला है जो निम्न प्रकार है

आकृति (1) से (2) और (3) से (4) का पैटर्न

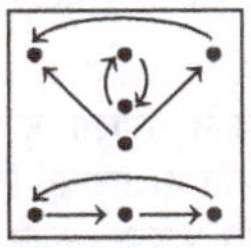

आकृति (2) से (3) और (4) से (5) का पैटर्न

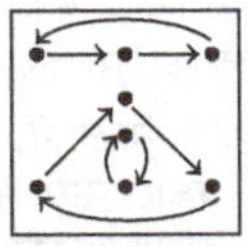

अत: विकल्प आकृति (d) शृंखला की अगली आकृति है।

99. (b) दी गई शृंखला आकृति के पैटर्न का क्रम निम्नानुसार होगा

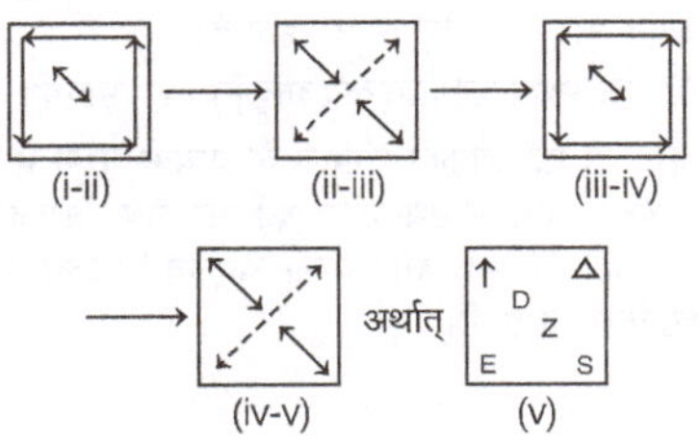

100. (b) दी हुई आकृति शृंखला में, मध्य में स्थित आकृति 90° दक्षिणावर्त दिशा में घूम रही है तथा अंग्रेजी वर्णमाला क्रम में एक अक्षर को छोड़कर दूसरे अक्षर से परिवर्तित होकर दक्षिणावर्त दिशा में 90° आगे बढ़ रहे हैं। इसलिए प्रश्नचिह्न के स्थान पर विकल्प (b) आएगा।

101. (c) दी गई शृंखला में, मध्य आकृति दक्षिणावर्त दिशा में 90° घूम रही है तथा दिए गए अंग्रेजी अक्षर भी वर्णमाला क्रम में '+ 2' की वृद्धि से दक्षिणावर्त दिशा में 90° आगे बढ़ रहे हैं। अत: आकृति शृंखला की चौथी आकृति विकल्प आकृति (c) होगी।

102. (b) दी गई आकृति शृंखला में कोनों पर स्थित छायांकित भाग प्रत्येक पद में एक स्थान वामावर्त दिशा में घूम रहा है।

इस प्रकार क्रम का अनुसरण करते हुए उत्तर आकृति (b) अगली आकृति होगी।

103. (d) दी गई शृंखला के प्रत्येक चरण में पहला तीर 90° दक्षिणावर्त दिशा में और दूसरा तीर 90° वामावर्त दिशा में घूम रहा है, त्रिभुज 180° घूम रहा है तथा वृत्त एकान्तर क्रम में काला और सफेद हो रहा है। इस प्रकार शृंखला की अगली आकृति विकल्प आकृति (d) होगी।

104. (b) दी गई आकृति शृंखला में एकान्तर क्रम में अक्षर निम्न प्रकार अपना स्थान बदलते हैं

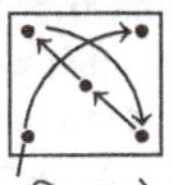

आकृति (i) से (ii) तथा (iii) से (iv) मे, नया अक्षर

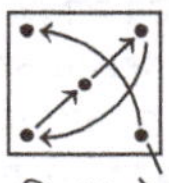

आकृति (ii) से (iii) तथा (iv) से (v) मे, नया अक्षर

अत: प्रश्नचिह्न के स्थान पर विकल्प (b) में दी गई आकृति आनी चाहिए।

105. (c) दी गई शृंखला आकृति के प्रत्येक अगले पद में सम्पूर्ण आकृति दक्षिणावर्त दिशा में 90° घुम रही है। इस प्रकार शृंखला की अगली आकृति विकल्प (c) की आकृति होगी।

106. (d) दी गई आकृति शृंखला के प्रत्येक अगले पद में मध्य की आकृति वामावर्त दिशा में 90° घूम जाती है। साथ ही दिए गए अक्षर वामावर्त दिशा में 90° आगे बढ़ते हुए, वर्णमाला क्रम में अगले अक्षर से बदल जाते हैं। इस प्रकार विकल्प (d) की आकृति प्रश्न में दी गई आकृति शृंखला को पूरा करेगी।

107. (d) दी गई शृंखला में तीर, 90° दक्षिणावर्त दिशा में घूम रहा है तथा संख्याएँ 2 की वृद्धि के साथ प्रत्येक पद में 90° दक्षिणावर्त दिशा में आगे बढ़ रही है। इसलिए प्रश्नचिह्न के स्थान पर विकल्प (d) आकृति आएगा।

108. (a) दी गई आकृति शृंखला के प्रत्येक चरण में, त्रिभुज एकान्तर क्रम में सफेद से काला तथा काले से सफेद हो रहा है तथा मध्य की आकृति में बाएँ ओर से एक लाइन की कमी हो रही है।

इस प्रकार शृंखला की अगली आकृति विकल्प (a) की आकृति होगी।

109. (a) दिए गए प्रश्न में एकान्तर क्रम में दो शृंखला दी गई हैं। पहली शृंखला आकृति (i), (iii) तथा (v) में अनुसरण करती है। जिसमें पंचभुज 135° वामावर्त दिशा में घूम रहा है तथा एक रेखा पंचभुज के अन्दर होती है। दूसरी शृंखला आकृति (ii), (iv) तथा (vi) में अनुसरण करती है जिसमें पंचभुज 135° वामावर्त दिशा में घूम रहा है तथा दो रेखाएँ इसके बाहर होती हैं। इस प्रकार प्रश्नचिह्न के स्थान पर विकल्प (a) की आकृति होगी।

110. (c) दी गई आकृति शृंखला के प्रत्येक अगले पद में एक समान्तर रेखा बढ़ रही है और सभी रेखाएँ 45° दक्षिणावर्त घूम जाती है। इसके अतिरिक्त वामावर्त दिशा में अगले कोने में एक छोटा वृत्त बढ़ रहा है। इस प्रकार, विकल्प (c) की आकृति, प्रश्न में दी गई आकृति शृंखला को पूरा करेगी।

111. (b) दिए गए आकृति-शृंखला में मध्य वाली उप आकृति का छायांकित भाग एकान्तर क्रम में बदल रहा है। नीचे वाली बायीं और दायीं उप आकृति प्रत्येक अगले पद में वामावर्त दिशा में अगले कोने पर चले जाते हैं। इस प्रकार प्रश्नचिह्न के स्थान पर उत्तर आकृति (b) आएगी।

112. (d) दी गई आकृति-शृंखला में, आकृति I से II, III से IV तथा V से VI में प्रत्येक रेखानुमा आकृति अगली आकृति में अपनी स्थिति पलटते हुए एक स्थान नीचे खिसक जाती है। अत: प्रश्नचिह्न के स्थान पर उत्तर आकृति (d) प्राप्त होगी।

113. (d) दी गई आकृति शृंखला के प्रत्येक अगली आकृति में वृत्ताकार आकृति अपने स्थान पर 90° वामावर्त घूम रहा है। तथा तीरनुमा आकृति दक्षिणावर्त दिशा में 90° आगे बढ़ रही हैं। इस प्रकार प्रश्नचिह्न के स्थान पर विकल्प (d) की आकृति होगी।

114. (d) दी गई आकृति शृंखला के प्रत्येक अगले पद में ऊपर तथा नीचे का डिजाइन 90° वामावर्त घूमते हुए दो चरण तक 45° आगे बढ़ते हैं तथा फिर अगले पद में अपने स्थान पर आ जाते हैं और तीर अपने स्थान पर 45° दक्षिणावर्त घूमता है। इस प्रकार शृंखला में प्रश्नचिह्न के स्थान पर है। अत: इस प्रकार प्रश्नचिह्न के स्थान पर, विकल्प आकृति (d) होगी।

115. (c) दी गई आकृति शृंखला में बनी आकृति प्रत्येक अगले पद में एक तीली की कमी आ जाती है। अत: त्रिभुज में एक तीली की कमी करने पर यह एक रेखाखण्ड में परिवर्तित हो जाएगी। अत: अगली आकृति विकल्प आकृति (c) जैसी दिखाई देगी।

116. (a) दी गई संख्या शृंखला में,

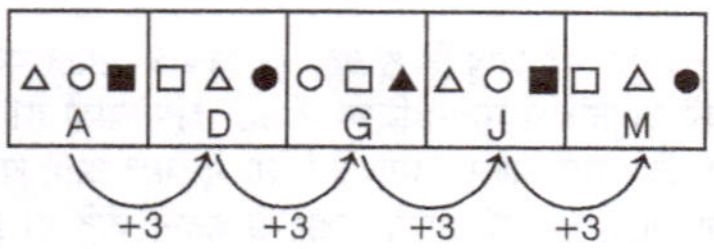

मध्य वाली आकृतियाँ एक-एक स्थान दाईं ओर खिसक जाती है और सबसे दाएँ वाली आकृति छायांकित रहती है।

अत: विकल्प (a) अगली आकृति होगी।

117. (b) दी गई आकृति शृंखला के प्रत्येक अगले चरण में तारानुमा आकृति क्रमश: नीचे तथा ऊपर खिसक रही है तथा मध्य वाली उप-आकृति में एक वृत्त की कमी हो रही है। इस प्रकार प्रश्नचिह्न के स्थान पर उत्तर आकृति (b) होगी।

118. (a) दी गई आकृति शृंखला के प्रत्येक अगले पद में एक नई रेखा और एक त्रिभुज जुड़ जाता है और छायांकित आकृति दक्षिणावर्त दिशा में 90° घूम जाती है। इसके अतिरिक्त पहली से तीसरी आकृति में * चिह्न विपरीत कोने पर चला जाता है, उसी प्रकार दूसरी से चौथी आकृति में चिह्न विपरीत कोने पर चला जाएगा। इस प्रकार आकृति शृंखला में प्रश्नचिह्न के स्थान पर उत्तर आकृति (a) आएगी।

119. (a) दी गई आकृति शृंखला पहले से दूसरे और तीसरे से चौथे पद में निम्न पैटर्न है

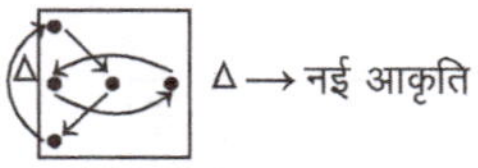

तथा दूसरे से तीसरे और चौथे से पाँचवें पद में निम्न पैटर्न है

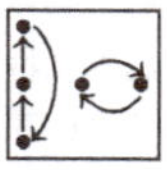

इस प्रकार शृंखला में प्रश्नचिह्न के स्थान पर उत्तर आकृति (a) आएगी।

120. (b) दी गई आकृति शृंखला में,

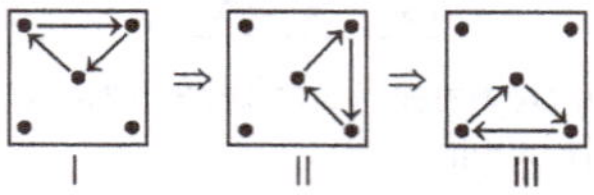

एकान्तर परिवर्तन के बाद अगली आकृति विकल्प (b) की आकृति होगी।

121. (b) दी गई आकृति शृंखला के प्रत्येक अगले पद में छोटा त्रिभुज क्रमश: एक बार एक भुजा के बराबर और एक बार डेढ़ भुजा के बराबर दक्षिणावर्त दिशा में आगे खिसक जाता है और बाहर की छोटी रेखा वामावर्त दिशा में क्रमश: आधी, एक, डेढ़, दो ..... भुजा के बराबर आगे खिसक जाती है।

इस प्रकार शृंखला में प्रश्नचिह्न के स्थान पर उत्तर आकृति (b) आएगी।

122. (a) दी गई आकृति शृंखला के प्रत्येक अगले पद में सम्पूर्ण आकृति 180° घूम जाती हैं।

इस प्रकार शृंखला में प्रश्नचिह्न के स्थान पर उत्तर आकृति (a) आएगी।

123. (a) दी गई आकृति शृंखला में तीरनुमा आकृति 90° दक्षिणावर्त घूमते हुए दक्षिणावर्त दिशा में एक स्थान आगे बढ़ जाती है तथा दूसरी आकृति 90° वामावर्त घूमते हुए दक्षिणावर्त दिशा में एक स्थान आगे बढ़ जाती है। अत: हमें प्रश्नचिह्न के स्थान पर विकल्प आकृति (a) प्राप्त होगी।

124. (a) दी गई आकृति शृंखला के प्रत्येक अगले पद में मध्य की तीरनूमा आकृति दक्षिणावर्त दिशा में 90° घूम रही है। इसके अतिरिक्त प्रत्येक अगले पद में कोने की आकृतियों में से दक्षिणावर्त दिशा में अगली आकृति छायांकित हो रही है। इस प्रकार विकल्प (a) में दी गई आकृति, आकृति शृंखला को पूरा करेगी।

125. (d) दी गई आकृति शृंखला में, पहली और तीसरी आकृति समान हैं, उसी प्रकार दूसरी और चौथी आकृति समान होगी। अत: हमें अगली आकृति विकल्प (d) की आकृति प्राप्त होगी।

126. (a) दी गई आकृति शृंखला में, आकृति में स्थित बिन्दु एकान्तर क्रम में काला और सफेद होता है तथा 'X' चिह्न अपने मूल स्थान पर स्थिर रहता है।

अत: '?' के स्थान पर विकल्प आकृति (a) आएगी।

127. (b) दी गई आकृति शृंखला के प्रत्येक चरण में आकृति पलट जाती है तथा ऊपर की ओर एक त्रिभुज की वृद्धि हो जाती है। अत: हमें अगली आकृति विकल्प (b) की आकृति प्राप्त होगी।

128. (b) दी गई आकृति शृंखला के प्रत्येक अगले पद में चतुर्भुज वामावर्त दिशा में अगले कोने पर चला जाता है तथा चिह्न (€) दक्षिणावर्त दिशा में एक बार भुजा के बीच और अगली बार कोने पर चला जाता है। इसके अतिरिक्त तीर का चिह्न वामावर्त दिशा में 45° घूम जाता है और दक्षिणावर्त दिशा में अगली भुजा के बीच में चला जाता है। इस प्रकार विकल्प (b) में दी गई आकृति, इस आकृति शृंखला को पूरा करेगी।

129. (b) दी गई आकृति शृंखला के पहले से तीसरे पद में, त्रिभुजनुमा आकृति 180° वामावर्त घूमता है। ⇧ और ☆ तथा □ और ◇ परस्पर स्थान परिवर्तित कर लेते हैं। इसी प्रकार, दूसरी और चौथी आकृति में तथा तीसरे और पाँचवें पद में सम्बन्ध है। अत: प्रश्नचिह्न (?) के स्थान पर, विकल्प आकृति (b) होगी।

130. (c) दी गई आकृति शृंखला के प्रत्येक अगले पद में अंग्रेजी वर्णमाला के अक्षर दिए गए हैं, जोकि एक निश्चिम क्रम में आगे बढ़ रहे हैं। अक्षरों के बदलने का क्रम निम्न है

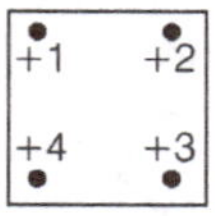

इस प्रकार, शृंखला में प्रश्नचिह्न के स्थान पर उत्तर आकृति (c) आएगी।

131. (c) दी गई आकृति शृंखला के पहले चरण में ऊपर के दो डिजाइन आपस में स्थान बदल लेते हैं इसी प्रकार नीचे के दो डिजाइन भी आपस में स्थान बदल लेते हैं तथा इसके अगले चरण में ऊपर के दो डिजाइनों का युग्म तथा नीचे के दो डिजाइनों का युग्म आपस में स्थान बदल लेते हैं। यह क्रम आगे भी जारी रहता है। इस प्रकार हमें अगली आकृति विकल्प (c) की आकृति प्राप्त होगी।

132. (a) दी गई आकृति शृंखला में प्रत्येक अगली आकृति वामावर्त दिशा में 45° घूम जाती है।

133. (a) दी गई आकृति शृंखला में, ऊपर दिए दोनों तीर शृंखला के प्रत्येक चरण में अपने स्थानों को परस्पर बदल रहे है, मध्य दी गई संख्या प्रत्येक चरण में दो गुनी हो रही है, काला वृत्त प्रत्येक चरण में स्थिर है तथा नीचे दाएँ दी गई आकृति में प्रत्येक चरण में एक भुजा की वृद्धि हो रही है। अत: अगली आकृति विकल्प (a) की आकृति होगी।

134. (b) दी गई आकृति शृंखला के प्रत्येक चरण में मध्य की आकृति 90° दक्षिणावर्त दिशा में घूमती है तथा दोनों अक्षर '+2' की वृद्धि के साथ दक्षिणावर्त दिशा में एक स्थान आगे बढ़ जाते हैं। अत: प्रश्नचिह्न के स्थान पर विकल्प (b) की आकृति आएगी।

135. (c) दी गई आकृति शृंखला में दो एकान्तर शृंखलाएँ दी गई हैं। पहली शृंखला आकृति 1, 3 व 5 में अनुसरण करती है तथा दूसरी शंखला आकृति 2, 4 व 6 में अनुसरण करती है। दोनों शृंखला में प्रत्येक आकृति बाएँ से दाएँ पलटते हुए 45° वामावर्त दिशा में घूम जाती है तथा काला गोला एक छोर से दूसरे छोर पर खिसक जाता है। इस प्रकार हमें अगली आकृति विकल्प (c) की आकृति प्राप्त होगी।

136. (b) दी गई आकृति शृंखला में प्रत्येक अगली आकृति 90° वामावर्त घूमती है।

अत: प्रश्नवाचक चिह्न के स्थान पर विकल्प (b) की आकृति आएगी।

137. (b) दी गई आकृति शृंखला के प्रत्येक चरण में, आकृति क्रमश: 90° और 45° एकान्तर क्रम में वामावर्त दिशा में घूम रही है तथा आकृति में पत्तियाँ बायीं तरफ से एक बढ़ रही है। अत: हमें अगली आकृति विकल्प आकृति (b) प्राप्त होगी।

138. (d) दी गई आकृति शृंखला एकान्तर क्रम में है–

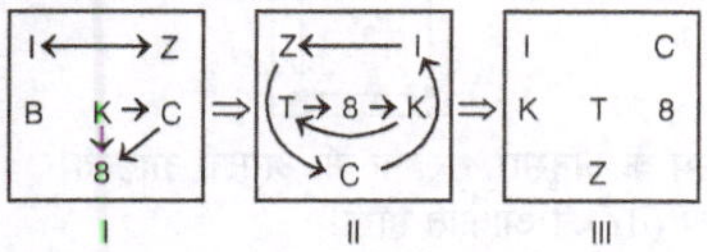

इसी प्रकार चौथी से पाँचवीं आकृति में दूसरा पैटर्न अनुसरण करेगा।

अत: अगली आकृति विकल्प (d) की आकृति होगी।

139. (b) दी गई आकृति शृंखला का पैटर्न निम्न प्रकार है

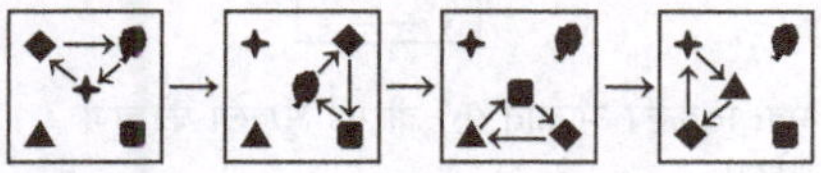

अत: प्रश्नवाचक चिह्न के स्थान पर विकल्प (b) की आकृति आएगी।

140. (a) आकृति शृंखला के प्रत्येक चरण में आकृति 45° दक्षिणावर्त घूर्णन कर रही है तथा एक नई रेखा को जोड़ रही है।

141. (a) दी गई आकृति शृंखला में दो एकान्तर शृंखलाएँ दी गई हैं। पहली शृंखला का क्रम आकृति 1 से 2 तथा आकृति 3 से 4 में निम्नवत् है

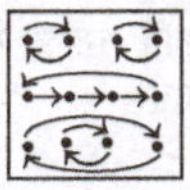

तथा दूसरी शृंखला का क्रम आकृति 2 से 3 तथा आकृति 4 से 5 में निम्नवत् है

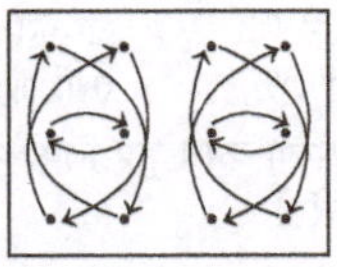

अत: इसी प्रकार विकल्प (a) में दी गई आकृति, आकृति शृंखला को पूरा करेगी।

142. (b) दी गई शृंखला में मध्य की आकृति 90° दक्षिणावर्त दिशा में घूर्णन कर रही है तथा एक अक्षर को छोड़कर अगला अक्षर छायांकित भाग के कोने में जुड़ रही है तथा जुड़ने वाली अक्षर का अगला अक्षर विपरीत दिशा में दूसरे कोने पर जुड़ रही है। इस प्रकार अगली आकृति विकल्प (b) की आकृति प्राप्त होगी।

143. (d) दी गई आकृति शृंखला में एकान्तर क्रम में निम्न पैटर्न है

(i) पहले पैटर्न में वर्गनुमा आकृति 45° घूम कर अपने स्थान पलट जाते है तथा पीछे की ओर से एक रेखा जुड़ रहा है।

(ii) दूसरे पैटर्न में वर्गनुमा आकृति 135° घूम रही है तथा आगे से एक रेखा जोड़ी जा रही है।

इस प्रकार शृंखला की अगली आकृति विकल्प (d) की आकृति होगी।

144. (b) दी गई आकृति शृंखला के प्रत्येक अगले पद में छोटा त्रिभुज नीचे से ऊपर अगले खाने में चला जाता है और नीचे दाएँ कोने में स्थित छोटा वर्ग एक बार छायांकित और एक बार रिक्त रहता है। इस प्रकार शृंखला की अगली आकृति विकल्प (b) प्राप्त होगी।

145. (b) दी गई आकृति शृंखला के प्रत्येक अगले पद में मध्य की आकृति 90° वामावर्त घूम जाती है। इसके अतिरिक्त त्रिभुजाकार आकृति और अक्षर वामावर्त दिशा में अगले कोने पर चले जाते हैं और अक्षर, वर्णमाला क्रम में अगले अक्षर में बदल जाता है।

इस प्रकार शृंखला में प्रश्नचिह्न के स्थान पर उत्तर आकृति (b) आएगी।

146. (a) दी गई शृंखला में मध्य का भाग एकान्तर रूप से सफेद व छायांकित हो रहा है तथा O ऊपरी कोने का अक्षर दक्षिणावर्त एक स्थान घूमकर अगले अक्षर में तथा निचले दाएँ कोने का अक्षर एक स्थान वामावर्त स्थानान्तरित होकर तुरन्त पिछले अक्षर में परिवर्तित हो रहा है।

इस प्रकार शृंखला की अगली आकृति विकल्प (a) की आकृति होगी।

147. (b) दी गई शृंखला में परस्पर युग्मों के मध्य पहली उप-आकृति दक्षिणावर्त दिशा में एक स्थान आगे बढ़ जाती है तथा पिछली उप-आकृति के स्थान पर नई उप-आकृति आ जाती है। अत: अगली आकृति विकल्प (b) की आकृति होगी।

148. (d) दी गई आकृति-शृंखला में मध्य में तीर वाली आकृति प्रत्येक चरण में 90° वामावर्त घूर्णन कर रही है। अन्य आकृतियाँ दक्षिणावर्त दिशा में अगले कोने पर खिसक जाती है, और अंग्रेजी वर्णमाला अक्षर उल्टे क्रम में अगले अक्षर में परिवर्तित हो जाते हैं।

अत: इस प्रकार शृंखला में प्रश्नचिह्न के स्थान पर उत्तर आकृति (d) आएगी।

149. (d) दी गई आकृति शृंखला में दो एकान्तर शृंखला दी गई हैं। पहली शृंखला का क्रम आकृति 1 से 2 तथा आकृति 3 से 4 में निम्नवत है।

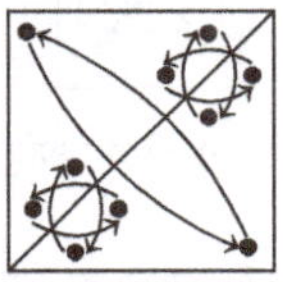

दूसरी शृंखला का क्रम आकृति 2 से 3 तथा आकृति 4 से 5 में निम्नवत है।

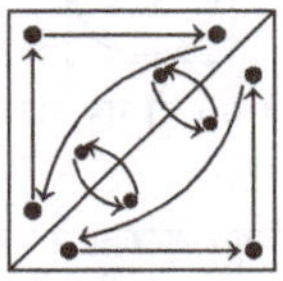

इस प्रकार विकल्प आकृति (d) शृंखला को पूरा करेगी।

150. (d) दी गई आकृति शृंखला के प्रत्येक अगले पद में ऊपर बाएँ कोने की आकृति में एक-एक रेखा बढ़ती है, ऊपर दाएँ कोने की तीरनुमा आकृति दक्षिणावर्त दिशा में 90° घूम जाती है। नीचे बाएँ कोने में दो-दो बिन्दु बढ़ रहे हैं। नीचे दाएँ कोने में एक बार वृत्त और एक बार त्रिभुज आता है।

अत: इस प्रकार शृंखला में प्रश्नचिह्न के स्थान पर उत्तर आकृति (d) आएगी।

151. (c) दी गई आकृति शृंखला के प्रत्येक अगले पद में बड़ा तीर दक्षिणावर्त दिशा में 135° घूमता है और छोटा तीर वामावर्त दिशा में एक बार 90° और एक बार 45° घूमता है।

अत: इस प्रकार शृंखला में प्रश्नचिह्न के स्थान पर उत्तर आकृति (c) आएगी।

152. (c) दी गई आकृति शृंखला के प्रत्येक अगले पद में कोनों पर स्थित आकृतियाँ दक्षिणावर्त दिशा में अगले कोने पर चली जाती है और मध्य में स्थित तीनों त्रिभुजों में से मध्य का त्रिभुज उल्टा हो जाता है।

अत: इस प्रकार, शृंखला में अगली आकृति उत्तर आकृति (c) होगी।

153. (d) दी गई शृंखला में पहली और चौथी तथा दूसरी और पाँचवी आकृति समान हैं। इसी प्रकार, तीसरी और छठी आकृति भी समान होंगी। अत: प्रश्नचिह्न के स्थान पर उत्तर आकृति (d) आएगी।

154. (b) दी गई आकृति शृंखला में चिह्न (⚲) प्रत्येक अगली आकृति में 135° दक्षिणावर्त दिशा में घूम रहा है और चिह्न (⚲) प्रत्येक अगली आकृति में 135° वामावर्त दिशा में घूम रहा है। इस प्रकार अगली आकृति विकल्प (b) की आकृति होगी।

155. (d) दी गई आकृति शृंखला के प्रत्येक अगली आकृति में निम्न पैटर्न का अनुसरण हो रहा है।

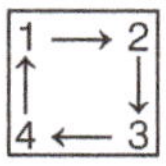

यहाँ प्रत्येक चिह्न 4 से 1 पर आने पर पलट जाता है। इस प्रकार, शृंखला के प्रश्नचिह्न (?) के स्थान पर उत्तर आकृति (d) आएगी।

156. (b) दी गई शृंखला में त्रिभुज प्रत्येक अगली आकृति में एक स्थान दक्षिणावर्त दिशा में आगे बढ़ते हुए 90° दक्षिणावर्त दिशा में घूम जाता है तथा समलम्ब एक स्थान दक्षिणावर्त दिशा में आगे बढ़ते हुए 90° वामावर्त दिशा में घूम जाता है।

इस प्रकार अगली आकृति विकल्प (b) की आकृति होगी।

157. (c) दी गई आकृति शृंखला में प्रत्येक आकृति के मध्य वाली आकृति वामावर्त दिशा में 90° घूम जाती है और त्रिभुज वामावर्त दिशा में अगले कोने पर चला जाता है तथा एकान्तर में काला हो जाता है। इस प्रकार, शृंखला में प्रश्नचिह्न, के स्थान पर उत्तर आकृति (c) आएगी।

158. (b) दी गई आकृति शृंखला के प्रत्येक अगले पद में निम्न पैटर्न का अनुसरण हो रहा है

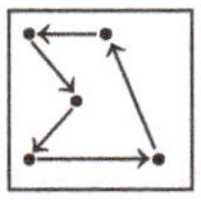

इस प्रकार शृंखला में प्रश्नचिह्न (?) के स्थान पर उत्तर आकृति (b) आएगी।

159. (c) दी गई आकृति शृंखला में प्रत्येक अगली आकृति में सबसे पीछे वाला तीर सबसे पहले आ जाता है और अन्य सभी तीरों के शीर्ष विपरीत ओर हो जाते हैं।

इस प्रकार, शृंखला में अगली आकृति विकल्प आकृति (c) होगी।

160. (d) दी गई शृंखला के प्रत्येक अगली आकृति में भुजाओं के मध्य में दी गई आकृतियाँ वामावर्त दिशा में अगले शीर्ष पर पहुँच जाती हैं, और भुजाओं के मध्य नई आकृतियाँ आ जाती हैं। इस प्रकार, शृंखला की अगली आकृति उत्तर आकृति (d) होगी।

161. (c) दी गई शृंखला के प्रत्येक अगले पद में अण्डाकार आकृति वामावर्त दिशा में और आयताकार

आकृति दक्षिणावर्त दिशा में एक स्थान आगे खिसक जाती है साथ ही साथ अण्डाकार आकृति का छायांकित भाग रिक्त भाग में और रिक्त भाग छायांकित भाग में परिवर्तित हो जाता है इसके साथ ही आयताकार आकृति एक स्थान 90° दक्षिणावर्त घूम रही है।

162. (c) दी गई श्रृंखला के प्रत्येक अगली आकृति में वृत्त दक्षिणावर्त दिशा में अगले कोने पर चला जाता है, तारानुमा आकृति वामावर्त दिशा में आधी भुजा के बराबर स्थान परिवर्तित करती है और चौकोर प्रत्येक अगले पद में बाएँ से दाएँ या दाएँ से बाएँ ऊपरी कोने पर खिसकता है। इस प्रकार, श्रृंखला में प्रश्नचिह्न के स्थान पर उत्तर आकृति (c) आएगी।

163. (b) दी गई आकृति श्रृंखला की प्रत्येक अगली आकृति में सबसे ऊपर दी गई आकृति सबसे नीचे आ जाती है। यही क्रम जारी रहता है।

अत: अगली आकृति विकल्प (b) होगी।

164. (d) दी गई आकृति श्रृंखला के प्रत्येक अगली आकृति में छोटी-छोटी आकृतियाँ निम्न पैटर्न में अपना स्थान बदलती हैं।

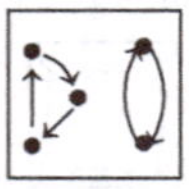

अत: अभीष्ट अगली आकृति विकल्प (d) की आकृति होगी।

165. (c) दी गई आकृति श्रृंखला के प्रत्येक अगली आकृति में चिह्न $ वामावर्त दिशा में एक खाना छोड़कर आगे बढ़ता है, चिह्न % दक्षिणावर्त दिशा में एक खाना छोड़कर खिसकता है और चिह्न O वामावर्त दिशा में अगले खाने में चला जाता है।

इस प्रकार, श्रृंखला में प्रश्नचिह्न के स्थान पर उत्तर आकृति (c) आएगी।

166. (c) दी गई श्रृंखला में प्रत्येक अगले पद में त्रिभुजाकार आकृति दक्षिणावर्त दिशा में और चौकोर आकृति वामावर्त दिशा में अगले स्थान पर चली जाती है। इसके अतिरिक्त वृत्त क्रमश: अर्द्धवृत्त और फिर मूल स्थिति में वापस आ जाता है। एकान्तर क्रम में छायांकित भाग रिक्त भाग में बदल जाता है।

इस प्रकार, श्रृंखला में प्रश्नचिह्न के स्थान पर उत्तर आकृति (c) आएगी।

167. (c) दी गई आकृति श्रृंखला में, चौकोर आकृति दक्षिणावर्त दिशा में क्रमश: 1, 2, 3, 4... स्थान में आगे बढ़ रही है और धनात्मक चिह्न वामावर्त दिशा में क्रमश: 1, 2, 3, 4... स्थान में आगे बढ़ रही है। अत: इस क्रम का अनुसरण करते हुए उत्तर आकृति (c) प्रश्नचिह्न के स्थान पर आएगी।

168. (d) दी गई आकृति श्रृंखला में सभी छोटी आकृतियाँ क्रमश: 1 स्थान और 2 स्थान के एकान्तर क्रम में दक्षिणावर्त दिशा में खिसक जाती हैं तथा इसके अतिरिक्त दाईं ओर एक नई आकृति आ जाती है।

इस प्रकार, श्रृंखला में प्रश्नचिह्न के स्थान पर उत्तर आकृति (d) आएगी।

169. (b) दी गई आकृति श्रृंखला के नीचले दाएँ कोने के चिह्न से प्रारम्भ करते हुए प्रत्येक अगली आकृति में दक्षिणावर्त दिशा में चिह्न क्रमश: अपने जल प्रतिबिम्ब में परिवर्तित हो रहा है।

इस प्रकार श्रृंखला की अगली आकृति विकल्प (b) होगा।

170. (a) दी गई आकृति श्रृंखला के प्रत्येक अगली आकृति का पैटर्न निम्न प्रकार से है।

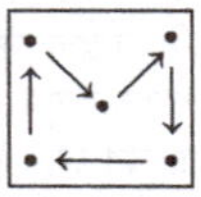

अत: विकल्प (a) की आकृति दी गई आकृति श्रृंखला को पूर्ण करेगी।

171. (a) दी गई आकृति श्रृंखला के प्रत्येक अगली आकृति में नीचे से ऊपर की ओर बढ़ने पर एक तीर हटा दिया जाता है तथा उसके ठीक बाएँ बगल वाले तीर को पलट दिया जाता है। इस प्रकार विकल्प आकृति (a) श्रृंखला की अगली आकृति होगी।

172. (b) दी गई आकृति श्रृंखला का पैटर्न निम्न प्रकार से है।

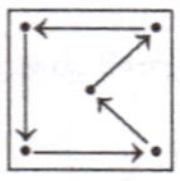

अत: विकल्प आकृति (b) दी गई आकृति श्रृंखला को पूर्ण करेगी।

173. (a) दी गई आकृति श्रृंखला का पैटर्न निम्न प्रकार से है।

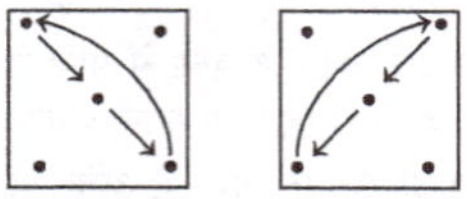

आकृति I से II तथा III से IV   आकृति II से III तथा IV से V

अत: विकल्प आकृति (a) दी गई आकृति श्रृंखला को पूर्ण करेगी।

174. (c) दी गई आकृति श्रृंखला का पैटर्न निम्न प्रकार से है।

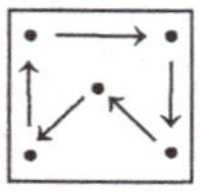

अत: विकल्प आकृति (c) दी गई आकृति श्रृंखला को पूर्ण करेगी।

175. (c) दी गई आकृति श्रृंखला का पैटर्न निम्न प्रकार से है।

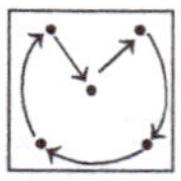

अत: विकल्प आकृति (c) दी गई आकृति श्रृंखला को पूर्ण करेगी।

176. (c) दी गई आकृति श्रृंखला में पहली आकृति से दूसरी आकृति में 2 + बढ़ गए हैं। दूसरी से तीसरी आकृति में 3 'O' बढ़ गए हैं। तीसरी आकृति से चौथी आकृति में 4 '*' बढ़ गए हैं। इसी प्रकार पाँचवीं आकृति 5 + जुड़ जाएँगे। अत: विकल्प आकृति (c) आकृति श्रृंखला की अगली आकृति होगी।

177. (b) प्रश्न में दी गई आकृति श्रृंखला का क्रम निम्न प्रकार है,

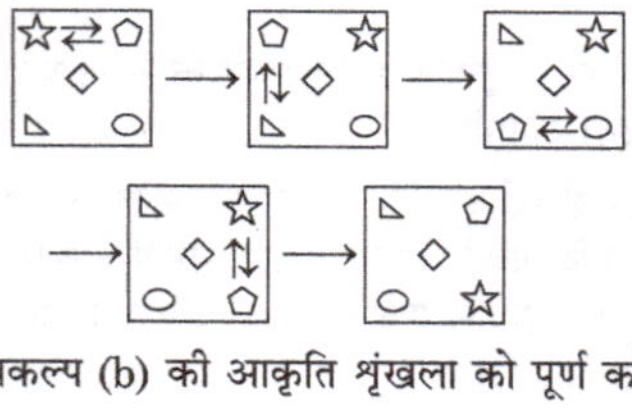

अत: विकल्प (b) की आकृति श्रृंखला को पूर्ण करेगी।

178. (a) दी गई आकृति श्रृंखला में दो वक्र रेखाएँ और एक क्षैतिज रेखा एकान्तर क्रम में सम्मिलित हो रही हैं। अत: विकल्प (a) आकृति ? के स्थान पर आएगी।

179. (d) दी गई आकृति श्रृंखला का पैटर्न निम्न प्रकार से है।

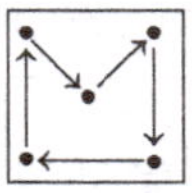

इस क्रम के अनुसार श्रृंखला की अगली आकृति विकल्प (d) की आकृति होगी।

180. (b) दी गई आकृति श्रृंखला का पैटर्न निम्न प्रकार से है।

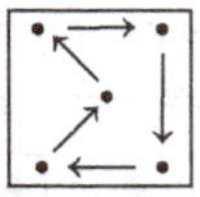

अत: विकल्प आकृति (b) दी गई श्रृंखला को पूर्ण करेगा।

181. (c) दी गई आकृति श्रृंखला का पैटर्न निम्न प्रकार से है।

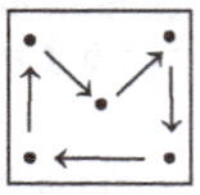

अत: विकल्प आकृति (c) दी गई आकृति श्रृंखला को पूर्ण करेगी।

182. (d) दी गई आकृति श्रृंखला में एकान्तर क्रम में निम्न पैटर्न लागू हो रहा है।

आकृति (i) से (ii) और (iii) से (iv)   आकृति (ii) से (iii) तथा (iv) से (v)

इसी क्रम का अनुसरण करते हुए विकल्प आकृति (d) श्रृंखला को पूरा करेगी।

183. (d) दी गई आकृति श्रृंखला में बीच का संकेत/चिह्न (0) अपरिवर्तित रहता है, जबकि अन्य संकेत 90° वामावर्त दिशा में एक स्थान स्थानान्तरित हो रहा है। इस प्रकार श्रृंखला की अगली आकृति विकल्प (d) की आकृति होगी।

184. (a) दी गई आकृति श्रृंखला के प्रत्येक अगली आकृति में दोनों त्रिभुज 180° वामावर्त या दक्षिणावर्त घूम रही है इस प्रकार श्रृंखला की अगली आकृति विकल्प (a) की आकृति होगी।

185. (d) दी गई आकृति श्रृंखला के प्रत्येक अगले पद में कोनों पर दिए गए सारे तत्व 90° दक्षिणावर्त दिशा में आगे बढ़ रहे है तथा बीच में दिया गया तीर अपने ही स्थान पर 45° वामावर्त दिशा में घूम रहा है।

186. (d) दी गई श्रृंखला के प्रत्येक चरण में प्रतीक '□' अपना स्थान परिवर्तित नहीं करता है और प्रतीक '△' और '○', वामावर्त दिशा में 90° आगे स्थानान्तरित हो रहे हैं।

अत: विकल्प (d) की आकृति, दी गई आकृति श्रृंखला को पूरा करेगी।

187. (d) दी गई आकृति शृंखला के प्रत्येक अगली आकृति में सम्पूर्ण आकृति घड़ी की विपरीत दिशा में 90° घूम जाती है।

188. (b) दी गई आकृति शृंखला में पहली और तीसरी आकृति समान हैं तथा दूसरी और चौथी आकृति समान हैं। अत: शृंखला में अगली आकृति तीसरी आकृति के समान होगी।

189. (d) दी गई आकृति शृंखला में पहली से दूसरी, तीसरी से चौथी आकृति में निम्न प्रकार परिवर्तन होता है।

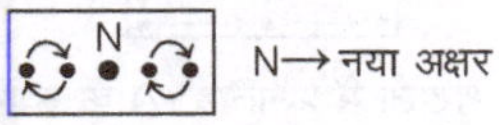

दूसरी से तीसरी और चौथी से पाँचवी आकृति में निम्न प्रकार परिवर्तन होता है।

इस प्रकार शृंखला में प्रश्नचिह्न (?) के स्थान पर उत्तर आकृति (d) आएगी।

190. (c) दी गई आकृति शृंखला के प्रत्येक अगली आकृति में छोटे वृत्त घड़ी की विपरीत दिशा में 90° आगे बढ़ रहे हैं तथा मध्य आकृति का सबसे दायीं ओर का आयत एकान्तर आकृति में छायांकित हो जाता है। इस प्रकार शृंखला में प्रश्नचिह्न के स्थान पर उत्तर आकृति (c) आएगी।

191. (d) दी गई आकृति शृंखला के प्रत्येक अगली आकृति में घड़ी की दिशा में आकृति 90° घूम जाती है। इस प्रकार प्रश्नचिह्न के स्थान पर उत्तर आकृति (d) आएगी।

192. (c) दी गई आकृति शृंखला के प्रत्येक अगली आकृति में प्रत्येक डिजाइन दक्षिणावर्त दिशा में एक 90° आगे प्रतिस्थापित हो जाती है। अत: अगली आकृति विकल्प आकृति (c) जैसी प्रतीत होगी।

193. (b) दी गई आकृति शृंखला में समचतुर्भुज (◆) आकार की आकृति प्रत्येक अगली आकृति में 90° दक्षिणावर्त घूमने के साथ उसी दिशा में एक स्थान आगे प्रतिस्थापित हो जाती है तथा बड़ी आकृति 90° वामावर्त घूमने के साथ दक्षिणावर्त दिशा में एक स्थान आगे प्रतिस्थापित हो जाती है।

इस प्रकार बनी नई आकृति विकल्प आकृति (b) जैसी दिखाई देगी।

194. (c) दी गई शृंखला के प्रत्येक अगले पद में तीर के शीर्षनुमा आकृतियाँ वामावर्त दिशा में 45° घूम जाती है और छोटा वृत्त दक्षिणावर्त दिशा में अगले कोने पर चला जाता है। वृत्त क्रमश: रिक्त या छायांकित हो जाता है।

अत: शृंखला में प्रश्नचिह्न के स्थान पर, उत्तर आकृति (c) आएगी।

195. (d) दी गई आकृति शृंखला के प्रत्येक अगले पद में S और * चिह्न दक्षिणावर्त दिशा में अगले खाने में चले जाते हैं और ● चिह्न वामावर्त दिशा में अगले खाने में चला जाता है।

अत: शृंखला में प्रश्नचिह्न के स्थान पर उत्तर आकृति (d) आएगी।

196. (d) दी गई आकृति शृंखला के प्रत्येक अगले पद में आगे की ओर वाले तीर पीछे हो जाते हैं और पीछे वाले तीर आगे हो जाते हैं।

अत: शृंखला में प्रश्नचिह्न (?) के स्थान पर उत्तर आकृति (d) आएगी।

197. (a) दी गई आकृति शृंखला के प्रत्येक अगले पद में डिजाइन 45° वामावर्त घूमती है और छोटा काला वृत्त दक्षिणावर्त दिशा में अगले कोने पर चला जाता है।

अत: शृंखला में प्रश्नचिह्न (?) के स्थान पर उत्तर आकृति (a) आएगी।

198. (b) दी गई आकृति शृंखला के प्रत्येक अगले पद में मध्य की आकृति बाहर आ जाती है। रिक्त भाग, छायांकित में, छायांकित भाग, बिन्दु भाग में और बिन्दुयन भाग रिक्त भाग में बदला जाता है। इस प्रकार शृंखला में अगली आकृति उत्तर आकृति (b) आएगी।

199. (d) दी गई आकृति शृंखला के प्रत्येक अगली आकृति में दाएँ तरफ के नीचले त्रिभुज से शुरू होते हुए बारी-बारी से त्रिभुज वामावर्त दिशा में दो स्थान आगे खिसक रहे है। इस प्रकार शृंखला की अगली आकृति उत्तर आकृति (d) होगी।

200. (d) दी गई आकृति शृंखला के प्रत्येक अगले पद में आकृति 45° दक्षिणावर्त घूम जाती है तथा वक्र रेखा पलट जाती है। इस प्रकार शृंखला में अगली आकृति उत्तर आकृति (d) होगी।

201. (a) दी गई आकृति शृंखला के प्रत्येक अगले पद में वृत्त दक्षिणावर्त दिशा में अगले शीर्ष के पास चला जाता है तथा छायाँकित भाग विपरीत ओर आ जाता है। प्रत्येक अगली आकृति में रेखाओं की संख्या एक से बढ़ जाती है, और दक्षिणावर्त दिशा में अगली भुजा के समान्तर हो जाती है। इस प्रकार, शृंखला में अगली आकृति उत्तर-आकृति (a) है।

202. (b) दी गई आकृति शृंखला का पैटर्न निम्न प्रकार है,

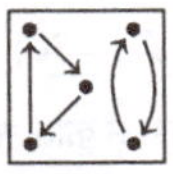

इस प्रकार, शृंखला में अगली आकृति उत्तर आकृति (b) होगी।

203. (a) दी गई आकृति शृंखला के प्रत्येक अगले पद में पंचभुजाकार आकृति दक्षिणावर्त दिशा में वर्ग के अगले भाग में चली जाती है। मध्य वाला वृत्त एकान्तर क्रम में छायांकित हो जाता है तथा बाहरी एक बिन्दु प्रत्येक अगले पद में दक्षिणावर्त दिशा मे अगले स्थान पर आ जाता है। इस प्रकार शृंखला में अगली आकृति उत्तर-आकृति (a) होगी।

204. (c) दी गई आकृति शृंखला की प्रत्येक अगली आकृति निम्न पैटर्न अनुसार आगे बढ़ रही है।

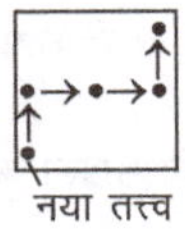

अत: विकल्प (c) की आकृति, शृंखला की अगली आकृति होगी।

205. (d) दी गई आकृति शृंखला में प्रत्येक चरण के साथ ऊपर और नीचे वाली संख्या 5 से बढ़ रही है और मध्य वाली संख्या 10 से बढ़ रही है।

$$10 \xrightarrow{+5} 15 \xrightarrow{+5} 20 \xrightarrow{+5} 25 \xrightarrow{+5} \boxed{30}$$
$$15 \xrightarrow{+10} 25 \xrightarrow{+10} 35 \xrightarrow{+10} 45 \xrightarrow{+10} \boxed{55}$$
$$5 \xrightarrow{+5} 10 \xrightarrow{+5} 15 \xrightarrow{+5} 20 \xrightarrow{+5} \boxed{25}$$

∴ विकल्प (d) की आकृति, प्रश्न आकृति को पूरा करेगी।

206. (c) प्रश्नानुसार,

आकृति I से II तथा आकृति III से IV में

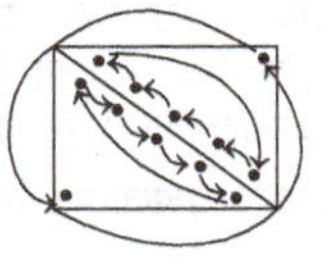

आकृति II से III तथा आकृति IV से V में

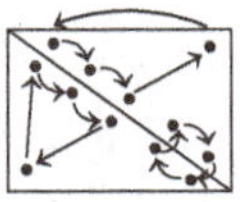

अत: विकल्प (c) की आकृति, प्रश्न आकृति को पूरा करेगी।

207. (b) दी गई आकृति शृंखला में तीर का चिह्न प्रत्येक अगली आकृति में 45° दक्षिणावर्त घूम रहा है तथा अक्षर 'A' 45° वामावर्त दिशा में स्थानान्तरित हो रहा है।

इस प्रकार, प्राप्त शृंखला की अगली आकृति विकल्प (b) की आकृति है।

208. (a) दी गई आकृति शृंखला का क्रम निम्न प्रकार से है,

आकृति (i) से (ii) और आकृति (iii) से (iv)

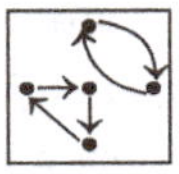

आकृति (ii) से (iii) और आकृति (iv) से (v)

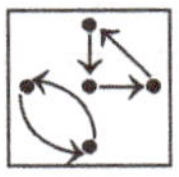

अत: विकल्प (a) की आकृति, दी गई आकृति शृंखला में '?' के स्थान पर आएगी।

209. (a) दी गई आकृति शृंखला में एकान्तर क्रम निम्न प्रकार है,

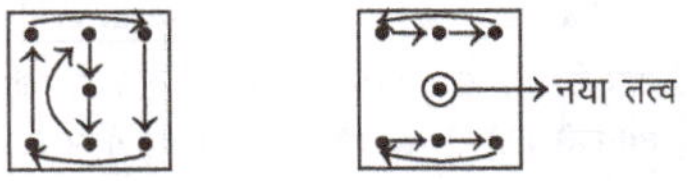

आकृति (i) से (ii) तथा आकृति (iii) से (iv) में — आकृति (ii) से (iii) तथा आकृति (iv) से (v) में

अत: '?' के स्थान पर विकल्प (a) की आकृति आएगी।

210. (c) दी गई आकृति शृंखला का क्रम निम्न प्रकार है,

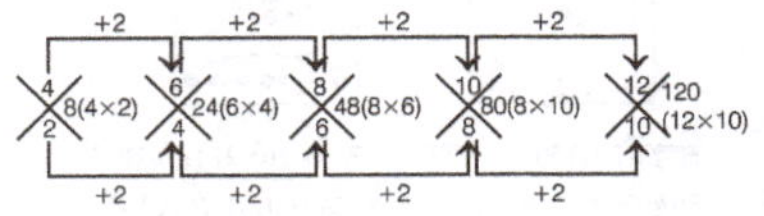

211. (a) दी गई आकृति शृंखला के प्रत्येक अगली आकृति में एक तीर विपरीत दिशा में नीचे से जुड़ता जा रहा है।

अत: प्रश्नचिह्न (?) के स्थान पर विकल्प (a) की आकृति आएगी।

212. (a) दी गई आकृति शृंखला का क्रम निम्न प्रकार से है,

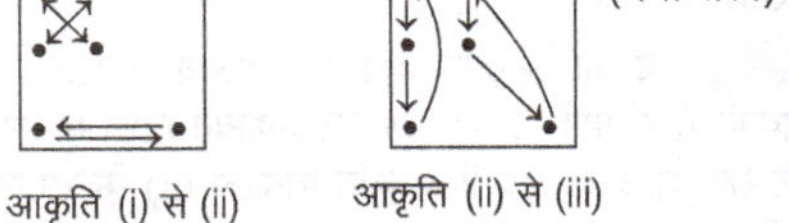

आकृति (i) से (ii) व आकृति (iii) से (iv) — आकृति (ii) से (iii) व आकृति (iv) से (v)

अत: इसी पैटर्न के अनुसार अगली आकृति विकल्प (a) की आकृति होगी।

213. (c) प्रत्येक अगली आकृति में चिह्न '+' तथा '•' एक स्थान दक्षिणावर्त दिशा में आगे बढ़ रहे है। इस प्रकार, प्राप्त अगली आकृति विकल्प (c) की आकृति होगी।

214. (c) दी गई आकृति शृंखला का पैटर्न निम्न प्रकार से है।

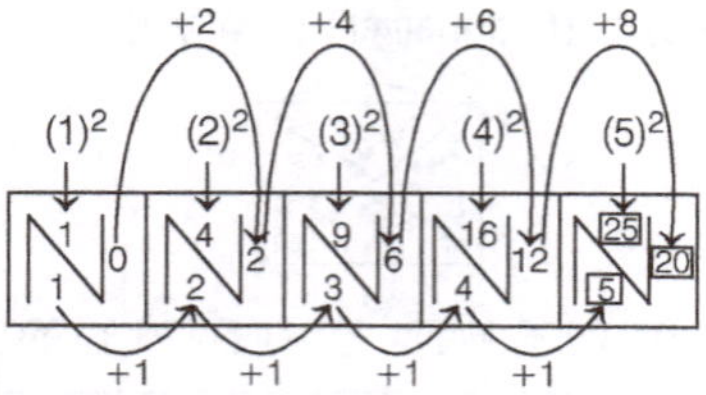

अत: विकल्प आकृति (c) शृंखला की अगली आकृति होगी।

215. (c) आकृति शृंखला का सही क्रम निम्न होगा,

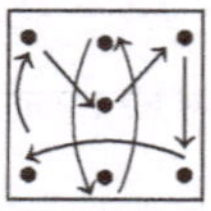

आकृति (i)-(ii)
आकृति (iii)-(iv)

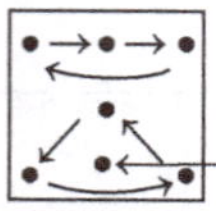

आकृति (ii)-(iii),
आकृति (iv)-(v)

अत: अगली आकृति विकल्प (c) के समान होगी।

216. (d) दी गई आकृति शृंखला के प्रत्येक अगले चरण में पिछले प्रतीकों के नीचे दो नए समान प्रतीक जोड़े जा रहे हैं।

अत: प्रश्नचिह्न (?) के स्थान पर विकल्प (d) की आकृति आएगी।

217. (b) दी गई आकृति शृंखला का पैटर्न निम्न प्रकार से है।

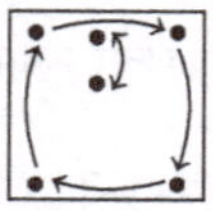

आकृति (i) से (ii) तथा, आकृति (iii) से (iv) में

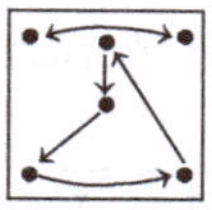

आकृति (ii) से (iii) तथा आकृति (iv) से (v) में

अत: प्रश्नचिह्न के स्थान पर विकल्प (b) आकृति आएगी।

218. (b) दी गई आकृति शृंखला का क्रम निम्न प्रकार है

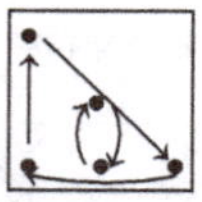

आकृति (i) से (ii) तथा आकृति (iii) से (iv)

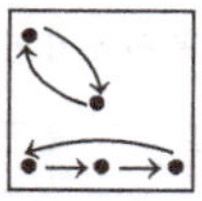

आकृति (ii) से (iii) तथा आकृति (iv) से (v) में

अत: विकल्प आकृति (b) दी गई आकृति शृंखला को पूरा करेगी।

219. (c) दी गई आकृति शृंखला के प्रत्येक अगली आकृति में प्रत्येक चिह्न दक्षिणावर्त दिशा में एक स्थान आगे बढ़ रहा है। अत: विकल्प (c) की आकृति शृंखला को पूरा करेगी।

220. (a) दी गई आकृति शृंखला के प्रत्येक अगली आकृति में सम्पूर्ण डिजाइन 90° दक्षिणावर्त दिशा में घूर्णन कर रही है। अत: अगली आकृति विकल्प (a) के समान होगी।

221. (d) दी गई शृंखला आकृति का सही क्रम निम्न प्रकार होगा,

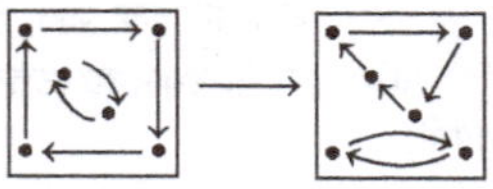

आकृति (i) से (ii) तथा (iii) से (iv) में — आकृति (ii) से (iii) तथा (iv) से (v) में

अत: विकल्प आकृति (d) दी गई आकृति शृंखला को पूरा करेगी।

222. (d) दी गई आकृति शृंखला का सही क्रम निम्न है।

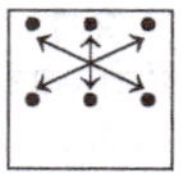

आकृति (i) व (ii) में तथा (iii) व (iv) में,

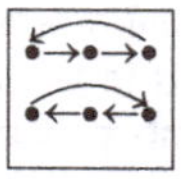

आकृति (ii) व (iii) में तथा (iv) व (v) में,

अत: विकल्प (d) की आकृति शृंखला को पूरा करेगी।

223. (b) दी गई आकृति शृंखला का क्रम निम्न प्रकार से है,

I. आकृति (i) से आकृति (ii) और आकृति (iii) से आकृति (iv) में,

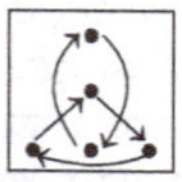

II. आकृति (ii) से आकृति (iii) और आकृति (iv) से आकृति (v),

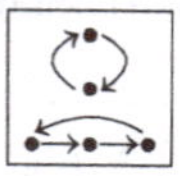

अत: विकल्प (b) में दी गई आकृति शृंखला को पूरा करेगी।

224. (b) दी गई आकृति शृंखला का पैटर्न निम्न प्रकार से हैं।

आकृति I तथा II में, III तथा IV में

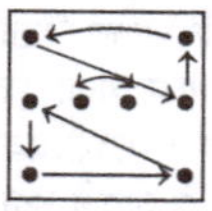

आकृति II तथा III में, IV तथा V में

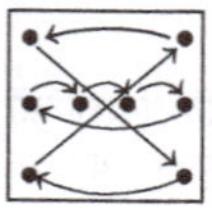

अत: प्रश्नचिह्न के स्थान पर विकल्प (b) की आकृति आएगी।

225. (b) दी गई आकृति शृंखला का पैटर्न निम्न प्रकार से है,

I. आकृति (i) से (ii) और आकृति (iii) से (iv) में

II. आकृति (ii) से (iii) और आकृति (iv) से (v) में

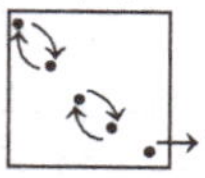

अत: विकल्प (b) की आकृति, शृंखला की अगली आकृति होगी।

226. (a) दी गई आकृति शृंखला के प्रत्येक अगली आकृति में तीर अपने स्थान पर 180° घुमकर विकर्णत: 45° आगे बढ़ रही है तथा शेष उपआकृति 45° दक्षिणावर्त आगे बढ़ रही है और आपस में अपने स्थान बदल रहे है। इस प्रकार शृंखला की अगली आकृति विकल्प (a) की आकृति होगी।

227. (d) दी गई आकृति शृंखला का क्रम निम्नवत् है

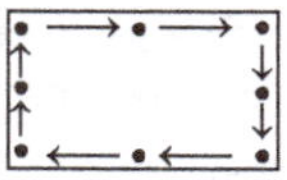

अत: आकृति शृंखला में प्रश्नचिह्न (?) के स्थान पर विकल्प (d) की आकृति आएगी।

228. (c) दी गई आकृति शृंखला में एकान्तर क्रम निम्न प्रकार है।

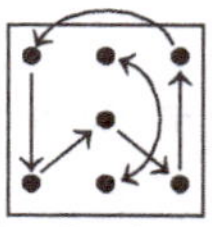

आकृति-I से II तथा आकृति-III से IV

तथा

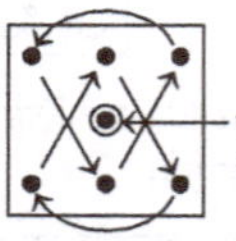

आकृति-II से III तथा आकृति-IV से V

अत: विकल्प (c) की आकृति प्रश्नचिह्न (?) के स्थान पर आएगी।

229. (c) दी गई आकृति शृंखला में, प्रत्येक अगली आकृति दक्षिणावर्त दिशा में 90° घूमती है। इस प्रकार, प्राप्त शृंखला की अगली आकृति विकल्प (c) की आकृति होगी, जिससे शृंखला तार्किक रूप से पूरी हो जाएगी।

230. (a) दी गई आकृति शृंखला प्रत्येक अगली आकृति में वामावर्त दिशा में वर्ग के एक कोने पर एक नया त्रिभुज (Δ) जुड़ रहा है। अत: विकल्प आकृति (a) शृंखला को पूरा करेगी।

231. (b) दी गई आकृति शृंखला में प्रत्येक अगले पद में सम्पूर्ण आकृति 90° वामावर्त घूम जाती है और कोने में स्थित आकृति एक नई आकृति में बदल जाती है।

इस प्रकार शृंखला की अगली अकृति विकल्प (b) के समान होगी।

232. (b) दी गई आकृति शृंखला में प्रत्येक अगली आकृति में '△', ○ तथा '•' दक्षिणावर्त दिशा में एक स्थान आगे बढ़ रहे हैं। अत: प्रश्नचिह्न के स्थान पर विकल्प (b) की आकृति आएगी।

233. (d) दी गई आकृति शृंखला के प्रत्येक अगले पद में सभी छोटी आकृतियाँ वामावर्त दिशा में अगले शीर्ष पर चली जाती हैं तथा मध्य की सम्पूर्ण आकृति 90° दक्षिणावर्त घूम जाती है। इस प्रकार, शृंखला में अगला पद उत्तर आकृति (d) है।

234. (c) दी गई आकृति शृंखला में प्रत्येक अवयव प्रत्येक अगले पद में एक स्थान वामावर्त दिशा में प्रतिस्थापित हो जाते हैं तथा ऊपर के बाएँ कोने पर आने वाला अवयव एक नए अवयव में बदल जाता है। अत: प्रश्नचिह्न के स्थान पर विकल्प आकृति (c) की आकृति आएगी।

235. (a) दी गई आकृति शृंखला में प्रत्येक अगले पद में मध्य की उपआकृति को 45° दक्षिणावर्त घुमाते हैं तथा अन्य चिह्नों को वामावर्त आगे बढ़ाया जाता है और साथ ही साथ Δ को 90° दक्षिणावर्त घुमाकर एकान्तर क्रम में छायांकित करते हैं तथा तीरों के चिह्नों को भी पलट दिया जाता है।

अत: प्रश्नचिह्न के स्थान पर विकल्प (a) की आकृति आएगी।

236. (d) दी गई आकृति श्रृंखला में प्रत्येक अगली आकृति एकान्तर क्रम में क्रमश: 90° व 45° दक्षिणावर्त घूम रही है।

अत: प्रश्नचिह्न के स्थान पर विकल्प आकृति (d) की आकृति आएगी।

237. (c) दी गई आकृति श्रृंखला में प्रत्येक अगले चरण की आकृति पिछली आकृति का दर्पण प्रतिबिम्ब है।

अत: प्रश्नचिह्न के स्थान पर विकल्प (c) की आकृति आएगी।

238. (b) दी गई आकृति श्रृंखला में प्रत्येक अगली आकृति एकान्तर क्रम में क्रमश: 90° और 45° दक्षिणावर्त दिशा में घूम जाती है। अत: इस प्रकार हमें उत्तर आकृति (b) प्राप्त होगी।

239. (d) दी गई आकृति श्रृंखला में उपस्थित रेखाखण्ड' की संख्या प्रत्येक अगले पद में एक बढ़ जाती है तथा 'दो' से अधिक रेखाखण्ड होने पर क्रॉस '×' में बदल जाती है।

अत: प्रश्नचिह्न के स्थान पर विकल्प (d) की आकृति आएगी।

240. (c) दी गई आकृति श्रृंखला के प्रत्येक अगले पद में सभी डिजाइन एक स्थान आगे वामावर्त प्रतिस्थापित हो जाती है तथा ऊपर आने वाली आकृति में उसी के समान एक नई आकृति बन जाती है।

अत: प्रश्नचिह्न के स्थान पर विकल्प (c) की आकृति आएगी।

241. (c) दी गयी आकृति श्रृंखला में प्रत्येक अगली आकृति 90° वामावर्त दिशा में घूम जाती है तथा छायांकित भाग, अछायांकित भाग में और अछायांकित भाग, छायांकित भाग में बदल जाता है, अत: प्रश्नचिह्न के स्थान पर विकल्प (c) की आकृति आएगी।

242. (d) दी गई आकृति श्रृंखला के प्रत्येक अगले पद में एक छोटा वृत्त छायांकित होकर वर्ग के कोने पर प्रतिस्थापित होता है। अत: प्रश्नचिह्न के स्थान पर विकल्प (d) की आकृति आएगी।

243. (a) दी गई आकृति श्रृंखला के प्रत्येक अगले पद में एक वक्राकार तीर बढ़ जाता है, और सभी तीरों की दिशा विपरीत हो जाती है। इस प्रकार श्रृंखला में प्रश्नचिह्न के स्थान पर उत्तर आकृति (a) आएगी।

244. (a) दी गई आकृति श्रृंखला के प्रत्येक अगली आकृति में ऊपर वाला तीर नीचे आता है तथा फिर जो तीर ऊपर पहुँचता है उसको पलट दिया जाता है।

अत: प्रश्नचिह्न के स्थान पर विकल्प (a) की आकृति आएगी।

245. (c) दी गई श्रृंखला के, प्रत्येक चरण में प्रत्येक डिजाइन एक स्थान ऊपर की ओर बढ़ रही है तथा प्रथम और दूसरे चरण में क्रमश: आकृति '𝒞' और '⌒', आकृति '⋞' के स्थान पर आ जाती है। अत: प्रश्नचिह्न के स्थान पर विकल्प (c) की आकृति आएगी।

246. (a) दी गई श्रृंखला के प्रत्येक चरण में '☆' 180° आगे बढ़ा रहा है तथा 'O' दक्षिणावर्त दिशा में 90° आगे बढ़ रहा है। अत: प्रश्नचिह्न के स्थान पर विकल्प (a) की आकृति आएगी।

247. (a) आकृतियों के क्रमागत क्रम में पहले और दूसरे तीर की स्थिति क्रमश: दूसरी और तीसरी हो जाएगी साथ ही तीर का संलग्न प्रतीक दूसरे छोर पर उपस्थित हो जाएगा। तथा पहले स्थान पर एक नए प्रतीक की रेखा उपस्थित होगी। अत: प्रश्नचिह्न के स्थान पर विकल्प (a) की आकृति आएगी।

248. (c) दी गई श्रृंखला का क्रम निम्न प्रकार है,

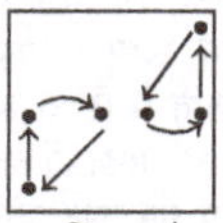

आकृति (i) से (ii) तथा (iii) से (iv) में

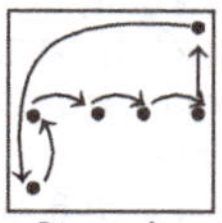

आकृति (ii) से (iii) तथा (iv) से (v) में

अत: प्रश्नचिह्न (?) के स्थान पर विकल्प आकृति (c) आएगी।

249. (a) दी गई आकृति श्रृंखला में प्रत्येक अगली आकृति में सम्पूर्ण आकृति 90° वामावर्त दिशा में घूम रही है तथा छोटा और बड़ा वृत्त एकान्तर क्रम में छायांकित तथा अछायांकित हो रहा है।

अत: प्रश्नचिह्न '?' के स्थान पर विकल्प आकृति (a) होगी।

250. (d) दी गई आकृति श्रृंखला में पहले दाएँ तरफ का तीर पलट जाता है तथा अगली आकृति में दोनों तीर पलट जाते हैं यह प्रक्रिया एकान्तर क्रम में होती है इस प्रकार श्रृंखला में अगली आकृति विकल्प आकृति (d) होगी।

251. (b) दी गई आकृति श्रृंखला में प्रत्येक अगली आकृति 90° वामावर्त दिशा में घूम रही है। इस प्रकार श्रृंखला की अगली आकृति विकल्प (b) की आकृति है।

252. (a) दी गई श्रृंखला में चिह्न '=' दक्षिणावर्त दिशा में 135° आगे बढ़ रहा है, संख्या '6', 90° दक्षिणावर्त दिशा में स्थानांतरित हो रही है, एकांतर क्रम में 'N' का स्थान अपरिवर्तित है तथा एक नया अक्षर जुड़ रहा है।

इस प्रकार प्राप्त श्रृंखला की अगली आकृति विकल्प आकृति (a) होगी।

253. (d) दी गई आकृति श्रृंखला के प्रत्येक अगली आकृति में तारेनुमा डिजाइन में एक की कमी तथा अक्षर में '+2' की वृद्धि के साथ 90° वामावर्त दिशा में आगे बढ़ रही है। इस प्रकार श्रृंखला की अगली आकृति विकल्प (d) की आकृति होगी।

254. (d) दी गई आकृति श्रृंखला में एकान्तर क्रम में निम्न प्रकार है,

आकृति (i) से (ii) तथा (iii) से (iv) में

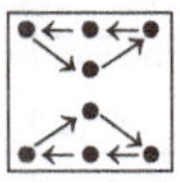

आकृति (ii) से (iii) तथा (iv) से (v) में

इस प्रकार श्रृंखला की अगली आकृति विकल्प (d) की आकृति होगी।

255. (c) दी गई आकृति श्रृंखला के प्रत्येक अगली आकृति में एकान्तर रूप से पहले ऊपर की ओर फिर नीचे की ओर एक रेखा को जोड़ा जा सकता है। इस प्रकार श्रृंखला की अगली आकृति विकल्प (c) की आकृति होगी।

256. (d) दी गई आकृति श्रृंखला का क्रम निम्न प्रकार है,

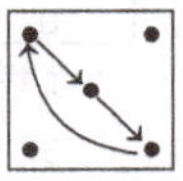

आकृति (i) से (ii) तथा (iii) से (iv) में

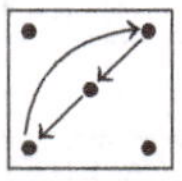

आकृति (ii) से (iii) तथा (iv) से (v) में

अत: प्रश्नचिह्न '?' के स्थान पर विकल्प आकृति (d) आएगी।

257. (b) दी गई आकृति श्रृंखला में प्रत्येक अगली आकृति में संख्या तथा अक्षर एक-एक स्थान क्रमानुसार बढ़ रहा है तथा साथ में दी गई आकृति 45° दक्षिणावर्त घूम रही है। अत: '?' के स्थान पर विकल्प (b) आएगी।

258. (c) दी गई आकृति श्रृंखला में प्रत्येक आकृति सम्पूर्ण रूप से 90° दक्षिणावर्त घूम रही है, जिससे अगली आकृति प्राप्त हो रही है तथा साथ-साथ प्रत्येक आकृति के अन्दर सन्निहित आयत एवं वृत्त एकान्तर रूप से छायांकित हो रहे हैं। अत: विकल्प आकृति (c), दी गई आकृति श्रृंखला को तार्किक रूप से पूर्ण करेगी।

259. (d) दी गई आकृति श्रृंखला में निम्न क्रम का अनुसरण हो रहा है।

अत: उपरोक्त क्रम का अनुसरण करते हुए उत्तर आकृति (d), दी गई आकृति श्रृंखला को पूर्ण करेगी।

260. (a) दी गई आकृति श्रृंखला में प्रत्येक अगली आकृति में बाहरी वर्ग की भुजा में एक की कमी हो रही है तथा अन्दर स्थित समचतुर्भुजों की संख्या प्रत्येक अगली आकृति में एक की वृद्धि हो रही हैं। अत: इस क्रमानुसार, उत्तर आकृति (a) इस श्रृंखला को पूरा करेगी।

261. (a) दी गई आकृति श्रृंखला में निम्न क्रम/नियम का अनुसरण हो रहा है।

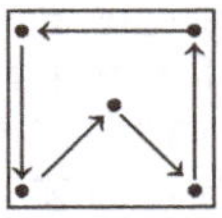

उपरोक्त क्रमानुसार, उत्तर आकृति (a), इस आकृति श्रृंखला को पूर्ण करेगी।

262. (b) दी गई आकृति श्रृंखला में निम्न क्रम/नियम का अनुसरण हो रहा है,

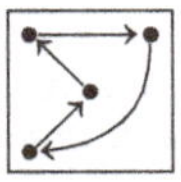

प्रत्येक अगली आकृति उपरोक्त क्रम का अनुसरण कर रही है। अत: विकल्प आकृति (b), इस आकृति श्रृंखला को पूर्ण करेगी।

263. (a) दी गई आकृति श्रृंखला में निम्न क्रम/नियम का अनुसरण हो रहा है,

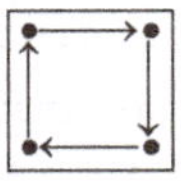

अत: उपरोक्त क्रमानुसार, दी गई आकृति श्रृंखला को विकल्प आकृति (a) पूरा करेगी।

264. (a) दी गई एकान्तर आकृति श्रृंखला का पैटर्न निम्न प्रकार है

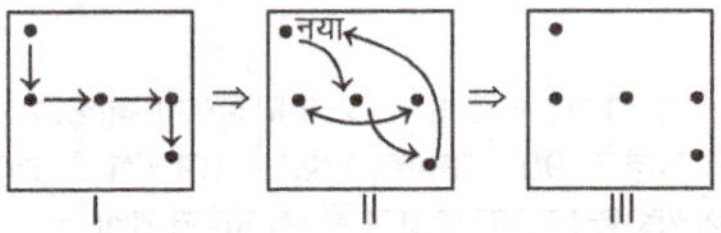

I II III

इस प्रकार श्रृंखला की पाँचवीं आकृति दूसरे पैटर्न का अनुसरण करेगी व विकल्प आकृति (a) प्रदान करेगी।

265. (b) दी गई आकृति शृंखला में प्रत्येक अगली आकृति 90° दक्षिणावर्त दिशा में घूम रही है। इस प्रकार प्राप्त अगली आकृति विकल्प (b) की आकृति है।

266. (a) दी गई आकृति शृंखला में एकान्तर क्रम में निम्न पैटर्न है,

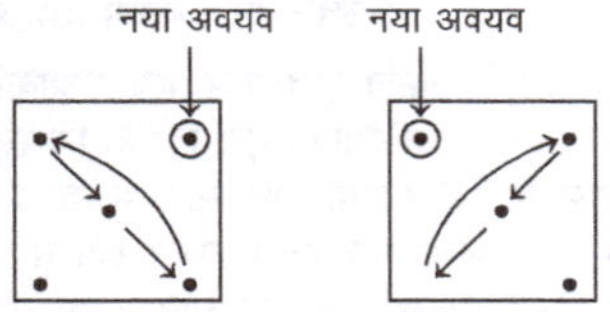

आकृति (i) से (ii) तथा (iii) से (iv) में — आकृति (ii) से (iii) तथा (iv) से (v) में

इस प्रकार शृंखला की अगली आकृति विकल्प (a) की आकृति होगी।

267. (c) दी गई आकृति शृंखला में पहले बाएँ तरफ के चिह्न '√', 90° दक्षिणावर्त घूमता है तथा फिर दाएँ तरफ के चिह्न '√', 90° दक्षिणावर्त घूमता है यह प्रक्रिया इसी क्रम में लागू होती है।

इस प्रकार शृंखला की अगली आकृति विकल्प (c) की आकृति होगी।

268. (a) दी गई आकृति शृंखला के प्रत्येक अगली आकृति में वर्ग की एक भुजा वामावर्त दिशा में हटाया जा रहा है तथा केन्द्र में एक वृत्त को जोड़ा जा रहा है। इस प्रकार शृंखला की अगली आकृति विकल्प (a) की आकृति होगी।

269. (b) दी गई आकृति शृंखला में, प्रत्येक अगली आकृति में सम्पूर्ण आकृति 90° दक्षिणावर्त घूम रही है तथा पहली आकृति में स्थित घटक छायांकित आयत एकान्तर क्रम में अछायांकित तथा अछायांकित आयत एकान्तर क्रम में छायांकित होता जा रहा है। पहली आकृति में स्थित छायांकित समचतुर्भुज एकान्तर क्रम में अछायांकित हो रहा है। अत: उत्तर आकृति (b) इस आकृति शृंखला को पूर्ण करेगी।

270. (d) दी गई आकृति शृंखला में एकान्तर क्रम में निम्न पैटर्न है,

- आकृति (i) से (ii) तथा (iii) से (iv) में पहला तथा तीसरा अक्षर किसी अन्य अक्षर या संख्या में बदलता जा रहा है।
- आकृति (ii) से (iii) तथा (iv) से (v) में,

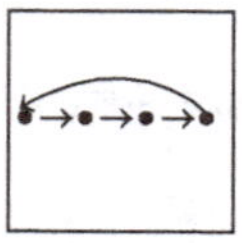

इस प्रकार शृंखला की अगली आकृति विकल्प (d) की आकृति होगी।

271. (a) दी गई आकृति शृंखला के प्रत्येक अगली आकृति में दोनों अक्षर वर्णमाला क्रम में एक वृद्धि करके अपने सामने वाले कोने पर चले जाते हैं। इस प्रकार शृंखला की अगली आकृति विकल्प (a) की आकृति होगी।

272. (c) दी गई शृंखला में, प्रत्येक अगली आकृति में, सम्पूर्ण आकृति 90° वामावर्त दिशा में घूम रही है तथा तीन चौथाई वृत्त एकान्तर क्रम में छायांकित तथा अछायांकित हो रहा है एवं दो घटक (◇ तथा ◆) निश्चित मात्रा में एकान्तर रूप से आकृतियों के साथ सन्निहित होते जा रहे हैं।

273. (c) दी गई आकृति शृंखला में, प्रत्येक अगली आकृति में दी गई आकृति सम्पूर्ण रूप से 90° दक्षिणावर्त घूम रही है, तथा आकृति में अन्तर्निहित रेखाओं की संख्या प्रत्येक अगली आकृति में एक से कम होती जा रही है। अत: विकल्प आकृति (c), इस आकृति शृंखला को पूर्ण करेगी।

274. (d) दी गई आकृति शृंखला में, सम्पूर्ण आकृति 90° वामावर्त घूमती जा रही है तथा आकृति में स्थित छोटा त्रिभुज एकान्तर क्रम में छायांकित तथा अछायांकित होता जा रहा है एवं पहली आकृति में दिए गए छोटे चार वर्गों में एक की कमी हो रही है। अत: उत्तर आकृति (d), इस आकृति शृंखला को पूर्ण करेगी।

275. (d) दी गई आकृति शृंखला के प्रत्येक अगली आकृति में सम्पूर्ण डिजाइन दक्षिणावर्त दिशा में 90° घूम रही है। इस प्रकार शृंखला की अगली आकृति विकल्प (d) की आकृति होगी।

276. (d) दी गई आकृति शृंखला के प्रत्येक कोने के चिह्न दक्षिणावर्त दिशा में कोने पर एक-स्थान घूम रहा है साथ-ही साथ दोनों तीर के चिह्न स्थान परिवर्तन के बाद अपने स्थान पर 90° वामावर्त भी घूम रहा है।

अत: अगली आकृति विकल्प (d) की आकृति होगी।

277. (c) दी गई आकृति शृंखला में एकान्तर क्रम में निम्न पैटर्न है,

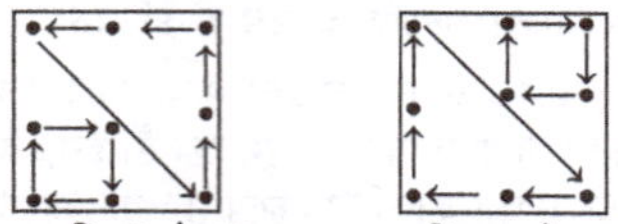

आकृति (i) से (ii) तथा (iii) से (iv) में — आकृति (ii) से (iii) तथा (iv) से (v) में

इस प्रकार शृंखला की अगली आकृति विकल्प (c) की आकृति होगी।

278. (a) दी गई एकान्तर आकृति शृंखला का क्रम निम्न प्रकार से है

आकृति (i) से (ii) तथा (iii) से (iv) मे, — आकृति (ii) से (iii) तथा (iv) से (v) मे,

अत: विकल्प (a) की आकृति प्रश्नचिह्न '?' के स्थान पर आएगी।

279. (c) दी गई आकृति शृंखला का पैटर्न इस प्रकार है

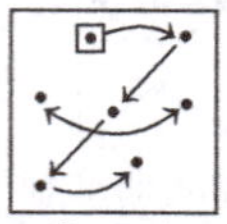

तथा

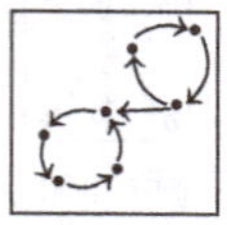

आकृति (i) से (ii) तथा (iii) से (iv) में — आकृति (ii) से (iii) तथा (iv) से (v) में

अत: शृंखला की अगली आकृति विकल्प (c) की आकृति होगी।

280 (d) दी गई आकृति शृंखला का क्रम निम्न प्रकार से है

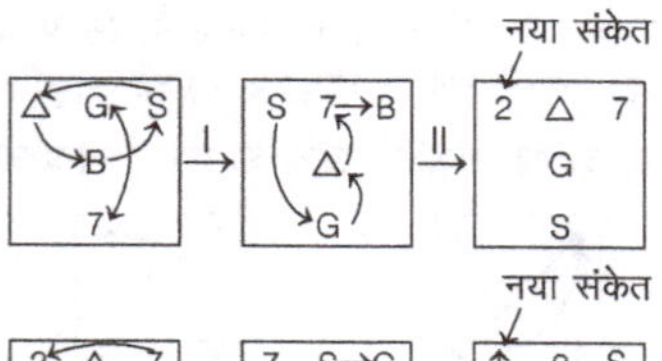

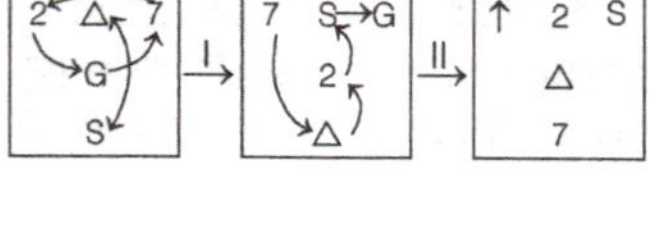

अत: आकृति शृंखला की अगली आकृति विकल्प (d) की आकृति है।

281. (a) दी गई आकृति शृंखला का सही क्रम निम्न प्रकार होगा,

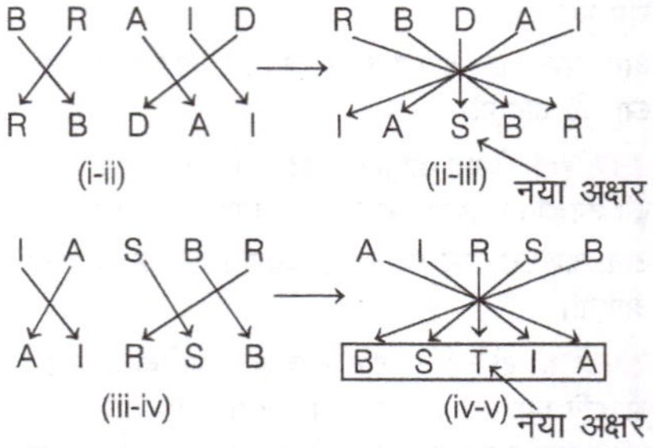

अत: विकल्प (a) की आकृति प्रश्नचिह्न के स्थान पर आएगी।

282. (c) दी गई आकृति शृंखला के पहले पद से दूसरे पद में और तीसरे पद से चौथे पद में निम्न प्रकार परिवर्तन हो रहा है।

इसी प्रकार, दूसरे पद से तीसरे पद में और चौथे पद से पाँचवे में निम्न प्रकार परिवर्तन हो रहा है।

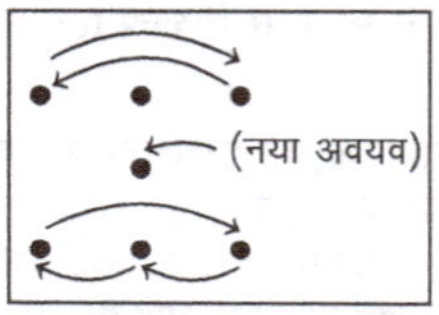

अत: शृंखला में प्रश्नचिह्न के स्थान पर उत्तर आकृति (c) आएगी।

283. (d) दी गई आकृति शृंखला का सही क्रम निम्न होगा

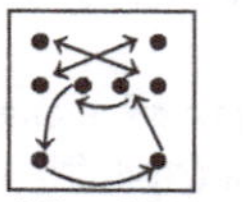

तथा

(i-ii) व (iii-iv) — (ii-iii) व (iv-v)

अत: विकल्प (d) की आकृति, आकृति शृंखला में '?' के स्थान पर आएगी।

284. (a) दी गई आकृति शृंखला में दो एकान्तर शृंखलाएँ हैं जिनका क्रम निम्न प्रकार हैं

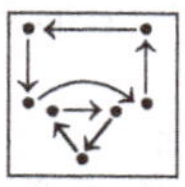

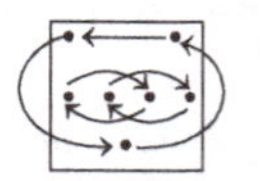

आकृति (i) से (ii) तथा (iii) से (iv) — आकृति (ii) से (iii) तथा (iv) से (v)

अत: शृंखला में प्रश्नचिह्न के स्थान पर उत्तर आकृति (a) आएगी।

285. (c) प्रत्येक अगली आकृति में तीर से ऊपर वाला गोला एक कम हो रहा है, जबकि नीचे वाला गोला में एक की बढ़ोतरी हो रही है तथा तीर के पीछे वाला बॉक्स एकान्तर क्रम में काला हो जाता है।

अत: विकल्प (c) की आकृति, आकृति शृंखला में '?' के स्थान पर आएगी।

286. (d) दी गई आकृति शृंखला में, प्रत्येक चरण मे चिह्न दक्षिणावर्त दिशा में एक स्थान आगे बढ़ रहे हैं, और सबसे ऊपर वाले स्थान पर जो चिह्न आता है वह नए चिह्न में परिवर्तित हो जाता है।

अत: विकल्प (d) की आकृति '?' के स्थान पर आएगी।

287. (c) दी गई आकृति शृंखला में, प्रत्येक चरण मे वर्ग की संख्या एक से बढ़ रही है और वृत्त की संख्या एक से घट रही है।

अत: विकल्प (c) की आकृति '?' के स्थान पर आएगी।

288. (b) दी गई आकृति शृंखला के प्रत्येक अगली आकृति में मध्य की रेखा शीर्ष A से प्रारम्भ होकर विकर्णत : विपरीत शीर्षों से क्रमश: जुड़ रही है, इस प्रकार, शृंखला में प्रश्नचिह्न के स्थान पर उत्तर आकृति (b) आएगी।

289. (c) दी गई आकृति शृंखला के प्रत्येक अगले पद में छायांकित भाग दक्षिणावर्त दिशा में और छोटी रेखा वामावर्त दिशा में अगले भाग में चले जाते हैं।

इस प्रकार उत्तर आकृति (c) शृंखला में प्रश्नचिह्न के स्थान पर आएगी।

290. (d) दी गई आकृति शृंखला के प्रत्येक अगले पद में एक पिन दाएँ ओर बढ़ रहा है। पिन का शीर्ष प्रत्येक बार पिछले पिन से विपरीत होता है। अत: शृंखला में प्रश्नचिह्न के स्थान पर उत्तर आकृति (d) आएगी।

291. (c) दी गई आकृति शृंखला में प्रत्येक चरण में चिह्न, दक्षिणावर्त दिशा में पंचभुज के एक कोने से दूसरे कोने की ओर बढ़ रहे हैं और बाएँ ओर के ऊपरी कोने पर एक नया चिह्न आ जाता है। अत: विकल्प (c) की आकृति अगली आकृति होगी।

292. (c) दी गई आकृति शृंखला में प्रत्येक चरण मे सभी चिह्न एकान्तर क्रम में एक बार दक्षिणावर्त और एक बार वामावर्त दिशा में एक स्थान बढ़ रहा है और प्रत्येक चरण मे सबसे ऊपर वाले चिह्न के स्थान पर नया चिह्न आ जाता है।

अत: विकल्प (c) की आकृति अगली आकृति होगी।

293. (d) दी गई शृंखला का सही क्रम निम्न है

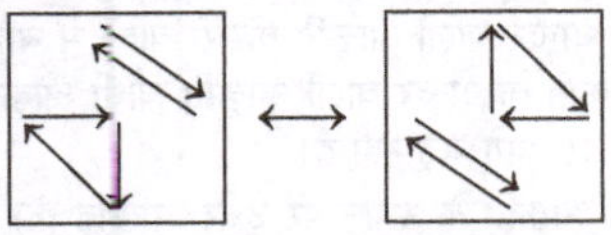

आकृति (i) व (ii) तथा (iii) से (iv) में   आकृति (ii) से (iii) तथा (iv) से (v) में

अत: अगली आकृति विकल्प (d) होगी।

294. (c) शृंखला में, छायांकित भाग अछायांकित भाग में तथा अछायांकित भाग छायांकित भाग में एकान्तर रूप से अगले चरण में बदल दिए जाते हैं और अगली अभाज्य संख्या दक्षिणावर्त दिशा में प्रतिस्थापित हो जाती है।

यह प्रक्रिया निरन्तर जारी रहती है। अत: अगली आकृति विकल्प (c) के समान होगी।

295. (a) दी गई आकृति शृंखला में दो एकान्तर शृंखलाओं का अनुसरण हो रहा है। जिनका क्रम निम्नवत् है,

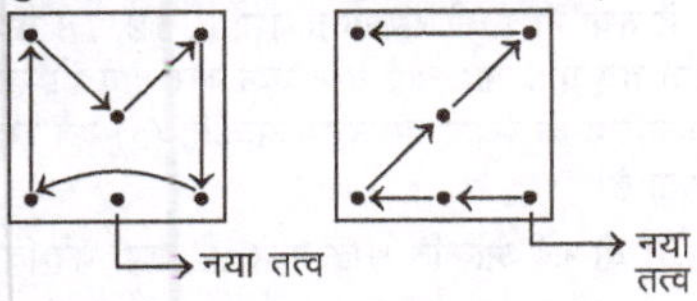

आकृति (i) से (ii) व (iii) से (iv)   आकृति (ii) से (iii) व (iv) से (v)

अत: विकल्प आकृति (a), दी गई आकृति शृंखला को पूर्ण करेगी।

296. (a) दी गई आकृति शृंखला में, तीर (⇑) बाएँ ऊपरी कोने से दाएँ ऊपरी कोने में एकान्तर आकृतियों में अपनी स्थिति बदलता है तथा तीन ज्यामितीय आकृतियाँ वृत्त, त्रिभुज, चतुर्भुज आकृति शृंखला में लगातार (क्रमानुसार) रखी गई हैं।

अत: विकल्प आकृति (a), दी गई आकृति शृंखला को पूरा करेगी।

297. (b) शृंखला के प्रथम तीन चरणों में, त्रिभुजों की संख्या में एक की वृद्धि हो रही हैं और तीर का चिह्न अगले चरण में 90° दक्षिणावर्त दिशा में घूर्णन कर रहा है। यही प्रक्रिया अगले तीन चरणों में लगातार चलती रहती है। अत: पाँचवे स्थान पर विकल्प (b) आएगा।

298. (b) दी गई आकृति शृंखला में दो एकान्तर शृंखलाओं का अनुसरण हो रहा है, जिनका क्रम निम्नवत् है,

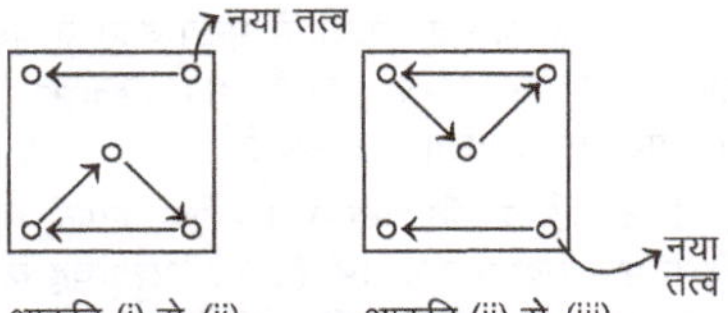

आकृति (i) से (ii) व (iii) से (iv)   आकृति (ii) से (iii) व (iv) से (v)

अत: विकल्प आकृति (b) दी गई आकृति शृंखला को पूर्ण करेगी।

299. (c) दी गई आकृति शृंखला में दो एकान्तर शृंखलाओं का क्रम निम्नवत् है,

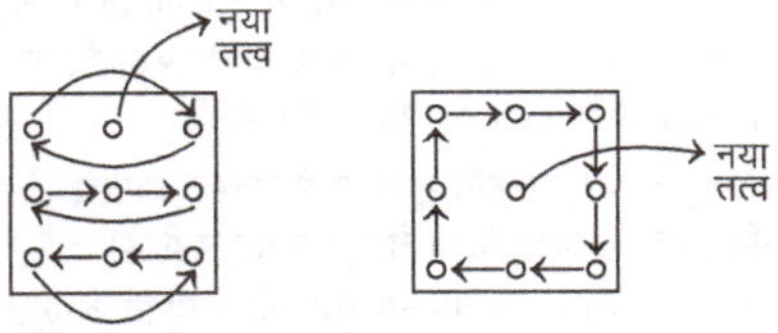

आकृति (i) से (ii) व आकृति (iii) से (iv)   आकृति (ii) से (iii) व आकृति (iv) से (v)

अत: विकल्प आकृति (c), दी गई आकृति शृंखला को पूरा करेगी।

300. (c) दी गई आकृति शृंखला की प्रत्येक अगली आकृति में वर्ग के कोण पर स्थित डिजाइन 90° दक्षिणावर्त दिशा में आगे बढ़ रही है तथा बीच वाले डिजाइन ★ और ✩ एकान्तर क्रम में आ रहा है।

इस प्रकार शृंखला की अगली आकृति विकल्प (c) की आकृति होगी।

301. (d) दी गई आकृति शृंखला में एकान्तर क्रम में निम्न पैटर्न हैं,

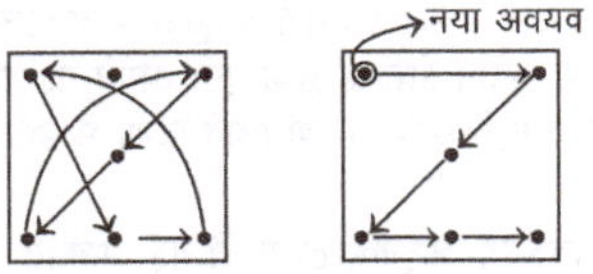

आकृति (i)से (ii) और (iii) से (iv) में   आकृति (ii) से (iii) और (iv) से (v) में

इस प्रकार शृंखला की अगली आकृति विकल्प (d) की आकृति होगी।

302. (d) यहाँ एकान्तर क्रम में दो शृंखलाएँ दी गई हैं।

आकृति (i) से (ii) तथा आकृति (iii) से (iv)   आकृति (ii) से (iii) तथा आकृति (iv) से (v) में

इसी प्रकार क्रम का अनुसरण करते हुए अगली आकृति विकल्प (d) की आकृति होगी।

303. (a) दी गई शृंखला में त्रिभुज एकान्तर क्रम में छायांकित और अछायांकित हो रहा है और छायांकित वृत वामावर्त दिशा में $1, \frac{3}{2}, 2, \frac{5}{2} \ldots$ भाग आगे खिसक रहा है।

इसी प्रकार, अगली आकृति विकल्प (a) के समान होगी।

304. (a) यहाँ एकान्तर क्रम में दो शृंखलाएँ दी गई हैं।

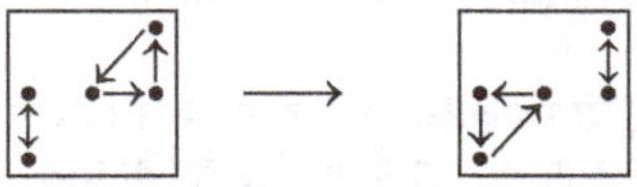

आकृति (i) से (ii) तथा आकृति (iii) से (iv)   आकृति (ii) से (iii) तथा आकृति (iv) से (v) में

अत: इस प्रकार क्रम का अनुसरण करते हुए अगली आकृति विकल्प (a) की आकृति होगी।

305. (c) दी गई आकृति शृंखला के प्रत्येक अगली आकृति में वृत में एक छायांकित भाग की वृद्धि हो रही है। अत: प्रश्नचिह्न (?) के स्थान पर विकल्प (c) की आकृति आएगी।

306. (b) दी गई आकृति शृंखला का तर्क निम्न प्रकार है,

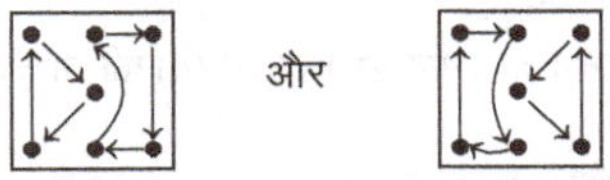

आकृति 1 से 2 तथा आकृति 3 से 4 में   आकृति 2 से 3 तथा आकृति 4 से 5 में

इस प्रकार शृंखला की अगली आकृति विकल्प (b) की आकृति होगी।

307. (d) दी गई आकृति शृंखला में तारानुमा आकृति विकर्णत: 45° आगे बढ़ रही हैं तथा एकान्तर क्रम में छायांकित हो रही हैं और वृत्त वर्ग के शीर्षों पर एक स्थान आगे दक्षिणावर्त बढ़ते हुए एकान्तर क्रम में छायांकित हो रहा है तथा तीर, वर्ग के मध्य भुजा पर परस्पर 90° वामावर्त दिशा में घूमते हुए बदल रही है और एकान्तर क्रम में छायांकित भी हो रही है।

अत: प्रश्नचिह्न के स्थान पर विकल्प (d) की आकृति आएगी।

308. (a) दी गई आकृति शृंखला में प्रत्येक अगली आकृति के बड़े वृत्त के अक्षर दक्षिणावर्त दिशा में आगे बढ़ रहे हैं तथा छोटे वृत्त के चिह्न वामावर्त दिशा में आगे बढ़ रहे हैं।

अत: विकल्प (a) की आकृति प्रश्नचिह्न के स्थान पर आएगी।

309. (d) दी गई आकृति शृंखला में प्रत्येक अगली आकृति में छायांकित भाग मध्य की संख्या के अनुसार दक्षिणावर्त दिशा में आगे बढ़ रहा है तथा एकान्तर क्रम में संख्या एक कम हो जाती है।

अत: प्रश्नचिह्न के स्थान पर विकल्प (d) की आकृति आएगी।

310. (a) दी गई आकृति शृंखला में दो एकान्तर शृंखलाएँ है जिनका क्रम निम्न प्रकार है तथा तीर को उसी स्थान पर 90° दक्षिणावर्त दिशा में घुमाया जा रहा है।

तथा

(I-II),(III-IV) & (V-VI) (II-III) & (IV-V)

अत: प्रश्नचिह्न के स्थान पर विकल्प (a) की आकृति आएगी।

311. (a) दी गई आकृति शृंखला में प्रत्येक अगली आकृति में छायांकित चतुर्भुज को विकर्णगत् परस्पर बदला जाता है फिर वृत्त के अन्दर छायांकित भाग को शीर्षाभिमुख परस्पर बदलता जाता है तथा त्रिभुज का छायांकित भाग एक स्थान दक्षिणावर्त आगे बढ़ जाता है।

अत: विकल्प (a) की आकृति प्रश्नचिह्न के स्थान पर आएगी।

312. (c) दी गई आकृति शृंखला में '⚲' चिह्न दक्षिणावर्त एक स्थान आगे बढ़ रहा है तथा '⌂' वर्ग के मध्य बाएँ से दाएँ तथा दाएँ से बाएँ परस्पर स्थान बदलते हैं तथा तारानुमा आकृति भी वर्ग के निचले शीर्षों पर परस्पर स्थान बदलती है।

अत: प्रश्नचिह्न के स्थान पर विकल्प (c) की आकृति आएगी।

313. (d) दी गई आकृति शृंखला में पहली और तीसरी आकृति में बड़ी उपआकृति समान है तथा दूसरी और विकल्प (d) की बड़ी उपआकृति भी समान होगी और त्रिभुज को 90° दक्षिणावर्त दिशा में घुमाकर एक स्थान आगे बढ़ाया गया है।

अत: प्रश्नचिह्न के स्थान पर विकल्प (d) की आकृति होगी।

314. (c) दी गई आकृति शृंखला में पहले दो चतुर्भुजों की वृद्धि तथा 2 वृत्तों की कमी होती है फिर एक चतुर्भुज की कमी तथा 1 वृत्त की वृद्धि होती है। यह पैटर्न एकान्तर क्रम में लागू हो रहा है।

अत: प्रश्नचिह्न के स्थान पर (c) की आकृति होगी।

315. (d) दी गई आकृति शृंखला का क्रम निम्न प्रकार है जहाँ उपआकृति '⬓' को बदलने के बाद पलट देते हैं।

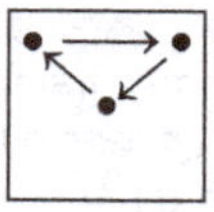

अत: प्रश्नचिह्न के स्थान पर विकल्प (d) की आकृति आएगी।

316. (a) दी गई आकृति शृंखला में वृत्त, वर्ग के बायीं भुजा की तरफ एक स्थान आगे बढ़ता है तथा त्रिभुज वर्ग के दाएँ कोनों पर परस्पर स्थान बदलता है और एकान्तर क्रम में छायांकित होता है फिर चतुर्भुज के मध्य अपना स्थान आगे-पीछे करता है।

अत: प्रश्नचिह्न के स्थान पर विकल्प (a) की आकृति आएगी।

317. (a) दी गई आकृति शृंखला में छोटा त्रिभुज वामावर्त दिशा में निरन्तर एक-एक स्थान बढ़ रहा है तथा बीच की आकृति से एक-एक रेखा वामावर्त दिशा में निरन्तर घट रही है।

अत: प्रश्नचिह्न (?) के स्थान पर विकल्प (a) की आकृति आएगी।

318. (a) दी गई आकृति शृंखला के मुख्य आकृति के भाग में एक की वृद्धि हो रही है।

अत: प्रश्नचिह्न (?) के स्थान पर आकृति (a) की आकृति आएगी।

319. (c) दी गई आकृति शृंखला में तीर वामावर्त दिशा तथा गहरा काला भाग दक्षिणावर्त दिशा में निरन्तर आगे बढ़ रहा है। अत: प्रश्नचिह्न (?) आकृति के स्थान पर विकल्प (c) होगा।

320. (b) दी गई आकृति शृंखला में प्रत्येक अगली आकृति में, नीचे दिए गए छोटे वर्ग एक-एक करके छायांकित हो रहे हैं और आकृति के अन्दर छायांकित वर्गों की संख्या एक-एक करके बढ़ रही हैं। अत: विकल्प (b) की आकृति दी गई आकृति शृंखला को पूरा करेगी।

321. (a) दी गई आकृति शृंखला में मुख्य आकृति में दो रेखाएँ निरन्तर आगे की तरफ बढ़ रही हैं।

अत: प्रश्न आकृति के स्थान पर विकल्प (a) की आकृति होगी।

322. (a) दी गई आकृति शृंखला में मुख्य आकृति घड़ी की दिशा में 45° निरन्तर घूम रही है। अत: प्रश्नचिह्न (?) के स्थान पर उत्तर आकृति (a) आएगी।

323. (d) दी गई आकृति शृंखला में प्रत्येक अगली आकृति में एक रेखा कम हो रही है। अत: प्रश्नचिह्न के स्थान पर विकल्प (d) की आकृति आएगी।

324. (c) दी गई आकृति शृंखला में तीर का चिह्न दक्षिणावर्त दिशा में घूर्णन कर रहा है तथा वृत्त के अन्दर की आकृति प्रत्येक अगले चरण में एक वृद्धि कर रही है। अत: अगली आकृति विकल्प (c) के समान होगी।

325. (c) प्रश्न आकृतियों को एकान्तर क्रम में देखने पर प्रथम तथा तृतीय आकृतियों के अवयव दक्षिणावर्त दिशा में आगे बढ़ रहे हैं। यह क्रम इसी प्रकार जारी रहता है। अत: अगली आकृति विकल्प (c) के समान होगी।

326. (b) दी गई आकृति शृंखला में प्रत्येक अगली आकृति 90° वामावर्त दिशा में घूर्णन कर रही है।

अत: (?) के स्थान पर विकल्प (b) की आकृति आएगी।

327. (b) दी गई आकृति शृंखला में प्रत्येक आकृति में बाहरी उप-आकृतियाँ एक स्थान वामावर्त दिशा में घूर्णन कर रही हैं। अत: (?) के स्थान पर विकल्प (b) की आकृति आएगी।

328. (b) दी गई आकृति शृंखला में प्रत्येक अगले पद में एक '+' चिह्न के स्थान पर '=' चिह्न आता है।

अत: विकल्प (b) की आकृति शृंखला को पूरा करेगी।

329. (a) दी गई आकृति शृंखला में प्रत्येक चिह्न एक स्थान दक्षिणावर्त दिशा में घूमता है।

अत: विकल्प (a) की आकृति को प्रश्नचिह्न (?) के स्थान पर रखा जा सकता है।

330. (c) दी गई प्रश्न आकृतियों की शृंखला में, चिह्न '→' वैकल्पिक रूप से हर दूसरी आकृति में वामावर्त दिशा में 90° से परिवर्तित होती है तथा पुन: अपने पहले रूप में आ जाता है तथा चिह्न '—o' वामावर्त दिशा में 90° घूम रहा है।

इस प्रकार, विकल्प आकृति (c) में दी गई आकृति प्रश्नचिह्न (?) के स्थान पर आएगी।

331. (d) दी गई आकृति शृंखला की प्रत्येक अगली आकृति में चिह्न '◯' अगली आकृति में दक्षिणावर्त दिशा में एक स्थान आगे अवस्थित हो जाता है तथा चिह्न '=' भी इसी प्रकार एक स्थान आगे अवस्थित हो जाता है। अत: अगली आकृति इसी क्रम में विकल्प (d) के समान होगीं।

332. (a) दी गई शृंखला के प्रत्येक अगली आकृति में पहले से उपस्थित चिह्न एक स्थान नीचे आ जाते है तथा एक नया चिह्न जोड़ा जाता है। यह क्रम निरन्तर जारी रहता है। अत: अगली आकृति विकल्प (a) के समान होगी।

333. (d) दी गई आकृति शृंखला में एकान्तर क्रम में त्रिभुज घड़ी की सूईं की दिशा में 90° तथा 45° घूमता है तथा वैकल्पिक रूप से काला तथा सफेद हो रहा है। अत: अगली आकृति विकल्प (d) के समान होगी।

334. (d) दी गई शृंखला के प्रत्येक अगली आकृति में एक निश्चित पैटर्न के अनुसार तीर वृत्त में परिवर्तित हो रहा है।

अत: इस प्रकार प्रश्नचिह्न के स्थान पर उत्तर आकृति (d) होगी।

335. (a) दी गई आकृति शृंखला के प्रत्येक अगली आकृति में वैकल्पिक रूप से पहले वृत्त फिर काले रंग का त्रिभुज जोड़ा जा रहा है। इस प्रकार, प्रश्नचिह्न के स्थान पर विकल्प (a) की आकृति होगी।

336. (a) दी गई आकृति शृंखला के प्रत्येक अगली आकृति में एक वृत्त को त्रिभुज में बदला जा रहा है।

इस प्रकार, प्रश्नचिह्न के स्थान पर विकल्प (a) की आकृति होगी।

337. (c) दी गई आकृति शृंखला में प्रत्येक तत्व एक स्थान आगे बढ़ता है, तथा प्रत्येक अगली आकृति में एक नया तत्व जुड़ जाता है।

अत: विकल्प (c) में दी गई आकृति शृंखला की अगली आकृति होगी।

338. (a) दी गई शृंखला आकृति के प्रत्येक आकृति में अवयव दक्षिणावर्त दिशा में एक स्थिति आगे प्रतिस्थापित हो रहे हैं। यह क्रम निरन्तर जारी रहता है।

अत: इस प्रकार अगली आकृति विकल्प (a) के समान होगी।

339. (c) दी गई आकृति शृंखला में मुख्य आकृति में अन्दर वाली आकृति दूसरी आकृति में बाहर, दूसरी आकृति में अन्दर वाली आकृति तीसरी वाली में बाहर तथा तीसरी आकृति के अन्दर वाली आकृति चौथी आकृति में बाहर निरन्तर आगे बढ़ रही है।

अत: प्रश्न आकृति के स्थान पर उत्तर आकृति (c) होगी।

340. (d) दी गई आकृति शृंखला के प्रत्येक अगली आकृति में एक अधिक भुजा वाले ज्यामितीय आकृति उपस्थित हो रहे है तथा अन्दर की संख्या में भी एक की वृद्धि हो रही है।

इस प्रकार शृंखला की अगली आकृति विकल्प (d) की आकृति होगी।

341. (b) दी गई शृंखला आकृति में एक रेखा निरन्तर आगे की ओर जुड़ रही है।

अत: प्रश्नचिह्न के स्थान पर विकल्प आकृति (b) होगी।

342. (a) दी गई आकृति शृंखला में ऊपर की संख्या 6 अंक निरन्तर बढ़ते हुए एक बार बाएँ तथा एक बार दाएँ हो रही है तथा नीचे की संख्या क्रमश: 6, 12, 18 तथा 24 घटते हुए एक बार बाएँ तथा एक बार दाएँ हो रही है। अत: प्रश्नचिह्न के स्थान पर उत्तर आकृति (a) को रखा जा सकता है।

343. (d) दी गई आकृति शृंखला में 'Δ' घड़ी की विपरीत दिशा में निरन्तर पहले $\frac{1}{2}$ दूरी, फिर 1 पूरी दूरी फिर $1\frac{1}{2}$ दूरी अत: अन्त में इसी प्रकार 2 दूरी चलेगा तथा '*'

निरन्तर अगली आकृति में एक बार एक स्थान आगे जा रहा है तथा एक बार एक स्थान पीछे हो रहा है तथा यही क्रम आगे भी जारी रहेगा। तथा वृत्त 'O' घड़ी के विपरीत दिशा में निरन्तर एक-एक स्थान बढ़ रहा है।

अत: प्रश्नचिह्न के स्थान पर विकल्प (d) की आकृति आएगी।

344. (b) दी गई आकृति शृंखला में पंचभुज घड़ी की दिशा में निरन्तर एक-एक स्थान आगे बढ़ रही है तथा बीच की उपआकृति निरन्तर दर्पण प्रतिबिम्ब बन रही है। अत: प्रश्नचिह्न के स्थान पर विकल्प आकृति (b) आएगी।

345. (c) दी गई आकृति शृंखला में घड़ी की दिशा में निरन्तर एक-एक रेखा (प्रत्येक अगले चरण में) जुड़ती जा रही है। (इस प्रकार यह क्रम निरन्तर जारी रहता है।) अत: उत्तर आकृति (c) अगली आकृति होगी।

346. (b) दी गई आकृति शृंखला में, पहली आकृति से दूसरी, दूसरी आकृति से तीसरी और इसी प्रकार आगे बढ़ते हुए, विकर्ण के दाईं ओर के तत्व बाईं ओर के तत्वों के साथ स्थान बदल लेते हैं और स्थान बदलने के बाद, दाईं ओर के तत्व नए तत्वों के साथ प्रतिस्थापित हो जाते हैं।

अत: विकल्प (b) की आकृति शृंखला को पूरा करेगी।

347. (b) दी गई आकृति शृंखला में, प्रत्येक चरण की आकृति मे एक छायांकित बिन्दु जुड़ रहा है।

348. (b) दी गई आकृति शृंखला में, प्रत्येक अगले चरण में एक छायांकित त्रिभुज की संख्या मे वृद्धि हो रही है और मध्य आकृति 90° दक्षिणावर्त दिशा मे घूम रही हैं। अत: अगली आकृति विकल्प (b) के समान होगी।

349. (d) प्रश्न आकृतियों का ध्यानपूर्वक अवलोकन करने पर हम पाते हैं कि प्रत्येक अगले चरण में आकृति 90° दक्षिणावर्त घूर्णन करती है तथा प्रतीक एक स्थान अपने दाएँ ओर प्रतिस्थापित हो जाते हैं। अत: अगली आकृति विकल्प (d) के समान होगी।

350. (b) दी गई शृंखला का ध्यानपूर्वक अध्ययन करने पर हम देखते हैं कि लैम्प प्रत्येक अगले चरण में 180° दक्षिणावर्त घूमता है तथा किताब प्रत्येक अगले चरण मे 90° दक्षिणावर्त घूर्णन करती है।

अत: अगला पद विकल्प (b) के समान होगा।

351. (c) यहाँ मध्य अंक परस्पर '2' के क्रमांक में बढ़ रहा है तथा शृंखला का क्रम निम्न होगा

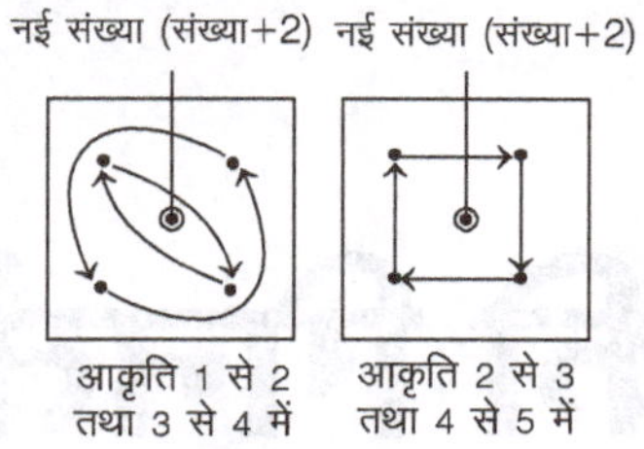

अत: विकल्प (c) प्रश्नवाचक चिह्न के स्थान पर आएगा।

352. (c) यहाँ सभी स्वर दाएँ से बाएँ क्रम में लिए गए हैं, जिनमें सभी को दो भिन्न प्रकार की आकृतियों में एकान्तर क्रम में रखा गया है और नीचे के दोनों चिन्ह प्रत्येक अगली आकृति में परस्पर अपना स्थान बदलते हैं।

अत: उत्तर आकृति (c) सही है।

353. (b) उपरोक्त शृंखला में तीर के समान आकृति 135° वामावर्त घूर्णन करती है।

अत: उत्तर आकृति (b) प्रश्नवाचक चिन्ह को प्रतिस्थापित करेगी।

354. (a) दी गई आकृति शृंखला में, अन्दर तथा बाहर की आकृति की भुजाओं में 1 की वृद्धि हो रही है। इसलिए आकृति शृंखला में अगली स्थान पर विकल्प आकृति (a) आएगी।

355. (d) दी गई आकृति शृंखला में, दूसरी वस्तु की आकृति प्रत्येक अगली आकृति में 180° घूम रही है। अत: अगली आकृति, विकल्प आकृति (d) होगी।

356. (b) दी गई आकृति शृंखला में प्रत्येक अगली आकृति में तीर और षट्भुज घड़ी की सुई के विपरीत दिशा में 90° आगे बढ़ती है और काला हो जाती हैं तथा तीर अपने स्थान पर पलट भी जाते है, तारा वैकल्पिक रूप से काला और सफेद हो रहा है।

इस प्रकार शृंखला की अगली आकृति विकल्प (b) की आकृति होगी।

357. (a) दी गई प्रश्न आकृति की शृंखला में, केन्द्र की आकृति (□) एकान्तर क्रम में छायांकित हो रही है तथा कोने की आकृतियाँ, वामावर्त दिशा में 90° घूम रही है। इसलिए प्रश्न चिह्न के स्थान पर विकल्प आकृति (a) आएगी।

358. (b) दी गई आकृति शृंखला के प्रत्येक अगली आकृति में कोने पर घड़ी की सुई की दिशा में एक अक्षर जोड़ा जा रहा है तथा बाहर वाली आकृति अन्दर करके छायांकित किया जा रहा है।

अत: शृंखला की अगली आकृति विकल्प (b) की आकृति होगी।

359. (b) दी गई आकृतियों की शृंखला में, केन्द्र की आकृति 90° वामावर्त दिशा में घूम रही है तथा वृत्त के साथ जा रही आकृति में भुजा की संख्या अगली आकृति में 1 घट रही है तथा प्रत्येक चरण में अन्दर से बाहर की ओर आकृतियाँ छायांकित हो रही हैं।

अत: अगले स्थान पर विकल्प आकृति (b) आएगी।

360. (a) दी गई आकृति शृंखला में, केन्द्र की आकृति 45° वामावर्त दिशा में घूम रही है। आकृति के अन्दर दिए गए छोटे वृत्त O दक्षिणावृत्त दिशा में घूम रही है तथा वृत्त की संख्या में एक की कमी हो रही है।

अत: प्रश्नवाचक चिह्न के स्थान पर विकल्प आकृति (a) आएगी।

25

आकृतियों की गिनती

इस अध्याय के अन्तर्गत आने वाले प्रश्नों में एक आकृति दी गई होती है दी गई आकृति में से पूछी गई ज्यामितीय आकृतियों को (यथा वृत्त, त्रिभुज, वर्ग, सरल रेखाएँ, आयत, समान्तर चतुर्भुज इत्यादि) पहचानकर उनकी कुल संख्या को ज्ञात करना होता है।

त्रिभुजों की संख्या ज्ञात करने के महत्त्वपूर्ण नियम

नियम 1 यदि

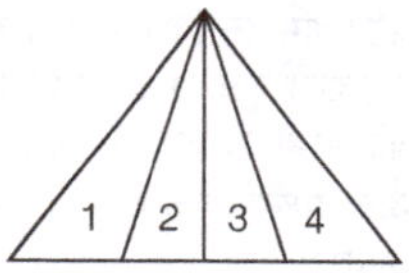

तब, त्रिभुजों की संख्या $\rightarrow 1+2+3+4=10$

नियम 2 यदि

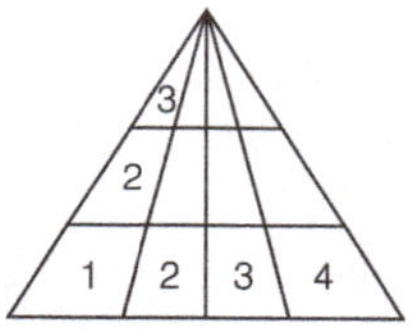

तब, त्रिभुजों की संख्या → (त्रिभुज भाग का जोड़)

× (आधारों तथा क्षैतिज रेखाओं की संख्या)

$\rightarrow (1+2+3+4)\times 3 = 30$

नियम 3 यदि

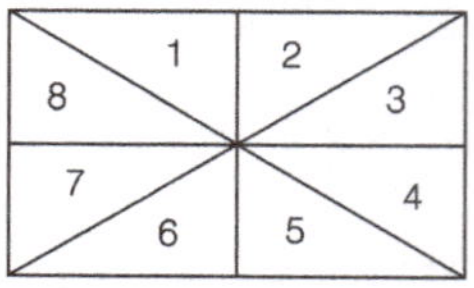

तब, त्रिभुजों की संख्या $\rightarrow 2\times$ भागों की संख्या $= 2\times 8 = 16$

उदाहरण 1. निम्न प्रश्न आकृति में कितने त्रिभुज हैं?

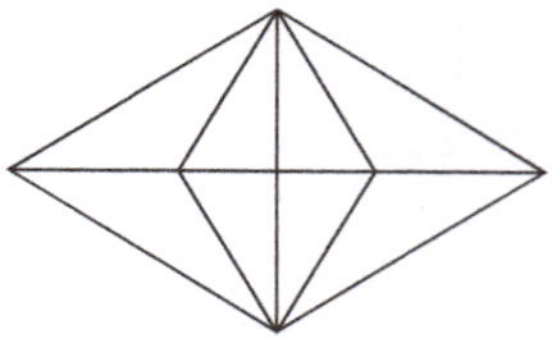

(a) 10
(b) 24
(c) 22
(d) 20

हल (*b*) दी गई आकृति में बिन्दुओं को नामांकित करने पर,

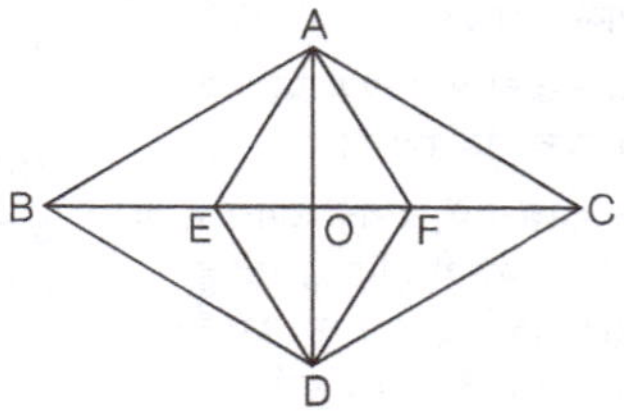

प्रश्न आकृति का ध्यानपूर्वक अवलोकन करने के बाद ज्ञात होता है कि दी गई आकृति में सबसे छोटे त्रिभुज = ΔABE, ΔAEO, ΔAOF, ΔAFC, ΔDEB ΔDOE, ΔDFO तथा ΔDCF = 8

दो छोटे-छोटे त्रिभुजों से मिलकर बने त्रिभुज = ΔABO, ΔAEF, ΔAOC, ΔBOD, ΔDEF, ΔDOC, ΔAED तथा ΔADF = 8

तीन छोटे-छोटे त्रिभुजों से मिलकर बने त्रिभुज

= ΔABF, ΔAEC, ΔBDF तथा ΔEDC = 4

चार त्रिभुजों से मिलकर बने त्रिभुज = ΔABC, ΔBCD, ΔABD तथा ΔACD = 4

∴ त्रिभुज की कुल संख्या = 8 + 8 + 4 + 4 = 24

वर्ग की संख्या ज्ञात करने के महत्त्वपूर्ण नियम

नियम 1 जब पंक्ति और स्तम्भ बराबर हों

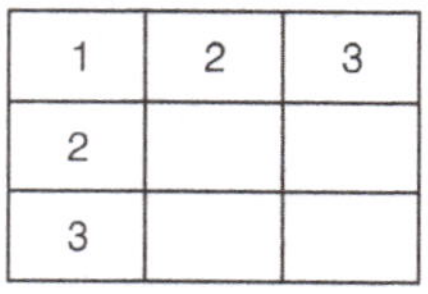

पंक्ति और स्तम्भ की संख्या 3 है।

तब वर्गों की संख्या $= 1^2 + 2^2 + 3^2 = 14$

नियम 2 जब पंक्ति और स्तम्भ बराबर न हो

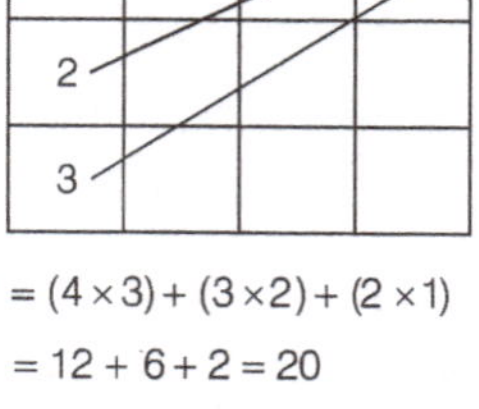

वर्गों की कुल संख्या $= (4\times 3) + (3\times 2) + (2\times 1)$

$= 12 + 6 + 2 = 20$

उदाहरण 2. निम्न आकृति में कितने वर्ग हैं?

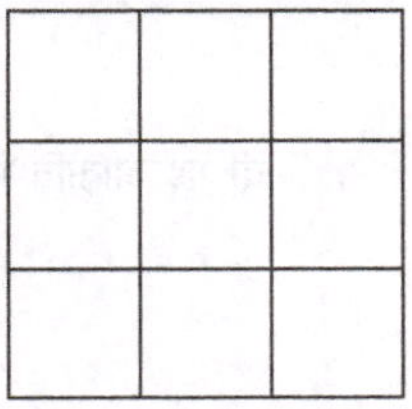

(a) 12 (b) 13
(c) 14 (d) 15

हल (c) सूत्र के अनुसार,

कुल वर्गों की संख्या $= (3 \times 3) + (2 \times 2) + (1 \times 1)$
$= 9 + 4 + 1 = 14$

उदाहरण 3. निम्न प्रश्न में एक प्रश्न आकृति दी गई है। इस आकृति में कितने वर्ग हैं?

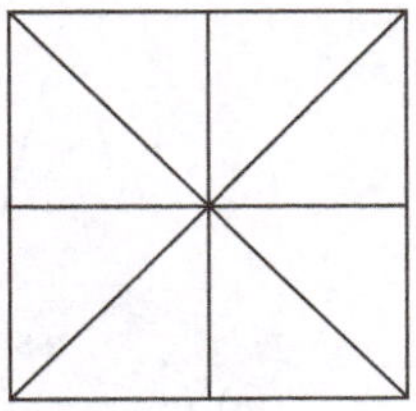

(a) 5 (b) 10
(c) 15 (d) 20

हल (a) प्रश्न आकृति का ध्यानपूर्वक अवलोकन करने के बाद ज्ञात होता है कि दी गई आकृति में 5 वर्ग हैं

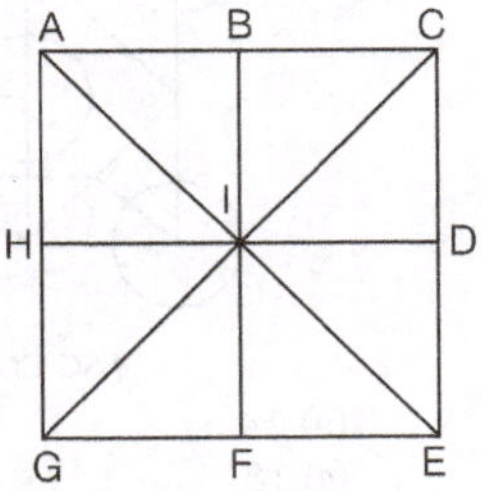

सबसे छोटे वर्ग = ABIH, BCDI, IDEF, IFGH = 4

सबसे बड़ा वर्ग = ACEG = 1

अतः कुल वर्गों की संख्या = 4 + 1 = 5

आयतों की संख्या ज्ञात करने का महत्त्वपूर्ण नियम

यदि

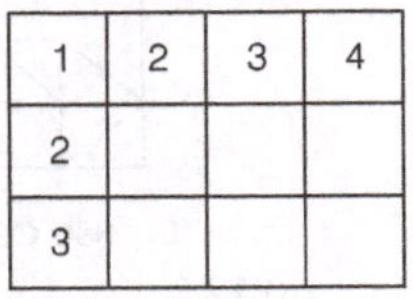

तब, आयतों की कुल संख्या $= (1 + 2 + 3 + 4) \times (1 + 2 + 3) = 10 \times 6 = 60$

उदाहरण 4. निम्न आकृति में आयतों की संख्या कितनी है?

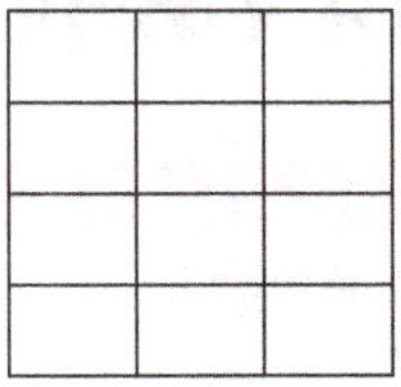

(a) 48 (b) 60 (c) 61 (d) 56

हल (b) कुल आयतों की संख्या $= (4 + 3 + 2 + 1) \times (3 + 2 + 1) = 10 \times 6 = 60$

उदाहरण 5. निम्न प्रश्न में एक प्रश्न आकृति दी गई है। इस आकृति में कितने आयत हैं?

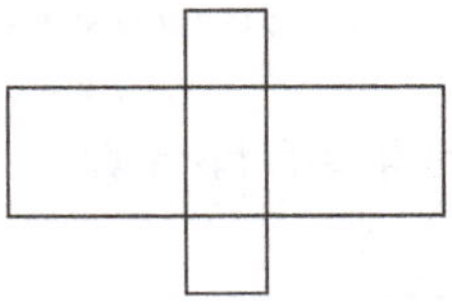

(a) 9 (b) 11 (c) 13 (d) 15

हल (b) प्रश्न आकृति का ध्यानपूर्वक अवलोकन करने के बाद ज्ञात होता है कि दी गई आकृति में निम्न 11 आयत हैं

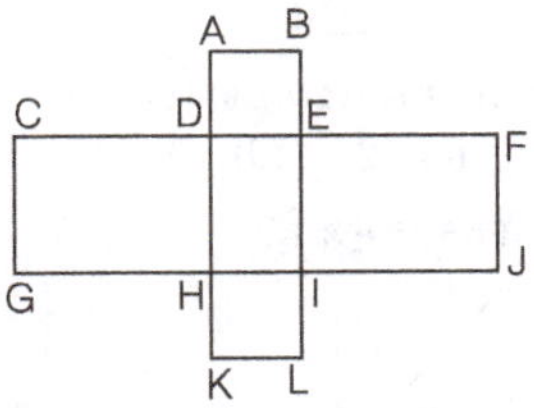

सबसे छोटे आयत = ABED, EFJI, ILKH, HGCD, DEIH = 5

दो आयतों से मिलकर बने आयत = ABIH, DELK, CEIG, DFJH = 4

तीन आयतों से मिलकर बने आयत = ABLK, CFJG = 2

अतः कुल आयतों की संख्या = 5 + 4 + 2 = 11

वृत्तों की संख्या ज्ञात करने की विधि

वृत्तों की संख्या ज्ञात करने के लिए प्रत्येक वृत्त को 1 से शुरू करते हुए क्रमांक दिए जाते हैं। आखिरी वृत्त का क्रमांक ही वृत्तों की कुल संख्या होती है।

उदाहरण 6. निम्न दी गई आकृति में कुल कितने वृत्त हैं?

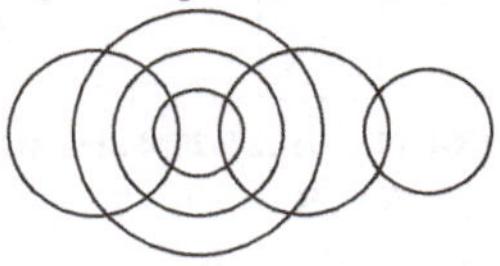

(a) 6 (b) 7 (c) 10 (d) 8

हल (a) सभी वृत्तों को क्रमांक देने पर,

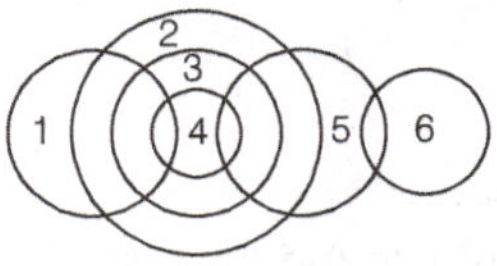

∴ वृत्तों की कुल संख्या = 6

SSC एग्जाम स्कैनर

SSC CGL 2024 (Tier I & II)

1. दी गई आकृति में कितने त्रिभुज हैं?

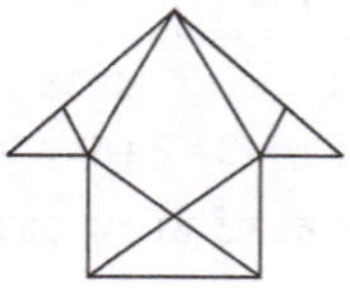

SSC CGL (Tier I) 26/9/2024 Shift-III

(a) 12 (b) 10 (c) 13 (d) 11

2. नीचे दी गई आकृति में कितने त्रिभुज हैं?

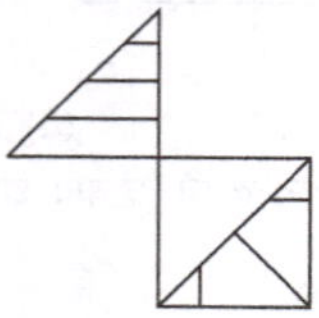

SSC CGL (Tier I) 26/9/2024 Shift-II

(a) 8 (b) 14 (c) 12 (d) 10

3. दी गई आकृति में कितने त्रिभुज हैं?

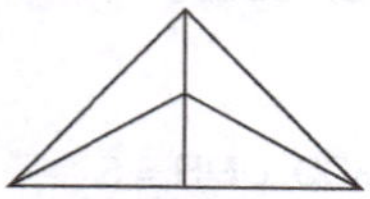

SSC CGL (Tier I) 26/9/2024 Shift-I

(a) 8 (b) 11 (c) 10 (d) 9

4. दी गई आकृति में कितने त्रिभुज हैं?

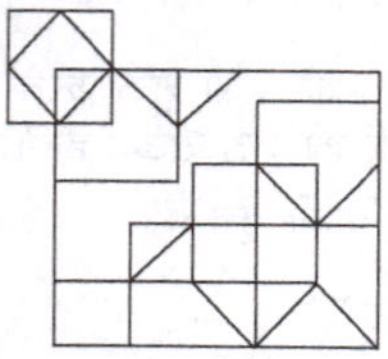

SSC CGL (Tier I) 25/9/2024 Shift-III

(a) 14 (b) 15 (c) 18 (d) 17

5. दी गई आकृति में कितने त्रिभुज हैं?

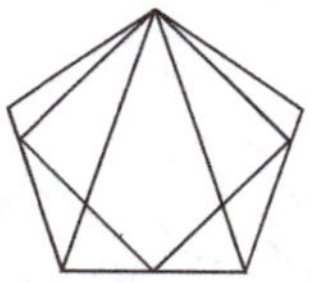

SSC CGL (Tier I) 25/9/2024 Shift-II

(a) 12 (b) 13 (c) 10 (d) 11

6. नीचे दर्शाई गई आकृति में कितने वर्ग हैं?

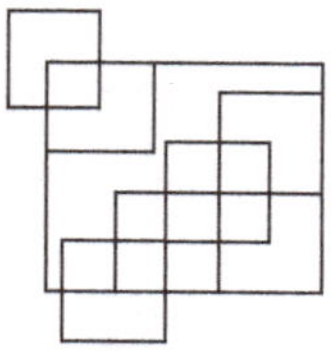

SSC CGL (Tier I) 25/9/2024 Shift-I

(a) 16 (b) 17 (c) 18 (d) 15

7. दी गई आकृति में कितने त्रिभुज हैं?

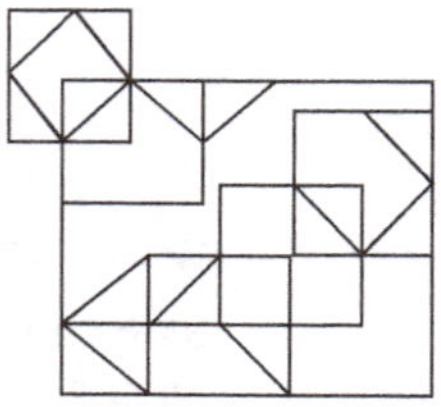

SSC CGL (Tier I) 24/9/2024 Shift-II

(a) 17 (c) 16
(d) 18 (d) 19

8. नीचे दी गई आकृति में कितने त्रिभुज हैं?

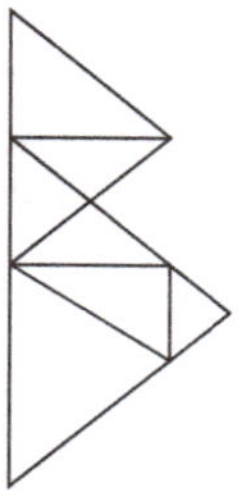

SSC CGL (Tier I) 24/9/2024 Shift-I

(a) 12 (b) 11 (c) 13 (d) 10

9. दी गई आकृति में कितने आयत हैं?

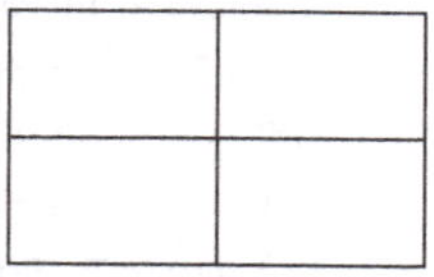

SSC CGL (Tier I) 23/9/2024 Shift-III

(a) 9 (b) 4 (c) 6 (d) 8

10. दी गई आकृति में कितने वृत्त हैं?

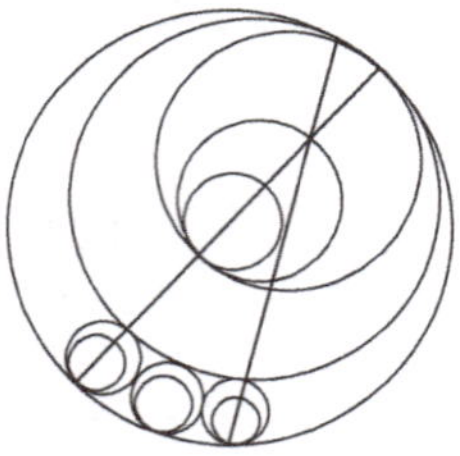

SSC CGL (Tier I) 23/9/2024 Shift-II

(a) 12 (b) 11 (c) 13 (d) 10

11. दी गई आकृति में कितने वर्ग हैं?

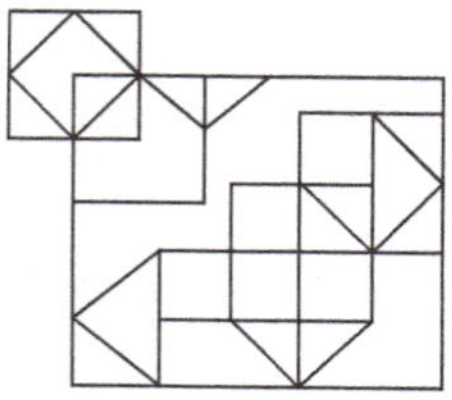

SSC CGL (Tier I) 23/9/2024 Shift-I

(a) 14 (b) 12 (c) 11 (d) 15

12. दी गई आकृति में कितने त्रिभुज हैं?

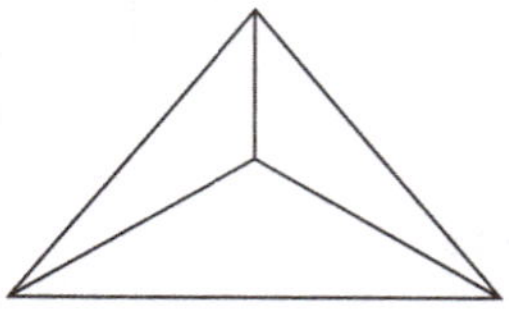

SSC CGL (Tier I) 19/9/2024 Shift-III

(a) 3 (b) 5 (c) 2 (d) 4

13. दी गई आकृति में कितने अर्द्धवृत्त हैं?

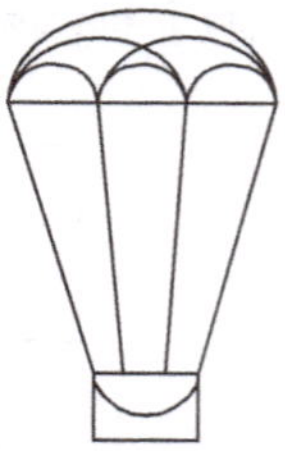

SSC CGL (Tier I) 19/9/2024 Shift-II

(a) 7 (b) 8
(c) 5 (d) 6

14. दी गई आकृति में कितने त्रिभुज हैं?

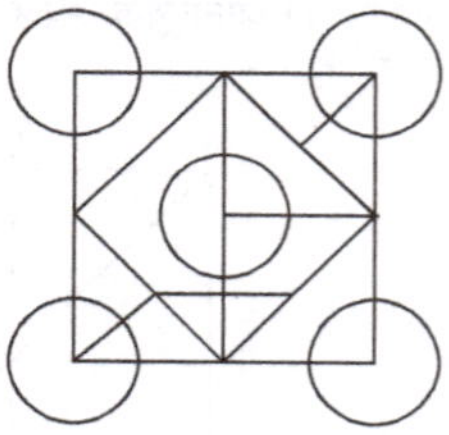

SSC CGL (Tier I) 19/9/2024 Shift-I

(a) 14 (b) 16
(c) 13 (d) 15

15. दी गई आकृति में कितने त्रिभुज हैं?

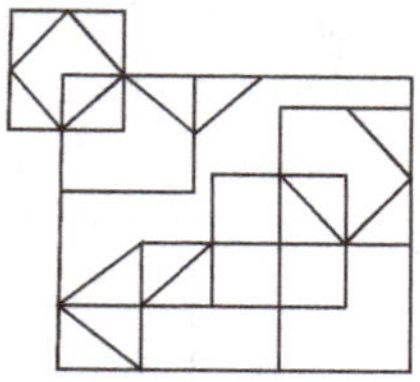

SSC CGL (Tier I) 18/9/2024 Shift-III

(a) 12 (b) 17
(c) 15 (d) 18

16. दी गई आकृति में कितने त्रिभुज हैं?

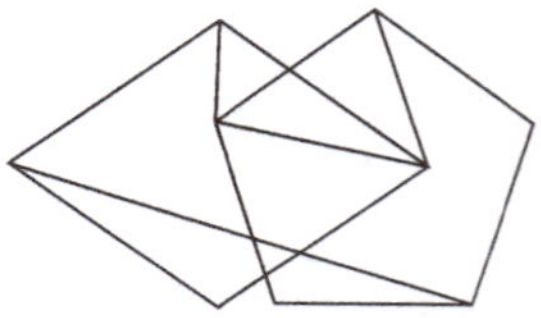

SSC CGL (Tier I) 18/9/2024 Shift-II

(a) 7 (b) 9
(c) 11 (d) 8

17. नीचे दर्शायी गई आकृति में कितने त्रिभुज हैं?

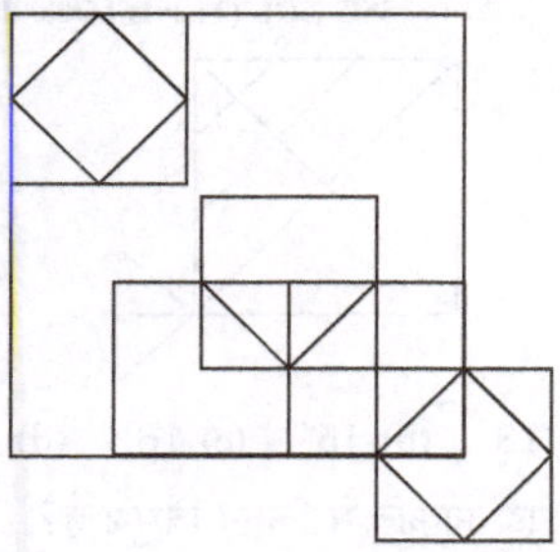

SSC CGL (Tier I) 18/9/2024 Shift-I

(a) 12 (b) 9 (c) 14 (d) 11

18. दी गई आकृति में कितने वर्ग हैं?

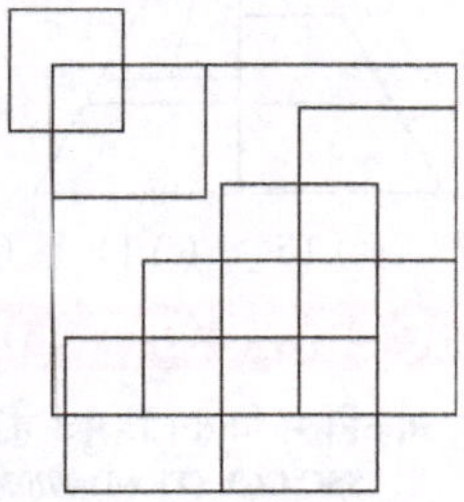

SSC CGL (Tier I) 17/9/2024 Shift-II

(a) 17 (b) 20 (c) 18 (d) 19

19. दी गई आकृति में कितने त्रिभुज हैं?

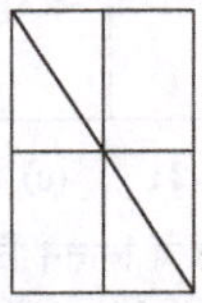

SSC CGL (Tier I) 17/9/2024 Shift-I

(a) 4 (b) 7
(c) 6 (d) 2

20. नीचे दर्शायी गई आकृति में कितने वर्ग हैं?

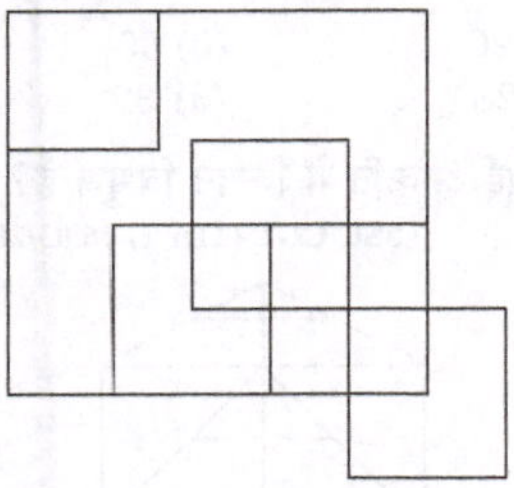

SSC CGL (Tier I) 13/9/2024 Shift-III

(a) 11 (b) 10
(c) 13 (d) 9

21. दी गई आकृति में कितने त्रिभुज हैं?

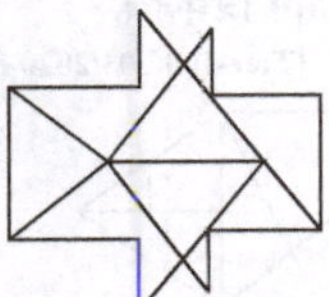

SSC CGL (Tier I) 13/9/2024 Shift-I

(a) 7 (b) 6
(c) 8 (d) 9

22. दी गई आकृति में कितने त्रिभुज हैं?

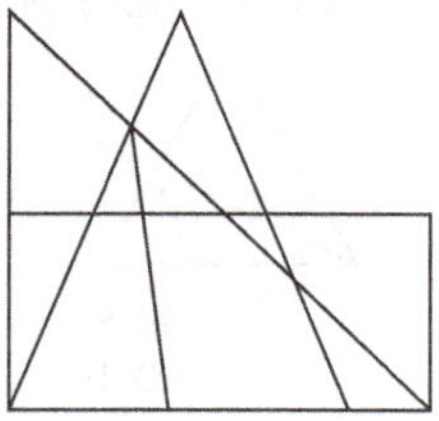

SSC CGL (Tier I) 12/9/2024 Shift-III

(a) 15 (b) 13
(c) 12 (d) 14

23. दी गई आकृति में कितने वर्ग हैं?

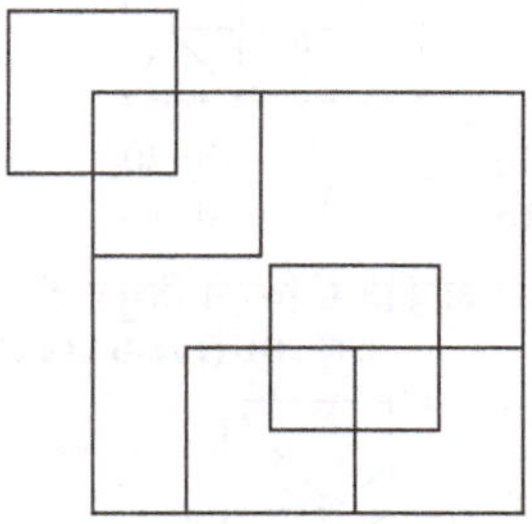

SSC CGL (Tier I) 12/9/2024 Shift-II

(a) 10 (b) 8 (c) 9 (d) 7

24. दी गई आकृति में कितने त्रिभुज हैं?

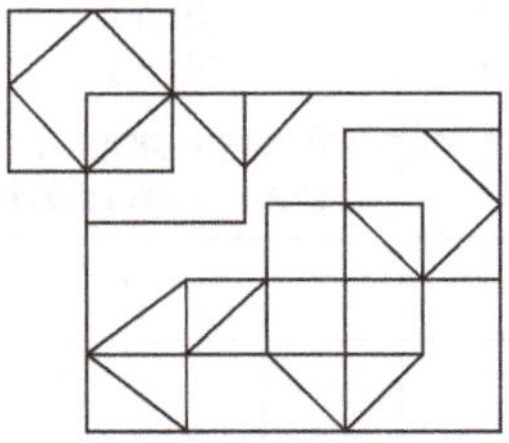

SSC CGL (Tier I) 12/9/2024 Shift-I

(a) 21 (b) 20
(c) 16 (d) 18

25. निम्न आकृति में त्रिभुजों की संख्या कितनी है?

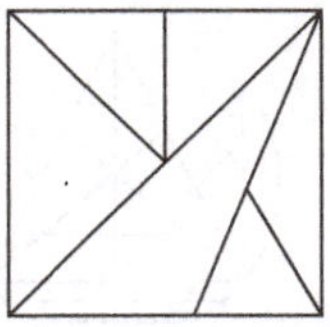

SSC CGL (Tier I) 11/9/2024 Shift-III

(a) 9 (b) 11 (c) 10 (d) 8

26. दी गई आकृति में कितने त्रिभुज हैं?

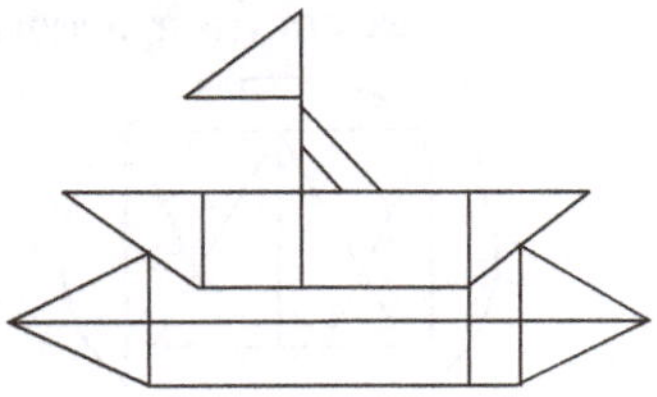

SSC CGL (Tier I) 11/9/2024 Shift-I

(a) 9 (b) 11
(c) 10 (d) 8

27. दी गई आकृति में कितने त्रिभुज हैं?

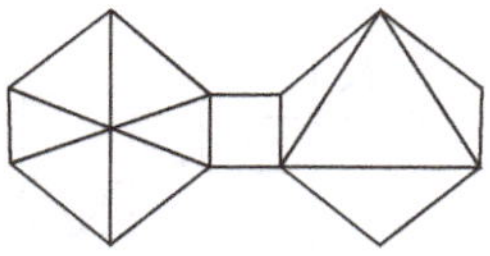

SSC CGL (Tier I) 11/9/2024 Shift-II

(a) 9 (b) 11 (c) 10 (d) 12

28. दी गई आकृति में कितने वर्ग हैं?

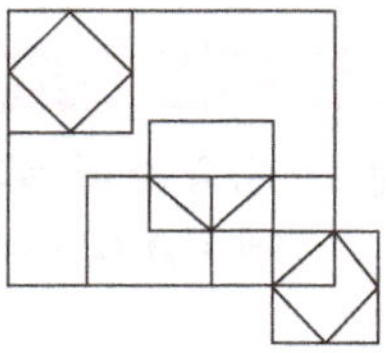

SSC CGL (Tier I) 10/9/2024 Shift-III

(a) 11 (b) 10 (c) 13 (d) 12

29. दी गई आकृति में कितने त्रिभुज हैं?

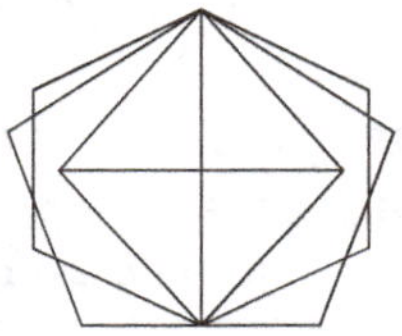

SSC CGL (Tier I) 10/9/2024 Shift-II

(a) 15 (b) 16 (c) 14 (d) 17

30. दी गई आकृति में कितने वर्ग हैं?

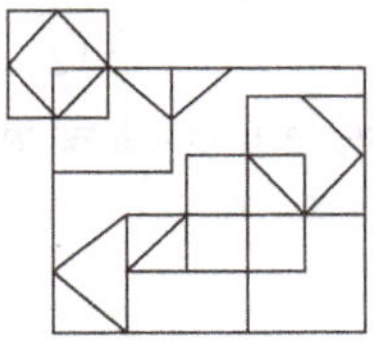

SSC CGL (Tier I) 10/9/2024 Shift-I

(a) 14 (b) 13 (c) 15 (d) 12

31. दी गई आकृति में कितने त्रिभुज हैं?

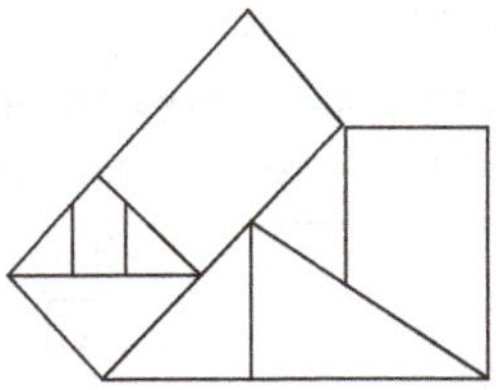

SSC CGL (Tier I) 09/9/2024 Shift-III

(a) 6 (b) 5 (c) 4 (d) 8

32. दी गई आकृति में कितने त्रिभुज हैं?

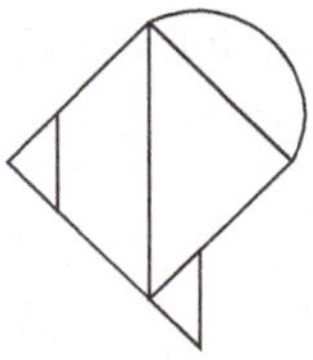

SSC CGL (Tier I) 09/9/2024 Shift-II

(a) 3 (b) 6 (c) 5 (d) 4

33. दी गई आकृति में कितने त्रिभुज हैं?

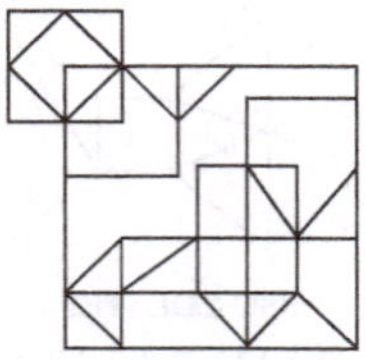

SSC CGL (Tier I) 09/09/2024 Shift-I

(a) 20 (b) 18 (c) 19 (d) 21

SSC CGL 2021 (Tier I)

34. दी गई आकृति में त्रिभुजों की संख्या कितनी है? SSC CGL (Tier-I) 24/08/2021 Shift-III

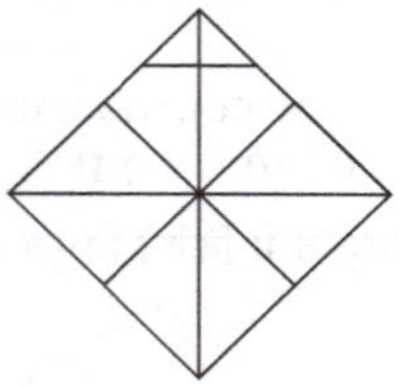

(a) 15 (b) 13 (c) 17 (d) 19

35. दी गई आकृति में कितने त्रिभुज हैं?

SSC CGL (Tier-I) 24/08/2021 Shift-I

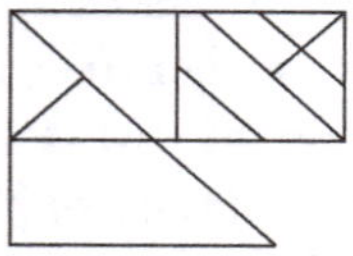

(a) 11 (b) 10 (c) 12 (d) 13

36. दी गई आकृति में त्रिभुजों की संख्या ज्ञात कीजिए। SSC CGL (Tier-I) 23/08/2021 Shift-II

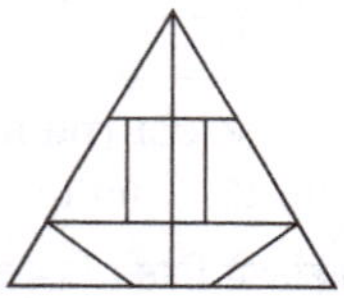

(a) 15 (b) 12 (c) 11 (d) 14

37. दी गई आकृति में त्रिभुजों की संख्या ज्ञात कीजिए। SSC CGL (Tier-I) 23/08/2021 Shift-I

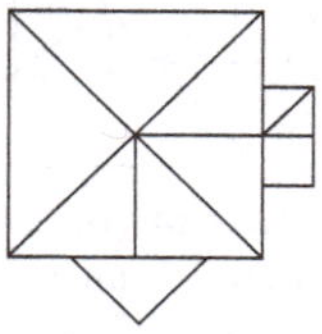

(a) 13 (b) 19 (c) 17 (d) 15

38. दी गई आकृति में त्रिभुजों की संख्या ज्ञात कीजिए। SSC CGL (Tier-I) 20/08/2021 Shift-II

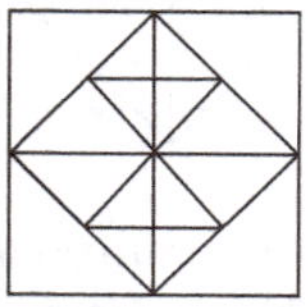

(a) 30 (b) 26 (c) 32 (d) 28

39. दी गई आकृति में कितने त्रिभुज हैं?

SSC CGL (Tier-I) 20/08/2021 Shift-I

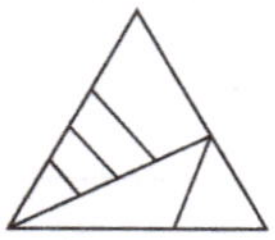

(a) 7 (b) 8
(c) 9 (d) 10

40. दी गई आकृति में त्रिभुजों की संख्या बताइए।

SSC CGL (Tier-I) 18/08/2021 Shift-III

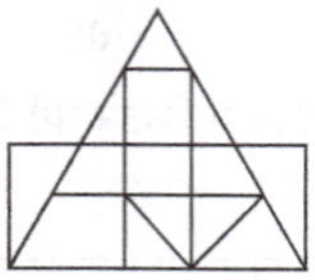

(a) 14 (b) 20
(c) 18 (d) 16

41. दी गई आकृति में कितने त्रिभुज हैं?

SSC CGL (Tier-I) 18/08/2021 Shift-I

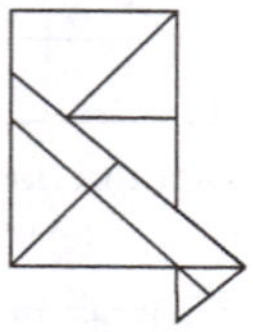

(a) 13 (b) 11
(c) 12 (d) 14

42. दी गई आकृति में कितने आयत हैं?

SSC CGL (Tier-I) 17/08/2021 Shift-III

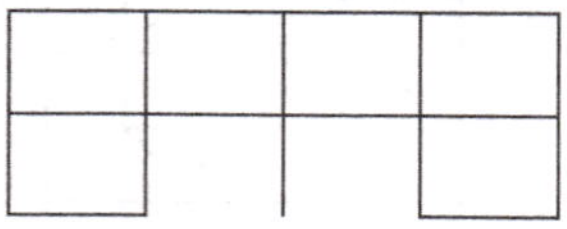

(a) 14 (b) 10
(c) 12 (d) 8

43. दी गई आकृति में त्रिभुजों की संख्या ज्ञात कीजिए। SSC CGL (Tier-I) 17/08/2021 Shift-I

(a) 22 (b) 23
(c) 24 (d) 20

44. दी गई आकृति में त्रिभुजों की संख्या बताइए।

SSC CGL (Tier-I) 16/08/2021 Shift-III

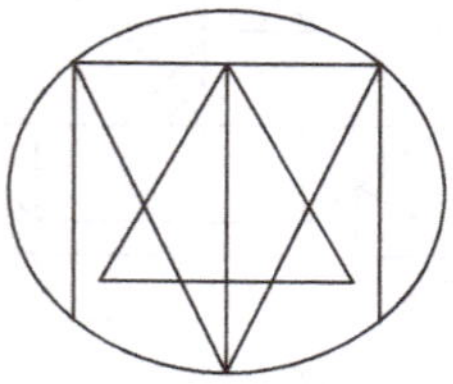

(a) 13 (b) 15
(c) 17 (d) 19

45. दी गई आकृति में कितने त्रिभुज हैं?

SSC CGL (Tier-I) 16/08/2021 Shift-I

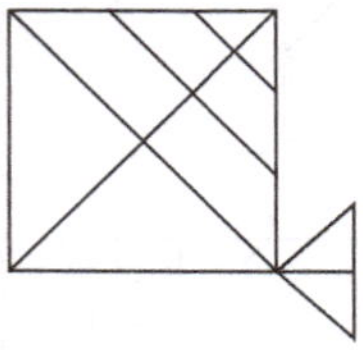

(a) 18 (b) 15 (c) 16 (d) 17

46. दी गई आकृति में कितने त्रिभुज हैं?

SSC CGL (Tier-I) 13/08/2021 Shift-III

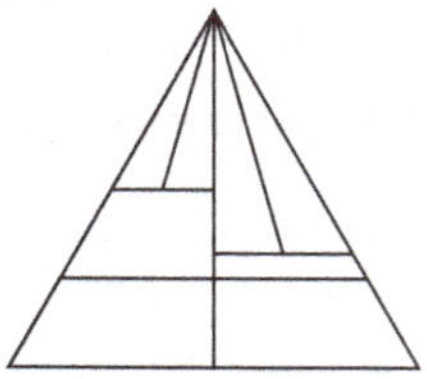

(a) 8 (b) 15 (c) 11 (d) 12

SSC CGL 2020 (Tier I)

47. दी गई आकृति में कितने त्रिभुज हैं?

SSC CGL (Tier-I) 07/03/2020 Shift-II

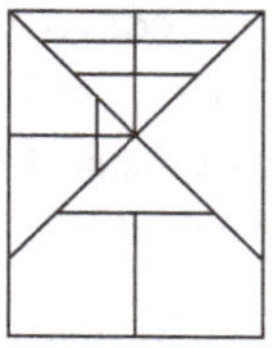

(a) 17 (b) 21 (c) 20 (d) 19

48. दी गई आकृति में कितने त्रिभुज हैं?

SSC CGL (Tier-I) 07/03/2020 Shift-I

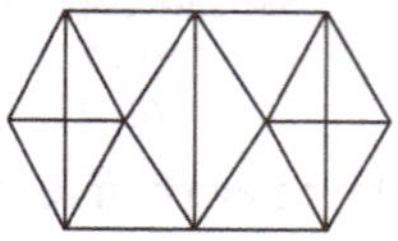

(a) 26 (b) 30
(c) 28 (d) 32

49. दी गई आकृति में कितने त्रिभुज हैं?

SSC CGL (Tier-I) 06/03/2020 Shift-III

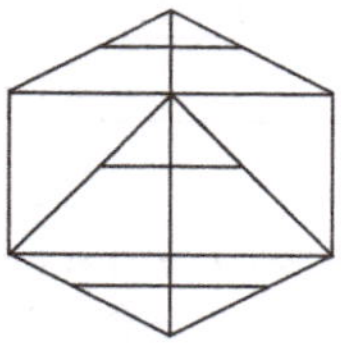

(a) 22 (b) 23
(c) 20 (d) 24

50. दी गई आकृति में कितने त्रिभुज हैं?

SSC CGL (Tier-I) 06/03/2020 Shift-II

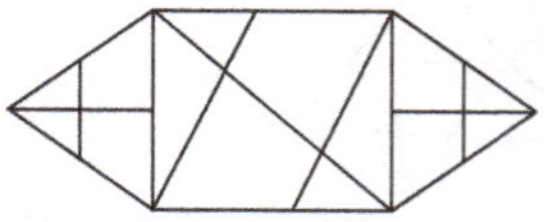

(a) 20 (b) 22
(c) 23 (d) 18

51. दी गई आकृति में कितने त्रिभुज हैं?
SSC CGL (Tier-I) 06/03/2020 Shift-I

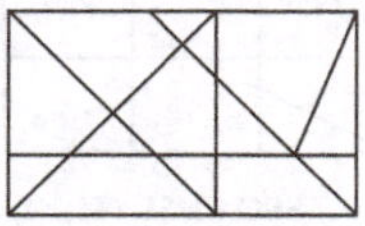

(a) 16 (b) 22
(c) 28 (d) 25

52. दी गई आकृति में कितने त्रिभुज हैं?
SSC CGL (Tier-I) 05/03/2020 Shift-III

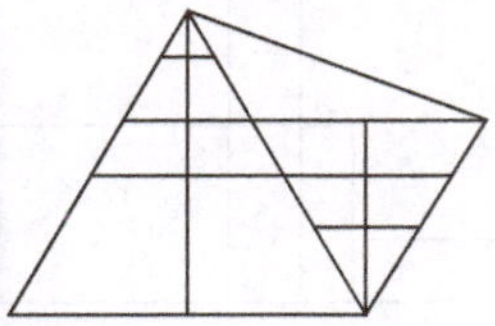

(a) 26 (b) 27
(c) 24 (d) 25

53. दी गई आकृति में कितने त्रिभुज हैं?
SSC CGL (Tier-I) 05/03/2020 Shift-II

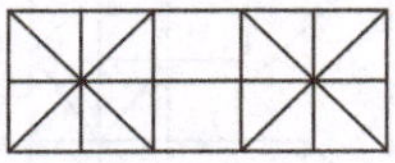

(a) 32 (b) 35
(c) 33 (d) 34

54. दी गई आकृति में कितने त्रिभुज हैं?
SSC CGL (Tier-I) 05/03/2020 Shift-I

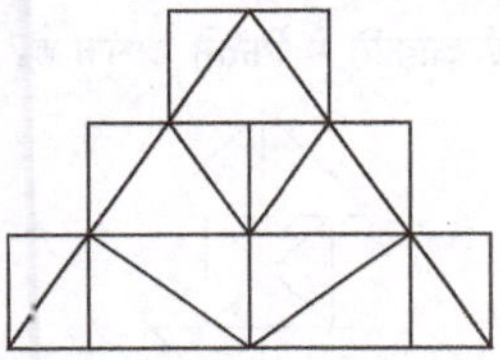

(a) 22 (b) 20
(c) 23 (d) 21

SSC CHSL 2024 (Tier I & II)

55. दी गई आकृति में त्रिभुजों की संख्या ज्ञात कीजिए।

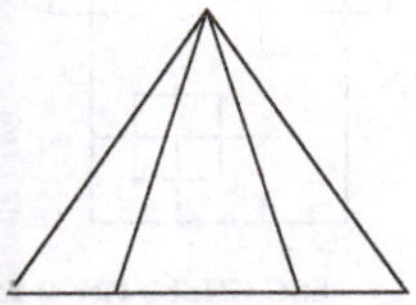

SSC CHSL (Tier I) 11/7/2024 Shift-IV

(a) 8 (b) 5
(c) 6 (d) 4

56. दी गई आकृति में कितने आयत हैं?

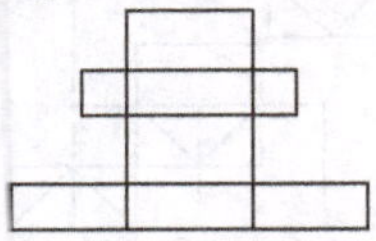

SSC CHSL (Tier I) 11/7/2024 Shift-III

(a) 15 (b) 16
(c) 17 (d) 17 से अधिक

57. दी गई आकृति में आयतों की अधिकतम संख्या कितनी है?

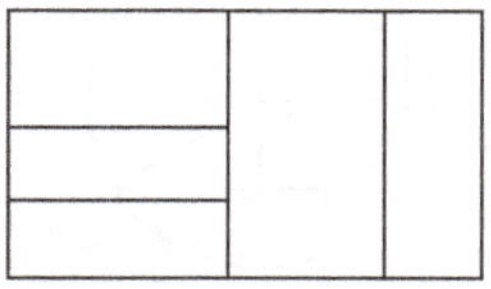

SSC CHSL (Tier I) 11/7/2024 Shift-II

(a) 10 (b) 11
(c) 12 (d) 8

58. निम्नलिखित आकृति में कितने आयत हैं?

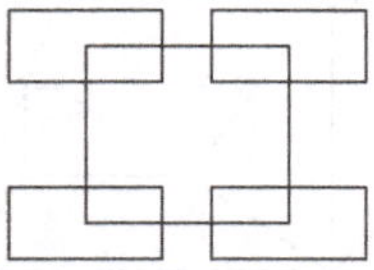

SSC CHSL (Tier I) 11/7/2024 Shift-I

(a) 10 (b) 9
(c) 5 (d) 7

59. दी गई आकृति में कितने आयत हैं?

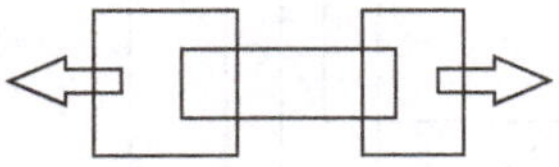

SSC CHSL (Tier I) 10/7/2024 Shift-IV

(a) 7 (b) 10
(c) 11 (d) 8

60. दी गई आकृति में कितने त्रिभुज हैं?

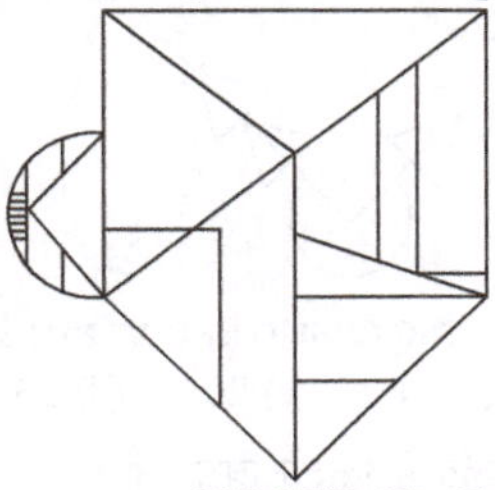

SSC CHSL (Tier I) 10/7/2024 Shift-III

(a) 12 (b) 13
(c) 11 (d) 10

61. दी गई आकृति में कितने आयत हैं?

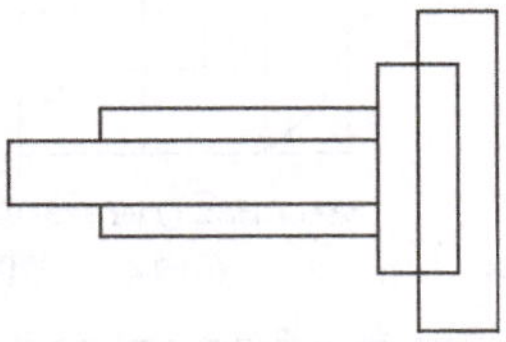

SSC CHSL (Tier I) 10/7/2024 Shift-II

(a) 5 (b) 7
(c) 6 (d) 8

62. दी गई आकृति में कितने आयत हैं?

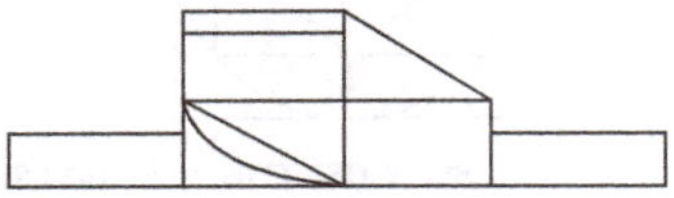

SSC CHSL (Tier I) 9/7/2024 Shift-IV

(a) 9 (b) 10 (c) 8 (d) 11

63. नीचे दी गई आकृति में कितने त्रिभुज हैं?

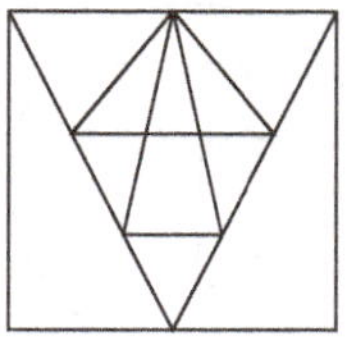

SSC CHSL (Tier I) 9/7/2024 Shift-III

(a) 21 (b) 19 (c) 18 (d) 20

64. दी गई आकृति में कितने त्रिभुज हैं?

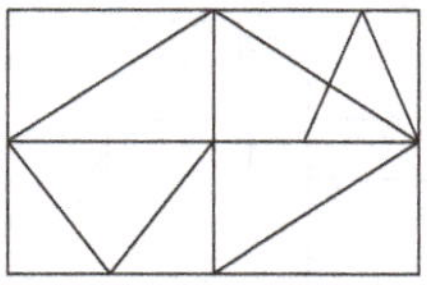

SSC CHSL (Tier I) 9/7/2024 Shift-II

(a) 17 (b) 11
(c) 12 (d) 10

65. दी गई आकृति में कितने आयत हैं?

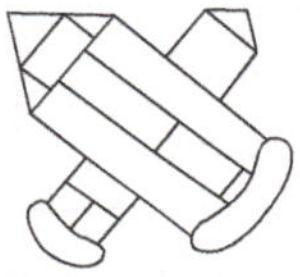

SSC CHSL (Tier I) 9/7/2024 Shift-I

(a) 7 (b) 5
(c) 6 (d) 8

66. दी गई आकृति में कितने अर्द्धवृत्त हैं?

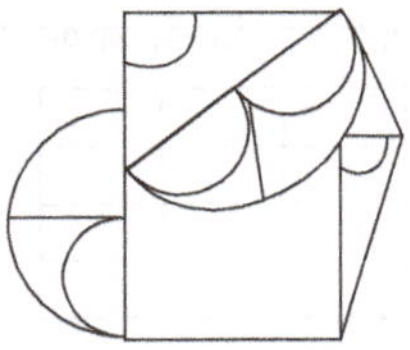

SSC CHSL (Tier I) 8/7/2024 Shift-IV

(a) 7 (b) 4 (c) 5 (d) 6

67. दी गई आकृति में कितने त्रिभुज हैं?

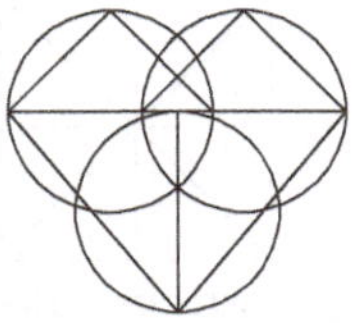

SSC CHSL (Tier I) 8/7/2024 Shift-III

(a) 5 (b) 7 (c) 8 (d) 6

68. दी गई आकृति में कितने त्रिभुज हैं?

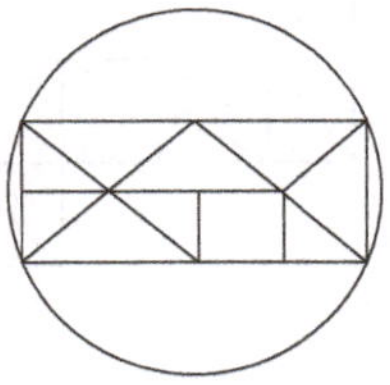

SSC CHSL (Tier I) 8/7/2024 Shift-II

(a) 11 (b) 10 (c) 14 (d) 8

69. दी गई आकृति में कितने त्रिभुज हैं?

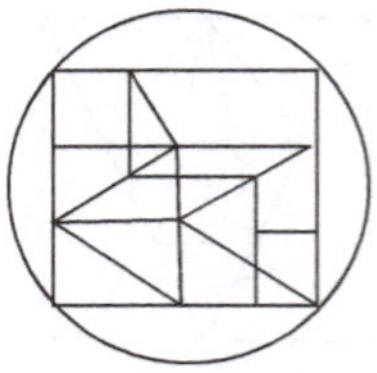

SSC CHSL (Tier I) 5/7/2024 Shift-III

(a) 13 (b) 14 (c) 15 (d) 16

70. दी गई आकृति में कितने त्रिभुज हैं?

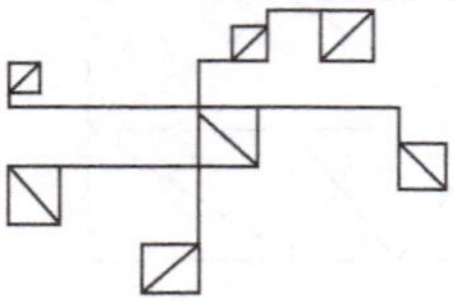

SSC CHSL (Tier I) 5/7/2024 Shift-II

(a) 12 (b) 13 (c) 14 (d) 15

71. दी गई आकृति में कितने त्रिभुज हैं?

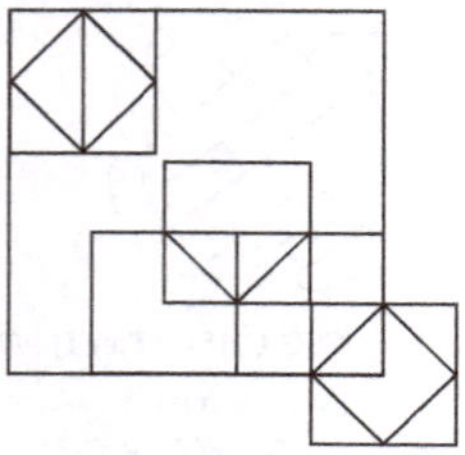

SSC CHSL (Tier I) 5/7/2024 Shift-I

(a) 18 (b) 15 (c) 17 (d) 16

72. दी गई आकृति में कितने आयत हैं?

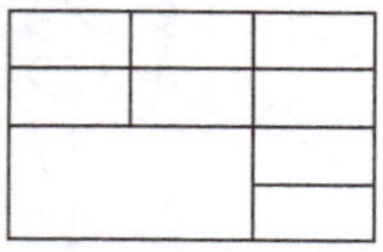

SSC CHSL (Tier I) 4/7/2024 Shift-IV

(a) 33 (b) 34 (c) 32 (d) 31

73. नीचे दी गई आकृति में कितने त्रिभुज हैं?

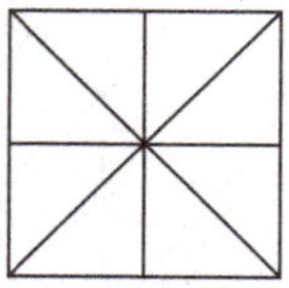

SSC CHSL (Tier I) 4/7/2024 Shift-III

(a) 14 (b) 17 (c) 15 (d) 16

74. दी गई आकृति में कितने त्रिभुज हैं?

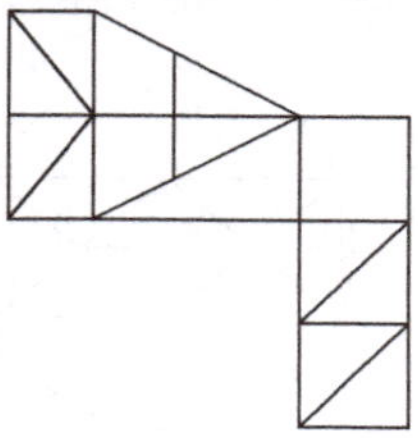

SSC CHSL (Tier I) 4/7/2024 Shift-II

(a) 9 (b) 14 (c) 12 (d) 16

75. दी गई आकृति में कितने आयत हैं?

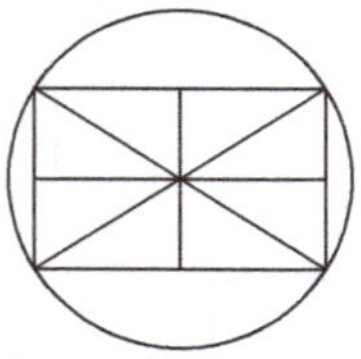

SSC CHSL (Tier-I) 4/7/2024 Shift-I

(a) 6 (b) 8 (c) 7 (d) 9

76. दी गई आकृति में कितने त्रिभुज हैं?

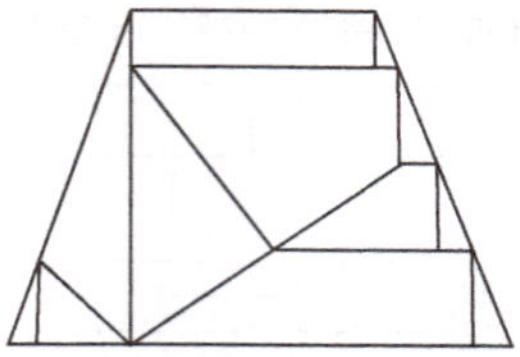

SSC CHSL (Tier I) 3/7/2024 Shift-IV

(a) 11 (b) 9 (c) 10 (d) 12

77. दी गई आकृति में कितने आयत हैं?

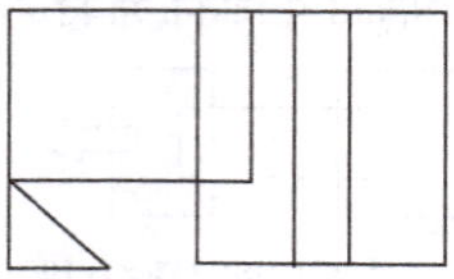

SSC CHSL (Tier I) 3/7/2024 Shift-III

(a) 10 (b) 8 (c) 9 (d) 11

78. दी गई आकृति में कितने त्रिभुज हैं?

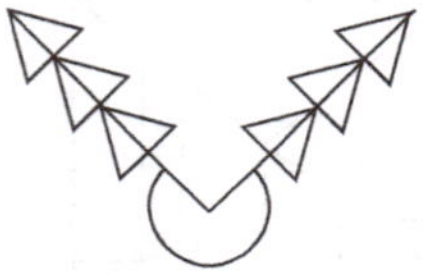

SSC CHSL (Tier I) 3/7/2024 Shift-II

(a) 18 (b) 16 (c) 20 (d) 15

79. दी गई आकृति में कितने त्रिभुज हैं?

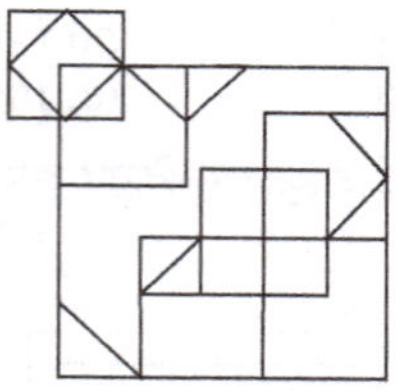

SSC CHSL (Tier I) 3/7/2024 Shift-I

(a) 13 (b) 12 (c) 14 (d) 11

80. दी गई आकृति में कितने अर्द्धवृत्त हैं?

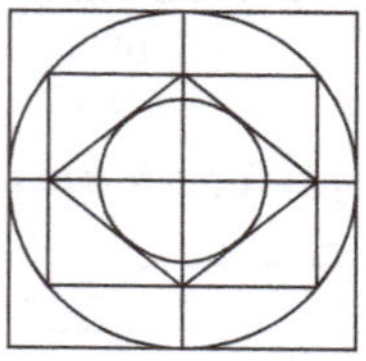

SSC CHSL (Tier I) 2/7/2024 Shift-III

(a) 10 (b) 8
(c) 12 (d) 9

81. नीचे दी गई आकृति में कितने त्रिभुज हैं?

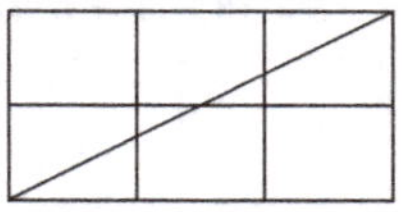

SSC CHSL (Tier I) 2/7/2024 Shift-II

(a) 5 (b) 6 (c) 7 (d) 10

82. दी गई आकृति में आयतों की अधिकतम संख्या कितनी है?

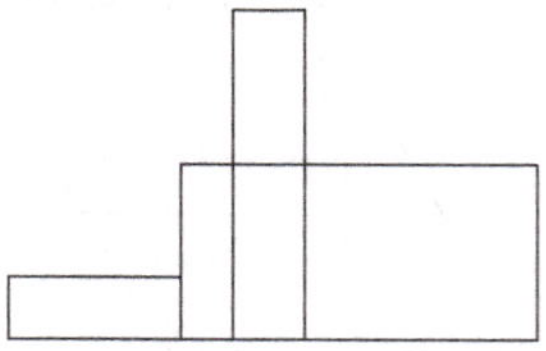

SSC CHSL (Tier I) 2/7/2024 Shift-I

(a) 8 (b) 10 (c) 12 (d) 9

83. दी गई आकृति में कितने त्रिभुज हैं?

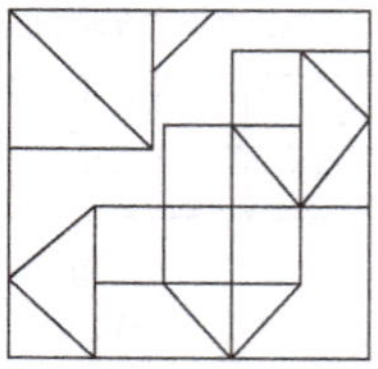

SSC CHSL (Tier I) 1/7/2024 Shift-IV

(a) 11 (b) 15 (c) 13 (d) 12

84. दी गई आकृति में कितने त्रिभुज हैं?

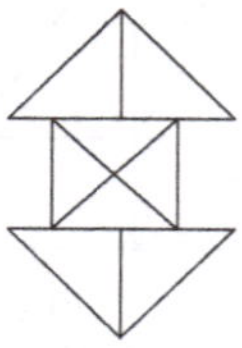

SSC CHSL (Tier I) 1/7/2024 Shift-III

(a) 16 (b) 14 (c) 15 (d) 12

85. दी गई आकृति में कितने वर्ग हैं?

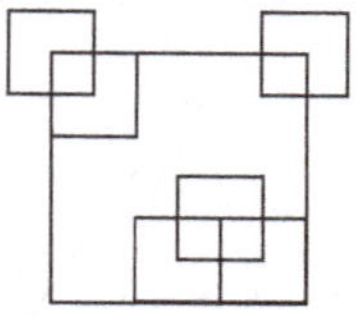

SSC CHSL (Tier I) 1/7/2024 Shift-II

(a) 9 (b) 10 (c) 11 (d) 12

86. दी गई आकृति में कितने त्रिभुज हैं?

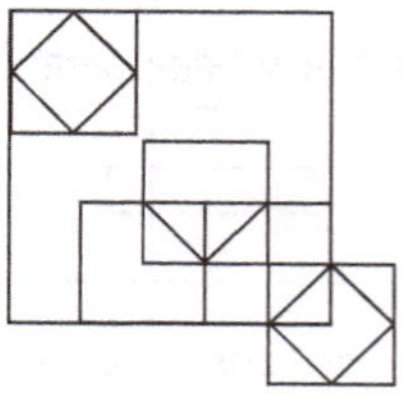

SSC CHSL (Tier I) 1/7/2024 Shift-I

(a) 13 (b) 11 (c) 15 (d) 14

SSC CHSL 2023 (Tier I & II)

87. दी गई आकृति में त्रिभुजों की संख्या ज्ञात कीजिए। **SSC CHSL (Tier-I) 17/08/2023 Shift-I**

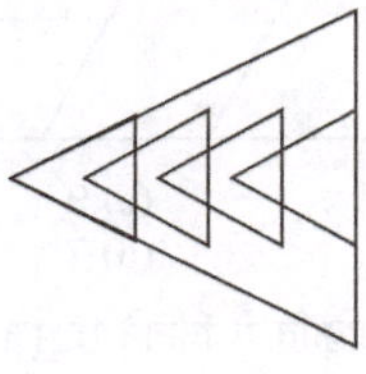

(a) 12 (b) 8 (c) 9 (d) 11

88. नीचे दी गई आकृति में कितने आयत हैं? **SSC CHSL (Tier-I) 14/08/2023 Shift-IV**

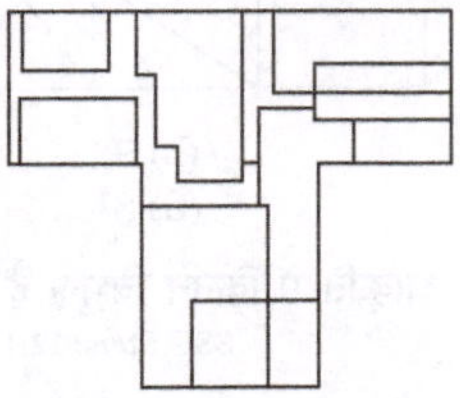

(a) 11 (b) 12 (c) 9 (d) 10

89. नीचे दी गई आकृति में कितने त्रिभुज हैं? **SSC CHSL (Tier-I) 11/08/2023 Shift-I**

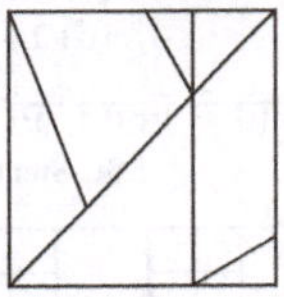

(a) 6 (b) 8 (c) 7 (d) 9

90. नीचे दी गई आकृति में कितने त्रिभुज हैं? **SSC CHSL (Tier-I) 10/08/2023 Shift-III**

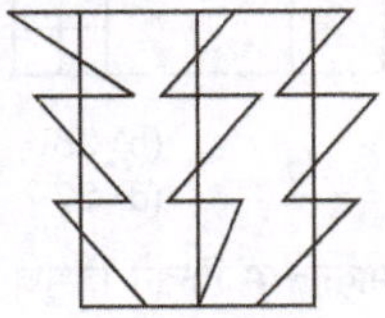

(a) 18 (b) 17 (c) 16 (d) 20

91. नीचे दी गई आकृति में कितने त्रिभुज हैं? **SSC CHSL (Tier-I) 09/08/2023 Shift-I**

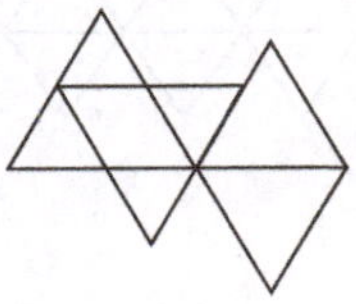

(a) 6 (b) 8 (c) 7 (d) 9

92. नीचे दी गई आकृति में कितने त्रिभुज हैं? **SSC CHSL (Tier-I) 08/08/2023 Shift-II**

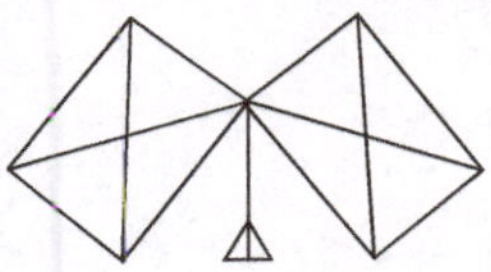

(a) 19 (b) 17
(c) 16 (d) 18

93. दी गई आकृति में आयतों की संख्या ज्ञात कीजिए। **SSC CHSL (Tier-I) 07/08/2023 Shift-IV**

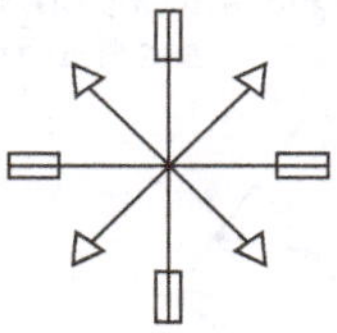

(a) 14 (b) 12 (c) 8 (d) 10

94. नीचे दी गई आकृति में कितने त्रिभुज हैं? **SSC CHSL (Tier-I) 04/08/2023 Shift-II**

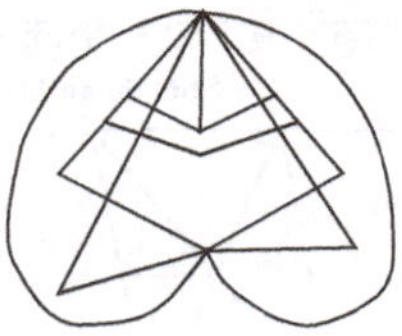

(a) 11 (b) 14 (c) 10 (d) 12

95. दी गई आकृति में त्रिभुजों की संख्या ज्ञात कीजिए। **SSC CHSL (Tier-I) 02/08/2023 Shift-I**

(a) 9 (b) 7 (c) 8 (d) 10

96. दी गई आकृति में घनों की कुल संख्या ज्ञात कीजिए। **SSC CHSL (Tier-I) 21/03/2023 Shift-II**

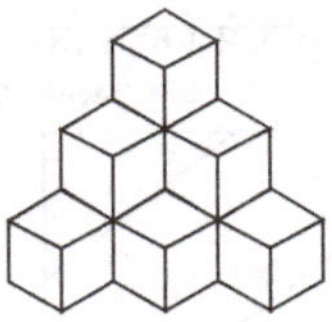

(a) 10 (b) 8 (c) 11 (d) 9

97. दी गई आकृति में कितने त्रिभुज हैं? **SSC CHSL (Tier-I) 20/03/2023 Shift-III**

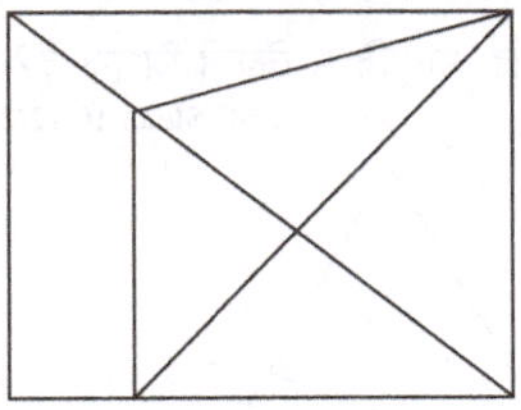

(a) 12 (b) 13 (c) 10 (d) 11

98. दी गई आकृति में त्रिभुजों की कुल संख्या ज्ञात कीजिए। **SSC CHSL (Tier-I) 17/03/2023 Shift-II**

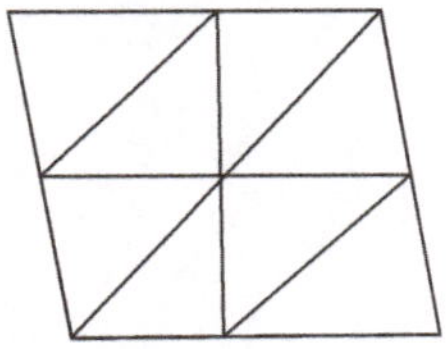

(a) 9 (b) 12 (c) 11 (d) 10

99. दी गई आकृति में कितने त्रिभुज हैं? **SSC CHSL (Tier-I) 16/03/2023 Shift-I**

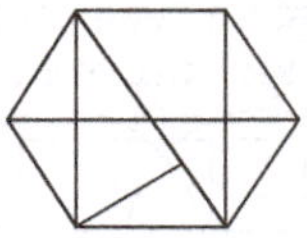

(a) 20 (b) 18
(c) 14 (d) 25

100. दी गई आकृति में कितने चतुर्भुज हैं? **SSC CHSL (Tier-I) 15/03/2023 Shift-IV**

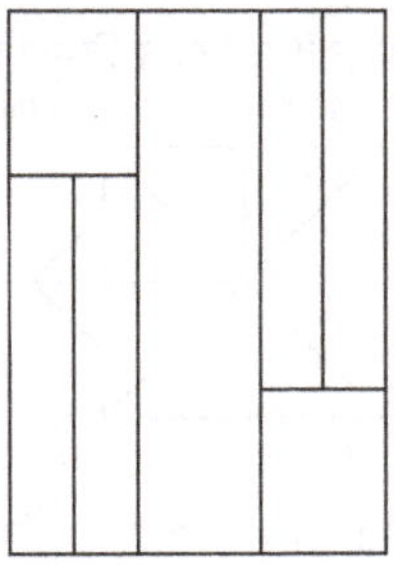

(a) 16 (b) 13 (c) 15 (d) 14

101. दी गई आकृति में वर्गों की कुल संख्या ज्ञात कीजिए। **SSC CHSL (Tier-I) 14/03/2023 Shift-I**

(a) 6 (b) 12
(c) 8 (d) 10

102. दी गई आकृति में कितने त्रिभुज हैं? **SSC CHSL (Tier-I) 13/03/2023 Shift-III**

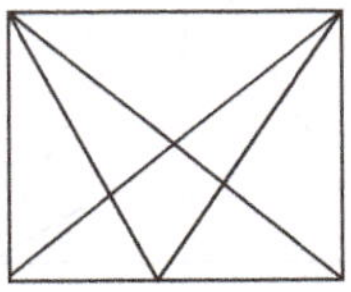

(a) 22 (b) 20
(c) 23 (d) 21

103. दी गई आकृति में त्रिभुजों की कुल संख्या ज्ञात कीजिए। **SSC CHSL (Tier-I) 10/03/2023 Shift-II**

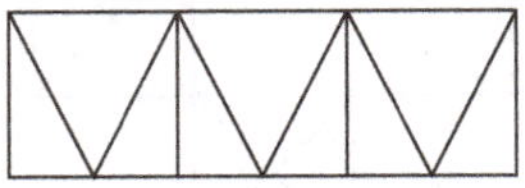

(a) 11 (b) 9 (c) 12 (d) 10

104. दी गई आकृति में कितने चतुर्भुज हैं? **SSC CHSL (Tier-I) 09/03/2023 Shift-I**

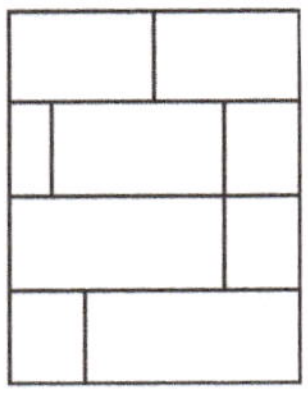

(a) 22 (b) 23 (c) 25 (d) 24

SSC CHSL 2022 & 2021 (Tier I)

105. दी गई आकृति में कितने वर्ग हैं?
SSC CHSL (Tier-I) 31/05/2022 Shift-I

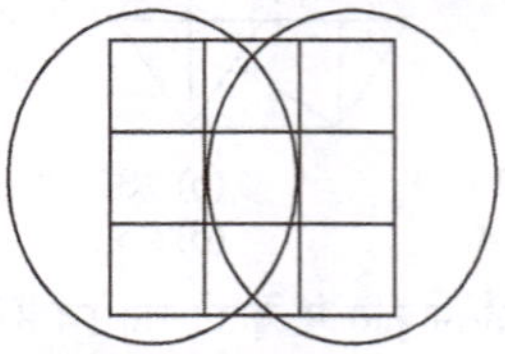

(a) 13 (b) 15 (c) 12 (d) 14

106. दी गई आकृति में कितने त्रिभुज हैं?
SSC CHSL (Tier-I) 12/08/2021 Shift-III

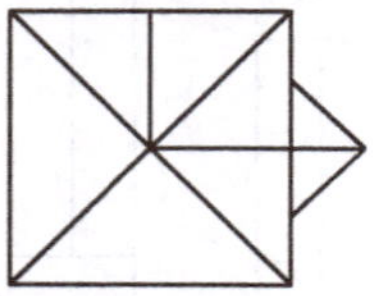

(a) 14 (b) 15 (c) 16 (d) 17

107. नीचे दी गई आकृति में कितने त्रिभुज हैं?
SSC CHSL (Tier-I) 10/08/2021 Shift-I

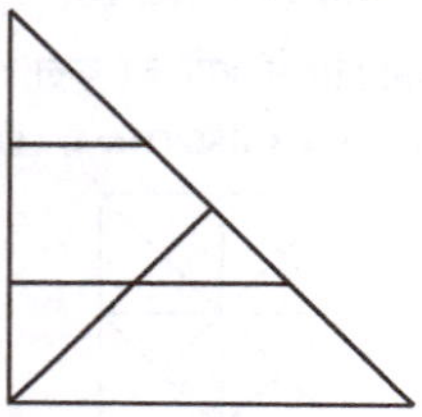

(a) 9 (b) 6 (c) 7 (d) 8

108. दी गई आकृति में कितने त्रिभुज हैं?
SSC CHSL (Tier-I) 19/04/2021 Shift-III

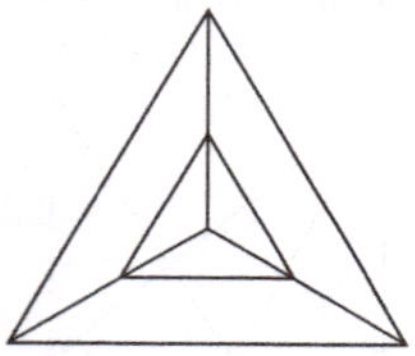

(a) 11 (b) 10 (c) 6 (d) 8

109. निम्न आकृति में कितने त्रिभुज हैं?
SSC CHSL (Tier-I) 12/04/2021 Shift-II

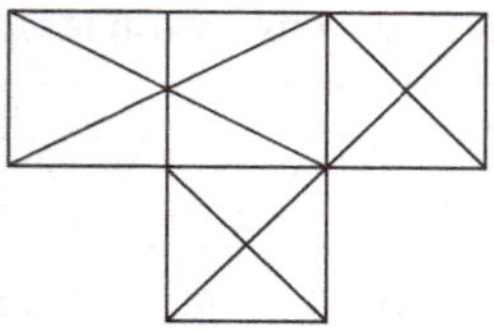

(a) 20 (b) 28 (c) 32 (d) 24

SSC Steno 2024-2022

110. दी गई आकृति में कितने त्रिभुज हैं?
SSC Steno 11/12/2024 Shift-III

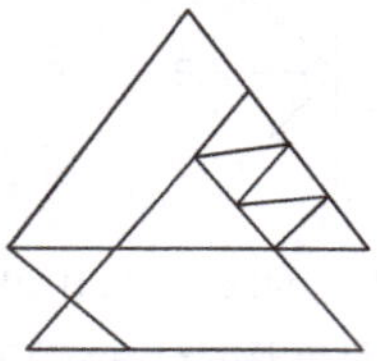

(a) 13 (b) 11 (c) 10 (d) 12

111. दी गई आकृति में कितने त्रिभुज हैं?
SSC Steno 11/12/2024 Shift-II

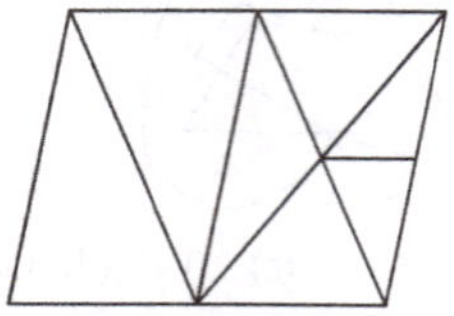

(a) 13 (b) 15 (c) 14 (d) 12

112. दी गई आकृति में कितने त्रिभुज हैं?

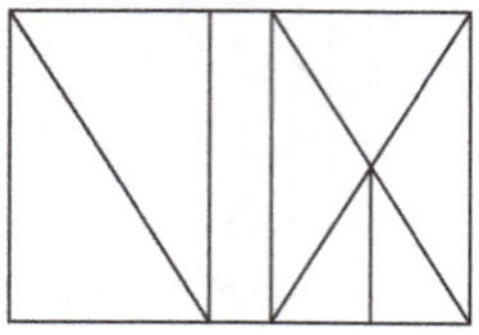

SSC Steno 11/12/2024 Shift-I

(a) 12 (b) 10 (c) 13 (d) 11

113. दी गई आकृति में कितने त्रिभुज हैं?
SSC Steno 10/12/2024 Shift-III

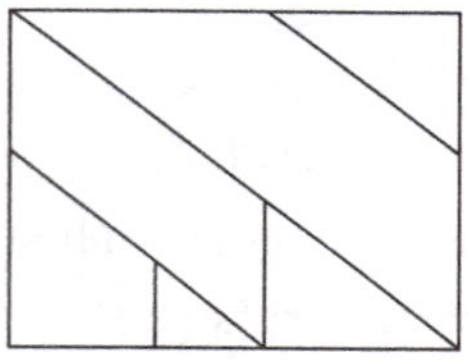

(a) 4 (b) 5 (c) 6 (d) 7

114. दी गई आकृति में कितने त्रिभुज हैं?
SSC Steno 10/12/2024 Shift-II

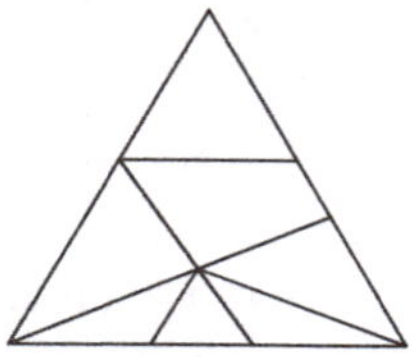

(a) 13 (b) 11 (c) 14 (d) 12

115. नीचे दी गई आकृति में कितने समान्तर चतुर्भुज हैं?
SSC Steno 10/12/2024 Shift-I

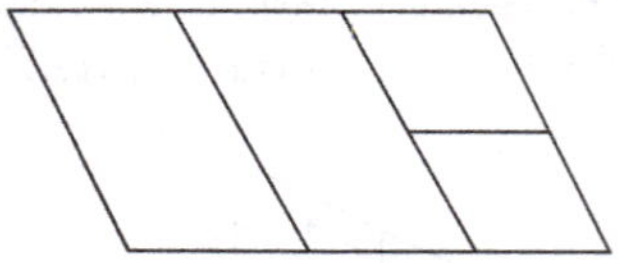

(a) 8 (b) 9
(c) 10 (d) 7

116. दी गई आकृति में कितने त्रिभुज हैं?
SSC Steno 13/10/2023 Shift-I

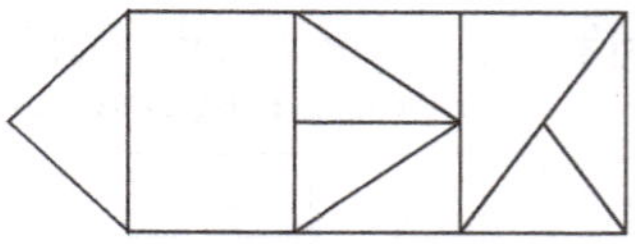

(a) 10 (b) 9
(c) 11 (d) 8

117. दी गई आकृति में कितने त्रिभुज हैं?
SSC Steno 12/10/2023 Shift-I

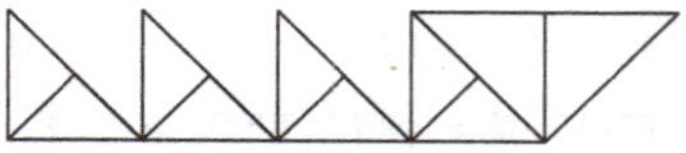

(a) 15 (b) 13
(c) 12 (d) 14

118. दी गई आकृति में कितने वर्ग हैं?
SSC Steno 18/11/2022 Shift-I

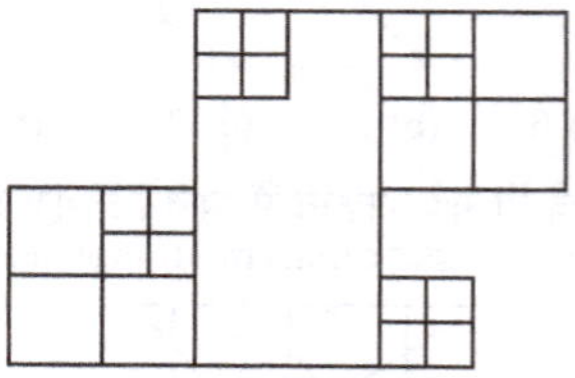

(a) 53 (b) 28
(c) 54 (d) 27

119. दी गई आकृति में कितने त्रिभुज हैं?
SSC Steno 17/11/2022 Shift-I

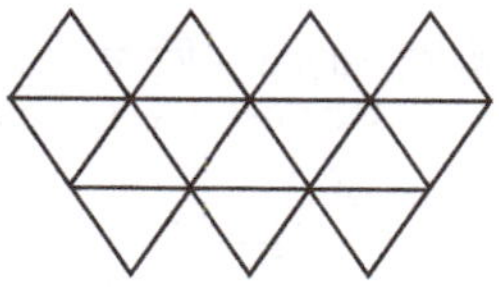

(a) 18
(b) 14
(c) 19
(d) 16

सही उत्तर

1	(d)	2	(d)	3	(a)	4	(d)	5	(b)	6	(b)	7	(d)	8	(b)	9	(a)	10	(b)
11	(d)	12	(d)	13	(a)	14	(d)	15	(d)	16	(b)	17	(c)	18	(b)	19	(c)	20	(a)
21	(a)	22	(d)	23	(c)	24	(a)	25	(c)	26	(b)	27	(c)	28	(c)	29	(b)	30	(a)
31	(d)	32	(d)	33	(d)	34	(d)	35	(a)	36	(c)	37	(d)	38	(c)	39	(b)	40	(c)
41	(c)	42	(a)	43	(c)	44	(b)	45	(d)	46	(d)	47	(d)	48	(d)	49	(a)	50	(b)
51	(d)	52	(d)	53	(a)	54	(c)	55	(c)	56	(d)	57	(b)	58	(b)	59	(b)	60	(a)
61	(b)	62	(b)	63	(d)	64	(a)	65	(c)	66	(c)	67	(d)	68	(c)	69	(c)	70	(c)
71	(d)	72	(d)	73	(d)	74	(d)	75	(d)	76	(c)	77	(c)	78	(a)	79	(a)	80	(b)
81	(d)	82	(d)	83	(c)	84	(b)	85	(c)	86	(d)	87	(b)	88	(a)	89	(d)	90	(b)
91	(b)	92	(a)	93	(b)	94	(d)	95	(d)	96	(a)	97	(a)	98	(d)	99	(c)	100	(d)
101	(d)	102	(a)	103	(a)	104	(b)	105	(d)	106	(b)	107	(c)	108	(d)	109	(c)	110	(b)
111	(a)	112	(a)	113	(c)	114	(a)	115	(a)	116	(a)	117	(a)	118	(b)	119	(c)		

उत्तर सहित हल

1. (d) प्रश्नानुसार,

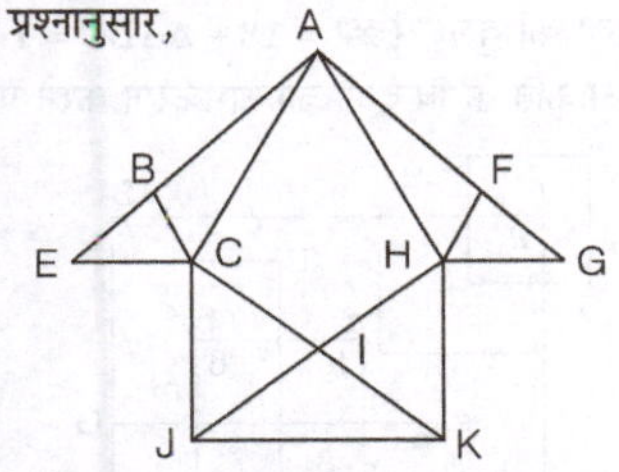

दी गई आकृति में निम्न त्रिभुज है— ΔBEC, ΔHFG, ΔABC, ΔAHF, ΔACE, ΔAHG, ΔCIJ, ΔJIK, ΔHIK, ΔHJK तथा ΔCJK = 11 त्रिभुज

अत: आकृति में कुल 11 त्रिभुज हैं।

2. (d) प्रश्नानुसार,

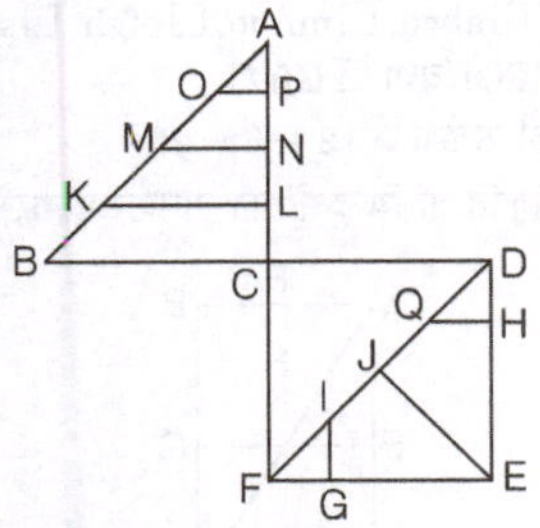

दी गई आकृति में निम्न त्रिभुज है—

ΔAPO, ΔMAN, ΔKAL, ΔBAC, ΔCDF, ΔDEF, ΔFJE, ΔDEJ, ΔDHQ तथा ΔFGI = कुल 10 त्रिभुज

अत: आकृति में कुल 10 त्रिभुज हैं।

3. (a) प्रश्नानुसार,

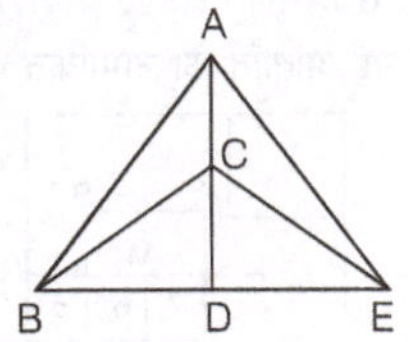

ΔABC, ΔBCD, ΔABD, ΔACE, ΔCDE, ΔADE, ΔBCE तथा ΔABE = कुल 8 त्रिभुज

अत: आकृति में 8 त्रिभुज हैं।

4. (d) दी गई आकृति के बिन्दुओं के नाम लिखने पर,

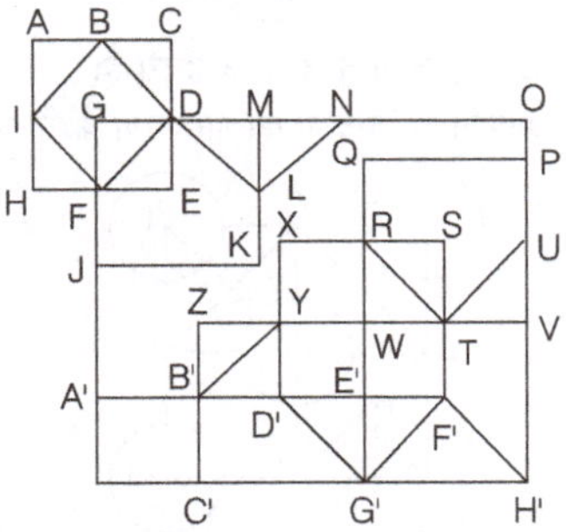

आकृति में निम्न त्रिभुज हैं

ΔABI, Δ BCD, ΔIHF, ΔFDE, ΔFGD, ΔDLN, ΔDLM, ΔMLN, ΔRST, ΔTUV, ΔRWT, ΔZYB', ΔB'YD', ΔD'E'G', ΔG'E'F', ΔD'F'G', ΔG'F'H'

अत: आकृति में 17 त्रिभुज हैं।

5. (b) दी गई आकृति में बिन्दुओं के नाम लिखने पर,

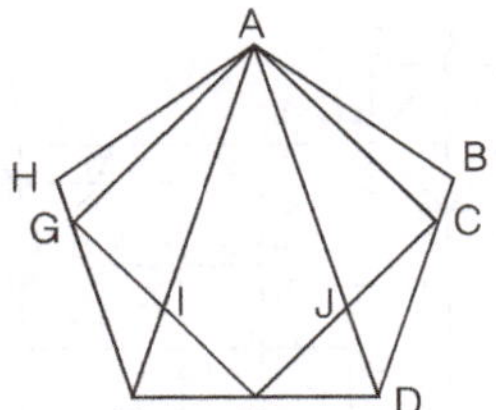

दी गई आकृति में निम्न त्रिभुज है— ΔABC, ΔACJ, ΔABD, ΔJCD, ΔAHG, ΔAGI, ΔAHF, ΔGIF, ΔFIE, ΔEJD, ΔGEF, ΔCDE, ΔAFD

अत: आकृति में 13 त्रिभुज है।

6. (b) दी गई आकृति के बिन्दुओं के नाम लिखने पर,

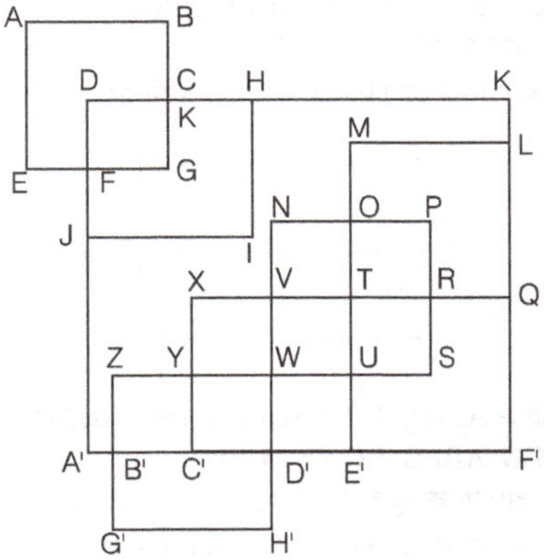

दी गई आकृति में निम्न वर्ग हैं

□ABGE, □DCGF, □DHIJ, □DA'F'K, □OPRT, □ONVT, □VTUW, □TRSU, □NPSW, □MLQT, □TQF'E', □XVWY, □YWD'C', □WUE'D', □ZB'C'Y, □ZWH'G', □XTE'C'

अत: आकृति में 17 वर्ग हैं।

7. (d) दी गई आकृति में बिन्दुओं के नाम लिखने पर,

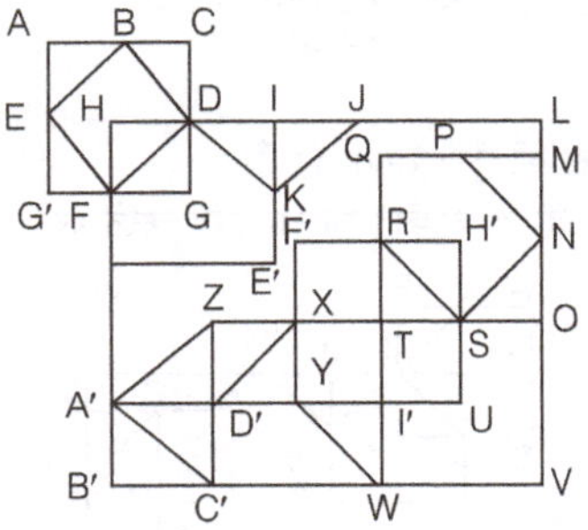

दी गई आकृति में निम्न त्रिभुज हैं,
ΔABE, ΔBCD, ΔDFG, ΔEFG′, ΔFHD, ΔDIK, ΔIJK, ΔDKJ, ΔAZD′, ΔAB′C′, ΔA′D′C′, ΔD′ZX, ΔD′YX, ΔAZC′, ΔPMN, ΔNOS, ΔRHS, ΔWYI′, ΔRST अत: आकृति में 19 त्रिभुज हैं।

8. (b) दी गई आकृति में बिन्दुओं के नाम लिखने पर,

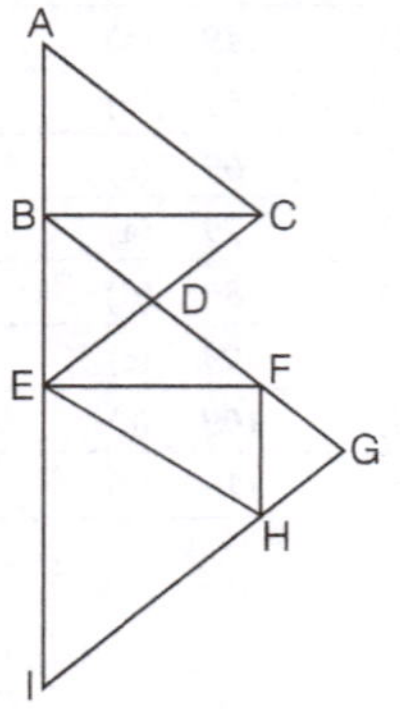

दी गई आकृति में निम्न त्रिभुज हैं,
ΔABC, ΔBCD, ΔDEF, ΔEFH, ΔFGH, ΔEHI ΔBDE, ΔACE, ΔBCE, ΔBEF, ΔBGI
अत: आकृति में 11 त्रिभुज हैं।

9. (a) दी गई आकृति को नामांकित करने पर,

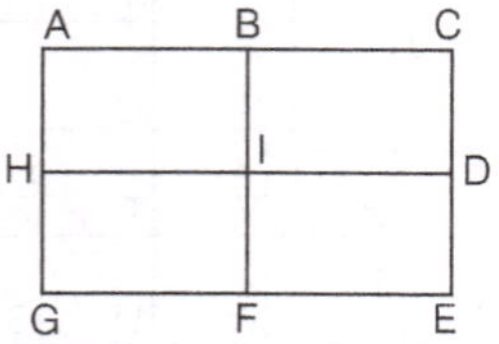

आयत = ABIH, BCDI, IDEF, HIFG, AHDC, HDEG, ABFG, BCEF, ACEG
अत: आयतों की कुल संख्या '9' हैं।

10. (b) दी गई आकृति को नामांकित करने पर,

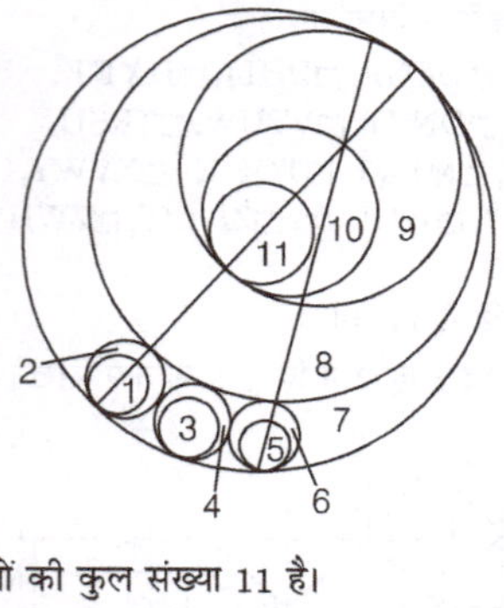

अत: वृत्तों की कुल संख्या 11 है।

11. (d) दी गई आकृति का नामकरण करने पर,

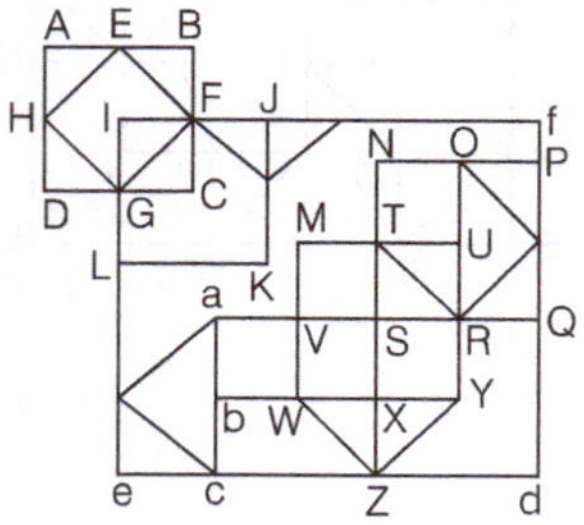

दी गई आकृति में निम्न वर्ग है—
वर्ग = ABCD, EFGH, IFCG, IJKL, NOUT, TURS, NPQS, MTSV, VSXW, SRYX, MUYW, aVWb, aSZc, SQdZ, Ifde
अत: वर्गों की कुल संख्या '15' है।

12. (d) आकृति के बिन्दुओं का नामकरण करने पर,

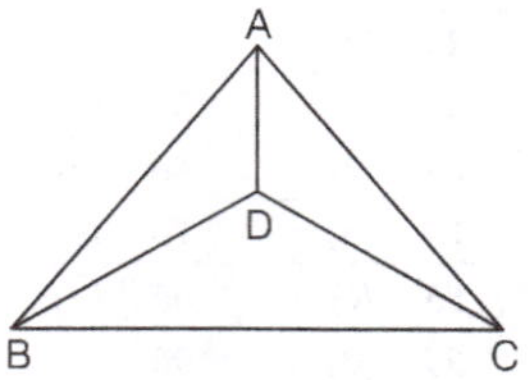

त्रिभुज में, ΔABD, ΔACD, ΔBDC, ΔABC
अत: त्रिभुजों की कुल संख्या 4 है।

13. (a) दी गई आकृति से,

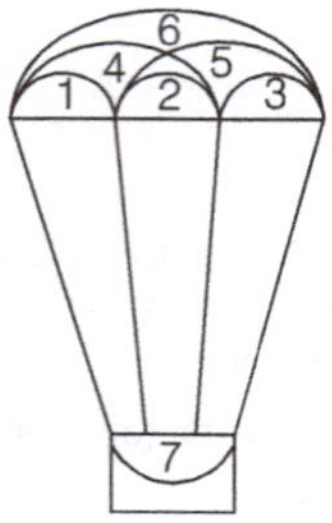

अत: दी गई आकृति में कुल '7' अर्द्धवृत्त है।

14. (d) आकृति के बिन्दुओं का नामकरण करने पर,

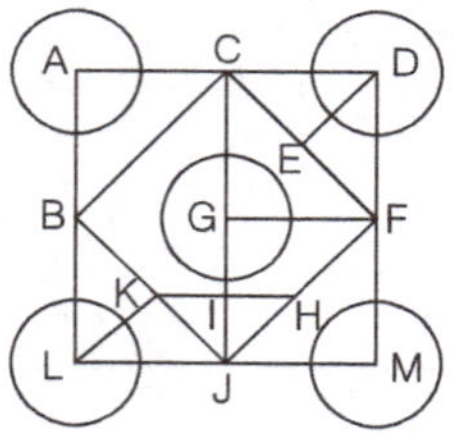

दी गई आकृति में निम्न त्रिभुज हैं
ΔABC, ΔCED, ΔDEF, ΔCDF, ΔCGF, ΔGJF, ΔKIJ, ΔIJH, ΔKJH, ΔBKL, ΔKLJ, ΔBLJ, ΔCFJ, ΔBCJ, ΔJFM
अत: त्रिभुजों की कुल संख्या '15' है।

15. (d) आकृति के बिन्दुओं के नाम लिखने पर,

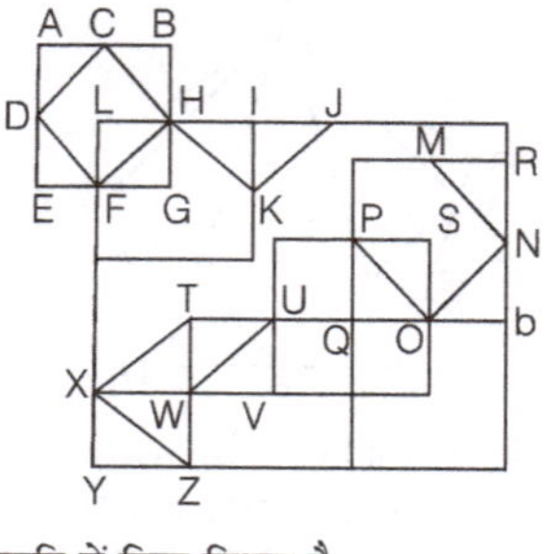

दी गई आकृति में निम्न त्रिभुज है
अभीष्ट त्रिभुज = ΔACD, ΔDEF, ΔFGH, ΔBHC, ΔLFH, ΔHKI, ΔIKJ, ΔHKJ, ΔNRM, ΔPSO, ΔPQO, ΔTUW, ΔVWU, ΔXWT, ΔXWZ, ΔXTZ, ΔXYZ, ΔNOb
अत: त्रिभुजों की कुल संख्या '18' है।

16. (b) दी गई आकृति में बिन्दुओं के नाम लिखने पर,

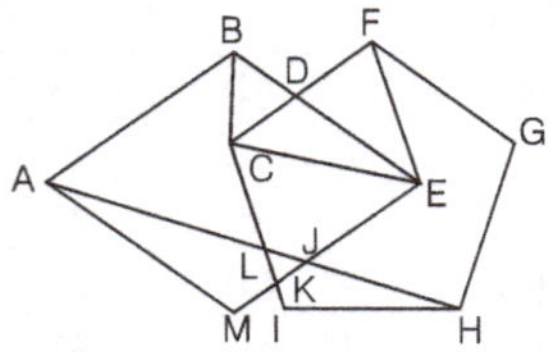

आकृति में निम्न त्रिभुज हैं— ΔBCD, ΔCDE, ΔBCE, ΔDEF, ΔCFE, ΔAJM, ΔILH, ΔJKL, ΔCEK
अत: आकृति में 9 त्रिभुज हैं।

17. (c) दी गई आकृति से,

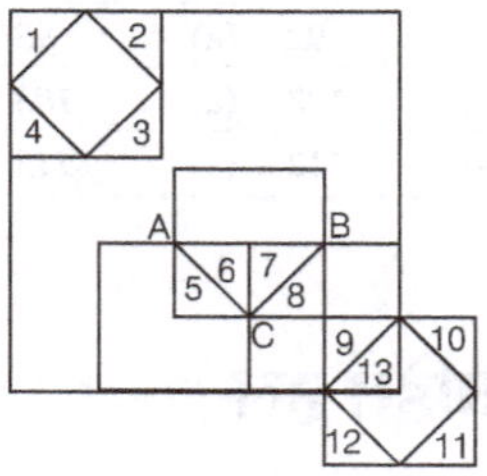

अत: त्रिभुजों की कुल संख्या = 13 + ΔABC = 14

18. (b) आकृति के बिन्दुओं का नामकरण करने पर,

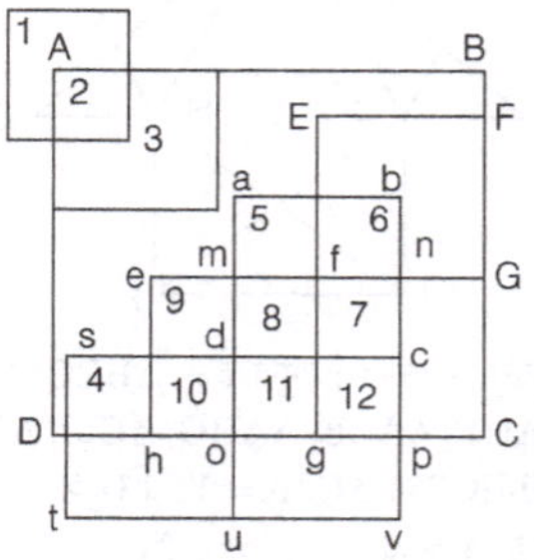

दी गई आकृति में निम्न वर्ग है
□ABCD, □abcd, □mnpo, □efgh, □sdut, □dcvu, □EFGf तथा □GfgC
कुल वर्गों की संख्या = 12 + 8 = 20

19. (c) आकृति के बिन्दुओं का नामकरण करने पर,

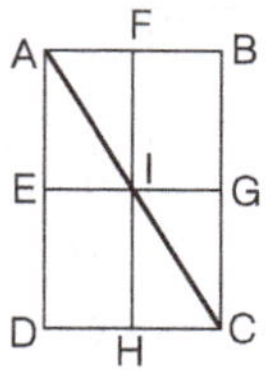

दी गई आकृति में निम्न त्रिभुज है— ΔAFI, ΔAIE, ΔIGC, ΔICH, ΔACD तथा ΔABC = 6 त्रिभुज
अत: चित्र में 6 त्रिभुज हैं।

20. (a) दी गई आकृति को नामांकित करने से,

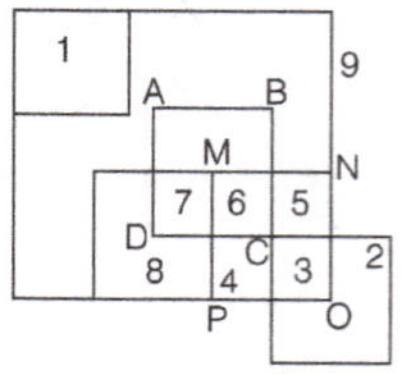

अत: आकृति के कुल वर्गों की संख्या = 9 + 2
(□ABCD + □MNOP) = 11

21. (a) दो गई आकृति में बिन्दुओं के नाम लिखने पर,

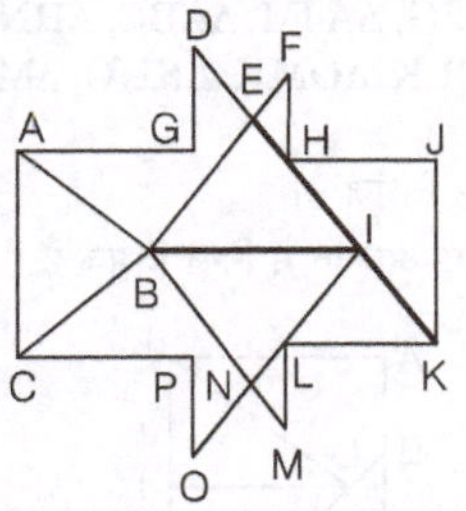

दी गई आकृति में निम्न त्रिभुज हैं ΔABC, ΔEFH, ΔHJK, Δ EBI, ΔLMN, ΔNBI, ΔIKL
अत: आकृति में 7 त्रिभुज हैं।

22. (d) दी गई आकृति को नामांकित करने पर,

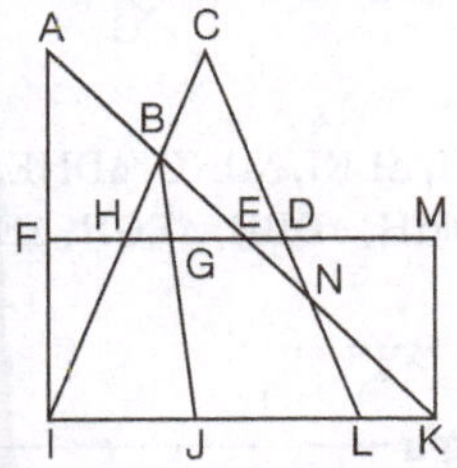

दी गई आकृति में त्रिभुज इस प्रकार हैं
ΔABI, ΔFHI, ΔHBG, ΔBEG, ΔBCN, ΔEDN, ΔNKL, ΔEMK, ΔBJI, ΔCLI, ΔAKI, ΔBKI, ΔBEH तथा ΔCDH
अत: आकृति में कुल 14 त्रिभुज हैं।

23. (c) प्रश्नानुसार, आकृति के बिन्दुओं के नाम रखने पर,

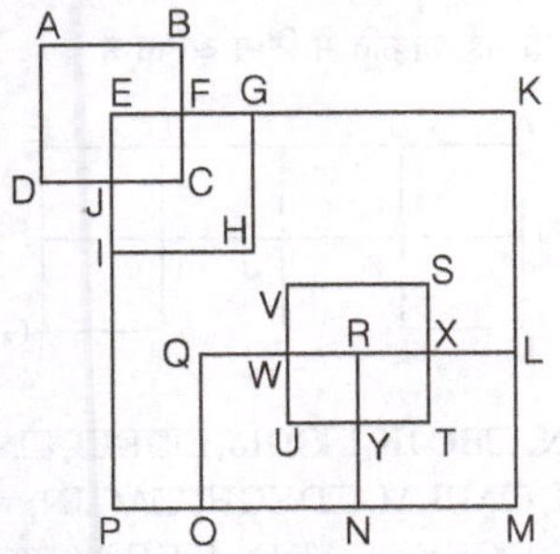

□ABCD, □EFCJ, □EGHI, □VSTU, □WRYU, □RXTY, □RLMN, □RNOQ, □EKMP = कुल 9 वर्ग हैं।
अत: दिए गए त्रिभ में कुल 9 वर्ग हैं।

24. (a) आकृति के बिन्दुओं का नामकरण करने पर,

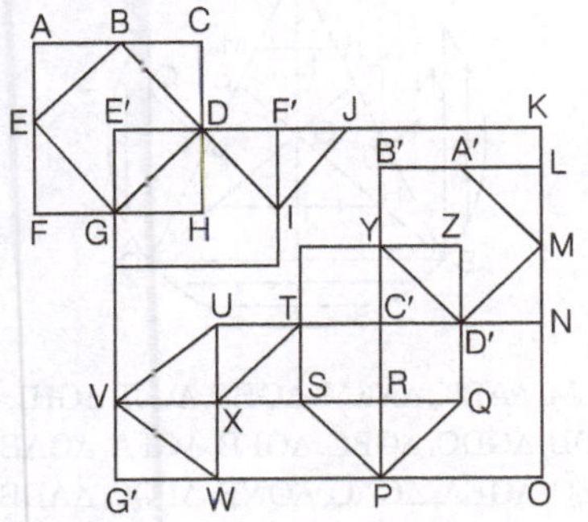

दी गई आकृति में कुल 21 त्रिभुज हैं

ΔAEB, ΔEFG, ΔBCD, ΔGE′D, ΔGDH, ΔDF′I, ΔF′JI, ΔDJI, ΔVUX, ΔVWX, ΔUTX, ΔTXS, ΔUVW, ΔSRP, ΔQRP, ΔSQP, ΔD′MN, ΔD′C′Y, ΔYZD′, ΔA′LM, ΔD′NM

25. (c) दी गई आकृति को नामांकित करने पर,

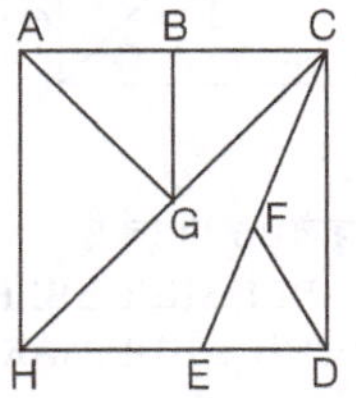

दी गई आकृति में निम्न त्रिभुज है।
ΔABG, ΔBCG, ΔACG, ΔEFD, ΔCFD, ΔECD, ΔHCE, ΔHCD, ΔAHC तथा ΔAGH
कुल त्रिभुजों की संख्या = 10

26. (b) दी गई आकृति को नामांकित करने पर,

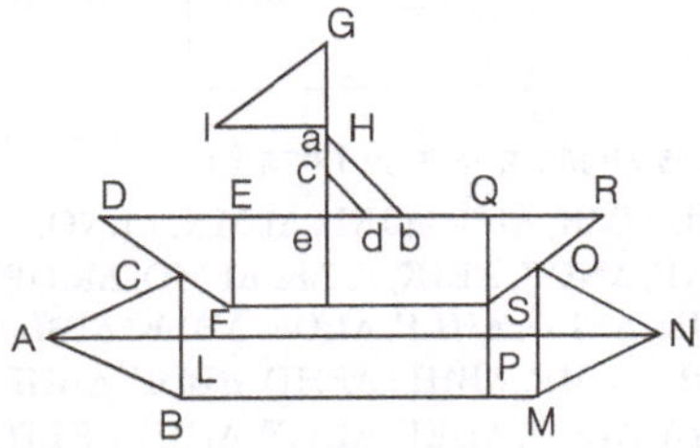

दी गई आकृति में निम्न 11 त्रिभुज हैं
ΔABL, ΔALC, ΔABC, ΔMNP, ΔPNO ΔMNO, ΔDEF, ΔQRS, ΔGHI, Δ cde तथा Δabe
कुल त्रिभुजों की संख्या = 11

27. (c) दी गई आकृति से,

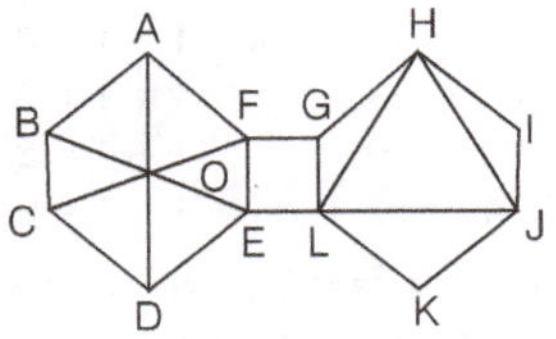

दी गई आकृति में निम्न त्रिभुज है
ΔABO, ΔAFO, ΔFOE, ΔEDO, ΔDCO, ΔCBO, ΔGHL, ΔHIJ, ΔLHJ, ΔLJK
कुल त्रिभुजों की संख्या = 10

28. (c) दी गई आकृति में, बिन्दुओं का नामकरण करने पर,

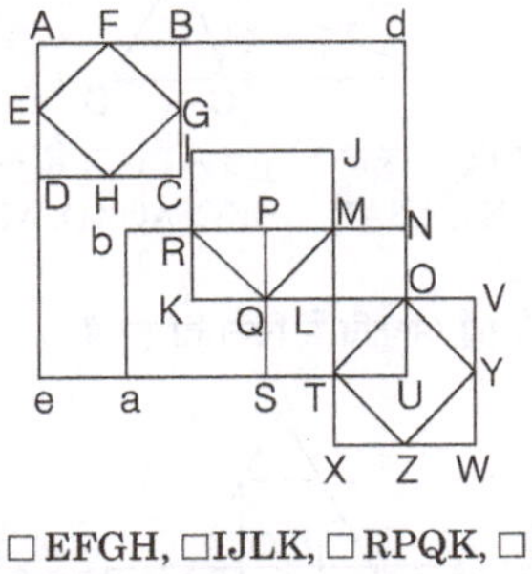

□ABCD, □ EFGH, □IJLK, □ RPQK, □ PMLQ, □ bPSa, □ PNUS, □ MNOL, □ QLTS, □ LOUT, □ LVWX, □ TOYZ तथा □ AdUe = 13 वर्ग
अत: चित्र में कुल 13 वर्ग है।

29. (b) दी गई आकृति में बिन्दुओं का नामकरण करने पर,

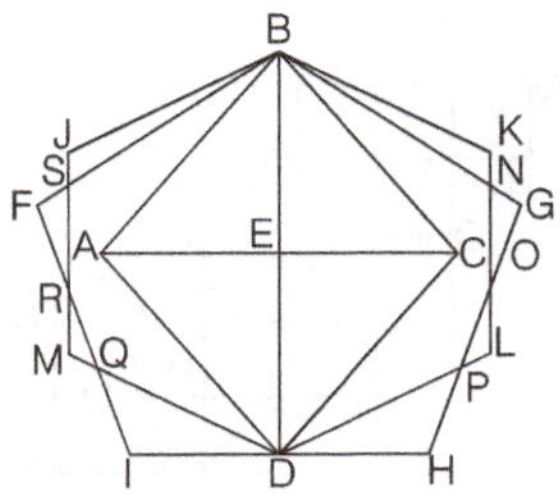

दी गई आकृति में निम्न त्रिभुज है—
ΔABE, ΔBEC, ΔDEC, ΔADE, ΔABC, ΔBCD, ΔADC, ΔDAB, ΔSJB, ΔBKN, ΔNGO, ΔOLP, ΔPHD, ΔDIQ, ΔQMR, ΔRFS
अत: कुल त्रिभुजों की संख्या = 16

30. (a) दी गई आकृति के बिन्दुओं का नाम रखने पर,

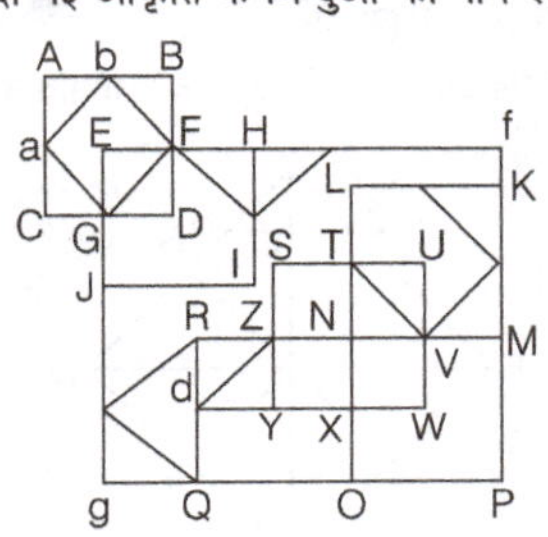

दी गई आकृति में निम्न त्रिभुज है— □ABDC, □abFG, □EFDG, □EHIJ, □LKMN, □NMPO, □RNOQ, □STNZ, □TUVN, □ZNXY, □NVWX, □SUWY, □RZYd तथा □EfPg = कुल 14 वर्ग
अत: चित्र में कुल 14 वर्ग हैं।

31. (d) दी गई आकृति में बिन्दुओं के नाम लिखने पर,

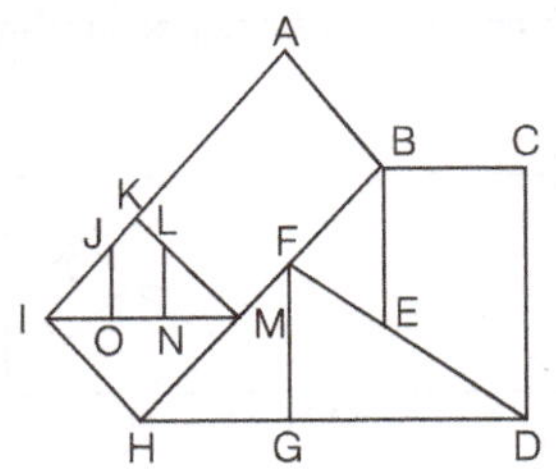

दी गई आकृति में निम्न त्रिभुज है— ΔBEF, ΔFGD, ΔFGH, ΔFHD, ΔIOJ, ΔMNL, ΔIKM, ΔIMH
आकृति में कुल 8 त्रिभुज हैं।

32. (d) दी गई आकृति से,

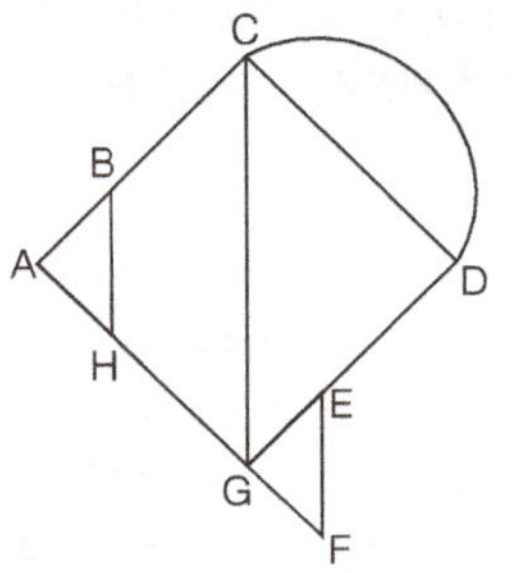

इस आकृति में निम्न त्रिभुज होंगे
ΔABH, ΔACG, ΔGDC, ΔGEF
अत: दी गई आकृति में 4 त्रिभुज हैं।

33. (d) दी गई आकृति में बिन्दुओं के नाम लिखने पर,

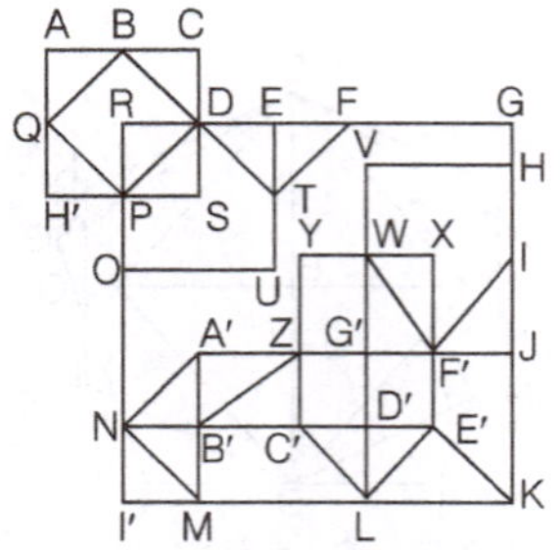

दी गई आकृति में निम्न त्रिभुज है

ΔABQ, ΔBCD, ΔQH′P, ΔPSD, ΔPRD, ΔDET, ΔEFT, ΔDTF, ΔA′NM, ΔA′B′N, ΔB′NM, ΔA′B′Z, ΔC′D′L, ΔD′E′L, ΔC′E′L, ΔLE′K, ΔF′JI, ΔG′WF′, ΔWXF′, ΔB′C′Z, ΔNMI′

∴ आकृति में 21 त्रिभुज होंगे।

34. (d) दी गई आकृति में बिन्दुओं को नामांकित करने पर,

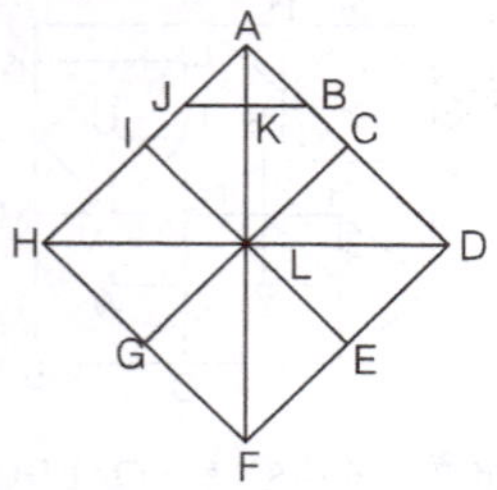

ऊपर दी गई आकृति में कुल 19 त्रिभुज हैं

ΔAJK, ΔAKB, AHL, ΔADL, ΔILH, ΔCLD, ΔAHD, ΔAJB, ΔHLG, ΔLDE, ΔLGF, ΔLEF, ΔHLF, ΔDLF, ΔHFD, ΔAHF, ΔADF, ΔAIL और ΔACL.

35. (a) दी गई आकृति में बिन्दुओं को नामांकित करने पर,

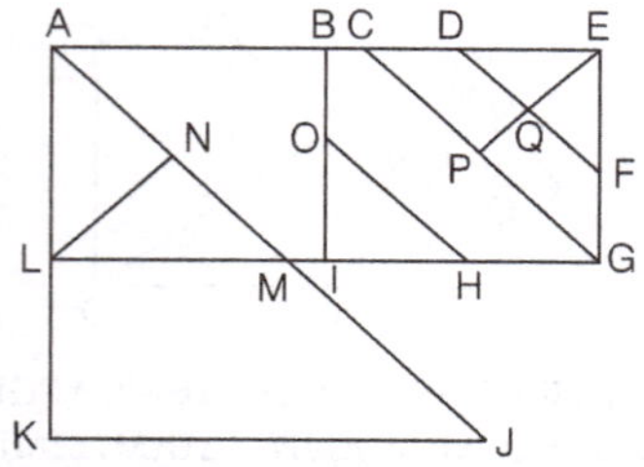

ऊपर दी गई आकृति में कुल 11 त्रिभुज हैं— ΔALM, ΔLMN, ΔALN, ΔAKJ, ΔOIH, ΔCGE, ΔECP, ΔEGP, ΔEDQ, ΔEQF और ΔEDF.

36. (c) दी गई आकृति में बिन्दुओं को नामांकित करने पर,

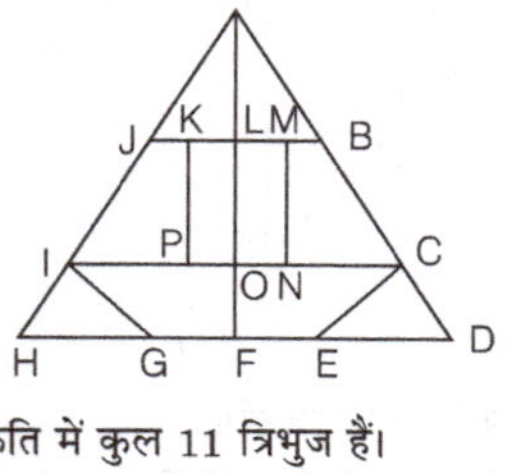

दी गई आकृति में कुल 11 त्रिभुज हैं।

Δ AJL, Δ ALB, Δ AIO, Δ ACO, Δ AJB, Δ AIC, Δ AHF, Δ AFD, Δ AHD, Δ HIG, Δ ECD

37. (d) दी गई आकृति में बिन्दुओं को नामांकित करने पर,

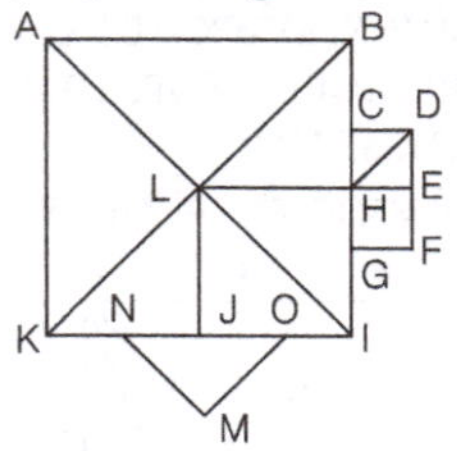

उपरोक्त चित्र में कुल 15 त्रिभुज हैं

ΔALK, ΔALB, ΔBLI, ΔKLI, ΔBLH, ΔHLI, ΔLJI, ΔKLJ, ΔCDH, ΔHDE, ΔAKB, ΔABI, ΔAKI, ΔBKI और ΔMNO.

38. (c) दी गई आकृति में बिन्दुओं को नामांकित करने पर,

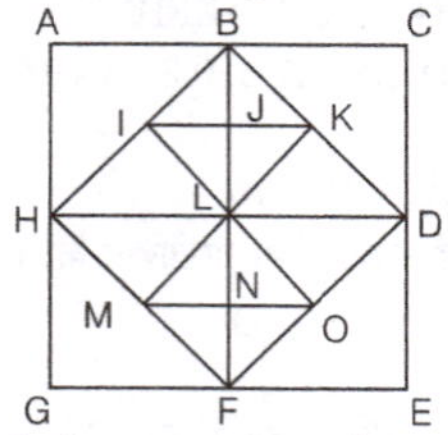

उपरोक्त आकृति में कुल 32 त्रिभुज हैं।

ΔBIJ, ΔBJK, ΔIJL, ΔJKL, ΔLMN, ΔLNO, ΔMNF, ΔNOF, ΔBIK, ΔILK, ΔLMO, ΔMOF, ΔBHD, ΔBLD, ΔHLF, ΔLDF, ΔBLK, ΔIBL, ΔLOF, ΔLMF, ΔBHL, ΔFHD, ΔBDF, ΔBHF, ΔAHB, ΔBCD, ΔDEF, ΔHGF, ΔHIL, ΔKLD, ΔHLM और ΔDLO.

स्पीडी विधि

□ABLH में ⟶ 4 + 1 + 1 = 6
□BCDL में ⟶ 4 + 1 + 1 = 6
□HCFG में ⟶ 4 + 1 + 1 = 6
□LDEF में ⟶ 4 + 1 + 1 = 6
□BKLI में ⟶ 1 + 1 = 2
□MLOF में ⟶ 1 + 1 = 2
□ABDF में ⟶ 1 + 1 + 1 + 1 + 1 = 6

∴ आकृति में कुल त्रिभुजों की संख्या = 32

39. (b) दी गई आकृति में बिन्दुओं को नामांकित करने पर,

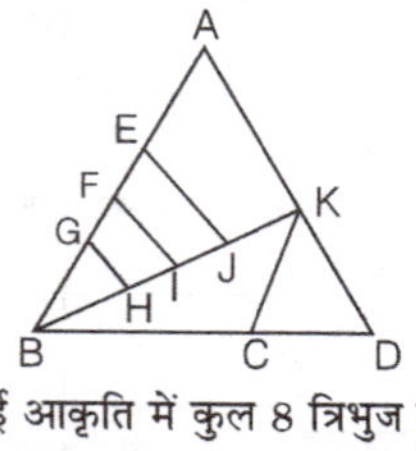

उपरोक्त दी गई आकृति में कुल 8 त्रिभुज हैं ⇒ ΔBGH, ΔBFI, ΔBEJ, ΔBAK, ΔBKC, ΔCKD, ΔBKD और ΔABD.

40. (c) दी गई आकृति में निम्न त्रिभुज हैं

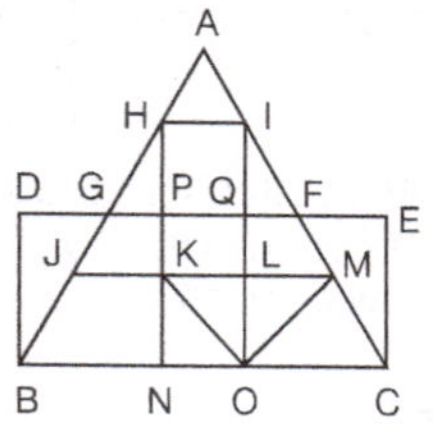

ΔAHI, ΔHGP, ΔIQF, ΔHKJ, ΔILM, ΔDBG, ΔEFC, ΔAFG, ΔAJM, ΔABC, ΔHNB, Δ IOC, ΔOLM, ΔOLK, ΔOMK, ΔKNO, ΔMOC और ΔIOM

अत: कुल 18 त्रिभुज हैं।

41. (c) दी गई आकृति में निम्न त्रिभुज हैं,

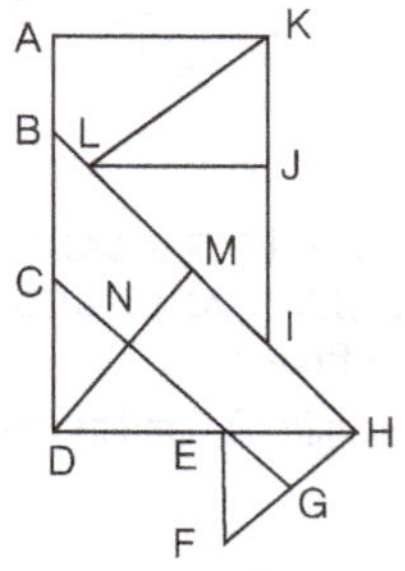

ΔLJK, ΔLJI, ΔLKI, ΔDNC, ΔDNE, ΔDCE, ΔDMB, ΔDMH, ΔDBH, ΔEGH, ΔEGF और ΔEFH

अत: कुल 12 त्रिभुज हैं।

स्पीडी विधि

Δ EFH में →1+2 = 3
Δ LKI में →1+2 = 3
Δ DEC में →1+2 = 3
Δ DBH में →1+2 = 3

∴ आकृति में कुल त्रिभुजों की संख्या = 3+3+3+3=12

42. (a) दी गई आकृति में निम्न आयत हैं

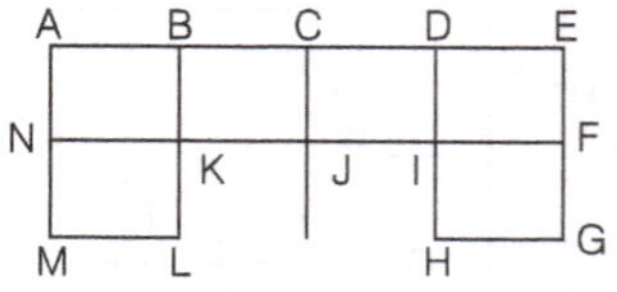

□ABKN, □BCJK, □CDIJ, □DEFI, □NKLM, □IFGH, □ABLM, □DEGH, □ACJN, □BDIK, □CEFJ, □ADIN, □BEFK और □AEFN

अत: कुल 14 आयत हैं।

43. (c) दी गई आकृति में निम्न त्रिभुज है

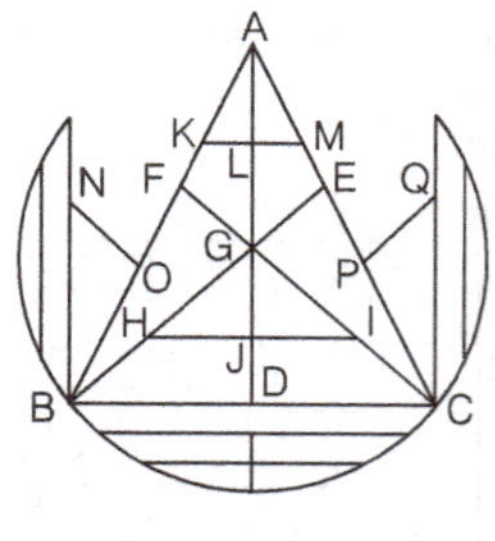

ΔALM, ΔALK, ΔAKM, ΔGHJ, ΔGJI, ΔGHI, ΔGDB, ΔGDC, ΔGBC, ΔGFB, ΔGFA, ΔGAB, ΔGEC, ΔGEA, ΔGAC, ΔONB, ΔPQC, ΔADB, ΔADC, ΔBEC, ΔBEA, ΔCFA, ΔCFB और ΔABC.

अत: कुल 24 त्रिभुज है।

44. (b) दी गई आकृति में निम्न त्रिभुज हैं,

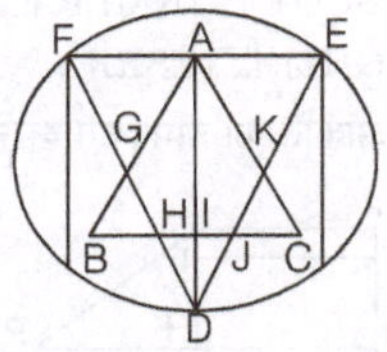

ΔBGH, ΔCKJ, ΔAIB, ΔAIC, ΔABC, ΔDIJ, ΔDIH, ΔDHJ, ΔAFG, ΔAKE, ΔDAE, ΔDAF, ΔDFE, ΔAGD और ΔAKD.

अत: कुल 15 त्रिभुज हैं।

45. (d) दी गई आकृति में निम्न त्रिभुज हैं,

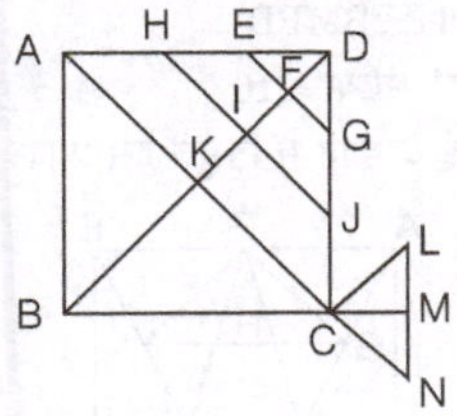

ΔDEF, ΔDFG, ΔDEG, ΔDHI, ΔDIJ, ΔDHJ, ΔDAK, ΔDKC, ΔDAC, ΔABK, ΔKBC, ΔABC, ΔABD, ΔCBD, ΔCMN, ΔCML और ΔCNL.

अत: कुल 17 त्रिभुज हैं।

स्पीडी विधि

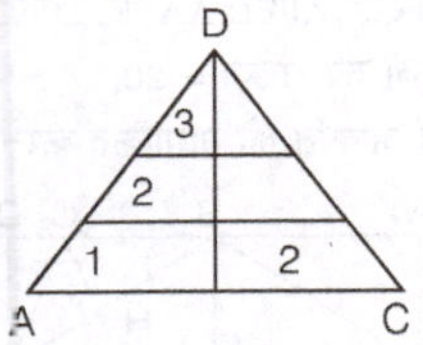

कुल त्रिभुज $= (1+2) \times 3 = 9$

Δ CLN में $\rightarrow 1+2 = 3$

Δ ABC में $\rightarrow 1+2 = 3$

इसके अतिरिक्त दो त्रिभुज ये हैं, ΔABD और ΔBCD

∴ दी गई आकृति में कुल त्रिभुजों की संख्या $= 9+3+3+2 = 17$

46. (d) दी गई आकृति में निम्न त्रिभुज हैं,

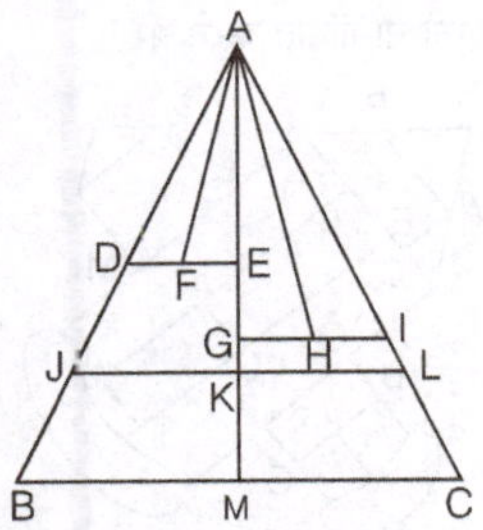

ΔAED, ΔAFE, ΔAFD, ΔAGH, ΔAHI, ΔAGI, ΔAJK, ΔAKL, ΔAJL, ΔAMB, ΔAMC और ΔABC.

अत: कुल 12 त्रिभुज हैं।

47. (d) दी गई आकृति में निम्न त्रिभुज हैं

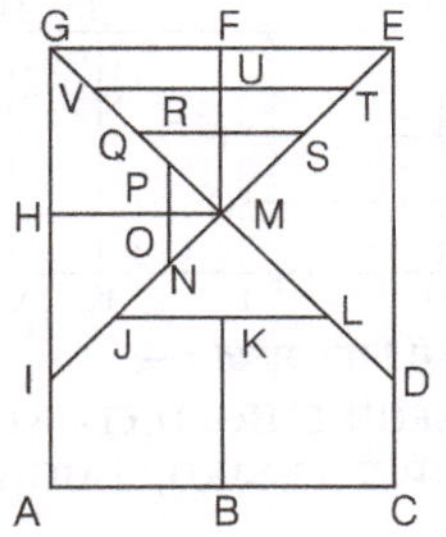

ΔMON, ΔMOP, ΔMPN, ΔMHI, ΔMHG, ΔMGI, ΔMJL, ΔMDE, ΔMRS, ΔMRQ, ΔMQS, ΔMUT, ΔMUV, ΔMVT, ΔMFE, ΔMFG, ΔMGE, ΔIGE, ΔGED

अत: कुल 19 त्रिभुज हैं।

48. (d) दी गई आकृति में 32 त्रिभुज हैं

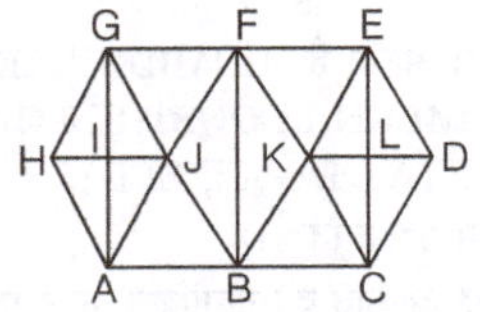

ΔAIH, ΔAIJ, ΔGIJ, ΔGIH, ΔCLD, ΔCLK, ΔELD, ΔELK, ΔGHJ, ΔAHJ, ΔHAG, ΔJGA, ΔCKD, ΔDEC, ΔEKD, ΔKCE, ΔGJF, ΔJAB, ΔJFB, ΔKFB, ΔKBC, KEF, ΔGAB, ΔGFB, ΔAGF, ΔABF, ΔBCE, ΔBFE, ΔCEF, ΔFBC, ΔAFC, ΔGBE

अत: कुल 32 त्रिभुज हैं।

49. (a) दी गई आकृति में निम्न त्रिभुज है

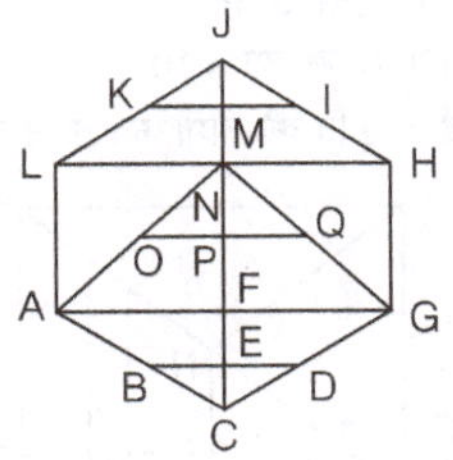

ΔJKM, ΔJMI, ΔJKI, ΔJNL, ΔJNH, ΔJLH, ΔNPO, ΔNPQ, ΔNOQ, ΔNAF, ΔNFG, ΔNAG, ΔCEB, ΔCED, ΔCBD, ΔCFA, ΔCFG, ΔCAG, ΔALN , ΔNHG , ΔNAC , ΔNCG

अत: कुल 22 त्रिभुज हैं।

50. (b) दी गई आकृति में त्रिभुज निम्न हैं

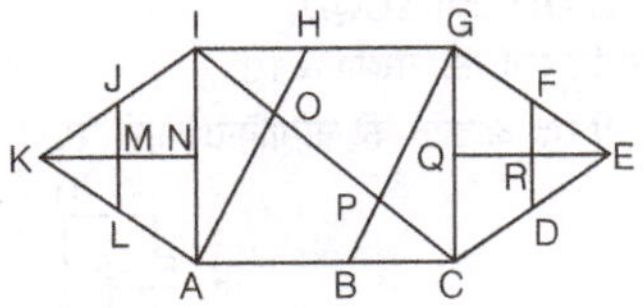

ΔKLM, ΔKMJ, ΔJKL, ΔKNA, ΔKNI, ΔKAI, ΔERD, ΔERF, ΔEFD, ΔEQC, ΔEQG, ΔEGC, ΔIOH, ΔIOA, ΔPBC, ΔPCG, ΔOAC, ΔPGI, ΔAIH, ΔGCB, ΔIAC, ΔCGI = 22

अत: कुल 22 त्रिभुज हैं।

51. (d) दी गई आकृति में त्रिभुजों की संख्या है,

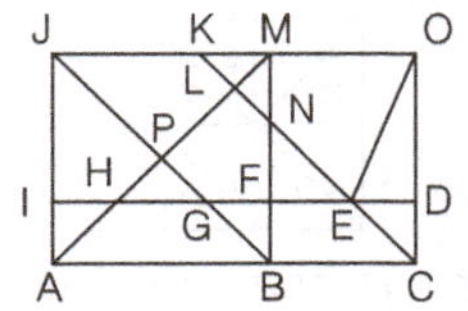

ΔAIH, ΔKLM, ΔLMN, ΔKMN, ΔNFE, ΔGFB, ΔCDE, ΔEDO, ΔECO, ΔNBC, ΔPHG, ΔABP, ΔPBM, ΔPMJ, ΔPJA, ΔCOK, ΔEOK, ΔLHE, ΔABM, ΔBMJ, ΔMJA, ΔJAB, ΔALC, ΔHFM, ΔJIG

अत: कुल 25 त्रिभुज हैं।

52. (d) प्रश्नानुसार,

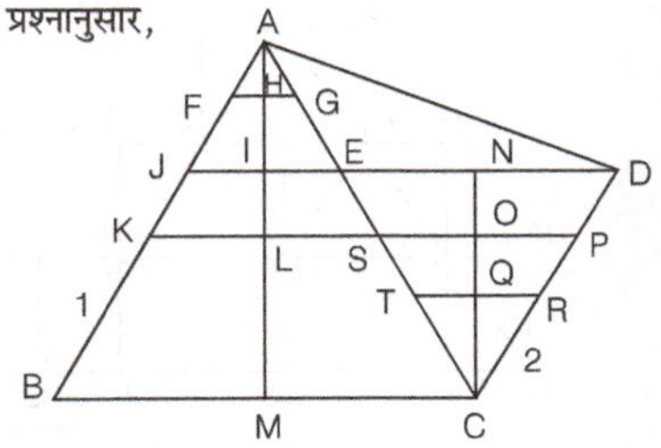

ΔAFG, ΔAFH, ΔAHG, ΔJIA, ΔAIE, ΔAJE, ΔALK, ΔALS, ΔAKS, ΔAMB, ΔAMC, ΔABC, ΔCQT, ΔCQR, ΔCTR, ΔCOP, ΔCOS, ΔCSO, ΔCNE, ΔCND, ΔCED, ΔAED, ΔADC, ΔAJD, ΔAID

अत: कुल 25 त्रिभुज हैं।

स्पीडी विधि

भाग 1

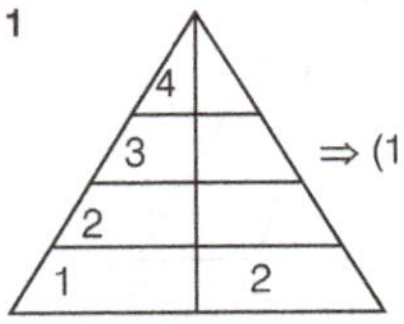

$\Rightarrow (1+2) \times 4 = 12$

भाग 2

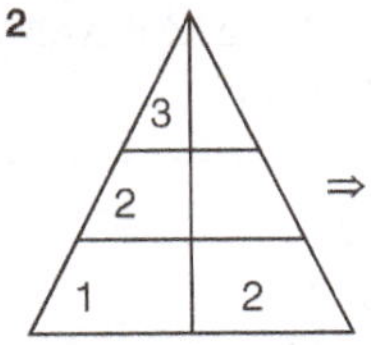

$\Rightarrow (1+2) \times 3 = 9$

इसके अतिरिक्त त्रिभुजों की संख्या = 4

(ΔAJD, ΔAID, ΔAED, ΔADC)

∴ दी गई आकृति में कुल त्रिभुज $= 12 + 9 + 4 = 25$

53. (a) दी गई आकृति है

(1) 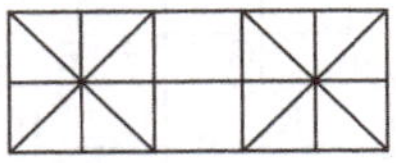 (2)

सबसे छोटे त्रिभुजों की संख्या $= 8 + 8 = 16$

दो छोटे त्रिभुजों को मिलाकर बने त्रिभुज $= 4 + 4 = 8$

चार छोटे त्रिभुजों को मिलाकर बने त्रिभुज $= 4 + 4 = 8$

∴ कुल त्रिभुज $= 16 + 8 + 8 = 32$

स्पीडी विधि

भाग I

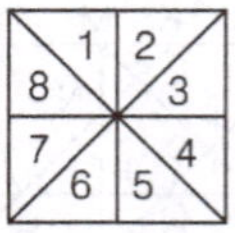

⇒ कुल त्रिभुजों की संख्या $= 2 \times 8 = 16$
इसी प्रकार भाग II में,
कुल त्रिभुजों की संख्या = 16
∴ आकृति में कुल त्रिभुजों की संख्या
$= 16 + 16 = 32$

54. (c) दी गई आकृति में निम्न त्रिभुज हैं,

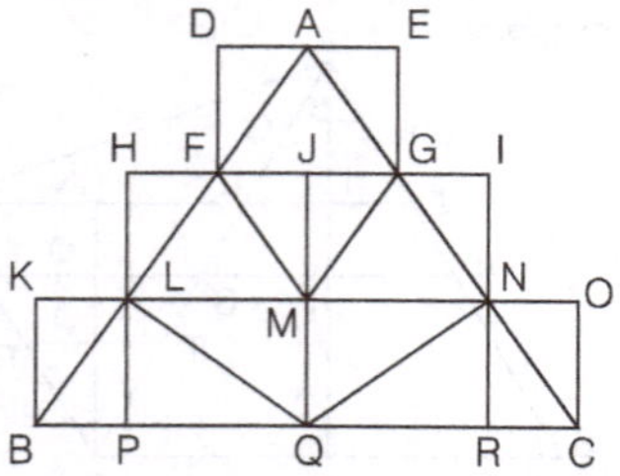

ΔADF, ΔAEG, ΔFHL, ΔGIN, ΔLKB, ΔNOC, ΔBPL, ΔNRC, ΔFJM, ΔGJM, ΔAFG, ΔFLM, ΔFMG, ΔGNM, ΔLPQ, ΔLMQ, ΔQMN, ΔNRQ, ΔBLQ, ΔLQN, ΔQNC, ΔALN, ΔABC
अत: कुल 23 त्रिभुज हैं।

55. (c) दी गई आकृति को नामांकित करने पर,

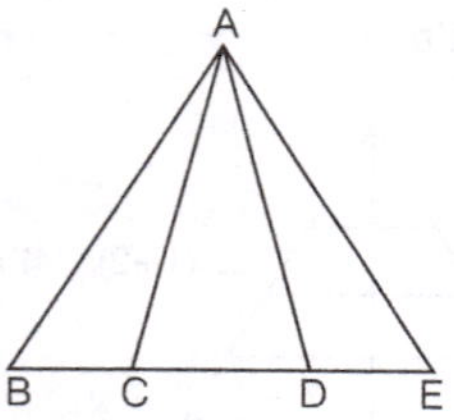

ΔABC, ΔACD, ΔADE, ΔABD, ΔACE, ΔABE
अत: त्रिभुजों की कुल संख्या '6' हैं।

स्पीडी विधि

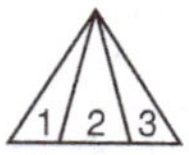

तब D की संख्या ⟶ $1 + 2 + 3 = 6$

56. (d) दी गई आकृति के नामांकित करने पर,

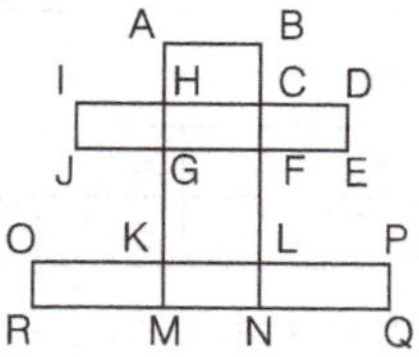

दी गई आकृति में कुल 19 आयत हैं जो निम्न हैं,
□ABCH, □IHGJ, □HCFG, □CDEF, □GFLK, □KLNM, □OKMR, □LPQN, □ICFJ, □HDEG, □OLNR, □KPQM, □OPQR, □ABFG, □ABLK, □ABNM, □IDEJ, □KHCL, □GFNM

57. (b) आकृति में बिन्दुओं के नाम लिखने पर,

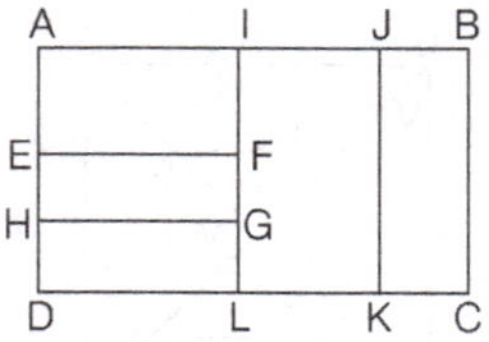

दी गई आकृति में निम्न आयत है—
□ AIFE, □ EFGH, □ HGLD, □ IJKL, □ JBCK, □ ABCD, □ IBCL, □ AJKD, □ AIGH, □ EFLD, □ AILD = 11

58. (b) दी गई आकृति को नामांकित करने पर,

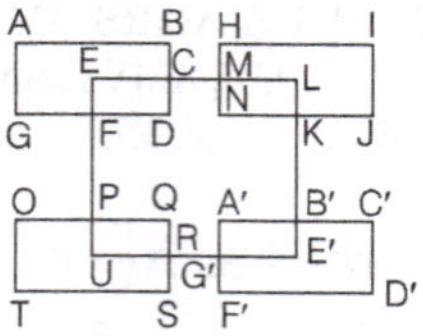

आकृति में निम्न आयत हैं- □ABDG, □ECDF, □NHIJ, □MLKN, □OQST, □PQRU, □A′C′D′F′, □A′B′E′G′, □ ELE′U
अत: आकृति में 9 आयत हैं।

59. (b) दी गई आकृति को नामांकित करने पर,

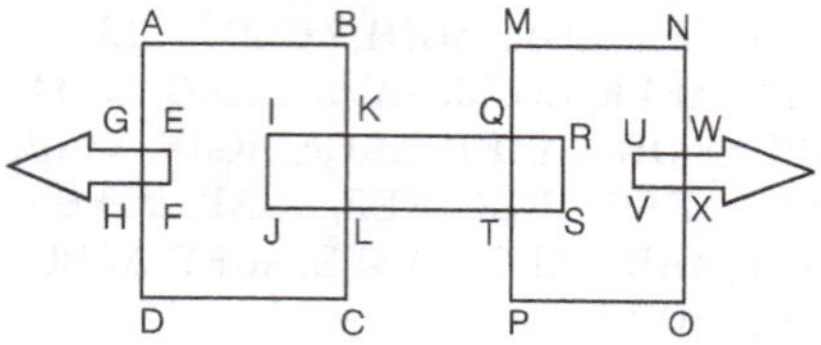

निम्न आयत हैं— □GEFH, □ABCD, □IKLJ, □KQTL, □IQTJ, □KRSL, QRST, □IRSJ, □UWXV तथा □MNOP
अत: कुल आयतों की संख्या = 10

60. (a) दी गई आकृति को नामांकित करने से,

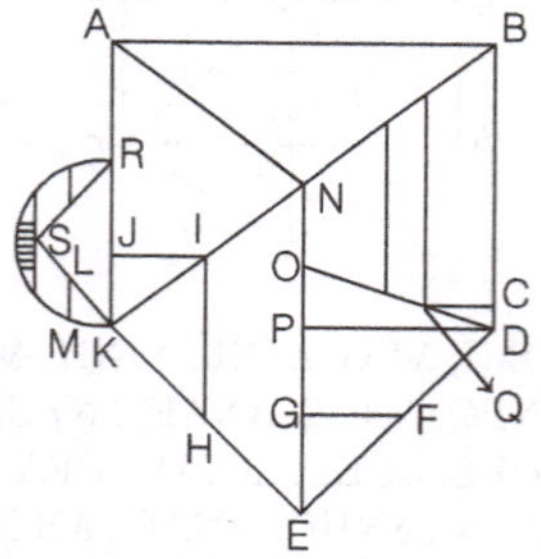

आकृति में निम्न त्रिभुज हैं— ΔRSK, ΔJIK, Δ ANK, ΔABK, ΔANB, ΔKIH, ΔKNE, ΔGFE, ΔPDE, ΔEOD, ΔPOD तथा ΔCQD
अत: कुल त्रिभुजों की संख्या = 12

61. (b) दी गई आकृति को नामांकित करने पर,

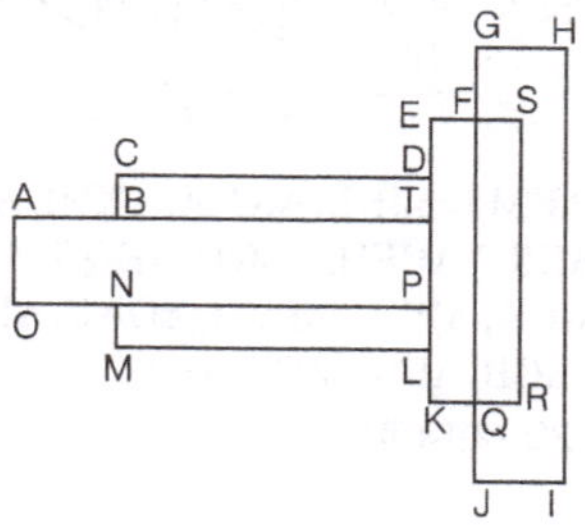

दी गई आकृति में कुल 7 आयत हैं जो निम्न हैं,
□ ATPO, □ BCDT, □ NMLP, □ EFQK, □ FSRQ, □ GHIJ, □ ESRK

62. (b) दी गई आकृति को नामांकित करने पर

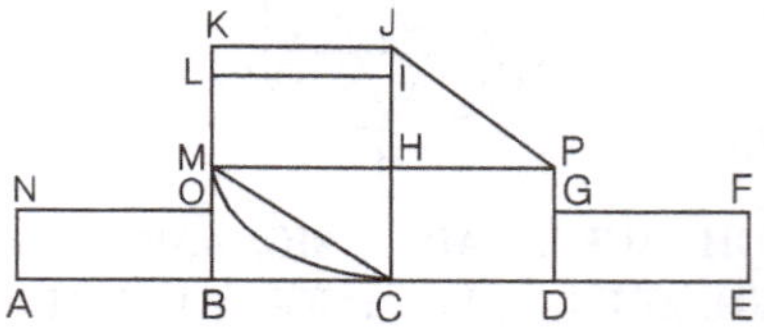

दी गई आकृति में निम्न आयत हैं,
□ANOB, □BMHC, □CHPD, □DGFE, □MLIH, □LKJI, □MKJH, □BLIC, □BKJC तथा □BMPD
अत: आयतों की संख्या = 10

63. (d) दी गई आकृति में त्रिभुज इस प्रकार हैं

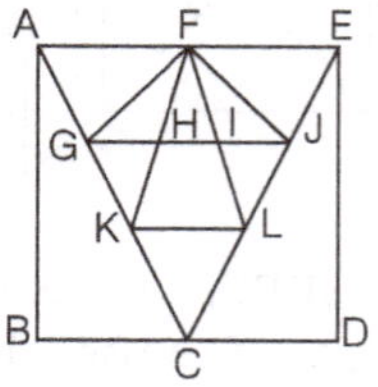

दी गई आकृति में निम्न त्रिभुज है।
ΔABC, ΔAFG, ΔFGJ, ΔFGH, ΔFGI, ΔFHI, ΔFHJ, ΔFIJ, ΔFEJ, ΔECD, ΔKLC, ΔFKL, ΔAEC, ΔGHK, ΔIJL, ΔFJL, ΔFGK, ΔFEL, ΔAFK, ΔGJC
अत: कुल त्रिभुजों की संख्या = 20

64. (a) दी गई आकृति को नामांकित करने पर,

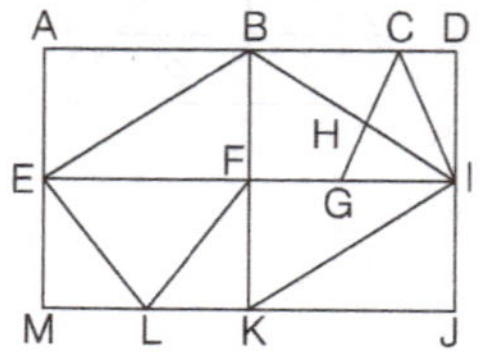

आकृति में निम्न त्रिभुज हैं
ΔABE, ΔEFB, ΔBFI, ΔBEI, ΔCGI, ΔCHI, ΔBHC, ΔCID, ΔEML, ΔELF, ΔLKF, ΔFKI, ΔKIJ, ΔBID, ΔBKI, ΔGHI तथा ΔBIC
अत: आकृति में कुल 17 त्रिभुज हैं।

65. (c) चित्र को नामांकित करने पर,

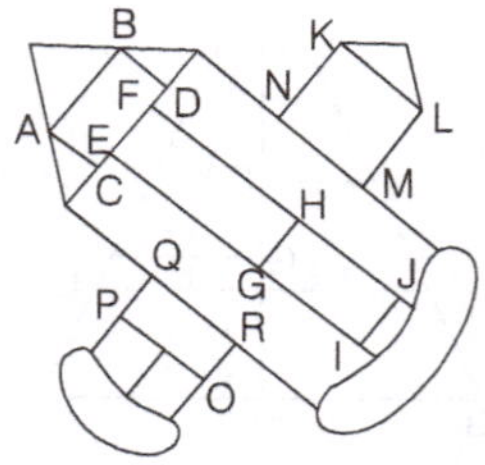

दी गई आकृति में निम्न आयत हैं
□EFHG, □GHJI, □ABDC, □NKLM, □PORQ तथा □EIJF
अत: आकृति में कुल 6 आयत हैं।

66. (c) दी गई आकृति में अर्द्धवृत्त '5' हैं।

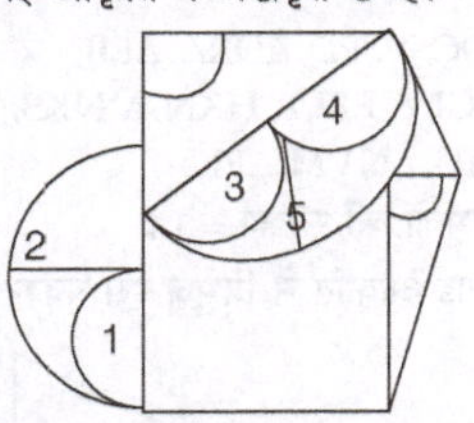

67. (d) आकृति को नामांकित करने पर,

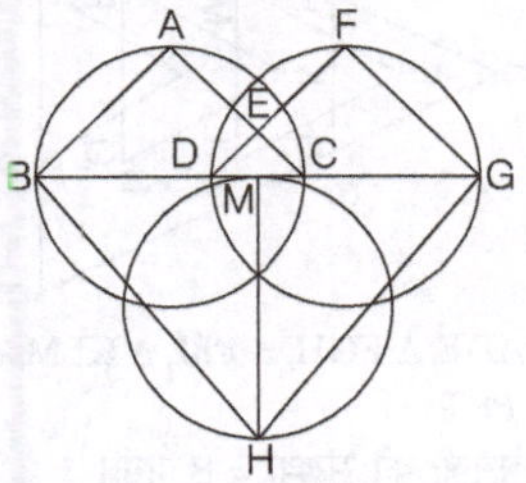

दी गई आकृति में निम्न त्रिभुज हैं— ΔABC, ΔDEC, ΔDFG, ΔEMH, ΔMGH तथा ΔBGH
अत: आकृति में कुल त्रिभुजों की संख्या = 6

68. (c) दी गई आकृति को नामांकित करने पर,

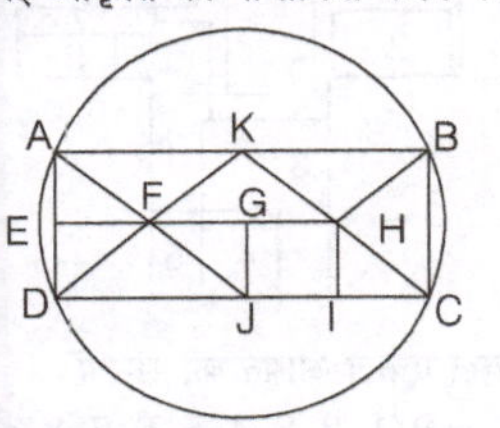

दी गई आकृति में निम्न त्रिभुज हैं,
ΔAEF, ΔAFK, ΔADF, ΔADJ, ΔBCH, ΔBHK, ΔCHI, ΔCKD, ΔDEF, ΔDFJ, ΔFKH, ΔFGJ, ΔBKC, ΔADK
अत: दी गई आकृति में कुल 14 त्रिभुज हैं।

69. (c) आकृति के बिन्दुओं को नाम देने पर,

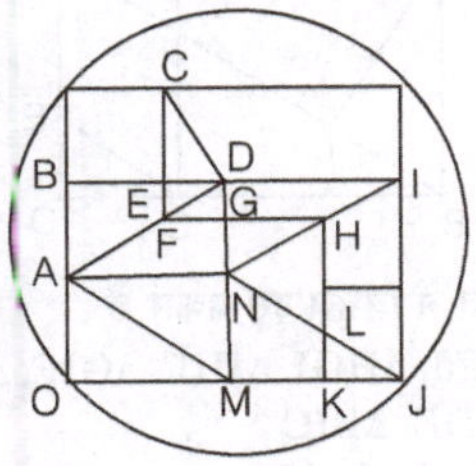

दी गई आकृति में निम्न त्रिभुज हैं,
Δ CED, Δ DEF, Δ CFD, Δ FDG, Δ DAN, Δ ANM, Δ DAM, Δ ABD, Δ AMO, Δ GHN, Δ HNL, Δ LKJ, Δ DIN, Δ MJN, Δ NIJ
अत: त्रिभुजों की कुल संख्या '15' है।

70. (c) दी गई आकृति में बिन्दुओं को नामांकित करने पर,

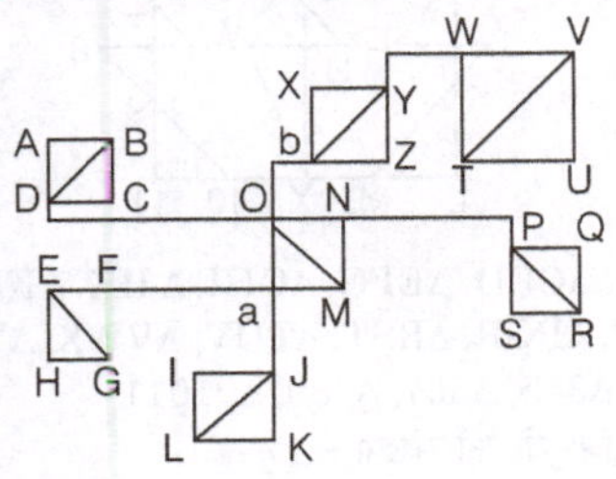

दी गई आकृति में निम्न त्रिभुज हैं।
ΔABD, ΔBCD, ΔEHG, ΔEGF, ΔIJL, ΔLKJ, ΔaMO, ΔOMN, Δ XYb, Δ bYZ, Δ WVT, Δ VUT, Δ PQR, Δ RSP
अत: आकृति में कुल 14 त्रिभुज हैं।

71. (d) आकृति को नामांकित करने पर,

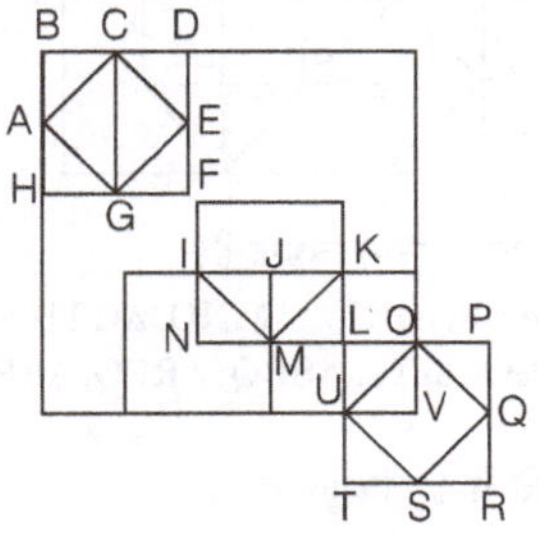

दी गई आकृति में निम्न त्रिभुज हैं—
ΔABC, ΔAGH, ΔCED, ΔGEF, ΔACG, ΔEGC, ΔIMN, ΔIJM, ΔJKM, ΔMKL, ΔIMK, ΔLOU, ΔOPQ, ΔQRS, ΔTSU, ΔUVO
अत: आकृति में 16 त्रिभुज हैं।

72. (d) दी गई आकृति को नामांकित करने पर,

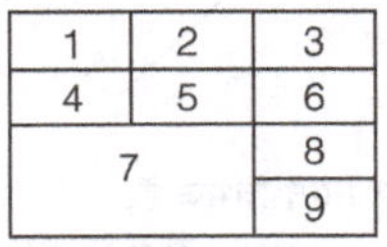

दी गई आकृति में निम्न आयत हैं,
1, 2, 3, 4, 5, 6, 7, 8, 9, (1, 2), (2, 3), (1, 2, 3), (4, 5), (5, 6), (1, 4), (2, 5), (3, 6), (4, 5, 6), (8, 9), (6, 8), (4, 5, 7), (3, 6, 8), (6, 8, 9), (7, 8, 9), (3, 6, 8, 9), (1, 2, 4, 5), (1, 2, 3, 4, 5, 6), (4, 5, 6, 7, 8, 9), (1, 2, 4, 5, 7), (2, 5, 6, 3), (1, 2, 3, 4, 5, 6, 7, 8, 9)
अत: कुल 31 आयत हैं।

73. (d) दी गई आकृति के नाम लिखने पर,

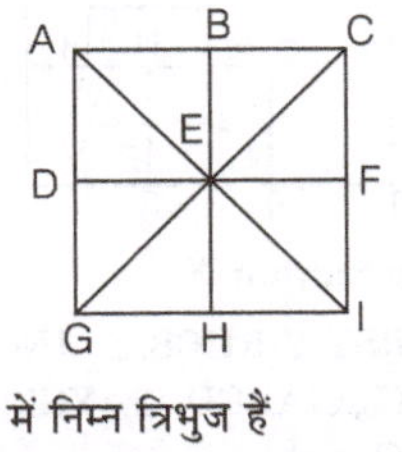

दी गई आकृति में निम्न त्रिभुज हैं
ΔABE, ΔBEC, ΔCEF, ΔFEI, ΔIEH, ΔHEG, ΔGED, ΔADE, ΔAEC, ΔCEI, ΔGEI, ΔAEG, ΔAGI, ΔCGI, ΔAIC, ΔCGA
अत: त्रिभुजों की कुल संख्या '16' है।

74. (d) दी गई आकृति के बिन्दुओं के नाम लिखने पर,

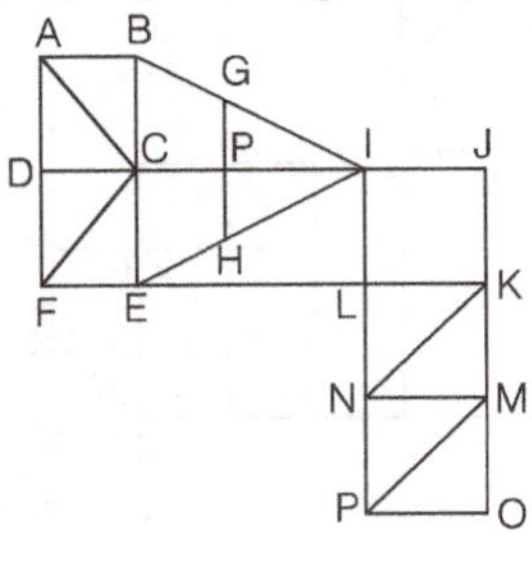

दी गई आकृति में निम्न त्रिभुज हैं
Δ GIP, Δ GIH, Δ PIH, Δ BIE, Δ BIC, Δ CIE, Δ ACF, Δ DCF, Δ ACD, Δ ABC, Δ FCE, Δ EIL, Δ LKN, Δ NKM, Δ PMO, Δ PMN
अत: त्रिभुजों की संख्या = 16

75. (d) दी गई आकृति के बिन्दुओं के नाम लिखने पर,

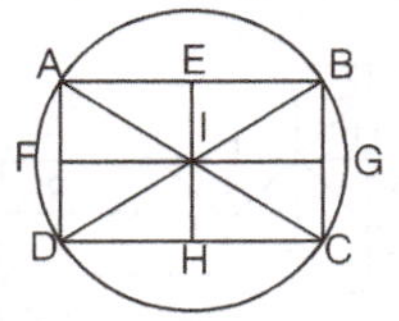

दी गई आकृति में निम्न आयत हैं,
□ABCD, □AEIF, □EBGI, □FIHD, □IGCH, □AEHD, □EBCH, □FGCD, □ABGF
अत: आयतों की संख्या = 9

76. (c) दी गई आकृति के बिन्दुओं को नामांकित करने पर,

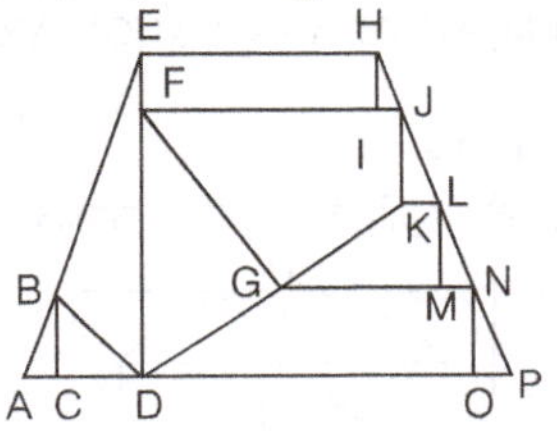

दी गई आकृति में निम्न त्रिभुज हैं,
ΔABC, Δ BCD, Δ ABD, Δ BED, Δ AED, Δ FGD, Δ HIJ, Δ JKL, Δ LMN, Δ NOP
अत: त्रिभुजों की कुल संख्या 10 है।

77. (c) दी गई आकृति के बिन्दुओं को नामांकित करने पर,

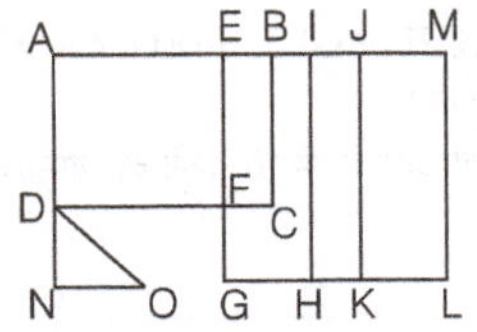

दी गई आकृति में निम्न आयत हैं,
□ABCD, □AEFD, □EBCF, □IJKH, □JMLK, □EMLG, □IMLH, □EIHG, □EJKG
अत: कुल आयतों की संख्या = 9

78. (a) दी गई आकृति में त्रिभुज इस प्रकार हैं,

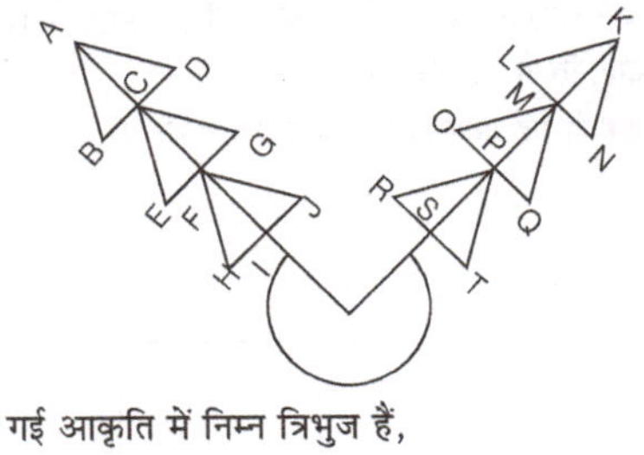

दी गई आकृति में निम्न त्रिभुज हैं,
Δ ABC, Δ ACD, Δ ABD, ΔCEF, ΔCFG, ΔCEG, Δ FHI, Δ FIJ, Δ FHJ, Δ KLM, Δ KMN, Δ KLN, Δ MOP, Δ MPQ, Δ MOQ, Δ PRS, Δ PST, Δ PRT
अत: कुल त्रिभुजों की संख्या = 18

स्पीडी विधि

एक छोटे त्रिभुज में त्रिभुजों की संख्या = 3
6 ऐसे त्रिभुजों में कुल त्रिभुजों की संख्या
$= 6 \times 3 = 18$

79. (a) दी गई आकृति के बिन्दुओं को नामांकित करने पर,

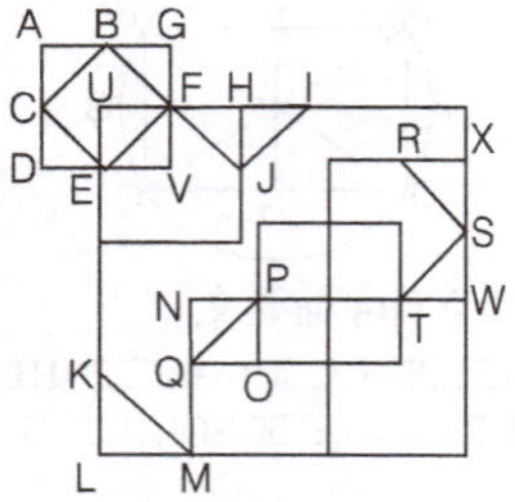

दी गई आकृति में निम्न त्रिभुज है,
ΔACB, ΔBGF, ΔCDE, ΔFVE, ΔUFE, ΔFHJ, ΔHIJ, ΔFIJ, ΔKLM, ΔNQP, ΔQOP, ΔRXS, ΔSWT
अत: कुल त्रिभुज = 13

80. (b) दी गई आकृति में बिन्दुओं को नामांकित करने पर,

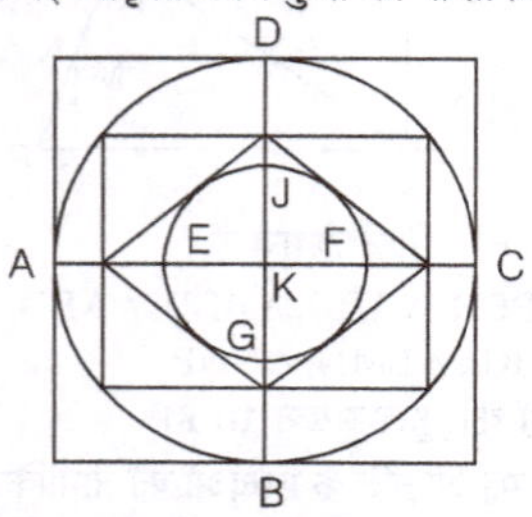

दी गई आकृति में निम्न अर्द्धवृत्त हैं
⇒ ΔEGF, ΔEJF, ΔGFJ, ΔJEG, ΔABC, ΔADC, ΔBCD व ΔDAB = 8

81. (d) दी गई आकृति में बिन्दुओं को नामांकित करने पर,

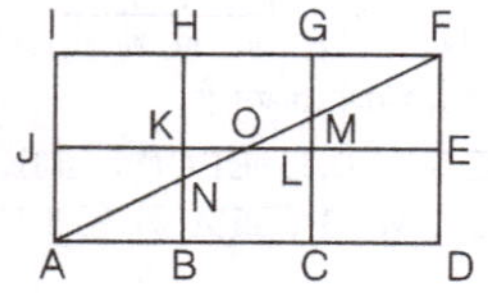

दी गई आकृति में निम्न त्रिभुज हैं
ΔABN, ΔOLM, ΔACM, ΔOEF, ΔJOA, ΔOKN, ΔGMF, ΔADF, ΔFNH और Δ FIA = 10
अत: आकृति में 10 त्रिभुज हैं।

82. (d) दी गई आकृति को नामांकित करने पर,

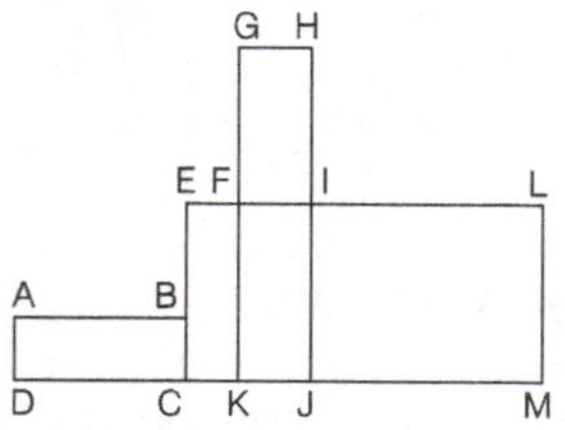

दी गई आकृति मे निम्न आयत हैं–
□ABCD, □CEFK, □KFIJ, □CEIJ, □KGHJ, □ILMJ, □ELMC, □FLMK, □FGHI
अत: आकृति में '9' आयत हैं।

83. (c) दी गई आकृति के बिन्दुओं को नामांकित करने पर,

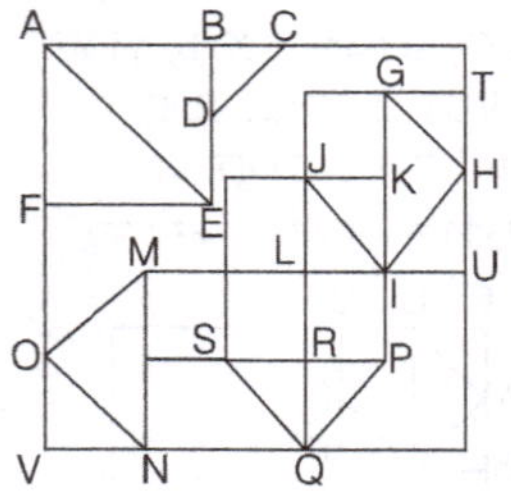

दी गई आकृति में निम्न त्रिभुज हैं,
ΔABE, ΔAEF, ΔBCD, ΔMNO, ΔGTH, ΔHUI, ΔGHI, ΔJKI, ΔJIL, ΔSRQ, ΔRPQ, ΔSPQ, ΔOVN
अत: आकृति में 13 त्रिभुज हैं।

84. (b) प्रश्नानुसार,

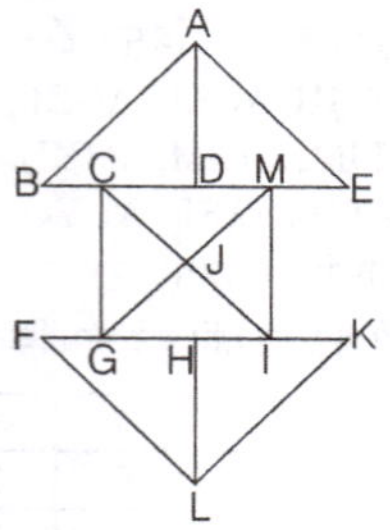

दी गई आकृति में निम्न त्रिभुज हैं,
ΔABD, ΔADE, ΔABE, ΔCJM, ΔCJG, ΔGJI, ΔMJI, ΔCIM, ΔCMG, ΔCGI, ΔMGI, ΔFHL, ΔKHL, ΔFLK
अत: त्रिभुजों की कुल संख्या 14 है।

85. (c) दी गई आकृति के बिन्दुओं को नामांकित करने पर,

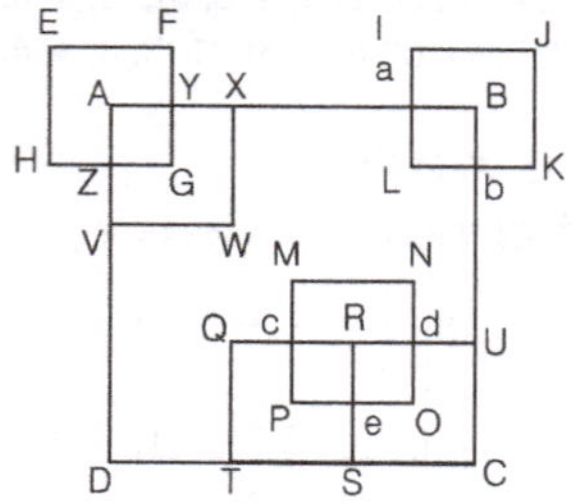

दी गई आकृति में निम्न वर्ग हैं
□EFGH, □QRST, □RUCS, □MNOP, □AXWV, □IJKL, □ABCD, □AYGZ, □aBbL, □cReP, □RdOe,
∴ वर्गों की कुल संख्या = 11

86. (d) दी गई आकृति के बिन्दुओं को नामांकित करने पर,

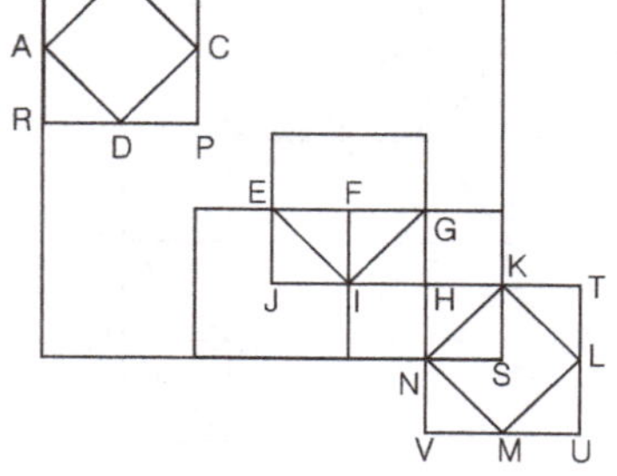

त्रिभुज इस प्रकार हैं,
ΔAOB, ΔBQC, ΔCPD, ΔDRA, ΔEIJ, Δ IHG, Δ FGI, Δ EFI, Δ HKN, Δ NKS, ΔKTL, ΔLMU, ΔNVM, ΔEIG
अत: कुल त्रिभुजों की संख्या = 14

87. (b) दी गई आकृति में त्रिभुज इस प्रकार हैं

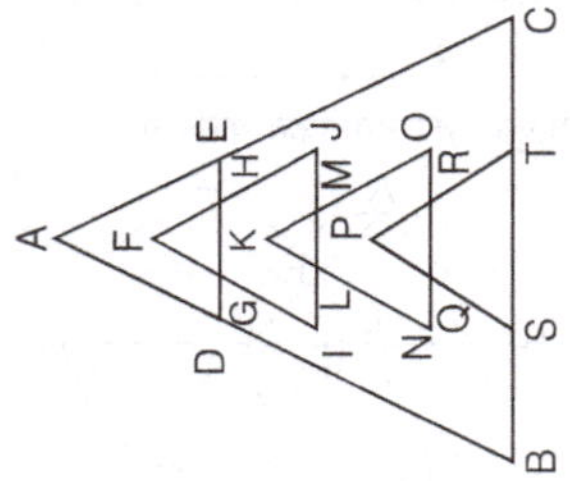

Δ ABC, Δ ADE, Δ FGH, Δ FIJ, Δ KLM, ΔKNO, Δ PQR, Δ PST
अत: कुल त्रिभुजों की संख्या = 8 होगी।

88. (a) दी गई आकृति में बिन्दुओं को नामांकित करने पर,

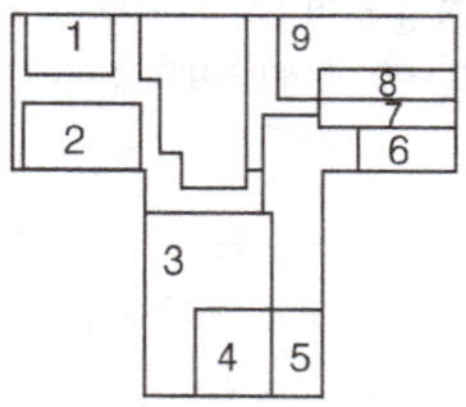

चित्र में, केवल एकल आयत की संख्या
= 9 (1, 2, 3, 4, 5, 6, 7, 8 और 9)
दो एकल आयतों को मिलाकर बनने वाले आयतों की संख्या = 2 [(4 और 5) तथा (7 और 8)]
अत: कुल आयत = 9 + 2 = 11

89. (d) दी गई आकृति में बिन्दुओं को नामांकित करने पर,

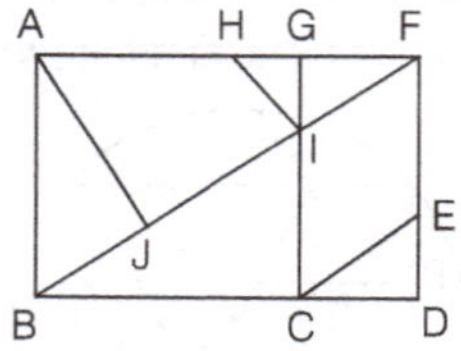

दी गई आकृति में त्रिभुज इस प्रकार हैं
ΔABJ, ΔAFJ, ΔHGI, ΔHIF, ΔGIF, ΔABF, ΔBFD, ΔCDE, ΔBIC
अत: कुछ त्रिभुजों की संख्या = 9

90. (b) आकृति को नाम देने पर,

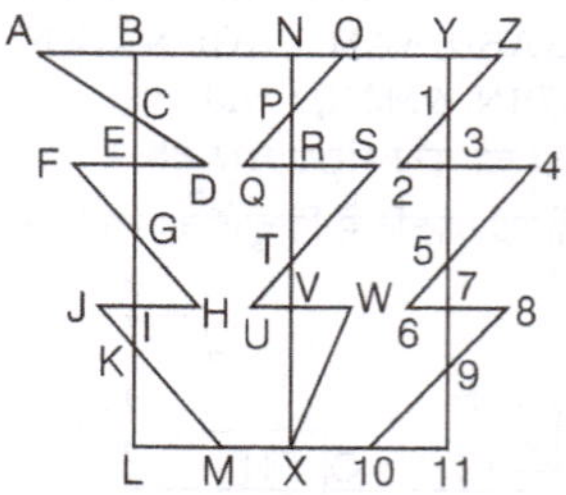

ΔABC, ΔCED, ΔEFG, ΔGHI, ΔJIK, ΔKLM, ΔNOP, ΔPQR, ΔRST, ΔTUV, ΔVWX, ΔYZ1, Δ123, Δ345, Δ567, Δ789, Δ91011
अभीष्ट त्रिभुजों की संख्या = 17

91. (b) दी गई आकृति है,

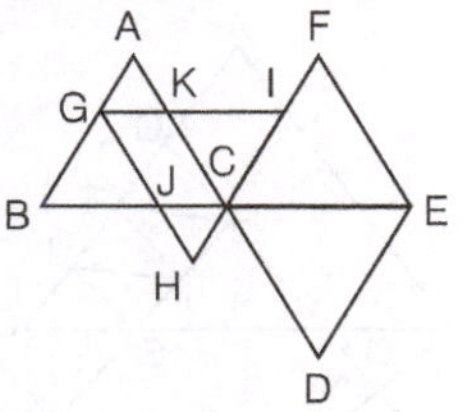

त्रिभुज हैं

⇒ ΔAGK, ΔHCJ, ΔGBJ, ΔKCI, ΔABC, ΔGHI, ΔCDE, ΔCEF

अत: कुल 8 त्रिभुज हैं।

92. (a) प्रश्नानुसार,

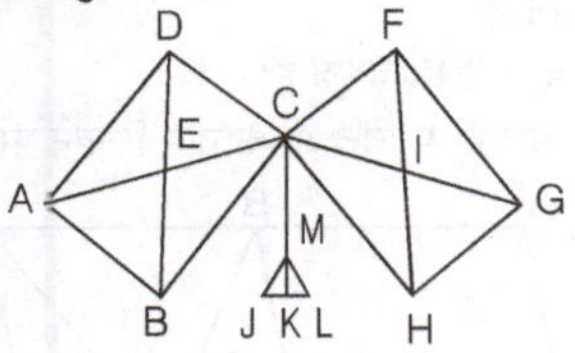

दी गई आकृति में निम्न त्रिभुज हैं

ΔAED, ΔDEC, ΔCBE, ΔAEB, ΔADC, ΔDBC, ΔCBA, ΔBAD, ΔCFI, ΔFGI, ΔGHI, ΔHIC, ΔCFG, ΔFGH, ΔGHC, ΔHCF, ΔMKJ, ΔMKL तथा ΔMJL

अत: दिए गए चित्र में, त्रिभुजों की कुल संख्या = 19

स्पीडी विधि

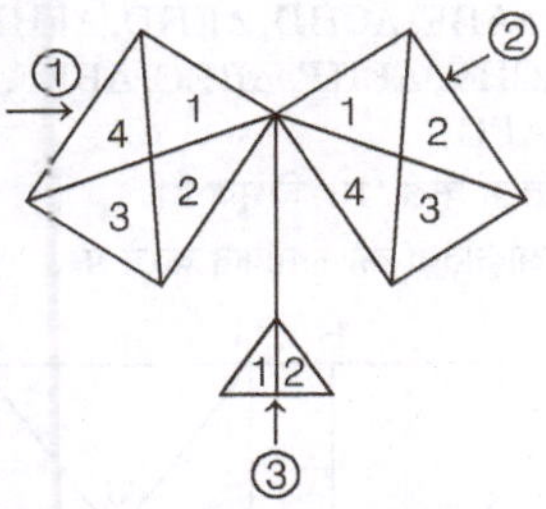

भाग 1 में त्रिभुजों की संख्या $= 2 \times 4 = 8$

भाग 2 में त्रिभुजों की संख्या $= 2 \times 4 = 8$

भाग 3 में त्रिभुजों की संख्या $= 1 + 2 = 3$

कुल त्रिभुजों की संख्या $= 8 + 8 + 3 = 19$

93. (b) दी गई आकृति में बिन्दुओं को नामांकित करने पर,

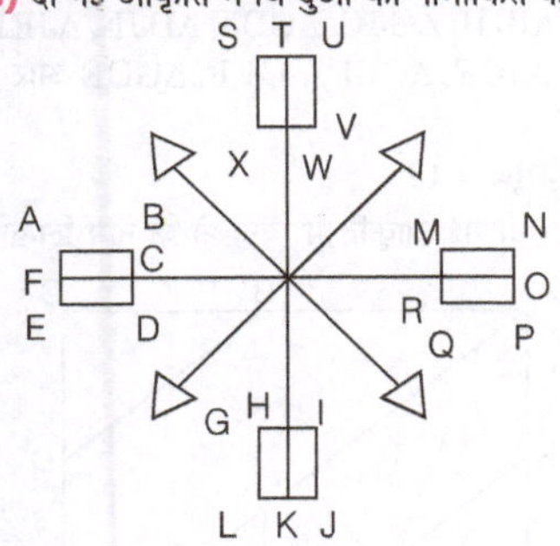

अब आयतों की संख्या

□ ABCF, □ CDEF, □ ABDE, □ MNOR, □ OPQR, □ MNPQ, □ GHKL, □ HIJK, □ GIJL, □ STWX, □ TUVW तथा □ SUVX = 12

स्पीडी विधि

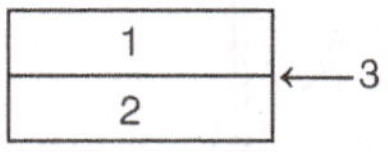

कुल आयतों की संख्या = 3

∴ आकृति में कुल आयतों की संख्या $= 3 \times 4 = 12$

94. (d) दी गई आकृति है,

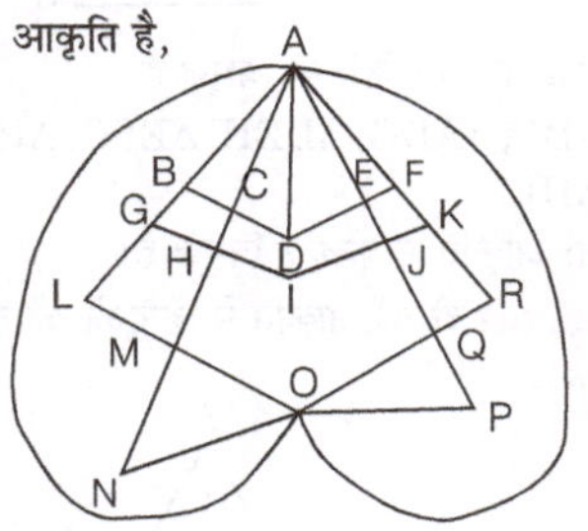

त्रिभुज ⇒ ΔABC, ΔACD, ΔADE, ΔAEF, ΔABD, ΔADF, ΔAGH, ΔAJK, ΔALM, ΔAQR, ΔMNO, ΔOPQ

अत: कुल 12 त्रिभुज हैं।

95. (d) दी गई आकृति की नामांकित करने पर,

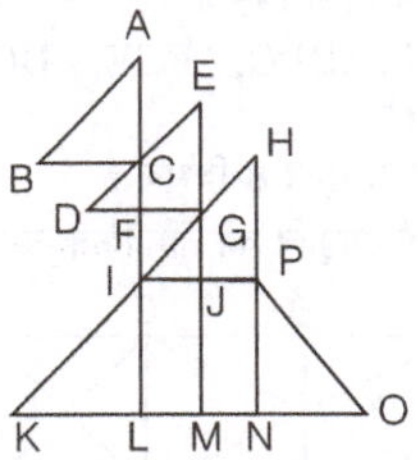

अब, Δ की संख्या ⇒ ΔABC, ΔDFC, ΔDGE, ΔIGJ, ΔIHP, ΔFIG, ΔKIL, ΔNPO, ΔKNH तथा KGM = 10

96. (a) 1 घन वाले स्तम्भों में घनों की संख्या

$= 1 \times 3 = 3$

2 घन वाले स्तम्भों में घनों की संख्या $= 2 \times 2 = 4$

3 घन वाले स्तम्भों में घनों की संख्या $= 3 \times 1 = 3$

∴ कुल घनों की संख्या $= 3 + 4 + 3 = 10$

97. (a) प्रश्नानुसार,

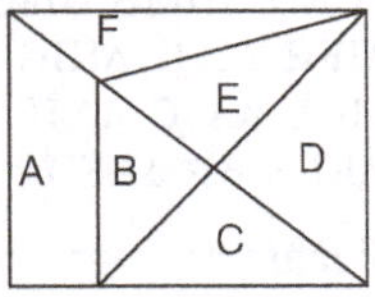

एकल त्रिभुजों की संख्या = B, C, D, E, F = 5

दो एकल त्रिभुजों को मिलाकर बने त्रिभुजों की संख्या = CD, BC, BE, ED, FE = 5

तीन या अधिक एकल त्रिभुजों से मिलकर बने त्रिभुजों की संख्या = FED, ABC = 2

अत: कुल त्रिभुजों की संख्या $= 5 + 5 + 2 = 12$

98. (d) दी गई आकृति में बिन्दुओं को नामांकित करने पर,

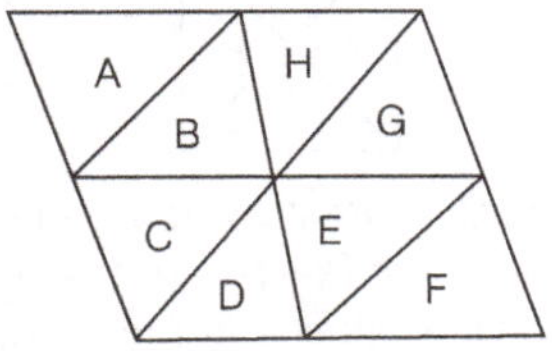

एकल त्रिभुजों की सख्या = A, B, C, D, E, F, G, H = 8

चार एकल त्रिभुजों से मिलकर बने त्रिभुजों की संख्या = ABCH, DEFG = 2

अत: कुल त्रिभुजों की संख्या $= 8 + 2 = 10$

99. (c)

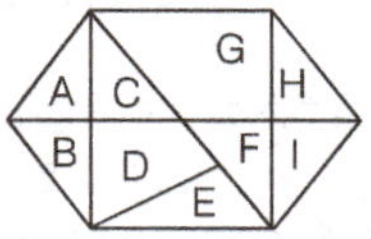

एकल त्रिभुजों की संख्या = A, B, C, E, F, H, I = 7

दो या अधिक एकल त्रिभुजों से मिलकर बने त्रिभुजों की संख्या = AB, AC, CD, FI, FG, HI, CDE = 7

अत: कुल त्रिभुजों की संख्या $= 7 + 7 = 14$

100. (d) दी गई आकृति में बिन्दुओं का नाम रखने पर,

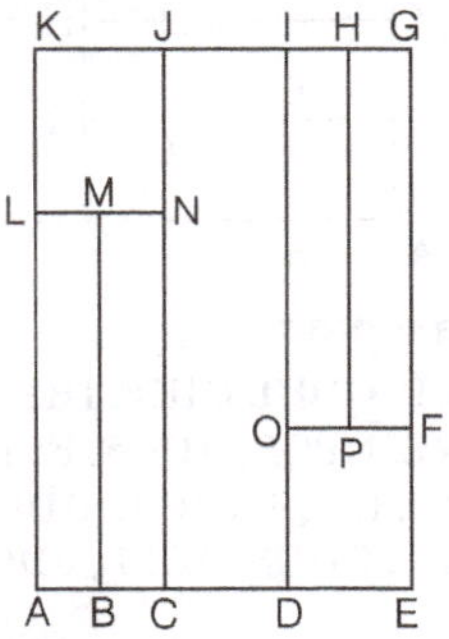

आकृति में चतुर्भुज निम्न प्रकार होंगे

□KJNL, □LMBA, □MNCB, □ACNL, □ACJK, □IHPO, □HGFP, □IGFO, □OFED, □IGED, □JIDC, □KIDA, □JGEC और □KGEA

अत: आकृति में 14 चतुर्भुज होंगे।

101. (d) प्रश्नानुसार,

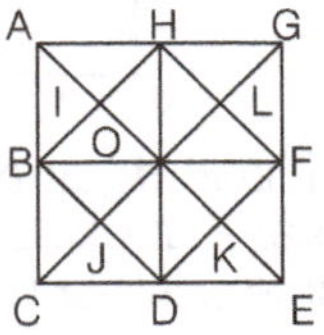

∴ कुल वर्गों की संख्या

□ABOH, □BCDO, □DEFO, □FGHO, □HIOL, □IBJO, □JDKO, □KFLO, □BDFH, □ACEG = 10

102. (a) प्रश्नानुसार,

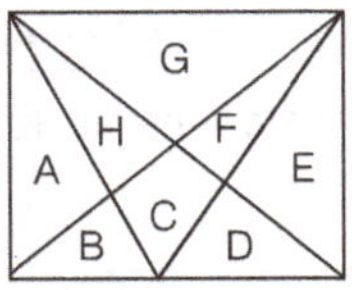

एकल अक्षर वाले त्रिभुजों की संख्या

= A, B, D, E, F, G, H = 7

दो अक्षरों से मिलकर बने त्रिभुजों की संख्या

= AB, DE, CF, HG, AH, EF, FG, CH = 8

तीन या अधिक अक्षरों से मिलकर बने त्रिभुजों की संख्या = BCD, HCD, EFG, AHG, AHBCD, BCDEF, HGCF = 7

∴ कुल त्रिभुजों की संख्या $= 7 + 8 + 7 = 22$

103. (a) प्रश्नानुसार,

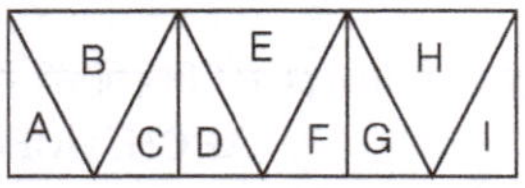

एकल त्रिभुजों की संख्या = A, B, C, D, E, F, G, H, I
= 9

दो एकल त्रिभुजों से मिलकर बने त्रिभुजों की संख्या
= CD, FG = 2

अत: कुल त्रिभुजों की संख्या = 9 + 2 = 11

104. (b) दी गई आकृति में बिन्दुओं का नाम रखने पर,

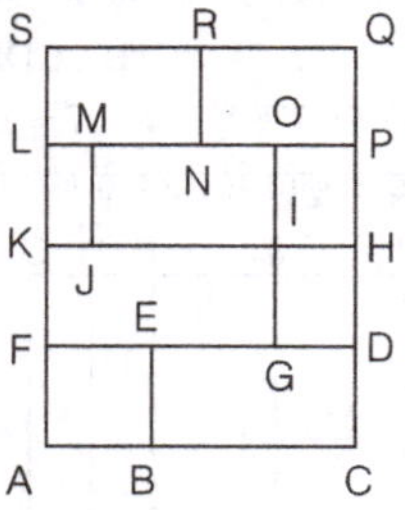

आकृति में निम्न चतुर्भुज हैं,

ABEF, BCDE, GDHI, GIKF, IHPO, IOMJ, MJKL, SLNR, NPQR, ACDF, FDHK, JMPH, LKIO, LPQS, KHPL, GDPO, ACHK, FDPL, KHQS, ACPL, FDQS, ACQS तथा FGOL.

अत: आकृति में कुल '23' चतुर्भुज हैं।

105. (d) प्रश्नानुसार,

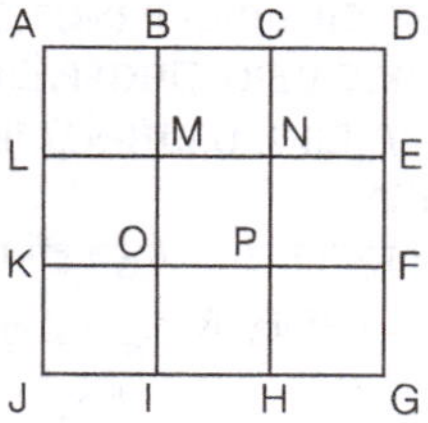

वर्ग = □ABML, □BCNM, □CDEN, □LMOK, □MNPO, □NEFP, □KOIJ, □OPHI, □PFGH, □ACPK, □BOFD, □LNHJ, □MEGI, □ADGI

अत: वर्गों की कुल संख्या 14 हैं।

स्पीडी विधि

दी गई आकृति में,

पंक्ति की संख्या = स्तम्भ की संख्या = 3

∴ आकृति में वर्ग की संख्या

$= (3 \times 3) + (2 \times 2) + (1 \times 1) = 9 + 4 + 1 = 14$

106. (b) दी गई आकृति में बिन्दुओं को नामांकित करने पर,

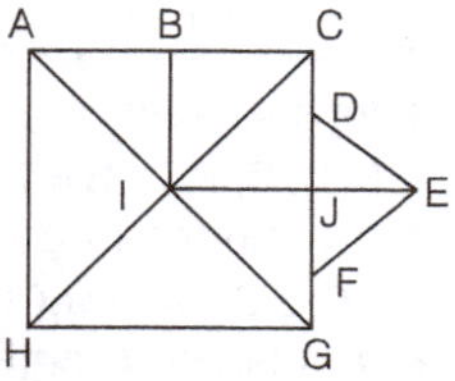

दी गई आकृति में कुल 15 त्रिभुज हैं।

ΔABI, ΔBIC, ΔCIJ, ΔJIG, ΔDEJ, ΔJEF, ΔDEF, ΔAIC, ΔCIG, ΔHIG, ΔAIH, ΔACH, ΔACG, ΔHAG और ΔHCG.

107. (c) दी गई आकृति में बिन्दुओं को नामांकित करने पर,

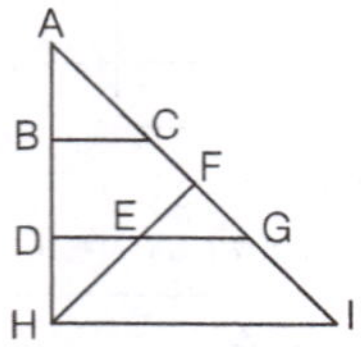

दी गई आकृति में निम्न त्रिभुज है,

ΔABC, ΔADG, ΔDEH, ΔEFG, ΔHFI, ΔAHF, ΔAHI.

अत: आकृति में कुल 7 त्रिभुज हैं।

108. (d) दी गई आकृति में बिन्दुओं को नामांकित करने पर,

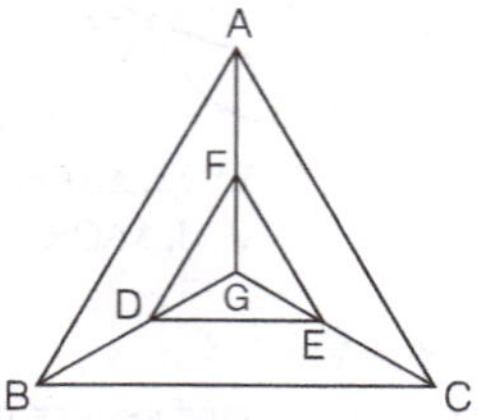

दी गई आकृति में निम्न त्रिभुज हैं

ΔABC, ΔDEF, ΔDFG, ΔFGE, ΔDGE, ΔABG, ΔBGC, ΔAGC

उपरोक्त आकृति में कुल 8 त्रिभुज हैं

109. (c) दी गई आकृति को नामांकित करने पर,

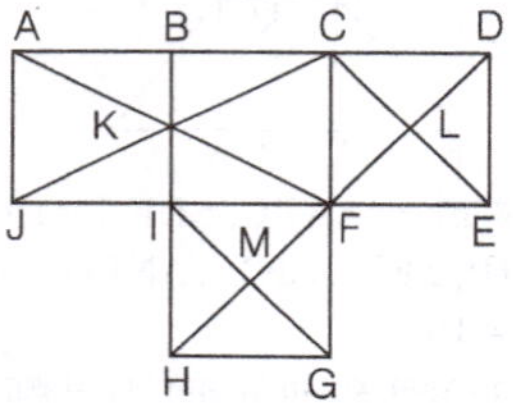

उपरोक्त दी गई आकृति में कुल 32 त्रिभुज हैं, जो कि निम्न प्रकार है।

ΔABK, ΔKIJ, ΔAKJ, ΔBCK, ΔKFI, ΔCKF, ΔCLF, ΔDLE, ΔCLD, ΔLFE, ΔCFE, ΔDFE, ΔCDF, ΔCED, ΔHMG, ΔIMF, ΔMFG, ΔIMH, ΔIFH, ΔIFG, ΔHIG, ΔHFG, ΔACK, ΔJKF, ΔJCE, ΔAJC, ΔAJF, ΔCJF, ΔCAF, ΔBDH, ΔKFH और ΔAFD हैं।

स्पीडी विधि

दी गई आकृति में,

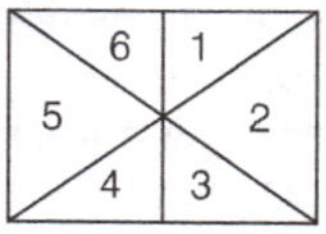

⇒ कुल त्रिभुजों की संख्या $= 2 \times 6 = 12$

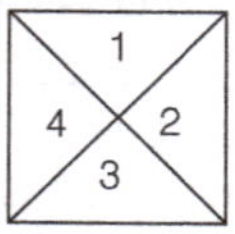

⇒ कुल त्रिभुजों की संख्या $= 2 \times 2 \times 4 = 16$

इसके अतिरिक्त अन्य त्रिभुज = 2 (AFD, BHD), JCE

∴ कुल त्रिभुजों की संख्या $= 12 + 16 + 4 = 32$

110. (b) आकृति का नामकरण करने पर,

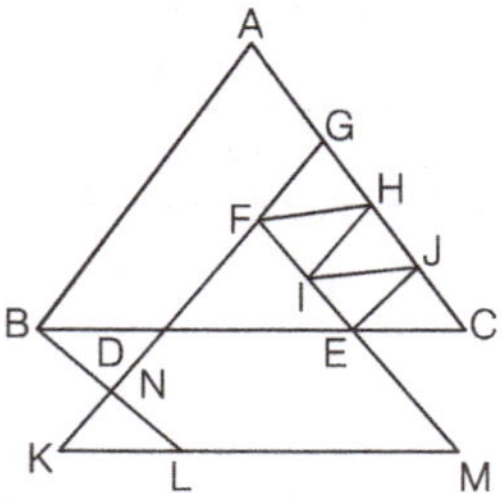

आकृति में त्रिभुज,

ΔABC, ΔFDE, ΔGFH, ΔFHI, ΔHIJ, ΔIJE, ΔJEC, ΔGDC, ΔBDN, ΔKNL और ΔFKM है।

⇒ अर्थात् कुल '11' त्रिभुज हैं।

111. (a) आकृति में बिन्दुओं के नाम लिखने पर,

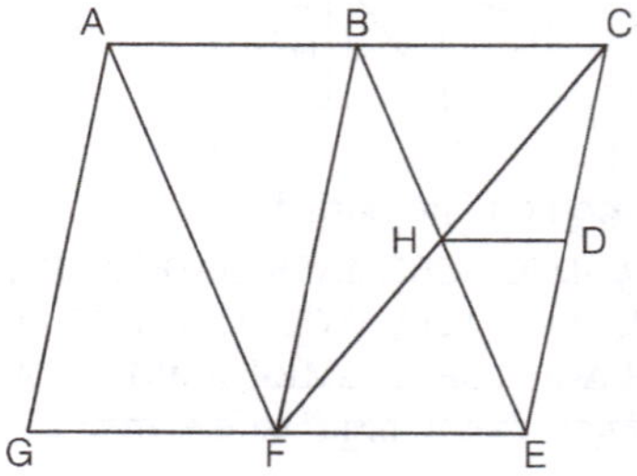

त्रिभुज इस प्रकार है,

= ΔAGF, ΔABF, ΔCHD, ΔEHD, ΔFHB, ΔBHC, ΔCHE, ΔEHF, ΔBEC, ΔBEF, ΔFCB, ΔFCE, ΔAFC

अत: आकृति में कुल '13' त्रिभुज है।

112. (a) आकृतियों को नामांकित करने पर,

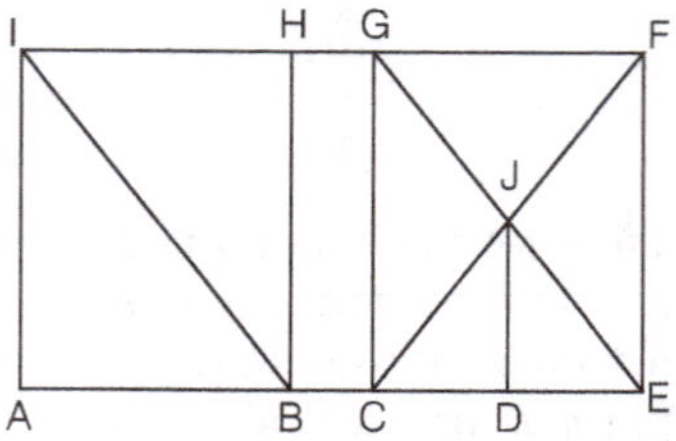

आकृति में निम्न त्रिभुज हैं,

ΔABI, ΔBHI, ΔGJC, ΔCDJ, ΔDJE, ΔJEF, ΔGJF, ΔJCE, ΔCEF, ΔGEF, ΔGCE और ΔGCF

∴ कुल त्रिभुज = 12

113. (c) दी गई आकृति में बिन्दुओं के नाम लिखने पर,

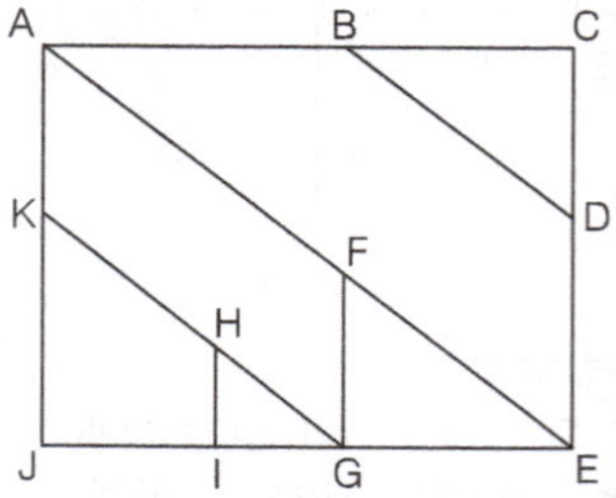

त्रिभुज इस प्रकार है, ΔCBD, ΔACE, ΔAJE, ΔKJG, ΔIHG, ΔGFE

अत: आकृति में कुल '6' त्रिभुज हैं।

114. (a) दी गई आकृति को नामांकन करने पर,

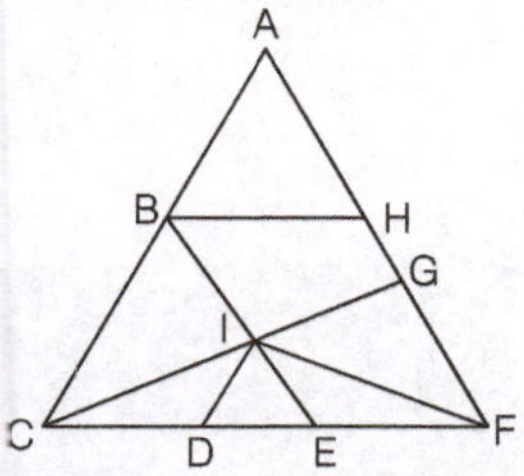

त्रिभुज है, ΔABH, ΔBCI, ΔBCE, ΔICD, ΔIDE, ΔICE, ΔIEF, ΔIDF, ΔIEF, ΔIFG, ΔCGF, ΔACF, ΔACG

कुल त्रिभुज की संख्या = 13

115. (a) दी गई आकृति का नामांकन करने पर,

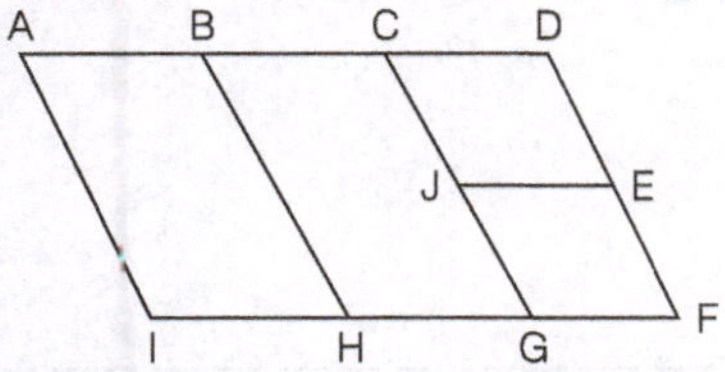

समान्तर चतुर्भुज ABHI, BCGH, CDFG, CDEJ, JEFG, ACGI, BDFH, ADFI

अत: कुल समान्तर चतुर्भुज की संख्या 8 है।

116. (a) दी गई आकृति में बिन्दुओं को नामांकित करने पर,

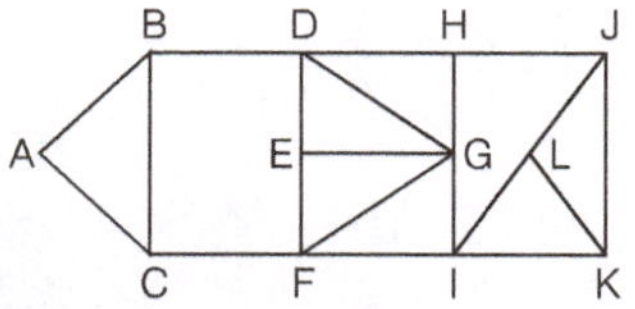

दी गई आकृति के बिन्दुओं के नाम लिखने पर दी गई आकृति में निम्न त्रिभुज हैं-

ΔABC, ΔDGF, ΔDEG, ΔEFG, ΔDHG, ΔFGI, ΔHIJ, ΔILK, ΔIJK, ΔLKJ

अत: आकृति में कुल 10 त्रिभुज हैं।

117. (a) आकृति में बिन्दुओं के नाम लिखने पर,

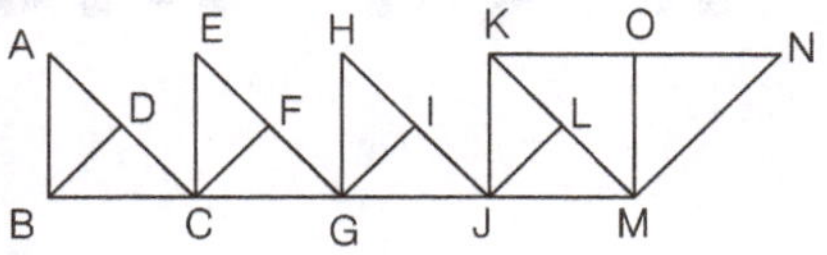

दी गई आकृति में निम्न त्रिभुज हैं-

ΔABC, ΔABD, ΔBDC, ΔECG, ΔECF, ΔCFG, ΔHGJ, ΔHGI, ΔGIJ, ΔKJM, ΔKJL, ΔJLM, ΔKMO, ΔMNO, ΔKMN

अत: आकृति में 15 त्रिभुज हैं।

118. (b) प्रश्नानुसार,

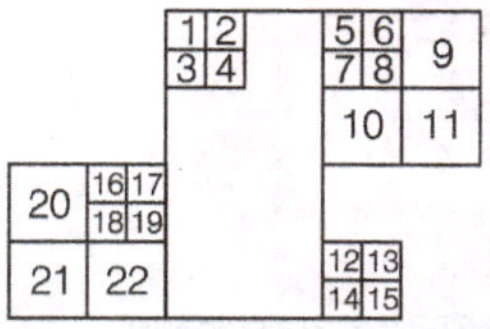

वर्ग = 1, 2, 3, 4, 5, 6, 7, 8, 9, 10, 11, 12, 13, 14, 15, 16, 17, 18, 19, 20, 21, 22, (1, 2, 3, 4), (5, 6, 7, 8), (5, 6, 7, 8, 9, 10, 11), (12, 13, 14, 15), (16, 17, 18, 19), (16, 17, 18, 19, 20, 21, 22)

अत: वर्गों की कुल संख्या = 28

119. (c) दी गई आकृति में बिन्दु अंकित करने पर,

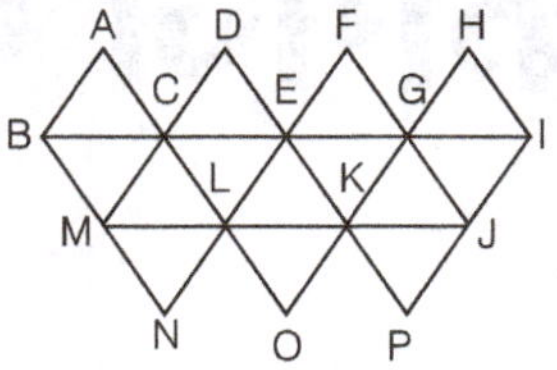

त्रिभुज है, ΔABC, ΔCDE, ΔEFG, ΔGHI, ΔBCM ΔCML, ΔCLE, ΔELK, ΔEKG, ΔGKJ, ΔGJI ΔMNL, ΔLOK, ΔKPJ, ΔDMK, ΔFLJ ΔBNE, ΔCOG, ΔEPI

अत: कुल 19 त्रिभुज हैं।

26

कागज मोड़ना एवं काटना

प्रश्नाकृति में दिए गए वर्गाकार कागज को किसी विशेष नियमानुसार प्रश्न में दर्शाए गए बिन्दुमय रेखाओं पर मोड़कर बनने वाली आकृति को ज्ञात करने की प्रक्रिया को कागज मोड़ना (Paper folding) कहा जाता है और प्रश्नानुसार कागज को मोड़कर पंच करने पर काटने के पश्चात् कागज को खोलने पर प्राप्त आकृति की पहचान करना कागज काटना (Paper cutting) कहलाता है।

कागज मोड़ना

इस प्रकार के प्रश्नों में एक कागज पर बिन्दुमय रेखाओं द्वारा बनी एक प्रश्न आकृति दी गई होती है और उत्तर आकृतियों में चार आकृति विकल्प के रूप में दी गई होती है।

प्रश्न में कागज पर दर्शाई गई बिन्दुमय रेखा से कागज के दोनों भागों में एक भाग को इस प्रकार मोड़ना है कि मोड़ने से वह आधा भाग दूसरे आधे भाग पर तथा आकृति भी शेष आधे भाग पर चली जाए। अभ्यर्थियों को यह ज्ञात करना होता है कि कागज को मोड़ने के बाद दिए गए चारों विकल्पों में से कौन-सी आकृति प्राप्त होगी।

उदाहरण 1. पैटर्न के साथ एक वर्गाकार पारदर्शी कागज पत्रक दिया गया है। पारदर्शी कागज पत्रक को बिन्दुकित रेखा पर मोड़े जाने पर पैटर्न कैसा दिखाई देगा?

प्रश्न आकृति

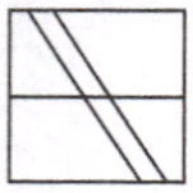

उत्तर आकृतियाँ

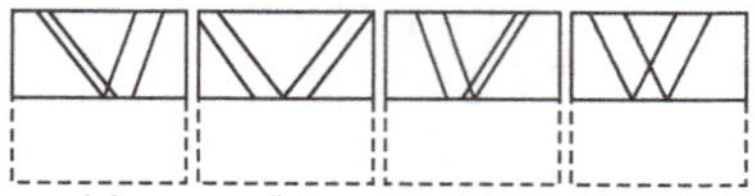

(a) (b) (c) (d)

हल (*d*) पारदर्शी कागज पत्रक को बिन्दुकित रेखा पर मोड़े जाने पर पैटर्न उत्तर आकृति (d) के समान दिखाई देगा।

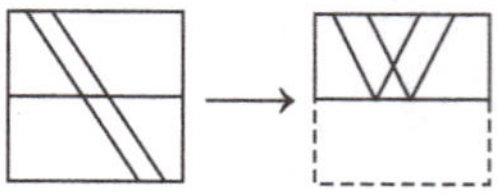

कागज काटना

इस प्रकार के प्रश्न में, प्रश्न आकृति में एक कागज का टुकड़ा दर्शाया जाता है, जिसे तीन या चार प्रकार से मोड़कर काटा जाता है। दी गई आकृतियों में बिन्दुमय रेखा के समानान्तर कागज को मोड़ा जाता है तथा तीर के निशान, कागज के मोड़ने की दिशा को दर्शाते हैं। इस प्रकार, दी गई आकृतियाँ कागज को मोड़कर काटने का क्रम दर्शाती है। अभ्यर्थियों को यह ज्ञात करना होता है कि कौन-से विकल्प की आकृति कागज के टुकड़े को मोड़ने व काटने के पश्चात् खोलने पर प्राप्त होगी।

उदाहरण 2. नीचे आकृति में दिखाए गए अनुसार एक कागज को मोड़ा और काटा जाता है खोले जाने पर यह कैसा दिखेगा?

प्रश्न आकृतियाँ

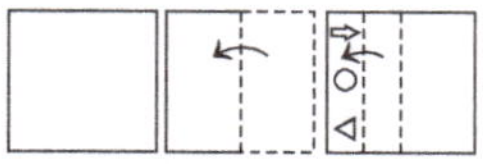

उत्तर आकृतियाँ

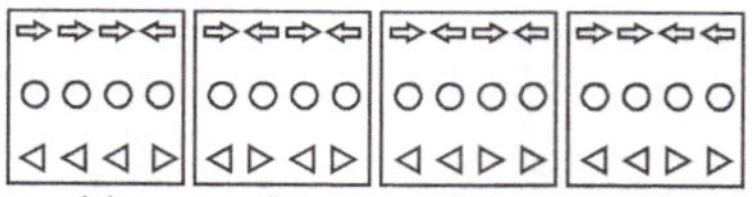

(a) (b) (c) (d)

हल (*b*) प्रश्न आकृति के अनुसार, कागज को मोड़कर काटने के पश्चात् खोलने पर उत्तर आकृति (b) के समान दिखाई देगा।

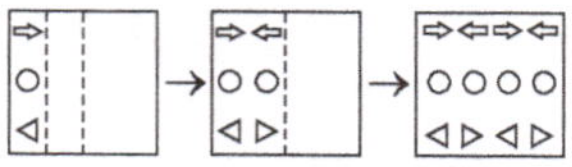

SSC एग्जाम स्कैनर

SSC CGL 2024 (Tier I & II)

निर्देश (प्र. सं. 1-11) *निम्नलिखित प्रश्नों में कागज की एक वर्गाकार शीट को दर्शाई गई दिशाओं में बिन्दुदार रेखा के अनुदिश क्रमिक रूप से मोड़ा जाता है और फिर अन्त में इसे छिद्रित किया जाता है। खोले जाने पर यह कागज कैसा दिखाई देगा?*

1. प्रश्न आकृतियाँ

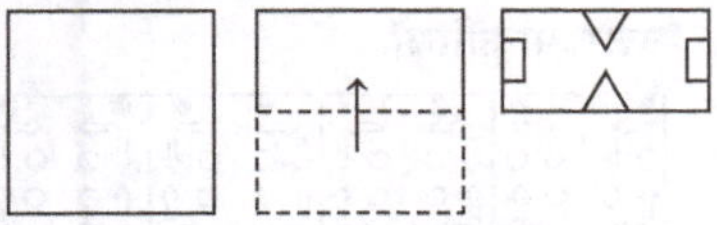

SSC CGL (Tier-I) 26/09/2024 Shift-III

उत्तर आकृतियाँ

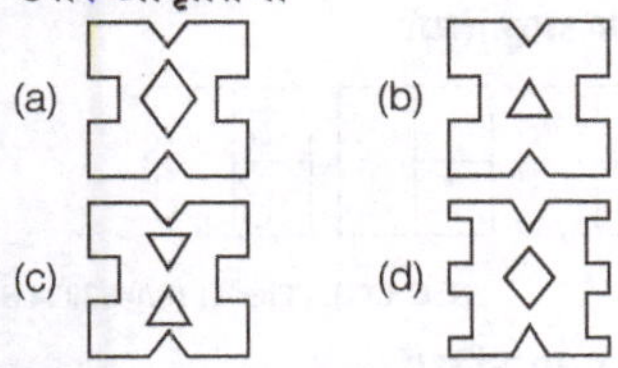

2. प्रश्न आकृतियाँ

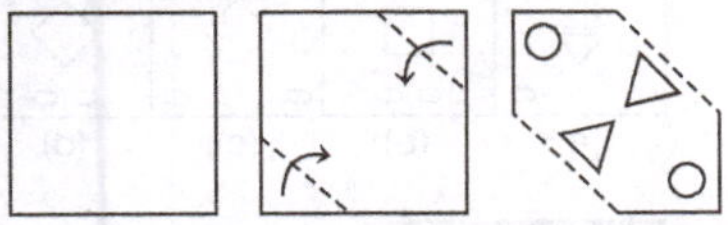

SSC CGL (Tier-I) 26/09/2024 Shift-II

उत्तर आकृतियाँ

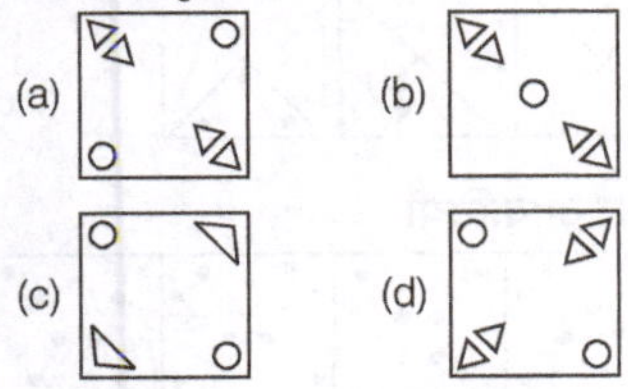

3. प्रश्न आकृतियाँ

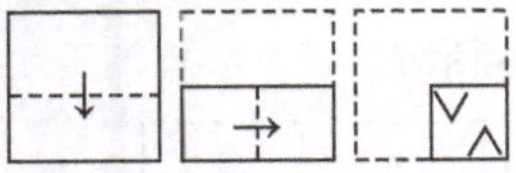

SSC CGL (Tier-I) 26/09/2024 Shift-I

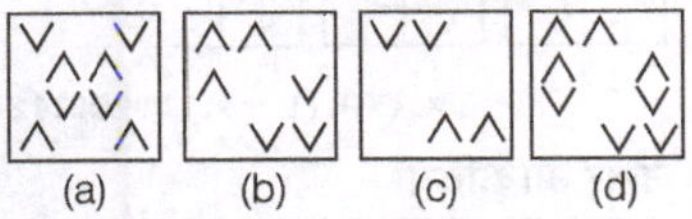

4. प्रश्न आकृतियाँ

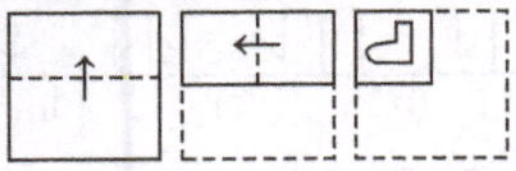

SSC CGL (Tier-I) 26/09/2024 Shift-I

उत्तर आकृतियाँ

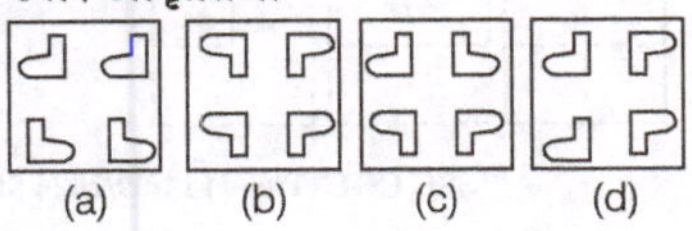

5. प्रश्न आकृतियाँ

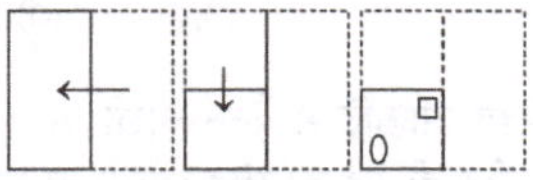

SSC CGL (Tier-I) 25/09/2024 Shift-III

उत्तर आकृतियाँ

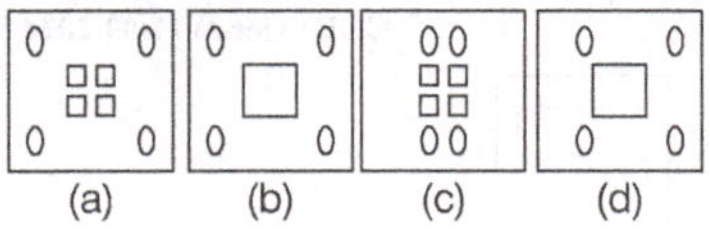

6. प्रश्न आकृतियाँ

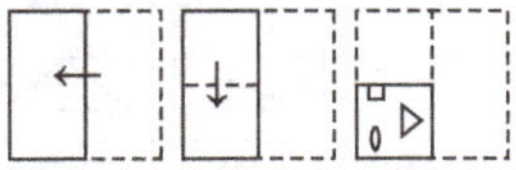

SSC CGL (Tier-I) 25/09/2024 Shift-II

उत्तर आकृतियाँ

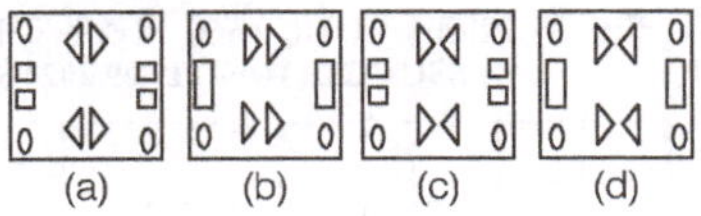

7. प्रश्न आकृतियाँ

SSC CGL (Tier-I) 25/09/2024 Shift-I

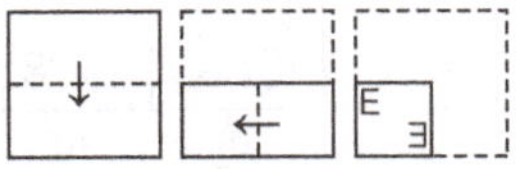

उत्तर आकृतियाँ

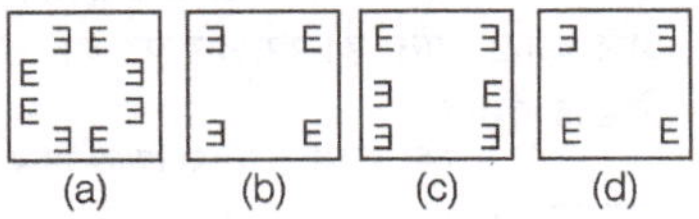

8. प्रश्न आकृतियाँ

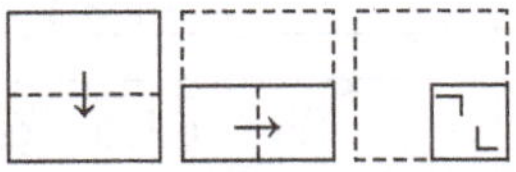

SSC CGL (Tier-I) 24/09/2024 Shift-III

उत्तर आकृतियाँ

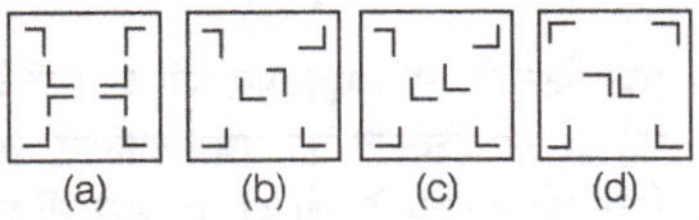

9. प्रश्न आकृतियाँ

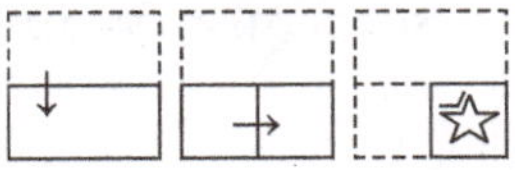

SSC CGL (Tier-I) 24/09/2024 Shift-II

उत्तर आकृतियाँ

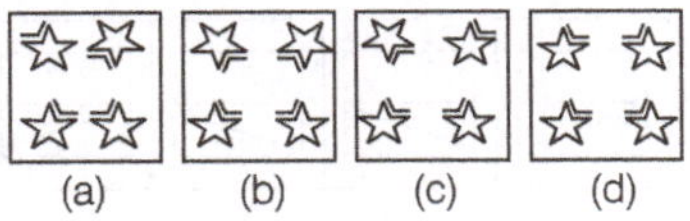

10. प्रश्न आकृतियाँ

SSC CGL (Tier-I) 23/09/2024 Shift-III

उत्तर आकृतियाँ

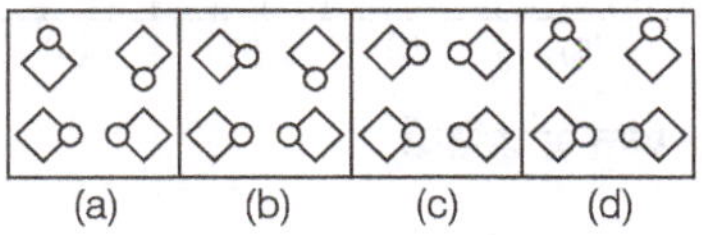

11. प्रश्न आकृतियाँ

SSC CGL (Tier-I) 23/09/2024 Shift-II

उत्तर आकृतियाँ

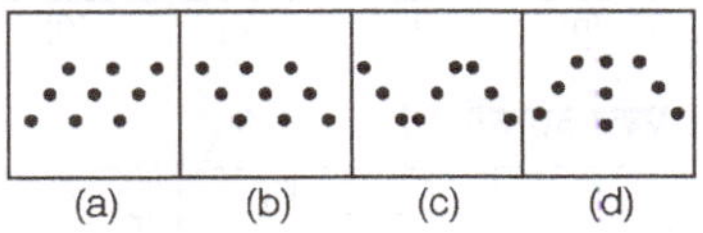

12. एक पैटर्न के साथ एक पारदर्शी शीट नीचे दी गई है। उस विकल्प का चयन कीजिए, जो उस पैटर्न को दर्शाता है। जो दी गई पारदर्शी शीट को मध्य क्षैतिज रेखा पर मोड़ने पर दिखाई देगा।

प्रश्न आकृतियाँ

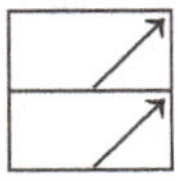

SSC CGL (Tier-I) 23/09/2024 Shift-I

उत्तर आकृतियाँ

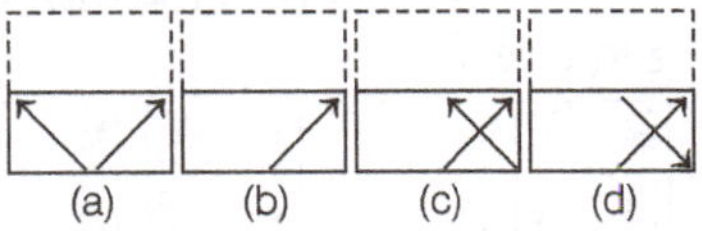

निर्देश (प्र. सं. 13-19) *नीचे दी गई आकृतियों में कागज के एक टुकड़े को मोड़ने का क्रम और मुड़े हुए कागज को काटने का तरीका दर्शाया गया है। कागज खुलने पर यह कैसा दिखेगा?*

13. प्रश्न आकृतियाँ

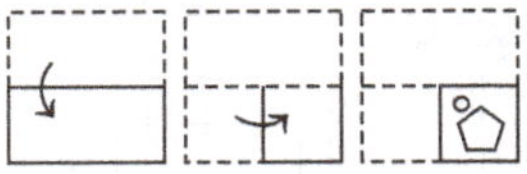

SSC CGL (Tier-I) 19/09/2024 Shift-III

उत्तर आकृतियाँ

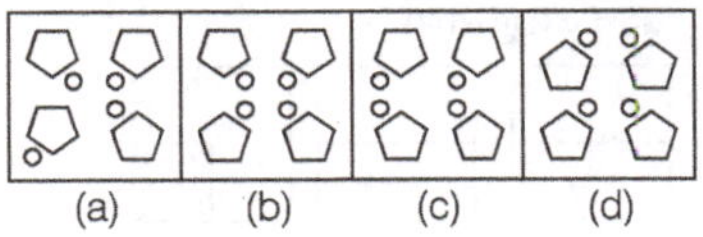

14. प्रश्न आकृतियाँ

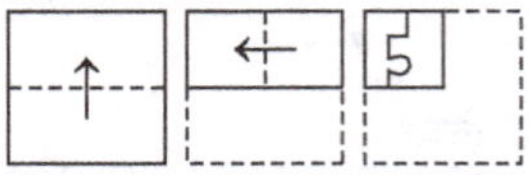

SSC CGL (Tier-I) 19/09/2024 Shift-III

उत्तर आकृतियाँ

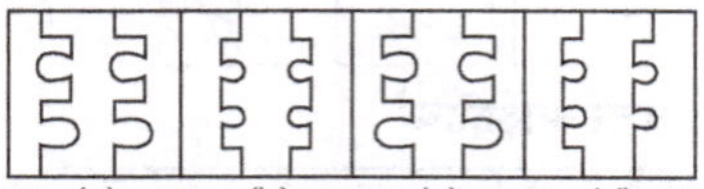

(a) (b) (c) (d)

15. प्रश्न आकृतियाँ

SSC CGL (Tier-I) 19/09/2024 Shift-II

उत्तर आकृतियाँ

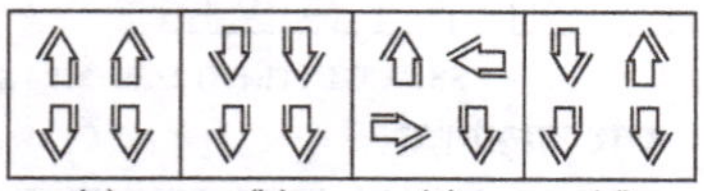

(a) (b) (c) (d)

16. प्रश्न आकृतियाँ

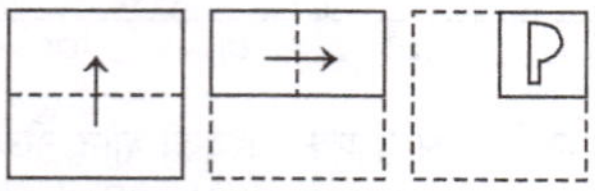

SSC CGL (Tier-I) 18/09/2024 Shift-III

उत्तर आकृतियाँ

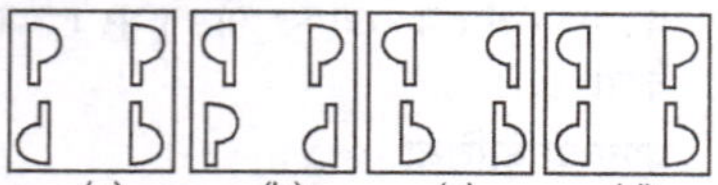

(a) (b) (c) (d)

17. प्रश्न आकृतियाँ

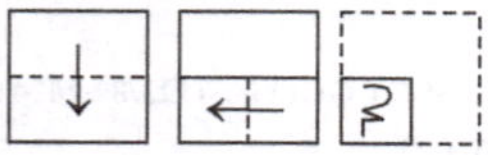

SSC CGL (Tier-I) 18/09/2024 Shift-II

उत्तर आकृतियाँ

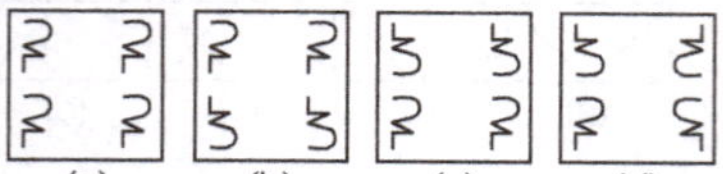

(a) (b) (c) (d)

18. प्रश्न आकृतियाँ

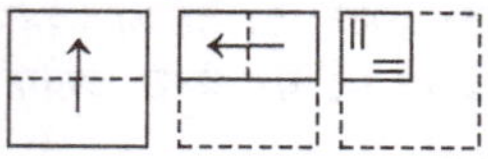

SSC CGL (Tier-I) 18/09/2024 Shift-II

उत्तर आकृतियाँ

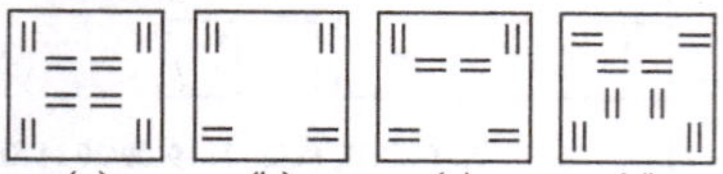

(a) (b) (c) (d)

19. प्रश्न आकृतियाँ

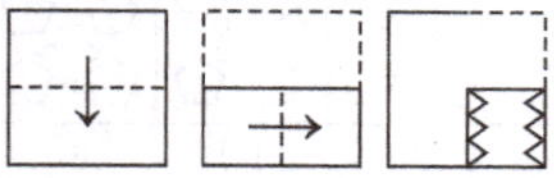

SSC CGL (Tier-I) 17/09/2024 Shift-III

उत्तर आकृतियाँ

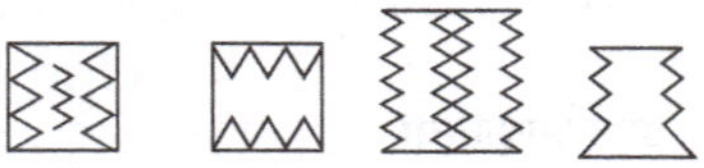

(a) (b) (c) (d)

20. निम्नलिखित आकृति में पैटर्न वाली एक पारदर्शी शीट दी गई है। विकल्पों में से पहचानें कि मध्य क्षैतिज रेखा पर पारदर्शी शीट को मोड़ने पर पैटर्न कैसा दिखाई देगा?
SSC CGL (Tier-I) 17/09/2024 Shift-II

(X)

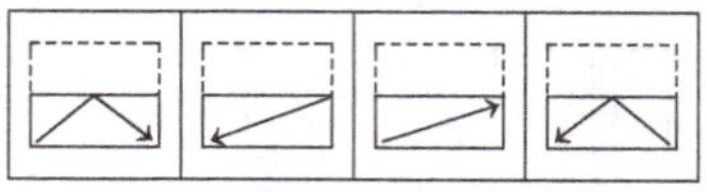

(a) (b) (c) (d)

21. एक कागज को निम्नानुसार मोड़ा और काटा जाता है। खोलने पर यह कैसा दिखाई देगा?
SSC CGL (Tier-I) 17/09/2024 Shift-II

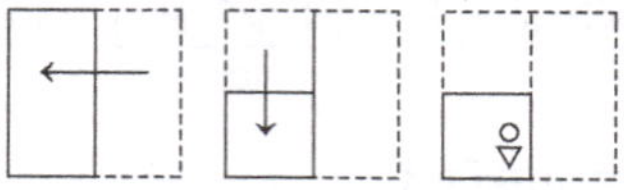

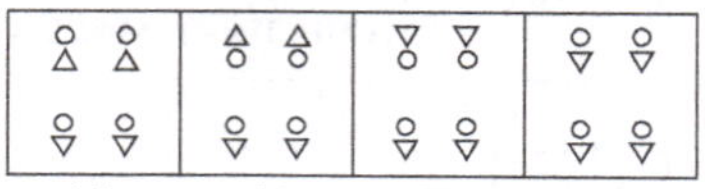

(a) (b) (c) (d)

22. एक कागज को नीचे दिखाए अनुसार मोड़ा और काटा जाता है। खोलने पर यह कैसा दिखाई देगा?
SSC CGL (Tier-I) 17/09/2024 Shift-I

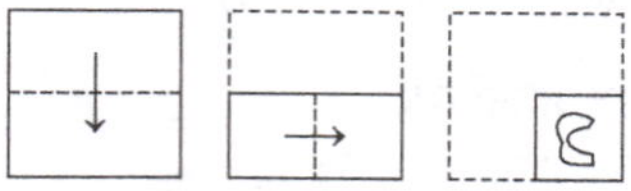

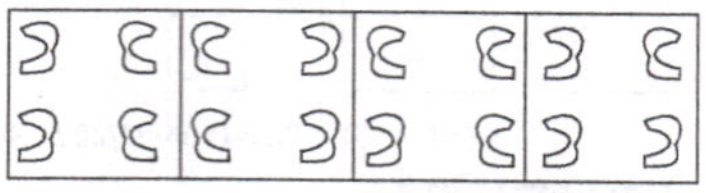

(a) (b) (c) (d)

23. एक पैटर्न के साथ एक पारदर्शी शीट नीचे दी गई है। उस विकल्प का चयन कीजिए, जो उस पैटर्न को दर्शाता है, जो दी गई पारदर्शी शीट को मध्य क्षैतिज रेखा पर मोड़ने पर दिखाई देगा। SSC CGL (Tier-I) 17/09/2024 Shift-I

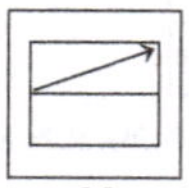

(X)

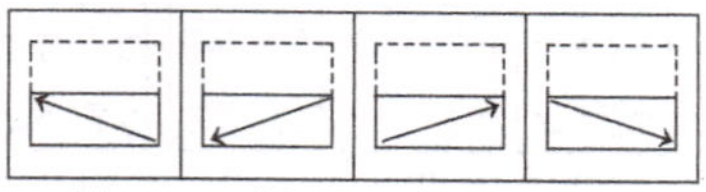

(a) (b) (c) (d)

निर्देश (प्र.सं. 24-81) *निम्नलिखित प्रश्नों में, एक कागज के एक टुकड़े को मोड़ने का क्रम और मुड़े हुए कागज को काटने का तरीका दर्शाया गया है। ज्ञात कीजिए कि इस कागज को खोलने के बाद यह आकृति किस उत्तर आकृति के समान दिखाई देगी।*

24. प्रश्न आकृतियाँ

SSC CGL (Tier-I) 13/09/2024 Shift-II

उत्तर आकृतियाँ

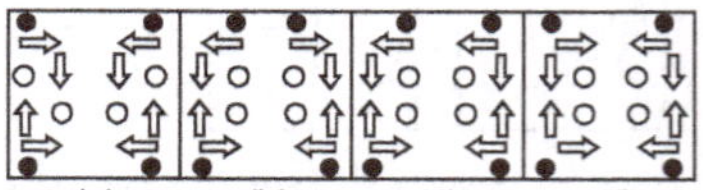

(a) (b) (c) (d)

25. प्रश्न आकृतियाँ

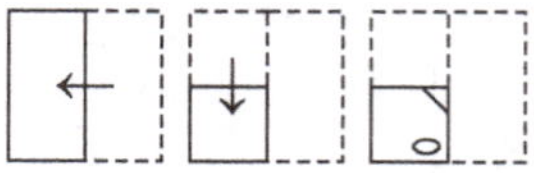

SSC CGL (Tier-I) 13/09/2024 Shift-II

उत्तर आकृतियाँ

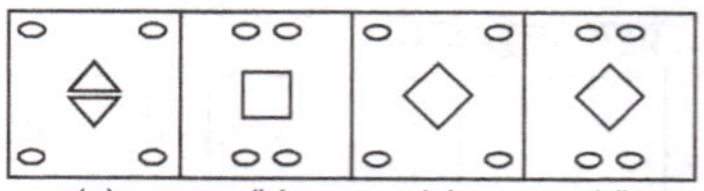

(a) (b) (c) (d)

26. प्रश्न आकृतियाँ

SSC CGL (Tier-I) 13/09/2024 Shift-I

उत्तर आकृतियाँ

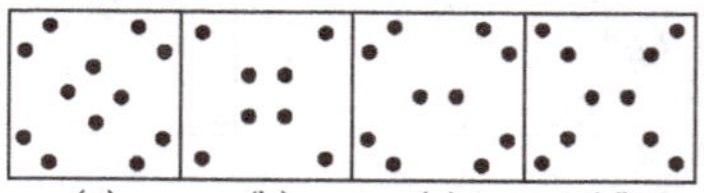

(a) (b) (c) (d)

27. प्रश्न आकृतियाँ

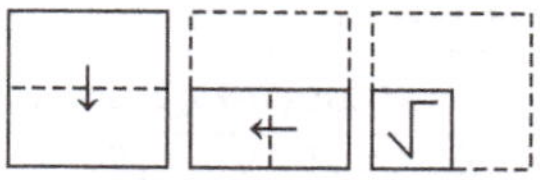

SSC CGL (Tier-I) 12/09/2024 Shift-III

उत्तर आकृतियाँ

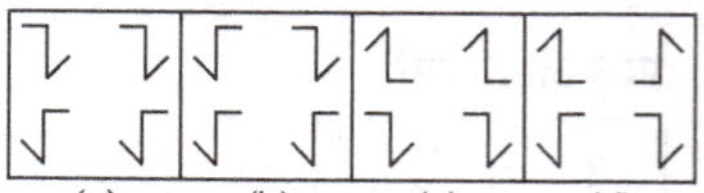

(a) (b) (c) (d)

28. प्रश्न आकृतियाँ

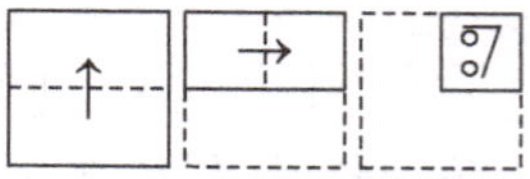

SSC CGL (Tier-I) 11/09/2024 Shift-III

उत्तर आकृतियाँ

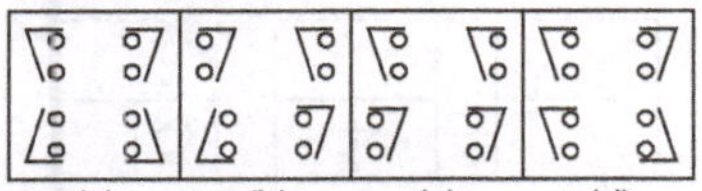

(a) (b) (c) (d)

29. प्रश्न आकृतियाँ

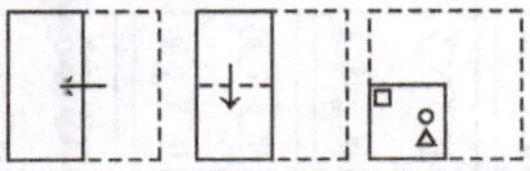

SSC CGL (Tier-I) 11/09/2024 Shift-II

उत्तर आकृतियाँ

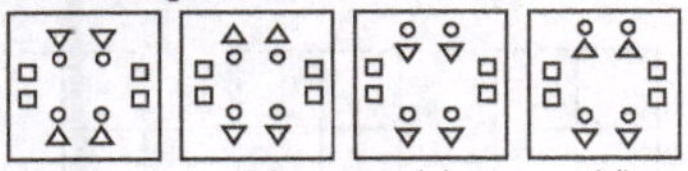

(a) (b) (c) (d)

30. प्रश्न आकृतियाँ

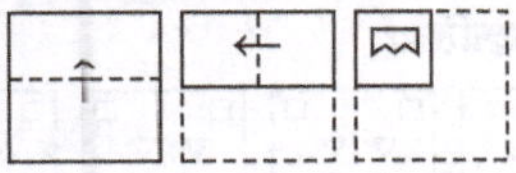

SSC CGL (Tier-I) 11/09/2024 Shift-I

उत्तर आकृतियाँ

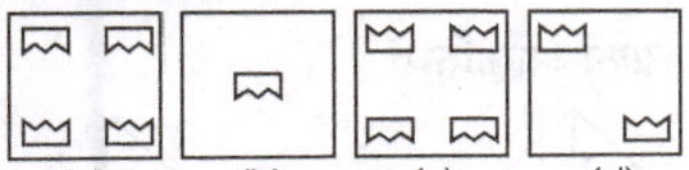

(a) (b) (c) (d)

31. प्रश्न आकृतियाँ

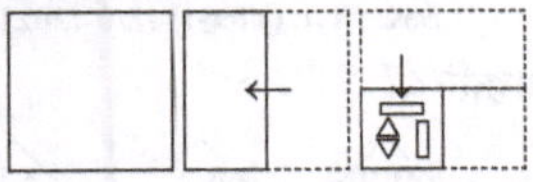

SSC CGL (Tier-I) 10/09/2024 Shift-III

उत्तर आकृतियाँ

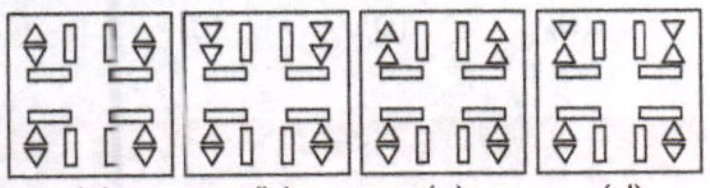

(a) (b) (c) (d)

32. प्रश्न आकृतियाँ

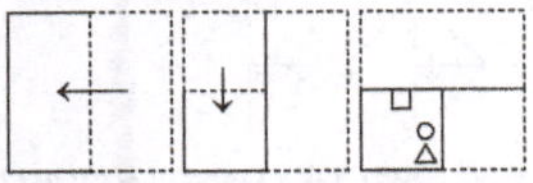

SSC CGL (Tier-I) 10/09/2024 Shift-I

उत्तर आकृतियाँ

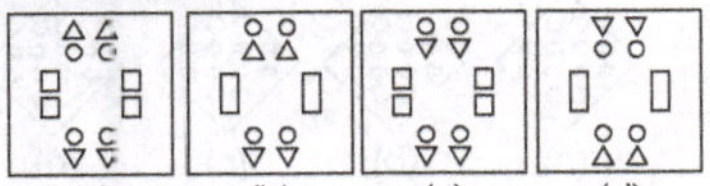

(a) (b) (c) (d)

33. प्रश्न आकृतियाँ

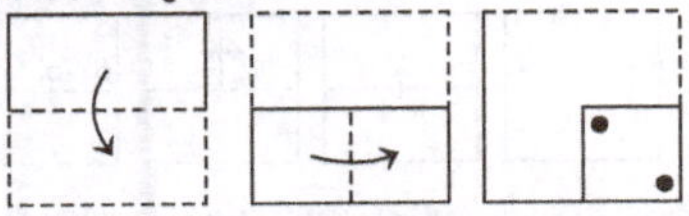

SSC CGL (Tier-I) 09/09/2024 Shift-II

उत्तर आकृतियाँ

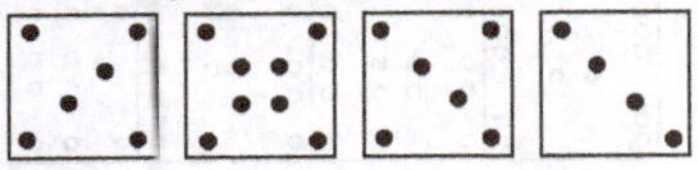

(a) (b) (c) (d)

34. प्रश्न आकृतियाँ

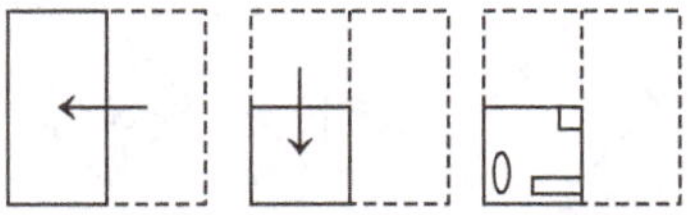

SSC CGL (Tier-I) 09/09/2024 Shift-II

उत्तर आकृतियाँ

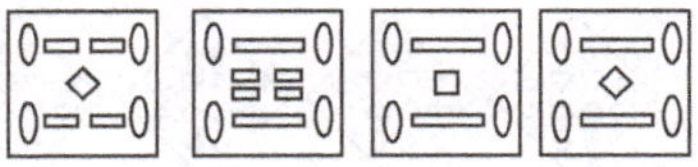

(a) (b) (c) (d)

SSC CGL 2023 (Tier I & II)

35. प्रश्न आकृतियाँ

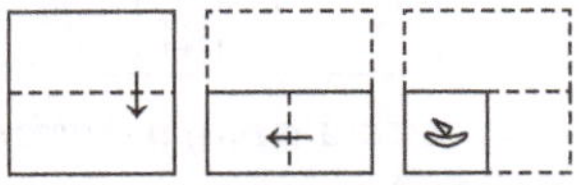

SSC CGL (Tier-II) 07/03/2023 Shift-I

उत्तर आकृतियाँ

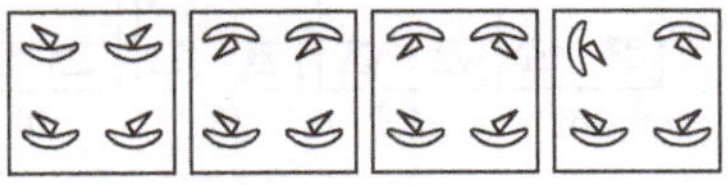

(a) (b) (c) (d)

36. प्रश्न आकृतियाँ

SSC CGL (Tier-II) 06/03/2023 Shift-I

उत्तर आकृतियाँ

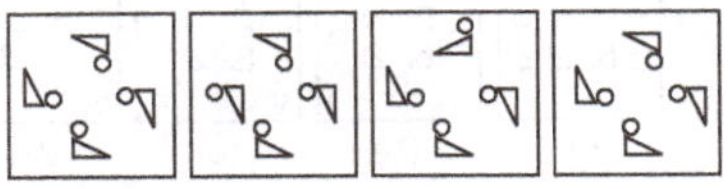

(a) (b) (c) (d)

37. प्रश्न आकृतियाँ

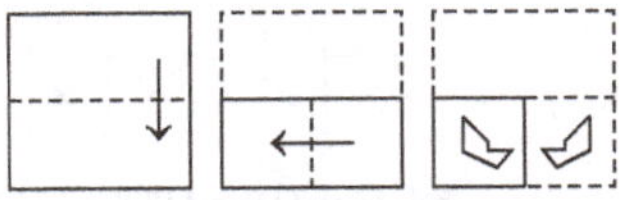

SSC CGL (Tier-II) 03/03/2023 Shift-I

उत्तर आकृतियाँ

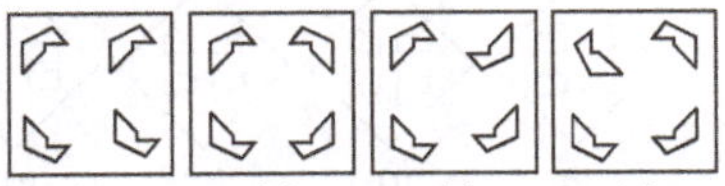

(a) (b) (c) (d)

38. प्रश्न आकृतियाँ

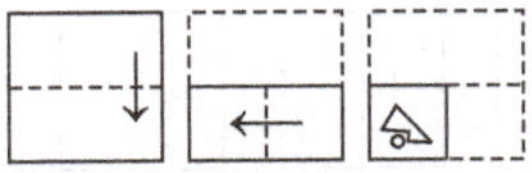

SSC CGL (Tier-II) 03/03/2023 Shift-I

उत्तर आकृतियाँ

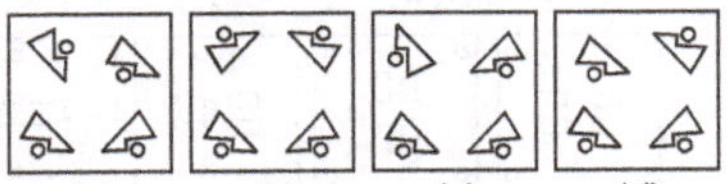

(a) (b) (c) (d)

39. प्रश्न आकृतियाँ

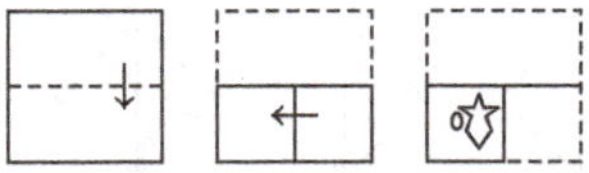

SSC CGL (Tier-I) 27/07/2023 Shift-II

उत्तर आकृतियाँ

(a) (b) (c) (d)

40. प्रश्न आकृतियाँ

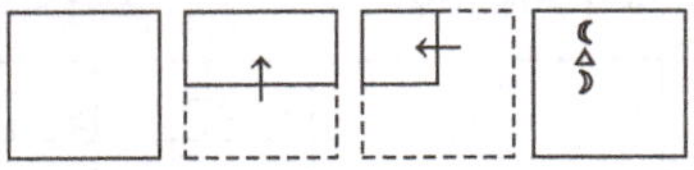

SSC CGL (Tier-I) 27/07/2023 Shift-I

उत्तर आकृतियाँ

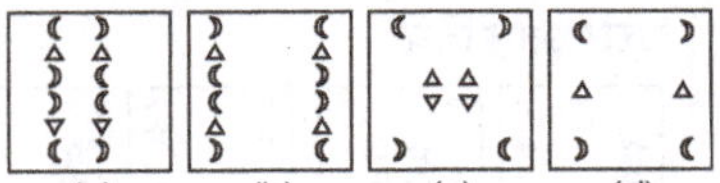

(a) (b) (c) (d)

41. प्रश्न आकृतियाँ

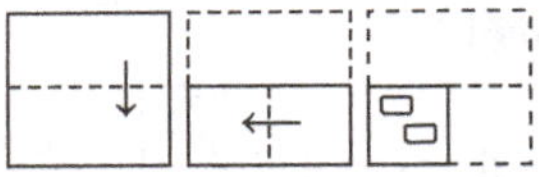

SSC CGL (Tier-I) 26/07/2023 Shift-IV

उत्तर आकृतियाँ

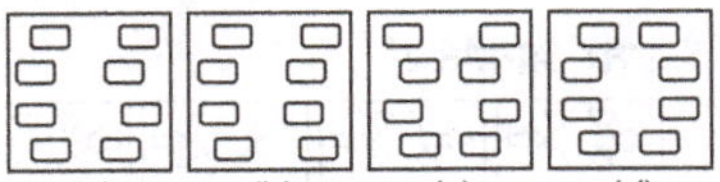

(a) (b) (c) (d)

42. प्रश्न आकृतियाँ

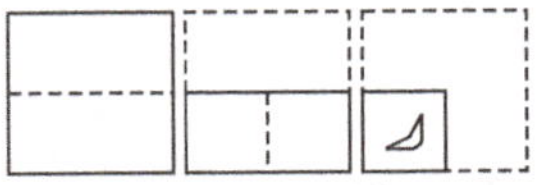

SSC CGL (Tier-I) 26/07/2023 Shift-III

उत्तर आकृतियाँ

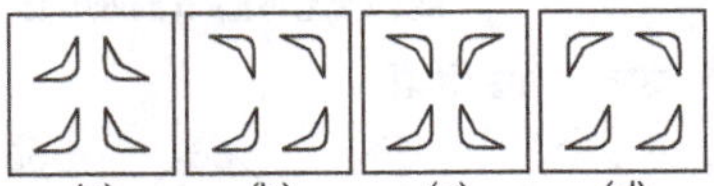

(a) (b) (c) (d)

43. प्रश्न आकृतियाँ

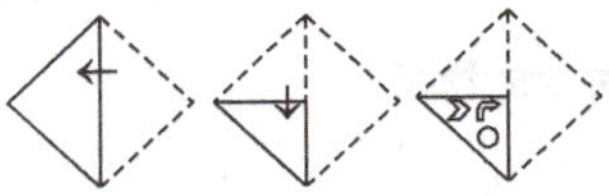

SSC CGL (Tier-I) 26/07/2023 Shift-II

उत्तर आकृतियाँ

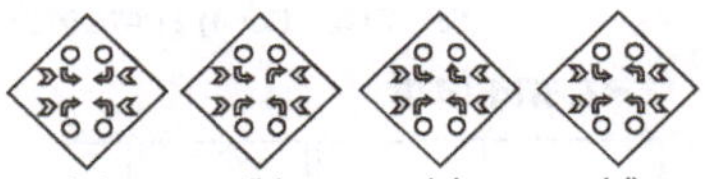

(a) (b) (c) (d)

44. प्रश्न आकृतियाँ

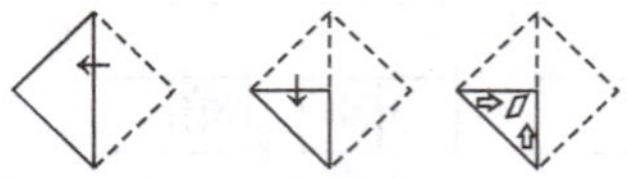

SSC CGL (Tier-I) 26/07/2023 Shift-I

उत्तर आकृतियाँ

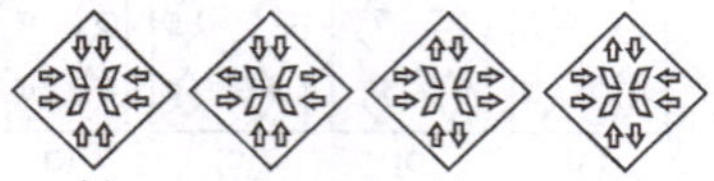

(a) (b) (c) (d)

45. प्रश्न आकृतियाँ

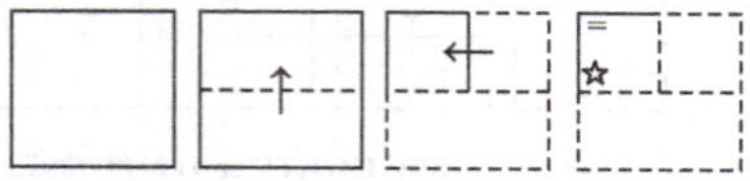

SSC CGL (Tier-I) 25/07/2023 Shift-II

उत्तर आकृतियाँ

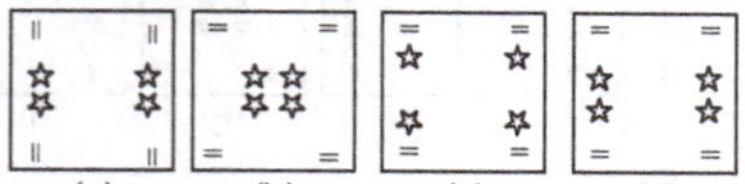

(a) (b) (c) (d)

46. प्रश्न आकृतियाँ

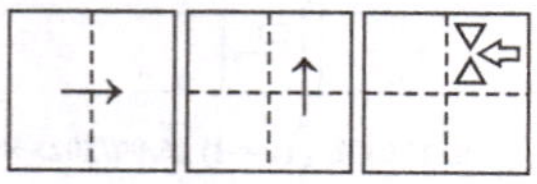

SSC CGL (Tier-I) 24/07/2023 Shift-II

उत्तर आकृतियाँ

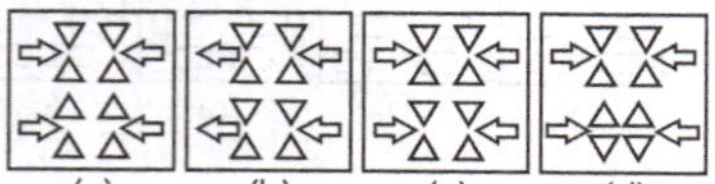

(a) (b) (c) (d)

47. प्रश्न आकृतियाँ

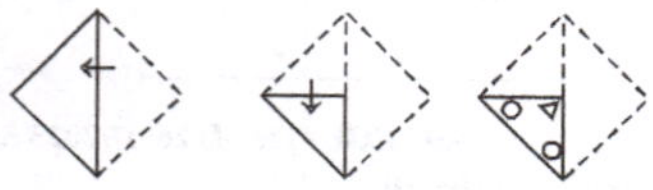

SSC CGL (Tier-I) 24/07/2023 Shift-I

उत्तर आकृतियाँ

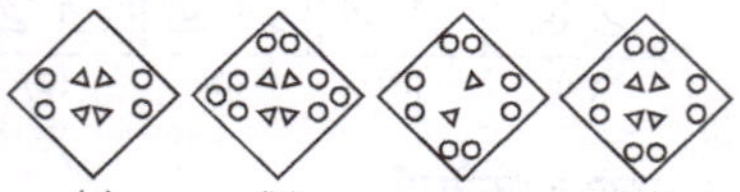

(a) (b) (c) (d)

48. प्रश्न आकृतियाँ

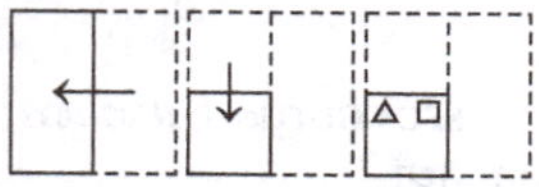

SSC CGL (Tier-I) 21/07/2023 Shift-IV

उत्तर आकृतियाँ

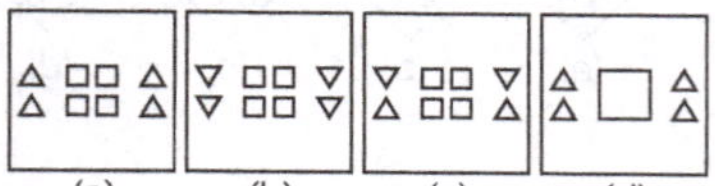

(a) (b) (c) (d)

49. प्रश्न आकृतियाँ

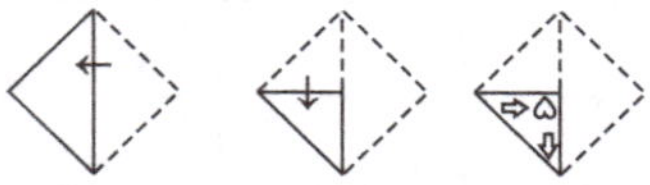

SSC CGL (Tier-I) 21/07/2023 Shift-II

उत्तर आकृतियाँ

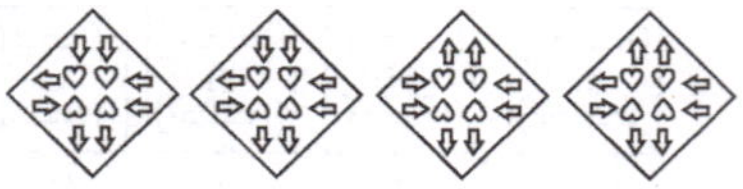

(a) (b) (c) (d)

50. प्रश्न आकृतियाँ

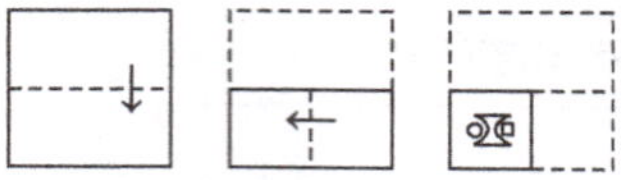

SSC CGL (Tier-I) 21/07/2023 Shift-II

उत्तर आकृतियाँ

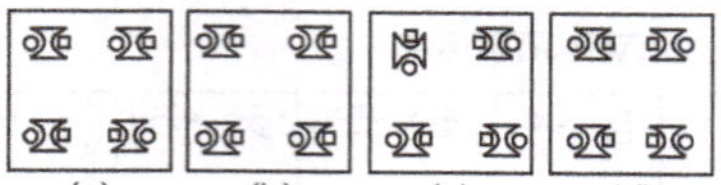

(a) (b) (c) (d)

51. प्रश्न आकृतियाँ

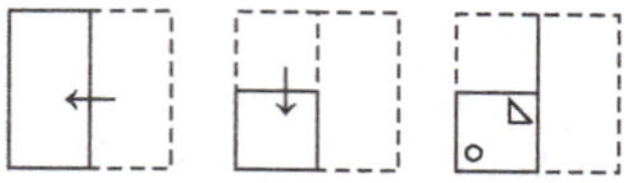

SSC CGL (Tier-I) 19/07/2023 Shift-III

उत्तर आकृतियाँ

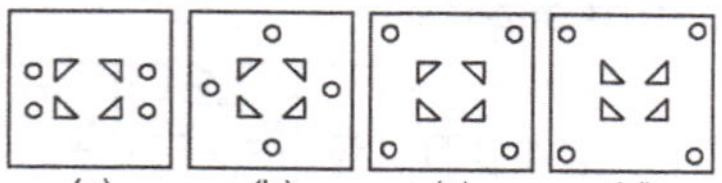

(a) (b) (c) (d)

52. प्रश्न आकृतियाँ

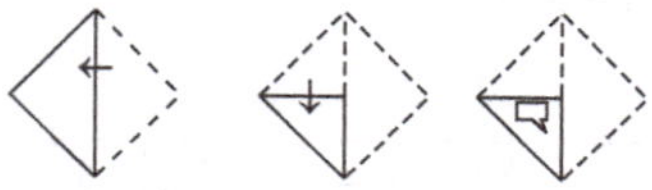

SSC CGL (Tier-I) 19/07/2023 Shift-II

उत्तर आकृतियाँ

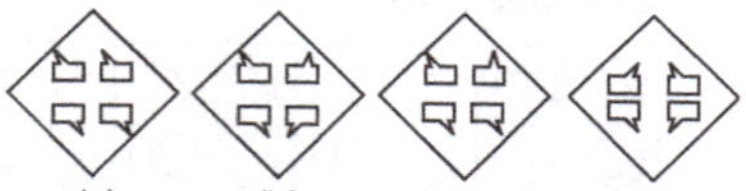

(a) (b) (c) (d)

53. प्रश्न आकृतियाँ

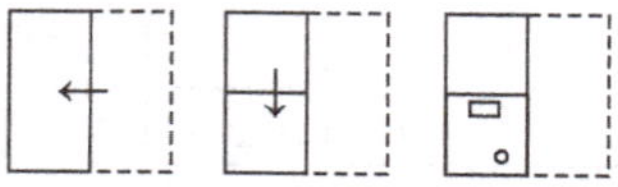

SSC CGL (Tier-I) 19/07/2023 Shift-I

उत्तर आकृतियाँ

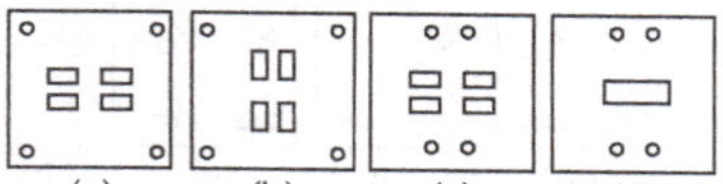

(a) (b) (c) (d)

54. प्रश्न आकृतियाँ

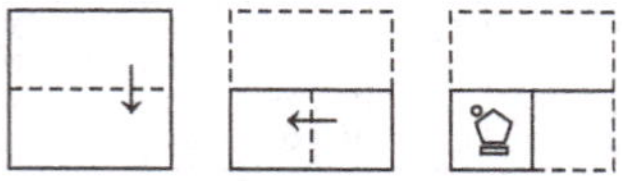

SSC CGL (Tier-I) 18/07/2023 Shift-IV

उत्तर आकृतियाँ

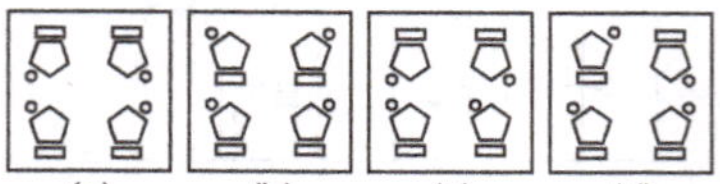

(a) (b) (c) (d)

55. प्रश्न आकृतियाँ

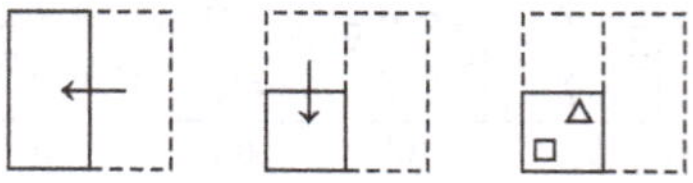

SSC CGL (Tier-I) 18/07/2023 Shift-I

उत्तर आकृतियाँ

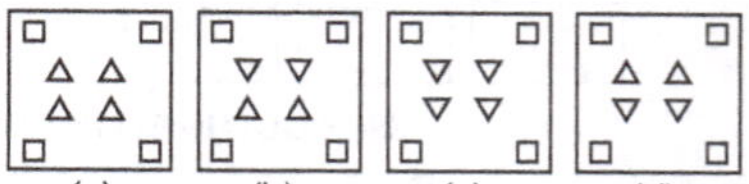

(a) (b) (c) (d)

56. प्रश्न आकृतियाँ

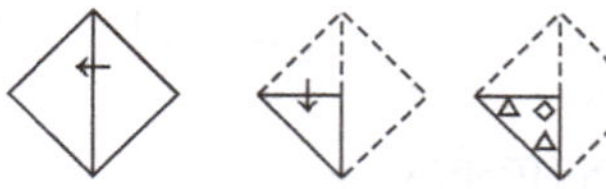

SSC CGL (Tier-I) 18/07/2023 Shift-I

उत्तर आकृतियाँ

(a) (b) (c) (d)

SSC CGL 2022 (Tier I & II)

57. प्रश्न आकृतियाँ

SSC CGL (Tier-I) 13/12/2022 Shift-I

उत्तर आकृतियाँ

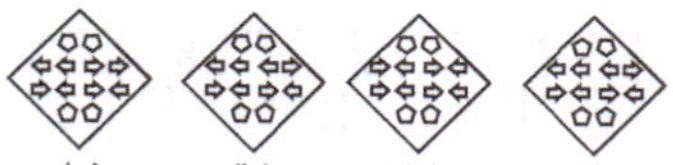

(a) (b) (c) (d)

58. प्रश्न आकृतियाँ

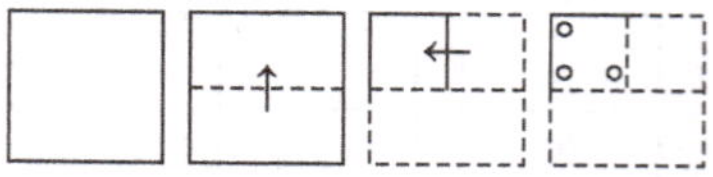

SSC CGL (Tier-I) 09/12/2022 Shift-I

उत्तर आकृतियाँ

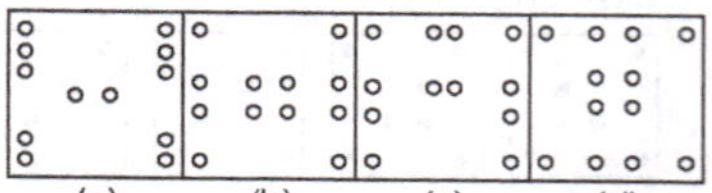

(a) (b) (c) (d)

59. प्रश्न आकृतियाँ

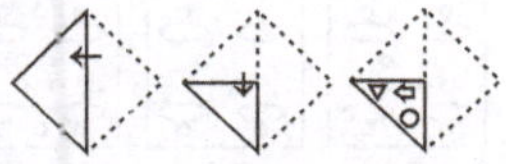

SSC CGL (Tier-I) 05/12/2022 Shift-II

उत्तर आकृतियाँ

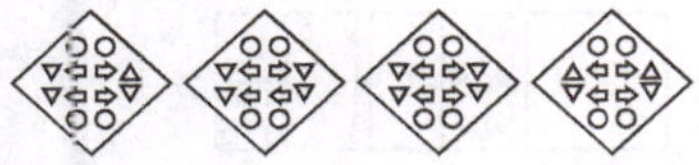

(a) (b) (c) (d)

60. प्रश्न आकृतियाँ

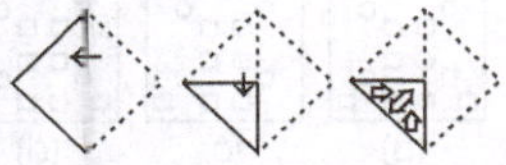

SSC CGL (Tier-I) 03/12/2022 Shift-III

उत्तर आकृतियाँ

(a) (b) (c) (d)

61. प्रश्न आकृतियाँ

SSC CGL (Tier-I) 02/12/2022 Shift-IV

उत्तर आकृतियाँ

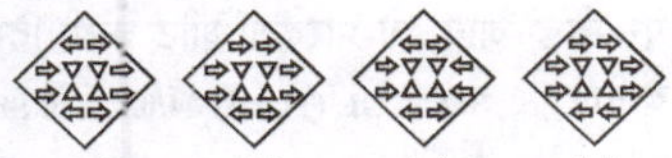

(a) (b) (c) (d)

62. प्रश्न आकृतियाँ

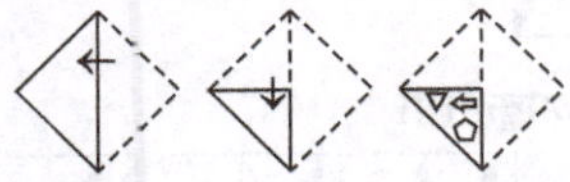

SSC CGL (Tier-I) 02/12/2022 Shift-I

उत्तर आकृतियाँ

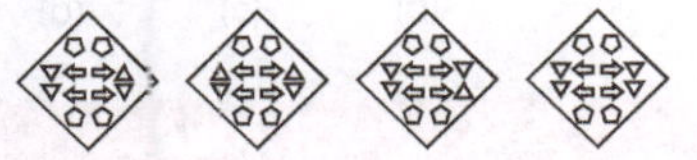

(a) (b) (c) (d)

63. प्रश्न आकृतियाँ

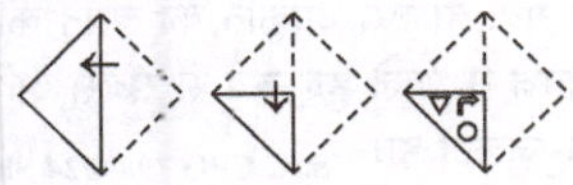

SSC CGL (Tier-I) 01/12/2022 Shift-IV

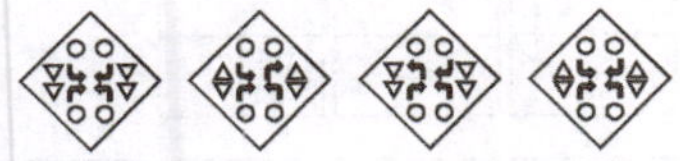

(a) (b) (c) (d)

SSC CGL 2021 & 2020 (Tier I)

64. प्रश्न आकृतियाँ

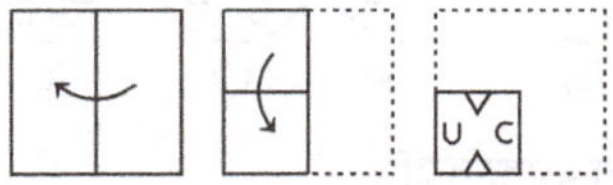

SSC CGL (Tier-I) 24/08/2021 Shift-III

उत्तर आकृतियाँ

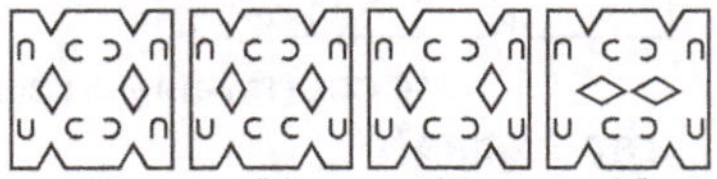

(a) (b) (c) (d)

65. प्रश्न आकृतियाँ

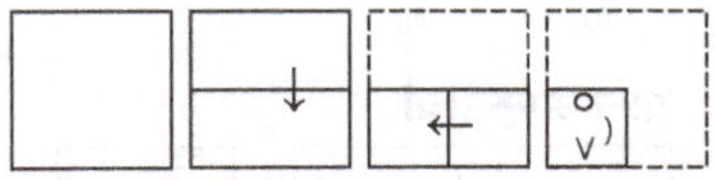

SSC CGL (Tier-I) 24/08/2021 Shift-II

उत्तर आकृतियाँ

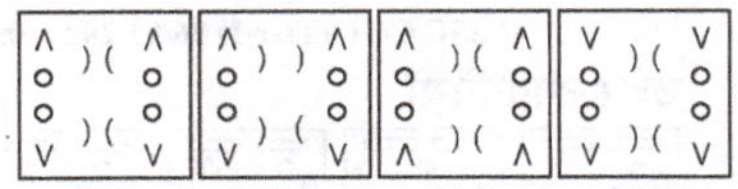

(a) (b) (c) (d)

66. प्रश्न आकृतियाँ

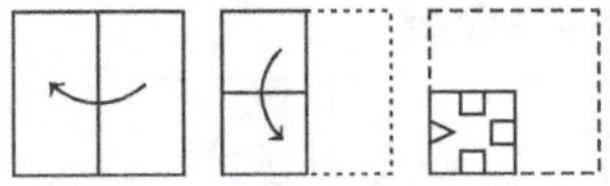

SSC CGL (Tier-I) 24/08/2021 Shift-I

उत्तर आकृतियाँ

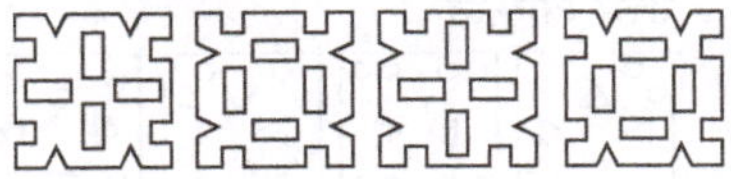

(a) (b) (c) (d)

67. प्रश्न आकृतियाँ

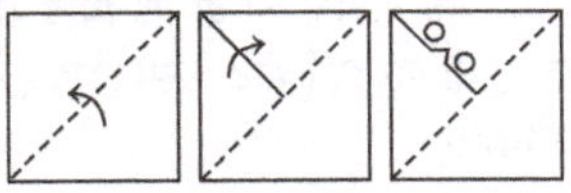

SSC CGL (Tier-I) 23/08/2021 Shift-II

उत्तर आकृतियाँ

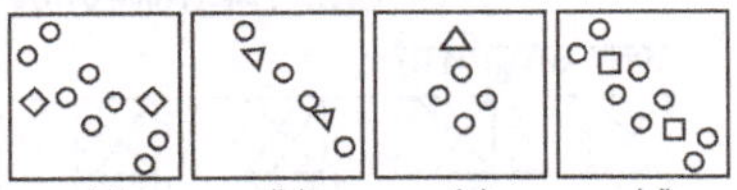

(a) (b) (c) (d)

68. प्रश्न आकृतियाँ

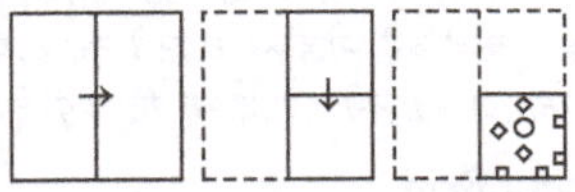

SSC CGL (Tier-I) 23/08/2021 Shift-I

उत्तर आकृतियाँ

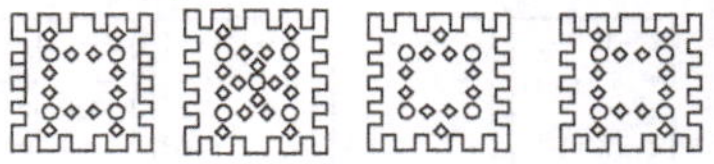

(a) (b) (c) (d)

69. प्रश्न आकृतियाँ

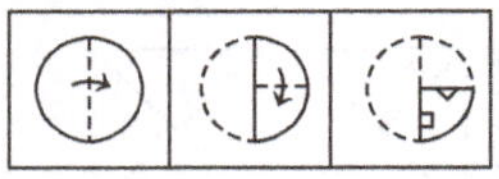

SSC CGL (Tier-I) 20/08/2021 Shift-II

उत्तर आकृतियाँ

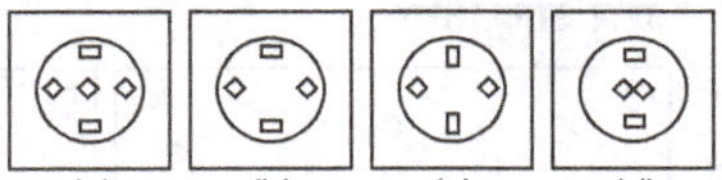

(a) (b) (c) (d)

70. प्रश्न आकृतियाँ

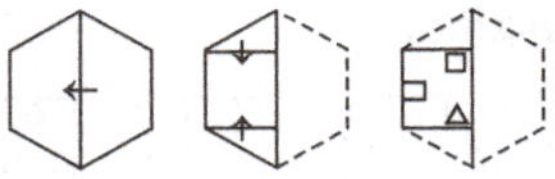

SSC CGL (Tier-I) 20/08/2021 Shift-I

उत्तर आकृतियाँ

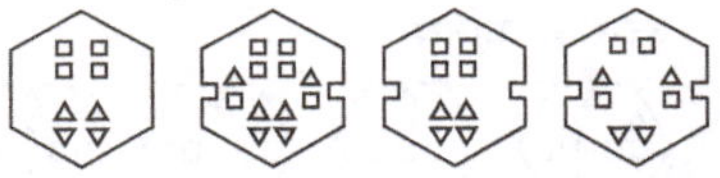

(a) (b) (c) (d)

71. प्रश्न आकृतियाँ

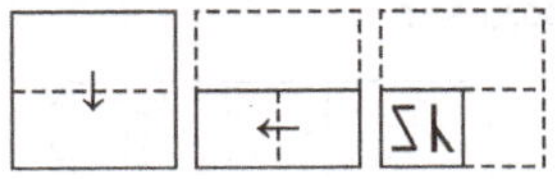

SSC CGL (Tier-I) 18/08/2021 Shift-III

उत्तर आकृतियाँ

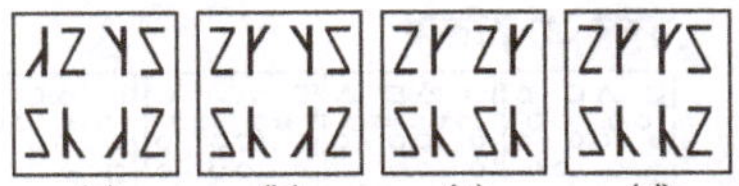

(a) (b) (c) (d)

72. प्रश्न आकृतियाँ

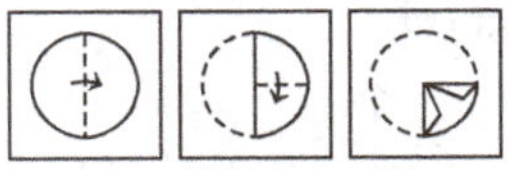

SSC CGL (Tier-I) 18/08/2021 Shift-I

उत्तर आकृतियाँ

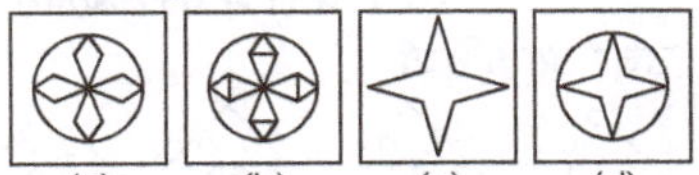

(a) (b) (c) (d)

73. प्रश्न आकृतियाँ

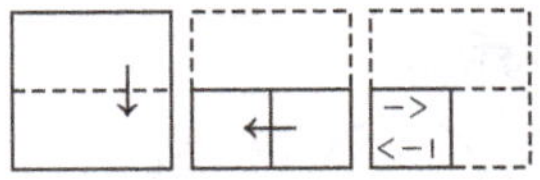

SSC CGL (Tier-I) 17/08/2021 Shift-III

उत्तर आकृतियाँ

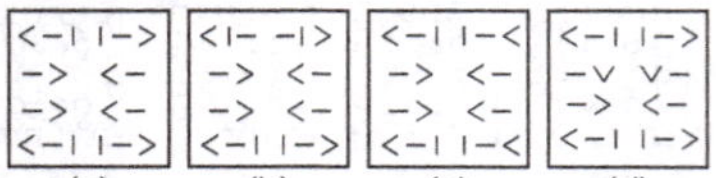

(a) (b) (c) (d)

74. प्रश्न आकृतियाँ

SSC CGL (Tier-I) 17/08/2021 Shift-I

उत्तर आकृतियाँ

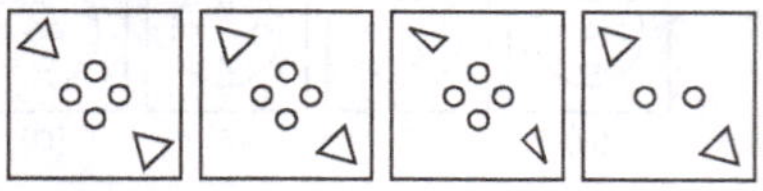

(a) (b) (c) (d)

75. प्रश्न आकृतियाँ

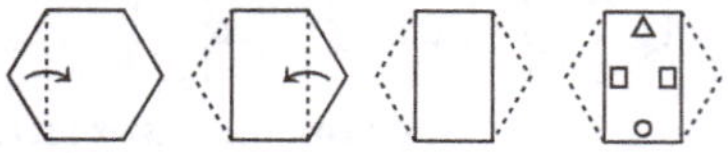

SSC CGL (Tier-I) 16/08/2021 Shift-III

उत्तर आकृतियाँ

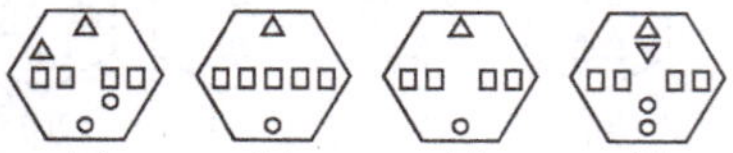

(a) (b) (c) (d)

76. प्रश्न आकृतियाँ

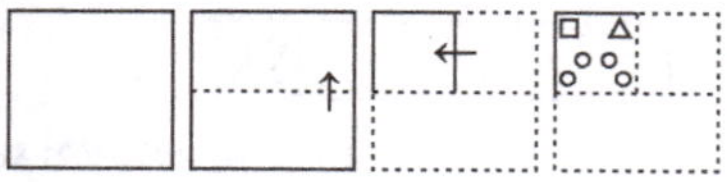

SSC CGL (Tier-I) 13/08/2021 Shift-III

उत्तर आकृतियाँ

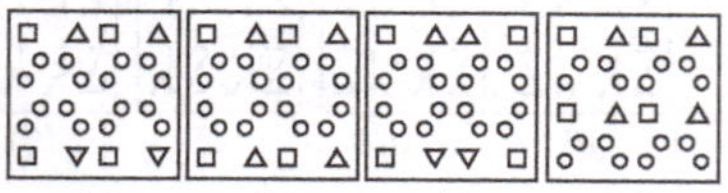

(a) (b) (c) (d)

77. प्रश्न आकृतियाँ

SSC CGL (Tier-I) 13/08/2021 Shift-I

उत्तर आकृतियाँ

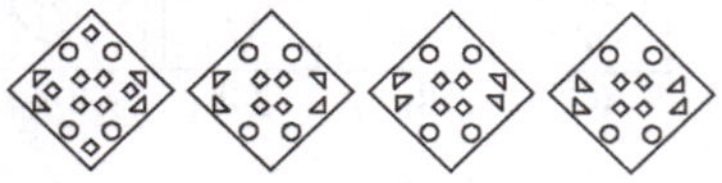

(a) (b) (c) (d)

78. प्रश्न आकृतियाँ

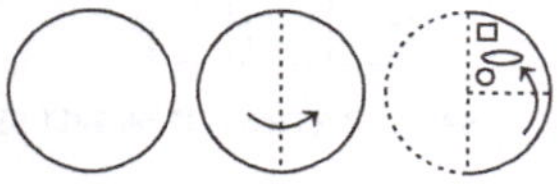

SSC CGL (Tier-I) 07/03/2020 Shift-II

उत्तर आकृतियाँ

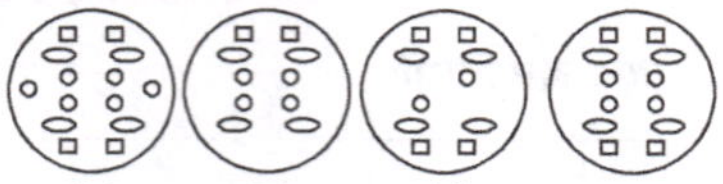

(a) (b) (c) (d)

79. प्रश्न आकृतियाँ

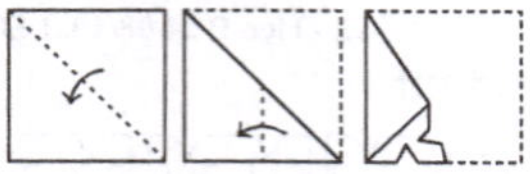

SSC CGL (Tier-I) 07/03/2020 Shift-I

उत्तर आकृतियाँ

(a) (b) (c) (d)

80. प्रश्न आकृतियाँ

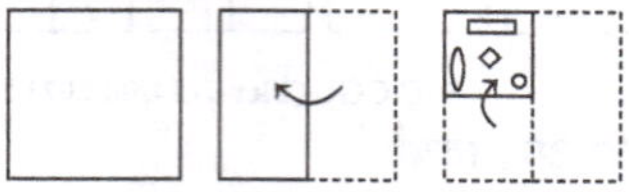

SSC CGL (Tier-I) 06/03/2020 Shift-III

उत्तर आकृतियाँ

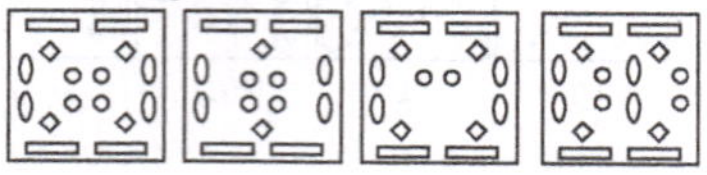

(a) (b) (c) (d)

81. प्रश्न आकृतियाँ

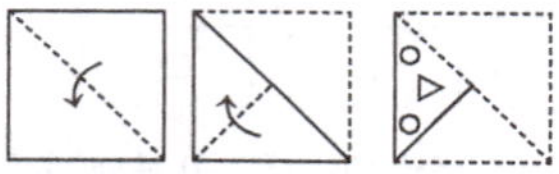

SSC CGL (Tier-I) 06/03/2020 Shift-II

उत्तर आकृतियाँ

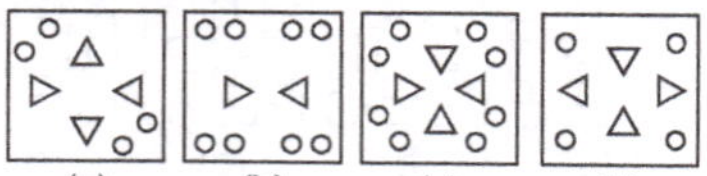

(a) (b) (c) (d)

82. उस विकल्प का चयन करें, जिसमें यह दर्शाया गया है कि यदि कागज को दी गई बिन्दु रेखा पर मोड़ा जाए, तो पारदर्शी शीट कैसी दिखाई देगी?

प्रश्न आकृति

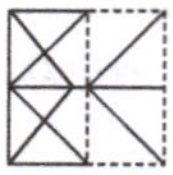

SSC CGL (Tier-I) 06/03/2020 Shift-I

उत्तर आकृतियाँ

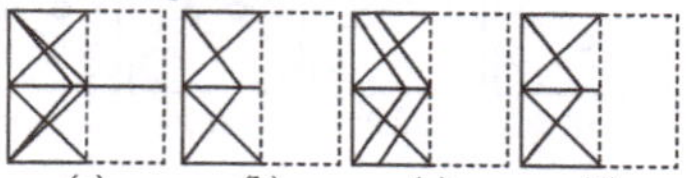

(a) (b) (c) (d)

निर्देश (प्र.सं. 83-85) *नीचे दी गई आकृतियों में कागज के एक टुकड़े को मोड़कर काटने का क्रम दिया गया है। यह कागज खोलने पर कैसा दिखाई देगा?*

83. प्रश्न आकृतियाँ

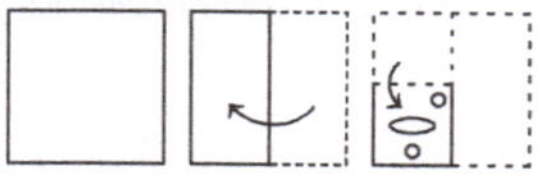

SSC CGL (Tier-I) 05/03/2020 Shift-III

उत्तर आकृतियाँ

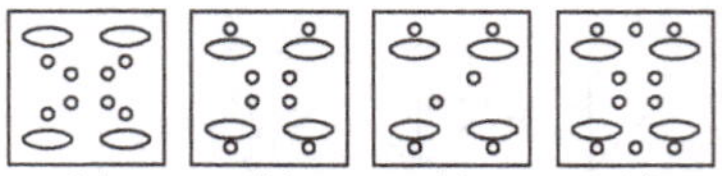

(a) (b) (c) (d)

84. प्रश्न आकृतियाँ

SSC CGL (Tier-I) 05/03/2020 Shift-II

उत्तर आकृतियाँ

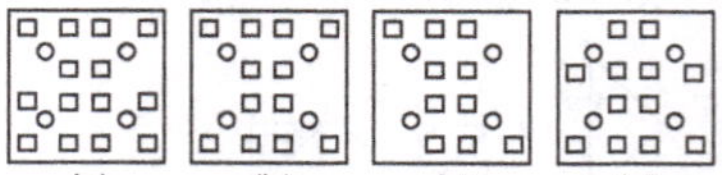

(a) (b) (c) (d)

85. प्रश्न आकृतियाँ

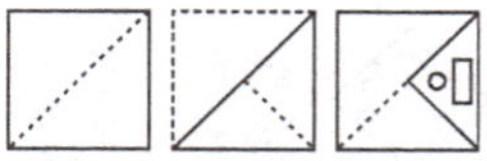

SSC CGL (Tier-I) 05/03/2020 Shift-I

उत्तर आकृतियाँ

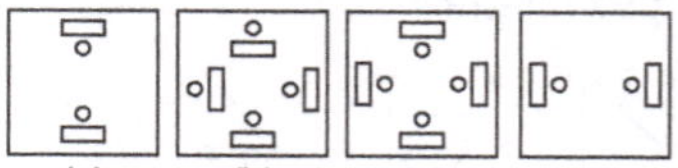

(a) (b) (c) (d)

86. उस विकल्प का चयन करें, जिसमें यह दर्शाया गया है कि यदि कागज को दी गई बिन्दु रेखा पर मोड़ा जाए, तो पारदर्शी शीट कैसी दिखाई देगी। SSC CGL (Tier-I) 04/03/2020 Shift-III

प्रश्न आकृति

उत्तर आकृतियाँ

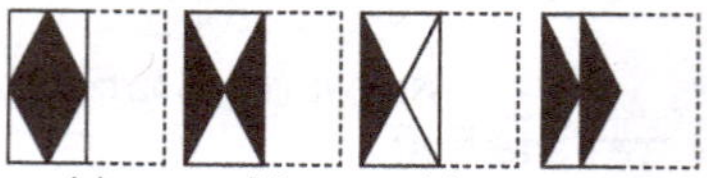

(a) (b) (c) (d)

SSC CPO SI 2024

87. कागज़ के एक टुकड़े को मोड़ने का क्रम और मोड़े गए कागज़ को काटने का तरीका नीचे दर्शाया गया है। उस आकृति का चयन कीजिए, जो कागज के खुले हुए रूप से सबसे अधिक मिलती-जुलती हो। SSC CPO 29/06/24 Shift-III

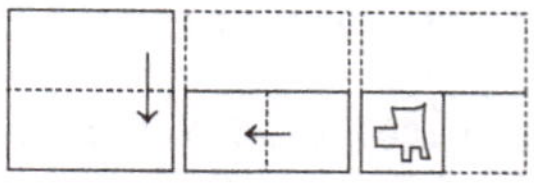

(a) (b) (c) (d)

88. एक पैटर्न वाली एक पारदर्शी शीट नीचे दी गई है। उस विकल्प का चयन कीजिए, जो उस पैटर्न को दर्शाता है, जो दी गई पारदर्शी शीट को मध्य ऊर्ध्वाधर रेखा पर मोड़ने पर दिखाई देगा। **SSC CPO 29/06/24 Shift-III**

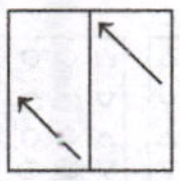

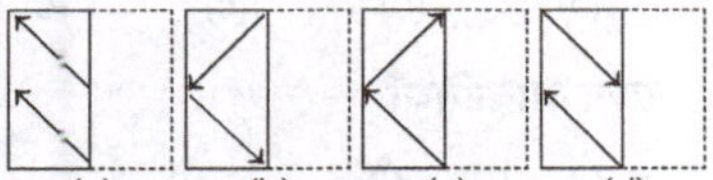

(a) (b) (c) (d)

89. निम्नलिखित आकृतियों में एक कागज़ को मोडने का क्रम और मुड़े हुए कागज़ को काटने का तरीका दर्शाया गया है। खोले जाने पर यह कागज कैसा दिखाई देगा? **SSC CPO 29/06/24 Shift-III**

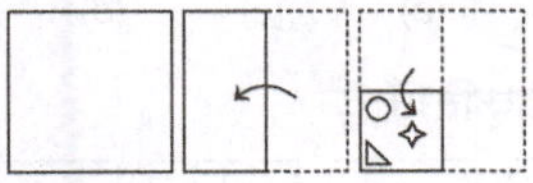

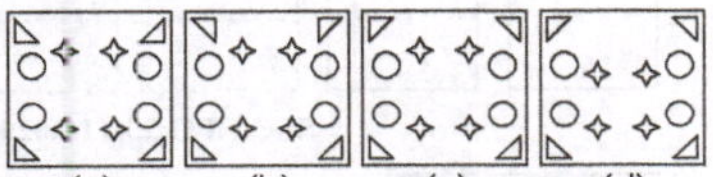

(a) (b) (c) (d)

90. कागज की एक शीट को बिन्दीदार रेखा के साथ-साथ दर्शाई गई दिशाओं के अनुदिश क्रमिक रूप से मोडा जाता है और फिर अन्त में छेद किया जाता है। खोलने पर यह कागज कैसा दिखेगा? **SSC CPO 29/06/24 Shift-III**

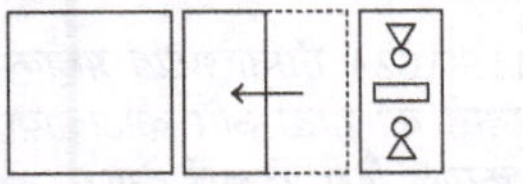

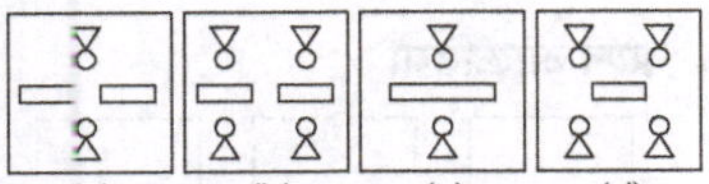

(a) (b) (c) (d)

91. एक पैटर्न वाली एक पारदर्शी शीट नीचे दी गई है। उस विकल्प का चयन कीजिए जो उस पैटर्न को दर्शाता है, जो दी गई पारदर्शी शीट को मध्य ऊर्ध्वाधर रेखा पर मोड़ने पर दिखाई देगा। **SSC CPO 29/06/24 Shift-II**

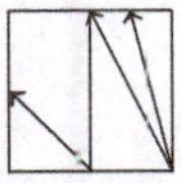

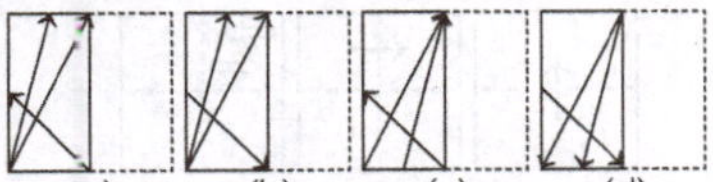

(a) (b) (c) (d)

92. निम्नलिखित आकृतियों में एक कागज को मोड़ने का क्रम और मुड़े हुए कागज को काटने का तरीका दर्शाया गया है। खोले जाने पर यह कागज कैसा दिखाई देगा? **SSC CPO 29/06/24 Shift-I**

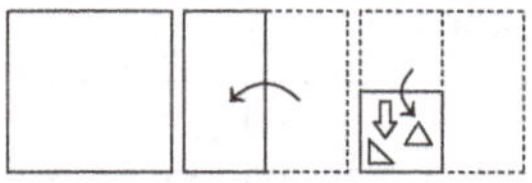

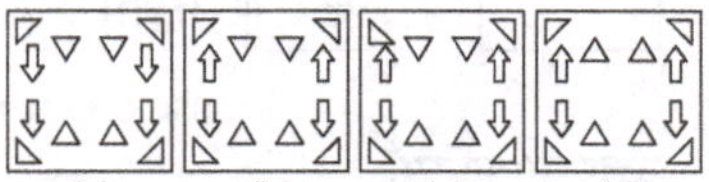

(a) (b) (c) (d)

93. निम्नलिखित आकृतियों में एक कागज़ को मोड़ने का क्रम और मुड़े हुए कागज़ को काटने का तरीका दर्शाया गया है। खोले जाने पर यह कागज़ कैसा दिखाई देगा? **SSC CPO 28/06/24 Shift-III**

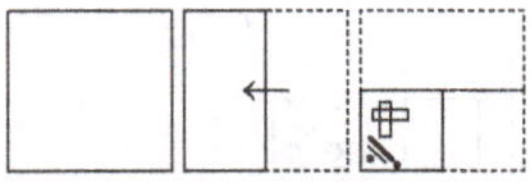

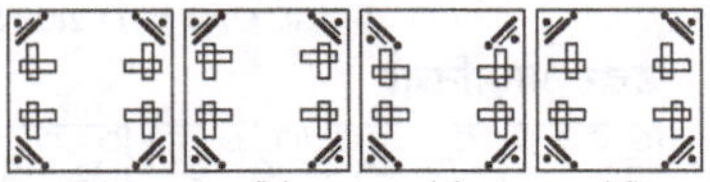

(a) (b) (c) (d)

94. एक पैटर्न वाली एक पारदर्शी शीट नीचे दी गई है। उस विकल्प का चयन कीजिए जो उस पैटर्न को दर्शाता है जो दी गई पारदर्शी शीट को मध्य ऊर्ध्वाधर रेखा पर मोड़ने पर दिखाई देगा। **SSC CPO 28/06/24 Shift-II**

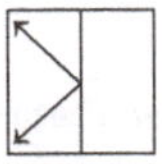

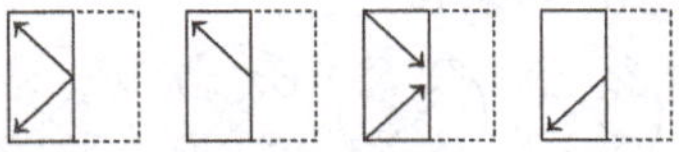

(a) (b) (c) (d)

95. निम्नलिखित आकृतियों में एक कागज को मोड़ने का क्रम और मुड़े हुए कागज को काटने का तरीका दर्शाया गया है। खोले जाने पर यह कागज कैसा दिखाई देगा? **SSC CPO 28/06/24 Shift-II**

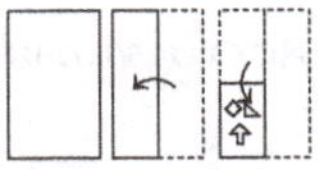

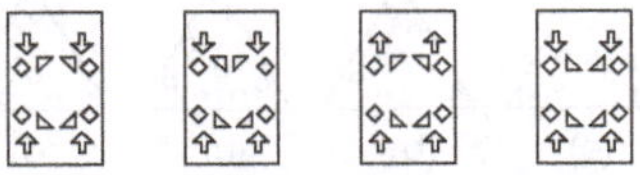

(a) (b) (c) (d)

96. एक पैटर्न वाली एक पारदर्शी शीट नीचे दी गई है। उस विकल्प का चयन कीजिए जो उस पैटर्न को दर्शाता है जो दी गई पारदर्शी शीट को मध्य क्षैतिज रेखा पर मोड़ने पर दिखाई देगा? **SSC CPO 28/06/24 Shift-I**

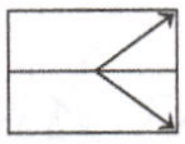

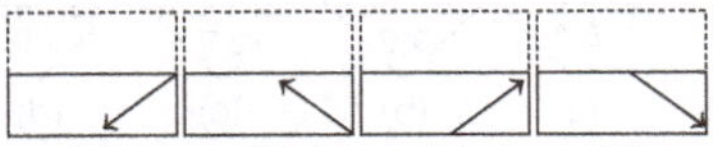

(a) (b) (c) (d)

निर्देश (प्र.सं. 97-114) *निम्नलिखित प्रश्नों में एक कागज को नीचे दिखाए गए अनुसार मोड़ा और काटा जाता है। खोले जाने पर यह कैसा दिखाई देगा?*

97. प्रश्न आकृतियाँ

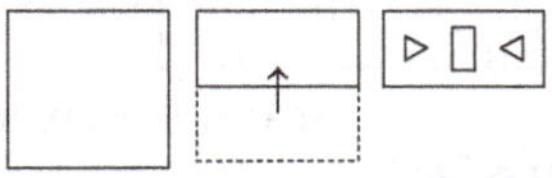

SSC CPO 28/06/24 Shift-I

उत्तर आकृतियाँ

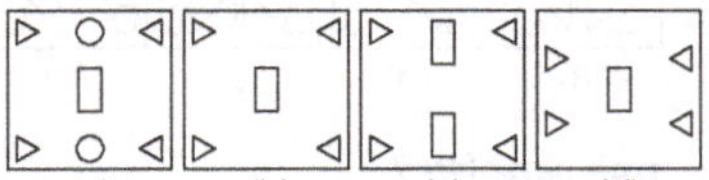

(a) (b) (c) (d)

98. प्रश्न आकृतियाँ

SSC CPO 27/06/24 Shift-III

उत्तर आकृतियाँ

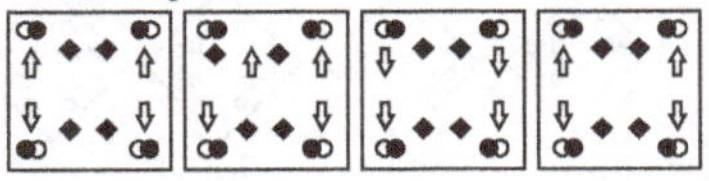

(a) (b) (c) (d)

99. प्रश्न आकृतियाँ

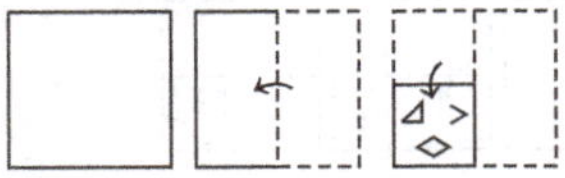

SSC CPO 27/06/24 Shift-III

उत्तर आकृतियाँ

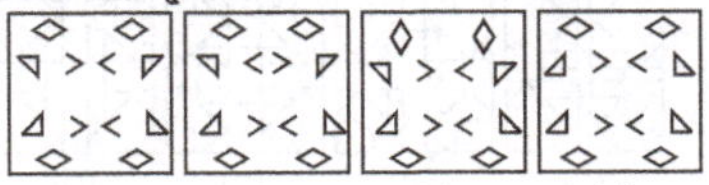

(a) (b) (c) (d)

100. प्रश्न आकृतियाँ

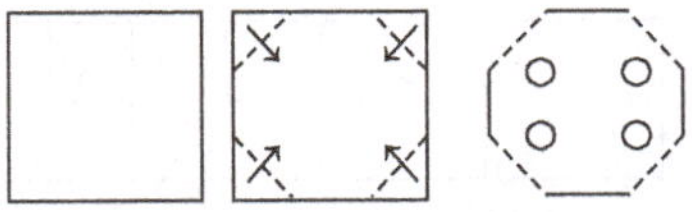

SSC CPO 27/06/24 Shift-II

उत्तर आकृतियाँ

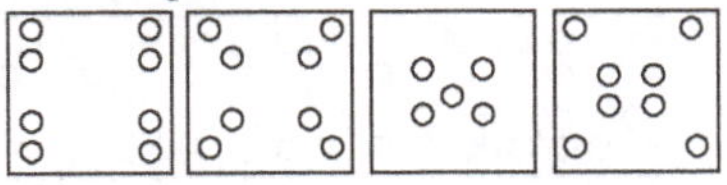

(a) (b) (c) (d)

101. प्रश्न आकृतियाँ

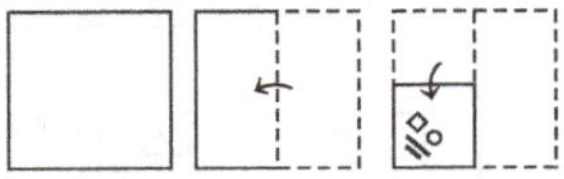

SSC CPO 27/06/24 Shift-I

उत्तर आकृतियाँ

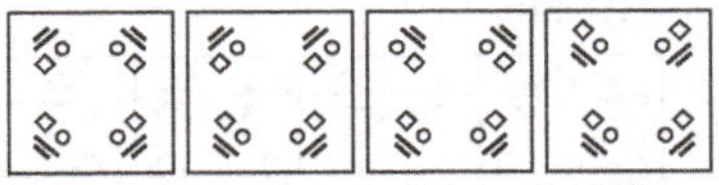

(a) (b) (c) (d)

SSC CPO SI 2023-2020

102. प्रश्न आकृतियाँ

SSC CPO 05/10/2023 Shift-III

उत्तर आकृतियाँ

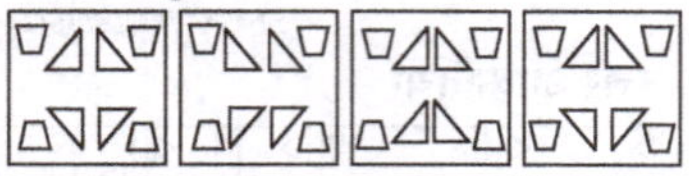

(a) (b) (c) (d)

103. प्रश्न आकृतियाँ

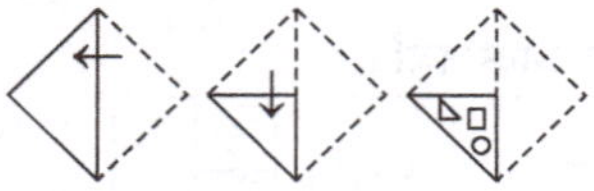

SSC CPO 05/10/2023 Shift-III

उत्तर आकृतियाँ

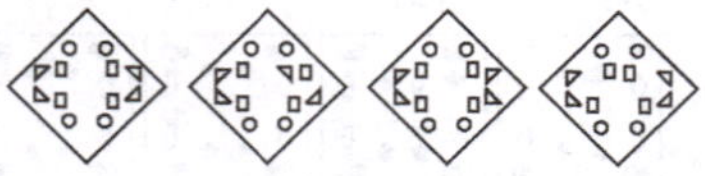

(a) (b) (c) (d)

104. प्रश्न आकृतियाँ

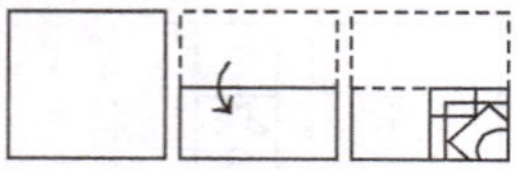

SSC CPO 05/10/2023 Shift-III

उत्तर आकृतियाँ

(a) (b) (c) (d)

105. प्रश्न आकृतियाँ

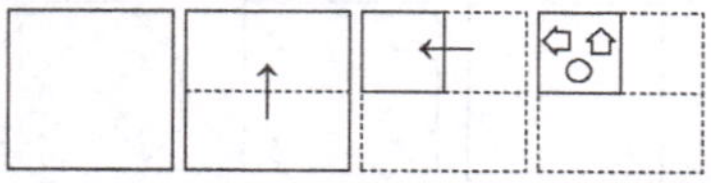

SSC CPO 04/10/2023 Shift-II

उत्तर आकृतियाँ

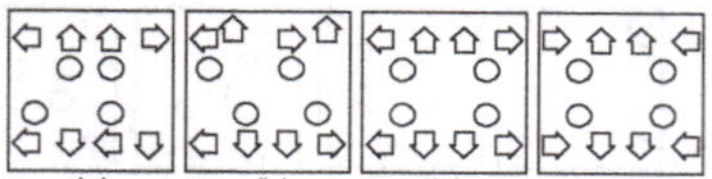

(a) (b) (c) (d)

106. प्रश्न आकृतियाँ

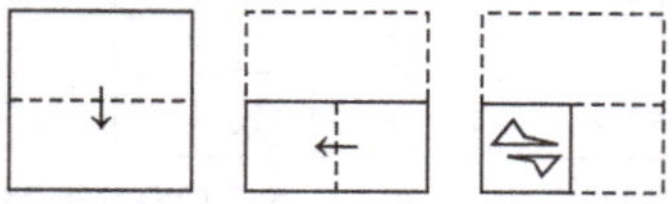

SSC CPO 04/10/2023 Shift-II

उत्तर आकृतियाँ

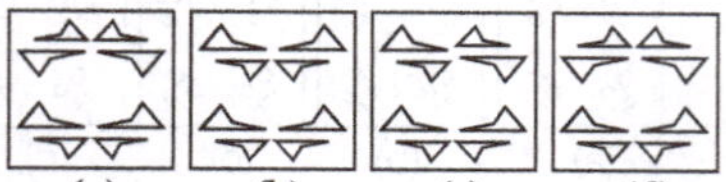

(a) (b) (c) (d)

107. प्रश्न आकृतियाँ

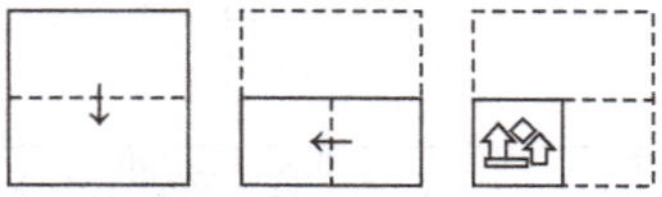

SSC CPO 10/11/2022

उत्तर आकृतियाँ

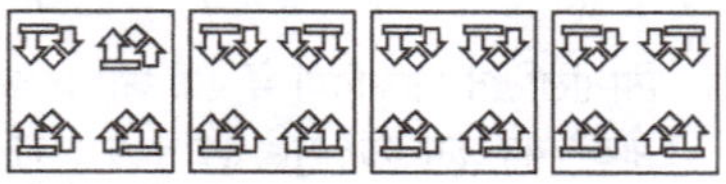

(a) (b) (c) (d)

108. प्रश्न आकृतियाँ

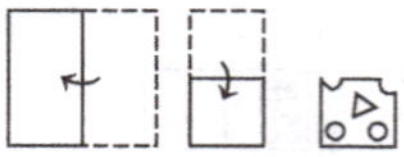

SSC CPO 25/11/2020 Shift-II

उत्तर आकृतियाँ

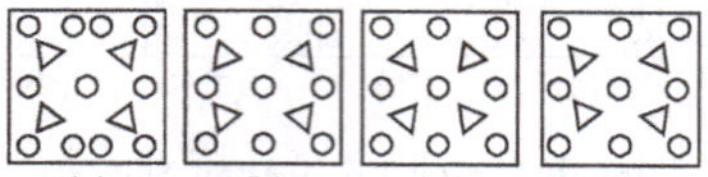

(a) (b) (c) (d)

109. प्रश्न आकृतियाँ

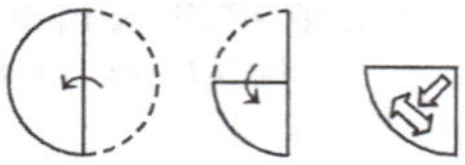

SSC CPO 25/11/2020 Shift-II

उत्तर आकृतियाँ

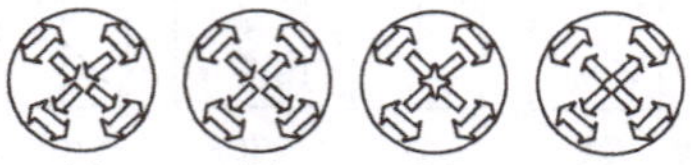

(a) (b) (c) (d)

110. प्रश्न आकृतियाँ

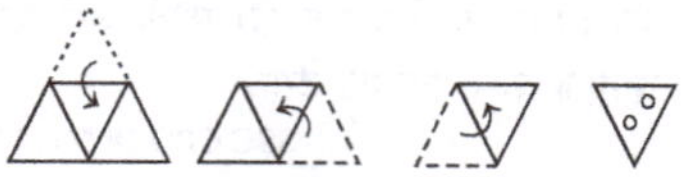

SSC CPO 25/11/2020 Shift-I

उत्तर आकृतियाँ

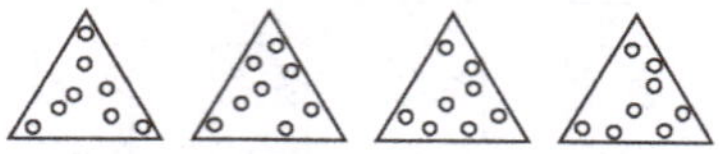

(a) (b) (c) (d)

111. प्रश्न आकृतियाँ

SSC CPO 24/11/2020 Shift-I

उत्तर आकृतियाँ

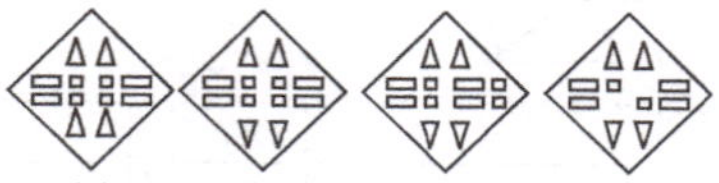

(a) (b) (c) (d)

112. प्रश्न आकृतियाँ

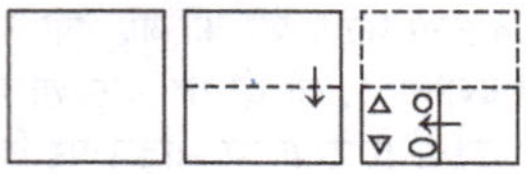

SSC CPO 24/11/2020 Shift-I

उत्तर आकृतियाँ

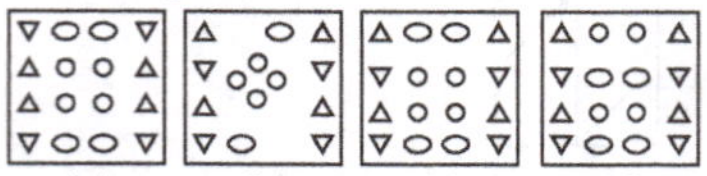

(a) (b) (c) (d)

113. प्रश्न आकृतियाँ

SSC CPO 23/11/2020 Shift-I

उत्तर आकृतियाँ

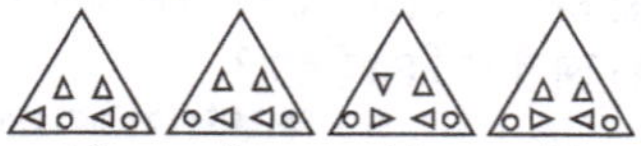

(a) (b) (c) (d)

114. प्रश्न आकृतियाँ

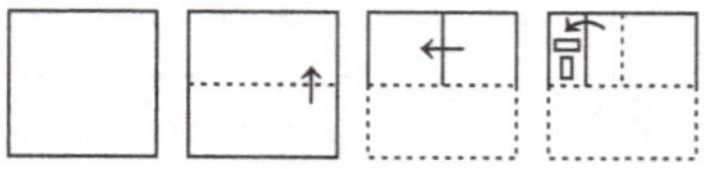

SSC CPO 23/11/2020 Shift-I

उत्तर आकृतियाँ

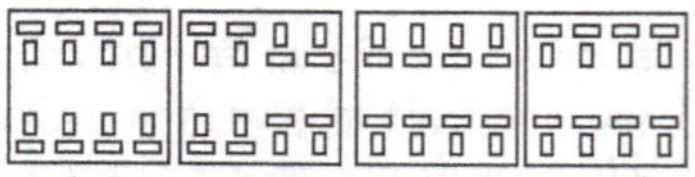

(a) (b) (c) (d)

SSC CHSL 2024 (Tier I & II)

निर्देश (प्र.सं. 115-162) *निम्नलिखित प्रत्येक प्रश्न में, कागज के टुकड़े को मोड़ा और काटा गया है। खोलने पर यह कागज कैसा दिखाई देगा?*

115. प्रश्न आकृतियाँ

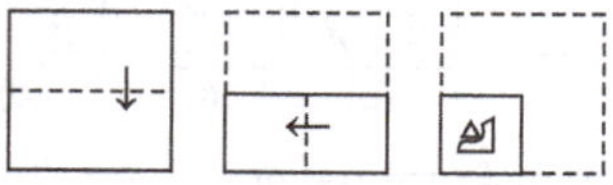

SSC CHSL (Tier-II) 18/11/2024

उत्तर आकृतियाँ

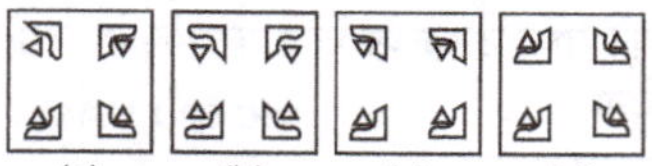

(a) (b) (c) (d)

116. प्रश्न आकृतियाँ

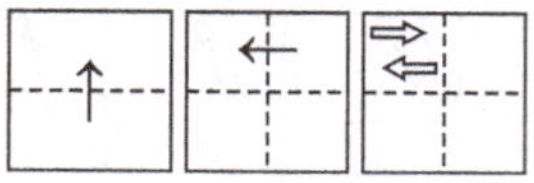

SSC CHSL (Tier-I) 11/7/2024 Shift-IV

उत्तर आकृतियाँ

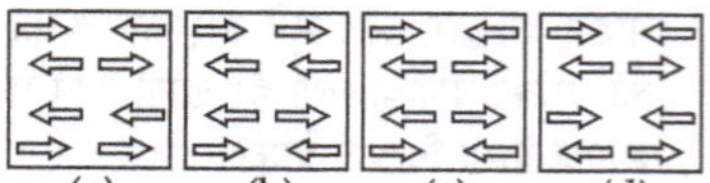

(a) (b) (c) (d)

117. प्रश्न आकृतियाँ

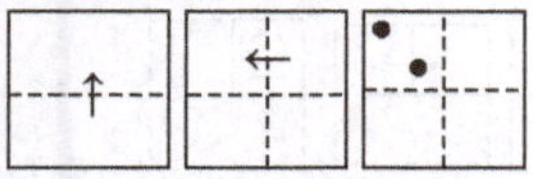

SSC CHSL (Tier-I) 11/7/2024 Shift-III

उत्तर आकृतियाँ

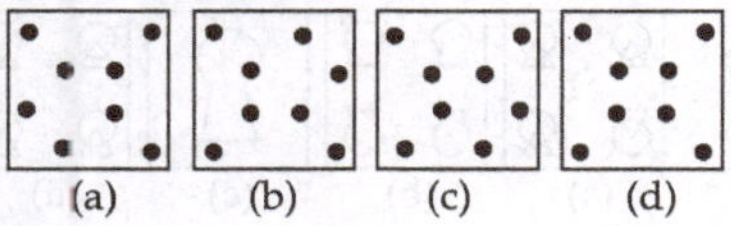

118. प्रश्न आकृतियाँ

SSC CHSL (Tier-I) 11/7/2024 Shift-II

उत्तर आकृतियाँ

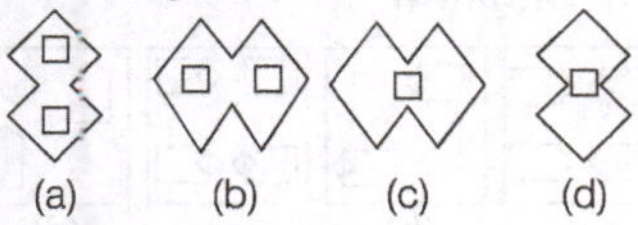

119. प्रश्न आकृतियाँ

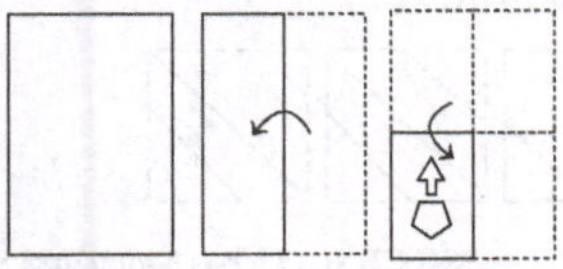

SSC CHSL (Tier-I) 11/7/2024 Shift-II

उत्तर आकृतियाँ

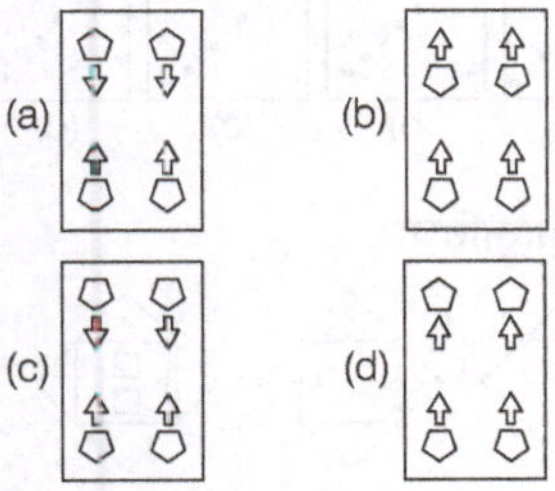

120. प्रश्न आकृतियाँ

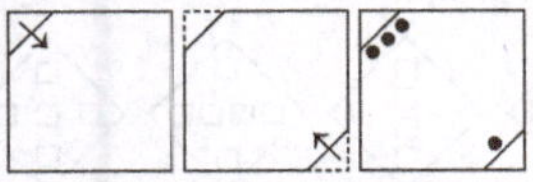

SSC CHSL (Tier-I) 11/7/2024 Shift-I

उत्तर आकृतियाँ

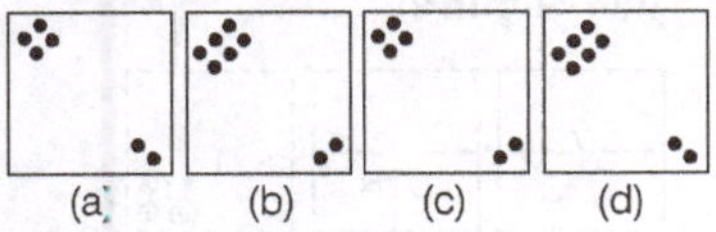

121. प्रश्न आकृतियाँ

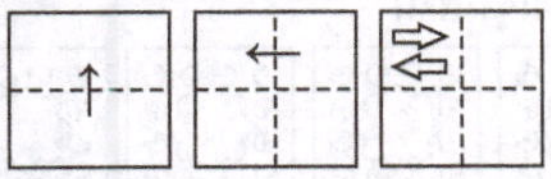

SSC CHSL (Tier-I) 10/07/2024 Shift-IV

उत्तर आकृतियाँ

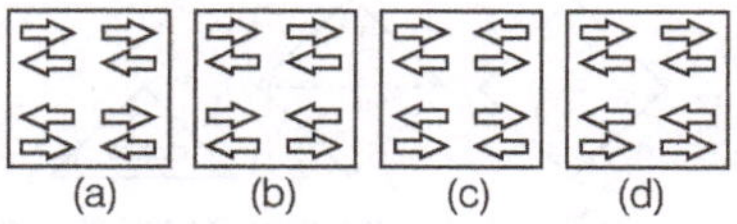

122. प्रश्न आकृतियाँ

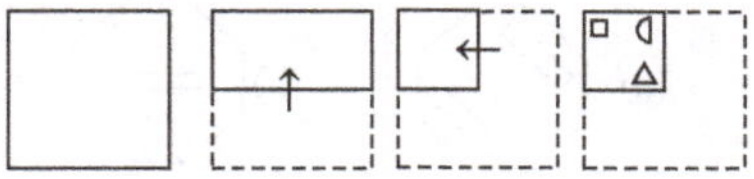

SSC CHSL (Tier-I) 10/07/2024 Shift-III

उत्तर आकृतियाँ

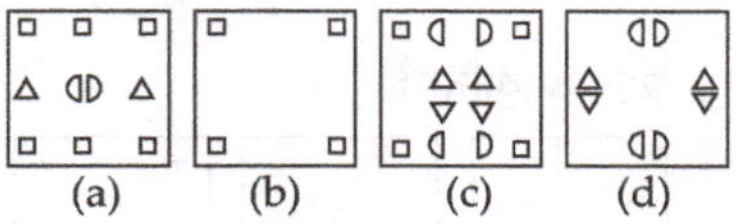

123. प्रश्न आकृतियाँ

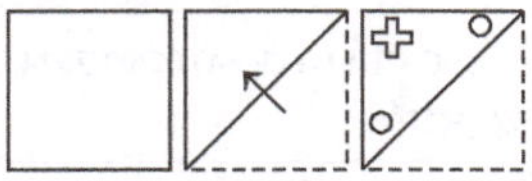

SSC CHSL (Tier-I) 10/07/2024 Shift-II

उत्तर आकृतियाँ

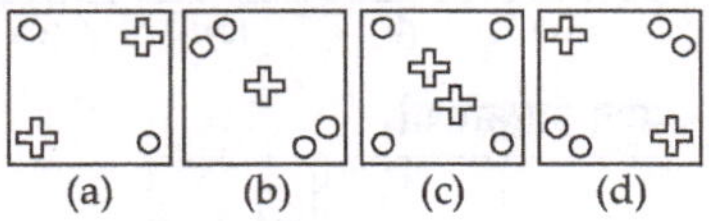

124. प्रश्न आकृतियाँ

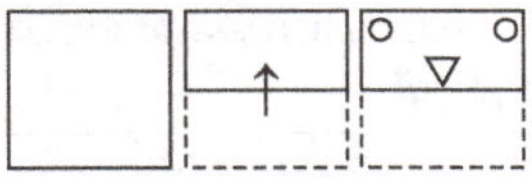

SSC CHSL (Tier-I) 09/07/2024 Shift-III

उत्तर आकृतियाँ

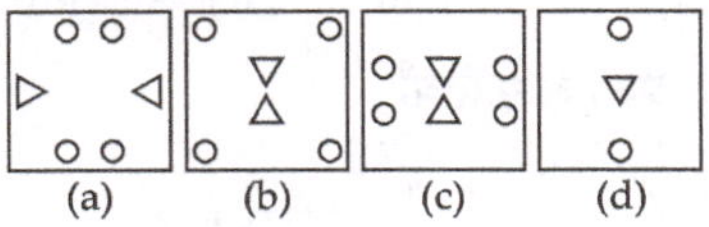

125. प्रश्न आकृतियाँ

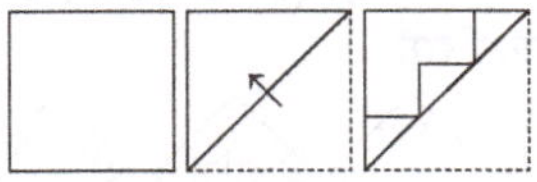

SSC CHSL (Tier-I) 09/07/2024 Shift-II

उत्तर आकृतियाँ

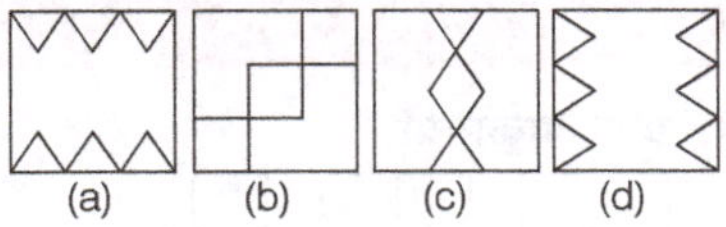

126. प्रश्न आकृतियाँ

SSC CHSL (Tier-I) 08/07/2024 Shift-I

उत्तर आकृतियाँ

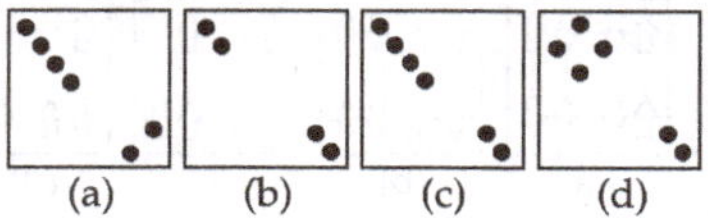

127. प्रश्न आकृतियाँ

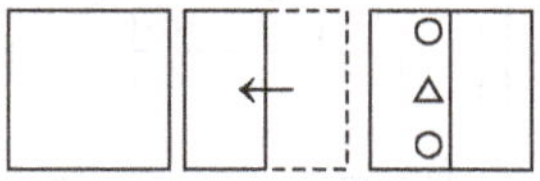

SSC CHSL (Tier-I) 08/07/2024 Shift-I

उत्तर आकृतियाँ

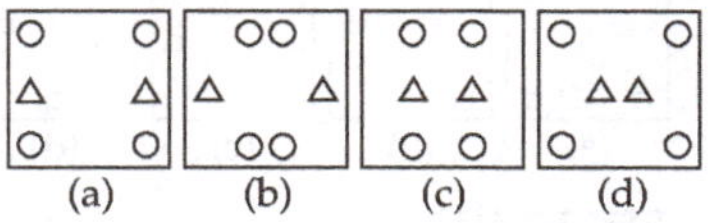

128. प्रश्न आकृतियाँ

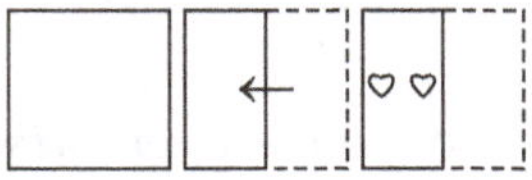

SSC CHSL (Tier-I) 05/07/2024 Shift-IV

उत्तर आकृतियाँ

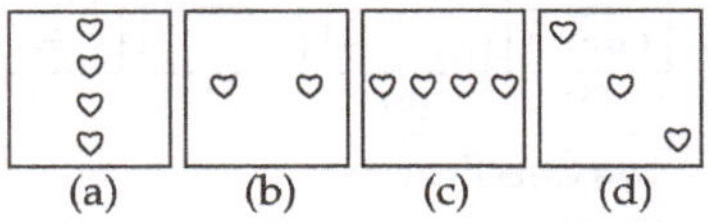

129. प्रश्न आकृतियाँ

SSC CHSL (Tier-I) 05/07/2024 Shift-III

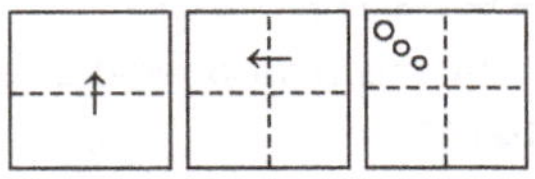

उत्तर आकृतियाँ

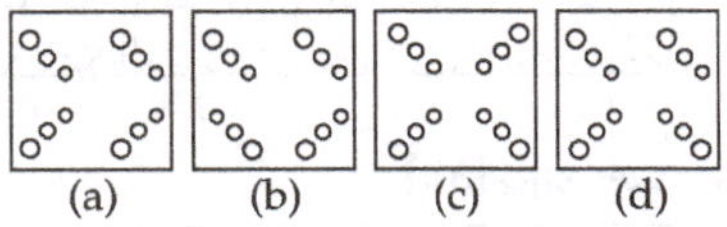

130. प्रश्न आकृतियाँ

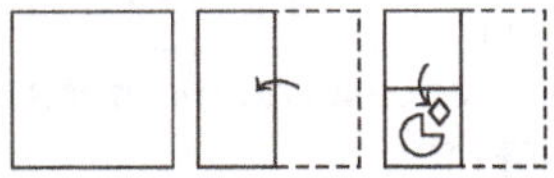

SSC CHSL (Tier-I) 05/07/2024 Shift-I

उत्तर आकृतियाँ

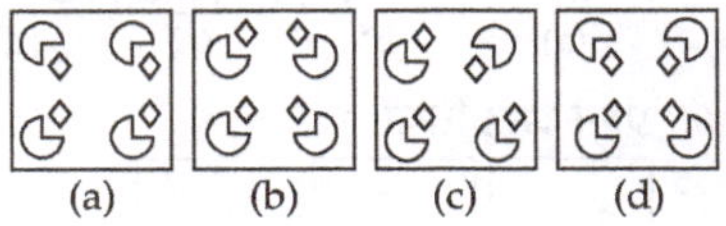

131. प्रश्न आकृतियाँ

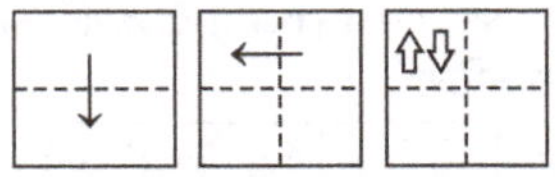

SSC CHSL (Tier-I) 04/07/2024 Shift-IV

उत्तर आकृतियाँ

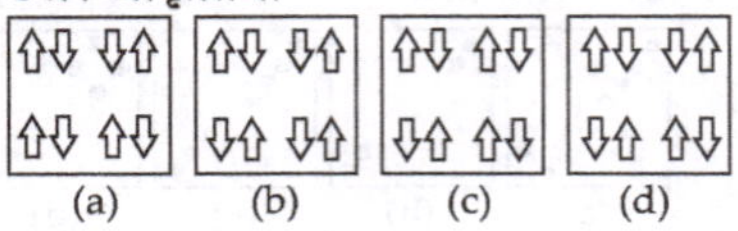

132. प्रश्न आकृतियाँ

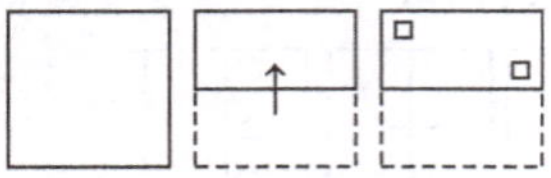

SSC CHSL (Tier-I) 04/07/2024 Shift-II

उत्तर आकृतियाँ

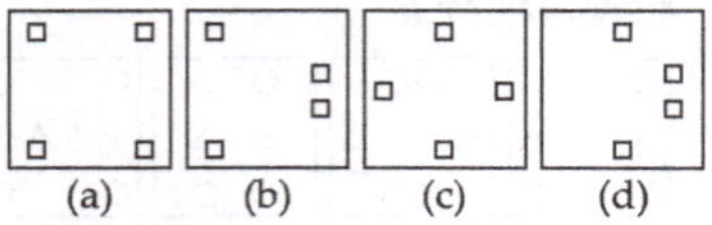

133. प्रश्न आकृतियाँ

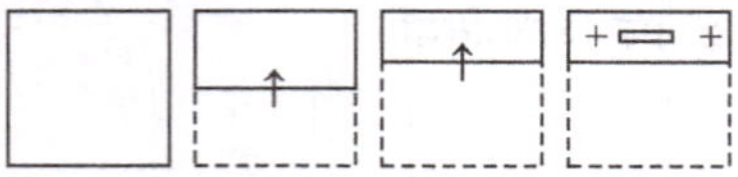

SSC CHSL (Tier-I) 03/07/2024 Shift-IV

उत्तर आकृतियाँ

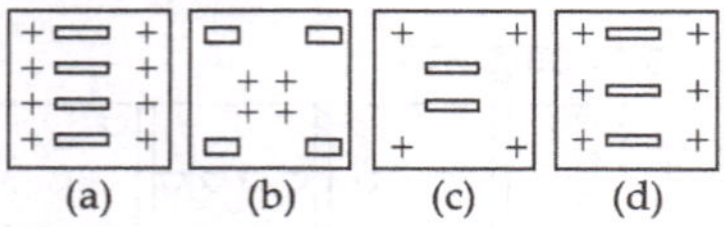

134. प्रश्न आकृतियाँ

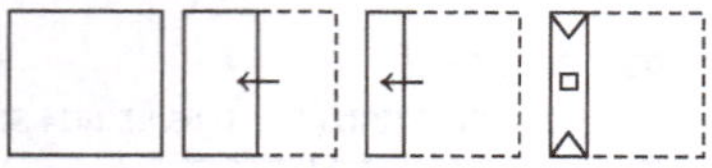

SSC CHSL (Tier-I) 03/07/2024 Shift-III

उत्तर आकृतियाँ

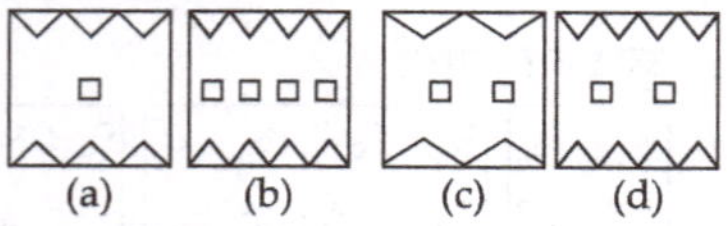

135. प्रश्न आकृतियाँ

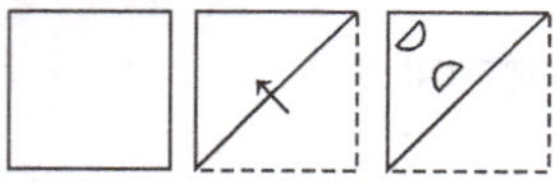

SSC CHSL (Tier-I) 03/07/2024 Shift-II

उत्तर आकृतियाँ

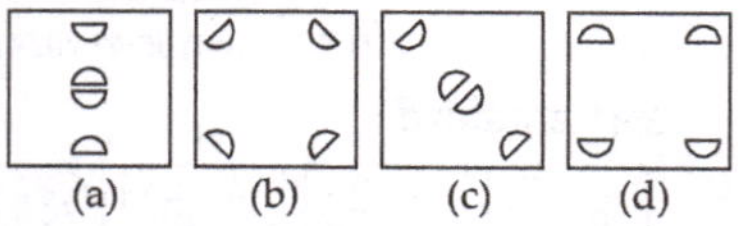

136. प्रश्न आकृतियाँ

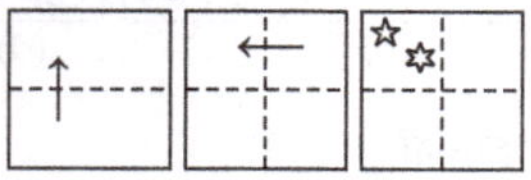

SSC CHSL (Tier-I) 02/07/2024 Shift-IV

उत्तर आकृतियाँ

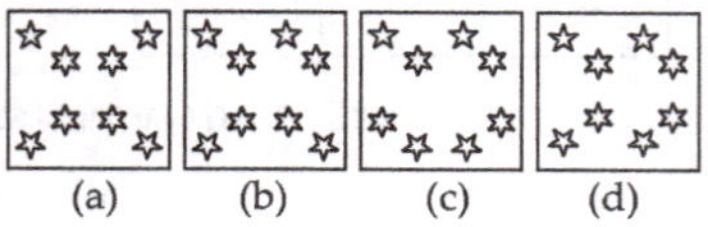

137. प्रश्न आकृतियाँ

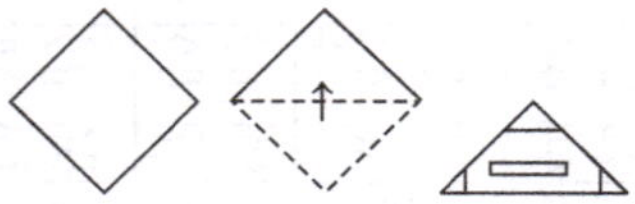

SSC CHSL (Tier-I) 02/07/2024 Shift-III

उत्तर आकृतियाँ

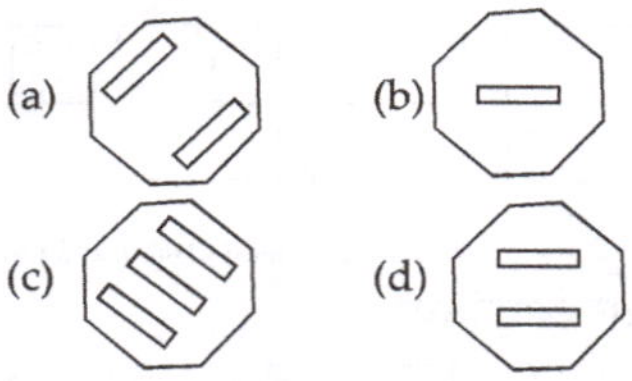

138. प्रश्न आकृतियाँ

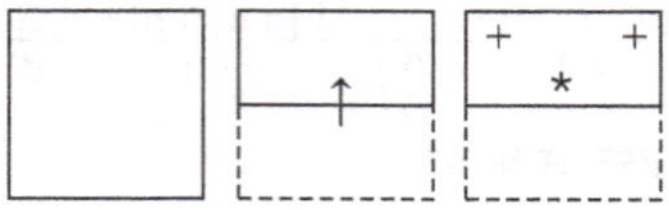

SSC CHSL (Tier-I) 02/07/2024 Shift-II

उत्तर आकृतियाँ

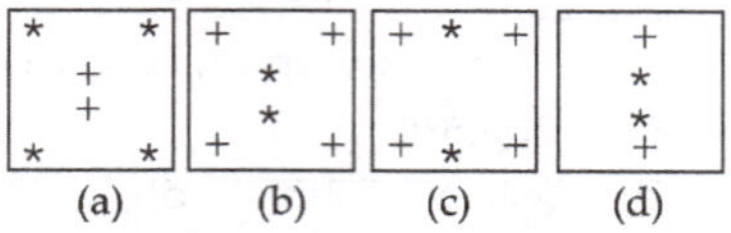

139. प्रश्न आकृतियाँ

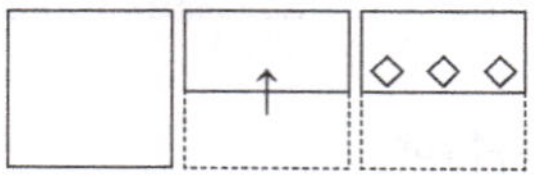

SSC CHSL (Tier-I) 02/07/2024 Shift-I

उत्तर आकृतियाँ

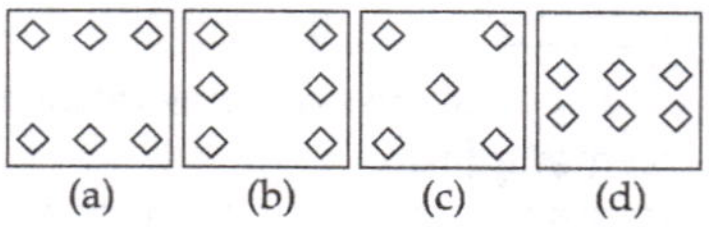

140. प्रश्न आकृतियाँ

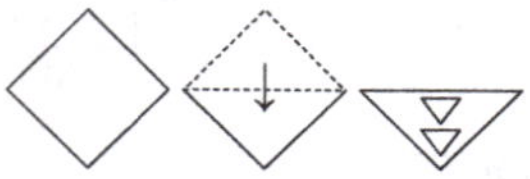

SSC CHSL (Tier-II) 10/01/2024 Shift-I

उत्तर आकृतियाँ

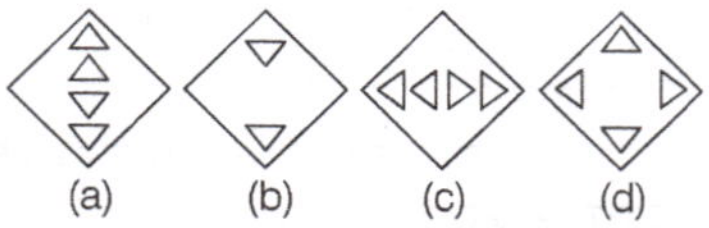

SSC CHSL 2023-2021 (Tier I & II)

141. प्रश्न आकृतियाँ

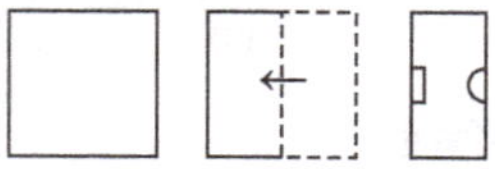

SSC CHSL (Tier-II) 02/11/2023 Shift-I

उत्तर आकृतियाँ

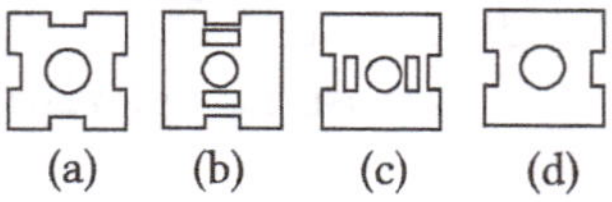

142. प्रश्न आकृतियाँ

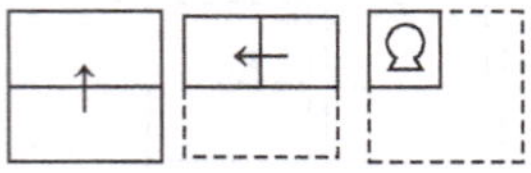

SSC CHSL (Tier-I) 14/08/2023 Shift-IV

उत्तर आकृतियाँ

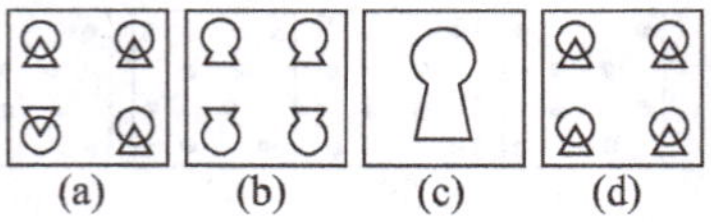

143. प्रश्न आकृतियाँ

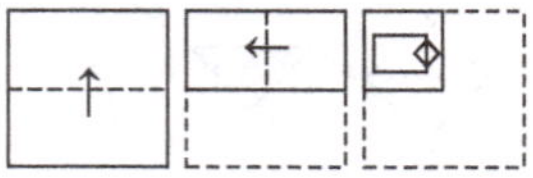

SSC CHSL (Tier-I) 08/08/2023 Shift-II

उत्तर आकृतियाँ

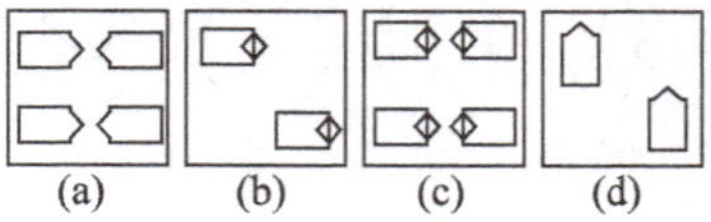

144. प्रश्न आकृतियाँ

SSC CHSL (Tier-I) 04/08/2023 Shift-II

उत्तर आकृतियाँ

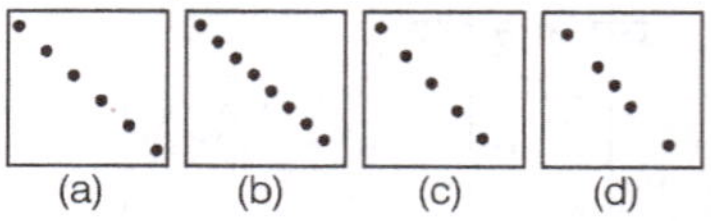

145. प्रश्न आकृतियाँ

SSC CHSL (Tier-I) 21/03/2023 Shift-II

उत्तर आकृतियाँ

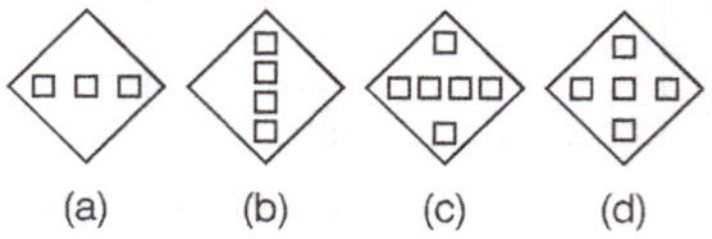

146. प्रश्न आकृतियाँ

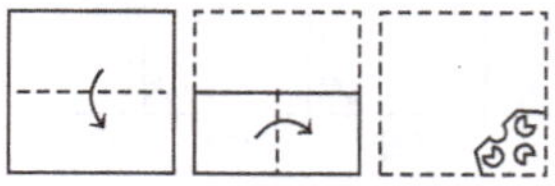

SSC CHSL (Tier-I) 17/03/2023 Shift-II

उत्तर आकृतियाँ

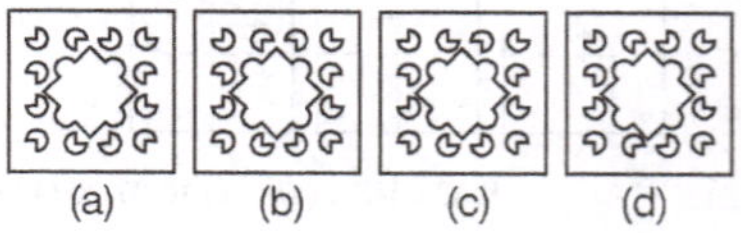

147. प्रश्न आकृतियाँ

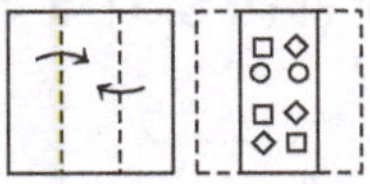

SSC CHSL (Tier-I) 16/03/2023 Shift-I

उत्तर आकृतियाँ

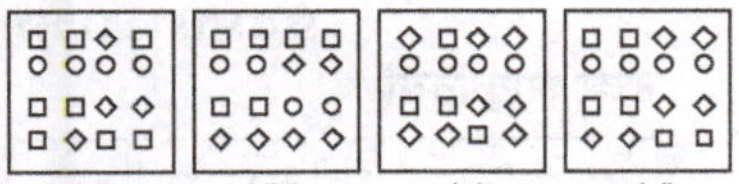

(a) (b) (c) (d)

148. प्रश्न आकृतियाँ

SSC CHSL (Tier-I) 14/03/2023 Shift-I

उत्तर आकृतियाँ

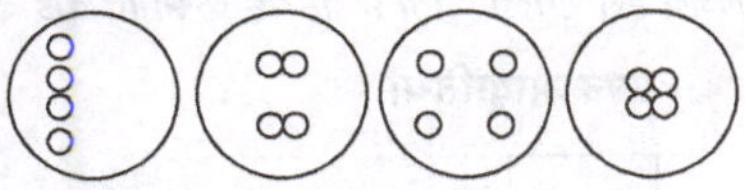

(a) (b) (c) (d)

149. प्रश्न आकृतियाँ

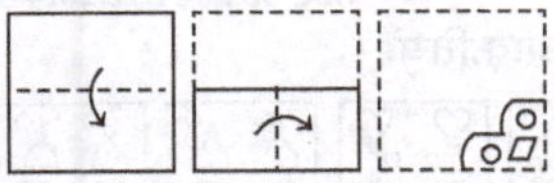

SSC CHSL (Tier-I) 13/03/2023 Shift-III

उत्तर आकृतियाँ

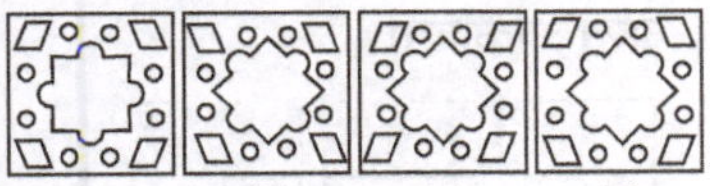

(a) (b) (c) (d)

150. प्रश्न आकृतियाँ

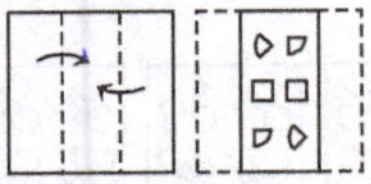

SSC CHSL (Tier-I) 13/03/2023 Shift-III

उत्तर आकृतियाँ

(a) 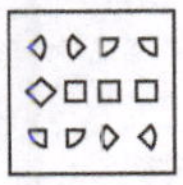
(b) 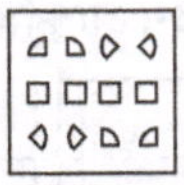
(c) 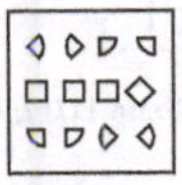
(d) 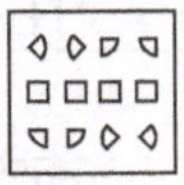

151. प्रश्न आकृतियाँ

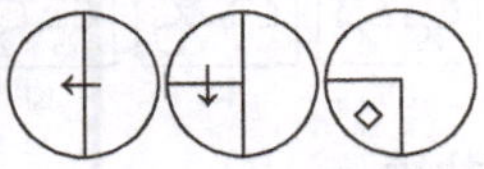

SSC CHSL (Tier-I) 13/03/2023 Shift-III

उत्तर आकृतियाँ

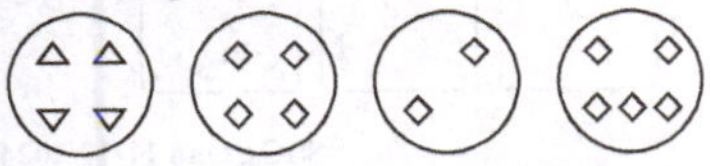

(a) (b) (c) (d)

152. प्रश्न आकृतियाँ

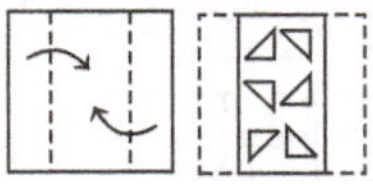

SSC CHSL (Tier-I) 09/03/2023 Shift-I

उत्तर आकृतियाँ

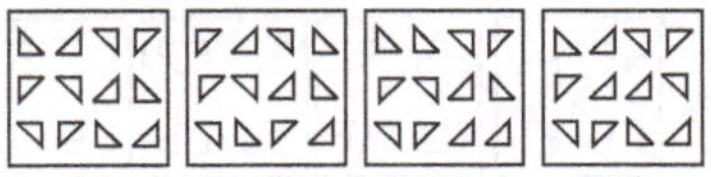

(a) (b) (c) (d)

153. प्रश्न आकृतियाँ

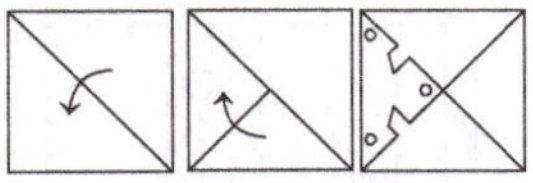

SSC CHSL (Tier-I) 02/06/2022 Shift-I

उत्तर आकृतियाँ

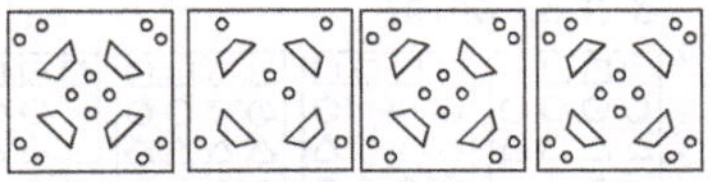

(a) (b) (c) (d)

154. प्रश्न आकृतियाँ

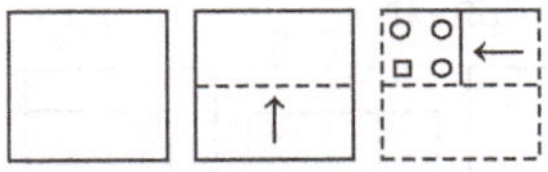

SSC CHSL (Tier-I) 01/06/2022 Shift-I

उत्तर आकृतियाँ

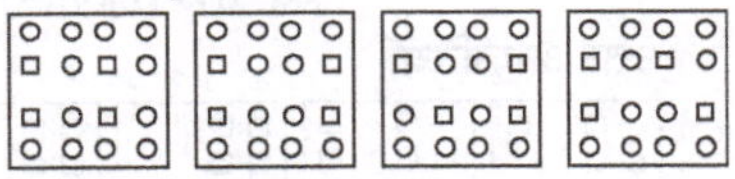

(a) (b) (c) (d)

155. प्रश्न आकृतियाँ

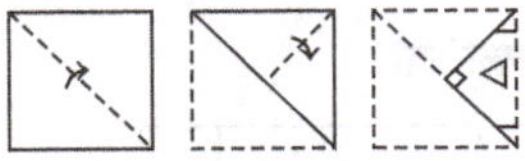

SSC CHSL (Tier-I) 30/05/2022 Shift-I

उत्तर आकृतियाँ

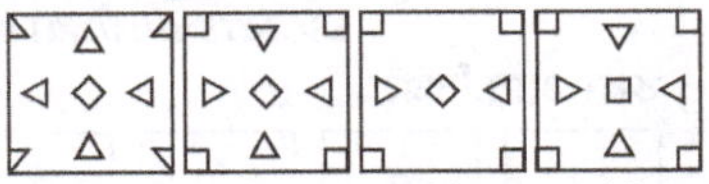

(a) (b) (c) (d)

156. प्रश्न आकृतियाँ

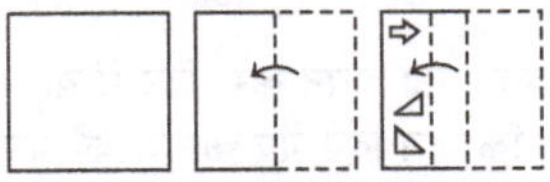

SSC CHSL (Tier-I) 30/05/2022 Shift-I

उत्तर आकृतियाँ

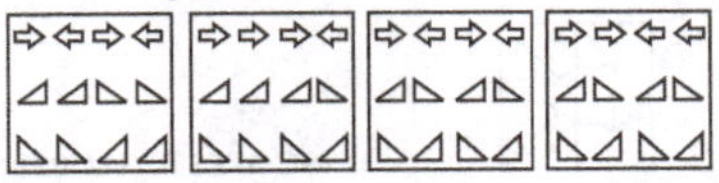

(a) (b) (c) (d)

157. प्रश्न आकृतियाँ

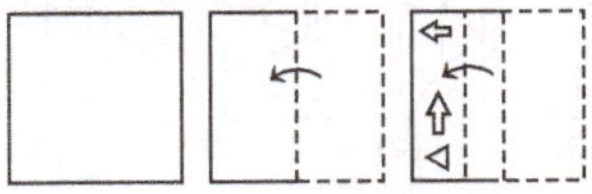

SSC CHSL (Tier-I) 27/05/2022 Shift-I

उत्तर आकृतियाँ

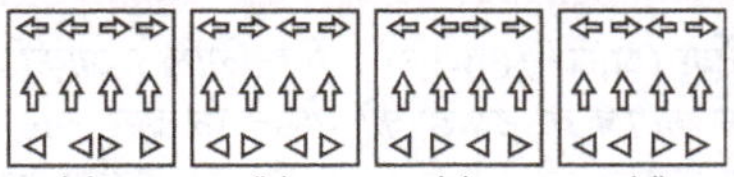

(a) (b) (c) (d)

158. प्रश्न आकृतियाँ

SSC CHSL (Tier-I) 27/05/2022 Shift-I

उत्तर आकृतियाँ

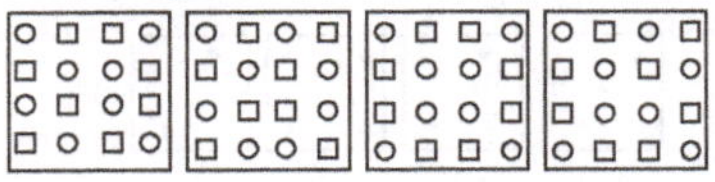

(a) (b) (c) (d)

159. प्रश्न आकृतियाँ

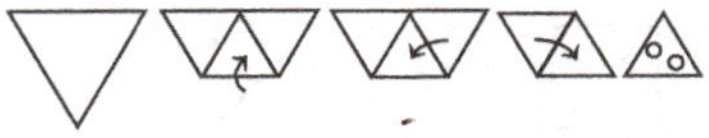

SSC CHSL (Tier-I) 10/08/2021 Shift-I

उत्तर आकृतियाँ

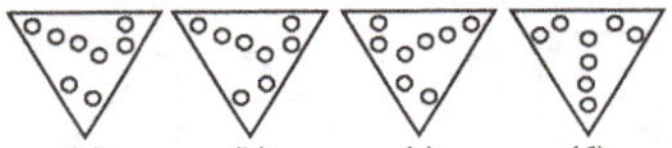

(a) (b) (c) (d)

160. प्रश्न आकृतियाँ

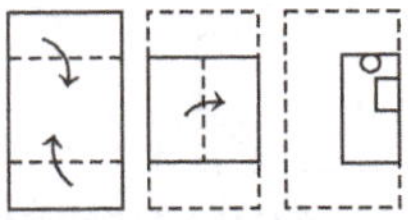

SSC CHSL (Tier-I) 04/08/2021 Shift-I

उत्तर आकृतियाँ

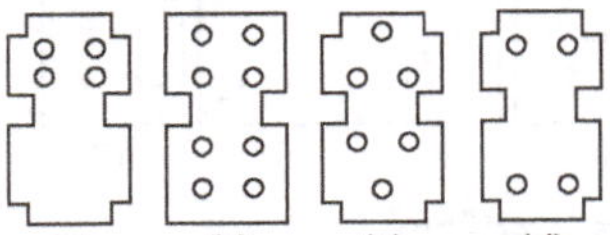

(a) (b) (c) (d)

161. प्रश्न आकृतियाँ

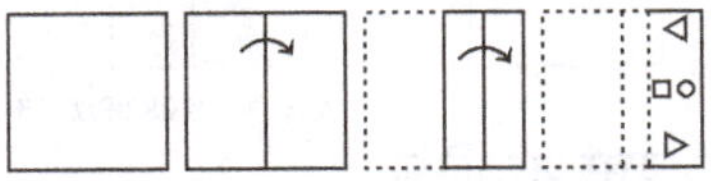

SSC CHSL (Tier-I) 19/04/2021 Shift-I

उत्तर आकृतियाँ

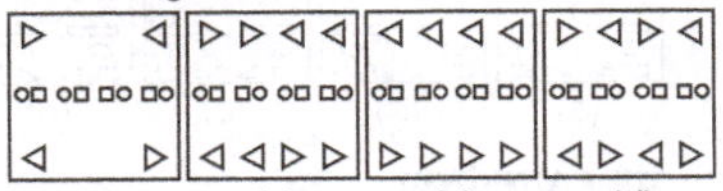

(a) (b) (c) (d)

162. प्रश्न आकृतियाँ

SSC CHSL (Tier-I) 12/04/2021 Shift-II

उत्तर आकृतियाँ

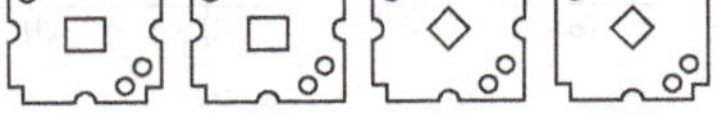

(a) (b) (c) (d)

SSC MTS 2024-2021

निर्देश (प्र.सं. 163-171) *निम्नलिखित आकृतियों में एक कागज़ के टुकड़े को मोड़ने के क्रम और मुड़े हुए कागज को काटने के तरीके को दर्शाया गया है। खोलने पर यह कागज कैसा दिखाई देगा?*

163. प्रश्न आकृतियाँ

SSC MTS 14/11/2024 Shift-III

उत्तर आकृतियाँ

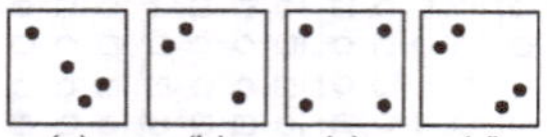

(a) (b) (c) (d)

164. प्रश्न आकृतियाँ

SSC MTS 17/10/2024 Shift-II

उत्तर आकृतियाँ

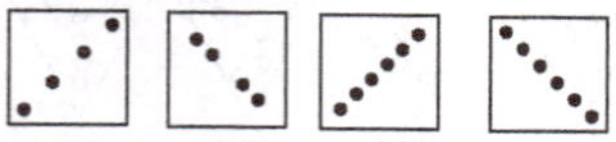

(a) (b) (c) (d)

165. प्रश्न आकृतियाँ

SSC MTS 14/10/2024 Shift-I

उत्तर आकृतियाँ

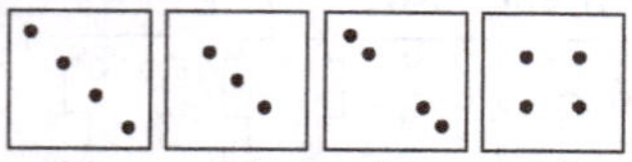

(a) (b) (c) (d)

166. प्रश्न आकृतियाँ

SSC MTS 08/09/2023 Shift-II

उत्तर आकृतियाँ

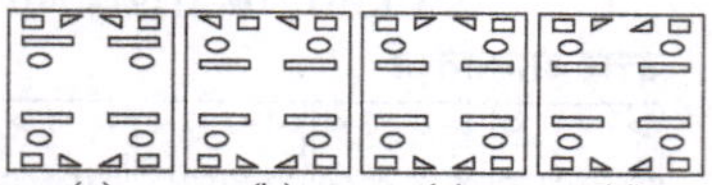

(a) (b) (c) (d)

167. प्रश्न आकृतियाँ

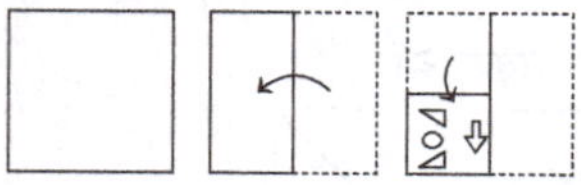

SSC MTS 04/09/2023 Shift-II

उत्तर आकृतियाँ

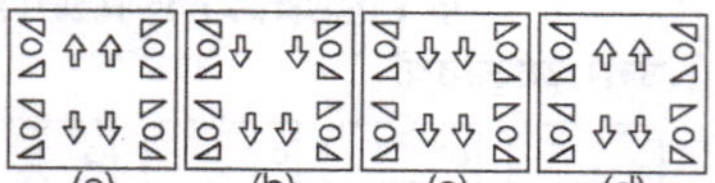

(a) (b) (c) (d)

168. प्रश्न आकृतियाँ

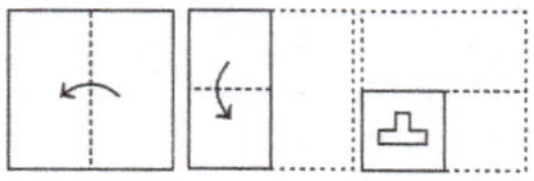

SSC MTS 14/07/2022 Shift-I

उत्तर आकृतियाँ

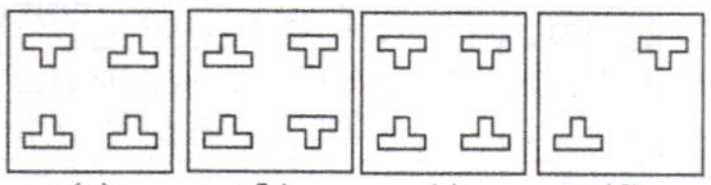

(a) (b) (c) (d)

169. प्रश्न आकृतियाँ

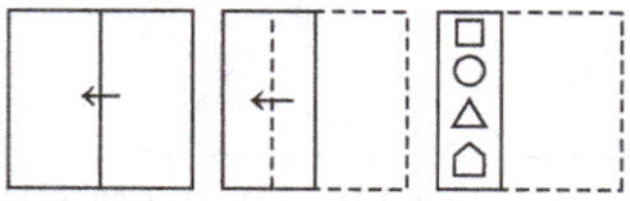

SSC MTS 12/07/2022 Shift-I

उत्तर आकृतियाँ

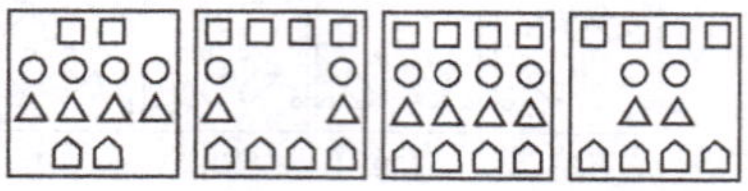

(a) (b) (c) (d)

170. प्रश्न आकृतियाँ

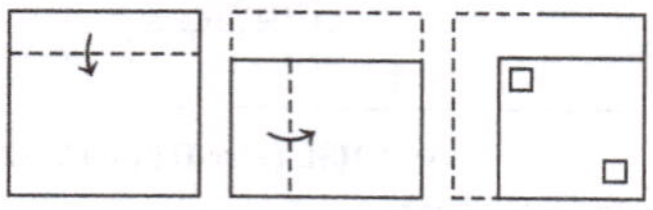

SSC MTS 11/07/2022 Shift-I

उत्तर आकृतियाँ

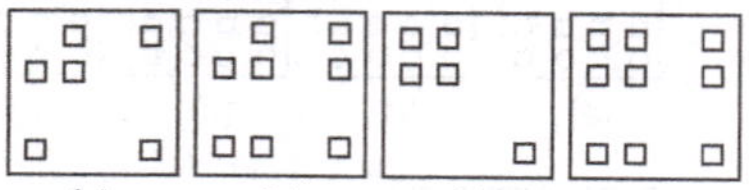

(a) (b) (c) (d)

171. प्रश्न आकृतियाँ

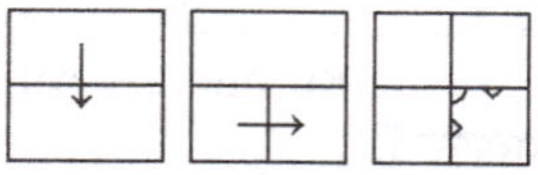

SSC MTS 02/11/2021 Shift-III

उत्तर आकृतियाँ

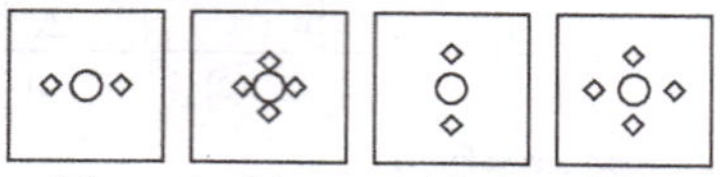

(a) (b) (c) (d)

172. उस विकल्प का चयन करें, जिसमें यह दर्शाया गया है, कि जब दिए गए कागज की पारदर्शी शीट को बिन्दीदार रेखा पर मोड़ा जाता है, तो यह कैसी दिखेगी।

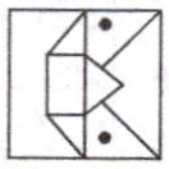

SSC MTS 02/11/2021 Shift-II

उत्तर आकृतियाँ

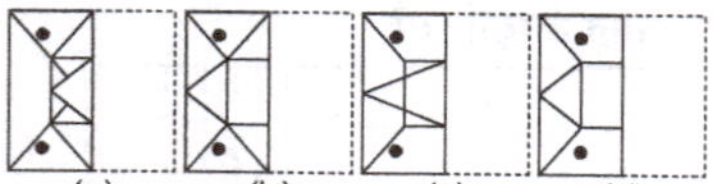

(a) (b) (c) (d)

173. एक कागज को मोड़ा गया और नीचे दर्शाए गए अनुसार काटा गया है। इसे खोलने पर यह कैसा दिखाई देगा?

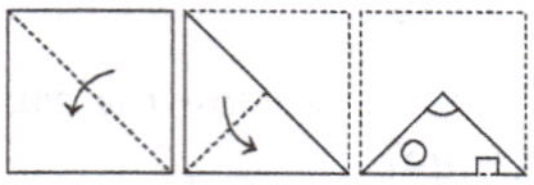

SSC MTS 02/11/2021 Shift-I

उत्तर आकृतियाँ

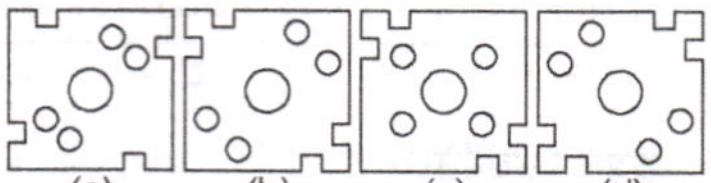

(a) (b) (c) (d)

SSC Steno 2024

निर्देश (प्र.सं. 174-187) *कागज के एक टुकड़े को प्रश्न आकृति में दिए गए ढंग से मोड़ा तथा काटा जाता है। जब इसे खोला जाता है तो यह कैसा दिखाई देगा?*

174. प्रश्न आकृतियाँ

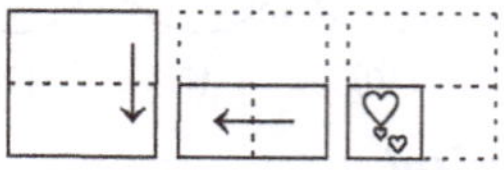

SSC Steno 11/12/2024 Shift-III

उत्तर आकृतियाँ

(a) (b) (c) (d)

175. प्रश्न आकृतियाँ

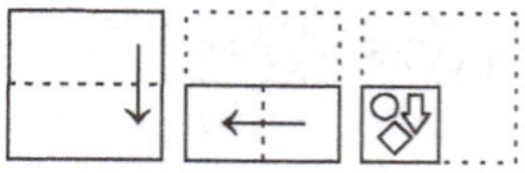

SSC Steno 11/12/2024 Shift-III

उत्तर आकृतियाँ

(a) (b) (c) (d)

176. प्रश्न आकृतियाँ

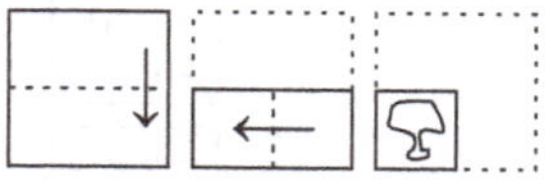

SSC Steno 11/12/2024 Shift-I

उत्तर आकृतियाँ

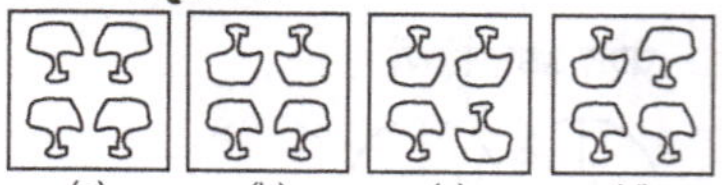

(a) (b) (c) (d)

177. प्रश्न आकृतियाँ

SSC Steno 11/12/2024 Shift-I

उत्तर आकृतियाँ

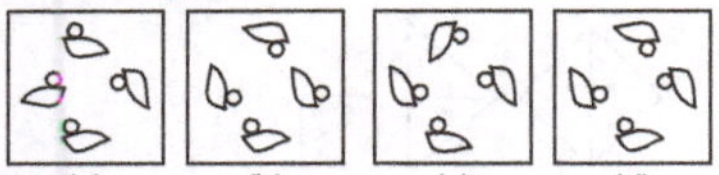

(a) (b) (c) (d)

178. प्रश्न आकृतियाँ

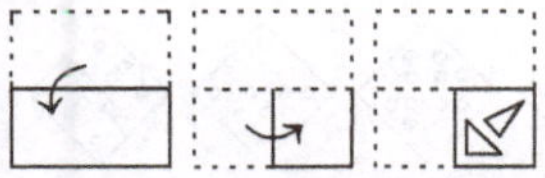

SSC Steno 10/12/2024 Shift-III

उत्तर आकृतियाँ

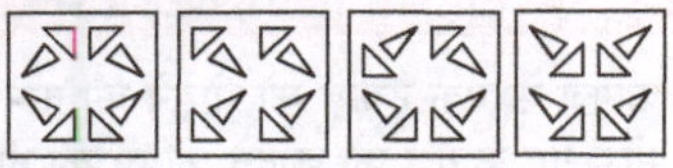

(a) (b) (c) (d)

179. प्रश्न आकृतियाँ

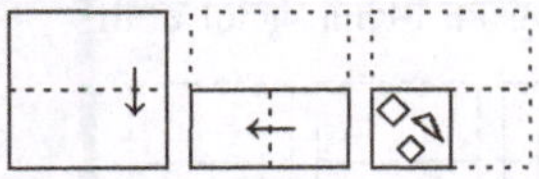

SSC Steno 10/12/2024 Shift-III

उत्तर आकृतियाँ

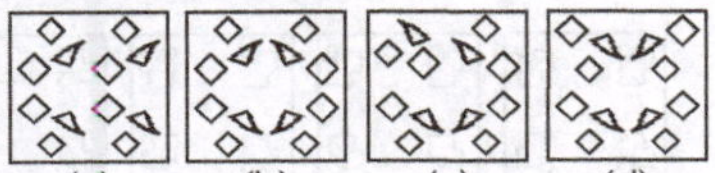

(a) (b) (c) (d)

180. प्रश्न आकृतियाँ

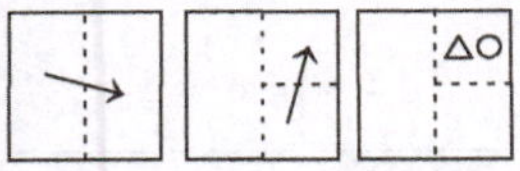

SSC Steno 10/12/2024 Shift-II

उत्तर आकृतियाँ

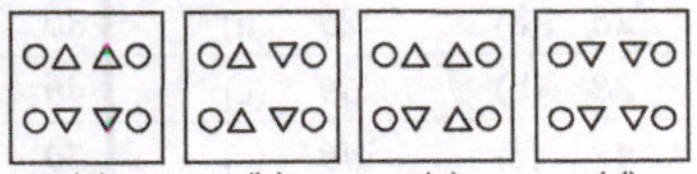

(a) (b) (c) (d)

181. प्रश्न आकृतियाँ

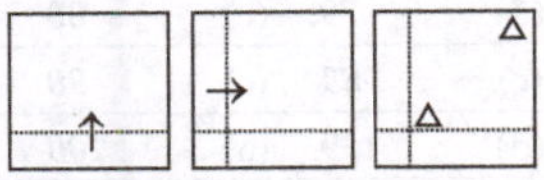

SSC Steno 10/12/2024 Shift-I

उत्तर आकृतियाँ

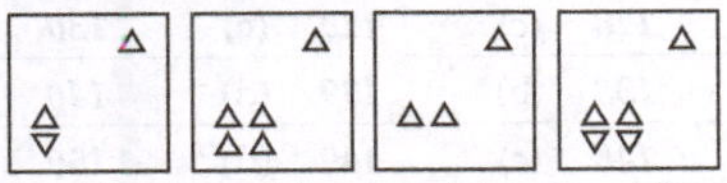

(a) (b) (c) (d)

SSC Steno 2023-2020

182. प्रश्न आकृतियाँ

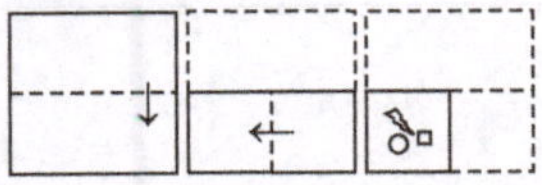

SSC Steno 13/10/2023 Shift-I

उत्तर आकृतियाँ

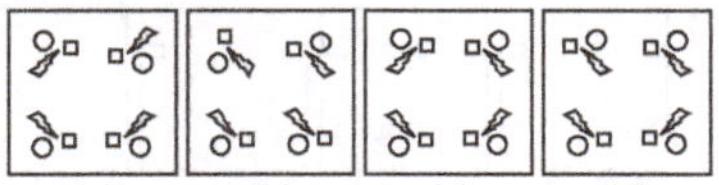

(a) (b) (c) (d)

183. प्रश्न आकृतियाँ

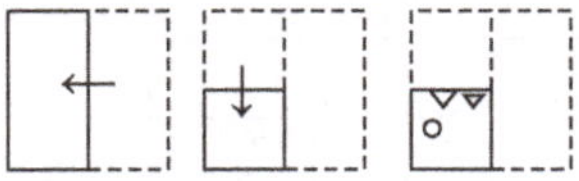

SSC Steno 12/10/2023 Shift-I

उत्तर आकृतियाँ

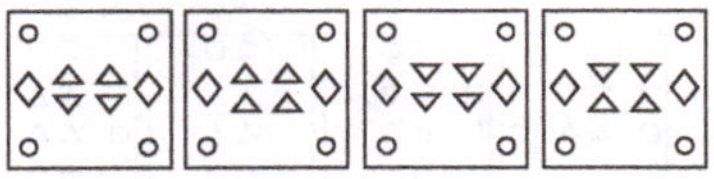

(a) (b) (c) (d)

184. प्रश्न आकृतियाँ

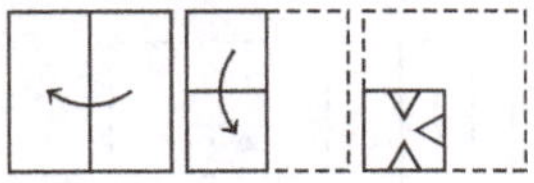

SSC Steno 15/11/2021

उत्तर आकृतियाँ

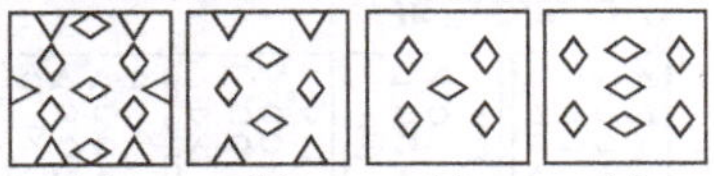

(a) (b) (c) (d)

185. प्रश्न आकृतियाँ

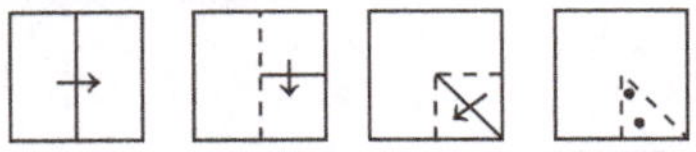

SSC Steno 12/11/2021

उत्तर आकृतियाँ

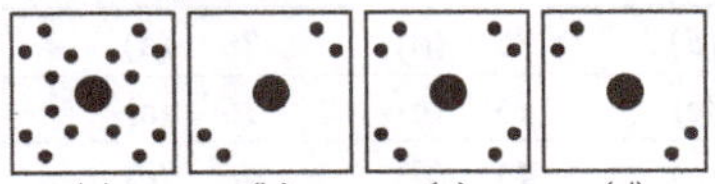

(a) (b) (c) (d)

186. प्रश्न आकृतियाँ

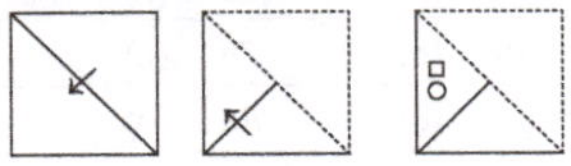

SSC Steno 24/12/2020

उत्तर आकृतियाँ

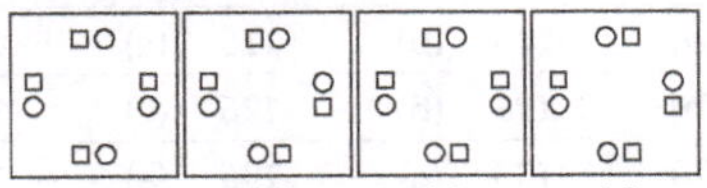

(a) (b) (c) (d)

187. प्रश्न आकृतियाँ

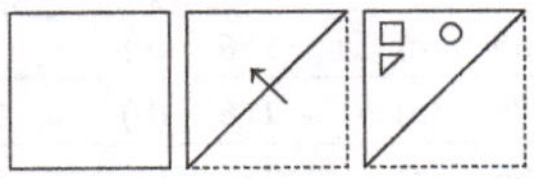

SSC Steno 22/12/2020

उत्तर आकृतियाँ

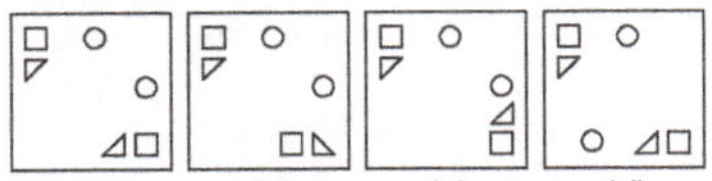

(a) (b) (c) (d)

SSC GD Constable 2024 & 2023

निर्देश (प्र.सं. 188-198) *नीचे दर्शाए गए अनुसार एक कागज को मोड़कर काटा जाता है। खोले जाने पर यह कैसा दिखाई देगा?*

188. प्रश्न आकृतियाँ

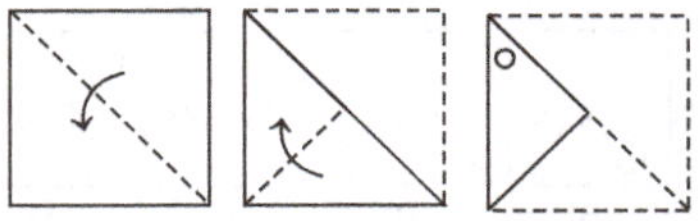

SSC GD 24/02/2024 Shift-III

उत्तर आकृतियाँ

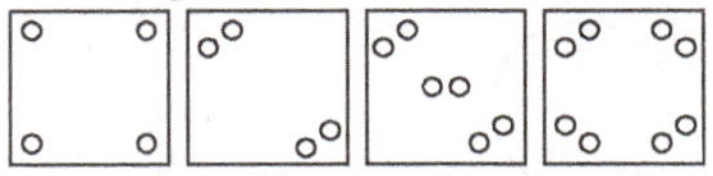

(a) (b) (c) (d)

189. प्रश्न आकृतियाँ

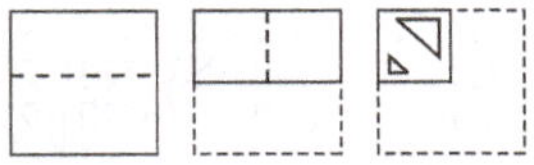

SSC GD 23/02/2024 Shift-IV

उत्तर आकृतियाँ

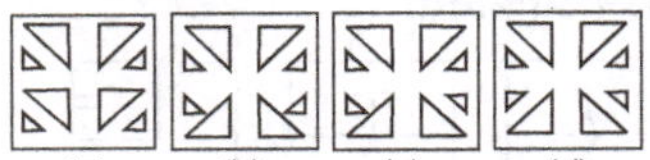

(a) (b) (c) (d)

190. प्रश्न आकृतियाँ

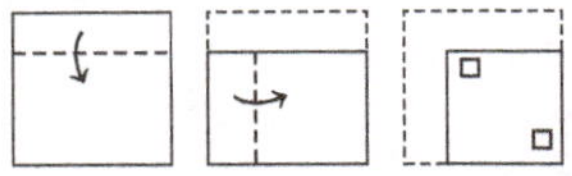

SSC GD 23/02/2024 Shift-IV

उत्तर आकृतियाँ

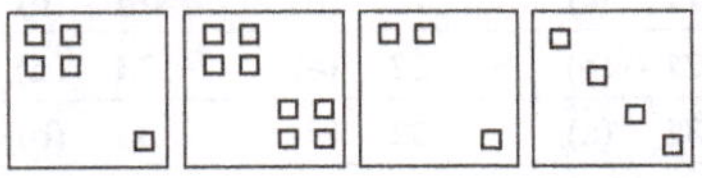

(a) (b) (c) (d)

191. प्रश्न आकृतियाँ

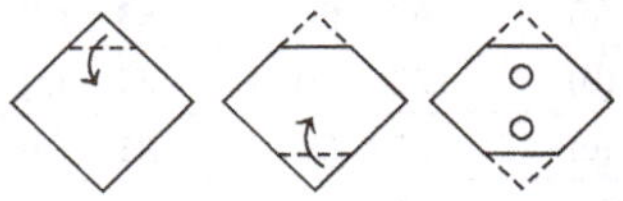

SSC GD 22/02/2024 Shift-II

उत्तर आकृतियाँ

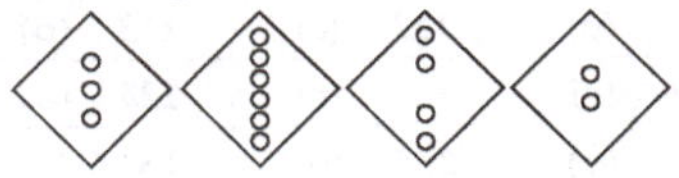

(a) (b) (c) (d)

192. प्रश्न आकृतियाँ

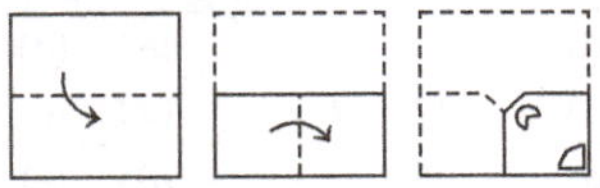

SSC GD 22/02/2024 Shift-I

उत्तर आकृतियाँ

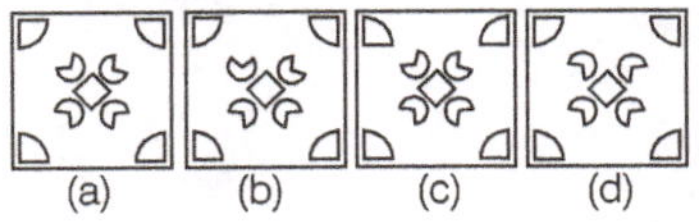

(a) (b) (c) (d)

193. प्रश्न आकृतियाँ

SSC GD 21/02/2024 Shift-III

उत्तर आकृतियाँ

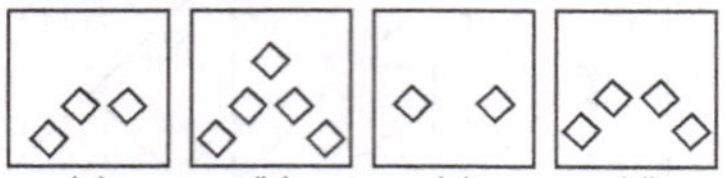

(a) (b) (c) (d)

194. प्रश्न आकृतियाँ

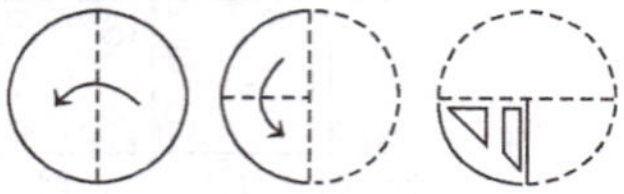

SSC GD 21/02/2024 Shift-III

उत्तर आकृतियाँ

(a) (b) (c) (d)

195. प्रश्न आकृतियाँ

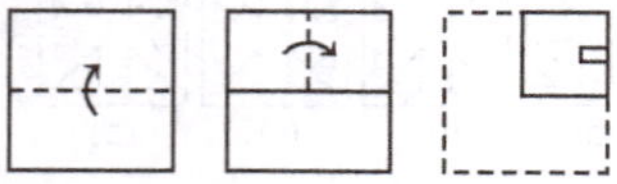

SSC GD 20/02/2024 Shift-IV

उत्तर आकृतियाँ

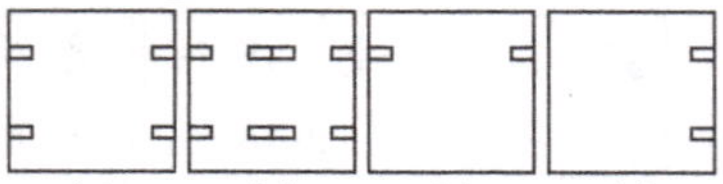

(a) (b) (c) (d)

196. प्रश्न आकृतियाँ

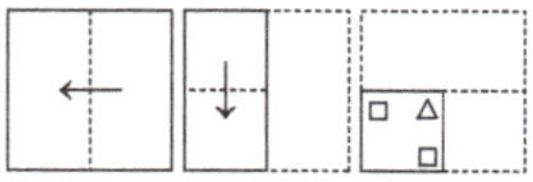

SSC GD 13/02/2023 Shift-IV

उत्तर आकृतियाँ

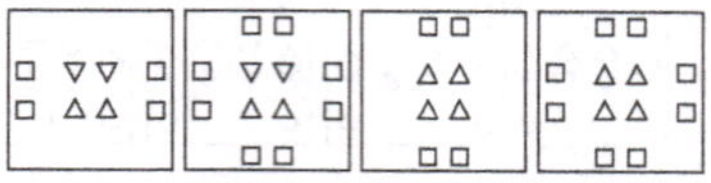

(a) (b) (c) (d)

197. प्रश्न आकृतियाँ

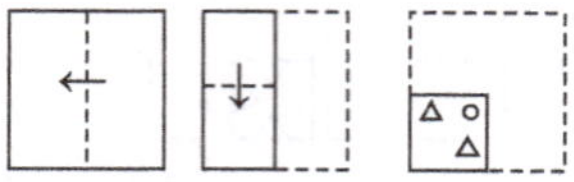

SSC GD 08/02/2023 Shift-I

उत्तर आकृतियाँ

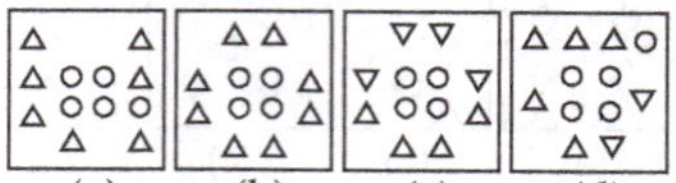

(a) (b) (c) (d)

198. प्रश्न आकृतियाँ

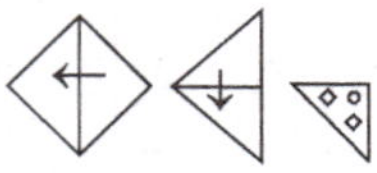

SSC GD 02/02/2023 Shift-I

उत्तर आकृतियाँ

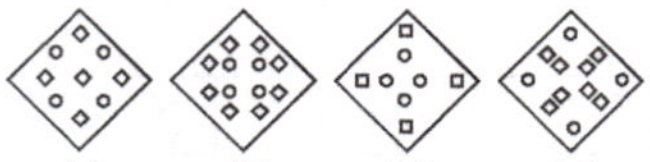

(a) (b) (c) (d)

SSC Selection Post 2022

199. कागज के एक टुकड़े को मोड़ने का क्रम और मोड़े गए कागज को काटने का तरीका नीचे दिखाया गया है। एक ऐसी आकृति चुनें, जो कागज को खोलने पर उसके खुले रूप से सबसे अधिक मिलती जुलती होगी।

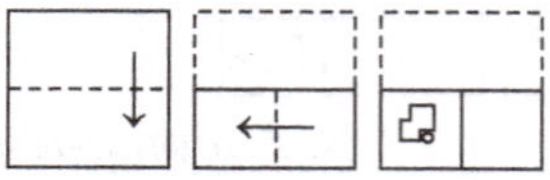

Higher Secondary Level 01/08/2022 Shift-II

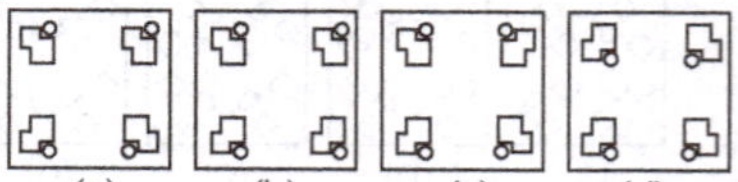

(a) (b) (c) (d)

सही उत्तर

1	(d)	2	(d)	3	(a)	4	(c)	5	(a)	6	(d)	7	(a)	8	(a)	9	(b)	10	(c)
11	(c)	12	(d)	13	(b)	14	(b)	15	(a)	16	(d)	17	(d)	18	(a)	19	(c)	20	(a)
21	(b)	22	(a)	23	(d)	24	(d)	25	(d)	26	(a)	27	(d)	28	(a)	29	(a)	30	(a)
31	(a)	32	(d)	33	(b)	34	(c)	35	(c)	36	(a)	37	(b)	38	(b)	39	(c)	40	(a)
41	(d)	42	(c)	43	(a)	44	(a)	45	(d)	46	(c)	47	(d)	48	(c)	49	(c)	50	(d)
51	(c)	52	(d)	53	(c)	54	(a)	55	(b)	56	(a)	57	(c)	58	(b)	59	(d)	60	(c)
61	(c)	62	(b)	63	(d)	64	(c)	65	(a)	66	(b)	67	(d)	68	(d)	69	(b)	70	(c)
71	(b)	72	(a)	73	(a)	74	(b)	75	(c)	76	(c)	77	(b)	78	(d)	79	(c)	80	(a)
81	(c)	82	(a)	83	(b)	84	(b)	85	(c)	86	(c)	87	(c)	88	(c)	89	(c)	90	(b)
91	(a)	92	(b)	93	(a)	94	(a)	95	(a)	96	(d)	97	(c)	98	(d)	99	(a)	100	(b)
101	(a)	102	(a)	103	(a)	104	(c)	105	(c)	106	(d)	107	(b)	108	(a)	109	(d)	110	(d)
111	(b)	112	(c)	113	(d)	114	(a)	115	(b)	116	(c)	117	(d)	118	(a)	119	(a)	120	(d)
121	(c)	122	(c)	123	(d)	124	(b)	125	(b)	126	(c)	127	(c)	128	(c)	129	(c)	130	(d)
131	(d)	132	(b)	133	(a)	134	(b)	135	(c)	136	(a)	137	(d)	138	(b)	139	(d)	140	(a)
141	(d)	142	(b)	143	(c)	144	(b)	145	(b)	146	(b)	147	(d)	148	(c)	149	(d)	150	(d)
151	(b)	152	(a)	153	(d)	154	(b)	155	(b)	156	(c)	157	(b)	158	(c)	159	(b)	160	(a)
161	(d)	162	(a)	163	(d)	164	(a)	165	(c)	166	(c)	167	(a)	168	(c)	169	(c)	170	(c)
171	(d)	172	(a)	173	(b)	174	(a)	175	(a)	176	(b)	177	(d)	178	(a)	179	(b)	180	(a)
181	(d)	182	(c)	183	(a)	184	(b)	185	(c)	186	(b)	187	(a)	188	(b)	189	(d)	190	(a)
191	(c)	192	(a)	193	(d)	194	(c)	195	(a)	196	(b)	197	(c)	198	(b)	199	(c)		

उत्तर सहित हल

1. (d) प्रश्नानुसार, दिए गए कागज को खोलने पर विकल्प (d) जैसी आकृति दिखाई देगी।

2. (d) प्रश्नानुसार, कागज को खोलने पर यह आकृति, विकल्प (d) जैसी दिखाई देगी।

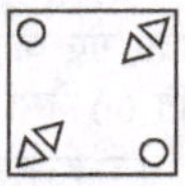

3. (a) प्रश्नानुसार, कागज को मोड़कर काटने के पश्चात् खोलने पर विकल्प (a) जैसा दिखाई देगा।

4. (c) प्रश्नानुसार, कागज को मोड़कर काटने के पश्चात् खोलने पर वह विकल्प (c) जैसा दिखाई देगा।

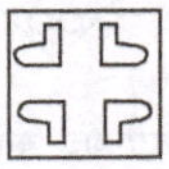

5. (a) प्रश्नानुसार, कागज को मोड़ने, काटने तथा खोलने के पश्चात् यह विकल्प आकृति (a) जैसी दिखाई देगी।

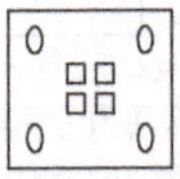

6. (d) प्रश्नानुसार, कागज को मोड़ने, काटने तथा खोलने के पश्चात् यह विकल्प आकृति (d) जैसी दिखाई देगी।

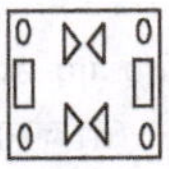

7. (a) दिए गए कागज को निर्देशानुसार मोड़कर काटने के उपरान्त खोलने पर उत्तर आकृति (a) के समान दिखाई देगी।

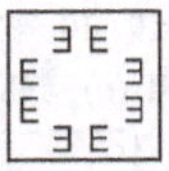

8. (a) आकृति में दिए गए कागज को मोड़कर तथा पंचकर, मोड़े गए पैटर्न में पुन: खोलने पर वह उत्तर आकृति (a) के समान दिखाई देगी।

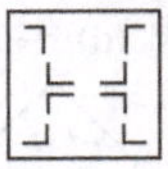

9. (b) दी गई आकृति में कागज को मोड़कर तथा पंचकर एवं मोड़े गए पैटर्न में पुन: खोलने पर वह उत्तर आकृति (b) के समान दिखाई देगा।

10. (c) प्रश्नानुसार, कागज के टुकड़े को मोड़ने, काटने तथा खोलने के पश्चात्, यह विकल्प आकृति (c) जैसा दिखाई देगा।

11. (c) प्रश्नानुसार, कागज की वर्गाकार शीट को मोड़ने, पंच करने तथा पुन: खोलने के पश्चात् यह विकल्प आकृति (c) जैसा दिखाई देगा।

12. (d) दी गई पारदर्शी शीट को मध्य क्षैतिज रेखा पर मोड़ने पर यह विकल्प आकृति (d) जैसी दिखाई देगी।

13. (b) प्रश्नानुसार, कागज के टुकड़े को मोड़ने, काटने तथा खोलने के पश्चात् यह विकल्प आकृति (b) जैसी दिखाई देगी।

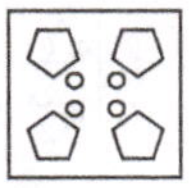

14. (b) प्रश्नानुसार, कागज को मोड़ने, काटने तथा खोलने के पश्चात् यह विकल्प आकृति (b) जैसी दिखाई देगी।

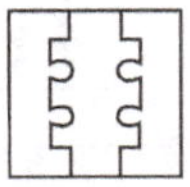

15. (a) दी गई आकृति में, कागज को काटने के बाद खोलने से यह विकल्प (a) की आकृति जैसा दिखाई देगा।

16. (d) प्रश्नानुसार, कागज को मोड़ने, काटने तथा खोलने के पश्चात् यह विकल्प आकृति (d) जैसा दिखाई देगा।

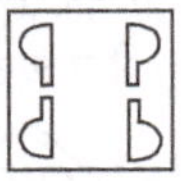

17. (d) प्रश्न आकृति में दिए गए कागज के टुकड़े को पंच कर, मोड़े गए पैटर्न में पुन: खोलने पर वह उत्तर आकृति (d) के समान दिखाई देगा।

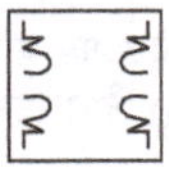

18. (a) प्रश्न आकृति में दिए गए कागज के टुकड़े को पंचकर, मोड़े गए पैटर्न में पुन: खोलने पर वह उत्तर आकृति (a) के समान दिखाई देगा।

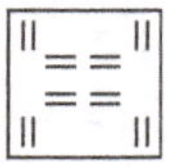

19. (c) दिए गए कागज को चित्रानुसार मोड़ने व काटने के उपरान्त खोलने पर यह विकल्प आकृति (c) जैसा दिखाई देगा।

20. (a) दी गई पारदर्शी शीट को मध्य क्षैतिज रेखा पर मोड़ने से यह विकल्प (a) की आकृति जैसा दिखाई देगा।

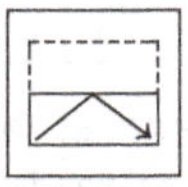

21. (b) प्रश्नानुसार, कागज को मोड़ने, काटने तथा खोलने के पश्चात् यह विकल्प (b) की आकृति जैसा दिखाई देगा।

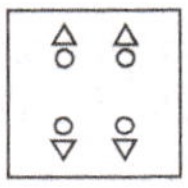

22. (a) कागज को खोलने पर यह विकल्प (a) जैसा दिखाई देगा।

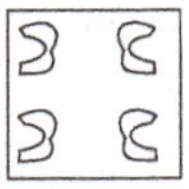

23. (d) दी गई पारदर्शी शीट को मध्य क्षैतिज रेखा पर मोड़ने से यह विकल्प (d) की आकृति जैसा दिखाई देगा।

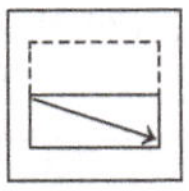

24. (d) दर्शाए गए चित्रानुसार कागज को काटने के उपरान्त खोलने पर यह विकल्प (d) की आकृति जैसा दिखाई देगा।

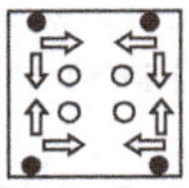

25. (d) दिए गए चित्रानुसार कागज को मोड़ने और काटने के उपरान्त कागज को खोलने से यह विकल्प (d) की आकृति जैसा दिखाई देगा।

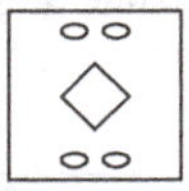

26. (a) दिए गए कागज की शीट को मोड़कर तथा पंच कर पुन: कागज को खोलने पर आकृति उत्तर आकृति (a) के समान दिखाई देगी।

27. (d) कागज को खोलने पर आकृति विकल्प (d) जैसी दिखाई देगी।

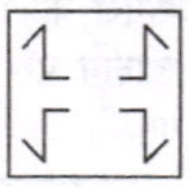

28. (a) दिए गए चित्र के अनुसार कागज को मोड़ने और काटने के बाद खोलने पर यह विकल्प (a) की आकृति जैसा दिखाई देगा।

29. (a) चित्र के अनुसार दी गई आकृति को खोलने पर यह विकल्प (a) की आकृति जैसा दिखाई देगा।

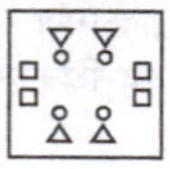

30. (a) दिए गए चित्रानुसार कागज को खोलने से यह विकल्प (a) की आकृति जैसा दिखाई देगा।

31. (a) प्रश्नानुसार, कागज को खोले जाने पर विकल्प आकृति (a) जैसा दिखाई देगा।

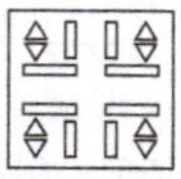

32. (d) प्रश्नानुसार, कागज को मोड़ने, काटने तथा खोलने के पश्चात् यह विकल्प आकृति (d) जैसी दिखाई देगी।

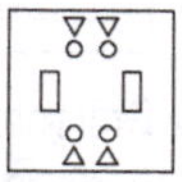

33. (b) प्रश्न आकृति में दिए गए कागज की वर्गाकार शीट को मोड़कर तथा पंच करके, मोड़े गए पैटर्न में पुन: खोलने पर वह विकल्प आकृति (b) के समान दिखाई देगी।

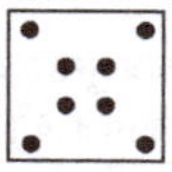

34. (c) प्रश्नानुसार, कागज के टुकड़े को मोड़ने, काटने तथा खोलने के पश्चात् यह विकल्प आकृति (c) जैसा दिखाई देगा।

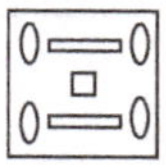

35. (c) प्रश्न में दिए गए कागज को खोलने पर यह विकल्प आकृति (c) जैसा दिखाई देगा।

36. (a) प्रश्न में दिए गए कागज को खोलने पर यह विकल्प आकृति (a) जैसा दिखाई देगा।

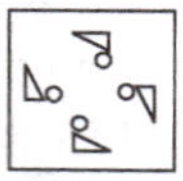

37. (b) प्रश्न में दिए गए कागज को खोलने पर यह विकल्प आकृति (b) जैसा दिखाई देगा।

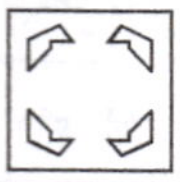

38. (b) प्रश्न में दिए गए कागज को खोलने पर यह विकल्प आकृति (b) जैसा दिखाई देगा।

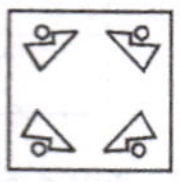

39. (c) प्रश्न में दिए गए कागज को खोलने पर यह विकल्प आकृति (c) जैसा दिखाई देगा।

40. (a) प्रश्न में दिए गए कागज को खोलने पर यह विकल्प आकृति (a) जैसा दिखाई देगा।

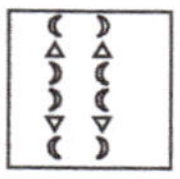

41. (d) प्रश्न में दिए गए कागज को खोलने पर यह विकल्प आकृति (d) जैसा दिखाई देगा।

42. (c) प्रश्न में दिए गए कागज को खोलने पर यह विकल्प आकृति (c) जैसा दिखाई देगा।

43. (a) प्रश्न में दिए गए कागज को खोलने पर यह विकल्प आकृति (a) जैसा दिखाई देगा।

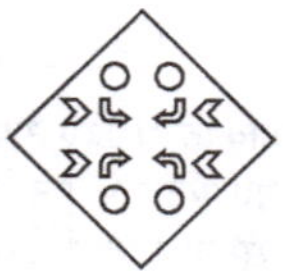

44. (a) प्रश्न में दिए गए कागज को खोलने पर यह विकल्प आकृति (a) जैसा दिखाई देगा।

45. (d) प्रश्न में दिए गए कागज को खोलने पर यह विकल्प आकृति (d) जैसा दिखाई देगा।

46. (c) प्रश्न में दिए गए कागज को खोलने पर यह विकल्प आकृति (c) जैसा दिखाई देगा।

47. (d) प्रश्न में दिए गए कागज को खोलने पर यह विकल्प आकृति (d) जैसा दिखाई देगा।

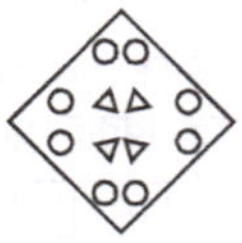

48. (c) प्रश्न में दिए गए कागज को खोलने पर यह विकल्प आकृति (c) जैसा दिखाई देगा।

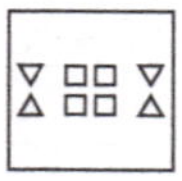

49. (c) प्रश्न में दिए गए कागज को खोलने पर यह विकल्प आकृति (c) जैसा दिखाई देगा।

50. (d) प्रश्न में दिए गए कागज को खोलने पर यह विकल्प आकृति (d) जैसा दिखाई देगा।

51. (c) प्रश्न में दिए गए कागज को खोलने पर यह विकल्प आकृति (c) जैसा दिखाई देगा।

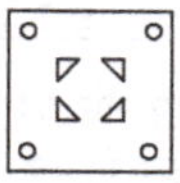

52. (d) प्रश्न में दिए गए कागज को खोलने पर यह विकल्प आकृति (d) जैसा दिखाई देगा।

53. (c) प्रश्न में दिए गए कागज को खोलने पर यह विकल्प आकृति (c) जैसा दिखाई देगा।

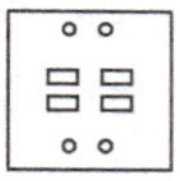

54. (a) प्रश्न में दिए गए कागज को खोलने पर यह विकल्प आकृति (a) जैसा दिखाई देगा।

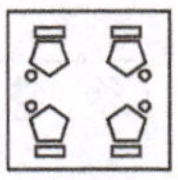

55. (b) प्रश्न में दिए गए कागज को खोलने पर यह विकल्प आकृति (b) जैसा दिखाई देगा।

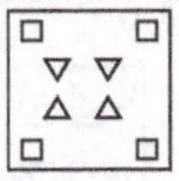

56. (a) प्रश्न में दिए गए कागज को खोलने पर यह विकल्प आकृति (a) जैसा दिखाई देगा।

57. (c) प्रश्न में दिए गए कागज को खोलने पर यह विकल्प आकृति (c) जैसा दिखाई देगा।

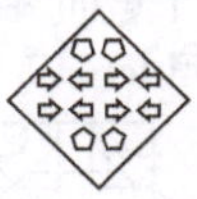

58. (b) प्रश्न में दिए गए कागज को खोलने पर यह विकल्प आकृति (b) जैसा दिखाई देगा।

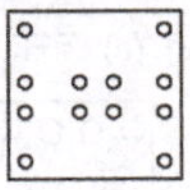

59. (d) प्रश्न में दिए गए कागज को खोलने पर यह विकल्प आकृति (d) जैसा दिखाई देगा।

60. (c) प्रश्न में दिए गए कागज को खोलने पर यह विकल्प आकृति (c) जैसा दिखाई देगा।

61. (c) प्रश्न में दिए गए कागज को खोलने पर यह विकल्प आकृति (c) जैसा दिखाई देगा।

62. (b) प्रश्न में दिए गए कागज को खोलने पर यह विकल्प आकृति (b) जैसा दिखाई देगा।

63. (d) प्रश्न में दिए गए कागज को खोलने पर यह विकल्प आकृति (d) जैसा दिखाई देगा।

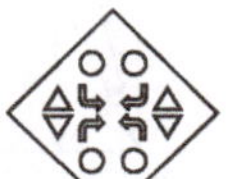

64. (c) प्रश्न में दिए गए कागज को खोलने पर यह विकल्प आकृति (c) जैसा दिखाई देगा।

65. (a) प्रश्न में दिए गए कागज को खोलने पर यह विकल्प आकृति (a) जैसा दिखाई देगा।

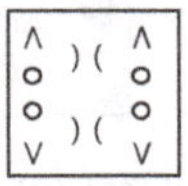

66. (b) प्रश्न में दिए गए कागज को खोलने पर यह विकल्प आकृति (b) जैसा दिखाई देगा।

67. (d) प्रश्न में दिए गए कागज को खोलने पर यह विकल्प आकृति (d) जैसा दिखाई देगा।

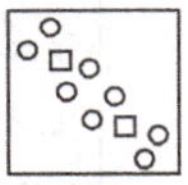

68. (d) प्रश्न में दिए गए कागज को खोलने पर यह विकल्प आकृति (d) जैसा दिखाई देगा।

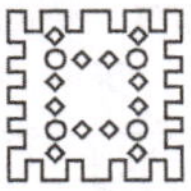

69. (b) प्रश्न में दिए गए कागज को खोलने पर यह विकल्प आकृति (b) जैसा दिखाई देगा।

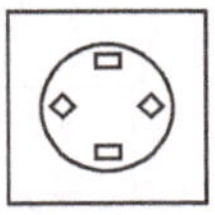

70. (c) प्रश्न में दिए गए कागज को खोलने पर यह विकल्प आकृति (c) जैसा दिखाई देगा।

71. (b) प्रश्न में दिए गए कागज को खोलने पर यह विकल्प आकृति (b) जैसा दिखाई देगा।

72. (a) प्रश्न में दिए गए कागज को खोलने पर यह विकल्प आकृति (a) जैसा दिखाई देगा।

73. (a) प्रश्न में दिए गए कागज को खोलने पर यह विकल्प आकृति (a) जैसा दिखाई देगा।

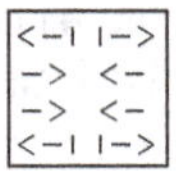

74. (b) प्रश्न में दिए गए कागज को खोलने पर यह विकल्प आकृति (b) जैसा दिखाई देगा।

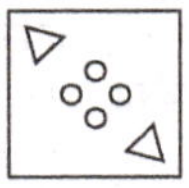

75. (c) प्रश्न में दिए गए कागज को खोलने पर यह विकल्प आकृति (c) जैसा दिखाई देगा।

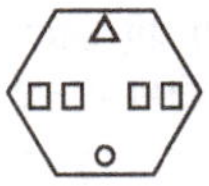

76. (c) प्रश्न में दिए गए कागज को खोलने पर यह विकल्प आकृति (c) जैसा दिखाई देगा।

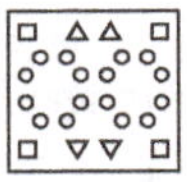

77. (b) प्रश्न में दिए गए कागज को खोलने पर यह विकल्प आकृति (b) जैसा दिखाई देगा।

78. (d) प्रश्न में दिए गए कागज को खोलने पर यह विकल्प आकृति (d) जैसा दिखाई देगा।

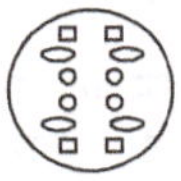

79. (c) प्रश्न में दिए गए कागज को खोलने पर यह विकल्प आकृति (c) जैसा दिखाई देगा।

80. (a) प्रश्न में दिए गए कागज को खोलने पर यह विकल्प आकृति (a) जैसा दिखाई देगा।

81. (c) प्रश्न में दिए गए कागज को मोड़ने पर यह विकल्प आकृति (c) जैसा दिखाई देगा।

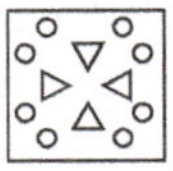

82. (a) प्रश्न में दिए गए कागज को मोड़ने पर यह विकल्प आकृति (a) जैसा दिखाई देगा।

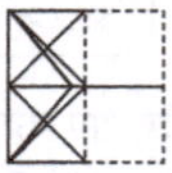

83. (b) प्रश्न में दिए गए कागज को खोलने पर यह विकल्प आकृति (b) जैसा दिखाई देगा।

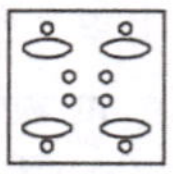

84. (b) प्रश्न में दिए गए कागज को खोलने पर यह विकल्प आकृति (b) जैसा दिखाई देगा।

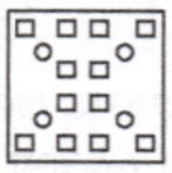

85. (c) प्रश्न में दिए गए कागज को खोलने पर यह विकल्प आकृति (c) जैसा दिखाई देगा।

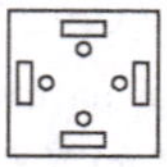

86. (c) प्रश्न में दिए गए कागज को मोड़ने पर यह विकल्प आकृति (c) जैसा दिखाई देगा।

87. (c) प्रश्न में दिए गए कागज के टुकड़े को खोलने पर वह विकल्प आकृति (c) की तरह दिखाई देगा।

88. (c) विकल्प आकृति (c) उस पैटर्न को दर्शाता है, जो दी गई पारदर्शी शीट के मध्य ऊर्ध्वाधर रेखा पर मोड़ने पर दिखाई देगा।

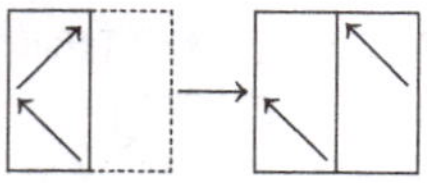

89. (c) प्रश्न आकृति को खोलने पर वह विकल्प आकृति (c) की तरह दिखाई देगी।

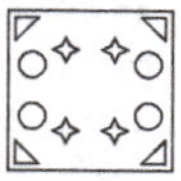

90. (b) प्रश्न में दिए कागज के टुकड़े को खोलने पर वह विकल्प आकृति (b) की तरह दिखाई देगा।

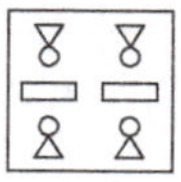

91. (a) विकल्प आकृति (a) उस पैटर्न को दर्शाता है जो दी गई पारदर्शी शीट को मध्य ऊर्ध्वाधर रेखा पर मोड़ने पर दिखाई देगा।

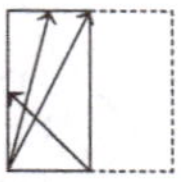

92. (b) प्रश्न में दिए गए कागज के टुकडे को खोलने पर वह विकल्प आकृति (b) की तरह दिखाई देगा।

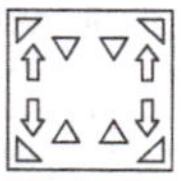

93. (a) प्रश्न में दिए गए कागज के टुकड़े को खोलने पर, वह विकल्प आकृति (a) की तरह दिखाई देगा।

94. (a) विकल्प आकृति (a) उस पैटर्न को दर्शाता है, जो दी गई पारदर्शी शीट को मध्य ऊर्ध्वाधर रेखा पर मोड़ने पर दिखाई देगा।

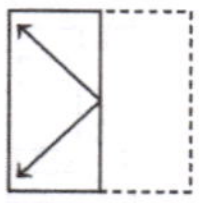

95. (a) प्रश्न आकृति में दिए गए कागज के टुकड़े को खोलने पर विकल्प आकृति (a) की तरह दिखाई देगा।

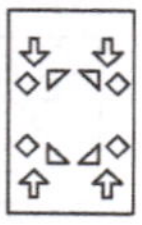

96. (d) विकल्प आकृति (d) उस पैटर्न को दर्शाता है जो दी गई पारदर्शी शीट को मध्य क्षैतिज रेखा पर मोड़ने पर दिखाई देगा।

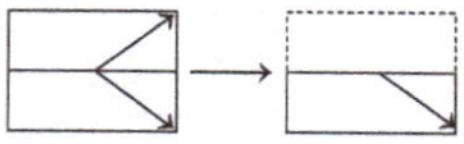

97. (c) प्रश्न में दिए गए कागज को निर्देश अनुसार मोड़ने और खोलने पर वह विकल्प आकृति (c) की तरह दिखाई देगी

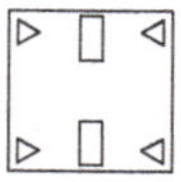

98. (d) दी गई कागज–आकृति को खोलने पर यह विकल्प (d) की आकृति जैसा दिखाई देगा।

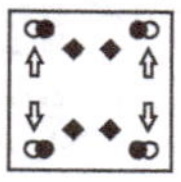

99. (a) दी गई कागज–आकृति को खोलने पर यह विकल्प (a) की आकृति जैसा दिखाई देगा।

100. (b) दर्शाए गए अनुसार, कागज को खोलने पर यह विकल्प (b) की आकृति जैसा दिखाई देगा।

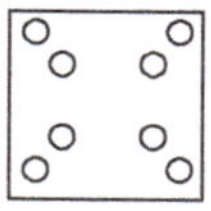

101. (a) दी गई आकृतियों में कागज को खोले जाने पर यह विकल्प आकृति (a) की तरह दिखाई देगी।

102. (a) प्रश्न में दिए गए कागज को खोलने पर यह विकल्प आकृति (a) जैसा दिखाई देगा।

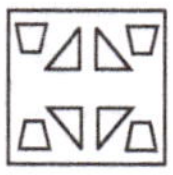

103. (a) प्रश्न में दिए गए कागज को खोलने पर यह विकल्प आकृति (a) जैसा दिखाई देगा।

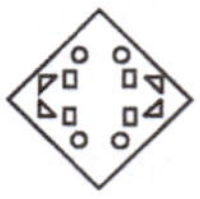

104. (c) प्रश्न में दिए गए कागज को खोलने पर यह विकल्प आकृति (c) जैसा दिखाई देगा।

105. (c) प्रश्न में दिए गए कागज को खोलने पर यह विकल्प आकृति (c) जैसा दिखाई देगा।

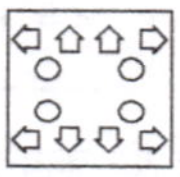

106. (d) प्रश्न में दिए गए कागज को खोलने पर यह विकल्प आकृति (d) जैसा दिखाई देगा।

107. (b) प्रश्न में दिए गए कागज को खोलने पर यह विकल्प आकृति (b) जैसा दिखाई देगा।

108. (a) प्रश्न में दिए गए कागज को खोलने पर यह विकल्प आकृति (a) जैसा दिखाई देगा।

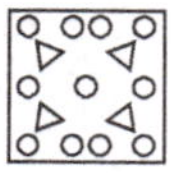

109. (d) प्रश्न में दिए गए कागज को खोलने पर यह विकल्प आकृति (d) जैसा दिखाई देगा।

110. (d) प्रश्न में दिए गए कागज को खोलने पर यह विकल्प आकृति (d) जैसा दिखाई देगा।

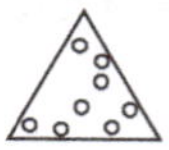

111. (b) प्रश्न में दिए गए कागज को खोलने पर यह विकल्प आकृति (b) जैसा दिखाई देगा।

112. (c) प्रश्न में दिए गए कागज को खोलने पर यह विकल्प आकृति (c) जैसा दिखाई देगा।

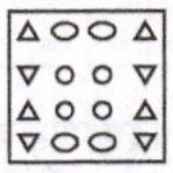

113. (d) प्रश्न में दिए गए कागज को खोलने पर यह विकल्प आकृति (d) जैसा दिखाई देगा।

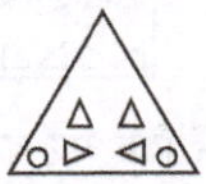

114. (a) प्रश्न में दिए गए कागज को खोलने पर यह विकल्प आकृति (a) जैसा दिखाई देगा।

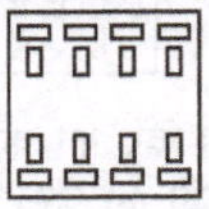

115. (b) दिए गए कागज को मोड़कर, पंचकर तथा पुन: मोड़ने के क्रम में खोलने पर आकृति, उत्तर आकृति (b) के समान दिखाई देगा।

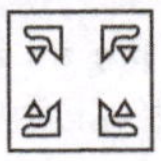

116. (c) प्रश्नानुसार, कागज के टुकड़े को मोड़ने, छेदने तथा खोलने के पश्चात् यह विकल्प आकृति (c) जैसा दिखाई देगा।

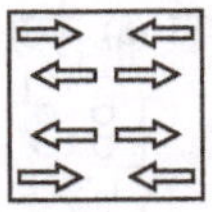

117. (d) प्रश्न में दिए गए कागज को मोड़कर काटने के पश्चात् खोलने पर यह विकल्प आकृति (d) जैसा दिखाई देगा।

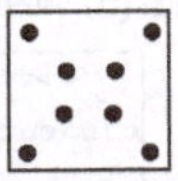

118. (a) प्रश्न आकृति के अनुसार, कागज को मोड़कर काटने के पश्चात् खोलने पर उत्तर आकृति (a) के समान दिखाई देगी।

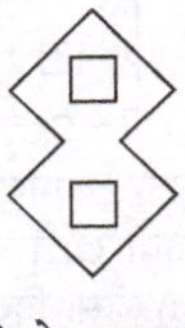

119. (a) प्रश्न आकृति के अनुसार कागज को मोड़कर काटने के पश्चात् खोलने पर उत्तर आकृति (a) के समान दिखाई देगी।

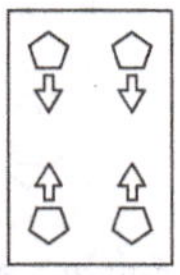

120. (d) प्रश्नानुसार, कागज को मोड़कर, काटकर तथा खोलने के पश्चात् यह विकल्प (d) की आकृति जैसा दिखाई देगा।

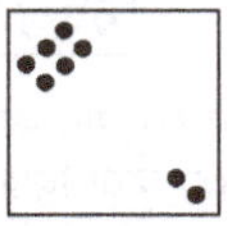

121. (c) प्रश्नानुसार, कागज की शीट को मोड़कर काटकर तथा खोलने के पश्चात् यह विकल्प (c) की आकृति जैसा दिखाई देगा।

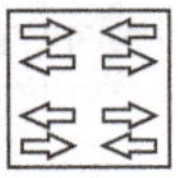

122. (c) प्रश्नानुसार, कागज को मोड़कर काटने के पश्चात् खोलने पर यह उत्तर आकृति (c) के समान दिखाई देगा।

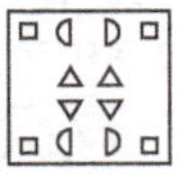

123. (d) प्रश्न में दिए गए कागज को मोड़कर काटने के पश्चात् पर यह विकल्प (d) आकृति जैसा दिखाई देगा।

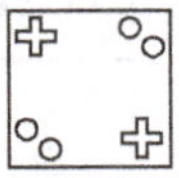

124. (b) प्रश्नानुसार, कागज को मोड़कर, काटने के पश्चात् खोलने पर यह उत्तर आकृति (b) के समान दिखाई देगा।

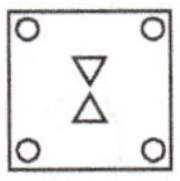

125. (b) प्रश्नानुसार, कागज को मोड़कर, काटने के पश्चात् खोलने पर यह उत्तर आकृति (b) के समान दिखाई देगा।

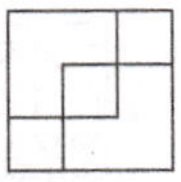

126. (c) प्रश्नानुसार, कागज को मोड़ने, छेदने तथा खोलने के पश्चात् यह विकल्प आकृति (c) जैसा दिखाई देगा।

127. (c) प्रश्नानुसार, कागज को मोड़ने, काटने तथा खोलने के पश्चात् यह विकल्प आकृति (c) जैसा दिखाई देगा।

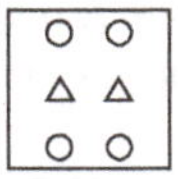

128. (c) प्रश्नानुसार, कागज को मोड़ने, काटने तथा खोलने के पश्चात् यह विकल्प आकृति (c) जैसा दिखाई देगा।

129. (c) प्रश्नानुसार, कागज की शीट को मोड़ने, छेदने तथा खोलने के पश्चात् यह विकल्प आकृति (c) जैसा दिखाई देगा।

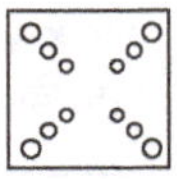

130. (d) प्रश्न आकृति के अनुसार, कागज को मोड़कर, काटने के पश्चात् खोलने पर यह उत्तर आकृति (d) के समान दिखाई देगी।

131. (d) प्रश्नानुसार, कागज को मोड़कर, छेदने तथा खोलने के पश्चात् पर विकल्प (d) जैसा दिखाई देगी।

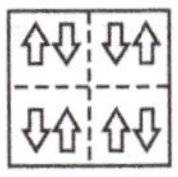

132. (b) प्रश्नानुसार, कागज को मोड़कर, काटने तथा खोलने के पश्चात् यह विकल्प आकृति (b) जैसा दिखाई देगा।

133. (a) प्रश्नानुसार, कागज को मोड़कर, काटने तथा खोलने के पश्चात् यह विकल्प आकृति (a) जैसा दिखाई देगा।

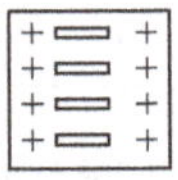

134. (b) दी गई प्रश्न आकृतियों के अनुसार, कागज को मोड़कर काटने के पश्चात् खोलने पर उत्तर आकृति (b) के समान दिखाई देगा।

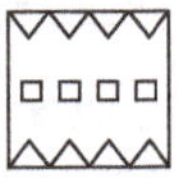

135. (c) प्रश्नानुसार, कागज को मोड़कर काटने पर फिर उसको खोलने पर विकल्प (c) की आकृति जैसा दिखाई देगा।

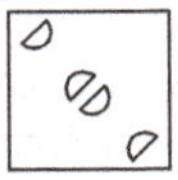

136. (a) कागज की वर्गाकार शीट को मोड़ने, छेदने तथा खोलने के पश्चात् विकल्प आकृति (a) जैसा दिखाई देगा।

137. (d) कागज को मोड़कर आखिर में उसमें छेद करने के पश्चात् खोलने पर विकल्प (d) की तरह दिखाई देगा।

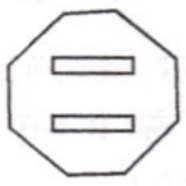

138. (b) प्रश्नानुसार, कागज को मोड़कर और काटकर खोलने पर यह विकल्प (b) के जैसा दिखाई देगा।

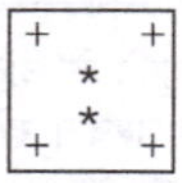

139. (d) जब कागज को मोड़कर काटा जाता है, तो यह खोलने के पश्चात् निम्न प्रकार दिखाई देगा।

140. (a) प्रश्न में दिए गए कागज को खोलने पर यह विकल्प आकृति (a) जैसा दिखाई देगा।

141. (d) प्रश्न में दिए गए कागज को खोलने पर यह विकल्प आकृति (d) जैसा दिखाई देगा।

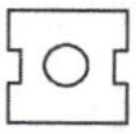

142. (b) प्रश्न में दिए गए कागज को खोलने पर यह विकल्प आकृति (b) जैसा दिखाई देगा।

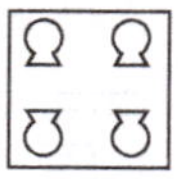

143. (c) प्रश्न में दिए गए कागज को खोलने पर यह विकल्प आकृति (c) जैसा दिखाई देगा।

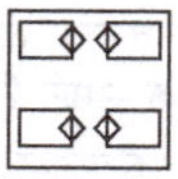

144. (b) प्रश्न में दिए गए कागज को खोलने पर यह विकल्प आकृति (b) जैसा दिखाई देगा।

145. (b) प्रश्न में दिए गए कागज को खोलने पर यह विकल्प आकृति (b) जैसा दिखाई देगा।

146. (b) प्रश्न में दिए गए कागज को खोलने पर यह विकल्प आकृति (b) जैसा दिखाई देगा।

147. (d) प्रश्न में दिए गए कागज को खोलने पर यह विकल्प आकृति (d) जैसा दिखाई देगा।

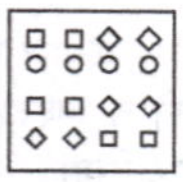

148. (c) प्रश्न में दिए गए कागज को खोलने पर यह विकल्प आकृति (c) जैसा दिखाई देगा।

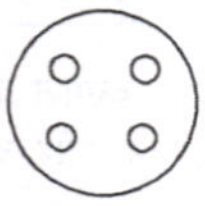

149. (d) प्रश्न में दिए गए कागज को खोलने पर यह विकल्प आकृति (d) जैसा दिखाई देगा।

150. (d) प्रश्न में दिए गए कागज को खोलने पर यह विकल्प आकृति (d) जैसा दिखाई देगा।

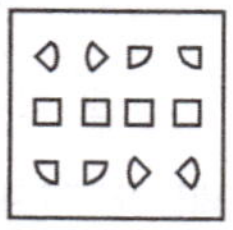

151. (b) प्रश्न में दिए गए कागज को खोलने पर यह विकल्प आकृति (b) जैसा दिखाई देगा।

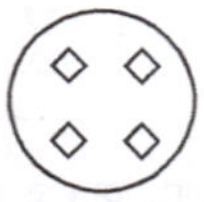

152. (a) प्रश्न में दिए गए कागज को खोलने पर यह विकल्प आकृति (a) जैसा दिखाई देगा।

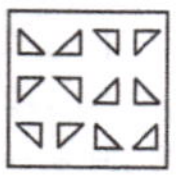

153. (d) प्रश्न में दिए गए कागज को खोलने पर यह विकल्प आकृति (d) जैसा दिखाई देगा।

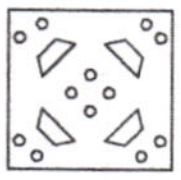

154. (b) प्रश्न में दिए गए कागज को खोलने पर यह विकल्प आकृति (b) जैसा दिखाई देगा।

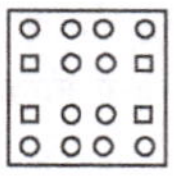

155. (b) प्रश्न में दिए गए कागज को खोलने पर यह विकल्प आकृति (b) जैसा दिखाई देगा।

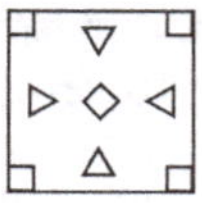

156. (c) प्रश्न में दिए गए कागज को खोलने पर यह विकल्प आकृति (c) जैसा दिखाई देगा।

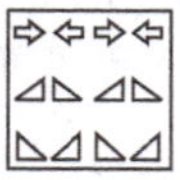

157. (b) प्रश्न में दिए गए कागज को खोलने पर यह विकल्प आकृति (b) जैसा दिखाई देगा।

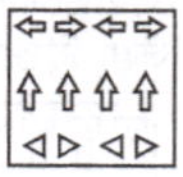

158. (c) प्रश्न में दिए गए कागज को खोलने पर यह विकल्प आकृति (c) जैसा दिखाई देगा।

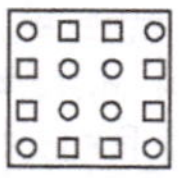

159. (b) प्रश्न में दिए गए कागज को खोलने पर यह विकल्प आकृति (b) जैसा दिखाई देगा।

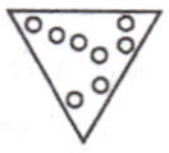

160. (a) प्रश्न में दिए गए कागज को खोलने पर यह विकल्प आकृति (a) जैसा दिखाई देगा।

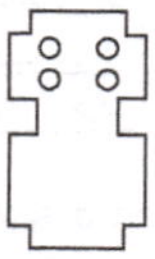

161. (d) प्रश्न में दिए गए कागज को खोलने पर यह विकल्प आकृति (d) जैसा दिखाई देगा।

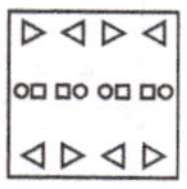

162. (a) प्रश्न में दिए गए कागज को खोलने पर यह विकल्प आकृति (a) जैसा दिखाई देगा।

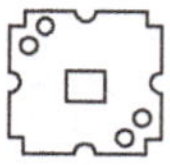

163. (d) प्रश्नानुसार, कागज की वर्गाकार शीट को मोड़ने, छेदने तथा खोले जाने के पश्चात् यह विकल्प आकृति (d) जैसा दिखाई देगा।

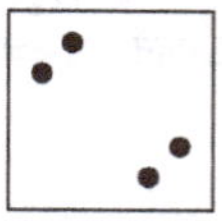

164. (a) चित्रानुसार कागज को खोलने पर यह विकल्प (a) की आकृति जैसा दिखाई देगा।

165. (c) दिए गए कागज को बिन्दुदार के अनुदिश मोड़कर, पंचकर तथा मोड़ने के क्रम में कागज को खोलने पर आकृति, उत्तर आकृति (c) के समान दिखाई देगी।

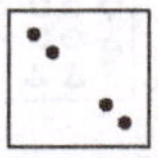

166. (c) प्रश्न में दिए गए कागज को खोलने पर यह विकल्प आकृति (c) जैसा दिखाई देगा।

167. (a) प्रश्न में दिए गए कागज को खोलने पर यह विकल्प आकृति (a) जैसा दिखाई देगा।

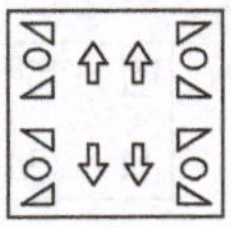

168. (c) प्रश्न में दिए गए कागज को खोलने पर यह विकल्प आकृति (c) जैसा दिखाई देगा।

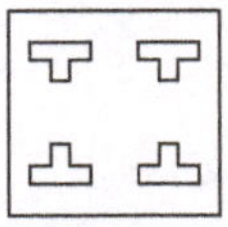

169. (c) प्रश्न में दिए गए कागज को खोलने पर यह विकल्प आकृति (c) जैसा दिखाई देगा।

170. (c) प्रश्न में दिए गए कागज को खोलने पर यह विकल्प आकृति (c) जैसा दिखाई देगा।

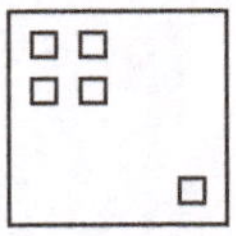

171. (d) प्रश्न में दिए गए कागज को खोलने पर यह विकल्प आकृति विकल्प (d) जैसा दिखाई देगा।

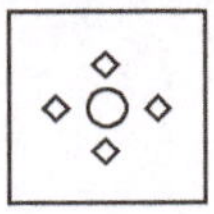

172. (a) प्रश्न में दिए गए कागज को मोड़ने पर यह विकल्प आकृति (a) जैसा दिखाई देगा।

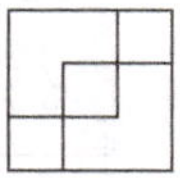

173. (b) प्रश्न में दिए गए कागज को खोलने पर यह विकल्प आकृति (b) जैसा दिखाई देगा।

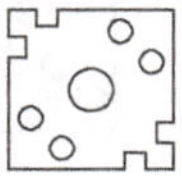

174. (a) प्रश्नानुसार, जब कागज को खोला जाता है। तो यह विकल्प (a) जैसा दिखाई देता है।

175. (a) प्रश्नानुसार, कागज को मोड़कर, काटकर खोलने पर यह विकल्प (a) जैसा दिखाई देगा।

176. (b) कागज को मोड़ने, काटने तथा खोलने पर यह विकल्प आकृति (b) जैसा दिखाई देगा।

177. (d) कागज को मोड़ने, काटने तथा खोलने पर यह विकल्प आकृति (d) जैसा दिखाई देगा।

178. (a) दिए गए कागज को प्रश्नानुसार मोड़ने व काटने के बाद पुन: खोलने पर आकृति विकल्प आकृति (a) के समान दिखाई देगी।

179. (b) दिए गए कागज को प्रश्नानुसार, मोड़ने व काटने के बाद पुन: खोलने पर आकृति विकल्प आकृति (b) के समान दिखाई देगी।

180. (a) दिए गए कागज को खोलने पर यह विकल्प आकृति (a) की तरह दिखाई देगा।

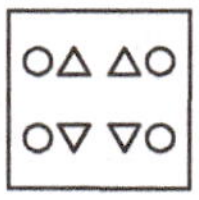

181. (d) प्रश्न में दी गई आकृति के खुले रूप से सर्वाधिक मिलती-जुलती आकृति विकल्प (d) की आकृति है।

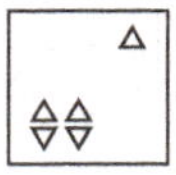

182. (c) कागज के एक टुकड़े को मोड़कर कागज को काटने के पश्चात् खोलने पर यह निम्न प्रकार दिखाई देगा।

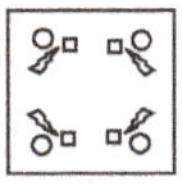

183. (a) दिए गए कटे और मुड़े कागज को खोलने पर वह विकल्प (a) की आकृति जैसा दिखाई देगा।

184. (b) प्रश्न में दिए गए कागज को खोलने पर यह विकल्प आकृति (b) जैसा दिखाई देगा।

185. (c) प्रश्न में दिए गए कागज को खोलने पर यह विकल्प आकृति (c) जैसा दिखाई देगा।

186. (b) प्रश्न में दिए गए कागज को खोलने पर यह विकल्प आकृति (b) जैसा दिखाई देगा।

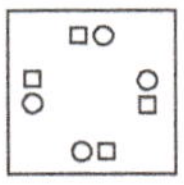

187. (a) प्रश्न में दिए गए कागज को खोलने पर यह विकल्प आकृति (a) जैसा दिखाई देगा।

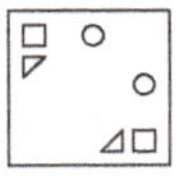

188. (b) प्रश्न में दिए गए कागज को खोलने पर यह विकल्प आकृति (b) जैसा दिखाई देगा।

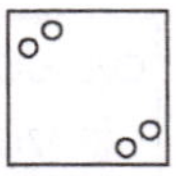

189. (d) प्रश्न में दिए गए कागज को खोलने पर यह विकल्प आकृति (d) जैसा दिखाई देगा।

190. (a) प्रश्न में दिए गए कागज को खोलने पर यह विकल्प आकृति (a) जैसा दिखाई देगा।

191. (c) प्रश्न में दिए गए कागज को खोलने पर यह विकल्प आकृति (c) जैसा दिखाई देगा।

192. (a) प्रश्न में दिए गए कागज को खोलने पर यह विकल्प आकृति (a) जैसा दिखाई देगा।

193. (d) प्रश्न में दिए गए कागज को खोलने पर यह विकल्प आकृति (d) जैसा दिखाई देगा।

194. (c) प्रश्न में दिए गए कागज को खोलने पर यह विकल्प आकृति (c) जैसा दिखाई देगा।

195. (a) प्रश्न में दिए गए कागज को खोलने पर यह विकल्प आकृति (a) जैसा दिखाई देगा।

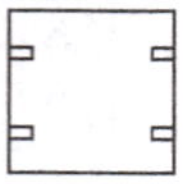

196. (b) प्रश्न में दिए गए कागज को खोलने पर यह विकल्प आकृति (b) जैसा दिखाई देगा।

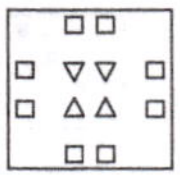

197. (c) प्रश्न में दिए गए कागज को खोलने पर यह विकल्प आकृति (c) जैसा दिखाई देगा।

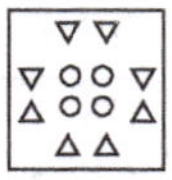

198. (b) प्रश्न में दिए गए कागज को खोलने पर यह विकल्प आकृति (b) जैसा दिखाई देगा।

199. (c) दी गई प्रश्न आकृति को मोड़कर, काटने के पश्चात् उसे खोलने पर वह विकल्प आकृति (c) के जैसी दिखेगी।

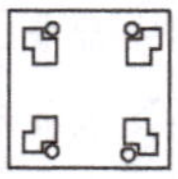

27

सन्निहित आकृतियाँ

सन्निहित आकृति का तात्पर्य यह है कि कोई सामान्य आकृति किसी जटिल आकृति में सन्निहित (छिपी) रहती है अर्थात् वह सामान्य आकृति, जटिल आकृति का ही एक भाग होती है। एक आकृति, किसी दूसरी आकृति की सन्निहित आकृति कहलाती हैं, यदि पहली आकृति में दूसरी आकृति पूर्णतया समाहित हो जाए।

प्रश्न आकृति का उत्तर आकृति में सन्निहित होना

इस प्रकार के अन्तर्गत आने वाले प्रश्नों में एक प्रश्न आकृति तथा चार या पाँच उत्तर आकृतियाँ दी गई होती हैं। प्रश्न आकृति इन्हीं चार या पाँच उत्तर आकृतियों में से किसी एक में सन्निहित होती हैं। अभ्यर्थियों को दी गई आकृति में वह उत्तर आकृति ज्ञात करनी होती है जिसमें प्रश्न आकृति सन्निहित हों।

उदाहरण 1. नीचे दिए गए विकल्पों में से उस विकल्प का चयन कीजिए, जिसमें नीचे दी गई आकृति सन्निहित है (आकृति को घुमाना नहीं है।)

प्रश्न आकृति

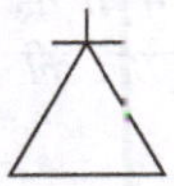

उत्तर आकृतियाँ

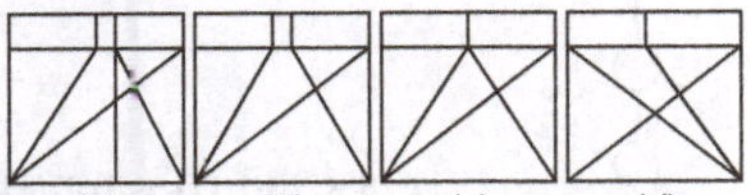

(a) (b) (c) (d)

हल (c) दी गई प्रश्न आकृति, उत्तर आकृति (c) में सन्निहित है।

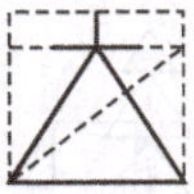

उदाहरण 2. नीचे दिए गए विकल्पों में से उस विकल्प का चयन करें, जिसमें प्रश्न आकृति सन्निहित है।

प्रश्न आकृति

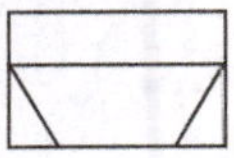

उत्तर आकृतियाँ

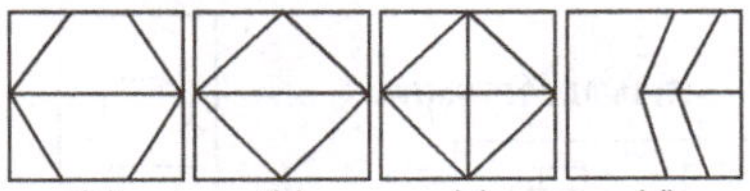

(a) (b) (c) (d)

हल (a) दी गई प्रश्न आकृति, उत्तर आकृति (a) में सन्निहित है।

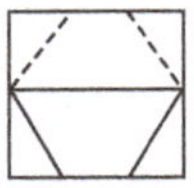

उत्तर आकृति का प्रश्न आकृति में सन्निहित होना

इस प्रकार के प्रश्नों में एक प्रश्न आकृति तथा चार या पाँच उत्तर आकृतियाँ दी गई होती है। अभ्यर्थियों को इन चार या पाँच उत्तर आकृतियों का ध्यानपूर्वक अध्ययन करके यह ज्ञात करना होता है कि दी गई इन चार या पाँच उत्तर आकृतियों में से कौन-सी आकृति प्रश्न आकृति में सन्निहित है। वहीं आकृति सही उत्तर होती है।

उदाहरण 3. दी गई कौन–सी उत्तर आकृति, प्रश्न आकृति में सन्निहित है?

प्रश्न आकृति

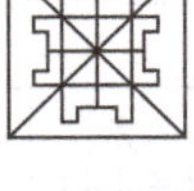

उत्तर आकृतियाँ

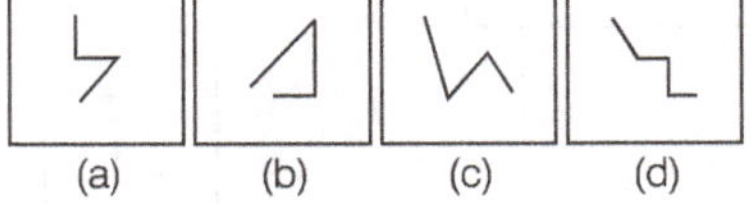

(a) (b) (c) (d)

हल (d) प्रश्न आकृति का ध्यानपूर्वक अवलोकन करने के बाद ज्ञात होता है कि उत्तर आकृति (d) प्रश्न आकृति में सन्निहित है, जैसा कि नीचे दिखाया गया है।

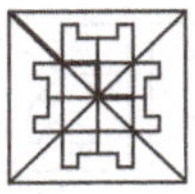

SSC एग्जाम स्कैनर

SSC CGL 2024 (Tier I & II)

निर्देश (प्र. सं. 1-14) *निम्नलिखित प्रश्नों में उस विकल्प आकृति का चयन कीजिए, जिसमें दी गई प्रश्न में दी गई आकृति उसके भाग के रूप में अन्तर्निहित है। (घूर्णन की अनुमति नहीं है।)*

1. 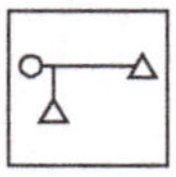

SSC CGL (Tier-II) 20/01/2025 Shift-I

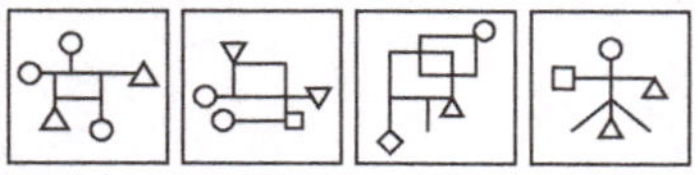

(a) (b) (c) (d)

2. 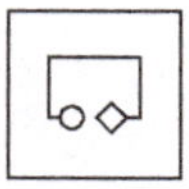

SSC CGL (Tier-II) 18/01/2025 Shift-I

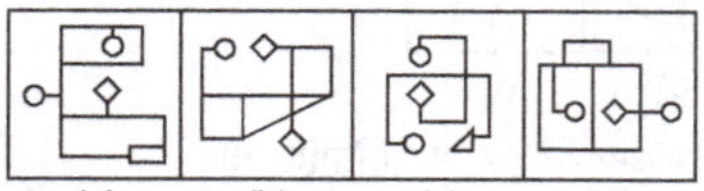

(a) (b) (c) (d)

3. 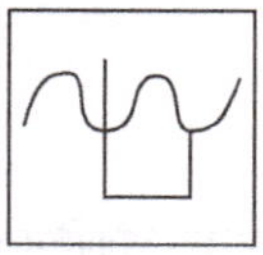

SSC CGL (Tier-I) 26/09/2024 Shift-II

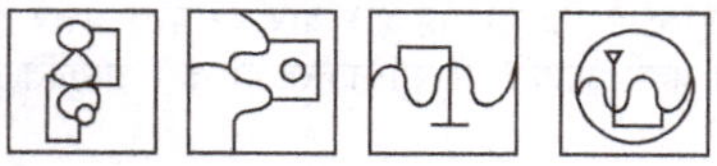

(a) (b) (c) (d)

4. 

SSC CGL (Tier-I) 26/09/2024 Shift-I

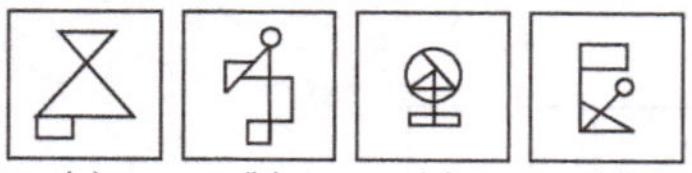

(a) (b) (c) (d)

5. 

SSC CGL (Tier-I) 25/09/2024 Shift-I

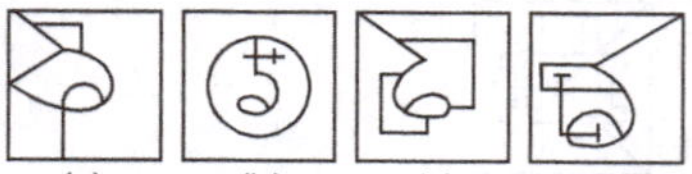

(a) (b) (c) (d)

6. 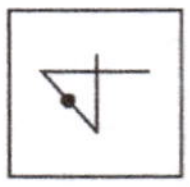

SSC CGL (Tier-I) 23/09/2024 Shift-I

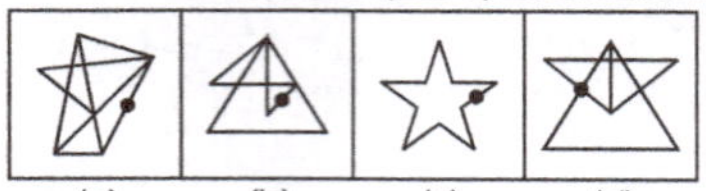

(a) (b) (c) (d)

7. 

SSC CGL (Tier-I) 19/09/2024 Shift-III

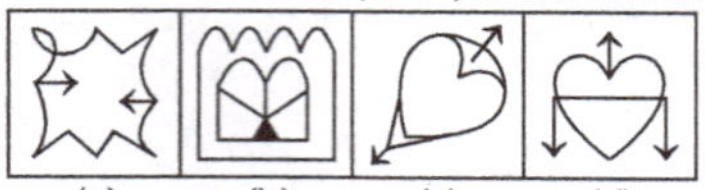

(a) (b) (c) (d)

8. 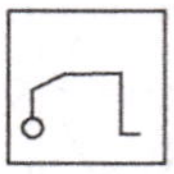

SSC CGL (Tier-I) 18/09/2024 Shift-III

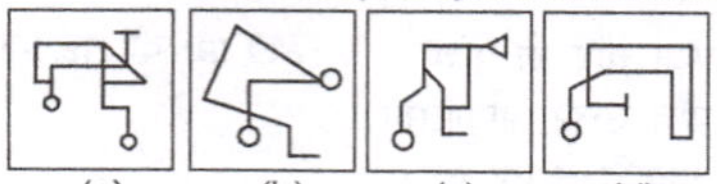

(a) (b) (c) (d)

9. 

SSC CGL Tier-I 18/09/2024 Shift-II

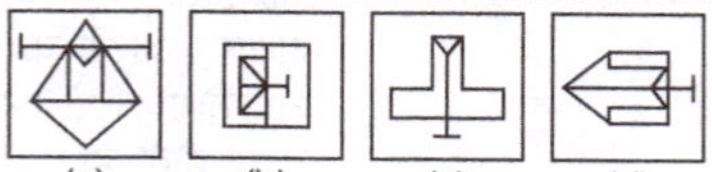

(a) (b) (c) (d)

10. 

SSC CGL (Tier-I) 18/09/2024 Shift-I

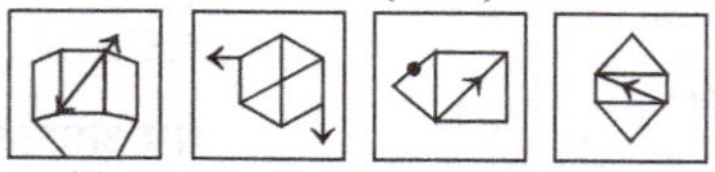

(a) (b) (c) (d)

11. 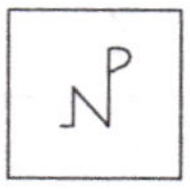

SSC CGL Tier-I 17/09/2024 Shift-II

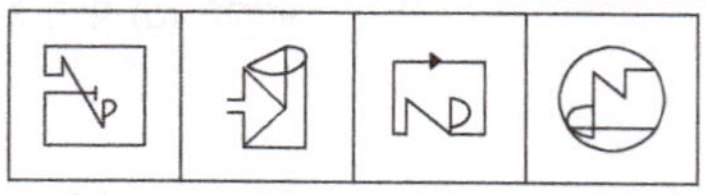

(a) (b) (c) (d)

12. 

SSC CGL (Tier-I) 13/09/2024 Shift-I

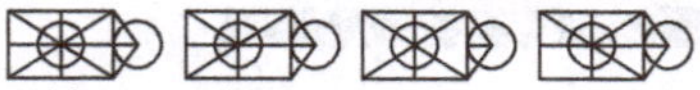

(a) (b) (c) (d)

13. 

SSC CGL (Tier-I) 11/09/2024 Shift-I

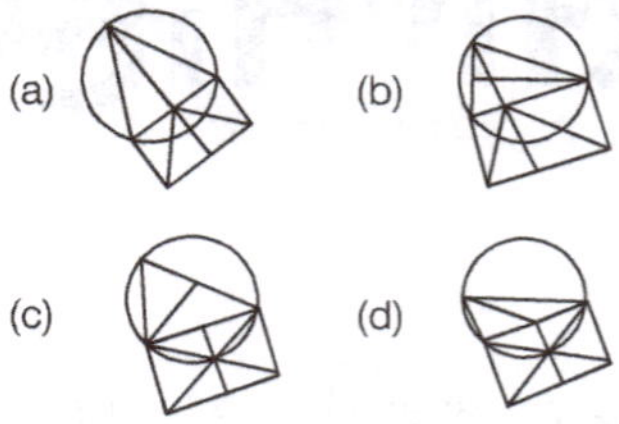

14. 

SSC CGL (Tier-I) 09/09/2024 Shift-III

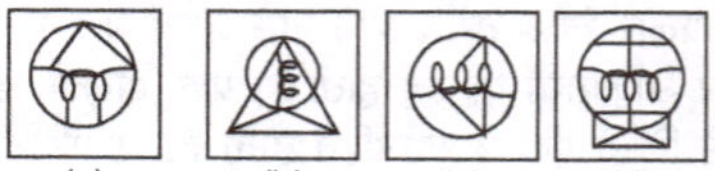

(a) (b) (c) (d)

SSC CGL 2023 (Tier I & II)

निर्देश (प्र. सं. 15-19) *निम्नलिखित प्रश्नों में उस विकल्प का चयन करें, जिसमें प्रश्न में दी गई आकृति सन्निहित है। (आकृति को घुमाने की अनुमति नहीं है)।*

15. 

SSC CGL (Tier-II) 07/03/2023

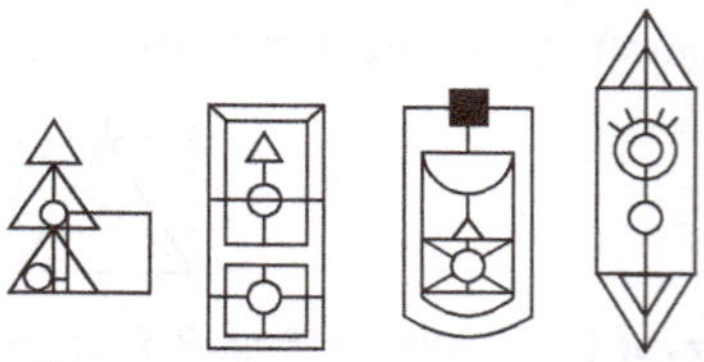

(a) (b) (c) (d)

16. 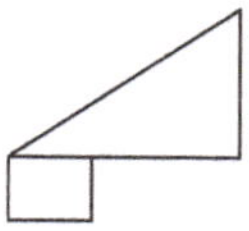

SSC CGL (Tier-II) 06/03/2023

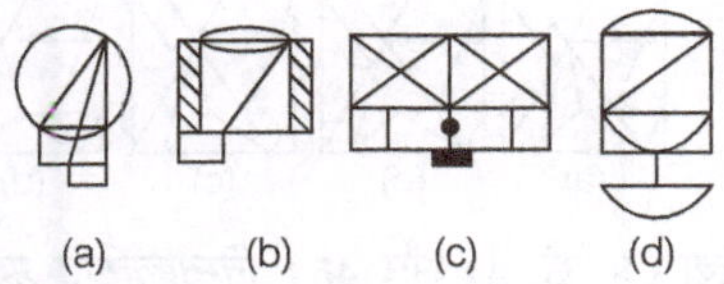

17. 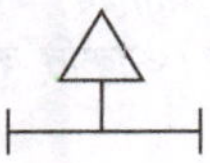

SSC CGL (Tier-II) 03/03/2023

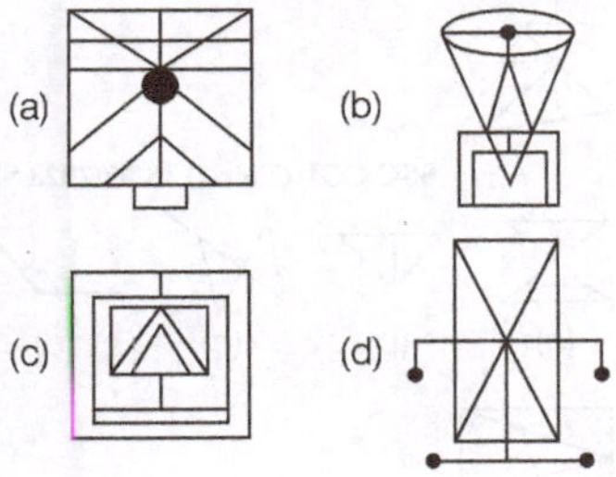

18. 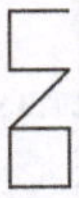

SSC CGL (Tier-II) 02/03/2023 Shift-I

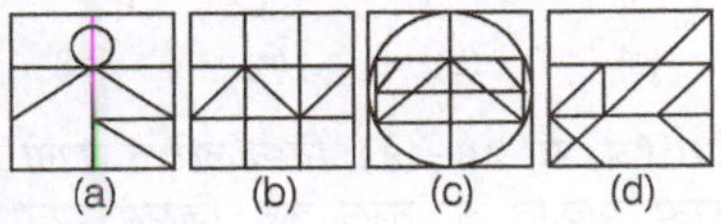

19. 

SSC CGL (Tier-I) 27/07/2023 Shift-III

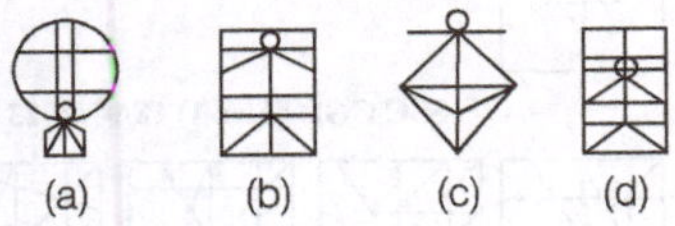

20. उस विकल्प आकृति का चयन करें जो दी गई आकृति में सन्निहित है (आकृति को घुमाने की अनुमति नहीं है)।
SSC CGL (Tier-I) 27/07/2023 Shift-II

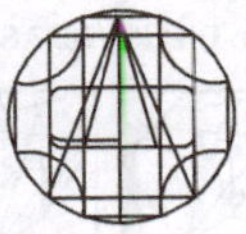

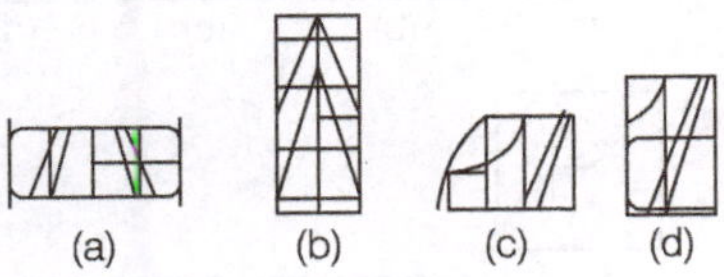

निर्देश (प्र. सं. 21 और 22) *निम्नलिखित प्रश्नों में उस विकल्प आकृति का चयन करें जिसमें प्रश्न में दी गई आकृति निहित है (आकृति को घुमाने की अनुमति नहीं है)।*

21. 

SSC CGL (Tier-I) 27/07/2023 Shift-II

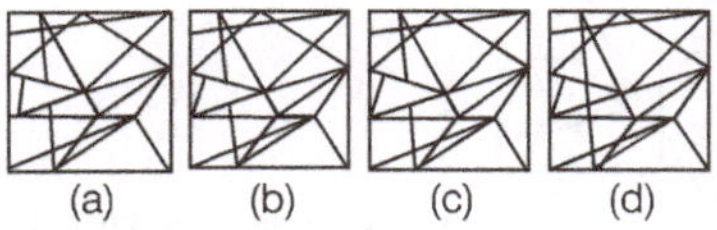

22. 

SSC CGL (Tier-I) 26/07/2023 Shift-IV

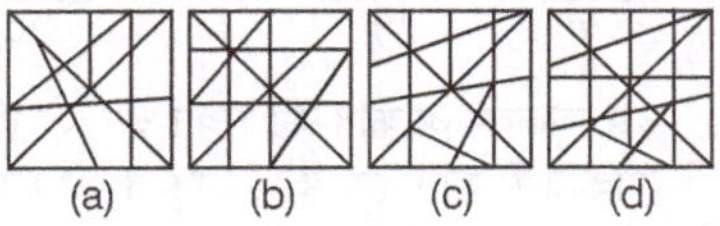

23. उस विकल्प आकृति का चयन कीजिए, जो दी गई आकृति में सन्निहित है (आकृति को घुमाने की अनुमति नहीं है)।
SSC CGL (Tier-I) 26/07/2023 Shift-IV

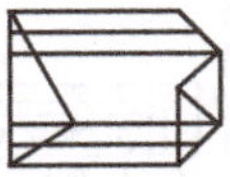

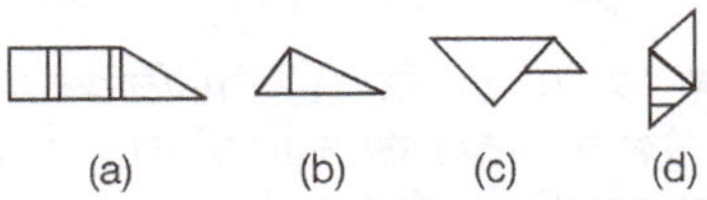

24. उस विकल्प आकृति का चयन करें, जिसमें प्रश्न में दी गई आकृति निहित है (आकृति को घुमाने की अनुमति नहीं है)।
SSC CGL (Tier-I) 26/07/2023 Shift-II

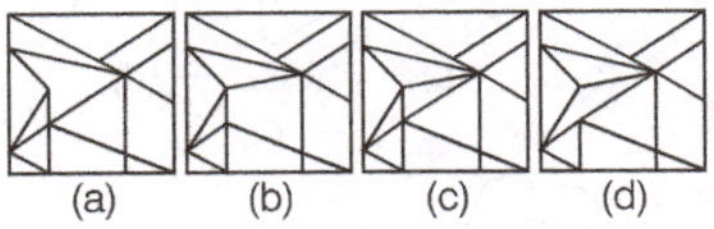

25. उस विकल्प आकृति का चयन करें, जो दी गई आकृति में सन्निहित है (आकृति को घुमाने की अनुमति नहीं है)।
SSC CGL (Tier-I) 26/07/2023 Shift-I

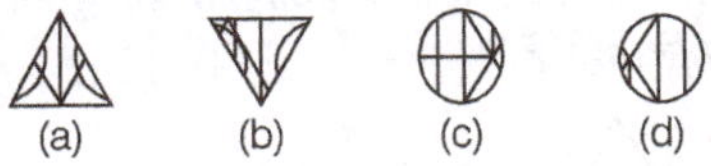

26. उस विकल्प आकृति का चयन कीजिए, जिसमें दी गई आकृति उसके भाग के रूप में छिपी हुई है (आकृति को घुमाने की अनुमति नहीं है)।
SSC CGL (Tier-I) 25/07/2023 Shift-IV

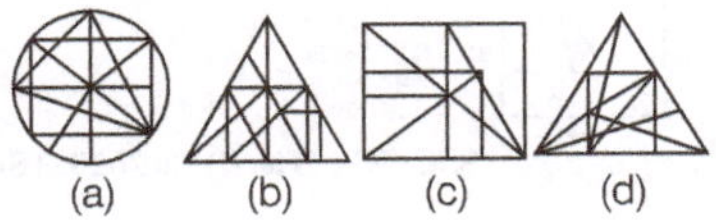

निर्देश (प्र. सं. 27-31) *निम्नलिखित प्रश्नों में उस विकल्प आकृति का चयन करें, जो प्रश्न में दी गई आकृति में सन्निहित है (आकृति को घुमाने की अनुमति नहीं है)।*

27. 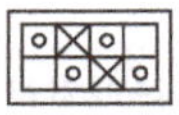

SSC CGL (Tier-I) 25/07/2023 Shift-III

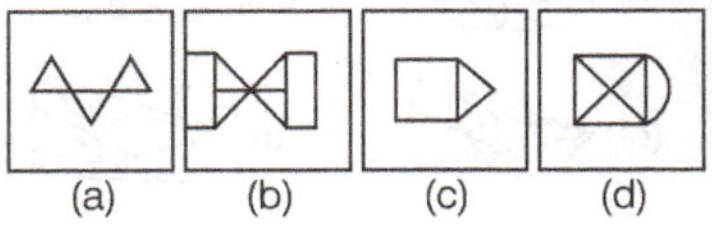

28. 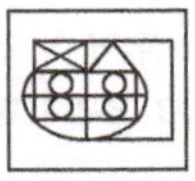

SSC CGL (Tier-I) 25/07/2023 Shift-I

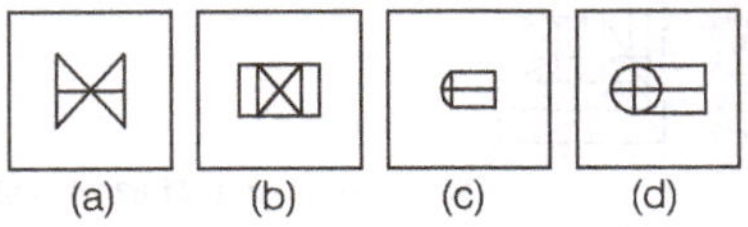

29. 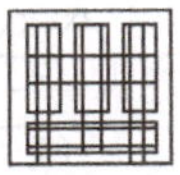

SSC CGL (Tier-I) 24/07/2023 Shift-IV

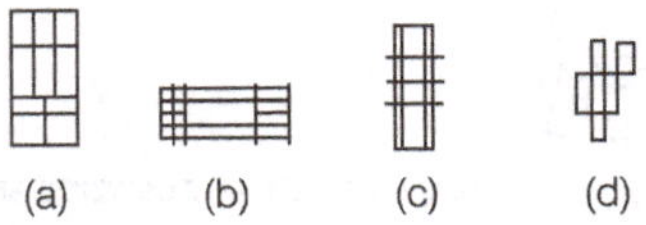

30. 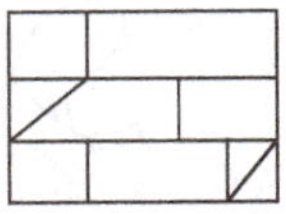

SSC CGL (Tier-I) 24/07/2023 Shift-IV

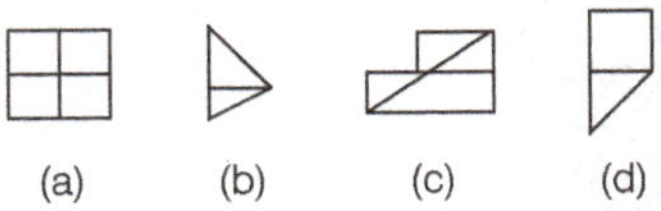

31. 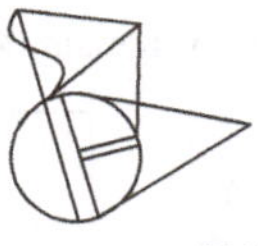

SSC CGL (Tier-I) 24/07/2023 Shift-III

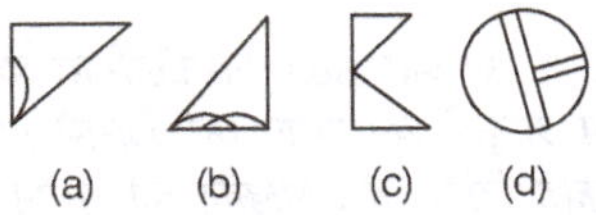

निर्देश (प्र. सं. 32 और 33) *निम्नलिखित प्रश्नों में उस विकल्प आकृति का चयन करें, जिसमें प्रश्न में दी गई आकृति सन्निहित है। (आकृति को घुमाने की अनुमति नहीं है)।*

32. 

SSC CGL (Tier-I) 24/07/2023 Shift-II

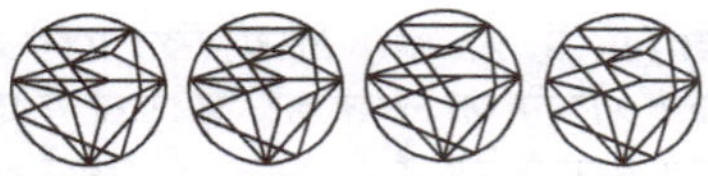

(a) (b) (c) (d)

33. 

SSC CGL (Tier-I) 24/07/2023 Shift-I

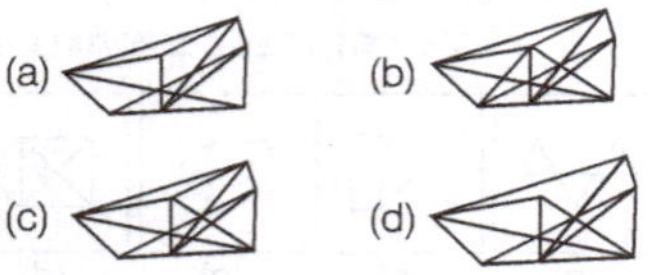

(a) (b) (c) (d)

निर्देश (प्र. सं. 34-36) *निम्नलिखित प्रश्नों में उस विकल्प आकृति का चयन करें, जो प्रश्न में दी गई आकृति में सन्निहित है (आकृति को घुमाने की अनुमति नहीं है)।*

34. 

SSC CGL (Tier-I) 21/07/2023 Shift-IV

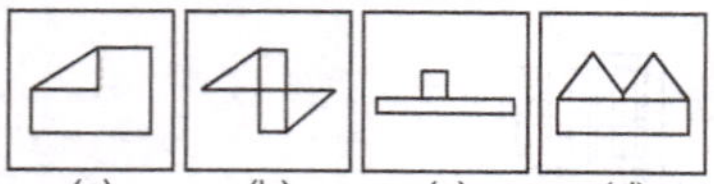

(a) (b) (c) (d)

35. 

SSC CGL (Tier-I) 21/07/2023 Shift-III

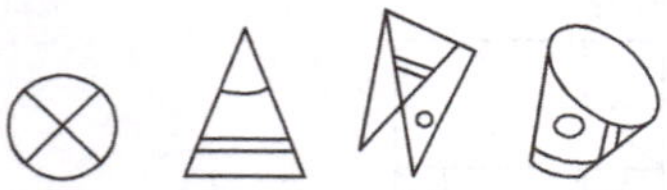

(a) (b) (c) (d)

36. 

SSC CGL (Tier-I) 21/07/2023 Shift-II

(a) (b) (c) (d)

निर्देश (प्र. सं. 37 और 38) *निम्नलिखित प्रश्नों में उस विकल्प आकृति का चयन करें जिसमें प्रश्न में दी गई आकृति निहित है (आकृति को घुमाने की अनुमति नहीं है)।*

37. 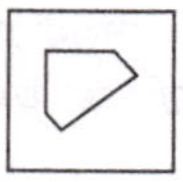

SSC CGL (Tier-I) 21/07/2023 Shift-I

(a) (b) (c) (d)

38. 

SSC CGL (Tier-I) 20/07/2023 Shift-IV

(a) (b) (c) (d)

39. उस विकल्प आकृति का चयन करें जो दी गई आकृति में सन्निहित है। (आकृति को घुमाने की अनुमति नहीं है)

SSC CGL (Tier-I) 20/07/2023 Shift-III

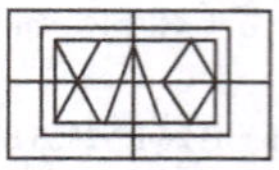

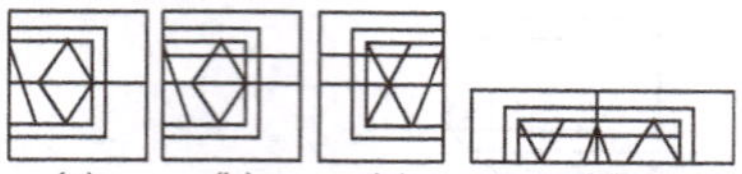

(a) (b) (c) (d)

निर्देश (प्र. सं. 40 और 41) *निम्नलिखित प्रश्नों में उस विकल्प आकृति का चयन कीजिए, जो प्रश्न में दी गई आकृति में सन्निहित है (आकृति को घुमाने की अनुमति नहीं है)।*

40. 

SSC CGL (Tier-I) 20/07/2023 Shift-III

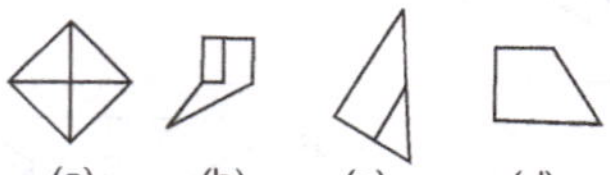

(a) (b) (c) (d)

41. 

SSC CGL (Tier-I) 20/07/2023 Shift-I

(a) (b) (c) (d)

निर्देश (प्र. सं. 42 और 43) *निम्नलिखित प्रश्नों में उस विकल्प आकृति का चयन करें, जिसमें प्रश्न में दी गई आकृति निहित है (आकृति को घुमाने की अनुमति नहीं है)।*

42. 

SSC CGL (Tier-I) 19/07/2023 Shift-I

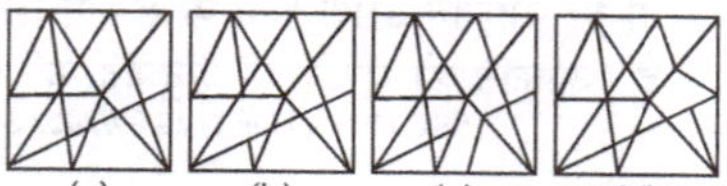

(a) (b) (c) (d)

43. 

SSC CGL (Tier-I) 18/07/2023 Shift-III

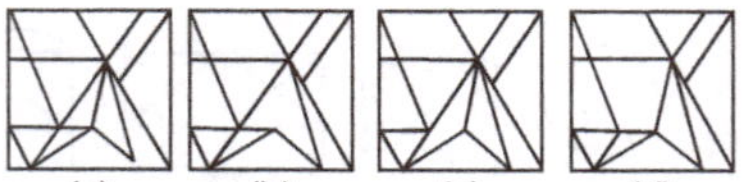

(a) (b) (c) (d)

निर्देश (प्र. सं. 44 और 45) *निम्नलिखित प्रश्नों में,उस विकल्प आकृति का चयन कीजिए, जो प्रश्न में दी गई आकृति में सन्निहित है (आकृति को घुमाने की अनुमति नहीं है)।*

44. 

SSC CGL (Tier-I) 18/07/2023 Shift-III

(a) (b) (c) (d)

45. 

SSC CGL (Tier-I) 18/07/2023 Shift-II

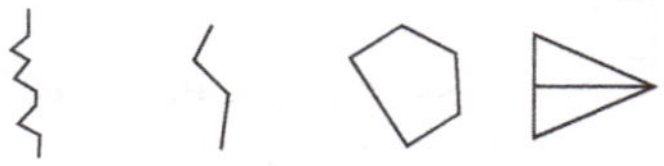

(a) (b) (c) (d)

निर्देश (प्र. सं. 46-48) *निम्नलिखित प्रश्नों में उस विकल्प आकृति का चयन करें, जिसमें प्रश्न में दी गई आकृति निहित है (आकृति को घुमाने की अनुमति नहीं है)।*

46. 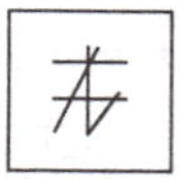

SSC CGL (Tier-I) 18/07/2023 Shift-I

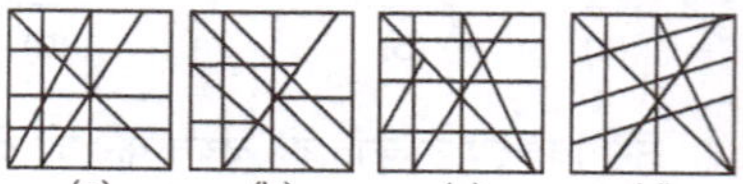

(a) (b) (c) (d)

47. 

SSC CGL (Tier-I) 17/07/2023 Shift-IV

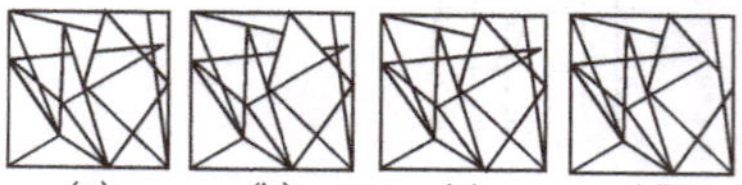

(a) (b) (c) (d)

48. 

SSC CGL (Tier-I) 17/07/2023 Shift-IV

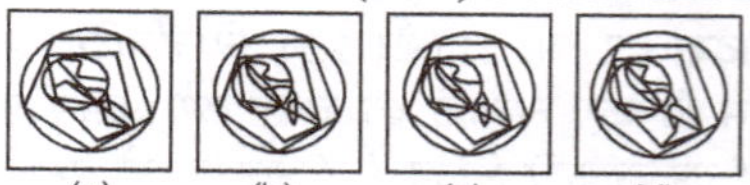

(a) (b) (c) (d)

49. उस विकल्प आकृति का चयन करें, जो दी गई आकृति में सन्निहित है (आकृति को घुमाने की अनुमति नहीं है।)

SSC CGL (Tier-I) 17/07/2023 Shift-III

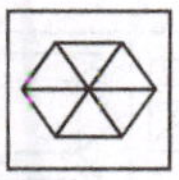

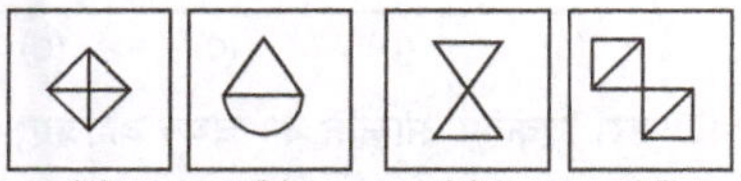

(a) (b) (c) (d)

निर्देश (प्र. सं. 50 और 51) *निम्नलिखित प्रश्नों में उस विकल्प आकृति का चयन करें जिसमें प्रश्न में दी गई आकृति सन्निहित है। (आकृति को घुमाने की अनुमति नहीं है)।*

50.

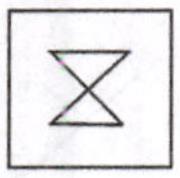

SSC CGL (Tier-I) 17/07/2023 Shift-III

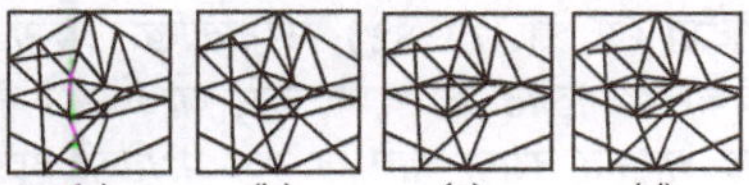

(a) (b) (c) (d)

51.

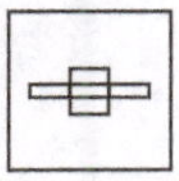

SSC CGL (Tier-I) 17/07/2023 Shift-I

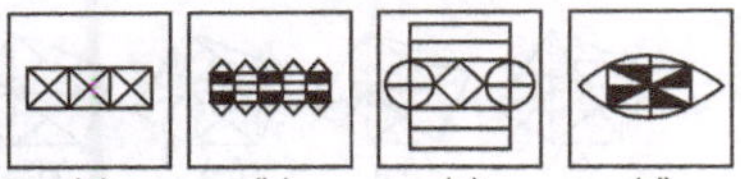

(a) (b) (c) (d)

52. उस विकल्प आकृति का चयन कीजिए, जो प्रश्न में दी गई आकृति में सन्निहित है (आकृति को घुमाने की अनुमति नहीं है)।
SSC CGL (Tier-I) 14/07/2023 Shift-IV

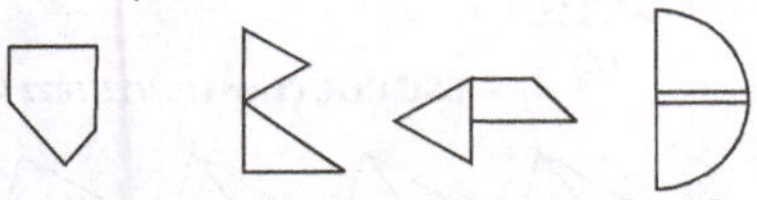

(a) (b) (c) (d)

53. उस विकल्प आकृति का चयन करें जिसमें प्रश्न में दी गई आकृति अन्तर्निहित है (आकृति को घुमाने की अनुमति नहीं है)।
SSC CGL (Tier-I) 14/07/2023 Shift-II

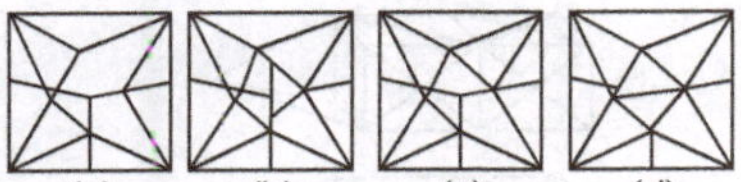

(a) (b) (c) (d)

54. उस विकल्प आकृति का चयन करें, जो प्रश्न में दी गई आकृति में सन्निहित है। (आकृति को घुमाने की अनुमति नहीं है।)
SSC CGL (Tier-I) 14/07/2023 Shift-I

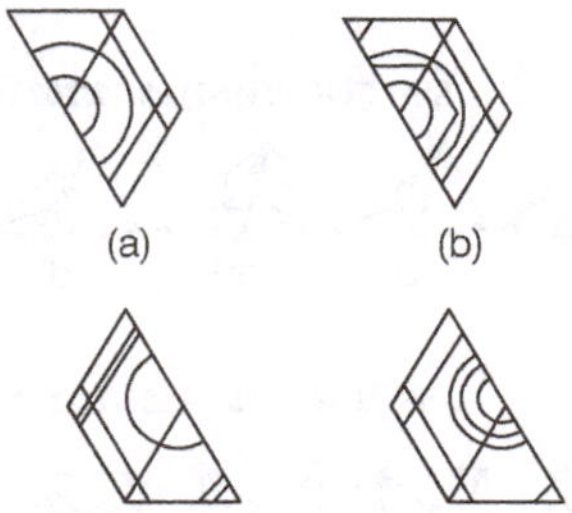

(a) (b) (c) (d)

SSC CGL 2022 (Tier I & II)

55. उस विकल्प आकृति का चयन कीजिए जो नीचे दी गई आकृति में इसके भाग के रूप में अन्तर्निहित है। (आकृति को घुमाने की अनुमति नहीं है)। SSC CGL (Tier-I) 13/12/2022 Shift-IV

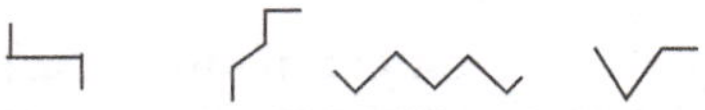

(a) (b) (c) (d)

56. उस विकल्प आकृति का चयन करें जिसमें प्रश्न में दी गई आकृति निहित है (आकृति को घुमाने की अनुमति नहीं है)।
SSC CGL (Tier-I) 13/12/2022 Shift-IV

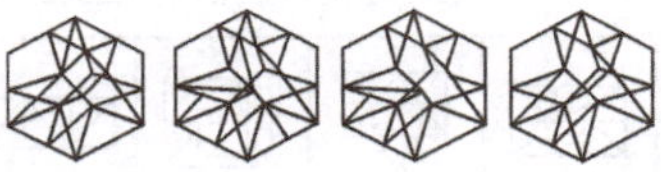

(a) (b) (c) (d)

57. उस विकल्प आकृति का चयन करें, जो दी गई आकृति में अन्तर्निहित है (आकृति को घुमाने की अनुमति नहीं है)।
SSC CGL (Tier-I) 13/12/2022 Shift-III

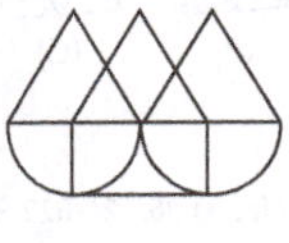

(a) (b) (c) (d)

58. उस विकल्प आकृति का चयन कीजिए, जिसमें दी गई आकृति उसके भाग के रूप में छिपी हुई है (आकृति को घुमाने की अनुमति नहीं है)।
SSC CGL (Tier-I) 13/12/2022 Shift-II

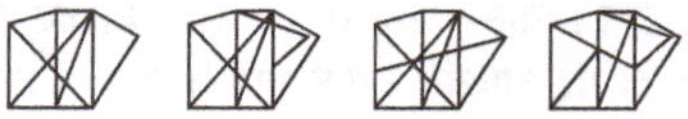

(a) (b) (c) (d)

59. उस विकल्प-आकृति का चयन करें, जो नीचे दी गई आकृति में सन्निहित हैं। (आकृति को घुमाने की अनुमति नहीं है)।
SSC CGL (Tier-I) 13/12/2022 Shift-II

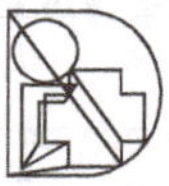

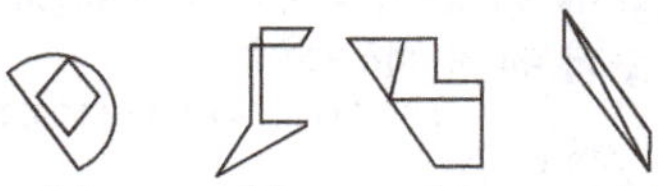

(a) (b) (c) (d)

निर्देश (प्र. सं. 60 और 61) *निम्नलिखित प्रश्नों में उस विकल्प का चयन कीजिए, जिसमें प्रश्न में दी गई आकृति अन्तर्निहित है। (आकृति को घुमाने की अनुमति नहीं है)।*

60.

SSC CGL (Tier-I) 13/12/2022 Shift-I

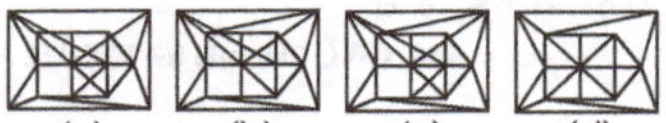

(a) (b) (c) (d)

61.

SSC CGL (Tier-I) 13/12/2022 Shift-I

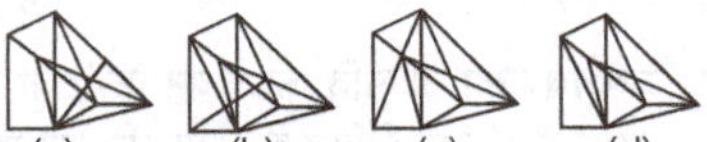

(a) (b) (c) (d)

निर्देश (प्र. सं. 62 और 63) *निम्नलिखित प्रश्नों में उस विकल्प आकृति का चयन करें, जो दी गई आकृति में अन्तर्निहित है। (घुमाने की अनुमति नहीं है।)*

62.

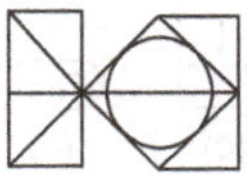

SSC CGL (Tier-I) 12/12/2022 Shift-IV

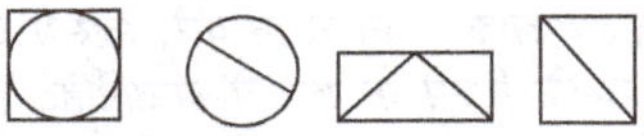

(a) (b) (c) (d)

63.

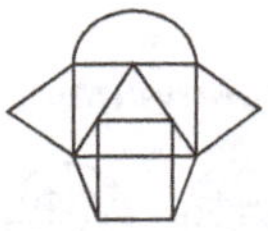

SSC CGL (Tier-I) 12/12/2022 Shift-III

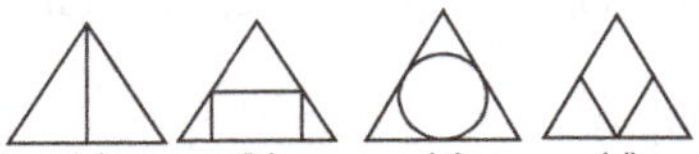

(a) (b) (c) (d)

64. उस विकल्प आकृति का चयन कीजिए, जिसमें दी गई आकृति उसके भाग के रूप में छिपी हुई है। (घुमाने की अनुमति नहीं है।)

SSC CGL (Tier-I) 12/12/2022 Shift-II

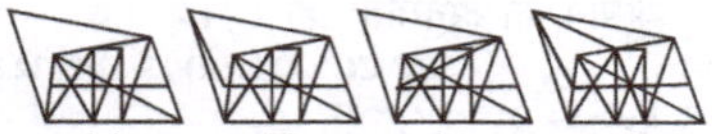

(a) (b) (c) (d)

65. उस विकल्प आकृति का चयन करें, जो नीचे दी गई आकृति में सन्निहित है। (आकृति को घुमाने की अनुमति नहीं है)

SSC CGL (Tier-I) 12/12/2022 Shift-I

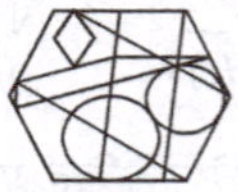

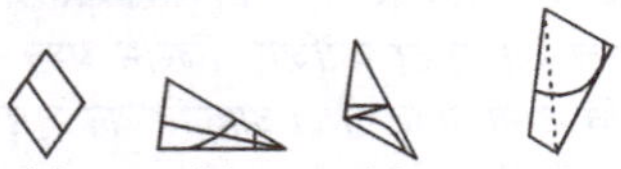

(a) (b) (c) (d)

66. उस विकल्प का चयन कीजिए, जिसमें दी गई आकृति अन्तर्निहित है। (आकृति को घुमाने की अनुमति नहीं है)।

SSC CGL (Tier-I) 09/12/2022 Shift-IV

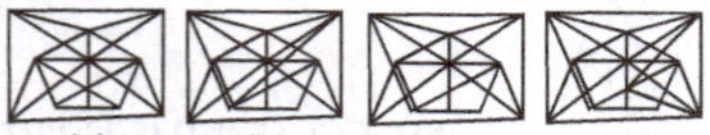

(a) (b) (c) (d)

67. उस विकल्प आकृति का चयन करें, जो दी गई आकृति में अन्तर्निहित है (आकृति को घुमाने की अनुमति नहीं है)।

SSC CGL (Tier-I) 09/12/2022 Shift-III

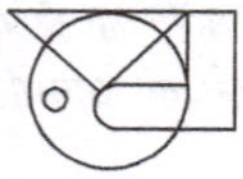

(a) (b) (c) (d)

निर्देश (प्र. सं. 68 -77) *निम्नलिखित प्रश्नों में उस विकल्प आकृति का चयन करें, जिसमें दी गई आकृति उसके हिस्से के रूप में अन्तर्निहित है (आकृति को घुमाने की अनुमति नहीं है)।*

68.

SSC CGL (Tier-I) 09/12/2022 Shift-II

(a) (b) (c) (d)

69.

SSC CGL (Tier-I) 08/12/2022 Shift-IV

(a) (b) (c) (d)

70.

SSC CGL (Tier-I) 08/12/2022 Shift-II

(a) (b) (c) (d)

71.

SSC CGL (Tier-I) 08/12/2022 Shift-I

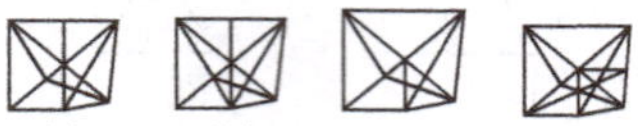

(a) (b) (c) (d)

72.

(X)

SSC CGL (Tier-I) 08/12/2022 Shift-I

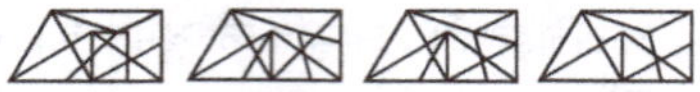

(a) (b) (c) (d)

73.

SSC CGL (Tier-I) 07/12/2022 Shift-IV

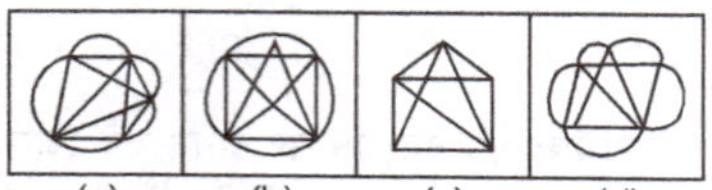

(a) (b) (c) (d)

74.

SSC CGL (Tier-I) 07/12/2022 Shift-III

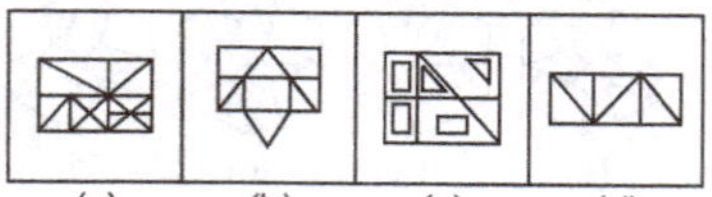

(a) (b) (c) (d)

75.

SSC CGL (Tier-I) 07/12/2022 Shift-II

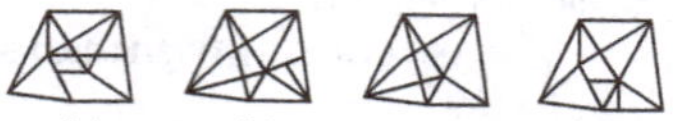

(a) (b) (c) (d)

76.

SSC CGL (Tier-I) 06/12/2022 Shift-IV

(a) (b) (c) (d)

77.

SSC CGL (Tier-I) 06/12/2022 Shift-III

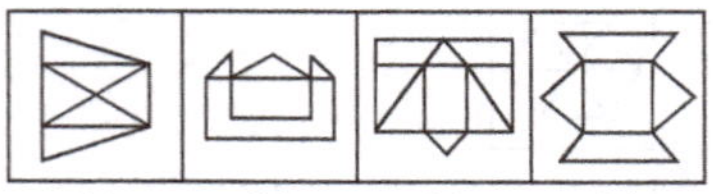

(a) (b) (c) (d)

78. उस विकल्प आकृति का चयन कीजिए, जो नीचे दी गई आकृति में इसके भाग के रूप में अन्तर्निहित है। (आकृति को घुमाने की अनुमति नहीं है)। **SSC CGL (Tier-I) 06/12/2022 Shift-II**

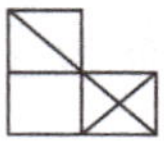

(a) (b) (c) (d)

निर्देश (प्र. सं. 79-82) *निम्नलिखित प्रश्नों में उस विकल्प आकृति का चयन करें, जो जिसमें नीचे दी गई आकृति उसके भाग के रूप में छिपी हुई है। (आकृति को घुमाने की अनुमति नहीं है।)*

79.

SSC CGL (Tier-I) 05/12/2022 Shift-III

(a) (b) (c) (d)

80.

SSC CGL (Tier-I) 03/12/2022 Shift-IV

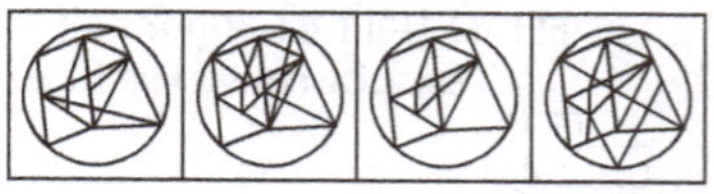

(a) (b) (c) (d)

81.

(X)

SSC CGL (Tier-I) 03/12/2022 Shift-IV

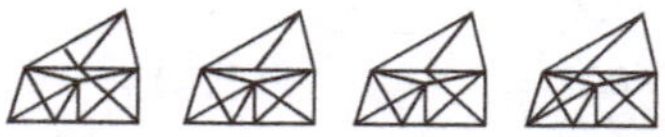

(a) (b) (c) (d)

82.

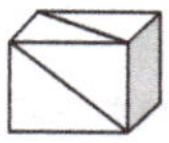

SSC CGL (Tier-I) 03/12/2022 Shift-III

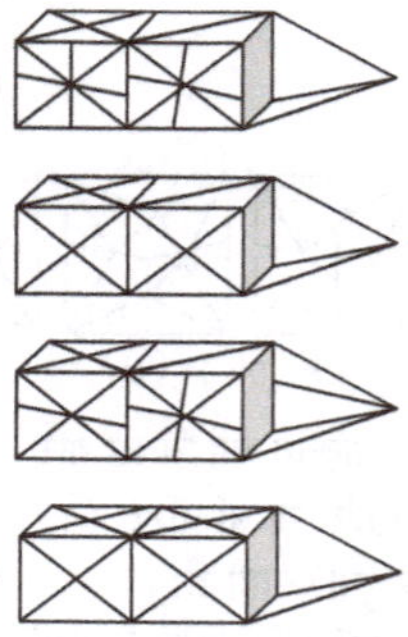

(a) (b) (c) (d)

83. उस विकल्प-आकृति का चयन करें, जो नीचे दी गई आकृति में सन्निहित है। (आकृति को घुमाने की अनुमति नहीं है।)

SSC CGL (Tier-I) 03/12/2022 Shift-II

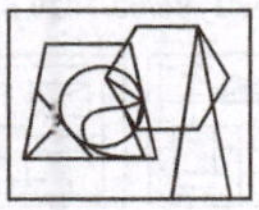

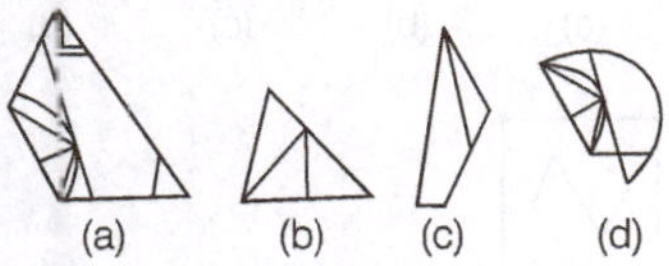

निर्देश (प्र. सं. 84-88) *निम्नलिखित प्रश्नों में उस विकल्प का चयन कीजिए, जिसमें दी गई आकृति अन्तर्निहित है। (आकृति को घुमाने की अनुमति नहीं है)।*

84. 

SSC CGL (Tier-I) 03/12/2022 Shift-II

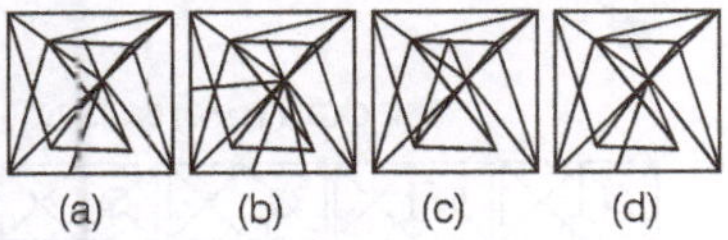

85. 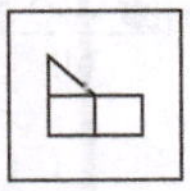

SSC CGL (Tier-I) 03/12/2022 Shift-I

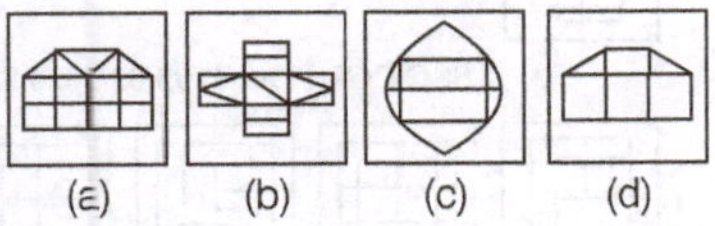

86. 

SSC CGL (Tier-I) 02/12/2022 Shift-IV

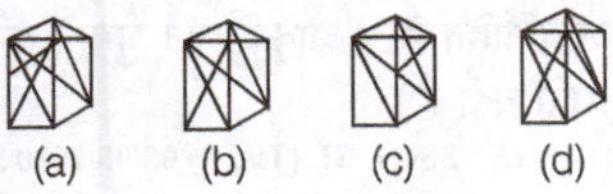

87. 

SSC CGL (Tier-I) 02/12/2022 Shift-II

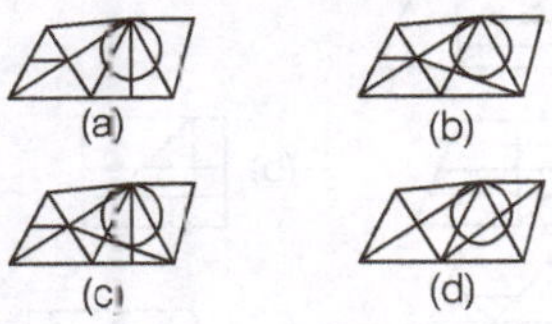

88. 

SSC CGL (Tier-I) 02/12/2022 Shift-I

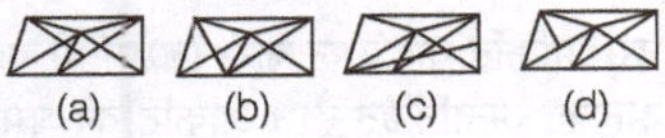

89. उस विकल्प-आकृति का चयन करें, जो नीचे दी गई आकृति में सन्निहित है। (आकृति को घुमाने की अनुमति नहीं है।)

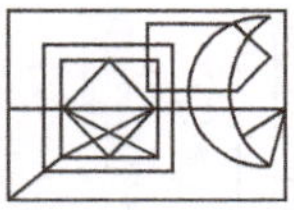

SSC CGL (Tier-I) 01/12/2022 Shift-IV

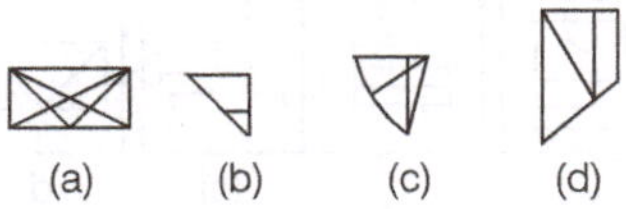

निर्देश (प्र. सं. 90 और 91) *निम्नलिखित प्रश्नों में उस विकल्प आकृति का चयन कीजिए, जिसमें दी गई आकृति उसके भाग के रूप में छिपी हुई है (आकृति को घुमाने की अनुमति नहीं है)।*

90. 

SSC CGL (Tier-I) 01/12/2022 Shift-III

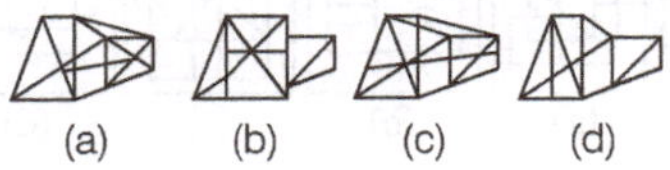

91. 

SSC CGL (Tier-I) 01/12/2022 Shift-II

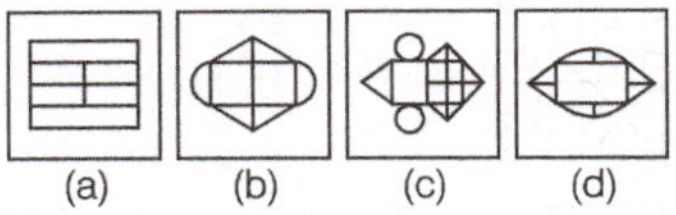

92. उस विकल्प आकृति का चयन करें, जो दी गई आकृति में अन्तर्निहित है (आकृति को घुमाने की अनुमति नहीं है)।

SSC CGL (Tier-I) 01/12/2022 Shift-II

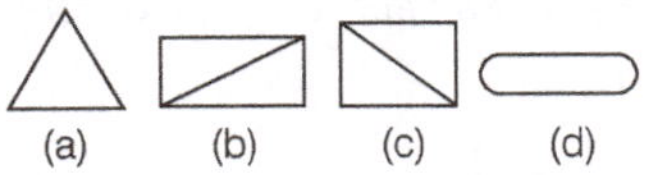

93. उस विकल्प का चयन कीजिए, जिसमें दी गई आकृति अन्तर्निहित है। (आकृति को घुमाने की अनुमति नहीं है)।

SSC CGL (Tier-I) 01/12/2022 Shift-I

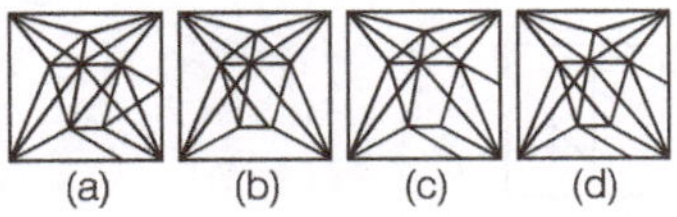

SSC CGL 2021 (Tier I & II)

निर्देश (प्र. सं. 94-98) *निम्नलिखित प्रश्नों में वह विकल्प आकृति चुनें जिसमें दी गई आकृति सन्निहित है (आकृति को घुमाने की अनुमति नहीं है)।*

94. 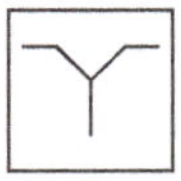

SSC CGL (Tier-I) 24/08/2021 Shift-III

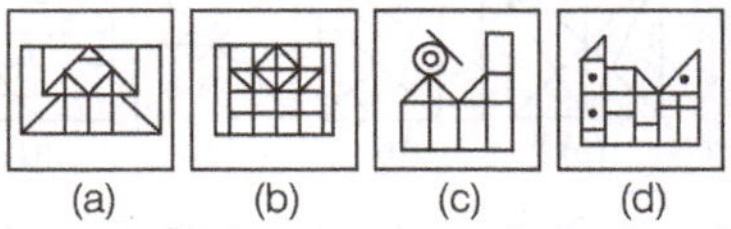

95. 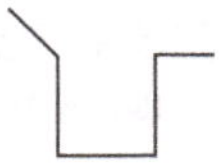

SSC CGL (Tier-I) 24/08/2021 Shift-II

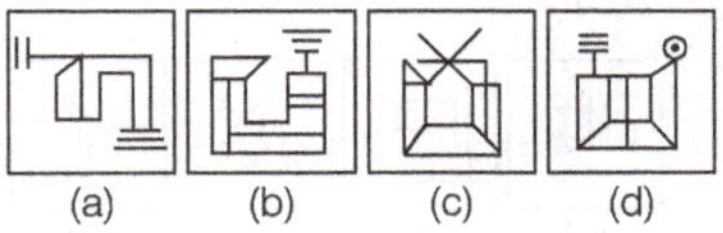

96. 

SSC CGL (Tier-I) 24/08/2021 Shift-I

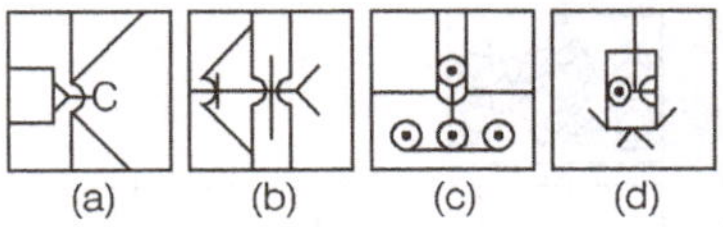

97. 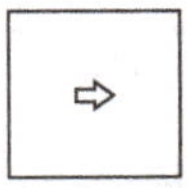

SSC CGL (Tier-I) 23/08/2021 Shift-II

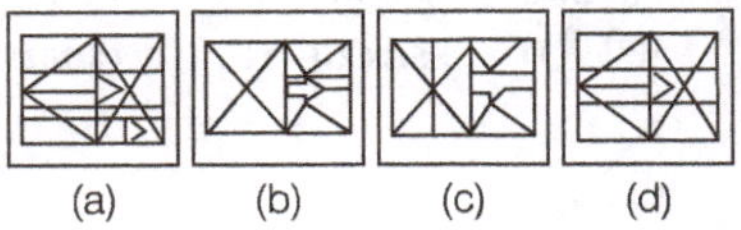

98. 

SSC CGL (Tier-I) 23/08/2021 Shift-I

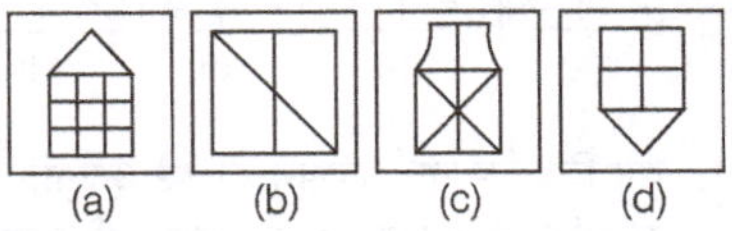

99. वह विकल्प आकृति चुनें, जो दी गई आकृति में सन्निहित है (आकृति को घुमाने की अनुमति नहीं है)। **SSC CGL (Tier-I) 20/08/2021 Shift-I**

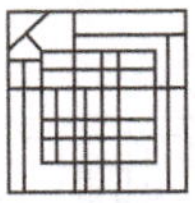

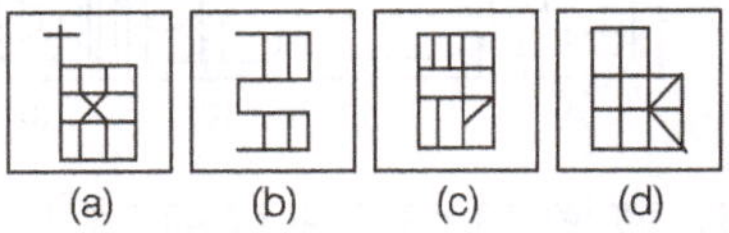

100. वह विकल्प चुनें, जिसमें दी गई आकृति सन्निहित है (आकृति को घुमाने की अनुमति नहीं है)। **SSC CGL (Tier-I) 18/08/2021 Shift-III**

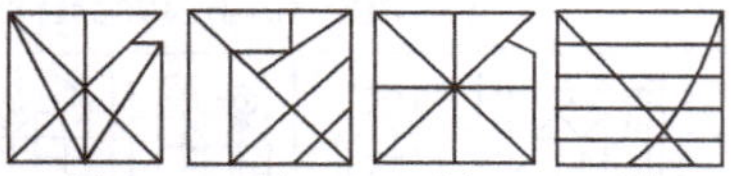

(a) (b) (c) (d)

101. वह विकल्प आकृति चुनें, जिसमें दी गई आकृति सन्निहित है। (आकृति को घुमाने की अनुमति नहीं है)। **SSC CGL (Tier-I) 18/08/2021 Shift-I**

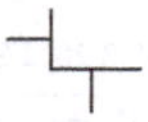

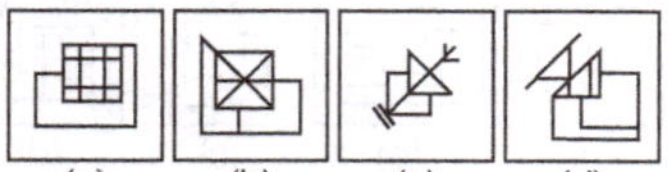

(a) (b) (c) (d)

102. वह विकल्प चुनें, जो दी गई आकृति में सन्निहित है। (आकृति को घुमाने की अनुमति नहीं है)।
SSC CGL (Tier-I) 17/08/2021 Shift-III

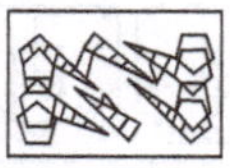

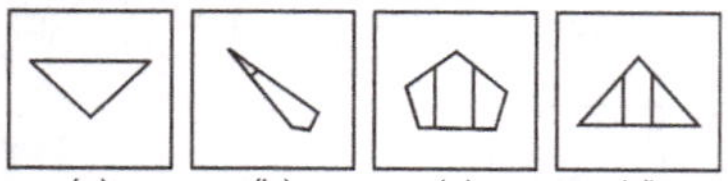

(a) (b) (c) (d)

103. वह विकल्प चुनें, जिसमें दी गई आकृति सन्निहित है (आकृति को घुमाने की अनुमति नहीं है)। **SSC CGL (Tier-I) 17/08/2021 Shift-I**

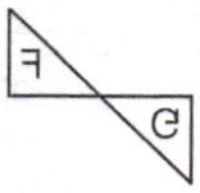

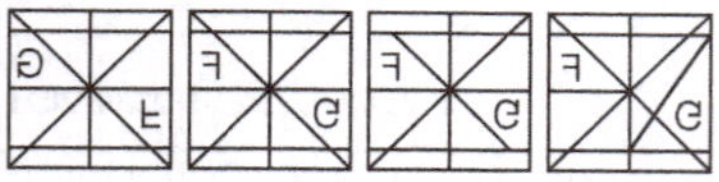

(a) (b) (c) (d)

104. वह विकल्प चुनें, जिसमें दी गई आकृति सन्निहित है (आकृति को घुमाने की अनुमति नहीं है)। **SSC CGL (Tier-I) 16/08/2021 Shift-III**

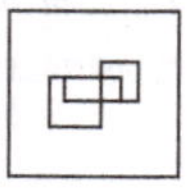

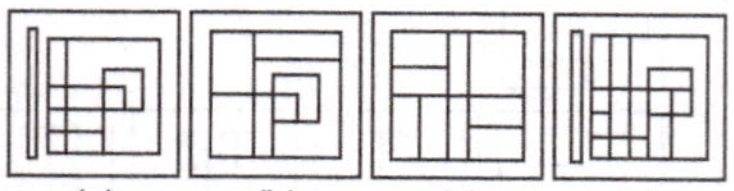

(a) (b) (c) (d)

105. वह विकल्प चुनें जो दी गई आकृति में सन्निहित है (आकृति को घुमाने की अनुमति नहीं है)। **SSC CGL (Tier-I) 16/08/2021 Shift-I**

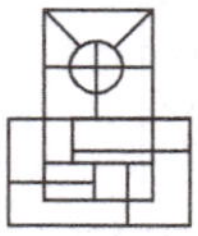

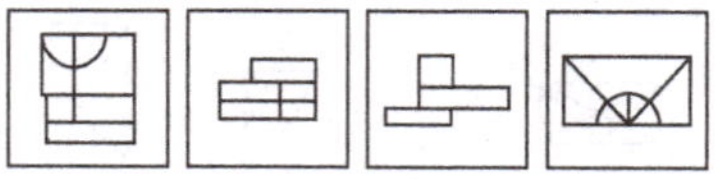

(a) (b) (c) (d)

106. वह विकल्प चुनें, जिसमें दी गई आकृति सन्निहित है (आकृति को घुमाने की अनुमति नहीं है)। **SSC CGL (Tier-I) 13/08/2021 Shift-III**

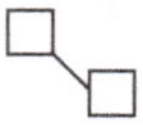

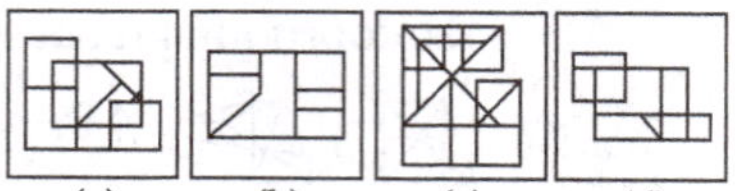

(a) (b) (c) (d)

107. वह विकल्प आकृति चुनें, जो दी गई आकृति में सन्निहित है (आकृति को घुमाने की अनुमति नहीं है)। **SSC CGL (Tier-I) 13/08/2021 Shift-I**

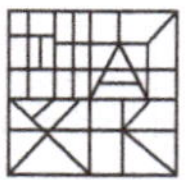

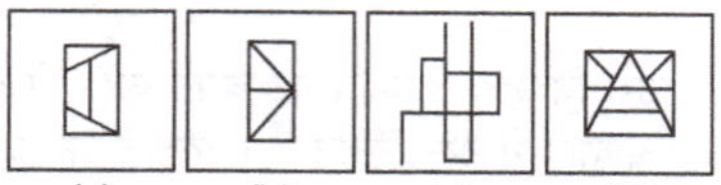

(a) (b) (c) (d)

SSC CGL 2020 (Tier I)

निर्देश (प्र. सं. 108-113) *निम्नलिखित प्रश्नों में उस विकल्प का चयन करें, जिसमें दी गई आकृति अन्तर्निहित है। (आकृति को घुमाने की अनुमति नहीं है)।*

108.

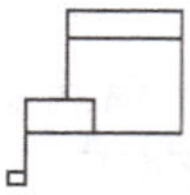

SSC CGL (Tier-I) 07/03/2020 Shift-II

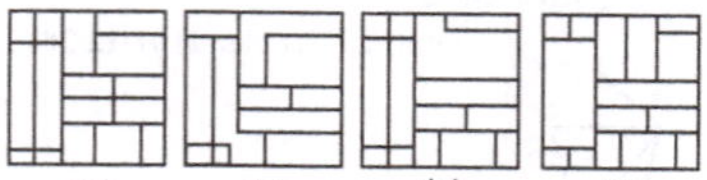

(a) (b) (c) (d)

109.

SSC CGL (Tier-I) 07/03/2020 Shift-I

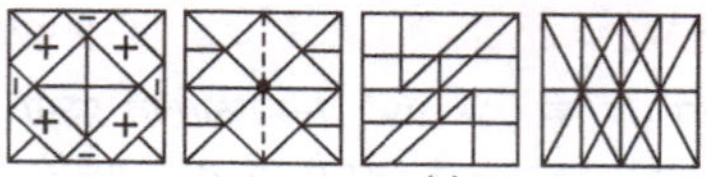

(a) (b) (c) (d)

110.

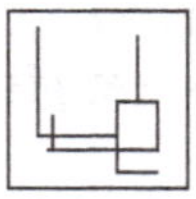

SSC CGL (Tier-I) 06/03/2020 Shift-III

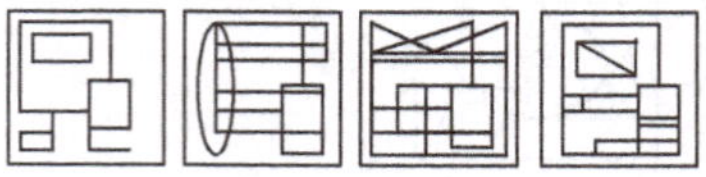

(a) (b) (c) (d)

111.

SSC CGL (Tier-I) 06/03/2020 Shift-II

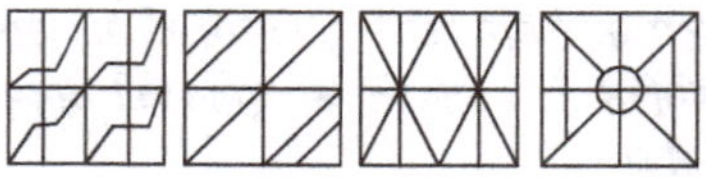

(a) (b) (c) (d)

112.

SSC CGL (Tier-I) 06/03/2020 Shift-I

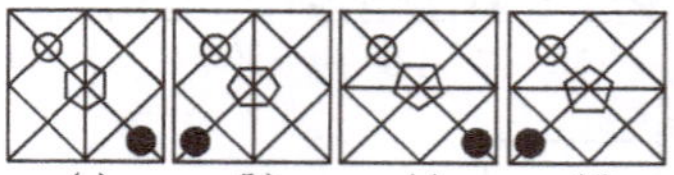

(a) (b) (c) (d)

113.

SSC CGL (Tier-I) 05/03/2020 Shift-III

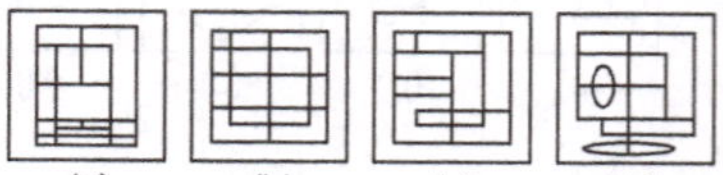

(a) (b) (c) (d)

114. उस विकल्प का चयन करें, जो दी गई आकृति में अन्तर्निहित है। (आकृति को घुमाने की अनुमति नहीं है)।
SSC CGL (Tier-I) 05/03/2020 Shift-II

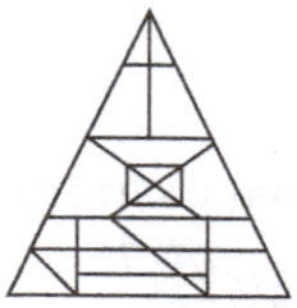

(a) 

(b) 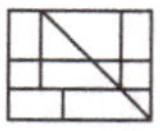

(c) 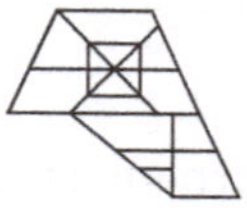

(d) 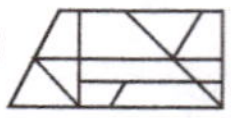

115. उस आकृति का चयन करें, जिसमें दी गई आकृति अन्तर्निहित है। (आकृति को घुमाने की अनुमति नहीं है)।
SSC CGL (Tier-I) 05/03/2020 Shift-I

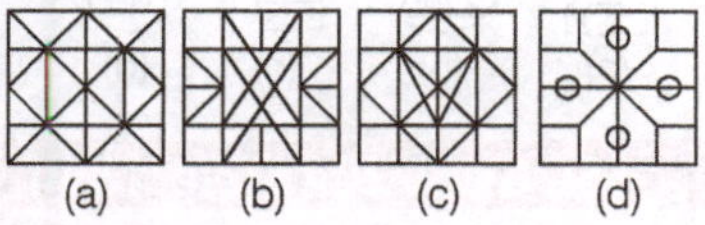

SSC CPO SI 2024

निर्देश (प्र. सं. 116-125) *निम्नलिखित प्रश्नों में उस विकल्प का चयन कीजिए, जिसमें दी गई आकृति उसके भाग के रूप में सन्निहित है (आकृति को घुमाने की अनुमति नहीं है)।*

116. 

SSC CPO 29/06/2024 Shift-II

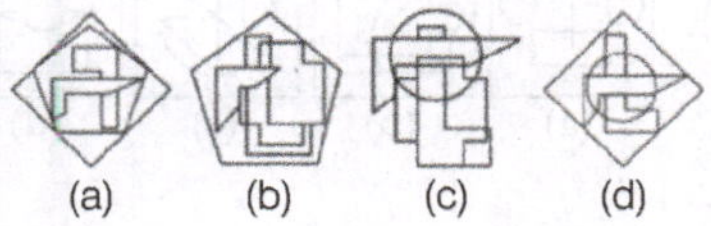

117. 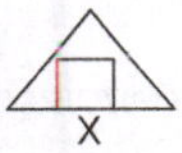

SSC CPO 29/06/2024 Shift-I

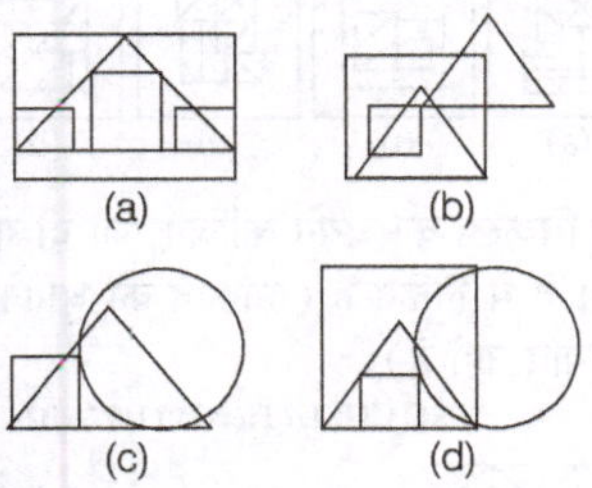

118. 

SSC CPO 29/06/2024 Shift-I

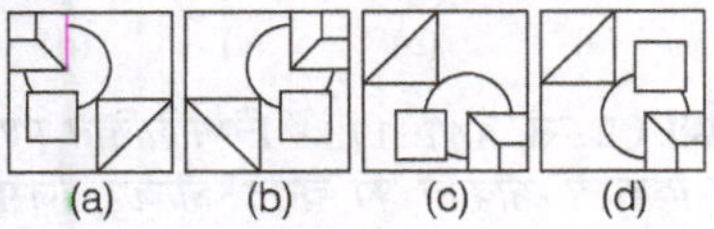

119. 

SSC CPO 28/06/2024 Shift-II

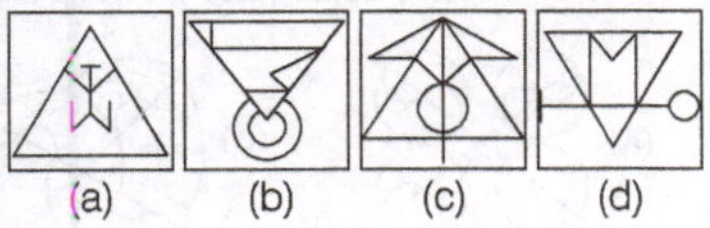

120. 

SSC CPO 28/06/2024 Shift-I

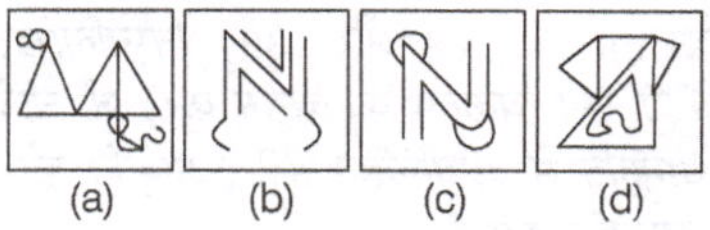

121. 

SSC CPO 27/06/2024 Shift-III

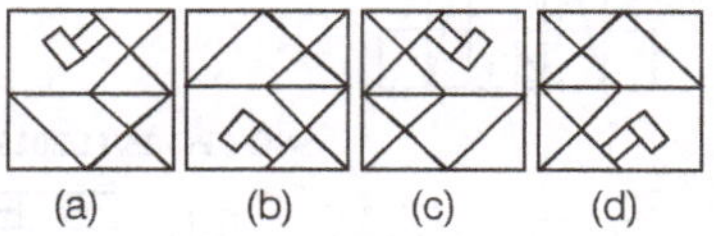

122. 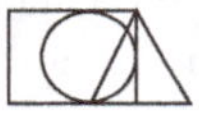

SSC CPO 27/06/2024 Shift-III

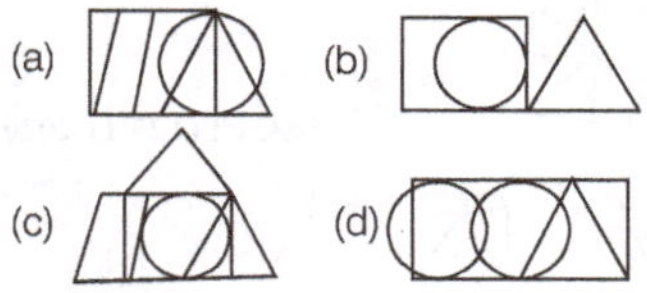

123. 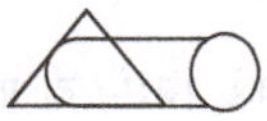

SSC CPO 27/06/2024 Shift-II

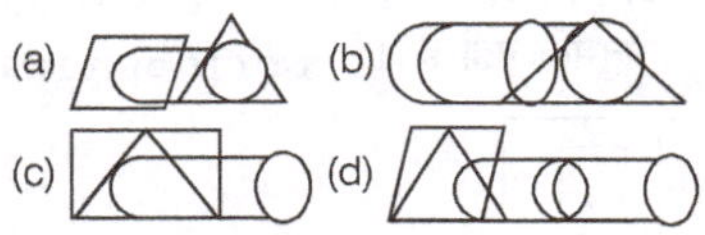

124. 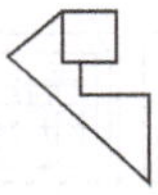

SSC CPO 27/06/2024 Shift-I

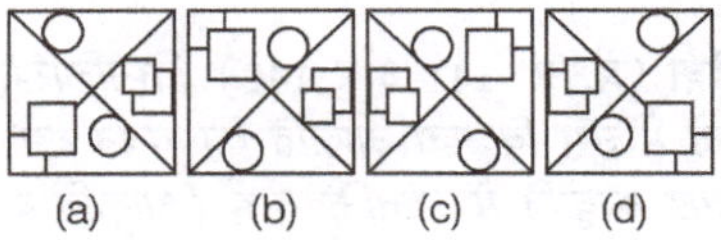

125. 

SSC CPO 27/06/2024 Shift-I

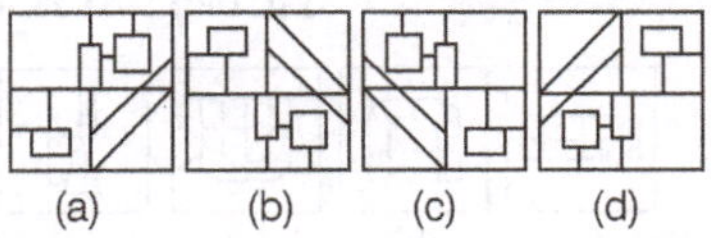

SSC CPO SI 2023-2020

निर्देश (प्र. सं. 126 और 127) *निम्नलिखित प्रश्नों में उस विकल्प का चयन कीजिए जिसमें दी गई आकृति सन्निहित है (आकृति को घुमाने की अनुमति नहीं है)।* **SSC CPO 05/10/2023 Shift-III**

126. 

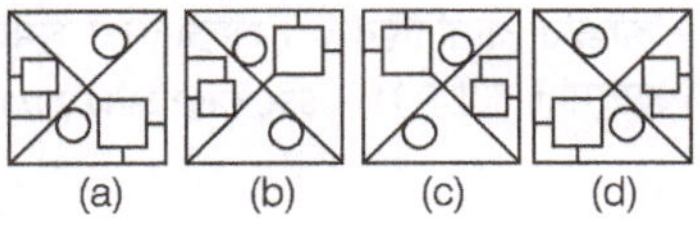

127. 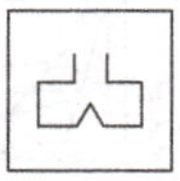

SSC CPO 04/10/2023 Shift-II

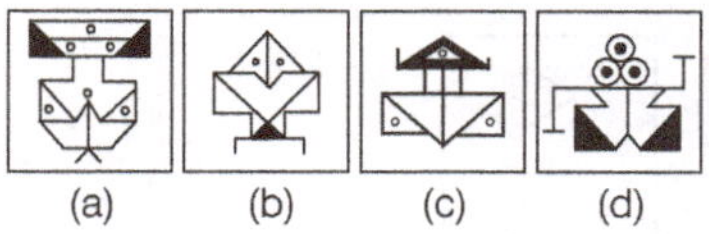

128. उस विकल्प का चयन कीजिए, जो दी गई आकृति में इसके भाग के रूप में अन्तर्निहित है। (आकृति को घुमाने की अनुमति नहीं है)।
SSC CPO 03/10/2023 Shift-I

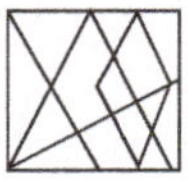

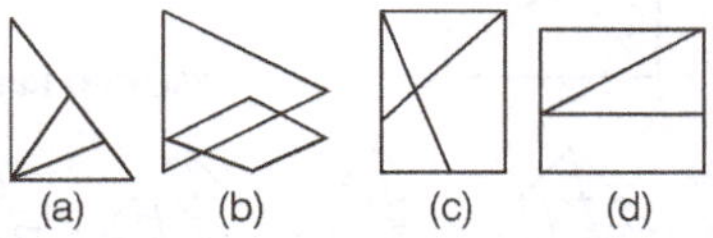

निर्देश (प्र. सं. 129-135) *निम्नलिखित प्रश्नों में उस विकल्प का चयन कीजिए, जिसमें दी गई आकृति सन्निहित है (आकृति को घुमाने की अनुमति नहीं है)।*

129. 

SSC CPO 03/10/2023 Shift-I

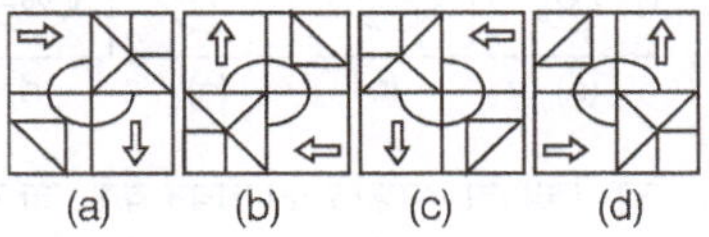

130. 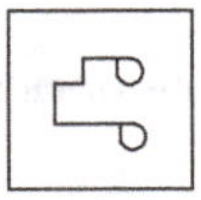

SSC CPO 11/11/2022

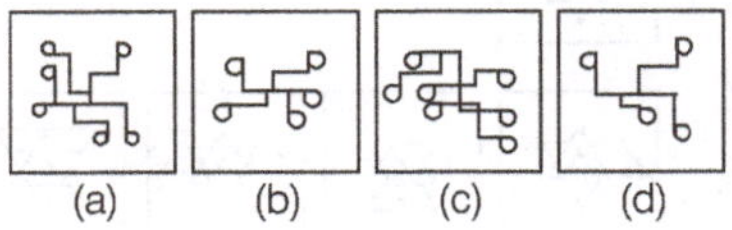

131. 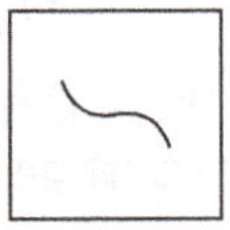

SSC CPO 11/11/2022

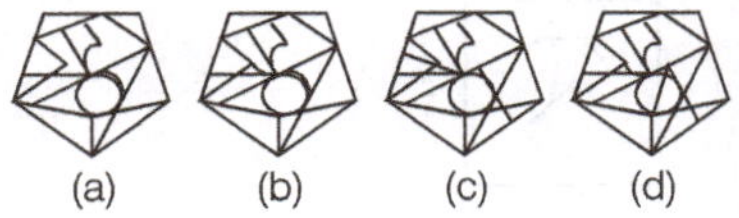

132. 

SSC CPO 11/11/2022

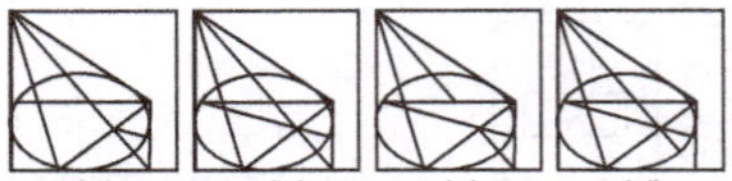

(a) (b) (c) (d)

133. 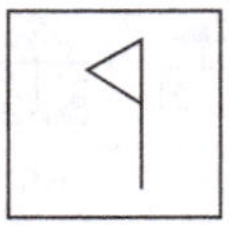

SSC CPO 10/11/2022

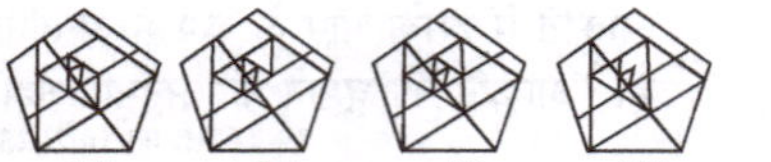

(a) (b) (c) (d)

134. 

SSC CPO 10/11/2022

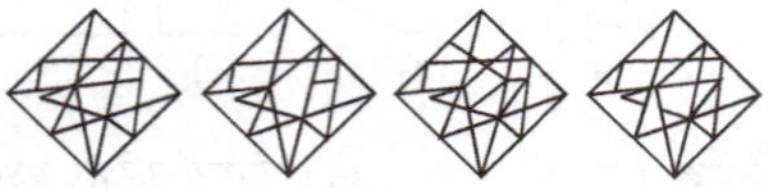

(a) (b) (c) (d)

135. 

SSC CPO 10/11/2022

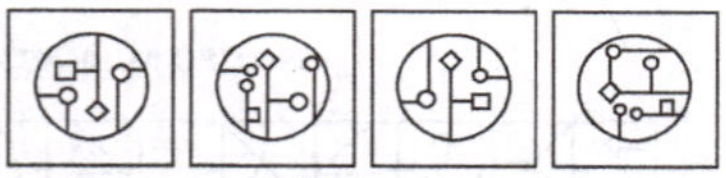

(a) (b) (c) (d)

136. उस विकल्प आकृति का चयन करें, जो दी गई आकृति में अन्तर्निहित है (आकृति को घुमाने की अनुमति नहीं है)। **SSC CPO 25/11/2020 Shift-II**

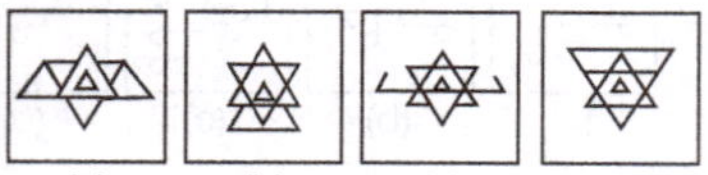

(a) (b) (c) (d)

137. उस विकल्प का चयन करें, जिसमें दी गई आकृति अन्तर्निहित है (आकृति को घुमाने की अनुमति नहीं है)। **SSC CPO 25/11/2020 Shift-II**

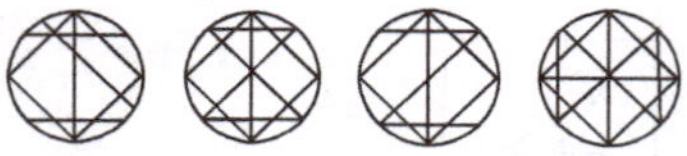

(a) (b) (c) (d)

निर्देश (प्र. सं. 138 और 139) *निम्नलिखित प्रश्नों में उस विकल्प का चयन करें, जो नीचे दी गई आकृति में अन्तर्निहित है? (आकृति को घुमाने की अनुमति नहीं है)।*

138. 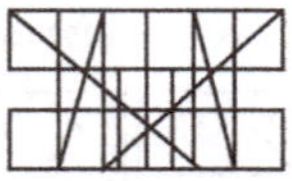

SSC CPO 25/11/2020 Shift-I

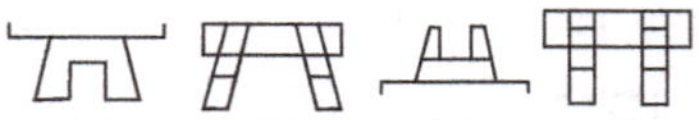

(a) (b) (c) (d)

139. 

SSC CPO 25/11/2020 Shift-I

(a) (b) (c) (d)

140. उस विकल्प का चयन करें, जिसमें दी गई आकृति अन्तर्निहित है। (आकृति को घुमाने की अनुमति नहीं है)। **SSC CPO 24/11/2020 Shift-I**

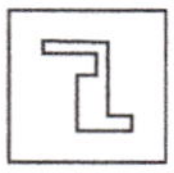

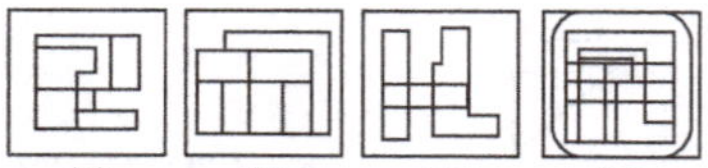

(a) (b) (c) (d)

निर्देश (प्र. सं. 141 और 142) *निम्नलिखित प्रश्नों में उस विकल्प आकृति का चयन करें, जो दी गई आकृति में अन्तर्निहित है (आकृति को घुमाने की अनुमति नहीं है)।*

141. 

SSC CPO 24/11/2020 Shift-I

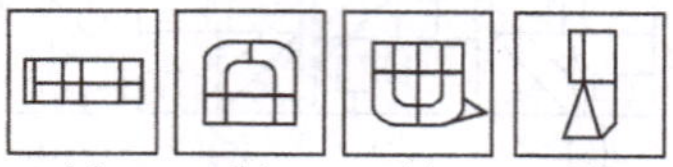

(a) (b) (c) (d)

142. 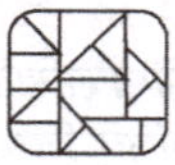

SSC CPO 23/11/2020 Shift-I

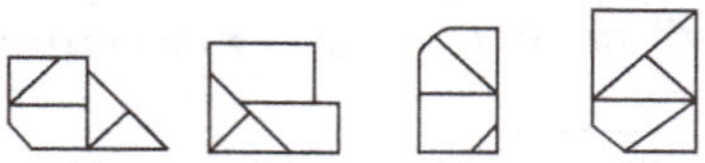

(a) (b) (c) (d)

143. उस विकल्प का चयन करें, जिसमें दी गई आकृति अन्तर्निहित है (आकृति को घुमाने की अनुमति नहीं है)। **SSC CPO 23/11/2020 Shift-I**

(a) (b) (c) (d)

SSC CHSL 2024 (Tier I & II)

निर्देश (प्र. सं. 144 और 145) *निम्नलिखित प्रश्नों में उस विकल्प आकृति का चयन कीजिए, जिसमें दी गई आकृति उसके भाग के रूप में निहित है (आकृति को घुमाने की अनुमति नहीं है)।*

144. 

SSC CHSL (Tier-I) 11/07/2024 Shift-IV

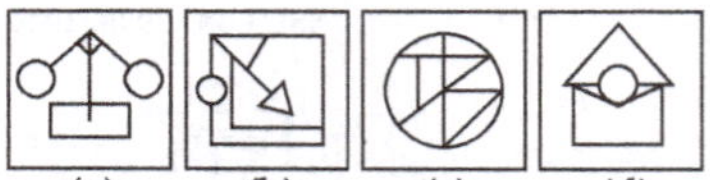

(a) (b) (c) (d)

145. 

SSC CHSL (Tier-I) 11/07/2024 Shift-III

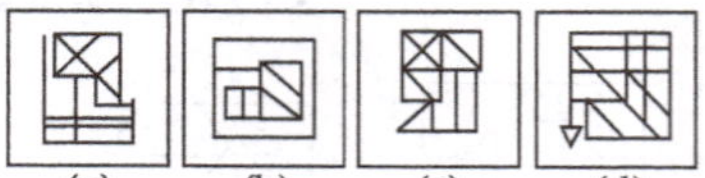

(a) (b) (c) (d)

146. उस विकल्प का चयन कीजिए, जो दी गई आकृति में निहित है (आकृति को घुमाने की अनुमति नहीं है)। **SSC CHSL (Tier-I) 11/07/2024 Shift-II**

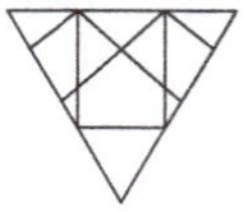

(a) (b) (c) (d)

निर्देश (प्र. सं. 147-173) *निम्नलिखित प्रश्नों में, उस विकल्प आकृति का चयन कीजिए, जिसमें दी गई आकृति उसके भाग के रूप में निहित है (आकृति को घुमाने की अनुमति नहीं है)।*

147. 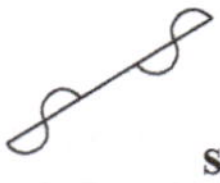

SSC CHSL (Tier-I) 11/07/2024 Shift-I

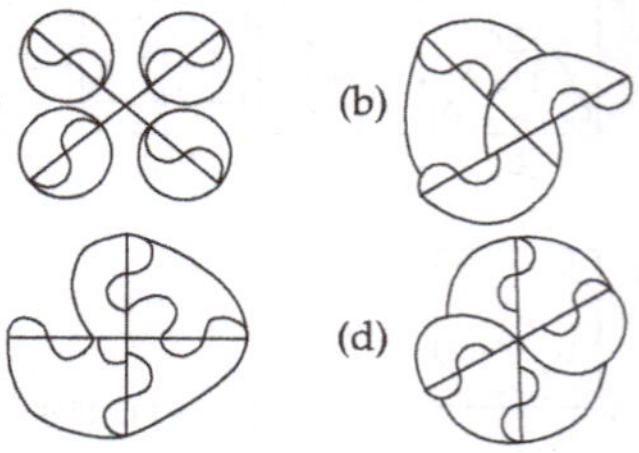

(a) (b) (c) (d)

148. 

SSC CHSL (Tier-I) 10/07/2024 Shift-IV

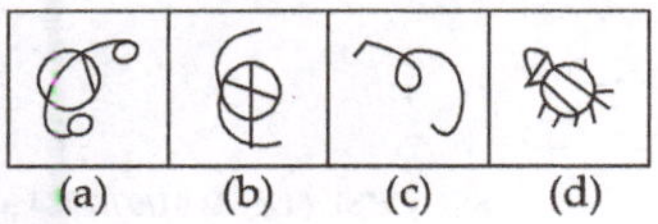

149. 

SSC CHSL (Tier-I) 10/07/2024 Shift-IV

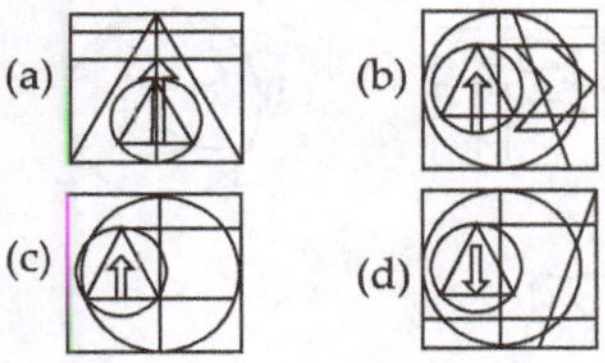

150. 

SSC CHSL (Tier-I) 10/07/2024 Shift-III

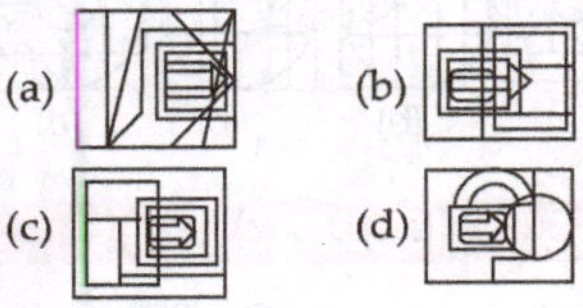

151. 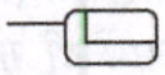

SSC CHSL (Tier-I) 09/07/2024 Shift-IV

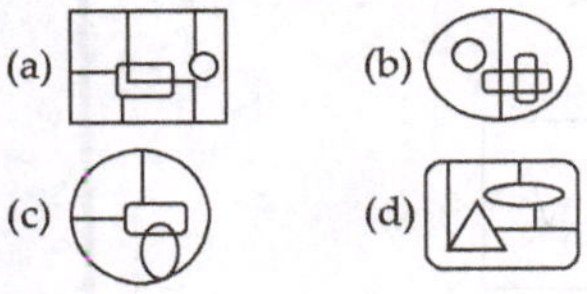

152. 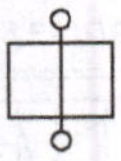

SSC CHSL (Tier-I) 09/07/2024 Shift-III

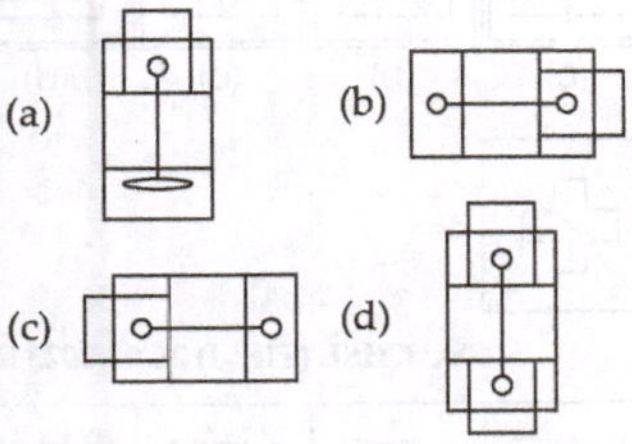

153. 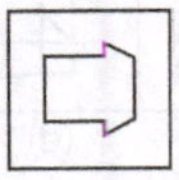

SSC CHSL (Tier-I) 09/07/2024 Shift-III

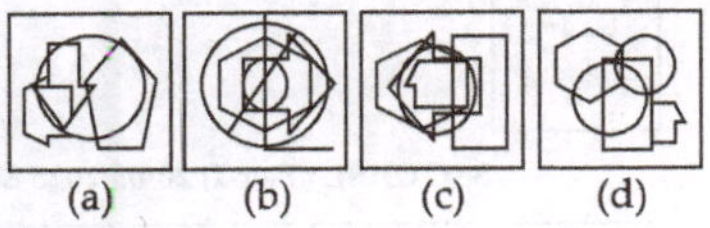

154. 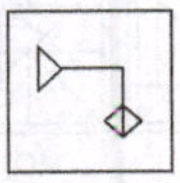

SSC CHSL (Tier-I) 09/07/2024 Shift-II

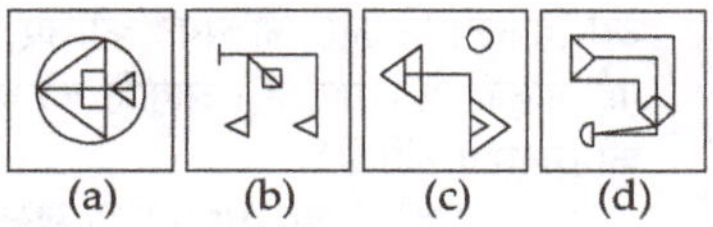

155. 

SSC CHSL (Tier-I) 09/07/2024 Shift-I

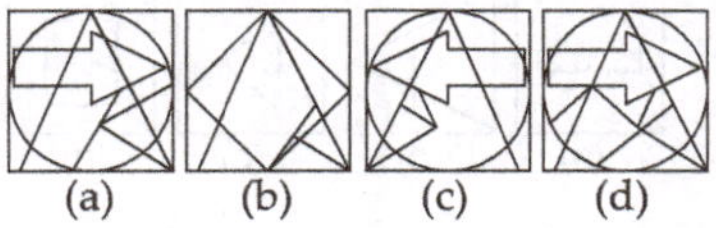

156. 

SSC CHSL (Tier-I) 09/07/2024 Shift-I

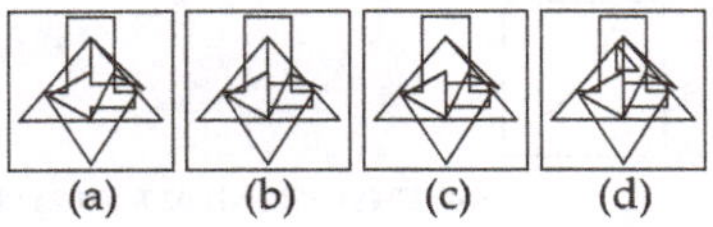

157. 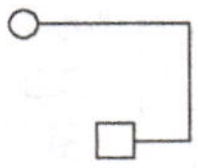

SSC CHSL (Tier-I) 08/07/2024 Shift-IV

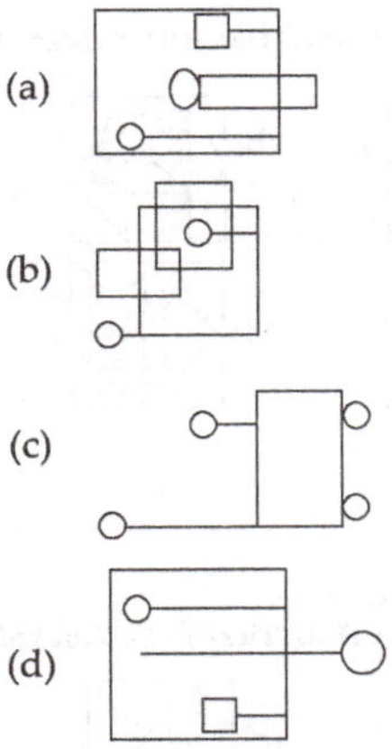

158. 

SSC CHSL (Tier-I) 08/07/2024 Shift-III

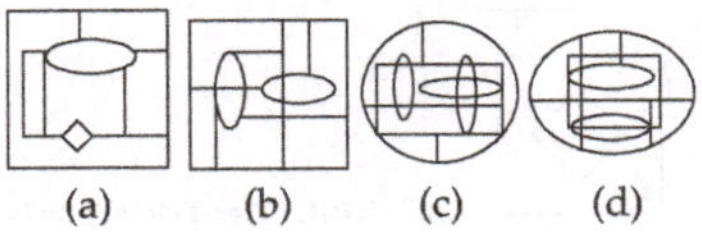

159. 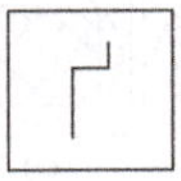

SSC CHSL (Tier-I) 08/07/2024 Shift-III

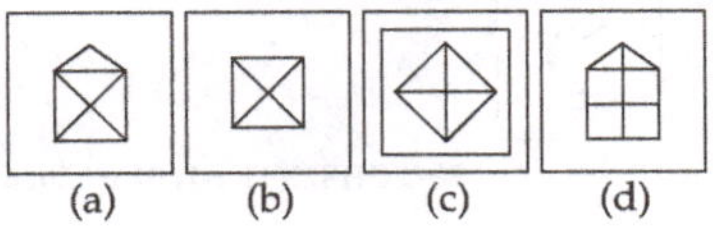

160. 

SSC CHSL (Tier-I) 08/07/2024 Shift-II

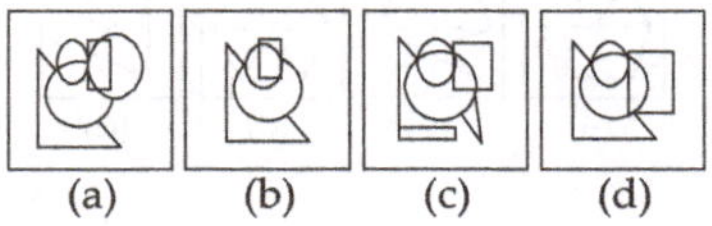

161. 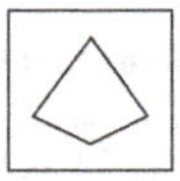

SSC CHSL (Tier-I) 08/07/2024 Shift-II

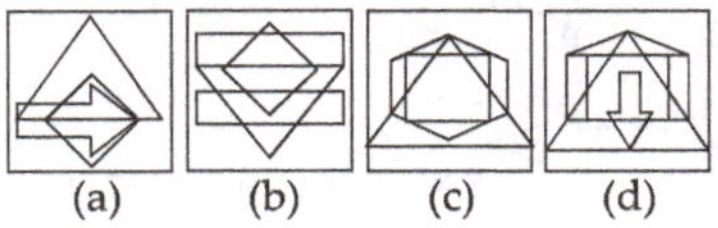

162. 

SSC CHSL (Tier-I) 05/07/2024 Shift-IV

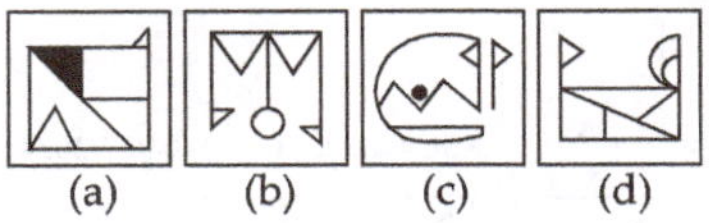

163. 

SSC CHSL (Tier-I) 05/07/2024 Shift-IV

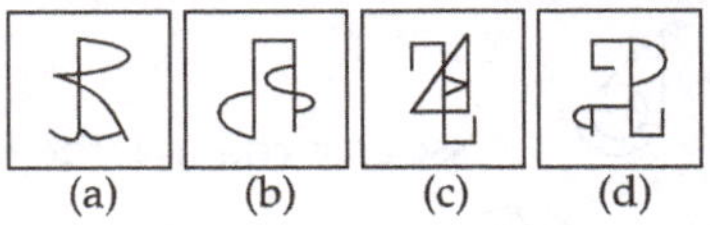

164. 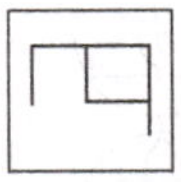

SSC CHSL (Tier-I) 05/07/2024 Shift-II

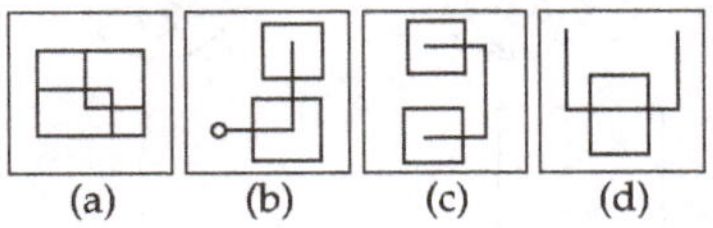

165. 

SSC CHSL (Tier-I) 04/07/2024 Shift-III

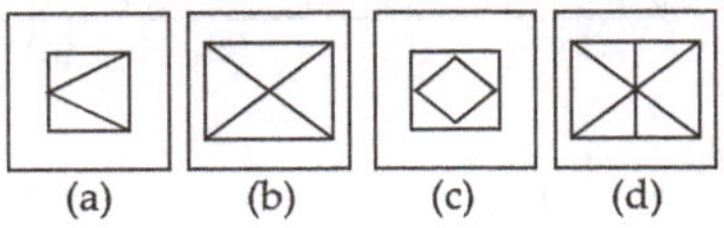

166. 

SSC CHSL (Tier-I) 04/07/2024 Shift-III

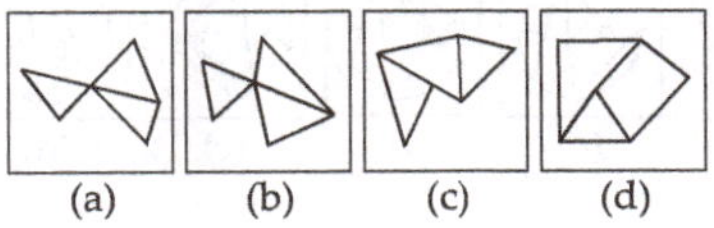

167. 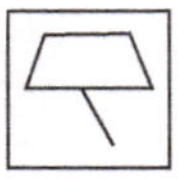

SSC CHSL (Tier-I) 04/07/2024 Shift-II

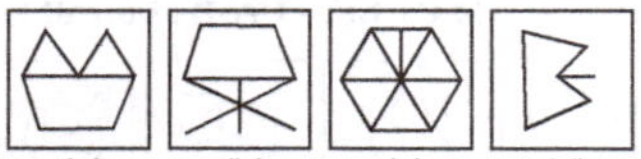
(a) (b) (c) (d)

168. 

SSC CHSL (Tier-I) 04/07/2024 Shift-II

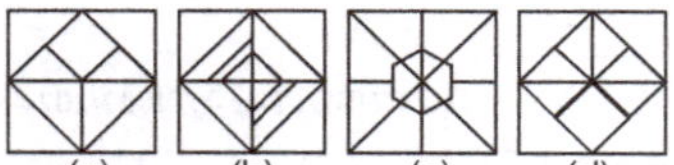
(a) (b) (c) (d)

169. 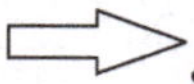

SSC CHSL (Tier-I) 04/07/2024 Shift-II

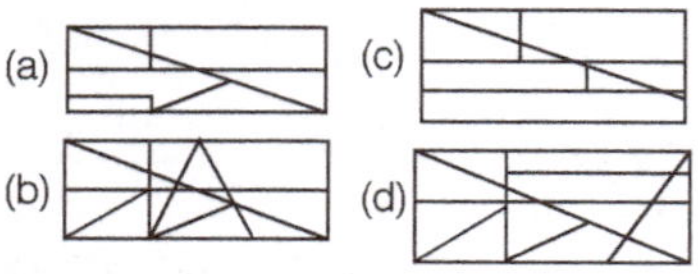
(a) (c) (b) (d)

170. 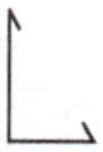

SSC CHSL (Tier-I) 04/07/2024 Shift-II

(a) (b) (c) (d)

171. 

SSC CHSL (Tier-I) 04/07/2024 Shift-I

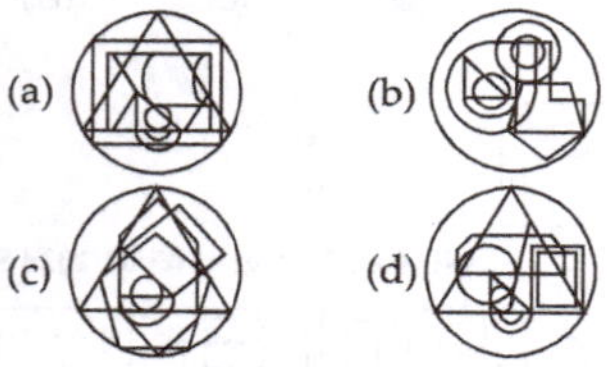
(a) (b) (c) (d)

172. 

SSC CHSL (Tier-I) 03/07/2024 Shift-IV

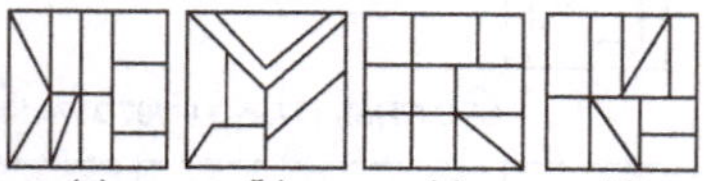
(a) (b) (c) (d)

173. 

SSC CHSL (Tier-I) 03/07/2024 Shift-III

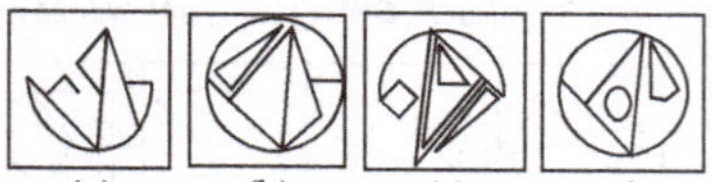
(a) (b) (c) (d)

174. उस विकल्प आकृति का चयन कीजिए, जो दी गई आकृति में निहित है (आकृति को घुमाने की अनुमति नहीं है)।

SSC CHSL (Tier-I) 03/07/2024 Shift-II

(a) (b) (c) (d)

निर्देश (प्र. सं. 175 और 181) *निम्नलिखित प्रश्नों में उस विकल्प आकृति को चुनिए, जिसमें दी गई आकृति निहित है (आकृति को घुमाने की अनुमति नहीं है)।*

175. 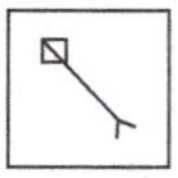

SSC CHSL (Tier-I) 02/07/2024 Shift-IV

(a) (b) (c) (d)

176. 

SSC CHSL (Tier-I) 02/07/2024 Shift-III

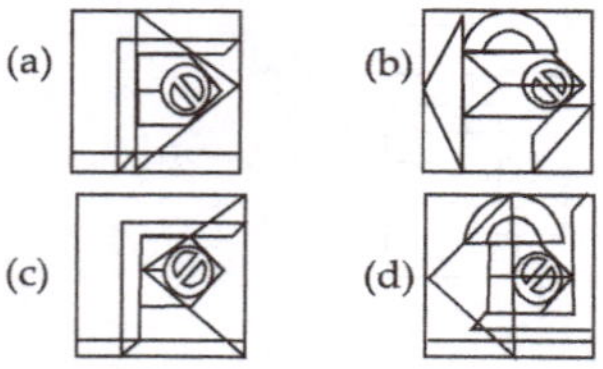
(a) (b) (c) (d)

177. 

SSC CHSL (Tier-I) 02/07/2024 Shift-III

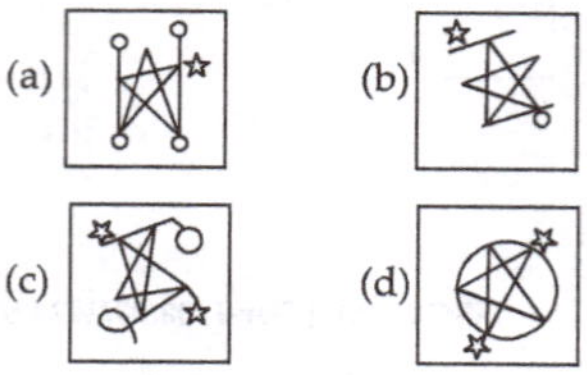
(a) (b) (c) (d)

178. 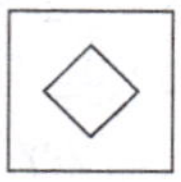

SSC CHSL (Tier-I) 02/07/2024 Shift-I

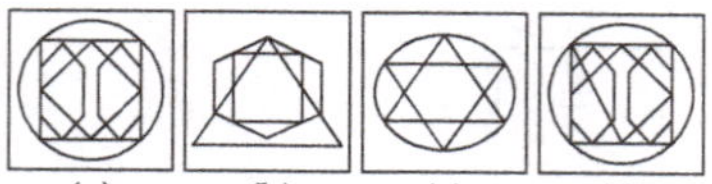
(a) (b) (c) (d)

179. 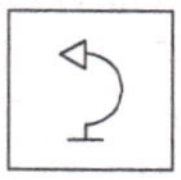

SSC CHSL (Tier-I) 02/07/2024 Shift-I

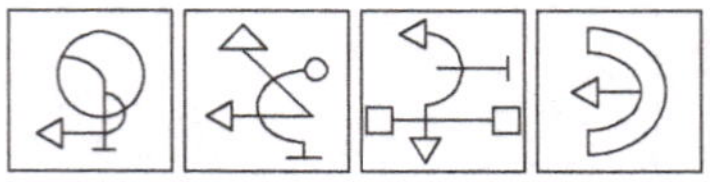
(a) (b) (c) (d)

180. 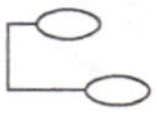

SSC CHSL (Tier-I) 01/07/2024 Shift-IV

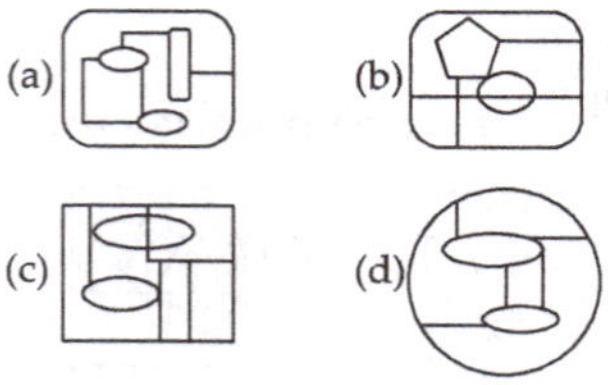
(a) (b) (c) (d)

181. 

SSC CHSL (Tier-I) 01/07/2024 Shift-II

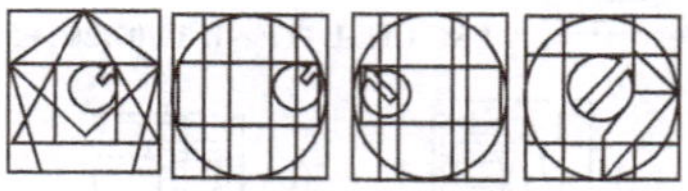
(a) (b) (c) (d)

SSC CHSL 2023 (Tier I)

निर्देश (प्र. सं. 182–193) *निम्नलिखित प्रश्नों में उस विकल्प आकृति को चुनिए, जिसमें दी गई आकृति निहित है। (आकृति को घुमाने की अनुमति नहीं है)।*

182. 

SSC CHSL (Tier-I) 21/03/2023 Shift-IV

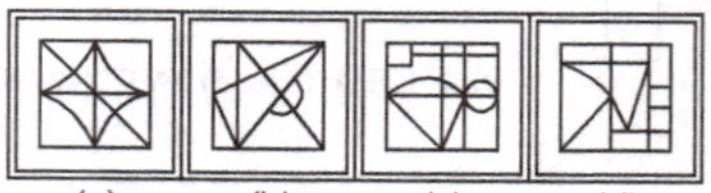
(a) (b) (c) (d)

183. 

SSC CHSL (Tier-I) 21/03/2023 Shift-IV

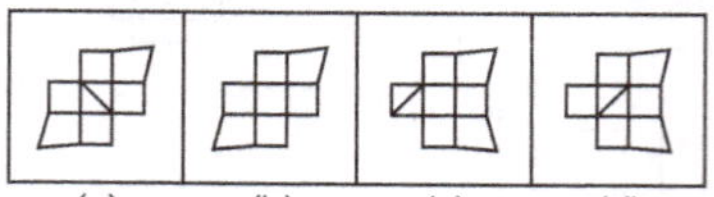
(a) (b) (c) (d)

184. 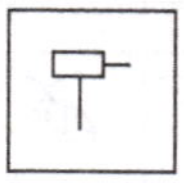

SSC CHSL (Tier-I) 20/03/2023 Shift-III

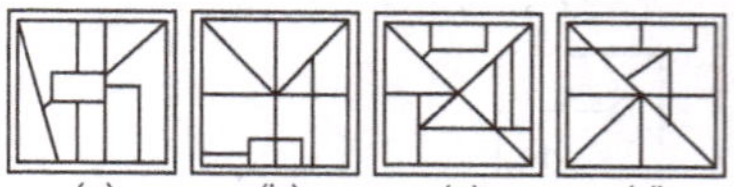
(a) (b) (c) (d)

185.

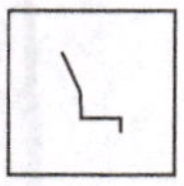

SSC CHSL (Tier-I) 20/03/2023 Shift-III

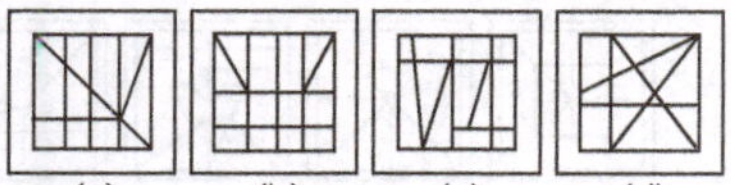

(a) (b) (c) (d)

186.

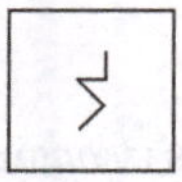

SSC CHSL (Tier-I) 16/03/2023 Shift-I

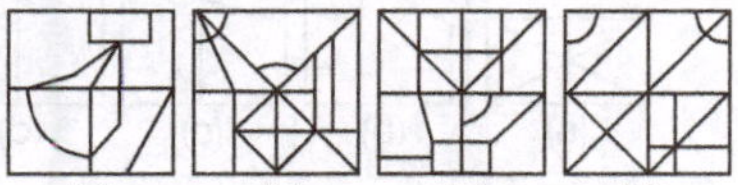

(a) (b) (c) (d)

187.

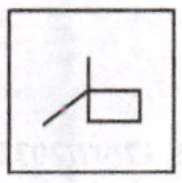

SSC CHSL (Tier-I) 16/03/2023 Shift-I

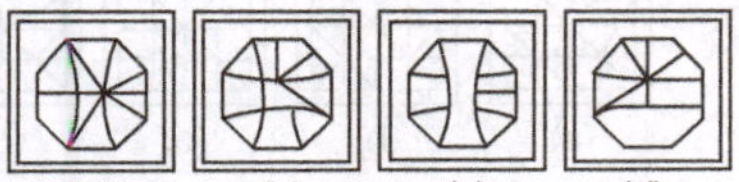

(a) (b) (c) (d)

188.

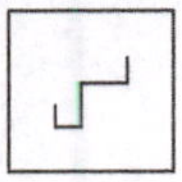

SSC CHSL (Tier-I) 16/03/2023 Shift-I

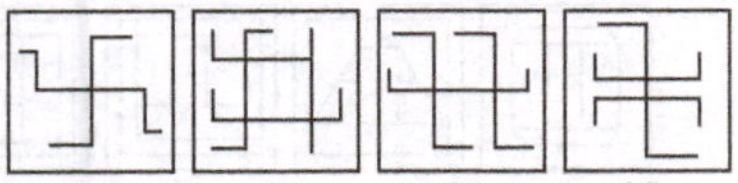

(a) (b) (c) (d)

189.

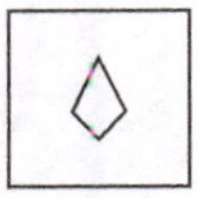

SSC CHSL (Tier-I) 15/03/2023 Shift-IV

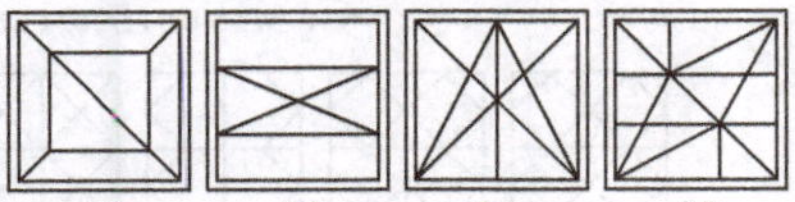

(a) (b) (c) (d)

190.

SSC CHSL (Tier-I) 10/03/2023 Shift-II

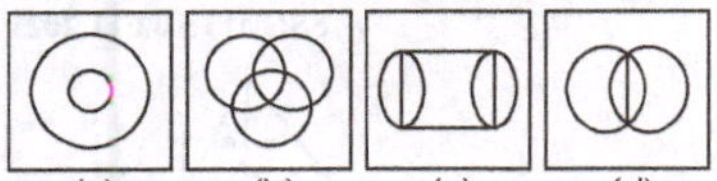

(a) (b) (c) (d)

191.

SSC CHSL (Tier-I) 10/03/2023 Shift-II

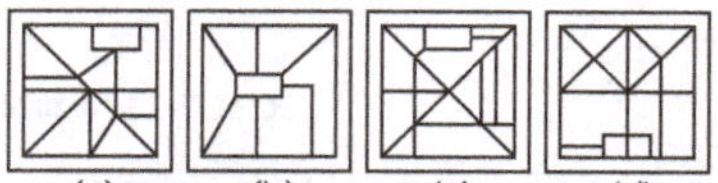

(a) (b) (c) (d)

192.

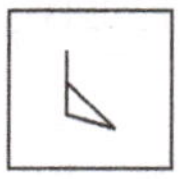

SSC CHSL (Tier-I) 10/03/2023 Shift-II

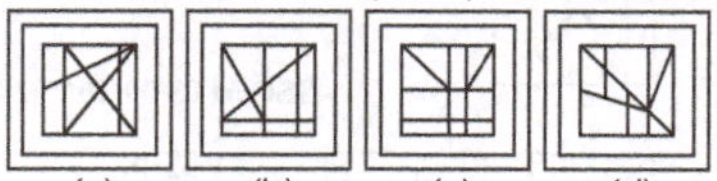

(a) (b) (c) (d)

193.

SSC CHSL (Tier-I) 09/03/2023 Shift-I

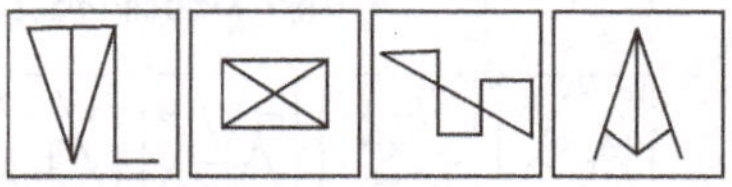

(a) (b) (c) (d)

SSC CHSL 2022 & 2021 (Tier I)

194. उस विकल्प-आकृति का चयन करें, जो नीचे दी गई आकृति में सन्निहित है। (आकृति को घुमाने की अनुमति नहीं है।)

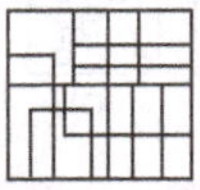

SSC CHSL (Tier-I) 01/06/2022 Shift-I

(a) 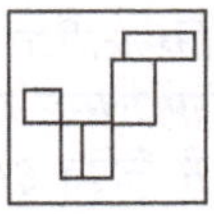

(b) 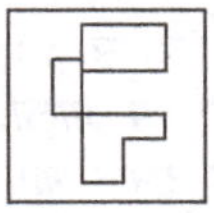

(c) 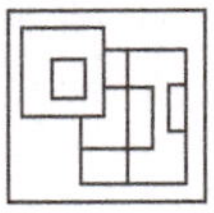

(d) 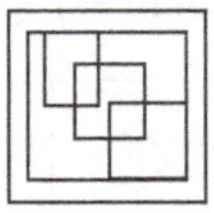

निर्देश (प्र. सं. 195 और 196) *निम्नलिखित प्रश्नों में, उस विकल्प आकृति का चयन कीजिए, जो दी गई आकृति में उसके भाग के रूप में छिपी है। (आकृति घुमाने की अनुमति नहीं हैं।)*

195.

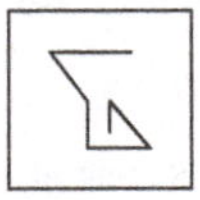

SSC CHSL (Tier-I) 27/05/2022 Shift-I

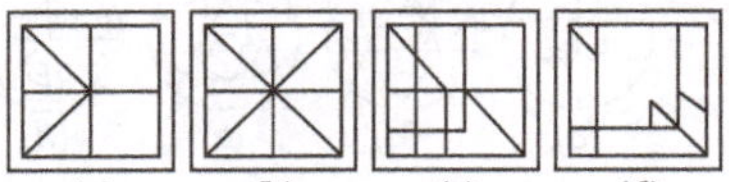

(a) (b) (c) (d)

196.

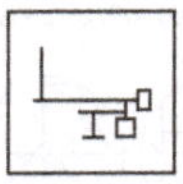

SSC CHSL (Tier-I) 12/08/2021 Shift-III

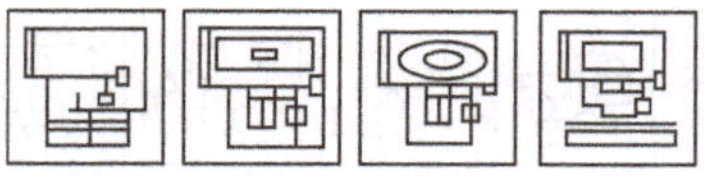

(a) (b) (c) (d)

197. उस विकल्प-आकृति का चयन करें, जो नीचे दी गई आकृति में सन्निहित है। (आकृति को घुमाने की अनुमति नहीं है।)

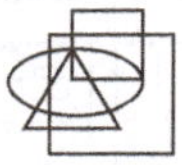

SSC CHSL (Tier-I) 10/08/2021 Shift-I

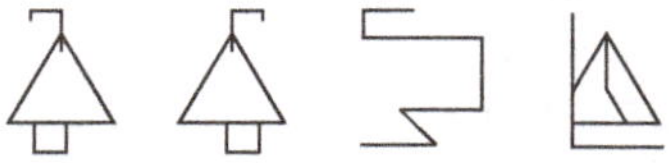

(a) (b) (c) (d)

निर्देश (प्र. सं. 198-200) *निम्नलिखित प्रश्नों में उस विकल्प का चयन करें, जिसमें दी गई आकृति अन्त:स्थापित है (आकृति को घुमाने की अनुमति नहीं है)।* SSC CHSL (Tier-I) 04/08/2021 Shift-I

198.

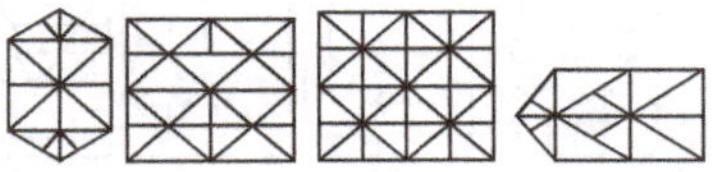

(a) (b) (c) (d)

199.

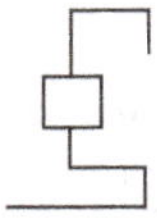

SSC CHSL (Tier-I) 19/04/2021 Shift-III

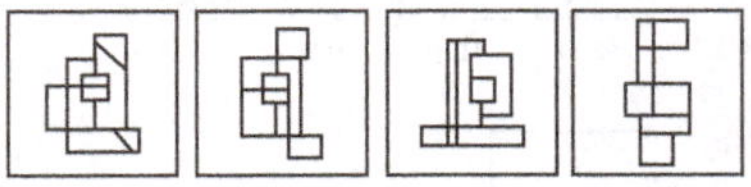

(a) (b) (c) (d)

200.

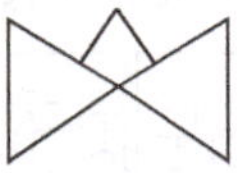

SSC CHSL (Tier-I) 12/04/2021 Shift-II

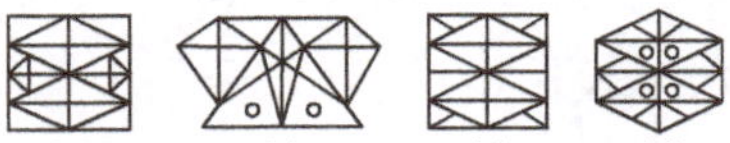

(a) (b) (c) (d)

SSC MTS 2024

निर्देश (प्र. सं. 201-212) *निम्नलिखित प्रश्नों में, उस विकल्प आकृति का चयन कीजिए, जिसमें दी गई आकृति उसके भाग के रूप में सन्निहित है (घूर्णन की अनुमति नहीं है)।*

201.

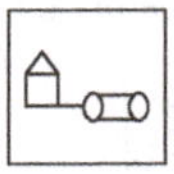

SSC MTS 13/11/2024 Shift-III

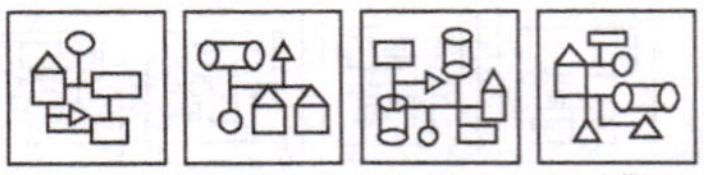

(a) (b) (c) (d)

202. 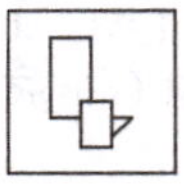

SSC MTS 12/11/2024 Shift-III

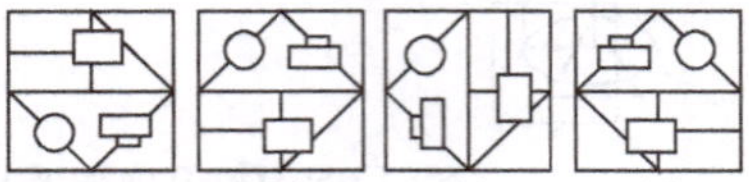

(a) (b) (c) (d)

203. 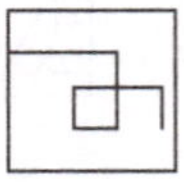

SSC MTS 11/11/2024 Shift-III

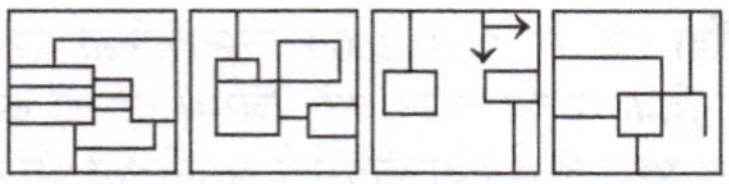

(a) (b) (c) (d)

204. 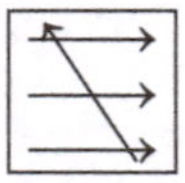

SSC MTS 04/11/2024 Shift-III

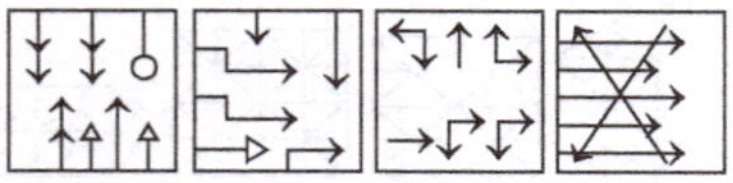

(a) (b) (c) (d)

205. 

SSC MTS 30/10/2024 Shift-III

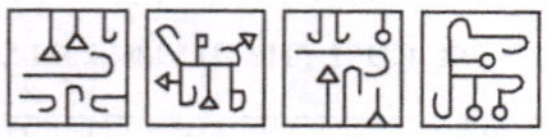

(a) (b) (c) (d)

206. 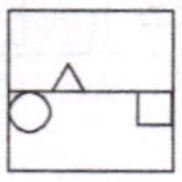

SSC MTS 29/10/2024 Shift-III

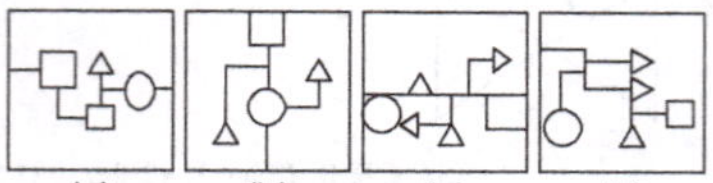

(a) (b) (c) (d)

207. 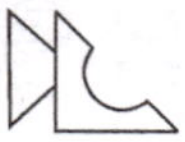

SSC MTS 22/10/2024 Shift-II

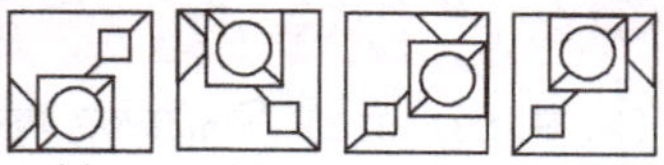

(a) (b) (c) (d)

208. 

SSC MTS 18/10/2024 Shift-II

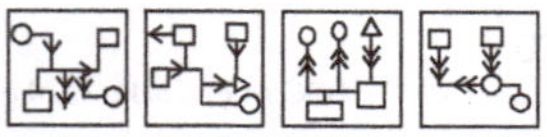

(a) (b) (c) (d)

209. 

SSC MTS 15/10/2024 Shift-I

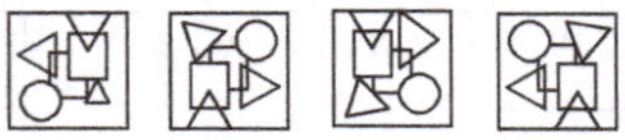

(a) (b) (c) (d)

210. 

SSC MTS 09/10/2024 Shift-I

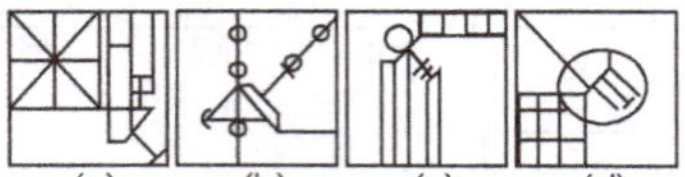

(a) (b) (c) (d)

211. 

SSC MTS 08/10/2024 Shift-I

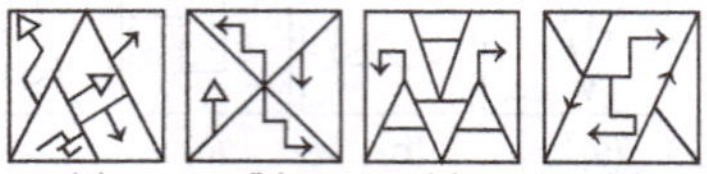

(a) (b) (c) (d)

212. 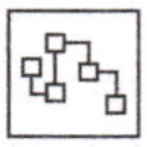

SSC MTS 01/10/2024 Shift-I

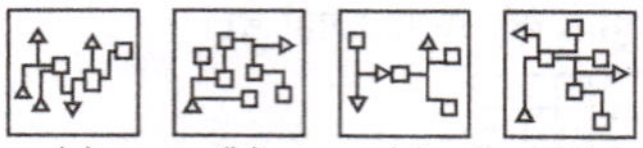

(a) (b) (c) (d)

SSC MTS 2023-2021

निर्देश (प्र. सं. 213-220) *निम्नलिखित प्रश्नों में उस विकल्प आकृति को चुनिए जिसमें दी गई आकृति उसके भाग के रूप में निहित है। (घूर्णन की अनुमति नहीं है।)*

213. 

SSC MTS 14/09/2023 Shift-I

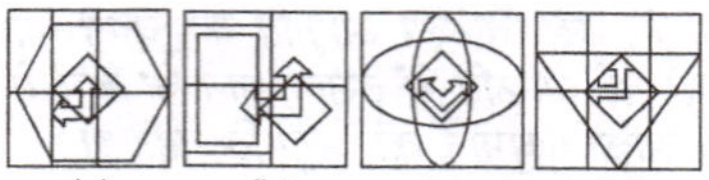

(a) (b) (c) (d)

214. 

SSC MTS 11/09/2023 Shift-I

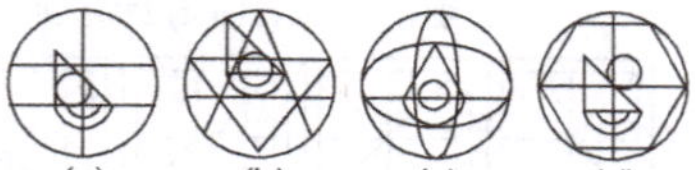

(a) (b) (c) (d)

215.

SSC MTS 01/09/2023 Shift-III

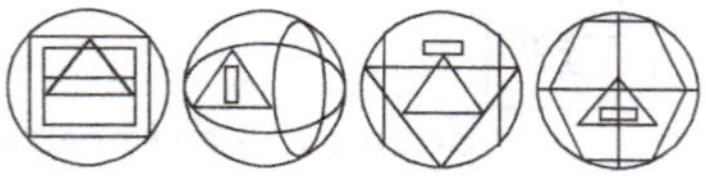

(a) (b) (c) (d)

216. 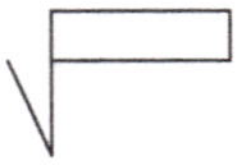

SSC MTS 15/07/2022 Shift-I

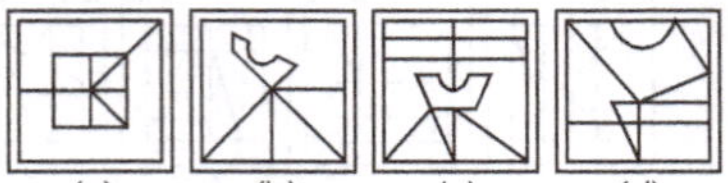

(a) (b) (c) (d)

217. 

SSC MTS 13/07/2022 Shift-I

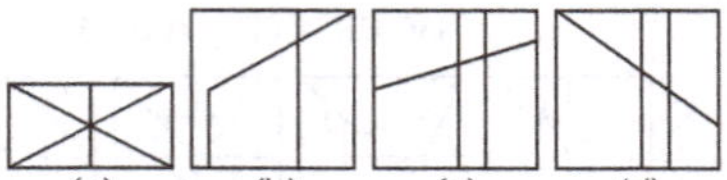

(a) (b) (c) (d)

218. 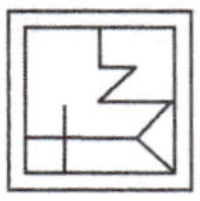

SSC MTS 12/07/2022 Shift-I

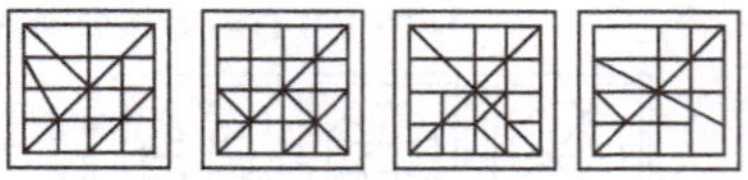

(a) (b) (c) (d)

219. 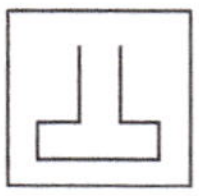

SSC MTS 11/07/2022 Shift-I

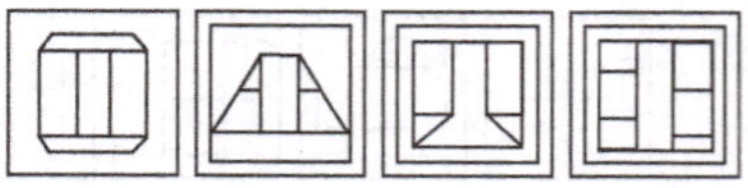

(a) (b) (c) (d)

220. 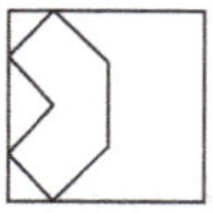

SSC MTS 02/11/2021 Shift-III

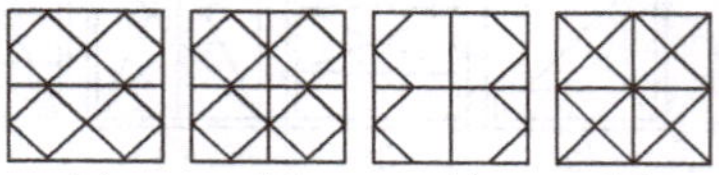

(a) (b) (c) (d)

221. उस विकल्प-आकृति का चयन करें, जो नीचे दी गई आकृति में सन्निहित है। (आकृति को घुमाने की अनुमति नहीं है।)

SSC MTS 02/11/2021 Shift-II

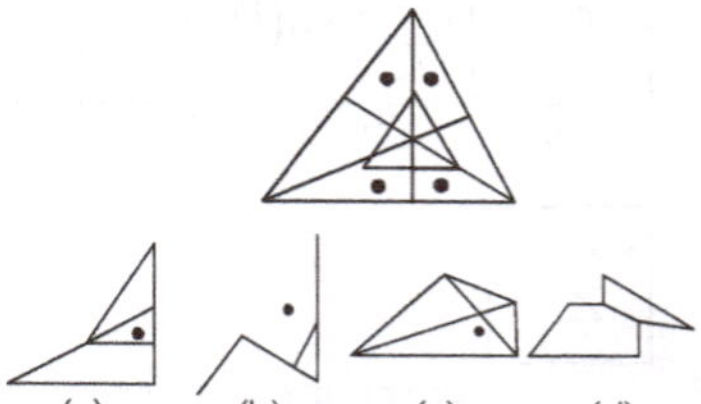

(a) (b) (c) (d)

SSC Steno 2023-2020

निर्देश (प्र. सं. 222–227) *निम्नलिखित प्रश्नों में उस विकल्प का चयन करें जिसमें दी गई आकृति अन्तर्निहित है (आकृति को घुमाने की अनुमति नहीं है)।*

222. 

SSC Steno 13/10/2023 Shift-I

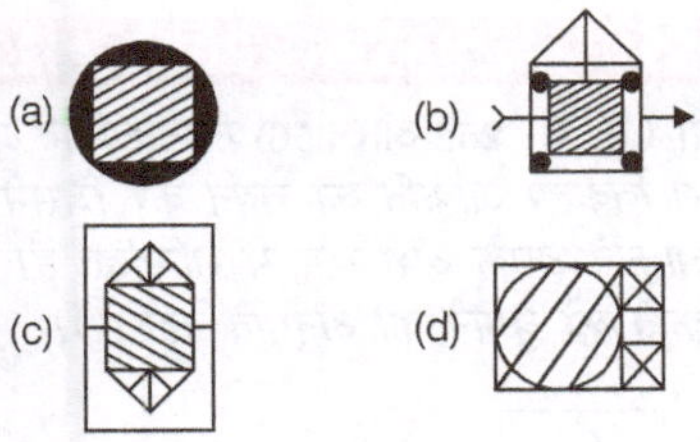

223. 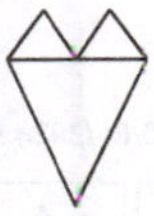

SSC Steno 13/10/23 (Shift-I)

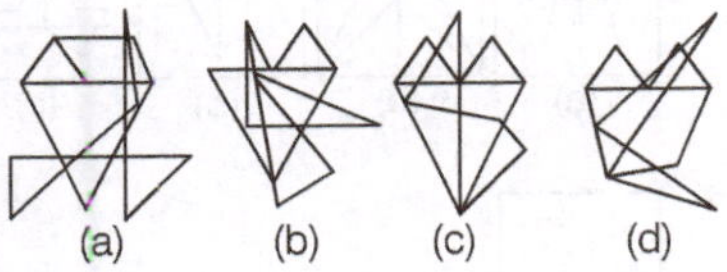

224. 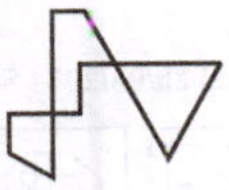

SSC Steno 12/10/2023 Shift-I

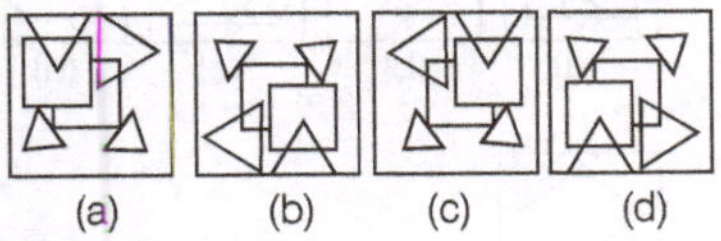

225. 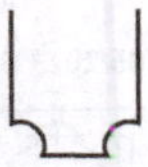

SSC Steno 12/10/2023 Shift-I

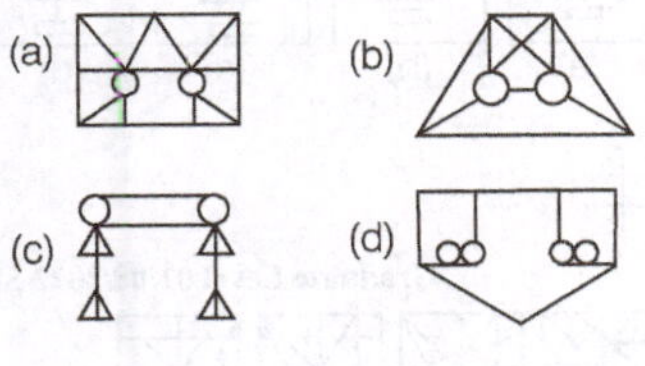

226. 

SSC Steno 12/10/2023 Shift-I

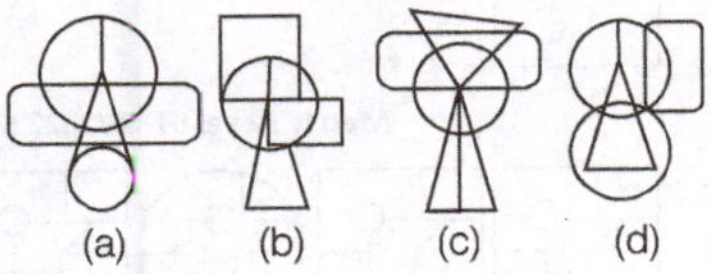

227. 

SSC Steno 15/11/2021

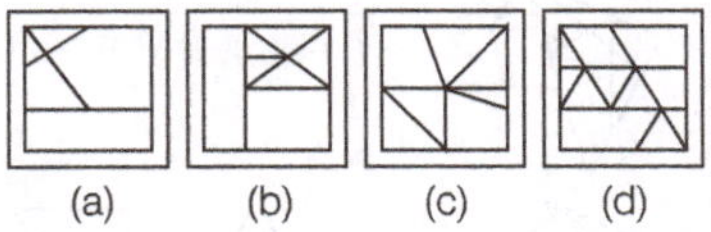

228. उस विकल्प का चयन करें, जो दी गई आकृति में इसके भाग के रूप में अन्त:स्थापित नहीं है। SSC Steno 11/11/2021

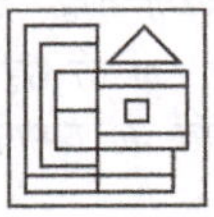

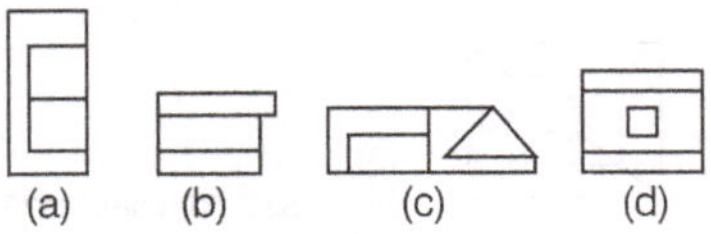

229. उस विकल्प को चुनें जिसमें दी गई आकृति अन्त:स्थापित है (आकृति को घुमाने की अनुमति नहीं है)। SSC Steno 24/12/2020

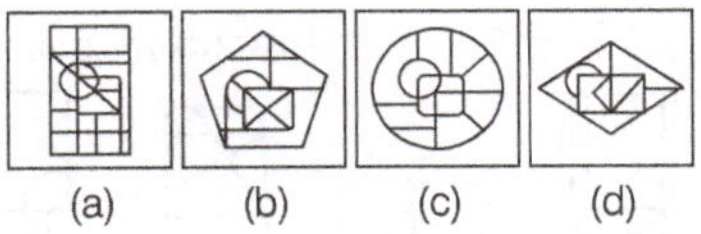

230. उस विकल्प आकृति का चयन कीजिए जो दी गई आकृति में उसके भाग के रूप में अन्तर्निहित है (आकृति को घुमाने की अनुमति नहीं है)। SSC Steno 22/12/2020

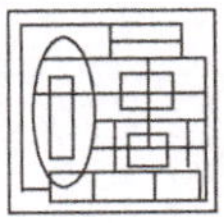

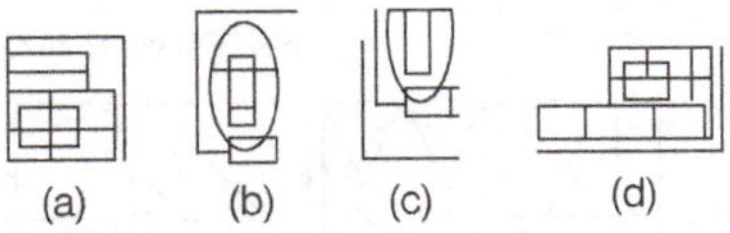

SSC GD Constable 2024

निर्देश (प्र. सं. 231-242) *निम्नलिखित प्रश्नों में, नीचे दी गई विकल्प आकृतियों में से उस आकृति का चयन कीजिए, जिसमें प्रश्न आकृति छिपी/निहित है (आकृति को घुमाने की अनुमति नहीं है)।*

231. 

SSC GD 26/02/2024 Shift-I

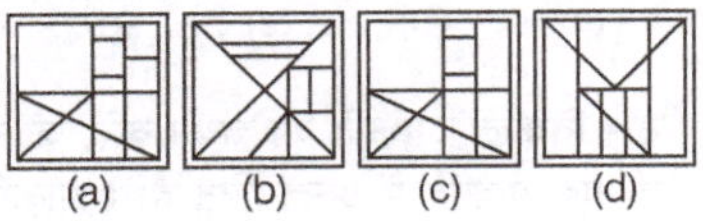

232. 

SSC GD 26/02/2024 Shift-I

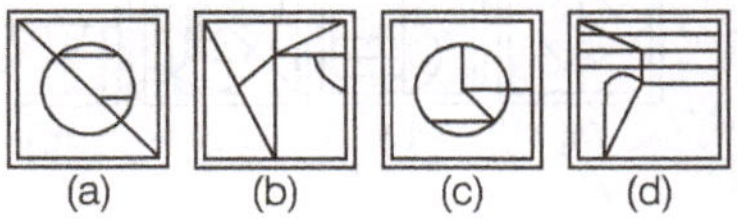

233. 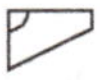

SSC GD 24/02/2024 Shift-II

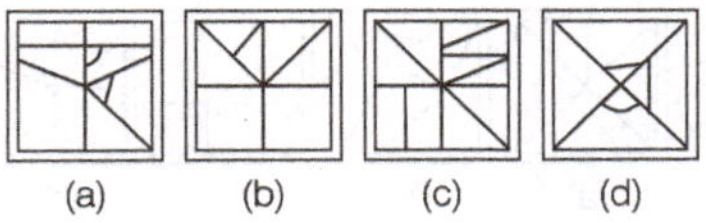

234. 

SSC GD 24/02/2024 Shift-I

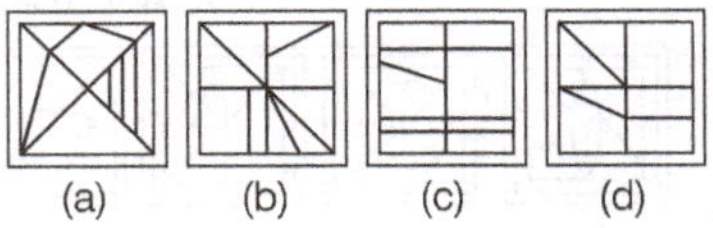

235. 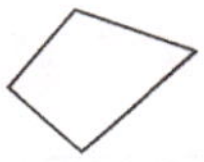

SSC GD 23/02/2024 Shift-I

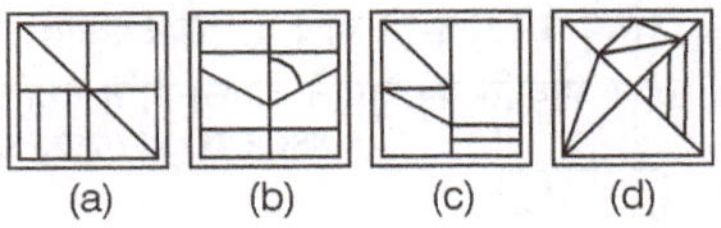

236. 

SSC GD 22/02/2024 Shift-III

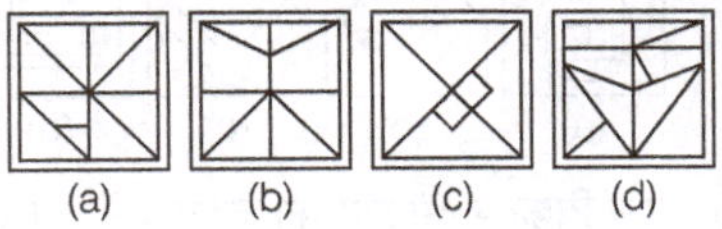

237. 

SSC GD 21/02/2024 Shift-II

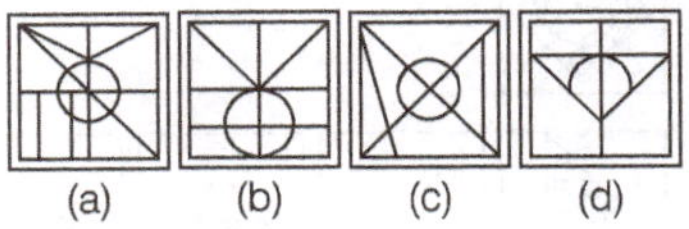

238. 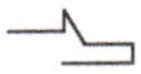

SSC GD 20/02/2024 Shift-IV

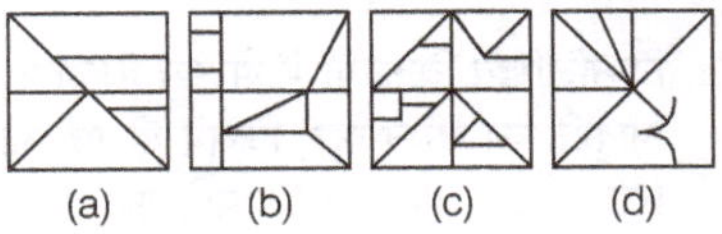

239. 

SSC GD 20/02/2024 Shift-III

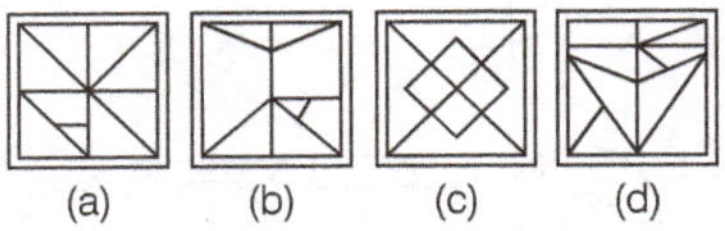

240. 

SSC GD 20/02/2024 Shift-II

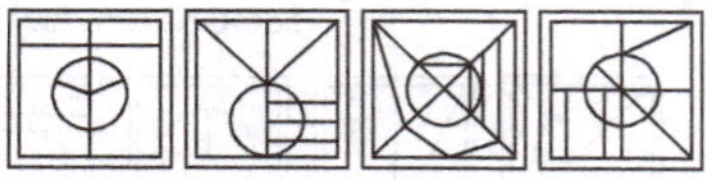

(a) (b) (c) (d)

241. 

SSC GD 20/02/2024 Shift-II

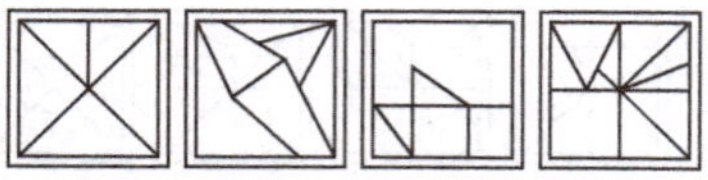

(a) (b) (c) (d)

242. 

SSC GD 20/02/2024 Shift-I

(a) (b) (c) (d)

SSC GD Constable 2023

243. निम्नलिखित विकल्पों में से उस आकृति का चयन करें, जिसमें नीचे दी गई आकृति निहित है (आकृति को घुमाने की अनुमति नहीं है)।
SSC GD 13/02/2023 Shift-IV

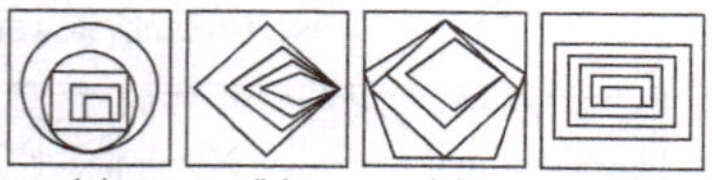

(a) (b) (c) (d)

244. उस विकल्प आकृति का चयन करें, जो दी गई आकृति में निहित है। (आकृति को घुमाने की अनुमति नहीं है)। SSC GD 13/02/2023 Shift-II

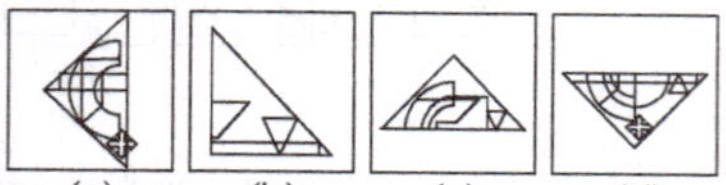

(a) (b) (c) (d)

245. निम्नलिखित विकल्पों में से उस विकल्प आकृति का चयन करें, जिसमें दी गई आकृति निहित है। (आकृति को घुमाने की अनुमति नहीं है)। SSC GD 09/02/2023 Shift-II

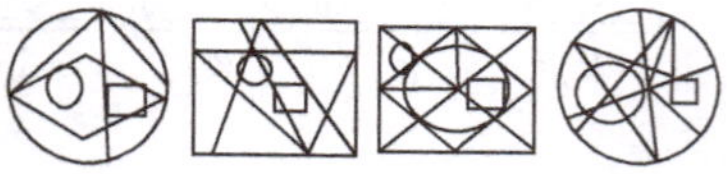

(a) (b) (c) (d)

246. उस विकल्प आकृति का चयन करें, जो दी गई आकृति में अन्तर्निहित है। (आकृति को घुमाने की अनुमति नहीं है)। SSC GD 09/02/2023 Shift-I

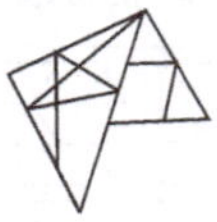

(a) (b) (c) (d)

निर्देश (प्र. सं. 247 और 248) *निम्नलिखित प्रश्नों में उस विकल्प का चयन कीजिए, जो दी गई आकृति में अन्तर्निहित है। (आकृति को घुमाने की अनुमति नहीं है)।*

247. 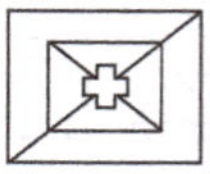

SSC GD 08/02/2023 Shift-I

(a) (b) (c) (d)

248. 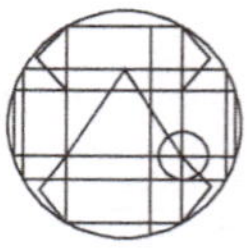

SSC GD 07/02/2023 Shift-I

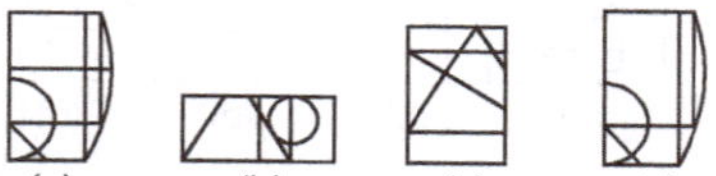

(a) (b) (c) (d)

निर्देश (प्र. सं. 249 और 250) *दिए गए प्रश्नों में उस विकल्प का चयन कीजिए, जिसमें प्रस्तुत चित्र अन्तर्निहित है। (आकृति को घुमाने की अनुमति नहीं है)।*

249. 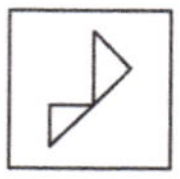

SSC GD 06/02/2023 Shift-I

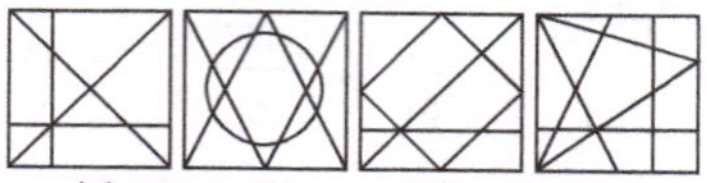

(a) (b) (c) (d)

250. 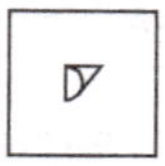

SSC GD 02/02/2023 Shift-I

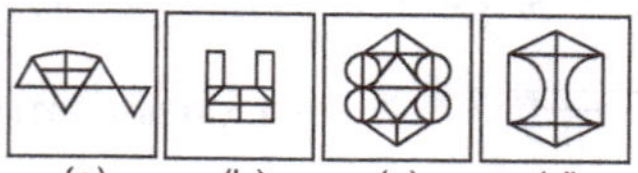

(a) (b) (c) (d)

251. उस विकल्प आकृति का चयन करें, जो नीचे दी गई आकृति में अन्तर्निहित है। (आकृति को घुमाने की अनुमति नहीं है)।
SSC GD 01/02/2023 Shift-I

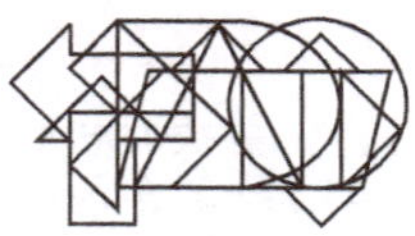

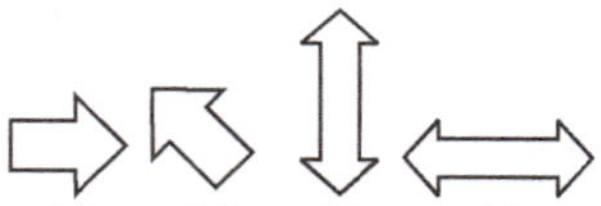

(a) (b) (c) (d)

SSC Selection Post 2024-2022

निर्देश (प्र. सं. 252 और 256) *निम्नलिखित प्रश्नों में उस विकल्प आकृति का चयन करें जिसमें दी गई आकृति उसके अंश रूप से सन्निहित है। (आकृति को घुमाने की अनुमति नहीं है)।*

252. 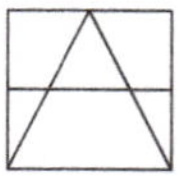

Higher Secondary Level 20/06/2024 Shift-II

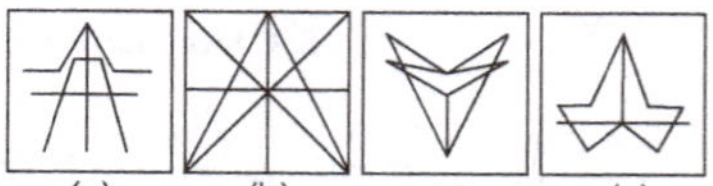

(a) (b) (d) (c)

253. 

Graduate Level 20/06/2024 Shift-III

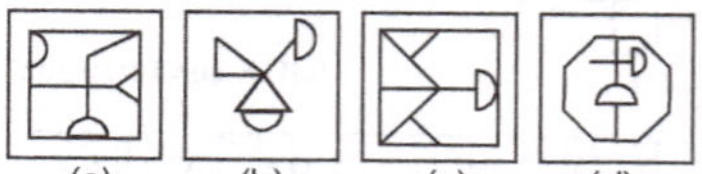

(a) (b) (c) (d)

254. 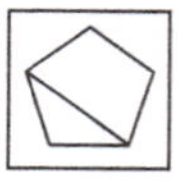

Graduate Level 27/06/2023 Shift-IV

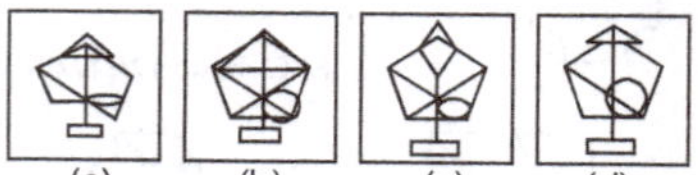

(a) (b) (c) (d)

255. 

Graduate Level 01/08/2022 Shift-IV

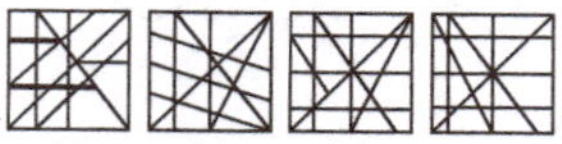

(a) (b) (c) (d)

256. 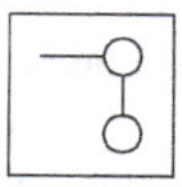

Metric Level 01/08/2022 Shift-IV

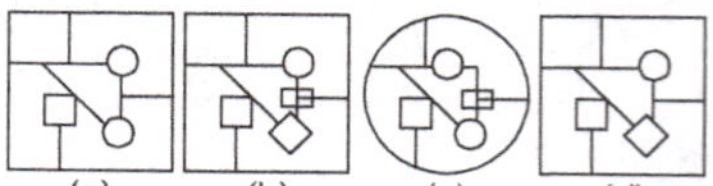

(a) (b) (c) (d)

सही उत्तर

1	(a)	2	(d)	3	(d)	4	(b)	5	(c)	6	(d)	7	(b)	8	(d)	9	(b)	10	(a)
11	(b)	12	(a)	13	(b)	14	(d)	15	(d)	16	(c)	17	(c)	18	(b)	19	(b)	20	(d)
21	(d)	22	(b)	23	(d)	24	(c)	25	(d)	26	(b)	27	(c)	28	(c)	29	(d)	30	(d)
31	(d)	32	(a)	33	(b)	34	(c)	35	(d)	36	(c)	37	(b)	38	(a)	39	(a)	40	(c)
41	(a)	42	(a)	43	(a)	44	(b)	45	(b)	46	(a)	47	(c)	48	(b)	49	(c)	50	(d)
51	(b)	52	(a)	53	(c)	54	(b)	55	(b)	56	(a)	57	(a)	58	(d)	59	(b)	60	(d)
61	(c)	62	(d)	63	(b)	64	(d)	65	(c)	66	(a)	67	(c)	68	(b)	69	(a)	70	(c)
71	(b)	72	(a)	73	(b)	74	(a)	75	(d)	76	(b)	77	(a)	78	(a)	79	(d)	80	(c)
81	(b)	82	(d)	83	(c)	84	(c)	85	(a)	86	(c)	87	(d)	88	(b)	89	(a)	90	(a)
91	(c)	92	(b)	93	(b)	94	(b)	95	(c)	96	(c)	97	(b)	98	(c)	99	(b)	100	(a)
101	(c)	102	(a)	103	(b)	104	(a)	105	(c)	106	(c)	107	(c)	108	(a)	109	(c)	110	(c)
111	(c)	112	(d)	113	(b)	114	(a)	115	(c)	116	(d)	117	(d)	118	(b)	119	(d)	120	(d)
121	(a)	122	(c)	123	(c)	124	(a)	125	(b)	126	(c)	127	(a)	128	(a)	129	(d)	130	(c)
131	(b)	132	(b)	133	(c)	134	(b)	135	(b)	136	(c)	137	(b)	138	(a)	139	(d)	140	(d)
141	(d)	142	(d)	143	(c)	144	(b)	145	(d)	146	(d)	147	(d)	148	(d)	149	(c)	150	(a)
151	(a)	152	(d)	153	(b)	154	(d)	155	(a)	156	(d)	157	(d)	158	(a)	159	(d)	160	(d)
161	(c)	162	(c)	163	(d)	164	(a)	165	(d)	166	(b)	167	(c)	168	(b)	169	(a)	170	(d)
171	(c)	172	(a)	173	(b)	174	(c)	175	(c)	176	(a)	177	(c)	178	(a)	179	(c)	180	(a)
181	(a)	182	(d)	183	(d)	184	(a)	185	(b)	186	(b)	187	(d)	188	(b)	189	(c)	190	(c)
191	(c)	192	(d)	193	(a)	194	(a)	195	(c)	196	(b)	197	(c)	198	(c)	199	(a)	200	(b)
201	(d)	202	(c)	203	(d)	204	(d)	205	(c)	206	(c)	207	(b)	208	(c)	209	(b)	210	(c)
211	(c)	212	(b)	213	(d)	214	(b)	215	(d)	216	(d)	217	(a)	218	(b)	219	(c)	220	(b)
221	(b)	222	(c)	223	(c)	224	(c)	225	(b)	226	(d)	227	(c)	228	(c)	229	(a)	230	(c)
231	(b)	232	(b)	233	(a)	234	(b)	235	(d)	236	(a)	237	(a)	238	(c)	239	(d)	240	(c)
241	(d)	242	(a)	243	(c)	244	(c)	245	(d)	246	(c)	247	(c)	248	(d)	249	(a)	250	(c)
251	(c)	252	(b)	253	(a)	254	(b)	255	(d)	256	(a)								

उत्तर सहित हल

1. (a) दी गई आकृति विकल्प (a) की आकृति में अन्तर्निहित है।

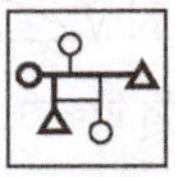

2. (d) दी गई प्रश्न आकृति विकल्प (d) की आकृति में अन्तर्निहित है।

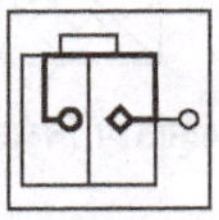

3. (d) विकल्प आकृति (d) दी गई आकृति में सन्निहित है।

4. (b) विकल्प आकृति (b) दी गई आकृति में सन्निहित है।

5. (c) दी गई प्रश्न आकृति, उत्तर आकृति (c) में सन्निहित हैं।

6. (d) दी गई प्रश्न आकृति विकल्प आकृति (d) में सन्निहित है।

7. (b) दी गई प्रश्न आकृति विकल्प आकृति (b) में सन्निहित है।

8. (d) दी गई प्रश्न आकृति, विकल्प आकृति (d) में सन्निहित है।

9. (b) दी गई प्रश्न आकृति, विकल्प आकृति (b) में सन्निहित है।

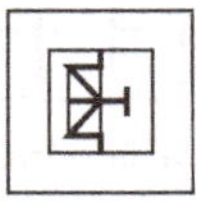

10. (a) दी गई आकृति विकल्प (a) की आकृति में सन्निहित है।

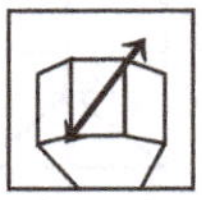

11. (b) दी गई आकृति विकल्प आकृति (b) में सन्निहित है।

12. (a) उत्तर आकृति (a) में, दी गई प्रश्न आकृति सन्निहित है।

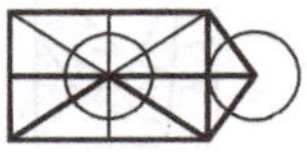

13. (b) दी गई प्रश्न आकृति उत्तर आकृति (b) में सन्निहित है।

14. (d) उत्तर आकृति (d) में दी गई प्रश्न आकृति सन्निहित है।

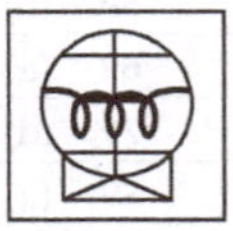

15. (d) दी गई प्रश्न आकृति उत्तर आकृति (d) में सन्निहित है।

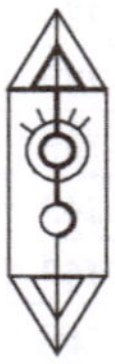

16. (c) दी गई प्रश्न आकृति, उत्तर आकृति (c) में सन्निहित है।

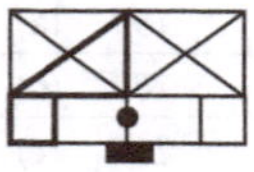

17. (c) दी गई प्रश्न आकृति उत्तर आकृति (c) में सन्निहित हैं।

18. (b) प्रश्न आकृति उत्तर आकृति (b) में सन्निहित है, जो इस प्रकार है

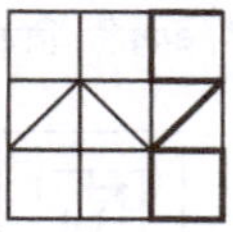

19. (b) दी गई प्रश्न आकृति उत्तर आकृति (b) में सन्निहित है।

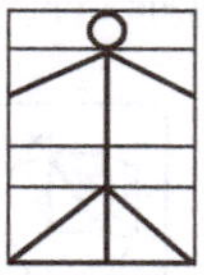

20. (d) विकल्प (d) की आकृति दी गई आकृति में सन्निहित है।

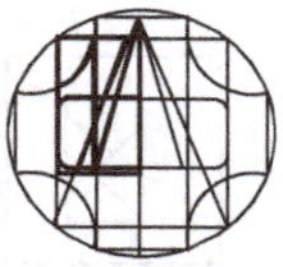

21. (d) दी गई प्रश्न आकृति विकल्प (d) की आकृति में निहित है।

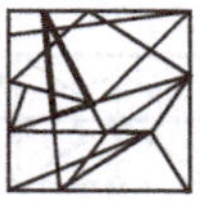

22. (b) दी गई प्रश्न आकृति विकल्प आकृति (b) में निहित है।

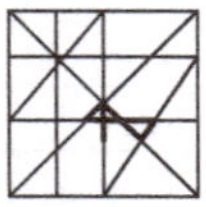

23. (d) विकल्प आकृति (d) दी गई प्रश्न आकृति में सन्निहित है

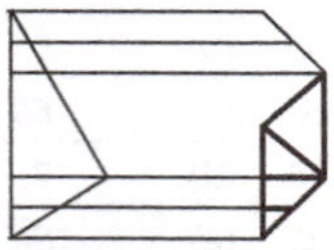

24. (c) दी गई प्रश्न आकृति उत्तर आकृति (c) में निहित है।

25. (d) दी गई प्रश्न आकृति में उत्तर आकृति (d) अन्तर्निहित है।

26. (b) दी गई प्रश्न आकृति उत्तर आकृति (b) में सन्निहित है।

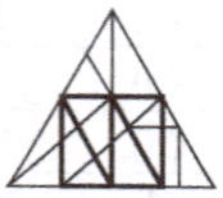

27. (c) दी गई प्रश्न आकृति में, उत्तर आकृति (c) सन्निहित है।

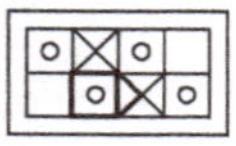

28. (c) दी गई प्रश्न आकृति में विकल्प आकृति (c) सन्निहित है।

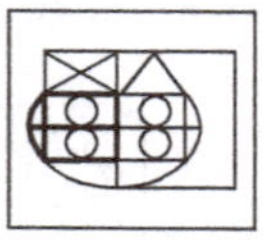

29. (d) विकल्प (d) की आकृति प्रश्न आकृति में अन्तर्निहित है।

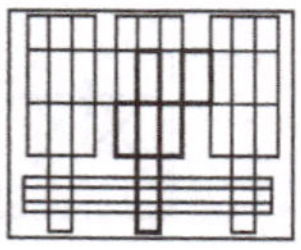

30. (d) विकल्प आकृति (d) प्रश्न आकृति में निहित है।

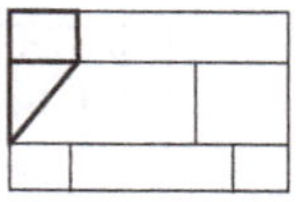

31. (d) दी गई विकल्प आकृति (d) प्रश्न आकृति में सन्निहित है।

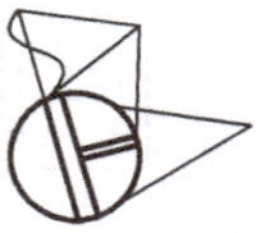

32. (a) दी गई प्रश्न आकृति उत्तर आकृति (a) में सन्निहित है।

33. (b) दी गई आकृति विकल्प (b) की आकृति में सन्निहित है।

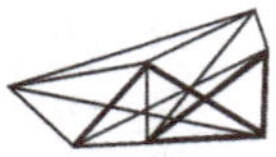

34. (c) विकल्प आकृति (c) प्रश्न आकृति में सन्निहित है।

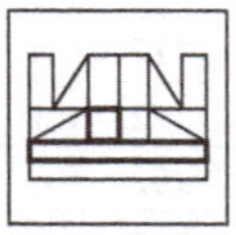

35. (d) दी गई आकृति में विकल्प (d) की आकृति सन्निहित है।

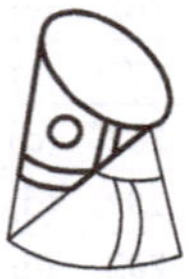

36. (c) दी गई आकृति में विकल्प आकृति (c) सन्निहित है।

37. (b) दी गई आकृति, विकल्प आकृति (b) में निहित है।

38. (a) प्रश्न आकृति विकल्प आकृति (a) में निहित है।

39. (a) दी गई आकृति में विकल्प (a) की आकृति सन्निहित है।

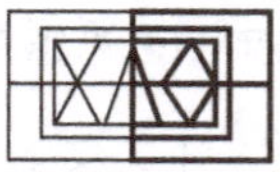

40. (c) विकल्प (c) की आकृति दी गई प्रश्न आकृति में सन्निहित है।

41. (a) विकल्प (a) की आकृति दी गई आकृति में सन्निहित है।

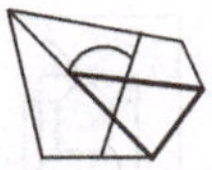

42. (a) दी गई आकृति, विकल्प (a) की आकृति में निहित है।

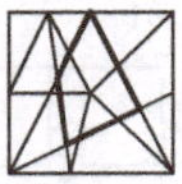

43. (a) दी गई प्रश्न आकृति, उत्तर आकृति (a) में अन्तर्निहित है।

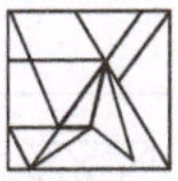

44. (b) दी गई प्रश्न आकृति में उत्तर आकृति (b) सन्निहित है।

45. (b) दी गई प्रश्न आकृति में उत्तर आकृति (b) सन्निहित है।

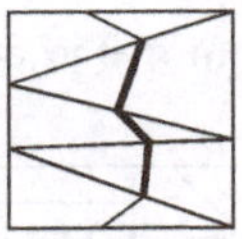

46. (a) दी गई प्रश्न आकृति, उत्तर आकृति (a) में निहित है।

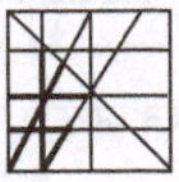

47. (c) दी गई प्रश्न आकृति उत्तर आकृति (c) में निहित है।

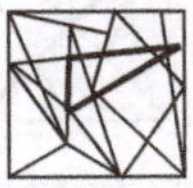

48. (b) दी गई प्रश्न आकृति उत्तर आकृति (b) में अन्तर्निहित है।

49. (c) विकल्प आकृति (c) प्रश्न आकृति में सन्निहित है।

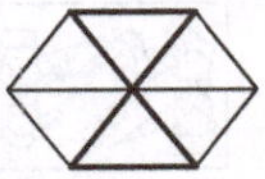

50. (d) प्रश्न आकृति, विकल्प आकृति (d) में सन्निहित है।

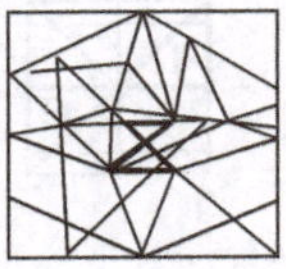

51. (b) प्रश्न आकृति विकल्प आकृति (b) में सन्निहित है।

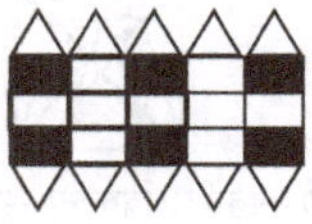

52. (a) दी गई प्रश्न आकृति में विकल्प आकृति (a) अन्तर्निहित है।

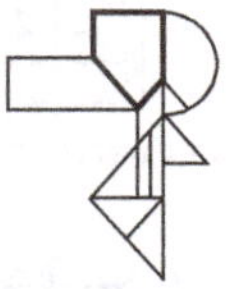

53. (c) प्रश्न आकृति विकल्प आकृति (c) में निहित है।

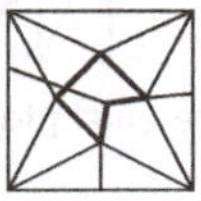

54. (b) उत्तर आकृति (b) प्रश्न आकृति में सन्निहित है।

55. (b) विकल्प (b) में बनी आकृति प्रश्न आकृति में निहित है।

56. (a) प्रश्न आकृति, विकल्प आकृति (a) में निहित है।

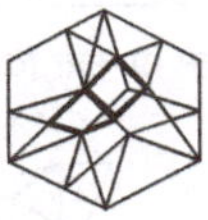

57. (a) विकल्प आकृति (a) दी गई प्रश्न आकृति में अन्तर्निहित है।

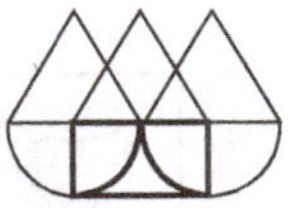

58. (d) दी गई प्रश्न आकृति, विकल्प आकृति (d) में छिपी हुई है।

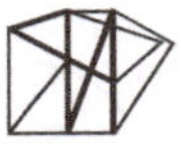

59. (b) विकल्प (b) में दी गई आकृति, प्रश्न आकृति में सन्निहित है।

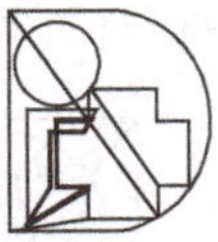

60. (d) उत्तर आकृति (d) में दी गई प्रश्न आकृति अन्तर्निहित है।

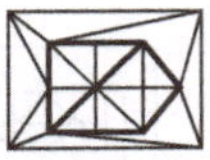

61. (c) दी गई प्रश्न आकृति, विकल्प (c) में अन्तर्निहित है।

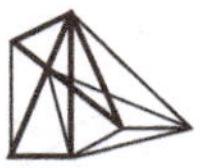

62. (d) विकल्प आकृति (d) प्रश्न आकृति में अन्तर्निहित है।

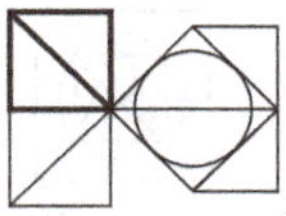

63. (b) विकल्प (b) में दी गई आकृति, प्रश्न आकृति में अन्तर्निहित है।

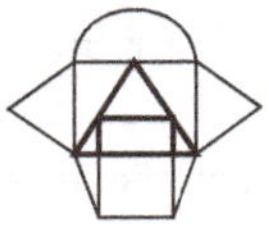

64. (d) प्रश्न में दी गई आकृति उत्तर आकृति (d) में छिपी है।

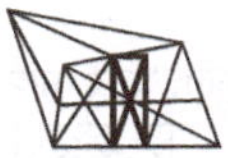

65. (c) दी गई प्रश्न आकृति में, विकल्प (c) की आकृति सन्निहित है

66. (a) प्रश्न में दी गई आकृति विकल्प (a) की आकृति में अन्तर्निहित है।

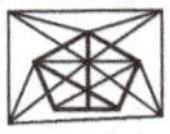

67. (c) दी गई प्रश्न आकृति में उत्तर आकृति (c) अन्तर्निहित है।

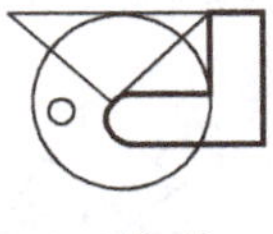

68. (b) दी गई प्रश्न आकृति, विकल्प आकृति (b) में सन्निहित है।

69. (a) दी गई प्रश्न आकृति, विकल्प आकृति (a) में निहित है।

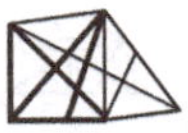

70. (c) दी गई आकृति उत्तर आकृति (c) में अन्तर्निहित है।

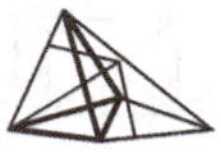

71. (b) दी गई प्रश्न आकृति उत्तर आकृति (b) में अन्तर्निहित है।

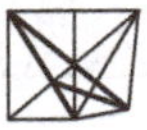

72. (a) दी गई प्रश्न आकृति, उत्तर आकृति (a) में अन्तर्निहित है।

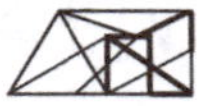

73. (b) दी गई प्रश्न आकृति विकल्प (b) की आकृति में निहित है।

74. (a) प्रश्न में दी गई आकृति विकल्प आकृति (a) में निहित है।

75. (d) दी गई प्रश्न आकृति विकल्प (d) की आकृति में छिपी हुई है।

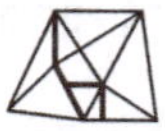

76. (b) दी गई आकृति, उत्तर आकृति (b) में निहित है।

77. (a) दी गई प्रश्न आकृति विकल्प आकृति (a) में निहित है।

78. (a) दी गई प्रश्न आकृति में उत्तर आकृति (a) अन्तर्निहित है।

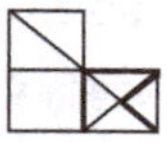

79. (d) दी गई प्रश्न आकृति, उत्तर आकृति (d) में अन्तर्निहित है।

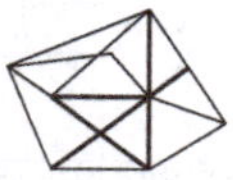

80. (c) दी गई आकृति विकल्प आकृति (c) में सन्निहित है।

81. (b) दी गई प्रश्न आकृति विकल्प आकृति (b) में सन्निहित है।

82. (d) दी गई प्रश्न आकृति उत्तर आकृति (d) में निहित है।

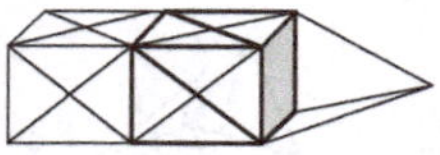

83. (c) विकल्प आकृति (c), प्रश्न आकृति में सन्निहित है।

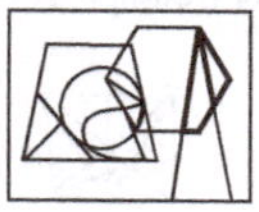

84. (c) दी गई आकृति विकल्प आकृति (c) में सन्निहित है।

85. (a) दी गई आकृति, विकल्प आकृति (a) में अन्तर्निहित है

86. (c) दी गई प्रश्न आकृति, उत्तर आकृति (c) में अन्तर्निहित है।

87. (d) दी गई प्रश्न आकृति विकल्प (d) की आकृति में निहित है।

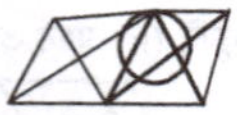

88. (b) दी गई प्रश्न आकृति विकल्प (b) की आकृति में छिपी हुई है।

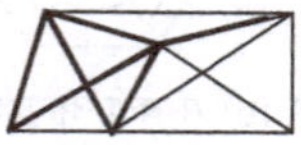

89. (a) विकल्प आकृति (a), प्रश्न आकृति में सन्निहित है।

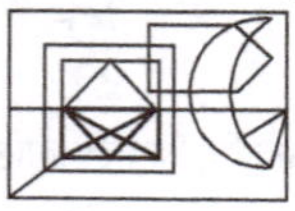

90. (a) दी गई प्रश्न आकृति विकल्प आकृति (a) में सन्निहित है।

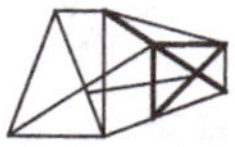

91. (c) दी गई प्रश्न आकृति, उत्तर आकृति (c) में अन्तर्निहित है।

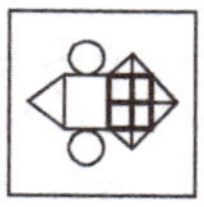

92. (b) दी गई प्रश्न आकृति में उत्तर आकृति (b) अन्तर्निहित है।

93. (b) दी गई प्रश्न आकृति, उत्तर आकृति (b) में अन्तर्निहित है।

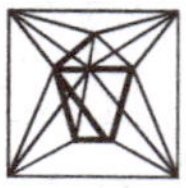

94. (b) प्रश्न में दी गई आकृति, उत्तर आकृति (b) में सन्निहित है।

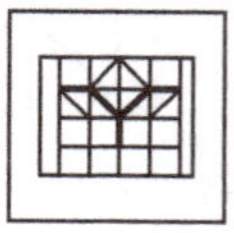

95. (c) प्रश्न में दी गई आकृति उत्तर आकृति (c) में सन्निहित है।

96. (c) प्रश्न में दी गई आकृति विकल्प (c) में दी गई आकृति में सन्निहित है।

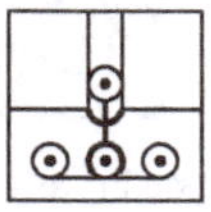

97. (b) प्रश्न में दी गई आकृति, उत्तर आकृति (b) में सन्निहित है।

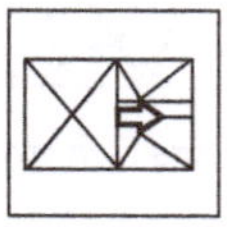

98. (c) प्रश्न में दी गई आकृति उत्तर आकृति (c) में सन्निहित है।

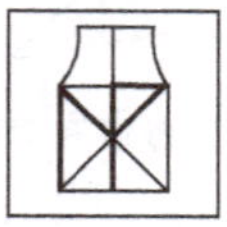

99. (b) विकल्प (b) में दी गई आकृति प्रश्न आकृति में सन्निहित है।

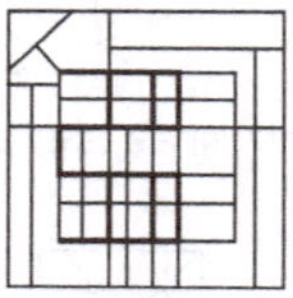

100. (a) दी गई प्रश्न आकृति उत्तर आकृति (a) में सन्निहित है।

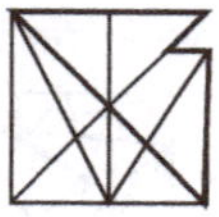

101. (c) दी गई प्रश्न आकृति उत्तर आकृति (c) में निहित है।

102. (a) दी गई प्रश्न आकृति में उत्तर आकृति (a) सन्निहित है।

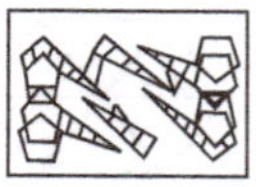

103. (b) दी गई प्रश्न आकृति उत्तर आकृति (b) में सन्निहित है।

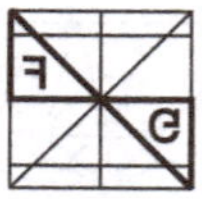

104. (a) दी गई प्रश्न आकृति उत्तर आकृति (a) में सन्निहित है

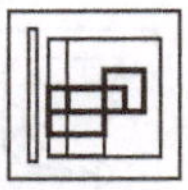

105. (c) दी गई प्रश्न आकृति में उत्तर आकृति (c) सन्निहित है।

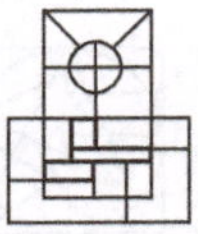

106. (c) उत्तर आकृति (c) में दी गई प्रश्न आकृति सन्निहित है।

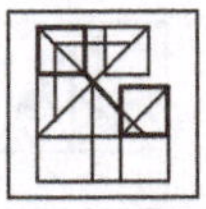

107. (c) दी गई प्रश्न आकृति में उत्तर आकृति (c) सन्निहित है।

108. (a) दी गई प्रश्न आकृति उत्तर आकृति (a) में अन्तर्निहित है।

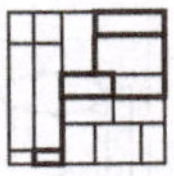

109. (c) दी गई प्रश्न आकृति उत्तर आकृति (c) में अन्तर्निहित है।

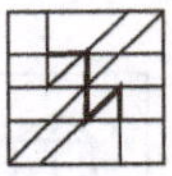

110. (c) दी गई प्रश्न आकृति उत्तर आकृति (c) में अन्तर्निहित है।

111. (c) दी गई प्रश्न आकृति उत्तर आकृति (c) में अन्तर्निहित है।

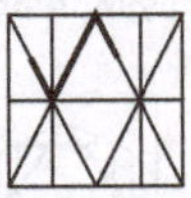

112. (d) दी गई प्रश्न आकृति उत्तर आकृति (d) में अन्तर्निहित है।

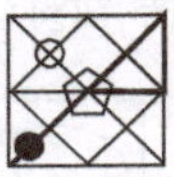

113. (b) दी गई प्रश्न आकृति उत्तर आकृति (b) में अन्तर्निहित है।

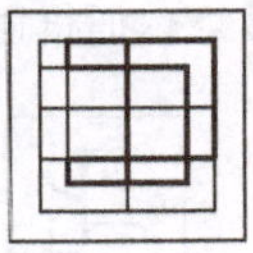

114. (a) उत्तर आकृति (a) दी गई प्रश्न आकृति में अन्तर्निहित है।

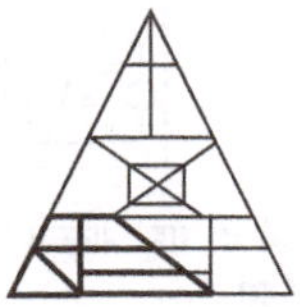

115. (c) दी गई प्रश्न आकृति उत्तर आकृति (c) में अन्तर्निहित है।

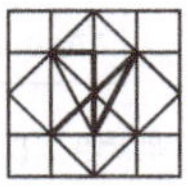

116. (d) प्रश्न आकृति विकल्प आकृति (d) में सन्निहित है।

117. (d) प्रश्न आकृति विकल्प आकृति (d) में सन्निहित है।

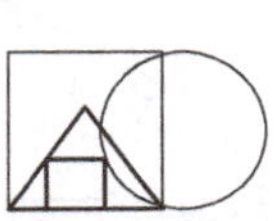

118. (b) प्रश्न आकृति विकल्प आकृति (b) में अन्तर्निहित है।

119. (d) प्रश्न आकृति, विकल्प आकृति (d) में अन्तर्निहित है।

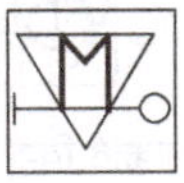

120. (d) प्रश्न आकृति विकल्प आकृति (d) में सन्निहित है।

121. (a) दी गई विकल्प (a) की आकृति में अन्तर्निहित है।

122. (c) दी गई आकृति (X) विकल्प आकृति (c) में सन्निहित है।

123. (c) दी गई आकृति (X) विकल्प (c) की आकृति में सन्निहित है।

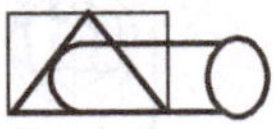

124. (a) दी गई आकृति विकल्प आकृति (a) में अन्तर्निहित है।

125. (b) दी गई प्रश्न आकृति विकल्प (b) की आकृति में अन्तर्निहित है।

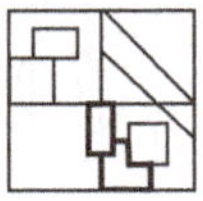

126. (c) विकल्प (c) की आकृति में प्रश्न आकृति सन्निहित है।

127. (a) विकल्प (a) की आकृति में प्रश्न आकृति सन्निहित है।

128. (a) उत्तर आकृति (a) प्रश्न आकृति में अन्तर्निहित है।

129. (d) दी गई प्रश्न आकृति उत्तर आकृति (d) में सन्निहित है।

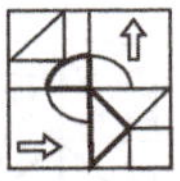

130. (c) प्रश्न आकृति, विकल्प आकृति (c) में सन्निहित है।

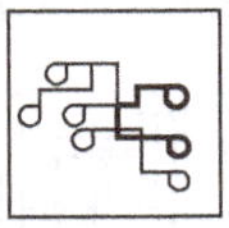

131. (b) प्रश्न आकृति, विकल्प आकृति (b) में सन्निहित है।

132. (b) प्रश्न आकृति, विकल्प आकृति (b) में सन्निहित है।

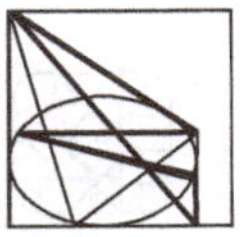

133. (c) दी गई प्रश्न आकृति, उत्तर आकृति (c) में अन्तर्निहित है।

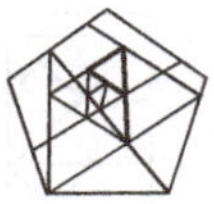

134. (b) दी गई प्रश्न आकृति, उत्तर आकृति (b) में सन्निहित है।

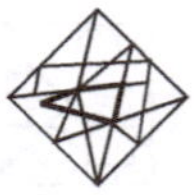

135. (b) दी गई प्रश्न आकृति, उत्तर आकृति (b) में सन्निहित है।

136. (c) उत्तर आकृति (c) दी गई आकृति में अन्तर्निहित है।

137. (b) दी गई प्रश्न आकृति उत्तर आकृति (b) में अन्तर्निहित है।

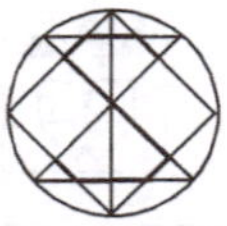

138. (a) उत्तर आकृति (a) दी गई प्रश्न आकृति में अन्तर्निहित है।

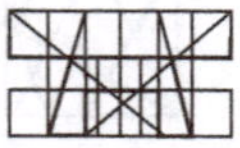

139. (d) उत्तर आकृति (d) दी गई प्रश्न आकृति में अन्तर्निहित है।

140. (d) दी गई आकृति उत्तर आकृति (d) में अन्तर्निहित है।

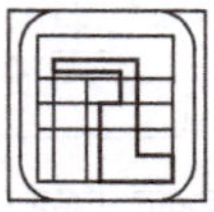

141. (d) उत्तर आकृति (d), दी गई आकृति में अन्तर्निहित है।

142. (d) उत्तर-आकृति (d) दी गई आकृति में अन्तर्निहित नहीं है।

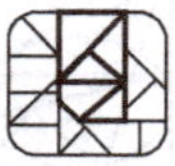

143. (c) दी गई आकृति उत्तर-आकृति (c) में अन्तर्निहित है।

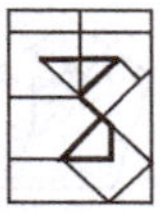

144. (b) दी गई प्रश्न आकृति विकल्प आकृति (b) में निहित है।

145. (d) प्रश्न में दी गई आकृति विकल्प (d) में दी गई आकृति में सन्निहित है।

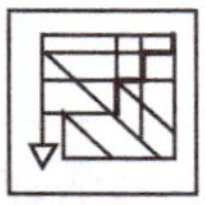

146. (d) विकल्प आकृति (d) दी गई प्रश्न आकृति में निहित है।

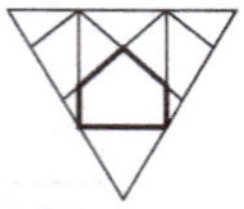

147. (d) दी गई आकृति विकल्प (d) की आकृति में निहित है।

148. (d) दी गई आकृति विकल्प (d) की आकृति में निहित है।

149. (c) दी गई आकृति विकल्प (c) की आकृति में निहित है।

150. (a) दी गई आकृति विकल्प (a) की आकृति में निहित है।

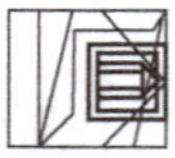

151. (a) दी गई प्रश्न आकृति विकल्प (a) की आकृति में निहित है।

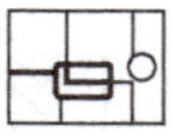

152. (d) दी गई प्रश्न आकृति विकल्प (d) की आकृति में सन्निहित है।

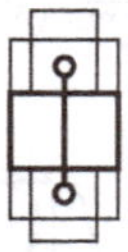

153. (b) दी गई आकृति विकल्प (b) की आकृति में अन्तर्निहित है।

154. (d) दी गई प्रश्न आकृति उत्तर आकृति (d) में निहित है।

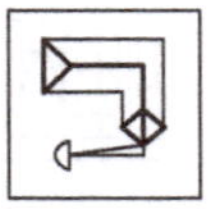

155. (a) प्रश्न आकृति विकल्प (a) की आकृति में निहित है।

156. (d) प्रश्न आकृति (X) विकल्प (d) की आकृति में निहित है।

157. (d) दी गई आकृति विकल्प (d) की आकृति में निहित है।

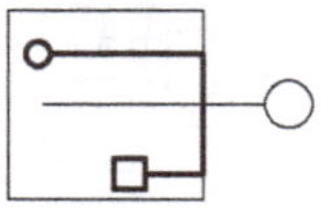

158. (a) दी गई आकृति विकल्प (a) की आकृति में निहित है।

159. (d) दी गई आकृति विकल्प (d) की आकृति में सन्निहित है।

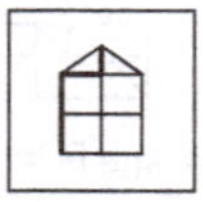

160. (d) दी गई आकृति विकल्प (d) की आकृति में अन्तर्निहित है।

161. (c) दी गई आकृति विकल्प (c) की आकृति में निहित है।

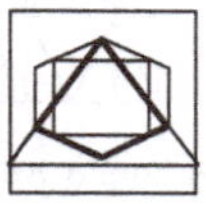

162. (c) दी गई प्रश्न आकृति, विकल्प आकृति (c) में निहित है।

163. (d) दी गई प्रश्न आकृति विकल्प आकृति (d) में निहित है।

164. (a) दी गई प्रश्न आकृति, विकल्प आकृति (a) में निहित है।

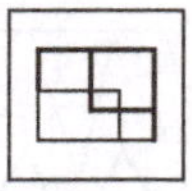

165. (d) दी गई प्रश्न आकृति, विकल्प आकृति (d) में निहित है।

166. (b) दी गई प्रश्न आकृति, विकल्प आकृति (b) में निहित है।

167. (c) दी गई प्रश्न आकृति, विकल्प (c) की आकृति में सन्निहित है।

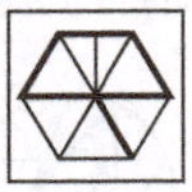

168. (b) दी गई प्रश्न आकृति विकल्प (b) की आकृति में सन्निहित है।

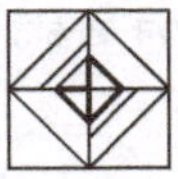

169. (a) दी गई प्रश्न आकृति विकल्प (a) की आकृति में सन्निहित है।

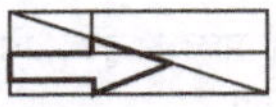

170. (d) दी गई प्रश्न आकृति विकल्प (d) की आकृति में सन्निहित है।

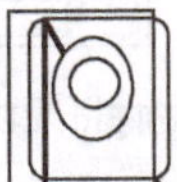

171. (c) दी गई प्रश्न आकृति विकल्प (c) में दी गई आकृति में सन्निहित है।

172. (a) दी गई प्रश्न आकृति, विकल्प आकृति (a) में निहित है।

173. (b) दी गई प्रश्न आकृति (b), दी गई आकृति में अन्तर्निहित है।

174. (c) दी गई प्रश्न आकृति विकल्प आकृति (c) में निहित है।

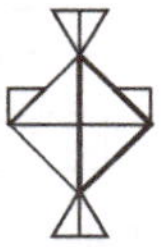

175. (c) दी गई प्रश्न आकृति, विकल्प आकृति (c) में निहित है।

176. (a) दी गई प्रश्न आकृति, विकल्प (a) की आकृति में निहित है।

177. (c) दी गई प्रश्न आकृति विकल्प (c) की आकृति में निहित है।

178. (a) दी गई प्रश्न आकृति, विकल्प आकृति (a) में सन्निहित है।

179. (c) दी गई प्रश्न आकृति, विकल्प आकृति (c) में सन्निहित है।

180. (a) दी गई प्रश्न आकृति, विकल्प (a) की आकृति में निहित है।

181. (a) दी गई प्रश्न आकृति विकल्प (a) में दी गई आकृति में सन्निहित है।

182. (d) दी गई प्रश्न आकृति विकल्प आकृति (d) में अन्तर्निहित है।

183. (d) दी गई प्रश्न आकृति विकल्प आकृति (d) में अन्तर्निहित है।

184. (a) दी गई आकृति विकल्प आकृति (a) में अन्तर्निहित है।

185. (b) दी गई आकृति विकल्प आकृति (b) में अन्तर्निहित है।

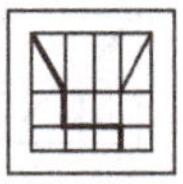

186. (b) दी गई प्रश्न आकृति, विकल्प आकृति (b) में अन्तर्निहित हैं।

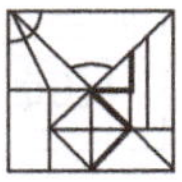

187. (d) दी गई प्रश्न आकृति, विकल्प आकृति (d) में अन्तर्निहित है।

188. (b) दी गई प्रश्न आकृति, विकल्प आकृति (b) में अन्तर्निहित है।

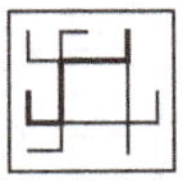

189. (c) दी गई प्रश्न आकृति विकल्प आकृति (c) में सन्निहित है।

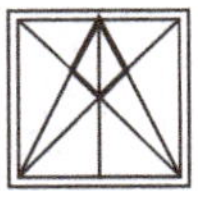

190. (c) दी गई प्रश्न आकृति विकल्प आकृति (c) में अन्तर्निहित है।

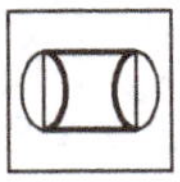

191. (c) दी गई प्रश्न आकृति विकल्प आकृति (c) में निहित है।

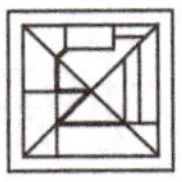

192. (d) दी गई प्रश्न आकृति, विकल्प आकृति (d) में अन्तर्निहित है।

193. (a) दी गई प्रश्न आकृति, विकल्प आकृति (a) में निहित है।

194. (a) दी गई प्रश्न आकृति में, उत्तर आकृति (a) सन्निहित है।

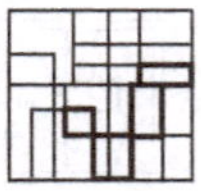

195. (c) दी गई प्रश्न आकृति, उत्तर आकृति (c) में अन्तर्निहित है।

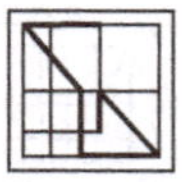

196. (b) दी गई प्रश्न आकृति विकल्प (b) की आकृति में सन्निहित है।

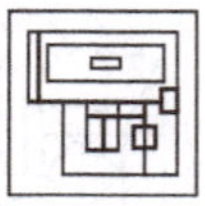

197. (c) विकल्प (c) में दी गई आकृति, प्रश्न आकृति में सन्निहित है।

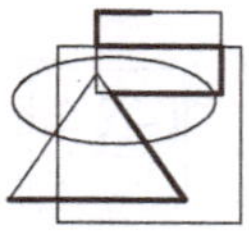

198. (c) प्रश्न में दी गई आकृति विकल्प (c) की आकृति में अन्त: स्थापित है।

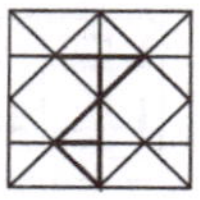

199. (a) दी गई प्रश्न आकृति उत्तर आकृति (a) में अन्तर्निहित है।

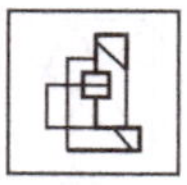

200. (b) प्रश्न में दी गई आकृति, उत्तर आकृति (b) में अन्त: स्थापित है।

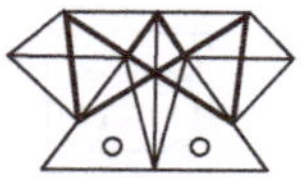

201. (d) प्रश्न आकृति विकल्प आकृति (d) में सन्निहित है।

202. (c) दी गई आकृति विकल्प (c) की आकृति में सन्निहित है।

203. (d) दी गई आकृति विकल्प (d) की आकृति में सन्निहित है।

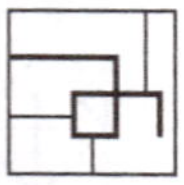

204. (d) दी गई प्रश्न आकृति विकल्प (d) की आकृति में सन्निहित है।

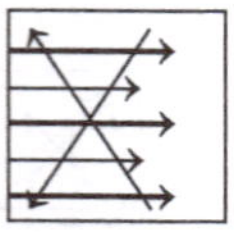

205. (c) प्रश्न आकृति विकल्प आकृति (c) में सन्निहित है।

206. (c) प्रश्न आकृति विकल्प आकृति (c) में सन्निहित है।

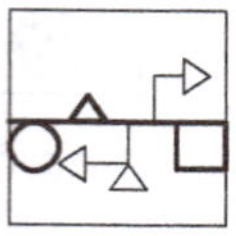

207. (b) दी गई प्रश्न आकृति, उत्तर आकृति (b) में सन्निहित है।

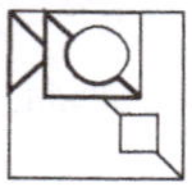

208. (c) दी गई आकृति विकल्प (c) की आकृति में सन्निहित है।

209. (b) दी गई प्रश्न आकृति विकल्प (b) की आकृति में सन्निहित है।

210. (c) प्रश्न आकृति, विकल्प आकृति (c) में सन्निहित है।

211. (c) दी गई प्रश्न आकृति, उत्तर आकृति (c) में सन्निहित है।

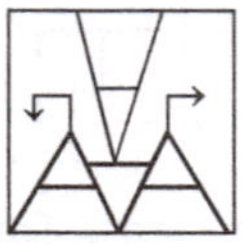

212. (b) दी गई प्रश्न आकृति, विकल्प (b) की आकृति में सन्निहित है।

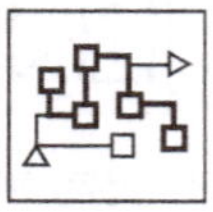

213. (d) दी गई प्रश्न आकृति, विकल्प (d) की आकृति में निहित है।

214. (b) दी गई आकृति विकल्प (b) की आकृति में निहित है।

215. (d) दी गई प्रश्न आकृति उत्तर आकृति (d) में अन्तर्निहित है।

216. (d) दी गई प्रश्न आकृति, विकल्प (d) की आकृति में सन्निहित है।

217. (a) दी गई प्रश्नाकृति, विकल्प (a) की आकृति में अन्तर्निहित है।

218. (b) दी गई प्रश्न आकृति, उत्तर आकृति (b) में सन्निहित है।

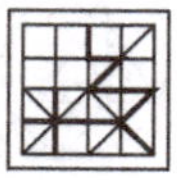

219. (c) दी गई प्रश्न आकृति विकल्प आकृति (c) में अन्तर्निहित है।

220. (b) प्रश्न आकृति विकल्प (b) में बनी आकृति में अन्त:स्थापित है।

221. (b) विकल्प आकृति (b) प्रश्न आकृति में अन्त: स्थापित है।

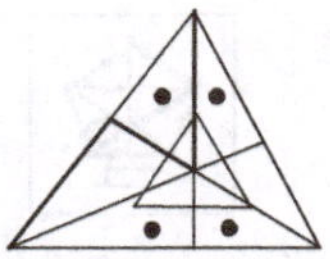

222. (c) दी गई आकृति, विकल्प (c) की आकृति में अन्तर्निहित है।

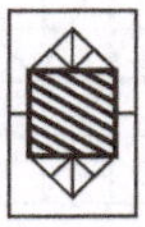

223. (c) दी गई प्रश्न आकृति, विकल्प आकृति (c) में अन्तर्निहित है।

224. (c) दी गई प्रश्न आकृति विकल्प (c) की आकृति में सन्निहित है।

225. (b) दी गई प्रश्न आकृति विकल्प (b) की आकृति में अन्तर्निहित है।

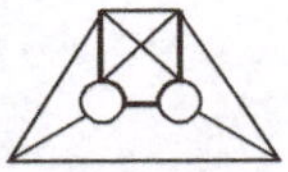

226. (d) दी गई प्रश्न आकृति विकल्प (d) की आकृति में निहित है।

227. (c) प्रश्न आकृति विकल्प (c) में दी गई आकृति में सन्निहित है।

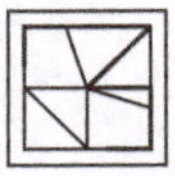

228. (c) विकल्प (c) में दी गई आकृति, प्रश्न आकृति में अन्त: स्थापित नहीं है।

229. (a) विकल्प (a) की आकृति में प्रश्न आकृति अन्त:स्थापित है।

230. (c) दी गई प्रश्न आकृति में, विकल्प (c) की आकृति सन्निहित है।

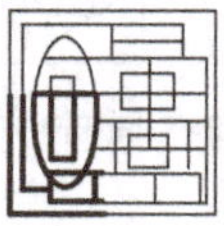

231. (b) दी गई प्रश्न आकृति उत्तर आकृति (b) में अन्तर्निहित है।

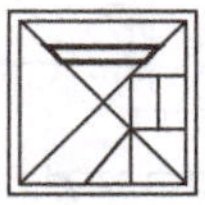

232. (b) दी गई प्रश्न आकृति उत्तर आकृति (b) में अन्तर्निहित है।

233. (a) दी गई प्रश्न आकृति, उत्तर आकृति (a) में निहित है।

234. (b) दी गई प्रश्न आकृति, उत्तर आकृति (b) में निहित है।

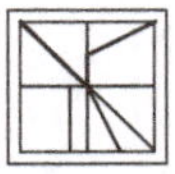

235. (d) दी गई प्रश्न आकृति, विकल्प (d) की आकृति में निहित है।

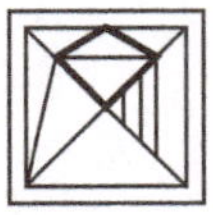

236. (a) प्रश्न में दी गई आकृति विकल्प (a) की आकृति में निहित है।

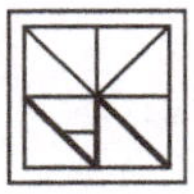

237. (a) दी गई प्रश्न आकृति विकल्प आकृति (a) में निहित है।

238. (c) दी गई प्रश्न आकृति, विकल्प आकृति (c) में निहित है।

239. (d) दी गई प्रश्न आकृति, उत्तर आकृति (d) में निहित है।

240. (c) दी गई प्रश्न आकृति, उत्तर आकृति (c) में अन्तर्निहित है।

241. (d) दी गई प्रश्न आकृति, उत्तर आकृति (d) में अन्तर्निहित है।

242. (a) दी गई प्रश्न आकृति, उत्तर आकृति (a) में निहित है।

243. (c) दी गई प्रश्न आकृति विकल्प आकृति (c) में निहित है।

244. (c) विकल्प आकृति (c) दी गई प्रश्न आकृति में निहित है।

245. (d) दी गई आकृति, विकल्प आकृति (d) में सन्निहित है।

246. (c) विकल्प (c) की आकृति, दी गई प्रश्न आकृति में सन्निहित है।

247. (c) विकल्प आकृति (c), प्रश्न आकृति में निहित है।

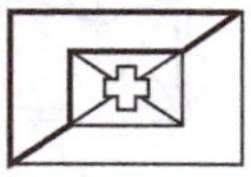

248. (d) विकल्प (d) की आकृति, प्रश्न आकृति में सन्निहित है।

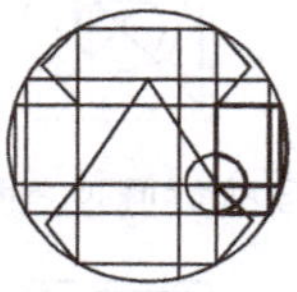

249. (a) दी गई प्रश्न आकृति विकल्प (a) की आकृति में सन्निहित है।

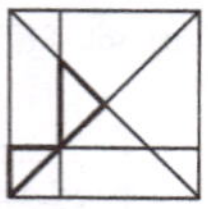

250. (c) दी गई प्रश्न आकृति, विकल्प (c) की आकृति में निहित है।

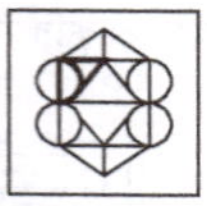

251. (c) दी गई प्रश्न आकृति में विकल्प (c) की आकृति अन्तर्निहित है।

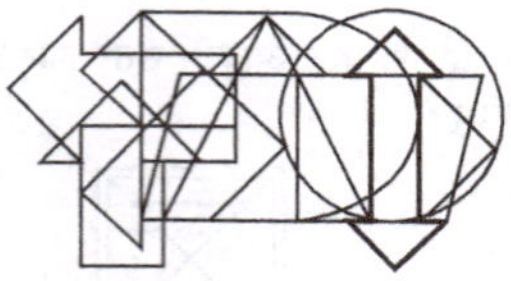

252. (b) दी गई प्रश्न आकृति उत्तर आकृति (b) में सन्निहित है।

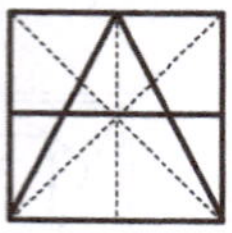

253. (a) दी गई प्रश्न आकृति उत्तर आकृति (a) में सन्निहित है।

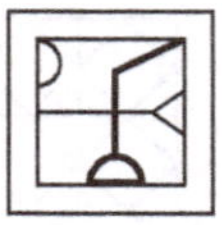

254. (b) दी गई प्रश्न आकृति, विकल्प (b) की आकृति में अन्तर्निहित है।

255. (d) दी गई प्रश्न आकृति विकल्प (d) की आकृति में अन्तर्निहित है।

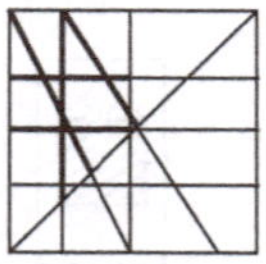

256. (a) दी गई आकृति, विकल्प आकृति (a) में अन्तर्निहित है।

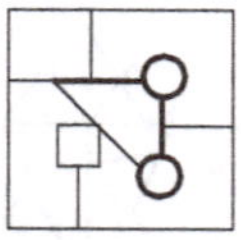

28

आकृति पूर्ति

जब दी गई प्रश्नाकृति का कुछ भाग (सामान्यतः एक चौथाई) लुप्त होता है तथा किसी विशेष पैटर्न या नियम के आधार पर उस लुप्त भाग को ज्ञात करके दी गई आकृति को पूर्ण किया जाता है, तो इस क्रिया को आकृति पूर्ति (figure completion) कहते हैं।

इस अध्याय के अन्तर्गत आने वाले प्रश्न प्रायः दो भागों, प्रश्न आकृति तथा उत्तर आकृति में विभक्त रहते हैं। प्रश्न आकृति में एक आकृति दी गई होती है। जिसका सामान्यतः एक चौथाई भाग लुप्त होता है। इस रिक्त एक-चौथाई भाग के स्थान पर दी गई आकृति को पूर्ण करने के लिए उत्तर विकल्पों के रूप में चार आकृतियाँ दी गई होती हैं।

अभ्यर्थी को यह ज्ञात करना होता है कि उत्तर आकृतियों में दिए गए चारों विकल्पों में से किस विकल्प की आकृति को रिक्त स्थान पर रखने से प्रश्न आकृति में दी गई आकृति पूरी हो जाएगी।

निर्देश (उदा. सं. 1-3) *निम्नलिखित प्रश्नों में कौन-सी उत्तर आकृति, प्रश्न आकृति के प्रतिरूप को पूरा करेगी?*

उदाहरण 1. प्रश्न आकृति

(X)

उत्तर आकृतियाँ

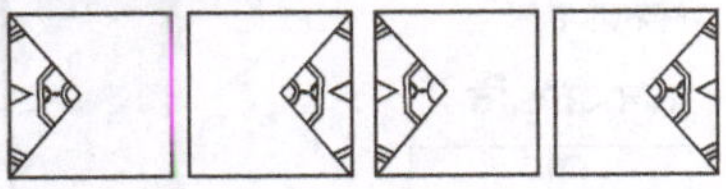

(a) (b) (c) (d)

हल (*d*) उत्तर आकृति (d), प्रश्न आकृति को पूर्ण करेगी।

उदाहरण 2. कौन-सी उत्तर आकृति, प्रश्न आकृति के पैटर्न को पूरा करेगी?

प्रश्न आकृति

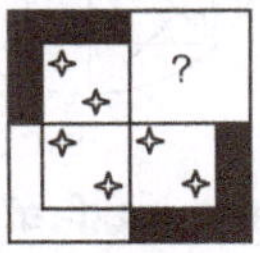

उत्तर आकृतियाँ

(a) (b) (c) (d)

हल (*d*) उत्तर आकृति (d), प्रश्न आकृति को पूर्ण करेगी।

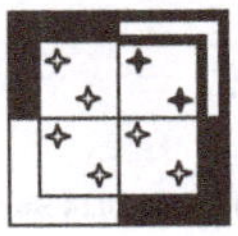

उदाहरण 3. प्रश्न आकृति

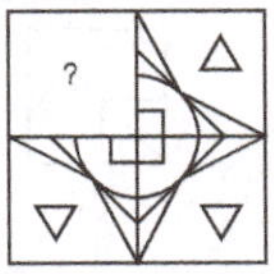

उत्तर आकृतियाँ

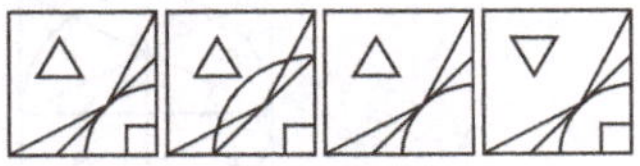

(a) (b) (c) (d)

हल (*a*) उत्तर आकृति (a), प्रश्न आकृति के प्रतिरूप को पूर्ण करेगी।

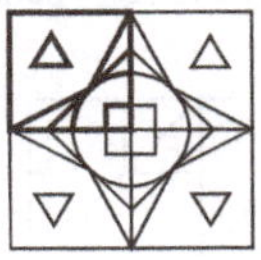

SSC एग्जाम स्कैनर

SSC CGL 2024 & 2023 (Tier I & II)

निर्देश (प्र. सं. 1-11) *निम्नलिखित प्रश्नों में, उस विकल्प आकृति का चयन करें, जो पैटर्न को पूरा करने के लिए नीचे दी गई प्रश्न आकृति में प्रश्नचिह्न (?) को प्रतिस्थापित करेगी।*

1. प्रश्न आकृति

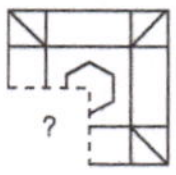

SSC CGL (Tier-II) 20/01/2025 Shift-I

उत्तर आकृतियाँ

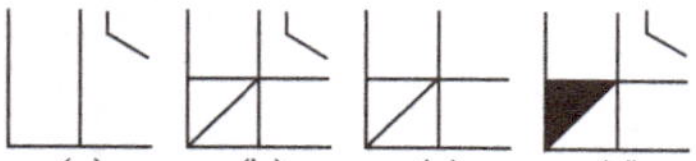

(a) (b) (c) (d)

2. प्रश्न आकृति

SSC CGL (Tier-II) 18/01/2025 Shift-I

उत्तर आकृतियाँ

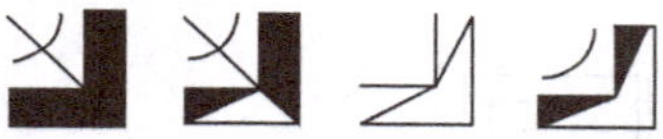

(a) (b) (c) (d)

3. प्रश्न आकृति

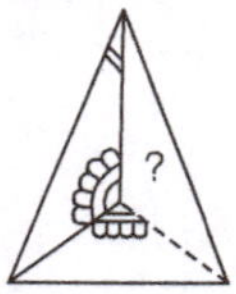

SSC CGL (Tier-I) 23/09/2024 Shift-II

उत्तर आकृतियाँ

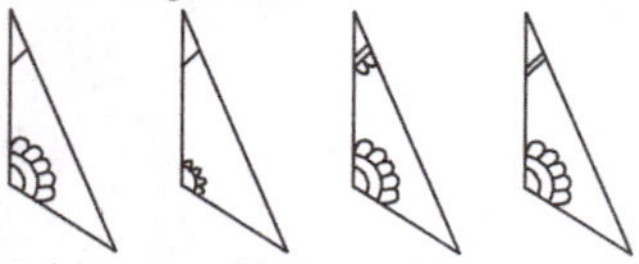

(a) (b) (c) (d)

4. प्रश्न आकृति

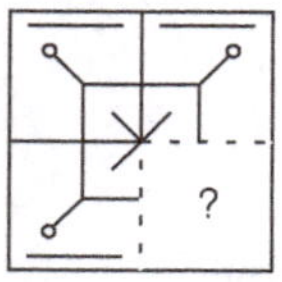

SSC CGL (Tier-I) 13/09/2024 Shift-II

उत्तर आकृतियाँ

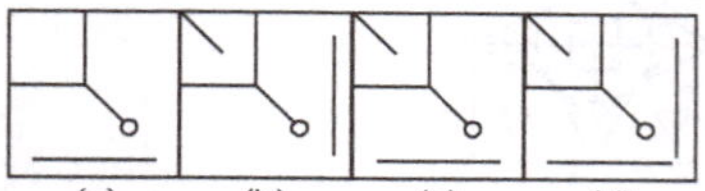

(a) (b) (c) (d)

5. प्रश्न आकृति

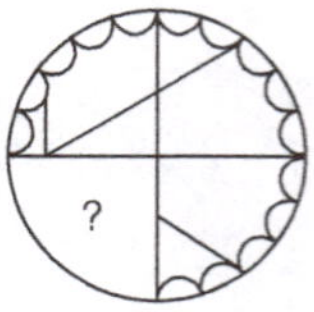

SSC CGL (Tier-I) 12/09/2024 Shift-II

उत्तर आकृतियाँ

(a) (b) (c) (d)

6. प्रश्न आकृति

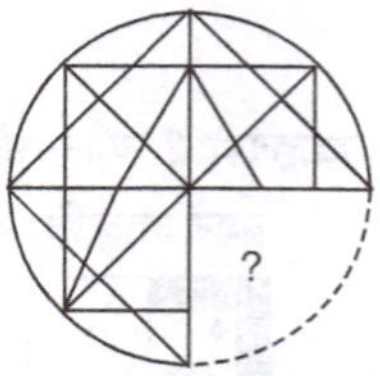

SSC CGL (Tier-I) 09/09/2024 Shift-III

उत्तर आकृतियाँ

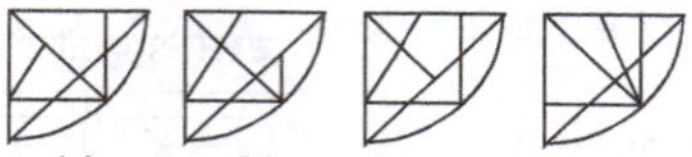

(a) (b) (c) (d)

7. प्रश्न आकृति

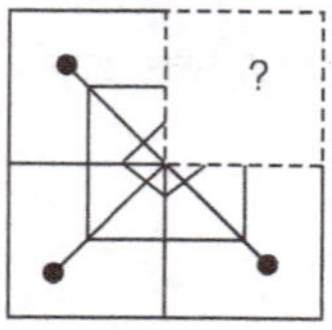

SSC CGL (Tier-II) 26/10/2023 Shift-I

उत्तर आकृतियाँ

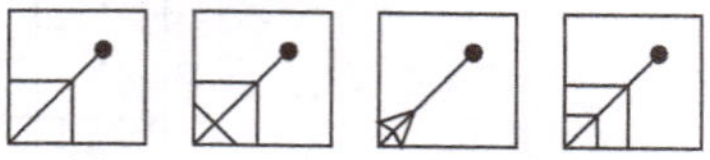

(a) (b) (c) (d)

8. प्रश्न आकृति

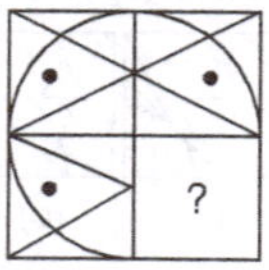

SSC CGL (Tier-II) 07/03/2023 Shift-I

उत्तर आकृतियाँ

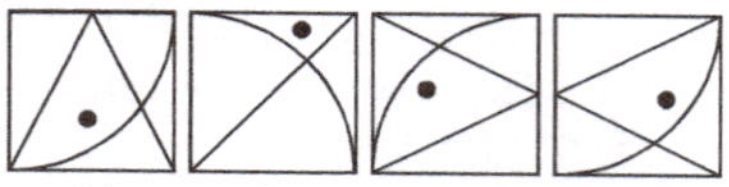

(a) (b) (c) (d)

9. प्रश्न आकृति

SSC CGL (Tier-II) 06/03/2023 Shift-I

उत्तर आकृतियाँ

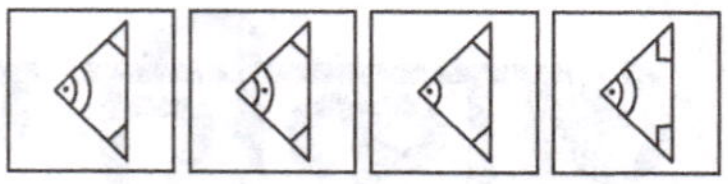

(a) (b) (c) (d)

10. प्रश्न आकृति

SSC CGL (Tier-II) 03/03/2023 Shift-I

उत्तर आकृतियाँ

(a) (b) (c) (d)

11. प्रश्न आकृति

SSC CGL (Tier-II) 02/03/2023 Shift-I

उत्तर आकृतियाँ

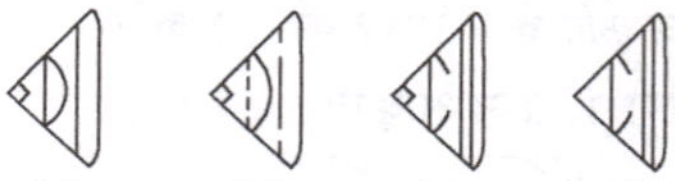

(a) (b) (c) (d)

SSC CHSL 2024 (Tier I)

12. विकल्पों में से उस आकृति का चयन कीजिए, जो प्रश्न-चिह्न (?) को प्रतिस्थापित कर सकती है तथा दिए गए पैटर्न को पूरा कर सकती है।

प्रश्न आकृति

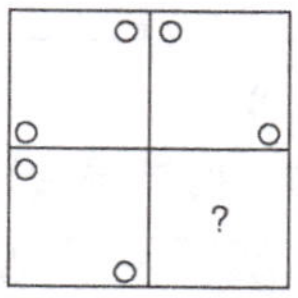

SSC CHSL (Tier-I) 04/07/2024 Shift-III

उत्तर आकृतियाँ

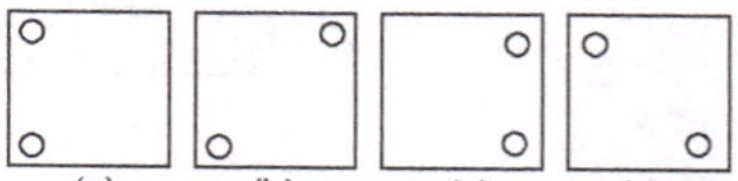

(a) (b) (c) (d)

SSC MTS 2024 & 2023

निर्देश (प्र. सं. 13-33) *निम्नलिखित प्रश्नों में, दिए गए विकल्पों में से उस आकृति का चयन कीजिए, जो प्रश्नवाचक चिह्न (?) के स्थान पर आएगी और दिए गए पैटर्न को पूरा करेगी।*

13. प्रश्न आकृति

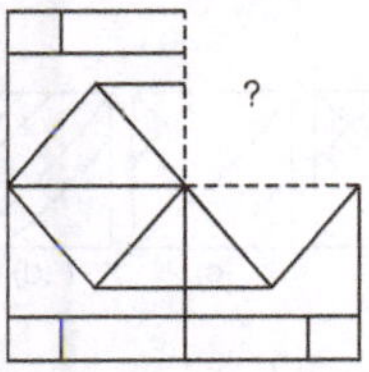

SSC MTS 05/11/2024 Shift-III

उत्तर आकृतियाँ

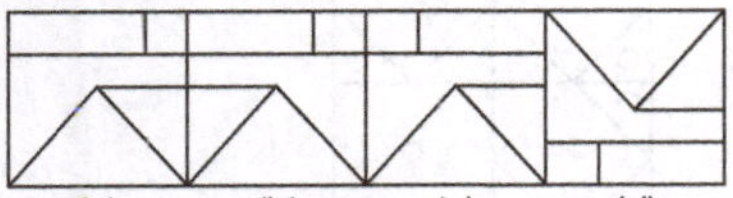

(a) (b) (c) (d)

14. प्रश्न आकृति

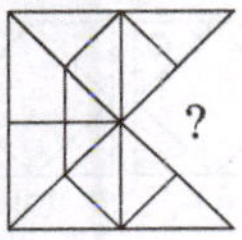

SSC MTS 28/10/2024 Shift-II

उत्तर आकृतियाँ

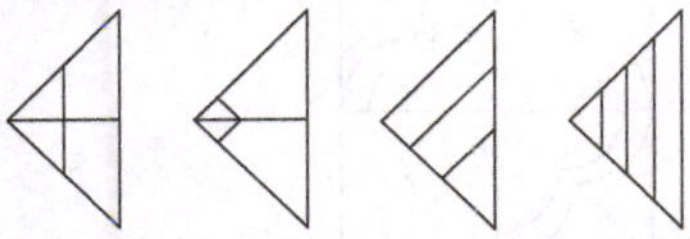

(a) (b) (c) (d)

15. प्रश्न आकृति

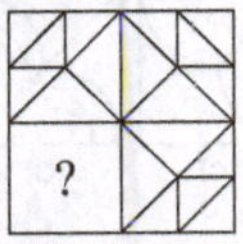

SSC MTS 23/10/2024 Shift-II

उत्तर आकृतियाँ

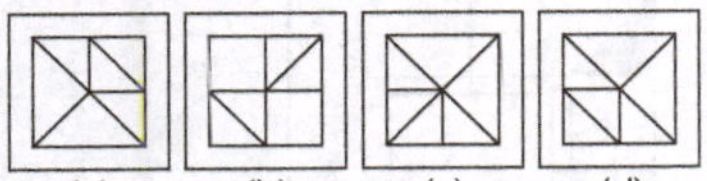

(a) (b) (c) (d)

16. प्रश्न आकृति

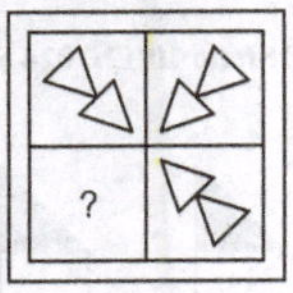

SSC MTS 21/10/2024 Shift-II

उत्तर आकृतियाँ

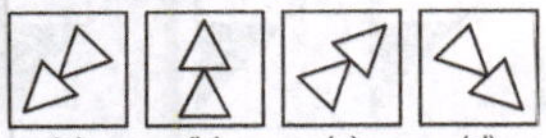

(a) (b) (c) (d)

17. प्रश्न आकृति

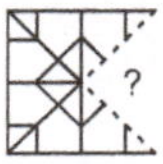

SSC MTS 16/10/2024 Shift-II

उत्तर आकृतियाँ

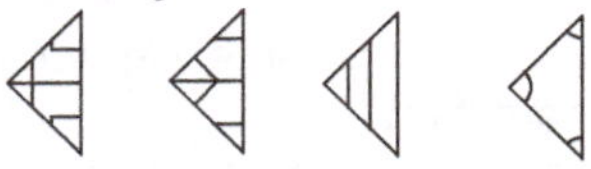

(a) (b) (c) (d)

18. प्रश्न आकृति

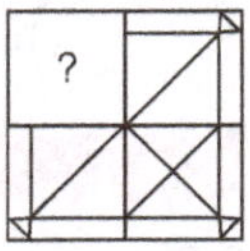

SSC MTS 07/10/2024 Shift-I

उत्तर आकृतियाँ

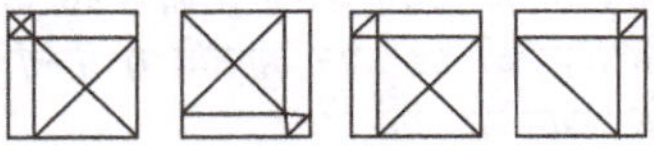

(a) (b) (c) (d)

19. प्रश्न आकृति

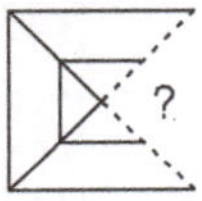

SSC MTS 30/09/2024 Shift-I

उत्तर आकृतियाँ

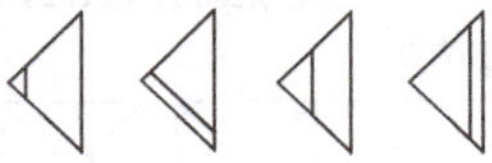

(a) (b) (c) (d)

20. प्रश्न आकृति

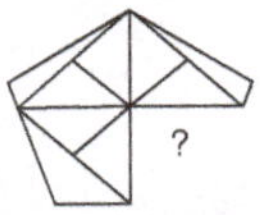

SSC MTS 13/09/2023 Shift-I

उत्तर आकृतियाँ

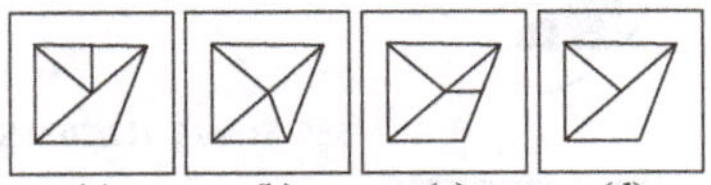

(a) (b) (c) (d)

21. प्रश्न आकृति

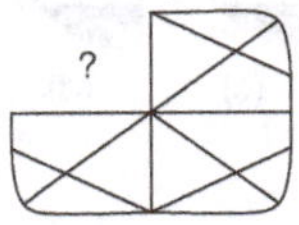

SSC MTS 11/09/2023 Shift-II

उत्तर आकृतियाँ

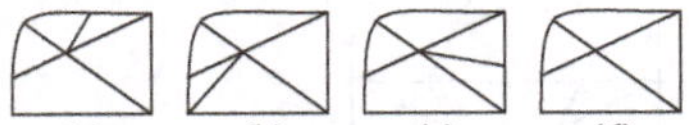

(a) (b) (c) (d)

22. प्रश्न आकृति

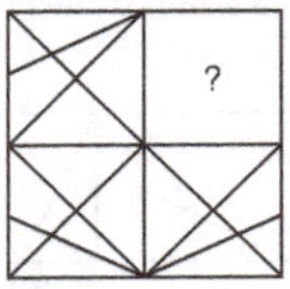

SSC MTS 06/09/2023 Shift-I

उत्तर आकृतियाँ

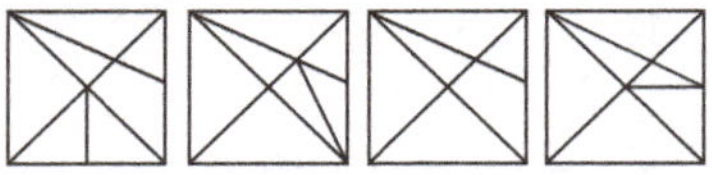

(a) (b) (c) (d)

23. प्रश्न आकृति

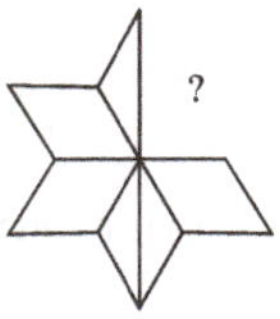

SSC MTS 05/09/2023 Shift-II

उत्तर आकृतियाँ

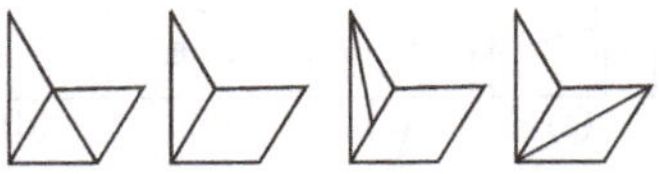

(a) (b) (c) (d)

24. प्रश्न आकृति

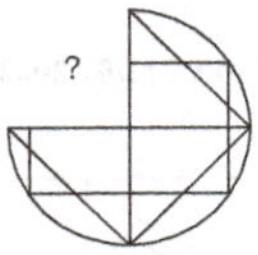

SSC MTS 01/09/2023 Shift-I

उत्तर आकृतियाँ

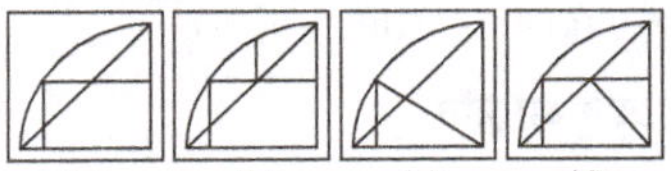

(a) (b) (c) (d)

SSC MTS 2022 & 2021

25. प्रश्न आकृति

SSC MTS 15/07/2022 Shift-I

उत्तर आकृतियाँ

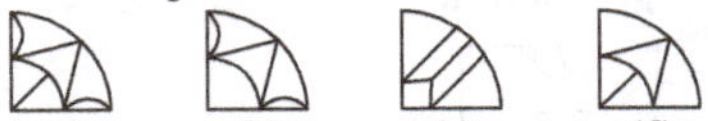

(a) (b) (c) (d)

26. प्रश्न आकृति

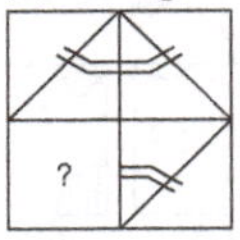

SSC MTS 14/07/2022 Shift-I

उत्तर आकृतियाँ

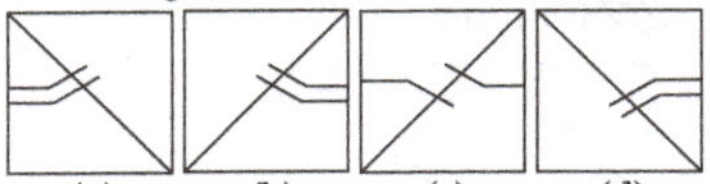

(a) (b) (c) (d)

27. प्रश्न आकृति

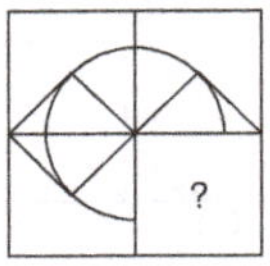

SSC MTS 14/07/2022 Shift-I

उत्तर आकृतियाँ

(a) (b) (c) (d)

28. प्रश्न आकृति

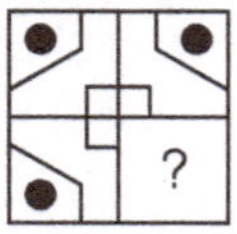

SSC MTS 13/07/2022 Shift-I

उत्तर आकृतियाँ

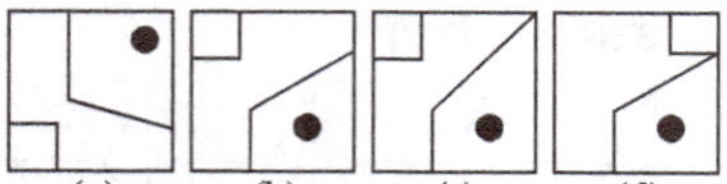

(a) (b) (c) (d)

29. प्रश्न आकृति

SSC MTS 12/07/2022 Shift-I

उत्तर आकृतियाँ

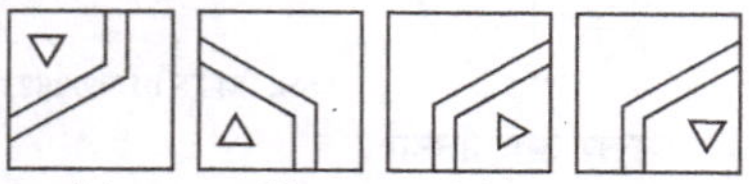

(a) (b) (c) (d)

30. प्रश्न आकृति

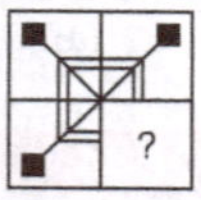

SSC MTS 11/07/2022 Shift-I

उत्तर आकृतियाँ

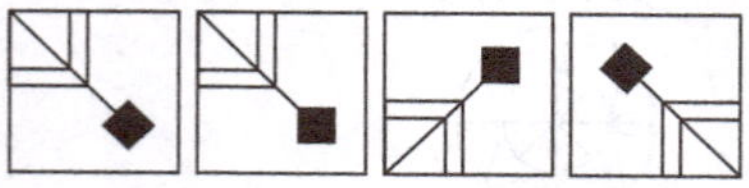

(a) (b) (c) (d)

31. प्रश्न आकृति

SSC MTS 02/11/2021 Shift-III

उत्तर आकृतियाँ

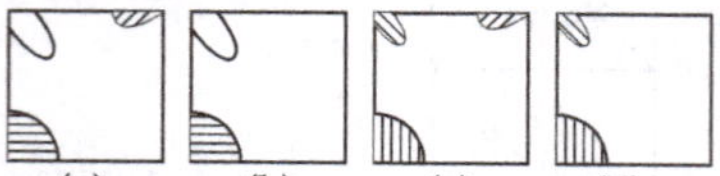

(a) (b) (c) (d)

32. प्रश्न आकृति

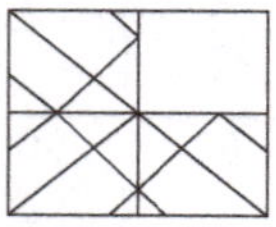

SSC MTS 02/11/2021 Shift-II

उत्तर आकृतियाँ

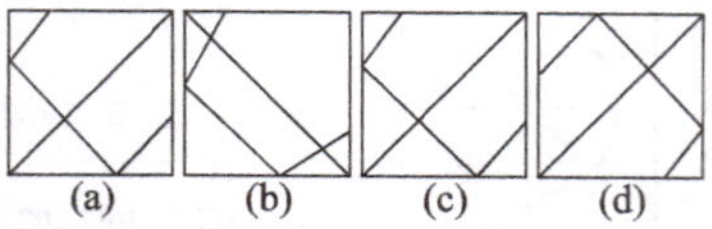

(a) (b) (c) (d)

33. प्रश्न आकृति

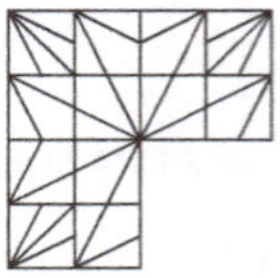

(X)

SSC MTS 02/11/2021 Shift-I

उत्तर आकृतियाँ

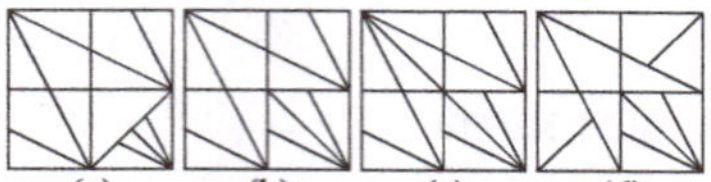

(a) (b) (c) (d)

SSC Steno 2024

निर्देश (प्र. सं. 34-50) *निम्नलिखित प्रश्नों में, उस उत्तर आकृति का चयन कीजिए, जो पैटर्न को पूर्ण करने के लिए दी गई प्रश्न आकृति में प्रश्नचिह्न (?) के स्थान पर आएगी।*

34. प्रश्न आकृति

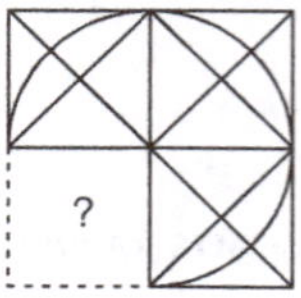

SSC Steno 11/12/2024 Shift-III

उत्तर आकृतियाँ

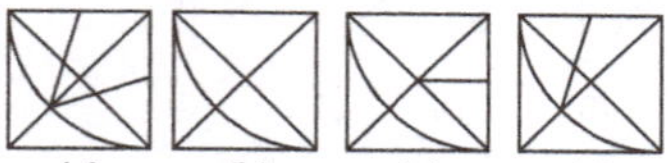

(a) (b) (c) (d)

35. प्रश्न आकृति

SSC Steno 11/12/2024 Shift-III

उत्तर आकृतियाँ

(a) (b) (c) (d)

36. प्रश्न आकृति

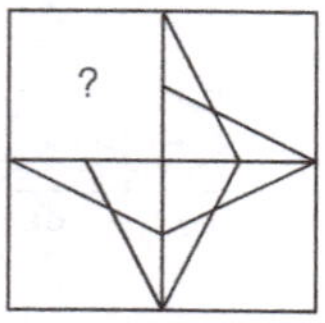

SSC Steno 11/12/2024 Shift-II

उत्तर आकृतियाँ

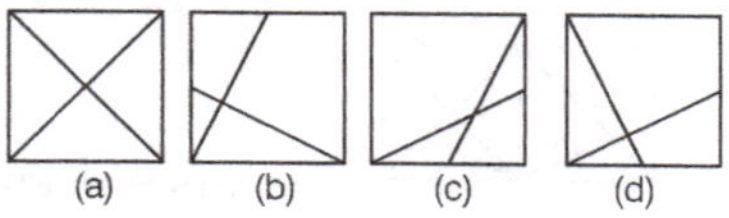

(a) (b) (c) (d)

37. प्रश्न आकृति

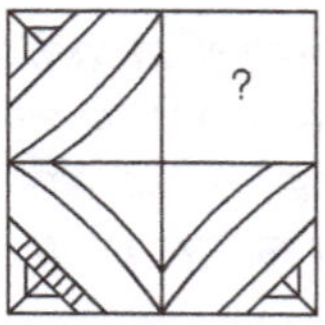

SSC Steno 11/12/2024 Shift-II

उत्तर आकृतियाँ

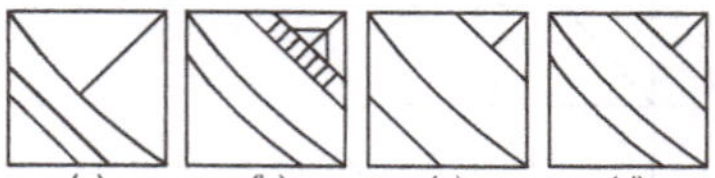

(a) (b) (c) (d)

38. प्रश्न आकृति

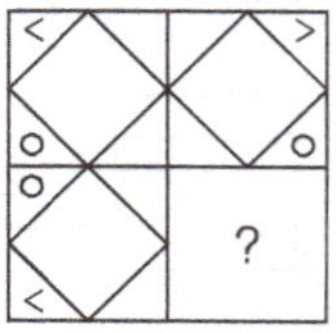

SSC Steno 11/12/2024 Shift-I

उत्तर आकृतियाँ

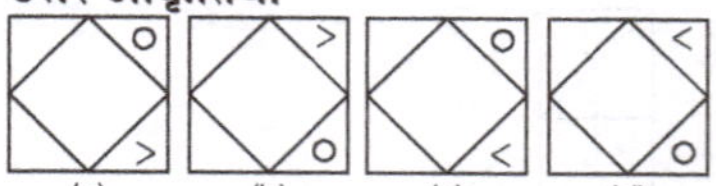

(a) (b) (c) (d)

39. प्रश्न आकृति

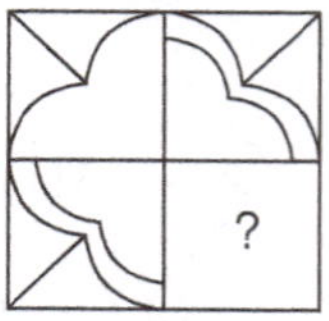

SSC Steno 11/12/2024 Shift-I

उत्तर आकृतियाँ

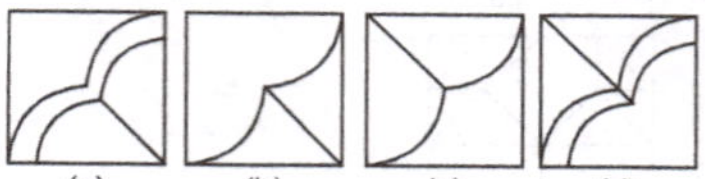

(a) (b) (c) (d)

40. प्रश्न आकृति

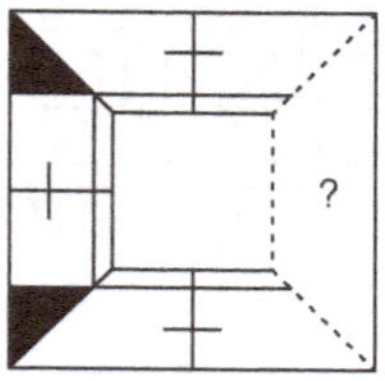

SSC Steno 10/12/2024 Shift-III

उत्तर आकृतियाँ

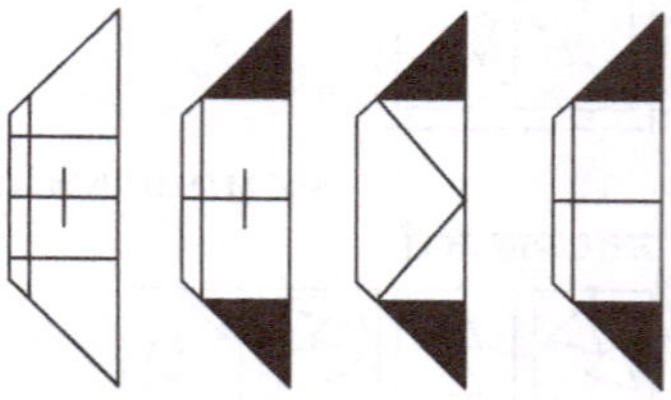

(a) (b) (c) (d)

41. प्रश्न आकृति

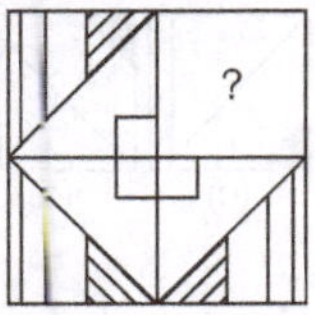

SSC Steno 10/12/2024 Shift-III

उत्तर आकृतियाँ

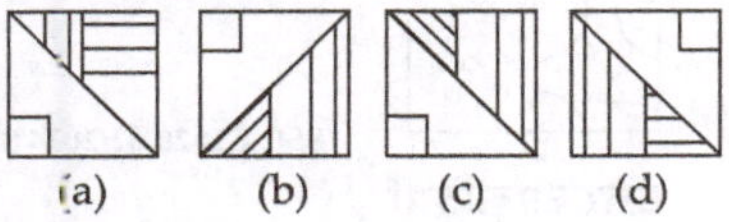

42. प्रश्न आकृति

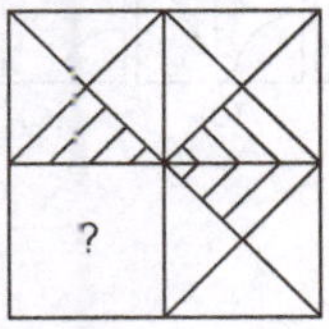

SSC Steno 10/12/2024 Shift-II

उत्तर आकृतियाँ

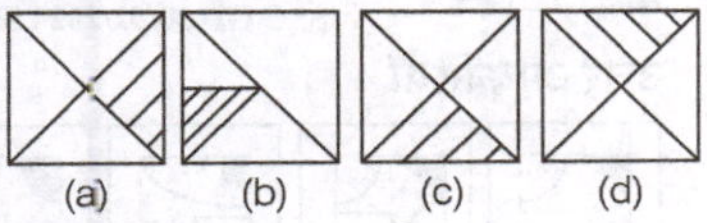

43. प्रश्न आकृति

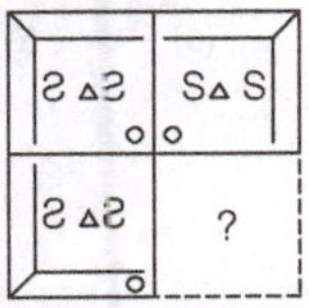

SSC Steno 10/12/2024 Shift-II

उत्तर आकृतियाँ

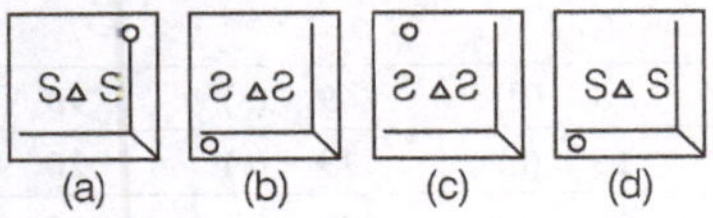

44. प्रश्न आकृति

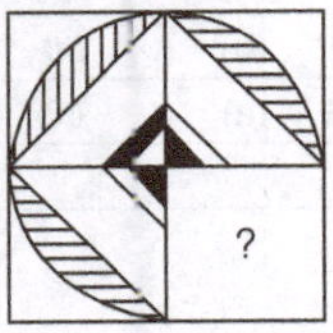

SSC Steno 10/12/2024 Shift-I

उत्तर आकृतियाँ

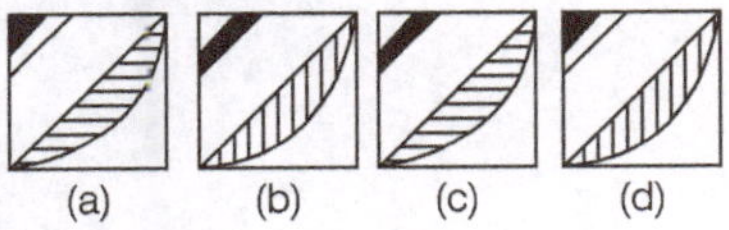

45. प्रश्न आकृति

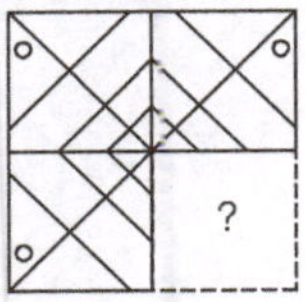

SSC Steno 10/12/2024 Shift-I

उत्तर आकृतियाँ

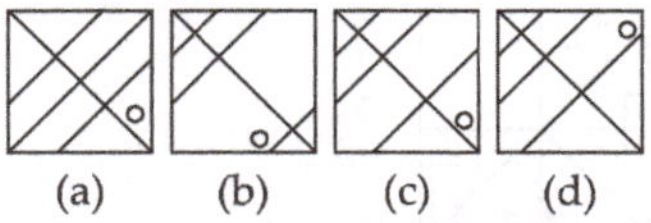

SSC Steno 2022

46. प्रश्न आकृति

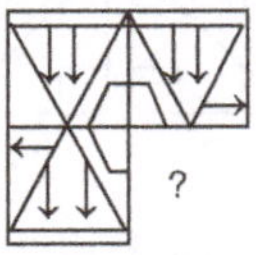

SSC Steno 18/11/2022 Shift I

उत्तर आकृतियाँ

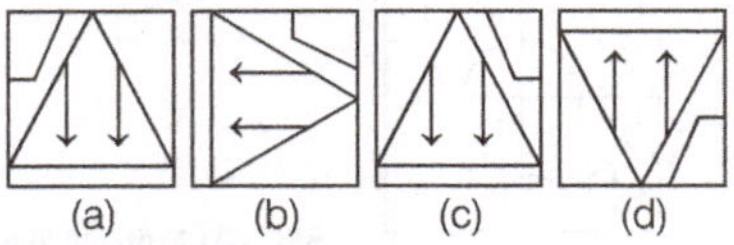

47. प्रश्न आकृति

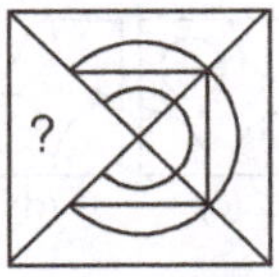

SSC Steno 18/11/2022 Shift-I

उत्तर आकृतियाँ

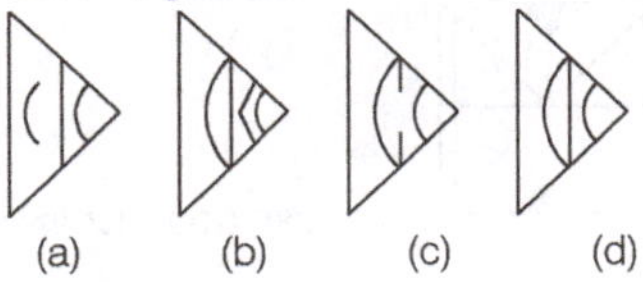

48. प्रश्न आकृति

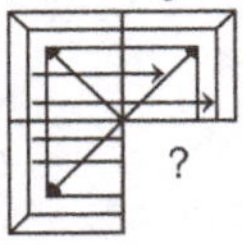

SSC Steno 17/11/2022 Shift-I

उत्तर आकृतियाँ

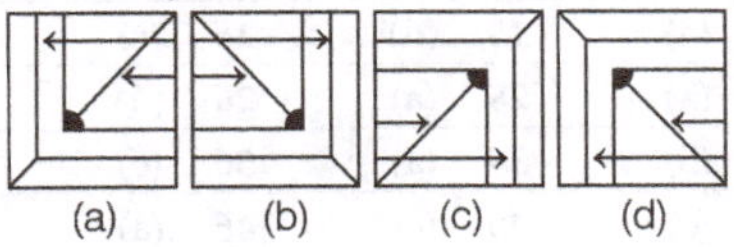

49. प्रश्न आकृति

SSC Steno 17/11/2022 Shift-I

उत्तर आकृतियाँ

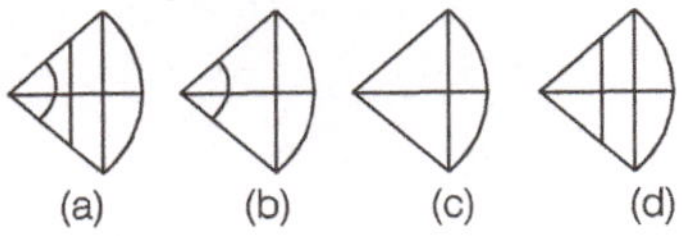

50. प्रश्न आकृति

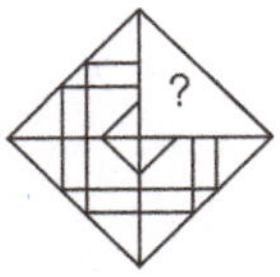

SSC Steno 17/11/2022 Shift-I

उत्तर आकृतियाँ

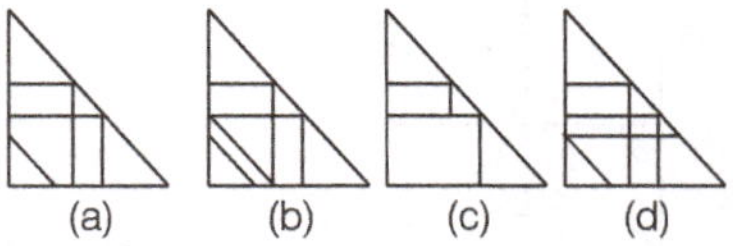

SSC GD Constable 2024

निर्देश (प्र. सं. 51-61) *निम्नलिखित प्रश्नों में, दी गईं उत्तर आकृतियों में से कौन-सी आकृति प्रश्न आकृति के पैटर्न को पूरा करेगी? (घूर्णन की अनुमति नहीं है।)*

51. प्रश्न आकृति

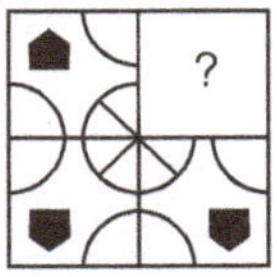

SSC GD 24/02/2024 Shift-III

उत्तर आकृतियाँ

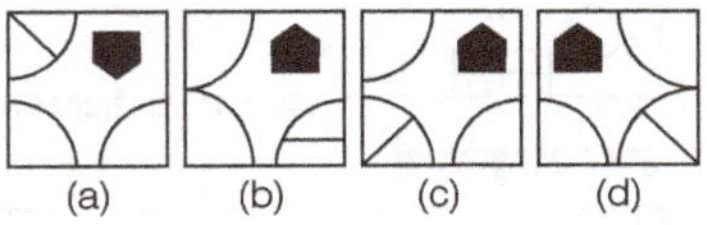

52. प्रश्न आकृति

SSC GD 24/02/2024 Shift-II

उत्तर आकृतियाँ

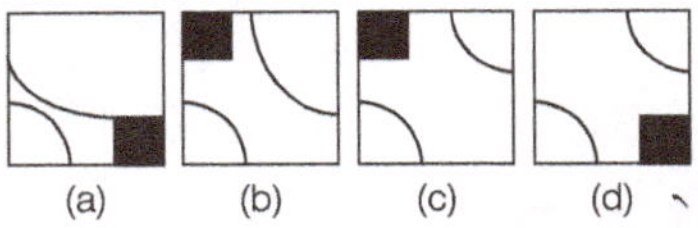

53. प्रश्न आकृति

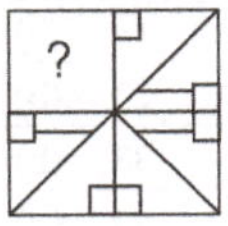

SSC GD 24/02/2024 Shift-I

उत्तर आकृतियाँ

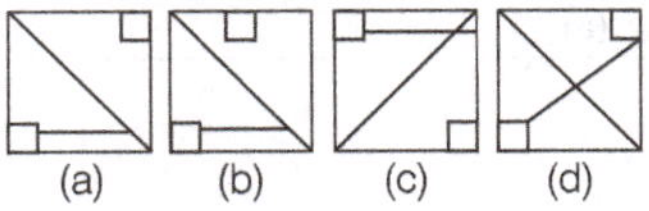

54. प्रश्न आकृति

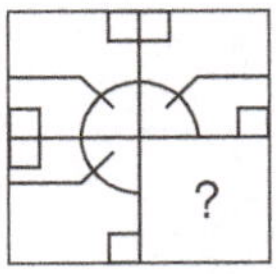

SSC GD 23/02/2024 Shift-III

उत्तर आकृतियाँ

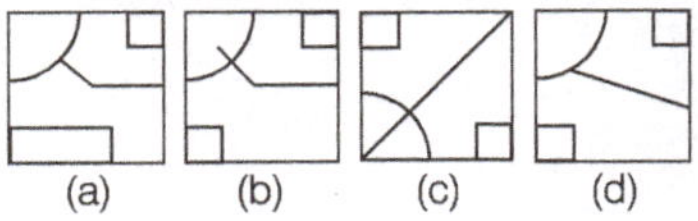

55. प्रश्न आकृति

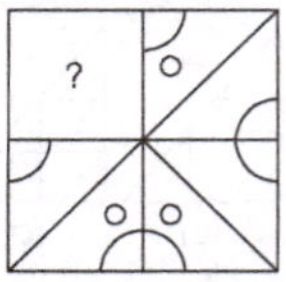

SSC GD 23/02/2024 Shift-I

उत्तर आकृतियाँ

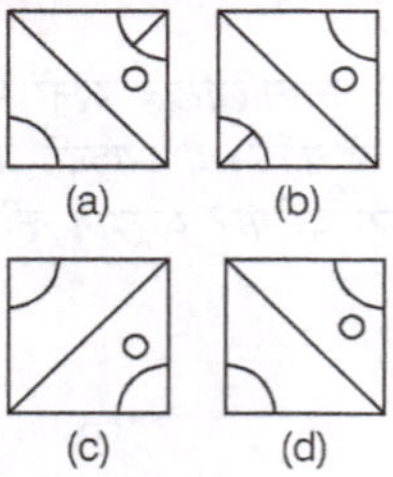

(a) (b) (c) (d)

56. प्रश्न आकृति

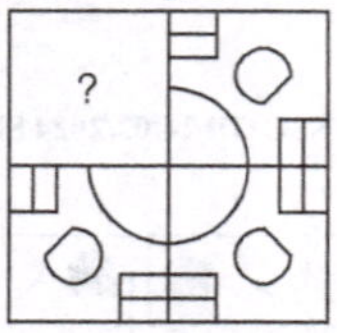

SSC GD 22/02/2024 Shift-IV

उत्तर आकृतियाँ

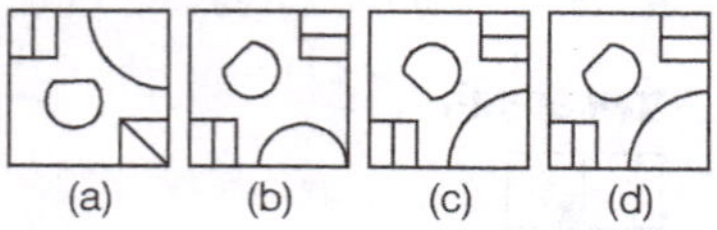

(a) (b) (c) (d)

57. प्रश्न आकृति

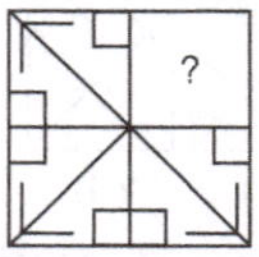

SSC GD 22/02/2024 Shift-I

उत्तर आकृतियाँ

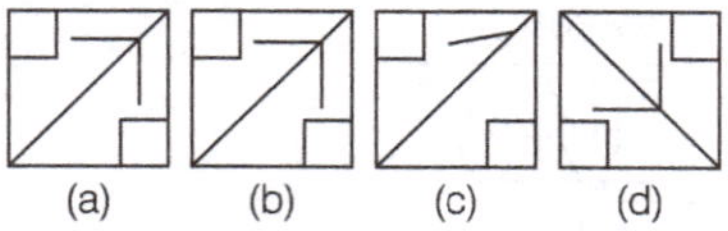

(a) (b) (c) (d)

58. प्रश्न आकृति

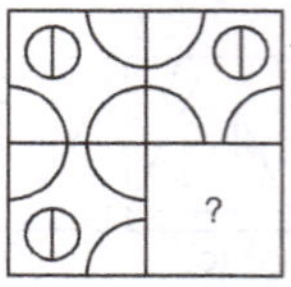

SSC GD 21/02/2024 Shift-IV

उत्तर आकृतियाँ

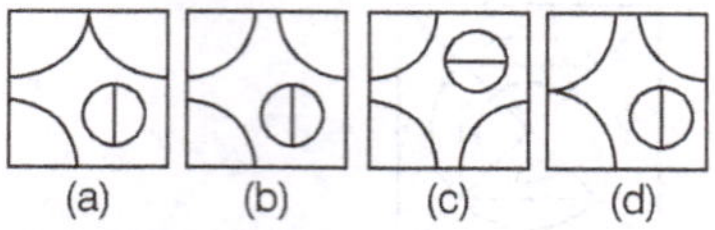

(a) (b) (c) (d)

59. प्रश्न आकृति

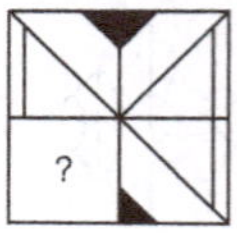

SSC GD 21/02/2024 Shift-II

उत्तर आकृतियाँ

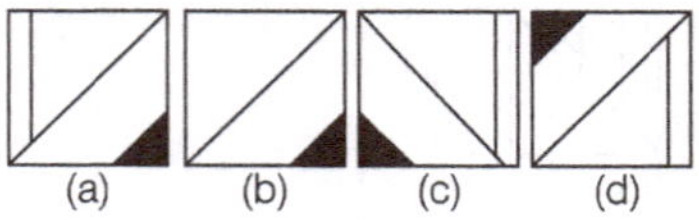

(a) (b) (c) (d)

60. प्रश्न आकृति

SSC GD 20/02/2024 Shift-IV

उत्तर आकृतियाँ

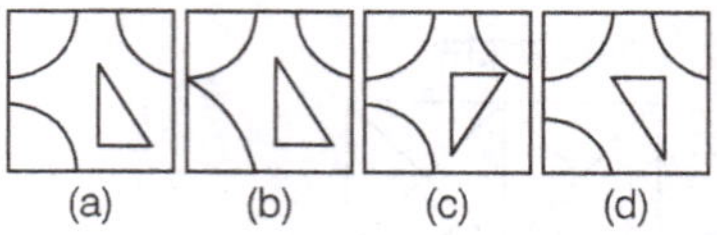

(a) (b) (c) (d)

61. प्रश्न आकृति

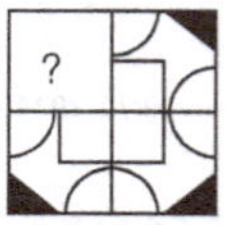

SSC GD 20/02/2024 Shift-III

उत्तर आकृतियाँ

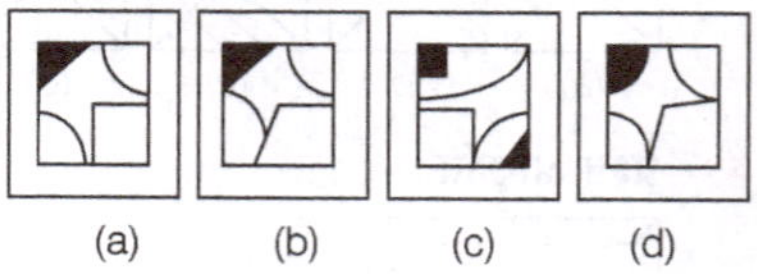

(a) (b) (c) (d)

सही उत्तर

1	(b)	2	(d)	3	(d)	4	(c)	5	(a)	6	(d)	7	(b)	8	(d)	9	(a)	10	(a)
11	(a)	12	(b)	13	(b)	14	(a)	15	(d)	16	(c)	17	(b)	18	(c)	19	(c)	20	(d)
21	(d)	22	(c)	23	(b)	24	(a)	25	(a)	26	(d)	27	(b)	28	(b)	29	(d)	30	(b)
31	(a)	32	(c)	33	(b)	34	(b)	35	(a)	36	(c)	37	(b)	38	(a)	39	(b)	40	(b)
41	(c)	42	(d)	43	(d)	44	(c)	45	(c)	46	(a)	47	(d)	48	(b)	49	(b)	50	(a)
51	(c)	52	(d)	53	(a)	54	(b)	55	(d)	56	(c)	57	(b)	58	(b)	59	(a)	60	(a)
61	(a)																		

उत्तर सहित हल

1. (b) विकल्प (b) की आकृति दिए गए चित्र के पैटर्न को पूर्ण करती है।

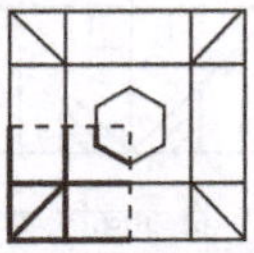

2. (d) विकल्प (d) की आकृति, चित्र में दिए गए पैटर्न को पूरा करती है।

3. (d) विकल्प आकृति (d), प्रश्न आकृति को पूर्ण करेगी।

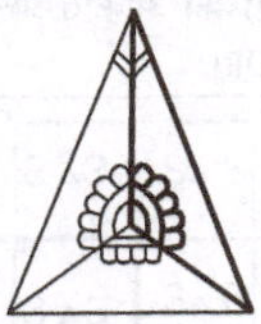

4. (c) विकल्प आकृति (c), प्रश्न आकृति को पूर्ण करेगी।

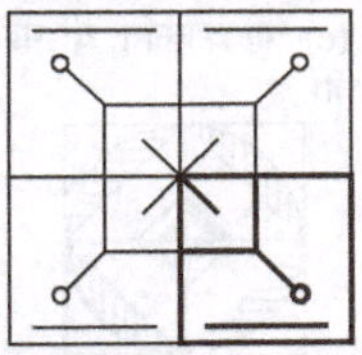

5. (a) विकल्प आकृति (a), प्रश्न आकृति को पूर्ण करेगी।

6. (d) दी गई आकृति को विकल्प आकृति (d) पूरा करेगी

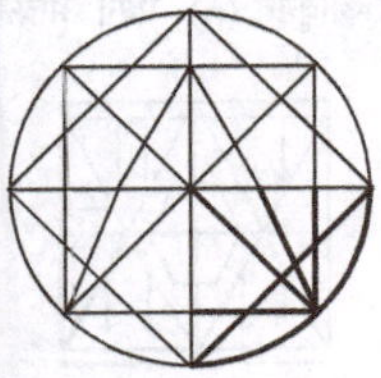

7. (b) विकल्प आकृति (b), प्रश्न आकृति को पूर्ण करेगी।

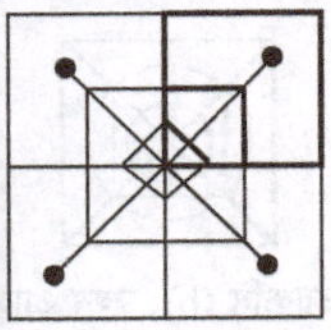

8. (d) विकल्प आकृति (d), प्रश्न आकृति को पूर्ण करेगी।

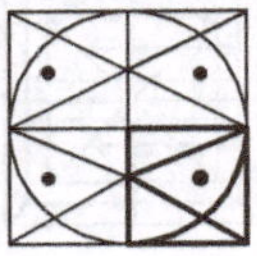

9. (a) विकल्प आकृति (a), प्रश्न आकृति को पूर्ण करेगी।

10. (a) विकल्प आकृति (a), प्रश्न आकृति को पूर्ण करेगी।

11. (a) विकल्प आकृति (a), प्रश्न आकृति को पूर्ण करेगी।

12. (b) विकल्प आकृति (b), प्रश्न आकृति को पूर्ण करेगी।

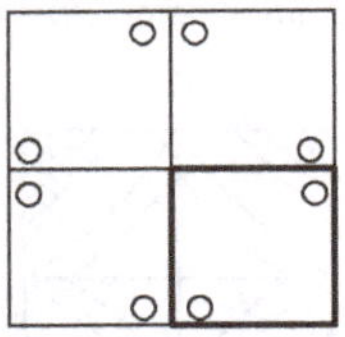

13. (b) प्रश्नचिह्न के स्थान पर विकल्प (b) की आकृति रखने पर दी गई आकृति का पैटर्न पूरा हो जाएगा।

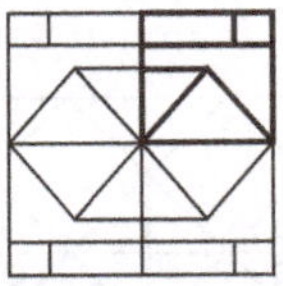

14. (a) दिए गए पैटर्न को विकल्प आकृति (a) पूरा करेगी।

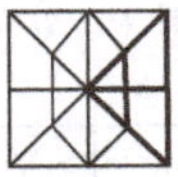

15. (d) दिए गए पैटर्न को विकल्प (d) में दी गई आकृति पूरा करेगी।

16. (c) प्रश्न आकृति के पैटर्न को उत्तर आकृति (c) पूरा करेगी।

17. (b) दी गई आकृति में प्रश्नचिह्न के स्थान पर विकल्प (b) की आकृति रखने से पैटर्न पूरा हो जाएगा।

18. (c) विकल्प आकृति (c), दी गई प्रश्न आकृति के पैटर्न को पूरा करेगी।

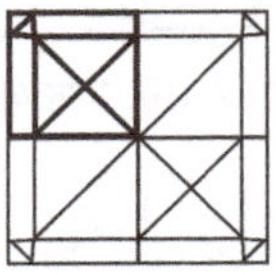

19. (c) दी गई प्रश्न आकृति का पैटर्न विकल्प (c) की आकृति पूरा करेगी।

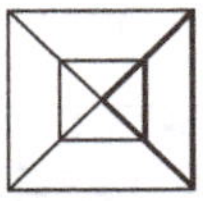

20. (d) विकल्प आकृति (d), प्रश्न आकृति को पूर्ण करेगी।

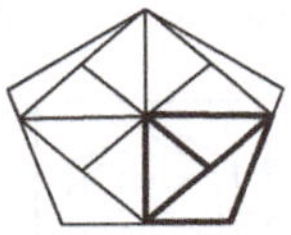

21. (d) विकल्प आकृति (d), प्रश्न आकृति को पूर्ण करेगी।

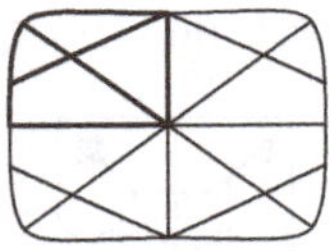

22. (c) विकल्प आकृति (c), प्रश्न आकृति को पूर्ण करेगी।

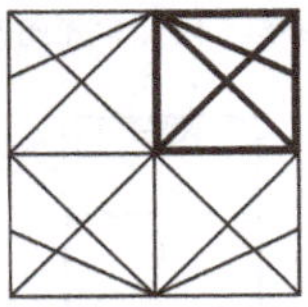

23. (b) विकल्प आकृति (b), प्रश्न आकृति को पूर्ण करेगी।

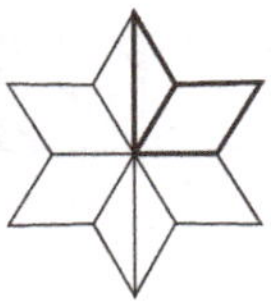

24. (a) विकल्प आकृति (a), प्रश्न आकृति को पूर्ण करेगी।

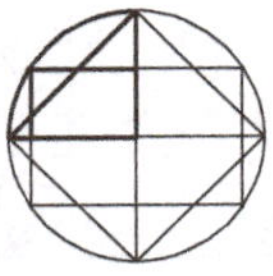

25. (a) विकल्प आकृति (a), प्रश्न आकृति को पूर्ण करेगी।

26. (d) विकल्प आकृति (d), प्रश्न आकृति को पूर्ण करेगी।

27. (b) विकल्प आकृति (b), प्रश्न आकृति को पूर्ण करेगी।

28. (b) विकल्प आकृति (b), प्रश्न आकृति को पूर्ण करेगी।

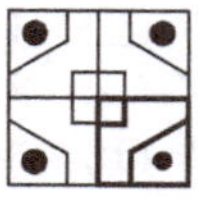

29. (d) विकल्प आकृति (d), प्रश्न आकृति को पूर्ण करेगी।

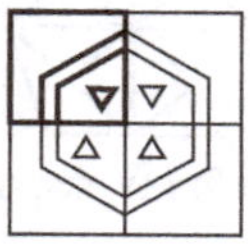

30. (b) विकल्प आकृति (b), प्रश्न आकृति को पूर्ण करेगी।

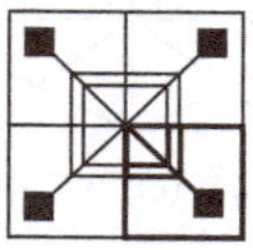

31. (a) विकल्प आकृति (a), प्रश्न आकृति को पूर्ण करेगी।

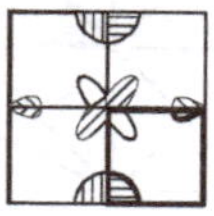

32. (c) विकल्प आकृति (c), प्रश्न आकृति को पूर्ण करेगी।

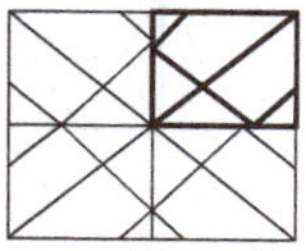

33. (b) विकल्प आकृति (b), प्रश्न आकृति को पूर्ण करेगी।

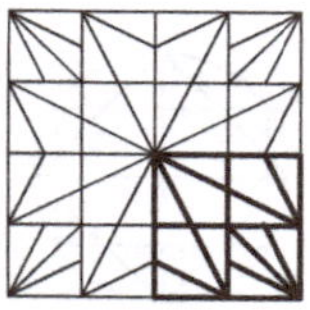

34. (b) विकल्प (b), दिए गए पैटर्न को पूर्ण करेगा।

35. (a) विकल्प (a), प्रश्न आकृति (X) को पूर्ण करेगी।

36. (c) विकल्प आकृति (c), दी गई प्रश्न आकृति में प्रश्न चिह्न को प्रतिस्थापित करेगी तथा पैटर्न को पूरा करेगी।

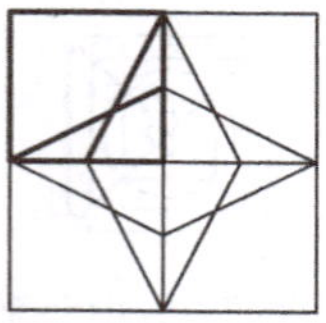

37. (b) विकल्प आकृति (b), दी गई प्रश्न आकृति में प्रश्नचिह्न को प्रतिस्थापित करेगी और पैटर्न को पूरा करेगी।

38. (a) विकल्प आकृति (a), प्रश्न आकृति को पूर्ण करेगी।

39. (b) विकल्प आकृति (b) दी गई प्रश्न आकृति को पूर्ण करेगी।

40. (b) दी गई प्रश्न आकृति को, विकल्प आकृति (b) पूर्ण करेगी।

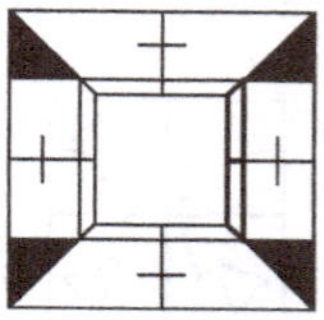

41. (c) दी गई प्रश्न आकृति को विकल्प आकृति (c) पूर्ण करेगी।

42. (d) विकल्प (d) की आकृति, प्रश्न में दी गई आकृति के पैटर्न को पूरा करेगी।

43. (d) विकल्प (d) की आकृति प्रश्न में दी गई आकृति के पैटर्न को पूरा करेगा।

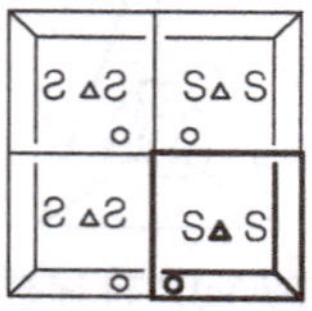

44. (c) विकल्प (c) की आकृति, दी गई आकृति के पैटर्न को पूरा करेगी।

45. (c) विकल्प (c) की आकृति, दी गई प्रश्न आकृति के पैटर्न को पूरा करेगी।

46. (a) विकल्प आकृति (a), प्रश्न आकृति को पूर्ण करेगी।

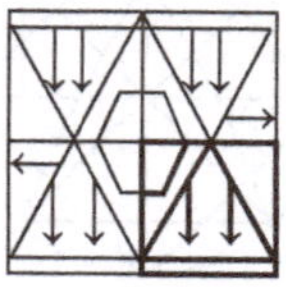

47. (d) विकल्प आकृति (d), प्रश्न आकृति को पूर्ण करेगी।

48. (b) विकल्प आकृति (b), प्रश्न आकृति को पूर्ण करेगी।

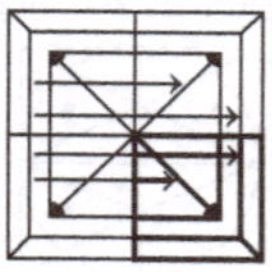

49. (b) विकल्प आकृति (b), प्रश्न आकृति को पूर्ण करेगी।

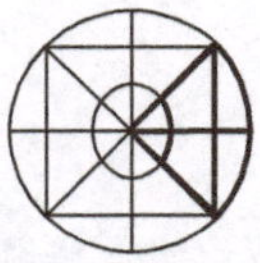

50. (a) विकल्प आकृति (a), प्रश्न आकृति को पूर्ण करेगी।

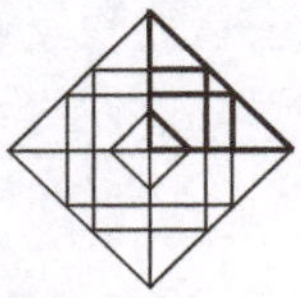

51. (c) विकल्प आकृति (c), प्रश्न आकृति को पूर्ण करेगी।

52. (d) विकल्प आकृति (d), प्रश्न आकृति को पूर्ण करेगी।

53. (a) विकल्प आकृति (a), प्रश्न आकृति को पूर्ण करेगी।

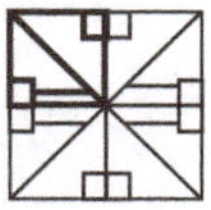

54. (b) विकल्प आकृति (b), प्रश्न आकृति को पूर्ण करेगी।

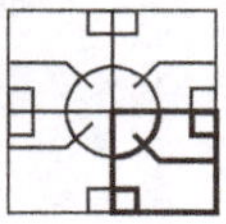

55. (d) विकल्प आकृति (d), प्रश्न आकृति को पूर्ण करेगी।

56. (c) विकल्प आकृति (c), प्रश्न आकृति को पूर्ण करेगी।

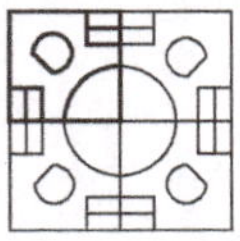

57. (b) विकल्प आकृति (b), प्रश्न आकृति को पूर्ण करेगी।

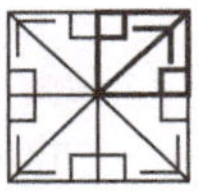

58. (b) विकल्प आकृति (b), प्रश्न आकृति को पूर्ण करेगी।

59. (a) विकल्प आकृति (a), प्रश्न आकृति को पूर्ण करेगी।

60. (a) विकल्प आकृति (a), प्रश्न आकृति को पूर्ण करेगी।

61. (a) विकल्प आकृति (a), प्रश्न आकृति को पूर्ण करेगी।

29

दर्पण प्रतिबिम्ब

प्रतिबिम्ब का शाब्दिक अर्थ 'परछाई' होता है। किसी व्यक्ति या वस्तु को दर्पण के पास खड़ा करने पर दर्पण में उसी के समान बनने वाली परछाई को उस व्यक्ति या वस्तु का प्रतिबिम्ब कहते हैं।

दर्पण प्रतिबिम्ब से सम्बन्धित पूछे जाने वाले प्रश्न सामान्यतः दो स्थितियों पर आधारित होते हैं।

जब दर्पण वस्तु/व्यक्ति के दाईं या बाईं ओर हो

यदि दर्पण वस्तु के दाईं या बाईं ओर हो, तो दर्पण प्रतिबिम्ब में हमेशा वस्तु का ऊपरी तथा निचला भाग स्थिर रहता है।

दर्पण प्रतिबिम्ब में वस्तु का दायाँ भाग बाईं ओर तथा बायाँ भाग दाईं ओर हो जाता है।

निर्देश (उदा. सं. 1 और 2) *नीचे दिए गए सभी उदाहरणों में एक प्रश्न आकृति दी गई है। यह प्रश्न आकृति दर्पण में किस प्रकार दिखेगी, जब दर्पण AB पर रखा हुआ हो? इसे उत्तर आकृतियों में से चुनिए।*

उदाहरण 1. प्रश्न आकृति **उत्तर आकृतियाँ**

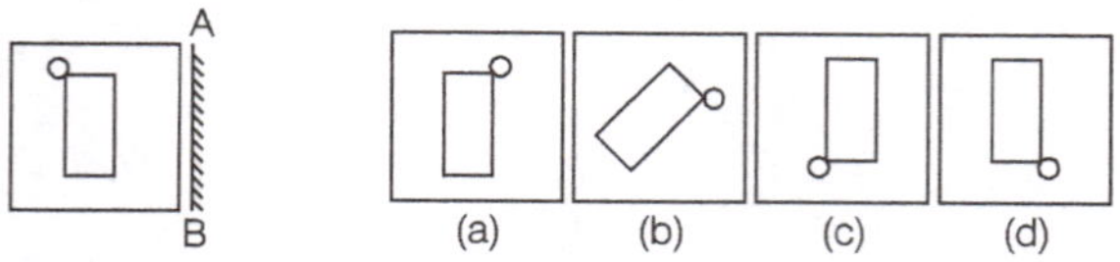

हल (*a*) प्रश्न आकृति का सही दर्पण प्रतिबिम्ब विकल्प आकृति (a) है।

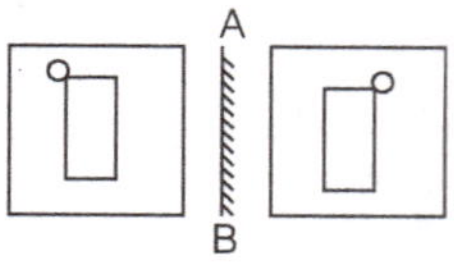

उदाहरण 2. प्रश्न आकृति **उत्तर आकृतियाँ**

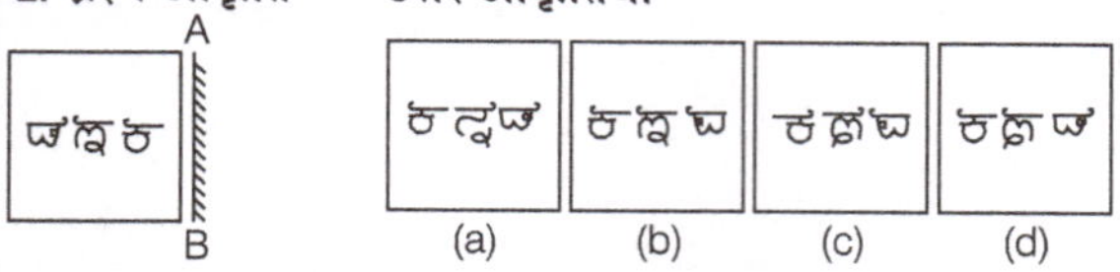

हल (*c*) प्रश्न आकृति का सही दर्पण प्रतिबिम्ब विकल्प आकृति (c) है।

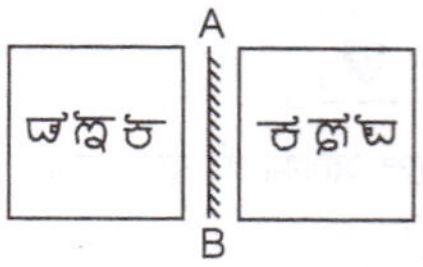

जब दर्पण वस्तु/व्यक्ति के ऊपर या नीचे की ओर हो

यदि दर्पण वस्तु के ऊपर या नीचे रखा हो, तो वस्तु का ऊपरी भाग दर्पण में नीचे तथा वस्तु का निचला भाग दर्पण में ऊपर की ओर हो जाता है।

निर्देश (उदा. सं. 3 और 4) *नीचे दिए गए सभी उदाहरणों में एक प्रश्न आकृति दी गई है। यह प्रश्न आकृति दर्पण में किस प्रकार दिखेगी जबकि दर्पण AB पर रखा हुआ हो? इसे उत्तर आकृतियों में से चुनिए।*

उदाहरण 3. प्रश्न आकृति **उत्तर आकृतियाँ**

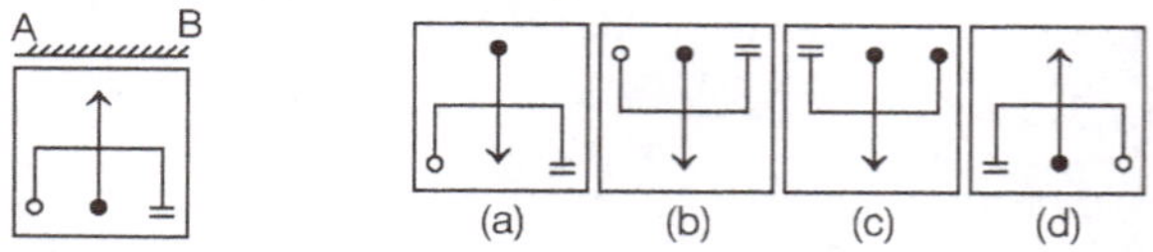

हल (*b*) प्रश्न आकृति का सही दर्पण प्रतिबिम्ब विकल्प आकृति (b) है।

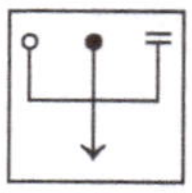

उदाहरण 4. प्रश्न आकृति **उत्तर आकृतियाँ**

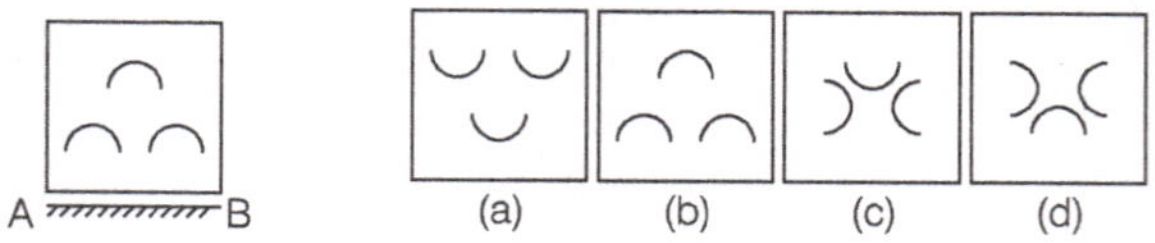

हल (*a*) प्रश्न आकृति की सही दर्पण प्रतिबिम्ब उत्तर आकृति (a) है।

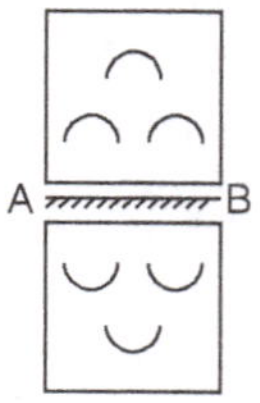

SSC एग्जाम स्कैनर

SSC CGL 2024 (Tier I & II)

निर्देश (प्र सं. 1-141) नीचे दिए गए प्रत्येक प्रश्न में, एक आकृति और उसके बाद चार विकल्प आकृति (a), (b), (c) तथा (d) दी गई हैं। दी गई विकल्प आकृति में से उस आकृति का चयन कीजिए, जो प्रश्न आकृति का सही दर्पण प्रतिबिम्ब निरुपित करता है।

1. 47F29M8 | M–N

SSC CGL (Tier-II) 20/01/2025 Shift-I

(a) 89MS7F74 (b) 8M29F74
(c) 8M9S7F74 (d) 8W92F74

2. 4BvGF72 | M–N

SSC CGL (Tier-II) 20/01/2025 Shift-I

(a) S7GFvB4 (b) S7FGAB4
(c) S7FGvB4 (d) 72FGvB4

3. Y57nBe2 | M–N

SSC CGL (Tier-II) 18.01.2025 Shift-I

(a) 2eBn75Y (b) 2eBu75Y
(c) 2eBn75Y (d) 2eBn75Y

4. YrP74ea5 | M–N

SSC CGL (Tier-I) 26/9/2024 Shift-III

(a) 5ae47PrY (b) 5ae47PrY
(c) 5ea47PrY (d) 5ae47PrY

5. Tp69aq | M–N

SSC CGL (Tier-I) 26/9/2024 Shift-III

(a) pa69qT (b) pa99qT
(c) qa69qT (d) pa96qT

6. Me39ha | M–N

SSC CGL (Tier-I) 26/9/2024 Shift-I

(a) ah93eM (b) ah93eM
(c) ah93eM (d) ah9e3M

7. 4mrgK2 | M–N

SSC CGL (Tier-I) 25/9/2024 Shift-III

(a) 2Kgrm4 (b) 2Kgrm4
(c) 2Kgrm4 (d) 2Kgrm4

8.

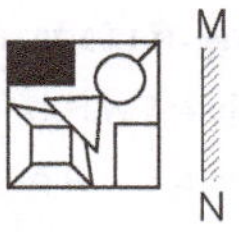

SSC CGL (Tier-I) 25/9/2024 Shift-III

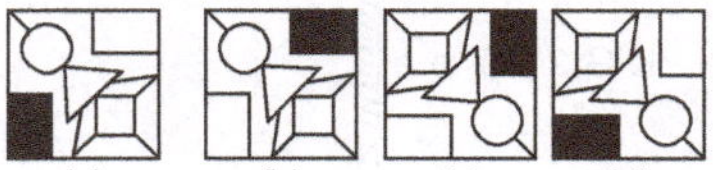

(a) (b) (c) (d)

9. 72501 | M–N

SSC CGL (Tier-I) 25/9/2024 Shift-II

(a) 10527 (b) 10527
(c) 10527 (d) 10527

10. YaTh97 | M–N

SSC CGL (Tier-I) 25/9/2024 Shift-I

(a) 79hTaY (b) 79hTaY
(c) 79hTaY (d) 79hTaY

11. Kf59Bar | M–N

SSC CGL (Tier-I) 24/9/2024 Shift-III

(a) raB95fK (b) raB65fK
(c) raB65fK (d) raB95fK

12. YFUIZ | M–N

SSC CGL (Tier-I) 24/9/2024 Shift-II

(a) ZIUFY (b) ZIUFY
(c) ZIUFY (d) ZIUFY

13. Rp73dh6 | M–N

SSC CGL (Tier-I) 24/9/2024 Shift-II

(a) dh637pR (b) 6hd37pR
(c) 6hd37pR (d) 6hd37pR

14. hr49jkz | M–N

SSC CGL (Tier-I) 24/9/2024 Shift-I

(a) zkj94rh (b) zkj94rh
(c) zkj94rh (d) zkj94rh

15. Hf2q6r3 | M–N

SSC CGL (Tier-I) 23/9/2024 Shift-III

(a) 3r6q2fH (b) 3r6P2fH
(c) 3r6q2fH (d) 3r6p2fH

16. 46KmE | M–N

SSC CGL (Tier-I) 23/9/2024 Shift-II

(a) EmK64 (b) EmK64
(c) EmK64 (d) Em6K4

17. hErd7% | M–N

SSC CGL (Tier-I) 19/9/2024 Shift-III

(a) %7drEh (b) %7drEh
(c) %7drEh (d) %7drEh

18. hGD432 | M–N

SSC CGL (Tier-I) 19/9/2024 Shift-II

(a) 234DGh (b) 234DGh
(c) 234DGh (d) 234DGh

19. G/k2wa | M–N

SSC CGL (Tier-I) 19/9/2024 Shift-I

(a) aw2k\G (b) awk2\G
(c) wa2k\G (d) aw2k\G

20. Tf2f5a7 | M–N

SSC CGL (Tier-I) 19/9/2024 Shift-I

(a) 7a5f2fT (b) 7a5f2fT
(c) 7a5f2fT (d) 7a5f2fT

21. 5nEr63A | M–N

SSC CGL (Tier-I) 18/9/2024 Shift-III

(a) A63rEun5 (b) A36rEn5
(c) A36rEn5 (d) A36rEn5

22. Ma37cF | M/N

SSC CGL (Tier-I) 18/9/2024 Shift-II

(a) ꟻc37aM (b) Ma37cF
(c) ꟻc37aM (d) ꟻc37aM

23. ManG3f | M/N

SSC CGL (Tier-I) 17/9/2024 Shift-III

(a) f3Gnaᴍ (b) f3Gnaᴍ
(c) f3GnaM (d) f3GnaM

24. Rf4d2m | M/N

SSC CGL (Tier-I) 17/9/2024 Shift-III

(a) m2Pf4ᴙ (b) m2P4fᴙ
(c) m2b4fᴙ (d) m2d4fᴙ

25. jpe4mfp | M/N

SSC CGL (Tier-I) 17/9/2024 Shift-I

(a) qfm4eqj (b) qfm4eqj
(c) qfm4eqj (d) qfm4ebj

26. 5P6q7 | M/N

SSC CGL (Tier-I) 13/9/2024 Shift-III

(a) 7p6P5 (b) 7p6P5
(c) 7p6P5 (d) 7p6P5

27.

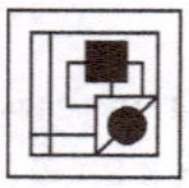

SSC CGL (Tier-I) 13/9/2024 Shift-I

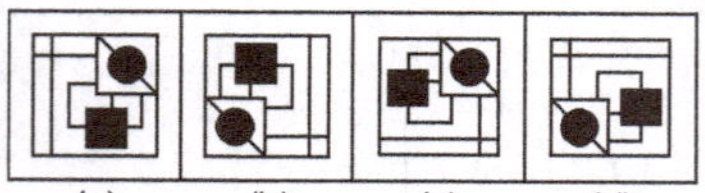

(a) (b) (c) (d)

28. M 5 h 9 s g | M/N

SSC CGL (Tier-I) 12/9/2024 Shift-III

(a) g s 9 h 5 M (b) g s 9 h 5 M
(c) s g 9 h 5 M (d) g s 9 h 5 M

29. 6k4Rp2 | M/N

SSC CGL (Tier-I) 12/9/2024 Shift-II

(a) 2pR4k6 (b) 2pR4k6
(c) p2R4k6 (d) 2pR4k6

30. h R w 7 4 @ | M/N

SSC CGL (Tier-I) 12/9/2024 Shift-I

(a) @ 4 7 w R h (b) @ 4 7 w R h
(c) @ 4 7 w R h (d) @ 4 7 w R h

31. K G 2 F 7 p e | M/N

SSC CGL (Tier-I) 12/9/2024 Shift-I

(a) e p 7 F 2 G K (b) K G 2 F 7 d e
(c) e q 7 F 2 G K (d) e p 7 F 2 G K

32. HfC632a | M/N

SSC CGL (Tier-I) 11/9/2024 Shift-III

(a) a236Cfh (b) a236Ofh
(c) a326Ofh (d) a236Ofh

33.

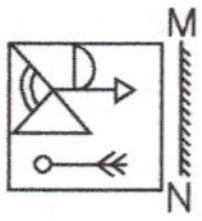

SSC CGL (Tier-I) 11/9/2024 Shift-II

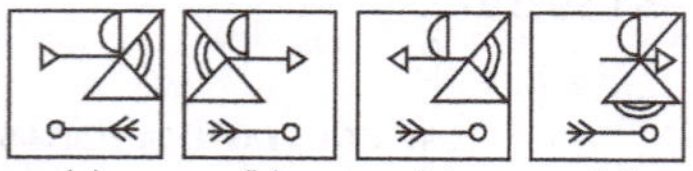

(a) (b) (c) (d)

34. yzvon | M/N

SSC CGL (Tier-I) 11/9/2024 Shift-I

(a) n o v z y (b) n o v z y
(c) n o v z y (d) n o v z y

35. Tar47gb | M/N

SSC CGL (Tier-I) 10/9/2024 Shift-III

(a) gb74raT (b) dg74raT
(c) dg74raT (d) dg74raT

36. jFd37Ae | M/N

SSC CGL (Tier-I) 10/9/2024 Shift-II

(a) eA73dFj (b) eA73dFj
(c) eA73bFj (d) Ae73dFj

37. Yh32jgF | M/N

SSC CGL (Tier-I) 10/9/2024 Shift-II

(a) Fgj23hY (b) Fgj23hY
(c) Fgj23hY (d) Fgj32hY

38. uP23AB | M/N

SSC CGL (Tier-I) 10/9/2024 Shift-I

(a) BA32Pu (b) BA32Pu
(c) BA32Pu (d) BA23Pu

39. M J X W U | M/N

SSC CGL (Tier-I) 9/9/2024 Shift-II

(a) U W X J M (b) U M X J M
(c) U M X J M (d) U W X J M

40. 9/3 > 42 | M/N

SSC CGL (Tier-I) 9/9/2024 Shift-II

(a) 24 < 3/9 (b) 24 < 3/9
(c) 24 < 3/9 (d) 24 < /3e

41. bcFgl | M/N

SSC CGL (Tier-I) 9/9/2024 Shift-I

(a) lgFcb (b) lgFcd
(c) lgFcd (d) lgFcb

SSC CGL 2023 (Tier I & II)

42. EdT589ghi | P/Q

SSC CGL (Tier-II) 07/03/2023 Shift-I

(a) ihg985TdE (b) ihg985TbE
(c) ihg985TdE (d) ihg985TbE

43. IiiCqEyeUshled | P/Q

SSC CGL (Tier-II) 06/03/2023 Shift-I

(a) IiiCqEyeUshled (b) IiiCqEyeUshled
(c) IiiCdEyeUshled (d) beIhsUeyEqCiiI

44. ad2niCvh6iOvr | P/Q

SSC CGL (Tier-II) 03/03/2023 Shift-I

(a) ad2niCvh6iOvr
(b) ad2niCvh6iOvr
(c) rvOi6hvCin2da
(d) ad2niCvh6iOvr

45.

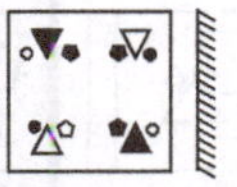

SSC CGL (Tier-I) 27/07/2023 Shift-III

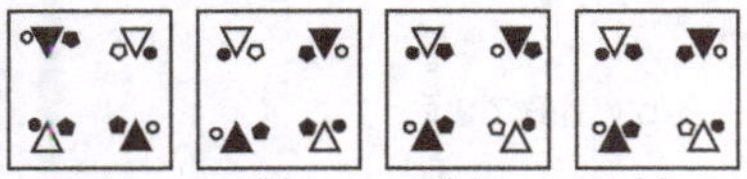

(a) (b) (c) (d)

46.

SSC CGL (Tier-I) 27/07/2023 Shift-III

(a) (b) (c) (d)

47.

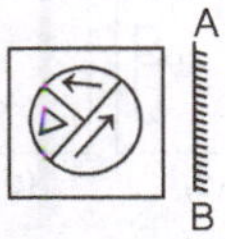

SSC CGL (Tier-I) 27/07/2023 Shift-III

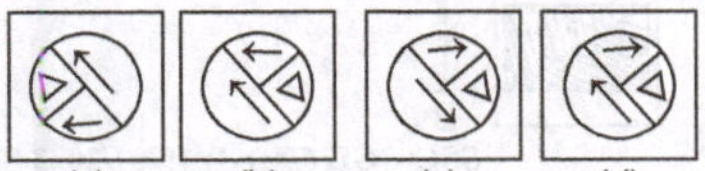

(a) (b) (c) (d)

48.

SSC CGL (Tier-I) 27/07/2023 Shift-I

(a) (b) (c) (d)

49. AZ381tGD (M — N)

SSC CGL (Tier-I) 26/07/2023 Shift-III

50. guw2rtdh4 (M — N)

SSC CGL (Tier-I) 26/07/2023 Shift-III

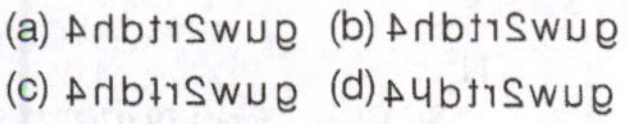

51.

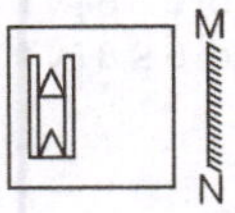

SSC CGL (Tier-I) 26/07/2023 Shift-III

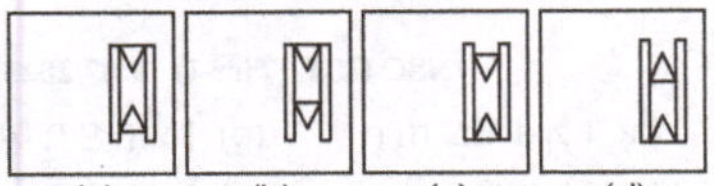

(a) (b) (c) (d)

52. HJQ6RyE (M — N)

SSC CGL (Tier-I) 26/07/2023 Shift-II

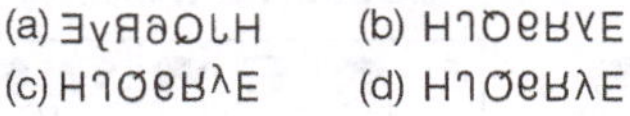

53. FGHTKD (P — Q)

SSC CGL (Tier-I) 26/07/2023 Shift-II

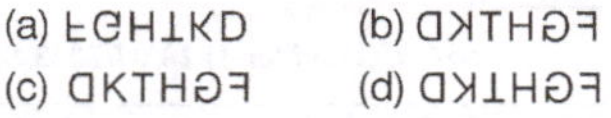

54. ESRN4qmk7 (M — N)

SSC CGL (Tier-I) 26/07/2023 Shift-I

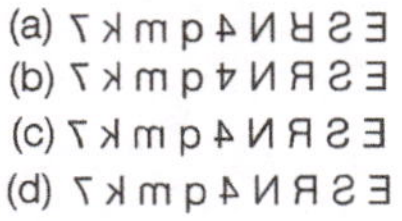

55. RsN592YQ (M — N)

SSC CGL (Tier-I) 25/07/2023 Shift-IV

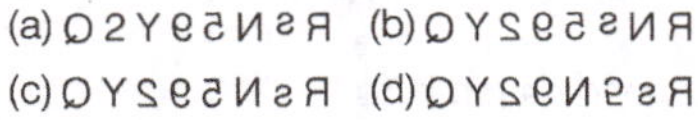

56.

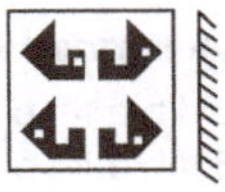

SSC CGL (Tier-I) 25/07/2023 Shift-IV

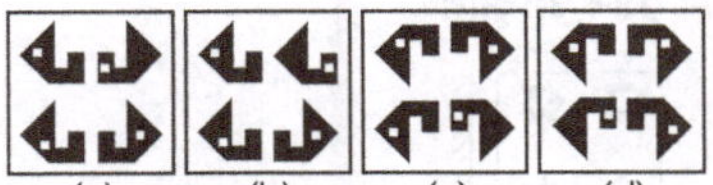

(a) (b) (c) (d)

57.

SSC CGL (Tier-I) 25/07/2023 Shift-IV

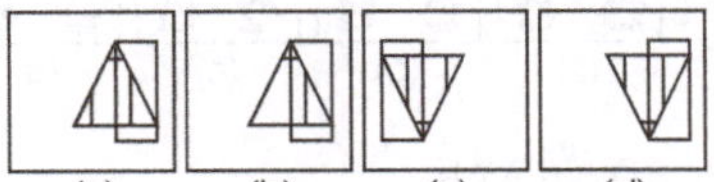

(a) (b) (c) (d)

58.

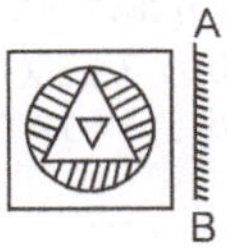

SSC CGL (Tier-I) 25/07/2023 Shift-II

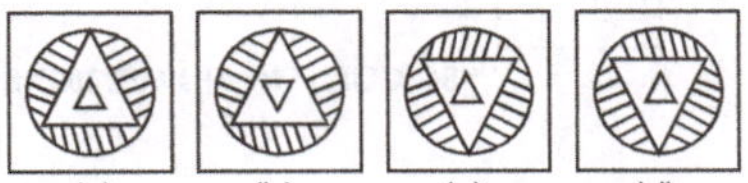

(a) (b) (c) (d)

59.

SSC CGL (Tier-I) 25/07/2023 Shift-II

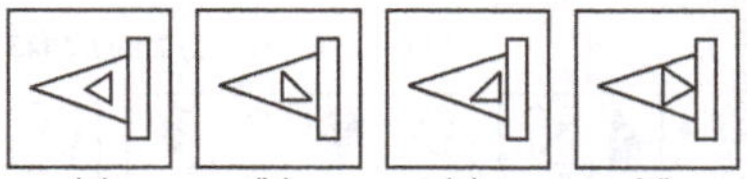

(a) (b) (c) (d)

60.

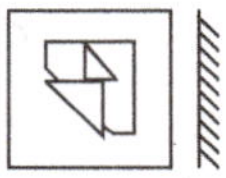

SSC CGL (Tier-I) 25/07/2023 Shift-I

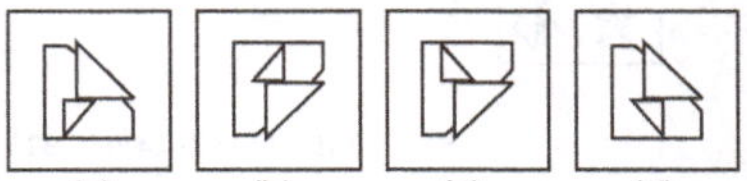

(a) (b) (c) (d)

61.

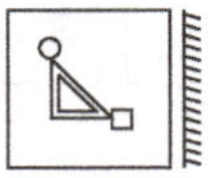

SSC CGL (Tier-I) 24/07/2023 Shift-IV

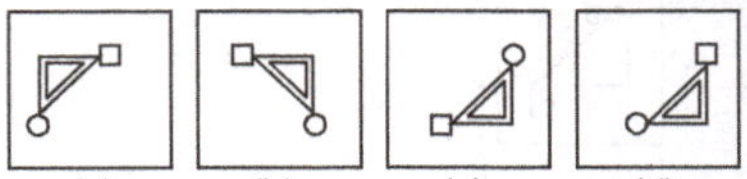

(a) (b) (c) (d)

62.

SSC CGL (Tier-I) 24/07/2023 Shift-III

(a) (b) (c) (d)

63. ZVBCWP (P — Q)

SSC CGL (Tier-I) 25/07/2023 Shift-I

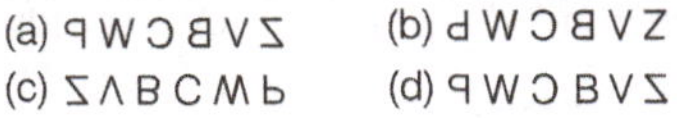

64.

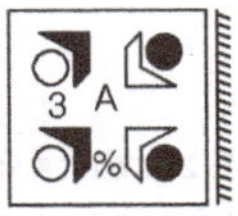

SSC CGL (Tier-I) 24/07/2023 Shift-II

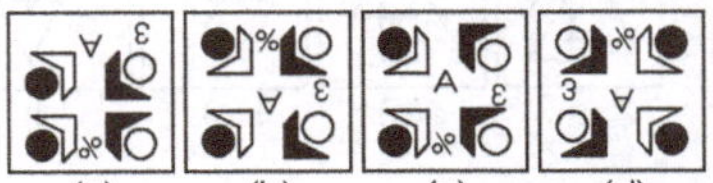

(a) (b) (c) (d)

65.

SSC CGL (Tier-I) 24/07/2023 Shift-II

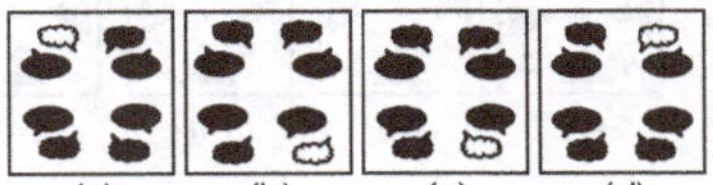

(a) (b) (c) (d)

66. 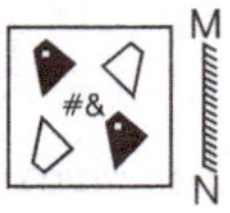

SSC CGL (Tier-I) 24/07/2023 Shift-I

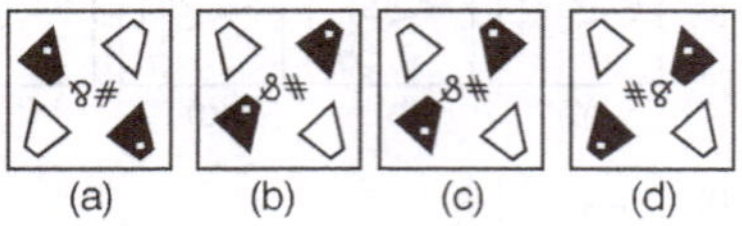

67. 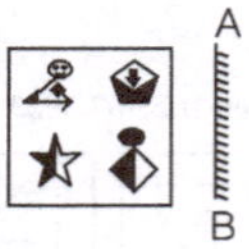

SSC CGL (Tier-I) 24/07/2023 Shift-I

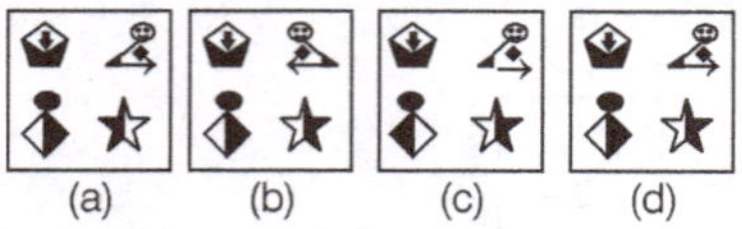

68. 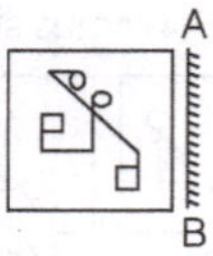

SSC CGL (Tier-I) 21/07/2023 Shift-IV

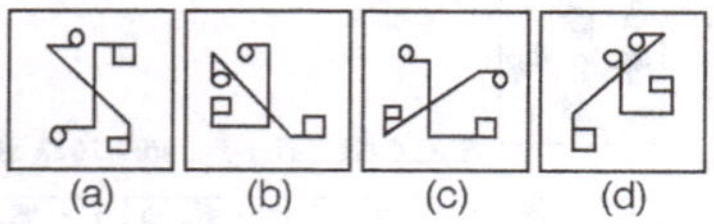

69. 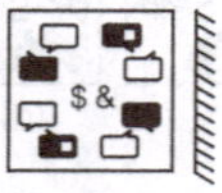

SSC CGL (Tier-I) 21/07/2023 Shift-III

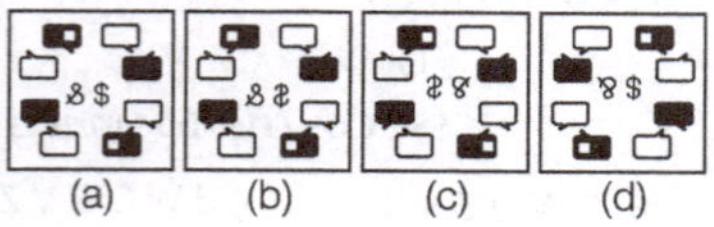

70. 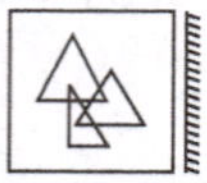

SSC CGL (Tier-I) 21/07/2023 Shift-III

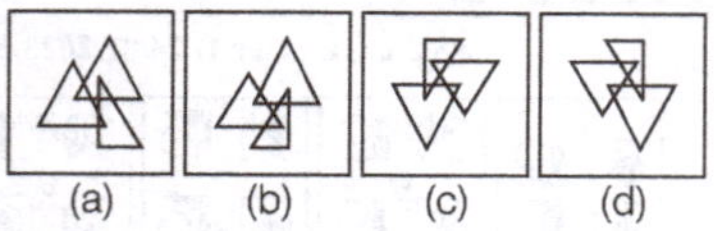

71. 

SSC CGL (Tier-I) 21/07/2023 Shift-II

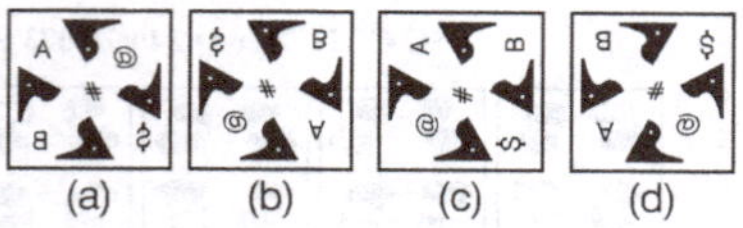

72. 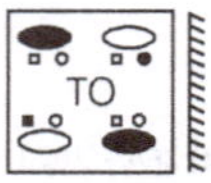

SSC CGL (Tier-I) 21/07/2023 Shift-I

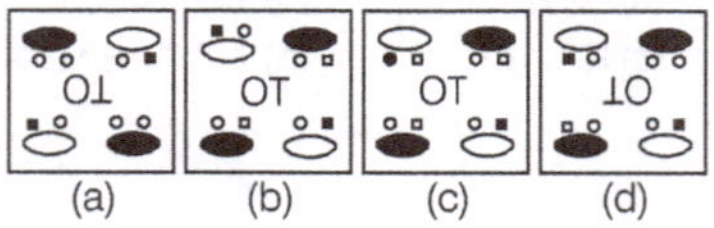

73. 

SSC CGL (Tier-I) 20/07/2023 Shift-III

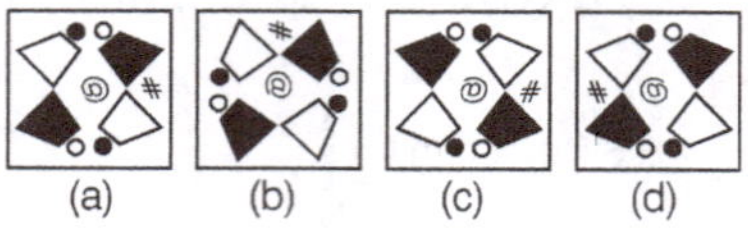

74. 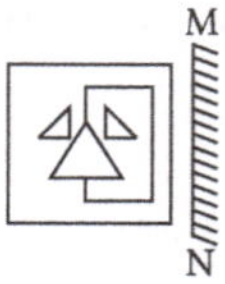

SSC CGL (Tier-I) 20/07/2023 Shift-III

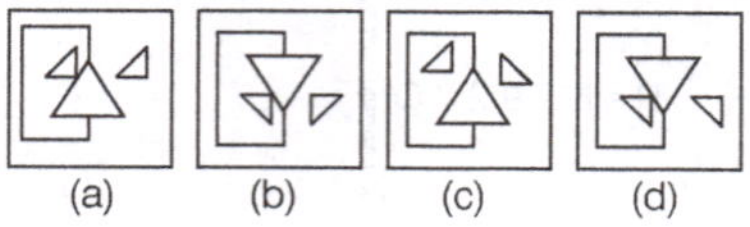

75. 

SSC CGL (Tier-I) 20/07/2023 Shift-II

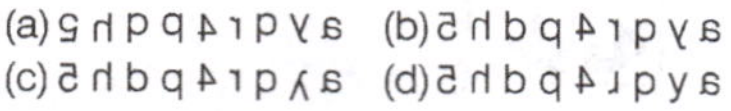

76. **प्रश्न आकृति**

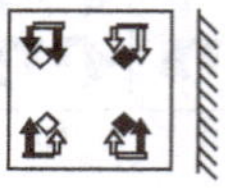

SSC CGL (Tier-I) 20/07/2023 Shift-I

उत्तर आकृतियाँ

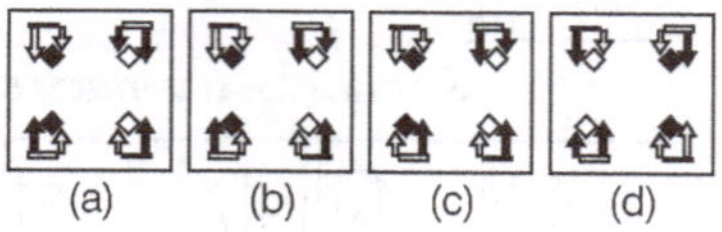

77. 

SSC CGL (Tier-I) 20/07/2023 Shift-I

78. 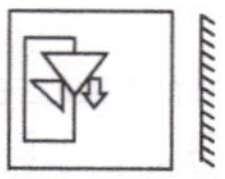

SSC CGL (Tier-I) 19/07/2023 Shift-IV

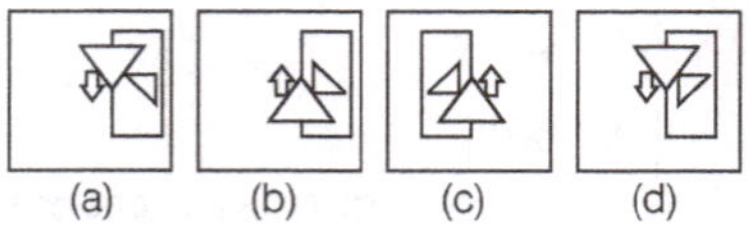

79. 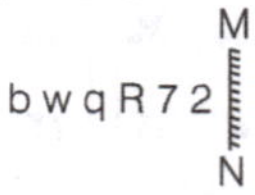

SSC CGL (Tier-I) 19/07/2023 Shift-IV

80. 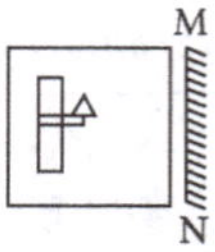

SSC CGL (Tier-I) 19/07/2023 Shift-III

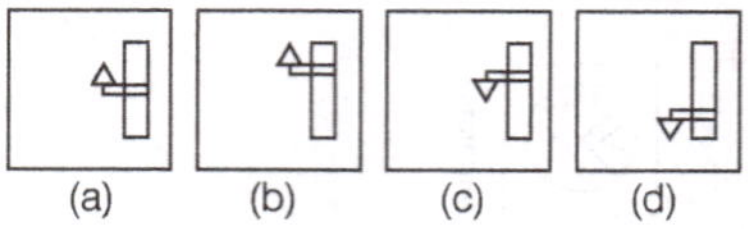

81. 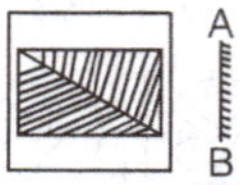

SSC CGL (Tier-I) 19/07/2023 Shift-III

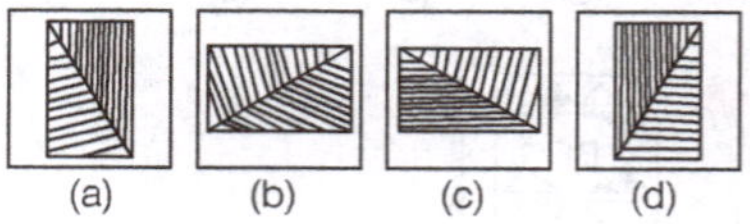

82. 

SSC CGL (Tier-I) 19/07/2023 Shift-III

83. 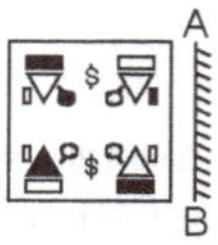

SSC CGL (Tier-I) 19/07/2023 Shift-II

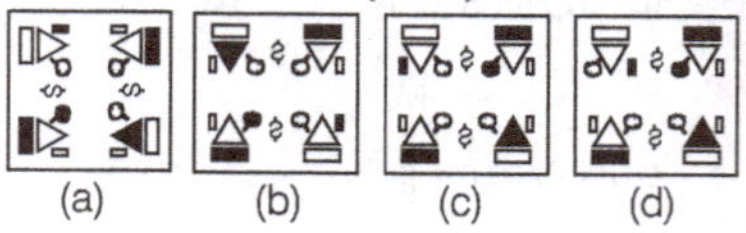

84. 

SSC CGL (Tier-I) 19/07/2023 Shift-II

85. 

SSC CGL (Tier-I) 19/07/2023 Shift-I

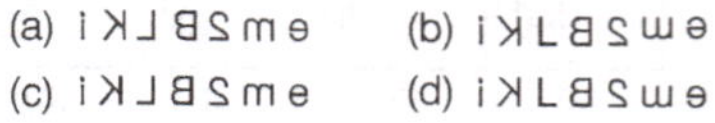

86.
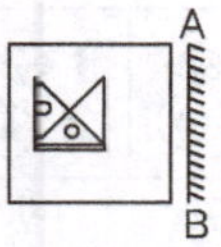
SSC CGL (Tier-I) 18/07/2023 Shift-IV
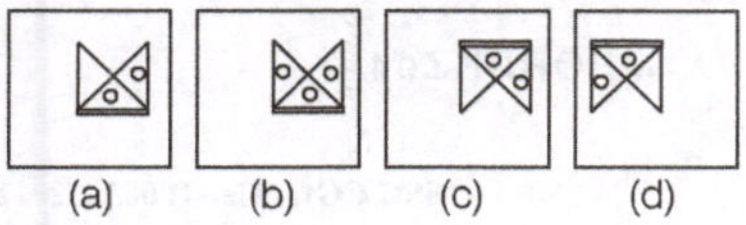

87.
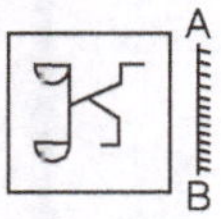
SSC CGL (Tier-I) 18/07/2023 Shift-IV
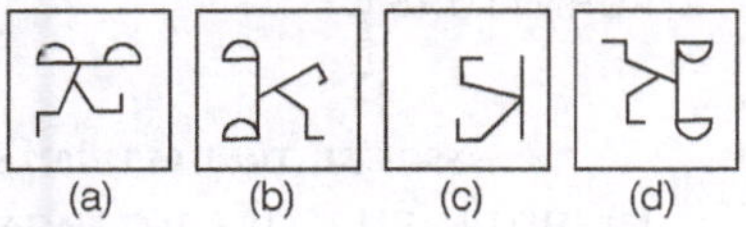

88.

SSC CGL (Tier-I) 18/07/2023 Shift-III
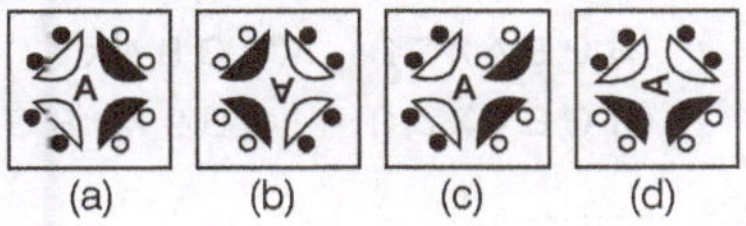

89.
M
g r p 4 h
N
SSC CGL (Tier-I) 18/07/2023 Shift-III

90.

SSC CGL (Tier-I) 18/07/2023 Shift-II
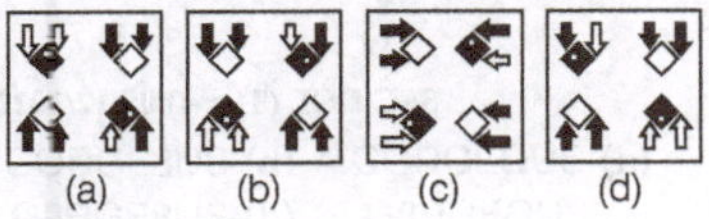

91.
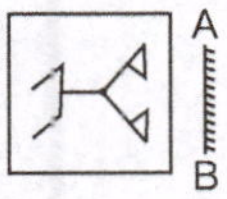
SSC CGL (Tier-I) 18/07/2023 Shift-II
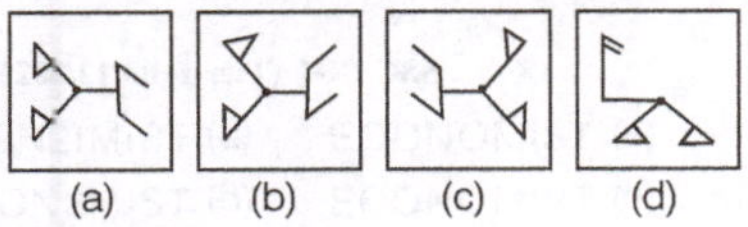

92.
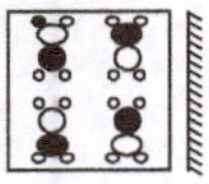
SSC CGL (Tier-I) 18/07/2023 Shift-II
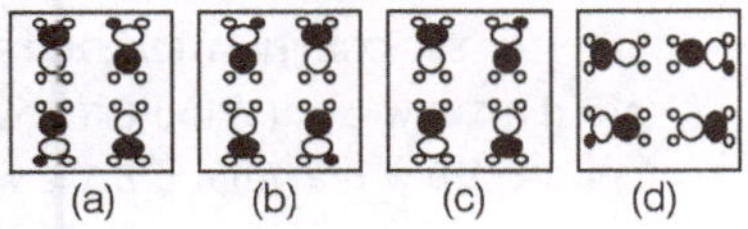

93.

SSC CGL (Tier-I) 18/07/2023 Shift-I
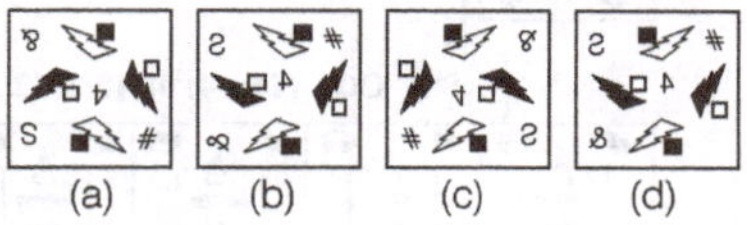

94.
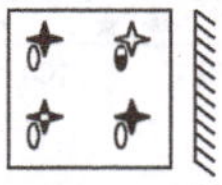
SSC CGL (Tier-I) 17/07/2023 Shift-IV
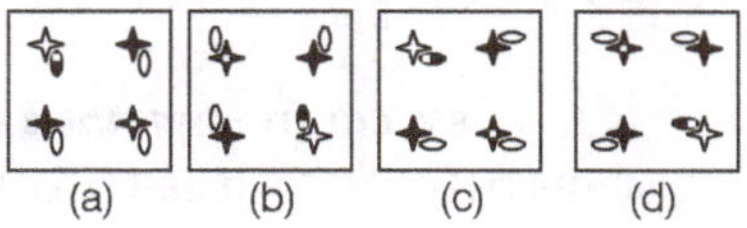

95.
M
T j f t 3 5 j 5 s
N
SSC CGL (Tier-I) 17/07/2023 Shift-III

96.
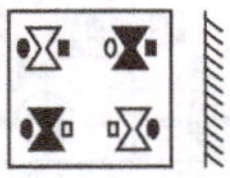
SSC CGL (Tier-I) 17/07/2023 Shift-III
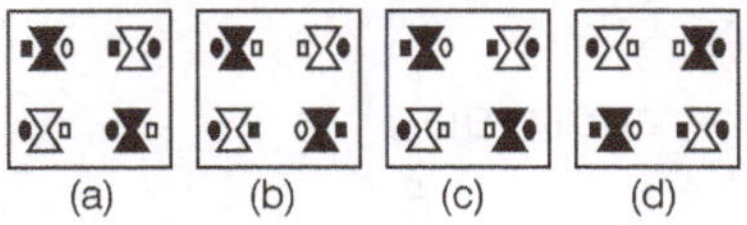

97.
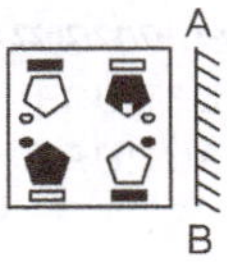
SSC CGL (Tier-I) 17/07/2023 Shift-II
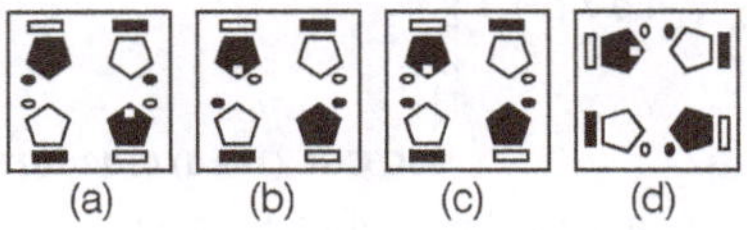

98.
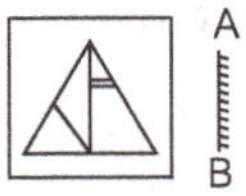
SSC CGL (Tier-I) 17/07/2023 Shift-II
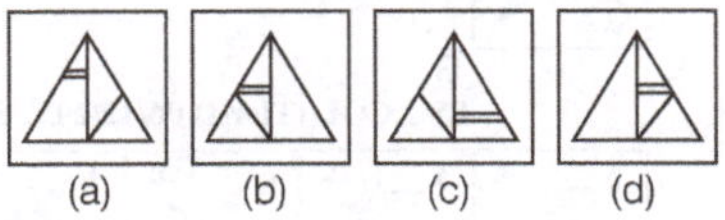

99.
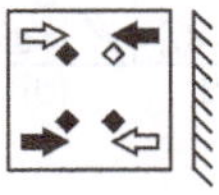
SSC CGL (Tier-I) 14/07/2023 Shift-IV
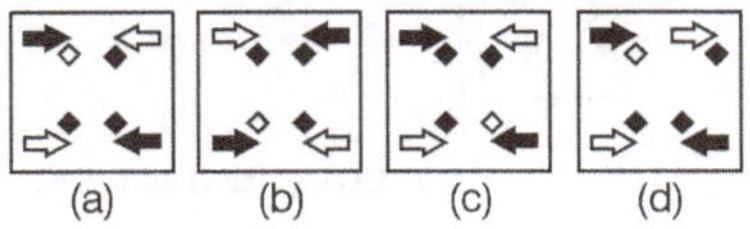

100.
M
C 9 4 B d W 2 N
N
SSC CGL (Tier-I) 14/07/2023 Shift-III
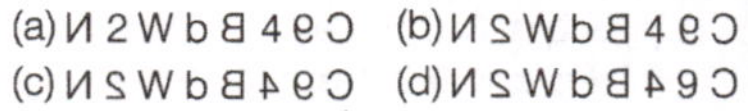

101.

SSC CGL (Tier-I) 14/07/2023 Shift-III
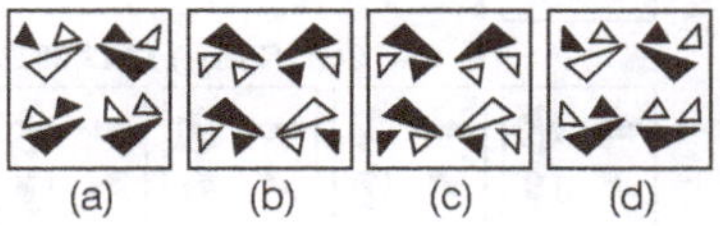

102.
M
2 4 r g d a n W
N
SSC CGL (Tier-I) 14/07/2023 Shift-II
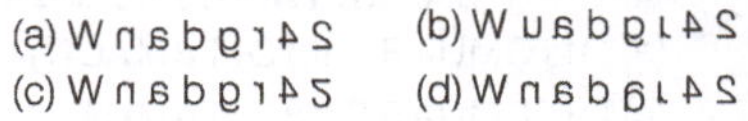

103.
T e 2 9 E K P
M N
SSC CGL (Tier-I) 14/07/2023 Shift-I
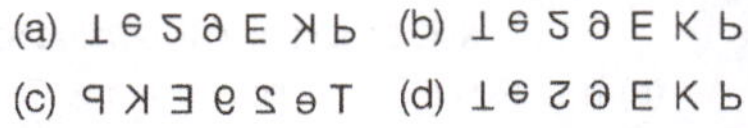

SSC CGL 2022 (Tier I)

104.
M
4 e r d n K L t
N
SSC CGL (Tier-I) 13/12/2022 Shift-III
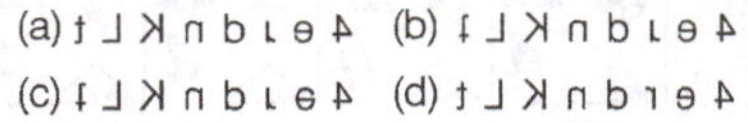

105.
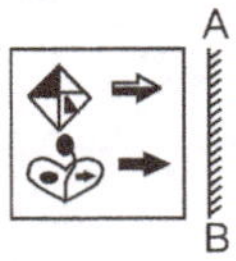
SSC CGL (Tier-I) 12/12/2022 Shift-IV
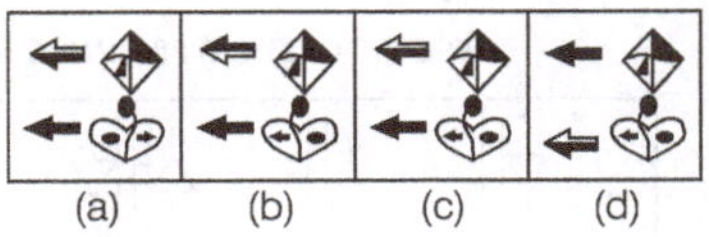

106.
P
HISTORICAL
Q
SSC CGL (Tier-I) 12/12/2022 Shift-III
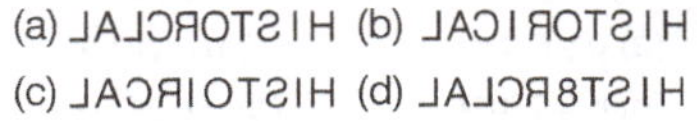

107. e f 5 9 3 z p k | M–N

SSC CGL (Tier-I) 12/12/2022 Shift-II

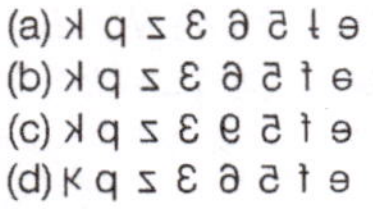

108. 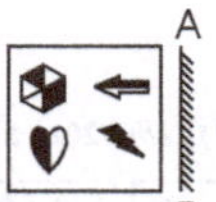

SSC CGL (Tier-I) 12/12/2022 Shift-I

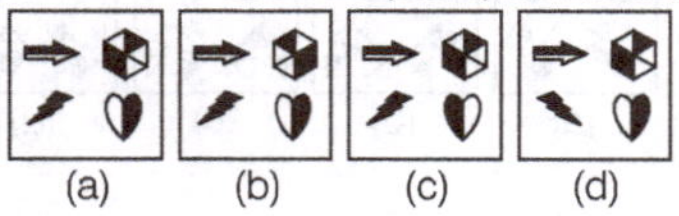

109. TRAUM8TIC | P–Q

SSC CGL (Tier-I) 09/12/2022 Shift-IV

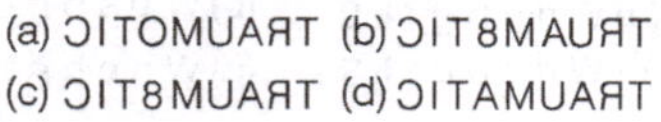

110. G k r 4 2 h | M–N

SSC CGL (Tier-I) 09/12/2022 Shift-III

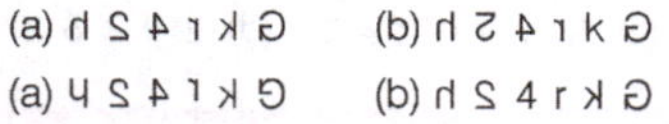

111. 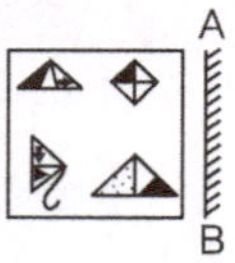

SSC CGL (Tier-I) 09/12/2022 Shift-I

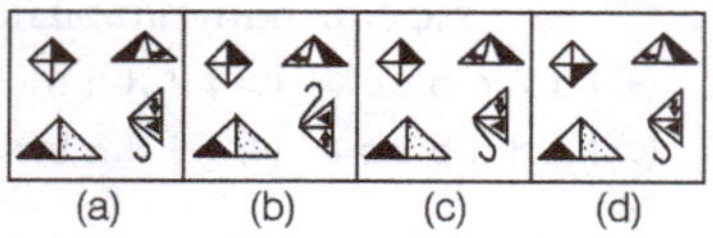

112. 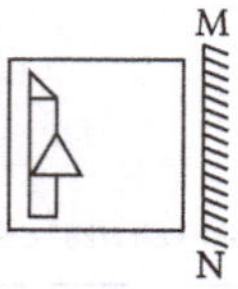

SSC CGL (Tier-I) 08/12/2022 Shift-IV

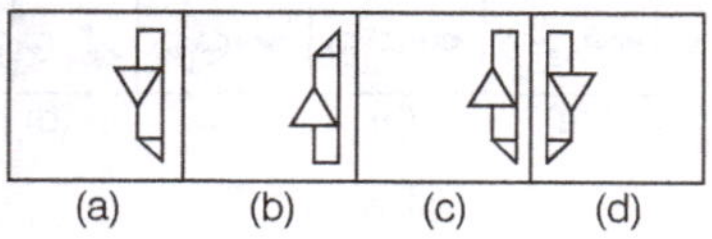

113. p m 9 4 h | M–N

SSC CGL (Tier-I) 08/12/2022 Shift-III

114. 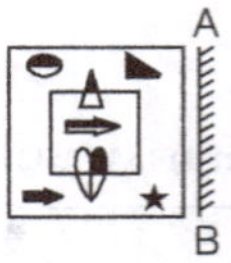

SSC CGL (Tier-I) 08/12/2022 Shift-II

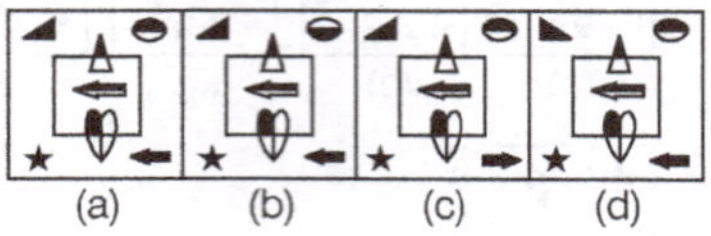

115. THOUGHTF9L | P–Q

SSC CGL (Tier-I) 07/12/2022 Shift-IV

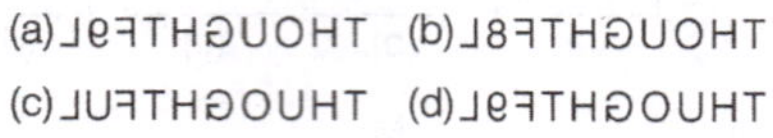

116. 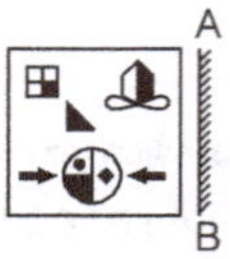

SSC CGL (Tier-I) 07/12/2022 Shift-III

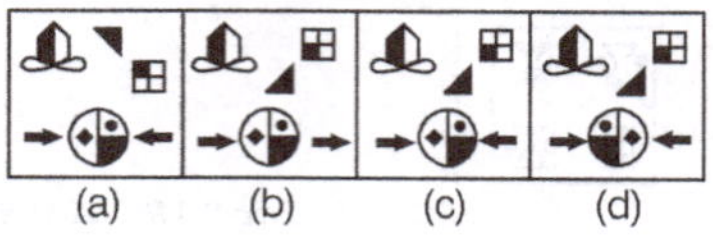

117. FRUITFUL | P–Q

SSC CGL (Tier-I) 07/12/2022 Shift-II

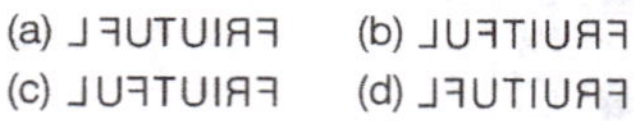

118. t p 7 d 4 3 | M–N

SSC CGL (Tier-I) 07/12/2022 Shift-I

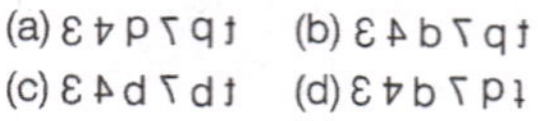

119. 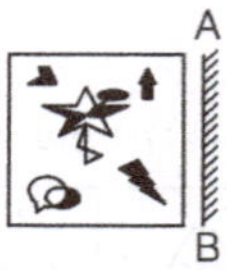

SSC CGL (Tier-I) 06/12/2022 Shift-III

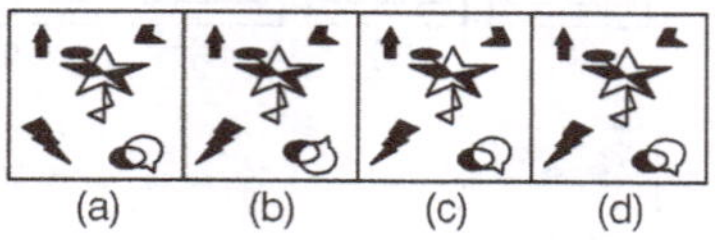

120. 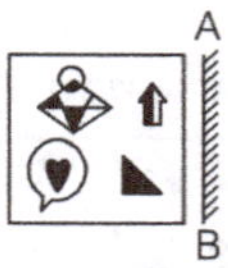

SSC CGL (Tier-I) 06/12/2022 Shift-II

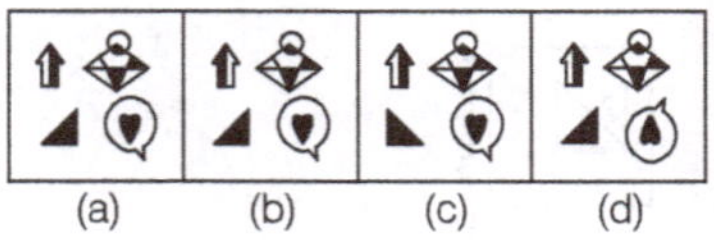

121. MPQRBKZe4 | M–N

SSC CGL (Tier-I) 06/12/2022 Shift-I

122. FURN7TURE | P–Q

SSC CGL (Tier-I) 05/12/2022 Shift-IV

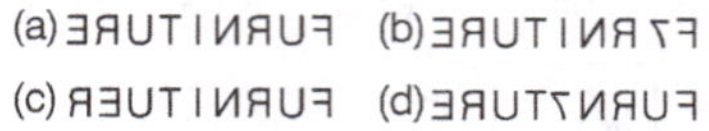

123. M G B v X 2 U N

SSC CGL (Tier-I) 05/12/2022 Shift-IV

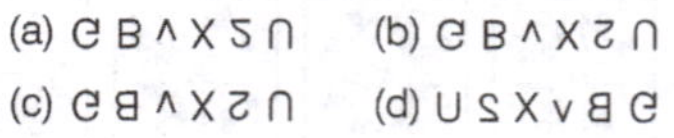

124. 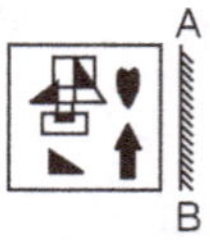

SSC CGL (Tier-I) 05/12/2022 Shift-I

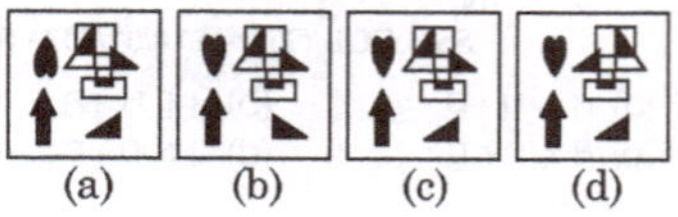

125. GORGE8US | P–Q

SSC CGL (Tier-I) 05/12/2022 Shift-I

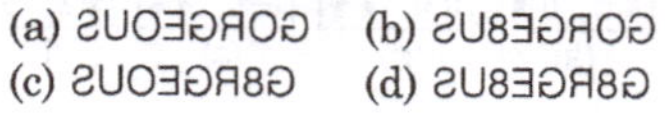

126. ECONOMIST | P–Q

SSC CGL (Tier-I) 03/12/2022 Shift-I

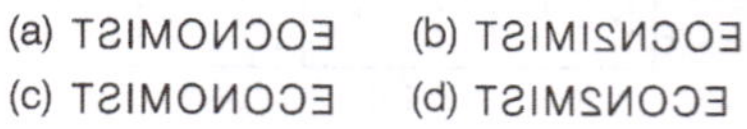

127. s d w 9 7 3 q a | M–N

SSC CGL (Tier-I) 02/12/2022 Shift-IV

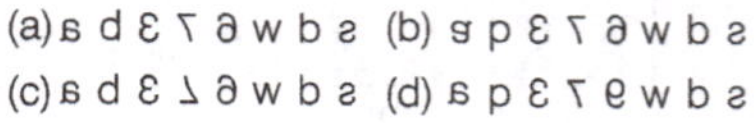

128. F D c A L 5

M N

SSC CGL (Tier-I) 02/12/2022 Shift-III

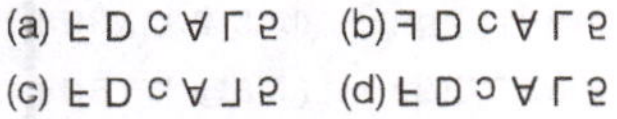

129. hk439map (M–N)

SSC CGL (Tier-I) 02/12/2022 Shift-I

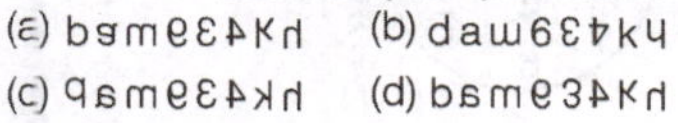

130. bjF87s (M–N)

SSC CGL (Tier-I) 01/12/2022 Shift-IV

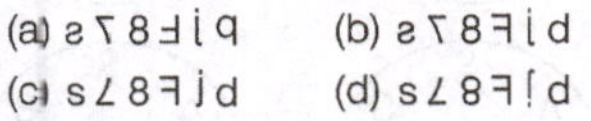

131. BLZK541M (P–Q)

SSC CGL (Tier-I) 01/12/2022 Shift-I

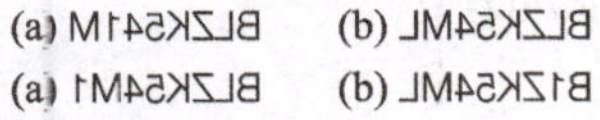

SSC CGL 2021-20 (Tier I)

132. EXPERIENCE (P–Q)

SSC CGL (Tier-I) 24/08/2021 Shift-II

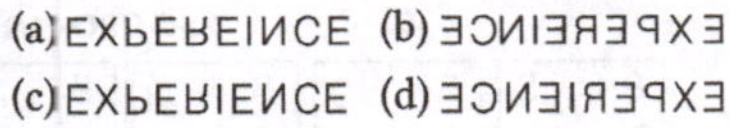

133. PROFESSION (P–Q)

SSC CGL (Tier-I) 23/08/2021 Shift-I

134. Ap69DqMt (P–Q)

SSC CGL (Tier-I) 20/08/2021 Shift-I

135.

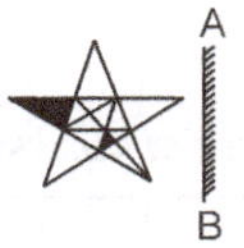

SSC CGL (Tier-I) 18/08/2021 Shift-III

136. INTENSIVE (P–Q)

SSC CGL (Tier-I) 18/08/2021 Shift-I

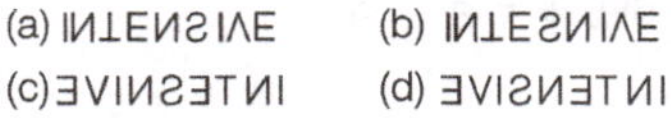

137.

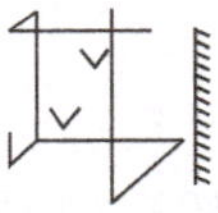

SSC CGL (Tier-I) 17/08/2021 Shift-III

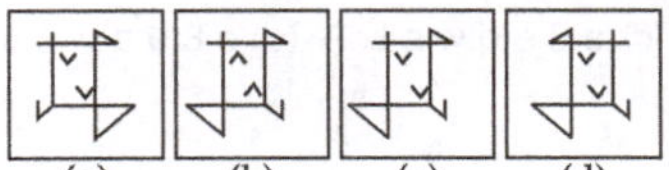

138. Qe1fP54N (M–N)

SSC CGL (Tier-I) 16/08/2021 Shift-I

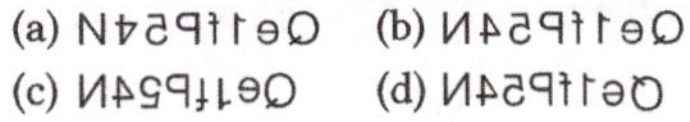

139. 49XdvgP (M–N)

SSC CGL (Tier-I) 13/08/2021 Shift-III

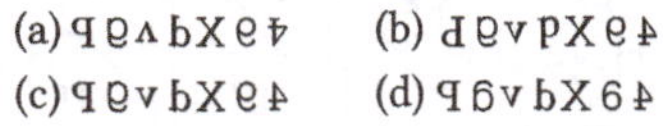

140. My7OQFj (P–Q)

SSC CGL (Tier-I) 13/08/2021 Shift-I

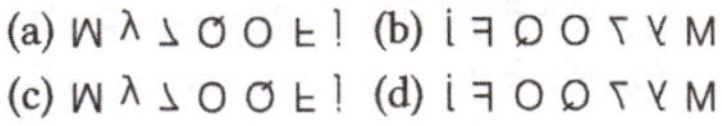

141.

SSC CGL (Tier-I) 06/03/2020 Shift-III

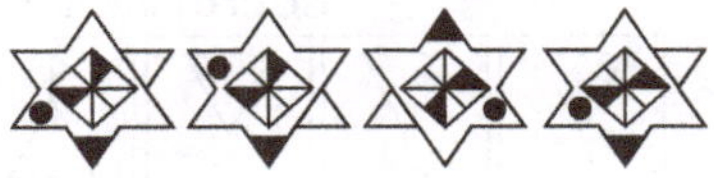

SSC CPO 2024

निर्देश (प्र. सं. 142-173) नीचे दिए गए प्रत्येक प्रश्न में, एक आकृति और उसके बाद चार विकल्प (a), (b), (c) तथा (d) दिए गए हैं। दिए गए विकल्पों में से उस आकृति का चयन कीजिए, जो प्रश्न आकृति का सही दर्पण प्रतिबिम्ब निरूपित करता है।

142. hYRawK (M–N)

SSC CPO 29/6/2024 Shift-III

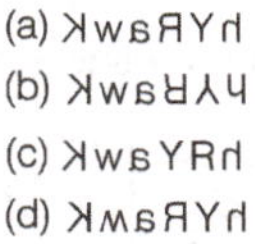

143. Yh4g7b (M–N)

SSC CPO 29/6/2024 Shift-III

144.

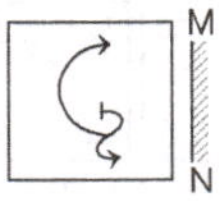

SSC CPO 29/6/2024 Shift-III

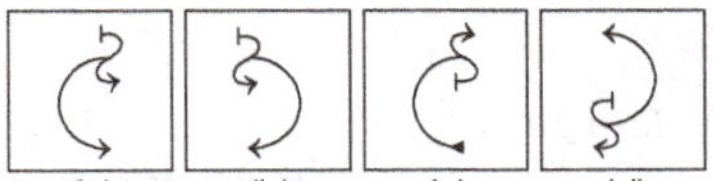

145.

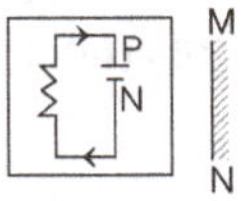

SSC CPO 29/6/2024 Shift-II

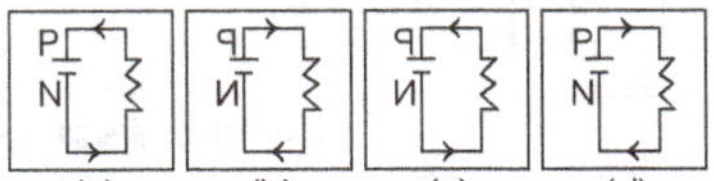

146.

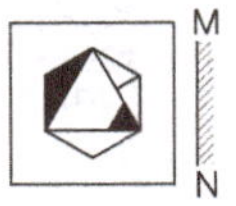

SSC CPO 29/6/2024 Shift-II

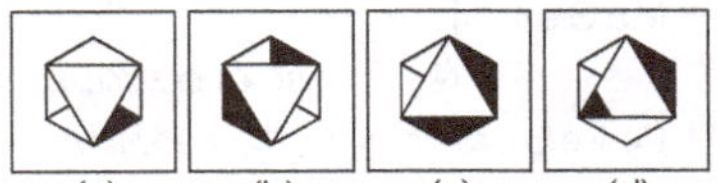

147. E%y95A (M–N)

SSC CPO 29/6/2024 Shift-II

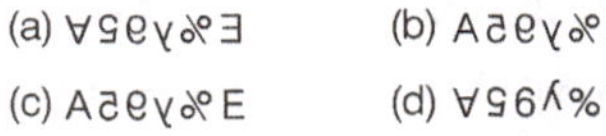

148. NAm52 (M–N)

SSC CPO 29/6/2024 Shift-II

149. 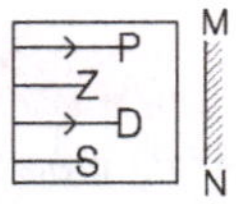

SSC CPO 29/6/2024 Shift-I

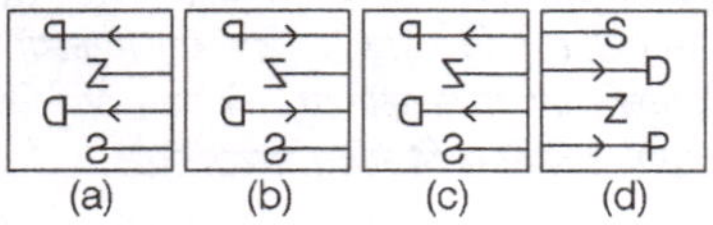

150. 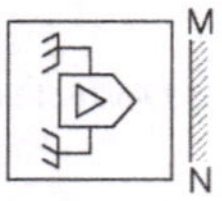

SSC CPO 28/6/2024 Shift-III

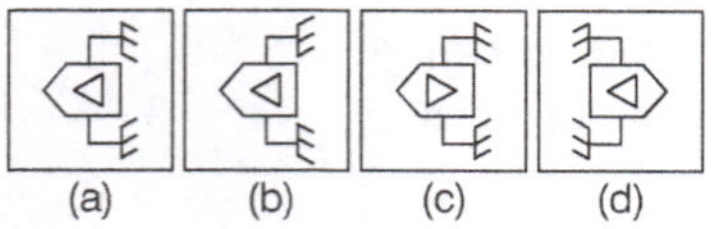

151. 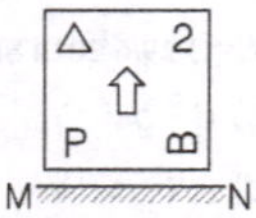

SSC CPO 28/6/2024 Shift-III

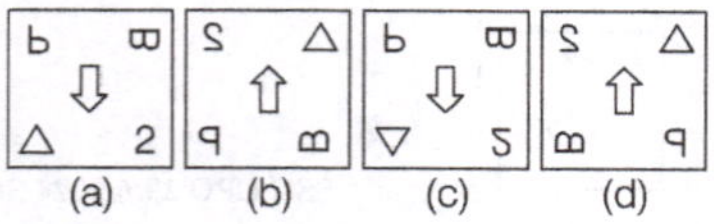

152. Merga52 M N

SSC CPO 28/6/2024 Shift-III

153. 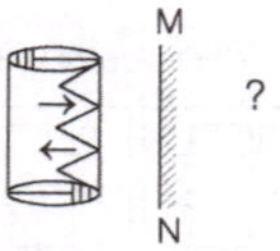

SSC CPO 28/6/2024 Shift-II

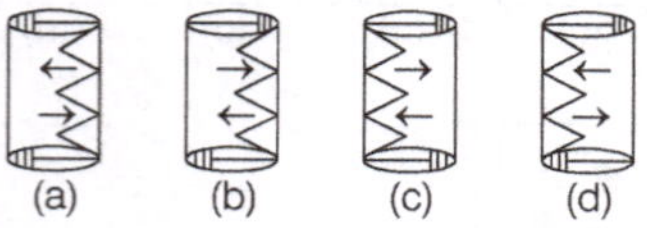

154. MaGe4 M N

SSC CPO 28/6/2024 Shift-II

155. MdF37A M N

SSC CPO 28/6/2024 Shift-II

156. hj52dR M N

SSC CPO 28/6/2024 Shift-I

157. 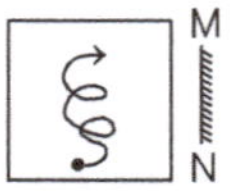

SSC CPO 27/6/2024 Shift-III

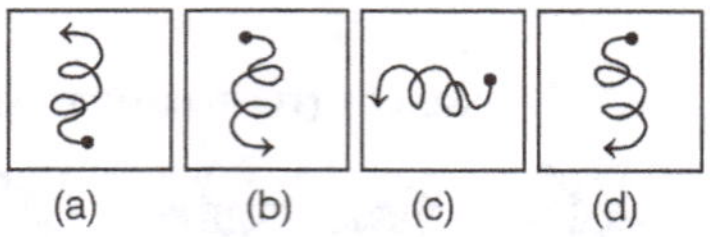

158. G w B 7 4 A M N

SSC CPO 27/6/2024 Shift-III

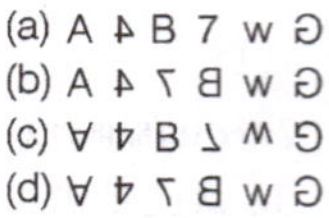

159. J a w p e 3 s M N

SSC CPO 27/6/2024 Shift-II

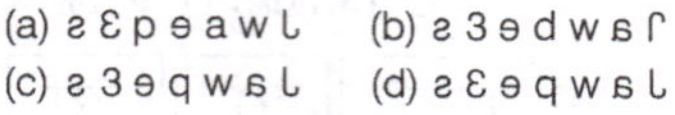

160. 7 G J 3 d e M N

SSC CPO 27/6/2024 Shift-II

161. 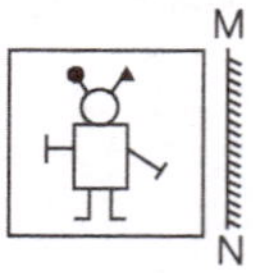

SSC CPO 27/6/2024 Shift-II

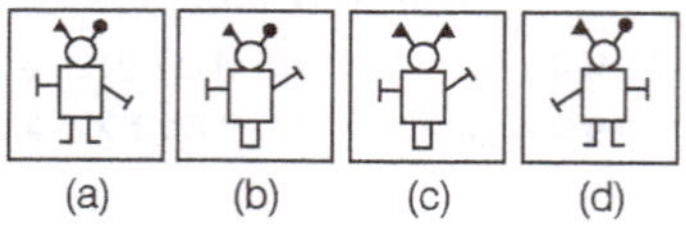

162. R k g E y w M N

SSC CPO 27/6/2024 Shift-I

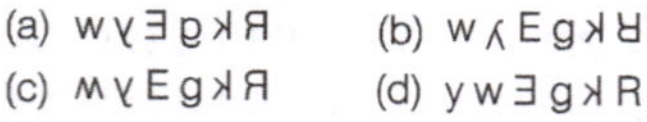

SSC CPO 2023-2020

163. 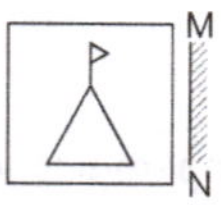

SSC CPO 04/10/2023 Shift-II

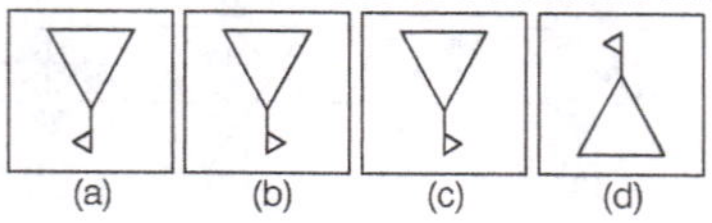

164. 8BEYTK@8 M N

SSC CPO 04/10/2023 Shift-II

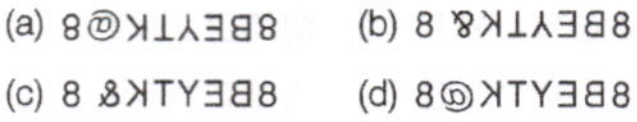

165. 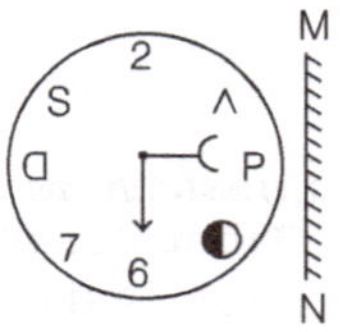

SSC CPO 03/10/2023 Shift-I

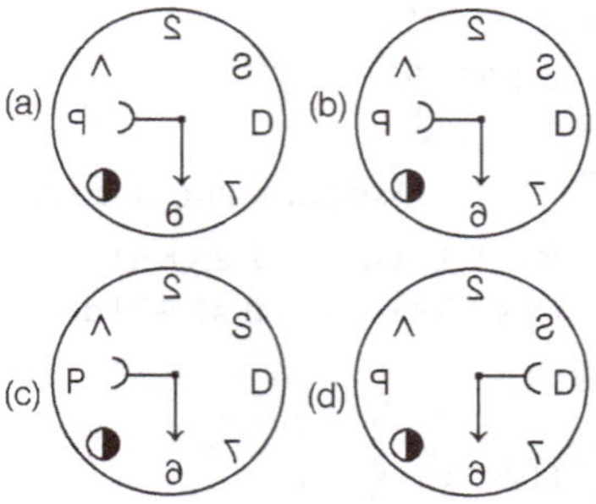

166. h r y 7 3 G M N

SSC CPO 11/11/2022

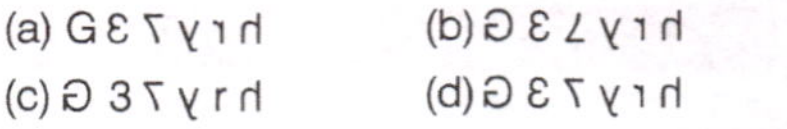

167. 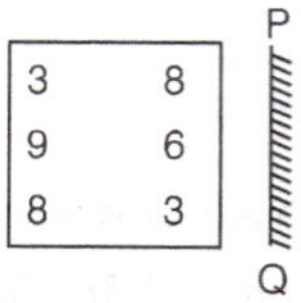

SSC CPO 11/11/2022

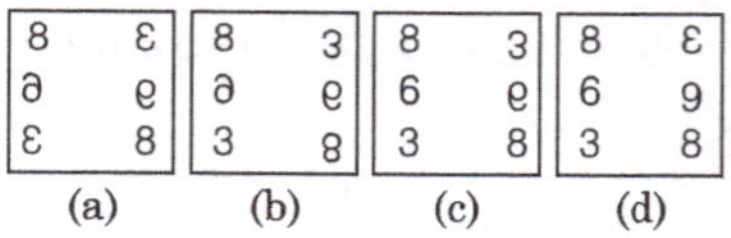

168. 

SSC CPO 10/11/2022

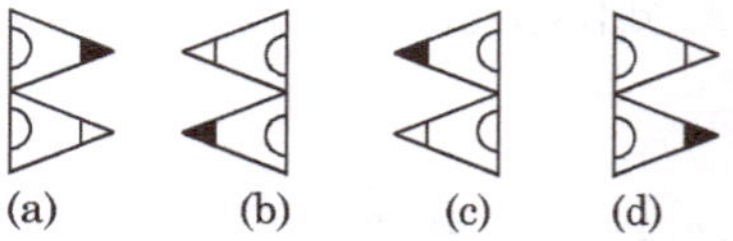

169. RV7OCW@7 M N

SSC CPO 10/11/2022

170.

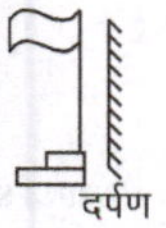

SSC CPO 25/11/2020 Shift-II

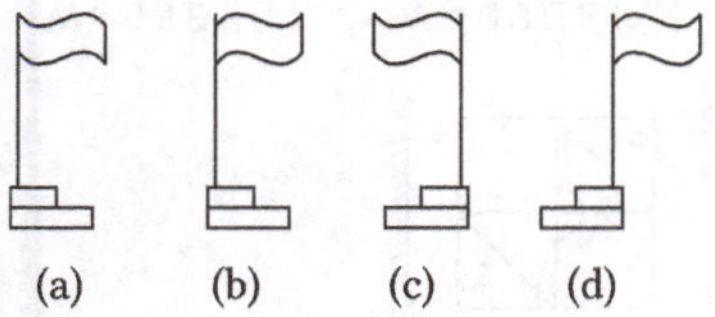

171.

SSC CPO 25/11/2020 Shift-I

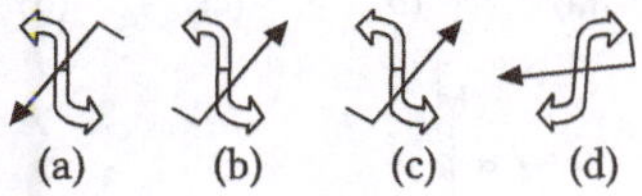

172. PQRLG

SSC CPO 25/11/2020 Shift-I

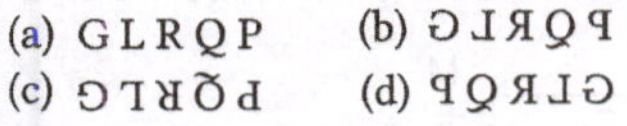

173. 965421 (P–Q)

SSC CPO 23/11/2020 Shift-I

SSC CHSL 2024 (Tier I & II)

निर्देश (प्र.सं. 174-262) *नीचे दिए गए प्रत्येक प्रश्न में, एक आकृति और उसके बाद चार विकल्प (a), (b), (c) तथा (d) दिए गए हैं। दिए गए विकल्पों में से उस आकृति का चयन कीजिए जो प्रश्न आकृति का सही दर्पण प्रतिबिम्ब निरुपित करता है।*

174. zBNnGf (M–N)

SSC CHSL (Tier-II) 18/01/2025 Shift-I

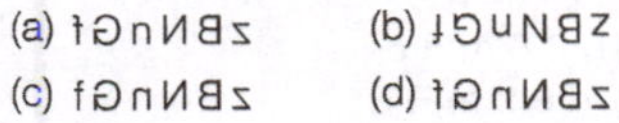

175.

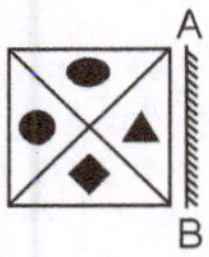

SSC CHSL (Tier-I) 11/7/2024 Shift-IV

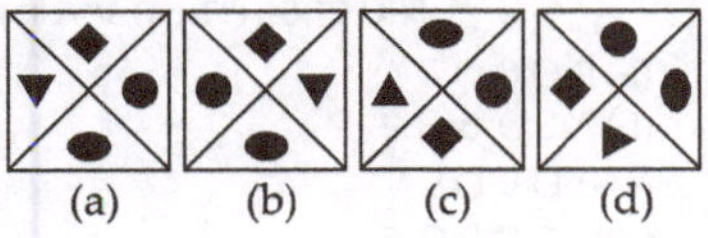

176. R7amd2 (M–N)

SSC CHSL (Tier-I) 11/7/2024 Shift-III

177.

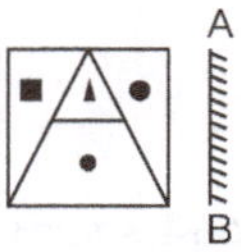

SSC CHSL (Tier-I) 11/7/2024 Shift-III

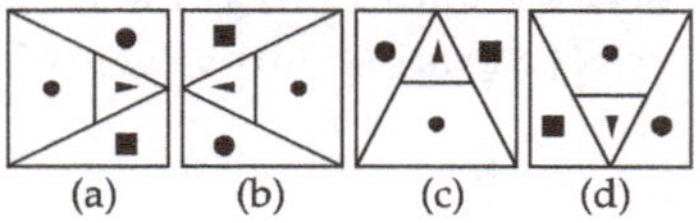

178. Dh57erk (M–N)

SSC CHSL (Tier-I) 11/7/2024 Shift-I

179. nETFLIcKs (A–B)

SSC CHSL (Tier-I) 10/7/2024 Shift-II

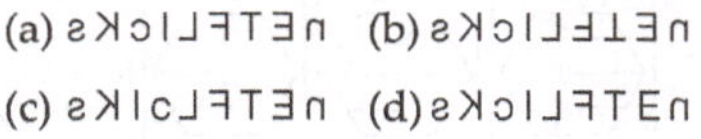

180. M2aPvd (M–N)

SSC CHSL (Tier-I) 10/7/2024 Shift-II

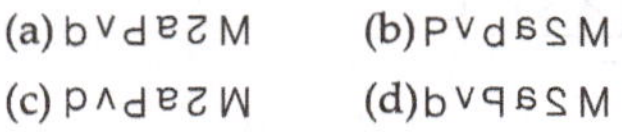

181. Ly49Awp (M–N)

SSC CHSL (Tier-I) 10/7/2024 Shift-II

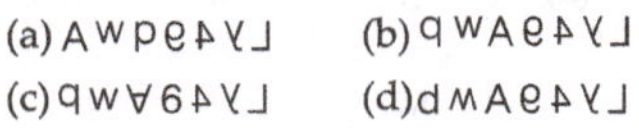

182.

SSC CHSL (Tier-I) 10/7/2024 Shift-I

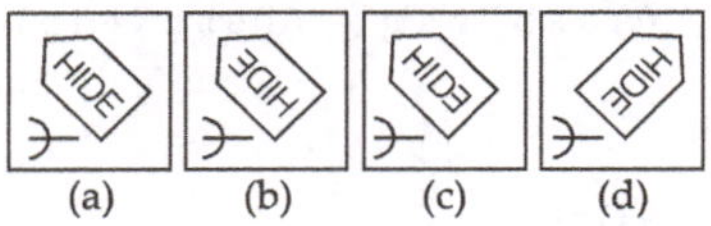

183. Trd42ba (M–N)

SSC CHSL (Tier-I) 10/7/2024 Shift-I

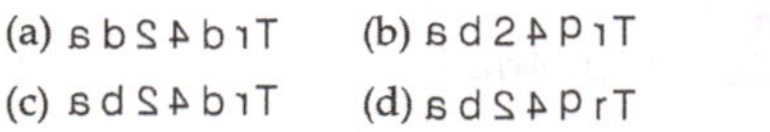

184. khPe3Az (M–N)

SSC CHSL (Tier-I) 9/7/2024 Shift-IV

185. WPQJK2GE (M–N)

SSC CHSL (Tier-I) 9/7/2024 Shift-IV

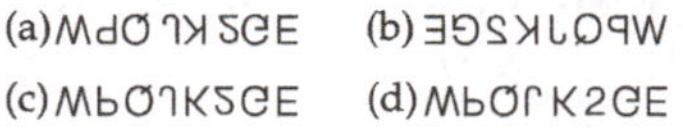

186.

SSC CHSL (Tier-I) 9/7/2024 Shift-III

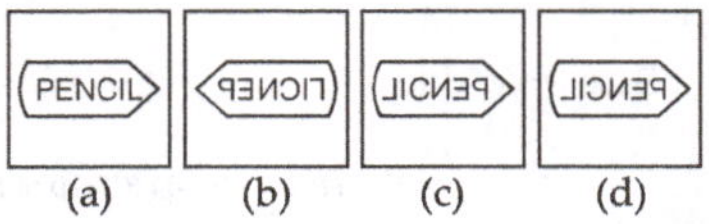

187. kL5Gre (M–N)

SSC CHSL (Tier-I) 9/7/2024 Shift-II

188. tgPL82 (M–N)

SSC CHSL (Tier-I) 9/7/2024 Shift-II

189.

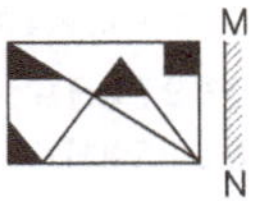

SSC CHSL (Tier-I) 9/7/2024 Shift-I

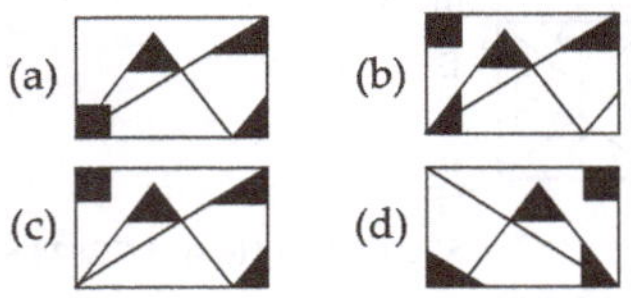

190. Fd295ea (M–N)

SSC CHSL (Tier-I) 8/7/2024 Shift-IV

191. GFXD39ZL (M–N)

SSC CHSL (Tier-I) 8/7/2024 Shift-IV

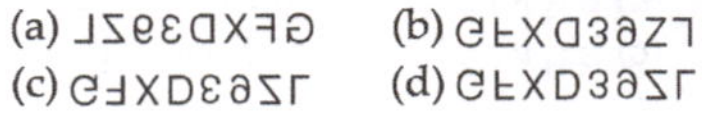

192. jRp34da | M–N

SSC CHSL (Tier-I) 8/7/2024 Shift-III

(a) ɒb43dЯj (b) ab4Ɛqᴙj
(c) ɒbᔭƐqᴙj (d) jRb34da

193. QZGSIN | M–N

SSC CHSL (Tier-I) 8/7/2024 Shift-III

(a) ИISGZQ (b) ИISGQZ
(c) ИIGSZQ (d) ИISGZQ

194. Pb5dra | M–N

SSC CHSL (Tier-I) 8/7/2024 Shift-III

(a) ɒɿbɘdq (b) ɒɿbƨdꟼ
(c) ɒɿbƨdꟼ (d) ɒɿbƨdꟼ

195. SLq2bV5 | M–N

SSC CHSL (Tier-I) 8/7/2024 Shift-II

(a) ƨVdSpꓶƧ (b) 5VbSpꓶƧ
(c) ƨVdSpꓶƧ (d) 5VdSpLƧ

196. WHPRZY | M–N

SSC CHSL (Tier-I) 8/7/2024 Shift-II

(a) YZЯꟼHW (b) YZЯꟼWH
(c) YИЯꟼHW (d) YZRHPW

197. hRk72a | M–N

SSC CHSL (Tier-I) 5/7/2024 Shift-IV

(a) ɒS7ʞЯh (b) ɒS7ʞЯЧ
(c) ɒSʞ7Яh (d) ɒS7ʞЯh

198.

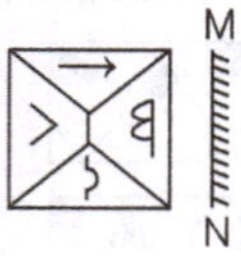

SSC CHSL (Tier-I) 5/7/2024 Shift-III

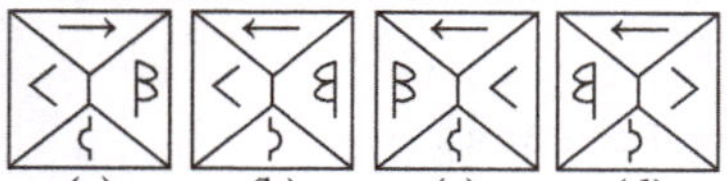

(a) (b) (c) (d)

199. Lj3r4pa | M–N

SSC CHSL (Tier-I) 5/7/2024 Shift-III

(a) ɒq4ɿƐjꓶ (b) ɒdɿ4ɿƐjꓶ
(c) ɒqɿƐjꓶ (d) paɿ4ɿƐjꓶ

200. Wph4y | M–N

SSC CHSL (Tier-I) 5/7/2024 Shift-II

(a) ʏ4ʜqW (b) ʎ4ʜqW
(c) ʏ4ʜqW (d) yph4W

201. Pam@43k | M–N

SSC CHSL (Tier-I) 5/7/2024 Shift-II

(a) ʞ@43mɒꟼ (b) ʞƐ4@mɒq
(c) ʞƐ4@mɒꟼ (d) ʞƐ4@mɒꟼ

202. Vb72mR | M–N

SSC CHSL (Tier-I) 5/7/2024 Shift-I

(a) ЯmS7dV (b) 2mR7dV
(c) ЯmS7dV (d) ꓤmS7dV

203.

SSC CHSL (Tier-I) 5/7/2024 Shift-I

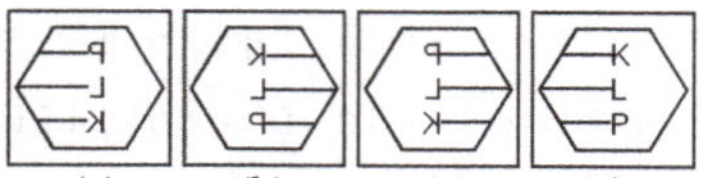

(a) (b) (c) (d)

204.

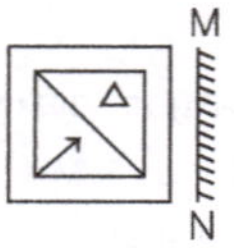

SSC CHSL (Tier-I) 4/7/2024 Shift-IV

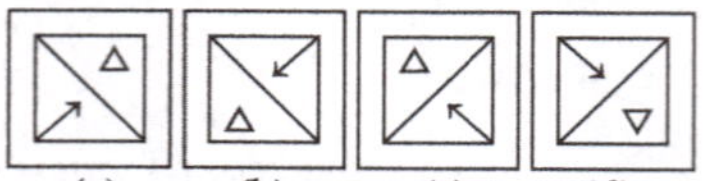

(a) (b) (c) (d)

205. JgF47Bae | M–N

SSC CHSL (Tier-I) 4/7/2024 Shift-I

(a) ɘɒB74ꟻgႱ (b) ɘɒB7ᔭꟻgႱ
(c) ɘɒB4ꟻ7gႱ (d) ɘɒB7ᔭꟻgႱ

206. 9GrEcAn | M–N

SSC CHSL (Tier-I) 4/7/2024 Shift-I

(a) nAɔƎɿG9 (b) nAɔƎɿG9
(c) AnɔƎɿG9 (d) nAɔEɿG9

207. We63BF | M–N

SSC CHSL (Tier-I) 3/7/2024 Shift-IV

(a) ꟻB36ɘW (b) BF63ɘW
(c) ꟻB63ɘW (d) ꟻB36ɘW

208.

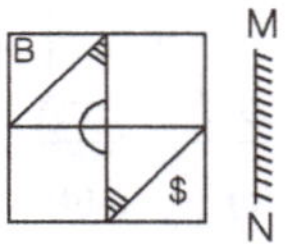

SSC CHSL (Tier-I) 3/7/2024 Shift-IV

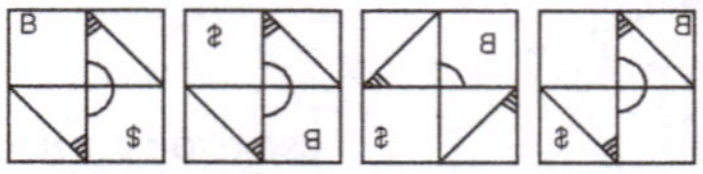

(a) (b) (c) (d)

209. Fvb47a | M–N

SSC CHSL (Tier-I) 3/7/2024 Shift-III

(a) ɒ74dvꟻ (b) ɒ74dvꟻ
(c) ɒ74dvꟻ (d) ɒ7ᔭdvꟻ

210.

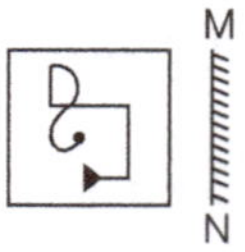

SSC CHSL (Tier-I) 3/7/2024 Shift-II

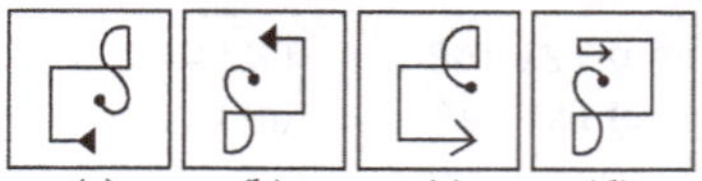

(a) (b) (c) (d)

211. Eyh2b7s | M–N

SSC CHSL (Tier-I) 3/7/2024 Shift-I

(a) ƨ7dSʜγƎ (b) ƨ7dSʜyƎ
(c) ƨ7dSʜyƎ (d) ƨ7qSʜʎƎ

212. 5Fm39d | M–N

SSC CHSL (Tier-I) 3/7/2024 Shift-I

(a) bɘƐmꟻƨ
(b) dɘƐmꟻ5
(c) b39mꟻƨ
(d) pɘƐmꟻƨ

213. V2O9G5 | M–N

SSC CHSL (Tier-I) 3/7/2024 Shift-I

(a) ƨG9OSV
(b) VSO9Gƨ
(c) ƨG9OSV
(d) V2O9G5

214. L37kMeq (M–N mirror)

SSC CHSL (Tier-I) 2/7/2024 Shift-IV

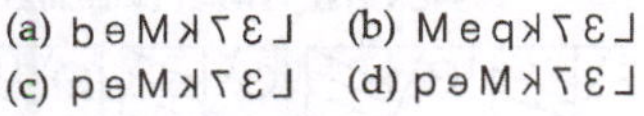

215. Rf6y7e (M–N mirror)

SSC CHSL (Tier-I) 2/7/2024 Shift-IV

216.

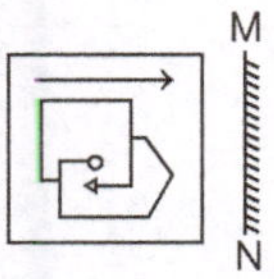

SSC CHSL (Tier-I) 2/7/2024 Shift-III

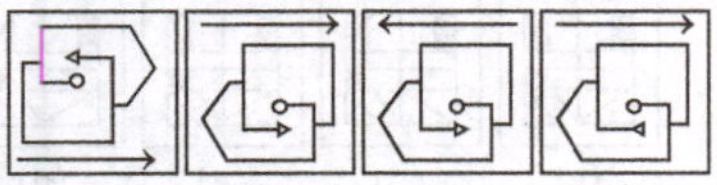

(a) (b) (c) (d)

217. KBVSYXPC (M–N mirror)

SSC CHSL (Tier-I) 2/7/2024 Shift-III

218.

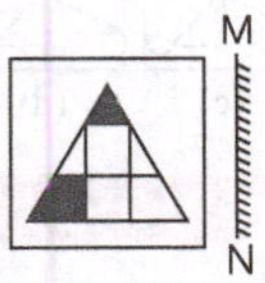

SSC CHSL (Tier-I) 2/7/2024 Shift-II

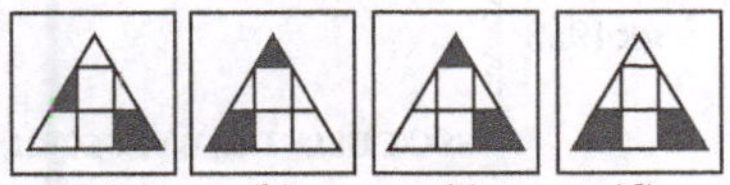

(a) (b) (c) (d)

219. Kd4(M3e (M–N mirror)

SSC CHSL (Tier-I) 2/7/2024 Shift-II

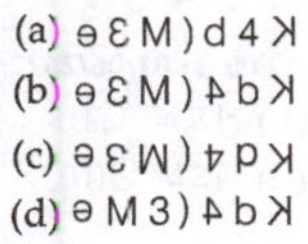

220. Ydm57ae (M–N mirror)

SSC CHSL (Tier-I) 1/7/2024 Shift-IV

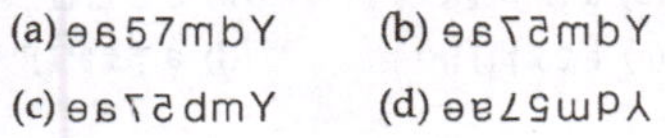

221. Dr72mhe (M–N mirror)

SSC CHSL (Tier-I) 1/7/2024 Shift-IV

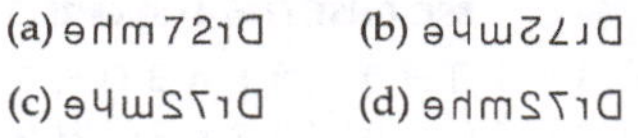

222. h57Pc2m (M–N mirror)

SSC CHSL (Tier-I) 1/7/2024 Shift-III

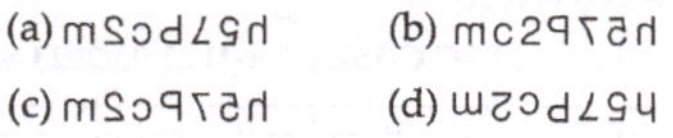

223. U4b2weR (M–N mirror)

SSC CHSL (Tier-I) 1/7/2024 Shift-III

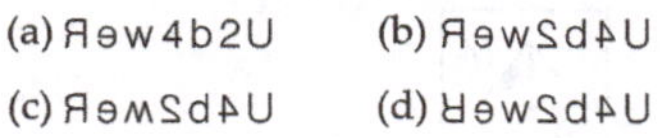

224.

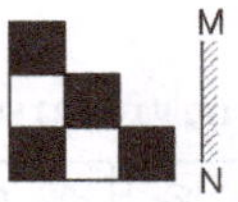

SSC CHSL (Tier-I) 1/7/2024 Shift-III

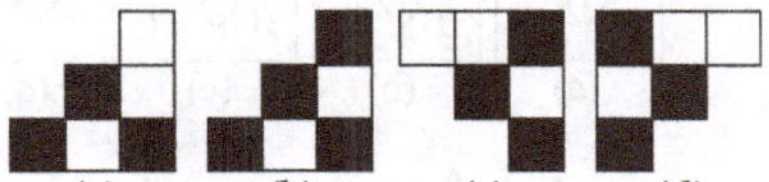

(a) (b) (c) (d)

225. DUPE52SH (M–N mirror)

SSC CHSL (Tier-I) 1/7/2024 Shift-II

226. RTYZXC57 (M–N mirror)

SSC CHSL (Tier-I) 1/7/2024 Shift-I

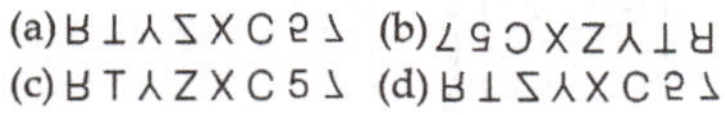

227.

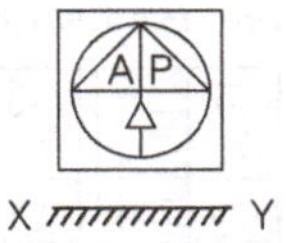

SSC CHSL (Tier-II) 10/01/2024 Shift-I

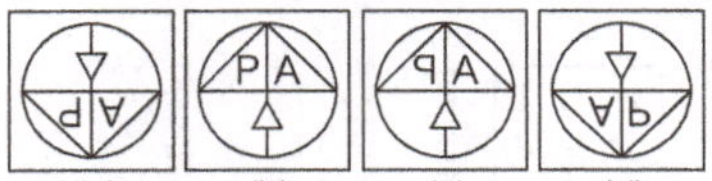

(a) (b) (c) (d)

SSC CHSL 2023 (Tier I & II)

228.

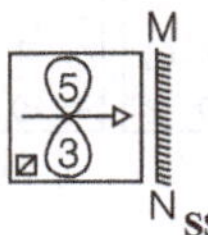

SSC CHSL (Tier-II) 02/11/2023 Shift-I

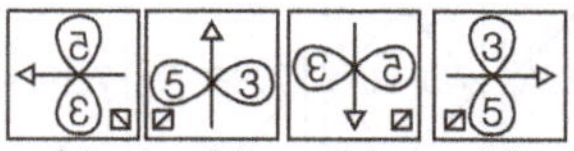

(a) (b) (c) (d)

229.

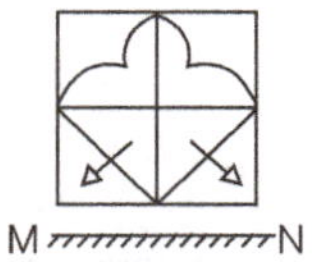

SSC CHSL (Tier-I) 17/08/2023 Shift-I

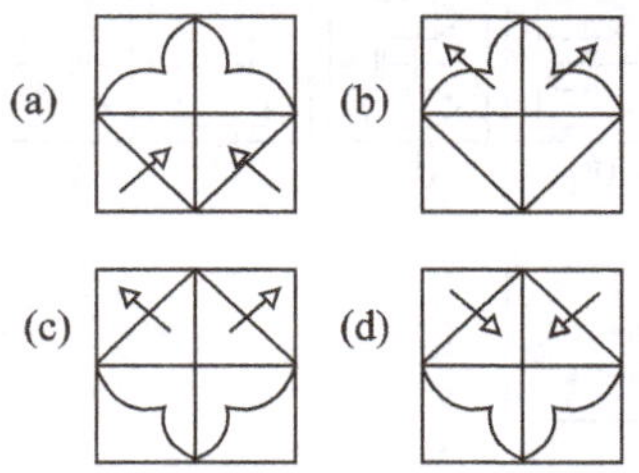

230. kbD39Ta2 (M–N mirror)

SSC CHSL (Tier-I) 17/08/2023 Shift-I

231.

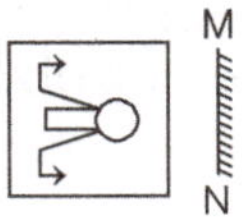

SSC CHSL (Tier-I) 14/08/2023 Shift-IV

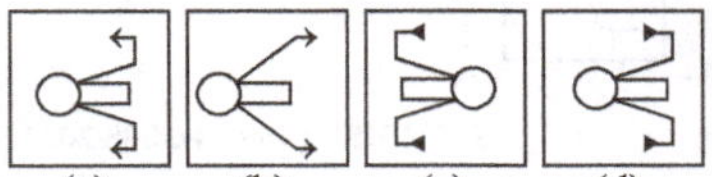

(a) (b) (c) (d)

232. kme27a (M–N mirror)

SSC CHSL (Tier-I) 11/08/2023 Shift-I

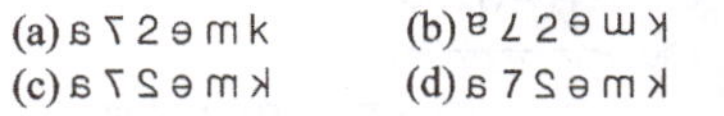

233. Ewe47p (M–N mirror)

SSC CHSL (Tier-I) 10/08/2023 Shift-III

234.

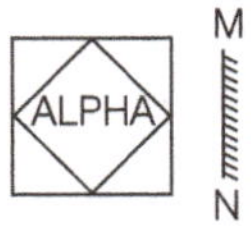

SSC CHSL (Tier-I) 10/08/2023 Shift-III

(a) (b) (c) (d)

235.

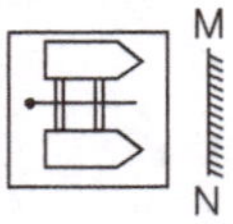

SSC CHSL (Tier-I) 09/08/2023 Shift-I

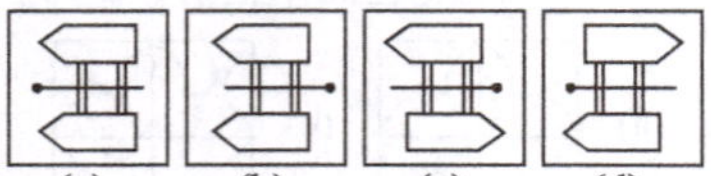

(a) (b) (c) (d)

236.

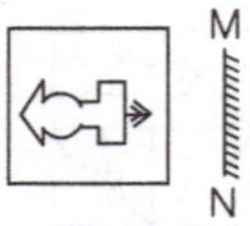

SSC CHSL (Tier-I) 07/08/2023 Shift-IV

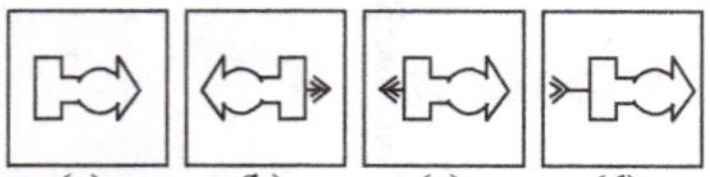

(a) (b) (c) (d)

237. A n r 5 m 2 p | M N

SSC CHSL (Tier-I) 07/08/2023 Shift-IV

(a) p Ƨ m ƽ ı n A (b) q 2 m 5 ı n A
(c) q Ƨ m ƽ r u A (d) q Ƨ m ƽ ı n A

238.

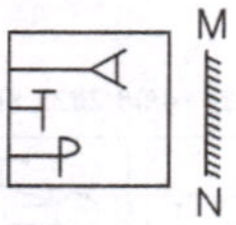

SSC CHSL (Tier-I) 04/08/2023 Shift-II

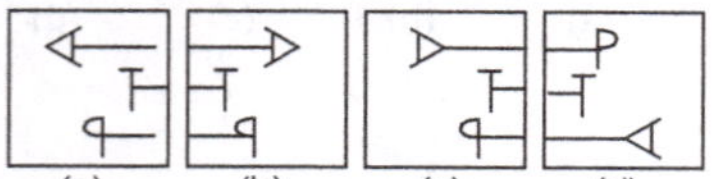

(a) (b) (c) (d)

239.

SSC CHSL (Tier-I) 02/08/2023 Shift-I

(a)

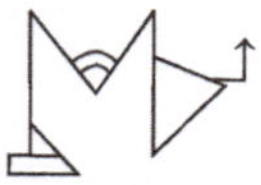

(b)

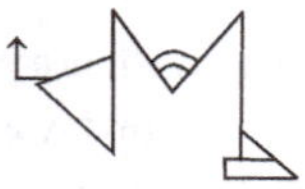

(c)

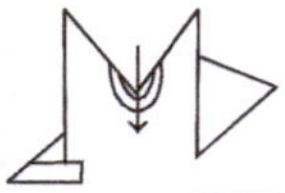

(d)

240. 6 H D E a 3 | M N

SSC CHSL (Tier-I) 02/08/2023 Shift-I

(a) 3 ɘ Ǝ D H 6 (b) Ɛ ɒ Ǝ D H 6
(c) 3 ɒ E D H 6 (d) Ɛ ɒ Ǝ D H 9

241.

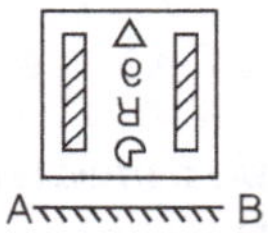

SSC CHSL (Tier-I) 21/03/2023 Shift-IV

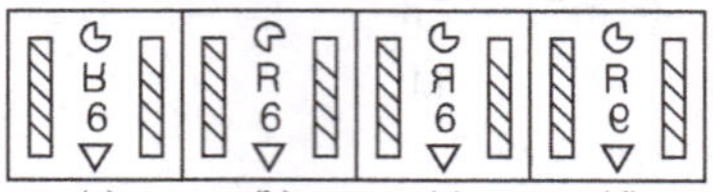

(a) (b) (c) (d)

242.

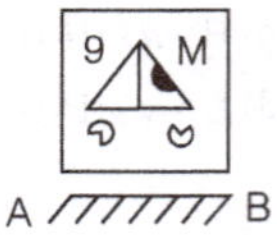

SSC CHSL (Tier-I) 20/03/2023 Shift-III

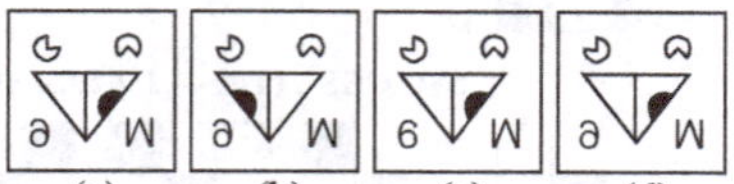

(a) (b) (c) (d)

243.

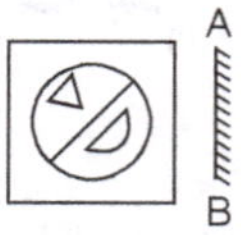

SSC CHSL (Tier-I) 17/03/2023 Shift-II

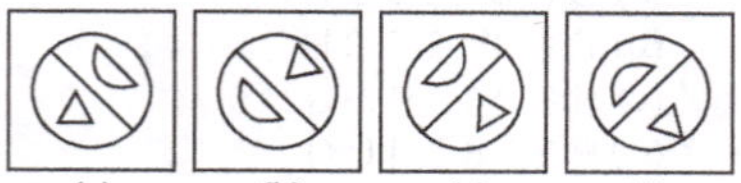

(a) (b) (c) (d)

244.

SSC CHSL (Tier-I) 15/03/2023 Shift-IV

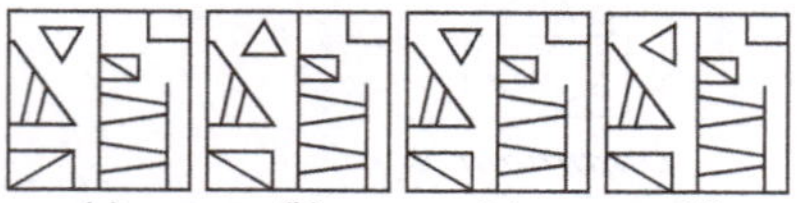

(a) (b) (c) (d)

245.

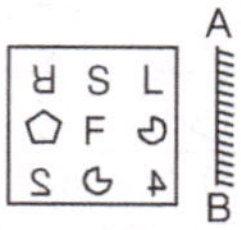

SSC CHSL (Tier-I) 14/03/2023 Shift-I

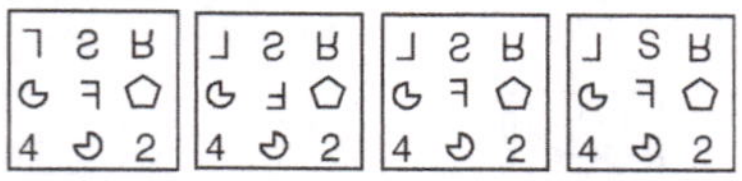

(a) (b) (c) (d)

246.

SSC CHSL (Tier-I) 14/03/2023 Shift-I

(a) (b) (c) (d)

247. A CRICKET B

SSC CHSL (Tier-I) 10/03/2023 Shift-II

(a) CEICKRT (b) C KIC KET
(c) CRICKET (d) C RIↃ KET

248.

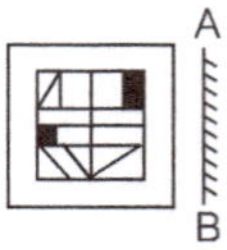

SSC CHSL (Tier-I) 09/03/2023 Shift-I

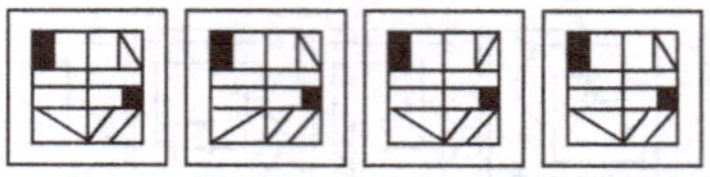

(a) (b) (c) (d)

249.

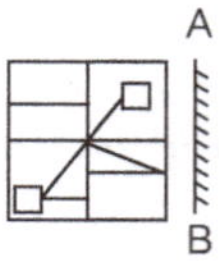

SSC CHSL (Tier-I) 09/03/2023 Shift-I

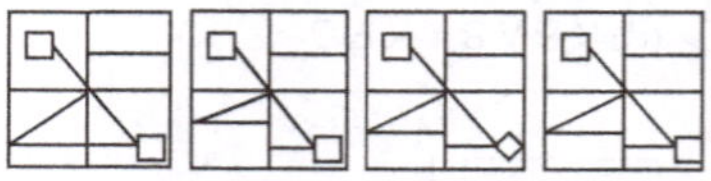

(a) (b) (c) (d)

SSC CHSL 2022-2021 (Tier I)

250. gk49z3 | M N

SSC CHSL (Tier-I) 02/06/2022 Shift-I

(a) Ɛz6ҍʞg (b) 3ƨ6ҍʞg
(c) Ɛz6ҍʞg (d) Ɛƨ6ҍʞg

251. mQ74zp | P Q

SSC CHSL (Tier-I) 01/06/2022 Shift-I

(a) qzҍ7Ọm (b) dzҍ7Ọɯ
(c) qzҍ7Ọɯ (d) qzҍ7Ọm

252. JL4t7s | P Q

SSC CHSL (Tier-I) 01/06/2022 Shift-I

(a) s 7 t 4 JL (b) s L t 4 JL
(c) s 7 t 4 JL (d) s 7 t 4 JL

253. rif486 (mirror line M–N)

SSC CHSL (Tier-I) 01/06/2022 Shift-I

(a) 6 8 4 ! ! r (b) r i t 4 8 6 (c) 9 8 4 t i r (d) r i t 4 8 6

254. gym942 (mirror line M–N)

SSC CHSL (Tier-I) 01/06/2022 Shift-I

(a) 249mγg (b) gym942 (c) 249mγg (d) 249mγg

255. 3gy52b (mirror line M–N)

SSC CHSL (Tier-I) 31/05/2022 Shift-I

(a) b25γg3 (b) b25γg3 (c) d25γg3 (d) q25γg3

256. H2J4K6 (mirror line X–Y)

SSC CHSL (Tier-I) 31/05/2022 Shift-I

(a) 6K4J2H (b) 6K4L2H (c) 6K4L2H (d) 6K42HJ

257. UmbReLLa (mirror line M–N)

SSC CHSL (Tier-I) 27/05/2022 Shift-I

(a) aLLeRdmU
(b) aLLeRdmU
(c) aLLeRdmU
(d) aLLRedmU

258. h w 3 7 y 2 (mirror line M–N)

SSC CHSL (Tier-I) 27/05/2022 Shift-I

(a) 2 y 7 3 w h (b) 2 y 7 3 w h (c) 2 y 7 3 w h (d) 2 y 7 3 w h

259.

SSC CHSL (Tier-I) 12/08/2021 Shift-III

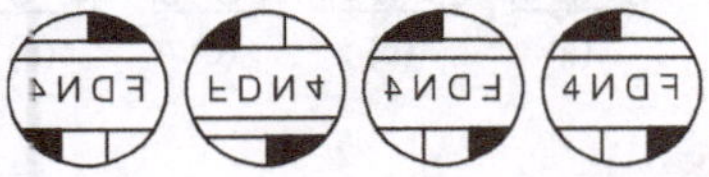

(a) (b) (c) (d)

260. GRS?@915 (mirror line M–N)

SSC CHSL (Tier-I) 10/08/2021 Shift-I

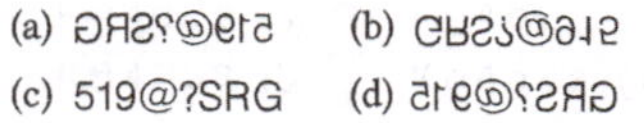

(a) GRS?@915 (b) GRS?@915 (c) 519@?SRG (d) 519@?SRG

261.

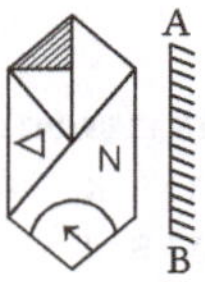

SSC CHSL (Tier-I) 04/08/2021 Shift-I

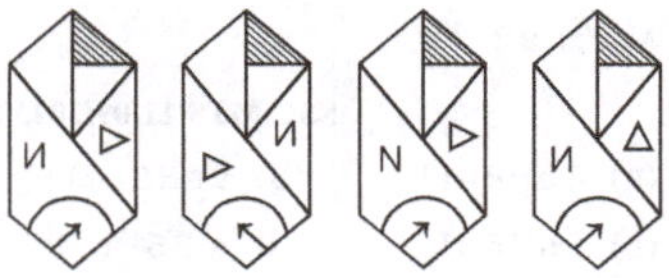

(a) (b) (c) (d)

262.

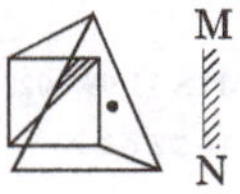

SSC CHSL (Tier-I) 12/04/2021 Shift-II

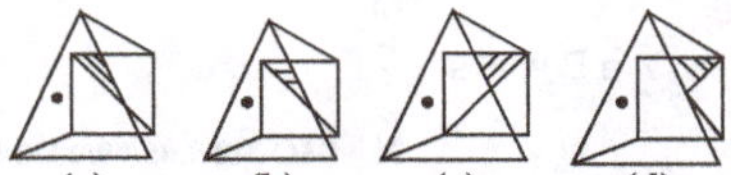

(a) (b) (c) (d)

SSC MTS 2024

निर्देश (प्र.सं. 263-292) *नीचे दिए गए प्रत्येक प्रश्न में, एक आकृति और उसके बाद चार विकल्प (a), (b), (c) तथा (d) दिए गए है। दिए गए विकल्पों में से उस आकृति का चयन कीजिए, जो प्रश्न आकृति का सही दर्पण प्रतिबिम्ब निरुपित करता है।*

263. 3ddEzÅ (mirror line M–N)

SSC MTS 14/11/2024 Shift-III

(a) ÅzƎbbƐ (b) ÅzƎppƐ (c) ÅzƎdd3 (d) ÅzƎbbƐ

264. r7@hB (mirror line M–N)

SSC MTS 13/11/2024 Shift-III

(a) Bh@7r (b) Bh@7r (c) hB@7r (d) Bh@7r

265. 28m?rG (mirror line M–N)

SSC MTS 12/11/2024 Shift-III

(a) Grim82 (b) Gr?m82 (c) Gr?m82 (d) Grm?82

266. 86%KV (mirror line M–N)

SSC MTS 11/11/2024 Shift-III

(a) VK6%8 (b) VK%68 (c) 86%KV (d) %KV68

267. 23@5F (mirror line M–N)

SSC MTS 05/11/2024 Shift-III

(a) 5F@32 (b) F5@32 (c) 23@5F (d) F5@32

268. $L28aq (mirror line M–N)

SSC MTS 04/11/2024 Shift-III

(a) pa82L$ (b) pa82L$ (c) pa82L$ (d) pa8L2$

269. 4yRA924 (mirror line M–N)

SSC MTS 30/10/2024 Shift-III

(a) 492AYR4 (b) 429ARY4 (c) 429AYR4 (d) 4YRA924

270. m?R@5F (mirror line M–N)

SSC MTS 29/10/2024 Shift-III

(a) F5@R?m (b) F5@R?m (c) F@5R?m (d) F5@R?m

271. 64heRp (mirror line M–N)

SSC MTS 28/10/2024 Shift-II

(a) qReh64 (b) qReh64 (c) qReh46 (d) qReh46

272. Ga21rw (mirror line M–N)

SSC MTS 23/10/2024 Shift-II

(a) wr12aG (b) wr12aG (c) wr12aG (d) wr12aG

273. 9d2Fka (mirror line M–N)

SSC MTS 22/10/2024 Shift- II

(a) akF2d9 (b) akF2d9 (c) aFk2d9 (d) akF2d9

274. Las3F (mirror line M–N)

SSC MTS 18/10/2024 Shift-II

(a) F3saL (b) 3FsaL (c) F3saL (d) F3saL

275. ELm59d (M–N mirror)
SSC MTS 17/10/2024 Shift - II
(a) bɘ9ɯ˥Ǝ (b) 9d5m˩Ǝ
(c) bɘ5m˩Ǝ (d) bɘ5m˥Ǝ

276. vM32?? (M–N mirror)
SSC MTS 14/10/2024 Shift - II
(a) ⸮⸮ƐƧWv (b) ¿¿ƧƐMʌ
(c) ⸮⸮ƐƧMv (d) ⸮⸮32Mv

277. kg59⇩ (M–N mirror)
SSC MTS 15/10/2024 Shift - II
(a) ⇧ɘ9ϱʞ (b) ⇩ɘ9ϱʞ
(c) ⇧ɘ5kg (d) ⇩ɘ5kg

278. ◺M7eA (M–N mirror)
SSC MTS 8/10/2024 Shift-II
(a) ∀ɘ7M◿ (b) Aɘ7M◿
(c) ∀ɘ7M◸ (d) Aɘ7W◸

279. 6dmmaQ (M–N mirror)
SSC MTS 07/10/2024 Shift-I
(a) Ϙɒɯɯbɘ (b) Ϙɒɯɯɘq
(c) Ϙɒmm6d (d) Ϙɒmmbɘ

280. <<Rd22>> (M–N mirror)
SSC MTS 01/10/2024 Shift-I
(a) <<SSbЯ>>
(b) <<SSbЯ<<
(c) <<SSpЯ>>
(d) >>SSbЯ>>

281. HR01a (M–N mirror)
SSC MTS 30/09/2024 Shift-I
(a) ɒt0ЯH (b) 1a0ЯH
(c) ɿa0ЯH (d) ɒt0ЯH

SSC MTS 2023-2021

282. Kg4b2a (M–N mirror)
SSC MTS 14/09/2023 Shift-I
(a) ɒSdϸgʞ (b) ɒSbϸgʞ
(c) ɒ2dϸgʞ (d) ɒSqϸgʞ

283. KtP47F (M–N mirror)
SSC MTS 13/09/2023 Shift-I
(a) ꟻ7ϸPtʞ (b) ꟻ7ϸPtK
(c) ꟻ7ϸtPK (d) ꟻ7ϸPtK

284. Md5Pa2 (M–N mirror)
SSC MTS 11/09/2023 Shift-II
(a) Sɒq5dW (b) SɒdϱbM
(c) Sɒq5bM (d) a 25PbM

285. Kd27z4r (M–N mirror)
SSC MTS 11/09/2023 Shift-I
(a) ɿϸzꓶSbʞ (b) ɿϸzꓶSbK
(c) ɿϸzꓶSbK (d) ɿϸzꓶSbK

286. 7dBwPe3 (M–N mirror)
SSC MTS 05/09/2023 Shift-II
(a) Ɛɘqwᗺbꓶ (b) ƐɘdwBpꓶ
(c) ƐɘqwBb7 (d) ƐɘPwBb7

287. RhG9na (M–N mirror)
SSC MTS 04/09/2023 Shift-II
(a) auɘGhЯ (b) ɒnɘGhЯ
(c) ɒuɘGhЯ (d) auɘGhЯ

288. Wpa3z5 (M–N mirror)
SSC MTS 01/09/2023 Shift-I
(a) ϱzƐɒbW (b) ϱzƐɒqW
(c) z5Ɛɒpʍ (d) 5zƐɒpW

289. 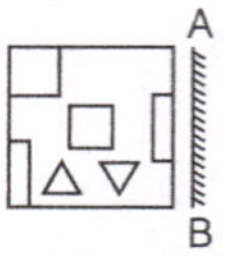
SSC MTS 15/07/2022 Shift-I
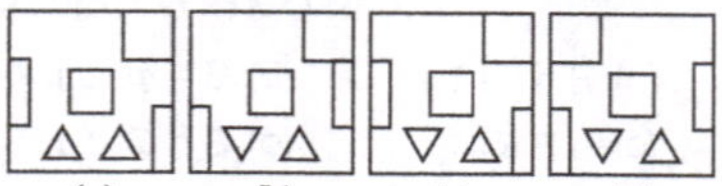
(a) (b) (c) (d)

290. 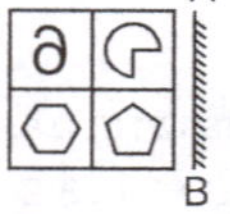
SSC MTS 13/07/2022 Shift-I
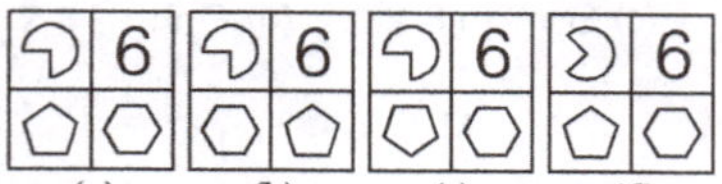
(a) (b) (c) (d)

291. 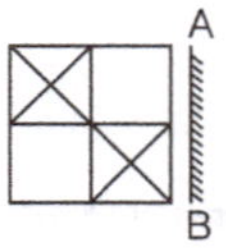
SSC MTS 13/07/2022 Shift-I
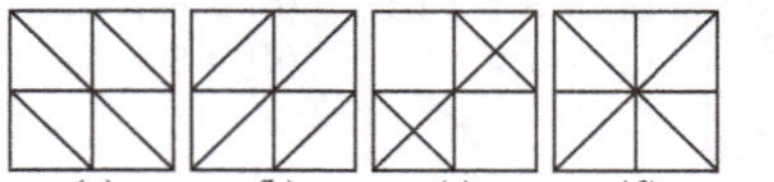
(a) (b) (c) (d)

292. 
SSC MTS 02/11/2021 Shift-II

(a) (b) (c) (d)

SSC Steno 2023-2020

निर्देश (प्र.सं. 293-298) *नीचे दिए गए प्रत्येक प्रश्न में, एक आकृति और उसके बाद चार विकल्प (a), (b), (c) तथा (d) दिए गए है। दिए गए विकल्पों में से उस आकृति का चयन कीजिए, जो प्रश्न आकृति का सही दर्पण प्रतिबिम्ब निरुपित करता है।*

293. hA29dq (M–N mirror)
SSC Steno 13/10/2023 Shift-I
(a) pb9SAɥ (b) bpϱSAɥ
(c) pbɘSAɥ (d) pdɘSAɥ

294. 8 B 4 7 N M Q % (M–N mirror)
SSC Steno 18/11/2022 Shift-I
(a) %ϘMИ7ϸB8
(b) 2%ϘMИ7ϸB8
(c) 8BꟻꓶИWϬ%
(d) Ƨ%ϘWNꓶϸB8

295. 
SSC Steno 15/11/2021
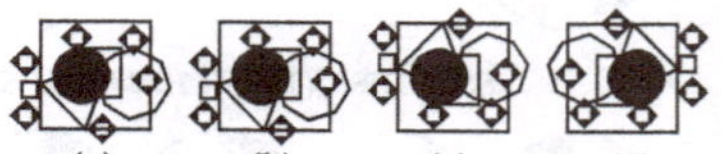
(a) (b) (c) (d)

296. DF43Y6 (M–N mirror)
SSC Steno 11/11/2021

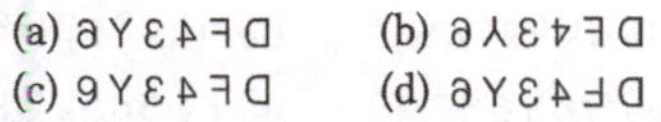

297.

SSC Steno 24/12/2020

298.

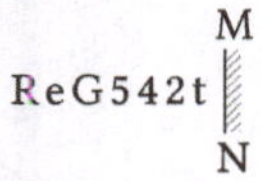

SSC Steno 22/12/2020

SSC GD Constable 2024

निर्देश (प्र.सं. 299-314) *नीचे दिए गए प्रत्येक प्रश्न में, एक आकृति और उसके बाद चार विकल्प (a), (b), (c) तथा (d) दिए गए है। दिए गए विकल्पों में से उस आकृति का चयन कीजिए, जो प्रश्न आकृति का सही दर्पण प्रतिबिम्ब निरुपित करता है।*

299.

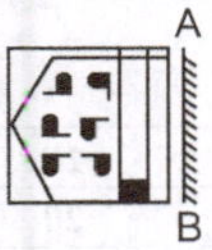

SSC GD Constable 26/02/2024 Shift-I

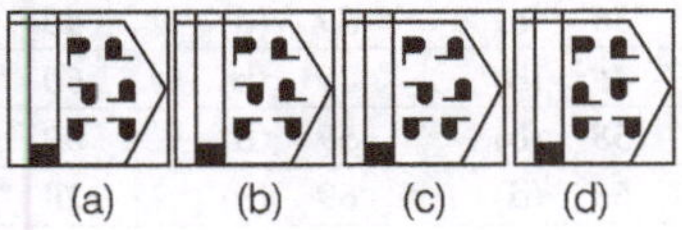

300.

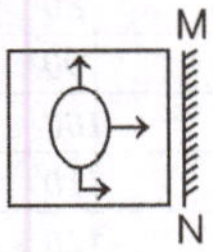

SSC GD Constable 24/02/2024 Shift-III

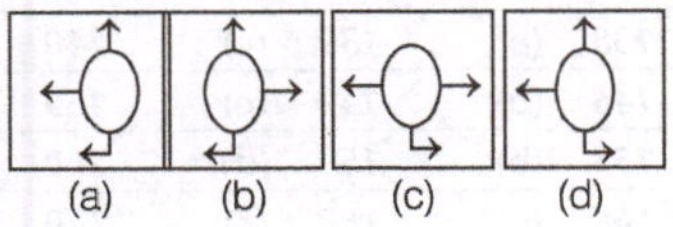

301.

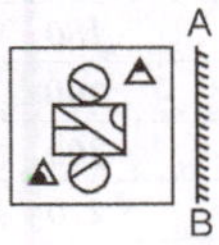

SSC GD Constable 24/02/2024 Shift-II

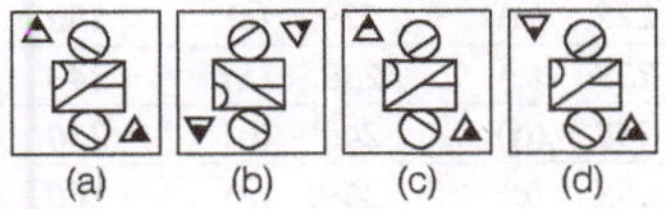

302.

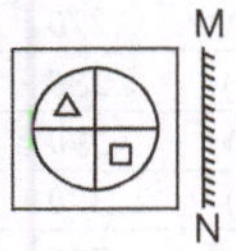

SSC GD Constable 24/02/2024 Shift-I

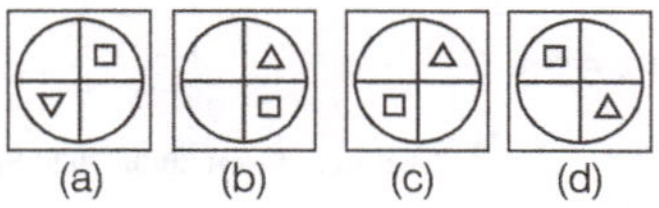

303.

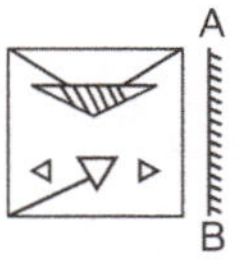

SSC GD Constable 23/02/2024 Shift-III

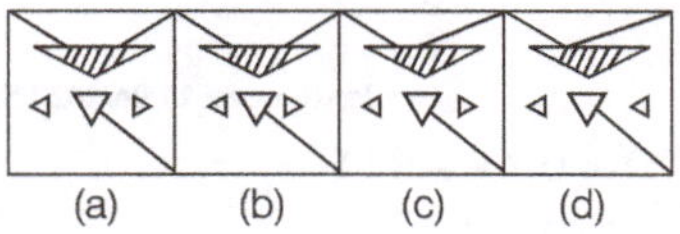

304.

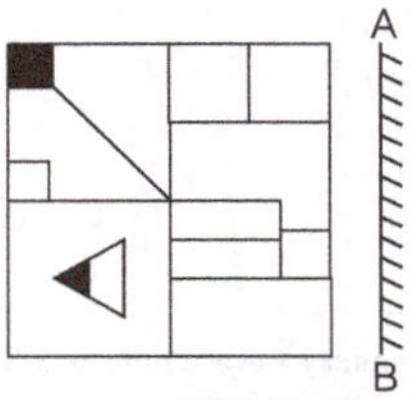

SSC GD Constable 23/02/2024 Shift-II

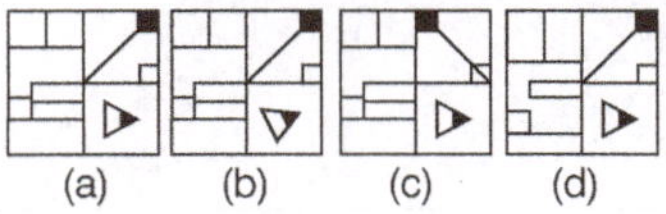

305.

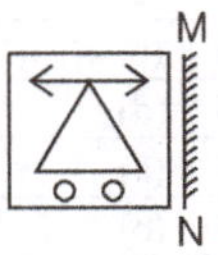

SSC GD Constable 22/02/2024 Shift-IV

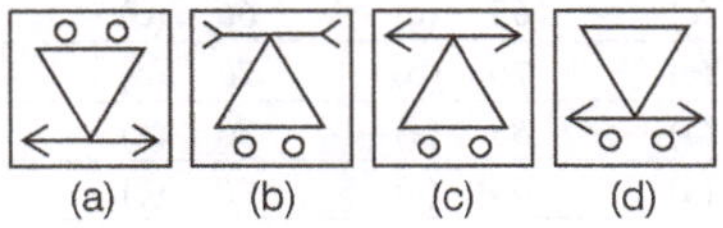

306.

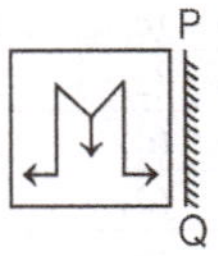

SSC GD Constable 22/02/2024 Shift-I

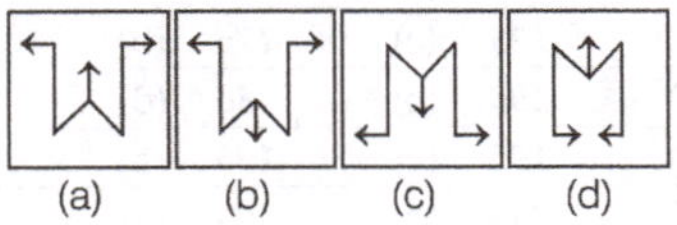

307.

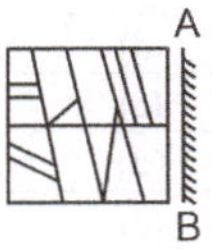

SSC GD Constable 21/02/2024 Shift-IV

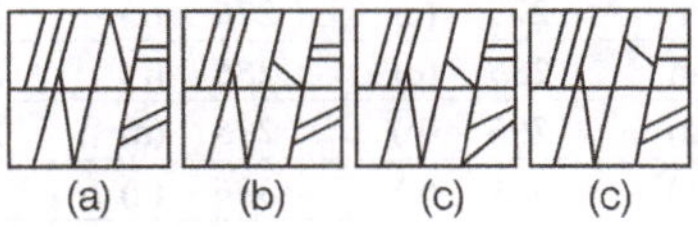

308.

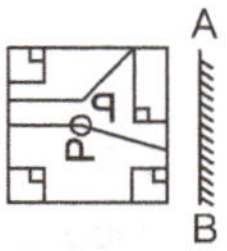

SSC GD Constable 21/02/2024 Shift-II

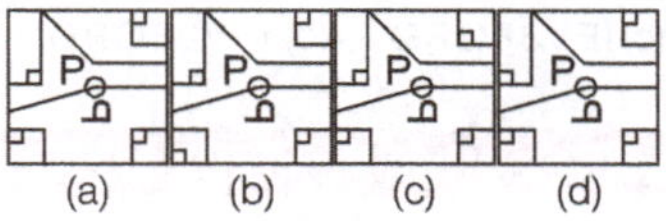

SSC GD Constable 2023

309.

SSC GD Constable 13/02/2023 Shift-IV

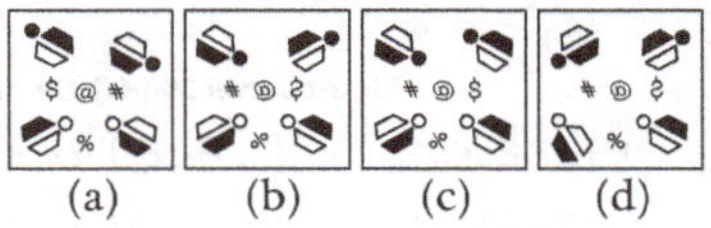

310.

SSC GD Constable 09/02/2023 Shift-II

311.

SSC GD Constable 09/02/2023 Shift-I

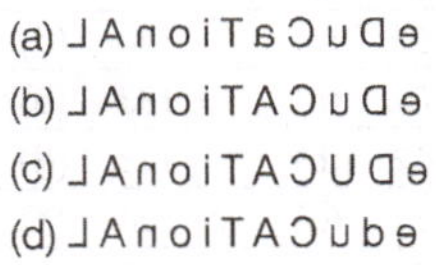

312.

SSC GD Constable 07/02/2023 Shift-I

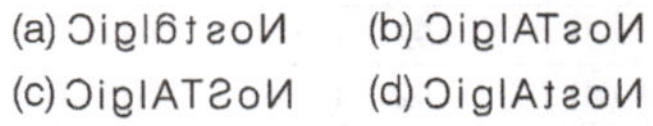

313.

SSC GD Constable 06/02/2023 Shift-I

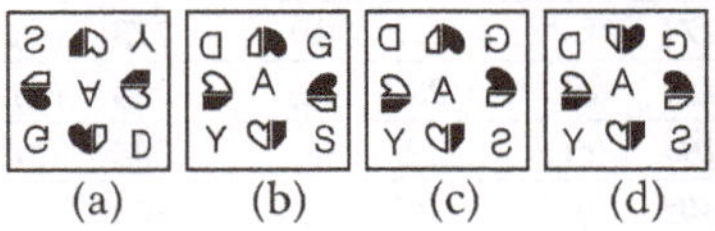

314. GRO36VEt | M / N

SSC GD Constable 01/02/2023 Shift-I

(a) t∃V63OЯG (b) t∃V96OЯG
(c) tEV96OЯG (d) t∃V96ORG

SSC Selection Post 2024-2022

निर्देश (प्र.सं. 315-320) *नीचे दिए गए प्रत्येक प्रश्न में, एक आकृति और उसके बाद चार विकल्प (a), (b), (c) तथा (d) दिए गए हैं। दिए गए विकल्पों में से उस आकृति का चयन कीजिए, जो प्रश्न आकृति का सही दर्पण प्रतिबिम्ब निरुपित करता है।*

315. P5WE8LR | M / N

Matric Level 20/06/2024 Shift-IV

(a) ЯL8EW5P (b) ЯL8∃W5P
(c) Я78∃M5P (d) P5WE8LR

316. 14693 | M / N

Graduate Level 20/06/2024 Shift-III

(a) 1 4 6 9 Ɛ
(b) 3 9 6 4 1
(c) 1 4 6 9 3
(d) Ɛ 9 6 4 1

317. 7tF49Yd | M / N

Graduate Level 27/06/2024 Shift-IV

(a) bY94Ꟛt7
(b) bY94Ꟛt⅃
(c) ⅃tF49Yd
(d) dY694Ꟛ7

318. RG2a65pF | M / N

Higher Secondary Level 27/06/2023 Shift-III

(a) Ꟛq56a2GЯ (b) Ꟛq56a2GЯ
(c) ЯG2a65qꟻ (d) Fp56a2GR

319. hFt7695uYhh9g | P / Q

Matric Level 27/6/2023 Shift-I

(a) g9hhYu5967tFh
(b) g9hhYu5967tFh
(c) hFt7695uYhh9g
(d) hFt7695uYhh9g

320.

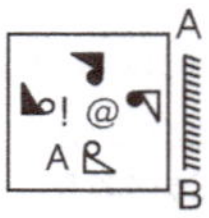

Graduate Level 01/08/2022 (Shift-IV)

(a) (b) (c) (d)

सही उत्तर

1	(c)	2	(c)	3	(c)	4	(d)	5	(a)	6	(c)	7	(c)	8	(b)	9	(d)	10	(a)
11	(d)	12	(c)	13	(c)	14	(c)	15	(d)	16	(c)	17	(c)	18	(a)	19	(d)	20	(b)
21	(c)	22	(b)	23	(d)	24	(d)	25	(a)	26	(d)	27	(b)	28	(d)	29	(d)	30	(d)
31	(c)	32	(b)	33	(c)	34	(b)	35	(b)	36	(a)	37	(a)	38	(a)	39	(d)	40	(b)
41	(b)	42	(b)	43	(d)	44	(c)	45	(d)	46	(b)	47	(d)	48	(b)	49	(b)	50	(b)
51	(d)	52	(d)	53	(b)	54	(d)	55	(c)	56	(a)	57	(a)	58	(b)	59	(d)	60	(b)
61	(c)	62	(c)	63	(d)	64	(c)	65	(c)	66	(b)	67	(b)	68	(d)	69	(b)	70	(b)
71	(a)	72	(c)	73	(a)	74	(c)	75	(b)	76	(b)	77	(c)	78	(d)	79	(a)	80	(a)
81	(b)	82	(c)	83	(c)	84	(a)	85	(a)	86	(a)	87	(d)	88	(a)	89	(a)	90	(a)
91	(a)	92	(c)	93	(d)	94	(a)	95	(c)	96	(c)	97	(c)	98	(a)	99	(a)	100	(c)
101	(d)	102	(a)	103	(b)	104	(d)	105	(c)	106	(b)	107	(c)	108	(a)	109	(c)	110	(a)
111	(c)	112	(b)	113	(d)	114	(a)	115	(a)	116	(c)	117	(b)	118	(b)	119	(d)	120	(a)
121	(a)	122	(d)	123	(a)	124	(c)	125	(b)	126	(c)	127	(d)	128	(a)	129	(c)	130	(b)
131	(a)	132	(d)	133	(a)	134	(b)	135	(c)	136	(d)	137	(c)	138	(b)	139	(c)	140	(b)
141	(a)	142	(a)	143	(a)	144	(d)	145	(c)	146	(d)	147	(b)	148	(b)	149	(c)	150	(a)
151	(c)	152	(a)	153	(d)	154	(b)	155	(c)	156	(b)	157	(a)	158	(b)	159	(d)	160	(d)
161	(d)	162	(a)	163	(d)	164	(d)	165	(b)	166	(d)	167	(a)	168	(a)	169	(c)	170	(a)
171	(d)	172	(b)	173	(b)	174	(d)	175	(c)	176	(b)	177	(c)	178	(c)	179	(a)	180	(d)
181	(b)	182	(b)	183	(c)	184	(a)	185	(c)	186	(d)	187	(b)	188	(b)	189	(c)	190	(d)
191	(d)	192	(d)	193	(a)	194	(c)	195	(c)	196	(a)	197	(a)	198	(c)	199	(a)	200	(a)
201	(d)	202	(c)	203	(c)	204	(c)	205	(d)	206	(a)	207	(c)	208	(d)	209	(c)	210	(a)
211	(b)	212	(a)	213	(c)	214	(c)	215	(c)	216	(c)	217	(c)	218	(c)	219	(b)	220	(b)
221	(d)	222	(c)	223	(b)	224	(b)	225	(a)	226	(a)	227	(d)	228	(a)	229	(c)	230	(c)
231	(a)	232	(c)	233	(c)	234	(a)	235	(b)	236	(c)	237	(d)	238	(c)	239	(a)	240	(b)
241	(c)	242	(d)	243	(b)	244	(c)	245	(c)	246	(d)	247	(c)	248	(d)	249	(b)	250	(d)
251	(d)	252	(c)	253	(b)	254	(c)	255	(c)	256	(c)	257	(c)	258	(c)	259	(a)	260	(d)
261	(a)	262	(a)	263	(a)	264	(a)	265	(b)	266	(b)	267	(b)	268	(c)	269	(c)	270	(b)
271	(b)	272	(b)	273	(d)	274	(a)	275	(c)	276	(c)	277	(b)	278	(b)	279	(d)	280	(a)
281	(d)	282	(a)	283	(d)	284	(c)	285	(c)	286	(a)	287	(b)	288	(b)	289	(c)	290	(a)
291	(c)	292	(a)	293	(c)	294	(a)	295	(b)	296	(a)	297	(c)	298	(b)	299	(a)	300	(a)
301	(c)	302	(c)	303	(c)	304	(a)	305	(c)	306	(c)	307	(b)	308	(a)	309	(b)	310	(b)
311	(a)	312	(c)	313	(c)	314	(c)	315	(b)	316	(d)	317	(a)	318	(b)	319	(b)	320	(c)

उत्तर सहित हल

1. (c) दिए गए संयोजन का सही दर्पण प्रतिबिम्ब विकल्प (c) का संयोजन होगा।

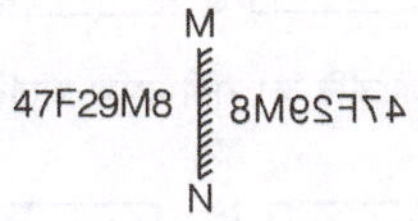

2. (c) दिए गए संयोजन का दर्पण प्रतिबिम्ब विकल्प (c) का संयोजन है।

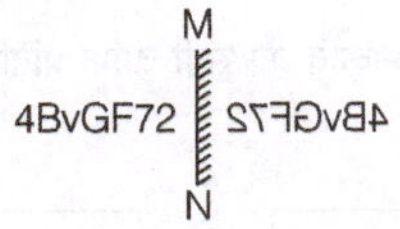

3. (c) दिए गए संयोजन का सही दर्पण प्रतिबिम्ब विकल्प (c) की आकृति है।

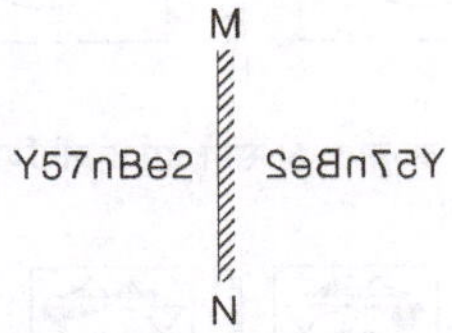

4. (d) प्रश्न आकृति का सही दर्पण प्रतिबिम्ब उत्तर आकृति (d) है।

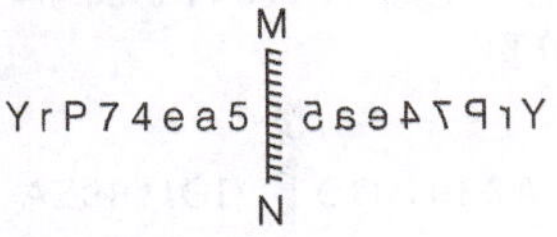

5. (a) प्रश्न आकृति का सही दर्पण प्रतिबिम्ब उत्तर आकृति (a) है।

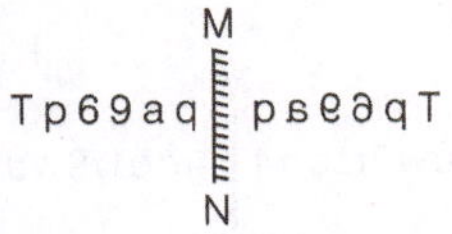

6. (c) प्रश्न आकृति का सही दर्पण प्रतिबिम्ब उत्तर आकृति (c) है।

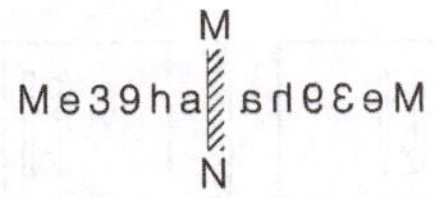

7. (c) प्रश्न आकृति का सही दर्पण प्रतिबिम्ब उत्तर आकृति (c) है।

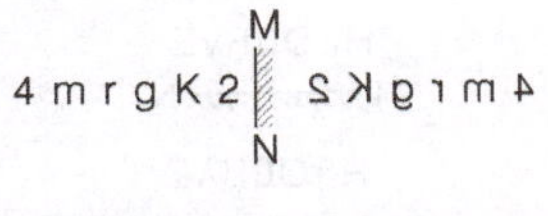

8. (b) प्रश्न आकृति का सही दर्पण प्रतिबिम्ब उत्तर आकृति (b) है।

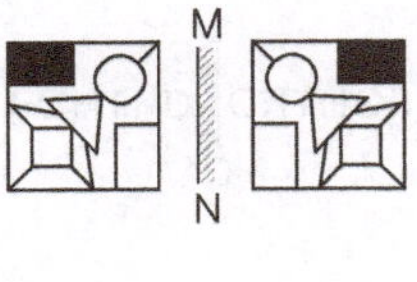

9. (d) प्रश्न आकृति का सही दर्पण प्रतिबिम्ब उत्तर आकृति (d) है।

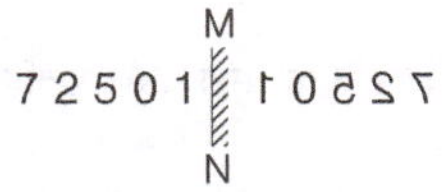

10. (a) प्रश्न आकृति का सही दर्पण प्रतिबिम्ब उत्तर आकृति (a) है।

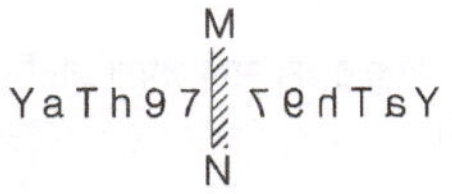

11. (d) प्रश्न आकृति का सही दर्पण प्रतिबिम्ब उत्तर आकृति (d) है।

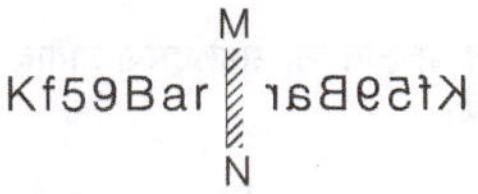

12. (c) प्रश्न आकृति का सही दर्पण प्रतिबिम्ब उत्तर आकृति (c) है।

13. (c) प्रश्न आकृति का सही दर्पण प्रतिबिम्ब उत्तर आकृति (c) है।

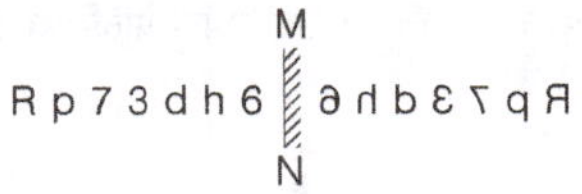

14. (c) प्रश्न आकृति का सही दर्पण प्रतिबिम्ब उत्तर आकृति (c) है।

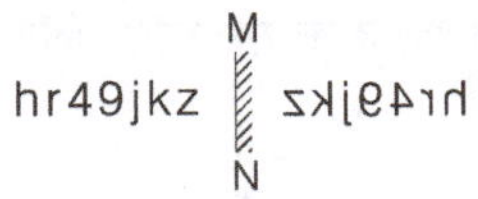

15. (d) प्रश्न आकृति का सही दर्पण प्रतिबिम्ब उत्तर आकृति (d) है।

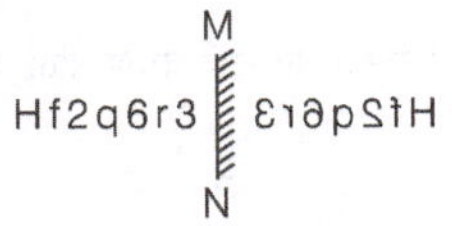

16. (c) प्रश्न आकृति का सही दर्पण प्रतिबिम्ब उत्तर आकृति (c) है।

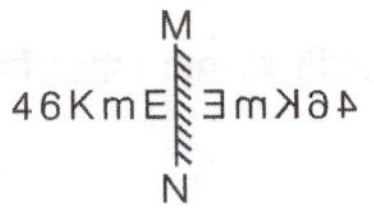

17. (c) प्रश्न आकृति का सही दर्पण प्रतिबिम्ब उत्तर आकृति (c) है।

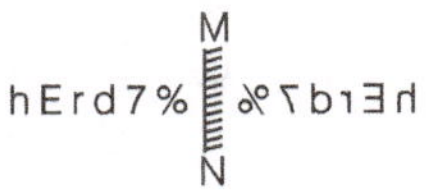

18. (a) प्रश्न आकृति का सही दर्पण प्रतिबिम्ब उत्तर आकृति (a) है।

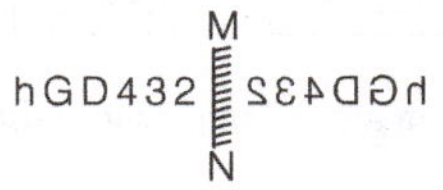

19. (d) प्रश्न आकृति का सही दर्पण प्रतिबिम्ब उत्तर आकृति (d) है।

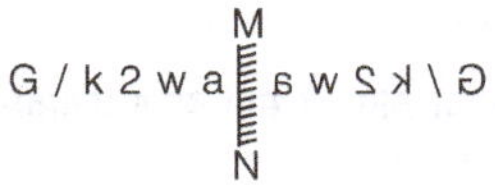

20. (b) प्रश्न आकृति का सही दर्पण प्रतिबिम्ब उत्तर आकृति (b) है।

21. (c) प्रश्न आकृति का सही दर्पण प्रतिबिम्ब उत्तर आकृति (c) है।

22. (b) प्रश्न आकृति का सही दर्पण प्रतिबिम्ब उत्तर आकृति (b) है।

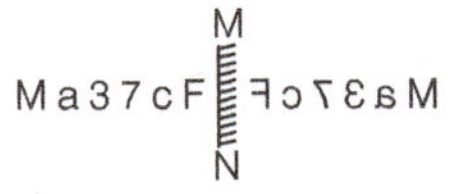

23. (d) प्रश्न आकृति का सही दर्पण प्रतिबिम्ब उत्तर आकृति (d) है।

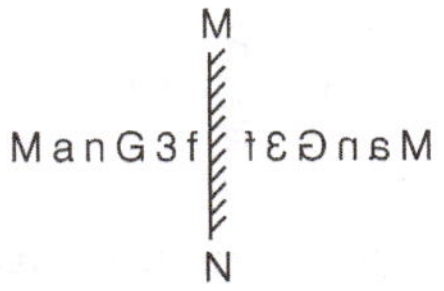

24. (d) प्रश्न आकृति का सही दर्पण प्रतिबिम्ब उत्तर आकृति (d) है।

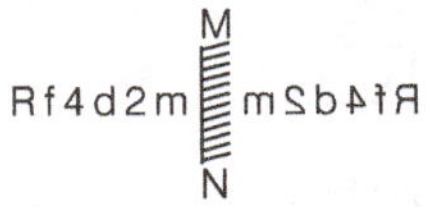

25. (a) प्रश्न आकृति का सही दर्पण प्रतिबिम्ब उत्तर आकृति (a) है।

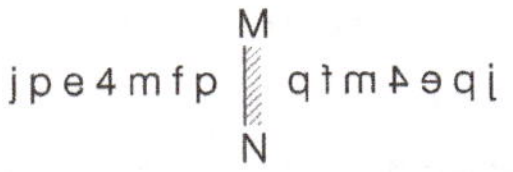

26. (d) प्रश्न आकृति का सही दर्पण प्रतिबिम्ब उत्तर आकृति (d) है।

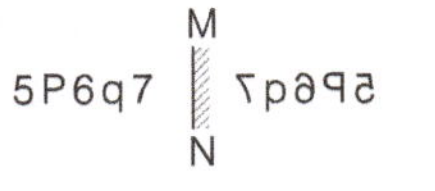

27. (b) प्रश्न आकृति का सही दर्पण प्रतिबिम्ब उत्तर आकृति (b) है।

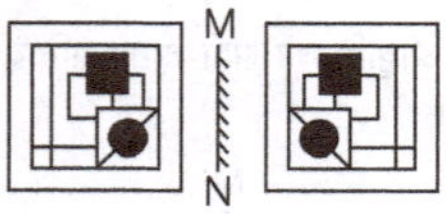

28. (d) प्रश्न आकृति का सही दर्पण प्रतिबिम्ब उत्तर आकृति (d) है।

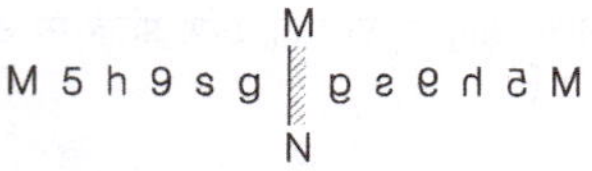

29. (d) प्रश्न आकृति का सही दर्पण प्रतिबिम्ब उत्तर आकृति (d) है।

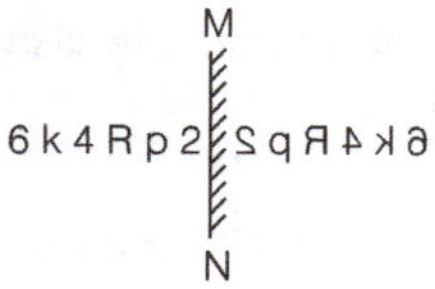

30. (d) प्रश्न आकृति का सही दर्पण प्रतिबिम्ब उत्तर आकृति (d) है।

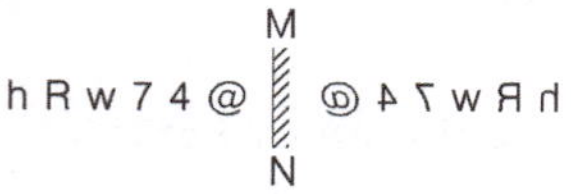

31. (c) प्रश्न आकृति का सही दर्पण प्रतिबिम्ब उत्तर आकृति (c) है।

32. (b) प्रश्न आकृति का सही दर्पण प्रतिबिम्ब उत्तर आकृति (b) है।

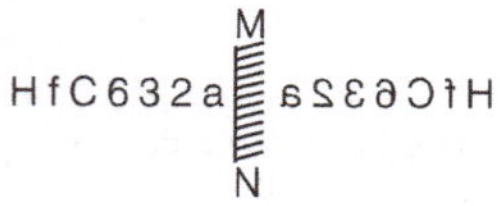

33. (c) प्रश्न आकृति का सही दर्पण प्रतिबिम्ब उत्तर आकृति (c) है।

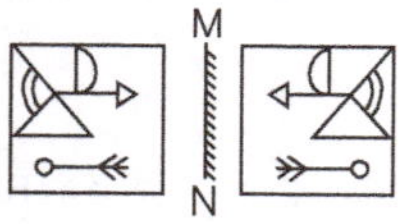

34. (b) प्रश्न आकृति का सही दर्पण प्रतिबिम्ब उत्तर आकृति (b) है।

35. (b) प्रश्न आकृति का सही दर्पण प्रतिबिम्ब उत्तर आकृति (b) है।

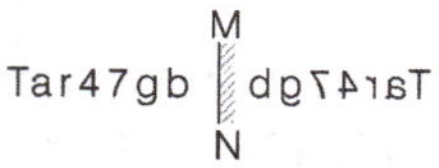

36. (a) प्रश्न आकृति का सही दर्पण प्रतिबिम्ब उत्तर आकृति (a) है।

37. (a) प्रश्न आकृति का सही दर्पण प्रतिबिम्ब उत्तर आकृति (a) है।

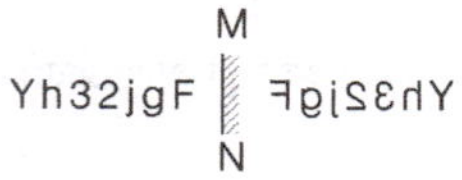

38. (a) प्रश्न आकृति का सही दर्पण प्रतिबिम्ब उत्तर आकृति (a) है।

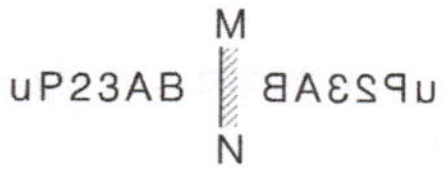

39. (d) प्रश्न आकृति का सही दर्पण प्रतिबिम्ब उत्तर आकृति (d) है।

40. (b) प्रश्न आकृति का सही दर्पण प्रतिबिम्ब उत्तर आकृति (b) है।

41. (b) प्रश्न आकृति का सही दर्पण प्रतिबिम्ब उत्तर आकृति (b) है।

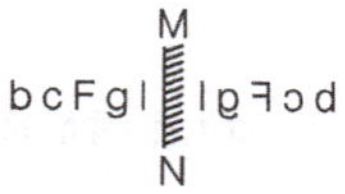

42. (b) प्रश्न आकृति का सही दर्पण प्रतिबिम्ब उत्तर आकृति (b) है।

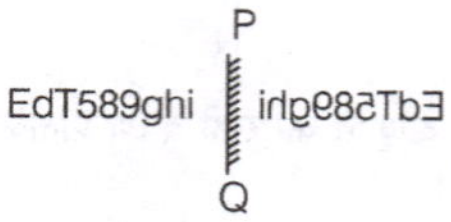

43. (d) प्रश्न आकृति का सही दर्पण प्रतिबिम्ब उत्तर आकृति (d) है।

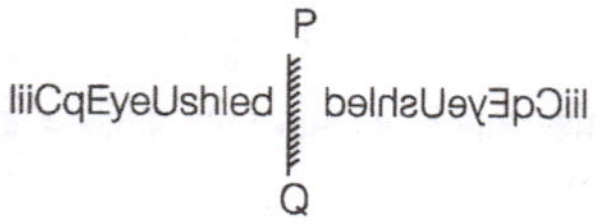

44. (c) प्रश्न आकृति का सही दर्पण प्रतिबिम्ब उत्तर आकृति (c) है।

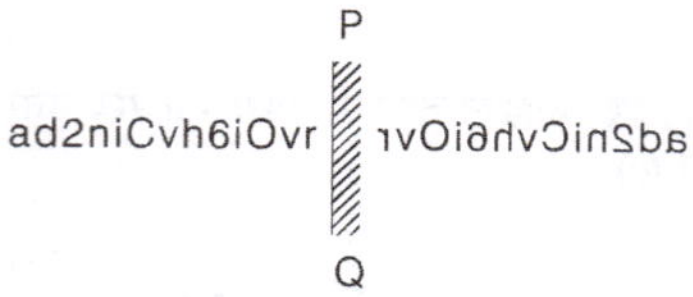

45. (d) प्रश्न आकृति का सही दर्पण प्रतिबिम्ब उत्तर आकृति (d) है।

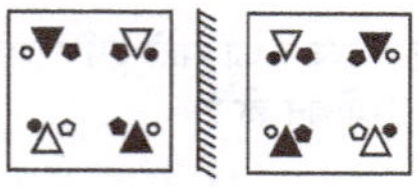

46. (b) प्रश्न आकृति का सही दर्पण प्रतिबिम्ब उत्तर आकृति (b) है।

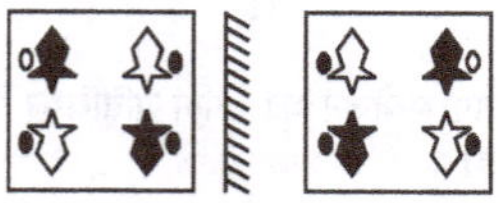

47. (d) प्रश्न आकृति का सही दर्पण प्रतिबिम्ब उत्तर आकृति (d) है।

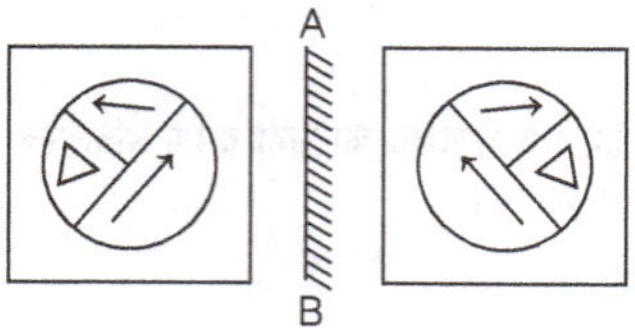

48. (b) प्रश्न आकृति का सही दर्पण प्रतिबिम्ब उत्तर आकृति (b) है।

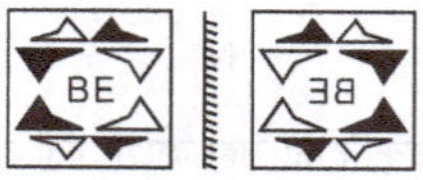

49. (b) प्रश्न आकृति का सही दर्पण प्रतिबिम्ब उत्तर आकृति (b) है।

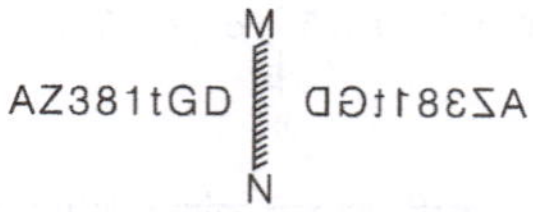

50. (b) प्रश्न आकृति का सही दर्पण प्रतिबिम्ब उत्तर आकृति (b) है।

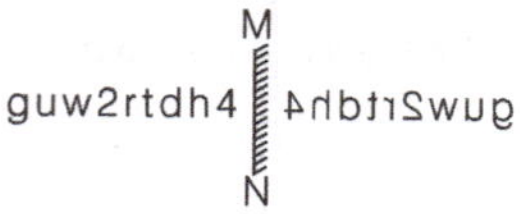

51. (d) प्रश्न आकृति का सही दर्पण प्रतिबिम्ब उत्तर आकृति (d) है।

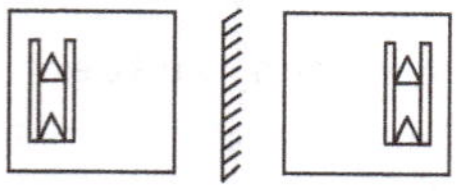

52. (d) प्रश्न आकृति का सही दर्पण प्रतिबिम्ब उत्तर आकृति (d) है।

53. (b) प्रश्न आकृति का सही दर्पण प्रतिबिम्ब उत्तर आकृति (b) है।

54. (d) प्रश्न आकृति का सही दर्पण प्रतिबिम्ब उत्तर आकृति (d) है।

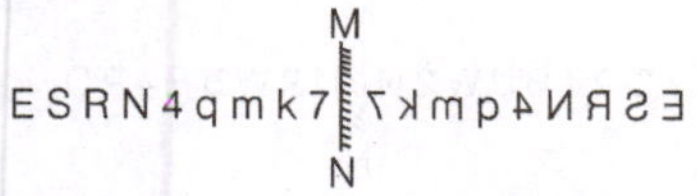

55. (c) प्रश्न आकृति का सही दर्पण प्रतिबिम्ब उत्तर आकृति (c) है।

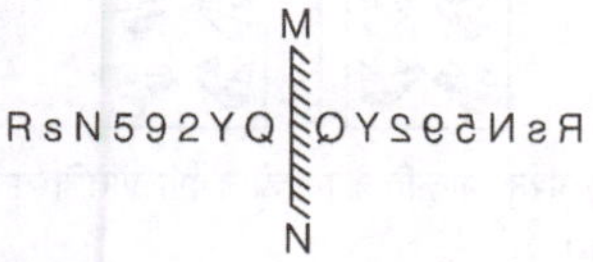

56. (a) प्रश्न आकृति का सही दर्पण प्रतिबिम्ब उत्तर आकृति (a) है।

57. (a) प्रश्न आकृति का सही दर्पण प्रतिबिम्ब उत्तर आकृति (a) है।

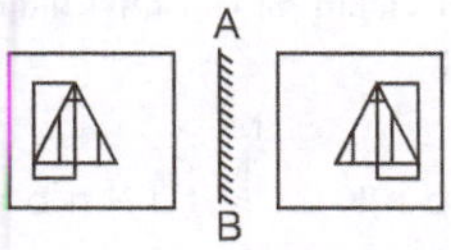

58. (b) प्रश्न आकृति का सही दर्पण प्रतिबिम्ब उत्तर आकृति (b) है।

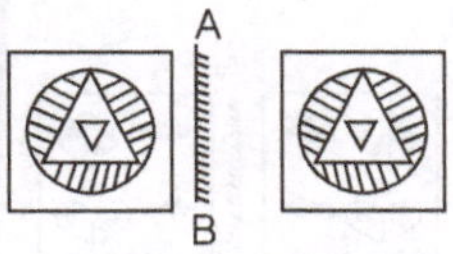

59. (d) प्रश्न आकृति का सही दर्पण प्रतिबिम्ब उत्तर आकृति (d) है।

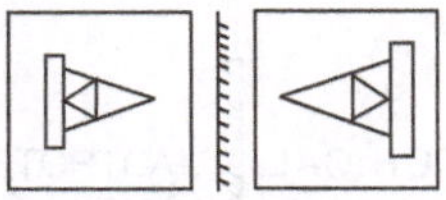

60. (b) प्रश्न आकृति का सही दर्पण प्रतिबिम्ब उत्तर आकृति (b) है।

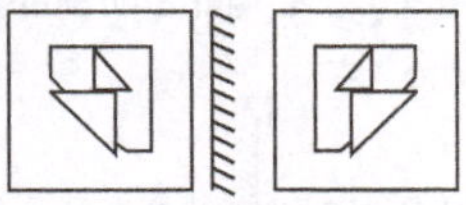

61. (c) प्रश्न आकृति का सही दर्पण प्रतिबिम्ब उत्तर आकृति (c) है।

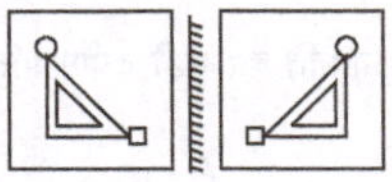

62. (c) प्रश्न आकृति का सही दर्पण प्रतिबिम्ब उत्तर आकृति (c) है।

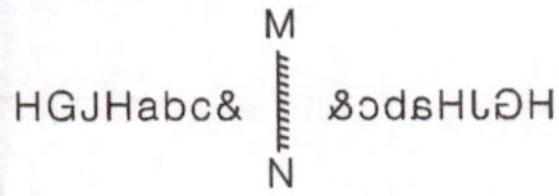

63. (d) प्रश्न आकृति का सही दर्पण प्रतिबिम्ब उत्तर आकृति (d) है।

64. (c) प्रश्न आकृति का सही दर्पण प्रतिबिम्ब उत्तर आकृति (c) है।

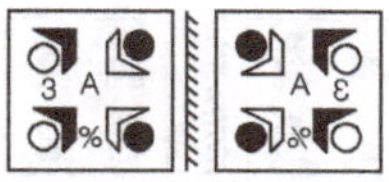

65. (c) प्रश्न आकृति का सही दर्पण प्रतिबिम्ब उत्तर आकृति (c) है।

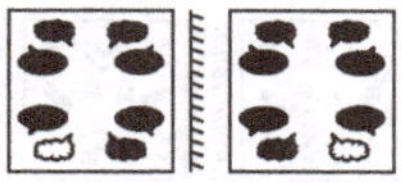

66. (b) प्रश्न आकृति का सही दर्पण प्रतिबिम्ब उत्तर आकृति (b) है।

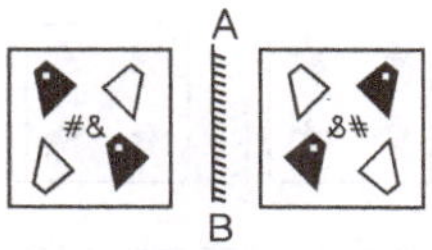

67. (b) प्रश्न आकृति का सही दर्पण प्रतिबिम्ब उत्तर आकृति (b) है।

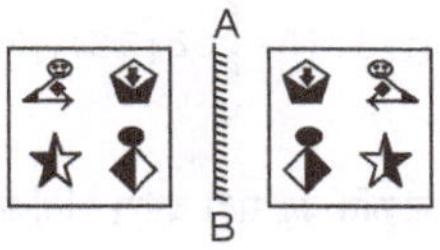

68. (d) प्रश्न आकृति का सही दर्पण प्रतिबिम्ब उत्तर आकृति (d) है।

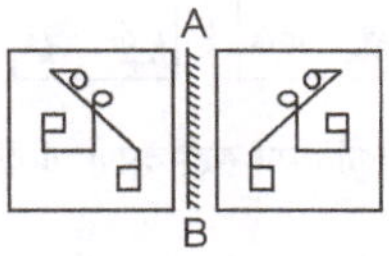

69. (b) प्रश्न आकृति का सही दर्पण प्रतिबिम्ब उत्तर आकृति (b) है।

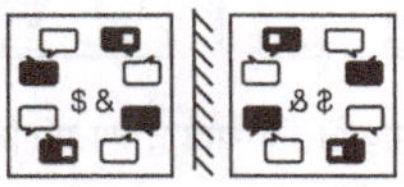

70. (b) प्रश्न आकृति का सही दर्पण प्रतिबिम्ब उत्तर आकृति (b) है।

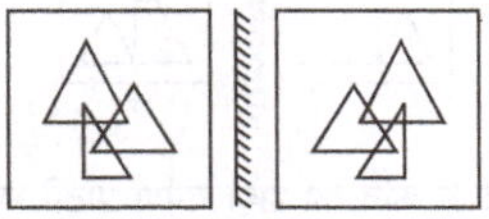

71. (a) प्रश्न आकृति का सही दर्पण प्रतिबिम्ब उत्तर आकृति (a) है।

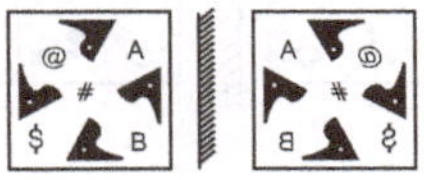

72. (c) प्रश्न आकृति का सही दर्पण प्रतिबिम्ब उत्तर आकृति (c) है।

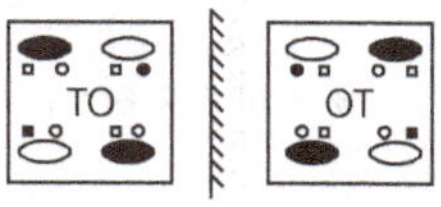

73. (a) प्रश्न आकृति का सही दर्पण प्रतिबिम्ब उत्तर आकृति (a) है।

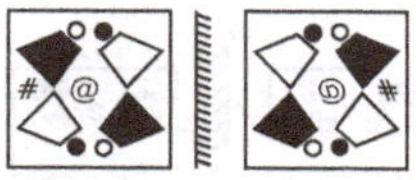

74. (c) प्रश्न आकृति का सही दर्पण प्रतिबिम्ब उत्तर आकृति (c) है।

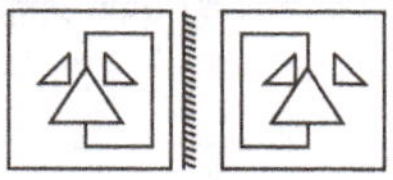

75. (b) प्रश्न आकृति का सही दर्पण प्रतिबिम्ब उत्तर आकृति (b) है।

76. (b) प्रश्न आकृति का सही दर्पण प्रतिबिम्ब उत्तर आकृति (b) है।

77. (c) प्रश्न आकृति का सही दर्पण प्रतिबिम्ब उत्तर आकृति (c) है।

78. (d) प्रश्न आकृति का सही दर्पण प्रतिबिम्ब उत्तर आकृति (d) है।

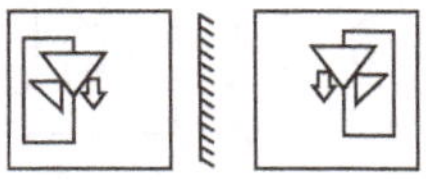

79. (a) प्रश्न आकृति का सही दर्पण प्रतिबिम्ब उत्तर आकृति (a) है।

80. (a) प्रश्न आकृति का सही दर्पण प्रतिबिम्ब उत्तर आकृति (a) है।

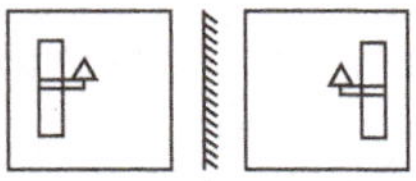

81. (b) प्रश्न आकृति का सही दर्पण प्रतिबिम्ब उत्तर आकृति (b) है।

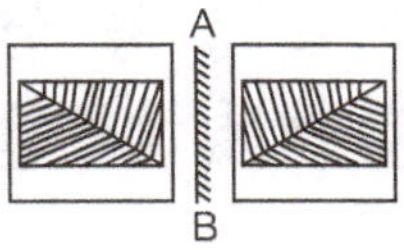

82. (c) प्रश्न आकृति का सही दर्पण प्रतिबिम्ब उत्तर आकृति (c) है।

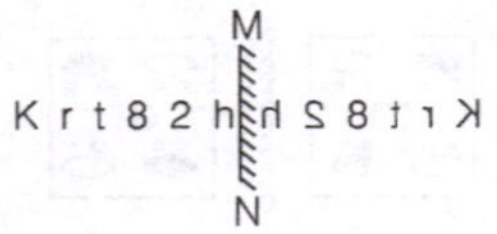

83. (c) प्रश्न आकृति का सही दर्पण प्रतिबिम्ब उत्तर आकृति (c) है।

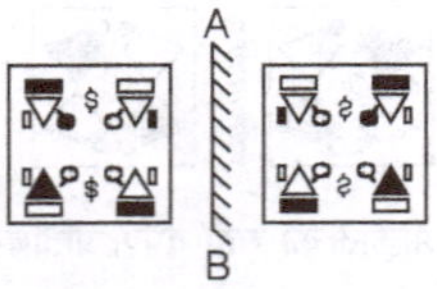

84. (a) प्रश्न आकृति का सही दर्पण प्रतिबिम्ब उत्तर आकृति (a) है।

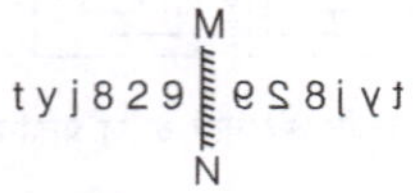

85. (a) प्रश्न आकृति का सही दर्पण प्रतिबिम्ब उत्तर आकृति (a) है।

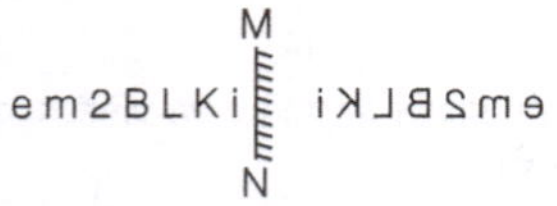

86. (a) प्रश्न आकृति का सही दर्पण प्रतिबिम्ब उत्तर आकृति (a) है।

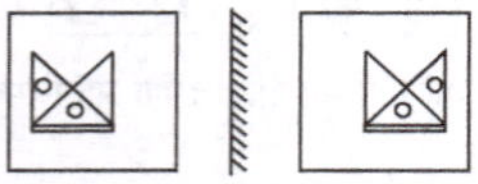

87. (d) प्रश्न आकृति का सही दर्पण प्रतिबिम्ब उत्तर आकृति (d) है।

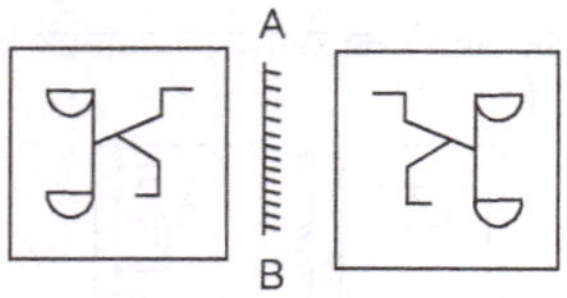

88. (a) प्रश्न आकृति का सही दर्पण प्रतिबिम्ब उत्तर आकृति (a) है।

89. (a) प्रश्न आकृति का सही दर्पण प्रतिबिम्ब उत्तर आकृति (a) है।

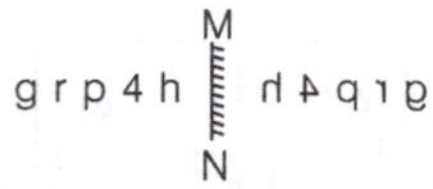

90. (a) प्रश्न आकृति का सही दर्पण प्रतिबिम्ब उत्तर आकृति (a) है।

91. (a) प्रश्न आकृति का सही दर्पण प्रतिबिम्ब उत्तर आकृति (a) है।

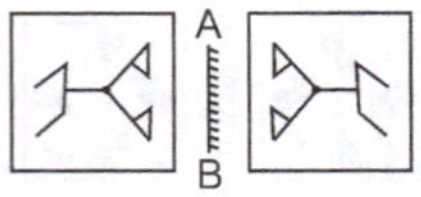

92. (c) प्रश्न आकृति का सही दर्पण प्रतिबिम्ब उत्तर आकृति (c) है।

93. (d) प्रश्न आकृति का सही दर्पण प्रतिबिम्ब उत्तर आकृति (d) है।

94. (a) प्रश्न आकृति का सही दर्पण प्रतिबिम्ब उत्तर आकृति (a) है।

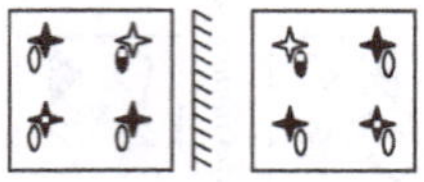

95. (c) प्रश्न आकृति का सही दर्पण प्रतिबिम्ब उत्तर आकृति (c) है।

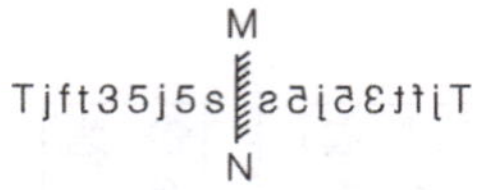

96. (c) प्रश्न आकृति का सही दर्पण प्रतिबिम्ब उत्तर आकृति (c) है।

97. (c) प्रश्न आकृति का सही दर्पण प्रतिबिम्ब उत्तर आकृति (c) है।

98. (a) प्रश्न आकृति का सही दर्पण प्रतिबिम्ब उत्तर आकृति (a) है।

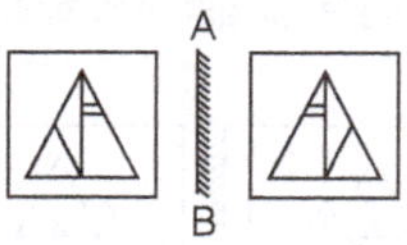

99. (a) प्रश्न आकृति का सही दर्पण प्रतिबिम्ब उत्तर आकृति (a) है।

100. (c) प्रश्न आकृति का सही दर्पण प्रतिबिम्ब उत्तर आकृति (c) है।

101. (d) प्रश्न आकृति का सही दर्पण प्रतिबिम्ब उत्तर आकृति (d) है।

102. (a) प्रश्न आकृति का सही दर्पण प्रतिबिम्ब उत्तर आकृति (a) है।

103. (b) प्रश्न आकृति का सही दर्पण प्रतिबिम्ब उत्तर आकृति (b) है।

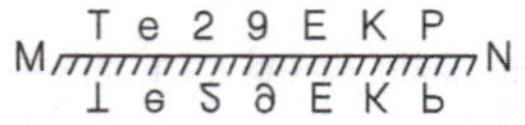

104. (d) प्रश्न आकृति का सही दर्पण प्रतिबिम्ब उत्तर आकृति (d) है।

105. (c) प्रश्न आकृति का सही दर्पण प्रतिबिम्ब उत्तर आकृति (c) है।

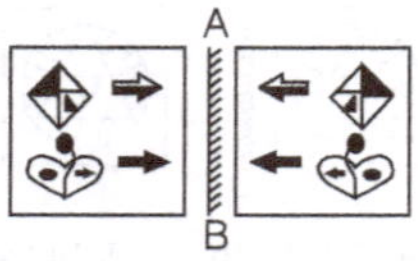

106. (b) प्रश्न आकृति का सही दर्पण प्रतिबिम्ब उत्तर आकृति (b) है।

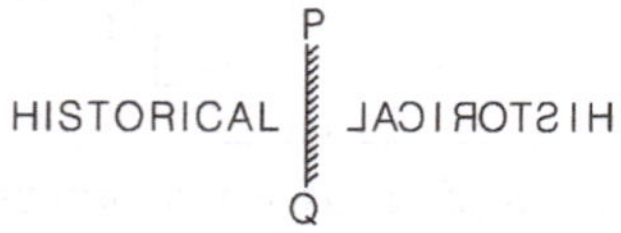

107. (c) प्रश्न आकृति का सही दर्पण प्रतिबिम्ब उत्तर आकृति (c) है।

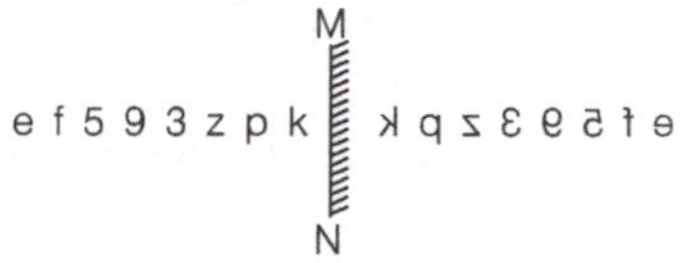

108. (a) प्रश्न आकृति का सही दर्पण प्रतिबिम्ब उत्तर आकृति (a) है।

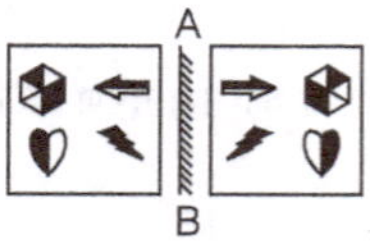

शेष प्रश्नों के हल, उत्तरमाला की सहायता से स्वयं करें।